徐小帆 / 编著

刑事法一本通
——以刑法为轴线

顾　　问：徐显明　熊文钊　蒙　曼
主　　任：邬明安　徐小帆
执行主任：毕　强　靳祥钰　王宏伟
编　　委：赵祖强　陈红照　袁　媛

中国政法大学出版社

2019·北京

声　明
1. 版权所有，侵权必究。
2. 如有缺页、倒装问题，由出版社负责退换。

图书在版编目（CIP）数据

刑事法一本通/徐小帆编著. —北京：中国政法大学出版社，2019.8
ISBN 978-7-5620-9133-2

Ⅰ.①刑… Ⅱ.①徐… Ⅲ.①刑法－研究－中国 Ⅳ.①D924.04

中国版本图书馆CIP数据核字(2019)第163309号

出 版 者	中国政法大学出版社
地　　址	北京市海淀区西土城路25号
邮寄地址	北京100088 信箱8034分箱　邮编100088
网　　址	http://www.cuplpress.com（网络实名：中国政法大学出版社）
电　　话	010-58908586(编辑部) 58908334(邮购部)
编辑邮箱	zhengfadch@126.com
承　　印	北京鑫海金澳胶印有限公司
开　　本	787mm×1092mm　1/16
印　　张	61
字　　数	1760 千字
版　　次	2019年8月第1版
印　　次	2019年8月第1次印刷
定　　价	179.00 元

出版说明

这部以刑法为轴线的实质意义和形式意义一体化、程序法和实体法一体化的《刑事法一本通》的出版应是一大可喜可贺可圈可点的好事喜事，对法律工作者和社会普法者、私力维权者、法律初学者以及领导干部、法学院学生、法考复习者、国考复习者等不同群体的读者进行学法、普法、执法、司法、找法、适法提供了全方位多角度立体化宽领域一体化的法律视野，至少省去了许多不必要的时间成本、机会成本、经济成本、司法成本或学术资源查找成本。

从比较法、司法实践、社会实践的角度讲，纵观过去各种粘贴复制式版本的"法条一本通"，《刑事法一本通》具有与时俱进的创新性、与众不同的体系性、一步到位的实用性、一查到底的可操作性。关键在于其以刑法为基本架构，以刑法、刑诉法、监狱法、法官法、检察官法、警察法、监察法、律师法、反恐法等基本刑事法为基本内容，以立法解释、司法解释为重要补充，以刑法等刑事实体法为论据，以刑事诉讼法等刑事程序法为论点，以立法解释、司法解释为法条解读，兼顾法学家专家学者的理论观点，以类型化、比较法、填表法、归纳法、串联法、案例法、司考题为基本论证方法，以刑法为轴线进行了刑法、刑诉法等刑事法及其立法解释、司法解释和有关法律法规之间点对点面对面的立体化、全方位、多角度、宽领域、零距离、无障碍的兼容并蓄融会贯通式法条重塑，法律解读渊源以立法解释、司法解释和有关刑事法条为主、以专家学者学理观点为辅；数额犯、情节犯等的立案标准直接源于司法解释，行为犯的立案标准以司法解释为主、以司法实践经验和学理解释为补充，从而从刑事法的整体角度进行全面彻底干净准确科学地了解、洞察、把握、研习刑事法的基本知识脉络和法律体系的基本架构，全面彻底有效地打通两大法系及其传统刑事法律理论条件下刑事实体法和程序法之间固有的知识瓶颈和违法犯罪的历史边界问题以及全面科学有效地解决诸如罪数、法条竞合、适法找法、冤假错案问题等重大疑难复杂的现实法律问题。一步到位融会贯通地达到找法、适法、执法、司法、普法、学法、懂法、守法的全面化、准确化、科学化、规范化、体系化、一体化、公平正义化。

实事求是地讲，谁立法、谁执法、谁普法、谁负责，应成为中国现代化时代化大众化法治建设的经常态和新常态。从法律解释学、法官自由裁量权、法条竞合论、公平正义观的角度讲，法典和法律解释、法理解释或学理解释之间复杂而微妙的关系，从古至今往往令不少人望而生畏，即便对跟法律打交道的立法者、司法者甚至专家学者，也是如此。同样，从出版界的角度讲，目前，各种粘贴式法条一本通尽管琳琅满目、比比皆是，但往往或以实体法为主，或以程序法为主，都未达到程序法和实体法一体化高度融合或兼容的实践高度或应用高度，以致法律实务者面对许多复杂疑难重大的法律问题、法律现象或法律案件，往往苦于大海捞针式的检索。

从刑事司法实务的角度讲，以刑法、刑诉法、立法解释、司法解释为核心的刑事法典，始终是刑事法学的核心内容或法律基石。从实体法和程序法一体化、刑事法律关系体系的角度讲，以刑法和刑诉法及其司法解释、立法解释一体化为突破口和着眼点，进行广义刑事法一体化、实务化、大众化、系统化的继承、改造与创新，实现刑法和刑诉法及其司法解释、立法解释乃至相关刑事法律法规的有效对接或排列组合式重构，以致达到公检法司机关进行以侦查、检察、审理、执行为核心办理刑事案件一体化，以及达到立法、司法、执法、适法、普法、学法和研法的一体化建设，甚至法治中国、法治社会、法治政府、法治文化、法治建设的一体化的演进或促进，不仅始终是刑事法学界研究的一个重要课题，而且会对21世纪中国的未来产生重要的实践意义和理论意义。这也正是编辑、出版《刑事法一本通》的根本目的和根本意义之所在。当然，从公民权利保护法、刑事法内容结构体系的角度讲，《刑事法一本通》的结构体系不仅有普及性、创新性、实用性、实务性、可操作性，而且其基本内容也有多样性、类型性、融通性、一体性、多领域、宽角度、立体化、全覆盖的特点。面对公检法办案、刑事案件当事人、诉讼参与人、诉讼代理人的迫切需要，特别是对急于解决刑事案件问题的当事人及其近亲属等利害关系人而言，省去了诸如"法海捞针式""有病乱投医"的经济负重和劳顿之苦。当然，从反腐败斗争的角度，即使对贪官污吏腐败分子及其保护伞、黑恶分子或一般违法犯罪者，也不应输掉自己"高墙内"的基本人权。为此，从犯罪客体和犯罪对象的关联性的角度讲，针对《刑法》第七章危害国防利益罪、第十章军人违反职责罪进行了调整。因此，对越来越重视依法治国、依宪治国的领导者和依法维权的老百姓而言，面对刑事法领域的各种复杂法律现象或法律问题，能从程序法和实体法一体化的角度，取得《刑事法一本通》这样难得的通用法条书籍，也不失为一件好事。

总而言之，无论从东西方法律文化传统还是21世纪全球化、信息化、现代化、时代化、法治化、公平正义化的角度讲，刑法和刑诉法等刑事实体法和刑事程序法协同发展已成为最基本的发展趋势和客观要求，因此《刑事法一本通》应是一本具有全面性、立体性、综合性、原创性、创新性、开拓性、时代性、人民性的法条类优秀读本。同时，《刑事法一本通》的编著者、编委会成员，要么是全国知名的大学教授、博士生导师、法律研究工作者，要么是深入司法、执法、普法、诉讼、辩护第一线有相当水平的优秀律师，他们从不同的社会视野、不同的人生经验、不同的法律实践、不同的社会背景，为《刑事法一本通》的诞生作出了应有的积极贡献，使得《刑事法一本通》在社会实践、法律实践、人生实践诸方面更有针对性、实践性、普遍性，从而摆脱了空中楼阁、水中望月、雾里看花式的功利主义、官僚主义、形式主义、教条主义的牢笼。一本有思想、有分量、有价值、有意义的好书终究会道出天下读书人、求学人的心声，注定是读书人的最爱，是读书人成功的一半，是读书人由衷的期盼。然而，世界上的万事万物没有最好而只有更好，对每一个新生事物也应有相当的宽容性、包容性，但愿这本书能成为每一个有志于法律诉求的读书人尤其是法学界、司法界、普法界、律师界以及法学院学生、法考复习者、国考复习者、维权人士的良师益友之一。当然，所有这一切，也正是我们竭力推出这部170余万字《刑事法一本通》的期许、期望、期盼之所在。

编者的话

理论总是灰色的，而实践之树常青。历经没日没夜的 365 天翻过了黄河九十九道弯，走过了 365 条路，终于在 2018 年的冬天雪花飘飘时，看到了有骨感、美感和形式感甚至音乐感的键盘上《刑事法一本通》如秋收般完成，就像一个刚出生的孩子或初生的朝阳，带给了我一种说不出的愉快。饱满的气息，不仅填满了我的胸膛，而且洋溢于我自以为豪的散发着书香墨香的偌大的书房里，这也正是十年后的我终于超脱传统实体法和程序法一体化肯定说、否定说和折中说等不同理论观点困扰问题，完成了十年前试图重新编著诸如"刑法一本通"或"刑诉法一本通"或"刑法刑诉法一本通"之类的"法律一本通"的最大梦想。

然而，"理想是丰满的，现实是骨感的"，针对如何实现程序法和实体法的衔接化对应化一体化问题，针对法律和法律解释的司法实践和社会实践问题，针对身份犯和普通犯的罪名及其刑罚的立法、司法、执法、普法、学法不均衡不协调问题，针对反腐败斗争条件下司法领域的消极腐败和冤假错案之间的关系问题，针对违法和犯罪之间的法律边界问题，针对治安处罚法和刑罚之间的罪与非罪问题，针对法律法规部门规章地方规章之间的衔接问题和废改立清理问题，针对僵尸法条的存废问题，针对人治和法治、德治的关系问题，针对贪官污吏腐败分子违法犯罪的社会危害性大于普通老百姓违法犯罪的社会危害性问题，针对"重立法，轻普法；重普通犯立法，轻身份犯立法；重刑事实体法立法，轻刑事程序法立法；重社会领域立法，轻经济领域立法；重惩罚，轻预防；重打击，轻教育；重普通刑事立法，轻职务犯罪立法；重自然人犯罪立法，轻单位犯罪立法；重劳动改造，轻回归教育；重法律法规数量，轻法律法规质量和法律法规清理"诸多问题，特别是如何构建中国特色社会主义的法治社会、法治政府、法治国家、法治文化问题等一系列法律问题或社会问题，都不知不觉不由自主地浮现在我的脑海深处甚至翻山倒海于我的灵魂深处，特别是立法司法执法的公平正义问题直接影响和引领着整个社会的公平正义问题。当然，这一切也许正是每个法律人特别是国家领导人最为关注最有必要研究最需要解决的重要理论问题、实践问题、社会问题和法律问题之一。因此，公平正义问题已成为 21 世纪构建人类命运共同体的一个根本性、全局性、战略性的重要指标问题。如果说立法、司法、执法的公平正义问题直接影响社会的公平正义问题的话，那么官僚主义、形式主义、腐败主义、恐怖主义"四座大山""四大威胁"作为一个全球性、世界性、历史性、社会性、法律性的老大难问题或重大疑难社会问题，已成为严重危害中国国家安全、严重阻碍中国改革开放和现代化建设的最大破坏力、最大障碍力。所以，在编纂《刑事法一本通》的过程中，笔者也自然而然地体现了传统优秀知识分子忧国忧民的家国情怀或人文情怀，深感一部有法律效力、法律影响力、法律公信力、法律公平正义力的法律法规的作用之强大。

从现有的法律法规、立法解释、司法解释仍未能全面有效地遏制、解决贪官污吏腐败分子及其保护伞的贪腐问题的角度讲，进一步丰富发展创新完善健全构建现代化社会主义制度体系、现代化国家治理能力体系、现代化法律法规体系、现代化社会公共资源管理体系、现代化国家经济体系，不仅是 21 世纪中国社会现代化、法治化、制度化建设的客观要求，而且也是取得反腐败斗争伟大胜利的法律保障和制度要求。从刑法性质的身份犯的社会危害性的角度讲，以贪官污吏腐败分子为身份犯主体的职务犯罪的社会危害性远大于以普通老百姓为普通犯主体的非职务犯罪的社会危害性。贪官污吏腐败分子往往拉帮结派官官相护玩弄权术搞团团伙伙势力范围，往往视法律为儿戏，视利益为己任，视权钱色为追求，对举报其贪腐者往往不惜动用手下"马仔"以冤假错案论之而后快，因此监狱更应是为贪官污吏腐败分子准备的牢笼。从遏制贪官污吏腐败分子的角度讲，健全、完善以宪法、刑法、行政法、民法典为代表的公法、私法，特别是加快反腐败立法步伐，很有必要。

腹有诗书气自华，最是书香留余香。也许，正如没有"四书五经"流传于世的话，谁也不知道孔夫子是谁，来自何方？也许，书籍不可能代表一切，却可以代表一种方向、志向或力量……最后，《刑事法一本通》的问世，不能不感谢全国人大监察委副主任委员、中国政法大学老校长、法学家徐显明教授的厚爱，不能不感谢法大刑法学教授于志刚、阮齐林、邬明安等恩师的关怀，不能不感谢民大行政法学教授熊文钊、民大历史学院教授、百家讲坛主讲人蒙曼等恩师的关怀，不能不感谢毕强、靳祥钰、赵祖强等毕业于人大、法大等著名高校的知名法律人士以及山东加舜律所、北京亚欧（郑州）律所、河南平民律所等知名律所的支持和帮助，不能不感谢诸如赵作海、陈满、聂树斌等典型的刑事冤假错案对当代中国法治社会建设的警醒及其对公平正义水平的促进和提升，不能不感谢司法部法考教材及其法学精神的滋养和灌溉，不能不感谢中国政法大学出版社编辑丁春晖的大力支持和辛勤付出，不能不感谢家人和亲朋好友等的坚强后盾，不能不感谢读者、研究者、执法者、普法者、维权者、领导者的认可和阅读，最终才可能产生有凤凰涅槃浴火重生般的社会效应，才可能最终成为推动中国反腐败斗争和法治社会建设的一种重要力量。毕竟，正如著名作家柳青先生在《创业史》中所言：人生的道路虽然漫长，但紧要处常常只有几步，特别是当人年轻的时候。没有一个人的生活道路是笔直的，没有岔道的。有些岔道口，你走错一步，可以影响人生的一个时期，也可以影响一生。或许，只有当潮水退去，才知道谁在游泳、裸泳，楼市、股市如此，法律、法海如此，人生、国运、家运亦如此。亦如已故"金大侠"金庸在《神雕侠侣》里借小龙女之口所言："这些雪花落下来，多么白，多么好看。过几天太阳出来，每一片雪花都变得无影踪。到得明年冬天，又有许许多多雪花，只但已不是今年这些雪花罢了。"当然，世上的万事万物，未有最好，只有更好。正如改革开放和现代化建设、反腐败斗争只有进行时而未休止符，构建有法治价值观为统领的法治文化、法治社会、法治国家、法治政府才是中华命运共同体的历史选择。相信，到目前为止，全中国少有的程序法实体法一体化的《刑事法一本通》会给你与众不同融会贯通的刑事法一体化的法律实践经验和法律思维方式方法的最新体验和实践。当然，但愿如此。

《刑事法一本通》
引用法律法规、法律解释、法律文件目录

刑事法类公法（13 部）					
序号	法律名称	最新实施时间	序号	法律名称	最新实施时间
1	刑法	2017 年	8	检察官法	2019 年
2	刑事诉讼法	2018 年	9	人民陪审员法	2018 年
3	国际刑事司法协助法	2018 年	10	人民警察法	2013 年
4	枪支管理法	2015 年	11	人民武装警察法	2009 年
5	人民法院组织法	2019 年	12	监狱法	2013 年
6	人民检察院组织法	2019 年	13	治安管理处罚法	2013 年
7	法官法	2019 年			
非刑事法类公私法（36 部）					
序号	法律名称	最新实施时间	序号	法律名称	最新实施时间
1	宪法	2018 年	16	国防法	2009 年
2	监察法	2018 年	17	国防教育法	2018 年
3	预防未成年人犯罪法	2013 年	18	国防动员法	2010 年
4	禁毒法	2008 年	19	国境卫生检疫法	2018 年
5	戒严法	1996 年	20	国家情报法	2018 年
6	集会游行示威法	2009 年	21	保守国家秘密法	2010 年
7	突发事件应对法	2007 年	22	反分裂国家法	2005 年
8	国籍法	1980 年	23	反间谍法	2014 年
9	国家赔偿法	2013 年	24	反恐怖主义法	2018 年
10	国家安全法	2015 年	25	反家庭暴力法	2016 年
11	网络安全法	2017 年	26	民族区域自治法	2001 年
12	安全生产法	2014 年	27	领事特权与豁免条例	1990 年
13	特种设备安全法	2014 年	28	缔结条约程序法	1990 年
14	海关法	2017 年	29	驻外外交人员法	2010 年
15	军事设施保护法	2014 年	30	外国中央银行财产司法强制措施豁免法	2005 年

续表

非刑事法类公私法（36部）					
序号	法律名称	最新实施时间	序号	法律名称	最新实施时间
31	出境入境管理法	2013年	34	公务员法	2019年
32	民用航空法	2018年	35	职业病防治法	2018年
33	核安全法	2018年	36	精神卫生法	2018年
刑事类立法解释、司法解释（110篇）					
序号	法律名称	最新实施时间	序号	法律名称	最新实施时间
1	关于对中华人民共和国缔结或者参加的国际条约所规定的罪行行使刑事管辖权的决定	1987年	9	关于《刑法》有关信用卡规定的解释	2004年
2	关于常见犯罪的量刑指导意见	2017年	10	关于《刑法》有关出口退税、抵扣税款的其他发票规定的解释	2005年
3	刑法修正案（1-10）	2017年	11	关于《刑法》有关文物的规定适用于具有科学价值的古脊椎动物化石、古人类化石的解释	2005年
4	刑事诉讼法修正案	2018年	12	关于《刑事诉讼法》第79（3）、254（5）、257（2）、271（2）条的解释	2014年
5	关于惩治骗购外汇、逃汇和非法买卖外汇犯罪的决定	1998年	13	关于公安机关办理经济犯罪案件的若干规定	2017年
6	关于刑法刑诉法有关规定的解释	2014年	14	关于公安机关管辖的刑事案件立案追诉标准的规定（一）	2008年
7	关于《刑法》第30、93（2）[1]、158、159、228、266、341、342、410、249（1）、348（1）、313条的解释	2014年	15	关于公安机关管辖的刑事案件立案追诉标准的规定（二）	2010年
8	关于《刑法》第九章渎职罪主体适用问题的解释	2002年	16	关于公安机关管辖的刑事案件立案追诉标准的规定（三）	2012年

[1] 为表述方便，法条序号采用此种形式，即第93条第2款，下同。

续表

	刑事类立法解释、司法解释（110篇）				
序号	法律名称	最新实施时间	序号	法律名称	最新实施时间
17	关于公安机关管辖的刑事案件立案追诉标准的规定（一）的补充规定	2017年	28	关于办理渎职刑事案件适用法律若干问题的解释（一）	2013年
18	关于办理危害食品安全刑事案件适用法律若干问题的解释	2013年	29	关于办理行贿刑事案件具体应用法律若干问题的解释	2013年
19	关于办理危害药品安全刑事案件适用法律若干问题的解释	2014年	30	关于行贿犯罪档案查询工作的规定	2013年
20	关于改革完善受案立案制度的意见	2015年	31	关于建立犯罪人员犯罪记录制度的意见	2012年
21	关于公安机关处置信访活动中违法犯罪行为适用法律的指导意见	2013年	32	关于对林业主管部门工作人员在发放林木采伐许可证之外滥用职权、玩忽职守使森林遭受严重破坏的行为适用法律问题的批复	2007年
22	关于依法惩处涉医违法犯罪维护正常医疗秩序的意见	2014年	33	关于办理非法采矿、破坏性采矿刑事案件适用法律若干问题的解释	2016年
23	关于办理药品、医疗器械注册申请材料造假刑事案件适用法律若干问题的解释	2017年	34	关于办理妨害文物管理等刑事案件适用法律若干问题的解释	2016年
24	关于办理非法采供血液等刑事案件具体应用法律若干问题的解释	2008年	35	关于办理危害生产安全刑事案件适用法律若干问题的解释	2015年
25	关于办理非法生产、销售烟草专卖品等刑事案件的解释	2010年	36	最高院解读办理走私刑事案件适用法律问题的解释	2014年
26	关于办理组织、强迫、引诱、容留、介绍卖淫刑事案件适用法律若干问题的解释	2017年	37	关于办理走私刑事案件适用法律若干问题的解释	2014年
27	关于办理贪污贿赂刑事案件适用法律若干问题的解释	2016年	38	关于办理醉酒驾驶机动车刑事案件适用法律若干问题的意见	2013年

续表

刑事类立法解释、司法解释（110篇）					
序号	法律名称	最新实施时间	序号	法律名称	最新实施时间
39	关于涉以压缩气体为动力的枪支、气枪铅弹刑事案件定罪量刑问题的批复	2018年	51	关于办理环境污染刑事案件适用法律若干问题的解释	2013年
40	关于办理妨害武装部队制式服装、车辆号牌管理秩序等刑事案件具体应用法律若干问题的解释	2011年	52	关于办理环境污染刑事案件适用法律若干问题的解释	2017年
41	关于办理利用赌博机开设赌场案件适用法律若干问题的意见	2014年	53	环境保护行政执法与刑事司法衔接工作办法	2017年
42	关于办理利用信息网络实施诽谤等刑事案件适用法律若干问题的解释	2013年	54	关于适用犯罪嫌疑人、被告人逃匿、死亡案件违法所得没收程序若干问题的规定	2017年
43	关于办理网络赌博犯罪案件适用法律若干问题的意见	2010年	55	人民检察院刑事诉讼涉案财物管理规定	2015年
44	关于办理扰乱无线电通讯管理秩序等刑事案件适用法律若干问题的解释	2017年	56	关于办理抢夺刑事案件适用法律若干问题的解释	2013年
45	关于办理非法集资刑事案件适用法律若干问题的意见	2014年	57	关于办理敲诈勒索刑事案件适用法律若干问题的解释	2013年
46	关于办理诈骗刑事案件具体应用法律问题的解释	2011年	58	关于办理盗窃刑事案件适用法律若干问题的解释	2013年
47	关于信用卡诈骗犯罪管辖有关问题的通知	2011年	59	关于办理妨害国（边）境管理刑事案件应用法律若干问题的解释	2012年
48	关于拾得他人信用卡并在自动柜员机（ATM机）上使用的行为如何定性问题的批复	2008年	60	关于依法严惩"地沟油"犯罪活动的通知	2012年
49	关于办理电信网络诈骗等刑事案件适法若干问题的意见	2016年	61	关于办理组织领导传销活动刑事案件适用法律若干问题的意见	2013年
50	关于利用网络云盘制作、复制、贩卖、传播淫秽电子信息牟利行为定罪量刑问题的批复	2017年	62	军人违反职责罪案件立案标准的规定	2013年

续表

刑事类立法解释、司法解释（110篇）					
序号	法律名称	最新实施时间	序号	法律名称	最新实施时间
63	关于保护、奖励职务犯罪举报人的若干规定	2016年	77	关于依法保障律师执业权利的规定	2015年
64	关于加强对拒不支付劳动报酬案件查处工作的通知	2012年	78	关于刑事诉讼法律援助工作的规定	2013年
65	关于办理证券期货违法犯罪案件工作若干问题的意见	2012年	79	人民检察院办理减刑、假释案件规定	2014年
66	关于全面加强未成年人国家司法救助工作的意见	2018年	80	关于审查起诉期间犯罪嫌疑人脱逃或者患有严重疾病的应当如何处理的批复	2014年
67	关于进一步建立和完善办理未成年人刑事案件配套工作体系的若干意见	2010年	81	关于人民监督员监督工作的规定	2015年
68	人民检察院国家赔偿工作规定	2010年	82	关于指派、聘请有专门知识的人参与办案若干问题的规定（试行）	2018年
69	关于办理刑事赔偿案件适用法律若干问题的解释	2016年	83	关于加强检察法律文书说理工作的意见	2017年
70	关于办理刑事案件收集提取和审查判断电子数据若干问题的规定	2016年	84	关于对检察机关办案部门和办案人员违法行使职权行为纠正、记录、通报及责任追究的规定	2015年
71	关于办理刑事案件排除非法证据若干问题的规定	2010年	85	关于实行检察官以案释法制度的规定	2017年
72	关于办理刑事案件严格排除非法证据若干问题规定	2017年	86	人民检察院刑事诉讼规则（试行）	2013年
73	关于办理死刑案件审查判断证据若干问题的规定	2010年	87	关于实施刑事诉讼法若干问题的规定	2013年
74	关于推进以审判为中心的刑事诉讼制度改革的意见	2016年	88	人民检察院公诉人出庭举证质证工作指引	2018年
75	关于建立完善国家司法救助制度的意见（试行）	2014年	89	人民检察院办理羁押必要性审查案件规定（试行）	2016年
76	人民检察院国家司法救助工作细则（试行）	2016年	90	最高人民检察院司法解释工作规定	2019年

续表

刑事类立法解释、司法解释（110篇）					
序号	法律名称	最新实施时间	序号	法律名称	最新实施时间
91	人民检察院制作使用电子卷宗工作规定（试行）	2016年	101	公安机关督察条例	2011年
92	人民检察院司法警察条例	2013年	102	公安机关维护民警执法权威工作规定	2019年
93	人民检察院案件流程监控工作规定（试行）	2016年	103	上海市高级人民法院关于审理民事纠纷案件中涉及刑事犯罪若干程序问题的处理意见	2007年
94	人民监督员选任管理办法	2016年	104	关于办理非法集资刑事案件若干问题的意见	2019年
95	人民检察院复查刑事申诉案件规定	2014年	105	关于办理盗窃油气、破坏油气设备等刑事案件适用法律若干问题的意见	2018年
96	人民检察院信访工作规定	2007年	106	关于办理虚假诉讼刑事案件适用法律若干问题的解释	2018年
97	关于建立法官、检察官惩戒制度的意见（试行）	2016年	107	关于办理妨害信用卡管理刑事案件具体应用法律若干问题的解释	2018年
98	人民检察院、保密行政管理部门查办泄密案件若干问题的规定	2016年	108	关于办理非法从事资金支付结算业务、非法买卖外汇刑事案件适用法律若干问题的解释	2019年
99	看守所在押人员死亡处理规定	2011年	109	关于依法惩治妨害公共交通工具安全驾驶违法犯罪行为的指导意见	2019年
100	关于人民检察院对看守所实施法律监督若干问题的意见	2010年	110	关于在检察公益诉讼中加强协作配合依法打好污染防治攻坚战的意见	2019年

宪法（1部+5部修正案）					
序号	法律名称	最新实施时间	序号	法律名称	最新实施时间
1	宪法	1982年	4	宪法修正案（三）	2004年
2	宪法修正案（一）	1993年	5	宪法修正案（四）	2018年
3	宪法修正案（二）	1999年			

续表

宪法相关法（45部）					
序号	法律名称	最新实施时间	序号	法律名称	最新实施时间
1	地方各级人民代表大会和地方各级人民政府组织法	2015年	20	领事特权与豁免条例	1990年
2	全国人民代表大会和地方各级人民代表大会选举法	2015年	21	缔结条约程序法	1990年
3	人民法院组织法	2019年	22	国徽法	2009年
4	人民检察院组织法	2019年	23	领海及毗连区法	1992年
5	国籍法	1980年	24	全国人民代表大会和地方各级人民代表大会代表法	2015年
6	中国人民解放军选举全国人民代表大会和县级以上地方人民代表大会代表的办法	2012年	25	澳门特别行政区基本法	1993年
7	全国人民代表大会组织法	1982年	26	国家赔偿法	2013年
8	国务院组织法	1982年	27	法官法	2019年
9	县级以下人民代表大会代表直接选举的若干规定	1983年	28	检察官法	2019年
10	民族区域自治法	2001年	29	戒严法	1996年
11	全国人民代表大会常务委员会关于在沿海港口城市设立海事法院的决定	1984年	30	香港特别行政区驻军法	1997年
12	外交特权与豁免条例	1986年	31	国防法	2009年
13	全国人民代表大会常务委员会议事规则	2009年	32	专属经济区和大陆架法	1998年
14	中央军事委员会关于授予军队离休干部中国人民解放军功勋荣誉章的规定	1988年	33	村民委员会组织法	2018年
15	全国人民代表大会议事规则	1989年	34	澳门特别行政区驻军法	1999年
16	集会游行示威法	2009年	35	立法法	2015年
17	城市居民委员会组织法	2018年	36	反分裂国家法	2005年
18	香港特别行政区基本法	1997年	37	外国中央银行财产司法强制措施豁免法	2005年
19	国旗法	2009年	38	各级人民代表大会常务委员会监督法	2007年

续表

宪法相关法（45部）					
序号	法律名称	最新实施时间	序号	法律名称	最新实施时间
39	国家安全法	2015年	43	国歌法	2017年
40	关于实行宪法宣誓制度的决定	2018年	44	监察法	2018年
41	反恐怖主义法	2018年	45	人民陪审员法	2018年
42	国家勋章和国家荣誉称号法	2016年			

行政法（87部）					
序号	法律名称	最新实施时间	序号	法律名称	最新实施时间
1	户口登记条例	1958年	20	环境保护法	2015年
2	国务院关于安置老弱病残干部的暂行办法	1978年	21	军事设施保护法	2014年
3	学位条例	2004年	22	人民警察警衔条例	2009年
4	国务院关于老干部离职休养的暂行规定	1980年	23	测绘法	2017年
5	海洋环境保护法	2017年	24	科学技术进步法	2008年
6	文物保护法	2017年	25	教师法	2009年
7	海上交通安全法	2016年	26	城市房地产管理法	2009年
8	水污染防治法	2018年	27	母婴保健法	2017年
9	兵役法	2011年	28	监狱法	2013年
10	药品管理法	2015年	29	人民警察法	2013年
11	义务教育法	2018年	30	教育法	2016年
12	土地管理法	2004年	31	预备役军官法	2010年
13	国境卫生检疫法	2018年	32	体育法	2016年
14	海关法	2017年	33	固体废物污染环境防治法	2016年
15	大气污染防治法	2018年	34	行政处罚法	2018年
16	档案法	2016年	35	促进科技成果转化法	2015年
17	中国人民解放军军官军衔条例	1994年	36	职业教育法	1996年
18	保守国家秘密法	2010年	37	枪支管理法	2015年
19	传染病防治法	2013年	38	环境噪声污染防治法	2018年

续表

行政法（87 部）					
序号	法律名称	最新实施时间	序号	法律名称	最新实施时间
39	人民防空法	2009 年	64	突发事件应对法	2007 年
40	献血法	1998 年	65	城乡规划法	2019 年
41	防震减灾法	2009 年	66	禁毒法	2008 年
42	消防法	2019 年	67	食品安全法	2018 年
43	执业医师法	2009 年	68	人民武装警察法	2009 年
44	高等教育法	2018 年	69	驻外外交人员法	2010 年
45	行政复议法	2018 年	70	海岛保护法	2010 年
46	气象法	2016 年	71	国防动员法	2010 年
47	国家通用语言文字法	2001 年	72	非物质文化遗产法	2011 年
48	现役军官法	2000 年	73	行政强制法	2012 年
49	国防教育法	2018 年	74	出境入境管理法	2013 年
50	防沙治沙法	2018 年	75	精神卫生法	2018 年
51	人口与计划生育法	2016 年	76	反间谍法	2014 年
52	科学技术普及法	2002 年	77	境外非政府组织境内活动管理法	2017 年
53	环境影响评价法	2018 年	78	网络安全法	2017 年
54	民办教育促进法	2018 年	79	电影产业促进法	2017 年
55	海关关衔条例	2003 年	80	中医药法	2017 年
56	居民身份证法	2012 年	81	公共文化服务保障法	2017 年
57	放射性污染防治法	2003 年	82	国家情报法	2018 年
58	行政许可法	2019 年	83	核安全法	2018 年
59	道路交通安全法	2011 年	84	公共图书馆法	2018 年
60	公务员法	2019 年	85	英雄烈士保护法	2018 年
61	治安管理处罚法	2013 年	86	土壤污染防治法	2019 年
62	公证法	2018 年	87	消防救援衔条例	2018 年
63	护照法	2007 年			

社会法（23 部）					
序号	法律名称	最新实施时间	序号	法律名称	最新实施时间
1	国务院关于工人退休、退职的暂行办法	1978 年	2	国务院关于职工探亲待遇的规定	1981 年

续表

		社会法（23部）			
序号	法律名称	最新实施时间	序号	法律名称	最新实施时间
3	归侨侨眷权益保护法	1991年，2009年	14	职业病防治法	2018年
4	残疾人保障法	2018年	15	安全生产法	2014年
5	未成年人保护法	2013年	16	劳动合同法	2013年
6	工会法	2009年	17	就业促进法	2015年
7	妇女权益保障法	2018年	18	保险法	2015年
8	矿山安全法	2009年	19	社会保险法	2018年
9	红十字会法	2017年	20	军人保险法	2012年
10	劳动法	2018年	21	特种设备安全法	2014年
11	老年人权益保障法	2018年	22	反家庭暴力法	2016年
12	预防未成年人犯罪法	2013年	23	慈善法	2016年
13	公益事业捐赠法	1999年			

		民商法（33部）			
序号	法律名称	最新实施时间	序号	法律名称	最新实施时间
1	婚姻法	2001年	18	证券法	2014年
2	商标法	2019年	19	合同法	1999年
3	专利法	2009年	20	个人独资企业法	2000年
4	继承法	1985年	21	招标投标法	2017年
5	民法通则	2009年	22	信托法	2001年
6	外资企业法	2016年	23	农村土地承包法	2019年
7	全民所有制工业企业法	2009年	24	证券投资基金法	2015年
8	著作权法	2010年	25	电子签名法	2019年
9	收养法	1999年	26	企业破产法	2007年
10	海商法	1993年	27	农民专业合作社法	2018年
11	消费者权益保护法	2014年	28	物权法	2007年
12	公司法	2018年	29	侵权责任法	2010年
13	商业银行法	2015年	30	涉外民事关系法律适用法	2011年
14	票据法	2004年	31	民法总则	2017年
15	担保法	1995年	32	电子商务法	2019年
16	拍卖法	2015年	33	外商投资法	2020年
17	合伙企业法	2007年			

续表

经济法（67部）						
序号	法律名称	最新实施时间	序号	法律名称	最新实施时间
1	广东省经济特区条例	1980年	29	审计法	2006年
2	个人所得税法	2019年	30	广告法	2018年
3	统计法	2010年	31	中国人民银行法	2004年
4	森林法	2009年	32	民用航空法	2018年
5	会计法	2017年	33	电力法	2018年
6	草原法	2013年	34	煤炭法	2016年
7	计量法	2018年	35	乡镇企业法	1997年
8	渔业法	2013年	36	公路法	2017年
9	矿产资源法	2009年	37	动物防疫法	2015年
10	邮政法	2015年	38	防洪法	2016年
11	水法	2016年	39	建筑法	2019年
12	野生动物保护法	2018年	40	节约能源法	2018年
13	标准化法	2018年	41	价格法	1998年
14	进出口商品检验法	2018年	42	种子法	2016年
15	铁路法	2015年	43	海域使用管理法	2002年
16	烟草专卖法	2015年	44	政府采购法	2014年
17	水土保持法	2011年	45	中小企业促进法	2018年
18	进出境动植物检疫法	2009年	46	清洁生产促进法	2012年
19	税收征收管理法	2015年	47	港口法	2018年
20	产品质量法	2018年	48	银行业监督管理法	2007年
21	农业技术推广法	2013年	49	农业机械化促进法	2018年
22	农业法	2013年	50	可再生能源法	2010年
23	反不正当竞争法	2019年	51	畜牧法	2015年
24	注册会计师法	2014年	52	农产品质量安全法	2018年
25	关于外商投资企业和外国企业适用增值税、消费税、营业税等税收暂行条例的决定	1993年	53	反洗钱法	2007年
26	台湾同胞投资保护法	2016年	54	企业所得税法	2018年
27	预算法	2018年	55	反垄断法	2008年
28	对外贸易法	2016年	56	循环经济促进法	2018年

续表

经济法（67部）					
序号	法律名称	最新实施时间	序号	法律名称	最新实施时间
57	企业国有资产法	2009年	63	资产评估法	2016年
58	石油天然气管道保护法	2010年	64	国防交通法	2017年
59	车船税法	2019年	65	环境保护税法	2018年
60	旅游法	2018年	66	烟叶税法	2018年
61	航道法	2016年	67	船舶吨税法	2018年
62	深海海底区域资源勘探开发法	2016年			

【中国现行《刑法·分则》469个罪名一览表】

第一章 危害国家安全罪（12个）					
序号	罪名	条文	序号	罪名	条文
1	背叛国家罪	102	7	资助危害国家安全犯罪活动罪	107
2	分裂国家罪	103（1）	8	投敌叛变罪	108
3	煽动分裂国家罪	103（2）	9	叛逃罪	109
4	武装叛乱、暴乱罪	104	10	间谍罪	110
5	颠覆国家政权罪	105（1）	11	为境外窃取、刺探、收买、非法提供国家秘密、情报罪	111
6	煽动颠覆国家政权罪	105（2）	12	资敌罪	112
第二章 危害公共安全罪（52个）					
13	放火罪	114、115（1）	39	劫持船只、汽车罪	122
14	决水罪	114、115（1）	40	暴力危及飞行安全罪	123
15	爆炸罪	114、115（1）	41	破坏广播电视设施、公用电信设施罪	124（1）
16	投放危险物质罪	114、115（1）	42	过失损坏广播电视设施、公用电信设施罪	124（2）
17	以危险方法危害公共安全罪	114、115（1）	43	非法制造、买卖、运输、邮寄、储存枪支、弹药、爆炸物罪	125（1）
18	失火罪	115（2）	44	非法制造、买卖、运输、储存危险物质罪	125（2）
19	过失决水罪	115（2）	45	违规制造、销售枪支罪	126
20	过失爆炸罪	115（2）	46	盗窃、抢夺枪支、弹药、爆炸物、危险物质罪	127
21	过失投放危险物质罪	115（2）	47	抢劫枪支、弹药、爆炸物、危险物质罪	127（2）
22	过失以危险方法危害公共安全罪	115（2）	48	非法持有、私藏枪支、弹药罪	128（1）
23	破坏交通工具罪	116、119（1）	49	非法出租、出借枪支罪	128（2、3）
24	破坏交通设施罪	117、119（1）	50	丢失枪支不报罪	129

续表

序号	罪名	条文	序号	罪名	条文
25	破坏电力设备罪	118、119（1）	51	非法携带枪支、弹药、管制刀具危、险物品危及公共安全罪	130
26	破坏易燃易爆设备罪	118、119（1）	52	重大飞行事故罪	131
27	过失损坏交通工具罪	119（2）	53	铁路运营安全事故罪	132
28	过失损坏交通设施罪	119（2）	54	交通肇事罪	133
29	过失损坏电力设备罪	119（2）	55	危险驾驶罪	133之一
30	过失损坏易燃易爆设备罪	119（2）	56	重大责任事故罪	134（1）
31	组织、领导、参加恐怖组织罪	120	57	强令违章冒险作业罪	134（2）
32	帮助恐怖活动罪	120之一	58	重大劳动安全事故罪	135
33	准备实施恐怖活动罪	120之二	59	大型群众性活动重大安全事故罪	135之一
34	宣扬恐怖主义、极端主义、煽动实施恐怖活动罪	120之三	60	危险物品肇事罪	136
35	利用极端主义破坏法律实施罪	120之四	61	工程重大安全事故罪	137
36	强制穿戴宣扬恐怖主义、极端主义服饰、标志罪	120之五	62	教育设施重大安全事故罪	138
37	非法持有宣扬恐怖主义、极端主义物品罪	120之六	63	消防责任事故罪	139
38	劫持航空器罪	121	64	不报、谎报安全事故罪	139之一
第三章 破坏社会主义市场经济秩序罪（108个）					
第一节　生产、销售伪劣商品罪（9个）					
65	生产、销售伪劣产品罪	140	70	生产、销售不符合标准的医用器材罪	145
66	生产、销售假药罪	141	71	生产、销售不符合安全标准的产品罪	146
67	生产、销售劣药罪	142	72	生产、销售伪劣农药、兽药、化肥、种子罪	147
68	生产、销售不符合安全标准的食品罪	143	73	生产、销售不符合卫生标准的化妆品罪	148
69	生产、销售有毒、有害食品罪	144			
第二节　走私罪（10个）					
74	走私武器、弹药罪	151（1）	79	走私珍贵动物、珍贵动物制品罪	151（2）
75	走私核材料罪	151（1）	80	走私国家禁止进出口的货物、物品罪	151（3）
76	走私假币罪	151（1）	81	走私淫秽物品罪	152（1）
77	走私文物罪	151（2）	82	走私废物罪	152（2）

续表

序号	罪名	条文	序号	罪名	条文
78	走私贵重金属罪	151（2）	83	走私普通货物、物品罪	153
第三节 妨害对公司、企业的管理秩序罪（17个）					
84	虚报注册资本罪	158	93	对外国公职人员、国际公共组织官员行贿罪	164（2）
85	虚假出资、抽逃出资罪	159	94	非法经营同类营业罪	165
86	欺诈发行股票、债券罪	160	95	为亲友非法牟利罪	166
87	违规披露、不披露重要信息罪	161	96	签订、履行合同失职被骗罪	167
88	妨害清算罪	162	97	国有公司、企业、事业单位人员失职罪	168
89	隐匿、故意销毁会计凭证、会计账簿、财务会计报告罪	162之一	98	国有公司、企业、事业单位人员滥用职权罪	168
90	虚假破产罪	162之二	99	徇私舞弊低价折股、出售国有资产罪	169
91	非国家工作人员受贿罪	163	100	背信损害上市公司利益罪	169之一
92	对非国家工作人员行贿罪	164（1）			
第四节 破坏金融管理秩序罪（30个）					
101	伪造货币罪	170	116	擅自发行股票、公司、企业债券罪	179
102	出售、购买、运输假币罪	171（1）	117	内幕交易、泄露内幕信息罪	180（1）
103	金融工作人员购买假币、以假币换取货币罪	171（2）	118	利用未公开信息交易罪	180（4）
104	持有、使用假币罪	172	119	编造并传播证券、期货交易虚假信息罪	181（1）
105	变造货币罪	173	120	诱骗投资者买卖证券、期货合约罪	181（2）
106	擅自设立金融机构罪	174（1）	121	操纵证券、期货市场罪	182
107	伪造、变造、转让金融机构经营许可证、批准文件罪	174（2）	122	背信运用受托财产罪	185之一（1）
108	高利转贷罪	175	123	违法运用资金罪	185之一（2）
109	骗取贷款、票据承兑、金融票证罪	175之一	124	违法发放贷款罪	186（1）
110	非法吸收公众存款罪	176	125	吸收客户资金不入账罪	187
111	伪造、变造金融票证罪	177	126	违规出具金融票证罪	188
112	妨害信用卡管理罪	177之一（1）	127	对违法票据承兑、付款、保证罪	189
113	窃取、收买、非法提供信用卡信息罪	177之一（2）	128	骗购外汇罪	《关于惩治骗购外汇、逃汇和非法买卖外汇犯罪的决定》第1条
114	伪造、变造国家有价证券罪	178（1）	129	逃汇罪	190

续表

序号	罪名	条文	序号	罪名	条文
115	伪造、变造股票、公司、企业债券罪	178（2）	130	洗钱罪	191
第五节 金融诈骗罪（8个）					
131	集资诈骗罪	192	135	信用证诈骗罪	195
132	贷款诈骗罪	193	136	信用卡诈骗罪	196
133	票据诈骗罪	194（1）	137	有价证券诈骗罪	197
134	金融凭证诈骗罪	194（2）	138	保险诈骗罪	198
第六节 危害税收征管罪（14个）					
139	逃税罪	201	146	非法出售增值税专用发票罪	207
140	抗税罪	202	147	非法购买增值税专用发票、购买伪造的增值税专用发票罪	208（1）
141	逃避追缴欠税罪	203	148	非法制造、出售非法制造的用于骗取出口退税、抵扣税款发票罪	209（1）
142	骗取出口退税罪	204（1）	149	非法制造、出售非法制造的发票罪	209（2）
143	虚开增值税专用发票、用于骗取出口退税、抵扣税款发票罪	205	150	非法出售用于骗取出口退税、抵扣税款发票罪	209（3）
144	虚开发票罪	205之一	151	非法出售发票罪	209（4）
145	伪造、出售伪造的增值税专用发票罪	206	152	持有伪造的发票罪	210之一
第七节 侵犯知识产权罪（7个）					
153	假冒注册商标罪	213	157	侵犯著作权罪	217
154	销售假冒注册商标的商品罪	214	158	销售侵权复制品罪	218
155	非法制造、销售非法制造的注册商标标识罪	215	159	侵犯商业秘密罪	219
156	假冒专利罪	216			
第八节 扰乱市场秩序罪（13个）					
160	损害商业信誉、商品声誉罪	221	167	伪造、倒卖伪造的有价票证罪	227（1）
161	虚假广告罪	222	168	倒卖车票、船票罪	227（2）
162	串通投标罪	223	169	非法转让、倒卖土地使用权罪	228
163	合同诈骗罪	224	170	提供虚假证明文件罪	229（1、2）
164	组织、领导传销活动罪	224之一	171	出具证明文件重大失实罪	229（3）
165	非法经营罪	225	172	逃避商检罪	230
166	强迫交易罪	226			
第四章 侵犯公民人身权利、民主权利罪（42个）					
173	故意杀人罪	232	194	暴力取证罪	247

续表

序号	罪名	条文	序号	罪名	条文
174	过失致人死亡罪	233	195	虐待被监管人罪	248
175	故意伤害罪	234	196	煽动民族仇恨、民族歧视罪	249
176	组织出卖人体器官罪	234之一（1）	197	出版歧视、侮辱少数民族作品罪	250
177	过失致人重伤罪	235	198	非法剥夺公民宗教信仰自由罪	251
178	强奸罪	236	199	侵犯少数民族风俗习惯罪	251
179	强制猥亵、侮辱罪	237（1）	200	侵犯通信自由罪	252
180	猥亵儿童罪	237（3）	201	私自开拆、隐匿、毁弃邮件、电报罪	253（1）
181	非法拘禁罪	238	202	侵犯公民个人信息罪	253之一
182	绑架罪	239	203	报复陷害罪	254
183	拐卖妇女、儿童罪	240	204	打击报复会计、统计人员罪	255
184	收买被拐卖的妇女、儿童罪	241（1）	205	破坏选举罪	256
185	聚众阻碍解救被收买的妇女、儿童罪	242（2）	206	暴力干涉婚姻自由罪	257
186	诬告陷害罪	243	207	重婚罪	258
187	强迫劳动罪	244	208	破坏军婚罪	259（1）
188	雇用童工从事危重劳动罪	244之一	209	虐待罪	260
189	非法搜查罪	245	210	虐待被监护、看护人罪	260之一
190	非法侵入住宅罪	245	211	遗弃罪	261
191	侮辱罪	246	212	拐骗儿童罪	262
192	诽谤罪	246	213	组织残疾人、儿童乞讨罪	262之一
193	刑讯逼供罪	247	214	组织未成年人进行违反治安管理活动罪	262之二
第五章　侵犯财产罪（13个）					
215	抢劫罪	263	222	挪用资金罪	272（1）
216	盗窃罪	264	223	挪用特定款物罪	273
217	诈骗罪	266	224	敲诈勒索罪	274
218	抢夺罪	267（1）	225	故意毁坏财物罪	275
219	聚众哄抢罪	268	226	破坏生产经营罪	276
220	侵占罪	270	227	拒不支付劳动报酬罪	276之一
221	职务侵占罪	271（1）			
第六章　妨害社会管理秩序罪（137个）					
第一节　扰乱公共秩序罪（51个）					
228	妨害公务罪	277	254	扰乱国家机关工作秩序罪	290（3）
229	煽动暴力抗拒法律实施罪	278	255	组织、资助非法聚集罪	290（4）

续表

序号	罪名	条文	序号	罪名	条文
230	招摇撞骗罪	279	256	聚众扰乱公共场所秩序、交通秩序罪	291
231	伪造、变造、买卖国家机关公文、证件、印章罪	280（1）	257	投放虚假危险物质罪	291之一（1）
232	盗窃、抢夺、毁灭国家机关公文、证件、印章罪	280（1）	258	编造、故意传播虚假恐怖信息罪	291之一（1）
233	伪造公司、企事业单位、人民团体印章罪	280（2）	259	编造、故意传播虚假信息罪	291之一（2）
234	伪造、变造、买卖身份证件罪	280（3）	260	聚众斗殴罪	292（1）
235	使用虚假身份证件、盗用身份证件罪	280之一	261	寻衅滋事罪	293
236	非法生产、买卖警用装备罪	281	262	组织、领导、参加黑社会性质组织罪	294（1）
237	非法获取国家秘密罪	282（1）	263	入境发展黑社会组织罪	294（2）
238	非法持有国家绝密、机密文件、资料、物品罪	282（2）	264	包庇、纵容黑社会性质组织罪	294（3）
239	非法生产、销售专用间谍器材、窃听、窃照专用器材罪	283	265	传授犯罪方法罪	295
240	非法使用窃听、窃照专用器材罪	284	266	非法集会、游行、示威罪	296
241	组织考试作弊罪	284之一（1、2）	267	非法携带武器、管制刀具、爆炸物参加集会、游行、示威罪	297
242	非法出售、提供试题、答案罪	284之一（3）	268	破坏集会、游行、示威罪	298
243	代替考试罪	284之一（4）	269	侮辱国旗、国徽罪	299（1）
244	非法侵入计算机信息系统罪	285	270	侮辱国歌罪	299（2）
245	非法获取计算机信息系统数据、非法控制计算机信息系统罪	285（2）	271	组织、利用会道门、邪教组织、利用迷信破坏法律实施罪	300（1）
246	提供侵入、非法控制计算机信息系统程序、工具罪	285（3）	272	组织、利用会道门、邪教组织、利用迷信致人重伤、死亡罪	300（2）
247	破坏计算机信息系统罪	286	273	聚众淫乱罪	301（1）
248	拒不履行信息网络安全管理义务罪	286之一	274	引诱未成年人聚众淫乱罪	301（2）
249	非法利用信息网络罪	287之一	275	盗窃、侮辱、故意毁坏尸体、尸骨、骨灰罪	302
250	帮助信息网络犯罪活动罪	287之二	276	赌博罪	303（1）
251	扰乱无线电通讯管理秩序罪	288	277	开设赌场罪	303（2）
252	聚众扰乱社会秩序罪	290（1）	278	故意延误投递邮件罪	304
253	聚众冲击国家机关罪	290（2）			

续表

序号	罪名	条文	序号	罪名	条文
第二节 妨害司法罪（20个）					
279	伪证罪	305	289	拒绝提供间谍犯罪、恐怖主义犯罪、极端主义犯罪证据罪	311
280	辩护人、诉讼代理人毁灭证据、伪造证据、妨害作证罪	306	290	掩饰、隐瞒犯罪所得、犯罪所得收益罪	312
281	妨害作证罪	307（1）	291	拒不执行判决、裁定罪	313
282	帮助毁灭、伪造证据罪	307（2）	292	非法处置查封、扣押、冻结的财产罪	314
283	虚假诉讼罪	307之一	293	破坏监管秩序罪	315
284	打击报复证人罪	308	294	脱逃罪	316（1）
285	泄露不应公开的案件信息罪	308之一（1）	295	劫夺被押解人员罪	316（2）
286	披露、报道不应公开的案件信息罪	308之一（3）	296	组织越狱罪	317（1）
287	扰乱法庭秩序罪	309	297	暴动越狱罪	317（2）
288	窝藏、包庇罪	310	298	聚众持械劫狱罪	317（2）
第三节 妨害国（边）境管理罪（8个）					
299	组织他人偷越国（边）境罪	318	303	运送他人偷越国（边）境罪	321
300	骗取出境证件罪	319	304	偷越国（边）境罪	322
301	提供伪造、变造的出入境证件罪	320	305	破坏界碑、界桩罪	323
302	出售出入境证件罪	320	306	破坏永久性测量标志罪	323
第四节 妨害文物管理罪（10个）					
307	故意损毁文物罪	324（1）	312	非法出售、私赠文物藏品罪	327
308	故意损毁名胜古迹罪	324（2）	313	盗掘古文化遗址、古墓葬罪	328（1）
309	过失损毁文物罪	324（3）	314	盗掘古人类化石、古脊椎动物化石罪	328（2）
310	非法向外国人出售、赠送珍贵文物罪	325	315	抢夺、窃取国有档案罪	329（1）
311	倒卖文物罪	326	316	擅自出卖、转让国有档案罪	329（2）
第五节 危害公共卫生罪（11个）					
317	妨害传染病防治罪	330	323	采集、供应血液、制作、供应血液制品事故罪	334（2）
318	传染病菌种、毒种扩散罪	331	324	医疗事故罪	335
319	妨害国境卫生检疫罪	332	325	非法行医罪	336（1）
320	非法组织卖血罪	333（1）	326	非法进行节育手术罪	336（2）
321	强迫卖血罪	333（1）	327	妨害动植物防疫、检疫罪	337（1）
322	非法采集、供应血液、制作、供应血液制品罪	334（1）			

续表

序号	罪名	条文	序号	罪名	条文
第六节 破坏环境资源保护罪（15个）					
328	污染环境罪	338	336	非法采矿罪	343（1）
329	非法处置进口的固体废物罪	339（1）	337	破坏性采矿罪	343（2）
330	擅自进口固体废物罪	339（2）	338	非法采伐、毁坏国家重点保护植物罪	344
331	非法捕捞水产品罪	340	339	非法收购、运输、加工、出售国家重点保护植物、国家重点保护植物制品罪	344
332	非法猎捕、杀害珍贵、濒危野生动物罪	341（1）	340	盗伐林木罪	345（1）
333	非法收购、运输、出售珍贵、濒危野生动物、珍贵、濒危野生动物制品罪	341（1）	341	滥伐林木罪	345（2）
334	非法狩猎罪	341（2）	342	非法收购、运输盗伐、滥伐的林木罪	345（3）
335	非法占用农用地罪	342			
第七节 走私、贩卖、运输、制造毒品罪（11个）					
343	走私、贩卖、运输、制造毒品罪	347	349	非法买卖、运输、携带、持有毒品原植物种子、幼苗罪	352
344	非法持有毒品罪	348	350	引诱、教唆、欺骗他人吸毒罪	353（1）
345	包庇毒品犯罪分子罪	349（1、2）	351	强迫他人吸毒罪	353（2）
346	窝藏、转移、隐瞒毒品、毒赃罪	349（1）	352	容留他人吸毒罪	354
347	非法生产、买卖、运输制毒物品、走私制毒物品罪	350	353	非法提供麻醉药品、精神药品罪	355
348	非法种植毒品原植物罪	351			
第八节 组织、强迫、引诱、容留、介绍卖淫罪（6个）					
354	组织卖淫罪	358（1）	357	引诱、容留、介绍卖淫罪	359（1）
355	强迫卖淫罪	358（1）	358	引诱幼女卖淫罪	359（2）
356	协助组织卖淫罪	358（4）	359	传播性病罪	360（1）
第九节 制作、贩卖、传播淫秽物品罪（5个）					
360	制作、复制、出版、贩卖、传播淫秽物品牟利罪	363（1）	363	组织播放淫秽音像制品罪	364（2）
361	为他人提供书号出版淫秽书刊罪	363（2）	364	组织淫秽表演罪	365
362	传播淫秽物品罪	364（1）			
第七章 危害国防利益罪（23个）					
365	阻碍军人执行职务罪	368（1）	377	伪造、变造、买卖武装部队公文、证件、印章罪	375（1）

【中国现行《刑法·分则》469个罪名一览表】

续表

序号	罪名	条文	序号	罪名	条文
366	阻碍军事行动罪	368（2）	378	盗窃、抢夺武装部队公文、证件、印章罪	375（1）
367	破坏武器装备、军事设施、军事通信罪	369（1）	379	非法生产、买卖武装部队制式服装罪	375（2）
368	过失损坏武器装备、军事设施、军事通信罪	369（2）	380	伪造盗窃买卖、非法提供、非法使用武装部队专用标志罪	375（3）
369	故意提供不合格武器装备、军事设施罪	370（1）	381	战时拒绝、逃避征召、军事训练罪	376（1）
370	过失提供不合格武器装备、军事设施罪	370（2）	382	战时拒绝、逃避服役罪	376（2）
371	聚众冲击军事禁区罪	371（1）	383	战时故意提供虚假敌情罪	377
372	聚众扰乱军事管理区秩序罪	371（2）	384	战时造谣扰乱军心罪	378
373	冒充军人招摇撞骗罪	372	385	战时窝藏逃离部队军人罪	379
374	煽动军人逃离部队罪	373	386	战时拒绝、故意延误军事订货罪	380
375	雇用逃离部队军人罪	373	387	战时拒绝军事征收、征用罪	381
376	接送不合格兵员罪	374			
	第八章 贪污贿赂罪（14个）				
388	贪污罪	382	395	对单位行贿罪	391
389	挪用公款罪	384	396	介绍贿赂罪	392
390	受贿罪	385	397	单位行贿罪	393
391	单位受贿罪	387	398	巨额财产来源不明罪	395（1）
392	利用影响力受贿罪	388之一	399	隐瞒境外存款罪	395（2）
393	行贿罪	389	400	私分国有资产罪	396（1）
394	对有影响力的人行贿罪	390之一	401	私分罚没财物罪	396（2）
	第九章 渎职罪（37个）				
402	滥用职权罪	397	421	环境监管失职罪	408
403	玩忽职守罪	397	422	食品监管渎职罪	408之一
404	故意泄露国家秘密罪	398	423	传染病防治失职罪	409
405	过失泄露国家秘密罪	398	424	非法批准征收、征用、占用土地罪	410
406	徇私枉法罪	399（1）	425	非法低价出让国有土地使用权罪	410
407	民事、行政枉法裁判罪	399（2）	426	放纵走私罪	411
408	执行判决、裁定失职罪	399（3）	427	商检徇私舞弊罪	412（1）
409	执行判决、裁定滥用职权罪	399（3）	428	商检失职罪	412（2）
410	枉法仲裁罪	399之一	429	动植物检疫徇私舞弊罪	413（1）
410	私放在押人员罪	400（1）	430	动植物检疫失职罪	413（2）

续表

序号	罪名	条文	序号	罪名	条文
412	失职致使在押人员脱逃罪	400（2）	431	放纵制售伪劣商品犯罪行为罪	414
413	徇私舞弊减刑、假释、暂予监外执行罪	401	432	办理偷越国（边）境人员出入境证件罪	415
414	徇私舞弊不移交刑事案件罪	402	433	放行偷越国（边）境人员罪	415
415	滥用管理公司、证券职权罪	403	434	不解救被拐卖、绑架妇女、儿童罪	416（1）
416	徇私舞弊不征、少征税款罪	404	435	阻碍解救被拐卖、绑架妇女、儿童罪	416（2）
417	徇私舞弊发售发票、抵扣税款、出口退税罪	405（1）	436	帮助犯罪分子逃避处罚罪	417
418	违法提供出口退税凭证罪	405（2）	437	招收公务员、学生徇私舞弊罪	418
419	国家机关工作人员签订、履行合同失职被骗罪	406	438	失职造成珍贵文物损毁、流失罪	419
420	违法发放林木采伐许可证罪	407			
第十章　军人违反职责罪（31个）					
439	战时违抗命令罪	421	454	战时造谣惑众罪	433
440	隐瞒、谎报军情罪	422	455	战时自伤罪	434
441	拒传、假传军令罪	422	456	逃离部队罪	435
442	投降罪	423	457	武器装备肇事罪	436
443	战时临阵脱逃罪	424	458	擅自改变武器装备编配用途罪	437
444	擅离、玩忽军事职守罪	425	459	盗窃、抢夺武器装备、军用物资罪	438
445	阻碍执行军事职务罪	426	460	非法出卖、转让武器装备罪	439
446	指使部属违反职责罪	427	461	遗弃武器装备罪	440
447	违令作战消极罪	428	462	遗失武器装备罪	441
448	拒不救援友邻部队罪	429	463	擅自出卖、转让军队房地产罪	442
449	军人叛逃罪	430	464	虐待部属罪	443
450	非法获取军事秘密罪	431（1）	465	遗弃伤病军人罪	444
451	为境外窃取、刺探、收买、非法提供军事秘密罪	431（2）	466	战时拒不救治伤病军人罪	445446
452	故意泄露军事秘密罪	432	467	战时残害居民、掠夺居民财物罪	
453	过失泄露军事秘密罪	432	468	私放俘虏罪	447
			469	虐待俘虏罪	448

【最高人民法院量刑指导意见一览表（2017年4月1日起施行）】

一、量刑情节的适用规则

量刑情节	调节基准刑比例	备注
14周岁~16周岁之间犯罪	减少30%~60%	
16周岁~18周岁之间犯罪	减少10%~50%	
未遂犯	减少50%以下	
从犯	减少20%~50%或以上	犯罪较轻减少50%以上或免刑
自首	减少40%以下	犯罪较轻减少40%以上或免刑
一般立功	减少20%	
重大立功	减少20%~50%	犯罪较轻减少50%以上或免刑
坦白	如实供述减少20%以下；如实供述司法机关未掌握同种较重罪行减少10%~30%；如实供述避免严重后果发生减少30%~50%。	
当庭认罪	减少10%以下	认定自首、坦白除外
积极赔偿但未取得被害人谅解	减少30%以下	抢劫、强奸等严重危害社会治安犯罪的从严掌握
积极赔偿并取得被害人谅解	减少40%以下	抢劫、强奸等严重危害社会治安犯罪的从严掌握
未赔偿但取得被害人谅解	减少20%以下	抢劫、强奸等严重危害社会治安犯罪的从严掌握
刑事和解	减少50%以下，犯罪较轻减少50%以上或免刑	刑诉法第277条达成和解
累犯	增加10%~40%（一般不少于3个月）	
有前科劣迹	增加10%以下	过失犯罪和未成年人犯罪除外
被害人为未成年人老人残疾人妇女等	增加20%以下	
重大灾害疫情期犯罪	增加20%以下	

二、15 种犯罪的量刑标准

罪名	情节	量刑起点	基准刑
1. 交通肇事罪	交通肇事罪一般情节	2 年以下有期刑、拘役	责任后果程度等定
	逃逸或其他恶劣情节	3 年-5 年	责任后果程度等定
	逃逸致 1 人死亡	7 年-10 年	责任后果程度等定
2. 故意伤害罪	致 1 人轻伤	2 年以下有期刑、拘役	
	致 1 人重伤	3 年-5 年	
	手段特别残忍致 1 人重伤 6 级残疾	10 年-13 年	依法应当判处无期刑以上刑罚的除外
	伤害致死 1 人		
3. 强奸罪	强奸妇女 1 人	3 年-6 年	
	奸淫幼女 1 人	4 年-7 年	
	强奸情节恶劣	10 年-13 年	依法应当判处无期刑以上刑罚的除外
	强奸 3 人	10 年-13 年	依法应当判处无期刑以上刑罚的除外
	公共场所当众强奸	10 年-13 年	依法应当判处无期刑以上刑罚的除外
	2 人以上轮奸	10 年-13 年	依法应当判处无期刑以上刑罚的除外
	致被害人重伤等后果	10 年-13 年	依法应当判处无期刑以上刑罚的除外
4. 非法拘禁罪	情节一般	1 年以下有期刑、拘役	
	致 1 人重伤	3 年-5 年	
	致 1 人死亡	10 年-13 年	
	有殴打侮辱情节		加 10%~20%
	国家机关工作人员利用职务非法扣押、拘禁		加 10%~20%
5. 抢劫罪	抢劫 1 次	3 年-6 年	
	入户抢劫	10 年-13 年	依法应当判处无期徒刑以上刑罚的除外
	公共交通工具上抢劫	10 年-13 年	依法应当判处无期徒刑以上刑罚的除外
	抢劫银行或其他金融机构	10 年-13 年	依法应当判处无期徒刑以上刑罚的除外
	抢劫 3 次或数额巨大	10 年-13 年	依法应当判处无期徒刑以上刑罚的除外
	抢劫致 1 人重伤	10 年-13 年	依法应当判处无期徒刑以上刑罚的除外

续表

罪名	情节	量刑起点	基准刑
	冒充军警人员抢劫	10年-13年	依法应当判处无期刑以上刑罚的除外
	持枪抢劫	10年-13年	依法应当判处无期刑以上刑罚的除外
	抢劫军用、抢险、救灾、救济物资	10年-13年	依法应当判处无期刑以上刑罚的除外
6. 盗窃罪	数额较大或2年内3次盗窃、入户盗窃、携带凶器盗窃、扒窃	1年以下有期刑、拘役	
	数额巨大或其他情节严重	3年-4年	
	数额特别巨大或其他情节特别严重	10年-12年	
7. 诈骗罪	数额较大	1年以下有期刑、拘役	
	数额巨大或情节严重	3年-4年	
	数额特别巨大或情节特别严重	10年-12年，无期刑除外	
8. 抢夺罪	数额较大或2年内3次抢夺	1年以下有期刑、拘役	
	数额巨大或情节严重	3年-5年	
	数额特别巨大或情节特别严重	10年-12年，无期刑除外	
9. 职务侵占罪	数额较大	2年以下有期刑、拘役	
	数额巨大	5年-6年	
10. 敲诈勒索罪	数额较大或2年内3次行为	1年以下有期刑、拘役	
	数额巨大或情节严重	3年-5年	
	数额特别巨大或情节特别严重	10年-12年	
11. 妨害公务罪	一般情节	2年以下有期刑、拘役	
	暴力袭警		加10%~30%
12. 聚众斗殴	一般情节	2年以下有期刑、拘役	
	聚众斗殴3次	3年-5年	
	参与人数多、规模大、影响恶劣	3年-5年	
	公共场所、交通要道、造成秩序严重混乱	3年-5年	
	持械聚众斗殴	3年-5年	
13. 寻衅滋事罪	寻衅滋事1次	3年以下有期刑、拘役	
	3次（每次都构成犯罪）严重破坏社会秩序	5年-7年	
14. 掩饰隐瞒犯罪所得犯罪所得收益罪	一般情节	1年以下有期刑、拘役	
	情节严重	3年-4年	

续表

罪名	情节	量刑起点	基准刑
15. 走私、贩卖、运输、制造毒品罪	鸦片1千克、海洛因、甲基苯丙胺50克	15年	依法应当判处无期刑以上刑罚的除外
	鸦片200克，海洛因、甲基苯丙胺10克	7年–8年	
	鸦片不满200克，海洛因、甲基苯丙胺不满10克	3年以下有期刑、拘役	
	鸦片不满200克，海洛因、甲基苯丙胺不满10克且情节严重	3年–4年	
	利用教唆未成年人		加10%~30%
	向未成年人出售毒品		
	再犯		
	受雇运输毒品		减30%以下
	毒品含量明显偏低		减30%以下
	存在数量引诱情形		减30%以下

【刑事案件办理期限一览表】

		刑事案件立案后决定逮捕期限的类型
检察、公安	侦查	规则80、195；公安76、195；法119[1]	拘传（传唤）持续的时间不得超过12小时。
			案情特别重大、复杂，需采取拘留、逮捕措施，拘传（传唤）持续时间不得超过24小时。
			2次拘传（传唤）间隔的时间一般不得少于12小时不得以连续拘传方式变相拘禁（传唤）嫌犯。
			拘传（传唤）嫌犯，应保证嫌犯的饮食和必要的休息时间。
公安	拘留	法91	被拘留人需逮捕，应在拘留后3日内提请检察院批捕。
			在特殊情况下，提请批捕的时间可延长1日–4日。
			对流窜作案、多次作案、结伙作案的重大嫌犯，可延长至30日。
检察		法167	检察院对直接受理案件中被拘留的人，认为需逮捕，应在14日内做出决定。
			特殊情况下，决定逮捕的时间可延长1日–3日。

---

[1] 本表为表述方面使用法律和解释的简称。规则=《人民检察院刑事诉讼规则（试行）》；公安=《公安机关办理刑事案件程序规定》；法=《刑事诉讼法》；解释=《关于适用〈中华人民共和国刑事诉讼法〉的解释》。法条序号只使用数字。

续表

			第一审审理期限的类型
检察	审查批捕	法91	检察院对提请批捕案件进行审查,应在7日内作出批捕或不批捕决定。
		规则316、329、343	嫌犯未被拘留,检察院应在收到报请逮捕书后15日内作出是否逮捕决定,重大、复杂案件,不得超过20日。
公安、检察	侦查	法156	对嫌犯逮捕后的侦查办案期限不得超过2个月。
			案情复杂、期限届满不能终结的案件,可经上一级检察院批准延长1个月。
		法158	对交通十分不便边远地区的重大复杂、重大犯罪集团、流窜作案的重大复杂、犯罪涉及面广取证困难的重大复杂案件,经省级检察院可延长2个月。
		法159	嫌犯逮捕后的侦查羁押期限不得超过2个月;案情复杂、期限届满不能终结的案件,可经上一级检察院批准延长1个月,但对可能判处10年以上有期刑的案件,或有交通十分不便的边远地区的重大复杂案件、重大的犯罪集团案件、流窜作案的重大复杂案件,或犯罪涉及面广,取证困难的重大复杂案件,仍不能侦结,经省级检察院批准或决定,可再延长2个月。
		法164	检察院对直接受理的案件侦查适用以上规定。
			审查起诉期限的类型
检察	审查起诉	法172	检察院对公安机关移起的案件,应在1个月内决定。重大、复杂的案件,可延长半个月。
		法175	对补充侦查的案件,应在1个月内补充侦查完毕,补充侦查以2次为限,补充侦查完毕移送检察院后,检察院重算审查起诉期限。
一审法院	公诉案件	法208	法院审理公诉案件,应在受理后2个月内宣判,至迟不得超过3个月。
			对可能判处死刑的案件或附带民诉的案件,有交通十分不便的边远地区的重大复杂案件、重大的犯罪集团案件、流窜作案的重大复杂案件,或犯罪涉及面广,取证困难的重大复杂案件,经上一级法院批准,可延长3个月;因特殊情况还需延长,报请最高法批准。
			法院改变管辖的案件,从改变后法院收到案件之日起计算审理期限。
			检察院补充侦查的案件,补充侦查完毕移送法院后,法院重算审理期限。
	自诉案件	法212	法院审理自诉案件的期限,被告人被羁押的案件一般应在受理后2个月内宣判,至迟不得超过3个月;交通十分不便的边远地区的重大复杂案件、重大的犯罪集团案件、流窜作案的重大复杂案件,或犯罪涉及面广,取证困难的重大复杂案件,经上一级法院批准,可延长3个月;因特殊情况还需延长,报请最高法批准。法院改变管辖的案件,从改变后法院收到案件之日起算审理期限。
			未被羁押的自诉案件,应在受理后6个月内宣判。
	简易程序	法220	法院应在受理后20日内审结。
			对可能判处的有期刑超过3年,可延长至一个半月。

续表

			第二审审理期限的类型
二审法院	二审	法243	第二审法院受理上诉、抗诉案件，应在2个月内审结。
			对可能判处死刑案件或附带民诉的案件，以及有交通十分不便的边远地区的重大复杂案件、重大的犯罪集团案件、流窜作案的重大复杂案件，或犯罪涉及面广，取证困难的重大复杂案件，经上一级法院批准，可延长2个月；因特殊情况还需延长，报请最高法批准。
			最高法受理上诉、抗诉案件的审理期限，由最高法决定。
检察机关	二审	规则474	检察院在接到第二审法院决定开庭、查阅案卷通知后，可查阅或调阅案卷材料，查阅或调阅案卷材料应在接到法院的通知之日起1个月内完成。在1个月内无法完成，可商请法院延期审理。
			再审办案期限
再审法院	再审	法258	法院按审判监督程序重新审判的案件，应在作出提审、再审决定之日起3个月内审结。
			需延长期限，不得超过6个月。
			重算刑诉期限的类型
公安机关	侦查	法160	侦查期间，发现嫌犯另有重要罪行，自发现之日起重算侦查羁押期限（对嫌犯逮捕后侦查羁押期限不得超过2个月。案情复杂、期限届满不能终结的案件，可经上一级检察院批准延长1个月）。
			嫌犯不讲真实姓名、住址，身份不明，应对其身份进行调查，侦查羁押期限自查清其身份之日起计算，但不得停止对其犯罪行为的侦查取证。
			重算刑诉期限的类型
检察机关	审查起诉	法172	检察院审查起诉案件，改变管辖，从改变后的检察院收到案件之日起计算审查起诉期限。
		法175	对补充侦查的案件，应在1个月内补充侦查完毕。补充侦查以2次为限。补充侦查完毕移送检察院后，检察院重算审查起诉期限。
法院	审判	法208	法院改变管辖的案件，从改变后法院收到案件之日起计算审理期限。
法院	重审	法241	第二审法院发回原审法院重审新审判的案件，原审院从收到发回的案件之日起，重算审理期限。
			没收财产程序的期限类型
公安机关	没收程序	法298	对贪污贿赂犯罪、恐怖活动犯罪等重大犯罪案件，嫌犯、被告人逃匿，在通缉1年后不能到案，或嫌犯、被告人死亡，依刑法规定应追缴其违法所得及其他涉案财产，检察院可向法院提出没收违法所得的申请。公安机关认为有此情形，应写出没收违法所得意见书，移送检察院。
检察机关		规则529	检察院应在接到公安机关移送的没收违法所得意见书后30日内作出是否提出没收违法所得申请的决定。30日内不能作出决定，经检察长批准，可延长15日。
		规则530	检察院发现公安机关应启动违法所得没收程序而不启动，可要求公安机关在7日内书面说明不启动的理由。

第二审审理期限的类型			
法院	没收程序	法 299	法院受理没收违法所得的申请后，应发出 6 个月的公告。嫌犯、被告人的近亲属和其他利害关系人有权申请参加诉讼，也可委托诉讼代理人参加诉讼。
		解释 521	审理申请没收违法所得案件期限，参照公诉案件第一审普通程序、第二审程序的审理期限执行。
			公告期间、请求刑事司法协助的时间不计入审理期限。
公安	侦查	法 149	对嫌犯作精神病鉴定的期间不计入办案期限。
法院	审判	法 204	法庭可延期审理的情形：（1）需通知新的证人到庭，调取新的物证，重新鉴定或勘验。（2）检察人员发现提起公诉的案件需补充侦查，提出建议。（3）因申请回避而不能进行审判。
		法 206	在审判过程中，使案件在较长时间内无法继续审理，可中止审理：（1）被告人患有严重疾病，无法出庭。（2）被告人脱逃。（3）自诉人患有严重疾病，无法出庭，未委托诉讼代理人出庭。（4）因不能抗拒的原因。中止审理的原因消失后，应恢复审理。
			法院中止审理的期间不计算审理期限。
		法 235	第二审法院应在决定开庭审理后及时通知检察院查阅案卷，检察院应在 1 个月内查阅完毕。检察院查阅案卷的时间不计入审理期限。

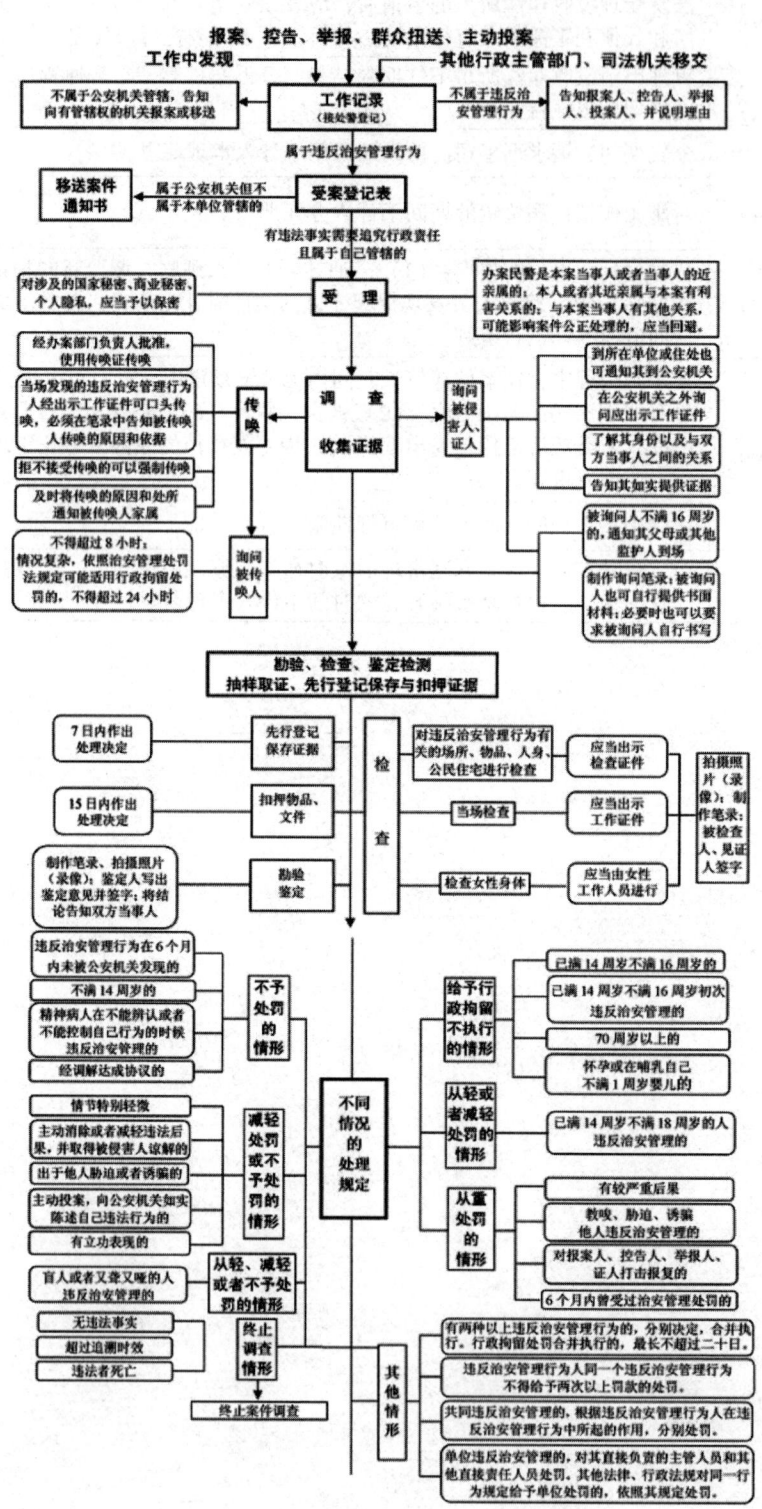

【最高人民法院量刑指导意见一览表（2017年4月1日起施行）】

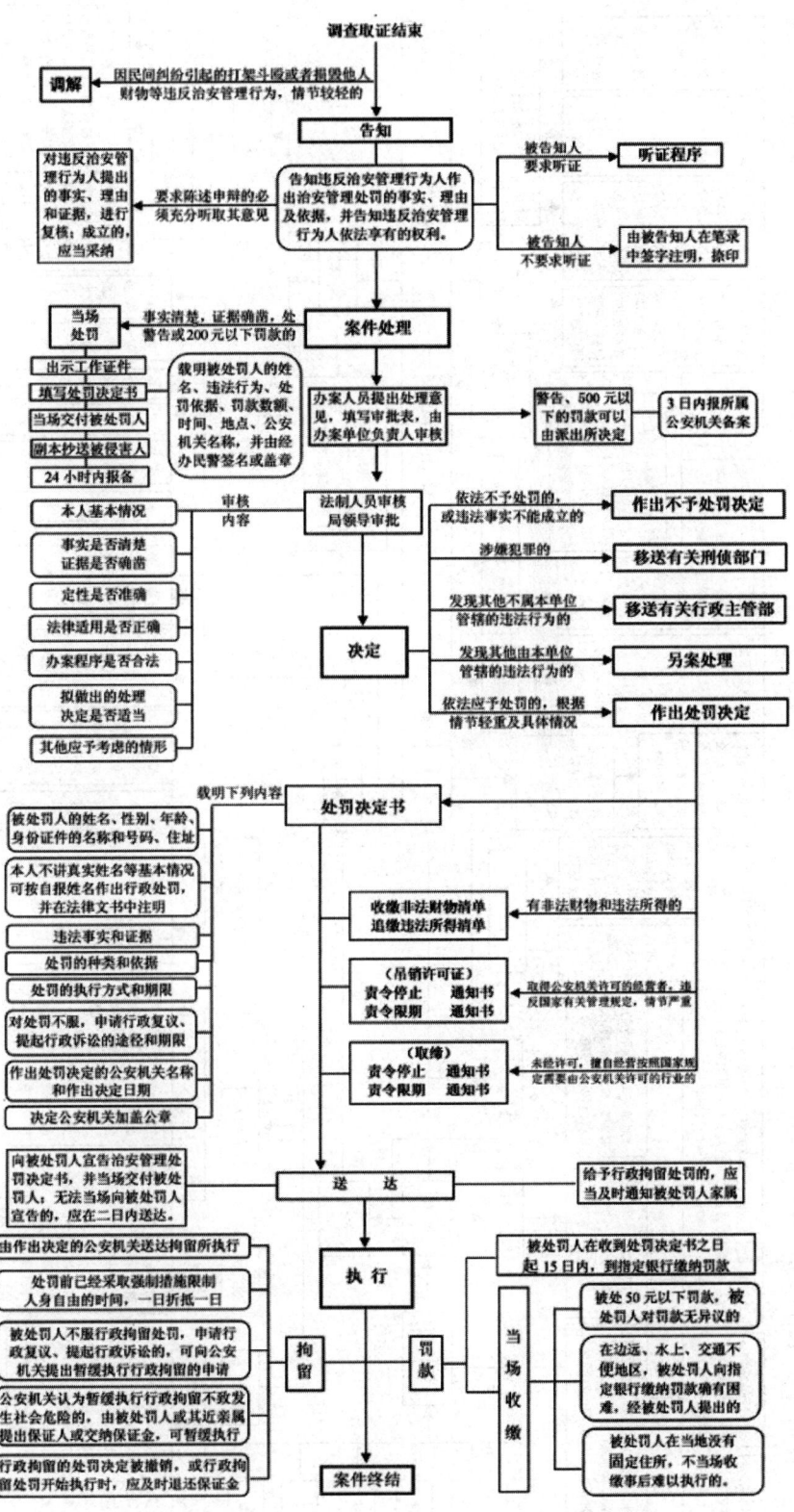

公安机关办理刑事案件流程图

法律术语、机构名称简称表[1]

术语/名称	简称	术语/名称	简称
附带民事诉讼	附带民诉	基层人民法院	基层法院
犯罪嫌疑人	嫌犯	中级人民法院	中院
人民检察院	检察院	高级人民法院	高院
国家安全机关	国安机关	刑事诉讼法司法解释	刑诉法解释
人民法院	法院	移送管辖	移管
刑事诉讼法	刑诉法	刑事审判	刑审
中央军事委员会	中央军委	刑事责任	刑责
监察委员会	监察委	民事责任	民责
最高人民法院	最高法	行政责任	行责
最高人民检察院	最高检	检察院检察委员会	检委会
全国人民代表大会	全国人大	法院审判委员会	审委会
全国人民代表大会常务委员会	全国人大常委会	卫生健康委员会	卫健委
全国人民代表大会宪法和法律委员会	宪法和法律委	危害国家安全罪	危害国安罪
民事诉讼	民诉	广播电视设施	广电设施
刑事诉讼	刑诉	食品药品监督管理总局	食品药品监管局
行政诉讼	行诉	中国人民银行	人行
国家安全部	国安部	中共中央纪律检查委员会	中纪委
审判委员会	审委会	国家监察委员会	国家监察委
无期徒刑	无期刑	公安机关、检察院、法院	公检法

---

[1] 为表述方便，本书法律术语使用简称。

目 录

第一编　刑法总则（第 1~101 条） ······································· /1
　　第一章　刑法的目的、任务、基本原则和适用范围（第 1~12 条） ········· /3
　　第二章　犯罪（第 13~31 条） ··· /48
　　　　第一节　犯罪和刑责（第 13~21 条） ·································· /48
　　　　第二节　犯罪的预备、未遂和中止（第 22~24 条） ················ /94
　　　　第三节　共同犯罪（第 25~29 条） ···································· /110
　　　　第四节　单位犯罪（第 30~31 条） ···································· /130
　　第三章　刑罚（第 32~60 条） ·· /137
　　　　第一节　刑罚的种类（第 32~35 条） ································· /137
　　　　第二节　管制（第 38~41 条） ··· /153
　　　　第三节　拘役（第 42~44 条） ··· /159
　　　　第四节　有期刑和无期刑（第 45~47 条） ··························· /160
　　　　第五节　死刑（第 48~51 条） ··· /164
　　　　第六节　罚金（第 52~53 条） ··· /175
　　　　第七节　剥夺政治权利（第 54~58 条） ······························· /178
　　　　第八节　没收财产（第 59~60 条） ····································· /184
　　第四章　刑罚的具体运用（第 61~89 条） ································· /196
　　　　第一节　量刑（第 61~64 条） ··· /196
　　　　第二节　累犯（第 65~66 条） ··· /219
　　　　第三节　自首和立功（第 67~68 条） ·································· /223
　　　　第四节　数罪并罚（第 69~71 条） ···································· /232
　　　　第五节　缓刑（第 72~77 条） ··· /245

— 1 —

第六节　减刑（第78~80条） ……………………………………… /250
　　第七节　假释（第81~86条） ……………………………………… /254
　　第八节　追诉时效（第87~89条） ………………………………… /258
　第五章　刑法总则的其他规定（第90~101条） …………………………… /262

第二编　刑法分则（第102~451条） …………………………………… /305

　第一章　危害国家安全罪（第102~113条） ……………………………… /309
　第二章　危害公共安全罪（第114~139条） ……………………………… /324
　第三章　破坏社会主义市场经济秩序罪（第140~231条） ……………… /364
　　第一节　生产、销售伪劣商品罪（第140~150条） ……………… /373
　　第二节　走私罪（第151~157条） ………………………………… /385
　　第三节　妨害对公司、企业的管理秩序罪（第158~169条） …… /399
　　第四节　破坏金融管理秩序罪（第170~191条） ………………… /409
　　第五节　金融诈骗罪（第192~200条） …………………………… /438
　　第六节　危害税收征管罪（第201~212条） ……………………… /450
　　第七节　侵犯知识产权罪（第213~220条） ……………………… /457
　　第八节　扰乱市场秩序罪（第221~231条） ……………………… /464
　第四章　侵犯公民人身权利、民主权利罪（第232~262条） …………… /487
　第五章　侵犯财产罪（第263~276条） …………………………………… /544
　第六章　妨害社会管理秩序罪（第277~367条） ………………………… /584
　　第一节　扰乱公共秩序罪（第277~304条） ……………………… /587
　　第二节　妨害司法罪（第305~317条） …………………………… /624
　　第三节　妨害国（边）境管理罪（第318~323条） ……………… /654
　　第四节　妨害文物管理罪（第324~329条） ……………………… /657
　　第五节　危害公共卫生罪（第330~337条） ……………………… /661
　　第六节　破坏环境资源保护罪（第338~346条） ………………… /667
　　第七节　走私、贩卖、运输、制造毒品罪（第347~357条） …… /691
　　第八节　组织、强迫、引诱、容留、介绍卖淫罪
　　　　　　（《刑法》第358~362条） ………………………………… /705
　　第九节　制作、贩卖、传播淫秽物品罪（第363~367条） ……… /708
　第七章　危害国防利益罪（第368~381条） ……………………………… /715
　第八章　贪污贿赂罪（第382~396条） …………………………………… /723
　第九章　渎职罪（第397~419条） ………………………………………… /751
　第十章　军人违反职责罪（第420~451条） ……………………………… /787

附录1 浙江省高级人民法院关于实施修订后的《〈关于常见犯罪的量刑指导意见〉实施细则》的通知 …………………………………………… /805

附录2 云南省高级人民法院关于印发《云南省高级人民法院〈人民法院量刑指导意见（试行）〉实施细则》的通知 ……………………………… /820

附录3 安徽省高级人民法院《关于常见犯罪的量刑指导意见》实施细则（2017） ……………………………………………………………… /832

附录4 辽宁省高级人民法院《关于常见犯罪的量刑指导意见》实施细则（二）（试行） ………………………………………………………… /855

附录5 山东省高级人民法院《关于常见犯罪的量刑指导意见》实施细则 …… /875

附录6 广东省高级人民法院印发《广东省高级人民法院〈关于常见犯罪的量刑指导意见〉实施细则》的通知 ……………………………………… /892

附录7 北京市高级人民法院关于印发《北京市高级人民法院"关于常见犯罪的量刑指导意见"实施细则》的通知 ……………………………… /906

参考文献 …………………………………………………………………………… /932

第一编

刑法总则（第1~101条）

門左衛門集（一）（おさめ）

第一章

刑法的目的、任务、基本原则和适用范围（第1~12条）

◆ **《刑法》第1条 【刑法的立法目的（首要目的、一般目的）】**

从立法宗旨的角度看，刑法的立法目的在于根据宪法，结合中国同犯罪作斗争的具体经验及实际情况，惩罚犯罪，保护人民。

【2016·卷1·不定项·88】（答案：BCD）"法律只是在自由的无意识的自然规律变成有意识的国家法律时，才成为真正的法律。哪里法律成为实际的法律，即成为自由的存在，哪里法律就成为人的实际的自由存在。"关于该段话，下列说法正确的是：A. 从自由与必然的关系上讲，规律是自由，但却是无意识，法律永远是不自由，但却是有意识的。B. 法律是"人的实际的自由存在"的条件。C. 国家法律须尊重自然规律。D. 自由是评价法律进步与否的标准。

【2016·卷1·不定项·87】（答案：ACD）某检察院改革内部管理体制，将原多个内设处（室）统一整合，消除内部职能行政化、碎片化的弊端。对此，下列说法正确的是：A. 完善内部管理体制有利于保证司法公正，提高检察机关公信力。B. 检察官独立行使检察权不应受任何组织和个人的监督。C. 将检察官等同于一般公务员的管理体制不利于提高检察官的专业素质和办案质量。D. 内部管理体制改革为完善检察官职业保障体系创造了条件。

【2016·卷1·不定项·99】（答案：BC）关于深化法院人事管理改革措施的表述，下列说法正确的是：A. 推进法院人员分类管理制度改革，将法院人员分为法官、法官助理和书记员3类，实行分类管理。B. 建立法官员额制，对法官在编制限额内实行员额管理。C. 拓宽法官助理和书记员的来源渠道，建立法官助理和书记员的正常增补机制。D. 配合省以下法院人事改革，设立省市两级法官遴选委员会。

【2017·卷1·不定项·99】（答案：ACD）最高法设巡回法庭有利于方便当事人诉讼、保证案件审理更加公平公正。巡回法庭的性质及职权，下列说法正确的是：A. 巡回法庭是最高法的派出机构、常设审判机构。B. 巡回法庭作出的一审判决当事人不服，可向最高法申请复议一次。C. 巡回法庭受理本巡回区内不服高级法院一审民事、行政裁决提起的上诉。D. 巡回区内应由最高法受理的死刑复核、国家赔偿等案件仍由最高法本部审理或者办理。

中国《刑法》，1979年7月1日第五届全国人大第二次会议通过，1997年3月14日第八届全国人大第五次会议修订，后又历经十次修正分别为：1999年12月25日刑法修正案（一）、2001年8月31日刑法修正案（二）、2001年12月29日刑法修正案（三）、2002年12月28日刑法修正案（四）、2005年2月28日刑法修正案（五）、2006年6月29日刑法修正案（六）、2009年2月28日刑法修正案（七）、2011年2月25日刑法修正案（八）、2015年8月29日刑法修正案（九）、2017年11月4日刑法修正案（十）。（1）已纳入刑法或已不适用而废止的全国人大常委会制定的15部条例、补充规定、决定如下：惩治军人违反职责罪暂行条例；关于严惩严重破坏经济的罪犯的决定；关于严惩严重危害社会治安的罪犯的决定；

关于惩治走私罪的补充规定；关于惩治贪污罪贿赂罪的补充规定；关于惩治泄露国家秘密犯罪的补充规定；关于惩治捕杀国家重点保护的珍贵、濒危野生动物犯罪的补充规定；关于惩治侮辱中国国旗国徽罪的决定；关于惩治盗掘古文化遗址古墓葬犯罪的补充规定；关于惩治劫持航空器罪犯的决定；关于惩治假冒注册商标犯罪的补充规定；关于惩治生产、销售伪劣商品犯罪的决定；关于惩治侵犯著作权的犯罪的决定；关于惩治违反公司法的犯罪的决定；关于处理逃跑或重新犯罪的劳改犯和劳教人员的决定。（2）有关行政处罚和行政措施规定继续有效，有关刑责规定已纳入刑法而适用刑法规定，从而保留的8部全国人大常委会制定的补充规定和决定如下：关于禁毒的决定；关于惩治走私、制作、贩卖、传播淫秽物品的罪犯的决定；关于严惩拐卖、绑架妇女、儿童的罪犯的决定；关于严禁卖淫嫖娼的决定；关于惩治偷税、抗税犯罪的补充规定；关于严惩组织、运送他人偷越国（边）境犯罪的补充规定；关于惩治破坏金融秩序犯罪的决定；关于惩治虚开、伪造和非法出售增值税专用发票犯罪的决定。

中国《刑事诉讼法》，1979年7月1日第五届全国人大第二次会议通过，后历经三次修改，分别为：1996年3月17日刑诉法修正案（一）、2012年3月14日刑诉法修正案（二）、2018年10月26日刑诉法修正案（三）。包括含刑诉法总则（刑诉法的任务和基本原则；管辖；回避；辩护与代理；证据；强制措施；附带民诉；期间、送达；其他规定）；立案、侦查和提起公诉（立案；侦查；一般规定；讯问嫌犯；询问证人；勘验、检查；搜查；查封、扣押物证、书证；鉴定；技术侦查措施；通缉；侦查终结；检察院对直接受理的案件的侦查；提起公诉）；审判（审判组织；第一审程序；公诉案件；自诉案件；简易程序；速裁程序；第二审程序；死刑复核程序；审判监督程序）；执行；特别程序（未成年人刑事案件诉讼程序；当事人和解的公诉案件诉讼程序；缺席审判程序；嫌犯、被告人逃匿、死亡案件违法所得的没收程序依法不负刑事责任的精神病人的强制医疗程序））。

【2013·卷2·单选·23】（答案：B）在刑诉中，法官消极中立，通过当事人举证、辩论发现事实真相，并由当事人推动诉讼进程。这种诉讼构造属于哪一种类型？A. 职权主义。B. 当事人主义。C. 纠问主义。D. 混合主义。

【2016·卷1·单选·1】（答案：C）全面依法治国，必须坚持人民的主体地位。对此，下列哪一理解是错误的？A. 法律既是保障人民自身权利的有力武器，也是必须遵守的行为规范。B. 人民依法享有广泛的权利和自由，同时也承担应尽的义务。C. 人民通过各种途径直接行使立法、执法和司法的权力。D. 人民根本权益是法治建设的出发点和落脚点，法律要为人民所掌握、所遵守、所运用。

【2016·卷1·单选·3】（答案：A）全面依法治国要求加强和改进立法工作，完善立法体制。下列哪一做法不符合上述要求？A. 改进法律起草机制，重要的法律草案由有关部门组织全国人大专门委员会、全国人大常委会法工委起草。B. 完善立法协调沟通机制，对部门间争议较大的重要立法事项，引入第三方评估。C. 完善法规、规章制定程序和公众参与政府立法机制。D. 加强法律解释工作，及时明确法律规定含义和适用法律依据。

【2016·卷1·单选·22】（答案：D）我国《立法法》明确规定："宪法具有最高的法律效力，一切法律、行政法规、地方性法规、自治条例和单行条例、规章都不得同宪法相抵触。"关于这一规定的理解，下列哪一选项是正确的？A. 该条文中两处"法律"均指全国人大及其常委会制定的法律。B. 宪法只能通过法律和行政法规等下位法才能发挥它的约束力。C. 宪法的最高法律效力只是针对最高立法机关的立法活动而言。D. 维护宪法的最高法律效力需完善相应的宪法审查或监督制度。

【2016·卷1·多选·53】（答案：ABCD）全面依法治国要求加强人权的司法保障，哪些做法体现了这一要求？A. 最高法院、公安部规定在押刑事被告人、上诉人应穿着正装或便装出庭受审。B. 某省扩大法律援助覆盖面，将与民生密切相关的事项纳入援助范围。C. 某中级

法院加大生效判决执行力度,确保当事人的胜诉权益及时兑现。D. 某基层法院设立"少年法庭",对开庭审理时不满16周岁的未成年人刑事案件一律不公开审理。

【2016·卷1·不定项·86】(答案:ABCD)全面依法治国,需要解决法治建设不适应、不符合推进国家治理体系和治理能力现代化目标的问题。下列有助于解决上述问题的措施是?A. 增强法律法规的针对性和可操作性,避免立法部门化倾向。B. 改进行政执法体制,消除多头执法、选择性执法现象。C. 大力解决司法不公和司法腐败问题,提高司法公信力。D. 增强社会成员依法维权意识和国家工作人员依法办事观念。

【2017·卷1·单选·1】(答案:D)全面依法治国须坚持从中国实际出发。对此,下列哪一理解是正确的?A. 从实际出发不能因循守旧、墨守成规,法治建设可适当超越社会发展阶段。B. 全面依法治国的制度基础是中华法系,实践基础是中国传统社会的治理经验。C. 从中国实际出发不等于"关起门来搞法治",应移植外国法律制度和法律文化。D. 从实际出发要求凸显法治的中国特色,坚持中国特色社会主义道路、理论体系和制度。

【2017·卷2·单选·22】关于我国刑事诉讼构造,下列哪一选项是正确的?(答案:D)A. 自诉案件审理程序适用当事人主义诉讼构造。B. 被告人认罪案件审理程序中不存在控辩对抗。C. 侦查程序已形成控辩审三方构造。D. 审查起诉程序中只存在控辩关系。

刑诉法的立法目的在于根据宪法保证刑法的正确实施,惩罚犯罪,保护、保障国安和社会公共安全,维护社会主义社会秩序。(1) 公安机关负责对刑事案件的侦查(公安机关、检察院等机关对刑事案件,依法律进行的收集证据、查明案情的工作和采取有关的强制性措施)、拘留、执行逮捕、预审。(2) 国安机关依法律规定,办理危害国安的刑事案件,行使与公安机关相同的职权。(3) 检察院负责检察、批捕、检察机关直接受理的案件的侦查、提起公诉,依法对刑诉法的实施进行法律监督,依法律规定独立行使检察权,不受行政机关、社会团体和个人的干涉。A. 检察院在审查起诉期间发现侦查人员以刑讯逼供等非法方法收集证据,应依法排除相关证据并提出纠正意见,必要时检察院可自行调查取证。B. 检察院对审查认定的非法证据,应排除,不得作为批准或决定逮捕、提起公诉的根据。被排除的非法证据应随案移送,并写明为依法排除的非法证据。C. 检察院依法排除非法证据后,证据不足,不符合逮捕、起诉条件的,不得批准或决定逮捕、提起公诉。D. 从侦查终结案件(案件事实清楚;证据确实、充分;犯罪性质和罪名认定正确;法律手续完备;依法应追究刑责)报告(嫌犯的基本情况;是否采取了强制措施及其理由;案件的事实和证据;法律依据和处理意见)的角度看,侦查终结案件的处理,由县级以上公安机关负责人批准;重大、复杂、疑难的案件应经集体讨论。a. 侦查终结后,应将全部案卷材料按要求装订立卷。b. 向检察院移送案件时,只移送诉讼卷,侦查卷由公安机关存档备查。c. 对侦查终结的案件,侦查机关应全面审查证明证据收集合法性的证据材料,依法排除非法证据;排除非法证据后,证据不足,不得移送审查起诉。E. 侦查机关发现办案人员非法取证,应依法作出处理,并可另行指派侦查人员重新调查取证。F. 侦查机关应依法定程序开展侦查,收集、调取能证实嫌犯有罪或无罪、罪轻或罪重的证据材料。(4) 法院负责审判,依法律规定独立行使审判权。A. 法院向被告人及其辩护人送达起诉书副本时,应告知其有权申请排除非法证据。B. 被告人及其辩护人申请排除非法证据,应在开庭审理前提出,但在庭审期间发现相关线索或材料等情形除外。C. 法院应在开庭审理前将申请书和相关线索或材料的复制件送交检察院。D. 被告人及其辩护人在开庭审理前申请排除非法证据,未提供相关线索或材料,不符合法律规定的申请条件,法院对申请不予受理。E. 被告人及其辩护人在开庭审理前申请排除非法证据,按法律规定提供相关线索或材料,法院应召开庭前会议。a. 检察院应通过出示有关证据材料等方式,有针对性地对证据收集的合法性作出说明。b. 法院可核实情况,听取意见。c. 检察院可决定撤回有关证据,撤回的证据,无新的理由,不得在庭审中出示。F. 被告人及其辩护人可撤回排除非法证据的申请；撤回申请后，无新的线索或材料，不得再次对有关证据提出排除申请。G. 公诉人、被告人及其辩护人在庭前会议中对证据收集是否合法未达成一致意见，法院对证据收集的合法性有疑问，应在庭审中进行调查；法院对证据收集的合法性无疑问，且无新的线索或材料表明可能存在非法取证，可决定不再进行调查。(5) 除法律特别规定外，其他任何机关、人民团体和个人都无权行使侦查权、检察权、审判权。(6) 公检法进行刑诉，须严格遵守刑诉法和其他法律有关规定，须依靠群众，须以事实为根据，以法律为准绳，应分工负责，互相配合，互相制约，以保证准确有效地执行法律。(7) 从刑诉法勘验、检查的角度，任何单位和个人都有义务保护犯罪现场，并立即通知公安机关派员勘验。A. 侦查人员勘验或检查与犯罪有关的场所、物品、人身、尸体，须持有检察院或公安机关的证明文件；必要时可指派或聘请有专门知识的人，在侦查人员的主持下进行勘验、检查；勘验、检查笔录由参加勘验、检查的人和见证人签名或盖章。公安机关对死因不明的尸体有权决定解剖，并通知死者家属到场。B. 为确定被害人、嫌犯的某些特征、伤害情况或生理状态，可对人身进行检查，可提取指纹信息，采集血液、尿液等生物样本。C. 嫌犯若拒绝检查，侦查人员认为必要时可强制检查；检查妇女的身体，应由女工作人员或医师进行。D. 为查明案情，必要时经公安机关负责人批准，可进行除足以造成危险、侮辱人格或有伤风化的侦查实验外的侦查实验，侦查实验笔录由参加实验的人签名或盖章。E. 检察院审查案件时，对公安机关的勘验、检查，认为需复验、复查时，可要求公安机关复验、复查，并可派检察人员参加。(8) 任何单位和个人，有义务按检察院和公安机关的要求，交出可证明嫌犯有罪或无罪的物证、书证、视听资料等证据。A. 侦查人员为收集犯罪证据、查获犯罪人，向被搜查人出示搜查证，在执行逮捕、拘留时遇有紧急情况，不用搜查证也可对嫌犯及可能隐藏罪犯或犯罪证据的人的身体、物品、住处和其他有关的地方进行搜查，应有被搜查人或他的家属、邻居或其他见证人在场。B. 搜查妇女的身体，应由女工作人员进行。C. 搜查笔录由侦查人员和被搜查人或他的家属、邻居或其他见证人签名或盖章；若被搜查人或他的家属在逃或拒绝签名、盖章，应在笔录上注明。

【2017·卷1·多选·61】（答案：ABCD）我国《宪法》第13条规定："公民的合法的私有财产不受侵犯。国家依法律规定保护公民的私有财产权和继承权。"关于这一规定，下列哪些说法是正确的？A. 国家不得侵犯公民的合法的私有财产权。B. 国家应保护公民的合法的私有财产权不受他人侵犯。C. 对公民私有财产权和继承权的保护和限制属于法律保留的事项。D. 国家保护公民的合法的私有财产权，是我国基本经济制度的重要内容之一。

【2017·卷1·多选·65】（答案：ACD）我国宪法规定，法院、检察院和公安机关办理刑事案件，应分工负责，互相配合，互相制约。对此，哪些选项正确？A. 分工负责是三机关各司其职、各尽其责。B. 互相配合是三机关以惩罚罪犯为目标，通力合作，互相支持。C. 互相制约是三机关按法定职权和程序互相监督。D. 公、检、法三机关之间的这种关系，是权力制约原则在我国宪法上的具体体现。

宪法以法律的形式规定了国家的根本制度和根本任务，是国家的根本法，有最高的法律效力。(1) 全国各族、一切国家机关和武装力量、各政党和各社会团体、各企事业组织，都须以宪法为根本的活动准则，并负有维护宪法尊严、保证宪法实施的职责。(2) 全国人大有权修改宪法，监督宪法的实施，制定和修改刑事、民事、国家机构的和其他的基本法律，改变或撤销全国人大常委会不适当的决定，决定战争和和平的问题等。(3) 全国人大常委会有权解释宪法和法律；监督宪法和法律的实施和国务院、中央军委、国家监察委、最高法和最高检的工作；制定和修改除应由全国人大制定的法律外的其他法律；撤销国务院制定的同宪法、法律相抵触的行政法规、决定和命令及省级国家权力机关制定的同宪法、法律和行政法规相抵触的地方性法规和决议；决定特赦、全国总动员或局部动员、全国或个别省级进入紧急状态、驻外全权代表的任免、同外国缔结的条约和重要协定的批准和废除；规定军人和外交人员的衔级制度和其他专门衔级制度；规定和决定授予国家的勋章和荣誉称号；根据国家监察委主任的提请，任免国家监察委副主任、委员；根据最高法院长的提请，任免最高法副院长、审判员、审委会委员和军事法院院长；根据最高检检察长的提请，任免最高检副检察长、检察员、检委会委员和军事检察院检察长，并批准省级检察院检察长的任免；在全国人大闭会期间，若遇到国家遭受武装侵犯或须履行国际共同防止侵略的条约的情况而决定战争状态的宣布；在全国人大闭会期间，对全国人大制定的法律进行部分补充和修改，但不得同该法律的基本原则相抵触；在全国人大闭会期间，审查和批准国民经济和社会发展计划、国家预算在执行过程中所须作的部分调整方案；在全国人大闭会期间，据国务院总理提名，决定部委主任（长）、审计长、秘书长的人选；在全国人大闭会期间，据中央军委主席提名，决定中央军委其他组成人员的人选等。

【2016·卷1·不定项·91】（答案：ACD）我国宪法规定了"一切权力属于人民"的原则。关于这一规定的理解，下列选项正确的是：A. 国家的一切权力来自并属于人民。B. 一切权力属于人民仅体现在直接选举制度之中。C. 我国的人大制度以"一切权力属于人民"为前提。D. "一切权力属于人民"贯穿于我国国家和社会生活的各领域。

【2016·卷1·不定项·92】（答案：ABD）我国宪法明确规定："国家为了公共利益的需要，可依法律规定对公民的私有财产实行征收或征用并给予补偿。"关于公民财产权限制的界限，下列选项正确的是：A. 对公民私有财产的征收或征用构成对公民财产权外部限制。B. 对公民私有财产的征收或征用须具有明确的法律依据。C. 只要满足合目的性原则即可对公民的财产权进行限制。D. 对公民财产权的限制应具有宪法上的正当性。

从宪法的角度讲，县级以上的地方人大常委会的组成人员不得担任国家行政机关、监察机关、审判机关、检察机关的职务。县级以上的地方人大选举并有权罢免本级监察委主任、本级法院院长和本级检察院检察长。选出或罢免检察院检察长，须报上级检察院检察长提请该级人大常委会批准。县级以上的地方人大常委会讨论、决定本行政区域内各方面工作的重大事项；监督本级政府、监察委、法院和检察院的工作；撤销本级政府的不适当的决定和命令；撤销下一级人大的不适当的决议；依法律规定的权限决定国家机关工作人员的任免；在本级人大闭会期间，罢免和补选上一级人大的个别代表。

从宪法的角度讲，公检法办理刑事案件，应分工负责，互相配合，互相制约，以保证准确有效地执行法律。中国设立最高法、地方法院和军事法院等法院。法院的组织由法律规定。法院是国家的审判机关，审理案件，除法律规定的特别情况外，一律公开进行；依法律规定独立行使审判权，不受行政机关、社会团体和个人的干涉。被告人有权获得辩护。地方法院对产生它的国家权力机关负责。最高法是最高审判机关，对全国人大和全国人大常委会负责，监督地方法院和专门法院的审判工作，上级法院监督下级法院的审判工作。最高法院长每届任期同全国人大每届任期相同，连续任职不得超过两届。

检察院是国家的法律监督机关。中国设立最高检、地方检察院和军事检察院等专门检察院。检察院的组织由法律规定，依法律规定独立行使检察权，不受行政机关、社会团体和个人的干涉。地方检察院对产生它的国家权力机关和上级检察院负责。最高检是最高检察机关，对全国人大及其常委会负责，领导地方检察院和专门检察院的工作，上级检察院领导下级检察院的工作。最高检检察长每届任期同全国人大每届任期相同，连续任职不得超过两届。

从立法解释的角度讲，宪法和法律委在承担统一审议法律草案等工作的基础上，承担立法法、全国人大组织法、人大常委会监督法、全国人大议事规则、全国人大常委会议事规则确定的"法律委"的职责，增加推动宪法实施、开展宪法解释、推进合宪性审查、加强宪法监督、配合宪法宣传等工作职责。

【2016·卷1·单选·11】（答案：D）有法谚云："法律为未来作规定，法官为过去作判决。"关于该法谚，下列哪一说法是正确的？A. 法律的内容规定总是超前，法官的判决根据总是滞后的。B. 法官只考虑已发生的事实，故判案时一律选择适用旧法。C. 法律绝对禁止溯及既往。D. 即使案件事实发生在过去，但"为未来作规定"的法律仍可作为其认定的根据。

从治安管理处罚法的角度讲，为维护社会治安秩序，保障公共安全，保护公民、法人和其他组织的合法权益，规范和保障公安机关及其警察依法履行治安管理职责，制定治安管理处罚法。扰乱公共秩序，妨害公共安全，侵犯人身权、财产权，妨害社会管理，有社会危害性，依刑法规定构成犯罪，依法追究刑责；尚不够刑罚，由公安机关依治安管理处罚法给予治安处罚。治安处罚的程序，适用治安管理处罚法规定；治安管理处罚法未规定的，适用行政处罚法的有关规定。

治安管理处罚法的处罚程序：

1. 【调查】（1）公安机关对报案、控告、举报或违反治安管理行为人主动投案，以及其他行政主管部门、司法机关移送的违反治安管理案件，应及时受理，并进行登记。（2）公安机关受理报案、控告、举报、投案后，认为属于违反治安管理行为的，应立即进行调查；认为不属于违反治安管理行为的，应告知报案人、控告人、举报人、投案人，并说明理由。（3）公安机关及其警察对治安案件的调查，应依法进行，对涉及的国家秘密、商业秘密或个人隐私，应保密。严禁刑讯逼供或采用威胁、引诱、欺骗等非法手段收集证据。以非法手段收集的证据不得作为处罚的根据。（4）警察在办理治安案件过程中应回避，违反治安管理行为人、被侵害人或其法定代理人（被代理人的父母、养父母、监护人和负有保护责任的机关、人民团体的代表）也有权要求警察回避的3种基本情形：a. 警察是本案当事人（被害人、自诉人、嫌犯、被告人、附带民诉的原告人和被告人）或当事人的近亲属（夫、妻、父、母、子、女、同胞兄弟姐妹）。b. 警察本人或其近亲属与本案有利害关系。c. 警察与本案当事人有其他关系，可能影响案件公正处理。警察的回避由其所属的公安机关决定，公安机关负责人的回避由上一级公安机关决定。（5）需传唤违反治安管理行为人接受调查，经公安机关办案部门负责人批准，使用传唤证传唤。A. 对现场发现的违反治安管理行为人，警察经出示工作证件，可口头传唤，但应在询问笔录中注明。B. 公安机关应将传唤的原因和依据告知被传唤人。C. 对无正当理由不接受传唤或逃避传唤者，可强制传唤。（6）对违反治安管理行为人，公安机关传唤后应及时询问查证，询问查证的时间不得超过8小时；情况复杂，依治安管理处罚法规定可能适用行政拘留处罚，询问查证的时间不得超过24小时，公安机关应及时将传唤的原因和处所通知被传唤人家属。（7）询问笔录应交被询问人核对；对无阅读能力者，应向其宣读；记载有遗漏或差错，被询问人可提出补充或更正。A. 被询问人确认笔录无误后，应签名或盖章，询问的警察也应在笔录上签名。B. 被询问人要求就被询问事项自行提供书面材料的，应准许；必要时，警察也可要求被询问人自行书写。C. 询问不满16周岁的违反治安管理行为人，应通知其父母或其他监护人到场。（8）警察询问被侵害人或其他证人，可到其所在单位或住处进行；必要时，也可通知其到公安机关提供证言。警察在公安机关外询问被侵害人或其他证人，应出示工作证件。（9）询问聋哑的违反治安管理行为人、被侵害人或其他证人，应有通晓手语的人提供帮助，并在笔录上注明。询问不通晓当地通用的语言文字的违反治安管理行为人、被侵害人或其他证人，应配备翻译人员，并在笔录上注明。（10）公安机关对与违反治安管理行为有关的场所、物品、人身可进行检查。检查时，警察不得少于两人，并应出示工作证件和县级以上政府公安机关开具的检查证明文件。对确有必要立即进行检查，警察经出示工作证件，可当场检查，但检查公民住所应出示县级以上政府公安机关开具的检查证明文件。检查妇女的身体，应由女工作人员进行。（11）检查的情况应制作检查笔录，由检查人、被检查人和见证人签名或盖章；被检查人拒绝签名的，警察应在笔录上注明。（12）公安

— 8 —

机关办理治安案件时，对与案件有关的需作为证据的物品，可扣押；对被侵害人或善意第三人合法占有的财产，不得扣押，应登记。A. 对与案件无关的物品，不得扣押。B. 对扣押的物品，应会同在场见证人和被扣押物品持有人查点清楚，当场开列清单一式两份，由调查人员、见证人和持有人签名或盖章，1 份交给持有人，另 1 份附卷备查。C. 对扣押的物品，应妥善保管，不得挪作他用；对不宜长期保存的物品，按有关规定处理；经查明与案件无关，应及时退还；经核实属于他人合法财产，应登记后立即退还；满 6 个月无人对该财产主张权利或无法查清权利人，应公开拍卖或按国家有关规定处理，所得款项上缴国库。（13）为查明案情，需解决案件中有争议的专门性问题，应指派或聘请有专门知识的人员进行鉴定；鉴定人鉴定后，应写出鉴定意见，并签名。

2. 【决定】（1）治安处罚由县级以上政府公安机关决定；其中警告、500 元以下罚款可由公安派出所决定。（2）对决定给予行政拘留处罚的人，在处罚前已采取强制措施限制人身自由的时间，应折抵。限制人身自由 1 日，折抵行政拘留 1 日。（3）公安机关查处治安案件，对无本人陈述，但其他证据能证明案件事实，可作出治安处罚决定。只有本人陈述，无其他证据证明，不能作出治安处罚决定。（4）公安机关作出治安处罚决定前，应告知违反治安管理行为人作出治安处罚的事实、理由及依据，并告知违反治安管理行为人依法享有的权利。违反治安管理行为人有权陈述和申辩。公安机关须充分听取违反治安管理行为人的意见，对违反治安管理行为人提出的事实、理由和证据，应进行复核；违反治安管理行为人提出的事实、理由或证据成立，公安机关应采纳。公安机关不得因违反治安管理行为人的陈述、申辩而加重处罚。（5）治安案件调查结束后，公安机关应根据不同情况，分别处理：A. 确有依法应给予治安处罚的违法行为，据情节轻重及具体情况，作出处罚决定。B. 依法不处罚，或违法事实不能成立，作出不处罚决定。C. 违法行为已涉嫌犯罪，移送主管机关依法追究刑责。D. 发现违反治安管理行为人有其他违法行为，在对违反治安管理行为作出处决定的同时，通知有关行政主管部门处理。（6）公安机关作出治安处罚决定，应制作由作出处罚决定的公安机关加盖印章的治安管理处罚决定书。A. 被处罚人的姓名、性别、年龄、身份证件的名称和号码、住址。B. 违法事实和证据。C. 处罚的种类和依据。D. 处罚的执行方式和期限。E. 对处罚决定不服，申请行政复议、提起行政诉讼的途径和期限。F. 作出处罚决定的公安机关的名称和作出决定的日期。（7）公安机关应向被处罚人宣告治安处罚决定书，并当场交付被处罚人；无法当场向被处罚人宣告，应在 2 日内送达被处罚人。决定给予行政拘留处罚，应及时通知被处罚人的家属。有被侵害人，公安机关应将决定书副本抄送被侵害人。（8）公安机关作出吊销许可证及处 2000 元以上罚款的治安处罚决定前，应告知违反治安管理行为人有权要求举行听证；违反治安管理行为人要求听证，公安机关应及时依法举行听证。（9）公安机关办理治安案件的期限，自受理之日起不得超过 30 日；案情重大、复杂，经上一级公安机关批准，可延长 30 日。为查明案情进行鉴定的时间，不计入办理治安案件的期限。（10）违反治安管理行为事实清楚，证据确凿，处警告或 200 元以下罚款，可当场作出治安处罚决定。当场作出治安处罚决定，警察应向违反治安管理行为人出示工作证件，并填写处罚决定书（应载明被处罚人的姓名、违法行为、处罚依据、罚款数额、时间、地点及公安机关名称，并由经办的警察签名或盖章），应当场交付被处罚人；有被侵害人，应将决定书副本抄送被侵害人。当场作出治安处罚决定，经办的警察应在 24 小时内报所属公安机关备案。被处罚人对治安处罚决定不服，可依法申请行政复议或提起行政诉讼。

3. 【执行】（1）对被决定给予行政拘留处罚的人，由作出决定的公安机关送达拘留所执行。受到罚款处罚的人应自收到处罚决定书之日起 15 日内，到指定的银行缴纳罚款。警察可当场收缴罚款的 3 种情形：A. 被处 50 元以下罚款，被处罚人对罚款无异议。B. 在边远、水上、交通不便地区，公安机关及其警察依治安处罚法规定作出罚款决定后，被处罚人向指定的银行缴纳罚款确有困难，经被处罚人提出。C. 被处罚人在当地无固定住所，不当场收缴事后难以执行。（2）警察当场收缴罚款，应自收缴罚款之日起 2 日内，交至所属的公安机关；在水上、旅客列车上当场收缴罚款，应自抵岸或到站之日起 2 日内，交至所属的公安机关；公安机关应自收到罚款之日起 2 日内将罚款缴付指定的银行。A. 警察当场收缴罚款，应向被处罚人出具省级政府财政部门统一制发罚款收据；不出具统一制发罚款收据，被处罚人有权拒绝缴纳罚款。B. 被处罚人不服行政拘留处罚决定，申请行政复议、提起行政诉讼，可向公安机关提出暂缓执行行政拘留的申请。C. 公安机关认为暂缓执行行政拘留不致发生社会危险，由被处罚人或其近亲属提出符合条件的担保人（担保人的条件：a. 与本案无牵连。b. 享有政治权利，人身自由未受到限制。c. 在当地有常住户口和固定住所。d. 有能力履行担保义务），或按每日行政拘留 200 元标准交纳保证金，行政拘留的处罚决定暂缓执行。D. 担保人应保证被担保人不逃避行政拘留处罚的执行。E. 担保人不履行担保义务，使被担保人逃避行政拘留处罚的执行，由公安机关对其处 3000 元以下罚款。F. 被决定给予行政拘留处罚的人交纳保证金，暂缓行政拘留后，逃避行政拘留处罚的执行，保证金没收并上缴国库，已作出的行政拘留决定仍应执行。G. 行政拘留的处罚决定被撤销，或行政拘留处罚开始执行，公安机关收取的保证金应及时退还交纳人。

4.【**法律责任**】（1）从治安处罚法的执法监督的角度看，公安机关及其警察应依法、公正、严格、高效办理治安案件，文明执法，不得徇私舞弊；禁止对违反治安管理行为人进行打骂、虐待或侮辱，应自觉接受社会和公民的监督；不严格执法或有违法违纪行为，任何单位和个人都有权向公安机关或检察院、监察机关检举、控告；收到检举、控告的机关，应依据职责及时处理。A. 警察未依法办理治安案件，依法给予行政处分；构成犯罪，依法追究刑责，共 11 种情形：a. 接到要求制止违反治安管理行为的报警后，不及时出警。b. 在查处违反治安管理活动时，为违法犯罪行为人通风报信。c. 刑讯逼供、体罚、虐待、侮辱他人。d. 超过询问查证的时间限制人身自由。e. 违反规定使用或不及时返还被侵害人财物。f. 违反规定不及时退还保证金。g. 利用职务便利收受他人财物或谋取其他利益。h. 私分、侵占、挪用、故意损毁收缴、扣押的财物。i. 当场收缴罚款不出具罚款收据或不如实填写罚款数额。j. 不执行罚款决定与罚款收缴分离制度或不按规定将罚没的财物上缴国库或依法处理。k. 有徇私舞弊、滥用职权，不依法履行法定职责的其他情形。B. 公安机关及其警察违法行使职权，侵犯公民、法人和其他组织合法权益，应赔礼道歉；造成损害，应依法承担赔偿责任。（2）公安机关依法实施罚款处罚，应依有关法律、行政法规规定，实行罚款决定与罚款收缴分离；收缴罚款应全部上缴国库。

◆《刑法》第 2 条【刑法的任务（首要任务、一般任务）】

从立法目的和立法任务的关系、犯罪客体和犯罪对象的关系的角度看，中国刑法的任务是用刑罚同一切犯罪行为作斗争，以保卫国家安全，保卫人民民主专政政权和社会主义制度[危害国家安全罪（分裂国家罪、煽动分裂国家罪、煽动颠覆国家政权罪、颠覆国家政权罪、为境外窃取刺探收买非法提供国家秘密情报罪、间谍罪、叛逃罪、背叛国家罪、武装叛乱暴乱罪、投敌叛变罪、资敌罪、资助危害国安犯罪活动罪）；危害国防利益罪；军人违反职责罪]，保护国有财产和劳动群众集体所有财产、公民私有财产（侵犯财产罪；破坏社会主义市场经济秩序罪；贪污贿赂罪；渎职罪），保护公民的人身权、民主权和其他权利（侵犯公民人身权、民主权利罪），维护社会秩序、经济秩序（妨害社会管理秩序罪、危害公共安全罪），保障社会主义建设事业顺利进行。

【**2012·卷 2·单选·22**】（答案：A）关于《刑事诉讼法》"尊重和保障人权，保护公民的人身权利、财产权利、民主权利和其他权利"的规定，下列哪一选项是正确的？A. 体现了

以人为本、保障和维护公民基本权利和自由的理念。B. 体现了嫌犯、被告人权利至上的理念。C. 体现了实体公正与程序公正并重的理念。D. 体现了公正优先、兼顾效率的理念。

刑诉法的任务在于保证准确、及时查明犯罪事实，正确应用法律，惩罚罪犯，保障无罪的人不受刑事追究，教育公民自觉遵守法律，积极同犯罪行为作斗争，维护社会主义法制，尊重和保障人权，保护公民的人身权、财产权、民主权和其他权利，保障社会主义建设事业的顺利进行。

从宪法的角度讲，中国共产党领导是中国特色社会主义最本质的特征。中国是工人阶级领导、以工农联盟为基础的人民民主专政的社会主义国家。社会主义制度是中国的根本制度。禁止任何组织或个人破坏社会主义制度。中国的一切权力属于人民。人民行使国家权力的机关是全国人大和地方人大。人民依法律规定，通过各种途径和形式，管理国家事务，管理经济和文化事业，管理社会事务。中国国家机构实行民主集中制的原则。全国人大和地方人大都由民主选举产生，对其负责，受其监督。国家行政机关、监察机关、审判机关、检察机关都由人大产生，对它负责，受它监督。中央和地方的国家机构职权的划分，遵循在中央的统一领导下，充分发挥地方的主动性、积极性的原则。

【2016·卷1·单选·6】（答案：D）中国古代有"厌讼"传统，老百姓万不得已才打官司。但随着经济社会发展，中国司法领域却出现了诉讼案件激增的现象。对此，下列哪一说法是错误的？A. 相比古代而言，法律在现代社会中对保障人们的权利具有更重要的作用。B. 从理论上讲，当诉讼成本高于诉讼可能带来的收益时，更易形成"厌讼"的传统。C. 案件激增从一个侧面说明群众已逐渐树立起遇事找法、解决问题靠法的观念。D. 在法治社会，诉讼是解决纠纷的唯一合法途径。

【2016·卷1·单选·7】（答案：D）法治社会建设要求健全依法维权和化解纠纷机制，杜绝"大闹大解决、小闹小解决、不闹不解决"现象。下列哪一做法无助于消除此现象？A. 甲市将信访纳入法治轨道，承诺对合理合法的诉求依法及时处理。B. 乙区通过举办"群众吐槽会"建立群众利益沟通机制。C. 丙县通过地方戏等形式普及"即使有理也要守法"观念。D. 丁市律协要求律师不得代理群体性纠纷案件。

中国是实行依法治国的社会主义法治国家。国家维护社会主义法制的统一和尊严。一切法律、行政法规和地方性法规都不得同宪法相抵触。一切国家机关和武装力量、各政党和各社会团体、各企事业组织都须遵守宪法和法律。一切违反宪法和法律的行为，须追究。任何组织或个人都不得有超越宪法和法律的特权。中国的社会主义经济制度的基础是生产资料的社会主义公有制，即全民所有制和劳动群众集体所有制。社会主义公有制消灭人剥削人的制度，实行各尽所能、按劳分配的原则。国家在社会主义初级阶段，坚持以公有制为主体、多种所有制经济共同发展的基本经济制度，坚持以按劳分配为主体、多种分配方式并存的分配制度。国有经济（全民所有制经济）是国民经济中的主导力量。社会主义的公共财产神圣不可侵犯。公民的合法的私有财产不受侵犯。国家依法律规定保护公民的私有财产权和继承权，保护个体经济、私营经济等非公有制经济的合法的权利和利益，鼓励、支持和引导非公有制经济的发展，并对非公有制经济依法实行监督和管理，保障国有经济的巩固和发展，实行社会主义市场经济，加强经济立法，完善宏观调控，保护社会主义的公共财产，为公共利益的需要，可依法律规定对土地、公民私有财产实行征收或征用并给予补偿，依法禁止任何组织或个人扰乱社会经济秩序，禁止任何组织或个人用任何手段侵占或破坏国家的和集体的财产。

【2016·卷1·单选·8】（答案：B）《治安管理处罚法》第115条规定："公安机关依法实施罚款处罚，应依有关法律、行政法规的规定，实行罚款决定与罚款收缴分离；收缴的罚款应全部上缴国库。"关于该条文，下列哪一说法是正确的？A. 表达的是禁止性规则。B. 表达的是强行性规则。C. 表达的是程序性原则。D. 表达了法律规则中的法律后果。

从治安管理处罚法的角度讲，扰乱公共秩序，妨害公共安全，侵犯人身权、财产权，妨害社会管理，具有社会危害性，依刑法规定构成犯罪，依法追究刑责；尚不够刑罚，由公安机关依治安处罚法给予治安处罚。治安处罚须以事实为依据，与违反治安管理行为的性质、情节及社会危害程度相当。实施治安处罚，应公开、公正，尊重和保障人权，保护公民的人格尊严。办理治安案件应坚持教育与处罚相结合的原则。治安案件的管辖由公安部规定。政府应加强社会治安综合治理，采取有效措施，化解社会矛盾，增进社会和谐，维护社会稳定。公安机关负责全国的治安管理工作。县级以上地方政府公安机关负责本行政区域内的治安管理工作。违反治安管理的行为对他人造成损害，行为人或其监护人应依法承担民责。对因民间纠纷引起的打架斗殴或损毁他人财物等违反治安管理行为，情节较轻，公安机关可调解处理。经公安机关调解，当事人达成协议，不处罚。经调解未达成协议或达成协议后不履行，公安机关应依治安处罚法对违反治安管理行为人给予处罚，并告知当事人可就民事争议向法院提起民诉。

从刑法、反腐败斗争、扫黑除恶斗争的角度看，涉黑类犯罪罪名主要有组织、领导、参加黑社会性质组织罪等；涉恶类犯罪罪名主要有开设赌场罪、敲诈勒索罪、强迫交易罪、非法拘禁罪、寻衅滋事罪、聚众斗殴罪、故意毁坏财物罪、组织强迫卖淫罪、协助组织卖淫罪等。（1）黑社会性质组织特征：A. 形成较稳定犯罪组织，人数较多，有明确组织者、领导者，骨干成员基本固定。B. 有组织地通过违法犯罪活动或其他手段获取经济利益，有一定经济实力，以支持该组织活动。C. 以暴力、威胁或其他手段，有组织地多次进行违法犯罪活动，为非作恶，欺压、残害群众。D. 通过实施违法犯罪活动，或利用国家工作人员的包庇或纵容，称霸一方，在一定区域或行业内，形成非法控制或重大影响，严重破坏经济、社会生活秩序。（2）十类黑恶势力性质的违法犯罪活动表现：A. 以暴力、威胁或贿选、霸选、骗选等手段，干扰基层选举，把持基层组织，侵吞农村集体财产，攫取非法利益，称霸一方，欺压、残害群众等实施黑恶势力违法犯罪活动或充当黑恶势力保护伞的黑恶村官。B. 聚集在农村、城中村、城乡接合部拉帮结派、寻衅滋事、打架斗殴、强拿硬要、恃强凌弱、残害无辜、横行乡里、称霸一方的乡霸村恶等黑恶势力。C. 依仗宗族势力，组织家族成员或煽动其他群众聚众闹事、暴力抗法、对抗政府，侵占集体财产，垄断集体资源，为其个人、家族及同伙谋取非法利益的宗族黑恶势力。D. 以开设赌场为主要敛财方式，为争夺赌场、索要赌债、收取保护费等实施聚众斗殴、寻衅滋事、非法拘禁、故意伤害、敲诈勒索等行为的涉赌类黑恶势力。E. 以暴力、威胁、恐吓、强占、滋扰等非法手段放贷讨债、插手民间纠纷，实施非法拘禁、寻衅滋事、聚众斗殴、故意毁坏财物、非法侵入住宅、聚众扰乱社会秩序等行为的套路贷、校园贷、现金贷、裸贷等非法高利放贷、暴力收贷、非法讨债类黑恶势力。F. 在土地流转、房产开发、矿产开采、工程建设等行业领域，雇佣黑恶势力，纠集社会闲散人员，恶意竞标、暴力围标、强揽工程、非法占地、滥开滥采、暴力拆迁等犯罪团伙。G. 盘踞在集市贸易、农副产品批发、商品零售、建筑材料等各类市场，欺行霸市、强买强卖、敲诈勒索、破坏正常经营秩序类市霸、行霸类犯罪团伙。H. 涉及非法拘禁、敲诈勒索、寻衅滋事等违法犯罪活动的传销式、地下出警队等黑恶势力。I. 涉及校园欺凌、黄赌毒、涉枪涉爆等群众反映强烈或媒体报道的其他涉黑涉恶类违法犯罪人员。J. 实施入境渗透、黄赌毒等违法犯罪活动的境外黑社会组织及其成员，以及实施其他相关的跨境有组织犯罪活动的团伙和人员。（3）监察机关行使监督权、调查权、留置权，有权依法向有关单位和个人（应如实提供）了解情况，收集、调取证据，据监督、调查结果，依法作出处置。对涉嫌职务犯罪，监察机关经调查认为犯罪事实清楚、证据确实、充分，制作起诉意见书，连同案卷材料、证据一并移送检察院依法审查、提起公诉。

从《关于办理"套路贷"刑事案件若干问题的意见》（2019年）的角度讲，准确把握

"套路贷"与民间借贷的区别：（1）套路贷是对以非法占有为目的，假借民间借贷之名，诱使或迫使被害人签订借贷或变相借贷、抵押、担保等相关协议，通过虚增借贷金额、恶意制造违约、肆意认定违约、毁匿还款证据等方式形成虚假债权债务，并借助诉讼、仲裁、公证或采用暴力、威胁以及其他手段非法占有被害人财物的相关违法犯罪活动的概括性称谓。（2）套路贷与平等主体之间基于意思自治而形成的民事借贷关系存在本质区别，民间借贷的出借人是为了到期按协议约定的内容收回本金并获取利息，不具有非法占有他人财物的目的，也不会在签订、履行借贷协议过程中实施虚增借贷金额、制造虚假给付痕迹、恶意制造违约、肆意认定违约、毁匿还款证据等行为。（3）司法实践中，应注意非法讨债引发的案件与"套路贷"案件的区别，嫌犯、被告人不具有非法占有目的，也未使用"套路"与借款人形成虚假债权债务，不应视为套路贷。（4）因使用暴力、威胁以及其他手段强行索债构成犯罪，应根据具体案件事实定罪处罚。实践中，套路贷的常见犯罪手法和步骤包括但不限于8种情形：A. 制造民间借贷假象。a. 嫌犯、被告人往往以小额贷款公司、投资公司、咨询公司、担保公司、网络借贷平台等名义对外宣传，以低息、无抵押、无担保、快速放款等为诱饵吸引被害人借款，继而以保证金、行规等虚假理由诱使被害人基于错误认识签订金额虚高的"借贷"协议或相关协议。b. 有的嫌犯、被告人还会以被害人先前借贷违约等理由，迫使对方签订金额虚高的"借贷"协议或相关协议。B. 制造资金走账流水等虚假给付事实。嫌犯、被告人按虚高的"借贷"协议金额将资金转入被害人账户，制造已将全部借款交付被害人的银行流水痕迹，随后便采取各种手段将其中全部或部分资金收回，被害人实际上并未取得或完全取得"借贷"协议、银行流水上显示的钱款。（5）故意制造违约或肆意认定违约。嫌犯、被告人往往会以设置违约陷阱、制造还款障碍等方式，故意造成被害人违约，或通过肆意认定违约，强行要求被害人偿还虚假债务。（6）恶意垒高借款金额。被害人无力偿还时，有的嫌犯、被告人会安排其所属公司或指定的关联公司、关联人员为被害人偿还"借款"，继而与被害人签订金额更大的虚高"借贷"协议或相关协议，通过这种"转单平账""以贷还贷"的方式不断垒高"债务"。（7）软硬兼施"索债"。在被害人未偿还虚高"借款"的情况下，嫌犯、被告人借助诉讼、仲裁、公证或采用暴力、威胁以及其他手段向被害人或被害人的特定关系人索取"债务"。（8）依法严惩套路贷犯罪：A. 实施"套路贷"过程中，未采用明显的暴力或威胁手段，其行为特征从整体上表现为以非法占有为目的，通过虚构事实、隐瞒真相骗取被害人财物，一般以诈骗罪定罪处罚；对在实施"套路贷"过程中多种手段并用，构成诈骗、敲诈勒索、非法拘禁、虚假诉讼、寻衅滋事、强迫交易、抢劫、绑架等多种犯罪，应根据具体案件事实，区分不同情况，依刑法及有关司法解释的规定数罪并罚或择一重处。B. 多人共同实施"套路贷"犯罪，嫌犯、被告人在所参与的犯罪中起主要作用，应认定为主犯，对其参与或组织、指挥的全部犯罪承担刑责；起次要或辅助作用，应认定为从犯。C. 明知他人实施"套路贷"犯罪，具有组织发送"贷款"信息、广告，吸引、介绍被害人"借款"；提供资金、场所、银行卡、账号、交通工具等帮助；出售、提供、帮助获取公民个人信息；协助制造走账记录等虚假给付事实；协助办理公证；协助以虚假事实提起诉讼或仲裁；协助套现、取现、办理动产或不动产过户等，转移犯罪所得及其产生的收益；其他符合共犯规定的情形之一，以相关犯罪的共犯论处，但刑法和司法解释等另有规定外。上述规定中的"明知他人实施套路贷犯罪"，应结合行为人的认知能力、既往经历、行为次数和手段、与同案人、被害人的关系、获利情况、是否曾因"套路贷"受过处罚、是否故意规避查处等主观因素综合分析认定。（9）认定套路贷犯罪数额时，应与民间借贷相区别，从整体上予以否定性评价，虚高债务和以利息、保证金、中介费、服务费违约金等名目被嫌犯、被告人非法占有的财物，均应计入犯罪数额。A. 嫌犯、被告人实际给付被害人的本金数额，不计入犯罪数额。B. 已着手实施套路贷，但因意志以外原因未得逞，可根据相关罪名所涉及的刑法、司法解释规定，按已着手非法占有的财物数额认定犯罪未遂;既有既遂,又有未遂,犯罪既遂部分与未遂部分分别对应不同法定刑幅度,应先决定对未遂部分是否减轻处罚,确定未遂部分对应的法定刑幅度,再与既遂部分对应的法定刑幅度进行比较,选择处罚较重的法定刑幅度,并酌情从重处罚;二者在同一量刑幅度,以犯罪既遂酌情从重处罚。(10)嫌犯、被告人实施"套路贷"违法所得的一切财物,应予以追缴或责令退赔;对被害人的合法财产,应及时返还。有证据证明是嫌犯、被告人为实施"套路贷"而交付给被害人的本金,赔偿被害人损失后如有剩余,应依法予以没收。嫌犯、被告人已将违法所得的财物用于清偿债务、转让或设置其他权利负担,具有第三人明知是违法所得财物而接受;第三人无偿取得或以明显低于市场的价格取得违法所得财物;第三人通过非法债务清偿或违法犯罪活动取得违法所得财物;其他应依法追缴的情形之一,应依法追缴。(11)以老年人、未成年人、在校学生、丧失劳动能力的人为对象实施套路贷,或因实施套路贷造成被害人或其特定关系人自杀、死亡、精神失常、为偿还"债务"而实施犯罪活动,除刑法、司法解释另有规定外,应酌情从重处罚。A. 坚持依法从严惩处的同时,对认罪认罚、积极退赃、真诚悔罪或具有其他法定、酌定从轻处罚情节的被告人,可依法从宽处罚。B. 对"套路贷"罪犯,应根据其所触犯的具体罪名,依法加大财产刑适用力度。C. 符合禁止令条件,可依法禁止从事相关职业。D. 3人以上为实施套路贷而组成的较为固定的犯罪组织,应认定为犯罪集团。E. 对首犯应按集团所犯全部罪行处罚。F. 符合黑恶势力认定标准,应按黑社会性质组织、恶势力或恶势力犯罪集团侦查、起诉、审判。(12)依法确定"套路贷"刑事案件管辖:A. 套路贷犯罪案件一般由犯罪地[犯罪行为发生地(为实施"套路贷"所设立的公司所在地、"借贷"协议或相关协议签订地、非法讨债行为实施地、为实施"套路贷"而进行诉讼、仲裁、公证的受案法院、仲裁委、公证机构所在地,以及"套路贷"行为的预备地、开始地、途经地、结束地等)、犯罪结果发生地(违法所得财物的支付地、实际取得地、藏匿地、转移地、使用地、销售地等)]公安机关侦查,若由嫌犯居住地公安机关立案侦查更为适宜,可由嫌犯居住地公安机关立案侦查。B. 除犯罪地、嫌犯居住地外,其他地方公安机关对公民扭送、报案、控告、举报或嫌犯自首的套路贷犯罪案件,都应立即受理,经审查认为有犯罪事实,移送有管辖权的公安机关处理。C. 黑恶势力实施的套路贷犯罪案件,由侦办黑社会性质组织、恶势力或恶势力犯罪集团案件的公安机关进行侦查。D. 具有1人犯数罪;共犯;共犯的嫌犯还实施其他犯罪;多个嫌犯实施的犯罪存在直接关联,并案处理有利于查明案件事实的情形之一,有关公安机关可在其职责范围内并案侦查。

【2017·卷1·不定项·98】(答案:ACD)建立领导干部、司法机关内部人员过问案件记录和责任追究制度,规范司法人员与当事人、律师、特殊关系人、中介组织接触交往行为,有利于保障审判独立和检察独立。据此,下列做法正确的是:A. 某案承办检察官告知其同事可按规定为案件当事人转递涉案材料。B. 某法官在参加法官会议时,提醒承办法官充分考虑某案被告家庭现状。C. 某检察院副检察长依职权对其他检察官的在办案件提出书面指导性意见。D. 某法官在参加研讨会中偶遇在办案件当事人的律师,拒绝其研讨案件的要求并向法院纪检部门报告。

从最高法、最高检、公安部、国安部、司法部五部委联合发布的《加强协调配合积极推进量刑规范化改革的通知》(2010年)的角度看,规范裁量权并将量刑纳入法庭审理程序(量刑规范化改革)是规范裁量权,实现量刑公正均衡,提高执法公信力和权威的重要保证,是推动社会矛盾化解、完善社会管理创新、促进公正廉洁执法的重要举措。(1)公检法、国安机关和司法行政机关要通过深入开展社会主义法治理念教育,彻底清理和摒弃那些不符合、不适应社会主义法治理念要求的陈旧观念,牢固树立打击犯罪与保障人权并重、定罪与量刑并重、实体公正与程序公正并重的社会主义刑事执法理念,切实提高执法办案的能力和水平,实现办案法律效果和社会效果的有机统一。(2) 侦查机关、检察机关不但要注重收集各种证明嫌犯、被告人有罪、罪重的证据，而且要注重收集各种证明嫌犯、被告人无罪、罪轻的证据；不但要注重收集各种法定量刑情节，而且要注重查明各种酌定量刑情节，比如案件起因、被害人过错、退赃退赔、民事赔偿、嫌犯及被告人一贯表现等，确保定罪量刑事实清楚，证据确实充分。侦查活动中，对罪行较轻，社会危害性较小的嫌犯，若符合取保候审、监视居住条件，要尽量适用取保候审、监视居住等强制措施，减少羁押性强制措施的适用；检察院、法院在审查起诉、审判过程中，发现羁押期限可能超过所应判刑罚，可根据案件情况变更强制措施，避免羁押期超过判处的刑期，切实保障被告人的合法权益。(3) 检察院审查案件，要客观全面审查案件证据，既要注重审查定罪证据，也要注重审查量刑证据；既要注重审查法定量刑情节，也要注重审查酌定量刑情节；既要注重审查从重量刑情节，也要注重审查从轻、减轻、免除处罚量刑情节。审查案件过程中，可要求侦查机关提供法庭审判必需的与量刑有关的各种证据材料。对量刑证据材料的移送，依有关规定进行。要坚持积极、慎重、稳妥的原则，由易到难，边实践边总结，逐步扩大案件适用范围。要依法规范提出量刑建议，注重量刑建议的质量和效果。提出量刑建议，一般应制作量刑建议书。对检察院不派员出席法庭的简易程序案件，应制作量刑建议书。量刑建议一般应有一定的幅度，但对敏感复杂的案件、社会关注的案件、涉及国安和严重影响局部地区稳定的案件等，可不提出具体的量刑建议，而仅提出依法从重、从轻、减轻处罚等概括性建议。(4) 在法庭审理中，应保障量刑程序的相对独立性，要合理安排定罪量刑事实调查顺序和辩论重点，对被告人对指控的犯罪事实和罪名［选择罪名（行为选择类罪名、对象选择类罪名、行为选择和对象选择并存类罪名）、排列式罪名、种类罪名］无异议的案件，可主要围绕量刑和其他有争议的问题进行调查和辩论；对被告人不认罪或辩护人作无罪辩护的案件，应先查明定罪事实和量刑事实，再围绕定罪和量刑问题进行辩论。公诉人、辩护人要积极参与法庭调查和法庭辩论。审判人员对量刑证据有疑问，可对证据进行调查核实，必要时也可要求检察院补充调查核实。检察院应补充调查核实有关证据，必要时可要求侦查机关提供协助。对作为证据使用的实物应随案移送，对不宜移送，应将其清单、照片或其他证明文件随案移送。(5) 司法行政机关、律协要加强对律师辩护工作的指导，完善律师办理刑事案件业务规则，规范律师执业行为。律师办理刑事案件，要依法履行辩护职责，切实维护嫌犯、被告人的合法权益。司法机关应充分保障律师执业权利，重视辩护律师提出的量刑证据和量刑意见。司法行政机关要进一步扩大法律援助范围，加大法律援助投入，壮大法律援助队伍，尽可能地为那些不认罪或对量刑建议有争议、因经济困难或其他原因未委托辩护人的被告人提供法律援助，更好地保护被告人的辩护权。

【2017·卷1·单选·7】（答案：C）某市律协与法院签订协议，选派10名实习律师到法院从事审判辅助工作6个月，法院为他们分别指定1名资深法官担任导师。对此，下列哪一说法是正确的？A. 法官与律师具有完全相同的职业理想和职业道德。B. 是对法院审判活动进行监督的一种新途径。C. 有助于加深律师和法官相互的了解和信任。D. 是从律师中招录法官、充实法官队伍的一种方式。

【2017·卷1·多选·83】（答案：ABD）法律职业道德具有不同于一般职业道德的职业性、实践性、正式性及更高标准的特征。关于法律职业道德的表述，下列哪些选项是正确的？A. 法律职业人员专业水平的发挥与职业道德水平的高低具有密切联系。B. 法律职业道德基本原则和规范的形成，与法律职业实践活动紧密相连。C. 纵观伦理发展史和法律思想史，法律职业道德的形成与"实证法"概念的阐释密切相关。D. 法律职业道德基本原则是对每个法律从业人员职业行为进行职业道德评价的标准。

【2017·卷1·多选·85】（答案：AB）律师在推进全面依法治国进程中具有重要作用，

律师应依法执业、诚信执业、规范执业。根据《律师执业管理办法》，下列哪些做法是正确的？A. 甲律师依法向被害人收集被告人不在聚众斗殴现场的证据，提交检察院要求其及时进行审查。B. 乙律师对当事人及家属准备到法院门口静坐、举牌、声援的做法，予以及时有效的劝阻。C. 丙律师在向一方当事人提供法律咨询中致电对方当事人，告知对方诉讼请求缺乏法律和事实依据。D. 丁律师在社区普法宣传中，告知群众诉讼是解决继承问题的唯一途径，并称其可提供最专业的诉讼代理服务。

【2017·卷1·不定项·100】（答案：BD）来某县打工的农民黄某欲通过法律援助帮其讨回单位欠薪。根据《法律援助条例》等规定，有关部门做法正确的是：A. 县法律援助中心以黄某户籍不在本县为由拒绝受理其口头申请，黄某提出异议。B. 县司法局受理黄某异议后函令县法律援助中心向其提供法律援助。C. 县某律所拒绝接受县法律援助中心指派，县司法局对该所给予警告的行政处罚。D. 县法院驳回了黄某以"未能指派合格律师、造成损失应予赔偿"为由对县法律援助中心的起诉。

◆ 《刑法》第3条【罪刑法定原则】

从罪刑法定原则（the principle of a legally prescribed punishment for a specified crime，相对的罪刑法定原则、绝对的罪刑法定原则）的角度讲，法律（成文法）明文规定（犯罪行为的界定、种类、构成条件、刑罚的种类或幅度法定化实定化明确化）为犯罪行为，依法律定罪处刑；法律无明文规定为犯罪行为，不得定罪处刑（法无明文规定不为罪、不处罚）。

罪刑法定原则的经典表述是"法无明文规定不为罪、法无明文规定不处罚"。（1）罪刑法定原则的思想渊源是三权分立说（立法权、行政权、司法权相互独立、互相制衡、职权范围分明，以免滥用权力）、心理强制说。（2）罪刑法定原则的思想基础是民主主义、尊重人权主义。A. 民主主义要求：什么是犯罪，对犯罪如何处罚，须由群众选举产生的立法机关进行决定（群众决定）。B. 尊重人权主义要求：什么是犯罪，对犯罪如何处罚，须在事前明文规定，以保障公民自由权利，使公民能事先预测自己行为的性质、后果。（3）罪刑法定充分体现了权力制约，是依法治国在刑法领域的集中体现。A. 民主的本质是当家作主，民主是依法治国的政治基础、政治前提。B. 依法治国是社会主义法治的核心内容，是中国共产党领导治理国家的基本方略，关键在于依法制权规范约束公权力，防止其滥用和扩张，保障利益。C. 执法为民是社会主义法治的本质要求，关键在于尊重和保障人权，切实维护公民的合法权利，对法律未规定为犯罪的行为不得处罚。（4）从法律形式主义的角度看，罪刑法定原则绝对禁止适用事后法、过期法、废止法、类推解释、疑罪从有、绝对不定期刑、绝对禁止刑法溯及既往，绝对禁止适用习惯法，绝对禁止法外刑和不定期刑，绝对禁止适用类推，但不禁止扩大解释。（5）从法律实质主义的角度看，罪刑法定原则禁止不明确性、不正当性、不均衡性、不人道性、残虐性的刑罚。（6）从罪刑法定原则的形式和实质内容的角度看，犯罪、刑罚以最高国家权力机关（立法机关）制定的成文法为法律根据。A. 英美法系刑事程序法定原则表现为正当程序原则。B. 大陆法系程序法定原则（刑诉程序应由法律事先明确规定；刑诉活动应依法律规定的刑事程序进行）、罪刑法定原则共同构成法定原则的内容。

【2004·卷2·单选·16】（答案：C）关于罪刑法定原则及其内容，下列哪一选项是正确的？A. 罪刑法定原则禁止类推解释与扩大解释，但不禁止有利于被告人的类推解释。B. 罪刑法定原则禁止司法机关进行类推解释，但不禁止立法机关进行类推解释。C. 罪刑法定原则禁止适用不利于行为人的事后法，但不禁止适用有利于行为人的事后法。D. 罪刑法定原则要求刑法规范的明确性，但不排斥规范的构成要件要素。

【2005·卷2·单选·2】（答案：D）中国刑法规定了_____法定原则，_____法定原则的经典表述是法无明文规定不为罪、法无明文规定不处罚；刑法同时规定了_____相适应原

则，即刑罚的轻重，应与罪犯所犯_____和承担的_____相适应；死刑只适用于_____极其严重的罪犯。在这段话的空格中：A.2处填写"罪刑"，4处填写"罪行"。B.3处填写"罪刑"，3处填写"罪行"。C.4处填写"罪刑"，2处填写"罪行"。D.3处填写"罪刑"，2处填写"罪行"。

【2006·卷2·单选·1】（答案：C）关于罪刑法定原则，下列哪一选项是正确的？A.罪刑法定原则的思想基础之一是民主主义，而习惯最能反映民意，所以，将习惯作为刑法的渊源并不违反罪刑法定原则。B.罪刑法定原则中的"法"不仅含国家立法机关制定的法，而且包括国家最高行政机关制定的法。C.罪刑法定原则禁止不利于行为人的溯及既往，但允许有利于行为人的溯及既往。D.刑法分则的部分条文对犯罪的状况不作具体描述，只是表述该罪的罪名。这种立法体例违反罪刑法定原则。

【2010·卷2·单选·1】（答案：D）罪刑法定原则的要求是：（1）禁止溯及既往（_____的罪刑法定）。（2）排斥习惯法（_____的罪刑法定）。（3）禁止类推解释（_____的罪刑法定）。（4）刑罚法规的适当（_____的罪刑法定）。下列哪一选项与题干空格内容相匹配？A.事前—成文—确定—严格。B.事前—确定—成文—严格。C.事前—严格—成文—确定。D.事前—成文—严格—确定。

【2011·卷2·单选·1】（答案：D）关于社会主义法治理念与罪刑法定的表述，下列哪一理解是不准确的？A.依法治国是社会主义法治的核心内容，罪刑法定是依法治国在刑法领域的集中体现。B.权力制约是依法治国的关键环节，罪刑法定充分体现了权力制约。C.民主是依法治国的政治基础，罪刑法定同样以此为思想基础。D.执法为民是社会主义法治的本质要求，网民对根据《刑法》规定作出的判决持异议时，应根据民意判决。

【2012·卷2·单选·3】（答案：C）关于罪刑法定原则有以下观点：①罪刑法定只约束立法者，不约束司法者。②罪刑法定只约束法官，不约束侦查人。③罪刑法定只禁止类推适用刑法，不禁止适用习惯法。④罪刑法定只禁止不利于被告人的事后法，不禁止有利于被告人的事后法。下列哪一选项正确？A.第①句正确，第②③④句错误。B.第①②句正确，第③④句错误。C.第④句正确，第①②③句错误。D.第①③句正确，第②④句错误。

【2013·卷1·单选·2】（答案：D）关于社会主义法治理念与罪刑法定原则的关系有以下观点：①罪刑法定的思想基础是民主主义与尊重人权主义，具备社会主义法治理念的本质属性。②罪刑法定既约束司法者，也约束立法者，符合依法治国理念的基本要求。③罪刑法定的核心是限制国家机关权力，保障国民自由，与执法为民的理念相一致。④罪刑法定是依法治国理念在刑法领域的具体表现。关于上述观点的正误，下列哪一选项是正确的？A.第①句正确，第②③④句错误。B.第①③句正确，第②④句错误。C.第①②③句正确，第④句错误。D.第①②③④句均正确。

【2015·卷2·多选·64】（答案：ABD）关于程序法定，下列哪些说法是正确的？A.程序法定要求法律预先规定刑事诉讼程序。B.程序法定是大陆法系国家法定原则的重要内容之一。C.英美国家实行判例制度而不实行程序法定。D.以法律为准绳意味着我国实行程序法定。

【2017·卷1·多选·59】（答案：ABC）法律格言云："不确定性在法律中受到非难，但极度的确定性反而有损确定性。"对此，下列哪些说法是正确的？A.在法律中允许有内容本身不确定，而是可援引其他相关内容规定的规范。B.借助法律推理和法律解释，可提高法律的确定性。C.通过法律原则、概括条款，可增强法律的适应性。D.凡规定义务的，即属于极度确定的；凡规定权利的，即属于不确定的。

刑诉审判监督程序的基本原理：（1）当事人及其法定代理人、近亲属对已发生法律效力的判决、裁定，可直接或间接委托律师代为向法院或检察院提出申诉，法院应审查处理，但不能停止判决、裁定的执行。A.案外人认为已发生法律效力的判决、裁定侵害其合法权益，提出申诉，法院应审查处理。B. 向法院申诉不符合规定（a. 申诉材料：①申诉状。应写明当事人的基本情况、联系方式以及申诉的事实与理由。②原第一、二审判决书、裁定书等法律文书。经法院复查或再审，应附有驳回通知书、再审决定书、再审判决书、裁定书。③其他相关材料。b. 以有新证据证明原判决、裁定认定的事实确有错误为由申诉，应同时附有相关证据材料。c. 申请法院调查取证，应附有相关线索或材料），法院应告知申诉人补充材料，否则申诉人对必要材料拒绝补充且无正当理由，不审查。C. 一般而言，申诉由终审法院审查处理；特殊而言，第二审法院裁定准许撤回上诉的案件，申诉人对第一审判决提出申诉，可由第一审法院审查处理。D. 上一级法院对未经终审法院审查处理的申诉，可告知申诉人向终审法院提出申诉，或直接交终审法院审查处理，并告知申诉人。E. 案件疑难、复杂、重大，法院也可直接审查处理。F. 对未经终审法院及其上一级法院审查处理，直接向上级法院申诉，上级法院可告知申诉人向下级法院提出。G. 对死刑案件的申诉，可由原核准法院直接审查处理，也可交由原审法院审查。原审法院应写出审查报告，提出处理意见，层报原核准法院审查处理。（2）法院经审查当事人及其法定代理人、近亲属的申诉，对不符合重审或决定重审的申诉情形［A. 认定罪名错误。B. 量刑明显不当。C. 有新证据（可能改变原判决、裁定据以定罪量刑的事实的证据：a. 原判决、裁定生效后新发现的证据。b. 原判决、裁定生效前已发现，但未予收集的证据。c. 原判决、裁定生效前已收集，但未经质证的证据。d. 原判决、裁定所依据的鉴定意见、勘验、检查等笔录或其他证据被改变或否定）证明原判决、裁定认定的事实确有错误，可能影响定罪量刑。D. 据以定罪量刑的证据不确实、不充分、依法应排除。E. 证明案件事实的主要证据之间存在矛盾。F. 原判决、裁定适法确有错误。G. 主要事实依据被依法变更或撤销。H. 违反法律溯及力规定。I. 违反法律规定的诉讼程序，可能影响公正裁判。J. 审判人员在审理该案件时有贪污受贿、徇私舞弊、枉法裁判行为］，应说服申诉人撤出申诉，对仍坚持申诉，应书面通知驳回。申诉人对驳回申诉不服，可向上一级法院申诉；上一级法院经审查认为不符合申诉规定情形，应说服申诉人撤出申诉；对仍坚持申诉的，应驳回或通知不重审。（3）法院院长发现本院已发生法律效力的判决、裁定在认定事实上或在适法上确有错误，须提交审委会讨论决定是否再审处理。A. 最高法对各级法院已发生法律效力的判决和裁定，上级法院对下级法院已发生法律效力的判决和裁定，若发现确有错误，有权提审或指令下级法院再审。B. 最高检对各级法院已发生法律效力的判决、裁定，上级检察院对下级法院已发生法律效力的判决、裁定，若发现确有错误，有权按审判监督程序向同级法院提出抗诉；接受检察院抗诉案件法院应组成合议庭重审，对原判决事实不清楚或证据不足，或上级法院发现下级法院已发生法律效力的判决、裁定确有错误，均可指令下级法院再审；原判决、裁定认定事实正确但适法错误，或案件疑难、复杂、重大，或有不宜由原审法院审理情形，也可提审。（4）一般而言，上级法院指令下级法院再审，应指令原审法院以外的下级法院审理；特殊而言，由原审法院审理更为适宜更有利于查明案件事实、纠正裁判错误，也可指令原审法院审理。（5）法院按审判监督程序重审的案件，应重点针对申诉、抗诉和决定再审的理由审理；必要时，应对原判决、裁定认定的事实、证据和适法进行全面审查。A. 原审法院审理依审判监督程序重审的案件，由原审法院审理，应另行组成合议庭进行。B. 若依审判监督程序重审的案件，原是第一审案件，应依第一审程序审判，所作的判决、裁定，可上诉、抗诉。C. 若依审判监督程序重审的案件，原是第二审案件，或是上级法院提审的案件，应依第二审程序审判，所作的判决、裁定，是终审的判决、裁定。D. 法院开庭审理的再审案件，同级检察院应派员出席法庭；检察院接到出庭通知后不派员出庭，且未说明原因，可裁定按撤回抗诉处理，并通知诉讼参与人。E. 法院审理检察院抗诉的再审案件，检察院在开庭审理前撤回抗诉，应裁定准许。F. 法院审理申诉人申诉的再审案件，申诉人在再审期间撤回申诉，应裁定准许；申诉人经依法通知无正当理由拒不到庭，或未经法庭许可中途退庭,应裁定按撤回申诉处理,但申诉人不是原审当事人为例外。G. 对原审被告人、原审自诉人已死亡或丧失行为能力的再审案件,可不开庭审理。H. 开庭审理的再审案件,再审决定书或抗诉书只针对部分原审被告人,其他同案原审被告人不出庭不影响审理,可不出庭参加诉讼。I. 除检察院抗诉外,再审一般不得加重原审被告人的刑罚。J. 再审决定书或抗诉书只针对部分原审被告人,不得加重其他同案原审被告人的刑罚。(6) 法院决定再审的案件,需对被告人采取强制措施,由法院依法决定。A. 法院按审判监督程序审判的案件,可决定中止原判决、裁定的执行。B. 开庭审理的再审案件,系法院决定再审的,由合议庭组成人员宣读再审决定书;系检察院抗诉的,由检察人员宣读抗诉书;系申诉人申诉的,由申诉人或其辩护人、诉讼代理人陈述申诉理由。C. 检察院提出抗诉的再审案件,需对被告人采取强制措施,由检察院依法决定。D. 对检察院依审判监督程序提出抗诉的案件,法院应在收到抗诉书后1个月内立案,但应区别3种情况处理:a. 对不属于本院管辖,应将案件退回检察院。b. 按抗诉书提供的住址无法向被抗诉的原审被告人送达抗诉书,应通知检察院在3日内重新提供原审被告人的住址;逾期未提供,将案件退回检察院。c. 以有新证据为由提出抗诉,但未附相关证据材料或有关证据不是向原起诉事实,应通知检察院在3日内补送相关材料;逾期未补送,将案件退回检察院。E. 法院决定退回的抗诉案件,检察院经补充相关材料后再次抗诉,经审查符合受理条件,法院应受理。F. 再审案件经重审后,应按4种不同情形分别处理:a. 原判决、裁定认定事实和适法正确、量刑适当,应裁定驳回申诉或抗诉,维持原判决、裁定。b. 原判决、裁定定罪准确、量刑适当,但在认定事实、适法等方面有瑕疵,应裁定纠正并维持原判决、裁定。c. 原判决、裁定认定事实无错误,但适法错误,或量刑不当,应撤销原判决、裁定,依法改判。d. 依第二审程序审理的案件,原判决、裁定事实不清或证据不足,可在查清事实后改判,也可裁定撤销原判,发回原审法院重审。G. 原判决、裁定事实不清或证据不足,经审理事实已查清,应根据查清的事实依法裁判。事实仍无法查清,证据不足,不能认定被告人有罪,应撤销原判决、裁定,判决宣告被告人无罪。H. 对再审改判宣告无罪并依法享有申请国家赔偿权利的当事人,法院宣判时,应告知其在判决发生法律效力后可依法申请国家赔偿。I. 原判决、裁定认定被告人姓名等身份信息有误,但认定事实和适法正确、量刑适当,作出生效判决、裁定法院可通过裁定对有关信息进行更正。(7) 法院按审判监督程序重审的案件,接受抗诉的法院按审判监督程序审判抗诉的案件,需指令下级法院再审的,应自接受抗诉之日起1个月内作出决定,下级法院审理案件"三种案件",均应在作出提审、再审决定之日起3个月内审结,需延长期限的,不得超过6个月。A. 对检察院依审判监督程序提出抗诉的案件,接受抗诉的法院应组成合议庭审理;对原判事实不清、证据不足,含有新证据证明原判可能有错误,需指令下级法院再审,应在立案之日起1个月内作出决定,并将指令再审决定书送达抗诉的检察院。B. 对决定依审判监督程序重审的案件,除检察院抗诉外,法院应制作再审决定书;再审期间不停止原判决、裁定的执行,但被告人可能经再审改判无罪,或可能经再审减轻原判刑罚而致刑期届满,可决定中止原判决、裁定的执行,必要时,可对被告人采取取保候审、监视居住措施。C. 法院判决被告人无罪、免刑,若被告人在押,在宣判后应立即释放。

【2017·卷2·单选·50】(答案:A)某市公安局以朱某涉嫌盗窃罪2013年7月25日将其刑事拘留,经市检察院批准逮捕。2015年9月11日,市中级法院判决朱某无罪,朱某被释放。2016年3月15日,朱某以无罪被羁押为由申请国家赔偿,要求支付侵犯人身自由的赔偿金,赔礼道歉,赔偿精神损害抚慰金200万元。下列哪一说法是正确的?A. 市检察院为赔偿义务机关。B. 朱某不能以口头方式提出赔偿申请。C. 限制人身自由的时间是计算精神抚慰金的唯一标准。D. 侵犯朱某人身自由的每日赔偿金应按2014年度职工日平均工资计算。

◆ 《刑法》 第4条 【法律面前人人平等原则（平等原则）】

从社会公平正义原则、法律公平正义原则、法律面前人人平等原则的角度看，对任何人犯罪，在适用法律上一律平等，不允许任何人有超越法律的特权（法外特权）。

从法理学、世界文明史的角度看，平等观念、平等权、平等原则具有宪法性、阶级性、类型性、多样性、层次性、历史性、时代性、阶级性、渐进性、国情性、形式平等性、实质平等性等特点，平等具体分为形式平等与实质平等、数量平等与质量平等类型，表现为民商事主体间在经济基础和上层建筑中处于同等地位，享有同等权利。法即平之如水。法不阿贵、绳不绕曲、刑过不避大臣，赏善不遗匹夫。法律应有平等的品质。

从近代法律渊源的角度讲，《美国独立宣言》（1776年）、《法国人权宣言》（1789年）、《世界人权宣言》（1948年）是法律面前人人平等原则的重要渊源。法律面前人人平等原则的基本要义在于法律面前人人平等，并有权享受法律的平等保护，不受任何歧视。人人有权享受平等保护，以免受违反本宣言的任何歧视行为以及煽动这种歧视的任何行为之害（《世界人权宣言》第7条）。也就是说，公民的合法权益一律受到法律的平等保护，一切违法犯罪行为都应依法受到追究，任何公民都一律平等地享有、履行宪法和法律规定的权利、义务，而不以民族、种族、血统、性别、职业、地位、权势、家庭出身、社会背景、宗教信仰、教育程度、财产状况、居住期限等个人信息背景为前提条件；不允许任何违法罪犯逍遥法外，不允许任何人享有法律外的特权，不允许强迫任何人承担法律外的义务，不允许任何人受到法律外的惩罚。

从平等原则程序化的角度讲，平等武装原则、程序透明原则、程序中立原则、程序负担均衡原则是平等原则程序化的自然延伸。（1）形式平等原则有法律普遍适用性，排除年龄、性别、民族、出身、财产、肤色、信仰、职业等个性因素，强调任何人都不享有法外特权。（2）实质平等原则有个案特殊性，要求民事权利义务的配置与自然人个人的年龄、性别、民族、出身、信仰、财产、职业等个性化因素相对应，强调同等情况同等对待，不同等情况不同等对待，具体问题具体分析，重视自然人个性化因素与法律适用正当关联性。（3）实体平等原则表现为自然人的平等权，表现为自然人的信息平等权、劳动平等权、教育平等权、救济平等权、给付权、防御权等基本权利。

从司法实践、社会实践和法律理论的角度讲，法律面前人人平等原则具有理论性、实践性、形式性、实质性、民商事权利能力平等性、民商事行为能力不平等性、最大化价值追求性等特点。从私法权利本位观和公法权力本位观的关系的角度讲，民法强调以保护国民的权利和自由为核心来保障自然人自由权利的民权主义、自由主义，应严格限制国家公权力并使之成为自然人个人自由的有力保障，目的在于最大限度地保障自然人自由、严格限制国家公权力行为。

从传统法治理念的角度讲，"王子犯法与庶民同罪"是中国法律面前人人平等原则的最古老的思想渊源之一。（1）从社会的总体利益和整体要求（特殊需求、行业要求等）的关系、经济基础和上层建筑的关系的角度看，法律面前人人平等原则具有理想性、相对性、社会总体平等性、非等同性、非个别性、非局部性等特点，平等权的实现往往存在不平等的例外情形。（2）从法理的角度，民商事权利能力具有民商事权利义务资格性。合同当事人的法律地位平等，一方不得将自己的意志强加给另一方。

从宪法的角度讲，平等原则也是宪法的基本原则之一。（1）各民族一律平等。（2）禁止对任何民族的歧视和压迫，禁止破坏民族团结和制造民族分裂的行为。（3）国家保障各少数民族的合法权益，维护和发展各民族的平等、团结、互助关系。（4）国家根据各少数民族的特点和需要，帮助各少数民族地区加速经济和文化的发展。（5）各少数民族聚居的地方实行区域自治，设立自治机关，行使自治权。（6）各民族自治地方都是不可分离的部分。（7）各民族都有使用和发展自己的语言文字的自由，都有保持或改革自己的风俗习惯的自由。中国各民族（语言、文字、信仰、崇尚、习俗、服饰、佩饰、建筑风格、饮食习惯、忌讳、种族、血统、土地等习惯化社会化民族化国家化）一律平等，各民族自治地方都是中国不可分离的部分。中国公民在法律面前一律平等。妇女在政治、经济、文化、社会的和家庭的生活等各方面享有同男子平等的权利。任何公民享有宪法和法律规定的权利，同时须履行宪法和法律规定的义务。禁止对任何民族的歧视和压迫，禁止破坏民族团结和制造民族分裂的行为。国务院行使领导和管理民族事务，保障少数民族的平等权利和民族自治地方的自治权力。国家尊重和保障人权，保护妇女的权利和利益，实行男女同工同酬，培养和选拔妇女干部，保障各少数民族的合法的权利和利益，维护和发展各民族的平等团结互助和谐关系，根据各少数民族的特点和需要，帮助各少数民族地区加速经济和文化的发展。各少数民族聚居的地方实行区域自治，设立自治机关，行使自治权。各民族都有使用和发展自己的语言文字的自由，都有保持或改革自己的风俗习惯的自由。

从法律及文化论、价值论、方法论、利益论、系统工程论的角度讲，刑事法律援助的范围由审判到侦查、审查起诉阶段，应指定法律援助的案件从死刑到无期刑，对盲、聋、哑、未成年人或尚未完全丧失辨认或控制自己行为能力的精神病人、可能被判死刑的嫌犯和被告人，或因经济困难等原因未委托辩护人，经申请符合法律援助条件，均应提供法律援助。同时，设置值班律师制度，避免出现不同家庭背景、社会背景、经济背景的被追诉人之间辩护权的巨大反差，在一定意义上体现了法律面前人人平等原则，对中国刑事辩护规范体系的原则、规则、条件、行为、后果，授权性规范、义务性规范、保障性规范的形成有重要的现实意义。

从刑法、刑诉法的角度讲，辩护人（辩护律师等）或其他任何人不得帮助嫌疑犯、被告人隐匿、毁灭、伪造证据或串供，不得威胁、引诱证人作伪证以及进行其他干扰司法机关诉讼活动的妨碍刑事司法行为，否则可能构成辩护人、诉讼代理人伪证罪等犯罪。辩护人收集的有关嫌犯、被告人不在犯罪现场、未达到刑责年龄、属于依法不负刑责的精神病人或使嫌犯、被告人遭受难以忍受的痛苦而违背意愿作出供述应排除的证据，应及时告知公检法机关。侦查人员发现办案人员非法取证，可另行指派侦查人员重新调查取证；审查逮捕、审查起诉期间被排除的非法证据应随案移送，并写明为依法排除的非法证据。

从证据裁判原则的角度讲，侦查机关、检察院应按裁判的要求和标准收集、固定、审查、运用证据，法院应按法定程序认定证据，依法作出裁判。要坚持重证据、重调查研究、不轻信口供的诉讼原则，重视实物证据的收集和运用，实现办案模式从"由供到证"向"由证到供"的根本转变。法院认定案件事实，须以证据为根据，不能直接将起诉指控的事实认定为案件事实，也不能忽视案件事实证据存在的问题勉强作出裁判。

【2008·川·卷2·22】（答案：B）公安机关在一盗窃案现场收集到嫌犯张某书写的一张字条，收缴了被盗电视剧录像带、DVD光盘、书籍等，被盗超市提供了被盗物品清单。下列哪一选项正确？A. 该字条是书证。B. 电视剧录像带和DVD光盘是物证。C. 收缴的被盗书籍是书证。D. 被盗物品清单属于证人证言。

从律师有限知情权的角度讲，公检法在批捕、侦查终结、审查起诉、开庭前准备、死刑复核等关键诉讼阶段均可或应听取律师意见。公安机关侦查终结，将案件移送同级检察院审查起诉时，应同时将案件移送情况告知嫌犯及其辩护律师。法院宣告判决后，应在5日内将判决书送达辩护人。检察院审查批捕，可询问证人等诉讼参与人，听取辩护律师意见；辩护律师提出要求的，应听取辩护律师意见。最高法复核死刑案件，应讯问被告人，辩护律师提出要求的，应听取辩护律师的意见，但辩护律师向被害人调查取证，要同时征得被害方同意、检察院或法院许可。

【2017·卷2·单选·26】（答案：C）下列哪一证据规则属于调整证据证明力的规则？A. 传闻证据规则。B. 非法证据排除规则。C. 关联性规则。D. 意见证据规则。

【2017·卷1·单选·46】（答案：D）中国特色社会主义司法制度是一个科学系统，既包括体制机制运行体系，也包括理念文化等丰富内容。关于我国司法制度的理解，下列哪一选项是正确的？A. 中国司法制度主要由4个方面的体系构成：司法规范体系、司法组织体系、司法制度体系、司法文化体系。B. 司法组织体系主要包括审判组织体系、律师组织体系、公证组织体系。C. 人民调解制度和死刑复核制度是独具中国特色的司法制度，司法解释制度和案例指导制度是中外通行的司法制度。D. 各项司法制度既是司法机关职责分工、履行职能的依据和标准，也是监督和规范司法行为的基本规则。

从社会实践的角度讲，刑事冤假错案的根本原因在于存在体制性机制性结构性的司法消极腐败问题，存在刑讯逼供、非法取证、滥用职权、强迫行为人证实自己有罪、未排除非法证据等违规违纪违法犯罪行为。(1) 从举证、质证程序的角度讲，证明被告人有罪或无罪、罪轻或罪重的证据，都应在法庭上出示，依法保障控辩双方的质证权利。A. 公诉案件中被告人有罪的举证（出庭支持公诉过程中，公诉人向法庭出示、宣读、播放有关证据材料并说明，对出庭作证人员进行询问，以证明公诉主张成立的诉讼活动）责任由检察院承担，自诉案件中被告人有罪的举证责任由自诉人承担。B. 从证据质证方式的角度讲，对影响定罪量刑的关键证据和控辩双方存在争议的证据，一般应单独质证（在审判人员的主持下，由控辩双方对所出示证据材料及出庭作证人员的言词证据的证据能力和证明力相互进行质疑和辩驳，以确认是否作为定案依据的诉讼活动）。C. 对被告人认罪、适用简化程序审理的案件，可采用相对简化的质证方式。D. 从未经质证不得认证规则的角度讲，法庭应依法定程序审查、核实、认定证据；证据未经当庭出示、辨认、质证等法庭调查程序查证属实，不得作为定案的根据。E. 技术侦查证据应随案移送并接受法庭质证。采取技术侦查措施收集的证据，当庭质证可能危及有关人员的人身安全，或可能产生其他严重后果，应采取不暴露有关人员身份、不公开技术侦查措施和方法等保护措施。同时，法庭决定在庭外对技术侦查证据进行核实，可召集公诉人、侦查人员和辩护律师到场，在场人员应履行保密义务。(2) 从刑诉法及人权司法保障制度、非法证据排除制度、证据裁判原则、非法证据排除原则、疑罪从无原则、程序公正原则的角度出发，非法证据排除具有诉讼中的诉讼性、审判中的审判性、法律规则程序性。(3) 第一审程序、第二审程序、审判监督程序、死刑复核程序的非法证据排除规定具有原则性。A. 采用暴力（殴打、违法使用戒具）、威胁（以暴力或严重损害本人及其近亲属合法权益等进行威胁）、刑讯逼供、非法限制人身自由（非法拘禁等）或冻、饿、晒、烤、疲劳审讯等非法方法收集的被告人供述、证人证言、言词证据、被害人陈述，应排除。B. 侦查机关收集物证、书证不符合法定程序，可能严重影响司法公正，不能补正或作出合理解释，应依法排除。(4) 侦查阶段的非法证据排除，重大案件侦查终结前由驻看守所检察人员对讯问合法性进行核查；检察院对确有以非法方法收集证据的情形，应向侦查机关提出纠正意见；侦查机关对审查认定的非法证据，应依法排除。(5) 辩护人在侦查期间可向检察院申请排除非法证据；在检察院审查逮捕、审查起诉期间申请排除非法证据，并提供相关线索或材料，检察院应调查核实，并依法排除相关证据；在审判阶段申请排除非法证据，以在开庭审理前为原则，以庭审期间发现相关线索或材料等情形为例外；在开庭审理前申请排除非法证据，法院应召开庭前会议。(6) 控辩双方在庭前会议（不解决罪行有无、量刑轻重等实质性问题）中对证据收集是否合法未达成一致意见，法院有疑问证据收集的合法性，应在庭审中调查；庭审期间，法庭决定调查证据收集的合法性，原则上应先行当庭调查。(7) 从不同刑诉阶段的非法证据排除程序的角度讲，辩护人在审判前阶段申请排除的非法证据主要由检察院调查核实，应书

第一章 刑法的目的、任务、基本原则和适用范围(第1~12条)

面告知辩护人调查结论(检察院排除非法证据导致作出不批捕、不起诉决定,侦查机关可要求复议、复核)。A. 辩护人在审判阶段申请排除的非法证据由法院审查,在庭审调查中可通知侦查人员或其他人员出庭说明情况并接受发问;法庭对证据收集的合法性进行调查后,应当庭作出是否排除有关证据的决定,必要时可提交审委会讨论;法院在庭前会议(庭审准备程序)中以保障法庭集中高效审理为宗旨,听取控辩双方对案件事实证据的意见后,对明显事实不清、证据不足的案件,可建议检察院补充侦查或撤回起诉;在法庭调查开始前,法庭应宣布庭前会议的主要内容,实现庭前会议与庭审的顺利衔接,不能以庭前会议替代法庭审理或弱化法庭审理。对法院在庭前会议中建议撤回起诉的案件,检察院不同意,法院开庭审理后,无新的事实和理由,一般不准许撤回起诉。B. 检察院在庭前会议中应通过出示有关证据材料等方式对证据收集的合法性作出有针对性的说明(公诉人在庭审中证明证据收集合法性的方式方法:a. 可出示讯问笔录、提讯登记、体检记录、采取强制措施或侦查措施的法律文书、侦查终结前对讯问合法性的核查材料等证据材料。b. 可播放讯问录音录像。c. 可提请法庭通知侦查人员或其他人员出庭说明情况。c. 法庭确认存在以非法方法收集证据情形或不能排除以非法方法收集证据情形,对有关证据应排除)。C. 控辩双方在审判阶段可提出抗诉、上诉,对第一审法院有关证据收集合法性的审查、调查结论提出异议,第二审法院应审查;第一审法院对辩护方排除非法证据的申请未予审查,并以有关证据作为定案根据,可能影响公正审判,第二审法院可裁定撤销原判,发回原审法院重审。D. 对排除的非法证据,侦查机关不得作为提请批捕、移送审查起诉的根据;检察院不得作为批准或决定逮捕、提起公诉的根据;法庭不得作为判决的根据。E. 从非法证据排除的证明机制的角度,辩护律师自检察院对案件审查起诉之日起,可查阅、摘抄、复制讯问笔录、提讯登记、采取强制措施(羁押性的强制措施、非羁押性的强制措施)或侦查措施的法律文书等证据材料;辩护人申请排除非法证据,应提供涉嫌非法取证的人员、时间、地点、方式、内容等相关线索或材料;辩护人可向司法机关申请调取侦查机关收集但未提交的讯问录音录像、体检记录等证据材料。

【2017·卷1·单选·48】(答案:D)张法官与所承办案件当事人的代理律师系某业务培训班同学,偶有来往,为此张法官向院长申请回避,经综合考虑院长未予批准。张法官办案中与该律师依法沟通,该回避事项虽被对方代理人质疑,但审判过程和结果受到一致肯定。对照《法官职业道德基本准则》,张法官的行为直接体现了哪一要求?A. 严格遵守审限。B. 约束业外活动。C. 坚持司法便民。D. 保持中立地位。

从刑诉法的角度讲,对一切公民,在适用法律上一律平等,在法律面前,不允许有任何特权。(1)第二审法院发现第一审法院的审理存在违反法律规定的诉讼程序的5种情形(a. 违反回避制度。b. 违反公开审判规定。c. 审判组织的组成不合法。d. 剥夺或限制了当事人的法定诉讼权,可能影响公正审判。e. 其他违反法律规定的诉讼程序,可能影响公正审判),应裁定撤销原判,发回原审法院重审。(2)第二审法院发回原审法院重审的案件,原审法院从收到发回的案件之日起,重算审理期限。A. 最高法受理上诉、抗诉案件的审理期限,由最高法决定。B. 原审法院对发回重审的案件,应另行组成合议庭,依第一审程序进行审判,对重审后的判决可上诉、抗诉。C. 第二审法院受理上诉、抗诉案件,应在2个月内审结。D. 第二审法院对不服第一审裁定的上诉或抗诉,经审查后,应分别不同情形用裁定驳回上诉、抗诉,或撤销、变更原裁定。E. 第二审或最高法的判决、裁定,都是终审的判决、裁定。F. 第二审法院审理被告人或他的法定代理人、辩护人、近亲属上诉的案件,不得加重被告人的刑罚。G. 第二审法院发回原审法院重审的案件,除有新的犯罪事实,检察院补充起诉外,原审法院也不得加重被告人的刑罚,以检察院提出抗诉或自诉人提出上诉不受限制为例外。(3)被告人、自诉人和他们的法定代理人,不服地方法院第一审的判决、裁定,有权用书状或口头向上一级法院上诉。A. 被告人的辩护人和近亲属,经被告人同意,可提出上诉。B. 附带民诉的当事人和他们的法定代理人,可对地方法院第一审的判决、裁定中的附带民诉部分,提出上诉。C. 对被告人的上诉权,不得以任何借口加以剥夺。(4) 地方检察院认为本级法院第一审的判决、裁定确有错误时,应向上一级法院提出抗诉(a. 检察院提出抗诉的案件或第二审法院开庭审理的公诉案件,同级检察院都应派员出席法庭。b. 第二审法院应在决定开庭审理后及时通知检察院查阅案卷。检察院应在1个月内查阅完毕。c. 检察院查阅案卷的时间不计入审理期限)。A. 被害人及其法定代理人不服地方法院第一审的判决,自收到判决书后5日内,有权请求检察院提出抗诉。B. 检察院自收到被害人及其法定代理人的请求后5日内,应作出是否抗诉的决定并答复请求人。(5) 不服判决的上诉和抗诉的期限为10日,不服裁定的上诉和抗诉的期限为5日,从接到判决书、裁定书的第二日起算。A. 被告人、自诉人、附带民诉的原告人和被告人通过原审法院提出上诉,原审法院应在3日内将上诉状连同案卷、证据移送上一级法院,同时将上诉状副本送交同级检察院和对方当事人。B. 被告人、自诉人、附带民诉的原告人和被告人直接向第二审法院提出上诉,第二审法院应在3日内将上诉状交原审法院送交同级检察院和对方当事人。(6) 第二审法院对不服第一审判决的上诉、抗诉案件,可到案件发生地或原审法院所在地进行。A. 原判决认定事实和适法正确、量刑适当,应裁定驳回上诉或抗诉,维持原判。B. 原判决认定事实无错误,但适法错误,或量刑不当,应改判。C. 原判决事实不清楚或证据不足,可在查清事实后改判,也可裁定撤销原判,发回原审法院重审(原审法院对发回重审的案件作出判决后,被告人提出上诉或检察院提出抗诉,第二审法院应依法作出判决或裁定,不得再发回原审法院重审)。(7) 第二审法院的审理方式:A. 第二审法院应组成合议庭开庭审理的4种案件类型:a. 检察院抗诉的案件。b. 被告人被判死刑的上诉案件。c. 被告人、自诉人及其法定代理人对第一审认定的事实、证据提出异议,可能影响定罪量刑的上诉案件。d. 其他应开庭审理的案件。B. 第二审法院决定不开庭审理,应讯问被告人,听取其他当事人、辩护人、诉讼代理人的意见。

【2017·卷1·单选·12】(答案:C)"当法律人在选择法律规范时,他须以该国的整个法律体系为基础,也就是说,他必须对该国的法律有一个整体的理解和掌握,更为重要的是他要选择一个与他确定的案件事实相切合的法律规范,他不仅要理解和掌握法律的字面含义,还要了解和掌握法律背后的意义。"关于该表述,下列哪一理解是错误的?A. 适用法律须面对规范与事实问题。B. 当法律的字面含义不清晰时,可透过法律体系理解其含义。C. 法律体系由一国现行法和历史上曾有效的法构成。D. 法律的字面含义有时与法律背后的意义不一致。

【2017·卷1·单选·13】(答案:A)有学者这样解释法的产生:最初的纠纷解决方式可能是双方找到一位共同信赖的长者,向他讲述事情的原委并由他作出裁决;但是当纠纷多到需占用一百位长者的全部时间时,一种制度化的纠纷解决机制就成为必要了,这是最初的法律。对此,下列哪一说法是正确的?A. 反映了社会调整从个别调整到规范性调整的规律。B. 说明法律始终是社会调整的首要工具。C. 看到了经济因素和政治因素在法产生过程中的作用。D. 强调了法律与其他社会规范的区别。

【2017·卷1·单选·14】(答案:C)关于法的现代化,下列哪一说法是正确的?A. 内发型法的现代化具有依附性,带有明显的工具色彩。B. 外源型法的现代化是在西方文明的特定历史背景中孕育、发展起来的。C. 外源型法的现代化具有被动性,外来因素是最初的推动力。D. 中国法的现代化的启动形式是司法主导型。

【2017·卷1·单选·45】(答案:B)加强人权司法保障是司法机关的重要职责,也是保证公正司法的必然要求。下列哪一做法符合上述要求?A. 某公安机关第一次讯问犯罪嫌疑人时告知其有权委托辩护人,但未同时告知其如有经济困难可申请法律援助。B. 某省法院修订进入法庭的安检流程,明确"禁止对律师进行歧视性安检"。C. 某法官在一伤害案判决书中,对被告人及律师"构成正当防卫"的证据和意见不采信而未做回应和说明。D. 某法庭对辩护

律师在辩论阶段即将结束时提出的"被告人庭前供述系非法取得"的意见及线索，未予调查。

【2017·卷1·单选·49】（答案：B）律师事务所应建立健全执业管理和各项内部管理制度，履行监管职责，规范本所律师执业行为。根据《律师事务所管理办法》，某律师事务所下列哪一做法是正确的？A. 委派钟律师担任该所出资成立的某信息咨询公司的总经理。B. 合伙人会议决定将年度考核不称职的刘律师除名，报县司法局和律协备案。C. 对本所律师执业表现和遵守职业道德情况进行考核，报律协批准后给予奖励。D. 对受到6个月停止执业处罚的祝律师，在其处罚期满1年后，决定恢复其合伙人身份。

从法律体系和社会体系关系的角度讲，现代法治国家的核心基础在于构建以民主、自由、平等、公正、安全、有序、和谐等为核心内容的法律价值体系基础上的法治社会体系。(1) 从民法总则的角度，民法调整平等主体的自然人、法人和非法人组织之间的人身关系和财产关系。民事主体在民事活动中的法律地位一律平等，从事民事活动，应遵循公平原则，合理确定各方的权利和义务，人身权、财产权及其他合法权益受法律保护，任何组织或个人不得侵犯。(2) 从民诉法的角度讲，民诉当事人有平等的诉讼权。法院审理民事案件，应保障和便利当事人行使诉讼权，对当事人在适法上一律平等。(3) 从仲裁法的角度讲，平等主体的公民、法人和其他组织之间发生的合同纠纷和其他财产权益纠纷，可仲裁。(4) 从行诉法的角度讲，当事人在行诉中的法律地位平等。(5) 从公务员法的角度讲，公务员的管理，坚持公开、平等、竞争、择优的原则，依法定的权限、条件、标准和程序进行。录用担任主任科员以下及其他相当职务层次的非领导职务公务员，采取公开考试、严格考察、平等竞争、择优录取的办法。机关聘任公务员，应按平等自愿、协商一致的原则，签订书面的聘任合同，确定机关与所聘公务员双方的权利、义务。(6) 从中小企业促进法的角度讲，国家将促进中小企业发展作为长期发展战略，坚持各类企业权利平等、机会平等、规则平等，对中小企业特别是其中的小型微型企业实行积极扶持、加强引导、完善服务、依法规范、保障权益的方针，为中小企业创立和发展创造有利的环境。(7) 从反不正当竞争法的角度讲，经营者在生产经营活动中，应遵循自愿、平等、公平、诚信的原则，遵守法律和商业道德。(8) 从公共图书馆法的角度讲，公共图书馆应按平等、开放、共享的要求向社会公众提供服务。(9) 从刑诉法的角度讲，对一切公民，在适法上一律平等，在法律面前，不允许有任何特权。(10) 从检察院组织法的角度讲，检察院坚持司法公正，以事实为根据，以法律为准绳，遵守法定程序，尊重和保障人权，行使检察权在适法上一律平等，不允许任何组织和个人有超越法律的特权，禁止任何形式的歧视。(11) 从《法院办理刑事案件第一审普通程序法庭调查规则（试行）》的角度讲，法庭应坚持居中裁判原则，不偏不倚地审判案件，保障控辩双方诉讼地位平等。公诉案件中，被告人不承担证明自己无罪的责任，检察院承担被告人有罪的举证责任，应随案移送并当庭出示被告人有罪或无罪、罪轻或罪重的所有证据，以及证明取证合法性的证据材料，不得隐匿证据或人为取舍证据。(12) 从《关于建立犯罪人员犯罪记录制度的意见》的角度讲，自由裁量权的行使要秉持司法良知，恪守职业道德，坚持实体公正与程序公正并重。坚持法律面前人人平等，排除干扰，保持中立，避免偏颇。注重裁量结果与社会公众对公平正义普遍理解的契合性，确保裁判结果符合司法公平正义的要求。要进一步强化合议庭审判职责，确保全体成员对案件审理、评议、裁判过程的平等参与，充分发挥自由裁量权行使的集体把关机制。自由裁量权的行使涉及对法律条文的阐释、对不确定概念的理解、对证据规则的把握及其他可能影响当事人重大实体性权利或程序性权利的事项，有重大争议的，可报请审委会讨论决定，确保法律适用的统一。(13) 从最高法《改革和完善人民法院审判委员会制度的实施意见》的角度讲，审委会应充分、全面地对案件进行讨论。审委会委员应客观、公正、独立、平等地发表意见，审委会委员发表意见不受追究，并应记录在卷。(14) 从最高法《关于贯彻宽严相济刑事政策的若干意见》的角度讲，贯彻宽严相济刑事政策，须坚持严格依法办案，切实贯彻落实罪刑法定原则、罪刑相适应原则和法律面前人人平等原则，依法律规定准确定罪量刑。从宽和从严都须依法律规定进行，做到宽严有据，罚当其罪。(15) 从反恐怖主义法的角度讲，中国根据缔结或参加的国际条约，或按平等互惠原则，与其他国家、地区、国际组织开展反恐怖主义合作。(16) 从国家监察法的角度讲，国家监察工作严格遵照宪法和法律，以事实为根据，以法律为准绳；在适法上一律平等，保障当事人的合法权益；权责对等，严格监督；惩戒与教育相结合，宽严相济，坚持标本兼治、综合治理，强化监督问责，严厉惩治腐败；深化改革、健全法制，有效制约和监督权力；加强法治教育和道德教育，弘扬中华优秀传统文化，构建不敢腐、不想腐、不能腐、不会腐、不得腐的长效机制。

【2016·卷1·多选·83】（答案：BCD）法律在社会中负有分配社会资源、维持社会秩序、解决社会冲突、实现社会正义的功能，这就要求法律职业人员具有更高的法律职业道德水准。据此，关于提高法律职业道德水准，下列哪些表述是正确的？A. 法律职业道德主要是法律职业本行业在职业活动中的内部行为规范，不是本行业对社会所负的道德责任和义务。B. 通过长期有效的职业道德教育，使法律职业人员形成正确的职业道德认识、信念、意志和习惯，促进道德内化。C. 以法律、法规、规范性文件等形式赋予法律职业道德以更强的约束力和强制力，并加强道德监督，形成他律机制。D. 法律职业人员违反法律职业道德和纪律的，应依照有关规定予以惩处，通过惩处教育本人及其他人员。

◆ **《刑法》第5条【罪责刑相适应（罪刑均衡、罪刑等价、罪刑相当或刑罚个别化原则）】**

从罪责刑相适应（principle of suiting punishment to crime）的角度讲，刑罚的轻重，应与罪犯所犯罪行和承担的刑责相适应。

【2005·卷2·多选·51】（答案：BCD）下列关于罪刑相适应原则的说法哪些是正确的？A. 罪刑相适应原则要求刑法不溯及既往。B. 罪刑相适应原则要求刑事立法制定合理的刑罚体系。C. 罪刑相适应原则要求刑罚与犯罪性质、犯罪情节和罪犯的人身危险性相适应。D. 罪刑相适应原则要求在行刑中合理地运用减刑、假释等制度。

从18世纪意大利刑法学家贝卡里亚《论犯罪与刑罚》的角度讲，犯罪与刑罚应等价。(1) 从近代刑法理论、刑事法律关系、刑法因果关系、社会危害性的角度，罪责刑相适应原则的基本要义在于近代刑法反对奴隶制重刑主义、封建制等级特权主义、罪刑擅断主义，倡导法律面前人人平等思想，强调刑自罪生、罪重刑重、罪轻刑轻、罪刑均衡、罚当其罪，纠正滥用自由裁量权、重定罪轻量刑、量刑轻重悬殊等错误倾向。(2) 不同类型的犯罪的危害程度、罪责、法定刑不同。A. 罪刑相适应原则要求刑罚的设定应轻重有序适当、刑罚和罪质相适应、刑罚和犯罪情节相适应、刑罚的轻重和人身危险性相适应。B. 各法条之间对犯罪量刑统一平衡，不能罪重的量刑比罪轻的轻或罪轻的量刑比罪重的重。譬如，对以牟利为目的，利用网络云盘制作、复制、贩卖、传播淫秽电子信息的行为，在追究刑责时，鉴于网络云盘的特点，不应单纯考虑制作、复制、贩卖、传播淫秽电子信息的数量，还应充分考虑传播范围、违法所得、行为人一贯表现及淫秽电子信息、传播对象是否涉及未成年人等情节，综合评估社会危害性，恰当裁量刑罚，确保罪责刑相适应。

从速裁程序、简易程序、普通程序有序衔接、繁简分流的多层次诉讼制度体系的角度讲，并非所有案件一律适用标准化的普通程序审理。对适用简化审理程序的被告人认罪案件，法庭应告知被告人享有的诉讼权，依法审查被告人认罪认罚的自愿性、真实性，确认被告人了解认罪认罚的性质、法律后果。对被告人自愿认罪认罚，同意适用简化审理程序的案件，应落实从宽处罚制度。

从当庭宣判原则、繁简分流原则、集中审理原则、诉讼以审判为中心原则、审判以庭审为中心原则的角度讲,适用速裁程序审理的案件,应当庭宣判;适用简易程序审理的案件一般应当庭宣判;适用普通程序审理的案件要提高当庭宣判率。从案件实际出发,并非所有案件一律当庭宣判,往往以定期宣判为主,以当庭宣判为辅。法庭应以提高庭审质效为着眼点,疑案精审、简案快审,将更多司法资源用于重大复杂疑难案件,尽可能当庭作出裁判,避免案件的审理、裁决久拖不决。

◆ 《刑法》 第6条 【属地管辖权(属地原则或属地优越权、属地主义管辖权)】

从属地管辖权(territorial jurisdiction)的角度讲,凡在中国领域(领土或领陆、领海、领空、航空器、使领馆等)内犯罪,除中国法律有特别规定外,都适用中国刑法。

从广义属地管辖权的角度,凡在中国船舶或航空器(拟制领土或浮动领土)内犯罪,也适用中国刑法。

【2005·卷2·多选·56】(答案:AC)下列哪些犯罪行为应实行属地管辖原则? A. 外国人乘坐外国民航飞机进入中国领空后实施犯罪行为。B. 中国人乘坐外国船舶,当船舶行驶于公海上时实施犯罪行为。C. 外国人乘坐中国民航飞机进入法国领空后实施犯罪行为。D. 中国国家工作人员在外国实施我国刑法规定的犯罪行为。

从犯罪地遍在说、广义解释的角度,犯罪行为(实行行为地、预备行为地;单独行为地、共同行为地)或犯罪结果(独犯或共犯的结果地:独犯或共犯的场合、未遂犯的场合、可能发生结果地、希望发生结果地)有一项发生在中国领域内,就认为在中国领域内犯罪。

【2005·卷2·单选·3】(答案:A)某外国商人甲在中国领域内犯重婚罪,对甲应如何处置? A. 适用我国刑法追究其刑责。B. 通过外交途径解决。C. 适用该外国刑法追究其刑责。D. 直接驱逐出境。

【2008·川·卷2·单选·23】(答案:D)A国商人汤姆劫持B国民用航空器,欲前往C国,但C国拒绝其降落,后无奈迫降中国。对汤姆的刑责问题的处理,下列哪一选项是正确的? A. 依据保护管辖原则,适用中国法律追究其刑责。B. 通过外交途径解决。C. 依普遍管辖权原则,适用中国法律追究其刑责。D. 依据属地管辖原则,适用中国法律追究其刑责。

国内刑法是适用于一国领域内的刑法。除非国际法有特别规定,属地管辖权有优先性,是现代国家行使管辖权的首要依据、普遍形式。属地管辖权的行使受国际法及国家承担的相关国际义务的限制,不适用于本国领域内依法享有特权、豁免权的外国人或外国财产。以领土为范围的管辖权,在涉及管辖权有关的行为或事实的发生地时有争议性:(1)行为发生地说(主观属地管辖权),以行为发生地作为行使管辖权的依据,即某种行为在一国领土内发生即作为领土内行为,成为属地管辖权的对象。(2)结果发生地说(客观属地管辖权),以行为后果发生地作为管辖权的依据,即凡是某种行为的结果发生在一国领土内,或该行为的后果及于一国的领土,则该行为即视为领土内行为,适用属地管辖原则。(3)行为发生地与结果发生地折中说。

刑法对国内犯的基本适用原则以属地管辖原则(属地优越权)为主导,以旗国主义原则为补充。采取属地管辖原则、旗国主义原则的基本标准是犯罪行为或犯罪结果有一项发生在领域内或船舶、航空器内,就认为有刑事管辖权。

【2007·卷2·多选·51】(答案:ABD)关于刑事管辖权,下列哪些选项是正确的? A. 甲在国外教唆陈某到中国境内实施绑架行为,中国司法机关对甲的教唆犯罪有刑事管辖权。B. 隶属于中国某边境城市旅游公司的长途汽车在从中国进入E国境内后,因争抢座位,F国的汤姆一怒之下杀死了G国的杰瑞。对汤姆的杀人行为不适用中国刑法。C. 中国法院适用普遍管辖原则对劫持航空器的丙行使管辖权时,定罪量刑的依据是中国缔结或者参加的国际条约。D. 外国人丁在中国领域外对中国公民犯罪的,即使按中国刑法的规定,该罪的最低

刑为3年以上有期刑，也可能不适用中国刑法。

犯罪地是否发生在领域、船舶或航空器内，须以一定的具体标准进行确定。（1）属地管辖原则认为，在刑法、国际法无特别规定的前提下，国家以领土为对象，以领土为范围，含领陆（国境线内的陆地、陆地下的底土）、领水（内水、领海、领水的水床及底土）、领空（领陆、领水上的空气空间），对本国领土及其领土内的一切人、物、事件，都有管辖权，都可适用刑法。（2）从中国刑法的角度看，旗国主义原则是属地管辖原则的一种补充原则，即挂有本国国旗的船舶或航空器不管航行或停放在何处，在船舶、航空器内的犯罪都适用旗国的刑法。

【2017·卷2·单选·42】（答案：D）W国人约翰涉嫌在我国某市A区从事间谍活动被立案侦查并提起公诉。关于本案诉讼程序，下列哪一选项是正确的？A. 约翰可通过W国驻华使馆委托W国律师为其辩护。B. 本案由A区法院一审。C. 约翰精通汉语，开庭时法院可不为其配备翻译人员。D. 给约翰送达的法院判决书应为中文本。

从传统国家学、人类学、政治学、宗教学、民族学、法学的角度看，国家的起源有争议性，存在自然说、契约说、武力说（暴力论）、氏族说、神权论、私有制说等不同理论观点。国家权力具有多样性、类型性，主要包含国家独立权、国家平等权、国家管辖权（属地管辖权、属人管辖权、保护管辖权、普遍管辖权等）、国家自卫权（自保权）等基本权力。

【2017·卷1·单选·20】（答案：C）关于英美、大陆两大法系特点的表述有：①以判例法为主要渊源。②以制定法为主要渊源。③以日耳曼法为历史渊源。④法官对法律的发展起举足轻重的作用。⑤以归纳为主要推理方法。⑥以演绎法为主要推理方法。⑦诉讼程序传统上倾向于职权主义，法官起积极主动的作用。下列哪一归纳是正确的？A. 属于英美法系特点的有：①③⑥⑦。B. 属于大陆法系特点的有：②④⑤⑦。C. 属于英美法系特点的有：①④⑤。D. 属于大陆法系特点的有：②③⑤⑦。

从国际公法的角度看讲，属地管辖权（主观属地管辖权或行为发生地说、客观属地管辖权或结果发生地说）以领土（资源、人、财、物）为对象、范围，以国境内依法享有特权与豁免的外国人、外国财产和国家行为为例外，具有完全性、排他性、限制性，是最古老最原始最根本最重要的国际管辖权或国际公法原则。对领域内外国人行使属地管辖权，应尊重其国籍国的属人管辖权。从联合国海洋法的角度看，对领海内无害通过外国船舶行使管辖权，应不干预其内部事务。对允许入境的外国军用航空器和军用船舶，可豁免属地管辖权的制约。

一般而言，公民户籍地为其居住地；特殊而言，公民经常居住地（诉讼前已连续居住1年以上的地方，以住院就医为例外）与户籍地不一致，经常居住地为其居住地。（1）中国公民在中国驻外使领馆内的犯罪，由其主管单位所在地或原户籍地法院管辖。（2）中国公民在中国领域外的犯罪，由其入境地或离境前居住地法院管辖。被害人是中国公民，也可由被害人离境前居住地法院管辖。（3）一般而言，正服刑的罪犯在判决宣告前还有其他罪未判决，由原审地法院管辖；特殊而言，由罪犯服刑地或犯罪地法院审判更为适宜，可由罪犯服刑地或犯罪地法院管辖。（4）罪犯服刑期间又犯罪（故意杀人罪、故意伤害罪、破坏监管秩序罪等），由服刑地法院管辖。（5）罪犯在脱逃（脱身逃走；在刑事诉讼进程中在案但未在押的嫌犯逃跑；在押的嫌犯、被告人、罪犯在押解途中逃跑或从监狱、看守所、拘留所等监管场所逃离、逃跑）期间犯罪，由服刑地法院管辖，但在犯罪地抓获罪犯并发现其脱逃期间的犯罪，由犯罪地法院管辖。（6）从拟制领土、国内犯的角度，在中国领域内，在中国船舶和航空器内发生的违法犯罪，除法律有特别规定外，适用治安管理处罚法和刑法。（7）在中国领域外的中国船舶内的犯罪，由该船舶最初停泊的中国口岸所在地法院管辖。（8）在中国领域外的中国航空器内的犯罪，由该航空器在中国最初降落地法院管辖。（9）从国际条约的角度看，在国际列车（不属于拟制领土）上的犯罪，据中国与相关国家签订的协定确定管辖；无协定的,由该列车最初停靠的中国车站所在地或目的地的铁路运输法院管辖。(10)被告单位登记的住所地为其居住地,主要营业地或主要办事机构所在地与登记的住所地不一致,主要营业地或主要办事机构所在地为其居住地。

从刑诉法的效力的角度看,专门法院案件的管辖另行规定。(1)军队保卫部门、中国海警局、监狱办理刑事案件,适用刑诉法有关规定。A.军队保卫部门对军队内部发生的刑事案件行使侦查权。B.中国海警局履行海上维权执法职责,对海上发生的刑事案件行使侦查权。C.军地互涉刑事案件,按有关规定确定管辖。(2)对罪犯在监狱内犯罪的案件由监狱进行侦查。(3)一般而言,刑事案件由犯罪地(犯罪行为发生地、犯罪结果发生地)法院管辖;特殊而言,若由被告人居住地法院审判更为适宜,可由被告人居住地法院管辖。A.几个同级法院都有权管辖的案件,由最初受理法院审判;必要时,可移送主要犯罪地法院审判。B.上级法院可指定下级法院审判管辖不明的案件,也可指定下级法院将案件移送其他法院审判。(4)针对或利用计算机网络实施的犯罪,犯罪地含犯罪行为发生地的网站服务器所在地,网络接入地,网站建立者、管理者所在地,被侵害的计算机信息系统及其管理者所在地,被告人、被害人使用的计算机信息系统所在地,以及被害人财产遭受损失地。(5)从司法解释的角度看,网络赌博犯罪案件的地域管辖,应坚持以犯罪地(赌博网站服务器所在地、网络接入地,赌博网站建立者、管理者所在地,以及赌博网站代理人、参赌人实施网络赌博行为地等)管辖为主、被告人居住地管辖为辅的原则。

公安部《改革完善受案立案制度的意见》(2015年)的主要内容:(1)规范工作流程:A.健全接报案登记。各省公安厅依托警务信息综合应用平台,建立完善全省区市统一的接报案、受案立案功能模块。对群众报案、控告、举报、扭送、违法嫌犯投案,以及上级机关交办案件或其他机关移送的案件,属于公安机关管辖,各办案警种、部门都须接受并依有关规定办理,不得推诿。对上述接受的案件以及工作中发现的案件,除性质和事实涉及国家秘密的以外,都须进行网上登记。涉嫌犯罪,按刑事案件进行立案审查;涉嫌行政违法,按行政案件进行受案审查。群众上门报案,应当场进行接报案登记,当场接受证据材料,当场出具接报案回执并告知查询案件进展情况的方式和途径。对明显不属于公安机关职责范围的报案事项,应立即告知报案人向其他有关主管机关报案。对重复报案、案件正办理或已办结,应向报案人作出解释,不再重复接报案登记。B.及时审查办理。接报案件后,应立即进行受案立案审查。对违法犯罪事实清楚的案件,公安机关各办案警种、部门应即受即立即办,不得推诿拖延。行政案件受案审查期限原则上不超过24小时,疑难复杂案件受案审查期限不超过3日。刑事案件立案审查期限原则上不超过3日;涉嫌犯罪线索需查证,立案审查期限不超过7日;重大疑难复杂案件,经县级以上公安机关负责人批准,立案审查期限可延长至30日。法律法规、规章等对受案立案审查期限另有规定,从其规定。决定不予受案立案后又发现新的事实证据,或发现原认定事实错误,需追究行政及刑事责任,应及时受案立案处理。C.紧急情况处置。对违法犯罪活动正进行以及其他情况紧急的案件,接到报案后应先进行紧急处置,第一时间制止违法犯罪,控制嫌疑人,救治伤员,保护现场,及时开展现场调查取证等工作。紧急处置完毕后,应在24小时内完成接报案登记;符合受案立案条件,依法及时受案立案。(2)强化监管:A.明确主管部门。公安法制部门是公安机关受案立案工作监管的主管部门,主要履行以下职责:通过受案立案信息系统掌握、监督和管理本级公安机关各办案警种、部门受案立案情况,及时发现、预警和纠正受案立案环节的执法问题;对经济犯罪案件(主要是公安机关经济犯罪侦查部门按有关规定依法管辖的各种刑事案件,以及公安机关其他办案部门依法管辖破坏社会主义市场经济秩序犯罪有关案件,不包括以资助方式实施的帮助恐怖活动案件)以及其他易出问题、有争议的案件是否受案立案进行审核监督;统一接受检察机关通知立案的案件;协调解决本级公安机关各办案警种、部门之间的案件管辖争议;办理不予立案复议复核案件。B. 形成监督合力。各有关警种、部门要结合自身职能，积极发挥作用，分工负责，密切配合，共同做好受案立案监管工作。指挥中心要通过回访报警人、检查处警警情反馈等形式，及时发现受案立案问题；督察部门要通过执法检查、网上督察等方式加强对接报案、受案立案工作的现场督察，运用督察手段及时处理群众对接报案、受案立案工作的投诉；纪检监察部门要及时查处受案立案工作中存在的违纪违法问题；信访部门要认真组织调查处理受案立案信访事项。C. 改进考评机制。坚决取消发案数、破案率等影响依法如实受案立案的不科学、不合理考评指标，增加案件当事人对公安机关接报案、受案立案工作满意度的评价比重，树立正确的考核评价激励导向，促进和保障依法如实受案立案。D. 严格追究责任。完善受案立案工作责任制，明确接报案登记、受案立案审查工作责任。对报案不接、接报案后不登记不受案不立案、受案立案后不查处、越权管辖、违法受案立案、插手经济纠纷，以及虚报接报案和受案立案统计数据等违法违纪行为，依有关规定追究相关领导和直接责任人员的责任。(3) 提高信息化水平：A. 完善系统功能。省公安厅要抓紧建立完善接报案、受案立案功能模块，实现接报案、受案立案工作信息全要素网上记载、全流程网上运转，并与接处警、办案、结案等上下游流程信息整合贯通，满足办案部门网上接报案登记、受案立案审查和法制部门实行受案立案网上监管的工作需求。要逐步实现将110接报警电话、现场处置执法记录仪、接受群众上门报案监控等视听资料、电子数据自动导入警务信息综合应用平台，并与警情登记、接报案登记、受案立案审查、案件办理等信息智能关联，实现接报案和受案立案办案结案全过程可溯式管理。B. 深化执法公开。充分利用公安机关政务网站、微信公众号、手机APP等各种互联网平台和移动终端，为案件当事人提供互联网查询接报案、受案立案及案件办理情况服务，依法及时向案件控告人、被害人及其家属公开案件相关信息。在公安机关及派出所提供电脑信息终端，方便群众自助查询案件信息。建立完善受案立案公开制度，定期公布公安机关受案立案数据和分析研判情况，发挥治安预警作用，提高公众防范意识。(4) 完善刑事案件立案标准：公安机关应按刑事案件立案标准与检察院、法院的追诉、定罪标准相协调原则，提高刑事执法效能。要严格执行和不断完善最高检察院、公安部联合下发的有关刑事案件立案追诉标准。依法可由省公安厅制定、细化的刑事案件立案标准，省公安厅要与同级检察院、法院协商一致后确定。

一般而言，刑事案件的侦查由公安机关进行，以法律另有规定为例外。公安机关或检察院发现犯罪事实或嫌犯，应按管辖范围，立案侦查。(1) 检察院认为公安机关对应立案侦查的案件而不立案侦查，或被害人认为公安机关对应立案侦查的案件而不立案侦查，向检察院提出，检察院应要求公安机关说明不立案的理由；检察院认为公安机关不立案理由不能成立，应通知公安机关立案，公安机关接到通知后应立案。(2) 法院、检察院或公安机关对报案、控告、举报和自首的材料，应按管辖范围，迅速审查，认为有犯罪事实需追究刑责时，应立案；认为无犯罪事实，或犯罪事实显著轻微，不需追究刑责时，不立案，并将不立案原因通知控告人；控告人不服，可申请复议。

【2008·川·卷2·28】（答案：ABC）下列哪一案件属于基层法院管辖？A. M国人汤姆在G国殴打一中国留学生，致其耳聋。B. B国人达卡威斯在中国盗窃一旅客手包，内有财物价值2500元。C. 中国籍的马某在中国内地将一台湾商人打成轻伤。D. 中国籍的黄某在中国大陆绑架一G国籍富商，因未勒索到赎金将其杀害。

从中国行政区划、法院管辖权的角度讲，法院管辖的刑事案件、民事案件、行政案件具有区划性、分工性、类型性、互补性、差异性。(1) 基层法院管辖第一审普通刑事案件，以刑诉法规定的由上级法院管辖为例外。A. 基层法院对可能判处无期刑、死刑的第一审刑事案件，应移送中院审判。B. 基层法院可请求移送中院审判的第一审刑事案件类型：a. 重大、复杂案件。b. 新类型的疑难案件。c. 在法律适用上有普遍指导意义的案件。C. 基层法院需将案件移送中院审判,应在报请院长决定后,至迟于案件审理期限届满 15 日前书面请求移送。a. 中院应在接到申请后 10 日内作出决定。b. 不同意移送,应下达不同意移送决定书,由请求移送法院依法审判。c. 同意移送,应下达同意移送决定书,并书面通知同级检察院。D. 有管辖权法院因案件涉及本院院长需回避等原因,不宜行使管辖权,可请求移送上一级法院管辖。上一级法院可管辖,或指定与提出请求法院同级的其他法院管辖。(2) 中院管辖的第一审刑事案件类型:A. 危害国安、恐怖活动案件(a. 检察院办理审查逮捕的危害国安的案件,应报上一级检察院备案。b. 外国人、无国籍人涉嫌危害国安犯罪的案件或涉及国与国之间政治、外交关系的案件以及在适用法律上确有疑难的案件,认为需逮捕嫌犯,分别由基层检察院或分、州、市检察院审查并提出意见,层报最高检审查)。B. 可能判处无期刑、死刑的案件。检察院认为可能判处无期刑、死刑,向中院提起公诉的案件,中院受理后,认为不需判处无期刑、死刑,应依法审判,不再交基层法院审判。(3) 高院管辖的第一审刑事案件,是全省性的重大刑事案件。(4) 最高法管辖的第一审刑事案件,是全国性的重大刑事案件。

从指定管辖、移送管辖、管辖权异议的角度看,法院管辖权具有相对性、原则性、例外性。(1) 下级法院有移送管辖权,即认为案情重大、复杂需由上级法院审判的第一审刑事案件,可请求移送上一级法院审判。(2) 上级法院有指定管辖权、管辖决定权。A. 上级法院必要时,可审判下级法院管辖的第一审刑事案件,可指定下级法院将其管辖的案件移送其他下级法院审判。B. 上级法院可指定下级法院审判管辖不明的案件,也可指定下级法院将案件移送其他法院审判。C. 上级法院决定审判下级法院管辖的第一审刑事案件,应向下级法院下达改变管辖决定书,并书面通知同级检察院。D. 上级法院指定管辖,应将指定管辖决定书分别送达被指定管辖法院和其他有关法院。a. 原受理案件法院在收到上级法院改变管辖决定书、同意移送决定书或指定其他法院管辖决定书后,对公诉案件,应书面通知同级检察院,并将案卷材料退回,同时书面通知当事人。b. 对自诉案件,应将案卷材料移送被指定管辖法院,并书面通知当事人。E. 一人犯数罪、共犯和其他需并案审理的案件,其中一人或一罪属于上级法院管辖,全案由上级法院管辖。(3) 指定管辖案件的审理期限,自被指定管辖法院收到指定管辖决定书和有关案卷、证据材料之日起计算。A. 申请上级法院批准延长审理期限,应在期限届满 15 日前层报。B. 有权决定的法院不同意延长,应在审理期限届满 5 日前作出决定。C. 因特殊情况申请最高法批准延长审理期限,最高法经审查批准,可延长审理期限 1 个月至 3 个月。D. 期限届满案件仍不能审结,可再次提出申请。E. 审判期间,对被告人作精神病鉴定的时间不计入审理期限。(4) 几个同级法院都有权管辖的案件,由最初受理法院审判;必要时,可移送主要犯罪地法院审判。2 个以上同级法院都有管辖权的案件,由最初受理法院审判;必要时,可移送被告人主要犯罪地法院审判(a. 管辖权发生争议,应在审理期限内协商解决。b. 协商不成,由争议法院分别层报共同的上级法院指定管辖)。

从刑诉法修正案(2018 年)的角度看,刑诉法的速裁程序具有程序性、对象性、期限性、规则性。(1) 基层法院管辖的可能判处 3 年有期徒刑以下刑罚的案件,案件事实清楚,证据确实、充分,被告人认罪认罚(嫌犯、被告人自愿如实供述自己的罪行,承认指控的犯罪事实,愿意接受处罚,可依法从宽处理)并同意适用速裁程序,可适用速裁程序,由审判员 1 人独任审判。检察院在提起公诉时,可建议法院适用速裁程序。(2) 不适用速裁程序的 6 种情形:A. 案件有重大社会影响。B. 被告人是未成年人。C. 被告人是盲、聋、哑人或尚未完全丧失辨认或控制自己行为能力的精神病人。D. 被告人与被害人或其法定代理人未就附带民诉赔偿等事项达成调解或和解协议。E. 共犯案件中部分被告人对指控的犯罪事实、罪名、量刑建议或适用速裁程序有异议。F. 其他不宜适用速裁程序审理。(3) 适用速裁程序审理案件,法院应在受理后 10 日内审结,对可能判处的有期徒刑超过 1 年,可延长至 15 日;应当庭宣判;不受第一审程序公诉案件规定的送达期限的限制,一般不进行法庭调查、法庭辩论，但在判决宣告前应听取辩护人的意见和被告人的最后陈述意见。（4）法院在审理过程中，发现有被告人的行为不构成犯罪或不应追究其刑责、被告人违背意愿认罪认罚、被告人否认指控的犯罪事实或其他不宜适用速裁程序审理情形，应按第一审程序公诉案件或简易程序规定重审。

【2013·卷2·单选·28】（答案：A）法院审理过程中，被告人赵某在最后陈述时，以审判长数次打断其发言为理由申请更换审判长。对这一申请，哪一说法正确？A. 赵某的申请理由不符合法律规定，法院院长应驳回申请。B. 赵某在法庭调查前没有申请回避，法院院长应当驳回申请。C. 如法院作出驳回申请的决定，赵某可在决定作出后五日内向上级法院提出上诉。D. 如法院作出驳回申请的决定，赵某可以向上级法院申请复议以次。

从国际刑事司法协助法（2018年）的角度讲，中国与有关国际组织开展刑事司法协助，参照国际刑事司法协助法（2018年）规定。（1）中国和外国之间开展刑事司法协助，依国际刑事司法协助法（2018年）进行。（2）执行外国提出的刑事司法协助请求，适用国际刑事司法协助法、刑诉法及其他相关法律规定。（3）对请求书的签署机关、请求书及所附材料的语言文字、有关办理期限和具体程序等事项，在不违反中国法律的基本原则的情况下，可按刑事司法协助条约（中国与外国缔结或共同参加的刑事司法协助条约、移管被判刑人条约或载有刑事司法协助、移管被判刑人条款的其他条约）规定或双方协商办理。（4）办理刑事司法协助相关案件的机关是国际刑事司法协助的办案机关，负责向所属主管机关提交需向外国提出的刑事司法协助请求、执行所属主管机关交办外国提出的刑事司法协助请求。（5）国家监察委、最高法、最高检、公安部、国安部等部门是开展国际刑事司法协助的主管机关，按职责分工，审核向外国提出的刑事司法协助请求，审查处理对外联系机关转递外国提出的刑事司法协助请求，承担其他与国际刑事司法协助相关的工作。（6）移管被判刑人案件中，司法部按职责分工，承担相应的主管机关职责。A. 司法部等对外联系机关负责提出、接收和转递刑事司法协助请求，处理其他与国际刑事司法协助相关的事务。B. 中国和外国间开展刑事司法协助，通过对外联系机关联系；无刑事司法协助条约，通过外交途径联系。（7）非经中国主管机关同意，外国机构、组织和个人不得在中国境内进行国际刑事司法协助法规定的刑诉活动，中国境内的机构、组织和个人不得向外国提供证据材料和国际刑事司法协助法规定的协助。（8）国家保障开展国际刑事司法协助所需经费。（9）中国和外国相互执行刑事司法协助请求产生的费用，有条约规定，按条约承担；无条约或条约未规定，按平等互惠原则通过协商解决。A. 中国和外国按平等互惠原则开展国际刑事司法协助（中国和外国在刑事案件调查、侦查、起诉、审判和执行等活动中相互提供协助，含送达文书，调查取证，安排证人作证或协助调查，查封、扣押、冻结涉案财物，没收、返还违法所得及其他涉案财物，移管被判刑人及其他协助），不得损害中国的主权、安全和社会公共利益，不得违反中国法律的基本原则。B. 向中国提出的刑事司法协助请求或应中国请求提供的文件和证据材料，按条约规定办理公证和认证事宜；无条约或条约未规定，按互惠原则办理。

从行政区划管理条例的角度看，行政区划的设立、撤销及变更隶属关系或行政区域界线时，应考虑经济发展、资源环境、人文历史、地形地貌、治理能力等情况；变更政府驻地时，应优化资源配置、便于提供公共服务；变更行政区划名称时，应体现当地历史、文化和地理特征。乡、民族乡、镇的设立、撤销、更名，行政区域界线的变更，政府驻地的迁移，由省级政府审批。县、市、市辖区的部分行政区域界线的变更，县、不设区的市、市辖区政府驻地的迁移，国务院授权省级政府审批；批准变更时，同时报送国务院备案。国务院审批省级行政区域界线的变更，政府驻地的迁移，简称、排列顺序的变更；自治州、县、自治县、市、市辖区的设立、撤销、更名和隶属关系的变更及自治州、自治县、设区的市政府驻地的迁移；自治州、自治县的行政区域界线的变更，县、市、市辖区的行政区域界线的重大变更；凡涉及海岸线、海岛、边疆要地、湖泊、重要资源地区及特殊情况地区的隶属关系或行政区域界线的变更。省级政府设立、撤销、更名，报全国人大批准。国家工作人员在行政区划的管理工作中，滥用职权、玩忽职守、徇私舞弊，或违反行政区划管理条例规定，在行政区划变更过程中弄虚作假，对直接负责的主管人员和其他直接责任人员，依法给予处分；构成犯罪，依法追究刑责。

◆ 《刑法》 第7条 【属人原则（属人主义或属人主义原则、属人主义管辖权）】

从属人原则、犯罪主体、国内犯的角度讲，中国公民（普通公民）在中国领域外犯中国刑法规定之罪，适用中国刑法，但按最高刑为3年以下有期刑，可不追究；特殊而言，中国国家工作人员和军人（a. 解放军、武警部队的现役警官、文职干部、士兵及有军籍的学员。b. 执行军事任务的预备役人员和其他人员）在中国领域外犯刑法规定之罪，适用中国刑法。

从国籍法的角度讲，受理国籍申请的机关，在国内为当地市、县公安局，在国外为中国外交代表机关和领事机关；加入、退出、恢复中国国籍的申请，由公安部审批；经批准，由公安部发给证书。(1) 申请加入中国国籍获得批准，即取得中国国籍；被批准加入中国国籍，不得再保留外国国籍。(2) 定居外国的中国公民，自愿加入或取得外国国籍，即自动丧失中国国籍。(3) 中国公民有外国人的近亲属；定居在外国；有其他正当理由的情形，可经申请批准退出中国国籍。(4) 申请退出中国国籍获得批准，即丧失中国国籍。(5) 曾有过中国国籍的外国人，有正当理由，可申请恢复中国国籍；被批准恢复中国国籍，不得再保留外国国籍。(6) 国家工作人员和现役军人，不得退出中国国籍。

从国家赔偿法的角度讲，执行职务行为、非执行职务行为有争议性，存在实质内容理论[主观标准说：国家机关（雇用人）的意思表示说、国家机关（工作人）的意思表示说等]、外表形式理论（客观标准说或社会观念说、职务范围说、行使职权有关说）等不同理论观点。(1) 一般而言，国家赔偿法的一般侵权行为主体含国家机关、国家机关工作人（行政机关的公务员，司法机关的公检法人员，监狱看守管教人员等，不含国家机关的勤杂人员、服务人员）。(2) 特殊而言，国家赔偿法规定的特殊侵权行为主体含法律法规授权的组织（社会组织、人民团体、企事业组织、基层群众性自治组织）、行政机关委托的组织（受行政机关的委托行使一定行政职权的非国家机关的组织）、个人（受行政机关的委托行使一定行政职权的非国家公务员的个人）。

从刑法总则第93条国家工作人范围的角度看，国家工作人员具有类型性、多样性、差异性，分为绝对型国家工作人员（国家机关中从事公务的人员）、相对型国家工作人（以国家工作人员论）。(1) 国有公司、企事业单位、人民团体中从事公务的人员。(2) 国家机关、国有公司、企事业单位委派到非国有公司、企事业单位、社会团体从事公务的人员。(3) 依法律从事公务的其他人员。譬如，司法工作人（有侦查、检察、审判、监管职责的工作人员），属于国家工作人员或国家机关工作人员。

从属人原则的角度，中国国家工作人员（含国家机关工作人员）、军人在国外犯罪，均一律适用中国刑法。中国普通公民（非国家工作人员、非军人）国外犯罪具有原则性、例外性，以适用中国刑法为原则，以中国刑法最高刑3年以下有期刑可不追究为例外。

◆ 《刑法》 第8条 【保护原则或保护主义管辖权】

从国家主权原则、诉讼权利等同原则、涉外犯罪、刑法适用对象、犯罪主体、国外犯的角度看，外国人（无国籍人、多国籍人或外国法人）在中国领域外对中国国家或公民犯罪，而按最低刑为3年以上有期刑，可适用中国刑法，但按犯罪地的法律不受处罚为例外。

从附加刑（辅助刑）的角度看，对犯罪外国人，可独立适用或附加适用驱逐出境。从危害国家安全罪、危害国防利益罪、军人违反职责罪的角度看，外国人对中国、中国公民可能触犯的特殊类型的犯罪罪名：间谍罪；资敌罪；资助危害国安犯罪活动罪；为境外窃取、刺探、收买、非法提供国家秘密罪；为境外窃取、刺探、收买、非法提供军事秘密罪；组织、领导、参加恐怖组织罪；准备实施恐怖活动罪；帮助恐怖活动罪；组织、资助非法聚集罪等。

【2004·卷2·多选·56】（答案：ABC）关于中国刑法适用范围的说法哪些错误？A. 甲国公民汤姆教唆乙国公民约翰进入中国境内发展黑社会组织。即使约翰果真进入中国境内实施犯罪行为，也不能适用中国刑法对仅仅实施教唆行为的汤姆追究刑责。B. 中国公民赵某从甲国贩卖毒品到乙国后回到中国。因赵某的犯罪行为地不在中国境内，行为也没危害中国的国家或国民的利益，所以，不能适用中国刑法。C. A国公民丙在中国留学期间利用暑期外出旅游，途中为勒索财物，将B国在中国的留学生丁某从东北某市绑架到C国，中国刑法可依据保护管辖原则对丙追究刑责。D. 中国公民在中国领域外实施的犯罪行为，按刑法规定的最高刑为3年以下有期刑，也可适用中国刑法追究刑责。

从刑诉法解释的角度看，对外国人犯罪应追究刑责，适用中国刑法、刑诉法规定。对享有外交特权和豁免权的外国人犯罪应追究刑责，通过外交途径解决。根据中国缔结或参加的国际条约，或按互惠原则，中国司法机关和外国司法机关可相互请求刑事司法协助。外国人在中国领域外对中国国家或公民犯罪，据中国刑法应受处罚，由该外国人入境地、入境后居住地或被害中国公民离境前居住地法院管辖。对中国缔结或参加的国际条约规定的罪行，中国在所承担条约义务的范围内，行使刑事管辖权，由被告人被抓获地法院管辖。

国外犯有三种基本类型：中国公民在国外实施的犯罪、外国人、无国籍人在外国实施危害中国国家或中国公民权益及各国共同利益的犯罪。（1）中国公民在外国的犯罪，含中国公民在外国实施对中国国家或中国公民的犯罪、中国公民在外国实施对外国国家或外国公民的犯罪两种类型。A. 一般而言，凡在中国领域内、中国船舶或航空器内犯罪，都适用中国刑法，以法律特别规定为例外。B. 中国刑法总则规定了行为人犯罪行为、犯罪结果的刑事管辖原则：犯罪行为或犯罪结果全部、一部分或有一项发生在中国领域内，即认为在中国领域内犯罪。C. 未遂犯的行为地、行为人希望结果发生地、可能发生结果地，都是犯罪地。D. 共犯的行为或结果的一部分发生在中国领域内，即认为在中国领域内犯罪。E. 追诉时效的期限起算点是犯罪之日，而不是犯罪既遂之日；有连续性或继续性的犯罪的追诉时效的期限起算点是犯罪行为终了之日；在追诉期限内又犯连续性或继续性的新罪，前罪追诉期限的起算点是犯罪行为终了之日。a. 继续犯按刑法规定以一罪论处，不实行数罪并罚。b. 连续犯一般从一重处断（按行为人触犯的罪名从重或加重处断）。F. 中国公民在领域外犯刑法规定的犯罪、适用刑法属人管辖的特殊主体对象含国家工作人员、军人。G. 原则上，中国公民在中国领域外犯罪，依中国刑法应负刑责，也适用中国刑法，虽经外国审判，仍可依中国刑法追究，但在外国已受过刑罚处罚，可免除或减轻处罚，可不追究最高法定刑3年以下有期刑的犯罪。（2）外国公民在外国的犯罪，含外国人在外国危害我国公民权益的犯罪、外国人在外国危害各国共同利益的刑事犯罪两种类型。A. 国外犯适用保护管辖原则的3个条件：国外犯在外国的犯罪须属于侵犯了公民的利益，应处最低法定刑3年以上有期刑，据犯罪地法律也受论处的犯罪。B. 从普遍管辖权、保护管辖权、外交代表刑事管辖豁免、驱逐出境的角度看，外国人在中国领域外对中国国家或中国公民犯罪，以犯罪地法律不受处罚的情形为例外，最低刑为3年以上有期刑，可适用中国刑法、刑诉法，可独立适用或附加适用驱逐出境。C. 对享有外交特权、豁免权的外国人的刑责，通过外交途径解决。D. 对中国缔结或参加的国际条约规定的国际罪行，在承担条约义务范围内行使刑事管辖权，适用中国刑法，或根据互惠原则，中国司法机关与外国司法机关可相互请求刑司协助。

法院审理涉外刑事案件，使用中国通用的语言文字，应为外国籍当事人提供翻译，法院诉讼文书为中文本。外国籍当事人不通晓中文，应附有外文译本，译本不加盖法院印章，以中文本为准；应公开进行，但依法不应公开审理为例外。公开审理的涉外刑事案件，外国籍当事人国籍国驻华使领馆官员要求旁听，可向受理案件法院所在地的高院提出申请，法院应安排。外国籍当事人通晓中国语言、文字，拒绝他人翻译，或不需诉讼文书外文译本，应由其本人出具书面声明。外国籍被告人委托律师辩护，或外国籍附带民诉原告人、自诉人委托律师代理诉讼，应委托有中国律师资格并依法取得执业证书的律师。外国籍被告人在押，其监护人、近亲属或其国籍国驻华使领馆可代为委托辩护人。其监护人、近亲属代为委托，应提供与被告人关系的有效证明。外国籍当事人委托其监护人、近亲属担任辩护人、诉讼代理人，被委托人应提供与当事人关系的有效证明。经审查，符合刑诉法、有关司法解释规定，法院应准许。

　　从宪法的角度讲，中国保护在中国境内外国人的合法权利和利益，在中国境内外国人须遵守中国的法律。中国对因政治原因要求避难外国人，可给予受庇护权。根据中国缔结或参加的国际条约或按互惠原则，中国司法机关和外国司法机关可相互请求刑事司法协助。从国际刑事司法协助法的角度，刑事司法协助请求的提出、接收和处理：（1）向外国请求刑事司法协助：A. 办案机关需向外国请求刑事司法协助，应制作刑事司法协助请求书并附相关材料，经所属主管机关审核同意后，由对外联系机关及时向外国提出请求。B. 向外国的刑事司法协助请求书，应依刑事司法协助条约规定提出；无条约或条约未规定，可参照国际刑事司法协助法规定［外国向中国提出刑事司法协助请求，应依刑事司法协助条约规定提出请求书；无条约或条约未规定，应在请求书中载明事项并附相关材料（请求机关的名称；案件性质、涉案人员基本信息及犯罪事实；本案适用的法律规定；请求的事项和目的；请求的事项与案件之间的关联性；希望请求得以执行的期限；其他必要的信息或附加的要求）］提出；被请求国有特殊要求，在不违反中国法律的基本原则的情况下，可按被请求国的特殊要求提出；请求书及所附材料应以中文制作，并附有被请求国官方文字的译文。C. 被请求国就执行刑事司法协助请求提出附加条件，不损害中国的主权、安全和社会公共利益，可由外交部作出承诺。被请求国明确表示对外联系机关作出的承诺充分有效，也可由对外联系机关作出承诺。对限制追诉的承诺，由最高检决定；对量刑的承诺，由最高法决定。对涉案人员追究刑责时，有关机关应受所作出的承诺的约束。D. 对外联系机关收到外国的有关通知或执行结果后，应及时转交或转告有关主管机关。外国就其提供刑事司法协助的案件要求通报诉讼结果，对外联系机关转交有关主管机关办理。（2）向中国请求刑事司法协助：A. 外国向中国提出刑事司法协助请求，应依刑事司法协助条约规定提出请求书；无条约或条约未规定，应在请求书中载明事项并附相关材料（请求机关的名称；案件性质、涉案人员基本信息及犯罪事实；本案适用的法律规定；请求的事项和目的；请求的事项与案件之间的关联性；希望请求得以执行的期限；其他必要的信息或附加的要求）。无刑事司法协助条约的情况下，请求国应作出互惠的承诺。请求书及所附材料应附有中文译文。B. 外国向中国提出的刑事司法协助请求，可拒绝提供协助的7种情形：a. 根据中国法律，请求针对的行为不构成犯罪。b. 在收到请求时，在中国境内对请求针对的犯罪正进行调查、侦查、起诉、审判，已作出生效判决，终止刑诉程序，或犯罪已过追诉时效期限。c. 请求针对的犯罪属于政治犯罪。d. 请求针对的犯罪纯属军事犯罪。e. 请求的目的是基于种族、民族、宗教、国籍、性别、政治见解或身份等方面的原因而进行调查、侦查、起诉、审判、执行刑罚，或当事人可能因上述原因受到不公正待遇。f. 请求的事项与请求协助的案件之间缺乏实质性联系。h. 其他可拒绝情形。C. 对外联系机关收到外国提出的刑事司法协助请求，应对请求书及所附材料进行审查。请求书形式和内容符合要求，应按职责分工，将请求书及所附材料转交有关主管机关处理；请求书形式和内容不符合要求，可要求请求国补充材料或重新提出请求。刑事司法协助请求明显损害中国的主权、安全和社会公共利益，对外联系机关可直接拒绝协助。D. 主管机关收到对外联系机关转交的刑事司法协助请求书及所附材料后，应审查，并分别作出处理：a. 根据国际刑事司法协助法和刑事司法协助条约规定认为可协助执行，作出决定并安排有关办案机关执行。b. 根据国际刑事司法协助法规定（第一，按平等互惠原则开展国际刑事司法协助，不得损害中国的主权、安全和社会公共利益，不得违反中国法律的基本原则。第二，非经中国主管机关同意，外国机构、组织和个人不得在中国境内进行国际刑事司法协助法规定的刑诉活动，中国境内的机构、组织和个人不得向外国提供证据材料和国际刑事司法协助法规定的协助。第三，外国向中国提出的刑事司法协助请求，存在拒绝提供协助的 7 种情形）或刑事司法协助条约规定，认为应全部或部分拒绝协助，将请求书及所附材料退回对外联系机关并说明理由。c. 对执行请求有保密要求或有其他附加条件，通过对外联系机关向外国提出，在外国接受条件并作出书面保证后，决定附条件执行。d. 需补充材料，书面通知对外联系机关要求请求国在合理期限内提供。执行请求可能妨碍中国有关机关正进行的调查、侦查、起诉、审判或执行，主管机关可决定推迟协助，并将推迟协助的决定和理由书面通知对外联系机关。外国对执行其请求有保密要求或特殊程序要求，在不违反中国法律的基本原则的情况下，主管机关可按其要求安排执行。e. 办案机关收到主管机关交办外国刑事司法协助请求后，应依法执行，并将执行结果或妨碍执行情形及时报告主管机关。办案机关在执行请求过程中，应维护当事人和其他相关人员的合法权益，保护个人信息（以电子或其他方式记录的能单独或与其他信息结合识别自然人个人身份的各种信息，含但不限于自然人的姓名、出生日期、身份证件号码、个人生物识别信息、住址、电话号码等）。f. 外国请求将通过刑事司法协助取得的证据材料用于请求针对的案件外的其他目的，对外联系机关应转交主管机关，由主管机关作出是否同意的决定。g. 对外联系机关收到主管机关的有关通知或执行结果后，应及时转交或转告请求国。对中国提供刑事司法协助的案件，主管机关可通过对外联系机关要求外国通报诉讼结果。外国通报诉讼结果，对外联系机关收到相关材料后，应及时转交或转告主管机关，涉及对中国公民提起刑诉，应通知外交部。

从刑诉法解释的角度看，涉外刑事案件的审理和刑事司法协助：（1）涉外刑事案件类型：A. 刑法规定的中国在承担国际条约义务范围内行使刑事管辖权的案件（《刑法》第 9 条）。对中国缔结或参加的国际条约规定的罪行，中国在承担条约义务的范围内行使刑事管辖权，适用刑法。B. 在中国领域内外国人犯罪或中国公民侵犯外国人合法权利的刑事案件。C. 刑法规定外国人对中国国家或公民犯罪的案件（《刑法》第 8、10 条）。从保护管辖权、外交代表刑事管辖豁免、对外国刑事判决的消极承认的角度，外国人在中国领域外对中国国家或公民犯罪，而最低刑为 3 年以上有期刑，可适用刑法，但按犯罪地的法律不受处罚为例外。享有外交特权和豁免权的外国人的刑责，通过外交途径解决。凡在中国领域外犯罪，依刑法应负刑责，虽经外国审判，仍可依刑法追究，但在外国已受过刑罚，可免除或减轻处罚。D. 刑法规定的中国公民在中国领域外犯罪的案件（《刑法》第 7、10 条）。a. 从属人管辖权的角度，中国公民在国外犯刑法规定之罪，适用刑法，以刑法规定的最高刑为 3 年以下有期刑可不追究为例外，但中国国家工作人员和军人在国外犯刑法规定之罪，仍适用刑法。b. 中国公民凡在国外犯罪，依刑法应负刑责，虽经外国审判，仍可依刑法追究，但在外国已受过刑罚，可免除或减轻处罚。从保护管辖权、外交代表刑事管辖豁免、对外国刑事判决的消极承认的角度，外国人在中国领域外对中国国家或公民犯罪，而按刑法规定的最低刑为 3 年以上有期刑，可适用刑法，但按犯罪地的法律不受处罚为例外。享有外交特权和豁免权的外国人的刑责，通过外交途径解决。凡在中国领域外犯罪，依刑法应负刑责，虽经外国审判，仍可依刑法追究，但在外国已受过刑罚，可免除或减轻处罚。（2）从排除法的角度，第一审涉外刑事案件，除中院管辖的第一审刑事案件（危害国安、恐怖活动案件；可能判处无期刑、死刑的案件）、高院管辖的第一审刑事案件、最高法管辖的第一审刑事案外,由基层法院管辖;必要时,中院可指定辖区内若干基层法院集中管辖第一审涉外刑事案件,也可依刑诉法规定(上级法院必要时可审判下级法院管辖的第一审刑事案件;下级法院认为案情重大、复杂需由上级法院审判的第一审刑事案件,可请求移送上一级法院审判)审理基层法院管辖的第一审涉外刑事案件。(3)外国人的国籍,据其入境时的有效证件确认。A. 国籍不明,据公安机关或有关国家驻华使领馆出具的证明确认。B. 国籍无法查明,以无国籍人对待,适用本章有关规定,在裁判文书中写明"国籍不明"。C. 刑诉中,外国籍当事人享有中国法律规定的诉讼权并承担相应义务。(4)涉外刑事案件审判期间,法院应将有关事项。A. 宣判的时间、地点。B. 法院决定对外国籍被告人采取强制措施的情况,含外国籍当事人的姓名(含译名)、性别、入境时间、护照或证件号码、采取的强制措施及法律依据、羁押地点等。C. 开庭的时间、地点、是否公开审理等事项及时通报同级政府外事主管部门,并通知有关国家驻华使领馆。涉外刑事案件宣判后,应及时将处理结果通报同级政府外事主管部门。对外国籍被告人执行死刑,死刑裁决下达后执行前,应通知其国籍国驻华使领馆。外国籍被告人在案件审理中死亡,应及时通报同级政府外事主管部门,并通知有关国家驻华使领馆。(5)需向有关国家驻华使领馆通知有关事项,应层报高院,由高院通知(向外国驻华使领馆通知有关事项,必要时可请政府外事主管部门协助)规定:A. 外国籍当事人国籍国与中国签订有双边领事条约,据条约规定办理。未与中国签订双边领事条约,但参加了《维也纳领事关系公约》的,依据公约规定办理。未与中国签订领事条约,也未参加《维也纳领事关系公约》,但与中国有外交关系的,可根据外事主管部门的意见,按互惠原则,据有关规定和国际惯例办理。B. 在外国驻华领馆领区内发生的涉外刑事案件,通知有关外国驻该地区的领馆。外国领馆领区外发生的涉外刑事案件,通知有关外国驻华使馆。与中国有外交关系,但未设使领馆的国家,可通知其代管国家驻华使馆。无代管国家或代管国家不明,可不通知。C. 双边领事条约规定通知时限,应在规定的期限内通知。无双边领事条约规定,应根据或参照《维也纳领事关系公约》和国际惯例尽快通知,至迟不得超过7日。D. 双边领事条约未规定须通知,外国籍当事人要求不通知其国籍国驻华使领馆,可不通知,但应由其本人出具书面声明。(6)法院受理涉外刑事案件后,应告知在押外国籍被告人享有与其国籍国驻华使领馆联系,与其监护人、近亲属会见、通信,以及请求法院提供翻译的权利。(7)涉外刑事案件审判期间,外国籍被告人在押,其国籍国驻华使领馆官员要求探视,可向受理案件法院所在地的高院提出。A. 法院应根据中国与被告人国籍国签订的双边领事条约规定的时限安排。B. 无条约规定,应尽快安排。C. 必要时,可请政府外事主管部门协助。(8)涉外刑事案件审判期间,外国籍被告人在押,其监护人、近亲属申请会见,可向受理案件法院所在地的高院提出,并依刑诉法解释规定(外国籍当事人从中国领域外寄交或托交给中国律师或中国公民的委托书,以及外国籍当事人的监护人、近亲属提供的与当事人关系的证明,须经所在国公证机关证明,所在国中央外交主管机关或其授权机关认证,并经中国驻该国使领馆认证,但中国与该国之间有互免认证协定为例外)提供与被告人关系的证明。法院经审查认为不妨碍案件审判,可批准。被告人拒绝接受探视、会见,可不安排,但应由其本人出具书面声明。探视、会见被告人应遵守中国法律规定。(9)法院审理涉外刑事案件,应公开进行,但依法不应公开审理为例外。公开审理的涉外刑事案件,外国籍当事人国籍国驻华使领馆官员要求旁听,可向受理案件法院所在地的高院提出申请,法院应安排。(10)法院审判涉外刑事案件,使用中国通用的语言、文字,应为外国籍当事人提供翻译。法院的诉讼文书为中文本。外国籍当事人不通晓中文,应附有外文译本,译本不加盖法院印章,以中文本为准。外国籍当事人通晓中国语言、文字,拒绝他人翻译,或不需诉讼文书外文译本,应由其本人出具书面声明。(11)外国籍被告人委托律师辩护,或外国籍附带民诉原告人、自诉人委托律师代理诉讼,应委托有中国律师资格并依法取得执业证书的律师。A. 外国籍被告人在押，其监护人、近亲属或其国籍国驻华使领馆可代为委托辩护人；其监护人、近亲属代为委托，应提供与被告人关系的有效证明。B. 外国籍当事人委托其监护人、近亲属担任辩护人、诉讼代理人，被委托人应提供与当事人关系的有效证明；经审查，符合刑诉法、有关司法解释规定，法院应准许。C. 外国籍被告人未委托辩护人，法院可通知法律援助机构为其指派律师提供辩护。D. 被告人拒绝辩护人辩护，应由其出具书面声明，或将其口头声明记录在案。E. 被告人属于应提供法律援助的情形，依刑诉法解释规定（a. 被告人拒绝法律援助机构指派的律师为其辩护，坚持自己行使辩护权，法院应准许。b. 属于应提供法律援助的情形，被告人拒绝指派的律师为其辩护，法院应查明原因；理由正当，应准许，但被告人须另行委托辩护人；被告人未另行委托辩护人，法院应在3日内书面通知法律援助机构另行指派律师为其提供辩护）处理。(12) 外国籍当事人从中国领域外寄交或托交给中国律师或中国公民的委托书，以及外国籍当事人的监护人、近亲属提供的与当事人关系的证明，须经所在国公证机关证明，所在国中央外交主管机关或其授权机关认证，并经中国驻该国使领馆认证，但中国与该国之间有互免认证协定为例外。对涉外刑事案件的被告人，可决定限制出境。对开庭审理案件时须到庭的证人，可要求暂缓出境。作出限制出境的决定，应通报同级公安机关或国安机关。限制外国人出境，应同时通报同级政府外事主管部门和当事人国籍国驻华使领馆。法院决定限制外国人和中国公民出境，应书面通知被限制出境的人在案件审理终结前不得离境，并可采取扣留护照或其他出入境证件的办法限制其出境。扣留证件，应履行必要手续，并发给本人扣留证件的证明。(13) 对需在边防检查站阻止外国人和中国公民出境，受理案件法院应层报高院，由高院填写口岸阻止人员出境通知书，向同级公安机关办理交控手续。控制口岸不在本省级，应通过有关省公安厅办理交控手续。在紧急情况下，确有必要，也可先向边防检查站交控，再补办交控手续。(14) 对来自境外的证据材料，法院应对材料来源、提供人、提供时间及提取人、提取时间等审查。经审查，能证明案件事实且符合刑诉法规定，可作为证据使用，但提供人或中国与有关国家签订的双边条约对材料的使用范围有明确限制为例外。材料来源不明或其真实性无法确认，不得作为定案的根据。当事人及其辩护人、诉讼代理人提供来自境外的证据材料，该证据材料应经所在国公证机关证明，所在国中央外交主管机关或其授权机关认证，并经中国驻该国使领馆认证。(15) 涉外刑事案件，符合刑诉法规定［a. 法院审理公诉案件，应在受理后2个月内宣判，至迟不得超过3个月。对可能判处死刑的案件或附带民诉的案件，以及有交通十分不便的边远地区的重大复杂案件、重大的犯罪集团案件、流窜作案（跨市、县管辖范围连续作案，或在居住地作案后逃跑到外市、县继续作案）的重大复杂案件，或犯罪涉及面广，取证困难的重大复杂案件，经上一级法院批准，可延长3个月；因特殊情况还需延长，报请最高法批准。b. 第二审法院受理上诉、抗诉案件，应在2个月内审结］，经有关法院批准或决定，可延长审理期限。(16) 有交通十分不便的边远地区的重大复杂案件、重大的犯罪集团案件、流窜作案的重大复杂案件，或犯罪涉及面广，取证困难的重大复杂案件，侦查羁押期限（a. 对嫌犯逮捕后的侦查羁押期限不得超过2个月。b. 案情复杂、期限届满不能终结的案件，可经上一级检察院批准延长1个月。c. 因特殊原因，在较长时间内不宜交付审判的特别重大复杂的案件，由最高检报请全国人大常委会批准延期审理）届满不能侦查终结，经省级检察院批准或决定，可延长2个月。(17) 对可能判处死刑的案件或附带民诉的案件，以及有交通十分不便的边远地区的重大复杂案件、重大的犯罪集团案件、流窜作案的重大复杂案件，或犯罪涉及面广，取证困难的重大复杂案件的4种情形，经高院批准或决定，可延长2个月；因特殊情况还需延长，报请最高法批准。最高法受理上诉、抗诉案件的审理期限，由最高法决定。(18) 涉外刑事案件宣判后，外国籍当事人国籍国驻华使领馆要求提供裁判文书，可向受理案件法院所在地的高院提出，法院可提供。(19) 根据中国缔结或参加的国际条约，或按互惠原则，法院和外国法院可相互请求刑事司法协助。A. 外国法院请求的事项有损中国的主权、安全、社会公共利益，法院不协助。B. 请求和提供司法协助，应依中国缔结或参加的国际条约规定的途径进行；无条约关系，通过外交途径进行。（20）法院请求外国提供司法协助，应经高院审查后报最高法审核同意；请求外国提供司法协助的请求书及其所附文件，应附有该国文字译本或国际条约规定的其他文字文本。（21）外国法院请求中国提供司法协助，属于法院职权范围，经最高法审核同意后转有关法院办理；请求中国提供司法协助的请求书及其所附文件，应附有中文译本或国际条约规定的其他文字文本。（22）法院向在中国领域外居住的当事人送达刑诉文书的7种基本方式：A. 通过外交途径送达。B. 根据受送达人所在国与中国缔结或共同参加的国际条约规定的方式送达。C. 对中国籍当事人，可委托中国驻受送达人所在国的使领馆代为送达。D. 当事人是自诉案件的自诉人或附带民诉原告人，可向有权代其接受送达的诉讼代理人送达。E. 当事人是外国单位，可向其在中国领域内设立的代表机构或有权接受送达的分支机构、业务代办人送达。F. 受送达人所在国法律允许，可邮寄送达；自邮寄之日起满3个月，送达回证未退回，但根据各种情况足以认定已送达，视为送达。G. 受送达人所在国法律允许，可采用传真、电子邮件等能确认受送达人收悉的方式送达。（23）法院通过外交途径向在中国领域外居住的受送达人送达刑诉文书，所送达的文书应经高院审查后报最高法审核。A. 最高法认为可发出，由最高法交外交部主管部门转递。B. 外国法院通过外交途径请求法院送达刑诉文书，由该国驻华使馆将法律文书交中国外交部主管部门转最高法。C. 最高法审核后认为属于法院职权范围，且可代为送达，应转有关法院办理。（24）涉外刑事案件审理过程中的其他事宜，依法律、司法解释和其他有关规定办理。

◆ **《刑法》第9条【普遍管辖权（普遍管辖原则或世界主义原则、全球主义原则）】**

从国际条约必守原则、刑事国际条约、国际犯罪、涉外犯罪、跨国犯罪、国内刑法国际化、反恐怖主义的角度看，对中国缔结或参加的国际条约（《维也纳领事关系公约》《维也纳条约法公约》《罗马规约》《海牙公约》《东京公约》《蒙特利尔公约》《制止危及海上航行安全非法行为公约》《防止及惩治灭绝种族罪公约》《反对劫持人质国际公约》《联合国打击跨国有组织犯罪公约》《联合国禁止非法贩运麻醉药品和精神药物公约》《联合国反腐败公约》《联合国海洋法公约》等）规定的国际罪行（战争罪、侵略罪、人口贩运罪、反人道罪、危害人类罪、种族灭绝罪、毒品罪、海盗罪、劫持航空器罪等），中国在承担条约义务范围内（以公共秩序保留或声明保留为例外）行使刑事管辖权（司法机关依法行使的侦查、起诉、审判权，以未缔结或参加的国际公约中规定的犯罪不能行使刑事管辖权为例外），适用中国刑法。

从刑诉法的角度看，第一审涉外刑事案件，除由上级法院管辖依法提审的基层法院管辖第一审普通刑事案件、中院管辖的危害国家安全、恐怖活动和可能判处无期刑、死刑的第一审刑事案件以及高院管辖的省级重大刑事案件的第一审刑事案件外，由基层法院管辖。必要时，中院可指定辖区内若干基层法院集中管辖第一审涉外刑事案件，也可依最高法管辖的全国性、重大性的第一审刑事案件，审理基层法院管辖的第一审涉外刑事案件。

从国际刑法、国际反恐怖主义、反腐败主义、反官僚主义、反人类犯罪的角度看，普遍刑事管辖权不以犯罪人的国籍、犯罪地、犯罪客体为前提条件，世界各国对刑事国际条约性质的某些特定国际犯罪均有刑事管辖权。从全国人大常委会《关于对中华人民共和国缔结或参加的国际条约的规定的罪行行使刑事管辖权的决定》（1987年）的角度看，对中国缔结或参加的国际条约规定的罪行，中国在承担条约义务的范围内，行使刑事管辖权。

从法理学、法律管辖权适用顺序限制的角度讲，对一个具体案件（民商事案件、刑事案件、行政案件等）的管辖权而言，法律管辖权（属地管辖权、属人管辖权、保护管辖权、普遍管辖权）的适用有先后顺序性、限制性，以适用属地管辖权为首选原则，以不适用属地管辖权而分别依次适用属人管辖权或保护管辖权或普遍管辖权为例外（一个案件适用前一管辖原则行使管辖权，即不再适用其后的管辖原则行使管辖权）。因此，适用普遍管辖权的前提条件在于依属地原则、属人原则、保护原则都不能行使国家管辖权为原则，而不能随便任意适用每一种不同性质的管辖权。

从宪法的角度讲，中国国家主席代表中国进行国事活动；根据全国人大常委会的决定，派遣和召回驻外全权代表，批准和废除同外国缔结的条约和重要协定。

从监察法反腐败国际合作的角度讲，国家监察委统筹协调与其他国家、地区、国际组织开展的反腐败国际交流、合作，组织反腐败国际条约实施工作；组织协调有关方面加强与有关国家、地区、国际组织在反腐败执法、引渡、司法协助、被判刑人的移管、资产追回和信息交流等领域的合作；加强对反腐败国际追逃追赃和防逃工作的组织协调，督促有关单位做好相关工作［对重大贪污贿赂、失职渎职等职务犯罪案件，被调查人逃匿到国（境）外，掌握证据比较确凿，通过开展境外追逃合作，追捕归案；向赃款赃物所在国请求查询、冻结、扣押、没收、追缴、返还涉案资产；查询、监控涉嫌职务犯罪的公职人员及其相关人员进出国（境）和跨境资金流动情况，在调查案件过程中设置防逃程序］。

外国可向中国请求移管外国籍被判刑人，中国可向外国请求移管外国籍被判刑人。（1）中国向外国移管外国籍被判刑人的基本程序：A. 中国向外国移管被判刑人的5种条件：被判刑人是该国国民；对被判刑人判处刑罚所针对的行为根据该国法律也构成犯罪；对被判刑人判处刑罚的判决已发生法律效力；被判刑人书面同意移管，或因被判刑人年龄、身体、精神等状况确有必要，经其代理人书面同意移管；中国和该国均同意移管。B. 中国可拒绝向外国请求移管外国籍被判刑人的4种情形：被判刑人被判处死刑缓期执行或无期刑，但请求移管时已减为有期刑外；在请求移管时，被判刑人剩余刑期不足1年；被判刑人在中国境内存在尚未了结的诉讼；其他不宜移管的情形。（2）请求向外国移管被判刑人，请求书及所附材料应根据需要载明有关事项（请求机关的名称；请求移管的依据和理由；被请求移管的被判刑人的姓名、性别、国籍、身份信息和其他资料；被判刑人的服刑场所；被判刑人或其代理人同意移管的书面声明；其他事项）。A. 主管机关应对被判刑人的移管意愿进行核实。B. 外国请求派员对被判刑人的移管意愿进行核实，主管机关可作出安排。C. 外国向中国提出移管被判刑人的请求，或主管机关认为需向外国提出移管被判刑人的请求，主管机关应会同相关主管部门，作出是否同意外国请求或向外国提出请求的决定；作出同意外国移管请求的决定后，对外联系机关应书面通知请求国和被判刑人。D. 移管被判刑人由主管机关指定刑罚执行机关执行；移交被判刑人的时间、地点、方式等执行事项，由主管机关与外国协商确定。E. 被判刑人移管后对原生效判决提出申诉，应向中国有管辖权法院提出；法院变更或撤销原生效判决，应及时通知外国。（3）外国向中国移管中国籍被判刑人的基本程序：A. 外国可请求中国移管中国籍被判刑人的具体条件和办理程序，参照国际刑事司法协助法的移管被判刑人之向外国移管被判刑人有关规定执行。B. 被判刑人移管回国后，由主管机关指定刑罚执行机关先行关押。C. 检察院应制作刑罚转换申请书并附相关材料，提请刑罚执行机关所在地的中院作出刑罚转换裁定。D. 法院应依据外国法院判决认定的事实，据刑法规定，作出刑罚转换裁定。对外国法院判处的刑罚性质和期限符合中国法律规定，按其判处的刑罚和期限转换；对外国法院判处的刑罚性质和期限不符合中国法律规定，按不同原则确定刑种、刑期（转换后的刑罚应尽可能与外国法院判处的刑罚相一致；转换后的刑罚在性质上或刑期上不得重于外国法院判处的刑罚，也不得超过中国刑法对同类犯罪规定的最高刑期；不得将剥夺自由的刑罚转换为财产刑；转换后的刑罚不受中国刑法对同类犯罪规定的最低刑期的约束）。E. 外国向中国移管的中国籍被判刑人回国服刑前被羁押，羁押1日折抵转换后的刑期1日。F. 法院作出的刑罚转换裁定，是终审裁定。G. 刑罚执行机关根据刑罚转换裁定将移管回国的被判刑人收监执行刑罚。G. 刑罚执行及减刑、假释、暂予监外执行等，依中国法律办理。H. 被判刑人移管回国后对外国法院判决的申诉，应向外国有管辖权法院提出。

◆《刑法》第10条【中国刑法对外国刑事判决的消极承认原则】

从《维也纳领事关系公约》、一事不再理原则、对外国刑事判决消极承认原则的角度看，凡在中国领域外犯罪，依中国刑法应负刑责，虽经外国审判，仍可依中国刑法追究，但在外国受过刑罚处罚，可免除或减轻处罚。

从刑诉法的角度看，对来自中国境外的证据材料，法院应对材料来源、提供人、提供时间以及提取人、提取时间等进行审查。经审查，能证明案件事实且符合刑诉法规定，可作为证据使用，但提供人或中国与有关国家签订的双边条约对材料的使用范围有明确限制为例外；材料来源不明或其真实性无法确认，不得作为定案的根据。当事人及其辩护人、诉讼代理人提供来自境外的证据材料，该证据材料应经所在国公证机关证明，所在国外交主管机关或其授权机关认证，并经中国驻该国使领馆认证。

涉外刑事案件宣判后，外国籍当事人国籍国驻华使领馆要求提供裁判文书，可向受理案件法院所在地的高院提出，法院可提供。根据中国缔结或参加的国际条约，或按互惠原则，法院和外国法院可相互请求刑事司法协助。外国法院请求的事项有损中国的主权、安全、社会公共利益的，法院不协助。请求和提供司法协助，应依中国缔结或参加的国际条约规定的途径进行；无条约关系，通过外交途径进行。法院请求外国提供司法协助，应经高院审查后报最高法审核同意。外国法院请求中国提供司法协助，属于法院职权范围，经最高法审核同意后转有关法院办理。法院请求外国提供司法协助的请求书及其所附文件，应附有该国文字译本或国际条约规定的其他文字文本。外国法院请求中国提供司法协助的请求书及其所附文件，应附有中文译本或国际条约规定的其他文字文本。

国际刑事司法协助法的调查取证：(1) 向外国请求调查取证：A. 办案机关需外国就事项协助调查取证，应制作刑事司法协助请求书并附相关材料，经所属主管机关审核同意后，由对外联系机关及时向外国提出请求（查找、辨认有关人员；查询、核实涉案财物、金融账户信息；获取并提供有关人员的证言或陈述；获取并提供有关文件、记录、电子数据和物品；获取并提供鉴定意见；勘验或检查场所、物品、人身、尸体；搜查人身、物品、住所和其他有关场所；其他事项）。A. 请求外国协助调查取证时，办案机关可同时请求在执行请求时派员到场。B. 向外国请求调查取证，请求书及所附材料应根据需要载明有关事项（被调查人的姓名、性别、住址、身份信息、联系方式和有助于确认被调查人的其他资料；需向被调查人提问的问题；需查找、辨认人员的姓名、性别、住址、身份信息、联系方式、外表和行为特征及有助于查找、辨认的其他资料；需查询、核实的涉案财物的权属、地点、特性、外形和数量等具体信息，需查询、核实的金融账户相关信息；需获取的有关文件、记录、电子数据和物品的持有人、地点、特性、外形和数量等具体信息；需鉴定的对象的具体信息；需勘验或检查的场所、物品等的具体信息；需搜查的对象的具体信息；有助于执行请求的其他材料）。B. 被请求国要求归还其提供的证据材料或物品，办案机关应尽快通过对外联系机关归还。(2) 向中国请求调查取证：A. 外国可请求中国就刑事司法协助请求书并附相关材料（查找、辨认有关人员；查询、核实涉案财物、金融账户信息；获取并提供有关人员的证言或陈述；获取并提供有关文件、记录、电子数据和物品；获取并提供鉴定意见；勘验或检查场所、物品、人身、尸体；搜查人身、物品、住所和其他有关场所；其他事项）协助调查取证。外国向中国请求调查取证，请求书及所附材料应根据需要载明（被调查人的姓名、性别、住址、身份信息、联系方式和有助于确认被调查人的其他资料；需向被调查人提问的问题；需查找、辨认人员的姓名、性别、住址、身份信息、联系方式、外表和行为特征及有助于查找、辨认的其他资料；需查询、核实的涉案财物的权属、地点、特性、外形和数量等具体信息，需查询、核实的金融账户相关信息；需获取的有关文件、记录、电子数据和物品的持有人、地点、特性、外形和数量等具体信息；需鉴定的对象的具体信息；需勘验或检查的场所、物品等的具体信息；需搜查的对象的具体信息；有助于执行请求的其他材料）事项。B. 外国向中国请求调查取证时，可同时请求在执行请求时派员到场。经同意到场的人员应遵守中国法律，服从主管机关和办案机关的安排。C. 办案机关要求请求国保证归还其提供的证据材料或物品，请求国作出保证，可提供。

◆ 《刑法》 第11条 【外交代表刑事管辖豁免原则】

从国际公法、外交特权和豁免条例的角度讲，享有外交特权和豁免权的外国人的刑责问题，通过外交途径解决。

从国际公法、国际私法、国际经济法的角度讲，在国际社会中，国家、国际组织有国际私法主体资格，国家、国际组织是国际民商事法律关系的特殊主体或国际私法的特殊主体。（1）国际组织从事的民商事活动具有执行职务性、职能性、宗旨性。①国际组织的职能、活动范围须严格按有关条约和条约、协议、组织章程规定。②《联合国特权和豁免公约》《联合国各专门机构特权及豁免公约》确定了联合国及其专门机构的法律人格，有缔结契约、取得并处置动产和不动产、从事法律诉讼的法律行为能力。③国际组织参与的国际民商事活动的范围有有限性，国际组织的成员对国际组织的债务不负连带责任。④政府间国际组织等国际组织参与国际民商事活动，享有一定的特权、豁免权。⑤联合国组织在每一会员国之领土内，应享受于执行其职务及达成其宗旨必需之法律行为能力（《联合国宪章》，1945年，第104条）。

从刑法、刑诉法的角度讲，一般而言，对外国人犯罪应追究刑责，适用中国刑事法的规定；特殊而言，对享有外交特权和豁免权外国人犯罪应追究刑责，通过外交途径解决。根据中国缔结或参加的国际条约，或按互惠原则，中国司法机关和外国司法机关可相互请求刑事司法协助。涉外刑事案件宣判后，外国籍当事人国籍国驻华使领馆要求提供裁判文书，可向受理案件的中国法院所在地的高院提出，法院可提供。对犯罪外国人，可独立适用或附加适用驱逐出境。

从《人民检察院刑事诉讼规则（试行）》（2012年）的角度讲，检察院刑事司法协助的基本内容：（1）检察院进行司法协助，有中国参加或缔结的国际条约规定，适用该条约规定，但中国声明保留的条款除外；无相应条约规定，按互惠原则通过外交途径办理。（2）检察院应在相互尊重国家主权和平等互利的基础上，与有关国家的主管机关相互提供司法协助。（3）享有外交特权和豁免权的外国人的刑责问题，通过外交途径解决。（4）检察院司法协助的范围主要含刑事方面的调查取证，送达刑诉文书，通报刑诉结果，移交物证、书证和视听资料，扣押、移交赃款、赃物以及法律和国际条约规定的其他司法协助事宜。（5）办理引渡案件，按国家引渡的法律和规定执行。（6）检察院对外进行司法协助，应根据中国有关法律规定的程序向外国提供司法协助和办理司法协助事务。依国际条约规定，在不违背中国法律规定的前提下，也可按请求方的要求适用请求书中所示的程序。（7）外国有关机关请求的事项有损中国的主权、安全或社会公共利益以及违反中国法律，应不协助；不属于检察院职权范围，应退回或移送有关机关，并说明理由。（8）最高检是检察机关办理司法协助事务的最高主管机关，依国际条约规定是检察院司法协助的中方中央机关。（9）地方检察院是执行司法协助的主管机关，依职责分工办理司法协助事务。（10）检察院与有关国家相互提供司法协助，应按中国与有关国家缔结的司法协助条约规定的联系途径或外交途径进行。（11）有关司法协助条约规定最高检为司法协助的中方中央机关,由最高检直接与有关国家对应的中央机关联系和转递司法协助文件及其他材料。A. 有关司法协助条约规定其他机关为中方中央机关,地方检察院通过最高检与中方中央机关联系和转递司法协助文件。B. 其他机关需通过最高检对外办理司法协助,应通过其最高主管机关与最高检联系。(12) 对尚未与中国缔结司法协助条约的国家,相互之间需提供司法协助,应根据互惠原则,通过外交途径办理,也可按惯例进行。(13) 检察院需通过国际刑事警察组织缉捕人犯、查询资料,由有关检察院提出申请,层报最高检审查后与有关部门联系办理。(14) 中国边境地区检察院与相邻国家的司法机关相互进行司法合作,在不违背有关条约、协议和中国法律的前提下,可按惯例或遵照有关规定进行,但应报最高检备案。(15) 中国边境地区检察院与相邻国家的司法机关相互进行司法合作,可视情况就双方之间办案过程中的具体事务作出安排,开展友好往来活动。(16) 检察院提供司法协助的方式方法:A. 最高检通过有关国际条约规定的联系途径或外交途径,接收外国提出的司法协助请求。B. 外国有关机关请求检察院提供司法协助的请求书及所附文件,应附有中文译本或国际条约规定的其他文字文本。C. 最高检收到缔约外国一方提出的司法协助请求后,应依据中国法律和有关司法协助条约进行审查。对符合条约规定并所附材料齐全,交由有关省级检察院办理或指定有关检察院办理,或交由其他有关最高主管机关指定有关机关办理。对不符合条约或有关法律规定,应通过接收请求的途径退回请求方不执行;对所附材料不齐全,应要求请求方补充。D. 有关省级检察院收到最高检转交的司法协助请求书和所附材料后,可直接办理,也可指定有关的检察院办理。E. 负责执行司法协助请求的检察院收到司法协助请求书和所附材料后,应即安排执行,并按条约规定的格式和语言文字将执行结果及有关材料报经省级检察院审查后,报送最高检。a. 对不能执行,应将司法协助请求书和所附材料,连同不能执行的理由通过省级检察院报送最高检。b. 检察院因请求书提供的地址不详或材料不齐全难以执行该项请求,应立即通过最高检要求请求方补充提供材料。F. 最高检应对执行结果进行审查。对符合请求要求和有关规定,由最高检转递请求协助的缔约外国一方。G. 缔约外国一方通过其他中方中央机关请求检察机关提供司法协助,由其他中方中央机关将请求书及所附文件转递最高检,按本节规定办理。(17) 检察院向外国提出司法协助请求的方式方法:A. 地方检察院需向缔约外国一方请求提供司法协助,应按有关条约规定提出司法协助请求书、调查提纲及所附文件和相应的译文,经省级检察院审核后,报送最高检。a. 请求书及其附件应提供具体、准确的线索、证据和其他材料。b. 中国与被请求国有条约,请求书及所附材料按条约规定的语言译制文本;中国与被请求国未签订条约,按被请求国官方语言或可接受的语言译制文本。(18) 最高检收到地方检察院请求缔约外国一方提供司法协助的材料后,应依有关条约进行审查。对符合条约有关规定、所附材料齐全,应连同上述材料一并转递缔约另一方的中央机关,或交由其他中方中央机关办理。对不符合条约规定或材料不齐全,应退回提出请求的检察院补充或修正。(19) 需派员赴国外调查取证,承办案件的检察院应查明在国外证人、嫌犯的具体居住地点或地址、通讯方式等基本情况,制作调查提纲,层报省级检察院审核后报送最高检,通过司法协助或外交途径向被请求国发出请求书,在被请求国同意后按有关程序办理赴国外取证事宜。(20) 检察院提供司法协助的期限:A. 检察院提供司法协助,请求书中附有办理期限,应按期完成。未附办理期限,调查取证一般应在 3 个月内完成;送达刑诉文书一般应在 30 日内完成。B. 不能按期完成,应说明情况和理由,层报最高检,以便转告请求方。(21) 检察院提供司法协助的费用:A. 检察院提供刑事司法协助,据有关条约规定需向请求方收取费用,应将费用和账单连同执行司法协助的结果一并报送最高检转递请求方。最高检收到上述费用后应立即转交有关检察院。B. 检察院请求外国提供司法协助,据条约规定应支付费用,最高检收到被请求方开具的收费账单后,应立即转交有关检察院支付。

《人民检察院刑事诉讼规则（试行）》有司法解释效力，由最高检负责解释。检察院办理国安机关、走私犯罪侦查机关、监狱移送的刑事案件以及对国安机关、走私犯罪侦查机关、监狱立案、侦查活动的监督，适用《人民检察院刑事诉讼规则（试行）》有关规定。军事检察院等专门检察院办理刑事案件，适用《人民检察院刑事诉讼规则（试行）》和其他有关规定。检察院办理直接立案侦查的案件接受监督员的监督，具体程序依有关规定办理。

法院通过外交途径向在中国领域外居住的受送达人送达刑诉文书，所送达的文书应经高院审查后报最高法审核。(1) 最高法认为可发出，由最高法交外交部主管部门转递。(2) 外国法院通过外交途径请求法院送达刑诉文书，由该国驻华使馆将法律文书交中国外交部主管部门转最高法。(3) 最高法审核后认为属于法院职权范围，且可代为送达，应转有关法院办理。(4) 中国法院向中国领域外居住的当事人送达文书的7种基本方式：A. 通过外交途径送达。B. 对中国籍当事人，可委托中国驻受送达人所在国的使领馆代为送达。C. 根据受送达人所在国与中国缔结或共同参加的国际条约规定的方式送达。D. 受送达人所在国法律允许，可邮寄送达；自邮寄之日起满3个月，送达回证未退回，但根据各种情况足以认定已送达，视为送达。E. 受送达人所在国法律允许，可采用传真、电子邮件等能确认受送达人收悉的方式送达。F. 当事人为外国单位，可向其在中国领域内的代表机构或有权接受送达的分支机构、业务代办人送达。G. 当事人为自诉案件自诉人或附带民诉原告人，可向有权代其接受送达的诉讼代理人送达。

从国际刑事司法协助法的角度看，国际刑事司法协助文书的送达：（1）向外国请求送达文书：A. 办案机关需外国协助送达传票、通知书、起诉书、判决书和其他司法文书，应制作刑事司法协助请求书并附相关材料，经所属主管机关审核同意后，由对外联系机关及时向外国提出请求。B. 向外国请求送达文书，请求书应载明受送达人的姓名或名称、送达的地址及需告知受送达人的相关权利和义务。（2）向中国请求送达文书：A. 外国可请求中国协助送达传票、通知书、起诉书、判决书和其他司法文书；中国协助送达司法文书，不代表对外国司法文书法律效力的承认；请求协助送达出庭传票，应按有关条约规定的期限提出，无条约或条约未规定，应至迟在开庭前3个月提出；对要求中国公民接受讯问或作为被告人出庭的传票，中国不负有协助送达的义务。B. 外国向中国请求送达文书，请求书应载明受送达人的姓名或名称、送达的地址及需告知受送达人的相关权利和义务。C. 负责执行协助送达文书法院或其他办案机关，应及时将执行结果通过所属主管机关告知对外联系机关，由对外联系机关告知请求国；除无法送达情形外，应附有受送达人签收的送达回执或其他证明文件。

◆ 《刑法》第12条【刑法的溯及力】

从追诉时效、刑法时间效力、从旧兼从轻原则的角度讲，中国刑法施行前的行为（未决案或未决犯），若当时的法律不认为是犯罪，适用当时的法律；若当时的法律认为是犯罪，依刑法第4章刑罚的具体运用第8节追诉时效规定（A. 一般而言，犯罪不再追诉的追诉时效期限类型：a. 法定最高刑为不满5年有期刑，经过5年。b. 法定最高刑为5年以上不满10年有期刑，经过10年。c. 法定最高刑为10年以上有期刑，经过15年。d. 法定最高刑为无期刑、死刑，经过20年。B. 特殊而言，若20年后认为须追诉，须报请最高检核准）应追诉，按当时的法律追究刑责，但若刑法不认为是犯罪或处刑较轻，适用刑法（1997年）。

从既判力的角度看，刑法（1997年）施行前，依当时的刑法（1979年）已作出的生效判决（已决案或已决犯），继续有效。

从法律溯及力和法律时间效力的关系的角度看，刑法时间效力和刑法溯及力有天然的内在关系。中国刑法溯及力采取刑法时间效力基础上的从旧兼从轻原则，以适用未决犯为适用对象，而不适用于已决犯。从刑法（1979年）和刑法（1997年）的关系的角度看，新旧刑对某种具体犯罪（刑事案件）规定有差异时，以新刑法的法定刑较轻或不认为犯罪为适用新刑法的前提条件（刑罚的轻重以法定刑的轻重为标准）。

【2013·卷2·单选·4】（答案：C）《刑法修正案（八）》2011年5月1日起施行。根据《刑法》第12条时间效力的规定，哪一选项错误？A.2011年4月30日前犯罪，犯罪后自首又有重大立功表现，适用修正前的刑法条文，应减轻或免除处罚。B.2011年4月30日前拖欠劳动者报酬，2011年5月1日后以转移财产方式拒不支付劳动者报酬，适用修正后的刑法条文。C.2011年4月30日前组织出卖人体器官，适用修正后的刑法条文。D.2011年4月30日前扒窃财物数额未达到较大标准，不得以盗窃罪论处。

从法理学、全国人大常务委员会《关于加强法律解释工作的决议》（1981年）的角度看，司法解释的生效时间以及对其生效前发生的各种行为有无溯及力问题有争议性，存在肯定说、否定说、折中说等不同理论观点。（1）法律的时间效力和立法解释、司法解释（最高法司法解释、最高检司法解释）的时间效力有差异性。（2）司法解释施行时间起点，以发布之日起施行为主，以规定之日起施行为辅。"司法解释的效力适法的施行期间，也就是说，无论司法解释在何时发布，其效力都始自它所解释的法律开始施行的日期，止于法律停止适用的日期，除非在法律施行期间又被新的司法解释所取代。中国最高司法机关无法律创制权，司法解释只是对司法工作中如何适法问题提出的具体意见，不是新的立法。司法解释是从属于法律，其效力应适用于法律的整个施行期间。因此，不能简单地将司法解释与其所解释的法律平等视之，并据此按刑事法律溯及力的原则决定适用。"[2]

【2017·卷2·单选·1】（答案：B）关于刑事司法解释的时间效力，下列哪一选项是正确的？A.司法解释也是刑法的渊源，故其时间效力与《刑法》完全一样，适用从旧兼从轻原则。B.行为时无相关司法解释，新司法解释实施时正在审理的案件，应依新司法解释办理。C.行为时有相关司法解释，新司法解释实施时正在审理的案件，仍须按旧司法解释办理。D.依行为时司法解释已审结的案件，若适用新司法解释有利于被告人，应依新司法解释改判。

一般而言，刑事立法解释、刑事司法解释有时间效力性、法律滞后性、法律从属性，但直接涉及具体刑事案件的罪与非罪、此罪与彼罪、刑罚的轻重问题，对刑法实施前的犯罪行为有法律溯及力。（1）从司法解释本身的溯及力的角度看，司法解释是最高法对审判工作中具体应用法律问题和最高检对检察工作中具体应用法律问题所作的有法律效力的解释，自发布或规定之日起施行，效力适用于法律的施行期间（司法解释效力适用于法律施行期间），同样采用从旧兼从轻原则。（2）从最高法、最高检发布的《关于适用刑事司法解释时间效力问题的规定》（2001年）的角度看，对司法解释实施前发生的行为，行为时无相关司法解释，司法解释施行后尚未处理或正处理的案件，依司法解释规定办理。（3）从同一个具体应用法律问题先后有两个司法解释处理原则的角度，对新司法解释实施前发生的行为，行为时已有相关司法解释，依行为时的司法解释办理，但适用新司法解释对嫌犯、被告人有利时，适用新司法解释。也就是说，刑事立法解释、刑事司法解释适用从旧兼从轻原则的前提条件在于对某种具体刑事案件应用法律问题的法律解释同时存在新旧两个刑事立法解释或刑事司法解释。

已办结案件有稳定性、生效裁判有既判力。司法解释施行前已办结案件的处理原则：（1）对新司法解释施行前已办结的案件（已决案或已决犯），司法机关按当时的法律和司法解释，据证据认定事实和适法无错误、依法作出正确裁判，不再因新司法解释发布而变更。（2）根据法律规定，司法机关对司法解释施行前已办结，但认定事实和适法确有错误、依法应纠正的案件，也可按审判监督程序纠正，否则不能以新司法解释施行为由，对已生效裁判作出变动。

---

[2] 孙军工："解读《最高人民法院、最高人民检察院关于适用刑事司法解释时间效力问题规定》"，载 http://lawtime.cn/article/lll 11227737911228247300373298。

最高法《关于适用刑法时间效力规定若干问题的解释》(1997年)的基本内容:(1)按审判监督程序重审的案件,适用行为时的法律。(2)对行为人1997年9月30日前实施的犯罪行为,在检察院、公安机关、国安机关立案侦查或在法院受理案件后,行为人逃避侦查或审判,超过追诉期限或被害人在追诉期限内提出控告,公检法机关应立案而不立案,超过追诉期限,是否追究行为人的刑责,适用1979年《刑法》第77条规定 [A. 被宣告缓刑的罪犯,在缓刑考验期限内犯新罪或发现判决宣告前还有他罪未判决,应撤销缓刑,对新犯的罪或新发现的罪作出判决,把前罪和后罪所判处的刑罚,依1979年《刑法》第69条规定 (a. 判决宣告前一人犯数罪,除判处死刑和无期刑外,应在总和刑期以下、数刑中最高刑期以上,酌情决定执行的刑期,但管制最高不能超过3年,拘役最高不能超过1年,有期刑最高不能超过20年。b. 若数罪中有判处附加刑,附加刑仍须执行),决定执行的刑罚。B. 被宣告缓刑的罪犯,在缓刑考验期限内,违反法律、行政法规或国务院公安部门有关缓刑的监管规定,情节严重,应撤销缓刑,执行原判刑罚]。(3)罪犯1997年9月30日前犯罪,无法定减轻处罚情节,但根据案件的具体情况需在法定刑以下判刑,适用1979年《刑法》第59(2)条规定 (a. 没收财产是没收罪犯个人所有财产的一部或全部。b. 没收全部财产,应对罪犯个人及其扶养的家属保留必需的生活费用。c. 判处没收财产时,不得没收属于罪犯家属所有或应有的财产)。(4)1997年9月30日前犯罪,1997年10月1日后仍在服刑的累犯以及因杀人、爆炸、抢劫、强奸、绑架等暴力犯罪被判10年以上有期刑、无期刑的罪犯,适用1979年《刑法》第73条规定 (a. 拘役的缓刑考验期限为原判刑期以上1年以下,但不能少于2个月。b. 有期刑的缓刑考验期限为原判刑期以上5年以下,但不能少于1年。c. 缓刑考验期限,从判决确定之日起计算),可假释。(5)前罪判处的刑罚已执行完毕或赦免,在1997年9月30日前又犯应判有期刑以上刑罚之罪,是否构成累犯,适用1979年《刑法》第61条规定 [a. 对罪犯决定刑罚时,应根据犯罪的事实、犯罪的性质、情节和对社会的危害程度,依1979年《刑法》有关规定 (被判有期刑以上刑罚的罪犯,刑罚执行完毕或赦免后,或被假释的罪犯从假释期满之日起计算,在3年内再犯应判有期刑以上刑罚之罪,是累犯,应从重处罚,但过失犯罪除外。b. 刑罚执行完毕或赦免后的反革命犯,在何时再犯反革命罪,都以累犯论处) 判处];1997年10月1日后又犯应判有期刑以上刑罚之罪,是否构成累犯,适用1997年《刑法》第65条规定 [被判有期刑以上刑罚的罪犯,刑罚执行完毕或赦免后,在5年内 (对被假释的罪犯,从假释期满之日起计算) 再犯应判有期刑以上刑罚之罪,是累犯,应从重处罚,但过失犯罪和不满18周岁的人犯罪为例外]。(6)1997年9月30日前被采取强制措施的嫌犯、被告人或1997年9月30日前犯罪,1997年10月1日后仍在服刑的罪犯,如实供述司法机应判有期刑以上刑关还未掌握的本人其他罪行,适用1997年《刑法》第67(2)条规定 (被采取强制措施的嫌犯、被告人和正服刑的罪犯,如实供述司法机关还未掌握的本人其他罪行,以自首论)。(7)1997年9月30日前犯罪的罪犯,有揭发他人犯罪行为,或提供重要线索,从而得以侦破其他案件等立功表现,适用1997年《刑法》第68条规定 (罪犯有揭发他人犯罪行为,查证属实,或提供重要线索,从而得以侦破其他案件等立功表现,可从轻或减轻处罚;有重大立功表现,可减轻或免除处罚)。(8)1997年9月30日前犯罪被宣告缓刑的罪犯,在1997年10月1日后的缓刑考验期间又犯新罪、被发现漏罪或违反法律、行政法规或国务院公安部门有关缓刑的监管规定,情节严重,适用1997年《刑法》第77条规定 (a. 被宣告缓刑的罪犯,在缓刑考验期限内犯新罪或发现判决宣告前还有他罪未判决,应撤销缓刑,对新犯的罪或新发现的罪作出判决,把前罪和后罪所判处的刑罚,依判决宣告前1人犯数罪的并罚规定,决定执行刑罚。b. 被宣告缓刑的罪犯,在缓刑考验期限内,违反法律、行政法规或国务院有关部门关于缓刑的监管规定,或违反法院判决中的禁止令,情节严重,应撤销缓刑,执行原判刑罚),撤销缓刑。(9)1997年9月30日前犯罪,1997年10月1日后仍在服刑的罪犯,因特殊情况，需不受执行刑期限制假释，适用1997年《刑法》第81条第1款规定（a. 被判有期刑的罪犯，执行原判刑期1/2以上，被判无期刑的罪犯，实际执行13年以上，若认真遵守监规，接受教育改造，确有悔改表现，无再犯罪的危险，可假释。b. 若有特殊情况，经最高法核准，可不受上述执行刑期的限制），报经最高法核准。（10）1997年9月30日前被假释的罪犯，在1997年10月1日后的假释考验期内，又犯新罪、被发现漏罪或违反法律、行政法规或国务院公安部门假释监管规定，适用1997年《刑法》第86条（a. 被假释的罪犯，在假释考验期限内犯新罪，应撤销假释，依判决宣告后又犯新罪的并罚规定实行数罪并罚。b. 假释考验期限内，发现被假释的罪犯在判决宣告前还有他罪未判决，应撤销假释，依判决宣告后发现漏罪的并罚规定实行数罪并罚。c. 被假释的罪犯，在假释考验期限内，有违反法律、行政法规或国务院有关部门假释的监管规定的行为，尚未构成新的犯罪，应依法定程序撤销假释，收监执行未执行完毕的刑罚），撤销假释。（11）从最高检《关于对跨越修订刑法施行日期的继续犯罪、连续犯罪以及其他同种数罪应如何具体适用刑法问题的批复》（1998年）的角度看，对开始于1997年9月30日前，继续到1997年10月1日后终了的继续犯，应适用1997年《刑法》一并追诉。从从旧兼从轻原则的角度讲，对开始于1997年9月30日前，连续到1997年10月1日后的连续犯，或在1997年10月1日前后分别实施同种类数罪，其中罪名、构成要件、情节以及法定刑均无变化，应适用1997年《刑法》一并追诉；罪名、构成要件、情节以及法定刑已变化，也应适用1997年《刑法》一并追诉，但1997年《刑法》比1979年《刑法》规定的构成要件和情节较为严格，或法定刑较重，在提起公诉时应提出酌情从轻处理意见。

【2011·卷2·单选·9】（答案：B）2009年1月，甲（1993年4月生）因抢劫罪被判处有期刑1年。2011年3月20日，甲以特别残忍手段故意杀人后逃跑，6月被抓获。关于本案，下列哪一选项是正确的？A. 根据从旧兼从轻原则，本案不适用《刑法修正案（八）》。B. 对甲故意杀人的行为，应从轻或者减轻处罚。C. 甲在审判时已满18周岁，可适用死刑。D. 甲构成累犯，应从重处罚。

【2016·卷1·多选·58】（答案：ABCD）特别法优先原则是解决同位阶的法的渊源冲突时所依凭的一项原则。关于该原则，下列哪些选项是正确的？A. 同一机关制定的特别规定相对于同时施行或在前施行的一般规定优先适用。B. 同一法律内部的规则规定相对于原则规定优先适用。C. 同一法律内部的分则规定相对于总则规定优先适用。D. 同一法律内部的具体规定相对于一般规定优先适用。

第二章

犯罪（第13~31条）

第一节　犯罪和刑责（第13~21条）

◆ 《刑法》第13条【混合、实质的犯罪概念】

从罪刑法定原则、刑法谦抑原则、刑事法律关系、犯罪构成要件、犯罪客体、犯罪特征、刑法但书或犯罪但书、混合和实质的犯罪概念的角度看，一切危害国家主权、领土完整和安全，分裂国家、颠覆人民民主专政政权和推翻社会主义制度，破坏社会秩序和经济秩序，侵犯国有财产或劳动群众集体所有财产，侵犯公民私有财产、人身权、民主权和其他权利及其他危害社会的行为，依法律（刑法）应受刑罚处罚，都是犯罪（刑事犯罪性、社会危害性、应受刑罚性），但情节显著轻微、危害不大的行为（刑法但书或犯罪但书：一般违法违纪违规行为），不认为是犯罪。

从法理学的角度讲，中国刑法的犯罪概念具有混合性、综合性、实质性、概括性、类罪性。（1）法院判决被告人犯罪概念"但书"出罪依据的法理基础有违背罪刑法定原则说、犯罪构成实质解释说等不同理论观点。（2）犯罪构成和犯罪概念的关系具有关联性、互补性、差异性、非对应性。A. 社会危害性具有抽象性、概括性、模糊性、不确定性、酌定量刑情节性、法官自由裁量性。B. 一般而言，犯罪构成要件是认定犯罪成立（犯罪构成）的具体标准或前提条件，犯罪概念是认定犯罪成立的抽象标准或抽象条件。

从罪与非罪、量刑情节、社会危害性的角度讲，犯罪具有社会危害性、人身危险性、刑事可罚性。刑法但书或犯罪但书有排除性、例外性、情节性，存在消极的定罪情节说、无罪情节说、情节显著轻微情节非罪说、定罪情节和量刑情节显著轻微说、情节显著轻微危害不大无罪说等不同理论观点。[3]

从罪刑法主义条件下的犯罪构成理论（犯罪论）的角度讲，大陆法系国家犯罪理论体系含德国古典派犯罪构成论（费尔巴哈、施就别尔、李斯特、贝林格、麦耶尔等）、德国新古典派犯罪构成论（麦兹格、富兰克、沃夫等）、德国目的主义犯罪构成论（威尔采尔、墨拉哈、韦伯、唐纳等）等传统犯罪构成理论。通说认为，从犯罪共同要素、选择要素的角度讲，中国刑法的犯罪构成（一般犯罪构成、具体犯罪构成）理论体系有四要件性，含犯罪主体（特殊身份、刑责能力）、犯罪主观方面（故意、过失、特定目的）、犯罪客观方面（犯罪行为或

---

[3] 陈兴良主编：《刑事司法研究——情节·判例·解释·裁量》，中国方正出版社1996年版，第49页（刑法但书消极的定罪情节说）；赵廷光："论我国刑法中的情节"，载《法商研究（中南政法学院学报）》1995年第1期（刑法但书无罪情节说）；王新元："关于情节显著轻微的议论——兼谈对《刑法》第十条但书的理解"，载《宁夏社会科学》1997年第4期（情节显著轻微的情节，既可作定罪情节，也可作量刑情节）。

危害行为、犯罪后果或危害后果、犯罪时间、犯罪地点、犯罪手段或方式方法等）、犯罪客体（犯罪法益）。[4]

从量刑情节、犯罪主体、犯罪形态、犯罪行为的角度讲，刑法总则性质的量刑情节具有相对性、限制性，仅涉及未成年犯、聋哑人犯、老年人犯、未完成犯（预备犯、未遂犯、中止犯）、累犯、偶犯、初犯、自首犯、立功犯、从犯、胁从犯等不同犯罪类型。

从犯罪主体的分类的角度讲，犯罪分为男性犯罪、女性犯罪；正常人犯罪、非正常人犯罪（醉酒人犯罪、生理性醉酒人犯罪、精神病人犯罪、呆傻人犯罪、聋哑人犯罪、盲人犯罪）；成年人犯罪（青年人犯罪、中年人犯罪、老年人犯罪）、未成年人犯罪；身份犯（纯正身份犯、非纯正身份犯；单层身份犯、双层身份犯；自然身份犯、法定身份犯；定式身份犯、非定式身份犯）、非身份犯；身份犯、常人犯；职务犯罪、非职务犯罪；自然人犯罪、单位犯罪（单位外部犯罪、单位内部犯罪）等。

刑事案件的管辖以犯罪地（犯罪行为地、犯罪结果地）公安机关管辖为主，以嫌犯居住地公安机关管辖为辅（更为适宜，可由嫌犯居住地的公安机关管辖）。

从宽严相济政策的角度讲，准确把握和正确适用依法从"宽"的政策要求，主要是对情节较轻、社会危害性较小的犯罪，或罪行虽严重，但有法定、酌定从宽处罚情节，以及主观恶性相对较小、人身危险性不大的被告人，可依法从轻、减轻或免除处罚；对有一定社会危害性，但情节显著轻微危害不大的行为，不作为犯罪处理；对依法可不监禁，尽量适用缓刑或判处管制、单处罚金等非监禁刑。（1）对犯罪情节轻微的初犯、偶犯，可免刑；依法应刑罚，也应尽量适用缓刑或判处管制、单处罚金等非监禁刑。（2）对偶尔盗窃、抢夺、诈骗，数额刚达到较大标准，案发后能如实交代并积极退赃，可认定为情节显著轻微，不作为犯罪处理。（3）犯罪情节轻微，取得被害人谅解，可依法从宽处理，不需判处刑罚，可免刑。（4）要积极探索法庭受理轻微刑事案件的工作机制，充分发挥法庭便民、利民和受案、审理快捷的优势，进一步促进轻微刑事案件及时审判，确保法律效果和社会效果的有机统一。（5）要充分发挥刑事简易程序节约司法资源、提高审判效率、促进司法公正的功能，进一步强化简易程序的适用。A. 对被告人对被指控的基本犯罪事实无异议，并自愿认罪的第一审公诉案件，要依法进一步强化普通程序简化审的适用力度，以保障符合条件的案件都能得到及时高效的审理。B. 被告人认罪但经审查认为可能不构成犯罪，不适用简易程序或速裁程序。

从宪法的角度讲，全国人大代表在全国人大各种会议上的发言和表决，不受法律追究。全国人大代表，非经全国人大会议主席团许可，在全国人大闭会期间非经全国人大常委会许可，不受逮捕或刑审。全国人大代表受原选举单位的监督，须模范地遵守宪法和法律，保守国家秘密，并在自己参加的生产、工作和社会活动中，协助宪法和法律的实施；应同原选举单位和保持密切的联系，听取和反映意见和要求，努力为人民服务。原选举单位有权依法律规定的程序罢免本单位选出的人大代表。

从刑诉法的角度讲，嫌犯无犯罪事实，或有不起诉（法定不起诉、酌定不起诉）情形，检察院应作出不起诉决定。对犯罪情节轻微，依刑法规定不需判刑或免刑，检察院可作出不起诉决定。检察院决定不起诉的案件，应同时对侦查中查封、扣押、冻结的财物解除查封、扣押、冻结。对被不起诉人需给予行政处罚、处分或需没收其违法所得的，检察院应提出检察意见，移送有关主管机关处理，有关主管机关应将处理结果及时通知检察院。

从不起诉条件的角度讲，不起诉有终止诉讼的法律效力。（1）检察院对犯罪情节轻微（情节显著轻微、危害不大，不认为是犯罪），依刑法规定不需判刑或免刑，或对经补充侦查

---

[4] 肖中华：《犯罪构成及其关系论》，中国人民大学出版社2000年版，第12~20、153页，引用时有调整、改动。

的案件，检察院仍认为证据不足，不符合起诉条件，可作出酌定不起诉决定。（2）对两次补充侦查的案件，检察院仍认为证据不足，不符合起诉条件，应作出不起诉的决定。（3）嫌犯自愿如实供述涉嫌犯罪事实，有重大立功或案件涉及国家重大利益，经最高检核准，检察院可作出不起诉决定，也可对涉嫌数罪中的一项或多项不起诉，公安机关可撤销案件。

　　检察院侦查终结的案件，应作出提起公诉、不起诉或撤销案件的决定。公安机关侦查终结的案件，应做到犯罪事实清楚，证据确实、充分，并写出起诉意见书，连同案卷材料、证据一并移送同级检察院审查决定，同时将案件移送情况告知嫌犯及其辩护律师。在侦查过程中，发现不应对嫌犯追究刑责，应撤销案件；嫌犯已被逮捕，应立即释放，发给释放证明，并通知原批捕的检察院。

　　对公安机关移送起诉的案件，检察院决定不起诉，应将不起诉决定书送达公安机关。公安机关认为不起诉的决定有错误时，可要求复议，若意见不被接受，可向上一级检察院提请复核。对有被害人的案件，决定不起诉，检察院应将不起诉决定书送达被害人。被害人若不服，可自收到决定书后7日内向上一级检察院申诉，请求提起公诉。检察院应将复查决定告知被害人。对检察院维持不起诉决定，被害人可向法院起诉；被害人也可不经申诉，直接向法院起诉。法院受理案件后，检察院应将有关案件材料移送法院。对检察院依刑诉法规定（对犯罪情节轻微，依刑法规定不需判刑或免刑的，检察院可作出不起诉决定）作出的不起诉决定，被不起诉人不服，可自收到决定书后7日内向检察院申诉；检察院应作出复查决定，通知被不起诉的人，同时抄送公安机关。

　　从非刑罚处置措施的角度讲，对犯罪情节轻微不需判刑，可免刑，但可根据案件的不同情况，训诫或责令具结悔过、赔礼道歉、赔偿损失，或由主管部门行政处罚或行政处分（《刑法》第37条）。（1）检察院决定不起诉的案件，不代表被不起诉人不需承担任何责任，应同时对侦查中扣押、冻结的财物解除扣押、冻结。A.对被不起诉人需给予行政处罚、行政处分或需没收其违法所得，检察院应提出检察意见，移送有关主管机关处理。有关主管机关应将处理结果及时通知检察院。B.提出起诉意见或不起诉意见，侦查部门应将起诉意见书或不起诉意见书，查封、扣押、冻结的嫌犯的财物及其孳息、文件清单及对查封、扣押、冻结的涉案款物的处理意见和其他案卷材料，一并移送本院公诉部门审查。（2）国家或集体财产遭受损失，在提出提起公诉意见的同时，可提出提起附带民诉的意见。

　　检察院审查案件，可要求公安机关提供法庭审判必需的证据材料，认为可能存在以非法方法收集证据情形，可要求其对证据收集的合法性作出说明；对需补充侦查的刑事案件，可自行侦查，也可退回公安机关补充侦查，应在1个月内补充侦查完毕，以2次为限；补充侦查完毕移送检察院后，检察院重算审查起诉期限。

　　从检察院刑诉规则的角度讲，检察院经侦查，认为犯罪事实清楚，证据确实、充分，依法应追究刑责的案件，应写出侦查终结报告，并制作起诉意见书。（1）对犯罪情节轻微，依刑法规定不需判刑或免刑的案件，应写出侦查终结报告，并制作不起诉意见书。A.侦查终结报告和起诉意见书或不起诉意见书由侦查部门负责人审核，检察长批准。B.提出起诉意见或不起诉意见，侦查部门应将起诉意见书或不起诉意见书，查封、扣押、冻结的嫌犯的财物及其孳息、文件清单及对查封、扣押、冻结的涉案款物的处理意见和其他案卷材料，一并移送本院公诉部门审查。（2）国家或集体财产遭受损失，在提出提起公诉意见的同时，可提出提起附带民诉的意见。（3）案件侦查过程中，嫌犯委托辩护律师，检察人员可听取辩护律师的意见。A.辩护律师要求当面提出意见，检察人员应听取意见，并制作笔录附卷。B.辩护律师提出书面意见，应附卷。C.案件侦查终结移送审查起诉时，检察院应同时将案件移送情况告知嫌犯及其辩护律师。（4）上级检察院侦查终结的案件，依刑诉法应由下级检察院提起公诉或不起诉，应将有关决定、侦查终结报告连同案卷材料、证据移送下级检察院，由下级检察院按上级检察院有关决定交侦查部门制作起诉意见书或不起诉意见书,移送本院公诉部门审查。(5)下级检察院公诉部门认为应对案件补充侦查,可退回本院侦查部门补充侦查,上级检察院侦查部门应协助。下级检察院认为上级检察院的决定错误,可向上级检察院提请复议,上级检察院维持原决定,下级检察院应执行。

【2013·卷2·单选·29】(答案:A)鲁某与洪某共同犯罪,洪某在逃。沈律师为鲁某担任辩护人。案件判决生效三年后,洪某被抓获并被起诉。关于沈律师可否担任洪某辩护人,下列哪一说法是正确的?A.沈律师不得担任洪某辩护人。B.若洪某系法律援助对象,沈律师可以担任洪某辩护人。C.若被告人洪某同意,沈律师可以担任洪某辩护人。D.若公诉人未提出异议,沈律师可以担任洪某辩护人。

公安机关办理经济犯罪案件应保障诉讼参与人【当事人(被害人、自诉人、嫌犯、被告人、附带民诉的原告人和被告人)、法定代理人(被代理人的父母、养父母、监护人和负有保护责任的机关、人民团体的代表)、诉讼代理人[公诉案件的被害人及其法定代理人或近亲属(夫、妻、父、母、子、女、同胞兄弟姐妹];自诉案件的自诉人及其法定代理人委托代为参加诉讼的人;附带民诉的当事人及其法定代理人(委托代为参加诉讼的人)、辩护人(律师等);人民团体或嫌犯、被告人所在单位推荐的人;嫌犯、被告人的监护人、亲友)、证人、鉴定人、翻译人员】的合法权益,应尊重和保障人权,保障嫌犯、被害人和其他诉讼参与人依法享有的辩护权和其他诉讼权,在职责范围内依法保障律师的执业权利。(1)辩护律师向公安机关了解嫌犯涉嫌的罪名及现已查明的该罪的主要事实,嫌犯被采取、变更、解除强制措施、延长侦查羁押期限、移送审查起诉等案件有关情况,公安机关应依法将上述情况告知辩护律师,并记录在案;向公安机关提交与经济犯罪案件有关的申诉、控告等材料,公安机关应在执法办案场所接收,当面了解有关情况并记录在案。对辩护律师提供的材料,公安机关应及时依法审查,并在30日内答复。(2)被害人、嫌犯及其法定代理人、近亲属或律师对案件管辖有异议,向立案侦查的公安机关提出申诉,接受申诉的公安机关应在接到申诉后的7日内答复。(3)嫌犯及其法定代理人、近亲属或辩护人认为公安机关所采取的强制措施超过法定期限,有权向原批准或决定的公安机关提出申诉,接受该项申诉的公安机关应在接到申诉之日起30日内审查完毕并作出决定,将结果书面通知申诉人;对超过法定期限的强制措施,应立即解除或变更。(4)辩护人、诉讼代理人认为公安机关阻碍其依法行使诉讼权并向检察院申诉或控告,检察院经审查情况属实后通知公安机关纠正,公安机关应立即纠正,并将监督执行情况书面答复检察院。(5)辩护人、诉讼代理人对公安机关侦查活动有异议,可向有关公安机关提出申诉、控告,或提请检察院依法监督。(6)从刑事强制措施的规范和使用的角度看,审判前程序以羁押为原则,以不羁押为例外。(7)公安机关逮捕权的行使条件:A.公安机关经侦查,对有证据证明有犯罪事实的案件,应进行预审,对收集、调取的证据材料核实;对有证据证明有犯罪事实,可能判处徒刑以上刑罚的嫌犯、被告人,采取取保候审尚不足以防止发生其社会危险性(a.企图自杀或逃跑。b.可能实施新的犯罪。c.可能对被害人、举报人、控告人实施打击报复。d.有危害国安、公共安全或社会秩序的现实危险。e.可能毁灭、伪造证据,干扰证人作证或串供),或有证据证明有犯罪事实,可能判处10年有期刑以上刑罚,或有证据证明有犯罪事实,可能判处徒刑以上刑罚,曾故意犯罪或身份不明,应逮捕。B.对被取保候审、监视居住的可能判处徒刑以下刑罚的嫌犯、被告人,违反取保候审、监视居住规定,严重影响诉讼活动正常进行,或被取保候审、监视居住的嫌犯、被告人违反取保候审、监视居住规定,情节严重,可逮捕(对违反取保候审、监视居住规定的嫌犯、被告人,情节严重,可逮捕)。

经济犯的强制措施:(1)公安机关决定采取强制措施时,应考虑嫌犯涉嫌犯罪情节的轻重程度、有无继续犯罪和逃避或妨碍侦查的可能性,使所适用的强制措施同犯罪的严重程度、嫌犯的社会危险性相适应，依法慎用羁押性强制措施。采取取保候审、监视居住措施足以防止发生社会危险性，不得适用羁押性强制措施。（2）公安机关应依法律规定的条件和程序适用取保候审措施。A. 采取保证金担保方式，应综合考虑保证诉讼活动正常进行的需要，根据嫌犯的社会危险性的大小，案件的性质、情节、涉案金额，可能判刑的轻重及嫌犯的经济状况等情况，确定适当的保证金数额。B. 取保候审期间，不得中断对经济犯罪案件的侦查。C. 执行取保候审超过3个月，应至少每个月讯问1次被取保候审人。（3）对被决定采取强制措施并上网追逃的嫌犯，经审查发现不构成犯罪或依法不追究刑责，应立即撤销强制措施决定，并按有关规定，报请省级以上公安机关删除相关信息。（4）公安机关办理经济犯罪案件应加强统一审核，依法律规定的条件和程序逐案逐人审查采取强制措施的合法性和适当性，发现采取强制措施不当，应及时撤销或变更；嫌犯在押，应立即释放。A. 公安机关释放被逮捕的嫌犯或变更逮捕措施，应及时通知作出批捕决定的检察院。B. 嫌犯被逮捕后，检察院经审查认为不需继续羁押提出检察建议，公安机关应调查核实，认为不需继续羁押，应释放或变更强制措施。C. 认为需继续羁押，应说明理由，并在10日内将处理情况通知检察院。D. 嫌犯、被告人及其法定代理人、近亲属或辩护人有权申请检察院进行羁押必要性审查（对被逮捕的嫌犯、被告人有无继续羁押的必要性进行审查，对不需继续羁押，建议办案机关予以释放或变更强制措施的监督活动），应说明不需继续羁押的理由；有相关证明材料，应一并提供。

【2008·卷2·单选·9】（答案：B）徐某因犯故意伤害罪，于2007年11月21日被法院判处有期刑1年，缓期2年执行。在缓刑考验期限内，徐某伙同他人无故殴打学生傅某，致傅某轻微伤。当地公安局于2008年4月3日决定对徐某行政拘留15日，并在当日开始执行该行政拘留决定。行政拘留结束后，法院撤销对徐某的缓刑，决定收监执行。关于本案，下列哪一选项是正确的？A. 徐某被行政拘留的15天可折抵刑期。B. 徐某被行政拘留的15天不应折抵刑期。C. 应将1年有期刑与15天的拘留按限制加重原则实行并罚。D. 15天的行政拘留应被1年有期刑吸收。

强制措施的变更：（1）公检法若发现对嫌犯、被告人采取强制措施不当，应及时撤销或变更。（2）嫌犯、被告人及其法定代理人、近亲属或辩护人有权申请变更强制措施。公检法收到申请后，应在3日内作出决定；不同意变更强制措施，应告知申请人，并说明不同意的理由。（3）嫌犯患有精神病或其他严重疾病丧失诉讼行为能力不能接受讯问，检察院可依法变更强制措施。（4）对实施暴力行为的精神病人，检察院可商请公安机关采取临时保护性的约束措施。

【2008·川·卷2·21】（答案：B）被告人孙某在法庭审理中突发精神病，致使案件在较长时间内无法继续审理。法院的下列哪一做法是正确的？A. 判决宣告孙某不负刑责。B. 裁定中止审理。C. 裁定延期审理。D. 裁定终止审理。

从比较法的角度看，刑事拘留（刑拘）、司法拘留、行政拘留的法律性质、法律后果、适用机关、适用对象、适用目的、羁押期限不同。（1）有权决定适用刑事拘留的适用机关是公安机关、检察院，有权决定司法拘留的适用机关是法院，有权决定行政拘留的适用机关是公安机关。（2）刑事拘留期限一般不超过10日，重大、复杂案件的刑事拘留期限不超过14日，流窜作案、多次作案、结伙作案的重大嫌犯的刑事拘留期限不超过37日；行政拘留的期限是1日至15日。（3）刑事拘留、刑事处罚能折抵刑期、适用限制加重、吸收等刑罚处罚原则，行政拘留不能折抵刑期、不能适用限制加重、吸收等刑罚处罚原则。

【2012·卷2·单选·29】（答案：B）甲涉嫌黑社会性质组织犯罪，10月5日上午10时被刑事拘留。下处哪一处置是违法的？A. 甲于当月6日上午10时前被送至看守所羁押。B. 甲涉嫌黑社会性质组织犯罪，因考虑通知家属有碍进一步侦查，决定暂不通知。C. 甲在当

月 6 日被送至看守所之前，公安机关对其进行了讯问。D. 讯问后，发现甲依法需要逮捕，当月 8 日提请检察院审批。

刑拘的情形：（1）公安机关对现行犯或重大嫌疑分子可先行拘留的 7 种情形：A. 犯罪后企图自杀、逃跑（犯罪事实发生后，未被施加任何强制措施的嫌犯为躲避刑罚、躲避不利于自己的环境或事物而离开）或在逃（犯人或嫌犯逃走，未被捉到，侧重于已逃走的状态）。B. 在身边或住处发现有犯罪证据。C. 正预备犯罪、实行犯罪或在犯罪后即时被发觉。D. 被害人或在场亲眼看见的人指认他犯罪。E. 有流窜作案（跨市、县管辖范围连续作案，或在居住地作案后逃跑到外市、县继续作案）、多次作案（3 次以上作案）、结伙作案（2 人以上共同作案）重大嫌疑（对流窜作案、多次作案、结伙作案的重大嫌疑分子，经县级以上公安机关负责人批准，提请审查批捕的时间可延长至 30 日）。F. 有毁灭、伪造证据或串供可能。G. 不讲真实姓名、住址，身份不明。（2）任何公民都可立即扭送公检法机关处理的 4 种情形：A. 越狱逃跑。B. 通缉在案。C. 正被追捕。D. 正实行犯罪或在犯罪后即时被发觉。（3）对醉酒驾驶机动车的嫌犯、被告人，据案件情况，可拘留或取保候审；特殊而言，对符合取保候审条件，但嫌犯、被告人不能提出保证人，也不交纳保证金，可监视居住（a. 监视居住应在嫌犯、被告人的住处执行；无固定住处，可在指定的居所执行。b. 对涉嫌危害国安犯罪、恐怖活动犯罪，在住处执行可能有碍侦查，经上一级公安机关批准，也可在指定的居所执行，但不得在羁押场所、专门的办案场所执行）。

【2017·卷 2·多选·68】（答案：ABD）A 省 B 市检察院对蔡某涉嫌特别重大贿赂犯罪立案侦查，指定居所监视居住 4 个月后，蔡某被逮捕。蔡某委托程律师为辩护人。关于本案处理，下列哪些选项是正确的？A. 对蔡某指定居所监视居住和逮捕应由 A 省检察院审查决定。B. 监视居住期间，程律师与蔡某通信需经 B 市检察院许可。C. 蔡某被逮捕后，程律师可向其核实行贿人的口供。D. B 市检察院报请 A 省检察院审查决定逮捕时应及时告知程律师。

【2017·卷 3·多选·79】（答案：ABC）杨青（15 岁）与何翔（14 岁）两人经常嬉戏打闹，一次，杨青失手将何翔推倒，致何翔成了植物人。当时在场的还有何翔的弟弟何军（11 岁）。法院审理时，何军以证人身份出庭。关于何军作证，下列哪些说法不能成立？A. 何军只有 11 岁，无诉讼行为能力，不具有证人资格，故不可作为证人。B. 何军是何翔的弟弟，应回避。C. 何军作为未成年人，其所有证言依法都不具有证明力。D. 何军作为何翔的弟弟，证言具有明显的倾向性，其证言不能单独作为认定案件事实的根据。

检察院在侦查过程中或侦查终结后，发现有 8 种不追究刑责的法定情形（a. 情节显著轻微、危害不大，不认为是犯罪。b. 无犯罪事实，或依刑法规定不负刑责或不是犯罪。c. 虽有犯罪事实，但不是嫌犯所为。d. 犯罪已过追诉时效期限。e. 经特赦令免刑。f. 依刑法告诉才处理的犯罪，未告诉或撤回告诉。g. 嫌犯、被告人死亡。h. 其他法律规定免予追究刑责），侦查部门应制作拟撤销案件意见书，报请检察长或检委会决定。（1）对不追究刑责情形，刑诉开始前不立案受理，不追究刑责，已追究，侦查阶段应撤销案件，或审查起诉阶段应不起诉，或审判阶段裁定终止审理或判决宣告无罪（情节显著轻微、危害不大，不认为是犯罪）。（2）对告诉才处理，被害人撤回告诉，用准许撤诉的裁定结案。（3）对共犯的案件，如有符合不追究刑责的法定情形的嫌犯，应撤销对该嫌犯的立案，应将处理同案嫌犯的有关法律文书、案件事实、证据材料复印件等，一并报送上一级检察院。A. 共犯的案件只有部分被告人上诉，应对全案审查，一并处理。B. 嫌犯无犯罪事实，或情节显著轻微、危害不大而不认为是犯罪、犯罪已过追诉时效期限、经特赦令免刑、依刑法告诉才处理的犯罪而未告诉或撤回告诉、嫌犯或被告人死亡，其他法律规定免予追究刑责情形，检察院应作出不起诉决定。C. 对犯罪情节轻微，依刑法规定不需判刑或免刑，检察院可作出不起诉决定。D. 侦查过程中，发现不应对嫌犯追究刑责，应撤销案件；嫌犯已被逮捕，应立即释放，发给释放证明，并通知原批捕的检察院。

检察长或检委会决定撤销案件,侦查部门应将撤销案件意见书、本案全部案卷材料在法定期限届满7日前报上一级检察院审查;重大、复杂案件在法定期限届满10日前报上一级检察院审查。(1) 上一级检察院侦查部门应对案件事实、证据和适法全面审查,必要时可讯问嫌犯。(2) 上一级检察院侦查部门经审查后,应提出是否同意撤销案件的意见,报请检察长或检委会决定;检察院决定撤销案件,应告知控告人、举报人,听取其意见并记明笔录。(3) 上一级检察院审查下级检察院报送的拟撤销案件,应在收到案件后7日内批复;重大、复杂案件,应在收到案件后10日内批复下级检察院;情况紧急或因其他特殊原因不能按时送达,可先行通知下级检察院执行。(4) 上一级检察院同意撤销案件,下级检察院应作出撤销案件决定,并制作撤销案件决定书。(5) 上一级检察院不同意撤销案件,下级检察院应执行上一级检察院的决定。报请上一级检察院审查期间,嫌犯羁押期限届满,应依法释放嫌犯或变更强制措施。A. 撤销案件的决定,应分别送达嫌犯所在单位和嫌犯。B. 嫌犯死亡,应送达嫌犯原所在单位。C. 若嫌犯在押,应制作决定释放通知书,通知公安机关依法释放。(6) 检察院作出撤销案件决定,侦查部门应在30日内对嫌犯的违法所得作出处理,并制作查封、扣押、冻结款物的处理报告,详细列明每项款物的来源、去向并附有关法律文书复印件,报检察长审核后存入案卷,并在撤销案件决定书中写明对查封、扣押、冻结的涉案款物的处理结果;情况特殊,经检察长决定,可延长30日。

【2012·卷2·单选·37】(答案:A) 对于适用当事人和解的公诉案件诉讼程序而达成和解协议的案件,下列哪一做法是错误的? A. 公安机关可撤销案件。B. 检察院可以向法院提出从宽处罚的建议。C. 对犯罪情节轻微,不需要判处刑罚的,检察院可不起诉。D. 法院可以依法对被告人从宽处罚。

检察院撤销案件时,对嫌犯的违法所得应区分不同情形,作出相应处理:(1) 因嫌犯死亡而撤销案件,依刑法规定应追缴其违法所得及其他涉案财产,按《人民检察院刑事诉讼规则(试行)》第13章特别程序 [未成年人刑事案件诉讼程序、当事人和解的公诉案件诉讼程序、嫌犯、被告人逃匿(犯罪后,为逃避法律制裁而逃跑、隐匿或躲藏、逃跑并躲藏起来)、死亡案件违法所得的没收程序、依法不负刑责的精神病人的强制医疗程序] 第3节规定办理 [a. 对贪污贿赂犯罪、恐怖活动犯罪等重大犯罪案件,嫌犯、被告人逃匿,在通缉1年后不能到案,依刑法规定应追缴其违法所得及其他涉案财产(嫌犯实施犯罪行为所取得的财物及其孳息及嫌犯非法持有的违禁品、供犯罪所用的本人财物),检察院可向法院提出没收违法所得的申请。b. 对嫌犯、被告人死亡,依刑法规定应追缴其违法所得及其他涉案财产,检察院也可向法院提出没收违法所得的申请。c. 检察院审查侦查机关移送的没收违法所得意见书,向法院提出没收违法所得的申请及对违法所得没收程序中调查活动、审判活动的监督,由公诉部门办理。d. 没收违法所得的申请,应由与有管辖权的中院相对应的检察院提出]。(2) 因其他原因撤销案件,对查封、扣押、冻结的嫌犯违法所得及其他涉案财产需没收,应提出检察建议,移送有关主管机关处理。对冻结的嫌犯存款、汇款、债券、股票、基金份额等财产需返还被害人,可通知金融机构返还被害人;对查封、扣押的嫌犯的违法所得及其他涉案财产需返还被害人,直接决定返还被害人。(3) 检察院申请法院裁定处理嫌犯涉案财产,应向法院移送有关案件材料。检察院撤销案件时,对查封、扣押、冻结的嫌犯的涉案财产需返还嫌犯,应解除查封、扣押或书面通知有关金融机构解除冻结,返还嫌犯或其合法继承人。

【2011·卷2·多选·51】(答案:ABCD) ①对于同一刑法条文中的同一概念,既可以进行文理解释也可以进行论理解释。②一个解释者对同一刑法条文的同一概念,不可能同时既作扩大解释又作缩小解释。③刑法中类推解释被禁止,扩大解释被允许,但扩大解释的结论也可能错误。④当然解释追求结论的合理性,但并不必然符合罪刑法定原则。关于上述4句话的

判断，下列哪些选项是错误的？A. 第①句正确，第②③④句错误。B. 第①②句正确，第③④句错误。C. 第①③句正确，第②④句错误。D. 第①③④句正确，第②句错误。

◆《刑法》第14条 [故意（直接故意、间接故意）犯罪]

从故意犯、故意犯罪形态 [完成犯罪形态（既遂犯）、未完成犯罪形态（犯罪预备或预备犯、犯罪未遂或未遂犯、犯罪中止或中止犯）]、犯罪构成要件要素体系的犯罪主观方面（单一罪过、复合罪过）、犯罪主观方面、犯罪意志、犯罪目的、犯罪动机、犯罪性质、认识能力、意志能力、危害行为、危害后果的角度讲，故意犯罪具有明知性、希望性、放任性，是行为人明知（认识因素：a.明确知道的直接故意。b.明知可能是存在放任危害后果发生的间接故意）自己的行为会发生危害社会的结果，并希望或放任危害结果的发生（意志因素）的犯罪形态 [直接故意犯罪（明知、希望）、间接故意犯罪（明知、放任）]，应负刑责。

【2002·卷2·多选·50】（答案：ABCD）黄某意图杀死张某，当其得知张某当晚在单位值班室值班时，即放火将值班室烧毁，其结果却是将顶替张某值班的李某烧死。下列哪些判断不符合黄某对李某死亡所持的心理态度？A. 间接故意。B. 过于自信的过失。C. 疏忽大意的过失。D. 意外事件。

【2003·卷2·单选·1】（答案：B）养花专业户李某为防止偷花，在花房周围私拉电网。一日晚，白某偷花不慎触电，经送医院抢救，不治身亡。李某对这种结果的主观心理态度是什么？A. 直接故意。B. 间接故意。C. 过于自信的过失。D. 疏忽大意的过失。

【2006·卷2·单选·3】（答案：B）甲贩运假烟，驾车路过某检查站时，被工商执法部门拦住检查。检查人员乙正登车检查时，甲突然发动汽车夺路而逃。乙抓住汽车车门的把手不放，甲为摆脱乙，在疾驶时突然急刹车，导致乙头部着地身亡。甲对乙死亡的心理态度属于下列哪一选项？A. 直接故意。B. 间接故意。C. 过于自信的过失。D. 疏忽大意的过失。

犯罪的主观要件分为故意【直接故意 [明知自己的行为会发生危害社会的结果（直接故意的危害结果不发生就违背了行为人的意愿），并希望发生危害结果的心理态度]、间接故意 [明知自己的行为可能发生危害社会的结果（危害结果的发生与否都不违背行为人的意愿），并放任这种结果发生的心理态度]】、过失 [疏忽大意的过失（应预见自己的行为可能发生危害社会的结果，因疏忽大意而未预见，以致发生这种结果的心理状态）、过于自信的过失（已预见自己的行为可能发生危害社会的结果，但轻信能避免，以致发生这种结果的心理状态）；过于自信过失的行为人不希望发生危害结果，危害结果的发生违背行为人意愿]。

故意犯罪具有明知性、希望性、放任性。（1）犯罪故意包括犯罪故意的认识因素（对犯罪构成客观事实特征的认识：对犯罪客体或犯罪对象情况的认识；对行为性质的认识；对危害结果的认识）、意志因素两个方面的内容。（2）危害行为性质的认识，主要包括对危害行为的内容、作用、违法性的认识等。也有专家学者认为，一般而言，故意犯罪不要求行为人认识到自己行为的违法性、社会危害性。故意犯罪的行为人认识到自己的危害行为会发生危害社会的危害结果而具有社会危害性，自然也会明确知道这种危害行为被法律所禁止。没必要把违法性认识为犯罪故意的内容，以防止行为人借此逃避制裁。（3）认识某种犯罪客体的事实情况，是成立某种犯罪故意的条件之一，否则行为人未认识到其行为所侵犯的客体，就不可能具备该种犯罪故意。A. 贩卖淫秽物品牟利罪要求行为人须认识到自己贩卖了淫秽物品并具有牟利目的，否则不成立贩卖淫秽物品牟利罪。B. 为境外非法提供国家秘密罪要求行为人须明知自己所掌握了国家秘密或情报，而故意为境外机构、组织、个人非法提供，但倘若不知道对方为境外机构、组织、个人而提供，可能成立故意或过失泄露国家秘密罪，而不是不成立任何犯罪。

【2011·卷2·单选·5】（答案：D）关于故意的认识内容，下列哪一选项是错误的？

A. 成立故意犯罪，不要求行为人认识到自己行为的违法性。B. 成立贩卖淫秽物品牟利罪，要求行为人认识到物品的淫秽性。C. 成立嫖宿幼女罪，要求行为人认识到卖淫的是幼女。D. 成立为境外非法提供国家秘密罪，要求行为人认识到对方是境外的机构、组织或个人，没有认识到而非法提供国家秘密，不成立任何犯罪。

从主观罪过、犯罪认识错误的角度讲，犯罪分为故意犯、过失犯；假想犯（假想避险犯、假想防卫犯、假想职务犯、假想自救犯；有过当的假想犯、无过当的假想犯）、假想不能犯；假想犯、幻觉犯；幻觉犯、不能犯等。

从刑事法律关系和犯罪构成要件要素体系的关系的角度讲，既遂犯仅存在于故意犯罪形态（直接故意犯罪形态、间接故意犯罪形态）之中，属于一种特殊类型的犯罪完成形态。有专家学者认为，犯罪既遂是故意犯罪的完成形态，过失犯罪不存在犯罪既遂与否的问题，是刑法理论上的通说。[5]也有专家学者认为，所有类型的犯罪（故意犯罪、过失犯罪等）都可能存在犯罪的完成形态（既遂犯）或未完成形态（预备犯、未遂犯、中止犯）。

从犯罪进程和犯罪阶段的关系的角度讲，间接故意犯罪的既遂、未遂问题有争议性，存在肯定说、否定说、折中说等不同理论观点。（1）间接故意犯罪不存在未遂犯说认为，间接故意是一种行为并非直接指向犯罪结果的故意形态。[6]（2）间接故意犯罪不存在未遂犯而存在既遂犯说认为，在间接故意犯罪中，尽管行为人不积极追求危害结果的发生，但也不采取任何措施阻止危害结果的出现，其特定的犯罪意愿是显而易见的。若最终发生了特定的危害结果，从行为者本人的角度看，并不违背其主观愿望。这是间接故意犯罪与过失犯罪的1个重要区别。因此，在间接故意犯罪中，同样存在着而且永远存在着犯罪的既遂形态。[7]

【2013·卷2·多选·53】（答案：BCD）关于犯罪故意、过失与认识错误的认定，下列哪些选项是错误的？A. 甲、乙是马戏团演员，甲表演飞刀精准，从未出错。某日甲表演时，乙突然移动身体位置，飞刀掷进乙胸部致其死亡。甲的行为属于意外事件。B. 甲、乙在路边争执，甲推乙一掌，致其被过车辆轧死。甲的行为构成故意伤害（致死）罪。C. 甲见楼下没人，将家中一块木板扔下，不料砸死躲在楼下玩耍的小孩乙。甲的行为属于意外事件。D. 甲本欲用斧子砍死乙，事实上却拿了铁锤砸死乙。甲的错误属于方法错误，据法定符合说，应认定为故意杀人既遂。

从司法解释的角度讲，对重大自然灾害、预防、控制突发传染病疫情等灾害期间故意犯罪，据案件的具体情况，可增加基准刑的20%以下；以救灾款物等为犯罪对象，适用增加基准刑的20%幅度上限。

对被害人有过错或对矛盾激化负有直接责任，综合考虑犯罪的性质、被害人对法律规范、伦理道德、善良风俗的背离程度，以及促使被告人实施加害行为的关联度等情况，确定从宽的幅度。（1）被害人有明显过错，可减少基准刑的20%以下。（2）被害人有一般过错，可减少基准刑的10%以下。

严惩严重刑事犯罪，须充分考虑被告人的主观恶性和人身危险性。对事先精心预谋、策划犯罪的被告人，有惯犯、职业犯等情节的被告人，或因故意犯罪受过刑罚、在缓刑、假释考验期内又犯罪的被告人，要依法严惩，以实现刑罚特殊预防的功能。

黑社会性质组织成员的主观明知问题：在认定黑社会性质组织的成员时，并不要求其主观上认为自己参加的是黑社会性质组织，只要其知道或应知道该组织有一定规模，且是以实

---

〔5〕高铭暄、马克昌主编：《刑法学》，北京大学出版社、高等教育出版社2000年版，第149页；马克昌主编：《犯罪通论》，武汉大学出版社1991年版，第489页；张明楷：《刑法学》（上），法律出版社1997年版，第245页；苏惠渔主编：《刑法学》，中国政法大学出版社2009年版，第205页。

〔6〕[意]杜里奥·帕多瓦尼：《意大利刑法学原理》，陈忠林译，法律出版社1998年版，第306页。

〔7〕马克昌主编：《犯罪通论》，武汉大学出版社1991年版，第489页。

施违法犯罪为主要活动,即可认定。

【2012·卷2·单选·5】(答案:D)下列哪一行为构成故意犯罪?A. 他人欲跳楼自杀,围观者大喊"怎么还不跳",他人跳楼而亡。B. 司机急于回家,行驶时闯红灯,把马路上的行人撞死。C. 误将熟睡的孪生妻妹当成妻子,与其发生性关系。D. 作客的朋友在家中吸毒,主人装作没看见。

以故意为名义的故意犯罪罪名:故意杀人罪;故意伤害罪;故意毁坏财物罪;故意泄露国家秘密罪;故意损毁文物罪;故意损毁名胜古迹罪;故意提供不合格武器装备、军事设施罪;战时故意提供虚假敌情罪;战时拒绝、故意延误军事订货罪;编造、故意传播虚假恐怖信息罪;盗窃、侮辱、故意毁坏尸体、尸骨、骨灰罪;隐匿、故意销毁会计凭证、会计账簿、财务会计报告罪;遗弃伤病军人罪;隐瞒、谎报军情罪;拒传、假传军令罪;阻碍军事行动罪;破坏界碑、界桩罪;破坏永久性测量标志罪;非法处置查封、扣押、冻结的财产罪;侮辱国旗、国徽、国歌罪;提供虚假证明文件罪;伪证罪;徇私枉法罪;民事、行政枉法裁判罪;执行判决、裁定失职罪;执行判决、裁定滥用职权罪;枉法仲裁罪等。譬如,保险事故的鉴定人、证明人、财产评估人故意提供虚假的证明文件,为他人诈骗提供条件,以保险诈骗的共犯论处。

以明知为名义的故意犯罪罪名:重婚罪;破坏军婚罪;生产、销售有毒有害食品罪;生产、销售不符合标准的卫生器材罪;生产、销售不符合安全标准的产品罪;生产、销售伪劣农药、兽药、化肥、种子罪;侵犯商业秘密罪;销售侵权复制品罪;销售假冒注册商标的商品罪;出售、购买、运输假币罪;持有、使用假币罪;持有伪造的发票罪;票据诈骗罪、金融凭证诈骗罪;妨害信用卡管理罪;洗钱罪;强迫劳动罪;教育设施重大安全事故罪;非法持有宣扬恐怖主义、极端主义物品罪;拒不救援友邻部队罪等。譬如,以牟利为目的,盗接他人通信线路、复制他人电信码号或明知是盗接、复制的电信设备、设施而使用,以盗窃罪定罪处罚。

明知型故意犯罪的基本罪名:重婚罪;盗窃罪;非法持有宣扬恐怖主义极端主义物品罪;教育设施重大安全事故罪;生产、销售有毒有害食品罪;生产、销售不符合安全标准的产品罪;生产、销售不符合卫生标准的化妆品罪;生产、销售伪劣农药、兽药、化肥、种子罪;生产、销售不符合标准的卫生器材罪;出售、购买、运输假币罪;持有、使用假币罪;持有伪造的发票罪;票据诈骗罪;妨害信用卡管理罪;洗钱罪;销售假冒注册商标的商品罪;销售侵权复制品罪;强迫劳动罪;帮助信息网络犯罪活动罪;提供侵入、非法控制计算机信息系统程序、工具罪;编造、故意传播虚假信息罪;窝藏、包庇罪;非法收购、运输、加工、出售国家重点保护植物、国家重点保护植物制品罪;制造毒品罪;传播性病罪;为他人提供书号出版淫秽书刊罪;故意提供不合格武器装备、军事设施罪;雇用逃离部队军人罪;战时窝藏逃离部队军人罪;拒不救援友邻部队罪;徇私枉法罪;办理偷越国(边)境人员出入境证件罪等。

从刑事法律关系、犯罪构成要件要素体系、刑法原则、刑法总则和刑法分则的关系的角度看,刑法以处罚故意犯罪为原则,以处罚过失犯罪为例外,或以处罚故意犯罪为主,以处罚过失犯罪为辅。刑民交叉案件审理,以刑民并行为原则,以先刑后民为例外。

从司法实践的角度看,过失犯罪有转化为故意犯罪的可能性,故意犯罪不存在转化为过失犯罪的可能性。(1)从刑法总则和刑法分则的关系的角度看,刑法总则的明知(明知是刑法总则性质的一般故意犯罪的构成要素)、刑法分则的明知(明知是刑法分则性质的特殊犯罪的构成要素)的内容有差异性,刑法分则性质的明知有注意规定性,不完全等同于刑法总则性质的明知(以刑法分则的明知为前提条件)。(2)从故意犯罪的分类的角度看,故意犯罪分为直接故意犯罪、间接故意犯罪;事前故意犯罪、事中故意犯罪、事后故意犯罪;预谋故意犯罪、突发故意犯罪；确定故意犯罪、非确定故意犯罪等。(3) 从犯意转化和另起犯意的关系的角度看，犯意转化（a. 从犯罪预备行为和实行行为的犯意的角度看，行为人原以此犯意实施犯罪预备行为，而以彼犯意实施犯罪的实行行为。b. 从犯罪过程或犯罪阶段的角度看，行为人在实施犯罪实行行为的过程中改变了犯意，导致此罪转化为彼罪）、另起犯意（行为人在前罪既遂、未遂或中止后，又另起犯意实施他罪而构成数罪）有差异性。A. 犯意转化以一罪处罚，另起犯意义数罪处罚。B. 行为人在继续犯罪的过程中存在犯意转化问题的情况下，因某种因素终了其继续犯罪行为，或针对不同被害对象，只能认定为另起犯意。一般而言，继续犯罪存在犯意转化问题，同一被害对象存在犯意转化问题或另起犯意问题。(4) 从法理学的角度看，自然人对犯罪行为或刑事案件的认识错误【法律认识错误、事实认识错误［对象错误、客体错误（法律性质不同的对象认识错误）、行为误差（对象打击错误或目标打击错误）、方式方法错误（手段错误）、因果关系错误、行为性质错误（假想防卫、假想避险）］】的性质、处罚原则有差异性。A. 对象错误不影响犯罪行为的性质。B. 从法定符合说的角度，客体错误以对象错误或客体错误的处理结果处理。C. 行为性质错误以不构成故意犯罪为原则，以构成过失犯罪为例外，否则无过失，属于意外事件，不构成犯罪。D. 方式方法错误或手段错误以犯罪未遂处罚。E. 刑事因果关系错误的5种情形：a. 客观上未发生危害后果，行为人自以为发生了危害后果，属于犯罪未遂。b. 客观上发生了危害后果，行为人自以为未发生危害后果，构成犯罪既遂。c. 行为人的A行为造成了危害后果，而误以为自己的B行为构成，不影响犯罪既遂的构成。d. 危害后果由其他原因造成，行为人误以为是自己的行为造成。e. 行为人依自己的犯罪意图、犯罪目的或作案动机实现的危害后果而实施了犯罪行为，实现了预期的危害后果，导致危害后果发生的实际进程不同于行为人预想的情况。

【2007·卷2·单选·1】（答案：B）关于刑法上因果关系的判断，下列哪一选项是正确的？A. 甲为抢劫而殴打章某，章某逃跑，甲随后追赶。章某在逃跑时钱包不慎从身上掉下，甲拾得钱包后离开。甲的暴力行为和取得财物之间存在因果关系。B. 乙基于杀害的意思用刀砍程某，见程某受伤后十分痛苦，便将其送到医院，但医生的治疗存在重大失误，导致程某死亡。乙的行为和程某的死亡之间无因果关系。C. 丙经过铁路道口时，遇见正在值班的熟人项某，便与其聊天，导致项某没及时放下栏杆，火车通过时将黄某轧死。丙的行为与黄某的死亡之间存在因果关系。D. 丁为杀害李某而打其头部，使其受致命伤，2小时后必死没疑。在李某哀求下，丁开车送其去医院。20分钟后，高某驾驶卡车超速行驶，撞向丁的汽车致李某当场死亡。丁的行为和李某的死亡之间存在因果关系。

【2007·卷2·单选·5】（答案：A）甲为杀害仇人林某在偏僻处埋伏，见一黑影过来，以为是林某，便开枪射击。黑影倒地后，甲发现死者竟然是自己的父亲。事后查明，甲的子弹并未击中父亲，其父亲患有严重心脏病，因听到枪声后过度惊吓死亡。关于甲的行为，下列哪一选项是正确的？A. 甲构成故意杀人罪既遂。B. 甲构成故意杀人罪未遂。C. 甲构成过失致人死亡罪。D. 甲对林某构成故意杀人罪未遂，对自己的父亲构成过失致人死亡，应择一重罪处罚。

从刑法分则的角度看，故意犯罪的加重结果犯的罪过具有故意性、过失性。故意犯罪的结果加重犯：抢劫致人重伤、死亡；强奸致人重伤、死亡；非法行医致人重伤、死亡；非法拘禁致人重伤、死亡，虐待致人重伤、死亡；暴力干涉婚姻自由致人死亡；绑架致人死亡；拐卖妇女、儿童造成被拐卖的妇女、儿童或其亲属重伤、死亡或其他严重后果；放火、爆炸、投毒、破坏交通工具、破坏交通设施、破坏电力设备等造成人身伤亡或重大财产损失；生产销售假药严重危害人体健康；生产、销售劣药后果特别严重；生产、销售不符合卫生标准的食品对人体健康造成严重危害；生产、销售有毒有害食品造成严重食物中毒事故或其他严重食源性疾患；劫持航空器致人重伤、死亡或使航空器遭受严重破坏；劫持船只、汽车造成严重后果；暴力危及飞行安全造成严重后果；煽动群众暴力抗拒国家法律法规实施造成严重后果；组织、运送他人偷越国（边）境造成被组织人重伤、死亡；挪用公款数额巨大客观上不能还；徇私舞弊不征、少征税款造成特别重大损失。

【2008·卷2·多选·52】（答案：BCD）关于因果关系，下列哪些选项是错误的？A. 甲乘坐公交车时和司机章某发生争吵，狠狠踹了章某后背一脚。章某返身打甲时，公交车失控，冲向自行车道，撞死了骑车人程某。甲的行为与程某的死亡之间存在因果关系。B. 乙以杀人故意瞄准李某的头部开枪，但打中了李某的胸部（没打中心脏）。因李某是血友病患者，最后流血不止而死亡。乙的行为与李某的死亡之间没有因果关系。C. 丙与同伙经预谋后同时向王某开枪，同伙射击的子弹打中王某的心脏，致王某死亡。因丙射击的子弹没打中王某，故丙的行为与王某的死亡之间没有因果关系。D. 丁以杀人故意对赵某实施暴力，导致赵某遭受濒临死亡的重伤。赵某在医院接受治疗时，医生存在一定过失，没能挽救赵某的生命。丁的行为与赵某的死亡之间没有因果关系。

【2015·卷2·单选·1】（答案：D）关于因果关系，下列哪一选项是正确的？A. 甲跳楼自杀，砸死行人乙。这属于低概率事件，甲的行为与乙的死亡之间无因果关系。B. 集资诈骗案中，如出资人有明显的贪利动机，就不能认定非法集资行为与资金被骗结果之间有因果关系。C. 甲驾车将乙撞死后逃逸，第三人丙拿走乙包中贵重财物。甲的肇事行为与乙的财产损失之间有因果关系。D. 司法解释规定，虽交通肇事重伤3人以上但负事故次要责任，不构成交通肇事罪。这说明即使有条件关系，也不一定能将结果归责于行为。

公安机关对已立案的刑事案件，应进行侦查，收集、调取嫌犯有罪或无罪、罪轻或罪重的证据材料。对现行犯或重大嫌疑分子可依法先行拘留（a. 在身边或住处发现有犯罪证据。b. 不讲真实姓名、住址，身份不明。c. 犯罪后企图自杀、逃跑或在逃。d. 正预备犯罪、实行犯罪或在犯罪后即时被发觉。e. 被害人或在场亲眼见的人指认他犯罪。f. 有毁灭、伪造证据或串供可能。g. 有流窜作案、多次作案、结伙作案重大嫌疑），对符合逮捕条件的嫌犯，应依法逮捕。应逮捕的嫌犯若在逃，公安机关可发布通缉令，采取有效措施，追捕（追捕的重点对象：近2年批捕、拘留后逃跑的和通缉、作案在逃的持枪罪犯，进行爆炸、凶杀、抢劫、强奸、盗窃、诈骗等活动的重大罪犯和犯罪团伙头子；在逃的劳改犯）归案。公安机关在自己管辖的地区内，可直接发布通缉令；超出自己管辖的地区，应报请有权决定的上级机关发布。从国家赔偿法的角度，违法刑拘的人身自由赔偿金自拘留之日起计算。对公民采取拘留措施后又采取逮捕措施，国家承担赔偿责任，作出逮捕决定的机关为赔偿义务机关。看守所及其工作人员在行使职权时侵犯公民合法权益造成损害，看守所的主管机关为赔偿义务机关。

从刑诉法、证据法的角度看，认定案件事实，须以证据为根据。可用于证明案件事实的材料，都是证据（视听资料电子数据、勘验检查辨认侦查实验等笔录、鉴定意见、物证、书证、证人证言、被害人陈述、嫌犯被告人供述和辩解），须经查证属实，才能作为定案的根据。证据之间有内在联系，共同指向同一待证事实，不存在无法排除的矛盾和无法解释的疑问，才能作为定案的根据。无直接证据，但间接证据同时符合条件（a. 证据已查证属实。b. 证据之间相互印证，不存在无法排除的矛盾和无法解释的疑问。c. 全案证据已形成完整的证明体系。d. 根据证据认定案件事实足以排除合理怀疑，结论有唯一性。e. 运用证据进行的推理符合逻辑和经验），可认定被告人有罪。根据被告人的供述、指认提取到了隐蔽性很强的物证、书证，且被告人供述与其他证明犯罪事实发生的证据相互印证，并排除串供、逼供、诱供等可能性，可认定被告人有罪。

【2013·卷2·单选·30】（答案：B）在一起聚众斗殴案件发生时，证人甲乙丙丁四人在现场目睹事实经过，侦查人员对上述四名证人进行询问。关于询问证人的程序和方式，下列哪一选项是错误的？A. 在现场立即询问证人甲。B. 传唤证人乙到公安机关提供证言。C. 到

证人丙租住的房屋询问证人丙。D. 到证人丁提出的其工作单位附近的快餐厅询问证人丁。

从刑诉法的角度看，军队保卫部门、海警局、监狱办理刑事案件，适用刑诉法有关规定。军队保卫部门对军队内部发生的刑事案件行使侦查权。中国海警局履行海上维权执法职责，对海上发生的刑事案件行使侦查权。罪犯在监狱内犯罪案件由监狱侦查。

【2010·卷2·单选·28】（答案：C）甲省乙市检察院决定逮捕受贿案的犯罪嫌疑人田某，但田某已潜逃至甲省丙市。关于对田某的通缉，下列哪一选项是正确的？A. 甲省乙市检察院可以决定通缉。B. 甲省丙市检察院可以发布通缉令。C. 甲省检察院可以决定通缉。D. 甲省检察院可以发布通缉令。

采取技术侦查措施，须严格按批准的措施种类、适用对象、期限执行。（1）从侦查犯罪、技术侦查措施的种类和适用对象的角度，采取技术侦查措施的批准决定自签发之日起3个月内有效。A. 对不需继续采取技术侦查措施，应及时解除。B. 对复杂、疑难案件，期限届满仍有必要继续采取技术侦查措施，经批准，有效期可延长，每次不得超过3个月。（2）公安机关立案后，对危害国安犯罪、恐怖活动犯罪、黑社会性质的组织犯罪、重大毒品犯罪或其他严重危害社会的犯罪案件，据侦查犯罪的需要，经严格的批准手续，可采取技术侦查措施。A. 检察院在立案后，对利用职权实施的严重侵犯公民人身权的重大犯罪案件，据侦查犯罪的需要，经严格的批准手续，可采取技术侦查措施，按规定交有关机关执行。B. 追捕被通缉或批准、决定逮捕的在逃的嫌犯、被告人，经批准，可采取追捕必需的技术侦查措施。C. 公安机关依法采取技术侦查措施，有关单位和个人应配合，并对有关情况保密。D. 为查明案情，必要时经公安机关负责人决定，可由有关人员隐匿其身份实施侦查，但不得诱使他人犯罪，不得采用可能危害公共安全或发生重大人身危险的方法。E. 公安机关对涉及给付毒品等违禁品或财物的犯罪活动，据侦查犯罪的需要，可依规定实施控制下交付。（3）侦查人员对采取技术侦查措施过程中知悉的国家秘密、商业秘密和个人隐私，应保密。A. 对采取技术侦查措施获取的与案件无关的材料，须及时销毁。B. 采取技术侦查措施获取的材料，只能用于对犯罪的侦查、起诉和审判，不得用于其他用途。C. 依刑诉法技术侦察措施规定采取侦查措施收集的材料在刑诉中可作为证据使用，若使用该证据可能危及有关人员的人身安全，或可能产生其他严重后果，应采取不暴露有关人员身份、技术方法等保护措施，必要时可由审判人员在庭外对证据进行核实。D. 一般而言，采取技术侦查措施收集的证据材料，经当庭出示、辨认、质证等法庭调查程序查证属实，可作为定案的根据；特殊而言，使用采取技术侦查措施收集的证据可能危及有关人员的人身安全，或可能产生其他严重后果，法庭应采取不暴露有关人员身份、技术方法等保护措施，必要时，审判人员可在庭外核实。（5）刑事案件侦查终结前，辩护律师提出要求，侦查机关应听取辩护律师的意见，并记录在案；辩护律师提出书面意见，应附卷。

刑事讯问的基本规则：（1）讯问嫌犯须由检察院或公安机关的侦查人员负责进行。A. 讯问时，侦查人员不得少于2人。B. 嫌犯被送交看守所羁押后，侦查人员对其讯问，应在看守所内进行。C. 对不需逮捕、拘留的嫌犯，可传唤到嫌犯所在市、县内的指定地点或到他的住处进行讯问，但应出示检察院或公安机关的证明文件。D. 对在现场发现的嫌犯，经出示工作证件，可口头传唤，但应在讯问笔录中注明。a. 讯问笔录应交嫌犯核对，对无阅读能力的，应向他宣读，若记载有遗漏或差错，嫌犯可提出补充或改正。b. 嫌犯承认笔录无错误后，应签名或盖章，侦查人员也应在笔录上签名。c. 嫌犯请求自行书写供述，应准许；必要时，侦查人员也可要嫌犯亲笔书写供词。（2）侦查人员在讯问嫌犯进行文字记录的同时，可对讯问过程录音或录像，应首先讯问嫌犯是否有犯罪行为，让他陈述有罪的情节或无罪的辩解，然后向他提出问题；应告知嫌犯享有的诉讼权利，如实供述自己罪行可从宽处理的法律规定和认罪认罚可能导致的法律后果（嫌犯、被告人自愿如实供述自己的罪行，承认指控的犯罪事实，愿意接受处罚，可依法从宽处理）。A. 对可能判处无期刑、死刑的案件（应适用的法定刑或量刑档次包含无期刑、死刑的案件）或其他重大犯罪案件（致人重伤、死亡的严重危害公共安全犯罪、严重侵犯公民人身犯罪、黑社会性质组织犯罪、严重毒品犯罪等重大故意犯罪案件），应对讯问过程全程进行录音或录像，保持完整性，不得选择性地录制，不得剪接、删改。B. 嫌犯对侦查人员的提问，应如实回答，但对与本案无关的问题，有拒绝回答的权利。C. 嫌犯自愿如实供述涉嫌犯罪事实，有重大立功【罪犯有检举、揭发他人重大犯罪行为，经查证属实；提供侦破其他重大案件的重要线索，经查证属实；阻止他人重大犯罪活动；协助司法机关抓捕其他重大嫌犯（含同案犯）；对国家和社会有其他重大贡献等表现，应认定为有重大立功表现】或案件涉及国家重大利益，经最高检核准，检察院可作出不起诉决定，也可对涉嫌数罪中的一项或多项不起诉，公安机关可撤销案件。（3）一般而言，传唤、拘传持续的时间不得超过 12 小时；特殊而言，案情特别重大、复杂，需采取拘留、逮捕措施，传唤、拘传持续的时间不得超过 24 小时，不得以连续传唤、拘传的形式变相拘禁嫌犯，应保证嫌犯的饮食和必要的休息时间；特殊而言，嫌犯不讲真实姓名、住址，身份不明，应对其身份进行调查，侦查羁押期限自查清其身份之日起计算，但不得停止对其犯罪行为的侦查取证；对犯罪事实清楚，证据确实、充分，确实无法查明其身份，也可按其自报的姓名起诉、审判。（4）公安机关侦查终结的案件，应做到犯罪事实清楚，证据确实、充分（定罪量刑的事实都有证据证明；据以定案的证据均经法定程序查证属实；综合全案证据，对所认定事实已排除合理怀疑），并写出起诉意见书（嫌犯自愿认罪，应记录在案，随案移送并在起诉意见书中写明有关情况），连同案卷材料、证据一并移送同级检察院审查决定；同时将案件移送情况告知嫌犯及其辩护律师。

一般而言，检察院对检察机关、公安机关移送起诉的案件，应在 1 个月内作出决定，重大、复杂的案件，可延长 15 日；嫌犯认罪认罚，符合速裁程序适用条件，应在 10 日内作出决定，对可能判处的有期刑超过 1 年，可延长至 15 日；特殊而言，检察院审查起诉的案件，改变管辖，从改变后的检察院收到案件之日起计算审查起诉期限。

检察院对监察机关移送起诉的案件，依刑诉法和监察法有关规定进行审查。检察院经审查，认为需补充核实，应退回监察机关补充调查，必要时可自行补充侦查。对监察机关移送起诉的已采取留置措施的案件，检察院应对嫌犯先行拘留，留置措施自动解除。检察院应在拘留后的 10 日内作出是否逮捕、取保候审或监视居住的决定。特殊情况下，决定的时间可延长 1 日至 4 日。检察院决定采取强制措施的期间不计入审查起诉期限。

检察院认为嫌犯的犯罪事实已查清，证据确实、充分，依法应追究刑责，应作出起诉决定，按审判管辖规定，向法院提起公诉，并将案卷材料、证据移送法院。（1）检察院可在起诉书中就主刑、附加刑、刑罚执行方式等提出量刑建议。（2）检察院审查案件，应讯问嫌犯，听取辩护人或值班律师、被害人及其诉讼代理人的意见，并记录在案。（3）辩护人或值班律师、被害人及其诉讼代理人提出书面意见，应附卷。（4）嫌犯认罪认罚，检察院应告知其享有的诉讼权和认罪认罚的法律规定（嫌犯、被告人自愿如实供述自己的罪行，承认指控的犯罪事实，愿意接受处罚，可依法从宽处理），听取嫌犯、辩护人或值班律师、被害人及其诉讼代理人对有关事项（涉嫌的犯罪事实、罪名及适用的法律规定；从轻、减轻或免除处罚等从宽处罚的建议；认罪认罚后案件审理适用的程序；其他需听取意见的事项）的意见，并记录在案。对此，检察院听取值班律师意见，应提前为值班律师了解案件有关情况提供必要便利。（5）嫌犯认罪认罚，应在起诉书中写明，并随案移送认罪认罚具结书等材料；检察院应就主刑、附加刑、是否适用缓刑等提出量刑建议，并随案移送认罪认罚具结书等材料。A. 嫌犯自愿认罪应记录在案，随案移送，并在起诉意见书中写明有关情况。B. 一般而言，嫌犯自愿认罪，同意量刑建议和程序适用，应在辩护人或值班律师在场的情况下签署认罪认罚具结书；

特殊而言，嫌犯认罪认罚，不需签署认罪认罚具结书有特殊性（嫌犯是盲、聋、哑人，或是尚未完全丧失辨认或控制自己行为能力的精神病人；未成年嫌犯的法定代理人、辩护人对未成年人认罪认罚有异议；其他不需签署认罪认罚具结书情形）。C. 对认罪认罚案件，法院依法作出判决时，一般应采纳检察院指控的罪名和量刑建议，但以5种例外情形（被告人的行为不构成犯罪或不应追究其刑责；被告人违背意愿认罪认罚；被告人否认指控的犯罪事实；起诉指控的罪名与审理认定的罪名不一致；其他可能影响公正审判情形）为例外。D. 法院经审理认为量刑建议明显不当，或被告人、辩护人对量刑建议提出异议，检察院可调整量刑建议。E. 检察院不调整量刑建议或调整量刑建议后仍明显不当，法院应依法作出判决。

从刑诉法的角度讲，并非辩护人收集到的所有有利于嫌犯的证据，均应及时告知公安机关、检察院。（1）辩护人收集的有关嫌犯不在犯罪现场、未达到刑责年龄、属于依法不负刑责的精神病人的证据，应及时告知公安机关、检察院。（2）诉讼代理人的职责是帮助被其代理的公诉案件被害人及其法定代理人或近亲属、自诉案件自诉人及其法定代理人、附带民诉案件当事人及其法定代理人等行使诉讼权利。

【2012·卷2·单选·25】（答案：B）关于辩护律师在刑诉中享有的权利和承担的义务，下列哪一说法是正确的？A. 在侦查期间可以向嫌犯核实证据。B. 会见在押的犯罪嫌疑人、被告人，可以了解案件有关情况。C. 收集到的有利于犯罪嫌疑人的证据，均应及时告知公安机关、检察院。D. 在执业活动中知悉犯罪嫌疑人、被告人曾实施犯罪，应及时告知司法机关。

对有证据证明有犯罪事实（单一犯罪行为的事实；数个犯罪行为中任何一个犯罪行为的事实；同时有证据证明发生了犯罪事实；有证据证明该犯罪事实是嫌犯实施；证明嫌犯实施犯罪行为的证据已有查证属实），可能判处徒刑以上刑罚，嫌犯曾故意犯罪或不讲真实姓名、住址，身份不明，应批准或决定逮捕。（1）嫌犯不讲真实姓名、住址，身份不明，应对其身份进行调查；经县级以上公安机关负责人批准，拘留期限自查清其身份之日起计算，但不得停止对其犯罪行为的侦查取证；对符合逮捕条件的嫌犯，也可按其自报的姓名提请批捕。A. 公安机关提请批捕、移送审查起诉时，应将检察院刑事立案监督法律文书和相关材料随案移送。B. 检察院审查逮捕、审查起诉时，应及时录入刑事立案监督信息。C. 检察院在立案监督过程中，发现侦查人员涉嫌徇私舞弊等违法违纪行为，应移交有关部门处理；涉嫌职务犯罪，依法立案侦查。（2）嫌犯不讲真实姓名、住址，年龄不明，可委托进行骨龄鉴定或其他科学鉴定，经审查，鉴定结论能准确确定嫌犯实施犯罪行为时的年龄，可作为判断嫌犯年龄的证据使用。若鉴定结论不能准确确定嫌犯实施犯罪行为时的年龄，而且鉴定结论又表明嫌犯年龄在刑法规定的应负刑责年龄上下，应依法慎重处理。

◆《刑法》第15条【过失（疏忽大意未预见、轻信避免已预见）犯罪】

从主客观相一致原则、客观标准和主观标准的关系、犯罪主观方面或主观罪过、法定犯、过失犯、结果犯、谨慎程度、认识能力、意志能力的角度讲，过失〔应注意、能注意而未注意；疏忽大意未预见、轻信避免已预见；一般（普通）过失、重大过失、共同过失〕犯罪是行为人应预见（根据事物发展规律预料到未来发展趋势）自己的行为（作为、不作为）可能发生危害结果（危害后果或犯罪后果），因疏忽大意而未预见（疏忽大意的过失或无认识的过失；疏忽大意的过失＝应预见危害结果的发生而因疏忽大意未预见＋不希望发生危害结果），或已预见而轻信能避免（过于自信的过失或轻信的过失、有认识的过失；过于自信的过失＝已预见危害结果的发生＋轻信能避免发生危害结果），以致发生危害社会结果的犯罪形态（疏忽大意的过失犯罪、过于自信的过失犯罪）。

从刑事法律关系、罪刑法定原则、法定犯、结果犯的角度讲，法律（仅限于刑事法律，而不泛指任何法律）规定的过失犯罪（一般过失犯罪、特殊过失犯罪），才负刑责。

从司法实践的角度讲，过失犯具有法定性、特殊性，以结果犯［犯罪结果（法定的犯罪结果）、实害结果或实际损害事实的发生］为原则，以非结果犯为例外。（1）刑法主客观一致原则，法律对过失犯的处罚一般比与之对应的故意犯刑责较轻。（2）过失犯罪以危害结果的发生为成立犯罪条件，否则仅有主观过失而无客观危害结果，不成立犯罪。A. 过失犯对危害结果的发生持不希望、不放任、不积极追求的主观态度。B. 过失犯罪的危害结果的发生一定违背过失犯罪行为人的主观意志。

从外国刑法理论的角度讲，预见义务的判断标准问题存在主观说、客观说、折中说（主客观相统一原则）等不同理论观点。（1）中国刑法要求疏忽大意过失犯罪人应预见自己的行为可能发生危害社会的结果。（2）从犯罪主观方面、法定刑、犯罪后果的角度讲，刑法对过失犯罪、故意犯罪的定性、定罪量刑标准不同，以处罚故意犯罪为原则，以处罚过失犯罪为例外。（3）从司法实践的角度讲，故意犯罪以危害行为、危害结果为基本构成要件，过失犯罪以发生危害结果为基本构成要件，以刑法分则规定为最高标准，过失犯罪的主观恶性、法定刑（刑罚）低于故意犯罪的主观恶性、法定刑。（4）从比较法、犯罪性质、犯罪特征、犯罪构成要件的角度讲，犯罪过失、过失犯罪具有关联性、互补性、差异性，犯罪过失属于犯罪主观方面的一部分，过失犯罪属于犯罪客观方面的一部分。（5）从犯罪主观方面的认识能力、意志因素、主观愿望、客观效果的角度讲，应预见而未预见的主观原因在于疏忽大意，否则因自然人的年幼无知、精神病等刑责年龄、刑责能力性质的特质原因应预见而未预见，无罪过性。

【2010·卷2·多选·51】（答案：ACD）关于罪过，下列哪些选项是错误的？A. 甲的玩忽职守行为造成了公共财产损失，但甲未认识到自己是国家机关工作人员时，就不存在罪过。B. 甲故意举枪射击仇人乙，但因为没有瞄准，将乙的名车毁坏。甲构成故意杀人未遂。C. 甲翻墙入院欲毒杀乙的名犬以泄愤，不料该犬对甲扔出的含毒肉块不予理会，直扑甲身，情急之下甲拔刀刺杀该犬。甲不构成故意毁坏财物罪，而属于意外事件。D. 甲因疏忽大意而致人死亡，甲应预见而没有预见的危害结果，既可能是发生他人死亡的危害结果，也可能只是发生他人重伤的危害结果。

从法律法令、规章制度、生活准则的角度讲，刑法仅要求有能力履行义务的人履行义务。张明楷等专家学者认为，从一般人的注意能力的角度，预见义务的关键在于判断行为人能否预见发生的损害结果或危害结果（犯罪结果）。一般人（普通人）应预见［预见义务（法律、法令、职务、业务的规章制度性质的义务；日常生活准则性质的义务等）］的前提条件在于能预见。

【2011·卷2·单选·6】（答案：C）关于过失犯的论述，下列哪一选项是错误的？A. 只有实际发生危害结果时，才成立过失犯。B. 认识到可能发生危害结果，但结果的发生违背行为人意志的，成立过失犯。C. 过失犯罪，法律有规定的才负刑事责任。这里的"法律"不限于刑事法律。D. 过失犯的刑事责任一般轻于与之对应的故意犯的刑事责任。

从犯罪主体要件的角度讲，年幼无知或因精神疾病而缺乏辨认控制能力的人产生损害结果或危害结果时，应排除犯罪的成立；在行为人有精神疾病而尚未完全丧失辨认控制能力或业务能力差等基本条件下，只有以行为人无认知能力、无注意义务预见危害结果为根据，才能排除疏忽大意过失的责任。在行为人认真履行注意义务而不能预见的条件下，行为人不能预见、不应预见危害结果，只需证明行为人能预见、应预见而事实上未预见危害结果，才能认定疏忽大意过失的可能性。认定疏忽大意过失的关键在于确定应预见的前提条件（行为人的主观能动性、智力水平、预见义务、行为本身的危险程度、行为时的客观环境等），应预见的内容（犯罪构成要件性质的危害结果）。

从司法实践的角度讲，发生共同过失犯罪时，能查明造成过失犯罪的具体过失人，则由具体过失人本人担责，否则不能查明具体由谁造成犯罪结果，不判定共同过失犯罪人有罪。英美法系认为，共同过失是损害之发生，如被害人与有过失者，加害人得免其责任。

从危害行为和危害后果的关系、认识能力、认识责任、道德基础社会责任的角度讲，罪过或过错形式＝认识因素＋意志因素。(1) 过于自信的过失具有已预见而轻信避免后果发生、不希望不放任危害结果发生，是行为人主观上已预见到自己的危害行为可能发生危害社会的危害结果，但因主观上过于自信或轻信能避免，以致发生某种危害结果的主观心理态度（犯罪主观方面）。(2) 过于自信的过失具有不希望不放任危害结果发生，主观上不希望或反对、排斥危害结果的发生而希望避免危害结果的发生，在过于自信地预见到自己的危害行为可能发生危害结果的情况下，仍基于自己的认识、知识、经验、能力、体力、侥幸心理、粗心大意、漫不经心、自以为是、盲目模仿、机械行动、优柔寡断、犹豫不决、草率鲁莽、人云亦云、应激不当、不良习惯、注意力分散、品格或意志认识缺陷等个人主客观因素或条件，最终导致自以为能避免危害结果的发生而构成过失违法或过失犯罪。

从注意义务（普通注意义务、特殊注意义务；预见危害结果的注意义务、避免危害结果的注意义务）的角度讲，疏忽大意的过失犯罪、过于自信的过失犯罪都有不希望危害结果发生的相似性，关键在于对危害结果的预见能力的差异。(1) 疏忽大意的过失人未预见危害结果发生的可能性，过于自信的过失人预见了危害结果发生的可能性，但有可避免危害后果发生的轻信性。(2) 对过失犯罪，如安全责任事故犯罪等，主要应根据犯罪造成危害后果的严重程度、被告人主观罪过的大小以及被告人案发后的表现等，综合掌握处罚的宽严尺度。(3) 对过失犯罪后积极抢救、挽回损失或有效防止损失进一步扩大，要依法从宽。(4) 对造成的危害后果虽不是特别严重，但情节特别恶劣或案发后故意隐瞒案情，甚至逃逸，给及时查明事故原因和迅速组织抢救造成贻误，要依法从重处罚（在法定处罚范围内，可按最高额度进行处罚）。

从比较法、预见能力、认识能力、意志条件、主观心理态度、主观目的的角度讲，过于自信的过失犯罪和间接故意犯罪有预见危害后果发生的可能性，关键在于对危害后果发生的主观心理态度的差异。间接故意具有听之任之放任性、不希望危害结果发生性、不反对不排斥危害结果发生性、有意放任危害结果发生性。

从比较法的角度讲，意外事件、疏忽大意的过失犯罪的相似点在于未预见自己行为的损害结果，客观上发生了损害结果，但意外事件人不可能预见、不能预见、不应预见，既不存在故意心理也不存在过失态度；疏忽大意的过失犯罪人能预见、应预见，因存在疏忽大意的心理态度而未预见。(1) 从主客观相统一原则的角度，意外事件、疏忽大意的过失犯罪的认定标准在于根据损害行为和损害结果的因果关系（因果关系属于犯罪构成中客观构成要件要素，属于客观事实）、损害行为或危害行为本身的危险程度、客观环境、当时情况、行为人的责任年龄、责任能力、业务能力、认知能力和知识水平、有无精神疾病等综合情况，全面、客观、准确地判断行为人能否预见实际发生的损害结果或危害结果。(2) 判断行为人是否存在疏忽大意的过失（应预见而未预见）的关键在于判断行为人是否应预见自己的行为可能发生危害社会的结果。一般而言，在行为人应预见能预见的条件下，不可能存在行为人无疏忽大意而又确实未预见的实际情况。(3) 认定为有因果关系不等同于构成犯罪或追究刑责。因被害人特殊体质导致的危害后果，一律认定为有因果关系。

【2012·卷2·单选·6】（答案：C）甲与素不相识的崔某发生口角，推了他肩部一下，踢了他屁股一脚。崔某忽觉胸部不适继而倒地，在医院就医时死亡。经鉴定，崔某因患冠状粥样硬化性心脏病，致急性心力衰竭死亡。关于本案，下列哪一选项是正确的？A. 甲成立故意伤害罪，属于故意伤害致人死亡。B. 甲的行为既不能认定为故意犯罪，也不能认定为意外事件。C. 甲的行为与崔某死亡结果之间有因果关系，这是客观事实。D. 甲主观上对崔某死亡

具有预见可能性，成立过失致人死亡罪。

【2012·卷2·多选·52】（答案：ABCD）下列哪些案件不构成过失犯罪？A. 老师因学生不守课堂纪律，将其赶出教室，学生跳楼自杀。B. 汽车修理工恶作剧，将高压气泵塞入同事肛门充气，致其肠道、内脏严重破损。C. 路人见义勇为追赶小偷，小偷跳河游往对岸，路人见状离去，小偷突然抽筋溺毙。D. 邻居看见6楼儿童马上要从阳台摔下，遂伸手去接，因未能接牢，儿童摔成重伤。

从类型化、比较法的角度讲，过于自信的过失、过失犯罪不同于无罪过事件（意外事件、不可抗力），关键在于主观方面（认识能力、意志能力）、客观方面（行为）、有无罪过（过错）、外力来源、法律性质、适用法律、法律效果的不同。譬如，在不可抗力情况下，行为人预见到某种危害结果发生的可能性而不可能采取措施避免危害结果的发生，或采取避免危害结果发生的有效措施而仍不可避免危害结果的发生，否则在危害结果发生前的时刻存在可能避免结果发生的危险性而未避免之，仍可能认定为过失。

从犯罪主观方面的角度讲，过失犯罪具有法定性、结果性，过失犯罪的社会危害程度低于故意犯罪的社会危害程度，过失犯罪的刑罚幅度低于故意犯罪的刑罚幅度。一般而言，过失犯罪以存在犯罪后果（危害后果）为处罚标准，不存在未完成犯罪形态（未完成犯）、共犯形态，但过失犯罪有转化为故意犯罪的可能性、现实性。一般而言，过失犯罪分为一般过失犯罪、特殊过失犯罪，或单一过失犯罪、共同过失犯罪；特殊而言，过失犯罪不存在累犯、共犯、未完成犯罪形态（犯罪未完成形态：预备犯、未遂犯、中止犯）问题。

从司法实践的角度讲，过失犯罪有转化为故意犯罪的可能性、现实性。(1) 从过失犯罪的分类的角度，过失犯罪有法定性、过失性、结果性，分为过于自信的过失犯罪、疏忽大意的过失犯罪；普通过失犯罪、业务过失犯罪；一般过失犯罪、重大过失犯罪等。(2) 过失犯罪的本质在于应预见自己的行为会发生危害社会的结果，但因疏忽大意而未预见或已预见但轻信能避免，具有预见可能性的人才负刑责。(3) 自然人过失犯罪的基本罪名：失火罪；过失决水罪；过失爆炸罪；过失致人死亡罪；过失致人重伤罪；过失泄露国家秘密罪；过失泄露军事秘密罪；过失投放危险物质罪；过失以危险方法危害公共安全罪；过失损毁文物罪；过失破坏武器装备、军事设施、军事通信罪；过失提供不合格武器装备、军事设施罪；过失损坏交通工具罪；过失损坏交通设施罪；过失损坏电力设备罪；过失损坏易燃易爆设备罪；破坏广电设施、公用电信设施罪；过失破坏广电设施、公用电信设施罪；消防责任事故罪；重大飞行事故罪；重大责任事故罪；重大劳动安全事故罪；工程重大安全事故罪；教育设施重大安全事故罪；大型群众性活动重大安全事故罪；强令违章冒险作业罪；铁路运营安全事故罪；交通肇事罪；危险物品肇事罪；武器装备肇事罪等。(4) 单位过失犯罪的罪名：重大劳动安全事故罪、工程重大安全事故罪、教育设施重大安全事故罪、消防责任事故罪、为他人提供书号出版淫秽书刊罪等。

【2002·卷2·多选·43】（答案：ABCD）下列哪些情形不属于结果加重犯？A. 侮辱他人导致他人自杀身亡。B. 监管人员对被监管人进行殴打与体罚虐待致人死亡。C. 强制猥亵妇女致人死亡。D. 遗弃没有独立生活能力的人致其死亡。

从刑法分则的角度讲，结果加重犯（刑法规定某一危害行为构成犯罪，该危害行为产生了一定危害结果时，加重其法定刑）具有法定性、结果性、加重性、故意性、过失性，分为故意犯罪的结果加重犯、过失犯罪的结果加重犯。(1) 过失犯罪的加重结果犯属于一行为犯一罪的实质一罪类型，以过失罪过为原则，以故意罪过为例外（交通肇事后因逃逸致人死亡等）。(2) 过失犯罪的结果加重犯危险物品肇事罪的后果特别严重；工程重大安全事故罪的后果特别严重；交通肇事后因逃逸致人死亡。(3) 结果加重犯的基本罪行导致的危害结果，属于基本罪行的加重刑罚的危害后果，仅作为加重某一罪法定刑的量刑情节，不实行数罪并罚。

A. 侮辱行为未必构成侮辱罪，只有情节严重才构成侮辱罪，侮辱造成的结果再严重也不会加重法定刑。B. 监管人员对被监管人进行殴打与体罚虐待致人伤残、死亡，应构成故意伤害罪或故意杀人罪，属于犯罪的转化，不属于结果加重犯。C. 有聚众或在公共场所犯强制猥亵妇女或侮辱妇女罪的情节，加重法定刑，不含致人死亡的结果。

从犯罪心理学的角度讲，犯罪心理测试技术（测谎）历经了神明裁判法（神裁法：米判法、热判法、水判法等）、智力测试法、测谎仪法等不同性质的发展阶段，创立了恐惧假设论、冲突假设论、条件反射论、应激反应论、动机论、认知唤醒论等不同测谎技术理论观点以及相关/无关问题测试法（Relevamt/Irrelevant，R/IR）、控制问题测试法（Control Question Test，CQT）、紧张峰测试法（the Peak of Tenslon，POT）、犯罪情景测试法（Guilt Knowledge Test，GKT）等不同类型的心理测谎技术方式方法。从中国刑事侦查技术和犯罪心理测谎技术的角度讲，犯罪心理测试技术程序含犯罪心理痕迹动态描绘、编题、测试访谈、实测、图谱判断、测后讯问等不同阶段。过失犯罪心理和故意犯罪心理的根本差异在于犯罪人的主观恶性、犯罪心理内容、犯罪心理机制的不同。过失犯罪不存在故意犯罪所具有的犯罪动机、犯罪目的、犯罪意图（犯意）等基本犯罪因素。一般而言，引起过失犯罪的客观诱因有多样性，主要含情境因素（自然灾害、意外事故、危险处境等自然意外情境；挫折、困难、苦难、变故、纠纷、矛盾、摩擦、隔阂等社会意外情境）、舆论因素、工具因素（使用熟练工具、使用陈旧工具、使用高科技工具等）等主客观因素。过失犯罪人的生理、心理特征有多样性，含生理缺陷或疾病、疲劳状态、麻醉、醉酒和性别、年龄、生物钟或生物节律等生理因素，以及认识错觉、注意品质不良或违反注意义务、记忆缺陷或失误等主观心理因素，情绪因素、意志因素、性格因素、气质因素、智商因素、无意识意识、不良习惯等，均对其过失犯罪产生一定的消极影响。[8]

从司法解释的角度讲，CPS多道心理测试（测谎）鉴定结论与刑诉法规定的鉴定结论不同，不属于刑诉法规定的证据种类。检察院办理案件，可使用CPS多道心理测试鉴定结论帮助审查、判断证据，但不能将CPS多道心理测试鉴定结论作为证据使用。

◆ 《刑法》第16条【无罪过事件（不可抗力、意外事件）绝对不负刑责】

从法定免责事由、无罪过无过错（故意或过失）事件的角度讲，行为人的行为（作为或积极行为、不作为或消极行为）客观上造成了损害结果（犯罪结果或危害结果等），但因不能抗拒或不能预见的（客观）原因（不可预见的偶然性、不可控制的客观性；自然灾害、社会事件等）引起（不可抗力＝不能预见＋不能避免＋不能克服的客观情况），而非基于主观故意或过失，不是犯罪（非违法犯罪化事件或无罪过无过错事件）。

【2008·川·卷2·单选·6】（答案：D）甲、乙上山去打猎，在一茅屋旁的草丛中，见有动静，以为是兔子，于是一起开枪，不料将在此玩耍的小孩打死。在小孩身上，只有一个弹孔，甲、乙所使用的枪支、弹药型号完全一样，无法区分到底是谁所为。对于甲、乙的行为，应当如何定性？A. 甲、乙分别构成过失致人死亡罪。B. 甲、乙构成过失致人死亡罪的共同犯罪。C. 甲、乙构成故意杀人罪的共同犯罪。D. 甲、乙不构成犯罪。

从比较法、法律关系的角度讲，公法、私法性质的无罪过无过错事件（不可抗力、意外事件）的概念、特征、构成要件要素有关联性、互补性、融通性。（1）不可抗力有不可预见性、不可避免性、不可克服性、免责条款强制性、客观事件性、自然原因性、社会原因性、无罪过无过错性、法定免责事由性、全部免责或部分免责的可能性，是不能预见、不能控制、独立于当事人意志和行为外的阻碍法律责任履行的客观事件。A. 当事人迟延履行后发生不可

---

[8] 刘邦惠主编：《犯罪心理学》，科学出版社2004年版，第297页，引用时有调整改动。

抗力,不能免除责任。B. 不可抗力的事件范围具有概括性、列举性、综合性,主要含自然事件(水灾、火灾、旱灾、风灾、地震、台风、冰雹、海啸、火山爆发、山体滑坡等)、社会事件(瘟疫、罢工、战争、动乱、骚乱、暴乱暴动、武装冲突、突发停电、市场行情、政府征用没收、政府禁止令或国家行为、立法行为、行政行为等)。(2) 从民法的角度讲,不可抗力有不可预见性、不可避免性、不可克服性、不可控制性、法定免责性、法律事实性、履行期间性。(3) 从合同法的角度,不可抗力(情势变迁)条款或不可抗力事件范围有概括性、列举性、综合性。A. 不可抗力是非他所能控制的障碍,而且对这种障碍,无理由预期他在订立合同时能考虑到或能避免或克服它或它的后果。B. 不可抗力应理解为签订合同后在一方所发生的特殊的、不可预见的和不可避免的事件所造成的情况(经互会成员国机构之间贸易交货共同条件)。C. 因不可抗力不能履行合同,据不可抗力的影响,部分或全部免除责任,但法律另有规定除外。金钱债务的迟延责任不得因不可抗力而免除;迟延履行期间发生的不可抗力无免责效力。当事人一方因不可抗力不能履行合同,应及时通知对方,以减轻可能给对方造成的损失,并应在合理期限内提供证明(《合同法》第117、118条)。(4) 从比较法、自身状况(实际认识能力等)、当时情况(时间、地点、环境、条件等)、罪与非罪的角度讲,不可抗力和疏忽大意的过失违法犯罪有有害结果或损害结果性、无预见性、不能预见有害结果的原因的相似性,有法律性质、实质内容、范围程度、可抗拒程度的差异性,但根本差异在于是否应预见、是否能预见,表现为行为人在疏忽大意的过失行为中应预见、能预见而未预见。意外事件的行为人客观上难以预见、未预见、不应预见也不可能预见损害后果的发生,不可抗力事件在发生区域内具有不以人的意志为转移的必然性、普遍性、广泛性、不可克服性。(5) 从主客观相统一原则的角度,不可抗力事件、意外事件不构成犯罪的根本原因在于主客观相统一原则。A. 行为在客观上虽造成了损害结果,但不是出于故意或过失,而是因不能抗拒或不能预见的原因所引起的无罪过事件,不是犯罪。B. 意外事件的行为人主观上不是出于故意或过失,不具备罪过的犯罪心理,未认识危害结果的发生,据当时的情况不可能认识,因不能预见的原因造成客观的损害结果,不负刑责(行为人对不是出于自己主观故意或过失的行为造成在客观上损害结果的意外事件,不负刑责)。(6) 从犯罪主观方面的角度,既无主观故意又无主观过失的无罪过无过错行为(事件),不构成违法犯罪。对刑法中的打击错误,有过失的构成过失犯罪;无过失的构成意外事件。

◆ **《刑法》第17条【刑责年龄(绝对不负、相对负、绝对负刑责年龄)】**

从差别化对待原则、刑责年龄类型的角度讲,已满16周岁的人犯罪,应负刑责。因不满16周岁不予刑罚,责令他的家长或监护人加以管教;必要时,也可由政府收容教养。

【2017·卷1·单选·4】(答案:B)梁某欲将儿子转到离家较近的学校上小学,学校要求其提供无违法犯罪记录证明。梁某找到户籍地派出所,民警告之,公安机关已不再出具无违法犯罪记录证明等18类证明。考虑到梁某的难处,民警仍出具了证明,并附言一句:"请问学校,难道父母有犯罪记录,就可剥夺小孩读书的权利吗?"对此,下列哪一说法是正确的? A. 公安机关不再出具无违法犯罪记录证明,将减损公民合法权益。B. 民警的附言客观上起到了普法作用,符合"谁执法谁普法"的要求。C. 派出所对学校的要求提出质疑,不符合文明执法的要求。D. 梁某要求派出所出具已明令不再出具的证明,其法治意识不强。

【2017·卷1·单选·16】(答案:C)秦统治者总结前代法律实施方面的经验,结合本朝特点,形成了一些刑罚适用原则。对秦律原则的相关表述,下列哪一选项是正确的? A. 关于刑责能力的确定,以身高作为标准,男、女身高六尺二寸以上为成年人,其犯罪应负刑责。B. 重视人的主观意识状态,对故意行为要追究刑事责任,对过失行为则认为无犯罪意识,不予追究。C. 对共犯、累犯等加重处罚,对自首、犯后主动消除犯罪后果等减轻处罚。D. 无论

教唆成年人、未成年人犯罪，对教唆人均实行同罪，加重处罚。

从比较法、法理学、刑法学、民法学的角度讲，刑责年龄和民责年龄、刑责能力和民责能力、刑法性质的正当防卫和紧急避险等无罪过事件与民法性质的正当防卫和紧急避险等无过错事件具有关联性、互补性、差异性。

少年法庭（未成年人案件审判庭、未成年人刑事案件合议庭）审理的案件类型：（1）被告人实施被指控的犯罪时不满18周岁、法院立案时不满20周岁的案件。（2）被告人实施被指控的犯罪时不满18周岁、法院立案时不满20周岁，并被指控为首犯或主犯的共犯案件；特殊而言，其他共犯案件有未成年被告人，或其他涉及未成年人的刑事案件是否由少年法庭审理，由院长根据少年法庭工作的实际情况决定。（3）对分案起诉至同一法院的未成年人与成年人共犯案件，可由同一个审判组织审理；不宜由同一个审判组织审理的，可分别由少年法庭、刑事审判庭审理。A. 未成年人与成年人共犯案件，由不同法院或不同审判组织分别审理，有关法院或审判组织应互相了解共犯被告人的审判情况，注意全案的量刑平衡。B. 对未成年人刑事案件，必要时，上级法院可指定下级法院将案件移送其他法院审判。（4）对未成年人刑事案件，在讯问和审判时，应通知未成年嫌犯、被告人法定代理人到场。A. 无法通知、法定代理人不能到场或法定代理人是共犯，也可通知未成年嫌犯、被告人其他成年亲属，所在学校、单位、居住地基层组织或未成年人保护组织代表到场，并将有关情况记录在案。B. 到场法定代理人可代为行使未成年嫌犯、被告人诉讼权。

从司法解释的角度讲，不满14周岁的人违法犯罪，不负刑责，不予治安处罚。（1）少管所以法院依法判处有期刑、无期刑、死缓的年满14岁不满18岁的少年犯和因不满16岁不处罚而由政府收容教养的犯罪少年（少年教养人员）、确有必要由政府收容教养的犯罪少年（由省市公安机关审批，遇有犯罪少年不满14岁等特殊情况，须报请省级公安厅、局审批）为"三大"收押收容对象，贯彻惩罚和改造相结合，以改造人为宗旨和教育感化挽救为方针，实行强制教育改造收容教养制度。（2）办案单位对收容教养的犯罪少年，应填写收容教养犯罪少年呈批表，详细写明犯罪事实并附罪证材料，提出教养期限（收容教养的期限一般为1年至3年）。收押少年犯，应凭省市公安机关审批的收容教养犯罪少年决定书、收容教养少年犯罪通知书。（3）对未成年犯的改造，应根据其生理、心理、行为特点，以教育为主，坚持因人施教、以理服人、形式多样的教育改造方式；实行依法、科学、文明、直接管理。未成年犯的劳动，应以学习、掌握技能为主。（4）对未成年男犯、女犯，应分别编队关押和管理，严格分开。未成年女犯由女警察管理。若少数民族未成年犯较多，可单独编队关押和管理。（5）未成年犯管教所和管区警察配备比例应分别高于成年犯监狱和监区。未成年犯管教所警察须具备大专以上文化程度，有法学、教育学、心理学等相关专业学历的应达到40%。（6）对少年犯和少年教养人员的档案（收押、收容凭据，入所登记表，健康登记表，年度改造鉴定，文化和技术学习成绩，考核、奖惩材料，出所鉴定等）、个人登记卡的档案材料应严格管理，不得公开和传播，不得向与管理教育或办案无关的人员泄漏。A. 对未成年犯的采访、报道，须经省级监狱管理局批准，且不得披露其姓名、住所、照片及可能推断出该未成年犯的资料，任何组织和个人不得披露未成年犯的隐私。B. 应依法保障未成年犯的申诉、控告、检举权。（7）对因犯罪情节轻微不立案、撤销案件、不起诉或判处非监禁刑、免刑的未成年人，公检法应视案件情况对未成年人训诫、责令具结悔过、赔礼道歉、责令赔偿等，并要求法定代理人或其他监护人加强监管。同时，公检法应配合有关部门落实社会帮教、就学就业和生活保障等事宜，并适时进行回访考察。（8）因不满刑责年龄不处刑罚的未成年人，应责令法定代理人或其他监护人加以管教，并落实就学事宜。学校、法定代理人或其他监护人无力管教或管教无效，适宜送专门学校，可按有关规定将其送专门学校；必要时，可根据有关法律对其收容教养。（9）第一审案件不公开审理的6种案件类型：A. 涉及国家秘密的案件。B. 涉及个人隐私的案件。C. 14岁以上不满16岁未成年人犯罪的案件；经法院决定不公开审理的16岁以上不满18岁未成年人犯罪的案件。D. 经当事人申请，法院决定不公开审理的涉及商业秘密的案件。E. 经当事人申请，法院决定不公开审理的离婚案件。F. 法律另有规定的其他不公开审理的案件。（10）第二审案件应公开审理的两种案件：A. 当事人对不服公开审理的第一审案件的判决、裁定提起上诉，但因违反法定程序发回重审的和事实清楚依法径行判决、裁定除外。B. 检察院对公开审理案件的判决、裁定提起抗诉，但需发回重审除外。

从罪行说、相对负刑责年龄、八种严重暴力犯罪的角度，已满14周岁（以实施犯罪行为时的实足年龄为准，从生日次日起算）不满16周岁的人，犯故意杀人、故意伤害致人重伤或死亡［实施杀人、伤害行为并造成了致人重伤、死亡后果，或犯故意杀人罪、故意伤害罪，绑架罪（撕票）］、强奸、抢劫【A. 一般抢劫行为：以暴力、胁迫或其他方法抢劫公私财物。B. 严重抢劫行为：a. 入户抢劫。b. 在公共交通工具上抢劫。c. 抢劫银行或其他金融机构。d. 多次抢劫或抢劫数额巨大。e. 抢劫致人重伤、死亡。f. 持枪抢劫。g. 冒充军警人员抢劫。h. 抢劫军用物资或抢险、救灾、救济物资。C. 转化型抢劫行为：a. 携带凶器抢夺。b. 犯盗窃、诈骗、抢夺罪，为窝藏赃物、抗拒抓捕或毁灭罪证而当场使用暴力或以暴力相威胁的转化抢劫行为。D. 抢劫枪支、弹药、爆炸物［手榴弹、炸弹、地雷、炸药（黄色炸药、黑色炸药、化学炸药）、雷管、导火索、雷汞、雷银等起爆器材和炸药包、炸药瓶、炸药罐等自制的爆炸装置］、危险物质（抢劫枪支、弹药、爆炸物，或抢劫毒害性、放射性、传染病病原体等物质），危害公共安全的犯罪行为】、贩卖毒品（明知是毒品而非法销售或以贩卖为目的而非法收买毒品的行为）、放火、爆炸、投放危险物质罪（犯罪罪名或犯罪行为），应负刑责，最高法定刑仅适用无期刑，但不适用死刑（死缓及死刑立即执行）。

从从宽处罚原则、相对负刑责年龄的角度讲，已满14周岁不满18周岁的人犯罪，应从轻或减轻处罚（特殊量刑情节）。

从讯问笔录的角度讲，自然人身份、责任年龄、责任能力等自然状况的基本证据材料范围：出生证明、户口簿、护照（外国人等）、身份证、工作证、结婚证、离婚证、专业技术等级证、个人档案、干部履历表、职工登记表、工作经历证明、任职证明、职责证明（人大代表、政协委员、党员干部等职务犯罪案件应附有身份证明材料）等证明自然人姓名（曾用名或笔名、艺名）、性别、年龄、民族、籍贯、职业、职务、出生地或户籍地、住所地、居住地等。

从司法实践、社会实践、犯罪心理学的角度讲，自然人责任能力（理解能力、认识能力、辨认能力、控制能力等）的证据材料，涉及日常行为习惯、生理和心理状态、精神状态、心智、智商、情商、为人处世、一贯表现、病例、责任能力和责任年龄的关系等基本状况。

【2002·卷2·多选·41】（答案：ABCD）对下列哪些情形应追究刑事责任？A. 15周岁的甲在聚众斗殴中致人死亡。B. 15周岁的乙非法拘禁他人使用暴力致人伤残。C. 15周岁的丙贩卖海洛因8000克。D. 15周岁的丁使用暴力奸淫幼女。

【2002·卷2·多选·49】（答案：ABCD）黄某（19周岁）和赵某（17周岁）合伙盗窃邻村王某家的耕牛。黄某在门外望风，赵某进牛棚牵牛。因赵某不小心弄出响声，被王某发现。黄某听到王某的吆喝声，不顾等赵某即逃走。王某手持木棒紧追赵某，赵某为了逃避王某的抓捕，掏出随身携带的水果刀朝王某身上捅了一刀后逃走。黄某逃到村头刚好遇见巡逻的民警。民警见黄某形迹可疑即将其带回问话，黄某如实将其和赵某合谋盗窃的情况向民警作了交代。关于本案，下列哪些说法是正确的？A. 黄某的行为构成盗窃罪。B. 对黄某应认定为自首。C. 赵某的行为构成抢劫罪。D. 对赵某应从轻或者减轻处罚。

【2006·卷2·多选·51】（答案：CD）已满14周岁不满16周岁的人实施下列哪些行为应当承担刑事责任？A. 参与运送他人偷越国（边）境，造成被运送人死亡的。B. 参与绑架

他人，致使被绑架人死亡的。C. 参与强迫卖淫集团，为迫使妇女卖淫，对妇女实施了强奸行为的。D. 参与走私，并在走私过程中暴力抗拒缉私，造成缉私人员重伤的。

【2008·川·卷2·25】（答案：C）朱某涉嫌盗窃罪，法庭审理查明其实施盗窃行为时刚满15岁。法院应如何处理？A. 退回检察院，建议决定不起诉。B. 商请检察院撤回起诉。C. 判决宣告朱某不负刑事责任。D. 裁定终止审理。

【2015·卷2·单选·2】（答案：C）关于责任年龄与责任能力，下列哪一选项是正确的？A. 甲在不满14周岁时安放定时炸弹，炸弹于甲已满14周岁后爆炸，导致多人伤亡。甲对此不负刑责。B. 乙在精神正常时着手实行故意伤害犯罪，伤害过程中精神病突然发作，在丧失责任能力时抢走被害人财物。对乙应以抢劫罪论处。C. 丙将毒药投入丁的茶杯后精神病突然发作，丁在丙丧失责任能力时喝下毒药死亡。对丙应以故意杀人罪既遂论处。D. 戊为给自己杀人壮胆而喝酒，大醉后杀害他人。戊不承担故意杀人罪的刑事责任。

从刑法的角度讲，保护妇女、儿童、未成年权益的基本罪名：（1）侵犯公民人身权利、民主权利罪：强奸罪；强制猥亵、侮辱罪；猥亵儿童罪；非法拘禁罪；绑架罪；拐卖妇女、儿童罪；收买被拐卖的妇女、儿童罪；聚众阻碍解救被收买的妇女、儿童罪；强迫劳动罪；雇用童工从事危重劳动罪；侮辱罪；诽谤罪；暴力干涉婚姻自由罪；重婚罪；破坏军婚罪；虐待罪；虐待被监护、看护人罪；遗弃罪；拐骗儿童罪；组织残疾人、儿童乞讨罪；组织未成年人进行违反治安管理活动罪。（2）组织、强迫、引诱、容留、介绍卖淫罪：传播性病罪；引诱幼女卖淫罪；引诱、容留、介绍卖淫罪；强迫卖淫罪；组织卖淫罪；协助组织卖淫罪。（3）制作、贩卖、传播淫秽物品罪：传播淫秽物品罪；组织淫秽表演罪；组织播放淫秽音像制品罪；制作、复制、出版、贩卖、传播淫秽物品牟利罪；为他人提供书号出版淫秽书刊罪。

从司法解释的角度讲，对当事人根据未成年人刑事案件诉讼程序，未成年人公诉案件达成刑事和解协议，综合考虑犯罪性质、赔偿数额、赔礼道歉及真诚悔罪等情况，可减少基准刑的50%以下。犯罪较轻，可减少基准刑的50%以上或依法免除处罚。对故意利用精神病人、未成年人、残疾人等特殊群体犯罪，可增加基准刑的10%至20%，一般不超过2年。

对未成年人犯，应综合考虑未成年人对犯罪的认识能力、实施犯罪行为的动机和目的、犯罪时的年龄、是否初犯、偶犯、悔罪表现、个人成长经历和一贯表现等情况，从宽处罚。（1）已满14周岁不满16周岁，应减少基准刑的30%至60%。（2）已满16周岁不满18周岁，应减少基准刑的10%至50%。（3）未成年人犯根据其所犯罪行，可能被判拘役、3年以下有期刑，若悔罪表现好，并有"系又聋又哑的人或盲人；防卫过当或避险过当；犯罪预备、中止或未遂；共犯中的从犯、胁从犯；犯罪后自首或有立功表现；他罪情节轻微不需判刑"情形，应免罚（《刑法》第37条）。（4）未成年人犯多次实施违法行为，或酗酒、赌博屡教不改，或曾因淫乱、色情、吸毒等违法行为被处罚或教育过，一般适用从宽幅度的下限。未成年人犯一贯表现良好，无不良习惯，或被教唆、利用、诱骗犯罪，一般适用从宽幅度上限。（5）有确切证据证实未成年人犯身心成长曾受严重家庭暴力等其他客观因素影响，可在本条规定从宽幅度的基础上再减少基准刑的10%以下，但减少基准刑的最终幅度不得高于60%。（6）行为人在年满18周岁前后实施了不同种犯罪行为，对其年满18周岁前实施的犯罪应依上述第（1）至（5）项规定确定从宽的幅度；行为人在年满18周岁前后实施了同种犯罪行为，应根据未成年人犯罪事实的具体情况，适当确定从宽的幅度，但因未成年犯罪减少的刑罚量不得超过未成年犯罪事实所对应的刑罚量。

检察院应根据嫌犯、被告人涉嫌犯罪事实、主观恶性、悔罪表现、身体状况、案件进展情况、可能判处的刑罚和有无再危害社会的危险等因素，综合评估有无必要继续羁押嫌犯、被告人。经羁押必要性审查，发现嫌犯、被告人有预备犯或中止犯；共同犯罪中的从犯或胁从犯；过失犯罪；防卫过当或避险过当；主观恶性较小的初犯；系未成年人或年满75周岁的人；系怀孕或正在哺乳自己婴儿的妇女；系生活不能自理的人的唯一扶养人；与被害方依法自愿达成和解协议，且已履行或提供担保；患有严重疾病、生活不能自理；可能被判处1年以下有期刑或宣告缓刑；其他不需继续羁押嫌犯、被告人的情形，且有悔罪表现，不予羁押不致发生社会危险性，可向办案机关提出释放或变更强制措施的建议。

从刑诉法的角度讲，被附条件不起诉的未成年嫌犯，在考验期内有实施新罪或发现决定附条件不起诉前还有他罪需追诉，或违反治安管理规定或考察机关有关附条件不起诉的监管规定，情节严重，检察院应撤销附条件不起诉的决定，提起公诉。相反，被附条件不起诉的未成年嫌犯，在考验期内无实施新的犯罪或发现决定附条件不起诉前还有他罪需追诉，或违反治安管理规定或考察机关有关附条件不起诉的监管规定的情形，考验期满，检察院应作出不起诉的决定。

从宽严相济政策的角度讲，对未成年犯、老年犯、残疾罪犯、过失犯、中止犯、胁从犯、积极主动缴付财产执行财产刑或履行民事赔偿责任的罪犯、因防卫过当或避险过当而判处徒刑的罪犯以及其他主观恶性不深、人身危险性（再犯可能性）不大的罪犯，在依法减刑、假释时，应根据悔改表现从宽掌握。(1) 对未成年人犯罪，在具体考虑其实施犯罪的动机、目的、性质、情节和社会危害程度的同时，还要充分考虑其是否属于初犯，归案后是否悔罪，以及个人成长经历和一贯表现等因素，坚持教育为主、惩罚为辅原则和教育感化挽救方针进行处理。(2) 不满18周岁的人犯罪（故意犯罪、过失犯罪）不构成累犯。

从相对刑责年龄的角度讲，对盗窃、抢夺、诈骗犯罪情节严重的已满14周岁不满18周岁的人，也应从轻或减轻处罚。(1) 对已满14周岁不满16周岁的未成年犯罪人，对已满14周岁不满16周岁的未成年人故意杀人和故意伤害犯罪，一般不判处无期刑。(2) 审判时被告人不满18周岁的案件，不公开审理，但经未成年被告人及其法定代理人同意，未成年被告人所在学校和未成年人保护组织可派代表到场。犯罪时不满18周岁，被判处5年有期刑以下刑罚，应封存相关犯罪记录。(3) 从司法解释的角度，已满14周岁不满16周岁的人绑架人质后杀害被绑架人（绑架撕票），拐卖妇女、儿童而故意造成被拐卖妇女、儿童重伤或死亡的行为，应依刑法规定（绑架罪、故意伤害罪、故意杀人罪）追究刑责。A. 已满14周岁不满16周岁的人故意实施放火、爆炸、投放危险物质的犯罪行为，符合放火罪、决水罪、爆炸罪、投放危险物质罪的构成条件，即使未造成致人重伤、死亡或公私财产的重大损失，也应以放火罪、决水罪、爆炸罪或投放危险物质罪追究刑责。B. 已满14周岁不满16周岁的人仅对贩卖毒品犯罪负责，对走私、制造、运输毒品犯罪行为不负刑责。(4) 从刑诉法的角度讲，未成年人的不公开审理、指定辩护等，以未成年嫌犯、被告人从事刑诉活动时的年龄为准，不同于未成年人的刑责年龄阶段划分。(5) 审查逮捕未成年嫌犯，应重点查清其是否已满14周岁、16周岁、18周岁。A. 对未成年犯应在未成年犯管教所执行刑罚，执行机关应将罪犯及时收押，并通知罪犯家属。B. 审查被告人实施被指控的犯罪时或审判时是否达到相应法定责任年龄，应根据户籍证明、出生证明文件、学籍卡、人口普查登记、无利害关系人的证言等证据综合判断。C. 证明被告人已满14周岁、16周岁、18周岁或不满75周岁的证据不足，应认定被告人不满14、16、18周岁或已满75周岁。(6) 从禁毒法的角度讲，怀孕或正哺乳自己不满1周岁婴儿的妇女吸毒成瘾，不适用强制隔离戒毒。不满16周岁的未成年人吸毒成瘾，可不适用强制隔离戒毒。对怀孕或正哺乳自己不满1周岁婴儿的妇女、不满16周岁的未成年人不适用强制隔离戒毒的吸毒成瘾人员，依禁毒法规定进行社区戒毒，由负责社区戒毒工作的城市街道办、乡镇政府加强帮助、教育和监督，督促落实社区戒毒措施。(7) 从旧司法解释的角度讲，行为人明知是不满14周岁的幼女而与其发生性关系，不论幼女是否自愿，均应以强奸罪定罪处罚；行为人确实不知对方是不满14周岁的幼女，双方自愿发生性关系，未造成严重后果，情节显著轻微，不认为是犯罪。对实施犯罪时未满16周岁的未成年人，且未犯故意杀人、故意伤害致人重伤或死亡、强奸、抢劫、贩毒、放火、爆炸、投放危险物质之罪，公安机关查明嫌犯实施犯罪时年龄确系未满16周岁依法不负刑责后仍刑拘，检察机关应及时提出纠正意见。(8) 从情节犯、情节加重犯、结果加重犯的角度讲，奸淫幼女情节恶劣，应判10年以上有期刑、无期刑或死刑。A. 公共场所当众猥亵儿童，应判5年以上有期刑。B. 校园等相对公开的场所强奸、猥亵未成年人，只要有其他多人（3人以上，含3人）在场，有被他人感知可能，就属于公共场所当众犯罪。C. 对性侵害未成年的强奸罪、强制猥亵侮辱妇女罪、猥亵儿童罪、组织卖淫罪、强迫卖淫罪、引诱容留介绍卖淫罪、引诱幼女卖淫罪等罪，应依法从严惩治。D. 对侵害未成年人犯罪案件采取零容忍态度，对利用自己的特殊身份、便利条件性侵、残害女童、校园学生、留守儿童，或因报复社会而伤害无辜儿童的罪犯，坚决依法从重惩处；犯罪性质、情节极其恶劣，后果极其严重，坚决判处死刑。(9) 从《关于依法惩治性侵害未成年人犯罪的意见》的角度讲，对已满12周岁不满14周岁的被害人，从其身体发育状况、言谈举止、衣着特征、生活作息规律等观察可能是幼女，而实施奸淫等性侵害行为；对不满12周岁的被害人实施奸淫等性侵害行为；知道或应知道对方是不满14周岁的幼女，而实施奸淫等性侵害行为，均应认定行为人"明知（知道或应知道）"对方是幼女。A. 已满14周岁的未成年少女虽比幼女的认知、判断能力有所增强，但其身心发育尚未完全成熟，在日常生活、学习和物质条件方面对监护人、教师等负有特殊职责的人员，存在一定的服从、依赖关系，易在非自愿状态下受到性侵害，不能以是否给付幼女金钱财物作为区分强奸罪的界限。B. 以金钱财物等方式引诱幼女与自己发生性关系；知道或应知道幼女被他人强迫卖淫而仍与其发生性关系；对幼女负有特殊职责的人员与幼女发生性关系；对已满14周岁的未成年女性负有特殊职责的人员，利用其优势地位或被害人孤立无援的境地，迫使未成年被害人就范，而与其发生性关系，均应以强奸罪定罪处罚。C. 奸淫不满14周岁的幼女构成强奸罪，不要求采取强制手段实施，对使用暴力、胁迫或任何其他强制手段与不满14周岁的幼女发生性关系，无论是否"明知"被害人为幼女，都要以强奸罪论处，从重处罚。(10) 对未成年人负有监护、教育、训练、救助、看护、医疗等特殊职责的人员（负有特殊职责的人员）以及其他公民和单位，发现未成年人受到性侵害，有权利也有义务向公检法报案或举报。A. 公安机关发现可能有未成年人被性侵害或接报相关线索，无论案件是否属于本单位管辖，都应及时采取制止违法犯罪行为、保护被害人、保护现场等紧急措施，必要时，应通报有关部门对被害人临时安置、救助。B. 对监护人性侵害未成年人，其他有监护资格的人员、民政部门等有关单位和组织向法院提出申请，要求撤销监护人资格，另行指定监护人，法院依法支持。

【2016·卷1·单选·5】（答案：C）某法院完善人民陪审员选任方式，在增加陪审员数量的基础上建立"陪审员库"，随机抽选陪审员参与案件审理。关于人民陪审员制度，下列哪一说法是错误的？A. 应避免陪审员选任的过度"精英化"。B. 若少数陪审员成为常驻法院的"专审员"，将影响陪审员制度的公信力。C. 完善陪审员制度的主要目的是让群众通过参与司法养成守法习惯。D. 陪审员的大众思维和朴素观念能弥补法官职业思维的局限性。

从未成年人刑事案件诉讼程序的角度讲，办理未成年人刑事案件，除未成年人刑事案件诉讼程序已有规定外，按刑诉法的其他规定进行；审理未成年人刑事案件，未成年人刑事案件诉讼程序未规定，适用刑诉法解释有关规定。(1) 法院审理未成年人刑事案件，应对犯罪的未成年人实行教育感化挽救方针，坚持教育为主、惩罚为辅的原则，加强对未成年人的特殊保护；应由熟悉未成年人身心特点、善于做未成年人思想教育工作的审判人员进行，并应保持有关审判人员工作的相对稳定性。(2) 法院应加强同政府有关部门以及共青团、妇联、工会、未成年人保护组织等团体的联系，推动未成年人刑事案件陪审、情况调查、安置帮教等工作的开展，充分保障未成年人的合法权益，积极参与社会管理综合治理。A. 未成年人刑事案件的陪审员，一般由熟悉未成年人身心特点、热心教育、感化、挽救失足未成年人工作，并经必要培训的共青团、妇联、工会、学校、未成年人保护组织等单位的工作人员或有关单位的退休人员担任。B. 公检法办理未成年人刑事案件，应保障未成年人行使其诉讼权，保障未成年人得到法律帮助，并由熟悉未成年人身心特点的审判人员、检察人员、侦查人员承办。C. 未成年嫌犯、被告人未委托辩护人，公检法应通知法律援助机构指派律师为其提供辩护。D. 公检法办理未成年人刑事案件，据情况可对未成年嫌犯、被告人的成长经历、犯罪原因、监护教育等情况进行调查。E. 对未成年嫌犯、被告人应严格限制适用逮捕措施。F. 检察院审查批捕和法院决定逮捕，应讯问未成年嫌犯、被告人，听取辩护律师的意见。G. 对被拘留、逮捕和执行刑罚的未成年人与成年人应分别关押、分别管理、分别教育。(4) 中院、基层法院可设立独立建制的未成年人案件审判庭。尚不具备条件，应在刑审庭内设立未成年人刑事案件合议庭，或由专人负责审理未成年人刑事案件。(5) 高院应在刑审庭内设立未成年人刑事案件合议庭。具备条件，可设立独立建制的未成年人案件审判庭。(6) 一般而言，少年法庭（未成年人案件审判庭、未成年人刑事案件合议庭）审理的案件类型：A. 被告人实施被指控的犯罪时不满18周岁、法院立案时不满20周岁的案件。B. 被告人实施被指控的犯罪时不满18周岁、法院立案时不满20周岁，并被指控为首犯或主犯的共犯案件；特殊而言，其他共犯案件有未成年被告人，或其他涉及未成年人的刑事案件是否由少年法庭审理，由院长根据少年法庭工作的实际情况决定。(7) 对分案起诉至同一法院的未成年人与成年人共犯案件，可由同一个审判组织审理；不宜由同一个审判组织审理，可分别由少年法庭、刑审庭审理。A. 未成年人与成年人共犯案件，由不同法院或不同审判组织分别审理，有关法院或审判组织应互相了解共犯被告人的审判情况，注意全案的量刑平衡。B. 上级法院必要时对未成年人刑事案件，可指定下级法院将案件移送其他法院审判。C. 几个同级法院都有权管辖的案件由最初受理法院审判，必要时可移送主要犯罪地法院审判。(8) 法院适用简易程序审理未成年人刑事案件，或审理未成年人刑事案件，或询问未成年被害人、证人，在讯问、开庭时，应通知未成年被告人的法定代理人到场。法定代理人无法通知、不能到场或是共犯，也可通知未成年被告人的其他成年亲属，所在学校、单位、居住地的基层组织或未成年人保护组织的代表到场，并将有关情况记录在案。到场的其他人员，除依法行使刑诉法规定［对附条件不起诉的决定，公安机关要求复议、提请复核或被害人申诉的适用根据是对公安机关移送起诉的案件，检察院决定不起诉，应将不起诉决定书送达公安机关。公安机关认为不起诉的决定有错误时，可要求复议，若意见不被接受，可向上一级检察院提请复核。对有被害人的案件，决定不起诉，检察院应将不起诉决定书送达被害人。被害人不服，可自收到决定书后7日内向上一级检察院申诉，请求提起公诉。检察院应将复查决定告知被害人。对检察院维持不起诉决定，被害人可向法院起诉。被害人也可不经申诉，直接向法院起诉。法院受理案件后，检察院应将有关案件材料移送法院（《刑事诉讼法》第175、176条）］的权利外，经法庭同意，可参与对未成年被告人的法庭教育等工作。(9) 开庭审理时被告人不满18周岁的案件，一律不公开审理。经未成年被告人及其法定代理人同意，未成年被告人所在学校和未成年人保护组织可派代表到场。到场代表的人数和范围，由法庭决定。到场代表经法庭同意，可参与对未成年被告人的法庭教育工作。对依法公开审理，但可能需封存犯罪记录的案件，不得组织人员旁听。(10) 确有必要通知未成年被害人、证人出庭作证，法院应根据案件情况采取相应的保护措施。有条件，可采取视频等方式对其陈述、证言进行质证。(11) 审理未成年人刑事案件、被害人是未成年人的刑事案件，不得向外界披露该未成年人的姓名、住所、照片以及可能推断出该未成年人身份的其他资料；查阅、摘抄、复制的未成年人刑事案件的案卷材料，不得公开和传播。(12) 未成年人刑事案件诉讼程序的开庭准备：A. 法院向未成年被告人送达起诉书副本时，应向其讲明被指控的罪行和有关法律规定，并告知其审判程序和诉讼权利、义务。B. 审判时不满18周岁的未成年被告人未委托辩护人，法院应通知法律援助机构指派律师为其提供辩护。C. 未成年被害人及其法定代理人因经济困难或其他原因未委托诉讼代理人，法院应帮助其申请法律援助。D. 对未成年人刑事案件，法院决定适用简易程序审理，应征求未成年被告人及其法定代理人、辩护人的意见。上述人员提出异议，不适用简易程序。E. 被告人实施被指控的犯罪时不满18周岁、开庭时已满18周岁、不满20周岁，法院开庭时，一般应通知其近亲属到庭。经法庭同意，近亲属可发表意见。近亲属无法通知、不能到场或是共犯，应记录在案。F. 对检察院移送的未成年被告人性格特点、家庭情况、社会交往、成长经历、犯罪原因、犯罪前后的表现、监护教育等情况的调查报告，辩护人提交的反映未成年被告人性格特点、家庭情况、社会交往、成长经历、犯罪原因、犯罪前后的表现、监护教育等情况的书面材料，法庭应接受；必要时，法院可委托未成年被告人居住地的县级司法行政机关、共青团组织及其他社会团体组织对未成年被告人的上述情况进行调查，或自行调查。G. 对未成年人刑事案件，法院根据情况，可对未成年被告人进行心理疏导。经未成年被告人及其法定代理人同意，也可对未成年被告人进行心理测评。H. 对未成年人刑事案件，讯问、审判、开庭前和休庭时，应通知未成年嫌犯、被告人的法定代理人到场；无法通知、法定代理人不能到场或法定代理人是共犯，也可通知未成年嫌犯、被告人的其他成年亲属，所在学校、单位、居住地基层组织或未成年人保护组织的代表到场，并将有关情况记录在案。到场的法定代理人可代为行使未成年嫌犯、被告人的诉讼权。因此，法庭根据情况，可安排未成年被告人与其法定代理人或其他成年亲属、代表会见。（13）未成年人刑事案件的审判：A. 法院应在辩护台靠近旁听区一侧为未成年被告人的法定代理人或其他成年亲属、代表（a. 对未成年人刑事案件在讯问和审判时，应通知未成年嫌犯、被告人的法定代理人到场。b. 无法通知、法定代理人不能到场或法定代理人是共犯，也可通知未成年嫌犯、被告人的其他成年亲属，所在学校、单位、居住地基层组织或未成年人保护组织的代表到场，并将有关情况记录在案。c. 到场的法定代理人可代为行使未成年嫌犯、被告人的诉讼权）设置席位。B. 审理可能判处5年有期刑以下刑罚或过失犯罪的未成年人刑事案件，可采取适合未成年人特点的方式设置法庭席位。C. 在法庭上不得对未成年被告人使用戒具，但以被告人人身危险性大、可能妨碍庭审活动为例外。须使用戒具，在现实危险消除后，应立即停止使用。D. 被告人、未成年被告人或其法定代理人当庭拒绝辩护人辩护，要求另行委托辩护人或指派律师，合议庭应准许。被告人拒绝辩护人辩护后，无辩护人，应宣布休庭；仍有辩护人，庭审可继续进行。有多名被告人的案件，部分被告人拒绝辩护人辩护后，无辩护人，据案件情况，可对该被告人另案处理（在办理刑事案件过程中，对涉嫌共犯案件或与该案件有牵连关系的部分嫌犯，因法律有特殊规定或案件存在特殊情况等原因，不能或不宜与其他同案嫌犯同案处理，而从案件中分离出来单独或与其他案件并案处理的情形），对其他被告人的庭审继续进行。E. 重新开庭后，未成年被告人或其法定代理人再次当庭拒绝辩护人辩护，不准许。重新开庭时被告人已满18周岁，可准许，但不得再另行委托辩护人或要求另行指派律师，由其自行辩护。F. 法庭审理过程中，审判人员应根据未成年被告人的智力发育程度和心理状态，使用适合未成年人的语言表达方式。发现有对未成年被告人诱供、训斥、讽刺或威胁等情形，审判长应制止。G. 控辩双方提出对未成年被告人判处管制、宣告缓刑等量刑建议，应向法庭提供有关未成年被告人能获得监护、帮教以及对所居住社区无重大不良影响的书面材料。对未成年被告人情况的调查报告，以及辩护人提交的有关未成年被告人情况的书面材料，法庭应审查并听取控辩双方意见。上述报告和材料可作为法庭教育和量刑的参考。H. 法庭适用简易程序审理的案件，或法庭辩论结束后，可根据案件情况，对未成年被告人进行教育。判决未成年被告人有罪，宣判后，应对未成年被告人进行教育。对未成年被告人进行教育，可邀请诉讼参与人、其他成年亲属、代表以及社会调查员、心理咨询师等参加。I. 未成年被告人最后陈述后，法庭应询问其法定代理人是否补充陈述。J. 对未成年人刑事案件宣告判决应公开进行，但不得采取召开大会等形式。对依法应封存犯罪记录的案件，宣判时，不得组织人员旁听。有旁听人员，应告知其不得传播案件信息。K. 定期宣告判决的未成年人刑事案件，未成年被告人的法定代理人无法通知、不能到庭或是共犯，法庭可通知其他成年亲属、代表到庭（a. 对未成年人刑事案件讯问和审判时，应通知未成年嫌犯、被告人的法定代理人到场。b. 无法通知、法定代理人不能到场或法定代理人是共犯，也可通知未成年嫌犯、被告人的其他成年亲属，所在学校、单位、居住地基层组织或未成年人保护组织的代表到场，并将有关情况记录在案。c. 到场的法定代理人可代为行使未成年嫌犯、被告人的诉讼权），并在宣判后向未成年被告人的成年亲属送达判决书。（14）对未成年人刑事案件在讯问、审判或询问未成年被害人、证人时，应通知未成年嫌犯、被告人的法定代理人到场。A. 无法通知、法定代理人不能到场或法定代理人是共犯，也可通知未成年嫌犯、被告人的其他成年亲属，所在学校、单位、居住地基层组织或未成年人保护组织的代表到场，并将有关情况记录在案。B. 到场的法定代理人可代为行使未成年嫌犯、被告人的诉讼权。C. 询问未成年被害人、证人，到场的法定代理人或其他人员认为办案人员在讯问、审判中侵犯未成年人合法权益，可提出意见。D. 讯问笔录、法庭笔录应交给到场的法定代理人或其他人员阅读或向他宣读。E. 询问女性未成年被害人、证人，讯问女性未成年嫌犯，应有女工作人员在场。F. 审判未成年人刑事案件，未成年被告人最后陈述后，其法定代理人可进行补充陈述。（14）对未成年人涉嫌侵犯公民人身权、民主权、财产权、妨害社会管理秩序的犯罪，可能判处1年有期刑以下刑罚，符合起诉条件，但有悔罪表现，检察院可作出附条件不起诉的决定。检察院在作出附条件不起诉的决定前，应听取公安机关、被害人的意见。（15）检察院对公安机关移送起诉的案件决定不起诉，应将不起诉决定书送达公安机关。A. 公安机关认为检察院不起诉的决定有错误，或对附条件不起诉的决定要求复议、提请复核或被害人申诉，可要求复议，若意见不被接受，可向上一级检察院提请复核。B. 检察院对有被害人的案件决定不起诉，应将不起诉决定书送达被害人。被害人若不服，可自收到决定书后7日内向上一级检察院申诉，请求提起公诉。检察院应将复查决定告知被害人。对检察院维持不起诉决定，被害人可向法院起诉。被害人也可不经申诉，直接向法院起诉。法院受理案件后，检察院应将有关案件材料移送法院（《刑事诉讼法》第175、176条）。（16）未成年嫌犯及其法定代理人对检察院决定附条件不起诉有异议，检察院应作出起诉的决定。（17）在附条件不起诉的考验期内，由检察院对被附条件不起诉的未成年嫌犯进行监督考察。A. 未成年嫌犯的监护人，应对未成年嫌犯加强管教，配合检察院做好监督考察工作。B. 附条件不起诉的考验期为6个月以上1年以下，从检察院作出附条件不起诉的决定之日起计算。C. 被附条件不起诉的未成年嫌犯守则：a. 遵守法律法规，服从监督。b. 按考察机关的要求接受矫治和教育。c. 按考察机关规定报告自己的活动情况。d. 离开所居住的市、县或迁居，应报经考察机关批准。D. 被附条件不起诉的未成年嫌犯，在考验期内存在违法违规犯罪情形（a. 违反治安管理规定或考察机关有关附条件不起诉的监管规定，情节严重。b. 实施新的犯罪或发现决定附条件不起诉前还有他罪需追诉），检察院应撤销附条件不起诉的决定，提起公诉。也就是说，被附条件不起诉的未成年嫌犯，在考验期内无违法违规犯罪情形，考验期满，检察院应作出不起诉的决定。（18）审判时被告人不满18周岁的案件，不公开审理，但经未成年被告人及其法定代理人同意，未成年被告人所在学校和未成年人保护组织可派代表到场。（19）犯罪时不满18周岁，被判5年有期刑以下刑罚，应对相关犯罪记录封存。犯罪记录被封存，不得向任何单位和个人提供，但司法机关为办案所需或有关单位根据国家规定进行查询为例外。依法进行查询的单位，应对被封存的犯罪记录的情况保密。（20）嫌犯自愿认罪，同意量刑建议和程序适用，应在辩护人或值班律师在场的情况下签署认罪认罚具结书；特殊而言，嫌犯认罪认罚，不需签署认罪认罚具结书，有3种情形（嫌犯是盲、聋、哑人，或是尚未完全丧失辨认或控制自己行为能力的精神病人；未成年嫌犯的法定代理人、辩护人对未成年人认罪认罚有异议；其他不需签署认罪认罚具结书情形）。

【2010·卷2·单选·30】（答案：B）《刑事诉讼法》规定，未成年人犯罪的案件一律或一般不公开审理。关于该规定中未成年人"年龄"的理解，下列哪一选项是正确的？A. 张某被采取强制措施时十七岁，不应当公开审理。B. 李某在审理时十五岁，不应当公开审理。C. 钱某犯罪时十六岁，不应当公开审理。D. 赵某被立案时十八岁，不应公开审理。

从最高检、公安部《关于规范刑事案件"另案处理"适用的指导意见》的角度看，在办理另案处理案件中办案人员涉嫌徇私舞弊、失职、渎职等违法违纪行为，由有关部门依法依纪处理；构成犯罪，依法追究刑责。（1）公安机关在办理刑事案件时，发现其中部分嫌犯符合可适用另案处理的6种情形（a. 依法需移送管辖处理。b. 系未成年人需另案办理。c. 在同案嫌犯被提请批捕或移送审查起诉时在逃，无法到案。d. 涉嫌他罪，需进一步侦查，不宜与同案嫌犯一并提请批捕或移送审查起诉，或他罪更为严重，另案处理更为适宜。e. 涉嫌犯罪的现有证据暂不符合提请批捕或移送审查起诉标准，需继续侦查，而同案嫌犯符合提请批捕或移送审查起诉标准。f. 其他适用另案处理更为适宜的情形），拟作另案处理，应提出书面意见并附相关证明材料或检察院应要求公安机关及时补送缺少的相关证明材料（a. 依法需移送管辖，提供移送管辖通知书、指定管辖决定书等材料。b. 系未成年人需分案处理，提供未成年人户籍证明、立案决定书、提请批捕书、起诉意见书等材料。c. 嫌犯在逃，提供拘留证、上网追逃信息等材料。d. 嫌犯涉嫌他罪，需进一步侦查，提供立案决定书等材料。e. 涉嫌犯罪的现有证据暂不符合提请批捕或移送审查起诉标准，需继续侦查，提供相应说明材料。f. 因其他原因暂不能提请批捕或移送审查起诉，提供相应说明材料），经审核后报县级以上公安机关负责人审批。（2）对不适用另案处理的案件（a. 现有证据表明行为人在本案中的行为不构成犯罪或情节显著轻微、危害不大，依法不应或不需追究刑责，拟作或已经作出行政处罚、终止侦查或其他处理。b. 行为人在本案中所涉犯罪行为，前已被司法机关依法作不起诉决定、刑事判决等处理并生效），公安机关应在提请批捕书、起诉意见书中注明处理结果，并将有关法律文书复印件及相关说明材料随案移送检察院。对此，检察院应对相关人员的处理情况及相关法律文书进行审查，发现依法需追究刑责，应依法进行监督。（3）检察院、公安机关对适用另案处理案件进行审核（对审核中发现的问题，办案部门应及时纠正）时，应重点审核3种事项：A. 是否符合适用"另案处理"条件。B. 适用"另案处理"的相关证明材料是否齐全。C. 对在同案嫌犯被提请批捕或移送审查起诉时在逃而无法到案，或涉嫌犯罪的现有证据暂不符合提请批捕或移送审查起诉标准，需继续侦查，而同案嫌犯符合提请批捕或移送审查起诉标准的情形适用另案处理，是否及时开展相关工作。（4）检察院、公安机关应重点审核的4种刑事案件：A. 一案中存在多名适用另案处理人员。B. 适用另案处理的人员涉嫌黑社会性质的组织犯罪以及故意杀人、强奸、抢劫、绑架等严重危及人身安全的暴力犯罪。C. 适用另案处理可能引起当事人及其法定代理人、辩护人、诉讼代理人、近亲属或其他相关人员投诉。D. 适用另案处理的案件受到社会广泛关注，敏感复杂。（5）公安机关在提请批捕、移送审查起诉案件时，对适用另案处理的嫌犯，应在提请批捕书、起诉意见书中注明"另案处理"，并将其涉嫌犯罪的主要证据材料的复印件，连同本意见第5条规定的相关证明材料一并随案移送。A. 对未批准适用另案处理的刑事案件，应对符合逮捕条件的全部嫌犯一并移送审查起诉。B. 在提请检察院批捕时已对嫌犯作另案处理，但在移送审查起诉时另案处理的原因已消失，公安机关应对其一并移送审查起诉；另案处理原因仍存在，公安机关应继续适用另案处理，并书面说明。C. 检察院在审查逮捕、审查起诉时，对适用另案处理的案件，应一并对适用另案处理是否合法、适当进行审查。D. 检察院发现公安机关在办案过程中适用另案处理存在违法或不当，应向公安机关提出书面纠正意见或检察建议；公安机关应认真审查，并将结果及时反馈检察院。E. 检察院对嫌犯长期在逃或久侦不结的另案处理案件，可适时向公安机关发函催办；公安机关应及时将开展工作情况函告检察院。F. 检察院和公安机关应建立信息通报制度，相互通报另案处理案件数量、工作开展情况、案件处理结果等信息，共同研究办理另案处理案件过程中存在的突出问题。G. 对案情重大、复杂、敏感案件，检察院和公安机关可根据实际情况会商研究。H. 检察院和公安机关应建立对另案处理案件的动态管理和核销制度：a. 公安机关应及时向检察院通报案件另案处理结果并提供法律文书等相关材料。b. 市、县级检察院与公安机关每 6 个月对办理的另案处理案件进行 1 次清理核对。c. 对另案处理原因已消失或已作出相关处理的案件，应及时核销。

未成年人刑事案件的执行：（1）将未成年罪犯送监执行刑罚或送交社区矫正时，法院应将有关未成年罪犯的调查报告及其在案件审理中的表现材料，连同有关法律文书，一并送达执行机关。（2）2012 年 12 月 31 日前审结的未成年人犯罪时不满 18 周岁，被判 5 年有期刑以下刑罚以及免刑的案件，或犯罪时不满 18 周岁，被判 5 年有期刑以下刑罚以及免刑的未成年人的相关犯罪记录，均应封存；特殊而言，司法机关或有关单位向法院申请查询封存的犯罪记录，应提供查询的理由和依据；对查询申请，法院应及时作出是否同意的决定。（3）法院可与未成年罪犯管教所等服刑场所建立联系，了解未成年罪犯的改造情况，协助做好帮教、改造工作，并可对正服刑的未成年罪犯进行回访考察。（4）法院认为必要时，可督促被收监服刑的未成年罪犯的父母或其他监护人及时探视。对被判管制、宣告缓刑、裁定假释、决定暂予监外执行的未成年罪犯，法院可协助社区矫正机构制定帮教措施。法院可适时走访被判管制、宣告缓刑、免刑、裁定假释、决定暂予监外执行等的未成年罪犯及其家庭，了解未成年罪犯的管理和教育情况，引导未成年罪犯的家庭承担管教责任，为未成年罪犯改过自新创造良好环境。（5）被判管制、宣告缓刑、免刑、裁定假释、决定暂予监外执行等的未成年罪犯，具备就学、就业条件，法院可就其安置问题向有关部门提出司法建议，并附送必要的材料。

【2012·卷 2·单选·35】（答案：B）下列哪一选项是《刑事诉讼法修正案》新增加的规定内容？A. 怀孕或者正在哺乳自己婴儿的妇女可以暂予监外执行。B. 监狱、看守所提出暂予监外执行的书面意见的，应将书面意见的副本抄送检察院。C. 决定或批准暂予监外执行的机关应当将暂予监外执行决定抄送检察院。D. 检察院认为暂予监外执行不当的，应当在法定期间内将书面意见送交决定或者批准暂予监外执行的机关。

从最高法《关于充分发挥刑事审判职能作用 深入推进社会矛盾化解的若干意见》的角度讲，强化未成年人审判工作，继续坚持教育、感化、挽救方针和教育为主、惩罚为辅原则。根据未成年人实施的具体犯罪行为后果、情节、性质，充分考虑其实施犯罪的动机和目的、犯罪时的年龄、是否初次犯罪、犯罪后的悔罪表现、个人成长经历、一贯表现等，从有利于未成年人教育、矫正的角度正确适用刑罚。注重保障未成年被告人的合法权益。严格执行未成年人犯罪案件不公开审理的相关规定，积极探索未成年人轻罪犯罪记录消灭制度，保证失足未成年人在升学、就业等免受歧视。重视法庭教育和判后跟踪帮教。采取圆桌审判等适应未成年人身心特点的审理方式，视情邀请有利于教育感化挽救未成年被告人的人员参与庭审，寓教于审。协助未成年犯管教所或社区矫正部门做好帮教工作，确保改造效果，有效预防重新犯罪。

从"六部委"《关于进一步建立和完善办理未成年人刑事案件配套工作体系的若干意见》的角度讲，建立健全办理未成年人刑事案件的专门机构，是做好未成年人司法保护、预防、矫治、减少未成年人违法犯罪工作的重要保障。（1）公安部、省级和地市级公安机关应指定相应机构负责指导办理未成年人刑事案件。区县级公安机关一般应在派出所和刑侦部门设立办理未成年人刑事案件的专门小组，未成年人刑事案件数量较少，可指定专人办理。（2）最高检和省级检察院应设立指导办理未成年人刑事案件的专门机构。地市级检察院和区县级检察院一般应设立办理未成年人刑事案件的专门机构或专门小组,条件不具备,应指定专人办理。(3) 最高法和高院应设立少年法庭工作办公室。中院和基层法院一般应建立审理未成年人刑事案件的专门机构,条件不具备,应指定专人办理。(4) 司法部和省级司法行政机关应加强对办理未成年人刑事案件配套工作的指导,成立相关工作指导小组。(5) 地市级和区县级司法行政机关所属法律援助机构应成立未成年人法律援助事务部门,负责组织办理未成年人的法律援助事务,条件不具备,应指定专人办理。(6) 司法行政机关社区矫正工作部门一般应设立专门小组或指定专人负责未成年人的社区矫正工作。

未成年嫌犯、被告人年龄的查证与审核:(1) 公安机关在办理未成年人刑事案件时,应查清未成年嫌犯作案时的实际年龄,注意农历年龄、户籍登记年龄与实际年龄等情况,应将未成年嫌犯是否已满14周岁、16周岁、18周岁的临界年龄,作为重要案件事实查清。A. 公安机关移送检察院审查批捕和审查起诉的未成年人刑事案件,应附有未成年嫌犯已达到刑责年龄的证据。B. 对无充分证据证明未成年嫌犯作案时已达到法定刑责年龄且确实无法查清,公安机关应依法作出有利于未成年人的认定和处理。(2) 检察院在办理未成年人刑事案件时,如发现年龄证据缺失或不充分,或未成年嫌犯及其法定代理人基于相关证据对年龄证据提出异议等情况,可能影响案件认定,在审查批捕时,应要求公安机关补充证据,公安机关不能提供充分证据,应作出不批捕的决定,并通知公安机关补充侦查;在审查起诉过程中,应退回公安机关补充侦查或自行侦查;补充侦查仍不能证明未成年人作案时已达到法定刑责年龄,检察院应依法作出有利于未成年嫌犯的认定和处理。(3) 法院对提起公诉的未成年人刑事案件进行审理时,应着重审查未成年被告人的年龄证据。A. 对未成年被告人年龄证据缺失或不充分,应通知检察院补充提供或调查核实,检察院认为需进一步补充侦查向法院提出建议,法院依法可延期审理。B. 无充分证据证明被告人实施被指控的犯罪时已达到法定刑责年龄且确实无法查明,法院应依法作出有利于未成年被告人的认定和处理。

对未成年嫌犯、被告人的社会调查:(1) 公检法、司法行政机关在协调、配合办理未成年人刑事案件和执行刑罚时,应综合考虑案件事实和社会调查报告的内容。由未成年嫌犯、被告人户籍所在地或居住地的司法行政机关社区矫正工作部门负责对未成年嫌犯、被告人的社会调查。司法行政机关社区矫正工作部门可联合相关部门开展社会调查,或委托共青团组织及其他社会组织协助调查。社会调查机关应对未成年嫌犯的性格特点、家庭情况、社会交往、成长经历、是否具备有效监护条件或社会帮教措施,以及涉嫌犯罪前后表现等情况进行调查,并作出书面报告。对因嫌犯不讲真实姓名、住址,身份不明,无法进行社会调查,社会调查机关应作出书面说明。(2) 公安机关在办理未成年人刑事案件时,应收集有关嫌犯办案期间表现或有逮捕必要性的证据,并及时通知司法行政机关社区矫正工作部门开展社会调查。收到社会调查机关作出的社会调查报告后,应认真审查,综合案情,作出是否提请批捕、移送起诉的决定。公安机关提请检察院审查批捕或移送审查起诉的未成年人刑事案件,应将嫌犯办案期间表现等材料和经公安机关审查的社会调查报告等随案移送检察院。社区矫正工作部门无法进行社会调查的或无法在规定期限内提供社会调查报告的书面说明等材料也应随案移送检察院。(3) 检察院在办理未成年人刑事案件时,应认真审查公安机关移送的社会调查报告或无法进行社会调查的书面说明、办案期间表现等材料,全面掌握案情和未成年人的身心特点,作为教育和办案的参考。对公安机关未随案移送上述材料,检察院可要求公安机关提供,公安机关应提供。检察院提起公诉的未成年人刑事案件,社会调查报告、办案期间表现等材料应随案移送法院。(4) 法院在办理未成年人刑事案件时,应全面审查检察院移送的社会调查报告或无法进行社会调查的书面说明、办案期间表现等材料,并将社会调查报告作为教育和量刑的参考。对检察院未随案移送上述材料,法院可要求检察院提供,检察院应提供。法院应在判决生效后,以及时将社会调查报告、办案期间表现等材料连同刑罚执行文书，送达执行机关。(5) 执行机关在执行刑罚时应根据社会调查报告、办案期间表现等材料，对未成年罪犯进行个别化教育矫治，否则法院未随案移送上述材料，执行机关可要求法院移送，法院应移送。(6) 司法行政机关社区矫正工作部门、共青团组织或其他社会组织应接受公检法的委托，承担对未成年人的社会调查和社区矫正可行性评估工作，以及时完成并反馈调查评估结果。在社会调查过程中，公检法应为社会调查员提供必要的便利条件。

对未成年嫌犯、被告人、罪犯合法权益的保护：(1) 办理未成年人刑事案件，在不违反法律规定的前提下，应按最有利于未成年人和适合未成年人身心特点的方式进行，充分保障未成年人的合法权益。(2) 办理未成年人刑事案件过程中，应注意保护未成年人的名誉，尊重未成年人的人格尊严，新闻报道、影视节目、公开出版物、网络等不得公开或传播未成年人的姓名、住所、照片、图像及可能推断出该未成年人的其他资料，否则广电管理及新闻出版等部门应提出处理意见，作出相应处理。(3) 办理未成年人刑事案件，应在依法定程序办案和保证办理案件质量的前提下，尽量迅速办理，减少刑诉对未成年人的不利影响。(4) 未成年人与成年人共犯的案件，一般应分案起诉和审判；情况特殊不宜分案办理的案件，对未成年人应采取适当的保护措施。(5) 办理未成年人刑事案件，应结合对未成年嫌犯背景情况的社会调查，注意听取未成年人本人、法定代理人、辩护人、被害人等有关人员的意见；应注意未成年嫌犯、被告人是否有被胁迫情节，是否存在成年人教唆犯罪、传授犯罪方法或利用未成年人实施犯罪的情况。(6) 未成年嫌犯、被告人被讯问或开庭审理时，应通知其法定代理人到场。A. 看守所经审核身份无误后，应允许法定代理人与办案人员共同进入讯问场所。B. 对未成年人采取拘留、逮捕等强制措施后，除有碍侦查或无法通知情形外，应在24小时内通知其法定代理人或家属。C. 法定代理人无法或不宜到场，可经未成年嫌犯、被告人同意或按其意愿通知其他关系密切的亲属朋友、社会工作者、教师、律师等合适成年人到场。D. 讯问未成年嫌犯、被告人，应根据该未成年人的特点和案件情况，制定详细的讯问提纲，采取适宜该未成年人的方式进行，讯问用语应准确易懂。E. 讯问时，应告知其依法享有的诉讼权，告知其如实供述案件事实的法律规定（嫌犯、被告人自愿如实供述自己的罪行，承认指控的犯罪事实，愿意接受处罚，可依法从宽处理）和意义，核实其是否有自首、立功、检举揭发等表现，听取其有罪的供述或无罪、罪轻的辩解。F. 讯问女性未成年嫌犯、被告人，应由女性办案人员进行或有女性办案人员参加。G. 讯问未成年嫌犯、被告人一般不得使用戒具，对确有人身危险性，须使用戒具，在现实危险消除后，应立即停止使用。(7) 公安机关办理未成年人刑事案件，对未成年人应优先考虑适用非羁押性强制措施，加强有效监管。A. 羁押性强制措施应依法慎用，比照成年人严格适用条件。B. 办理未成年人刑事案件不以拘留率、逮捕率或起诉率作为工作考核指标。C. 对被羁押的未成年人应与成年人分别关押、管理，有条件的看守所可设立专门的未成年人监区。D. 有条件的看守所可对被羁押的未成年人区分被指控犯罪的轻重、类型分别关押、管理。未成年嫌犯、被告人入所后服从管理、依法变更强制措施不致发生社会危险性，能保证诉讼正常进行，公检法应及时变更强制措施。E. 看守所应提请有关办案部门办理其他非羁押性强制措施。F. 第一次对未成年嫌犯讯问时或自采取强制措施之日起，公安机关应告知未成年人及其法定代理人有关诉讼权和义务，在告知其有权委托辩护人的同时，应告知其若经济困难，可向法律援助机构申请法律援助，并提供程序上的保障。(8) 检察院办理未成年人刑事案件，应讯问未成年嫌犯，坚持依法少捕慎诉。对须起诉的未成年人刑事案件，查明未成年被告人有法定从轻、减轻情节及悔罪表现，应提出从轻或减轻处罚的建议。A. 符合法律规定的缓刑条件，应明确提出适用缓刑的量刑建议。B. 办理未成年人刑事案件不以批捕率、起诉率等情况作为工作考核指标。C. 审查批捕和审查起诉阶段，检察院应告知未成年嫌犯及其法定代理人有关诉讼权和义务，在告知其有权委托辩护人的同时，应告知其若经济困难，可向法律援助机构申请法律援助，并提供程序上的保障。D. 检察院应加强对未成年人刑事案件侦查、审判、监管和刑罚执行活动的法律监督，建立长效监督机制，切实防止和纠正违法办案、侵害未成年人合法权益的行为。(9) 未成年嫌犯及其法定代理人提出委托辩护人意向，但因经济困难或其他原因未委托，公安机关、检察院应依法为其申请法律援助提供帮助。开庭时未满18周岁的未成年被告人未委托辩护人，法院应指定承担法律援助义务的律师为其提供辩护。(10) 对开庭审理时未满16周岁的未成年人刑事案件，一律不公开审理。A. 对开庭审理时已满16周岁未满18周岁的未成年人刑事案件，一般也不公开审理。B. 如有必要公开审理，须经本级法院院长批准，并应适当限制旁听人数和范围。(11) 看守所、未成年犯管教所和司法行政机关社区矫正工作部门应了解未成年人犯身心特点，加强心理辅导，开展有益未成年人身心健康的活动，进行个别化教育矫治，比照成年人适当放宽报请减刑、假释等条件。(12) 对未成年嫌犯、被告人及其法定代理人的法律援助申请，法律援助机构应优先审查。A. 经审查符合条件，应提供法律援助。B. 法院为未成年被告人指定辩护，法律援助机构应提供法律援助。

【2010·卷2·单选·22】（答案：B）在张某故意毁坏李某汽车案中，张某聘请赵律师为辩护人，李某聘请孙律师为诉讼代理人。关于该案辩护人和诉讼代理人，下列哪一选项是正确的？A. 赵律师、孙律师均自案件移送审查起诉之日起方可接受委托担任辩护人、诉讼代理人。B. 赵律师、孙律师均有权申请该案的审判人员和公诉人员回避。C. 赵律师可在审判中向张某发问，孙律师无权向张某发问。D. 赵律师应以张某的意见作为辩护意见，孙律师应以李某的意见为代理意见。

有条件的地区，办理未成年人刑事案件的专门机构可根据实际情况办理被害人系未成年人的刑事案件。对未成年被害人、证人合法权益的保护：(1) 办理未成年人刑事案件，应注意保护未成年被害人的合法权益，注意对未成年被害人进行心理疏导和自我保护教育。(2) 办理未成年人刑事案件，应注意保护未成年被害人的名誉，尊重未成年被害人的人格尊严，新闻报道、影视节目、公开出版物、网络等不得公开或传播该未成年被害人的姓名、住所、照片、图像及可能推断出该未成年人的资料。对违反此规定的单位，广电管理及新闻出版等部门应提出处理意见，作出相应处理。(3) 对未成年被害人、证人，特别是性犯罪被害人进行询问时，应依法选择有利于未成年人的场所，采取和缓的询问方式进行，并通知法定代理人到场。对性犯罪被害人进行询问，一般应由女性办案人员进行或有女性办案人员在场。法定代理人无法或不宜到场，可经未成年被害人、证人同意或按其意愿通知有关成年人到场。应注意避免因询问方式不当而可能对其身心产生的不利影响。(4) 办理未成年人刑事案件，应告知未成年被害人及其法定代理人诉讼权义务、参与诉讼方式。除有碍案件办理情形外，应告知未成年被害人及其法定代理人案件进展情况、案件处理结果，并对有关情况说明。对可能不立案或撤销案件、不起诉、判处非监禁刑的未成年人刑事案件，应听取被害人及其法定代理人的意见。(5) 对未成年被害人及其法定代理人提出委托诉讼代理人意向，但因经济困难或其他原因未委托，公检法应帮助其申请法律援助，法律援助机构应依法为其提供法律援助。(6) 未成年被害人、证人经法院准许，一般可不出庭作证，或在采取相应保护措施后出庭作证。侦查人员询问证人或被害人，应个别进行，应告知他应如实地提供证据、证言和有意作伪证或隐匿罪证要负的法律责任，可出示工作证件在现场进行，可出示检察院或公安机关的证明文件到证人或被害人所在单位、住处或证人或被害人提出的地点进行，必要时可通知证人或被害人到检察院或公安机关提供证言。证人的猜测性、评论性、推断性的证言，不得作为证据使用，但根据一般生活经验判断符合事实外。(7) 公检法、司法行政机关应推动未成年嫌犯、被告人、罪犯与被害人之间的和解，可将未成年嫌犯、被告人、罪犯赔偿被害人的经济损失、取得被害人谅解等情况作为酌情从轻处理或减刑、假释的依据。

被害人的起诉类型：(1) 适用《刑事诉讼法》第176条被害人可向法院起诉情形：检察

院对有被害人的案件决定不起诉，应将不起诉决定书送达被害人。被害人不服，可自收到决定书 7 日内向上一级检察院申诉，请求提起公诉。检察院应将复查决定告知被害人。对检察院维持不起诉决定，被害人可向法院起诉，也可不经申诉，直接向法院起诉。法院受理案件后，检察院应将有关案件材料移送法院。（2）不适用《刑事诉讼法》第 176 条被害人可向法院起诉情形：检察院办理未成年人刑事案件，在作出附条件不起诉的决定、考验期满作出不起诉的决定前，应听取被害人的意见；特殊而言，被害人对检察院对未成年嫌犯作出的附条件不起诉的决定和不起诉的决定，可向上一级检察院申诉。

【2017·卷 2·单选·34】（答案：B）下列哪一案件可适用简易程序审理？A. 甲为境外非法提供国家秘密案，情节较轻，可能判处 3 年以下有期徒刑。B. 乙抢劫案，可能判处 10 年以上有期徒刑，检察院未建议适用简易程序。C. 丙传播淫秽物品案，经审查认为，情节显著轻微，可能不构成犯罪。D. 丁暴力取证案，可能被判处拘役，丁的辩护人作无罪辩护。

从《刑事诉讼法》的角度讲，不适用简易程序、速裁程序的情形：有重大社会影响的案件；被告人是未成年人，或盲、聋、哑人，或尚未完全丧失辨认或控制自己行为能力的精神病人；被告人与被害人或其法定代理人未就附带民诉赔偿等事项达成调解或和解协议；共犯案件中部分被告人对指控的犯罪事实、罪名、量刑建议或适用速裁程序有异议；被告人的行为不构成犯罪或不应追究其刑责；被告人违背意愿认罪认罚；被告人否认指控的犯罪事实；其他不宜适用简易程序或速裁程序审理的情形。

◆《刑法》第 17 条之一 【老年犯的从宽处罚原则】

从刑法宽严相济差别化个性化政策、刑责年龄、刑责能力、社会危害性、传统伦理道德观的角度讲，已满 75 周岁的人故意犯罪，可从轻或减轻处罚；过失犯罪，应从轻或减轻处罚。

从司法解释的角度讲，对犯罪对象为未成年人、老年人（60 周岁以上）、残疾人、孕妇等弱势人员，综合考虑犯罪的性质、犯罪的严重程度等情况，确定从重的幅度。（1）暴力型犯罪，可增加基准刑的 20% 以下。（2）非暴力型犯罪，可增加基准刑的 10% 以下。

从宽严相济政策的角度讲，对老年人犯罪，要充分考虑其犯罪的动机、目的、情节、后果、悔罪表现等，并结合其人身危险性和再犯可能性，酌情从宽处罚。

对 70 周岁以上的老年人犯故意杀人、伤害罪，因其已无再犯罪的可能，在综合考虑其犯罪情节和主观恶性、人身危险性的基础上，一般也应酌情从宽处罚。

【2013·卷 2·单选·31】（答案：C）关于取保候审的程序限制，下列哪一选项是正确的？A. 保证金应当由决定机关统一收取，存入指定银行的专门账户。B. 对于可能判处徒刑以上刑罚，不得采取取保候审措施。C. 对同一犯罪嫌疑人不得同时使用保证金担保和保证人担保两种方式。D. 对违反取保候审规定，需要予以逮捕的，不得对犯罪嫌疑人、被告人先行拘留。

公检法可对患有严重疾病、生活不能自理、怀孕或正哺乳自己婴儿的妇女，采取取保候审不致发生社会危险性的嫌犯、被告人采取取保候审（公安机关执行），应责令嫌犯、被告人提出保证人或交纳保证金。对无力交纳保证金、未成年或已满 75 周岁、不宜收取保证金的其他被告人"三种类型"的被告人决定取保候审，可责令其提出 1 名至 2 名保证人。

公检法决定对嫌犯、被告人取保候审（a. 可能判处管制、拘役或独立适用附加刑。b. 可能判处有期刑以上刑罚，采取取保候审不致发生社会危险性。c. 患有严重疾病、生活不能自理，怀孕或正哺乳自己婴儿的妇女，采取取保候审不致发生社会危险性。d. 羁押期限届满，案件尚未办结，需采取取保候审），由公安机关执行，应责令嫌犯、被告人提出保证人或交纳保证金。（1）对被告人决定取保候审，应责令其提出保证人 [法院应审查保证人是否符合法定条件

(a. 享有政治权利，人身自由未受到限制。b. 与本案无牵连。c. 有能力履行保证义务。d. 有固定的住处、收入）；符合条件，应告知其须履行的义务，并由其出具保证书］或交纳保证金，不得同时使用保证人保证与保证金保证。A. 对无力交纳保证金、未成年或已满75周岁、不宜收取保证金的其他被告人"三种类型"的被告人决定取保候审，可责令其提出1名至2名保证人。B. 嫌犯、被告人因经济困难或其他原因未委托辩护人，本人及其近亲属可向法律援助机构提出申请。C. 对符合法律援助条件，法律援助机构应指派律师为其提供辩护。(2) 有工作单位的证人因履行作证义务作证，所在单位不得克扣或变相克扣其工资、奖金及其他福利待遇。对决定取保候审的被告人使用保证金保证，应确定保证金的具体数额（取保候审的决定机关应综合考虑保证诉讼活动正常进行的需要，被取保候审人的社会危险性，案件的性质、情节，可能判处刑罚的轻重，被取保候审人的经济状况等情况，确定保证金的数额），并责令被告人或为其提供保证金的单位、个人将保证金一次性存入公安机关指定银行专门账户。

◆ **《刑法》第18条【精神病人、醉酒人的刑责】**

从自然人行为能力、责任能力的角度讲，精神病人在不能辨认或不能控制自己行为时造成危害结果，经法定程序鉴定确认，不负刑责，但应责令他的家属或监护人严加看管和医疗；必要时，由政府强制医疗。(1) 间歇性的精神病人在精神正常时犯罪，应负刑责。(2) 尚未完全丧失辨认或控制自己行为能力的精神病人犯罪，应负刑责，但可从轻或减轻处罚。

责任能力是行为人对自己行为的辨认能力（行为人认识自己特定行为的性质、结果与意义的能力）、控制能力（行为人支配自己实施或不实施特定行为的能力）。精神病人在不能辨认或控制自己行为能力的情况下造成危害结果，经法定程序鉴定确认，才不承担刑责。

【2011·卷2·单选·4】（答案：C）甲患抑郁症欲自杀，但无自杀勇气。某晚，甲用事前准备的刀猛刺路人乙胸部，致乙当场死亡。随后，甲向司法机关自首，要求司法机关判处其死刑立即执行。对于甲责任能力的认定，下列哪一选项是正确的？A. 抑郁症属于严重精神病，甲没有责任能力，不承担故意杀人罪的责任。B. 抑郁症不是严重精神病，但甲的想法表明其没有责任能力，不承担故意杀人罪的责任。C. 甲虽患有抑郁症，但具有责任能力，应当承担故意杀人罪的责任。D. 甲具有责任能力，但患有抑郁症，应当对其从轻或减轻处罚。

【2013·卷2·单选·41】（答案：B）公安机关在案件侦查中，发现打砸多辆机动车的嫌犯何某神情呆滞，精神恍惚。经鉴定，何某属于依法不负刑事责任的精神病人。关于公安机关对此案的处理，下列哪一选项是正确的？A. 写出强制医疗意见书，移送检察院向法院提出强制医疗申请。B. 撤销案件，将何某交付其亲属并要求其积极治疗。C. 移送强制医疗机构对何某进行诊断评估。D. 何某的亲属没有能力承担监护责任，可以采取临时的保护性约束措施。

【2013·卷2·单选·42】（答案：C）法院受理叶某涉嫌故意杀害郭某案后，发现其可能符合强制医疗条件。经鉴定，叶某属于依法不负刑责的精神病人，法院审理后判决宣告叶某不负刑事责任，同时作出对叶某强制医疗的决定。关于此案的救济程序，下列哪一选项是错误的？A. 对叶某强制医疗的决定，检察院可以提出纠正意见。B. 叶某的法定代理人可以向上一级法院申请复议。C. 叶某对强制医疗决定可以向上一级法院提出上诉。D. 郭某的近亲属可以向上一级法院申请复议。

从司法解释的角度讲，对尚未完全丧失辨认或控制自己行为能力的精神病人犯罪，综合考虑犯罪性质、精神疾病的严重程度及犯罪时精神障碍对辨认控制能力的影响等情况，适当确定从宽的幅度。(1) 病情为重度，可减少基准刑的40%以下。(2) 病情为中度，可减少基准刑的30%以下。(3) 病情为轻度，可减少基准刑的20%以下。

【2017·卷2·单选·3】（答案：D）关于刑事责任能力的认定，下列哪一选项是正确的？A. 甲先天双目失明，在大学读书期间因琐事致室友重伤。甲具有限定刑事责任能力。B. 乙是

聋哑人,长期组织数名聋哑人在公共场所扒窃。乙属于相对有刑事责任能力。C. 丙服用安眠药陷入熟睡,致同床的婴儿被压迫窒息死亡。丙不具有刑事责任能力。D. 丁大醉后步行回家,嫌他人小汽车挡路,将车砸坏,事后毫无记忆。丁具有完全刑事责任能力。

从精神卫生法的角度讲,精神卫生工作实行预防为主的方针,坚持预防、治疗和康复相结合的原则。精神障碍的住院治疗实行自愿原则,对已发生伤害自身的行为,或有伤害自身的危险,经其监护人同意,医疗机构应对患者实施住院治疗;监护人不同意,医疗机构不得对患者实施住院治疗。(1) 精神障碍(由各种原因引起的感知、情感和思维等精神活动的紊乱或异常,导致患者明显的心理痛苦或社会适应等功能损害)患者的人格尊严、人身和财产安全不受侵犯。A. 精神障碍的诊断应以精神健康状况为依据,应由精神科执业医师作出。B. 精神障碍患者的教育、劳动、医疗以及从国家和社会获得物质帮助等方面的合法权益受法律保护。C. 任何组织或个人不得歧视、侮辱、虐待精神障碍患者,不得非法限制精神障碍患者的人身自由。D. 新闻报道、文艺作品等不得含有歧视、侮辱精神障碍患者的内容。E. 一般而言,有关单位和个人应对精神障碍患者的姓名、肖像、住址、工作单位、病历资料及其他可能推断出其身份的信息保密,依法履行职责需公开为例外(国家鼓励和支持新闻媒体、社会组织开展精神卫生的公益性宣传,普及精神卫生知识,引导公众关注心理健康,预防精神障碍的发生)。F. 精神障碍患者的监护人(依民法总则有关规定可担任监护人的人)应履行监护职责,维护精神障碍患者的合法权益。G. 禁止对精神障碍患者实施家庭暴力,禁止遗弃精神障碍患者。(2) 心理咨询人员应尊重接受咨询人员的隐私并为其保守秘密,不得从事心理治疗或精神障碍的诊断、治疗,发现接受咨询的人员可能患精神障碍,应建议其到从事精神障碍诊断、治疗的专科医疗机构就诊。A. 医疗机构不得因就诊者是精神障碍患者,推诿或拒绝为其治疗属于本医疗机构诊疗范围的其他疾病。B. 医疗机构及其医务人员应将精神障碍患者在诊断、治疗过程中享有的权利,告知患者或其监护人;应尊重、不得限制住院精神障碍患者的通讯和会见探访者等权利,以在急性发病期或为避免妨碍治疗可暂时限制为例外;应在病历资料中如实记录精神障碍患者的病情、治疗措施、用药情况、实施约束、隔离措施等内容,并如实告知患者或其监护人,患者及其监护人可查阅、复制病历资料(保存期限不得少于30年),以患者查阅、复制病历资料可能对其治疗产生不利影响为例外。(3) 民政部门对符合城乡最低生活保障条件的严重精神障碍(疾病症状严重,导致患者社会适应等功能严重损害、对自身健康状况或客观现实不能完整认识,或不能处理自身事务的精神障碍)患者,应会同有关部门及时将其纳入最低生活保障;对属于农村五保供养对象的严重精神障碍患者,以及城市中无劳动能力、无生活来源且无法定赡养、抚养、扶养义务人,或其法定赡养、抚养、扶养义务人无赡养、抚养、扶养能力的严重精神障碍患者,应按国家有关规定供养、救助;对其他严重精神障碍患者确有困难,可采取临时救助等措施,帮助其解决生活困难。(4) 监狱、看守所、拘留所、强制隔离戒毒所等场所,应对服刑人员,被依法拘留、逮捕、强制隔离戒毒的人员等,开展精神卫生知识宣传,关注其心理健康状况,必要时提供心理咨询和心理辅导。A. 监狱、强制隔离戒毒所等场所应采取措施,保证患有精神障碍的服刑人员、强制隔离戒毒人员等获得治疗。B. 精神障碍患者违反治安处罚法或触犯刑法,依有关法律规定处理。(5) 县级以上政府卫健部门和其他有关部门未依精神卫生法规定履行精神卫生工作职责,或滥用职权、玩忽职守、徇私舞弊,由本级政府或上一级政府有关部门责令改正,通报批评,对直接负责的主管人员和其他直接责任人员依法给予警告、记过或记大过的处分;造成严重后果,给予降级、撤职或开除的处分。

从变态心理学的角度讲,变态心理的判断标准具有多样性、复杂性、互补性、差异性,含经验标准、统计学标准、社会适应性标准、病因或症状标准。从心理变态成因的生物性、心理性、社会性、文化性的角度讲,心理变态分为身心疾病变态、轻度心理变态、人格障碍

（人格异常、病态人格、变态人格或人格变态）变态［情绪型、自恋型、爆发型、怪癖（纵火癖、谎言癖、赌癖、盗窃癖、怪恋癖）型、轻佻型、偏执型、精神分裂型、单纯型、青春型、妄想型、紧张型）、强迫型、癔病型、衰弱型、爆发型、无情型、冷酷型、悖德型、反社会型人格障碍、精神病态］、性变态［同性恋、恋童癖、恋尸癖、恋物癖、恋兽癖、露阴癖、窥阴（淫）癖、施虐淫癖（施虐狂或性虐待狂）、乱伦癖等］、严重心理变态、大脑疾病或躯体缺陷时的心理变态等不同类型。从变态心理和违法犯罪行为的关系的角度，精神分裂症、精神发育迟滞、人格障碍、性变态、反应性精神病［心因性变态心理：急性反应性精神病（反应性木僵状态、反应性朦胧状态、反应性兴奋状态）、慢性反应性精神病］、脑外伤精神病［急性脑外伤精神病（外伤性朦胧状态、外伤性谵妄状态）、慢性脑外伤精神病（脑外伤癫痫病、脑外伤痴呆、脑外伤人格障碍、外伤性类偏执狂）］、偏执性（妄想性）精神病（偏执狂或妄想狂、类偏狂或偏执状态）、情感性精神病（躁狂抑郁症）、躁郁症、癔症、癫痫、酒精中毒等变态心理患者比较可能发生违法犯罪。感知觉障碍、注意和记忆障碍、思维障碍、情绪情感障碍、意志障碍、意识障碍、智能障碍、欲望障碍、性格障碍等精神障碍可严重影响变态心理者的行为。因此，从刑法的角度，精神病人的刑责能力可比照未成年人的刑责能力，分为无刑责能力的精神病人［精神病未愈或患病期；轻度精神病发育迟滞伴精神性发作；中毒、重度、极重度精神发育迟滞（智商50或50以下）；有严重意识障碍的癔症或病理性醉酒等严重精神障碍］、相对有刑责能力（部分刑责能力）的精神病人［精神病未愈、部分缓解与残余状态；轻度至中度精神发育迟滞（智商50~70）］、完全无刑责能力的精神病人（精神病已愈或缓解处于间歇期；轻度或更轻度的精神发育迟滞；无病；诈病）。〔9〕轻度痴呆表现为工作学习和社交能力下降，尚保持独立生活能力；中度痴呆表现为除进食、穿衣以及大小便可自理外、其余生活靠他人帮助；重度痴呆表现为个人生活完全不能自理。〔10〕

【2016·卷3·单选·36】（答案：D）精神病人姜某冲入向阳幼儿园将入托的小明打伤，小明的父母与姜某的监护人朱某及向阳幼儿园协商赔偿事宜无果，拟向法院提起诉讼。关于本案当事人的确定，下列哪一选项是正确的？A. 姜某是被告，朱某是无独立请求权第三人。B. 姜某与朱某是共同被告，向阳幼儿园是无独立请求权第三人。C. 向阳幼儿园与姜某是共同被告。D. 姜某、朱某、向阳幼儿园是共同被告。

从自然人法律行为能力、认识能力、意志能力的角度讲，醉酒【急性酒精中毒［生理性醉酒、病理性醉酒（与严重的精神病相当的精神疾病）、复杂性醉酒］、慢性酒精中毒（无节制饮酒、中毒期、中毒并发症等）】的人犯罪，应负刑责。

【2017·卷2·单选·41】（答案：B）甲在公共场所实施暴力行为，经鉴定为不负刑责的精神病人，被县法院决定强制医疗。甲父对决定不服向市中级法院申请复议，市中级法院审理后驳回申请，维持原决定。关于本案处理，下列哪一选项是正确的？A. 复议期间可暂缓执行强制医疗决定，但应采取临时的保护性约束措施。B. 应由公安机关将甲送交强制医疗。C. 强制医疗6个月后，甲父才能申请解除强制医疗。D. 申请解除强制医疗应向市中级法院提出。

【2017·卷2·单选·10】（答案：B）王某多次吸毒，某日下午在市区超市门口与同居女友沈某发生争吵。沈某欲离开，王某将其按倒在地，用菜刀砍死。后查明：王某案发时因吸毒出现精神病性障碍，导致辨认控制能力减弱。关于本案的刑罚裁量，下列哪一选项是错误的？A. 王某是偶犯，可酌情从轻处罚。B. 王某刑责能力降低，可从轻处罚。C. 王某在公众

---

〔9〕 刘邦惠主编：《犯罪心理学》，科学出版社2004年版，第12章，引用时有调整改动。
〔10〕 上海医科大学《实用内科学》编辑委员会编：《实用内科学》（上册）（第10版），人民卫生出版社1993年版，第136页。

场合持刀行凶，社会影响恶劣，可从重处罚。D. 王某与被害人存在特殊身份关系，可酌情从轻处罚。

从刑诉法的角度讲，处于明显醉酒、中毒或麻醉等状态，不能正常感知或正确表达的证人所提供的证言，不得作为证据使用。（1）对嫌犯作精神病鉴定的期间不计入办案期限。A. 为查明案情，需解决案件中某些专门性问题时，应指派、聘请有专门知识的人（鉴定人），进行鉴定后，应写出鉴定意见并签名，故意作虚假鉴定，应承担法律责任。B. 侦查机关应将用作证据的鉴定意见告知嫌犯、被害人；若嫌犯、被害人提出申请，可补充鉴定或重新鉴定。（2）有专门知识的人参与办案，应遵守法律规定，遵循技术标准和规范，恪守职业道德，坚持客观公正原则，应保守参与办案中所知悉的国家秘密、商业秘密、个人隐私及其他不宜公开的内容，应妥善保管、使用并及时退还参与办案中所接触的证据等案卷材料，不得在同一案件中同时接受刑诉当事人、辩护人、诉讼代理人，民诉、行诉对方当事人、诉讼代理人，或法院的委托，否则出现重大过错，影响正常办案，检察院应停止其作为有专门知识的人参与办案，并从推荐名单库中除名；必要时，可建议其所在单位或有关部门给予行政处分或其他处分；构成违法犯罪，依法追究行责或刑责。（3）检察院可指派、聘请有鉴定资格的人员，或经本院审查具备专业能力的其他人员，作为有专门知识的人［运用专门知识（特定领域内的人员理解和掌握、有专业技术性的认识和经验等）参与检察院的办案活动，协助解决专门性问题或提出意见的人，不含以鉴定人身份参与办案的人］参与办案，但未以办案人员等身份参与过本案办理工作；因违反职业道德，被主管部门注销鉴定资格、撤销鉴定人登记，或吊销其他执业资格、近三年内被处以停止执业处罚；无民事行为能力或限制民事行为能力；近三年内违反应遵守的法律规定；不宜作为有专门知识的人参与办案的其他情形，不得作为有专门知识的人参与办案。从犯罪主体资格、犯罪时精神状态、刑责能力、司法精神鉴定、酒后精神鉴定标准、司法鉴定机构登记管理办法的角度，并非所有醉酒的人（醉酒精神障碍者、醉酒后产生精神障碍者等）犯罪都与正常人犯罪负同等责任。一般而言，从法学、医学、精神病学的角度，生理性醉酒的人犯罪与正常人犯罪负同等责任。病理性醉酒的人犯罪与严重的精神病人犯罪不负刑责。目前，复杂性醉酒的人醉酒后的刑责能力较难认定，但有相对较弱的辨认能力、控制能力，可通过饮酒实验、生物检测、脑电波、心电图、精神病鉴定专家鉴定、司法精神鉴定专门机构等方式方法或途径，严格按司法程序、鉴定标准进行科学公正合理鉴定、检测、获知嫌犯的精神状态、酒后精神鉴定指标，从而准确判断其醉酒后的刑责能力。对实施犯罪期间出现反常举动无法解释，或存在精神病史或家族精神病遗传史、酒精过敏史等可能影响刑责能力的醉酒人，应享有司法精神鉴定救济权。刑诉法曾规定，对精神病的医学鉴定由省级政府指定的医院进行。（4）法院对强制医疗案件开庭审理，检察院应派员出席法庭。法院在审理案件过程中发现被告人符合强制医疗条件，作出被告人不负刑责的判决后，拟作出强制医疗决定，检察院应在庭审中发表意见。（5）审理强制医疗案件，依法不负刑责的精神病人的强制医疗程序未规定，参照适用公诉案件第一审普通程序和第二审程序有关规定。A. 实施暴力行为，危害公共安全或严重危害公民人身安全，社会危害性已达到犯罪程度，但经法定程序鉴定依法不负刑责的精神病人，有继续危害社会的可能，可强制医疗。B. 对实施暴力行为的精神病人，在法院决定强制医疗前，公安机关可采取临时保护性的约束措施。a. 公安机关发现精神病人符合强制医疗条件，应写出强制医疗意见书，移送检察院。b. 对公安机关移送的或在审查起诉过程中发现的精神病人符合强制医疗条件，检察院应向法院提出强制医疗的申请。c. 检察院申请对依法不负刑责的精神病人强制医疗的案件，由被申请人实施暴力行为所在地的基层法院管辖；由被申请人居住地法院审判更为适宜，可由被申请人居住地的基层法院管辖。（6）法院应对检察院提出的强制医疗申请审查法的基本内容：A. 是否属于本院管辖。B. 是否写明被申请人的身份，实施暴力行为的时间、地点、手段、造成的损害等情况，并附相关证据材料。C. 是否附有法医精神病鉴定意见和其他证明被申请人属于依法不负刑责的精神病人的证据材料。D. 是否列明被申请人的法定代理人的姓名、住址、联系方式。E. 需审查的其他事项。(7) 对检察院提出的强制医疗申请，法院应在7日内审查完毕，并按不同情形分别处理：A. 不属于本院管辖，应退回检察院。B. 属于强制医疗程序受案范围和本院管辖，且材料齐全，应受理。C. 材料不全，应通知检察院在3日内补送。(8) 法院根据依法不负刑责的精神病人的强制医疗程序，受理强制医疗的申请后，对精神病人强制医疗案件应组成合议庭开庭审理，以被申请人、被告人的法定代理人请求不开庭审理并经法院审查同意为例外，但应通知被申请人或被告人的法定代理人到场，经审理发现被申请人或被告人符合强制医疗条件，应在1个月内作出强制医疗的决定。A. 被申请人或被告人未委托诉讼代理人，法院应通知法律援助机构指派律师担任其诉讼代理人，为其提供法律帮助。B. 审理检察院申请强制医疗的案件，应会见被申请人。(9) 被决定强制医疗的人、被害人及其法定代理人、近亲属对强制医疗决定不服，可向上一级法院申请复议。A. 被强制医疗的人及其近亲属有权申请解除强制医疗。B. 强制医疗机构应定期对被强制医疗的人进行诊断评估；对已不有人身危险性，不需继续强制医疗，应及时提出解除意见，报决定强制医疗法院批准。C. 检察院对强制医疗的决定和执行实行监督。(10) 开庭审理申请强制医疗的案件，按不同程序进行：A. 审判长宣布法庭调查开始后，先由检察员宣读申请书，后由被申请人的法定代理人、诉讼代理人发表意见。B. 法庭依次就被申请人是否实施了危害公共安全或严重危害公民人身安全的暴力行为、是否属于依法不负刑责的精神病人、是否有继续危害社会的可能进行调查。调查时，先由检察员出示有关证据，后由被申请人的法定代理人、诉讼代理人发表意见、出示有关证据，并进行质证。C. 法庭辩论阶段，先由检察员发言，后由被申请人的法定代理人、诉讼代理人发言，并进行辩论。(11) 被申请人要求出庭，法院经审查其身体和精神状态，认为可出庭，应准许。出庭的被申请人，在法庭调查、辩论阶段，可发表意见。检察员宣读申请书后，被申请人的法定代理人、诉讼代理人无异议，法庭调查可简化。(12) 对申请强制医疗的案件，法院审理后，应按不同情形分别处理：A. 从强制医疗条件的角度，对实施暴力行为危害公共安全或严重危害公民人身安全，经法定程序鉴定依法不负刑责的精神病人，有继续危害社会可能及可强制医疗情形，应作出对被申请人强制医疗的决定。B. 被申请人属于依法不负刑责的精神病人，但不符合强制医疗条件，应作出驳回强制医疗申请的决定。被申请人已造成危害结果，应同时责令其家属或监护人严加看管和医疗。C. 被申请人有完全或部分刑责能力，依法应追究刑责，应作出驳回强制医疗申请的决定，并退回检察院依法处理。(13) 第一审法院在审理案件过程中发现被告人可能符合强制医疗条件，应依法定程序对被告人进行法医精神病鉴定。经鉴定，被告人属于依法不负刑责的精神病人，应适用强制医疗程序，对案件进行开庭审理，应先由合议庭组成人员宣读对被告人的法医精神病鉴定意见，说明被告人可能符合强制医疗的条件，后依次由公诉人和被告人的法定代理人、诉讼代理人发表意见。经审判长许可，公诉人和被告人的法定代理人、诉讼代理人可进行辩论。法院审理后，应按不同情形分别处理：a. 被告人符合强制医疗条件，应判决宣告被告人不负刑责，同时作出对被告人强制医疗的决定。b. 被告人属于依法不负刑责的精神病人，但不符合强制医疗条件，应判决宣告被告人无罪或不负刑责。被告人已造成危害结果，应同时责令其家属或监护人严加看管和医疗。c. 被告人有完全或部分刑责能力，依法应追究刑责，应依普通程序继续审理。(14) 法院在审理第二审刑事案件过程中，发现被告人可能符合强制医疗条件，可依强制医疗程序对案件作出处理，也可裁定发回原审法院重审。法院决定强制医疗，应在作出决定后5日内，向公安机关送达强制医疗决定书和强制医疗执行通知书，由公安机关将被决定强制医疗的人送交强制医疗。(15) 被决定强制医疗的人、被害人及其法定代理人、近亲属对强制医疗决定不服，可自收到决定书之日起5日内向上一级法院申请复议。A. 复议期间不停止执行强制医疗的决定。B. 对不服强制医疗决定的复议申请，上一级法院应组成合议庭审理，并在 1 个月内，按不同情形分别作出复议决定：a. 被决定强制医疗的人符合强制医疗条件，应驳回复议申请，维持原决定。b. 被决定强制医疗的人不符合强制医疗条件，应撤销原决定。c. 原审违反法定诉讼程序，可能影响公正审判，应撤销原决定，发回原审法院重审。(16) 对被告人符合强制医疗条件，应判决宣告被告人不负刑责，同时作出对被告人强制医疗的决定，检察院提出抗诉，同时被决定强制医疗的人、被害人及其法定代理人、近亲属申请复议，上一级法院应依第二审程序一并处理。(17) 被强制医疗的人及其近亲属申请解除强制医疗，应向决定强制医疗法院提出。被强制医疗的人及其近亲属提出的解除强制医疗申请被法院驳回，6 个月后再次提出申请，法院应受理。(18) 强制医疗机构提出解除强制医疗意见，或被强制医疗的人及其近亲属申请解除强制医疗，法院应审查是否附有对被强制医疗的人的诊断评估报告。强制医疗机构提出解除强制医疗意见，未附诊断评估报告，法院应要求其提供。被强制医疗的人及其近亲属向法院申请解除强制医疗，强制医疗机构未提供诊断评估报告，申请人可申请法院调取；必要时，法院可委托鉴定机构对被强制医疗的人进行鉴定。(19) 强制医疗机构提出解除强制医疗意见，或被强制医疗的人及其近亲属申请解除强制医疗，法院应组成合议庭审查，并在 1 个月内，按不同情形分别处理：A. 被强制医疗的人已无人身危险性，不需继续强制医疗，应作出解除强制医疗的决定，并可责令被强制医疗的人的家属严加看管和医疗。B. 被强制医疗的人仍有人身危险性，需继续强制医疗，应作出继续强制医疗的决定。(20) 法院应在作出决定后 5 日内，将决定书送达强制医疗机构、申请解除强制医疗的人、被决定强制医疗的人和检察院。决定解除强制医疗，应通知强制医疗机构在收到决定书的当日解除强制医疗。检察院认为强制医疗决定或解除强制医疗决定不当，在收到决定书后 20 日内提出书面纠正意见，法院应另行组成合议庭审理，并在 1 个月内作出决定。

从医疗机构管理条例实施细则、病历书写基本规范的角度讲，医疗机构不得出具虚假证明文件。医疗机构工作人员弄虚作假、玩忽职守、滥用职权、徇私舞弊，尚不构成犯罪，依法给予行政处分；构成犯罪，依法追究刑责。

【2017·卷 2·单选·35】（答案：C）在一审法院审理中出现哪一特殊情形时，应以判决的形式作出裁判？A. 经审理发现犯罪已过追诉时效且不是必须追诉的。B. 自诉人未经法庭准许中途退庭的。C. 经审理发现被告人系精神病人，在不能控制自己行为时造成危害结果的。D. 被告人在审理过程中死亡，根据已查明的案件事实和认定的证据，尚不能确认其无罪的。

从《北京市改善医疗服务规范服务行为 2019 年行动计划》的医疗机构负面清单、禁令的角度讲，医疗机构要严格各岗位和环节管理，不得出现通过挂床住院、虚记服务、冒用身份、串换项目、违规收费、伪造文书票据、虚假宣传、不合理诊疗等骗取医保基金的行为。医疗机构应根据患者病情合理开展各项服务，不得分解诊疗和过度医疗，不得出现分解处方、分解检查、分解住院、不合理增加诊疗项目、术中加价等行为。

从《实施〈中华人民共和国社会保险法〉若干规定》《车辆驾驶人员血液、呼气酒精含量阈值与检验》的角度讲，公安机关交通管理部门、医疗机构等有关单位依法出具的检测结论、诊断证明等材料，可作为认定醉酒的依据。

从危险驾驶罪的角度讲，在道路上驾驶机动车，血液酒精含量达到 80 毫克/100 毫升以上，属于醉酒驾驶机动车，以危险驾驶罪定罪处罚。A. 血液酒精含量检验鉴定意见是认定危险驾驶嫌犯是否醉酒的依据。B. 嫌犯经呼气酒精含量检验达到 80 毫克/100 毫升以上的醉酒标准，在抽取血样前脱逃，可呼气酒精含量检验结果作为认定其醉酒的依据。C. 嫌犯在公安机关依法检查时，为逃避法律追究，在呼气酒精含量检验或抽取血样前又饮酒，经检验其血液酒精含量达到 80 毫克/100 毫升以上的醉酒标准，应认定为醉酒。D. 公安机关在查处醉酒驾驶机动车的嫌犯时，对查获经、呼气酒精含量检验和抽取血样过程应制作记录；有条件，应拍照、录音或录像；有证人，应收集证人证言。

从公安部交管局《关于在公安交通管理行政处罚法律文书中增加被处罚人有关信息采集项目的通知》的角度讲，对实施酒驾醉驾、无证驾驶、准驾车型不符、驾驶拼装改装或报废车辆、使用伪造变造机动车牌证或标识、套用机动车号牌、脱保、超速50%及以上、货车超载30%以上、客运车辆超员等"十大类"交通违法行为的中共党员或国家工作人员，其个人面貌（中共党员、中共预备党员、共青团员、民革党员、民盟盟员、民建会员、民进会员、农工党党员、致公党党员、九三学社社员、台盟盟员、无党派人士、群众）和职业信息（公务员、民警、职员、工人、农民、自主经营者、军人、武警、教师、学生、港澳台胞、华侨、外国人、外来务工者、不在业人员、其他）被调查后，公安交管部门制作公安交通管理行政处罚决定书，将及时向有关纪检监察机关进行通报。

◆ 《刑法》第19条【又聋又哑的人、盲人犯罪的从宽处罚原则】

从弱势群体差别化对待原则、量刑情节的角度讲，又聋又哑人犯或盲人犯，可从轻、减轻或免除处罚。

从司法解释的角度讲，对又聋又哑的人或盲人犯罪，综合考虑犯罪的性质、情节、后果及聋哑或盲人犯罪时的控制能力等情况，可减少基准刑的40%以下。犯罪较轻，可减少基准刑的40%以上或依法免除处罚。

【2012·卷2·单选·32】（答案：C）下列哪一情形不得适用简易程序？A. 未成年人案件。B. 共同犯罪案件。C. 有重大社会影响的案件。D. 被告人没有辩护人的案件。

从刑诉法、刑诉法解释的角度讲，讯问聋、哑的嫌犯，应有通晓聋、哑手势的人参加者，并将这种情况记明笔录。（1）被告人是盲、聋、哑人或尚未完全丧失辨认或控制自己行为能力的精神病人，不适用简易程序或速裁程序。（2）嫌犯是盲、聋、哑人，或尚未完全丧失辨认或控制自己行为能力的精神病人，或未成年嫌犯的法定代理人、辩护人对未成年人认罪认罚有异议，不需签署认罪认罚具结书。（3）对盲、聋、哑人，或尚未完全丧失辨认或控制自己行为能力的精神病人，可能被判无期刑、死刑的人未委托辩护人的被告人，法院应通知法律援助机构指派律师为其提供辩护。（4）不适用简易程序审理的6种情形：A. 被告人是盲、聋、哑人，或尚未完全丧失辨认或控制自己行为能力的精神病人。B. 有重大社会影响。C. 共同犯罪案件中部分被告人不认罪或对适用简易程序有异议。D. 辩护人作无罪辩护。E. 被告人认罪但经审查认为可能不构成犯罪。F. 不宜适用简易程序审理的其他情形。

【2017·卷2·多选·67】（答案：BCD）犯罪嫌疑人、被告人在刑事诉讼中享有的诉讼权利分为防御性权利和救济性权利。下列哪些选项属于犯罪嫌疑人、被告人享有的救济性权利？A. 侦查机关讯问时，犯罪嫌疑人有申辩自己无罪的权利。B. 对办案人员人身侮辱的行为，犯罪嫌疑人有提出控告的权利。C. 对办案机关应退还取保候审保证金而不退还的，犯罪嫌疑人有申诉的权利。D. 被告人认为一审判决量刑畸重，有提出上诉的权利。

从告诉才处理原则、亲告罪的角度讲，法院直接受理的自诉案件（告诉才处理的案件、检察院未提起公诉而被害人有证据证明的轻微刑事案件、被害人有证据证明对被告人侵犯自己人身权、财产权的行为应依法追究刑责，且有证据证明曾提出控告，而公安机关或检察院不追究被告人刑责的案件），若被害人死亡、丧失行为能力或因受强制、威吓等无法告诉，或限制行为能力人，因年老、患病、盲、聋、哑等不能亲自告诉，其法定代理人、近亲属告诉或代为告诉，法院应依法受理。（1）被害人的法定代理人、近亲属告诉或代为告诉，应提供与被害人关系的证明和被害人不能亲自告诉的原因的证明。A. 被害人有证据证明的侵犯知识产权刑事案件，直接向法院起诉，法院应依法受理；严重危害社会秩序和国家利益的侵犯知识产权刑事案件，由检察院依法提起公诉。B. 非法出版、复制、发行（侵权产品的持有人通过广告、征订等方式推销侵权产品）他人作品，侵犯著作权构成犯罪，按侵犯著作权罪定罪处罚。C. 短视频构成类电作品。（2）自诉案件当事人及其法定代理人、近亲属对法院已发生法律效力的刑事判决、裁定不服提出的申诉，刑事附带民诉当事人及其法定代理人、近亲属对法院已发生法律效力的刑事附带民事判决、裁定不服提出的申诉，检察院应受理，但申诉人对法院因原案当事人及其法定代理人自愿放弃诉讼权利或未履行相应诉讼义务而作出的判决、裁定不服的申诉除外。

◆ **《刑法》第20条【一般正当防卫过当相对负刑责，特殊正当防卫绝对不负刑责】**

从一般正当防卫权的角度讲，为使国家、公共利益、本人或他人的人身、财产和其他权利免受正进行的不法侵害（有防卫认识），而采取的制止不法侵害（产生了正当防卫的效果）的行为，对不法侵害人造成损害，属于正当防卫，不负刑责。

从公共交通工具行驶速度、通行路段情况、载客情况、妨害安全驾驶行为的严重程度（违法性、危害性）及对公共交通安全的危害大小、行为人认罪悔罪表现等因素的角度讲，对正进行的妨害安全驾驶的违法犯罪行为，乘客等人员有权采取措施制止。制止行为造成违法犯罪行为人损害，符合法定条件，应认定为正当防卫。

从司法实践的角度讲，正当防卫以不负刑责为原则（特殊防卫权、特殊正当防卫或无过当防卫），以负刑责为例外（防卫过当）。（1）从正当防卫条件的角度讲，一般正当防卫有时间性、起因性、意图性、对象性、限度性。（2）一般正当防卫、特殊正当防卫的根本差异在于防卫起因、防卫限度的不同。（3）非正当防卫有多样性，主要含假想防卫（过失行为、意外事件）、防卫过当（以过失为主，以间接故意为辅）、防卫不适时（事前加害或事前防卫、事后加害或事后防卫，构成犯罪，应负刑责）、防卫挑拨、偶然防卫、互相斗殴（存在正当防卫的可能性：a. 一般互殴的一方逃走或求饶，另一方仍继续实施加害行为。b. 一般轻微互殴的一方突然使用凶器，导致另一方生命受到严重威胁而实施正当防卫）等。（4）财产犯罪的不法侵害行为尚未结束（财产犯罪既遂后，被害人在现场来得及挽回财产损失），可进行正当防卫。（5）预先安装防卫装置问题有争议性，存在正当防卫说（以安装防卫装置三不存在正进行的不法侵害，效果发生时存在正进行的不法侵害为条件）、故意犯罪说（以属于防卫不适时，有危害公共安全性为条件）。（6）正当防卫的不法侵害人的刑责能力、刑责年龄，不影响正当防卫的构成。

从正当防卫过当的角度讲，正当防卫明显超过必要限度造成重大损害，应负刑责，但应减轻或免除处罚。

【2001·卷2·单选·12】（答案：A）张某的次子乙，平时经常因琐事滋事生非，无端打骂张某。一日，乙与其妻发生争吵，张某过来劝说。乙转而辱骂张某并将其踢倒在地，并掏出身上的水果刀欲刺张某，张某起身逃跑，乙随后紧追。张某的长子甲见状，随手从门口拿起扁担朝乙的颈部打了一下，将乙打昏在地上。张某顺手拿起地上的石头转身回来朝乙的头部猛砸数下，致乙死亡。对本案中张某、甲的行为应如何定性？A. 张某的行为构成故意杀人罪，甲的行为属于正当防卫。B. 张某的行为构成故意杀人罪，甲的行为属于防卫过当。C. 张某的行为属于防卫过当，构成故意杀人罪，甲的行为属于正当防卫。D. 张某和甲的行为均构成故意杀人罪。

【2002·卷2·单选·6】（答案：B）甲外出时在自己的住宅内安放了防卫装置。某日晚，乙撬门侵入甲的住宅后，被防卫装置击为轻伤。甲的行为是什么性质？A. 故意伤害罪。B. 正当防卫。C. 防卫不适时。D. 民事侵权行为，不构成犯罪。

【2008·川·卷2·单选·30】（答案：B）秦某带着8岁的儿子买肉时，与摊主发生争

执,继而互殴。秦某被摊主用刀背打击造成面部骨折,脑体受损。如该案进入刑诉程序,秦某的儿子属于哪类诉讼参与人? A. 被害人。B. 证人。C. 见证人。D. 既是被害人,又是证人。

从过当行为的角度讲,刑事过当(犯)分为防卫过当、假想避险;防卫过当、防卫挑拨;防卫过当、防卫不适时;防卫过当、避险过当;过当犯(防卫过当犯、避险过当犯)、不适时犯(广义的不适时犯、狭义的不适时犯、最狭义的不适时犯;普通的不适时犯、特殊的不适时犯;法定的不适时犯、超法规的不适时犯;防卫不适时犯、避险不适时犯);过当犯、过限犯;过当犯、假想犯;过当犯、行为犯;过当防卫犯、过当避险犯、过当职务犯、过当自救犯;有过当的假想犯、无过当的假想犯;避险过当、假想避险等。(1)特殊正当防卫行为不负刑责。(2)假想防卫(误认为存在不法侵害而进行防卫)视情况成立过失犯罪或意外事件。(3)过失行为只有在造成重伤结果的场合,才构成犯罪。(4)不法侵害结束后的防卫,属于有不法性质的事后防卫。(5)一般正当防卫行为明显超过必要限度造成重大损害,属于有一定不法性的防卫过当。A. 防卫过当的罪过形式有故意或过失的争议性。B. 防卫过当不是独立罪名,应根据其符合的犯罪构成确定罪名。C. 对防卫过当,应酌情减轻或免除处罚。

从社会实践的角度讲,每个人都可能成为受害者或害人者。从暴力执法的角度讲,妨碍公务罪是否存在正当防卫问题有争议性。防卫过当本身不是罪名,对防卫过当应根据具体情况确定罪名,一般按过失犯罪处理,法律规定防卫过当的应负刑责,但应酌情减轻或免除处罚。

【2004·卷2·单选·20】(答案:B)根据《刑法》第20条前两款,_____行为不负刑事责任;但_____须符合一定条件,否则就会造成新的不法侵害。误认为存在不法侵害,进行"防卫",属于_____;不法侵害已经结束后,进行"防卫",属于_____。防卫行为明显超过必要限度造成重大损害,属于_____;关于_____的罪过形式,刑法理论上存在争议,但可肯定的是,_____不是独立罪名,应根据其符合的犯罪构成确定罪名,对于_____,应酌情减轻或免除处罚。在这段话的空格中:A. 2处填写"正当防卫",5处填写"防卫过当",1处填写"假想防卫"。B. 2处填写"正当防卫",4处填写"防卫过当",1处填写"假想防卫",1处填写"防卫不适时"。C. 3处填写"正当防卫",5处填写"防卫过当"。D. 3处填写"正当防卫",4处填写"防卫过当",1处填写"假想防卫"。

【2006·卷2·单选·18】(答案:C)关于排除犯罪的事由,下列哪一选项是正确的?A. 对于严重危及人身安全的暴力犯罪以外的不法侵害进行防卫,造成不法侵害人死亡的,均属防卫过当。B. 由于武装叛乱、暴乱罪属于危害国家安全罪,而非危害人身安全犯罪,所以,对武装叛乱、暴乱犯罪不可能实行特殊正当防卫。C. 放火毁损自己所有的财物但危害共安全的,不属于排除犯罪的事由。D. 律师在法庭上为了维护被告人的合法权益,不得已泄露他人隐私的,属于紧急避险。

【2007·卷2·单选·2】(答案:C)陈某抢劫出租车司机甲,用匕首刺甲一刀,强行抢走财物后下车逃跑。甲发动汽车追赶,在陈某往前跑了40米处将其撞成重伤并夺回财物。关于甲的行为性质,下列哪一选项是正确的? A. 法令行为。B. 紧急避险。C. 正当防卫。D. 自救行为。

从特殊防卫权(无限防卫权)、暴力犯罪(必要的暴力犯罪、选择的暴力犯罪)、恶性犯罪、恐怖主义犯罪、黑社会性质的组织犯罪、性犯罪、涉黑犯罪、涉枪犯罪国际犯罪、危险犯(抽象危险犯、具体危险犯)、攻击性的犯罪、破坏犯罪的角度讲,对正进行行凶、杀人、抢劫、强奸、绑架及其他严重危及人身安全的暴力犯罪(类似于抢劫、劫持、绑架、强奸等暴力相当、针对人身安全的犯罪),采取防卫行为,造成不法侵害人伤亡,不属于防卫过当,不负刑责。

【2005·卷2·多选·59】（答案：ACD）《刑法》第20条第3款规定："对正在进行行凶、杀人、抢劫、强奸、绑架以及其他严重危及人身安全的暴力犯罪，采取防卫行为，造成不法侵害人伤亡的，不属于防卫过当，不负刑事责任。"关于刑法对特殊正当防卫的规定，下列哪些理解是错误的？A. 对正在进行杀人等严重危及人身安全的暴力犯罪，采取防卫行为，没造成不法侵害人伤亡，不能称为正当防卫。B. "其他严重危及人身安全的暴力犯罪"的表述，不仅说明其前面列举的抢劫、强奸、绑架须达到严重危及人身安全的程度，而且说明只要列举之外的暴力犯罪达到严重危及人身安全的程度，也应适用特殊正当防卫的规定。C. 因特殊正当防卫针对的是严重危及人身安全的暴力犯罪，而这种犯罪一旦着手实行便会造成严重后果，所以，应允许防卫时间适当提前，即严重危及人身安全的暴力犯罪处在预备阶段时，也应允许进行特殊正当防卫。D. 因针对严重危及人身安全的暴力犯罪进行防卫时可杀死不法侵害人，所以，在严重危及人身安全的暴力犯罪结束后，当场杀死不法侵害人，也属于特殊正当防卫。

从司法解释的角度讲，对防卫过当，应综合考虑犯罪的性质、防卫过当的程度、造成损害的大小等情况，减少基准刑的60%以上或依法免除处罚。对未成年人犯罪情节轻微，有被胁迫参与犯罪；犯罪预备、中止、未遂；在共犯中起次要或辅助作用；系又聋又哑的人或盲人；因防卫过当或紧急避险过当构成犯罪；有自首或立功表现；其他依刑法规定不需判处刑罚或免除刑罚的情形，依刑法规定不需判处刑罚或免除刑罚的未成年嫌犯，一般应依法作出不起诉决定。

【2008·卷2·不定项·93-94】（答案：93. A；94. AC）甲手持匕首寻找抢劫目标时，突遇精神病人丙持刀袭击。丙追赶甲至一死胡同，甲迫无奈，与丙搏斗，将其打成重伤。此后，甲继续寻找目标，见到丁后便实施暴力，用匕首将其刺成重伤，使之丧失反抗能力，此时甲的朋友乙驾车正好经过此地，见状后下车和甲一起取走丁的财物（约2万元），然后逃跑，丁因伤势过重不治身亡。请回答93-94题。

93. 关于甲将精神病人丙打成重伤的行为，下列选项正确的是：A. 甲的行为属于正当防卫，因为对精神病人的不法侵害也可以进行正当防卫。B. 甲的行为属于紧急避险，因为"不法"必须是主客观相统一的行为，而精神病人没有责任能力，其客观侵害行为不属于"不法"侵害，故只能进行紧急避险。C. 甲的行为属于自救行为，因为甲当时只能依靠自己的力量救济自己的法益。D. 甲的行为既不是正当防卫，也不是紧急避险，因甲当时正在进行不法侵害，精神病人丙的行为客观上阻止了甲的不法行为，甲不得针对丙再进行正当防卫与紧急避险。

94. 关于乙与甲一起取走丁的财物的行为，下列选项正确的是：A. 乙与甲成立抢劫罪的共同犯罪。B. 甲的行为构成抢劫罪，乙的行为属于抢夺罪，两者在抢夺罪这一重合犯罪之内构成共同犯罪，即成立抢夺罪的共同犯罪。C. 乙既不对丁的重伤承担刑事责任，也不对丁的死亡承担刑事责任。D. 乙不对丁的死亡承担刑事责任，但应对丁的重伤承担刑事责任。

【2011·卷2·单选·7】（答案：A）乙基于强奸故意正在对妇女实施暴力，甲出于义愤对乙进行攻击，客观上阻止了乙的强奸行为。观点：①正当防卫不需要有防卫认识。②正当防卫只需要防卫认识，即只要求防卫人认识到不法侵害正在进行。③正当防卫只需要防卫意志，即只要求防卫人具有保护合法权益的意图。④正当防卫既需要有防卫认识，也需要有防卫意志。结论：a. 甲成立正当防卫。b. 甲不成立正当防卫。就上述案情，观点与结论对应正确的是哪一选项？A. 观点①观点②与a结论对应；观点③观点④与b结论对应。B. 观点①观点③与a结论对应；观点②观点④与b结论对应。C. 观点①观点②与b结论对应；观点③观点④与a结论对应。D. 观点①观点④与a结论对应；观点②观点③与b结论对应。

【2012·卷2·单选·7】（答案：B）关于正当防卫的论述，下列哪一选项是正确的？

A. 甲将罪犯顾某扭送派出所途中，在汽车后座上死死摁住激烈反抗的顾某头部，到派出所时发现其已窒息死亡。甲成立正当防卫。B. 乙发现齐某驾驶摩托车抢劫财物即驾车追赶，2车并行时摩托车撞到护栏，弹回与乙车碰撞后侧翻，齐某死亡。乙不成立正当防卫。C. 丙发现邻居刘某（女）正在家中卖淫，即将刘家价值6000元的防盗门砸坏，阻止其卖淫。丙成立正当防卫。D. 丁开枪将正在偷越国（边）境的何某打成重伤。丁成立正当防卫。

【2013·卷2·单选·7】（答案：C）甲对正在实施一般伤害的乙进行正当防卫，致乙重伤（仍在防卫限度内）。乙已无侵害能力，求甲将其送往医院，但甲不理会而离去。乙因流血过多死亡。关于本案，下列哪一选项是正确的？A. 甲的不救助行为独立构成不作为的故意杀人罪。B. 甲的不救助行为独立构成不作为的过失致人死亡罪。C. 甲的行为属于防卫过当。D. 甲的行为仅成立正当防卫。

【2017·卷2·单选·4】（答案：D）关于正当防卫与紧急避险的比较，下列哪一选项是正确的？A. 正当防卫中的不法"侵害"的范围，与紧急避险中的"危险"相同。B. 对正当防卫中不法侵害是否"正在进行"的认定，与紧急避险中危险是否"正在发生"的认定相同。C. 对正当防卫中防卫行为"必要限度"的认定，与紧急避险中避险行为"必要限度"的认定相同。D. 若正当防卫需具有防卫意图，则紧急避险也须具有避险意图。

◆《刑法》第21条【一般紧急避险过当负刑责、特殊紧急避险绝对不负刑责】

从犯罪客体和犯罪对象的关系的角度讲，为使国家利益、公共利益、本人或他人的人身权、财产权和其他权利免受正发生的危险（避免本人危险规定，不适用于职务上、业务上负有特定责任的人），不得已（发生不法侵害、攻击行为或危险时，别无他法或手段可避免或排除危险造成的损害后果，只能以损害第三者较小的合法利益的相当性的方式方法或手段，保护合法利益的紧急权利）采取的紧急避险行为，造成损害，不负刑责。

从紧急避险过当的角度讲，紧急避险（紧急避难）超过必要限度造成不应有的损害，应负刑责，但应减轻或免除处罚。

【2015·卷2·单选·4】（答案：B）鱼塘边工厂仓库着火，甲用水泵从乙的鱼塘抽水救火，致鱼塘中价值2万元的鱼苗死亡。仓库中价值2万元的商品因灭火及时未被烧毁。甲承认仓库边还有其他几家鱼塘，为报复才从乙的鱼塘抽水。关于本案，下列哪一选项是正确的？A. 甲出于报复动机损害乙的财产，缺乏避险意图。B. 甲从乙的鱼塘抽水，是不得已采取的避险行为。C. 甲未能保全更大的权益，不符合避险限度要件。D. 对2万元鱼苗的死亡，甲成立故意毁坏财物罪。

紧急避险是法律保护的权益遇到危险而不可能采用其他措施避免时，不得已采用损害另一个较小权益以保护较大权益免遭损害的法律行为。

紧急避险的类型有多样性、互补性、差异性，分为阻却违法性的紧急避险（正当化紧急避险）、阻却责任的紧急避险（免责的紧急避险）；阻却违法的紧急避险、减免责任的紧急避险；法定的紧急避险、超法规的紧急避险；攻击性的紧急避险、防御性的紧急避险；保护国家利益的紧急避险（国家紧急避险）、保护公共利益的紧急避险（社会紧急避险）、保护个人利益的紧急避险（个人紧急避险）；紧急状态、紧急救助等。紧急避险有必要性、限度性，存在必要限度说、法益权衡说、优越利益说（外国紧急避险理论），或轻于必要限度说等于加必要限度说、必要限度相等说、区别对待说（中国紧急避险理论）等。从主观方面的角度讲，避险过当问题有争议性，存在过失说、故意或过失说、过失或间接故意说、过失、故意或意外事件说等理论观点。[11]

从外国刑法立法例的角度讲，紧急避险、胁迫行为（从犯、胁从犯等）的关系有关联性、互补性、差异性，存在统一立法例（俄罗斯联邦刑法典）、区别立法例（法国刑法典、意大利刑法典、韩国刑法典或英美法系国家刑法典等）、折中立法说（德国刑法典等）等不同理论观点。从中国刑法的角度，紧急避险、胁迫行为介于区别立法例、折中立法例之间；紧急避险的危险源有胁迫性、避险性、强制性，胁迫行为可能存在于紧急避险、胁从犯的来源之中。

从司法实践的角度讲，紧急避险以不负刑责为原则，以负刑责为例外（避险过当）。从司法解释的角度讲，对避险过当，应综合考虑犯罪的性质、避险过当的程度、造成损害的大小等情况，减少基准刑的50%以上或依法免除处罚。

从宽严相济政策的角度讲，被告人的行为已构成犯罪，但犯罪情节轻微，或未成年人、在校学生实施的较轻犯罪，或被告人有犯罪预备、犯罪中止、从犯、胁从犯、防卫过当、避险过当等情节，依法不需判处刑罚，可免刑。对免刑，应根据非刑罚化处置措施、职业禁止，做好善后、帮教工作或交由有关部门进行处理，争取更好的社会效果。

从比较法、利益说、法理学的角度讲，紧急避险的立法目的在于紧急避险人针对正发生的危险（自然界的危险；自然人危害社会行为、胁迫行为或生理、病理的危险；动物袭击的危险等）而不得已的紧急情况下，以避险方式加害一个相对较小的合法利益，保护国家利益、公共利益或本人、他人的合法利益。正驾驶公共交通工具（公共汽车、公路客运车、大中型出租车等车辆）的驾驶人员遭到妨害安全驾驶行为侵害时，为避免公共交通工具倾覆或人员伤亡等危害后果发生，采取紧急制动或躲避措施，造成公共交通工具、交通设施损坏或人身损害，符合法定条件，应认定为紧急避险。

从罪责刑相一致原则、主客观相统一原则、禁止客观归罪原则、无罪过事件、犯罪概念但书的排除性的角度讲，不可抗力（地震、火山爆发、飓风、水灾、旱灾等自然灾害，或战争、政变、罢工、骚乱、政府禁令等社会事件，或征收、征用等政府行为等不能预见、不能避免、不能克服的客观情况）、意外事件［行为人的行为客观上造成了损害，但主观上既无故意又无过失，而是不可抗拒或不能预见的原因造成的客观情况或难以预料的偶发事件（突发事件、突生疾患、交通事故、遭遇劫匪等）］、特殊正当防卫（特殊防卫权或无限防卫权）、特殊紧急避险等非犯罪化行为或无罪过事件，均不负刑责。

从阻却违法事由的角度讲，不可抗力、正当防卫、紧急避险、法令行为、正当业务行为、被害人承诺、推定承诺、自损行为、业务冲突等违法阻却事由体现犯罪概念"但书"的出罪价值，最终达到社会效果和法律效果的统一。被害人提出附带民诉，应记录在案；移送审查起诉时，应在起诉意见书末页注明。

【2011·卷2·单选·8】（答案：D）经被害人承诺的行为要排除犯罪的成立，至少符合下列4个条件：①被害人对被侵害的_____具有处分权限。②被害人对所承诺的_____的意义、范围具有理解能力。③承诺出于被害人的_____意志。④被害人必须有_____的承诺。下列哪一选项与题干空格内容相匹配？A. 法益—事项—现实—真实。B. 事项—法益—现实—真实。C. 事项—法益—真实—现实。D. 法益—事项—真实—现实。

从犯罪构成要件要素的角度讲，一般而言，犯罪构成要件要素都是积极、正面，但也存在否定犯罪性的构成要件要素（消极的构成要件要素）。(1) 成文的构成要件要素，是刑法明文规定的构成要件要素；不成文的构成要件要素，是刑法条文表面上无明文规定，但根据刑法条文之间的相互关系、刑法条文对相关要素的描述所确定，成立犯罪所需具备的要素。(2) 说明

---

[11] 谢雄伟：《紧急避险基本问题研究》，中国人民公安大学出版社2008年版，第21~26，228~230页，引用时重新改动。

行为外部、客观方面的要素（行为、结果、行为对象等）为客观的犯罪构成要件要素。（3）解释犯罪构成要件要素和认定是否存在符合犯罪构成要件要素的事实时，只需法官的认识活动即可确定的犯罪构成要件要素，属于记述的构成要件要素。

无救济即无权利。法律和社会的公平正义不可缺席。事后的公平正义或迟到的公平正义，意味着无公平正义。从民事权利的保护主体的角度，民事权利的保护分为民事权利的自我保护［自卫行为（正当防卫、紧急避险等）、自助行为（有自助请求性、情势紧迫性、非公力救济性、阻却违法性的自救行为）］、民事权利的国家保护（公力保护或公力救济：民诉、强制执行等）。

第二节 犯罪的预备、未遂和中止（第22~24条）

◆《刑法》第22条【犯罪预备（预备犯或准备犯）】

从故意犯、预备犯、犯罪特征、犯罪过程或犯罪进程、犯罪阶段、修正的犯罪构成要件、犯罪未完成形态的角度讲，犯罪预备（预备犯）是为犯罪（作案动机或目的），准备工具（梯子、绳索、枪弹、刀棒、锤斧、钳剪、锯锉、面罩、毒药、爆炸物、化学物品、汽车、摩托车等；制造、修理、改装、购买、借用、骗取、窃取等制造犯罪工具、准备犯罪物品的准备行为）、制造条件（尾随、守候、蹲点、踩点、跟踪、诱骗、偷窥、察看现场环境或犯罪地点、选择时机、排除障碍、犯罪预谋、寻找同伙、探听行踪、拟定计划、反侦查、演习犯罪手段技巧等）的故意犯罪形态（犯罪行为的停顿状态或犯罪准备状态）。

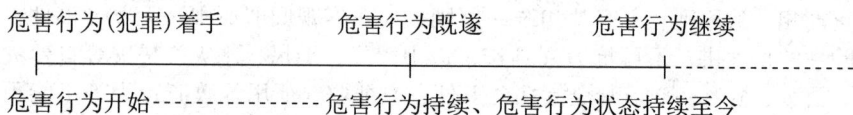

从预备犯和既遂犯的关系的角度讲，对预备犯，可比照既遂犯（法定刑）从轻处罚（法定刑幅度内的相对从轻）、减轻处罚（判处低于法定最低刑幅度内的刑罚）或免刑（特殊免刑情节）。

【2006·卷2·多选·54】（答案：ACD）下列哪些选项是错误的？A. 甲、乙二人合谋抢劫出租车，准备凶器和绳索后拦住一辆出租车，谎称去郊区某地。出租车行驶到检查站，检查人员见甲、乙二人神色慌张便进一步检查，在检查时甲、乙意图逃离出租车被抓获。甲、乙二人的行为构成抢劫（未遂）罪。B. 甲深夜潜入某银行储蓄所行窃，正在撬保险柜时，听到窗外有响动，以为有人来了，因害怕被抓就悄悄逃离。甲的行为构成盗窃（未遂）罪。C. 甲意图杀害乙，经过跟踪，掌握了乙每天上下班的路线。某日，甲准备了凶器，来到乙必经的路口等候。在乙经过的时间快要到时，甲因口渴到旁边的小卖部买饮料，待甲返回时，乙因提前下班已过了路口。甲等了一阵儿不见乙经过，就准备回家，在回家路上因凶器暴露被抓获。甲的行为构成故意杀人（未遂）罪。D. 甲意图陷害乙，遂捏造了乙受贿10万元并与他人通奸的犯罪事实，写了一封匿名信给检察院反贪局。检察机关经初查发现根本不存在受贿事实，对乙未追究刑责。甲欲使乙受到刑事追究的意图未能得逞。甲的行为构成诬告陷害（未遂）罪。

【2004·卷2·单选·2】（答案：B）药店营业员李某与王某有仇。某日王某之妻到药店买药为王某治病，李某将一包砒霜混在药中交给王妻。后李某后悔，在第二天到王家欲取回砒霜，而王某谎称已服完。李某见王某没什么异常，就没将真相告诉王某。几天后，王某因服用李某提供的砒霜而死亡。李某的行为属于：A. 犯罪中止。B. 犯罪既遂。C. 犯罪未遂。

D. 犯罪预备。

犯罪既遂以行为人实施的犯罪行为是否符合某一犯罪的犯罪构成为标准，而不是以犯罪人的主观目的是否实现为标准。犯罪既遂类型问题有争议性。（1）通说认为，犯罪既遂分为行为犯、结果犯（既遂犯、未遂犯、预备犯、中止犯等）等。（2）从犯罪行为和犯罪结果之间是否存在时间间隔的角度，既遂犯分为隔时犯（故意杀人罪等）、同时犯［行为犯（强奸罪、绑架罪、脱逃罪、投敌罪、投降罪、投敌叛变罪、偷越国边境罪、诬告陷害罪等）、举动犯（即时犯：参加恐怖活动组织罪、煽动分裂国家罪等）或单纯行为犯（刑讯逼供罪、非法搜查罪、报复陷害罪等）］。（3）从犯罪既遂后犯罪是否终了的角度，既遂犯分为即成犯（即时犯：虐待罪；拐卖妇女、儿童罪；故意杀人罪等；犯罪行为实行完毕后随着犯罪结果的发生，犯罪即告成立或完成、终了的犯罪形态）、继续犯（持续犯）或即成犯、继续犯（非法持有枪支罪、非法持有毒品罪、非法持有假币罪等持有型犯罪；重婚罪、遗弃罪、绑架罪、非法拘禁罪、拐骗儿童罪、劫持航空器或船只汽车罪等）、状态犯（盗窃罪、侵占罪、职务侵占罪、贪污罪、受贿罪、收买被拐卖的妇女儿童罪等）。持有型犯罪的性质问题有争议性，一般认为持有是对物的有意识控制、支配，关键在于故意持有和纯粹持有的区别。

从犯罪终了和法益侵害或犯罪结果发生的关系的角度讲，犯罪分为即成犯（法益侵害后果发生的同时，犯罪行为完成或终了；随着构成要件结果的发生，出现法益侵害或危险，犯罪也告既遂；因法益侵害等结果发生而使犯罪成立的同时，犯罪也终了，而且法益也随之消灭〔12〕）、状态犯、继续犯。（1）挪用资金罪、挪用公款罪等挪用型犯罪；窝藏罪和掩饰、隐瞒犯罪所得、犯罪所得收益罪的性质问题存在继续犯、状态犯的争议性。（2）故意伤害罪、重婚罪、拐骗儿童罪和拐卖妇女儿童罪、收买被拐卖的妇女儿童罪的性质问题存在状态犯、继续犯、即成犯的争议性。（3）通说认为，以出卖为目的，拐骗、绑架、收买妇女、儿童时，只要使被害人转移（含中转、接送行为）至行为人或第三者的实力支配范围内，即为拐卖妇女、儿童罪的既遂。出卖捡拾的儿童，出卖亲生子女，收买被拐卖的妇女、儿童后才产生出卖犯意进行出卖，应以出卖了被害人为既遂标准。〔13〕

从大陆法系的角度讲，犯罪分为形式犯、实质犯【结果犯：侵害犯（实害犯）、危险犯［具体危险犯（就具体个案判定是否存在具体的现实危险）、抽象危险犯（以一般的社会生活经验为据，判定行为通常具有发生侵害结果的危险）］】。〔14〕

从犯罪行为的分类的角度讲，犯罪分为作为犯、非作为犯（纯正不作为犯、非纯正不作为犯；积极的不作为犯、消极的不作为犯）；行为犯、持有犯；作为犯、持有犯；双行为犯、转化犯；行为犯、举动犯；行为犯、结果犯；行为犯、目的犯；行为犯、过当犯［防卫过当犯（有过当的假想犯、无过当的假想犯；过当防卫犯、过当避险犯、过当职务犯、过当自救犯；假想防卫犯、假想避险犯、假想职务犯、假想自救犯）、避险过当犯］等。

转化犯的情形：（1）在非法拘禁过程中故意杀人，非法拘禁罪转化为故意杀人罪，以故意杀人罪定罪处罚。（2）挪用公款后携款潜逃，挪用公款罪转化为贪污罪，以贪污罪定罪处罚。（3）盗窃、抢夺、诈骗时，为窝藏赃物、抗拒抓捕、毁灭罪证使用暴力，足以构成盗窃罪、抢夺罪和诈骗罪，即转化为抢劫罪。盗窃、抢夺、诈骗行为存在暴力条件下转化抢劫罪的可能性。（4）抢夺时携带凶器，抢夺罪转化为抢劫罪，以抢劫罪定罪处罚。（5）刑讯逼供致人死亡，刑讯逼供罪转化为故意杀人罪。（6）强迫卖血致人伤害，强迫卖血罪转化为故意

---

〔12〕 周光权：《刑法总论》，中国人民大学出版社2007年版，第9~10页；［日］大谷实：《刑法讲义总论》（第2版），成文堂2007年版，第128页；［日］山口厚：《刑法总论》，有斐阁2007年版，第47页。

〔13〕 张明楷：《刑法学》，法律出版社2007年版，第670页。

〔14〕 李海东："社会危害性与危险性：中、德、日刑法学的一个比较——以法益实害未发生时的可罚根据为切入点"，载《刑事法律评论》，中国政法大学出版社1999年版，第8页，引用时有改动。

伤害罪。

【2004·卷2·单选·15】（答案：C）行为人在实施不纯正不作为犯罪时，其罪过：A. 只能是故意。B. 只能是过失。C. 既可以是故意，也可以是过失。D. 只能是间接故意。

【2012·卷2·单选·4】（答案：C）下列哪一选项构成不作为犯罪？A. 甲到湖中游泳，见武某也在游泳。武某突然腿抽筋，向唯一在场的甲呼救。甲未予理睬，武某溺亡。B. 乙女拒绝周某求爱，周某说"如不答应，我就跳河自杀"。乙明知周某可能跳河，仍不同意。周某跳河后，乙未呼救，周某溺亡。C. 丙与贺某到水库游泳。丙为显示泳技，将不善游泳的贺某拉到深水区教其游泳。贺某忽然沉没，丙有点害怕，忙游上岸，贺某溺亡。D. 丁邀秦某到风景区漂流，在漂流筏转弯时，秦某的安全带突然松开致其摔落河中。丁未下河救人，秦某溺亡。

不作为犯的认定：（1）不作为犯的条件：A. 行为人负有实施特定积极行为的义务（法律法规规定的义务；职务或业务要求的义务；法律地位或法律行为引起的义务；先前行为引起的义务等）。B. 行为人能履行特定义务。C. 行为人不履行特定义务，造成或可能造成危害后果。（2）不作为犯罪［纯正不作为犯或真正不作为犯（刑法明文规定只能由不作为构成的犯罪）、不纯正不作为犯或不真正不作为犯（以不作为形式实施作为形式的犯罪）］的罪过含故意或过失。A. 故意杀人罪不作为犯的罪过为故意。B. 过失致人死亡罪不作为犯的罪过为过失。（3）法律规定对近亲属有救助义务，若近亲属遇到了危险，在能救助的情况下而不去救助，可成立不作为犯罪。（4）典型的真正不作为犯：遗弃罪；丢失枪支不报罪；不报、谎报安全事故罪；拒不执行判决、裁定罪；放纵走私罪；徇私舞弊不移交刑事案件罪；不解救被拐卖、绑架妇女、儿童罪等。

从犯罪形态的角度讲，故意犯罪分为完成的犯罪形态（犯罪既遂形态：完成的单独犯罪形态、完成的共犯形态）、未完成的犯罪形态（未完成的单独犯罪形态、未完成的共犯形态；预备犯、未遂犯、中止犯等）。（1）从故意犯罪形态的角度讲，犯罪预备（预备犯）、犯罪中止（中止犯）、犯罪未遂（未遂犯）属于故意犯罪的未完成犯罪形态，仅存在于单一型故意犯罪、共同型故意犯罪之中。（2）从司法实践的角度讲，过失犯罪（过失单一犯罪、过失共犯）不存在过失未完成犯罪形态。（3）故意犯罪的完成犯（既遂犯）的刑罚重于未完成犯（预备犯、未遂犯、中止犯）的刑罚；预备犯的刑罚重于未遂犯或中止犯的刑罚。（4）从司法实践的角度讲，预备犯存在中止犯罪的可能性，而不可能存在犯罪未遂。

【2006·卷2·单选·4】（答案：C）与不作为犯罪相关的表述，下列哪一选项是正确的？A. 甲警察接到报案：有歹徒正在杀害其妻。甲立即前往现场，但只是站在现场观看，没采取任何措施。此时，县卫生局副局长刘某路过现场，也没救助被害妇女。结果，歹徒杀害了其妻。甲和刘某都是国家机关工作人员，都没履行救助义务，均应构成渎职罪。B. 甲非常讨厌其侄子乙（6岁）。某日，甲携乙外出时，张三酒后驾车撞伤了乙并迅速逃逸。乙躺在血泊中。甲心想，反正事故不是自己造成，于是离开了现场。乙因得不到救助而死亡。由于张三负有救助义务，所以甲不构成不作为犯罪。C. 甲下班回家后，发现自家门前放着一包来历不明、类似面粉的东西。甲第二天上班时拿到实验室化验，发现是海洛因，于是立即倒入厕所马桶冲入下水道。甲虽没将毒品上交公安部门，但不构成非法持有毒品罪。D.《消防法》规定，任何人发现火灾都须立即报警。过路人甲发现火灾后没及时报警，导致火灾蔓延。甲的行为成立不作为的放火罪。

【2010·卷2·多选·52】（答案：BCD）关于不作为犯罪，下列哪些选项是正确的？A. 甲在车间工作时，不小心使一根铁钻刺入乙的心脏，甲没有立即将乙送往医院而是逃往外地。医院证明，即使将乙送往医院，乙也不可能得到救治。甲不送乙就医的行为构成不作为犯罪。B. 甲盗伐树木时砸中他人，明知不立即救治将致人死亡，仍有意不救。甲不救助伤者

的行为构成不作为犯罪。C. 甲带邻居小孩出门，小孩失足跌入粪塘，甲嫌脏不愿施救，就大声呼救，待乙闻声赶来救出小孩时，小孩死亡。甲不及时救助的行为构成不作为犯罪。D. 甲乱扔烟头导致所看仓库起火，能够扑救而不救，迅速逃离现场，导致火势蔓延财产损失巨大。甲不扑救的行为构成不作为犯罪。

从犯罪行为的角度讲，犯罪预备行为的两种类型：（1）为实施犯罪进行犯罪活动而准备犯罪工具（器械物品）的准备行为（制造犯罪工具、寻求犯罪工具、加工犯罪工具使之适合犯罪的需要）。（2）为实施犯罪制造条件的行为［a. 为实施犯罪事先调查犯罪场所、时机、被害人行踪、毗邻的建筑物、逃跑的路线等。b. 准备实施犯罪的方式、方法、手段、技术。c. 排除实施犯罪的障碍（着手实行犯罪前，排除实行犯罪时可能遇到或已遇到的障碍：单纯地排除障碍，等待时机成熟再实施犯罪；排除障碍后立即着手实行）。d. 追踪跟踪被害人寻机作案或达到预定或合适地点后再实施犯罪、埋伏或等候被害人的到来再实施预定的犯罪，或进行其他接近被害人、接近犯罪对象物品的行为。e. 开始出发前往犯罪场所、地点或诱骗被害人赶赴预定犯罪地点或隐蔽场所。f. 勾引、集结共犯人进行犯罪预谋。g. 拟定实施犯罪、犯罪后逃避侦查的计划等］。

【2011·卷2·多选·52】（答案：ACD）关于不作为犯罪，哪些选项是正确的？A. 宠物饲养人在宠物撕咬儿童时故意不制止，导致儿童被咬死的，成立不作为的故意杀人罪。B. 一般公民发现他人建筑物发生火灾故意不报警的，成立不作为的放火罪。C. 父母能制止而故意不制止未成年子女侵害行为的，可能成立不作为犯罪。D. 荒山狩猎人发现弃婴后不救助的，不成立不作为犯罪。

【2013·卷2·多选·51】（答案：BD）关于不作为犯罪，哪些选项是正确的？A. 船工甲见乙落水，救其上船后发现其是仇人，又将其推到水中，致其溺亡。甲的行为成立不作为犯罪。B. 甲为县公安局长，妻子乙为县税务局副局长。乙在家收受贿赂时，甲知情却不予制止。甲的行为不属于不作为的帮助，不成立受贿罪共犯。C. 甲意外将6岁幼童撞入河中。甲欲施救，乙劝阻，甲便未救助，致幼童溺亡。因只有甲有救助义务，乙的行为不成立犯罪。D. 甲将弃婴乙抱回家中，抚养多日后感觉麻烦，便于夜间将乙放到菜市场门口，期待次日晨被人抱走抚养，但乙被冻死。甲成立不作为犯罪。

【2015·卷2·多选·174】（答案：ACD）关于不作为犯罪，下列哪些选项是正确的？A. 儿童在公共游泳池溺水时，其父甲、救生员乙均故意不救助。甲、乙均成立不作为犯罪。B. 在离婚诉讼期间，丈夫误认为自己无义务救助落水的妻子，致妻子溺水身亡的，成立过失的不作为犯罪。C. 甲在火灾之际，能救出母亲，但为救出女友而未救出母亲。如无排除犯罪的事由，甲构成不作为犯罪。D. 甲向乙的咖啡投毒，看到乙喝了几口后将咖啡递给丙，因担心罪行败露，甲未阻止丙喝咖啡，导致乙、丙均死亡。甲对乙是作为犯罪，对丙是不作为犯罪。

被告人的行为已构成犯罪，但犯罪情节轻微，或未成年人、在校学生实施的较轻犯罪，或被告人有犯罪预备、犯罪中止、从犯、胁从犯、防卫过当、避险过当等情节，依法不需判处刑罚，可免刑。对免刑，应根据非刑罚化处置措施、职业禁止、做好善后、帮教工作或交由有关部门进行处理，争取更好的社会效果。

对较轻犯罪的初犯、偶犯，应综合考虑其犯罪的动机、手段、情节、后果和犯罪时的主观状态，酌情从宽处罚。对犯罪情节轻微的初犯、偶犯，可免刑；依法应刑罚，也应尽量适用缓刑或判处管制、单处罚金等非监禁刑。

从司法解释的角度讲，对预备犯，综合考虑预备犯罪的性质、准备程度和危害程度等情况，可比照既遂犯减少基准刑的60%以下。犯罪较轻，可减少基准刑的60%以上或依法免除处罚。

从比较法、罪与非罪、犯罪预备的主观方面和客观方面的角度讲，犯罪预备与犯罪未遂的根本差异在于是否着手实施了犯罪。（1）犯罪预备、犯罪预备行为（在奔赴犯罪途中，尾随、跟踪或埋伏守候被害人等尚未着手实行犯罪、尚未着手犯罪的实行行为或具体犯罪实行行为着手前停止犯罪活动）、预备犯的主观方面（犯罪预备活动的意图、着手实行犯罪活动的意图、完成犯罪活动的意图）不同于犯罪预备阶段、犯罪预备阶段的中止（基于足以阻碍着手实行行为和完成犯罪行为的非自愿因素，实行行为尚未着手时被迫停止犯罪或着手实行行为前被迫停止犯罪，排除行为人存在认识错误而构成犯罪预备的情形）、犯罪表示（犯罪意图表露）、犯罪意图（犯意）、犯罪实行行为（着手实行犯罪行为）、暴力犯罪行为。（2）犯罪预备阶段有犯罪行为过程性、时间性，犯罪预备有犯罪停顿状态（形态）性、准备工具性、制造条件性、社会危害性、刑事可罚性。（3）从犯罪主观方面的角度，犯罪预备活动的根本意图、目的在于顺利着手实施、完成犯罪活动，并存在犯罪预备阶段中止的可能性。（4）从犯罪客观方面的角度讲，犯罪预备形态可能发生的时空范围为开始实施犯罪的预备行为（为犯罪的实行和完成创造便利条件）起至犯罪实行行为着手前（尚未着手犯罪的实行行为或在具体犯罪实行行为着手前停止犯罪活动）。（5）从司法实践、犯罪预备形态的客观特征的角度讲，单一犯罪计划的书面语言，共犯的勾结、犯罪思想或犯罪计划、犯罪目的的口头语言或书面语言等书证、物证，可能构成实施犯罪创造条件的犯罪预备行为的一部分，以预谋的特定犯罪论处。（6）强奸罪、抢劫罪、侮辱罪、诽谤罪、煽动分裂国家罪或教唆犯罪的威胁语言行为，属于认定故意犯罪的实行行为的一部分。（7）有犯罪预备或犯罪预备行为，应负刑责。（8）行为人在犯罪准备过程中因本人主观意志外的原因而未能着手实行犯罪，应以犯罪预备论处。（9）从犯罪预备阶段进入犯罪实行阶段，并最终完成犯罪（犯罪既遂形态），应负刑责。

从证据的合法性、合理性、真实性、关联性的角度讲，对物证、书证的审查内容：（1）物证（证明案件真实情况的一切物品、痕迹）、书证（以记载的内容、反映的思想证明案件真实情况的书面材料或其他物质材料）是否为原物、原件，物证的照片、录像或复制品及书证的副本、复制件与原物、原件是否相符；物证、书证是否经辨认、鉴定；物证的照片、录像或复制品和书证的副本、复制件是否由2人以上制作，有无制作人制作过程及原件、原物存放于何处的文字说明及签名。（2）物证、书证的收集程序、方式是否符合法律及有关规定；经勘验、检查、搜查提取、扣押的物证、书证，是否附有相关笔录或清单；笔录或清单是否有侦查人员、物品持有人、见证人签名，无物品持有人签名，是否注明原因；对物品的特征、数量、质量、名称等注明是否清楚。（3）物证、书证在收集、保管及鉴定过程中是否受到破坏或改变。（4）物证、书证与案件事实有无关联。对现场遗留与犯罪有关的具备检验鉴定条件的血迹、指纹、毛发、体液等生物物证、痕迹、物品，是否通过DNA鉴定、指纹鉴定等鉴定方式与被告人或被害人的相应生物检材、生物特征、物品等作同一认定。（5）与案件事实有关联的物证、书证是否全面收集。

物证、书证的基本要求：（1）对在勘验、检查、搜查中发现与案件事实可能有关联的血迹、指纹、足迹、字迹、毛发、体液、人体组织等痕迹和物品应提取而未提取，应检验而未检验，导致案件事实存疑，法院应向检察院说明情况，检察院依法可补充收集、调取证据，作出合理的说明或退回侦查机关补充侦查（A. 侦查终结，移送检察院审查起诉的案件，检察院退回公安机关补充侦查，公安机关接到检察院退回补充侦查的法律文书后，应按补充侦查提纲在1个月内补充侦查完毕。B. 补充侦查以2次为限。C. 对检察院退回补充侦查的案件，据不同情况，报县级以上公安机关负责人批准，分别处理：a. 原认定犯罪事实清楚，证据不够充分，应在补充证据后，制作补充侦查报告书，移送检察院审查；对无法补充的证据，应作出说明。b. 在补充侦查过程中，发现新的同案犯或新的罪行，需追究刑责，应重新制作起诉意见书，移送检察院审查。c. 发现原认定的犯罪事实有重大变化，不应追究刑责，应重新提出处理意见，并将处理结果通知退查的检察院。d. 原认定犯罪事实清楚，证据确实、充分，检察院退回补充侦查不当，应说明理由，移送检察院审查。D. 对检察院在审查起诉过程中以及在法院作出生效判决前，要求公安机关提供法庭审判所必需的证据材料，应及时收集和提供），调取有关证据。（2）据以定案的物证应是原物。只有在原物不便搬运、不易保存或依法应由有关部门保管、处理或依法应返还时，才可拍摄或制作足以反映原物外形或内容的照片、录像或复制品。物证的照片、录像或复制品，经与原物核实无误或经鉴定证明为真实，或以其他方式确能证明其真实，可作为定案的根据。原物的照片、录像或复制品，不能反映原物外形和特征，不能作为定案的根据。（3）据以定案的书证应是原件。只有在取得原件确有困难时，才可使用副本或复制件。书证的副本、复制件，经与原件核实无误或经鉴定证明为真实，或以其他方式确能证明其真实，可作为定案的根据。书证有更改或更改迹象不能作出合理解释，书证的副本、复制件不能反映书证原件及其内容，不能作为定案的根据。（4）经勘验、检查、搜查提取、扣押的物证、书证，未附有勘验、检查笔录，搜查笔录，提取笔录，扣押清单，不能证明物证、书证来源，不能作为定案的根据。（5）具备辨认条件的物证、书证应交由当事人或证人辨认，必要时应鉴定。A. 对物证、书证的来源及收集过程有疑问，不能作出合理解释，该物证、书证不能作为定案的根据。B. 通过有关办案人员的补正或作出合理解释，可采用的物证、书证收集程序、方式存在一定瑕疵的4种情形：a. 收集调取的物证、书证，在勘验、检查笔录，搜查笔录，提取笔录，扣押清单上无侦查人员、物品持有人、见证人签名或物品特征、数量、质量、名称等注明不详。b. 收集调取物证照片、录像或复制品，书证的副本、复制件未注明与原件核对无异，无复制时间，无被收集、调取人（单位）签名（盖章）。c. 物证照片、录像或复制品，书证的副本、复制件无制作人制作过程及原物、原件存放于何处的说明或说明中无签名。d. 物证、书证的收集程序、方式存在其他瑕疵。

【2010·卷2·单选·29】（答案：D）关于辨认规则，下列哪一说法是正确的？A. 检察院侦查的案件，对犯罪嫌疑人辨认由侦查部门负责人决定。B. 为了辨认需要，可以让辨认人在辨认前见到被辨认对象。C. 有多个辨认人时，根据需要可以集体进行辨认。D. 为了进行辨认，必要时证人可在场。

从刑诉法的角度讲，辨认的情形：（1）一般而言，应严格审查侦查机关组织的辨认，不能确定其真实性，辨认结果不能作为定案根据的5种情形：A. 辨认不是在侦查人员主持下进行。B. 辨认前使辨认人见到辨认对象。C. 辨认人的辨认活动未个别进行。D. 辨认对象未混杂在有类似特征的其他对象中，或供辨认的对象数量不符合规定；尸体、场所等特定辨认对象除外。E. 辨认中给辨认人明显暗示或明显有指认嫌疑。（2）特殊而言，通过有关办案人员的补正或作出合理解释，辨认结果可作为证据使用的5种情形：A. 主持辨认的侦查人员少于2人。B. 未向辨认人详细询问辨认对象的具体特征。C. 对辨认经和结果未制作专门的规范的辨认笔录，或辨认笔录无侦查人员、辨认人、见证人的签名或盖章。D. 辨认记录过于简单，只有结果无过程。E. 案卷中只有辨认笔录，无被辨认对象的照片、录像等资料，无法获悉辨认的真实情况。

◆《刑法》第23条【犯罪未遂（未遂犯、犯罪未得逞或犯罪未如愿）】

从未完成故意犯罪形态（未完成犯）的角度讲，犯罪未遂（犯罪未得逞或犯罪未如愿、未遂犯）是已着手（动手、已开始行动）实行犯罪（开始实施具体犯罪行为的一刹那），因罪犯意志（犯罪人意志：将直接故意犯罪进行到底的犯罪心理态度）外的原因【A. 犯罪人自身的客观情况（犯罪人心理素质差、犯罪技术水平低、智力水平低因素；犯罪时病变体力不济因素等）和认识错误［侵害的对象无错误，但造成侵害的因果关系的发展过程与行为人预想的发展过程以及侵害结果退后或提前发生的情况不一致的因果关系（危害行为和危害结果之间的一种引起被引起的客观关系）认识错误（事前、事中的因果关系认识错误或事前、事中的故意）、对象认识错误、环境认识错误、事实认识错误、法律认识错误等]。B．非犯罪人本人的客观情况：人为障碍（行为人自身状况、当事人及时制止、被害人抵制或逃避）、自然障碍、物理障碍（工具故障、物质障碍等）】而未得逞的犯罪形态（实行终了的未遂、未实行终了的未遂；能犯未遂、不能犯未遂；障碍未遂、中止未遂、未终了未遂、终了未遂、不能未遂；着手的未遂、实行的未遂；已完成的未遂、未完成的未遂；实行完了的未遂、未实行完了的未遂；重罪的未遂、轻罪的未遂；受阻犯、未遂犯）。[15]

【2002·卷2·多选·42】（答案：ACD）陈某趁珠宝柜台的售货员接待其他顾客时，伸手从柜台内拿出一个价值2300元的戒指，握在手中。然后继续在柜台边假装观看。几分钟后售货员发现少了一个戒指并怀疑陈某，便立即报告保安人员。陈某见状，速将戒指扔回柜台内后逃离。关于本案，下列哪些说法是正确的？A．陈某的盗窃行为已经既遂。B．陈某的盗窃行为属于未遂。C．陈某将戒指扔回柜台内不属于中止行为。D．陈某将戒指扔回柜台内属于犯罪既遂后返还财物的行为。

从法理学的角度讲，因果关系的发展过程是危险的现实化过程。（1）刑法因果关系是危害行为与危害结果之间引起与被引起的法律关系。根据因果关系认定的条件说，行为与结果之间存在着无行为即无结果的条件关系时，行为是结果的原因。（2）一般而言，依当时当地的社会观念，普遍认为也能发生同样的结果，才能认定有因果关系，而危害行为发生的概率不影响因果关系的判断。（3）认定因果关系意味着将结果归属于某个实行行为（具有造成法益侵害结果危险的行为）。A．认定因果关系时，须确定行为与结果之间的关联性，须证明危害结果是实行行为的危险的现实化。B．只要行为给被害对象造成或提升了被法律所不能允许的风险并引起了危害结果的发生，可认定存在因果关系。（4）认定因果关系不等于认定刑责，还要看行为人是否具有刑法所要求的相关构成要件，最后得出是否构成犯罪的结论。

【2003·卷2·多选·41】（答案：ABCD）下列关于刑法上因果关系的说法哪些是正确的？A．甲欲杀害其女友，某日故意破坏其汽车的刹车装置。女友如驾车外出，15分钟后遇一陡坡，必定会坠下山崖死亡。但女友将汽车开出5分钟后，即遇山洪暴发，泥石流将其冲下山摔死。死亡结果的发生和甲的杀害行为之间，没因果关系。B．乙欲杀其仇人苏某，在山崖边对其砍了7刀，被害人重伤昏迷。乙以为苏某已死亡，遂离去。但苏某自己醒来后，刚迈了2步即跌下山崖摔死。苏某的死亡和乙的危害行为之间存在因果关系。C．丙追杀情敌赵某，赵狂奔逃命。赵的仇人赫某早就想杀赵，偶然见赵慌不择路，在丙尚未赶到时，即向其开枪射击，致赵死亡。赵的死亡和丙的追杀之间没因果关系。D．丁持上膛的手枪闯入其前妻钟某住所，意图杀死钟某。在两人厮打时，钟某自己不小心触发扳机遭枪击死亡。钟的死亡和丁的杀人行为之间存在因果关系，即使丁对因果关系存在认识错误，也构成故意杀人罪既遂。

【2006·卷2·多选·52】（答案：ABC）甲举枪射击乙，但因没有瞄准而击中丙，致丙死亡。关于本案，下列哪些选项是正确的？A．甲的行为属于打击错误。B．甲的行为属于同一

---

[15] 未遂犯的分类或种类、类型，主要参考书：[日]大谷实：《刑法总论》，黎宏译，法律出版社2003年版，第275页；[日]野村稔：《刑法总论》，全理其、何力译，法律出版社2001年版，第323页；[俄]斯库拉托夫、拉别捷夫主编：《俄罗斯联邦刑法典释义》（上），黄道秀译，中国政法大学出版社2000年版，第68~69页；《蒙古国刑法典》，徐留成译，北京大学出版社2006年版，第8页；《菲律宾刑法》，杨家庆译，北京大学出版社2006年版，第2页；《马耳他刑事法典》，李凤梅译，北京大学出版社2006年版，第29~30页；马克昌主编：《犯罪通论》，武汉大学出版社1991年版，第451~459页；高铭暄、马克昌主编：《刑法学》，北京大学出版社、高等教育出版社2000年版，第158~160页；王作富主编：《刑法》，中国人民大学出版社1999年版，第122~123页。引用时有改动。

犯罪构成内的事实认识错误。C. 甲构成故意杀人（既遂）罪。D. 甲构成故意杀人（未遂）罪与过失致人死亡罪。

【2011·卷2·单选·3】（答案：D）关于因果关系，下列哪一选项是错误的？A. 甲将被害人衣服点燃，被害人跳河灭火而溺亡。甲行为与被害人死亡具有因果关系。B. 乙在被害人住宅放火，被害人为救婴儿冲入宅内被烧死。乙行为与被害人死亡具有因果关系。C. 丙在高速路将被害人推下车，被害人被后面车辆轧死。丙行为与被害人死亡具有因果关系。D. 丁毁坏被害人面容，被害人感觉无法见人而自杀。丁行为与被害人死亡具有因果关系。

从未遂犯和既遂犯的关系、罪责刑相适应原则的角度讲，对未遂犯，可比照既遂犯，从轻或减轻处罚。

【2004·卷2·单选·4】（答案：A）下列案例中哪一项构成犯罪未遂？A. 甲对胡某实施诈骗行为，被胡某识破骗局。胡某觉得甲穷困潦倒，实在可怜，就给其3000元，甲得款后离开现场。B. 乙为了杀死刘某，持枪尾随刘某，行至偏僻处时，乙向刘某开了一枪，没打中；在还可继续开枪的情况下，乙害怕受刑罚，没再开枪。C. 丙绑架赵某，并要求其亲属交付100万元。在提出勒索要求后，丙害怕受刑罚处罚，将赵某释放。D. 丁抓住妇女李某的手腕，欲绑架李某然后出卖。李为脱身，便假装说：我有性病，不会有人要。丁信以为真，于是垂头丧气地离开现场。

【2007·卷2·单选·6】（答案：D）甲将汽车停在自家楼下，忘记拔车钥匙，匆匆上楼取文件，被恰好路过的乙发现。乙发动汽车刚要挂挡开动时，甲正好下楼，将乙抓获。关于乙的行为，下列哪一选项是正确的？A. 构成侵占罪既遂。B. 构成侵占罪未遂。C. 构成盗窃罪既遂。D. 构成盗窃罪未遂。

【2008·川·卷2·单选·4】（答案：D）甲意图勒死乙，将乙勒昏后，误以为乙已死亡。为毁灭证据，又用利刃将"尸体"分尸。事实上，乙并非死在甲的勒杀行为，而是死在甲的分尸行为。关于本案，下列哪一选项是正确的？A. 甲的行为构成故意杀人（未遂）罪和过失致人死亡罪。B. 甲的行为构成故意杀人（未遂）罪、过失致人死亡罪和侮辱尸体罪。C. 甲的行为构成故意杀人（既遂）罪和侮辱尸体罪。D. 甲的行为构成故意杀人（既遂）罪。

【2015·卷2·单选·1】（答案：D）关于因果关系，下列哪一选项是正确的？A. 甲跳楼自杀，砸死行人乙。这属于低概率事件，甲的行为与乙的死亡之间无因果关系。B. 集资诈骗案中，如出资人有明显的贪利动机，就不能认定非法集资行为与资金被骗结果之间有因果关系。C. 甲驾车将乙撞死后逃逸，第三人丙拿走乙包中贵重财物。甲的肇事行为与乙的财产损失之间有因果关系。D. 司法解释规定，虽交通肇事重伤3人以上但负事故次要责任的，不构成交通肇事罪。这说明即使有条件关系，也不一定能将结果归责于行为。

【2015·卷2·单选·3】（答案：B）警察带着警犬（价值3万元）追捕逃犯甲。甲枪中只有一发子弹，认识到开枪既可能只打死警察（希望打死警察），也可能只打死警犬，但一枪同时打中二者，导致警察受伤、警犬死亡。关于甲的行为定性，下列哪一选项是错误的？A. 如认为甲只有一个故意，成立故意杀人罪未遂。B. 如认为甲有数个故意，成立故意杀人罪未遂与故意毁坏财物罪，数罪并罚。C. 如甲仅打中警犬，应以故意杀人罪未遂论处。D. 如甲未打中任何目标，应以故意杀人罪未遂论处。

犯罪中止、犯罪未遂的根本差异在于犯罪中止为能达目的而不欲，犯罪未遂为欲达目的而不能。（1）刑法意义的认识错误分为事实认识错误［行为人对自己的危害行为的性质、手段、对象及危害行为和危害结果之间的法律因果关系的认识错误；具体的事实认识错误（打击错误等）、抽象的事实认识错误］、法律认识错误（行为人有意识地实施某种危害行为时，对此危害行为的法律性质或法律意义的认识错误）。事实认识错误的处理方法问题存在具体符合说（重视法益具体主体；行为人的主观想法和客观结果具体符合时，成立犯罪既遂）、法定符合说（重视法益性质；客观结果未超出同一犯罪构成，成立犯罪既遂）等不同理论观点。
（2）对一些结果犯，犯罪人完成犯罪行为后，有效防止犯罪结果的发生，可能构成犯罪中止。
（3）对行为犯，一旦犯罪形态达到既遂状态，就不可能再构成犯罪中止。A. 盗窃罪属于典型的行为犯，盗窃行为已使被害人丧失了对财物的控制时，就是既遂，不可能再出现犯罪中止。B. 行为人是否最终达到了非法占有并任意处置该财物的目的，并不影响既遂的构成。C. 认定盗窃罪的既遂与未遂时，须根据财物性质、形状、体积大小、被害人对财物的占有状态［财物的占有包括事实的占有、社会观念的占有（依社会观念可推知财物的支配人的状态）］、行为人的窃取样态等情形判断。

【2015·卷2·多选·53】（答案：CD）关于因果关系，下列哪些选项是正确的？A. 甲驾车经过十字路口右拐时，被行人乙扔出的烟头击中面部，导致车辆失控撞死丙。只要肯定甲的行为与丙的死亡之间有因果关系，甲就应承担交通肇事罪的刑事责任。B. 甲强奸乙后，威胁不得报警，否则杀害乙。乙报警后担心被甲杀害，便自杀身亡。如无甲的威胁乙就不会自杀，故甲的威胁行为与乙的死亡之间有因果关系。C. 甲夜晚驾车经过无照明路段时，不小心撞倒丙后继续前行，随后的乙未注意，驾车从丙身上轧过。即使不能证明是甲直接轧死丙，也须肯定甲的行为与丙的死亡之间有因果关系。D. 甲、乙等人因琐事与丙发生争执，进而在电梯口相互厮打，电梯门受外力挤压变形开启，致丙掉入电梯通道内摔死。虽介入了电梯门非正常开启这一因素，也应肯定甲、乙等人的行为与丙的死亡之间有因果关系。

【2015·卷2·多选·55】（答案：CD）关于故意与违法性的认识，下列哪些选项是正确的？A. 甲误以为买卖黄金的行为构成非法经营罪，仍买卖黄金，但事实上该行为不违反《刑法》。甲有犯罪故意，成立犯罪未遂。B. 甲误以为自己盗窃枪支的行为仅成立盗窃罪。甲对《刑法》规定存在认识错误，因而无盗窃枪支罪的犯罪故意，对甲的量刑不能重于盗窃罪。C. 甲拘禁吸毒的陈某数日。甲认识到其行为是剥夺了陈某的自由，但误以为《刑法》不禁止普通公民实施强制戒毒行为。甲有犯罪故意，应以非法拘禁罪追究刑事责任。D. 甲知道自己的行为有害，但不知是否违反《刑法》，遂请教中学语文教师乙，被告知不违法后，甲实施了该行为。但事实上《刑法》禁止该行为。乙的回答不影响甲成立故意犯罪。

【2015·卷2·多选·56】（答案：ABCD）甲在乙骑摩托车必经的偏僻路段精心设置路障，欲让乙摔死。丙得知甲的杀人计划后，诱骗仇人丁骑车经过该路段，丁果真摔死。关于本案，下列哪些选项是正确的？A. 甲的行为和丁死亡之间有因果关系，甲有罪。B. 甲的行为属对象错误，构成故意杀人罪既遂。C. 丙对自己的行为无认识错误，构成故意杀人罪既遂。D. 丙利用甲的行为造成丁死亡，可能成立间接正犯。

【2017·卷2·多选·53】（答案：AD）甲、乙合谋杀害丙，计划由甲对丙实施砍杀，乙持枪埋伏于远方暗处，若丙逃跑则伺机射杀。案发时，丙不知道乙的存在。为防止甲的不法侵害，丙开枪射杀甲，子弹与甲擦肩而过，击中远处的乙，致乙死亡。关于本案，下列哪些选项是正确的？A. 丙的行为属于打击错误，依具体符合说，丙对乙的死亡结果没有故意。B. 丙的行为属于对象错误，依法定符合说，丙对乙的死亡结果具有故意。C. 不论采取何种学说，丙对乙都不能构成正当防卫。D. 不论采用何种学说，丙对甲都不构成故意杀人罪未遂。

从司法解释的角度讲，对未遂犯，综合考虑犯罪行为的实行程度、造成损害的大小、犯罪未得逞的原因等情况，可比照既遂犯确定从宽的幅度。（1）实施终了的未遂犯，造成损害后果，可比照既遂犯减少基准刑的20%以下；未造成损害后果，可比照既遂犯减少基准刑的30%以下。（2）未实施终了的未遂犯，造成损害后果，可比照既遂犯减少基准刑的30%以下；未造成损害后果，可比照既遂犯减少基准刑的50%以下。

从传统未遂犯理论的角度讲，未遂犯的处罚根据问题有争议性，存在主观未遂论（近代法学派：主观恶性、邪恶状态、犯罪意图、人身危险程度等犯罪故意内容）、客观未遂论（古典学派：以客观危险程度为核心内容；形式的客观未遂论、实质的客观未遂论、主客观综合的危险说）、主客观折中的未遂论（主观的客观说、个别的客观说）等不同理论观点。

从中国刑法理论的角度讲，未遂犯的处罚根据在于主客观相统一性、主观罪过性（犯罪主观方面）、社会危害性、刑法谦抑性或经济性、节约性、宽容性。实行的着手行为问题有争议性，存在大陆法系的主观说、客观说［形式的客观说、实质的客观说（实质的行为说、实质的结果说）］、主客观折中说（主观的客观说、个别的客观说）；英美法系的犯意确证说、接近完成说（实际接近说、超出预备说、临界既遂说、最后行为说等）、实质步骤说、中止的可能性说等不同理论观点。（1）未遂犯的处罚范围问题有争议性，存在重罪概括主义、轻罪列举主义、综合主义（折中说）等不同理论观点。（2）一般而言，重罪处罚以未遂犯处罚为原则，以未遂犯不处罚为例外；轻罪的处罚以未遂犯不处罚为原则，以未遂犯处罚为例外。

【2017·卷2·多选·52】（答案：ABCD）关于因果关系，下列哪些选项是正确的？A. 甲以杀人故意用铁棒将刘某打昏后，以为刘某已死亡，为隐藏尸体将刘某埋入雪沟，致其被冻死。甲的前行为与刘某的死亡有因果关系。B. 乙夜间驾车撞倒李某后逃逸，李某被随后驶过的多辆汽车辗轧，但不能查明是哪辆车造成李某死亡。乙的行为与李某的死亡有因果关系。C. 丙将海洛因送给13周岁的王某吸食，造成王某吸毒过量身亡。丙的行为与王某的死亡有因果关系。D. 丁以杀害故意开车撞向周某，周某为避免被撞跳入河中，不幸溺亡。丁的行为与周某的死亡有因果关系。

从犯罪行为的角度讲，实行行为的着手类型有多样性、复杂性、差异性，分为间接正犯的着手、直接正犯的着手；隔离犯（隔时犯、隔地犯）的着手、非隔离犯的着手；作为犯的着手、不作为犯（真正或纯正不作为犯、不真正或不纯正不作为犯）的着手等类型。（1）间接正犯（利用别人为犯罪工具实施犯罪行为的人）的着手问题存在利用者说、被利用者说、个别化说等理论观点。（2）原因自由行为的着手问题存在原因行为说、结果行为说、原因行为和结果行为二分说（折中说）等理论观点。

【2005·卷2·单选·7】（答案：B）甲深夜潜入乙家行窃，发现留长发穿花布睡衣的乙正在睡觉，意图奸淫，便扑在乙身上强脱其衣。乙惊醒后大声喝问，甲发现乙是男人，慌忙逃跑被抓获。甲的行为：A. 属于强奸预备。B. 属于强奸未遂。C. 属于强奸中止。D. 不构成强奸罪。

从故意犯罪未遂结果的角度讲，犯罪未遂分为实行终了未遂、未实行终了的未遂；未遂犯、不能犯（事实不能犯、法律不能犯；绝对不能犯、相对不能犯；工具不能犯、对象不能犯）；能犯的未遂、不能犯的未遂；障碍未遂、着手未遂、实行未遂；未遂犯、未完成犯等。（1）未遂犯的构成要件问题有争议性，存在二要件说、三要件说、四要件说等不同理论观点。未遂犯的着手时点问题有争议性，存在主观说、客观说、折中说等不同理论观点。（2）未遂犯的无既遂问题有争议性，存在未完成犯罪说、未发生结果说、未充足构成要件说（外国刑法理论），或犯罪未得逞说（中国刑法理论：犯罪结果说、犯罪目的说、犯罪构成要件说）等不同理论观点。

【2015·卷2·单选·5】（答案：D）下列哪一行为成立犯罪未遂？A. 以贩卖为目的，在网上订购毒品，付款后尚未取得毒品即被查获。B. 国家工作人员非法收受他人给予的现金支票后，未到银行提取现金即被查获。C. 为谋取不正当利益，将价值5万元的财物送给国家工作人员，但第二天被退回。D. 发送诈骗短信，受骗人上当后汇出5万元，但因误操作汇到无关第三人的账户。

从司法实践的角度讲，未遂犯有直接故意犯罪性、直接故意性、非自愿性、未得逞性、未达到目的性、未满足欲望性。（1）行为人着手实行强奸时发现被害人怀孕、月经例假或被害人告知怀孕或月经例假、谎称患有妇科病、性病等特殊病症而放弃犯罪的刑事案件、行为人着手实行暴力犯罪因遇熟人而放弃犯罪的刑事案件问题有争议性，存在犯罪未遂说、犯罪中止说等不同理论观点，以构成中止犯为原则，以构成未遂犯为例外。一般而言，强奸罪的犯罪对象是女子，误将男子当作女子实施奸淫，只能构成强奸罪对象不能犯的未遂。（2）行为人实施诈骗行为，但因意外原因未能获得诈骗所得，应认定为诈骗罪未遂。

【2012·卷2·多选·54】（答案：ABCD）关于犯罪停止形态的论述，下列哪些选项是正确的？A. 甲（总经理）召开公司会议，商定逃税。甲指使财务人员黄某将1笔500万元的收入在申报时予以隐瞒，但后来黄某又向税务机关如实申报，缴纳应缴税款。单位属于犯罪未遂，黄某属于犯罪中止。B. 乙抢夺邹某现金20万元，后发现全部是假币。乙构成抢夺罪既遂。C. 丙以出卖为目的，偷盗婴儿后，惧怕承担刑事责任，又将婴儿送回原处。丙构成拐卖儿童罪既遂，不构成犯罪中止。D. 丁对仇人胡某连开数枪均未打中，胡某受惊心脏病突发死亡。丁成立故意杀人罪既遂。

从刑法分则的角度讲，刑法可能存在未遂犯的罪名：（1）危害国安罪的未遂犯罪名：资助危害国安犯罪活动罪、投敌叛变罪、叛逃罪、间谍罪、为境外窃取刺探收买非法提供国家秘密情报罪、资敌罪。（2）危害国防利益罪的未遂犯罪名：故意提供不合格武器装备、军事设施罪。（3）危害公共安全罪的未遂犯罪名：帮助恐怖活动罪；劫持航空器罪；劫持船只、汽车罪；盗窃、抢夺枪支、弹药、爆炸物、危险物质罪；抢劫枪支、弹药、爆炸物、危险物质罪。（4）军人违反职责罪的未遂犯罪名：非法出卖、转让武器装备罪；盗窃、抢夺武器装备、军用物资罪；私放俘虏罪；投降罪；阻碍执行军事职务罪；非法获取军事秘密罪；为境外窃取、刺探、收买、非法提供军事秘密罪。（5）破坏社会主义市场经济秩序罪的未遂犯的罪名：A. 走私罪：走私武器、弹药罪；走私核材料罪；走私假币罪；走私文物罪；走私贵重金属罪；走私珍贵动物、珍贵动物制品罪；走私珍稀植物、珍稀植物制品罪；走私淫秽物品罪；走私普通货物、物品罪。B. 妨害对公司、企业的管理秩序罪的未遂犯罪名：非国家工作人员受贿罪。C. 破坏金融管理秩序罪的未遂犯罪名：伪造货币罪；金融工作人员购买假币、以假币换取货币罪；洗钱罪。D. 金融诈骗罪的未遂犯罪名：集资诈骗罪；贷款诈骗罪；票据诈骗罪；金融凭证诈骗罪；信用证诈骗罪；信用卡诈骗罪；有价证券诈骗罪；保险诈骗罪。（6）侵犯公民人身权、民主权利罪的未遂犯罪名：故意杀人罪；故意伤害罪；强奸罪（含奸淫幼女的行为）；强制猥亵、侮辱妇女罪；猥亵儿童罪；绑架罪；拐卖妇女、儿童罪；拐骗儿童罪。（7）侵犯财产罪的未遂犯罪名：抢劫罪；盗窃罪；诈骗罪。（8）贪污贿赂罪的未遂犯罪名：贪污罪；贿赂罪；行贿罪。（9）渎职罪的未遂犯罪名：私放在押人员罪。（10）妨害社会管理秩序罪的未遂犯罪名：脱逃罪；劫夺被押解人员罪；组织越狱罪；暴动越狱罪；聚众持械劫狱罪；组织他人偷越国（边）境罪；提供伪造、变造的出入境证件罪；出售出入境证件罪；运送他人偷越国（边）境罪；盗掘古文化遗址、古墓葬罪；盗掘古人类化石、古脊椎动物化石罪；抢夺、窃取国有档案罪；非法组织卖血罪；强迫卖血罪；非法猎捕、杀害珍贵、濒危野生动物罪；非法收购、运输、出售珍贵、濒危野生动物、珍贵、濒危野生动物制品罪；走私、贩卖、运输、制造毒品罪；强迫他人吸毒罪；组织卖淫罪；强迫卖淫罪；协助组织卖淫罪；引诱、容留、介绍卖淫罪；引诱幼女卖淫罪；传播性病罪。[16]

从司法解释的角度讲，盗窃既有既遂，又有未遂，分别达到不同量刑幅度，依处罚较重规定处罚；达到同一量刑幅度，以盗窃罪既遂处罚。

贪污罪既遂与未遂的认定：贪污罪和侵犯财产罪（盗窃、诈骗、抢夺等），都以非法占有为目的，应以行为人是否实际控制财物作为区分贪污罪既遂与未遂的标准。对行为人利用职务便利实施了虚假平账等贪污行为，但公共财物尚未实际转移，或尚未被行为人控制就被查

---

[16] 张永江：《未遂犯研究》，法律出版社2008年版，第224~246页，引用时有变动。

获，应认定为贪污未遂；行为人控制公共财物后，是否将财物据为自有，不影响贪污既遂的认定。

【2017·卷2·多选·66】（答案：AB）在袁某涉嫌故意杀害范某的案件中，下列哪些人员属于诉讼参与人？A. 侦查阶段为袁某提供少数民族语言翻译的翻译人员。B. 公安机关负责死因鉴定的法医。C. 就证据收集合法性出庭说明情况的侦查人员。D. 法庭调查阶段就范某死因鉴定意见出庭发表意见的有专门知识的人。

对被害人陈述的审查、认定适用证人证言（证人就其了解的案件情况向司法机关所作的陈述）有关规定。(1) 证人证言的审查内容：A. 证言的内容是否为证人直接感知。B. 证人作证时的年龄、认知水平、记忆能力和表达能力，生理上和精神上的状态是否影响作证。C. 证人与案件当事人、案件处理结果有无利害关系。D. 证言的取得程序、方式是否符合法律及有关规定；有无使用暴力、威胁、引诱、欺骗以及其他非法手段取证的情形；有无违反询问证人应个别进行规定；笔录是否经证人核对确认并签名（盖章）、捺指印；询问未成年证人，是否通知了其法定代理人到场，其法定代理人是否在场等。E. 证人证言之间以及与其他证据之间能否相互印证，有无矛盾。(2) 证人证言的认定标准：A. 以暴力、威胁等非法手段取得的证人证言，不能作为定案的根据。B. 处于明显醉酒、麻醉品中毒或精神药物麻醉状态，以致不能正确表达的证人所提供的证言，不能作为定案的根据。C. 证人的猜测性、评论性、推断性的证言，不能作为证据使用，但根据一般生活经验判断符合事实外。D. 不能作为定案根据的证人证言类型：a. 询问证人未个别进行而取得的证言。b. 未经证人核对确认并签名（盖章）、捺指印的书面证言。c. 询问聋哑人或不通晓当地通用语言、文字的少数民族人员、外国人，应提供翻译而未提供的证人证言。E. 有检察院、被告人及其辩护人对证人证言有异议，该证人证言对定罪量刑有重大影响，或法院认为其他应出庭作证情形的证人，法院应通知出庭作证；经依法通知不出庭作证证人的书面证言经质证无法确认，不能作为定案的根据。a 证人在法庭上的证言与其庭前证言相互矛盾，若证人当庭能对其翻证作出合理解释，并有相关证据印证，应采信庭审证言。b. 对未出庭作证证人的书面证言，应听取出庭检察人员、被告人及其辩护人的意见，并结合其他证据综合判断。c. 未出庭作证证人的书面证言出现矛盾，不能排除矛盾且无证据印证，不能作为定案的根据。F. 证人证言的收集程序和方式存在一定瑕疵（未填写询问人、记录人、法定代理人姓名或询问的起止时间、地点；询问证人的地点不符合规定；询问笔录未记录告知证人应如实提供证言和有意作伪证或隐匿罪证要负法律责任内容；询问笔录反映出在同一时间段内，同一询问人员询问不同证人），通过有关办案人员的补正或作出合理解释，可采用。G. 证人作证，涉及国家秘密、商业秘密或个人隐私，应保守秘密。H. 证人出庭作证，必要时，法院可采取限制公开证人信息、限制询问、遮蔽容貌、改变声音等保护性措施。

◆ 《刑法》第24条 【犯罪中止（中止犯）】

从犯罪构成（基本的犯罪构成、修正的犯罪构成）要件、故意犯罪未完成形态、结果犯和中止犯的自动性、主动性、有效性、中止性、放弃性的角度讲，犯罪中止是在犯罪过程中，自动放弃犯罪或自动有效地防止犯罪结果发生的犯罪形态（实行终了的中止、未实行终了的中止消极中止、积极中止）。

【2003·卷2·多选·42】（答案：BCD）根据犯罪主观要件、犯罪形态的理论分析，关于犯罪中止的表述哪些是错误的？A. 甲为杀人而与李某商量并委托购买毒药，李某果然为其买来了剧毒药品。但10天后甲放弃了杀人意图，将毒药抛入河中。甲构成犯罪中止，而李某不应构成犯罪中止。B. 乙基于杀人的意图对他人实施暴力，见被害人流血不止而心生怜悯，将其送到医院，被害人经治疗后仍鉴定为重伤。乙不是犯罪中止。C. 丙对仇人王某猛砍20刀

后离开现场。2小时后，丙为寻找、销毁犯罪工具回到现场，见王某仍没死亡，但极其可怜，即将其送到医院治疗。丙的行为属于犯罪中止。D．丁为了杀害李四而对其投毒，李四服毒后极端痛苦，在是丁将李四送往医院抢救脱险。经查明，毒物只达到致死量的50%，即使不送到医院，李四也不会死。丁将被害人送到医院的行为和被害人的没死亡之间，并没因果关系，所以丁不能构成犯罪中止。

从犯罪后果（危害后果）、结果犯、情节犯的角度讲，对中止犯，未造成损害（特殊免刑情节），应免除处罚（免刑）；造成损害，应减轻处罚。

从司法解释的角度讲，对中止犯，应综合考虑中止犯罪的阶段、自动放弃犯罪的原因及造成损害的后果等情况，决定减轻或免除处罚。（1）造成较重损害后果，应减少基准刑的30%~60%。（2）造成较轻损害后果，应减少基准刑的50%~80%。（3）没造成损害，应免除处罚。（4）对犯罪后积极抢救被害人，综合考虑犯罪性质、抢救效果、人身损害后果等情况，可减少基准刑的20%以下，一般不超过2年。

【2003·卷2·单选·2】（答案：D）甲携带凶器拦路抢劫，黑夜中遇到乙便实施暴力，乙发现是自己的熟人甲，便喊甲的名字，甲一听便住手，还向乙道歉说："对不起，认错人了。"甲的行为属于哪一种情形？A．实行终了的犯罪未遂。B．预备阶段的犯罪中止。C．未实行终了的犯罪未遂。D．实行阶段的犯罪中止。

【2010·卷2·单选·5】（答案：B）甲与一女子有染，其妻乙生怨。某日，乙将毒药拌入菜中意图杀甲。因久等没归且又惧怕法律制裁，乙遂打消杀人恶念，将菜倒掉。关于乙的行为，下列哪一选项是正确的？A．犯罪预备。B．犯罪预备阶段的犯罪中止。C．犯罪未遂。D．犯罪实行阶段的犯罪中止。

从犯罪特征的角度讲，犯罪中止有自动性、时间性、客观性、放弃性、有效性、彻底性。（1）犯罪中止有时间性、空间性，可能发生在整个犯罪过程中［犯罪的预备阶段；犯罪行为开始实施后、犯罪呈现结局前（犯罪已形成预备形态、未遂形态或既遂形态）］、实行阶段（含犯罪既遂前的犯罪行为尚未实行完毕或犯罪行为已实行完毕）。（2）犯罪中止的关键在于未发生作为既遂标志的犯罪结果。A．行为人虽自动放弃犯罪或自动采取措施防止结果发生，但若发生了作为既遂标志的犯罪结果，则不构成犯罪中止。B．犯罪既遂后的自动恢复原状，不能成立犯罪中止。C．行为人虽自动放弃犯罪或自动采取措施防止结果发生，但发生了既遂标志的犯罪结果，不构成犯罪中止。（3）从犯罪主观方面的角度，能达目的而不欲（犯罪中止）的能、欲达目的而不能（犯罪未遂）的不能的判断标准在于行为人的主观认识，即只要行为人认为可能既遂而不愿达到既遂，即使客观上不可能犯罪既遂，也是犯罪中止。（4）犯罪中止行为应具有有效性，要求危害结果不能发生。在犯罪中止行为进行过程中，出现介入因素，最终导致危害结果发生时要判断犯罪行为和危害结果有无因果关系，若有因果关系，构成犯罪既遂；若无因果关系，构成犯罪中止或犯罪未遂；若行为人的确采取了中止行为，构成犯罪中止。

【2005·卷2·多选·57】（答案：ABCD）犯罪中止可发生在：A．犯罪的预备阶段。B．犯罪的实行阶段。C．犯罪行为尚未实行完毕的情况下。D．犯罪行为已经实行完毕的情况下。

【2010·卷2·多选·57】（答案：AB）关于犯罪中止，下列哪些选项是正确的？A．甲欲杀乙，埋伏在路旁开枪射击但未打中乙。甲枪内尚有子弹，但担心杀人后被判处死刑，遂停止射击。甲构成犯罪中止。B．甲入户抢劫时，看到客厅电视正在播放庭审纪实片，意识到犯罪要受刑罚处罚，于是向被害人赔礼道歉后离开。甲构成犯罪中止。C．甲潜入乙家原打算盗窃巨额现金，入室后发现大量珠宝，便放弃盗窃现金的意思，仅窃取了珠宝。对盗窃现金，甲构成犯罪中止。D．甲向乙的饮食投放毒药后，乙呕吐不止，甲顿生悔意急忙开车送乙去医

院，但因交通事故耽误一小时，乙被送往医院时死亡。医生证明，早半小时送到医院乙就不会死亡。甲的行为仍构成犯罪中止。

犯罪中止的情形：（1）在犯罪预备阶段或在实行行为（刑法分则规定的具体犯罪构成要件的行为）还没实行终了的情况下，自动放弃犯罪（预备阶段的中止、实行阶段的中止）。（2）在实行行为实行终了的情况下，自动有效地防止犯罪结果的发生。

从犯罪阶段或过程的角度，犯罪预备阶段的中止［犯罪预备的中止（停止预备犯罪，犯罪人不再继续准备实行犯罪）、犯罪预备阶段进行到犯罪实行阶段的中止（未按预备犯罪形式继续实施犯罪）］，即行为人在犯罪预备的过程中着手实行犯罪前，停止实施犯罪行为的情形，可认定为犯罪中止。

【2012·卷2·单选·8】（答案：A）甲欲杀乙，将乙打倒在地，掐住脖子致乙深度昏迷。30分钟后，甲发现乙未死，便举刀刺乙，第一刀刺中乙腹，第二刀扎在乙的皮带上，刺第三刀时刀柄折断。甲长叹"你命太大，整不死你，我服气了"，遂将乙送医，乙得以保命。经查，第一刀已致乙重伤。甲犯罪形态的认定，下列哪一选项是正确的？A. 故意杀人罪的未遂犯。B. 故意杀人罪的中止犯。C. 故意伤害罪的既遂犯。D. 故意杀人罪的不能犯。

【2015·卷2·单选·6】（答案：A）甲以杀人故意放毒蛇咬乙，后见乙痛苦不堪，心生悔意，便开车送乙前往医院。途中等红灯时，乙声称其实自己一直想死，突然跳车逃走，三小时后死亡。后查明，只要当时送医院就不会死亡。关于本案，下列哪一选项是正确的？A. 甲不对乙的死亡负责，成立犯罪中止。B. 甲未能有效阻止死亡结果发生，成立犯罪既遂。C. 死亡结果不能归责于甲的行为，甲成立犯罪未遂。D. 甲未能阻止乙跳车逃走，应以不作为的故意杀人罪论处。

从主客观相统一原则的角度讲，犯罪中止的主客观因素有多样性、复杂性、差异性。（1）无犯罪中止行为，不可能存在中止犯。（2）犯罪中止行为本身属于刑法鼓励的非犯罪行为、中止犯的决定原因、应免除或减轻处罚的根据。（3）犯罪中止行为前的行为有犯罪行为性，构成应负刑责的事实根据。（4）从罪责刑相适应原则、主客观相一致原则、犯罪过程、犯罪时间、犯罪行为、犯罪结果的角度，犯罪中止的停止点在于犯罪既遂前的任何时间段或犯罪过程、犯罪阶段中都可发生，因中止犯本人自动放弃犯罪或自动有效地防止犯罪结果的发生而能而不欲，实行中止犯罪未造成危害后果而应免刑、造成危害后果而应减轻处罚的基本原则。

共犯中止的情形：（1）共谋共同正犯的中止。（2）共同正犯的中止。（3）教唆犯的中止。（4）帮助犯的中止。

从犯罪中止的自动性的角度讲，一般而言，共犯人一致自动放弃犯罪，构成共犯的犯罪中止。（1）从犯罪中止的有效性的角度讲，共犯的犯罪中止的基本条件在于某个共犯人本人不仅积极有效地放弃自己的犯罪行为，而且积极有效地阻止、制止或防止其他共犯人的犯罪行为及其共犯后果的发生。（2）从犯罪形态的角度讲，共犯人的犯罪形态存在犯罪预备、犯罪中止、犯罪未遂、犯罪既遂的可能性。（3）共犯的某个共犯人仅消极地放弃自己的实行行为，而未积极有效地阻止其他共犯人的犯罪行为，也未有效地防止共犯后果的发生，不构成共犯的犯罪中止。

对预备犯，可比照既遂犯，从轻、减轻处罚或免除处罚；对未遂犯，可比照既遂犯，从轻或减轻处罚；对中止犯，未造成损害应免除处罚，造成损害应减轻处罚。

对犯罪情节轻微，有被胁迫参与犯罪；犯罪预备、中止、未遂；在共犯中起次要或辅助作用；系又聋又哑的人或盲人；因防卫过当或紧急避险过当构成犯罪；有自首或立功表现；其他依刑法规定不需判刑或免刑的情形，依刑法规定不需判刑或免刑的未成年嫌犯，一般应依法作出不起诉决定。

对犯罪时已满14周岁不满18周岁的未成年人，同时符合涉嫌侵犯公民人身权、民主权、财产权、妨碍社会管理秩序的犯罪；根据具体犯罪事实、情节，可能被判处1年有期刑以下刑罚；犯罪事实清楚，证据确实、充分，符合起诉条件；有悔罪表现的，检察院可作出附条件不起诉决定。

对未成年人实施的轻伤害案件、初次犯罪、过失犯罪、犯罪未遂的案件以及被诱骗或被教唆实施的犯罪案件等，情节轻微，嫌犯确有悔罪表现，当事人双方自愿就民事赔偿达成协议并切实履行或经被害人同意并提供有效担保，符合犯罪情节轻微不需判刑，可免刑，但可根据案件的不同情况，训诫或责令具结悔过、赔礼道歉、赔偿损失，或由主管部门行政处罚或行政处分（非刑罚化处置措施、职业禁止）规定，检察院可依犯罪情节轻微，依刑法规定不需判刑或免刑，作出不起诉决定，并可根据案件的不同情况，训诫或责令具结悔过、赔礼道歉、赔偿损失，或由主管部门行政处罚。

从刑诉法的角度讲，在审判过程中，使案件在较长时间内无法继续审理，可中止审理的4种情形，含被告人患有严重疾病，无法出庭；被告人脱逃；自诉人患有严重疾病，无法出庭，未委托诉讼代理人出庭；不能抗拒的原因。（1）中止审理的原因消失后，应恢复审理。（2）中止审理的期间不计入审理期限。（3）因被告人患有严重疾病无法出庭，中止审理超过6个月，被告人仍无法出庭，被告人及其法定代理人、近亲属申请或同意恢复审理，法院可在被告人不出庭的情况下缺席审理，依法作出判决。

法院决定再审的案件，需对被告人采取强制措施，由法院依法决定；检察院提出抗诉的再审案件，需对被告人采取强制措施，由检察院依法决定。（1）法院按审判监督程序审判的案件，可决定中止原判决、裁定的执行。（2）被告人死亡，法院应裁定终止审理，但有证据证明被告人无罪，法院经缺席审理确认无罪，应依法作出判决。（3）法院按审判监督程序重新审判的案件，被告人死亡，法院可缺席审理，依法作出判决。

【2017·卷2·单选·27】（答案：C）甲涉嫌盗窃罪被逮捕。在侦查阶段，甲父向检察院申请进行羁押必要性审查。关于羁押必要性审查的程序，下列哪一选项是正确的？A. 由检察院侦查监督部门负责。B. 审查应不公开进行。C. 检察院可向公安机关了解本案侦查取证的进展情况。D. 如对甲父的申请决定不予立案的，应由检察长批准。

从刑诉法、司法解释的角度讲，对被逮捕的嫌犯、被告人有无继续羁押的必要性进行审查，对不需继续羁押，建议办案机关释放或变更强制措施的监督活动。（1）羁押必要性审查案件由办案机关对应的同级检察院刑事执行检察部门统一办理，侦查监督、公诉、侦查、案件管理、检察技术等部门配合。办理羁押必要性审查案件过程中，涉及国家秘密、商业秘密、个人隐私，应保密。（2）经羁押必要性审查，发现嫌犯、被告人有预备犯或中止犯；共犯中的从犯或胁从犯；过失犯罪；防卫过当或避险过当；主观恶性较小的初犯；系未成年人或年满75周岁的人；与被害方依法自愿达成和解协议，且已履行或提供担保；患有严重疾病、生活不能自理；系怀孕或正哺乳自己婴儿的妇女；系生活不能自理的人的唯一扶养人；可能被判处1年以下有期刑或宣告缓刑；其他不需继续羁押嫌犯、被告人的情形，且有悔罪表现，不羁押不致发生社会危险性，可向办案机关提出释放或变更强制措施的建议。（3）经羁押必要性审查，发现嫌犯、被告人有案件证据发生重大变化，无证据证明有犯罪事实或犯罪行为系嫌犯、被告人所为；案件事实或情节发生变化，嫌犯、被告人可能被判处拘役、管制、独立适用附加刑、免刑或判决无罪；继续羁押嫌犯、被告人，羁押期限将超过依法可能判处的刑期；案件事实基本查清，证据已收集固定，符合取保候审或监视居住条件的情形，应向办案机关提出释放或变更强制措施的建议。

检察院不批捕的两大类型：（1）对罪行较轻，具备有效监护条件或社会帮教措施，无社会危险性或社会危险性较小，不逮捕不致妨害诉讼正常进行的未成年嫌犯，应不批捕。（2）对罪行比较严重，但主观恶性不大，有悔罪表现，具备有效监护条件或社会帮教措施，有初次犯罪、过失犯罪；犯罪预备、中止、未遂；有自首或立功表现；犯罪后如实交代罪行，真诚悔罪，积极退赃，尽力减少和赔偿损失，被害人谅解；不属于共犯的主犯或集团犯罪中的首犯；属于已满14周岁不满16周岁的未成年人或系在校学生；其他可不批捕的7种情形，不逮捕不致妨害诉讼正常进行的未成年嫌犯，可不批捕。

检察院决定对嫌犯监视居住，最长不得超过6个月。(1) 检察院核实嫌犯住处或为其指定居所后，应制作监视居住执行通知书，将有关法律文书和案由、嫌犯基本情况材料，送交监视居住地的公安机关执行，必要时检察院可协助公安机关执行。A. 检察院应告知公安机关在执行期间拟批准嫌犯离开执行监视居住的处所、会见他人或通信，批准前应征得检察院同意。B. 检察院可根据案件的具体情况，商请公安机关对被监视居住的嫌犯采取电子监控、不定期检查等监视方法，对其遵守监视居住规定的情况进行监督。C. 检察院办理直接受理立案侦查的案件对嫌犯采取监视居住，在侦查期间可商请公安机关对其通信进行监控。D. 公安机关在执行监视居住期间向检察院征询是否同意批准嫌犯离开执行监视居住的处所、会见他人或通信时，检察院应根据案件的具体情况决定是否同意。(2) 检察院应依法对指定居所监视居住的决定是否合法实行监督。A. 对下级检察院报请指定居所监视居住的案件，由上一级检察院侦查监督部门依法对决定是否合法进行监督。B. 对公安机关决定指定居所监视居住的案件，由作出批准决定公安机关的同级检察院侦查监督部门依法对决定是否合法进行监督。C. 对法院因被告人无固定住处而指定居所监视居住，由同级检察院公诉部门依法对决定是否合法进行监督。(3) 检察院应对违反监视居住规定的嫌犯逮捕、可先行拘留的情形：A. 企图自杀、逃跑，逃避侦查、审查起诉。B. 故意实施新的犯罪行为。C. 实施毁灭、伪造证据或串供、干扰证人作证行为，足以影响侦查、审查起诉工作正常进行。D. 对被害人、证人、举报人、控告人及其他人员实施打击报复。(4) 检察院可对违反监视居住规定的嫌犯逮捕、可先行拘留的情形：A. 未经批准，擅自离开执行监视居住的处所，造成严重后果，或2次未经批准，擅自离开执行监视居住的处所。B. 未经批准，擅自会见他人或通信，造成严重后果，或2次未经批准，擅自会见他人或通信。C. 经传讯不到案，造成严重后果，或经2次传讯不到案。

【2013·卷2·单选·38】（答案：A）在法庭审判中，被告人翻供，否认犯罪，并当庭拒绝律师为其进行有罪辩护。合议庭对此问题的处理，下列哪一选项是正确的？A. 被告人有权拒绝辩护人辩护，合议庭应准许。B. 辩护律师独立辩护，不受当事人意思表示的约束，合议庭不应当准许拒绝辩护。C. 属于应提供法律援助的情形的，合议庭不应当准许拒绝辩护。D. 有多名被告人的案件，部分被告人拒绝辩护人辩护的，合议庭不应当准许。

【2017·卷2·单选·23】（答案：B）1996年11月，某市发生一起故意杀人案。2017年3月，当地公安机关根据案发时现场物证中提取的DNA抓获犯罪嫌疑人陆某。2017年7月，最高检察院对陆某涉嫌故意杀人案核准追诉。在最高检察院核准前，关于本案处理，下列哪一选项是正确的？A. 不得侦查本案。B. 可对陆某先行拘留。C. 不得对陆某批准逮捕。D. 可对陆某提起公诉。

公诉人举证的一般方法：(1) 举证一般应一罪名一举证、一事实一举证，做到条理清楚、层次分明。(2) 举证顺序应以有利于证明公诉主张为目的，公诉人可根据案件的不同种类、特点和庭审实际情况，合理安排和调整举证顺序。A. 一般先出示定罪证据，后出示量刑证据；先出示主要证据，后出示次要证据。B. 公诉人可按与辩护方协商并经法庭许可确定的举证顺序进行举证。(3) 根据案件的具体情况和证据状况，结合被告人的认罪态度，举证可采用分组举证或逐一举证的方式。A. 案情复杂、同案被告人多、证据数量较多的案件，一般采用分组举证为主、逐一举证为辅的方式。B. 对证据进行分组时，应遵循证据之间的内在逻辑关系，可将证明方向一致或证明内容相近的证据归为一组；也可按证据种类进行分组，并注意各组证据在证明内容上的层次和递进关系。（4）对可能影响定罪量刑的关键证据和控辩双方存在争议的证据，应单独举证。A. 被告人认罪的案件，对控辩双方无异议的定罪证据，可简化出示，主要围绕量刑和其他有争议的问题出示证据。B. 对被告人不认罪案件，应立足于证明公诉主张，通过合理举证构建证据体系，反驳被告人的辩解，从正反两个方面证明。重点一般放在能有力证明指控犯罪事实系被告人所为的证据和能证明被告人无罪辩解不成立的证据上，可将指控证据和反驳证据同时出示。C. 对被告人翻供，应综合运用证据，阐明被告人翻供的时机、原因、规律，指出翻供的不合理、不客观、有矛盾之处。（5）零口供案件的举证，可采用关键证据优先法。A. 公诉人根据案件证据情况，优先出示定案的关键证据，重点出示物证、书证、现场勘查笔录等客观性证据，直接将被告人与案件建立客观联系，在此基础上构建全案证据体系。B. 对一切案件的判处都要重证据，重调查研究，不轻信口供。C. 只有被告人供述，无其他证据，不能认定被告人有罪和处以刑罚；无被告人供述，证据确实、充分（定罪量刑的事实都有证据证明；据以定案的证据均经法定程序查证属实；综合全案证据，对所认定事实已排除合理怀疑），可认定被告人有罪和处以刑罚。（6）辩点较多案件的举证，可采用先易后难法。公诉人根据案件证据情况和庭前会议了解的被告人及辩护人的质证观点，先出示被告人及辩护人无异议的证据或分歧较小的证据，后出示控辩双方分歧较大的证据，使举证顺利推进，为集中精力对分歧证据进行质证作准备。（7）依靠间接证据定案的不认罪案件的举证，可采用层层递进法。公诉人应充分运用逻辑推理，合理安排举证顺序，出示的后一份（组）证据与前一份（组）证据要紧密关联，环环相扣，层层递进，通过逻辑分析揭示各个证据之间的内在联系，综合证明案件已排除合理怀疑。（8）对一名被告人有一起犯罪事实或案情比较简单的案件，可根据案件证据情况按法律规定的证据种类举证。（9）对一名被告人有数起犯罪事实的案件，可每一起犯罪事实为单元，将证明犯罪事实成立的证据分组举证或逐一举证。其中，涉及每起犯罪事实中量刑情节的证据，应在对该起犯罪事实举证中出示；涉及全案综合量刑情节的证据，应在全案的最后出示。（10）对数名被告人有一起犯罪事实的案件，据各被告人在共犯中的地位、作用及情节，一般先出示证明主犯犯罪事实的证据，再出示证明从犯犯罪事实的证据。（11）对数名被告人有数起犯罪事实的案件，可采用不同的分组方法和举证顺序，或按作案时间的先后顺序，或以主犯参与的犯罪事实为主线，或以参与人数的多少为标准，并注意区分犯罪集团的犯罪行为、一般共犯行为和个别成员的犯罪行为，分别进行举证。（12）对单位犯罪案件，应先出示证明单位构成犯罪的证据，再出示对其负责的单位主管人员或其他直接责任人员构成犯罪的证据。A. 对指控被告单位犯罪与指控单位主管人员或其他直接责任人员犯罪的同一份证据可重复出示，但重复出示时仅说明即可。B. 个人为违法犯罪活动而设立的公司实施犯罪，或公司设立后，以实施犯罪为主要活动，或盗用单位名义实施犯罪，违法所得归个人私分，或法律未规定为单位犯罪，均不以单位犯罪论处。

第三节　共同犯罪（第25~29条）

◆ 《刑法》第25条【共同犯罪（主犯、首犯、从犯、胁从犯、教唆犯）的概念或内涵】

从共同正犯采用部分实行全部责任原则、故意犯罪、共犯的角度讲，共同犯罪（共犯）是2人以上共同故意（2人以上、共同故意、共同行为）犯罪（不含过失犯罪）的犯罪形态【一般共犯（非集团共犯：事前通谋的共犯、事前无通谋的共犯、简单共犯、复杂共犯）、特殊共犯（犯罪集团或有组织共犯）；任意共犯、必要共犯［聚众犯罪（聚众扰乱社会秩序罪、聚众劫狱罪等）、集团犯罪（组织越狱罪或聚众持械劫狱罪；聚众冲击国家机关罪；聚众扰乱公共秩序、交通秩序罪；组织、领导、参加黑社会性质组织罪等）］；事先（事前）共犯、事中共犯、事后共犯；事前通谋的共犯、事前无通谋的共犯；简单共犯（共同共犯）、复杂共犯】。

从罪刑法定原则、过失犯罪自己行为自己责任原则的角度讲，2人以上共同过失犯罪，不以共犯论处；共同过失犯罪应负刑责，按共同过失犯各自所犯的罪分别处罚。

从中外刑法理论的角度讲，共同犯罪分为任意共同犯罪、必要共同犯罪【聚众共同犯罪、集团共同犯罪、某些对向犯［对立的犯罪：以存在2人以上相互对向的行为为要件的犯罪，分为双方的罪名、法定刑相同，如重婚罪；双方的罪名、法定刑都不同，如行贿罪、受贿罪；只处罚一方的行为（片面的对向犯），如贩卖淫秽物品牟利罪］】。

种类/阶段	预备阶段	实行阶段
共同正犯	预备阶段犯罪属于共谋共同正犯，要求自己放弃，并明确告知其他人意识到，主谋者须有效阻止其他人犯罪。	自动放弃并有效阻止
教唆犯	有效阻止实行者	有效阻止实行者
帮助犯	消除帮助作用	消除帮助作用

共犯人的分类标准：（1）从分工分类法，共犯人的分工或行为形式的角度讲，共犯人分为组织犯（主犯、首犯）、实行犯（正犯）、教唆犯、帮助犯。（2）从作用分类法的角度讲，共犯人分为主犯、从犯或主犯、从犯、胁从犯。（3）从分工和作用折中分类法的角度讲，共犯人分为主犯、从犯、胁从犯、教唆犯。A. 从传统共犯理论的角度讲，组织犯的范围问题有争议性，存在广义说、狭义说、扩展说等不同理论观点，分为犯罪集团的组织犯、聚众犯罪的组织犯、一般共犯的组织犯等不同类型。B. 从共犯作用、组织犯广义说的角度讲，组织犯是在犯罪集团、聚众犯罪中有组织作用的犯罪人以及在共犯中有组织、策划、指挥、领导作用的犯罪人。【走私共犯】共同犯罪实行部分行为全部责任原则。与走私罪犯通谋，为其提供贷款、资金、账号、发票、证明，或为其提供运输、保管、邮寄或其他方便，以走私罪的共犯论处。

从共同犯罪构成要件的角度讲，共同故意犯罪只是共同实施故意犯罪行为，共同实施犯罪预备行为也构成共同犯罪。（1）共同犯罪的任何一个行为人的犯罪行为达到了既遂状态，意味着所有共同行为人的犯罪行为也达到了既遂状态。（2）在共同犯罪中，共同的行为意味着各个共同犯罪人的行为都是共同犯罪行为的一部分。（3）在共同犯罪中，每个单个的犯罪人的危害行为和共同犯罪的危害结果之间存在因果关系。（4）共同犯罪的危害结果由共同的犯罪行为引起，共同犯罪行为和共同犯罪的危害结果之间存在共同犯罪的因果关系。（5）因犯罪概念本身具有不同含义，共同犯罪也可能仅指具备犯罪构成的客体和客观要件意义上的共同犯罪。A. 相对负刑责年龄者与他人也可构成共犯。B. 身份犯之间、身份犯和非身份犯之间共同实施真正身份犯罪时，成立共同犯罪。C. 2个以上自然人实施犯罪，不要求行为人均达到刑责年龄，即未达到刑责年龄但有相应控制辨认能力的人与达到刑责年龄的人可成立共同犯罪，只是未达到刑责年龄的人存在阻却责任事由而不被追究刑责。

【2012·卷2·单选·9】（答案：D）甲（15周岁）求乙（16周岁）为其抢夺作接应，乙同意。某夜，甲抢夺被害人的手提包（内有1万元现金），将包扔给乙，然后吸引被害人跑开。乙害怕坐牢，将包扔在草丛中，独自离去。关于本案，下列哪一选项是错误的？A. 甲不满16周岁，不构成抢夺罪。B. 甲与乙构成抢夺罪的共犯。C. 乙不构成抢夺罪的间接正犯。

D. 乙成立抢夺罪的中止犯。

首犯的基本类型：（1）组织领导犯罪集团的罪犯（在共同犯罪中起主要作用的主犯）。（2）在聚众犯罪中起组织、策划、指挥作用的罪犯（在聚众扰乱公共场所秩序、交通秩序罪等一些聚众犯罪中，刑法只处罚首犯，可能不构成共同犯罪，即无主从犯的划分）。

【2002·卷2·多选·32】（答案：ABC）甲、乙共谋伤害丙，进而共同对丙实施伤害行为，导致丙身受一处重伤，但不能查明该重伤由谁的行为引起。对此，下列哪些说法是错误的？A. 由于证据不足，甲、乙均无罪。B. 由于证据不足，甲、乙构成故意伤害（轻伤）罪的共犯，但都不对丙的重伤负责。C. 由于证据不足，认定甲、乙构成过失致人重伤罪较为合适。D. 甲、乙构成故意伤害（重伤）罪的共犯。

【2002·卷2·多选·35】（答案：AD）甲与乙共谋次日共同杀丙，但次日甲因腹泻未能前往犯罪地点，乙独自一人杀死丙。关于本案，下列哪些说法是正确的？A. 甲与乙构成故意杀人罪的共犯。B. 甲与乙不构成故意杀人罪的共犯。C. 甲承担故意杀人预备的刑事责任，乙承担故意杀人既遂的刑事责任。D. 甲与乙均承担故意杀人既遂的刑事责任。

【2007·卷2·多选·53】（答案：ACD）周某为抢劫财物在某昏暗场所将王某打昏。周某的朋友高某正好经过此地，高某得知真相后应周某的要求提供照明，使周某顺利地将王某钱包拿走。关于本案，下列哪些选项是正确的？A. 高某与周某构成抢劫罪的共同犯罪。B. 周某构成抢劫罪，高某构成盗窃罪，属于共同犯罪。C. 周某是共同犯罪中的主犯。D. 高某是共同犯罪中的从犯。

【2008·卷2·单选·19】（答案：D）甲与乙共谋盗窃汽车，甲将盗车所需的钥匙交给乙。但甲后来向乙表明放弃犯罪之意，让乙还回钥匙。乙对甲说："你等几分钟，我用你的钥匙配制一把钥匙后再还给你"，甲要回了自己原来提供的钥匙。后乙利用自己配制的钥匙盗窃了汽车（价值5万元）。关于本案，下列哪一选项是正确的？A. 甲的行为属于盗窃中止。B. 甲的行为属于盗窃预备。C. 甲的行为属于盗窃未遂。D. 甲与乙构成盗窃罪（既遂）的共犯。

【2008·川·卷2·多选·55】（答案：ABCD）下列哪些情形构成共同犯罪？A. 甲与赵某共谋共同杀苏某，但赵某因病没前往犯罪地点，由甲一人杀死苏某。B. 乙在境外购买了毒品、钱某在境外购买了淫秽物品，二人共谋同雇一条走私船回到内地，后被海关查获。C. 丙发现某商店失火，立即叫孙某："现在是趁火打劫的好时机，我们一起去吧"，孙某便和丙一起到失火地点窃取商品后各自回家。D. 医生丁为杀害仇人王某，故意将药量加大10倍，护士李某发现后请丁改正，丁说："那个家伙太坏了，让他死了算了。"李某没再吭声，按丁所开处方用药，导致王某死亡。

从同案犯、共犯条件的角度讲，非共犯的情形：（1）共同过失行为。（2）故意犯罪、过失犯罪的混合行为（故意犯罪行为和过失犯罪行为）。（3）故意或过失犯罪、无罪过失行为的混合行为。（4）同时犯。（5）共同故意犯罪的过限行为（超出共同故意外的犯罪行为）。（6）先后实施的彼此无主观联系的故意犯罪行为。（7）事前无通谋的包庇、窝藏、窝赃、销赃行为。

【2008·卷2·不定项·91-92】（答案：91. CD；92. ACD）91. 四个学生在课堂上讨论共同犯罪时先后发表了以下观点，其中正确的选项是：A. 甲：对于犯罪集团的首要分子，应按集团所犯的全部罪行处罚，即应当对集团成员所实施的全部犯罪承担刑事责任。B. 乙：在共同犯罪中起主要作用的是主犯，对于犯罪集团首要分子以外的主犯，应按其所参与的或组织、指挥的全部犯罪处罚；对从犯的处罚应轻在主犯，所以，对从犯不得按其所参与的全部犯罪处罚。C. 丙：犯罪集团的首要分子都是主犯，但聚众犯罪的首要分子不一定是主犯，因聚众犯罪不一定成立共同犯罪。D. 丁：一开始被犯罪集团胁迫参加犯罪，但在着手实行后，非常积极，成为主要的实行人之一，在共同犯罪中起主要作用，应认定为主犯。

92. 国有公司财务人员甲在2007年6月挪用单位救灾款100万元，供自己购买股票，后股价大跌，甲无力归还该款项。2008年1月，甲挪用单位办公经费70万元为自己购买商品房。两周后，甲采取销毁账目的手段，使挪用的办公经费70万元中的50万元难以在单位财务账上反映出来。甲一直未归还上述所有款项。关于甲的行为定性，下列选项正确的是：A. 甲挪用救灾款的行为，不构成挪用特定款物罪。B. 甲挪用办公经费的行为构成挪用公款罪，挪用数额为70万元。C. 甲挪用办公经费后销毁账目且未归还的行为构成贪污罪，贪污数额为50万元。D. 对于甲应以挪用公款罪、贪污罪实行并罚。

从群体犯罪的角度讲，群体犯罪分为一般共犯（临时起意的单一共犯、事先纠合的多次共犯）、团伙犯罪、有组织犯罪（走私、贩毒、涉黑、贩卖人口、开设赌场、强迫妇女卖淫、盗窃、窝藏、销赃、制造贩卖淫秽物品的犯罪组织）、聚众犯罪（集群犯罪）。（1）共犯分为一般共犯、团伙犯罪、有组织犯罪。（2）共同犯罪案件中的嫌犯，除如实供述自己的罪行，还应供述所知的同案，主犯应供述所知其他同案犯的共同犯罪事实，才能认定为自首[a. 犯罪后自动投案（并非出于嫌犯主动，而是经亲友规劝、陪同投案；公安机关通知嫌犯的亲友，或亲友主动报案后，将嫌犯送去投案，也应视为自动投案），如实供述自己的罪行的行为。b. 被采取强制措施的嫌犯、被告人和正在服刑的罪犯，如实供述司法机关还没掌握的本人其他罪行，或被采取强制措施的嫌犯、被告人和正在服刑的罪犯，如实供述司法机关还没掌握的本人其他罪行，均以自首论]。A. 自动投案后未交代自己的犯罪事实，不能认定为自首。B. 对自首的罪犯，可从轻或减轻处罚；犯罪较轻，可免除处罚。

【2010·卷2·单选·6】（答案：C）关于共同犯罪，下列哪一选项是正确的？A. 甲、乙应当预见但没有预见山下有人，共同推下山上一块石头砸死丙。只有认定甲、乙构成共同过失犯罪，才能对甲、乙以过失致人死亡罪论处。B. 甲明知乙犯故意杀人罪而为乙提供隐藏处和财物。甲、乙构成共同犯罪。C. 交警甲故意为乙实施保险诈骗提供虚假鉴定结论。甲、乙构成共同犯罪。D. 公安人员甲向罪犯乙通风报信助其逃避处罚。甲、乙构成共同犯罪。

【2012·卷1·单选·10】（答案：B）关于共同犯罪的论述，下列哪一选项是正确的？A. 甲为劫财将陶某打成重伤，陶某拼死反抗。张某路过，帮甲掏出陶某随身财物。2人构成共犯，均须对陶某的重伤结果负责。B. 乙明知黄某非法种植毒品原植物，仍按黄某要求为其收取毒品原植物的种子。2人构成非法种植毒品原植物罪的共犯。C. 丙明知李某低价销售的汽车系盗窃所得，仍向李某购买该汽车。2人之间存在共犯关系。D. 丁系国家机关负责人，召集领导层开会，决定以单位名义将国有资产私分给全体职工。丁和职工之间存在共犯关系。

构成共犯的聚众犯罪的情形：（1）以首犯、其他积极参加者、多次参加者为处罚对象的聚众犯罪（聚众扰乱社会秩序罪、聚众冲击国家机关罪、聚众斗殴罪、聚众淫乱罪等）。（2）仅处罚首犯的聚众犯罪（聚众扰乱公共场所秩序、交通秩序罪等）。集群犯罪并不全部属于共犯，与共犯的主要区别在于集群犯罪的大多数成员并不互相认识，也无严密的组织联系，实施犯罪无共同故意，无预谋和通谋，有情境性。常见的集群犯罪的类型含球迷骚乱事件、街头暴力事件、经济上的闹事事件、政治动乱或骚乱事件等。[17]

从共犯形态的角度讲，共犯分为主犯、从犯、胁从犯、教唆犯（直接教唆犯、间接教唆犯；教唆教唆犯、帮助教唆犯）；主犯、首犯；组织犯（现场的组织犯、幕后的组织犯；犯罪集团的组织犯、聚众犯罪的组织犯、一般共犯的组织犯；全部责任的组织犯、部分责任的组织犯）、实行犯（正犯：单独正犯、共同正犯；直接正犯、间接正犯）、帮助犯[帮助从犯（帮助犯）、教唆从犯（帮助犯）]；简单共犯、复杂共犯；任意共犯、必要共犯；事前有通谋的共犯、事前无通谋的共犯；事前共犯、事中共犯、事后共犯；直接共犯、间接共犯；全面共犯、片面共犯；有形共犯、无形共犯；横的共犯、纵的共犯；身份犯、身份犯共犯（纯

---

[17] 刘邦惠主编：《犯罪心理学》，科学出版社2004年版，第253、259页，引用时有调整改动。

正身份犯的共犯、非纯正身份犯的共犯）；共犯、超越共犯；共犯、共犯的共犯；一般共犯、犯罪集团；犯罪集团、黑社会性质的组织犯罪；犯罪集团、结伙犯罪；有组织的犯罪、无组织的犯罪；有组织的犯罪、聚众性的共犯；聚众犯、集团犯、对向犯；自手犯（形式上的自手犯、实质上的自手犯；事实上的自手犯、规范上的自手犯）、正犯（直接正犯或直接实行犯、间接正犯或间接实行犯）；同时犯、同案犯；共犯、单独犯罪等。[18]

【2012·卷2·单选·10】（答案：B）关于共同犯罪的论述，下列哪一选项是正确的？A. 甲为劫财将陶某打成重伤，陶某拼死反抗。张某路过，帮甲掏出陶某随身财物。2人构成共犯，均须对陶某的重伤结果负责。B. 乙明知黄某非法种植毒品原植物，仍按黄某要求为其收取毒品原植物的种子。2人构成非法种植毒品原植物罪的共犯。C. 丙明知李某低价销售的汽车系盗窃所得，仍向李某购买该汽车。2人之间存在共犯关系。D. 丁系国家机关负责人，召集领导层开会，决定以单位名义将国有资产私分给全体职工。丁和职工之间存在共犯关系。

从传统刑法理论的角度讲，共同正犯、组织犯、教唆犯、帮助犯属于广义上的共犯。直接正犯成立共犯。从共犯主观方面的角度，片面（暗中）共犯（片面的共同实行犯、片面的教唆犯、片面的帮助犯）有犯意单方共同性，存在有条件成立共犯的可能性。

【2014·卷2·单选·10】（答案：D）关于共同犯罪的论述，下列哪一选项是正确的？A. 无责任能力者与有责任能力者共同实施危害行为的，有责任能力者均为间接正犯。B. 持不同犯罪故意的人共同实施危害行为的，不可能成立共同犯罪。C. 在片面的对向犯中，双方都成立共同犯罪。D. 共同犯罪是二人以上共同故意犯罪，但不能据此否认片面的共犯。

【2017·卷2·多选·54】（答案：ACD）甲知道乙计划前往丙家抢劫，为帮助乙取得财物，便暗中先赶到丙家，将丙打昏后离去（丙受轻伤）。乙来到丙家时，发现丙已昏迷，以为是丙疾病发作晕倒，遂从丙家取走价值5万元的财物。关于本案的分析，下列哪些选项是正确的？A. 若承认片面共同正犯，甲对乙的行为负责，对甲应以抢劫罪论处，对乙以盗窃罪论处。B. 若承认片面共同正犯，根据部分实行全部责任原则，对甲、乙二人均应以抢劫罪论处。C. 若否定片面共同正犯，甲既构成故意伤害罪，又构成盗窃罪，应从一重罪论处。D. 若否定片面共同正犯，乙无须对甲的故意伤害行为负责，对乙应以盗窃罪论处。

从客观主义的共犯理论的角度讲，间接正犯（间接实行犯：利用无犯罪主体资格的人或不发生共犯关系的第三人实行犯罪）是在参与同一犯罪的人中，一方认识到自己是在和他人共同犯罪，而另一方未认识到他人和自己实施共同犯罪，间接正犯实行行为具有间接性。中国现代刑法理论大多肯定片面的帮助犯。（1）利用主体不适格者的间接正犯。A. 利用未达到刑责年龄的人实施犯罪。B. 利用精神病人实施犯罪。（2）利用他人不知情的间接正犯。A. 利用他人无罪过行为实施犯罪（利用他人反射性的动作或睡眠中的动作等）。B. 利用有故意的工具实施犯罪。（3）利用他人合法行为实施犯罪（利用他人的正当防卫、紧急避险行为实行自己的犯罪目的）。（4）利用他人过失行为实施犯罪（医生利用护士的疏忽大意给患者注射毒药的行为等）。

共犯案件的宽严相济政策：（1）对恐怖组织犯罪、邪教组织犯罪、黑社会性质组织犯罪和进行走私、诈骗、贩毒等犯罪活动的犯罪集团，在处理时要分别情况，区别对待：对犯罪组织或集团中的为首组织、指挥、策划者和骨干分子，要依法从严惩处，该判处重刑或死刑的要坚决判处重刑或死刑；对受欺骗、胁迫参加犯罪组织、犯罪集团或只是一般参加者，在犯罪中起次要、辅助作用的从犯，依法应从轻或减轻处罚，符合缓刑条件，可适用缓刑。（2）对群体性事件中发生的杀人、放火、抢劫、伤害等犯罪案件，要注意重点打击其中的组织、指挥、策划者和直接实施犯罪行为的积极参与者；对因被煽动、欺骗、裹胁而参加，情

---

[18] 辛金学、刘友江主编：《中国刑法的此罪与彼罪》，法律出版社2007年版，第6页，经目录汇编改动。

节较轻,经教育确有悔改表现,应依法从宽处理。(3)对一般共犯案件,应充分考虑各被告人在共犯中的地位和作用,以及在主观恶性和人身危险性方面的不同,据事实和证据能分清主从犯,都应认定主从犯。有多名主犯,应在主犯中进一步区分出罪行最为严重者。对多名被告人共同致死一名被害人的案件,要进一步分清各被告人的作用,准确确定各被告人的罪责,以做到区别对待;不能以分不清主次为由,简单地一律判处重刑。(4)在共犯案件中,对主犯或首犯检举、揭发同案地位、作用较次罪犯构成立功,从轻或减轻处罚应从严掌握,若从轻处罚可能导致全案量刑失衡,一般不予从轻处罚;若检举、揭发的是他罪案件中罪行同样严重的罪犯,或协助抓获的是同案中的其他主犯、首犯,原则上应予依法从轻或减轻处罚。A. 对从犯或犯罪集团中的一般成员立功,特别是协助抓获主犯、首犯,应充分体现政策,依法从轻、减轻或免除处罚。B. 共犯案件的起诉意见书,应写明每个嫌犯在共犯中的地位、作用、具体罪责和认罪态度,并分别提出处理意见。

从刑法的角度讲,共犯的情形:(1)明知他人实施敲诈勒索犯罪,为其提供信用卡、手机卡、通信工具、通讯传输通道、网络技术支持等帮助,以敲诈勒索罪的共犯论处。(2)明知他人制造毒品(非法用毒品原植物直接提炼和用化学方法加工、配制毒品的行为;以改变毒品成分和效用为目的,用混合等物理方法加工、配制毒品的行为,如将甲基苯丙胺或其他苯丙胺类毒品与其他毒品混合成麻古或摇头丸)而为其生产、买卖、运输醋酸酐、乙醚、三氯甲烷或其他用于制造毒品原料、配剂,以制造毒品罪共犯论处。(3)居间介绍买卖毒品,无论是否获利,均是贩卖毒品罪的共犯。(4)犯包庇毒品罪犯罪、窝藏、转移、隐瞒毒品、毒赃罪,事先通谋,以走私、贩卖、运输、制造毒品罪共犯论处。(5)与走私罪犯通谋,为其提供贷款、资金、账号、发票、证明,或为其提供运输、保管、邮寄或其他方便,以走私罪共犯论处。(6)与国家工作人员或受国家机关、国有公司、企事业单位、人民团体委托管理、经营国有财产人员勾结,伙同贪污,以共犯论处。(7)保险事故鉴定人、证明人、财产评估人故意提供虚假证明文件,为他人诈骗提供条件,以保险诈骗共犯论处。(8)从司法解释的角度,交通肇事后,单位主管人员、机动车辆所有人、承包人或乘车人指使肇事人逃逸,使被害人得不到救助而死亡,以交通肇事罪的共犯论处。(9)在共犯中,多名被告人共同致死一名被害人,原则上只判处1人死刑。A. 处理时,据案件的事实和证据能分清主从犯,都应认定主从犯。B. 有多名主犯,应在主犯中进一步区分出罪行最为严重者和较为严重者,不能以分不清主次为由,简单地一律判处死刑。(10)帮助组织者组织卖淫,属于组织卖淫罪的共犯,但以协助组织卖淫罪单独定罪。

从传统共犯理论的角度讲,不构成共犯的情形(共犯的例外情形):(1)同时犯之间不构成共犯。(2)实行过限行为不构成共犯。(3)实施不同故意内容的犯罪不构成共犯。(4)共同过失犯罪行为不构成共犯。(5)共同故意和共同过失之间不构成共犯。(6)间接正犯和被利用者之间不构成共犯。

【2012·卷2·单选·26】(答案:B)检察院审查批准逮捕时,遇有哪一情形依法应当讯问犯罪嫌疑人?A. 辩护律师提出要求的。B. 犯罪嫌疑人要求向检察人员当面陈述的。C. 犯罪嫌疑人要求会见律师的。D. 共同犯罪的。

共犯案件的诉讼程序:(1)共犯案件的附带民诉(起诉人符合法定条件;有明确的被告人;有请求赔偿的具体要求和事实、理由;属于法院受理附带民诉的范围):A. 共犯案件,同案犯在逃,不应列为附带民诉被告人;逃跑的同案犯到案后,被害人或其法定代理人、近亲属可对其提起附带民诉,但已从其他共犯人处获得足额赔偿的除外。B. 被害人或被害人的法定代理人、近亲属仅对部分共同侵害人提起附带民诉,法院应告知其可对其他共同侵害人,含未被追究刑责的共同侵害人,一并提起附带民诉,但共犯案件中同案犯在逃外。C. 被害人或其法定代理人、近亲属放弃对其他共同侵害人的诉讼权,法院应告知其相应法律后果,并在裁判文书中说明其放弃诉讼请求的情况。D. 共犯案件的部分被告人与被害人达成和解协议，可依法对该部分被告人从宽处罚，但应注意全案的量刑平衡。（2）共犯案件的管辖实行就高不就低、并案管辖原则。A. 一人犯数罪、共犯和其他需并案审理的案件，其中一人或一罪属于上级法院管辖，或部分嫌疑人可能判处无期刑或死刑，全案由上级法院管辖。B. 共犯的案件只有部分被告人上诉，应对全案进行审查，一并处理。C. 共犯案件的嫌犯、被告人还实施他罪，公检法可在其职责范围内并案处理。D. 公检法可在其职责范围内并案处理的4种情形：共犯；共犯的嫌犯、被告人还实施他罪；一人犯数罪；多个嫌犯、被告人实施的犯罪存在关联，并案处理有利于查明案件事实。（3）共犯案件的辩护：A. 在共犯案件中，其他被告人已委托辩护人，对未委托辩护人的被告人，法院可通知法律援助机构指派律师为其提供辩护。B. 一名辩护人不得为2名以上的同案嫌犯、被告人辩护，不得为2名以上的未同案处理但实施的犯罪存在关联的嫌犯、被告人辩护。C. 公检法、纪检监察委、国安机关、监狱的现职人员，陪审员，外国人或无国籍人，与本案有利害关系的人，无行为能力或限制行为能力的人，不得担任辩护人；特殊而言，公检法、纪检监察委、国安机关、监狱的现职人员，陪审员，外国人或无国籍人，与本案有利害关系的人，系嫌犯、被告人的监护人或近亲属，嫌犯、被告人委托其担任辩护人，可准许。D. 辩护律师在侦查期间可为嫌犯提供法律帮助；代理申诉、控告；申请变更强制措施；向侦查机关了解嫌犯涉嫌的罪名和案件有关情况，提出意见。E. 辩护律师持律师执业证书、律所证明和委托书或法律援助公函要求会见在押的嫌犯、被告人，看守所应及时安排会见，至迟不得超过48小时。F. 辩护律师经证人或其他有关单位和个人同意，可向他们收集与本案有关的材料，也可申请检察院、法院收集、调取证据，或申请法院通知证人出庭作证。G. 辩护人、诉讼代理人认为公安机关、检察院、法院及其工作人员阻碍其依法行使诉讼权利，有权向同级或上一级检察院申诉或控告。检察院对申诉或控告应及时进行审查，情况属实，通知有关机关纠正。（4）简易程序、速裁程序的适用：共犯案件中部分被告人对指控的犯罪事实、罪名、量刑建议或适用速裁程序有异议，或共犯案件中部分被告人不认罪或对适用简易程序有异议，不适用简易程序或速裁程序。（5）共犯案件的审查起诉：A. 法院对移送审查起诉的案件，若嫌犯在逃，应要求公安机关采取措施保证嫌犯到案后再移送审查起诉。B. 共犯案件中部分嫌犯在逃，对在案的嫌犯的审查起诉应依法进行。（6）共犯案件的讯问、举证：A. 共犯嫌疑人、被告人的讯问实行分别讯问原则。B. 公诉案件中被告人有罪的举证责任由检察院承担，自诉案件中被告人有罪的举证责任由自诉人承担。C. 公诉人举证，应主要围绕事实，重点围绕控辩双方争议的内容进行（被告人的身份；被告人有无刑责能力，有无故意或过失，行为的动机、目的；被告人全部或部分否认起诉书指控的犯罪事实，否认的根据和理由能否成立；指控的犯罪事实是否存在，是否为被告人所实施；实施犯罪行为的时间、地点、方法、手段、结果，被告人犯罪后的表现等；犯罪集团或其他共犯案件中参与犯罪人员的各自地位和应负的责任；犯罪对象、作案工具的主要特征，与犯罪有关的财物的来源、数量以及去向；有无依法不应追究刑责的情形，有无法定从重或从轻、减轻、免除处罚的情节；与定罪、量刑有关的其他事实）。a. 应运用证据证明被告人在共犯中的地位、作用。b. 对数名被告人有一起犯罪事实的案件，据各被告人在共犯中的地位、作用及情节，一般先出示证明主犯犯罪事实的证据，再出示证明从犯犯罪事实的证据。c. 对数名被告人有数起犯罪事实的案件，可采用不同的分组方法和举证顺序，或按作案时间的先后顺序，或以主犯参与的犯罪事实为主线，或以参与人数的多少为标准，并注意区分犯罪集团的犯罪行为、一般共犯行为和个别成员的犯罪行为，分别进行举证。（7）共犯案件的二审程序：A. 上诉不加刑、一并原则、分离原则。B. 全面审查原则（a. 第二审法院应就第一审判决认定的事实和适用法律进行全面审查，不受上诉或抗诉范围的限制。b. 共犯的案件只有部分被告人上诉，应对全案进行审查，一并处理。c. 刑事案件，只有部分被告人上诉而部分不上诉，二审法庭仍需对全案进行综合审理）。C. 刑事案件的二审程序中，部分未提出上诉的被告人可出庭参加二审庭审，也可参加庭审辩论或委托辩护人出庭。D. 对同案审理案件中未上诉的被告人，未被申请出庭或法院认为没必要到庭，可不再传唤到庭。E. 被判处死刑立即执行的被告人未上诉，同案的其他被告人上诉的案件，第二审法院应开庭审理。F. 第二审法院应组成合议庭，开庭审理的4种案件类型：a. 被告人、自诉人及其法定代理人对第一审认定的事实、证据提出异议（原判认定的影响定罪、量刑的事实是否正确、是否清楚；据以定罪的证据是否达到了确实、充分的程度；自首、立功、累犯等法定量刑情节是否成立；被害人过错、在共犯中的地位和作用等酌定量刑情节是否清楚），可能影响定罪量刑的上诉案件。b. 被告人被判处死刑的上诉案件。c. 检察院抗诉的案件。d. 其他应开庭审理的案件（社会关注、影响重大的上诉案件；当事人或其亲属强烈要求开庭审理的上诉案件；同级检察院建议开庭审理的上诉案件；发回重审后再次提出上诉的案件；开庭审理有利于收到最佳社会效果的上诉案件）。(8) 开庭审理上诉、抗诉案件，可重点围绕对第一审判决、裁定有争议的问题或有疑问的部分进行［第一审判决认定的事实（犯罪事实、量刑事实）是否清楚，证据是否确实、充分；第一审判决适用法律是否正确，量刑是否适当；在侦查、审查起诉、第一审程序中，有无违反法定诉讼程序的情形；上诉、抗诉是否提出新的事实、证据；被告人的供述、辩解情况；辩护人的辩护意见及采纳情况；附带民事部分的判决、裁定是否合法、适当；第一审法院合议庭、审委会讨论的意见］。A. 根据案件情况，可按不同方式审理（a. 宣读第一审判决书，可只宣读案由、主要事实、证据名称、判决主文等。b. 法庭调查应重点围绕对第一审判决提出异议的事实、证据、提交的新的证据等进行；对无异议的事实、证据、情节，可直接确认。c. 对同案审理案件中未上诉的被告人，未被申请出庭或法院认为没必要到庭，可不再传唤到庭。d. 被告人犯有数罪的案件，对其中事实清楚且无异议的犯罪，可不在庭审时审理）。B. 同案审理的案件，未提出上诉、检察院也未对其判决提出抗诉的被告人要求出庭，应准许；出庭的被告人可参加法庭调查和辩论。(9) 共犯的死刑复核程序：A. 共犯案件中，部分被告人被判处死刑，最高法或高院复核时，应对全案进行审查，但不影响对其他被告人已发生法律效力的判决、裁定的执行；发现对其他被告人已发生法律效力的判决、裁定确有错误时，可指令原审法院再审。B. 一案中两名以上被告人被判处死刑，最高法复核后，认为其中部分被告人的死刑裁判认定事实不清、证据不足，对全案裁定不予核准，并撤销原判，发回重新审判；认为其中部分被告人的死刑裁判认定事实正确，但依法不应判处死刑，可改判并对其他应判处死刑的被告人作出核准死刑的判决。C. 数罪并罚案件，一人有两罪以上被判处死刑，最高法复核后，认为其中部分犯罪的死刑裁判认定事实不清、证据不足，对全案裁定不予核准，并撤销原判，发回重新审判；认为其中部分犯罪的死刑裁判认定事实正确，但依法不应判处死刑，可改判并对其他应判处死刑的犯罪作出核准死刑的判决。(10) 共犯的执行程序：同案审理的案件中，部分被告人被判处死刑，对未被判处死刑的同案被告人需羁押执行刑罚，应在其判决、裁定生效后10日内交付执行，但该同案被告人参与实施有关死刑之罪，应在最高法复核讯问被判处死刑的被告人后交付执行。

【2012·卷2·单选·33】（答案：D）关于死刑复核程序，下列哪一选项是正确的？A. 最高法院复核死刑案件，可以不讯问被告人。B. 最高法院复核死刑案件，应当听取辩护律师的意见。C. 在复核死刑案件过程中，最高检察院应当向最高法院提出意见。D. 最高法院应当将死刑复核结果通报最高检察院。

任何单位和个人发现有犯罪事实或嫌犯，有权利也有义务向公安机关、检察院或法院报案或举报。(1) 被害人对侵犯其人身、财产权的犯罪事实或嫌犯，有权向公安机关、检察院或法院报案或控告。A. 报案、控告、举报可用书面或口头提出；接受口头报案、控告、举报的工作人员，应写成笔录，经宣读无误后，由报案人、控告人、举报人签名或盖章。B. 接受控告、举报的工作人员，应向控告人、举报人说明诬告应负的法律责任，但只要不是捏造事实、伪造证据，即使控告、举报的事实有出入，甚至是错告，也要和诬告严格加以区别。C. 公安机关、检察院或法院对报案、控告、举报，都应接受。a. 对不属于自己管辖，应移送主管机关处理，并通知报案人、控告人、举报人。b. 犯罪人向公安机关、检察院或法院自首，或对不属于自己管辖而又须采取紧急措施，应先采取紧急措施，然后移送主管机关。(2) 公安机关、检察院或法院应保障报案人、控告人、举报人及其近亲属的安全；若报案人、控告人、举报人若不愿公开自己的姓名和报案、控告、举报的行为，应为他保守秘密。.

◆《刑法》第26条【主犯】

从共同正犯采用部分实行全部责任原则、罪责刑相适应原则、刑法区别对待原则、刑法谦抑原则、共犯的角度讲，主犯是组织、领导犯罪集团（3人以上为共同实施犯罪而组成的较为固定的犯罪组织）进行犯罪活动的或在共犯中起主要作用的犯罪人（聚众主犯、集团主犯）。

从首犯（聚众首犯、集团首犯）和主犯的关系的角度讲，对组织、领导集团首犯外的主犯，应按其所参与的或组织、指挥的全部犯罪处罚。

【2005·卷2·单选·8】（答案：D）根据我国刑法规定，关于首要分子的表述哪一项是正确的？A. 首要分子只能是组织领导犯罪集团的人。B. 首要分子只能是在聚众犯罪中起组织、策划、指挥作用的犯罪分子。C. 首要分子都是主犯。D. 首要分子既可以是主犯，也可以不是主犯。

从犯罪主体的角度讲，主犯范围大于首犯范围，主犯和首犯的关系是一种种属关系，首犯是主犯的一部分。(1) 首犯一定是主犯，主犯未必是首犯。(2) 从《刑法》第97条首犯（首犯）的角度看，首犯分为犯罪集团首犯、聚众犯罪首犯（组织、策划、指挥作用）。(3) 从司法解释的角度讲，雇佣、指使他人采用"软暴力"手段强迫交易、敲诈勒索，构成强迫交易罪、敲诈勒索罪，对雇佣者、指使者，一般应以共同犯罪中的主犯论处。(4) 为强索不受法律保护的债务或因其他非法目，雇佣、指使他人采用"软暴力"手段非法剥夺他人人身自由构成非法拘禁罪，或非法侵入他人住宅、寻衅滋事，构成非法侵入住宅罪、寻衅滋事罪，对雇佣者、指使者，一般应以共犯中的主犯论处；因本人及近亲属合法债务、婚恋、家庭、邻里纠纷等民间矛盾而雇佣、指使，未造成严重后果，一般不作为犯罪处理，但经有关部门批评制止或处理处罚后仍继续实施外。

从首犯的角度讲，对组织、领导犯罪集团［a. 组织、领导、参加黑社会性质组织罪；入境发展黑社会组织罪；包庇、纵容黑社会性质组织罪；洗钱罪等涉黑犯罪。b. 强迫交易罪、敲诈勒索罪、寻衅滋事罪、聚众斗殴罪、非法拘禁罪、故意毁坏财物罪、组织（容留）卖淫罪、强迫卖淫罪、开设赌场罪等涉黑涉恶犯罪］的首犯，按犯罪集团所犯全部罪行处罚。

从传统共犯理论的角度讲，共犯人的类型有分工性（实行犯、组织犯、帮助犯、教唆犯）、作用性（主犯、从犯、胁从犯）。中国刑法的共犯分类标准采取共犯的作用和分工折中说，认为共犯分为主犯、从犯、胁从犯（作用说）或实行犯、教唆犯（分工说）。

从刑法的角度看，主犯分为是犯罪集团主犯［一般主犯、特别主犯（首犯）、组织犯；组织、策划、指挥、领导作用］、聚众犯罪主犯（聚众犯罪的聚首、组织者、策划者、指挥者、首犯；组织、策划、指挥作用）、共犯主犯【以有主要作用的实行犯［主要的实行犯（主犯或首犯）、次要的实行犯（次要从犯）］为主】。

从刑法主犯刑责的角度看，主犯刑责的两种情形：(1) 犯罪集团首犯承担犯罪集团的全部罪责。(2) 共犯主犯、聚众犯罪主犯，承担其参与、组织、指挥的全部罪责。

从主犯和首犯的关系、类型的角度看，犯罪集团主犯分为一般主犯、特别主犯（首犯）；

聚众型犯罪分为聚众型共犯、聚众型非共犯。一般而言，犯罪集团主犯未必都是首犯，犯罪集团的一般主犯不是首犯，聚众型共犯的首犯是主犯。聚众型非共犯的首犯或主犯仅有1人时，不存在首犯、主犯、从犯、胁从犯、教唆犯等共犯之分，也无主犯。刑法往往仅处罚聚众型犯罪的首犯或主犯。

从从犯的地位、作用的角度看，共犯的从犯从属于主犯，分为次要从犯（次要的实行犯）、辅助从犯（帮助犯）。共犯的实行犯，分为主要的实行犯（主犯或首犯）、次要的实行犯（次要从犯）。从《刑法》第27条从犯的刑责的角度看，从犯的刑责，应从轻、减轻或免除处罚。从《刑法》第28条胁从犯的角度看，胁从犯有人身被胁迫性、精神被威逼强制性，若未完全丧失意志自由而参加犯罪活动，仍应承担刑责，据其犯罪情节减轻或免除处罚。

从司法解释的角度讲，明知他人实施侵犯知识产权犯罪，而为其提供贷款、资金、账号、发票、证明、许可证件，或提供生产、经营场所或运输、储存、代理进出口等便利条件、帮助，以侵犯知识产权犯罪的共犯论处。

对在公司、企业或其他单位中，非国家工作人员与国家工作人员勾结，分别利用各自的职务便利，共同将本单位财物非法占有，应尽量区分主从犯，按主犯的犯罪性质定罪。若根据案件的实际情况，各共犯人在共犯中的地位、作用相当，难以区分主从犯，可按贪污罪定罪处罚。

从共犯的分类的角度讲，聚众犯罪、集团犯罪均存在主犯、首犯的可能性。首犯未必是主犯，但集团首犯都是主犯。

从犯罪主体的角度讲，聚众犯罪的主体以首犯、其他积极参加者为原则，以首犯、其他积极参加者之间区分主从犯为例外。（1）从聚众犯罪、刑法理论的角度，一般而言，聚众犯罪型共犯的首犯是主犯；特殊而言，聚众犯罪型非共犯存在一个首犯，而不存在主从犯之分，否则存在两个首犯，存在主从犯之分的可能性。（2）从刑法分则的角度，聚众犯罪的罪名含聚众扰乱社会秩序罪、聚众扰乱公共场所秩序交通秩序罪、聚众斗殴罪、聚众淫乱罪、聚众冲击国家机关罪等。（3）一般聚众犯罪的首犯负刑责（聚众阻碍解救被收买的妇女儿童罪、聚众扰乱公共场所秩序、交通秩序罪的首犯才负刑责），特殊聚众犯罪的首犯、积极参加者均负刑责（聚众劫狱罪、聚众哄抢罪、聚众斗殴罪、聚众淫乱罪、聚众扰乱社会秩序罪、武装叛乱暴乱罪的首犯、积极参加者负刑责），严重性质的聚众犯罪的所有参加者一般都应负刑责（聚众劫狱罪、组织越狱罪、组织领导参加黑社会性质的组织罪等）。

从司法解释、共犯处罚原则的角度讲，对集团首犯实行犯罪集团计划的全部犯罪（间接犯罪）、首犯本人直接犯罪实行双罚制。从犯罪集团计划犯罪、非计划犯罪的关系的角度讲，犯罪集团首犯不对犯罪集团成员超出集团犯罪计划外独自实施的犯罪行为负刑责。对犯罪集团首犯的处罚，以犯罪集团成员按集团犯罪计划所犯的全部罪行承担刑责，而不是以犯罪集团全部成员所犯的全部罪行处罚。

对共犯中罪责相对较轻的主犯，可减少基准刑的20%以下。对胁从犯，应综合犯罪的性质、被胁迫的程度、在共犯中的作用等情况，减少基准刑的40%~60%。犯罪较轻，减少基准刑的60%以上或依法免除处罚。

组织犯的罪名：分裂国家罪；煽动分裂国家罪；颠覆国家政权罪；煽动颠覆国家政权罪；武装叛乱、暴乱罪；组织、领导、参加恐怖组织罪；组织、领导传销活动罪；组织出卖人体器官罪；组织残疾人、儿童乞讨罪；组织未成年人进行违反治安管理活动罪；组织考试作弊罪；组织、资助非法聚集罪；组织、领导、参加黑社会性质组织罪；组织、利用会道门、邪教组织、利用迷信破坏法律实施罪；组织、利用会道门、邪教组织、利用迷信致人重伤、死亡罪；组织越狱罪；组织他人偷越国（边）境罪；组织播放淫秽音像制品罪；组织淫秽表演罪；组织卖淫罪；强迫卖淫罪；协助组织卖淫罪；非法组织卖血罪等。

黑社会性质的有组织犯罪的认定问题：（1）暴力性、胁迫性、有组织性是黑社会性质组织行为方式的主要特征，有时也会采取一些其他手段（以暴力、威胁为基础，在利用组织势力和影响已对他人形成心理强制或威慑的情况下，进行的谈判、协商、调解；滋扰、哄闹、聚众等其他干扰、破坏正常经济、社会生活秩序的非暴力手段）。A. 黑社会性质组织实施的违法犯罪活动的主要情形，含由组织者、领导者直接组织、策划、指挥参与实施的违法犯罪活动；由组织成员以组织名义实施，并得到组织者、领导者认可或默许的违法犯罪活动；多名组织成员为逞强争霸、插手纠纷、报复他人、替人行凶、非法敛财而共同实施，并得到组织者、领导者认可或默许的违法犯罪活动；组织成员为组织争夺势力范围、排除竞争对手、确立强势地位、谋取经济利益、维护非法权威或按组织的纪律、惯例、共同遵守的约定而实施的违法犯罪活动；由黑社会性质组织实施的其他违法犯罪活动。B. 多次进行违法犯罪活动规定。黑社会性质组织实施犯罪活动过程中，往往伴随着大量的违法活动，对此均应作为黑社会性质组织的违法犯罪事实认定。若仅实施了违法活动，而未实施犯罪活动，则不能认定为黑社会性质组织。C. 多次进行违法犯罪活动只是认定黑社会性质组织的必要条件之一，最终能否认定为黑社会性质组织，还要结合危害性特征来加以判断。D. 即使有些案件中的违法犯罪活动已符合"多次"（3次以上，含3次）的标准，但根据其性质和严重程度，尚不足以形成非法控制或重大影响，也不能认定为黑社会性质组织。（2）黑社会性质组织存在时间、成员人数、组织纪律等问题的把握：A. 黑社会性质组织一般在短时间内难以形成，且成员人数较多，但鉴于普通犯罪集团、恶势力团伙向黑社会性质组织发展是一个渐进的过程，无明显的性质转变的节点，故对黑社会性质组织存在时间、成员人数问题不宜作出一刀切规定。B. 对那些已存在一定时间，且成员人数较多的犯罪组织，在定性时要根据其是否已具备一定的经济实力，是否已在一定区域或行业内形成非法控制或重大影响等情况综合分析判断。C. 一般而言，黑社会性质组织为维护自身的安全和稳定，会有一些约定俗成的纪律、规约，甚至有明确规定。因此，有一定的组织纪律、活动规约，也是认定黑社会性质组织特征时的重要参考依据。（3）认定黑社会性质组织犯罪的证据要求案件"事实清楚（能对定罪量刑产生影响的事实须清楚，而不是整个案件的所有事实和情节都要一一查证属实），证据确实充分（能据以定罪量刑的证据确实、充分，而不是案件中所涉全部问题的证据都要达到确实、充分的程度）"的法定证明标准，不要纠缠不影响定罪量刑的枝节问题。譬如，在可认定某犯罪组织已将所获经济利益部分用于组织活动的情况下，即使此部分款项的具体数额难以全部查实，也不影响定案。（4）黑社会性质组织成员的刑责：A. 对黑社会性质组织的组织者、领导者，应根据法律、黑社会性质组织实施的违法犯罪活动规定，按该组织所犯的全部罪行承担刑责。B. 组织者、领导者对具体犯罪所承担的刑责，应根据其在该起犯罪中的具体地位、作用确定。C. 对黑社会性质组织中的积极参加者和其他参加者，应按其所参与的犯罪，据其在具体犯罪中的地位和作用，依罪责刑相适应的原则，确定应承担的刑责。（5）对可能判处无期刑、死刑或黑社会性质组织犯罪、严重毒品犯罪等重大案件，被告人在驻看守所检察人员对讯问的合法性进行核查询问时，明确表示侦查阶段无刑讯逼供等非法取证情形，在审判阶段又提出排除非法证据申请，应说明理由。A. 法院经审查对证据收集的合法性无疑问，可驳回申请。B. 驻看守所检察人员在重大案件侦查终结前未对讯问的合法性进行核查询问，或未对核查询问过程全程同步录音录像，被告人及其辩护人在审判阶段提出排除非法证据申请，提供相关线索或材料，法院对证据收集的合法性有疑问，应依法进行调查。B. 采用以暴力或严重损害本人及其近亲属合法权益等进行威胁的方法，使被告人遭受难以忍受的痛苦而违背意愿作出的供述，应予排除。C. 采用殴打、违法使用戒具等暴力方法或变相肉刑的恶劣手段，使被告人遭受难以忍受的痛苦而违背意愿作出的供述，应予排除。

从《关于办理死刑案件审查判断证据若干问题的规定》的角度讲，办理死刑案件，须严格执行刑法和刑诉法,切实做到事实清楚、证据确实、充分,程序合法,适用法律正确,确保案件质量。(1)认定案件事实,须以证据为根据。A. 公检法人员应严格遵守法定程序,全面、客观地收集、审查、核实和认定证据。B. 经当庭出示、辨认、质证等法庭调查程序查证属实的证据,才能作为定罪量刑的根据。(2)通过有关办案人员的补正或作出合理解释,辨认结果可作为证据使用的5种情形:A. 主持辨认的侦查人员少于2人。B. 未向辨认人详细询问辨认对象的具体特征。C. 对辨认经和结果未制作专门的规范的辨认笔录,或辨认笔录无侦查人员、辨认人、见证人的签名或盖章。D. 辨认记录过于简单,只有结果无过程。E. 案卷中只有辨认笔录,无被辨认对象的照片、录像等资料,无法获悉辨认的真实情况。

【2012·卷2·单选·27】(答案:C)关于辨认程序不符合有关规定,经补正或者作出合理解释后,辨认笔录可作为证据使用的情形,下列哪一选项是正确的?A. 辨认前使辨认人见到辨认对象的。B. 供辨认的对象数量不符合规定的。C. 案卷中只有辨认笔录,没有被辨认对象的照片、录像等资料,无法获悉辨认的真实情况的。D. 辨认活动未个别进行的。

勘验、检查笔录的审查、认定:(1)勘验、检查笔录的审查内容:A. 勘验、检查是否依法进行,笔录的制作是否符合法律及有关规定的要求,勘验、检查人员和见证人是否签名或盖章等。B. 勘验、检查笔录的内容是否全面、详细、准确、规范:是否准确记录了提起勘验、检查的事由,勘验、检查的时间、地点,在场人员、现场方位、周围环境等情况;是否准确记载了现场、物品、人身、尸体等的位置、特征等详细情况以及勘验、检查、搜查的过程;文字记载与实物或绘图、录像、照片是否相符;固定证据的形式、方法是否科学、规范;现场、物品、痕迹等是否被破坏或伪造,是否是原始现场;人身特征、伤害情况、生理状况有无伪装或变化等。C. 补充进行勘验、检查,前后勘验、检查的情况是否有矛盾,是否说明了再次勘验、检查的缘由。D. 勘验、检查笔录中记载的情况与被告人供述、被害人陈述、鉴定意见等其他证据能否印证,有无矛盾。(2)勘验、检查笔录的认定标准:A. 勘验、检查笔录存在明显不符合法律及有关规定的情形,并不能作出合理解释或说明,不能作为证据使用。B. 勘验、检查笔录存在勘验、检查无见证人,勘验、检查人员和见证人无签名、盖章,勘验、检查人员违反回避规定的等情形,应结合案件其他证据,审查其真实性、关联性。

视听资料的审查、认定:(1)视听资料的审查内容:A. 视听资料的来源是否合法,制作过程中当事人有无受到威胁、引诱等违反法律及有关规定的情形。B. 是否载明制作人或持有人的身份,制作的时间、地点和条件以及制作方法。C. 是否为原件,有无复制及复制份数;调取的视听资料是复制件,是否附有无法调取原件的原因、制作过程和原件存放地点的说明,是否有制作人和原视听资料持有人签名或盖章。D. 内容和制作过程是否真实,有无经剪辑、增加、删改、编辑等伪造、变造情形。E. 内容与案件事实有无关联性。(2)视听资料的认定标准:A. 对视听资料有疑问,应进行鉴定。对视听资料,应结合案件其他证据,审查其真实性、关联性。B. 不能作为定案根据的视听资料的两种情形:a. 视听资料经审查或鉴定无法确定真伪。b. 对视听资料的制作和取得的时间、地点、方式等有异议,不能作出合理解释或提供必要证明。(3)公安机关在侦查时对能证明涉案犯罪组织具备黑社会性质组织的"四个特征"及其实施的具体违法犯罪活动的录音、录像资料,要及时提取、固定、移送;移送审查起诉时,应说明通过特殊侦查措施获取的视听资料证据的来源、提取经过。

证据的综合审查和运用:(1)对证据的证明力,应结合案件的具体情况,从各证据与待证事实的关联程度、各证据之间的联系等进行审查判断。(2)侦查机关依有关规定采用特殊侦查措施所收集的物证、书证及其他证据材料,经法庭查证属实,可作为定案的根据。法庭依法不公开特殊侦查措施的过程及方法。(3)证据之间有内在的联系,共同指向同一待证事实,且能合理排除矛盾,才能作为定案的根据。(4)无直接证据证明犯罪行为系被告人实施,但同时符合特定条件(据以定案的间接证据已查证属实;据以定案的间接证据之间相互印证,不存在无法排除的矛盾和无法解释的疑问;据以定案的间接证据已形成完整的证明体系;依据间接证据认定的案件事实,结论是唯一,足以排除一切合理怀疑;运用间接证据进行的推理符合逻辑和经验判断)的可认定被告人有罪。根据间接证据定案,判处死刑应特别慎重。(5)根据被告人的供述、指认提取到了隐蔽性很强的物证、书证,且与其他证明犯罪事实发生的证据互相印证,并排除串供、逼供、诱供等可能性,可认定有罪。(6)在对被告人作出有罪认定后,法院认定被告人的量刑事实,除审查法定情节外,还应审查影响量刑的情节:A. 案件起因。B. 被害人有无过错及过错程度,是否对矛盾激化负有责任及责任大小。C. 被害人附带民诉赔偿情况,被告人是否取得被害人或被害人近亲属谅解。D. 被告人的近亲属是否协助抓获被告人。E. 被告人平时表现及有无悔罪态度。F. 其他影响量刑的情节。(7)既有从轻、减轻处罚等情节,又有从重处罚等情节,应依法综合相关情节考虑。不能排除被告人有从轻、减轻处罚等量刑情节,判处死刑应特别慎重。(8)应慎重使用而有其他证据印证可采信的两种情形:A. 生理上、精神上有缺陷的被害人、证人和被告人,在对案件事实的认知和表达上存在一定困难,但尚未丧失正确认知、正确表达能力而作的陈述、证言和供述。B. 与被告人有亲属关系或其他密切关系的证人所作的对该被告人有利的证言,或与被告人有利害冲突的证人所作的对该被告人不利的证言。(9)法庭对证据有疑问,可告知出庭检察人员、被告人及其辩护人补充证据或作出说明;确有核实必要,可宣布休庭,对证据进行调查核实。A. 法庭进行庭外调查时,必要时,可通知出庭检察人员、辩护人到场。B. 出庭检察人员、辩护人一方或双方不到场,法庭记录在案。(10)检察院、辩护人补充的和法庭庭外调查核实取得的证据,法庭可庭外征求出庭检察人员、辩护人的意见。双方意见不一致,有一方要求法院开庭进行调查,法院应开庭。(11)被告人及其辩护人提出有自首的事实及理由,有关机关未予认定,应要求有关机关提供证明材料或要求相关人员作证,并结合其他证据判断自首是否成立。A. 被采取强制措施的嫌犯、被告人和正在服刑的罪犯,如实供述司法机关还没掌握的本人其他罪行,以自首论。B. 被告人是否协助或如何协助抓获同案犯的证明材料不全,导致无法认定被告人构成立功,应要求有关机关提供证明材料或要求相关人员作证,并结合其他证据判断立功是否成立。C. 被告人有检举揭发他人犯罪情形,应审查是否已查证属实;尚未查证,应及时查证。D. 被告人累犯的证明材料不全,应要求有关机关提供证明材料。(12)审查被告人实施犯罪时是否已满18周岁,一般应以户籍证明为依据;对户籍证明有异议,并有经查证属实的出生证明文件、无利害关系人的证言等证据证明被告人不满18周岁,应认定被告人不满18周岁;无户籍证明以及出生证明文件,应根据人口普查登记、无利害关系人的证言等证据综合进行判断,必要时,可进行骨龄鉴定,并将结果作为判断被告人年龄的参考。(13)未排除证据之间的矛盾,无充分证据证明被告人实施被指控的犯罪时已满18周岁且确实无法查明,不能认定其已满18周岁。

检察院公诉人出庭举证质证工作指引的基本内容:(1)公诉人举证质证原则:实事求是,客观公正;突出重点,有的放矢;尊重辩方,理性文明;遵循法定程序,服从法庭指挥。(2)公诉人出庭举证质证,应以辩证唯物主义认识论为指导,以事实为根据,以法律为准绳(刑事程序法定原则),注意运用逻辑法则和经验法则,有力揭示和有效证实犯罪,提高举证质证的质量、效率和效果,尊重和保障嫌犯、被告人和其他诉讼参与人诉讼权利,努力让群众在每一个司法案件中感受到公平正义。(3)公诉人可根据被告人是否认罪,采取不同的举证质证模式。A. 被告人认罪的案件,经控辩双方协商一致并经法庭同意,举证质证可简化。B. 被告人不认罪或辩护人作无罪辩护的案件,一般应全面详细举证质证。但对辩护方无异议的证据,经控辩双方协商一致并经法庭同意,举证质证也可简化。C. 公诉人举证质证,应注重与现代科技手段相融合,积极运用多媒体示证、电子卷宗、出庭一体化平台等,增强庭审指控犯罪效果。(4)举证质证的准备:A. 公诉人审查案件时,应充分考虑出庭准备和庭审举证质证工作的需要,有针对性地制作审查报告。B. 公诉人基于出庭准备和庭审举证质证工作的需要,可在开庭前从法院取回有关案卷材料和证据,或查阅电子卷宗。C. 公诉案件开庭前,公诉人应进一步熟悉案情,掌握证据情况,深入研究与本案有关的法律政策问题,熟悉审判可能涉及的专业知识,围绕起诉书指控的犯罪事实和情节,制作举证质证提纲(证据的取得是否符合法律规定;证据是否符合法定形式;证据是否为原件、原物,照片、录像、复制件、副本等与原件、原物是否相符;发现证据时的客观环境;证据形成的原因;证人或提供证据的人与本案有无利害关系;证据与待证事实之间的关联关系;证据之间的相互关系;证据是否共同指向同一待证事实,有无无法排除的矛盾和无法解释的疑问,全案证据是否形成完整的证明体系,据全案证据认定的事实是否足以排除合理怀疑,结论是否有唯一性;证据是否有证据能力及其证明力的其他问题),做好举证质证准备。D. 公诉人应通过参加庭前会议,及时掌握辩护方提供的证据,全面了解被告人及其辩护人对证据的主要异议,并在审判人员主持下,就案件的争议焦点、证据的出示方式等进行沟通,确定举证顺序、方式。根据举证需要,公诉人可申请证人、鉴定人、侦查人员、有专门知识的人出庭,对辩护方出庭人员名单提出异议。a. 审判人员在庭前会议中组织展示证据,公诉人应出示拟在庭审中出示的证据,梳理存在争议的证据,听取被告人及其辩护人的意见。b. 被告人及其辩护人在开庭审理前申请排除非法证据,并依法律规定提供相关线索或材料,公诉人经查证认为不存在非法取证行为,应在庭前会议中通过出示有关证据材料等方式,有针对性地对证据收集的合法性作出说明。c. 公诉人可在庭前会议中撤回有关证据;撤回的证据,无新理由,不得在庭审中出示。d. 公诉人应根据庭前会议上就举证方式达成的一致意见,修改完善举证提纲。E. 公诉人在开庭前收到法院转交或被告人及其辩护人、被害人、证人等递交的反映证据系非法取得的书面材料,应进行审查。a. 对审查逮捕、审查起诉期间已提出并经查证不存在非法取证行为,应通知法院,或告知有关当事人和辩护人,并按查证的情况做好庭审准备。b. 对新的材料或线索,可要求侦查机关对证据收集的合法性进行说明或提供相关证明材料,必要时可自行调查核实。E. 公诉人在庭前会议后依法收集的证据,在开庭前应及时移送法院,并了解被告人或其辩护人是否提交新的证据;若有新的证据,公诉人应对该证据进行审查。F. 公诉人在开庭前,应通过讯问被告人、听取辩护人意见、参加庭前会议、与法庭沟通等方式,了解掌握辩护方所收集的证明被告人无罪、罪轻或反映存在非法取证行为的相关材料情况,进一步熟悉拟在庭审中出示的相关证据,围绕证据的真实性、关联性、合法性,全面预测被告人、辩护人可能提出的质证观点,有针对性地制作和完善质证提纲。

◆ **《刑法》第 27 条 【从犯(帮助犯、实行从犯、教唆从犯、胁从犯)的从宽处罚】**

从共犯作用、集中和分散相结合方式的角度讲,从犯(一般从犯、特殊从犯)是在共犯中起次要作用或辅助作用的犯罪人〔事前从犯、事后从犯;有形从犯、无形从犯;教唆从犯(帮助犯)、帮助从犯(帮助犯);片面从犯、片面共犯〕。

从盲从、顺从、协从的角度,对从犯,应从轻、减轻或免除处罚(从犯在共同犯罪中所起的作用)。

【2017·卷 2·单选·25】(答案:A)成年人钱甲教唆未成年人小沈实施诈骗犯罪,钱甲委托其在邻市检察院担任检察官助理的哥哥钱乙担任辩护人,小沈由法律援助律师武某担任辩护人。关于本案处理,下列哪一选项是正确的?A. 钱甲被拘留后,钱乙可为其申请取保候审。B. 本案移送审查起诉时,公安机关应将案件移送情况告知钱乙。C. 检察院讯问小沈时,武某可在场。D. 如检察院对钱甲和小沈分案起诉,法院可并案审理。

从宽严相济政策的角度讲,对受欺骗、胁迫参加犯罪组织、犯罪集团或只是一般参加者,在犯罪中起次要、辅助作用的从犯,依法应从轻或减轻处罚,符合缓刑条件规定,可适用缓刑。根据2012年刑诉法修正案规定，公安机关不再负责缓刑的执行。对被判处管制、宣告缓刑、假释或暂予监外执行的罪犯，依法实行社区矫正，由社区矫正机构负责执行。

【2008·川·卷2·26】（答案：B）下列哪一生效裁判由公安机关负责执行？A. 没收财产的判决。B. 有期徒刑宣告缓刑的判决。C. 死刑立即执行的裁判。D. 免予刑事处罚的判决。

从传统从犯理论、主从法律关系、主客观相一致原则、主观恶性程度的角度讲，从犯在共犯中的一般地位有次要性、辅助性、从属性。从犯的处罚问题有争议性，存在从犯处罚独立说（独立处罚主义或共犯责任平等主义）、从犯处罚从属说（从属处罚主义：从犯得减主义、从犯必减主义）等不同理论观点。一般而言，中国刑法认为，从犯从属于实行犯（正犯），实行从犯必减主义原则。

从司法解释的角度讲，对从犯，应综合考虑其在共犯中的地位、作用，以及是否实施犯罪行为等情况，从宽处罚，减少基准刑的20%~50%；犯罪较轻，减少基准刑的50%以上或依法免除处罚。

从主犯和从犯的关系的角度讲，共犯可能只有主犯而无从犯，但绝对不能存在只有从犯而无主犯的可能性。从刑法分则的特别规定的角度讲，从犯、教唆犯可能成为特殊犯罪主体之一。组织卖淫罪的帮助行为人（从犯）构成协助组织卖淫罪。

从传统共犯理论的角度讲，身份犯（纯正身份犯、非纯正身份犯）和非身份犯共同实施犯罪的认定问题有争议性，存在主犯决定说、分别决定说、主职权行为决定说、职务犯罪说、特殊身份兼顾职务利用说、特殊身份说、身份犯说、实行犯决定说、区别对待说、有无身份不构成共犯说等不同理论观点。（1）共犯的范围问题存在争议性，含犯罪共同说（全部犯罪共同说、部分犯罪共同说）、行为共同说等不同理论观点。（2）特殊身份是行为人在身份上的特殊资格、性别、国籍以及其他与一定的犯罪行为有关、在社会关系上的特殊地位或状态。A. 一般而言，妇女单独不能成为强奸罪正犯。B. 外国人不能成为中国刑法上背叛国家罪的正犯。C. 首犯（黑社会、恐怖组织、聚众斗殴的首犯等）的地位、作用于犯罪过程中获得，不属于特殊身份。

从司法实践的角度讲，在共犯中，可能存在从犯的情形：（1）从犯罪意识、犯罪动机、犯罪人格特征的角度讲，抢劫犯罪（职业型抢劫犯罪、投机型抢劫犯罪、毒瘾型抢劫犯罪、酗酒型抢劫犯罪）存在从犯的情形：A. 参与预谋并有销赃而无实行行为。B. 参与预谋并分得赃款或赃物而无实行行为。C. 参与预谋，实施捆绑被害人手脚并传递作案工具（凶器等）。（2）从犯罪动机、犯罪地点、犯罪环境、犯罪手段、犯罪手段、犯罪组织形式的角度讲，盗窃犯罪存在从犯的情形：A. 仅负责盗窃望风，事后未分得赃款或赃物。B. 掩护他人实施盗窃行为。（3）从暴力犯罪、犯罪动机、犯罪能力、犯罪年龄、犯罪性别、犯罪心理、犯罪人格特征的角度讲，故意伤害或故意杀人犯罪存在从犯的情形：A. 明知他人有故意伤害或杀人犯意，在他人直接实施加害被害人时，采取拉偏架、抱住、拖住被害人等方式方法或手段阻止被害人逃生或逃跑的行为。B. 对被害人实施轻微伤害暴力行为，不属于直接加害后果的实施者。（4）走私犯罪可能存在从犯的情形：A. 运输工具上的驾驶员，参与走私运输货物或搬运走私货物、销售走私货物的行为。B. 因职务原因，受他人指使，参与走私犯罪行为。C. 单位负责人听取汇报后，同意实施走私犯罪行为。（5）从犯罪动机、犯罪认识、犯罪手段、犯罪人格特征的角度讲，毒品贩卖犯罪可能存在从犯的情形：A. 贩毒团伙或贩毒老板的马仔、跟班、助手或有关社会闲散人员等贩毒人员，接受毒贩老板或幕后老板的指令或差遣，收取毒资或分送毒品的行为。（6）运输毒品犯罪可能存在从犯的情形：A. 未参与运输毒品犯罪的预谋，仅接受上线指使或监控直接实施运输毒品或购买车船机票等的马仔行为。（7）从犯罪对象、犯罪动机、犯罪能力、犯罪人格特征、犯罪阶段的角度讲，合同诈骗犯罪可能存在从犯的情形：A. 参与部分合同诈骗事实。B. 明知他人诈骗，仍接受其指使私刻印章或伪造公文等用于诈骗的帮助行为，但未分得诈骗财物或分得较少的诈骗财物。C. 接受单位负责人（单位法定代表人或法律、行政法规规定代表单位行使职权的主要负责人）或主管人员的指使实施次数或数额较少的诈骗行为，并未分得诈骗财物或分得较少的诈骗财物。(8) 信用卡诈骗犯罪可能存在从犯的情形：A. 参与共谋，积极跟随他人刷卡消费。B. 参与部分信用卡的刷卡套现。C. 在诈骗团伙中，接受他人指使或委派，仅负责分工刷卡，不实际控制刷卡消费或套现所得的财物。[19]

◆ 《刑法》第28条 【胁从犯（被胁迫犯或特殊从犯）的从宽处罚原则】

从情节犯、从犯和胁从犯的关系、主客观相一致原则的角度讲，对被胁迫（暴力威胁、揭发隐私、剥夺生命、损害健康、损毁财物、威逼利诱等有强制性、威逼性、人为性的精神强制）参加犯罪，应按胁从犯的犯罪情节减轻或免除处罚。

从司法解释的角度讲，对初犯和偶犯，可结合犯罪的原因、性质、后果等情况，减少基准刑的10%以下。

对参加黑社会性质的组织，未实施其他违法犯罪活动，或受蒙蔽、胁迫参加黑社会性质的组织，情节轻微，可不作为犯罪处理。

从犯罪主观意志的控制力、期待可能性、紧急避险性、刑事违法危害性的角度讲，胁从犯的性质有威逼性、威胁性、强迫性、胁迫性；胁从犯（被胁迫参加犯罪的人，不含被诱骗参加犯罪的人）的处罚原则有减轻处罚性、免除处罚性，分为减轻处罚的胁从犯、免除处罚的胁从犯等不同类型。

【2002·卷2·多选·37】（答案：AD）下列有关主犯、从犯、胁从犯的说法，哪些是错误的？A. 胁从犯是指被胁迫、被诱骗参加犯罪的人。B. 首要分子不一定是主犯。C. 在共同犯罪中不可能只有从犯而没有主犯。D. 对于从犯，应当比照主犯从轻、减轻或者免除处罚。

【2008·川·卷2·单选·5】（答案：D）关于期待可能性，下列哪一选项是错误的？A. 行为人是否有故意、过失，与是否有期待可能性，是两个不同的问题。换言之，具有故意、过失的人，也可能没有期待可能性。B. 行为人犯罪后毁灭自己犯罪的证据的行为之所以不构成犯罪，是因缺乏期待可能性。C. 在司法实践中，对于因遭受自然灾害外流谋生而重婚的，之所以不以重婚罪论处，是因为缺乏期待可能性。D. 身没分文的乞丐盗窃他人财物得以维持生存的，因缺乏期待可能性，不应认定为盗窃罪。

从外国法理学的角度讲，胁从犯的法理基础有期待（有期待、无期待）可能性、紧急避险性。期待可能性和刑责性的关系问题有争议性，存在故意和过失的构成要素说（日本团藤重光、板仓宏等）、期待可能性（根据具体情况，有可能期待行为人不实施违法行为而实施其他合法行为）和刑责能力、故意或过失并列的第三责任要素说（德国弗兰克；日本大冢仁、西原春夫等）、阻却责任事由说（日本佐伯千仞、江家义男、平场安治、中山研一、大谷实等）、可罚的阻却、减少责任说（日本山中敬一）。若不能期待行为人实施其他合法行为，即不能对行为人进行法的非难而不存在刑法的有责性。

从中国刑法理论的角度讲，中国刑法以主客观统一原则为犯罪构成理论的基础。胁从犯在共犯中的法律地位问题有争议性，存在法定量刑情节说、从犯类型说、胁从犯作用不超出从犯说等不同理论观点。胁从犯和从犯有关联性，胁从犯不同于胁迫犯，有胁从犯转化主犯的可能性。

---

[19] 曹坚：《从犯问题研究——以经济刑法为视角》，上海社会科学院出版社2009年版，第218、219页，引用时有改动。

审判人员、检察人员、侦查人员须依法定程序，收集能证实嫌犯、被告人有罪或无罪、犯罪情节轻重的各种证据。严禁刑讯逼供和以威胁、引诱、欺骗以及其他非法方法收集证据，不得强迫任何人证实自己有罪。须保证一切与案件有关或了解案情的公民，有客观地充分地提供证据的条件，除特殊情况外，可吸收他们协助调查。

从刑事代理产生方式的角度讲，刑诉代理分为法定代理（基于法律规定而产生的代理）、委托代理（基于被代理人的委托、授权而产生的代理）。辩护律师应遵守法律法规、执业行为规范和法庭纪律，不得煽动、教唆和组织被告人监护人、近亲属等以违法方式表达诉求；不得恶意炒作案件，对案件进行歪曲、有误导性的宣传和评论；不得违反规定披露、散布不公开审理案件的信息、材料，或在办案过程中获悉的案件重要信息、证据材料；不得违规会见被告人，教唆被告人翻供；不得帮助被告人隐匿、毁灭、伪造证据或串供，威胁、引诱证人作伪证，以及其他干扰司法机关诉讼活动的行为。

◆ **《刑法》第29条【教唆犯（直接教唆犯、间接教唆犯）】**

从犯罪主观方面、主观恶性程度、教唆犯意的角度讲，一般而言，教唆（劝说、利诱、收买、授意、怂恿、威胁等）他人犯罪，应按教唆犯（教唆教唆犯、帮助教唆犯；直接教唆犯、间接教唆犯）在共犯中所起的作用处罚。

【2013·卷2·单选·9】（答案：D）刑法第29条第1款规定："教唆他人犯罪的，应当按他在共同犯罪中所起的作用处罚。教唆不满十八周岁的人犯罪的，应当从重处罚。"对此，下列哪一选项是错误的？A. 无论是被教唆人接受教唆实施了犯罪，还是二人以上共同故意教唆他人犯罪，都能适用该款前段的规定。B. 该款规定意味着教唆犯也可能是从犯。C. 唆使不满14周岁的人犯罪因而属于间接正犯的情形时，也应适用该款后段的规定。D. 该款中的"犯罪"并无限定，既包括一般犯罪，也包括特殊身份的犯罪，既包括故意犯罪，也包括过失犯罪。

教唆犯是以授意、怂恿、劝说、利诱或其他方法故意唆使他人犯罪的人。（1）教唆的前提在于不属于任何正犯行为，否则行为人有正犯行为（实行犯），排斥教唆的适用。（2）教唆他人犯罪，应按他在共同犯罪中所起的作用处罚，起主要作用，按主犯处罚教唆犯；起次要作用，按从犯处罚教唆犯。A. 被教唆者接受教唆实施了犯罪，教唆者与被教唆者构成共同犯罪，应按教唆者在共同犯罪中所起的作用处罚。B. 两个以上的教唆者共同故意教唆他人犯罪本身也成立共同犯罪，也应按教唆者在共同犯罪中所起的作用处罚。（3）间接正犯未必都是实行犯，与另外一方是不构成共犯的利用与被利用关系。A. 教唆无民事行为能力人实施犯罪时，教唆者属于间接正犯而不是实行犯。B. 实行犯（直接实行刑法分则规定的犯罪行为的人）可能是主犯、从犯、胁从犯。从犯和胁从犯在共同犯罪中一般都起次要作用或辅助作用。C. 对共同正犯，采用部分实行全部责任原则。

【2003·卷2·多选·37】（答案：ABCD）下列帮助、教唆行为中，能独立构成犯罪，不按共犯处理的有哪些？A. 协助他人实施组织卖淫犯罪。B. 煽动他人颠覆国家政权。C. 有查禁犯罪活动职责的国家机关工作人员，向犯罪分子通风报信、提供便利，帮助犯罪分子逃避处罚。D. 帮助当事人毁灭、伪造证据，情节严重。

【2007·卷2·多选·60】（答案：ABC）丁某教唆17岁的肖某抢夺他人手机，肖某在抢夺得手后，为抗拒抓捕将追赶来的被害人打成重伤。关于本案，下列哪些选项是正确的？A. 丁某构成抢夺罪的教唆既遂。B. 肖某构成转化型抢劫。C. 对丁某教唆肖某犯罪的行为应当从重处罚。D. 丁某与肖某之间不构成共同犯罪。

教唆不满18周岁的人犯罪（教唆不满14周岁的人犯罪属于间接正犯，不成立共同犯罪），应从重处罚，否则被教唆的人未犯被教唆的罪（被教唆人无实施犯罪预备行为、实行行为），对教唆犯可从轻或减轻处罚。

【2008·川·卷2·单选·7】（答案：A）根据《刑法》规定，关于教唆犯的表述，下列哪一选项是正确的？A. 教唆未成年人贩卖毒品的，构成贩卖毒品罪，应从重处罚。B. 教唆犯都是主犯。C. 教唆他人吸食、注射毒品的，成立引诱他人吸毒罪的教唆犯。D. 传授犯罪方法的行为，一律不成立教唆犯。

从未成年人特别保护、毒品犯罪的角度讲，利用、教唆未成年人走私、贩卖、运输、制造毒品（为便于隐蔽运输、销售、使用、欺骗购买者，或为了增重，对毒品掺杂使假，添加或去除其他非毒品物质，不属于制造毒品的行为），或向未成年人出售毒品，以走私、贩卖、运输、制造毒品罪从重处罚。引诱、教唆、欺骗或强迫未成年人吸食、注射毒品，以引诱、教唆、欺骗他人吸毒罪或强迫他人吸毒罪从重处罚。引诱、教唆、欺骗他人吸食、注射毒品，构成引诱、教唆、欺骗他人吸毒罪。吸食、注射毒品不可能构成引诱、教唆、欺骗他人吸毒罪的教唆犯。

从传统共犯理论的角度讲，教唆犯在共犯中的法律地位问题有争议性，存在教唆犯主犯说（教唆犯独立说）、教唆犯从犯说（教唆犯从属说）、教唆犯独立性从属性二重性说、摒弃性质说等不同理论观点。（1）从犯罪形态的角度讲，教唆犯分为单独构成犯罪的独立教唆犯、共犯的教唆犯。（2）从共犯作用的角度讲，教唆犯的从犯分为共犯性质的教唆从犯、从犯性质的单独教唆犯。（3）教唆犯可能是主犯或从犯。教唆犯在共犯中的法律地位，以主犯为原则（存在共犯的场合），以从犯为例外。传授犯罪方法时可能同时有教唆行为，发生竞合原则上择一重罪论处。

【2008·川·卷2·单选·8】（答案：C）关于实行犯的说法，下列哪一选项是正确的？A. 按我国《刑法》总则的规定，有的教唆犯也是实行犯。B. 在共同犯罪中，实行犯就是在犯罪中起主要作用的犯罪分子。C. 在对简单共同犯罪中的各实行犯进行处罚时，要遵循"部分实行全部责任"的原则。D. 间接正犯是共同犯罪中的一种特殊类型的实行犯。

从司法解释的角度讲，对故意扩大事态，教唆他人实施针对医疗机构或医务人员的违法犯罪行为，或以受他人委托处理医疗纠纷为名实施敲诈勒索、寻衅滋事等行为，依治安处罚法和刑法有关规定从严惩处。

【2013·卷2·单选·40】（答案：D）法院就被告人"钱某"盗窃案作出一审判决，判决生效后检察院发现"钱某"并不姓钱，于是在确认其真实身份后向法院提出其冒用他人身份，但该案认定事实和适用法律正确。关于法院对此案的处理，下列哪一选项是正确的？A. 可以建议检察院提出抗诉，通过审判监督程序加以改判。B. 可以自行启动审判监督程序加以改判。C. 可以撤销原判并建议检察机关重新起诉。D. 可以用裁定对判决书加以更正。

在法院宣告判决前，检察院发现被告人的真实身份或犯罪事实与起诉书中叙述的身份或指控犯罪事实不符，或事实、证据未变化，但罪名、适用法律与起诉书不一致，可变更起诉；发现遗漏的同案嫌犯或罪行可一并起诉和审理，可追加、补充起诉。在法院宣告判决前，检察院可撤回起诉的7种情形：不存在犯罪事实；犯罪事实并非被告人所为；情节显著轻微、危害不大，不认为是犯罪；证据不足或证据发生变化，不符合起诉条件；被告人因未达到刑责年龄，不负刑责；法律、司法解释发生变化导致不应追究被告人刑责；其他不应追究被告人刑责。对撤回起诉的案件，检察院应在撤回起诉后30日内作出不起诉决定。需重新侦查，应在作出不起诉决定后将案卷材料退回公安机关，建议公安机关重新侦查并书面说明理由。对撤回起诉的案件，无新的事实（原起诉书中未指控的犯罪事实）或新证据（撤回起诉后收集、调取的足以证明原指控犯罪事实的证据），检察院不得再行起诉。该犯罪事实触犯的罪名既可是原指控罪名的同一罪名，也可是其他罪名。

在法庭审理过程中，法院建议检察院补充侦查、补充起诉、追加起诉或变更起诉，检察院应审查有关理由，并作出是否补充侦查、补充起诉、追加起诉或变更起诉的决定；检察院不同意，可要求法院就起诉指控的犯罪事实依法作出裁判。变更、追加、补充或撤回起诉应报经检察长或检委会决定，并以书面方式在法院宣告判决前向法院提出。

【2012·卷2·单选·41】（答案：B）法院在审理案件过程中发现被告人可能有立功情节，而起诉书和移送的证据材料中没有此种材料，下列哪一处理是正确的？A. 将全部案卷材料退回提起公诉的检察院。B. 建议提起公诉的检察院补充侦查。C. 建议公安机关补充侦查。D. 宣布休庭，进行庭外调查。

从司法解释的角度讲，对教唆犯，综合考虑其在共犯中的地位、作用和被教唆的对象、被教唆的人是否实施被教唆之罪等情况，确定从宽或从严的幅度。（1）对在共犯中所起作用较小或属于从犯的一般教唆犯，比照共犯中罪责相对较轻的主犯、胁从犯、教唆犯的基准刑确定从宽的幅度。（2）被教唆的人未犯被教唆的罪，可减少基准刑的50%以下，或依法免除处罚。（3）教唆不满18周岁的人犯罪，应增加基准刑的10%~30%。（4）教唆限制行为能力人犯罪，可增加基准刑的20%以下。

从司法认定的角度看讲，教唆犯罪与非罪的界限，关键是教唆他人犯罪不同于灌输腐朽没落思想意识。教唆犯此罪与彼罪的界限，关键是教唆犯不同于以教唆方式实行刑法分则直接规定的某些教唆犯罪，譬如引诱、教唆、欺骗他人吸食、注射毒品罪。（1）一般而言，教唆犯的教唆对象须是达到刑责年龄、有刑责能力的人。（2）特殊而言，教唆犯以劝说、利诱、怂恿、收买、威胁等行为方式方法，利用未达到法定刑责年龄、无刑责能力者实行犯罪意图或实施犯罪，教唆犯与被教唆者之间不产生共犯关系，存在教唆犯承担全部刑责的2种情形：（1）教唆完全不负刑责年龄段（未满14周岁）的人犯罪。（2）教唆相对负刑责年龄段（已满14周岁不满16周岁）的人实施故意杀人、故意伤害致人重伤或死亡、强奸、抢劫、放火、爆炸、贩卖毒品、投放危险物质犯罪以外的他罪，或被教唆者为完全无刑责能力的精神病人、盲聋哑人犯罪。当然，从教唆犯的概念、刑责的角度看，教唆犯有间接正犯性、利用工具性，教唆犯的刑责分为3种类型：（1）教唆犯的一般处罚原则是根据在共犯中的作用，分为主犯（主要作用）、从犯（次要作用）两种基本类型，分别处罚。（2）教唆不满18周岁的人犯罪，应从重处罚教唆犯。（3）被教唆的人未犯被教唆之罪，可从轻或减轻处罚教唆犯。也有专家学者认为，从共犯人的犯罪作用、法律地位的角度看，危害国安罪的罪行重大者、积极参加者相当于主犯，其他参加者相当于从犯或胁从犯，不必要再适用刑法总则从犯规定再继续进行从宽处罚。

从比较法、刑法原则、共犯处罚原则的角度讲，对组织、领导集团首犯外的主犯，应按其所参与或组织、指挥的全部犯罪处罚。对组织、领导集团首犯，按集团所犯的全部罪行处罚。对从犯，应从轻、减轻或免除处罚。对被胁迫参加犯罪，应按胁从犯的犯罪情节减轻或免除处罚。从教唆犯的作用的角度，教唆犯可属于主犯、从犯，而不能属于胁从犯。从间接正犯、自然人的刑责年龄、刑责能力和教唆犯的教唆对象的关系的角度，被教唆犯教唆的人有刑责能力时，才构成共犯，否则被教唆的人无刑责能力，仅教唆犯本人自己构成犯罪（间接正犯行为：a. 利用被害人的行为。b. 利用他人的正当行为。c. 利用他人缺乏犯罪故意的行为。d. 利用他人受强制或无行为能力的身体活动）。

从法条竞合犯、刑法分则的特殊规定的角度讲，对教唆犯的处罚以适用刑法总则的教唆犯处罚原则为原则，以适用刑法分则的教唆犯处罚原则为例外。从刑法分则的角度讲，教唆犯的教唆行为构成刑法分则的独立犯罪时，以刑法分则规定之罪进行处罚，而不再以教唆犯所教唆之罪定罪处罚。从对向犯的角度讲，一般而言，买卖毒品、拐卖妇女儿童和收买被拐卖的妇女儿童、重婚的双方、行贿受贿的双方，不以共犯处罚。

从侦查活动监督的角度讲，检察院依法对公安机关的侦查活动是否合法实行监督。（1）侦查活动监督主要发现、纠正公安机关的20种违法行为：A. 伪造、隐匿、销毁、调换、私自涂改证据，或帮助当事人毁灭、伪造证据。B. 徇私舞弊，放纵、包庇罪犯。C. 在侦查活动中利用职务之便谋取非法利益。D. 贪污、挪用、私分、调换、违反规定使用查封、扣押、冻结的财物及其孳息。E. 应退还取保候审保证金不退还。F. 故意制造冤、假、错案。G. 非法拘禁他人或以其他方法非法剥夺他人人身自由（采用非法拘禁等非法限制人身自由的方法收集的被告人供述，应予排除）。H. 非法搜查他人身体、住宅，或非法侵入他人住宅。I. 非法采取技术侦查措施。J. 在侦查过程中不应撤案而撤案。K. 采用刑讯逼供以及其他非法方法收集嫌犯供述。L. 采用暴力、威胁等非法方法收集证人证言、被害人陈述，或以暴力、威胁等方法阻止证人作证或指使他人作伪证。M. 讯问嫌犯依法应录音或录像而未录音或录像。N. 对嫌犯拘留、逮捕、指定居所监视居住后依法应通知家属而未通知。O. 应依法告知嫌犯诉讼权利而不告知，影响嫌犯行使诉讼权利。P. 阻碍当事人、辩护人、诉讼代理人依法行使诉讼权利。Q. 侦查人员应回避而不回避。R. 对与案件无关的财物采取查封、扣押、冻结措施，或应解除查封、扣押、冻结不解除。S. 违反刑诉法决定、执行、变更、撤销强制措施规定。T. 在侦查中有其他违反刑诉法有关规定的行为。（2）检察院发现公安机关侦查活动中的违法行为，对情节较轻，可由检察人员以口头方式向侦查人员或公安机关负责人提出纠正意见，并及时向本部门负责人汇报；必要时，由部门负责人提出。（3）对情节较重的违法情形，应报请检察长批准后，向公安机关发出纠正违法通知书；构成犯罪，移送有关部门依法追究刑责。（4）监所检察部门发现侦查中违反法律规定的羁押和办案期限规定，应依法提出纠正违法意见，并通报侦查监督部门。（5）检察院根据需要可派员参加公安机关对重大案件的讨论和其他侦查活动，发现违法行为，情节较轻的可口头纠正，情节较重的应报请检察长批准后，向公安机关发出纠正违法通知书。（6）对公安机关执行检察院批准或不批捕决定的情况，以及释放被逮捕的嫌犯或变更逮捕措施的情况，检察院发现有违法情形，应通知纠正。（7）检察院发现侦查机关或侦查人员决定、执行、变更、撤销强制措施等活动中有违法情形，应及时提出纠正意见。A. 对情节较轻的违法情形，由检察人员以口头方式向侦查人员或公安机关负责人提出纠正意见，并及时向本部门负责人汇报；必要时，由部门负责人提出。B. 对情节较重的违法情形，应报请检察长批准后，向公安机关发出纠正违法通知书。（8）检察院发出纠正违法通知书，应根据公安机关的回复，监督落实情况；未回复，应督促公安机关回复。（9）检察院提出的纠正意见不被接受，公安机关要求复查，应在收到公安机关的书面意见后7日内进行复查。经复查，认为纠正违法意见正确，应及时向上一级检察院报告；认为纠正违法意见错误，应及时撤销。（10）上一级检察院经审查，认为下级检察院的纠正意见正确，应及时通知同级公安机关督促下级公安机关纠正；认为下级检察院的纠正意见不正确，应书面通知下级检察院撤销，下级检察院应执行，并及时向公安机关及有关侦查人员说明情况。同时，将调查结果及时回复申诉人、控告人。（11）检察院侦查监督部门、公诉部门发现侦查人员在侦查活动中的违法行为情节严重，构成犯罪，应移送本院侦查部门审查，并报告检察长。侦查部门审查后应提出是否立案侦查的意见，报请检察长决定。对不属于本院管辖，应移送有管辖权的检察院或其他机关处理。（12）检察院侦查监督部门或公诉部门对本院侦查部门侦查活动中的违法行为，应根据情节分别处理（情节较轻，可直接向侦查部门提出纠正意见；情节较重或需追究刑责，应报请检察长决定）。（13）上级检察院发现下级检察院在侦查活动中有违法情形，应通知其纠正。下级检察院应及时纠正，并将纠正情况报告上级检察院。（14）当事人和辩护人、诉讼代理人、利害关系人对办理案件的机关及其工作人员有违法犯罪行为（采取强制措施法定期限届满，不释放、解除或变更；应退还取保候审保证金不退还；对与案件无关的财物采取查封、扣押、冻结措施；应解除查封、扣押、冻结不解除；贪污、挪用、私分、调换、违反规定使用查封、扣押、冻结的财物），向该机关申诉或控告，对该机关作出的处理不服，或该机关未在规定时间内作出答复,向检察院申诉,办理案件的机关的同级检察院应及时受理。A. 对当事人和辩护人、诉讼代理人、利害关系人提出的办理案件的机关及其工作人员有违法犯罪行为外的申诉或控告,检察院应受理,并及时审查,依法处理。B. 检察院在审查逮捕、审查起诉中发现办理案件的机关及其工作人员有违法情形,可直接监督纠正。(14) 检察院直接受理的案件,对办理案件的检察院的处理不服,可向上一级检察院申诉,上一级检察院应受理。未向办理案件的机关申诉或控告,或办理案件的机关在规定时间内尚未作出处理决定,直接向检察院申诉,检察院应告知其向办理案件的机关申诉或控告。(15) 对检察院办理案件中的违法行为的控告、申诉,以及对其他司法机关对控告、申诉的处理不服向检察院提出的申诉,由检察院控告检察部门受理。A. 控告检察部门对本院办理案件中的违法行为的控告,应及时审查办理;对下级检察院和其他司法机关的处理不服向检察院提出的申诉,应根据案件的具体情况,及时移送侦查监督部门、公诉部门或监所检察部门审查办理;审查办理的部门应在收到案件材料之日起 15 日内提出审查意见。B. 检察院对与案件无关的财物采取查封、扣押、冻结措施,或应解除查封、扣押、冻结不解除,或贪污、挪用、私分、调换、违反规定使用查封、扣押、冻结的财物的申诉,经审查认为需侦查机关说明理由,应要求侦查机关说明理由,并在收到理由说明后 15 日内提出审查意见。a. 认为本院办理案件中存在违法情形属实,应报请检察长决定纠正。b. 认为有关司法机关或下级检察院对控告、申诉的处理不正确,应报请检察长批准后,通知有关司法机关或下级检察院纠正。c. 认为本院办理案件中不存在控告反映的违法行为,或下级检察院和其他司法机关对控告、申诉的处理正确,应报请检察长批准后,书面提出答复意见及其理由,答复控告人、申诉人;控告检察部门应在收到通知后 5 日内答复。

经济犯罪案件的检察监督:(1) 对报案、控告、举报、移送的经济犯罪案件,公安机关作出不予立案决定、撤销案件决定或逾期未作出是否立案决定有异议,报案人、控告人、举报人可申请检察院进行立案监督,移送案件的行政执法机关可建议检察院进行立案监督。(2) 检察院认为需公安机关说明不予立案、撤销案件或逾期未作出是否立案决定的理由,应要求公安机关在 7 日内说明理由。A. 公安机关应书面说明理由,连同有关证据材料回复检察院;检察院认为不予立案或撤销案件的理由不能成立,应通知公安机关立案。B. 检察院要求公安机关说明逾期未作出是否立案决定的理由后,公安机关在 7 日内既不说明理由又不作出是否立案的决定,检察院应发出纠正违法通知书予以纠正,经审查案件有关证据材料,认为符合立案条件,应通知公安机关立案。(3) 嫌疑及其法定代理人、近亲属或辩护律师对公安机关立案提出异议,公安机关应及时受理、认真核查。A. 有证据证明公安机关可能存在违法介入经济纠纷,或利用立案实施报复陷害、敲诈勒索以及谋取其他非法利益等违法立案情形,检察院应要求公安机关书面说明立案的理由。B. 公安机关应在 7 日内书面说明立案的依据和理由,连同有关证据材料回复检察院;检察院认为立案理由不能成立,应通知公安机关撤销案件。(4) 检察院发现公安机关在办理经济犯罪案件过程中适用另案处理存在违法或不当,可向公安机关提出书面纠正意见或检察建议。公安机关应认真审查,并将结果及时反馈检察院;未采纳,应说明理由。(5) 依公安机关办理经济犯罪案件的若干规定,报经省级以上公安机关负责人批准立案侦查或继续侦查的案件,撤销案件时应经原审批的省级以上公安机关负责人批准。检察院通知撤销案件,应立即撤销案件,并报告原审批的省级以上公安机关。

第四节　单位犯罪（第 30~31 条）

◆ 《刑法》第 30 条 【单位犯罪的刑责的范围】

从公司法、证券法、企业法、行政法、犯罪社会危害性、单位合法性、单位犯罪法定性的角度讲，公司［企业法人；依公司法在中国境内设立的有限责任公司（有限责任公司的股东以其认缴的出资额为限对公司承担责任）、股份有限公司（股份有限公司的股东以其认购的股份为限对公司承担责任）］、企事业单位（a. 有国有所有制、集体所有制性质的公司、企事业单位。b. 有合法设立的法人资格的独资、私营等性质的公司、企事业单位。c. 依法设立的合资经营企业、合作经营企业。d. 单位合法设立的分支机构或内设组织或部门）、机关（立法机关、党务机关、政协机关、行政机关、司法机关、军事机关等）、人民团体（共青团、妇联、残联等）实施危害社会的行为，法律规定为单位犯罪，应负刑责（法律未规定为单位犯罪，不构成单位犯罪）。

【2005·卷2·单选·4】（答案：AD 或 D）下列有关单位犯罪的说法哪一项是错误的？A. 信用卡诈骗罪的主体可以是单位，但贷款诈骗罪的主体只能是自然人。B. 行政机关可以成为单位犯罪的主体。C. 不具备法人资格的私营企业不能成为单位犯罪的主体。D. 经企业领导集体研究决定并实施的盗窃电力的行为，可以构成单位犯罪，但不对单位判处罚金，只处罚作出该决定的单位领导和直接实施盗窃行为的责任人员。

【2006·卷2·单选·5】（答案：A）关于单位犯罪的主体，下列哪一选项是错误的？A. 不具有法人资格的私营企业，也可以成为单位犯罪的主体。B. 刑法分则规定的只能由单位构成的犯罪，不可能由自然人单独实施。C. 单位的分支机构或者内设机构，可以成为单位犯罪的主体。D. 为进行违法犯罪活动而设立的公司、企业、事业单位，或者公司、企业、事业单位设立后，以实施犯罪为主要活动的，不能成为单位犯罪的主体。

从《人民检察院公诉人出庭举证质证工作指引》的角度看，对单位犯罪案件，应先出示证明单位构成犯罪的证据，再出示对其负责的单位主管人员或其他直接责任人员构成犯罪的证据。对指控被告单位犯罪与指控单位主管人员或其他直接责任人员犯罪的同一份证据可重复出示，但重复出示时仅说明即可。

从民事法、证据法的角度看，单位犯罪的基本证据材料：（1）单位的名称、类型、性质、住所地、负责人、法定代表人、业务范围、成立时间等证明材料（公司企业性质证明、法人设立证明、企业法人营业执照、法人工商注册登记证明、法人税务登记证明、单位代码等）。（2）单位法人代表、负责人等身份证明的证据材料：户口簿、身份证、任命书、工作证、护照、个人档案、干部履历表、职工登记表、专业技术等级证书、劳动组织人事部门证明、委托文件、红头文件、单位规章制度等身份证明、户籍证明、用人资格证明、任职证明等。

【2005·卷2·多选·52】（答案：ABCD）下列哪些行为不构成单位犯罪？A. 甲、乙、丙出资设立一家有限责任公司专门从事走私犯罪活动。B. 甲、乙、丙出资设立的公司构成后以生产、销售伪劣产品为主要经营活动。C. 某公司董事长及总经理以公司名义印刷非法出版物，所获收入由他们二人平分。D. 某公司董事长及总经理组织职工对前来征税的税务工作人员使用暴力，拒不缴纳税款。

【2010·卷2·多选·53】（答案：ABCD）关于单位犯罪，下列哪些选项是错误的？A. 单位只能成为故意犯罪的主体，不能成为过失犯罪的主体。B. 单位犯罪时，单位本身与直接负责的主管人员、直接责任人员构成共同犯罪。C. 对单位犯罪一般实行双罚制，但在实行单罚制时，只对单位处以罚金，不处罚直接负责的主管人员与直接责任人员。D. 对单位犯罪只能适用财产刑，既可能判处罚金，也可能判处没收财产。

从司法解释的角度讲，单位犯罪主体有法定性、单位主体合法性。（1）公司、企业、事业单位，既含国有、集体所有的公司、企业、事业单位，也含依法设立的合资经营、合作经营企业和有法人资格的独资、私营等公司、企业、事业单位。（2）公司、企业、事业单位、机关、团体等单位实施刑法规定的危害社会的行为，刑法分则和其他法律未规定追究单位的刑责，对组织、策划、实施该危害社会行为的人依法追究刑责。A. 刑法分则规定的只能由单位构成的犯罪,称为纯正的单位犯罪,不可能由自然人单独实施。B. 无法人资格的私营企业,不可成为单位犯罪的主体。C. 个人为进行违法犯罪活动而设立的公司、企业、事业单位实施犯罪,或公司、企业、事业单位设立后,以实施犯罪为主要活动,以自然人犯罪论处,而不以单位犯罪论处。D. 非法成立的非法单位犯罪,或无法人资格的独资、私营等公司、企事业单位犯罪,以自然人犯罪处罚。E. 盗用单位名义实施犯罪,违法所得由实施犯罪的个人私分,依刑法有关自然人犯罪规定定罪处罚。F. 公司、企事业单位、机关、人民团体等单位实施刑法规定的危害社会的行为,刑法分则和其他法律未规定追究单位的刑责,对组织、策划、实施该危害社会行为的人依法追究刑责。(3) 以单位的分支机构或内设机构、部门的名义实施犯罪,违法所得主要归分支机构或内设机构、部门所有,应认定为单位犯罪。(4) 单位的分支机构或内设机构在某些情况下也可能成为犯罪主体。

【2015·卷2·多选·54】(答案:AD) 关于单位犯罪,下列哪些选项是正确的? A. 就同一犯罪而言,单位犯罪与自然人犯罪的既遂标准完全相同。B.《刑法》第一百七十条未将单位规定为伪造货币罪的主体,故单位伪造货币的,相关自然人不构成犯罪。C. 经理赵某为维护公司利益,召集单位员工殴打法院执行工作人员,拒不执行生效判决的,成立单位犯罪。D. 公司被吊销营业执照后,发现其曾销售伪劣产品20万元。对此,应追究相关自然人销售伪劣产品罪的刑事责任。

单位犯罪,以双罚制为主,以单罚制为辅,仅对单位进行罚金处罚。(1) 从单位犯罪条件的角度,单位犯罪和个人犯罪有差异性,关键在于单位犯罪的非法所得归单位所有,单位犯罪的故意源于单位全体成员或单位决策机构的集体决定,而不是单位领导个人以个人名义进行的擅自决定。(2) 审理单位故意犯罪案件时,对其直接负责的主管人员和其他直接责任人员,可不区分主犯、从犯,按其在单位犯罪中所起的作用判刑。(3) 涉嫌犯罪的单位被撤销、注销、吊销营业执照或宣告破产,应根据刑法关于单位犯罪的相关规定,对实施犯罪行为的该单位直接负责的主管人员和其他直接责任人员追究刑责,对该单位不再追诉。

单位犯逃避商检罪;提供虚假证明文件罪;出具证明文件重大失实罪;强迫交易罪;非法经营罪;非法转让、倒卖土地使用权罪;损害商业信誉、商品声誉罪;虚假广告罪;串通投标罪;合同诈骗罪;组织、领导传销活动罪;伪造、倒卖伪造的有价票证罪;倒卖车票、船票罪(扰乱市场秩序罪)实行双罚制,对单位判处罚金,并对其直接负责的主管人员和其他直接责任人员,依扰乱市场秩序罪的各条规定处罚(《刑法》第221~230条)。

单位犯罪的主要罪名:帮助恐怖活动罪;非法制造、买卖、运输、邮寄、储存枪支、弹药、爆炸物罪;非法制造、买卖、运输、储存危险物质罪;违规制造、销售枪支罪;非法出租出借枪支罪;生产、销售伪劣产品罪;生产、销售假药罪;生产、销售劣药罪;生产、销售不符合卫生标准的食品罪;生产、销售有毒有害食品罪;生产、销售不符合标准的医用器材罪;生产、销售不符合安全标准的产品罪;生产、销售伪劣农药、兽药、化肥、种子罪;生产、销售不符合卫生标准的化妆品罪;走私武器、弹药罪;走私核材料罪;走私假币罪;走私文物罪;走私贵重金属罪;走私珍贵动物、珍贵动物制品罪;走私珍稀植物、珍稀植物制品罪;走私淫秽物品罪;走私废物罪;走私普通货物、物品罪;虚报注册资本罪;虚假出资、抽逃出资罪;欺诈发行股票、债券罪;隐匿、故意销毁会计凭证、会计账簿、财务会计报告罪;对公司、企业人员行贿罪;擅自设立金融机构罪;伪造、变造、转让金融机构经营许可证、批准文件罪;高利转贷罪;非法吸收公众存款罪;伪造、变造金融票证罪;伪造、变造国家有价证券罪;伪造变造股票、公司、企业债券罪;擅自发行股票、公司、企业债券罪;内幕交易、泄露内幕信息罪;编造并传播证券、期货交易虚假信息罪;诱骗投资者买卖证券、期货合约罪;操纵证券、期货交易价格罪;违法向关系人发放贷款罪;违法发放贷款罪;用账外客户资金非法拆借、发放贷款罪;非法出具金融票证罪;对违法票据承兑、付款、保证罪；逃汇罪；洗钱罪；集资诈骗罪；票据诈骗罪；金融凭证诈骗罪；信用证诈骗罪；保险诈骗罪；偷税罪；逃避追缴欠税罪；骗取出口退税罪；虚开增值税专用发票、用于骗取出口退税、抵扣税款发票罪；伪造、出售伪造的增值税专用发票罪；非法出售增值税专用发票罪；非法购买增值税专用发票、购买伪造的增值税专用发票罪；非法制造、出售非法制造的用于骗取出口退税、抵扣税款发票罪；非法制造、出售非法制造的发票罪；非法出售用于骗取出口退税、抵扣税款发票罪；非法出售发票罪；假冒注册商标罪；销售假冒注册商标的商品罪；非法制造、销售非法制造的注册商标标识罪；假冒专利罪；侵犯著作权罪；销售侵权复制品罪；侵犯商业秘密罪；损害商业信誉、商品声誉罪；虚假广告罪；串通投标罪；合同诈骗罪；非法经营罪；强迫交易罪；伪造、倒卖伪造的有价票证罪；倒卖车票、船票罪；非法转让、倒卖土地使用权罪；提供虚假证明文件罪；出具证明文件重大失实罪；逃避商检罪；非法生产、买卖警用装备罪；扰乱无线电通讯管理秩序罪；骗取出境证件罪；非法向外国人出售、赠送珍贵文物罪；倒卖文物罪；非法出售、私赠文物藏品罪；妨害传染病防治罪；妨害国境卫生检疫罪；非法采集、供应血液、制作、供应血液制品罪；采集、供应血液、制作、供应血液制品事故罪；逃避动植物检疫罪；污染环境罪；非法处置进口的固体废物罪；擅自进口固体废物罪；非法捕捞水产品罪；非法猎捕、杀害珍贵、濒危野生动物罪；非法收购、运输、出售珍贵、濒危野生动物、珍贵、濒危野生动物制品罪；非法狩猎罪；非法占用农用地罪；非法采矿罪；破坏性采矿罪；非法采伐、毁坏国家重点保护植物罪；非法收购、运输、加工、出售国家重点保护植物、国家重点保护植物制品罪；盗伐林木罪；滥伐林木罪；非法收购、运输盗伐、滥伐的林木罪；走私、贩卖、运输、制造毒品罪；走私制毒物品罪；非法买卖制毒物品罪；非法提供麻醉药品、精神药品罪；制作、复制、出版、贩卖、传播淫秽物品牟利罪；为他人提供书号出版淫秽书刊罪；传播淫秽物品罪；组织播放淫秽音像制品罪；组织淫秽表演罪；故意提供不合格武器装备、军事设施罪；非法生产、买卖军用标志罪；战时拒绝、故意延误军事订货罪；单位受贿罪；单位行贿罪；对单位行贿罪。

从刑诉法修正案（2018年）的角度讲，刑诉的缺席审判是有程序性、规则性。（1）从适用对象的角度讲，对贪污贿赂犯罪案件，以及需及时进行审判，经最高检核准的严重危害国安犯罪、恐怖活动犯罪案件，由犯罪地、被告人离境前居住地或最高法指定的中院组成合议庭审理，嫌犯、被告人在境外，检察机关、公安机关移送起诉，检察院认为犯罪事实已查清，证据确实、充分，依法应追究刑责，可向法院提起公诉。法院进行审查后，对起诉书中有明确的指控犯罪事实，符合缺席审判程序适用条件，应决定开庭审判。（2）从刑事司法国际协助的角度讲，法院应通过有关国际条约规定的或外交途径提出的司法协助方式，或被告人所在地法律允许的其他方式，将传票和检察院的起诉书副本送达被告人；传票和起诉书副本送达后，被告人未按要求到案，法院应开庭审理，依法作出判决，并对违法所得及其他涉案财产作出处理。（3）从诉讼代理的角度讲，法院缺席审判案件，被告人有权委托辩护人，被告人的近亲属可代为委托辩护人。被告人及其近亲属未委托辩护人，法院应通知法律援助机构指派律师提供辩护。（4）从诉讼权的角度讲，法院应将判决书送达被告人及其近亲属、辩护人；被告人或其近亲属不服判决，有权向上一级法院上诉。A. 辩护人经被告人或其近亲属同意，可提出上诉。B. 检察院认为法院的判决确有错误，应向上一级法院提出抗诉。（5）从量刑情节的角度讲，在审理过程中，被告人自动投案或被抓获，法院应重审。A. 罪犯在判决、裁定发生法律效力后到案，法院应将罪犯交付执行刑罚；交付执行刑罚前，法院应告知罪犯有权对判决、裁定提出异议；罪犯对判决、裁定提出异议，法院应重审。B. 依生效判决、裁定对罪犯的财产进行的处理确有错误，应返还、赔偿。（6）从诉讼程序的角度讲，因被告人患有严重疾病无法出庭，中止审理超过6个月，被告人仍无法出庭，被告人及其法定代理人、近亲属申请或同意恢复审理，法院可在被告人不出庭情况下缺席审理，依法作出判决。（7）被告人死亡，法院应裁定终止审理，但有证据证明被告人无罪，法院经缺席审理确认无罪，应依法作出判决。法院按审判监督程序重审的案件，被告人死亡，法院可缺席审理，依法作出判决。

【2012·卷2·单选·31】（答案：C）下列哪一选项属于刑事诉讼中适用中止审理的情形？A. 由于申请回避而不能进行审判的。B. 需重新鉴定的。C. 被告人患有严重疾病，长时间无法出庭的。D. 检察人员发现提起公诉的案件需补充侦查，提出建议的。

从审判活动监督的角度讲，检察院依法对法院的审判活动是否合法实行监督。（1）审判活动监督由公诉部门和刑事申诉检察部门承办，对法院审理案件违反法定期限，由监所检察部门承办。检察院可通过调查、审阅案卷、受理申诉、控告等活动，监督审判活动是否合法。（2）审判活动监督主要发现、纠正的20种违法行为：A. 法院对刑事案件的受理违反管辖规定。B. 法院审理案件违反法定审理和送达期限。C. 法庭审理时对有关程序问题所作的决定违反法律规定。D. 法庭审理案件违反法定程序。E. 法庭组成人员不符合法律规定，或违反规定应回避而不回避。F. 二审法院违反法律规定裁定发回重审。G. 违反法律规定采取强制措施或采取强制措施法定期限届满，不释放、解除或变更。H. 徇私枉法，故意违背事实和法律作枉法裁判。I. 故意毁弃、篡改、隐匿、伪造、偷换证据或其他诉讼材料，或依据未经法定程序调查、质证的证据定案。J. 依法应调查收集相关证据而不收集。K. 侵犯当事人和其他诉讼参与人的诉讼权利和其他合法权利。L. 收受、索取当事人及其近亲属或其委托的律师等人财物或其他利益。M. 贪污、挪用、私分、调换、违反规定使用查封、扣押、冻结的财物及其孳息。N. 应退还取保候审保证金不退还。O. 对与案件无关的财物采取查封、扣押、冻结措施，或应解除查封、扣押、冻结不解除。P. 其他违反法律规定的审理程序的行为。（3）检察院检察长可列席法院审委会会议，对审委会讨论的案件等议题发表意见，依法履行法律监督职责。（4）检察院在审判活动监督中，若发现法院或审判人员审理案件违反法律规定的诉讼程序，应向法院提出纠正意见。A. 出席法庭的检察人员发现法庭审判违反法律规定的诉讼程序，应在休庭后及时向检察长报告。B. 检察院对违反程序的庭审活动提出纠正意见，应由检察院在庭审后提出。（5）检察院对法院审判活动中违法行为的监督，可参照检察院刑诉规则有关检察院对公安机关侦查活动中违法行为监督规定办理。

第二审法院开庭审理上诉、抗诉案件，可到案件发生地或原审法院所在地进行。（1）第二审法院应组成合议庭开庭审理的4种刑事案件：A. 被告人、自诉人及其法定代理人对第一审认定的事实、证据提出异议，可能影响定罪量刑的上诉案件。B. 被告人被判处死刑的上诉案件。C. 检察院抗诉的案件。D. 其他应开庭审理的案件。（2）第二审法院决定不开庭审理，应讯问被告人，听取其他当事人、辩护人、诉讼代理人的意见。

公诉人举证的基本要求：（1）公诉人举证，一般应全面出示证据；出示、宣读、播放每份（组）证据时，一般应出示证据的全部内容。根据普通程序、简易程序以及庭前会议确定的举证方式和案件的具体情况，也可简化出示，但不得随意删减、断章取义。未召开庭前会议，公诉人可当庭与辩护方协商，并经法庭许可确定举证方式。（2）公诉人举证前，应先就举证方式作出说明；庭前会议对简化出示证据达成一致意见，一并作出说明。（3）出示、宣读、播放每份（组）证据前，公诉人一般应先就证据证明方向、证据的种类、名称、收集主体和时间以及所要证明的内容向法庭作概括说明。（4）对控辩双方无异议的非关键性证据，举证时可仅就证据的名称及所证明的事项作出说明；对可能影响定罪量刑的关键证据和控辩双方存在争议的证据，以及法庭认为有必要调查核实的证据，应详细出示。（5）举证完毕后，应对出示的证据进行归纳总结，明确证明目的。（6）使用多媒体示证，应与公诉人举证同步进行。（7）公诉人举证主要事实（被告人的身份；指控的犯罪事实是否存在，是否为被告人所实施；实施犯罪行为的时间、地点、方法、手段、结果，被告人犯罪后的表现；犯罪集团或其他共犯案件中参与犯罪人员的各自地位和应负的责任;被告人有无刑责能力,有无故意或过失,行为的动机、目的;有无依法不应追究刑责的情形,有无法定从重或从轻、减轻、免刑的情节;犯罪对象、作案工具的主要特征,与犯罪有关的财物的来源、数量以及去向;被告人全部或部分否认起诉书指控的犯罪事实,否认的根据和理由能否成立;与定罪、量刑有关的其他事实),重点围绕控辩双方争议的内容进行。(8) 对公诉人简化出示的证据,辩护人要求公诉人详细出示,可区分不同情况作出处理。A. 具公诉人应详细出示:审判人员要求详细出示;辩护方要求详细出示并经法庭同意;简化出示证据可能影响举证效果。B. 具公诉人可向法庭说明理由,经法庭同意后,可不再详细出示:公诉人已详细出示过相关证据,辩护方重复要求;公诉人简化出示的证据能证明案件事实并反驳辩护方异议;辩护方所要求详细出示的内容与起诉书认定事实无关;被告人承认指控的犯罪事实和情节。(9) 辩护方当庭申请公诉人宣读出示案卷中对被告人有利但未被公诉人采信的证据,可建议法庭决定由辩护方宣读出示,并说明不采信的理由。法庭采纳辩护方申请要求公诉人宣读出示,公诉人应出示。(10) 公诉人、被告人及其辩护人对收集被告人供述是否合法未达成一致意见,法院在庭审中对证据合法性进行调查,公诉人可根据讯问笔录、羁押记录、提讯登记、出入看守所的健康检查记录、医院病历、看守管教人员的谈话记录、采取强制措施或侦查措施的法律文书、侦查机关对讯问过程合法性的证明材料、侦查机关或检察机关对证据收集合法性调查核实的结论、驻看守所检察人员在侦查终结前对讯问合法性的核查结论等,对庭前讯问被告人的合法性进行证明,可要求法庭播放讯问同步录音、录像,必要时可申请法庭通知侦查人员或其他人员出庭说明情况。(11) 控辩双方对收集证人证言、被害人陈述、收集物证、书证等的合法性以及其他程序事实发生争议,公诉人可参照前款规定出示、宣读有关法律文书、侦查或审查起诉活动笔录等证明;必要时,可建议法庭通知负责侦查的人员以及搜查、查封、扣押、冻结、勘验、检查、辨认、侦查实验等活动的见证人出庭陈述有关情况。

◆ 《刑法》 第 31 条 【单位犯罪的处罚原则】

从单位犯罪的组织、领导、决定、管理作用的角度看,单位(有法人资格的单位或无法人资格的单位;单位有相对民事行为能力和财产责任能力的合法的分支机构或内部组织)犯罪,实行双罚制,对单位判处罚金,并对其直接负责的主管人员(一般是对单位犯罪起决定、批准、组织、策划、指挥、授意、纵容等作用的主管人员,含单位实际控制人、主要负责人或授权的分管负责人、高管人员等单位的法定代表人、主管负责人或主要经管人员)和其他直接责任人员(一般是在直接负责的主管人员的指挥、授意下积极参与实施单位犯罪或对具体实施单位犯罪起较大作用的人员;单位的职工或单位聘任、雇用的人员)判刑,以刑法分则和其他法律另有规定依规定为例外。

从刑法的角度讲,单位犯罪以实行双罚制为原则,以实行单罚制为例外。譬如,违法运用资金罪(社会保障基金管理机构、住房公积金管理机构等公众资金管理机构,保险公司、保险资产管理公司、证券投资基金管理公司,违反国家规定运用资金),实行单罚制,对其直接负责的主管人员和其他直接责任人员,情节严重,处 3 年以下有期刑或拘役,并处 3 万元以上 30 万元以下罚金;情节特别严重,处 3 年以上 10 年以下有期刑,并处 5 万元以上 50 万元以下罚金。

从危害税收征收罪的角度讲,单位犯逃税罪、逃避追缴欠税罪、骗取出口退税罪、非法出售增值税专用发票罪、非法购买增值税专用发票、购买伪造的增值税专用发票罪;虚开增值税专用发票罪、出售伪造的增值税专用发票罪、非法出售增值税专用发票罪、非法制造、出售非法制造的用于骗取出口退税、抵扣税款发票罪;非法制造、出售非法制造的发票罪;非法出售用于骗取出口退税、抵扣税款发票罪;非法出售发票罪,对单位判处罚金,并对其直接负责的主管人员和其他直接责任人员，依该条的规定处罚。

从侵犯知识产权罪的角度讲，单位犯侵犯商业秘密罪、侵犯著作权罪、销售侵权复制品罪、假冒专利罪、假冒注册商标罪、销售假冒注册商标的商品罪、非法制造、销售非法制造的注册商标标识罪，对单位判处罚金，并对其直接负责的主管人员和其他直接责任人员，依各罪的规定处罚。

从扰乱市场秩序罪的角度讲，单位犯逃避商检罪；提供虚假证明文件罪；出具证明文件重大失实罪；强迫交易罪；非法经营罪；非法转让、倒卖土地使用权罪；损害商业信誉、商品声誉罪；虚假广告罪；串通投标罪；合同诈骗罪；组织、领导传销活动罪；伪造、倒卖伪造的有价票证罪；倒卖车票、船票罪，实行双罚制，对单位判处罚金，并对其直接负责的主管人员和其他直接责任人员，依各罪的规定处罚。

单位犯破坏环境资源保护罪（污染环境罪；非法处置进口的固体废物罪；擅自进口固体废物罪；走私固体废物罪；非法捕捞水产品罪；非法猎捕、杀害珍贵、濒危野生动物罪；非法收购、运输、出售珍贵濒危野生动物、珍贵、濒危野生动物制品罪；非法占用农用地罪；非法采矿罪；破坏性采矿罪；非法采伐、毁坏国家重点保护植物罪；非法收购、运输、加工、出售国家重点保护植物、国家重点保护植物制品罪；盗伐林木罪；滥伐林木罪；非法收购、运输盗伐、滥伐的林木罪），对单位判处罚金，并对其直接负责的主管人员和其他直接责任人员，依各罪处罚。

从金融诈骗罪的角度讲，单位犯集资诈骗罪、票据诈骗罪、金融凭证诈骗罪、信用证诈骗罪，对单位判处罚金，并对其直接负责的主管人员和其他直接责任人员，处5年以下有期刑或拘役，可并处罚金；数额巨大或有其他严重情节，处5年以上10年以下有期刑，并处罚金；数额特别巨大或有其他特别严重情节，处10年以上有期刑或无期刑，并处罚金。

第三章

刑罚（第32~60条）

第一节　刑罚的种类（第32~35条）

◆ 《刑法》第32条【刑罚的种类或类型：主刑、附加刑】

从刑罚类型的角度讲，刑罚分为主刑［管制、拘役、有期刑、无期刑、死刑（死缓、死刑立即执行）］、附加刑（罚金、没收财产、剥夺政治权利、终身监禁、驱逐出境等）。

从比较法、犯罪对象、犯罪客体、犯罪性质的角度讲，有抗拒、拒绝行为性质的犯罪的主刑、附加刑有多样性、差异性。(1)【拒不支付劳动报酬罪】以转移财产、逃匿等方法逃避支付劳动者的劳动报酬或有能力支付而不支付劳动者的劳动报酬，数额较大，经政府有关部门责令支付仍不支付，处3年以下有期刑或拘役，并处或单处罚金；造成严重后果，处3年以上7年以下有期刑，并处罚金。(2)【拒不履行信息网络安全管理义务罪】网络服务提供者不履行法律、行政法规规定的信息网络安全管理义务，经监管部门责令采取改正措施而拒不改正，有使违法信息大量传播；使用户信息泄露，造成严重后果；使刑事案件证据灭失，情节严重；有其他严重情节的情形，处3年以下有期刑、拘役或管制，并处或单处罚金。(3)【拒不执行判决、裁定罪】对法院的判决、裁定有能力执行而拒不执行，情节严重，处3年以下有期刑、拘役或罚金；情节特别严重，处3年以上7年以下有期刑，并处罚金。(4)【拒不救援友邻部队罪】在战场上明知友邻部队处境危急请求救援，能救援而不救援，使友邻部队遭受重大损失，对指挥人员，处5年以下有期刑。(5)【战时拒不救治伤病军人罪】战时在救护治疗职位上，有条件救治而拒不救治危重伤病军人，处5年以下有期刑或拘役；造成伤病军人重残、死亡或有其他严重情节，处5年以上10年以下有期刑。(6)【战时拒绝军事征收、征用罪】战时拒绝军事征收、征用，情节严重，处3年以下有期刑或拘役。(7)【战时拒绝、逃避征召、军事训练罪；战时拒绝、逃避服役罪】预备役人员战时拒绝、逃避征召或军事训练，情节严重，处3年以下有期刑或拘役。公民战时拒绝、逃避服役，情节严重，处2年以下有期刑或拘役。(8)【战时拒绝、故意延误军事订货罪】战时拒绝或故意延误军事订货，情节严重，对单位判处罚金，并对其直接负责的主管人员和其他直接责任人员，处5年以下有期刑或拘役；造成严重后果，处5年以上有期刑。(9)【隐瞒、谎报军情罪；拒传、假传军令罪】故意隐瞒、谎报军情或拒传、假传军令，对作战造成危害，处3年以上10年以下有期刑；使战斗、战役遭受重大损失，处10年以上有期刑、无期刑或死刑。(10)【拒绝提供间谍犯罪、恐怖主义犯罪、极端主义犯罪证据罪】明知他人有间谍犯罪或恐怖主义、极端主义犯罪行为，在司法机关向其调查有关情况、收集有关证据时，拒绝提供，情节严重，处3年以下有期刑、拘役或管制。

从中国法制史、中国古代刑法史的角度讲，中国古代法典有诸法混合性一体性。(1)从中国法思想史、中国法制史的角度讲,中国古代思想家认为,法者编著之图籍,设立于官府,而布之以百姓者也。诸如《尚书》《礼记》《周礼》《易经》《左传》《诗经》《公羊传》《墨子》《汉书》《史记》等古代中国典籍,都不同程度地记述了钱、债、田、土、户、婚等古代中国民法制度和民刑不分、诸法合体(实体法与程序法合一,以刑统罪与以罪统刑并重)的中国古代法混合型结构体系特点,含刑、法律、律、令、典、式、格、诏、诰、科、比、例、敕、谕、命、制、程等中国古代法渊源。A. 古代中国刑事法律规范有复杂性、多样性、类型性。a. 墨、劓、刖、宫、大辟、赎、鞭、扑、流(奴隶制九刑)。b. 禹刑、汤刑、吕刑、竹刑等。c. 杖、鞭、徒、流、死(封建五刑)、行政法(御史监察制、谏官言谏制)、诉讼法(①商朝神明裁判制。②西汉行政司法不分、行政机关兼理司法审判事务体制。③明清会审制等)。B. 中国法学思想最早渊源于春秋战国时期的法家哲学思想,法学在中国先秦时被称为"刑名之学",自汉代开始有"律学"的名称。(2)A. 郑国子产铸刑书(铸刑鼎)于鼎,以为国之常法。B. 郑国邓析竹刑铸刑鼎,范宣子刑书。C. 魏国李悝:《法经》(盗法、贼法、囚法、捕法、杂法、具法)。D. 西汉萧何:《汉律九章》(盗法、贼法、囚法、捕法、杂法、具法、户法、兴法、厩法)。E. 魏明帝《曹魏律》。F. 西晋武帝:《晋律》(泰始律或张杜律)。G. 南北朝:《北魏律》(纳礼入律,留养亲制等,封建制五刑雏形)、《北齐律》(重罪十条)。H. 隋朝隋文帝:《开皇律》(十恶制、笞杖徒流死建制五刑)。I. 唐朝:《开皇律》《贞观律》(五刑、十恶、八议、请、减赎当、免及化外人犯罪、类推、死刑复奏等)《永徽律疏》(唐律疏议:名例、卫禁、职制、户婚、厩库、擅兴、贼盗、斗讼、诈伪、杂律、捕亡、断狱)、《大唐六典》(理、教、礼、政、刑、事)、大中刑律统类。J. 北宋宋太祖《宋刑统》。K. 明太祖朱元璋:《大明律》(吏、户、礼、兵、刑、工;重其重罪,轻其轻罪)、《明大诰》(大诰一编、大诰续编、大诰三编、大诰武臣)、《大明会典》。L. 清朝:《大清律例》《大清会典》(五朝会典)、《大清民律草案》等。

从刑事判决、裁定监督的角度讲,检察院依法对法院的公诉案件或自诉案件的判决、裁定是否正确实行监督,对法院确有错误的判决、裁定,应依法提出抗诉。(1)对刑事判决、裁定的监督由公诉部门和刑事申诉检察部门承办。A. 当事人及其法定代理人、近亲属认为法院已发生法律效力的判决、裁定确有错误,向检察院申诉,由刑事申诉检察部门依法办理。B. 检察院通过受理申诉、审查法院的判决、裁定等活动,监督法院的判决、裁定是否正确。(2)检察院应对同级法院第一审判决、裁定提出抗诉的6种情形:A. 认定事实不清、证据不足。B. 认定罪名不正确,一罪判数罪,数罪判一罪,影响量刑或造成严重社会影响。C. 免刑或适用缓刑、禁止令、限制减刑错误。D. 有确实、充分证据证明有罪而判无罪,或无罪判有罪。E. 重罪轻判,轻罪重判,适用刑罚明显不当。F. 法院在审理过程中严重违反法律规定的诉讼程序。(3)检察院在收到法院第一审判决书或裁定书后,应及时审查,承办人员应填写刑事判决、裁定审查表,提出处理意见,报公诉部门负责人审核。对需提出抗诉的案件,公诉部门应报请检察长决定;案情重大、疑难、复杂的案件,由检察长提交检委会讨论决定。(4)检察院对同级法院第一审判决的抗诉,应在接到判决书的第二日起10日内提出;对裁定的抗诉,应在接到裁定书后的第二日起5日内提出。(5)检察院对同级法院第一审判决、裁定的抗诉,应制作抗诉书通过原审法院向上一级法院提出,并将抗诉书副本连同案件材料报送上一级检察院。(6)被害人及其法定代理人不服地方法院第一审的判决,在收到判决书后5日内请求检察院提出抗诉,检察院应立即进行审查,在收到被害人及其法定代理人的请求后5日内作出是否抗诉的决定,并答复请求人。检察院经审查认为应抗诉(认定事实不清、证据不足;有确实、充分证据证明有罪而判无罪或无罪判有罪;重罪轻判,轻罪重判,适用刑罚明显不当;认定罪名不正确,一罪判数罪,数罪判一罪,影响量刑或造成严重社会影响;免刑或适用缓刑、禁止令、限制减刑错误;法院在审理过程中严重违反法律规定的诉讼程序),

在收到法院第一审判决书或裁定书后,应及时审查,承办人员应填写刑事判决、裁定审查表,提出处理意见,报公诉部门负责人审核,对需提出抗诉的案件,公诉部门应报请检察长决定;案情重大、疑难、复杂的案件,由检察长提交检委会讨论决定。检察院对同级法院第一审判决的抗诉,应在接到判决书的第二日起10日内提出;对裁定的抗诉,应在接到裁定书后的第二日起5日内提出。检察院对同级法院第一审判决、裁定的抗诉,应制作抗诉书通过原审法院向上一级法院提出,并将抗诉书副本连同案件材料报送上一级检察院。被害人及其法定代理人在收到判决书5日后请求检察院提出抗诉,由检察院决定是否受理。(7)上一级检察院对下级检察院按第二审程序提出抗诉的案件,认为抗诉正确,应支持抗诉;认为抗诉不当,应向同级法院撤回抗诉,并通知下级检察院。A. 下级检察院若认为上一级检察院撤回抗诉不当,可提请复议。上一级检察院应复议,并将复议结果通知下级检察院。B. 上一级检察院在上诉、抗诉期限内,发现下级检察院应提出抗诉而未提出抗诉的案件,可指令下级检察院依法提出抗诉。(8)第二审法院发回原审法院重新按第一审程序审判的案件,若检察院认为重新审判的判决、裁定确有错误,可按第二审程序提出抗诉。(9)检察院认为法院已发生法律效力的判决、裁定确有错误(有新证据证明原判决、裁定认定的事实确有错误,可能影响定罪量刑;据以定罪量刑的证据不确实、不充分;据以定罪量刑的证据依法应排除;据以定罪量刑的主要证据之间存在矛盾;原判决、裁定的主要事实依据被依法变更或撤销;认定罪名错误且明显影响量刑;违反法律追诉时效期限规定;量刑明显不当;违反法律规定的诉讼程序,可能影响公正审判;审判人员在审理案件时有贪污受贿,徇私舞弊,枉法裁判行为),应按审判监督程序向法院提出抗诉。对已发生法律效力的判决、裁定的审查,在收到法院第一审判决书或裁定书后,应及时审查,承办人员应填写刑事判决、裁定审查表,提出处理意见,报公诉部门负责人审核,对需提出抗诉的案件,公诉部门应报请检察长决定;案情重大、疑难、复杂的案件,由检察长提交检委会讨论决定。(10)对高院判处死缓的案件,省级检察院认为确有错误提请抗诉,一般应在收到生效判决、裁定后3个月内提出,至迟不得超过6个月。(11)当事人及其法定代理人、近亲属认为法院已发生法律效力的刑事判决、裁定确有错误,向检察院申诉,由作出生效判决、裁定法院的同级检察院刑事申诉检察部门依法办理。A. 当事人及其法定代理人、近亲属直接向上级检察院申诉,上级检察院可交由作出生效判决、裁定法院的同级检察院受理;案情重大、疑难、复杂,上级检察院可直接受理。B. 当事人及其法定代理人、近亲属对法院已发生法律效力的判决、裁定提出申诉,经检察院复查决定不抗诉后继续提出申诉,上一级检察院应受理。C. 不服法院死刑终审判决、裁定尚未执行的申诉,由监所检察部门办理。(12)对不服法院已发生法律效力的刑事判决、裁定的申诉,经二级检察院办理且省级检察院已复查,若无新的事实和理由,检察院不再立案复查,但原审被告人可能被宣告无罪或判决、裁定有其他重大错误可能外。(13)检察院刑事申诉检察部门对已发生法律效力的刑事判决、裁定的申诉复查后,认为需提出抗诉,报请检察长或检委会讨论决定。(14)地方检察院刑事申诉检察部门对不服同级法院已发生法律效力的刑事判决、裁定的申诉复查后,认为需提出抗诉,报请检察长或检委会讨论决定。认为需提出抗诉,应提请上一级检察院抗诉。(15)上级检察院刑事申诉检察部门对下一级检察院提请抗诉的申诉案件审查后,认为需提出抗诉,报请检察长或检委会决定。法院开庭审理时,由同级检察院刑事申诉检察部门派员出席法庭。(16)检察院刑事申诉检察部门对不服法院已发生法律效力的刑事判决、裁定的申诉案件复查终结后,应制作刑事申诉复查通知书,并在10日内通知申诉人。经复查向上一级检察院提请抗诉,应在上一级检察院作出是否抗诉的决定后制作刑事申诉复查通知书。(17)最高检发现法院已发生法律效力的判决或裁定,上级检察院发现下级法院已发生法律效力的判决或裁定确有错误时,可直接向同级法院提出抗诉,或指令作出生效判决、裁定法院的上一级检察院向同级法院提出抗诉。(18)检察院按审判监督程序向法院提出抗诉，应将抗诉书副本报送上一级检察院。(19) 对按审判监督程序提出抗诉的案件，检察院认为法院作出的判决、裁定仍确有错误，或对按审判监督程序提出抗诉的申诉案件，检察院认为法院作出的判决、裁定仍确有错误，若案件是依第一审程序审判，同级检察院或派员出席法庭的检察院刑事申诉检察部门应向上一级法院提出抗诉；若案件是依第二审程序审判，上一级检察院应按审判监督程序向同级法院提出抗诉。(20) 检察院公诉部门、刑事申诉检察部门办理按审判监督程序抗诉案件，认为需对被告人采取逮捕措施，应提出意见，参照《人民检察院刑事诉讼规则（试行）》第10章审查逮捕规定移送侦查监督部门办理；认为需对被告人采取取保候审、监视居住措施，由办案人员提出意见，部门负责人审核后，报检察长决定。A. 公检法可对符合逮捕条件的嫌犯、被告人监视居住（公安机关执行）的5种情形：患有严重疾病、生活不能自理；怀孕或正哺乳自己婴儿的妇女；系生活不能自理的人的唯一扶养人；因案件的特殊情况或办理案件的需要，采取监视居住措施更为适宜；羁押期限届满，案件尚未办结，需采取监视居住措施。B. 公检法对嫌犯、被告人取保候审最长不得超过12个月，监视居住最长不得超过6个月。在取保候审、监视居住期间，不得中断对案件的侦查、起诉、审理。对发现不应追究刑责或取保候审、监视居住期限届满，应及时解除取保候审、监视居住。解除取保候审、监视居住，应及时通知被取保候审、监视居住人和有关单位。C. 对有证据证明有犯罪事实，可能判处徒刑以上刑罚的嫌犯、被告人，采取取保候审尚不足以防止发生社会危险性（企图自杀或逃跑；可能实施新的犯罪；有危害国安、公共安全或社会秩序的现实危险；可能毁灭、伪造证据，干扰证人作证或串供；可能对被害人、举报人、控告人实施打击报复），应逮捕。

◆《刑法》第33条【主刑的种类或类型】

从类型化的角度讲，主刑的分类或种类、类型：(1) 管制。(2) 拘役。(3) 有期刑。(4) 无期刑。(5) 死刑（死缓、死刑立即执行）。

从法定刑幅度配置的角度讲，自由刑的幅度配置方式有刑法原则需重刑的幅度配置方式方法：(1) 7年以上有期刑或无期刑。(2) 10年以上有期刑、无期刑或死刑。(3) 10年以上有期刑或无期刑。(4) 15年有期刑、无期刑或死刑。譬如，法定最低刑分为10个刑格的法定最低刑，含主刑类法定最低刑（6个月和2年、3年、5年、7年、10年有期刑；无期刑；管制；拘役）、附加刑（辅助刑）最低刑。

罪犯的交付程序：(1) 对被依法判处刑罚的罪犯，若罪犯已被采取强制措施，公安机关应依据法院生效的判决书、裁定书以及执行通知书，将罪犯交付执行。(2) 对法院作出无罪或免除刑罚的判决，若被告人在押，公安机关在收到相应的法律文书后应立即办理释放手续；对法院建议给予行政处理，应依有关规定处理或移送有关部门。(3) 对被判处死刑的罪犯，公安机关应依据法院执行死刑的命令，将罪犯交由法院执行。(4) 公安机关接到法院生效的判处死缓、无期刑、有期刑的判决书、裁定书以及执行通知书后，应在1个月内将罪犯送交监狱执行。(5) 对未成年犯应送交未成年犯管教所执行刑罚。(6) 对被判处有期刑的罪犯，在被交付执行刑罚前，剩余刑期在3个月以下，由看守所根据法院的判决代为执行。(7) 对被判处拘役的罪犯，由看守所执行。(8) 对被判处管制、宣告缓刑、假释或暂予监外执行的罪犯，已被羁押，由看守所将其交付社区矫正机构执行。对被判处剥夺政治权利的罪犯，由罪犯居住地的派出所负责执行。(9) 对被判处有期刑由看守所代为执行和被判处拘役的罪犯，执行期间若未再犯新罪，执行期满，看守所应发给刑满释放证明书。(10) 公安机关在执行刑罚中，若认为判决有错误或罪犯提出申诉，应转请检察院或原判法院处理。

挪用型犯罪的主刑、附加刑有关联性、互补性、差异性。(1) 利用计算机实施金融诈骗、盗窃、贪污、挪用公款、窃取国家秘密或他罪，依刑法有关规定定罪处罚。(2)【挪用公款罪】国家工作人员利用职务便利，挪用公款归个人使用，进行非法活动，或挪用公款数额较大、进行营利活动，或挪用公款数额较大、超过3个月未还（案发前未还），处5年以下有期刑或拘役；情节严重，处5年以上有期刑。A. 挪用公款数额巨大不退还（案发前未退还），处10年以上有期刑或无期刑。B. 挪用用于救灾、抢险、防汛、优抚、扶贫、移民、救济款物归个人使用，从重处罚。C. 国有商业银行、证交所、期交所、证券公司、期货经纪公司、保险公司或其他国有金融机构的工作人员和国有商业银行、证交所、期交所、证券公司、期货经纪公司、保险公司或其他国有金融机构委派到商业银行、证交所、期交所、证券公司、期货经纪公司、保险公司或其他金融机构的非国有机构从事公务的人员有利用职务便利，挪用本单位或客户资金的犯罪行为，以挪用公款罪定罪处罚。D. 国有公司、企业或其他国有单位中从事公务的人员和国有公司、企业或其他国有单位委派到非国有公司、企业以及其他单位从事公务的人员有利用职务便利，挪用本单位资金归个人使用或借贷给他人的犯罪行为，以挪用公款罪定罪处罚。E. 商业银行、证交所、期交所、证券公司、期货经纪公司、保险公司或其他金融机构的工作人员利用职务便利，挪用本单位或客户资金，依挪用资金罪、挪用公款罪的规定定罪处罚。(3)【挪用资金罪】公司、企业或其他单位的工作人员利用职务便利，挪用本单位资金归个人使用或借贷给他人，数额较大、超过3个月未还，或虽未超过3个月，但数额较大、进行营利活动，或进行非法活动，处3年以下有期刑或拘役；挪用本单位资金数额巨大，或数额较大不退还，处3年以上10年以下有期刑。(4)【挪用特定款物罪】挪用用于救灾、抢险、防汛、优抚、扶贫、移民、救济款物，情节严重，使国家和群众利益遭受重大损害，对直接责任人员处3年以下有期刑或拘役；情节特别严重，处3年以上7年以下有期刑。

主刑刑期的起算方式方法有关联性、互补性、差异性。(1) 管制的刑期，从判决执行之日起计算；判决执行前先行羁押，羁押1日折抵刑期2日。(2) 拘役的刑期，从判决执行之日起计算；判决执行前先行羁押，羁押1日折抵刑期1日。(3) 有期刑的刑期，从判决执行之日起计算；判决执行前先行羁押，羁押1日折抵刑期1日。(4) 外国向中国移管的中国籍被判刑人回国服刑前被羁押，羁押1日折抵转换后的刑期1日。(5) 死缓执行的期间，从判决或裁定核准死缓执行的法律文书宣告或送达之日起计算。(6) 死缓执行期满减为无期刑、有期刑（25年），刑期自死缓执行期满之日起计算。

被判处管制、拘役、有期刑、无期刑的罪犯，在执行期间，若认真遵守监规，接受教育改造，确有悔改表现，或有立功表现，可减刑；有重大立功表现（阻止他人重大犯罪活动；检举监狱内外重大犯罪活动，经查证属实；在抗御自然灾害或排除重大事故中，有突出表现；在日常生产、生活中舍己救人；有发明创造或重大技术革新；对国家和社会有其他重大贡献），应减刑。减刑后实际执行的刑期有法定限制性。(1) 判处管制、拘役、有期刑减刑后实际执行的刑期，不能少于原判刑期的1/2。(2) 判处无期刑减刑后实际执行的刑期，不能少于13年。(3) 对被判处死刑缓期执行的累犯以及因故意杀人、强奸、抢劫、绑架、放火、爆炸、投放危险物质或有组织的暴力犯罪被判处死刑缓期执行的罪犯，法院根据犯罪情节等情况可同时决定对其限制减刑。(4) 法院对限制减刑的死刑缓期执行的罪犯，死缓执行期满后依法减为无期刑，不能少于25年，死缓执行期满后依法减为25年有期刑，不能少于20年。

治安处罚的种类和适用：(1) 治安处罚的种类，分为警告、罚款、行政拘留、吊销公安机关发放的许可证。对违反治安管理外国人，可附加适用限期出境或驱逐出境。(2) 办理治安案件所查获的毒品、淫秽物品等违禁品，赌具、赌资，吸食、注射毒品的用具及直接用于实施违反治安管理行为的本人所有的工具，应收缴，按规定处理。违反治安管理所得的财物，追缴退还被侵害人；无被侵害人，登记造册，公开拍卖或按国家有关规定处理，所得款项上缴国库。(2) 已满14周岁不满18周岁的人违反治安管理，从轻或减轻处罚；不满14周岁的人违反治安管理，不处罚，但应责令其监护人严加管教。（3）精神病人在不能辨认或不能控制自己行为时违反治安管理，不处罚，但应责令其监护人严加看管和治疗。间歇性的精神病人在精神正常时违反治安管理，应给予处罚。（4）盲人或又聋又哑的人违反治安管理，可从轻、减轻或不处罚。（5）醉酒的人违反治安管理，应给予处罚。醉酒的人在醉酒状态中，对本人有危险或对他人的人身、财产或公共安全有威胁，应对其采取保护性措施约束至酒醒。（5）有2种以上违反治安管理行为，分别决定，合并执行。行政拘留处罚合并执行，最长不超过20日。（6）共同违反治安管理，据违反治安管理行为人在违反治安管理行为中所起的作用，分别处罚。教唆、胁迫、诱骗他人违反治安管理，按其教唆、胁迫、诱骗的行为处罚。（7）单位违反治安管理，对其直接负责的主管人员和其他直接责任人员依治安处罚法规定处罚。其他法律、行政法规对同一行为规定给予单位处罚，依其规定处罚。（8）违反治安管理，减轻处罚或不处罚的5种情形：A. 情节特别轻微。B. 主动消除或减轻违法后果，并取得被侵害人谅解。C. 主动投案，向公安机关如实陈述自己的违法行为。D. 出于他人胁迫或诱骗。E. 有立功表现。（9）违反治安管理从重处罚的4种情形：A. 6个月内曾受过治安处罚。B. 对报案人、控告人、举报人、证人打击报复。C. 有较严重后果。D. 教唆、胁迫、诱骗他人违反治安管理。（10）违反治安管理行为人，依治安处罚法应给予行政拘留处罚，不执行行政拘留处罚的4种情形：A. 已满14周岁不满16周岁。B. 已满16周岁不满18周岁，初次违反治安管理。C. 70周岁以上。D. 怀孕或哺乳自己不满1周岁婴儿。（11）违反治安管理行为在6个月期限内（从违反治安管理行为发生之日起计算；违反治安管理行为有连续或继续状态，从行为终了之日起计算）未被公安机关发现，不再处罚。

◆ 《刑法》第34条【附加刑（辅助刑）的种类或类型】

从类型化、比较法的角度讲，附加刑的分类、种类或类型：（1）罚金。（2）剥夺政治权利。（3）没收财产（没收全部财产、没收部分财产）。

从附加刑适用原则的角度讲，附加刑可附加适用，可独立适用。

被宣告缓刑犯，若被判附加刑，附加刑仍须执行。从数罪并罚的角度，数罪中有判处附加刑，附加刑仍须执行，其中附加刑种类相同，合并执行，种类不同，分别执行。

【非法获取国家秘密罪；非法持有国家绝密、机密文件、资料、物品罪】以窃取、刺探、收买方法，非法获取国家秘密，处3年以下有期刑、拘役、管制或剥夺政治权利；情节严重，处3年以上7年以下有期刑。非法持有属于国家绝密、机密的文件、资料或其他物品，拒不说明来源与用途，处3年以下有期刑、拘役或管制。【非法集会、游行示威罪】举行集会、游行、示威，未依法律规定申请或申请未获许可，或未按主管机关许可的起止时间、地点、路线进行，又拒不服从解散命令，严重破坏社会秩序，对集会、游行、示威的负责人和直接责任人员，处5年以下有期刑、拘役、管制或剥夺政治权利。【煽动暴力抗拒法律实施罪】煽动群众暴力抗拒国家法律、行政法规实施，处3年以下有期刑、拘役、管制或剥夺政治权利；造成严重后果，处3年以上7年以下有期刑。

注重综合运用多种刑罚手段，重视依法适用财产刑有效惩治犯罪。（1）对法律规定有附加财产刑，要依法适用财产刑。（2）对侵财型、贪利型犯罪，要注重通过依法适用财产刑使罪犯受到经济惩罚，剥夺其重新犯罪的能力、条件。（3）被告人非法占有、处置被害人财产，应依法追缴或责令退赔，追缴、退赔的情况可作为量刑情节考虑，否则不能退赃，在决定刑罚时，应作为重要情节考虑，体现从严处罚精神。

以检察院抗诉或自诉人上诉的案件不受限制为例外，审理被告人或其法定代理人、辩护人、近亲属提出上诉的案件，不得加重被告人的刑罚。（1）原判事实清楚，证据确实、充分，但判处的刑罚畸轻、应适用附加刑而未适用，不得直接加重刑罚、适用附加刑，也不得以事实不清、证据不足为由发回第一审法院重审。须依法改判，应在第二审判决、裁定生效后，依审判监督程序重审。（2）嫌犯认罪认罚，检察院应就主刑、附加刑、是否适用缓刑等提出量刑建议，并随案移送认罪认罚具结书等材料。（3）法院应变更强制措施或释放被逮捕的被告人的3种情形：A.第一审法院判处管制、宣告缓刑、单独适用附加刑，判决尚未发生法律效力。B.被告人被羁押的时间已到第一审法院对其判处的刑期期限。C.案件不能在法律规定的期限内审结。（4）公检法可对可能判处管制、拘役或独立适用附加刑的嫌犯、被告人采取取保候审（公安机关执行），应责令嫌犯、被告人提出保证人或交纳保证金。（5）对侵犯知识产权犯罪，法院应综合考虑犯罪的违法所得、非法经营数额、给权利人造成的损失、社会危害性等情节，依法判处罚金。罚金数额一般在违法所得的1倍以上5倍以下，或按非法经营数额的50%以上1倍以下确定。

从最高法印发的《关于充分发挥刑事审判职能作用深入推进社会矛盾化解的若干意见》的角度讲，刑事案件的一审、二审、执行、再审及处理申诉、信访都是化解社会矛盾的过程。准确把握宽严相济刑事政策：（1）继续坚持依法严惩严重刑事犯罪的方针。A.对危害国安犯罪、恐怖犯罪、黑社会性质组织犯罪及爆炸、杀人、抢劫、绑架、毒品等严重危害社会治安、严重影响群众安全感的犯罪，始终保持高压态势，依法从严打击。B.对以农村留守妇女、儿童、老人及社会弱势群体为侵害对象，群众深恶痛绝的犯罪，坚决依法严惩。C.对国家工作人员贪污贿赂、滥用职权、失职渎职的严重犯罪，包庇纵容黑恶势力犯罪、重大安全责任事故、制售伪劣食品、药品所涉及的国家工作人员职务犯罪，发生在社会保障、征地拆迁、灾后重建、企业改制、医疗、教育、就业等领域严重损害群众利益、社会影响恶劣的国家工作人员职务犯罪，发生在经济社会建设重点领域、重点行业的严重商业贿赂犯罪，依法从严惩处。D.对集资诈骗、贷款诈骗、制贩假币等严重危害金融秩序的犯罪，生产、销售假药、劣药、有毒有害食品等严重危害食品药品安全的犯罪，严重侵犯知识产权和制售假冒伪劣商品犯罪，造成严重后果的重大安全责任事故犯罪，重大环境污染、非法采矿、盗伐林木等严重破坏生态环境的犯罪，依法从严惩处。E.对受害群众较多的涉众型案件，积极配合有关部门做好善后处置工作，最大限度地维护群众的合法权益。（2）区别对待不同性质的犯罪，做到该宽则宽，当严则严，宽严相济，罚当其罪。A.对严重刑事犯罪依法严厉惩处的同时，对有法定或酌定从宽处罚情节的被告人，依法在量刑时考虑，最大限度地分化、瓦解罪犯，最大限度地减少社会对立面。B.对较轻刑事犯罪依法从轻处罚的同时，充分考虑被告人是否有屡教不改、严重滋扰社会、群众反映强烈等酌定从严处罚的情况，在量刑上有所体现，使罪犯受到应有处罚。C.对因生产生活、邻里纠纷、婚姻家庭等民间矛盾激化引发，事出有因、针对特定对象，对社会治安秩序无重大影响的犯罪，要着眼于和谐稳定，下大力气做好矛盾化解工作。D.被害人及其亲属对被告人表示谅解，应作为酌定从轻情节，量刑时充分考虑。（3）精心审理刑事大案要案。A.对案情敏感、社会高度关注的刑事案件，在严格依法办案的前提下，充分运用政治智慧和法律智慧，确保裁判法律效果和社会效果高度统一，使案件的审理成为执行国家法律和政策的典范。B.案件审理过程中，以及时回应社会关切，加强司法宣传和舆论引导，营造利于案件依法妥善处理的良好环境。

◆ 《刑法》第35条【驱逐出境（逐出国境）】

从属地管辖权、附加刑、外国人犯的角度讲，对在中国境内犯罪外国人或无国籍人，可（不是应）独立适用（对犯罪情节比较轻外国人单独判处）或附加适用（犯罪性质比较严重、判处主刑或其他附加刑外国人）驱逐出境。

从附加刑、外国人犯的适用对象的角度讲，驱逐出境是仅适用外国人犯的一种特殊附加刑。（1）从属地管辖权、犯罪情节、罪行轻重、适用对象的角度，驱逐出境的适用方式方法有独立适用性、附加适用性、附加刑性。驱逐出境只适用于无中国国籍而在中国境内犯罪外国人，或无国籍人（外籍犯），附加适用时应存主刑期满后，由公安机关宣布执行。(2) 从司法解释的角度讲，外国人在中国领域内实施强奸、猥亵未成年人等犯罪，应依法判处，在判处刑罚时，可独立适用或附加适用驱逐出境；对尚不构成犯罪但构成违反治安管理行为，或因实施性侵害未成年人犯罪不适宜在中国境内继续停留居留，公安机关可依法适用限期出境或驱逐出境。(3) 从联合国《关于难民地位的公约》的角度，缔约各国除因国安或公共秩序理由外，不得将合法在其领土内的难民驱逐出境。A. 驱逐难民出境只能以按合法程序作出的判决为根据。除因国安的重大理由要求另作考虑外，应准许难民提出有利于其自己的证据，向主管当局或向由主管当局特别指定的人申诉或为此目的委托代表向上述当局或人申诉。B. 缔约各国应给予上述难民一个合理的期间，以便取得合法进入另一国家的许可。缔约各国保留在这期间内适用它们所认为必要的内部措施的权利。C. 禁止驱逐出境或送回（推回）：a. 任何缔约国不得以任何方式将难民驱逐或送回（推回）至其生命或自由因他的种族、宗教、国籍、参加某一社会团体或有某种政治见解而受威胁的领土边界。b. 但如有正当理由认为难民足以危害所在国的安全，或难民已被确定判决认为犯过特别严重罪行从而构成对该国社会的危险，则该难民不得要求本条规定的利益。

对涉外刑事案件的被告人，可决定限制出境；对开庭审理案件时须到庭的证人，可要求暂缓出境。作出限制出境的决定，应通报同级公安机关或国安机关；限制外国人出境，应同时通报同级政府外事主管部门和当事人国籍国驻华使领馆。法院决定限制外国人和中国公民出境，应书面通知被限制出境的人在案件审理终结前不得离境，并可采取扣留护照或其他出入境证件的办法限制其出境；扣留证件，应履行必要手续，并发给本人扣留证件的证明。对需在边防检查站阻止外国人和中国公民出境，受理案件法院应层报高院，由高院填写口岸阻止人员出境通知书，向同级公安机关办理交控手续。控制口岸不在本省级，应通过有关省公安厅办理交控手续。紧急情况下，确有必要，也可先向边防检查站交控，再补办交控手续。

◆ 《刑法》 第36条 【刑事附带民诉赔偿经济损失、民事优先原则】

从刑事附带民诉原则的角度讲，罪犯因犯罪行为而使被害人遭受经济损失，对罪犯除依法给予刑罚外，并应根据情况判处赔偿经济损失。

从财产刑先民后刑原则的角度讲，承担民事赔偿责任的罪犯，同时被判罚金，其财产不足以全部支付，或被判没收财产，应首先承担对被害人的民事赔偿责任。

【2002·卷2·单选·1】（答案：D）刑法分则某条文规定：犯A罪的，"处3年以下有期徒刑，并处或单处罚金"。被告人犯A罪，但情节较轻，且其身无分文。对此，下列哪一判决符合该条规定？A. 甲法官以被告人身无分文为由，判处有期徒刑6个月。B. 乙法官以被告人身无分文且犯罪情节较轻为由，判处1年有期徒刑，缓期2年执行。C. 丙法官以被告人的犯罪情节较轻为由，判处拘役3个月。D. 丁法官以被告人的犯罪情节较轻为由，判处罚金1000元。

【2005·卷2·单选·5】（答案：B）甲在一刑事附带民事诉讼中，被法院依法判处罚金并赔偿被害人损失，但甲的财产不足以全部支付罚金和承担民事赔偿。下列关于如何执行本案判决的表述哪一项是正确的？A. 刑事优先，应当先执行罚金。B. 应当先承担民事赔偿责任。C. 按比例执行罚金和承担民事赔偿责任。D. 承担民事赔偿责任后减免罚金。

从民法总则的角度讲，承担民事责任的11种方式可单独适用或合并适用，主要有停止侵害；排除妨碍；消除危险；返还财产；恢复原状；修理、重作、更换；继续履行；赔偿损失；支付违约金；消除影响、恢复名誉；赔礼道歉，以法律规定惩罚性赔偿依其规定为例外。

从税务机关征缴优先原则的角度讲，犯逃税罪、抗税罪、逃避追缴欠税罪、骗取出口退税罪、虚开发票罪或虚开增值税专用发票、用于骗取出口退税、抵扣税款发票罪，被判处罚金、没收财产，在执行前，应先由税务机关追缴税款和所骗取的出口退税款。

被判处财产刑，同时又承担附带民事赔偿责任的被执行人，应先履行民事赔偿责任。(1) 判处财产刑前被执行人所负正当债务，需以被执行的财产偿还，经债权人请求，应偿还。(2) 应并处没收财产或罚金的犯罪，法院在对罪犯判处主刑的同时，须依法判处相应的财产刑。(3) 可并处没收财产或罚金的犯罪，法院应根据案件具体情况及罪犯的财产状况，决定是否适用财产刑。

从司法解释的角度讲，审理附带民诉案件，要在依法妥善解决损害赔偿问题，弥补被害人物质损失的同时，借助附带民诉提供的对话平台，积极做好法律政策的宣传解释工作，充分听取被害人的民事诉求和对刑事裁判的意见，促使被告人认罪悔罪、争取被害人及其亲属谅解，从而有效化解矛盾，促进社会和谐。(1) 审理附带民诉案件，应依刑法有关规定，据情况判处赔偿经济损失。确定赔偿数额，要根据被害人因犯罪行为遭受的物质损失并适当考虑被告人的赔偿能力。附带民诉当事人就民事赔偿问题达成的调解协议，只要不违反法律规定，应确认，以有利社会矛盾化解，更好慰藉被害人一方。妥善处理附带民事赔偿与量刑的关系。被告人案发后对被害人积极赔偿，并认罪、悔罪，依法可作为酌定量刑情节考虑，对轻微刑事案件的被告人，应考虑适用非监禁刑。被告人认罪、悔罪、赔礼道歉、积极赔偿，取得被害人谅解，依法可从宽处理。对严重危害社会治安、群众反映强烈、依法应从严惩处的犯罪，不能仅以经济赔偿作为决定从轻处罚的条件。(2) 注重运用调解手段化解矛盾纠纷：将调解作为审理附带民诉案件的必经程序，贯穿于案件审理的整个过程，力争把矛盾化解在基层，化解在一审，化解在裁判生效前。充分发挥被告人、被害人所在单位、社区基层组织、辩护人、诉讼代理人及当事人亲属、朋友在促进调解、化解矛盾方面的积极作用，形成做好调解疏导工作的合力。积极探索和开展刑事和解工作：重视发挥刑事和解在化解社会矛盾方面的积极作用。法院审理轻微刑事案件，通过当事人双方充分交流、协商，自愿达成和解协议并履行到位，有助于切实保护被害人合法权益，有效化解双方仇怨，避免产生新的矛盾，应积极推进。(3) 积极探索、推进刑事和解工作：适用刑事和解，既要考虑当事人双方的意愿，也要考虑案件的性质和社会公众的接受能力。现阶段，对自诉案件和可能判处3年有期刑以下刑罚的侵犯公民个人权利案件、交通肇事案件，应积极适用刑事和解，同时注重发挥刑事和解对化解当事人的矛盾、减少社会对抗、促进被告人改造的普遍功能。注重发挥司法能动作用促进和解。对符合和解条件的案件，做好法律、政策释明工作，在征得双方同意后，调动一切有利于矛盾化解的因素促进和解，引导双方以赔礼道歉、赔偿物质损失、履行特定义务等多种形式达成谅解，以及时审查、确认和解协议效力，监督协议履行情况，确保被害人权益得到切实保护。

【2012·卷2·单选·23】（答案：A）甲发现自家优质甜瓜常被人夜里偷走，怀疑乙所为。某夜，甲带上荧光恐怖面具，在乙偷瓜时突然怪叫，乙受到惊吓精神失常。甲后悔不已，主动承担乙的治疗费用。公安机关以涉嫌过失致人重伤将甲拘留，乙父母向公安机关表示已谅解甲，希望不追究甲的责任。在公安机关主持下，乙父母与甲签订和解协议，公安机关将案件移送检察院并提出从宽处理建议。下列社会主义法治理念和刑事诉讼理念的概括，哪一选项与本案处理相一致？A. 既要充分发挥司法功能，又要构建多元化的矛盾纠纷化解机制。B. 既要坚持法律面前人人平等，又要考虑对特殊群体区别对待。C. 既要追求公平正义，又要兼顾诉讼效率。D. 既要高度重视程序的约束作用，又不应忽略实体公正。

【2017·卷2·单选·40】（答案：C）董某（17岁）在某景点旅游时，点燃荒草不慎引起大火烧毁集体所有的大风公司林地，致大风公司损失5万元，被检察院提起公诉。关于本案处理，下列哪一选项是正确的？A. 如大风公司未提起附带民事诉讼，检察院可代为提起，

并将大风公司列为附带民事诉讼原告人。B. 董某与大风公司既可是否对董某免除刑事处分达成和解，也可就民事赔偿达成和解。C. 双方刑事和解时可约定由董某在 1 年内补栽树苗 200 棵。D. 如双方达成刑事和解，检察院经法院同意可撤回起诉并对董某适用附条件不起诉。

从国家赔偿法的角度讲，受害的公民死亡，其继承人和其他有扶养关系的亲属有权申请国家赔偿。不需追究刑责的人被羁押，国家不承担赔偿责任，但对起诉后经法院错判拘役、有期刑、无期刑并已执行，法院应对该判决确定后继续监禁期间侵犯公民人身自由权的情形赔偿。对重大、疑难、复杂的案件，检察院认为确有必要时，可派员适时介入侦查活动，对收集证据、适用法律提出意见，监督侦查活动是否对搜查、查封、扣押、冻结、勘验、检查、辨认、侦查实验等侦查活动中形成的笔录存在争议，需负责侦查的人员及搜查、查封、扣押、冻结、勘验、检查、辨认、侦查实验等活动的见证人出庭陈述有关情况，公诉人可建议合议庭通知其出庭。

【2017·卷 2·多选·64】（答案：BCD）某市发生一起社会影响较大的绑架杀人案。在侦查阶段，因案情重大复杂，市检察院提前介入侦查工作。检察官在开展勘验、检查等侦查措施时在场，并就如何进一步收集、固定和完善证据以及适用法律向公安机关提出了意见，对已发现的侦查活动中的违法行为提出了纠正意见。关于检察院提前介入侦查，下列哪些选项是正确的？A. 侵犯了公安机关的侦查权，违反了侦查权、检察权、审判权由专门机关依法行使的原则。B. 体现了分工负责，互相配合，互相制约的原则。C. 体现了检察院依法对刑事诉讼实行法律监督的原则。D. 有助于严格遵守法律程序原则的实现。

从司法解释的角度讲，对退赃、退赔，综合考虑犯罪性质，退赃、退赔行为对损害结果所能弥补的程度，退赃、退赔的数额及主动程度等情况，可减少基准刑的 30% 以下。积极配合办案机关追缴赃款赃物，未给被害人造成经济损失或损失较小，可减少基准刑 10% 以下，一般不超过 1 年。对抢劫等严重危害社会治安犯罪退赃、退赔，在决定是否从宽及从宽幅度时应从严掌握，减少的基准刑不超过 10%，并不得超过 1 年。

对积极赔偿被害人经济损失，综合考虑犯罪性质、赔偿数额、赔偿能力及认罪、悔罪程度等情况，确定从宽的幅度，但抢劫、强奸等严重危害社会治安的犯罪应从严掌握。（1）积极赔偿被害人经济损失并取得谅解，可减少基准刑的 40% 以下。（2）积极赔偿被害人全部经济损失但没取得谅解，可减少基准刑的 30% 以下，一般不超过 3 年。（3）积极赔偿被害人大部分经济损失但没取得谅解，可减少基准刑的 20% 以下，一般不超过 2 年。（4）赔偿被害人少部分经济损失，虽没取得谅解，但已穷尽赔偿手段，可减少基准刑的 10% 以下，一般不超过 1 年。

对尽管未赔偿，但取得被害人或其亲属谅解，综合考虑犯罪的性质、罪行轻重、谅解的原因及认罪悔罪的程度等情况，可减少基准刑的 20% 以下，一般不超过 2 年。其中，抢劫、强奸等严重危害社会治安犯罪的应从严掌握。

从司法解释的角度讲，对未成年人因被性侵害而造成的人身损害，为进行康复治疗所支付的医疗费、护理费、交通费、误工费等合理费用（康复治疗费用含进行身体和精神诊治所支出的费用），未成年被害人及其法定代理人、近亲属提出赔偿请求，法院依法支持。（1）性侵害未成年人犯罪，对被害人最大的伤害往往是精神和心理上的伤害，被害人到医院进行精神康复治疗所支付的医疗费，不同于精神抚慰金，该部分医疗费用有证据证实并向被告人提出赔偿请求，法院依法支持。（2）未成年人在幼儿园、学校或其他教育机构学习、生活期间被性侵害而造成人身损害，被害人及其法定代理人、近亲属据此向法院起诉要求上述单位承担赔偿责任，法院依法支持。

从司法实践的角度讲，民责和刑责的财产刑产生冲突的处理原则是先民后刑原则。从刑事附带民诉的角度，被害人因被告人的犯罪行为而人身权受到犯罪侵犯或财物被罪犯毁坏而遭受物质损失，有权在刑诉过程中提起附带民诉（附带民诉的起诉条件：a. 起诉人符合法定条件。b. 有明确的被告人。c. 有请求赔偿的具体要求和事实、理由。d. 属于法院受理附带民诉的范围）。被害人死亡或丧失行为能力，被害人的法定代理人、近亲属有权代为提起附带民诉。法院受理刑事案件后，对被害人因被告人的犯罪行为而人身权受到犯罪侵犯或财物被罪犯毁坏而遭受物质损失情形，可告知被害人或其法定代理人、近亲属有权提起附带民诉。有权提起附带民诉的人放弃诉讼权，应准许，并记录在案。被害人因受到犯罪侵犯，提起附带民诉或单独提起民诉要求赔偿精神损失，法院不受理。

【2015·卷2·单选·40】（答案：A）关于刑事裁判涉财产部分执行，下列哪一说法是正确的？A. 对侦查机关查封、冻结、扣押的财产，法院执行时可直接裁定处置，无需侦查机关出具解除手续。B. 法院续行查封、冻结、扣押的顺位无需与侦查机关的顺位相同。C. 刑事裁判涉财产部分的裁判内容应明确具体，涉案财产和被害人均应在判决书主文中详细列明。D. 刑事裁判涉财产部分，应由与一审法院同级的财产所在地的法院执行。

被害人或其法定代理人、近亲属仅对部分共同侵害人提起附带民诉，法院应告知其可对其他共同侵害人，含未被追究刑责的共同侵害人，一并提起附带民诉，但共犯案件中同案犯在逃为例外。共犯案件，同案犯在逃，不应列为附带民诉被告人。逃跑的同案犯到案后，被害人或其法定代理人、近亲属可对其提起附带民诉，但已从其他共犯人处获得足额赔偿为例外。被害人或其法定代理人、近亲属放弃对其他共同侵害人的诉讼权，法院应告知其相应法律后果，并在裁判文书中说明其放弃诉讼请求的情况。

被告人非法占有、处置被害人财产，应依法追缴或责令退赔。被害人提起附带民诉，法院不受理。追缴、退赔的情况，可作为量刑情节考虑。国家财产、集体财产遭受损失，受损失的单位未提起附带民诉，检察院在提起公诉时，可提起附带民诉，法院应受理，应列检察院为附带民诉原告人。附带民诉中依法负有赔偿责任的人类型：A. 刑事被告人及未被追究刑责的其他共同侵害人。B. 刑事被告人的监护人。C. 死刑罪犯的遗产继承人。D. 共犯案件中，案件审结前死亡的被告人的遗产继承人。E. 对被害人的物质损失依法应承担赔偿责任的其他单位和个人；特殊而言，附带民诉被告人的亲友自愿代为赔偿，应准许。

被害人因人身权受到犯罪侵犯或财物被罪犯毁坏而遭受物质损失，有权在刑诉过程中提起附带民诉。附带民诉当事人对自己提出的主张，有责任提供证据。附带民诉应在刑事案件立案后及时提起。提起附带民诉应提交附带民事起诉状。侦查、审查起诉期间，有权提起附带民诉的人提出赔偿要求，经公安机关、检察院调解，当事人双方已达成协议并全部履行，被害人或其法定代理人、近亲属又提起附带民诉，法院不受理，但有证据证明调解违反自愿、合法原则为例外。被害人或其法定代理人、近亲属提起附带民诉，法院应在7日内决定是否立案。被害人因人身权受到犯罪侵犯或财物被罪犯毁坏而遭受物质损失，应受理，否则裁定不受理。

法院受理附带民诉后，应在5日内将附带民事起诉状副本送达附带民诉被告人及其法定代理人，或将口头起诉的内容及时通知附带民诉被告人及其法定代理人，并制作笔录；送达附带民事起诉状副本时，应根据刑事案件的审理期限，确定被告人及其法定代理人提交民事答辩状的时间。（1）法院对可能因被告人的行为或其他原因，使附带民事判决难以执行的案件，据附带民诉原告人的申请，可裁定采取保全措施（适用民诉法有关规定），查封、扣押或冻结被告人的财产。A. 附带民诉原告人未提出申请，必要时法院也可采取保全措施，查封、扣押或冻结被告人的财产，财产已被查封、冻结，不得重复查封、冻结。B. 附带民诉原告人或检察院可申请法院采取保全措施。（2）法院审理附带民诉案件，可进行调解，或根据物质损失情况作出判决、裁定。附带民诉应同刑事案件一并审判，只有为防止刑事案件审判的过分迟延，才可在刑事案件审判后，由同一审判组织继续审理附带民诉。（3）有权提起附带民诉的人因情况紧急，不立即申请保全将会使其合法权益受到难以弥补的损害，可在提起附带民诉前，向被保全财产所在地、被申请人居住地或对案件有管辖权法院申请采取保全措施。申请人在法院受理刑事案件后 15 日内未提起附带民诉，法院应解除保全措施。（4）法院采取保全措施，对可能因当事人一方的行为或其他原因，使判决难以执行或造成当事人其他损害的案件，据对方当事人的申请，可裁定对其财产进行保全、责令其作出一定行为或禁止其作出一定行为；当事人未提出申请，法院必要时也可裁定采取保全措施；可责令申请人提供担保，申请人不提供担保，裁定驳回申请。A. 法院接受申请后，对情况紧急，须在 48 小时内作出裁定；裁定采取保全措施，应立即开始执行。B. 利害关系人因情况紧急，不立即申请保全将会使其合法权益受到难以弥补的损害，可在提起诉讼或申请仲裁前向被保全财产所在地、被申请人住所地或对案件有管辖权法院申请采取保全措施。C. 申请人应提供担保，不提供担保，裁定驳回申请。D. 保全限于请求的范围，或与本案有关的财物。财产保全采取查封、扣押、冻结或法律规定的其他方法。E. 法院保全财产后，应立即通知被保全财产的人。F. 财产纠纷案件，被申请人提供担保，法院应裁定解除保全，否则申请有错误，申请人应赔偿被申请人因保全所遭受的损失。

【2012·卷2·单选·30】（答案：B）关于附带民事诉讼案件诉讼程序中的保全措施，下列哪一说法是正确的？A. 法院应当采取保全措施。B. 附带民事诉讼原告人和检察院都可以申请法院采取保全措施。C. 采取保全措施，不受《民事诉讼法》规定的限制。D. 财产保全的范围不限于犯罪嫌疑人、被告人的财产或与本案有关的财产。

【2013·卷2·单选·32】（答案：B）王某被姜某打伤致残，在开庭审判前向法院提起附带民事诉讼，并提出财产保全的申请。法院对于该申请的处理，下列哪一选项是正确的？A. 不予受理。B. 可以采取查封、扣押或冻结被告人财产的措施。C. 只有在王某提供担保后，法院才予以财产保全。D. 移送财产所在地的法院采取保全措施。

检察院提起附带民诉，法院经审理认为附带民诉被告人依法应承担赔偿责任，应判令附带民诉被告人直接向遭受损失的单位作出赔偿，或对遭受损失的单位已终止的有权利义务继受人作出赔偿；对无权利义务继受人，应判令其向检察院交付赔偿款，由检察院上缴国库。

法院审理附带民诉案件，应结合被告人赔偿被害人物质损失的情况认定其悔罪表现，并在量刑时考虑，可根据自愿、合法的原则进行调解。经调解达成协议，应制作调解书。调解书经双方当事人签收后，即有法律效力。调解达成协议并即时履行完毕，可不制作调解书，但应制作笔录，经双方当事人、审判人员、书记员签名或盖章后即发生法律效力。调解未达成协议或调解书签收前当事人反悔，附带民诉应同刑诉一并判决。

附带民诉原告人经传唤，无正当理由拒不到庭，或未经法庭许可中途退庭，应按撤诉处理。刑事被告人外的附带民诉被告人经传唤，无正当理由拒不到庭，或未经法庭许可中途退庭，附带民事部分可缺席判决。

附带民诉应同刑事案件一并审判，只有为防止刑事案件审判的过分迟延，才可在刑事案件审判后，由同一审判组织继续审理附带民诉。同一审判组织的成员确实不能继续参与审判，可更换。法院认定公诉案件被告人的行为不构成犯罪，对已提起的附带民诉，经调解不能达成协议，应一并作出刑事附带民事判决。

法院准许检察院撤回起诉的公诉案件，对已提起的附带民诉，可进行调解。不宜调解或经调解不能达成协议，应裁定驳回起诉，并告知附带民诉原告人可另行提起民诉。第一审期间未提起附带民诉，在第二审期间提起，第二审法院可依法进行调解；调解不成，告知当事人可在刑事判决、裁定生效后另行提起民诉。

【2017·卷2·单选·37】（答案：A）甲纠集他人多次在市中心寻衅滋事，造成路人乙轻伤、丙的临街商铺严重受损。甲被起诉到法院后，乙和丙提起附带民事诉讼。法院判处甲有

期刑6年，罚金1万元，赔偿乙医疗费1万元，赔偿丙财产损失4万元。判决生效交付执行后，查明甲除1辆汽车外无其他财产，且甲曾以该汽车抵押获取小额贷款，尚欠银行贷款2.5万元，银行主张优先受偿。法院以8万元的价格拍卖了甲的汽车。关于此8万元的执行顺序，下列哪一选项是正确的？A. 医疗费→银行贷款→财产损失→罚金。B. 医疗费→财产损失→银行贷款→罚金。C. 银行贷款→医疗费→财产损失→罚金。D. 医疗费→财产损失→罚金→银行贷款。

对附带民诉作出判决，应根据犯罪行为造成的物质损失，结合案件具体情况，确定被告人应赔偿的数额。(1) 犯罪行为造成被害人人身损害，应赔偿医疗费、护理费、交通费等为治疗和康复支付的合理费用，以及因误工减少的收入；造成被害人残疾，还应赔偿残疾生活辅助具费等费用。A. 造成被害人死亡，还应赔偿丧葬费等费用。B. 以附带民诉当事人就民事赔偿问题达成调解、和解协议，赔偿范围、数额不受限制为例外。(2) 驾驶机动车致人伤亡或造成公私财产重大损失，构成犯罪，确定赔偿责任的基本规则：A. 机动车发生交通事故造成人身伤亡、财产损失，由保险公司在机动车第三者责任强制保险责任限额范围内赔偿；不足的部分，承担赔偿责任的处理方式：a. 机动车之间发生交通事故，由有过错的一方承担赔偿责任；双方都有过错，按各自过错的比例分担责任。b. 机动车与非机动车驾驶人、行人之间发生交通事故，非机动车驾驶人、行人没过错，由机动车一方承担赔偿责任；有证据证明非机动车驾驶人、行人有过错，据过错程度适当减轻机动车一方的赔偿责任；机动车一方没过错，承担不超过10%的赔偿责任。B. 交通事故的损失是由非机动车驾驶人、行人故意碰撞机动车造成，机动车一方不承担赔偿责任。C. 以附带民诉当事人就民事赔偿问题达成调解、和解协议，赔偿范围、数额不受限制为例外。

【2008·川·卷2·单选·33】（答案：D）在一起伤害案中，附带民事诉讼的原告人甲在法庭审理过程中，未经法庭许可中途退庭。法院应如何处理？A. 用传票传唤甲至法庭。B. 将甲拘传至法庭。C. 延期审理。D. 按甲自行撤诉处理。

当事人死亡、下落不明、无行为能力或脱逃的处理方式方法：(1) 嫌犯无犯罪事实，或情节显著轻微、危害不大而不认为是犯罪、犯罪已过追诉时效期限、经特赦令免刑、依刑法告诉才处理的犯罪而未告诉或撤回告诉、嫌犯或被告人死亡、其他法律规定免予追究刑责的情形，检察院应作出不起诉决定。(2) 自诉案件的被害人死亡、丧失行为能力或因受强制、威吓等无法告诉，或是限制行为能力人以及因年老、患病、盲、聋、哑等不能亲自告诉，其法定代理人、近亲属告诉或代为告诉，法院应依法受理。自诉案件的被害人的法定代理人、近亲属告诉或代为告诉，应提供与被害人关系的证明和被害人不能亲自告诉的原因的证明。(3) 对原审被告人、原审自诉人已死亡或丧失行为能力的再审案件，可不开庭审理。(4) 被告人死亡、下落不明、犯罪已过追诉时效期限、缺乏罪证，或经法院调解结案后，自诉人反悔，就同一事实再行告诉，或除因证据不足而撤诉外，自诉人撤诉后，就同一事实又告诉，应说服自诉人撤回起诉；自诉人不撤回起诉，裁定不予受理。(5) 外国籍被告人在案件审理中死亡，应及时通报同级政府外事主管部门，并通知有关国家驻华使领馆。(6) 被害人死亡或丧失行为能力，被害人的法定代理人、近亲属有权提起附带民诉（a. 附带民诉的起诉条件，含起诉人符合法定条件；有明确的被告人；有请求赔偿的具体要求和事实、理由；属于法院受理附带民诉的范围。b. 附带民诉应在刑事案件立案后及时提起，提起附带民诉应提交附带民事起诉状。c. 侦查、审查起诉期间，有权提起附带民诉的人提出赔偿要求，经公安机关、检察院调解，当事人双方已达成协议并全部履行，被害人或其法定代理人、近亲属又提起附带民诉，法院不予受理，但有证据证明调解违反自愿、合法原则外）。A. 公诉案件，被害人死亡，其近亲属可与被告人和解。近亲属有多人，达成和解协议，应经处于同一继承顺序的所有近亲属同意。被害人系无行为能力或限制行为能力人，其法定代理人、近亲属可代为和解。B. 被告人的近亲属经被告人同意，可代为和解。被告人系限制行为能力人，其法定代理人可代为和解。被告人的法定代理人、近亲属依前两款规定代为和解，和解协议约定的赔礼道歉等事项，应由被告人本人履行。C. 对附带民诉作出判决，应根据犯罪行为造成的物质损失，结合案件具体情况，确定被告人应赔偿的数额。犯罪行为造成被害人人身损害，应赔偿医疗费、护理费、交通费等为治疗和康复支付的合理费用，因误工减少的收入；造成被害人残疾，还应赔偿残疾生活辅助具费等费用；造成被害人死亡，还应赔偿丧葬费等费用。D. 法院审理附带民诉案件，可根据自愿、合法的原则进行调解。经调解达成协议，应制作调解书。调解书经双方当事人签收后，即有法律效力。调解达成协议并即时履行完毕，可不制作调解书，但应制作笔录，经双方当事人、审判人员、书记员签名或盖章后即发生法律效力。调解未达成协议或调解书签收前当事人反悔，附带民诉应同刑诉一并判决。E. 国家机关工作人员在行使职权时，侵犯他人人身、财产权利构成犯罪，被害人或其法定代理人、近亲属提起附带民诉，法院不予受理，但应告知其可依法申请国家赔偿。F. 有权提起附带民诉的人放弃诉讼权，应准许，并记录在案。G. 国家财产、集体财产遭受损失，受损失的单位未提起附带民诉，检察院在提起公诉时提起附带民诉，法院应受理。检察院提起附带民诉，应列为附带民诉原告人。H. 被害人或其法定代理人、近亲属仅对部分共同侵害人提起附带民诉，法院应告知其可对其他共同侵害人，含未被追究刑责的共同侵害人，一并提起附带民诉，但共犯案件中同案犯在逃外。被害人或其法定代理人、近亲属放弃对其他共同侵害人的诉讼权，法院应告知其相应法律后果，并在裁判文书中说明其放弃诉讼请求的情况。I. 附带民诉中依法负有赔偿责任的人含刑事被告人以及未被追究刑责的其他共同侵害人；刑事被告人的监护人；死刑罪犯的遗产继承人；共犯案件中，案件审结前死亡的被告人的遗产继承人；对被害人的物质损失依法应承担赔偿责任的其他单位和个人。附带民诉被告人的亲友自愿代为赔偿，应准许。J. 共犯案件，同案犯在逃，不应列为附带民诉被告人。逃跑的同案犯到案后，被害人或其法定代理人、近亲属可对其提起附带民诉，但已从其他共犯人处获得足额赔偿外。（7）嫌犯、被告人死亡，法院应裁定终止审理，但有证据证明被告人无罪，法院经缺席审理确认无罪，应依法作出判决。（8）法院按审判监督程序重审的案件，被告人死亡，法院可缺席审理，依法作出判决。（9）在审理案件过程中，被告人死亡或脱逃，检察院可向法院提出没收违法所得的申请。（10）共犯案件，上诉的被告人死亡，其他被告人未上诉，第二审法院仍应对全案进行审查。经审查，死亡的被告人不构成犯罪，应宣告无罪；构成犯罪，应终止审理。对其他同案被告人仍应作出判决、裁定。（11）被执行人死亡或被执行死刑，且无财产可供执行，法院应裁定终结执行；裁定终结执行后，发现被执行人的财产有被隐匿、转移等情形，应追缴。（12）执行死刑后，应由法医验明罪犯确实死亡，在场书记员制作笔录；负责死刑执行法院应通知罪犯家属，应在执行死刑后15日内将执行死刑情况（含罪犯被执行死刑前后照片）上报最高法。

【2012·卷2·单选·38】（答案：B）关于犯罪嫌疑人、被告人逃匿、死亡案件违法所得的没收程序，下列哪一说法是正确的？A. 贪污贿赂犯罪案件的犯罪嫌疑人潜逃，通缉1年后不能到案的，依《刑法》规定应当追缴其违法所得及其他涉案财产的，公安机关可以向法院提出没收违法所得的申请。B. 在A选项所列情形下，检察院可以向法院提出没收违法所得的申请。C. 没收违法所得及其他涉案财产的申请，由犯罪地的基层法院组成合议庭进行审理。D. 没收违法所得案件审理中，在逃犯罪嫌疑人被抓获的，法院应当中止审理。

从司法实践的角度讲，上诉不加刑有原则性、例外性、相对性。（1）从刑诉法的角度讲，检察院只对部分被告人的判决提出抗诉，或自诉人只对部分被告人的判决提出上诉，第二审法院不得对其他同案被告人加重刑罚。（2）被告人或其法定代理人、辩护人、近亲属提出上诉的案件，第二审法院发回重审后，除有新的犯罪事实，检察院补充起诉外，原审法院不得加重被告人的刑罚。(3) 以检察院抗诉或自诉人上诉的案件不受限制为例外，审理被告人或其法定代理人、辩护人、近亲属提出上诉的案件，不得加重被告人的刑罚，并应执行7种规定：A. 同案审理的案件，只有部分被告人上诉，既不得加重上诉人的刑罚，也不得加重其他同案被告人的刑罚。B. 原判事实清楚，证据确实、充分，只是认定的罪名不当，可改变罪名，但不得加重刑罚。C. 原判对被告人实行数罪并罚，不得加重决定执行的刑罚，也不得加重数罪中某罪的刑罚。D. 原判对被告人宣告缓刑，不得撤销缓刑或延长缓刑考验期。E. 原判无宣告禁止令，不得增加宣告。原判宣告禁止令，不得增加内容、延长期限。G. 原判对被告人判处死缓执行无限制减刑，不得限制减刑。H. 原判事实清楚，证据确实、充分，但判处的刑罚畸轻、应适用附加刑而未适用，不得直接加重刑罚、适用附加刑，也不得以事实不清、证据不足为由发回第一审法院重审。(4) 特殊而言，须依法改判，应在第二审判决、裁定生效后，依审判监督程序重审。

◆《刑法》第37条【非刑罚化的处置措施】

从量刑情节特征、有罪必罚原则例外性、非刑罚化原则的角度，对犯罪情节轻微不需判刑，可免刑，但可根据案件的不同情况，训诫或责令具结悔过、赔礼道歉、赔偿损失，或由主管部门行政处罚或行政处分。

《刑法》第37条（对犯罪情节轻微不需判刑，可免罚，但可根据案件的不同情况，训诫或责令具结悔过、赔礼道歉、赔偿损失，或由主管部门行政处罚或行政处分）、第52条（罚金数额的裁量：判处罚金，应根据犯罪情节决定罚金数额）、第72条（对被判处拘役、3年以下有期刑的罪犯，同时符合犯罪情节较轻；有悔罪表现；无再犯罪的危险；宣告缓刑对所居住社区无重大不良影响的条件，可宣告缓刑，对其中不满18周岁的人、怀孕的妇女和已满75周岁的人，应宣告缓刑）条的犯罪情节问题有争议性，存在一般免刑情节说、犯罪过程中的情节说、量刑情节说、行刑情节说等不同理论观点。[20]

◆《刑法》第37条之一【刑罚的禁业规定（职业禁止或禁止令）】

从检察院法律监督（立案监督、审判监督、执行监督）、社会维稳形势、罪责刑相适应原则、量刑情节、禁止令的角度讲，因利用职业便利实施犯罪，或实施违背职业要求的特定义务的犯罪被判刑，法院可根据犯罪情况和预防再犯罪的需要，禁止其自刑罚执行完毕之日或假释之日起从事相关职业，期限为3年至5年，否则被禁止从事相关职业的人违反法院作出的决定，由公安机关依法给予处罚。

从社区矫正实施办法的角度讲，社区矫正的管理部门、程序：(1) 司法行政机关负责指导管理、组织实施社区矫正工作。法院对符合社区矫正适用条件的被告人、罪犯依法作出判决、裁定或决定。检察院对社区矫正各执法环节依法实行法律监督。公安机关对违反治安管理规定和重新犯罪的社区矫正人员及时依法处理。县级司法行政机关社区矫正机构对社区矫正人员进行监督管理和教育帮助。(2) 司法所承担社区矫正日常工作。A. 社会工作者和志愿

---

[20] 赵廷光："论我国刑法中的情节"，载《法商研究（中南政法学院学报）》1995年第1期（《刑法》第37、52、72条的犯罪情节是犯罪过程中的情节，含全部定罪情节和部分定罪情节，不含罪前情节和罪后情节）；蒋明：《量刑情节研究》，中国方正出版社2004年版，第236页（《刑法》第13条但书情节为无罪情节，而不是构成犯罪的定罪情节、不构成犯罪或不认为是犯罪的情节；刑法第37、52条的犯罪情节属于量刑情节，《刑法》第61条的犯罪情节属于量刑情节，《刑法》第72条的犯罪情节属于行刑情节）；马克昌主编：《刑罚通论》，武汉大学出版社1991年版，第279页[《刑法》第61条的犯罪情节既含定罪情节和据以处罚轻重的罪中情节，又含罪前情节（累犯、再犯等）和罪后情节（自首、立功等），或定罪情节外的情节，专指据以处罚宽严的罪中、罪前和罪后的那些量刑情节］。

者在社区矫正机构的组织指导下参与社区矫正工作。B. 有关部门、村（居）委会、社区矫正人员所在单位、就读学校、家庭成员或监护人、保证人等协助社区矫正机构进行社区矫正。(3) 公检法、监狱对拟适用社区矫正的被告人、罪犯，需调查其对所居住社区影响，可委托县级司法行政机关进行调查评估。A. 受委托的司法行政机关应根据委托机关的要求，对被告人或罪犯的居所情况、家庭和社会关系、一贯表现、犯罪行为的后果和影响、居住地村（居）委会和被害人意见、拟禁止的事项等进行调查了解，形成评估意见，及时提交委托机关。B. 对适用社区矫正的罪犯，法院、公安机关、监狱应核实其居住地，在向其宣判时或在其离开监所前，书面告知其到居住地县级司法行政机关报到的时间期限以及逾期报到的后果，并通知居住地县级司法行政机关；在判决、裁定生效起3个工作日内，送达判决书、裁定书、决定书、执行通知书、假释证明书副本等法律文书，同时抄送其居住地县级检察院和公安机关。县级司法行政机关收到法律文书后，应在3个工作日内送达回执。C. 社区矫正人员应自法院判决、裁定生效之日或离开监所之日起10日内到居住地县级司法行政机关报到。D. 县级司法行政机关应及时为其办理登记接收手续，并告知其3日内到指定的司法所接受社区矫正。F. 发现社区矫正人员未按规定时间报到，县级司法行政机关应及时组织查找，并通报决定机关。(4) 暂予监外执行的社区矫正人员，由交付执行的监狱、看守所将其押送至居住地，与县级司法行政机关办理交接手续。A. 罪犯服刑地与居住地不在同一省级，需回居住地暂予监外执行，服刑地的省级监狱管理机关、公安机关监所管理部门应书面通知罪犯居住地的同级监狱管理机关、公安机关监所管理部门，指定一所监狱、看守所接收罪犯档案，负责办理罪犯收监、释放等手续。B. 法院决定暂予监外执行，应通知其居住地县级司法行政机关派员到庭办理交接手续。C. 司法所接收社区矫正人员后，应及时向社区矫正人员宣告判决书、裁定书、决定书、执行通知书等有关法律文书的主要内容；社区矫正期限；社区矫正人员应遵守的规定、被禁止的事项以及违反规定的法律后果；社区矫正人员依法享有的权利和被限制行使的权利；矫正小组人员组成及职责等有关事项。D. 宣告由司法所工作人员主持，矫正小组成员及其他相关人员到场，按规定程序进行。

从《关于对因犯罪在大陆受审的台湾居民依法适用缓刑实行社区矫正有关问题的意见》的角度讲，对因犯罪被判处拘役、3年以下有期刑的台湾居民，若其犯罪情节较轻、有悔罪表现、无再犯罪的危险且宣告缓刑对所居住社区无重大不良影响的，法院可宣告缓刑，对其中不满18周岁的人、怀孕的妇女和已满75周岁的人，应宣告缓刑。

依法正确适用非监禁刑：(1) 重视依法适用非监禁刑，充分发挥非监禁刑轻缓、经济、执行多样的优势，使罪行较轻者避免因被监禁与他罪犯"交叉感染"，尽可能减少对其家庭、社会关系的影响，减少社会对立面。(2) 依法正确把握非监禁刑适用的对象。A. 对犯罪性质恶劣、罪行严重、主观恶性深、人身危险性大，或有法定、酌定从重处罚情节，以及依法大幅度减轻处罚后的被告人，一般不适用非监禁刑。B. 对依法减轻处罚后判处3年有期刑以下刑罚的职务犯罪案件，严格控制缓刑适用。(3) 确保非监禁刑执行效果。A. 配合有关部门积极推动社区矫正工作，充分利用社会力量帮助罪犯顺利回归社会。B. 适用非监禁刑时，除考虑案件本身的性质、情节、社会危害等因素外，应注意当地非监禁刑的执行条件、实施社区矫正的可行性，保证非监禁刑执行到位，避免脱管、漏管。

刑事被害人救助工作：(1) 尽快落实、不断深化刑事被害人救助工作。对遭受犯罪行为侵害、无法及时获得有效赔偿、生活陷入困境的刑事被害人及其近亲属，以及时给予适当经济资助，有效化解矛盾纠纷，体现党和政府的关怀、司法的温暖。(2) 建立与当地经济发展状况、刑事犯罪发案情况相适应的救助制度。确保有限的救助资金用于最需救助的对象，救助的提起、审批、发放、管理、监督等各个环节，有章可循，有据可依。(3) 充分发挥刑事被害人救助在贯彻宽严相济刑事政策方面的积极作用。对因婚姻家庭、邻里纠纷等民间矛盾激化引发的案件，特别是被害人一方有明显过错、对矛盾激化有直接责任，或被告人有法定从轻处罚情节，通过及时救助，舒缓被害人及其近亲属的情绪，保证案件正常审理。对严重危害社会治安的恶性犯罪，须毫不动摇地依法严惩罪犯，同时注重通过及时救助，切实维护被害人的合法权益，促进社会和谐、稳定。

第二节 管制（第38~41条）

◆《刑法》第38条 【管制的期限、执行机关】

从罪数的角度讲，管制的一般期限为3个月以上2年以下；管制的特殊期限（数罪并罚的管制的最高期限）不能超过3年。

判处管制、拘役、有期刑减刑后实际执行的刑期，不能少于原判刑期的1/2。数罪中有判处有期刑和管制，或拘役和管制，有期刑、拘役执行完毕后，管制仍须执行。被判处管制的罪犯，由公安机关执行。终审的判决和裁定自宣告之日起发生法律效力。

【使用虚假身份证件、盗用身份证件罪】在依国家规定应提供身份证明的活动中，使用伪造、变造的或盗用他人的居民身份证、护照、社会保障卡、驾驶证等依法可用于证明身份的证件，情节严重，处拘役或管制，并处或单处罚金。有使用虚假身份证件、盗用身份证件的犯罪行为，同时构成他罪，依处罚较重的规定定罪处罚。

管制、缓刑、剥夺政治权利的交付执行：（1）对被判管制、宣告缓刑的罪犯，法院应核实其居住地。宣判时，应书面告知罪犯到居住地县级司法行政机关报到的期限和不按期报到的后果。判决、裁定生效后10日内，应将判决书、裁定书、执行通知书等法律文书送达罪犯居住地的县级司法行政机关，同时抄送罪犯居住地的县级检察院。（2）对单处剥夺政治权利的罪犯，法院应在判决、裁定生效后10日内，将判决书、裁定书、执行通知书等法律文书送达罪犯居住地的县级公安机关，并抄送罪犯居住地的县级检察院。（3）罪犯被交付执行刑罚时，应由交付执行法院在判决生效后10日内将有关的法律文书送达公安机关、监狱或其他执行机关。

从对管制犯、缓刑犯适用禁止令解释的角度讲，禁止令由司法行政机关指导管理的社区矫正机构负责执行。检察院对社区矫正机构执行禁止令的活动实行监督。（1）发现有违反法律规定的情况，应通知社区矫正机构纠正，对管制犯、缓刑犯禁止令的期限，既可与管制执行、缓刑考验的期限相同，也可短于管制执行、缓刑考验的期限，但判处管制，禁止令的期限不得少于3个月，宣告缓刑，禁止令的期限不得少于2个月。（2）判处管制的罪犯在判决执行前先行羁押以致管制执行的期限少于3个月，禁止令的期限不受前款规定的最短期限的限制。（3）禁止令的执行期限，从管制、缓刑执行之日起计算。（4）被宣告禁止令的罪犯被依法减刑时，禁止令的期限可相应缩短，由法院在减刑裁定中确定新的禁止令。（5）在虐待案中，被虐待未成年人因年幼无法行使告诉权利，应按公诉案件处理，由检察机关提起公诉，并可依法提出适用禁止令的建议，检察机关可支持未成年人或其他监护人向法院提起变更抚养权诉讼。（6）检察院在提起公诉时，对可能判处管制、宣告缓刑的被告人可提出宣告禁止令的建议。A. 当事人、辩护人、诉讼代理人可就应否对被告人宣告禁止令提出意见，并说明理由。B. 公安机关在移送审查起诉时，可根据嫌犯涉嫌犯罪的情况，就应否宣告禁止令及宣告何种禁止令，向检察院提出意见。

法院根据犯罪情况，认为从促进管制犯、缓刑犯教育矫正、有效维护社会秩序的需求出发，确有必要禁止其在管制执行期间、缓刑考验期限内从事特定活动，进入特定区域、场所，接触特定人，可同时宣告禁止令。（1）法院宣告禁止令，应根据罪犯的犯罪原因、犯罪性质、犯罪手段、犯罪后的悔罪表现、个人一贯表现等情况，充分考虑与罪犯所犯罪行的关联程度，有针对性地决定禁止其在管制执行期间、缓刑考验期限内"从事特定活动，进入特定区域、场所，接触特定的人"的一项或几项内容。(2) 法院可根据犯罪情况，禁止管制犯、缓刑犯在管制执行期间、缓刑考验期限内从事一项或几项活动：A. 个人为进行违法犯罪活动而设立公司、企事业单位或在设立公司、企事业单位后以实施犯罪为主要活动，禁止设立公司、企事业单位。B. 实施证券犯罪、贷款犯罪、票据犯罪、信用卡犯罪等金融犯罪，禁止从事证券交易、申领贷款、使用票据或申领、使用信用卡等金融活动。C. 利用从事特定生产经营活动实施犯罪，禁止从事相关生产经营活动。D. 附带民事赔偿义务未履行完毕，违法所得未追缴、退赔到位，或罚金尚未足额缴纳，禁止从事高消费活动。E. 其他确有必要禁止从事的活动。(3) 法院可根据犯罪情况，禁止管制犯、缓刑犯在管制执行期间、缓刑考验期限内进入一类或几类区域、场所：A. 禁止进入夜总会、酒吧、迪厅、网吧等娱乐场所。B. 未经执行机关批准，禁止进入举办大型群众性活动的场所。C. 禁止进入中小学校区、幼儿园园区及周边地区，确因本人就学、居住等原因经执行机关批准为例外。D. 其他确有必要禁止进入的区域、场所。(4) 法院可根据犯罪情况，禁止管制犯、缓刑犯在管制执行期间、缓刑考验期限内接触一类或几类人员：A. 未经对方同意，禁止接触被害人及其法定代理人、近亲属。B. 未经对方同意，禁止接触证人及其法定代理人、近亲属。C. 未经对方同意，禁止接触控告人、批评人、举报人及其法定代理人、近亲属。D. 禁止接触同案犯。E. 禁止接触其他可能遭受其侵害、滋扰的人或可能诱发其再次危害社会的人。(5) 判处管制的罪犯违反禁止令，或被宣告缓刑的罪犯违反禁止令尚不属情节严重，由负责执行禁止令的社区矫正机构所在地的公安机关处5日以上10日以下拘留，并处200元以上500元以下罚款。(6) 被宣告缓刑的罪犯违反禁止令，情节严重（a. 3次以上违反禁止令。b. 违反禁止令，发生较为严重危害后果。c. 因违反禁止令被治安处罚后，再次违反禁止令。d. 其他情节严重情形），应撤销缓刑，执行原判刑罚。A. 原作出缓刑裁判法院应自收到当地社区矫正机构提出的撤销缓刑建议书之日起1个月内依法作出裁定。B. 法院撤销缓刑的裁定一经作出，立即生效。

从《关于对判处管制、宣告缓刑的犯罪分子适用禁止令有关问题规定（试行）》的角度讲，对管制犯、缓刑犯，法院根据犯罪情况，认为从促进罪犯教育矫正、有效维护社会秩序的需求出发，确有必要禁止其在管制执行期间、缓刑考验期限内从事特定活动，进入特定区域、场所，接触特定人，可根据刑法规定（a. 判处管制，可根据犯罪情况，同时禁止罪犯在执行期间从事特定活动，进入特定区域、场所，接触特定的人。b. 宣告缓刑，可根据犯罪情况，同时禁止罪犯在缓刑考验期限内从事特定活动，进入特定区域、场所，接触特定的人），同时宣告禁止令。(1) 法院宣告禁止令，应根据罪犯的犯罪原因、犯罪性质、犯罪手段、犯罪后的悔罪表现、个人一贯表现等情况，充分考虑与罪犯所犯罪行的关联程度，有针对性地决定禁止其在管制执行期间、缓刑考验期限内"从事特定活动，进入特定区域、场所，接触特定的人"的一项或几项内容。(2) 法院可根据犯罪情况，禁止管制犯、缓刑犯在管制执行期间、缓刑考验期限内从事一项或几项活动（a. 个人为进行违法犯罪活动而设立公司、企事业单位或在设立公司、企事业单位后以实施犯罪为主要活动，禁止设立公司、企事业单位。b. 实施证券犯罪、贷款犯罪、票据犯罪、信用卡犯罪等金融犯罪，禁止从事证券交易、申领贷款、使用票据或申领、使用信用卡等金融活动。c. 利用从事特定生产经营活动实施犯罪，禁止从事相关生产经营活动。d. 附带民事赔偿义务未履行完毕，违法所得未追缴、退赔到位，或罚金尚未足额缴纳，禁止从事高消费活动。e. 其他确有必要禁止从事的活动）。(3) 法院可根据犯罪情况，禁止管制犯、缓刑犯在管制执行期间、缓刑考验期限内进入一类或几类区域、场所（a. 禁止进入夜总会、酒吧、迪厅、网吧等娱乐场所。b. 禁止进入中小学校区、幼儿园园区及周边地区，确因本人就学、居住等原因，经执行机关批准为例外。c. 未经执行机关批准，禁止进入举办大型群众性活动的场所。d. 其他确有必要禁止进入的区域、场所）。(4) 法院可根据犯罪情况，禁止管制犯、缓刑犯在管制执行期间、缓刑考验期限内接触一类或几类人员（a. 未经对方同意，禁止接触被害人及其法定代理人、近亲属。b. 未经对方同意，禁止接触证人及其法定代理人、近亲属。c. 未经对方同意，禁止接触控告人、批评人、举报人及其法定代理人、近亲属。d. 禁止接触同案犯。e. 禁止接触其他可能遭受其侵害、滋扰的人或可能诱发其再次危害社会的人）。（5）禁止令的期限，既可与管制执行、缓刑考验的期限相同，也可短于管制执行、缓刑考验的期限，但判处管制，禁止令的期限不得少于3个月，宣告缓刑，禁止令的期限不得少于2个月。A. 判处管制的罪犯在判决执行前先行羁押以致管制执行的期限少于3个月，禁止令的期限不受前款规定的最短期限的限制。B. 禁止令的执行期限，从管制、缓刑执行之日起计算。（6）检察院在提起公诉时，对可能判处管制、宣告缓刑的被告人可提出宣告禁止令的建议。A. 当事人、辩护人、诉讼代理人可就应否对被告人宣告禁止令提出意见，并说明理由。B. 公安机关在移送审查起诉时，可根据嫌犯涉嫌犯罪的情况，就应否宣告禁止令及宣告何种禁止令，向检察院提出意见。（7）法院对判处管制、宣告缓刑的被告人宣告禁止令，应在裁判文书主文部分单独作为一项宣告。（8）禁止令由司法行政机关指导管理的社区矫正机构负责执行。（9）检察院对社区矫正机构执行禁止令的活动实行监督。发现有违反法律规定的情况，应通知社区矫正机构纠正。（10）判处管制的罪犯违反禁止令，或被宣告缓刑的罪犯违反禁止令尚不属情节严重，由负责执行禁止令的社区矫正机构所在地的公安机关依治安处罚法规定（隐藏、转移、变卖或损毁行政执法机关依法扣押、查封、冻结的财物；伪造、隐匿、毁灭证据或提供虚假证言、谎报案情，影响行政执法机关依法办案；明知是赃物而窝藏、转移或代为销售；被依法执行管制、剥夺政治权利或在缓刑、保外就医等监外执行中的罪犯或被依法采取刑事强制措施的人，有违反法律、行政法规和国务院公安部门有关监管规定的行为）处罚（处5日以上10日以下拘留，并处200元以上500元以下罚款）。（11）被宣告缓刑的罪犯违反禁止令，情节严重（3次以上违反禁止令；违反禁止令，发生较为严重危害后果；因违反禁止令被治安处罚后，再次违反禁止令；其他情节严重情形），应撤销缓刑，执行原判刑罚。A. 原作出缓刑裁判法院应自收到当地社区矫正机构提出的撤销缓刑建议书之日起1个月内依法作出裁定。B. 法院撤销缓刑的裁定一经作出，立即生效。C. 被宣告禁止令的罪犯被依法减刑时，禁止令的期限可相应缩短，由法院在减刑裁定中确定新的禁止令。

检察院可要求被附条件不起诉的未成年嫌犯接受矫治和教育：A. 完成戒瘾治疗、心理辅导或其他适当的处遇措施。B. 向社区或公益团体提供公益劳动。C. 向被害人赔偿损失、赔礼道歉等。D. 接受相关教育。E. 不得进入特定场所，与特定的人员会见或通信，从事特定的活动。E. 遵守其他保护被害人安全以及预防再犯的禁止性规定。

在附条件不起诉的考验期内，检察院应对被附条件不起诉的未成年嫌犯进行监督考察。未成年嫌犯的监护人应对未成年嫌犯加强管教，配合检察院做好监督考察工作。检察院可会同未成年嫌犯的监护人、所在学校、单位、居住地的村委会、居委会、未成年人保护组织等的有关人员定期对未成年嫌犯进行考察、教育，实施跟踪帮教。未成年嫌犯经批准离开所居住的市、县或迁居，作出附条件不起诉决定的检察院可要求迁入地的检察院协助进行考察，并将考察结果函告作出附条件不起诉决定的检察院。考验期届满，办案人员应制作附条件不起诉考察意见书，提出起诉或不起诉的意见，经部门负责人审核，报请检察长决定。检察院应在审查起诉期限内作出起诉或不起诉的决定。作出附条件不起诉决定的案件，审查起诉期限自检察院作出附条件不起诉决定之日起中止计算，自考验期限届满之日起或检察院作出撤销附条件不起诉决定之日起恢复计算。

【2012・卷2・单选・36】（答案：B）关于附条件不起诉，下列哪一说法是错误的？A. 只适用于未成年人案件。B. 应当征得公安机关、被害人的同意。C. 未成年犯罪嫌疑人及其法定代理人对附条件不起诉有异议的应当起诉。D. 有悔罪表现时，才可以附条件不起诉。

被附条件不起诉的未成年嫌犯,在考验期内有实施新的犯罪;发现决定附条件不起诉前还有他罪需追诉;违反治安管理规定,造成严重后果,或多次违反治安管理规定;违反考察机关有关附条件不起诉的监管规定,造成严重后果,或多次违反考察机关有关附条件不起诉的监管规定的情形,检察院应撤销附条件不起诉的决定,提起公诉。对未成年嫌犯在考验期内实施新的犯罪或在决定附条件不起诉前还有他罪需追诉,检察院应移送侦查机关立案侦查。

【2017·卷2·单选·39】（答案：B）未成年人小周涉嫌故意伤害被取保候审,A县检察院审查起诉后决定对其适用附条件不起诉,监督考察期限为6个月。关于本案处理,下列哪一选项是正确的? A. 作出附条件不起诉决定后,应释放小周。B. 本案审查起诉期限自作出附条件不起诉决定之日起中止。C. 监督考察期间,如小周经批准迁居B县继续上学,改由B县检察院负责监督考察。D. 监督考察期间,如小周严格遵守各项规定,表现优异,可将考察期限缩短为5个月。

从刑诉法、监狱法的角度讲,暂予监外执行的基本规则:（1）对被判管制、宣告缓刑、假释或暂予监外执行的罪犯,依法实行社区矫正,由社区矫正机构负责执行。（2）在交付执行前,暂予监外执行由交付执行法院决定;在交付执行后,暂予监外执行由监狱或看守所提出书面意见,报省级以上监狱管理机关或设区的市级以上公安机关批准。（3）对暂予监外执行的罪犯应及时收监的3种情形:A. 发现不符合暂予监外执行条件。B. 严重违反有关暂予监外执行监管规定。C. 暂予监外执行情形消失后,罪犯刑期未满。（4）对被判有期刑或拘役犯,可暂予监外执行的3种情形:A. 怀孕或正哺乳自己婴儿的妇女（被判无期犯,可暂予监外执行）。B. 有严重疾病需保外就医（a. 对罪犯确有严重疾病,须保外就医,由省级政府指定的医院诊断并开具证明文件。b. 对适用保外就医可能有社会危险性的罪犯,或自伤自残的罪犯,不得保外就医）。C. 生活不能自理,适用暂予监外执行不致危害社会。（5）监狱、看守所提出暂予监外执行的书面意见,应将书面意见的副本抄送检察院。A. 检察院可向决定或批准机关提出书面意见。B. 决定或批准暂予监外执行的机关应将暂予监外执行决定抄送检察院。C. 检察院认为暂予监外执行不当,应自接到通知之日起1个月内将书面意见送交决定或批准暂予监外执行的机关,决定或批准暂予监外执行的机关接到检察院的书面意见后,应立即对该决定进行重新核查。（6）对法院决定暂予监外执行的罪犯应收监,由法院作出决定,将有关的法律文书送达公安机关、监狱或其他执行机关。（7）不符合暂予监外执行条件的罪犯通过贿赂等非法手段被暂予监外执行,在监外执行的期间不计入执行刑期。罪犯在暂予监外执行期间脱逃,脱逃的期间不计入执行刑期。（8）对暂予监外执行的罪犯,依法实行社区矫正,由社区矫正机构负责执行。原关押监狱应及时将罪犯在监内改造情况通报负责执行的社区矫正机构。（9）暂予监外执行的罪犯有刑诉法定的应收监的情形,社区矫正机构应及时通知监狱收监;刑期届满,由原关押监狱办理释放手续。（10）罪犯在暂予监外执行期间死亡,社区矫正机构应及时通知原关押监狱或看守所。

【2017·卷2·单选·38】（答案：C）张某居住于甲市A区,曾任甲市B区某局局长,因受贿罪被B区法院判处有期徒刑5年,执行期间突发严重疾病而被决定暂予监外执行。张某在监外执行期间违反规定,被决定收监执行。关于本案,下列哪一选项是正确的? A. 暂予监外执行由A区法院决定。B. 暂予监外执行由B区法院决定。C. 暂予监外执行期间由A区司法行政机关实行社区矫正。D. 收监执行由B区法院决定。

◆ 《刑法》第39条【管制犯的义务（守则）、权利】

从管制犯的义务的角度讲,管制犯在执行期间的基本规定（义务或守则）:（1）遵守法律、行政法规,服从监督。（2）遵守执行机关的会客规定。（3）按执行机关规定报告自己的活动情况。（4）离开所居住的市、县或迁居,应报经执行机关批准。（5）未经执行机关批准,不得行使言论、出版、集会、结社、游行、示威自由的宪法权利。从管制犯的权利的角度，管制犯在劳动中应同工同酬。

被判处管制、拘役、有期刑、无期刑的罪犯，在执行期间，若认真遵守监规，接受教育改造，确有悔改表现，或有立功表现，可减刑；有重大立功表现（阻止他人重大犯罪活动；检举监狱内外重大犯罪活动，经查证属实；有发明创造或重大技术革新；在日常生产、生活中舍己救人；在抗御自然灾害或排除重大事故中，有突出表现；对国家和社会有其他重大贡献），应减刑。

【2003·卷2·多选·45】（答案：CD）依据法律规定，在管制的判决和执行方面，下列说法哪些是不正确的？A. 管制的期限为3个月以上2年以下，数罪并罚时不得超过3年。B. 被判处管制的罪犯，由公安机关执行。C. 对被判处管制的罪犯，在劳动中应酌量发给报酬。D. 管制的刑期从判决执行之日起计算，判决执行以前先行羁押的，羁押1日折抵刑期1日。

【2017·卷2·单选·32】（答案：D）叶某涉嫌飞车抢夺行人财物被立案侦查。移送审查起诉后，检察院认为实施该抢夺行为的另有其人。关于本案处理，下列哪一选项是正确的？A. 检察院可将案卷材料退回公安机关并建议公安机关撤销案件。B. 在2次退回公安机关补充侦查后，检察院应作出证据不足不起诉的决定。C. 检察院作出不起诉决定后，被害人不服向法院提起自诉，法院受理后，不起诉决定视为自动撤销。D. 如最高检察院认为对叶某的不起诉决定确有错误，可直接撤销不起诉决定。

从比较法的角度讲，管制犯、假释犯、缓刑犯、被附条件不起诉的未成年嫌犯、取保候审的嫌犯、被告人的法律义务有关联性、互补性、差异性。（1）管制犯、拘役犯由执行机关（公安机关）执行，假释犯由监督机关执行，缓刑犯由考察机关执行。（2）缓刑犯、假释犯的法律义务相同，只是执行机关的差异。A. 缓刑犯的法律义务：a. 遵守法律、行政法规，服从监督。b. 遵守考察机关关于会客规定。c. 按考察机关规定报告自己的活动情况。d. 离开所居住的市、县或迁居，应报经考察机关批准。B. 假释犯的法律义务：a. 遵守法律、行政法规，服从监督。b. 遵守监督机关关于会客规定。c. 按监督机关规定报告自己的活动情况。d. 离开所居住的市、县或迁居，应报经监督机关批准。（3）被附条件不起诉的未成年嫌犯守则：A. 遵守法律法规，服从监督。B. 按考察机关规定报告自己的活动情况。C. 离开所居住的市、县或迁居，应报经考察机关批准。D. 按考察机关的要求接受矫治和教育。（4）被取保候审的嫌犯、被告人的5种规矩：在传讯时及时到案；未经执行机关批准不得离开所居住的市、县；住址、工作单位和联系方式发生变动，在24小时内向执行机关报告；不得以任何形式干扰证人作证；不得毁灭、伪造证据或串供。（5）被取保候审、监视居住的嫌犯、被告人无正当理由不得离开所居住的市、县或执行监视居住的处所，有正当理由需离开所居住的市、县或执行监视居住的处所，应经执行机关批准。A. 若取保候审、监视居住是由检察院、法院决定，执行机关在批准嫌犯、被告人离开所居住的市、县或执行监视居住的处所前，应征得决定机关同意。B. 对取保候审保证人是否履行了保证义务，由公安机关认定，对保证人罚款决定，也由公安机关作出。C. 指定居所监视居住，不得要求被监视居住人支付费用。（6）判处管制，可根据犯罪情况，同时禁止罪犯在执行期间从事特定活动，进入特定区域、场所，接触特定的人，否则违反禁止令，由公安机关依治安处罚法处罚。A. 对判处管制犯，依法实行社区矫正。B. 公检法可对可能判处管制、拘役或独立适用附加刑的嫌犯、被告人采取取保候审（公安机关执行），应责令嫌犯、被告人提出保证人或交纳保证金。（7）对被判处管制、宣告缓刑、裁定假释、决定暂予监外执行的未成年罪犯，法院可协助社区矫正机构制定帮教措施。A. 法院可适时走访被判处管制、宣告缓刑、免刑、裁定假释、决定暂予监外执行等的未成年罪犯及其家庭，了解未成年罪犯的管理和教育情况，引导未成年罪犯的家庭承担管教责任，为未成年罪犯改过自新创造良好环境。B. 被判处管制、宣告缓刑、免刑、裁定假释、决定暂予监外执行等的未成年罪犯，具备就学、就业条件，法院可就其安置问题向有关部门提出司法建议，并附送必要材料。(8) 法院裁定假释，监狱应按期假释并发给假释证明书。A. 对被假释的罪犯，依法实行社区矫正，由社区矫正机构负责执行。B. 被假释的罪犯，在假释考验期限内有违反法律、行政法规或国务院有关部门的假释监管规定的行为，尚未构成新的犯罪，社区矫正机构应向法院提出撤销假释的建议，法院应自收到撤销假释建议书之日起1个月内审核裁定。C. 法院裁定撤销假释，由公安机关将罪犯送交监狱收监。

◆ 《刑法》第 40 条 【管制期满的解除】

管制犯的管制期满（管制的非数罪并罚期限为3个月以上2年以下，数罪并罚时不得超过3年），执行机关（公安机关等）应即向本人和其所在单位或居住地的群众宣布解除管制（管制犯不关押，限制活动自由，在原工作单位或居住地工作或劳动，同工同酬，公安机关执行、群众监督改造）。

法院应变更强制措施或释放被逮捕的被告人的3种情形：(1) 第一审法院判处管制、宣告缓刑、单独适用附加刑，判决尚未发生法律效力。(2) 被告人被羁押的时间已到第一审法院对其判处的刑期期限。(3) 案件不能在法律规定的期限内审结。

◆ 《刑法》第 41 条 【管制刑期的计算和折抵】

管制犯的刑期，从判决执行之日起计算；判决执行前先行羁押，羁押1日折抵刑期2日。

判处管制、拘役、有期刑，应在刑事裁判文书中写明刑种、刑期和主刑刑期的起止日期及折抵办法。刑期从判决执行之日起计算。判决执行前先行羁押，羁押1日折抵刑期1日（判处管制刑，羁押1日折抵刑期2日），即自××××年××月××日〈羁押之日〉起至××××年××月××日止。羁押期间取保候审，刑期的终止日顺延。

【2006·卷2·多选·55】（答案：BC）下列关于刑期起算的哪些选项是正确的？A. 管制、拘役的刑期，从判决执行之日起计算。B. 有期徒刑的刑期，从判决确定之日起计算。C. 死刑缓期执行减为有期徒刑的刑期，从死刑缓期执行期满之日起计算。D. 附加剥夺政治权利的刑期，从徒刑、拘役执行完毕之日或者从假释期满之日起计算。

管制犯、拘役犯、有期刑犯、无期刑犯的权利、义务、刑期折抵、计算方式方法有差异性。(1) 管制的刑期，从判决执行之日起计算；判决执行前先行羁押，羁押1日折抵刑期2日。(2) 拘役的刑期，从判决执行之日起计算；判决执行前先行羁押，羁押1日折抵刑期1日。拘役执行期间，拘役犯每月可回家1日至2日；参加劳动，可酌量发给报酬。(3) 有期刑的刑期从判决执行之日起计算；判决执行前先行羁押，羁押1日折抵刑期1日。(4) 监察委有监督、调查、处置权，可采取谈话、讯问、询问、查询、冻结、调取、查封、扣押、搜查、勘验、检查、鉴定、留置措施，判决执行前先行留置1日折抵1日。(5) 死缓减为有期刑的刑期，从死缓期满之日起计算。(6) 附加剥夺政治权利的刑期，从徒刑、拘役执行完毕之日或从假释之日起计算；不是从假释期满之日起计算。

【2013·卷2·单选·33】（答案：A）关于刑期计算，下列哪一说法是不正确的？A. 甲被判处拘役六个月，其被指定居所监视居住154天的期间折抵刑期154天。B. 乙通过贿赂手段被暂予监外执行，其在监外执行的267天不计入执行刑期。C. 丙在暂予监外执行期间脱逃，脱逃的78天不计入执行刑期。D. 丁被判处管制，其判决生效前被逮捕羁押208天的期间折抵刑期416天。

从刑诉法的角度讲，检察院对指定居所监视居住的决定和执行是否合法实行监督。(1) 指定居所监视居住的期限应折抵刑期（a. 被判处管制，监视居住1日折抵刑期1日。b. 被判处拘役、有期刑，监视居住 2 日折抵刑期 1 日）。A. 执行机关对被监视居住的嫌犯、被告人，可采取电子监控、不定期检查等监视方法对其遵守监视居住规定的情况进行监督。B. 在侦查期间，可对被监视居住的嫌犯的通信进行监控。（2）检察院、公安机关已对嫌犯取保候审、监视居住，案件起诉至法院后，需继续取保候审、监视居住或变更强制措施，法院应在 7 日内作出决定，并通知检察院、公安机关；决定继续取保候审、监视居住，应重新办理手续，期限重算；继续使用保证金保证，不再收取保证金。（3）法院不得对被告人重复采取取保候审、监视居住措施。（4）公检法可对羁押期限届满，案件尚未办结，需采取取保候审的嫌犯、被告人采取取保候审（公安机关执行），应责令嫌犯、被告人提出保证人或交纳保证金。

管制不同于监外执行。监外执行的适用对象、适用条件、适用程序有法定性、特定性。（1）对被判处无期刑、有期刑在监内服刑的罪犯，符合刑诉法定的监外执行条件，可暂予监外执行。（2）暂予监外执行，由监狱提出书面意见，报省级监狱管理机关批准，应将批准的暂予监外执行决定通知公安机关和原判法院，并抄送检察院。（3）检察院认为对罪犯适用暂予监外执行不当，应自接到通知之日起 1 个月内将书面意见递交批准暂予监外执行的机关，批准暂予监外执行的机关接到检察院的书面意见后，应立即对该决定进行重新核查。（4）对暂予监外执行的罪犯，依法实行社区矫正，由社区矫正机构负责执行。原关押监狱应及时将罪犯在监内改造情况通报负责执行的社区矫正机构。（5）暂予监外执行的罪犯有刑诉法定的应收监的情形，社区矫正机构应及时通知监狱收监；刑期届满，由原关押监狱办理释放手续。罪犯在暂予监外执行期间死亡，社区矫正机构应及时通知原关押监狱。（6）罪犯在暂予监外执行期间脱逃，脱逃的期间不计入执行刑期。

第三节 拘役（第 42~44 条）

◆《刑法》第 42 条【拘役的期限（一般期限、特殊期限）】

从刑法期限的角度讲，一般而言，拘役的一般期限（非数罪并罚期限）为 1 个月以上 6 个月以下；特殊而言，拘役的数罪并罚最高期限不能超过 1 年。

拘役不同于拘留［行政拘留（1 日以上 15 日以下）、刑拘、司法拘留等］，关键在于适用法律、适用对象、适用机关、执行机关、法律性质、法律期限的差异。

判处管制、拘役、有期刑减刑后实际执行的刑期，不能少于原判刑期的 1/2。判决宣告前 1 人犯数罪，除判处死刑和无期刑外，应在总和刑期以下、数刑中最高刑期以上，酌情决定执行的刑期，但管制最高不能超过 3 年，拘役最高不能超过 1 年，有期刑最高不能超过 20 年。数罪中有判处有期刑和拘役，执行有期刑。

◆《刑法》第 43 条【拘役的执行】

从最短期自由刑的角度讲，拘役犯由公安机关就近执行（看守所等）；拘役执行期间，拘役犯每月可回家 1 日至 2 日（短期剥夺人身自由）；参加劳动（就近强迫劳动改造），可酌量发给报酬。

从看守所留所执行刑罚罪犯管理办法的角度讲，拘役罪犯回家，由罪犯本人提出申请，管教民警签署意见，经看守所所长审核后，报所属公安机关批准。拘役犯回家期间逃跑，看守所应及时向刑事执行检察部门通报并按相关规定对其实行上网追逃，应以脱逃罪定罪处罚。

从拘役犯的社会危险性、犯罪情节、犯罪性质、服刑表现、剩余刑期、经济状况、当地经济发展水平等基本情况的角度讲，禁止拘役犯申请回家的情形：（1）有逃跑、自杀、自残、串供、隐匿、毁灭证据、妨碍证人作证、实施违法犯罪行为的倾向或危险。（2）有犯罪前科且有迹象表明可能实施新罪。（3）系共犯、关联犯罪，尚有涉案人员未到案或处于侦查阶段。

(4)系涉毒犯罪或入看守所前系吸毒人员。(5)有不适宜申请回家的其他社会危险情形。

从减刑的角度讲,对被判处拘役、管制犯的减刑,由罪犯服刑地中院,在收到同级执行机关审核同意的减刑、假释建议书后1个月内作出裁定。(1)被判处管制、拘役、有期刑或无期刑的罪犯,在执行期间确有悔改或立功表现,应依法减刑、假释时,由执行机关提出建议书,报请法院审核裁定,并将建议书副本抄送检察院,检察院可向法院提出书面意见。(2)检察院可向有关机关提出释放或变更强制措施书面建议(应说明不需继续羁押嫌犯、被告人的理由及法律依据)的8种情形:A.羁押期限届满。B.继续羁押嫌犯、被告人,羁押期限将超过依法可能判处的刑期。C.案件事实或情节发生变化,嫌犯、被告人可能被判处管制、拘役、独立适用附加刑、免刑或判决无罪。D.案件证据发生重大变化,不足以证明有犯罪事实或犯罪行为系嫌犯、被告人所为。E.案件事实基本查清,证据已收集固定,符合取保候审或监视居住条件。F.嫌犯、被告人实施新的犯罪,毁灭、伪造证据,干扰证人作证,串供,对被害人、举报人、控告人实施打击报复,自杀或逃跑等的可能性已被排除。G.因案件的特殊情况或办理案件的需要,变更强制措施更为适宜。H.其他不需继续羁押嫌犯、被告人的情形。

【掩饰、隐瞒犯罪所得、犯罪所得收益罪】明知是犯罪所得及其产生的收益而窝藏、转移、收购、代为销售或以其他方法掩饰、隐瞒,处3年以下有期刑、拘役或管制,并处或单处罚金;情节严重,处3年以上7年以下有期刑,并处罚金。

◆ 《刑法》第44条 【拘役刑期的计算和折抵】

拘役的刑期,从判决执行之日起计算;判决执行前先行羁押,羁押1日折抵刑期1日。

第四节 有期刑和无期刑(第45~47条)

◆ 《刑法》第45条 【有期刑和无期刑的期限】

从有期刑期限的角度讲,有期刑的期限有类型性。(1)一般而言,有期刑的一般期限为6个月以上15年以下。(2)特殊而言,数罪并罚的有期刑的最高期限不能超过20年(《刑法》第45、50、69条)。

【招摇撞骗罪】冒充国家机关工作人员招摇撞骗,处3年以下有期刑、拘役、管制或剥夺政治权利;情节严重,处3年以上10年以下有期刑。冒充警察招摇撞骗,依招摇撞骗罪的规定从重处罚。【冒充军人招摇撞骗罪】冒充军人招摇撞骗,处3年以下有期刑、拘役、管制或剥夺政治权利;情节严重,处3年以上10年以下有期刑。【战时故意提供虚假敌情罪】战时故意向武装部队提供虚假敌情,造成严重后果,处3年以上10年以下有期刑;造成特别严重后果,处10年以上有期刑或无期刑。

【2010·卷2·单选·10】(答案:C)关于减刑,下列哪一选项是正确的?A.减刑只适用于被判处拘役、有期徒刑、无期徒刑和死缓的犯罪分子。B.对一名服刑犯人的减刑不得超过三次,否则有损原判决的权威性。C.被判处无期徒刑的罪犯减刑后,实际执行时间可能超过十五年。D.对被判处无期徒刑、死缓的罪犯的减刑,需要报请高级法院核准。

刑法及其司法解释未对减刑的次数进行限制。被判处无期徒刑的罪犯减刑后,实际执行的刑期不能少于13年,其起始时间应自无期刑判决确定之日起计算。从减刑的限制对象的角度,对被判处死缓的累犯以及因故意杀人、强奸、抢劫、绑架、放火、爆炸、投放危险物质或有组织的暴力犯罪被判处死缓的罪犯,法院根据犯罪情节等情况可同时决定对其限制减刑。因此,法院对限制减刑的死缓的罪犯,缓期执行期满后依法减为无期刑,不能少于25年,缓期执行期满后依法减为25年有期刑,不能少于20年。

公检法可对可能判处有期刑以上刑罚,采取取保候审不致发生社会危险性的嫌犯、被告人采取取保候审（公安机关执行），应责令嫌犯、被告人提出保证人或交纳保证金。对刑事被告人，若采取取保候审、监视居住等非羁押性强制措施足以防止发生社会危险性，且不影响刑诉正常进行，一般可不采取羁押措施。对检察院提起公诉而被告人未被采取逮捕措施，除存在被告人逃跑、串供、重新犯罪等有人身危险性或可能影响刑诉正常进行的情形外，法院一般可不决定逮捕被告人。

【2017·卷2·单选·33】（答案：C）下列哪一选项属于两审终审制的例外？A. 自诉案件的刑事调解书经双方当事人签收后，即具有法律效力，不得上诉。B. 地方各级法院的第一审判决，法定期限内未上诉、抗诉，期满即发生法律效力。C. 在法定刑以下判处刑罚的判决，报请最高法院核准后生效。D. 法院可通过再审，撤销或改变已生效的二审判决。

从减刑、死缓变更、重大立功的角度讲，死缓犯在死缓期间，若无故意犯罪，2年期满后，减为无期刑；若确有重大立功表现，2年期满后，减为25年有期刑；若故意犯罪，情节恶劣，报请最高法核准后执行死刑；对故意犯罪未执行死刑，死缓执行的2年期间重算，并报最高法备案。(1) 对被判死缓执行的累犯及因故意杀人、强奸、抢劫、绑架、放火、爆炸、投放危险物质或有组织的暴力犯罪被判死缓执行的罪犯，法院根据犯罪情节等情况可同时决定对其限制减刑。(2) 罪犯有减轻处罚情节，应在法定刑以下判刑；刑法规定有数个量刑幅度，应在法定量刑幅度的以下1个量刑幅度内判刑。(3) 罪犯虽无减轻处罚情节，但根据案件的特殊情况，经最高法核准，也可在法定刑以下判刑。

◆ **《刑法》第46条【有期刑、无期刑的执行】**

有期刑犯、无期刑犯在监狱或其他执行场所执行；凡有劳动能力，都应参加劳动，接受教育改造。有期刑犯、拘役犯执行期满，应由执行机关发给释放证明书。有期刑犯在被交付执行刑罚前，剩余刑期在3个月以下，由看守所代为执行。

对被告人人数较多或其他重大刑事案件的警务保障（在刑事审判工作中维护审判秩序，警卫法庭安全；保护审判人员、公诉人、辩护人和其他诉讼参与人的人身安全；预防、制止妨碍刑事审判活动的违法犯罪行为；依法押解、看管被告人和罪犯；依法对旁听人员进行安全检查；传唤证人、鉴定人，传递、展示证据）工作，司法警察部门应制定警务保障实施方案（组织指挥、警力部署和"突发事件应急处置方案"等内容）。对被告人人数较多或其他重大刑事案件的警务保障，申请使用司法警察提供警务保障的刑事审判部门，应在用警前3个工作日向司法警察部门提出用警申请（申请用警部门、用警时间、案件性质、被告人数量和旁听人员情况等）。

最高法、高院需在被告人羁押地法院审理和提讯被告人的死刑第二审案件，原则上由告人羁押地法院司法警察部门提供警务保障。对被告人人数较多或其他重大刑事案件的警务保障，申请使用司法警察提供警务保障的刑事审判部门，应在用警前3个工作日向司法警察部门提出用警申请（申请用警部门、用警时间、案件性质、被告人数量和旁听人员情况等信息）。

在法庭审判活动中，应为被告人解除戒具；对有可能判处无期刑、死刑等较重刑罚和有迹象显示有脱逃、行凶和自杀、自残可能的被告人，可不解除戒具。看管期间可解除被告人的戒具，对有可能判处无期刑、死刑等较重刑罚和有迹象显示有脱逃、行凶和自杀、自残可能的被告人，不得解除戒具。对被告人须使用戒具。对有可能判处无期刑、死刑等较重刑罚的被告人，应使用脚镣。

同案被告人应分车押解，不具备分车押解条件，应采取措施确保不发生串供事件。重大案件的被告人应专车押解。同案被告人、成年被告人与未成年被告人，男性被告人与女性被告人应分别关押，重大案件的被告人应单独关押。

司法警察部门领受任务后，应认真审核提押手续和申请部门提供的相关信息是否完备。对手续、信息不完备或有错误，可要求申请部门补正。执行押解任务的司法警察到达看守所或被告人羁押场所后，应按规定办理提押手续。将被告人提押出监区时，应对照提押票逐个核对被告人的身份、案由等情况，并对被告人进行搜身，防止其携带危险、违禁物品。押解途中，司法警察应严密监控被告人，防止被告人脱逃、行凶、自伤、自残、串供；应按规定正确使用警灯、警报器，使用文明、规范的用语。执行押解任务的囚车不得搭乘无关人员。

将被告人押解至羁押室或临时羁押场所后，押解司法警察与执行看管任务的司法警察应履行交接手续。看管司法警察应核对被告人的数量、身份、案由，了解、掌握被告人身体和情绪状况等情况。对被告人出入羁押室的时间、被告人姓名、人数和押解司法警察等，要逐一进行登记，并认真填写看管记录。看管司法警察应使用告知词，告知被告人在羁押期间应遵守的规定和纪律，同时告知被告人所享有的权利。看管司法警察应经常巡视看管场所，严密监控被告人的动态，防止发生意外事件。对重大案件的被告人应加强看管措施。

从监狱法的角度讲，监狱对成年男犯、女犯和未成年犯实行分开关押和管理，对未成年犯和女犯（女犯由女性警察直接管理）的改造，应照顾其生理、心理特点。（1）监狱根据罪犯的犯罪类型、刑罚种类、刑期、改造表现等情况，对罪犯实行分别关押，采取不同方式管理。（2）有期刑犯服刑期间有表扬、物质奖励或记功情形（遵守监规纪律，努力学习，积极劳动，有认罪服法表现；阻止违法犯罪活动；超额完成生产任务；节约原材料或爱护公物，有成绩；进行技术革新或传授生产技术，有一定成效；在防止或消除灾害事故中作出一定贡献；对国家和社会有其他贡献），执行原判刑期1/2以上，在服刑期间一贯表现好，离开监狱不致再危害社会，监狱可根据情况准其离监探亲。

监外执行的适用对象、适用条件、适用程序有法定性、特定性。（1）对被判处无期刑、有期刑在监内服刑的罪犯，符合刑诉法定的监外执行条件，可暂予监外执行。（2）暂予监外执行，由监狱提出书面意见，报省级监狱管理机关批准，应将批准的暂予监外执行决定通知公安机关和原判法院，并抄送检察院。（3）检察院认为对罪犯适用暂予监外执行不当，应自接到通知之日起1个月内将书面意见递交批准暂予监外执行的机关，批准暂予监外执行的机关接到检察院的书面意见后，应立即对该决定进行重新核查。（4）对暂予监外执行的罪犯，依法实行社区矫正，由社区矫正机构负责执行。原关押监狱应及时将罪犯在监内改造情况通报负责执行的社区矫正机构。（5）暂予监外执行的罪犯有刑诉法定的应收监的情形，社区矫正机构应及时通知监狱收监；刑期届满，由原关押监狱办理释放手续。罪犯在暂予监外执行期间死亡，社区矫正机构应及时通知原关押监狱。

从减刑假释制度的角度讲，对被判处有期刑和被减为有期犯的减刑、假释，由罪犯服刑地的中院，在收到执行机关提出的减刑、假释建议书后1个月内作出裁定，案情复杂或情况特殊，可延长1个月。对被判处无期犯的减刑、假释，由罪犯服刑地的高院，在收到同级监狱管理机关审核同意的减刑、假释建议书后1个月内作出裁定，案情复杂或情况特殊，可延长1个月。

从刑诉法的角度讲，死缓执行、无期刑、有期刑、拘役的交付执行：（1）罪犯需收押执行刑罚，而判决、裁定生效前未被羁押，法院应根据生效的判决书、裁定书将罪犯送交看守所羁押，或被判死缓执行、无期刑、有期刑、拘役犯，交付执行时在押，第一审法院应在判决、裁定生效后10日内，将判决书、裁定书、起诉书副本、自诉状复印件、执行通知书、结案登记表送达看守所，由公安机关将罪犯交付执行。（2）同案审理的案件中，部分被告人被判死刑，对未被判死刑的同案被告人需羁押执行刑罚，应在其判决、裁定生效后10日内交付执行，但该同案被告人参与实施有关死刑之罪，应在最高法复核讯问被判死刑的被告人后交付执行；执行通知书回执经看守所盖章后，应附卷备查。（3）无期犯、有期犯或拘役犯符合可暂予监外执行条件（a. 有严重疾病需保外就医。b. 怀孕或正哺乳自己婴儿的妇女。c. 生活不能自理，适用暂予监外执行不致危害社会），法院决定暂予监外执行，应制作暂予监外执行决定书，写明罪犯基本情况、判决确定的罪名和刑罚、决定暂予监外执行的原因、依据等，通知罪犯居住地的县级司法行政机关派员办理交接手续，并将暂予监外执行决定书抄送罪犯居住地的县级检察院和公安机关。（4）检察院认为法院的暂予监外执行决定不当，在法定期限内提出书面意见，法院应立即对该决定重新核查，并在1个月内作出决定。（5）暂予监外执行的罪犯有8种违法违规情形（a. 不符合暂予监外执行条件。b. 暂予监外执行情形消失后，刑期未满。c. 保外就医期间不按规定提交病情复查情况，经警告拒不改正。d. 未经批准离开所居住的市、县，经警告拒不改正，或拒不报告行踪，脱离监管。e. 受到执行机关2次警告，仍不改正。f. 因违反监管规定受到治安处罚，仍不改正。g. 保证人丧失保证条件或因不履行义务被取消保证人资格，不能在规定期限内提出新的保证人。h. 违反法律、行政法规和监管规定，情节严重的其他情形），原作出暂予监外执行决定法院，应在收到执行机关的收监执行建议书后15日内，作出收监执行的决定。A. 法院收监执行决定书一经作出，立即生效，应同时抄送罪犯居住地的同级检察院和公安机关，送交罪犯居住地的县级司法行政机关，由其根据有关规定将罪犯交付执行。B. 被收监执行的罪犯有不计入执行刑期情形，法院应在作出收监决定时，确定不计入执行刑期的具体时间。（6）监狱和其他执行机关在刑罚执行中，认为判决有错误或罪犯提出申诉，应转请检察院或原判法院处理。检察院对执行机关执行刑罚的活动是否合法实行监督，发现有违法的情况，应通知执行机关纠正。

从监狱法的角度讲，监狱是国家的刑罚执行机关，对罪犯实行惩罚和改造相结合、教育和劳动相结合的原则，将罪犯改造成为守法公民；对罪犯应依法监管，据改造罪犯的需要，组织罪犯从事生产劳动，对罪犯进行思想教育、文化教育、技术教育。依刑法、刑诉法，被判处死缓、无期刑、有期刑的罪犯，在监狱内执行刑罚。

监狱收监罪犯的条件、程序：（1）法院对被判处死缓、无期刑、有期刑的罪犯，应将执行通知书、判决书送达羁押该罪犯的公安机关，公安机关应自收到执行通知书、判决书之日起1个月内将该罪犯送交监狱执行刑罚。罪犯在被交付执行刑罚前，剩余刑期在3个月以下，由看守所代为执行。（2）罪犯被交付执行刑罚，应收监的条件：A. 罪犯被交付执行刑罚时，交付执行法院应将检察院的起诉书副本、法院的判决书、执行通知书、结案登记表同时送达监狱。B. 监狱未收到检察院的起诉书副本、法院的判决书、执行通知书、结案登记表，不得收监；检察院的起诉书副本、法院的判决书、执行通知书、结案登记表不齐全或记载有误，作出生效判决法院应及时补充齐全或作出更正；对其中可能导致错误收监，不予收监。（3）罪犯收监后，监狱应对其进行身体检查。经检查，对有暂予监外执行情形，监狱可提出书面意见，报省级以上监狱管理机关批准。（4）罪犯收监，应严格检查其人身和所携带的物品。A. 非生活必需品，由监狱代为保管或征得罪犯同意退回其家属，违禁品没收。B. 女犯由女性警察检查。（5）罪犯不得携带子女在监内服刑。（6）罪犯收监后，监狱应通知罪犯家属，应自收监之日起5日内发出通知书。

监狱对罪犯的教育改造：（1）教育改造罪犯，实行因人施教、分类教育，以理服人的原则，采取集体教育与个别教育相结合、狱内教育与社会教育相结合的方法。（2）监狱应对罪犯进行法制、道德、形势、政策、前途等内容的思想教育。（3）监狱应根据不同情况，对罪犯进行扫盲教育、初等教育和初级中等教育，经考试合格，由教育部门发给相应的学业证书。A. 监狱应根据监狱生产和罪犯释放后就业的需要，对罪犯进行职业技术教育，经考核合格，由劳动部门发给相应的技术等级证书。B. 监狱鼓励罪犯自学，经考试合格，由有关部门发给相应的证书。C. 罪犯的文化和职业技术教育，应列入所在地区教育规划。监狱应设立教室、图书阅览室等必要的教育设施。（4）监狱应组织罪犯开展适当的体育活动和文化娱乐活动。

(5) 国家机关、社会团体、部队、企事业单位和社会各界人士以及罪犯的亲属，应协助监狱做好对罪犯的教育改造工作。(6) 有劳动能力的罪犯，须参加劳动。A. 监狱根据罪犯的个人情况，合理组织劳动，使其矫正恶习，养成劳动习惯，学会生产技能，并为释放后就业创造条件。B. 监狱对罪犯的劳动时间，参照国家有关劳动工时的规定执行；在季节性生产等特殊情况下，可调整劳动时间。(7) 罪犯有在法定节日和休息日休息的权利。(8) 监狱对参加劳动的罪犯，应按有关规定给予报酬并执行国家有关劳动保护的规定。(9) 罪犯在劳动中致伤、致残或死亡，由监狱参照国家劳动保险有关规定处理。

◆ 《刑法》第47条 【有期刑刑期的计算和折抵】

有期刑的刑期从判决执行之日起计算；判决执行前先行羁押，羁押1日折抵刑期1日。

从减刑制度的角度讲，无期刑犯、死缓犯的刑期计算方式方法有差异性。(1) 无期刑减刑为有期刑的刑期，从裁定减刑之日起计算。(2) 死缓执行的期间，从判决确定之日起计算（从判决或裁定核准死缓执行的法律文书宣告或送达之日起计算）。A. 死缓执行减为有期刑的刑期，从死缓执行期满之日起计算。B. 死缓执行期满减为无期刑、有期刑，刑期自死缓执行期满之日起计算。C. 判处死缓执行，在死缓执行期间，若无故意犯罪，2年期满后，减为无期刑；若确有重大立功表现，2年期满后，减为25年有期刑；若故意犯罪，情节恶劣，报请最高法核准后执行死刑；对故意犯罪未执行死刑，死缓执行的期间重算，并报最高法备案。

检察院依法对羁押期限和办案期限是否合法实行监督。对公安机关、法院办理案件的羁押期限和办案期限的监督，嫌犯、被告人被羁押，由检察院监所检察部门负责；嫌犯、被告人未被羁押，由检察院侦查监督部门或公诉部门负责。对检察院办理案件的羁押期限和办案期限的监督，由本院案件管理部门负责。

第五节 死刑（第48~51条）

◆ 《刑法》第48条 【死刑或死缓的适用对象、核准程序】

死刑（死刑立即执行、死刑缓期两年执行）只适用于罪行极其严重的罪犯；特殊而言，对应判死刑的罪犯，若不是须立即执行，可判处死刑同时宣告缓期两年执行。

【故意提供不合格武器装备、军事设施罪】明知是不合格的武器装备、军事设施而提供给武装部队，处5年以下有期刑或拘役；情节严重，处5年以上10年以下有期刑；情节特别严重，处10年以上有期刑、无期刑或死刑。【破坏武器装备、军事设施、军事通信罪】破坏武器装备、军事设施、军事通信，处3年以下有期刑、拘役或管制；破坏重要武器装备、军事设施、军事通信，处3年以上10年以下有期刑；情节特别严重，处10年以上有期刑、无期刑或死刑。

【2003·卷2·多选·33】（答案：CD）依据法律规定，下列关于死刑的说法哪些是不正确的？A. 对不属于罪行极其严重的犯罪分子，既不能判处死刑立即执行，也不能判处死刑缓期执行。B. 死刑缓期执行的判决，可以由高级人民法院核准。C. 对犯罪时不满18周岁的人，不能判处死刑立即执行，但可判处死刑同时宣告缓期二年执行。D. 对审判时怀孕的妇女，可判处死刑，但必须在其生育或流产后才能执行死刑判决。

从刑事效力的角度讲，刑事案件的判决和裁定在发生法律效力后执行。(1) 有刑事效力的判决、裁定的3种类型：A. 已过法定期限未上诉、抗诉的判决、裁定。B. 终审的判决、裁定。C. 最高法核准的死刑的判决（最高法判处、核准的死刑立即执行的判决，应由最高法长签发执行死刑的命令）和高院核准的死缓执行的判决。(2) 死刑的适用对象的罪犯应是罪大与恶极同时具备，缺一不可。

【2005·卷3·不定项·91—94】（答案：91. ABCD；92. BC；93. B；94. D）91. 不适用死刑的有：A. 审判的时候怀孕的妇女。B. 羁押受审期间已自然流产的妇女。C. 羁押受审期间已人工流产的妇女。D. 犯罪时不满18周岁的人。

92. 某派出所民警甲接到关于某旅店老板乙涉嫌组织卖淫的举报，即前往该旅店，但没有碰见乙，便将怀疑是卖淫女的服务员丙带回派出所连夜审讯，要她交代从事卖淫以及乙组织卖淫活动的事。因丙拒不承认有这些事，甲便指使其他民警对丙进行多次殴打逼其交代，丙在次日晨死于审讯室。法医出具的尸检报告称："因受外力击打造成下肢大面积皮下出血，引起患有心脏功能障碍的丙心力衰竭而死。"对于甲的行为，下列说法正确的是：A. 属于刑讯逼供行为。B. 属于暴力取证行为。C. 应按故意杀人罪处罚。D. 属于意外事件，不负刑事责任。

93. 甲公司走私汽车获利人民币4000万元后，欲通过乙公司（非国有）的账户将这笔资金换成外汇转移至香港，并说明可按资金数额的10%支付"手续费"。乙公司得知该笔资金为甲公司走私犯罪所得，仍同意为该资金转账提供账户，并在收取"手续费"400万元后，将该资金折换成438万美元，以预付货款为名汇往甲公司在香港的账户。乙公司的行为构成：A. 走私罪（共犯）。B. 洗钱罪。C. 逃汇罪。D. 单位受贿罪。

94. 甲公司拥有某项独家技术每年为公司带来100万元利润，故对该技术严加保密。乙公司经理丙为获得该技术，带人将甲公司技术员丁在其回家路上强行拦截并推入丙的汽车，对丁说如果他提供该技术资料就给他2万元，如果不提供就将他嫖娼之事公之于众。丁同意配合。次日丁向丙提供了该技术资料，并获得2万元报酬。丙的行为构成：A. 强迫交易罪。B. 敲诈勒索罪。C. 绑架罪。D. 侵犯商业秘密罪。

要准确理解和严格执行"保留死刑，严格控制和慎重适用死刑"的政策。对罪行极其严重的罪犯，论罪应判处死刑，要坚决依法判处死刑。要依法严格控制死刑的适用，统一死刑案件的裁判标准，确保死刑只适用于极少数罪行极其严重的罪犯。拟判处死刑的具体案件定罪或量刑的证据须确实、充分，得出唯一结论。对罪行极其严重，但只要是依法可不立即执行，就不应判处死刑立即执行。

【2008·川·卷2·多选·57】（答案：ABC）下列哪些情形依法须报经最高人民法院核准？A. 判处死刑立即执行的死刑复核案件。B. 犯罪分子没有法定减轻处罚情节，但可以在法定刑以下判处刑罚的案件。C. 因有特殊情况，可以不受实际执行刑期的限制决定假释的案件。D. 追诉时效经过20年以后，仍有必要追诉的案件。

对恐怖组织犯罪、邪教组织犯罪、黑社会性质组织犯罪和进行走私、诈骗、贩毒等犯罪活动的犯罪集团，在处理时要分别情况，区别对待：对犯罪组织或集团中的为首组织、指挥、策划者和骨干分子，要依法从严惩处，该判处重刑或死刑的要坚决判处重刑或死刑；对受欺骗、胁迫参加犯罪组织、犯罪集团或只是一般参加者，在犯罪中起次要、辅助作用的从犯，依法应从轻或减轻处罚，符合缓刑条件，可适用缓刑。(1) 自2007年1月1日起，死刑除依法由最高法判决外，各高院、军事法院依法判决和裁定的死刑，应报请最高法核准。第一审被判死刑立即执行的被告人提出上诉，在上诉期满后第二审开庭前申请撤回上诉，或对死刑判决提出上诉的被告人，在上诉期满后第二审开庭前要求撤回上诉，第二审法院应进行审查。合议庭经阅卷、讯问被告人、听取其他当事人、辩护人、诉讼代理人的意见后，认为原判决事实清楚，适法正确，量刑适当，不再开庭审理，裁定准许被告人撤回上诉；认为原判决事实不清，证据不足或无罪判为有罪，轻罪重判，应不准许撤回上诉，按第二审程序开庭审理。第二审开庭后宣告裁判前申请撤回上诉，第二审法院应不准许撤回上诉，继续按上诉程序审理（《关于对死刑判决提出上诉的被告人在上诉期满后宣判前提出撤回上诉法院是否准许的批复》）。(2) 从最高法复核死刑案件的角度讲，最高法复核死刑案件，应作出核准的裁定、判决,或作出不核准的裁定。原判认定事实和适法正确、量刑适当、诉讼程序合法,裁定核准。原判判处被告人死刑并无不当,但具体认定的某一事实或引用的法律条款等不完全准确、规范,可在纠正后作出核准死刑的判决或裁定。(3)最高法复核后认为原判认定事实不清、证据不足,或原判认定事实正确,但依法不应判死刑,或原审法院违反法定诉讼程序,可能影响公正审判,均应裁定不核准,并撤销原判,发回重审。最高法裁定不核准死刑,据案件具体情形可发回第二审法院或第一审法院重审。发回第一审法院重审的案件,第一审法院应开庭审理。对最高法复核后认为原判认定事实正确,但依法不应判死刑,或原审法院违反法定诉讼程序可能影响公正审判,或1案中2个以上被告人被判死刑或数罪并罚案件的1人有2罪以上被判死刑,其中部分犯罪的死刑裁判认定事实不清、证据不足而发回重审的4种案件,原审法院应另行组成合议庭审理。最高法依法核准或不核准死刑,裁判文书应引用相关法律和司法解释条文,并说明理由。(4)数罪并罚案件,1人有2罪以上被判死刑,最高法复核后,认为其中部分犯罪的死刑裁判认定事实不清、证据不足,对全案裁定不核准,并撤销原判,发回重审;认为其中部分犯罪的死刑裁判认定事实正确,但依法不应判死刑,可改判并对其他应判死刑的犯罪作出核准死刑的判决。(5)1案中2个以上被告人被判死刑,最高法复核后,认为其中部分被告人的死刑裁判认定事实不清、证据不足,对全案裁定不核准,并撤销原判,发回重审;认为其中部分被告人的死刑裁判认定事实正确,但依法不应判死刑,可改判并对其他应判死刑的被告人作出核准死刑的判决。

【2012·卷1·单选·2】(答案:A)甲与乙女恋爱。乙因甲伤残提出分手,甲不同意,拉住乙不许离开,遭乙痛骂拒绝。甲绝望大喊:"我得不到你,别人也休想",连捅十几刀,致乙当场惨死。甲逃跑数日后,投案自首,有悔罪表现。关于本案的死刑适用,下列哪一说法符合法律实施中的公平正义理念? A. 根据《刑法》规定,当甲的杀人行为被评价为"罪行极其严重"时,可判处甲死刑。B. 从维护《刑法》权威考虑,无论甲是否存在从轻情节,均应判处甲死刑。C. 甲轻率杀人,为严防效尤,即使甲自首悔罪,也应判处死刑立即执行。D. 应充分考虑并尊重网民呼声,以此决定是否判处甲死刑立即执行。

【2017·卷2·单选·36】(答案:D)段某因贩卖毒品罪被市中级法院判处死刑立即执行,段某上诉后省高级法院维持了一审判决。最高法院复核后认为,原判认定事实清楚,但量刑过重,依法不应判处死刑,不予核准,发回省高级法院重新审判。关于省高级法院重新审判,哪一选项正确? A. 应另行组成合议庭。B. 应由审判员5人组成合议庭。C. 应开庭审理。D. 可直接改判死缓2年执行,该判决为终审判决。

从死刑第二审案件开庭审理程序的角度讲,第二审法院审理第一审判处死刑立即执行的被告人上诉、检察院抗诉的案件,应依法律和有关规定开庭审理。(1)第二审法院审理第一审判处死缓的被告人上诉的案件,应开庭审理的4种情形:A. 被告人或辩护人提出影响定罪量刑的新证据,需开庭审理。B. 公诉人、当事人或辩护人、诉讼代理人对证人证言有异议,且该证人证言对案件定罪量刑有重大影响,法院认为证人有必要出庭作证,证人应出庭作证(警察就其执行职务时目击的犯罪情况,可作为证人出庭作证)。C. 公诉人、当事人或辩护人、诉讼代理人对鉴定意见有异议,法院认为鉴定人有必要出庭,鉴定人应出庭作证。经法院通知,鉴定人拒不出庭作证,鉴定意见不得作为定案的根据。D. 检察院对第一审法院判处死缓提出抗诉的案件,第二审法院应开庭审理。(2)被判死刑的被告人提出上诉的案件,原审法院应在上诉期满后3日内将上诉状连同案卷、证据移送上一级法院,同时将上诉状副本送交同级检察院和当事人;收到上诉状副本的检察院应在3日内将上诉状副本及有关材料报送上一级检察院。A. 对第一审的死刑判决抗诉的案件,提出抗诉的检察院向原审法院提交抗诉书后,应在3日内将抗诉书副本及有关材料报送上一级检察院。B. 原审法院应在抗诉期满后3日内将抗诉书连同案卷、证据移送上一级法院,并将抗诉书副本送交当事人。C. 对死刑判决提出上诉的被告人，在上诉期满后第二审开庭前要求撤回上诉，第二审法院应进行审查；合议庭经阅卷、讯问被告人、听取其他当事人、辩护人、诉讼代理人的意见后，认为原判决事实清楚，适法正确，量刑适当，不再开庭审理，裁定准许被告人撤回上诉；认为原判决事实不清，证据不足或将无罪判为有罪，轻罪重判，应不准许撤回上诉，按第二审程序开庭审理。(3)第二审法院开庭审理死刑上诉、抗诉案件，合议庭应在开庭前对案卷材料进行全面审查，重点审查内容：A. 上诉、抗诉的理由及是否提出了新的事实和证据。B. 被告人供述、辩解的情况。C. 辩护人的意见及原审法院采纳的情况。D. 原审判决认定的事实是否清楚，证据是否确实、充分。E. 原审判决适法是否正确，量刑是否适当。F. 在侦查、起诉及审判中，有无违反法律规定的诉讼程序情形。G. 原审法院合议庭、审委会讨论的意见。H. 其他对定罪量刑有影响的内容。(4)第二审法院应及时查明被判死刑立即执行的被告人是否委托了辩护人。未委托辩护人，应告知被告人可自行委托辩护人或通知法律援助机构指定承担法律援助义务的律师为其提供辩护。A. 被告人拒绝法院指定的辩护人为其辩护，有正当理由，法院应准许，被告人可另行委托辩护人。B. 被告人未委托辩护人，法院应为其另行指定辩护人。C. 第二审法院开庭审理死刑上诉、抗诉案件，应在开庭10日前通知检察院查阅案卷。(5)检察院办理死刑上诉、抗诉案件，应在开庭前对案卷材料进行全面审查，重点围绕抗诉或上诉的理由，审查第一审判决认定案件事实、适法是否正确，证据是否确实、充分，量刑是否适当，审判活动是否合法，并进行工作的内容：A. 应讯问被告人，听取被告人的上诉理由或辩解。B. 必要时听取辩护人的意见。C. 核查主要证据，必要时询问证人。D. 对鉴定结论有疑问，可重新鉴定或补充鉴定。E. 根据案件情况，可听取被害人的意见。(6)第二审法院开庭审理的死刑上诉、抗诉案件，同级检察院应派员出庭。A. 第二审法院开庭审理死刑上诉、抗诉案件，检察院应在开庭前拟定庭审中的讯问、询问、举证、质证、答辩提纲和出庭意见书等。B. 第二审法院开庭审理死刑上诉、抗诉案件，应由审判员3至5人组成合议庭，对疑难、复杂、重大的死刑案件，应由院长或庭长担任审判长。C. 合议庭应在开庭前查明有关情况并准备工作内容：a. 在第一审判决宣判后，被告人是否有检举、揭发行为需查证核实。b. 是否存在可能导致延期审理情形。c. 必要时应讯问被告人。d. 拟定庭审提纲，确定需开庭审理的内容。e. 将开庭的时间、地点在开庭3日内前通知检察院。f. 通知检察院、被告人及其辩护人在开庭5日前提供出庭作证的证人、鉴定人名单。g. 将传唤当事人和通知辩护人、证人、鉴定人和翻译人员的传票和通知书，在开庭3日内前送达。h. 检察院向第二审法院提交新证据，第二审法院应通知被告人的辩护律师或经许可的其他辩护人在开庭前到法院查阅；被告人及其辩护人向第二审法院提交新证据，第二审法院应通知检察院在开庭前到法院查阅。i. 检察院在审查期间进行重新鉴定或补充鉴定，作出的鉴定应及时提交法院，法院应在开庭3日内前将鉴定结论告知当事人及其诉讼代理人、辩护人；被害人及其诉讼代理人或被告人及其辩护人提出重新鉴定、补充鉴定要求并经第二审法院同意，作出的鉴定应及时提交法院，法院应在开庭3日内前将鉴定结论告知对方当事人及其诉讼代理人、辩护人并通知检察院。j. 公开审判的案件，在开庭3日内前先期公布案由、被告人姓名、开庭时间和地点。k. 其他准备工作。上述活动情形应写入笔录，由审判人员和书记员签名。(7)第二审法院开庭审理死刑上诉、抗诉案件，应通知证人、鉴定人、被害人出庭作证的3种情形：A. 检察院、被告人及其辩护人对鉴定结论有异议、鉴定程序违反规定或鉴定结论明显存在疑点。B. 检察院、被告人及其辩护人对证人证言、被害人陈述有异议，该证人证言或被害人陈述对定罪量刑有重大影响。C. 合议庭认为其他有必要出庭作证。

法院在法官员额制改革完成后，须严格落实司法责任制改革要求，确保让审理者裁判，由裁判者负责；除审委会讨论决定的案件外，院庭长对其未直接参加审理案件的裁判文书不再进行审核签发，也不得以口头指示、旁听合议、文书送阅等方式变相审批案件。(1)法院应健全随机分案为主、指定分案为辅的案件分配机制。A. 根据审判领域类别和繁简分流安排，随机确定案件承办法官。B. 已组建专业化合议庭或专业审判团队，在合议庭或审判团队内部随机分案。C. 承办法官一经确定，不得擅自变更。D. 因存在回避情形或工作调动、身体健康、廉政风险等事由确需调整承办法官，应由院庭长按权限审批决定，调整理由及结果应及时通知当事人并在办公办案平台公示。E. 指定分案情况，应在办公办案平台上全程留痕（可指定分案的5种情形：a. 重大、疑难、复杂或新类型案件，有必要由院庭长承办。b. 原告或被告相同、案由相同、同一批次受理的2件以上的批量案件或关联案件。c. 本院提审的案件。d. 院庭长根据个案监督工作需要，提出分案建议。e. 其他不适宜随机分案的案件）。（2）依法由合议庭审理的案件，合议庭原则上应随机产生。因专业化审判需要组建的相对固定的审判团队和合议庭，人员应定期交流调整，期限一般不应超过2年。（3）法院可根据本院员额法官和案件数量情况，由院庭长按权限指定合议庭中资历较深、庭审驾驭能力较强的法官担任审判长，或探索实行由承办法官担任审判长；院庭长参加合议庭审判案件时，自己担任审判长。

第二审法院应全面审理死刑上诉、抗诉案件，但在开庭时，可根据具体情况围绕检察院、被告人及其辩护人提出争议的问题和法院认为需重点审查的问题进行：A. 审判长宣布开庭后，可宣读原审判决书，也可只宣读案由、主要事实、证据和判决主文等判决书的主要内容。法庭调查时，上诉案件由上诉人或辩护人先宣读上诉状或陈述上诉理由，抗诉案件由检察人员先宣读抗诉书；对既有上诉又有抗诉的案件，先由检察人员宣读抗诉书，后由上诉人或辩护人宣读上诉状或陈述上诉理由。B. 法庭调查的重点是，对原审判决提出异议的事实、证据及提交的新证据等。对检察院、被告人及其辩护人无异议的事实、证据和情节，可不在庭审时调查。C. 检察院、被告人及其辩护人对原审判决采纳的证据无异议，可不再举证和质证。D. 法庭辩论时，抗诉的案件，由检察人员先发言；上诉的案件，由上诉人、辩护人先发言；既有抗诉又有上诉的案件，由检察人员先发言，并依次进行辩论。E. 对共犯中无判处死刑且无提出上诉的被告人，检察和辩护人在开庭前表示不需进行讯问和质证，可不再传唤到庭。对无被判死刑的其他被告人的罪行，事实清楚，可不在庭审时审理。F. 对被告人所犯数罪中判处其他刑罚的犯罪，事实清楚且检察院、被告人及其辩护人无异议，可不在庭审时审理。

在第二审程序中，检察人员或辩护人发现证据出现重大变化，可能影响案件定罪量刑，可建议延期审理。第二审法院应在裁判文书中写明检察院意见、被告人辩解和辩护人意见、是否采纳的情况并说明理由。第二审法院作出判决、裁定后，当庭宣判，应在5日内将判决书或裁定书送达当事人、辩护人和同级检察院；定期宣判，应在宣判后立即送达。第二审法院可委托第一审法院代为宣判，并向当事人送达第二审判决书或裁定书。第二审程序中，出席法庭的检察人员发现法庭审判活动违反法律规定的诉讼程序，休庭后由检察院向法院提出纠正意见。死刑第二审案件开庭审理程序的其他事项，依刑诉法、司法解释和有关规定执行。

对未成年被害人、证人，特别是性犯罪被害人进行询问时，应依法选择有利于未成年人的场所，采取和缓的询问方式进行，并通知法定代理人到场。对性犯罪被害人进行询问，一般应由女性办案人员进行或有女性办案人员在场。法定代理人无法或不宜到场，可经未成年被害人、证人同意或按其意愿通知有关成年人到场。应注意避免因询问方式不当而可能对其身心产生的不利影响。

从最高法《关于对被判处死刑的被告人未提出上诉、共犯的部分被告人或附带民诉原告人提出上诉的案件应适用何种程序审理的批复》的角度，中院一审判处死刑的案件，被判死刑的被告人未提出上诉，共犯的其他被告人提出上诉，高院应适用第二审程序对全案进行审查，并对涉及死刑之罪的事实和适法依法开庭审理，一并处理。中院一审判处死刑的案件，被判死刑的被告人未提出上诉，仅附带民诉原告人提出上诉，高院应适用第二审程序对附带民诉依法审理,并由同一审判组织对未提出上诉的被告人的死刑判决进行复核,作出是否同意判处死刑的裁判。

【2016·卷3·单选·35】(答案:D)不同的审判程序,审判组织的组成往往是不同的。关于审判组织的适用,下列哪一选项是正确的?A. 适用简易程序审理的案件,当事人不服一审判决上诉后发回重审的,可由审判员独任审判。B. 适用简易程序审理的案件,判决生效后启动再审程序进行再审的,可由审判员独任审判。C. 适用普通程序审理的案件,当事人双方同意,经上级法院批准,可由审判员独任审判。D. 适用选民资格案件审理程序的案件,应组成合议庭审理,而且只能由审判员组成合议庭。

◆ 《刑法》第49条【死刑(死刑立即执行、死刑缓期二年执行)适用对象的限制】

从死刑限制原则的角度讲,犯罪时不满18周岁的人、审判时怀孕的妇女不适用死刑(死刑含死刑立即执行和死缓,不适用死刑意味着也不适用死缓)。审判时已满75周岁的人不适用死刑,以故意犯罪特别残忍手段致人死亡为例外。

【2010·卷2·单选·9】(答案:A)甲女因抢劫杀人被逮捕,羁押期间不慎摔伤流产。一月后,甲被提起公诉。对甲的处理,下列哪一选项是正确的?A. 应当视为"审判时怀孕的妇女",不适用死刑。B. 应当视为"审判时怀孕的妇女",可适用死刑缓期二年执行。C. 不应当视为"审判时怀孕的妇女",因甲并非被强制流产。D. 不应当视为"审判时怀孕的妇女",因甲并非在审判时摔伤流产。

从国际惯例的角度讲,实施犯罪时未成年的人、审判时怀孕的女子、符合其他相关条件的人等特殊犯罪主体不适用死刑。怀孕妇女因涉嫌犯罪在羁押期间自然流产后,又因同一事实被起诉,交付审判,应视为审判时怀孕的妇女,依法不适用死刑。

【2012·卷1·单选·11】(答案:D)《刑法》第49条规定:_____的时候不满18周岁的人和_____的时候怀孕的妇女,不适用死刑。_____的时候已满75周岁的人,不适用死刑,但_____除外。下列哪一选项与题干空格内容相匹配?A. 犯罪-审判-犯罪-故意犯罪致人死亡。B. 审判-审判-犯罪-故意犯罪致人死亡。C. 审判-审判-审判-以特别残忍手段致人死亡。D. 犯罪-审判-审判-以特别残忍手段致人死亡。

被判处死缓执行的罪犯,在死缓执行期间故意犯罪,应由罪犯服刑地的中院依法审判,所作的判决可上诉、抗诉,否则认定构成故意犯罪的判决、裁定发生法律效力后,应层报最高法核准执行死刑。

死缓犯在死缓执行期间,无故意犯罪,死缓执行期满后,应裁定减刑。死缓执行期满后,尚未裁定减刑前又犯罪,应依法减刑后对其所犯新罪另行审判。对被判处死缓执行的罪犯的减刑,由罪犯服刑地的高院根据同级监狱管理机关审核同意的减刑建议书裁定。

从刑诉法的角度讲,中院判处死缓的案件,由高院核准。最高法复核死刑案件,高院复核死缓执行的案件,应由审判员3人组成合议庭进行。最高法核准的死刑的判决和高院核准的死缓的判决,是发生法律效力的判决和裁定。死缓执行,可由高院判决或核准。被判死缓的罪犯,在死缓执行期间,若无故意犯罪,死缓执行期满,应减刑,由执行机关提出书面意见,报请高院裁定;若故意犯罪,情节恶劣,查证属实,应执行死刑,由高院报请最高法核准;对故意犯罪未执行死刑,死缓执行的期间重算,并报最高法备案。对死缓犯、无期刑犯、有期刑犯,由公安机关依法将该罪犯送交监狱执行刑罚(罪犯需收押执行刑罚,而判决、裁定生效前未被羁押,法院应根据生效的判决书、裁定书将罪犯送交看守所羁押,或死缓犯、无期刑犯、有期刑犯、拘役犯,交付执行时在押,第一审法院应在判决、裁定生效后10日内,将判决书、裁定书、起诉书副本、自诉状复印件、执行通知书、结案登记表送达看守所,由公安机关将罪犯交付执行)。死缓执行期间故意犯罪,最高法核准执行死刑,由罪犯服刑地中院执行。

死刑除依法由最高法判决外,都应报请最高法核准。(1)死缓犯的执行:A. 一般而言,被判死缓执行的罪犯,在死缓执行期间故意犯罪,应由罪犯服刑地的中院依法审判,所作的判决可上诉、抗诉;特殊而言,被判死缓执行的罪犯在死缓执行期间故意犯罪,认定构成故意犯罪的判决、裁定发生法律效力后,应层报最高法核准执行死刑;在死缓执行期间故意犯罪,最高法核准执行死刑,由罪犯服刑地的中院执行。B. 死缓执行的期间,从判决或裁定核准死缓执行的法律文书宣告或送达之日起计算。C. 死缓执行期满,依法应减刑,法院应及时减刑;死缓执行期满减为无期刑、有期刑,刑期自死缓执行期满之日起计算。(2)一般而言,最高法的执行死刑命令,由高院交付第一审法院执行;第一审法院接到执行死刑命令后,应在7日内执行,但在最高法在执行死刑命令签发后、执行前,若发现可能有错误,应暂停或停止执行,并立即报告最高法作出裁定〔a. 罪犯正怀孕(停止执行,应报请最高法依法改判)。b. 在执行前发现判决可能有错误(停止执行的原因消失后,须报请最高法长再签发执行死刑的命令才能执行)。c. 在执行前罪犯揭发重大犯罪事实或有其他重大立功表现,可能需改判(停止执行的原因消失后,须报请最高法长再签发执行死刑的命令才能执行)〕。(3)最高法在执行死刑命令签发后、执行前,若发现可能有错误,应立即裁定停止执行死刑,并将有关材料移交下级法院,或第一审法院在接到执行死刑命令后、执行前,应暂停执行,并立即将请求停止执行死刑的报告和相关材料层报最高法的6种情形:A. 罪犯怀孕。B. 罪犯可能有他罪。C. 罪犯揭发重大犯罪事实或有其他重大立功表现,可能需改判。D. 共犯的他罪犯被暂停或停止执行死刑,可能影响罪犯量刑。E. 共犯的其他嫌犯到案,可能影响罪犯量刑。F. 判决、裁定可能有影响定罪量刑的其他错误。G. 最高法经审查,认为可能影响罪犯定罪量刑,应裁定停止执行死刑;认为不影响,应决定继续执行死刑。a. 下级法院接到最高法停止执行死刑的裁定后,应会同有关部门调查核实停止执行死刑的事由,并及时将调查结果和意见层报最高法审核。b. 对下级法院报送的停止执行死刑的调查结果和意见,由最高法原作出核准死刑判决、裁定的合议庭负责审查,必要时,另行组成合议庭审查。(4)最高法对停止执行死刑的案件,应按不同情形分别处理:a. 确认罪犯怀孕,应改判。b. 确认罪犯有他罪,依法应追诉,应裁定不核准死刑,撤销原判,发回重审。c. 确认原判决、裁定有错误或罪犯有重大立功表现,需改判,应裁定不核准死刑,撤销原判,发回重审。d. 确认原判决、裁定无错误,罪犯无重大立功表现,或重大立功表现不影响原判决、裁定执行,应裁定继续执行死刑,并由院长重新签发执行死刑的命令。(5)第一审法院在执行死刑前,应告知罪犯有权会见其近亲属。罪犯申请会见并提供具体联系方式,法院应通知其近亲属。罪犯近亲属申请会见,法院应准许,并及时安排会见。(6)第一审法院在执行死刑3日前,应通知同级检察院派员临场监督。(7)死刑采用枪决或注射等方法,可在刑场或指定的羁押场所内执行。A. 采用注射方法执行死刑,应在指定的刑场或羁押场所内执行。B. 采用枪决、注射外的其他方法执行死刑,应事先层报最高法批准。(8)法院在交付执行死刑前,应通知同级检察院派员临场监督。执行死刑前,指挥执行的审判人员,对罪犯应验明正身,讯问有无遗言、信札,并制作笔录,再交执行人员执行死刑。执行死刑应公布,不应示众,禁止游街示众或其他有辱罪犯人格的非文明行为。(9)执行死刑后,应由法医验明罪犯确实死亡,在场书记员制作笔录。负责死刑执行法院应通知罪犯家属,应在执行死刑后15日内将执行死刑情况(含罪犯被执行死刑前后的照片)上报最高法。(10)执行死刑后,负责执行法院应办理有关事项:A. 对罪犯的遗书、遗言笔录,应及时审查。a. 涉及财产继承、债务清偿、家事嘱托等内容,将遗书、遗言笔录交给家属,同时复制附卷备查。b. 涉及案件线索等问题,抄送有关机关。B. 通知罪犯家属在限期内领取罪犯骨灰。a. 无火化条件或因民族、宗教等原因不宜火化,通知领取尸体。b. 过期不领取，由法院通知有关单位处理，并要求有关单位出具处理情况的说明。c. 对罪犯骨灰或尸体的处理情况，应记录在案。C. 对外国籍罪犯执行死刑后，通知外国驻华使领馆的程序和时限，据有关规定办理。

从《世界人权宣言》《公民权利和政治权利国际公约》的角度，只有最严重的犯罪，才可判处死刑。死刑要跟剥夺他人生命的暴力犯罪有关。从刑诉法的角度，对被判有期刑或拘役的怀孕或正哺乳自己婴儿的妇女，可暂予监外执行。（1）罪犯在被交付执行前，因有严重疾病、怀孕或正哺乳自己婴儿的妇女、生活不能自理的原因，依法提出暂予监外执行的申请，有关病情诊断、妊娠检查和生活不能自理的鉴别，由法院负责组织进行。（2）对有严重疾病需保外就医（a. 对适用保外就医可能有社会危险性的罪犯，或自伤自残的罪犯，不得保外就医。b. 对罪犯确有严重疾病，须保外就医，由省级政府指定的医院诊断并开具证明文件）、怀孕或正哺乳自己婴儿的妇女，或生活不能自理适用暂予监外执行不致危害社会而被判有期刑或拘役的罪犯，或被判无期刑的怀孕或正哺乳自己婴儿的妇女，可暂予监外执行。A. 对被判管制、宣告缓刑、假释或暂予监外执行的罪犯，依法实行社区矫正，由社区矫正机构负责执行。B. 因被告人患有严重疾病无法出庭，中止审理超过6个月，被告人仍无法出庭，被告人及其法定代理人、近亲属申请或同意恢复审理，法院可在被告人不出庭的情况下缺席审理，依法作出判决。（3）对暂予监外执行的罪犯应及时收监的3种情形：A. 发现不符合暂予监外执行条件。B. 严重违反有关暂予监外执行监管规定。C. 暂予监外执行情形消失后，罪犯刑期未满。（4）根据严重违反有关暂予监外执行监管规定应及时收监规定，对法院决定暂予监外执行的罪犯，有发现不符合暂予监外执行条件情形，依法应收监，在法院作出决定后，由公安机关送交执行刑罚（a. 对被判死缓犯、无期犯、有期犯，由公安机关依法将该罪犯送交监狱执行刑罚。b. 有期刑犯在被交付执行刑罚前，剩余刑期在3个月以下，由看守所代为执行。c. 对被判拘役的罪犯，由公安机关执行）。对未成年犯应在未成年犯管教所执行刑罚。

1997年《刑法》68个死刑罪名（含1979年《刑法》28个死刑罪名，单行刑法29条40个死刑罪名）。（1）危害国安罪7种死罪：背叛国家罪；分裂国家罪；武装叛乱、暴乱罪；投敌叛变罪；间谍罪；为境外窃取、刺探、收买、非法提供国家秘密、情报罪；资敌罪。（2）危害公共安全罪14种死罪：放火罪；决水罪；爆炸罪；投放危险物质罪；以危险方法危害公共安全罪；破坏交通工具罪；破坏交通设施罪；破坏电力设备罪；破坏易燃、易爆设备罪；劫持航空器罪；非法制造、买卖、运输、邮寄、储存枪支、弹药、爆炸物罪；非法制造、买卖、运输、储存危险物质罪；盗窃、抢夺枪支、弹药、爆炸物、危险物质罪；抢劫枪支、弹药、爆炸物、危险物质罪。（3）破坏社会主义经济秩序罪16种死罪：生产、销售假药罪；生产、销售有毒有害食品罪；走私武器、弹药罪；走私核材料罪；走私假币罪；走私文物罪；走私贵重金属罪；走私珍贵动物、珍贵动物制品罪；走私普通货物、物品罪；伪造货币罪；集资诈骗罪；票据诈骗罪；金融凭证诈骗罪；信用证诈骗罪；虚开增值税专用发票、用于骗取出口退税、抵扣税款发票罪；伪造、出售伪造的增值税专用发票罪。（4）侵犯公民人身权、民主权利罪5种死罪：故意杀人罪；故意伤害罪；强奸罪；绑架罪；拐卖妇女、儿童罪。（5）侵犯财产罪2种死罪：抢劫罪；盗窃罪。（6）妨害社会管理秩序罪8种死罪：传授犯罪方法罪；暴动越狱罪；聚众持械劫狱罪；盗掘古文化遗址、古墓葬罪；盗掘古人类化石、古脊椎动物化石罪；走私、贩卖、运输、制造、毒品罪；组织卖淫罪；强迫卖淫罪。（7）危害国防利益罪2种死罪：破坏武器装备、军事设施、军事通信罪；故意提供不合格武器装备、军事设施罪。（8）贪污贿赂罪2种死罪：贪污罪；受贿罪。（9）军人违反职责罪12种死罪：战时违抗命令罪；隐瞒、谎报军情罪；拒传、假传军令罪；投降罪；战时临阵脱逃罪；阻碍执行军事职务罪；军人叛逃罪；为境外窃取、刺探、收买、非法提供军事秘密罪；战时造谣惑众罪；盗窃、抢夺武器装备、军用物资罪；非法出卖、转让武器装备罪；战时残害居民、掠夺居民财物罪。

从刑法修正案的角度讲，1997刑法继刑法修正案（八）减少13个经济类非暴力犯罪的死刑罪名、保留55个死刑罪名后，刑法修正案（九）提高了死刑门槛，取消了走私武器、弹药罪、走私核材料罪、走私假币罪、伪造货币罪、集资诈骗罪、组织卖淫罪、强迫卖淫罪、阻碍执行军事职务罪、战时造谣惑众罪9个罪名的死刑。从中国反腐败斗争、扫黑除恶斗争的角度，蓄意谋杀、严重的故意伤害、强奸、暴力抢劫、劫持、绑架、危险方式危害公共安全、情节极其严重的普通刑事犯罪（走私、贩卖、制造毒品罪等）、数额巨大的贪污受贿等非暴力犯罪的46个死刑罪名［A. 危害国安罪（7个）：背叛国家罪；分裂国家；武装叛乱、暴乱罪；投敌叛变罪；间谍罪；为境外的机构、组织、人员窃取、刺探、收买、非法提供国家秘密、情报；资敌罪。B. 危害公共安全罪（14个）：放火罪；决水罪；爆炸罪；投放危险物质罪；以危险方法危害公共安全罪；破坏电力设备罪；破坏易燃易爆设备罪；劫持航空器罪；非法制造、买卖、运输、邮寄、储存枪支、弹药、爆炸物罪；非法买卖、运输核材料罪；非法制造、买卖、运输、储存危险物质罪；盗窃、抢夺枪支、弹药、爆炸物等危险物质罪；抢劫枪支、弹药、爆炸物等危险物质罪。C. 破坏社会主义市场经济秩序罪：a. 生产、销售伪劣商品罪（2个）：生产、销售假药罪；生产、销售有毒有害食品罪。C. 侵犯公民人身权、民主权利罪（5个）：故意杀人罪；故意伤害罪；强奸罪；绑架罪；拐卖妇女、儿童罪。D. 侵犯财产罪（1个）：抢劫罪。E. 妨害司法罪（2个）：暴动越狱罪；聚众持械劫狱罪。F. 走私、贩卖、运输、制造毒品罪（1个）：走私、贩卖、运输、制造毒品罪。G. 危害国防利益罪（2个）：破坏武器装备、军事设施、军事通信罪；提供不合格的武器装备、军事设施罪。H. 贪污贿赂罪（2个）：贪污罪；受贿罪。I. 军人违反职责罪（10个）：战时违抗命令罪；隐瞒、谎报军情罪；拒传、假传军令罪；投降罪；战时临阵脱逃罪；驾驶航空器、舰船叛逃罪；为境外的机构、组织、人员窃取、刺探、收买、非法提供军事秘密罪；盗窃、抢夺武器装备或军用物资罪；非法出卖、转让军队武器装备罪；战时残害无辜居民或掠夺无辜居民财物罪］，尚未废除。

从是否适用死刑的最高法定刑的角度看，危害国安罪的最高法定刑，以死刑为主，以不死刑为辅，即以绝对不适用死刑为原则以相对适用死刑为例外。危害国安罪分为绝对应不适用死刑的5类危害国安罪（煽动分裂国家罪、煽动颠覆国家政权罪、颠覆国家政权罪、资助危害国安犯罪活动罪、叛逃罪）、相对适用死刑的7类9种危害国安罪（背叛国家罪、武装叛乱罪、武装暴乱罪、投敌叛变罪、资敌罪、分裂国家罪、间谍罪、为境外窃取刺探收买非法提供国家秘密罪、为境外窃取刺探收买非法提供情报罪），是否适用死刑以危害特别严重、情节特别恶劣为基本标准与前提条件，在一定意义上体现了以不适用死刑为原则、适用死刑为例外的严格限制适用死刑的宽严相济刑事政策。

从《刑法》分则第113条危害国安罪的死刑适用条件的角度看，背叛国家罪、武装叛乱罪、武装暴乱罪、投敌叛变罪、资敌罪、分裂国家罪、间谍罪与为境外窃取、刺探、收买、非法提供国家秘密罪7类9种危害国安罪，属于相对适用死刑的危害国安罪，即以不适用死刑为原则，以适用死刑为例外。办理死刑案件，对被告人犯罪事实的认定，须达到证据确实、充分（定罪量刑的事实都有证据证明；每一个定案的证据均已法定程序查证属实；证据与证据之间、证据与案件事实之间不存在矛盾或矛盾得以合理排除；共犯案件中，被告人的地位、作用均已查清；根据证据认定案件事实的过程符合逻辑和经验规则，由证据得出的结论为唯一结论）。办理死刑案件，须达到证据确实、充分的事实证明，含影响被告人定罪的身份情况；被告人有刑责能力；被指控的犯罪事实的发生；被告人实施了犯罪行为与被告人实施犯罪行为的时间、地点、手段、后果以及其他情节；被告人的罪过；是否共犯及被告人在共犯中的地位、作用；对被告人从重处罚的事实。

从司法解释的角度讲，对故意杀人、伤害、黑社会性质组织犯罪，总体上应坚持从严惩处的方针,贯彻宽严相济刑事政策,处理时要注意根据犯罪的具体情况、分别案件的不同性质,严格依法律规定进行,做到区别对待,该宽则宽,当严则严,宽严有据,宽严相济,罚当其罪,但在具体案件的处理上,也要分别案件的性质、情节和行为人的主观恶性、人身危险性等情况,把握宽严的范围,不能为追求打击效果,突破法律界限。(1) 在黑社会性质组织犯罪的审理中,黑社会性质组织的认定须符合法律和立法解释规定的标准,既不能降格处理,也不能拔高认定。(2) 在刑罚执行过程中,对故意杀人、伤害犯罪及黑社会性质组织犯罪的领导者、组织者和骨干成员就应从严掌握减刑、假释的适用,其他主观恶性不深、人身危险性不大的罪犯可从宽把握。(3) 从司法实践的角度讲,故意杀人、伤害案件的性质类型:A. 严重危害社会治安、严重影响群众安全感的案件,如极端仇视国家和社会,以不特定人为行凶对象,依法判处被告人重刑直至判处死刑。B. 因婚姻家庭、邻里纠纷等民间矛盾激化引发的案件,处理时应注意体现从严精神,在判处重刑尤其是适用死刑时应特别慎重,除犯罪情节特别恶劣、犯罪后果特别严重、人身危险性极大的被告人外,一般不应判处死刑。对被害人在起因上存在过错,或是被告人案发后积极赔偿,真诚悔罪,取得被害人或其家属谅解,应依法从宽处罚,对同时有法定从轻、减轻处罚情节,应考虑在无期刑以下裁量刑罚。同时,应重视此类案件中的附带民事调解工作,努力化解双方矛盾,实现积极的"案结事了",增进社会和谐,达成法律效果与社会效果的有机统一。(4) 一些致人死亡的犯罪是故意杀人还是故意伤害往往难以区分,在认定时除从作案工具、打击的部位、力度等方面进行判断外,也要注意考虑犯罪的起因等因素。对民间纠纷引发的案件,若难以区分是故意杀人还是故意伤害时,一般可考虑定故意伤害罪。(5) 对故意杀人、伤害案件的被告人既有法定或酌定的从宽情节,又有法定或酌定从严情节的情形,应在全面考察犯罪的事实、性质、情节和对社会危害程度的基础上,结合被告人的主观恶性(被告人对自己行为及社会危害性所抱的心理态度,在一定程度上反映了被告人的改造可能性)、人身危险性(再犯可能性)、社会治安状况等因素,综合作出分析判断。A. 铲除政治对手而雇凶故意杀人、伤害案件犯罪动机特别卑劣于基于义愤、大义灭亲、为民除害的动机杀人。B. 采取放火、泼硫酸等方法把人活活烧死的故意杀人、伤害案件的犯罪手段特别残忍。C. 一般而言,故意杀人、故意伤害1人死亡的为后果严重,致2人以上死亡的为犯罪后果特别严重。(6) 特定的犯罪对象、场所也反映社会危害性的不同。A. 针对妇女、儿童等弱势群体或在公共场所实施的杀人、伤害,有较大的社会危害性。B. 故意杀人、故意伤害的犯罪动机卑劣,或犯罪手段残忍,或犯罪后果严重,或针对妇女、儿童等弱势群体作案等情节恶劣,又无其他法定或酌定从轻情节应依法从重判处。C. 若犯罪情节一般,被告人真诚悔罪,或有立功、自首等法定从轻情节,一般应考虑从宽处罚。(7) 被告人的主观恶性、人身危险性是从严从宽的重要依据,在适用刑罚时须充分考虑。A. 一般而言,经精心策划、有长时间计划的杀人、伤害,显示被告人的主观恶性深。B. 激情犯罪,临时起意的犯罪,因被害人的过错行为引发的犯罪,显示的主观恶性较小。C. 对主观恶性深的被告人要从严惩处,主观恶性较小的被告人可考虑适用较轻的刑罚。(8) 人身危险性即再犯可能性,可从被告人有无前科、平时表现及悔罪情况等方面综合判断。A. 人身危险性大的被告人,要依法从重处罚,譬如累犯中前罪系暴力犯罪,或曾因暴力犯罪被判重刑后又犯故意杀人、故意伤害致人死亡,或平时横行乡里,寻衅滋事杀人、伤害致人死亡,应依法从重判处。B. 人身危险性小的被告人,应依法体现从宽精神,譬如被告人平时表现较好,激情犯罪,系初犯、偶犯。被告人杀人或伤人后有抢救被害人行为,在量刑时应酌情从宽处罚。(9) 未成年人及老年人的故意杀人、伤害犯罪与一般人犯罪相比,主观恶性和人身危险性等方面有一定特殊性,在处理时应考虑从宽。A. 对犯故意杀人、伤害罪的未成年人,要坚持教育为主惩罚为辅原则和教育感化挽救针进行处罚。B. 对情节较轻、后果不重的伤害案件,可依法适用缓刑,或判处管制、单处罚金等非监禁刑。C. 对情节严重的未成年人,也应从轻或减轻处罚。D. 对已满14周岁不满16周岁的未成年人，一般不判处无期刑。E. 对70周岁以上的老年人犯故意杀人、伤害罪，因其已没再犯罪的可能，在综合考虑其犯罪情节和主观恶性、人身危险性的基础上，一般也酌情从宽处罚。（10）故意杀人和故意伤害犯罪在判处死刑的案件中所占比例最高，审判中应准确理解和严格执行"保留死刑，严格控制和慎重适用死刑"的死刑政策，坚持统一的死刑适用标准，确保死刑只适用于极少数罪行极其严重的罪犯。坚持严格的证据标准，确保把每一起判处死刑的案件都办成铁案。对罪行极其严重，但只要有法定、酌定从轻情节，依法可不立即执行，就不应判处死刑立即执行。

◆ 《刑法》 第50条 【死刑缓期执行的变更】

从死缓犯的转化条件的角度讲，死缓犯在死缓执行期间，若无故意犯罪，2年死缓考验期满后，减为无期刑（死缓执行期间没满2年，不得减为无期刑，属于反对解释）；若确有重大立功表现，2年期满后，减为25年有期刑；若故意犯罪，情节恶劣，报请最高法核准后执行死刑；对故意犯罪未执行死刑，死缓执行的期间重算并报最高法备案。

罪犯在服刑期间故意犯罪，依法从重处罚。对罪犯在监狱内犯罪的案件，由监狱进行侦查。侦查终结后，写出起诉意见书，连同案卷材料、证据一并移送检察院。

从减刑假释制度的角度讲，一般而言，死缓犯存在减刑（无期刑、有期刑）、假释的可能性。（1）对被判处死缓执行的罪犯的减刑，由罪犯服刑地的高院在收到同级监狱管理机关审核同意的减刑建议书后1个月内作出裁定（被判处死缓的罪犯，在死缓执行期间，符合法律规定的减为无期刑、有期刑条件，2年期满时，所在监狱应及时提出减刑建议，报经省级监狱管理机关审核后，提请省级高院裁定）。（2）特殊而言，对被判死缓执行的累犯及因故意杀人、强奸、抢劫、绑架、放火、爆炸、投放危险物质或有组织的暴力犯罪被判死缓执行的罪犯，法院根据犯罪情节（a. 犯罪情节含犯罪的动机、手段、对象、场所及造成的后果等，不同的犯罪情节反映不同的社会危害性。b. 犯罪情节多属酌定量刑情节，法律往往未作明确规定，但犯罪情节是适用刑罚的基础，是具体案件决定从严或从宽处罚的基本依据，需在案件审理中进行仔细甄别，以准确判断犯罪的社会危害性）、人身危险性等情况可在作出裁判的同时决定对其限制减刑。因此，高院审理判处死刑的第二审案件，对被告人改判死缓执行，可同时决定对其限制减刑。一案中2个以上被告人被判死刑，最高法复核后，对其中部分被告人改判死缓执行，可同时决定对其限制减刑。

复核死刑案件，应讯问被告人；辩护律师提出要求，应听取意见。证据存疑，应调查核实，必要时到案发地调查；认为对被告人可判处死缓执行并限制减刑，应裁定不核准，并撤销原判，发回重审。法院对被判死缓执行的被告人所作的限制减刑决定，应在判决书主文部分单独作为一项宣告。死缓执行限制减刑案件审理程序的其他事项，依刑诉法和有关司法解释（最高法《关于死缓执行限制减刑案件审理程序若干问题规定》，2011年）规定执行。

省级高级法院审理或复核判处死缓执行并限制减刑的案件，认为原判对被告人判处死缓执行适当，但判决限制减刑不当，应改判，撤销限制减刑。高院审理判处死缓执行无限制减刑的上诉案件，认为原判事实清楚、证据充分，但应限制减刑，不得直接改判，也不得发回重审。确有必要限制减刑，应在第二审判决、裁定生效后，按审判监督程序重审。高院复核判处死缓执行无限制减刑的案件，认为应限制减刑，不得以提高审级等方式对被告人限制减刑。高院复核判处死刑后未上诉、抗诉的案件，认为应改判死缓执行并限制减刑，可提审或发回重审。

省级高级法院复核死缓执行案件，应讯问被告人，不得加重被告人的刑罚，应按不同情形分别处理：（1）原判认定事实和适用法律正确、量刑适当、诉讼程序合法，应裁定核准。（2）原判认定的某一具体事实或引用的法律条款等存在瑕疵，但判处被告人死缓执行并无不当，可在纠正后作出核准的判决、裁定。（3）原判认定事实正确，但适用法律有错误，或量刑过重，应改判。（4）原判事实不清、证据不足，可裁定不予核准，并撤销原判，发回重审，或依法改判。（5）复核期间出现新的影响定罪量刑的事实、证据，可裁定不予核准，并撤销原判，发回重审，或依刑诉法解释规定（a. 法庭对证据有疑问，可告知公诉人、当事人及其法定代理人、辩护人、诉讼代理人补充证据或作出说明；必要时，可宣布休庭，对证据进行调查核实。b. 对公诉人、当事人及其法定代理人、辩护人、诉讼代理人补充的和法庭庭外调查核实取得的证据，应经当庭质证才能作为定案的根据，以经庭外征求意见，控辩双方无异议为例外）审理后依法改判。（6）原审违反法定诉讼程序，可能影响公正审判，应裁定不予核准，并撤销原判，发回重审。

中院判处死刑的第一审案件，被告人不上诉，应由高院复核后，报请最高法核准。（1）高院不同意判处死刑，可提审或发回重审。（2）中院判处死缓2年执行的案件，由高院核准。（3）中院判处死缓执行的第一审案件，被告人未上诉、检察院未抗诉，应报请高院核准。

◆《刑法》 第51条 【死刑缓期执行期间及死刑缓期执行减为有期刑的刑期计算】

死缓执行的期间，从判决确定之日起计算（从判决或裁定核准死缓执行的法律文书宣告或送达之日起计算），从判决或裁定核准死缓执行的法律文书宣告或送达之日起计算。

死缓执行减为有期刑的刑期，从死缓执行期满之日起计算。死缓执行期满减为无期刑、有期刑，刑期自死缓执行期满之日起计算。

法院对限制减刑的死刑缓期执行的罪犯，缓期执行期满后依法减为无期刑，不能少于25年，缓期执行期满后依法减为25年有期刑，不能少于20年。

被判死缓的罪犯，在死缓执行期间，若无故意犯罪，死缓执行期满，应减刑，由执行机关提出书面意见，报请高院裁定；若故意犯罪，情节恶劣，查证属实，应执行死刑，由高院报请最高法核准；对故意犯罪未执行死刑，死缓执行的期间重算，并报最高法备案。

死缓执行期满，依法应减刑，法院应及时减刑。被判死缓执行的罪犯，在死缓执行期间，无故意犯罪，死缓执行期满后，应裁定减刑；死缓执行期满后，尚未裁定减刑前又犯罪，应依法减刑后对其所犯新罪另行审判。对被判死缓执行的罪犯的减刑，由罪犯服刑地的高院根据同级监狱管理机关审核同意的减刑建议书裁定。

第六节 罚金（第52-53条）

◆《刑法》 第52条 【罚金数额的裁量】

从情节犯、数额犯的角度讲，判处罚金，应根据犯罪情节决定罚金数额。（1）从刑事附带民诉赔偿优先原则的角度，承担民事赔偿责任罪犯，同时被判罚金，其财产不足以全部支付，或被判没收财产，应先承担对被害人民事赔偿责任。（2）从罚金缴纳方式的角度，罚金在判决指定期限内1次或分期缴纳。A. 期满不缴纳，强制缴纳。B. 对不能全部缴纳罚金，法院在任何时候发现被执行人有可执行财产，应随时追缴。C. 因遭遇不能抗拒灾祸等原因缴纳确有困难，经法院裁定，可延期缴纳、酌情减少或免除。（3）从私分国有资产罪、私分罚没财物罪、非法处置查封扣押冻结的财产罪的角度，没收财物和罚金，一律上缴国库，不得挪用和自行处理。

从刑法分则、选科主义的角度讲，罚金的裁量有可并处罚金性、可单处罚金性、只可单处罚金性。（1）罚金刑的适用方式以必并科为主，以得并科、选并科为辅。（2）从犯罪情节、罚金执行的角度，罚金制（单独犯罚金制、共犯罚金制、数罪并罚罚金制等）的认定根据含犯罪的方式方法或手段、危害后果、时间、地点、对象、犯罪后态度、一贯表现、经济状况等。

第一审法院应在本院作出的刑事判决、裁定生效后，或收到上级法院生效的刑事判决、裁定后，对有关财产刑执行的法律文书立案执行。对罚金的执行，被执行人在判决、裁定确定的期限内未足额缴纳，法院应在期满后强制缴纳。法院应依法对被执行人的财产状况进行调查，发现有可供执行的财产，需查封、扣押、冻结，应及时采取查封、扣押、冻结等强制执行措施。被判罚金或没收财产，同时又承担刑事附带民诉赔偿责任的被执行人，应先履行对被害人的民事赔偿责任。判处财产刑前被执行人所负正当债务，应偿还，经债权人请求，先行偿还。被执行人未全部缴纳罚金，法院在任何时候发现被执行人有可供执行的财产，应随时追缴。

法院审理附带民诉案件，不收取诉讼费。法院审理附带民诉案件，除刑法、刑诉法及刑事司法解释已有规定外，适用民事法律有关规定。被害人或其法定代理人、近亲属在刑诉过程中未提起附带民诉，另行提起民诉，法院可进行调解，或根据物质损失情况作出判决。

从贪污贿赂罪、恐怖活动罪等犯罪的角度讲，罚金有普遍性。(1)【贪污罪、受贿罪】对贪污罪、受贿罪判处3年以下有期刑或拘役，应并处10万元以上50万元以下罚金；判处3年以上10年以下有期刑，应并处20万元以上犯罪数额2倍以下罚金或没收财产；判处10年以上有期刑或无期刑，应并处50万元以上犯罪数额2倍以下罚金或没收财产。对刑法规定并处罚金的其他贪污贿赂犯罪，应在10万元以上犯罪数额2倍以下判处罚金。(2)【敲诈勒索罪】对犯敲诈勒索罪的被告人，应在2000元以上、敲诈勒索数额的2倍以下判处罚金；被告人无获得财物，应在2000元以上10万元以下判处罚金。(3)【组织、领导、参加恐怖组织罪】组织、领导恐怖活动组织，处10年以上有期刑或无期刑，并处没收财产。积极参加者，处3年以上10年以下有期刑，并处罚金；其他参加者，处3年以下有期刑、拘役、管制或剥夺政治权利，可并处罚金。(4)【帮助恐怖活动罪】资助恐怖活动组织、实施恐怖活动个人，或资助恐怖活动培训，处5年以下有期刑、拘役、管制或剥夺政治权利，并处罚金；情节严重，处5年以上有期刑，并处罚金或没收财产。(5)【准备实施恐怖活动罪】有为实施恐怖活动准备凶器、危险物品或其他工具；组织恐怖活动培训或积极参加恐怖活动培训；为实施恐怖活动与境外恐怖活动组织或人员联络；为实施恐怖活动进行策划或其他准备情形，处5年以下有期刑、拘役、管制或剥夺政治权利，并处罚金；情节严重，处5年以上有期刑，并处罚金或没收财产。(6)【利用极端主义破坏法律实施罪】利用极端主义煽动、胁迫群众破坏国家法律确立婚姻、司法、教育、社会管理等制度实施，处3年以下有期刑、拘役或管制，并处罚金；情节严重，处3年以上7年以下有期刑，并处罚金；情节特别严重，处7年以上有期刑，并处罚金或没收财产。(7)【强制穿戴宣扬恐怖主义、极端主义服饰、标志罪】以暴力、胁迫等方式强制他人在公共场所穿着、佩戴宣扬恐怖主义、极端主义服饰、标志，处3年以下有期刑、拘役或管制，并处罚金。(8)【非法持有宣扬恐怖主义、极端主义物品罪】明知是宣扬恐怖主义、极端主义图书、音频视频资料或其他物品而非法持有，情节严重，处3年以下有期刑、拘役或管制，并处或单处罚金。(9)【违规制造、销售枪支罪】依法被指定、确定枪支制造企业、销售企业，违反枪支管理规定，有以非法销售为目的，超过限额或不按规定品种制造、配售枪支；以非法销售为目的，制造无号、重号、假号枪支；非法销售枪支或在境内销售为出口制造枪支的行为，对单位判金，对直接负责主管人员、直接责任人员，处5年以下有期刑；情节严重，处5年以上10年以下有期刑；情节特别严重，处10年以上有期刑或无期刑。(10)【危险驾驶罪】喝酒不开车，开车不喝酒。在道路上驾驶机动车，有追逐竞驶，情节恶劣；醉酒驾驶机动车；从事校车业务或旅客运输，严重超过额定乘员载客，或严重超过规定时速行驶；违反危险化学品安全管理规定运输危险化学品，危及公共安全情形，处拘役，并处罚金。(11)【工程重大安全事故罪】建设单位、设计单位、施工单位、工程监理单位违反国家规定，降低工程质量标准，造成重大安全事故，对直接责任人员，处5年以下有期刑或拘役，并处罚金；后果特别严重，处5年以上10年以下有期刑，并处罚金。(12)【破坏社会主义市场经济秩序罪】均有罚金。

罚金和没收财产有关联性、互补性、差异性，关键在于适用对象和附加刑、定罪量刑的性质的差异。(1) 没收财产的判决，无论附加适用或独立适用，都由法院执行；必要时，可会同公安机关执行。(2) 刑法规定并处罚金时，法院在对犯罪人判处主刑的同时，须依法判处罚金；刑法规定可并处罚金时，法院应根据案件具体情况以及犯罪人的财产状态，决定是否判处罚金。

◆《刑法》第53条【罚金缴纳、减免的法定程序】

从数额犯、情节犯、经济犯、贪污贿赂犯的角度讲，被判罚金的罪犯，在判决指定的期限（从判决发生法律效力第2日起最长不超过3个月）内一次或分期缴纳罚金；期满不缴纳，法院应强制缴纳罚金（自判决指定的期限届满第2日起，法院对无法定减免事由而不缴纳罚金，应强制其缴纳）。

从私分国有资产罪、私分罚没财物罪、非法处置查封扣押冻结的财产罪的角度讲，犯罪后或判决后没收的财物（没收财产）、罚金，一律上缴国库，不得挪用和自行处理。

从刑诉法的角度讲，当事人和辩护人、诉讼代理人、利害关系人有权向该机关申诉或控告司法机关及其工作人员的违法犯罪行为类型，含采取强制措施法定期限届满，不释放、解除或变更；应退还取保候审保证金不退还；对与案件无关的财物采取查封、扣押、冻结措施；应解除查封、扣押、冻结不解除；贪污、挪用、私分、调换、违反规定使用查封、扣押、冻结的财物。对此，受理申诉或控告的机关应及时处理。对处理不服，可向同级检察院申诉；检察院直接受理的案件，可向上一级检察院申诉。检察院对申诉应及时进行审查，情况属实，通知有关机关纠正。被判处罚金的罪犯，期满不缴纳，法院应强制缴纳；因遭遇不能抗拒的灾祸等原因缴纳确有困难，经法院裁定，可延期缴纳、酌情减少或免除。

从罚金规则的角度讲，被判罚金的罪犯，期满不缴纳，法院应强制缴纳；若因遭遇不能抗拒的灾祸等原因缴纳确有困难［因遭遇不能抗拒的灾祸缴纳罚金确有困难（因遭受火灾、水灾、地震等灾祸而丧失财产；罪犯因重病、伤残等而丧失劳动能力，或需罪犯抚养的近亲属患有重病，需支付巨额医药费等，确实未财产可供执行的情形），被执行人向执行法院申请减少或免除，执行法院经审查认为符合法定减免条件，应在收到申请后1个月内依法作出裁定准予减免；认为不符合法定减免条件，裁定驳回申请］，经法院裁定，可延期缴纳、酌情减少或免除（可酌情减少或免除事由，由罪犯本人、亲属或犯罪单位向负责执行法院提出书面申请，并提供相应的证明材料，经法院审查后，据实际情况，裁定减少或免除应缴纳的罚金数额）。

从司法解释的角度讲，对醉酒驾驶机动车的被告人判处罚金，应根据被告人的醉酒程度、是否造成实际损害、认罪悔罪态度等情况，确定与主刑相适应的罚金数额。

从刑法、司法解释的角度讲，隐藏、转移、变卖、故意毁损已被司法机关查封、扣押、冻结的财产，情节严重，或对隐藏、转移、变卖、损毁已被扣押、冻结财产情节严重，以非法处置查封、扣押、冻结的财产罪追究刑责。

从刑诉法的角度讲，罚金刑的数额应以中国本币为计算单位。财产刑和附带民事裁判的执行，刑诉法解释未规定，参照适用民事执行有关规定。(1) 财产刑和附带民事裁判由第一审法院负责裁判执行的机构（执行局）执行，执行的财产应全部上缴国库。A. 第一审法院应在本院作出的刑事判决、裁定生效后，或收到上级法院生效的刑事判决、裁定后，对有关财产刑执行的法律文书立案执行。B. 对罚金的执行，被执行人在判决、裁定确定的期限内未足额缴纳，法院应在期满后强制缴纳。C. 对没收财产的执行，法院应立即执行。（2）罚金在判决规定的期限内一次或分期缴纳，否则期满无故不缴纳或未足额缴纳，法院应强制缴纳。经强制缴纳仍不能全部缴纳，在任何时候，含主刑执行完毕后，发现被执行人有可供执行的财产，应追缴。（3）行政机关对被告人就同一事实已处以罚款，法院判处罚金时应折抵，扣除行政处罚已执行的部分。判处没收财产，判决生效后，应立即执行。（4）执行财产刑和附带民事裁判过程中，案外人对被执行财产提出权属异议，法院应参照民诉有关执行异议规定审查并作出处理。（5）被判财产刑，同时又承担附带民事赔偿责任的被执行人，应先履行民事赔偿责任。判处财产刑前被执行人所负正当债务，需以被执行的财产偿还，经债权人请求，应偿还。（6）被执行人或被执行财产在外地（异地），第一审法院（委托法院）应将执行情况连同上缴国库凭据送达财产所在地的同级法院（受托法院）代为执行；受托法院不能执行到位，应及时告知委托法院。受托法院在执行财产刑后，应及时将执行的财产上缴国库。（7）执行财产刑过程中，有3种特殊情形（a. 案外人对执行标的物提出异议。b. 执行标的物系法院或仲裁机构正审理案件的争议标的物，需等待该案件审理完毕确定权属。c. 应中止执行的其他情形），法院应裁定中止执行，否则中止执行的原因消除后，应恢复执行。（8）法院在执行财产刑过程中，应裁定终结执行的5种情形：A. 据以执行的刑事判决、裁定被撤销。B. 被执行人死亡或被执行死刑，且无财产可供执行。C. 被判处罚金的单位终止，且无财产可供执行。D. 因遭遇不能抗拒的灾祸等原因缴纳确有困难（因遭遇不能抗拒的灾祸缴纳罚金确有困难，被执行人申请减少或免除罚金，应提交相关证明材料。a. 法院应在收到申请后1个月内作出裁定。b. 符合法定减免条件，应准许。c. 不符合条件，驳回申请），免除罚金。E. 其他应终结执行的情形。当然，法院裁定终结财产执行后，发现被执行人的财产有被隐匿、转移等情形，应追缴（被执行人未全部缴纳罚金，法院在任何时候发现被执行人有可供执行的财产，应随时追缴）。（9）财产刑全部或部分被撤销，已执行的财产应全部或部分返还被执行人，否则无法返还，应依法赔偿。

第七节 剥夺政治权利（第54～58条）

◆《刑法》第54条【剥夺政治权利的内涵】

从资格刑的角度讲，剥夺政治权利（deprivation of political rights）的4种权利类型：（1）选举权和被选举权。（2）言论、出版、集会、结社、游行、示威自由的权利。（3）担任国家机关职务的权利。（4）担任国有公司、企事业单位和团体领导职务的权利。

【2005·卷2·多选·53】（答案：BCD）下列关于剥夺政治权利附加刑如何执行问题的说法哪些是正确的？A. 被判处无期徒刑的罪犯，一般要剥夺政治权利，其刑期与主刑一样，同时执行。B. 被判处有期徒刑的罪犯，被剥夺政治权利，从有期徒刑执行完毕或假释之日起，执行剥夺政治权利附加刑。C. 被判处拘役的罪犯，被剥夺政治权利，从拘役执行完毕或假释之日起，执行剥夺政治权利附加刑。D. 被判处管制的罪犯，被剥夺政治权利，附加刑与主刑刑期相等，同时执行。

【2017·卷1·不定项·94】（答案：ABD）基本权利的效力是指基本权利规范所产生的拘束力。关于基本权利效力，下列选项正确的是：A. 基本权利规范对立法机关产生直接的拘束力。B. 基本权利规范对行政机关的活动和公务员的行为产生拘束力。C. 基本权利规范只有通过司法机关的司法活动才产生拘束力。D. 一些国家的宪法一定程度上承认基本权利规范对私人产生拘束力。

从宪法、选举法的角度讲，中国年满18周岁的公民，不分民族、种族、性别、职业、家庭出身、宗教信仰、教育程度、财产状况、居住期限，都有选举权和被选举权，有言论、通信、出版、集会、结社、游行、示威、宗教信仰和进行科研、文艺创作、其他文化活动的自由，但依法律被剥夺政治权利的人除外。公民民主权利是公民依宪法、法律享有参与管理国家、社会政治生活等国家层面、社会层面的基本权利，含选举权与被选举权、批评权、建议权、知情权、监督权、检举权、控告权、申诉权、宗教信仰自由权、通信自由权、婚姻自由权、家庭成员平等权、受抚养权、受教育权、工作权、劳动权、休息权等重要权利。从学术界、法治国家、法治政府、法治社会、法治文化的角度，宪法司法化、公民的宪法权利司法化问题非常值得研究。

从《世界人权宣言》《经济、社会及文化权利国际公约》《公民权利和政治权利国际公约》的角度讲，公民的政治、经济、文化权利和自由权利有多样性、类型性。(1) 凡属公民均应有权利"直接或经自由选择之代表参与政事"，"在真正、定期之选举中投票及被选举"。(2) "人人有思想、信念及宗教之自由"，非依法律不受限制。(3) "人人有权享受公平与良好之工作条件"，实行同工同酬，并享有社会保障，含社保。(4) 有权为自己和家庭获得相当的生活水准，有权享有达到的最高的体质和心理健康的标准。(5) 任何人都享有受教育的权利，并参加文化生活，享受科学进步及其应用产生的利益等。

剥夺政治权利是依法剥夺罪犯刑期内参加国家管理和政治活动权利的刑罚方法之一。(1) 剥夺政治权利［选举权、被选举权、政治自由权（议论、出版、集会、结社、游行、示威的自由）］有附加适用性、独立适用性。A. 附加适用剥夺政治权利有刑法总则性，独立适用剥夺政治权利有刑法分则性。B. 从犯罪性质、主刑种类的角度，对危害国安的罪犯或被判处死刑、无期刑的罪犯，应附加剥夺政治权利。C. 从严重犯罪、暴力犯罪的角度，对故意杀人、强奸、放火、爆炸、投毒、抢劫等严重破坏社会秩序的罪犯，或对故意伤害、盗窃等其他严重破坏社会秩序的犯罪，罪犯主观恶性较深、犯罪情节恶劣、罪行严重，可依法附加剥夺政治权利。(2) 刑法分则未规定剥夺政治权利的犯罪或罪名，不得独立适用剥夺政治权利。独立适用剥夺政治权利的基本罪名：A. 危害国安罪（分裂国家罪，煽动分裂国家罪，武装叛乱或武装暴乱罪，煽动颠覆政权罪，资助罪）。B. 侵犯公民人身权、民主权利罪（非法剥夺他人人身自由罪；侮辱罪；诽谤罪；煽动民族仇恨、民族歧视罪；破坏选举罪）。C. 妨害社会管理秩序罪（妨害公务罪；聚众扰乱社会秩序罪；招摇撞骗罪；伪造、变造或盗窃、抢夺、毁灭国家机关的公文、证件、印章罪；伪造公司、企事业单位、人民团体的印章罪；伪造、变造居民身份证罪；聚众扰乱社会秩序罪；聚众扰乱公共场所秩序、交通秩序罪；组织黑社会性质组织罪；非法集会、游行、示威罪；非法携带武器、管制刀具或爆炸物参加集会、游行、示威罪；破坏依法举行的集会、游行、示威罪；侮辱国旗、国徽、国歌罪）。D. 危害国防利益罪（聚众扰乱军事禁区、军事管理区罪；伪造、变造、买卖或盗窃、抢夺武装部队公文、证件、印章罪）。E. 渎职罪（泄露国家秘密罪；司法工作人员徇私枉法罪）。

剥夺政治权利犯执行期间，应遵守法律、行政法规和公安部有关监管规定，服从监督；不得行使选举权和被选举权、言论、出版、集会、结社、游行、示威自由的权利、担任国家机关职务和国有公司、企事业单位、人民团体领导职务的权利。(1) 对被判剥夺政治权利的罪犯，由公安机关执行；执行期满，应由执行机关书面通知本人及其所在单位、居住地基层组织。(2) 国有独资企业、国有独资公司、国有资本控股公司的董事、监事、高管人员违反本法规定，造成国有资产重大损失，被免职，自免职之日起5年内不得担任国有独资企业、国有独资公司、国有资本控股公司的董事、监事、高管人员；造成国有资产特别重大损失，或因贪污、贿赂、侵占财产、挪用财产或破坏市场经济秩序被判处刑罚，终身不得担任国有独资企业、国有独资公司、国有资本控股公司的董事、监事、高管人员。

检察院复查刑事申诉（对检察院诉讼终结的刑事处理决定或法院已发生法律效力的刑事判决、裁定不服，向检察院提出的申诉）案件的基本原则：(1) 原案办理权与申诉复查权相分离；依法定程序复查；全案复查，公开公正；实事求是，依法纠错。（2）检察院复查刑事申诉案件，据办案工作需要，可采用公开听证、公开示证、公开论证和公开答复等形式，进行公开审查。（3）检察院刑事申诉检察部门管辖的5种刑事申诉类型：A. 不服检察院因嫌犯未犯罪事实，或符合不起诉条件（《刑事诉讼法》第15条）而作出的不批捕决定的申诉。B. 不服检察院不起诉决定的申诉。C. 不服检察院撤销案件决定的申诉。D. 不服检察院其他诉讼终结的刑事处理决定的申诉。E. 不服法院已发生法律效力的刑事判决、裁定的申诉，《人民检察院复查刑事申诉案件规定》另有规定外。（4）特殊而言，对不服检察院处理决定（不服检察院因事实不清、证据不足，需补充侦查而作出的不批捕决定；不服检察院因虽有证据证明有犯罪事实，但不可能判处嫌犯徒刑以上刑罚，或可能判处徒刑以上刑罚，但不逮捕不致发生社会危险性而作出的不批捕决定；不服检察院因应逮捕的嫌犯患有严重疾病、生活不能自理，或是怀孕、正哺乳自己婴儿的妇女，或系生活不能自理的人的唯一扶养人而作出的不批捕决定；不服检察院作出的不立案决定；不服检察院作出的附条件不起诉决定；不服检察院作出的查封、扣押、冻结涉案款物决定；不服检察院对上述决定作出的复议、复核、复查决定）的申诉，不属于刑事申诉检察部门管辖，应分别由检察院相关职能部门依《人民检察院刑事诉讼规则（试行）》等规定办理。

【2015·卷2·多选·65】（答案：ABC）关于公检法机关的组织体系及其在刑事诉讼中的职权，下列哪些选项是正确的？A. 公安机关统一领导、分级管理，对超出自己管辖的地区发布通缉令，应报有权的上级公安机关发布。B. 基于检察一体化，检察院独立行使职权是检察系统整体独立行使职权。C. 检察院上下级之间是领导关系，上级检察院认为下级检察院二审抗诉不当的，可直接向同级法院撤回抗诉。D. 法院上下级之间是监督指导关系，上级法院如认为下级法院审理更适宜，可将自己管辖的案件交由下级法院审理。

【2017·卷2·多选·65】（答案：CD）某案件经中级法院一审判决后引起社会的广泛关注。为回应社会关注和保证办案质量，在案件由高级法院作出二审判决前，基于我国法院和检察院的组织体系与上下级关系，最高法院和最高检察院可采取哪些措施？A. 最高法院可听取高级法院对该案的汇报并就如何审理提出意见。B. 最高法院可召开审判业务会议对该案的实体和程序问题进行讨论。C. 最高检察院可听取省检察院的汇报并对案件事实、证据进行审查。D. 最高检察院可决定检察机关在二审程序中如何发表意见。

刑事申诉案件的管辖：（1）不服法院死刑终审判决、裁定尚未执行的申诉，由检察院监所检察部门办理。（2）基层检察院管辖的刑事申诉类型：A. 不服本院诉讼终结的刑事处理决定的申诉，《人民检察院复查刑事申诉案件规定》另有规定外。B. 不服同级法院已发生法律效力的刑事判决、裁定的申诉。（3）分、州、市以上检察院管辖的4种刑事申诉类型：A. 不服本院诉讼终结的刑事处理决定的申诉，《人民检察院复查刑事申诉案件规定》另有规定外。B. 不服同级法院已发生法律效力的刑事判决、裁定的申诉。C. 被害人不服下一级检察院不起诉决定，在收到不起诉决定书后7日内提出的申诉。D. 不服原处理决定、判决、裁定且经下一级检察院审查或复查的申诉。（4）从移送管辖的角度，上级检察院在必要时，可将本院管辖的刑事申诉案件交下级检察院办理，也可直接办理由下级检察院管辖的刑事申诉案件。（5）原处理决定、判决、裁定是否有错误可能的审查内容，含原处理决定、判决、裁定认定事实是否有错误；申诉人是否提出了可能改变原处理结论的新的事实或证据；据以定案的证据是否确实、充分；据以定案的证据是否存在矛盾或可能是非法证据；适用法律是否正确；处理是否适当；是否存在严重违反诉讼程序的情形；办案人员在办理该案件过程中是否存在贪污受贿、徇私舞弊、枉法裁判行为；原处理决定、判决、裁定是否存在其他错误。（6）对不服检察院诉讼终结的刑事处理决定的申诉，经二级检察院立案复查且采取公开审查形式复查终结，申诉人未提出新的充足理由，不再立案复查。对不服法院已发生法律效力的刑事判决、裁定的申诉，经二级检察院办理且省级检察院已复查，若未新的事实、证据和理由，不再立案复查，但原审被告人可能被宣告无罪或判决、裁定有其他重大错误可能外。(7) 对不服检察院诉讼终结的刑事处理决定的申诉，经二级检察院立案复查且采取公开审查形式复查终结，申诉人未提出新的充足理由，不再立案复查。对不服法院已发生法律效力的刑事判决、裁定的申诉，经两级检察院办理且省级检察院已复查，若未新的事实、证据和理由，不再立案复查，但原审被告人可能被宣告无罪或判决、裁定有其他重大错误可能外。对确有冤错可能的控告和申诉，应依法复查；原判决、裁定确有错误，依法及时纠正。(8) 对不符合立案复查条件的刑事申诉，经部门负责人或检察长批准，可审查结案。审查结案的案件，应将审查结果告知申诉人。对调卷审查，可制作刑事申诉审查结果通知书，并在10日内送达申诉人。对控告检察部门移送的案件，应将审查结果书面回复控告检察部门。审查刑事申诉，应在受理后2个月内作出审查结案或立案复查的决定。调卷审查，自卷宗调取齐备之日起计算审查期限。重大、疑难、复杂案件，可邀请人大代表、政协委员、基层群众代表等旁听观审，不能在法定期限内审结，经部门负责人或检察长批准，可适当延长审查期限。(9) 被告人对第一审法院作出的限制减刑判决不服，可提出上诉。被告人的辩护人和近亲属，经被告人同意，也可提出上诉。(10) 自诉案件当事人及其法定代理人、近亲属对法院已发生法律效力的刑事判决、裁定不服提出的申诉，刑事附带民诉当事人及其法定代理人、近亲属对法院已发生法律效力的刑事附带民事判决、裁定不服提出的申诉，检察院应受理，但申诉人对法院因原案当事人及其法定代理人自愿放弃诉讼权利或未履行相应诉讼义务而作出的判决、裁定不服的申诉除外。

监狱对罪犯提出的申诉、控告、检举的处理方式方法：(1) 罪犯对生效的判决不服，可提出申诉。A. 对罪犯的申诉，检察院或法院应及时处理。B. 对罪犯提出的控告、检举材料，监狱应及时处理或转送公安机关或检察院处理，公安机关或检察院应将处理结果通知监狱。(2) 罪犯的申诉、控告、检举材料，监狱应及时转递，不得扣压。(3) 监狱在执行刑罚过程中，据罪犯的申诉，认为判决可能有错误，应提请检察院或法院处理，检察院或法院应自收到监狱提请处理意见书之日起6个月内将处理结果通知监狱。

从监狱法的角度讲，监狱内罪犯的通信权、会见权有限制性、有限性。(1) 一般而言，罪犯在服刑期间可与他人通信，但来往信件应经监狱检查，发现有碍罪犯改造内容的信件，可扣留；特殊而言，罪犯写给监狱的上级机关和司法机关的信件，不受检查。(2) 罪犯在监狱服刑期间，按规定，可会见亲属、监护人。(3) 罪犯收受物品和钱款，应经监狱批准、检查。

◆ 《刑法》 第55条 【剥夺政治权利的期限】

从剥夺政治权利期限的角度讲，剥夺政治权利的期限有类型性。(1) 一般而言，剥夺罪犯政治权利的一般期限为1年以上5年以下；判处管制附加剥夺政治权利，剥夺政治权利的期限与管制的期限相等，同时执行。(2) 特殊而言，对被判死刑、无期犯，应剥夺政治权利终身；死缓减为有期刑或无期刑减为有期刑时，应把附加剥夺政治权利的期限改为3年以上10年以下（《刑法》第55、57条）。

附加剥夺政治权利的刑期的计算方法：(1) 判处管制附加剥夺政治权利，剥夺政治权利的期限与管制的期限相等（3个月以上2年以下），同时执行。(2) 判处拘役、有期刑附加剥夺政治权利或单处剥夺政治权利的期限为1年以上5年以下。判处有期刑、拘役附加剥夺政治权利的刑期，从徒刑、拘役执行完毕之日或从假释之日起计算；剥夺政治权利的效力当然施用于主刑执行期间。(3) 判处死刑、无期刑的罪犯，应剥夺政治权利终身。A. 判处死刑（含死缓）、无期刑附加剥夺政治权利终身，从主刑执行之日起开始计算。B. 死缓执行或无期刑减为有期刑，附加剥夺政治权利的期限改为3年以上10年以下。

剥夺政治权利的期限有定期性、终身性。剥夺政治权利的期限，分为独立适用剥夺政治权利的期限（独立适用剥夺政治权利的刑期从判决确定之日起计算并执行）、附加适用剥夺政治权利的期限［a. 判处管制附加剥夺政治权利的期限与管制的期限相等，同时起算，同时执行；管制期满解除管制，政治权利同时恢复。b. 判处有期刑、拘役附加剥夺政治权利的刑期从有期刑、拘役执行完毕之日或从假释之日起计算（剥夺政治权利的效力当然施用于主刑执行期间；主刑的执行期间不计入剥夺政治权利的刑期，但罪犯不享有政治权利）。c. 被判有期刑、拘役未附加剥夺政治权利，罪犯在服主刑期间享有选举权，但其他政治权利的行使受到限制；剥夺政治权利的定期期限、剥夺政治权利的终身期限（判处死刑、无期刑附加剥夺政治权利终身的刑期从判决发生法律效力之日起计算）］。

剥夺政治权利的期限类型：（1）剥夺政治权利的有期限类型：A. 剥夺政治权利的一般期限为1年以上5年以下。B. 死缓执行减为有期刑或无期刑减为有期刑时，附加剥夺政治权利的期限应改为3年以上10年以下。（2）剥夺政治权利的无期限类型：对被判处死刑、无期刑的罪犯，应剥夺政治权利终身。

◆ 《刑法》 第56条 【剥夺政治权利的附加适用、 独立适用】

从刑法总则的角度讲，对危害国安的罪犯应附加剥夺政治权利；对故意杀人、强奸、放火、爆炸、投毒、抢劫等严重破坏社会秩序的罪犯，可附加剥夺政治权利。从刑法分则的角度讲，独立适用剥夺政治权利，依刑法分则规定。

【2002·卷2·多选·45】（答案：ABCD）下列有关剥夺政治权利的说法，哪些是正确的？A. 刑法总则规定，对于故意杀人、强奸等严重破坏社会秩序的犯罪分子，可以附加剥夺政治权利。因此，对严重盗窃、故意重伤等犯罪分子，也可以附加剥夺政治权利。B. 附加剥夺政治权利的刑期，从徒刑执行完毕之日或从假释之日起计算，剥夺政治权利的效力当然施用于主刑执行期间。C. 被剥夺政治权利的犯罪分子，无权参加村委会员会的选举。D. 刑法总则规定："对危害国家安全的犯罪分子应当附加剥夺政治权利"。但如果法院对危害国家安全的犯罪分子独立适用剥夺政治权利，则不能再附加剥夺政治权利。

【2004·卷2·单选·9】（答案：B）罗某犯放火罪应被判处10年有期徒刑，此时法院对罗某还可以适用的附加刑是：A. 罚金。B. 剥夺政治权利。C. 没收财产。D. 赔偿经济损失。

对累犯以及因故意杀人、强奸、抢劫、绑架、放火、爆炸、投放危险物质或有组织的暴力犯罪被判处10年以上有期刑、无期刑的罪犯，不得假释。

对被判处死缓执行的累犯和因故意杀人、强奸、抢劫、绑架、放火、爆炸、投放危险物质或有组织的暴力犯罪的死缓犯，法院根据犯罪情节等情况可同时决定对其限制减刑。犯放火罪，尚未造成严重后果，处3年以上10年以下有期刑；致人重伤、死亡或使公私财产遭受重大损失，处10年以上有期刑、无期刑或死刑。

【2010·卷2·单选·11】（答案：D）甲将邻居交售粮站的稻米淋洒农药，取出部分作饵料，毒死麻雀后售与饭馆，非法获利5000元。关于甲行为的定性，下列哪一选项是正确的？A. 构成故意毁坏财物罪。B. 构成以危险方法危害公共安全罪和盗窃罪。C. 仅构成以危险方法危害公共安全罪。D. 构成投放危险物质罪和销售有毒、有害食品罪。

判处剥夺罪犯政治权利时，应根据犯罪的性质、危害程度、情节轻重，决定剥夺政治权利的期限。（1）剥夺政治权利可附加适用，可独立适用。A. 一般而言，法律规定较重犯罪附加适用剥夺政治权利，较轻犯罪独立适用剥夺政治权利。B. 附加剥夺政治权利的刑期与判处的主刑轻重相适应。（2）剥夺政治权利的适用对象：A. 附加适用剥夺政治权利的3种基本对象：a. 从犯罪性质的角度，危害国安的罪犯应附加剥夺政治权利。b. 从犯罪性质、主刑种类的角度，被判处死刑、无期刑的罪犯，应剥夺政治权利终身。c. 从主刑种类的角度，故意杀人、强奸、放火、爆炸、投毒、抢劫等严重破坏社会秩序的罪犯,可附加剥夺政治权利。B. 剥夺政治权利的独立适用于刑法分则范围内涉及罪行较轻、不需判处主刑的罪犯。a. 独立适用剥夺政治权利的基本对象主要含渎职、侵犯公民人身权民主权的罪犯。b. 一般而言,选举权、被选举权的适用对象为年满18周岁的公民(不分民族、种族、性别、职业、家庭出身、宗教信仰、教育程度、财产状况、居住期限),以依法被除数剥夺政治权利的人为例外。c. 公民的政治权和自由权须依法行使,不得损害国家、社会、集体利益和其他公民的合法权利和自由,否则受到法律制裁。

◆ 《刑法》 第57条 【死刑犯、 无期犯剥夺政治权利的适用】

对被判死刑、无期犯,应剥夺政治权利终身。死缓减为有期刑或无期刑减为有期刑时,应把附加剥夺政治权利的期限改为3年以上10年以下。

◆ 《刑法》 第58条 【剥夺政治权利的刑期计算、 效力和执行】

附加剥夺政治权利的刑期,从徒刑、拘役执行完毕之日或从假释之日起计算;剥夺政治权利的效力当然施用于主刑执行期间。

【2002·卷2·多选·45】(答案:ABCD)下列有关剥夺政治权利的说法,哪些是正确的? A. 刑法总则规定,对故意杀人、强奸等严重破坏社会秩序的犯罪分子,可以附加剥夺政治权利。因此,对于严重盗窃、故意重伤等犯罪分子,也可以附加剥夺政治权利。B. 附加剥夺政治权利的刑期,从徒刑执行完毕之日或从假释之日起计算,剥夺政治权利的效力当然施用于主刑执行期间。C. 被剥夺政治权利的犯罪分子,无权参加村委会员会的选举。D. 刑法总则规定:"对于危害国家安全的犯罪分子应当附加剥夺政治权利。"但如果法院对危害国家安全的犯罪分子独立适用剥夺政治权利,则不能再附加剥夺政治权利。

从司法解释的角度讲,对判处有期刑并处剥夺政治权利的罪犯,主刑已执行完毕,在执行附加刑剥夺政治权利期间又犯新罪,若所犯新罪无须附加剥夺政治权利,应对新犯的罪作出判决,把前罪未执行的刑罚和后罪所判处的刑罚,依判决宣告前1人犯数罪的并罚规定(先减后并方法),决定执行的刑罚。(1)前罪尚未执行完毕的附加刑剥夺政治权利的刑期从新罪的主刑有期刑执行之日起停止计算,并从新罪的主刑有期刑执行完毕之日或假释之日起继续计算;附加刑剥夺政治权利的效力施用于新罪的主刑执行期间。(2)对判处有期刑的罪犯,主刑已执行完毕,在执行附加刑剥夺政治权利期间又犯新罪,若所犯新罪也剥夺政治权利,剥夺罪犯政治权利的期限为1年以上5年以下;判处管制附加剥夺政治权利,剥夺政治权利的期限与管制的期限相等,同时执行;对被判死刑、无期犯,应剥夺政治权利终身;死缓执行减为有期刑或无期刑减为有期刑时,应把附加剥夺政治权利的期限改为3年以上10年以下。A. 判决宣告后,刑罚执行完毕前,被判刑的罪犯又犯罪,应对新犯的罪作出判决,把前罪未执行的刑罚和后罪所判处的刑罚,依判决宣告前1人犯数罪的并罚规定(先减后并方法),决定执行的刑罚。B. 罪犯在服刑期间又犯罪(新罪),或发现了判决时未发现的罪行(漏罪),由执行机关(监狱等)移送检察院处理(《刑法》第55、57、71条)。(3)被判处有期刑的罪犯,主刑已执行完毕,在执行附加刑剥夺政治权利期间又重新犯罪,若所犯新罪无须判处附加剥夺政治权利,应在对被告人所犯新罪作出判决时,把前罪未执行完毕的附加剥夺政治权利和新罪所判处的刑罚,按数罪并罚原则,决定执行的刑罚(新罪所判处的刑罚执行完毕后,继续执行前罪未执行完毕的附加刑剥夺政治权利)。(4)取保候审、监视居住、在押的被告人剥夺政治权利的执行机关为羁押场所(看守所或公安机关)。(5)服刑罪犯剥夺政治权利的执行机关为服刑地的看守所或监狱。

负责执行剥夺政治权利的派出所应按法院的判决,向罪犯及其所在单位、居住地基层组织宣布其犯罪事实、被剥夺政治权利的期限，罪犯在执行期间应遵守的规定（被剥夺政治权利的罪犯在执行期间应遵守国家法律、行政法规和公安部制定有关规定，服从监管；不得享有选举权和被选举权；不得组织或参加集会、游行、示威、结社活动；不得出版、制作、发行书籍、音像制品；不得接受采访，发表演说；不得在境内外发表有损国家荣誉、利益或其他有社会危害性的言论；不得担任国家机关职务；不得担任国有公司、企事业单位和团体的领导职务）。（1）被剥夺政治权利的罪犯违反被剥夺政治权利的罪犯在执行期间，尚未构成新的犯罪，公安机关依法可给予治安处罚。（2）被剥夺政治权利的罪犯，执行期满，公安机关应书面通知本人及其所在单位、居住地基层组织。

第八节 没收财产（第59～60条）

◆ **《刑法》第59条【没收财产的范围或类型】**

从刑法、量刑情节的角度讲，没收财产是没收罪犯个人所有财产的一部或全部。没收全部财产，应对罪犯个人及其扶养的家属保留必需的生活费用。判处没收财产时，不得没收属于罪犯家属所有或应有的财产。没收财产的判决，无论附加适用或独立适用，都由法院执行；必要时可会同公安机关执行。

【2010·卷2·多选·56】（答案：ABC）关于没收财产，下列哪些选项是错误的？A. 甲受贿100万元，巨额财产来源不明200万元，甲被判处死刑并处没收财产。甲被没收财产的总额至少应为300万元。B. 甲抢劫他人汽车被判处死刑并处没收财产。该汽车应上缴国库。C. 甲因走私罪被判处无期刑并处没收财产。此前所负赌债，经债权人请求应予偿还。D. 甲因受贿罪被判有期徒刑十年并处没收财产30万元，因妨害清算罪被判有期徒刑三年并处罚金二万元。没收财产和罚金应合并执行。

从最高法《关于刑事裁判涉财产部分执行的若干规定》的角度，法院办理刑事裁判涉财产部分执行案件，刑法、刑诉法及有关司法解释未相应规定，参照适用民事执行有关规定。刑事附带民事裁判的执行，适用民事执行有关规定。（1）刑事裁判涉财产部分的执行，是发生法律效力的刑事裁判主文确定的5种事项（罚金、没收财产；责令退赔；处置随案移送的赃款赃物；没收随案移送的供犯罪所用本人财物；其他应由法院执行的相关事项）的执行。（2）刑事裁判涉财产部分由第一审法院执行，第一审法院可委托财产所在地的同级法院执行。（3）法院办理刑事裁判涉财产部分执行案件的一般期限为6个月；特殊而言，有特殊情况需延长，经本院院长批准，可延长。（4）法院刑审中可能判处被告人财产刑、责令退赔，刑审部门应依法对被告人的财产状况进行调查；发现可能隐匿、转移财产，应及时查封、扣押、冻结其相应财产。（5）刑审或执行中，对侦查机关已采取的查封、扣押、冻结，法院应在期限届满前及时续行查封、扣押、冻结。A. 法院续行查封、扣押、冻结的顺位与侦查机关查封、扣押、冻结的顺位相同。B. 对侦查机关查封、扣押、冻结的财产，法院执行中可直接裁定处置，无须侦查机关出具解除手续，但裁定中应指明侦查机关查封、扣押、冻结的事实。（6）刑事裁判涉财产部分的裁判内容，应明确、具体。A. 涉案财物或被害人人数较多，不宜在判决主文中详细列明，可概括叙明并另附清单。B. 判处没收部分财产，应明确没收的具体财物或金额。C. 判处追缴或责令退赔，应明确追缴或退赔的金额或财物的名称、数量等相关情况。（7）由法院执行机构负责执行的刑事裁判涉财产部分，刑审部门应及时移送立案部门审查立案。A. 移送立案应提交生效裁判文书及其附件和其他相关材料，并填写移送执行表（被执行人、被害人的基本信息；已查明的财产状况或财产线索；随案移送的财产和已处置财产的情况；查封、扣押、冻结财产的情况；移送执行的时间；其他需说明的情况）。B. 法院立案部门经审查，认为属于移送范围且移送材料齐全，应在7日内立案，并移送执行机构。

(8) 法院可向刑罚执行机关、社区矫正机构等有关单位调查被执行人的财产状况，并可根据不同情形要求有关单位协助采取查封、扣押、冻结、划拨等执行措施。(9) 判处没收财产，应执行刑事裁判生效时被执行人合法所有的财产。执行没收财产或罚金刑，应参照被扶养人住所地政府公布的上年度当地居民最低生活费标准，保留被执行人及其所扶养家属的生活必需费用。(10) 对赃款赃物及其收益，法院应一并追缴。被执行人将赃款赃物投资或置业，对因此形成的财产及其收益，法院应予追缴。A. 被执行人将赃款赃物与其他合法财产共同投资或置业，对因此形成的财产中与赃款赃物对应的份额及其收益，法院应予追缴。B. 对被害人的损失，应按刑事裁判认定的实际损失发还或赔偿。(11) 被执行人将刑事裁判认定为赃款赃物的涉案财物用于清偿债务、转让或设置其他权利负担，有第三人明知是涉案财物而接受；第三人无偿或以明显低于市场的价格取得涉案财物；第三人通过非法债务清偿或违法犯罪活动取得涉案财物；第三人通过其他恶意方式取得涉案财物的情形，法院应予追缴。A. 第三人善意取得涉案财物，执行程序中不追缴。B. 作为原所有人的被害人对该涉案财物主张权利，法院应告知其通过诉讼程序处理。(12) 被执行财产需变价，法院执行机构应依法采取拍卖、变卖等变价措施。A. 涉案财物最后一次拍卖未能成交，需上缴国库，法院应通知有关财政机关以该次拍卖保留价接收；有关财政机关要求继续变价，可进行无保留价拍卖。B. 需退赔被害人，以该次拍卖保留价以物退赔；被害人不同意以物退赔，可进行无保留价拍卖。(13) 被执行人在执行中同时承担刑责、民责，其财产不足以支付，执行有顺序性［人身损害赔偿中的医疗费用（债权人对执行标的依法享有优先受偿权，其主张优先受偿，法院应在人身损害赔偿中的医疗费用规定的医疗费用受偿后，支持）；退赔被害人的损失；其他民事债务；罚金；没收财产］。(14) 在执行过程中，当事人、利害关系人认为执行行为违反法律规定，或案外人对执行标的主张足以阻止执行的实体权利，向执行法院提出书面异议，执行法院处理的方式方法：a. 当事人、利害关系人认为执行行为违反法律规定，可向负责执行法院提出书面异议。b. 当事人、利害关系人提出书面异议，法院应自收到书面异议之日起15日内审查，理由成立，裁定撤销或改正；理由不成立，裁定驳回。c. 当事人、利害关系人对裁定不服，可自裁定送达之日起10日内向上一级法院申请复议。法院审查案外人异议、复议，应公开听证。(15) 执行过程中，案外人或被害人认为刑事裁判中对涉案财物是否属于赃款赃物认定错误或应予认定而未认定，向执行法院提出书面异议，可通过裁定补正，执行机构应将异议材料移送刑审部门处理；无法通过裁定补正，应告知异议人通过审判监督程序处理。(16) 各司法、行政执法机关在办理各自管辖刑事案件中，涉及价格不明或价格有争议、需对涉案财物或标的进行价格鉴定，办案机关应委托同级政府价格部门设立的价格鉴定机构进行价格鉴定。A. 政府价格部门设立的价格鉴定机构可接受办案机关的委托，对非刑事案件中涉案财物或标的进行价格鉴定。B. 政府价格主管部门设立的价格鉴证机构从事国家机关委托的刑事案件涉案财物价格鉴定不收费，该项鉴定费用由同级财政部门根据价格认证中心业务量大小，核定专项经费拨款或补贴。C. 犯危害国安罪，可并处没收财产。

涉案财产的处理：(1) 对依刑法规定应追缴的违法所得及其他涉案财产，除依法返还被害人的财物以及依法销毁的违禁品外，须一律上缴国库。查封、扣押的涉案财产，依法不移送，待法院作出生效判决、裁定后，由法院通知查封、扣押机关上缴国库，查封、扣押机关应向法院送交执行回单；冻结在金融机构的违法所得及其他涉案财产，待法院作出生效判决、裁定后，由法院通知有关金融机构上缴国库，有关金融机构应向法院送交执行回单。(2) 对被扣押、冻结的债券、股票、基金份额等财产，在扣押、冻结期间权利人申请出售，经扣押、冻结机关审查，不损害国家利益、被害人利益，不影响诉讼正常进行，以及扣押、冻结的汇票、本票、支票的有效期即将届满，可在判决生效前依法出售或变现，所得价款由扣押、冻结机关保管，并及时告知当事人或其近亲属。A. 没收违法所得案件的嫌犯、被告人的近亲属和其他利害关系人（对申请没收的财产主张所有权的人）在公告期间提供其与嫌犯、被告人关系的证明材料，其他利害关系人应提供申请没收的财产系其所有的证据材料，有权提出申请参加诉讼，也可委托诉讼代理人参加诉讼。B. 嫌犯、被告人的近亲属和其他利害关系人在公告期满后申请参加诉讼，能合理说明原因，并提供证明申请没收的财产系其所有的证据材料，法院应准许。(3) 检察院、公安机关根据侦查犯罪的需要，可依规定查询、冻结嫌犯的存款、汇款、债券、股票、基金份额等财产。A. 检察院、公安机关不能扣划存款、汇款、债券、股票、基金份额等财产。B. 对嫌犯、被告人死亡，依刑法规定应追缴其违法所得及其他涉案财产，适用缺席审判程序，由检察院向法院提出没收违法所得的申请。(4) 嫌犯、被告人死亡，现有证据证明存在违法所得及其他涉案财产应没收，公安机关、检察院可进行调查。公安机关、检察院进行调查，可依法进行查封、扣押、查询、冻结。(5) 法院在审理案件过程中，被告人死亡，应裁定终止审理；被告人脱逃，应裁定中止审理。检察院可依法另行向法院提出没收违法所得的申请。(6) 法院经审理，对经查证属于违法所得及其他涉案财产，除依法返还被害人外，应裁定没收；对不属于应追缴的财产，应裁定驳回申请，解除查封、扣押、冻结措施，因此，对法院依法作出的没收违法所得的裁定，嫌犯、被告人的近亲属和其他利害关系人或检察院可在 5 日内提出上诉、抗诉。(7) 从国家赔偿法的角度，当事人、其他直接利害关系人或其近亲属认为检察院扣押、冻结、保管、处理涉案款物侵犯自身合法权益或有违法情形，向检察院投诉，并在刑诉程序终结后又申请刑事赔偿，尚未办结的投诉程序应终止，负责办理投诉的部门应将相关材料移交被请求赔偿的检察院国家赔偿工作办公室，依刑事赔偿程序办理。尚未决定撤销案件、不起诉或判决宣告无罪终止追究刑责而请求人身自由权赔偿，无伤情、死亡证明而请求生命健康权赔偿，刑诉程序尚未终结而请求财产权赔偿，告知赔偿请求人不符合立案条件，可在具备立案条件后再申请赔偿。

(8) 检察院复议赔偿案件，实行一次复议制。A. 检察院在办理刑事赔偿案件时，发现检察机关原刑事案件处理决定确有错误，影响赔偿请求人依法取得赔偿的，应由刑事申诉检察部门立案复查，提出审查处理意见，报检察长或检委会决定；刑事复查案件应在 30 日内办结；办理刑事复查案件和刑事赔偿案件的合计时间不得超过法定赔偿办案期限。B. 检察院在办理本院为赔偿义务机关的案件时，改变原决定、可能导致不予赔偿的，应报请上一级检察院批准。C. 对嫌犯无违法犯罪行为的，或犯罪事实并非嫌犯所为的案件，检察院根据不起诉的规定作不起诉处理，应在刑事赔偿决定书或复议决定书中直接说明该案不属于国家免责情形，依法作出赔偿的决定。D. 检察院在办理本院为赔偿义务机关的案件时或作出赔偿决定后，对撤销案件、不起诉案件或法院宣告无罪的案件，重新立案侦查、提起公诉、提出抗诉，应报请上一级检察院批准，正办理的刑事赔偿案件应中止办理。E. 经法院终审判决有罪，正办理的刑事赔偿案件应终结；已作出赔偿决定，应由作出赔偿决定的机关撤销，已支付的赔偿金应追缴。

没收财产的执行：(1) 判处没收财产，判决生效后，应立即执行。(2) 没收财产的判决，无论附加适用或独立适用，都由法院执行；必要时，可会同公安机关执行。(3) 财产刑和附带民事裁判由第一审法院负责裁判执行的机构执行。

从嫌犯、被告人逃匿、死亡案件违法所得的没收程序的角度讲，没收违法所得的申请应提供与犯罪事实、违法所得相关的证据材料，并列明财产的种类、数量、所在地及查封、扣押、冻结的情况；法院必要时可查封、扣押、冻结申请没收的财产。(1) 对贪污贿赂犯、恐怖犯等重大（在省级或全国范围内有较大影响或嫌犯、被告人逃匿境外）犯罪案件〔A. 案件在本省级或全国范围内有较大影响。B. 嫌犯、被告人可能被判无期刑以上刑罚。C. 其他重大犯罪案件（a. 贪污、挪用公款、巨额财产来源不明、隐瞒境外存款、私分国有资产、私分罚没财物犯罪案件。b. 受贿、单位受贿、利用影响力受贿、行贿、对有影响力的人行贿、对单位行贿、介绍贿赂、单位行贿犯罪案件。c. 组织、领导、参加恐怖组织，帮助恐怖活动，准备实施恐怖活动，宣扬恐怖主义、极端主义、煽动实施恐怖活动，利用极端主义破坏法律实施，强制穿戴宣扬恐怖主义、极端主义服饰、标志，非法持有宣扬恐怖主义、极端主义物品犯罪案件。d. 危害国安、走私、洗钱、金融诈骗、黑社会性质的组织、毒品犯罪案件。e. 电信诈骗冒充公检法机关诈骗、冒充熟人诈骗、虚构网络购物诈骗、虚构消费退税诈骗等、网络诈骗犯罪案件）], 嫌犯、被告人逃匿 [a. 嫌犯、被告人为逃避侦查和刑事追究潜逃（嫌犯偷偷地逃跑）、隐匿，或在刑诉过程中脱逃。b. 嫌犯、被告人因意外事故下落不明满2年，或因意外事故下落不明，经有关机关证明其不可能生存]，在通缉（公安机关发布通缉令或公安部通过国际刑警组织发布红色国际通报）1年后不能到案，或嫌犯、被告人死亡，依刑法规定应追缴其违法所得（a. 通过实施犯罪直接或间接产生、获得的任何财产。b. 违法所得已部分或全部转变、转化为其他财产，转变、转化后的财产。c. 来自违法所得转变、转化后的财产收益，或来自已与违法所得相混合财产中违法所得相应部分的收益）及其他涉案财产（实施犯罪行为所取得的财物及其孳息，以及被告人非法持有的违禁品、供犯罪所用的本人财物），检察院可向法院提出没收违法所得的申请（对贪污贿赂犯罪、恐怖活动犯罪等重大犯罪案件，嫌犯、被告人逃匿，在通缉1年后不能到案，或嫌犯、被告人死亡，依刑法规定应追缴其违法所得及其他涉案财产，检察院可向法院提出没收违法所得的申请）。公安机关认为贪污贿赂犯罪、恐怖活动犯罪等重大犯罪案件的嫌犯、被告人逃匿，在通缉1年后不能到案，或嫌犯、被告人死亡，依刑法规定应追缴其违法所得及其他涉案财产，应写出没收违法所得意见书，移送检察院。(2) 单位实施贪污贿赂犯、恐怖犯等重大犯罪案件后被撤销、注销，单位直接负责的主管人员和其他直接责任人员逃匿、死亡，导致案件无法适用刑诉普通程序审理，或嫌犯、被告人死亡，依刑法规定应追缴其违法所得及其他涉案财产，检察院可向法院提出没收违法所得的申请。(3) 嫌犯、被告人死亡，依刑法规定应追缴其违法所得及其他涉案财产，检察院可向法院提出没收违法所得的申请。法院应对检察院提出的没收违法所得申请进行审查 [a. 是否属于本院管辖。b. 是否写明申请没收的理由和法律依据。c. 是否附有通缉令或死亡证明。d. 是否写明嫌犯、被告人涉嫌有关犯罪的情况，并附相关证据材料。e. 是否列明违法所得及其他涉案财产的种类、数量、所在地，并附相关证据材料。f. 是否附有查封、扣押、冻结违法所得及其他涉案财产的清单和相关法律手续。g. 是否写明嫌犯、被告人的近亲属（直接利害关系人）和其他间接利害关系人（其他对申请没收的财产主张权利的自然人和单位）的姓名、住址、联系方式及其要求等情况]，应在7日内审查完毕，并按不同情形分别处理 (a. 不属于本院管辖，应退回检察院。b. 材料不全，应通知检察院在3日内补送。c. 属于违法所得没收程序受案范围和本院管辖，且材料齐全，应受理）。检察院尚未查封、扣押、冻结申请没收的财产或查封、扣押、冻结期限即将届满，涉案财产有被隐匿、转移或毁损、灭失危险，法院可查封、扣押、冻结申请没收的财产。(4) 违法所得或其他涉案财产在境外，负责立案侦查的公安机关、检察院等侦查机关应制作查封、扣押、冻结的法律文书以及协助执行查封、扣押、冻结的请求函，层报公安、检察院等各系统最高上级机关后，由公安、检察院等各系统最高上级机关依刑事司法协助条约、多边公约，或按对等互惠原则，向违法所得或其他涉案财产所在地国（区）的主管机关请求协助执行。被请求国（区）的主管机关提出，查封、扣押、冻结法律文书的制发主体须是法院，负责立案侦查的公安机关、检察院等侦查机关可向同级法院提出查封、扣押、冻结的申请，法院经审查同意后制作查封、扣押、冻结令以及协助执行查封、扣押、冻结令的请求函，层报最高法后，由最高法依刑事司法协助条约、多边公约，或按对等互惠原则，向违法所得或其他涉案财产所在地国（区）的主管机关请求协助执行。(5) 违法所得或其他涉案财产在境外，受理没收违法所得申请案件法院经审理裁定没收，应制作没收令以及协助执行没收令的请求函 [案由以及没收令发布主体有管辖权；属于生效裁定；嫌犯、被告人涉嫌犯罪事实及相关证据，但可能妨碍正或即将进行的刑事侦查的证据除外；嫌犯、被告人逃匿、被通缉、脱逃、死亡的基本情况；发布公告情况、通知利害关系人参加诉讼以及保障诉讼参与人依法行使诉讼权等情况；请求没收违法所得及其他涉案财产的种类、数量、价值、所在地等情况以及查封、扣押、冻结相关法律手续；请求没收的财产属于违法所得及其他涉案财产的相关事实及证据材料；请求没收财产的理由和法律依据；被请求国（区）要求载明的其他内容]，层报最高法后，由最高法依刑事司法协助条约、多边公约，或按对等互惠原则，向违法所得或其他涉案财产所在地国（区）的主管机关请求协助执行。(6) 没收违法所得的申请应提供与犯罪事实、违法所得相关的证据材料，并列明财产的种类、数量、所在地及查封、扣押、冻结的情况。没收违法所得的申请，由犯罪地或嫌犯、被告人居住地的中院组成合议庭审理。(7) 对没收违法所得的申请，法院应在30日内审查完毕，并根据不同情形分别处理：A. 属于没收违法所得申请受案范围和本院管辖，且材料齐全、有证据证明有犯罪事实（同时有证据证明发生了犯罪事实、有证据证明该犯罪事实是嫌犯、被告人实施、证明嫌犯、被告人实施犯罪行为的证据真实合法），应受理。B. 不属于没收违法所得申请受案范围或本院管辖，应退回检察院。C. 对没收违法所得申请不符合"有证据证明有犯罪事实"标准要求，应通知检察院撤回申请，检察院应撤回。D. 材料不全，应通知检察院在7日内补送，7日内不能补送，应退回检察院。(8) 法院审理申请没收违法所得案件的期限，参照公诉案件第一审普通程序和第二审程序的审理期限执行；公告期间和请求刑事司法协助的时间不计入审理期限。法院受理没收违法所得的申请后15日内，应在全国公开发行的报纸、信息网络等媒体或法院（最高法等）的官方网站、法院公告栏刊登、发布、张贴为期6个月的公告（a. 案由。b. 嫌犯、被告人通缉在逃或死亡等基本情况。c. 申请没收财产的种类、数量、所在地。d. 嫌犯、被告人的近亲属和其他利害关系人申请参加诉讼的期限、方式。e. 应公告的其他情况），必要时，公告可在犯罪地、嫌犯或被告人居住地、或被申请没收财产所在地（申请没收的不动产所在地）张贴、发布；公告最后被刊登、发布、张贴日期为公告日期；法院张贴公告，应采取拍照、录像等方式记录张贴过程。A. 申请没收违法所得案件的公告期间不适用中止、中断、延长规定。B. 申请没收违法所得案件的6个月公告期满后，法院应组成合议庭审理。(9) 法院开庭审理申请没收违法所得的案件，按不同程序进行：A. 审判长宣布法庭调查开始后，先由检察员宣读申请书，后由利害关系人、诉讼代理人发表意见。B. 法庭应依次就嫌犯、被告人是否实施了贪污贿赂犯、恐怖犯等重大犯罪并已通缉1年不能到案，或是否已死亡，以及申请没收的财产是否依法应追缴进行调查。调查时，先由检察员出示有关证据，后由利害关系人发表意见、出示有关证据，并进行质证。C. 法庭辩论阶段，先由检察员发言，后由利害关系人及其诉讼代理人发言，并进行辩论；特殊而言，利害关系人接到通知后无正当理由拒不到庭，或未经法庭许可中途退庭，可转为不开庭审理，但还有其他利害关系人参加诉讼为例外。(10) 法院对申请没收违法所得的案件审理后，应按不同情形分别处理：A. 案件事实清楚，证据确实、充分，申请没收的财产确属违法所得及其他涉案财产，除依法返还被害人外，应裁定没收。B. 不符合检察院依刑法规定提出没收违法所得申请，应追缴违法所得及其他涉案财产的2种情形（a. 嫌犯、被告人死亡。b. 嫌犯、被告人实施了贪污贿赂犯、恐怖犯等重大犯罪后逃匿，在通缉1年后不能到案）或条件，应裁定驳回申请。(11) 法院审理申请没收违法所得的案件，嫌犯、被告人逃匿、死亡案件违法所得的没收程序未规定，参照适用刑诉法解释有关规定。A. 嫌犯、被告人逃匿境外，委托诉讼代理人申请参加诉讼，且违法所得或其他涉案财产所在地国（区）主管机关明确提出意见支持，法院可准许。B. 法院准许参加诉讼，嫌犯、被告人的诉讼代理人依利害关系人的诉讼代理人规定行使诉讼权。(12) 检察院依刑法规定提出没收违法所得申请，应追缴违法所得及其他涉案财产的2种情形：A. 嫌犯、被告人死亡。B. 嫌犯、被告人实施了贪污贿赂犯、恐怖犯等重大犯罪后逃匿，在通缉 1 年后不能到案。对此，公安机关应写出没收违法所得意见书，移送检察院。(13) 司法工作人员贪污、挪用或私自处理查封、扣押、冻结的财物及其孳息，依法追究刑责；不构成犯罪，给予处分。

【2017·卷1·多选·84】（答案：ABCD）2016 年 10 月 20 日，《检察人员纪律处分条例》修订通过。关于规范检察人员的行为，下列哪些说法是正确的？A. 领导干部违反有关规定组织、参加自发成立的老乡会、校友会、战友会等，属于违反组织纪律行为。B. 擅自处置案件线索，随意初查或在初查中对被调查对象采取限制人身自由强制措施的，属于违反办案纪律行为。C. 在分配、购买住房中侵犯国家、集体利益的，属于违反廉洁纪律行为。D. 对群众合法诉求消极应付、推诿扯皮，损害检察机关形象的，属于违反群众纪律行为。

第二审法院对不服第一审裁定的上诉、抗诉案件，经审理，应按 4 种不同情形分别处理：(1) 第一审裁定（原裁定）认定事实清楚和适法正确，应驳回上诉或抗诉，维持原裁定。(2) 第一审裁定认定事实清楚，但适法有错误，应改变原裁定。(3) 第一审裁定确有错误或认定事实不清，可在查清事实后改变原裁定，也可撤销原裁定，发回重审（第一审法院发回重审的案件作出裁定后，第二审法院对不服第一审法院裁定的上诉、抗诉，应依法作出裁定，不得再发回原审法院重审）。(4) 第一审裁定违反法定诉讼程序，可能影响公正审判，应撤销原裁定，发回重审。

【2008·川·卷2·单选·38】（答案：A）关于我国刑事诉讼中按第二审程序提起抗诉和按审判监督程序提起抗诉，下列哪一选项是正确的？A. 二者的抗诉对象均是确有错误的判决、裁定。B. 二者均可由各级检察院提起。C. 二者均可由地方各级检察院提起。D. 二者均由抗诉的检察院向同级法院提起。

没收违法所得案件的利害关系人问题的处理：(1) 利害关系人非因故意或重大过失在第一审期间未参加诉讼，在第二审期间申请参加诉讼，法院应准许，并发回原审法院重审。检察院、利害关系人对第一审裁定认定的事实、证据无争议，第二审法院可不开庭审理。第二审法院决定开庭审理，应将开庭的时间、地点书面通知同级检察院和利害关系人。第二审法院应就上诉、抗诉请求的有关事实和适法审查。(2) 利害关系人可委托诉讼代理人参加诉讼，也可在公告期间内提出申请参加诉讼，并提供与嫌犯、被告人关系的证明材料或证明其可对违法所得及其他涉案财产主张权利的证据材料。A. 利害关系人在境外委托，应委托有中国律师资格并依法取得执业证书的律师，依刑诉法解释规定（外国籍当事人从中国领域外寄交或托交给中国律师或中国公民的委托书，外国籍当事人的监护人、近亲属提供的与当事人关系的证明，须经所在国公证机关证明，所在国中央外交主管机关或其授权机关认证，并经中国驻该国使领馆认证，以中国与该国之间有互免认证协定为例外）对授权委托进行公证、认证。B. 利害关系人在公告期满后申请参加诉讼，能合理说明理由，法院应准许。(3) 没收违法所得案件的利害关系人（嫌犯、被告人的近亲属和其他对申请没收的财产主张权利的自然人和单位）申请参加及委托诉讼代理人参加诉讼，法院应开庭审理（a. 检察院应派员出席法院对没收违法所得申请案件的开庭审理。b. 法院确定开庭日期后，应将开庭的时间、地点通知检察院、利害关系人及其诉讼代理人、证人、鉴定人员、翻译人员。c. 通知书应以直接送达、委托代为送达、邮寄送达或传真、电子邮件等方式告知方式至迟在开庭审理 3 日前送达；受送达人在境外，至迟在开庭审理 30 日前送达），否则无利害关系人申请参加诉讼，或利害关系人及其诉讼代理人无正当理由拒不到庭，且无其他利害关系人和其他诉讼代理人参加诉讼，法院可不开庭审理。

没收违法所得案件的处理：(1) 检察院向法院提出没收违法所得的申请，应制作没收违法所得申请书（案由及案件来源；嫌犯、被告人的基本情况；嫌犯、被告人涉嫌犯罪事实及相关证据材料；嫌犯、被告人逃匿、被通缉、脱逃、下落不明、死亡的情况；申请没收的财产的种类、数量、价值、所在地以及已查封、扣押、冻结财产清单和相关法律手续；申请没收的财产属于违法所得及其他涉案财产的相关事实及证据材料；提出没收违法所得申请的理由和法律依据；有无利害关系人以及利害关系人的姓名、身份、住址、联系方式；其他应载明的内容）。没收违法所得申请书材料内容需翻译件，检察院应将翻译件随没收违法所得申请书一并移送法院。(2) 检察院向原受理申请法院提起公诉，可由同一审判组织审理。审理案件过程中，被告人死亡或脱逃，符合刑诉法规定（对贪污贿赂犯罪、恐怖活动犯罪等重大犯罪案件，嫌犯、被告人逃匿，在通缉1年后不能到案，或嫌犯、被告人死亡，依刑法规定应追缴其违法所得及其他涉案财产，检察院可向法院提出没收违法所得的申请），检察院可向法院提出没收违法所得的申请。(3) 检察院向原受理案件法院提出申请，可由同一审判组织依嫌犯、被告人逃匿、死亡案件违法所得的没收程序规定的程序审理。(4) 出庭的检察人员应宣读没收违法所得申请书，并在法庭调查阶段就申请没收的财产属于违法所得及其他涉案财产等相关事实出示、宣读证据。A. 对确有必要出示但可能妨碍正或即将进行的刑事侦查的证据，针对该证据的法庭调查不公开进行。B. 利害关系人及其诉讼代理人对申请没收的财产属于违法所得及其他涉案财产等相关事实及证据有异议，可提出意见；对申请没收的财产主张权利，应出示相关证据。(5) 法院经审理认为，申请没收的财产属于违法所得及其他涉案财产（a. 申请没收的财产有高度可能属于违法所得及其他涉案财产。b. 巨额财产来源不明犯罪案件中，无利害关系人对违法所得及其他涉案财产主张权利，或利害关系人对违法所得及其他涉案财产虽主张权利但提供的相关证据无达到相应证明标准），除依法应返还被害人外，应没收；申请没收的财产不属于违法所得或其他涉案财产，应裁定驳回申请，解除查封、扣押、冻结措施。(6) 没收违法所得裁定生效后，嫌犯、被告人到案并对没收裁定提出异议，检察院向原作出裁定法院提起公诉，可由同一审判组织审理（a. 原裁定正确，维持，不再对涉案财产作出判决。b. 原裁定确有错误，应撤销原裁定，并在判决中对有关涉案财产一并作出处理）。(7) 在审理申请没收违法所得的案件过程中，在逃的嫌犯、被告人自动投案或被抓获，法院应裁定终止审理；法院没收嫌犯、被告人财产确有错误，应返还、赔偿。(8) 法院生效的没收裁定确有错误，除没收违法所得裁定生效后，嫌犯、被告人到案并对没收裁定提出异议，检察院向原作出裁定法院提起公诉，可由同一审判组织审理情形外，应依审判监督程序纠正，已没收的财产，应及时返还；财产已上缴国库，由原没收机关从财政机关申请退库，返还；原物已出卖、拍卖，应退还价款；造成嫌犯、被告人、利害关系人财产损失，应依法赔偿。(9) 法律文书的送达方式方法含直接送达、留置送达、委托送达、邮寄送达、转交送达、公示送达等不同类型。A. 法院已掌握嫌犯、被告人的近亲属和其他利害关系人的联系方式，应采取电话、传真、邮件等方式直接告知其公告内容，并记录在案。B. 法院已掌握境内利害关系人联系方式，应直接送达含有公告内容的通知；直接送达有困难，可委托代为送达、邮寄送达。C. 经受送达人同意，可采用传真、电子邮件等能确认其收悉的方式告知其公告内容，并记录在案；法院已掌握境外嫌犯、被告人、利害关系人联系方式，经受送达人同意，可采用传真、电子邮件等能确认其收悉的方式告知其公告内容，并记录在案；受送达人未作出同意意思表示，或法院未掌握境外嫌犯、被告人、利害关系人联系方式，其所在地国（区）主管机关明确提出应向受送达人送达含有公告内容的通知，受理没收违法所得申请案件法院可决定是否送达；决定送达，应将公告内容层报最高法，由最高法依刑事司法协助条约、多边公约，或按对等互惠原则，请求受送达人所在地国（区）的主管机关协助送达。

国际刑事司法协助法的没收、返还违法所得及其他涉案财物：(1) 向外国请求没收、返还违法所得及其他涉案财物：A. 办案机关需外国协助没收违法所得及其他涉案财物，应制作刑事司法协助请求书并附相关材料，经所属主管机关审核同意后，由对外联系机关及时向外国提出请求。a. 请求外国将违法所得及其他涉案财物返还中国或返还被害人，可在向外国提出没收请求时一并提出，也可单独提出。b. 外国对返还被查封、扣押、冻结的违法所得及其他涉案财物有特殊要求，在不违反中国法律的基本原则的情况下，可同意；需由司法机关作出决定，由法院作出决定。B. 向外国请求没收、返还违法所得及其他涉案财物，请求书及所附材料应根据需要载明有关事项（相关法律文书的副本；没收、返还的理由和相关权属证明；有关没收、返还及利害关系人权利保障的法律规定；需没收、返还的违法所得及其他涉案财物的名称、特性、外形和数量等；需没收、返还的违法所得及其他涉案财物的地点。资金或其他金融资产存放在金融机构中，应载明金融机构的名称、地址和账户信息；有助于执行请求的其他材料）。C. 外国协助没收、返还违法所得及其他涉案财物，由对外联系机关会同主管机关就有关财物的移交问题与外国进行协商。对请求外国协助没收、返还违法所得及其他涉案财物，外国提出分享请求，分享的数额或比例，由对外联系机关会同主管机关与外国协商确定。（2）向中国请求没收、返还违法所得及其他涉案财物：A. 外国可请求中国协助没收、返还违法所得及其他涉案财物。外国向中国请求协助没收、返还违法所得及其他涉案财物，请求书及所附材料应根据需要载明国际刑事司法协助法有关事项（a. 相关法律文书的副本；没收、返还的理由和相关权属证明；有关没收、返还及利害关系人权利保障的法律规定；需没收、返还的违法所得及其他涉案财物的名称、特性、外形、数量等；需没收、返还的违法所得及其他涉案财物的地点。b. 资金或其他金融资产存放在金融机构中，应载明金融机构的名称、地址、账户信息；有助于执行请求的其他材料）。B. 主管机关经审查认为符合条件，可同意协助没收违法所得及其他涉案财物，并安排有关办案机关执行（请求书及所附材料详细描述了请求针对的财物的权属、名称、特性、外形和数量等信息；在中国有可供执行的财物；没收违法所得及其他涉案财物符合中国法律规定的条件；没收在请求国不能执行或不能完全执行；外国充分保障了利害关系人的相关权利；主管机关认为应满足的其他条件）。C. 外国请求协助没收违法所得及其他涉案财物，可拒绝提供协助，并说明理由（a. 中国或第三国司法机关已对请求针对的财物作出生效裁判，并已执行完毕或正执行。b. 请求针对的财物不存在、已毁损、灭失、变卖或已转移导致无法执行，但请求没收变卖物或转移后的财物为例外。c. 请求针对的人员在中国境内有尚未清偿的债务或尚未了结的诉讼。d. 其他可拒绝情形）。D. 外国请求返还违法所得及其他涉案财物，能提供确实、充分的证据证明，主管机关经审查认为符合中国法律规定的条件，可同意并安排有关办案机关执行；返还前，办案机关可扣除执行请求产生的合理费用。E. 对外国请求协助没收、返还违法所得及其他涉案财物，可由对外联系机关会同主管机关提出分享的请求；分享的数额或比例，由对外联系机关会同主管机关与外国协商确定。

◆《刑法》第 60 条 【以没收财产份额偿还正当债务】

　　从罪犯债务清偿原则、没收财产的限制条件的角度讲，没收财产前罪犯所负的正当债务（罪犯在判决生效前所负他人的合法债务），需以没收的财产偿还，经债权人请求，应偿还。

　　从司法解释的角度讲，因人身权受到侵犯或财物被毁坏而遭受物质损失，受害人有权提起刑事附带民诉。（1）被告人非法占有、处置被害人财产，应依法追缴或责令退赔。（2）被害人提起刑事附带民诉或另行提起民诉请求被告人返还被占有、处置的财产，法院不予受理。

　　从民法通则、婚姻法、司法解释的角度讲，侵占国家、集体或他人财产，应返还财产，不能返还的应折价赔偿。（1）一般而言，离婚时，原为夫妻共同生活所负的债务，应共同偿还。（2）夫妻一方在犯罪活动中所负债务属于个人债务，但债权人举证另一方分享债务利益，在分享范围内成立夫妻共同债务（举轻明重）。（3）夫妻一方在婚姻关系存续期间以个人名义超出家庭日常生活需要所负的债务，债权人以属于夫妻共同债务为由主张权利（夫妻共同债务以家事代理制度为基础，实行共债共签、家事代理范围内共债推定、超范围时的债权人举证责任负担），法院不支持，但债权人能证明该债务用于夫妻共同生活、共同生产经营或基于夫妻双方共同意思表示外。(4) 夫妻一方在从事赌博、吸毒等违法犯罪活动中所负债务，第三人主张权利，法院不支持。

检察院发现公安机关存在执法不当行为，可向公安机关提出书面纠正意见或检察建议。(1) 公安机关在受理、立案、移送及涉案财物处置等过程中，与检察院、法院及仲裁机构发生争议，应协商解决，必要时可报告上级公安机关协调解决。A. 公安机关应认真审查，并将结果及时反馈检察院；未采纳，应说明理由。B. 公安机关办理经济犯罪案件应加强执法安全防范工作，规范执法办案活动，执行执法办案规定，加强执法监督，对执法不当造成严重后果，依据相关规定追究责任。(2) 上级公安机关应加强监督，依法处理。

经济犯罪案件涉案财物的控制和处置程序：(1) 查封、扣押、冻结及处置涉案财物，应依法律规定的条件和程序进行。A. 除法律法规和规范性文件另有规定外，公安机关不得在诉讼程序终结前处置涉案财物。B. 严格区分违法所得、其他涉案财产与合法财产，严格区分企业法人财产与股东个人财产，严格区分嫌犯个人财产与家庭成员财产，不得超权限、超范围、超数额、超时限查封、扣押、冻结，并注意保护利害关系人的合法权益。(2) 对涉众型经济犯罪案件，需追缴、返还涉案财物，应坚持统一资产处置原则。A. 公安机关移送审查起诉时，应将有关涉案财物及其清单随案移送检察院。B. 检察院提起公诉时，应将有关涉案财物及其清单一并移送受理案件法院，并提出处理意见。(3) 对依有关规定可分割的土地、房屋等涉案不动产，应只对与案件有关的部分进行查封。A. 对不可分割的土地、房屋等涉案不动产或车辆、船舶、航空器及大型机器、设备等特定动产，可查封、扣押、冻结嫌犯提供的与涉案金额相当的其他财物。B. 嫌犯不能提供，可整体查封。C. 冻结涉案账户的款项数额，应与涉案金额相当。(4) 对自动投案时主动提交的涉案财物和权属证书等，公安机关可先行接收，如实登记并出具接收财物凭证，据立案和侦查情况决定是否查封、扣押、冻结。(5) 公安机关对已被依法查封、冻结的涉案财物或被法院采取民事财产保全措施的涉案财物，不得重复查封、冻结，但可轮候查封、冻结。(6) 对不宜查封、扣押、冻结的经营性涉案财物，在保证侦查活动正常进行的同时，可允许有关当事人继续合理使用，并采取必要的保值保管措施，以减少侦查办案对正常办公和合法生产经营的影响，必要时可申请当地政府指定有关部门或委托有关机构代管。(7) 对查封、扣押、冻结的涉案财物及其孳息，以及作为证据使用的实物，公安机关应如实登记，妥善保管，随案移送，并与检察院及时交接，变更法律手续。A. 查封、扣押、冻结涉案财物时，应收集、固定与涉案财物来源、权属、性质等有关的证据材料并随案移送。B. 对不宜移送或依法不移送的实物，应将其清单、照片或其他证明文件随案移送。(8) 涉嫌犯罪事实查证属实后，对有证据证明权属关系明确的被害人合法财产及其孳息，以及时返还不损害其他被害人或利害关系人的利益、不影响诉讼正常进行，可在登记、拍照或录像、估价后，经县级以上公安机关负责人批准，开具发还清单，在诉讼程序终结前返还被害人；办案人员应在案卷中注明返还的理由，将原物照片、清单和被害人的领取手续存卷备查。A. 不得在诉讼程序终结前返还的6种情形：a. 案件需变更管辖。b. 涉嫌犯罪事实尚未查清。c. 涉案财物及其孳息的权属关系不明确或存在争议。d. 可能影响诉讼程序正常进行。e. 可能损害其他被害人或利害关系人利益。f. 其他不宜返还。B. 除依有关法律法规和规范性文件另行处理外，应立即解除对涉案财物的查封、扣押、冻结措施，并及时返还有关当事人的3种情形：a. 公安机关决定撤销案件或对嫌犯终止侦查。b. 检察院通知撤销案件或作出不起诉决定。c. 法院作出生效判决、裁定应返还。(9) 罪犯违法所得的一切财物及其孳息，应追缴或责令退赔。A. 发现嫌犯将经济犯罪违法所得和其他涉案财物用于清偿债务、转让或设定其他权利负担，应依法查封、扣押、冻结的4种情形：a. 他人明知是经济犯罪违法所得和其他涉案财物而接受。b. 他人无偿或以明显低于市场价格取得上述财物。c. 他人通过非法债务清偿或违法犯罪活动取得上述财物。d. 他人通过其他恶意方式取得上述财物。B. 他人明知是经济犯罪违法所得及其产生的收益,以虚构债权债务关系、虚假交易等方式窝藏、转移、收购、代为销售或以其他方法掩饰、隐瞒,构成犯罪,应依法追究刑责。C. 依刑法规定应追缴其违法所得及其他涉案财物,经县级以上公安机关负责人批准,公安机关应出具没收违法所得意见书,连同相关证据材料一并移送同级检察院的3种情形:a. 嫌犯死亡(嫌犯死亡,现有证据证明其存在违法所得及其他涉案财物应没收,公安机关可继续调查,并依法进行查封、扣押、冻结)。b. 重大的走私、金融诈骗、洗钱犯罪案件,嫌犯逃匿,在通缉1年后不能到案。c. 涉嫌重大走私、金融诈骗、洗钱犯罪的单位被撤销、注销,直接负责主管人员和其他直接责任人员逃匿、死亡,导致案件无法适用普通刑诉程序审理。

法院查封、扣押、冻结财物的处理办法:(1)法院对查封、扣押、冻结的被告人财物及其孳息,应妥善保管,并制作清单,附卷备查。对检察院随案移送的被告人财物及其孳息,应根据清单核查后妥善保管,任何单位和个人不得挪用或自行处理。(2)查封不动产、车辆、船舶、航空器等财物,应扣押其权利证书,经拍照或录像后原地封存,或交持有人、被告人的近亲属保管,登记并写明财物的名称、型号、权属、地址等详细情况,并通知有关财物的登记、管理部门办理查封登记手续。(3)扣押物品,应登记并写明物品名称、型号、规格、数量、重量、质量、成色、纯度、颜色、新旧程度、缺损特征和来源等。(4)扣押货币、有价证券,应登记并写明货币、有价证券的名称、数额、面额等,货币应存入银行专门账户,并登记银行存款凭证的名称、内容。(5)扣押文物、金银、珠宝、名贵字画等贵重物品及违禁品,应拍照,需鉴定,应及时鉴定。对扣押的物品应根据有关规定及时估价。冻结存款、汇款、债券、股票、基金份额等财产,应登记并写明编号、种类、面值、张数、金额等。(6)对被害人的合法财产,权属明确,应依法及时返还,但须经拍照、鉴定、估价,并在案卷中注明返还的理由,将原物照片、清单和被害人的领取手续附卷备查;权属不明,应在法院判决、裁定生效后,按比例返还被害人,但已获退赔的部分应扣除。(7)审判期间,权利人申请出卖被扣押、冻结的债券、股票、基金份额等财产,法院经审查,认为不损害国家利益、被害人利益,不影响诉讼正常进行,以及扣押、冻结的汇票、本票、支票有效期即将届满,可在判决、裁定生效前依法出卖,所得价款由法院保管,并及时告知当事人或其近亲属。(8)对作为证据使用的实物,含作为物证的货币、有价证券等,应随案移送。第一审判决、裁定宣告后,被告人上诉或检察院抗诉,第一审法院应将上述证据移送第二审法院。(9)对不宜移送的实物,应根据情况,分别审查的内容:A. 大宗、不便搬运的物品,查封、扣押机关是否随案移送查封、扣押清单,并附原物照片和封存手续,注明存放地点等。B. 易腐烂、霉变和不易保管的物品,查封、扣押机关变卖处理后,是否随案移送原物照片、清单、变价处理的凭证(复印件)等。C. 枪支弹药、剧毒物品、易燃易爆物品及其他违禁品、危险物品,查封、扣押机关根据有关规定处理后,是否随案移送原物照片和清单等。上述不宜移送的实物,应依法鉴定、估价,还应审查是否附有鉴定、估价意见。对查封、扣押的货币、有价证券等未移送,应审查是否附有原物照片、清单或其他证明文件。(10)法庭审理过程中,对查封、扣押、冻结的财物及其孳息,应调查其权属情况,是否属于违法所得或依法应追缴的其他涉案财物。A. 案外人对查封、扣押、冻结的财物及其孳息提出权属异议,法院应审查并依法处理。B. 经审查,不能确认查封、扣押、冻结的财物及其孳息属于违法所得或依法应追缴的其他涉案财物,不得没收。(11)对查封、扣押、冻结的财物及其孳息,应在判决书中写明名称、金额、数量、存放地点及其处理方式等。A. 涉案财物较多,不宜在判决主文中详细列明,可附清单。B. 涉案财物未随案移送,应在判决书中写明,并写明由查封、扣押、冻结机关负责处理。(12)查封、扣押、冻结的财物及其孳息,经审查,确属违法所得或依法应追缴的其他涉案财物,应判决返还被害人,或没收上缴国库,但法律另有规定为例外。A. 判决返还被害人的涉案财物,应通知被害人认领。B. 无人认领,应公告通知,公告满3个月无人认领,应上缴国库;上缴国库后有人认领,经查证属实,应申请退库返还;原物已拍卖、变卖,应返还价款。C. 对侵犯国有财产的案件,被害单位已终止且无权利义务继受人,或损失已被核销,查封、扣押、冻结的财物及其孳息应上缴国库。(13) 随案移送的或法院查封、扣押的财物及其孳息,由第一审法院在判决生效后负责处理。涉案财物未随案移送,法院应在判决生效后10日内,将判决书、裁定书送达查封、扣押机关,并告知其在1个月内将执行回单送回。(14) 对冻结的存款、汇款、债券、股票、基金份额等财产判决没收,第一审法院应在判决生效后,将判决书、裁定书送达相关金融机构和财政部门,通知相关金融机构依法上缴国库并在接到执行通知书后15日内,将上缴国库的凭证、执行回单送回。(15) 查封、扣押、冻结的财物与本案无关但已列入清单,应由查封、扣押、冻结机关依法处理。A. 查封、扣押、冻结的财物属于被告人合法所有,应在赔偿被害人损失、执行财产刑后及时返还被告人。B. 财物未随案移送,应通知查封、扣押、冻结机关将赔偿被害人损失、执行财产刑的部分移送法院。(16) 查封、扣押、冻结财物及其处理,刑诉法解释未规定的,参照适用民诉法等和其他司法解释(《关于人民法院确定财产处置参考价若干问题的规定》等)有关规定。A. 法院查封、扣押、冻结财产后,对需拍卖、变卖的财产,应在30日内启动确定财产处置参考价程序。B. 法院确定财产处置参考价,可采取当事人议价(a. 采取当事人议价方式确定参考价,除一方当事人拒绝议价或下落不明外,法院应以适当的方式通知或组织当事人进行协商,当事人应在指定期限内提交议价结果。b. 双方当事人提交的议价结果一致,且不损害他人合法权益,议价结果为参考价。c. 当事人议价不能或不成,且财产有计税基准价、政府定价或政府指导价,法院应向确定参考价时财产所在地的有关机构进行定向询价。d. 双方当事人一致要求直接进行定向询价,且财产有计税基准价、政府定价或政府指导价,法院应准许)、定向询价(a. 采取定向询价方式确定参考价,法院应向有关机构出具询价函,询价函应载明询价要求、完成期限等内容;接受定向询价的机构在指定期限内出具的询价结果为参考价。b. 定向询价不能或不成,财产无需由专业人员现场勘验或鉴定,且具备网络询价条件,法院应通过司法网络询价平台进行网络询价。c. 双方当事人一致要求或同意直接进行网络询价,财产无需由专业人员现场勘验或鉴定,且具备网络询价条件,法院应准许)、网络询价(a. 采取网络询价方式确定参考价,法院应同时向名单库中的全部司法网络询价平台发出网络询价委托书。b. 网络询价委托书应载明财产名称、物理特征、规格数量、目的要求、完成期限以及其他需明确的内容等)、委托评估(a. 法律、行政法规规定须委托评估、双方当事人要求委托评估或网络询价不能或不成,法院应委托评估机构进行评估。b. 采取委托评估方式确定参考价,法院应通知双方当事人在指定期限内从名单分库中协商确定3家评估机构以及顺序;双方当事人在指定期限内协商不成或一方当事人下落不明,采取摇号方式在名单分库或财产所在地的名单子库中随机确定3家评估机构以及顺序;双方当事人一致要求在同1名单子库中随机确定,法院应准许)等方式。

  国际刑事司法协助法的查封、扣押、冻结涉案财物:(1) 向外国请求查封、扣押、冻结涉案财物:A. 办案机关需外国协助查封、扣押、冻结涉案财物,应制作刑事司法协助请求。附相关材料,经所属主管机关审核同意后,由对外联系机关及时向外国提出请求。外国对协助执行中国查封、扣押、冻结涉案财物的请求有特殊要求,在不违反中国法律的基本原则的情况下,可同意。需由司法机关作出决定,由法院作出。B. 向外国请求查封、扣押、冻结涉案财物,请求书及所附材料应根据需要载明有关事项(需查封、扣押、冻结的涉案财物的权属证明、名称、特性、外形和数量等;需查封、扣押、冻结的涉案财物的地点;资金或其他金融资产存放在金融机构中,应载明金融机构的名称、地址和账户信息;相关法律文书的副本;有关查封、扣押、冻结及利害关系人权利保障的法律规定;有助于执行请求的其他材料)。C. 外国确定的查封、扣押、冻结的期限届满,办案机关需外国继续查封、扣押、冻结相关涉案财物,应再次向外国提出请求。办案机关决定解除查封、扣押、冻结,应及时通知被请求国。(2) 向中国请求查封、扣押、冻结涉案财物:A. 外国可请求中国协助查封、扣押、冻结在中国境内的涉案财物。外国向中国请求查封、扣押、冻结涉案财物,请求书及所附材料应根据需要载明国际刑事司法协助法规定的事项(需查封、扣押、冻结的涉案财物的权属证明、名称、特性、外形和数量等;需查封、扣押、冻结的涉案财物的地点;资金或其他金融资产存放在金融机构中,应载明金融机构的名称、地址和账户信息;相关法律文书的副本;有关查封、扣押、冻结及利害关系人权利保障的法律规定;有助于执行请求的其他材料)。B. 主管机关经审查认为符合条件,可同意查封、扣押、冻结涉案财物,并安排有关办案机关执行(查封、扣押、冻结符合中国法律规定的条件;查封、扣押、冻结涉案财物与请求国正进行的刑事案件的调查、侦查、起诉和审判活动相关;涉案财物可被查封、扣押、冻结;执行请求不影响利害关系人的合法权益;执行请求不影响中国有关机关正进行的调查、侦查、起诉、审判和执行活动);办案机关应及时通过主管机关通知对外联系机关,由对外联系机关将查封、扣押、冻结的结果告知请求国;必要时,办案机关可对被查封、扣押、冻结的涉案财物依法采取措施进行处理。C. 查封、扣押、冻结的期限届满,外国需继续查封、扣押、冻结相关涉案财物,应再次向对外联系机关提出请求。外国决定解除查封、扣押、冻结,对外联系机关应通过主管机关通知办案机关及时解除。D. 利害关系人对查封、扣押、冻结有异议,办案机关经审查认为查封、扣押、冻结不符合国际刑事司法协助法规定的条件(外国确定的查封、扣押、冻结的期限届满,办案机关需外国继续查封、扣押、冻结相关涉案财物,应再次向外国提出请求),应报请主管机关决定解除查封、扣押、冻结并通知对外联系机关,由对外联系机关告知请求国;对案件处理提出异议,办案机关可通过所属主管机关转送对外联系机关,由对外联系机关向请求国提出。E. 因请求国的原因导致查封、扣押、冻结不当,对利害关系人的合法权益造成损害,办案机关可通过对外联系机关要求请求国承担赔偿责任。

从宽严相济政策的角度讲,对因受到犯罪行为侵害、无法及时获得有效赔偿、存在特殊生活困难的被害人及其亲属,由有关方面给予适当的资金救助,有利于化解矛盾纠纷,促进社会和谐稳定。要尽可能把握一切有利于附带民诉调解结案的积极因素,多做促进当事人双方和解的办法析理工作,以更好地落实宽严相济刑事政策,努力做到案结事了。要充分发挥被告人、被害人所在单位、社区基层组织、辩护人、诉讼代理人和近亲属在附带民诉调解工作中的积极作用,协调各方共同做好促进调解工作,尽可能通过调解达成民事赔偿协议并以此取得被害人及其家属对被告人的谅解,化解矛盾,促进社会和谐。

第四章

刑罚的具体运用（第61~89条）

第一节　量刑（第61~64条）

◆ 《刑法》第61条　【量刑的一般原则（事实根据、法律依据）】

从刑法原则、量刑情节、量刑根据、上下位概法律念并列法的角度讲，对罪犯决定刑罚时，应根据犯罪事实、犯罪的性质、情节和对社会的危害程度，依刑法有关规定判处。

从比较法、禁止重复评价原则的角度讲，量刑根据问题有争议性，存在量刑情节唯一说、定罪事实（犯罪性质、犯罪事实）说、量刑根据（犯罪事实、犯罪性质、犯罪情节、社会危害程度）法定说等不同理论观点。从司法实践、社会实践、公平正义价值观的角度，量刑情节的基本内容有多样性、复杂性，主要含刑责年龄、刑责能力、特殊主体（身份犯、未成年犯、老年犯、聋哑人犯、累犯、再犯、偶犯、初犯、从犯、胁从犯、教唆犯、自首犯、立功犯、坦白犯等）、未完成犯（预备犯、未遂犯、中止犯）、犯罪危害程度、犯罪人身危险程度、犯罪影响程度、犯罪成因、犯罪数额、犯罪情节、犯罪事实、犯罪对象、犯罪客体、犯罪主观方面、犯罪客观方面、犯罪后果、犯罪性质、犯罪动机、犯罪手段或方式方法、犯罪规模、犯罪次数、犯罪条件、犯罪环境、犯罪地点、犯罪时间、犯罪性格、犯罪经历、犯罪地位、犯罪作用、犯罪态度、犯罪人一贯表现或经济状况、家庭背景、成长环境、文化程度、认罪知罪悔罪、积极挽救补偿或退赃退赔状况等主客观基本状况。

被告人案发后对被害人积极进行赔偿，并认罪、悔罪，依法可作为酌定量刑情节考虑。对被告人同时有法定、酌定从严和法定、酌定从宽处罚情节的案件，要在全面考察犯罪的事实、性质、情节和对社会危害程度的基础上，结合被告人的主观恶性、人身危险性、社会治安状况等因素，综合作出分析判断，总体从严，或总体从宽。

从外国刑法的角度讲，量刑情节的类型具有多样性、复杂性、互补性、差异性。（1）量刑情节分为犯前情节、犯中情节、犯后情节；从宽情节、加重情节（奸淫被拐卖的妇女是拐卖妇女罪的加重情节；强奸后迫使卖淫是组织卖淫罪的加重情节等）；确然情节、或然情节、放任情节；单功能情节、多功能情节；适应目的性的情节、适应公正性的情节。[21]（2）量刑情节分为法定量刑情节、酌定量刑情节；从宽处罚的情节、从严处罚的情节；应情节、可情节；单幅度情节、多幅度情节；刑法总则情节、刑法分则情节；罪前情节、罪中情节、罪后情节；反映社会危害性的情节、反映人身危险性的情节。[22]（3）量刑情节分为法定量刑情节、

---

[21] 邱兴隆、许章润：《刑罚学》，中国政法大学出版社1999年版，第255~257页。
[22] 高铭暄主编：《刑法学原理》（第3卷），中国人民大学出版社1994年版，第247~253页。

酌定量刑情节；从宽情节、从严情节；应型情节、可型情节；单功能情节、多功能情节。[23]（4）量刑情节分为法定量刑情节、酌定量刑情节；从宽情节、从严情节；案中情节、案外情节；单功能情节、多功能情节。[24]（5）量刑情节分为犯前情节、犯中情节、犯后情节；免刑情节、影响量刑从轻或减轻处罚情节、影响量刑从重或加重处罚情节。[25]（6）量刑情节分为法定量刑情节、酌定量刑情节；应型情节、可型情节；从宽量刑情节、从严量刑情节；罪前情节、罪中情节、罪后情节；功能确定情节、功能选择性的情节；体现犯罪社会危害性的量刑情节、体现犯罪人人身危险性的量刑情节。[26]（7）量刑情节分为法定量刑情节、酌定量刑情节、政策性的量刑情节；从宽情节、从严情节；单功能（单幅度）情节、多功能（多幅度）情节；罪前情节、罪中情节、罪后情节；体现社会危害性的量刑情节、体现犯罪人人身危险性的量刑情节。[27]

从定罪量刑情节、证据的角度讲，量刑情节的基本类型：（1）法定量刑情节的基本类型：事实情节、法定从重情节、法定从轻或减轻情节（可从轻处罚情节；可从轻或减轻处罚情节；应从轻或减轻处罚情节）、法定从轻或减轻、免除处罚情节（可免除处罚情节；可从轻或减轻、免除刑法情节；应从轻或减轻、免除刑法情节）。（2）酌定量刑情节证据：犯罪对象、犯罪手段或犯罪方式方法、犯罪动机或作案动机、犯罪目的、犯罪后果或危害后果、平时一贯表现、认罪态度、是否前科或累犯等。

从《关于规范量刑程序若干问题的意见（试行）》的角度，法院审理刑事案件，应保障量刑活动的相对独立性。（1）侦查机关、检察院应依法定程序，收集能证实嫌犯、被告人犯罪情节轻重及其他与量刑有关的各种证据。检察院提起公诉的案件，对量刑证据材料的移送，依有关规定进行。（2）对公诉案件，检察院可提出量刑建议。量刑建议一般应有一定的幅度。A. 检察院提出量刑建议，一般应制作量刑建议书，与起诉书一并移送法院；根据案件的具体情况，检察院也可在公诉意见书中提出量刑建议。B. 对检察院不派员出席法庭的简易程序案件，应制作量刑建议书，与起诉书一并移送法院。C. 量刑建议书中一般应载明检察院建议对被告人处以刑罚的种类、刑罚幅度、刑罚执行方式及其理由和依据。（3）在诉讼过程中，当事人和辩护人、诉讼代理人可提出量刑意见，并说明理由。（4）检察院以量刑建议书方式提出量刑建议，法院在送达起诉书副本时，将量刑建议书一并送达被告人。（5）对公诉案件，特别是被告人不认罪或对量刑建议有争议的案件，被告人因经济困难或其他原因未委托辩护人，法院可通过法律援助机构指派律师为其提供辩护。A. 法律援助机构可在法院、看守所等场所派驻值班律师。B. 嫌犯、被告人未委托辩护人，法律援助机构未指派律师为其提供辩护，由值班律师为嫌犯、被告人提供法律咨询、程序选择建议、申请变更强制措施、对案件处理提出意见等法律帮助。C. 法院、检察院、看守所应告知嫌犯、被告人有权约见值班律师，并为嫌犯、被告人约见值班律师提供便利。D. 辩护律师持律师执业证书、律所证明和委托书或法律援助公函要求会见在押的嫌犯、被告人，看守所应及时安排会见，至迟不得超过48小时（a. 辩护律师同被监视居住、在押的嫌犯、被告人会见和通信；其他辩护人经法院、检察院许可，也可同在押的嫌犯、被告人会见和通信。b. 危害国安犯罪、恐怖活动犯罪案件，在侦查期间辩护律师会见被监视居住、在押的嫌犯、被告人，应经侦查机关许可；上述案件，侦查机关应事先通知看守所。c. 辩护律师会见被监视居住、在押的嫌犯、被告人，可了解案件有

---

[23] 赵秉志、吴振兴主编：《刑法学通论》，高等教育出版社1993年版，第381~382页。
[24] 张明楷：《刑法学》（上册），法律出版社1997年版，第443~444页。
[25] 赵炳寿主编：《刑法若干理论问题研究》，四川大学出版社1992年版，第342~343页。
[26] 高铭暄主编：《新编中国刑法学》（上册），中国人民大学出版社1998年版，第363~364页。
[27] 蒋明：《量刑情节研究》，中国方正出版社2004年版，第37~40页、第238页（量刑的根据只能是量刑情节）。

关情况，提供法律咨询等；自案件移送审查起诉之日起，可向嫌犯、被告人核实有关证据。d. 辩护律师会见嫌犯、被告人时不被监听）。从律师介入刑诉时间的角度讲，律师在侦查阶段可向侦查机关了解嫌犯涉嫌的罪名，会见在押的嫌犯，提供法律咨询，代理申诉或控告，申请取保候审；在审查起诉阶段可同在押的嫌犯会见、通信，可查阅、摘抄、复制本案的诉讼文书、技术性鉴定材料；在审判阶段可同在押的被告人会见、通信，可查阅、摘抄、复制本案指控的犯罪事实的材料。同时，辩护律师可申请检察院、法院收集、调取证据，或申请法院通知证人出庭作证，或经证人或其他有关单位和个人同意可对其收集与本案有关的材料，或经检察院或法院许可并经被害人或其近亲属、被害人提供的证人同意可对其收集与本案有关的材料。（6）适用简易程序审理的案件，在确定被告人对起诉书指控的犯罪事实和罪名无异议，自愿认罪且知悉认罪的法律后果后，法庭审理可直接围绕量刑问题进行。对被告人对被指控的基本犯罪事实无异议，并自愿认罪的第一审公诉案件，要依法进一步强化普通程序简化审的适用力度，以保障符合条件的案件都能得到及时高效的审理。（7）对适用普通程序审理的被告人认罪案件，在确认被告人了解起诉书指控的犯罪事实和罪名，自愿认罪且知悉认罪的法律后果后，法庭审理主要围绕量刑和其他有争议的问题进行。（8）对被告人不认罪或辩护人做无罪辩护的案件，在法庭调查阶段，应查明有关的量刑事实。A. 在法庭辩论阶段，审判人员引导控辩双方先辩论定罪问题。B. 在定罪辩论结束后，审判人员告知控辩双方可围绕量刑问题进行辩论，发表量刑建议或意见，并说明理由和依据。（9）在法庭调查过程中，法院应查明对被告人适用特定法定刑幅度及其他从重、从轻、减轻或免除处罚的法定或酌定量刑情节。（10）法院、检察院、侦查机关或辩护人委托有关方面制作涉及未成年人的社会调查报告，调查报告应在法庭上宣读，并接受质证。（11）在法庭审理过程中，审判人员对量刑证据有疑问，可宣布休庭，对证据进行调查核实，必要时也可要求检察院补充调查核实。检察院应补充调查核实有关证据，必要时可要求侦查机关提供协助。（12）当事人和辩护人、诉讼代理人申请法院调取在侦查、审查起诉中收集的量刑证据材料，法院认为确有必要，应依法调取。法院认为不需调取有关量刑证据材料，应说明理由。（13）量刑辩论活动按顺序进行［公诉人、自诉人及其诉讼代理人发表量刑建议或意见；被害人（或附带民诉原告人）及其诉讼代理人发表量刑意见；被告人及其辩护人进行答辩并发表量刑意见］。（14）在法庭辩论过程中，出现新的量刑事实，需进一步调查，应恢复法庭调查，待事实查清后继续法庭辩论。（15）法院的刑事裁判文书中应说明量刑理由（已查明的量刑事实及其对量刑的作用；是否采纳公诉人、当事人和辩护人、诉讼代理人发表的量刑建议、意见的理由；法院量刑的理由和法律依据）。（16）对开庭审理的二审、再审案件的量刑活动，依有关法律规定进行；法律未规定，参照《关于规范量刑程序若干问题的意见（试行）》）进行。（17）对不开庭审理的二审、再审案件，审判人员在阅卷、讯问被告人、听取其他当事人、辩护人、诉讼代理人的意见时，应注意审查量刑事实和证据。

从《关于完善法律援助补贴标准的指导意见》的角度讲，法律援助补贴是法律援助机构按照规定支付给社会律师、基层法律服务工作者、社会组织人员等法律援助事项承办人员（不含法律援助机构工作人员，以及其他承办法律援助事项的具有公职身份的基层法律服务工作者、社会组织人员）所属单位的费用。（1）法律援助补贴标准是核定法律援助经费的重要依据，由省级司法厅（局）会同同级财政部门，或授权市、县级司法局会同同级财政部门，结合当地经济社会发展水平，根据承办法律援助事项直接费用、基本劳务费用等因素确定。（2）根据法律援助的不同服务形式，可分别制定办案补贴标准（办理民事、刑事、行政代理或辩护法律援助案件的补贴标准）、值班律师法律帮助补贴标准（法律援助机构派驻在法院、检察院、看守所的值班律师，为无辩护人的嫌犯、刑事被告人提供法律咨询、转交法律援助申请等法律帮助的补贴标准，按工作日计算；值班律师为认罪认罚案件的嫌犯、被告人提供法律帮助的补贴标准，由各地结合本地实际情况按件或按工作日计算）、法律咨询补贴标准（提供接待来访、接听电话、在线解答咨询服务的补贴标准，按工作日计算）。A. 区分法律援助的不同服务形式，根据服务过程中实际产生的差旅费、邮电费、印刷费、调查取证费、翻译费、公证费、鉴定费等因素确定直接费用。差旅费中包含的交通、食宿费用参照党政机关差旅费有关标准予以测算。邮电费、印刷费、调查取证费等由各地结合实际情况确定。翻译费、公证费、鉴定费经法律援助机构核实后予以安排。B. 基本劳务费用根据日平均工资、服务天数等因素确定。其中，日平均工资参照上一年度本地在岗职工年平均工资除以年工作日所得或其一定系数。

从宽严相济政策的角度讲，对刑事自诉案件，要尽可能多做化解矛盾的调解工作，促进双方自行和解。（1）对经司法机关做工作，被告人认罪悔过，愿意赔偿被害人损失，取得被害人谅解，从而达成和解协议，可由自诉人撤回起诉，或对被告人依法从轻或免刑。（2）对可公诉、也可自诉的刑事案件，检察机关提起公诉，法院应依法进行审理，依法定罪处罚。（3）对民间纠纷引发的轻伤害等轻微刑事案件，诉至法院后当事人自行和解，应准许并记录在案。法院也可在不违反法律规定的前提下，对民间纠纷引发的轻伤害等轻微刑事案件尝试做一些促进和解工作。（4）宽严相济刑事政策中的"相济"，主要是在对各类犯罪依法处罚时，要善于综合运用宽和严两种手段，对不同的犯罪和罪犯区别对待，做到严中有宽、宽以济严；宽中有严、严以济宽。

【2012·卷2·单选·39】（答案：D）关于侦查程序中的辩护权保障和情况告知，下列哪一选项是正确的？A. 辩护律师提出要求的，侦查机关可以听取辩护律师的意见，并记录在案。B. 辩护律师提出书面意见的，可以附卷。C. 侦查终结移送审查起诉时，将案件移送情况告知犯罪嫌疑人或者其辩护律师。D. 侦查终结移送审查起诉时，将案件移送情况告知犯罪嫌疑人及其辩护律师。

刑事审判原则包括审判公开原则、直接言词原则（直接原则、言词原则）、辩论原则、集中审理（不中断审理）原则，不包括职权主义原则、证据裁判规则。

【2013·卷2·单选·37】（答案：C）开庭审判过程中，一名陪审员离开法庭处理个人事务，辩护律师提出异议并要求休庭，审判长予以拒绝，四十分钟后陪审员返回法庭继续参与审理。陪审员长时间离开法庭的行为违背下列哪一审判原则？A. 职权主义原则。B. 证据裁判规则。C. 直接言词原则。D. 集中审理原则。

【2017·卷2·多选·74】（答案：ABD）《关于推进以审判为中心的刑事诉讼制度改革的意见》第13条要求完善法庭辩论规则，确保控辩意见发表在法庭。法庭应充分听取控辩双方意见，依法保障被告人及其辩护人的辩论辩护权。关于这一规定的理解，下列哪些选项是正确的？A. 符合我国刑事审判模式逐步弱化职权主义色彩的发展方向。B. 确保控辩意见发表在法庭，核心在于保障被告人和辩护人能充分发表意见。C. 体现了刑事审判的公开性。D. 被告人认罪的案件的法庭辩论，主要围绕量刑进行。

刑事辩护权的保护方式方法：（1）1名辩护人不得为2名以上的同案嫌犯辩护，不得为2名以上的未同案处理但实施的犯罪相互关联的嫌犯辩护。1名嫌犯可委托1人至2人作为辩护人。律师担任诉讼代理人，不得同时接受同一案件2名以上被害人的委托，参与刑诉活动。在侦查期间，嫌犯只能委托律师作为辩护人。在审查起诉期间，嫌犯可委托律师作为辩护人，也可委托团体或所在单位推荐的人以及监护人、亲友作为辩护人。一般而言，不得被委托担任辩护人的7种人的情形：公检法机关、国安机关、监狱的现职人员；陪审员；外国人或无国籍人；与本案有利害关系的人；依法被剥夺、限制人身自由的人；处于缓刑、假释考验期间或刑罚尚未执行完毕的人；无行为能力或限制行为能力的人。（2）特殊而言，公检法机关、国安机关、监狱的现职人员；陪审员；外国人或无国籍人；与本案有利害关系的人，若是嫌犯的近亲属或监护人,并不属于依法被剥夺、限制人身自由的人;处于缓刑、假释考验期间或刑罚尚未执行完毕的人;无行为能力或限制行为能力的人,嫌犯可委托其担任辩护人。(3)所有无辩护人的刑事案件,含简易案件、速裁程序案件、普通程序的案件、二审案件,通过值班律师提供法律帮助,实现刑辩全覆盖。A.法院应依法保障辩护律师的知情权、申请权、申诉权、会见权、阅卷权、收集证据权、发问权、质证权、辩论权等执业权利,为辩护律师履行职责,含查阅、摘抄、复制案卷材料等提供便利。B.法院未履行通知辩护职责,或法律援助机构未履行指派律师等职责,导致被告人审判期间未获得律师辩护,依法追究有关人员责任。C.第二审法院发现第一审法院未履行通知辩护职责,导致被告人在审判期间未获得律师辩护,应认定符合对被告人的上诉权而不得以任何借口加以剥夺的情形,裁定撤销原判,发回原审法院重新审判。

【2013·卷2·单选·26】(答案:B)关于我国人民陪审员制度与一些国家的陪审团制度存在的差异,下列哪一选项是正确的?A.人民陪审员制度目的在于协助法院完成审判任务,陪审团制度目的在于制约法官。B.人民陪审员与法官行使相同职权,陪审团与法官存在职权分工。C.人民陪审员在成年公民中随机选任,陪审团从有选民资格的人员中聘任。D.是否适用陪审员制度取决于当事人的意愿,陪审团适用于所有案件。

从刑诉法、司法解释的角度讲,审判人员、检察人员从法院、检察院离任后2年内,不得以律师身份担任辩护人。检察人员从检察院离任后,不得担任原任职检察院办理案件的辩护人,但作为嫌犯的监护人、近亲属进行辩护外。检察人员的配偶、子女不得担任该检察人员所任职检察院办理案件的辩护人。公安机关办理侵犯民警执法权威的刑事案件、治安案件,适用刑诉法、治安处罚法、警察法的回避规定。

检察院办理直接受理立案侦查案件和审查起诉案件,发现嫌犯是盲、聋、哑人或是尚未完全丧失辨认或控制自己行为能力的精神病人,或可能被判处无期刑、死刑,未委托辩护人,应及时书面通知法律援助机构指派律师为其提供辩护。

最高法《关于常见犯罪的量刑指导意见》适用于走私、贩卖、运输、制造毒品罪、妨害公务罪、掩饰、隐瞒犯罪所得、犯罪所得收益罪、强奸罪、盗窃罪、诈骗罪、抢劫罪、抢夺罪、职务侵占罪、敲诈勒索罪、聚众斗殴罪、非法拘禁罪、寻衅滋事罪、故意伤害罪、交通肇事罪的量刑。该15种判处有期刑、拘役的案件;其他判处有期刑、拘役的案件,可参照量刑的指导原则、基本方法和常见量刑情节的适用规范量刑。对多次走私、贩卖、运输、制造毒品,未经处理,毒品数量累计计算。

量刑的指导原则:(1)量刑应以事实为根据,以法律为准绳,据犯罪事实、性质、情节和对社会的危害程度,决定判处的刑罚。(2)量刑既要考虑被告人所犯罪行的轻重,又要考虑被告人应负刑责的大小,做到罪责刑相适应,实现惩罚和预防犯罪的目的。(3)量刑应贯彻宽严相济的刑事政策,做到该宽则宽,当严则严,宽严相济,罚当其罪,确保裁判法律效果和社会效果的统一。(4)量刑要客观、全面把握不同时期不同地区的经济社会发展和治安形势的变化,确保刑法任务的实现。对同一地区同一时期、案情相似的案件,所判处的刑罚应基本均衡。

量刑的基本方法:(1)量刑时,应以定性分析为主,定量分析为辅,依次确定量刑起点、基准刑和宣告刑。(2)量刑步骤:A.根据基本犯罪构成事实在相应的法定刑幅度内确定量刑起点。B.根据其他影响犯罪构成的犯罪数额、犯罪次数、犯罪后果等犯罪事实,在量刑起点的基础上增加刑罚量确定基准刑。C.根据量刑情节调节基准刑,并综合考虑全案情况,依法确定宣告刑。(3)调节基准刑的方法:A.有单个量刑情节,据量刑情节的调节比例直接调节基准刑。B.有多个量刑情节,一般根据各个量刑情节的调节比例,采用同向相加、逆向相减的方法调节基准刑。有未成年犯、老年人犯罪、限制行为能力的精神病人犯罪、又聋又哑人或盲人犯罪，防卫过当、避险过当、犯罪预备、犯罪未遂、犯罪中止、从犯、胁从犯、教唆犯等量刑情节，先适用该量刑情节对基准刑进行调节，在此基础上，再适用其他量刑情节进行调节。C. 被告人犯数罪，同时有适用于各个罪的立功、累犯等量刑情节，先适用该量刑情节调节个罪的基准刑，确定个罪所应判的刑罚，再依法实行数罪并罚，决定执行的刑罚。(4) 确定宣告刑的方法：A. 量刑情节对基准刑的调节结果在法定刑幅度内，且罪责刑相适应，可直接确定为宣告刑。若有应减轻处罚情节，应依法在法定最低刑以下确定宣告刑。B. 量刑情节对基准刑的调节结果在法定最低刑以下，有法定减轻处罚情节，且罪责刑相适应，可直接确定为宣告刑。只有从轻处罚情节，可依法确定法定最低刑为宣告刑。但根据案件的特殊情况，经最高法核准，也可在法定刑以下判刑。C. 量刑情节对基准刑的调节结果在法定最高刑以上，可依法确定法定最高刑为宣告刑。D. 综合考虑全案情况，独任审判员或合议庭可在20%的幅度内对调节结果进行调整，确定宣告刑。当调节后的结果仍不符合罪责刑相适应原则，应提交审委会讨论，依法确定宣告刑。E. 综合全案犯罪事实和量刑情节，依法应判无期刑以上刑罚、管制或单处附加刑、缓刑、免刑，应依法适用。(5) 量刑时要充分考虑各种法定和酌定量刑情节，据案件的全部犯罪事实及量刑情节的不同情形，依法确定量刑情节的适用及其调节比例。对严重暴力犯罪、毒品犯等严重危害社会治安犯罪，在确定从宽的幅度时，应从严掌握。对犯罪情节较轻的犯罪，应充分体现从宽。具体确定各个量刑情节的调节比例时，应综合平衡调节幅度与实际增减刑罚量的关系，确保罪责刑相适应。(6) 宣告刑是根据量刑情节调节基准刑，综合全案确定并依法宣告的实际刑罚。量刑起点是根据具体犯罪的基本犯罪构成事实的一般既遂状态所应判的刑罚（根据基本犯罪构成事实在相应的法定刑幅度内确定的量刑点）。基准刑由量刑起点和应增加的刑罚量两部分组成，是在不考虑犯罪构成事实外的各种法定和酌定量刑情节的情况下，据基本犯罪构成事实和犯罪数额、犯罪次数、犯罪后果等其他影响犯罪构成的事实的一般既遂状态所应判的刑罚（据犯罪数额、次数、后果在量刑起点的基础上增加的刑罚量）。量刑情节是在某种行为已构成犯罪的前提下，对犯罪人裁量刑罚时应考虑，据以决定量刑轻重或免除处罚的各种情况。同向相加、逆向相减的方法用数学方法表示：基准刑×（1+从重情节的调节比例−从轻情节的调节比例）。情节为累犯、自首等罪前、罪后情节。部分连乘的方法用数学方法表示：基准刑×（1+从重情节的调节比例）×（1−从轻情节的调节比例）。情节为有未成年人犯罪、老年人犯罪、限制行为能力的精神病人犯罪、又聋又哑的人或盲人犯罪等特殊犯罪主体的量刑情节；防卫过当、避险过当、犯罪预备、犯罪未遂、犯罪中止等犯罪形态的量刑情节；从犯、胁从犯、教唆犯等决定被告人犯罪地位、作用的量刑情节。

◆《刑法》第62条【量刑的从重处罚、从轻处罚原则】

从累犯、惯犯、再犯、主犯、首犯、初犯、偶犯、情节犯的角度讲，罪犯有从重处罚、从轻处罚情节，应在法定刑（刑法分则性质的具体法定刑）限度内［法定最低刑（a. 主刑：6个月和2年、3年、5年、7年、10年、15年、20年、25年有期刑；无期刑；管制；拘役。b. 附加刑）以下］判刑。

从法律概念的内涵、外延和重罪、轻罪、中罪、社会危害程度的角度讲，法定刑分为绝对法定刑、相对法定刑；广义法定刑、狭义法定刑；确定法定刑（绝对确定法定刑、相对确定法定刑）、不确定法定刑；抽象法定刑、具体法定刑；从重处罚的法定刑、从轻处罚的法定刑等类型。

刑法未以法定刑的"中间线"为标准区分从重处罚、从轻处罚。(1) 从重处罚的刑罚相对重于既无从重处罚情节又无从轻处罚情节的一般情况的刑罚。(2) 从重处罚或从轻处罚都应在法定刑限度内判处刑罚。A. 从重处罚不是一律判处法定最高刑，不意味着在法定刑的

"中间线"以上判处刑罚。B. 以法定刑的"中间线"为标准，必然造成重罪轻判或轻罪重判的结果。C. 绝大多数法定刑只有大体上的"中间线"，不存在清晰的中间线。

从传统刑法理论的角度讲，减轻处罚的程度问题有争议性。（1）减轻处罚既含刑期的减轻，也含刑种的减轻，还可减轻到免除处罚。（2）减轻处罚既含刑期的减轻，也含刑种的减轻，但不能减轻到免除处罚。（3）减轻处罚只是刑期的减轻，而不含刑种的减轻。[28]

【2005·卷2·多选·54】（答案：CD）关于从重处罚的表述哪些是正确的？A. 从重处罚是指应当在犯罪所适用刑罚幅度的中线以上判处。B. 从重处罚是在法定刑以上判处刑罚。C. 从重处罚是指在法定刑的限度以内判处刑罚。D. 从重处罚不一定判处法定最高刑。

【2006·卷2·多选·65】（答案：AC）下列哪些行为属于法定的从重处罚情节？A. 国家机关工作人员甲利用职权对乙进行非法拘禁，时间长达3天。B. 军警人员甲持枪抢劫。C. 国家机关工作人员甲利用职权挪用数额巨大的救济款进行赌博。D. 国家机关工作人员甲徇私舞弊，滥用职权，致使公共财产、国家和人民利益遭受重大损失。

从治安处罚法的角度讲，治安处罚须以事实为依据，与违反治安管理行为的性质、情节、社会危害程度相当。（1）实施治安处罚，应公开、公正，尊重和保障人权，保护公民的人格尊严。（2）办理治安案件应坚持教育与处罚相结合原则。（3）治安处罚的5种类型，含警告；罚款；行政拘留（治安拘留）；吊销公安机关发放的许可证；限期出境或驱逐出境（一般不得独立适用）。（4）盲人或又聋又哑的人违反治安处罚法，可从轻、减轻或不予处罚。（5）违反治安处罚法，减轻或不予处罚的5种情形：情节特别轻微；主动消除或减轻违法后果，并取得被侵害人谅解；出于他人胁迫或诱骗；主动投案，向公安机关如实陈述自己的违法行为；有立功表现。（6）违反治安处罚法，依治安处罚法应行政拘留，但不执行行政拘留处罚的4种情形，含已满14周岁不满16周岁；已满16周岁不满18周岁，初次违反治安处罚法；70周岁以上；怀孕或哺乳自己不满1周岁婴儿。（7）治安处罚的共同情节：A. 情节较重或情节严重的4种情形：6个月内多次实施违反治安管理行为；结伙实施违反治安管理行为；达到刑事追诉标准，未被刑罚；有法定从重情节。B. 情节较轻的4种情形：违反治安管理行为预备、中止、未遂；实施违反治安管理行为危害较小，且积极配合公安机关查处；在共同违反治安管理行为中起次要或辅助作用；有法定从轻情节。（8）治安处罚的4种从重情节：扰乱公共秩序，妨害公共安全，侵犯人身权利、财产权利，妨害社会管理，有社会危害性，尚不够刑罚，后果比较严重；教唆、胁迫、诱骗他人违反治安管理；对报案人、控告人、举报人、证人打击报复；6个月内曾受过治安处罚。

宽严相济刑事政策中的从"严"，主要是对罪行十分严重、社会危害性极大，依法应判处重刑或死刑，要坚决地判处重刑或死刑；对社会危害大或有法定、酌定从重处罚情节，以及主观恶性深、人身危险性大的被告人，要依法从严惩处。（1）对危害国安犯罪、恐怖组织犯罪、邪教组织犯罪、黑社会性质组织犯罪、恶势力犯罪、故意危害公共安全犯罪等严重危害国家政权稳固和社会治安的犯罪，故意杀人、故意伤害致人死亡、强奸、绑架、拐卖妇女儿童、抢劫、重大抢夺、重大盗窃等严重暴力犯罪和严重影响群众安全感的犯罪，走私、贩卖、运输、制造毒品等毒害健康的犯罪，要作为严惩的重点，依法从重处罚。（2）对极端仇视国家和社会，以不特定人为侵害对象，所犯罪行特别严重的罪犯，该重判的要坚决依法重判，该判处死刑的要坚决依法判处死刑。

对罪犯决定刑罚时，应根据犯罪事实、犯罪性质、犯罪情节、犯罪危害程度等综合因素，在法定刑限度内决定是否从重或从轻处罚。（1）从未成年保护的角度，引诱、教唆、欺骗未成年人吸毒，以引诱、教唆、欺骗他人吸毒罪从重处罚。强迫未成年人吸毒，以强迫他人吸

---

[28] 蒋明：《量刑情节研究》，中国方正出版社2004年版，第210页。

毒罪从重处罚。（2）从毒品再犯的角度，因走私、贩卖、运输、制造、非法持有毒品罪被判过刑，又犯走私、贩卖、运输、制造毒品罪、非法持有毒品罪、包庇毒品罪犯罪、窝藏、转移、隐瞒毒品、毒赃罪、走私制毒物品罪、非法买卖制毒物品罪、非法种植毒品原植物罪、非法买卖、运输、携带、持有毒品原植物种子、幼苗罪、引诱、教唆、欺骗他人吸毒罪、强迫他人吸毒罪、容留他人吸毒罪、非法提供麻醉药品、精神药品罪，从重处罚。

刑罚量刑情节：（1）从轻或减轻处罚的情形：A. 尚未完全丧失辨认或控制自己行为能力的精神病人造成危害结果的。B. 未遂犯。C. 若被教唆的人未犯被教唆的罪的教唆犯。D. 自首。E. 立功。（2）应从轻或减轻处罚的情节：已满14周岁不满18周岁的人犯罪的。（3）应减轻处罚的情节：造成损害的中止犯。（4）可从轻、减轻或免除处罚的情节：A. 又聋又哑的人或盲人犯罪的。B. 预备犯。（5）应从轻、减轻处罚或免除处罚的情节：从犯。（6）可减轻或免除处罚的情节：A. 在外国犯罪已受过刑罚处罚的。B. 有重大立功表现的。C. 个人贪污数额5000元以上不满10 000元，犯罪后有悔改表现，积极退赃的。D. 行贿人在被追诉前主动交待行贿行为的。E. 介绍贿赂人在被追诉前主动交待介绍贿赂行为的。（7）应减轻或免除处罚的情节：A. 防卫过当。B. 避险过当。C. 胁从犯。D. 犯罪后自首又有重大立功表现的。（8）可免除处罚的情节：A. 犯罪情节轻微不需判刑的。B. 犯罪较轻的自首犯。C. 非法种植罂粟或其他毒品原植物，在收获前自动铲除的。（9）应免除处罚的情节：未造成损害的中止犯。（10）在对较轻刑事犯罪依法从轻处罚的同时，要注意严以济宽，充分考虑被告人是否有屡教不改、严重滋扰社会、群众反映强烈等酌定从严处罚的情况，对不从严不足以有效惩戒者，也应在量刑上有所体现，做到济之以严，使罪犯受到应有处罚，切实增强改造效果。

【2017·卷2·单选·2】（答案：C）关于危害结果，下列哪一选项是正确的？A. 危害结果是所有具体犯罪的构成要件要素。B. 抽象危险是具体犯罪构成要件的危害结果。C. 以杀死被害人的方法当场劫取财物的，构成抢劫罪的结果加重犯。D. 骗取他人财物致使被害人自杀身亡的，成立诈骗罪的结果加重犯。

结果加重犯（加重结果犯）的罪名：（1）故意犯罪的结果加重犯：A. 故意伤害致人重伤、死亡（故意伤害罪）。B. 抢劫致人重伤、死亡（抢劫罪）。C. 强奸致人重伤、死亡（强奸罪）。D. 非法行医、非法进行节育手术致人重伤、死亡（非法行医罪、非法进行节育手术罪）。E. 非法拘禁致人重伤、死亡（不含故意杀害、伤害；非法拘禁罪）。F. 虐待致人重伤、死亡（虐待罪）。G. 暴力干涉婚姻自由致人死亡（暴力干涉婚姻自由罪）。H. 绑架致人死亡(不含杀害被绑架人；绑架罪）。I. 拐卖妇女、儿童造成被拐卖的妇女、儿童或其亲属重伤、死亡或其他严重后果（拐卖妇女、儿童罪）。J. 放火、爆炸、投放危险物质、破坏交通工具、破坏交通设施、破坏电力设备等造成人身伤亡或重大财产损失（放火罪、爆炸罪、投放危险物质罪、破坏交通工具罪、破坏交通设施罪、破坏电力设备罪等）。K. 生产、销售假药严重危害人体健康（生产、销售假药罪）。L. 生产、销售劣药后果特别严重（生产、销售劣药罪）。M. 生产、销售不符合安全标准的食品对人体健康造成严重危害或有其他严重情节（生产、销售不符合安全标准的食品罪）。N. 生产、销售有毒有害食品对人体健康造成严重危害或有其他严重情节（生产、销售有毒有害食品罪）。O. 劫持航空器致人重伤、死亡或使航空器遭受严重破坏（劫持航空器罪）。P. 劫持船只、汽车造成严重后果（劫持船只、汽车罪）。Q. 暴力危及飞行安全造成严重后果（暴力危及飞行安全罪）。R. 煽动群众暴力抗拒国家法律法规实施造成严重后果（煽动暴力抗拒法律实施罪）。S. 组织、运送他人偷越国（边）境造成被组织人重伤、死伤［组织他人偷越国（边）境罪、送他人偷越国（边）境罪］。T. 强迫卖淫造成被强迫卖淫的人重伤、死亡或其他严重后果（强迫卖淫罪）。U. 战时拒不救治伤病军人，造成伤病军人残、死亡或其他严重情节（战时拒不救治伤病军人罪）。（2）过失犯的结果加重犯：A. 危险物品肇事后果特别严重（危险物品肇事罪）。B. 工程重大安全事故罪后果特别严重（工程重大安全事故罪）。C. 交通肇事后因逃逸致人死亡（交通肇事罪）。

从司法解释的角度讲，对犯罪较重的自首犯，可从轻或减轻处罚；对犯罪较轻的自首犯，可免除处罚。对犯罪后自首又有重大立功表现，无论其罪轻或罪重，都应减轻或免除处罚。

从司法实践的角度讲，有自首、立功情节的被告人是否从宽处罚、从宽处罚的幅度，应考虑其犯罪事实、犯罪性质、犯罪情节、危害后果、社会影响、被告人的主观恶性和人身危险性等。（1）对自首犯，还应考虑投案的主动性、供述的及时性、稳定性等。（2）对立功犯，还应考虑检举揭发罪行的轻重、被检举揭发的人可能或已被判处的刑罚、提供的线索对侦破案件或协助抓捕其他嫌犯所起作用的大小等。（3）对被告人有自首、立功情节，同时又有累犯、毒品再犯等法定从重处罚情节，既要考虑自首、立功的具体情节，又要考虑被告人的主观恶性、人身危险性等因素，综合分析判断，确定从宽或从严处罚。（4）累犯的前罪为非暴力犯罪，一般可从宽处罚，前罪为暴力犯罪或前、后罪为同类犯罪，可不从宽处罚。（5）虽有自首或立功情节，但犯罪情节特别恶劣、犯罪后果特别严重、被告人主观恶性深、人身危险性大，或在犯罪前即为规避法律、逃避处罚而准备自首、立功，可不从宽处罚。嫌犯自动投案后又逃跑，不再投案自首，不能认定为自首。

采用破坏性手段盗窃公私财物，造成其他财物损毁，以盗窃罪从重处罚；同时构成盗窃罪和他罪，择一重罪从重处罚。

从犯罪主体、犯罪地点、犯罪手段、犯罪对象、犯罪后果（一般严重、相对严重、特别严重）、行为人的一贯表现等角度讲，强奸、猥亵犯罪的7种从重处罚情节：（1）对未成年人负有特殊职责的人员、与未成年人有共同家庭生活关系的人员、国家工作人员或冒充国家工作人员，实施强奸、猥亵犯罪。（2）进入未成年人住所、学生集体宿舍实施强奸、猥亵犯罪。（3）采取暴力、胁迫、麻醉等强制手段奸淫幼女、猥亵儿童犯罪。（4）对不满12周岁的儿童、农村留守儿童、严重残疾或精神智力发育迟滞的未成年人，实施强奸、猥亵犯罪。（5）猥亵多名未成年人，或多次实施强奸、猥亵犯罪。（6）造成未成年被害人轻伤、怀孕、感染性病等后果。（7）有强奸、猥亵犯罪前科劣迹。

从刑法、司法解释的角度讲，奸淫幼女，猥亵儿童，从重处罚，对强奸已满14周岁未成年少女，法院在审判实践中一般也酌定从重处罚。在校园、游泳馆、儿童游乐场等公共场所对未成年人实施强奸、猥亵犯罪，只要有其他多人在场，不论在场人员是否实际看到，均可认定为在公共场所（社会公众可自由出入或凭票可进入的室内或露天的场所）当众强奸妇女、强制猥亵、侮辱妇女，猥亵儿童，属于加重处罚情节，构成猥亵犯罪，处5年以上有期刑；构成强奸罪，在10年以上有期刑的量刑幅度内处罚。

从刑法的角度讲，猥亵儿童，在5年以下有期刑或拘役的量刑幅度内从重处罚，聚众或在公共场所当众实施（行为人在教室、集体宿舍等场所实施猥亵行为，只要当时有多人在场，即使在场人员未实际看到等），在5年以上有期刑的量刑幅度内从重处罚。

只要被组织、强迫、引诱、容留、介绍的对象中含未成年人，都要从重处罚。（1）组织、强迫、引诱、容留、介绍未成年少女卖淫等犯罪，应从重处罚。（2）奸淫幼女，在不有刑法规定的法定加重情节的情况下，以强奸罪在3年以上10年以下有期刑的量刑幅度内从重处罚。（3）强迫幼女卖淫，以强迫卖淫罪，判处10年以上有期刑或无期刑（强迫不满14周岁幼女卖淫；强迫多人或多次强迫；强奸后迫使卖淫；造成被卖淫人重伤、死亡或其他严重后果），并处罚金或没收财产；情节特别严重，判处无期刑直至死刑，并处没收财产；引诱幼女卖淫，构成引诱幼女卖淫罪，判处5年以上有期刑，并处罚金。

从证据法、刑诉法的角度讲，审判人员应依法定程序收集、审查、核实、认定证据。（1）认定被告人有罪和对被告人从重处罚，应适用证据确实、充分的证明标准。（2）应运用证据证明的案件事实类型：A. 被告人、被害人的身份。B. 被指控的犯罪是否存在。C. 被指控的犯罪是否为被告人所实施。D. 被告人有无刑责能力，有无罪过，实施犯罪的动机、目的。E. 被告人有无从重、从轻、减轻、免除处罚情节。F. 被告人在共犯中的地位、作用。G. 实施犯罪的时间、地点、手段、后果以及案件起因等。H. 有关附带民诉、涉案财物处理的事实。I. 有关管辖、回避、延期审理等的程序事实。J. 与定罪量刑有关的其他事实。（3）认定被告人有罪和对被告人从重处罚，应适用证据确实充分证明标准。

　　从刑法的角度讲，从重处罚情形：（1）对累犯（一般累犯、特殊累犯）应从重处罚，以过失犯罪和不满18周岁人犯罪为例外。（2）策动、胁迫、勾引、收买国家机关工作人员、武装部队人员、警察、民兵进行武装叛乱或武装暴乱，依武装叛乱、暴乱罪规定从重处罚。（3）与境外机构、组织、个人相勾结，实施分裂国家罪、煽动分裂国家罪、武装叛乱、暴乱罪、颠覆国家政权罪、煽动颠覆国家政权罪规定之罪，依各该条规定从重处罚。（4）掌握国家秘密国家工作人员叛逃境外或在境外叛逃，依叛逃罪规定从重处罚。（5）武装掩护走私，依走私武器、弹药罪、走私核材料罪、走私假币罪规定从重处罚（走私武器、弹药、核材料或伪造货币，处7年以上有期刑，并处罚金或没收财产；情节特别严重，处无期刑，并处没收财产；情节较轻，处3年以上7年以下有期刑，并处罚金）。（6）国有公司、企事业单位工作人员，徇私舞弊，犯国有公司、企事业单位人员失职罪、国有公司、企事业单位人员滥用职权罪，依国有公司、企事业单位人员失职罪规定从重处罚［国有公司、企业工作人员，因严重不负责任（过失）或滥用职权，造成国有公司、企业破产或严重损失，使国家利益遭受重大损失，处3年以下有期刑或拘役；使国家利益遭受特别重大损失，处3年以上7年以下有期刑］。（7）伪造货币并出售或运输伪造货币，依伪造货币罪规定定罪从重处罚。（8）银行或其他金融机构工作人员利用职务上便利，犯窃取、收买、非法提供信用卡信息罪，从重处罚。（9）银行或其他金融机构工作人员违反国家规定，向关系人发放贷款，依违法发放贷款罪规定从重处罚。（10）奸淫不满14周岁幼女，以强奸论，从重处罚。（11）猥亵儿童，依强制猥亵、侮辱罪、猥亵儿童罪规定从重处罚。（12）犯非法拘禁罪，有殴打、侮辱情节，从重处罚。（13）国家机关工作人员利用职权犯非法拘禁罪，依非法拘禁罪规定从重处罚。（14）国家机关工作人员犯诬告陷害罪，从重处罚。（15）司法工作人员滥用职权，犯非法搜查罪、非法侵入住宅罪，从重处罚。（16）国家工作人员利用职务上便利，挪用用于救灾、抢险、防汛、优抚、扶贫、移民、救济款物归个人使用，以挪用公款罪从重处罚。（17）司法工作人员犯妨害作证罪、帮助毁灭伪造证据罪，从重处罚。（18）司法工作人员利用职权，与他人共同实施虚假诉讼罪，从重处罚；同时成立他罪，依处罚较重规定定罪从重处罚。（19）司法工作人员犯妨害作证罪或帮助毁灭、伪造证据罪，从重处罚。（20）司法工作人员对嫌犯、被告人实行刑讯逼供或使用暴力逼取证人证言，致人伤残、死亡（刑讯逼供罪、暴力取证罪），依故意伤害罪、故意杀人罪规定定罪从重处罚。（21）监狱、拘留所、看守所等监管机构监管人员对被监管人进行殴打或体罚虐待，致人伤残、死亡，依故意伤害罪、故意杀人罪规定定罪从重处罚。（22）犯私自开拆、隐匿、毁弃邮件、电报罪、盗窃罪而窃取财物，依盗窃罪规定定罪从重处罚。（23）违反国家有关规定，将在履行职责或提供服务过程中获得公民个人信息，出售或提供给他人，依侵犯公民个人信息罪规定从重处罚。（24）暴力袭击正依法执行职务警察，依妨害公务罪规定从重处罚。（25）冒充警察招摇撞骗，依招摇撞骗罪规定从重处罚。（26）制作、复制淫秽电影、录像等音像制品组织播放，依组织播放淫秽音像制品罪规定从重处罚。（27）向不满18周岁未成年人传播淫秽物品，以传播淫秽物品罪从重处罚。（28）旅馆业、饮食服务业、文化娱乐业、出租汽车业等单位主要负责人，利用本单位条件，组织、强迫、引诱、容留、介绍他人卖淫，犯组织卖淫罪、强迫卖淫罪、协助组织卖淫罪、引诱容留介绍卖淫罪、引诱幼女卖淫罪，从重处罚。（29）组织、强迫未成年人卖淫，依组织卖淫罪、强迫卖淫罪、协助组织卖淫罪规定从重处罚。（30）引诱未成年人参加聚众淫乱活动（引诱未成年人聚众淫乱罪），依聚众淫乱罪规定从重处罚。(31) 引诱、教唆、欺骗或强迫未成年人吸食、注射毒品，以引诱、教唆、欺骗他人吸毒罪或强迫他人吸毒罪从重处罚。(32) 利用、教唆未成年人走私、贩卖、运输、制造毒品，或向未成年人出售毒品，以走私、贩卖、运输、制造毒品罪从重处罚。(33) 缉毒人员或其他国家机关工作人员掩护、包庇走私、贩卖、运输、制造毒品罪犯，依包庇毒品罪犯罪规定从重处罚。(34) 因走私、贩卖、运输、制造、非法持有毒品罪被判过刑（毒品再犯），又犯走私、贩卖、运输、制造毒品罪规定之罪，从重处罚。(35) 有以捏造事实提起民诉，妨害司法秩序或严重侵害他人合法权益的犯罪行为（虚假诉讼罪），非法占有他人财产或逃避合法债务，又成立他罪，依处罚较重规定定罪从重处罚。(36) 盗伐、滥伐国家级自然保护区内森林或其他树木，以滥伐林木罪从重处罚。(37) 战时犯破坏武器装备、军事设施、军事通信罪，或过失损坏武器装备、军事设施、军事通信罪，从重处罚。(38) 战时犯阻碍执行军事职务罪，从重处罚。(39) 索贿，以受贿罪从重处罚。(40) 徇私舞弊犯食品监管渎职罪，从重处罚。

加重处罚的基准刑：(1) 对累犯，应综合考虑前后罪的性质、刑罚执行完毕或赦免后至再犯罪时间的长短及前后罪罪行轻重等情况，增加基准刑的10%~40%，一般不少于3个月。(2) 对有前科，综合考虑前科的性质、时间间隔长短、次数、处罚轻重等情况，可增加基准刑的10%以下，前科犯罪为过失犯罪和未成年犯为例外。(3) 对犯罪对象为未成年人、老年人、残疾人、孕妇等弱势人员，综合考虑犯罪的性质、犯罪的严重程度等情况，可增加基准刑的20%以下。(4) 对在重大自然灾害、预防、控制突发传染病疫情等灾害期间犯罪，据案件的具体情况，可增加基准刑的20%以下。

从刑法分则的角度讲，故意犯罪的结果加重犯以重伤、死亡或严重后果我前提条件：(1) 组织、运送他人偷越国（边）境造成被组织人重伤、死亡。(2) 抢劫致人重伤、死亡。(3) 绑架致人死亡。(4) 非法拘禁致人重伤、死亡。(5) 虐待致人重伤、死亡。(6) 非法行医致人重伤、死亡。(7) 强奸致人重伤、死亡。(8) 暴力干涉婚姻自由致人死亡。(9) 拐卖妇女、儿童造成被拐卖的妇女、儿童或其亲属重伤、死亡或其他严重后果。(10) 劫持航空器致人伤、死亡或使航空器遭受严重破坏。(11) 劫持船只、汽车造成严重后果。(12) 暴力危及飞行安全造成严重后果。(13) 放火、爆炸、投毒、破坏交通工具、破坏交通设施、破坏电力设备等造成人身伤亡或重大财产损失。(14) 生产、销售劣药，后果特别严重。(15) 生产销售假药严重危害人体健康。(16) 生产、销售不符合卫生标准的食品对人体健康造成严重危害。(17) 生产、销售有毒有害食品造成严重食物中毒事故或其他严重食源性疾患。(18) 徇私舞弊不征、少征税款造成特别重大损失。(19) 煽动群众暴力抗拒国家法律法规实施造成严重后果。(20) 挪用公款数额巨大客观不能还。

从刑法分则的角度讲，过失犯对加重结果以主观过失为原则，以主观故意为例外（交通肇事后因逃逸致人死亡等）。过失犯罪的结果加重犯的基本类型：(1) 危险物品肇事，后果特别严重。(2) 工程重大安全事故罪后果特别严重。(3) 交通肇事后因逃逸致人死亡。

◆ 《刑法》第63条 【量刑的减轻处罚】

从酌定量刑情节、情节犯的角度讲，罪犯有减轻处罚情节（法定减轻情节），应在法定刑以下（不含本数；补正解释）判刑；刑法规定有数个量刑幅度，应在法定量刑幅度的以下1个量刑幅度内判刑；特殊而言，罪犯虽不有减轻处罚情节（酌定减轻情节），但根据案件的特殊情况（特别减轻情节等），经最高法核准，也可在法定刑以下判刑。

【2012·卷2·单选·13】（答案：D）犯罪分子没有法定减轻处罚情节，但据案件特殊情况，经_____核准，可在法定刑以下判处刑罚；被判处无期刑的犯人，如有特殊情况，经_____核准，实际执行未达13年，可假释；在死缓执行期间，如故意犯罪，查证属实，由_____

核准，执行死刑；犯罪已经经过20年，如果认为必须追诉，须报_____核准。下列哪一选项与题干空格内容相匹配？A. 最高人民法院—最高人民法院—最高人民法院—最高人民法院。B. 最高人民法院—最高人民检察检—最高人民法院—最高人民法院。C. 最高人民法院—最高人民检察检—最高人民法院—最高人民检察检。D. 最高人民法院—最高人民法院—最高人民法院—最高人民检察检。

检察机关贯彻宽严相济政策应坚持全面把握、严格依法、区别对待、注重效果原则。宽严相济刑政策的核心是区别对待。应综合考虑犯罪的社会危害性（犯罪侵害的客体、情节、手段、后果等）、犯罪人的主观恶性（犯罪时的主观方面、犯罪后的态度、平时表现等）、案件的社会影响，据不同时期、不同地区犯罪与社会治安的形势，具体情况具体分析，依法从宽或从严处理。在对严重犯罪依法严厉打击的同时，对罪犯依法能争取的尽量争取，能挽救的尽量挽救，能从宽处理的尽量从宽处理，最大限度地化消极因素为积极因素，既要防止只讲严而忽视宽，又要防止只讲宽而忽视严，防止一个倾向掩盖另一个倾向。坚持罪刑法定、罪刑相适应、法律面前人人平等原则，实现政策指导与严格执法的有机统一，宽要有节，严要有度，宽和严都须严格依法律，在法律范围内进行，做到宽严合法，于法有据。做到惩治犯罪与保障人权的有机统一，法律效果与社会效果的有机统一，保护嫌犯、被告人的合法权利与保护被害人的合法权益的有机统一，特殊预防与一般预防的有机统一，执法办案与化解矛盾的有机统一，注重宽与严的有机统一，该严则严，当宽则宽，宽严互补，宽严有度，对严重犯罪依法从严打击，对轻微犯罪依法从宽处理，对严重犯罪中的从宽情节和轻微犯罪中的从严情节也要依法分别宽严体现，对犯罪的实体处理和适用诉讼程序都要体现宽严相济的精神。

贯彻宽严相济刑事政策的总体要求：（1）贯彻宽严相济刑事政策，要根据犯罪的具体情况，实行区别对待，做到该宽则宽，当严则严，宽严相济，罚当其罪，打击和孤立极少数，教育、感化和挽救大多数，最大限度地减少社会对立面，促进社会和谐稳定，维护国家长治久安。（2）要正确把握宽与严的关系，切实做到宽严并用。既要注意克服重刑主义思想影响，防止片面从严，也要避免受轻刑化思想影响，一味从宽。（3）贯彻宽严相济刑事政策，须坚持严格依法办案，切实贯彻落实罪刑法定原则、罪刑相适应原则和法律面前人人平等原则，依法律规定准确定罪量刑。从宽和从严都须依法律规定进行，做到宽严有据，罚当其罪。（4）要根据经济社会的发展和治安形势的变化，尤其要根据犯罪情况的变化，在法律规定的范围内，适时调整从宽和从严的对象、范围和力度。要全面、客观把握不同时期不同地区的经济社会状况和社会治安形势，充分考虑群众的安全感以及惩治犯罪的实际需要，注重从严打击严重危害国安、社会治安和群众利益的犯罪。对犯罪性质尚不严重，情节较轻和社会危害性较小的犯罪，以及被告人认罪、悔罪，从宽处罚更有利于社会和谐稳定，依法可从宽处理。（5）贯彻宽严相济刑事政策，须严格依法进行，维护法律的统一和权威，确保良好的法律效果。同时，须充分考虑案件的处理是否有利于赢得广大群众的支持和社会稳定，是否有利于瓦解犯罪，化解矛盾，是否有利于罪犯的教育改造和回归社会，是否有利于减少社会对抗，促进社会和谐，争取更好的社会效果。要注意在裁判文书中充分说明裁判理由，尤其是从宽或从严的理由，促使被告人认罪服法，注重教育群众，实现案件裁判法律效果和社会效果的有机统一。

【2007·卷2·单选·4】（答案：C）审判的时候怀孕的妇女依法不适用死刑。对这一规定的理解，哪一选项是错误的？A. 关押期间人工流产的，属于审判的时候怀孕的妇女。B. 关押期间自然流产的，属于审判的时候怀孕的妇女。C. 不适用死刑，是指不适用死刑立即执行但可适用死缓。D. 不适用死刑，既包括不适用死刑立即执行，也包括不适用死缓。

法定从轻处罚的情节：（1）已满14周岁不满18周岁的未成年人犯罪，应从轻或减轻处罚。(2) 犯罪时不满18周岁的人、审判时怀孕的妇女不适用死刑。A. 在羁押期间已是孕妇的被告人，不论其怀孕是否属于违反国家计划生育政策，也不论其是否自然流产或经人工流产以及流产后移送起诉或审判期间的长短，仍不适用死刑。B. 法院在审判时发现，在羁押受审时已是孕妇，仍不适用死刑。(3) 已满75周岁的人故意犯罪，可从轻或减轻处罚；过失犯罪，应从轻或减轻处罚。(4) 审判时已满75周岁的人不适用死刑，以特别残忍手段致人死亡为例外。(5) 尚未完全丧失辨认或控制自己行为能力的精神病人犯罪，可从轻或减轻处罚。(6) 聋哑人或盲人犯罪，可从轻、减轻或免除处罚。(7) 预备犯，可比照既遂犯从轻、减轻处罚或免除处罚。(8) 未遂犯，可比照既遂犯从轻或减轻处罚处罚。(6) 有自首情节，可从轻或减轻处罚。(9) 有立功表现，可从轻或减轻处罚。(10) 教唆犯应为被教唆者的实行行为负责；被教唆的人未犯被教唆的罪，对教唆犯可从轻或减轻处罚。(11) 共犯中的从犯，应从轻、减轻或免除处罚。(12) 嫌犯、被告人自愿如实供述自己的罪行，承认指控的犯罪事实，愿意接受处罚，可依法从宽处理。

酌定从轻处罚的情节：(1) 犯罪主体方面：A. 偶犯、初犯。B. 年逾古稀的老年人犯罪。C. 一般残疾人犯罪。D. 先天发育不良或后天疾病影响而智力低下控制力弱。E. 犯罪前表现一贯良好。(2) 犯罪客体方面：A. 犯罪对象特殊，反映社会危害程度较轻。B. 未造成危害结果或危害结果较轻。C. 积极采取措施消除或减轻危害结果。D. 积极退赃。E. 主动赔偿经济损失。F. 犯罪人与被害人有特殊关系需从轻处罚。G. 防卫中侵害第三人。H. 大义灭亲行为造成的犯罪。I. 被害人对犯罪的发生有一定责任。(3) 犯罪主观方面：A. 间接故意较直接故意为轻。B. 疏忽大意过失较过于自信过失为轻。C. 激于义愤的犯罪（非大义灭亲的犯罪）。D. 犯罪目的、动机特殊，反映主观恶性程度较轻。(4) 犯罪客观方面：A. 危害行为持续时间较短。B. 犯罪时间特殊反映社会危害程度较轻。C. 犯罪地点特殊反映社会危害程度较轻。D. 犯罪方法、手段反映社会危害程度较轻。E. 违反非刑法法规、规章制度情节较轻。F. 特定义务来源特殊、反映社会危害程度较轻（a. 发现火情时，报警义务不等于救助义务。b. 仅在行为人创设了危险或有保护、救助法益的义务时，其他法律法规规定的义务，才能构成刑法上的不作为的义务来源）。G. 防卫不适时。H. 避险不适时。I. 避险中的自救行为。J. 冒险行为有一定的合理性。

有自首或立功情节，一般应依法从轻、减轻处罚；犯罪情节较轻，可免除处罚。类似情况下，对有自首情节的被告人的从宽幅度要适当宽于有立功情节的被告人。

减轻处罚的基准刑：(1) 对未成年犯，应综合考虑未成年人对犯罪的认识能力、实施犯罪行为的动机和目的、犯罪时的年龄、是否初犯、偶犯、悔罪表现、个人成长经历和一贯表现等情况，从宽处罚。A. 已满14周岁不满16周岁的未成年犯，减少基准刑的30%～60%。B. 已满16周岁不满18周岁的未成年犯，减少基准刑的10%～50%。(2) 对未遂犯，综合考虑犯罪行为的实行程度、造成损害的大小、犯罪未得逞的原因等情况，可比照既遂犯减少基准刑的50%以下。(3) 对从犯，应综合考虑其在共犯中的地位、作用等情况，从宽处罚，减少基准刑的20%～50%。犯罪较轻，减少基准刑的50%以上或依法免除处罚。(4) 对自首情节，综合考虑自首的动机、时间、方式、罪行轻重、如实供述罪行的程度及悔罪表现等情况，可减少基准刑的40%以下。犯罪较轻，可减少基准刑的40%以上或依法免除处罚。恶意利用自首规避法律制裁等不足以从宽处罚为例外。(5) 对坦白情节，综合考虑如实供述罪行的阶段、程度、罪行轻重及悔罪程度等情况，确定从宽的幅度。A. 如实供述自己罪行，可减少基准刑的20%以下。B. 如实供述司法机关尚未掌握的同种较重罪行，可减少基准刑的10%～30%。C. 因如实供述自己罪行，避免特别严重后果发生，可减少基准刑的30%～50%。(6) 对当庭自愿认罪，据犯罪的性质、罪行的轻重、认罪程度及悔罪表现等情况，可减少基准刑的10%以下，以依法认定自首、坦白为例外。(7) 对立功情节，综合考虑立功的大小、次数、内容、来源、效果及罪行轻重等情况，确定从宽的幅度。A. 一般立功，可减少基准刑的20%以下。B. 重大立功，可减少基准刑的20%~50%。C. 犯罪较轻，减少基准刑的50%以上或依法免除处罚。(8) 对退赃、退赔，综合考虑犯罪性质、退赃、退赔行为对损害结果所能弥补的程度，退赃、退赔的数额及主动程度等情况，可减少基准刑的30%以下。其中，抢劫等严重危害社会治安犯罪的应从严掌握。(9) 对积极赔偿被害人经济损失并取得谅解，综合考虑犯罪性质、赔偿数额、赔偿能力及认罪、悔罪程度等情况，可减少基准刑的40%以下。积极赔偿但无取得谅解，可减少基准刑的30%以下。尽管无赔偿，但取得谅解，可减少基准刑的20%以下。其中，抢劫、强奸等严重危害社会治安犯罪的应从严掌握。(10) 对特殊类型的公诉案件，当事人达成刑事和解协议（以嫌犯、被告人在5年内曾故意犯罪，不适用当事人和解的公诉案件诉讼程序规定的程序为例外，嫌犯、被告人真诚悔罪，通过向被害人赔偿损失、赔礼道歉等方式获得被害人谅解，被害人自愿和解，双方当事人可和解的2种公诉案件：A. 因民间纠纷引起，涉嫌侵犯公民人身权、民主权罪、侵犯财产罪案件，可能判处3年有期刑以下刑罚。B. 除渎职犯罪外的可能判处7年有期刑以下刑罚的过失犯罪案件），综合考虑犯罪性质、赔偿数额、赔礼道歉及真诚悔罪等情况，可减少基准刑的50%以下；犯罪较轻，可减少基准刑的50%以上或依法免除处罚。

从司法实践的角度讲，根据犯罪的事实、性质、情节、社会危害程度、认罪认罚坦白从宽刑事政策，在侦查、审查起诉、审判阶段认罪的嫌犯认罪程度，认罪程度分级为A、B、C等级，依侦查阶段归案后即认罪的顺序，最高从轻50%的幅度，逐次递减到20%以下。

办理未成年人刑事案件，在不违反法律规定的前提下，应按最有利于未成年人和适合未成年人身心特点的方式进行，充分保障未成年人合法权益。未成年嫌犯及其法定代理人提出委托辩护人意向，但因经济困难或其他原因未委托，公安机关、检察院应依法为其申请法律援助提供帮助。开庭时未满18周岁的未成年被告人未委托辩护人，法院应指定承担法律援助义务的律师为其提供辩护。对开庭审理时未满16周岁的未成年人刑事案件，一律不公开审理。对开庭审理时已满16周岁未满18周岁的未成年人刑事案件，一般也不公开审理；如有必要公开审理，须经本级法院院长批准，并应适当限制旁听人数和范围。

当事人和解的公诉案件诉讼程序：(1) 以嫌犯、被告人在5年内曾故意犯罪，不适用当事人和解的公诉案件诉讼程序规定的程序为例外，嫌犯、被告人真诚悔罪，通过向被害人赔偿损失、赔礼道歉等方式获得被害人谅解，被害人自愿和解，双方当事人可和解的2种公诉案件：A. 因民间纠纷引起，涉嫌侵犯公民人身权、民主权、财产权的犯罪案件，可能判处3年有期刑以下刑罚。B. 除渎职犯罪外的可能判处7年有期刑以下刑罚的过失犯罪案件。(2) 对因民间纠纷引起，涉嫌侵犯公民人身权、民主权、财产权的犯罪案件，可能判处3年有期刑以下刑罚，或除渎职犯罪外的可能判处7年有期刑以下刑罚的过失犯罪的"2种类型"公诉案件，事实清楚、证据充分，法院应告知当事人可自行和解。A. 根据案件情况，法院可邀请调解员、辩护人、诉讼代理人、当事人亲友等参与促成双方当事人和解。B. 当事人提出申请，法院可主持双方当事人协商以达成和解。C. 被害人死亡，其近亲属可与被告人和解。D. 近亲属有多人，达成和解协议，应经处于同一继承顺序的所有近亲属同意。E. 被害人系无行为能力或限制行为能力人，其法定代理人、近亲属可代为和解。F. 被告人的法定代理人或近亲属、被告人的近亲属经被告人同意，可代为和解。G. 被告人系限制行为能力人，其法定代理人可代为和解。H. 和解协议约定的赔礼道歉等事项，应由被告人本人履行。I. 双方当事人和解，公检法应听取当事人和其他有关人员的意见，对和解的自愿性、合法性审查，并主持制作和解协议书。J. 对达成和解协议的案件，公安机关可向检察院提出从宽处理的建议，检察院可向法院提出从宽处罚的建议，对犯罪情节轻微，不需判刑，可作出不起诉的决定，法院可依法对被告人从宽处罚。(3) 对公安机关、检察院主持制作的和解协议书，当事人提出异议，法院应审查。经审查，和解自愿、合法、确认，无须重新制作和解协议书。和解不有自愿性、合法性，应认定无效。和解协议被认定无效后，双方当事人重新达成和解，法院应主持制作新的和解协议书。（4）审判期间，双方当事人和解，法院应听取当事人及其法定代理人等有关人员的意见。A. 双方当事人在庭外达成和解，法院应通知检察院，并听取其意见。B. 经审查，和解自愿、合法，应主持制作双方当事人、法院附卷备查的一式三份和解协议书（a. 被告人承认自己所犯罪行，对犯罪事实无异议，并真诚悔罪。b. 被告人通过向被害人赔礼道歉、赔偿损失等方式获得被害人谅解；涉及赔偿损失，应写明赔偿的数额、方式等；提起附带民诉，由附带民诉原告人撤回附带民诉。c. 被害人自愿和解，请求或同意对被告人依法从宽处罚），应由双方当事人和审判人员签名，但不加盖法院印章。C. 对和解协议中的赔偿损失内容，双方当事人要求保密，法院应准许，并采取相应的保密措施。D. 和解协议约定的赔偿损失内容，被告人应在协议签署后即时履行。E. 和解协议已全部履行，当事人反悔，法院不支持，但有证据证明和解违反自愿、合法原则为例外。F. 双方当事人在侦查、审查起诉期间已达成和解协议并全部履行，被害人或其法定代理人、近亲属又提起附带民诉，法院不受理，但有证据证明和解违反自愿、合法原则为例外。G. 被害人或其法定代理人、近亲属提起附带民诉后，双方愿意和解，但被告人不能即时履行全部赔偿义务，法院应制作附带民事调解书。H. 对达成和解协议的案件，法院应对被告人从轻处罚。I. 符合非监禁刑适用条件，应适用非监禁刑。J. 判处法定最低刑仍过重，可减轻处罚。K. 综合全案认为犯罪情节轻微不需判刑，可免刑。L. 共犯案件，部分被告人与被害人达成和解协议，可依法对该部分被告人从宽处罚，但应注意全案的量刑平衡。M. 达成和解协议，裁判文书应作出叙述，并援引刑诉法相关条文。

量刑步骤：（1）根据基本犯罪构成事实，在相应的法定刑幅度内确定量刑起点。（2）根据其他影响犯罪构成的犯罪数额、犯罪次数、犯罪后果等犯罪事实，在量刑起点的基础上增加刑罚量确定基准刑。（3）根据犯罪构成事实外的量刑情节确定量刑情节的调节比例，对基准刑进行调节，量刑情节对基准刑的调节结果即为拟宣告刑。（4）综合考虑全案情况，依法确定宣告刑。量刑时，应在定性分析的基础上，结合定量分析，依次确定量刑起点、基准刑和宣告刑。（5）量刑时要充分考虑各种法定和酌定量刑情节，据案件的全部犯罪事实及量刑节的不同情形，依法确定量刑情节的适用及其调节比例。对严重暴力犯罪、毒品犯罪等严重危害社会治安犯罪，在确定是否从宽及从宽幅度时，应从严掌握；对犯罪情节较轻的犯罪，应充分体现从宽。具体确定各个量刑情节的调节比例时，应综合平衡调节幅度与实际增减刑罚量的关系，确保罪责刑相适应。对本意见尚未规定的其他量刑情节，要参照类似量刑情节确定适当的调节比例。对同一事实涉及不同量刑情节，一般不得重复评价。（6）量刑情节调节基准刑的方法：A. 只有单个量刑情节，在确定量刑情节的调节比例后，直接对基准刑进行调节，确定拟宣告刑。B. 有多个量刑情节，在确定各量刑情节的调节比例后，对不有未成年人犯罪、老年人犯罪、限制行为能力的精神病人犯罪、又聋又哑的人或盲人犯罪、防卫过当、避险过当、犯罪预备、犯罪未遂、犯罪中止、从犯、胁从犯、教唆犯等量刑情节，一般根据各量刑情节的调节比例，采用同向相加、逆向相减的方法调节基准刑。C. 有未成年人犯罪、老年人犯罪、限制行为能力的精神病人犯罪、又聋又哑的人或盲人犯罪、防卫过当、避险过当、犯罪预备、犯罪未遂、犯罪中止、从犯、胁从犯、教唆犯等量刑情节，先适用该量刑情节采用连乘的方法调节基准刑，再适用其他量刑情节调节基准刑。D. 被告人犯数罪，同时有适用于各个罪的立功、累犯等量刑情节，先适用该量刑情节调节个罪的基准刑，确定个罪应当判处的刑罚，再依法实行数罪并罚，决定执行的刑罚。

◆《刑法》第64条【判决后犯罪物品的处理办法】

从财产刑的角度讲，罪犯违法所得的一切财物，应追缴或责令退赔；对被害人的合法财产，应及时返还；违禁品和供犯罪所用的本人财物，应没收。

从犯罪物品的处罚原则的角度讲，没收的财物、罚金，一律上缴国库，不得挪用和自行处理。

从私分国有资产罪、私分罚没财物罪的角度讲，国家机关、国有公司、企事业单位、人民团体，违反国家规定，以单位名义将国有资产集体私分给个人，数额较大，对其直接负责的主管人员和其他直接责任人员，或司法机关、行政执法机关违反国家规定，将应上缴国家的罚没财物，以单位名义集体私分给个人，数额较大，处3年以下有期刑或拘役，并处或单处罚金；数额巨大，处3年以上7年以下有期刑，并处罚金。

【非法处置查封、扣押、冻结的财产罪】隐藏、转移、变卖、故意毁损已被司法机关查封、扣押、冻结的财产，情节严重，处3年以下有期刑、拘役或罚金。

赃款赃物追缴等情形的处理意见：（1）赃款赃物追缴对贪污和受贿在量刑意义上应有所不同。A. 退赃、追赃的量刑意义应适当区分。B. 立案后挽回的经济损失或因客观原因减少的损失，不影响损失后果的认定。C. 赃款赃物全部或大部分追缴，贪污案件一般应考虑从轻处罚；受贿案件需视具体情况酌定从轻处罚。（2）赃款赃物追缴等情形的处理方式方法：A. 贪污案件中赃款赃物全部或大部分追缴，一般应考虑从轻处罚。B. 受贿案件中赃款赃物全部或大部分追缴，视具体情况可酌定从轻处罚。C. 从主观认罪态度的角度，罪犯及其亲友主动退赃或在办案机关追缴赃款赃物过程中积极配合退赃，在量刑时应与办案机关查办案件过程中依职权追缴赃款赃物的有所区别。D. 职务犯罪案件立案后，罪犯及其亲友自行挽回的经济损失，司法机关或罪犯所在单位及其上级主管部门挽回的经济损失，或因客观原因减少的经济损失，不扣减，但可作为酌情从轻处罚的情节。（3）以贪污、受贿、侵占、挪用等违法犯罪所得的货币出资后取得股权，对违法犯罪行为追究、处罚时，应采取拍卖或变卖的方式处置其股权。

从《关于办理贪污贿赂刑事案件适用法律若干问题的解释》的角度讲，贪污贿赂罪犯违法所得的一切财物，应追缴或责令退赔，对被害人的合法财产应及时返还。（1）对尚未追缴到案或尚未足额退赔的违法所得，应继续追缴或责令退赔。（2）贿赂犯罪中的财物，含货币（本国货币、外国货币）、物品、财产性利益（a. 可折算为货币的物质利益如房屋装修、债务免除等。b. 需支付货币的其他利益如会员服务、旅游等，以实际支付或应支付的数额计算犯罪数额）。（3）对多次行贿或受贿未经处理，累计计算行贿或受贿数额。（4）国家工作人员利用职务便利为请托人谋取利益前后多次收受请托人财物，受请托前收受的财物数额1万元以上，应一并计入受贿数额。（5）国家工作人员出于贪污、受贿的故意，非法占有公共财物、收受他人财物后，将赃款赃物用于单位公务支出或社会捐赠，不影响贪污罪、受贿罪的认定，但量刑时可酌情考虑。（6）特定关系人索取、收受他人财物，国家工作人员知道后未退还或上交，应认定国家工作人员有受贿故意。（7）贪污、受贿数额特别巨大，犯罪情节特别严重、社会影响特别恶劣、给国家和人民利益造成特别重大损失，可判处死刑。A. 贪污罪主要侵犯公共财产关系，退赃有一定的恢复补救作用。B. 受贿罪主要侵犯职务廉洁性或不可收买性，退赃有的补救作用小于贪污的恢复补救作用。（8）职务犯罪的经济损失的计算以立案时为准，立案后挽回的经济损失或因客观原因减少的损失，不影响职务犯罪案件特别是渎职侵权案件损失后果的认定。

从《关于建立完善国家司法救助制度的意见（试行）》的角度，国家司法救助的对象：（1）刑事案件被害人受到犯罪侵害，使重伤或严重残疾，因案件无法侦破造成生活困难；或因加害人死亡或未赔偿能力，无法经诉讼获得赔偿，造成生活困难。（2）刑事案件被害人受到犯罪侵害危及生命，急需救治，无力承担医疗救治费用。（3）刑事案件被害人受到犯罪侵害而死亡，因案件无法侦破造成依靠其收入为主要生活来源的近亲属生活困难；或因加害人死亡或未赔偿能力，依靠被害人收入为主要生活来源的近亲属无法经诉讼获得赔偿，造成生活困难。(4) 刑事案件被害人受到犯罪侵害，使财产遭受重大损失，因案件无法侦破造成生活困难；或因加害人死亡或未赔偿能力，无法经诉讼获得赔偿，造成生活困难。(5) 举报人、证人、鉴定人因举报、作证、鉴定受到打击报复，使人身受到伤害或财产受到重大损失，无法经诉讼获得赔偿，造成生活困难。(6) 追索赡养费、扶养费、抚育费等，因被执行人未履行能力，造成申请执行人生活困难。(7) 对道路交通事故等民事侵权行为造成人身伤害，无法经诉讼获得赔偿，造成生活困难。(8) 党委政法委和政法各单位根据实际情况，认为需救助的其他人员。(9) 申请国家司法救助人员，一般不救助的7种情形：对案件发生有重大过错；无正当理由，拒绝配合查明犯罪事实；故意作虚伪陈述或伪造证据，妨害刑诉；在诉讼中主动放弃民事赔偿请求或拒绝加害责任人及其近亲属赔偿；生活困难非案件原因所导致；通过社会救助措施，已得到合理补偿、救助。对社会组织、法人，不救助。

《人民检察院国家司法救助工作细则（试行）》涉及总则、附则、对象和范围、方式和标准、工作程序（救助申请的受理救助、申请的审查与决定、救助金的发放）、救助资金保障和管理、责任追究。(1) 检察院国家司法救助工作，是检察院在办理案件过程中，对遭受犯罪侵害或民事侵权，无法通过诉讼获得有效赔偿，生活面临急迫困难的当事人采取的辅助性救济措施。(2) 检察院开展国家司法救助工作的基本原则：A. 辅助性救助。对同一案件的同一当事人只救助1次，其他办案机关已救助，检察院不再救助。对通过诉讼能获得赔偿、补偿，应通过诉讼途径解决。B. 公正救助。严格把握救助标准和条件，兼顾当事人实际情况和同类案件救助数额，做到公平、公正、合理救助。C. 及时救助。对符合救助条件的当事人，应根据当事人申请或依据职权及时提供救助。D. 属地救助。对符合救助条件的当事人，应由办理案件的检察院负责救助。(3) 检察院办案部门承担国家司法救助工作职责：A. 主动了解当事人受不法侵害造成损失的情况及生活困难情况，对符合救助条件的当事人告知其可提出救助申请。B. 根据刑事申诉检察部门审查国家司法救助申请的需要，提供案件有关情况及案件材料。C. 将本院作出的国家司法救助决定书随案卷移送其他办案机关。(4) 检察院刑事申诉检察部门承担国家司法救助工作职责：A. 受理、审查国家司法救助申请。B. 提出国家司法救助审查意见并报请审批。C. 发放救助金。D. 国家司法救助的其他相关工作。(5) 检察院计划财务装备部门承担国家司法救助工作职责：A. 编制和上报本院国家司法救助资金年度预算。B. 向财政部门申请核拨国家司法救助金。C. 监督国家司法救助资金的使用。D. 协同刑事申诉检察部门发放救助金。(6) 救助的对象和范围：A. 检察院应救助救助申请人的7种情形：a. 刑事案件被害人受到犯罪侵害致重伤或严重残疾，因加害人死亡或无赔偿能力，无法通过诉讼获得赔偿，造成生活困难。b. 刑事案件被害人受到犯罪侵害危及生命，急需救治，无力承担医疗救治费用。c. 刑事案件被害人受到犯罪侵害致死，依靠其收入为主要生活来源的近亲属或其赡养、扶养、抚养的其他人，因加害人死亡或无赔偿能力，无法通过诉讼获得赔偿，造成生活困难。d. 刑事案件被害人受到犯罪侵害，使财产遭受重大损失，因加害人死亡或无赔偿能力，无法通过诉讼获得赔偿，造成生活困难。e. 举报人、证人、鉴定人因向检察机关举报、作证或接受检察机关委托进行司法鉴定而受到打击报复，使人身受到伤害或财产受到重大损失，无法通过诉讼获得赔偿，造成生活困难。f. 因道路交通事故等民事侵权行为造成人身伤害，无法通过诉讼获得赔偿，造成生活困难。g. 检察院根据实际情况，认为需救助的其他情形。B. 检察院一般不救助救助申请人的6种情形：a. 生活困难非案件原因导致。b. 对案件发生有重大过错。c. 无正当理由，拒绝配合查明案件事实。d. 故意作虚伪陈述或伪造证据，妨害诉讼。e. 在诉讼中主动放弃民事赔偿请求或拒绝加害责任人及其近亲属赔偿。f. 通过社会救助等措施已得到合理补偿、救助。(7) 方式和标准：A. 国家司法救助以支付救助金为主要方式，并与思想疏导、宣传教育相结合，与法律援助、诉讼救济相配套，与其他社会救助相衔接。B. 救助金以办理案件的检察院所在省级上一年度职工月平均工资为基准确定，一般不超过 36 个月的工资总额。损失特别重大、生活特别困难，需适当突破救助限额，应严格审核控制，依相关规定报批，总额不得超过法院依法应判决的赔偿数额。a. 各省级上一年度职工月平均工资，据已公布的各省级上一年度职工年平均工资计算。b. 上一年度职工年平均工资尚未公布，以公布的最近年度职工年平均工资为准。B. 确定救助金具体数额，应综合考虑的 6 种基本因素：a. 赔偿义务人实际赔偿情况。b. 救助申请人实际遭受的损失。c. 救助申请人本人有无过错及过错程度。d. 救助申请人及其家庭的经济状况。e. 救助申请人维持基本生活必需的最低支出。f. 其他应考虑的因素。C. 救助申请人接受国家司法救助后仍生活困难，检察院应建议有关部门依法社会救助。a. 办理案件的检察院所在地与救助申请人户籍所在地不一致，办理案件的检察院应将有关案件情况、给予国家司法救助的情况、社会救助的建议等书面材料，移送救助申请人户籍所在地的检察院。b. 申请人户籍所在地的检察院应及时建议当地有关部门社会救助。（8）工作程序的救助申请的受理：A. 救助申请应由救助申请人向办理案件的检察院提出；无行为能力或限制行为能力的救助申请人，可由其法定代理人代为申请。B. 检察院办案部门在办理案件过程中，对符合司法救助条件的人员，应告知其可向本院申请国家司法救助。a. 刑事案件被害人受到犯罪侵害危及生命，急需救治，无力承担医疗救治费用，办案部门应立即告知刑事申诉检察部门。b. 刑事申诉检察部门应立即审查并报经分管检察长批准，依据救助标准先行救助，救助后应及时补办相关手续。C. 救助申请一般应以书面方式提出。a. 救助申请人确有困难不能提供书面申请，可口头方式提出申请，检察人员应制作笔录。b. 救助申请人系受犯罪侵害死亡的刑事被害人的近亲属或其赡养、扶养、抚养的其他人，以及法定代理人代为提出申请，需提供与被害人的社会关系证明；委托代理人代为提出申请，需提供救助申请人的授权委托书。D. 向检察院申请国家司法救助，应提交材料（国家司法救助申请书；救助申请人的有效身份证明；救助申请人及其家庭成员生活困难情况的证明；实际损害结果证明，含被害人伤情鉴定意见、医疗诊断结论及医疗费用单据或死亡证明，受不法侵害所致财产损失情况；是否获得赔偿、救助等的情况说明或证明材料；其他有关证明材料）。E. 救助申请人确因特殊困难不能取得相关证明，可申请检察院调取。a. 救助申请人生活困难证明（救助申请人的家庭成员、劳动能力、就业状况、家庭收入等），应由救助申请人户籍所在地或经常居住地村（居）委会、所在单位，或民政部门出具。b. 救助申请人或其代理人当面递交申请书和其他申请材料，受理的检察人员应场出具收取申请材料清单，加盖本院专用印章并注明收讫日期；特殊而言，检察人员认为救助申请人提交的申请材料不齐全或不符合要求，需补充或补正，应场或在 5 个工作日内，告知救助申请人在 30 日内提交补充、补正材料；期满未补充、补正，视为放弃申请。c. 救助申请人提交的国家司法救助申请书和相关材料齐备后，刑事申诉检察部门应填写《受理国家司法救助申请登记表》。（9）救助申请的审查与决定：A. 检察院受理救助申请后，刑事申诉检察部门应立即指定检察人员办理；承办人员应及时审查有关材料，必要时进行调查核实，并制作《国家司法救助申请审查报告》，全面反映审查情况，提出是否救助的意见及理由。B. 审查国家司法救助申请的检察院需向外地调查、核实有关情况，可委托有关检察院代为进行，并将救助申请人情况、简要案情、需调查核实的内容等材料，一并提供受委托的检察院；受委托的检察院应及时办理并反馈情况。C. 刑事申诉检察部门经审查，认为救助申请符合救助条件，应提出给予救助和具体救助金额的审核意见，报分管检察长审批决定。认为不符合救助条件或有不救助情形，应将不救助的决定告知救助申请人，并做好解释说明工作。D. 刑事申诉检察部门提出救助的审核意见，应填写《国家司法救助审批表》，并附相关申请材料及调查、核实材料。经审批同意救助，应制作《国家司法救助决定书》，以及时送达救助申请人。E. 检察院应自受理救助申请之日起 10 个工作日内作出是否救助和具体救助金额的决定。a. 检察院要求救助申请人补充、补正申请材料,或根据救助申请人请求调取相关证明,审查办理期限自申请材料齐备之日起开始计算。b. 委托其他检察院调查、核实的时间,不计入审批期限。(10) 救助金的发放:A. 检察院决定救助,刑事申诉检察部门应将《国家司法救助决定书》送本院计划财务装备部门。计划财务装备部门应依预算管理权限,以及时向财政部门提出核拨救助金申请。B. 计划财务装备部门收到财政部门拨付的救助金后,应及时通知刑事申诉检察部门。刑事申诉检察部门应在2个工作日内通知救助申请人领取救助金。C. 救助申请人领取救助金时,刑事申诉检察部门应填写《国家司法救助金发放登记表》,协助计划财务装备部门,按有关规定办理领款手续。D. 救助金一般以银行转账方式发放,刑事申诉检察部门也可与救助申请人商定发放方式。E. 救助金应一次性发放,情况特殊,经分管检察长批准,可分期发放。分期发放救助金,应事先一次性确定批次、各批次时间、各批次金额及承办人员等。F. 检察院办理的案件依诉讼程序需移送其他办案机关,刑事申诉检察部门应将国家司法救助的有关材料复印件移送本院办案部门,由办案部门随案卷一并移送。尚未完成的国家司法救助工作应继续完成。(11) 救助资金保障和管理:A. 检察院应积极协调政府财政部门将国家司法救助资金列入预算,并建立动态调整机制。B. 检察院计划财务装备部门应建立国家司法救助资金财务管理制度,强化监督措施。C. 国家司法救助资金实行专款专用,不得挪作他用。D. 刑事申诉检察部门应在年度届满后1个月内,将本院上一年度国家司法救助工作情况形成书面报告,并附救助资金发放情况明细表,按规定报送有关部门和上一级检察院,接受监督。(12) 责任追究:A. 在国家司法救助工作中,应依法依纪追究检察人员责任,并追回已发放或非法占有的救助资金的4种情形:a. 违反规定发放救助资金造成重大损失。b. 利用职务或工作便利收受他人财物。c. 截留、侵占、私分或挪用国家司法救助资金。d. 弄虚作假为不符合救助条件的人员提供救助。B. 救助申请人通过提供虚假材料、隐瞒真相等欺骗手段获得国家司法救助金,应追回救助金;涉嫌犯罪,依法追究刑责。C. 救助申请人所在单位或基层组织出具虚假证明,使不符救助条件的救助申请人获得救助,检察院应建议相关单位或主管机关依法依纪对相关责任人处理,并追回救助金。

特殊未成年人的司法救助:(1) 案件管辖地检察机关应给予未成年人救助的8种情形:A. 受到犯罪侵害使身体出现伤残或心理遭受严重创伤,因不能及时获得有效赔偿,造成生活困难。B. 受到犯罪侵害急需救治,其家庭无力承担医疗救治费用。C. 抚养人受到犯罪侵害致死,因不能及时获得有效赔偿,造成生活困难。D. 家庭财产受到犯罪侵害遭受重大损失,因不能及时获得有效赔偿,且未获得合理补偿、救助,造成生活困难。E. 因举报、作证受到打击报复,使身体受到伤害或家庭财产遭受重大损失,因不能及时获得有效赔偿,造成生活困难。F. 追索抚育费,因被执行人未履行能力,造成生活困难。G. 因道路交通事故等民事侵权行为造成人身伤害,无法通过诉讼获得有效赔偿,造成生活困难。H. 其他因案件造成生活困难,认为需救助。(2) 检察机关对因案件陷入困境的未成年人可给予相应帮助。A. 对遭受性侵害、监护侵害及其他身体伤害,进行心理安抚和疏导;对出现心理创伤或精神损害,实施心理治疗;对未监护人、监护人未监护能力或原监护人被撤销资格,协助开展生活安置、提供临时照料、指定监护人等相关工作。C. 对未完成义务教育而失学辍学,帮助重返学校;对因经济困难可能导致失学辍学,推动落实相关学生资助政策;对需转学,协调办理相关手续。D. 对因身体伤残出现就医、康复困难,帮助落实医疗、康复机构,促进身体康复。E. 对因身体伤害或财产损失提起附带民诉,帮助获得法律援助;对单独提起民诉,协调减免相关诉讼费用。F. 对适龄未成年人有劳动、创业等意愿但缺乏必要技能,协调有关部门提供技能培训等帮助。G. 对符合社会救助条件,给予政策咨询、帮扶转介,帮助协调其户籍所在地有关部门按规定纳入相关社会救助范围。H. 认为合理、有效的其他方式。(3) 检察机关决定对未成年人支付救助金,应根据未成年人家庭的经济状况,综合考虑其学习成长所需的合理费用,以案件管辖地所在省级上一年度职工月平均工资为基准确定救助金，一般不超过36个月的工资总额。对身体重伤或严重残疾、家庭生活特别困难的未成年人，以及需长期进行心理治疗或身体康复的未成年人，可突破救助限额，并依有关规定报批。相关法律文书需向社会公开，应隐去未成年人及其法定代理人、监护人的身份信息。（4）对救助金使用情况的监督，必要时可采用分期发放、第三方代管等救助金使用监管模式，确保救助金用作未成年人必需的合理支出。对截留、侵占、私分或挪用救助金的单位和个人，严格依纪依法追究责任，并追回救助金。（5）被害人因人身权受到犯罪侵犯或财物被罪犯毁坏遭受物质损失，有权在刑诉中提起附带民诉；被害人死亡或丧失行为能力，其法定代理人、近亲属有权提起附带民诉。（6）因受到犯罪侵犯，提起附带民诉或单独提起民诉要求赔偿精神损失，法院不受理。

从《关于检察机关国家司法救助工作支持脱贫攻坚的实施意见》的角度，贫困当事人，是检察院在办理案件过程中，发现的符合刑事案件被害人受到犯罪侵害致重伤或严重残疾，因加害人死亡或未赔偿能力，无法通过诉讼获得赔偿，造成生活困难；刑事案件被害人受到犯罪侵害危及生命，急需救治，无力承担医疗救治费用；刑事案件被害人受到犯罪侵害致死，依靠其收入为主要生活来源的近亲属或其赡养、扶养、抚养的其他人，因加害人死亡或未赔偿能力，无法通过诉讼获得赔偿，造成生活困难；刑事案件被害人受到犯罪侵害，致使财产遭受重大损失，因加害人死亡或未赔偿能力，无法通过诉讼获得赔偿，造成生活困难；举报人、证人、鉴定人因向检察机关举报、作证或接受检察机关委托进行司法鉴定而受到打击报复，致使人身受到伤害或财产受到重大损失，无法通过诉讼获得赔偿，造成生活困难；因道路交通事故等民事侵权行为造成人身伤害，无法通过诉讼获得赔偿，造成生活困难；检察院根据实际情况，认为需救助的其他情形之一，且属于建档立卡贫困人口的当事人。（1）办理国家司法救助案件的检察院所在地与当事人户籍所在地不一致，救助案件办结后，办理案件的检察院应在5个工作日内将有关案件情况、给予救助情况等材料，移送当事人户籍所在地检察院。（2）当事人户籍所在地检察院和扶贫部门的办理程序：A. 检察院在办案过程中应注重发挥司法人文关怀作用，依法开展对贫困当事人的国家司法救助工作，主动帮助其解决生活面临的急迫困难，改善生活环境。B. 检察院在办理案件过程中发现贫困当事人，应立即启动国家司法救助工作程序，指定检察人员优先办理，并在办结后5个工作日内将有关案件情况、给予救助情况、扶贫脱贫措施建议等书面材料移送扶贫部门。C. 检察院发现被救助人可能属于贫困人口但未建档立卡，应在办结后5个工作日内向扶贫部门提出进行贫困识别的书面建议，并同时移送有关材料。D. 对检察院移送的可能属于贫困人口线索，扶贫部门通过全国扶贫开发信息系统进行比对核实，属于建档立卡贫困人口，应进一步加大脱贫攻坚力度，细化实化帮扶措施，保障各项扶贫政策精确落实和相关工作精准到位，并及时向检察院反馈有关情况。因此，可能属于贫困人口但未建档立卡，扶贫部门应按建档立卡标准和规定程序进行贫困识别，识别为建档立卡贫困人口，落实脱贫攻坚责任，并及时向检察院反馈有关情况。（3）扶贫部门在脱贫攻坚工作中应将贫困当事人列为重点对象，突出问题导向，优化政策供给，实施精准扶贫、精准脱贫。A. 扶贫部门在脱贫攻坚工作中发现贫困当事人，应作为国家司法救助案件线索，在5个工作日内移送检察院。B. 对受到犯罪侵害危及生命，或因道路交通事故等民事侵权行为造成严重人身伤害，急需救治，无力承担医疗救治费用的贫困当事人，扶贫部门应立即告知检察院，检察院可先行救助，救助后及时补办相关手续。（4）检察院和扶贫部门坚持应救尽救、分类施策、精准发力、合力攻坚原则，依托国家司法救助工作帮助贫困当事人尽快摆脱生活困境，协同相关部门全面落实扶贫脱贫措施，提高救助效果和脱贫攻坚成果的可持续性。A. 检察院对扶贫部门移送的国家司法救助案件线索，应立即启动救助工作程序，指定检察人员优先办理，并在办结后5个工作日内向扶贫部门反馈案件办理情况。B. 检察院发现扶贫部门移送的国家司法救助案件线索不属于本院管辖，应在3个工作日内移送有管辖权的检察院，并告知扶贫部门；由本院负责救助对贫困当事人更为适宜，可由本院管辖。C. 检察院认为扶贫部门移送的国家司法救助案件线索，由其他政法单位负责救助对贫困当事人更为适宜，可移送其他政法单位，并告知扶贫部门。D. 检察院在党委政法委领导下，争取政府财政部门支持，用好中央财政通过政法转移支付的补助资金，进一步拓宽国家司法救助资金来源渠道，提高救助金发放效率，完善救助金发放方式，增强救助实效。（5）检察院和扶贫部门应加强国家司法救助工作与扶贫脱贫措施的衔接融合，主动对接定点扶贫单位和责任部门，引导鼓励社会各方面力量，帮助贫困当事人通过产业扶持、转移就业、易地搬迁、教育支持、医疗救助等措施实现脱贫。对无法依靠产业扶持等措施实现脱贫的贫困当事人，帮助实行政策性保障兜底脱贫。对获得国家司法救助的贫困当事人，检察院应联合扶贫部门进行回访，掌握其脱贫及相关政策措施惠及情况，强化脱贫光荣导向，培养贫困当事人依靠自力更生实现脱贫致富的意识，提高其自我发展能力。（6）检察院和扶贫部门应分别确定相关内设机构具体负责国家司法救助工作支持脱贫攻坚的日常事务，并建立联席会议制度，定期召开例会。A. 根据工作需要，可召开临时联席会议（主要任务：通报工作情况，交换、共享工作信息；总结工作经验，梳理、解决突出问题；讨论重点、特殊贫困当事人的救助帮扶措施；研究出台本地区相关工作规范性文件；会商其他相关工作事宜）。B. 联席会议议定的事项，检察院和扶贫部门应积极落实，并及时向对方反馈落实情况。（7）上级检察院和扶贫部门应加强组织指导和业务督导，抓好统筹协调，健全工作机制，总结推广经验，营造良好氛围，推动国家司法救助工作更加有效助力脱贫攻坚。（8）检察院会同扶贫部门建立对贫困当事人的观察台账，动态跟踪记录救助和扶贫脱贫情况，并健全国家司法救助工作支持脱贫攻坚档案制度。（9）检察院和扶贫部门在每年一月份，经联席会议讨论通过，向上一级检察院及同级扶贫开发领导小组报送上年度国家司法救助工作支持脱贫攻坚情况报告。

【2012·卷2·单选·40】（答案：A）关于补强证据，下列哪一说法是正确的？A. 应当具有证据能力。B. 可以和被补强证据来源相同。C. 对整个待证事实有证明作用。D. 应当是物证或者书证。

从《人民检察院检察建议工作规定》的角度看，法律、司法解释和其他有关规范性文件对再审检察建议、纠正违法检察建议和公益诉讼检察建议的办理有规定，依其规定办理；未规定，参照《人民检察院检察建议工作规定》办理。（1）检察建议（再审检察建议；纠正违法检察建议；公益诉讼检察建议；社会治理检察建议；其他检察建议）再审检察建议；纠正违法检察建议；公益诉讼检察建议；社会治理检察建议；其他检察建议，是检察院依法履行法律监督职责，参与社会治理，维护司法公正，促进依法行政，预防和减少违法犯罪，保护国家利益和社会公共利益，维护个人和组织合法权益，保障法律统一正确实施的重要方式。（2）检察院可直接向本院所办理案件的涉案单位、本级有关主管机关以及其他有关单位提出检察建议。A. 需向涉案单位外的上级有关主管机关提出检察建议，应层报被建议单位的同级检察院决定并提出检察建议，或由办理案件的检察院制作检察建议书后，报被建议单位的同级检察院审核并转送被建议单位。B. 需向下级有关单位提出检察建议，应指令对应的下级检察院提出检察建议。C. 需向异地有关单位提出检察建议，应征求被建议单位所在地同级检察院意见。被建议单位所在地同级检察院提出不同意见，办理案件的检察院坚持认为应提出检察建议，层报共同的上级检察院决定。（3）提出检察建议，应立足检察职能，结合司法办案工作，坚持严格依法、准确及时、必要审慎、注重实效的原则。（4）制发检察建议应在统一业务应用系统中进行，实行以院名义统一编号、统一签发、全程留痕、全程监督。（5）检察建议的适用范围：A. 检察院发现同级法院已经发生法律效力的判决、裁定具有法律规定的应再审情形，或发现调解书损害国家利益、社会公共利益，可向同级法院提出再审检察建议。B. 检察院在履行对诉讼活动的法律监督职责中发现有关执法、司法机关具有法院审判人员在民事、行政审判活动中存在违法行为;法院在执行生效民事、行政判决、裁定、决定或调解书、支付令、仲裁裁决书、公证债权文书等法律文书过程中存在违法执行、不执行、怠于执行等行为,或有其他重大隐患;检察院办理行政诉讼监督案件或执行监督案件,发现行政机关有违反法律规定、可能影响法院公正审理和执行的行为;公安机关、法院、监狱、社区矫正机构、强制医疗执行机构等在刑事诉讼活动中或执行法院生效刑事判决、裁定、决定等法律文书过程中存在普遍性、倾向性违法问题,或有其他重大隐患,需引起重视予以解决;诉讼活动中其他需以检察建议形式纠正违法的情形之一,可向有关执法、司法机关提出纠正违法检察建议。C. 检察院在履行职责中发现生态环境和资源保护、食品药品安全、国有财产保护、国有土地使用权出让等领域负有监督管理职责的行政机关违法行使职权或不作为,致使国家利益或社会公共利益受到侵害,符合法律规定的公益诉讼条件,应按公益诉讼案件办理程序向行政机关提出督促依法履职的检察建议。D. 检察院在办理案件中发现社会治理工作存在涉案单位在预防违法犯罪方面制度不健全、不落实,管理不完善,存在违法犯罪隐患,需及时消除一定时期某类违法犯罪案件多发、频发,或已发生的案件暴露出明显的管理监督漏洞,需督促行业主管部门加强和改进管理监督工作;涉及一定群体的民间纠纷问题突出,可能导致发生群体性事件或恶性案件,需督促相关部门完善风险预警防范措施,加强调解疏导工作;相关单位或部门不依法及时履行职责,致使个人或组织合法权益受到损害或存在损害危险,需及时整改消除;需给予有关涉案人员、责任人员或组织行政处罚、政务处分、行业惩戒,或需追究有关责任人员的司法责任;其他需提出检察建议的情形之一,可向有关单位和部门提出改进工作、完善治理的检察建议。因此,检察官起草的检察建议书,报送检察长前,应送本院负责法律政策研究的部门对检察建议的必要性、合法性、说理性等进行审核。E. 检察建议书正式发出前,可征求被建议单位的意见。a. 检察建议书应以检察院的名义送达有关单位。b. 送达检察建议书,可书面送达,也可现场宣告送达(第一,宣告送达检察建议书应商被建议单位同意,可在检察院、被建议单位或其他适宜场所进行,由检察官向被建议单位负责人当面宣读检察建议书并进行示证、说理,听取被建议单位负责人意见。第二,必要时,可邀请人大代表、政协委员或特约检察员、监督员等第三方人员参加)。c. 检察建议书(案件或问题的来源;依法认定的案件事实或经调查核实的事实及其证据;存在的违法情形或应消除的隐患;建议的具体内容及所依据的法律、法规和有关文件等的规定;被建议单位提出异议的期限;被建议单位书面回复落实情况的期限;其他需说明的事项)要阐明相关的事实和依据,提出的建议应符合法律、法规及其他有关规定,明确具体、说理充分、论证严谨、语言简洁、有操作性。F. 对执法、司法机关在诉讼活动中的违法情形,以及需对被不起诉人给予行政处罚、处分或需没收其违法所得,法律、司法解释和其他有关规范性文件明确规定应发出纠正违法通知书、检察意见书,依相关规定执行。(6)检察建议的调查办理和督促落实:A. 检察官在履行职责中发现有应依检察院检察建议工作规定提出检察建议情形,应报经检察长决定,对相关事项进行调查核实,做到事实清楚、准确。B. 检察官调查核实的基本措施:查询、调取、复制相关证据材料;向当事人、有关知情人员或其他相关人员了解情况;听取被建议单位意见;咨询专业人员、相关部门或行业协会等对专门问题的意见;委托鉴定、评估、审计;现场走访、查验;查明事实所需采取的其他措施。C. 进行调查核实,不得采取限制人身自由和查封、扣押、冻结财产等强制性措施。D. 检察官一般应在检察长作出决定后2个月内完成检察建议事项的调查核实;情况紧急,应及时办结。E. 检察官调查核实完毕,应制作调查终结报告,写明调查过程和认定的事实与证据,提出处理意见。a. 认为需提出检察建议,应起草检察建议书,一并报送检察长,由检察长或检委会讨论决定是否提出检察建议。b. 经调查核实,查明相关单位不存在需纠正或整改的违法事实或重大隐患,决定不提出检察建议,检察官应将调查终结报告连同相关材料订卷存档。F. 检察院提出检察建议,除另有规定外，应要求被建议单位自收到检察建议书之日起 2 个月内作出相应处理，并书面回复检察院；因情况紧急需被建议单位尽快处理，可根据实际情况确定相应的回复期限。(7) 涉及事项社会影响大、群众关注度高、违法情形具有典型性、所涉问题应引起有关部门重视的检察建议书，可抄送同级党委、人大、政府、纪检监察机关或被建议单位的上级机关、行政主管部门以及行业自律组织等。A. 发出的检察建议书，应于 5 日内报上一级检察院对口业务部门和负责法律政策研究的部门备案。B. 检察长认为本院发出的检察建议书确有不当，应决定变更或撤回，并及时通知有关单位，说明理由。C. 上级检察院认为下级检察院发出的检察建议书确有不当，应指令下级检察院变更或撤回，并及时通知有关单位，说明理由。(8) 被建议单位对检察建议提出异议，检察官应立即进行复核；经复核，异议成立，应报经检察长或检委会讨论决定后，及时对检察建议书作出修改或撤回检察建议书；异议不成立，应报经检察长同意后，向被建议单位说明理由。(9) 检察院应积极督促和支持配合被建议单位落实检察建议。A. 督促落实工作由原承办检察官办理，可采取询问、走访、不定期会商、召开联席会议等方式，并制作笔录或工作记录。B. 被建议单位在规定期限内经督促无正当理由不予整改或整改不到位，经检察长决定，可将相关情况报告上级检察院，通报被建议单位的上级机关、行政主管部门或行业自律组织等，必要时可报告同级党委、人大，通报同级政府、纪检监察机关。C. 符合提起公益诉讼条件，依法提起公益诉讼。(10) 检察建议的监督管理：A. 各级检察院检委会应定期对本院制发的检察建议的落实效果进行评估。B. 检察院案件管理部门负责检察建议的流程监控和分类统计，定期组织对检察建议进行质量评查，对检察建议工作情况进行综合分析。C. 检察院应将制发检察建议的质量和效果纳入检察官履职绩效考核。D. 上级检察院应加强对下级检察院开展检察建议工作的指导，及时通报情况，帮助解决检察建议工作中的问题。

  从《关于建立和完善执行联动机制若干问题的意见》的角度讲，纪检监察机关对法院移送的在执行工作中发现的党员、行政监察对象妨碍法院执行工作和违反规定干预法院执行工作的违法违纪线索，应及时组织核查；必要时，应立案调查。对党员、行政监察对象妨碍法院执行工作或违反规定干预法院执行工作，以及拒不履行生效法律文书确定义务，应依法依纪追究党纪政纪责任。检察机关应对拒不执行法院判决、裁定及其他妨害执行构成犯罪的人员，以及时依法从严进行追诉；依法查处执行工作中出现的渎职侵权、贪污受贿等职务犯罪案件。公安机关应依法严厉打击拒不执行法院判决、裁定和其他妨害执行的违法犯罪行为；对以暴力、威胁方法妨害或抗拒执行的行为，在接到法院通报后立即出警，依法处置。协助法院查询被执行人户籍信息、下落，在履行职责过程中发现法院需拘留、拘传的被执行人，以及时向法院通报情况；对法院在执行中决定拘留的人员，以及时收押。协助限制被执行人出境；协助法院办理车辆查封、扣押和转移登记等手续；发现被执行人车辆等财产时，以及时将有关信息通知负责执行法院。法院应将执行案件的有关信息及时、全面、准确地录入执行案件信息管理系统，并与有关部门的信息系统实现链接，为执行联动机制的顺利运行提供基础数据信息。法院认为有必要对被执行人采取执行联动措施，应制作协助执行通知书或司法建议函等法律文书，并送达有关部门。有关部门收到协助执行通知书或司法建议函后，应在法定职责范围内协助采取执行联动措施。有关协助执行部门不应对生效法律文书和协助执行通知书、司法建议函等实体审查。对法院请求采取的执行联动措施有异议，可向法院提出审查建议，但不应拒绝采取相应措施。被执行人依法履行了生效法律文书确定的义务或申请执行人同意解除执行联动措施，法院经审查认为符合有关规定，应解除相应措施。被执行人提供担保请求解除执行联动措施，由法院审查决定。

第二节 累犯（第65~66条）

◆ 《刑法》第65条【累犯（一般累犯、特别累犯）】

从故意犯罪、从重处罚的角度讲，一般累犯是被判有期刑以上刑罚的罪犯（有期刑犯、无期刑犯、死缓犯），刑罚执行完毕或赦免后，在5年（追诉时效）内再犯应判有期刑以上刑罚之罪的再犯人，应从重处罚，以过失犯罪、不满18周岁的人犯罪不以累犯论处为例外。

从一般累犯的期限的角度讲，对被假释的罪犯，一般累犯的期限从假释期满之日起计算。

【2002·卷2·多选·36】（答案：ABD）以下哪些被告人构成累犯？A.某甲犯盗窃罪被判有期徒刑，刑罚执行完毕后第4年又犯强奸罪。B.某乙犯间谍罪被判有期徒刑，刑罚执行完毕后第2年又犯抢劫罪。C.某丙犯传染病菌种、毒种扩散罪被判有期徒刑，刑罚执行完毕后第3年又犯故意杀人罪。D.某丁犯故意伤害罪被判有期徒刑10年，执行6年后获得假释，假释后的第7年又犯诈骗罪。

被判处有期刑以上刑罚，刑罚执行完毕或赦免后，在2011年4月30日前再犯应判处有期刑以上刑罚之罪，是否构成累犯，适用修正前《刑法》第65条的规定；但前罪实施时不满18周岁，是否构成累犯，适用修正后《刑法》第65条的规定（时间效力问题的解释第3条）。

从犯罪实施的次数、法定条件的角度讲，犯罪分为累犯、再犯；累犯、初犯；累犯、偶犯、惯犯等。（1）从累犯的分类的角度讲，累犯分为一般累犯、特殊累犯；简单累犯、复杂累犯；毒品累犯、非毒品累犯等。A.累犯仅存在于故意犯罪之中，不存在于过失犯罪之中。B.从排除法的角度，过失犯罪，不满18周岁的人（未成年人）犯罪，假释犯在假释考验期内再犯新罪，缓刑犯在缓刑考验期内再犯新罪，都不构成累犯。（2）累犯的本质在于改造无效性、人身危险性、从重处罚事由性。A.从追诉时效、司法实践的角度讲，一般累犯的追诉时效往往长于特殊累犯的追诉时效。B.构成一般累犯的后罪（有期刑、无期刑、死缓）须发生于前罪刑罚执行完毕或赦免后5年内。C.一般累犯的构成要件含前罪和后罪都是故意犯罪，前罪所判刑罚和后罪所判刑罚都是有期刑以上的刑罚，后罪有发生在前罪执行完毕或赦免后5年内的时间限制。D.特殊累犯的构成要件是前罪和后罪都是危害国家安全罪，都被判处刑罚处罚，无前罪执行完毕或赦免后5年内的时间限制。（3）从司法解释的角度讲，证明被告人构成累犯、毒品再犯的证据材料，应含前罪的裁判文书、释放证明等材料；材料不全，应要求有关机关提供。A.要依法从严惩处累犯和毒品再犯。B.凡是依法构成累犯和毒品再犯，即使犯罪情节较轻，也要体现从严惩处的精神。C.对前罪为暴力犯罪或被判处重刑的累犯，更要依法从严惩处。

【2004·卷2·单选·13】（答案：A）下列哪一种情形不构成累犯？A.张某犯故意伤害罪被判处有期徒刑3年，缓刑3年，缓刑期满后的第3年又犯盗窃罪，被判处有期徒刑10年。B.李某犯强奸罪被判处有期徒刑5年，刑满释放后的第4年，又犯妨害公务罪，被判处有期徒刑6个月。C.王某犯抢夺罪被判处有期徒刑4年，执行3年后被假释，在假释期满后的第5年又犯故意杀人罪被判处无期徒刑。D.田某犯叛逃罪被判处管制2年，管制期满后20年又犯为境外刺探国家秘密罪，被判处拘役6个月。

从司法解释的角度讲，对累犯（一般累犯、特殊累犯或特殊再犯），应综合考虑前后罪的性质、刑罚执行完毕或赦免后至再犯罪时间的长短及前后罪罪行轻重等情况，从重处罚，但增加的刑罚量一般不少于3个月，不高于5年。（1）刑罚执行完毕不满1年重新犯罪，应增加基准刑的10%~40%。（2）刑罚执行完毕已满1年不满3年重新犯罪，应增加基准刑的10%~30%。（3）刑罚执行完毕已满3年不满5年重新犯罪，应增加基准刑的10%~20%。对前后罪为同种犯罪的累犯和特殊累犯，应确定较高的从重幅度。

【2005·卷2·多选·55】（答案：ABD）符合下列哪些情形而在5年以内再犯应判处有期徒刑以上刑罚之罪的可以构成累犯？A. 前罪的刑罚执行完毕以后。B. 赦免以后。C. 缓刑考验期满以后。D. 假释考验期满以后。

【2014·卷2·多项·55】（答案：AB）关于刑罚的具体运用，下列哪些选项是错误的？A. 甲1998年因间谍罪被判处有期徒刑4年。2010年，甲因参加恐怖组织罪被判处有期徒刑8年。甲构成累犯。B. 乙因倒卖文物罪被判处有期徒刑1年，罚金5000元；因假冒专利罪被判处有期徒刑2年，罚金5000元。对乙数罪并罚，决定执行有期徒刑2年6个月，罚金1万元。此时，即使乙符合缓刑的其他条件，也不可对乙适用缓刑。C. 丙因无钱在网吧玩游戏而抢劫，被判处有期徒刑1年缓刑1年，并处罚金2000元，同时禁止丙在12个月内进入网吧。若在考验期限内，丙仍常进网吧，情节严重，则应对丙撤销缓刑。D. 丁系特殊领域专家，因贪污罪被判处有期徒刑8年。丁遵守监规，接受教育改造，有悔改表现，无再犯危险。1年后，因国家科研需要，经最高法院核准，可假释丁。

公检法办理刑事案件，应分工负责，互相配合，互相制约，保证准确、及时地查明犯罪事实，正确应用法律，惩罚罪犯，保障无罪的人不受刑事追究，须依法定程序，收集能证实嫌犯、被告人有罪或无罪、犯罪情节轻重的各种证据。（1）在案件侦查终结前，嫌犯提出无罪或罪轻的辩解，辩护律师提出嫌犯无罪或依法不应追究刑责的意见，侦查机关应依法核实。（2）证明被告人有罪或无罪、罪轻或罪重的证据，都应在法庭上出示，依法保障控辩双方的质证权利。（3）对定罪量刑的证据，控辩双方存在争议，应单独质证；对庭前会议中控辩双方无异议的证据，可简化举证、质证。（4）法院经审理，对案件事实清楚，证据确实、充分，依据法律认定被告人有罪，应作出有罪判决。（5）依据法律规定认定被告人无罪，应作出无罪判决。（6）证据不足，不能认定被告人有罪，应按疑罪从无原则，依法作出无罪判决。（7）第一审法院判决被告人无罪、不负刑责或免刑，被告人在押，应在宣判后立即释放。

◆《刑法》第66条【特别累犯】

从特别累犯的适用对象、犯罪性质、犯罪类型、罪名的角度讲，危害国安犯罪（危害国家安全罪、危害国安的他罪）、恐怖活动犯罪（以制造社会恐慌、危害公共安全或胁迫国家机关、国际组织为目的，采取暴力、破坏、恐吓等手段，造成或意图造成人员伤亡、重大财产损失、公共设施损坏、社会秩序混乱等严重社会危害的犯罪，以及煽动、资助或以其他方式协助实施上述活动的犯罪）、黑社会性质组织犯罪的罪犯在刑罚执行完毕或赦免后，无论何时何地再犯危害国安犯罪（背叛国家罪；分裂国家罪、煽动分裂国家罪；颠覆国家政权罪、煽动颠覆国家政权罪；资敌罪；资助危害国安犯罪活动罪；武装叛乱、暴乱罪；投敌叛变罪；叛逃罪；间谍罪；为境外窃取、刺探、收买、非法提供国家秘密罪）、恐怖活动犯罪（组织、领导、参加恐怖组织罪；帮助恐怖活动罪；准备实施恐怖活动罪；宣扬恐怖主义、极端主义、煽动实施恐怖活动罪；利用极端主义破坏法律实施罪；强制穿戴宣扬恐怖主义、极端主义服饰、标志罪；非法持有宣扬恐怖主义、极端主义物品罪；拒绝提供间谍犯罪、恐怖主义犯罪、极端主义犯罪证据罪；编造、故意传播虚假恐怖信息罪）、黑社会性质组织犯罪（组织、领导、参加黑社会性质组织罪；包庇、纵容黑社会性质组织罪；入境发展黑社会组织罪），都以特殊累犯论处。

从特别累犯的构成要件的角度看，特别累犯，以单一特别累犯为主（危害国安犯罪累犯、恐怖活动犯罪累犯、黑社会性质组织犯罪累犯），以双重特别累犯为辅。特别累犯、一般累犯不得缓刑、减刑、假释。（1）累犯（一般累犯、特殊累犯、毒品再犯）不得假释。（2）因故意杀人、强奸、抢劫、绑架、放火、爆炸、投放危险物质或有组织的暴力犯罪被处10年以上有期刑、无期刑的罪犯，不得假释。

刑法修正案（八）（2011年）出台前，只有前后罪都属于危害国家安全犯罪时，才构成特殊累犯。

从刑诉法的角度讲，危害国安、恐怖活动案件，可能判处无期刑、死刑的案件，属于中院管辖的第一审刑事案件。(1) 公安机关在立案后，对危害国安犯罪、恐怖活动犯罪、黑社会性质的组织犯罪、重大毒品犯罪或其他严重危害社会的犯罪案件，据侦查犯罪的需要，经过严格的批准手续，可采取技术侦查措施。(2) 公安机关拘留人时，须出示拘留证。拘留后，应立即将被拘留人送看守所羁押，至迟不得超过24小时。除无法通知或涉嫌危害国安犯罪、恐怖活动犯罪通知可能有碍侦查的情形以外，应在拘留后24小时内，通知被拘留人的家属。有碍侦查的情形消失后，应立即通知被拘留人的家属。(3) 对涉嫌危害国安犯罪、恐怖活动犯罪，在住处执行可能有碍侦查，经上一级公安机关批准，也可在指定的居所执行，但不得在羁押场所、专门的办案场所执行。(4) 危害国安犯罪、恐怖活动犯罪案件，在侦查期间辩护律师会见在押的嫌犯，应经侦查机关许可。上述案件，侦查机关应事先通知看守所。(5) 对危害国安犯罪、恐怖活动犯罪、黑社会性质的组织犯罪、毒品犯罪等案件，证人、鉴定人、被害人因在诉讼中作证，本人或其近亲属的人身安全面临危险，法院、检察院和公安机关应采取一项或多项保护措施（不公开真实姓名、住址和工作单位等个人信息；采取不暴露外貌、真实声音等出庭作证措施；禁止特定的人员接触证人、鉴定人、被害人及其近亲属；对人身和住宅采取专门性保护措施；其他必要的保护措施）。(6) 对贪污贿赂犯罪案件，以及需及时进行审判，经最高检察院核准的严重危害国安犯罪、恐怖活动犯罪案件，由犯罪地、被告人离境前居住地或最高法院指定的中院组成合议庭进行审理，嫌犯、被告人在境外，检察机关、公安机关移送起诉，检察院认为犯罪事实已查清，证据确实、充分，依法应追究刑责，可向法院提起公诉。法院进行审查后，对起诉书中有明确的指控犯罪事实，符合缺席审判程序适用条件，应决定开庭审判。(7) 对贪污贿赂犯罪、恐怖活动犯罪等重大犯罪案件，嫌犯、被告人逃匿，在通缉1年后不能到案，或嫌犯、被告人死亡，依刑法规定应追缴其违法所得及其他涉案财产，检察院可向法院提出没收违法所得的申请。

【2008·川·卷2·单选·37】（答案：A）甲以乙诽谤自己向法院提起自诉，法庭审理中，甲、乙都向法庭申请调取新的证据。根据乙的申请，法院依法向证人丙调取了证据。下列哪一主体在该案中负有提出证据证明案件事实的责任？A. 甲。B. 乙。C. 丙。D. 法院。

从刑诉法、刑法的角度看，国安机关依法律规定，办理危害国安的刑事案件，行使与公安机关相同的职权。(1) 辩护律师对在执业活动中知悉的委托人的有关情况和信息，有权保密，但辩护律师在执业活动中知悉委托人或其他人，准备或正实施危害国安、公共安全以及严重危害他人人身安全的犯罪，应及时告知司法机关。(2) 批准或决定逮捕，应将嫌犯、被告人涉嫌犯罪的性质、情节、认罪认罚等情况，作为是否可能发生社会危险性的考虑因素。A. 对有证据证明有犯罪事实，可能判处徒刑以上刑罚的嫌犯、被告人，采取取保候审尚不足以防止发生有危害国安、公共安全或社会秩序的现实危险；可能实施新的犯罪；可能毁灭、伪造证据，干扰证人作证或串供；可能对被害人、举报人、控告人实施打击报复；企图自杀或逃跑的社会危险性，或有证据证明有犯罪事实，可能判处10年有期刑以上刑罚，或有证据证明有犯罪事实，可能判处徒刑以上刑罚，曾故意犯罪或身份不明，均应逮捕。B. 被取保候审、监视居住的嫌犯、被告人违反取保候审、监视居住规定，情节严重，可逮捕。(3) 故意阻碍国安机关、公安机关依法执行国安工作任务，未使用暴力、威胁方法，造成严重后果，以妨害公务罪处罚。(4)【洗钱罪】明知是毒品犯罪、黑社会性质的组织犯罪、恐怖活动犯罪、走私犯罪、贪污贿赂犯罪、破坏金融管理秩序犯罪、金融诈骗犯罪的所得及其产生的收益，为掩饰、隐瞒其来源和性质，有提供资金账户；协助将财产转换为现金、金融票据、有价证券；通过转账或其他结算方式协助资金转移；协助将资金汇往境外；以其他方法掩饰、隐瞒犯罪所得及其收益的来源和性质的行为之一，没收实施以上犯罪的所得及其产生的收益，处5年以下有期刑或拘役，并处或单处洗钱数额5%以上20%以下罚金；情节严重，处5年以上10年以下有期刑，并处洗钱数额5%以上20%以下罚金。单位洗钱罪，实行双罚制，对单位判处罚金，并对其直接负责的主管人员和其他直接责任人员处5年以下有期刑或拘役；情节严重，处5年以上10年以下有期刑。

从党纪党规的角度讲，利用宗族或黑恶势力等欺压群众，或纵容涉黑涉恶活动、为黑恶势力充当"保护伞"，给予撤销党内职务或留党察看处分；情节严重，给予开除党籍处分。

从司法解释的角度讲，要严格贯彻落实宽严相济的刑事政策，对黑社会性质组织的组织者、领导者及其他骨干成员要依法从严惩处；对犯罪情节较轻的其他参加人员、初犯、偶犯、未成年犯，要依法从轻、减轻处罚，以分化、瓦解罪犯，减少社会对抗、促进社会和谐，取得法律效果和社会效果的统一。公安机关侦查时要特别重视对涉黑犯罪视听资料的收集。对那些能证明涉案犯罪组织具备黑社会性质组织"4个特征"及其实施的具体违法犯罪活动的录音、录像资料，要及时提取、固定、移送；通过特殊侦查措施获取的视听资料，移送审查起诉时对证据的来源、提取经过应予说明。法院在开庭审理涉黑案件前，应认真做好庭审预案。法庭调查时，除须传唤共同被告人同时到庭质证外，对各被告人应分别讯问，以防止被告人当庭串供或不敢如实供述、作证。对诉讼参与人、旁听人员破坏法庭秩序、干扰法庭审理，法庭应按刑诉法及有关司法解释规定及时作出处理；构成犯罪，应依法追究刑责。

从反恐法的角度讲，涉及恐怖活动犯罪的刑事司法协助、引渡和被判刑人移管，依有关法律规定执行。(1) 中国根据缔结或参加的国际条约，或按平等互惠原则，与其他国家、地区、国际组织开展反恐怖主义合作。(2) 国务院有关部门根据国务院授权，代表中国政府与外国政府和有关国际组织开展反恐怖主义政策对话、情报信息交流、执法合作和国际资金监管合作。(3) 不违背中国法律的前提下，边境地区的县级以上地方政府及其主管部门，经国务院或中央有关部门批准，可与相邻国家或地区开展反恐怖主义情报信息交流、执法合作和国际资金监管合作。(4) 经与有关国家达成协议，并报国务院批准，国务院公安部门、国安部门可派员出境执行反恐怖主义任务。(5) 解放军、武警部队派员出境执行反恐怖主义任务，由中央军委批准。(6) 通过反恐怖主义国际合作取得的材料可在行政处罚、刑诉中作为证据使用，但我方承诺不作为证据使用为例外。A. 对因履行反恐怖主义工作职责或协助、配合有关部门开展反恐怖主义工作导致伤残或死亡的人员，按国家有关规定给予相应的待遇。B. 公安机关、国安机关、解放军、武警部队因履行反恐怖主义职责的紧急需要，据国家有关规定，可征用单位和个人的财产；任务完成后应及时归还或恢复原状，并依规定支付相应费用；造成损失，应补偿。C. 因开展反恐怖主义工作对有关单位和个人的合法权益造成损害，应依法给予赔偿、补偿；有关单位和个人有权依法请求赔偿、补偿。(6) 国家鼓励、支持反恐怖主义科研和技术创新，开发和推广使用先进的反恐怖主义技术、设备。(7) 因报告和制止恐怖活动，在恐怖活动犯罪案件中作证，或从事反恐怖主义工作，本人或其近亲属的人身安全面临危险，经本人或其近亲属提出申请，公安机关、有关部门应采取一项或多项保护措施（对人身和住宅采取专门性保护措施；禁止特定的人接触被保护人员；不公开真实姓名、住址和工作单位等个人信息；变更被保护人员的姓名，重新安排住所和工作单位；其他必要的保护措施），公安机关、有关部门应采取不公开被保护单位的真实名称、地址，禁止特定的人接近被保护单位，对被保护单位办公、经营场所采取专门性保护措施，以及其他必要保护措施。

第三节 自首和立功（第67~68条）

◆《刑法》第 67 条【自首（一般自首、特别自首；自然人自首、单位自首）】

从法定量刑情节的角度看，一般自首是犯罪后自动投案（犯罪事实或嫌犯未被司法机关发觉，或虽被发觉，但嫌犯尚未受到讯问、未被采取强制措施时，主动、直接向公安机关、检察院或法院投案；并非出在嫌犯主动，而是经亲友规劝、陪同投案；公安机关通知嫌犯的亲友，或亲友主动报案后，将嫌犯送去投案，也应视为自动投案），如实供述自己的罪行（嫌犯自动投案后，如实交代自己的主要犯罪事实）。

自首是犯罪后自动投案，如实供述自己罪行（自行投于有关机关或个人的控制，承认、交代自己所犯的特定犯罪事实）的行为，或被采取强制措施的嫌犯、被告人和正在服刑的罪犯，如实供述司法机关还未掌握的本人其他罪行的行为。（1）一般自首是犯罪后自动投案，如实供述自己的罪行的行为。一般自首的成立要件是自动投案、如实供述自己的犯罪事实。（2）准自首（特别自首）是被采取强制措施的嫌犯、被告人和正在服刑的罪犯，如实供述司法机关还未掌握的本人其他罪行的行为。

【2005·卷2·单选·6】（答案：A）下列情形哪一项属于自首？A. 甲杀人后其父主动报案并将甲送到派出所，甲当即交代了杀人的全部事实和经过。B. 甲和乙共同贪污之后，主动到检察机关交代自己的贪污事实，但未提及乙。C. 甲和乙共同盗窃之后，主动向公安机关反映乙曾诈骗数千元，经查证属实。D. 甲给监察局打电话，承认自己收受他人1万元贿赂，并交代了事情经过，然后出走不知所踪。

【2008·川·卷2·单选·2】（答案：A）甲因为盗窃乙的自行车（价值460元）被抓获，公安机关对其作出行政拘留15日的处罚。在被行政拘留期间，甲主动交代了盗窃丙的摩托车（价值2万元）的犯罪事实，该事实经公安机关查证属实。对甲主动交代盗窃摩托车一事的行为应如何定性？A. 自首。B. 坦白。C. 立功。D. 重大立功。

行为人被公安机关行政拘留期间，如实供述司法机关尚未掌握的本人其他罪行，虽其在供述时不属于被采取强制措施的嫌犯、被告人和正在服刑的罪犯，但根据罪刑法定原则精神，也可视为特别自首（被采取强制措施的嫌犯、被告人和正在服刑的罪犯，如实供述司法机关尚未掌握的本人他罪行的行为）或一般自首（犯罪后自动投案，如实供述自己的罪行的行为）。

从宽严相济刑事政策的角度讲，对自首的被告人，除了罪行极其严重、主观恶性极深、人身危险性极大，或恶意地利用自首规避法律制裁者以外，一般均应依法从宽处罚。（1）对亲属以不同形式送被告人归案或协助司法机关抓获被告人而认定为自首，原则上都应依法从宽处罚；有的虽不能认定为自首，但考虑到被告人亲属支持司法机关工作，促使被告人到案、认罪、悔罪，在决定对被告人具体处罚时，也应充分考虑。（2）在对严重刑事犯罪依法从严惩处的同时，对被告人有自首、立功、从犯等法定或酌定从宽处罚情节，还要注意宽以济严，据犯罪的具体情况，依法应或可从宽，都应在量刑上充分考虑。

从司法解释的角度讲，对自首情节，综合考虑自首的动机、时间、方式、罪行轻重、如实供述罪行的程度及悔罪表现等情况，确定从宽的幅度，但恶意利用自首规避法律等不足以从宽处罚为例外。（1）犯罪事实或嫌犯未被办案机关发觉，主动直接投案构成自首，可减少基准刑的40%以下，一般不超过4年。（2）犯罪事实和嫌犯已被办案机关发觉，但尚未受到调查谈话、讯问，或未被宣布采取调查措施或强制措施，主动直接投案构成自首，可减少基准刑的30%以下，一般不超过3年。（3）嫌犯、被告人如实供述办案机关尚未掌握的不同种罪行，以自首论，可减少基准刑的30%以下，一般不超过3年。（4）并非出于被告人主动，而是经亲友规劝、陪同投案,或亲友送去投案等情形构成自首,可减少基准刑的30%以下,一般不超过3年。(5)罪行尚未被办案机关发觉,仅因形迹可疑被有关组织或办案机关盘问、教育后,主动交代自己的罪行构成自首,可减少基准刑的30%以下,一般不超过3年。(6)强制戒毒期间主动交代自己的罪行,构成自首,可减少基准刑的30%以下,一般不超过3年。(7)其他类型的自首,可减少基准刑的20%以下,一般不超过2年。(8)犯罪较轻的自首,可减少基准刑的40%以上或依法免除处罚。

对当庭自愿认罪,据犯罪的性质、罪行的轻重、认罪程度及悔罪表现等情况,可减少基准刑的10%以下,一般不超过1年,以依法认定为自首、坦白为例外。

对坦白情节,综合考虑如实供述罪行的阶段、程度、罪行轻重及悔罪程度等情况,确定从宽的幅度。(1)如实供述自己罪行,可减少基准刑的20%以下,一般不超过2年。(2)如实供述办案机关尚未掌握的同种较重罪行,可减少基准刑的10%~30%,一般不超过3年;如实供述办案机关尚未掌握的同种较轻罪行,可减少基准刑的10%以下,一般不超过1年。(3)因如实供述自己罪行,避免特别严重后果发生,可减少基准刑的30%~50%。(4)办案机关掌握的证据不充分,罪犯如实交代有助于收集定案证据,可减少基准刑的20%以下,一般不超过2年。(5)揭发同案犯共犯事实,可减少基准刑的20%以下,一般不超过2年。

从司法实践、量刑情节的角度讲,嫌犯、被告人自首、立功、坦白、认罪认罚时间的早晚是影响量刑折扣梯度(量刑层级)的一个重要考量因素。自首、立功(法定情节)、坦白、当庭自愿认罪悔罪、积极退赃、积极赔偿损失、达成和解协议(酌定情节)有不同的量刑层级。原则上,自首可减少基准刑的40%以上或依法免除处罚,坦白可减少基准刑的20%以下,当庭自愿认罪可减少基准刑的10%以下。

【2009·卷2·多选·53】(答案:AD)关于自首中的"如实供述",下列哪些选项是错误的?A. 甲自动投案后,如实交代自己的杀人行为,但拒绝说明凶器藏匿地点的,不成立自首。B. 乙犯有故意伤害罪、抢夺罪,自动投案后,仅如实供述抢夺行为,对伤害行为一直主张自己是正当防卫,仍然可以成立自首。C. 丙虽没自动投案,但办案机关所掌握线索针对的贪污事实不成立,在此范围外丙交代贪污罪行的,应当成立自首。D. 丁自动投案并如实供述自己的罪行后又翻供,但在二审判决前又如实供述的,应当认定为自首。

【2014·卷2·单选·12】(答案:B)甲(民营企业销售经理)因合同诈骗罪被捕。在侦查期间,甲主动供述曾向国家工作人员乙行贿9万元,司法机关遂对乙进行追诉。后查明,甲的行为属于单位行贿,行贿数额尚未达到单位行贿罪的定罪标准。甲的主动供述构成下列哪一量刑情节?A. 坦白。B. 立功。C. 自首。D. 准自首。

证明被告人自首、坦白(被动归案后,如实供述自己被指控的犯罪事实)、立功的证据材料,未加盖接受被告人投案、坦白、检举揭发等的单位的印章,或接受人员无签名,不得作为定案的根据。证据未经当庭出示、辨认、质证等法庭调查程序查证属实,不得作为定案的根据,以法律和刑诉法解释另有规定为例外。对被告人及其辩护人提出有自首、坦白、立功的事实和理由,有关机关未予认定,或有关机关提出被告人有自首、坦白、立功表现,但证据材料不全,法院应要求有关机关提供证明材料,或要求相关人员作证,并结合其他证据作出认定。

从法定量刑情节的角度讲,成立自首需同时具备自动投案、如实供述自己的罪行两个缺一不可的法定要件。(1)特殊而言,被采取强制措施的嫌犯、被告人和已宣判的罪犯、正服刑的罪犯,如实供述司法机关尚未掌握的本人他罪行,与司法机关已掌握或判决确定的罪行属于不同种罪行,以特殊自首(准自首)论。(2)未自动投案的准自首的两种情形:A. 罪犯如实交代办案机关未掌握的罪行,与办案机关已掌握的罪行属不同种罪行。B. 办案机关所掌握线索针对的犯罪事实不成立,在此范围外罪犯交代同种罪行。

从刑罚裁量的角度讲，自首制度体现了惩罚与预防犯罪相结合的刑事政策。（1）嫌犯、被告人自愿如实供述自己的罪行，承认指控的犯罪事实，愿意接受处罚，可依法从宽处理。A. 对自首犯，可从轻或减轻处罚；对犯罪较轻的自首犯，可免除处罚。B. 具体确定自首犯从轻、减轻还是免除处罚，应根据犯罪轻重，并考虑自首的具体情节。C. 被采取强制措施的嫌犯、被告人和已宣判的罪犯，如实供述司法机关尚未掌握的罪行，与司法机关已掌握的或判决确定的罪行属同种罪行，可酌情从轻处罚；如实供述的同种罪行较重，一般应从轻处罚。D. 嫌犯虽不有犯罪后自动投案如实供述自己的罪行，或被采取强制措施的嫌犯、被告人和正服刑的罪犯，如实供述司法机关还未掌握的本人他罪行的自首情节，但如实供述自己罪行，可从轻处罚；因其如实供述自己罪行，避免特别严重后果发生，可减轻处罚。（2）行贿人被追诉后如实供述自己罪行，可从轻处罚；因其如实供述自己罪行，避免特别严重后果发生，可减轻处罚。（3）境外机构、组织、个人实施或指使、资助他人实施，或境内机构、组织、个人与境外机构、组织、个人相勾结实施间谍行为，构成犯罪，依法追究刑责；实施间谍行为，有自首或立功表现，可从轻、减轻或免除处罚；有重大立功表现，给予奖励。（4）自动投案是嫌犯犯罪后、归案前基于本人意愿向司法机关及其他有关单位和人员承认自己实施了犯罪，自愿置于刑事强制措施下等待刑诉的行为。

从刑事强制措施的角度讲，被采取取保候审措施期间逃匿后又自动投案的行为能否认定为自首，有争议性。（1）先前有自动投案行为，被采取取保候审措施期间逃匿后又自动投案（到案行为抵消逃匿行为），不影响前自首的认定。（2）先前无自动投案行为，被采取取保候审措施期间逃匿后又自动投案，并如实供述尚未被司法机关掌握的他罪行为，可认定为自首。（3）从投案时间条件的角度，先前未自动投案行为，被采取取保候审措施期间逃匿后又自动投案，仅如实供述逃匿前已被司法机关掌握的犯罪事实，不应认定为自首。[29]

从最高法《关于处理自首和立功若干具体问题的意见》的角度讲，自动投案的具体认定：（1）应视为自动投案情形，体现了嫌犯投案的主动性和自愿性，譬如犯罪后主动报案，虽未表明自己是作案人，但未逃离现场，在司法机关询问时交代自己罪行；明知他人报案而在现场等待，抓捕时无拒捕行为，供认犯罪事实；在司法机关未确定嫌犯，尚在一般性排查询问时主动交代自己罪行；因特定违法行为被采取、行政拘留、司法拘留、强制隔离戒毒等行政、司法强制措施期间，主动向执行机关交代尚未被掌握的犯罪行为；其他符合立法本意，应视为自动投案情形。（2）罪行未被有关部门、司法机关发觉，仅因形迹可疑被盘问、教育后，主动交代了犯罪事实，应视为自动投案，但有关部门、司法机关在其身上、随身携带的物品、驾乘的交通工具等处发现与犯罪有关的物品，不能认定为自动投案。（3）交通肇事后保护现场、抢救伤者，并向公安机关报告，应认定为自动投案，构成自首，因上述行为同时系嫌犯的法定义务，对其是否从宽、从宽幅度要适当从严掌握。交通肇事逃逸后自动投案，如实供述自己罪行，应认定为自首，但应依法以较重法定刑为基准，视情决定对其是否从宽处罚及从宽处罚的幅度。（4）嫌犯被亲友采用捆绑等手段送到司法机关，或在亲友带领侦查人员前来抓捕时无拒捕行为，并如实供认犯罪事实，虽不能认定为自动投案，但可参照法律对自首有关规定酌情从轻处罚。

如实供述自己的罪行的具体认定：（1）如实供述自己的罪行，除供述自己的主要犯罪事实外，还应含姓名、年龄、职业、住址、前科等情况。嫌犯供述的身份等情况与真实情况虽有差别，但不影响定罪量刑，应认定为如实供述自己的罪行。嫌犯自动投案后隐瞒自己的真实身份等情况，影响对其定罪量刑，不能认定为如实供述自己的罪行。（2）嫌犯多次实施同种罪行，应综合考虑已交代的犯罪事实与未交代的犯罪事实的危害程度，决定是否认定为如

---

[29] 周非儿：“区别情形评价取保候审期间逃匿后投案”，载《检察日报》2017年7月24日。

实供述主要犯罪事实。虽投案后未交代全部犯罪事实，但如实交代的犯罪情节重于未交代的犯罪情节，或如实交代的犯罪数额多于未交代的犯罪数额，一般应认定为如实供述自己的主要犯罪事实。无法区分已交代的与未交代的犯罪情节的严重程度，或已交代的犯罪数额与未交代的犯罪数额相当，一般不认定为如实供述自己的主要犯罪事实。（3）嫌犯自动投案时虽未交代自己的主要犯罪事实，但在司法机关掌握其主要犯罪事实前主动交代，应认定为如实供述自己的罪行。

司法机关还未掌握的本人他罪行和不同种罪行的具体认定：（1）嫌犯、被告人在被采取强制措施期间，向司法机关主动如实供述本人的他罪行，该罪行能否认定为司法机关已掌握，应根据不同情形区别对待。若该罪行已被通缉，一般应以该司法机关是否在通缉令发布范围内作出判断，不在通缉令发布范围内，应认定为还未掌握，在通缉令发布范围内，应视为已掌握；若该罪行已录入全国公安信息网络在逃人员信息数据库，应视为已掌握。若该罪行未被通缉、也未录入全国公安信息网络在逃人员信息数据库，应以该司法机关是否已实际掌握该罪行为标准。（2）嫌犯、被告人在被采取强制措施期间如实供述本人他罪行，该罪行与司法机关已掌握的罪行属同种罪行还是不同种罪行，一般应以罪名区分。虽如实供述的他罪行的罪名与司法机关已掌握犯罪的罪名不同，但如实供述的他罪与司法机关已掌握的犯罪属选择性罪名或在法律、事实上密切关联，如因受贿被采取强制措施后，又交代因受贿为他人谋取利益（a. 为他人谋取利益的行为含承诺、实施、实现三个阶段。b. 只要有为他人谋取利益的承诺、实施或实现阶段的行为，如国家工作人员收受他人财物时，据他人提出的具体请托事项，承诺为他人谋取利益，就具备了为他人谋取利益的要件。c. 明知他人有具体请托事项而收受其财物，视为承诺为他人谋取利益）行为，构成滥用职权罪，应认定为同种罪行

从死缓变更、重大立功的角度讲，死缓犯在死刑缓期执行期间，若未故意犯罪，2年期满后，减为无期刑；若确有重大立功表现，2年期满后，减为25年有期刑；若故意犯罪，情节恶劣，报请最高法核准后执行死刑；对故意犯罪未执行死刑，死缓执行的2年期间重算，并报最高法备案。

【2013·卷2·单选·24】（答案：B）赵某因绑架罪被甲省A市中级法院判处死刑缓期两年执行，后交付甲省B市监狱执行。死刑缓期执行期间，赵某脱逃至乙省C市实施抢劫被抓获，C市中级法院一审以抢劫罪判处无期徒刑。赵某不服判决，向乙省高级法院上诉。乙省高级法院二审维持一审判决。此案最终经最高法院核准死刑立即执行。关于执行赵某死刑的法院，下列哪一选项是正确的？A. A市中级法院。B. B市中级法院。C. C市中级法院。D. 乙省高级法院。

自首、立功证据材料的审查：（1）法院审查的自首证据材料，应含被告人投案经、有罪供述及能证明其投案情况的其他材料。投案经的内容一般应含被告人投案时间、地点、方式等。证据材料应加盖接受被告人投案的单位的印章，并有接受人员签名。（2）法院审查的立功证据材料，一般应含被告人检举揭发材料及证明其来源的材料、司法机关的调查核实材料、被检举揭发人的供述等。被检举揭发案件已立案、侦破、被检举揭发人被采取强制措施、公诉或审判，还应审查相关的法律文书。证据材料应加盖接收被告人检举揭发材料的单位的印章，并有接收人员签名。（3）法院经审查认为证明被告人自首、立功的材料不规范、不全面，应由检察机关、侦查机关完善或提供补充材料。上述证据材料在被告人被指控的犯罪一、二审审理时已形成，应经庭审质证。

对自首、立功的被告人的处罚：（1）对有自首、立功情节的被告人是否从宽处罚、从宽处罚的幅度，应考虑其犯罪事实、犯罪性质、犯罪情节、危害后果、社会影响、被告人的主观恶性和人身危险性等。自首的还应考虑投案的主动性、供述的及时性和稳定性等。立功的还应考虑检举揭发罪行的轻重、被检举揭发的人可能或已被判的刑罚、提供的线索对侦破案

件或协助抓捕其他嫌犯所起作用的大小等。(2) 有自首或立功情节，一般应依法从轻、减轻处罚；犯罪情节较轻，可免除处罚。类似情况下，对有自首情节的被告人的从宽幅度要适当宽于有立功情节的被告人。(3) 虽有自首或立功情节，但犯罪情节特别恶劣、犯罪后果特别严重、被告人主观恶性深、人身危险性大，或在犯罪前即为规避法律、逃避处罚而准备自首、立功，可不从宽处罚。(4) 对被告人有自首、立功情节，同时又有累犯、毒品再犯等法定从重处罚情节，既要考虑自首、立功的具体情节，又要考虑被告人的主观恶性、人身危险性等因素，综合分析判断，确定从宽或从严处罚。累犯的前罪为非暴力犯罪，一般可从宽处罚，前罪为暴力犯罪或前、后罪为同类犯罪，可不从宽处罚。(5) 在共犯案件中，对有自首、立功情节的被告人的处罚，应注意共犯人及首犯、主犯、从犯之间的量刑平衡。集团首犯、共犯的主犯检举揭发或协助司法机关抓捕同案地位、作用较次的罪犯，从宽处罚与否应从严掌握，若从轻处罚可能导致全案量刑失衡，一般不从轻处罚；若检举揭发或协助司法机关抓捕的是其他案件中罪行同样严重的罪犯，一般应依法从宽处罚。对犯罪集团的一般成员、共犯的从犯立功，特别是协助抓捕首犯、主犯，应充分体现宽严相济的刑事政策，依法从宽处罚。(6) 对自首的故意杀人、故意伤害致人死亡的被告人，除犯罪情节特别恶劣，犯罪后果特别严重，一般不应考虑判处死刑立即执行。A. 对亲属送被告人归案或协助抓获被告人，也应视为自首，原则上应从宽处罚。B. 对有立功表现的故意杀人、故意伤害致死的被告人，一般也应体现从宽，可考虑不判处死刑立即执行；若犯罪情节特别恶劣，犯罪后果特别严重，即使有立功情节，也可不予从轻处罚。(7) 嫌犯、被告人自愿如实供述自己罪行，承认指控的犯罪事实，愿意接受处罚，可依法从宽处理。

《关于办理职务犯罪案件认定自首、立功等量刑情节若干问题的意见》规定了职务犯罪案件办理当中自首、立功、如实交代犯罪事实、赃款赃物追缴等量刑情节的认定和处理问题。单位能否成立自首及单位投案的认定标准有争议性。(1) 单位自首的认定条件：A. 单位可成立自首。B. 单位自首与个人自首、检举、揭发的差异在于投案人代表的主体是单位还是个人。C. 单位自首的效果可及于个人，但需以个人如实交代其掌握的罪行为条件。D. 个人自首的效果不能及于单位。(2) 单位犯罪案件中，单位集体决定或单位负责人决定而自动投案，如实交代单位犯罪事实，或单位直接负责的主管人员自动投案，如实交代单位犯罪事实，应认定为单位自首。A. 单位自首，直接负责的主管人员和直接责任人员未自动投案，但如实交代自己知道的犯罪事实，可视为自首；拒不交代自己知道的犯罪事实或逃避法律追究，不应认定为自首。B. 单位未自首，直接责任人员自动投案并如实交代自己知道的犯罪事实，对该直接责任人员应认定为自首。C. 对有自首情节的罪犯，办案机关移送案件时应说明并移交相关证据材料。D. 对有自首情节的罪犯，应根据犯罪事实、性质、情节和对社会的危害程度，结合自动投案的动机、阶段、客观环境，交代犯罪事实的完整性、稳定性及悔罪表现等具体情节，依法决定是否从轻、减轻或免除处罚及从轻、减轻处罚的幅度。(3) 犯罪事实或罪犯未被办案机关（仅限定为纪检、监察、公安、检察等法定职能部门）掌握，或虽被掌握，但罪犯尚未受到调查谈话、讯问，或未被宣布采取调查措施或强制措施时，向办案机关投案，是自动投案。A. 罪犯向所在单位等办案机关外的单位、组织或有关负责人员投案，应视为自动投案。B. 犯罪事实、罪犯是否被掌握，罪犯是否被采取调查措施或强制措施，仅相对办案机关而言。C. 未自动投案，在办案机关调查谈话、讯问、采取调查措施或强制措施期间，罪犯如实交代办案机关掌握的线索所针对的事实，不能认定为自首。D. 在自动投案期间如实交代自己的主要犯罪事实，应认定为自首。E. 未自动投案，仍以自首论的两种情形：a. 罪犯如实交代办案机关未掌握的罪行，与办案机关已掌握的罪行属不同种罪行。b. 办案机关所掌握线索针对的犯罪事实不成立，在此范围外罪犯交代同种罪行。F. 从认定自首的事实根据的角度，对有自首情节的罪犯，办案机关移送案件时应说明并移交相关证据材料。G. 对有自首情节的罪犯，是否从轻、减轻或免除处罚及从轻、减轻处罚的幅度，需视犯罪行为、自首行为的具体情况而定，而影响刑罚裁量的两个关键因素在于犯罪事实、性质、情节和对社会的危害程度；自动投案的动机、阶段、客观环境，交代犯罪事实的完整性、稳定性及悔罪表现等。(4) 如实交代犯罪事实的认定和处理：A. 罪犯依法不成立自首，但如实交代犯罪事实，可酌情从轻处罚的两种情形：a. 办案机关掌握部分犯罪事实，罪犯交代了同种他罪事实。b. 办案机关掌握的证据不充分，罪犯如实交代有助于收集定案证据。B. 罪犯如实交代犯罪事实，一般应从轻处罚的两种情形：a. 办案机关仅掌握小部分犯罪事实，罪犯交代了大部分未被掌握的同种犯罪事实。b. 如实交代对定案证据的收集有重要作用。

【2015·卷2·单选·11】（答案：C）下列哪一选项成立自首？A. 甲挪用公款后主动向单位领导承认了全部犯罪事实，并请求单位领导不要将自己移送司法机关。B. 乙涉嫌贪污被检察院讯问时，如实供述将该笔公款分给了国有单位职工，辩称其行为不是贪污。C. 丙参与共同盗窃后，主动投案并供述其参与盗窃的具体情况。后查明，系因分赃太少、得知举报有奖才投案。D. 丁因纠纷致程某轻伤后，报警说自己伤人了。报警后见程某举拳冲过来，丁以暴力致其死亡，并逃离现场。

从最高法《关于处理自首和立功具体应用法律若干问题的解释》的角度讲，只有在案发后未受到讯问、未被采取强制措施，自动投案如实供述自己的罪行，才能成立自首（主动投案自首、间接投案自首）。自首（一般自首、特殊自首）的条件有类型性、多样性。(1) 自动投案：A. 直接主动投案：犯罪事实或嫌犯未被司法机关发觉，或虽被发觉，但嫌犯尚未受到讯问、未被采取强制措施时，主动、直接向公安机关、检察院或法院投案。B. 间接主动投案（视为自动投案）：a. 嫌犯向其所在单位、城乡基层组织或其他有关负责人员投案。b. 嫌犯因病、伤或为减轻犯罪后果，委托他人先代为投案，或先以信电投案。c. 罪行尚未被司法机关发觉，仅因形迹可疑，被有关组织或司法机关盘问、教育后，主动交代自己的罪行。d. 犯罪后逃跑，在被通缉、追捕过程中，主动投案。e. 经查实确已准备去投案，或正投案途中，被公安机关捕获，或并非出于嫌犯主动，而是经亲友规劝、陪同投案。f. 公安机关通知嫌犯的亲友，或亲友主动报案后，将嫌犯送去投案。C. 动机不影响自首的成立，只要满足"自动投案，如实供述"条件，即可构成自首。D. 嫌犯自动投案后又逃跑，不再投案自首，或嫌犯自动投案后又逃跑，不能认定为自首。E. 自动投案后逃跑，不认为是自首，但逃跑后又主动回来投案，视为自首。F. 对被采取强制措施后逃跑然后又跑回来投案，不认为是自首。G. 嫌犯自动投案并如实供述自己的罪行后又翻供，不能认定为自首，但在一审判决前又能如实供述，应认定为自首。(2) 如实供述自己的罪行，是嫌犯自动投案后，如实交代自己的主要犯罪事实。A. 犯有数罪的嫌犯仅如实供述所犯数罪中部分犯罪，只对如实供述部分犯罪的行为，认定自首。B. 共犯案件中的嫌犯，除如实供述自己的罪行，还应供述所知的同案犯，主犯应供述所知其他同案犯的共犯事实，才能认定为自首。C. 被公安机关采取强制措施后逃跑再归案，即便如实供述也不能成立自首。

【2017·卷2·单选·9】（答案：B）关于自首，下列哪一选项是正确的？A. 甲绑架他人作为人质并与警察对峙，经警察劝说放弃了犯罪。甲是在"犯罪过程中"而不是"犯罪后"自动投案，不符合自首条件。B. 乙交通肇事后留在现场救助伤员，并报告交管部门发生了事故。交警到达现场询问时，乙否认了自己的行为。乙不成立自首。C. 丙故意杀人后如实交代了自己的客观罪行，司法机关根据其交代认定其主观罪过为故意，丙辩称其为过失。丙不成立自首。D. 丁犯罪后，仅因形迹可疑而被盘问、教育，便交代了自己所犯罪行，但拒不交代真实身份。丁不属于如实供述，不成立自首。

被告人供述和辩解的审查内容：(1) 讯问的时间、地点、讯问人的身份等是否符合法律及有关规定，讯问被告人的侦查人员是否不少于2人，讯问被告人是否个别进行等。(2) 讯问笔录的制作、修改是否符合法律及有关规定，讯问笔录是否注明讯问的起止时间和讯问地点，首次讯问时是否告知被告人申请回避、聘请律师等诉讼权利，被告人是否核对确认并签名（盖章）、捺指印，是否有不少于2人的讯问人签名等。（3）讯问聋哑人、少数民族人员、外国人时是否提供了通晓聋、哑手势的人员或翻译人员，讯问未成年同案犯时，是否通知了其法定代理人到场，其法定代理人是否在场。（4）被告人的供述有无以刑讯逼供等非法手段获取的情形，必要时可调取被告人进出看守所的健康检查记录、笔录。（5）被告人的供述是否前后一致，有无反复以及出现反复的原因；被告人的所有供述和辩解是否均已收集入卷；应入卷的供述和辩解未入卷，是否出具了相关说明。（6）被告人的辩解内容是否符合案情和常理，有无矛盾。（7）被告人的供述和辩解与同案犯的供述和辩解以及其他证据能否相互印证，有无矛盾；对此，侦查机关随案移送有录音录像资料，应结合相关录音录像资料进行审查。

被告人供述和辩解的认定标准：（1）采用刑讯逼供等非法手段取得的被告人供述，不能作为定案的根据。（2）不能作为定案根据的被告人供述的两种情形：A. 讯问笔录未经被告人核对确认并签名（盖章）、捺指印。B. 讯问聋哑人、不通晓当地通用语言、文字的人员时，应提供通晓聋、哑手势的人员或翻译人员而未提供。（3）讯问笔录存在一定瑕疵（笔录填写的讯问时间、讯问人、记录人、法定代理人等有误或存在矛盾；讯问人未签名；首次讯问笔录未记录告知被讯问人诉讼权利内容），通过有关办案人员的补正或作出合理解释，可采用。（4）对被告人供述和辩解的审查，应结合控辩双方提供的所有证据以及被告人本人的全部供述和辩解进行。A. 被告人庭前供述一致，庭审中翻供，但被告人不能合理说明翻供理由或其辩解与全案证据相矛盾，而庭前供述与其他证据能相互印证，可采信被告人庭前供述。B. 被告人庭前供述和辩解出现反复，但庭审中供认，且庭审中的供述与其他证据能印证，可采信庭审中的供述；被告人庭前供述和辩解出现反复，庭审中不供认，且无其他证据与庭前供述印证，不能采信庭前供述。（5）对侦查机关出具的破案经等材料，应审查是否出具该说明材料的办案人、办案机关的签字或盖章。对破案经有疑问，或对确定被告人有重大嫌疑的根据有疑问，应要求侦查机关补充说明。

◆《刑法》第68条【立功（一般立功、重大立功）】

从法定量刑情节的角度讲，罪犯有揭发他人犯罪行为，查证属实（审查是否构成立功，要审查办案机关的说明材料、有关事实和证据及与案件定性处罚相关的法律文书），或提供重要线索，从而得以侦破其他案件等立功表现，可从轻或减轻处罚；有重大立功表现，可减轻或免除处罚。共犯案件的罪犯到案后，揭发同案犯共犯事实，可酌情从轻处罚。

立功是罪犯揭发他人的犯罪行为，查证属实，或提供重要线索，得以侦破其他案件等的行为。（1）对立功情节，综合考虑立功的大小、次数、内容、来源、效果及罪行轻重等情况，确定从宽的幅度。（2）一般立功，可减少基准刑的20%以下，一般不超过2年。（3）重大立功，可减少基准刑的20%~50%；犯罪较轻，可减少基准刑的50%以上或依法免除处罚。

【2006·卷2·单选·6】（答案：D）甲和乙共同入户抢劫并致人死亡后分头逃跑，后甲因犯强奸罪被抓获归案。在羁押期间，甲向公安人员供述了自己和乙共同所犯的抢劫罪行，并提供了乙因犯故意伤害罪被关押在另一城市的看守所的有关情况，使乙所犯的抢劫罪受到刑事追究。对于本案，下列哪一选项是正确的？A. 甲的行为属于坦白，但不成立特别自首。B. 甲的行为成立特别自首，但不成立立功。C. 甲的行为成立特别自首和立功，但不成立重大立功。D. 甲的行为成立特别自首和重大立功。

【2012·多选·57】（答案：ACD）下列哪些选项不构成立功？A. 甲是唯一知晓同案犯裴某手机号的人，其主动供述裴某手机号，侦查机关据此采用技术侦查手段将裴某抓获。B. 乙因购买境外人士赵某的海洛因被抓获后，按司法机关要求向赵某发短信"报平安"，并表示还

要购买毒品，赵某因此未离境，等待乙时被抓获。C. 丙被抓获后，通过律师转告其父想办法协助司法机关抓捕同案犯，丙父最终找到同案犯藏匿地点，协助侦查机关将其抓获。D. 丁被抓获后，向侦查机关提供同案犯的体貌特征，同案犯由此被抓获。

立功线索来源的具体认定：（1）罪犯通过贿买、暴力、胁迫等非法手段，或被羁押后与律师、亲友会见过程中违反监管规定，获取他人犯罪线索并"检举揭发"，不能认定为有立功表现。（2）罪犯将本人以往查办犯罪职务活动中掌握，或从负有查办犯罪、监管职责的国家工作人员处获取他人犯罪线索检举揭发，不能认定为有立功表现。（3）罪犯亲友为使罪犯"立功"，向司法机关提供他人犯罪线索、协助抓捕嫌犯，不能认定为罪犯有立功表现。（4）罪犯被羁押或归案后，如实交代了自己的犯罪，主动地揭发了其他人犯罪的行为，含揭发同案犯共同犯罪事实外的他罪行为，经司法机关查证属实成立立功。

协助抓捕其他嫌犯的具体认定：（1）罪犯有使司法机关抓获其他嫌犯的"协助司法机关抓捕其他嫌犯"的4种基本情形：按司法机关的安排，以打电话、发信息等方式将其他嫌犯（含同案犯）约至指定地点；按司法机关的安排，当场指认、辨认其他嫌犯（含同案犯）；带领侦查人员抓获其他嫌犯（含同案犯）；提供司法机关尚未掌握的其他案件嫌犯的联络方式、藏匿地址等。（2）罪犯提供同案犯的姓名、住址、体貌特征等情况，或提供犯罪前、犯罪中掌握、使用的同案犯联络方式、藏匿地址，司法机关据此抓捕同案犯，不能认定为协助司法机关抓捕同案犯。

【2017·卷2·单选·31】（答案：B）关于侦查辨认，下列哪一选项是正确的？A. 强制猥亵案，让犯罪嫌疑人对被害人进行辨认。B. 盗窃案，让犯罪嫌疑人到现场辨认藏匿赃物的房屋。C. 故意伤害案，让犯罪嫌疑人和被害人一起对凶器进行辨认。D. 刑讯逼供案，让被害人在4张照片中辨认犯罪嫌疑人。

立功线索的查证程序和具体认定：（1）被告人在第一、二审审理期间检举揭发他人犯罪行为或提供侦破其他案件的重要线索，法院经审查认为该线索内容具体、指向明确，应及时移交有关检察院或公安机关依法处理。（2）侦查机关出具材料，表明在3个月内还不能查证并抓获被检举揭发的人，或不能查实，法院审理案件可不再等待查证结果。（3）被告人检举揭发他人犯罪行为或提供侦破其他案件的重要线索经查证不属实，又重复提供同一线索，且未提出新证据材料，可不再查证。（4）根据被告人检举揭发破获的他人犯罪案件，若已有审判结果，应依据判决确认的事实认定是否查证属实；若被检举揭发的他人犯罪案件尚未进入审判程序，可依据侦查机关提供的书面查证情况认定是否查证属实。检举揭发的线索经查确有犯罪发生，或确定了嫌犯，可能构成重大立功，只是未能将嫌犯抓获归案，对可能判处死刑的被告人一般要留有余地，对其他被告人原则上应酌情从轻处罚。（5）被告人检举揭发或协助抓获的人的行为构成犯罪，但因法定事由不追究刑责、不起诉、终止审理，不影响对被告人立功表现的认定；被告人检举揭发或协助抓获的人的行为应判无期刑以上刑罚，但因有法定、酌定从宽情节，宣告刑为有期刑或更轻刑罚，不影响对被告人重大立功表现的认定。

犯罪人有立功【一般立功［罪犯到案后检举、揭发他人犯罪行为，含共同犯罪案件中的罪犯揭发同案犯共同犯罪外的他罪，经查证属实；提供侦破其他案件的重要线索，经查证属实；阻止他人犯罪活动；协助司法机关抓捕其他嫌犯（含同案犯）；有其他有利在国家和社会的突出表现］、重大立功】表现，可从轻或减轻处罚。（1）对有立功表现的罪犯，在具体裁量刑罚时应充分考虑犯罪行为、立功表现两方面的具体情况。（2）对有立功情节的罪犯，应根据犯罪事实、性质、情节和对社会的危害程度，结合立功表现所起作用的大小、所破获案件的罪行轻重、所抓获嫌犯可能判处的法定刑及立功的时机等具体情节，依法决定是否从轻、减轻或免除处罚及从轻、减轻处罚的幅度。（3）从宽严相济、疏堵并举的角度，坦白对案件的侦破和顺利起诉、审判、量刑有重要作用，防止自首认定的随意性，确保在法律限度内尽可能地实现个案公正，一般而言，对依法不成立自首的罪犯在被动归案后，如实供述自己的罪行，不管司法机关掌握程度如何，均应视为坦白（酌定量刑情节），一般应从轻处罚。（4）对被告人检举揭发他人犯罪构成立功，一般均应依法从宽处罚。对犯罪情节不是十分恶劣，犯罪后果不是十分严重的被告人立功，从宽处罚的幅度应更大。（5）从认罪认罚从宽原则的角度，嫌犯、被告人自愿如实供述自己的罪行，承认指控的犯罪事实，愿意接受处罚，可依法从宽处理。

从同类解释规则、最高法《关于处理自首和立功具体应用法律若干问题的解释》《关于办理职务犯罪案件认定自首、立功等量刑情节若干问题的意见》的角度讲，普通犯罪、职务犯罪的立功（一般立功、重大立功）起算时间条件有限制性、差异性、冲突性，刑法的立功起算时间为犯罪后，职务犯罪立功的认定未规定到案后，普通犯罪的一般立功时间限定在到案后，重大立功未限定到案后。（1）一般立功的5种表现：A. 共犯案件中的罪犯到案后有检举、揭发同案犯共犯外的他罪，经查证属实。B. 罪犯到案后提供侦破其他案件的重要线索，经查证属实。C. 罪犯到案后阻止他人犯罪活动。D. 罪犯到案后协助司法机关抓捕其他嫌犯（含同案犯）。E. 有其他有利于国家和社会的突出表现。（2）重大立功表现：A. 罪犯有检举、揭发他人重大犯罪行为，经查证属实。B. 提供侦破其他重大案件的重要线索，经查证属实。C. 阻止他人重大犯罪活动（罪犯检举、揭发的他人犯罪，提供侦破其他案件的重要线索，阻止他人的犯罪活动）。D. 协助司法机关抓捕其他重大嫌犯（含同案犯）。E. 协助司法机关抓捕的其他嫌犯，嫌犯、被告人依法可能被判无期刑以上刑罚（a. 未判决案件根据犯罪行为的事实、情节可能判处无期刑以上刑罚。b. 已判决案件以实际判处的刑罚为准。c. 根据犯罪行为的事实、情节应判无期刑以上刑罚，因被判刑人有法定情节经依法从轻、减轻处罚后判处有期刑，应认定为重大立功）。F. 对国家和社会有其他重大贡献等。一般而言，重大犯罪、重大案件、重大嫌犯标准是嫌犯、被告人可能被判无期刑以上刑罚或案件在省级或全国范围内有较大影响等情形。

从立功的认定条件、立功的线索和材料来源的限制性的角度讲，不能认定为立功表现的7种情形：（1）非罪犯本人实施的行为【为使罪犯得到从轻处理，罪犯的亲友直接向有关机关揭发他人犯罪行为，提供侦破其他案件的重要线索，或协助司法机关抓捕其他嫌犯［按司法机关的安排，以打电话、发信息等方式将其他嫌犯（含同案犯）约至指定地点；按司法机关的安排，当场指认、辨认其他嫌犯（含同案犯）；带领侦查人员抓获其他嫌犯（含同案犯）；提供司法机关尚未掌握的其他案件嫌犯的联络方式、藏匿地址等］】。A. 罪犯提供同案犯姓名、住址、体貌特征等基本情况，或提供犯罪前、犯罪中掌握、使用的同案犯联络方式、藏匿地址，司法机关据此抓捕同案犯，不能认定为协助司法机关抓捕同案犯，不能认定为立功。B. 罪犯亲友为使罪犯立功，向司法机关提供他人犯罪线索、协助抓捕嫌犯，不能认定为罪犯有立功表现。（2）罪犯揭发他人犯罪行为时未指明具体犯罪事实的揭发行为。（3）罪犯揭发他人的犯罪事实与查实的犯罪事实不有关联性。（4）罪犯提供的线索或协助行为对其他案件的侦破或其他嫌犯的抓捕不有实际作用。（5）罪犯通过非法手段或非法途径获取。（6）罪犯因原担任的查禁犯罪等职务获取。（7）他人违反监管规定向罪犯提供。（8）负有查禁犯罪活动职责的国家机关工作人员或其他国家工作人员利用职务便利提供。

立功的认定：（1）立功须是罪犯本人实施的行为。（2）据以立功的他人罪行材料应指明具体犯罪事实；据以立功的线索或协助行为对侦破案件或抓捕嫌犯要有实际作用。（3）罪犯揭发他人犯罪行为，提供侦破其他案件重要线索，须经查证属实，才能认定为立功。A. 审查是否构成立功，不仅要审查办案机关的说明材料，还要审查有关事实和证据及与案件定性处罚相关的法律文书（立案决定书、逮捕决定书、侦查终结报告、起诉意见书、起诉书或判决书等）。B. 对罪犯的减刑，由执行机关向中级以上法院提出减刑建议书，应组成合议庭进行审理，对确有悔改或立功事实，裁定减刑；非经法定程序不得减刑。

黑社会性质组织成员的立功问题：（1）积极参加者、其他参加者配合司法机关查办案件，有提供线索、帮助收集证据或其他协助行为，并对侦破黑社会性质组织犯罪案件起到一定作用，即使依法不能认定立功，一般也应酌情对其从轻处罚。（2）组织者、领导者检举揭发与该黑社会性质组织及其违法犯罪活动有关联的他罪线索，即使依法构成立功或重大立功，在量刑时也应从严掌握。

从司法解释、刑法分则的角度讲，行贿人揭发受贿人与其行贿无关的他罪行为，查证属实（立功），可从轻、减轻或免除处罚。（1）行贿人在被追诉前主动交待行贿行为，可从轻或减轻处罚，其中犯罪较轻，对侦破重大案件起关键作用，或有重大立功表现，可减轻或免除处罚。（2）因行贿人在被追诉前主动交待行贿行为而破获相关受贿案件，对行贿人不适用立功规定，但可减轻或免除处罚。（3）单位行贿，在被追诉前，单位集体决定或单位负责人决定主动交待单位行贿行为，对单位及相关责任人员可减轻或免除处罚；受委托直接办理单位行贿事项的直接责任人员在被追诉前主动交待自己知道的单位行贿行为，对该直接责任人员可减轻或免除处罚。（4）【战时缓刑】在战时，对被判处3年以下有期刑未现实危险宣告缓刑的犯罪军人，允许其戴罪立功，确有立功表现时，可撤销原判刑罚，不以犯罪论处。

第四节 数罪并罚（第69~71条）

数罪并罚是一人在判决宣告前犯有数罪，或在判决宣告后、刑罚执行完毕前，发现被判刑的罪犯在判决宣告前还有他罪未判决，或被判刑的罪犯在刑罚执行完毕前又犯新罪，审判机关依刑法数罪并罚的原则、方法对一人所犯数罪的合并处罚（一人犯数罪时，法院对数罪分别判刑后刑罚之间合并执行）。

从外国刑法的角度讲，数罪并罚原则有多样性、复杂性、差异性、类型性，分为吸收原则、并科原则、限制加重原则、混合原则等。中国刑法数罪并罚原则有综合性、混合性、包容性、兼顾性，实行以混合原则为主，以并科原则、吸收原则、限制加重原则为辅；以限制加重原则为主，以吸收和并科原则为补充的综合（混合）原则。

【2017·卷2·多选·55】（答案：ABCD）关于数罪并罚，下列哪些选项是正确的？A. 甲犯某罪被判处有期徒刑2年，犯另一罪被判处拘役6个月。对甲只需执行有期徒刑。B. 乙犯某罪被判处有期徒刑2年，犯另一罪被判处管制1年。对乙应在有期徒刑执行完毕后，继续执行管制。C. 丙犯某罪被判处有期徒刑6年，执行4年后发现应被判处拘役的漏罪。数罪并罚后，对丙只需再执行尚未执行的2年有期徒刑。D. 丁犯某罪被判处有期徒刑6年，执行4年后被假释，在假释考验期内犯应被判处1年管制的新罪。对丁再执行2年有期徒刑后，执行1年管制。

从数罪并罚原则和数罪并罚方式方法的关系的角度讲，数罪并罚刑期的3种计算方式方法：（1）从限制加重原则、吸收原则、并科原则的角度，判决宣告前，一人犯有数罪，应对所犯各罪分别量刑，然后应在总和刑期以下、数刑中最高刑期以上，酌情决定应执行的刑罚，数罪中有判处附加刑，仍须执行，但管制最高不能超过3年，拘役最高不能超过1年，有期刑最高不能超过20年。（2）判决宣告后、刑罚执行完毕前，发现被判刑的罪犯在判决宣告前还有他罪未判决，应对新发现的罪作判决，采取先并后减方法，把前后2个判决所判处的刑罚，在最高刑期以上总和刑期以下，决定应执行的刑罚，已执行的刑期，应计算在新判决决定的刑期内。（3）判决宣告后，刑罚执行完毕前，被判刑的罪犯又犯新罪，采取先减后并方法，应对新犯的罪作出判决，把前罪未执行的刑罚与新罪所判处的刑罚，在最高刑期以上总和刑期以下，决定应执行的刑罚。

【2013·卷2·单选·27】（答案：A）检察院在查办国家机关工作人员刘某贪污贿赂案件中，发现刘某还涉嫌伙同其同事苏某利用职权实施非法拘禁犯罪。关于新发现的犯罪的处理，下列哪一选项是正确的？A. 将刘某涉嫌的两个犯罪以及苏某涉嫌的犯罪并案处理，由检察院一并侦查。B. 将刘某涉嫌的两个犯罪并案移送公安机关处理。C. 将刘某和苏某涉嫌的非法拘禁犯罪移送公安机关处理。D. 将刘某涉嫌的两个犯罪以及苏某涉嫌的犯罪，移送公安机关一并侦查。

数罪并罚的4种基本原则：（1）并科原则（数罪分别定罪量刑后主刑和附加刑简单相加，罚金之间简单相加，最终各罪的刑罚相加而全部执行）。A. 数罪中既有主刑又有附加刑，主刑和附加刑之间采用并科原则。B. 从并科原则的角度讲，数罪中判处有附加刑，附加刑仍须执行。（2）吸收原则（数罪分别定罪量刑后选择最重的刑罚为执行的刑罚，吸收其余的刑罚）。A. 从吸收原则的角度讲，数刑中只要有一个是死刑或无期刑，就应执行死刑或无期刑。B. 数罪分别出现死刑或无期刑量刑，采用吸收原则，只执行其中的一个死刑（死刑可吸收其他主刑）或无期刑（无死刑判决，有判处无期刑时，无期刑可吸收其他无期刑以下的主刑）。C. 数罪均被宣告为死刑或最重刑为死刑，或既有死刑又有无期刑，只执行一个死刑，不执行其他主刑。D. 数罪均宣告为无期刑或其中最重一罪为无期刑，只执行一个无期刑，不执行其他主刑。E. 不能将两个无期刑合并起来升格为死刑。F. 罚金、没收财产刑并罚，只执行没收财产刑。（3）限制加重原则（数罪分别定罪量刑，以数罪中的最高刑罚为基础，数刑的合并刑期以下，依法酌情决定执行的刑罚）。从限制加重原则的角度讲，数刑中有2个以上有期刑、2个以上拘役或2个以上管制，应在总和刑期以下、数刑中最高刑期以上，酌情决定应执行的刑期，但管制最高刑期不能超过3年，拘役最高刑期不能超过1年，有期刑最高刑期不能超过20年。有专家学者认为，判决宣告前一人犯数罪的并罚，除判处死刑和无期刑外，有期刑总和刑期不满35年，最高不能超过20年；有期刑总和刑期在35年以上，最高不能超过25年）。A. 数罪中只有有期刑、拘役、管制，采取限制加重原则。B. 一人犯数罪的社会危害性比犯一罪的社会危害性大，应加重刑责，但对最高刑又须限制。C. 数罪中有一罪或数罪应判处无期刑或死刑，对各罪应分别量刑，然后决定执行其中最高的刑罚。D. 数罪中有判处有期刑和拘役，执行有期刑。E. 数罪中有判处有期刑和管制，或拘役和管制，有期刑、拘役执行完毕后，管制仍须执行。F. 数罪中有判处附加刑，附加刑仍须执行，其中附加刑种类相同，合并执行，种类不同，分别执行。（4）混合原则。A. 在数罪中，既有主刑，又有附加刑，除应对主刑按吸收原则、限制加重原则或并科原则并罚外，附加刑仍要执行，而不能和主刑折抵，不能为主刑所吸收判决宣告前犯数罪的并罚。B. 判决宣告前，一人犯有数罪并已被发现，应对所发现的数罪并罚，据对数罪所宣告刑罚的具体情况，分别适用吸收原则、限制加重原则或并科原则，首先对行为人所犯各罪分别定罪量刑，然后按判决宣告前一人犯数罪的数罪并罚规定的数罪并罚的原则和方法，决定应执行的刑罚。

从司法实践、一罪（单一罪）不二罚原则的角度讲，对结合犯应按刑法分则条文的相对较重的法定刑以一罪处罚，不得数罪并罚。

结合犯的类型：（1）牵连型的结合犯（数个犯罪行为之间目的行为与手段行为或结果行为的牵连关系）：A. 从伪造货币罪和出售、运输假币罪的结合犯的角度，伪造货币共出售或运输伪造的货币，以伪造货币罪定罪从重处罚。B. 从非法购买增值税专用发票、购买伪造的增值税专用发票罪合虚开增值税专用发票罪、出售伪造的增值税专用发票罪、非法出售增值税专用发票罪的结合犯的角度，非法购买增值税专用发票或购买伪造的增值税专用发票又应开或出售，分别依虚开增值税专用发票、用于骗取出口退税、抵扣税款发票罪；虚开发票罪；伪造、出售伪造的增值税专用发票罪；非法出售增值税专用发票罪的规定定罪处罚。C. 从提供虚假证明文件罪和受贿罪（非国家工作人员受贿罪）的结合犯的角度，承担资产评估、验资、验证、会计、审计、法律服务等职责的中介组织的人员，索取他人财物或收受他人财物，犯提供虚假证明文件罪，处5年以上10年以下有期刑，并处罚金。D. 从私自开拆、隐匿、毁弃邮件、电报罪和盗窃罪的结合犯的角度，犯私自开拆、隐匿、毁弃邮件、电报罪，邮政工作人员私自开拆而窃取财物，以盗窃罪从重处罚。（2）包容型的结合犯（实施某一犯罪的过程中又实施了另一犯罪，但一罪被另一个罪包容而结合为一罪，不实行数罪并罚）：A. 从强奸罪和强迫卖淫罪的结合犯的角度，组织他人卖淫或强迫他人卖淫，有强奸后迫使其卖淫等严重情节，处10年以上有期刑或无期刑，并处罚金或没收财产。B. 从情节加重犯、结果加重犯、强奸罪、强迫卖淫罪、引诱卖淫罪和拐卖妇女、儿童罪的结合犯的角度，拐卖妇女、儿童，有严重情节，处10年以上有期刑或无期刑，并处罚金或没收财产；有情节特别严重，处死刑，并处没收财产。C. 从绑架罪和故意杀人罪的结合犯、转化犯的角度，以勒索财物为目的绑架他人，或绑架他人为人质，处10年以上有期刑或无期刑，并处罚金或没收财产；使被绑架人死亡或杀害被绑架人，处死刑，并处没收财产。D. 从非法拘禁罪、妨害公务罪和组织他人偷越国（边）境罪的结合犯的角度，组织他人偷越国（边）境，有特殊情节，可能处7年以上有期刑或无期刑，并处罚金或没收财产。E. 从妨害公务罪和运送他人偷越国（边）境罪的结合犯的角度，在运送他人偷越国（边）境中，造成被运送人重伤、死亡，或以暴力、威胁方法抗拒检查，处7年以上有期刑或无期刑，并处罚金。F. 走私、贩卖、运输、制造毒品，有以暴力抗拒检查、拘留、逮捕等严重情节，可能处10年以上有期刑、无期刑或死刑，并处没收财产。

从刑事法律关系、刑法因果关系、犯罪构成要件要素的角度讲，结合犯、连续犯、继续犯、接续犯，仍属于一罪。一罪（单一罪：行为人有一个犯意，实行一个犯罪行为，具备一个独立的犯罪构成要件）的类型：（1）单纯的一罪（典型的一罪：基于一个罪过形式，实施一个犯罪行为，符合一个犯罪构成要件）。（2）实质的一罪（外观上有数罪的某些特征，实质上构成一罪的想象竞合犯、结果加重犯、继续犯）。（3）法定的一罪（符合数个犯罪构成的数罪，但因某种特定的理由，法律规定为一罪的结合犯、集合犯）。（4）判断的一罪（裁判的一罪：符合数个犯罪构成的数罪，因其固有特征，作为一罪处理的连续犯、牵连犯、吸收犯）。

【2015·卷2·单选·8】（答案：C）关于结果加重犯，下列哪一选项是正确的？A. 故意杀人包含了故意伤害，故意杀人罪实际上是故意伤害罪的结果加重犯。B. 强奸罪、强制猥亵妇女罪的犯罪客体相同，强奸、强制猥亵行为致妇女重伤的，均成立结果加重犯。C. 甲将乙拘禁在宾馆20楼，声称只要乙还债就放人。乙无力还债，深夜跳楼身亡。甲的行为不成立非法拘禁罪的结果加重犯。D. 甲以胁迫手段抢劫乙时，发现仇人丙路过，于是立即杀害丙。甲在抢劫过程中杀害他人，因抢劫致人死亡包括故意致人死亡，故甲成立抢劫致人死亡的结果加重犯。

从最高法《关于庭审活动录音录像的若干规定》的角度讲，法院应对庭审活动进行全程录像或录音。高院可结合当地实际，在庭审录音录像的技术、管理、应用等方面制定《关于庭审活动录音录像的若干规定》的实施细则。法院进行其他审判、执行、听证、接访等活动，需录音录像，参照最高法《关于庭审活动录音录像的若干规定》执行。（1）法院开庭审理第一审普通程序和第二审程序刑事、民事和行政案件，应对庭审活动全程同步录音或录像；简易程序及其他程序案件，应根据需要对庭审活动录音或录像。对巡回审判等不在审判法庭进行的庭审活动，不具备录音录像条件，可不录音录像。（2）法院应在审判法庭安装录音设备；有条件的应安装录像设备。法庭可根据实际需要要在部分审判法庭安装录音或录像设备。A. 庭审录音录像应由书记员或其他工作人员自案件开庭时开始录制，并告知诉讼参与人，至闭庭时结束。B. 除休庭和不宜录音录像的调解活动外，录音录像不得间断。C. 书记员应将庭审录音录像的起始、结束时间及有无间断等情况记入法庭笔录。（3）当事人和其他诉讼参与人对法庭笔录有异议并申请补正，书记员应播放录音录像进行核对、补正，若不补正，应将申请记录在案。(4) 法院应使用专门设备存储庭审录音录像，并将其作为案件材料以光盘等方式存入案件卷宗；具备当事人、辩护人、代理人等在法院查阅条件，应将其存入案件卷宗的正卷。A. 未经法院许可，任何人不得复制、拍录、传播庭审录音录像。B. 庭审录音录像的保存期限与案件卷宗的保存期限相同。(5) 法院应采取叠加同步录制时间或其他措施保证庭审录音录像的真实性、完整性。A. 对毁损庭审录音录像或篡改其内容，追究行为人相应的行政或法律责任。B. 因设备、技术等原因导致庭审录音录像内容不完整或不存在，负责录制的人员应做出书面说明，经审判长或庭长审核签字后附卷；内容不完整的庭审录音录像仍应存储并入卷。(6) 在庭审中，诉讼参与人或旁听人员违反法庭纪律或有关法律规定，破坏法庭秩序、妨碍诉讼活动顺利进行，庭审录音录像可作为追究其法律责任的证据。(7) 当事人和其他诉讼参与人认为庭审活动不规范或存在违法现象，法院应结合庭审录音录像调查核实。(8) 法院院长、庭长或纪检监察部门，可根据工作需要调阅庭审录音录像；调阅不公开审理案件的庭审录音录像，应遵守有关保密规定。

庭审活动的旁听规则：(1) 一般而言，公开的庭审活动，公民可旁听。旁听席位不能满足需时，法院可根据申请的先后顺序或通过抽签、摇号等方式发放旁听证，但应优先安排当事人的近亲属或其他与案件有利害关系的人旁听。(2) 特殊而言，不得旁听庭审活动的 5 种人员：A. 证人、鉴定人以及准备出庭提出意见的有专门知识的人。B. 未获得法院批准的未成年人。C. 拒绝接受安全检查的人。D. 醉酒的人、精神病人或其他精神状态异常的人。E. 其他有可能危害法庭安全或妨害法庭秩序的人。(3) 依法有可能封存犯罪记录的公开庭审活动，任何单位或个人不得组织人员旁听。(4) 依法不公开的庭审活动，除法律另有规定外，任何人不得旁听。

◆《刑法》第 69 条【判决宣告前 1 人犯数罪实行刑期限制加重的数罪并罚】

从数罪并罚一般原则、判决时数罪并罚限制加重处罚原则的角度讲，判决宣告前一人犯数罪，除判处死刑和无期刑外，应在总和刑期以下、数刑中最高刑期以上，酌情决定执行的刑期，但管制最高不能超过 3 年，拘役最高不能超过 1 年，有期刑总和刑期不满 35 年，最高不能超过 20 年（a. 判决宣告后，刑罚执行完毕前发现漏罪实行刑期先并后减的数罪并罚的法定刑不可能超过 20 年。b. 判决宣告后，刑罚执行完毕前发现新罪实行刑期先减后并的数罪并罚的法定刑可能实际执行刑罚超过 20 年），总和刑期在 35 年以上，最高不能超过 25 年（对数罪均被判处有期刑的数罪并罚采取限制加重原则）。

从司法实践的角度讲，对罪犯刑满释放后犯新罪并发现尚有未超过追诉时效的漏罪的情形，若新旧罪属于同种数罪，原则上以一罪处罚，不进行数罪并罚，但新旧罪属于不同种数罪，应分别定罪量刑，据判决宣告前一人犯数罪的并罚规定进行数罪并罚，在总和刑期以下、数刑中最高刑以上，酌情决定执行的刑期，以死刑、无期刑为例外，管制最高刑不能超过 3 年，拘役最高刑不能超过 1 年，有期刑最高刑不能超过 20 年。数罪中有判处附加刑，附加刑仍须执行，其中附加刑种类相同，合并执行；种类不同，分别执行。

【2002·卷2·多选·39】（答案：ABC）关于数罪并罚的做法与说法，哪些是错误的？A. 甲犯 A、B 罪，分别被判处有期徒刑 14 年和 7 年，法院决定合并执行 18 年。甲执行 8 年后，又犯 C 罪；被判处有期徒刑 5 年。对此，法院应在 14 年以上 20 年以下有期徒刑的范围内决定合并执行的刑期，然后，减去已执行的 8 年刑期。B. 乙犯 A、B 罪，分别被判处有期徒刑 14 年和 11 年，法院决定合并执行 20 年；在执行 2 年后，法院发现乙在判决宣告前还有没有判决的 C 罪，并就 C 罪判处有期徒刑 5 年。这样，乙实际执行的有期徒刑必然超过 20 年。C. 丙犯 A、B 罪，分别被法院判处 14 年和 11 年，法院决定合并执行 20 年；在执行 2 年后，

丙又犯C罪，法院就C罪判处有期徒刑5年。由于数罪并罚时有期徒刑不得超过20年，故丙实际上不可能执行C罪的刑罚。D. 丁在判决宣告以前犯有A、B、C、D四罪，但法院只判决A罪8年有期徒刑、B罪12年有期徒刑，决定合并执行18年有期徒刑。执行5年后发现C罪与D罪，法院判处C罪5年有期徒刑、D罪7年有期徒刑。此次并罚的"数刑中的最高刑期"应是18年，而不是12年。

【2012·卷2·单选·12】（答案：D）甲因走私武器被判处15年有期徒刑，剥夺政治权利5年；因组织他人偷越国境被判处14年有期徒刑，并处没收财产5万元，剥夺政治权利3年；因骗取出口退税被判处10年有期徒刑，并处罚金20万元。关于该数罪并罚，下列哪选项符合刑法规定？A. 决定判处甲有期徒刑35年，没收财产25万元，剥夺政治权利8年。B. 决定判处甲有期徒刑20年，罚金25万元，剥夺政治权利8年。C. 决定判处甲有期徒刑25年，没收财产5万元，罚金20万元，剥夺政治权利6年。D. 决定判处甲有期徒刑23年，没收财产5万元，罚金20万元，剥夺政治权利8年。

从一罪一罚、数罪并罚原则的角度讲，判决宣告前的数罪并罚，死刑、无期刑，实行吸收原则；附加刑，实行相加原则；有期刑、拘役、管制，实行限制加重原则（在数刑的总和刑期以下，最高刑期以上，决定执行的刑罚）。（1）判决宣告前一人犯数罪，对被告人犯数罪，其中有一罪或数罪应判处无期刑或死刑，对各罪应分别量刑，然后决定执行其中最高的刑罚。（2）判决宣告前一人犯数罪，数罪中判处几个死刑或最重刑为死刑时，只执行一个死刑，不执行其他主刑。数罪中判处几个无期刑或最重刑为无期刑时，只执行一个无期刑，不执行其他主刑。（3）判决宣告前一人犯数罪，对判处有期刑、拘役、管制的数罪并罚，采取限制加重原则，即判决宣告前一人犯数罪，应判处有期刑、拘役、管制，应在总和刑期以下、数刑中最高刑期以上，酌情决定执行的刑期，但管制最高不能超过3年，拘役最高不能超过1年，有期刑最高不能超过20年。（4）缓刑期间再犯新罪的并罚：被宣告缓刑的罪犯，在缓刑考验期限内犯新罪，应撤销缓刑，对新犯的罪作出判决，把前罪和后罪所判处的刑罚，依判决宣告前一人犯数罪实行刑期限制加重的数罪并罚，决定执行的刑罚。也就是说，从数罪并罚的角度，缓刑犯在缓刑考验期限内犯新罪或发现判决宣告前还有他罪未判决，应撤销缓刑，对新犯的罪或新发现的罪作出判决，把前罪和后罪所判处的刑罚，依判决宣告前一人犯数罪的并罚规定，决定执行的刑罚。

【2010·卷2·多选·58】（答案：BC）下列哪些情形不能数罪并罚？A. 投保人甲，为了骗取保险金杀害被保险人。B. 十五周岁的甲，盗窃时拒捕杀死被害人。C. 司法工作人员甲，刑讯逼供致被害人死亡。D. 运送他人偷越边境的甲，遇到检查将被运送人推进大海溺死。

从罪数形态的角度讲，犯罪分为一罪（单纯的一罪、实质的一罪；实质的一罪、法定的一罪、处断的一罪）、数罪（同种数罪、异种数罪；实质数罪、想象数罪；并罚数罪、非并罚数罪；判决宣告前的数罪、刑罚执行期间的数罪）；新罪、漏罪；连续犯、继续犯、持续犯、集合犯；连续犯、惯犯、常业犯；连续犯、牵连犯、吸收犯；牵连犯、结果加重犯；牵连犯、复行为犯；牵连犯、想象竞合犯（双重想象竞合犯、多重想象竞合犯；故意的想象竞合犯、过失的想象竞合犯、故意过失混合的想象竞合犯等）；想象竞合犯、吸收犯；接续范、复行为犯；接续范、承继犯（直接承继犯、间接承继犯；承继正犯、承继共犯；同一犯罪的承继犯、转化犯罪的承继犯；对先行为有认识的承继犯、对先行为无认识的承继犯；一实行行为的承继犯、数实行行为的承继犯）；结合犯、集合犯；集合犯、竞合犯（重合竞合犯、交叉竞合犯、包容竞合犯；同质多重竞合犯、异质多重竞合犯；想象竞合犯、法条竞合犯）等。

【2010·卷2·多选·55】（答案：AD）下列哪些情形属于吸收犯？A. 制造枪支、弹药后又持有、私藏所制造的枪支、弹药的。B. 盗窃他人汽车后，谎称所盗汽车为自己的汽车出卖他人的。C. 套取金融机构信贷资金后又高利转贷他人的。D. 制造毒品后又持有该毒品的。

【2012·卷1·单选·12】（答案：D）甲因走私武器被判处15年有期徒刑，剥夺政治权利5年；因组织他人偷越国境被判处14年有期徒刑，并处没收财产5万元，剥夺政治权利3年；因骗取出口退税被判处10年有期徒刑，并处罚金20万元。关于数罪并罚，下列哪一选项符合刑法规定？A.决定判处甲有期徒刑35年，没收财产25万元，剥夺政治权利8年。B.决定判处甲有期徒刑20年，罚金25万元，剥夺政治权利8年。C.决定判处甲有期徒刑25年，没收财产5万元，罚金20万元，剥夺政治权利6年。D.决定判处甲有期徒刑23年，没收财产5万元，罚金20万元，剥夺政治权利8年。

从危害行为和危害结果的关系、一罪和数罪的关系、想象竞合犯和牵连犯、实质数罪的关系的角度讲，想象竞合犯（观念结合犯、想象数罪、行为数罪）的本质特征有争议性，存在实质一罪说、实质数罪说、实质一罪和实质数罪折中说、法条竞合说等不同理论观点；想象竞合犯的危害行为问题有争议性，存在犯罪行为说、法律行为说、社会行为说、自然行为说等不同理论观点；想象竞合犯的危害后果或危害特征有争议性，存在数结果说、数客体说等不同理论观点；想象竞合犯的主观方面有争议性，存在单罪过说、多罪过说、单罪过和多罪过复合说等不同理论观点；想象竞合犯的分类标准、类型有争议性，分为同种想象竞合犯、异种想象竞合犯；故意的想象竞合犯、过失的想象竞合犯、故意和过失混合的想象竞合犯；数个罪名犯罪完成形态的想象竞合犯（结果犯之间的想象竞合犯、结果犯与危险犯的想象竞合犯、结果犯与行为犯的想象竞合犯、危险犯之间的想象竞合犯、危险犯与行为犯之间的想象竞合犯、行为犯之间的想象竞合犯等）；实行犯之间的想象竞合犯实行犯之间的想象竞合犯，实行犯与实行犯的想象竞合犯（预备犯与实行犯的竞合犯、教唆犯与实行犯竞合犯、帮助犯与实行犯竞合犯）；非实行犯之间的想象竞合犯，（一个预备行为，为实行数个不同的犯罪做准备；一个教唆行为教唆他人实施数种不同的犯罪；一个帮助行为帮助他人实施数种不同的犯罪）；结构层次的想象竞合犯（双重想象竞合犯、多重想象竞合犯）；竞合程度的想象竞合犯（行为重合的想象竞合犯、行为包容的竞合犯）；想象竞合犯的处罚原则有争议性，存在从一重罪说、单纯一罪说等不同理论观点。[30]

从司法实践的角度讲，罪犯无论在服刑期间犯新罪，并发现未决的漏罪，还是刑满释放后犯新罪，又发现存在尚未超过追诉时效的漏罪（旧罪），均应实行数罪并罚。

从司法实践的角度讲，继续犯（在作用于同一犯罪对象的犯罪行为着手实行到因某种原因犯罪行为终了或终止前的一定时间内，犯罪行为和犯罪状态一直同时处于继续或持续状态的犯罪形态）有多样性、类型性、复杂性。（1）侵犯自由的继续犯：非法拘禁罪；绑架罪；重婚罪；拐卖妇女、儿童罪等。（2）不作为继续犯：遗弃罪；丢失枪支不报罪；不解救被拐卖、绑架妇女罪；拒不执行判决、裁定罪；拒绝提供间谍犯罪证据罪等。（3）持有型继续犯：持有假币罪；非法持有毒品罪；非法持有毒品原植物罪等。（4）窝藏型继续犯：窝藏毒品、毒赃罪；掩饰、隐瞒犯罪所得、犯罪所得收益罪；洗钱罪等。

貌似数罪而不数罪并罚的情况：（1）实质一罪（一行为，一罪）：继续犯（持续犯）；想象竞合犯（观念的竞合或想象的数罪：基于一个犯罪意图支配的数个不同的罪过，实施一个犯罪行为，同时侵犯数个不同的犯罪客体，触犯两个以上异种罪名从一重处断的犯罪形态）；结果加重犯（加重结果犯）。（2）法定的一罪（数行为法定为一罪）：惯犯；结合犯。（3）处

---

[30] 张明楷：《外国刑法纲要》，清华大学出版社2002年版，第348页；包雯、翟海峰、王涛：《刑法总论专题研究》，人民法院出版社2003年版，第304页；高铭暄主编：《刑法学原理》（第2卷），中国人民大学出版社1993年版，第530页；高铭暄主编：《中国刑法学》，中国人民大学出版社1989年版，第216页；马克昌主编：《犯罪通论》，武汉大学出版社1991年版，第648页；顾肖荣：《刑法中的一罪与数罪问题》，学林出版社1986年版，第77、78页；翁国梁：《中国刑法总论》，正中书局1970年版，第189页；姜伟：《犯罪形态通论》，法律出版社1994年版，第402~413页。

断的一罪（数行为犯数罪按一罪处理）；连续犯；牵连犯［以实施某种具体犯罪为目的，该犯罪行为或结果行为又触犯其他罪名的犯罪形态：a. 牵连犯数行为的故意不是同一故意（罪过）。b. 牵连犯基于一个犯罪目的（犯意）实施数行为，形成与牵连犯罪的数行为相对应的数个犯罪故意。c. 牵连犯的数行为侵犯不同的直接客体、犯罪对象。d. 牵连犯有牵连关系的数行为（手段行为、目的行为、结果行为等）触犯不同的罪名。e. 牵连犯的数行为之间的关系是牵连关系（牵连关系是犯罪的手段行为或结果行为、目的行为或原因行为分别触犯不同罪名的情形；犯罪行为分为手段行为、目的行为时，如手段行为、目的行为分别触犯不同的罪名，构成牵连犯；犯罪行为分为原因行为、结果行为时，原因行为、结果行为分别触犯不同的罪名，构成牵连犯）、罪的吸收关系，所吸收之罪仍独立存在。f. 牵连犯的处断原则，以刑法分则或司法解释有特别规定或刑法分则未规定的牵连犯从一重处断（按重罪从重处罚）为原则，以牵连犯并处轻罪的附加刑为例外］；吸收犯［在实施一个犯罪过程中出现数个犯罪行为，其中一个犯罪行为被另一个犯罪行为吸收，仅成立另一个吸收行为罪名的犯罪形态：a. 吸收犯基于一个犯意，为了实现一个具体犯罪目的而实施数个犯罪行为。b. 吸收犯的数行为侵犯同一或相同的直接客体，指向同一的具体犯罪对象。c. 吸收犯数行为的故意是同一故意。d. 吸收犯的数行为触犯相同的罪名。e. 吸收犯数行为（预备行为、未遂行为、实行行为、中止行为、组织行为、教唆行为、帮助行为等）之间的关系是吸收关系，所吸收之罪不再存在。f. 吸收犯的处断原则以吸收之罪论处，对被吸收之罪不论处］。（4）法条竞合犯：一行为触犯数法条；实际的一罪。A. 通说认为，牵连犯、吸收犯属于实质上的数罪、处断的一罪，不存在转化犯、数罪并罚的问题。B. 也有专家学者认为，牵连犯、吸收犯、想象竞合犯，属于实质上的数罪、处断的一罪。C. 法条竞合以特殊法优于一般法为原则，以重法优于轻法为例外（在同一法律中普通条款的法定刑明显重于特别条款的法定刑，法律未禁止使用普通条款时，才适用重法优于轻法原则）。

数罪并罚执行的方式方法：（1）数罪中有判处有期刑和拘役，执行有期刑。（2）数罪中有判处有期刑和管制，或拘役和管制，有期刑、拘役执行完毕后，管制仍须执行。（3）数罪中有判处附加刑，附加刑仍须执行，其中附加刑种类相同，合并执行，种类不同，分别执行。（4）被宣告缓刑犯，在缓刑考验期限内犯新罪或发现判决宣告前还有他罪未判决，应撤销缓刑，对新罪或新发现的罪作出判决，把前后罪所判处的刑罚，依判决宣告前一人犯数罪的并罚规定，决定执行的刑罚。

【2003·卷2·多选·36】（答案：CD）下列哪些犯罪行为，应按数罪并罚的原则处理？A. 拐卖妇女又奸淫被拐卖妇女。B. 司法工作人员枉法裁判又构成受贿罪。C. 参加黑社会性质组织又杀人。D. 组织他人偷越国边境又强奸被组织人。

从刑法分则、司法解释的角度讲，数罪并罚的情形：（1）犯组织、领导、参加恐怖活动组织罪并实施杀人、爆炸、绑架等犯罪，依数罪并罚规定处罚，但组织抢劫集团又实行抢劫犯罪，不数罪并罚（犯组织、领导、参加黑社会性质组织罪，又有他罪行为，如指使组织成员杀人、放火或接受组织派遣任务实行杀人、放火等犯罪行为，应实行数罪并罚）。（2）组织、领导、参加黑社会性质的组织，或境外的黑社会组织的人员到中国境内发展组织成员，又有他罪，依数罪并罚规定处罚。A. 境外的黑社会组织人员到中国境内发展组织成员，即构成入境发展黑社会组织罪，若又有他罪行为，应依数罪并罚的规定处罚。B. 犯组织、领导、参加黑社会性质组织罪、入境发展黑社会组织罪或包庇、纵容黑社会性质组织罪罪又有他罪行为，依数罪并罚规定处罚。（3）犯组织、利用会道门、邪教组织、利用迷信破坏法律实施罪，又有奸淫妇女、诈骗财物等犯罪行为，依数罪并罚规定处罚。（4）犯组织他人偷越国（边）境罪，组织他人偷越国（边）境，运送他人偷越国（边）境，对被组织人有杀害、伤害、强奸、拐卖等犯罪行为，或对检查人员有杀害、伤害等犯罪行为，依数罪并罚规定处罚。

(5) 犯运送他人偷越国（边）境罪，对被运送人有杀害、伤害、强奸、拐卖等犯罪行为，或对检查人员有杀害、伤害等犯罪行为，依数罪并罚规定处罚。(6) 犯组织卖淫罪、强迫卖淫罪或协助组织卖淫罪，并有杀害、伤害、强奸、绑架等犯罪行为，依数罪并罚规定处罚。(7) 有保险诈骗罪的投保人、被保险人故意造成财产损失保险事故，骗取保险金，或投保人、受益人故意造成被保险人死亡、伤残或疾病，骗取保险金的行为，同时成立他罪，依数罪并罚规定处罚。(8) 从牵连犯的角度讲，收买被拐卖妇女、儿童，并有收买被拐卖妇女，又强行与其发生性关系（强奸罪），或收买被拐卖妇女、儿童，又非法剥夺、限制其人身自由或有伤害、侮辱等犯罪行为（收买被拐卖妇女儿童罪、非法拘禁罪、故意伤害罪、侮辱罪等），实行数罪并罚。(9) 有强迫劳动罪的行为，造成事故，又成立他罪，依数罪并罚规定处罚。(10) 从牵连犯的角度讲，以暴力、威胁方法抗拒缉私，以走私罪和阻碍国家机关工作人员依法执行职务罪（妨碍公务罪），依数罪并罚规定处罚。(11) 行贿人谋取不正当利益的行为构成犯罪，应与行贿犯罪数罪并罚。(12) 从司法解释的角度讲，实施侵犯著作权犯罪，又销售明知是他人的侵权复制品，构成犯罪，或实施假冒注册商标犯罪，又销售明知是他人的假冒注册商标的商品，构成犯罪，均应实行数罪并罚。(13) 为实施他罪，偷开机动车作为犯罪工具使用后非法占有车辆，或将车辆遗弃导致丢失，以盗窃罪和他罪数罪并罚；将车辆送回未造成丢失，按其所实施的他罪从重处罚。(14) 实施盗窃犯罪后，为掩盖罪行或报复等，故意毁坏其他财物构成犯罪，以盗窃罪和构成的他罪数罪并罚。(15) 出售、运输假币构成犯罪，同时有使用假币行为，以出售、运输假币罪、使用假币罪规定数罪并罚。(16) 从刑法分则、司法解释、法定应数罪并罚情形的角度讲，想象竞合犯、牵连犯以不数罪并罚为原则，以数罪并罚为例外。A. 从牵连犯的角度，因受贿而挪用公款，或挪用公款后又使用的公款犯他罪，实行数罪并罚。B. 从牵连犯的角度，以暴力、威胁方法抗拒缉私，以走私罪和妨害公务罪，依数罪并罚规定处罚。C. 从牵连犯的角度，犯保险诈骗罪，投保人、被保险人故意造成财产损失的保险事故，或投保人、受益人故意造成被保险人死亡、伤残或疾病，同时构成他罪，依数罪并罚规定处罚。D. 从想象竞合犯的角度，纳税人缴纳税款后，采取假报出口或其他欺骗手段，骗取国家出口退税款，以偷税罪定罪处罚；骗取税款超过所缴纳的税款部分，以骗取出口退税罪定罪处罚，以偷税罪、骗取出口退税罪数罪并罚。(17) 国家工作人员在国家出资企业改制前利用职务便利实施犯罪，在其不再有国家工作人员身份后又实施同种行为，依法构成不同犯罪，应分别定罪，实行数罪并罚。(18) 因挪用公款索取、收受贿赂构成犯罪，依数罪并罚的规定处罚。(19) 挪用公款进行非法活动构成他罪，依数罪并罚的规定处罚。(20) 组织、领导、参加恐怖活动组织，同时实施杀人、放火、爆炸、非法制造爆炸物、绑架、抢劫等犯罪，以组织、领导、参加恐怖组织罪和故意杀人罪、放火罪、爆炸罪、非法制造爆炸物罪、绑架罪、抢劫罪等数罪并罚。(21) 在走私的货物、物品中藏匿走私武器弹药罪、走私核材料罪、走私假币罪、走私文物罪、走私贵重金属罪、走私珍贵动物珍贵动物制品罪、走私国家禁止进出口的货物物品罪、走私淫秽物品罪、走私废物罪、走私贩卖运输制造毒品罪、非法生产买卖运输制造毒品罪、走私制毒物品罪规定的货物、物品，构成犯罪，以实际走私的货物、物品定罪处罚；构成数罪，实行数罪并罚。

【2007·卷2·多选·57】（答案：BC）关于罪数的认定，下列哪些选项是正确的？A. 甲使用暴力强迫赵某与自己进行商品交易，造成赵某重伤。对甲的行为应以故意伤害罪与强迫交易罪实行并罚。B. 乙借用李某的摩托车后藏匿不想归还。李某要求归还时，乙谎称摩托车被盗。乙欺骗李某的行为不单独构成诈骗罪。C. 丙为杀人而盗窃枪支，未及实施杀人行为而被抓获，丙的行为构成故意杀人（预备）罪与盗窃枪支罪的想象竞合犯。D. 丁盗窃信用卡并使用的行为，属于盗窃罪与信用卡诈骗罪的吸收犯。

【2013·卷2·单选·10】（答案：C）关于罪数判断，下列哪一选项是正确的？A. 冒充

警察招摇撞骗,骗取他人财物的,适用特别法条以招摇撞骗罪论处。B. 冒充警察实施抢劫,同时构成抢劫罪与招摇撞骗罪,属于想象竞合犯,从一重罪论处。C. 冒充军人进行诈骗,同时构成诈骗罪与冒充军人招摇撞骗罪的,从一重罪论处。D. 冒充军人劫持航空器的,成立冒充军人招摇撞骗罪与劫持航空器罪,实行数罪并罚。

【2017·卷2·单选·8】(答案:A)关于罪数的判断,下列哪一选项是正确的?A. 甲为冒充国家机关工作人员招摇撞骗而盗窃国家机关证件,并持该证件招摇撞骗。甲成立盗窃国家机关证件罪和招摇撞骗罪,数罪并罚。B. 乙在道路上醉酒驾驶机动车,行驶20公里后,不慎撞死路人张某。因已发生实害结果,乙不构成危险驾驶罪,仅构成交通肇事罪。C. 丙以欺诈手段骗取李某的名画。李某发觉受骗,要求丙返还,丙施以暴力迫使李某放弃。丙构成诈骗罪与抢劫罪,数罪并罚。D. 已婚的丁明知杨某是现役军人的配偶,却仍然与之结婚。丁构成重婚罪与破坏军婚罪的想象竞合犯。

法律特别规定不数罪并罚的情形:(1)法律一个犯罪为另一个犯罪的处罚情节而不要数罪并罚的情形:A. 绑架并杀害人质,绑架罪一罪处罚。B. 拐卖妇女又奸淫被拐卖的妇女,拐卖妇女一罪处罚。C. 拐卖妇女又强迫、引诱、容留被拐卖的妇女卖淫的处罚原则:a. 拐卖妇女一罪处罚。b. 强迫、引诱、容留被拐卖的妇女卖淫作为拐卖妇女的一个加重情况。D. 组织卖淫又有强迫、引诱、容留妇女卖淫的犯罪行为,以组织卖淫罪处罚。E. 从牵连犯的角度,以强奸手段迫使卖淫,既有强迫卖淫罪行又有强奸罪行,仅以强迫卖淫罪处罚,强奸是强迫卖淫的手段,构成适用重刑的依据。F. 从牵连犯的角度讲,组织他人偷越国边境又非法拘禁被组织者,或组织、运送他人偷越国边境使用暴力抗拒缉查,或走私、制造、贩卖、运输毒品,武装掩护,或以暴力抗拒检查、拘留、逮捕情节严重,均以走私、制造、贩卖、运输毒品罪一罪处罚。(2)法定从一罪处罚而不适用数罪并罚的情形:A. 从吸收犯、牵连犯的角度,盗窃信用卡并冒用他人信用卡,以盗窃罪论处。B. 犯盗窃罪和信用诈骗罪问题,存在吸收犯、牵连犯等不同理论观点。C. 从吸收犯、牵连犯的角度讲,伪造货币又出售、运输伪造的货币,以伪造货币罪从重处罚,存在吸收犯、牵连犯等不同争议观点。D. 从牵连犯的角度讲,私拆、毁弃邮件从中窃取财物,以盗窃罪一罪从重处罚。E. 从牵连犯的角度讲,因受贿而徇私枉法或枉法裁判,犯受贿罪和徇私枉法罪或枉法裁判罪,择一重罪处罚。F. 从牵连犯的角度讲,为走私而骗购外汇,为骗购外汇而伪造有关公文,若实行了走私罪,以走私罪一罪处罚;若尚未实行走私行为,以骗购外汇罪一罪处罚。G. 从司法解释、想象竞合犯的角度讲,使用破坏的手段盗窃数额较大财物,又毁坏大量财物,以盗窃罪一罪从重处罚。H. 从想象竞合犯的角度,犯抢夺、窃取国有档案罪,同时又构成他罪,依处罚较重规定定罪处罚。I. 从想象竞合犯的角度,犯擅自出卖、转让国有档案罪同时又构成他罪,依处罚较重规定定罪处罚。J. 行为人购买假币后使用,构成犯罪,以购买假币罪定罪,从重处罚。

法定型转化犯的非数罪并罚的情形:(1)非法拘禁他人故意暴力殴打致被拘禁人造成重伤、死亡,以故意伤害罪、故意杀人罪论处。(2)刑讯逼供致人伤残、死亡,以故意杀人罪、故意伤害罪论处。(3)虐待被监管人造成重伤、死亡,以故意杀人罪、故意伤害罪论处。(4)聚众斗殴造成重伤、死亡,以故意杀人罪、故意伤害罪论处。(5)非法组织卖血、强迫卖血致人重伤,以故意伤害罪论处。(6)在盗窃、诈骗、抢夺过程中使用暴力、威胁手段,以抢劫罪论处(抢劫致人死亡,属于结果加重犯,应适用抢劫罪升格的法定刑)。(7)携带凶器抢夺,以抢劫罪论处。

非法定非数罪并罚的情形:(1)妨害公务、寻衅滋事、聚众斗殴、强奸、抢劫、非法拘禁、刑讯逼供、虐待被监管人、绑架等侵犯人身(权利)的犯罪,造成轻伤后果,仍构成一罪,按相关犯罪定罪处罚。(2)妨害公务、寻衅滋事、聚众斗殴、造成重伤结果,一般以故意伤害罪处罚。

从刑诉法的角度讲，一人犯数罪、共犯和其他需并案审理的案件，只要其中一人或一罪属于上级检察院管辖，全案由上级检察院审查起诉。(1) 检察院审查案件时，须查明5种基本事项（是否属于不应追究刑责；犯罪事实、情节是否清楚，证据是否确实、充分，犯罪性质和罪名的认定是否正确；有无附带民诉；有无遗漏罪行和其他应追究刑责的人；侦查活动是否合法）。(2) 检察院办理嫌犯被羁押的审查起诉案件，应严格依法律规定的期限办结，否则未能依法办结，应根据《刑事诉讼法》第96条（a. 公检法若发现对嫌犯、被告人采取强制措施不当，应及时撤销或变更。b. 公安机关释放被逮捕的人或变更逮捕措施，应通知原批准的检察院）规定释放或变更强制措施。

对侦查机关、监察机关移送审查起诉、补充侦查完毕移送审查起诉的案件，检察院审查起诉期间嫌犯脱逃或患有严重疾病的处理办法：(1) 检察院办理嫌犯被羁押的审查起诉案件，应严格依法律规定的期限办结。A. 未能依法办结，采取强制措施不当，应及时撤销或释放、变更强制措施。B. 公安机关释放被逮捕的人或变更逮捕措施，应通知原批准的检察院。C. 对公安机关提请批捕的嫌犯，已被拘留，检察院应在接到提请批捕书后的7日内作出是否批捕的决定；未被拘留，应在接到提请批捕书后的15日内作出是否批捕的决定，重大、复杂的案件，不得超过20日。(2) 检察院对侦查机关移送审查起诉的案件，若嫌犯脱逃、在逃，应要求公安机关采取措施保证嫌犯到案后再移送审查起诉。共犯案件中部分嫌犯在逃，对在案的嫌犯的审查起诉应依法进行。(3) 检察院在审查起诉期间或审查起诉过程中发现嫌犯脱逃或死亡，检察院可向法院提出没收违法所得的申请，应及时通知侦查机关，要求侦查机关开展追捕活动。(4) 检察院应及时全面审阅案卷材料，经审查认为犯罪事实不清、证据不足或遗漏罪行、遗漏同案嫌犯等情形需补充侦查，应提出具体的书面意见，连同案卷材料一并退回公安机关、监察机关补充侦查；检察院也可自行侦查，必要时可要求公安机关、监察机关提供协助。A. 对不批捕，需补充侦查的案件，检察院应通知提请批捕的公安机关补充侦查，并附补充侦查提纲，列明需查清的事实和需收集、核实的证据，而对检察院补充侦查提纲中所列的事项，公安机关应及时侦查、核实，并逐一作出说明；不得未经侦查和说明，以相同材料再次提请批捕；未经侦查、不作说明，检察院可作出不批捕的决定。B. 对检察院不批捕并通知补充侦查，公安机关应按检察院的补充侦查提纲补充侦查。a. 公安机关补充侦查完毕，认为符合逮捕条件，应重新提请批捕。b. 对检察院不批捕而未说明理由，公安机关可要求检察院说明理由。c. 对检察院决定不批捕，公安机关在收到不批捕决定书后，若嫌犯已被拘留，应立即释放，发给释放证明书，并将执行回执送达作出不批捕决定的检察院。d. 对检察院不批捕的决定，认为有错误需复议，应在收到不批捕决定书后5日内制作要求复议意见书，报经县级以上公安机关负责人批准后，送交同级检察院复议；若意见不被接受，认为需复核，应在收到检察院的复议决定书后5日内制作提请复核意见书，报经县级以上公安机关负责人批准后，连同检察院的复议决定书，一并提请上一级检察院复核。C. 违法刑拘的人身自由赔偿金自拘留之日起计算。D. 数罪并罚的案件经再审改判部分罪名不成立，监禁期限超出再审判决确定的刑期，公民对超期监禁申请国家赔偿，应决定赔偿。(5) 嫌犯患有精神病或其他严重疾病丧失诉讼行为能力不能接受讯问，检察院可依法变更强制措施。A. 对实施暴力行为的精神病人，检察院可商请公安机关采取临时保护性的约束措施。B. 经鉴定系依法不负刑责的精神病人，检察院应作出不起诉决定；符合强制医疗条件，可向法院提出强制医疗的申请。C. 有证据证明患有精神病的嫌犯尚未完全丧失辨认或控制自己行为的能力，或患有间歇性精神病的嫌犯实施犯罪行为时精神正常，符合起诉条件，可依法提起公诉；案件事实不清、证据不足或遗漏罪行、遗漏同案嫌犯等情形需补充侦查，应提出具体的书面意见，连同案卷材料一并退回公安机关、监察机关补充侦查（a. 补充侦查以2次为限。b. 公安机关已补充侦查2次后移送审查起诉的案件，检察院依法改变管辖，若需补充侦查，由检察院自行侦查；检察院在审查起诉中又发现新的犯罪事实,应移送公安机关立案侦查,对已查清的犯罪事实依法提起公诉);检察院也可自行侦查,必要时可要求公安机关、监察机关提供协助。D. 对嫌犯作精神病鉴定的时间不计入办案期限,其他鉴定时间都应计入办案期限。(6) 检察院应加强对公安机关、检察院办案部门适用刑事强制措施工作的监督,对超期羁押、超期限办案、不依法执行,应及时提出纠正意见,督促公安机关或检察院办案部门依法执行。公安机关、检察院的工作人员违反刑诉法和适用刑事强制措施有关问题,玩忽职守、滥用职权、徇私舞弊,导致超期羁押、超期限办案或实施其他违法行为,应依有关法律和规定追究法律责任;构成犯罪,依法追究刑责。

【2013·卷2·单选·25】(答案:D) 高某涉嫌抢劫犯罪,公安机关经二次补充侦查后将案件移送检察机关,检察机关审查发现高某可能还实施了另一起盗窃犯罪。检察机关关于此案的处理,下列哪一选项是正确的?A. 再次退回公安机关补充侦查,并要求在一个月内补充侦查完毕。B. 要求公安机关收集并提供新发现的盗窃犯罪的证据材料。C. 对新发现的盗窃犯罪自行侦查,并要求公安机关提供协助。D. 将新发现的盗窃犯罪移送公安机关另行立案侦查,对已查清的抢劫犯罪提起公诉。

◆ 《刑法》第70条【判决宣告后,刑罚执行完毕前发现漏罪实行刑期先并后减的数罪并罚】

从判决后漏罪的数罪并罚的角度讲,判决宣告后,刑罚执行完毕前,发现被判刑的罪犯在判决宣告前还有他罪未判决,应对新发现的罪作出判决,把前后两个判决所判处的刑罚,依判决宣告前一人犯数罪先并后减的数罪并罚方法,决定执行的刑罚;已执行的刑期,应计算在新判决决定的刑期内(对发现漏罪的数罪并罚采用先并后减原则)。

【2007·卷2·单选·8】(答案:D) 关于数罪并罚,下列哪一选项是错误的?A. 甲在刑罚执行完毕以前发现漏罪的,应当按照"先并后减"的原则实行数罪并罚。B. 乙在刑罚执行完毕以前再犯新罪的,应当按照"先减后并"的原则实行数罪并罚。C. 丙在刑罚执行完毕以前再犯新罪,同时又发现漏罪的,应当先将漏罪与原判决的罪实行"先并后减";再对新罪与前一并罚后尚未执行完毕的刑期实行"先减后并"。D. "先减后并"在一般情况下使犯罪人受到的实际处罚比"先并后减"轻。

判决宣告后,刑罚执行完毕前发现新罪实行刑期先减后并的数罪并罚的法定刑、犯罪结果重于判决宣告后发现漏罪实行刑期先并后减的数罪并罚的法定刑、犯罪结果、实际执行的起点刑期。判决宣告后,刑罚执行完毕前发现新罪实行刑期先减后并的数罪并罚的实际执行的刑期可能超过刑法规定的数罪并罚法定最高刑的限制。

从刑事管辖权、数罪并罚方法、附加刑的角度讲,罪犯在服刑期间又犯罪,或发现了判决时未发现的罪行,由执行机关(监狱等)移送检察院处理。(1)发现漏罪的并罚与普通数罪的并罚的根本区别在于发现漏罪并罚的时间是判决宣告后,刑罚执行完毕前(时间)。(2)发现漏罪并罚的基本前提条件在于发现被判刑的罪犯在判决宣告前还有他罪(异种漏罪、同种漏罪)未判决。(3)判决宣告后发现漏罪,或在假释考验期限内(a. 有期刑的假释考验期限,为未执行完毕的刑期。b. 无期刑的假释考验期限为10年),发现被假释的罪犯判决宣告前还有他罪未判决,应撤销假释,均实行刑期先并后减的数罪并罚。(4)被宣告缓刑的罪犯在缓刑考验期限内(a. 拘役的缓刑考验期限为原判刑期以上1年以下,但不能少于2个月。b. 有期刑的缓刑考验期限为原判刑期以上5年以下,但不能少于1年),犯新罪或发现判决宣告前还有他罪未判决,应撤销缓刑,对新犯的罪或新发现的罪作出判决,把前罪和后罪所判处的刑罚,实行刑期先并后减方法,决定执行的刑罚。(5)被假释的罪犯,在假释考验期限内犯新罪,应撤销假释,实行刑期先减后并的数罪并罚。(6)对被判处死刑、无期刑的罪犯,应剥夺政治权利终身。在死缓执行减为有期刑或无期刑减为有期刑时，应把附加剥夺政治权利的期限改为 3 年以上 10 年以下。

判决宣告后发现漏罪实行先并后减并罚方法。（1）对新发现的罪作出判决，把前后 2 个判决所判处的刑罚进行先并后减，决定执行的刑罚。已执行的刑期，应计算在新判决决定的刑期内。（2）在发现漏罪的情况下，实行并罚计算刑期时，应将已执行的刑期，计算在新判决决定的刑期内，即前一判决已执行的刑期，应从前后 2 个判决所判处的刑罚合并后决定执行的刑期中扣除。（3）缓刑期间发现漏罪的数罪并罚：缓刑犯在缓刑考验期限内发现判决宣告前还有其他未判决的漏罪，应撤销缓刑，对新发现的罪作出判决，把前罪与后罪所判处的刑罚，据判决宣告前一人犯数罪实行刑期限制加重的数罪并罚，决定执行的刑罚。若须判处实刑，应撤销对前罪所宣告的缓刑。已执行的缓刑考验期，不予折抵刑期。判决执行前先行羁押的日期应折抵刑期；若仍符合缓刑条件，仍可宣告缓刑，已执行的缓刑考验期，应计算在新决定的缓刑考验期内。（4）假释期间发现漏罪的数罪并罚：在假释考验期限内，发现被假释的罪犯在判决宣告前还有未判决的漏罪，应撤销假释，实行先并后减的数罪并罚。也就是说，从数罪并罚的角度，在假释考验期限内，发现被假释的罪犯在判决宣告前还有他罪未判决，应撤销假释，依判决宣告后发现漏罪的并罚、判决宣告前一人犯数罪的并罚规定（漏罪或旧罪先并后减）实行数罪并罚（在假释考验期限内，发现被假释的罪犯在判决宣告前还有他罪未判决，应撤销假释，依判决宣告后发现漏罪的数罪并罚的规定数罪并罚）。

从一罪一罚、数罪并罚原则的角度讲，在刑罚执行中发现漏罪实行先并后减的数罪并罚方法，即死刑、无期刑，实行吸收原则；附加刑，实行相加原则；有期刑、拘役、管制，实行先并后减的数罪并罚原则（先按限制加重原则并，后减原判决已执行的刑期）。也就是说，刑罚执行中发现漏罪的并罚原则：死刑、无期刑，吸收原则；附加刑，相加原则；有期刑、拘役、管制，先并后减。先按判决宣告前的数罪并罚原则：死刑、无期刑，吸收原则；附加刑，相加原则；有期刑、拘役、管制，限制加重原则（在数刑的总和刑期下、最高刑期上，决定执行的刑罚）合并，后减原判决已执行的刑期。

第一审法院宣告判决后判决书尚未发生法律效力时，被告人上诉或检察院抗诉，第二审法院在审理期间发现第一审法院宣告判决前原审被告人尚有漏罪未判决，应裁定撤销第一审原判决，发回第一审法院重审。办理刑事申诉案件中发现原案遗漏罪行、遗漏同案嫌犯，应移送有关部门处理。数罪并罚的案件经再审改判部分罪名不成立，监禁期限超出再审判决确定的刑期，公民对超期监禁申请国家赔偿，应决定赔偿。

对被封存犯罪记录的未成年人，符合实施新的犯罪，且新罪与封存记录之罪数罪并罚后被决定执行 5 年有期刑以上刑罚，或发现漏罪，且漏罪与封存记录之罪数罪并罚后被决定执行 5 年有期刑以上刑罚，应对其犯罪记录解除封存。

◆《刑法》第 71 条 【判决宣告后，刑罚执行完毕前又犯新罪实行刑期先减后并的数罪并罚】

从判决后又犯新罪的数罪并罚的角度讲，判决宣告后，刑罚执行完毕前，被判刑的罪犯又犯罪，应对新犯的罪作出判决，把前罪未执行的刑罚和后罪所判处的刑罚，依判决宣告前一人犯数罪的并罚规定（对又犯新罪的数罪并罚采取先减后并原则），决定执行的刑罚。

罪犯在服刑期间又犯新罪，或发现了判决时未发现的漏罪，由执行机关（看守所、监狱等）移送检察院处理。（1）数罪并罚案件，一人有两罪以上被判处死刑，最高法复核后，认为其中部分犯罪的死刑裁判认定事实不清、证据不足，对全案裁定不予核准，并撤销原判，发回重新审判；认为其中部分犯罪的死刑裁判认定事实正确，但依法不应判处死刑，可改判并对其他应判处死刑的犯罪作出核准死刑的判决。（2）罪犯在刑罚执行期间犯新罪，并发现原判决宣告前还有漏罪，应以先并后减方法对漏罪和原判决之罪进行数罪并罚，然后对其新罪的刑罚和漏罪与原判决之罪数罪并罚后尚未执行的刑罚以先减后并方法进行数罪并罚。

【2004·卷2·多选·51】（答案：ABC）对刑法关于撤销假释，下列哪些理解是正确的？A. 只要被假释的犯罪分子在假释考验期内犯新罪，即使假释考验期满后才发现，也应当撤销假释。B. 在假释考验期满后，发现被假释的犯罪分子在判决宣告以前还有其他罪没有判决，不能撤销假释。C. 被假释的犯罪分子，在假释考验期内犯新罪的，应按先减后并的方法实行并罚，但"先减"是减去假释前已实际执行的刑期。D. 在假释考验期内，发现被假释的犯罪分子在判决宣告前还有其他罪没有判决，撤销假释后，按先并后减的方法实行并罚，假释经过的考验期，应当计算在新决定的刑期之内，因为假释视为执行刑罚。

被假释的犯罪人在假释考验期限内犯新罪，应撤销假释，按先减后并的方法实行并罚，假释后所经过的考验期，不得计算在新判决决定的刑期之内。在假释考验期内犯新罪，即使经过了假释考验期限后才发现新罪，也应撤销假释，按先减后并的方法实行并罚。在假释考验期限内，发现被假释的犯罪人在判决宣告前还有他罪未判决，应撤销假释，按先并后减的方法实行并罚，已执行的刑期，计算在新判决决定的刑期以内，但假释后所经过的考验期，不得计算在新判决决定的刑期以内。在假释考验期满后，才发现被假释的犯罪人在判决宣告前还有他罪未判决，不能撤销假释，只能对新发现的犯罪另行侦查、起诉、审判，不得与前罪的刑罚并罚。

从数罪并罚的角度讲，假释犯在假释考验期限内犯新罪，应撤销假释，依判决宣告后又犯新罪的并罚、判决宣告前一人犯数罪的并罚规定（犯新罪先减后并），实行数罪并罚。也就是说，从主观恶性、人身危险性的角度，判决宣告后，刑罚执行完毕前，被判刑的罪犯在刑罚执行期间又犯新罪（刑罚未执行完毕又犯罪或在刑罚执行过程中又犯罪的行为），应对新犯的罪作出判决，把前罪未执行的刑罚和后罪所判的刑罚，依判决宣告前一人犯数罪的数罪并罚的规定（对犯新罪的罪犯的数罪并罚，采用先减后并方式方法，把前罪未执行完毕的刑罚与后罪的刑罚合并决定执行刑期，已执行的刑期不计算在新决定执行的刑期内，罪犯执行刑罚的最高期限有可能超过20年），决定执行的刑罚。

从再犯新罪并罚的时间、前提条件的角度讲，再犯新罪并罚的时间在于判决宣告后，刑罚执行完毕前，再犯新罪并罚的前提条件在于判决发生法律效力后刑罚执行完毕前，被判刑的罪犯又犯（再犯）新罪（异种新罪、同种新罪），应实行先减后并的数罪并罚。（1）若新罪发生于前罪判决宣告前，应视为漏罪，而非再犯新罪。（2）若新罪发生于刑罚执行完毕后，也不再实行数罪并罚，而应按累犯或再犯处理。

从数罪并罚刑期的角度讲，再犯新罪的先减后并并罚方法是对新犯的罪作出判决，把前罪未执行的刑罚和后罪所判处的刑罚进行先减后并，决定执行刑罚，即在再犯新罪的情况下实行并罚计算刑期时，应从前罪判决决定执行刑罚中先减去已执行的刑期，后将前罪未执行的刑罚与后罪所判处的刑罚并罚，最终决定执行的刑罚。（1）假释期间再犯新罪，实行先减后并的数罪并罚。被假释的罪犯，在假释考验期限内犯新罪，应撤销假释，实行先减后并的数罪并罚（假释犯在假释考验期限内犯新罪，应撤销假释，依判决宣告后又犯新罪的数罪并罚的规定实行数罪并罚）。（2）缓刑期间再犯新罪的并罚：被宣告缓刑的罪犯，在缓刑考验期限内犯新罪，应撤销缓刑，对新犯的罪作出判决，把前罪和后罪所判处的刑罚，依判决宣告前一人犯数罪实行刑期限制加重的数罪并罚，决定执行的刑罚。

从司法解释角度讲，对再审改判前因犯新罪被加刑的罪犯，在对其前罪再审时，应将罪犯犯后罪时判决中前罪与后罪并罚的内容撤销，并把经再审改判后的前罪未执行完的刑罚和后罪已判处的刑罚，按判决宣告后又犯新罪的数罪并罚规定实行数罪并罚。原前罪与后罪并罚的判决由哪个法院撤销，应视具体情况确定：若再审法院是对后罪作出判决法院的上级法院，或是对后罪作出判决的同一法院，可由再审法院撤销，否则应由对后罪作出判决法院撤销。

从一罪一罚、数罪并罚原则的角度讲，刑罚执行中犯新罪的数罪并罚，死刑、无期刑，实行吸收原则；附加刑，实行相加原则；有期刑、拘役、管制，先减原判决已执行的刑期，将原判决剩余的刑期与新罪判决的刑期按限制加重原则并罚。（1）对判处有期刑并处剥夺政治权利的罪犯，主刑已执行完毕，在执行附加刑剥夺政治权利期间又犯新罪，若所犯新罪无须附加剥夺政治权利，依判决宣告后又犯新罪的并罚的规定数罪并罚。（2）对判处有期刑的罪犯，主刑已执行完毕，在执行附加刑剥夺政治权利期间又犯新罪，若所犯新罪也剥夺政治权利，剥夺罪犯政治权利的期限为1年以上5年以下；判处管制附加剥夺政治权利，剥夺政治权利的期限与管制的期限相等，同时执行；对被判死刑、无期犯，应剥夺政治权利终身；死缓执行减为有期刑或无期刑减为有期刑时，应把附加剥夺政治权利的期限改为3年以上10年以下。A. 判决宣告后，刑罚执行完毕前，被判刑的罪犯又犯罪，应对新犯的罪作出判决，把前罪未执行的刑罚和后罪所判处的刑罚，依判决宣告前1人犯数罪的并罚规定（先减后并方法），决定执行的刑罚。B. 罪犯服刑期间又新罪，或发现了判决时未发现的漏罪，由执行机关（监狱等）移送检察院处理。（3）判决宣告后，刑罚执行完毕前，被判刑的罪犯又犯罪，应对新罪作出判决，把前罪未执行的刑罚和后罪所判处的刑罚，依判决宣告前一人犯数罪的并罚规定，决定执行的刑罚。

第五节　缓刑（第72~77条）

◆《刑法》第72条【缓刑（平时缓刑、战时缓刑）的适用条件】

从一般缓刑（平时缓刑）的适用对象、适用条件的角度讲，对被判拘役、3年以下有期犯，同时符合犯罪情节较轻、无再犯罪的危险、宣告缓刑对所居住社区无重大不良影响的缓刑条件，可宣告缓刑；对不满18周岁的人、怀孕的妇女、已满75周岁的人，应宣告缓刑。

从一般缓刑的适用方法、法律后果、禁止令的角度讲，宣告缓刑，可根据犯罪情况，同时禁止罪犯在缓刑考验期限内从事特定活动，进入特定区域、场所（不应含公共卫生间等类似的应急场所），接触特定的人。（1）缓刑犯若被判附加刑，附加刑仍须执行。（2）判处管制，可根据犯罪情况，同时禁止罪犯在执行期间从事特定活动，进入特定区域、场所，接触特定的人。

禁止令的适用对象是被判处管制或缓刑的罪犯，不含被假释的罪犯。禁止令的执行期限，从管制、缓刑执行之日起计算。附带民事赔偿义务未履行完毕，违法所得未追缴、退赔到位，或罚金尚未足额缴纳，法院可根据犯罪情况，禁止宣告缓刑的罪犯在缓刑考验期限内从事禁止从事高消费活动。

从司法实践的角度讲，刑法未明确规定危害国家安全的罪犯不可适用缓刑。（1）数罪并罚或最后宣告刑可能为3年以下有期刑的情形，都有适用缓刑的可能。（2）行为人被宣告缓刑后，在缓刑考验期限内再犯罪，说明有再次犯罪的严重危险性，难以改造，不符合缓刑的适用条件，不得再次宣告缓刑。

【2006·卷2·单选·8】（答案：B）关于缓刑，下列哪一选项是错误的？A. 对于累犯不适用缓刑。B. 对危害国家安全的罪犯分子，不适用缓刑。C. 对数罪并罚但宣告刑为3年以下有期徒刑的犯罪分子，可适用缓刑。D. 虽然故意杀人罪的法定最低刑为3年有期徒刑，但只要符合缓刑条件，仍然可以适用缓刑。

缓刑（刑罚裁量制度）不同于假释（刑罚执行制度）。（1）假释考验期满，意味着刑罚执行完毕，同样有可能构成累犯。（2）缓刑考验期满，只是刑罚附条件的不再执行，不意味着刑罚执行完毕。缓刑考验期满后5年内再犯应判处有期刑以上刑罚之罪,不能构成累犯。(3) 刑法修正案(八)删除了对宣告缓刑的罪犯,在缓刑考验期限内由公安机关考察的规定。

【2017·卷2·多选·56】 (答案:ABD) 关于缓刑的适用,下列哪些选项是错误的? A. 甲犯抢劫罪,所适用的是"三年以上十年以下有期徒刑"的法定刑,缓刑只适用于被判处拘役或3年以下有期徒刑的罪犯,故对甲不得判处缓刑。B. 乙犯故意伤害罪与代替考试罪,分别被判处6个月拘役与1年管制。由于管制不适用缓刑,对乙所判处的拘役也不得适用缓刑。C. 丙犯为境外非法提供情报罪,被单处剥夺政治权利,执行完毕后又犯帮助恐怖活动罪,被判处拘役6个月。对丙不得宣告缓刑。D. 丁17周岁时犯抢劫罪被判处有期徒刑5年,刑满释放后的第4年又犯盗窃罪,应判处有期徒刑2年。对丁不得适用缓刑。

从战时缓刑(特殊缓刑)的角度讲,战时对被判处3年以下有期刑无现实危险宣告缓刑的犯罪军人,允许其戴罪立功,确有立功表现时,可撤销原判刑罚,不以犯罪论处。(1) 从宽严相济政策的角度讲,对受欺骗、胁迫参加犯罪组织、犯罪集团或只是一般参加者,在犯罪中起次要、辅助作用的从犯,依法应从轻或减轻处罚,符合缓刑条件,可适用缓刑。(2) 对所犯罪行不重、主观恶性不深、人身危险性较小、有悔改表现、不致再危害社会的罪犯,要依法从宽处理。对其中具备条件,应依法适用缓刑或管制、单处罚金等非监禁刑。同时,配合做好社区矫正,加强教育、感化、帮教、挽救工作。(3) 被判处管制、拘役、有期刑或无期刑的罪犯,在执行期间确有悔改或立功表现,应依法减刑、假释时,由执行机关提出建议书,报请法院审核裁定,并将建议书副本抄送检察院;检察院可向法院提出书面意见。(4) 检察院对执行机关执行刑罚的活动是否合法实行监督,发现有违法的情况,应通知执行机关纠正;认为法院减刑、假释的裁定不当,应在收到裁定书副本后20日内,向法院提出书面纠正意见;法院应在收到纠正意见后1个月内重新组成合议庭进行审理,作出最终裁定。(5) 监狱和其他执行机关刑罚执行中,认为判决错误或罪犯提出申诉,应转请检察院或原判法院处理。

从司法解释的角度讲,对罪行较轻,具备有效监护条件或社会帮教措施,无社会危险性或社会危险性较小,不逮捕不致妨害诉讼正常进行的未成年嫌犯,应不批捕。审查逮捕未成年嫌犯,应重点审查其是否已满14周岁、16周岁、18周岁,应注意是否有被胁迫、引诱的情节,是否存在成年人教唆犯罪、传授犯罪方法或利用未成年人实施犯罪的情况,应审查公安机关依法提供的证据和社会调查报告等材料。(1) 检察院办理未成年嫌犯审查逮捕案件,应根据未成年嫌犯涉嫌犯罪的事实、主观恶性、有无监护与社会帮教条件等,综合衡量其社会危险性,严格限制适用逮捕措施,可捕可不捕的不捕。(2) 对罪行比较严重,但主观恶性不大,有悔罪表现,具备有效监护条件或社会帮教措施,有属于已满14周岁不满16周岁的未成年人或系在校学生;不属于共犯的主犯或集团犯罪中的首犯;初次犯罪、过失犯罪;有自首或立功表现;犯罪预备、中止、未遂;犯罪后如实交代罪行,真诚悔罪,积极退赃,尽力减少和赔偿损失,被害人谅解;其他可不批捕的情形,不逮捕不致妨害诉讼正常进行的未成年嫌犯,可不批捕。(3) 对强奸未成年人的成年犯判处刑罚时,一般不适用缓刑。A. 对性侵害未成年人的罪犯确定是否适用缓刑,法院、检察院可委托罪犯居住地的社区矫正机构,就对其宣告缓刑对所居住社区是否有重大不良影响进行调查;受委托的社区矫正机构应及时组织调查,在规定期限内将调查评估意见提交委托机关。B. 对判处刑罚同时宣告缓刑,可根据犯罪情况,同时宣告禁止令,禁止罪犯在缓刑考验期内从事与未成年人有关的工作、活动,禁止其进入中小学校区、幼儿园园区及其他未成年人集中的场所,确因本人就学、居住等原因,经执行机关批准外。

对未成年嫌犯、被告人的教育、矫治:(1) 公检法、司法行政机关在办理未成年人刑事案件和执行刑罚时,应结合具体案情,采取符合未成年人身心特点的方法,开展有针对性的教育、感化、挽救工作。A. 对因犯罪情节轻微不立案、撤销案件、不起诉或判处非监禁刑、免刑的未成年人，公检法应视案件情况对未成年人训诫、责令具结悔过、赔礼道歉、责令赔偿等，并要求法定代理人或其他监护人加强监管。同时，公检法应配合有关部门落实社会帮教、就学就业和生活保障等事宜，并适时进行回访考察。B. 因不满刑责年龄不刑罚的未成年人，应责令法定代理人或其他监护人加以管教，并落实就学事宜。学校、法定代理人或其他监护人无力管教或管教无效，适宜送专门学校，可按有关规定将其送专门学校。必要时，可根据有关法律对其收容教养。（2）公安机关应配合司法行政机关社区矫正工作部门开展社区矫正工作，建立协作机制，切实做好未成年社区服刑人员的监督，对脱管、漏管等违反社区矫正管理规定的未成年社区服刑人员依法采取惩戒措施，对重新违法犯罪的未成年社区服刑人员及时依法处理。检察院依法对社区矫正活动实行监督。（3）检察院派员出庭依法指控犯罪时，要适时对未成年被告人进行教育。（4）在审理未成年人刑事案件过程中，法院在法庭调查和辩论终结后，应根据案件的具体情况组织到庭的诉讼参与人对未成年被告人进行教育。对判处非监禁刑的未成年人，法院应在判决生效后及时将有关法律文书送达未成年人户籍所在地或居住地的司法行政机关社区矫正工作部门。（5）未成年犯管教所可进一步开展完善试工试学工作。对决定暂予监外执行和假释的未成年犯，未成年犯管教所应将社会调查报告、服刑期间表现等材料及时送达未成年人户籍所在地或居住地的司法行政机关社区矫正工作部门。（6）司法行政机关社区矫正工作部门应在公安机关配合和支持下负责未成年社区服刑人员的监管与教育矫治，做好对未成年社区服刑人员的日常矫治、行为考核和帮困扶助、刑罚执行建议等工作。对未成年社区服刑人员应坚持教育矫正为主，并与成年人分开进行。对被撤销假释、缓刑的未成年社区服刑人员，司法行政机关社区矫正工作部门应及时将未成年人社会调查报告、社区服刑期间表现等材料送达当地负责的公安机关和检察院。（7）司法行政机关应加大安置帮教工作力度，加强与社区、劳动和社会保障、教育、民政、共青团等部门、组织的联系与协作，切实做好刑满释放、解除未成年人的教育、培训、就业、戒除恶习、适应社会生活及生活保障等工作。（8）对未成年犯的档案应严格保密，建立档案的有效管理制度。A. 对违法和轻微犯罪的未成年人，有条件的地区可试行行政处罚和轻罪纪录消灭制度。B. 非有法定事由，不得公开未成年人的行政处罚记录和被刑事立案、采取刑事强制措施、不起诉或因轻微犯罪被判刑的记录。

从未成年人保护的角度讲，控辩双方提出对未成年被告人判处管制、宣告缓刑等量刑建议，应向法庭提供有关未成年被告人能获得监护、帮教以及对所居住社区无重大不良影响的书面材料。（1）对未成年被告人情况的调查报告，辩护人提交的有关未成年被告人情况的书面材料，法庭应审查并听取控辩双方意见，可作为法庭教育和量刑的参考。（2）适用简易程序审理的案件，对未成年被告人进行法庭教育，或法庭辩论结束后，法庭可根据案件情况，对未成年被告人进行教育，可邀请诉讼参与人、其他成年亲属、代表以及社会调查员、心理咨询师等参加。（3）判决未成年被告人有罪，宣判后，应对未成年被告人进行教育。（4）定期宣告判决的未成年人刑事案件，未成年被告人的法定代理人无法通知、不能到庭或是共犯，法庭可通知其他成年亲属、代表到庭，并在宣判后向未成年被告人的成年亲属送达判决书。（5）未成年被告人最后陈述后，法庭应询问其法定代理人是否补充陈述。（6）对未成年人刑事案件宣告判决应公开进行，但不得采取召开大会等形式。（7）对依法应封存犯罪记录的案件，宣判时，不得组织人员旁听；有旁听人员，应告知其不得传播案件信息。

从《关于办理行贿刑事案件具体应用法律若干问题的解释》的角度讲，实施行贿犯罪有5种一般不适用缓刑和免刑的情形：（1）向3人以上行贿。（2）因行贿受过行政处罚或刑罚。（3）为实施违法犯罪活动而行贿。（4）造成严重危害后果。（5）其他不适用缓刑和免刑情形。当然，行贿人在被追诉前主动交代行贿行为适用缓刑和免刑，可从轻或减轻处罚。其中，犯罪较轻，对侦破重大案件起关键作用，或有重大立功表现，可减轻或免除处罚。

◆ 《刑法》第 73 条 【缓刑的考验期限】

从罪刑法定原则的角度讲，缓刑考验期限，从判决确定之日起计算。

拘役的缓刑考验期限为原判刑期以上 1 年以下，但不能少于 2 个月。有期刑的缓刑考验期限为原判刑期以上 5 年以下，但不能少于 1 年。

◆ 《刑法》第 74 条 【累犯、犯罪集团首犯不适用缓刑、假释】

从刑罚执行制度、从重处罚原则的角度讲，对累犯和集团首犯，不适用缓刑。

从比较法、司法解释的角度讲，危害国家安全犯罪、恐怖活动犯罪、黑社会性质的组织犯罪的罪犯，在刑罚执行完毕或赦免后，在任何时候再犯危害国安犯罪、恐怖活动犯罪、黑社会性质的组织犯罪，都以特殊累犯论处。(1) 对累犯以及因故意杀人、强奸、抢劫、绑架、放火、爆炸、投放危险物质或有组织的暴力性犯罪被判处 10 年以上有期徒刑、无期刑的罪犯，不得假释。对被判处死缓执行的累犯以及因故意杀人、强奸、抢劫、绑架、放火、爆炸、投放危险物质或有组织的暴力性犯罪被判处死缓执行的罪犯，法院据犯罪情节等情况可同时决定对其限制减刑（限制减刑的对象是对被判处死缓的累犯，而不是对被判处无期刑的累犯）。(2) 黑社会性质组织属于犯罪集团，对黑社会性质组织的首犯不得适用缓刑。A. 犯罪集团的积极参加者满足法定条件，可适用缓刑。B. 对累犯、集团首犯，不适用缓刑、假释，但也可减刑，也可适用保外就医。C. 累犯只要不被判处死刑和无期刑，也可适用保外就医。D. 保外就医可适用于被判处拘役和有期刑的罪犯。E. 被判处管制、拘役、有期刑、无期刑的罪犯，在执行期间，若认真遵守监规，接受教育改造，确有悔改表现，或有立功表现，都可减刑；有重大立功表现，应减刑。

【2003·卷 2·多选·40】（答案：BC）王某因犯盗窃罪被判处有期徒刑，执行完毕后第 4 年，再次犯盗窃罪被人民法院判处 2 年零 9 个月有期徒刑。人民法院不能对王某适用哪些制度？A. 减刑。B. 缓刑。C. 假释。D. 保外就医。

【2010·卷 2·单选·8】（答案：B）关于累犯，下列哪一判断是正确的？A. 甲因抢劫罪被判处有期刑十年，并被附加剥夺政治权利三年。甲在附加刑执行完毕之日起五年之内又犯罪。甲成立累犯。B. 甲犯抢夺罪于 2005 年 3 月假释出狱，考验期为剩余的两年刑期。甲从假释考验期满之日起五年内再故意犯重罪。甲成立累犯。C. 甲犯危害国家安全罪五年徒刑期满，六年后又犯杀人罪。甲成立累犯。D. 对累犯可以从重处罚。

【2015·卷 2·单选·10】（答案：D）关于累犯，下列哪一选项是正确的？A. 对累犯和犯罪集团的积极参加者，不适用缓刑。B. 对累犯，如假释后对所居住的社区无不良影响的，法院可决定假释。C. 对被判处无期徒刑的累犯，根据犯罪情节等情况，法院可同时决定对其限制减刑。D. 犯恐怖活动犯罪被判处有期徒刑 4 年，刑罚执行完毕后的第 12 年又犯黑社会性质的组织犯罪的，成立累犯。

侵犯知识产权犯罪，符合刑法规定的缓刑条件，依法适用缓刑，而一般不适用缓刑的 4 种情形，含不有悔罪表现；拒不交出违法所得；因侵犯知识产权被刑罚或行政处罚后，再次侵犯知识产权构成犯罪；其他不宜适用缓刑的情形。黑社会、恐怖组织、聚众斗殴的首犯的地位、作用于犯罪过程中获得，与构成该罪的主体资格要求无关。

◆ 《刑法》第 75 条 【缓刑犯的义务（守则）】

从法律义务的角度讲，缓刑犯的守则：(1) 遵守法律、行政法规，服从监督。(2) 遵守考察机关会客规定。(3) 按考察机关规定报告自己的活动情况。(4) 离开所居住的市、县或迁居,应报经考察机关批准。

管制、缓刑、监视居住、监外执行的嫌犯、被告人、罪犯,均应遵守一定的法律义务。

◆ 《刑法》 第76条 【缓刑的考验及其后果】

对缓刑犯在缓刑考验期限内,依法实行社区矫正,若无缓刑的撤销及其处理情形,缓刑考验期满,原判的刑罚就不再执行,并公开宣告。

被判处管制、宣告缓刑、免刑、裁定假释、决定暂予监外执行等的未成年罪犯,具备就学、就业条件,法院可就其安置问题向有关部门提出司法建议,并附送必要的材料。

【2005·卷2·多选·64】(答案:BD)2000年8月21日,甲因犯诈骗罪被人民法院判处有期徒刑3年,缓刑5年。2005年6月20日,甲又犯盗窃罪。对于甲的量刑,下列表述哪些是正确的? A. 甲有法定从重处罚情节。B. 甲不构成累犯。C. 对甲的盗窃罪不能适用缓刑。D. 对甲应当数罪并罚。

◆ 《刑法》 第77条 【缓刑的撤销及其处理】

从数罪并罚的角度讲,缓刑犯在缓刑考验期限内(缓刑考验期从缓刑判决确定之日开始起算)犯新罪或发现判决宣告前还有他罪未判决,应撤销缓刑,对新犯的罪或新发现的罪作出判决,把前罪和后罪所判处的刑罚,依判决宣告前一人犯数罪的并罚规定,决定执行的刑罚。缓刑犯在缓刑考验期限内,违反法律、行政法规或国务院有关部门缓刑的监管规定,或违反法院判决中的禁止令,情节严重,应撤销缓刑,执行原判刑罚。

【2008·川·卷2·单选·10】(答案:C)关于缓刑,下列哪一选项是正确的? A. 对累犯以及杀人、伤害等暴力性犯罪,不得宣告缓刑。B. 被宣告缓刑的犯罪分子,在缓刑考验期内,只要没有再犯新罪,缓刑考验期满,原判刑罚就不再执行。C. 缓刑考验期限,从判决确定之日起计算。D. 被宣告缓刑的犯罪分子,在缓刑考验期内犯新罪的,应当撤销缓刑,将前罪和后罪所判处的刑罚,依照先减后并的方法决定应当执行的刑罚。

【2011·卷2·单选·10】(答案:D)关于缓刑的适用,下列哪一选项是错误的? A. 被宣告缓刑的犯罪分子,在考验期内再犯罪的,应当数罪并罚,且不得再次宣告缓刑。B. 对于被宣告缓刑的犯罪分子,可以同时禁止其从事特定活动,进入特定区域、场所,接触特定的人。C. 对于黑社会性质组织的首要分子,不得适用缓刑。D. 被宣告缓刑的犯罪分子,在考验期内由公安机关考察,所在单位或基层组织予以配合。

缓刑视同原判刑罚实际未被执行。(1)被宣告缓刑的罪犯,在缓刑考验期内犯新罪撤销缓刑的数罪并罚属于判决宣告前的数罪并罚,不存在减去已执行刑期的问题。(2)缓刑犯在缓刑考验期限内发现判决宣告前还有其他未判决的漏罪,应撤销缓刑,对新发现的罪作出判决,把前罪与后罪所判处的刑罚,依判决宣告前一人犯数罪实行刑期限制加重的数罪并罚,决定执行的刑罚;若须判处实刑,应撤销对前罪所宣告的缓刑;已执行的缓刑考验期,不予折抵刑期。(3)判决执行前先行羁押的日期应折抵刑期;若仍符合缓刑条件,仍可宣告缓刑,已执行的缓刑考验期,应计算在新决定的缓刑考验期内。(4)缓刑犯在缓刑考验期限内犯新罪,应撤销缓刑,对新犯的罪作出判决,把前罪和后罪所判处的刑罚,依判决宣告前一人犯数罪实行刑期限制加重的数罪并罚,决定执行的刑罚(被宣告缓刑的罪犯,在考验期内再犯罪,应撤销缓刑,将前罪和后犯的新罪进行数罪并罚)。(5)对实施危害生产安全犯罪适用缓刑犯,可根据犯罪情况,禁止其在缓刑考验期限内从事与安全生产相关联的特定活动;对被判刑的罪犯,可根据犯罪情况和预防再犯罪的需要,禁止其自刑罚执行完毕之日或假释之日起3年至5年内从事与安全生产相关的职业。

【2012·多选·56】(答案:ACD)关于禁止令,下列哪些选项是错误的? A. 甲因盗掘古

墓葬罪被判刑 7 年，在执行 5 年后被假释，法院裁定假释时，可对甲宣告禁止令。B. 乙犯合同诈骗罪被判处缓刑，因附带民事赔偿义务尚未履行，法院可在禁止令中禁止其进入高档饭店消费。C. 丙因在公共厕所猥亵儿童被判处缓刑，法院可同时宣告禁止其进入公共厕所。D. 丁被判处管制，同时被禁止接触同案犯，禁止令的期限应从管制执行完毕之日起计算。

从司法解释的角度讲，乘客在公共交通工具行驶过程中，抢夺方向盘、变速杆等操纵装置，殴打、拉拽驾驶人员，或有其他妨害安全驾驶行为（a. 在夜间行驶或恶劣天气条件下行驶的公共交通工具上实施。b. 在临水、临崖、急弯、陡坡、高速公路、高架道路、桥隧路段及其他易发生危险的路段实施。c. 在人员、车辆密集路段实施。d. 在实际载客 10 人以上或时速 60 公里以上的公共交通工具上实施。e. 经他人劝告、阻拦后仍继续实施。f. 持械袭击驾驶人员。g. 其他严重妨害安全驾驶行为），危害公共安全，即使尚未造成严重后果，一般也不得适用缓刑。

【2015·卷 2·多选·59】（答案：ABCD）关于缓刑的适用，下列哪些选项是正确的？A. 甲犯重婚罪和虐待罪，数罪并罚后也可能适用缓刑。B. 乙犯遗弃罪被判处管制 1 年，即使犯罪情节轻微，也不能宣告缓刑。C. 丙犯绑架罪但有立功情节，即使该罪的法定最低刑为 5 年有期徒刑，也可能适用缓刑。D. 丁 17 岁时因犯放火罪被判处有期徒刑 5 年，23 岁时又犯伪证罪，仍有可能适用缓刑。

缓刑、假释的撤销：（1）罪犯在缓刑、假释考验期限内犯新罪或被发现在判决宣告前还有他罪未判决，应撤销缓刑、假释，由审判新罪法院撤销原判决、裁定宣告的缓刑、假释，并书面通知原审法院和执行机关。（2）法院撤销缓刑、假释的裁定，一经作出，立即生效。罪犯在缓刑、假释考验期限内有违法违规行为（a. 违反禁止令，情节严重。b. 因违反监管规定受到治安处罚，仍不改正。c. 受到执行机关 3 次警告仍不改正。d. 无正当理由不按规定时间报到或接受社区矫正期间脱离监管，超过 1 个月。e. 违反有关法律、行政法规和监管规定，情节严重的其他情形）原作出缓刑、假释判决、裁定法院应在收到执行机关的撤销缓刑、假释建议书后 1 个月内，作出撤销缓刑、假释裁定。（3）法院应将撤销缓刑、假释裁定书送交罪犯居住地的县级司法行政机关，由其根据有关规定将罪犯交付执行。撤销缓刑、假释裁定书应同时抄送罪犯居住地的同级检察院和公安机关。

第六节 减刑（第 78-80 条）

◆《刑法》第 78 条【减刑的对象、条件（适用条件、限度条件）】

从减刑的适用对象的角度讲，管制犯、拘役犯、有期犯、无期犯在执行期间，若认真遵守监规，接受教育改造，确有悔改表现，或有立功表现，可减刑；有重大立功表现（a. 阻止他人重大犯罪活动。b. 检举监狱内外重大犯罪活动，经查证属实。c. 有发明创造或重大技术革新。d. 在日常生产、生活中舍己救人。e. 在抗御自然灾害或排除重大事故中，有突出表现。f. 对国家和社会有其他重大贡献），应减刑。

减刑后实际执行的法定刑期限度：（1）管制、拘役、有期刑减刑后实际执行的刑期不能少于原判刑期的 1/2。（2）无期刑减刑后实际执行的刑期不能少于 13 年。（3）限制减刑的死缓犯（a. 被判死缓的累犯。b. 因故意杀人、强奸、抢劫、绑架、放火、爆炸、投放危险物质或有组织的暴力犯罪被判死缓的罪犯），死缓缓期 2 年执行期满后依法减为无期刑后实际执行的刑期不能少于 25 年，死缓 2 年执行期满后依法减为 25 年有期刑后实际执行的刑期不能少于 20 年。

有期犯执行原判刑期 1/2 以上，无期犯实际执行 13 年以上，若认真遵守监规，接受教育改造，确有悔改表现，未再犯罪的危险，可假释；若有特殊情况（国家政治、国防、外交等方面的特殊需要），经核准，可不受有期犯执行原判刑期 1/2 以上，无期犯实际执行 13 年以上刑期的限制。

【2004·卷 2·单选·14】（答案：C）孙某因犯抢劫罪被判处死刑，缓期 2 年执行。在死刑缓期执行期间，孙某在劳动时因不服管理，违反规章制度，造成重大伤亡事故。对孙某应当如何处理？A. 其所犯之罪查证属实的，由最高人民法院核准，立即执行死刑。B. 其所犯之罪查证属实的，由最高人民法院核准，2 年期满后执行死刑。C. 2 年期满后减为无期徒刑。D. 2 年期满后减为 15 年以上 20 年以下有期徒刑。

减刑、假释、暂予监外执行程序：（1）对依法留看守所执行刑罚的罪犯，符合减刑条件，由看守所制作减刑建议书，经设区的市一级以上公安机关审查同意后，报请所在地中级以上法院审核裁定。（2）对依法留看守所执行刑罚的罪犯，符合假释条件，由看守所制作假释建议书，经设区的市一级以上公安机关审查同意后，报请所在地中级以上法院审核裁定。（3）对依法留所执行刑罚的罪犯，可暂予监外执行的 3 种情形：A. 有严重疾病需保外就医。B. 怀孕或正哺乳自己婴儿的妇女。C. 生活不能自理，适用暂予监外执行不致危害社会。（4）对罪犯暂予监外执行，看守所应提出书面意见，报设区的市一级以上公安机关批准，同时将书面意见抄送同级检察院。（5）对适用保外就医可能有社会危险性的罪犯，或自伤自残的罪犯，不得保外就医。（6）对罪犯确有严重疾病，须保外就医，由省级政府指定的医院诊断并开具证明文件。（7）公安机关决定对罪犯暂予监外执行，应将暂予监外执行决定书交被暂予监外执行的罪犯和负责监外执行的社区矫正机构，同时抄送同级检察院。（8）批准暂予监外执行的公安机关接到检察院认为暂予监外执行不当的意见后，应立即对暂予监外执行的决定进行重新核查。（9）对暂予监外执行的罪犯，批准暂予监外执行的公安机关应作出收监执行决定的 3 种情形：A. 发现不符合暂予监外执行条件。B. 严重违反有关暂予监外执行监管规定。C. 暂予监外执行的情形消失后，罪犯刑期未满。（10）对暂予监外执行的罪犯决定收监执行，由暂予监外执行地看守所将罪犯收监执行。（11）不符合暂予监外执行条件的罪犯通过贿赂等非法手段被暂予监外执行，或罪犯在暂予监外执行期间脱逃，罪犯被收监执行后，所在看守所应提出不计入执行刑期的建议，经设区的市一级以上公安机关审查同意后，报请所在地中级以上法院审核裁定。

减刑、假释的宽严相济政策：（1）对累犯减刑时，应从严掌握。（2）拒不交代真实身份或对减刑、假释材料弄虚作假，不符合减刑、假释条件，不得减刑、假释。（3）对因犯故意杀人、爆炸、抢劫、强奸、绑架等暴力犯罪，致人死亡或严重残疾而被判处死缓或无期刑的罪犯，要严格控制减刑的频度和每次减刑的幅度，要保证其相对较长的实际服刑期限，维护公平正义，确保改造效果。（4）对危害国安犯罪、故意危害公共安全犯罪、严重暴力犯罪、涉众型经济犯罪等严重犯罪；恐怖组织犯罪、邪教组织犯罪、黑恶势力犯罪等有组织犯罪的领导者、组织者和骨干分子；毒品犯罪再犯的严重犯罪者；确有执行能力而拒不依法积极主动缴付财产执行财产刑或确有履行能力而不积极主动履行附带民事赔偿责任，在依法减刑、假释时，应从严掌握。（5）对未成年犯、老年犯、残疾罪犯、过失犯、中止犯、胁从犯、积极主动缴付财产执行财产刑或履行民事赔偿责任的罪犯、因防卫过当或避险过当而判处徒刑的罪犯以及其他主观恶性不深、人身危险性不大的罪犯，在依法减刑、假释时，应根据悔改表现从宽掌握。对认罪服法，遵守监规，积极参加学习、劳动，确有悔改表现，依法减刑，减刑的幅度可适当放宽，间隔的时间可相应缩短；符合假释条件，应依法多适用假释。（6）对公安部门针对未成年人在缓刑、假释期间违法犯罪情况报送的拟撤销未成年犯罪人的缓刑或假释的报告，要及时审查，并在法定期限内及时做出决定，以真正形成合力，共同做好未成年人犯罪的惩戒和预防工作。（7）对减刑、假释案件，要采取开庭审理与书面审理相结合的方式。A. 对职务犯罪案件，尤其是原为县处级以上领导干部罪犯的减刑、假释案件，要一律开庭审理。B. 对故意杀人、抢劫、故意伤害等严重危害社会治安的暴力罪犯，有组织犯罪案件中的首犯和其他主犯以及其他重大、有影响案件罪犯的减刑、假释，原则上也要开庭审理。C. 书面审理的案件，拟裁定减刑、假释，要在羁押场所公示拟减刑、假释人员名单，接受其他在押罪犯的广泛监督。（8）对公安部门针对未成年人在缓刑、假释期间违法犯罪情况报送的拟撤销未成年犯罪人的缓刑或假释的报告，要及时审查，并在法定期限内及时做出决定，以真正形成合力，共同做好未成年人犯罪的惩戒和预防工作。（9）要根据"分工负责、相互配合、相互制约"的法律原则，加强与公安机关、检察院的工作联系，既各司其职，又进一步形成合力，不断提高司法公信，维护司法权威。A. 要在律师辩护代理、法律援助、监狱提请减刑假释、开展社区矫正等方面加强与司法行政机关的沟通和协调，促进宽严相济刑事政策的有效实施。B. 要完善对刑事审判人员贯彻宽严相济刑事政策的监督机制，防止宽严失当、枉法裁判、以权谋私。

从最高法《关于办理减刑、假释案件具体应用法律的补充规定》（2019年）的角度讲，减刑、假释案件的条件具有针对性、原则性、例外性、从严性。（1）一般而言，对拒不认罪悔罪，或确有履行能力而不履行或不全部履行生效裁判中财产性判项，不予假释，一般不予减刑；特殊而言，罪犯有重大立功表现，减刑时可不受被判处10年以上有期刑，或被判处死缓执行，减为有期刑后再减刑时，或无期刑减为有期刑后再减刑时，符合减刑条件的减刑起始时间和间隔时间的限制；对贪污贿赂罪犯适用假释时，应从严掌握。（2）被判处10年以上有期刑，或被判处死缓执行，减为有期刑后再减刑时，或无期刑减为有期刑后再减刑时，符合减刑条件，执行3年以上方可减刑；被判处不满10年有期刑，符合减刑条件，执行2年以上方可减刑。A. 确有悔改表现或有立功表现，1次减刑不超过6个月有期刑；确有悔改表现并有立功表现，1次减刑不超过9个月有期刑；有重大立功表现，1次减刑不超过1年有期刑。B. 被判处10年以上有期刑，2次减刑之间应间隔2年以上；被判处不满10年有期刑，2次减刑之间应间隔1年6个月以上。（3）被判处无期刑，符合减刑条件，执行4年以上方可减刑。A. 确有悔改表现或有立功表现，可减为23年有期刑；确有悔改表现并有立功表现，可减为22年以上23年以下有期刑；有重大立功表现，可减为21年以上22年以下有期刑。B. 无期刑减为有期刑后再减刑时，减刑幅度比照被判处10年以上有期刑，符合减刑条件的规定执行。2次减刑之间应间隔2年以上。（4）被判处死缓执行，减为无期刑后，符合减刑条件，执行4年以上方可减刑。A. 确有悔改表现或有立功表现，可减为25年有期刑；确有悔改表现并有立功表现，可减为24年6个月以上25年以下有期刑；有重大立功表现，可减为24年以上24年6个月以下有期刑。被判处死缓执行，减为有期刑后再减刑时，减刑幅度比照.无期刑减为有期刑后再减刑时的规定执行。2次减刑之间应间隔2年以上。

判处死缓，在死缓执行期间，若无故意犯罪，2年期满后，减为无期刑；若确有重大立功表现，2年期满后，减为25年有期刑；若故意犯罪，情节恶劣，报请最高法核准后执行死刑；对故意犯罪未执行死刑，死缓执行的期间重算，并报最高法备案。

对被判死缓的累犯及因故意杀人、强奸、抢劫、绑架、放火、爆炸、投放危险物质或有组织的暴力犯罪被判死缓执行的罪犯，法院根据犯罪情节等情况可同时决定对其限制减刑。

◆ 《刑法》第79条 【减刑的法定程序】

从刑事管辖权的角度讲，对罪犯的减刑，由执行机关向中级以上法院提出减刑建议书，应组成合议庭审理，对确有悔改或立功事实，裁定减刑。

从罪刑法定原则、减刑假释程序法定原则的角度讲，非经法定程序，不得减刑、假释。

减刑假释的法定程序有相同性。从刑法、刑诉法、监狱法的角度，减刑假释的适用对象、适用条件、适用程序有法定性、特定性。（1）无期刑犯、有期刑犯在服刑期间确有悔改或立功表现，据监狱考核的结果，可减刑；有重大立功表现（阻止他人重大犯罪活动；检举监狱内外重大犯罪活动，经查证属实；有发明创造或重大技术革新；在日常生产、生活中舍己救人；在抗御自然灾害或排除重大事故中，有突出表现；对国家和社会有其他重大贡献），应减刑。（2）无期刑犯、有期刑犯的减刑建议由监狱向法院提出，法院应自收到减刑建议书之日起1个月内审核裁定；案情复杂或情况特殊，可延长1个月；减刑裁定的副本应抄送检察院。（3）对不符合法律规定的减刑、假释条件的罪犯，不得以任何理由将其减刑、假释。检察院认为法院减刑、假释的裁定不当，应依刑诉法定的期间向法院提出书面纠正意见。对检察院提出书面纠正意见的案件，法院应重新审理。

从司法解释的角度讲，要在律师辩护代理、法律援助、监狱提请减刑假释、开展社区矫正等方面加强与司法行政机关的沟通和协调，促进宽严相济刑事政策的有效实施。减刑（暂予监外执行罪犯的减刑等）、假释案件的审理：（1）被判死缓执行的罪犯，在死缓执行期间，无故意犯罪，死缓执行期满后，应裁定减刑。死缓执行期满后，尚未裁定减刑前又犯罪，应依法减刑后对其所犯新罪另行审判。（2）对减刑、假释案件，应按不同情形分别处理：A. 对被判死缓执行的罪犯的减刑，由罪犯服刑地的高院根据同级监狱管理机关审核同意的减刑建议书裁定。B. 对被判无期犯的减刑、假释，由罪犯服刑地的高院，在收到同级监狱管理机关审核同意的减刑、假释建议书后1个月内作出裁定，案情复杂或情况特殊，可延长1个月。C. 对被判有期刑和被减为有期犯的减刑、假释，由罪犯服刑地的中院，在收到执行机关提出的减刑、假释建议书后1个月内作出裁定，案情复杂或情况特殊，可延长1个月。D. 对被判拘役、管制犯的减刑，由罪犯服刑地中院，在收到同级执行机关审核同意的减刑、假释建议书后1个月内作出裁定。（3）受理减刑、假释案件，应审查执行机关移送的材料内容（经审查，材料不全，应通知提请减刑、假释的执行机关补送）：A. 减刑、假释建议书。B. 终审法院的裁判文书、执行通知书、历次减刑裁定书的复制件。C. 证明罪犯确有悔改、立功或重大立功表现具体事实的书面材料。D. 罪犯评审鉴定表、奖惩审批表等。E. 罪犯假释后对所居住社区影响的调查评估报告。F. 根据案件情况需移送的其他材料。（4）审理减刑、假释案件，应公示（A. 公示内容：a. 罪犯的姓名、年龄等个人基本情况。b. 罪犯历次减刑情况。c. 原判认定的罪名和刑期。d. 执行机关的减刑、假释建议和依据。B. 公示应写明公示期限和提出意见的方式。C. 公示地点为罪犯服刑场所的公共区域。有条件的地方，可面向社会公示）；应组成合议庭，可采用书面审理的方式，但特殊案件（a. 检察院有异议。b. 公示期间收到投诉意见。c. 因罪犯有重大立功表现提请减刑。d. 社会影响重大或社会关注度高。e. 提请减刑的起始时间、间隔时间或减刑幅度不符合一般规定。f. 有必要开庭审理的其他案件）应开庭审理；应审查财产刑和附带民事裁判的执行情况，以及罪犯退赃、退赔情况。罪犯积极履行判决确定的义务，可认定有悔改表现，在减刑、假释时从宽掌握。确有履行能力而不履行，在减刑、假释时从严掌握。（5）法院作出减刑、假释裁定后，应在7日内送达提请减刑、假释的执行机关、同级检察院以及罪犯本人。（6）检察院认为法院减刑、假释的裁定不当，应在收到裁定书副本后20日内，向法院提出书面纠正意见。法院应在收到纠正意见后1个月内另行重新组成合议庭审理，作出最终裁定。（7）法院发现本院已生效的减刑、假释裁定确有错误，应另行组成合议庭审理；发现下级法院已生效的减刑、假释裁定确有错误，可指令下级法院另行组成合议庭审理。（8）减刑、假释裁定作出前，执行机关书面提请撤回减刑、假释建议，是否准许，由法院决定。（9）被判管制、拘役、有期刑或无期的罪犯，在执行期间确有悔改或立功表现，应依法减刑、假释时，由执行机关提出建议书，报请法院审核裁定，并将建议书副本抄送检察院，检察院可向法院提出书面意见。（10）要严格掌握职务犯罪法定减轻处罚情节的认定标准与减轻处罚的幅度，严格控制依法减轻处罚后判处3年以下有期刑适用缓刑的范围，切实规范职务犯罪缓刑、免刑的适用。（11）对减刑、假释案件，要采取开庭审理与书面审理相结合的方式。A. 对职务犯罪案件，尤其是原为县处级以上领导干部罪犯的减刑、假释案件，要一律开庭审理。B. 对故意杀人、抢劫、故意伤害等严重危害社会治安的暴力罪犯，有组织犯罪案件中的首犯和其他主犯以及其他重大、有影响案件罪犯的减刑、假释，原则上也要开庭审理。C. 书面审理的案件，拟裁定减刑、假释，要在羁押场所公示拟减刑、假释人员名单，接受其他在押罪犯的广泛监督。

◆ 《刑法》第 80 条 【无期刑减刑的刑期计算】

从减刑的角度讲，无期刑减为有期刑的刑期，从裁定减刑之日起计算。

第七节　假释（第 81~86 条）

◆ 《刑法》第 81 条 【假释的适用条件】

从假释犯的适用对象和适用条件的角度讲，假释的适用对象有原则性、例外性。（1）一般而言，有期刑犯执行原判刑期 1/2 以上，无期刑犯实际执行 13 年以上，若认真遵守监规，接受教育改造，确有悔改表现，无再犯罪的危险，可假释；特殊而言，若有特殊情况（国家政治、国防、外交等方面的特殊需要），经最高法核准，可不受有期刑犯执行原判刑期 1/2 以上或无期刑犯实际执行 13 年以上执行刑期的假释条件限制。（2）特殊而言，对累犯、因故意杀人、强奸、抢劫、绑架、放火、爆炸、投放危险物质或有组织的暴力犯罪被判处 10 年以上有期刑犯、无期刑犯，不得假释。（3）对罪犯决定假释时，应考虑其假释后对所居住社区的影响。

【2014·卷 2·单选·11】（答案：C）甲因在学校饭堂投毒被判处 8 年有期徒刑。服刑期间，甲认真遵守监规，接受教育改造，确有悔改表现。关于甲的假释，下列哪一说法是正确的？A. 可否假释，由检察机关决定。B. 可否假释，由执行机关决定。C. 服刑 4 年以上才可假释。D. 不得假释。

假释的适用对象、条件、处罚：（1）假释的适用对象是有期刑、无期刑的罪犯，在刑罚执行过程中确有认罪悔罪表现，不致于再危害社会，在执行一段时间的刑罚后，附条件提前释放。（2）假释犯在假释考验期限内，有违反法律、行政法规或国务院公安部门有关假释的监管规定的行为，尚未构成新罪，应依法定程序撤销假释，收监执行未执行完毕的刑罚。（3）假释犯在假释考验期限内犯新罪，应撤销假释，依判决宣告后又犯新罪的数罪并罚的规定实行数罪并罚。（4）在假释考验期限内，发现被假释的罪犯在判决宣告前还有他罪未判决，应撤销假释，依判决宣告后发现漏罪的数罪并罚的规定数罪并罚。（5）被假释的罪犯在假释考验期间再犯新罪，因刑罚还未执行完毕，不能构成累犯。

假释、缓刑的适用条件、适用对象具有关联性、互补性、差异性。（1）缓刑仅适用于被判处拘役、3 年以下有期徒刑的罪犯。（2）对累犯、集团首犯和因杀人、爆炸、抢劫、强奸、绑架等暴力性犯罪被判处 10 年以上有期刑、无期刑的罪犯，不适用假释、缓刑。

【2007·卷 2·多选·56】（答案：BCD）关于假释的适用，下列哪些选项是正确的？A. 甲因爆炸罪被判处有期徒刑 15 年。在服刑 13 年时，因有悔改表现而被裁定假释。B. 乙犯抢劫罪被判处有期徒刑 9 年，犯嫖宿幼女罪判 8 年，数罪并罚决定执行 15 年。在服刑 13 年时，因有悔改表现而被裁定假释。C. 丙犯诈骗罪被判处有期徒刑 10 年，刑罚执行 7 年后假释。假释考验期内第 2 年，丙犯抢劫罪，应当判 9 年，数罪并罚决定执行 10 年。在服刑 7 年时，因有悔改表现而被裁定假释。D. 丁犯盗窃罪，被判处有期徒刑 3 年，缓刑 4 年。经过缓刑考验期后，发现丁在缓刑考验期内的第 2 年，犯故意伤害罪，应判 9 年，数罪并罚决定执行 10 年。在服刑 7 年时，因丁有悔改表现而被裁定假释。

【2008·卷2·多选·57】（答案：ABC）关于假释，下列哪些选项是错误的？A. 被判处有期徒刑的犯罪分子，执行原判刑期的二分之一，如果符合假释条件，可假释；若有特殊情况，经高级法院核准，可不受上述执行刑期的限制。B. 被假释的罪犯，在假释考验期内，遵守了各种相关规定，没再犯新罪，也没有发现以前还有他罪没判决的，假释考验期满，剩余刑罚就不再执行。C. 被假释的犯罪分子，在假释考验期限内犯新罪的，应撤销假释，按先并后减的方法实行数罪并罚。D. 对因杀人、绑架等暴力性犯罪判处10年以上有期徒刑的犯罪分子，不得假释；即使他们被减刑后，剩余刑期低于10年有期徒刑，也不得假释。

从司法解释的角度讲，对有前科，综合考虑前科的性质、时间间隔长短、次数、处罚轻重等情况，可增加基准刑的10%以下，前科犯罪为过失犯罪或未成年人犯罪为例外。

从刑诉法的角度讲，报请最高法核准因罪犯有特殊情况，不受执行刑期限制的假释案件，应按不同情形分别处理：A. 高院依法作出假释裁定，应报请最高法核准。B. 中院依法作出假释裁定后，应报请高院复核。高院同意，应书面报请最高法核准；不同意，应裁定撤销中院的假释裁定。报请最高法核准因罪犯有特殊情况，不受执行刑期限制的假释案件，应报送报请核准的报告、罪犯有特殊情况的报告、假释裁定书各5份，以及全部案卷。对因罪犯有特殊情况，不受执行刑期限制的假释案件，最高法核准，应作出核准裁定书；不核准，应作出不核准裁定书，并撤销原裁定。

从宽严相济政策的角度讲，对未成年犯、老年犯、残疾罪犯、过失犯、中止犯、胁从犯、积极主动缴付财产执行财产刑或履行民事赔偿责任的罪犯、因防卫过当或避险过当而判处徒刑的罪犯以及其他主观恶性不深、人身危险性不大的罪犯，在依法减刑、假释时，应根据悔改表现从宽掌握。对认罪服法，遵守监规，积极参加学习、劳动，确有悔改表现，依法减刑，减刑的幅度可适当放宽，间隔的时间可相应缩短。符合有期刑犯执行原判刑期1/2以上，无期刑犯实际执行13年以上，若认真遵守监规，接受教育改造，确有悔改表现，无再犯罪的危险的假释条件，应依法多适用假释。

◆《刑法》第82条【假释的法定程序】

从减刑假释的刑事管辖权、适用条件的角度讲，对罪犯的减刑、假释，由执行机关（监狱等）向中级以上法院提出减刑建议书。中级法院应组成合议庭审理，对确有悔改或立功事实，裁定减刑、假释。从减刑假释程序法定原则的角度，非经法定程序，不得减刑、假释。

从监狱法的角度讲，假释的适用对象、适用条件、适用程序有法定性、特定性。（1）被判处无期刑、有期刑的罪犯，符合法律规定的假释条件，由监狱根据考核结果向法院提出假释建议，法院应自收到假释建议书之日起1个月内审核裁定；案情复杂或情况特殊，可延长1个月。假释裁定的副本应抄送检察院。（2）法院裁定假释，监狱应按期假释并发给假释证明书。（3）对被假释的罪犯，依法实行社区矫正，由社区矫正机构负责执行。被假释的罪犯，在假释考验期限内有违反法律、行政法规或国务院有关部门关于假释的监管规定的行为，尚未构成新的犯罪，社区矫正机构应向法院提出撤销假释的建议，法院应自收到撤销假释建议书之日起1个月内审核裁定。法院裁定撤销假释，由公安机关将罪犯送交监狱收监。（4）罪犯服刑期满，监狱应按期释放并发给释放证明书。A. 罪犯释放后，公安机关凭释放证明书办理户籍登记。B. 对刑满释放人员，当地政府帮助其安置生活。C. 刑满释放人员丧失劳动能力又无法定赡养人、扶养人和基本生活来源，由当地政府救济。D. 刑满释放人员依法享有与其他公民平等的权利。

从渎职罪的角度讲，国家机关工作人员可能触犯的渎职罪名，含故意泄露国家秘密罪、过失泄露国家秘密罪、不解救被拐卖绑架妇女儿童罪、阻碍解救被拐卖绑架妇女儿童罪、办理偷越国（边）境人员出入境证件罪、放行偷越国（边）境人员罪、私放在押人员罪、放纵走私罪、放纵制售伪劣商品犯罪行为罪、食品监管渎职罪、玩忽职守罪、滥用职权罪、滥用管理公司证券职权罪、执行判决裁定滥用职权罪、执行判决裁定失职罪、失职使在押人员脱逃罪、失职造成珍贵文物损毁流失罪、国家机关工作人员签订履行合同失职被骗罪、环境监管失职罪、传染病防治失职罪、动植物检疫失职罪、动植物检疫徇私舞弊罪、商检失职罪、商检徇私舞弊罪、招收公务员学生徇私舞弊罪、枉法仲裁罪、民事行政枉法裁判罪、徇私枉法罪、徇私舞弊不移交刑事案件罪、徇私舞弊减刑假释暂予监外执行罪、徇私舞弊不征少征税款罪、徇私舞弊发售发票抵扣税款出口退税罪、违法提供出口退税证罪、违法发放林木采代许可证罪、非法批准征收征用占用土地罪、非法低价出让国有土地使用权罪。

法定刑以下判刑和特殊假释的核准：报请最高法核准在法定刑以下判刑的案件，应按不同情形分别处理：（1）被告人未上诉、检察院未抗诉，在上诉、抗诉期满后3日内报请上一级法院复核［a. 同意原判，应书面层报最高法核准。b. 不同意，应裁定发回重审，或改变管辖按第一审程序重审（原判是基层法院作出，高院可指定中院按第一审程序重审）］。（2）被告人上诉或检察院抗诉，应依第二审程序审理。（3）第二审维持原判，或改判后仍在法定刑以下判刑，应层报最高法核准。A. 报请最高法核准法定刑以下判刑的案件，应报送判决书、报请核准的报告各5份，全部案卷、证据。B. 对法定刑以下判刑的案件，最高法核准，应作出核准裁定书；不核准，应作出不核准裁定书，并撤销原判决、裁定，发回原审法院重审或指定其他下级法院重审。

从宽严相济政策的角度讲，对减刑、假释案件，要采取开庭审理与书面审理相结合的方式。（1）书面审理的案件，拟裁定减刑、假释，要在羁押场所公示拟减刑、假释人员名单，接受其他在押罪犯的广泛监督。（2）对职务犯罪案件，原为县处级以上领导干部罪犯的减刑、假释案件，一律开庭审理。（3）对故意杀人、抢劫、故意伤害等严重危害社会治安的暴力罪犯，有组织犯罪案件中的首犯和其他主犯及其他重大、有影响案件罪犯的减刑、假释，原则上也要开庭审理。

【2017·卷2·单选·11】（答案：B）在符合"执行期间，认真遵守监规，接受教育改造"的前提下，关于减刑、假释的分析，下列哪一选项是正确的？A. 甲因爆炸罪被判处有期徒刑12年，已服刑10年，确有悔改表现，无再犯危险。对甲可假释。B. 乙因行贿罪被判处有期徒刑9年，已服刑5年，确有悔改表现，无再犯危险。对乙可优先适用假释。C. 丙犯贪污罪被判处无期徒刑，拒不交代贪污款去向，一直未退赃。丙已服刑20年，确有悔改表现，无再犯危险。对丙可假释。D. 丁因盗窃罪被判处有期徒刑5年，已服刑3年，一直未退赃。丁虽在服刑中有重大技术革新，成绩突出，对其也不得减刑。

对实施生产、销售伪劣产品、有毒有害食品、不符合食品安全标准的食品的罪犯，应依刑法规定的条件严格适用缓刑、免刑；根据犯罪事实、情节和悔罪表现，对符合缓刑条件的罪犯，可适用缓刑，但应同时宣告禁止令（禁止令的执行期限，从管制、缓刑执行之日起计算），禁止缓刑考验期限内从事食品生产、销售及相关活动。（1）被吊销许可证的食品生产经营者及其法定代表人、直接负责的主管人员和其他直接责任人员自处罚决定作出之日起5年内不得申请食品生产经营许可，或从事食品生产经管工作、担任食品生产经营企业食品安全管理人员。（2）因食品安全犯罪被判处有期刑以上刑罚，终身不得从事食品生产经管工作，也不得担任食品生产经营企业食品安全管理人员。（3）食品生产经营者聘用人员因食品安全犯罪，由县级以上政府食品药品监管部门吊销许可证。

◆《刑法》第83条【假释的考验期限】

假释犯的考验期限，从假释之日起计算。有期犯的假释考验期限为未执行完毕的刑期，无期犯的假释考验期限为10年。

从比较法的角度讲，假释、缓刑、减刑、死缓都有不同的法定考验期限。对被假释的罪犯，从假释期满之日起计算法定考验期限。

◆《刑法》第84条【假释犯的法律义务（守则）】

假释犯守则：（1）遵守法律、行政法规，服从监督。（2）遵守监督机关的会客规定。（3）按监督机关规定报告自己的活动情况。（4）离开所居住的市、县或迁居，应报经监督机关批准。

【2017·卷2·单选·11】（答案：B）在符合"执行期间，认真遵守监规，接受教育改造"的前提下，关于减刑、假释的分析，下列哪一选项是正确的？A. 甲因爆炸罪被判处有期徒刑12年，已服刑10年，确有悔改表现，无再犯危险。对甲可假释。B. 乙因行贿罪被判处有期徒刑9年，已服刑5年，确有悔改表现，无再犯危险。对乙可优先适用假释。C. 丙犯贪污罪被判处无期徒刑，拒不交代贪污款去向，一直未退赃。丙已服刑20年，确有悔改表现，无再犯危险。对丙可假释。D. 丁因盗窃罪被判处有期徒刑5年，已服刑3年，一直未退赃。丁虽在服刑中有重大技术革新，成绩突出，对其也不得减刑。

◆《刑法》第85条【假释考验及其法律后果】

对假释犯在假释考验期限内，依法实行社区矫正，若在假释考验期限内未犯新罪，假释考验期满，就认为原判刑罚已执行完毕，并公开宣告。

◆《刑法》第86条【假释的撤销及其处理】

从数罪并罚的角度讲，假释犯在假释考验期限内犯新罪，应撤销假释，依判决宣告后又犯新罪的并罚、判决宣告前一人犯数罪的并罚规定（犯新罪先减后并）实行数罪并罚。

被宣告缓刑的罪犯，在缓刑考验期内犯新罪或发现判决宣告前还有其他罪无判决，应撤销缓刑，对新犯的罪或新发现的罪作出判决，把前罪和后罪所判处的刑罚数罪并罚。

从数罪并罚的角度讲，在假释考验期限内，发现被假释的罪犯在判决宣告前还有他罪未判决，应撤销假释，依判决宣告后发现漏罪的并罚、判决宣告前一人犯数罪的并罚规定（漏罪或旧罪先并后减）实行数罪并罚。

【2013·卷2·单选·11】（答案：B）被宣告_____的罪犯，在_____考验期内犯新罪或发现判决宣告前还有其他罪没有判决当，应当撤销_____，对新犯的罪或新发现的罪作出判决，把前罪和后罪所判处的刑罚，依照《刑法》第69条的规定，决定执行的刑罚。关于三个空格的填充内容，下列哪一选项是正确的？A. 均应填"假释"。B. 均应填"缓刑"。C. 既可均填"假释"，也可均填"缓刑"。D. 既不能均填"假释"，也不能均填"缓刑"。

假释犯在假释考验期限内，有违反法律、行政法规或国务院有关部门假释的监管规定的行为，尚未构成新罪，应依法定程序撤销假释，收监执行未执行完毕的刑罚。

【2008·川·卷2·多选·60】（答案：ABCD）关于假释与数罪并罚的相关问题，下列哪些说法是正确的？A. 甲犯强奸罪被判有期徒刑9年，执行5年后假释，在假释考验期满后，发现甲在强奸罪判决宣告以前还有抢劫罪没得到处理。因此，应该撤销对甲的假释，依照数罪并罚原则进行处理。B. 乙犯爆炸罪被判处有期徒刑12年，在刑罚执行过程中被减刑2年，如果乙实际服刑6年以上，可以假释。C. 丙犯贪污罪被判处有期徒刑5年，刑满释放后4年内又犯聚众斗殴罪被判有期徒刑7年，在执行4年后，丙可以假释。D. 丁犯交通肇事罪被判有期徒刑5年，执行3年后假释，在假释考验期满后，发现丁在考验期内犯有盗窃罪，应当撤销丁的假释，根据先减后并原则数罪并罚。

假释期间发现漏罪或犯新罪的数罪并罚方法不同。（1）在假释考验期限内，发现被假释的罪犯在判决宣告前还有未判决的漏罪，应撤销假释，实行先减后并的数罪并罚。（2）假释期间再犯新罪，实行先减后并的数罪并罚。被假释的罪犯，在假释考验期限内犯新罪，应撤销假释，实行先减后并的数罪并罚。

【2015·卷2·单选·12】（答案：A）关于假释的撤销，下列哪一选项是错误的？A. 被假释的犯罪分子，在假释考验期内犯新罪的，应撤销假释，按先减后并方法实行并罚。B. 被假释的犯罪分子，在假释考验期内严重违反假释监督管理规定，即使假释考验期满后才被发现，也应撤销假释。C. 假释考验期内，发现被假释的犯罪分子在判决宣告前还有同种罪未判决的，应撤销假释。D. 假释考验期满后，发现被假释的犯罪分子在判决宣告前有他罪未判决的，应撤销假释，数罪并罚。

假释期间又犯新罪的处理程序：（1）对留看守所执行刑罚的罪犯，在暂予监外执行期间又犯新罪，由犯罪地公安机关立案侦查，并通知批准机关。批准机关作出收监执行决定后，应根据侦查、审判需要，由犯罪地看守所或暂予监外执行地看守所收监执行。（2）被剥夺政治权利、管制、宣告缓刑和假释的罪犯在执行期间又犯新罪，由犯罪地公安机关立案侦查。A. 对留看守所执行刑罚的罪犯，因犯新罪被撤销假释，应根据侦查、审判需要，由犯罪地看守所或原执行看守所收监执行。B. 被决定收监执行的社区矫正人员在逃，社区矫正机构应立即通知公安机关，由公安机关负责追捕。

第八节　追诉时效（第87~89条）

◆《刑法》第87条【一般追诉时效的期限类型】

从刑法时效、累犯的角度讲，一般犯罪的追诉时效类型：（1）法定最高刑为不满5年有期刑，追诉时效的期限为5年。（2）法定最高刑为5年以上不满10年有期刑，追诉时效的期限为10年。（3）法定最高刑为10年以上有期刑，追诉时效的期限为15年。（4）法定最高刑为无期刑、死刑，追诉时效的期限为20年；特殊而言，若法定最高刑为无期刑、死刑，追诉时效期限超过20年后认为须追诉，须报请最高检核准后，仍可追诉。

《民法总则》的诉讼时效：（1）《民法总则》自2017年10月1日起施行后，诉讼时效期间开始计算，应适用《民法总则》3年诉讼时效期间的规定（向法院请求保护民事权利的诉讼时效期间为3年，以法律另有规定，依其规定为例外）；当事人主张适用民法通则2年或1年诉讼时效期间规定，法院不支持。A. 诉讼时效期间自权利人知道或应知道权利受到损害以及义务人之日起计算；法律另有规定，依其规定。B. 自权利受到损害之日起超过20年，法院不保护；有特殊情况，法院可根据权利人的申请决定延长。（2）当事人约定同一债务分期履行，诉讼时效期间自最后一期履行期限届满之日起计算。（3）无民事行为能力人或限制民事行为能力人对其法定代理人的请求权的诉讼时效期间，自该法定代理终止之日起计算。（4）未成年人遭受性侵害的损害赔偿请求权的诉讼时效期间，自受害人年满18周岁之日起计算。（5）诉讼时效期间届满，义务人可提出不履行义务的抗辩。A. 诉讼时效期间届满后，义务人同意履行，不得以诉讼时效期间届满为由抗辩。B. 义务人已自愿履行，不得请求返还。（6）法院不得主动适用诉讼时效的规定。（7）在诉讼时效期间的最后6个月内，因存在特殊障碍（不可抗力；无民事行为能力人或限制民事行为能力人无法定代理人，或法定代理人死亡、丧失民事行为能力、丧失代理权；继承开始后未确定继承人或遗产管理人；权利人被义务人或其他人控制；其他导致权利人不能行使请求权的障碍），不能行使请求权，诉讼时效中止；自中止时效的原因消除之日起满6个月，诉讼时效期间届满。（8）具有权利人向义务人提出履行请求；义务人同意履行义务；权利人提起诉讼或申请仲裁；与提起诉讼或申请仲裁具有同等效力的其他情形之一，诉讼时效中断，从中断、有关程序终结时起，诉讼时效期间重新计算。（9）特殊而言，请求停止侵害、排除妨碍、消除危险；不动产物权和登记的动产物权的权利人请求返还财产；请求支付抚养费、赡养费或扶养费；依法不适用诉讼时效的其他请求权，不适用诉讼时效的规定。（10）诉讼时效的期间、计算方法以及中止、中断的事由由法律规定，当事人约定无效。A. 当事人对诉讼时效利益的预先放弃无效。B. 法律对仲裁时效有规定，依其规定；未规定，适用诉讼时效的规定。C. 法律规定或当事人约定的撤销权、解除权等权利的存续期间，除法律另有规定外，自权利人知道或应知道权利产生之日起计算，不适用有关诉讼时效中止、中断和延长的规定。存续期间届满，撤销权、解除权等权利消灭。

从刑诉法的角度讲，不追究刑责，已追究，应撤销案件，或不起诉，或终止审理，或宣告无罪的6种情形：情节显著轻微、危害不大，不认为是犯罪；犯罪已过追诉时效期限；经特赦令免刑；依刑法告诉才处理的犯罪，未告诉或撤回告诉；嫌犯、被告人死亡；其他法律规定免予追究刑责。

【2009·卷2·多选·55】（答案：ABD）1980年初，张某强奸某妇女并将其杀害。1996年末，张某因酒后驾车致人重伤。两案在2007年初被发现。关于张某的犯罪行为，下列哪些选项是错误的？A. 应当以强奸罪、故意杀人罪和交通肇事罪追究其刑事责任，数罪并罚。B. 应以强奸罪追究其刑事责任。C. 应当以故意杀人罪追究其刑事责任。D. 不应当追究任何刑事责任。

【2012·卷2·单选·13】（答案：D）犯罪分子无法定减轻处罚情节，但根据案件特殊情况，经_____核准，可在法定刑以下判处刑罚；被判处无期刑的犯人，如有特殊情况，经____核准，实际执行未达13年的，可以假释；在死刑缓期执行期间，如故意犯罪，查证属实，由_____核准，执行死刑；犯罪已经经过20年，如果认为须追诉，须报_____核准。下列哪一选项与题干空格内容相匹配？A. 最高人民法院—最高人民法院—最高人民法院—最高人民法院。B. 最高人民法院—最高人民检察检—最高人民法院—最高人民法院。C. 最高人民法院—最高人民检察检—最高人民法院—最高人民检察检。D. 最高人民法院—最高人民法院—最高人民法院—最高人民检察检。

【2015·卷2·多选·60】（答案：AC）关于追诉时效，下列哪些选项是正确的？A. 甲犯劫持航空器罪，即便经过30年，也可能被追诉。B. 乙于2013年1月10日挪用公款5万元用于结婚，2013年7月10日归还。对乙的追诉期限应从2013年1月10日起计算。C. 丙于2000年故意轻伤李某，直到2008年李某才报案，但公安机关未立案。2014年，丙因他事被抓。不能追诉丙故意伤害的刑事责任。D. 丁与王某共同实施合同诈骗犯罪。在合同诈骗罪的追诉期届满前，王某单独实施抢夺罪。对丁合同诈骗罪的追诉时效，应从王某犯抢夺罪之日起算。

从检察院刑诉规则的角度讲，检察院直接受理立案侦查的案件报请最高检核准追诉、检察院核准追诉的基本程序：（1）法定最高刑为无期刑、死刑的犯罪，已过20年追诉期限，不再追诉。若认为须追诉，须报请最高检核准。（2）须报请最高检核准追诉的案件，侦查机关在核准前可依法对嫌犯采取强制措施。A. 侦查机关报请核准追诉并提请逮捕嫌犯，检察院经审查认为须追诉而且符合法定逮捕条件，可依法批捕，同时要求侦查机关在报请核准追诉期间不得停止对案件的侦查。B. 未经最高检核准，不得对案件提起公诉。（3）报请核准追诉的案件应同时符合的条件：A. 有证据证明存在犯罪事实，且犯罪事实是嫌犯实施。B. 涉嫌犯罪的行为应适用的法定量刑幅度的最高刑为无期刑或死刑。C. 涉嫌犯罪的性质、情节和后果特别严重，虽已过20年追诉期限，但社会危害性和影响依然存在，不追诉会严重影响社会稳定或产生其他严重后果，而须追诉。D. 嫌犯能及时到案接受追诉。（4）侦查机关报请核准追诉的案件，由同级检察院受理并层报最高检审查决定。（5）地方检察院对侦查机关报请核准追诉的案件，应及时进行审查并开展必要的调查，经检委会审议提出是否同意核准追诉的意见，在受理案件后10日内制作报请核准追诉案件报告书，连同案件材料一并层报最高检。A. 最高检决定核准追诉的案件，最初受理案件的检察院应监督侦查机关的侦查工作。B. 最高检决定不核准追诉，侦查机关未及时撤销案件，同级检察院应监督纠正。嫌犯在押，应立即释放。（6）最高检收到省级检察院报送的报请核准追诉案件报告书及案件材料后，应及时审查，必要时派人到案发地了解案件有关情况。经检察长批准或检委会审议，应在受理案件后1个月内作出是否核准追诉的决定，特殊情况下可延长15日日，并制作核准追诉决定书或不核准追诉决定书，逐级下达最初受理案件的检察院，送达报请核准追诉的侦查机关。（7）对已批捕的案件，侦查羁押期限届满不能作出是否核准追诉决定，应对嫌犯变更强制措施或延长侦查羁押期限。

【2008·川·卷2·单选·36】（答案：B）关于刑诉强制措施的适用对象，下列哪选项是正确的？A. 只适用于公诉案件的犯罪嫌疑人、被告人。B. 可以适用于自诉案件的被告人。C. 可以适用于自诉人。D. 可以适用于单位犯罪案件的诉讼代表人。

【2010·卷2·单选·25】（答案：D）甲乙两家曾因宅基地纠纷诉至法院，尽管有法院生效裁判，但甲乙两家关于宅基地的争议未得到根本解决。一日，甲、乙因各自车辆谁先过桥引发争执继而扭打，甲拿起车上的柴刀砍中乙颈部，乙当场死亡。对此，下列哪一项是不需用证据证明的免证事实？A. 甲的身份状况。B. 甲用柴刀砍乙颈部的时间、地点、手段、后果。C. 甲用柴刀砍乙颈部时精神失常。D. 法院就甲乙两家宅基地纠纷所作出的裁判事项。

【2010·卷2·单选·26】（答案：B）下列哪一情形下，法院对已逮捕的被告人应变更强制措施或释放？A. 涉嫌盗窃的孕妇张某，认罪态度良好。B. 涉嫌故意杀人的李某，因对其进行司法鉴定该案尚未审结，法律规定的期限已届满。C. 涉嫌走私的王某，由于案件复杂不能在法律规定的期限内审结。D. 涉嫌贩毒的孙某，患有严重疾病。

一般而言，不同性质的刑事犯罪的追诉时效不同，不同刑事犯罪的构成要件、犯罪成立标准不同。（1）刑事犯罪以过追诉时效不予追究为原则，以立案追究为例外。（2）一般而言，一般犯罪过了追诉时效的期限不再追诉。A. 刑事犯罪以过追诉时效不予追究为原则，以立案追究为例外。B. 不同性质的刑事犯罪的追诉时效不同，不同刑事犯罪的构成要件、犯罪成立标准不同。（3）刑事犯罪追诉时效的计算标准、方式方法：A. 一般犯罪的计算：a. 一般犯罪（非连续犯、非继续犯）的追诉期限从犯罪之日（犯罪成立之日或犯罪行为符合犯罪构成之日）起计算。b. 不以危害结果为要件的犯罪的实施行为之日为犯罪之日；以危害结果为要件的犯罪的危害结果发生之日为犯罪之日。B. 连续犯罪的计算：a. 犯罪行为有连续状态（连续犯）或继续状态（继续犯或持续犯），从犯罪行为终了之日起计算。b. 从刑法精神、惯犯和连续犯的关系的角度讲，惯犯的追诉期限从最后一次犯罪之日起计算。

◆ 《刑法》第88条【特殊追诉期限的延长】

特殊而言，不受追诉时效限制的2种类型：（1）在检察院、公安机关、国安机关立案侦查或在法院受理案件后，逃避侦查或审判，不受追诉期限的限制。（2）被害人在追诉期限内提出控告，公检法应立案而不予立案，不受追诉期限的限制。

从司法实践、社会实践的角度讲，有原则就有例外；特殊而言，追诉期限有期限限制性、中断性、延长性、例外性、特殊性、条件性。追诉时效延长的前提条件：（1）检察院、公安机关、国安机关已立案侦查或法院已受理案件。（2）行为人实施了逃避侦查或审判的行为。（3）被害人在追诉期限内向公检法提出控告，公检法应立案（根据刑法规定、公认的刑法理论，被控告人的行为已构成犯罪，应对其进行立案侦查或受理案件）而不予立案。（4）从司法解释的角度讲，玩忽职守罪的追诉时效：玩忽职守行为造成的重大损失当时未发生，而是玩忽职守行为后一定时间发生，应从危害结果发生之日起计算玩忽职守罪的追诉期限。

◆ 《刑法》 第 89 条 【特殊追诉期限的中断和计算方式方法】

从逃犯、流窜犯、一般犯罪和特殊犯罪的关系的角度讲，一般犯罪行为（无连续状态或无继续状态）的追诉期限从犯罪之日起计算；特殊犯罪行为有连续（连续犯）或继续（继续犯）状态，从犯罪行为终了之日起计算；追诉期限内又犯罪，前罪追诉的期限从犯后罪之日起计算。

从司法解释、挪用公款罪的角度讲，挪用公款归个人使用，进行非法活动，或挪用公款数额较大、进行营利活动，犯罪的追诉期限从挪用行为实施完毕之日起计算；挪用公款数额较大、超过 3 个月未还，犯罪的追诉期限从挪用公款罪成立之日起计算。挪用公款行为有连续状态，犯罪的追诉期限应从最后一次挪用行为实施完毕之日或犯罪成立之日起计算。

【2014·卷 2·多项·56】（答案：ABCD）1999 年 11 月，甲（17 周岁）因邻里纠纷，将邻居杀害后逃往外地。2004 年 7 月，甲诈骗他人 5000 元现金。2014 年 8 月，甲因扒窃 3000 元现金，被公安机关抓获。在讯问阶段，甲主动供述了杀人、诈骗罪行。关于本案的分析，下列哪些选项是错误的？A. 前罪的追诉期限从犯后罪之日起计算，甲所犯三罪均在追诉期限内。B. 对甲所犯的故意杀人罪、诈骗罪与盗窃罪应分别定罪量刑后，实行数罪并罚。C. 甲如实供述了公安机关尚未掌握的罪行，成立自首，故对盗窃罪可从轻或减轻处罚。D. 甲审判时已满 18 周岁，虽可适用死刑，但鉴于其有自首表现，不应判处死刑。

从追诉时效中断（更新）【在时效进行期间发生法律规定的事由，导致前经的追诉时效期间归于无效，法律规定的事由终了之时，诉讼时效重新开始计算】、刑罚特殊预防原则、主观罪过性、社会危害性的角度讲，在追诉期限内又犯新罪，前罪的追诉时效中断，对前罪的追诉时效从新罪（后罪）成立之日起重新计算。追诉时效从犯罪行为终止起计算。

从刑法时间效力的角度讲，对开始于 1997 年 9 月 30 日前，继续到 1997 年 10 月 1 日后终了的继续犯罪，应适用修订刑法一并进行追诉。对开始于 1997 年 9 月 30 日前，连续到 1997 年 10 月 1 日后的连续犯罪，或在 1997 年 10 月 1 日前后分别实施的同种类数罪，其中罪名、构成要件、情节、法定刑均未变化，应适用 1997 年《刑法》，一并进行追诉；罪名、构成要件、情节以及法定刑已变化，也应适用 1997 年《刑法》，一并进行追诉，但 1997 年《刑法》比 1979 年《刑法》规定的构成要件、情节较为严格，或法定刑较重，在提起公诉时应提出酌情从轻处理意见。

第五章

刑法总则的其他规定（第 90~101 条）

从刑法结构体系的角度看，刑法总则的基本内容涉及刑法的立法目的、任务、原则、适用范围（法律效力）、犯罪构成、定罪量刑（刑罚、量刑）、民族自治地方适用刑法的变通原则、告诉才处理原则、重伤、违反国家规定、公共财产、公民私有财产、国家工作人员、司法工作人员、首犯、前科报告制度、刑法总则效力等。

◆ 《刑法》第 90 条 【民族自治地方适用刑法的变通或补充原则、程序】

从宪法、民族区域自治法（民族法）、国家主权原则、属地管辖原则、属人管辖原则、法律面前人人平等原则、民族平等原则、民族优待政策、基本国情、民族法律关系的角度讲，民族自治地方不能全部适用刑法规定，可由自治区或省的人大根据当地民族的政治、经济、文化的特点和基本原则，制定变通或补充规定，报请全国人大常委会批准施行。

从宪法的角度讲，中国是全国各族共同缔造的统一的多民族国家。平等团结互助和谐的社会主义民族关系已确立，并将继续加强。维护民族团结的斗争中，要反对大民族主义，主要是大汉族主义，也要反对地方民族主义。国家尽一切努力，促进全国各民族的共同繁荣。

民族自治地方的自治机关的职权：（1）民族自治地方的自治机关（自治区、自治州、自治县的人大和政府）行使《宪法》第三章国家机构第五节地方人大和地方政府规定的地方国家机关的职权（a. 省、直辖市、县、市、市辖区、乡、民族乡、镇设立人大和政府。b. 自治区、自治州、自治县设立自治机关。c. 省、直辖市、设区的市的人大代表由下一级的人大选举；县、不设区的市、市辖区、乡、民族乡、镇的人大代表由选民直接选举。d. 民族乡的人大可依法律规定的权限采取适合民族特点的具体措施。e. 设区的市的人大和它们的常委会，在不同宪法、法律、行政法规和本省、自治区的地方性法规相抵触的前提下，可依法律规定制定地方性法规，报本省、自治区人大常委会批准后施行。f. 乡、民族乡、镇的政府执行本级人大的决议和上级国家行政机关的决定和命令，管理本行政区域内的行政工作。g. 省、直辖市的政府决定乡、民族乡、镇的建置和区域划分等），同时依宪法、民族区域自治法和其他法律规定的权限行使自治权，据本地方实际情况贯彻执行国家的法律、政策；有管理地方财政的自治权（凡依国家财政体制属于民族自治地方的财政收入，都应由民族自治地方的自治机关自主地安排使用），在国家计划的指导下，自主地安排和管理地方性的经济建设事业；依国家的军事制度和当地的实际需要，经国务院批准，可组织本地方维护社会治安的公安部队；在执行职务时，依本民族自治地方自治条例规定，使用当地通用的一种或几种语言文字。A. 自治区、自治州、自治县的人大中，除实行区域自治的民族的代表外，其他居住在本行政区域内的民族也应有适当名额的代表；人大常委会中应有实行区域自治的民族的公民担任主任或副主任。B. 自治区主席、自治州州长、自治县县长由实行区域自治的民族的公民担任。C. 民族自治地方的人大有权依当地民族的政治、经济和文化的特点，制定自治条例和单行条例。D. 自治区的自治条例和单行条例，报全国人大常委会批准后生效。E. 自治州、自治县的自治条例和单行条例，报省或自治区的人大常委会批准后生效，并报全国人大常委会备案。(2) 国家从财政、物资、技术等方面帮助各少数民族加速发展经济建设和文化建设事业，帮助民族自治地方从当地民族中大量培养干部、各种专业人才和技术工人；在民族自治地方开发资源、建设企业时，应照顾民族自治地方的利益；自主地管理本地方的教育、科学、文化、卫生、体育事业，保护和整理民族的文化遗产，发展和繁荣民族文化。

从程序法（刑诉法、民诉法、行诉法等）的角度讲，公安机关负责刑事案件的侦查、拘留、执行逮捕、预审；检察院负责刑事案件的检察、批准逮捕、检察机关直接受理的案件的侦查、提起公诉；法院负责审判，应对不通晓当地民族通用的语言、文字的诉讼参与人提供翻译。公检法进行刑诉，须依靠群众，须以事实为根据，以法律为准绳，对不通晓当地通用的语言文字的诉讼参与人，应为其翻译在少数民族聚居或多民族杂居的地区，应用当地通用的语言进行审讯，用当地通用的文字发布判决书、布告和其他文件。对一切公民，在适用法律上一律平等，在法律面前，不允许有任何特权。各民族公民都有用本民族语言、文字进行行诉的权利。

在少数民族聚居或多民族共同居住的地区，法院应用当地民族通用的语言、文字进行审理和发布法律文书。

从刑法分则的角度讲，侵犯少数民族权益的罪名：煽动民族仇恨、民族歧视罪；出版歧视、侮辱少数民族作品罪；非法剥夺公民宗教信仰自由罪；侵犯少数民族风俗习惯罪；强制穿戴宣扬恐怖主义、极端主义服饰、标志罪；非法持有宣扬恐怖主义、极端主义物品罪；宣扬恐怖主义、极端主义、煽动实施恐怖活动罪；利用极端主义破坏法律实施罪；编造、故意传播虚假恐怖信息罪；拒绝提供间谍犯罪、恐怖主义犯罪、极端主义犯罪证据罪；偷越国（边）境罪；组织、领导、参加恐怖组织罪；帮助恐怖活动罪；准备实施恐怖活动罪等。

◆《刑法》第91条【公共财产的范围或类型】

从军人违反职责罪、危害国安罪、危害国防利益罪、危害公共安全罪、危害税收征管罪、妨害文物管理罪、妨害国（边）境管理罪、妨害对公司企业的管理秩序罪、破坏金融管理秩序罪、金融诈骗罪、走私罪、贪污贿赂罪、渎职罪的角度讲，公共财产的"三大范围、四大类型"：(1) 绝对的公共财产：A. 国有财产。B. 劳动群众集体所有的财产。C. 用于扶贫和其他公益事业的社会捐助或专项基金的财产。(2) 相对的公共财产：在国家机关、国有公司、企业、集体企业和团体管理、使用或运输中的私人财产，以公共财产论。

从司法解释的角度讲，渎职犯罪行为造成的公共财产重大损失的认定：(1) 玩忽职守、滥用职权等渎职犯罪以使公共财产、国家、利益遭受重大损失为构成要件。(2) 一般而言，公共财产的重大损失是渎职行为已造成的重大经济损失。(3) 公共财产作为债权存在，但已无法实现债权，可认定为行为人的渎职行为造成了经济损失的4种情形：A. 债务人已法定程序被宣告破产。B. 债务人潜逃（偷偷逃跑），去向不明。C. 因行为人责任，使超过诉讼时效。D. 有证据证明债权无法实现的其他情况。

从归侨侨眷权益保护法的角度讲，任何组织或个人侵害归侨、侨眷的合法权益，造成归侨、侨眷财产损失或其他损害，依法承担民责；构成犯罪，依法追究刑责。(1) 国家机关工作人员玩忽职守或滥用职权，使归侨、侨眷合法权益受到损害，其所在单位或上级主管机关应责令改正或给予行政处分；构成犯罪，依法追究刑责。(2) 离休、退休、退职的归侨、侨眷职工出境定居，其离休金、退休金、退职金、养老金照发，否则停发、扣发、侵占或挪用出境定居的归侨、侨眷的离休金、退休金、退职金、养老金，有关单位或有关主管部门应责令补发，并依法给予赔偿；对直接负责的主管人员和其他直接责任人员，依法给予行政处分；构成犯罪，依法追究刑责。

从《物权法》第45~57条国家财产权范围的角度讲，国家所有财产（国有财产）属于国家所有（全民所有），有法定性、国有性，主要是国务院代表国家行使所有权，分为绝对型国有财产（国防资产、无线电频谱资源、矿藏、水流、海域、城市土地）、相对型国有财产［法律法规属于国家所有的基础设施（铁路、公路、电力设施、电信设施、油气管道等）、野生动植物资源、文物、农村土地、城市郊区土地］。(1) 森林、山岭、草原、荒地、滩涂等自然资源，以属于国家所有为原则，以法律法规属于集体所有为例外。(2) 国家所有权的范围：A. 国家土地所有权（城市土地、法律法规国家所有的城市郊区土地、农村土地）。B. 国家自然资源所有权（矿藏、水流、海域、无线电频谱资源、国防资产，或法律法规国家所有的森林、山岭、草原、荒地、滩涂等、野生动植物资源、文物、基础设施（铁路、公路、电力设施、电信设施、油气管道等）。C. 其他财产。

从物权法的国家所有权的范围、保护方式的角度讲，国家所有权有绝对性、排他性、强制性等不同特征。(1) 国家机关直接支配的不动产、动产，享有占有、使用、依法律、国务院有关规定处分的权利。(2) 国家事业单位直接支配的不动产、动产，享有占有、使用、依法律、国务院有关规定收益、处分的权利。(3) 国家出资的企业，由国务院、地方政府依法律、行政法规规定分别代表国家履行出资人职责，享有出资人权益。(4) 从国家所有权的行使、保护的角度讲，以国务院（国有资产监管部门）代表国家行使国有财产所有权为原则，国家所有财产受法律绝对保护，禁止任何单位和个人侵占、哄抢、私分、截留、破坏。(5) 从国有资产监管部门的职责的角度讲，履行国有财产管理、监督职责的机构及其工作人员，应依法管理、监督国有财产，促进国有财产保值增值，防止在企业改制、合并分立、关联交易等过程中违反国有财产管理，低价转让、合谋私分、擅自担保或滥用职权、玩忽职守等违法犯罪行为导致国有财产损失，否则应依法承担法律责任。(6) 公共财产分为绝对型公共财产（国有财产、劳动群众集体所有财产、用于扶贫和其他公益事业的社会捐助或专项基金的财产）、相对型公共财产（在国家机关、国有公司、企业、集体企业和团体管理、使用或运输中的私人财产，以公共财产论）。

◆《刑法》第92条【公民私有财产的范围或类型】

从侵犯财产罪、侵犯知识产权罪、生产销售伪劣产品罪、走私贩卖运输制造毒品罪、扰乱市场秩序罪的角度讲，公民私有财产的四大范围、类型：(1) 公民的合法收入、储蓄、房屋和其他生活资料。(2) 依法归个人、家庭所有的生产资料。(3) 个体户和私营企业的合法财产。(4) 依法归个人所有的股份、股票、债券和其他财产。

从婚姻法、婚姻法解释、司法实践、社会实践的角度讲，财产关系（财产权关系或所有权关系）是婚姻家庭关系的一个重要组成部分。

1. 夫妻财产有共同性、单方性、约定性、习惯性，分为夫妻共同财产、夫妻一方财产，以不约定夫妻财产为主，以约定夫妻财产为辅。(1) 夫或妻对夫妻共同所有的财产，有平等的处理权（a. 夫或妻在处理夫妻共同财产上的权利平等。b. 因日常生活需要而处理夫妻共同财产，任何一方均有权决定。c. 夫或妻非因日常生活需要对夫妻共同财产做重要处理决定，夫妻双方应平等协商，取得一致意见；他人有理由相信其为夫妻双方共同意思表示，另一方不得以不同意或不知道为由对抗善意第三人）。(2) 夫妻可约定婚姻关系存续期间所得的财产及婚前财产归各自所有、共同所有或部分各自所有、部分共同所有，约定应采用书面形式，否则未约定或约定不明确，适用夫妻在婚姻关系存续期间的夫妻共同财产或夫妻一方财产规定。A. 夫妻对婚姻关系存续期间所得的财产及婚前财产的约定，对双方有约束力。B. 夫妻对婚姻关系存续期间所得的财产约定归各自所有，夫或妻一方对外所负的债务，第三人知道该约定（夫妻一方对此负有举证责任），以夫或妻一方所有的财产清偿。C. 夫妻对共同所有的财产,有平等的处理权。D. 夫妻在婚姻关系存续期间的夫妻共同财产:a. 工资、奖金。b. 生产、经营的收益。c. 知识产权的收益(婚姻关系存续期间,实际取得或已明确可取得的财产性收益)。d. 继承或赠与所得的财产,以遗嘱或赠与合同中确定只归夫或妻一方的财产为例外。e. 其他应归共同所有的财产(①一方以个人财产投资取得的收益。②男女双方实际取得或应取得的住房补贴、住房公积金。③男女双方实际取得或应取得的养老保险金、破产安置补偿费)。E. 夫妻一方个人财产在婚后产生的收益应认定为夫妻共同财产,以孳息和自然增值为例外。(3) 夫妻一方的财产范围或类型:A. 一方的婚前财产。B. 一方因身体受到伤害获得的医疗费、残疾人生活补助费等费用。C. 遗嘱或赠与合同中确定只归夫或妻一方的财产(a. 婚后由一方父母出资为子女购买的不动产,产权登记在出资人子女名下,可视为只对自己子女一方的赠与,该不动产应认定为夫妻一方的个人财产。b. 由双方父母出资购买的不动产,产权登记在一方子女名下,该不动产可认定为双方按各自父母的出资份额按份共有,以当事人另有约定为例外)。D. 一方专用的生活用品。E. 其他应归一方的财产。(4) 一般而言,夫妻一方所有的财产,不因婚姻关系的延续而转化为夫妻共同财产,以当事人另有约定的为例外。A. 军人的伤亡保险金、伤残补助金、医药生活补助费属于个人财产。B. 法院审理离婚案件,涉及分割发放到军人名下的复员费、自主择业费等一次性费用,以夫妻婚姻关系存续年限乘以年平均值〔将发放到军人名下的军人名下的复员费、自主择业费等一次性费用总额按具体年限(人均寿命70岁与军人入伍时实际年龄的差额)〕,所得数额为夫妻共同财产,进行均分。

  2. 夫妻财产的处理方式方法:(1) 男女双方自愿离婚,准予离婚。双方须到婚姻登记机关申请离婚。婚姻登记机关查明双方确实是自愿并对子女和财产问题已有适当处理时,发给离婚证。(2) 离婚时,夫妻的共同财产由双方协议处理。A. 协议不成时,由法院根据财产的具体情况,照顾子女和女方权益的原则判决。B. 夫或妻在家庭土地承包经营中享有的权益等,应依法保护。(3) 夫妻书面约定婚姻关系存续期间所得的财产归各自所有,一方因抚育子女、照料老人、协助另一方工作等付出较多义务,离婚时有权向另一方请求补偿,另一方应补偿。(4) 离婚时,原为夫妻共同生活所负的债务,应共同偿还。A. 共同财产不足清偿,或财产归各自所有,由双方协议清偿。B. 协议不成时,由法院判决。(5) 离婚时,如一方生活困难,另一方应从其住房等个人财产中给予适当帮助。A. 具体办法由双方协议。B. 协议不成时,由法院判决。(6) 离婚时,一方隐藏、转移、变卖、毁损夫妻共同财产,或伪造债务企图侵占另一方财产,分割夫妻共同财产时,对隐藏、转移、变卖、毁损夫妻共同财产或伪造债务的一方,可少分或不分。离婚后,另一方发现有上述行为,可向法院提起诉讼,请求再次分割夫妻共同财产。对此妨害民诉的行为,法院依民诉法规定进行制裁。当事人向法院提起诉讼,请求再次分割夫妻共同财产的诉讼时效为3年,从当事人发现之次日起计算。(7) 对拒不执行有关扶养费、抚养费、赡养费、财产分割、遗产继承、探望子女等判决或裁定,由法院依法强制执行。A. 有关个人和单位应负协助执行的责任。B. 对拒不执行有关探望子女等判决和裁定,由法院依法强制执行规定,是对拒不履行协助另一方行使探望权的有关个人和单位采取拘留、罚款等强制措施,不能对子女的人身、探望行为进行强制执行。(8) 离婚的无过错方有权请求对方进行损害赔偿(物质损害赔偿、精神损害赔偿;涉及精神损害赔偿,适用最高法确定民事侵权精神损害赔偿责任若干问题的解释有关规定)的类型:A. 重婚。B. 有配偶者与他人同居。C. 实施家暴。D. 虐待、遗弃家庭成员。a. 夫妻一方出轨另一方可索精神赔偿,离婚后查出前夫离婚前出轨仍获精神赔偿(损害赔偿责任的主体,为离婚诉讼当事人中无过错方的配偶)。b. 法院判决不准离婚的案件,对当事人基于损害赔偿请求,不支持。c. 在婚姻关系存续期间,当事人不起诉离婚而单独依据该条提起损害赔偿请求,法院不受理。d. 法院受理离婚案件时,应将当事人的有关权利义务,书面告知当事人。e. 无过错方作为原告向法院提起损害赔偿请求,须在离婚诉讼的同时提出。f. 无过错方作为被告的离婚诉讼案件,若被告不同意离婚也不基于该条提起损害赔偿请求,可在离婚后 1 年内就此单独提起诉讼。g. 无过错方作为被告的离婚诉讼案件,一审时被告未基于重婚、有配偶者与他人同居、实施家暴或虐待、遗弃家庭成员提出损害赔偿请求,二审期间提出,法院应进行调解,调解不成,告知当事人在离婚后 1 年内另行起诉。h. 当事人在婚姻登记机关办理离婚登记手续后,以重婚、有配偶者与他人同居、实施家暴或虐待、遗弃家庭成员为由向法院提出损害赔偿请求,法院应受理;当事人在协议离婚时已明确表示放弃该项请求,或在办理离婚登记手续 1 年后提出,不支持。i. 夫妻双方均有重婚、有配偶者与他人同居、实施家暴或虐待、遗弃家庭成员的过错情形,一方或双方向对方提出离婚损害赔偿请求,法院不支持。j. 夫以妻擅自中止妊娠侵犯其生育权为由请求损害赔偿,法院不支持。k. 夫妻双方因是否生育发生纠纷,致感情确已破裂,一方请求离婚,法院经调解无效,应依其他导致夫妻感情破裂规定处理。(9) 涉及财产分割和子女抚养,可调解。A. 调解达成协议,另行制作调解书。B. 对财产分割和子女抚养问题的判决不服,当事人可上诉。(10) 被宣告无效或被撤销的婚姻,当事人同居期间所得的财产,按共同共有处理,以有证据证明为当事人一方所有的为例外。(11) 法院审理重婚导致的无效婚姻案件时,涉及财产处理,应准许合法婚姻当事人作为有独立请求权的第三人参加诉讼。A. 当事人因同居期间财产分割或子女抚养纠纷提起诉讼,法院应受理。B. 法院审理无效婚姻案件,涉及财产分割和子女抚养,应对婚姻效力的认定和其他纠纷的处理分别制作裁判文书。C. 法院就同一婚姻关系分别受理了离婚和申请宣告婚姻无效案件,对离婚案件的审理,应待申请宣告婚姻无效案件作出判决后进行。D. 婚姻关系被宣告无效后,涉及财产分割和子女抚养,应继续审理。(12) 离婚协议中财产分割的条款或当事人因离婚就财产分割达成的协议,对男女双方有法律约束力。当事人因履行上述财产分割协议发生纠纷提起诉讼,法院应受理。(13) 男女双方协议离婚后 1 年内就财产分割问题反悔,请求变更或撤销财产分割协议,法院应受理。法院审理后,未发现订立财产分割协议时存在欺诈、胁迫等情形,应依法驳回当事人的诉讼请求。(14) 法院审理离婚案件,涉及分割夫妻共同财产中以一方名义在有限责任公司的出资额,另一方不是该公司股东,分别处理的方式方法:A. 夫妻双方协商一致将出资额部分或全部转让给该股东的配偶,过半数股东同意、其他股东明确表示放弃优先购买权,该股东的配偶可成为该公司股东。B. 夫妻双方就出资额转让份额和转让价格等事项协商一致后,过半数股东不同意转让,但愿意以同等价格购买该出资额,法院可对转让出资所得财产进行分割。C. 过半数股东不同意转让,也不愿意以同等价格购买该出资额,视为其同意转让,该股东的配偶可成为该公司股东。D. 用于证明过半数股东同意的证据,可是股东会决议,也可是当事人通过其他合法途径取得的股东的书面声明材料。(15) 法院审理离婚案件,涉及分割夫妻共同财产中以一方名义在合伙企业中的出资,另一方不是该企业合伙人,当夫妻双方协商一致,将其合伙企业中的财产份额全部或部分转让给对方时,分别处理的方式方法:A. 其他合伙人一致同意,该配偶依法取得合伙人地位。B. 其他合伙人不同意转让,在同等条件下行使优先受让权,可对转让所得的财产进行分割。C. 其他合伙人不同意转让,也不行使优先受让权,但同意该合伙人退伙或退还部分财产份额,可对退还的财产进行分割。D. 其他合伙人既不同意转让,也不行使优先受让权,又不同意该合伙人退伙或退还部分财产份额,视为全体合伙人同意转让,该配偶依法取得合伙人地位。(16) 夫妻以一方名义投资设立独资企业,法院分割夫妻在该独资企业中的共同财产时,分别处理的方式方法:A. 一方主张经营该企业,对企业资产进行评估后,由取得企业一方给予另一方相应的补偿。B. 双方均主张经营该企业,在双方竞价基础上,由取得企业的一方给予另一方相应的补偿。C. 双方均不愿意经营该企业,按个人独资企业法等有关规定办理。(17) 由一方婚前承租、婚后用共同财产购买的房屋,房屋权属证书登记在一方名下,应认定为夫妻共同财产。

双方对夫妻共同财产中的房屋价值及归属无法达成协议时，分别处理的方式方法：A. 双方均主张房屋所有权且同意竞价取得，应准许。B. 一方主张房屋所有权，由评估机构按市场价格对房屋作出评估，取得房屋所有权的一方应给予另一方相应的补偿。C. 双方均不主张房屋所有权，据当事人的申请拍卖房屋，就所得价款进行分割。（18）离婚时双方对尚未取得所有权或尚未取得完全所有权的房屋有争议且协商不成，法院不宜判决房屋所有权的归属，应根据实际情况判决由当事人使用；当事人就房屋取得完全所有权后，有争议，可另行向法院提起诉讼。（19）当事人结婚前，父母为双方购置房屋出资，该出资应认定为对自己子女的个人赠与，以父母明确表示赠与双方的为例外。A. 当事人结婚后，父母为双方购置房屋出资，该出资应认定为对夫妻双方的赠与，以父母明确表示赠与一方的为例外。B. 债权人就一方婚前所负个人债务向债务人的配偶主张权利，法院不支持，以债权人能证明所负债务用于婚后家庭共同生活的为例外。（20）债权人就婚姻关系存续期间夫妻一方以个人名义所负债务主张权利，应按夫妻共同债务处理。A. 夫妻一方能证明债权人与债务人明确约定为个人债务，或能证明夫妻对婚姻关系存续期间所得的财产约定归各自所有，夫或妻一方对外所负的债务，第三人知道该约定，以夫或妻一方所有的财产清偿为例外。B. 夫妻一方与第三人串通，虚构债务，第三人主张权利，法院不支持。C. 夫妻一方在从事赌博、吸毒等违法犯罪活动中所负债务，第三人主张权利，法院不支持。（21）当事人的离婚协议或法院的判决书、裁定书、调解书已对夫妻财产分割问题作出处理，债权人仍有权就夫妻共同债务向男女双方主张权利。A. 一方就共同债务承担连带清偿责任后，基于离婚协议或法院的法律文书向另一方主张追偿，法院应支持。B. 夫或妻一方死亡，生存一方应对婚姻关系存续期间的共同债务承担连带清偿责任。（22）夫妻一方申请对配偶的个人财产或夫妻共同财产采取保全措施，法院可在采取保全措施可能造成损失的范围内，据实际情况，确定合理的财产担保数额。（23）婚姻关系存续期间，夫妻一方请求分割共同财产，法院不支持，以有重大理由且不损害债权人利益的为例外（a. 一方有隐藏、转移、变卖、毁损、挥霍夫妻共同财产或伪造夫妻共同债务等严重损害夫妻共同财产利益行为。b. 一方负有法定扶养义务的人患重大疾病需医治，另一方不同意支付相关医疗费用）。（24）夫妻双方分割共同财产中的股票、债券、投资基金份额等有价证券及未上市股份有限公司股份时，协商不成或按市价分配有困难，法院可根据数量按比例分配。（25）无民事行为能力人的配偶有虐待、遗弃等严重损害无民事行为能力一方的人身权或财产权益行为，其他有监护资格的人可依特别程序要求变更监护关系。变更后的监护人代理无民事行为能力一方提起离婚诉讼，法院应受理。（26）夫妻一方婚前签订不动产买卖合同，以个人财产支付首付款并在银行贷款，婚后用夫妻共同财产还贷，不动产登记于首付款支付方名下，离婚时该不动产由双方协议处理，因此不能达成协议，法院可判决该不动产归产权登记一方，尚未归还的贷款为产权登记一方的个人债务。（27）夫妻双方婚后共同还贷支付的款项及其相对应财产增值部分，离婚时，夫妻的共同财产由双方协议处理；协议不成时，由法院根据财产的具体情况，照顾子女和女方权益的原则判决，由产权登记一方对另一方进行补偿。（28）婚姻关系存续期间，双方用夫妻共同财产出资购买以一方父母名义参加房改的房屋，产权登记在一方父母名下，离婚时另一方主张按夫妻共同财产对该房屋进行分割，法院不支持，而购买该房屋时的出资，可作为债权处理。A. 一般而言，当事人达成的以登记离婚或到法院协议离婚为条件的财产分割协议，若双方协议离婚未成，一方在离婚诉讼中反悔，法院应认定该财产分割协议未生效，并根据实际情况依法对夫妻共同财产进行分割。B. 特殊而言，婚姻关系存续期间，夫妻一方作为继承人依法可继承的遗产，在继承人间尚未实际分割，起诉离婚时另一方请求分割，法院应告知当事人在继承人间实际分割遗产后另行起诉。C. 离婚后，一方以尚有夫妻共同财产未处理为由向法院起诉请求分割，经审查该财产确属离婚时未涉及的夫妻共同财产，法院应依法分割。（29）离婚时夫妻一方尚未退休、不符合领取养老保险金条件，另一方请求按夫妻共同财产分割养老保险金，法院不支持。A. 婚后以夫妻共同财产缴付养老保险费，离婚时一方主张将养老金账户中婚姻关系存续期间个人实际缴付部分作为夫妻共同财产分割，法院应支持。B. 一方未经另一方同意出售夫妻共同共有的房屋，第三人善意购买、支付合理对价并办理产权登记手续，另一方主张追回该房屋，法院不支持。C. 夫妻一方擅自处分共同共有的房屋造成另一方损失，离婚时另一方请求赔偿损失，法院应支持。(30) 夫妻间订立借款协议，以夫妻共同财产出借给一方从事个人经营活动或用于其他个人事务，应视为双方约定处分夫妻共同财产的行为，离婚时可按借款协议的约定处理。(31) 债权人就婚姻关系存续期间夫妻一方以个人名义所负债务主张权利，应按夫妻共同债务处理；离婚时，原为夫妻共同生活所负债务，应共同偿还。

◆ 《刑法》第 93 条【国家工作人员、准国家工作人员的范围或类型】

从公务员法、法官法、检察官法、警察法、监察法、行政法、身份犯的角度讲，国家工作人员是国家机关（立法机关、党务机关、行政机关、政协机关、军事机关等）中从事公务（代表国家机关、国有公司、企事业单位、人民团体等履行组织、领导、监管等与职权相联系的公共事务及监管国有财产的职务活动的职责）的人员[绝对国家工作人员、相对（准）国家工作人员]。

从司法解释的角度讲，从事公务是代表国家机关、国有公司、企事业单位、人民团体等履行组织、领导、监管等职责。公务主要表现为与职权相联系的公共事务以及监管国有财产的职务活动。譬如，国家机关工作人员依法履行职责，国有公司的董事、经理、监事、会计、出纳人员等管理、监督国有财产等活动，属于从事公务。那些不具备职权内容的劳务活动、技术服务工作，如售货员、售票员等所从事的工作，一般不认为是公务。

从公司法、证券法、行政法的角度讲，以国家工作人员论（准国家工作人员）的范围或类型：（1）国有公司、企事业单位、人民团体中从事公务的人员。（2）国家机关、国有公司、企事业单位委派（委任、派遣、任命、指派、提名、批准等）到非国有公司、企事业单位、社会团体从事公务的人员（接受国家机关、国有公司、企事业单位委派，代表国家机关、国有公司、企事业单位在非国有公司、企事业单位、社会团体中从事组织、领导、监管等工作的人员）。（3）其他依法律从事公务的人员（在特定条件下行使国家管理职能的人员，依法律规定从事公的人员：村委会等村基层组织人员协助政府从事救灾、抢险、防汛、优抚、扶贫、移民、救济款物的管理；社会捐助公益事业款物的管理；国有土地的经营和管理；土地征用补偿费用的管理；代征、代缴税款；有关计生、户籍、征兵工作；协助政府从事的其他行政管理工作；依法履行职责的人大代表；依法懂行审判职责的陪审员；协助乡镇政府、街道办从事行政管理工作的村委会、居委会等城乡基层组织人员；其他由法律授权从事公务的人员）。

从刑法分则的角度讲，以国家工作人员论的准国家工作人员，可能触犯的罪名：故意泄露国家秘密罪；过失泄露国家秘密罪；贪污罪（a. 受国家机关、国有公司、企事业单位、人民团体委托管理、经营国有财产的人员，利用职务便利侵吞、窃取、骗取或以其他手段非法占有国有财物，以贪污论。b. 与国家工作人员、国家机关、国有公司、企事业单位、人民团体委托管理、经营国有财产的人员勾结，伙同贪污，以贪污罪的共犯论处）；非国家工作人员受贿罪；对非国家工作人员行贿罪；对外国公职人员、国际公共组织官员行贿罪；非法经营同类营业罪；为亲友非法牟利罪；签订、履行合同失职被骗罪；国有公司、企事业单位人员失职罪；国有公司、企事业单位人员滥用职权罪；徇私舞弊低价折股、出售国有资产罪；背信损害上市公司利益罪等。

从司法解释的角度讲，佛教协会属于社会团体，其工作人员除于受委托从事公务的人员外，既不属于国家工作人员，也不属于公司、企业人员。对非受委托从事公务的佛教协会的工作人员利用职务之便收受他人财物，为他人谋取利益的行为，不能按受贿罪或非国家工作人员受贿罪追究刑责。

从立法解释、司法解释的角度讲，在依法律法规规定行使国家行政管理职权的组织中从事公务的人员，或在受国家机关委托代表国家行使职权的组织中从事公务的人员，或虽未列入国家机关人员编制但在国家机关中从事公务的人员，在乡（镇）以上中共机关、政协机关中从事公务的人员，或国家机关、国有公司、企事业单位委派在国有控股或参股的股份有限公司从事组织、领导、监管等工作的人员，均应视为国家机关工作人员。

从司法解释的角度讲，国有公司、企业改制为股份有限公司后，原国有公司、企业的工作人员和股份有限公司新任命的人员中，除代表国有投资主体行使监管职权的人外，不以国家工作人员论。

从行政法、国家赔偿法的角度讲，国家行政机关工作人员（有公务员身份的工作人员、受行政机关委托执行公务的一般公民、接受行政机关指使实施违法行为的公民）和国家行政机关（法律法规授权的组织、委托的行政机关、共同实施侵权行为的行政机关）、国家间存在着职务委托关系，国家行政机关及其工作人员在行使职权过程中侵权，或以执行职务为名侵权，应视为国家的侵权行为。国家赔偿义务机关是实施侵权行为的国家行政机关或工作人员所在的国家行政机关，办理具体的赔偿事务（收集证据、出庭应诉、和解、支付赔偿金等），有利于督促国家行政机关及其工作人员认真履行法定职责、受害人行使国家赔偿请求权。

中国民法的法人分类有类型性、方法性、标准性、传统性、现代性、相对性。从传统民法理论的角度讲，民法通则规定的法人类型，含企业法人（依法人条件组建，赋予法人资格，以营利为目的的企业）、非企业法人［机关法人（依法享有行政权力，法律赋予法人资格的国家机关）、事业单位法人（基于社会公益事业目的，从事文化、教育、卫生、体育、新闻等公益事业，法律赋予法人资格的机构）、社会团体法人（由自然人或法人自愿组成，基于会员共同意愿，依章程活动，法律赋予法人资格的非营利性的社会组织）］。譬如，基金会法人是不同于一般社会团体法人的特殊社会团体法人。

从传统民法理论的法人设立依据、职能的角度讲，法人分为公法人、私法人［社团法人（营利性、非营利性；人的组合或人合组织：公司、红十字会、协会、学会等）、财团法人（非营利性；公益法人、非营利法人；财产的组合或目的财产：基金会组织、慈善组织等）］。譬如，一般而言，公法人的设立有特别性、行政法律性、行政关系性；特殊而言，公法人的民事活动有私法性、民事法律地位平等性、法律效果性。

从监察法的角度讲，国家监察六大对象：（1）中共机关、人大机关、行政机关、政协机关、监察机关、审判机关、检察机关、民主党派和工商联机关的公务员及参照公务员法管理的人员。(2) 法律法规授权或受国家机关依法委托管理公共事务的组织中从事公务的人员。(3) 国企管理人员。(4) 公办的教育、科研、文化、医疗卫生、体育等单位中从事管理的人员。(5) 基层群众性自治组织中从事集体事务管理的人员。(6) 其他依法履行公职的人员。譬如，据中组部、原人事部《公务员职务任免与职务升降规定（试行）》《党政领导干部选拔任用工作条例》规定，一般而言，一个普通公务员从科员晋升为正科级，至少需5年时间。晋升乡科级正职领导职务，应担任副乡科级职务2年以上；晋升乡科级副职领导职务，应担任科员级职务3年以上。提任县处级领导职务，应有5年以上工龄和2年以上基层工作经历。从中共纪律处分条例的角度，侵犯党员的表决权、选举权和被选举权，情节较重，给予警告或严重警告处分；情节严重，给予撤销党内职务处分。以强迫、威胁、欺骗、拉拢等手段，妨害党员自主行使表决权、选举权和被选举权，给予撤销党内职务、留党察看或开除党籍处分。严禁国外永居权拥有者担任人大代表、政协委员。

从外商投资法的角度讲，行政机关工作人员在外商投资促进、保护和管理工作中滥用职权、玩忽职守、徇私舞弊，或泄露、非法向他人提供履行职责过程中知悉的商业秘密，依法给予处分；构成犯罪，依法追究刑责。

从进出口商品检验法的角度讲，任何单位和个人均有权对国家商检部门、商检机构及其工作人员的违法、违纪行为进行控告、检举；收到控告、检举的机关应依法按照职责分工及时查处，并为控告人、检举人保密。（1）国家商检部门、商检机构的工作人员违反进出口商品检验法的规定，泄露所知悉的商业秘密，依法给予行政处分，有违法所得，没收违法所得；构成犯罪，依法追究刑责。（2）国家商检部门、商检机构的工作人员滥用职权，故意刁难，徇私舞弊，伪造检验结果，或玩忽职守，延误检验出证，依法给予行政处分；构成犯罪，依法追究刑责。

从特殊犯罪主体的角度讲，国家机关工作人员是国家工作人员的一部分，有种属性、关联性、互补性、差异性。（1）国家工作人员可能触犯的罪名有贪污罪；行贿罪；受贿罪；利用影响力受贿罪；介绍贿赂罪；对单位行贿罪；巨额财产来源不明罪；隐瞒境外存款罪；非法拘禁罪；故意伤害罪；故意杀人罪；私自开拆、隐匿、毁弃邮件、电报罪（私自开拆、隐匿、毁弃邮件、电报而窃取财物，以盗窃罪定罪从重处罚）；叛逃罪；挪用公款罪；私分国有资产罪；私分罚没财物罪；打击报复会计、统计人员罪等。中国国家工作人员和军人在中国领域外犯刑法规定之罪，适用刑法。（2）国家机关工作人员可能触犯的罪名有贪污罪；行贿罪；受贿罪；利用影响力受贿罪；介绍贿赂罪；对单位行贿罪；巨额财产来源不明罪；隐瞒境外存款罪；非法拘禁罪；故意伤害罪；故意杀人罪（国家机关工作人员利用职权非法拘禁他人或以其他方法非法剥夺他人人身自由，致人重伤，使用暴力致人伤残、死亡，或为索取债务非法扣押、拘禁他人，依非法拘禁罪或故意伤害罪、故意杀人罪规定从重处罚）；诬告陷害罪（国家机关工作人员犯诬告陷害罪，从重处罚）；非法剥夺公民宗教信仰自由罪；侵犯少数民族风俗习惯罪；包庇、纵容黑社会性质组织罪；包庇毒品罪（a. 缉毒人员或其他国家机关工作人员掩护、包庇走私、贩卖、运输、制造毒品的罪犯，依包庇毒品罪犯规定从重处罚。b. 犯包庇毒品罪犯罪；窝藏、转移、隐瞒毒品、毒赃罪，事先通谋，以走私、贩卖、运输、制造毒品罪的共犯论处）；报复陷害罪；打击报复会计、统计人员罪；渎职罪（国家机关工作人员签订、履行合同失职被骗罪；放纵制售伪劣商品犯罪行为罪；办理偷越国（边）境人员出入境证件罪；放行偷越国（边）境人员罪；放纵走私罪；帮助犯罪分子逃避处罚罪；招收公务员、学生徇私舞弊罪；失职造成珍贵文物损毁、流失罪；商检徇私舞弊罪；商检失职罪；动植物检疫徇私舞弊罪；动植物检疫失职罪；环境监管失职罪；食品监管渎职罪；传染病防治失职罪；滥用职权罪；玩忽职守罪；故意泄露国家秘密罪；过失泄露国家秘密罪；徇私枉法罪；民事、行政枉法裁判罪；执行判决、裁定失职罪；执行判决、裁定滥用职权罪；枉法仲裁罪；私放在押人员罪；失职使在押人员脱逃罪；徇私舞弊减刑、假释、暂予监外执行罪；徇私舞弊不移交刑事案件罪；滥用管理公司、证券职权罪；徇私舞弊不征、少征税款罪；徇私舞弊发售发票、抵扣税款、出口退税罪；违法提供出口退税证罪；违法发放林木采代许可证罪；非法批准征用、占用土地罪；非法低价出让国有土地使用权罪；不解救被拐卖、绑架妇女、儿童罪；阻碍解救被拐卖、绑架妇女儿童罪）。譬如，策动、胁迫、勾引、收买国家机关工作人员、武装部队人员、警察、民兵进行武装叛乱或武装暴乱，依武装叛乱、暴乱罪规定从重处罚。

检察院办理直接受理立案侦查的案件，侦查部门应将决定、变更、撤销逮捕措施的情况书面通知本院监所检察部门。最高检、省级检察院办理直接受理立案侦查的案件，逮捕嫌犯后，应立即将被逮捕人送看守所羁押。除无法通知外，侦查部门应把逮捕的原因和羁押的处所，在24小时内通知被逮捕人的家属。对无法通知，在无法通知的情形消除后，应立即通知其家属。最高检、省级检察院办理直接受理立案侦查的案件，对被逮捕的嫌犯，侦查部门应在逮捕后 24 小时内进行讯问；发现不应逮捕，应经检察长批准，撤销逮捕决定或变更为其他强制措施，并通知公安机关执行，同时通知侦查监督部门；对被释放或被变更逮捕措施的嫌犯，又发现需逮捕，应重新移送审查逮捕。最高检、省级检察院办理直接受理立案侦查的案件，已作出不逮捕的决定，又发现需逮捕嫌犯，应重新办理逮捕手续。

从对犯贪污罪、受贿罪的处罚规定的关联性、共同性的角度讲，对多次贪污或受贿未经处理，按累计贪污或受贿数额处罚。对犯贪污罪（a. 国家工作人员利用职务便利侵吞、窃取、骗取或以其他手段非法占有公共财物。b. 国家工作人员在国内公务活动或对外交往中接受礼物，依国家规定应交公而不交公，数额较大）、受贿罪（a. 国家工作人员利用职务便利索取他人财物，或非法收受他人财物，为他人谋取利益，是受贿罪。b. 国家工作人员在经济往来中，违反国家规定，收受各种名义的回扣、手续费，归个人所有，以受贿论处），据情节轻重，分别处罚（a. 贪污或受贿数额较大或有其他较重情节，处 3 年以下有期刑或拘役，并处罚金。b. 贪污或受贿数额巨大或有其他严重情节，处 3 年以上 10 年以下有期刑，并处罚金或没收财产。c. 贪污或受贿数额特别巨大或有其他特别严重情节，处 10 年以上有期刑或无期刑，并处罚金或没收财产；数额特别巨大，并使国家和人民利益遭受特别重大损失，处无期刑或死刑，并处没收财产）。

犯贪污罪、受贿罪，在提起公诉前如实供述自己罪行、真诚悔罪、积极退赃，避免、减少损害结果的发生，贪污或受贿数额较大或有其他较重情节，可从轻、减轻或免除处罚；贪污或受贿数额巨大或有其他严重情节，或贪污或受贿数额特别巨大或有其他特别严重情节，数额特别巨大，并使国家和人民利益遭受特别重大损失，可从轻处罚。

犯贪污罪、受贿罪，有贪污数额特别巨大或有其他特别严重情节，或数额特别巨大，并使国家和人民利益遭受特别重大损失情形被判死缓，法院根据犯罪情节等情况可同时决定在其死缓 2 年期满依法减为无期刑后，终身监禁，不得减刑、假释。

国家工作人员在国内公务活动或对外交往中接受礼物，依国家规定（全国人大制定的法律和决定、国务院制定的行政法规、国家部委制定的部门规章）应交公而不交公，数额较大，依贪污罪、对犯贪污罪的处罚规定定罪处罚。

掌握国家秘密的国家工作人员叛逃境外或在境外叛逃，依叛逃罪规定（国家机关工作人员在履行公务期间，擅离岗位，叛逃境外或在境外叛逃，处 5 年以下有期刑、拘役、管制或剥夺政治权利；情节严重，处 5 年以上 10 年以下有期刑）从重处罚。

离职的国家工作人员或其近亲属以及其他与其关系密切的人，利用该离职的国家工作人员原职权或地位形成的便利条件，为请托人谋取不正当利益，索取请托人财物或收受请托人财物，有数额较大或有其他较重情节、数额巨大或有其他严重情节，或数额特别巨大或有其他特别严重情节，依利用影响力受贿罪规定定罪处罚。

检察院立案侦查刑事案件，应严格按刑诉法有关立案侦查管辖的规定进行。检察院立案侦查的案件在侦查阶段发现不属于自己管辖或在审查起诉阶段发现事实不清、证据不足并不属于自己管辖，应及时移送有管辖权的机关办理。检察院立案侦查时认为属于自己管辖的案件，到审查起诉阶段发现不属于检察院管辖，若证据确实、充分，符合起诉条件，可直接起诉。

◆ 《刑法》第 94 条【司法工作人员（公检法司人员）的范围或类型】

从警察法、法官法、检察官法、监察法、公务员法、行政体制、司法机关、国家专政机器、身份犯的角度讲，司法工作人员，有侦查、检察、审判、监管职责的国家工作人员（侦查人员、检察人员、监察人员、审判人员等）。

【组织、领导、参加黑社会性质组织罪；入境发展黑社会组织罪；包庇、纵容黑社会性质组织罪】组织、领导黑社会性质的组织，处7年以上有期刑，并处没收财产；积极参加，处3年以上7年以下有期刑，可并处罚金或没收财产；其他参加，处3年以下有期刑、拘役、管制或剥夺政治权利，可并处罚金。(1) 境外的黑社会组织的人员到中国境内发展组织成员，处3年以上10年以下有期刑。(2) 国家机关工作人员包庇黑社会性质的组织，或纵容黑社会性质的组织进行违法犯罪活动，处5年以下有期刑；情节严重，处5年以上有期刑。(3) 犯组织、领导、参加黑社会性质组织罪或入境发展黑社会组织罪或包庇、纵容黑社会性质组织罪，又有他罪行为，依数罪并罚的规定处罚。

【2008·川·卷2·单选·3】（答案：B）①特殊身份是行为人在身份上的特殊资格，以及其他与一定的犯罪行为有关的、行为人在社会关系上的特殊地位或者状态。②因特殊身份须与一定的犯罪行为有关，所以，性别、国籍等不可能成为特殊身份，首要分子则属于特殊身份。③挪用公款罪是真正身份犯，只有国家工作人员可以构成挪用公款罪，但非国家工作人员可以成为挪用公款罪的共犯。④根据《刑法》第三百零七条，司法工作人员犯帮助毁灭、伪造证据罪的，从重处罚。这种情形称为不真正身份犯。关于上段话正误的判断，下列哪一选项是正确的？A. 第①句错误，其他正确。B. 第②句错误，其他正确。C. 第③句错误，其他正确。D. 第④句错误，其他正确。

【2016·卷1·不定项·98】（答案：ABD）司法人员恪守司法廉洁，是司法公正与公信的基石和防线。违反有关司法廉洁及禁止规定将受到严肃处分。下列属于司法人员应完全禁止的行为是：A. 为当事人推荐、介绍诉讼代理人、辩护人。B. 为律师、中介组织介绍案件。C. 在非工作场所接触当事人、律师、特殊关系人。D. 向当事人、律师、特殊关系人借用交通工具。

司法行政机关工作人员在发放、管理律师执业证书的工作中，违反律师法、律师执业管理办法、律师事务所管理办法和律师和律师事务所执业证书管理办法的规定，滥用职权、玩忽职守，应依法给予行政处分；构成犯罪，依法追究刑责。(1) 律师、律所应妥善保管执业证书，不得变造、涂改、抵押、出借、出租和故意损毁。(2) 律师受到停止执业处罚、律所受到停业整顿处罚，由作出处罚决定的司法行政机关或由其委托的下一级司法行政机关在宣布或送达处罚决定时扣缴被处罚律师、律所的执业证书；处罚期满予以发还。(3) 律师、律所被依法撤销执业许可或被吊销执业证书，由作出撤销或处罚决定的司法行政机关或由其委托的下一级司法行政机关在宣布或送达撤销或处罚决定时收缴该律师、律所的执业证书，并依规定程序予以注销。A. 律师、律所因其他原因终止执业，需要注销其执业证书的，该律师、律所应当将执业证书上交其所在地县（区）司法行政机关，由其按照规定程序交原发证机关予以注销。B. 律师、律所被撤销执业许可、被吊销执业证书或因其他原因终止执业，拒不上交执业证书，由原发证机关公告注销其执业证书。

从身份犯的角度讲，司法工作人员可能触犯贪污贿赂罪、渎职罪等类罪名，主要含徇私枉法罪；民事、行政枉法裁判罪；执行判决、裁定失职罪；执行判决、裁定滥用职权罪；枉法仲裁罪；非法搜查罪；非法侵入住宅罪（司法工作人员滥用职权，犯非法搜查罪、非法侵入住宅罪，从重处罚）；打击报复证人罪；刑讯逼供罪；暴力取证罪；虐待被监管人罪；妨害作证罪；私放在押人员罪；失职使在押人员脱逃罪；徇私舞弊减刑、假释、暂予监外执行罪；徇私舞弊不移交刑事案件罪；帮助毁灭、伪造证据罪（司法工作人员犯妨害作证罪或帮助毁灭、伪造证据罪，从重处罚）；虚假诉讼罪（司法工作人员利用职权，与他人共同实施以捏造的事实提起民诉，妨害司法秩序或严重侵害他人合法权益，或非法占有他人财产或逃避合法债务，从重处罚；同时构成他罪，依处罚较重规定定罪从重处罚）；私分罚没财物罪；徇私枉法罪；民事、行政枉法裁判罪；执行判决、裁定失职罪；执行判决、裁定滥用职权罪；枉法仲裁罪；私放在押人员罪；失职使在押人员脱逃罪；徇私舞弊减刑、假释、暂予监外执行罪；徇私舞弊不移交刑事案件罪等罪名。

从监察法、刑诉法修正案、检察院刑诉规则的角度讲，检察院办理刑事案件，由检察人员承办，办案部门负责人审核，检察长或检委会决定。(1) 检察院行使在诉讼活动法律监督中发现司法工作人员利用职权实施的非法拘禁、刑讯逼供、非法搜查等侵犯公民权利、损害司法公正的犯罪的侦查权。(2) 检察院立案侦查国家机关工作人员利用职权实施的非法拘禁、刑讯逼供、报复陷害、非法搜查的侵犯公民人身权的犯罪、侵犯公民民主权利的犯罪案件（国家机关工作人员利用职权实施的侵犯公民人身权和民主权利的犯罪案件含非法拘禁案、非法搜查案、刑讯逼供案、暴力取证案、虐待被监管人案、报复陷害案、破坏选举案）。(3) 国家机关工作人员利用职权实施的其他重大犯罪案件，需由检察院直接受理时，经省级以上检察院决定，可由检察院立案侦查。(4) 检察院侦查直接受理的刑事案件涉及公安机关管辖的刑事案件，应将属于公安机关管辖的刑事案件移送公安机关。在上述情况中，若涉嫌主罪属于公安机关管辖，由公安机关为主侦查，检察院配合；若涉嫌主罪属于检察院管辖，由检察院为主侦查，公安机关配合。(5) 对一人犯数罪、共犯、多个嫌犯实施的犯罪相互关联，并案处理有利于查明案件事实和诉讼进行，检察院可对相关犯罪案件并案处理。

【2015·卷2·多选·67】（答案：ABCD）孙某系甲省乙市海关科长，与走私集团通谋，利用职权走私国家禁止出口的文物，情节特别严重。本案管辖，下列哪些选项是正确的？A. 可由公安机关立案侦查。B. 经甲省检察院决定，可由检察院立案侦查。C. 甲省检察院决定立案侦查后可据案件情况自行侦查。D. 甲省检察院决定立案侦查后可据案件情况指定甲省丙市检察院侦查。

从《关于对检察机关办案部门和办案人员违法行使职权行为纠正、记录、通报及责任追究规定》的角度讲，检察机关办案部门和办案人员在办理的案件中违法行使职权行为的18种情形：A. 侵犯举报人、控告人、申诉人合法权益，或泄露、隐匿、毁弃、伪造举报、控告、申诉等有关材料。B. 违法剥夺、限制诉讼参与人人身自由，或违反办案安全防范规定。C. 违法剥夺、限制诉讼参与人诉讼权利。D. 违法采取、变更、解除、撤销强制措施，或超期羁押嫌犯，或未法定事由，超过法定办案期限仍未办结案件。E. 违法使用武器、警械警具，或殴打、体罚虐待、侮辱诉讼参与人。F. 刑讯逼供、暴力取证，或以其他非法方法获取证据。G. 讯问职务嫌犯未按规定同步录音录像，或录音录像不规范。H. 隐匿、毁弃、伪造证据，违背事实作出勘验、检查笔录、鉴定意见，包庇、放纵被举报人、嫌犯、被告人，或使无罪的人受到刑事追究。I. 非法搜查，违法查封、扣押、冻结、处理涉案财物及其孳息。J. 有法定回避情形而不回避。K. 未依法依规保障律师行使知情权、会见权、阅卷权、申请收集调取证据权等执业权利，阻碍律师履行法定职责。L. 违反法定程序或办案纪律干预办案，或未经批准私自办案。M. 私自会见案件当事人及其亲友、利害关系人、辩护人、代理人，或接受上述人员提供的宴请、财物、娱乐、健身、旅游等活动。N. 为案件当事人及其亲友、利害关系人、辩护人、代理人打探案情、通风报信，或泄露案件秘密。O. 利用检察权或借办案之机，通过当事人、利害关系人或发案单位、证人等谋取个人利益。P. 越权办案、插手经济纠纷，利用办案之机拉赞助、乱收费、乱罚款，让发案单位、当事人、利害关系人报销费用，或占用其房产或交通、通讯工具等物品。Q. 未依法对诉讼活动、行政机关违法行使职权或不行使职权的行为履行法律监督职责，造成不良影响。R. 其他违法行使职权的情形。

司法工作人员、辩护人、诉讼代理人或其他诉讼参与人，泄露依法不公开审理的案件中不应公开的国家秘密，造成国家秘密公开传播或其他严重后果，依故意泄露国家秘密罪或过失泄露国家秘密罪规定定罪处罚。

司法工作人员收受贿赂，有徇私枉法、徇情枉法，对明知是无罪的人而使他受追诉、对明知是有罪的人而故意包庇不使他受追诉,或在刑审活动中故意违背事实和法律作枉法裁判,或在民事、行政审判活动中故意违背事实和法律作枉法裁判,或在执行判决、裁定活动中,严重不负责任(过失)或滥用职权,不依法采取诉讼保全措施、不履行法定执行职责,或违法采取诉讼保全措施、强制执行措施,使当事人或其他人的利益遭受重大损失或使当事人或其他人的利益遭受特别重大损失的犯罪行为(徇私枉法罪;民事、行政枉法裁判罪;执行判决、裁定失职罪;执行判决、裁定滥用职权罪;枉法仲裁罪),同时又构成受贿罪,依处罚较重规定定罪处罚。

从包庇、纵容黑社会性质组织罪的角度讲,国家机关工作人员包庇黑社会性质的组织,或纵容黑社会性质的组织进行违法犯罪活动(通过实施违法犯罪活动,或利用国家工作人员的包庇或纵容,称霸一方,在一定区域或行业内,形成非法控制或重大影响,严重破坏经济、社会生活秩序),处5年以下有期刑;情节严重,处5年以上有期刑。

◆ 《刑法》第95条 【重伤】

从罪责刑相适应原则、结果加重犯、侵犯公民人身权利罪、危害公共安全罪、扰乱公共秩序罪、危害公共安全罪、破坏环保罪、组织强迫引诱容留介绍卖淫罪的角度讲,重伤(以医学和法医学的理论和技术为基础,使人肢体残废、毁人容貌、丧失听觉、丧失视觉、丧失其他器官功能或其他对人身健康有重大伤害的损伤)的3种类型:(1)使人肢体残废或毁人容貌。(2)使人丧失听觉、视觉或其他器官机能。(3)其他对人身健康有重大伤害(明知自己感染艾滋病病毒而卖淫、嫖娼或明知自己感染艾滋病病毒,故意不采取防范措施而与他人发生性关系,使他人感染艾滋病病毒等)。

【2008·卷2·多选·61】(答案:ABC)关于侵犯人身权利犯罪的说法,下列哪些选项是错误的? A. 私营矿主甲以限制人身自由的方法强迫农民工从事危重矿井作业,并雇用打手对农民工进行殴打,致多人伤残。甲的行为构成非法拘禁罪与故意伤害罪,应当实行并罚。B. 砖窑主乙长期非法雇佣多名不满16周岁的未成年人从事超强度体力劳动,并严重忽视生产作业安全,致使一名未成年人因堆砌的成品砖倒塌而被砸死。对乙的行为应以雇用童工从事危重劳动罪从重处罚。C. 丙以介绍高薪工作的名义从外地将多名成年男性农民工骗至砖窑主王某的砖窑场,以每人1000元的价格卖给王某从事强迫劳动。由于《刑法》仅规定了拐卖妇女、儿童罪,所以,对丙的行为,无法以犯罪论处。D. 拘留所的监管人员对被监管人进行体罚虐待,致人死亡的,以故意杀人罪论处,不实行数罪并罚。

从刑法分则的角度讲,重伤型罪名有过失致人重伤罪、组织利用会道门邪教组织、利用迷信致人重伤死亡罪等。从治安处罚法、刑法的角度,打架斗殴违法犯罪行为最易触犯寻衅滋事罪、聚众斗殴罪、故意伤害罪、故意杀人罪、妨碍公务罪等罪名。从人身伤害违法犯罪成本的角度,轻微伤违法成本=5至15日治安拘留+500至1000元罚款+人身损害赔偿+民诉费+劳务工资损失等经济损失+社会声誉损失等;轻伤犯罪成本=3年以下有期刑+人身伤害赔偿+民诉费+劳务工资损失等直接经济损失+犯罪前科记录黑历史及其社会声誉损失等;重伤犯罪成本=3年以下10年以上有期刑、无期刑或死刑+人身伤害赔偿+民诉费+劳务工资损失等直接经济损失+犯罪前科记录黑历史及其社会声誉间接损失等。

从《司法鉴定机构登记管理办法》的角度讲,全国司法鉴定机构登记管理工作由司法部负责,未经司法部登记,其鉴定意见不具备证据效力。(1)全国实行统一的司法鉴定机构及司法鉴定人审核登记、名册编制和名册公告制度。(2)司法部负责汇总省级司法行政机关编制的司法鉴定人和司法鉴定机构名册,在全国范围内每5年公告1次。(3)未经司法部批准,其他部门和组织不得以任何名义编制司法鉴定人和司法鉴定机构名册者类似名册。(4)司法鉴定机构统一接受委托,组织所属的司法鉴定人开展司法鉴定活动,遵守法律法规和有关制度,执行统一的司法鉴定实施程序、技术标准和技术操作规范。（5）司法行政机关工作人员在管理工作中滥用职权、玩忽职守造成严重后果，依法追究相应的法律责任。（6）司法行政机关决定受理申请，应出具受理决定书，并按法定的时限和程序完成审核工作；应组织专家，对申请人从事司法鉴定业务必需的仪器、设备和检测实验室进行评审，评审的时间不计入审核时限。（7）司法鉴定机构对司法行政机关的行政许可和行政处罚有异议，可依法申请行政复议；在开展司法鉴定活动中因违法和过错行为应承担民责，按民事法律有关规定执行。

司法鉴定的基本类别：（1）法医鉴定（法医病理鉴定、法医临床鉴定、法医精神病鉴定、法医物证鉴定和法医毒物鉴定）。（2）物证类鉴定（含文书鉴定、痕迹鉴定和微量鉴定）。（3）声像资料类鉴定。（4）产品质量司法鉴定。（5）计算机司法鉴定。（6）环境监测司法鉴定。（7）工程造价司法鉴定。（8）司法会计鉴定。（9）知识产权司法鉴定。（10）税务司法鉴定。（11）农业司法鉴定。（12）资产评估司法鉴定。（13）枪弹痕迹司法鉴定。（14）建筑工程司法鉴定。

从司法鉴定伤残标准的角度讲，1级~4级的为全部丧失劳动能力；5级~6级为大部分丧失劳动能力；7级~10级为部分丧失劳动能力。（1）1级伤残标准：器官缺失或完全丧失功能，其他器官不能代替，存在特殊医疗依赖，生活完全或大部分不能自理者。（2）2级伤残标准：器官严重缺损或畸形，有严重功能障碍或并发症，存在特殊医疗依赖，或生活大部分不能自理者。（3）3级伤残标准：器官严重缺损或畸形，有严重功能障碍或并发症，存在特殊医疗依赖，或生活部分不能自理者。（4）4级伤残标准：器官严重缺损或畸形，有严重功能障碍或并发症，存在特殊医疗依赖，生活可自理者。（5）五级伤残标准：器官大部分缺损或明显畸形，有较重功能障碍或并发症，存在一般医疗依赖，生活能自理。（6）6级伤残标准：器官大部缺损或明显畸形，有中等功能障碍或并发症，存在一般医疗依赖，生活能自理者。（7）7级伤残标准：器官大部分缺损或畸形，有轻度功能障碍或并发症，存在一般医疗依赖，生活能自理者。（8）8级伤残标准：器官部分缺损，形态异常，轻度功能障碍，有医疗依赖，生活能自理者。（9）9级伤残标准：器官部分缺损，形态异常，轻度功能障碍，无医疗依赖，生活能自理者。（10）10级伤残标准：器官部分缺损，形态异常，无功能障碍，无医疗依赖，生活能自理者。

人体重伤鉴定标准：（1）肢体残废：A. 肢体残废（各种致伤因素使肢体缺失或肢体虽完整但已丧失功能）的8种情形：a. 任何1手拇指缺失超过指间关节。b. 1手除拇指外，任何3指缺失均超过近侧指间关节，或2手除拇指外，任何4指缺失均超过近侧指间关节。c. 缺失任何2指及其相连的掌骨。d. 缺失1足50%或足跟50%。e. 缺失1足第1趾和其余任何2趾，或1足除第1趾外，缺失4趾。f. 2足缺失5个以上的足趾。g. 缺失任何1足第1趾及其相连的跖骨。h. 1足除第1趾外，缺失任何3趾及其相连的跖骨。B. 肢体虽完整，但已丧失功能的情形：a. 肩关节强直畸形或关节运动活动度丧失达50%。b. 肘关节活动限制在伸直位，活动度小于90度或限制在功能位，活动度小于10度。c. 肱骨骨折并发假关节、畸形愈合严重影响上肢功能。d. 前臂骨折畸形愈合强直在旋前位或旋后位。e. 前臂骨折使腕和掌或手指功能严重障碍。f. 前臂软组织损伤使腕和掌或手指功能严重障碍。g. 腕关节强直、挛缩畸形或关节运动活动度丧失达50%。h. 掌指骨骨折影响1手功能，不能对指和握物。i. 1手拇指挛缩畸形，不能对指和握物。j. 1手除拇指外，其余任何3指挛缩畸形，不能对指和握物。k. 髋关节强直、挛缩畸形或关节运动活动度丧失达50%。l. 膝关节强直、挛缩畸形屈曲超过30度或关节运动活动度丧失达50%。m. 任何1侧膝关节十字韧带损伤造成旋转不稳定，其功能严重障碍。n. 踝关节强直、挛缩畸形或关节运动活动度丧失达50%。o. 股骨干骨折并发假关节、畸形愈合缩短超过5厘米、成角畸形超近30度或严重旋转畸形。p. 股骨颈骨折不愈合、股骨头坏死或畸形愈合严重影响下肢功能。q. 胫骨骨折并发假关节、畸形愈合缩短超过5厘米、成角畸形超过30度或严重旋转畸形。r. 4肢长骨（肱骨、桡骨、尺骨、股骨、胫腓骨）开放性、闭合性骨折并发慢性骨髓炎。s. 肢体软组织疤痕挛缩，影响大关节运动功能，活动度丧失达50%。t. 肢体重要神经（臂丛及其重要分支、腰骶丛及其重要分支）损伤，严重影响肢体运动功能。u. 肢体重要血管损伤，引起血液循环障碍，严重影响肢体功能。（2）容貌毁损（毁人容貌是毁损他人面容，使容貌显著变形：丑陋或功能障碍）的情形：A. 1侧眼球缺失或萎缩。B. 任何1侧眼睑下垂完全覆盖瞳孔。C. 眼睑损伤显著影响面容。D. 1侧眼部损伤致成鼻泪管全部断裂、内眦韧带断裂影响面容。E. 1侧眼眶骨折显著塌陷。（3）耳廓毁损的情形：A. 1侧耳廓缺损达50%或2侧耳廓缺损总面积超过1耳60%。B. 耳廓损伤使显著变形。（4）鼻缺损、塌陷或歪曲使显著变形。（5）口唇损伤显著影响面容。（6）颧骨损伤使张口度（上下切牙切缘间距）小于1.5厘米。颧骨骨折错位愈合使面容显著变形。（7）上、下颌骨和颞颌关节毁损的情形：A. 上、下颌骨骨折使面容显著变形。B. 牙齿脱落或折断共7个以上。C. 颞颌关节损伤使张口度小于1.5厘米或下颌骨健侧向伤侧偏斜，使面下部显著不对称。（8）其他容貌毁损的情形：A. 面部损伤留有明显块状疤痕，单块面积大于4平方厘米，2块面积大于7平方厘米。3块以上总面积大于9平方厘米或留有明显条状疤痕，单条长于5厘米，2条累计长度长于8厘米、3条以上累计长度长于10厘米，使眼睑、鼻、口唇、面颊等部位容貌毁损或功能障碍。B. 面神经损伤造成1侧大部面肌瘫痪，形成眼睑闭合不全，口角歪斜。C. 面部损伤留有片状细小疤痕、明显色素沉着或明显色素减退，范围达面部面积30%。D. 面颈部深2度以上烧、烫伤后导致疤痕挛缩显著影响面容或颈部活动严重障碍。（9）失听觉：A. 损伤后，1耳语音听力减退在91分贝以上。B. 损伤后，2耳语音听力减退在60分贝以上。（10）各种损伤使视觉丧失的情形：A. 损伤后，1眼盲。B. 损伤后，2眼低视力，其中1眼低视力为2级。C. 眼损伤或颅脑损伤使视野缺损（视野半径小于10度）。（11）功能丧失的情形：A. 丧失其他器官功能是丧失听觉、视觉之外的其他器官的功能或功能严重碍障，以另有规定依规定为例外。B. 眼损伤或颅脑损伤后引起不能恢复的复视，影响工作和生活。C. 上、下颌骨骨折或口腔内组织、器官损伤（如舌损伤等）使语言、咀嚼或吞咽能力明显障碍。D. 喉损伤后引起不能恢复的失音、严重嘶哑。E. 咽、食管损伤留有疤痕性狭窄导致吞咽困难。F. 鼻、咽、喉损伤留有疤痕性狭窄导致呼吸困难。G. 女性2侧乳房损伤丧失哺乳能力。H. 肾损伤并发肾性高血压、肾功能严重障碍。I. 输尿管损伤留有狭窄使肾积水、肾功能严重障碍。J. 尿道损伤留有尿道狭窄引起排尿困难、肾功能严重障碍。K. 肛管损伤使严重大便失禁或肛管严重狭窄。L. 骨盆骨折使骨盆腔内器官功能严重障碍。M. 子宫、附件损伤后期并发内生殖器萎缩或影响内生殖器发育。N. 阴道损伤累及周围器官造成瘘管或形成疤痕致其功能严重障碍。O. 阴茎损伤后引起阴茎缺损、严重畸形致其功能严重障碍。P. 睾丸或输精管损伤丧失生殖能力。（12）其他损伤其他对人体健康的重大损伤是几种重伤外的在受伤当时危及生命或在损伤过程中能引起威胁生命的并发症，以及其他严重影响人体健康的损伤。（13）颅脑损伤的情形：A. 头皮撕脱伤范围达头皮面积25%并伴有失血性休克。头皮损伤使头皮丧失生存能力，范围达头皮面积25%。B. 颅盖骨折（如线形、凹陷、粉碎等）伴有脑实质及血管损伤，出现脑受压症状和体征。硬脑膜破裂。C. 开放性颅脑损伤。D. 颅底骨折伴有面、听神经损伤或脑脊液漏长期不愈。E. 颅脑损伤当时出现昏迷（30分钟以上）和神经系统体征，如单瘫、偏瘫、失语等。F. 颅脑损伤，经脑CT扫描显示脑挫伤，但须伴有神经系统症状和体征。G. 颅脑损伤致成硬脑膜外血肿、硬脑膜下血肿或脑内血肿。H. 外伤性蛛网膜下腔出血伴有神经系统症状和体征。I. 颅脑损伤引起颅内感染，如脑膜炎、脑脓肿等。J. 颅脑损伤除嗅神经之外引起其他脑神经不易恢复的损伤。K. 颅脑损伤引起外伤性癫痫。L. 颅脑损伤导致严重器质性精神障碍。M. 颅脑损伤使神经系统实质性损害引起的症状与病征，如颈内动脉——海绵窦瘘、下丘脑——垂体功能障碍等。（14）颈部损伤的情形：A. 咽喉、气管、颈部、口腔底部及其邻近组织的损伤引起呼吸困难。B. 颈部损伤引起 1 侧颈动脉、椎动脉血栓形成、颈动静脉瘘或假性动脉瘤。C. 颈部损伤累及臂丛，严重影响上肢功能。颈部损伤累及胸膜顶部致成气胸引起呼吸困难。D. 甲状腺损伤伴有喉返神经损伤致其功能严重障碍。E. 胸导管损伤。F. 咽、食管损伤引起局部脓肿、纵隔炎或败血症。G. 颈部损伤导致异物存留在颈深部，影响相应组织、器官功能。（15）胸部损伤的情形：A. 胸部损伤引起血胸或气胸，并发生呼吸困难。B. 肋骨骨折使呼吸困难。C. 胸骨骨折使呼吸困难。D. 胸部损伤致成纵隔气肿、呼吸窘迫综合征或气管、支气管破裂。E. 气管、食管损伤致成纵隔炎、纵隔脓肿、纵隔气肿、血气胸或脓胸。F. 心脏损伤。G. 胸部大血管损伤胸部损伤致成脓胸、肺脓肿、肺不张、支气管胸膜瘘、食管胸膜瘘或支气管食管瘘。H. 胸部的严重挤压使血液循环障碍、呼吸运动障碍、颅内出血。I. 女性 1 侧乳房缺失。（16）腹部损伤的情形：A. 胃、肠、胆道系统穿孔、破裂。B. 肝、脾、胰等器官破裂。因损伤使这些器官形成血肿，脓肿。C. 肾破裂。尿外渗须手术治疗（包含肾动脉栓塞术）。D. 输尿管损伤使尿外渗。E. 腹部损伤致成腹膜炎、败血症、肠梗阻或肠瘘等。F. 腹部损伤使腹腔积血，须手术治疗。（17）骨盆部损伤的情形：A. 骨盆骨折严重变形。B. 尿道破裂、断裂须行手术修补。C. 膀胱破裂。D. 阴囊撕脱伤范围达阴囊皮肤面积 50%。E. 2 侧睾丸缺失。F. 损伤引起子宫或附件穿孔、破裂。G. 孕妇损伤引起早产、死胎、胎盘早期剥离、流产并发失血性休克或严重感染。H. 幼女外阴或阴道严重损伤。（18）其他损伤：A. 脊柱骨折或脱位，伴有脊髓损伤或多根脊神经损伤。B. 脊髓实质性损伤影响脊髓功能，如肢体活动功能、性功能或大小便严重障碍。（19）烧、烫伤的情形：A. 成人烧、烫伤总面积（1 度烧、烫伤面积不计算在内，在 30%以上或 3 度在 10%以上。儿童总面积在 10%以上或 3 度在 5%以上。B. 烧、烫伤面积低于成人烧、烫伤总面积（1 度烧、烫伤面积不计算在内），在 30%以上或 3 度在 10%以上。C. 儿童总面积在 10%以上或 3 度在 5%以上程度但有出现休克；吸入有毒气体中毒；严重呼吸道烧伤；伴有并发症导致严重后果；其他类似上列情形。D. 特殊部位（如面、手、会阴等）的深 2 度烧、烫伤，严重影响外形和功能，参照人体重伤标准有关条文。E. 冻伤出现耳、鼻、手、足等部位坏死及功能严重障碍，参照人体重伤标准有关条文。F. 电击损伤伴有严重并发症或遗留功能障碍，参照人体重伤标准有关条文。G. 物理、化学或生物等致伤因素引起损伤，使器官功能严重障碍，参照人体重伤标准有关条文。H. 损伤导致异物存留在脑、心、肺等重要器官内。I. 损伤引起创伤性休克、失血性休克或感染性休克。J. 皮下组织出血范围达全身体表面积 30%。肌肉及深部组织出血，伴有并发症或遗留严重功能障碍。K. 损伤引起脂肪栓塞综合症。L. 损伤引起挤压综合症。M. 各种原因引起呼吸障碍，出现窒息征象并伴有并发症或遗留功能障碍。N. 3 处（种）以上损伤均接近人体重伤标准有关条文，可视具体情况，综合评定为重伤或不评定为重伤。

一般而言，法医学检验分为现场检验、尸体检验、活体检验、物证检验、文证审查等不同类型。从引起原因的角度，损失分为物理损伤［机械损伤、高温损伤、低温损伤、气压损伤、电流损伤、辐射（放射）损伤、激光损伤、微波损伤、超声波损伤等］、化学损伤（酸碱性损伤、生物活性物质损伤等）、生物损伤等不同类型。其中，机械损伤的基本形态含擦伤｛表皮剥脱、挫伤、创【钝器创［挫裂创、撕裂创、钝器创（切创、砍创、刺刺、剪创等）］、枪弹创】｝、骨折（压缩性骨折、粉碎性骨折、凹陷性骨折、扦插性骨折、线性骨折、青枝骨折等；开放性骨折、闭合性骨折；颅脑骨折、脊骨骨折、上肢骨折、下肢骨折等）、关节脱落、肢离断碎、脏器损失［脑损伤（脑震荡、脑挫伤、颅内出血等）、心脏损伤（心脏血管破裂、心脏刺伤、心肌挫伤）、胸肺损伤（胸膜损伤、肺挫伤、肺挫裂创、肝脾肾脏损伤、肠胃损伤等）］；钝器伤［徒手伤、棍棒伤、砖石伤、斧锤伤、坠落伤、交通工具伤（撞击伤、碾压伤、摔伤、挥鞭样摔伤等）］、锐器伤（刀斧伤、剪刀伤）、火器伤（枪弹伤、爆炸伤等）。导致死亡的直接原因主要有缺氧或氧气利用障碍、营养缺乏、化学性损害、物理性损害、致死性突变、衰老。[31]

从罪行说、相对刑责年龄的角度讲，已满14周岁不满16周岁的人，犯故意杀人、故意伤害致人重伤或死亡、强奸、抢劫、贩卖毒品、放火、爆炸、投毒罪行，应负刑责。

【放火罪、决水罪、爆炸罪、投放危险物质罪、以危险方法危害公共安全罪】放火、决水、爆炸以及投放毒害性、放射性、传染病病原体等物质或以其他危险方法致人重伤、死亡或使公私财产遭受重大损失，处10年以上有期刑、无期刑或死刑。【劫持航空器罪】以暴力、胁迫或其他方法劫持航空器，处10年以上有期刑或无期刑；致人重伤、死亡或使航空器遭受严重破坏，处死刑。【组织他人偷越国（边）境罪】组织他人偷越国（边）境，处2年以上7年以下有期刑，并处罚金；有组织他人偷越国（边）境集团的首犯；多次组织他人偷越国（边）境或组织他人偷越国（边）境人数众多；造成被组织人重伤、死亡；剥夺或限制被组织人人身自由；以暴力、威胁方法抗拒检查；违法所得数额巨大；其他特别严重情节之一，处7年以上有期刑或无期刑，并处罚金或没收财产。犯组织他人偷越国（边）境罪，对被组织人有杀害、伤害、强奸、拐卖等犯罪行为，或对检查人员有杀害、伤害等犯罪行为，依数罪并罚的规定处罚。

刑事案件的鉴定意见：（1）鉴定意见的审查内容：A. 鉴定人是否存在应回避而未回避的情形。B. 鉴定机构和鉴定人是否有合法的资质。C. 鉴定程序是否符合法律及有关规定。D. 检材的来源、取得、保管、送检是否符合法律及有关规定，与相关提取笔录、扣押物品清单等记载的内容是否相符，检材是否充足、可靠。E. 鉴定的程序、方法、分析过程是否符合本专业的检验鉴定规程和技术方法要求。F. 鉴定意见的形式要件是否完备，是否注明提起鉴定的事由、鉴定委托人、鉴定机构、鉴定要求、鉴定过程、检验方法、鉴定文书的日期等相关内容，是否由鉴定机构加盖鉴定专用章并由鉴定人签名盖章。G. 鉴定意见是否明确。H. 鉴定意见与案件待证事实有无关联。I. 鉴定意见与其他证据之间是否有矛盾，鉴定意见与检验笔录及相关照片是否有矛盾。J. 鉴定意见是否依法及时告知相关人员，当事人对鉴定意见是否有异议。（2）鉴定意见的认定标准：A. 对鉴定意见有疑问，法院应依法通知鉴定人出庭作证或由其出具相关说明，也可依法补充鉴定或重新鉴定。B. 不能作为定案根据的鉴定意见的9种情形：a. 鉴定机构不具备法定的资格和条件，或鉴定事项超出本鉴定机构项目范围或鉴定能力。b. 鉴定人不具备法定的资格和条件、鉴定人不有相关专业技术或职称、鉴定人违反回避规定。c. 鉴定程序、方法有错误。d. 鉴定意见与证明对象未关联。e. 鉴定对象与送检材料、样本不一致。f. 送检材料、样本来源不明或确实被污染且不具备鉴定条件。g. 违反有关鉴定特定标准。h. 鉴定文书缺少签名、盖章。i. 其他违反有关规定的情形。

【2013·卷2·单选·35】（答案：D）对侦查所实施的司法控制，包括对某些侦查行为进行事后审查。下列哪一选项是正确的？A. 事后审查的对象主要包括逮捕、羁押、搜查等。B. 事后审查主要针对的是强行性侦查措施。C. 采取这类侦查行为不可以由侦查机关独立作出决定。D. 对这类行为，公民认为侦查机关侵犯其合法权益的，可以寻求司法途径进行救济。【解析】事前（而非事后）审查的对象主要包括逮捕、羁押、搜查。事前（而非事后）审查主要针对的是强行性侦查措施；事后审查主要针对的是任意性侦查措施。对事后审查可由侦查机关独立地作出决定。对事后审查，公民对侦查机关在侦查过程中对其合法权益的侵害，可寻求司法途径进行救济，也可是采取提起行政诉讼的方式进行。

司法鉴定管理问题的决定：（1）司法鉴定是在诉讼活动中鉴定人运用科技或专门知识对诉讼涉及的专门性问题进行鉴别和判断并提供鉴定意见的活动。（2）司法部主管全国鉴定人

---

[31] 杨绿君主编：《法医学》，中国政法大学出版社2004年版，第9~11、18、34~46页，引用时有调整改动。

和鉴定机构的登记管理工作。省级司法厅负责对鉴定人和鉴定机构的登记、名册编制和公告。(3) 国家对从事法医类鉴定（法医病理鉴定、法医临床鉴定、法医精神病鉴定、法医物证鉴定、法医毒物鉴定）；物证类鉴定（文书鉴定、痕迹鉴定、微量鉴定）；声像资料鉴定（对录音带、录像带、磁盘、光盘、图片等载体上记录的声音、图像信息的真实性、完整性及其所反映的情况过程进行的鉴定和对记录的声音、图像中的语言、人体、物体作出种类或同一认定）；根据诉讼需要由司法部商最高法、最高检确定的其他应对鉴定人和鉴定机构实行登记管理的鉴定事项的司法鉴定业务的鉴定人和鉴定机构实行登记管理制度，以法律对鉴定人和鉴定机构的管理另有规定从其规定为例外。A. 在诉讼中，对鉴定事项发生争议，需鉴定应委托列入鉴定人名册的鉴定人进行鉴定。B. 鉴定人从事司法鉴定业务，由所在的鉴定机构统一接受委托。C. 鉴定人和鉴定机构应在鉴定人和鉴定机构名册注明的业务范围内从事司法鉴定业务。D. 鉴定人应依诉讼法律规定实行回避。(4) 申请从事司法鉴定业务的个人、法人或其他组织，由省级司法厅审核，对符合条件的登记，编入鉴定人和鉴定机构名册并公告。省级司法厅应根据鉴定人或鉴定机构的增加和撤销登记情况，定期更新所编制的鉴定人和鉴定机构名册并公告。A. 可申请登记从事司法鉴定业务人员的积极条件：a. 有与所申请从事的司法鉴定业务相关的高级专业技术职称。b. 有与所申请从事的司法鉴定业务相关的专业执业资格或高校相关专业本科以上学历，从事相关工作5年以上。c. 有与所申请从事的司法鉴定业务相关工作10年以上经历，有较强的专业技能。B. 不可申请登记从事司法鉴定业务人员的消极条件：因故意犯罪或职务过失犯罪受过刑罚受过开除公职处分以及被撤销鉴定人登记的人员，不得从事司法鉴定业务。C. 法人或其他组织申请从事司法鉴定业务的4种条件：a. 有明确的业务范围。b. 有在业务范围内进行司法鉴定所必需的仪器、设备。c. 有在业务范围内进行司法鉴定所必需的依法通过计量认证或实验室认可的检测实验室。d. 每项司法鉴定业务有3名以上鉴定人。(5) 侦查机关根据侦查工作的需要设立的鉴定机构，不得面向社会接受委托从事司法鉴定业务。法院和司法行政部门不得设立鉴定机构。(6) 各鉴定机构之间无隶属关系；鉴定机构接受委托从事司法鉴定业务，不受地域范围的限制。鉴定人应在一个鉴定机构中从事司法鉴定业务。(7) 鉴定人和鉴定机构从事司法鉴定业务，应遵守法律法规，遵守职业道德和职业纪律，尊重科学，遵守技术操作规范。(8) 鉴定人或鉴定机构有违反司法鉴定管理问题的决定规定行为由省级司法厅警告，责令改正。A. 鉴定人故意作虚假鉴定，构成犯罪依法追究刑责；尚不构成犯罪，由省级司法厅警告，责令改正。B. 鉴定人或鉴定机构有因严重不负责任（过失）给当事人合法权益造成重大损失；提供虚假证明文件或采取其他欺诈手段，骗取登记；经法院依法通知，拒绝出庭作证；法律、行政法规规定的其他情形，由省级司法厅给予停止从事司法鉴定业务3个月以上1年以下的处罚；情节严重撤销登记。C. 司法行政部门在鉴定人和鉴定机构的登记管理工作中，应严格依法办事，积极推进司法鉴定的规范化、法制化。对滥用职权、玩忽职守，造成严重后果的直接责任人员，应追究相应的法律责任。D. 在诉讼中，当事人对鉴定意见有异议经法院依法通知，鉴定人应出庭作证。E. 司法鉴定实行鉴定人负责制度。鉴定人应独立进行鉴定，对鉴定意见负责并在鉴定书上签名或盖章；多人参加的鉴定，对鉴定意见有不同意见应注明。(9) 司法鉴定的收费项目和收费标准由司法部商国务院价格主管部门确定。(10) 对鉴定人和鉴定机构进行登记、名册编制和公告的具体办法，由司法部制定，报国务院批准。

从司法鉴定人管理办法的角度讲，司法行政机关是面向社会服务的司法半鉴定工作的行业主管机关，对司法鉴定人的职业资格和执业活动进行指导和监督。(1) 司法鉴定人实行职业资格证书、执业证书、登记名册、专业技术职务评聘、回避、保密、时限、错鉴责任追究制，不得私自接受委托，不得私自收费，应在一个司法鉴定机构中执业，不得同时在两个以上的司法鉴定机构中执业，但可接受其他司法鉴定机构的聘请，从事特定事项的司法鉴定活动。(2) 在已实施司法鉴定人职业资格制度的领域内，未取得相应司法鉴定执业证书的人员不得从事相应的司法鉴定活动。A. 在已实施司法鉴定人职业资格制度的领域内，未取得相应司法鉴定执业证书的人员不得从事相应的司法鉴定活动。B. 在已实施司法鉴定人职业资格制度的领域外，受司法机关、仲裁机构或其他组织等委托，临时聘请从事特定事项的司法鉴定人员为专聘司法鉴定人。C. 专聘司法鉴定人在接受临时性委托从事司法鉴定时，所享有的权利和承担的义务参照实施职业资格制度领域内的司法鉴定人的规定执行。(3) 不得授予司法鉴定人职业资格、不予颁发司法鉴定人执业证书的4种情形：因故意犯罪受到刑罚；曾被开除公职；无民事行为能力或限制行为能力；法律法规规定不予授予职业资格的其他情形。(4) 采取弄虚作假等手段骗取司法鉴定人职业资格由原颁发证书的司法行政机关确认其职业资格、执业证书无效，并予公告。(5) 司法鉴定人执业的8种权利：查阅与鉴定有关的案卷材料，询问与鉴定事项有关的当事人、证人等；应邀参与、协助委托人勘验、检查和模拟实验；要求委托人补充鉴定材料；委托提供虚假情况或拒不提供鉴定所需材料有权拒绝鉴定；拒绝解决、回答与鉴定无关问题；与其他司法鉴定人意见不一致时，有权保留意见；获得执业报酬；法律法规规定的其他权利。(6) 司法鉴定人执业的6种义务：按时完成鉴定任务；依法主动回避；依法按时出庭；遵守职业道德和执业纪律；保守在执业活动中知悉的国家秘密、商业秘密和个人隐私；法律法规规定的其他义务。

司法鉴定轻伤流程：(1) 司法鉴定轻伤委托以属地为主、由下到上、逐级委托为原则。(2) 司法鉴定轻伤的受理程序：鉴定机构和鉴定人根据被鉴定人当时的伤情和办案人提供的医院诊治及案件相关材料，参照国家有关部门颁布的人身伤情鉴定标准，及时作出受理、补充材料后受理或不能受理的决定，将理由以书面回执形式告知委托单位的办案人。(3) 司法鉴定轻伤的首次鉴定：A. 委托单位办案人持伤情鉴定委托书、医院诊治、案件相关材料，与被鉴定人一同到当地公安机关的鉴定机构进行首次伤情鉴定。B. 作出受理决定后，鉴定人填写受理案件登记表，核对委托单位提供的各种材料（案件卷宗、病历复印件、化验单、医学影像片等）的数量和状况；进行法医学检查、摄录像等检验工作；对直接影响鉴定结论的各种材料应备份存档。C. 对具备即时进行伤情鉴定条件，公安机关的鉴定机构应在受委托之日起3日内提出鉴定意见并出具鉴定文书。D. 对伤情比较复杂不具备即时进行鉴定条件，应在受委托之日起7日内提出鉴定意见并出具鉴定文书。E. 对影响组织、器官功能或伤情复杂，一时难以进行鉴定待伤情稳定后及时提出鉴定意见，并出具鉴定文书。F. 办案人要及时领取鉴定文书和所提供的医院诊治及案件相关材料，办理书面交接手续。(4) 司法鉴定轻伤的补充鉴定须经公安机关办案部门以上负责人批准，由原鉴定人进行。本案的办案人、案件的当事人须在接到首次鉴定的鉴定结论通知书后15日内提出补充鉴定的书面申请。(5) 司法鉴定轻伤的重新鉴定须经县以上公安机关主管领导批准，依刑诉法有关规定执行。本案的办案人、案件的当事人须在接到首次或补充鉴定的鉴定结论通知书后15日内提出重新鉴定的书面申请。

《司法鉴定程序通则》适用于司法鉴定机构和司法鉴定人从事各类司法鉴定业务的活动。(1) 司法鉴定是在诉讼活动中鉴定人运用科技或专门知识对诉讼涉及的专门性问题进行鉴别和判断并提供鉴定意见的活动。A. 司法鉴定程序是司法鉴定机构和司法鉴定人进行司法鉴定活动的方式、步骤以及相关规则的总称。B. 司法鉴定机构应加强对司法鉴定人执业活动的管理和监督。司法鉴定人违反司法鉴定程序通则规定，司法鉴定机构应纠正。(2) 司法鉴定机构和司法鉴定人进行司法鉴定活动，应保守在执业活动中知悉的国家秘密、商业秘密，不得泄露个人隐私；应遵守法律法规、规章，遵守职业道德和执业纪律，尊重科学，遵守技术操作规范；应依法接受监督。对有违反有关法律法规、规章规定行为，由司法行政机关依法给予相应的行政处罚；对有违反司法鉴定行业规范行为，由司法鉴定协会给予相应的行业处分。

(3) 司法鉴定实行鉴定人负责制度。司法鉴定人在执业活动中应依有关诉讼法律、司法鉴定程序通则实行回避，应依法独立、客观、公正地进行鉴定，并对自己作出的鉴定意见负责，不得违反规定会见诉讼当事人及其委托的人。(4) 司法鉴定的委托与受理：A. 司法鉴定机构应统一受理办案机关的司法鉴定委托。B. 委托人委托鉴定，应向司法鉴定机构提供真实、完整、充分的鉴定材料（生物检材和非生物检材、比对样本材料以及其他与鉴定事项有关的鉴定资料），并对鉴定材料的真实性、合法性负责。C. 司法鉴定机构应核对并记录鉴定材料的名称、种类、数量、性状、保存状况、收到时间等。D. 诉讼当事人对鉴定材料有异议，应向委托人提出。E. 司法鉴定机构应自收到委托之日起7个工作日内作出是否受理的决定；对复杂、疑难或特殊鉴定事项的委托，司法鉴定机构可与委托人协商决定受理的时间。F. 司法鉴定机构应对委托鉴定事项、鉴定材料等进行审查。G. 对属于本机构司法鉴定业务范围，鉴定用途合法，提供的鉴定材料能满足鉴定需要，应受理。H. 对鉴定材料不完整、不充分，不能满足鉴定需要，司法鉴定机构可要求委托人补充；经补充后能满足鉴定需要，应受理。I. 司法鉴定机构不得受理7种鉴定委托的情形，含委托鉴定事项超出本机构司法鉴定业务范围；发现鉴定材料不真实、不完整、不充分或取得方式不合法；鉴定用途不合法或违背社会公德；鉴定要求不符合司法鉴定执业规则或相关鉴定技术规范；鉴定要求超出本机构技术条件或鉴定能力；委托人就同一鉴定事项同时委托其他司法鉴定机构进行鉴定；其他不符合法律法规、规章规定的情形。J. 司法鉴定机构决定受理鉴定委托，应与委托人签订司法鉴定委托书（委托人名称、司法鉴定机构名称、委托鉴定事项、是否属于重新鉴定、鉴定用途、与鉴定有关的基本案情、鉴定材料的提供和退还、鉴定风险，以及双方商定的鉴定时限、鉴定费用及收取方式、双方权利义务等其他需载明的事项）。K. 司法鉴定机构决定不予受理鉴定委托，应向委托人说明理由，退还鉴定材料。(5) 司法鉴定的实施：A. 司法鉴定机构受理鉴定委托后，应指定本机构有该鉴定事项执业资格的司法鉴定人进行鉴定。B. 委托人有特殊要求，经双方协商一致，也可从本机构中选择符合条件的司法鉴定人进行鉴定，但不得要求或暗示司法鉴定机构、司法鉴定人按其意图或特定目的提供鉴定意见。C. 司法鉴定机构对同一鉴定事项，应指定或选择2名司法鉴定人进行鉴定；对复杂、疑难或特殊鉴定事项，可指定或选择多名司法鉴定人进行鉴定。D. 司法鉴定人本人或其近亲属与诉讼当事人、鉴定事项涉及的案件有利害关系，可能影响其独立、客观、公正进行鉴定，或司法鉴定人曾参加过同一鉴定事项鉴定，或曾作为专家提供过咨询意见，或曾被聘请为有专门知识的人参与过同一鉴定事项法庭质证，均应回避。E. 司法鉴定人自行提出回避，由其所属的司法鉴定机构决定；委托人要求司法鉴定人回避，应向该司法鉴定人所属的司法鉴定机构提出，由司法鉴定机构决定；委托人对司法鉴定机构作出的司法鉴定人是否回避的决定有异议，可撤销鉴定委托。F. 司法鉴定机构应建立鉴定材料管理制度，严格监控鉴定材料的接收、保管、使用和退还。G. 司法鉴定机构和司法鉴定人在鉴定过程中应严格依技术规范保管和使用鉴定材料，因严重不负责任（过失）造成鉴定材料损毁、遗失，应依法承担责任。H. 司法鉴定人进行鉴定，应依国家标准、行业标准和技术规范、该专业领域多数专家认可的技术方法的顺序遵守和采用该专业领域的技术标准、技术规范和技术方法。I. 司法鉴定人有权了解进行鉴定所需的案件材料，可查阅、复制相关资料，必要时可询问诉讼当事人、证人；经委托人同意，司法鉴定机构可派员到现场提取鉴定材料（应由不少于2名司法鉴定机构的工作人员进行，其中至少1名应为该鉴定事项的司法鉴定人。现场提取鉴定材料时，应有委托人指派或委托的人员在场见证并在提取记录上签名）。J. 鉴定过程中，需对被鉴定人身体进行法医临床检查，应采取必要措施保护其隐私，需对无民事行为能力人或限制民事行为能力人进行身体检查，应通知其监护人或近亲属到场见证；必要时，可通知委托人到场见证（a. 对被鉴定人进行法医精神病鉴定，应通知委托人或被鉴定人的近亲属或监护人到场见证。b. 对需进行尸体解剖，应通知委托人或死者的近亲属或监护人到场见证），到场见证人员应在鉴定记录上签名；见证人员未到场，司法鉴定人不得开展相关鉴定活动，延误时间不计入鉴定时限。K. 司法鉴定人应对鉴定过程进行实时记录（可采取笔记、录音、录像、拍照等方式，应载明主要的鉴定方法和过程，检查、检验、检测结果，仪器设备使用情况等，应真实、客观、准确、完整、清晰，记录的文本资料、音像资料等应存入鉴定档案）并签名。L. 司法鉴定机构应自司法鉴定委托书生效之日起 30 个工作日内完成鉴定（a. 鉴定事项涉及复杂、疑难、特殊技术问题或鉴定过程需较长时间，经本机构负责人批准，完成鉴定的时限可延长，延长时限一般不得超过 30 个工作日；鉴定时限延长，应及时告知委托人。b. 司法鉴定机构与委托人对鉴定时限另有约定，从其约定。c. 在鉴定过程中补充或重新提取鉴定材料所需的时间，不计入鉴定时限）。M. 司法鉴定机构在鉴定过程中，应书面通知委托人，说明理由并退还鉴定材料，可终止鉴定的 6 种情形：a. 发现有鉴定材料不真实、不完整、不充分或取得方式不合法；鉴定用途不合法或违背社会公德；鉴定要求不符合司法鉴定执业规则或相关鉴定技术规范；鉴定要求超出本机构技术条件或鉴定能力；委托人就同一鉴定事项同时委托其他司法鉴定机构进行鉴定；其他不符合法律法规、规章规定的情形。b. 鉴定材料发生耗损，委托人不能补充提供。c. 委托人拒不履行司法鉴定委托书规定的义务、被鉴定人拒不配合或鉴定活动受到严重干扰，使鉴定无法继续进行。d. 委托人主动撤销鉴定委托，或委托人、诉讼当事人拒绝支付鉴定费用。e. 因不可抗力使鉴定无法继续进行。f. 其他需终止鉴定的情形。N. 司法鉴定机构可根据委托人的要求进行补充鉴定（原委托鉴定的组成部分，应由原司法鉴定人进行）的 3 种情形：a. 原委托鉴定事项有遗漏。b. 委托人就原委托鉴定事项提供新的鉴定材料。c. 其他需补充鉴定的情形。O. 司法鉴定机构可接受办案机关委托进行重新鉴定（a. 重新鉴定应委托原司法鉴定机构外的其他司法鉴定机构进行；因特殊原因，委托人也可委托原司法鉴定机构进行，但原司法鉴定机构应指定原司法鉴定人外的其他符合条件的司法鉴定人进行。b. 接受重新鉴定委托的司法鉴定机构的资质条件应不低于原司法鉴定机构，进行重新鉴定的司法鉴定人中应至少有 1 名有相关专业高级专业技术职称）的 5 种情形：a. 原司法鉴定人不有从事委托鉴定事项执业资格。b. 原司法鉴定机构超出登记的业务范围组织鉴定。c. 原司法鉴定人应回避未回避。d. 办案机关认为需重新鉴定。e. 法律规定的其他情形。P. 鉴定过程中，涉及复杂、疑难、特殊技术问题，可向本机构外的相关专业领域的专家进行咨询，但最终的鉴定意见应由本机构的司法鉴定人出具；专家提供咨询意见应签名，并存入鉴定档案。Q. 对涉及重大案件或特别复杂、疑难、特殊技术问题或多个鉴定类别的鉴定事项，办案机关可委托司法鉴定行业协会组织协调多个司法鉴定机构进行鉴定。R. 司法鉴定人完成鉴定后，司法鉴定机构应指定有相应资质的人员对鉴定程序和鉴定意见进行复核；对涉及复杂、疑难、特殊技术问题或重新鉴定的鉴定事项，可组织 3 名以上的专家进行复核；复核人员完成复核后，应提出复核意见并签名，存入鉴定档案。(6) 司法鉴定意见书的出具：A. 司法鉴定机构和司法鉴定人应按统一规定的文本格式制作司法鉴定意见书。B. 司法鉴定意见书（一式 4 份，3 份交委托人收执，1 份由司法鉴定机构存档）应由司法鉴定人签名（多人参加的鉴定，对鉴定意见有不同意见，应注明），应加盖司法鉴定机构的司法鉴定专用章。C. 司法鉴定机构应按有关规定或与委托人约定的方式，向委托人发送司法鉴定意见书。D. 委托人对鉴定过程、鉴定意见提出询问，司法鉴定机构和司法鉴定人应给予解释或说明。E. 司法鉴定意见书出具后，司法鉴定机构可进行补正（a. 对司法鉴定意见书进行补正，不得改变司法鉴定意见的原意。b. 应在原司法鉴定意见书上进行，由至少 1 名司法鉴定人在补正处签名；必要时可出具补正书）的 3 种情形：a. 图像、谱图、表格不清晰。b. 签名、盖章或编号不符合制作要求。c. 文字表达有瑕疵或错别字，但不影响司法鉴定意见。F. 司法鉴定机构应按规定将司法鉴定意见书以及有关资料整理立卷、归档保管。(7) 司法鉴定人出庭作证：A. 经法院依法通知，司法鉴定人应出庭作证，回答与鉴定事项有关的问题。B. 司法鉴定机构接到出庭通知后，应及时与法院确认司法鉴定人出庭的时间、地点、人数、费用、要求等。C. 司法鉴定机构应支持司法鉴定人出庭作证，为司法鉴定人依法出庭提供必要条件。D. 司法鉴定人出庭作证，应举止文明，遵守法庭纪律。(8) 对同一司法鉴定对象，有法定鉴定资格的不同司法鉴定机构出具多份鉴定结论，应依鉴定机构级别高低，一般采信高1级别鉴定机构的鉴定结论，排除级别较低鉴定机构的鉴定结论。

◆ 《刑法》第96条 【违反国家规定的范围、类型或内涵】

从刑法、行政法、行政犯的角度讲，国家规定有类型性、位阶性、立法性、行政性。违反国家规定的范围、类型或内涵：(1) 全国人大及其常委会制定的法律（刑法、刑诉法、反间谍法、反恐法、反国家分裂法等）、决定（刑事立法解释等）。(2) 国务院制定的行政法规、规定的行政措施、发布的决定和命令。

从法律渊源、法律体系的角度讲，中国法渊源主要有宪法、普通法律、法律解释、规章[行政规章（条例、细则、办法、决定、规定等）、部门规章（命令、指示、决定、规定等）、地方规章（地方政府规章）]、法规（行政法规、地方法规）、自治条例、单行条例、特区法、国际条约、国际惯例等。

【交通肇事罪；危险驾驶罪】违反交通运输管理法规，因而发生重大事故，致人重伤、死亡或使公私财产遭受重大损失，处3年以下有期刑或拘役；交通运输肇事后逃逸或有其他特别恶劣情节，处3年以上7年以下有期刑；因逃逸致人死亡，处7年以上有期刑。

从刑法分则的角度讲，违反国家规定的基本罪名有：行贿罪；单位行贿罪；对单位行贿罪；非国家工作人员受贿罪；非国家工作人员受贿罪；私分国有资产罪；私分罚没财物罪；工程重大安全事故罪；背信运用受托财产罪；违法运用资金罪；违法发放贷款罪；违法提供出口退税证罪；逃汇罪；虚假广告罪；非法经营罪；组织出卖人体器官罪；非法侵入计算机信息系统罪；非法获取计算机信息系统数据、非法控制计算机信息系统罪；提供侵入、非法控制计算机信息系统程序、工具罪；扰乱无线电管理秩序罪；污染环境罪；非法处置进口的固体废物罪；擅自进口固体废物罪；走私固体废物罪；非法采伐、毁坏国家重点保护植物罪；非法收购、运输、加工、出售国家重点保护植物、国家重点保护植物制品罪；非法生产、买卖、运输制毒物品、走私制毒物品罪；非法提供麻醉药品、精神药品罪等。

以非法为名义的基本罪名有：为境外窃取、刺探、收买、非法提供国家秘密罪；为境外窃取、刺探、收买、非法提供军事秘密罪；非法获取军事秘密罪；非法获取国家秘密罪；非法持有国家绝密、机密文件、资料、物品罪；非法生产、销售专用间谍器材、窃听、窃照专用器材罪；非法使用窃听、窃照专用器材罪；非法出售、提供试题答案罪；非法利用信息网络罪；非法侵入计算机信息系统罪；非法获取计算机信息系统数据、非法控制计算机信息系统罪；提供侵入、非法控制计算机信息系统程序、工具罪；非法持有宣扬恐怖主义、极端主义物品罪；非法集会、游行示威罪；非法携带武器、管制刀具、爆炸物参加集会、游行、示威罪；非法处置查封、扣押、冻结的财产罪；非法出售、私赠文物藏品罪；非法向外国人出售、赠送珍贵文物罪；非法制造、买卖、运输、邮寄、储存枪支、弹药、爆炸物罪；非法制造、买卖、运输、储存危险物质罪；非法出卖、转让武器装备罪；非法出租、出借枪支罪；非法持有、私藏枪支、弹药罪；非法携带枪支、弹药、管制刀具、危险物品危及公共安全罪；违规制造、销售枪支罪；非法生产、买卖警用装备罪；非法猎捕、杀害珍贵、濒危野生动物罪；非法收购、运输、出售珍贵濒危野生动物、珍贵、濒危野生动物制品罪；非法采伐、毁坏国家重点保护植物罪；非法收购、运输、加工、出售国家重点保护植物、国家重点保护植物制品罪；非法捕捞水产品罪；非法采矿罪；非法采集、供应血液、制作、供应血液制品罪；非法组织卖血罪；非法行医罪；非法进行节育手术罪；非法拘禁罪；非法搜查罪；非法侵入住宅罪；非法剥夺公民宗教信仰自由罪；非法提供麻醉药品、精神药品罪；非法买卖、运输、携带、持有毒品原植物种子、幼苗罪；非法种植毒品原植物罪；非法持有毒品罪；非法生产、买卖、运输制毒物品、走私制毒物品罪；非法处置进口的固体废物罪；非法占用农用地罪；非法转让、倒卖土地使用权罪；非法批准征收、征用、占用土地罪；非法低价出让国有土地使用权罪；非法收购、运输盗伐、滥伐的林木罪；违法发放林木采伐许可证罪；非法出售增值税专用发票罪；非法购买增值税专用发票、购买伪造的增值税专用发票罪；非法制造、出售非法制造的用于骗取出口退税、抵扣税款发票罪；非法制造、出售非法制造的发票罪；非法出售用于骗取出口退税、抵扣税款发票罪；非法出售发票罪；非法经营罪；非法经营同类营业罪；非法制造、销售非法制造的注册商标标识罪；非法吸收公众存款罪；集资诈骗罪；贷款诈骗罪；信用卡诈骗罪；合同诈骗罪；欺诈发行股票、债券罪；擅自发行股票、公司、企业债券罪；逃汇罪；非国家工作人员受贿罪；为亲友非法牟利罪；窃取、收买、非法提供信用卡信息罪等。

◆《刑法》第97条【首犯（首犯）的范围或类型】

从犯罪主体、犯罪行为、犯罪作用、共犯、主犯和首犯的关系的角度讲，首犯是在犯罪集团或聚众犯罪中起组织、策划、指挥作用的罪犯（聚众首犯、集团首犯）。

从刑法分则的角度讲，存在首犯的基本罪名：分裂国家罪；煽动分裂国家罪；武装叛乱、暴乱罪；颠覆国家政权罪；煽动颠覆国家政权罪；伪造货币罪；拐卖妇女、儿童罪；聚众阻碍解救被收买的妇女、儿童罪；聚众哄抢罪；抢劫罪；聚众扰乱社会秩序罪；聚众冲击国家机关罪；聚众斗殴罪；聚众扰乱公共场所秩序、交通秩序罪；聚众冲击军事禁区罪；聚众扰乱军事管理区秩序罪；聚众淫乱罪；引诱未成年人聚众淫乱罪；聚众持械劫狱罪；暴动越狱罪；组织越狱罪；组织他人偷越国（边）境罪；盗掘古文化遗址、古墓葬罪；盗掘古人类化石、古脊椎动物化石罪；走私、贩卖、运输、制造毒品等。

从共犯的角度讲，首犯和主犯有关联性、交集性、包容性、互补性、差异性、非对应性。(1) 在共犯案件中，对有自首、立功情节的被告人的处罚，应注意共犯人以及首犯、主犯、从犯之间的量刑平衡。(2) 集团首犯对本集团所犯的所有犯罪负责。(3) 集团首犯、共犯的主犯检举揭发或协助司法机关抓捕同案地位、作用较次的罪犯，从宽处罚与否应从严掌握，若从轻处罚可能导致全案量刑失衡，一般不从轻处罚；若检举揭发或协助司法机关抓捕的是其他案件中罪行同样严重的罪犯，一般应依法从宽处罚。(4) 对犯罪集团的一般成员、共犯的从犯立功，特别是协助抓捕首犯、主犯，应充分体现政策，依法从宽处罚。

◆《刑法》第98条【告诉才处理（不告不理）的内涵】

从亲告罪、自诉案件的角度讲，告诉才处理（谁主张谁举证或不告不理、亲告罪），是被害人告诉才处理；特殊而言，被害人因受强制、威吓无法告诉，检察院和被害人的近亲属也可告诉。

【2004·卷3·川·不定项·81—89】 （答案：81. D；82. A；83. AC；84. B；85. D；86. ABCD；87. BD；88. AB；89. ABC）81. 中，告诉才处理的有：A. 捏造事实，诽谤国家领导人，严重危害社会秩序和国家利益。B. 虐待家庭成员，使被害人重伤。C. 遗弃被抚养人，情节恶劣。D. 暴力干涉他人婚姻自由。

82. 甲拐骗了5名儿童，偷盗了2名婴儿，并准备全部卖往A地。在运送过程中甲因害怕他们哭闹，给他们注射了麻醉药。因麻醉药过量，使2名婴儿死亡，5名儿童处在严重昏迷状态，后经救治康复。对甲的行为应以何罪论处？A. 拐卖儿童罪。B. 拐骗儿童罪。C. 过失致人死亡罪。D. 绑架罪。

83. 某法院开庭审理一起民事案件，参加旁听的原告之夫李某认为证人王某的证言不实，便当场大声指责，受到法庭警告。李某不听劝阻，大喊"给我打"，在场旁听的10多个原告方的亲属一拥而上，对王某拳打脚踢，法庭秩序顿时大乱。审判长予以制止，李某一伙又对审判长和审判员进行围攻、殴打，审判长只好匆匆宣布休庭。李某的上述行为触犯了什么罪名？A. 打击报复证人罪。B. 聚众冲击国家机关罪。C. 扰乱法庭秩序罪。D. 妨害作证罪。

84. 可能构成战时自伤罪的情况是：A. 预备役人员张某在战时为逃避征召，自伤身体。B. 战士李某为尽早脱离战场，在敌人火力猛烈向我方阵地射击时，故意将手臂伸出掩体之外，被敌人子弹击中，没法继续作战。C. 战士王某战时奉命守卫仓库，站岗时因困倦睡着，导致仓库失窃，为了掩盖过错，他用匕首自伤身体，谎称遭到抢劫。D. 战士陈某为了立功当英雄，战时自伤身体，谎称在与偷袭的敌人交火时受伤。

85. 假如甲罪的法定刑为"3年以上10年以下有期徒刑"，关于量刑的说法正确的是：A. 若法官对犯甲罪的被告人判处7年以上10年以下有期徒刑，就属于从重处罚；若判处3年以上7年以下有期徒刑，就属于从轻处罚。B. 法官对犯甲罪的被告人判处3年有期徒刑时，属于从轻处罚与减轻处罚的竞合。C. 因甲罪的法定最低刑为3年以上有期徒刑，所以，法官不得对犯甲罪的被告人宣告缓刑。D. 若犯甲罪的被告人不有刑法规定的减轻处罚情节，法官就不能判处低于3年有期徒刑的刑罚，除非根据案件的特殊情况，报经最高人民法院核准。

86. 下列说法不正确的是：A. 刑法第266条规定的诈骗罪的法定最高刑为无期徒刑，而第198条规定保险诈骗罪的法定最高刑为15年有期徒刑。为了保持刑法的协调和实现罪刑相适应原则，对保险诈骗数额特别巨大，应以诈骗罪论处。B. 根据刑法第358条，"强奸后迫使卖淫的"构成强迫卖淫罪，不实行数罪并罚。已满14周岁不满16周岁的人，伙同他人强奸妇女后迫使卖淫，不负刑事责任；因刑法第17条未规定已满14周岁不满16周岁的人应对强迫卖淫罪承担刑事责任。C. 刑法第382条明文规定一般公民与国家工作人员勾结伙同贪污，以共犯论处，所以，一般公民可与国家工作人员构成贪污罪的共犯；刑法第385条对受贿罪没有类似规定，所以，一般公民不可能与国家工作人员构成受贿罪的共犯。D. 刑法第399条4款规定，"司法工作人员收受贿赂"有徇私枉法等行为，依处罚较重的规定定罪处罚。但司法工作人员索取贿赂并有徇私枉法等行为，则应实行数罪并罚。

87. 甲、乙2人系某厂锅炉工。一天，甲的朋友多次打电话催其赴约，但离交班时间还有15分钟。甲心想，乙一直以来都是提前15分钟左右来接班，今天也快来了。在是，在乙到来前，甲就离开了岗位。恰巧乙这天也有要事。乙心想，平时都是我去后甲才离开，今天迟去15分钟左右，甲不会有什么意见。在是，乙过了正常交接班时间15分钟左右才赶到岗位。结果，因没人看管，使锅炉发生爆炸，损失惨重。甲、乙的行为：A. 属共同犯罪。B. 属共同过失犯罪。C. 各自构成故意犯罪。D. 应按甲、乙所犯的罪分别处罚。

88. 甲乘坐长途公共汽车时，误以为司机座位后的提包为身边的乙所有（实为司机所有）；乙中途下车后，甲误以为乙忘了拿走提包。为了非法占有该提包内的财物（内有司机为他人代购的13部手机，价值2.6万元），甲提前下车，并将提包拿走。司机到站后发现自己的手提包丢失，便报案。公安人员发现甲有重大嫌疑，便询问甲，但甲拒不承认，也不交出提包。关于本案，说法正确的是：A. 因甲误认为提包为遗忘物，所以，甲的认识错误属于事实认识错误。B. 因甲误认为提包为遗忘物，因而没有盗窃他人财物的故意，据主客观相统一的原则，甲的行为构成侵占罪。C. 因提包实际上属于司机的财物，所以，甲的行为构成盗窃罪。D. 因提包实际上属于司机的财物，而甲又没有盗窃的故意，所以，甲的行为不构成盗窃罪；又因甲有侵占遗忘物的故意，但提包事实上不属于遗忘物，所以，甲的行为也不构成侵占罪。

89. 对刑法关于组织、强迫、引诱、容留、介绍卖淫罪，解释正确的是：A. 引诱、容留、介绍卖淫罪，含引诱、容留、介绍男性向同性恋者卖淫。B. 引诱成年人甲卖淫、容留成年人乙卖淫，构成引诱、容留卖淫罪，不实行并罚。C. 引诱幼女甲卖淫，容留幼女乙卖淫，构成引诱幼女卖淫罪与容留卖淫罪，实行并罚。D. 引诱幼女向他人卖淫后又嫖宿该幼女，以引诱幼女卖淫罪论处，从重处罚。

公诉案件中被告人有罪的举证责任由检察院承担，自诉案件中被告人有罪的举证责任（物证；书证；证人证言；被害人陈述；嫌犯、被告人供述和辩解；鉴定意见；勘验、检查、辨认、侦查实验等笔录；视听资料、电子数据等可用于证明案件事实的材料）由自诉人承担。(1) 从司法管辖权的角度讲，告诉才处理的自诉案件（民事案件、刑事案件、行政案件等）有原则性、例外性，均由法院直接受理。A. 一般而言，对自诉案件，被害人有权向法院直接起诉。B. 特殊而言，被害人死亡或丧失行为能力，被害人的法定代理人、近亲属有权向法院起诉，法院应依法受理。(2) 刑事自诉案件有转化为公诉案件的可能性、刑事公益诉讼性，以严重危害社会秩序和国家利益、被害人有证据证明自己的人身权或财产权被侵害而提出控告而不立案为例外或前提条件。(3) 法院直接受理的自诉案件类型：A. 告诉才处理的案件：a. 侮辱、诽谤案，以严重危害社会秩序和国家利益为例外。b. 暴力干涉婚姻自由案。c. 虐待案。d. 侵占案。B. 检察院无提起公诉，被害人有证据证明的轻微刑事案件：a. 故意伤害案，以严重危害社会秩序和国家利益为例外。b. 生产、销售伪劣商品案，以严重危害社会秩序和国家利益为例外。c. 侵犯知识产权案，以严重危害社会秩序和国家利益为例外。d. 非法侵入住宅案。e. 侵犯通信自由案。f. 重婚案。g. 遗弃案。h. 侵犯公民人身权、民主权罪、侵犯财产罪，对被告人可能判处3年有期刑以下刑罚的案件（a. 被害人直接向法院起诉，法院应依法受理。b. 对证据不足、可由公安机关受理，或认为对被告人可能判处3年有期刑以上刑罚，应告知被害人向公安机关报案，或移送公安机关立案侦查）。C. 被害人有证据证明对被告人侵犯自己人身、财产权的行为应依法追究刑责，且有证据证明曾提出控告，而公安机关或检察院不追究被告人刑责的案件。(4) 检察院在对公益诉讼案件决定立案和调查收集证据时，就涉及专门性问题的证据材料或专业问题，可指派、聘请有专门知识的人协助开展6种工作：在检察官的主持下勘验物证或现场；对专业问题进行回答、解释、说明；对涉案专门性问题进行评估、审计；对涉及复杂、疑难、特殊技术问题的鉴定事项提出意见；对行政执法卷宗材料中涉及专门性问题的证据材料进行审查；其他必要的工作。(5) 检察院办理刑事案件需收集证据，可指派、聘请有专门知识的人开展的3种工作事项：在检察官的主持下进行勘验或检查；就需鉴定、但未法定鉴定机构的专门性问题进行检验；其他必要的工作。

【2008·川·卷2·单选·35】（答案：B）关于侦查中的专门调查工作，下列哪一选项是正确的？A. 在执行拘传时，不另用搜查证可以进行搜查。B. 对于死因不明的尸体，公安机关有权决定解剖，并通知死者家属到场。C. 对人身伤害的医学鉴定，由省级人民政府指定的医院进行。D. 对犯罪嫌疑人作人身伤害的医学鉴定的期间不计入办案期限。

【2010·卷2·单选·23】（答案：B）法院审理一起受贿案时，被告人石某称因侦查人员刑讯不得已承认犯罪事实，并讲述受到刑讯的具体时间。检察机关为证明侦查讯问程序合法，当庭播放了有关讯问的录音录像，并提交了书面说明。关于该录音录像的证据种类，下列哪一选项是正确的？A. 犯罪嫌疑人供述和辩解。B. 视听资料。C. 书证。D. 物证。

【2010·卷2·单选·24】（答案：B）下列哪一选项既属于原始证据，又属于间接证据？A. 被告人丁某承认伤害被害人的供述。B. 证人王某陈述看到被告人丁某在案发现场擦拭手上血迹的证言。C. 证人李某陈述被害人向他讲过被告人丁某伤害她的经过。D. 被告人丁某精神病鉴定结论的抄本。

【2013·卷2·单选·36】（答案：B）只要有足够证据证明犯罪嫌疑人构成犯罪，检察机关就须提起公诉。关于这一制度的法理基础，下列哪一选项是正确的？A. 起诉便宜主义。B.

起诉法定主义。C. 公诉垄断主义。D. 私人诉追主义。

从宽严相济政策的角度讲，对因恋爱、婚姻、家庭、邻里纠纷等民间矛盾激化引发的犯罪，因劳动纠纷、管理失当等原因引发、犯罪动机不属恶劣的犯罪，因被害方过错或基于义愤引发的或有防卫因素的突发性犯罪，应酌情从宽处罚。因婚姻家庭等民间纠纷激化引发的犯罪，被害人及其家属对被告人表示谅解，应作为酌定量刑情节考虑。

对刑事自诉案件，要尽可能多做化解矛盾的调解工作，促进双方自行和解。对经司法机关做工作，被告人认罪悔过，愿意赔偿被害人损失，取得被害人谅解，从而达成和解协议，可由自诉人撤回起诉，或对被告人依法从轻或免刑。对可公诉可自诉的刑事案件，检察机关提起公诉，法院应依法进行审理，依法定罪处罚。对民间纠纷引发的轻伤害等轻微刑事案件，诉至法院后当事人自行和解，应准许并记录在案。法院也可在不违反法律规定的前提下，对此类案件尝试做一些促进和解的工作。

【2013·卷2·单选·34】（答案：A）卢某坠楼身亡，公安机关排除他杀，不予立案。但卢某的父母坚称他杀可能性大，应当立案，请求检察院监督。检察院的哪一做法是正确的？A. 要求公安机关说明不立案理由。B. 拒绝受理并向卢某的父母解释不立案原因。C. 认为符合立案条件的，可以立案并交由公安机关侦查。D. 认为公安机关不立案理由不能成立的，应当建议公安机关立案。

从刑事立案监督的角度讲，检察院依法对公安机关的刑事立案活动实行监督。（1）被害人及其法定代理人、近亲属或行政执法机关，认为公安机关对其控告或移送的案件应立案侦查而不立案侦查，或当事人认为公安机关不应立案而立案，向检察院提出，检察院应受理并进行审查。（2）检察院发现公安机关可能存在应立案侦查而不立案侦查情形，应依法进行审查。（3）检察院接到控告、举报或发现行政执法机关不移送涉嫌犯罪案件，应向行政执法机关提出检察意见，要求其按管辖规定向公安机关或检察院移送涉嫌犯罪案件。（4）检察院控告检察部门受理对公安机关应立案而不立案或不应立案而立案的控告、申诉，应根据事实和法律进行审查，并可要求控告人、申诉人提供有关材料，认为需公安机关说明不立案或立案理由，应及时将案件移送侦查监督部门办理。检察院侦查监督部门经调查、核实有关证据材料，认为需公安机关说明不立案理由，经检察长批准，应要求公安机关书面说明不立案的理由。有证据证明公安机关可能存在违法动用刑事手段插手民事、经济纠纷，或利用立案实施报复陷害、敲诈勒索以及谋取其他非法利益等违法立案情形，尚未提请批捕或移送审查起诉，经检察长批准，应要求公安机关书面说明立案理由。（5）检察院进行调查核实，可询问办案人员和有关当事人，查阅、复制公安机关刑事受案、立案、破案等登记表册和立案、不立案、撤销案件、治安处罚等相关法律文书及案卷材料。（6）检察院要求公安机关说明不立案或立案理由，应制作要求说明不立案理由通知书或要求说明立案理由通知书，及时送达公安机关，并告知公安机关在收到要求说明不立案理由通知书或要求说明立案理由通知书后7日内，书面说明不立案或立案的情况、依据和理由，连同有关证据材料回复检察院。（7）公安机关说明不立案或立案的理由后，检察院侦查监督部门应进行审查，认为公安机关不立案或立案理由不能成立，经检察长或检委会讨论决定，应通知公安机关立案或撤销案件。（8）检察院侦查监督部门认为公安机关不立案或立案理由成立，应通知控告检察部门，由其在10日内将不立案或立案的理由和根据告知被害人及其法定代理人、近亲属或行政执法机关。（9）检察院通知公安机关立案或撤销案件，应制作通知立案书或通知撤销案件书，说明依据和理由，连同证据材料送达公安机关，并告知公安机关应在收到通知立案书后15日内立案，对通知撤销案件书无异议的应立即撤销案件，并将立案决定书或撤销案件决定书及时送达检察院。（10）检察院通知公安机关立案或撤销案件，应依法对执行情况进行监督。A. 公安机关在收到通知立案书或通知撤销案件书后超过15日不立案或既不提出复议、复核也不撤销案件，检察院应发出纠正违法通知书纠正；公安机关仍不纠正，报上一级检察院协商同级公安机关处理。B. 公安机关立案后3个月内未侦查终结，检察院可向公安机关发出立案监督案件催办函，要求公安机关及时向检察院反馈侦查工作进展情况。(11) 对由公安机关管辖的国家机关工作人员利用职权实施的重大犯罪案件，检察院通知公安机关立案，公安机关不立案，经省级以上检察院决定，检察院可直接立案侦查。(12) 对公安机关认为检察院撤销案件通知有错误要求同级检察院复议，检察院应重新审查，在收到要求复议意见书和案卷材料后7日内作出是否变更的决定，并通知公安机关。A. 对公安机关不接受检察院复议决定提请上一级检察院复核，上级检察院应在收到提请复核意见书和案卷材料后15日内作出是否变更的决定，通知下级检察院和公安机关执行。B. 上级检察院复核认为撤销案件通知有错误，下级检察院应立即纠正；上级检察院复核认为撤销案件通知正确，应作出复核决定并送达下级公安机关。(13) 检察院侦查监督部门或公诉部门发现本院侦查部门对应立案侦查的案件不报请立案侦查或对不应立案侦查的案件进行立案侦查，应建议侦查部门报请立案侦查或撤销案件；建议不被采纳，应报请检察长决定。

对刑事自诉案件，经司法机关做工作，被告人认罪悔过，愿意赔偿被害人损失，取得被害人谅解，从而达成和解协议，可由自诉人撤回起诉，或对被告人依法从轻或免刑。对可公诉可自诉的刑事案件，检察机关提起公诉，法院应依法进行审理，依法定罪处罚。

从《关于刑事立案监督有关问题的规定（试行）》的角度讲，刑事立案监督应坚持监督与配合相统一，检察院法律监督与公安机关内部监督相结合，办案数量、质量、效率、效果相统一和有错必纠的原则。(1) 公安机关对接受的案件或发现的犯罪线索，应及时进行审查，依法律和有关规定（国务院、国家部委制定的规范文件、地方法规、政府规章、政府各委办局依法制定的规范文件）作出立案或不予立案的决定。(2) 公安机关与检察院应建立刑事案件信息通报制度，定期相互通报刑事发案、报案、立案、破案和刑事立案监督、侦查活动监督、批捕、起诉等情况，重大案件随时通报。有条件的地方，应建立刑事案件信息共享平台。(3) 被害人及其法定代理人、近亲属或行政执法机关，认为公安机关对其控告或移送的案件应立案侦查而不立案侦查，向检察院提出，检察院应受理并进行审查。检察院发现公安机关可能存在应立案侦查而不立案侦查情形，应依法进行审查。(4) 检察院对公安机关应立案侦查而不立案侦查的线索进行审查后，应根据不同情况分别作出处理：A. 未犯罪事实发生，或犯罪情节显著轻微不需追究刑责，或有其他依法不追究刑责情形，及时答复投诉人或行政执法机关。B. 不属于被投诉的公安机关管辖，应将有管辖权的机关告知投诉人或行政执法机关，并建议向该机关控告或移送。C. 公安机关尚未作出不予立案决定，移送公安机关处理。D. 有犯罪事实需追究刑责，属于被投诉的公安机关管辖，且公安机关已作出不立案决定，经检察长批准，应要求公安机关书面说明不立案理由。(5) 检察院对不服公安机关立案决定的投诉，可移送立案的公安机关处理。检察经审查，有证据证明公安机关可能存在违法动用刑事手段插手民事、经济纠纷，或办案人员利用立案实施报复陷害、敲诈勒索、谋取其他非法利益等违法立案情形，且已采取刑拘等强制措施或搜查、扣押、冻结等强制性侦查措施，尚未提请批捕或移送审查起诉，经检察长批准，应要求公安机关书面说明立案理由。(6) 检察院要求公安机关说明不立案或立案理由，应制作《要求说明不立案理由通知书》或《要求说明立案理由通知书》，及时送达公安机关。A. 公安机关应在收到《要求说明不立案理由通知书》或《要求说明立案理由通知书》后7日内作出书面说明，客观反映不立案或立案的情况、依据和理由，连同有关证据材料复印件回复检察院。B. 公安机关主动立案或撤销案件，应将《立案决定书》或《撤销案件决定书》复印件及时送达检察院。(7) 检察院经调查核实，认为公安机关不立案或立案理由不成立，经检察长或检委会决定，应通知公安机关立案或撤销案件。检察院开展调查核实，可询问办案人员和有关当事人，查阅、复印公安机关刑事受案、立案、破案等登记表册和立案、不立案、撤销案件、治安处罚等相关法律文书及案卷材料，公安机关应配合。(8) 检察院通知公安机关立案或撤销案件，应制作《通知立案书》或《通知撤销案件书》，说明依据和理由，连同证据材料移送公安机关。A. 公安机关应在收到《通知立案书》后15日内决定立案，对《通知撤销案件书》未异议的应立即撤销案件，并将《立案决定书》或《撤销案件决定书》复印件及时送达检察院。B. 公安机关认为检察院撤销案件通知有错误，应在5日内经县级以上公安机关负责人批准，要求同级检察院复议；检察院应重新审查，在收到《要求复议意见书》和案卷材料后7日内作出是否变更的决定，并通知公安机关。C. 公安机关不接受检察院复议决定，应在5日内经县级以上公安机关负责人批准，提请上一级检察院复核。a. 上级检察院应在收到《提请复核意见书》和案卷材料后15日内作出是否变更的决定，通知下级检察院和公安机关执行。b. 上级检察院复核认为撤销案件通知有错误，下级检察院应立即纠正；上级检察院复核认为撤销案件通知正确，下级公安机关应立即撤销案件，并将《撤销案件决定书》复印件及时送达同级检察院。(9) 公安机关对检察院监督立案的案件应及时侦查。A. 嫌犯在逃，应加大追捕力度；符合逮捕条件，应及时提请检察院批捕；侦查终结需追究刑责，应及时移送检察院审查起诉。B. 监督立案后3个月未侦查终结，检察院可发出《立案监督案件催办函》，公安机关应及时向检察院反馈侦查进展情况。(10) 检察院在立案监督过程中，发现侦查人员涉嫌徇私舞弊等违法违纪行为，应移交有关部门处理；涉嫌职务犯罪，依法立案侦查。(11) 公安机关提请批捕、移送审查起诉时，应将检察院刑事立案监督法律文书和相关材料随案移送。检察院在审查逮捕、审查起诉时，应及时录入刑事立案监督信息。

【2017·卷2·多选·71】（答案：ACD）我国强制措施的适用应遵循变更性原则。下列哪些情形符合变更性原则的要求？A. 拘传期间因在身边发现犯罪证据而直接予以拘留。B. 犯罪嫌疑人在取保候审期间被发现另有其他罪行，要求其相应地增加保证金的数额。C. 犯罪嫌疑人在取保候审期间违反规定后对其先行拘留。D. 嫌犯被羁押的案件，不能在法律规定的侦查羁押期限内办结，予以释放。

从《关于刑事立案监督有关问题的规定（试行）》的角度讲，刑事立案监督应坚持监督与配合相统一，检察院法律监督与公安机关内部监督相结合，办案数量、质量、效率、效果相统一和有错必纠的原则。(1) 公安机关对接受的案件或发现的犯罪线索，应及时进行审查，依法律和有关规定作出立案或不予立案的决定。(2) 公安机关与检察院应建立刑事案件信息通报制度，定期相互通报刑事发案、报案、立案、破案和刑事立案监督、侦查活动监督、批捕、起诉等情况，重大案件随时通报。有条件的地方，应建立刑事案件信息共享平台。(3) 被害人及其法定代理人、近亲属或行政执法机关，认为公安机关对其控告或移送的案件应立案侦查而不立案侦查，向检察院提出，检察院应受理并进行审查。检察院发现公安机关可能存在应立案侦查而不立案侦查情形，应依法进行审查。(4) 检察院对公安机关应立案侦查而不立案侦查的线索进行审查后，应根据不同情况分别作出处理：A. 未犯罪事实发生，或犯罪情节显著轻微不需追究刑责，或有其他依法不追究刑责情形，及时答复投诉人或行政执法机关。B. 不属于被投诉的公安机关管辖，应将有管辖权的机关告知投诉人或行政执法机关，并建议向该机关控告或移送。C. 公安机关尚未作出不予立案决定，移送公安机关处理。D. 有犯罪事实需追究刑责，属于被投诉的公安机关管辖，且公安机关已作出不立案决定，经检察长批准，应要求公安机关书面说明不立案理由。(5) 检察院对不服公安机关立案决定的投诉，可移送立案的公安机关处理。检察院经审查，有证据证明公安机关可能存在违法动用刑事手段插手民事、经济纠纷，或办案人员利用立案实施报复陷害、敲诈勒索、谋取其他非法利益等违法立案情形，且已采取刑拘等强制措施或搜查、扣押、冻结等强制性侦查措施，尚未提请批捕或移送审查起诉，经检察长批准，应要求公安机关书面说明立案理由。(6) 检察院要求公安机关说明不立案或立案理由，应制作《要求说明不立案理由通知书》或《要求说明立案理由通知书》，及时送达公安机关。A. 公安机关应在收到《要求说明不立案理由通知书》或《要求说明立案理由通知书》后7日内作出书面说明，客观反映不立案或立案的情况、依据和理由，连同有关证据材料复印件回复检察院。B. 公安机关主动立案或撤销案件，应将《立案决定书》或《撤销案件决定书》复印件及时送达检察院。(7) 检察院经调查核实，认为公安机关不立案或立案理由不成立，经检察长或检委会决定，应通知公安机关立案或撤销案件。检察院开展调查核实，可询问办案人员和有关当事人，查阅、复印公安机关刑事受案、立案、破案等登记表册和立案、不立案、撤销案件、治安处罚等相关法律文书及案卷材料，公安机关应配合。(8) 检察院通知公安机关立案或撤销案件，应制作《通知立案书》或《通知撤销案件书》，说明依据和理由，连同证据材料移送公安机关。A. 公安机关应在收到《通知立案书》后15日内决定立案，对《通知撤销案件书》未异议的应立即撤销案件，并将《立案决定书》或《撤销案件决定书》复印件及时送达检察院。B. 公安机关认为检察院撤销案件通知有错误，应在5日内经县级以上公安机关负责人批准，要求同级检察院复议；检察院应重新审查，在收到《要求复议意见书》和案卷材料后7日内作出是否变更的决定，并通知公安机关。C. 公安机关不接受检察院复议决定，应在5日内经县级以上公安机关负责人批准，提请上一级检察院复核。a. 上级检察院应在收到《提请复核意见书》和案卷材料后15日内作出是否变更的决定，通知下级检察院和公安机关执行。b. 上级检察院复核认为撤销案件通知有错误，下级检察院应立即纠正；上级检察院复核认为撤销案件通知正确，下级公安机关应立即撤销案件，并将《撤销案件决定书》复印件及时送达同级检察院。(9) 公安机关对检察院监督立案的案件应及时侦查。A. 嫌犯在逃，应加大追捕力度；符合逮捕条件，应及时提请检察院批捕；侦查终结需追究刑责，应及时移送检察院审查起诉。B. 监督立案后3个月未侦查终结，检察院可发出《立案监督案件催办函》，公安机关应及时向检察院反馈侦查进展情况。(10) 检察院在立案监督过程中，发现侦查人员涉嫌徇私舞弊等违法违纪行为，应移交有关部门处理；涉嫌职务犯罪，依法立案侦查。(11) 公安机关提请批捕、移送审查起诉时，应将检察院刑事立案监督法律文书和相关材料随案移送。检察院在审查逮捕、审查起诉时，应及时录入刑事立案监督信息。

从民事公益诉讼的角度讲，检察院认为被告有污染环境、破坏生态、在食品药品安全领域侵害众多消费者合法权益等损害社会公共利益的行为，在无适格主体提起诉讼或适格主体不提起诉讼的情况下，向法院提起民事公益诉讼，符合有明确的被告、具体的诉讼请求和事实、理由和属于法院受理民诉的范围和受诉法院管辖的民事起诉条件（当事人的陈述、书证、物证、视听资料、电子数据、证人证言、鉴定意见、勘验笔录），法院应登记立案。当事人对自己提出的主张，有责任及时提供证据。当事人及其诉讼代理人因客观原因不能自行收集的证据，或法院认为审理案件需要的证据，法院应调查收集，应按法定程序，全面客观审查核实证据。

【2017·卷3·不定项·98-100】（答案：98. D；99. BCD；100. D）大洲公司超标排污导致河流污染，公益环保组织甲向A市中级法院提起公益诉讼，请求判令大洲公司停止侵害并赔偿损失。法院受理后，在公告期间，公益环保组织乙也向A市中级法院提起公益诉讼，请求判令大洲公司停止侵害、赔偿损失和赔礼道歉。公益案件审理终结后，渔民梁某以大洲公司排放的污水污染了其承包的鱼塘为由提起诉讼，请求判令赔偿其损失。请回答第98-100题。

98. 对乙组织的起诉，法院的正确处理方式是：A. 予以受理，与甲组织提起的公益诉讼合并审理。B. 予以受理，作为另案单独审理。C. 属重复诉讼，不予受理。D. 允许其参加诉讼，与甲组织列为共同原告。

99. 公益环保组织因与大洲公司在诉讼中达成和解协议申请撤诉，法院的正确处理方式是：A. 应将和解协议记入笔录，准许公益环保组织的撤诉申请。B. 不准许公益环保组织的撤诉申请。C. 应将双方的和解协议内容予以公告。D. 应依职权根据和解协议内容制作调解书。

100. 对梁某的起诉，法院的正确处理方式是：A. 属重复诉讼，裁定不予受理。B. 不予受理，告知其向公益环保组织请求给付。C. 应予受理，但公益诉讼中已提出的诉讼请求不得再次提出。D. 应予受理，其诉讼请求不受公益诉讼影响。

从行政公益诉讼的角度讲，检察院认为在生态环境和资源保护、国有资产保护、国有土地使用权出让等领域负有监督管理职责的行政机关或法律、法规、规章授权的组织违法行使职权或不履行法定职责，造成国家和社会公共利益受到侵害，向法院提起行政公益诉讼，符合有明确的被告、具体的诉讼请求和事实根据、属于法院受案范围和受诉法院管辖的行诉起诉条件（书证、物证、视听资料、电子数据、证人证言、当事人的陈述、鉴定意见、勘验笔录、现场笔录），法院应登记立案。

◆《刑法》第99条【以上、以下、以内的界定】

从数额犯、情节犯、法定刑幅度或量刑幅度的角度讲，刑法性质的以上、以下、以内，均含本数。

从民法总则的角度讲，民法性质的以上、以下、以内、届满，含本数；不满、超过、以外，不含本数。（1）民法性质的期间按公历年、月、日、小时计算。（2）民法性质的期间的计算方法：A. 按年、月、日计算期间，开始的当日不计入，自下一日开始计算。B. 按小时计算期间，自法律规定或当事人约定的时间开始计算。C. 按年、月计算期间，到期月的对应日为期间的最后一日；无对应日，月末日为期间的最后一日。D. 期间的最后一日是法定休假日，以法定休假日结束的次日为期间的最后一日。E. 期间的最后一日的截止时间为24小时；有业务时间，停止业务活动的时间为截止时间。

从公安机关办理行政案件程序规定的角度讲，期间以时、日、月、年计算，期间开始之时或日不计算在内。法律文书送达的期间不含路途上的时间。期间的最后一日是节假日，以节假日后的第一日为期满日期，但违法行为人被限制人身自由的期间，应至期满之日为止，不得因节假日而延长。

刑诉法性质的期间：（1）期间的内涵：期间有法定性、非任意变更性，是时间的数量和限度；一定期限内的时间；2个先后关联期日的始终之间的时间段；期间开始后届满前的诉讼行为有有效性；公检法司纪检监察机关和诉讼参与人各自单独进行诉讼活动的时间。（2）期间不同于期日。A. 期间的计算单位为时、日、月（期日）。B. 期间开始的时和日不算在期间内（期间的起算不含期间开始的时、日）。C. 法定期间不含路途上的时间（a. 公检法司纪检监察之间传递法律文书的时间应从法定期间内扣除。b. 法定期间届满前，以当地邮局盖戳的已交邮寄的上诉状等诉讼文书，不算过期）。D. 上诉状或其他文件在期满前已交邮，不算过期。E. 以日、月为计算单位标准的期间，期间的最后一日为节假日，以节假日后的第一日为期满日期，但嫌犯、被告人或罪犯在押期间，应至期满之日为止，不得因节假日而延长。（3）期间不计入审理期限（审限）的情形：A. 附条件不起诉的考验期限不计入案件审查起诉期限。B. 审理申请没收违法所得案件的公告期间和请求刑事司法协助的时间不计入审理期限。C. 中止审理的期间不计入审理期限。D. 检察院提出抗诉的案件或第二审法院开庭审理的公诉案件，同级检察院都应派员出席法庭。第二审法院应在决定开庭审理后及时通知检察院查阅案卷，应在1个月内查阅完毕。检察院查阅案卷的1个月时间不计入审理期限。E. 审理期间，对嫌犯、被告人作精神病鉴定的时间不计入审理期限。F. 不符合暂予监外执行条件的罪犯通过贿赂等非法手段被暂予监外执行，在监外执行的期间不计入执行刑期。罪犯在暂予监外执行期间脱逃，脱逃的期间不计入执行刑期。G. 嫌犯不讲真实姓名、住址，身份不明，应对其身份进行调查，侦查羁押期限自查清其身份之日起计算，但不得停止对其犯罪行为的侦查取证。对犯罪事实清楚，证据确实、充分，确实无法查明其身份，也可按其自报的姓名起诉、审判。H. 因特殊原因，在较长时间内不宜交付审判的特别重大复杂的案件，由最高检报请全国人大常委会批准延期审理。（4）期间的重新计算的适用主体和对象：A. 期间的重新计算仅适用于司法机关针对补充侦查、改变管辖、发回重审、简易程序转化为普通程序、发现另有重要罪行等特殊案件的办案期限。B. 在侦查期间，发现嫌犯另有重要罪行，自发现之日起重新计算侦查羁押期限（对嫌犯逮捕后的侦查羁押期限不得超过 2 个月；案情复杂、期限届满不能终结的案件，可经上一级检察院批准延长 1 个月）。C. 补充侦查完毕移送检察院后，检察院重新计算审查起诉期限。D. 检察院补充侦查的案件，补充侦查完毕移送法院后，法院重新计算审理期限。E. 第二审法院发回原审法院重新审判的案件，原审法院从收到发回的案件之日起，重新计算审理期限。F. 检察院、公安机关已对嫌犯取保候审、监视居住，案件起诉到法院后，法院对符合取保候审、监视居住条件，应依法对被告人重新办理取保候审、监视居住手续；取保候审、监视居住的期限重新计算。法院不得对同一被告人重复采取取保候审、监视居住措施。G. 死缓犯在死缓执行期间，若未故意犯罪，死缓执行期满，应减刑，由执行机关提出书面意见，报请高院裁定；若故意犯罪，情节恶劣，查证属实，应执行死刑，由高院报请最高法核准；对故意犯罪未执行死刑，死缓执行的期间重新计算，并报最高法备案。H. 简易程序转为普通程序审理的案件的审理期限从决定简易程序转为普通程序之日起算。（5）期间的补救条件和方式方法：当事人（申请主体）因不能抗拒的原因或有其他正当理由（原因）而耽误期限，在障碍消除后 5 日内（时间），可向法院申请继续进行应在期满前完成的诉讼活动，是否准许由法院裁定（处理方式方法）。

【2017·卷 2·多选·72】（答案：ACD）甲、乙涉嫌非法拘禁罪被取保候审。本案提起公诉后，法院认为对甲可继续适用取保候审，乙因有伪造证据的行为而应予逮捕。对法院适用强制措施，下列哪些选项是正确的？A. 对甲可变更为保证人保证。B. 决定逮捕前可先行拘留乙。C. 逮捕乙后应在 24 小时内讯问。D. 逮捕乙后，同级检察院可主动启动对乙的羁押必要性审查。

【2018·卷 1·单选·21】（答案：D）周某后被确定为贩卖毒品，区公安分局在 2015 年 3 月 1 日依法拘留了周某，2015 年 3 月 10 日县检察院批捕，2015 年 6 月 10 日县法院对其判处有期刑 3 年，周某不服上诉，2015 年 7 月 1 日市中院改判有期刑 3 年，缓期 2 年执行，并于同日变更刑事强制措施，将其释放。2015 年 8 月 1 日，市中院再审发现案发时周某为精神病人，于是再审改判无罪，将其释放。周某申请国家赔偿，正确说法？A. 2015 年 3 月 1 日至 2015 年 7 月 1 日人身自由被限的损失，应予赔偿。B. 2015 年 3 月 10 日至 2015 年 7 月 1 日人身自由被限的损失，应予赔偿。C. 2015 年 6 月 10 日至 2015 年 7 月 1 日人身自由被限的损失，应予赔偿。D. 周某不应获得赔偿。

从法定刑幅度（量刑限度）的角度讲，法定刑（广义的法定刑、狭义的法定刑）幅度存在罪名标准说、罪行标准说等不同理论观点。（1）从罪名刑法学的角度，法定刑幅度的罪名以复杂构成类型的犯罪罪名为主，以单一构成类型的犯罪罪名为辅。（2）从有期刑、刑格（法定刑的等级程度）的角度，中国 1997 年刑法分则的有期刑的量刑年限间隔的基本特点或规律，主要表现为以 1 年、2 年、3 年、5 年、7 年、10 年、15 年为有期刑间隔的基本内涵，即 1 年以下，2 年、3 年、5 年、7 年、10 年或 15 年以上或以下。（3）从自由刑的角度讲，法定刑幅度的配置方式分为 4 大类 27 种类型：A. 重刑法定刑的幅度：a. 7 年以上有期刑或无期刑。b. 10 年以上有期刑或无期刑。c. 10 年以上有期刑、无期刑或死刑。d. 15 年以上有期刑或无期刑。e. 15 年以上有期刑、无期刑或死刑。B. 管制、拘役、剥夺政治权利的轻刑幅度：a. 管制、拘役至 1 年或 2 年、3 年、5 年以下有期刑。b. 拘役至 1 年或 2 年、3 年、5 年以下有期刑。c. 剥夺政治权利或管制、拘役至3年、5年以下有期刑。d. 剥夺政治权利或拘役至3年以下有期刑。C. 仅有法定刑上限的有期刑：3年或5年有期刑。D. 有上下限法定刑幅度的有期刑：a. 2年以上5年或7年以下有期刑。b. 3年以上7年或10年以下有期刑。c. 5年或7年以上10年以下有期刑。d. 5年、7年或10年以上15年以下有期刑。[32]

从刑诉法的角度讲，刑诉期限有法定性、特殊性、程序性。（1）拘传、传唤的一般期限不得超过12小时；案件特别重大、复杂需拘留、逮捕的拘传、传唤的特殊期限不得超过24小时。（2）公安机关的拘留期限分为3日+7日、7日+7日（特殊情况，可延长1日-4日）、30日+7日［多次（3次以上）、结伙（2人以上）、流窜案件，检察院审查批捕时间为7日］。（3）检察院拘留期限为14日或17日。（4）检察院的一般批捕期限为7日（已拘留）或15日（未拘留），最长批捕期限为20日。（5）拘留证人期限为10日以下。（6）当事人申请补救期间为障碍消除后5日内。（7）冻结存款、汇款等财产的期限为6个月，每次续冻存款、汇款等财产的期限最长不得超过6个月；冻结债券、股票、基金份额等证券的期限为2年；每次续冻债券、股票、基金份额等证券的期限最长不得超过2年。A. 有特殊原因需延长冻结财产的期限，公安机关应在冻结期限届满前办理继续冻结手续。B. 查封、扣押的无关财产的解除、退还期限为3日内。（8）监视居住期限为6个月。（9）取保候审期限为12个月。（10）一般侦查羁押期限（不含拘留羁押期限）为2个月（对嫌犯逮捕后的侦查羁押期限不得超过2个月）+1个月（案件复杂、2个月期限届满不能终结，可经上一级检察院批准延长1个月）+2个月（交通十分不便的边远地区的重大复杂案件；重大的犯罪集团案件；流窜作案的重大复杂案件；犯罪涉及面广，取证困难的重大复杂案件，3个月不能终结，经省级检察院批准或决定，可延长2个月）+2个月（对嫌犯可能判处10年有期刑以上刑罚，在5个月延长期限届满，仍不能侦查终结，经省级检察院批准或决定，可再延长2个月）+不确定期限（因特殊原因，在较长时间内不宜交付审判的特别重大复杂的案件，由最高检报请全国代表大会常委会员会批准延期审理）。（11）特殊侦查羁押期限有不确定性。A. 嫌犯不讲真实姓名、住址，身份不明，应对其身份进行调查，侦查羁押期限自查清其身份之日起计算，但不得停止对其犯罪行为的侦查取证。对犯罪事实清楚，证据确实、充分，确实无法查明其身份，也可按其自报的姓名起诉、审判。B. 在侦查期间，发现嫌犯另有重要罪行（与逮捕时的罪行不同种的重大犯罪和同种的影响罪名认定、量刑档次的重大犯罪），自发现之日起重新计算侦查羁押期限（对嫌犯逮捕后的侦查羁押期限不得超过2个月。案情复杂、期限届满不能终结的案件，可经上一级检察院批准延长1个月）。（12）技术侦查的一般期限为3个月（批准决定自签发之日起算），特殊而言，对复杂、疑难案件，在3个月期限届满仍有必要继续技术侦查，经批准可延长，每次不得超过3个月。（13）强制医疗案件的审理期限为1个月。（14）审查起诉期限为1个月至1.5个月。（15）不起诉决定的申诉期限为7日。（16）附条件不起诉的考验期为6个月以上1年以下。（17）违法所得没收案件的公告期为6个月。（18）违法所得没收案件的审理期限参照公诉案件的第一、二审程序的审理期限执行，违法所得没收案件的公告期和请求刑事司法协助的时间不计入审理期限。（19）第一审普通程序的审理期限：A. 公诉案件的第一审普通程序的审理期限为2（一般审理期限）+1（一般审理期限届满不能审结，可延长1个月）+3（交流广集案件、重大复杂案件、死刑案件、刑事附带民诉案件，经上一级法院批准，可延长3个月）+（报请最高法批准的特殊情况特殊案件，还可延长）。B. 公诉案件的第一审简易程序，对可能判处3年有期刑的公诉案件，采取简易程序受理后20日内审结；对可能判处超过3年有期刑的公诉案件采取简易程序审理，可延长至1.5个月。C. 自诉案件的第一审普通

---

[32] 周光权：《法定刑研究——罪刑均衡的建构与实现》，中国方正出版社2000年版，第175、176、272页，引用时重新改动。

程序，对被羁押的被告人的审理期限依公诉案件的审理期限进行，对未被羁押的被告人的自诉案件的审理期限为6个月。（20）刑事案件的第二审程序的审理期限为2（第二审程序的一般审理期限）+2（交流广集案件、重大复杂案件、死刑案件、刑事附带民诉案件，经高院批准或决定，可延长2个月）+（特殊情况，报请最高法批准，可延长审理期限）。（21）看守所执行有期刑的期限为罪犯被交付执行刑罚前，剩余刑期3个月以下。（22）上诉、抗诉的期限：A. 裁定的上诉、抗诉期限为5日，判决的上诉、抗诉期限为10日。B. 刑事附带民诉一并审理或分开审理的上诉、抗诉期限为10日、5日。（23）最高法受理的上诉、抗诉案件的审理期限，由最高法决定。（24）对生效裁判申诉的一般期限为2年（刑罚执行完毕后2年内提出申诉，符合条件，法院应受理），特殊情况下（可能对原审被告人宣告无罪；属于疑难、复杂、重大案件；在2年申诉期限内申诉，法院未受理），超过2年，法院也应受理。（25）法院对提起公诉的案件进行审查的期限计入法院的审理期限。（26）法院办理刑事裁判涉财产部分执行案件的一般期限为6个月；特殊而言，有特殊情况需延长，经本院院长批准，可延长。（27）对嫌犯作精神病鉴定的期间不计入办案期限。A. 嫌犯、被告人在押的案件，除对嫌犯、被告人的精神病鉴定期间不计入办案期限外，其他鉴定期间都应计入办案期限。B. 对因鉴定时间较长，办案期限届满仍不能终结的案件，自期限届满之日起，应对被羁押的嫌犯、被告人变更强制措施，改为取保候审或监视居住。（28）罪犯在暂予监外执行期间脱逃，脱逃的期间不计入执行刑期。（29）不符合暂予监外执行条件的罪犯通过贿赂等非法手段被暂予监外执行，在监外执行的期间不计入执行刑期。A. 对法院决定暂予监外执行的罪犯有不符合暂予监外执行条件的情形，法院在决定收监的同时，应确定不计入刑期的期间。B. 对监狱管理机关或公安机关决定暂予监外执行的罪犯有不符合暂予监外执行条件的情形，罪犯被收监后，所在监狱或看守所应及时向所在地的中级法院提出不计入执行刑期的建议书，由法院审核裁定。

从《关于公安机关办理经济犯罪案件的若干规定》的角度讲，公安机关接受行政执法机关移送的涉嫌经济犯罪案件后，移送材料符合相关规定，应在3日内进行审查并决定是否立案，至迟应在10日内作出决定。（1）案情重大、疑难、复杂或跨区域性，经县级以上公安机关负责人批准，应在30日内决定是否立案。（2）情况特殊，经上一级公安机关负责人批准，可再延长30日作出决定。

公安机关接受涉嫌经济犯罪线索的报案、控告、举报、自动投案后，应立即审查，并在7日内决定是否立案。（1）重大、疑难、复杂线索，经县级以上公安机关负责人批准，立案审查期限可延长至30日。（2）特别重大、疑难、复杂或跨区域性的线索，经上一级公安机关负责人批准，立案审查期限可再延长30日。（3）上级公安机关指定管辖或书面通知立案，应在指定期限内立案侦查。（4）检察院通知立案，应在15日内立案侦查。

【2008·川·卷2·单选·34】（答案：D）马某涉嫌盗窃罪，法院决定开庭审理时，马某的母亲也到该院递交自诉状，对马某长期虐待自己的行为提起自诉。下列哪一选项是正确的？A. 应当先审理盗窃案件。B. 应当先审理虐待案件。C. 应当一并审理这两个案件。D. 可以一并审理这两个案件。

侦查羁押期限的监督：（1）检察院重新计算侦查羁押期限，应由侦查部门提出重新计算侦查羁押期限的意见，移送本院侦查监督部门审查。（2）检察院直接受理立案侦查的案件，不能在法定侦查羁押期限内侦查终结，应依法释放嫌犯或变更强制措施。侦查监督部门审查后应提出是否同意重新计算侦查羁押期限的意见，报检察长决定。（3）侦查监督部门审查延长侦查羁押期限、审查重新计算侦查羁押期限案件，可讯问嫌犯，听取律师意见，调取案卷及相关材料等。（4）对公安机关重新计算侦查羁押期限的备案，由侦查监督部门审查。侦查监督部门认为公安机关重新计算侦查羁押期限不当，应提出纠正意见，报检察长决定后，通知公安机关纠正。（5）公安机关对案件提请延长羁押期限，应在羁押期限届满7日前提出，并书面呈报延长羁押期限案件的主要案情和延长羁押期限的具体理由，检察院应在羁押期限届满前作出决定。

◆《刑法》第 100 条 【前科报告制度】

从档案政审、宽严相济刑事政策的角度讲，一般而言，依法受过刑罚的人在入伍、就业时，应如实向有关单位报告自己曾受过刑罚，不得隐瞒；特殊而言，犯罪时不满 18 周岁被判 5 年有期刑以下刑罚的人，免除前科报告义务。

从刑诉法的角度讲，犯罪时不满 18 周岁，被判处 5 年有期刑以下刑罚，应对相关犯罪记录封存；犯罪记录被封存，不得向任何单位和个人提供，但司法机关为办案需或有关单位根据国家规定进行查询外；依法进行查询的单位，应对被封存的犯罪记录的情况保密。（1）开庭审理时被告人不满 18 周岁的案件，一律不公开审理。经未成年被告人及其法定代理人同意，未成年被告人所在学校和未成年人保护组织可派代表到场。A. 到场代表的人数和范围，由法庭决定。B. 到场代表经法庭同意，可参与对未成年被告人的法庭教育工作。C. 对依法公开审理，但可能需封存犯罪记录的案件，不得组织人员旁听。（2）审理未成年人刑事案件、被害人是未成年人的刑事案件，不得向外界披露该未成年人的姓名、住所、照片以及可能推断出该未成年人身份的其他资料；查阅、摘抄、复制的未成年人刑事案件的案卷材料，不得公开和传播。

从检察院刑诉规则的角度讲，未成年人刑事案件，是嫌犯实施涉嫌犯罪行为时已满 14 周岁、未满 18 周岁的刑事案件。（1）犯罪时不满 18 周岁，被判处 5 年有期刑以下刑罚，检察院应在收到法院生效判决后，对犯罪记录封存。（2）检察院应将拟封存的未成年人犯罪记录、卷宗等相关材料装订成册，加密保存，不公开，并建立专门的未成年人犯罪档案库，执行严格的保管制度。（3）除司法机关为办案需或有关单位根据国家规定进行查询外，检察院不得向任何单位和个人提供封存的犯罪记录，并不得提供未成年人有犯罪记录的证明。（4）司法机关或有关单位需查询犯罪记录，应向封存犯罪记录的检察院提出书面申请，检察院应在 7 日内作出是否许可的决定。（5）被封存犯罪记录的未成年人，若发现漏罪，且漏罪与封存记录之罪数罪并罚后被决定执行 5 年有期刑以上刑罚，应对其犯罪记录解除封存。（6）检察院对未成年嫌犯作出不起诉决定后，应对相关记录封存。（7）对被封存犯罪记录的未成年人，符合实施新的犯罪，且新罪与封存记录之罪数罪并罚后被决定执行 5 年有期刑以上刑罚，或发现漏罪，且漏罪与封存记录之罪数罪并罚后被决定执行 5 年有期刑以上刑罚，应对其犯罪记录解除封存。A. 依法有可能封存犯罪记录的公开庭审活动，任何单位或个人不得组织人员旁听。B. 依法不公开的庭审活动，除法律另有规定外，任何人不得旁听。（8）司法机关有对性侵未成年案件处理进展的告知义务、帮助未成年被害人申请法律援助的义务，未成年被害人的法定代理人可陪同或代表未成年被害人参加法庭审理，陈述意见，法定代理人是性侵害犯罪被告人外。（9）强化未成年被害人隐私权利的保护。A. 办理性侵害未成年人犯罪案件，对涉及未成年被害人、未成年嫌犯、未成年被告人的身份信息及可能推断出其身份信息的资料和涉及性侵害的细节等内容，审判人员、检察人员、侦查人员、律师及其他诉讼参与人应保密。B. 对外公开的诉讼文书，不得披露未成年被害人的身份信息及可能推断出其身份信息的其他资料，对性侵害的事实注意以适当的方式叙述。C. 办案人员到未成年被害人及其亲属、未成年证人所在学校、单位、居住地调查取证，应避免驾驶警车、穿着制服或采取其他可能暴露被害人身份、影响被害人名誉、隐私的方式。D. 新闻媒体在对性侵害案件进行报道时，注意切实保护好未成年被害人、未成年嫌犯和未成年被告人的隐私。（10）切实避免对未成年被害人造成"二次伤害"。A. 询问未成年被害人，审判人员、检察人员、侦查人员和律师应坚持不伤害原则，选择未成年人住所或其他让未成年人心理上感到安全的场所进行，并通知其法定代理人到场。B. 询问未成年被害人，应考虑其身心特点，采取和缓的方式进行。C. 对与性侵害犯罪有关的事实应进行全面询问，以一次询问为原则，尽可能避免反复询问。

从《关于建立犯罪人员犯罪记录制度的意见》的角度讲，犯罪记录是国家专门机关对犯罪人员情况的客观记载，是现代社会管理制度中的一项重要内容。(1) 建立犯罪人员犯罪记录制度的重要意义和基本要求：A. 对犯罪人员信息进行合理登记和有效管理，既有助于国家有关部门充分掌握与运用犯罪人员信息，适时制定和调整刑事政策及其他公共政策，改进和完善相关法律法规，有效防控犯罪，维护社会秩序，也有助于保障有犯罪记录的人的合法权利，帮助其顺利回归社会。B. 开展有关犯罪记录的工作，在司法体制和工作机制改革的总体框架内，全面落实宽严相济刑事政策，促进社会和谐稳定，推动经济社会健康发展。要立足国情，充分考虑现阶段中国经济社会发展的状况和群众的思想观念，注意与现有法律法规和其他制度的衔接，抓住重点，逐步推进，为进一步完善中国犯罪记录制度，健全犯罪记录工作机制创造条件。(2) 犯罪人员犯罪记录制度的主要内容：A. 建立犯罪人员信息库：依托政法机关现有网络和资源，由公安机关、国安机关、检察院、司法行政机关分别建立有关记录信息库，并实现互联互通，建立全国统一的犯罪信息库［犯罪人员的基本情况、检察机关（自诉人）和审判机关的名称、判决书编号、判决确定日期、罪名、所判刑及刑罚执行情况等］。B. 建立犯罪人员信息通报机制：法院应及时将生效的刑事裁判文书及其他有关信息通报犯罪人员信息登记机关。监狱、看守所应及时将《刑满释放人员通知书》寄送被释放人员户籍所在地犯罪人员信息登记机关。县级司法行政机关应及时将《社区服刑人员矫正期满通知书》寄送被解除矫正人员户籍所在地犯罪人员信息登记机关。国家机关基于办案需要，向犯罪人员信息登记机关查询有关犯罪信息，有关机关应配合。C. 规范犯罪人员信息查询机制：公安机关、国安机关、检察院和司法行政机关分别负责受理、审核和处理有关犯罪记录的查询申请，在向社会提供犯罪信息查询服务时，应严格依法律法规关于升学、入伍、就业等资格、条件规定进行。辩护律师为依法履行辩护职责，要求查询本案嫌犯、被告人的犯罪记录，应允许，涉及未成年人的犯罪记录被执法机关依法封存为例外。D. 建立未成年人犯罪记录封存制度：对违法犯罪未成年人坚持教育感化挽救方针和教育为主、惩罚为辅原则，据刑诉法有关规定，建立未成年人轻罪犯罪记录封存制度，对犯罪时不满18周岁，被判5年有期刑以下刑罚的未成年人的犯罪记录，应封存（a. 犯罪记录被封存后，不得向任何单位和个人提供，但司法机关为办案需或有关单位根据国家规定进行查询为例外。b. 依法进行查询的单位，应对被封存的犯罪记录的情况保密。c. 执法机关对未成年人的犯罪记录可作为工作记录保存）。E. 明确违反规定处理犯罪人员信息的责任：a. 负责提供犯罪人员信息的部门及其工作人员应及时、准确地向犯罪人员信息登记机关提供有关信息；不按规定提供信息，或故意提供虚假、伪造信息，情节严重或造成严重后果，应依法追究相关人员的责任。b. 负责登记和管理犯罪人员信息的部门及其工作人员应认真登记、妥善管理犯罪人员信息；不按规定登记犯罪人员信息、提供查询服务，或违反规定泄露犯罪人员信息，情节严重或造成严重后果，应依法追究相关人员的责任。c. 使用犯罪人员信息的单位和个人应按查询目的使用有关信息并对犯罪人员信息保密；不按规定使用犯罪人员信息，情节严重或造成严重后果，应依法追究相关人员的责任。(3) 扎实推进犯罪人员犯罪记录制度的建立与完善：A. 犯罪记录制度是中国一项崭新的法律制度，有关部门结合自身工作的性质和特点，研究制定具体实施办法或实施细则，循序渐进，在实践中不断健全、完善，确保取得实效。B. 犯罪记录制度是一个系统工程，充分利用政法网及各部门现有的网络基础设施，逐步实现犯罪人员信息的网上录入、查询和文件流转，实现犯罪人员信息的共享。C. 要处理好犯罪人员信息与治安处罚、不起诉人员信息及其他信息库之间的关系。(4) 从司法解释的角度讲，法院应主动公开12种审判执行信息：司法统计信息；审判执行流程信息；公开开庭审理案件的庭审活动；裁判文书；重大案件审判情况；执行工作信息；减刑、假释、暂予监外执行信息；企业破产重整案件信息；各审判执行领域年度工作情况和典型案例；司法大数据研究报告；审判执行理论研究、司法案例研究成果；其他涉及当事人合法权益、社会公共利益或需社会广泛知晓的审判执行信息。(5) 法院应主动公开7种诉讼服务信息：诉讼指南；法院公告；司法拍卖和确定财产处置参考价相关信息；司法鉴定、评估、检验、审计等专业机构、专业人员信息，破产管理人信息，暂予监外执行组织诊断工作信息，专家库信息；特邀调解员、特邀调解组织、驻点值班律师、参与诉讼服务的专家志愿者等信息；申诉信访渠道；其他涉及当事人合法权益、社会公共利益或需社会广泛知晓的诉讼服务信息。

◆《刑法》第101条【刑法总则的法律效力（拘束力）】

一般而言，刑法总则适用于其他有刑罚规定的法律，以其他法律有特别规定为例外。

从刑法总则和刑法分则的关系的角度讲，刑法总则和刑法分则的关系是整体与局部的辩证统一关系。刑法总则有全局性、普遍性、指导性，对刑法分则有指导意义。刑法分则是刑法总则的具体化系统化司法化实务化应用化精细化技术化可操作化的实践成果。

从宪法的角度讲，中国实行依法治国，建设社会主义法治国家，国家维护社会主义法制的统一尊严。(1) 一切法律、行政法规、地方法规都不得同宪法相抵触。一切国家机关和武装力量、各政党和各社会团体、各企事业组织都须遵守宪法和法律。(2) 一切违反宪法、法律的行为，须追究。(3) 任何组织或个人都不得有超越宪法、法律的特权。

从普通法和特别法的关系的角度讲，特别法优于普通法。(1) 中国领域内的刑事活动，适用中国刑事法，以法律另有特别规定依特别法律为例外。(2) 从法律适用范围的角度讲，法律分为一般法（针对一般人、一般事、一般时间、在全国普遍适用的法）、特别法（针对特定人、特定事或特定地区、特定时间内适用的法）。(3) 从成文法的地位、效力、内容、立法主体、立法程序的角度讲，法律分为根本法、普通法。(4) 从法律适用原则的角度讲，新法优于旧法、特别法优于一般法、上位法优于下位法。A. 一般而言，同一位阶时，特别法优于一般法。B. 不同位阶时，上位法优于下位法。C. 法律冲突出现时，上位法优于下位法。D. 冲突双方为同一位阶时，新法优于旧法，或特别法优于一般法。(5) 特别法优于一般法，下位法优于上位法，源于上位法往往属于一般规定，下位法往往属于特别法。A. 对同一事项，不同的法律可能会存在不同规定，导致新法与旧法、一般法与特别法、上位法与下位法间冲突的法律规范竞合关系，存在新法、旧法存在上位法、下位法、一般法或特别法的可能性。B. 新法、上位法、一般法与旧法、下位法、一般法的竞合关系：新法或上位法优先于旧法或下位法，源于新法、旧法、上位法、下位法，均属于一般法。C. 新法、上位法、一般法与旧法、下位法、特别法的竞合关系：从新一般法的立法目的的角度，新的一般法以改变旧的特别法为目的，适用新法优于旧法原则，确定新法、上位法、特别法优于旧法、下位法、一般法，否则新的一般法与旧的特别法间的不一致源于立法疏漏而引起法律冲突，或通过法律合理解释方法（目的解释、合宪解释等）协调一致解决冲突问题，或依新法优于旧法原则解决冲突问题。D. 新法、下位法、一般法与旧法、上位法、一般法的竞合关系：新的以下位法与旧的上位法冲突时，仍适用上位法优于下位法原则。E. 新法、下位法、特别法与旧法、上位法、一般法的竞合关系：a. 下位法不能优于上位法。b. 下位法同时属于特别法时，适用特别法优于一般法原则。c. 从法律体系的完备、内容的协调统一的角度，特定的上位法与下位法规范间的差异、一般法与特别法的差别、新法与旧法的差别，有相对性。d. 上位法立法权属于全国人大及其常委会，下位法立法权属于省级等地方人大。e. 一般法、特别法的立法权一般属于同一立法机关。

从立法法、合宪性、合规性、下位法与上位法的关系的角度讲，宪法、法律、行政法规、地方法规、自治条例和单行条例、规章的效力有等级性、阶梯性、位阶性、相对不溯及既往力，由高到低依次是宪法、法律、行政法规、地方法规等法律法规、司法解释。(1) 宪法优于普通法律、行政法规、地方法规、自治条例、单行条例、行政规章（地方规章、部门规章），有最高法律效力。(2) 法律优于行政法规、地方法规、规章（部门规章间、部门规章与地方政府规章间有同等效力，在各自的权限范围内施行）。法律间对同一事项的新的一般规定与旧的特别规定不一致，不能确定如何适用时，申请全国人大常委会裁决。(3) 行政法规优于地方法规、规章。行政法规间对同一事项的新的一般规定与旧的特别规定不一致，不能确定如何适用时，申请国务院裁决。(4) 地方法规优于本级政府、下级政府规章。(5) 省级政府规章优于本行政区域内设区的市、自治州的地方政府规章。(6) 在不同宪法、法律、行政法规相抵触的前提下，地方法规、自治条例、单行条例，只能在制定者管辖的行政区域内有效（自治条例、单行条例依法对法律、行政法规、地方法规作变通规定，在本自治地方适用自治条例、单行条例规定。经济特区法规根据授权对法律、行政法规、地方法规作变通规定，在本经济特区适用经济特区法规规定）。(7) 同一机关制定的法律、行政法规、地方法规、自治条例和单行条例、规章，特别规定与一般规定不一致，适用特别规定。A. 新规定与旧规定不一致，适用新规定。B. 法律、行政法规、地方法规有超越权限或下位法违反上位法，实行或无效或依法撤销或改变原则。譬如，审判解释、检察解释有原则性的分歧时，应报请全国人大常委会解释或决定。

从《关于办理刑事赔偿案件适用法律若干问题的解释》的角度讲，赔偿请求人因行使侦查、检察、审判职权的机关以及看守所、监狱管理机关及其工作人员行使职权的行为侵犯其人身权、财产权而申请国家赔偿的刑事赔偿范围有法定性、特定性、类型性。(1) 违反刑诉法规定对公民采取拘留措施，或依刑诉法规定的条件和程序对公民采取拘留措施，但拘留时间超过刑诉法规定的时限，其后决定撤销案件、不起诉或判决宣告无罪终止追究刑责。(2) 对公民采取逮捕措施后，决定撤销案件、不起诉或判决宣告无罪终止追究刑责。(3) 依审判监督程序再审改判无罪，原判刑罚已执行。(4) 刑讯逼供或以殴打、虐待等行为或唆使、放纵他人以殴打、虐待等行为造成公民身体伤害或死亡。(5) 违法使用武器、警械造成公民身体伤害或死亡。(6) 违法对财产采取查封、扣押、冻结、追缴等措施。(7) 依审判监督程序再审改判无罪，原判罚金、没收财产已执行。

从刑诉法、刑诉法解释、国家赔偿法的角度讲，采用刑讯逼供等非法方法（使用肉刑或变相肉刑，或采用其他使被告人在肉体上或精神上遭受剧烈疼痛或痛苦的方法，迫使被告人违背意愿供述）收集的嫌犯、被告人供述和采用暴力、威胁等非法方法收集的证人证言、被害人陈述，应排除。(1) 收集物证、书证不符合法定程序，可能严重影响司法公正（应综合考虑收集物证、书证违反法定程序及所造成后果的严重程度等情况），应补正或作出合理解释，否则不能补正或作出合理解释，对该证据应排除。(2) 在侦查、审查起诉、审判时发现有应排除的证据，应依法排除，不得作为起诉意见、起诉决定和判决的依据。(3) 当事人及其辩护人、诉讼代理人申请法院排除以非法方法收集的证据，应提供涉嫌非法取证的人员、时间、地点、方式、内容等相关线索或材料。(4) 法院向被告人及其辩护人送达起诉书副本时，应告知其申请排除非法证据，应在开庭审理前提出，但在庭审期间才发现相关线索或材料为例外。(5) 开庭审理前，当事人及其辩护人、诉讼代理人申请法院排除非法证据，法院应在开庭前及时将申请书或申请笔录及相关线索、材料的复制件送交检察院。(6) 开庭审理前，当事人及其辩护人、诉讼代理人申请排除非法证据，法院经审查，对证据收集的合法性有疑问，应依法规定（开庭前审判人员可召集公诉人、当事人和辩护人、诉讼代理人，对回避、出庭证人名单、非法证据排除等与审判相关的问题，了解情况，听取意见）召开庭前会议，就非法证据排除等问题了解情况，听取意见。检察院可通过出示有关证据材料等方式，对证据收集的合法性加以说明。(7) 法庭审理过程中，当事人及其辩护人、诉讼代理人申请排除非法证据，法庭应审查。经审查，对证据收集的合法性有疑问，应进行调查。无疑问，应当庭说明情况和理由，继续法庭审理。当事人及其辩护人、诉讼代理人以相同理由再次申请排除非法证据，法庭不再审查。对证据收集合法性的调查，据具体情况，可在当事人及其辩护人、诉讼代理人提出排除非法证据的申请后进行，也可在法庭调查结束前一并进行。(8) 法院对证据收集的合法性进行调查后，应将调查结论告知公诉人、当事人和辩护人、诉讼代理人。A. 法庭审理过程中，当事人及其辩护人、诉讼代理人申请排除非法证据，法院经审查，不符合规定（法院向被告人及其辩护人送达起诉书副本时，应告知其申请排除非法证据，应在开庭审理前提出，但在审期间才发现相关线索或材料为例外），应在法庭调查结束前一并审查，并决定是否进行证据收集合法性的调查。B. 法庭决定对证据收集的合法性进行调查，可由公诉人通过出示、宣读讯问笔录或其他证据，有针对性地播放讯问过程的录音录像，提请法庭通知有关侦查人员或其他人员出庭说明情况等方式，证明证据收集的合法性。C. 公诉人提交的取证过程合法的说明材料（不能单独作为证明取证过程合法的根据），应经有关侦查人员签名，并加盖公章；未经有关侦查人员签名，不得作为证据使用；经审理，确认或不能排除存在以非法方法收集证据情形（a. 采用刑讯逼供等非法方法收集的嫌犯、被告人供述和采用暴力、威胁等非法方法收集的证人证言、被害人陈述，应排除。b. 收集物证、书证不符合法定程序，可能严重影响司法公正，应补正或作出合理解释；不能补正或作出合理解释，对该证据应排除。c. 在侦查、审查起诉、审判时发现有应排除的证据，应依法排除，不得作为起诉意见、起诉决定和判决的依据），对有关证据应排除。(9) 第二审法院应对证据收集的合法性审查，并根据刑诉法及其解释有关规定作出处理的3种情形：A. 第一审法院对当事人及其辩护人、诉讼代理人排除非法证据的申请无审查，且以该证据作为定案根据。B. 检察院或被告人、自诉人及其法定代理人不服第一审法院作出的有关证据收集合法性的调查结论，提出抗诉、上诉。C. 当事人及其辩护人、诉讼代理人在第一审结束后才发现相关线索或材料，申请法院排除非法证据。(10) 最高法受理上诉、抗诉案件的审理期限，由最高法决定。最高法和上级法院复核在法定刑以下判刑案件审理期限的参照类型：A. 第二审法院受理上诉、抗诉案件，应在2个月内审结。B. 对可能判处死刑的案件或附带民诉的案件，有交通十分不便的边远地区、犯罪集团、流窜作案或犯罪涉及面广、取证困难的4种重大复杂案件，经省级高院批准或决定，可延长2个月；因特殊情况还需延长，报请最高法批准。(11) 被告人未上诉、检察院未抗诉，在上诉、抗诉期满后3日内报请上一级法院复核。A. 上一级法院同意原判，应书面层报最高法核准；不同意，应裁定发回重审，或改变管辖按第一审程序重审。B. 原判是基层法院作出，高院可指定中院按第一审程序重审。C. 被告人上诉或检察院抗诉，应依第二审程序审理。D. 第二审维持原判，或改判后仍在法定刑以下判刑，应依前项规定层报最高法核准。E. 对在法定刑以下判刑的案件，最高法核准，应作出核准裁定书；不核准，应作出不核准裁定书，并撤销原判决、裁定，发回原审法院重审或指定其他下级法院重审。因此，发回第二审法院重审的案件，第二审法院可直接改判；须通过开庭查清事实、核实证据或纠正原审程序违法，应开庭审理。(12) 国家机关工作人员在行使职权时，侵犯他人人身、财产权构成犯罪，被害人或其法定代理人、近亲属提起附带民诉，法院不受理，但应告知其可依法申请国家赔偿。A. 民警按法定条件和程序履行职责、行使职权，对公民、法人或其他组织合法权益造成损害，民警个人不承担法律责任，由其所属公安机关按国家有关规定对造成的损害给予补偿。B. 民警因行为人的行为遭受人身或财产损失，公安机关应支持民警通过提起刑事附带民诉或民诉等法律途径，维护自身合法权益。(13) 发生法律效力的赔偿义务机关的赔偿决定、复议决定（a. 超过30日期限未申请复议或向上一级法院赔偿委申请国家赔偿的赔偿义务机关的决定。b. 超过2个月期限未向法院赔偿委申请国家赔偿的复议决定。c. 法院赔偿委作出的赔偿决定），与发生法律效力的赔偿委的赔偿决定有同等法律效力，依法须执行。

从国家赔偿法的角度讲，冤假错案的国家赔偿义务机关的基本类型：（1）行使侦查、检察、审判职权的机关及看守所、监狱管理机关及其工作人员在行使职权时侵犯公民、法人和其他组织的合法权益造成损害，该机关为赔偿义务机关。（2）看守所及其工作人员在行使职权时侵犯公民合法权益造成损害，看守所的主管机关为赔偿义务机关。（3）对公民采取拘留措施，依国家赔偿法规定应国家赔偿，作出拘留决定的机关为赔偿义务机关。违法刑拘的人身自由赔偿金自拘留之日起计算。（4）对公民采取逮捕措施后决定撤销案件、不起诉或判决宣告无罪，作出逮捕决定的机关为赔偿义务机关。（5）对公民采取拘留措施后又采取逮捕措施，国家承担赔偿责任，作出逮捕决定的机关为赔偿义务机关。（6）依审判监督程序再审后作无罪处理，作出原生效判决法院为赔偿义务机关。（7）再审改判无罪［一审判决有罪，二审发回重审后有3种重审无罪赔偿情形（a. 原审法院改判无罪并已发生法律效力。b. 重审期间检察院作出不起诉决定。c. 检察院在重审期间撤回起诉超过30日或法院决定按撤诉处理超过30日未作出不起诉决定）］，作出原生效判决法院为赔偿义务机关。数罪并罚的案件经再审改判部分罪名不成立，监禁期限超出再审判决确定的刑期，公民对超期监禁申请国家赔偿，应决定赔偿。（8）第二审改判无罪，第二审发回重审后作无罪处理，作出第一审有罪判决法院为赔偿义务机关。

国家赔偿的受理程序：（1）赔偿请求人在法院为赔偿义务机关时，可向其上一级法院赔偿委申请作出赔偿决定。（2）赔偿义务机关应自收到申请之日起2个月内，作出是否赔偿的决定。（3）赔偿义务机关作出赔偿决定，应充分听取赔偿请求人的意见，并可依国家赔偿方式、计算标准与赔偿请求人协商赔偿方式、赔偿项目、赔偿数额；决定赔偿，应制作赔偿决定书，并自作出决定之日起10日内送达赔偿请求人。（4）赔偿义务机关决定不赔偿，应自作出决定之日起10日内书面通知赔偿请求人，并说明不赔偿的理由。

国家赔偿的请求人：（1）冤假错案的受害人。（2）冤假错案的受害人死亡，其继承人和其他有扶养关系的亲属有权申请国家赔偿。A. 依法享有继承权的同一顺序继承人有数人时，其中一人或部分人作为赔偿请求人申请国家赔偿，申请效力及于全体。B. 赔偿请求人为数人时，其中一人或部分赔偿请求人非经全体同意，申请撤回或放弃赔偿请求，效力不及于未明确表示撤回申请或放弃赔偿请求的其他赔偿请求人。

国家赔偿的举证责任：（1）赔偿义务机关对治疗（医疗费赔偿根据医疗机构出具的医药费、治疗费、住院费等收款凭证，结合病历、诊断证明等相关证据确定）的必要性、合理性提出异议，应承担举证责任。（2）赔偿义务机关主张因公民自己故意作虚伪供述或伪造其他有罪证据被羁押或被判刑，或因公民自伤、自残等故意行为使损害发生的免除赔偿责任，应就该免责事由的成立承担举证责任。

刑事冤假错案的刑事赔偿的成因：（1）受害人有取得赔偿权，以行使侦查、检察、审判职权的机关及看守所、监狱管理机关及其工作人员在行使职权时侵犯人身权为前提条件。违法使用武器、警械造成公民身体伤害或死亡。（2）刑讯逼供或以殴打、虐待等行为或唆使、放纵他人以殴打、虐待等行为造成公民身体伤害或死亡。（3）对公民采取逮捕措施后，决定撤销案件、不起诉或判决宣告无罪终止追究刑责［解除、撤销拘留或逮捕措施后虽尚未撤销案件、作出不起诉决定或判决宣告无罪，有6种情形（a. 办案机关决定对嫌犯终止侦查。b. 解除、撤销取保候审、监视居住、拘留、逮捕措施后，办案机关超过1年未移送起诉、作出不起诉决定或撤销案件。c. 取保候审、监视居住法定期限届满后，办案机关超过1年未移送起诉、作出不起诉决定或撤销案件。d. 检察院撤回起诉超过30日未作出不起诉决定。e. 法院决定按撤诉处理后超过30日，检察院未作出不起诉决定。f. 法院准许刑事自诉案件自诉人撤诉，或法院决定对刑事自诉案件按撤诉处理）］。（4）依审判监督程序再审改判无罪，原判刑罚已执行。(5) 违反刑诉法规定对公民采取拘留措施，或依刑诉法规定的条件和程序对公民采取拘留措施，但拘留时间超过刑诉法规定的时限，其后决定撤销案件、不起诉或判决宣告无罪终止追究刑责［对公民采取刑拘措施后终止追究刑责的3种违法刑拘情形（a. 违反刑诉法规定的条件采取拘留措施。b. 违反刑诉法规定的程序采取拘留措施。c. 依刑诉法规定的条件和程序对公民采取拘留措施，但拘留时间超过刑诉法规定的时限）］。(6) 受害人有取得赔偿权，以行使侦查、检察、审判职权的机关及看守所、监狱管理机关及其工作人员在行使职权时侵犯财产权为前提条件。A. 违法对财产采取查封、扣押、冻结、追缴等措施。B. 依审判监督程序再审改判无罪，原判罚金、没收财产已执行。C. 赔偿请求人因行使侦查、检察、审判职权的机关及看守所、监狱管理机关及其工作人员行使职权的行为侵犯受害人的人身权、财产权［对财产采取查封、扣押、冻结、追缴等措施后，有7种情形（a. 赔偿请求人有证据证明财产与尚未终结的刑事案件无关，经审查属实。b. 终止侦查、撤销案件、不起诉、判决宣告无罪终止追究刑责。c. 采取取保候审、监视居住、拘留或逮捕措施，在解除、撤销强制措施或强制措施法定期限届满后超过1年未移送起诉、作出不起诉决定或撤销案件。d. 未采取取保候审、监视居住、拘留或逮捕措施，立案后超过2年未移送起诉、作出不起诉决定或撤销案件。e. 检察院撤回起诉超过30日未作出不起诉决定。f. 法院决定按撤诉处理后超过30日，检察院未作出不起诉决定。g. 对生效裁决无处理的财产或对该财产违法进行其他处理），且办案机关未依法解除查封、扣押、冻结等措施或返还财产］而申请国家赔偿，以及对属于国家赔偿法性质的国家不承担刑事赔偿责任的6种范围、类型的人，起诉后经法院错判拘役、有期刑、无期刑并已执行，法院应对该判决确定后继续监禁期间侵犯公民人身自由权情形赔偿，仍属于《关于办理刑事赔偿案件适用法律若干问题的解释》的刑事赔偿范围。

特殊而言，国家不承担刑事冤假错案的刑事赔偿责任的6种范围、类型：(1) 因公民自伤、自残等故意行为使损害发生。(2) 因公民自己故意作虚伪供述，或伪造其他有罪证据被羁押或被判刑。(3) 行使侦查、检察、审判职权的机关及看守所、监狱管理机关的工作人员与行使职权无关的个人行为。(4) 依刑责年龄（未成年人、已满75周岁的人）、特殊人员（无行为能力的精神病人）的刑责能力而不负刑责的人被羁押。(5) 法定不追究刑责的人被羁押［A. 因不追究、不起诉、终止审理或宣告无罪的人（a. 情节显著轻微、危害不大，不认为是犯罪。b. 嫌犯、被告人死亡。c. 犯罪已过追诉时效期限。d. 经特赦令免刑。e. 据刑法告诉才处理的犯罪，未告诉或撤回告诉。f. 其他法律规定免予追究刑责）。B. 检察院决定不起诉的案件（a. 嫌犯无犯罪事实，或有不追究、不起诉、终止审理或宣告无罪情形，检察院应作出不起诉决定。b. 犯罪情节轻微，依刑法规定不需判刑或免刑，检察院可作出不起诉决定）。C. 被附条件不起诉的未成年犯在考验期内无实施新罪或发现决定附条件不起诉前还有他罪需追诉，或违反治安管理规定或考察机关有关附条件不起诉的监管规定情节严重的两种情形，考验期满，检察院应作出不起诉的决定。D. 对达成和解协议的案件，公安机关可向检察院提出从宽处理的建议，检察院可向法院提出从宽处罚的建议。E. 对犯罪情节轻微，不需判刑，可作出不起诉的决定。F. 法院对达成和解协议、犯罪情节轻微的案件，可依法对被告人从宽处罚］。(6) 法律规定的其他情形［《刑法》第17、18条；《刑事诉讼法》第15、17（32）、27（32）、279条；《国家赔偿法》第19（2）（3）条］。

赔偿义务机关决定驳回赔偿请求人的赔偿申请的情形：(1) 赔偿义务机关对财产采取查封、扣押、冻结、追缴等措施后的4种情形（a. 采取取保候审、监视居住、拘留或逮捕措施，在解除、撤销强制措施或强制措施法定期限届满后超过1年未移送起诉、作出不起诉决定或撤销案件。b. 未采取取保候审、监视居住、拘留或逮捕措施，立案后超过2年未移送起诉、作出不起诉决定或撤销案件。c. 检察院撤回起诉超过30日未作出不起诉决定。d. 法院决定按撤诉处理后超过30日，检察院未作出不起诉决定）有证据证明尚未终止追究刑责，且经法院赔偿委审查属实，应决定驳回赔偿请求人的赔偿申请。（2）赔偿义务机关对解除、撤销拘留或逮捕措施后虽尚未撤销案件、作出不起诉决定或判决宣告无罪的案件，有证据证明尚未终止追究刑责，且经法院赔偿委审查属实，应决定驳回赔偿请求人的赔偿申请。

国家赔偿的复议程序：（1）法院赔偿委处理赔偿申请，或赔偿义务机关作出赔偿决定，应依法告知赔偿请求人有权在30日内向赔偿义务机关的上一级机关申请复议，否则法院赔偿委处理赔偿申请，或赔偿义务机关未依法告知，赔偿请求人收到赔偿决定之日起2年内提出复议申请，法院赔偿委或复议机关应受理。（2）赔偿请求人对国家赔偿的方式、项目、数额有异议，或赔偿义务机关作出不赔偿决定，赔偿请求人可自赔偿义务机关作出赔偿或不赔偿决定之日起30日内，向赔偿义务机关的上一级机关申请复议。

从《办理刑事赔偿案件适用法律若干问题的解释》的角度讲，侵犯公民人身自由，每日赔偿金按国家上年度（赔偿义务机关作出赔偿决定时的上一年度）职工日平均工资计算。（1）作出赔偿决定、复议决定时国家上1年度职工平均工资尚未公布，以已公布的最近年度职工平均工资为准。（2）复议机关或法院赔偿委改变原赔偿决定，按新作出决定时的上一年度国家职工平均工资标准计算人身自由赔偿金。（3）护理费赔偿参照当地护工从事同等级别护理的劳务报酬标准计算，原则上按一名护理人员标准计算护理费；但医疗机构或司法鉴定人有明确意见，可参照确定护理人数并赔偿相应的护理费。（4）护理期限应计算至公民恢复生活自理能力时止。（5）公民因残疾不能恢复生活自理能力，可根据其年龄、健康状况等因素确定合理的护理期限，一般不超过20年。（6）残疾生活辅助器具费赔偿按普通适用器具的合理费用标准计算。（7）伤情有特殊需要，可参照辅助器具配制机构的意见确定。辅助器具的更换周期和赔偿期限参照配制机构的意见确定。（8）误工减少收入的赔偿根据受害公民的误工时间和国家上年度职工日平均工资确定，最高为国家上年度职工年平均工资的5倍。（9）造成公民身体伤残的赔偿，应根据司法鉴定人的伤残等级鉴定确定公民丧失劳动能力的程度，并确定残疾赔偿金的参照标准：A. 按国家规定的伤残等级确定公民为1~4级伤残，视为全部丧失劳动能力，残疾赔偿金幅度为国家上年度职工年平均工资的10~20倍。B. 按国家规定的伤残等级确定公民为5~10级伤残，视为部分丧失劳动能力〔A. 5级~6级，残疾赔偿金幅度为国家上年度职工年平均工资的5倍~10倍。B. 7级~10级，残疾赔偿金幅度为国家上年度职工年平均工资的5倍以下〕。（10）有扶养义务的公民部分丧失劳动能力，残疾赔偿金可根据伤残等级并参考被扶养人生活来源丧失的情况进行确定，最高不超过国家上年度职工年平均工资的20倍。（11）误工时间根据公民接受治疗的医疗机构出具的证明确定。（12）公民因伤致残持续误工，误工时间可计算至作为赔偿依据的伤残等级鉴定确定前一日。（13）受害的公民全部丧失劳动能力，对其扶养的无劳动能力人的生活费发放标准，参照作出赔偿决定时被扶养人住所地所属省级政府确定的最低生活保障标准执行。（14）能确定扶养年限，生活费可协商确定并一次性支付。（15）不能确定扶养年限，可按20年上限确定扶养年限并一次性支付生活费，被扶养人超过60周岁，年龄每增加1岁，扶养年限减少1年；被扶养人年龄超过确定扶养年限，被扶养人可逐年领取生活费至死亡时止。

侵犯公民、法人和其他组织的财产权，造成损害（a. 处罚款、罚金、追缴、没收财产或违法征收、征用财产，返还财产。b. 应返还的财产损坏，能恢复原状的恢复原状，不能恢复原状，按损害程度给付相应的赔偿金。c. 应返还的财产灭失，给付相应的赔偿金。d. 查封、扣押、冻结财产，解除对财产的查封、扣押、冻结，造成财产损坏或灭失，能恢复原状的恢复原状，不能恢复原状按损害程度给付相应的赔偿金，财产灭失给付相应的赔偿金。e. 财产已拍卖或变卖，给付拍卖或变卖所得的价款；变卖的价款明显低于财产价值，应支付相应的赔偿金。f. 返还执行罚款或罚金、追缴或没收的金钱，解除冻结的存款或汇款，应支付银行同期存款利息。g. 吊销许可证和执照、责令停产停业，赔偿停产停业期间必要的经常性费用开支。h. 对财产权造成其他损害，按直接损失给予赔偿），应承担赔偿责任。（1）财产不能恢复原状或灭失，财产损失按损失发生时的市场价格或其他合理方式计算。（2）返还执行罚款或罚金、追缴或没收的金钱，解除冻结的汇款，应支付银行同期存款利息，利率参照赔偿义务机关作出赔偿决定时人行公布的人民币整存整取定期存款 1 年期基准利率确定，不计算复利。A. 复议机关或法院赔偿委改变原赔偿决定，利率参照新作出决定时人行公布的人民币整存整取定期存款 1 年期基准利率确定。B. 计息期间自侵权行为发生时起算，至作出生效赔偿决定时止；但在生效赔偿决定作出前侵权行为停止，计算至侵权行为停止时止。C. 被罚没、追缴的资金属于赔偿请求人在金融机构合法存款，在存款合同存续期间，按合同约定的利率计算利息。

从最高法《关于死刑复核及执行程序中保障当事人合法权益的若干规定》（2019 年）的角度，高级法院（高院）在向被告人送达依法作出的死刑裁判文书时，应告知其在最高法复核死刑阶段有权委托辩护律师，并将告知情况记入宣判笔录；被告人提出由其近亲属代为委托辩护律师，除因客观原因无法通知的外，高院应及时通知其近亲属，并将通知情况记录在案（会见情况应记录在案，附卷存档）。（1）最高法复核死刑案件，辩护律师应自接受委托或受指派之日起 10 日内向最高法提交有关手续，并自接受委托或指派之日起 1 个半月内提交辩护意见。A. 辩护律师提交相关手续、辩护意见及证据等材料，可经高院代收并随案移送，也可寄送至最高法。B. 最高法复核裁定作出后，律师提交辩护意见及证据材料，应接收并出具接收清单；经审查，相关意见及证据材料可能影响死刑复核结果，应暂停交付执行或停止执行，但不再办理接收委托辩护手续。（2）最高法复核裁定下发后，受委托进行宣判的法院应在宣判后 5 日内将裁判文书送达辩护律师。对被害人死亡的案件，被害人近亲属申请获取裁判文书，受委托进行宣判的法院应提供。（3）第一审法院在执行死刑前，应告知罪犯可申请会见其近亲属。A. 罪犯申请会见并提供具体联系方式，法院应通知其近亲属。B. 对经查找确实无法与罪犯近亲属取得联系，或其近亲属拒绝会见，应告知罪犯。C. 罪犯提出通过录音录像等方式留下遗言，法院可准许。D. 通知会见的相关情况，应记录在案。（4）罪犯近亲属申请会见，法院应准许，并在执行死刑前及时安排，但罪犯拒绝会见的除外。罪犯拒绝会见的情况，应记录在案并及时告知其近亲属，必要时应进行录音录像。（5）罪犯提出会见近亲属外的亲友，经法院审查，确有正当理由，可在确保会见安全的情况下予以准许。（6）罪犯申请会见未成年子女，应经未成年子女的监护人同意；会见可能影响未成年人身心健康，法院可采取视频通话等适当方式安排会见，且监护人应在场。（7）会见由法院负责安排，一般在罪犯羁押场所进行。A. 会见罪犯的人员应遵守羁押场所的规定，否则违反规定，应予以警告；不听警告，法院可终止会见。B. 实施威胁、侮辱司法工作人员，或故意扰乱羁押场所秩序，妨碍执行公务等行为，情节严重，依法追究法律责任。

第二编

刑法分则(第102~451条)

从犯罪概念、犯罪客体、刑事法律关系的角度讲，刑法分则"一军一破一妨一贪一渎两侵三危"十大类罪名，以普通犯（以普通老百姓为一般犯罪主体）性质的罪名为主，以身份犯（以国家工作人员、准国家工作人员、单位法人为特殊犯罪主体）性质的罪名为辅，具体含贪污贿赂罪、渎职罪、军人违反职责罪、危害国安罪、危害公共安全罪、危害国防利益罪、妨害社会管理秩序罪、破坏社会主义市场经济秩序罪、侵犯财产罪、侵犯公民人身权利和民主权利罪，但存在章、节划分的两大类罪名含破坏社会主义市场经济秩序罪（生产、销售伪劣商品罪；走私罪；妨害对公司、企业的管理秩序罪；破坏金融管理秩序罪；金融诈骗罪；危害税收征管罪；侵犯知识产权罪；扰乱市场秩序罪）、妨害社会管理秩序罪［扰乱公共秩序罪；妨害司法罪；妨害国（边）境管理罪；妨害文物管理罪；危害公共卫生罪；破坏环境资源保护罪；走私、贩卖、运输、制造毒品罪；组织、强迫、引诱、容留、介绍卖淫罪；制作、贩卖、传播淫秽物品罪］。

贪财贪利型经济犯罪的类型、基本罪名：（1）破坏社会主义市场经济秩序罪：A. 生产、销售伪劣商品罪：生产、销售伪劣产品罪；生产、销售假药罪；生产、销售劣药罪；生产、销售伪劣农药、兽药、化肥、种子罪；生产、销售有毒有害食品罪；生产、销售不符合卫生标准的食品罪；生产、销售不符合卫生标准的化妆品罪；生产、销售不符合标准的医用器材罪；生产、销售不符合安全标准的产品罪。B. 走私罪：走私武器、弹药罪；走私核材料罪；走私假币罪；走私文物罪；走私贵重金属罪；走私珍贵动物、珍贵动物制品罪；走私珍稀植物、珍稀植物制品罪；走私淫秽物品罪；走私普通货物、物品罪；走私固体废物罪。C. 妨害对公司、企业的管理秩序罪：虚报注册资本罪；虚假出资、抽逃出资罪；欺诈发行股票、债券罪；提供虚假财会报告罪；妨害清算罪；隐匿、故意销毁会计凭证、会计账簿、财务会计报告罪；非国家工作人员受贿罪；非国家工作人员受贿罪；对公司、企业人员行贿罪；非法经营同类营业罪；为亲友非法牟利罪；签订、履行合同失职被骗罪；国有公司、企事业单位人员失职罪；国有公司、企事业单位人员滥用职权罪；徇私舞弊低价折股、出售国有资产罪。D. 破坏金融管理秩序罪：出售、购买、运输假币罪；金融工作人员购买假币、以假币换取货币罪；持有、使用假币罪；变造货币罪；伪造货币罪；伪造、变造、转让金融机构经营许可证、批准文件罪；高利转贷罪；非法吸收公众存款罪；伪造、变造金融票证罪；伪造、变造国家有价证券罪；伪造、变造股票、公司、企业债券罪；擅自设立金融机构罪；擅自发行股票、公司、企业债券罪；内幕交易、泄露内幕消息罪；编造并传播证券、期货交易虚假信息罪；诱骗投资者买卖证券、期货合约罪；操纵证券、期货交易价格罪；非法出具金融票证罪；违法向关系人发放贷款罪；违法发放贷款罪；用账外客户资金非法拆借、发放贷款罪；对违法票据承兑、付款、保证罪；骗购外汇罪；逃汇罪；洗钱罪。E. 金融诈骗罪：集资诈骗罪；贷款诈骗罪；票据诈骗罪；金融凭证诈骗罪；信用证诈骗罪；信用卡诈骗罪；有价证券诈骗罪；保险诈骗罪。F. 危害税收征管罪：偷税罪；抗税罪；逃避追缴欠税罪；骗取出口退税罪；虚开增值税专用发票、用于骗取出口退税、抵扣税款发票罪；伪造、出售伪造的增值税专用发票罪；非法出售增值税专用发票罪；非法购买增值税专用发票、购买伪造的增值税专用发票罪；非法制造、出售非法制造的用于骗取出口退税、抵扣税款发票罪；非法制造、出售非法制造的发票罪；非法出售用于骗取出口退税、抵扣税款发票罪；非法出售发票罪。G. 侵犯知识产权罪：假冒注册商标罪；销售假冒注册商标的商品罪；非法制造、销售非法制造的注册商标标识罪；假冒专利罪；侵犯著作权罪；销售侵权复制品罪；侵犯商业秘密罪。H. 扰乱市场秩序罪：损害商业信誉、商品声誉罪；虚假广告罪；串通投标罪；合同诈骗罪；非法经营罪；强迫交易罪；伪造、倒卖伪造的有价票证罪；倒卖车票、船票罪；非法转让、倒卖土地使用权罪；提供虚假证明文件罪；出具证明文件重大失实罪；逃避商检罪。(2) 侵犯财产罪：职务侵占罪；诈骗罪；侵占罪；挪用资金罪；挪用特定款物罪；故意毁坏财物罪；破坏生产经营罪。(3) 贪污贿赂罪：挪用公款罪；贪污罪；受贿罪；单位受贿罪；利用影响力受贿罪；介绍贿赂罪；行贿罪；对单位行贿罪；单位行贿罪；巨额财产来源不明罪；隐瞒境外存款罪；私分国有资产罪；私分罚没财物罪。(4) 贪利型犯罪：A. 危害国安罪：为境外窃取、刺探、收买、非法提供国家秘密罪。B. 危害公共安全罪：违规制造、销售枪支罪；非法制造、买卖、运输、邮寄、储存枪支、弹药、爆炸物罪；非法出租、出借枪支罪；非法买卖、运输核材料罪。C. 侵害公民人身权利、民主权利罪：拐卖妇女、儿童罪；收买被拐卖妇女、儿童罪；强迫职工劳动罪；非法雇用未成年人罪；打击报复会计、统计人员罪。D. 妨害社会管理秩序罪：组织、领导、参加黑社会性质组织罪；包庇、纵容黑社会性质组织罪；赌博罪；开设赌场罪；窝藏、转移、收购、销售赃物罪；拒不执行判决裁定罪；非法处置查封、扣押、冻结的财产罪；组织他人偷越国（边）境罪；出售出入境证件罪；伪造、变造、买卖国家机关公文、证件、印章罪；伪造公司、企事业单位、人民团体印章罪；非法生产、买卖警用装备罪；非法生产、销售间谍专用器材罪；非法出售、私赠文物藏品罪；非法向外国人出售、赠送珍贵文物罪；倒卖文物罪；盗掘古文化遗址、古墓葬罪；盗掘古人类化石、古脊椎动物化石罪；擅自出卖、转让国有档案罪；强迫卖血罪；非法组织卖血罪；非法行医罪；非法捕捞水产品罪；非法狩猎罪；非法猎捕、杀害珍贵、濒危野生动物罪；非法收购、运输、出售珍贵、濒危野生动物、珍贵、濒危野生动物制品罪；破坏性采矿罪；非法采矿罪；非法占用农用地罪；非法采伐、毁坏珍贵树木罪；非法收购盗伐、滥伐的林木罪；盗伐林木罪；滥伐林木罪；走私、贩卖、运输、制造毒品罪；包庇毒品犯罪分子罪；窝藏、转移、隐藏毒品、毒赃罪；走私制毒物品罪；非法买卖制毒物品罪；非法种植毒品原植物罪；非法持有毒品罪；非法买卖、运输、携带、持有毒品原植物种子、幼苗罪；组织卖淫罪；强迫卖淫罪；协助组织卖淫罪；引诱、容留、介绍卖淫罪；引诱幼女卖淫罪；制作、复制、出版、贩卖、传播淫秽物品牟利罪；为他人提供书号出版淫秽书刊罪；组织淫秽表演罪。E. 危害国防利益罪：为境外窃取、刺探、收买、非法提供军事秘密罪；伪造、变造、买卖武装部队公文、证件、印章罪；非法生产买卖军用标志罪。F. 渎职罪：国家机关工作人员签订、履行合同失职被骗罪。

从犯罪行为、犯罪客体（侵害客体）的角度讲，暴力犯罪的基本罪名：(1) 危害国安的暴力犯罪罪名：投敌叛乱、暴乱罪等。(2) 危害公共安全的暴力犯罪罪名：爆炸罪、放火罪、放水罪等。(3) 妨害社会管理秩序的暴力犯罪罪名：聚众斗殴罪等。(4) 侵犯公民人身权利、民主权利罪的暴力犯罪罪名：故意杀人罪、故意伤害罪、强奸罪、刑讯逼供罪、暴力取证罪等。(5) 侵犯国家、集体、公民个人财产的暴力犯罪罪名：抢劫罪、抢夺罪、绑架罪等。(6) 妨碍婚姻家庭的暴力犯罪罪名：暴力干涉婚姻自由罪、破坏军婚罪等。

第一章

危害国家安全罪（第102~113条）

从宪法的角度讲，中国的武装力量属于人民。武装力量的任务是巩固国防，抵抗侵略，保卫祖国、和平劳动，参加国家建设事业，努力为服务。国家加强武装力量的革命化现代化正规化建设，增强国防力量，维护社会秩序，镇压叛国和其他危害国安的犯罪活动，制裁危害社会治安、破坏社会主义经济和他罪的活动，惩办和改造罪犯。

危害国安罪的犯罪主体以一般主体为主，以特殊主体为辅（资助危害国安犯罪活动罪的特殊主体是境内外的机构、组织或个人）。对危害国家安全的罪犯应附加剥夺政治权利。

从刑诉法、司法解释的角度讲，国安机关依法律规定，办理危害国安的刑事案件，行使与公安机关相同的职权。（1）中院管辖两类第一审刑事案件：A.危害国安、恐怖活动案件。B.可能判处无期刑、死刑的案件。（2）国安机关依法律规定，办理危害国安的刑事案件，行使与公安机关相同的职权。（3）对公安机关、国安机关和检察院侦查的重大案件，由检察院驻看守所检察人员询问嫌犯，核查是否存在刑讯逼供、非法取证情形，并同步录音录像。经核查，确有刑讯逼供、非法取证情形，侦查机关应及时排除非法证据，不得作为提请批捕、移送审查起诉的根据。（4）对涉嫌国安犯、恐怖犯，在住处执行可能有碍侦查，经上一级公安机关批准，也可在指定的居所执行，但不得在羁押场所、专门的办案场所执行。（5）法院对有证据证明有犯罪事实，可能判处刑以上刑罚的嫌犯、被告人，采取取保候审尚不足以防止发生社会危险性（a.企图自杀或逃跑。b.有危害国安、公共安全或社会秩序的现实危险。c.可能实施新的犯罪。d.可能毁灭、伪造证据，干扰证人作证或串供。e.可能对被害人、举报人、控告人实施打击报复），或对有证据证明有犯罪事实，可能判处10年有期刑以上刑罚，或有证据证明有犯罪事实，可能判处徒刑以上刑罚，曾故意犯罪或身份不明，均应决定逮捕。（6）公安机关拘留人时，须出示拘留证，拘留后，应立即将被拘留人送看守所羁押，至迟不得超过24小时，应在拘留后24小时内，通知被拘留人的家属，除无法通知或涉嫌危害国安犯罪、恐怖活动犯罪通知可能有碍侦查情形外，有碍侦查情形消失后，应立即通知被拘留人的家属。（7）公安机关在立案后，对危害国安犯罪、恐怖活动犯罪、黑社会性质的组织犯罪、重大毒品犯罪或其他严重危害社会的犯罪案件，据侦查犯罪的需要，经严格的批准手续，可采取技术侦查措施。A.检察院在立案后，对利用职权实施的严重侵犯公民人身权的重大犯罪案件，据侦查犯罪的需要，经严格的批准手续，可采取技术侦查措施，按规定交有关机关执行。B.追捕被通缉或批准、决定逮捕的在逃的嫌犯、被告人，经批准，可采取追捕必需的技术侦查措施。（8）完善补充侦查制度。A.进一步明确退回补充侦查的条件，建立检察院退回补充侦查引导和说理机制，明确补充侦查方向、标准和要求。规范补充侦查行为，对确实无法查明的事项，公安机关、国安机关应书面向检察院说明理由。B.对两次退回补充侦查后，仍证据不足、不符合起诉条件，依法作出不起诉决定。（9）健全当事人、辩护人和其他诉讼参与人的权利保障制度。A.依法保障当事人和其他诉讼参与人的知情权、陈述权、辩论辩护权、申请权、申诉权；嫌犯、被告人有权获得辩护，公检法、国安机关有义务保证嫌犯、被告人获得辩护。B. 依法保障辩护人会见、阅卷、收集证据和发问、质证、辩论辩护等权利，完善便利辩护人参与诉讼的工作机制。(10) 对贪污贿赂犯罪案件，以及需及时进行审判，经最高检核准的严重危害国安犯罪、恐怖活动犯罪案件，由犯罪地、被告人离境前居住地或最高法指定的中院组成合议庭审理，嫌犯、被告人在境外，检察机关、公安机关移送起诉，检察院认为犯罪事实已查清，证据确实、充分，依法应追究刑责，可向法院提起公诉。法院进行审查后，对起诉书中有明确的指控犯罪事实，符合缺席审判程序适用条件，应决定开庭审判。A. 公开审理案件时，公诉人、诉讼参与人提出涉及国家秘密、商业秘密或个人隐私的证据，法庭应制止。B. 有关证据确与本案有关，可根据具体情况，决定将案件转为不公开审理，或对相关证据的法庭调查不公开进行。(11) 危害国安犯罪、恐怖活动犯罪案件，在侦查期间辩护律师会见在押的嫌犯，应经侦查机关许可，侦查机关应事先通知看守所。A. 辩护律师对在执业活动中知悉的委托人的有关情况和信息，有权保密，但辩护律师在执业活动中知悉委托人或其他人，准备或正实施危害国安、公共安全以及严重危害他人人身安全的犯罪，应及时告知司法机关。B. 辩护律师向法院告知其委托人或其他人准备实施、正实施危害国安、公共安全、严重危害他人人身安全犯罪，法院应记录在案，立即转告主管机关依法处理，并为反映有关情况的辩护律师保密。辩护律师在侦查期间会见在押的国安犯、恐怖犯案件嫌犯，应经侦查机关许可，侦查机关应事先通知看守所。C. 对国安犯、恐怖犯、涉黑组织犯、毒品犯等案件，证人、鉴定人、被害人因在诉讼中作证，本人或其近亲属的人身安全面临危险，公检法应采取一项或多项保护措施（a. 不公开真实姓名、住址、工作单位等个人信息。b. 采取不暴露外貌、真实声音等出庭作证措施。c. 禁止特定的人员接触证人、鉴定人、被害人及其近亲属。d. 对人身和住宅采取专门性保护措施。e. 其他必要的保护措施）。D. 审判国安犯、恐怖犯、涉黑组织犯、毒品犯等案件，证人、鉴定人、被害人因出庭作证，本人或其近亲属的人身安全面临危险，法院应采取不公开其真实姓名、住址和工作单位等个人信息，或不暴露其外貌、真实声音等保护措施。(12) 法院审判案件，应充分保障被告人依法享有的辩护权。A. 被告人除自己行使辩护权外，还可委托辩护人辩护，以外国人或无国籍人、正被执行刑罚或处于缓刑、假释考验期间的人，或依法被剥夺、限制人身自由的人，无行为能力或限制行为能力的人、陪审员、公检法国安机关监狱的现职人员、与本案审理结果有利害关系的人不得担任辩护人为例外。B. 特殊而言，公检法、国安机关、监狱的现职人员、陪审员、与本案审理结果有利害关系的人，外国人或无国籍人，若是被告人的监护人、近亲属，由被告人委托担任辩护人，可准许。C. 审判人员和法院其他工作人员从法院离任后2年内，不得以律师身份担任辩护人。D. 审判人员和法院其他工作人员从法院离任后，不得担任原任职法院所审理案件的辩护人，但作为被告人的监护人、近亲属进行辩护为例外。E. 审判人员和法院其他工作人员的配偶、子女或父母不得担任其任职法院所审理案件的辩护人，但作为被告人的监护人、近亲属进行辩护为例外。(13) 对涉外刑事案件的被告人，可决定限制出境；对开庭审理案件时须到庭的证人，可要求暂缓出境。作出限制出境的决定，应通报同级公安机关或国安机关；限制外国人出境，应同时通报同级政府外事主管部门和当事人国籍国驻华使领馆。

从刑诉法、司法解释的角度讲，国安机关依法律规定，办理危害国安的刑事案件，行使与公安机关相同的职权。(1) 危害国安、恐怖活动案件，或可能判处无期刑、死刑的案件，属于中院管辖的第一审刑事案件。(2) 危害国安犯罪、恐怖活动犯罪案件，在侦查期间辩护律师会见在押的嫌犯，应经侦查机关许可，侦查机关应事先通知看守所。A. 辩护律师对在执业活动中知悉的委托人的有关情况和信息，有权保密，但在执业活动中知悉委托人或其他人，准备或正实施危害国安、公共安全以及严重危害他人人身安全的犯罪，应及时告知司法机关。B. 辩护律师向法院告知其委托人或其他人准备实施、正实施危害国安、公共安全、严重危害他人人身安全犯罪，法院应记录在案，立即转告主管机关依法处理，并为反映有关情况的辩护律师保密。(3) 对国安犯、恐怖犯、涉黑组织犯、毒品犯等案件，证人、鉴定人、被害人因在诉讼中作证，本人或其近亲属的人身安全面临危险，公检法应采取一项或多项保护措施（a. 不公开真实姓名、住址和工作单位等个人信息。b. 采取不暴露外貌、真实声音等出庭作证措施。c. 禁止特定的人员接触证人、鉴定人、被害人及其近亲属。d. 对人身和住宅采取专门性保护措施。e. 其他必要的保护措施）。(4) 对公安机关、国安机关和检察院侦查的重大案件，由检察院驻看守所检察人员询问嫌犯，核查是否存在刑讯逼供、非法取证情形，并同步录音录像；经核查，确有刑讯逼供、非法取证情形，侦查机关应及时排除非法证据，不得作为提请批捕、移送审查起诉的根据。(5) 依法保障当事人和其他诉讼参与人的知情权、陈述权、辩论辩护权、申请权、申诉权；嫌犯、被告人有权获得辩护，公检法、国安机关有义务保证嫌犯、被告人获得辩护。(6) 对涉嫌国安犯、恐怖犯，在住处执行可能有碍侦查，经上一级公安机关批准，也可在指定的居所执行，但不得在羁押场所、专门的办案场所执行。(7) 法院对有证据证明有犯罪事实，可能判处刑以上刑罚的嫌犯、被告人，采取取保候审尚不足以防止发生社会危险性（a. 企图自杀或逃跑。b. 有危害国安、公共安全或社会秩序的现实危险。c. 可能实施新的犯罪。d. 可能毁灭、伪造证据，干扰证人作证或串供。e. 可能对被害人、举报人、控告人实施打击报复），或对有证据证明有犯罪事实，可能判处10年有期刑以上刑罚，或有证据证明有犯罪事实，可能判处徒刑以上刑罚，曾故意犯罪或身份不明，均应决定逮捕。(8) 公安机关拘留人时，须出示拘留证，拘留后，应立即将被拘留人送看守所羁押，至迟不得超过24小时，应在拘留后24小时内，通知被拘留人的家属，除无法通知或涉嫌危害国安犯罪、恐怖活动犯罪通知可能有碍侦查的情形外，有碍侦查的情形消失后，应立即通知被拘留人的家属。A. 法院决定对台湾当事人采取拘留、指定居所监视居住或逮捕措施，应在24小时内通知其家属；无法通知其家属，可通知其在大陆的工作单位、就读学校等。B. 受审在押的台湾被告人，其监护人、近亲属申请会见，经审查认为不妨碍案件审判，应准许。C. 对因犯罪受审或执行刑罚的台湾居民，应依法平等适用缓刑、判处管制、裁定假释、决定或批准暂予监外执行，实行社区矫正。D. 向我国台湾地区居民送达司法文书，应采取直接送达、两岸司法互助送达等有利于其实际知悉送达内容、更好行使诉讼权利的送达方式；未采取过直接送达、两岸司法互助送达方式，不适用公告送达。E. 对涉台案件当事人及其诉讼代理人因客观原因不能自行收集的证据，应依申请或主动依职权调查收集；相关证据在台湾地区，可通过两岸司法互助途径调查收集。F. 持有台湾居民居住证的台湾地区当事人委托大陆律师或其他人代理诉讼，代理人向法院转交的授权委托书无须公证认证或履行其他证明手续。G. 对符合法律援助条件的台湾当事人，主动协调法律援助机构及时提供法律援助。H. 台湾地区被告人未委托辩护人，可通知法律援助机构指派律师为其提供辩护。I. 对权利受到侵害无法获得有效赔偿的台湾地区当事人，符合有关规定条件，可提供一次性国家司法救助，帮助解决其生活面临的急迫困难。J. 台湾地区当事人申请司法救助和法律援助，依有关规定应提交经济困难等有关证明材料，其户籍地难以或不予提供，而其台湾居民居住证颁发地、在大陆经常居住地的村（居）委会或在大陆的工作单位、就读学校等依有关规定提供，可予认可。K. 受理涉台案件较多的法院可设立专门的审判庭、合议庭、审判团队、执行团队等审判、执行组织，负责涉台案件的审理、执行；未设立专门审判、执行组织的法院可指定相对固定的人员审理和执行涉台案件。L. 探索建立涉台案件综合审判组织，集中负责涉台刑事、民事、行政案件的审理。M. 涉台案件分散的地区，可探索实行涉台案件跨区域集中管辖制度。N. 聘请台湾同胞担任法院监督员、联络员，以及特邀调解员、家事调查员、心理咨询员、缓刑考察员、法庭义工等。O. 依法保障获得大陆律师执业证书的台湾居民的执业权利，鼓励其在法院参与律师调解等工作。P. 聘请符合条件的台湾同胞担任涉台、知识产权、生态环境、医疗、海事、金融、互联网等审判领域的咨询专家或鉴定人。聘请对相关法律领域有精深造诣及较大影响力的台湾同胞担任国际商事专家委员会专家委员。（9）公安机关在立案后，对危害国安犯罪、恐怖活动犯罪、黑社会性质的组织犯罪、重大毒品犯罪或其他严重危害社会的犯罪案件，据侦查犯罪的需要，经严格的批准手续，可采取技术侦查措施。A. 检察院在立案后，对利用职权实施的严重侵犯公民人身权的重大犯罪案件，据侦查犯罪的需要，经严格的批准手续，可采取技术侦查措施，按规定交有关机关执行。B. 追捕被通缉或批准、决定逮捕的在逃的嫌犯、被告人，经批准，可采取追捕所必需的技术侦查措施。（10）对贪污贿赂犯罪案件，以及需及时进行审判，经最高检核准的严重危害国安犯罪、恐怖活动犯罪案件，由犯罪地、被告人离境前居住地或最高法指定的中院组成合议庭进行审理，嫌犯、被告人在境外，检察机关、公安机关移送起诉，检察院认为犯罪事实已查清，证据确实、充分，依法应追究刑责，可向法院提起公诉；法院进行审查后，对起诉书中有明确的指控犯罪事实，符合缺席审判程序适用条件，应决定开庭审判。（11）法院审判案件，应充分保障被告人依法享有的辩护权。A. 一般而言，被告人除自己行使辩护权外，还可委托辩护人辩护，以外国人或无国籍人、正被执行刑罚或处于缓刑、假释考验期间的人，或依法被剥夺、限制人身自由的人、无行为能力或限制行为能力的人、陪审员、公检法国安机关监狱的现职人员、与本案审理结果有利害关系的人不得担任辩护人为例外。B. 特殊而言，公检法、国安机关、监狱的现职人员、陪审员、与本案审理结果有利害关系的人、外国人或无国籍人，若是被告人的监护人、近亲属，由被告人委托担任辩护人，可准许。（12）审判国安犯、恐怖犯、涉黑组织犯、毒品犯等案件，证人、鉴定人、被害人因出庭作证，本人或其近亲属的人身安全面临危险，法院应采取不公开其真实姓名、住址、工作单位等个人信息或不暴露其外貌、真实声音等保护措施。A. 鉴定人须依法办事，严格遵守技术鉴定的操作规程，不得玩忽职守；妥善保管送检物品和材料，不得挪用、丢失、损坏；廉洁奉公，不得贪赃枉法，弄虚作假；严格保守秘密。B. 鉴定人须坚持实事求是的原则，忠实于事实真相，运用科学方法，客观地作出鉴定结论，不受任何外界因素的影响。C. 刑事技术鉴定，须由有鉴定员以上职称的专业技术人员担任。D. 本人或近亲属与案件有利害关系的人，担任过本案的侦查、证人，或与本案当事人有其他关系、可能影响公正鉴定的人，不能充当鉴定人。E. 鉴定人的回避，由所在公安机关负责人决定。（13）从司法解释、减刑假释制度的角度，对危害国安犯罪、故意危害公共安全犯罪、严重暴力犯罪、涉众型经济犯罪等严重犯罪；恐怖组织犯罪、邪教组织犯罪、黑恶势力犯罪等有组织犯罪的领导者、组织者和骨干分子；毒品犯罪再犯的严重犯罪者；确有执行能力而拒不依法积极主动缴付财产执行财产刑或确有履行能力而不积极主动履行附带民事赔偿责任，在依法减刑、假释时，应从严掌握。A. 对累犯减刑时，应从严掌握。B. 拒不交代真实身份或对减刑、假释材料弄虚作假，不符合减刑、假释条件，不得减刑、假释。

从危害国安罪适用死刑、没收财产、从重处罚的角度看，行为人与境外机构、组织、个人有内外勾结性，实施分裂、煽动分裂国家或颠覆国家政权、武装叛乱暴乱罪，分别以分裂或煽动分裂国家罪、颠覆或煽动颠覆国家政权罪、武装叛乱暴乱罪从重处罚。其中，以武装叛乱暴乱罪的两种从重处罚情节，含与境外机构、组织、个人勾结实施武装叛乱暴乱型从重处罚情节、策动、胁迫、勾引、收买国家机关工作人员、武装部队人员、警察、民兵实施武装叛乱暴乱型从重处罚情节。

要准确理解和严格执行"保留死刑，严格控制和慎重适用死刑"的政策。从法官自由裁量权的角度，对罪行极其严重的罪犯，论罪应判处死刑，要坚决依法判处死刑。要依法严格控制死刑的适用，统一死刑案件的裁判标准，确保死刑只适用于极少数罪行极其严重的罪犯。拟判处死刑的具体案件定罪或量刑的证据须确实、充分，得出唯一结论。对罪行极其严重，但只要是依法可不立即执行，就不应判处死刑立即执行。

【危害国安罪的罪名】A. 应判死刑的危害国安罪罪名：间谍罪、资敌罪、投敌叛变罪、武装叛乱暴乱罪、背叛国家罪、为境外窃取刺探收买非法提供国家秘密情报罪。B. 可判死刑的危害国安罪罪名：煽动分裂国家罪、煽动颠覆国家政权罪、颠覆国家政权罪、资助危害国安犯罪活动罪、叛逃罪。

从危害国安罪法定刑最高刑、犯罪情节、犯罪后果的角度看，危害国安罪分为死刑型危害国安罪（间谍罪、资敌罪、投敌叛变罪、武装叛变暴乱罪、背叛国家罪、分裂国家罪、为境外窃取、刺探、收买、非法提供国家秘密罪）、非死刑型危害国安罪（煽动分裂国家罪、煽动颠覆国家政权罪、颠覆国家政权罪、叛逃罪、资助危害国安犯罪活动罪）。

危害国安罪的刑种以管制、拘役、有期刑、无期刑为主，以死刑为辅；危害国安罪的主刑最高刑以无期刑为原则，以死刑为例外；危害国安罪的附加刑以剥夺政治权利、没收财产为原则，以不剥夺政治权利为例外。也就是说，间谍罪、资敌罪、投敌叛变罪、武装叛变暴乱罪、背叛国家罪、分裂国家罪、为境外窃取、刺探、收买、非法提供国家秘密罪7种危害国安罪的最高法定刑是死刑，以危害特别严重、情节特别恶劣为前提条件，也可并处没收财产。相反，煽动分裂国家罪、煽动颠覆国家政权罪、颠覆国家政权罪、叛逃罪、资助危害国安犯罪活动罪5种危害国安罪，即使危害特别严重、情节特别恶劣，最高刑只是无期刑，也无死刑，仅可并处没收财产。

危害国安罪的法定刑以重刑为主，以轻刑为辅。从量刑幅度的角度看，危害国安罪的量刑类型有多样性、重刑性。（1）可判3年以下有期刑、拘役、管制或剥夺政治权利型危害国安罪（分裂国家罪、武装叛乱、暴乱罪、颠覆国家政权罪的其他参加者）。（2）可判3年以上10年以下有期刑型危害国安罪（分裂国家罪、武装叛乱、暴乱罪、颠覆国家政权罪的积极参加者；投敌叛变罪的投敌叛变者；间谍罪、资敌罪的情节较轻者）。（3）可判5年以下有期刑、拘役、管制或剥夺政治权利型危害国安罪（煽动分裂国家罪、煽动颠覆国家政权罪的积极参加者、其他参加者；资助危害国安犯罪活动罪的直接责任人员；叛逃罪的叛逃境外者、境外叛逃者；为境外窃取、刺探、收买、非法提供国家秘密罪的情节较轻者）。（4）可判5年以上有期刑型危害国安罪（煽动分裂国家罪、煽动颠覆国家政权罪的首犯或罪行重大者；资助危害国安犯罪活动罪的情节严重者）。（5）可判无期刑或10年以上有期刑型危害国安罪（背叛国家罪、分裂国家罪、武装叛乱、暴乱罪、颠覆国家政权罪的首犯或罪行重大者）。（6）可判10年以上有期刑或无期刑型危害国安罪（投敌叛变罪的情节严重者或带领武装部队人员、警察、民兵投敌叛变者；间谍罪的危害国安者；为境外窃取、刺探、收买、非法提供国家秘密罪的情节特别严重者）。（7）可判死刑、并处没收财产型危害国安罪（背叛国家罪、分裂国家罪、武装叛乱暴乱罪、投敌叛变罪、间谍罪、为境外窃取、刺探、收买、非法提供国家秘密罪、资敌罪的危害特别严重者、情节特别恶劣者）。

从是否有从重处罚情节的角度看，危害国安罪分为与境外勾结者从重处罚型危害国安罪（与境外机构、组织、个人相勾结，实施分裂国家罪、煽动分裂国家罪、颠覆国家政权罪、煽动颠覆国家政权罪、武装叛乱、暴乱罪，依各罪从重处罚）、一般从重处罚型危害国安罪（叛逃罪的从重处罚情节以掌握国家秘密的国家工作人员犯叛逃罪为前提条件；武装叛乱暴乱罪的从重处罚情节以策动、胁迫、勾引、收买国家机关工作人员、武装部队人员、警察、民兵实施武装叛乱暴乱为前提条件）。

从是否附加剥夺政治权利的角度看，危害国安罪分为剥夺政治权利型危害国安罪（武装叛乱暴乱罪、分裂国家罪、煽动分裂国家罪、颠覆国家政权罪、煽动颠覆国家政权罪、资助危害国安犯罪活动罪、叛逃罪、为境外窃取、刺探、收买、非法提供国家秘密罪）、未附加剥夺政治权利型危害国安罪（资敌罪、间谍罪、投敌叛变罪、背叛国家罪）。

从共犯、集团犯罪、聚众犯罪的角度看，危害国安罪分为首犯型危害国安罪（武装叛乱暴乱罪、分裂国家罪、煽动分裂国家罪、颠覆国家政权罪、煽动颠覆国家政权罪)、非首犯型危害国安罪（为境外窃取、刺探、收买、非法提供国家秘密罪、间谍罪、背叛国家罪、投敌叛变罪、叛逃罪、资敌罪、资助危害国安犯罪活动罪)。

【危害国安罪适用死刑、没收财产规定】犯危害国安罪，可并处没收财产；对国家和危害特别严重、情节特别恶劣，可判处死刑（间谍罪、资敌罪、投敌叛变罪、武装叛乱暴乱罪、背叛国家罪、为境外窃取刺探收买非法提供国家秘密罪），以煽动分裂国家罪、煽动颠覆国家政权罪、颠覆国家政权罪、资助危害国安犯罪活动罪、叛逃罪为例外。

从《刑法》第113条、刑法修正案（九）、刑罚的角度看，危害国安罪分为可适用死刑、没收财产的7种特定类型的危害国安罪（间谍罪、资敌罪、背叛国家罪、分裂国家罪、投敌叛变罪、武装叛乱暴乱罪、为境外窃取、刺探、收买、非法提供国家秘密罪，以危害特别严重者、情节特别恶劣者为前提条件）、不可适用死刑、没收财产的5种特定类型的危害国安罪（叛逃罪、煽动分裂国家罪、颠覆国家政权罪、煽动颠覆国家政权罪、资助危害国安犯罪活动罪)。

【危害国安与境外勾结的处罚规定】与境外机构、组织、个人相勾结，实施分裂国家罪、煽动分裂国家罪、颠覆国家政权罪、煽动颠覆国家政权罪、武装叛乱暴乱罪，依各该条规定从重处罚。

【国家情报法的法律责任】（1）违反国家情报法规定，阻碍国家情报工作机构及其工作人员依法开展情报工作，由国家情报工作机构建议相关单位给予处分或由国安机关、公安机关处警告或15日以下拘留；构成犯罪，依法追究刑责。（2）泄露与国家情报工作有关的国家秘密，由国家情报工作机构建议相关单位给予处分或由国安机关、公安机关处警告或15日以下拘留；构成犯罪，依法追究刑责。（3）冒充国家情报工作机构工作人员或其他相关人员实施招摇撞骗、诈骗、敲诈勒索等行为，依治安处罚法规定处罚；构成犯罪，依法追究刑责。（4）国家情报工作机构及其工作人员有超越职权、滥用职权，侵犯公民和组织的合法权益，利用职务便利为自己或他人谋取私利，泄露国家秘密、商业秘密和个人信息等违法违纪行为，依法给予处分；构成犯罪，依法追究刑责。

国家情报工作坚持公开工作与秘密工作相结合、专门工作与群众路线相结合、分工负责与协作配合相结合的原则，据工作需要，依法使用必要的方式、手段和渠道，在境内外开展情报工作。国安机关和公安机关情报机构、军队情报机构（国家情报工作机构）按职责分工，相互配合，做好情报工作、开展情报行动。各有关国家机关应根据各自职能和任务分工，与国家情报工作机构密切配合。国家情报工作机构应建立健全严格的监督和安全审查制度，对其工作人员遵守法律和纪律等情况进行监督，并依法采取必要措施，定期或不定期进行安全审查；应依法搜集和处理境外机构、组织、个人实施或指使、资助他人实施，或境内外机构、组织、个人相勾结实施的危害中国国安和利益行为的相关情报，为防范、制止和惩治上述行为提供情报依据或参考。国家情报工作机构及其工作人员应严格依法办事，不得超越职权、滥用职权，不得侵犯公民和组织的合法权益，不得利用职务便利为自己或他人谋取私利，不得泄露国家秘密、商业秘密和个人信息。国家情报工作机构工作人员根据工作需要，按国家有关规定，可优先使用或依法征用有关机关、组织和个人的交通工具、通信工具、场地和建筑物，必要时，可设置相关工作场所和设备、设施，任务完成后应及时归还或恢复原状，并依规定支付相应费用，造成损失应补偿。任何个人和组织对国家情报工作机构及其工作人员超越职权、滥用职权和其他违法违纪行为，有权检举、控告。受理检举、控告的有关机关应及时查处，并将查处结果告知检举人、控告人。对依法检举、控告国家情报工作机构及其工作人员的个人和组织，任何个人和组织不得压制和打击报复。国家情报工作机构应为个人和组织检举、控告、反映情况提供便利渠道，并为检举人、控告人保密。

采取技术侦查措施，须严格按批准的措施种类、适用对象和期限执行。（1）技术侦查措施（由设区的市一级以上公安机关负责技术侦查的部门实施的记录监控、行踪监控、通信监控、场所监控等措施）的适用对象是嫌犯、被告人、与犯罪活动直接关联的人员。A. 公安机关追捕被通缉或批准、决定逮捕的在逃的嫌犯、被告人，可采取追捕所必需的技术侦查措施。B. 公安机关在立案后，据侦查犯罪的需要，可对严重危害社会的犯罪案件（危害国安犯罪、恐怖活动犯罪、黑社会性质的组织犯罪、重大毒品犯罪案件；故意杀人、故意伤害致人重伤或死亡、强奸、抢劫、绑架、放火、爆炸、投放危险物质等严重暴力犯罪案件；集团性、系列性、跨区域性重大犯罪案件；利用电信、计算机网络、寄递渠道等实施的重大犯罪案件，以及针对计算机网络实施的重大犯罪案件；其他严重危害社会的犯罪案件，依法可能判处7年以上有期刑）采取技术侦查措施。（2）在技术侦查有效期限内，需变更技术侦查措施种类或适用对象，应重新办理批准手续。A. 公安机关需采取技术侦查措施，应制作呈请采取技术侦查措施报告书，报设区的市一级以上公安机关负责人批准，制作采取技术侦查措施决定书。B. 检察院等部门决定采取技术侦查措施，交公安机关执行，由设区的市一级以上公安机关按规定办理相关手续后，交负责技术侦查的部门执行，并将执行情况通知检察院等部门。C. 批准采取技术侦查措施的决定自签发之日起3个月内有效；在有效期限内，对不需继续采取技术侦查措施，办案部门应立即书面通知负责技术侦查的部门解除技术侦查措施；负责技术侦查的部门认为需解除技术侦查措施，报批准机关负责人批准，制作解除技术侦查措施决定书，并及时通知办案部门。D. 对复杂、疑难案件，采取技术侦查措施的有效期限届满仍需继续采取技术侦查措施，经负责技术侦查的部门审核后，报批准机关负责人批准，制作延长技术侦查措施期限决定书；批准延长期限，每次不得超过3个月；有效期限届满，负责技术侦查的部门应立即解除技术侦查措施。（3）采取技术侦查措施收集的材料在刑诉中可作为证据使用。使用技术侦查措施收集的材料作为证据时，可能危及有关人员的人身安全，或可能产生其他严重后果，应采取不暴露有关人员身份和使用的技术设备、侦查方法等保护措施。A. 采取技术侦查措施收集的材料作为证据使用，采取技术侦查措施决定书应附卷。B. 采取技术侦查措施收集的材料，应严格依有关规定存放，只能用于对犯罪的侦查、起诉和审判，不得用于其他用途。C. 采取技术侦查措施收集的与案件无关的材料，须及时销毁，并制作销毁记录。D. 侦查人员对采取技术侦查措施过程中知悉的国家秘密、商业秘密和个人隐私，应保密。E. 公安机关依法采取技术侦查措施，有关单位和个人应配合，并对有关情况保密。

◆《刑法》第102条【背叛国家罪】

从故意犯、行为犯、危险犯的角度讲，勾结外国，危害中国的主权、领土完整和安全（以背叛国家的行为为犯罪既遂标准），处无期刑或10年以上有期刑。

与境外机构、组织、个人相勾结，犯背叛国家罪，以背叛国家罪处罚。

境外非政府组织（在境外合法成立的基金会、社会团体、智库机构等非营利、非政府的社会组织）在中国境内开展活动适用《境外非政府组织境内活动管理法》，在中国境内依法开展活动受法律保护，可在经济、教育、科技、文化、卫生、体育、环保等领域和济困、救灾等方面开展有利于公益事业发展的活动；在中国境内开展活动应遵守中国法律，不得危害中国的国家统一和民族团结，不得损害中国国家利益、社会公共利益和公民、法人及其他组织的合法权益，不得从事或资助营利性活动、政治活动，不得非法从事或资助宗教活动。

境外非政府组织的登记与监管：（1）国务院公安部门和省级政府公安机关，是境外非政府组织在中国境内开展活动的登记管理机关。A. 国务院有关部门和单位、省级政府有关部门和单位，是境外非政府组织在中国境内开展活动的相应业务主管单位。B. 县级以上政府公安机关和有关部门在各自职责范围内对境外非政府组织在中国境内开展活动依法实施监管、提供服务。C. 国家建立境外非政府组织监管工作协调机制，负责研究、协调、解决境外非政府组织在中国境内开展活动监管和服务便利中的重大问题，对为中国公益事业发展作出突出贡献的境外非政府组织给予表彰。(2) 境外非政府组织在中国境内开展活动，应接受公安机关、有关部门和业务主管单位的监管。A. 公安机关可查询与被调查事件有关的单位和个人的银行账户，有关金融机构、金融监管机构应配合。对涉嫌违法活动的银行账户资金，经设区的市级以上政府公安机关负责人批准，可提请法院依法冻结；对涉嫌犯罪的银行账户资金，依刑诉法规定采取冻结措施。国安、外交外事、财政、金融监管、海关、税务、外国专家等部门按各自职责对境外非政府组织及其代表机构依法实施监管。国务院反洗钱行政主管部门依法对境外非政府组织代表机构、中方合作单位及接受境外非政府组织资金的中国境内单位和个人开立、使用银行账户过程中遵守反洗钱和反恐怖主义融资法律规定的情况进行监管。B. 公安机关负责境外非政府组织代表机构的登记、年度检查，境外非政府组织临时活动的备案，对境外非政府组织及其代表机构的违法行为进行查处。C. 公安机关履行监管职责，发现涉嫌违反《境外非政府组织境内活动管理法》规定行为，可依法采取措施（约谈境外非政府组织代表机构的首席代表及其他负责人；进入境外非政府组织在中国境内的住所、活动场所进行现场检查；询问与被调查事件有关的单位和个人，要求其对与被调查事件有关的事项作出说明；查阅、复制与被调查事件有关的文件、资料，对可能被转移、销毁、隐匿或篡改的文件、资料封存；查封或扣押涉嫌违法活动的场所、设施或财物）。D. 业务主管单位负责对境外非政府组织设立代表机构、变更登记事项、年度工作报告提出意见，指导、监督境外非政府组织及其代表机构依法开展活动，协助公安机关等部门查处境外非政府组织及其代表机构的违法行为。

境外非政府组织的登记和备案：(1) 境外非政府组织在中国境内开展活动，应依法登记设立代表机构；未登记设立代表机构需在中国境内开展临时活动，应依法备案，否则境外非政府组织未登记设立代表机构、开展临时活动未经备案，不得在中国境内开展或变相开展活动，不得委托、资助或变相委托、资助中国境内任何单位和个人在中国境内开展活动。(2) 境外非政府组织符合法定条件（在境外合法成立；能独立承担民责；章程规定的宗旨和业务范围有利于公益事业发展；在境外存续2年以上并实质性开展活动；法律、行政法规规定的其他条件），据业务范围、活动地域和开展活动的需要，可申请在中国境内登记设立代表机构。A. 境外非政府组织申请登记设立代表机构，应经业务主管单位同意。B. 业务主管单位的名录由国务院公安部门和省级政府公安机关会同有关部门公布。(3) 境外非政府组织应自业务主管单位同意之日起30日内，向登记管理机关申请设立代表机构登记。申请设立代表机构登记，应向登记管理机关提交文件、材料（申请书；符合法定条件的证明文件、材料；拟设代表机构首席代表的身份证明、简历及其无犯罪记录证明材料或声明；拟设代表机构的住所证明材料；资金来源证明材料；业务主管单位的同意文件；法律、行政法规规定的其他文件、材料）。A. 登记管理机关审查境外非政府组织代表机构设立申请，据需要可组织专家进行评估。B. 登记管理机关应自受理申请之日起60日内作出准予登记或不登记的决定。(4) 对准予登记（名称；住所；业务范围；活动地域；首席代表；业务主管单位）的境外非政府组织代表机构，登记管理机关发给登记证书，并向社会公告。A. 境外非政府组织代表机构凭登记证书依法办理税务登记，刻制印章，在中国境内的银行开立银行账户，并将税务登记证件复印件、印章式样及银行账户报登记管理机关备案。B. 境外非政府组织代表机构需变更登记事项，应自业务主管单位同意之日起30日内，向登记管理机关申请变更登记。C. 境外非政府组织代表机构由登记管理机关注销登记，并向社会公告的事项：a. 境外非政府组织撤销代表机构。b. 境外非政府组织终止。c. 境外非政府组织代表机构依法被撤销登记或吊销登记证书。d. 因其他原因终止。D. 境外非政府组织代表机构注销登记后，设立该代表机构的境外非政府组织应妥善办理善后事宜。境外非政府组织代表机构不有法人资格,涉及相关法律责任,由该境外非政府组织承担。(5)境外非政府组织未在中国境内设立代表机构,在中国境内开展临时活动,应与中国的国家机关、人民团体、事业单位、社会组织(中方合作单位)合作进行。(6)境外非政府组织开展临时活动,中方合作单位应按国家规定办理审批手续,并在开展临时活动15日前向其所在地的登记管理机关备案(境外非政府组织合法成立的证明文件、材料;境外非政府组织与中方合作单位的书面协议;临时活动的名称、宗旨、地域和期限等相关材料;项目经费、资金来源证明材料及中方合作单位的银行账户;中方合作单位获得批准的文件;法律、行政法规规定的其他文件、材料)。A.在赈灾、救援等紧急情况下,需开展临时活动,备案时间不受15日的限制。B.临时活动期限不超过1年,确实需延长期限,应重新备案。C.登记管理机关认为备案的临时活动不符合法律规定(境外非政府组织在中国境内开展活动应遵守中国法律,不得危害中国的国家统一、安全和民族团结,不得损害中国国家利益、社会公共利益和公民、法人及其他组织的合法权益,不得从事或资助营利性活动、政治活动,不得非法从事或资助宗教活动),应及时通知中方合作单位停止临时活动。

境外非政府组织的活动规范:(1)境外非政府组织在中国境内开展活动不得对中方合作单位、受益人附加违反中国法律法规的条件;不得在中国境内设立分支机构,以国务院另有规定为例外。A.境外非政府组织代表机构应以登记的名称,在登记的业务范围和活动地域内开展活动。B.境外非政府组织代表机构应在每年12月31日前将包含项目实施、活动资金(境外合法来源的资金;中国境内的银行存款利息;中国境内合法取得的其他资金)使用等内容的以下一年度活动计划报业务主管单位,业务主管单位同意后10日内报登记管理机关备案;特殊情况下需调整活动计划,应及时向登记管理机关备案。(2)境外非政府组织及其代表机构不得在中国境内募捐。A.境外非政府组织在中国境内活动不得取得或使用境外合法来源的资金、中国境内的银行存款利息、中国境内合法取得的其他资金外的资金。B.设立代表机构的境外非政府组织应通过代表机构在登记管理机关备案的银行账户管理用于中国境内的资金;开展临时活动的境外非政府组织应通过中方合作单位的银行账户管理用于中国境内的资金,实行单独记账,专款专用,否则境外非政府组织、中方合作单位和个人不得以其他任何形式在中国境内进行项目活动资金的收付。C.境外非政府组织应按代表机构登记的业务范围、活动地域或与中方合作单位协议的约定使用资金。D.境外非政府组织代表机构应执行中国统一的会计制度。财务会计报告应经中国境内会计师事务所审计。E.境外非政府组织在中国境内开展活动,应按中国有关外汇管理规定办理外汇收支。F.境外非政府组织代表机构应依法办理税务登记、纳税申报和税款缴纳等事项。(3)境外非政府组织代表机构在中国境内聘用工作人员应遵守法律、行政法规,并将聘用的工作人员信息报业务主管单位和登记管理机关备案。A.境外非政府组织代表机构、开展临时活动的境外非政府组织不得在中国境内发展会员,以国务院另有规定为例外。B.境外非政府组织代表机构应设1名首席代表,可根据业务需设1名~3名代表(不得担任境外非政府组织代表机构首席代表、代表的5种情形:a.有犯罪记录。b.无民事行为能力或限制民事行为能力。c.依法被撤销登记、吊销登记证书的代表机构的首席代表、代表,自被撤销、吊销之日起未逾5年。d.法律、行政法规规定的其他情形)。(4)开展临时活动的境外非政府组织,应以经备案的名称开展活动。A.境外非政府组织、中方合作单位应于临时活动结束后30日内将活动情况、资金使用情况等书面报送登记管理机关。B.境外非政府组织代表机构应于每年1月31日前向业务主管单位报送上一年度工作报告,经业务主管单位出具意见后,于3月31日前报送登记管理机关,接受年度检查。C.年度工作报告应含经审计的财务会计报告、开展活动的情况及人员和机构变动的情况等内容。D.境外非政府组织代表机构应将年度工作报告在登记管理机关统一的网站上向社会公开。(5)中国境内任何单位和个人不得接受未登记代表机构、开展临时活动未经备案的境外非政府组织的委托、资助、代理或变相代理境外非政府组织在中国境内开展活动。

《境外非政府组织境内活动管理法》的法律责任：（1）境外非政府组织代表机构、开展临时活动的境外非政府组织或中方合作单位有6种违法行为［a. 拒不接受或不按规定（违反政府各委办局依法制定的规范性文件以上的规定）接受监督检查。b. 未按规定报送年度活动计划、报送或公开年度工作报告。c. 未按规定办理变更登记、备案相关事项。d. 未按登记或备案的名称、业务范围、活动地域开展活动。e. 违反规定取得、使用资金，未按规定开立、使用银行账户或进行会计核算。f. 从事、资助营利性活动，进行募捐或违反规定发展会员］，或境外非政府组织代表机构、开展临时活动的境外非政府组织或中方合作单位以提供虚假材料等非法手段，取得代表机构登记证书或进行临时活动备案，或有伪造、变造、买卖、出租、出借登记证书、印章行为，由设区的市级以上政府公安机关给予警告或责令限期停止活动；没收非法财物和违法所得；情节严重，由登记管理机关吊销登记证书、取缔临时活动。（2）中国境内单位和个人明知境外非政府组织未登记代表机构、临时活动未备案，与其合作，或接受其委托、资助，代理或变相代理其开展活动、进行项目活动资金收付，或由设区的市级以上政府公安机关取缔或责令停止违法行为；没收非法财物和违法所得；对直接责任人员给予警告，情节严重，处10日以下拘留的4种情形：A. 未经登记、备案，以境外非政府组织代表机构、境外非政府组织名义开展活动。B. 被撤销登记、吊销登记证书或注销登记后以境外非政府组织代表机构名义开展活动。C. 境外非政府组织临时活动期限届满或临时活动被取缔后在中国境内开展活动。D. 境外非政府组织未登记代表机构、临时活动未备案，委托、资助中国境内单位和个人在中国境内开展活动。（3）境外非政府组织、境外非政府组织代表机构有分裂国家、破坏国家统一、颠覆国家政权等犯罪行为，由登记管理机关对直接责任人员依法追究刑责。（4）由登记管理机关吊销登记证书或取缔临时活动；尚不构成犯罪，由设区的市级以上政府公安机关对直接责任人员处15日以下拘留境外非政府组织、境外非政府组织代表机构的5种情形：A. 煽动抗拒法律法规实施。B. 非法获取国家秘密。C. 造谣、诽谤或发表、传播其他有害信息，危害国安或损害国家利益。D. 从事或资助政治活动，非法从事或资助宗教活动。E. 有其他危害国安、损害国家利益或社会公共利益情形。（5）境外非政府组织、境外非政府组织代表机构违反本法规定被撤销登记、吊销登记证书或临时活动被取缔，自被撤销、吊销、取缔之日起5年内，不得在中国境内再设立代表机构或开展临时活动。A. 未登记代表机构或临时活动未备案开展活动的境外非政府组织，自活动被取缔之日起5年内，不得在中国境内再设立代表机构或开展临时活动。B. 有煽动抗拒法律法规实施；非法获取国家秘密；造谣、诽谤或发表、传播其他有害信息，危害国安或损害国家利益；从事或资助政治活动，非法从事或资助宗教活动；有其他危害国安、损害国家利益或社会公共利益情形的境外非政府组织，国务院公安部门可将其列入不受欢迎的名单，不得在中国境内再设立代表机构或开展临时活动。（6）境外非政府组织代表机构被责令限期停止活动，由登记管理机关封存其登记证书、印章和财务凭证。对被撤销登记、吊销登记证书，由登记管理机关收缴其登记证书、印章并公告作废。（7）境外人员违反中国境外非政府组织境内活动管理法，有关机关可依法限期出境、遣送出境或驱逐出境。（8）违反中国境外非政府组织境内活动管理法，构成违反治安管理行为，由公安机关依法给予治安处罚；构成犯罪，依法追究刑责。（9）公安机关、有关部门和业务主管单位及其工作人员在境外非政府组织监管工作中，不履行职责或滥用职权、玩忽职守、徇私舞弊，依法追究法律责任。（10）境外学校、医院、自然科学和工程技术的研究机构或学术组织与境内学校、医院、自然科学和工程技术的研究机构或学术组织开展交流合作，按国家有关规定办理，否则境外学校、医院、机构和组织在中国境内的活动存在危害中国的国家统一、安全和民族团结，损害中国国家利益、社会公共利益和公民、法人及其他组织的合法权益，或从事或资助营利性活动、政治活动，非法从事或资助宗教活动，依法追究法律责任。

◆ 《刑法》第103条 【分裂国家罪；煽动分裂国家罪】

从共犯、故意犯、危险行为犯、情节犯、的角度讲，组织、策划、实施分裂国家、破坏国家统一（以分裂国家为犯罪目的），对首犯或罪行重大，处无期刑或10年以上有期刑；对积极参加者，处3年以上10年以下有期刑；对其他参加者，处3年以下有期刑、拘役、管制或剥夺政治权利。

从危险行为犯的角度讲，煽动分裂国家、破坏国家统一（以煽动分裂国家为犯罪目的），处5年以下有期刑、拘役、管制或剥夺政治权利；首犯或罪行重大，处5年以上有期刑。

策动、胁迫、勾引、收买国家机关工作人员、武装部队人员、警察、民兵进行武装叛乱或武装暴乱，依武装叛乱、暴乱罪从重处罚。

利用突发传染病疫情等灾害，制造、传播谣言，煽动分裂国家、破坏国家统一，或煽动颠覆国家政权、推翻社会主义制度，以煽动分裂国家罪或煽动颠覆国家政权罪定罪处罚。

明知出版物中载有煽动分裂国家、破坏国家统一或煽动颠覆国家政权、推翻社会主义制度的内容而出版、印刷、复制、发行、传播，以煽动分裂国家罪或煽动颠覆国家政权罪追责。

◆ 《刑法》第104条 【武装叛乱、暴乱罪】

从共犯、同时犯、故意犯、行为犯的角度讲，组织、策划、实施武装叛乱或武装暴乱，对首犯或罪行重大者，处无期刑或10年以上有期刑；对积极参加者，处3年以上10年以下有期刑；对其他参加者，处3年以下有期刑、拘役、管制或剥夺政治权利。

从行为犯、法定刑的角度讲，武装叛乱暴乱罪、投敌叛变罪、叛逃罪不存在犯罪既遂、犯罪未遂的可能性，分别以着手实行武装叛乱暴乱、投敌叛变、叛逃行为为适用法定刑的根据。

◆ 《刑法》第105条 【颠覆国家政权罪；煽动颠覆国家政权罪】

从共犯、故意犯、危险行为犯的角度讲，组织、策划、实施颠覆国家政权、推翻社会主义制度，对首犯或罪行重大，处无期刑或10年以上有期刑；对积极参加者，处3年以上10年以下有期刑；对其他参加者，处3年以下有期刑、拘役、管制或剥夺政治权利。

从危险行为犯的角度讲，以造谣、诽谤或其他方式煽动颠覆国家政权、推翻社会主义制度，处5年以下有期刑、拘役、管制或剥夺政治权利；首犯或罪行重大，处5年以上有期刑。

◆ 《刑法》第107条 【资助危害国家安全犯罪活动罪】

从故意犯、行为犯、情节犯的角度讲，境内外机构、组织或个人资助（为危害国安犯罪活动的个人筹集、提供经费、物资或提供场所、其他物质便利的行为；以资助资金到账、物资交付或提供了场所、其他物质便利为犯罪既遂标准）实施危害国安犯罪活动犯罪（背叛国家罪、武装叛乱暴乱罪、分裂国家罪、煽动分裂国家罪、颠覆国家政权罪、煽动颠覆国家政权罪），对直接责任人员，处5年以下有期刑、拘役、管制或剥夺政治权利；情节严重，处5年以上有期刑。

◆ 《刑法》第108条 【投敌叛变罪】

从故意犯、行为犯、情节犯的角度讲，投敌（投靠敌人）叛变（投奔、效劳敌方营垒；被俘后投降敌方而从事危害国安活动；以投敌叛变后实施背叛国家的背叛行为为犯罪既遂标准），处3年以上10年以下有期刑；情节严重或带领武装部队人员、警察、民兵投敌叛变，处10年以上有期刑或无期刑。

有叛变、叛逃、逃避、逃离、逃跑性质的罪名有危害国安罪的投敌叛变罪、叛逃罪；破坏金融管理秩序罪的逃汇罪、虚假出资抽逃出资罪；走私罪的走私普通货物、物品罪；扰乱市场秩序罪的逃避商检罪；危害税收征管罪的逃税罪、逃避追缴欠税罪；危害公共安全罪的交通肇事罪；危害国防利益罪的煽动军人逃离部队罪、雇用逃离部队军人罪、战时拒绝逃避征召军事训练罪、战时拒绝逃避服役罪、战时窝藏逃离部队军人罪；渎职罪的失职使在押人员脱逃罪、帮助犯罪分子逃避处罚罪；军人违反职责罪的军人叛逃罪、逃离部队罪（平时\战时逃离部队罪）、战时临阵脱逃罪等。

◆ 《刑法》第109条 【叛逃罪】

从身份犯、故意犯、行为犯、情节犯、侵害犯的角度讲，国家机关工作人员在履行公务期间（犯罪时间），擅离岗位（犯罪行为），叛逃境外或在境外叛逃（犯罪行为），处5年以下有期刑、拘役、管制或剥夺政治权利；情节严重，处5年以上10年以下有期刑。从从重处罚的角度，掌握国家秘密的国家工作人员叛逃境外或在境外叛逃，以叛逃罪从重处罚。

【2002·卷2·单选·11】（答案：C）某国家机关工作人员甲借到M国探亲的机会滞留不归。1年后甲受雇于M国的一个专门收集有关中国军事情报的间谍组织，随后受该组织的指派潜回中国，找到其在某军区参谋部工作的战友乙，以1万美元的价格从乙手中购买了3份军事机密材料。对甲的行为应如何处理？A. 以叛逃罪论处。B. 以叛逃罪和间谍罪论处。C. 以间谍罪论处。D. 以非法获取军事秘密罪论处。

【2012·卷2·单选·14】（答案：C）甲系海关工作人员，被派往某国考察。甲担心自己放纵走私被查处，拒不归国。为获得庇护，甲向某国难民署提供我国从未对外公布且影响我国经济安全的海关数据。关于本案，下列哪一选项是错误的？A. 甲构成叛逃罪。B. 甲构成为境外非法提供国家秘密、情报罪。C. 对甲不应数罪并罚。D. 即使《刑法》分则对叛逃罪未规定剥夺政治权利，也应对甲附加剥夺1年以上5年以下政治权利。

◆ 《刑法》第110条 【间谍罪】

从故意犯、单纯行为犯、情节犯的角度讲，有间谍行为（a. 参加间谍组织。b. 接受间谍组织及其代理人的任务。c. 为敌人指示轰击目标），危害国家安全，处10年以上有期刑或无期刑；情节较轻，处3年以上10年以下有期刑。

【拒绝提供间谍犯罪证据罪】明知他人有间谍犯罪行为，在国家安全机关向其调查有关情况、收集有关证据时，拒绝提供，情节严重，处3年以下有期刑、拘役或管制。

【2017·卷2·多选·75】（答案：BD）王某因间谍罪被甲省乙市中级法院一审判处死刑，缓期2年执行。王某没有上诉，检察院没有抗诉。判决生效后，发现有新的证据证明原判决认定的事实确有错误。下列哪些机关有权对本案提起审判监督程序？A. 乙市中级法院。B. 甲省高级法院。C. 甲省检察院。D. 最高检察院。

妨害司法罪的间谍性质的罪名：(1)【拒绝提供间谍犯罪、恐怖主义犯罪、极端主义犯罪证据罪】明知他人有间谍犯罪或恐怖主义、极端主义犯罪行为，在司法机关向其调查有关情况、收集有关证据时，拒绝提供，情节严重，处3年以下有期刑、拘役或管制。(2)【非法生产、销售专用间谍器材、窃听、窃照专用器材罪】自然人或单位非法生产、销售专用间谍器材、窃听、窃照专用器材罪，对单位判处罚金，对自然人、单位直接负责的主管人员和其他直接责任人员，处3年以下有期刑、拘役或管制，并处或单处罚金；情节严重，处3年以上7年以下有期刑，并处罚金。(3)【非法使用窃听、窃照专用器材罪、考试作弊罪】非法使用窃听、窃照专用器材，造成严重后果，处2年以下有期刑、拘役或管制。

从立法效力的角度讲，反间谍法是国家安全法的升级版。(1) 国安机关、公安机关依法律、行政法规和国家有关规定，履行防范、制止和惩治间谍行为（a. 间谍组织及其代理人实施或指使、资助他人实施，或境内外机构、组织、个人与其相勾结实施的危害中国国安的活动。b. 参加间谍组织或接受间谍组织及其代理人的任务。c. 间谍组织及其代理人外的其他境外机构、组织、个人实施或指使、资助他人实施，或境内机构、组织、个人与其相勾结实施的窃取、刺探、收买或非法提供国家秘密或情报，或策动、引诱、收买国家工作人员叛变的活动。d. 为敌人指示攻击目标。e. 进行其他间谍活动）外的其他危害国安行为的职责，适用反间谍法有关规定。(2) 反间谍工作坚持中央统一领导，坚持公开工作与秘密工作相结合、专门工作与群众路线相结合、积极防御、依法惩治的原则，应依法进行，尊重和保障人权，保障公民和组织的合法权益。(3) 国家对支持、协助反间谍工作的组织和个人给予保护，对有重大贡献的给予奖励。(4) 中国公民有维护国家的安全、荣誉和利益的义务，不得有危害国家的安全、荣誉和利益的行为。(5) 一切国家机关和武装力量、各政党和各社会团体及各企事业组织，都有防范、制止间谍行为，维护国安的义务。(6) 境外机构、组织、个人实施或指使、资助他人实施，或境内机构、组织、个人与境外机构、组织、个人相勾结实施危害中国国安的间谍行为，都须受到法律追究。

国安机关是反间谍工作的主管机关。公安、保密行政管理等其他有关部门和军队有关部门按职责分工，密切配合，加强协调，依法做好有关工作。国安机关的反间谍工作职权：(1) 国安机关在反间谍工作中依法行使侦查、拘留、预审、执行逮捕及法律规定的其他职权，须依靠的支持，动员、组织防范、制止危害国安的间谍行为。A. 国安机关因反间谍工作需要，按国家有关规定，可优先使用或依法征用机关、人民团体、企事业组织和个人的交通工具、通信工具、场地和建筑物，必要时可设置相关工作场所和设备、设施，任务完成后应及时归还或恢复原状，并依规定支付相应费用；造成损失，应补偿。B. 国安机关因反间谍工作需要，可依规定查验有关组织和个人的电子通信工具、器材等设备、设施。查验中发现存在危害国安情形，国安机关应责令其整改；拒绝整改或整改后仍不符合要求，可查封、扣押，对查封、扣押的设备、设施，在危害国安情形消除后，国安机关应及时解除查封、扣押；根据国家有关规定，可提请海关、边防等检查机关对有关人员和资料、器材免检；有关检查机关应协助。C. 国安机关因侦察间谍行为的需要，据国家有关规定，经严格的批准手续，可采取技术侦察措施；对用于间谍行为的工具和其他财物，以及用于资助间谍行为的资金、场所、物资，经设区的市级以上国安机关负责人批准，可依法查封、扣押、冻结；根据反间谍工作需要，可会同有关部门制定反间谍技术防范标准，指导有关部门落实反间谍技术防范措施，对存在隐患的部门，经严格的批准手续，可进行反间谍技术防范检查和检测。(2) 国安机关的工作人员依法执行职务受法律保护。A. 依法执行任务时，依规定出示相应证件，有权查验中国公民或境外人员的身份证明，向有关组织和人员调查、询问有关情况；可进入有关场所、单位。B. 根据国家有关规定，经批准，出示相应证件，可进入限制进入的有关地区、场所、单位，查阅或调取有关的档案、资料、物品。C. 在依法执行紧急任务的情况下，经出示相应证件，可优先乘坐公共交通工具，遇交通阻碍时，优先通行。(3) 国安机关及其工作人员在工作中，应严格依法办事，不得超越职权、滥用职权，不得侵犯组织和个人的合法权益；依法履行反间谍工作职责获取的组织和个人的信息、材料，只能用于反间谍工作；对属于国家秘密、商业秘密和个人隐私，应保密。

反间谍法性质的公民和组织的义务和权利：(1) 机关、人民团体和其他组织应对本单位的人员进行维护国安的教育，动员、组织本单位的人员防范、制止间谍行为。(2) 公民和组织发现间谍行为，应及时向国安机关报告；向公安机关等其他国家机关、组织报告，相关国家机关、组织应立即移送国安机关处理；应为反间谍工作提供便利或其他协助。A. 因协助反间谍工作，本人或其近亲属（配偶、父母、子女、兄弟姐妹、祖父母、外祖父母、孙子女、外孙子女和其他有扶养、赡养关系的亲属）的人身安全面临危险，可向国安机关请求保护。B. 国安机关应会同有关部门依法采取保护措施。C. 在国安机关调查了解有关间谍行为的情况、收集有关证据时，有关组织和个人应如实提供，不得拒绝。（3）任何公民和组织对国安机关及其工作人员超越职权、滥用职权和其他违法行为，都有权向上级国安机关或有关部门检举、控告，都应保守所知悉的有关反间谍工作的国家秘密，都不得非法持有属于国家秘密的文件、资料和其他物品，都不得非法持有、使用间谍活动特殊需要的专用间谍器材（国务院国安主管部门依国家有关规定确认）。A. 受理检举、控告的国安机关或有关部门应及时查清事实，负责处理，并将处理结果及时告知检举人、控告人。B. 对协助国安机关工作或依法检举、控告的个人和组织，任何个人和组织不得压制和打击报复。

◆《刑法》第111条【为境外窃取、刺探、收买、非法提供国家秘密、情报罪】

从故意犯、危险结果犯、情节犯、涉密犯、缩小解释的角度讲，为境外（中国领域外或中国领域内中国政府尚未实施行政管辖的地域：尚未回归的台湾地区、1997年7月1日前的香港、1999年12月31日前的澳门）的机构、组织［港澳台等回归前的中国地区；外国的政府、军队、机关在中国境内设置的机构、社团、企事业组织、外国驻华使领馆、办事处、商社、新闻机构等外国的机构、组织及其在中国境内设立的分支（代表）机构、分支组织］、人员［居住（永久居住、长期居住、短期居住）在外国和回归前的台湾、香港、澳门等中国地区的人，居住在中国境内没有中国国籍的人］，窃取（采取秘密手段盗窃属于国家秘密或情报的资料、物品；以行为人取得国家秘密、情报为犯罪既遂标准）、刺探（采取各种渠道、使用各种手段，非法探知国家秘密或情报资料的违法犯罪行为）、收买（采取金钱、色情、物质利益等手段诱惑掌握国家秘密或情报的人员获取国家秘密或情报资料、物品）、非法提供（国家秘密的持有者或知悉者非法出卖、交付、告知其他不应知悉国家秘密或情报的人）国家秘密（关系国家的安全和利益，依法定程序确定、在一定时间内只限于一定范围的人员知悉的事项：政党中的秘密事项、国家事务的重大决策、国防建设和武装力量活动、外交和外事活动、国民经济和社会发展、科技、维护国安活动和追究刑事犯罪活动、其他经国家保密工作部门确定应保守的国家秘密事项）或情报（关系国家安全和利益、尚未公开或依有关规定不应公开的事项；涉及非国家秘密性质的国家政治、经济、军事、科技等尚未公开或不宜公开泄露、影响国安和利益的情况和材料；缩小解释）、国家情报（关系国安和利益、尚未公开或依有关规定不应公开的事项；以行为人提供国家秘密、情报为犯罪既遂标准），处5年以上10年以下有期刑（为境外窃取、刺探、收买、非法提供机密级国家秘密；为境外窃取、刺探、收买、非法提供3项以上秘密级国家秘密；为境外窃取、刺探、收买、非法提供国家秘密或情报，对国安和利益造成其他严重损害）；情节特别严重（为境外窃取、刺探、收买、非法提供绝密级国家秘密；为境外窃取、刺探、收买、非法提供3项以上机密级国家秘密；为境外窃取、刺探、收买、非法提供国家秘密或情报，对国安和利益造成其他特别严重损害），处10年以上有期刑或无期刑；情节较轻（为境外窃取、刺探、收买、非法提供秘密级国家秘密或情报），处5年以下有期刑、拘役、管制或剥夺政治权利。

犯为境外窃取、刺探、收买、非法提供国家秘密、情报罪，应附加剥夺政治权利，可并处没收财产；对国家和人民危害特别严重、情节特别恶劣，可判处死刑。

为境外窃取、刺探、收买、非法提供国家秘密、情报罪是为境外的机构、组织、人员窃取、刺探、收买、非法提供国家秘密或情报的行为。

【2006·卷2·单选·20】（答案：D）下列哪种说法是正确的？A. 将强制猥亵妇女罪中的"妇女"解释为含男性在内的人，属于扩大解释。B. 将故意杀人罪中的"人"解释为"精

神正常的人",属于应当禁止的类推解释。C. 将伪造货币罪中的"伪造"解释为包括变造货币,属于法律允许的类推解释。D. 将为境外窃取、刺探、收买、非法提供国家秘密、情报罪中的"情报"解释为"关系国家安全和利益、尚未公开或者依照有关规定不应公开的事项",属于缩小解释。

【2008·川·卷2·单选·1】(答案:D)根据《刑法》第一百一十一条,为境外的机构、组织、人员非法提供国家秘密或者情报,构成犯罪。司法解释将其中的"情报"解释为"关系国家安全和利益、尚没公开或者依照有关规定不应公开的事项"。这一解释属于何种解释?A. 补正解释。B. 当然解释。C. 反对解释。D. 缩小解释。

从司法解释、保守国家秘密法及其实施办法的角度讲,法院审理为境外窃取、刺探、收买、非法提供情报案件,需对有关事项是否属于情报进行鉴定,由国家保密工作部门或省级保密工作部门鉴定。(1) 任何组织和个人进行危害中国国安的行为(境外机构、组织、个人实施或指使、资助他人实施,或境内组织、个人与境外机构、组织、个人相勾结实施窃取、刺探、收买、非法提供国家秘密危害中国安全的行为)都须受到法律追究。(2) 审理为境外窃取、刺探、收买、非法提供国家秘密案件,需对有关事项是否属于国家秘密、属于何种密级进行鉴定,由国家保密工作部门或省级保密工作部门鉴定。(3) 从国安法的角度,在境外受胁迫或受诱骗参加敌对组织,从事危害中国国安的活动,及时向中国驻外机构如实说明情况,或入境后直接或通过所在组织及时向国安机关或公安机关如实说明情况,不予追究。

为境外窃取、刺探、收买、非法提供国家秘密罪的情形:(1) 境外机构、组织、个人实施或指使、资助他人实施,或境内组织、个人与境外机构、组织、个人相勾结实施危害中国国安的行为,构成犯罪,依法追究刑责(为境外机构、组织、人员窃取、刺探、收买、非法提供国家秘密外的情报的行为,构成为境外窃取、刺探、收买、非法提供情报罪)。(2) 行为人知道或应知道未标明密级的事项关系国安和利益,而为境外窃取、刺探、收买、非法提供,以为境外窃取、刺探、收买、非法提供国家秘密罪定罪处罚。(3) 通过互联网将国家秘密或情报非法发送给境外的机构、组织、个人,以为境外窃取、刺探、收买、非法提供国家秘密罪定罪处罚。

从法条竞合关系的角度讲,通过互联网窃取、泄露国家秘密、情报或军事秘密,构成犯罪,或利用计算机实施金融诈骗、盗窃、贪污、挪用公款、窃取国家秘密或他罪,依刑法有关规定定罪处罚。

通过互联网发布国家秘密,情节严重,依故意泄露国家秘密罪、过失泄露国家秘密罪的规定定罪处罚。(故意泄露国家秘密罪;过失泄露国家秘密罪)国家机关工作人员违反保守国家秘密法,故意或过失泄露国家秘密,情节严重,处3年以下有期刑或拘役;情节特别严重,处3年以上7年以下有期刑。从司法解释的角度,非国家机关工作人员犯故意泄露国家秘密罪、过失泄露国家秘密罪,依故意泄露国家秘密罪、过失泄露国家秘密罪规定酌情处罚。

◆ **《刑法》第112条 【资敌罪】**

从战时犯、故意犯、行为犯、情节犯的角度讲,战时供给敌人武器装备、军用物资资敌(以实际交付为犯罪既遂标准),处10年以上有期刑或无期刑;情节较轻,处3年以上10年以下有期刑。

有资助性质的罪名有危害国安罪的资助危害国安犯罪活动罪、资敌罪(平时\战时);金融诈骗罪的集资诈骗罪、非法吸收存款罪;扰乱公共秩序罪(妨害社会管理秩序罪)的组织资助非法聚集罪;危害公共安全罪的资助恐怖活动罪等。

第二章

危害公共安全罪（第114~139条）

从犯罪主体的角度讲，危害公共安全罪的犯罪主体以一般主体为主（帮助恐怖活动罪；非法制造、买卖、运输、邮寄、储存枪支、弹药、爆炸物罪；非法制造、买卖、运输、储存危险物质罪），以特殊主体为辅（工程重大安全事故罪的特殊主体含建设单位、设计单位、施工单位、工程监理单位）。

从犯罪对象的角度讲，危害公共安全罪涉及枪支、弹药、爆炸物、危险物质（品）、管制刀具的罪名：非法携带枪支、弹药、管制刀具、危险物品危及公共安全罪；非法制造、买卖、运输、邮寄、储存枪支、弹药、爆炸物罪；非法制造、买卖、运输、储存危险物质罪；非法持有、私藏枪支、弹药罪、非法出租、出借枪支罪；违规制造、销售枪支罪，盗窃、抢夺枪支、弹药、爆炸物、危险物质罪；抢劫枪支、弹药、爆炸物、危险物质罪；丢失枪支不报罪。

【2014·卷2·多项·57】（答案：ABCD）关于危害公共安全罪的论述，下列哪些选项是正确的？A. 甲持有大量毒害性物质，乙持有大量放射性物质，甲用部分毒害性物质与乙交换了部分放射性物质。甲、乙的行为属于非法买卖危险物质。B. 吸毒者甲用毒害性物质与贩毒者乙交换毒品。甲、乙的行为属于非法买卖危险物质，乙的行为另触犯贩卖毒品罪。C. 依法配备公务用枪的甲，将枪赠与他人。甲的行为构成非法出借枪支罪。D. 甲父去世前告诉甲"咱家院墙内埋着5支枪"，甲说"知道了"，但此后甲什么也没做。甲的行为构成非法持有枪支罪。

从犯罪主观方面的角度讲，危害公共安全罪以故意犯罪为主，以过失犯罪为辅（过失损坏交通工具罪；过失损坏交通设施罪；过失损坏电力设备罪；过失损坏易燃易爆设备罪；过失损坏广电设施、公用电信设施罪；消防责任事故罪；铁路运营安全事故罪；交通肇事罪；危险物品肇事罪；重大飞行事故罪；重大责任事故罪；重大劳动安全事故罪；工程重大安全事故罪；教育设施重大安全事故罪）。

从犯罪客体的角度讲，危害公共安全罪的客体有不特定性、公共安全性、多样性、复杂性、类型性，以不特定（无法实际确定、无法具体预料、难以实际控制危害公共安全行为的危险方法或危险行为随时扩大或增加可能侵害的对象、可能造成的危害后果）人或多数人的生命、健康或重大财产的危险为公共安全客体，主要含危及不特定人或财产的安全；不特定人的生命、健康或重大财产的危险；不特定人并多数人的生命、健康或重大财产的危险；不特定人或多数人的生命、健康或重大财产的危险；多数人的生命、健康或重大财产的危险等危害公共安全客体。

从犯罪客体、犯罪行为的角度讲，危害公共安全罪以危害公共安全为客体，对不特定多人的死伤或重大公私财物进行广泛或大规模破坏，或实施危害不特定人或多数人的生命、健康或重大公私财产安全的行为，或实施各种危害公共安全的行为并造成了实际损害后果，或虽未造成实际损害后果而足以危害公共安全，或以危险方法危害公共安全，或造成重大责任事故危害公共安全，或破坏公用工具、设施危害公共安全，或实施恐怖、危险活动危害公共安全，或违反枪支、弹药管理规定危害公共安全，均构成危害公共安全罪，否则对采用危险方法可能造成的破坏范围进行有意识地限制而不危害公共安全，客观上未发生危害公共安全结果，则不构成危害公共安全罪。

从比较法、犯罪客体和犯罪对象的关系的角度讲，危害公共安全罪43个罪名含故意犯、过失犯、危险犯、实害犯、结果犯、行为犯等。（1）5个实施暴力、恐怖活动的犯罪：组织、领导、参加恐怖活动组织罪；帮助恐怖活动罪；劫持航空器罪；劫持船只、汽车罪；暴力危及飞行安全罪。（2）9个以枪支、弹药、爆炸物、危险物质为对象的犯罪：丢失枪支不报罪；盗窃、抢夺枪支、弹药、爆炸物、危险物质罪；抢劫枪支、弹药、爆炸物、危险物质罪；非法制造、买卖、运输、邮寄、储存枪支、弹药、爆炸物罪；非法制造、买卖、运输、储存危险物质罪；非法制造、销售枪支罪；非法持有、私藏枪支、弹药罪；非法出租、出借枪支罪；非法携带枪支、弹药、管制刀具、危险物品危及公共安全罪。（3）9个过失造成重大责任事故的犯罪：消防责任事故罪；铁路运营安全事故罪；交通肇事罪；危险物品肇事罪；重大飞行事故罪；重大责任事故罪；重大劳动安全事故罪；工程重大安全事故罪；教育设施重大安全事故罪。（4）10个以危险方法危害公共安全的犯罪：以危险方法危害公共安全罪；过失以危险方法危害公共安全罪；放火罪；失火罪；决水罪；过失决水罪；爆炸罪；过失爆炸罪；投放危险物质罪；过失投放危险物质罪。（5）10个破坏特定设施、设备的犯罪：破坏交通工具罪；过失损坏交通工具罪；破坏交通设施罪；过失损坏交通设施罪；破坏电力设备罪；过失损坏电力设备罪；破坏易燃易爆设备罪；过失损坏易燃易爆设备罪；破坏广电设施、公用电信设施罪；过失损坏广电设施、公用电信设施罪。

从犯罪主观方面的角度讲，危害公共安全罪分为可划分犯罪既遂、犯罪未遂的危害公共安全罪（破坏广电设施、公用电信设施罪；非法制造、买卖、运输、储存危险物质罪；非法制造、销售枪支罪；抢劫枪支、弹药、爆炸物、危险物质罪；盗窃、抢夺枪支、弹药、爆炸物、危险物质罪；帮助恐怖活动罪）和不可划分犯罪既遂、犯罪未遂的危害公共罪（组织、领导、参加恐怖活动组织罪；放火罪；决水罪；爆炸罪；投放危险物质罪；破坏交通工具罪；破坏交通设施罪；破坏电力设备罪；破坏易燃易爆设备罪；破坏广电设施、公用电信设施罪；劫持航空器罪；劫持船只、汽车罪；暴力危及飞行安全罪；非法持有、私藏枪支、弹药罪；非法出租、出借枪支罪）。[33]

从宽严相济政策的角度讲，对危害国安犯罪、恐怖组织犯罪、邪教组织犯罪、黑社会性质组织犯罪、恶势力犯罪、故意危害公共安全犯罪等严重危害国家政权稳固和社会治安的犯罪，故意杀人、故意伤害致人死亡、强奸、绑架、拐卖妇女儿童、抢劫、重大抢夺、重大盗窃等严重暴力犯罪和严重影响群众安全感的犯罪，走私、贩卖、运输、制造毒品等毒害健康的犯罪，要作为严惩的重点，依法从重处罚。对极端仇视国家和社会，以不特定人为侵害对象，所犯罪行特别严重的罪犯，该重判的要坚决依法重判，该判处死刑的要坚决依法判处死刑。

危害公共安全罪的最高刑：（1）放火罪、决水罪、爆炸罪、投放危险物质罪、以危险方法危害公共安全罪，尚未造成严重后果，处3年以上10年以下有期刑，致人重伤、死亡或使公私财产遭受重大损失，处10年以上有期刑、无期刑或死刑。（2）过失犯放火罪、决水罪、爆炸罪、投放危险物质罪、以危险方法危害公共安全罪，处3年以上7年以下有期刑；情节较轻，处3年以下有期刑或拘役。（3）破坏交通工具罪，尚未造成严重后果，处3年以上10年以下有期刑。（4）破坏交通设施罪，尚未造成严重后果，处3年以上10年以下有期刑。（5）破坏电力设备罪、破坏易燃易爆设备罪，尚未造成严重后果，处3年以上10年以下有期刑。

---

[33] 刘之雄：《犯罪既遂论》，中国人民公安大学出版社2003年版，第193、215页。

(6) 破坏交通工具罪、破坏交通设施罪、破坏电力设备罪、破坏易燃易爆设备罪，造成严重后果，处10年以上有期刑、无期刑或死刑。(7) 过失犯破坏交通工具罪、破坏交通设施罪、破坏电力设备罪、破坏易燃易爆设备罪，处3年以上7年以下有期刑；情节较轻，处3年以下有期刑或拘役。(8) 组织、领导、参加恐怖组织罪，处10年以上有期刑或无期刑，并处没收财产；积极参加，处3年以上10年以下有期刑，并处罚金；其他参加，处3年以下有期刑、拘役、管制或剥夺政治权利，可并处罚金。犯组织、领导、参加恐怖组织罪，并实施杀人、爆炸、绑架等犯罪，依数罪并罚的规定处罚。(9) 帮助恐怖活动罪，情节严重，处5年以上有期刑，并处罚金或没收财产。(10) 准备实施恐怖活动罪，情节严重，处5年以上有期刑，并处罚金或没收财产。(11) 宣扬恐怖主义、极端主义、煽动实施恐怖活动罪，情节严重，处5年以上有期刑，并处罚金或没收财产。(12) 利用极端主义破坏法律实施罪，情节特别严重，处7年以上有期刑，并处罚金或没收财产。(13) 强制穿戴宣扬恐怖主义、极端主义服饰、标志罪，处3年以下有期刑、拘役或管制，并处罚金。(14) 非法持有宣扬恐怖主义、极端主义物品罪，情节严重，处3年以下有期刑、拘役或管制，并处或单处罚金。(15) 劫持航空器罪，处10年以上有期刑或无期刑；致人重伤、死亡或使航空器遭受严重破坏，处死刑。(16) 劫持船只、汽车罪，处5年以上10年以下有期刑；造成严重后果，处10年以上有期刑或无期刑。(17) 暴力危及飞行安全罪，尚未造成严重后果，处5年以下有期刑或拘役；造成严重后果，处5年以上有期刑。(18) 重大飞行事故罪，造成严重后果，处3年以下有期刑或拘役；造成飞机坠毁或人员死亡，处3年以上7年以下有期刑。(19) 重大责任事故罪，发生重大伤亡事故或造成其他严重后果，处3年以下有期刑或拘役；情节特别恶劣，处3年以上7年以下有期刑。(20) 工程重大安全事故罪，造成重大安全事故，对直接责任人员，处5年以下有期刑或拘役，并处罚金；后果特别严重，处5年以上10年以下有期刑，并处罚金。(21) 教育设施重大安全事故罪，发生重大伤亡事故，对直接责任人员，处3年以下有期刑或拘役；后果特别严重，处3年以上7年以下有期刑。(22) 重大劳动安全事故罪，生重大伤亡事故或造成其他严重后果，对直接负责的主管人员和其他直接责任人员，处3年以下有期刑或拘役；情节特别恶劣，处3年以上7年以下有期刑。(23) 大型群众性活动重大安全事故罪，情节特别恶劣，处3年以上7年以下有期刑。(24) 铁路运营安全事故罪，造成严重后果，处3年以下有期刑或拘役；造成特别严重后果，处3年以上7年以下有期刑。(25) 消防责任事故罪，造成严重后果，对直接责任人员，处3年以下有期刑或拘役；后果特别严重，处3年以上7年以下有期刑。(26) 强令违章冒险作业罪，发生重大伤亡事故或造成其他严重后果，处5年以下有期刑或拘役；情节特别恶劣，处5年以上有期刑。(27) 不报、谎报安全事故罪，情节严重，处3年以下有期刑或拘役；情节特别严重，处3年以上7年以下有期刑。(28) 危险物品肇事罪，发生重大事故，造成严重后果，处3年以下有期刑或拘役；后果特别严重，处3年以上7年以下有期刑。(29) 交通肇事罪、危险驾驶罪，致人重伤、死亡或使公私财产遭受重大损失，处3年以下有期刑或拘役；交通运输肇事后逃逸或有其他特别恶劣情节，处3年以上7年以下有期刑；因逃逸致人死亡，处7年以上有期刑。(30) 破坏广电设施、公用电信设施罪，危害公共安全，处3年以上7年以下有期刑；造成严重后果，处7年以上有期刑。(31) 过失犯破坏广电设施、公用电信设施罪，处3年以上7年以下有期刑；情节较轻，处3年以下有期刑或拘役。(32) 非法携带枪支、弹药、管制刀具、危险物品危及公共安全罪，情节严重，处3年以下有期刑、拘役或管制。(33) 非法制造、买卖、运输、邮寄、储存枪支、弹药、爆炸物罪、非法制造、买卖、运输、储存危险物质罪，情节严重，处10年以上有期刑、无期刑或死刑。(34) 非法持有、私藏枪支、弹药罪、非法出租、出借枪支罪，情节严重，处3年以上7年以下有期刑。(35) 违规制造、销售枪支罪，处5年以下有期刑；情节严重，处5年以上10年以下有期刑；情节特别严重，处10年以上有期刑或无期刑。(36) 盗窃、抢夺枪支、弹药、爆炸物、危险物质罪，危害公共安全，处3年以上10年以下有期刑；情节严重，处10年以上有期刑、无期刑或死刑。(37)抢劫枪支、弹药、爆炸物、危险物质罪，危害公共安全，或盗窃、抢夺国家机关、军警人员、民兵的枪支、弹药、爆炸物，处10年以上有期刑、无期刑或死刑。(38)丢失枪支不报罪，造成严重后果，处3年以下有期刑或拘役。

从治安处罚法的角度讲，扰乱公共秩序的违反治安管理行为和处罚：(1)扰乱公共秩序，处警告或200元以下罚款；情节较重 [a.扰乱机关、人民团体、企事业单位秩序，使工作、生产、营业、医疗、教学、科研不能正常进行，尚未造成严重损失。b.扰乱车站、港口、码头、机场、商场、公园、展览馆或其他公共场所秩序。c.扰乱公共汽车、电车、火车、船舶、航空器或其他公共交通工具上的秩序。d.非法拦截或强登、扒乘机动车、船舶、航空器及其他交通工具，影响交通工具正常行驶。e.破坏依法进行的选举（依全国人大组织法、全国人大和地方人大选举法、地方人大和地方政府组织法、村委会组织法、居委会组织法等法律法规进行的选举活动）秩序]，处5日以上10日以下拘留，可并处500元以下罚款；对聚众实施扰乱公共秩序的首犯处10日以上15日以下拘留，可并处1000元以下罚款。(2)扰乱公共秩序，扰乱文化、体育等大型群众性活动秩序，处警告或200元以下罚款；情节严重，处5日以上10日以下拘留，可并处500元以下罚款 [a.强行进入场内。b.违反规定，在场内燃放烟花爆竹或其他物品。c.展示侮辱性标语、条幅等物品。d.围攻裁判员、运动员或其他工作人员（因扰乱体育比赛秩序被处以拘留处罚，可同时责令其12个月内不得进入体育场馆观看同类比赛；违反规定进入体育场馆，强行带离现场）。e.向场内投掷杂物，不听制止。f.扰乱大型群众性活动秩序的其他行为]。(3)扰乱公共秩序，处5日以上10日以下拘留，可并处500元以下罚款；情节较轻，处5日以下拘留或500元以下罚款（a.散布谣言，谎报险情、疫情、警情或以其他方法故意扰乱公共秩序。b.扬言实施放火、爆炸、投放危险物质扰乱公共秩序。c.投放虚假的爆炸性、毒害性、放射性、腐蚀性物质或传染病病原体等危险物质扰乱公共秩序）。(4)扰乱公共秩序，处5日以上10日以下拘留，可并处500元以下罚款；情节较重，处10日以上15日以下拘留，可并处1000元以下罚款（a.结伙斗殴。b.追逐、拦截他人。c.强拿硬要或任意损毁、占用公私财物。d.其他寻衅滋事行为）。(5)扰乱公共秩序，处10日以上15日以下拘留，可并处1000元以下罚款；情节较轻，处5日以上10日以下拘留，可并处500元以下罚款（a.组织、教唆、胁迫、诱骗、煽动他人从事邪教、会道门活动或利用邪教、会道门、迷信活动，扰乱社会秩序、损害他人身体健康。b.冒用宗教、气功名义进行扰乱社会秩序、损害他人身体健康活动）。(6)违反国家规定，故意干扰无线电业务正常进行，或对正常运行的无线电台（站）产生有害干扰，经有关主管部门指出后，拒不采取有效措施消除，处5日以上10日以下拘留；情节严重（a.违反国家规定，侵入计算机信息系统，造成危害。b.违反国家规定，对计算机信息系统功能进行删除、修改、增加、干扰，造成计算机信息系统不能正常运行。c.违反国家规定，对计算机信息系统中存储、处理、传输的数据和应用程序进行删除、修改、增加。d.故意制作、传播计算机病毒等破坏性程序，影响计算机信息系统正常运行），处10日以上15日以下拘留。(7)扰乱公共秩序，处5日以下拘留；情节较重，处5日以上10日以下拘留。

从治安处罚法的角度讲，妨害公共安全的违反治安管理行为和处罚：(1)违反国家规定，制造、买卖、储存、运输、邮寄、携带、使用、提供、处置爆炸性、毒害性、放射性、腐蚀性物质或传染病病原体等危险物质，处10日以上15日以下拘留；情节较轻，处5日以上10日以下拘留。(2)爆炸性、毒害性、放射性、腐蚀性物质或传染病病原体等危险物质被盗、被抢或丢失，未按规定报告，处5日以下拘留；故意隐瞒不报，处5日以上10日以下拘留。(3)非法携带国家规定的管制器具（枪支、弹药或弩、匕首、管制刀具、电击器以及使用火药为动力的射钉器、射网器等国家规定对社会治安秩序和公共安全构成危害，对公民合法权益和人身安全构成威胁，需实施特别管理的物品），处5日以下拘留，可并处500元以下罚款；情节较轻，处警告或200元以下罚款；非法携带国家规定的管制器具进入公共场所或公共交通工具，处5日以上10日以下拘留，可并处500元以下罚款。(4) 妨害公共安全，处10日以上15日以下拘留的3种情形：A. 盗窃、损毁油气管道设施、电力电信设施、广电设施、水利防汛工程设施或水文监测、测量、气象测报、环境监测、地质监测、地震监测等公共设施。B. 移动、损毁国家边境的界碑、界桩及其他边境标志、边境设施或领土、领海标志设施。C. 非法进行影响国（边）界线走向的活动或修建有碍国（边）境管理的设施。(5) 盗窃、损坏、擅自移动使用中的航空设施，或强行进入航空器驾驶舱，处10日以上15日以下拘留；使用中的航空器上使用可能影响导航系统正常功能的器具、工具，不听劝阻，处5日以下拘留或500元以下罚款。(6) 擅自进入铁路防护网或火车来临时在铁路线路上行走坐卧、抢越铁路，影响行车安全，处警告或200元以下罚款。(7) 举办文化、体育等大型群众性活动（法人或其他组织面向社会公众举办的每场次预计参加人数达到1000人以上的体育比赛、演唱会、音乐会、展览、展销、游园、灯会、庙会、花会、焰火晚会、人才招聘会、彩票开奖等活动，不包含影剧院、音乐厅、公园、娱乐场所等在其日常业务范围内举办的活动），违反有关规定，有发生安全事故危险，责令停止活动，立即疏散；对组织者处5日以上10日以下拘留，并处200元以上500元以下罚款；情节较轻，处5日以下拘留或500元以下罚款。(8) 旅馆、饭店、影剧院、娱乐场、运动场、展览馆或其他供社会公众活动的场所的经管人员，违反安全规定（全国人大、省级人大和较大的市级人大或国务院、国家部委、省级政府和较大的市级政府以及政府各委办局，依法制定的涉及生产安全、消防安全、交通安全、公共卫生安全等方面内容有关规定），使该场所有发生安全事故危险，经公安机关责令改正，拒不改正，处5日以下拘留。(9) 妨害公共安全，处5日以上10日以下拘留，可并处500元以下罚款；情节较轻，处5日以下拘留或500元以下罚款的4种情形：A. 盗窃、损毁或擅自移动铁路设施、设备、机车车辆配件或安全标志。B. 在铁路线路上放置障碍物，或故意向列车投掷物品。C. 在铁路线路、桥梁、涵洞处挖掘坑穴、采石取沙。D. 在铁路线路上私设道口或平交过道。(10) 妨害公共安全，处5日以下拘留或500元以下罚款；情节严重，处5日以上10日以下拘留，可并处500元以下罚款的3种情形：A. 盗窃、损毁路面井盖、照明等公共设施。B. 未经批准，安装、使用电网，或安装、使用电网不符合安全规定。C. 在车辆、行人通行的地方施工，对沟井坎穴不设覆盖物、防围和警示标志，或故意损毁、移动覆盖物、防围和警示标志。

◆《刑法》第114条【放火罪；决水罪；爆炸罪；投放危险物质罪；以危险方法危害公共安全罪】

从故意犯、行为犯、情节犯、结果犯的角度讲，以放火、决水、爆炸及投放毒害性、放射性、传染病病原体等物质或以其他危险方法危害公共安全，尚未造成严重后果，处3年以上10年以下有期刑；致人重伤、死亡或使公私财产遭受重大损失的处10年以上有期刑、无期刑或死刑。

爆炸罪是故意引起爆炸物或其他设备、装置爆炸，危害公共安全的危险犯罪行为。(1) 已满14周岁不满16周岁的人犯爆炸罪，应负刑责。(2) 从相对刑责年龄的角度，已满14周岁不满16周岁的人，犯故意杀人、故意伤害致人重伤或死亡、强奸、抢劫、贩卖毒品、放火、爆炸、投毒罪行，应负刑责。

从司法实践、相当因果关系说、条件说的角度讲，采取放火、爆炸等危险手段烧毁、破坏、炸毁、砸毁未使用过程中的交通工具，导致丧失使用价值，不构成破坏交通工具罪，可能构成放火罪、爆炸罪、故意毁坏财物罪、破坏生产经营罪等犯罪。(1) 用爆炸方法炸毁江河、湖泊、水库的堤坝，造成泛滥成灾，危害公共安全，应以决水罪定罪处罚。(2) 违反国家规定，排放、倾倒、处置含有毒害性、放射性、传染病病原体等物质的污染物，同时构成污染环境罪、非法处置进口的固体废物罪、投放危险物质罪等犯罪，依处罚较重规定定罪处罚。

以危险方法危害公共安全罪的情形：（1）行为人驾驶机动车辆在公路上采取故意变道、转弯等危险行为，与其他正常行驶的车辆发生碰撞导致交通事故，从而获取赔偿等不法利益，尚未造成严重后果，可以以危险方法危害公共安全罪论处。（2）故意驾驶车辆在道路上横冲直撞，客观上足以危害到公共安全，构成以危险方法危害公共安全罪。（3）乘客在公共交通工具（a. 从事旅客运输的各种公共汽车、公路客运车大中型出租车、火车、轨道交通、轮船、飞机等。b. 虽不有营业执照，但实际从事旅客运输的大中型交通工具，单位班车、校车等交通工具，不含小型出租车）行驶过程中，抢夺方向盘、变速杆等操纵装置，殴打、拉拽驾驶人员，或有其他妨害安全驾驶行为，危害公共安全，尚未造成严重后果，处3年以上10年以下有期刑，以以危险方法危害公共安全罪定罪处罚；致人重伤、死亡或使公私财产遭受重大损失，处10年以上有期刑、无期刑或死刑，以以危险方法危害公共安全罪定罪处罚。A. 乘客在公共交通工具行驶过程中，抢夺方向盘、变速杆等操纵装置，殴打、拉拽驾驶人员，或有其他妨害安全驾驶行为，危害公共安全，从重处罚的7种情形：a. 在夜间行驶或恶劣天气条件下行驶的公共交通工具上实施。b. 在临水、临崖、急弯、陡坡、高速公路、高架道路、桥隧路段及其他易发生危险的路段实施。c. 在人员、车辆密集路段实施。d. 在实际载客10人以上或时速60公里以上的公共交通工具上实施。e. 经他人劝告、阻拦后仍继续实施。f. 持械袭击驾驶人员。g. 其他严重妨害安全驾驶的行为。B. 乘客在公共交通工具行驶过程中，抢夺方向盘、变速杆等操纵装置，殴打、拉拽驾驶人员，或有其他妨害安全驾驶行为（a. 在夜间行驶或恶劣天气条件下行驶的公共交通工具上实施。b. 在临水、临崖、急弯、陡坡、高速公路、高架道路、桥隧路段及其他易发生危险的路段实施。c. 在人员、车辆密集路段实施。d. 在实际载客10人以上或时速60公里以上的公共交通工具上实施。e. 经他人劝告、阻拦后仍继续实施。f. 持械袭击驾驶人员。g. 其他严重妨害安全驾驶的行为），危害公共安全，即使尚未造成严重后果，一般也不得适用缓刑。C. 乘客在公共交通工具行驶过程中，随意殴打其他乘客，追逐、辱骂他人，或起哄闹事，妨害公共交通工具运营秩序，以寻衅滋事罪定罪处罚；妨害公共交通工具安全行驶，危害公共安全，尚未造成严重后果，处3年以上10年以下有期刑；致人重伤、死亡或使公私财产遭受重大损失，处10年以上有期刑、无期刑或死刑，以以危险方法危害公共安全罪定罪处罚。D. 驾驶人员在公共交通工具行驶过程中，与乘客发生纷争后违规操作或擅离职守，与乘客厮打、互殴，危害公共安全，尚未造成严重后果，处3年以上10年以下有期刑，以以危险方法危害公共安全罪定罪处罚；致人重伤、死亡或使公私财产遭受重大损失，处10年以上有期刑、无期刑或死刑，以以危险方法危害公共安全罪定罪处罚。（4）患有突发传染病或疑似突发传染病而拒绝接受检疫、强制隔离或治疗，过失造成传染病传播，情节严重，危害公共安全，按过失以危险方法危害公共安全罪定罪处罚。（5）故意传播突发传染病病原体，危害公共安全，以以危险方法危害公共安全罪定罪处罚。（6）行为人以不确定性目标为目标、以传播恶性疾病（性病等）为趣味、以社交平台炫耀为手法，可以以危险方法危害公共安全罪论处。（7）药品或食品生产企业在生产药品或食品过程中未检验药用或食用辅料，导致药品或食品投入市场后造成严重后果，销售药用或食用辅料的人构成以危险方法危害公共安全罪。（8）采取放火、爆炸或以其他危险方法自伤、自残、自杀，危害公共安全，致人重伤、死亡或公私财产遭受重大损失，以放火罪、爆炸罪、以危险方法危害公共安全罪追责。（9）从《关于公安机关处置信访活动中违法犯罪行为适用法律的指导意见》的角度讲，为制造社会影响、发泄不满情绪、实现个人诉求，驾驶机动车在公共场所任意冲闯，危害公共安全，致人重伤、死亡或公私财产遭受重大损失，以以危险方法危害公共安全罪追究刑责。

从司法解释的角度讲，妨害公共交通工具安全驾驶行为有高度危险性，极易诱发重大交通事故，造成重大人身伤亡、财产损失，严重威胁公共安全。（1）公安机关接到妨害安全驾驶相关警情后要及时处警，采取果断措施处置；要妥善保护事发现场，全面收集、提取证据，特别是注意收集行车记录仪、道路监控等视听资料。A. 检察院应对公安机关的立案、侦查活动进行监督；对公安机关提请批捕、移送审查起诉的案件，符合逮捕、起诉条件，应依法批捕、起诉。B. 法院应及时公开、公正审判。C. 对妨害安全驾驶行为构成犯罪，严格依法追究刑责；尚不构成犯罪但构成违反治安管理行为，依法给予治安处罚。（2）在办理案件过程中，法院、检察院和公安机关要综合考虑公共交通工具行驶速度、通行路段情况、载客情况、妨害安全驾驶行为的严重程度及对公共交通安全的危害大小、行为人认罪悔罪表现等因素，全面准确评判，充分彰显强化保障公共交通安全的价值导向。（3）公检法要积极回应群众关切，对社会影响大、舆论关注度高的重大案件，在依法办案的同时要视情向社会公众发布案件进展情况。A. 要广泛拓展传播渠道，尤其是充分运用微信公众号、微博等网络新媒体，及时通报案件信息，澄清事实真相，借助焦点案事件向全社会传递公安和司法机关坚决惩治妨害安全驾驶违法犯罪的坚定决心，提升公众的安全意识、规则意识和法治意识。B. 办案单位要切实贯彻谁执法谁普法的普法责任制，以各种有效形式开展以案释法，选择妨害安全驾驶犯罪的典型案例进行庭审直播，或邀请专家学者、办案人员进行解读，阐明妨害安全驾驶行为的违法性、危害性。C. 坚持弘扬社会正气，选择及时制止妨害安全驾驶行为的见义勇为事例进行褒扬，向全社会广泛宣传制止妨害安全驾驶行为的正当性、必要性。（4）对正进行的妨害安全驾驶的违法犯罪行为，乘客等人员有权采取措施制止。制止行为造成违法犯罪行为人损害，符合法定条件，应认定为正当防卫。（5）正驾驶公共交通工具的驾驶人员遭到妨害安全驾驶行为侵害时，为避免公共交通工具倾覆或人员伤亡等危害后果发生，采取紧急制动或躲避措施，造成公共交通工具、交通设施损坏或人身损害，符合法定条件，应认定为紧急避险。（6）以暴力、威胁方法阻碍国家机关工作人员依法处置妨害安全驾驶违法犯罪行为、维护公共交通秩序，以妨害公务罪定罪处罚；暴力袭击正依法执行职务的警察，从重处罚。

◆ **《刑法》第115条 【放火罪；决水罪；爆炸罪；投放危险物质罪；以危险方法危害公共安全罪】**

从故意犯、结果犯、实害犯、危险犯的角度讲，采取放火、决水、爆炸及投放毒害性、放射性、传染病病原体等物质或以其他危险方法危害公共安全，致人重伤、死亡或使公私财产遭受重大损失（犯罪后果），处10年以上有期刑、无期刑或死刑。

从概括罪名、行为犯的角度讲，以危险方法危害公共安全罪是故意以放火、决水、爆炸、投毒外的相当危险方法，客观上足以危害公共安全的犯罪行为。

【2007·卷2·多选·58】（答案：BD）下列哪些情形构成以危险方法危害公共安全罪？A. 投放虚假的爆炸性、毒害性、放射性、传染病病原体等物质，严重扰乱社会秩序的。B. 故意破坏正在使用的矿井下的通风设备的。C. 违反国家规定，向土地大量排放危险废物，造成重大环境污染事故，导致多人死亡的。D. 故意传播突发性传染病病原体，危害公共安全的。

【2012·卷2·单选·15】（答案：B）下列哪一行为成立以危险方法危害公共安全罪？A. 甲驾车在公路转弯处高速行驶，撞翻相向行驶车辆，致2人死亡。B. 乙驾驶越野车在道路上横冲直撞，撞翻数辆他人所驾汽车，致2人死。C. 丙醉酒后驾车，刚开出10米就撞死2人。D. 丁在繁华路段飙车，2名老妇受到惊吓致心脏病发作死亡。

【2013·卷2·不定项·86-91】（答案：86. BCD；87. AD；88. AD；89. ABCD；90. ABCD；91. ABC）甲某晚9时驾驶货车在县城主干道超车时，逆行进入对向车道，撞上乙驾驶的小

轿车，乙被卡在车内无法动弹，乙车内黄某当场死亡、胡某受重伤。后查明，乙无驾驶资格，事发时略有超速，且未采取有效制动措施（事实一）。甲驾车逃逸。急救人员5分钟后赶到现场，胡某因伤势过重被送医院后死亡（事实二）。交警对乙车进行切割，试图将乙救出。此时，醉酒后的丙（血液中的酒精含量为152mg/100ml）与丁各自驾驶摩托车"飙车"经过此路段（事实三）。丙发现乙车时紧急刹车，摩托车侧翻，猛烈撞向乙车左前门一侧，丙受重伤。20分钟后，交警将乙抬出车时，发现其已死亡。现无法查明乙被丙撞击前是否已死亡，也无法查明乙被丙撞击前所受创伤是否为致命伤（事实四）。丁离开现场后，找到无业人员王某，要其假冒飙车者去公安机关投案（事实五）。王某虽无替丁顶罪的意思，但仍要丁给其5万元酬劳，否则不答应丁的要求，丁只好付钱。王某第二天用该款购买100克海洛因藏在家中，用于自己吸食。5天后，丁被司法机关抓获（事实六）。请回答第86-91题。

86．关于事实一的分析，下列选项错误的是：A. 甲违章驾驶，致黄某死亡、胡某重伤，构成交通肇事罪。B. 甲构成以危险方法危害公共安全罪和交通肇事罪的想象竞合犯。C. 甲对乙车内人员的死伤，具有概括故意。D. 乙违反交通运输管理法规，致同车人黄某当场死亡、胡某重伤，构成交通肇事罪。

87．关于事实二的分析，下列选项正确的是：A. 胡某的死亡应归责于甲的肇事行为。B. 胡某的死亡应归责于甲的逃逸行为。C. 对甲应适用交通肇事"因逃逸致人死亡"的法定刑。D. 甲交通肇事后逃逸，如数日后向警方投案如实交待罪行，成立自首。

88．关于事实三的定性，下列选项正确的是：A. 丙、丁均触犯危险驾驶罪，属于共同犯罪。B. 丙构成以危险方法危害公共安全罪，丁构成危险驾驶罪。C. 丙、丁虽构成共同犯罪，但对丙结合事实四应按交通肇事罪定罪处罚，对丁应按危险驾驶罪定罪处罚。D. 丙、丁未能完成预定的飙车行为，但仍成立犯罪既遂。

89．关于事实四乙死亡的因果关系的判断，下列选择错误的是：A. 甲的行为与乙死亡之间，存在因果关系。B. 丙的行为与乙死亡之间，存在因果关系。C. 处置现场的警察的行为与乙死亡之间，存在因果关系。D. 乙自身的过失行为与本人死亡之间，存在因果关系。

90．关于事实五的定性，下列选项错误的是：A. 丁指使王某作伪证，构成妨害作证罪的教唆犯。B. 丁构成包庇罪的教唆犯。C. 丁的教唆行为属于教唆未遂，应以未遂犯追究刑事责任。D. 对丁的妨害作证行为与包庇行为应从一重罪处罚。

91．关于事实六的定性，下列选择错误的是：A. 王某乘人之危索要财物，构成敲诈勒索罪。B. 丁基于不法原因给付5万元，故王某不构成诈骗罪。C. 王某购买毒品的数量大，为对方贩卖毒品起到了帮助作用，构成贩卖毒品罪的共犯。D. 王某将毒品藏在家中的行为，不构成窝藏毒品罪。

从过失犯、情节犯的角度讲，过失犯放火罪、决水罪、爆炸罪、投放危险物质罪、以危险方法危害公共安全罪，处3年以上7年以下有期刑；情节较轻，处3年以下有期刑或拘役。

失火罪是过失引起火灾，致人重伤、死亡或使公私财产遭重大损失，危害公共安全的犯罪行为。

【2008·卷2·单选·10】（答案：B）甲到本村乙家买柴油时，因屋内光线昏暗，甲欲点燃打火机看油量。乙担心引起火灾，上前阻止。但甲坚持说柴油见火不会燃烧，仍然点燃了打火机，结果引起油桶燃烧，造成火灾，导致甲、乙及一旁观看的丙被火烧伤，乙、丙经抢救无效死亡。后经检测，乙储存的柴油闪点不符合标准。甲的行为构成何罪？A. 危险物品肇事罪。B. 失火罪。C. 放火罪。D. 重大责任事故罪。

【2008·川·卷2·单选·13】（答案：A）甲因家中停电而点燃蜡烛时，意识到蜡烛没放稳，有可能倾倒引起火灾，但想到如果就此引起火灾，反而可以获得高额的保险赔偿，于是外出吃饭，后来果然引起火灾，并将邻居家的房屋烧毁。甲以失火为由向保险公司索赔，获

得赔偿。对于此案,下列哪一选项是正确的? A. 就放火罪而言,甲的行为属于不作为犯。B. 就放火罪而言,甲的行为属于作为与不作为的结合。C. 就保险诈骗罪而言,甲的行为属于不作为犯。D. 就保险诈骗罪而言,甲的行为属于作为与不作为的结合。

从危险犯的角度讲,放火罪的既遂标准有争议性,存在目的物独立燃烧说(通说)[34]、重要部分燃烧说等不同理论观点。

从危险犯的角度讲,决水罪的既遂标准有争议性,存在冲溢(水流溢出防护堤)说(通说)、公共危险说、财物浸没说、物质毁损说、效用灭失说等不同理论观点。[35]

从危险犯的角度讲,爆炸罪的既遂标准有争议性,存在爆炸行为终了说[36]、爆炸严重危及公共安全说[37]等不同理论观点。

投放危险物质罪是行为人实施了投放毒害性、放射性、传染病病原体等物质危害公共安全、尚未造成严重后果,或致人重伤、死亡或使公私财产遭受重大损失的行为。从危险犯的角度,投放危险物质罪的既遂标准有争议性,以危险发生(危险物质发生危害公共安全的危险结果)说为通说,又分为危险物质的投放行为实行终了说[38]、投放的危险物质混入并独立发生作用说[39]等不同理论观点。

投放危险物质罪的适用问题:(1)对环境污染行为适用投放危险物质罪追究刑责时,应重点审查判断行为人的主观恶性、污染行为恶劣程度、污染物的毒害性危险性、污染持续时间、污染结果是否可逆、是否对公共安全造成现实、具体、明确的危险或危害等因素。(2)对行为人明知其排放、倾倒、处置的污染物含有毒害性、放射性、传染病病原体等危险物质,仍实施环境污染行为放任其危害公共安全(主要是向饮用水水源保护区,饮用水供水单位取水口和出水口,南水北调水库、干渠、涵洞等配套工程,重要渔业水体以及自然保护区核心区等特殊保护区域,排放、倾倒、处置毒害性极强的污染物,危害公共安全并造成严重后果的情形),造成重大人员伤亡、重大公私财产损失等严重后果,以污染环境罪论处明显不足以罚当其罪,可按投放危险物质罪定罪量刑。

【2008·卷2·多选·60】(答案:ABCD)甲曾向乙借款 9000 元,后不想归还借款,便预谋毒死乙。甲将注射了"毒鼠强"的白条鸡挂在乙家门上,乙怀疑白条鸡有毒未食用。随后,甲又乘去乙家串门之机,将"毒鼠强"投放到乙家米袋内。后乙和其妻子、女儿喝过米汤中毒,乙死亡,其他人经抢救脱险。关于甲的行为,下列哪些选项是错误的? A. 构成投放危险物质罪。B. 构成投放危险物质罪与抢劫罪的想象竞合犯。C. 构成投放危险物质罪与故意杀人罪的想象竞合犯。D. 构成抢劫罪与故意杀人罪的吸收犯。

【2017·卷2·多选·57】(答案:AB)下列哪些行为构成投放危险物质罪? A. 甲故意非法开启实验室装有放射性物质的容器,致使多名实验人员遭受辐射。B. 乙投放毒害性、放射性、传染病病原体之外的其他有害物质,危害公共安全。C. 丙欲制造社会恐慌气氛,将食品干燥剂粉末冒充炭疽杆菌,大量邮寄给他人。D. 丁在食品中违法添加易使人形成瘾癖的罂粟壳粉末,食品在市场上极为畅销。

◆ 《刑法》第 116 条【破坏交通工具罪】

从故意犯、具体危险犯、扩大解释的角度讲,破坏正使用中(准备运行或正运行中、停

---

[34] 鲍遂献、雷东生:《危害公共安全罪》,中国人民公安大学出版社 1999 年版,第 27 页;刘志伟主编:《危害公共安全犯罪疑难问题司法对策》,吉林人民出版社 2001 年版,第 36 页。
[35] 赵秉志主编:《犯罪停止形态适用中的疑难问题研究》,吉林人民出版社 2001 年版,第 237 页。
[36] 鲍遂献、雷东生:《危害公共安全罪》,中国人民公安大学出版社 1999 年版,第 50 页。
[37] 金泽刚:《犯罪既遂的理论与实践》,人民法院出版社 2001 年版,第 111 页。
[38] 鲍遂献、雷东生:《危害公共安全罪》,中国人民公安大学出版社 1999 年版,第 62 页。
[39] 林亚刚:《危害公共安全罪新论》,武汉大学出版社 2001 年版,第 127 页。

机待修中）的火车、汽车、电车、船只、航空器，足以使火车、汽车、电车、船只、航空器发生倾覆、毁坏（事故类毁坏）危险（以发生危险状态为既遂标准：故意破坏火车、汽车、电车、船只、航空器，足以使火车、汽车、电车、船只、航空器发生倾覆、毁坏危险，危害公共安全），尚未造成严重后果，处3年以上10年以下有期刑。

从司法实践的角度讲，用爆炸的方法破坏火车、汽车、电车、船只、飞机等交通工具，或破坏轨道、桥梁、隧道、公路、机场等特定的交通设备，危害公共安全，应分别以破坏交通工具罪或破坏交通设备罪定罪处罚。用爆炸方法正破坏使用运行中的交通工具、交通设施、电力设备、煤气设备、易燃易爆设备、广电设施、公用电信设施等公共设施，应分别构成破坏交通工具罪、破坏交通设施罪、破坏电力设备罪、破坏易燃易爆设备罪、破坏广电设施公用电信设施罪等犯罪。

【2013·卷2·单选·3】（答案：A）关于刑法解释，下列哪一选项是错误的？A. 学理解释中的类推解释结论，纳入司法解释后不属于类推解释。B. 将大型拖拉机解释为《刑法》第116条破坏交通工具罪的"汽车"，至少是扩大解释乃至是类推解释。C.《刑法》分则有不少条文并列规定了"伪造"与"变造"，但不排除在其他一些条文中将"变造"解释为"伪造"的一种表现形式。D.《刑法》第65条规定，不满18周岁的人不成立累犯；《刑法》第356条规定，因走私、贩卖、运输、制造、非法持有毒品罪被判过刑，又犯本节规定之罪的，从重处罚。根据当然解释的原理，对不满18周岁的人不适用《刑法》第356条。

从犯罪行为直接指向的角度讲，破坏交通设备定罪量刑问题有争议性，存在破坏交通设施罪说、破坏交通工具罪说等不同理论观点。（1）破坏交通设备行为的直接指向交通设施，直接破坏交通设备，构成破坏交通设施罪。（2）破坏交通设备行为的直接指向交通工具（旅客运输工具、货物运输工具；铁路、公路、水路、航空、管道运输工具等）导致足以倾覆、毁坏，或造成严重后果，或破坏正在使用中的火车、汽车、电车、船只、航空器等交通工具本身，引起交通工具发生倾覆、毁坏危险，或破坏交通设备的行为已造成或足以造成交通工具倾覆或毁坏，危害交通运输安全，均构成破坏交通工具罪。A. 破坏交通工具罪的客观方面表现为实施破坏正使用中（准备运行或正运行中、停机待修中）的交通工具（火车、汽车、电车、船只、航空器等）的行为，并足以使其发生倾覆、毁坏危险。B. 正在使用中交通工具应作广义理解，含准备运行或正在运行中、停机待修中的火车、汽车、电车、船只、航空器等不同类型的交通工具。（3）从刑法、治安处罚法的角度讲，破坏交通工具罪的出罪和入罪或罪与非罪的根本差异在于治安处罚法性质的破坏交通设备的一般违法行为（在铁路、公路、水域航道、堤坝上，挖掘坑穴、放置障碍物、损毁、移动指示标志，可能影响交通运输安全，尚未达到足以使交通工具发生倾覆、毁坏危险的严重程度，尚不够刑罚的行为）和破坏交通设施罪的破坏交通设备的犯罪行为（足以使交通工具发生倾覆、毁坏危险，危害交通运输安全）的社会危害程度的不同。

破坏交通设施罪、破坏交通工具罪有关联性、互补性、差异性，都属于危害交通运输安全犯罪，关键在于犯罪对象、犯罪目的的不同。破坏正在使用、待用、适用阶段的交通工具或交通设施，已或足以造成交通工具倾覆、毁坏，或修理人员故意制造验收不易发现的交通工具或交通设施隐患，即使未验收适用，或被破坏的交通工具或交通设施部位可能导致事故，或破坏正使用中的轨道、桥梁、隧道、公路、机场、航道、灯塔、标志等保证交通工具正常行驶的交通设施，达到引起火车、汽车等交通工具发生倾覆、毁坏危险，均构成破坏交通工具罪或破坏交通设施罪。

◆ 《刑法》第117条【破坏交通设施罪】

从故意犯、具体危险犯的角度讲，破坏轨道、桥梁、隧道、公路、机场、航道、灯塔、标志［正使用中（已交付使用或处于正使用中）直接关系交通运输安全（直接关系到火车、汽车、电车、船只、航空器的行车、行船、飞行安全）的交通设备（铁路线路、铁路车辆、铁路机车、铁路车站、铁路信号和通信设备、高速铁路、重载运输等）］或进行其他破坏活动，足以使火车、汽车、电车、船只、航空器发生倾覆、毁坏危险（以发生危险状态为既遂标准），尚未造成严重后果，处3年以上10年以下有期刑。

【2006·卷2·单选·10】（答案：C）甲盗割正在使用中的铁路专用电话线，在构成犯罪的情况下，对甲应按照哪一选项处理？A. 破坏公用电信设施罪。B. 破坏交通设施罪。C. 盗窃罪与破坏交通设施罪中处罚较重的犯罪。D. 盗窃罪与破坏公用电信设施罪中处罚较重的犯罪。

破坏交通设施罪的情形：（1）从铁路法的角度，故意毁坏、移动铁路行车信号装置或在铁路线路上放置障碍物足以使列车倾覆，或盗窃铁路线路上行车设施的零件、部件或铁路线路上的器材，危及行车安全，尚未造成严重后果，或虽未造成严重后果，但经铁路有关部门鉴定，足以危及行车安全，或严重危害或危及行车等交通运输安全，或造成严重后果（行为人故意毁损、移动铁路行车信号装置或在铁路线路上放置足以使列车倾覆的障碍物，或盗窃铁路线路上行车设施的零件、部件、铁路线路上的器材，造成人身伤亡、重大财产毁损、中断铁路行车等严重后果），或造成人身伤亡、重大财产毁损、中断铁路行车等造成严重后果，均应以破坏交通设施罪定罪处罚。（2）盗割正在使用中的铁路专用电话线（交通设施），既触犯破坏交通设施罪，又触犯盗窃罪，属于想象竞合犯，应以破坏交通设施罪一重罪处罚。

故意损毁、移动铁路行车信号装置或在铁路线路上放置足以使列车倾覆的障碍物，尚未造成严重后果，处3年以上10年以下有期刑，以破坏交通设施罪定罪处罚；造成严重后果，处10年以上有期刑、无期刑或死刑，以破坏交通工具罪定罪处罚。

行为人使用放火、爆炸、决水等危害公共安全的手段破坏未交付使用的交通工具，应以放火罪或爆炸罪等定罪处罚。

从牵连犯的角度讲，破坏或盗窃正建设、正修理且未交付使用或未验收适用、报废、已废弃不使用、未投入使用的交通设施，构成犯罪，构成故意毁坏公私财物或盗窃罪。

从治安处罚法、民用航空法的角度讲，盗窃、损坏、擅自移动使用中的航空设施，违反治安处罚法，处10日以上15日以下拘留，也可并处罚金。（1）盗窃或故意损毁、移动使用中的航行设施，危及飞行安全，足以使民用航空器发生坠落、毁坏危险，造成严重后果，可依刑法相关规定追究刑责。（2）故意在使用中的民用航空器上放置危险品或唆使他人放置危险品，足以毁坏该民用航空器，危及飞行安全，尚未造成严重后果，或破坏火车、汽车、电车、船只、飞机，足以使火车、汽车、电车、船只、飞机发生倾覆、毁坏危险，尚未造成严重后果，处3年以上10年以下有期刑，均以破坏交通工具罪定罪处罚；造成严重后果，破坏交通工具、交通设备、电力煤气设备、易燃易爆设备造成严重后果，处10年以上有期刑、无期刑或死刑，以破坏交通工具罪定罪处罚。

◆ 《刑法》第118条【破坏电力设备罪；破坏易燃易爆设备罪】

从故意犯、危险犯的角度讲，破坏电力、燃气或其他易燃易爆设备［在实施盗窃油气（石油：原油、成品油；天然气：煤层气等）等行为过程中，采用切割、打孔、撬砸、拆卸、开关等手段破坏正使用的油气设备（用于石油、天然气生产、储存、运输等易燃易爆设备）］，危害公共安全（在实施盗窃油气等行为过程中，破坏正使用的油气设备，有采用切割、打孔、撬砸、拆卸手段，以明显未危害公共安全为例外；采用开、关等手段，足以引发火灾或爆炸等危险情形），尚未造成严重后果，处3年以上10年以下有期刑。

从司法解释的角度讲，行为人着手实施盗窃油气行为，因意志外的原因未得逞，有以数额巨大的油气为盗窃目标;已将油气装入包装物或运输工具,达到数额较大标准3倍以上;携带盗油卡子、手摇钻、电钻、电焊枪等切割、打孔、撬砸、拆卸工具;其他情节严重4种情形,以盗窃罪(未遂)追究刑责。

在共同盗窃油气、破坏油气设备等犯罪中,实际控制、为主出资或组织、策划、纠集、雇佣、指使他人参与犯罪,应依法认定为主犯;对其他人员,在共犯中起主要作用,也应依法认定为主犯。

在输油输气管道投入使用前擅自安装阀门,在管道投入使用后将该阀门提供给他人盗窃油气,以盗窃罪、破坏易燃易爆设备罪等有关犯罪的共犯论处。

行为人与油气企业人员勾结共同盗窃油气,未利用油气企业人员职务便利,仅是利用其易于接近油气设备、熟悉环境等方便条件,以盗窃罪的共犯论处;同时构成破坏易燃易爆设备罪,依处罚较重规定定罪处罚。

在实施盗窃油气等行为过程中,采用切割、打孔、撬砸、拆卸、开关等手段破坏正使用的油气设备,属于破坏易燃易爆设备罪的"破坏燃气或其他易燃易爆设备"的行为;危害公共安全,尚未造成严重后果,以破坏易燃易爆设备罪定罪处罚。

在实施盗窃油气等行为过程中,采用切割、打孔、撬砸、拆卸、开关等手段破坏正使用的油气设备,有4种破坏燃气或其他易燃易爆设备情形[A.造成1人以上死亡、3人以上重伤或10人以上轻伤。B.造成直接经济损失(a.直接经济损失含因实施盗窃油气等行为直接造成的油气损失、采取抢修堵漏等措施所产生的费用。b.对直接经济损失数额,综合油气企业提供的证据材料、嫌犯、被告人及其辩护人所提辩解、辩护意见等认定;难以确定,依据价格认证机构出具的报告,结合其他证据认定)数额50万元以上。C.造成井喷或重大环境污染事故。D.造成其他严重后果],属于破坏电力设备罪的"造成严重后果"。

盗窃油气或正使用的油气设备,构成犯罪,但未危害公共安全,以盗窃罪定罪处罚。盗窃油气,数额巨大但尚未运离现场,以盗窃未遂定罪处罚。为他人盗窃油气而偷开油气井、油气管道等油气设备阀门排放油气或提供其他帮助,以盗窃罪的共犯定罪处罚。盗窃油气同时构成盗窃罪和破坏易燃易爆设备罪,依刑法处罚较重规定定罪处罚。

明知是盗窃犯罪所得的油气或油气设备,而窝藏、转移、收购、加工、代为销售或以其他方法掩饰、隐瞒,以掩饰、隐瞒犯罪所得、犯罪所得收益罪定罪处罚;事前有通谋,以盗窃犯罪的共犯定罪处罚。

国家机关工作人员滥用职权或玩忽职守,实施4种违法犯罪行为(a.违反《石油天然气管道保护条例》等国家规定,在油气设备安全保护范围内批准建设项目。b.违反国家规定,给不符合法定条件的单位、个人发放石油、天然气勘查、开采、加工、经营等许可证。c.超越职权范围,批准发放石油、天然气勘查、开采、加工、经营等许可证。d.对发现或经举报查实的未经依法批准、许可擅自从事石油、天然气勘查、开采、加工、经营等违法活动不查封、取缔),使公共财产、国家和人民利益遭受重大损失,以滥用职权罪或玩忽职守罪定罪处罚。

◆《刑法》第119条【破坏交通工具罪;破坏交通设施罪;破坏电力设备罪;破坏易燃易爆设备罪;过失犯破坏交通工具罪;过失破坏交通设施罪、过失破坏电力设备罪;过失破坏易燃易爆设备罪】

从故意犯、行为犯、结果犯的角度讲,破坏交通工具、交通设施、电力设备(a.含处于运行、应急等使用中的电力设备;已通电使用,只是因枯水季节或电力不足等原因暂停使用的电力设备;已交付使用但尚未通电的电力设备。b.不含尚未安装完毕的电力设备和已安装完毕但尚未交付使用的电力设备)、燃气设备、易燃易爆设备,造成严重后果[a.破坏电力设备，造成1人以上死亡、3人以上重伤或10人以上轻伤。b. 造成直接经济损失（直接经济损失的计算范围，含电量损失金额，被毁损设备材料的购置、更换、修复费用，以及因停电给用户造成的直接经济损失等）100万元以上。c. 造成1万以上用户电力供应中断6小时以上，使生产、生活受到严重影响。d. 造成其他危害公共安全严重后果］，处10年以上有期刑、无期刑或死刑。

破坏电力设备罪是故意破坏电力设备、危害公共安全尚未造成严重后果或已造成严重后果的行为。

从过失犯、结果犯、法定犯的角度讲，过失犯破坏交通工具罪、破坏交通设施罪、破坏电力设备罪、破坏易燃易爆设备罪，处3年以上7年以下有期刑；情节较轻，处3年以下有期刑或拘役。

从过失犯、结果犯、情节犯的角度讲，过失损坏电力设备，造成严重后果（a. 造成1人以上死亡、3人以上重伤或10人以上轻伤。b. 造成直接经济损失100万元以上。c. 造成1万以上用户电力供应中断6小时以上，使生产、生活受到严重影响。d. 造成其他危害公共安全严重后果），以过失损坏电力设备罪判处3年以上7年以下有期刑；情节较轻，处3年以下有期刑或拘役。

盗窃电力设备，危害公共安全，但不构成盗窃罪，以破坏电力设备罪定罪处罚；同时构成盗窃罪和破坏电力设备罪，依刑罚较重的规定定罪处罚。

盗窃电力设备，未危及公共安全，但应追究刑责，可据案件的不同情况，按盗窃罪等罪处罚。

◆ 《刑法》第120条 【组织、领导、参加恐怖组织罪】

从集团共犯、故意犯、危险行为犯的角度讲，组织、领导恐怖活动组织，处10年以上有期刑或无期刑，并处没收财产；积极参加者，处3年以上10年以下有期刑，并处罚金；其他参加者，处3年以下有期刑、拘役、管制或剥夺政治权利，可并处罚金。

犯组织、领导、参加恐怖组织罪并实施杀人、爆炸、绑架等犯罪，依数罪并罚规定处罚。

组织、领导、参加恐怖组织罪和组织、领导、参加黑社会性质组织罪的根本差异在于犯罪组织、犯罪客体的不同。

从反恐怖主义法的角度讲，组织、策划、准备实施、实施恐怖活动，宣扬恐怖主义，煽动实施恐怖活动，非法持有宣扬恐怖主义的物品，强制他人在公共场所穿戴宣扬恐怖主义的服饰、标志，组织、领导、参加恐怖活动组织，为恐怖活动组织、恐怖活动人员、实施恐怖活动或恐怖活动培训提供帮助，依法追究刑责。（1）认定恐怖活动组织和人员，由国家反恐怖主义工作领导机构的办事机构公告。（2）国务院公安部门、国安部门、外交部门和省级反恐怖主义工作领导机构对需认定恐怖活动组织和人员，应向国家反恐怖主义工作领导机构提出申请。（3）金融机构和特定非金融机构对国家反恐怖主义工作领导机构的办事机构公告的恐怖活动组织和人员的资金或其他资产，应立即冻结，并按规定及时向国务院公安部门、国安部门和反洗钱行政主管部门报告。（4）被认定的恐怖活动组织和人员对认定不服，可通过国家反恐怖主义工作领导机构的办事机构申请复核。A. 国家反恐怖主义工作领导机构应及时进行复核，作出维持或撤销认定的决定，复核决定为最终决定。B. 国家反恐怖主义工作领导机构作出撤销认定的决定，由国家反恐怖主义工作领导机构的办事机构公告；资金、资产已被冻结，应解除冻结。（5）根据刑诉法规定，有管辖权的中级以上法院在审判刑事案件的过程中，可依法认定恐怖活动组织和人员。对在判决生效后需由国家反恐怖主义工作领导机构的办事机构公告，适用恐怖活动组织和人员的认定有关规定。（6）反恐怖主义工作应依法进行，尊重和保障人权，维护公民和组织的合法权益，坚持专门工作与群众路线相结合，防范为主、惩防结合和先发制敌、保持主动的原则，应尊重公民的宗教信仰自由和民族风俗习惯，禁止任何基于地域、民族、宗教等理由的歧视性做法。（7）国家反恐怖主义工作领导机构建立国家反恐怖主义情报中心，实行跨部门、跨地区情报信息工作机制，统筹反恐怖主义情报信息工作。A. 恐怖事件发生、发展和应对处置信息，由恐怖事件发生地的省级反恐怖主义工作领导机构统一发布；跨省级发生的恐怖事件，由指定的省级反恐怖主义工作领导机构统一发布。B. 国家建立健全恐怖事件应对处置预案体系，将反恐怖主义纳入国安战略，综合施策，标本兼治，加强反恐怖主义的能力建设，运用政治、经济、法律、文化、教育、外交、军事等手段，开展反恐怖主义工作，反对一切形式的以歪曲宗教教义或其他方法煽动仇恨、煽动歧视、鼓吹暴力等极端主义，消除恐怖主义的思想基础，反对一切形式的恐怖主义，依法取缔恐怖活动组织，对任何组织、策划、准备实施、实施恐怖活动，宣扬恐怖主义，煽动实施恐怖活动，组织、领导、参加恐怖活动组织，为恐怖活动提供帮助，依法追究法律责任，不向任何恐怖活动组织和人员作出妥协，不向任何恐怖活动人员提供庇护或给予难民地位。（8）任何单位和个人不得编造、传播虚假恐怖事件信息；不得报道、传播可能引起模仿的恐怖活动的实施细节；不得发布恐怖事件中残忍、不人道的场景；在恐怖事件的应对处置过程中，除新闻媒体经负责发布信息的反恐怖主义工作领导机构批准外，不得报道、传播现场应对处置的工作人员、人质身份信息和应对处置行动情况。（9）公安机关接到恐怖活动嫌疑的报告或发现恐怖活动嫌疑，需调查核实，应迅速进行调查；调查恐怖活动嫌疑，可依有关法律规定对嫌疑人员进行盘问、检查、传唤，可提取或采集肖像、指纹、虹膜图像等人体生物识别信息和血液、尿液、脱落细胞等生物样本，并留存其签名；可通知了解有关情况的人员到公安机关或其他地点接受询问；有权向有关单位和个人收集、调取相关信息和材料。A. 有关单位和个人应如实提供；经县级以上公安机关负责人批准，可查询嫌疑人员的存款、汇款、债券、股票、基金份额等财产，可采取查封、扣押、冻结措施。B. 查封、扣押、冻结的期限不得超过2个月，情况复杂，可经上一级公安机关负责人批准延长1个月；经县级以上公安机关负责人批准，可根据其危险程度，责令恐怖活动嫌疑人员遵守一项或多项约束措施（未经公安机关批准不得离开所居住的市、县或指定的处所；未经公安机关批准不得乘坐公共交通工具或进入特定的场所；不得参加大型群众性活动或从事特定的活动；不得与特定的人员会见或通信；定期向公安机关报告活动情况；将护照等出入境证件、身份证件、驾驶证件交公安机关保存）；可采取电子监控、不定期检查等方式对其遵守约束措施的情况进行监督，采取约束措施的期限不得超过3个月。C. 对不需继续采取约束措施，应及时解除；经调查，发现犯罪事实或嫌犯，应依刑诉法规定立案侦查；调查规定的有关期限届满，公安机关未立案侦查，应解除有关措施。D. 警察、武警及其他依法配备、携带武器的应对处置人员，对在现场持枪支、刀具等凶器或使用其他危险方法，正或准备实施暴力行为的人员，经警告无效，可使用武器；紧急情况下或警告后可能导致更为严重危害后果，可直接使用武器。

◆《刑法》第120条之一 【帮助恐怖活动罪】

从故意犯、帮助犯、行为犯、情节犯的角度讲，资助（为恐怖活动组织或实施恐怖活动的个人筹集、提供经费、物资或提供场所其他物质便利的行为）恐怖活动（恐怖主义性质的组织、策划、准备实施、实施造成或意图造成人员伤亡、重大财产损失、公共设施损坏、社会秩序混乱等严重社会危害的活动；宣扬恐怖主义，煽动实施恐怖活动，或非法持有宣扬恐怖主义的物品，强制他人在公共场所穿戴宣扬恐怖主义的服饰、标志；组织、领导、参加恐怖活动组织；为恐怖活动组织、恐怖活动人员、实施恐怖活动或恐怖活动培训提供信息、资金、物资、劳务、技术、场所等支持、协助、便利；其他恐怖活动）组织（3人以上为实施恐怖活动而组成的犯罪组织）、实施恐怖活动的个人（预谋实施、准备实施和实际实施恐怖活动的个人），或资助恐怖活动培训，处5年以下有期刑、拘役、管制或剥夺政治权利，并处罚金；情节严重，处5年以上有期刑，并处罚金或没收财产。

从单位犯罪的角度讲，单位犯帮助恐怖活动罪，对单位判处罚金，并对其直接负责的主管人员和其他直接责任人员，处5年以下有期刑、拘役、管制或剥夺政治权利，并处罚金；情节严重，处5年以上有期刑，并处罚金或没收财产。

资助恐怖活动组织或实施恐怖活动的个人，应立案追诉。为恐怖活动组织、实施恐怖活动或恐怖活动培训招募、运送人员，构成帮助恐怖活动罪。

有恐怖主义性质的恐怖活动行为类型：（1）组织、领导、参加恐怖活动组织（3人以上为实施恐怖活动而组成的犯罪组织）。（2）组织、策划、准备实施、实施造成或意图造成人员伤亡、重大财产损失、公共设施损坏、社会秩序混乱等严重社会危害的活动。（3）宣扬恐怖主义（通过暴力、破坏、恐吓等手段，制造社会恐慌、危害公共安全、侵犯人身财产，或胁迫国家机关、国际组织，以实现其政治、意识形态等目的的主张和行为），煽动实施恐怖活动，或非法持有宣扬恐怖主义的物品，强制他人在公共场所穿戴宣扬恐怖主义的服饰、标志。（4）为恐怖活动组织、恐怖活动人员（实施恐怖活动的人和恐怖活动组织的成员）、实施恐怖活动或恐怖活动培训提供信息、资金、物资、劳务、技术、场所等支持、协助、便利。（5）其他恐怖活动。

金融机构和特定非金融机构对国家反恐怖主义工作领导机构的办事机构公告的恐怖活动组织及恐怖活动人员的资金或其他资产，未立即冻结，由公安机关处20万元以上50万元以下罚款，并对直接负责的董事、高管人员（公司的经理、副经理、财务负责人，上市公司董事会秘书和公司章程规定的其他人员）和其他直接责任人员处10万元以下罚款；情节严重，处50万元以上罚款，并对直接负责的董事、高管人员和其他直接责任人员，处10万元以上50万元以下罚款，可并处5日以上15日以下拘留。

电信业务经营者、互联网服务提供者未依规定为公安机关、国安机关依法进行防范、调查恐怖活动提供技术接口和解密等技术支持和协助，或未按主管部门的要求，停止传输、删除含有恐怖主义、极端主义内容的信息，保存相关记录，关闭相关网站或关停相关服务，或未落实网络安全、信息内容监督制度和安全技术防范措施，造成含有恐怖主义、极端主义内容的信息传播，情节严重，由主管部门处20万元以上50万元以下罚款，并对其直接负责的主管人员和其他直接责任人员处10万元以下罚款；情节严重，处50万元以上罚款，并对其直接负责的主管人员和其他直接责任人员，处10万元以上50万元以下罚款，可由公安机关对其直接负责的主管人员和其他直接责任人员，处5日以上15日以下拘留。

电信、互联网、金融业务经营者、服务提供者未按规定对客户身份查验，或对身份不明、拒绝身份查验的客户提供服务，主管部门应责令改正，拒不改正，处20万元以上50万元以下罚款，并对其直接负责的主管人员和其他直接责任人员处10万元以下罚款；情节严重，处50万元以上罚款，并对其直接负责的主管人员和其他直接责任人员，处10万元以上50万元以下罚款。

住宿、长途客运、机动车租赁等业务经营者、服务提供者未按规定对客户身份进行查验，或对身份不明、拒绝身份查验的客户提供服务，主管部门应责令改正，拒不改正，由主管部门处10万元以上50万元以下罚款，并对其直接负责的主管人员和其他直接责任人员处10万元以下罚款。

铁路、公路、水上、航空的货运和邮政、快递等物流运营单位未实行运输、寄递客户身份、物品信息登记制度，或对禁止运输、寄递，存在重大安全隐患，或客户拒绝安全查验的物品运输、寄递，或未实行安全查验制度，对客户身份进行查验，或未依规定对运输、寄递物品进行安全检查或开封验视，由主管部门处10万元以上50万元以下罚款，并对其直接负责的主管人员和其他直接责任人员处 10 万元以下罚款。

◆《刑法》第 120 条之二 【准备实施恐怖活动罪】

从故意犯、行为犯、情节犯的角度讲，有准备实施恐怖活动（a. 组织恐怖活动培训或积极参加恐怖活动培训。b. 为实施恐怖活动准备凶器、危险物品或其他工具。c. 为实施恐怖活动与境外恐怖活动组织或人员联络。d. 为实施恐怖活动进行策划或其他准备），处 5 年以下有期刑、拘役、管制或剥夺政治权利，并处罚金；情节严重，处 5 年以上有期刑，并处罚金或没收财产。

有准备实施恐怖活动犯罪行为，同时构成他罪，依处罚较重规定定罪处罚

◆《刑法》第 120 条之三 【宣扬恐怖主义、极端主义、煽动实施恐怖活动罪】

从故意犯、行为犯、情节犯的角度讲，以制作、散发宣扬恐怖主义、极端主义（宗教极端主义）的图书、音频视频资料或其他物品，或通过讲授、发布信息等方式宣扬恐怖主义、极端主义，或煽动（怂恿、鼓动等言论刺激）实施恐怖活动，处 5 年以下有期刑、拘役、管制或剥夺政治权利，并处罚金；情节严重，处 5 年以上有期刑，并处罚金或没收财产。

新闻媒体等单位编造、传播虚假恐怖事件（正发生或已发生的造成或可能造成重大社会危害的恐怖活动）信息，报道、传播可能引起模仿的恐怖活动的实施细节，发布恐怖事件中残忍、不人道的场景，或未经批准，报道、传播现场应对处置的工作人员、人质身份信息和应对处置行动情况，由公安机关处 20 万元以下罚款，并对其直接负责的主管人员和其他直接责任人员，处 5 日以上 15 日以下拘留，可并处 5 万元以下罚款。个人实施编造、传播虚假恐怖事件信息的违法行为，由公安机关处 5 日以上 15 日以下拘留，可并处 1 万元以下罚款。

宣扬恐怖主义、极端主义、煽动实施恐怖活动罪和煽动颠覆国家政权罪、煽动分裂国家罪的根本差异在于犯罪客体、犯罪目的、犯罪行为方式、犯罪后果、法定刑的不同。

◆《刑法》第 120 条之四 【利用极端主义破坏法律实施罪】

从故意犯、行为犯、情节犯的角度讲，利用极端主义煽动（怂恿、鼓动等言论刺激）、胁迫（威胁、强迫等）群众破坏国家法律确立的婚姻、司法、教育、社会管理等制度实施，处 3 年以下有期刑、拘役或管制，并处罚金；情节严重，处 3 年以上 7 年以下有期刑，并处罚金；情节特别严重，处 7 年以上有期刑，并处罚金或没收财产。

利用极端主义，情节轻微，尚不构成犯罪，由公安机关处 5 日以上 15 日以下拘留，可并处 1 万元以下罚款的 10 种行为类型：A. 煽动、胁迫未成年人不接受义务教育。B. 煽动、胁迫他人以宗教仪式取代结婚、离婚登记。C. 煽动、胁迫群众损毁或故意损毁居民身份证、户口簿等国家法定证件及人民币。D. 歪曲、诋毁国家政策、法律、行政法规，煽动、教唆抵制政府依法管理。E. 阻碍国家机关工作人员依法执行职务。F. 强迫他人参加宗教活动，或强迫他人向宗教活动场所、宗教教职人员提供财物或劳务。G. 以恐吓、骚扰等方式干涉他人生活习俗、方式和生产经营。H. 以恐吓、骚扰等方式驱赶其他民族或有其他信仰的人员离开居住地。I. 以恐吓、骚扰等方式干涉他人与其他民族或有其他信仰的人员交往、共同生活。J. 其他利用极端主义破坏国家法律制度实施。

明知他人有恐怖主义、极端主义犯罪行为，窝藏、包庇，情节轻微，尚不构成犯罪，或在司法机关向其调查有关情况、收集有关证据时，拒绝提供，由公安机关处 10 日以上 15 日以下拘留，可并处 1 万元以下罚款。

利用型的罪名有利用极端主义破坏法律实施罪；职务侵占罪；贪污罪；受贿罪；挪用资金罪；挪用公款罪；违法运用资金罪；背信运用受托财产罪；背信损害上市公司利益罪；内

幕交易、泄露内幕信息罪；利用未公开信息交易罪；为亲友非法牟利罪；非法经营同类营业罪；非国家工作人员受贿罪；金融工作人员购买假币、以假币换取货币罪；虚假诉讼罪；虚假广告罪；非法拘禁罪；破坏军婚罪；帮助信息网络犯罪活动罪；包庇、纵容黑社会性质组织罪；组织、利用会道门、邪教组织、利用迷信破坏法律实施罪；组织、利用会道门、邪教组织、利用迷信致人重伤、死亡罪；组织、强迫、引诱、容留、介绍卖淫罪；阻碍解救被拐卖、绑架妇女儿童罪等。

◆ 《刑法》第 120 条之五 【强制穿戴宣扬恐怖主义、极端主义服饰、标志罪】

从故意犯、行为犯、恐怖犯的角度讲，以暴力、胁迫等方式强制他人在公共场所穿着、佩戴宣扬恐怖主义、极端主义服饰、标志，处 3 年以下有期刑、拘役或管制，并处罚金。

对贪污贿赂犯罪案件，以及需及时进行审判，经最高检核准的严重危害国安犯罪、恐怖活动犯罪案件，由犯罪地、被告人离境前居住地或最高法指定的中院组成合议庭进行审理，嫌犯、被告人在境外，检察机关、公安机关移送起诉，检察院认为犯罪事实已查清，证据确实、充分，依法应追究刑责，可向法院提起公诉。法院进行审查后，对起诉书中有明确的指控犯罪事实，符合缺席审判程序适用条件，应决定开庭审判。

对贪污贿赂犯、恐怖犯等重大（在省级或全国范围内有较大影响或嫌犯、被告人逃匿境外）犯罪案件［A. 案件在本省级或全国范围内有较大影响。B. 嫌犯、被告人可能被判处无期刑以上刑罚。C. 其他重大犯罪案件（a. 贪污、挪用公款、巨额财产来源不明、隐瞒境外存款、私分国有资产、私分罚没财物犯罪案件。b. 受贿、单位受贿、利用影响力受贿、行贿、对有影响力的人行贿、对单位行贿、介绍贿赂、单位行贿犯罪案件。c. 组织、领导、参加恐怖组织，帮助恐怖活动，准备实施恐怖活动，宣扬恐怖主义、极端主义、煽动实施恐怖活动，利用极端主义破坏法律实施，强制穿戴宣扬恐怖主义、极端主义服饰、标志，非法持有宣扬恐怖主义、极端主义物品犯罪案件。d. 危害国安、走私、洗钱、金融诈骗、黑社会性质的组织、毒品犯罪案件。e. 电信诈骗、网络诈骗犯罪案件）］，嫌犯、被告人逃匿（a. 嫌犯、被告人为逃避侦查和刑事追究潜逃、隐匿，或在刑诉过程中脱逃。b. 嫌犯、被告人因意外事故下落不明满 2 年，或因意外事故下落不明，经有关机关证明其不可能生存），在通缉（公安机关发布通缉令或公安部通过国际刑警组织发布红色国际通报）1 年后不能到案，或嫌犯、被告人死亡，依刑法规定应追缴其违法所得（a. 通过实施犯罪直接或间接产生、获得的任何财产。b. 违法所得已部分或全部转变、转化为其他财产，转变、转化后的财产。c. 来自违法所得转变、转化后的财产收益，或来自与违法所得相混合财产中违法所得相应部分的收益）及其他涉案财产（实施犯罪行为所取得的财物及其孳息，以及被告人非法持有的违禁品、供犯罪所用的本人财物），检察院可向法院提出没收违法所得的申请（对贪污贿赂犯罪、恐怖活动犯罪等重大犯罪案件，嫌犯、被告人逃匿，在通缉 1 年后不能到案，或嫌犯、被告人死亡，依刑法规定应追缴其违法所得及其他涉案财产，检察院可向法院提出没收违法所得的申请）。公安机关认为贪污贿赂犯罪、恐怖活动犯罪等重大犯罪案件的嫌犯、被告人逃匿，在通缉 1 年后不能到案，或嫌犯、被告人死亡，依刑法规定应追缴其违法所得及其他涉案财产，应写出没收违法所得意见书，移送检察院。

采取技术侦查措施，须严格按批准的措施种类、适用对象和期限执行。（1）适用对象：A. 公安机关在立案后，对危害国安犯罪、恐怖活动犯罪、黑社会性质的组织犯罪、重大毒品犯罪或其他严重危害社会的犯罪案件，据侦查犯罪的需要，经过严格的批准手续，可采取技术侦查措施。B. 检察院在立案后，对利用职权实施的严重侵犯公民人身权利的重大犯罪案件，据侦查犯罪的需要，经过严格的批准手续，可采取技术侦查措施，按规定交有关机关执行。追捕被通缉或批准、决定逮捕的在逃的嫌犯、被告人，经批准，可采取追捕所必需的技术侦查措施。(2) 适用期限：批准决定应根据侦查犯罪的需要，确定采取技术侦查措施的种类和适用对象。批准决定自签发之日起 3 个月内有效。对不需继续采取技术侦查措施，应及时解除；对复杂、疑难案件，期限届满仍有必要继续采取技术侦查措施，经过批准，有效期可延长，每次不得超过 3 个月。(3) 适用限制：A. 侦查人员对采取技术侦查措施过程中知悉的国家秘密、商业秘密和个人隐私，应保密；对采取技术侦查措施获取的与案件无关的材料，须及时销毁。B. 采取技术侦查措施获取的材料，只能用于对犯罪的侦查、起诉和审判，不得用于其他用途。C. 公安机关依法采取技术侦查措施，有关单位和个人应配合，并对有关情况保密。(4) 适用要求：A. 为查明案情，在必要时，经公安机关负责人决定，可由有关人员隐匿其身份实施侦查，但不得诱使他人犯罪，不得采用可能危害公共安全或发生重大人身危险的方法。B. 对涉及给付毒品等违禁品或财物的犯罪活动，公安机关根据侦查犯罪的需要，可依规定实施控制下交付。(5) 证据作用：依刑诉法技术侦查措施规定采取侦查措施收集的材料在刑诉中可作为证据使用。若使用该证据可能危及有关人员的人身安全，或可能产生其他严重后果，应采取不暴露有关人员身份、技术方法等保护措施，必要时，可由审判人员在庭外对证据进行核实。

◆《刑法》第120条之六【非法持有宣扬恐怖主义、极端主义物品罪】

从故意犯、情节犯的角度讲，明知是宣扬恐怖主义、极端主义的图书、音频视频资料或其他物品而非法持有，情节严重，处 3 年以下有期刑、拘役或管制，并处或单处罚金。

参与为宣扬恐怖主义、极端主义或实施恐怖主义、极端主义活动提供信息、资金、物资、劳务、技术、场所等支持、协助、便利，或宣扬恐怖主义极端主义或煽动实施恐怖活动极端主义活动、制作传播非法持有宣扬恐怖主义极端主义的物品、强制他人在公共场所穿戴宣扬恐怖主义极端主义的服饰标志，情节轻微，尚不构成犯罪，由公安机关处 10 日以上 15 日以下拘留，可并处 1 万元以下罚款。

◆《刑法》第122条【劫持船只、汽车罪】

从故意犯、行为犯、结果犯的角度讲，以暴力、胁迫或其他方法劫持船只（机动船只）、汽车，处 5 年以上 10 年以下有期刑；造成严重后果，处 10 年以上有期刑或无期刑。

扰乱公共场所秩序（扰乱机关、人民团体、企事业单位的秩序，使工作、生产、营业、医疗、教学、科研不能正常进行，尚未造成严重损失；扰乱车站、港口、码头、机场、商场、公园、展览馆或其他公共场所秩序），扰乱公共交通工具上的秩序（妨碍交通工具正常行驶：扰乱公共汽车、电车、火车、船舶、航空器或其他公共交通工具上的秩序；非法拦截或强登、扒乘机动车、船舶、航空器以及其他交通工具，影响交通工具正常行驶）处警告或 200 元以下罚款；情节较重（A. 以暴力、威胁等方法扰乱单位、公共场所秩序；扰乱单位、公共场所秩序，经执法人员劝阻拒不离开；造成交通拥堵、人员受伤、财物损失等危害后果或较大社会影响；积极参与聚众扰乱单位、公共场所秩序；持械扰乱单位、公共场所秩序；其他情节较重的情形。B. 在公共交通工具上无理取闹，严重影响公共交通工具运行秩序；在非停靠站点强行下车，或拉扯驾驶员、乘务员，使公共交通工具减速或停行；造成交通拥堵、人员受伤、财物损失等危害后果或较大社会影响；积极参与聚众扰乱公共交通工具上的秩序；积极参与聚众实施妨碍交通工具正常行驶行为；其他情节较重的情形），处 5 日以上 10 日以下拘留，可并处 500 元以下罚款（《治安管理处罚法》第 23 条）。

从犯罪对象、犯罪客体的角度讲，有交通类型的罪名有聚众扰乱公共场所秩序、交通秩序罪；破坏交通工具罪；破坏交通设施罪；交通肇事罪；铁路运营安全事故罪；劫持船只、汽车罪；劫持航空器罪；暴力危及飞行安全罪；重大飞行事故罪；抢劫罪；聚众斗殴罪；运送他人偷越国（边）境罪等。从刑诉法的角度，交通十分不便的边远地区的重大复杂案件在采取技术侦查措施的 3 个月期限届满不能侦查终结，经省级检察院批准或决定，可延长 1 个月。

劫持船只、汽车罪和破坏交通工具罪的根本差异在于犯罪对象、犯罪主观方面、犯罪客观方面的不同；劫持船只、汽车罪和抢劫罪的根本差异在于犯罪目的、犯罪对象、犯罪客体、犯罪客观方面的不同。

◆ 《刑法》第 121 条 【劫持航空器罪】

从普遍管辖原则、国际犯、国内犯、故意犯、行为犯、危险犯、结果犯、实际控制说、否定未遂说的角度讲，采取暴力（殴打、捆绑、爆炸、杀伤、行凶等）、胁迫（精神恐吓、人身强制等）或其他方法（麻醉、吸毒等）劫持（以劫持行为或实际控制行为为既遂标准）航空器［飞行中的民用航空器（a. 航空器装载结束，机舱外门关闭时起，到打开任一机门以卸载时为止的任何时间。b. 飞机强迫降落，主管当局接管该航空器及其所载人员、财产前）、使用中的民用航空器（从地面人员或机组对某一特定飞行器开始进行飞行前准备起，直到降落后 24 小时止）；在中国登记的航空器、在中国领域降落的航空器、在中国有永久居所或主要营业地的租用型航空器］，处 10 年以上有期刑或无期刑；致人重伤、死亡或使航空器遭严重破坏，处死刑。

从《东京公约》《海牙公约》《蒙特利尔公约》的角度讲，劫持航空器罪的航空器分为民用航空器、军用航空器；飞行中的航空器、使用中的航空器。（1）从法理学的角度，劫持航空器罪的既遂、未遂问题有争议性，存在控制说、着手说、目的说、离境说等不同理论观点。（2）从法律法规的角度讲，对通用机场实施分类分级管理，对公众开放的民用机场，继续实施事前许可；其他民用机场改为事后备案。（3）从想象竞合犯、目的犯的角度讲，行为人基于劫持航空器的犯罪目的或犯罪动机，对正飞行中的航空器上的人员使用暴力，危及飞行安全，同时触犯暴力危及飞行安全罪、劫持航空器罪，应依想象竞合犯从一重罪原则以劫持航空器罪定罪处罚。

民航法规定的法律责任：（1）以暴力、胁迫或其他方法劫持航空器，依刑法有关规定追究刑责。（2）对飞行中的民航器上的人员使用暴力，危及飞行安全，依刑法有关规定追究刑责。（3）企事业单位或个人违反民航法规定，隐匿携带炸药、雷管或其他危险品乘坐民航器，或以非危险品品名托运危险品，对直接负责的主管人员和其他直接责任人员也依刑法有关规定追究刑责。隐匿携带枪支子弹、管制刀具乘坐民航器，依刑法有关规定追究刑责。（4）公共航空运输企业违反民航法规定（公共航空运输企业运输危险品，应遵守国家有关规定。危险品品名由国务院民航主管部门规定并公布。禁止违反国务院民航主管部门规定将危险品作为行李托运。禁止以非危险品品名托运危险品。禁止旅客随身携带危险品乘坐民航器。禁止旅客携带枪支、管制刀具乘坐民航器，除因执行公务并按国家规定经批准外）运输危险品，由国务院民航主管部门没收违法所得，可并处违法所得 1 倍以下罚款。公共航空运输企业违反民航法规定，导致发生重大事故，没收违法所得，判处罚金；并对直接负责的主管人员和其他直接责任人员依刑法有关规定追究刑责。(5) 故意在使用中的民航器上放置危险品或唆使他人放置危险品，足以毁坏该民航器，危及飞行安全，依刑法有关规定追究刑责。（6）故意传递虚假情报，扰乱正常飞行秩序，使公私财产遭受重大损失，依刑法有关规定追究刑责。（7）盗窃或故意损毁、移动使用中的航行设施，危及飞行安全，足以使民航器发生坠落、毁坏危险，依刑法有关规定追究刑责。（8）聚众扰乱民用机场秩序，依刑法有关规定追究刑责。（9）航空人员玩忽职守，或违反规章制度，导致发生重大飞行事故，造成严重后果，依刑法有关规定追究刑责。（10）已取得民航法规定（生产、维修民航器及其发动机、螺旋桨和民航器上设备，应向国务院民航主管部门申请领取生产许可证书、维修许可证书；经审查合格，发给相应的证书）的生产许可证书、维修许可证书的企业，因生产、维修的质量问题造成严重事故，国务院民航主管部门可吊销其生产许可证书或维修许可证书。（11）公共航空运输企业、通用航空企业违反民航法规定，情节较重，除依民航法规定处罚外，国务院民航主管部门可吊销其经营许可证。（12）违反民航法规定，尚不够刑罚，应给予治安处罚，依治安处罚法规定处罚。（13）违反民航法规定（a. 有中国国籍的民航器，应持有国务院民航主管部门颁发的适航证书，方可飞行。b. 出口民航器及其发动机、螺旋桨和民航器上设备，制造人应向国务院民航主管部门申请领取出口适航证书；经审查合格，发给出口适航证书。c. 租用外国民航器，应经国务院民航主管部门对其原国籍登记国发给的适航证书审查认可或另发适航证书，方可飞行。d. 民航器适航管理规定，由国务院制定），民航器无适航证书而飞行，或租用外国民航器未经国务院民航主管部门对其原国籍登记国发给的适航证书审查认可或另发适航证书而飞行，或适航证书失效或超过适航证书规定范围飞行，由国务院民航主管部门责令停止飞行，没收违法所得，可并处违法所得1倍以上5倍以下罚款；未违法所得，处以10万元以上100万元以下罚款。（14）违反民航法规定（a. 设计民航器及其发动机、螺旋桨和民航器上设备，应向国务院民航主管部门申请领取型号合格证书；经审查合格，发给型号合格证书。b. 已取得外国颁发的型号合格证书的民航器及其发动机、螺旋桨和民航器上设备，首次在中国境内生产，该型号合格证书的持有人应向国务院民航主管部门申请领取型号认可证书；经审查合格，发给型号认可证书），将未取得型号合格证书、型号认可证书的民航器及其发动机、螺旋桨或民航器上的设备投入生产，由国务院民航主管部门责令停止生产，没收违法所得，可并处违法所得1倍以下罚款；未违法所得，处以5万元以上50万元以下罚款。（15）违反民航法规定（生产、维修民航器及其发动机、螺旋桨和民航器上设备，应向国务院民航主管部门申请领取生产许可证书、维修许可证书；经审查合格，发给相应的证书）而未取得生产许可证书、维修许可证书而从事生产、维修活动，违反民航法规定（a. 企业从事公共航空运输，应向国务院民航主管部门申请领取经营许可证。b. 从事经营性通用航空，应向国务院民航主管部门申请领取通用航空经营许可证，并依法办理工商登记；未取得经营许可证，工商行政管理部门不得办理工商登记），未取得公共航空运输经营许可证或通用航空经营许可证而从事公共航空运输或从事经营性通用航空，国务院民航主管部门可责令停止生产、维修或经营活动。（16）违反民航法规定（a. 航空人员应接受专门训练，经考核合格，取得国务院民航主管部门颁发的执照，方可担任其执照载明的工作。b. 空勤人员和空中交通管制员在取得执照前，还应接受国务院民航主管部门认可的体格检查单位的检查，并取得国务院民航主管部门颁发的体格检查合格证书），未取得航空人员执照、体格检查合格证书而从事相应的民航活动，由国务院民航主管部门责令停止民航活动，在国务院民航主管部门规定的限期内不得申领有关执照和证书，对其所在单位处以20万元以下罚款。（17）有2种违法情形［a. 机长违反民航法规定（飞行前，机长应对民航器实施必要的检查；未经检查，不得起飞），未对民航器实施检查而起飞。b. 民航器违反民航法规定（民航器应按空中交通管制单位指定的航路和飞行高度飞行；因故确需偏离指定的航路或改变飞行高度飞行，应取得空中交通管制单位的许可），未按空中交通管制单位指定的航路和飞行高度飞行，或违反民航法规定（民航器不得飞越城市上空，以起飞、降落或指定的航路必要，或飞行高度足以使该航空器在发生紧急情况时离开城市上空而不致危及地面上的人员、财产安全、按国家规定的程序获得批准为例外）飞越城市上空］，由国务院民航主管部门对民航器的机长给予警告或吊扣执照1个月–6个月的处罚，情节较重，可给予吊销执照的处罚。（18）违反民航法规定（民航器在管制空域内进行飞行活动，应取得空中交通管制单位的许可），民航器未经空中交通管制单位许可进行飞行活动，由国务院民航主管部门责令停止飞行，对该民航器所有人或承租人处以1万元以上10

万元以下罚款；对该民航器的机长给予警告或吊扣执照 1 个月-6 个月的处罚，情节较重，可给予吊销执照的处罚。(19) 民航器的机长或机组其他人员有 3 种行为［A. 在执行飞行任务时，不按民航法规定（空勤人员在执行飞行任务时，应随身携带执照和体格检查合格证书，并接受国务院民航主管部门的查验）携带执照和体格检查合格证书。B. 民航器遇险时，违反民航法规定（a. 民航器遇险时，机长有权采取一切必要措施，并指挥机组人员和航空器上其他人员采取抢救措施。b. 在须撤离遇险民航器的紧急情况下，机长须采取措施，首先组织旅客安全离开民航器；未经机长允许，机组人员不得擅自离开民航器；机长应最后离开民航器）离开民航器。C. 违反民航法规定（民航器机组人员受到酒类饮料、麻醉剂或其他药物的影响，损及工作能力，不得执行飞行任务）执行飞行任务］，由国务院民航主管部门给予警告或吊扣执照 1 个月-6 个月的处罚；有民航器遇险时，违反民航法规定（a. 民航器遇险时，机长有权采取一切必要措施，并指挥机组人员和航空器上其他人员采取抢救措施。b. 在须撤离遇险民航器的紧急情况下，机长须采取措施，首先组织旅客安全离开民航器；未经机长允许，机组人员不得擅自离开民航器；机长应最后离开民航器）离开民航器的行为，或违反民航法规定（民航器机组人员受到酒类饮料、麻醉剂或其他药物的影响，损及工作能力，不得执行飞行任务）执行飞行任务的行为，可给予吊销执照的处罚。(20) 违反民航法规定（飞行中，民航器不得投掷物品，以飞行安全、执行救助任务或符合社会公共利益的其他飞行任务必需为例外），民航器在飞行中投掷物品，由国务院民航主管部门给予警告，可对直接责任人员处以 2000 元以上 2 万元以下罚款。(21) 违反民航法规定［a. 民用机场具备条件（具备与其运营业务相适应的飞行区、航站区、工作区及服务设施和人员；能保障飞行安全的空中交通管制、通信导航、气象等设施和人员；符合国家规定的安全保卫条件；处理特殊情况的应急计划及相应的设施和人员；国务院民航主管部门规定的其他条件），并按国家规定经验收合格后，方可申请机场使用许可证。b. 民用机场应持有机场使用许可证，方可开放使用。c. 国际机场应具备国际通航条件，设立海关和其他口岸检查机关］，未取得机场使用许可证开放使用民用机场，由国务院民航主管部门责令停止开放使用；没收违法所得，可并处违法所得 1 倍以下罚款。(22) 民航总局和地区民航管理机构的工作人员，玩忽职守、滥用职权、徇私舞弊，构成犯罪，依法追究刑责；尚不构成犯罪，依法给予行政处分。

◆《刑法》第 123 条 【暴力危及飞行安全罪】

从故意犯、结果加重犯、危险犯的角度讲，对飞行中的航空器上的人员使用暴力（殴打、捆绑等），危及飞行安全，尚未造成严重后果，处 5 年以下有期刑或拘役；造成严重后果，处 5 年以上有期刑。

凡在中国船舶（各类排水或非排水船、筏、水上飞机、潜水器和移动式平台）或航空器内犯罪，也适用中国刑法。从犯罪对象、犯罪客体的角度，以飞行器或航空器为犯罪对象的罪名有多样性、互补性、差异性，含重大飞行事故罪；暴力危及飞行安全罪；劫持航空器罪；破坏交通设施（轨道、桥梁、隧道、公路、机场、航道、灯塔、标志等）罪；破坏交通工具（高铁、火车、汽车、电车、船只、航空器等）罪等。

暴力危及飞行安全罪、重大飞行事故罪的根本差异在于犯罪主体、犯罪主观方面、犯罪客观方面、犯罪后果的不同；暴力危及飞行安全罪、劫持航空器罪的根本差异在于犯罪主观方面、犯罪客观方面的不同；暴力危及飞行安全罪、破坏交通工具罪的根本差异在于犯罪对象、犯罪客观方面的不同。

◆《刑法》第 124 条 【故意/过失破坏广电设施、公用电信设施罪】

从故意犯、危险犯、结果犯的角度讲，破坏广电设施、公用电信设施（广电台中直接关系节目播出的设施、广电传输网内的设施，参照国家广电行政主管部门和其他相关部门有关规定确定），危害公共安全，处3年以上7年以下有期刑；造成严重后果，处7年以上有期刑。

采取拆卸、毁坏设备，剪割缆线，删除、修改、增加广电设备系统中存储、处理、传输的数据和应用程序，非法占用频率等手段，破坏正使用的广电设施，有4种情形［a. 造成救灾、抢险、防汛和灾害预警等重大公共信息无法发布。b. 造成县级、地市（设区的市）级广电台中直接关系节目播出的设施无法使用，信号无法播出。c. 造成省级以上广电传输网内的设施无法使用，地市（设区的市）级广电传输网内的设施无法使用3小时以上，县级广电传输网内的设施无法使用12小时以上，信号无法传输。d. 其他危害公共安全情形］，依破坏广电设施、公用电信设施罪规定，以破坏广电设施罪处3年以上7年以下有期刑。

实施采取拆卸、毁坏设备，剪割缆线，删除、修改、增加广电设备系统中存储、处理、传输的数据和应用程序，非法占用频率等手段，破坏正使用的广电设施的行为，有4种情形（a. 造成省级以上广电台中直接关系节目播出的设施无法使用，信号无法播出。b. 造成救灾、抢险、防汛和灾害预警等重大公共信息无法发布，因此贻误排除险情或疏导群众，使1人以上死亡、3人以上重伤或财产损失50万元以上，或引起严重社会恐慌、社会秩序混乱。c. 造成省级以上广电传输网内的设施无法使用3小时以上，地市（设区的市）级广电传输网内的设施无法使用12小时以上，县级广电传输网内的设施无法使用48小时以上，信号无法传输。d. 造成其他严重后果），应认定为破坏广电设施、公用电信设施罪的造成严重后果，以破坏广电设施罪处7年以上有期刑。

过失犯破坏广电设施、公用电信设施罪，处3年以上7年以下有期刑；情节较轻，处3年以下有期刑或拘役。

过失损坏广电设施构成犯罪，但能主动向有关部门报告，积极赔偿损失或修复被损坏设施，可酌情从宽处罚。

过失损坏正使用的广电设施，造成严重后果［a. 造成省级以上广电台中直接关系节目播出的设施无法使用，信号无法播出。b. 造成救灾、抢险、防汛和灾害预警等重大公共信息无法发布，因此贻误排除险情或疏导群众，使1人以上死亡、3人以上重伤或财产损失50万元以上，或引起严重社会恐慌、社会秩序混乱。c. 造成省级以上广电传输网内的设施无法使用3小时以上，地市（设区的市）级广电传输网内的设施无法使用12小时以上，县级广电传输网内的设施无法使用48小时以上，信号无法传输。d. 造成其他严重后果］，以过失损坏广电设施罪处3年以上7年以下有期刑；情节较轻，处3年以下有期刑或拘役。

建设、施工单位的管理人员、施工人员，在建设、施工过程中，违反广电设施保护规定，故意或过失损毁正使用的广电设施，构成犯罪，以破坏广电设施罪或过失损坏广电设施罪定罪处罚（破坏广电设施、公用电信设施罪；过失破坏广电设施、公用电信设施罪的量刑标准）。

盗窃正使用的广电设施，尚未构成盗窃罪，但有采取拆卸、毁坏设备，剪割缆线，删除、修改、增加广电设备系统中存储、处理、传输的数据和应用程序，非法占用频率等手段，破坏正使用的广电设施以破坏广电设施罪处3年以上7年以下有期刑的4种情形［a. 造成救灾、抢险、防汛和灾害预警等重大公共信息无法发布。b. 造成县级、地市（设区的市）级广电台中直接关系节目播出的设施无法使用，信号无法播出。c. 造成省级以上广电传输网内的设施无法使用，地市（设区的市）级广电传输网内的设施无法使用3小时以上，县级广电传输网内的设施无法使用12小时以上，信号无法传输。d. 其他危害公共安全情形］，造成严重后果以破坏广电设施罪处7年以上有期刑的4种严重后果情形［a. 造成省级以上广电台中直接关系节目播出的设施无法使用，信号无法播出。b. 造成救灾、抢险、防汛和灾害预警等重大公共信息无法发布，因此贻误排除险情或疏导群众，使1人以上死亡、3人以上重伤或财产损失

50万元以上，或引起严重社会恐慌、社会秩序混乱。c.造成省级以上广电传输网内的设施无法使用3小时以上，地市（设区的市）级广电传输网内的设施无法使用12小时以上，县级广电传输网内的设施无法使用48小时以上，信号无法传输。d.造成其他严重后果]，以破坏广电设施罪定罪处罚；同时构成盗窃罪和破坏广电设施罪，依处罚较重规定定罪处罚。

破坏正使用的广电设施未危及公共安全，或故意毁坏尚未投入使用的广电设施，造成财物损失数额较大或有其他严重情节，以故意毁坏财物罪定罪处罚。

实施破坏广电设施犯罪，并利用广电设施实施煽动分裂国家、煽动颠覆国家政权、煽动民族仇恨、民族歧视或宣扬邪教等行为，同时构成他罪，依处罚较重规定定罪处罚。

破坏、过失损坏军事通信，并造成公用电信设施损毁，危害公共安全，同时构成破坏广电设施、公用电信设施罪、破坏武器装备军事设施军事通信罪、过失损坏武器装备军事设施军事通信罪，依处罚较重规定定罪处罚。

盗窃军事通信线路、设备，不构成盗窃罪，但破坏军事通信，以破坏武器装备、军事设施、军事通信罪定罪处罚；同时构成生产销售劣药罪、盗窃罪和破坏武器装备、军事设施、军事通信罪，依处罚较重规定定罪处罚。

◆ 《刑法》第125条【非法制造、买卖、运输、邮寄、储存枪支、弹药、爆炸物罪；非法制造、买卖、运输、储存危险物质罪】

从选择罪名、故意犯、行为犯、情节犯的角度讲，非法制造、买卖（获取金钱、获取其他物质性利益）、运输、邮寄、储存枪支、弹药、爆炸物（非法制造、买卖、运输、邮寄、储存炸药、发射药、黑火药1000克以上或烟火药3千克以上，雷管30枚以上或导火索、导爆索30米以上），处3年以上10年以下有期刑；情节严重（非法制造、买卖、运输、邮寄、储存炸药、发射药、黑火药5千克以上或烟火药15千克以上，雷管150枚以上或导火索、导爆索150米以上），处10年以上有期刑、无期刑或死刑。

任何单位和个人不得非法制作、生产、储存、运输、进出口、销售、提供、购买、使用、持有、报废、销毁枪支等武器、弹药、危险化学品、民用爆炸物品、核与放射物品、传染病病原体等物质；公安机关发现，应扣押；其他主管部门发现，应扣押，并立即通报公安机关；其他单位、个人发现，应立即向公安机关报告。

发生枪支等武器、弹药、危险化学品、民用爆炸物品、核与放射物品、传染病病原体等物质被盗、被抢、丢失或其他流失的情形，案发单位应立即采取必要的控制措施，并立即向公安机关报告，同时依规定向有关主管部门报告；公安机关接到报告后，应及时开展调查；有关主管部门应配合公安机关开展工作。

单位犯非法制造、买卖、运输、邮寄、储存枪支、弹药、爆炸物罪、非法制造、买卖（获取金钱、获取其他物质性利益）、运输、储存危险物质罪，对单位判处罚金，并对其直接负责的主管人员和其他直接责任人员，处3年以上10年以下有期刑；情节严重，处10年以上有期刑、无期刑或死刑。

从选择罪名、情节犯的角度讲，非法制造、买卖（出卖、购买）、运输、储存毒害性、放射性、传染病病原体等物质，危害公共安全，以非法制造、买卖、运输、储存危险物质罪处罚。

从《关于涉以压缩气体为动力的枪支、气枪铅弹刑事案件定罪量刑问题的批复》（2018年）的角度讲，对非法制造、买卖、运输、邮寄、储存、持有、私藏、走私以压缩气体为动力且枪口比动能较低的枪支的行为，在决定是否追究刑责及如何裁量刑罚时，不仅应考虑涉案枪支的数量，而且应充分考虑涉案枪支外观、材质、发射物、购买场所和渠道、价格、用途、致伤力大小、是否易于通过改制提升致伤力，以及行为人的主观认知、动机目的、一贯表现、违法所得、是否规避调查等情节，综合评估社会危害性，坚持主客观相统一，确保罪责刑相适应。对非法制造、买卖、运输、邮寄、储存、持有、私藏、走私气枪铅弹的行为，在决定是否追究刑责及如何裁量刑罚时，应综合考虑气枪铅弹的数量、用途及行为人的动机目的、一贯表现、违法所得、是否规避调查等情节，综合评估社会危害性，确保罪责刑相适应。

对不宜移送的实物，应根据情况，分别审查的内容：A. 大宗、不便搬运的物品，查封、扣押机关是否随案移送查封、扣押清单，并附原物照片和封存手续，注明存放地点等。B. 易腐烂、霉变和不易保管的物品，查封、扣押机关变卖处理后，是否随案移送原物照片、清单、变价处理的凭证（复印件）等。C. 枪支弹药、剧毒物品、易燃易爆物品及其他违禁品、危险物品，查封、扣押机关根据有关规定处理后，是否随案移送原物照片和清单等。上述不宜移送的实物，应依法鉴定、估价，还应审查是否附有鉴定、估价意见。对查封、扣押的货币、有价证券等未移送，应审查是否附有原物照片、清单或其他证明文件。

◆ 《刑法》 第126条 【违规制造、销售枪支罪】

从选择罪名、行政犯、故意犯、情节犯的角度讲，依法被指定、确定的枪支制造企业、销售企业，违反枪支管理规定，有违规制造、销售枪支行为（a. 以非法销售为目的，超过限额或不按规定的品种制造、配售枪支。b. 以非法销售为目的，制造无号、重号、假号的枪支。c. 非法销售枪支或在境内销售为出口制造的枪支），对单位判处罚金，并对其直接负责的主管人员和其他直接责任人员，处5年以下有期刑；情节严重，处5年以上10年以下有期刑；情节特别严重，处10年以上有期刑或无期刑。

◆ 《刑法》 第127条 【盗窃、抢夺枪支、弹药、爆炸物、危险物质罪；抢劫枪支、弹药、爆炸物、危险物质罪】

从选择罪名、失控说、失控和控制说、故意犯、情节犯、特殊盗窃罪的角度讲，盗窃、抢夺枪支、弹药、爆炸物，或盗窃、抢夺毒害性、放射性、传染病病原体等物质（以实际控制为既遂标准），危害公共安全，处3年以上10年以下有期刑；情节严重，处10年以上有期刑、无期刑或死刑。

【盗窃、抢夺武器装备、军用物资罪；盗窃、抢夺枪支、弹药、爆炸物罪】盗窃、抢夺武器装备或军用物资，处5年以下有期刑或拘役；情节严重，处5年以上10年以下有期刑；情节特别严重，处10年以上有期刑、无期刑或死刑。盗窃、抢夺枪支、弹药、爆炸物，以盗窃、抢夺枪支、弹药、爆炸物、危险物质罪论处。

从故意犯、行为犯的角度讲，抢劫枪支、弹药、爆炸物，或抢劫毒害性、放射性、传染病病原体等物质，危害公共安全，或盗窃、抢夺国家机关、军警人员、民兵的枪支、弹药、爆炸物（以实际控制为既遂标准），处10年以上有期刑、无期刑或死刑。

◆ 《刑法》 第128条 【非法持有、私藏枪支、弹药罪；非法出租、出借枪支罪】

从选择罪名、行政犯、故意犯、持有犯、行为犯、情节犯、抽象危险犯的角度讲，违反枪支管理规定（枪支管理法等），非法持有（不符合配备、配置枪支、弹药条件的人擅自拥有、携带、佩带或以其他方式公然拥有、持有枪支、弹药）、私藏（a. 曾依法配备、配置枪支、弹药的人在配备、配置枪支、弹药的条件消除后仍私自秘密藏匿且拒不交出。b. 未依法取得持枪证件而持有、携带，或有证件而将枪支、弹药携带出依法规定场所。c. 在禁止携带枪支、弹药的区域、场所携带）枪支（以火药或压缩气体等为动力，利用管状器具发射金属弹丸或其他物质，足以致人伤亡或丧失知觉的各种枪支）、弹药，处3年以下有期刑、拘役或管制；情节严重（非法持有、私藏民用枪支、弹药，数量较大的）；出于犯罪目的，非法持有、私藏枪支、弹药，非法持有、私藏军事系统或非军事系统的公务用枪、弹药；对国家工作人员使用暴力或威胁抗拒收缴非法持有、私藏的枪支、弹药），处3年以上7年以下有期刑。

非法持有枪支罪是无合法根据地实际占有或控制枪支的非法持有行为（不符合配备、配置枪支、弹药条件的人员，违反枪支管理法律法规的规定，擅自持有枪支、弹药的行为）。

非法出租、出借枪支罪是依法配备公务用枪的人员或单位，违反枪支管理规定，私自出租、出借枪支，或依法配置枪支的人员或单位，违反枪支管理规定，非法出租、出借枪支，造成严重后果的行为。依法配备公务用枪的人将枪支赠与给他人，可将赠与枪支包容评价为出借枪支，构成非法出借枪支罪。

从身份犯、故意犯、行为犯、情节犯的角度讲，依法配备公务用枪的人员，非法出租、出借枪支，处3年以下有期刑、拘役或管制；情节严重，处3年以上7年以下有期刑。依法配置枪支的人员，非法出租、出借枪支，造成严重后果，处3年以上7年以下有期刑。

单位犯非法持有、私藏枪支、弹药罪；非法出租、出借枪支罪，对单位判处罚金，并对其直接负责的主管人员和其他直接责任人员，处3年以下有期刑、拘役或管制；情节严重，处3年以上7年以下有期刑。

从治安处罚法的角度讲，对未携带持枪证件的行为，由公安机关扣留其枪支、弹药，而不能认定为非法持有、私藏枪支、弹药罪，应由公安机关对个人或单位负有直接责任的主管人员或其他责任人员处警告或15日以下拘留，并没收其枪支、弹药，可并处5000元以下罚款。

【2003·卷2·单选·3】（答案：A）张某在火车站候车室窃得某人一提包，到僻静处打开一看，里面没有钱财，却有手枪一支，子弹若干发，张某便将枪支、子弹放回包内，然后藏在家中。张某的行为构成何罪？A. 非法持有枪支、弹药罪。B. 盗窃枪支、弹药罪。C. 非法储存枪支、弹药罪。D. 非法携带枪支、弹药罪。

违反枪支管理规定，非法持有、私藏枪支、弹药，应立案追诉的情形：（1）非法持有、私藏军用枪支1支以上。(2) 非法持有、私藏以火药为动力发射枪弹的非军用枪支1支以上，或以压缩气体等为动力的其他非军用枪支2支以上。（3）非法持有、私藏军用子弹20发以上、气枪铅弹1000发以上或其他非军用子弹200发以上。（4）非法持有、私藏手榴弹、炸弹、地雷、手雷等有杀伤性弹药1枚以上。（5）非法持有、私藏的弹药造成人员伤亡、财产损失。

为盗窃财物而误盗枪支、弹药，定盗窃罪（可能是未遂），盗窃后将枪支弹药私藏，构成非法持有枪支弹药罪。（1）明知是枪支而盗窃，构成盗窃枪支、弹药罪，否则不知包内是枪支、弹药而窃取，可能构成盗窃罪或非法持有枪支弹药罪。（2）有持枪资格人员丧失资格后，拒不交出枪支，构成私藏枪支罪。

从枪支管理法的角度讲，任何单位或个人非法持有（不符合配备、配置枪支、弹药条件的人员，违反枪支管理法律、法规，擅自持有枪支、弹药的行为）、私藏枪支，都是违法犯罪行为。（1）公安机关、国家安全机关、监狱的警察，法院、检察院的司法警察和担负案件侦查任务的检察人员，海关缉私人员，在依法履行职责时确有必要使用枪支，国家重要的军工、金融、仓储、科研等单位的专职守护、押运人员在执行守护、押运任务时确有必要使用枪支，可配备公务用枪。(2) 可配置民用枪支的单位：A. 经省级政府体育行政主管部门批准专门从事射击竞技体育运动的单位，经省级政府公安机关批准的营业性射击场，可配置射击运动枪支。B. 经省级以上政府林业行政主管部门批准的狩猎场，可配置猎枪。C. 野生动物保护、饲养、科研单位因业务需要，可配置猎枪、麻醉注射枪。a. 猎民、牧民在省级政府划定的猎区、牧区，可申请配置猎枪。b. 营业性射击场、狩猎场配置的民用枪支不得携带出营业性射击场、狩猎场。c. 猎民、牧民配置的猎枪不得携带出猎区、牧区。

【2012·多选·58】（答案：AB）警察甲为讨好妻弟乙，将公务用枪私自送乙把玩，丙乘乙在人前炫耀枪支时，偷取枪支送交派出所，揭发乙持枪的犯罪事实。关于本案，下列哪些选项是正确的？ A. 甲私自出借枪支，构成非法出借枪支罪。B. 乙非法持有枪支，构成非法持有枪支罪。C. 丙构成盗窃枪支罪。D. 丙揭发乙持枪的犯罪事实，构成刑法的立功。

非法出租、出借枪支罪的情形：（1）依法配备公务用枪的人有出租、出借枪支行为，即构成非法出租、出借枪支罪，无需发生危害后果。（2）依法配备公务用枪的人员，违反法律规定，将公务用枪用作借债质押物，使枪支处于非依法持枪人的控制、使用之下，严重危害公共安全，应以非法出借枪支罪追究刑责。（3）依法配备公务用枪的人将枪支赠与给他人，构成非法出借枪支罪。（4）依法配置枪支（不含公务用枪）的人员有出租、出借枪支行为，只有造成严重后果，才构成非法出租、出借枪支罪。（5）依法配置枪支的人员，非法出租、出借枪支，造成严重后果，以非法出租、出借枪支罪处罚，处3年以下有期刑、拘役或管制；情节严重，处3年以上7年以下有期刑。（6）单位犯非法持有私藏枪支弹药罪、非法出租出借枪支罪，对单位判处罚金，并对其直接负责的主管人员和其他直接责任人员，处3年以下有期刑、拘役或管制；情节严重，处3年以上7年以下有期刑。

非法持有枪支罪的情形：（1）依法配备公务用枪的人员，违反法律规定，将公务用枪用作借债质押物，使枪支处于非依法持枪人的控制、使用之下，严重危害公共安全，对接受枪支质押的人员，构成犯罪，应以非法持有枪支罪追究其刑责。（2）无持枪资格的人员实际占有或控制枪支，构成非法持有枪支罪。

非法持有、私藏枪支、弹药罪和盗窃、抢夺枪支、弹药、爆炸物罪的根本差异在于犯罪对象、犯罪客观方面的行为方式的不同；非法持有枪支、弹药罪和私藏枪支、弹药罪的根本差异在于犯罪主体、犯罪客观方面的不同。

◆ 《刑法》第129条 【丢失枪支不报罪】

从身份犯、过失犯、不作为犯、结果犯、渎职犯、报告义务的角度讲，依法配备公务用枪的人员（配枪人），丢失（被盗、被抢、被骗、丢失等）枪支不及时（立即）报告（丢枪后未向所在单位报告，或丢枪后向所在单位报告，配枪人本人和所在单位均未向公安机关报告），造成严重后果（丢失的枪支被他人使用造成人员轻伤以上伤亡事故；丢失的枪支被他人利用进行违法犯罪活动；其他造成严重后果的情形），处3年以下有期刑或拘役。

【2007·卷2·多选·59】（答案：AC）关于不作为犯，下列哪些选项是正确的？ A. 刑法规定，依法配备公务用枪的人员丢失枪支不及时报告，造成严重后果的构成犯罪。该罪以不报告为构成条件，属于不作为犯罪。B. 偷税罪是一种不履行纳税义务的行为，只能由不作为构成。C. 遗弃罪是一种不履行扶养义务的行为，属于不作为犯罪。D. 刑法规定，将代为保管的他人财物非法占为己有，数额较大，拒不退还的，构成犯罪。该罪以拒不退还为成立条件，属于不作为犯罪。

丢失枪支不报罪是依法配备公务用枪的人员违反枪支管理规定，丢失枪支不及时报告造成严重后果的行为。依法配备公务用枪的人员所配备的枪支一旦发生被盗、被抢或丢失的事件，应立即向公安机关报告，是依法配备公务用枪人员的义务。违反枪支管理法，枪支被盗、被抢或丢失，不及时报告，由公安机关对个人或单位负有直接责任的主管人员和其他直接责任人员处警告或15日以下拘留；构成犯罪，依法追究刑责。

依法配备公务用枪的人员（配枪人）私自出租、出借枪支，借枪人丢失枪后告诉配枪人，但配枪人不及时报告公安机关的认定问题有争议性，存在牵连犯择一重罪处罚说、数罪并罚说等不同理论观点，一般人为，应以非法出租、出借枪支罪与丢失枪支不报罪进行数罪并罚。

◆ 《刑法》第130条 【非法携带枪支、弹药、管制刀具、危险物品危及公共安全罪】

从故意犯、行为犯、持有犯、情节犯的角度讲，非法携带枪支、弹药、管制刀具或爆炸性、易燃性、放射性、毒害性、腐蚀性物品，进入公共场所或公共交通工具，危及公共安全，情节严重，处3年以下有期刑、拘役或管制。

从枪支管理法的角度讲，国家严格管制枪支，严厉惩处违反枪支管理的违法犯罪行为，对检举人给予保护，对检举违反枪支管理犯罪活动有功的人员，给予奖励。禁止任何单位或个人违反法律规定持有、制造（含变造、装配）、买卖、运输、出租、出借枪支。任何单位和个人对违反枪支管理的行为有检举的义务。

从司法解释的角度讲，违反国家规定，制造、买卖、储存、运输、邮寄、携带、使用、提供、处置爆炸性、毒害性、放射性、腐蚀性物质或传染病病原体等危险物质，或非法携带枪支、弹药、管制器具或爆炸性、放射性、毒害性、腐蚀性物品进入医疗机构，处10日以上15日以下拘留；情节较轻，处5日以上10日以下拘留。(1) 非法携带枪支、弹药或弩、匕首等国家规定的管制器具，处5日以下拘留，可并处500元以下罚款；情节较轻，处警告或200元以下罚款。(2) 非法携带枪支、弹药或弩、匕首等国家规定的管制器具进入公共场所或公共交通工具，处5日以上10日以下拘留，可并处500元以下罚款；危及公共安全情节严重，构成非法携带枪支、弹药、管制刀具、危险物品危及公共安全罪，依刑法有关规定定罪处罚。

在信访接待场所、其他国家机关或公共场所、公共交通工具上非法携带枪支、弹药、弓弩、匕首等管制器具，或爆炸性、毒害性、放射性、腐蚀性等危险物质，应及时制止，收缴枪支、弹药、管制器具、危险物质，危及公共安全，情节严重，以非法携带枪支、弹药、管制刀具、危险物品危及公共安全罪追究刑责。

枪支类的经济犯罪罪名：违规制造、销售枪支罪；非法制造、买卖、运输、邮寄、储存枪支、弹药、爆炸物罪；非法出租、出借枪支罪；非法买卖、运输核材料罪（危害公共安全罪）等。

从犯罪对象、犯罪客体的角度讲，枪支等违禁品类型的罪名：丢失枪支不报罪；非法携带枪支、弹药、管制刀具、危险物品危及公共安全罪；非法持有、私藏枪支、弹药罪；非法出租、出借枪支罪；非法制造、买卖、运输、邮寄、储存枪支、弹药、爆炸物罪；非法制造、买卖、运输、储存危险物质罪；违规制造、销售枪支罪；盗窃、抢夺枪支、弹药、爆炸物、危险物质罪；抢劫枪支、弹药、爆炸物、危险物质罪；非法持有宣扬恐怖主义、极端主义物品罪；强制穿戴宣扬恐怖主义、极端主义服饰、标志罪；危险物品肇事罪；生产、销售伪劣商品罪（生产、销售伪劣产品罪；生产、销售假药罪；生产、销售劣药罪；生产、销售不符合安全标准的食品罪；生产、销售有毒有害食品罪；生产、销售不符合标准的卫生器材罪；生产、销售不符合安全标准的产品罪；生产、销售伪劣农药、兽药、化肥、种子罪；生产、销售不符合卫生标准的化妆品罪）；走私罪（走私武器、弹药罪；走私核材料罪；走私假币罪；走私文物罪；走私贵重金属罪；走私珍贵动物罪；走私珍贵动物制品罪；走私国家禁止进出口的货物、物品罪；走私淫秽物品罪；走私废物罪；走私普通货物、物品罪）；破坏金融管理秩序罪（对违法票据承兑、付款、保证罪；违规出具金融票证罪；擅自发行股票、公司、企业债券罪；骗取贷款、票据承兑、金融票证罪；妨害信用卡管理罪；窃取、收买、非法提供信用卡信息罪；伪造、变造国家有价证券罪；伪造、变造股票、公司、企业债券罪；伪造、变造金融票证罪；伪造、变造、转让金融机构经营许可证、批准文件罪；伪造货币罪；变造货币罪；持有、使用假币罪；出售、购买、运输假币罪；金融工作人员购买假币、以假币换取货币罪；内幕交易、泄露内幕信息罪；利用未公开信息交易罪；编造并传播证券、期货交易虚假信息罪；诱骗投资者买卖证券、期货合约罪等）等。

◆ 《刑法》第131条 【重大飞行事故罪】

从身份犯、过失犯、结果犯的角度讲，航空人员［从事民用航空活动的空勤人员（驾驶员、领航员、飞行通信员、机械员、乘务员）、地勤人员（民用航空维护人员、空中交通管制员、飞行签派员、航空台通信员）］违反规章制度（民用航空器的维修操作管理、空域管理、运输管理、安全飞行管理等），使发生重大飞行事故（民航飞行事故造成死亡39人以下，或航空器在飞行过程中失踪，机机上人员在39人以下；飞机迫降到无法运出的地方），造成严重后果（航空器或其他航空设施受到严重损坏，航空器上人员遭受重伤，公私财产受到严重损失等），处3年以下有期刑或拘役；造成飞机坠毁或人员死亡，处3年以上7年以下有期刑。

一般而言，重大飞行事故刑事案件由犯罪结果发生地机场公安机关管辖；特殊而言，犯罪结果发生地未设机场公安机关或不在机场公安机关管辖范围内，由地方公安机关管辖，有关机场公安机关协助。

重大飞行事故罪和暴力危及飞行安全罪的根本差异在于犯罪主体、犯罪主观方面、犯罪客观方面、犯罪后果、法定刑的不同；重大飞行事故罪和过失损坏交通工具罪的根本差异在于犯罪主体、犯罪后果原因的不同；重大飞行事故罪和重大责任事故罪的根本差异在于犯罪主体、犯罪地点或犯罪场合的不同。

◆ 《刑法》第132条 【铁路运营安全事故罪】

从身份犯、过失犯、结果犯的角度讲，铁路职工违反规章制度，使发生铁路运营安全事故，造成严重后果，处3年以下有期刑或拘役；造成特别严重后果，处3年以上7年以下有期刑。

对过失犯罪，如安全责任事故犯罪等，主要应根据犯罪造成危害后果的严重程度、被告人主观罪过的大小以及被告人案发后的表现等，综合掌握处罚的宽严尺度。对过失犯罪后积极抢救、挽回损失或有效防止损失进一步扩大，要依法从宽。对造成的危害后果虽不是特别严重，但情节特别恶劣或案发后故意隐瞒案情，甚至逃逸，给及时查明事故原因和迅速组织抢救造成贻误，要依法从重处罚。

◆ 《刑法》第133条 【交通肇事罪】

从过失犯、结果犯、结果加重犯、情节犯的角度讲，违反交通运输管理法规，因而发生重大事故，致人重伤、死亡（交通肇事造成死亡1人或重伤3人以上，并负事故全部或主要责任）或使公私财产遭受重大损失，处3年以下有期刑或拘役；交通运输肇事后逃逸（肇事人具有死亡1人或重伤3人以上，负事故全部或主要责任；死亡3人以上，负事故同等责任；造成公共财产或他人财产直接损失，负事故全部或主要责任，无能力赔偿数额30万元以上；酒后、吸食毒品后驾驶机动车辆；无驾驶资格驾驶机动车辆；明知是安全装置不全或安全机件失灵的机动车辆而驾驶；明知是无牌证或已报废的机动车辆而驾驶；严重超载驾驶的情形，在发生交通事故后，为逃避法律追究从逃离事故现场等具备逃跑条件的地点逃跑的法定加重情节行为）或有其他特别恶劣情节［交通肇事有死亡2人以上或重伤5人以上，负事故全部或主要责任；死亡6人以上，负事故同等责任；造成公共财产或他人财产直接损失（在30万元~60万元或60万元~100万元的幅度内），负事故全部或主要责任，无能力赔偿数额60万元以上的情形］，处3年以上7年以下有期刑；因逃逸（发生交通事故后，为逃避法律追究而逃跑的行为）致人死亡（行为人在交通肇事后为逃避法律追究而逃跑，使被害人因得不到救助而死亡的情形），处7年以上有期刑（最高15年）。

【2004·卷2·单选·3】（答案：B）卡车司机甲在行车途中，被一吉普车超过，甲顿生

不快，便加速超过该车。不一会儿，该车又超过了甲，甲又加速超过该车。当该车再一次试图超车行至甲车左侧时，甲对坐在副座的乙说："我要吓他一下，看他还敢超我。"随即将方向盘向左边一打，吉普车为躲避碰撞而翻下路基，司机重伤，另一人死亡。甲驾车逃离。甲的行为构成：A. 故意杀人罪。B. 交通肇事罪。C. 破坏交通工具罪。D. 故意杀人罪和故意伤害罪的想象竞合犯。

交通肇事罪是违反交通管理法规，发生重大交通事故，致人重伤、死亡或使公私财产遭受重大损失，危害公共安全的行为。（1）在实行公共交通管理的范围内发生重大交通事故，依交通肇事罪和交通肇事刑事案件解释的有关规定办理。（2）从司法解释的角度，交通运输肇事后逃逸属于在发生交通事故后，为逃避法律追究而逃跑的行为。（3）从交通事故发生的时间、地点、过程、交通事故发生后的客观环境、交通事故双方的表现等综合因素的角度，交通运输肇事后逃逸具有故意性、目的性、非法性。（4）交通肇事罪以过失犯罪为原则，以故意犯罪为例外。

交通肇事罪的情形：（1）因交通违章造成死亡1人或重伤3人以上，只有认定行为人承担全部或主要责任时，可构成交通肇事罪；负次要责任，对肇事行为不承担刑责。（2）从事交通运输人员或非交通运输人员，违反交通运输管理法规，发生重大交通事故，在分清事故责任基础上，构成犯罪，以交通肇事罪定罪处罚。（3）交通肇事致1人以上重伤，负事故全部或主要责任，并有酒后、吸食毒品后驾驶机动车辆；无驾驶资格驾驶机动车辆；明知是安全装置不全或安全机件失灵的机动车辆而驾驶；明知是无牌证或已报废的机动车辆而驾驶；严重超载驾驶；为逃避法律追究逃离事故现场的情形，以交通肇事罪定罪处罚。（4）交通肇事有死亡1人或重伤3人以上，负事故全部或主要责任；死亡3人以上，负事故同等责任；造成公共财产或他人财产直接损失（30万元~60万元或60万元~100万元的幅度内），负事故全部或主要责任，无能力赔偿数额30万元以上的情形，处3年以下有期刑或拘役。（5）单位主管人员、机动车辆所有人或机动车辆承包人指使、强令他人违章驾驶造成重大交通事故，有死亡1人或重伤3人以上，负事故全部或主要责任；死亡3人以上，负事故同等责任；造成公共财产或他人财产直接损失，负事故全部或主要责任，无能力赔偿数额30万元以上；交通肇事致1人以上重伤，负事故全部或主要责任，并有酒后、吸食毒品后驾驶机动车辆；无驾驶资格驾驶机动车辆；明知是安全装置不全或安全机件失灵的机动车辆而驾驶；明知是无牌证或已报废的机动车辆而驾驶；严重超载驾驶；为逃避法律追究逃离事故现场的情形，以交通肇事罪定罪处罚。（6）醉酒驾驶机动车并造成重大人员伤亡，构成交通肇事罪。（7）交通肇事后，单位主管人员、机动车辆所有人、承包人或乘车人指使肇事人逃逸，使被害人因得不到救助而死亡，以交通肇事罪的共犯论处。

【2006·卷2·单选·11】（答案：B）甲系某公司经理，乙是其司机。某日，乙开车送甲去洽谈商务，途中因违章超速行驶当场将行人丙撞死，并致行人丁重伤。乙欲送丁去医院救治，被甲阻止。甲催乙送其前去洽谈商务，并称否则会造成重大经济损失。于是，乙打电话给120急救站后离开肇事现场。但因时间延误，丁不治身亡。关于本案，下列哪一选项是正确的？A. 甲不构成犯罪，乙构成交通肇事罪。B. 甲、乙均构成交通肇事罪。C. 乙构成交通肇事罪和不作为的故意杀人罪，甲是不作为的故意杀人罪的共犯。D. 甲、乙均构成故意杀人罪。

【2008·川·卷2·多选·58】（答案：BCD）关于交通肇事罪与他罪关系的论述，下列哪些选项是正确的？A. 甲酒后驾车撞死一行人，下车观察时，发现死者是其情敌刘某，甲早已预谋将刘某杀死。甲的行为应为故意杀人罪，而不能定为交通肇事罪。B. 乙明知车辆的安全装置不全，仍然指使其雇员王某驾驶该车辆运输货物；王某明知车辆有缺陷，仍然超速行驶，造成交通事故，导致1人死亡。乙与王某均构成交通肇事罪。C. 丙在施工场地卸货倒车时，不慎将一装卸工人轧死。丙的行为构成重大责任事故罪，而不是交通肇事罪。D. 丁在一

高速公路上驾车行驶时，因疲劳过度将车驶出高速公路，将行人常某撞死。对丁的行为应认定为交通肇事罪，而不是过失致人死亡罪。

行为人在交通肇事后为逃避法律追究，将被害人带离事故现场后隐藏或遗弃，使被害人无法得到救助而死亡或严重残疾（重伤），应分别以故意杀人罪或故意伤害罪定罪处罚。

在公共交通管理的范围外，驾驶机动车辆或使用其他交通工具致人伤亡或使公共财产或他人财产遭受重大损失，构成犯罪，分别依重大责任事故罪、强令违章冒险作业罪、重大劳动安全事故罪、大型群众性活动重大安全事故罪或过失致人死亡罪等规定定罪处罚。

【2007·卷2·单选·9】（答案：C）根据刑法规定与相关司法解释，下列哪一选项符合交通肇事罪中的"因逃逸致人死亡"？A. 交通肇事后因害怕被现场群众殴打，逃往公安机关自首，被害人因得不到救助而死亡。B. 交通肇事致使被害人当场死亡，但肇事者误以为被害人没有死亡，为逃避法律责任而逃逸。C. 交通肇事致人重伤后误以为被害人已死亡，为逃避法律责任而逃逸，导致被害人得不到及时救助而死亡。D. 交通肇事后，将被害人转移至隐蔽处，导致其得不到救助而死亡。

【2008·卷2·多选·58】（答案：ACD）某日，甲醉酒驾车将行人乙撞死，急忙将尸体运到X地掩埋。10天后，甲得知某单位要在X地施工，因担心乙的尸体被人发现，便将乙的尸体从X地转移至Y地。在转移尸体时，甲无意中发现了乙的身份证和信用卡。此后，甲持乙的身份证和信用卡，从银行柜台将乙的信用卡中的5万元转入自己的信用卡，并以乙的身份证办理入网手续并使用移动电话，造成电信资费损失8000余元。甲的行为构成何罪？A. 交通肇事罪。B. 侵占罪。C. 信用卡诈骗罪。D. 诈骗罪。

【2008·川·卷2·多选·52】（答案：BC）下列哪些选项成立不作为犯罪？A. 过路人甲看见某公寓发生火灾而不报警，导致公寓全部被烧毁。B. 成年人乙带邻居小孩出去游玩，小孩溺水，乙发现后能救助而不及时抢救，致使小孩被淹死。C. 丙重男轻女，认为女儿不能延续香火，将年仅1岁的女儿抱到火车站，放在长椅上后匆匆离开。因为天冷，等警察发现女孩将其送到医院时，女孩已死亡。D. 司机丁意外撞倒负完全责任的行人刘某后，没有立即将刘某送往医院，刘某死亡。事后查明，即使司机丁将刘某送往医院，也不可能挽救刘某的生命。

从刑法分则的角度讲，肇事型的罪名有交通肇事罪、危险物品肇事罪、武器装备肇事罪等。

交通事故司法鉴定流程：（1）检验、鉴定、评估机构、人员接受交警部门指派、委托或当事人委托应在规定期限内完成检验、鉴定、评估。（2）交警部门应在接到检验、鉴定结果后2日内将检验、鉴定结论复印件交当事人。（3）当事人对自行委托的检验、鉴定、评估结论有异议可在接到检验、鉴定、评估结论后3日内另行委托检验、鉴定、评估，并告知交警部门，交警部门备案。（4）申请重新检验、鉴定、评估以1次为限。重新检验、鉴定、评估的时限与检验、鉴定、评估的时限相同。（5）评定书。评定人评定结束后，应制作评定书并签名。

【2013·卷2·单选·12】（答案：A）甲在建筑工地开翻斗车。某夜，甲开车时未注意路况，当场将工友乙撞死、丙撞伤。甲背丙去医院，想到会坐牢，遂将丙弃于路沟后逃跑。丙不得救治而亡。关于本案，下列哪一选项是错误的？A. 甲违反交通运输管理法规，因而发生重大事故，致人死伤，触犯交通肇事罪。B. 甲在作业中违反安全管理规定，发生重大伤亡事故，触犯重大责任事故罪。C. 甲不构成交通肇事罪与重大责任事故罪的想象竞合犯。D. 甲为逃避法律责任，将丙带离事故现场后遗弃，致丙不得救治而亡，还触犯故意杀人罪。

【2014·卷2·单选·13】（答案：C）乙（15周岁）在乡村公路驾驶机动车时过失将吴某撞成重伤。乙正要下车救人，坐在车上的甲（乙父）说："别下车！前面来了许多村民，下

车会有麻烦。"乙便驾车逃走，吴某因流血过多而亡。关于本案，下列哪一选项是正确的？A. 因乙不成立交通肇事罪，甲也不成立交通肇事罪。B. 对甲应按交通肇事罪的间接正犯论处。C. 根据司法实践，对甲应以交通肇事罪论处。D. 根据刑法规定，甲、乙均不成立犯罪。

【2017·卷2·单选·12】（答案：C）关于危害公共安全罪的认定，下列哪一选项是正确的？A. 猎户甲合法持有猎枪，猎枪被盗后没有及时报告，造成严重后果。甲构成丢失枪支不报罪。B. 乙故意破坏旅游景点的缆车的关键设备，致数名游客从空中摔下。乙构成破坏交通设施罪。C. 丙吸毒后驾车将行人撞成重伤（负主要责任），但毫无觉察，驾车离去。丙构成交通肇事罪。D. 丁被空姐告知"不得打开安全门"，仍拧开安全门，致飞机不能正点起飞。丁构成破坏交通工具罪。

交通肇事罪的量刑：（1）构成交通肇事罪，可根据不同情形在相应的幅度内确定量刑起点：A. 致人重伤、死亡或使公私财产遭受重大损失，可在2年以下有期刑、拘役幅度内确定量刑起点。B. 交通运输肇事后逃逸或有其他特别恶劣情节，可在3年-5年有期刑幅度内确定量刑起点。C. 因逃逸致1人死亡，可在7年-10年有期刑幅度内确定量刑起点。（2）在量刑起点的基础上，可根据事故责任、致人重伤、死亡的人数或财产损失的数额及逃逸等其他影响犯罪构成的犯罪事实增加刑罚量，确定基准刑。（3）法院调节量刑比例时，自首情节一般最多可在基准刑基础上减少40%，取得被害人方谅解一般减少20%。

【河南规定】交通肇事罪的量刑：（1）法定刑在3年以下有期刑、拘役幅度的量刑起点和基准刑：A. 死亡1人或重伤3人，负事故主要责任，在6个月至1年6个月有期刑幅度内确定量刑起点；负事故全部责任，在1年-2年有期刑幅度内确定量刑起点。B. 死亡3人，负事故同等责任，在1年-2年有期刑幅度内确定量刑起点。C. 造成公共财产或他人财产直接损失，无能力赔偿数额达到30万元，负事故主要责任，在6个月至1年6个月有期刑幅度内确定量刑起点；负事故全部责任，在1年-2年有期刑幅度内确定量刑起点。D. 重伤1人，负事故主要责任并具有酒后或吸食毒品后驾驶机动车辆、严重超载驾驶、无驾驶资格驾驶机动车辆、明知是安全装置不全或安全机件失灵的机动车辆而驾驶、明知是无牌证或已报废的机动车辆而驾驶、为逃避法律追究逃离事故现场的6种情形之一，在6个月至1年6个月有期刑幅度内确定量刑起点；负事故全部责任，在1年-2年有期刑幅度内确定量刑起点。E. 在量刑起点的基础上，可根据事故责任、致人重伤、死亡的人数或财产损失的数额等其他影响犯罪构成的犯罪事实增加刑罚量，确定基准刑；增加相应刑罚量情形：A. 具有死亡1人或重伤3人，负事故主要责任或全部责任情形，重伤人数达到4人，增加6个月至1年刑期。B. 具有死亡3人，负事故同等责任情形，死亡人数每增加1人，增加6个月至1年刑期；重伤人数每增加1人，增加2个月-4个月刑期。C. 具有造成公共财产或他人财产直接损失，无能力赔偿数额达到30万元，负事故主要责任或全部责任情形，无力赔偿数额30万元基础上每增加10万元，增加3个月刑期。D. 具有重伤1人，负事故主要责任或全部责任并具有酒后或吸食毒品后驾驶机动车辆、严重超载驾驶、无驾驶资格驾驶机动车辆、明知是安全装置不全或安全机件失灵的机动车辆而驾驶、明知是无牌证或已报废的机动车辆而驾驶、为逃避法律追究逃离事故现场的6种情形之一，重伤人数每增加1人，增加6个月至1年刑期。E. 其他可增加刑罚量情形。（2）法定刑在3年以上7年以下有期刑幅度的量刑起点和基准刑：A. 交通肇事后逃逸，在3年-5年有期刑幅度内确定量刑起点。B. 死亡2人或重伤5人，负事故主要责任，在3年-4年有期刑幅度内确定量刑起点；负事故全部责任，在4年-5年有期刑幅度内确定量刑起点。C. 死亡6人，负事故同等责任，在4年-5年有期刑幅度内确定量刑起点。D. 造成公共财产或他人财产直接损失，无能力赔偿数额达60万元，负事故主要责任，在3年-4年有期刑幅度内确定量刑起点；负事故全部责任，在4年-5年有期刑幅度内确定量刑起点。E. 在量刑起点的基础上，可根据事故责任、致人重伤、死亡的人数或财产损失的数额及逃逸等其他影响犯罪构成的犯罪事实增加刑罚量,确定基准刑;增加相应刑罚量情形:a. 交通肇事后逃逸,负事故全部责任,死亡人数每增加1人,增加1年至1年6个月刑期,重伤人数每增加1人,增加6个月至1年刑期。负事故主要责任,死亡人数每增加1人,增加9个月至1年刑期,重伤人数每增加1人,增加3个月-6个月刑期。负事故同等责任,死亡人数每增加1人,增加6个月至1年刑期,重伤人数每增加1人,增加2个月-4个月刑期。死亡人数及重伤人数均达到该档次量刑标准,以死亡人数确定量刑起点,重伤人数作为增加刑罚量的事实;造成公共财产或他人财产直接损失,无能力赔偿数额每增加10万元,增加3个月刑期。b. 具有死亡2人或重伤5人情形,负事故全部责任,死亡人数每增加1人,增加1年至1年6个月刑期,重伤人数每增加1人,增加6个月至1年刑期。负事故主要责任,死亡人数每增加1人,增加9个月至1年刑期,重伤人数每增加1人,增加3个月-6个月刑期。死亡人数及重伤人数均达到该档次量刑标准,以死亡人数确定量刑起点,重伤人数作为增加刑罚量的事实。c. 具有死亡6人,负事故同等责任情形,死亡人数每增加1人,增加6个月至1年刑期。重伤人数每增加1人,增加2个月-4个月刑期。d. 具有造成公共财产或他人财产直接损失,无能力赔偿数额达到60万元,负事故主要责任或全部责任情形,无能力赔偿数额60万元基础上每增加10万元,增加3个月刑期。e. 其他可增加刑罚量情形。(3) 法定刑在7年以上有期刑幅度的量刑起点和基准刑:A. 因逃逸致1人死亡,在7年-10年有期刑幅度内确定量刑起点。B. 在量刑起点的基础上,可根据因逃逸致人死亡的人数等其他影响犯罪构成的犯罪事实,增加刑罚量,从而确定基准刑;增加相应刑罚量的2种情形:a. 因逃逸致人死亡的人数每增加1人,增加3年-5年刑期。b. 其他可增加刑罚量情形。(4) 除已确定为犯罪构成事实外,可增加基准刑的10%以下,但同时具有2种以上情形,累计不得超过基准刑的50%的7种情形:A. 严重超载驾驶。B. 无驾驶资格驾驶机动车辆。C. 交通肇事造成恶劣社会影响。D. 酒后、吸食毒品后驾驶机动车辆,或在道路上驾驶机动车追逐竞驾,情节恶劣。E. 明知是无牌证或已报废的机动车辆而驾驶。F. 明知是安全装置不全或安全机件失灵的机动车辆而驾驶。G. 其他可从重处罚情形。(5) 可减少基准刑的20%以下两种情形:A. 交通肇事后保护现场、抢救伤者,并向公安机关报告。B. 其他可从轻处罚情形。(6) 确定具体犯罪的量刑起点,以基本犯罪构成事实的社会危害性为根据。A. 同时具有两种以上基本犯罪构成事实,一般以危害较重的一种确定量刑起点,其他作为增加刑罚量的犯罪事实。B. 量刑起点的基础上,根据其他影响犯罪构成的犯罪事实,确定所应增加的刑罚量,进而确定基准刑。

◆《刑法》第133条之一 【危险驾驶罪】

从过失犯、行为犯、情节犯、危险犯的角度讲,在道路(公路、城市道路和虽在单位管辖范围内但允许社会机动车通行的地方,含广场、公共停车场等用于公众通行的场所)上驾驶机动车,有醉酒(血液酒精含量达到80毫克/100毫升以上)驾驶机动车、追逐竞驶情节恶劣、从事校车业务或旅客运输,严重超过额定乘员载客或严重超过规定时速行驶、违反危险化学品安全管理规定运输危险化学品危及公共安全的行为,犯危险驾驶罪,处拘役,并处罚金。

危险驾驶罪是在道路上驾驶机动车追逐竞驶,情节恶劣,或在道路上醉酒驾驶机动车的行为。(1) 机动车所有人、管理人对从事校车业务或旅客运输,严重超过额定乘员载客,或严重超过规定时速行驶、违反危化品安全管理规定运输危险化学品,危及公共安全行为负有直接责任,以危险驾驶罪处拘役,并处罚金。(2) 在道路上驾驶机动车,血液酒精含量达到80毫克/100毫升以上,属于醉酒驾驶机动车,以危险驾驶罪定罪处罚。(3) 行为人在公共停车场醉酒驾驶机动车,应以危险驾驶罪论处。(4) 醉酒驾驶机动车,以暴力、威胁方法阻碍公安机关依法检查,又构成妨害公务罪等他罪,依数罪并罚规定处罚。(5) 对醉酒驾驶机动车的被告人判处罚金，应根据被告人的醉酒程度、是否造成实际损害、认罪悔罪态度等情况，确定与主刑相适应的罚金数额。目前，刑法尚未将毒驾、疲驾纳入危险驾驶罪的行为方式。

【2015·卷2·单选·13】（答案：D）下列哪一行为应以危险驾驶罪论处？A. 醉酒驾驶机动车，误将红灯看成绿灯，撞死2名行人。B. 吸毒后驾驶机动车，未造成人员伤亡，但危及交通安全。C. 在驾驶汽车前吃了大量荔枝，被交警以呼气式酒精检测仪测试到酒精含量达到醉酒程度。D. 将汽车误停在大型商场地下固定卸货车位，后在醉酒时将汽车从地下三层开到地下一层的停车位。

【2017·卷2·多选·73】（答案：BCD）在朱某危险驾驶案的辩护过程中，辩护律师查看了侦查机关录制的讯问同步录像。同步录像中的下列哪些行为违反法律规定？A. 后续讯问的侦查人员与首次讯问的侦查人员完全不同。B. 朱某请求自行书写供述，侦查人员予以拒绝。C. 首次讯问时未告知朱某可聘请律师。D. 其中一次讯问持续了14个小时。

醉酒驾驶机动车要求行为人存在饮酒行为。血液酒精含量检验鉴定意见是认定嫌犯是否醉酒的依据。（1）嫌犯经呼气酒精含量检验达到80毫克/100毫升以上的醉酒标准，在抽取血样前脱逃，可呼气酒精含量检验结果作为认定其醉酒的依据。A. 嫌犯在公安机关依法检查时，为逃避法律追究，在呼气酒精含量检验或抽取血样前又饮酒，经检验其血液酒精含量达到80毫克/100毫升以上的醉酒标准，应认定为醉酒。B. 公安机关在查处醉酒驾驶机动车的嫌犯时，对查获经、呼气酒精含量检验和抽取血样过程应制作记录；有条件，应拍照、录音或录像；有证人，应收集证人证言。C. 办理醉酒驾驶机动车刑事案件，应严格执行刑诉法有关规定，切实保障嫌犯、被告人的诉讼权，在法定诉讼期限内及时侦查、起诉、审判。D. 对醉酒驾驶机动车的嫌犯、被告人，据案件情况，可拘留或取保候审。E. 对符合取保候审条件，但嫌犯、被告人不能提出保证人，也不交纳保证金，可监视居住。F. 对违反取保候审、监视居住规定的嫌犯、被告人，情节严重，可逮捕。G. 有交通肇事、危险驾驶的犯罪行为，同时构成他罪，依处罚较重规定定罪处罚。（2）醉酒驾驶机动车，以危险驾驶罪从重处罚的8种情形：A. 造成交通事故且负事故全部或主要责任，或造成交通事故后逃逸，尚未构成他罪。B. 血液酒精含量达到200毫克/100毫升以上。C. 在高速公路、城市快速路上驾驶。D. 驾驶载有乘客的营运机动车。E. 有严重超员、超载或超速驾驶，无驾驶资格驾驶机动车，使用伪造或变造的机动车牌证等严重违反道路交通安全法的行为。F. 逃避公安机关依法检查，或拒绝、阻碍公安机关依法检查尚未构成他罪。G. 曾因酒后驾驶机动车受过行政处罚或刑事追究。H. 其他可从重处罚情形。（3）危险驾驶罪的量刑：A. 构成危险驾驶罪，可在1个月-2个月拘役幅度内确定量刑起点。B. 在量刑起点的基础上，可根据危险驾驶行为等其他影响犯罪构成的犯罪事实增加刑罚量，确定基准刑。C. 对醉酒驾驶机动车的被告人，应综合考虑被告人的醉酒程度、机动车类型、车辆行驶道路、行车速度、是否造成实际损害及认罪悔罪等情况，准确定罪量刑。D. 对情节显著轻微危害不大，不定罪处罚；犯罪情节轻微不需判刑，可免刑。

◆《刑法》第134条【重大责任事故罪；强令违章冒险作业罪】

从身份犯、过失犯、结果犯、情节犯的角度讲，犯重大责任事故罪，行为人（a. 对生产、作业负有组织、指挥或管理职责的负责人、管理人员、实际控制人、投资人等人员。b. 直接从事生产、作业的人员）在生产、作业中违反有关安全管理规定，因而发生重大伤亡事故或造成其他严重后果，处3年以下有期刑或拘役；情节特别恶劣，处3年以上7年以下有期刑。

【2005·卷2·单选·20】（答案：C）甲是某搬运场司机，在搬运场驾车作业时违反操作规程，不慎将另一职工轧死。对甲的行为应当如何处理？A. 按过失致人死亡罪处理。B. 按交通肇事罪处理。C. 按重大责任事故罪处理。D. 按意外事件处理。

【2010·卷2·单选·12】（答案：D）某施工工地升降机操作工刘某未注意下方有人即按启动按钮，造成维修工张某当场被挤压身亡。刘某报告事故时隐瞒了自己按下启动按钮的事实。关于刘某行为的定性，下列哪一选项是正确的？A.（间接）故意杀人罪。B. 过失致人死亡罪。C. 谎报安全事故罪。D. 重大责任事故罪。

重大责任事故罪是在生产、作业中违反有关安全管理规定，发生重大伤亡事故或造成其他严重后果的犯罪行为。(1) 发生特种设备事故，有特种设备使用单位的主要负责人在本单位发生特种设备事故时，不立即组织抢救或在事故调查处理期间擅离职守或逃匿；特种设备使用单位的主要负责人对特种设备事故隐瞒不报、谎报或拖延不报的情形，对单位，由特种设备安全监管部门处5万元以上20万元以下罚款；对主要负责人，由特种设备安全监管部门处4000元以上2万元以下罚款；属于国家工作人员，依法给予处分；触犯刑律，依重大责任事故罪或他罪，依法追究刑责。(2) 对事故发生负有责任的单位的主要负责人未依法履行职责，导致事故发生，特种设备安全监管部门对发生一般事故，处上一年年收入30%罚款；发生较大事故，处上一年年收入40%罚款；发生重大事故，处上一年年收入60%罚款；属于国家工作人员，并依法给予处分；触犯刑律，依重大责任事故罪或他罪，依法追究刑责。(3) 特种设备作业人员违反特种设备的操作规程和有关的安全规章制度操作，或在作业过程中发现事故隐患或其他不安全因素，未立即向现场安全管理人员和单位有关负责人报告，由特种设备使用单位给予批评教育、处分；情节严重，撤销特种设备作业人员资格；触犯刑律，依重大责任事故罪或他罪，依法追究刑责。(4) 重大责任事故罪与过失致人死亡罪属于法条竞合关系，适用特殊法优于普通法原则，应以重大责任事故罪论处。(5) 在公共交通管理的范围外，驾驶机动车辆或使用其他交通工具致人伤亡或使公共财产或他人财产遭受重大损失，构成犯罪，分别依重大责任事故罪、强令违章冒险作业罪、重大劳动安全事故罪、大型群众性活动重大安全事故罪或过失致人死亡罪等规定定罪处罚。

重大责任事故罪等过失导致他人死亡的罪名和过失致人死亡罪的关系是特殊法和普通法的关系，适用特殊法优于普通法的规定。

犯强令违章冒险作业罪，特定行为人（对生产、作业负有组织、指挥或管理职责的负责人、管理人员、实际控制人、投资人等人员）明知存在事故隐患、继续作业存在危险，仍违反有关安全管理规定，强令他人违章冒险作业（a. 利用组织、指挥、管理职权，强制他人违章作业。b. 采取威逼、胁迫、恐吓等手段，强制他人违章作业。c. 故意掩盖事故隐患，组织他人违章作业。d. 其他强令他人违章作业的行为），因而发生重大伤亡事故或造成其他严重后果，处5年以下有期刑或拘役；情节特别恶劣，处5年以上有期刑。

有强迫行为性质的罪名有强令违章作业罪、强迫交易罪、强迫劳动罪、强迫卖淫罪、强迫卖血罪、强迫他人吸毒罪、强奸罪、寻衅滋事罪、滥用管理公司证券职权罪等。

从《关于办理危害生产安全刑事案件适用法律若干问题的解释》的角度讲，在安全事故发生后，直接负责的主管人员和其他直接责任人员故意阻挠开展抢救，导致人员死亡或重伤，或为逃避法律追究，对被害人进行隐藏、遗弃，使被害人因无法得到救助而死亡或重度残疾，分别以故意杀人罪或故意伤害罪定罪处罚。

生产不符合保障人身、财产安全的国家标准、行业标准的安全设备，或明知安全设备不符合保障人身、财产安全的国家标准、行业标准而进行销售，使发生安全事故，造成严重后果，以生产、销售不符合安全标准的产品罪定罪处罚。

实施采取弄虚作假、行贿等手段，故意逃避、阻挠负有安全监管职责的部门实施监督检查，同时构成行贿罪，依数罪并罚规定处罚。

国家工作人员违反规定投资入股生产经营，构成《关于办理危害生产安全刑事案件适用法律若干问题的解释》规定的有关犯罪，或国家工作人员的贪污、受贿犯罪行为与安全事故发生存在关联性，从重处罚；同时构成贪污、受贿犯罪和危害生产安全犯罪，依数罪并罚规定处罚。

国家机关工作人员在履行安全监管职责时滥用职权、玩忽职守，使公共财产、国家和人民利益遭受重大损失，或徇私舞弊，对发现的刑事案件依法应移交司法机关追究刑责而不移交，情节严重，分别以滥用职权罪、玩忽职守罪或徇私舞弊不移交刑事案件罪定罪处罚。

公司、企事业单位的工作人员在依法或受委托行使安全监管职责时滥用职权或玩忽职守，构成犯罪，应依《关于〈中华人民共和国刑法〉第九章渎职罪主体适用问题的解释》规定，适用渎职罪规定追究刑责。

对实施危害生产安全犯罪适用缓刑犯，可根据犯罪情况，禁止其在缓刑考验期限内从事与安全生产相关联的特定活动；对被判刑的罪犯，可根据犯罪情况和预防再犯罪的需要，禁止其自刑罚执行完毕之日或假释之日起3年-5年内从事与安全生产相关的职业。

实施铁路运营安全事故罪、重大责任事故罪、强令违章冒险作业罪、重大劳动安全事故罪、大型群众性活动重大安全事故罪、危险物品肇事罪、工程重大安全事故罪、教育设施重大安全事故罪、消防责任事故罪、不报谎报安全事故罪，在安全事故发生后积极组织、参与事故抢救，或积极配合调查、主动赔偿损失，可酌情从轻处罚。

实施铁路运营安全事故罪、重大责任事故罪、强令违章冒险作业罪、重大劳动安全事故罪、大型群众性活动重大安全事故罪、危险物品肇事罪、工程重大安全事故罪、教育设施重大安全事故罪、消防责任事故罪；不报、谎报安全事故罪，从重处罚的7种情形：A.1年内曾因危害生产安全违法犯罪活动受过行政处罚或刑罚。B.采取弄虚作假、行贿等手段，故意逃避、阻挠负有安全监管职责的部门实施监督检查。C.关闭、破坏必要的安全监控和报警设备。D.未依法取得安全许可证件或安全许可证件过期、被暂扣、吊销、注销后从事生产经营活动。E.已发现事故隐患，经有关部门或个人提出后，仍不采取措施。F.安全事故发生后转移财产意图逃避承担责任。G.其他从重处罚情形。

实施铁路运营安全事故罪、重大责任事故罪、重大劳动安全事故罪；大型群众性活动重大安全事故罪、危险物品肇事罪、消防责任事故罪；不报、谎报安全事故罪，因而发生安全事故，有造成直接经济损失100万元以上、造成死亡1人以上或重伤3人以上，或其他造成严重后果或重大安全事故情形，应认定为"造成严重后果"或"发生重大伤亡事故或造成其他严重后果"，对相关责任人员，处3年以下有期刑或拘役。

实施强令违章冒险作业罪的行为，因而发生安全事故，有造成直接经济损失100万元以上、造成死亡1人以上或重伤3人以上，或其他造成严重后果或重大安全事故情形，应认定为"发生重大伤亡事故或造成其他严重后果"，对相关责任人员，处5年以下有期刑或拘役。

实施工程重大安全事故罪的行为，因而发生安全事故，有造成直接经济损失100万元以上、造成死亡1人以上或重伤3人以上，或其他造成严重后果或重大安全事故情形，应认定为"造成重大安全事故"，对直接责任人员，处5年以下有期刑或拘役，并处罚金。

实施教育设施重大安全事故罪的行为，因而发生安全事故，有造成直接经济损失100万元以上、造成死亡1人以上或重伤3人以上，或其他造成严重后果或重大安全事故情形，应认定为"发生重大伤亡事故"，对直接责任人员，处3年以下有期刑或拘役。

实施铁路运营安全事故罪、重大责任事故罪、重大劳动安全事故罪、大型群众性活动重大安全事故罪、危险物品肇事罪、消防责任事故罪、不报谎报安全事故罪的行为，因而发生安全事故，有造成直接经济损失500万元以上而负事故主要责任、造成死亡3人以上或重伤10人以上而负事故主要责任，或其他造成特别严重后果、情节特别恶劣或后果特别严重情形，对相关责任人员，处3年以上7年以下有期刑。

实施强令违章冒险作业罪的行为，因而发生安全事故，有造成死亡3人以上或重伤10人以上，负事故主要责任，构成强令违章冒险作业罪，对相关责任人员，处5年以上有期刑。

实施工程重大安全事故罪的行为，因而发生安全事故，有造成直接经济损失500万元以上而负事故主要责任、造成死亡3人以上或重伤10人以上而负事故主要责任，或其他造成特别严重后果、情节特别恶劣或后果特别严重情形，对直接责任人员，处5年以上10年以下有期刑，并处罚金。

实施教育设施重大安全事故罪的行为，因而发生安全事故，有造成死亡1人以上或重伤3人以上，同时造成直接经济损失500万元以上并负事故主要责任，或同时造成恶劣社会影响，或造成死亡3人以上或重伤10人以上而负事故主要责任，对直接责任人员，处3年以上7年以下有期刑。

◆ 《刑法》 第135条 【重大劳动安全事故罪】

从过失犯、情节犯的角度讲，安全生产设施或安全生产条件不符合国家规定，因而发生重大伤亡事故或造成其他严重后果，对直接负责的主管人员和其他直接责任人员（a. 对安全生产设施或安全生产条件不符合国家规定负有直接责任的生产经营单位负责人、管理人员、实际控制人、投资人。b. 其他对安全生产设施或安全生产条件负有管理、维护职责的电工、瓦斯检查工等人员），处3年以下有期刑或拘役；情节特别恶劣，处3年以上7年以下有期刑。

农业机械驾驶、操作人员违反国家规定的安全操作规程，违章作业，责令改正，依有关法律、行政法规的规定处罚；构成犯罪，依法追究刑责。

◆ 《刑法》 第135条之一 【大型群众性活动重大安全事故罪】

从过失犯、结果犯、情节犯的角度讲，举办大型群众性活动（法人或其他组织面向社会公众举办的每场次预计参加人数达到1000人以上的体育比赛活动；演唱会、音乐会等文艺演出活动；展览、展销等活动；游园、灯会、庙会、花会、焰火晚会等活动；人才招聘会、现场开奖的彩票销售等活动，不含影剧院、音乐厅、公园、娱乐场所等在其日常业务范围内举办的活动）违反安全管理规定（《大型群众性活动安全管理条例》等），因而发生重大伤亡事故或造成其他严重后果，对直接负责的主管人员和其他直接责任人员（大型群众性活动的承办者对其承办活动的安全负责，承办者的主要负责人为大型群众性活动的安全责任人），处3年以下有期刑或拘役；情节特别恶劣，处3年以上7年以下有期刑。

举办大型群众性活动违反安全管理规定，应立案追诉的情形：（1）造成死亡1人以上，或重伤3人以上。（2）造成直接经济损失50万元以上。（3）其他造成严重后果的情形。

大型群众性活动的安全管理应遵循安全第一、预防为主的方针，坚持承办者负责、政府监管的原则。（1）县级以上政府公安机关负责大型群众性活动的安全管理工作，对大型群众性活动实行安全许可制度［A. 承办者应在活动举办日的20日前提出安全许可申请（a. 承办者合法成立的证明以及安全责任人的身份证明；大型群众性活动方案及其说明，2个或2个以上承办者共同承办大型群众性活动，还应提交联合承办的协议；大型群众性活动安全工作方案；活动场所管理者同意提供活动场所的证明。b. 依法律、行政法规，有关主管部门对大型群众性活动的承办者有资质、资格要求，还应提交有关资质、资格证明）。B. 对受理的申请，应自受理之日起7日内审查，对活动场所进行查验，对符合安全条件，作出许可的决定；对不符合安全条件，作出不予许可的决定，并书面说明理由］，以营业性演出管理条例对演出活动的安全管理另有规定从其规定为例外（县级以上政府、国务院部门直接举办的大型群众性活动的安全保卫工作，由举办活动的政府、国务院部门负责，不实行安全许可制度，但应按大型群众性活动安全管理条例有关规定，责成或会同有关公安机关制订更加严格的安全保卫工作方案，并组织实施）。A. 大型群众性活动的预计参加人数在1000人以上5000人以下，由活动所在地县级政府公安机关实施安全许可；预计参加人数在5000人以上，由活动所在地设区的市级政府公安机关或直辖市政府公安机关实施安全许可；跨省级举办大型群众性活动，由国务院公安部门实施安全许可。B. 对经安全许可的大型群众性活动，公安机关根据安全需要组织相应警力，维持活动现场周边的治安、交通秩序，预防和处置突发治安事件，查处违法犯罪活动。C. 在大型群众性活动现场负责执行安全管理任务的公安机关工作人员，凭值勤证件进入大型群众性活动现场，依法履行安全管理职责（有关主管部门的工作人员和直接负责的主管人员在履行大型群众性活动安全管理职责中，有滥用职权、玩忽职守、徇私舞弊行为，依法给予处分；构成犯罪，依法追究刑责）。D. 公安机关和其他有关主管部门及其工作人员不得向承办者索取门票。E. 在大型群众性活动举办过程中发生公共安全事故、治安案件，安全责任人应立即启动应急救援预案，并立即报告公安机关（在大型群众性活动举办过程中发生公共安全事故，安全责任人不立即启动应急救援预案或不立即向公安机关报告，由公安机关对安全责任人和其他直接责任人员处5000元以上5万元以下罚款）。（2）县级以上政府其他有关主管部门按各自的职责，负责大型群众性活动的有关安全工作。（3）举办大型群众性活动的条件：承办者是依法定程序成立的法人或其他组织；大型群众性活动的内容不得违反宪法、法律法规，不得违反社会公德；有符合大型群众性活动安全管理条例规定的安全工作方案（活动的时间、地点、内容及组织方式；安全工作人员的数量、任务分配和识别标志；活动场所消防安全措施；活动场所可容纳的人员数量、活动预计参加人数；治安缓冲区域的设定及其标识；入场人员的票证查验和安全检查措施；车辆停放、疏导措施；现场秩序维护、人员疏导措施；应急救援预案），安全责任明确、措施有效；活动场所、设施符合安全要求（承办者或大型群众性活动场所管理者违反大型群众性活动安全管理条例规定使发生重大伤亡事故、治安案件或造成其他严重后果构成犯罪，依法追究刑责；尚不构成犯罪，对安全责任人和其他直接责任人员依法给予处分、治安处罚，对单位处1万元以上5万元以下罚款）。A. 对经安全许可的大型群众性活动，承办者不得擅自变更活动的时间、地点、内容或扩大大型群众性活动的举办规模（承办者擅自变更大型群众性活动的时间、地点、内容或擅自扩大大型群众性活动的举办规模，由公安机关处1万元以上5万元以下罚款；有违法所得，没收违法所得）。B. 承办者变更大型群众性活动时间，应在原定举办活动时间前向做出许可决定的公安机关申请变更，经公安机关同意方可变更。C. 承办者变更大型群众性活动地点、内容以及扩大大型群众性活动举办规模，应依本条例的规定重新申请安全许可（未经公安机关安全许可的大型群众性活动由公安机关取缔，对承办者处10万元以上30万元以下罚款）。D. 承办者取消举办大型群众性活动，应在原定举办活动时间前书面告知做出安全许可决定的公安机关，并交回公安机关颁发的准予举办大型群众性活动的安全许可证件。（4）参加大型群众性活动的人员有不遵守法律法规和社会公德，妨碍社会治安、影响社会秩序；不遵守大型群众性活动场所治安、消防等管理制度，接受安全检查，携带爆炸性、易燃性、放射性、毒害性、腐蚀性等危险物质或非法携带枪支、弹药、管制器具；不服从安全管理，展示侮辱性标语、条幅等物品，围攻裁判员、运动员或其他工作人员，投掷杂物的违法行为，由公安机关给予批评教育；有危害社会治安秩序、威胁公共安全行为，公安机关可将其强行带离现场，依法给予治安处罚；构成犯罪，依法追究刑责。

从侵权责任法的角度讲，宾馆、商场、银行、车站、娱乐场所等公共场所的管理人或群众性活动的组织者，未尽到安全保障义务，造成他人损害，应承担侵权责任。本题中，因森林公园未尽到安全保障义务，造成韩某损害，应承担侵权责任。

大型活动承办单位以及重点目标的管理单位应依规定，发现违禁品和管制物品，应扣留并立即向公安机关报告；发现涉嫌违法犯罪人员，应立即向公安机关报告。对进入大型活动场所、机场、火车站、码头、城市轨道交通站、公路长途客运站、口岸等重点目标的人员、物品和交通工具进行安全检查，否则公安机关应责令改正；拒不改正，处10万元以下罚款，并对其直接负责的主管人员和其他直接责任人员处1万元以下罚款。

公安机关调查恐怖活动嫌疑，经县级以上公安机关负责人批准，可根据其危险程度，可采取电子监控、不定期检查等方式，责令恐怖活动嫌疑人员遵守一项或多项约束措施（未经公安机关批准不得离开所居住的市、县或指定的处所；不得参加大型群众性活动或从事特定的活动；未经公安机关批准不得乘坐公共交通工具或进入特定的场所；不得与特定人员会见或通信；定期向公安机关报告活动情况；将护照等出入境证件、身份证件、驾驶证件交公安机关保存）。

◆《刑法》 第136条 【危险物品肇事罪】

从过失犯、结果犯的角度讲，违反爆炸性、易燃性、放射性、毒害性、腐蚀性物品的管理规定，在生产、储存、运输、使用中发生重大事故，造成严重后果，处3年以下有期刑或拘役；后果特别严重，处3年以上7年以下有期刑。

危险物品肇事罪是违法爆炸性、易燃性、放射性、毒害性、腐蚀性物品的管理规定，在生产、储存、运输、使用中发生重大事故，造成严重后果的行为。一般而言，肇事型的罪名有交通肇事罪；武器装备肇事罪；危险物品肇事罪；危险驾驶罪等。

◆《刑法》 第137条 【工程重大安全事故罪】

从单位犯、过失犯、结果犯的角度讲，建设单位、设计单位、施工单位、工程监理单位违反国家规定，降低工程质量标准，造成重大安全事故，对直接责任人员，处5年以下有期刑或拘役，并处罚金；后果特别严重，处5年以上10年以下有期刑，并处罚金。

◆《刑法》 第138条 【教育设施重大安全事故罪】

从身份犯、过失犯、结果犯的角度讲，明知校舍或教育教学设施有危险，而不采取措施或不及时报告，使发生重大伤亡事故，对直接责任人员，处3年以下有期刑或拘役；后果特别严重，处3年以上7年以下有期刑。

◆《刑法》 第139条 【消防责任事故罪】

从过失犯、结果犯的角度讲，犯消防责任事故罪，违反消防管理法规，经消防监督机构通知采取改正措施而拒绝执行，造成严重后果，对直接责任人员，处3年以下有期刑或拘役；后果特别严重，处3年以上7年以下有期刑。

从消防法、安全生产法、建设工程安全生产管理条例、消防安全责任制实施办法的角度讲，安全生产及消防安全工作，坚持政府统一领导、部门依法监管、单位全面负责、公民积极参与、安全自查、隐患自除、责任自负、权责一致、依法履职、党政同责、一岗双责、齐抓共管、失职追责的原则。（1）地方政府负责本行政区域内的消防工作，政府主要负责人为第一责任人，分管负责人为主要责任人，班子其他成员对分管范围内的消防工作负领导责任。(2) 国务院公安部门对全国的消防工作实施监管。县级以上地方政府公安机关对本行政区域内的消防工作实施监管。县级以上政府其他有关部门按管行业须管安全、管业务须管安全、管生产经营须管安全的要求，在各自职责范围内依法依规做好本行业、本系统的消防安全工作。(3) 机关、人民团体、企事业等单位是消防安全的责任主体，法定代表人、主要负责人或实际控制人是本单位、本场所消防安全责任人，对本单位、本场所消防安全全面负责。A. 消防安全重点单位应确定消防安全管理人，组织实施本单位的消防安全管理工作。B. 对不履行或不按规定履行消防安全职责的单位和个人，依法依规追究责任。（4）国务院公安部门要加强对各地公安机关及其工作人员进行消防设计审核、消防验收和消防安全检查等行为的监管。公安机关及其工作人员履行法定消防工作职责时，应做到公正、严格、文明、高效，进行消防设计审核、消防验收和消防安全检查等，不得收取费用，不得谋取利益，不得利用职务指定或变相指定消防产品的品牌、销售单位或消防技术服务机构、消防设施施工单位。(5) 地方政府和有关部门不依法履行职责，在涉及消防安全行政审批、公共消防设施建设、重大火灾隐患整改、消防力量发展等方面工作不力、失职渎职，依法依规追究有关人员责任，涉嫌犯罪，移送司法机关处理。(6) 因消防安全责任不落实发生一般及以上火灾事故，依法依规追究单位直接责任人、法定代表人、主要负责人或实际控制人的责任，对履行职责不力、失职渎职的政府及有关部门负责人和工作人员实行问责，涉嫌犯罪，移送司法机关处理。发生造成人员死亡或产生社会影响的一般火灾事故，由事故发生地县级政府负责组织调查处理；发生较大火灾事故，由事故发生地设区的市级政府负责组织调查处理；发生重大火灾事故，由事故发生地省级政府负责组织调查处理；发生特别重大火灾事故，由国务院或国务院授权有关部门负责组织调查处理。

从气象灾害防御条例的角度讲，各类建（构）筑物、场所和设施安装雷电防护装置应符合国家有关防雷标准的规定。(1) 房屋建筑、市政基础设施、公路、水路、铁路、民航、水利、电力、核电、通信等建设工程的主管部门，负责相应领域内建设工程的防雷管理。(2) 新建、改建、扩建建（构）筑物、场所和设施的雷电防护装置应与主体工程同时设计、同时施工、同时投入使用。(3) 新建、改建、扩建建设工程（土木工程、建筑工程、线路管道和设备安装工程、装修工程）雷电防护装置的设计、施工，可由取得相应建设、公路、水路、铁路、民航、水利、电力、核电、通信等专业工程设计、施工资质的单位承担。(4) 油库、气库、弹药库、化学品仓库和烟花爆竹、石化等易燃易爆建设工程和场所，雷电易发区内的矿区、旅游景点或投入使用的建（构）筑物、设施等需单独安装雷电防护装置的场所，以及雷电风险高且无防雷标准规范、需进行特殊论证的大型项目，其雷电防护装置的设计审核和竣工验收由县级以上地方气象主管机构负责（未经设计审核或设计审核不合格，不得施工；未经竣工验收或竣工验收不合格，不得交付使用）。

◆《刑法》第139条之一【不报、谎报安全事故罪】

从情节犯的角度讲，犯不报、谎报安全事故罪，在矿山生产经营单位等安全事故发生后，负有报告职责的人员（a. 负有组织、指挥或管理职责的负责人、管理人员、实际控制人、投资人。b. 其他负有报告职责的人员）不报或谎报事故情况，贻误事故抢救，情节严重（A. 在安全事故发生后，负有报告职责的人员不报或谎报事故情况，贻误事故抢救，导致事故后果扩大，增加死亡1人以上，或增加重伤3人以上，或增加直接经济损失100万元以上。B. 实施使不能及时有效开展事故抢救的4种行为：a. 决定不报、迟报、谎报事故情况或指使、串通有关人员不报、迟报、谎报事故情况。b. 在事故抢救期间擅离职守或逃匿。c. 伪造、破坏事故现场，或转移、藏匿、毁灭遇难人员尸体，或转移、藏匿受伤人员。d. 毁灭、伪造、隐匿与事故有关的图纸、记录、计算机数据等资料及其他证据。C. 其他情节严重情形），处3年以下有期刑或拘役；情节特别严重（a. 在安全事故发生后，负有报告职责的人员采用暴力、胁迫、命令等方式阻止他人报告事故情况，导致事故后果扩大。b. 导致事故后果扩大，增加死亡3人以上，或增加重伤10人以上，或增加直接经济损失500万元以上。c. 其他情节特别严重情形），处3年以上7年以下有期刑。

不报、谎报安全事故罪，是在安全事故发生后，负有报告职责的人员（生产经营单位的负责人、实际控制人、负责经营的投资人以及其他负有报告职责的人员）不报或谎报事故情况，贻误事故抢救，情节严重的行为。矿山企业主管人员违章指挥、强令工人冒险作业，因而发生重大伤亡事故，依刑法有关规定追究刑责；对矿山事故隐患不采取措施，因而发生重大伤亡事故，依刑法有关规定追究刑责。违反矿山安全法规定，有未对职工进行安全教育、培训，分配职工上岗作业；未按规定及时、如实报告矿山事故；未按规定提取或使用安全技术措施装箱费用；拒绝矿山安全监督人员现场检查或在被检查时隐瞒事故隐患、不如实反映情况；使用不符合国家安全标准或行业安全标准的设备、器材、防护用品、安全检测仪器的情形，由劳动行政主管部门责令改正，可并处罚款；情节严重，提请县级以上政府决定责令停产整顿；对主管人员和直接责任人员由其所在单位或上级主管机关给予行政处分。

事故类型的罪名有交通肇事罪；危险物品肇事罪；武器装备肇事罪；危险物品肇事罪；不报、谎报安全事故罪；消防责任事故罪；重大飞行事故罪；铁路运营安全事故罪；重大劳动安全事故罪；大型群众性活动重大安全事故罪；工程重大安全事故罪；教育设施重大安全事故罪；医疗事故罪；采集、供应血液、制作、供应血液制品事故罪；环境监管失职罪；食品监管渎职罪；网络服务渎职罪；污染环境罪；非法处置进口的固体废物罪；擅自进口固体废物罪；走私固体废物罪等。(1) 国家工作人员违反规定投资入股矿山生产经营，构成滥用职权或玩忽职守等有关犯罪，作为从重情节依法处罚。(2) 危害矿山生产安全构成犯罪的人，在矿山生产安全事故发生后，积极组织、参与事故抢救，可酌情从轻处罚。(3) 在安全事故发生后，与负有报告职责的人员串通，不报或谎报事故情况，贻误事故抢救，情节严重，以不报、谎报安全事故罪的共犯论处。(4) 在矿山生产安全事故发生后，有在事故抢救期间擅离职守逃匿、伪造破坏事故现场或转移藏匿毁灭遇难人员尸体或转移藏匿受伤人员、毁灭伪造隐匿与事故有关的图纸记录计算机数据等资料及其他证据、决定不报谎报事故情况或指使串通有关人员不报谎报事故情况（实施不报或谎报事故情况贻误事故抢救的相关行为），帮助负有报告职责的人员不报或谎报事故情况，贻误事故抢救，对组织者或积极参加者，以不报、谎报安全事故罪的共犯论处。(5) 以暴力、威胁方法阻碍矿山安全生产监管，以妨害公务罪定罪处罚。(6) 国家机关工作人员滥用职权或玩忽职守，危害矿山生产安全，使公共财产、国家和人民利益遭受重大损失，以滥用职权罪或玩忽职守罪定罪处罚的 6 种情形：A. 对已依法取得批准的矿山生产经营单位不再具备安全生产条件而不撤销原批准或发现违反安全生产法律法规的行为不查处。B. 对未依法取得批准、验收的矿山生产经营单位擅自从事生产经营活动不依法处理。C. 对不符合矿山法定安全生产条件的事项批准或验收通过。D. 强令审核、验收部门及其工作人员对不符合矿山法定安全生产条件的事项实施批准或验收通过的行为，或实施其他阻碍下级部门及其工作人员依法履行矿山安全生产监管职责行为。E. 在矿山生产安全事故发生后，负有报告职责的国家机关工作人员不报或谎报事故情况，贻误事故抢救。F. 其他滥用职权或玩忽职守的行为。

第三章

破坏社会主义市场经济秩序罪（第 140~231 条）

从法律法规渊源的角度讲，市场监管系统的法律法规、部门规章：食品生产许可管理办法、婴幼儿配方食品备案管理办法、婴幼儿配方乳粉产品配方注册管理办法、特殊医学用途配方食品注册管理办法、冷藏冷冻食品安全监督管理办法、食盐质量安全监督管理办法、食品安全抽样检验管理办法、食品安全监督检查管理办法、食品标识监督管理办法、食用农产品市场销售质量安全监督管理办法、展销会食品安全监督管理办法、药品注册管理办法、药品网络销售监督管理办法、药品标准管理办法、医疗器械唯一标识系统规则、进口医疗器械代理人监督管理办法、进口药材管理办法、药物临床试验质量管理规范、中药材生产质量管理规范、药品流通监督管理办法、药品生产监督管理办法、药品医疗器械检查办法、化妆品注册备案管理办法、化妆品标签管理办法、化妆品生产监督管理办法、反垄断法、制止滥用行政权力排除、限制竞争行为的规定、明码标价和禁止价格欺诈的规定、禁止垄断协议行为的规定、禁止滥用市场支配地位行为的规定、禁止不正当有奖销售行为的若干规定、禁止市场混淆行为的若干规定、禁止商业贿赂行为的暂行规定、禁止侵犯商业秘密行为的若干规定、产品质量法、产品伤害监测管理规定、食品相关产品质量安全监督管理办法、产品质量监督抽查管理办法、缺陷消费品召回管理规定、机动车排放召回管理规定、医疗广告管理办法、网络交易管理办法、互联网广告管理暂行办法、药品医疗器械保健食品特殊医学用途配方食品广告审查办法、市场监督管理投诉举报处理办法等。

破坏社会主义市场经济秩序罪的犯罪主体以一般主体为主，以特殊主体为辅。（1）生产、销售伪劣商品罪（生产、销售伪劣产品罪；生产、销售假药罪；生产、销售劣药罪；生产销售不符合卫生标准的食品罪；生产、销售有毒有害食品罪；生产、销售不符合标准的医用器材罪；生产、销售不符合安全标准的产品罪；生产、销售伪劣农药、兽药、化肥、种子罪生产、销售不符合卫生标准的化妆品罪）的一般主体是自然人、单位。（2）走私罪（走私武器弹药罪；走私假币罪；走私文物罪；走私贵重金属罪；走私普通货物、药品罪）的一般主体，含自然人、单位等。（3）妨害对公司、企业的管理秩序罪的主体有混合性，以一般主体为主，以特殊主体为辅。A. 虚报注册资本罪的一般主体含公司登记的申请人、自然人、单位。B. 虚假出资、抽逃出资罪的一般主体含公司发起人和股东、自然人、单位。C. 向公司、企业人员行贿罪的一般主体含自然人、单位。（3）破坏金融管理秩序罪的主体以一般主体为主（高利转贷罪、非法吸收公众存款罪、伪造变造金融票证罪、伪造变造国家有价证券罪），以特殊主体为辅（a. 违法向关系人发放贷款罪、违法发放贷款罪、用账外客户资金非法拆借发放贷款罪、非法出具金融票证罪、对违法票据承兑、付款、保证罪的特殊主体是银行或其他金融机构的工作人员、单位。b. 逃汇罪的特殊主体是国有公司、企业或其他国有单位）。（4）金融诈骗罪的犯罪主体以一般主体为主（贷款诈骗罪、信用卡诈骗罪、有价证券诈骗罪），以特殊主体为辅。（5）危害税收征管罪的犯罪主体以一般主体为主（偷税罪；逃避追缴欠税罪；骗取出口退税罪；虚开增值税专用发票、用于骗取出口退税、抵扣税款发票罪；伪造、出售伪造的增值税专用发票罪;非法出售增值税专用发票罪;非法购买增值税专用发票罪、购买伪造的增值税专用发票罪;非法制造、出售非法制造的用于骗取出口退税、抵扣税款发票罪;非法制造、出售非法制造的发票罪;非法出售用于骗取出口退税、抵扣税款发票罪;非法出售发票罪),以特殊主体为辅。(6)侵犯知识产权罪(假冒注册商标罪;销售假冒的注册商标的商品罪;非法制造、销售非法制造的注册商标标识罪、假冒专利罪;侵犯著作权罪;销售侵权复制品罪;侵犯商业秘密罪)的主体都是一般主体,含自然人、单位。(7)扰乱市场秩序罪的主体以一般主体为主(损害商业信誉、商品声誉罪;合同诈骗罪;非法经营;强迫交易罪;伪造、倒卖伪造的有价票证罪;倒卖车票、船票罪;非法转让、倒卖土地使用权罪),以特殊主体为辅(虚假广告罪;串通投标罪;提供虚假证明文件罪;出具证明文件重大失实罪)。

有经济犯罪性质的破坏社会主义市场经济秩序罪的基本罪名:(1)生产、销售伪劣商品罪:生产、销售伪劣产品罪;生产、销售假药罪;生产、销售劣药罪;生产、销售伪劣农药、兽药、化肥、种子罪;生产、销售有毒有害食品罪;生产、销售不符合卫生标准的食品罪;生产、销售不符合卫生标准的化妆品罪;生产、销售不符合标准的医用器材罪;生产、销售不符合安全标准的产品罪。(2)走私罪:走私武器、弹药罪;走私核材料罪;走私假币罪;走私文物罪;走私贵重金属罪;走私珍贵动物、珍贵动物制品罪;走私珍稀植物、珍稀植物制品罪;走私淫秽物品罪;走私普通货物、物品罪;走私固体废物罪。(3)妨害对公司、企业的管理秩序罪:虚报注册资本罪;虚假出资、抽逃出资罪;欺诈发行股票、债券罪;提供虚假财会报告罪;妨害清算罪;隐匿、故意销毁会计凭证、会计账簿、财务会计报告罪;非国家工作人员受贿罪;非国家工作人员受贿罪;对公司、企业人员行贿罪;非法经营同类营业罪;为亲友非法牟利罪;签订、履行合同失职被骗罪;国有公司、企事业单位人员失职罪;国有公司、企事业单位人员滥用职权罪;徇私舞弊低价折股、出售国有资产罪。(4)破坏金融管理秩序罪:出售、购买、运输假币罪;金融工作人员购买假币、以假币换取货币罪;持有、使用假币罪;变造货币罪;伪造货币罪;伪造、变造、转让金融机构经营许可证、批准文件罪;高利转贷罪;非法吸收公众存款罪;伪造、变造金融票证罪;伪造、变造国家有价证券罪;伪造、变造股票、公司、企业债券罪;擅自设立金融机构罪;擅自发行股票、公司、企业债券罪;内幕交易、泄露内幕消息罪;编造并传播证券、期货交易虚假信息罪;诱骗投资者买卖证券、期货合约罪;操纵证券、期货交易价格罪;非法出具金融票证罪;违法向关系人发放贷款罪;违法发放贷款罪;用账外客户资金非法拆借、发放贷款罪;对违法票据承兑、付款、保证罪;骗购外汇罪;逃汇罪;洗钱罪。(5)金融诈骗罪:集资诈骗罪;贷款诈骗罪;票据诈骗罪;金融凭证诈骗罪;信用证诈骗罪;信用卡诈骗罪;有价证券诈骗罪;保险诈骗罪。(6)危害税收征管罪:偷税罪;抗税罪;逃避追缴欠税罪;骗取出口退税罪;虚开增值税专用发票、用于骗取出口退税、抵扣税款发票罪;伪造、出售伪造的增值税专用发票罪;非法出售增值税专用发票罪;非法购买增值税专用发票、购买伪造的增值税专用发票罪;非法制造、出售非法制造的用于骗取出口退税、抵扣税款发票罪;非法制造、出售非法制造的发票罪;非法出售用于骗取出口退税、抵扣税款发票罪;非法出售发票罪。(7)侵犯知识产权罪:假冒注册商标罪;销售假冒注册商标的商品罪;非法制造、销售非法制造的注册商标标识罪;假冒专利罪;侵犯著作权罪;销售侵权复制品罪;侵犯商业秘密罪。(8)扰乱市场秩序罪:损害商业信誉、商品声誉罪;虚假广告罪;串通投标罪;合同诈骗罪;非法经营罪;强迫交易罪;伪造、倒卖伪造的有价票证罪;倒卖车票、船票罪;非法转让、倒卖土地使用权罪;提供虚假证明文件罪;出具证明文件重大失实罪;逃避商检罪。

从食品安全法、食品生产经营日常监督检查管理办法的角度讲,食品生产经营日常监督检查应遵循属地负责、全面覆盖、风险管理、信息公开原则,食品安全工作实行预防为主、风险管理、全程控制、社会共治,建立科学、严格的监管制度,对食品添加剂生产、食品生产经营(食品生产、食品销售、餐饮服务)实行许可制度。销售食用农产品,不需取得许可。(1)在中国境内适用食品安全法的6种对象、范围:食品生产和加工(食品生产)、食品销售和餐饮服务(食品经营);食品添加剂的生产经营;用于食品的包装材料、容器、洗涤剂、消毒剂和用于食品生产经营的工具、设备(食品相关产品)的生产经营;食品生产经营者使用食品添加剂、食品相关产品;食品的贮存和运输;对食品、食品添加剂、食品相关产品的安全管理。A. 利用新的食品原料生产食品,或生产食品添加剂新品种、食品相关产品新品种,应向国家卫健委提交相关产品的安全性评估材料。国家卫健委应自收到申请之日起60日内组织审查;对符合食品安全要求,准予许可并公布;对不符合食品安全要求,不予许可并书面说明理由。B. 生产食品添加剂应符合法律法规和食品安全国家标准。C. 食品生产经营(食品生产、食品销售、餐饮服务)、食品添加剂生产(有与所生产食品添加剂品种相适应的场所、生产设备或设施、专业技术人员和管理制度)取得食品添加剂生产许可的程序:县级以上食品药品监管局应依行政许可法,审核申请人提交有与生产经营的食品品种、数量相适应的食品原料处理和食品加工、包装、贮存等场所,保持该场所环境整洁,并与有毒有害场所以及其他污染源保持规定的距离;有与生产经营的食品品种、数量相适应的生产经营设备或设施,有相应的消毒、更衣、盥洗、采光、照明、通风、防腐、防尘、防蝇、防鼠、防虫、洗涤以及处理废水、存放垃圾和废弃物的设备或设施;有专职或兼职的食品安全专业技术人员、食品安全管理人员和保证食品安全的规章制度;有合理的设备布局和工艺流程,防止待加工食品与直接入口食品、原料与成品交叉污染,避免食品接触有毒物、不洁物的相关资料,必要时对申请人的生产经营场所进行现场核查;对符合规定条件,准予许可;对不符合规定条件,不予许可并书面说明理由。D. 生产经营的食品中不得添加药品,但可添加按传统既是食品又是中药材的物质(国家卫健委、原食品药品监管局制定、公布按传统既是食品又是中药材的物质目录)。E. 食品添加剂应在技术上确有必要且经过风险评估证明安全可靠,方可列入允许使用的范围;有关食品安全国家标准应根据技术必要性和食品安全风险评估结果及时修订。食品生产经营者应按食品安全国家标准使用食品添加剂。(2)供食用的源于农业初级产品(食用农产品)的质量安全管理,遵守农产品质量安全法规定。(3)食用农产品的市场销售、有关质量安全标准的制定、有关安全信息的公布和食品安全法对农业投入品作出规定,应遵守食品安全法的规定。(4)食品生产经营者对其生产经营食品的安全负责,应依法律法规和食品安全标准从事生产经营活动,保证食品安全,诚信自律,对社会和公众负责,接受社会监督,承担社会责任。A. 食品经营者履行了食品安全法规定的进货查验等义务,有充分证据证明其不知道所采购的食品不符合食品安全标准,并能如实说明其进货来源,可免予处罚,但应依法没收其不符合食品安全标准的食品;造成人身、财产或其他损害,依法承担赔偿责任。B. 食品经营者履行了食品安全法规定的进货查验等义务,有充分证据证明其不知道所采购的食品不符合食品安全标准,并能如实说明其进货来源,可免予处罚,但应依法没收其不符合食品安全标准的食品;造成人身、财产或其他损害,依法承担赔偿责任。C. 食品生产经营者撕毁、涂改日常监督检查结果记录表,或未保持日常监督检查结果记录表至下次日常监督检查,由市、县级食品药品监管部门责令改正,给予警告,并处2000元以上3万元以下罚款。D. 食品生产经营者拒绝、阻挠、干涉监督检查,违反治安处罚法有关规定,由食品药品监管部门依法移交公安机关处理。E. 食品生产经营者以暴力、威胁等方法阻碍监督检查人员依法履行职责,涉嫌构成犯罪,由食品药品监管部门依法移交公安机关处理。F. 食品生产经营者在1年内累计3次因违反食品安全法规定受到责令停产停业、吊销许可证以外处罚,由食品药品监管部门责令停产停业,直至吊销许可证。G. 被吊销许可证的食品生产经营者及其法定代表人、直接负责的主管人员和其他直接责任人员自处罚决定作出之日起5年内不得申请食品生产经营许可，或从事食品生产经管工作、担任食品生产经营企业食品安全管理人员。H. 因食品安全犯罪被判处有期刑以上刑罚，终身不得从事食品生产经管工作，也不得担任食品生产经营企业食品安全管理人员。I. 食品生产经营者聘用人员因食品安全犯罪，由县级以上政府食品药品监管部门吊销许可证。（5）任何组织或个人有权举报食品安全违法行为，依法向有关部门了解食品安全信息，对食品安全监管工作提出意见和建议；对在食品安全工作中做出突出贡献的单位和个人，按国家有关规定给予表彰、奖励。（6）食品生产经营应符合食品安全标准，并符合有与生产经营的食品品种、数量相适应的食品原料处理和食品加工、包装、贮存等场所，保持该场所环境整洁，并与有毒有害场所以及其他污染源保持规定的距离；有与生产经营的食品品种、数量相适应的生产经营设备或设施，有相应的消毒、更衣、盥洗、采光、照明、通风、防腐、防尘、防蝇、防鼠、防虫、洗涤以及处理废水、存放垃圾和废弃物的设备或设施；有专职或兼职的食品安全专业技术人员、食品安全管理人员和保证食品安全的规章制度；有合理的设备布局和工艺流程，防止待加工食品与直接入口食品、原料与成品交叉污染，避免食品接触有毒物、不洁物；餐具、饮具和盛放直接入口食品的容器，使用前应洗净、消毒，炊具、用具用后应洗净，保持清洁；贮存、运输和装卸食品的容器、工具和设备应安全、无害，保持清洁，防止食品污染，并符合保证食品安全所需的温度、湿度等特殊要求，不得将食品与有毒有害物品一同贮存、运输；直接入口的食品应使用无毒、清洁的包装材料、餐具、饮具和容器；食品生产经营人员应保持个人卫生，生产经营食品时，应将手洗净，穿戴清洁的工作衣、帽等；销售无包装的直接入口食品时，应使用无毒、清洁的容器、售货工具和设备；用水应符合国家规定的生活饮用水卫生标准；使用的洗涤剂、消毒剂应对人体安全、无害；法律法规规定的其他要求。（7）非食品生产经营者从事食品贮存、运输和装卸，应符合贮存、运输和装卸食品的容器、工具和设备应安全、无害，保持清洁，防止食品污染，并符合保证食品安全所需的温度、湿度等特殊要求，不得将食品与有毒有害物品一同贮存、运输。（8）禁止生产经营用非食品原料生产的食品或添加食品添加剂以外的化学物质和其他可能危害人体健康物质的食品，或用回收食品作为原料生产的食品；致病性微生物，农药残留、兽药残留、生物毒素、重金属等污染物质以及其他危害人体健康的物质含量超过食品安全标准限量的食品、食品添加剂、食品相关产品；用超过保质期的食品原料、食品添加剂生产的食品、食品添加剂；超范围、超限量使用食品添加剂的食品；营养成分不符合食品安全标准的专供婴幼儿和其他特定人群的主辅食品；腐败变质、油脂酸败、霉变生虫、污秽不洁、混有异物、掺假掺杂或感官性状异常的食品、食品添加剂；病死、毒死或死因不明的禽、畜、兽、水产动物肉类及其制品；未按规定进行检疫或检疫不合格的肉类，或未经检验或检验不合格的肉类制品；被包装材料、容器、运输工具等污染的食品、食品添加剂；标注虚假生产日期、保质期或超过保质期的食品、食品添加剂；无标签的预包装食品、食品添加剂；国家为防病等特殊需明令禁止生产经营的食品；其他不符合法律法规或食品安全标准的食品、食品添加剂、食品相关产品。（9）食品生产加工小作坊和食品摊贩等从事食品生产经营活动，应符合食品安全法规定的与其生产经营规模、条件相适应的食品安全要求，保证所生产经营的食品卫生、无毒、无害，食品药品监管部门应对其加强监管；县级以上地方政府应对食品生产加工小作坊、食品摊贩等进行综合治理，加强服务和统一规划，改善其生产经营环境，鼓励和支持其改进生产经营条件，进入集中交易市场、店铺等固定场所经营，或在指定的临时经营区域、时段经营。（10）市、县级食品药品监管部门在日常监督检查中发现违法案件线索，对不属于本部门职责或超出管辖范围，应及时移送有权处理的部门；涉嫌构成犯罪，应及时移送公安机关。

　　适用《关于公安机关办理经济犯罪案件的若干规定》的经济犯罪案件主要是公安机关经济犯罪侦查部门按有关规定依法管辖的各种刑事案件，以及公安机关其他办案部门依法管辖破坏社会主义市场经济秩序犯罪（刑法分则第 3 章）有关案件，不包括以资助方式实施的帮助恐怖活动案件。(1) 公安机关办理经济犯罪案件（主要是公安机关经济犯罪侦查部门按有关规定依法管辖的各种刑事案件，破坏社会主义市场经济秩序犯罪有关案件，不包括以资助方式实施的帮助恐怖活动案件），应坚持惩罚犯罪与保障人权并重、实体公正与程序公正并重、查证犯罪与挽回损失并重，严格区分经济犯罪与经济纠纷的界限，不得滥用职权、玩忽职守；应坚持平等保护公有制经济与非公有制经济，坚持各类市场主体的诉讼地位平等、法律适用平等、法律责任平等，加强对各种所有制经济产权与合法利益的保护；应严格依法定程序进行，规范使用调查性侦查措施（公安机关在办理经济犯罪案件过程中，依法律规定进行的专门调查工作和有关侦查措施，但不包括限制嫌犯人身、财产权利的强制性措施），准确适用限制人身、财产权利的强制性措施；应既坚持严格依法办案，又注意办案方法，慎重选择办案时机和方式，注重保障正常的生产经营活动顺利进行；应坚持以事实为根据、以法律为准绳，同检察院、法院分工负责、互相配合、互相制约，以保证准确有效地执行法律。(2) 公安机关、检察院应按法律规定的证据裁判要求和标准收集、固定、审查、运用证据，没有确实、充分的证据不得认定犯罪事实，严禁刑讯逼供和以威胁、引诱、欺骗以及其他非法方法收集证据，不得强迫任何人证实自己有罪。

经济犯罪案件的地域管辖类型：(1) 特殊而言，法律、司法解释或其他规范性文件对有关经济犯罪案件的管辖作出特别规定，从其规定。(2) 一般而言，自然人经济犯罪案件由自然人犯罪地［犯罪行为发生地（犯罪行为的实施地、预备地、开始地、途经地、结束地等与犯罪行为有关的地点；犯罪行为连续、持续或继续实施的地方）、犯罪结果发生地（犯罪对象被侵害地、犯罪所得的实际取得地、藏匿地、转移地、使用地、销售地）］的公安机关管辖；特殊而言，经济犯罪的嫌犯居住地［户籍所在地、经常居住地（公民离开户籍所在地最后连续居住 1 年以上的地方，不包括就医住院处）］的公安机关管辖更为适宜，可由嫌犯居住地的公安机关管辖；户籍所在地与经常居住地不一致，由经常居住地的公安机关管辖。非国家工作人员利用职务上的便利实施经济犯罪，由嫌犯工作单位所在地公安机关管辖。若由犯罪行为实施地或嫌犯居住地的公安机关管辖更为适宜，也可由犯罪行为实施地或嫌犯居住地的公安机关管辖。(3) 一般而言，单位涉嫌经济犯罪，由犯罪地或所在地（单位登记的住所地；主要营业地或主要办事机构所在地与登记的住所地不一致，主要营业地或主要办事机构所在地为其所在地）公安机关管辖。

经济犯罪案件的指定管辖、移送管辖类型：(1) 上级公安机关必要时可立案侦查或组织、指挥、参与侦查下级公安机关管辖的经济犯罪案件。(2) 对重大、疑难、复杂或跨区域性（涉及 2 个以上县级行政区域）经济犯罪案件，需由上级公安机关立案侦查，下级公安机关可请求移送上一级公安机关立案侦查。A. 上级公安机关指定下级公安机关立案侦查的经济犯罪案件，需逮捕嫌犯，由侦查该案件的公安机关提请同级检察院审查批准；需移送审查起诉，由侦查该案件的公安机关移送同级检察院审查起诉。B. 检察院受理公安机关移送审查起诉的经济犯罪案件，认为需依刑诉法的规定指定审判管辖，应协商同级法院办理指定管辖有关事宜。(3) 几个公安机关都有权管辖的经济犯罪案件，由最初受理的公安机关管辖；必要时，可由主要犯罪地的公安机关管辖；对管辖不明确或有争议，应协商管辖；协商不成，由共同的上级公安机关指定管辖。(4) 主要利用通讯工具、互联网等技术手段实施的经济犯罪案件，由最初发现、受理的公安机关或主要犯罪地的公安机关管辖。(5) 公安机关办理跨区域性涉众型经济犯罪案件（基于同一法律事实、利益受损人数众多，可能影响社会秩序稳定的经济犯罪案件，包括但不限于非法吸收公众存款，集资诈骗，组织、领导传销活动，擅自设立金融机构，擅自发行股票、公司企业债券等犯罪），应坚持统一指挥协调、统一办案要求原则。A. 对跨区域性涉众型经济犯罪案件，犯罪地公安机关应立案侦查，并由一个地方公安机关为主侦查，其他公安机关应积极协助；必要时，可并案侦查。B. 对跨区域性涉众型经济犯罪案件，公安机关指定管辖，应事先向同级检察院、法院通报和协商。

经济犯罪案件的立案程序：（1）公安机关对涉嫌经济犯罪线索的报案、控告、举报、自动投案，不论是否有管辖权，都应接受并登记，由最初受理的公安机关依法定程序办理，不得以管辖权为由推诿或拒绝。A. 经审查，认为有犯罪事实，但不属于其管辖的案件，应及时移送有管辖权的机关处理。B. 对不属于其管辖又须采取紧急措施，应先采取紧急措施，再移送主管机关。C. 公安机关接报案件后，报案人、控告人、举报人、被害人及其法定代理人、近亲属查询立案情况，应在3日内告知立案情况并记录在案；对已立案，应告知立案时间、涉嫌罪名、办案单位等情况。（2）公安机关接受行政执法机关移送的涉嫌经济犯罪案件后，移送材料符合相关规定，应在3日内进行审查并决定是否立案，至迟应在10日内作出决定。A. 案情重大、疑难、复杂或跨区域性，经县级以上公安机关负责人批准，应在30日内决定是否立案。B. 情况特殊，经上一级公安机关负责人批准，可再延长30日作出决定。（3）公安机关接受涉嫌经济犯罪线索的报案、控告、举报、自动投案后，应立即审查，并在7日内决定是否立案。A. 重大、疑难、复杂线索，经县级以上公安机关负责人批准，立案审查期限可延长至30日。B. 特别重大、疑难、复杂或跨区域性的线索，经上一级公安机关负责人批准，立案审查期限可再延长30日。C. 上级公安机关指定管辖或书面通知立案，应在指定期限内立案侦查。D. 检察院通知立案，应在15日内立案侦查。（4）公安机关经立案审查，同时符合认为有犯罪事实；涉嫌犯罪数额、结果或其他情节符合经济犯罪案件的立案追诉标准，需追究刑责；属于该公安机关管辖条件，应立案。（5）在立案审查中，发现案件事实或线索不明，经公安机关办案部门负责人批准，可依有关规定采取询问、查询、勘验、鉴定和调取证据材料等不限制被调查对象人身、财产权利的措施。经审查，认为有犯罪事实，需追究刑责，经县级以上公安机关负责人批准，予以立案。A. 公安机关立案后，应采取调查性侦查措施，但一般不得采取限制人身、财产权利的强制性措施。a. 确有必要采取，须严格依法律规定的条件和程序。b. 严禁在没有证据的情况下，查封、扣押、冻结涉案财物或拘留、逮捕嫌犯。B. 公安机关立案后，在30日内经积极侦查，仍无法收集到证明有犯罪事实需对嫌犯追究刑责的充分证据，应立即撤销案件或终止侦查。重大、疑难、复杂案件，经上一级公安机关负责人批准，可再延长30日。（6）涉嫌经济犯罪的案件与法院正在审理或作出生效裁判文书的民事案件，属于同一法律事实或有牵连关系，符合法院在审理民事案件或执行过程中，发现有经济犯罪嫌疑，裁定不予受理、驳回起诉、中止诉讼、判决驳回诉讼请求或中止执行生效裁判文书，并将有关材料移送公安机关；检察院依法通知公安机关立案；公安机关认为有证据证明有犯罪事实，需追究刑责，经省级以上公安机关负责人批准的条件之一，应立案。（7）由检察院依法通知公安机关立案或公安机关认为有证据证明有犯罪事实，需追究刑责，经省级以上公安机关负责人批准的情形，公安机关立案后，应严格依法律规定的条件和程序采取强制措施和侦查措施，并将立案决定书等法律文书及相关案件材料复印件抄送正在审理或作出生效裁判文书的法院并说明立案理由，同时通报与办理民事案件的法院同级的检察院，必要时可报告上级公安机关。在侦查过程中，不得妨碍法院民诉活动的正常进行。（8）立案侦查、审查起诉的经济犯罪案件与仲裁机构作出仲裁裁决的民事案件属于同一法律事实或有牵连关系，且法院已受理与该仲裁裁决相关申请的办理程序：A. 公安机关在侦查过程中、检察院在审查起诉过程中，发现具有侦查、审查起诉的经济犯罪案件与法院正在审理或作出生效裁判文书的民事案件属于同一法律事实或有牵连关系；涉案财物已被有关当事人申请执行的情形之一，应将立案决定书、起诉意见书等法律文书及相关案件材料复印件抄送正在审理或作出生效裁判文书的法院，由法院依法处理。B. 有侦查、审查起诉的经济犯罪案件与法院正在审理或作出生效裁判文书的民事案件属于同一法律事实或有牵连关系；涉案财物已被有关当事人申请执行的情形，公安机关、检察院应同时将有关情况通报与办理民事案件的法院同级的检察院。C. 公安机关将相关法律文书及案件材料复印件抄送法院后 1 个月内未收到回复，必要时，可报告上级公安机关。(9) 涉嫌经济犯罪的案件与法院正在审理或作出生效裁判文书以及仲裁机构作出裁决的民事案件有关联但不属同一法律事实，公安机关可立案侦查，但不得以刑事立案为由要求法院移送案件、裁定驳回起诉、中止诉讼、判决驳回诉讼请求、中止执行或撤销判决、裁定，或要求法院撤销仲裁裁决。(10) 法院在办理民事案件过程中，认为该案件不属于民事纠纷而有经济犯罪嫌疑需追究刑责，并将涉嫌经济犯罪的线索、材料移送公安机关，接受案件的公安机关应立即审查，并在 10 日内决定是否立案。公安机关不立案，应及时告知法院。(11) 法院在办理民事案件过程中，发现与民事纠纷虽不是同一事实但有关联的经济犯罪线索、材料，并将涉嫌经济犯罪的线索、材料移送公安机关，接受案件的公安机关应立即审查，并在 10 日内决定是否立案。公安机关不立案，应及时告知法院。(12) 有对嫌犯解除强制措施之日起 12 个月内，仍不能移送审查起诉或依法作其他处理；对嫌犯未采取强制措施，自立案之日起 2 年内，仍不能移送审查起诉或依法作其他处理的情形，但有证据证明有犯罪事实需进一步侦查，经省级以上公安机关负责人批准，可不撤销案件，继续侦查。(13) 撤销案件后，又发现新的事实或证据，依法需追究刑责，公安机关应重新立案侦查。

经济犯罪案件的撤案程序：(1) 上级公安机关认为不应立案，责令限期纠正，或检察院认为不应立案，通知撤销案件，公安机关应及时撤销案件。(2) 对有控告人的案件，经审查决定不予立案，应在立案审查的期限内制作不予立案通知书，并在 3 日内送达控告人。(3) 在侦查过程中，公安机关发现具有对嫌犯解除强制措施之日起 12 个月内，仍不能移送审查起诉或依法作其他处理；对嫌犯未采取强制措施，自立案之日起 2 年内，仍不能移送审查起诉或依法作其他处理；检察院通知撤销案件；其他符合法律规定的撤销案件情形之一，应及时撤销案件。撤销案件后，公安机关应立即停止侦查活动，并解除相关的侦查措施和强制措施。

经济犯罪案件的强制措施：(1) 公安机关决定采取强制措施时，应考虑嫌犯涉嫌犯罪情节的轻重程度、有无继续犯罪和逃避或妨碍侦查的可能性，使所适用的强制措施同犯罪的严重程度、嫌犯的社会危险性相适应，依法慎用羁押性强制措施。采取取保候审、监视居住措施足以防止发生社会危险性，不得适用羁押性强制措施。(2) 公安机关应依法律规定的条件和程序适用取保候审措施。A. 采取保证金担保方式，应综合考虑保证诉讼活动正常进行的需，嫌犯的社会危险性的大小，案件的性质、情节、涉案金额，可能判处刑罚的轻重以及嫌犯的经济状况等情况，确定适当的保证金数额。B. 在取保候审期间，不得中断对经济犯罪案件的侦查。执行取保候审超过 3 个月，应至少每个月讯问 1 次被取保候审人。(3) 对被决定采取强制措施并上网追逃的嫌犯，经审查发现不构成犯罪或依法不予追究刑责，应立即撤销强制措施决定，并按有关规定，报请省级以上公安机关删除相关信息。(4) 公安机关办理经济犯罪案件应加强统一审核，依法律规定的条件和程序逐案逐人审查采取强制措施的合法性和适当性，发现采取强制措施不当，应及时撤销或变更；嫌犯在押，应立即释放。A. 公安机关释放被逮捕的嫌犯或变更逮捕措施，应及时通知作出批准逮捕决定的检察院。B. 嫌犯被逮捕后，检察院经审查认为不需继续羁押提出检察建议，公安机关应予以调查核实，认为不需继续羁押，应予以释放或变更强制措施；认为需继续羁押，应说明理由，并在 10 日内将处理情况通知检察院。C. 嫌犯及其法定代理人、近亲属或辩护人有权申请检察院进行羁押必要性的审查。

经济犯罪案件的侦查取证：(1) 公安机关办理经济犯罪案件，应及时进行侦查，依法全面、客观、及时地收集、调取、固定、审查能证实嫌犯有罪或无罪、罪重或罪轻以及与涉案财物有关的各种证据，并防止嫌犯逃匿、销毁证据或转移、隐匿涉案财物。严禁调取与经济犯罪案件无关的证据材料，不得以侦查犯罪为由滥用侦查措施为他人收集民诉证据。(2) 公安机关办理经济犯罪案件，应遵守法定程序，遵循有关技术标准，全面、客观、及时地收集、提取电子数据；检察院应围绕真实性、合法性、关联性审查判断电子数据。依规定程序通过网络在线提取的电子数据，可作为证据使用。(3) 公安机关办理经济犯罪案件，需采取技术侦查措施，应严格依有关法律、规章和规范性文件规定的范围和程序办理。(4) 公安机关办理非法集资、传销以及利用通讯工具、互联网等技术手段实施的经济犯罪案件，确因客观条件的限制无法逐一收集被害人陈述、证人证言等相关证据，可结合已收集的言词证据和依法收集并查证属实的物证、书证、视听资料、电子数据等实物证据，综合认定涉案人员人数和涉案资金数额等犯罪事实，做到证据确实、充分。(5) 公安机关办理生产、销售伪劣商品犯罪案件、走私犯罪案件、侵犯知识产权犯罪案件，对同一批次或同一类型的涉案物品，确因实物数量较大，无法逐一勘验、鉴定、检测、评估，可委托或商请有资格的鉴定机构、专业机构或行政执法机关依程序按一定比例随机抽样勘验、鉴定、检测、评估，并由其制作取样记录和出具相关书面意见。A. 有关抽样勘验、鉴定、检测、评估的结果可作为该批次或该类型全部涉案物品的勘验、鉴定、检测、评估结果，但不符合法定程序，且不能补正或作出合理解释，可能严重影响案件公正处理外。B. 特殊而言，法律、法规和规范性文件对鉴定机构或抽样方法另有规定，从其规定。(6) 公安机关办理经济犯罪案件应与行政执法机关加强联系、密切配合，保证准确有效地执行法律。A. 公安机关应根据案件事实、证据和法律规定依法认定案件性质，对案情复杂、疑难、涉及专业性、技术性问题，可参考有关行政执法机关的认定意见。B. 行政执法机关对经济犯罪案件中有关行为性质的认定，不是案件进入刑诉程序的必经程序或前置条件。C. 特殊而言，法律、法规和规章另有规定，从其规定。(7) 公安机关办理重大、疑难、复杂的经济犯罪案件，可听取检察院的意见，检察院认为确有必要时，可派员适时介入侦查活动，对收集证据、适用法律提出意见，监督侦查活动是否合法。对检察院提出的意见，公安机关应认真审查，并将结果及时反馈检察院，未采纳，应说明理由。(8) 公安机关办理跨区域性的重大经济犯罪案件，应向检察院通报立案侦查情况，检察院可根据通报情况调度办案力量，开展指导协调等工作；需逮捕嫌犯，公安机关应提前与检察院沟通。(9) 检察院在审查逮捕、审查起诉中发现公安机关办案人员以非法方法收集嫌犯供述、被害人陈述、证人证言等证据材料，应依法排除非法证据并提出纠正意见。A. 需重新调查取证，经县级以上公安机关负责人批准，应另行指派办案人员重新调查取证。B. 必要时，检察院也可自行收集嫌犯供述、被害人陈述、证人证言等证据材料。(10) 公安机关发现收集物证、书证不符合法定程序，可能严重影响司法公正，应要求办案人员予以补正或作出合理解释；不能补正或作出合理解释，应依法予以排除，不得作为提请批准逮捕、移送审查起诉的依据。(11) 检察院发现收集物证、书证不符合法定程序，可能严重影响司法公正，应要求公安机关予以补正或作出合理解释，不能补正或作出合理解释，应依法予以排除，不得作为批准逮捕、提起公诉的依据。(12) 对民诉中的证据材料，公安机关在立案后应依刑诉法以及相关司法解释的规定进行审查或重新收集。未经查证核实的证据材料，不得作为刑事证据使用。(13) 检察院已作出不起诉决定的案件，公安机关不得针对同一法律事实的同一嫌犯继续侦查或补充侦查，但有新的事实或证据，可重新立案侦查。

经济犯罪案件的办案协作程序：(1) 公安机关办理经济犯罪案件，应加强协作和配合，依法履行协查、协办等职责。上级公安机关应加强监督、协调和指导，及时解决跨区域性协作的争议事项。(2) 办理经济犯罪案件需异地公安机关协作，委托地公安机关应对案件的管辖、定性、证据认定以及所采取的侦查措施负责，办理有关的法律文书和手续，并对协作事项承担法律责任，但协作地公安机关超权限、超范围采取相关措施，应承担相应的法律责任。(3) 办理经济犯罪案件需异地公安机关协作，由委托地的县级以上公安机关制作办案协作函件和有关法律文书，通过协作地的县级以上公安机关联系有关协作事宜。A. 协作地公安机关接到委托地公安机关请求协作的函件后,应指定主管业务部门办理。B. 各省级公安机关根据本地实际情况,就需外省级公安机关协助对嫌犯采取强制措施或查封、扣押、冻结涉案财物事项制定相关审批程序。(4) 协作地公安机关应对委托地公安机关出具的法律文书和手续予以审核,对法律文书和手续完备,协作地公安机关应及时无条件予以配合,不得收取任何形式的费用。(5) 委托地公安机关派员赴异地公安机关请求协助查询资料、调查取证等事项时,应出具办案协作函件和有关法律文书。A. 委托地公安机关认为不需派员赴异地,可将办案协作函件和有关法律文书寄送协作地公安机关,协作地公安机关协查不得超过15日;案情重大、情况紧急,协作地公安机关应在7日内回复;因特殊情况不能按时回复,协作地公安机关应及时向委托地公安机关说明情况。B. 必要时,委托地公安机关可将办案协作函件和有关法律文书通过电传、网络等保密手段或相关工作机制传至协作地公安机关,协作地公安机关应及时协查。(6) 委托地公安机关派员赴异地公安机关请求协助采取强制措施或搜查,查封、扣押、冻结涉案财物等事项时,应持办案协作函件、有关侦查措施或强制措施的法律文书、工作证件及相关案件材料,与协作地县级以上公安机关联系,协作地公安机关应派员协助执行。(7) 对不及时采取措施,有可能导致嫌犯逃匿,或有可能转移涉案财物以及重要证据,委托地公安机关可商请紧急协作,将办案协作函件和有关法律文书通过电传、网络等保密手段传至协作地县级以上公安机关,协作地公安机关收到协作函件后,应及时采取措施,落实协作事项。委托地公安机关应立即派员携带法律文书前往协作地办理有关事宜。(8) 协作地公安机关在协作过程中,发现委托地公安机关明显存在违反法律规定的行为时,应及时向委托地公安机关提出并报上一级公安机关。A. 跨省协作,应通过协作地的省级公安机关通报委托地的省级公安机关,协商处理;未能达成一致意见,协作地的省级公安机关应及时报告公安部。B. 立案地公安机关赴其他省、自治区、直辖市办案,应按有关规定呈报上级公安机关审查批准。

办理经济犯罪案件保障诉讼参与人合法权益的程序:(1) 公安机关办理经济犯罪案件,应尊重和保障人权,保障嫌犯、被害人和其他诉讼参与人依法享有的辩护权和其他诉讼权利,在职责范围内依法保障律师的执业权利。(2) 辩护律师向公安机关了解嫌犯涉嫌的罪名以及现已查明的该罪的主要事实,嫌犯被采取、变更、解除强制措施,延长侦查羁押期限、移送审查起诉等案件有关情况,公安机关应依法将上述情况告知辩护律师,并记录在案。辩护律师向公安机关提交与经济犯罪案件有关的申诉、控告等材料,公安机关应在执法办案场所予以接收,当面了解有关情况并记录在案。对辩护律师提供的材料,公安机关应及时依法审查,并在30日内予以答复。(3) 被害人、嫌犯及其法定代理人、近亲属或律师对案件管辖有异议,向立案侦查的公安机关提出申诉,接受申诉的公安机关应在接到申诉后的7日内予以答复。(4) 嫌犯及其法定代理人、近亲属或辩护人认为公安机关所采取的强制措施超过法定期限,有权向原批准或决定的公安机关提出申诉,接受该项申诉的公安机关应在接到申诉之日起30日内审查完毕并作出决定,将结果书面通知申诉人;对超过法定期限的强制措施,应立即解除或变更。(5) 辩护人、诉讼代理人认为公安机关阻碍其依法行使诉讼权利并向检察院申诉或控告,检察院经审查情况属实后通知公安机关予以纠正,公安机关应立即纠正,并将监督执行情况书面答复检察院。(6) 辩护人、诉讼代理人对公安机关侦查活动有异议,可向有关公安机关提出申诉、控告,或提请检察院依法监督。

经济犯罪案件的执法监督与责任追究:(1) 公安机关应依警察法等有关法律法规和规范性文件的规定,加强对办理经济犯罪案件活动的执法监督和督察工作。A. 上级公安机关发现下级公安机关存在违反法律和有关规定行为,应责令其限期纠正;必要时,上级公安机关可就其违法行为直接作出相关处理决定。B. 检察院发现公安机关办理经济犯罪案件中存在违法行为,或对有关当事人及其辩护律师、诉讼代理人、利害关系人的申诉、控告事项查证属实,应通知公安机关予以纠正。(2) 具有越权管辖或推诿管辖;违反规定立案、不予立案或撤销案件;违反规定对嫌犯采取强制措施;违反规定对财物采取查封、扣押、冻结措施;违反规定处置涉案财物;拒不履行办案协作职责,或阻碍异地公安机关依法办案;阻碍当事人、辩护人、诉讼代理人依法行使诉讼权利;其他应予以追究责任的情形之一,公安机关应责令依法纠正,或直接作出撤销、变更或纠正决定。A. 对发生执法过错,应根据办案人员在办案中各自承担的职责,区分不同情况,分别追究案件审批人、审核人、办案人及其他直接责任人的责任;构成犯罪,依法追究刑责。B. 对导致国家赔偿的责任人员,应依国家赔偿法的有关规定,追偿其部分或全部赔偿费用。(3) 公安机关在受理、立案、移送以及涉案财物处置等过程中,与检察院、法院以及仲裁机构发生争议,应协商解决;必要时,可报告上级公安机关协调解决。上级公安机关应加强监督,依法处理。(4) 检察院发现公安机关存在执法不当行为,可向公安机关提出书面纠正意见或检察建议;公安机关应认真审查,并将结果及时反馈检察院;未采纳,应说明理由。(5) 公安机关办理经济犯罪案件应加强执法安全防范工作,规范执法办案活动,执行执法办案规定,加强执法监督,对执法不当造成严重后果,依相关规定追究责任。

第一节 生产、销售伪劣商品罪(第 140~150 条)

从经济案件的角度讲,经济犯罪案件主要是公安机关经济犯罪侦查部门按有关规定依法管辖的各种刑事案件,但以资助方式实施的帮助恐怖活动案件,不适用《公安机关办理经济犯罪案件的若干规定》。(1) 公安机关其他办案部门依法管辖刑法分则第 3 章破坏社会主义市场经济秩序犯罪有关案件,适用《公安机关办理经济犯罪案件的若干规定》。(2) 非国家工作人员利用职务便利实施经济犯罪,由嫌犯工作单位所在地公安机关管辖;犯罪行为实施地或嫌犯居住地的公安机关管辖更为适宜,可由犯罪行为实施地或嫌犯居住地的公安机关管辖。

经济犯罪案件的管辖以嫌犯犯罪地公安机关管辖为主,以嫌犯居住地公安机关管辖为主辅。(1) 一般而言,经济犯罪案件由犯罪地 [犯罪行为发生地(a. 犯罪行为的实施地。b. 预备地、开始地、途经地、结束地等与犯罪行为有关的地点。c. 犯罪行为有连续、持续或继续状态,犯罪行为连续、持续或继续实施的地方)、犯罪结果发生地(犯罪对象被侵害地、犯罪所得的实际取得地、藏匿地、转移地、使用地、销售地)] 的公安机关管辖。(2) 特殊而言,经济犯罪案件由嫌犯居住地的公安机关管辖更为适宜,可由嫌犯居住地 [a. 户籍所在地。b. 经常居住地(公民离开户籍所在地最后连续居住 1 年以上的地方,但住院就医为例外)] 的公安机关管辖,户籍所在地与经常居住地不一致时由经常居住地的公安机关管辖。单位涉嫌经济犯罪,由犯罪地或所在地 [以单位登记的住所地为主,以主要营业地或主要办事机构所在地为其所在地为辅(主要营业地或主要办事机构所在地与登记的住所地不一致)] 公安机关管辖,以法律、司法解释或其他规范性文件对有关经济犯罪案件的管辖作出特别规定从其规定为例外。

【2012·卷 2·单选·28】(答案:B) 下列哪一选项表明中国基本确立了自白任意性规则? A. 侦查人员在讯问犯罪嫌疑人时,可以对讯问过程进行录音或录像。B. 不得强迫任何人证实自己有罪。C. 逮捕后应当立即将被逮捕人送交看守所羁押。D. 不得以连续拘传的方式变相拘禁犯罪嫌疑人、被告人。

【2013·卷 2·单选·22】(答案:D) 在刑事司法实践中坚持不偏不倚、不枉不纵、秉公执法原则,反映了中国刑事诉讼"惩罚犯罪与保障人权并重"的理论观点。如果有观点认为"司法机关注重发现案件真相的立足点是防止无辜者被错误定罪",该观点属于哪一种学说? A. 正当程序主义。B. 形式真实发现主义。C. 积极实体真实主义。D. 消极实体真实主义。

公安机关办理经济犯罪案件的"四应一禁止"基本原则：（1）应坚持惩罚犯罪与保障人权并重、实体公正与程序公正并重、查证犯罪与挽回损失并重，严格区分经济犯罪与经济纠纷的界限，不得滥用职权、玩忽职守。（2）应坚持平等保护公有制经济与非公有制经济，坚持各类市场主体的诉讼地位平等、法律适用平等、法律责任平等，加强对各种所有制经济产权与合法利益的保护。（3）应严格依法定程序进行，规范使用调查性侦查措施，准确适用限制人身、财产权的强制性措施。（4）应既坚持严格依法办案，又注意办案方法，慎重选择办案时机和方式，注重保障正常的生产经营活动顺利进行。（5）应坚持以事实为根据、以法律为准绳，同检察院、法院分工负责、互相配合、互相制约，以保证准确有效地执行法律。（6）公安机关、检察院应按法律规定的证据裁判要求和标准收集、固定、审查、运用证据，无确实、充分的证据不得认定犯罪事实，严禁刑讯逼供和以威胁、引诱、欺骗及其他非法方法收集证据，不得强迫任何人证实自己有罪。A. 刑诉解释、最高检规则规定了非法言词证据的排除规则。B. 办理刑事案件排除非法证据若干问题的规定明确了排除非法取得的审判前供述及其具体程序。

保护知识产权是建设法治国家、完善社会主义市场经济体制的重要内容。（1）进一步加强同公检法、知识产权相关主管部门的沟通协作，对情节严重、影响恶劣的重大侵犯知识产权案件和制售假冒伪劣商品案件，公检法要联合督办，充分发挥各自职能作用，提升刑审办案效能，保证立案、侦查、批捕、审查起诉、补充侦查、审判等各个环节顺利进行，形成打击侵犯知识产权和制售假冒伪劣商品犯罪活动的合力。（2）要集中审判一批情节严重、影响恶劣的侵犯知识产权和制售假冒伪劣商品犯罪案件及相关商业贿赂犯罪案件，并通过审判活动提升企业诚信守法意识，提高消费者识假辨假能力，形成自觉抵制假冒伪劣商品、重视知识产权保护的社会氛围，营造知识产权的良好环境。A. 具体审判工作中，要注重以保护著作权、商标权及专利权和植物新品种权等为重点内容，注重以新闻出版业、文化娱乐业、高新技术产业、农业为重点整治领域，以图书、音像、软件、大宗出口商品、汽车配件、手机、药品、种子等为重点查处产品。B. 要加快侵犯知识产权和制售假冒伪劣商品犯罪案件的审理和裁判，以及时有效地打击侵犯知识产权和制售假冒伪劣商品犯罪行为。C. 要在依法适用主刑的同时，加大罚金刑的适用与执行力度，并注意通过采取追缴违法所得、收缴犯罪工具、销毁侵权产品等措施，从经济上剥夺罪犯再次犯罪的能力和条件。

公安机关办理生产、销售伪劣商品犯罪案件、走私犯罪案件、侵犯知识产权犯罪案件，对同一批次或同一类型的涉案物品，确因实物数量较大，无法逐一勘验、鉴定、检测、评估，可委托或商请有资格的鉴定机构、专业机构或行政执法机关依程序按一定比例随机抽样勘验、鉴定、检测、评估，并由其制作取样记录和出具相关书面意见。有关抽样勘验、鉴定、检测、评估的结果可作为该批次或该类型全部涉案物品的勘验、鉴定、检测、评估结果，但不符合法定程序，且不能补正或作出合理解释，可能严重影响案件公正处理为例外，以法律法规和规范性文件对鉴定机构或抽样方法另有规定从其规定为例外。原则上，生产、销售伪劣商品案属于法院直接受理的告诉才处理型自诉案件，以严重危害社会秩序和国家利益为例外。

从犯罪对象的角度讲，生产、销售伪劣产品罪的犯罪对象含伪劣产品、伪劣药品（假药、劣药）、有毒有害食品、伪劣农药兽药化肥种子、不符合标准的卫生器材、不符合卫生标准的化妆品、不符合安全标准的食品或产品等。

对生产、销售伪劣商品行为的法条适用原则：生产、销售假药、劣药、伪劣农药兽药化肥种子、不符合卫生标准的化妆品、不符合标准的卫生器材、不符合安全标准的产品、不符合安全标准的食品、有毒有害食品，不构成生产销售假药罪、生产销售劣药罪、生产销售有毒有害食品罪、生产销售伪劣农药兽药化肥种子罪、生产销售不符合标准的卫生器材罪、生产销售不符合卫生标准的化妆品罪、生产销售不符合安全标准的食品罪、生产销售不符合安全标准的产品罪,但销售金额5万元以上,依生产、销售伪劣产品罪定罪处罚。

生产、销售假药、劣药、伪劣农药兽药化肥种子、不符合卫生标准的化妆品、不符合标准的卫生器材、不符合安全标准的产品、不符合安全标准的食品、有毒有害食品,构成生产销售假药罪、生产销售劣药罪、生产销售有毒有害食品罪、生产销售伪劣农药兽药化肥种子罪、生产销售不符合标准的卫生器材罪、生产销售不符合卫生标准的化妆品罪、生产销售不符合安全标准的食品罪、生产销售不符合安全标准的产品罪的犯罪,同时又构成生产、销售伪劣产品罪,依处罚较重规定定罪处罚。

单位犯生产、销售伪劣商品罪之罪的处罚原则:单位犯生产销售伪劣产品罪、生产销售假药罪、生产销售劣药罪、生产销售有毒有害食品罪、生产销售伪劣农药兽药化肥种子罪、生产销售不符合标准的卫生器材罪、生产销售不符合卫生标准的化妆品罪、生产销售不符合安全标准的食品罪、生产销售不符合安全标准的产品罪,对单位判处罚金,并对其直接负责的主管人员和其他直接责任人员,依各该条规定处罚。

◆《刑法》第140条 【生产、销售伪劣产品罪】

从选择罪名、故意犯、数额犯、侵害犯的角度讲,生产者、销售者在产品中掺杂、掺假,以假充真,以次充好或以不合格产品冒充合格产品,销售金额5万元以上不满20万元,处2年以下有期刑或拘役,并处或单处销售金额15%以上2倍以下罚金;销售金额20万元以上不满50万元,处2年以上7年以下有期刑,并处销售金额15%以上2倍以下罚金;销售金额50万元以上不满200万元,处7年以上有期刑,并处销售金额15%以上2倍以下罚金;销售金额200万元以上,处15年有期刑或无期刑,并处销售金额15%以上2倍以下罚金或没收财产。

【2010·卷2·单选·15】(答案:D或B)杨某生产假冒避孕药品,其成分为面粉和白糖的混合物,货值金额达15万多元,尚未销售即被查获。关于杨某的行为,下列哪一选项是正确的?A.不构成犯罪。B.以生产、销售伪劣产品罪(未遂)定罪处罚。C.以生产、销售伪劣产品罪(既遂)定罪处罚。D.触犯生产假药罪与生产、销售伪劣产品罪(未遂),依照处罚较重的规定定罪处罚。

【2014·卷2·多项·58】(答案:ACD)关于生产、销售伪劣商品罪,下列哪些判决是正确的?A.甲销售的假药无批准文号,但颇有疗效,销售金额达500万元,如按销售假药罪处理会导致处罚较轻,法院以销售伪劣产品罪定罪处罚。B.甲明知病死猪肉有害,仍将大量收购的病死猪肉,冒充合格猪肉在市场上销售。法院以销售有毒、有害食品罪定罪处罚。C.甲明知贮存的苹果上使用了禁用农药,仍将苹果批发给零售商。法院以销售有毒、有害食品罪定罪处罚。D.甲以为是劣药而销售,但实际上销售了假药,且对人体健康造成严重危害。法院以销售劣药罪定罪处罚。

生产、销售伪劣产品罪的情形:(1)生产、销售其他特定产品虽不构成犯罪,但只要销售金额5万元以上,都可按生产、销售伪劣产品罪定罪处罚。(2)伪劣产品尚没销售,货值金额达15万以上,以生产、销售伪劣产品罪(未遂)定罪处罚。(3)生产、销售不符合食品安全[食品(各种供人食用或饮用的成品和原料以及按传统既是食品又是中药材的物品,不含以治疗为目的的物品)无毒、无害,符合应有的营养要求,对人体健康不造成任何急性、亚急性或慢性危害]标准的食品添加剂(为改善食品品质和色、香、味以及为防腐、保鲜和加工工艺的需要而加入食品中的人工合成或天然物质,含营养强化剂),用于食品的包装材料和容器(包装、盛放食品或食品添加剂用的纸、竹、木、金属、搪瓷、陶瓷、塑料、橡胶、天然纤维、化学纤维、玻璃等制品和直接接触食品或食品添加剂的涂料),洗涤剂和消毒剂(直接用于洗涤或消毒食品、餐具、饮具以及直接接触食品的工具、设备或食品包装材料和容器的物质),或用于食品生产经营的工具、设备(在食品或食品添加剂生产、销售、使用过程中直接接触食品或食品添加剂的机械、管道、传送带、容器、用具、餐具等）等，构成犯罪，以生产、销售伪劣产品罪定罪处罚。(4) 生产、销售伪劣卷烟、雪茄烟等烟草专卖品（卷烟、雪茄烟、烟丝、复烤烟叶、烟叶、卷烟纸、滤嘴棒、烟用丝束、烟草专用机械），销售金额5万元以上，以生产、销售伪劣产品罪定罪处罚。(5) 伪劣卷烟、雪茄烟等烟草专卖品尚未销售，货值金额达到生产、销售伪劣产品罪的销售金额定罪起点数额标准的3倍以上，或销售金额未达到5万元，但与未销售货值金额合计达到15万元以上，以生产、销售伪劣产品罪（未遂）定罪处罚；销售金额和未销售货值金额分别达到不同的法定刑幅度或均达到同一法定刑幅度，在处罚较重的法定刑幅度内酌情从重处罚。(6) 明知他人实施生产、销售伪劣产品犯罪，而为其提供贷款、资金、账号、发票、证明、许可证件，或提供生产、经营场所、设备、运输、仓储、保管、邮寄、代理进出口等便利条件，或提供生产技术、卷烟配方，应按生产、销售伪劣产品罪的共犯追究刑责。

查获的未销售伪劣卷烟、雪茄烟，能查清销售价格，按实际销售价格计算。无法查清实际销售价格，有品牌，按该品牌卷烟、雪茄烟的查获地省级烟草专卖行政主管部门出具的零售价格计算；无品牌，按查获地省级烟草专卖行政主管部门出具的上年度卷烟平均零售价格计算。

非法经营烟草专卖品，能查清销售或购买价格，以其销售或购买的价格计算非法经营数额。无法查清销售或购买价格而计算非法经营数额的5种方式方法：A. 查获的复烤烟叶、烟叶的价格按查获地省级烟草专卖局出具的上年度烤烟调拨平均基准价格计算。B. 烟丝的价格按查获的复烤烟叶、烟叶的价格按查获地省级烟草专卖局出具的上年度烤烟调拨平均基准价格计算标准的1.5倍计算。C. 查获的卷烟、雪茄烟的价格，有品牌，按该品牌卷烟、雪茄烟的查获地省级烟草专卖局出具的零售价格计算；无品牌，按查获地省级烟草专卖行政主管部门出具的上年度卷烟平均零售价格计算。D. 卷烟辅料（卷烟纸、滤嘴棒、烟用丝束）的价格，有品牌，按该品牌辅料的查获地省级烟草专卖局出具的价格计算；无品牌，按查获地省级烟草专卖局出具的上年度烟草行业生产卷烟所需该类卷烟辅料的平均价格计算。E. 非法生产、销售、购买烟草专用机械（由国家烟草专卖局烟草专用机械名录所公布，在卷烟、雪茄烟、烟丝、复烤烟叶、烟叶、卷烟纸、滤嘴棒、烟用丝束的生产加工过程中，能完成一项或多项特定加工工序，可独立操作的机械设备）的价格按国家烟草专卖局下发的全国烟草专用机械产品指导价格目录进行计算；目录中无该烟草专用机械，按省级以上烟草专卖局出具的目录中同类烟草专用机械（在卷烟、雪茄烟、烟丝、复烤烟叶、烟叶、卷烟纸、滤嘴棒、烟用丝束的生产加工过程中，能完成相同加工工序的机械设备）的平均价格计算。

未经卷烟、雪茄烟等烟草专卖品注册商标所有人许可，在卷烟、雪茄烟等烟草专卖品上使用与其注册商标相同的商标，情节严重，以假冒注册商标罪定罪处罚。

销售明知是假冒他人注册商标的卷烟、雪茄烟等烟草专卖品，销售金额较大，以销售假冒注册商标的商品罪定罪处罚。

伪造、擅自制造他人卷烟、雪茄烟注册商标标识或销售伪造、擅自制造的卷烟、雪茄烟注册商标标识，情节严重，以非法制造、销售非法制造的注册商标标识罪定罪处罚。

明知他人实施生产、销售伪劣卷烟、雪茄烟等烟草专卖品（生产、销售伪劣产品罪），或未经卷烟、雪茄烟等烟草专卖品注册商标所有人许可，在卷烟、雪茄烟等烟草专卖品上使用与其注册商标相同的商标（假冒注册商标罪），或销售明知是假冒他人注册商标的卷烟、雪茄烟等烟草专卖品（销售假冒注册商标的商品罪），或伪造、擅自制造他人卷烟、雪茄烟注册商标标识或销售伪造、擅自制造的卷烟、雪茄烟注册商标标识（非法制造、销售非法制造的注册商标标识罪），或违反国家烟草专卖管理法律法规，未经烟草专卖行政主管部门许可，无烟草专卖生产企业许可证、烟草专卖批发企业许可证、特种烟草专卖经营企业许可证、烟草专卖零售许可证等许可证明，非法经营烟草专卖品（非法经营罪），而为其提供贷款、资金、账号、发票、证明、许可证件，或提供生产、经营场所、设备、运输、仓储、保管、邮寄、代理进出口等便利条件，或提供生产技术、卷烟配方，应以各罪的共犯追究刑责。

以暴力、威胁方法阻碍烟草专卖执法人员依法执行职务，构成犯罪，以妨害公务罪追责。

违反国家烟草专卖管理法律法规，未经烟草专卖行政主管部门许可，无烟草专卖生产企业许可证、烟草专卖批发企业许可证、特种烟草专卖经营企业许可证、烟草专卖零售许可证等许可证明，非法经营烟草专卖品，情节严重（A. 情节严重情形：a. 非法经营卷烟20万支以上。b. 非法经营数额5万元以上，或违法所得数额2万元以上。c. 曾因非法经营烟草专卖品3年内受过2次以上行政处罚，又非法经营烟草专卖品且数额3万元以上。B. 情节特别严重情形：a. 非法经营卷烟100万支以上。b. 非法经营数额25万元以上，或违法所得数额10万元以上），以非法经营罪定罪处罚。

行为人实施非法生产、销售烟草专卖品犯罪，同时构成生产、销售伪劣产品罪或侵犯知识产权犯罪、非法经营罪，依处罚较重规定定罪处罚。

以提供给他人生产、销售食品为目的，违反国家规定，生产、销售国家禁止用于食品生产、销售的非食品原料，情节严重，或违反国家规定，生产、销售国家禁止生产、销售、使用的农药、兽药、饲料、饲料添加剂，或饲料原料、饲料添加剂原料，情节严重，以非法经营罪定罪处罚；同时又构成生产、销售伪劣产品罪或生产、销售伪劣农药、兽药罪等他罪，依处罚较重规定定罪处罚。

违反国家规定，私设生猪屠宰厂（场），从事生猪屠宰、销售等经营活动，情节严重，以非法经营罪定罪处罚；同时又构成生产、销售不符合安全标准的食品罪或生产、销售有毒有害食品罪等他罪，依处罚较重规定定罪处罚。

预防、控制突发传染病疫情等灾害期间，生产、销售伪劣的防治、防护产品、物资，或生产、销售用于防治传染病的假药、劣药，构成犯罪，以生产、销售伪劣产品罪或生产、销售假药罪或生产、销售劣药罪定罪，依法从重处罚。

实施无危险废物经营许可证从事收集、贮存（将固体废物临时置于特定设施或场所中的活动）、利用（从固体废物中提取物质作为原材料或燃料的活动）、处置（将固体废物焚烧和用其他改变固体废物的物理、化学、生物特性的方法，达到减少已产生的固体废物数量、缩小固体废物体积、减少或消除其危险成分的活动，或将固体废物最终置于符合环保规定要求的填埋场的活动）危险废物（列入国家危险废物名录或根据国家规定的危险废物鉴别标准和鉴别方法认定的有危险特性的固体废物）经营活动的行为，不有超标排放污染物、非法倾倒污染物或其他违法造成环境污染情形，可认定为非法经营情节显著轻微危害不大，不认为是犯罪；构成生产、销售伪劣产品罪等他罪，以他罪论处。

◆《刑法》第141条 【生产、销售假药罪】

从选择罪名、抽象危险犯、故意犯、行为犯、数额犯、情节犯的角度讲，生产（以生产、销售假药为目的，实施印制包装材料、标签、说明书的行为，或合成、精制、提取、储存、加工炮制药品原料的行为，或将药品原料、辅料、包装材料制成成品过程中，进行配料、混合、制剂、储存、包装的行为）、销售（医疗机构、医疗机构工作人员明知是假药而有偿提供给他人使用，或为出售而购买、储存的行为）假药（依药品管理法规定属于假药和按假药处理的药品、非药品），处3年以下有期刑或拘役，并处罚金；对人体健康造成严重危害［a. 造成轻伤或重伤（据人体损伤程度鉴定标准鉴定）。b. 造成轻度残疾或中度残疾（据《人体损伤程度鉴定标准》伤残等级评定标准评定）。c. 造成器官组织损伤导致一般功能障碍或严重功能障碍。d. 其他对人体健康造成严重危害情形］或有其他严重情节［a. 造成较大突发公共卫生事件。b. 生产、销售金额（销售假药所得和可得的全部违法收入）20万元以上不满50万元。c. 生产、销售金额10万元以上不满20万元，并有造成轻伤或重伤、轻度残疾或中度残疾、器官组织损伤导致一般功能障碍或严重功能障碍，或其他对人体健康造成严重危害情形。d. 根据生产、销售的时间、数量、假药种类等，应定为情节严重]，处3年以上10年以下有期刑，并处罚金；致人死亡或有其他特别严重情节［A. 造成重大、特别重大突发公共卫生事件。B. 致人重度残疾。造成3人以上重伤、中度残疾或器官组织损伤导致严重功能障碍。C. 造成5人以上轻度残疾或器官组织损伤导致一般功能障碍。D. 造成10人以上轻伤。生产、销售金额50万元以上。生产、销售金额20万元以上不满50万元，并有生产、销售假药的酌情从重处罚情形（a. 2年内曾因危害药品安全违法犯罪活动受过行政处罚或刑罚。b. 医疗机构、医疗机构工作人员生产、销售假药。c. 在自然灾害、事故灾难、公共卫生事件、社会安全事件等突发事件期间，生产、销售用于应对突发事件的假药。d. 生产、销售的假药以孕产妇、婴幼儿、儿童或危重病人为主要使用对象。e. 生产、销售的假药属于麻醉药品、精神药品、医疗用毒性药品、放射性药品、避孕药品、血液制品、疫苗。f. 生产、销售的假药属于注射剂药品、急救药品。g. 其他应酌情从重处罚情形）。E. 根据生产、销售的时间、数量、假药种类等，应认定为情节特别严重]，处10年以上有期刑、无期刑或死刑，并处罚金或没收财产。

【2015·卷2·单选·14】（答案：D）下列哪一犯罪属于抽象危险犯？A. 污染环境罪。B. 投放危险物质罪。C. 破坏电力设备罪。D. 生产、销售假药罪。

生产、销售假药罪是生产者、销售者违反国家药品管理法规，生产、销售假药的行为。

生产、销售假药、劣药酌情从重处罚的7种情形：(1) 2年内曾因危害药品安全违法犯罪活动受过行政处罚或刑罚。(2) 医疗机构、医疗机构工作人员生产、销售假药。(3) 在自然灾害、事故灾难、公共卫生事件、社会安全事件等突发事件期间，生产、销售用于应对突发事件的假药。(4) 生产、销售的假药以孕产妇、婴幼儿、儿童或危重病人为主要使用对象。(5) 生产、销售的假药属于麻醉药品、精神药品、医疗用毒性药品、放射性药品、避孕药品、血液制品、疫苗（为了预防、控制传染病的发生、流行，用于人体预防接种的疫苗类预防性生物制品）。(6) 生产、销售的假药属于注射剂药品、急救药品。(7) 其他应酌情从重处罚情形。

药品注册申请单位的工作人员，故意使用虚假药物非临床研究报告、药物临床试验报告及相关材料，或在医疗器械注册申请中，故意提供、使用虚假的医疗器械临床试验报告及相关材料，骗取药品批准证明文件生产、销售药品，应以生产、销售假药罪定罪处罚。

从疫苗管理法的角度，生产、销售的疫苗属于假药，处违法生产、销售疫苗货值金额15倍以上30倍以下的罚款；货值金额不足50万元，并处200万元以上1500万元以下罚款；货值金额50万元以上不足100万元，并处500万元以上3000万元以下罚款。明知疫苗存在质量问题仍销售、接种，造成受种者死亡或健康严重损害，受种者或其近亲属除要求赔偿损失外，还可要求相应的惩罚性赔偿。

◆ **《刑法》第142条【生产、销售劣药罪】**

从选择罪名、结果要件说、故意犯、数额犯的角度讲，生产（以生产、销售劣药为目的，实施印制包装材料、标签、说明书的行为，或合成、精制、提取、储存、加工炮制药品原料的行为，或将药品原料、辅料、包装材料制成成品过程中，进行配料、混合、制剂、储存、包装的行为）、销售（医疗机构、医疗机构工作人员明知是假药而有偿提供给他人使用，或为出售而购买、储存的行为）劣药（依药品管理法规定属于劣药的药品），对人体健康造成严重危害（a. 造成轻伤或重伤。b. 造成轻度残疾或中度残疾。c. 造成器官组织损伤导致一般功能障碍或严重功能障碍。d. 其他对人体健康造成严重危害情形），处3年以上10年以下有期刑，并处销售金额（销售劣药所得和可得的全部违法收入）15%以上2倍以下罚金；后果特别严重（a. 生产、销售劣药，造成重大、特别重大突发公共卫生事件。b. 致人死亡。c. 致人重度残疾。d. 造成3人以上重伤、中度残疾或器官组织损伤导致严重功能障碍。e. 造成5人以上轻度残疾或器官组织损伤导致一般功能障碍。f. 造成10人以上轻伤），处10年以上有期刑或无期刑，并处销售金额15%以上2倍以下罚金或没收财产。

销售少量根据民间传统配方私自加工的药品，或销售少量未经批准进口的国外、境外药品，未造成他人伤害后果或延误诊治，情节显著轻微危害不大，不认为是犯罪。司法机关难以确定是否属于生产、销售假药、劣药罪的假药、劣药，可根据地市级以上药监部门出具的认定意见等相关材料进行认定。必要时，可委托省级以上药监部门设置或确定的药品检验机构进行检验。

犯生产、销售假药罪，一般应依法判处生产、销售金额2倍以上罚金；共犯，对各共犯人合计判处的罚金应在生产、销售金额（生产、销售假药、劣药所得和可得的全部违法收入）的2倍以上。明知他人生产、销售假药、劣药，以共犯论处的4种情形：A. 提供广告宣传等帮助行为。B. 提供资金、贷款、账号、发票、证明、许可证件。C. 提供生产、经营场所、设备或运输、储存、保管、邮寄、网络销售渠道等便利条件。D. 提供生产技术或原料、辅料、包装材料、标签、说明书。

实施生产、销售假药、劣药犯罪，同时构成生产、销售伪劣产品、侵犯知识产权、非法经营、非法行医、非法采供血等犯罪，依处罚较重规定定罪处罚。

实施生产、销售假药的犯罪行为，同时又构成生产、销售伪劣产品罪、以危险方法危害公共安全罪等犯罪，依处罚较重规定定罪处罚。

广告主、广告经营者、广告发布者违反国家规定，利用广告对药品作虚假宣传，情节严重，以虚假广告罪定罪处罚。

单位犯《关于办理危害药品安全刑事案件若干问题的解释》规定之生产、销售假药、劣药罪，对单位判处罚金，并对直接负责的主管人员和其他直接责任人员，依本解释规定的自然人犯罪的定罪量刑标准处罚。对实施《关于办理危害药品安全刑事案件若干问题的解释》之生产、销售假药、劣药罪的罪犯，应依刑法规定的条件，严格缓刑、免刑的适用。对适用缓刑，应同时宣告禁止令，禁止罪犯在缓刑考验期内从事药品生产、销售及相关活动。

◆《刑法》第143条【生产、销售不符合安全标准的食品罪】

从选择罪名、抽象危险犯、故意犯、结果犯、情节犯的角度讲，生产、销售不符合食品安全（食品无毒、无害，符合应有的营养要求，对人体健康不造成任何急性、亚急性或慢性危害）标准的食品（各种供人食用或饮用的成品和原料以及按传统既是食品又是中药材的物品，不含以治疗为目的的物品），足以造成严重食物中毒事故或其他严重食源性疾病［a. 婴幼儿食品中生长发育所需营养成分严重不符合食品安全标准（食品、食品添加剂、食品相关产品中的致病性微生物，农药残留、兽药残留、生物毒素、重金属等污染物质以及其他危害人体健康物质的限量规定；食品添加剂的品种、使用范围、用量；专供婴幼儿和其他特定人群的主辅食品的营养成分要求；对与卫生、营养等食品安全要求有关的标签、标志、说明书的要求；食品生产经营过程的卫生要求；与食品安全有关的质量要求；与食品安全有关的食品检验方法与规程；其他需制定为食品安全标准的内容）。b. 含有严重超出标准限量的致病性微生物、农药残留、兽药残留、重金属、污染物质及其他危害人体健康的物质。c. 属于病死、死因不明或检验检疫不合格的畜、禽、兽、水产动物及其肉类、肉类制品。d. 属于国家为防控疾病等特殊需要明令禁止生产、销售。e. 其他足以造成严重食物中毒事故或严重食源性疾病情形］，处3年以下有期刑或拘役，并处罚金；对人体健康造成严重危害（a. 造成轻伤以上伤害。b. 造成轻度残疾或中度残疾。c. 造成器官组织损伤导致一般功能障碍或严重功能障碍。d. 造成10人以上严重食物中毒或其他严重食源性疾病。e. 其他对人体健康造成严重危害情形）或有其他严重情节（a. 生产、销售金额10万元以上不满20万元，属于婴幼儿食品。b. 生产、销售金额10万元以上不满20万元，不符合食品安全标准的食品数量较大或生产、销售持续时间较长。c. 生产、销售金额10万元以上不满20万元，1年内曾因危害食品安全违法犯罪活动受过行政处罚或刑罚。d. 生产、销售金额20万元以上。e. 其他情节严重情形），处3年以上7年以下有期刑，并处罚金；后果特别严重（a. 造成3人以上重伤、中度残疾或器官组织损伤导致严重功能障碍。b. 造成10人以上轻伤、5人以上轻度残疾或器官组织损伤导致一般功能障碍。c. 造成30人以上严重食物中毒或其他严重食源性疾病。d. 致人死亡或重度残疾。e. 其他特别严重的后果），处7年以上有期刑或无期刑，并处罚金或没收财产。

生产、销售不符合安全标准的食品罪是生产、销售不符合安全标准的食品，足以造成严重食物中毒事故或其他严重食源性疾病的行为。（1）犯生产、销售不符合安全标准的食品罪或生产、销售有毒有害食品罪，一般应依法判处生产、销售金额2倍以上罚金。（2）在食品加工、销售、运输、贮存等过程中，违反食品安全标准，超限量或超范围滥用食品添加剂（为改善食品品质和色、香、味以及为防腐、保鲜和加工工艺的需要而加入食品中的人工合成或天然物质，含营养强化剂），足以造成严重食物中毒事故或其他严重食源性疾病，或在食用农产品（来源于农业的初级产品，即在农业活动中获得的植物、动物、微生物及其产品）种植、养殖、销售、运输、贮存等过程中，违反食品安全标准，超限量或超范围滥用添加剂、农药、兽药等，足以造成严重食物中毒事故或其他严重食源性疾病，以生产销售不符合安全标准的食品罪处罚。（3）生产、销售不符合食品安全标准的食品，有毒有害食品，符合生产、销售不符合安全标准的食品罪、生产、销售有毒有害食品罪规定，以生产、销售不符合安全标准的食品罪或生产、销售有毒有害食品罪定罪处罚；同时构成他罪，依处罚较重规定定罪处罚。（4）生产、销售不符合食品安全标准的食品，无证据证明足以造成严重食物中毒事故或其他严重食源性疾病，不构成生产、销售不符合安全标准的食品罪，但构成生产、销售伪劣产品罪等他罪，依该他罪定罪处罚。（5）明知他人生产销售不符合食品安全标准的食品、有毒有害食品，以生产销售不符合安全标准的食品罪或生产销售有毒有害食品罪的共犯论的4种情形：A. 提供广告等宣传。B. 提供资金、贷款、账号、发票、证明、许可证件。C. 提供生产技术或食品原料、食品添加剂、食品相关产品。D. 提供生产、经营场所或运输、贮存、保管、邮寄、网络销售渠道等便利条件。（6）负有食品安全监管职责的国家机关工作人员，滥用职权或玩忽职守，导致发生重大食品安全事故或造成其他严重后果，同时构成食品监管渎职罪和徇私舞弊不移交刑事案件罪、商检徇私舞弊罪、动植物检疫徇私舞弊罪、放纵制售伪劣商品犯罪行为罪等其他渎职犯罪，依处罚较重规定定罪处罚。负有食品安全监管职责的国家机关工作人员滥用职权或玩忽职守，不构成食品监管渎职罪，但构成其他渎职犯罪，依该他罪定罪处罚。（7）负有食品安全监管职责的国家机关工作人员与他人共谋，利用其职务行为帮助他人实施危害食品安全犯罪，同时构成渎职犯罪和危害食品安全犯罪共犯，依处罚较重规定定罪处罚。（8）从农产品质量安全法的角度，国家建立农产品质量安全监测制度，禁止在有毒有害物质超过规定标准的区域生产、捕捞、采集食用农产品和建立农产品生产基地；禁止违反法律法规的规定向农产品产地排放或倾倒废水、废气、固体废物（在生产、生活和其他活动中产生的丧失原有利用价值或虽未丧失利用价值但被抛弃或放弃的固态、半固态和置于容器中的气态的物品、物质以及法律、行政法规规定纳入固体废物管理的物品、物质）或其他有毒有害物质，禁止在农产品生产过程中使用国家明令禁止使用的农业投入品。A. 生产、销售禁止销售的农产品［含有国家禁止使用的农药、兽药或其他化学物质；农药、兽药等化学物质残留或含有的重金属等有毒有害物质不符合农产品质量安全（农产品质量符合保障人的健康、安全的要求）标准；含有的致病性寄生虫、微生物或生物毒素不符合农产品质量安全标准；使用的保鲜剂、防腐剂、添加剂等材料不符合国家有关强制性的技术规范；其他不符合农产品质量安全标准]，给消费者造成损害，依法承担赔偿责任。B. 农产品批发市场中销售国家禁止销售的农产品行为，消费者可直接向农产品生产者、销售者要求赔偿，可向农产品批发市场要求赔偿；属于生产者、销售者责任，农产品批发市场有权追偿。（9）违反食品安全法规定，造成人身、财产或其他损害，依法承担赔偿责任。生产经营者财产不足以同时承担民事赔偿责任和缴纳罚款、罚金时，先承担民事赔偿责任。（10）消费者因不符合食品安全标准的食品受到损害，可向经营者要求赔偿损失，也可向生产者要求赔偿损失。接到消费者赔偿要求的生产经营者，应实行首负责任制，先行赔付，不得推诿；属于生产者责任，经营者赔偿后有权向生产者追偿；属于经营者责任，生产者赔偿后有权向经营者追偿。（11）生产不符合食品安全标准的食品或经营明知是不符合食品安全标准的食品，消费者除要求赔偿损失外，还可向生产者或经营者要求支付价款 10 倍或损失 3 倍的赔偿金；增加赔偿的金额不足 1000 元，为 1000 元，但食品的标签、说明书存在不影响食品安全且不会对消费者造成误导的瑕疵外。

◆《刑法》第 144 条 【生产、销售有毒、有害食品罪】

从选择罪名、故意犯、行为犯、结果犯、情节犯、数额犯、转化犯的角度讲，在生产、销售的食品中掺入有毒有害的非食品原料，或销售明知掺有有毒有害的非食品原料的食品，处 5 年以下有期刑，并处罚金；对人体健康造成严重危害（a. 造成轻伤以上伤害。b. 造成轻度残疾或中度残疾。c. 造成器官组织损伤导致一般功能障碍或严重功能障碍。d. 造成 10 人以上严重食物中毒或其他严重食源性疾病。e. 其他对人体健康造成严重危害情形）或有其他严重情节（a. 有毒有害的非食品原料毒害性强或含量高。b. 生产、销售金额 20 万元以上不满 50 万元。c. 生产、销售金额 10 万元以上不满 20 万元，属于婴幼儿食品。d. 生产、销售金额 10 万元以上不满 20 万元，有毒有害食品的数量较大或生产、销售持续时间较长。e. 生产、销售金额 10 万元以上不满 20 万元，1 年内曾因危害食品安全违法犯罪活动受过行政处罚或刑罚。f. 其他情节严重情形），处 5 年以上 10 年以下有期刑，并处罚金；致人死亡或有其他特别严重情节［生产、销售有毒有害食品，生产、销售金额 50 万元以上，或有 5 种行为情形（a. 造成 3 人以上重伤、中度残疾或器官组织损伤导致严重功能障碍。b. 造成 10 人以上轻伤、5 人以上轻度残疾或器官组织损伤导致一般功能障碍。c. 造成 30 人以上严重食物中毒或其他严重食源性疾病。d. 致人死亡或重度残疾。e. 其他特别严重的后果）］，以生产、销售假药罪从重处罚，处 10 年以上有期刑、无期刑或死刑，并处罚金或没收财产。

生产、销售有毒、有害食品罪是在生产、销售的食品中掺入有毒、有害的非食品原料，或销售明知掺有有毒、有害的非食品原料的食品（生产、销售了有毒、有害的非食品原料的食品）的行为（a. 在生产的食品中掺入有毒、有害的非食品原料。b. 在销售的食品中掺入有毒、有害的非食品原料。c. 明知是掺有有毒、有害的非食品原料的食品而销售）。

从比较法的角度讲，生产、销售有毒、有害食品罪和生产、销售不符合安全标准的食品罪的关系是特殊法条和一般法条的关系。在生产、销售的食品中掺入非食品原料，未达到有毒、有害的程度，但该食品不符合食品安全标准，足以造成严重食物中毒事故或其他严重食源性疾病，应以生产、销售有毒、有害食品罪论处。

【2009·卷 2·多选·56】（答案：BC）刘某专营散酒收售，农村小卖部为其供应对象。刘某从他人处得知某村办酒厂生产的散酒价格低廉，虽掺有少量有毒物质，但不会致命，遂大量购进并转销给多家小卖部出售，结果致许多饮者中毒甚至双眼失明。下列哪些选项是正确的？A. 造成饮用者中毒的直接责任人是某村办酒厂，应以生产和销售有毒、有害食品罪追

究其刑事责任；刘某不清楚酒的有毒成分，可不负刑事责任。B. 对刘某应当以生产和销售有毒、有害食品罪追究刑事责任。C. 应当对构成犯罪者并处罚金或没收财产。D. 村办酒厂和刘某构成共同犯罪。

从乳品质量安全监管条例的角度讲，禁止在生鲜乳生产、收购、贮存、运输、销售过程中添加任何物质，禁止在乳制品生产过程中添加非食品用化学物质或其他可能危害人体健康的物质，禁止收购经检测不符合健康标准或未经检疫合格的奶畜产；奶畜产犊 7 日内的初乳，但以初乳为原料从事乳制品生产外；在规定用药期和休药期内的奶畜产；其他不符合乳品质量安全国家标准。(1) 乳制品生产企业不得向未取得生鲜乳收购许可证的单位和个人购进生鲜乳，不得购进兽药等化学物质残留超标，或含有重金属等有毒有害物质、致病性的寄生虫和微生物、生物毒素以及其他不符合乳品质量安全国家标准的生鲜乳。(2) 生产乳制品使用的生鲜乳、辅料、添加剂等，应符合法律、行政法规的规定和乳品质量安全国家标准。A. 生产的乳制品应经巴氏杀菌、高温杀菌、超高温杀菌或其他有效方式杀菌。B. 生产发酵乳制品的菌种应纯良、无害、定期鉴定，防止杂菌污染。

在食品加工、销售、运输、贮存等过程中，违反食品安全标准，超限量或超范围滥用食品添加剂，或在食用农产品种植、养殖、销售、运输、贮存等过程中违反食品安全标准，超限量或超范围滥用添加剂、农药、兽药等，足以造成严重食物中毒事故或其他严重食源性疾病，均构成生产、销售不符合安全标准的食品罪。

生产、销售有毒有害的食品罪的情形：(1) 明知他人生产、销售不符合食品安全标准的食品或有毒有害食品，以生产、销售不符合安全标准的食品罪或生产、销售有毒有害食品罪的共犯论处的 4 种情形：A. 提供广告等宣传。B. 提供生产技术或食品原料、食品添加剂、食品相关产品。C. 提供资金、贷款、账号、发票、证明、许可证件。D. 提供生产、经营场所或运输、贮存、保管、邮寄、网络销售渠道等便利条件。(2) 在食品加工、销售、运输、贮存等过程中，掺入有毒有害的非食品原料（a. 法律法规禁止在食品生产经营活动中添加、使用的物质。b. 食品中可能违法添加的非食用物质名单、保健食品中可能非法添加的物质名单上的物质。c. 国务院有关部门公告禁止使用的农药、兽药及其他有毒有害物质。d. 其他危害人体健康的物质），或使用有毒有害的非食品原料加工食品，或在食用农产品种植、养殖、销售、运输、贮存等过程中，使用禁用农药、兽药等禁用物质或其他有毒有害物质，或在保健食品或其他食品中非法添加国家禁用药物等有毒有害物质，均以生产、销售有毒有害的食品罪定罪处罚。(3) 实施违反国家规定，私设生猪屠宰厂（场），从事生猪屠宰、销售等经营活动的非法经营犯罪行为，同时又构成生产、销售不符合安全标准的食品罪或生产、销售有毒有害食品罪等他罪，依处罚较重规定定罪处罚。(4) 生产、销售不符合食品安全标准的食品或有毒有害食品，构成犯罪，以生产、销售不符合安全标准的食品罪或生产、销售有毒有害食品罪定罪处罚；同时构成他罪，依处罚较重规定定罪处罚。犯生产、销售不符合安全标准的食品罪或生产、销售有毒有害食品罪，一般应依法判处生产、销售金额 2 倍以上罚金。

生产、销售伪劣产品罪的情形：(1) 生产、销售不符合食品安全标准的食品添加剂，用于食品的包装材料、容器、洗涤剂、消毒剂，或用于食品生产经营的工具、设备等，构成犯罪，以生产、销售伪劣产品罪定罪处罚。(2) 生产、销售不符合食品安全标准的食品，无证据证明足以造成严重食物中毒事故或其他严重食源性疾病，不构成生产、销售不符合安全标准的食品罪，但构成生产、销售伪劣产品罪等他罪，以该他罪定罪处罚。(3) 违反国家规定，实施以提供给他人生产、销售食品为目的，生产、销售国家禁止用于食品生产、销售的非食品原料，或生产、销售国家禁止生产、销售、使用的农药、兽药、饲料、饲料添加剂或饲料原料、饲料添加剂原料的非法经营犯罪行为，同时又构成生产、销售伪劣产品罪或生产、销售伪劣农药、兽药罪等他罪，依处罚较重规定定罪处罚。(4) 锅炉、压力容器、压力管道元件、起重机械、大型游乐设施的制造过程和锅炉、压力容器、电梯、起重机械、客运索道、大型游乐设施的安装、改造、重大维修过程,以及锅炉清洗过程,未经国务院特种设备安全监管部门核准的检验检测机构按安全技术规范的要求进行监督检验,由特种设备安全监管部门责令改正,已出厂,没收违法生产、销售的产品,已实施安装、改造、重大维修或清洗,责令限期进行监督检验,处5万元以上20万元以下罚款;有违法所得,没收违法所得;情节严重,撤销制造、安装、改造或维修单位已取得的许可,并由市场监管部门吊销其营业执照;触犯刑律,对负有责任的主管人员和其他直接责任人员依生产、销售伪劣产品罪或他罪,依法追究刑责。

单位实施生产、销售伪劣产品、有毒有害食品、不符合食品安全标准犯罪,依《关于办理危害食品安全刑事案件适用法律若干问题的解释》的定罪量刑标准处罚。(1)对实施生产、销售伪劣产品、有毒有害食品、不符合食品安全标准的食品的罪犯,应依刑法规定的条件严格适用缓刑、免刑。(2)根据犯罪事实、情节和悔罪表现,对符合刑法规定的缓刑适用条件的罪犯,可适用缓刑,但应同时宣告禁止令,禁止其在缓刑考验期限内从事食品生产、销售及相关活动。

以提供给他人生产、销售食品为目的,违反国家规定,生产、销售国家禁止用于食品生产、销售的非食品原料,情节严重,或违反国家规定,生产、销售国家禁止生产、销售、使用的农药、兽药、饲料、饲料添加剂或饲料原料、饲料添加剂原料,或违反国家规定,私设生猪屠宰厂(场),从事生猪屠宰、销售等经营活动,情节严重,均以非法经营罪定罪处罚。

广告主、广告经营者、广告发布者违反国家规定,利用广告对保健食品或其他食品作虚假宣传,情节严重,以虚假广告罪定罪处罚。

从《关于依法严惩"地沟油"犯罪活动的通知》的角度讲,地沟油犯罪,是用餐厨垃圾、废弃油脂、各类肉及肉制品加工废弃物等非食品原料,生产、加工"食用油",以及明知是利用地沟油生产、加工的油脂而作为食用油销售的行为。(1)地沟油犯罪严重危害人民群众身体健康和生命安全,严重影响国家形象,损害党和政府的公信力。(2)对涉及多地区的地沟油犯罪案件,公检法要在案件管辖、调查取证等方面通力合作,形成打击合力,切实维护食品安全。

准确理解法律规定,严格区分犯罪界限:(1)对利用地沟油生产"食用油",依《刑法》第144条生产有毒有害食品罪规定追究刑责。(2)明知是利用地沟油生产的"食用油"而销售,以销售有毒有害食品罪追究刑责。认定是否"明知",应结合嫌犯、被告人的认知能力、嫌犯、被告人及其同案人的供述和辩解,证人证言,产品质量,进货渠道及进货价格、销售渠道及销售价格等主、客观因素综合判断。(3)对利用地沟油生产的"食用油",已销售出去未实物,但有证据证明系已被查实生产、销售有毒有害食品犯罪事实的上线提供,以销售有毒有害食罪追究刑责。(4)虽无法查明"食用油"是否系利用地沟油生产、加工,但嫌犯、被告人明知该"食用油"来源可疑而销售,应分别情形处理:经鉴定,检出有毒有害成分,以销售有毒有害食品罪追究刑责;属于不符合安全标准的食品,以销售不符合安全标准的食品罪追究刑责;属于以假充真、以次充好、以不合格产品冒充合格产品或假冒注册商标,构成犯罪,以销售伪劣产品罪或假冒注册商标罪、销售假冒注册商标的商品罪追究刑责。(5)知道或应知道他人利用地沟油生产食用油、明知是利用地沟油生产的"食用油"而销售,或利用地沟油生产的"食用油",已销售出去未实物,但有证据证明系已被查实生产、销售有毒有害食品犯罪事实的上线提供的犯罪行为,而为其掏捞、加工、贩运地沟油,或提供贷款、资金、账号、发票、证明、许可证件,或提供技术、生产、经营场所、运输、仓储、保管等便利条件,依生产、销售有毒有害食品罪的共犯论处。(6)对违反有关规定,掏捞、加工、贩运地沟油,未证据证明用于生产"食用油",交由行政部门处理。(7)对国家工作人员在食用油安全监管和查处地沟油违法犯罪活动中滥用职权、玩忽职守、徇私枉法，构成犯罪，依刑法有关规定追究刑责。A. 负有食品安全监管职责的国家机关工作人员滥用职权或玩忽职守，导致发生重大食品安全事故（食源性疾病、食品污染等源于食品，对人体健康有危害或可能有危害的事故）或造成其他严重后果，同时构成食品监管渎职罪和徇私舞弊不移交刑事案件罪、商检徇私舞弊罪、动植物检疫徇私舞弊罪、放纵制售伪劣商品犯罪行为罪等其他渎职犯罪，依处罚较重规定定罪处罚。B. 负有食品安全监管职责的国家机关工作人员滥用职权或玩忽职守，不构成食品监管渎职罪，但构成徇私舞弊不移交刑事案件罪、商检徇私舞弊罪、动植物检疫徇私舞弊罪、放纵制售伪劣商品犯罪行为罪等其他渎职犯罪，以该他罪定罪处罚。C. 负有食品安全监管职责的国家机关工作人员与他人共谋，利用其职务行为帮助他人实施危害食品安全犯罪，同时构成渎职犯罪和危害食品安全犯罪共犯，依处罚较重规定定罪处罚。（8）准确把握宽严相济刑事政策在食品安全领域的适用：A. 在对地沟油犯罪定罪量刑时，要充分考虑犯罪数额、罪犯主观恶性及其犯罪手段、犯罪行为对人民群众生命安全和身体健康的危害、对市场经济秩序的破坏程度、恶劣影响等。B. 对有累犯、前科、共犯的主犯、集团犯罪的首犯等情节，以及犯罪数额巨大、情节恶劣、危害严重，群众反映强烈，给国家和人民利益造成重大损失的罪犯，依法严惩，罪当判处死刑，要坚决依法判处死刑。C. 对在同一条生产销售链上的罪犯，要在法定刑幅度内体现严惩源头犯罪的精神，确保生产环节与销售环节量刑的整体平衡。D. 对明知是地沟油而非法销售的公司、企业，要依法从严追究有关单位和直接责任人员的责任。E. 对有自首、立功、从犯等法定情节的罪犯，可依法从宽处理。F. 严格把握适用缓刑、免刑的条件，对依法须适用缓刑，一般同时宣告禁止令，禁止其在缓刑考验期内从事与食品生产、销售等有关的活动。（9）司法机关难以确定足以造成严重食物中毒事故或其他严重食源性疾病（食品中致病因素进入人体引起的感染性、中毒性等疾病，含食物中毒）、有毒有害非食品原料，可根据检验报告并结合专家意见等相关材料进行认定必要时，法院可依法通知有关专家出庭说明。

◆ 《刑法》第145条【生产、销售不符合标准的医用器材罪】

从故意犯、数额犯、结果犯的角度讲，生产不符合保障人体健康的国家标准、行业标准的医疗器械、医用卫生材料，或销售明知是不符合保障人体健康的国家标准、行业标准的医疗器械、医用卫生材料，足以严重危害人体健康，处3年以下有期刑或拘役，并处销售金额15%以上2倍以下罚金；对人体健康造成严重危害，处3年以上10年以下有期刑，并处销售金额15%以上2倍以下罚金；后果特别严重，处10年以上有期刑或无期刑，并处销售金额15%以上2倍以下罚金或没收财产。

在预防、控制突发传染病疫情等灾害期间，生产用于防治传染病的不符合保障人体健康的国家标准、行业标准的医疗器械、医用卫生材料，或销售明知是用于防治传染病的不符合保障人体健康的国家标准、行业标准的医疗器械、医用卫生材料，不有防护、救治功能，足以严重危害人体健康，以生产、销售不符合标准的医用器材罪定罪，依法从重处罚。

医疗机构或个人，知道或应知道在预防、控制突发传染病疫情等灾害期间，生产用于防治传染病的不符合保障人体健康的国家标准、行业标准的医疗器械、医用卫生材料，或销售明知是用于防治传染病的不符合保障人体健康的国家标准、行业标准的医疗器械、医用卫生材料而购买并有偿使用，以销售不符合标准的医用器材罪定罪，依法从重处罚。

◆ 《刑法》第146条【生产、销售不符合安全标准的产品罪】

从选择罪名、故意犯、结果犯的角度讲，生产不符合保障人身、财产安全的国家标准、行业标准的电器、压力容器、易燃易爆产品或其他不符合保障人身、财产安全的国家标准、行业标准的产品,或销售明知是以上不符合保障人身、财产安全的国家标准、行业标准的产品,造成严重后果,处5年以下有期刑,并处销售金额15%以上2倍以下罚金;后果特别严重,处5年以上有期刑,并处销售金额15%以上2倍以下罚金。

【2005·卷2·多选·66】(答案:BCD)甲为了获取超额利润,在明知其所经销的电器产品不符合保障人身安全的国家标准的情况下,仍大量进货销售,销售金额总计达到180万元。一企业因使用这种电器而导致短路,引起火灾,造成3人轻伤,部分厂房被烧毁,直接经济损失10万元。下列关于甲的行为的说法哪些是正确的? A. 应当数罪并罚。B. 构成销售不符合安全标准的产品罪。C. 构成销售伪劣产品罪。D. 应按销售伪劣产品罪和销售不符合安全标准的产品罪中的一个重罪定罪处罚。

生产不符合保障人身、财产安全的国家标准、行业标准的安全设备,或明知安全设备不符合保障人身、财产安全的国家标准、行业标准而进行销售,使发生安全事故,造成严重后果,以生产、销售不符合安全标准的产品罪定罪处罚。

◆《刑法》第147条 【生产、销售伪劣农药、兽药、化肥、种子罪】

从选择罪名、故意犯、结果犯的角度讲,生产假农药、假兽药、假化肥,销售明知是假的或失去使用效能的农药、兽药、化肥、种子,或生产者、销售者以不合格的农药、兽药、化肥、种子冒充合格的农药、兽药、化肥、种子,使生产遭受较大损失,处3年以下有期刑或拘役,并处或单处销售金额15%以上2倍以下罚金;使生产遭受重大损失,处3年以上7年以下有期刑,并处销售金额15%以上2倍以下罚金;使生产遭受特别重大损失,处7年以上有期刑或无期刑,并处销售金额15%以上2倍以下罚金或没收财产。

从经济法和刑法的关系的角度讲,市场经济领域的假冒伪劣产品的违法犯罪性质问题有争议性,存在违法说、犯罪说、违法犯罪说等不同理论观点。从司法实践、社会实践的角度,生产、销售伪劣产品案件,以告诉才处理的自诉案件为主,以非告诉才处理的公诉案件为辅,应推行公益诉讼模式,有效遏制食品药品安全领域渎职犯罪僵尸法条的滋生及其社会危害问题。

◆《刑法》第148条 【生产、销售不符合卫生标准的化妆品罪】

从故意犯、结果犯的角度讲,生产不符合卫生标准的化妆品,或销售明知是不符合卫生标准的化妆品,造成严重后果,处3年以下有期刑或拘役,并处或单处销售金额15%以上2倍以下罚金。

第二节 走私罪(第151~157条)

从《关于中国海警局行使海上维权执法职权的决定》的角度讲,中国海警局(中国武警部队海警总队)履行海上维权执法职责,含执行打击海上违法犯罪活动、维护海上治安和安全保卫、海洋资源开发利用、海洋生态环保、海洋渔业管理、海上缉私等方面的执法任务,以及协调指导地方海上执法工作。中国海警局执行打击海上违法犯罪活动、维护海上治安和安全保卫等任务,行使法律规定的公安机关相应执法职权;执行海洋资源开发利用、海洋生态环保、海洋渔业管理、海上缉私等方面的执法任务,行使法律规定的有关行政机关相应执法职权。中国海警局与公安机关、有关行政机关建立执法协作机制。国家在海关总署设立专门侦查走私犯罪的公安机构,配备专职缉私警察,负责对其管辖的走私犯罪案件的侦查、拘留、执行逮捕、预审。

走私罪的12个罪名:(1)涉税走私的罪名:走私普通货物、物品罪。(2)涉国家禁止进出口物品走私的罪名:走私武器、弹药罪;走私核材料罪;走私假币罪;走私文物罪;走私贵重金属罪；走私珍贵动物、珍贵动物制品罪；走私珍稀植物、珍稀植物制品罪；走私淫秽物品罪；走私毒品罪；走私制毒物品罪。

走私犯罪行为分为通关走私、绕关走私、关内变相走私、间接走私、立法推定走私等。(1) 通关走私（a. 通过设立海关的进出口口岸，以隐蔽的方式逃避海关监管，偷运应税、禁止或限制货物物品进出境的行为。b. 采用伪报、藏匿、蒙混、闯关等隐蔽而不被海关察觉的方式方法或手段，逃避海关监管进出境的货物、物品和运输工具，走私进境的行为）。(2) 绕关走私［走私集团、边民、合伙结帮者、海上绕关走私者等不经国家开放的进出口岸和准许进出境的国境、孔道（陆地边境、海上），非法携运应税、禁止、限制货物或物品进出境的绕关走私行为］。(3) 后续走私（未经海关许可或未办结海关进出境手续前，擅自销售或转让保税货物或特定减免税货物进行牟利的后续走私行为）。

走私罪的类型：(1) 侵害犯：走私普通货物、物品罪（关内变相走私；走私进口）；走私文物罪（走私出口）；走私贵重金属罪（走私出口）。(2) 抽象危险犯：走私淫秽物品罪；走私武器、弹药罪；走私核材料罪；走私假币罪；走私国家禁止进出口的货物、物品罪；走私固体废物罪（走私进口）。

走私罪的最高刑：(1) 走私武器、弹药罪、走私核材料罪、走私假币罪，走私国家禁止进出口的货物、物品罪，情节特别严重，处无期刑，并处没收财产。(2) 走私文物罪、走私贵重金属罪，情节特别严重，处10年以上有期刑或无期刑，并处没收财产。(3) 走私珍贵动物罪、走私珍贵动物制品罪，情节严重，处5年以上有期刑，并处罚金。(4) 走私淫秽物品罪，情节严重，处10年以上有期刑或无期刑，并处罚金或没收财产。(5) 走私废物罪，情节特别严重，处5年以上有期刑，并处罚金。(6) 走私普通货物、物品罪，走私货物、物品偷逃应缴税额巨大或有其他严重情节，处3年以上10年以下有期刑，并处偷逃应缴税额1倍以上5倍以下罚金；走私货物、物品偷逃应缴税额特别巨大或有其他特别严重情节，处10年以上有期刑或无期刑，并处偷逃应缴税额1倍以上5倍以下罚金或没收财产。(7) 单位犯走私普通货物、物品罪，情节特别严重，对单位判处罚金，并对其直接负责的主管人员和其他直接责任人员处10年以上有期刑。

◆《刑法》第151条【走私武器、弹药罪；走私核材料罪；走私假币罪；走私文物罪；走私贵重金属罪；走私珍贵动物罪；走私珍贵动物制品罪；走私国家禁止进出口的货物、物品罪】

从故意犯、行为犯、数额犯、情节犯的角度讲，走私武器、弹药（武器、弹药的种类，参照进口税则、禁止进出境物品表有关规定确定）、核材料或伪造的货币（a. 货币含正流通的国内外货币。b. 伪造的境外货币数额，折合成人民币计算），处7年以上有期刑，并处罚金或没收财产；情节特别严重，处无期刑，并处没收财产；情节较轻［A. 走私武器、弹药：a. 走私以压缩气体等非火药为动力发射枪弹的枪支2支以上不满5支。b. 走私气枪铅弹500发以上不满2500发，或其他子弹10发以上不满50发。c. 未达到上述数量标准，但属于集团首犯，使用特种车辆从事走私活动，或走私的武器、弹药被用于实施犯罪等情形。d. 走私各种口径在60毫米以下常规炮弹、手榴弹或枪榴弹等分别或合计不满5枚。B. 走私伪造的货币，数额2000元以上不满2万元，或数量200张（枚）以上不满2000张（枚）］，处3年以上7年以下有期刑，并处罚金。

走私假币罪是违反海关法律法规，逃避海关监督管理，非法运输、携带、邮寄假币进出境的行为。(1) 采用运输方式将大量假币运到国外，应以走私假币罪定罪量刑。(2) 走私伪造的货币，构成走私假币罪。(3) 走私伪造的货币总面额2000元以上或币量200张（枚）以上，应立案追诉。

【2002·卷2·多选·47】（答案：AC）黄某、王某2人从境外走私入境假币150余万元。运载假币的渔船刚一到岸，即被海关缉私人员发现。黄某、王某手持铁棍、匕首将缉私人员打成重伤后携带假币逃走。对黄某、王某的行为应以哪些犯罪论处？A. 走私假币罪。B. 运输假币罪。C. 故意伤害罪。D. 妨害公务罪。

走私武器、弹药罪是违反海关法规，逃避海关监管，非法携带、运输、邮寄武器、弹药进出国（边）境的行为。走私各种弹药的弹头、弹壳，构成犯罪，以走私弹药罪定罪处罚。

【2004·卷2·单选·17】（答案：C）甲利用到外国旅游的机会，为了自用，从不法分子手中购买了手枪1支、子弹60发，然后经过伪装将其邮寄回国内。后来甲得知乙欲抢银行，想得到一支枪，就与乙协商，以5000元将其手枪出租给乙使用。乙使用该手枪抢劫某银行，随后被抓获。对甲的行为应如何处理？A. 以买卖、邮寄枪支、弹药罪与抢劫罪并罚。B. 以买卖、邮寄枪支、弹药罪与非法出租枪支罪并罚。C. 以走私武器、弹药罪与抢劫罪并罚。D. 以走私武器、弹药罪、非法出租枪支罪、抢劫罪并罚。

【2008·川·卷2·单选·11】（答案：C）刘某利用到国外旅游的机会，购买了手枪1支、子弹若干发自用，并经过伪装将其邮寄回国内。后来刘某得知丁某欲搞一支枪抢银行，即与丁某协商，以1万元将其手枪出租给丁某。丁某使用该手枪抢劫银行时被抓获。对刘某的行为应如何处理？A. 以非法买卖危险物质罪与抢劫罪实行并罚。B. 以非法买卖危险物质罪与非法出租枪支罪实行并罚。C. 以走私武器、弹药罪与抢劫罪实行并罚。D. 以走私武器、弹药罪、非法出租枪支罪、抢劫罪实行并罚。

刑法修正案（七、八）、《公安机关涉案枪支弹药性能鉴定工作规定》《关于审理非法制造、买卖、运输枪支、弹药、爆炸物等刑事案件具体应用法律若干问题的解释》《关于办理走私刑事案件适用法律若干问题的解释》《关于涉以压缩气体为动力的枪支、气枪铅弹刑事案件定罪量刑问题的批复》取代了《关于审理走私刑事案件具体应用法律若干问题的解释》（一、二）。(1) 从《关于将仿真武器列为禁止进出境物品的通知》《禁止进出境物品表》《限制进出境物品表》《关于依法严厉打击走私、制造、销售仿真枪违法犯罪活动的通知》《关于办理走私刑事案件适用法律若干问题的解释》的角度讲，仿真枪被列为禁止进出境物品和禁止进口货物。(2) 管制刀具的进出口需经有关主管部门（公安机关等）批准，未经批准不得进出口管制刀具。

从罪刑相适应原则、宽严相济刑事政策的角度讲，不以牟利或从事违法犯罪活动为目的，且无其他严重情节，可依法从轻处罚；情节轻微不需判刑，可免刑。枪支制式、非制式的分类标准是国家标准或公安部、军队下达的战术技术指标要求，经国家有关部门或军队批准定型。(1) 以枪支的动力来源为枪支管理法标准分为以火药为动力发射枪弹的枪支（军用枪支量刑标准）、以压缩气体等非火药为动力发射枪弹的枪支（非军用枪支量刑标准），体现了走私武器、弹药罪定罪罪刑轻重的社会危害程度。(2) 对非法买卖枪口比动能较低的枪支的行为，不仅应考虑涉案枪支的数量，而且应充分考虑涉案枪支的购买场所和渠道、价格、用途、致伤力大小以及行为人的主观认知、动机目的、一贯表现、违法所得、是否规避调查等情节，综合评估社会危害性，坚持主客观相统一，确保罪责刑相适应。(3) 从《仿真枪认定标准》的角度讲，以人体最薄弱的眼睛部位造成对眼睛造成轻伤以上伤害的临界值为标准，仿真枪的枪口比动能（枪支致伤力）大于1.8焦耳/平方厘米，仍存在争议性。A. 在枪支鉴定标准作出调整后，一些涉以压缩气体为动力且枪口比动能较低的枪支的案件，涉案枪支的致伤力较低，在决定是否追究刑责以及裁量刑罚时唯枪支数量论，恐会背离一般公众的认知，也违背罪责刑相适应原则的要求。B. 以压缩气体为动力的枪支的枪口比动能范围很宽，高则能达每平方厘米上百焦耳，危害性不小于以火药为动力的枪支；低可能刚刚达到枪支的认定标准，致伤力较低，"对涉此类枪支案件的刑责追究和刑罚裁量，如不作区别，明显不符合宽严相济刑事政策和罪责刑相适应原则的基本要求"。[40]

走私武器罪的情形：（1）走私的仿真枪经鉴定为枪支，构成犯罪，以走私武器罪定罪处罚。（2）走私枪支（以火药或压缩气体等为动力，利用管状器具发射金属弹丸或其他物质，足以致人伤亡或丧失知觉的各种枪支）散件，构成犯罪，以走私武器罪定罪处罚。A. 成套枪支散件以相应数量的枪支计，非成套枪支散件以每 30 件为 1 套枪支散件计。B. 子弹分为军用子弹、非军用子弹，或气枪铅弹（以压缩气体等非火药为动力发射枪弹的枪支主要使用的子弹，沿用非军用子弹的量刑标准）、其他子弹（以火药为动力发射枪弹的枪支使用的子弹，沿用军用子弹量刑标准）等。

走私各种弹药的弹头、弹壳，构成犯罪〔以走私武器、弹药的情节较轻（走私各种弹药的弹头、弹壳的定罪量刑标准为气枪铅弹 500 发以上不满 2500 发或其他子弹 20 发以上不满 50 发，或走私各种口径在 60 毫米以下常规炮弹、手榴弹或枪榴弹等分别或合计不满 5 枚）数量标准的 5 倍为执行标准〕，以走私弹药罪定罪处罚。

走私报废或无法组装并使用的各种弹药的弹头、弹壳（弹头、弹壳是否属于报废或无法组装并使用或废物，由国家有关技术部门进行鉴定），构成犯罪，以走私普通货物、物品罪定罪处罚；属于废物，以走私废物罪定罪处罚。

走私国家禁止或限制进出口的仿真枪、管制刀具，或走私国家禁止或限制进出口的货物、物品，构成犯罪，以走私国家禁止进出口的货物、物品罪定罪处罚；情节严重，处 5 年以下有期刑或拘役，并处单处罚金〔A. 走私旧机动车、切割车、旧机电产品或其他禁止进出口的货物、物品 20 吨以上不满 100 吨，或数额 20 万元以上不满 100 万元。B. 走私国家禁止或限制进出口的货物、物品数量或数额未达到走私国家禁止进出口的货物、物品的数量标准（a. 走私国家 1 级保护野生植物 5 株以上不满 25 株，国家 2 级保护野生植物 10 株以上不满 50 株，或珍稀植物、珍稀植物制品数额 20 万元以上不满 100 万元。b. 走私重点保护古生物化石或未命名的古生物化石不满 10 件，或一般保护古生物化石 10 件以上不满 50 件。c. 走私禁止进出口的有毒物质 1 吨以上不满 5 吨，或数额 2 万元以上不满 10 万元。d. 走私来自境外疫区的动植物及其产品 5 吨以上不满 25 吨，或数额 5 万元以上不满 25 万元。e. 走私木炭、硅砂等妨害环境、资源保护的货物、物品 10 吨以上不满 50 吨，或数额 10 万元以上不满 50 万元。f. 走私旧机动车、切割车、旧机电产品或其他禁止进出口的货物、物品 20 吨以上不满 100 吨，或数额 20 万元以上不满 100 万元）〕，但属于集团首犯，使用特种车辆从事走私活动，造成环境严重污染，或引起甲类传染病传播、重大动植物疫情等情形，情节严重（a. 走私数量或数额超过走私国家禁止进出口的货物、物品处 5 年以下有期刑或拘役，并处或单处罚金的数量标准。b. 达到走私数量或数额超过走私国家禁止进出口的货物、物品处 5 年以下有期刑或拘役，并处或单处罚金的数量标准，且属于集团首犯，使用特种车辆从事走私活动，造成环境严重污染，或引起甲类传染病传播、重大动植物疫情等情形）。

从故意犯、行为犯、数额犯、情节犯的角度讲，犯走私文物罪、走私贵重金属罪、走私珍贵动物罪、走私珍贵动物制品罪或走私国家禁止进出口的货物、物品罪，走私国家禁止出口的文物（文物保护法禁止出境的文物范围）、黄金、白银和其他贵重金属或国家禁止进出口的珍贵动物（列入国家重点保护野生动物名录中的国家一级、二级保护野生动物，濒危《野生动植物种国际贸易公约》附录Ⅰ、Ⅱ中的野生动物，驯养繁殖的国家一级、二级保护野生动物）及其制品，处 5 年以上 10 年以下有期刑，并处罚金（a. 走私国家禁止出口的二级文物不满 3 件，或三级文物 3 件以上不满 9 件。b. 二级文物价值 20 万元以上不满 100 万元。c. 走私国家禁止出口的三级文物不满 3 件，且有造成文物严重毁损或无法追回等情节）；情节特别严

---

[40] 卢义杰、杨慧彩："两高'仿真枪'批复能否破解'假枪真罪'困局"，载《中国青年报》2018 年 4 月 4 日。

重〔A. 走私国家禁止出口的文物（a. 一级文物价值 100 万元以上。b. 走私国家禁止出口的一级文物 1 件以上，或二级文物 3 件以上，或三级文物 9 件以上。c. 走私国家禁止出口的文物达到一级文物 1 件以上，或二级文物 3 件以上，或三级文物 9 件以上的数量标准，且属于犯罪集团首犯，使用特种车辆从事走私活动，或造成文物严重毁损、无法追回等情形）〕。B. 走私珍贵动物制品〔a. 数额 100 万元以上。b. 走私国家一级、二级保护动物达到《关于办理走私刑事案件适用法律若干问题的解释》附表中（1）的数量标准，且属于犯罪集团首犯，使用特种车辆从事走私活动，或造成该珍贵动物死亡、无法追回等情形。c. 走私国家一级、二级保护动物达到《关于办理走私刑事案件适用法律若干问题的解释》附表中（2）的数量标准〕。C. 走私珍贵动物及其制品〔a. 走私珍贵动物制品数额 20 万元以上不满 100 万元。b. 走私国家 1 级、2 级保护动物达到《关于办理走私刑事案件适用法律若干问题的解释》附表中（1）的数量标准。c. 走私国家一级、二级保护动物未达到《关于办理走私刑事案件适用法律若干问题的解释》附表中（1）的数量标准，但有造成该珍贵动物死亡或无法追回等情节〕，处 10 年以上有期刑或无期刑，并处没收财产；情节较轻〔A. 走私国家禁止出口的文物：a. 三级文物 2 件以下。b. 三级文物价值 5 万元以上不满 20 万元。B. 走私国家一级、二级保护动物未达到《关于办理走私刑事案件适用法律若干问题的解释》（2014 年）附表中（1）的数量标准，或走私珍贵动物制品数额不满 20 万元〕，处 5 年以下有期刑，并处罚金。

走私贵重金属罪是非法运输贵重金属出境，数额较大的行为。从犯罪行为的角度，走私贵重金属出境，数额较大，构成走私贵重金属罪；走私贵重金属入境（进境），数额较大，构成走私普通货物、物品罪，而不构成走私贵重金属罪。

【2004·卷 2·单选·10】（答案：B）下列哪一说法是正确的？A. 甲违反海关法规，将大量黄金运输进境，不予申报，逃避关税。甲的行为成立走私贵重金属罪。B. 乙生产、销售劣药，没有对人体健康造成严重危害，但销售金额超过了 5 万元。乙的行为成立生产、销售伪劣产品罪。C. 丙在自己的 35 名同学中高息揽储，吸收存款 100 万元，然后以更高的利息贷给他人。丙向其同学还本付息后，违法所得达到数额较大标准。丙的行为成立非法经营罪与高利转贷罪的想象竞合犯。D. 承担资产评估职责的丁，非法收受他人财物后，故意提供虚假证明文件。丁的行为构成公司、企业人员受贿罪与提供虚假证明文件罪，应实行数罪并罚。

从刑诉法的角度讲，法院对查封、扣押、冻结的被告人财物及其孳息，应妥善保管，并制作清单，附卷备查；对检察院随案移送的被告人财物及其孳息，应根据清单核查后妥善保管，不得挪用或自行处理。（1）扣押物品，应登记并写明物品名称、型号、规格、数量、重量、质量、成色、纯度、颜色、新旧程度、缺损特征、来源等，应根据有关规定及时估价。（2）扣押文物、金银、珠宝、名贵字画等贵重物品以及违禁品，应拍照，需鉴定，应及时鉴定。

从司法解释的角度讲，不以牟利为目的，为留作纪念而走私珍贵动物制品进境，数额不满（接近该数额且已达到该数额的 80% 以上）10 万元，可免刑；情节显著轻微，不作为犯罪处理。（1）走私国家禁止出口的文物，无法确定文物等级，或按文物等级定罪量刑明显过轻或过重，可按走私的文物价值定罪量刑。（2）违反文物保护法，有盗掘古文化遗址、古墓葬；故意或过失损毁国家保护的珍贵文物；擅自将国有馆藏文物出售或私自送给非国有单位或个人；将国家禁止出境的珍贵文物私自出售或送给外国人；以牟利为目的倒卖国家禁止经营的文物；走私文物；盗窃、哄抢、私分或非法侵占国有文物，或应追究刑责的其他妨害文物管理行为之一，构成犯罪，依法追究刑责。（3）走私国家禁止出口的文物，无法确定文物等级，或按文物等级定罪量刑明显过轻或过重，可按走私的文物价值定罪量刑。A. 走私国家禁止出口的二级文物，以走私文物罪处 5 年以上 10 年以下有期刑，并处罚金；走私国家禁止出口的一级文物，应认定为走私文物罪的情节特别严重；走私国家禁止出口的三级文物，应认定为走私文物罪的情节较轻。B. 走私的文物价值20万元以上不满100万，以走私文物罪处5年以上10年以下有期刑，并处罚金；文物价值100万以上，应认定为走私文物罪的情节特别严重；文物价值5万元以上不满20万元，应认定为走私文物罪的情节较轻。（4）盗窃文物，无法确定文物等级，或按文物等级定罪量刑明显过轻或过重，按盗窃的文物价值定罪量刑。A. 盗窃一般文物、三级文物、二级以上文物，应分别认定为盗窃罪的数额较大、数额巨大、数额特别巨大。B. 盗窃公私财物，数额较大，或多次盗窃、入户盗窃、携带凶器盗窃、扒窃，处3年以下有期刑、拘役或管制，并处或单处罚金；数额巨大或有其他严重情节，处3年以上10年以下有期刑，并处罚金；数额特别巨大或有其他特别严重情节，处10年以上有期刑或无期刑，并处罚金或没收财产。（5）出售或为出售而收购、运输、储存文物保护法规定的国家禁止买卖的文物，应认定为倒卖文物罪的倒卖国家禁止经营的文物。A. 倒卖国家禁止经营的文物，有倒卖三级文物；交易数额5万元以上；其他情节严重的情形，应认定为倒卖文物罪的情节严重。B. 实施倒卖国家禁止经营的文物的行为，有倒卖二级以上文物；倒卖三级文物5件以上；交易数额25万元以上；其他情节特别严重的情形，应认定为倒卖文物罪的情节特别严重。

从文物保护法、《关于办理妨害文物管理等刑事案件适用法律若干问题的解释》的角度讲，单位实施走私文物、倒卖文物等行为，构成犯罪，依《关于办理妨害文物管理等刑事案件适用法律若干问题的解释》规定的相应自然人犯罪的定罪量刑标准，对直接负责的主管人员和其他直接责任人员定罪处罚，并对单位判处罚金。（1）公司、企事业单位、机关、人民团体等单位实施盗窃文物，故意损毁文物、名胜古迹，过失损毁文物，盗掘古文化遗址、古墓葬等行为，依《关于办理妨害文物管理等刑事案件适用法律若干问题的解释》规定的相应定罪量刑标准，追究组织者、策划者、实施者的刑责。（2）针对不可移动文物整体实施走私、盗窃、倒卖等行为，据所属不可移动文物的"国家禁止出境的文物"的范围认定、走私文物罪的情节较轻和情节特别严重情形，盗窃文物的数额较大、数额巨大、数额特别巨大情形，倒卖国家禁止经营的文物范围认定、倒卖文物的情节较轻和情节特别严重情形的定罪量刑标准：A. 尚未被确定为文物保护单位的不可移动文物，适用一般文物的定罪量刑标准。B. 市、县级文物保护单位，适用三级文物的定罪量刑标准全国重点文物。C. 保护单位、省级文物保护单位，适用二级以上文物的定罪量刑标准。（3）针对不可移动文物中的建筑构件、壁画、雕塑、石刻等实施走私、盗窃、倒卖等行为，据建筑构件、壁画、雕塑、石刻等文物本身的等级或价值，以盗窃罪、走私文物罪、倒卖文物罪定罪量刑。建筑构件、壁画、雕塑、石刻等所属不可移动文物的等级，应作为量刑情节考虑。（4）案件涉及不同等级的文物，按高级别文物的量刑幅度量刑；有多件同级文物，5件同级文物视为一件高一级文物，但价值明显不相当为例外。（5）依文物价值定罪量刑，据涉案文物的有效价格证明认定文物价值；无有效价格证明，或根据价格证明认定明显不合理，据销赃数额认定，或结合有关鉴定意见、报告认定（a. 行为人实施有关行为前文物行政部门已对涉案文物及其等级可直接对有关案件事实作出的认定。b. 对案件涉及的有关文物鉴定、价值认定等专门性问题难以确定，由司法鉴定机构出具鉴定意见，或由国务院文物行政部门指定的机构出具报告；对文物价值，也可由有关价格认证机构作出价格认证并出具报告）。（6）在行为人实施有关行为前，文物行政部门已对涉案文物及其等级作出认定，可直接对有关案件事实作出认定。（7）对案件涉及的有关文物鉴定、价值认定等专门性问题难以确定，由司法鉴定机构出具鉴定意见，或由国务院文物行政部门指定的机构出具报告。其中，对文物价值，也可由有关价格认证机构作出价格认证并出具报告。（8）实施故意损毁国家保护的珍贵文物或被确定为全国重点文物保护单位、省级文物保护单位的文物、故意损毁国家保护的名胜古迹、过失损毁国家保护的珍贵文物或被确定为全国重点文物保护单位、省级文物保护单位的文物的行为，虽已达到应追究刑责标准，但行为人系初犯,积极赔偿损失,并确有悔罪表现,可认定为犯罪情节轻微,不起诉或免刑。
(9) 实施走私国家禁止出口的文物、盗窃文物、出售或为出售而收购、运输、储存文物保护法规定的国家禁止买卖的文物(倒卖国家禁止经营的文物)、国有博物馆、图书馆及其他国有单位,违反文物保护法规,将收藏或管理的国家保护的文物藏品出售或私自送给非国有单位或个人(非法出售、私赠文物藏品)、盗掘古文化遗址古墓葬、采用破坏性手段盗窃古文化遗址古墓葬外的古建筑、石窟寺、石刻、壁画、近代现代重要史迹和代表性建筑等其他不可移动文物的行为,虽已达到应追究刑责标准,但行为人系初犯,积极退回或协助追回文物,未造成文物损毁,并确有悔罪表现,可认定为犯罪情节轻微,不起诉或免刑。

在中国领域和中国管辖的其他海域从事古生物化石发掘、收藏等活动以及古生物化石进出境,应遵守古生物化石保护条例。(1) 国家对古生物化石实行分类管理、重点保护、科研优先、合理利用原则。A. 古生物化石[重点保护古生物化石(已命名的古生物化石种属的模式标本;保存完整或较完整的古脊椎动物实体化石;大型的或集中分布的高等植物化石、无脊椎动物化石和古脊椎动物的足迹等遗迹化石;国务院国土资源主管部门确定的其他需重点保护的古生物化石)、一般保护古生物化石;地质历史时期形成并赋存于地层中的动物和植物的实体化石及其遗迹化石]的认定标准为古生物化石保护条例。B. 中国领域和中国管辖的其他海域遗存的古生物化石属于国家所有。C. 国有的博物馆、科研单位、高校和其他收藏单位(古生物化石收藏单位条件:有固定的馆址、专用展室、相应面积的藏品保管场所;有相应数量的拥有相关研究成果的古生物专业或相关专业的技术人员;有防止古生物化石自然损毁的技术、工艺和设备;有完备的防火、防盗等设施、设备和完善的安全保卫等管理制度;有维持正常运转所需的经费)收藏的古生物化石,单位和个人捐赠给国家的古生物化石属于国家所有,不因其收藏单位的终止或变更而改变其所有权。(2) 任何单位和个人不得擅自买卖重点保护古生物化石,不得将其收藏的重点保护古生物化石转让、交换、赠与、质押给外国人或外国组织。A. 重点保护古生物化石符合因科学研究需与国外有关研究机构进行合作;因科学、文化交流需在境外进行展览的情形,经国务院国土资源主管部门批准,方可出境。B. 国家鼓励单位和个人将其收藏的重点保护古生物化石捐赠给符合条件的收藏单位收藏。国有收藏单位不再收藏的一般保护古生物化石,应按国务院国土资源主管部门的规定处理,不得将其收藏的重点保护古生物化石转让、交换、赠与给非国有收藏单位或个人。C. 收藏单位之间转让、交换、赠与其收藏的重点保护古生物化石,应经国务院国土资源主管部门批准。D. 买卖一般保护古生物化石,应在县级以上地方政府指定的场所进行。E. 一般保护古生物化石经所在地省级政府国土资源主管部门批准,方可出境。F. 未命名的古生物化石不得出境。(3) 县级以上政府国土资源主管部门及其工作人员有未依古生物化石保护条例规定批准古生物化石发掘;未依古生物化石保护条例批准古生物化石出境;发现违反古生物化石保护条例的行为不予查处,或接到举报不依法处理;其他不依法履行监管职责的行为,对直接负责的主管人员和其他直接责任人员依法给予处分;直接负责的主管人员和其他直接责任人员构成犯罪,依法追究刑责。(4) 单位或个人有未经批准发掘古生物化石;未按批准的发掘方案发掘古生物化石(有未按批准的发掘方案发掘古生物化石的行为,情节严重,由批准古生物化石发掘的国土资源主管部门撤销批准发掘的决定)的情形,由县级以上政府国土资源主管部门责令停止发掘,限期改正,没收发掘的古生物化石,并处20万元以上50万元以下罚款;构成违反治安管理行为,由公安机关依法给予治安处罚;构成犯罪,依法追究刑责。(5) 古生物化石发掘单位未按规定移交发掘的古生物化石,由批准古生物化石发掘的国土资源主管部门责令限期改正;逾期不改正,或造成古生物化石损毁,处10万元以上50万元以下罚款;直接负责的主管人员和其他直接责任人员构成犯罪,依法追究刑责。(6) 单位或个人违反规定买卖重点保护古生物化石,由市场监管部门责令限期改正,没收违法所得,并处5万元以上20万元以下罚款;

构成违反治安管理行为,由公安机关依法给予治安处罚;构成犯罪,依法追究刑责。(7) 古生物化石收藏单位之间未经批准转让、交换、赠与其收藏的重点保护古生物化石,由县级以上政府国土资源主管部门责令限期改正;有违法所得,没收违法所得;逾期不改正,对有关收藏单位处5万元以上20万元以下罚款。(8) 国有收藏单位将其收藏的重点保护古生物化石违法转让、交换、赠与给非国有收藏单位或个人,对国有收藏单位处20万元以上50万元以下罚款,对直接负责的主管人员和其他直接责任人员依法给予处分;构成犯罪,依法追究刑责。(9) 单位或个人将其收藏的重点保护古生物化石转让、交换、赠与、质押给外国人或外国组织,由县级以上政府国土资源主管部门责令限期追回,对个人处2万元以上10万元以下罚款,对单位处10万元以上50万元以下罚款;有违法所得,没收违法所得;构成犯罪,依法追究刑责。(10) 单位或个人未取得批准运送、邮寄、携带古生物化石出境,由海关依有关法律、行政法规的规定处理;构成犯罪,依法追究刑责。(11) 县级以上政府国土资源主管部门、其他有关部门的工作人员,或国有的博物馆、科学研究单位、高等院校、其他收藏单位以及发掘单位的工作人员,利用职务便利,将国有古生物化石非法占为己有,依法给予处分,由县级以上政府国土资源主管部门追回非法占有的古生物化石;有违法所得,没收违法所得;构成犯罪,依法追究刑责。

走私有科学价值的古脊椎动物化石、古人类化石,构成犯罪,以走私文物罪定罪处罚。走私、盗窃、损毁、倒卖、盗掘或非法转让有科学价值的古脊椎动物化石、古人类化石,依刑法和《关于办理妨害文物管理等刑事案件适用法律若干问题的解释》有关规定定罪量刑。

走私《关于办理走私刑事案件适用法律若干问题的解释》附表未规定的珍贵动物,参照附表规定的同属或同科动物的数量标准执行;未规定珍贵动物的制品,按《关于破坏野生动物资源刑事案件中涉及的CITES附录Ⅰ和附录Ⅱ所列陆生野生动物制品价值核定问题的通知》有关规定核定价值。

刑法修正案(七)改走私珍稀植物、珍稀植物制品罪为走私国家禁止进出口的货物、物品罪。走私珍稀植物(列入国家重点保护野生植物名录、国家重点保护野生药材物种名录、国家珍贵树种名录中的国家一级、二级保护野生植物、国家重点保护的野生药材、珍贵树木,濒危野生动植物种国际贸易公约附录Ⅰ、Ⅱ中的野生植物,以及人工培育的上述植物)及其制品等国家禁止进出口的其他货物、物品(走私国家禁止进出口的货物、物品,有走私国家一级保护野生植物5株以上不满205株,国家二级保护野生植物10株以上不满50株,或珍稀植物、珍稀植物制品数额20万元以上不满100万元;走私重点保护古生物化石或未命名的古生物化石不满10件,或一般保护古生物化石10件以上不满50件;走私禁止进出口的有毒物质1吨以上不满5吨,或数额2万元以上不满10万元;走私来自境外疫区的动植物及其产品5吨以上不满25吨,或数额5万元以上不满25万元;走私木炭、硅砂等妨害环境、资源保护的货物、物品10吨以上不满50吨,或数额10万元以上不满50万元;走私旧机动车、切割车、旧机电产品或其他禁止进出口的货物、物品20吨以上不满100吨,或数额20万元以上不满100万元;数量或数额未达到上述标准,但属于集团首犯,使用特种车辆从事走私活动,造成环境严重污染,或引起甲类传染病传播、重大动植物疫情等情形),处5年以下有期刑或拘役,并处或单处罚金;情节严重(走私数量或数额超过走私国家禁止进出口的货物、物品处5年以下有期刑或拘役,并处或单处罚金标准;达到走私国家禁止进出口的货物、物品处5年以下有期刑或拘役,并处或单处罚金标准,且属于集团首犯,使用特种车辆从事走私活动,造成环境严重污染,或引起甲类传染病传播、重大动植物疫情等情形),处5年以上有期刑,并处罚金。

单位犯走私武器弹药罪、走私核材料罪、走私假币罪、走私文物罪、走私贵重金属罪、走私珍贵动物罪、走私珍贵动物制品罪、走私国家禁止进出口的货物物品罪,对单位判处罚金，并对其直接负责的主管人员和其他直接责任人员，依各罪规定处罚。

单位犯走私武器弹药罪、走私核材料罪、走私假币罪、走私文物罪、走私贵重金属罪、走私珍贵动物罪、走私珍贵动物制品罪、走私国家禁止进出口的货物物品罪、走私淫秽物品罪、走私废物罪，依《关于办理走私刑事案件适用法律若干问题的解释》标准定罪处罚。

实施走私犯罪，应认定为犯罪既遂的3种情形：（1）在海关监管现场被查获。（2）以虚假申报方式走私，申报行为实施完毕。（3）以保税货物或特定减税、免税进口的货物、物品为对象走私，在境内销售，或申请核销行为实施完毕。

在走私的货物、物品中藏匿走私武器、弹药罪、走私核材料罪、走私假币罪、走私文物罪、走私贵重金属罪、走私珍贵动物罪、走私珍贵动物制品罪、走私国家禁止进出口的货物物品罪、走私淫秽物品罪、走私废物罪、走私贩卖运输制造毒品罪、非法生产、买卖、运输制毒物品、走私制毒物品罪的货物、物品，构成犯罪，以实际走私的货物、物品定罪处罚；构成数罪，实行数罪并罚。

从合理解释、国家利益、贸易政策、动植物疫情等因素的角度讲，国家对普通货物、物品外的货物、物品的进出口管理措施，分为国家明令绝对禁止进出口的货物物品（来自境外疫区的动植物及其产品等）、国家限制进出口的货物物品（国家未明令绝对禁止进出口，但需获得有关国家行政主管部门许可并取得相应的进出口许可证件）两大类型。（1）刑法规定的"禁止进出口"货物物品与国家进出口管理措施要求的"禁止进出口"货物物品不是严格的对应关系。（2）行为人未经许可进出口国家限制进出口的货物物品的违法犯罪行为被法律禁止，构成走私国家禁止进出口的货物、物品罪等罪名（《刑法》第151条第2、3款）。（3）从走私国家限制进出口的货物物品的定性处理问题、走私犯罪发生竞合的处理原则的角度讲，未经许可进出口限制进出口的货物、物品，以走私国家禁止进出口的货物、物品罪等罪名定罪处罚。（4）未经许可进出口国家限制进出口的货物、物品，构成犯罪，应依走私武器弹药罪、走私核材料罪、走私假币罪、走私文物罪、走私贵重金属罪、走私珍贵动物罪、走私珍贵动物制品罪、走私国家禁止进出口的货物物品罪、走私淫秽物品罪、走私废物罪规定，或租用、借用或使用购买的他人许可证，进出口国家限制进出口的货物、物品，以走私国家禁止进出口的货物、物品罪等罪名定罪处罚；偷逃应缴税额，同时又构成走私普通货物、物品罪，依处罚较重规定定罪处罚。（5）单位犯走私普通货物、物品罪，偷逃应缴税额20万元以上不满100万元，对单位判处罚金，并对其直接负责的主管人员和其他直接责任人员，处3年以下有期刑或拘役；偷逃应缴税额100万元以上不满500万元，应认定为情节严重，处3年以上10年以下有期刑；情节特别严重，处10年以上有期刑；偷逃应缴税额500万元以上，应认定为情节特别严重，处10年以上有期刑或无期刑，并处偷逃应缴税额1倍以上5倍以下罚金或没收财产（走私货物、物品偷逃应缴税额特别巨大或有其他特别严重情节）。

从罪责刑相适应原则、宽严相济刑事政策、《关于办理走私刑事案件适用法律若干问题的解释》定罪量刑标准的角度讲，单位实施走私普通货物、物品罪的入罪起刑点、情节严重、情节特别严重的认定标准是自然人实施走私普通货物、物品罪数额标准的2倍，分别为偷逃应缴税额20万元以上不满100万元、偷逃应缴税额100万元以上不满500万元、偷逃应缴税额500万元以上。（1）从涉税犯罪的角度讲，走私普通货物、物品罪、逃税罪、骗取出口退税罪的数额标准、社会危害性基本相当，各档量刑幅度的数额标准应保持合理的级差或倍差。（2）刑法修正案（八）取消走私普通货物、物品罪具体数额标准规定。A.1997年刑法的走私普通货物、物品罪各档量刑幅度之间的倍差为1∶3∶10（5万∶15万∶50万）。B.《关于办理走私刑事案件适用法律若干问题的解释》调整了走私普通货物、物品罪的数额标准，各档量刑幅度之间的倍差为1∶5∶25（10万∶50万∶250万）。C.从审理骗取出口退税刑事案件解释的角度，骗取国家出口退税款5万元以上为数额较大，50万元以上为数额巨大，250万元以上为数额特别巨大。

核安全法的法律责任：(1) 违反核安全法规定，对直接负责的主管人员和其他直接责任人员依法给予处分的6种情形：A. 核安全监督检查人员执行监督检查任务，未出示有效证件，或对获知的国家秘密、商业秘密、个人信息未依法保密。B. 国务院核安全监管部门或其他有关部门未依法对许可申请进行审批。C. 国务院有关部门或核设施所在地省级政府指定的部门未依法公开核安全相关信息。D. 国务院核安全监管部门或其他有关部门未将监督检查情况形成报告，或未建立档案。E. 核设施所在地省级政府未就影响公众利益的重大核安全事项征求利益相关方意见。F. 国务院核安全监管部门或其他有关部门，省级政府有关部门有其他滥用职权、玩忽职守、徇私舞弊行为。(2) 违反核安全法规定，危害核设施、核材料安全，或编造、散布核安全虚假信息，构成违反治安管理行为，由公安机关依法给予治安处罚。(3) 违反核安全法规定，由国务院核安全监管部门或其他有关部门责令改正，给予警告；情节严重，处20万元以上100万元以下罚款；拒不改正，责令停止建设或停产整顿的5种情形：A. 核设施营运单位未设置核设施纵深防御（通过设定一系列递进并独立的防护、缓解措施或实物屏障，防止核事故发生，减轻核事故后果）体系。B. 核设施营运单位（在中国境内，申请或持有核设施安全许可证，可经营和运行核设施的单位）或为其提供设备、工程及服务等的单位未建立或未实施质量保证体系。C. 核设施营运单位未建立核安全经验反馈体系。D. 核设施营运单位未按要求控制辐射照射剂量。E. 核设施营运单位未就涉及公众利益的重大核安全事项征求利益相关方意见。(4) 违反核安全法规定，在规划限制区内建设可能威胁核设施安全的易燃、易爆、腐蚀性物品的生产、贮存设施或人口密集场所，由国务院核安全监管部门责令限期拆除，恢复原状，处10万元以上50万元以下罚款。(5) 违反核安全法规定，核设施营运单位存在4种违法违规情形［未经许可，从事核设施建造、运行或退役（采取去污、拆除和清除等措施，使核设施不再使用的场所或设备的辐射剂量满足国家相关标准的要求）等活动；未经许可，变更许可文件规定条件；未经审查批准，进口核设施；核设施运行许可证有效期届满，未经审查批准，继续运行核设施］，由国务院核安全监管部门责令改正，处100万元以上500万元以下罚款；拒不改正，责令停止建设或停产整顿；有违法所得，没收违法所得；造成环境污染，责令限期采取治理措施消除污染，逾期不采取措施，指定有能力的单位代为履行，所需费用由污染者承担；对直接负责的主管人员和其他直接责任人员，处5万元以上20万元以下罚款。(6) 违反核安全法规定，核设施营运单位存在5种违法违规情形［未对核设施进行定期安全评价，或不接受国务院核安全监管部门审查；未将产生的放射性固体废物或不能经净化排放的放射性废液转变为稳定、标准化的固体废物，以及时送交放射性废物处置单位处置；未对产生的放射性废气进行处理，或未达到国家放射性污染防治标准排放；核设施终止运行后，未采取安全方式进行停闭（核设施已停止运行，并不再启动）管理，或未确保退役所需的基本功能、技术人员和文件；核设施退役时，未将构筑物、系统或设备的放射性水平降低至满足标准的要求］，由国务院核安全监管部门责令改正，给予警告；情节严重，处50万元以上200万元以下罚款；造成环境污染，责令限期采取治理措施消除污染，逾期不采取措施，指定有能力的单位代为履行，所需费用由污染者承担。(7) 违反核安全法规定，核设施营运单位存在3种情形［未按规定制定场内核事故（核设施内的核燃料、放射性产物、放射性废物或运入运出核设施的核材料所发生的放射性、毒害性、爆炸性或其他危害性事故，或一系列事故）应急预案；未按应急预案配备应急设备，未开展应急工作人员培训或演练；未按核事故应急救援工作的要求，实施应急响应支援］，由国务院核安全监管部门责令改正，处10万元以上50万元以下罚款；对直接负责的主管人员和其他直接责任人员，处2万元以上5万元以下罚款。(8) 违反核安全法规定，由国务院核安全监管部门责令改正，处50万元以上100万元以下罚款；有违法所得，没收违法所得；对直接负责的主管人员和其他直接责任人员处 2 万元以上 10 万元以下罚款的 2 种情形：A. 未经许可，为核设施提供核安全设备（在核设施中使用的执行核安全功能的设备，含核安全机械设备和核安全电气设备）设计、制造、安装或无损检验服务。B. 未经注册，境外机构为境内核设施提供核安全设备设计、制造、安装或无损检验服务。(9) 违反核安全法规定，由国务院核安全监管部门责令改正，处 10 万元以上 50 万元以下罚款；情节严重，处 50 万元以上 200 万元以下罚款；造成环境污染，责令限期采取治理措施消除污染，逾期不采取措施，指定有能力的单位代为履行，所需费用由污染者承担的 6 种情形：A. 未经许可，从事放射性废物处理、贮存、处置活动。B. 未建立放射性废物处置情况记录档案，未如实记录与处置活动有关的事项，或未永久保存记录档案。C. 未编制放射性废物处置设施关闭安全监护计划。D. 对应关闭的放射性废物处置设施，未依法办理关闭手续。E. 关闭放射性废物处置设施，未在划定的区域设置永久性标记。F. 放射性废物处置设施关闭后，未按经批准的安全监护计划进行安全监护。(10) 违反核安全法规定，核设施营运单位未对核设施周围环境中所含的放射性核素的种类、浓度或核设施流出物中的放射性核素总量实施监测，或未按规定报告监测结果，由国务院环保主管部门或所在地省级政府环保主管部门责令改正，处 10 万元以上 50 万元以下罚款。(11) 违反核安全法规定，受委托的技术支持单位出具虚假技术评价结论，由国务院核安全监管部门处 20 万元以上 100 万元以下罚款；有违法所得，没收违法所得；对直接负责的主管人员和其他直接责任人员处 10 万元以上 20 万元以下罚款。(12) 违反核安全法规定，核设施营运单位或核安全设备制造、安装、无损检验单位聘用未取得相应资格证书的人员从事与核设施安全专业技术有关的工作，由国务院核安全监管部门责令改正，处 10 万元以上 50 万元以下罚款；拒不改正，暂扣或吊销许可证，对直接负责的主管人员和其他直接责任人员处 2 万元以上 10 万元以下罚款。(13) 违反核安全法规定，未经许可持有核材料，由国务院核工业主管部门没收非法持有的核材料，并处 10 万元以上 50 万元以下罚款；有违法所得，没收违法所得。(14) 违反核安全法规定，核设施营运单位未按规定公开相关信息，由国务院核安全监管部门责令改正；拒不改正，处 10 万元以上 50 万元以下罚款。(15) 违反核安全法规定，对国务院核安全监管部门或其他有关部门依法进行的监督检查，从事核安全活动的单位拒绝、阻挠，由国务院核安全监管部门或其他有关部门责令改正，可处 10 万元以上 50 万元以下罚款；拒不改正，暂扣或吊销其许可证；构成违反治安管理行为，由公安机关依法给予治安处罚。(16) 违反核安全法规定，构成犯罪，依法追究刑责。(17) 因核事故造成他人人身伤亡、财产损失或环境损害，核设施营运单位应按国家核损害责任制度承担赔偿责任，但能证明损害是因战争、武装冲突、暴乱等情形造成为例外。A. 为核设施营运单位提供设备、工程及服务等的单位不承担核损害赔偿责任。核设施营运单位与其有约定，在承担赔偿责任后，可按约定追偿。B. 核设施营运单位应通过投保责任保险、参加互助机制等方式，作出适当的财务保证安排，确保能及时、有效履行核损害赔偿责任。

违反《核两用品及相关技术出口管制条例》的法律责任：(1) 违反核两用品及相关技术出口管制条例，出口核两用品相关技术，由商务部给予警告，处违法经营额 1 倍以上 5 倍以下罚款；违法经营额不足 5 万元，处 5 万元以上 25 万元以下罚款；有违法所得，没收违法所得；构成犯罪，依法追究刑责。(2) 伪造、变造或买卖核两用品及相关技术出口许可证件，依有关法律、行政法规的规定处罚；构成犯罪，依法追究刑责。(3) 以欺骗或其他不正当手段获取出口许可证件，由商务部收缴其出口许可证件，处违法经营额 1 倍以上 5 倍以下罚款；违法经营额不足 5 万元，处 5 万元以上 25 万元以下罚款；有违法所得，没收违法所得；构成犯罪，依法追究刑责。(4) 对核两用品及相关技术出口实施管制的国家工作人员玩忽职守、徇私舞弊或滥用职权，构成犯罪，依法追究刑责；尚不构成犯罪，依法给予处分。

◆ 《刑法》第 152 条 【走私淫秽物品罪；走私废物罪】

从故意犯、目的犯、数额犯、情节犯的角度讲，以牟利或传播为目的，走私淫秽的影片、录像带、录音带、图片、书刊或其他淫秽物品【以牟利或传播为目的，走私淫秽物品在情节较轻标准 [a. 走私淫秽录像带、影碟 50 盘（张）以上不满 100 盘（张）。b. 走私淫秽录音带、音碟 100 盘（张）以上不满 200 盘（张）。c. 走私淫秽扑克、书刊、画册 100 副（册）以上不满 200 副（册）。d. 走私淫秽照片、画片 500 张以上不满 1000 张。e. 走私其他淫秽物品相当于上述数量] 的最高数量以上不满最高数量 5 倍】，处 3 年以上 10 年以下有期刑，并处罚金；情节严重【以牟利或传播为目的，走私淫秽物品在情节较轻标准 [a. 走私淫秽录像带、影碟 50 盘（张）以上不满 100 盘（张）。b. 走私淫秽录音带、音碟 100 盘（张）以上不满 200 盘（张）。c. 走私淫秽扑克、书刊、画册 100 副（册）以上不满 200 副（册）。d. 走私淫秽照片、画片 500 张以上不满 1000 张。e. 走私其他淫秽物品相当于上述数量] 的最高数量 5 倍以上，或在情节较轻标准的最高数量以上不满 5 倍，但属于集团首犯，使用特种车辆从事走私活动等情形】，处 10 年以上有期刑或无期刑，并处罚金或没收财产；情节较轻 [a. 走私淫秽录像带、影碟 50 盘（张）以上不满 100 盘（张）。b. 走私淫秽录音带、音碟 100 盘（张）以上不满 200 盘（张）。c. 走私淫秽扑克、书刊、画册 100 副（册）以上不满 200 副（册）。d. 走私淫秽照片、画片 500 张以上不满 1000 张。e. 走私其他淫秽物品相当于上述数量]，处 3 年以下有期刑、拘役或管制，并处罚金。

从群体（大小群体、正式非正式群体）心理效应、犯罪动机的复杂性、多样性、类型性、主观性、相对性、动态性、低级性的角度，21 世纪的全球走私犯罪呈现团伙性、集团性、单位性、有组织性、涉黑性、内外勾结性的复合型共犯发展趋势。

走私淫秽物品罪是以牟利或传播为目的，违反海关法规，逃避海关监管，非法运输、携带、邮寄淫秽的影片、录像带、录音带、图片、书刊或其他淫秽物品进出境，数额较大或情节严重的行为，要求走私行为人须明知其走私的是淫秽物品，否则不成立走私淫秽物品罪。（1）淫秽物品是客观的构成要件要素（犯罪对象）、规范的构成要件要素（需法官进行价值判断才能认定）。（2）从定罪量刑的主客观相一致原则的角度，误将淫秽光盘当作普通光盘走私而不具有走私淫秽物品的目的，逃税数额较大时，不构成走私淫秽物品罪，而成立走私普通货物、物品罪。

走私淫秽物品罪、走私废物罪的情形：（1）逃避海关监管将境外固体废物、液态废物、气态废物运输进境，情节严重（走私国家禁止进口的废物或国家限制进口的可用作原料的废物，有走私国家禁止进口的危险性固体废物、液态废物分别或合计达到 1 吨以上不满 5 吨；走私国家禁止进口的非危险性固体废物、液态废物分别或合计达到 5 吨以上不满 25 吨；走私国家限制进口的可用作原料的固体废物、液态废物分别或合计达到 20 吨以上不满 100 吨；未达到上述数量标准，但属于集团首犯，使用特种车辆从事走私活动，或造成环境严重污染等情形），处 5 年以下有期刑，并处或单处罚金；情节特别严重（走私国家禁止进口的废物或国家限制进口的可用作原料的废物走私数量超过情节严重标准；达到情节严重标准，且属于集团首犯，使用特种车辆从事走私活动，或造成环境严重污染等情形，或未达到情节严重标准但造成环境严重污染且后果特别严重），处 5 年以上有期刑，并处罚金。（2）走私置于容器中的气态废物，构成犯罪，参照走私国家禁止进口的废物或国家限制进口的可用作原料的废物（走私废物罪）的情节严重、情节特别严重标准处罚。（3）走私淫秽物品，有传播目的，无牟利目的，数额较大或情节严重，仍构成走私淫秽物品罪。（4）单位犯走私淫秽物品罪、走私废物罪，对单位判处罚金，对直接负责的主管人员和其他直接责任人员以走私淫秽物品罪、走私废物罪定罪处罚。

危险废物排污费用于污染环境的防治,不得挪作他用。(1)固体废物污染环境防治法适用于中国境内固体废物污染环境的防治。(2)固体废物污染海洋环境的防治和放射性固体废物污染环境的防治不适用固体废物污染环境防治法。(3)国家实行工业固体废物申报登记制度,对固体废物污染环境防治实行污染者依法负责的原则。(4)产品的生产者、销售者、进口者、使用者对其产生的固体废物依法承担污染防治责任。(5)收集、贮存、运输、利用、处置固体废物的单位和个人,须采取防扬散、防流失、防渗漏或其他防止污染环境的措施;不得擅自倾倒、堆放、丢弃、遗撒固体废物。A. 禁止任何单位或个人向江河、湖泊、运河、渠道、水库及其最高水位线以下的滩地和岸坡等法律、法规规定禁止倾倒、堆放废弃物的地点倾倒、堆放固体废物。B. 禁止在人口集中地区、机场周围、交通干线附近以及当地政府划定的区域露天焚烧秸秆。C. 在国务院和国务院有关主管部门及省级政府划定的自然保护区、风景名胜区、饮用水水源保护区、基本农田保护区和其他需特别保护的区域内,禁止建设工业固体废物集中贮存、处置的设施、场所和生活垃圾填埋场。D. 禁止进口列入禁止进口目录的固体废物。E. 禁止中国境外的固体废物进境倾倒、堆放、处置。F. 禁止进口不能用作原料或不能以无害化方式利用的固体废物;对可用作原料的固体废物实行限制进口和非限制进口分类管理。G. 列入限期淘汰名录被淘汰的设备,不得转让给他人使用。(6)任何单位和个人都有保护环境的义务,并有权对造成固体废物污染环境的单位和个人进行检举和控告。

◆《刑法》第153条 【走私普通货物、物品罪】

从走私共犯、故意犯、结果犯、数额犯、情节犯的角度讲,走私武器、弹药、核材料、假币、文物、贵重金属、珍贵动物、珍贵动物制品(珍贵动物的肉、生皮、原毛、绒、脏器、脂、血液、精液、卵、胚胎、骨、蹄、头、角、筋、奶、蛋等)、国家禁止进出口的货物、物品、淫秽物品、废物、毒品外的货物、物品,据情节轻重分别处罚:(1)走私货物、物品偷逃应缴税额(进出口货物、物品应缴纳的进出口关税和进口环节海关代征税的税额,以走私行为实施时的税则、税率、汇率和完税价格计算;多次走私,以每次走私行为实施时的税则、税率、汇率和完税价格逐票计算;走私行为实施时间不能确定,以案发时的税则、税率、汇率和完税价格计算)较大(走私普通货物、物品,偷逃应缴税额10万元以上不满50万元)或1年内(以因走私第一次受到行政处罚的生效之日与又走私行为实施之日的时间间隔计算确定)曾因走私被给予2次行政处罚(被给予2次行政处罚的走私行为,含走私普通货物、物品及其他货物、物品)后又走私(又走私行为仅指走私普通货物、物品),处3年以下有期刑或拘役,并处偷逃应缴税额1倍以上5倍以下罚金。(2)走私货物、物品偷逃应缴税额巨大(偷逃应缴税额50万元以上不满250万元)或有其他严重情节(偷逃应缴税额30万元以上不满50万元,有集团首犯、聚众阻挠缉私、使用特种车辆从事走私活动、为实施走私犯罪向国家机关工作人员行贿,或教唆、利用未成年人、孕妇等特殊人群走私),处3年以上10年以下有期刑,并处偷逃应缴税额1倍以上5倍以下罚金。(3)走私货物、物品偷逃应缴税额特别巨大(偷逃应缴税额250万元以上)或有其他特别严重情节(偷逃应缴税额150万元以上不满250万元,有集团首犯、聚众阻挠缉私、使用特种车辆从事走私活动、为实施走私犯罪向国家机关工作人员行贿,或教唆、利用未成年人、孕妇等特殊人群走私),处10年以上有期刑或无期刑,并处偷逃应缴税额1倍以上5倍以下罚金或没收财产。

单位犯走私普通货物、物品罪,对单位判处罚金,并对其直接负责的主管人员和其他直接责任人员,处3年以下有期刑或拘役;情节严重,处3年以上10年以下有期刑;情节特别严重,处10年以上有期刑。

【2011·卷2·单选·11】(答案:A)关于走私犯罪,下列哪一选项是正确的? A. 甲误将淫秽光盘当作普通光盘走私入境。虽不构成走私淫秽物品罪,但如按普通光盘计算,其偷

逃应缴税额较大时，应认定为走私普通货物、物品罪。B．乙走私大量弹头、弹壳。由于弹头、弹壳不等于弹药，故乙不成立走私弹药罪。C．丙走私枪支入境后非法出卖。此情形属于吸收犯，按重罪吸收轻罪的原则论处。D．丁走私武器时以暴力抗拒缉私。此情形属于牵连犯，从一重罪论处。

【2015·卷2·多选·61】（答案：AD）下列哪些行为（不考虑数量），应以走私普通货物、物品罪论处？A．将白银从境外走私进入中国境内。B．走私国家禁止进出口的旧机动车。C．走私淫秽物品，有传播目的但无牟利目的。D．走私无法组装并使用（不属于废物）的弹头、弹壳。

《关于办理走私刑事案件适用法律若干问题的解释》是《关于审理走私刑事案件具体应用法律若干问题的解释》（一、二）（已失效）的升级版。（1）对1年内曾因走私被给予2次行政处罚后又走私需追究刑责，具体的定罪量刑标准可由各地法院结合案件具体情况和本地实际确定。（2）取得许可，但超过许可数量进出口国家限制进出口的货物、物品，构成犯罪，以走私普通货物、物品罪定罪处罚。（3）对多次走私未经处理（未经行政处理和刑事处理），按累计走私货物、物品的偷逃应缴税额处罚。

◆《刑法》第154条【走私货物、物品罪的特殊形式】

根据走私罪的规定构成犯罪，以走私普通货物、物品罪定罪处罚的走私行为类型：（1）未经海关许可并未补缴应缴税额，擅自将批准进口的来料加工、来件装配、补偿贸易的原材料、零件、制成品、设备等保税货物（经海关批准，未办理纳税手续进境，在境内储存、加工、装配后应复运出境的货物，含通过加工贸易、补偿贸易等方式进口的货物，以及在保税仓库、保税工厂、保税区或免税商店内等储存、加工、寄售的货物），在境内销售牟利。（2）未经海关许可并未补缴应缴税额，擅自将特定减税、免税进口的货物、物品，在境内销售牟利。

走私普通货物、物品罪的情形：（1）误将淫秽光盘当作普通光盘走私而不具有走私淫秽物品的目的，故其逃税数额较大时，成立走私普通货物、物品罪。（2）走私报废或无法组装并使用的各种弹药的弹头、弹壳（弹壳是否属于报废或无法组装并使用或废物，由国家有关技术部门进行鉴定），构成犯罪，以走私普通货物、物品罪定罪处罚；属于废物，以走私废物罪定罪处罚。走私各种弹药的弹头、弹壳，构成犯罪，以走私弹药罪定罪处罚。

◆《刑法》第155条【以走私罪论处的间接走私行为】

从故意犯、数额犯的角度讲，以走私罪论处，依走私罪有关规定处罚的2种走私行为：（1）直接向走私人非法收购国家禁止进口物品，或直接向走私人非法收购走私进口的其他货物、物品，数额较大。（2）在内海（含内河的入海口水域）、领海、界河、界湖运输、收购、贩卖国家禁止进出口物品，或运输、收购、贩卖国家限制进出口货物、物品，数额较大，无合法证明。

◆《刑法》第156条【走私共犯】

从共犯（聚众共犯、集团共犯、走私共犯、毒品再犯）的角度讲，与走私罪犯通谋，为其提供贷款、资金、账号、发票、证明，或为其提供运输、保管、邮寄或其他方便，以走私罪的共犯论处。

【2007·卷2·单选·3】（答案：C）关于共犯，下列哪一选项是正确的？A．为他人组织卖淫提供帮助的，以组织卖淫罪的帮助犯论处。B．以出卖为目的，为拐卖妇女的罪犯接送、中转被拐卖的妇女的，以拐卖妇女罪的帮助犯论处。C．应走私罪犯的要求，为其提供资金、账号的，以走私罪的共犯论处。D．为他人偷越国（边）境提供伪造的护照的，以偷越国

（边）境罪的共犯论处。

直接向走私人非法收购走私进口的货物、物品，在内海、领海、界河、界湖运输、收购、贩卖国家禁止进出口的物品，或无合法证明，在内海、领海、界河、界湖运输、收购、贩卖国家限制进出口的货物、物品，构成犯罪，应按走私货物、物品的种类，分别依走私武器、弹药罪、走私核材料罪、走私假币罪；走私文物罪、走私贵重金属罪、走私珍贵动物罪、走私珍贵动物制品罪；走私国家禁止进出口的货物、物品罪、走私淫秽物品罪；走私废物罪、走私普通货物物品罪、走私贩卖运输、制造毒品罪、非法生产、买卖、运输制毒物品、走私制毒物品罪规定定罪处罚。对危害国安、走私、洗钱、金融诈骗、黑社会性质的组织、毒品犯罪案件的嫌犯、被告人逃匿1年后不能到案，或嫌犯、被告人死亡，依刑法规定应追缴其违法所得，检察院可向法院提出没收违法所得的申请。

◆ 《刑法》第157条 【武装掩护走私、抗拒缉私的规定】

从故意犯、行为犯、情节犯的角度讲，武装掩护走私，以走私武器弹药罪、走私核材料罪、走私假币罪的刑罚（处7年以上有期刑，并处罚金或没收财产；情节特别严重，处无期刑，并处没收财产；情节较轻，处3年以上7年以下有期刑，并处罚金）从重处罚。

以暴力、威胁方法抗拒缉私，以走私罪和妨害公务罪（阻碍国家机关工作人员依法执行职务罪）数罪并罚。

以暴力抗拒检查、拘留、逮捕，情节严重，应以走私、贩卖、运输、制造毒品罪一罪定罪处罚。组织他人偷越国（边）境，以暴力、威胁方法抗拒检查，构成组织他人偷越国边境罪的加重情节。

【2006·卷2·单选·7】（答案：A）对下列哪一情形应当实行数罪并罚？A. 在走私普通货物、物品过程中，以暴力、威胁方法抗拒缉私的。B. 在走私毒品过程中，以暴力方法抗拒检查，情节严重的。C. 在组织他人偷越国（边）境过程中，以暴力方法抗拒检查的。D. 在运送他人偷越国（边）境过程中，以暴力方法抗拒检查的。

第三节　妨害对公司、企业的管理秩序罪（第158~169条）

从刑事法律关系、犯罪构成要件、犯罪主观方面的角度讲，妨害对公司、企业的管理秩序罪以故意犯罪为主（虚假破产罪；虚报注册资本罪；虚假出资、抽逃出资罪；妨害清算罪；欺诈发行股票、债券罪；违规披露、不披露重要信息罪；隐匿、故意销毁会计凭证、会计账簿、财务会计报告罪；隐匿、故意销毁会计凭证、会计账簿、财务会计报告罪；为亲友非法牟利罪；非法经营同类营业罪；非国家工作人员受贿罪；对非国家工作人员行贿罪；对外国公职人员、国际公共组织官员行贿罪；国有公司、企事业单位人员滥用职权罪；徇私舞弊低价折股、出售国有资产罪；背信损害上市公司利益罪等），以过失犯罪为辅（签订、履行合同失职被骗罪；国家机关工作人员签订、履行合同失职被骗罪；国有公司、企事业单位人员失职罪等）。

妨害对公司、企业的管理秩序罪的最高刑：（1）自然人犯虚报注册资本罪，虚报注册资本数额巨大、后果严重或有其他严重情节，处3年以下有期刑或拘役，并处或单处虚报注册资本金额，1%以上5%以下罚金；单位犯虚报注册资本罪，对单位判处罚金，并对其直接负责的主管人员和其他直接责任人员处3年以下有期刑或拘役。（2）自然人犯虚假出资、抽逃出资罪，数额巨大、后果严重或有其他严重情节，处5年以下有期刑或拘役，并处或单处虚假出资金额或抽逃出资金额2%以上10%以下罚金；单位犯虚假出资、抽逃出资罪，对单位判处罚金，并对其直接负责的主管人员和其他直接责任人员处5年以下有期刑或拘役。（3）自然人犯欺诈发行股票、债券罪，数额巨大、后果严重或有其他严重情节，处5年以下有期刑或拘役，并处或单处非法募集资金金额1%以上5%以下罚金；单位犯欺诈发行股票、债券罪，对单位判处罚金，并对其直接负责的主管人员和其他直接责任人员处5年以下有期刑或拘役。（4）自然人、单位犯违规披露、不披露重要信息罪，严重损害股东或其他人利益，或有其他严重情节，对其直接负责的主管人员和其他直接责任人员，处3年以下有期刑或拘役，并处或单处2万元以上20万元以下罚金。（5）自然人犯妨害清算罪，严重损害债权人或其他人利益，对其直接负责的主管人员和其他直接责任人员，或单位犯妨害清算罪，对单位判处罚金，并对其直接负责的主管人员和其他直接责任人员，处5年以下有期刑或拘役，并处或单处2万元以上20万元以下罚金。（6）隐匿、故意销毁会计凭证、会计账簿、财务会计报告罪，情节严重，处5年以下有期刑或拘役，并处或单处2万元以上20万元以下罚金。（7）虚假破产罪，严重损害债权人或其他人利益，对其直接负责的主管人员和其他直接责任人员，处5年以下有期刑或拘役，并处或单处2万元以上20万元以下罚金。（8）非国家工作人员受贿罪，数额较大，处5年以下有期刑或拘役；数额巨大，处5年以上有期刑，可并处没收财产。（9）对非国家工作人员行贿罪；对外国公职人员、国际公共组织官员行贿罪，数额较大，处3年以下有期刑或拘役，并处罚金；数额巨大，处3年以上10年以下有期刑，并处罚金。（10）非法经营同类营业罪，数额巨大，处3年以下有期刑或拘役，并处或单处罚金；数额特别巨大，处3年以上7年以下有期刑，并处罚金。（11）为亲友非法牟利罪，使国家利益遭受重大损失，处3年以下有期刑或拘役，并处或单处罚金；使国家利益遭受特别重大损失，处3年以上7年以下有期刑，并处罚金。（12）签订、履行合同失职被骗罪，使国家利益遭受特别重大损失，处3年以上7年以下有期刑。（13）国有公司、企事业单位人员失职罪、国有公司、企事业单位人员滥用职权罪，造成国有公司、企业破产或严重损失，使国家利益遭受重大损失，处3年以下有期刑或拘役；使国家利益遭受特别重大损失，处3年以上7年以下有期刑。（14）徇私舞弊低价折股、出售国有资产罪，使国家利益遭受重大损失，处3年以下有期刑或拘役；使国家利益遭受特别重大损失，处3年以上7年以下有期刑。（15）背信损害上市公司利益罪，使上市公司利益遭受重大损失，处3年以下有期刑或拘役，并处或单处罚金；使上市公司利益遭受特别重大损失，处3年以上7年以下有期刑，并处罚金。（16）背信运用受托财产罪（商业银行、证交所、期交所、证券公司、期货经纪公司、保险公司或其他金融机构，违背受托义务，擅自运用客户资金或其他委托、信托的财产），情节严重，对单位判处罚金，并对其直接负责的主管人员和其他直接责任人员，处3年以下有期刑或拘役，并处3万元以上30万元以下罚金；情节特别严重，处3年以上10年以下有期刑，并处5万元以上50万元以下罚金。（17）违法运用资金罪（社会保障基金管理机构、住房公积金管理机构等公众资金管理机构，以及保险公司、保险资产管理公司、证券投资基金管理公司，违反国家规定运用资金），实行单罚制，对其直接负责的主管人员和其他直接责任人员，情节严重，处3年以下有期刑或拘役，并处3万元以上30万元以下罚金；情节特别严重，处3年以上10年以下有期刑，并处5万元以上50万元以下罚金。

【2017·卷1·多选·51】（答案：BCD）有研究表明，在实施行贿犯罪的企业中，有一部分企业是由于担心竞争对手提前行贿，自己不行贿就会"输在起跑线上"，才实施了行贿行为。对此，下列哪些说法是正确的？A. 市场环境不良是企业行贿的诱因，应适当减轻对此类犯罪的处罚。B. 应健全以公平为核心的市场法律制度，维护公平竞争的市场秩序。C. 应加快反腐败立法，从源头上堵塞企业行贿的漏洞。D. 必须强化对公权力的制约，核心是正确处理政府和市场的关系。

妨害对公司、企业的管理秩序罪的转化犯的情形：（1）从职务侵占罪转化犯的角度讲，保险公司的工作人员利用职务便利，故意编造未曾发生的保险事故进行虚假理赔，骗取保险金归自己所有，以保险诈骗罪定罪处罚。（2）从职务侵占罪转化犯的角度讲，国有保险公司工作人员和国有保险公司委派到非国有保险公司从事公务的人员有利用职务便利，故意编造未曾发生的保险事故进行虚假理赔，骗取保险金归自己所有的犯罪行为，以贪污罪定罪处罚。
(3) 从非国家工作人员受贿罪的转化犯的角度讲，银行或其他金融机构的工作人员在金融业务活动中索取他人财物或非法收受他人财物，为他人谋取利益，或违反国家规定，收受各种名义的回扣、手续费，归个人所有，依非国家工作人员受贿罪的规定定罪处罚。(4) 从非国家工作人员受贿罪的转化犯的角度讲，国有金融机构工作人员和国有金融机构委派到非国有金融机构从事公务的人员在金融业务活动中索取他人财物或非法收受他人财物，为他人谋取利益，或违反国家规定，收受各种名义的回扣、手续费，归个人所有，以受贿罪定罪处罚。
(5) 商业银行、证交所、期交所、证券公司、期货经纪公司、保险公司或其他金融机构的工作人员利用职务便利，挪用本单位或客户资金，依挪用资金罪、挪用公款罪的规定定罪处罚。
(6) 国有商业银行、证交所、期交所、证券公司、期货经纪公司、保险公司或其他国有金融机构的工作人员和国有商业银行、证交所、期交所、证券公司、期货经纪公司、保险公司或其他国有金融机构委派到商业银行、证交所、期交所、证券公司、期货经纪公司、保险公司或其他金融机构的非国有机构从事公务的人员有利用职务便利，挪用本单位或客户资金的犯罪行为，以挪用公款罪定罪处罚。

◆《刑法》第158条 【虚报注册资本罪】

从行政犯、故意犯、情节犯、结果犯、数额犯的角度讲，申请公司登记使用虚假证明文件或采取其他欺诈手段虚报注册资本，欺骗公司登记主管部门，取得公司登记（行为结果），虚报注册资本数额巨大、后果严重或有其他严重情节（从属关系），处3年以下有期刑或拘役，并处或单处虚报注册资本金额1%以上5%以下罚金。

单位犯虚报注册资本罪，对单位判处罚金，并对其直接负责的主管人员和其他直接责任人员，处3年以下有期刑或拘役。

虚报注册资本案的5种立案追诉标准：（1）造成投资者或其他债权人直接经济损失累计数额10万元以上。（2）超过法定出资期限，实缴注册资本不足法定注册资本最低限额，有限责任公司虚报数额30万元以上并占其应缴出资数额60%以上，股份有限公司虚报数额300万元以上并占其应缴出资数额30%以上。（3）超过法定出资期限，实缴注册资本达到法定注册资本最低限额，但仍虚报注册资本，有限责任公司虚报数额100万元以上并占其应缴出资数额60%以上，股份有限公司虚报数额1000万元以上并占其应缴出资数额30%以上。（4）虽未达到造成投资者或其他债权人直接经济损失累计数额10万元以上，或超过法定出资期限，实缴注册资本不足法定注册资本最低限额，有限责任公司虚报数额30万元以上并占其应缴出资数额60%以上，股份有限公司虚报数额300万元以上并占其应缴出资数额30%以上，或超过法定出资期限，实缴注册资本达到法定注册资本最低限额，但仍虚报注册资本，有限责任公司虚报数额100万元以上并占其应缴出资数额60%以上，股份有限公司虚报数额1000万元以上并占其应缴出资数额30%以上的数额标准，但有向公司登记主管人员行贿、为进行违法活动而注册，或2年内因虚报注册资本受过行政处罚2次以上又虚报注册资本。（5）其他后果严重或其他严重情节的情形。

【2005·卷2·单选·9】（答案：C）甲、乙二人出资10万元，同时通过购买并使用伪造的商业零售发票，虚填商品实物价值人民币50万元，骗取审计事务所出具验资报告，欺骗公司登记主管部门，以60万元注册资本取得"XX贸易有限公司"营业执照。后甲、乙又合谋将上述10万元资本金转移用于注册另一公司。甲、乙二人的行为构成：A. 虚报注册资本罪。B. 虚假出资罪。C. 虚报注册资本罪与抽逃出资罪。D. 虚假出资罪与抽逃出资罪。

【2013·卷2·单选·13】（答案：D）甲向乙借款50万元注册成立A公司，乙与甲约定

在 A 公司取得营业执照的第二天，乙的 B 公司向 A 公司借款 50 万元。A 公司取得营业执照后，由甲经手将 A 公司 50 万元借给 B 公司。关于甲的行为性质，下列哪一选项是正确的？A. 虚报注册资本罪。B. 虚假出资罪。C. 抽逃出资罪。D. 无罪。

【2016·卷 1·单选·13】（答案：C）《全国人大常委会关于〈中华人民共和国刑法〉第一百五十八、一百五十九条的解释》规定："刑法第一百五十八、一百五十九条的规定，只适用于依法实行注册资本实缴登记制的公司。"关于该解释，下列哪一说法是正确的？A. 效力低于《刑法》。B. 全国人大常委会只能就《刑法》作法律解释。C. 对法律条文进行了限制解释。D. 是学理解释。

从比较法的角度讲，虚报注册资本罪、虚假出资、抽逃出资罪的适用范围，只适用于依法实行注册资本实缴登记制的公司。使用虚假证明文件虚报注册资本，欺骗公司登记主管部门，以取得公司登记，虚报注册资本数额巨大、后果严重或有其他严重情节，构成虚报注册资本罪；构成公司后又抽逃出资，构成抽逃出资罪。

◆ 《刑法》第 159 条【虚假出资、抽逃出资罪】

从选择罪名、身份犯、故意犯、情节犯、结果犯、数额犯的角度讲，公司发起人、股东违反公司法规定未交付货币、实物或未转移财产权，虚假出资（以虚假的出资证明骗取公司股权的虚假行为），或在公司成立后又抽逃出资（以不实的出资参与公司资本运营而享有公司股权），数额巨大、后果严重或有其他严重情节，处 5 年以下有期刑或拘役，并处或单处虚假出资金额或抽逃出资金额 2% 以上 10% 以下罚金。

单位犯虚假出资、抽逃出资罪，实行双罚制，对单位判处罚金，并对其直接负责的主管人员和其他直接责任人员，处 5 年以下有期刑或拘役。

虚假出资、抽逃出资案的 5 种立案追诉标准：（1）造成公司、股东、债权人的直接经济损失累计数额 10 万元以上。（2）超过法定出资期限，有限责任公司股东虚假出资数额 30 万元以上并占其应缴出资数额 60% 以上，股份有限公司发起人、股东虚假出资数额 300 万元以上并占其应缴出资数额 30% 以上。（3）有限责任公司股东抽逃出资数额 30 万元以上并占其实缴出资数额 60% 以上，股份有限公司发起人、股东抽逃出资数额 300 万元以上并占其实缴出资数额 30% 以上。（4）虽未达到造成公司、股东、债权人的直接经济损失累计数额 10 万元以上，或超过法定出资期限，有限责任公司股东虚假出资数额 30 万元以上并占其应缴出资数额 60% 以上，股份有限公司发起人、股东虚假出资数额 300 万元以上并占其应缴出资数额 30% 以上，或有限责任公司股东抽逃出资数额 30 万元以上并占其实缴出资数额 60% 以上，股份有限公司发起人、股东抽逃出资数额 300 万元以上并占其实缴出资数额 30% 以上的数额标准，但有 2 年内因虚假出资、抽逃出资受过行政处罚 2 次以上又虚假出资、抽逃出资，或公司发起人、股东合谋虚假出资、抽逃出资，或利用虚假出资、抽逃出资所得资金进行违法活动，或使公司资不抵债或无法正常经营。（5）其他后果严重或有其他严重情节的情形。

从公司法的角度讲，违反公司法规定，虚报注册资本、提交虚假材料或采取其他欺诈手段隐瞒重要事实取得公司登记，由公司登记机关责令改正，对虚报注册资本的公司，处虚报注册资本金额 5% 以上 15% 以下罚款；对提交虚假材料或采取其他欺诈手段隐瞒重要事实的公司，处以 5 万元以上 50 万元以下罚款；情节严重，撤销公司登记或吊销营业执照。公司的发起人、股东虚假出资，未交付或未按期交付作为出资的货币或非货币财产，由公司登记机关责令改正，处以虚假出资金额 5% 以上 15% 以下罚款。（1）公司的发起人、股东在公司成立后，抽逃其出资，由公司登记机关责令改正，处抽逃出资金额 5% 以上 15% 以下罚款。（2）外国公司违反公司法规定，擅自在中国境内设立分支机构，由公司登记机关责令改正或关闭，可并处 5 万元以上 20 万元以下罚款。（3）利用公司名义从事危害国家安全、社会公共利益的严重违法行为，吊销营业执照。（4）公司违反公司法规定，应承担民事赔偿责任和缴纳罚款、罚金，其财产不足以支付时，先承担民事赔偿责任。（5）公司登记机关对不符合公司法规定条件的登记申请登记，或对符合公司法规定条件的登记申请不予登记，对直接负责的主管人员和其他直接责任人员，依法给予行政处分。公司登记机关的上级部门强令公司登记机关对不符合公司法规定条件的登记申请登记，或对符合公司法规定条件的登记申请不予登记，或对违法登记进行包庇，对直接负责的主管人员和其他直接责任人员依法给予行政处分。（6）未依法登记为有限责任公司或股份有限公司，而冒用有限责任公司或股份有限公司名义，或未依法登记为有限责任公司或股份有限公司的分公司，而冒用有限责任公司或股份有限公司的分公司名义，由公司登记机关责令改正或取缔，可并处 10 万元以下罚款。（7）公司成立后无正当理由超过 6 个月未开业，或开业后自行停业连续 6 个月以上，可由公司登记机关吊销营业执照。（8）公司登记事项发生变更时，未依本法规定办理有关变更登记，由公司登记机关责令限期登记；逾期不登记，处以 1 万元以上 10 万元以下罚款。

◆《刑法》第 160 条 【欺诈发行股票、债券罪】

从故意犯、结果犯、数额犯、情节犯的角度讲，在招股说明书、认股书、公司、企业债券募集办法中隐瞒重要事实或编造重大虚假内容，发行股票或公司、企业债券，数额巨大、后果严重或有其他严重情节，处 5 年以下有期刑或拘役，并处或单处非法募集资金金额 1% 以上 5% 以下罚金。

单位犯欺诈发行股票、债券罪，对单位判处罚金，并对其直接负责的主管人员和其他直接责任人员，处 5 年以下有期刑或拘役。

欺诈发行股票、债券案的 5 种立案追诉标准：（1）发行数额 500 万元以上。（2）伪造、变造国家机关公文、有效证明文件或相关凭证、单据。（3）利用募集的资金进行违法活动。（4）转移或隐瞒所募集资金。（5）其他后果严重或有其他严重情节情形。

◆《刑法》第 161 条 【违规披露、不披露重要信息罪】

从身份犯、故意犯、结果犯、情节犯的角度讲，依法负有信息披露义务的公司、企业向股东和社会公众提供虚假的或隐瞒重要事实的财务会计报告，或对依法应披露的其他重要信息不按规定披露，严重损害股东或其他人利益，或有其他严重情节，对其直接负责的主管人员和其他直接责任人员，处 3 年以下有期刑或拘役，并处或单处 2 万元以上 20 万元以下罚金。

违规披露、不披露重要信息案的 9 种立案追诉标准：（1）使不符合发行条件的公司、企业骗取发行核准并上市交易。（2）使公司发行的股票、公司债券或国务院依法认定的其他证券被终止上市交易或多次被暂停上市交易。（3）多次提供虚假的或隐瞒重要事实的财务会计报告，或多次对依法应披露的其他重要信息不按规定披露。（4）在公司财务会计报告中将亏损披露为盈利，或将盈利披露为亏损。（5）造成股东、债权人或其他人直接经济损失数额累计 50 万元以上。（6）虚增或虚减资产达到当期披露的资产总额 30% 以上。（7）虚增或虚减利润达到当期披露的利润总额 30% 以上。（8）未按规定披露的重大诉讼、仲裁、担保、关联交易或其他重大事项所涉及的数额或连续 12 个月的累计数额占净资产 50% 以上。（9）其他严重损害股东、债权人或其他人利益，或有其他严重情节情形。

◆《刑法》第 162 条 【妨害清算罪】

从故意犯、数额犯、情节犯的角度讲，公司、企业进行清算时，隐匿财产，对资产负债表或财产清单作虚伪记载或在未清偿债务前分配公司、企业财产，严重损害债权人或其他人利益，对其直接负责的主管人员和其他直接责任人员，处 5 年以下有期刑或拘役，并处或单处 2 万元以上 20 万元以下罚金。

妨害清算案的 6 种立案追诉标准：（1）造成债权人或其他人直接经济损失数额累计 10 万元以上。（2）隐匿财产价值 50 万元以上。（3）对资产负债表或财产清单作虚伪记载涉及金额 50 万元以上。（4）在未清偿债务前分配公司、企业财产价值 50 万元以上。（5）虽未达到造成债权人或其他人直接经济损失数额累计 10 万元以上，或隐匿财产价值 50 万元以上，或对资产负债表或财产清单作虚伪记载涉及金额 50 万元以上的数额标准，但应清偿的职工的工资、社会保险费用和法定补偿金得不到及时清偿，造成恶劣社会影响。（6）其他严重损害债权人或其他人利益情形。

从公司法的角度讲，公司在清算期间开展与清算无关的经营活动，由公司登记机关警告，没收违法所得。（1）清算组不依公司法规定向公司登记机关报送清算报告，或报送清算报告隐瞒重要事实或有重大遗漏，由公司登记机关责令改正。清算组成员利用职权徇私舞弊、谋取非法收入或侵占公司财产，由公司登记机关责令退还公司财产，没收违法所得，并可处以违法所得 1 倍以上 5 倍以下罚款。（2）公司在合并、分立、减少注册资本或进行清算时，不依公司法规定通知或公告债权人，由公司登记机关责令改正，对公司处以 1 万元以上 10 万元以下罚款。（3）公司在进行清算时，隐匿财产，对资产负债表或财产清单作虚假记载或在未清偿债务前分配公司财产，由公司登记机关责令改正，对公司处以隐匿财产或未清偿债务前分配公司财产金额 5% 以上 10% 以下罚款；对直接负责的主管人员和其他直接责任人员处以 1 万元以上 10 万元以下罚款。

◆ 《刑法》第 162 条之一 【隐匿、故意销毁会计凭证、会计账簿、财务会计报告罪】

从故意犯、情节犯的角度讲，隐匿或故意销毁依法应保存的会计凭证、会计账簿、财务会计报告，情节严重，处 5 年以下有期刑或拘役，并处或单处 2 万元以上 20 万元以下罚金。

隐匿、故意销毁会计凭证、会计账簿、财务会计报告案的 3 种立案追诉标准：A. 依法应向司法机关、行政机关、有关主管部门等提供而隐匿、故意销毁或拒不交出会计凭证、会计账簿、财务会计报告。B. 隐匿、故意销毁的会计凭证、会计账簿、财务会计报告涉及金额 50 万元以上。C. 其他情节严重情形。

单位犯隐匿、故意销毁会计凭证、会计账簿、财务会计报告罪，对单位判处罚金，并对其直接负责的主管人员和其他直接责任人员，依隐匿、故意销毁会计凭证、会计账簿、财务会计报告罪处罚。

◆ 《刑法》第 162 条之二 【虚假破产罪】

从单位犯、故意犯、数额犯的角度讲，公司、企业通过隐匿财产、承担虚构的债务或以其他方法转移、处分财产，实施虚假破产，严重损害债权人或其他人利益，对其直接负责的主管人员和其他直接责任人员，处 5 年以下有期刑或拘役，并处或单处 2 万元以上 20 万元以下罚金。

虚假破产案的 6 种立案追诉标准：A. 造成债权人或其他人直接经济损失数额累计 10 万元以上。B. 隐匿财产价值 50 万元以上。C. 承担虚构的债务涉及金额 50 万元以上。D. 以其他方法转移、处分财产价值 50 万元以上。E. 虽未达到造成债权人或其他人直接经济损失数额累计 10 万元以上、隐匿财产价值 50 万元以上、承担虚构的债务涉及金额 50 万元以上，或以其他方法转移、处分财产价值 50 万元以上的数额标准，但应清偿的职工的工资、社会保险费用和法定补偿金得不到及时清偿，造成恶劣社会影响。F. 其他严重损害债权人或其他人利益的情形。

◆ 《刑法》 第163条 【非国家工作人员受贿罪】

从身份犯、故意犯、数额犯的角度讲，公司、企业或其他单位的工作人员利用职务便利索取他人财物（索取贿赂）或非法收受（接受贿赂）他人财物［货币、物品、财产性利益（a. 房屋装修、债务免除等可折算为货币的物质利益。b. 会员服务、旅游等需支付货币的其他利益，以实际支付或应支付的数额计算）］，为他人谋取利益（a. 实际或承诺为他人谋取利益。b. 明知他人有具体请托事项。c. 履职时未被请托，但事后基于该履职事由收受他人财物），数额较大（6万元以上），处5年以下有期刑或拘役；数额巨大（100万元以上），处5年以上有期刑，可并处没收财产。

非国家工作人员受贿罪是公司、企业或其他单位的工作人员利用职务便利，为他人谋取利益，索取他人财物或非法收受他人财物，数额较大的行为。

从比较法、立案标准的角度讲，非国家工作人员受贿罪、职务侵占罪的数额较大（6万元以上）、数额巨大（6万元以上）的数额起点，按受贿罪、贪污罪的数额较大（贪污或受贿数额3万元以上不满20万元）、数额巨大（贪污或受贿数额20万元以上不满300万元）数额标准规定的2倍、5倍执行。

从旧司法解释的角度讲，公司、企业或其他单位的工作人员利用职务便利索取他人财物或非法收受他人财物，为他人谋取利益，或在经济往来中，利用职务便利违反国家规定，收受各种名义的回扣、手续费，归个人所有，数额5000元以上，应立案追诉。

【2008·川·卷2·多选·62】（答案：BC）甲系某股份制电力公司所属某供电所抄表组抄表员。在一次抄表时，甲与某金属加工厂承包人乙合谋少记载该加工厂用电量，并将电表上的数字回拨，使加工厂少交3万元电费。事后甲从乙处索取好处费1万元。关于甲的行为触犯的罪名，下列哪些选项是正确的？A. 贪污罪。B. 非国家工作人员受贿罪。C. 盗窃罪。D. 诈骗罪。

一般而言，非国家工作人员利用职务便利实施经济犯罪，由嫌犯工作单位所在地公安机关管辖；特殊而言，若由犯罪行为实施地或嫌犯居住地的公安机关管辖更为适宜，也可由犯罪行为实施地或嫌犯居住地的公安机关管辖。

从非国家工作人员受贿罪的转化犯的角度讲，银行或其他金融机构的工作人员在金融业务活动中索取他人财物或非法收受他人财物，为他人谋取利益，或违反国家规定，收受各种名义的回扣、手续费，归个人所有，依非国家工作人员受贿罪的规定定罪处罚。

受贿罪、非国家工作人员受贿罪的根本差异在于犯罪主体、立案标准、法定刑的不同。

从一般身份犯的角度讲，公司、企业或其他单位的工作人员在经济往来中，利用职务便利违反国家规定，收受各种名义的回扣、手续费，归个人所有，以非国家工作人员受贿罪定罪处罚。

从特殊身份犯的角度讲，国有公司、企业或其他国有单位中从事公务的人员和国有公司、企业或其他国有单位委派到非国有公司、企业及其他单位从事公务的人员，利用职务便利索取他人财物或非法收受他人财物，为他人谋取利益，或在经济往来中，利用职务便利违反国家规定，收受各种名义的回扣、手续费，归个人所有，以受贿罪定罪处罚（《刑法》第385、386条）。

对贪污、挪用公款、巨额财产来源不明、隐瞒境外存款、私分国有资产、私分罚没财物犯罪案件，或受贿、单位受贿、利用影响力受贿、行贿、对有影响力的人行贿、对单位行贿、介绍贿赂、单位行贿犯罪案件的嫌犯、被告人逃匿，通缉1年后不能到案，或嫌犯、被告人死亡，依刑法规定应追缴其违法所得及其他涉案财产，应写出没收违法所得意见书移送检察院。

◆ 《刑法》第 164 条 【对非国家工作人员行贿罪】

从对偶犯、故意犯、数额犯的角度讲，为谋取不正当利益，给予公司、企业或其他单位的工作人员以财物，数额较大，处 3 年以下有期刑或拘役，并处罚金；数额巨大，处 3 年以上 10 年以下有期刑，并处罚金。

为谋取不正当利益，给予公司、企业或其他单位的工作人员以财物，个人行贿数额 1 万元以上，单位行贿数额 20 万元以上，应立案追诉。(1) 从《办理贪污贿赂刑事案件适用法律若干问题的解释》(2016 年) 的角度讲，对国家工作人员行贿罪、对非国家工作人员行贿罪的数额较大、数额巨大的数额标准有 2 倍之差。A. 为谋取不正当利益，对非国家工作人员行贿罪的数额较大数额起点在 6 万元以上。B. 贿赂犯罪的财物，含货币、物品、财产性利益 (a. 房屋装修、债务免除等可折算为货币的物质利益。b. 会员服务、旅游等需支付货币的其他利益，以实际支付或应支付的数额计算)。(2) 为谋取不正当商业利益，给予外国公职人员或国际公共组织官员以财物，个人行贿数额 1 万元以上，单位行贿数额 20 万元以上，应立案追诉。

◆ 《刑法》第 164 条之一 【对外国公职人员、国际公共组织官员行贿罪】

从故意犯、数额犯、情节犯的角度讲，为谋取不正当商业利益，给予外国公职人员或国际公共组织官员以财物，以对外国公职人员、国际公共组织官员行贿罪处罚。

为谋取不正当商业利益，给予外国公职人员或国际公共组织官员以财物，个人行贿数额 1 万元以上，单位行贿数额 20 万元以上，应立案追诉。

单位犯对非国家工作人员行贿罪、对外国公职人员、国际公共组织官员行贿罪，对单位判处罚金，并对其直接负责的主管人员和其他直接责任人员，依对非国家工作人员行贿罪处罚。行贿人在被追诉前主动交待行贿行为，可减轻处罚或免除处罚。

◆ 《刑法》第 165 条 【非法经营同类营业罪】

从公司法、企业法、竞业禁止义务、身份犯、故意犯、目的犯、数额犯的角度讲，国有公司、企业（国有资本占主体的公司、企业）的董事（股东选举产生的对内执行公司业务、对外代表公司的常设性执行机构的成员）、经理（公司董事会聘任的主持日常管理工作的高管人员）利用职务便利，自己经营（为自己独资或担任股东的公司、企业等经济组织从事经营活动）或为他人经营（在他人经办的公司、企业中参股投资而实际经营、管理、重大决策或指挥）与其所任职公司、企业同类的营业（相同营业或同一类别、相似类别的经营业务），获取非法利益（利用职务便利故意放弃本国有公司、企业的经营而蒙受经济损失，为其参股投资的他人公司、企业谋取了属于其任职国有公司、企业的商业机会、利益，含经营数额、销售数额、非法获利、违法所得），数额巨大，处 3 年以下有期刑或拘役，并处或单处罚金；数额特别巨大，处 3 年以上 7 年以下有期刑，并处罚金。

【2005·卷 2·多选·58】(答案：BC) 下列哪些人可以成为非法经营同类企业罪的犯罪主体？A. 中外合资企业的董事、经理。B. 国有公司的董事。C. 国有企业的经理。D. 国有公司控股的公司、企业的董事、经理。

非法经营同类营业罪的主体仅限于国有公司企业的董事和经理，不包含国有公司控股的公司、企业或中外合资企业的董事、经理。

国有公司、企业的董事、经理利用职务便利，自己经营或为他人经营与其所任职公司、企业同类的营业，获取非法利益，数额 10 万元以上，应立案追诉。

◆《刑法》第166条【为亲友非法牟利罪】

从身份犯、故意犯、结果犯的角度讲，国有公司、企事业单位的工作人员，利用职务便利，使国家利益遭受重大损失，处3年以下有期刑或拘役，并处或单处罚金；使国家利益遭受特别重大损失，处3年以上7年以下有期刑，并处罚金。

为亲友非法牟利罪的3种行为类型：（1）将本单位的盈利业务交由自己的亲友进行经营。（2）向自己的亲友经管的单位采购不合格商品。（3）以明显高于市场的价格向自己的亲友经管的单位采购商品或以明显低于市场的价格向自己的亲友经管的单位销售商品。

【2014·卷4·主观题·2】国有化工厂车间主任甲与副厂长乙（均为国家工作人员）共谋，在车间的某贵重零件仍能使用时，利用职务之便，制造该零件报废、需向五金厂（非国有企业）购买的假象（该零件价格26万元），以便非法占有货款。甲将实情告知五金厂负责人丙，嘱丙接到订单后，只向化工厂寄出供货单、发票而不需实际供货，等五金厂收到化工厂的货款后，丙再将26万元货款汇至乙的个人账户。丙为使五金厂能长期向化工厂供货，便提前将五金厂的26万元现金汇至乙的个人账户。乙随即让事后知情的妻子丁去银行取出26万元现金，并让丁将其中的13万元送给甲。3天后，化工厂会计准备按乙的指示将26万元汇给五金厂时，因有人举报而未汇出。甲、乙见事情败露，主动向检察院投案，如实交待了上述罪行，并将26万元上交检察院。此外，甲还向检察院揭发乙的其他罪事实：乙利用职务之便，长期以明显高于市场的价格向其远房亲戚戊经营的原料公司采购商品，使化工厂损失近300万元；戊为了使乙长期关照原料公司，让乙的妻子丁未出资却享有原料公司10%的股份（乙、丁均知情），虽未进行股权转让登记，但已分给红利58万元，每次分红都是丁去原料公司领取现金。【问题】请分析甲、乙、丙、丁、戊的刑事责任（含犯罪性质、犯罪形态、共同犯罪、数罪并罚与法定量刑情节），须答出相应理由。【答案】（1）甲、乙利用职务上便利实施了贪污行为，虽客观上获得了26万元，构成贪污罪，但该26万元不是化工厂的财产，未给化工厂造成实际损失；甲、乙也不可能贪污五金厂的财物，所以，对甲、乙的贪污行为只能认定为贪污未遂。甲乙犯贪污罪后自首，可从轻或减轻处罚。甲揭发了乙为亲友非法牟利罪与受贿罪的犯罪事实，构成立功，可从轻或减轻处罚。（2）乙长期以明显高于市场的价格向其远房亲戚戊经营的原料公司采购商品，使化工厂损失近300万元的行为构成为亲友非法牟利罪。乙以妻子丁的名义在原料公司享有10%的股份分得红利58万元的行为，符合受贿罪的构成要件，成立受贿罪。对为亲友非法牟利罪与受贿罪以及上述贪污罪，应实行数罪并罚。（3）丙将五金厂的26万元挪用出来汇给乙的个人账户，不是为了个人使用，也不是为了谋取个人利益，不能认定为挪用资金罪。但丙明知甲、乙2人实施贪污行为，客观上也帮助甲、乙实施了贪污行为，所以，丙构成贪污罪的共犯（从犯）。（4）丁将26万元取出的行为，不构成掩饰、隐瞒犯罪所得罪，因为该26万元不是贪污犯罪所得，也不是他罪所得。丁也不成立贪污罪的共犯，因为丁取出26万元时该26万元不是贪污犯罪所得。丁将其中的13万元送给甲，既不是帮助分赃，也不是行贿，因而不成立犯罪。丁对自己名义的干股知情，并领取贿赂款，构成受贿罪的共犯（从犯）。（5）戊作为回报让乙的妻子丁未出资却享有原料公司10%的股份，虽未进行股权转让登记，但让丁分得红利58万元的行为，是为了谋取不正当利益，构成行贿罪。

◆《刑法》第167条【签订、履行合同失职被骗罪】

从身份犯、过失犯、结果犯的角度讲，国有公司、企事业单位直接负责的主管人员，在签订、履行合同过程中，因严重不负责任（过失）被诈骗，使国家利益遭受重大损失，处3年以下有期刑或拘役；使国家利益遭受特别重大损失，处3年以上7年以下有期刑。

诈骗是对方当事人的行为已涉嫌诈骗犯罪，不以对方当事人已被法院判决构成诈骗犯罪作为立案追诉的前提。签订、履行合同失职被骗案的3种立案追诉标准：a. 造成国家直接经济损失数额50万元以上。b. 造成有关单位破产，停业、停产6个月以上，或被吊销许可证和营业执照、责令关闭、撤销、解散。c. 其他使国家利益遭受重大损失情形。

金融机构、从事对外贸易经营活动的公司、企业的工作人员严重不负责任（过失），造成100万美元以上外汇被骗购或逃汇1000万美元以上，应立案追诉。

从身份犯、过失犯、结果犯的角度，国家机关工作人员在签订、履行合同过程中，因严重不负责任（过失）被诈骗，使国家利益遭受重大损失，处3年以下有期刑或拘役；使国家利益遭受特别重大损失，处3年以上7年以下有期刑。

◆ 《刑法》第168条【国有公司、企业、事业单位人员失职罪；国有公司、企业、事业单位人员滥用职权罪】

从身份犯、过失犯、结果犯的角度讲，国有公司、企业的工作人员，因严重不负责任（过失）或滥用职权，造成国有公司、企业破产或严重损失，使国家利益遭受重大损失，处3年以下有期刑或拘役；使国家利益遭受特别重大损失，处3年以上7年以下有期刑。

国有公司、企事业单位的工作人员，徇私舞弊或滥用职权，造成国有公司、企事业单位破产或严重损失，使国家利益遭受损失，从重处罚。

国有公司、企事业单位人员失职案的3种立案追诉标准：a. 造成有关单位破产，停业、停产1年以上，或被吊销许可证和营业执照、责令关闭、撤销、解散。b. 造成国家直接经济损失数额50万元以上。c. 其他使国家利益遭受重大损失情形。

国有公司、企事业单位人员滥用职权案的3种立案追诉标准：a. 造成国家直接经济损失数额30万元以上。b. 造成有关单位破产，停业、停产6个月以上，或被吊销许可证和营业执照、责令关闭、撤销、解散。c. 其他使国家利益遭受重大损失情形。

国有公司、企事业单位的工作人员，在预防、控制突发传染病疫情等灾害的工作中，因严重不负责任（过失）或滥用职权，造成国有公司、企业破产或严重损失，使国家利益遭受重大损失，以国有公司、企事业单位人员失职罪或国有公司、企事业单位人员滥用职权罪定罪处罚。

国有事业单位的工作人员因严重不负责任（过失）或滥用职权，使国家利益遭受重大损失，以国有公司、企事业单位人员滥用职权罪处罚。

国有公司、企事业单位的工作人员，徇私舞弊，犯国有公司、企事业单位人员失职罪、国有公司、企事业单位人员滥用职权罪，以国有公司、企事业单位人员失职罪从重处罚。

◆ 《刑法》第169条【徇私舞弊低价折股、出售国有资产罪】

从身份犯、故意犯、结果犯的角度讲，国有公司、企业或其上级主管部门直接负责的主管人员，徇私舞弊，将国有资产低价折股或低价出售，使国家利益遭受重大损失，处3年以下有期刑或拘役；使国家利益遭受特别重大损失，处3年以上7年以下有期刑。

徇私舞弊低价折股、出售国有资产案的3种立案追诉标准：（1）造成国家直接经济损失数额30万元以上。（2）造成有关单位破产，停业、停产6个月以上，或被吊销许可证和营业执照、责令关闭、撤销、解散。（3）其他使国家利益遭受重大损失情形。

◆ 《刑法》第169条之一【背信损害上市公司利益罪】

从身份犯、故意犯、数额犯、结果犯的角度讲，上市公司的控股股东或实际控制人，指使上市公司董事、监事、高管人员，或上市公司的董事、监事、高管人员违背对公司的忠实义务，利用职务便利，操纵上市公司，使上市公司利益遭受重大损失，处3年以下有期刑或拘役，并处或单处罚金；使上市公司利益遭受特别重大损失，处3年以上7年以下有期刑，并处罚金。

背信损害上市公司利益罪的6种行为类型：（1）无偿向其他单位或个人提供资金、商品、服务或其他资产。（2）以明显不公平的条件，提供或接受资金、商品、服务或其他资产。（3）向明显不有清偿能力的单位或个人提供资金、商品、服务或其他资产。（4）为明显不有清偿能力的单位或个人提供担保，或无正当理由为其他单位或个人提供担保。（5）无正当理由放弃债权、承担债务。（6）采用其他方式损害上市公司利益。

背信损害上市公司利益案的7种立案追诉标准：（1）使公司发行的股票、公司债券（公司依法定程序发行、约定在一定期限还本付息的有价证券）或国务院依法认定的其他证券被终止上市交易或多次被暂停上市交易。（2）无正当理由放弃债权、承担债务，使上市公司直接经济损失数额150万元以上。（3）无偿向其他单位或个人提供资金、商品、服务或其他资产，使上市公司直接经济损失数额150万元以上。（4）为明显不有清偿能力的单位或个人提供担保，或无正当理由为其他单位或个人提供担保，使上市公司直接经济损失数额150万元以上。（5）向明显不有清偿能力的单位或个人提供资金、商品、服务或其他资产，使上市公司直接经济损失数额150万元以上。（6）以明显不公平的条件，提供或接受资金、商品、服务或其他资产，使上市公司直接经济损失数额150万元以上。（7）其他使上市公司利益遭受重大损失情形。

犯背信损害上市公司利益罪的上市公司的控股股东或实际控制人是单位，对单位判处罚金，并对其直接负责的主管人员和其他直接责任人员，依徇私舞弊低价折股、出售国有资产罪的刑罚（使国家利益遭受重大损失，处3年以下有期刑或拘役；使国家利益遭受特别重大损失，处3年以上7年以下有期刑）处罚。

第四节 破坏金融管理秩序罪（第170~191条）

破坏金融管理秩序罪的最高刑：（1）伪造货币罪的最高刑为10年以上有期刑或无期刑，并处罚金或没收财产（伪造货币集团的首犯；伪造货币数额特别巨大；有其他特别严重情节）。（2）出售、购买、运输假币罪，数额特别巨大，处10年以上有期刑或无期刑，并处5万元以上50万元以下罚金或没收财产。（3）金融工作人员购买假币、以假币换取货币罪，数额巨大或有其他严重情节，处10年以上有期刑或无期刑，并处2万元以上20万元以下罚金或没收财产。（4）持有、使用假币罪，数额特别巨大，处10年以上有期刑，并处，5万元以上50万元以下罚金或没收财产。（5）变造货币罪，数额巨大，处3年以上10年以下有期刑，并处，2万元以上20万元以下罚金。（6）擅自设立金融机构罪，伪造、变造、转让金融机构经营许可证、批准文件罪，情节严重，处3年以上10年以下有期刑，并处5万元以上50万元以下罚金。（7）高利转贷罪，数额巨大，处3年以上7年以下有期刑，并处违法所得，1倍以上5倍以下罚金。（8）骗取贷款、票据承兑、金融票证罪，给银行或其他金融机构造成特别重大损失或有其他特别严重情节，处3年以上7年以下有期刑，并处罚金。（9）非法吸收公众存款罪，数额巨大或有其他严重情节，处3年以上10年以下有期刑，并处，5万元以上50万元以下罚金。（10）伪造、变造金融票证罪，窃取、收买、非法提供信用卡信息罪，情节特别严重，处10年以上有期刑或无期刑，并处5万元以上50万元以下罚金或没收财产。（11）妨害信用卡管理罪，数量巨大或有其他严重情节，处3年以上10年以下有期刑，并处2万元以上20万元以下罚金。（12）伪造、变造股票、公司、企业债券罪，数额巨大，处3年以上10年以下有期刑，并处2万元以上20万元以下罚金。（13）伪造、变造国家有价证券罪，数额巨大，处3年以上10年以下有期刑，并处5万元以上50万元以下罚金；数额特别巨大，处10年以上有期刑或无期刑，并处5万元以上50万元以下罚金或没收财产。(14) 擅自发行股票、公司、企业债券罪，数额巨大、后果严重或有其他严重情节，处5年以下有期刑或拘役，并处或单处非法募集资金金额1%以上5%以下罚金。(15) 内幕交易、泄露内幕信息罪、利用未公开信息交易罪，情节特别严重，处5年以上10年以下有期刑，并处违法所得1倍以上5倍以下罚金。(16) 编造并传播证券、期货交易虚假信息罪，造成严重后果，处5年以下有期刑或拘役，并处或单处1万元以上10万元以下罚金。(17) 诱骗投资者买卖证券、期货合约罪，造成严重后果，处5年以下有期刑或拘役，并处或单处1万元以上10万元以下罚金；情节特别恶劣，处5年以上10年以下有期刑，并处2万元以上20万元以下罚金。(18) 操纵证券、期货市场罪，情节特别严重，处5年以上10年以下有期刑，并处罚金。(19) 违法发放贷款罪，数额巨大或造成重大损失，处5年以下有期刑或拘役，并处1万元以上10万元以下罚金；数额特别巨大或造成特别重大损失，处5年以上有期刑，并处2万元以上20万元以下罚金。(20) 吸收客户资金不入账罪，数额巨大或造成重大损失，处5年以下有期刑或拘役，并处2万元以上20万元以下罚金；数额特别巨大或造成特别重大损失，处5年以上有期刑，并处5万元以上50万元以下罚金。(21) 违规出具金融票证罪，情节严重，处5年以下有期刑或拘役；情节特别严重，处5年以上有期刑。(22) 对违法票据承兑、付款、保证罪，造成重大损失，处5年以下有期刑或拘役；造成特别重大损失，处5年以上有期刑。(23) 逃汇罪，情节严重，对单位判处罚金，并对其直接负责的主管人员和其他直接责任人员，处5年以下有期刑或拘役。(24) 洗钱罪，情节严重，处5年以上10年以下有期刑，并处洗钱数额5%以上20%以下罚金。(25) 单位犯洗钱罪，对单位判处罚金，并对其直接负责的主管人员和其他直接责任人员，处5年以下有期刑或拘役；情节严重，处5年以上10年以下有期刑。

◆ 《刑法》第170条 【伪造货币罪】

从故意犯、行为犯、情节犯、数额犯的角度讲，伪造（模仿所造的假币相对应的真货币或自行设计制作足以使一般人误认为是真实货币的假币）货币（无货币发行权的人，仿照真货币的图案、形状、色彩等特征，非法制造外观上足以使一般人误认为是货币的假货币，冒充真币，妨害货币的公共信用的行为；在国内流通的本币、在国内可兑换的境外货币、正在流通的境外货币），处3年以上10年以下有期刑，并处罚金；处10年以上有期刑或无期刑，并处罚金或没收财产（a. 伪造货币集团的首犯。b. 伪造货币数额特别巨大。c. 有其他特别严重情节）。

以正在流通的境外货币为对象的假币犯罪，依伪造货币罪；变造货币罪或持有、使用假币罪；出售、购买、运输假币罪；金融工作人员购买假币、以假币换取货币罪的规定定罪处罚。

从比较法的角度讲，伪造货币、变造货币的根本差异在于新币与旧币是否具有同一性。(1) 伪造货币不具有同一性，譬如将一个国家（地区）的货币加工成另一个国家（地区）的新币、旧币。(2) 变造货币具有同一性，是对真货币采用剪贴、挖补、揭层、涂改、移位、重印等方法进行加工处理，改变真币的形态、价值（数量增多，价值升高或数量减少，价值降低）的行为。

【2010·卷2·单选·13】（答案：C）关于货币犯罪，下列哪一选项是正确的？A. 以货币碎片为材料，加入其他纸张，制作成假币的，属于变造货币。B. 将金属货币熔化后，制作成较薄的、更多的金属货币，属于变造货币。C. 将伪造的货币赠与他人的，属于使用假币。D. 运输假币并使用假币的，按运输假币罪从重处罚。

伪造货币案的3种立案追诉标准：(1) 制造货币 [a. 货币含人民币（含普通纪念币、贵金属纪念币）、港元、澳门元、新台币和其他国家及地区的法定货币。b. 贵金属纪念币的面额以中行授权中国金币总公司的初始发售价格为准〕版样或为他人伪造货币提供版样。（2）伪造货币，总面额2000元以上或币量200张（枚）以上。（3）其他伪造货币应追究刑责情形。

伪造货币罪的情形：（1）同时采用伪造和变造手段，制造真伪拼凑货币的行为，以伪造货币罪定罪处罚。（2）以真货币为材料，制作成丧失真货币外观的假币的行为，应认定为伪造货币罪。（3）将金属货币熔化后，制作成较薄的、更多的金属货币，数额较大的行为，构成伪造货币罪。（4）从牵连犯的角度，伪造货币并出售或运输伪造的货币（同宗货币），以伪造货币罪从重处罚。（5）伪造与出售、运输非同宗货币，伪造与运输之间不存在牵连关系，应数罪并罚。（6）以正流通的境外货币为对象的假币犯罪，或以人行发行的普通纪念币和贵金属纪念币为对象的假币犯罪，均以伪造货币罪、出售购买运输假币罪、金融工作人员购买假币以假币换取货币罪、伪造货币罪、持有使用假币罪、变造货币罪规定定罪处罚。

以使用为目的，伪造停止流通的货币，或使用伪造的停止流通的货币，以诈骗罪定罪处罚。

【2014·卷2·单选·14】（答案：B）关于货币犯罪，下列哪一选项是错误的？A. 伪造货币罪中的"货币"，包括在国内流通的人民币、在国内可兑换的境外货币，以及正在流通的境外货币。B. 根据《刑法》规定，伪造货币并出售或运输伪造的货币的，依照伪造货币罪从重处罚。据此，行为人伪造美元，并运输他人伪造的欧元，应按伪造货币罪从重处罚。C. 将低额美元的纸币加工成高额英镑的纸币的，属于伪造货币。D. 对人民币真币加工处理，使100元面额变为50元面额的，属于变造货币。

假普通纪念币犯罪的数额，以面额计算；假贵金属纪念币犯罪的数额，以贵金属纪念币的初始发售价格计算。假境外货币犯罪的数额，按案发当日中国外汇交易中心或人行授权机构公布的人民币对该货币的中间价折合成人民币计算。中国外汇交易中心或人行授权机构未公布汇率中间价的境外货币，按案发当日境内银行人民币对该货币的中间价折算成人民币，或该货币在境内银行、国际外汇市场对美元汇率，与人民币对美元汇率中间价进行套算。

◆《刑法》第171条【出售、购买、运输假币罪；金融工作人员购买假币、以假币换取货币罪】

从选择罪名、故意犯、数额犯、犯罪既遂合意说、犯罪既遂交付说的角度讲，出售、购买伪造的货币或明知是伪造的货币而运输，数额较大，处3年以下有期刑或拘役，并处2万元以上20万元以下罚金；数额巨大，处3年以上10年以下有期刑，并处5万元以上50万元以下罚金；数额特别巨大，处10年以上有期刑或无期刑，并处5万元以上50万元以下罚金或没收财产。

出售、购买、运输假币罪是出售、购买伪造的货币，或明知是伪造的货币而进行运输，数额较大的行为。（1）出售、购买伪造的货币或明知是伪造的货币而运输，总面额4000元以上或币量为400张（枚）以上，应立案追诉。（2）出售假币时被抓获，除现场查获的假币应认定为出售假币的数额外，现场外在行为人住所或其他藏匿地查获的假币，也应认定为出售假币的数额。

【2003·卷2·多选·34】（答案：AC）甲从A地购得面值2万元的假币，然后携带假币乘坐火车到B地。甲在车上与几个朋友赌博时被乘警发现，乘警按规定对甲处以罚款，甲欺骗乘警，以假币交纳罚款，被乘警发现。甲的行为构成哪些罪？A. 购买、运输假币罪。B. 诈骗罪。C. 持有、使用假币罪。D. 赌博罪。

【2004·卷2·多选·53】（答案：ACD）刑法第171条第1款前段规定："出售、购买伪造的货币或明知是伪造的货币而运输，数额较大的，处三年以下有期刑或拘役，并处二万元

以上二十万元以下罚金。"关于本条的理解,下列哪些说法是错误的? A. 运输假币罪要求行为人明知是假币,但出售、购买假币罪不要求行为人明知是假币。B. 根据故意犯罪的刑法规定与刑法原理,出售、购买假币罪也以行为人明知是假币为前提。C. 出售、购买、运输假币罪都是故意犯罪,但运输假币罪只能是直接故意,而出售、购买假币罪只能是间接故意。D. "并处二万元以上二十万元以下罚金"是可以并处罚金,而非应当并处罚金。

【2002·卷2·不定项·84-88】(答案:84. ACD;85. ACD;86. AB;87. BCD;88. ABCD)
甲找到在某国有公司任出纳员的朋友乙,提出向该公司借款5万元用于购买假币,并许诺出售假币获利后给乙好处费。乙便擅自从自己管理的公司款项中借给甲5万元。甲拿到5万元后,让丙从外地购得假币若干,然后在本地出售。出售一部分后,甲便送给乙2万元好处费。甲后来在出售假币的过程中被公安人员抓获。甲如实交代了让丙购买假币和自己出售假币的行为,还主动交代了自己使用面值5000元的假币购买家电产品的事实,但未能如实说明购买假币的5万元现金的来源。乙得知甲被抓后,担心受刑罚处罚,便携带10万元公款潜逃外地,后被司法机关抓获归案。请根据上述案情回答84-88题。

84. 关于出售、购买假币罪的共犯关系,下列哪些说法是错误的? A. 甲、乙、丙三人成立出售、购买假币罪的共犯。B. 甲、乙二人成立出售、购买假币罪的共犯。C. 甲、丙二人成立出售、购买假币罪的共犯。D. 甲单独成立出售、购买假币罪,乙、丙不成立出售、购买假币罪。

85. 关于挪用公司5万元的行为,下列哪些说法是错误的? A. 甲唆使乙挪用公司5万元,故甲与乙就挪用行为成立共同犯罪。B. 甲没指使、参与策划挪用公司5万元,故甲与乙就挪用行为不成立共同犯罪。C. 甲明知是挪用的款项而使用,故甲与乙就挪用行为成立共同犯罪。D. 乙明知甲欲从事营利活动,却仍然挪用5万元,故即使没超过3个月也构成犯罪。

86. 关于甲出售、购买假币与使用假币的行为,下列哪些说法是错误的? A. 使用假币罪应被出售、购买假币罪吸收。B. 使用假币罪与出售、购买假币罪为牵连关系,应从一重处罚。C. 对使用假币罪与出售、购买假币罪应实行并罚。D. 甲就使用假币罪成立自首。

87. 关于乙携带10万元公款潜逃的行为,下列哪些说法是错误的? A. 对该行为应认定为贪污罪。B. 对该行为应认定为职务侵占罪。C. 该行为属于挪用公款罪中的挪用公款数额巨大不退还。D. 该行为属于挪用资金罪中的挪用本单位资金数额较大不退还。

88. 关于乙的全部犯罪行为,下列哪些说法是错误的? A. 对乙应以挪用公款罪、贪污罪、出售、购买假币罪论处,实行数罪并罚。B. 对乙应以挪用资金罪、职务侵占罪、出售、购买假币罪论处,实行数罪并罚。C. 对乙应在挪用公款罪与受贿罪中择一重罪从重处罚。D. 对乙应以贪污罪、受贿罪论处,实行数罪并罚。

【2012·不定项·86-91】(答案:86. AD;87. BC;88. ABC;89. D;90. BC;91. ABC)
甲在国外旅游,见有人兜售高仿真币,用1万元换取10万元假币,将假币夹在书中寄回国内(事实一)。赵氏调味品公司欲设加盟店,销售具有注册商标的赵氏调味品,派员工赵某物色合作者。甲知道自己不符加盟条件,仍找到赵某送其2万元真币和10万元假币,请其帮忙加盟事宜。赵某与甲签订开设加盟店的合作协议(事实二)。甲加盟后,明知伪劣的"一滴香"调味品含有害非法添加剂,但因该产品畅销,便在"一滴香"上贴上赵氏调味品的注册商标私自出卖,前后共卖出5万多元"一滴香"(事实三)。张某到加盟店欲批发1万元调味品,见甲态度不好表示不买了。甲对张某拳打脚踢,并说"涨价2000元,不付款休想走"。张某无奈付款1.2万元买下调味品(事实四)。甲以银行定期存款4倍的高息放贷,很快赚了钱。随后,四处散发宣传单,声称为加盟店筹资,承诺3个月后还款并支付银行定期存款2倍的利息。甲从社会上筹得资金1000万,高利贷出,赚取息差(事实五)。甲资金链断裂无法归还借款,但仍继续扩大宣传,又吸纳社会资金2000万,以后期借款归还前期借款。后因亏空巨

大，甲将余款500万元交给其子，跳楼自杀（事实六）。请根据上述案情，回答86-91题。

86. 关于事实一的分析，下列选项正确的是？A. 用1万元真币换取10万元假币，构成购买假币罪。B. 扣除甲的成本1万元，甲购买假币的数额为9万元。C. 在境外购买人民币假币，危害我国货币管理制度，应适用保护管辖原则审理本案。D. 将假币寄回国内，属于走私假币，构成走私假币罪。

87. 关于事实二的定性，下列选项正确的是？A. 甲将2万元真币送给赵某，构成行贿罪。B. 甲将10万假币冒充真币送给赵某，不构成诈骗罪。C. 赵某收受甲的财物，构成非国家工作人员受贿罪。D. 赵某被甲欺骗而订立合同，构成签订合同失职被骗罪。

88. 关于事实三的定性，下列选项正确的是？A. 在"一滴香"上擅自贴上赵氏调味品注册商标，构成假冒注册商标罪。B. 因"一滴香"含有害人体的添加剂，甲构成销售有毒、有害食品罪。C. 卖出5万多元"一滴香"，甲触犯销售伪劣产品罪。D. 对假冒注册商标行为与出售"一滴香"行为，应数罪并罚。

89. 关于事实四甲的定性，下列选项正确的是？A. 应以抢劫罪论处。B. 应以寻衅滋事罪论处。C. 应以敲诈勒索罪论处。D. 应以强迫交易罪论处。

90. 关于事实五的定性，下列选项正确的是？A. 以同期银行定期存款4倍的高息放贷，构成非法经营罪。B. 甲虽然虚构事实吸纳巨额资金，但不构成诈骗罪。C. 甲非法吸纳资金，构成非法吸收公众存款罪。D. 对甲应以非法经营罪和非法吸收公众存款罪进行数罪并罚。

91. 关于事实六的定性，下列选项正确的是？A. 甲以非法占有为目的，非法吸纳资金，构成集资诈骗罪。B. 甲集资诈骗的数额为2000万元。C. 根据刑法规定，集资诈骗数额特别巨大，可判处死刑。D. 甲已死亡，导致刑罚消灭，法院对余款500万元不能进行追缴。

从身份犯、故意犯、数额犯、情节犯的角度讲，银行或其他金融机构的工作人员购买伪造的货币或利用职务便利以伪造的货币换取货币，处3年以上10年以下有期刑，并处2万元以上20万元以下罚金；数额巨大或有其他严重情节，处10年以上有期刑或无期刑，并处2万元以上20万元以下罚金或没收财产；情节较轻，处3年以下有期刑或拘役，并处或单处1万元以上10万元以下罚金。

银行或其他金融机构的工作人员购买伪造的货币或利用职务便利以伪造的货币换取货币，总面额2000元以上或币量在200张（枚）以上，应立案追诉。

◆《刑法》第172条【持有、使用假币罪】

从故意犯、持有犯、数额犯的角度讲，明知是伪造的货币而持有、使用（将假币作为真货币而使用；以外表合法的方式使用假币，如购买商品、兑换另一货币、存入银行、赠与他人，或将假币用于交纳罚款或罚金等；以非法的方式使用货币，如将假币用于赌博；将伪造的货币赠与他人等），数额较大，处3年以下有期刑或拘役，并处或单处1万元以上10万元以下罚金；数额巨大，处3年以上10年以下有期刑，并处2万元以上20万元以下罚金；数额特别巨大，处10年以上有期刑，并处5万元以上50万元以下罚金或没收财产。

持有、使用假币罪是违反货币管理法规，明知是伪造的货币而故意持有使用，数额较大的行为。（1）明知伪造的货币而持有、使用，总面额4000元以上或币量在400张（枚）以上，应立案追诉。（2）未将假币作为真币纳入流通或兑换领域，显示假币以证明经济实力，可构成持有假币罪。

【2015·卷2·单选·15】（答案：D）下列哪一行为不成立使用假币罪（不考虑数额）？A. 用假币缴纳罚款。B. 用假币兑换外币。C. 在朋友结婚时，将假币塞进红包送给朋友。D. 与网友见面时，显示假币以证明经济实力。

使用假币罪是明知是伪造的货币而冒充真币运用，使不具备流通性的假币得以充当真币而流通、数额较大的行为。（1）行为人出售、运输假币构成犯罪，同时有使用假币行为，依出售、购买、运输假币罪；金融工作人员购买假币以假币换取货币罪、伪造货币罪、持有使用假币罪，实行数罪并罚。（2）"行贿人"完全利用欺骗手段谋取不正当利益，用不有使用价值的假币行贿，应以使用假币罪论处，不能以行贿罪论处。

【2002·卷2·单选·12】（答案：C）张某乘坐出租车到达目的地后，故意拿出面值100元的假币给司机钱某，钱某发现是假币，便让张某给10元零钱，张某声称没零钱，并执意让钱某找零钱。钱某便将假币退还张某，并说："算了，我也不要出租车钱了。"于是，张某对钱某的头部猛击几拳，还吼道："你不找钱我就让你死在车里。"钱某只好收下100元假币，找给张某90元币。张某的行为构成何罪？A. 使用假币罪。B. 敲诈勒索罪。C. 抢劫罪。D. 强迫交易罪。

【2006·卷2·单选·12】（答案：A）下列哪一行为可以构成使用假币罪？A. 甲用总面额1万元的假币参加赌博。B. 甲（系银行工作人员）利用职务便利，以伪造的货币换取货币。C. 甲在与他人签订经济合同时，为显示自己的经济实力，将总面额20万元的假币冒充真币出示给对方看。D. 甲用总面额10万元的假币换取高某的1万元真币。

【2009·卷2·多选·61】（答案：AC）甲发现某银行的ATM机能够存入编号以"HD"开头的假币，于是窃取了三张借记卡，先后两次采取存入假币取出真币的方法，共从ATM机内获取6000元币。甲的行为构成何罪？A. 使用假币罪。B. 信用卡诈骗罪。C. 盗窃罪。D. 以假币换取货币罪。

【2010·卷2·不定项·91-94】（答案：91. A；92. A；93. AB；94. ABCD）甲、乙预谋修车后以假币骗付。某日，甲、乙在某汽修厂修车后应付款4850元，按预谋甲将4900元假币递给乙清点后交给修理厂职工丙，乙说："修得不错，零钱不用找了"，甲、乙随即上车。丙发现货币有假大叫"别走"，甲迅即启动驶向厂门，丙扑向甲车前风挡，抓住雨刮器。乙对甲说："太危险，快停车"，甲仍加速，致丙摔成重伤。请回答91-94题。

91. 甲、乙用假币支付修车费被识破后开车逃跑的行为应定的罪名是？A. 持有、使用假币罪。B. 诈骗罪。C. 抢夺罪。D. 抢劫罪。

92. 对丙的重伤，甲的罪过形式是？A. 故意。B. 有目的的故意。C. 过失。D. 无认识的过失。

93. 关于致丙重伤的行为，下列选项错误的是？A. 乙明确叫甲停车，可以成立犯罪中止。B. 甲、乙构成故意伤害的共同犯罪。C. 甲的行为超出了共同犯罪故意，对于丙的重伤后果，乙不应当负责。D. 乙没有实施共同伤害行为，不构成犯罪。

94. 对甲的定罪，下列选项错误的是？A. 抢夺罪、故意伤害罪。B. 诈骗罪、以危险方法危害公共安全罪。C. 持有、使用假币罪，交通肇事罪。D. 抢劫罪、故意伤害罪。

◆ 《刑法》第173条 【变造货币罪】

从故意犯、数额犯的角度讲，变造货币（对真币采用剪贴、挖补、揭层、涂改、移位、重印等方法加工处理，改变真币的面值、含量、形态、价值的变造行为；以货币变造行为的成功为犯罪既遂标准），数额较大，处3年以下有期刑或拘役，并处或单处1万元以上10万元以下罚金；数额巨大，处3年以上10年以下有期刑，并处2万元以上20万元以下罚金。

变造货币，总面额2000元以上或币量在200张（枚）以上，应立案追诉。

◆ 《刑法》第174条 【擅自设立金融机构罪；伪造、变造、转让金融机构经营许可证、批准文件罪】

从行政犯、故意犯、行为犯、情节犯的角度讲，未经国家有关主管部门批准，擅自设立商业银行、证交所、期交所、证券公司、期货经纪公司、保险公司或其他金融机构,处3年以下有期刑或拘役,并处或单处2万元以上20万元以下罚金;情节严重,处3年以上10年以下有期刑,并处5万元以上50万元以下罚金。

擅自设立金融机构案的2种立案追诉标准:a. 擅自设立商业银行、证交所、期交所、证券公司、期货公司、保险公司或其他金融机构。b. 擅自设立商业银行、证交所、期交所、证券公司、期货公司、保险公司或其他金融机构筹备组织。

伪造、变造、转让商业银行、证交所、期交所、证券公司、期货公司、保险公司或其他金融机构的经营许可证或批准文件,应立案追诉。

从选择罪名的角度讲,伪造、变造、转让商业银行、证交所、期交所、证券公司、期货经纪公司、保险公司或其他金融机构的经营许可证或批准文件,以伪造、变造、转让金融机构经营许可证、批准文件罪处罚。

单位犯擅自设立金融机构罪、伪造、变造、转让金融机构经营许可证、批准文件罪,对单位判处罚金,并对其直接负责主管人员和其他直接责任人员,以擅自设立金融机构罪处罚。

◆ 《刑法》 第175条 【高利转贷罪】

从故意犯、目的犯、数额犯的角度讲,以转贷牟利为目的,套取金融机构信贷资金高利转贷他人,违法所得数额较大,处3年以下有期刑或拘役,并处违法所得1倍以上5倍以下罚金;数额巨大,处3年以上7年以下有期刑,并处违法所得1倍以上5倍以下罚金。

高利转贷罪是违反国家规定,以转贷牟利为目的,套取金融机构信贷资金高利转贷他人,违法所得数额较大的行为。高利转贷案的两种立案追诉标准:(1)高利转贷,违法所得数额10万元以上。(2)虽未达到高利转贷违法所得数额10万元以上标准,但两年内因高利转贷受过行政处罚2次以上,又高利转贷。

【2008·卷2·单选·11】(答案:C)X公司系甲、乙两人合伙依法注册成立的公司,以钢材批发零售为营业范围。丙因自己的公司急需资金,便找到甲、乙借款,承诺向X公司支付高于银行利息五个百分点的利息,并另给甲、乙个人好处费。甲、乙见有利可图,即以购买钢材为由,以X公司的名义向某银行贷款1000万元,贷期半年。甲、乙将贷款按约定的利息标准借与丙,丙给甲、乙各10万元的好处费。半年后,丙将借款及利息还给X公司,甲、乙即向银行归还本息。关于甲、乙、丙行为的定性,下列哪一选项是正确的?A. 甲、乙构成高利转贷罪,丙没罪。B. 甲、乙构成骗取贷款罪,丙没罪。C. 甲、乙构成高利转贷罪、非国家工作人员受贿罪,丙构成对非国家工作人员行贿罪。D. 甲、乙构成骗取贷款罪、非国家工作人员受贿罪,丙构成对非国家工作人员行贿罪。

单位犯高利转贷罪、骗取贷款、票据承兑、金融票证罪,对单位判处罚金,并对其直接负责的主管人员和其他直接责任人员,处3年以下有期刑或拘役。

◆ 《刑法》 第175条之一 【骗取贷款、票据承兑、金融票证罪】

从故意犯、结果犯、数额犯、情节犯的角度讲,以欺骗手段取得银行或其他金融机构贷款、票据承兑、信用证、保函等,给银行或其他金融机构造成重大损失或有其他严重情节,处3年以下有期刑或拘役,并处或单处罚金;给银行或其他金融机构造成特别重大损失或有其他特别严重情节,处3年以上7年以下有期刑,并处罚金。

骗取贷款、票据承兑、金融票证案的4种立案追诉标准:(1)以欺骗手段取得贷款、票据承兑、信用证、保函等,给银行或其他金融机构造成直接经济损失数额20万元以上。(2)以欺骗手段取得贷款、票据承兑、信用证、保函等,数额100万元以上。(3)虽未达到以欺骗手段取得贷款、票据承兑、信用证、保函等,给银行或其他金融机构造成直接经济损失数额20

万元以上，或以欺骗手段取得贷款、票据承兑、信用证、保函等，数额 100 万元以上的数额标准，但多次以欺骗手段取得贷款、票据承兑、信用证、保函等。（4）其他给银行或其他金融机构造成重大损失或有其他严重情节情形。

单位犯骗取贷款、票据承兑、金融票证罪，对单位判处罚金，并对其直接负责的主管人员和其他直接责任人员，依骗取贷款、票据承兑、金融票证罪处罚。

◆《刑法》第 176 条【非法吸收公众存款罪】

从故意犯、结果犯、情节犯、数额犯的角度讲，非法吸收公众存款或变相吸收［通过亲友口口相传方式，向亲友的亲戚朋友（亲友、朋友、熟人等）吸收资金；或向亲友吸收资金的同时，明知该亲友向其亲戚朋友（亲友、朋友、熟人等）等吸收资金而放任，或向社会公众吸收资金的同时，向亲友吸收资金，具备对不特定社会对象非法集资的概括故意］公众存款［a. 违反国家金融管理法律规定，向社会公众（单位、个人）吸收资金的行为，同时具备通过媒体、推介会、传单、手机短信等途径向社会公开宣传（以各种途径向社会公众传播吸收资金的信息、明知吸收资金的信息向社会公众扩散而放任），向社会公众即社会不特定对象吸收资金；未经有关部门依法批准或借用合法经营的形式吸收资金；承诺在一定期限内以货币、实物、股权等方式还本付息或给付回 4 个条件，除刑法另有规定外。b. 从目的解释、限制条件、出罪条款的角度，未向社会公开宣传，在亲友（向亲友中的特定对象吸收资金或向小部分亲友吸收资金，未故意或放任人员范围扩大）或单位内部针对特定对象吸收资金，不属于非法吸收或变相吸收公众存款］，扰乱金融秩序，处 3 年以下有期刑或拘役，并处或单处 2 万元以上 20 万元以下罚金；数额巨大或有其他严重情节［有 4 种非法吸收或变相吸收公众存款的违法犯罪行为（a. 个人非法吸收或变相吸收公众存款对象 100 人以上，单位非法吸收或变相吸收公众存款对象 500 人以上。b. 个人非法吸收或变相吸收公众存款，给存款人造成直接经济损失数额 50 万元以上，单位非法吸收或变相吸收公众存款，给存款人造成直接经济损失数额 250 万元以上。c. 个人非法吸收或变相吸收公众存款数额 100 万元以上，单位非法吸收或变相吸收公众存款数额 500 万元以上。d. 造成特别恶劣社会影响或其他特别严重后果），属于非法吸收公众存款罪的数额巨大或有其他严重情节］，处 3 年以上 10 年以下有期刑，并处 5 万元以上 50 万元以下罚金。

非法吸收公众存款案的 5 种立案追诉标准：（1）造成恶劣社会影响。（2）个人非法吸收或变相吸收公众存款给存款人造成直接经济损失数额 10 万元以上，单位非法吸收或变相吸收公众存款给存款人造成直接经济损失数额 50 万元以上。（3）个人非法吸收或变相吸收公众存款数额 20 万元以上，单位非法吸收或变相吸收公众存款数额 100 万元以上。（4）个人非法吸收或变相吸收公众存款 30 户以上，单位非法吸收或变相吸收公众存款 150 户以上。（5）其他扰乱金融秩序情节严重情形。

【2014·卷 2·单选·14】（答案：D）关于破坏社会主义市场经济秩序罪的认定，下列哪一选项是错误的？A. 采用运输方式将大量假币运到国外的，应以走私假币罪定罪量刑。B. 以暴力、胁迫手段强迫他人借贷，情节严重的，触犯强迫交易罪。C. 未经批准，擅自发行、销售彩票的，应以非法经营罪定罪处罚。D. 为项目筹集资金，向亲戚宣称有高息理财产品，以委托理财方式吸收 10 名亲戚 300 万元资金的，构成非法吸收公众存款罪。

非法吸收公众存款罪的量刑：（1）构成非法吸收公众存款罪，可根据不同情形在相应的幅度内确定量刑起点：A. 犯罪情节一般，可在 1 年以下有期刑、拘役幅度内确定量刑起点。B. 达到数额巨大起点或有其他严重情节，可在 3 年-4 年有期刑幅度内确定量刑起点。（2）在量刑起点的基础上，可根据非法吸收存款数额等其他影响犯罪构成的犯罪事实增加刑罚量，确定基准刑。

非法集资案件的管辖问题：（1）跨区域非法集资刑事案件按国务院《关于进一步做好防范和处置非法集资工作的意见》确定的工作原则办理；若合并侦查、诉讼更为适宜，可合并办理。（2）办理跨区域非法集资刑事案件，若多个公安机关都有权立案侦查，一般由主要犯罪地（非法集资活动的主要组织、策划、实施地，集资行为人的注册地、主要营业地、主要办事机构所在地，集资参与人的主要所在地等）公安机关作为案件主办地，对主要嫌犯立案侦查和移送审查起诉；由他罪地公安机关作为案件分办地根据案件具体情况，对本地区嫌犯立案侦查和移送审查起诉。（3）管辖不明或有争议，按有利于查清犯罪事实、有利于诉讼的原则，由其共同的上级公安机关协调确定或指定有关公安机关作为案件主办地立案侦查。需提请批准逮捕、移送审查起诉、提起公诉，由分别立案侦查的公安机关所在地的检察院、法院受理。（4）对重大、疑难、复杂的跨区域非法集资刑事案件，公安机关应在协调确定或指定案件主办地立案侦查的同时，通报同级检察院、法院。检察院、法院参照前款规定，确定主要犯罪地作为案件主办地，他罪地作为案件分办地，由所在地的检察院、法院负责起诉、审判。

非法集资的非法性的认定依据问题：（1）公检法认定非法集资的非法性，应以国家金融管理法律法规作为依据。（2）对国家金融管理法律法规仅作原则性规定，可根据法律规定的精神并参考中国银行、银监会、证监会等行政主管部门依国家金融管理法律法规制定的部门规章或国家有关金融管理的规定、办法、实施细则等规范性文件的规定予以认定。

非法集资人主观故意的认定问题：（1）认定嫌犯、被告人是否有非法吸收公众存款的犯罪故意，应依据嫌犯、被告人的任职情况、职业经历、专业背景、培训经历、本人因同类行为受到行政处罚或刑事追究情况以及吸收资金方式、宣传推广、合同资料、业务流程等证据，结合其供述，进行综合分析判断。（2）嫌犯、被告人使用诈骗方法非法集资，有集资后不用于生产经营活动或用于生产经营活动与筹集资金规模明显不成比例，使集资款不能返还；肆意挥霍集资款，使集资款不能返还；携带集资款逃匿；将集资款用于违法犯罪活动；抽逃、转移资金、隐匿财产，逃避返还资金；隐匿、销毁账目，或搞假破产、假倒闭，逃避返还资金；拒不交代资金去向，逃避返还资金；其他可以认定非法占有目的的情形，可认定为集资诈骗罪的以非法占有为目的。A. 行为人部分非法集资行为有非法占有目的的，对该部分非法集资行为所涉集资款以集资诈骗罪定罪处罚。B. 非法集资共同犯罪中部分行为人有非法占有目的，其他行为人无非法占有集资款的共同故意和行为，对有非法占有目的的行为人以集资诈骗罪定罪处罚。（3）办案机关在办理非法集资刑事案件中，应根据案件具体情况注意收集运用涉及嫌犯、被告人的关键证据（是否使用虚假身份信息对外开展业务；是否虚假订立合同、协议；是否虚假宣传，明显超出经营范围或夸大经营、投资、服务项目及盈利能力；是否吸收资金后隐匿、销毁合同、协议、账目；是否传授或接受规避法律、逃避监管的方法等）。

集资参与人权利保障问题：（1）公检法应通过及时公布案件进展、涉案资产处置情况等方式，依法保障集资参与人（向非法集资活动投入资金的单位和个人，为非法集资活动提供帮助并获取经济利益的单位和个人除外）的合法权利。（2）集资参与人可推选代表人向法院提出相关意见和建议；推选不出代表人，法院可指定代表人。（3）法院可视案件情况决定集资参与人代表人参加或旁听庭审，对集资参与人提起附带民诉等请求不予受理。

非法集资案件的犯罪数额的认定问题：（1）非法吸收或变相吸收公众存款构成犯罪，有在向亲友或单位内部人员吸收资金的过程中，明知亲友或单位内部人员向不特定对象吸收资金而予以放任；以吸收资金为目的，将社会人员吸收为单位内部人员，并向其吸收资金；向社会公开宣传，同时向不特定对象、亲友或单位内部人员吸收资金的情形，向亲友或单位内部人员吸收的资金应与向不特定对象吸收的资金一并计入犯罪数额。（2）非法吸收或变相吸收公众存款的数额，以行为人所吸收的资金全额计算。集资参与人收回本金或获得回报后又重复投资的数额不予扣除,但可作为量刑情节酌情考虑。

非法集资涉案财物追缴处置问题:(1)办理跨区域非法集资刑事案件,案件主办地办案机关应及时归集涉案财物,为统一资产处置做好基础性工作。(2)其他涉案地办案机关应及时查明涉案财物,明确其来源、去向、用途、流转情况,依法办理查封、扣押、冻结手续,并制作详细清单,对扣押款项应设立明细账,在扣押后立即存入办案机关唯一合规账户,并将有关情况提供案件主办地办案机关。(3)公检法应严格依刑诉法和相关司法解释,依法移送、审查、处理查封、扣押、冻结的涉案财物。(4)对审判时尚未追缴到案或尚未足额退赔的违法所得,法院应判决继续追缴或责令退赔,并由法院负责执行,处置非法集资职能部门、检察院、公安机关等应予以配合。(5)法院对涉案财物依法作出判决后,有关地方和部门应在处置非法集资职能部门统筹协调下,切实履行协作义务,综合运用多种手段,做好涉案财物清运、财产变现、资金归集、资金清退等工作,确保最大限度减少实际损失。(6)据有关规定,查封、扣押、冻结的涉案财物,一般应在诉讼终结后返还集资参与人。A.涉案财物不足全部返还,按集资参与人的集资额比例返还。B.退赔集资参与人的损失一般优先于其他民事债务及罚金、没收财产的执行。

非法集资案件的宽严相济刑事政策把握问题:(1)办理非法集资刑事案件,应贯彻宽严相济刑事政策,依法合理把握追究刑责的范围,综合运用刑事手段和行政手段处置和化解风险,做到惩处少数、教育挽救大多数。要根据行为人的客观行为、主观恶性、犯罪情节及其地位、作用、层级、职务等情况,综合判断行为人的责任轻重和刑事追究的必要性,按区别对待原则分类处理涉案人员,做到罚当其罪、罪责刑相适应。(2)重点惩处非法集资犯罪活动的组织者、领导者和管理人员,含单位犯罪中的上级单位(总公司、母公司)的核心层、管理层和骨干人员,下属单位(分公司、子公司)的管理层和骨干人员,以及其他发挥主要作用的人员。(3)对涉案人员积极配合调查、主动退赃退赔、真诚认罪悔罪,可依法从轻处罚;其中情节轻微,可免除处罚;情节显著轻微、危害不大,不作为犯罪处理。

从主客观相一致原则的角度讲,非法吸收公众存款罪有非法性、公开性、利诱性、公众性。(1)行为人非法吸收或变相吸收公众存款,有4种违法犯罪情形(a.个人非法吸收或变相吸收公众存款对象30人以上,单位非法吸收或变相吸收公众存款对象150人以上。b.个人非法吸收或变相吸收公众存款,给存款人造成直接经济损失数额10万元以上,单位非法吸收或变相吸收公众存款,给存款人造成直接经济损失数额50万元以上。c.个人非法吸收或变相吸收公众存款,数额20万元以上,单位非法吸收或变相吸收公众存款,数额100万元以上。d.造成恶劣社会影响或其他严重后果),应以非法吸收公众存款罪追究刑责。(2)行为人实施11种非法吸收公众存款的违法犯罪行为[a.利用民间会、社等组织非法吸收资金。b.以投资入股的方式非法吸收资金。c.以委托理财的方式非法吸收资金。d.以转让林权并代为管护等方式非法吸收资金。e.以代种植(养殖)、租种植(养殖)、联合种植(养殖)等方式非法吸收资金。f.不有房产销售的真实内容或不以房产销售为主要目的,以返本销售、售后包租、约定回购、销售房产份额等方式非法吸收资金。g.不有销售商品、提供服务的真实内容或不以销售商品、提供服务为主要目的,以商品回购、寄存代售等方式非法吸收资金。h.不有发行股票、债券的真实内容,以虚假转让股权、发售虚构债券等方式非法吸收资金。i.不有募集基金的真实内容,以假借境外基金、发售虚构基金等方式非法吸收资金。j.不有销售保险的真实内容,以假冒保险公司、伪造保险单据等方式非法吸收资金。k.其他非法吸收资金的行为],符合非法吸收公众存款或变相吸收公众存款规定的条件[违反国家金融管理法律规定,向社会公众(含单位和个人)吸收资金的行为,同时具备通过媒体、推介会、传单、手机短信等途径向社会公开宣传,向社会公众即社会不特定对象吸收资金;未经有关部门依法批准或借用合法经营的形式吸收资金;承诺在一定期限内以货币、实物、股权等方式还本付息或给付回扣 4 个条件，除刑法另有规定外]，应以非法吸收公众存款罪定罪处罚。(3) 从审理非法集资刑事案件解释集资人的主观意图、募集资金方式的角度讲，社会公众属于社会不特定对象。A. 未向社会公开宣传，在亲友或单位内部针对特定对象吸收资金，不属于非法吸收或变相吸收公众存款。B. 行为人对未特定指向明确要求的集资对象能提供资金都愿意吸收并支付高息，或向不特定性、不可控性的集资宣传对象通过社会公开散布信息方式（媒体、推介会、传单、手机短信等途径、亲友口口相传等)，都属于向社会公开募集资金。(4) 从犯罪对象的角度讲，向亲友吸收资金数额能否从犯罪数额中扣除问题有争议性，存在肯定说、否定说、折中说等不同理论观点。A. 否定说认为，从公司化多层级人员吸收资金案件的角度，公司化多层级人员吸收资金的低层业务人员未公开宣传，仅向特定亲友吸收资金，不应认定为非法吸收公众资金，其上级人员向社会公开宣传并吸收不特定对象资金数额应含其吸收亲友资金。因此，向亲友吸收的资金数额不应计入非法吸存的资金中。B. 折中说认为，向亲友吸收资金案件以非法吸收公众存款行为开始的时间为界限。a. 向亲友吸收资金行为发生在非法吸收公众存款前的行为不构成非法吸收公众资金罪，不计算数额。b. 向亲友吸收存款的行为发生在非法吸收公众资金的同时或此后的行为是否属于出罪，决定吸收亲友存款应否计入非法吸存资金。(5) 从非法占有目的认定的角度讲，非法吸收公众存款罪、集资诈骗罪的客观方面有非法募集资金的性质，关键在于是否有非法占有目的的主观意图。从主客观相一致原则、非法集资的占有目的的集资理由、集资方法、履约表现、违约后态度、非法集资活动的综合表现、事前事中事后的各种主客观因素等综合因素的角度讲，有非法占有目的情形：A. 明知无归还能力而大量骗取资金。B. 集资后不用于生产经营活动或用于生产经营活动与筹集资金规模明显不成比例，致集资款不能返还。C. 为谋取不正当利益，擅自改变集资款用途，致集资款无法偿还。D. 取得集资款后，以股份制改造、兼并、破产等方式逃避偿还集资款义务。E. 以诈骗方法非法集资来的大部分集资款用于归还债务、弥补亏空。F. 为继续骗取集资款，拆东补西等。(6) 从经济犯罪定罪量刑的重要标准、社会危害程度的主要根据的角度讲，集资诈骗罪的数额为实际获得的集资款，不含已归还本息的数额。非法吸收公众存款犯罪数额为全部吸收存款的总和；特殊而言，不能单凭非法集资款较大数额的不能返还，或将大部分资金用于投资或生产经营活动，将少量资金用于个人消费或挥霍的结果，即推定行为人有非法占有目的。(7) 未向社会公开宣传，在亲友或单位内部针对特定对象吸收资金，不属于非法吸收或变相吸收公众存款。向特定亲戚吸收资金，不认为是针对不特定公众，不构成非法吸收公众存款罪。

  非法集资办案工作机制问题：(1) 非法集资案件主办地和其他涉案地办案机关应密切沟通协调，协同推进侦查、起诉、审判、资产处置工作，配合有关部门最大限度追赃挽损。(2) 非法集资案件主办地办案机关应统一负责主要嫌犯、被告人涉嫌非法集资全部犯罪事实的立案侦查、起诉、审判，防止遗漏犯罪事实；并应就全案处理政策、追诉主要嫌犯、被告人的证据要求及诉讼时限、追赃挽损、资产处置等工作要求，向其他涉案地办案机关进行通报。其他涉案地办案机关应对本地区嫌犯、被告人涉嫌非法集资的犯罪事实及时立案侦查、起诉、审判，积极协助主办地处置涉案资产。(3) 非法集资案件主办地和其他涉案地办案机关应建立和完善证据交换共享机制。对涉及主要嫌犯、被告人的证据，一般由案件主办地办案机关负责收集，其他涉案地提供协助。A. 非法集资案件主办地办案机关应及时通报接收涉及主要嫌犯、被告人的证据材料的程序及要求。B. 其他涉案地办案机关需案件主办地提供证据材料，应向案件主办地办案机关提出证据需求，由案件主办地收集并依法移送；无法移送证据原件，应在移送复制件的同时，按相关规定作出说明。

  从行政执法与刑事司法衔接的角度讲，处置非法集资职能部门或有关行政主管部门，在调查非法集资行为或行政执法过程中，认为案情重大、疑难、复杂，可商请公安机关就追诉标准、证据固定等问题提出咨询或参考意见；发现非法集资行为涉嫌犯罪，应按《行政执法机关移送涉嫌犯罪案件的规定》等规定，履行相关手续，在规定的期限内将案件移送公安机关。公检法在办理非法集资刑事案件过程中，可商请处置非法集资职能部门或有关行政主管部门指派专业人员配合开展工作，协助查阅、复制有关专业资料，就案件涉及的专业问题出具认定意见。涉及需行政处理的事项，应及时移交处置非法集资职能部门或有关行政主管部门依法处理。

从《最高检明确规范办理涉民营企业案件执法司法标准》的角度讲，办理涉民营企业案件，严格把握认定非法集资的非法性的关键在于准确区分经营活动中的正当融资行为与非法集资犯罪问题，坚决防止将经济纠纷当作犯罪处理，坚决防止将民责变为刑责，经审查认定案件事实不清、证据不足，经2次补充侦查仍证据不足，不符合起诉条件，或经1次退回补充侦查，仍证据不足，不符合起诉条件且无再次退回补充侦查必要，应作出不起诉决定，坚决防止"带病起诉"。（1）民营企业在经营活动中的正当融资行为，应与非法集资犯罪严格区分。A. 对民企非法吸收公众存款，主要用于正常的生产经营活动，能及时清退所吸收资金，可不起诉或免刑；情节显著轻微，不作为犯罪处理。B. 对民营企业生产、经营、融资等经济活动，除法律、行政法规明确禁止外，不得以违法犯罪对待。（2）严格把握非法集资"非法性"的认定，应以商业银行法、非法金融机构和非法金融业务活动取缔办法等国家金融管理法律法规作为依据，同时可参考人行、中行保险监管委、中国证券监管委等行政主管部门依国家金融管理法律法规制定的部门规章或国家有关金融管理规定、办法、实施细则等规范性文件。A. 严格把握正当融资行为与非法吸收公众存款罪的界限，对民营企业非法吸收公众存款，主要用于正常的生产经营活动，能及时清退所吸收资金，可不起诉或免刑；情节显著轻微，不作为犯罪处理。B. 严格把握正当融资行为与集资诈骗罪的界限，对民营企业的融资行为，只有证据证明确系以非法占有为目的，才能以集资诈骗罪认定。C. 严格适用非法经营罪，防止刑事打击扩大化的问题，对民营企业的经营行为，法律和司法解释未作出明确禁止性规定，不得以非法经营罪追究刑责。D. 严格把握认定标准，严格按刑法规定理解和适用非法经营罪的"违反国家规定"（违反全国人大及其常委会制定的法律和决定，国务院制定的行政法规、规定的行政措施、发布的决定和命令），坚决防止以未经批准登记代替"违反国家规定"的认定，避免办案时机把握不当影响民企生产。E. 严格按法律和司法解释，慎用非法经营罪的"其他严重扰乱市场秩序的非法经营行为"的兜底条款，对法律和司法解释未明确规定，办案中对是否认定为非法经营行为存在分歧，应作为法律适用问题向最高检请示。（3）民企为开展正常经营活动而给付"回扣、好处费"的行为涉嫌行贿犯罪，要区分个人犯罪和单位犯罪，要从起因目的、行贿数额、次数、时间、对象、谋利性质及用途等方面综合考虑其社会危害性。A. 有情节较轻、积极主动配合有关机关调查，对办理受贿案件起关键作用，因国家工作人员不作为而不得已行贿的和认罪认罚等情形，要依法从宽处理。B. 因被勒索给予国家工作人员以财物，未获得不正当利益，不能认定为行贿犯罪。（4）严格把握恶意侵占国有资产犯罪的罪名适用。A. 对不符合贪污罪、行贿罪等犯罪构成要件，依法不能定罪处罚。B. 对民营企业依据法律、行政法规参与国有企业重组改制产生的民事纠纷，不应以犯罪处理。（5）从区分涉民企案件个人犯罪和单位犯罪的角度，民企实施犯罪行为，但刑法分则和其他法律未规定追究单位刑责，不得以单位犯罪追究民企的刑责。民营企业单位犯罪，还要严格区分企业财产和民营企业经营者个人财产的界限，不能将企业财产和个人财产相混淆，不能将对企业判处罚金和对民营企业直接负责的主管人员和其他直接责任人员判处的罚金相混淆。（6）有证据证明公安机关可能存在违法动用刑事手段插手民事、经济纠纷，或利用立案实施报复陷害、敲诈勒索以及谋取其他非法利益等违法立案情形，应要求公安机关书面说明立案理由。检察院认为公安机关立案理由不能成立，应通知公安机关撤销案件。（7）检察院办理涉民企案件，要做好风险防控预案，避免因办案时机或方式的把握不当，严重影响民营企业正常生产、工作秩序或引发群体性、突发性事件。(8) 要慎重发布涉及民营企业案件的新闻，对涉及案件情况的相关报道失实，应及时采取适当方式澄清事实，在法律允许的范围内合理顾及民营企业关切，最大限度地维护民营企业声誉。

国家工作人员有明知单位和个人所申请机构或业务涉嫌非法集资，仍为其办理行政许可或注册手续；明知所主管、监管的单位有涉嫌非法集资行为，未依法及时处理或移送处置非法集资职能部门；查处非法集资过程中滥用职权、玩忽职守、徇私舞弊；徇私舞弊不向司法机关移交非法集资刑事案件；其他通过职务行为或利用职务影响，支持、帮助、纵容非法集资的情形，构成犯罪，应依法追究刑责。

检察院经审查认定案件符合刑诉法规定（嫌犯自愿如实供述涉嫌犯罪的事实，有重大立功或案件涉及国家重大利益，经最高检核准，公安机关可撤销案件，可作出不起诉决定，也可对涉嫌数罪中的一项或多项不起诉，因此不起诉或撤销案件，检察院、公安机关应及时对查封、扣押、冻结的财物及其孳息作出处理），涉案民营企业经营者自愿如实供述涉嫌犯罪的事实，有重大立功或案件涉及国家重大利益，经最高检核准，检察院可作出不起诉决定。(1) 检察机关办理涉民营企业案件，要严格审查是否符合法律规定的逮捕条件，防止构罪即捕、一捕了之。A. 对不符合逮捕条件，或有不追究刑责、已追究、应撤销案件，或不起诉，或终止审理，或宣告无罪的6种情形（情节显著轻微、危害不大，不认为是犯罪；犯罪已过追诉时效期限；经特赦令免刑；依刑法告诉才处理的犯罪，未告诉或撤回告诉；嫌犯、被告人死亡；其他法律规定免予追究刑责）的民营企业经营者，应依法不批捕；对有自首、立功表现，认罪态度好，无社会危险性的民营企业经营者，一般不批捕；对符合监视居住条件，不羁押不致发生社会危险性的民营企业经营者，可不批捕。B. 对已批捕的民企经营者，应依法履行羁押必要性的审查职责。C. 对不需继续羁押，应及时建议公安机关释放或变更强制措施。D. 对已作出的批捕决定发现确有错误，检察院应撤销原批捕决定，送达公安机关执行。(2) 办理涉民营企业案件，能采取较为轻缓、宽和的措施，就尽量不采用限制人身、财产权的强制性措施。在自行补充侦查过程中，需要查封、扣押、冻结，一般应为民营企业预留必要的流动资金和往来账户；对涉案民营企业正投入生产运营和正用于科技创新、产品研发的设备、资金和技术资料等，原则上不予查封、扣押、冻结，确需提取犯罪证据，可采取拍照、复制等方式提取。

以非法占有为目的，使用诈骗方法实施11种非法吸收公众存款的违法犯罪行为 [a. 利用民间会、社等组织非法吸收资金。b. 以投资入股的方式非法吸收资金。c. 以委托理财的方式非法吸收资金。d. 以转让林权并代为管护等方式非法吸收资金。e. 以代种植（养殖）、租种植（养殖）、联合种植（养殖）等方式非法吸收资金。f. 不有房产销售的真实内容或不以房产销售为主要目的，以返本销售、售后包租、约定回购、销售房产份额等方式非法吸收资金。g. 不有销售商品、提供服务的真实内容或不以销售商品、提供服务为主要目的，以商品回购、寄存代售等方式非法吸收资金。h. 不有发行股票、债券的真实内容，以虚假转让股权、发售虚构债券等方式非法吸收资金。i. 不有募集基金的真实内容，以假借境外基金、发售虚构基金等方式非法吸收资金。j. 不有销售保险的真实内容，以假冒保险公司、伪造保险单据等方式非法吸收资金。k. 其他非法吸收资金的行为]，应以集资诈骗罪定罪处罚。

非法吸收或变相吸收公众存款的数额，以行为人所吸收的资金全额计算。案发前后已归还的数额，可作为量刑情节酌情考虑。

非法吸收或变相吸收公众存款，主要用于正常的生产经营活动，能及时清退所吸收资金，可免刑；情节显著轻微，不作为犯罪处理。

单位犯非法吸收公众存款罪，对单位判处罚金，并对其直接负责的主管人员和其他直接责任人员，依非法吸收公众存款罪处罚。

◆ 《刑法》 第 177 条 【伪造、变造金融票证罪】

　　从选择罪名、故意犯、情节犯、数额犯的角度讲，伪造、变造金融票证 [a. 伪造信用卡（复制他人信用卡、将他人信用卡信息资料写入磁条介质、芯片或以其他方法伪造信用卡 1 张以上，或伪造空白信用卡 10 张以上）。b. 伪造、变造信用证或附随的单据、文件。c. 伪造、变造汇票、本票、支票。d. 伪造、变造委托收款凭证、汇款凭证、银行存单等其他银行结算凭证]，处 5 年以下有期刑或拘役，并处或单处 2 万元以上 20 万元以下罚金；情节严重（a. 伪造信用卡 5 张以上不满 25 张。b. 伪造的信用卡内存款余额、透支额度单独或合计数额 20 万元以上不满 100 万元。c. 伪造空白信用卡 50 张以上不满 250 张。d. 其他情节严重的情形），处 5 年以上 10 年以下有期刑，并处 5 万元以上 50 万元以下罚金；情节特别严重 [a. 伪造信用卡 25 张以上。b. 伪造空白信用卡 250 张以上。c. 伪造的信用卡内存款余额、透支额度（以信用卡被伪造后发卡行记录的最高存款余额、可透支额度计算）单独或合计数额 100 万元以上。d. 情节特别严重的情形]，处 10 年以上有期刑或无期刑，并处 5 万元以上 50 万元以下罚金或没收财产。

　　复制他人信用卡、将他人信用卡信息资料写入磁条介质、芯片或以其他方法伪造信用卡 1 张以上，或伪造空白信用卡 10 张以上，应认定为"伪造信用卡"，以伪造金融票证罪定罪处罚。

　　窃取、收买、非法提供他人信用卡信息资料，足以伪造可进行交易的信用卡，或足以使他人以信用卡持卡人名义进行交易，涉及信用卡 1 张以上不满 5 张，以窃取、收买、非法提供信用卡信息罪定罪处罚。

　　伪造、变造金融票证案的两种立案追诉标准：a. 伪造信用卡 1 张以上，或伪造空白信用卡 10 张以上。b. 伪造、变造汇票、本票、支票，或伪造、变造委托收款凭证、汇款凭证、银行存单等其他银行结算凭证，或伪造、变造信用证或附随的单据、文件，总面额 1 万元以上或数量 10 张以上。

　　窃取、收买、非法提供他人信用卡信息资料，足以伪造可进行交易的信用卡，或足以使他人以信用卡持卡人名义进行交易，涉及信用卡 1 张以上不满 5 张，以窃取、收买、非法提供信用卡信息罪定罪处罚；涉及信用卡 5 张以上，应认定为窃取、收买、非法提供信用卡信息罪的数量巨大。

　　伪造信用卡，应认定为伪造、变造金融票证罪的情节严重的 4 种情形：A. 伪造信用卡 5 张以上不满 25 张。B. 伪造空白信用卡 50 张以上不满 250 张。C. 伪造的信用卡内存款余额、透支额度单独或合计数额 20 万元以上不满 100 万元。D. 其他情节严重情形。

　　伪造信用卡，应认定为伪造、变造金融票证罪的情节特别严重的 4 种情形：A. 伪造信用卡 25 张以上。B. 伪造空白信用卡 250 张以上。C. 伪造的信用卡内存款余额、透支额度（以信用卡被伪造后发卡行记录的最高存款余额、可透支额度计算）单独或合计数额 100 万元以上。D. 其他情节特别严重情形。

　　复制他人信用卡、将他人信用卡信息资料写入磁条介质、芯片或以其他方法伪造信用卡 1 张以上，或伪造空白信用卡 10 张以上，应认定为伪造信用卡，以伪造金融票证罪定罪处罚。

　　单位犯伪造、变造金融票证罪，实行双罚制，对单位判处罚金，并对其直接负责的主管人员和其他直接责任人员，以伪造、变造金融票证罪定罪处罚。

◆ 《刑法》 第 177 条之一 【妨害信用卡管理罪】

　　从故意犯、数额犯的角度讲，犯妨害信用卡管理罪 [a. 明知伪造的信用卡而持有、运输，或明知伪造的空白信用卡而非法持有（通过诈骗、盗窃、抢夺、抢劫等违法犯罪的手段获得他人数量较大的信用卡而持有），运输，数量较大（明知是伪造的空白信用卡而持有、运输10张以上不满100张）。b. 非法持有他人信用卡，数量较大（非法持有他人信用卡5张以上不满50张）。c. 使用虚假的身份证明骗领信用卡。d. 出售、购买、为他人提供伪造的信用卡或以虚假的身份证明骗领的信用卡]，处3年以下有期刑或拘役，并处或单处1万元以上10万元以下罚金；数量巨大［a. 明知是伪造的信用卡而持有、运输10张以上。b. 明知是伪造的空白信用卡而持有、运输100张以上。c. 非法持有他人信用卡50张以上。d. 使用虚假的身份证明（违背他人意愿，使用其居民身份证、军官证、士兵证、港澳居民往来内地通行证、台湾居民来往大陆通行证、护照等身份证明申领信用卡，或使用伪造、变造的身份证明申领信用卡）骗领信用卡10张以上。e. 出售、购买、为他人提供伪造的信用卡或使用虚假的身份证明骗领的信用卡（违背他人意愿，使用其居民身份证、军官证、士兵证、港澳居民往来内地通行证、台湾居民来往大陆通行证、护照等身份证明申领信用卡，或使用伪造、变造的身份证明申领信用卡）10张以上。f. 窃取、收买、非法提供他人信用卡信息资料，足以伪造可进行交易的信用卡，或足以使他人以信用卡持卡人名义进行交易，涉及信用卡5张以上］或有其他严重情节，处3年以上10年以下有期刑，并处2万元以上20万元以下罚金。

银行或其他金融机构的工作人员利用职务便利犯妨害信用卡管理罪，从重处罚。

妨害信用卡管理罪的情形：（1）妨害信用卡管理案的5种立案追诉标准：A. 使用虚假的身份证明骗领信用卡。B. 出售、购买、为他人提供伪造的信用卡或以虚假的身份证明骗领的信用卡。C. 明知是伪造的信用卡而持有、运输。D. 非法持有他人信用卡，数量累计5张以上。E. 明知是伪造的空白信用卡而持有、运输，数量累计10张以上。（2）窃取、收买或非法提供他人信用卡信息资料，足以伪造可进行交易的信用卡，或足以使他人以信用卡持卡人名义进行交易，涉及信用卡1张以上，应立案追诉。（3）窃取、收买或非法提供他人信用卡信息资料，以妨害信用卡管理罪处罚。

非法持有他人信用卡的非法性问题具有争议性，存在持有不属于自己信用卡说；以购买、盗窃、抢夺、抢劫、诈骗等非法方式取得他人信用卡说等不同理论观点。（1）一般而言，持有分为合法持有、违规持有、非法持有等不同行为类型。（2）对合法取得他人信用卡而言，因取得行为合法，所以无论行为人是否具有利用信用卡进行违法犯罪的意图，都不能认定行为人的行为构成妨害信用卡管理罪；是否构成其他犯罪的预备犯或实行犯，应根据证据另行判断。A. 在违规持有他人信用卡的情况下，构成妨害信用卡管理罪，需证明行为人具有使用其所持有的信用卡进行违法犯罪的意图。B. 在非法持有他人信用卡的情况下，应依法合理使用刑事推定，推定其具有非法使用目的，若不能提出合理辩解，可认定其构成妨害信用卡管理罪。[41]

为信用卡申请人制作、提供虚假的财产状况、收入、职务等资信证明材料，涉及伪造、变造、买卖国家机关公文、证件、印章，或涉及伪造公司、企事业单位、人民团体印章，应追究刑责，分别以伪造变造买卖国家机关公文证件印章罪、伪造公司企事业单位人民团体印章罪定罪处罚。

承担资产评估、验资、验证、会计、审计、法律服务等职责的中介组织或其人员，为信用卡申请人提供虚假的财产状况、收入、职务等资信证明材料，应追究刑责，分别以提供虚假证明文件罪、出具证明文件重大失实罪定罪处罚。

---

[41] 王东海："认定'非法持有'他人信用卡须主客观一致"，载《检察日报》2019年3月24日。

◆ 《刑法》第 178 条 【伪造、变造国家有价证券罪；伪造、变造股票、公司、企业债券罪】

从选择罪名、行为犯、数额犯的角度讲，伪造、变造国库券或国家发行的其他有价证券，数额较大，处 3 年以下有期刑或拘役，并处或单处 2 万元以上 20 万元以下罚金；数额巨大，处 3 年以上 10 年以下有期刑，并处 5 万元以上 50 万元以下罚金；数额特别巨大，处 10 年以上有期刑或无期刑，并处 5 万元以上 50 万元以下罚金或没收财产。

伪造、变造国库券或国家发行的其他有价证券，总面额 2000 元以上，或伪造、变造股票或公司、企业债券，总面额 5000 元以上，均应立案追诉。

伪造、变造股票或公司、企业债券，数额较大，处 3 年以下有期刑或拘役，并处或单处 1 万元以上 10 万元以下罚金；数额巨大，处 3 年以上 10 年以下有期刑，并处 2 万元以上 20 万元以下罚金。

单位犯伪造变造国家有价证券罪、伪造变造股票公司企业债券罪，对单位判处罚金，并对其直接负责的主管人员和其他直接责任人员，依伪造、变造国家有价证券罪、伪造、变造股票、公司、企业债券罪处罚。

◆ 《刑法》第 179 条 【擅自发行股票、公司、企业债券罪】

从行政犯、故意犯、情节犯、数额犯的角度讲，未经国家有关主管部门批准，擅自发行股票或公司、企业债券（未经国家有关主管部门批准，向社会不特定对象发行、以转让股权等方式变相发行股票或公司、企业债券，或向特定对象发行、变相发行股票或公司、企业债券累计超过 200 人），数额巨大、后果严重或有其他严重情节，处 5 年以下有期刑或拘役，并处或单处非法募集资金金额 1% 以上 5% 以下罚金。

擅自发行股票、公司、企业债券罪的情形：（1）擅自发行股票、公司、企业债券案的 4 种立案追诉标准：A. 不能及时清偿或清退。B. 发行数额 50 万元以上。C. 虽未达到发行数额 50 万元以上数额标准，但擅自发行使 30 人以上的投资者购买了股票或公司、企业债券。D. 其他后果严重或有其他严重情节情形。（2）未经国家有关主管部门批准，向社会不特定对象发行、以转让股权等方式变相发行股票或公司、企业债券，或向特定对象发行、变相发行股票或公司、企业债券累计超过 200 人（擅自发行股票、公司、企业债券），构成犯罪，以擅自发行股票、公司、企业债券罪定罪处罚。（3）单位犯擅自发行股票、公司、企业债券罪，对单位判处罚金，并对其直接负责的主管人员和其他直接责任人员，处 5 年以下有期刑或拘役。

违反国家规定，未经依法核准擅自发行基金份额募集基金，情节严重，以非法经营罪定罪处罚。

广告经营者、广告发布者违反国家规定，利用广告为非法集资活动相关的商品或服务作虚假宣传，有 4 种违法犯罪情形（a. 2 年内利用广告作虚假宣传，受过行政处罚 2 次以上。b. 违法所得数额 10 万元以上。c. 造成严重危害后果或恶劣社会影响。d. 其他情节严重情形），以虚假广告罪定罪处罚。

明知他人从事欺诈发行股票、债券，非法吸收公众存款，擅自发行股票、债券，集资诈骗或组织、领导传销活动等集资犯罪活动，为其提供广告等宣传，以非法吸收公众存款罪、擅自发行股票债券罪、集资诈骗罪、组织、领导传销活动罪等相关集资犯罪的共犯论处。

◆ 《刑法》第 180 条 【内幕交易、泄露内幕信息罪；利用未公开信息交易罪】

从身份犯、故意犯、情节犯的角度讲，证券、期货交易内幕信息的知情人员〔A. 证券交易内幕信息的知情人（内幕人士或内幕人员）：a. 发行人的董事、监事、高管人员（公司的经理、副经理、财务负责人、上市公司的董事会秘书和公司章程规定的其他人）。b. 持有公司5%以上股份的大股东及其董事、监事、高管人员，公司的实际控制人及其董事、监事、高管人员。c. 发行人控股的公司及其董事、监事、高管人员。d. 所任公司职务可获取公司有关内幕信息的人员（公司打字员、有关研究人员和业务人员、办公室秘书等）。e. 证券监管机构工作人员及因法定职责对证券的发行、交易进行管理的其他人员。f. 保荐人、承销的证券公司、证交所、证券登记结算机构、证券服务机构的有关人员（能接触到发行人、上市公司出具审计报告、资产评估报告报告和法律意见书等文件的保荐人，承销的证券公司、证交所的有关人员，证券登记结算机构、证券服务机构中的有关人员）。g. 证监会规定的其他人员。B. 期货交易管理内幕信息的知情人员：a. 期交所的管理人员、因任职可获取内幕信息的从业人员。b. 国务院期货监管机构、其他有关部门的工作人员。c. 国务院期货监管机构规定的其他人员］，或非法获取证券、期货交易内幕信息的人员【A. 利用窃取、骗取、套取、窃听、利诱、刺探或私下交易等手段获取内幕信息。B. 内幕信息知情人员的近亲属或其他与内幕信息知情人员关系密切的人员，在内幕信息敏感期内，从事或明示、暗示他人从事，或泄露内幕信息导致他人从事与该内幕信息有关的证券、期货交易，相关交易行为明显异常，且无正当理由或正当信息来源。C. 在内幕信息敏感期内，与内幕信息知情人员联络、接触，从事或明示、暗示他人从事，或泄露内幕信息导致他人从事与该内幕信息有关的证券、期货交易，相关交易行为明显异常［从相关交易行为的时间吻合度、交易背离度、利益关联度等因素认定：a. 开户、销户、激活资金账户或指定交易（托管）、撤销指定交易（转托管）的时间与该内幕信息的形成、变化、公开（内幕信息在国务院证券、期货监管机构指定的报刊、网站等媒体披露）时间基本一致。b. 资金变化与该内幕信息的形成、变化、公开时间基本一致。c. 买入或卖出与内幕信息有关的证券、期货合约时间与内幕信息的形成、变化和公开时间基本一致。d. 买入或卖出与内幕信息有关的证券、期货合约时间与获悉内幕信息的时间基本一致。e. 买入或卖出证券、期货合约行为明显与平时交易习惯不同。f. 买入或卖出证券、期货合约行为，或集中持有证券、期货合约行为与该证券、期货公开信息反映的基本面明显背离。g. 账户交易资金进出与该内幕信息知情人员或非法获取人员有关联关系（公司控股股东、实际控制人、董事、监事、高管人员与其直接或间接控制的企业之间的关系，以及可能导致公司利益转移的其他关系。但国家控股的企业之间不仅因为同受国家控股而有关联关系）或利害关系。h. 其他交易行为明显异常情形］，且无正当理由或正当信息来源】，在涉及证券的发行，证券、期货交易或其他对证券、期货交易价格有重大影响的信息尚未公开前，买入或卖出该证券，或从事与该内幕信息有关的期货交易，或泄露该信息，或明示、暗示他人从事上述交易活动，情节严重，处5年以下有期刑或拘役，并处或单处违法所得（通过内幕交易行为获利或避免的损失）1倍以上5倍以下罚金；情节特别严重，处5年以上10年以下有期刑，并处违法所得1倍以上5倍以下罚金。

【2017·卷1·多选·60】（答案：ABC）依《刑法》第180条第4款规定，证券从业人员利用未公开信息从事相关交易活动，情节严重的，依照第1款的规定处罚；该条第1款规定了"情节严重"和"情节特别严重"两个量刑档次。在审理史某利用未公开信息交易一案时，法院认为，尽管第4款中只有"情节严重"的表述，但仍应将其理解为包含"情节严重"和"情节特别严重"两个量刑档次，并认为史某的行为属"情节特别严重"。其理由是《刑法》其他条款中仅有"情节严重"的规定时，相关司法解释仍规定按"情节严重"、"情节特别严重"两档量刑。对此，下列哪些说法是正确的？A. 第4款中表达的是准用性规则。B. 法院运用了体系解释方法。C. 第4款的规定可以避免法条重复表述。D. 法院的解释将焦点集中在语言上，并未考虑解释的结果是否公正。

内幕交易泄露内幕信息罪、利用未公开信息交易罪的情形：（1）单位犯内幕交易、泄露内幕信息罪,对单位判处罚金,并对其直接负责的主管人员和其他直接责任人员,处5年以下有期刑或拘役。(2) 内幕交易、泄露内幕信息案的5种立案追诉标准:A. 多次进行内幕交易、泄露内幕信息。B. 获利或避免损失数额累计15万元以上。C. 期货交易占用保证金数额累计30万元以上。D. 证券交易成交额累计50万元以上。E. 其他情节严重情形。(3) 利用未公开信息交易案的5种立案追诉标准:A. 多次利用内幕信息外的其他未公开信息进行交易活动。B. 获利或避免损失数额累计15万元以上。C. 期货交易占用保证金数额累计30万元以上。D. 证券交易成交额累计50万元以上。E. 其他情节严重情形。(4) 从司法解释的角度讲,不属内幕交易泄露内幕信息罪的从事与内幕信息有关的证券、期货交易的4种情形:A. 交易有其他正当理由或正当信息来源。B. 依据已被他人披露的信息而交易。C. 按事先订立的书面合同、指令、计划从事相关证券、期货交易。D. 持有或通过协议、其他安排与他人共同持有上市公司5%以上股份的自然人、法人或其他组织收购该上市公司股份。(5) 发生可能对上市公司股票交易价格产生较大影响的重大事件(a. 公司的经营方针和经营范围的重大变化。b. 公司的重大投资行为和重大的购置财产的决定。c. 公司订立重要合同,可能对公司的资产、负债、权益和经营成果产生重要影响。d. 公司发生重大债务和未能清偿到期重大债务的违约情况。e. 公司发生重大亏损或重大损失。f. 公司生产经营外部条件发生的重大变化。g. 公司的董事、1/3以上监事或经理发生变动。h. 持有公司5%以上股份的股东或实际控制人,其持有股份或控制公司的情况发生较大变化。i. 公司减资、合并、分立、解散及申请破产的决定。j. 涉及公司的重大诉讼,股东大会、董事会决议被依法撤销或宣告无效。k. 公司涉嫌犯罪被司法机关立案调查,公司董事、监事、高管人员涉嫌犯罪被司法机关采取强制措施。l. 证监会规定的其他事项),投资者尚未得知时,上市公司应立即将有关该重大事件的情况向证监会和证交所报送临时报告,并公告,说明事件的起因、目前的状态和可能产生的法律后果。在证券交易活动中,涉及公司的经营、财务或对该公司证券的市场价格有重大影响的尚未公开的信息,为内幕信息(a. 可能对上市公司股票交易价格产生较大影响的重大事件。b. 公司分配股利或增资的计划。c. 公司股权结构的重大变化。d. 公司债务担保的重大变更。e. 公司营业用主要资产的抵押、出售或报废1次超过该资产的30%。f. 公司的董事、监事、高管人员的行为可能依法承担重大损害赔偿责任。g. 上市公司收购的有关方案。h. 证监会认定的对证券交易价格有显著影响的其他重要信息)。(6) 可能对上市公司股票交易价格产生较大影响的重大事件的发生时间、公司分配股利或增资的计划、上市公司收购的有关方案、国务院期货监管机构及其他相关部门制定的对期货交易价格可能发生重大影响的政策、期交所作出的可能对期货交易价格发生重大影响的决定等的形成时间,应认定为内幕信息的形成之时。影响内幕信息形成的动议、筹划、决策或执行人员,其动议、筹划、决策或执行初始时间,应认定为内幕信息的形成之时。(7) 在内幕信息敏感期(内幕信息自形成至公开的期间)内从事或明示、暗示他人从事或泄露内幕信息导致他人从事与该内幕信息有关的证券、期货交易,应认定为内幕交易、泄露内幕信息罪有情节严重性(a. 3次以上。b. 获利或避免损失数额15万元以上。c. 期货交易占用保证金数额30万元以上。d. 证券交易成交额50万元以上。e. 有其他严重情节)、情节特别严重性(a. 获利或避免损失数额75万元以上。b. 期货交易占用保证金数额150万元以上。c. 证券交易成交额250万元以上。d. 有其他特别严重情节)。(8) 内幕信息、知情人员的范围,依法律(证券法、公司法等)、行政法规规定确定。内幕信息的泄露人员或内幕交易的明示、暗示人员未实际从事内幕交易,其罚金数额按因泄露而获悉内幕信息人员或被明示、暗示人员从事内幕交易的违法所得计算。2次以上实施内幕交易或泄露内幕信息行为,未经行政处理或刑事处理,应对相关交易数额依法累计计算。(9) 在同一案件中,成交额、占用保证金额、获利或避免损失额分别构成情节严重、情节特别严重,按处罚较重的数额定罪处罚。(10) 构成共犯,按共犯行为人的成交总额、占用保证金总额、获利或避免损失总额定罪处罚,但判处各被告人罚金的总额应掌握在获利或避免损失总额的1倍以上5倍以下。(11) 证交所、期交所、证券公司、期货经纪公司、基金管理公司、商业银行、保险公司等金融机构的从业人员及有关监管部门或行业协会的工作人员,利用因职务便利获取内幕信息外的其他未公开信息,违反规定,从事与该信息相关的证券、期货交易活动,或明示、暗示他人从事相关交易活动,情节严重,内幕交易、泄露内幕信息罪处罚。

单位犯内幕交易泄露内幕信息罪、利用未公开信息交易罪,对单位判处罚金,并对其直接负责的主管人员和其他直接责任人员,处5年以下有期刑或拘役。内幕信息、知情人员的范围,依法律、行政法规的规定确定。

从《人民检察院、保密行政管理部门查办泄密案件若干问题的规定》(2016年)的角度讲,泄密案件,包括泄密违法案件(机关、单位或有关人员的行为违反保密法律法规规章,致使国家秘密已泄露或可能泄露,但尚不构成犯罪的案件)、泄密犯罪案件(根据刑法和有关司法解释的规定,构成故意泄露国家秘密罪或过失泄露国家秘密罪,依法应追究刑责的案件)。A. 泄密违法案件由发生案件的机关、单位或相关责任人员所在地的保密行政管理部门组织查处。有关法律法规规章对泄密违法案件管辖另有规定的从其规定。B. 泄密犯罪案件由犯罪地检察院立案侦查。必要时,可由嫌犯居住地检察院立案侦查。泄密犯罪案件的犯罪地包括泄密犯罪行为实施地,发生泄密犯罪案件的机关、单位所在地,泄密犯罪案件涉及的国家秘密载体所在地,发生泄密犯罪案件的计算机信息系统或网站服务器所在地,以及因泄密犯罪案件而直接遭受损失的机关、单位所在地等。

从《关于办理利用未公开信息交易刑事案件适用法律若干问题的解释》(2019年)的角度讲,证交所、期交所、证券公司、期货经纪公司、基金管理公司、商业银行、保险公司等金融机构的从业人员以及有关监管部门或行业协会的工作人员,利用因职务便利获取的内幕信息外的其他未公开的信息 [a. 包括证券、期货的投资决策、交易执行信息;证券持仓数量及变化、资金数量及变化、交易动向信息;其他可能影响证券、期货交易活动的信息。b. 内幕信息外的其他未公开的信息难以认定,司法机关可在有关行政主(监)管部门的认定意见的基础上,根据案件事实和法律规定作出认定],违反规定(违反法律、行政法规、部门规章、全国性行业规范有关证券、期货未公开信息保护的规定,以及行为人所在的金融机构有关信息保密、禁止交易、禁止利益输送等规定),从事与该信息相关的证券、期货交易活动,或明示、暗示他人从事相关交易活动(应综合6个方面进行认定:行为人具有获取未公开信息的职务便利;行为人获取未公开信息的初始时间与他人从事相关交易活动的初始时间具有关联性;行为人与他人之间具有亲友关系、利益关联、交易终端关联等关联关系;他人从事相关交易的证券、期货品种、交易时间与未公开信息所涉证券、期货品种、交易时间等方面基本一致;他人从事的相关交易活动明显不具有符合交易习惯、专业判断等正当理由;行为人对明示、暗示他人从事相关交易活动没有合理解释),情节严重(a. 违法所得数额在100万元以上;2年内3次以上利用未公开信息交易;明示、暗示3人以上从事相关交易活动。b. 利用未公开信息交易,违法所得数额在50万元以上,或证券交易成交额在500万元以上,或期货交易占用保证金数额在100万元以上,具有以出售或变相出售未公开信息等方式,明示、暗示他人从事相关交易活动;因证券、期货犯罪行为受过刑事追究;2年内因证券、期货违法行为受过行政处罚;造成恶劣社会影响或其他严重后果4种情形之一),依内幕交易泄露内幕信息罪、利用未公开信息交易罪的规定 [包括情节特别严重(a. 利用未公开信息交易,违法所得(a. 行为人利用未公开信息从事与该信息相关的证券、期货交易活动所获利益或避免的损失。b. 行为人明示、暗示他人利用未公开信息从事相关交易活动,被明示、暗示人员从事相关交易活动所获利益或避免的损失)数额在1000万元以上。b. 违法所得数额在500万元以上,或证券交易成交额在5000万元以上,或期货交易占用保证金数额在1000万元以上,具有利用未公开信息交易，违法所得数额在 50 万元以上，或证券交易成交额在 500 万元以上，或期货交易占用保证金数额在 100 万元以上，具有以出售或变相出售未公开信息等方式，明示、暗示他人从事相关交易活动；因证券、期货犯罪行为受过刑事追究；2 年内因证券、期货违法行为受过行政处罚；造成恶劣社会影响或其他严重后果 4 种情形之一）的规定］处罚。

行为人未实际从事与未公开信息相关的证券、期货交易活动，其罚金数额按被明示、暗示人员从事相关交易活动的违法所得计算。2 次以上利用未公开信息交易，依法应予行政处理或刑事处理而未经处理，相关交易数额或违法所得数额累计计算。符合利用未公开信息交易的违法所得数额在 100 万元以上；2 年内 3 次以上利用未公开信息交易；明示、暗示 3 人以上从事相关交易活动的情节严重标准，或利用未公开信息交易，违法所得数额在 50 万元以上，或证券交易成交额在 500 万元以上，或期货交易占用保证金数额在 100 万元以上，具有以出售或变相出售未公开信息等方式，明示、暗示他人从事相关交易活动；因证券、期货犯罪行为受过刑事追究；2 年内因证券、期货违法行为受过行政处罚；造成恶劣社会影响或其他严重后果 4 种情形之一的情节严重标准，行为人如实供述犯罪事实，认罪悔罪，并积极配合调查，退缴违法所得，可从轻处罚；其中犯罪情节轻微，可依法不起诉或免于刑罚。符合刑诉法规定的认罪认罚从宽适用范围和条件，依刑诉法的规定处理。

◆ 《刑法》第 181 条【编造并传播证券、期货交易虚假信息罪；诱骗投资者买卖证券、期货合约罪】

从故意犯、结果犯的角度讲，编造并传播影响证券、期货交易的虚假信息，扰乱证券、期货交易市场，造成严重后果，处 5 年以下有期刑或拘役，并处或单处 1 万元以上 10 万元以下罚金。

编造并传播证券、期货交易虚假信息案的 5 种立案追诉标准：A. 使交易价格和交易量异常波动。B. 造成投资者直接经济损失数额 5 万元以上。C. 获利或避免损失数额累计 5 万元以上。D. 虽未达到造成投资者直接经济损失数额 5 万元以上，或获利或避免损失数额累计 5 万元以上的数额标准，但多次编造并传播影响证券、期货交易的虚假信息。E. 其他造成严重后果情形。

诱骗投资者买卖证券、期货合约案的 4 种立案追诉标准：A. 使交易价格和交易量异常波动。B. 造成投资者直接经济损失数额 5 万元以上。C. 获利或避免损失数额累计 5 万元以上。D. 其他造成严重后果情形。

从身份犯、故意犯、结果犯、情节犯的角度讲，证交所、期交所、证券公司、期货经纪公司的从业人员，证券业协会、期货业协会或证券期货监管部门的工作人员，故意提供虚假信息或伪造、变造、销毁交易记录，诱骗投资者买卖证券、期货合约，造成严重后果，处 5 年以下有期刑或拘役，并处或单处 1 万元以上 10 万元以下罚金；情节特别恶劣，处 5 年以上 10 年以下有期刑，并处 2 万元以上 20 万元以下罚金。

从单位犯、双罚制的角度讲，单位犯编造并传播证券期货交易虚假信息罪、诱骗投资者买卖证券期货合约罪，对单位判处罚金，并对其直接负责的主管人员和其他直接责任人员，处 5 年以下有期刑或拘役。

◆ 《刑法》第 182 条【操纵证券、期货市场罪】

从身份犯、故意犯、情节犯、数额犯的角度讲，有单独或合谋，集中资金优势、持股或持仓优势或利用信息优势联合或连续买卖，操纵证券、期货交易价格或证券、期货交易量；与他人串通，以事先约定的时间、价格和方式相互进行证券、期货交易，影响证券、期货交易价格或证券、期货交易量；在自己实际控制的账户（a. 应认定为操纵证券、期货市场罪的

"自己实际控制的账户"5种类型：行为人以自己名义开户并使用的实名账户；行为人向账户转入或从账户转出资金，并承担实际损益的他人账户；行为人通过行为人以自己名义开户并使用的实名账户、行为人向账户转入或从账户转出资金并承担实际损益的他人账户外的方式管理、支配或使用的他人账户；行为人通过投资关系、协议等方式对账户内资产行使交易决策权的他人账户；其他有证据证明行为人具有交易决策权的账户。b. 有证据证明行为人对行为人以自己名义开户并使用的实名账户；行为人向账户转入或从账户转出资金，并承担实际损益的他人账户；行为人通过行为人以自己名义开户并使用的实名账户、行为人向账户转入或从账户转出资金并承担实际损益的他人账户外的方式管理、支配或使用的他人账户的3种账户内资产无交易决策权的除外）之间进行证券交易，或以自己为交易对象，自买自卖期货合约，影响证券、期货交易价格或证券、期货交易量；以其他方法操纵证券、期货市场（利用虚假或不确定的重大信息，诱导投资者作出投资决策，影响证券、期货交易价格或证券、期货交易量，并进行相关交易或谋取相关利益；通过对证券及其发行人、上市公司、期货交易标的公开作出评价、预测或投资建议，误导投资者作出投资决策，影响证券、期货交易价格或证券、期货交易量，并进行与其评价、预测、投资建议方向相反的证券交易或相关期货交易；通过策划、实施资产收购或重组、投资新业务、股权转让、上市公司收购等虚假重大事项，误导投资者作出投资决策，影响证券交易价格或证券交易量，并进行相关交易或谋取相关利益；通过控制发行人、上市公司信息的生成或控制信息披露的内容、时点、节奏，误导投资者作出投资决策，影响证券交易价格或证券交易量，并进行相关交易或谋取相关利益；不以成交为目，频繁申报、撤单或大额申报、撤单，误导投资者作出投资决策，影响证券、期货交易价格或证券、期货交易量，并进行与申报相反的交易或谋取相关利益；通过囤积现货，影响特定期货品种市场行情，并进行相关期货交易；以其他方法操纵证券、期货市场）的4种情形之一，操纵证券、期货市场，情节严重［A. 操纵证券、期货市场，具有7种违法犯罪情形之一：a. 持有或实际控制证券的流通股份数量达到该证券的实际流通股份总量10%以上，实施单独或合谋，集中资金优势、持股或持仓优势或利用信息优势联合或连续买卖，操纵证券、期货交易价格或证券、期货交易量的操纵证券市场行为，连续10个交易日（证券、期货市场开市交易的连续10个交易日，并非指行为人连续交易的10个交易日）的累计成交量达到同期该证券总成交量20%以上。b. 实施与他人串通，以事先约定的时间、价格和方式相互进行证券、期货交易，影响证券、期货交易价格或证券、期货交易量；在自己实际控制的账户之间进行证券交易，或以自己为交易对象，自买自卖期货合约，影响证券、期货交易价格或证券、期货交易量的操纵证券市场行为，连续10个交易日的累计成交量达到同期该证券总成交量20%以上。c. 实施利用虚假或不确定的重大信息，诱导投资者作出投资决策，影响证券、期货交易价格或证券、期货交易量，并进行相关交易或谋取相关利益；通过对证券及其发行人、上市公司、期货交易标的公开作出评价、预测或投资建议，误导投资者作出投资决策，影响证券、期货交易价格或证券、期货交易量，并进行与其评价、预测、投资建议方向相反的证券交易或相关期货交易；通过策划、实施资产收购或重组、投资新业务、股权转让、上市公司收购等虚假重大事项，误导投资者作出投资决策，影响证券交易价格或证券交易量，并进行相关交易或谋取相关利益；通过控制发行人、上市公司信息的生成或控制信息披露的内容、时点、节奏，误导投资者作出投资决策，影响证券交易价格或证券交易量，并进行相关交易或谋取相关利益的操纵证券市场行为，证券交易成交额在1000万元以上。d. 实施单独或合谋，集中资金优势、持股或持仓优势或利用信息优势联合或连续买卖，操纵证券、期货交易价格或证券、期货交易量；通过囤积现货，影响特定期货品种市场行情，并进行相关期货交易的操纵期货市场行为，实际控制的账户合并持仓连续10个交易日的最高值超过期货交易所限仓标准的2倍，累计成交量达到同期该期货合约总成交量20%以上，且期货交易占用保证金数额在 500 万元以上。e. 实施与他人串通，以事先约定的时间、价格和方式相互进行证券、期货交易，影响证券、期货交易价格或证券、期货交易量；在自己实际控制的账户之间进行证券交易，或以自己为交易对象，自买自卖期货合约，影响证券、期货交易价格或期货交易量；利用虚假或不确定的重大信息，诱导投资者作出投资决策，影响证券、期货交易价格或证券、期货交易量，并进行相关交易或谋取相关利益；通过对证券及其发行人、上市公司、期货交易标的公开作出评价、预测或投资建议，误导投资者作出投资决策，影响证券、期货交易价格或证券、期货交易量，并进行与其评价、预测、投资建议方向相反的证券交易或相关期货交易的操纵期货市场行为，实际控制的账户连续 10 个交易日的累计成交量达到同期该期货合约总成交量 20%以上，且期货交易占用保证金数额在 500 万元以上。f. 实施不以成交为目的，频繁申报、撤单或大额申报、撤单，误导投资者作出投资决策，影响证券、期货交易价格或证券、期货交易量，并进行与申报相反的交易或谋取相关利益的操纵证券、期货市场行为，当日累计撤回申报量达到同期该证券、期货合约总申报量 50%以上，且证券撤回申报额在 1000 万元以上、撤回申报的期货合约占用保证金数额在 500 万元以上。g. 实施操纵证券、期货市场行为，违法所得（通过操纵证券、期货市场所获利益或避免的损失）数额在 100 万元以上。B. 操纵证券、期货市场，违法所得数额在 50 万元以上，具有 7 种情形之一：a. 发行人、上市公司及其董事、监事、高管人员、控股股东或实际控制人实施操纵证券、期货市场行为。b. 收购人、重大资产重组的交易对方及其董事、监事、高管人员、控股股东或实际控制人实施操纵证券、期货市场行为。c. 行为人明知操纵证券、期货市场行为被有关部门调查，仍继续实施。d. 因操纵证券、期货市场行为受过刑事追究。e. 2 年内因操纵证券、期货市场行为受过行政处罚。f. 在市场出现重大异常波动等特定时段操纵证券、期货市场。g. 造成恶劣社会影响或其他严重后果]，处 5 年以下有期刑或拘役，并处或单处罚金；情节特别严重 [A. 具有 7 种情形之一，应认定为操纵证券、期货市场罪的"情节特别严重"：a. 持有或实际控制证券的流通股份数量达到该证券的实际流通股份总量 10%以上，实施单独或合谋，集中资金优势、持股或持仓优势或利用信息优势联合或连续买卖，操纵证券、期货交易价格或证券、期货交易量的操纵证券市场行为，连续 10 个交易日的累计成交量达到同期该证券总成交量 50%以上。b. 实施与他人串通，以事先约定的时间、价格和方式相互进行证券、期货交易，影响证券、期货交易价格或证券、期货交易量；在自己实际控制的账户之间进行证券交易，或以自己为交易对象，自买自卖期货合约，影响证券、期货交易价格或证券、期货交易量的操纵证券市场行为，连续 10 个交易日的累计成交量达到同期该证券总成交量 50%以上。c. 实施利用虚假或不确定的重大信息，诱导投资者作出投资决策，影响证券、期货交易价格或证券、期货交易量，并进行相关交易或谋取相关利益；通过对证券及其发行人、上市公司、期货交易标的公开作出评价、预测或投资建议，误导投资者作出投资决策，影响证券、期货交易价格或证券、期货交易量，并进行与其评价、预测、投资建议方向相反的证券交易或相关期货交易；通过策划、实施资产收购或重组、投资新业务、股权转让、上市公司收购等虚假重大事项，误导投资者作出投资决策，影响证券交易价格或证券交易量，并进行相关交易或谋取相关利益；通过控制发行人、上市公司信息的生成或控制信息披露的内容、时点、节奏，误导投资者作出投资决策，影响证券交易价格或证券交易量，并进行相关交易或谋取相关利益的操纵证券市场行为，证券交易成交额在 5000 万元以上。d. 实施单独或合谋，集中资金优势、持股或持仓优势或利用信息优势联合或连续买卖，操纵证券、期货交易价格或证券、期货交易量；通过囤积现货，影响特定期货品种市场行情，并进行相关期货交易的操纵期货市场行为，实际控制的账户合并持仓连续 10 个交易日的最高值超过期货交易所限仓标准的 5 倍，累计成交量达到同期该期货合约总成交量 50%以上，且期货交易占用保证金数额在 2500 万元以上。e. 实施与他人串通，以事先约定的时间、价格和方式相互进行证券、期货交易，影响证券、期货交易价格或证券、期货交易量；在自己实际控制的账户之间进行证券交易，或以自己为交易对象，自买自卖期货合约，影响证券、期货交易价格或证券、期货交易量；利用虚假或不确定的重大信息，诱导投资者作出投资决策，影响证券、期货交易价格或证券、期货交易量，并进行相关交易或谋取相关利益；通过对证券及其发行人、上市公司、期货交易标的公开作出评价、预测或投资建议，误导投资者作出投资决策，影响证券、期货交易价格或证券、期货交易量，并进行与其评价、预测、投资建议方向相反的证券交易或相关期货交易的操纵期货市场行为，实际控制的账户连续10个交易日的累计成交量达到同期该期货合约总成交量50%以上，且期货交易占用保证金数额在2500万元以上。f. 实施操纵证券、期货市场行为，违法所得数额在1000万元以上。B. 实施操纵证券、期货市场行为，违法所得数额在500万元以上，并具有发行人、上市公司及其董事、监事、高管人员、控股股东或实际控制人实施操纵证券、期货市场行为；收购人、重大资产重组的交易对方及其董事、监事、高管人员、控股股东或实际控制人实施操纵证券、期货市场行为；行为人明知操纵证券、期货市场行为被有关部门调查，仍继续实施；因操纵证券、期货市场行为受过刑事追究；2年内因操纵证券、期货市场行为受过行政处罚；在市场出现重大异常波动等特定时段操纵证券、期货市场；造成恶劣社会影响或其他严重后果的7种情形之一，应认定为操纵证券、期货市场罪的"情节特别严重"]，处5年以上10年以下有期刑，并处罚金。

单位犯操纵证券、期货市场罪，对单位判处罚金，并对其直接负责的主管人员和其他直接责任人员，依操纵证券、期货市场罪的规定处罚。

从《关于办理操纵证券、期货市场刑事案件适用法律若干问题的解释》（2019年）的角度讲，单位实施操纵证券、期货市场行为（单独或合谋，集中资金优势、持股或持仓优势或利用信息优势联合或连续买卖，操纵证券、期货交易价格或证券、期货交易量；与他人串通，以事先约定的时间、价格和方式相互进行证券、期货交易，影响证券、期货交易价格或证券、期货交易量；在自己实际控制的账户之间进行证券交易，或以自己为交易对象，自买自卖期货合约，影响证券、期货交易价格或证券、期货交易量；以其他方法操纵证券、期货市场），依《关于办理操纵证券、期货市场刑事案件适用法律若干问题的解释》（2019年）规定的定罪量刑标准，对其直接负责的主管人员和其他直接责任人员定罪处罚，并对单位判处罚金。

2次以上实施操纵证券、期货市场行为，依法应予行政处理或刑事处理而未经处理，相关交易数额或违法所得数额累计计算。符合操纵证券、期货市场的情节严重标准，或操纵证券、期货市场，违法所得数额在50万元以上的情节严重标准，行为人如实供述犯罪事实，认罪悔罪，并积极配合调查，退缴违法所得，可从轻处罚；其中犯罪情节轻微，可依法不起诉或免予刑罚。符合刑诉法规定的认罪认罚从宽适用范围和条件，依刑诉法的规定处理。

对在全国中小企业股份转让系统中实施操纵证券市场行为，社会危害性大，严重破坏公平公正的市场秩序，比照《关于办理操纵证券、期货市场刑事案件适用法律若干问题的解释》（2019年）的规定执行，但持有或实际控制证券的流通股份数量达到该证券的实际流通股份总量10%以上，实施单独或合谋，集中资金优势、持股或持仓优势或利用信息优势联合或连续买卖，操纵证券、期货交易价格或证券、期货交易量的操纵证券市场行为，连续10个交易日的累计成交量达到同期该证券总成交量20%以上；实施与他人串通，以事先约定的时间、价格和方式相互进行证券、期货交易，影响证券、期货交易价格或证券、期货交易量；在自己实际控制的账户之间进行证券交易，或以自己为交易对象，自买自卖期货合约，影响证券、期货交易价格或证券、期货交易量的操纵证券市场行为，连续10个交易日的累计成交量达到同期该证券总成交量20%以上（情节严重）；持有或实际控制证券的流通股份数量达到该证券的实际流通股份总量10%以上，实施单独或合谋，集中资金优势、持股或持仓优势或利用信息优势联合或连续买卖，操纵证券、期货交易价格或证券、期货交易量的操纵证券市场行为，连续 10 个交易日的累计成交量达到同期该证券总成交量 50%以上；实施与他人串通，以事先约定的时间、价格和方式相互进行证券、期货交易，影响证券、期货交易价格或证券、期货交易量；在自己实际控制的账户之间进行证券交易，或以自己为交易对象，自买自卖期货合约，影响证券、期货交易价格或证券、期货交易量的操纵证券市场行为，连续 10 个交易日的累计成交量达到同期该证券总成交量 50%以上（情节特别严重）的除外。

【2005·卷 2·单选·13】（答案：B）甲在某证券交易大厅偷窥获得在该营业部开户的乙的资金账号及交易密码后，通过电话委托等方式在乙的资金账号上高吃低抛某一支股票，同时通过自己在证券交易部的资金账号低吃高抛同一支股票，造成乙损失 30 万元，甲从中获利 20 万元。对甲应当如何处理？A. 属于法无明文规定的情形，不以犯罪论处。B. 以盗窃罪论处。C. 以故意毁坏财物罪论处。D. 以操纵证券价格罪论处。

操纵证券、期货市场罪是故意使用非法方式利用自己的资源影响证券交易价格，为自己获取不正当利益或避免损失，情节严重的行为。

操纵证券、期货市场罪的情形：（1）操纵证券、期货市场案的 8 种立案追诉标准：A. 上市公司及其董事、监事、高管人员（公司的经理、副经理、财务负责人，上市公司董事会秘书和公司章程规定的其他人员）、实际控制人（虽不是公司的股东，但通过投资关系、协议或其他安排，能实际支配公司行为的人）、控股股东（其出资额占有限责任公司资本总额 50%以上或其持有的股份占股份有限公司股本总额 50%以上的股东；出资额或持有股份的比例虽不足 50%，但依其出资额或持有的股份所享有的表决权已足以对股东会、股东大会的决议产生重大影响的股东）或其他关联人单独或合谋，利用信息优势，操纵该公司证券交易价格或证券交易量。B. 证券公司、证券投资咨询机构、专业中介机构或从业人员，违背有关从业禁止规定，买卖或持有相关证券，通过对证券或其发行人、上市公司公开作出评价、预测或投资建议，在该证券的交易中谋取利益，情节严重。C. 在自己实际控制的账户之间进行证券交易，或以自己为交易对象，自买自卖期货合约，且在该证券或期货合约连续 20 个交易日内成交量累计达到该证券或期货合约同期总成交量 20%以上。D. 与他人串通，以事先约定的时间、价格和方式相互进行证券或期货合约交易，且在该证券或期货合约连续 20 个交易日内成交量累计达到该证券或期货合约同期总成交量 20%以上。E. 单独或合谋，持有或实际控制证券的流通股份数达到该证券的实际流通股份总量 30%以上，且在该证券连续 20 个交易日内联合或连续买卖股份数累计达到该证券同期总成交量 30%以上。F. 单独或合谋，持有或实际控制期货合约的数量超过期交所业务规则限定的持仓量 50%以上，且在该期货合约连续 20 个交易日内联合或连续买卖期货合约数累计达到该期货合约同期总成交量 30%以上。G. 单独或合谋，当日连续申报买入或卖出同一证券、期货合约并在成交前撤回申报，撤回申报量占当日该种证券总申报量或该种期货合约总申报量 50%以上。H. 其他情节严重情形。（2）单位犯操纵证券、期货市场罪，对单位判处罚金，并对其直接负责的主管人员和其他直接责任人员，依操纵证券、期货市场罪处罚。（3）认定盗窃有价支付凭证、有价证券、有价票证的盗窃数额的 2 种方式方法：A. 盗窃不记名、不挂失的有价支付凭证、有价证券、有价票证，应按票面数额和盗窃时应得的孳息、奖金或奖品等可得收益一并计算盗窃数额。B. 盗窃记名的有价支付凭证、有价证券、有价票证，已兑现，按兑现部分的财物价值计算盗窃数额；未兑现，但失主无法通过挂失、补领、补办手续等方式避免损失，按给失主造成的实际损失计算盗窃数额。（4）从办理证券期货违法犯罪案件工作若干问题的意见的角度讲，证券监管机构依据行政机关移送涉嫌犯罪案件有关规定，在办理可能移送公安机关查处的证券期货违法案件过程中，经履行批准程序，可商请公安机关协助查询、复制被调查对象的户籍、出入境信息等资料，对有关涉案人员按相关规定采取边控、报备措施。A. 证券监管机构向公安机关提出请求时，应明确协助办理的具体事项,提供案件情况及相关材料。B. 证券监管机构办理证券期货违法案件,案情重大、复杂、疑难,可商请公安机关就案件性质、证据等问题提出参考意见;对有证据表明可能涉嫌犯罪的行为人可能逃匿或销毁证据,证券监管机构应及时通知公安机关;涉嫌犯罪,公安机关应及时立案侦查。C. 证券监管机构依据行政机关移送涉嫌犯罪案件有关规定,在向公安机关移送重大、复杂、疑难的涉嫌证券期货犯罪案件前,应启动协调会商机制,就行为性质认定、案件罪名适用、案件管辖等问题进行会商。D. 公检法在办理涉嫌证券期货犯罪案件过程中,可商请证券监管机构指派专业人员配合开展工作,协助查阅、复制有关专业资料。证券监管机构可根据司法机关办案需要,依法就案件涉及的证券期货专业问题向司法机关出具认定意见。E. 司法机关对证券监管机构随案移送的物证、书证、鉴定结论、视听资料、现场笔录等证据要及时审查,作出是否立案的决定;随案移送的证据,经法定程序查证属实,可作为定案的根据。F. 证券监管机构依据行政机关移送涉嫌犯罪案件有关规定向公安机关移交证据,应制作证据移交清单,双方经办人员应签字确认,加盖公章,相关证据随证据移交清单一并移交。G. 对涉众型证券期货犯罪案件,在已收集的证据能充分证明基本犯罪事实的前提下,公安机关可在被调查对象范围内按一定比例收集和调取书证、被害人陈述、证人证言等相关证据。H. 以证交所、期交所、证券登记结算机构、期货保证金监控机构以及证券公司、期货公司留存的证券期货委托记录和交易记录、登记存管结算资料等电子数据作为证据,数据提供单位应以电子光盘或其他载体记录相关原始数据,并说明制作方法、制作时间及制作人等信息,并由复制件制作人和原始电子数据持有人签名或盖章。I. 发行人、上市公司或其他信息披露义务人在证券监管机构指定的信息披露媒体、信息披露义务人或证交所网站发布的信息披露公告,其打印件或据此制作的电子光盘,经核对无误后,说明其来源、制作人、制作时间、制作地点等,可作为刑事证据使用,但有其他证据证明打印件或光盘内容与公告信息不一致外。(5) 涉嫌证券期货犯罪的第一审案件,由中院管辖,同级检察院负责提起公诉,地(市)级以上公安机关负责立案侦查。

操纵证券、期货市场罪和盗窃罪的区别在于犯罪对象、犯罪客体、犯罪行为的不同。

◆ 《刑法》第183条 【职务侵占罪;贪污罪】

从身份犯、故意犯、数额犯的角度讲,保险公司的工作人员利用职务便利故意编造未曾发生的保险事故进行虚假理赔,骗取保险金归自己所有,以职务侵占罪、贪污罪(《刑法》第271条)定罪处罚(公司、企业或其他单位的人员,利用职务便利将本单位财物非法占为己有,数额较大,处5年以下有期刑或拘役;数额巨大,处5年以上有期刑,可并处没收财产)。

从身份犯、故意犯、数额犯的角度讲,国有保险公司工作人员和国有保险公司委派到非国有保险公司从事公务的人员利用职务便利故意编造未曾发生的保险事故进行虚假理赔,骗取保险金归自己所有,以贪污罪、受贿罪(《刑法》第382、383条)定罪处罚。

【2009·卷2·不定项·91-94】(答案:91. ABD;92. ACB;93. C;94. ABCD)甲为某国有企业出纳,为竞争公司财务部主任职位欲向公司副总经理乙行贿。甲通过涂改账目等手段从公司提走20万元,委托总经理办公室秘书丙将15万元交给乙,并要丙在转交该款时一定为自己提升一事向乙"美言几句"。乙收下该款。八天后,乙将收受钱款一事报告了公司总经理,并将15万元交到公司纪检部门。一个月后,甲得知公司委任其他人担任财务部主任,恼羞成怒找到乙说:"还我15万,我去把公司钱款补上。你还须付我10万元精神损害赔偿,否则我就将你告到检察院。"乙反复向甲说明钱已上交不能退还,但甲并不相信。数日后,甲携带一桶汽油闯入乙办公室纵火,导致室内空调等财物被烧毁。请回答91-94。

91. 关于甲从公司提出公款20万元并将其中一部分行贿给乙的行为,下列选项错误的是:

A. 甲构成贪污罪，数额是 20 万元；行贿罪与贪污罪之间是牵连关系，不再单独定罪。B. 甲构成贪污罪、行贿罪，数罪并罚，贪污数额是 5 万元，行贿 15 万元。C. 甲构成贪污罪、行贿罪，数罪并罚，贪污数额是 20 万元，行贿 15 万元。D. 甲对乙说过要"去把公司钱款补上"，应构成挪用公款罪，数额是 20 万元，再与行贿罪并罚。

92. 关于乙的行为，下列选项错误的是：A. 乙构成受贿罪既遂。B. 乙构成受贿罪中止。C. 乙犯罪后上交赃物的行为，属于酌定从轻处罚情节。D. 乙不构成犯罪。

93. 关于丙的行为，下列选项正确的是：A. 丙构成受贿罪共犯。B. 丙构成介绍贿赂罪。C. 丙构成行贿罪共犯。D. 丙没有实行行为，不构成犯罪。

94. 关于甲得知财务部主任由他人担任后实施的行为，下列选项错误的是：A. 甲的行为只构成放火罪。B. 甲索要 10 万元"精神损害赔偿"的行为不构成敲诈勒索罪。C. 甲的行为是敲诈勒索罪与放火罪的想象竞合犯。D. 甲的行为是敲诈勒索罪与放火罪的吸收犯。

贪污罪、受贿罪属于领得罪、夺取罪。(1) 携带挪用的公款潜逃，以贪污罪、受贿罪定罪处罚（《刑法》第 382、383 条）。(2) 贪污、侵占用于预防、控制突发传染病疫情等灾害（突然发生，造成或可能造成社会公众健康严重损害的重大传染病疫情、群体性不明原因疾病以及其他严重影响公众健康的灾害）的款物或挪用归个人使用，构成犯罪，分别以贪污罪、侵占罪、挪用公款罪、挪用资金罪定罪，依法从重处罚。

◆ 《刑法》第 184 条 【非国家工作人员受贿罪】

从行政犯、身份犯、故意犯、数额犯、情节犯的角度讲，银行或其他金融机构的工作人员在金融业务活动中索取他人财物或非法收受他人财物，为他人谋取利益，或违反国家规定，收受各种名义的回扣、手续费，归个人所有，以非国家工作人员受贿罪定罪处罚。

非国家工作人员受贿罪、职务侵占罪的数额较大（6 万元以上）、数额巨大（100 万元以上）的数额起点，按受贿罪、贪污罪相对应的数额较大（3 万元以上不满 20 万元）、数额巨大（20 万元以上不满 300 万元）的数额标准规定的 2 倍、5 倍执行。

◆ 《刑法》第 185 条 【挪用资金罪；挪用公款罪】

从身份犯、故意犯、情节犯、数额犯的角度讲，商业银行、证交所、期交所、证券公司、期货经纪公司、保险公司或其他金融机构的工作人员利用职务便利挪用本单位或客户资金，以挪用资金罪、挪用公款罪（《刑法》第 272 条）定罪处罚。

从国有企业性质、身份犯、故意犯、数额犯、时间犯的角度讲，国有商业银行、证交所、期交所、证券公司、期货经纪公司、保险公司或其他国有金融机构的工作人员和国有商业银行、证交所、期交所、证券公司、期货经纪公司、保险公司或其他国有金融机构委派到商业银行、证交所、期交所、证券公司、期货经纪公司、保险公司或其他金融机构（国有机构）从事公务的人员利用职务便利挪用本单位或客户资金，以挪用公款罪定罪处罚。

从挪用公款案的角度讲，挪用公款罪是国家工作人员利用职务上的便利，挪用公款归个人使用（将公款供本人、亲友或其他自然人使用；以个人名义将公款供其他单位使用；个人决定以单位名义将公款供其他单位使用，谋取个人利益），进行非法活动（违法犯罪活动，原则上不要求挪用公款数额达到较大标准、挪用时间超过 3 个月未还），或挪用公款数额较大（挪用公款归个人使用，数额 5000 元至 1 万元以上，进行非法活动；挪用公款数额 1 万~3 万元以上，归个人进行营利活动；挪用公款归个人使用，数额 1 万~3 万元以上，超过 3 个月未还）、进行营利活动（要求数额较大，无挪用时间要求），或挪用公款数额较大、超过 3 个月未还（案发前未还；有数额、时间的要求）的犯罪行为。(1) 国有金融机构工作人员和国有金融机构委派到非国有金融机构从事公务的人员，利用职务便利，挪用本单位或客户资金，以挪用公款罪追究刑责。(2) 国有公司、企业或其他国有单位中从事公务的人员和国有公司、企业或其他国有单位委派到非国有公司、企业以及其他单位从事公务的人员，利用职务便利，挪用本单位资金归个人使用或借贷给他人，数额较大、超过3个月未还，或虽未超过3个月，但数额较大，进行营利活动，或进行非法活动，以挪用公款罪追责［《刑法》第185（2）、272（2）、384条］。

从司法解释角度讲，挪用公款罪的追诉时效：(1) 挪用公款归个人使用，进行非法活动，或挪用公款数额较大、进行营利活动，犯罪的追诉期限从挪用行为实施完毕之日起算。(2) 挪用公款数额较大、超过3个月未还，犯罪的追诉期限从挪用公款罪成立之日起算。(3) 挪用公款行为有连续状态，犯罪的追诉期限应从最后一次挪用行为实施完毕之日或犯罪成立之日起算。

挪用公款归个人使用的情形：(1) 国家工作人员利用职务便利，以个人名义将公款借给其他自然人或不有法人资格的私营独资企业、私营合伙企业等使用，属于挪用公款归个人使用。(2) 国家工作人员利用职务便利为谋取个人利益，以个人名义将公款借给其他单位使用，属于挪用公款归个人使用。(3) 挪用公款归个人使用（将公款供本人、亲友或其他自然人使用；以个人名义将公款供其他单位使用；个人决定以单位名义将公款供其他单位使用，谋取个人利益），既含挪用者本人使用，也含给他人使用（a. 挪用公款归个人使用，含挪用者本人使用或给他人使用。b. 挪用公款给私有公司、私有企业使用，属于挪用公款归个人使用）。A. 多次挪用公款不还，挪用公款数额累计计算；多次挪用公款，并以后次挪用的公款归还前次挪用的公款，挪用公款数额以案发时未还的实际数额认定。B. 挪用公款数额巨大不退还，是挪用公款数额巨大，因客观原因在一审宣判前不能退还。C. 挪用公款归个人使用，进行非法活动，或挪用公款数额较大、进行营利活动，犯罪的追诉期限从挪用行为实施完毕之日起计算。D. 挪用公款数额较大、超过3个月未还，犯罪的追诉期限从挪用公款罪成立之日起计算。E. 挪用公款行为有连续状态，犯罪的追诉期限应从最后一次挪用行为实施完毕之日或犯罪成立之日起算。

对挪用公款罪，应区分3种不同情况认定：(1) 挪用公款归个人使用，数额较大、超过3个月未还，构成挪用公款罪。A. 挪用正在生息或需要支付利息的公款归个人使用，数额较大，超过3个月但在案发前全部归还本金，可从轻处罚或免除处罚；给国家、集体造成的利息损失应予追缴。B. 挪用公款数额巨大，超过3个月，案发前全部归还，可酌情从轻处罚。(2) 挪用公款数额较大，归个人进行营利活动，构成挪用公款罪，不受挪用时间和是否归还的限制；在案发前部分或全部归还本息，可从轻处罚；情节轻微，可免除处罚。(3) 挪用公款存入银行、用于集资、购买股票、国债等，属于挪用公款进行营利活动；所获取的利息、收益等违法所得，应追缴，但不计入挪用公款的数额。(4) 挪用公款归个人使用，进行赌博、走私等非法活动，构成挪用公款罪，不受数额较大和挪用时间的限制。(5) 挪用公款给他人使用，不知道使用人用公款进行营利活动或用于非法活动，数额较大、超过3个月未还，构成挪用公款罪；明知使用人用于营利活动或非法活动，应认定为挪用人挪用公款进行营利活动或非法活动。

挪用公款罪的共犯、转化犯、罪数问题：(1) 挪用公款给其他个人使用的案件，使用人与挪用人共谋，指使或参与策划取得挪用款，对使用人以挪用公款罪的共犯追究刑责。(2) 挪用公款给他人使用，使用人与挪用人共谋，指使或参与策划取得挪用款，以挪用公款罪的共犯定罪处罚。(3) 因挪用公款索取、收受贿赂构成犯罪，依数罪并罚规定处罚。(4) 挪用公款进行非法活动构成他罪，依数罪并罚规定处罚。(5) 携带挪用的公款潜逃，以贪污罪、受贿罪定罪处罚。

从身份犯、行为犯、数额犯、情节犯的角度讲，国家工作人员利用职务便利挪用公款归个人使用，进行非法活动（挪用公款数额 3 万元以上，归个人使用，进行非法活动），或挪用公款数额较大（挪用公款数额 5 万元以上，归个人使用，进行营利活动或超过 3 个月未还），进行营利活动，犯挪用公款罪，处 5 年以下有期刑或拘役；情节严重（A. 挪用公款归个人使用，进行非法活动：a. 挪用公款数额 100 万元以上。b. 挪用救灾、抢险、防汛、优抚、扶贫、移民、救济特定款物数额 50 万元以上不满 100 万元。c. 挪用公款数额 50 万元以上不满 100 万元，不退还。d. 其他严重的情节。B. 挪用公款归个人使用，进行营利活动或超过 3 个月未还：a. 挪用公款数额 200 万元以上。b. 挪用救灾、抢险、防汛、优抚、扶贫、移民、救济特定款物，数额 100 万元以上不满 200 万元。c. 挪用公款不退还，数额 100 万元以上不满 200 万元。d. 其他严重的情节。C. 挪用公款数额巨大，或数额虽未达到巨大，但挪用公款手段恶劣；多次挪用公款；因挪用公款严重影响生产、经营，造成严重损失等情形），处 5 年以上有期刑；挪用公款数额巨大（a. 挪用公款 300 万元以上，归个人使用，进行非法活动。b. 挪用公款 500 万元以上，归个人使用，进行营利活动或超过 3 个月未还）不退还，处 10 年以上有期刑或无期刑；挪用用于救灾、抢险、防汛、优抚、扶贫、移民、救济款物归个人使用，从重处罚。(1) 挪用救灾、抢险、防汛、优抚、扶贫、移民、救济款物归个人使用的数额标准，参照挪用公款归个人使用进行非法活动的数额标准。(2) 挪用公款归个人使用，进行非法活动，以挪用公款 5000 元至 1 万元为追究刑责的数额起点。A. 挪用公款 5 万~10 万元以上，属于挪用公款归个人使用，进行非法活动，情节严重的情形。B. 挪用公款归个人使用，进行非法活动，情节严重的其他情形，按挪用公款归个人使用，数额较大、进行营利活动，或数额较大、超过 3 个月未还的数额较大或数额较大的起点标准执行。

违反农业机械化促进法，截留、挪用对农民和农业生产经营组织购买国家支持推广的先进适用的农业机械补贴专项资金、农业机械的农业生产作业用燃油安排财政补贴，由上级主管机关责令限期归还被截留、挪用的资金，没收非法所得，并由上级主管机关、监察机关或所在单位对直接负责的主管人员和其他直接责任人员给予行政处分；构成犯罪，依法追究刑责。

挪用类犯罪有挪用资金罪、挪用公款罪、挪用特定款物罪的根本差异在于犯罪主体、犯罪对象、犯罪客体的不同。

从旧司法解释的角度讲，挪用公款罪中未含挪用非特定公物归个人使用的行为，对该行为不以挪用公款处，若构成他罪，依刑法相关规定定罪处罚。因此，应设置挪用公共财物、公共资源罪等罪名以形成反腐败斗争条件下的挪用类罪名体系。

◆《刑法》第 185 条之一 【背信运用受托财产罪；违法运用资金罪】

从单位犯罪、故意犯、数额犯、情节犯的角度讲，商业银行、证交所、期交所、证券公司、期货经纪公司、保险公司或其他金融机构，违背受托义务，擅自运用客户资金或其他委托、信托的财产，情节严重，对单位判处罚金，并对其直接负责的主管人员和其他直接责任人员，处 3 年以下有期刑或拘役，并处 3 万元以上 30 万元以下罚金；情节特别严重，处 3 年以上 10 年以下有期刑，并处 5 万元以上 50 万元以下罚金。

背信运用受托财产案的 3 种立案追诉标准：(1) 擅自运用客户资金或其他委托、信托的财产数额 30 万元以上。(2) 虽未达到运用客户资金或其他委托、信托的财产数额 30 万元以上数额标准，但多次擅自运用客户资金或其他委托、信托的财产，或擅自运用多个客户资金或其他委托、信托的财产。(3) 其他情节严重情形。

从单位犯罪、身份犯、数额犯的角度讲，社会保障基金管理机构、住房公积金管理机构等公众资金管理机构，以及保险公司、保险资产管理公司、证券投资基金管理公司，违反国家规定运用资金，对其直接负责的主管人员和其他直接责任人员，以违法运用资金罪处罚。

违法运用资金案的立案追诉标准：（1）违反国家规定运用资金数额30万元以上。（2）虽未达到运用资金数额30万元以上数额标准，但多次违反国家规定运用资金。（3）其他情节严重情形。

◆ 《刑法》 第186条 【违法发放贷款罪】

从身份犯、故意犯、数额犯的角度讲，银行或其他金融机构的工作人员违反国家规定发放贷款，数额巨大或造成重大损失，处5年以下有期刑或拘役，并处1万元以上10万元以下罚金；数额特别巨大或造成特别重大损失，处5年以上有期刑，并处2万元以上20万元以下罚金。

违法发放贷款案的两种立案追诉标准：（1）违法发放贷款，数额100万元以上。（2）违法发放贷款，造成直接经济损失数额20万元以上。

银行或其他金融机构的工作人员违反国家规定，向关系人（依商业银行法、有关金融法规确定关系人的范围）发放贷款，以违法发放贷款罪从重处罚。

单位犯违法发放贷款罪，对单位判处罚金，并对其直接负责的主管人员和其他直接责任人员，以违法发放贷款罪处罚。

◆ 《刑法》 第187条 【吸收客户资金不入账罪】

从身份犯、故意犯、数额犯的角度讲，银行或其他金融机构的工作人员吸收客户资金不入账，数额巨大或造成重大损失，处5年以下有期刑或拘役，并处2万元以上20万元以下罚金；数额特别巨大或造成特别重大损失，处5年以上有期刑，并处5万元以上50万元以下罚金。

吸收客户资金不入账案的两种立案追诉标准：（1）吸收客户资金不入账，数额100万元以上。（2）吸收客户资金不入账，造成直接经济损失数额20万元以上。

单位犯吸收客户资金不入账罪，对单位判处罚金，并对其直接负责的主管人员和其他直接责任人员，以吸收客户资金不入账罪处罚。

◆ 《刑法》 第188条 【违规出具金融票证罪】

从身份犯、故意犯、情节犯的角度讲，银行或其他金融机构的工作人员违反规定，为他人出具信用证或其他保函、票据、存单、资信证明，情节严重，处5年以下有期刑或拘役；情节特别严重，处5年以上有期刑。

违规出具金融票证案的5种立案追诉标准：（1）多次违规出具信用证或其他保函、票据、存单、资信证明。（2）接受贿赂违规出具信用证或其他保函、票据、存单、资信证明。（3）违反规定为他人出具信用证或其他保函、票据、存单、资信证明，造成直接经济损失数额20万元以上。（4）违反规定为他人出具信用证或其他保函、票据、存单、资信证明，数额100万元以上。（5）其他情节严重情形。

单位犯违规出具金融票证罪，对单位判处罚金，并对其直接负责的主管人员和其他直接责任人员，以违规出具金融票证罪处罚。

◆ 《刑法》 第189条 【对违法票据承兑、付款、保证罪】

从身份犯、故意犯、结果犯的角度讲，银行或其他金融机构的工作人员在票据业务中，对违反票据法规定的票据承兑、付款或保证，造成重大损失，处5年以下有期刑或拘役；造成特别重大损失，处5年以上有期刑。

银行或其他金融机构及其工作人员在票据业务中，对违反票据法规定的票据承兑、付款或保证，造成直接经济损失数额20万元以上，应立案追诉。

单位犯对违法票据承兑、付款、保证罪，对单位判处罚金，并对其直接负责的主管人员和其他直接责任人员，以对违法票据承兑、付款、保证罪处罚。

◆ 《刑法》第190条 【逃汇罪】

从单位犯罪、行政犯、故意犯、情节犯的角度讲，国有公司、企业或其他国有单位，违反国家规定，擅自将外汇存放境外或将境内外汇非法转移到境外（犯罪行为），情节严重，对单位判处罚金，并对其直接负责的主管人员和其他直接责任人员，处5年以下有期刑或拘役。

公司、企业或其他单位，违反国家规定，擅自将外汇存放境外，或将境内外汇非法转移到境外，单笔在200万美元以上或累计数额500万美元以上，或骗购外汇，数额50万美元以上，均应立案追诉。

◆ 《刑法》第191条 【洗钱罪】

从故意犯、行为犯、情节犯、数额犯的角度讲，明知是毒品犯罪、黑社会性质的组织犯罪、恐怖活动犯罪、走私犯罪、贪污贿赂犯罪、破坏金融管理秩序犯罪、金融诈骗犯罪的所得及其产生的收益，为掩饰、隐瞒其来源和性质，没收实施以上犯罪的所得及其产生的收益，处5年以下有期刑或拘役，并处或单处洗钱数额5%以上20%以下罚金；情节严重，处5年以上10年以下有期刑，并处洗钱数额5%以上20%以下罚金（a. 提供资金账户。b. 协助将资金汇往境外。c. 协助将财产转换为现金、金融票据、有价证券。d. 通过转账或其他结算方式协助资金转移。e. 以其他方法掩饰、隐瞒犯罪所得及其收益的来源和性质）。

单位犯洗钱罪，对单位判处罚金，并对其直接负责的主管人员和其他直接责任人员，处5年以下有期刑或拘役；情节严重，处5年以上10年以下有期刑。

洗钱罪是明知是毒品犯罪、黑社会性质犯罪、恐怖活动犯罪、走私犯罪、贪污贿赂犯罪、破坏金融管理秩序犯罪、金融诈骗犯罪7种上游犯罪的所得及其收益，为掩饰、隐瞒其来源与性质，而提供资金账户，协助将财产转换为现金、金融票据、有价证券，通过转账或其他结算方式协助资金转移，协助将资金汇往境外，或以其他方式掩饰、隐瞒犯罪所得及其收益的性质和来源的行为。（1）从洗钱罪的上游犯罪类型的角度讲，贷款诈骗为金融诈骗性质的犯罪。（2）一般而言，单位不能成立贷款诈骗罪的主体，单位实施贷款诈骗的行为以合同诈骗罪处罚，但单位实施贷款诈骗行为的本质仍是对银行贷款的诈骗，为其所得实施洗钱行为，成立洗钱罪。（3）对危害国安、走私、洗钱、金融诈骗、黑社会性质的组织、毒品犯罪案件的嫌犯、被告人逃匿，在通缉1年后不能到案，或嫌犯、被告人死亡，依刑法规定应追缴其违法所得及其他涉案财产，应写出没收违法所得意见书，移送检察院。

洗钱案的5种立案追诉标准：（1）提供资金账户。（2）通过转账或其他结算方式协助资金转移。（3）协助将资金汇往境外。（4）协助将财产转换为现金、金融票据、有价证券。（5）以其他方法掩饰、隐瞒犯罪所得及其收益的来源和性质。

第五节 金融诈骗罪（第192~200条）

从犯罪形态、罪责刑相适应原则的角度讲，金融诈骗罪的既遂、未遂问题有争议性，存在区别说、控制说、占有说、非法占有说、非法占有目的实现说、非法取得说等理论观点。[42]

---

[42] 李文燕主编：《金融诈骗犯罪研究》，中国人民公安大学出版社2002年版，第51页（区别说）；金泽刚：《犯罪既遂的理论与实践》，人民法院出版社2001年版，第293页（控制说）；陈兴良主编：《罪名指南》，中国政法大学出版社2000年版，第446页。(非法占有目的实现说)；刘之雄：《犯罪既遂论》，中国人民公安大学出版社2003年版，第279页（非法取得说）。

金融诈骗罪的罪名：合同诈骗罪；票据诈骗罪；贷款诈骗罪；信用卡诈骗罪；信用证诈骗罪；金融凭证诈骗罪；集资诈骗罪；有价证券诈骗罪；保险诈骗罪；招摇撞骗罪。

金融诈骗罪的最高刑：（1）集资诈骗罪，数额较大，处5年以下有期刑或拘役，并处2万元以上20万元以下罚金；数额巨大或有其他严重情节，处5年以上10年以下有期刑，并处5万元以上50万元以下罚金；数额特别巨大或有其他特别严重情节，处10年以上有期刑或无期刑，并处5万元以上50万元以下罚金或没收财产。（2）贷款诈骗罪，数额较大，处5年以下有期刑或拘役，并处2万元以上20万元以下罚金；数额巨大或有其他严重情节，处5年以上10年以下有期刑，并处5万元以上50万元以下罚金；数额特别巨大或有其他特别严重情节，处10年以上有期刑或无期刑，并处5万元以上50万元以下罚金或没收财产。（3）票据诈骗罪、金融凭证诈骗罪，数额较大，处5年以下有期刑或拘役，并处2万元以上20万元以下罚金；数额巨大或有其他严重情节，处5年以上10年以下有期刑，并处5万元以上50万元以下罚金；数额特别巨大或有其他特别严重情节，处10年以上有期刑或无期刑，并处5万元以上50万元以下罚金或没收财产。（4）信用证诈骗罪，数额巨大或有其他严重情节，处5年以上10年以下有期刑，并处5万元以上50万元以下罚金；数额特别巨大或有其他特别严重情节，处10年以上有期刑或无期刑，并处5万元以上50万元以下罚金或没收财产。（5）信用卡诈骗罪、盗窃罪，数额巨大或有其他严重情节，处5年以上10年以下有期刑，并处5万元以上50万元以下罚金；数额特别巨大或有其他特别严重情节，处10年以上有期刑或无期刑，并处5万元以上50万元以下罚金或没收财产。（6）有价证券诈骗罪，数额较大，处5年以下有期刑或拘役，并处2万元以上20万元以下罚金；数额巨大或有其他严重情节，处5年以上10年以下有期刑，并处5万元以上50万元以下罚金；数额特别巨大或有其他特别严重情节，处10年以上有期刑或无期刑，并处5万元以上50万元以下罚金或没收财产。（7）保险诈骗罪，数额较大，处5年以下有期刑或拘役，并处1万元以上10万元以下罚金；数额巨大或有其他严重情节，处5年以上10年以下有期刑，并处2万元以上20万元以下罚金；数额特别巨大或有其他特别严重情节，处10年以上有期刑，并处2万元以上20万元以下罚金或没收财产。（8）单位犯保险诈骗罪，对单位判处罚金，并对其直接负责的主管人员和其他直接责任人员，处5年以下有期刑或拘役；数额巨大或有其他严重情节，处5年以上10年以下有期刑；数额特别巨大或有其他特别严重情节，处10年以上有期刑。（9）从金融诈骗罪的角度讲，单位犯集资诈骗罪、票据诈骗罪、金融凭证诈骗罪、信用证诈骗罪，对单位判处罚金，并对其直接负责的主管人员和其他直接责任人员，处5年以下有期刑或拘役，可并处罚金；数额巨大或有其他严重情节，处5年以上10年以下有期刑，并处罚金；数额特别巨大或有其他特别严重情节，处10年以上有期刑或无期刑，并处罚金。

单位犯金融诈骗罪的处罚规定：单位犯集资诈骗罪、票据诈骗罪、金融凭证诈骗罪、信用证诈骗罪，对单位判处罚金，并对其直接负责的主管人员和其他直接责任人员，处5年以下有期刑或拘役，可并处罚金；数额巨大或有其他严重情节，处5年以上10年以下有期刑，并处罚金；数额特别巨大或有其他特别严重情节，处10年以上有期刑或无期刑，并处罚金。

公安机关办理非法集资、传销及利用通信工具、互联网等技术手段实施的经济犯罪案件，确因客观条件的限制无法逐一收集被害人陈述、证人证言等相关证据，可结合已收集的言词证据和依法收集并查证属实的物证、书证、视听资料、电子数据等实物证据，综合认定涉案人员人数和涉案资金数额等犯罪事实，做到证据确实、充分。（1）犯罪地（犯罪行为地、犯罪结果地）、嫌犯居住地的公安机关可依法对属于公安机关管辖的刑事案件立案侦查。（2）诈骗犯罪案件的犯罪结果地是嫌犯实际取得财产地。因此，除诈骗行为地、嫌犯实际取得财产的结果发生地和嫌犯居住地外，其他地方公安机关不能对诈骗犯罪案件立案侦查，但对公民扭送、报案、控告、举报或嫌犯自首，都应立即受理，经审查认为有犯罪事实，移送有管辖权的公安机关处理。

【2017・卷2・单选・14】（答案：B）关于诈骗犯罪的论述，下列哪一选项是正确的（不考虑数额）？A. 与银行工作人员相勾结，使用伪造的银行存单，骗取银行巨额存款的，只能构成票据诈骗罪，不构成金融凭证诈骗罪。B. 单位以非法占有目的骗取银行贷款的，不能以贷款诈骗罪追究单位的刑事责任，但可以该罪追究策划人员的刑事责任。C. 购买意外伤害保险，制造自己意外受重伤假象，骗取保险公司巨额保险金的，仅构成保险诈骗罪，不构成合同诈骗罪。D. 签订合同时并无非法占有目的，履行合同过程中才产生非法占有目的，后收受被害人货款逃匿的，不构成合同诈骗罪。

◆ 《刑法》第192条【集资诈骗罪】

从故意犯、目的犯、数额犯、情节犯的角度讲，以非法占有为目的（有使用诈骗方法非法集资的8种情形：a. 携带集资款逃匿。b. 将集资款用于违法犯罪活动。c. 拒不交代资金去向，逃避返还资金。d. 隐匿、销毁账目，或搞假破产、假倒闭，逃避返还资金。e. 抽逃、转移资金、隐匿财产，逃避返还资金。f. 肆意挥霍集资款，使集资款不能返还。g. 集资后不用于生产经营活动或用于生产经营活动与筹集资金规模明显不成比例，使集资款不能返还。h. 其他可认定非法占有目的情形），使用诈骗方法非法集资，数额较大（a. 个人进行集资诈骗，数额10万元以上。b. 单位进行集资诈骗，数额50万元以上），处5年以下有期刑或拘役，并处2万元以上20万元以下罚金；数额巨大（a. 个人进行集资诈骗，数额30万元以上。b. 单位进行集资诈骗，数额150万元以上）或有其他严重情节，处5年以上10年以下有期刑，并处5万元以上50万元以下罚金；数额特别巨大（a. 个人进行集资诈骗，数额100万元以上。b. 单位进行集资诈骗，数额500万元以上）或有其他特别严重情节，处10年以上有期刑或无期刑，并处5万元以上50万元以下罚金或没收财产。

国家工作人员有明知单位和个人所申请机构或业务涉嫌非法集资，仍为其办理行政许可或注册手续；明知所主管、监管的单位有涉嫌非法集资行为，未依法及时处理或移送处置非法集资职能部门；查处非法集资过程中滥用职权、玩忽职守、徇私舞弊；徇私舞弊不向司法机关移交非法集资刑事案件；其他通过职务行为或利用职务影响，支持、帮助、纵容非法集资的情形，构成犯罪，应依法追究刑责。

非法集资案件的管辖问题：（1）跨区域非法集资刑事案件按国务院《关于进一步做好防范和处置非法集资工作的意见》确定的工作原则办理；若合并侦查、诉讼更为适宜，可合并办理。（2）办理跨区域非法集资刑事案件，若多个公安机关都有权立案侦查，一般由主要犯罪地（非法集资活动的主要组织、策划、实施地，集资行为人的注册地、主要营业地、主要办事机构所在地，集资参与人的主要所在地等）公安机关作为案件主办地，对主要嫌犯立案侦查和移送审查起诉；由他罪地公安机关作为案件分办地根据案件具体情况，对本地区嫌犯立案侦查和移送审查起诉。（3）管辖不明或有争议，按有利于查清犯罪事实、有利于诉讼的原则，由其共同的上级公安机关协调确定或指定有关公安机关作为案件主办地立案侦查。需提请批准逮捕、移送审查起诉、提起公诉，由分别立案侦查的公安机关所在地的检察院、法院受理。（4）对重大、疑难、复杂的跨区域非法集资刑事案件，公安机关应在协调确定或指定案件主办地立案侦查的同时，通报同级检察院、法院，因此检察院、法院确定主要犯罪地作为案件主办地，他罪地作为案件分办地，由所在地的检察院、法院负责起诉、审判。

非法集资案件的犯罪数额的认定问题：（1）非法吸收或变相吸收公众存款构成犯罪，有在向亲友或单位内部人员吸收资金的过程中，明知亲友或单位内部人员向不特定对象吸收资金而予以放任；以吸收资金为目的，将社会人员吸收为单位内部人员，并向其吸收资金；向社会公开宣传，同时向不特定对象、亲友或单位内部人员吸收资金的情形，向亲友或单位内部人员吸收的资金应与向不特定对象吸收的资金一并计入犯罪数额。（2）非法吸收或变相吸收公众存款的数额，以行为人所吸收的资金全额计算。集资参与人收回本金或获得回报后又重复投资的数额不予扣除，但可作为量刑情节酌情考虑。

集资诈骗的数额以行为人实际骗取的数额计算，案发前已归还的数额应扣除。（1）行为人为实施集资诈骗活动而支付的广告费、中介费、手续费、回扣，或用于行贿、赠与等费用，不扣除。（2）行为人为实施集资诈骗活动而支付的利息，除本金未归还可予折抵本金外，应计入诈骗数额。

集资诈骗案的两种立案追诉标准：（1）个人集资诈骗，数额10万元以上。（2）单位集资诈骗，数额50万元以上。

从非法吸收公众存款罪的本质（非法吸收公众存款的非法性、集资性、市场性、公开性、利诱性、迷惑性、社会性、严重性、风险性）的角度，以非法占有为目的，使用诈骗方法实施11种非法吸收公众存款的违法犯罪行为［a. 利用民间会、社等组织非法吸收资金。b. 以投资入股的方式非法吸收资金。c. 以委托理财的方式非法吸收资金。d. 以转让林权并代为管护等方式非法吸收资金。e. 以代种植（养殖）、租种植（养殖）、联合种植（养殖）等方式非法吸收资金。f. 不具有房产销售（转移房屋的占有、使用、收益、处分的全部权利；房产销售不能等同于商品销售或提供服务；不动产使用权依法不能单独出售）的真实内容或不以房产销售为主要目的，以返本销售、售后包租、约定回购、销售房产份额等方式非法吸收资金（以房地产为名进行非吸的判断标准：涉案单位是否有权进行销售、转让等处理；支付给投资人一定回报的理由是否正当；给付的回报额度、约定的条件等是否符合一般的市场交易规则等）。g. 不有销售商品、提供服务的真实内容或不以销售商品、提供服务为主要目的，以商品回购、寄存代售等方式非法吸收资金。h. 不有发行股票、债券的真实内容，以虚假转让股权、发售虚构债券等方式非法吸收资金。i. 不有募集基金的真实内容，以假借境外基金、发售虚构基金等方式非法吸收资金。j. 不有销售保险的真实内容，以假冒保险公司、伪造保险单据等方式非法吸收资金。k. 其他非法吸收资金的行为］，应以集资诈骗罪定罪处罚。

集资诈骗罪中的非法占有目的，应区分情形进行具体认定。（1）行为人部分非法集资行为有非法占有目的，对该部分非法集资行为所涉集资款以集资诈骗罪定罪处罚；非法集资共犯中部分行为人有非法占有目的，其他行为人无非法占有集资款的共同故意和行为，对有非法占有目的的行为人以集资诈骗罪定罪处罚。（2）集资诈骗罪的量刑：构成集资诈骗罪，可根据不同情形在相应的幅度内确定量刑起点：A. 达到数额较大起点，可在2年以下有期刑、拘役幅度内确定量刑起点。B. 达到数额巨大起点或有其他严重情节，可在5年-6年有期刑幅度内确定量刑起点。C. 达到数额特别巨大起点或有其他特别严重情节，可在10年-12年有期刑幅度内确定量刑起点，以依法应判无期刑为例外。（3）在量刑起点的基础上，据集资诈骗数额等其他影响犯罪构成的犯罪事实增加刑罚量，确定基准刑。

非法集资手段网络化、多样化，从实体产品转向金融产品。非法集资组织化、网络化趋势日益明显，线上线下相互结合，传播速度更快、覆盖范围更广。犯罪分子假借迎合国家政策，打着金融创新、经济新业态、资本运作等幌子，从种植养殖、资源开发、房地产向投资理财、网络借贷、股权众筹、虚拟货币转变，迷惑性更强，金融互助、消费返利、养老投资等新型犯罪层出不穷，互联网+传销+非法集资模式案件多发，层级扩张快，传染性很强，金融监管、防范打击难度加大，易形成跨区域大案。

从《关于非法集资刑事案件性质认定问题的通知》（2011年）的角度讲，法院应依刑法、审理非法集资刑事案件解释等有关规定认定案件事实的性质，并认定相关行为是否构成犯罪。（1）行政部门对非法集资的性质认定，不是非法集资案件进入刑事程序的必经程序。行政部门未对非法集资作出性质认定，不影响非法集资刑事案件的审判。（2）对案情复杂、性质认定疑难的案件，法院可在有关部门关于是否符合行业技术标准的行政认定意见的基础上，据案件事实和法律规定作出性质认定。（3）非法集资刑事案件的审判工作涉及领域广、专业性强，法院在审理此类案件当中要注意加强与有关行政主（监）管部门及公安机关、检察院的配合。

非法集资办案工作机制问题：（1）非法集资案件主办地和其他涉案地办案机关应密切沟通协调，协同推进侦查、起诉、审判、资产处置工作，配合有关部门最大限度追赃挽损。（2）非法集资案件主办地办案机关应统一负责主要嫌犯、被告人涉嫌非法集资全部犯罪事实的立案侦查、起诉、审判，防止遗漏犯罪事实；并应就全案处理政策、追诉主要嫌犯、被告人的证据要求及诉讼时限、追赃挽损、资产处置等工作要求，向其他涉案地办案机关进行通报。其他涉案地办案机关应对本地区嫌犯、被告人涉嫌非法集资的犯罪事实及时立案侦查、起诉、审判，积极协助主办地处置涉案资产。（3）非法集资案件主办地和其他涉案地办案机关应建立和完善证据交换共享机制。对涉及主要嫌犯、被告人的证据，一般由案件主办地办案机关负责收集，其他涉案地提供协助。A. 非法集资案件主办地办案机关应及时通报接收涉及主要嫌犯、被告人的证据材料的程序及要求。B. 其他涉案地办案机关需案件主办地提供证据材料，应向案件主办地办案机关提出证据需求，由案件主办地收集并依法移送；无法移送证据原件，应在移送复制件的同时，按相关规定作出说明。

从行政执法与刑事司法衔接的角度讲，处置非法集资职能部门或有关行政主管部门，在调查非法集资行为或行政执法过程中，认为案情重大、疑难、复杂，可商请公安机关就追诉标准、证据固定等问题提出咨询或参考意见；发现非法集资行为涉嫌犯罪，应按《行政执法机关移送涉嫌犯罪案件的规定》（2001年）等规定，履行相关手续，在规定的期限内将案件移送公安机关。公检法在办理非法集资刑事案件过程中，可商请处置非法集资职能部门或有关行政主管部门指派专业人员配合开展工作，协助查阅、复制有关专业资料，就案件涉及的专业问题出具认定意见。涉及需行政处理的事项，应及时移交处置非法集资职能部门或有关行政主管部门依法处理。

非法集资案件的宽严相济刑事政策把握问题：（1）办理非法集资刑事案件，应贯彻宽严相济刑事政策，依法合理把握追究刑责的范围，综合运用刑事手段和行政手段处置和化解风险，做到惩处少数、教育挽救大多数。要根据行为人的客观行为、主观恶性、犯罪情节及其地位、作用、层级、职务等情况，综合判断行为人的责任轻重和刑事追究的必要性，按区别对待原则分类处理涉案人员，做到罚当其罪、罪责刑相适应。（2）重点惩处非法集资犯罪活动的组织者、领导者和管理人员，含单位犯罪中的上级单位（总公司、母公司）的核心层、管理层和骨干人员，下属单位（分公司、子公司）的管理层和骨干人员，以及其他发挥主要作用的人员。（3）对涉案人员积极配合调查、主动退赃退赔、真诚认罪悔罪，可依法从轻处罚；其中情节轻微，可免除处罚；情节显著轻微、危害不大，不作为犯罪处理。

从《关于办理非法集资刑事案件若干问题的意见》（2019年）的角度，公检法认定非法集资的非法性，应以国家金融管理法律法规作为依据。对国家金融管理法律法规仅作原则性规定，可根据法律规定的精神并参考中国银行、中国银监会、中国证监会等行政主管部门依国家金融管理法律法规制定的部门规章或国家有关金融管理的规定、办法、实施细则等规范性文件的规定予以认定。

非法集资单位犯罪的认定问题：（1）单位实施非法集资犯罪活动，全部或大部分违法所得归单位所有，应认定为单位犯罪。（2）个人为进行非法集资犯罪活动而设立的单位实施犯罪，或单位设立后，以实施非法集资犯罪活动为主要活动，不以单位犯罪论处，对单位中组织、策划、实施非法集资犯罪活动的人员应以自然人犯罪依法追究刑责。（3）判断单位是否以实施非法集资犯罪活动为主要活动，应根据单位实施非法集资的次数、频度、持续时间、资金规模、资金流向、投入人力物力情况、单位进行正当经营的状况以及犯罪活动的影响、后果等因素综合考虑认定。

非法集资涉案下属单位的处理问题：（1）办理非法集资刑事案件中，公检法应全面查清涉案单位，含上级单位（总公司、母公司）和下属单位（分公司、子公司）的主体资格、层级、关系、地位、作用、资金流向等，区分情况依法作出处理。（2）上级单位已被认定为单位犯罪，下属单位实施非法集资犯罪活动，且全部或大部分违法所得归下属单位所有，对该下属单位也应认定为单位犯罪。上级单位和下属单位构成共同犯罪，应根据犯罪单位的地位、作用，确定犯罪单位的刑责。（3）上级单位已被认定为单位犯罪，下属单位实施非法集资犯罪活动，但全部或大部分违法所得归上级单位所有，对下属单位不单独认定为单位犯罪。下属单位中涉嫌犯罪的人员，可作为上级单位的其他直接责任人员依法追究刑责。（4）上级单位未被认定为单位犯罪，下属单位被认定为单位犯罪，对上级单位中组织、策划、实施非法集资犯罪的人员，一般可与下属单位按自然人与单位共同犯罪处理。（5）上级单位与下属单位均未被认定为单位犯罪，一般以上级单位与下属单位中承担组织、领导、管理、协调职责的主管人员和发挥主要作用的人员作为主犯，以其他积极参加非法集资犯罪的人员作为从犯，按自然人共同犯罪处理。

非法集资涉案财物追缴处置问题：（1）办理跨区域非法集资刑事案件，案件主办地办案机关应及时归集涉案财物，为统一资产处置做好基础性工作。（2）其他涉案地办案机关应及时查明涉案财物，明确其来源、去向、用途、流转情况，依法办理查封、扣押、冻结手续，并制作详细清单，对扣押款项应设立明细账，在扣押后立即存入办案机关唯一合规账户，并将有关情况提供案件主办地办案机关。（3）公检法应严格依刑诉法和相关司法解释，依法移送、审查、处理查封、扣押、冻结的涉案财物。（4）对审判时尚未追缴到案或尚未足额退赔的违法所得，法院应判决继续追缴或责令退赔，并由法院负责执行，处置非法集资职能部门、检察院、公安机关等应予以配合。（5）法院对涉案财物依法作出判决后，有关地方和部门应在处置非法集资职能部门统筹协调下，切实履行协作义务，综合运用多种手段，做好涉案财物清运、财产变现、资金归集、资金清退等工作，确保最大限度减少实际损失。（6）根据有关规定，查封、扣押、冻结的涉案财物，一般应在诉讼终结后返还集资参与人。A. 涉案财物不足全部返还，按集资参与人的集资额比例返还。B. 退赔集资参与人的损失一般优先于其他民事债务以及罚金、没收财产的执行。

非法集资犯罪涉及非法吸收公众存款罪、集资诈骗罪等罪名，关键在于犯罪客体、犯罪对象、社会危害程度、法定刑的不同。集资诈骗罪的刑罚重于非法吸收公众存款罪的刑罚。

◆《刑法》第193条 【贷款诈骗罪】

从故意犯、目的犯、数额犯、情节犯的角度讲，以非法占有为目的，诈骗银行或其他金融机构的贷款（a. 编造引进资金、项目等虚假理由。b. 使用虚假经济合同。c. 使用虚假证明文件。d. 使用虚假的产权证明作担保或超出抵押物价值重复担保。e. 以其他方法诈骗贷款），数额较大，处5年以下有期刑或拘役，并处2万元以上20万元以下罚金；数额巨大或有其他严重情节，处5年以上10年以下有期刑，并处5万元以上50万元以下罚金；数额特别巨大或有其他特别严重情节，处10年以上有期刑或无期刑，并处5万元以上50万元以下罚金或没收财产。

贷款诈骗罪是以非法出有为目的，编造引进资金、项目等虚假理由、使用虚假的经济合同、使用虚假的证明文件、使用虚假的产权证明作担保、超出抵押物价值重复担保或以其他方法，诈骗银行或其他金融机构的贷款，数额较大的行为。以非法占有为目的，诈骗银行或其他金融机构的贷款，数额2万元以上，应立案追诉。

【2005·卷2·单选·16】（答案：A 或 B）甲公司为了解决资金不足，以与虚构的单位签订供货合同的方法，向银行申请获得贷款200万元，并将该款用于购置造酒设备和原料，后因生产、销售假冒注册商标的红酒被查处，导致银行贷款不能归还。甲公司获取贷款的行为构成：A. 贷款诈骗罪。B. 合同诈骗罪。C. 集资诈骗罪。D. 民事欺诈，不构成犯罪。

【2007·卷2·单选·11】（答案：D）关于贷款诈骗罪的判断，下列哪一选项是正确的？A. 甲以欺诈手段骗取银行贷款，给银行造成重大损失的，构成贷款诈骗罪。B. 乙以牟利为目的套取银行信贷资金，转贷给某企业，从中赚取巨额利益的，构成贷款诈骗罪。C. 丙公司以非法占有为目的，编造虚假的项目骗取银行贷款。该公司构成贷款诈骗罪。D. 丁使用虚假的证明文件，骗取银行贷款后携款潜逃的，构成贷款诈骗罪。

对集资诈骗、贷款诈骗、制贩假币以及扰乱、操纵证券、期货市场等严重危害金融秩序的犯罪，生产、销售假药、劣药、有毒有害食品等严重危害食品药品安全的犯罪，走私等严重侵害国家经济利益的犯罪，造成严重后果的重大安全责任事故犯罪，重大环境污染、非法采矿、盗伐林木等各种严重破坏环境资源的犯罪等，要依法从严惩处，维护国家的经济秩序，保护广大群众的生命健康安全。

从全国法院审理金融犯罪案件工作座谈会纪要的角度讲，单位不能构成贷款诈骗罪的主体，但有争议性。我国1997年《刑法》对单位贷款诈骗行为以合同诈骗罪论处，尚未规定单位为贷款诈骗罪的主体。

对法律规定有附加财产刑，要依法适用。对侵财型和贪利型犯罪，更要注重通过依法适用财产刑使罪犯受到经济上的惩罚，剥夺其重新犯罪的能力和条件。要切实加大财产刑的执行力度，确保刑罚的严厉性和惩罚功能得以实现。被告人非法占有、处置被害人财产不能退赃，在决定刑罚时，应作为重要情节考虑，体现从严处罚精神。

贷款诈骗罪、金融凭证诈骗罪都是目的犯，有将贷款或用伪造、变造的金融凭证骗取的钱财占为己有或使第三者不法所有而未归还的意图或非法占有或不法所有的根本目的。

◆ 《刑法》第194条【票据诈骗罪；金融凭证诈骗罪】

从诈骗犯、故意犯、目的犯、数额犯、情节犯的角度讲，进行金融票据诈骗活动，数额较大，处5年以下有期刑或拘役，并处2万元以上20万元以下罚金；数额巨大或有其他严重情节，处5年以上10年以下有期刑，并处5万元以上50万元以下罚金；数额特别巨大或有其他特别严重情节，处10年以上有期刑或无期刑，并处5万元以上50万元以下罚金或没收财产（a. 明知是伪造、变造的汇票、本票、支票而使用。b. 明知是作废的汇票、本票、支票而使用。c. 冒用他人的汇票、本票、支票。d. 签发空头支票或与其预留印鉴不符的支票，骗取财物。e. 汇票、本票的出票人签发无资金保证的汇票、本票或在出票时作虚假记载，骗取财物）。

从刑法、票据法的角度讲，票据诈骗罪是以非法占有为目的，采用虚构事实、隐瞒真相的方法，利用金融票据进行诈骗活动，数额较大的行为。（1）票据诈骗案的两种立案标准：A. 个人进行金融票据［金融证：票据（汇票、本票、支票）、金融凭证（委托收款凭证、汇款凭证、银行存单等银行结算凭证）、信用证（含信用证附随的单据、文件）、信用卡（贷记卡、准贷记卡；银行卡、非银行卡；公司卡、个人卡；普通卡、金卡；国际卡、地区卡）］诈骗，数额1万元以上。B. 单位进行金融票据诈骗，数额10万元以上。（2）以签发空头支票的方式骗取数额较大的财物，构成票据诈骗罪。（3）从比较法的角度讲，票据诈骗罪和诈骗罪之间是适用特殊条款优于普通条款原则的特殊条款和普通条款的法条竞合关系。

对以窃取、收买等手段非法获取他人信用卡信息资料后在异地使用的信用卡诈骗犯罪案件，持卡人信用卡申领地的公检法可依法立案侦查、起诉、审判。银行进账单、支付系统专用凭证、转账贷方传票属于银行结算凭证,而支票存根联是出票人自行留存、用于核对账务的内部凭证,不属于银行结算凭证。

【2003·卷2·单选·7】(答案:B)钱某持盗来的身份证及伪造的空头支票,骗取某音像中心 VCD 光盘4000张,票面金额3.5万元。物价部门进行赃物估价鉴定的结论为:"盗版光盘无价值。"对钱某骗取光盘的行为应如何定性?A. 钱某的行为不构成犯罪。B. 钱某的行为构成票据诈骗罪的既遂,数额按票面金额计算。C. 钱某的行为构成票据诈骗罪的未遂。D. 钱某的行为构成诈骗罪的既遂,数额按票面金额计算。

金融凭证诈骗罪是使用伪造、变造的委托收款凭证、汇款凭证、银行存单等其他银行结算凭证,骗取他人财物,数额较大的行为。(1)金融凭证诈骗案的两种立案追诉标准:A. 个人进行金融凭证诈骗,数额1万元以上。B. 单位进行金融凭证诈骗,数额10万元以上。(2)使用伪造、变造的委托收款凭证、汇款凭证、银行存单等其他银行结算凭证,以金融凭证诈骗罪处罚。

◆《刑法》第195条【信用证诈骗罪】

从故意犯、行为犯、情节犯、数额犯的角度讲,进行信用证诈骗活动,犯信用证诈骗罪,处5年以下有期刑或拘役,并处2万元以上20万元以下罚金;数额巨大或有其他严重情节,处5年以上10年以下有期刑,并处5万元以上50万元以下罚金;数额特别巨大或有其他特别严重情节,处10年以上有期刑或无期刑,并处5万元以上50万元以下罚金或没收财产(a. 骗取信用证。b. 使用作废的信用证。c. 使用伪造、变造的信用证或附随的单据、文件。d. 以其他方法进行信用证诈骗活动)。

信用证诈骗案的4种立案追诉标准:(1)骗取信用证。(2)使用作废的信用证。(3)使用伪造、变造的信用证或附随的单据、文件。(4)以其他方法进行信用证诈骗活动。

◆《刑法》第196条【信用卡诈骗罪;盗窃罪】

从合法占有转化犯、故意犯、目的犯、数额犯、情节犯的角度讲,犯信用卡诈骗罪,进行信用卡(商业银行或其他金融机构发行的有消费支付、信用贷款、转账结算、存取现金等全部功能或部分功能的电子支付卡)诈骗活动【A. 恶意透支[持卡人以非法占有为目的(a. 使用透支的资金进行违法犯罪活动。b. 明知无还款能力而大量透支,无法归还。c. 肆意挥霍透支的资金,无法归还。d. 透支后逃匿、改变联系方式,逃避银行催收。e. 抽逃、转移资金,隐匿财产,逃避还款。f. 其他非法占有资金,拒不归还的行为),超过规定限额或规定期限透支,并经发卡银行催收后仍不归还的行为]。B. 冒用他人信用卡(a. 拾得他人信用卡并使用,含在自动柜员机上使用。b. 骗取他人信用卡并使用。c. 窃取、收买、骗取或以其他非法方式获取他人信用卡信息资料,并通过互联网、通讯终端等使用。d. 其他冒用他人信用卡情形)。C. 使用作废的信用卡。D. 使用伪造的信用卡,或使用以虚假的身份证明骗领的信用卡】,数额较大(a. 使用伪造的信用卡、以虚假的身份证明骗领的信用卡、作废的信用卡或冒用他人信用卡,进行信用卡诈骗活动,数额5000元以上不满5万元。b. 信用卡恶意透支数额5万元以上不满50万元),处5年以下有期刑或拘役,并处2万元以上20万元以下罚金;数额巨大(a. 使用伪造的信用卡、以虚假的身份证明骗领的信用卡、作废的信用卡或冒用他人信用卡,进行信用卡诈骗活动,数额5万元以上不满50万元。b. 恶意透支信用卡数额50万元以上不满500万元)或有其他严重情节,处5年以上10年以下有期刑,并处5万元以上50万元以下罚金;数额特别巨大(a. 使用伪造的信用卡、以虚假的身份证明骗领的信用卡、作废的信用卡或冒用他人信用卡,进行信用卡诈骗活动,数额50万元以上。b. 信用卡恶意透支数额500万元以上)或有其他特别严重情节,处10年以上有期刑或无期刑,并处5万元以上50万元以下罚金或没收财产。

从转化犯的角度讲，盗窃信用卡并使用，以盗窃罪定罪处罚。

【2006·卷2·多选·60】（答案：ABCD）下列哪些说法是错误的？A. 甲将乙价值2万元的戒指扔入海中，因戒指本身未被毁坏，甲的行为不构成故意毁坏财物罪。B. 甲见乙迎面走来，担心自己的手提包被乙夺走，便紧抓手提包。乙见甲紧抓手提包，猜想包中有贵重物品，在与甲擦肩而过时，当面用力夺走甲的手提包。由于乙并非乘人不备而夺取财物，所以不构成抢夺罪。C. 甲将一张作废的IC卡插入银行的自动取款机试探，碰巧自动取款机显示能取出现金，于是甲取出5000元。甲将IC卡冒充借记卡的欺骗行为在本案中起到了主要作用，因而构成诈骗罪。D. 甲系汽车检修厂职工，发现自己将要检修的一辆公交车为仇人乙驾驶，便在检修时破坏了刹车装置，然后交付使用。乙驾驶该车时，因刹车失灵，导致与其他车辆相撞，造成三人死亡，一人重伤。由于甲不是对正在使用中的交通工具实施破坏手段，所以不构成破坏交通工具罪。

信用卡诈骗罪是以非法占有为目的，利用信用卡进行诈骗活动，数额较大的行为。从先消费后结算型的诈骗罪的角度，信用卡诈骗案的立案追诉标准：(1) 恶意透支信用卡数额5万元以上。(2) 使用伪造的信用卡，或使用以虚假的身份证明骗领的信用卡，或使用作废的信用卡，或冒用他人信用卡，进行诈骗活动，数额5000元以上。

【2008·卷2·单选·16】（答案：A）某地突发百年没遇的冰雪灾害，乙离开自己的住宅躲避自然灾害。两天后，大雪压垮了乙的房屋，家中财物散落一地。灾后最先返回的邻居甲路过乙家时，将乙垮塌房屋中的2万元现金拿走。关于甲行为的定性，下列哪一选项是正确的？A. 构成盗窃罪。B. 构成侵占罪。C. 构成抢夺罪。D. 仅构成民法上的不当得利，不构成犯罪。

信用卡诈骗罪的情形：(1) 透支后逃避银行催收，属于恶意透支，恶意透支信用卡数额5万元以上，构成信用卡诈骗罪。(2) 冒用他人信用卡的间接正犯行为，或冒用他人信用卡进行诈骗活动，数额5000元以上，构成信用卡诈骗罪。(3) 使用伪造的信用卡，或使用作废的信用卡，进行诈骗活动，数额5000元以上，构成信用卡诈骗罪。(4) 使用伪造的信用卡，使用作废的信用卡，冒用他人信用卡，或恶意透支，数额较大，构成信用卡诈骗罪。(5) 从牵连犯的角度讲，以虚假身份证明骗领信用卡触犯了妨害信用卡管理罪，并使用以虚假的身份证明骗领的信用卡，数额较大，以信用卡诈骗罪从一重罪论处。(6) 以非法占有为目的，采取虚构事实的手段，或以逃避电话费追收为目的，使用伪造的身份证办理手机入网手续并使用手机，造成电信资费损失数额较大，构成信用卡诈骗罪。(7) 将为他人保管的信用卡用于购物，属于冒用他人信用卡的情况，构成信用卡诈骗罪。

【2003·卷2·不定项·85-88】（答案：85. B；86. C；87. ACD；88. D）被告人江某与被害人郑某是同一家电脑公司的工作人员，二人同住一间集体宿舍。某日，郑某将自己的信用卡交江某保管，3天之后索回。1周后，郑某发现自己的信用卡丢失，到银行挂失时，得知卡上1.5万元已被人取走。郑某报案后，司法机关找到了江某。江某承认是其所为，但对作案事实前后供述不一。第一次供述称，在郑某将信用卡交其保管时，利用以前与郑某一起取款时偷记下的郑某信用卡上的密码，私下在取款机上取款；第二次供述称，是仿制了一张信用卡后，用所获取的郑某信用卡上的有关信息取款；第三次供述却称，是拾得郑某的信用卡后，用该卡取款。但被害人郑某怀疑是江某盗窃其信用卡后取走卡上所存的钱款。请回答以下85-88题。

85. 如果郑某将信用卡交江某保管时，江某私下用来取走了现金，下列说法正确的是：A. 江某构成侵占罪。B. 江某构成信用卡诈骗罪。C. 江某构成盗窃罪。D. 江某不构成犯罪。

86. 如果江某用自己仿制的信用卡在自动取款机上提取了现金，下列说法正确的是：A. 江某构成伪造金融票证罪。B. 江某构成伪造信用卡罪。C. 江某构成信用卡诈骗罪。D. 应该实行数罪并罚。

87. 如果江某拾得信用卡后，用该信用卡在自动取款机上提取了现金，下列说法错误的是：A. 江某构成侵占罪。B. 江某构成信用卡诈骗罪。C. 江某构成侵占遗失物罪。D. 江某不构成犯罪，其行为属不当得利。

88. 如果江某盗窃信用卡后，用该信用卡在自动取款机上提取了现金，下列说法正确的是：A. 江某构成盗窃信用卡罪。B. 江某构成信用卡诈骗罪。C. 江某既构成盗窃罪又构成信用卡诈骗罪，应实行数罪并罚。D. 江某构成盗窃罪。

信用卡诈骗罪的认定：(1) 信用卡恶意透支是持卡人以非法占有为目的，超过规定限额或规定期限透支，并经发卡银行2次催收（有效催收的认定标准：a. 在透支超过规定限额或规定期限后进行。b. 催收应采用能确认持卡人收悉的方式，但持卡人故意逃避催收除外。c. 2次催收至少间隔30日。d. 符合催收有关规定或约定）后超过3个月仍不归还。A. 对是否属于有效催收，应根据发卡银行提供的电话录音、信息送达记录、信函送达回执、电子邮件送达记录、持卡人或其家属签字以及其他催收原始证据材料作出判断。B. 发卡银行提供的相关证据材料，应有银行工作人员签名、银行公章。C. 发卡银行违规以信用卡透支形式变相发放贷款，持卡人未按规定归还，不适用信用卡诈骗罪的恶意透支的规定；构成他罪，以他罪论处。(2) 从罪与非罪的角度讲，信用卡恶意透支数额（含公安机关刑事立案时尚未归还的实际透支的本金数额，或在恶意透支的条件下持卡人拒不归还的数额或尚未归还的数额，不含利息、复利、滞纳金、手续费等发卡银行收取的费用，而归还或支付的数额，应认定为归还实际透支的本金）在5万元以上不满50万元，在公安机关立案前已偿还全部透支款息，情节显著轻微，可依法不追究刑责。A. 恶意透支应追究刑责，但在公安机关立案后法院判决宣告前已偿还全部透支款息，可从轻处罚，情节轻微，可免除处罚。B. 恶意透支数额较大，在公安机关立案前已偿还全部透支款息，情节显著轻微，可依法不追究刑责。C. 恶意透支数额较大，在提起公诉前全部归还或有其他情节轻微情形，可不起诉；在一审判决前全部归还或有其他情节轻微情形，可免刑，但曾因信用卡诈骗受过2次以上处罚外。(3) 持卡人以非法占有为目的，采用使用销售点终端机具（POS机）等方法，以虚构交易、虚开价格、现金退货等方式向信用卡持卡人直接支付现金方式恶意透支，应追究刑责，以信用卡诈骗罪定罪处罚。(4) 从司法解释的角度讲，单位实施信用卡恶意透支规定的行为，适用《关于办理妨害信用卡管理刑事案件具体应用法律若干问题的解释》（2018年）规定的相应自然人犯罪的定罪量刑标准。

【2010·卷2·单选·14】（答案：C）张某窃得同事一张银行借记卡及身份证，向丈夫何某谎称路上所拾。张某与何某根据身份证号码试出了借记卡密码，持卡消费5 000元。关于本案，下列哪一说法是正确的？A. 张某与何某均构成盗窃罪。B. 张某与何某均构成信用卡诈骗罪。C. 张某构成盗窃罪，何某构成信用卡诈骗罪。D. 张某构成信用卡诈骗罪，何某不构成犯罪。

【2013·卷1·单选·15】（答案：B）甲、乙为朋友。乙出国前，将自己的借记卡（背面写有密码）交甲保管。后甲持卡购物，将卡中1.3万元用完。乙回国后发现卡里没钱，便问甲是否用过此卡，甲否认。关于甲的行为性质，下列哪一选项是正确的？A. 侵占罪。B. 信用卡诈骗罪。C. 诈骗罪。D. 盗窃罪。

【2017·卷2·多选·58】（答案：ACD）关于信用卡诈骗罪，下列哪些选项是错误的？A. 以非法占有目的，用虚假身份证明骗领信用卡后又使用该卡的，应以妨害信用卡管理罪与信用卡诈骗罪并罚。B. 根据司法解释，在自动柜员机（ATM机）上擅自使用他人信用卡的，属于冒用他人信用卡的行为，构成信用卡诈骗罪。C. 透支时具有归还意思，透支后经发卡银

行两次催收，超过3个月仍不归还的，属于恶意透支，成立信用卡诈骗罪。D.《刑法》规定，盗窃信用卡并使用的，以盗窃罪论处。与此相应，拾得信用卡并使用的，就应以侵占罪论处。

不构成信用卡诈骗罪的情形：（1）违反国家规定，使用销售点终端机具（POS机）等方法，以虚构交易、虚开价格、现金退货等方式向信用卡持卡人直接支付现金，情节严重（数额100万元以上，或造成金融机构资金20万元以上逾期未还，或造成金融机构经济损失10万元以上），情节特别严重（数额500万元以上，或造成金融机构资金100万元以上逾期未还，或造成金融机构经济损失50万元以上），以非法经营罪定罪处罚。（2）单位实施复制他人信用卡、将他人信用卡信息资料写入磁条介质、芯片或以其他方法伪造信用卡，或违反国家规定，使用销售点终端机具（POS机）等方法，以虚构交易、虚开价格、现金退货等方式向信用卡持卡人直接支付现金的犯罪行为，情节严重，以伪造金融票证罪或非法经营罪的定罪量刑标准执行。（3）以虚假的工作单位证明及收入证明骗领信用卡，不能认定为妨害信用卡管理罪。

【2015·卷2·多选·57】（答案：ABD）甲和女友乙在网吧上网时，捡到一张背后写有密码的银行卡。甲持卡去ATM机取款，前两次取出5000元。在准备再次取款时，乙走过来说："注意，别出事"，甲答："马上就好。"甲又分两次取出6000元，并将该6000元递给乙。乙接过钱后站了一会儿说："我走了，小心点。"甲接着又取出7000元。本案，下列哪些选项是正确的？A. 甲拾得他人银行卡并在ATM机上使用，根据司法解释，成立信用卡诈骗罪。B. 对甲前两次取出5000元的行为，乙不负刑事责任。C. 乙接过甲取出的6000元，构成掩饰、隐瞒犯罪所得罪。D. 乙虽未持银行卡取款，也构成犯罪，犯罪数额是1.3万元。

信用卡诈骗罪的量刑：（1）构成信用卡诈骗罪，可根据不同情形在相应的幅度内确定量刑起点：A. 达到数额较大起点，可在2年以下有期刑、拘役幅度内确定量刑起点。B. 达到数额巨大起点或有其他严重情节，可在5年-6年有期刑幅度内确定量刑起点。C. 达到数额特别巨大起点或有其他特别严重情节，可在10年-12年有期刑幅度内确定量刑起点，以依法应判无期刑为例外。（2）在量刑起点的基础上，可根据信用卡诈骗数额等其他影响犯罪构成的犯罪事实增加刑罚量，确定基准刑。

对以窃取、收买等手段非法获取他人信用卡信息资料后在异地使用的信用卡诈骗犯罪案件，持卡人信用卡申领地的公安机关、检察院、法院可依法立案侦查、起诉、审判。

检察机关在审查起诉、提起公诉时，应根据发卡银行提供的交易明细、分类账单（透支账单、还款账单）等证据材料，结合嫌犯、被告人及其辩护人所提辩解、辩护意见及相关证据材料，审查认定恶意透支的数额；恶意透支的数额难以确定，应依据司法会计、审计报告，结合其他证据材料审查认定。法院在审判过程中，应在对上述证据材料查证属实的基础上，对恶意透支的数额作出认定。

◆《刑法》第197条【有价证券诈骗罪】

从故意犯、数额犯、情节犯、诈骗犯的角度讲，使用伪造、变造的国库券或国家发行的其他有价证券，进行诈骗活动，数额较大，处5年以下有期刑或拘役，并处2万元以上20万元以下罚金；数额巨大或有其他严重情节，处5年以上10年以下有期刑，并处5万元以上50万元以下罚金；数额特别巨大或有其他特别严重情节，处10年以上有期刑或无期刑，并处5万元以上50万元以下罚金或没收财产。

使用伪造、变造的国库券或国家发行的其他有价证券进行诈骗活动，数额1万元以上，应立案追诉。（1）从刑诉法的角度讲，扣押物品，应登记并写明物品名称、型号、规格、数量、重量、质量、成色、纯度、颜色、新旧程度、缺损特征和来源等。扣押货币、有价证券，应登记并写明货币、有价证券的名称、数额、面额等，货币应存入银行专门账户，并登记银行存款凭证的名称、内容。扣押文物、金银、珠宝、名贵字画等贵重物品以及违禁品，应拍照，需鉴定，应及时鉴定。对扣押的物品应根据有关规定及时估价。冻结存款、汇款、债券、股票、基金份额等财产，应登记并写明编号、种类、面值、张数、金额等。（2）一般而言，对作为证据使用的实物，含作为物证的货币、有价证券等，应随案移送。第一审判决、裁定宣告后，被告人上诉或检察院抗诉，第一审法院应将上述证据移送第二审法院；特殊而言，对不宜移送的实物，应根据情况进行审查。譬如，对查封、扣押的货币、有价证券等未移送，应审查是否附有原物照片、清单或其他证明文件。扣押货币、有价证券，应登记并写明货币、有价证券的名称、数额、面额等，货币应存入银行专门账户，并登记银行存款凭证的名称、内容。（3）对查封、扣押、冻结的财物及其孳息，应在判决书中写明名称、金额、数量、存放地点及其处理方式等。A. 涉案财物较多，不宜在判决主文中详细列明，可附清单。B. 涉案财物未随案移送，应在判决书中写明，并写明由查封、扣押、冻结机关负责处理。C. 随案移送的或法院查封、扣押的财物及其孳息，由第一审法院在判决生效后负责处理。D. 涉案财物未随案移送，法院应在判决生效后10日内，将判决书、裁定书送达查封、扣押机关，并告知其在1个月内将执行回单送回。（4）对被害人的合法财产，权属明确，应依法及时返还，但须经拍照、鉴定、估价，并在案卷中注明返还的理由，将原物照片、清单和被害人的领取手续附卷备查；权属不明，应在法院判决、裁定生效后，按比例返还被害人，但已获退赔的部分应予扣除。（5）审判期间，权利人申请出卖被扣押、冻结的债券、股票、基金份额等财产，法院经审查，认为不损害国家利益、被害人利益，不影响诉讼正常进行，以及扣押、冻结的汇票、本票、支票有效期即将届满，可在判决、裁定生效前依法出卖，所得价款由法院保管，并及时告知当事人或其近亲属。（6）查封、扣押、冻结的财物及其孳息，经审查，确属违法所得或依法应追缴的其他涉案财物，应判决返还被害人，或没收上缴国库，但法律另有规定外。A. 判决返还被害人的涉案财物，应通知被害人认领；无人认领，应公告通知；公告满3个月无人认领，应上缴国库；上缴国库后有人认领，经查证属实，应申请退库返还；原物已拍卖、变卖，应返还价款。B. 对侵犯国有财产的案件，被害单位已终止且无权利义务继受人，或损失已被核销，查封、扣押、冻结的财物及其孳息应上缴国库。（7）查封、扣押、冻结的财物与本案无关但已列入清单，应由查封、扣押、冻结机关依法处理。查封、扣押、冻结的财物属于被告人合法所有，应在赔偿被害人损失、执行财产刑后及时返还被告人；财物未随案移送，应通知查封、扣押、冻结机关将赔偿被害人损失、执行财产刑的部分移送法院。

◆ 《刑法》第198条 【保险诈骗罪】

从故意犯、情节犯、数额犯、诈骗犯的角度讲，投保人、被保险人、受益人进行保险诈骗活动（a. 投保人故意虚构保险标，骗取保险金。b. 投保人、被保险人或受益人对发生的保险事故编造虚假的原因或夸大损失的程度，骗取保险金。c. 投保人、被保险人或受益人编造未曾发生的保险事故，骗取保险金。d. 投保人、被保险人故意造成财产损失的保险事故，骗取保险金。e. 投保人、受益人故意造成被保险人死亡、伤残或疾病，骗取保险金），数额较大（a. 个人进行保险诈骗，数额1万元以上。b. 单位进行保险诈骗，数额5万元以上），处5年以下有期刑或拘役，并处1万元以上10万元以下罚金；数额巨大（a. 个人进行保险诈骗数额在5万元以上。b. 单位进行保险诈骗数额在25万元以上）或有其他严重情节，处5年以上10年以下有期刑，并处2万元以上20万元以下罚金；数额特别巨大（a. 个人进行保险诈骗数额20万元以上。b. 单位进行保险诈骗数额100万元以上）或有其他特别严重情节，处10年以上有期刑，并处2万元以上20万元以下罚金或没收财产。

投保人、受益人故意造成被保险人死亡、伤残或疾病，骗取保险金，同时构成他罪，依数罪并罚的规定处罚。

单位犯保险诈骗罪，对单位判处罚金，并对其直接负责的主管人员和其他直接责任人员，处5年以下有期刑或拘役；数额巨大或有其他严重情节，处5年以上10年以下有期刑；数额特别巨大或有其他特别严重情节，处10年以上有期刑。

保险事故的鉴定人、证明人、财产评估人故意提供虚假的证明文件，为他人诈骗提供条件（以保险诈骗构成犯罪为前提条件），以保险诈骗的共犯论处。

行为人不具有诈骗保险金的诈骗故意，不构成保险诈骗罪的过失情形：（1）因不知保险标的不合格而以合格标的保险；保险标的价值计算错误而逾额保险等过失虚构保险标的。（2）保险事故成因的认识错误导致错报或计算经济损失错误、夸大。（3）误认为发生保险事故。（4）投保人、被保险人的过失行为或意外行为，导致财产损失或被保险人死亡、伤残或疾病。

从司法解释的角度讲，行为人已着手实施保险诈骗行为或已着手进行诈骗行为，但因其主观意志外的原因未能获得保险赔偿或只是因行为人意志外的原因而未获取财物，是诈骗未遂，情节严重，也应定罪并依法处罚。（1）投保人、被保险人或受益人为获取保险金而人为地故意制造保险事故，进行保险诈骗，实际骗取了保险金，构成保险诈骗罪的既遂状态，提供虚假证明文件的鉴定人、证明人、财产评估人的行为也不应视为犯罪；尚未骗取保险金，不构成犯罪时，对提供虚假证明文件的鉴定人、证明人、财产评估人的行为也不应视为犯罪，但可追究其行责等非刑责。（2）保险公司对违反保险法的违法行为（骗赔行为被及时揭穿而未骗得保险金等），可根据保险法规定，有权解除保险合同，并不退还投保人的保险费。（3）从保险诈骗罪的目的行为的角度讲，以放火或爆炸等方法毁坏保险财产，可能触犯放火罪或爆炸罪等犯罪，致使被保险人死亡、伤残或疾病的行为，可能触犯故意杀人罪或故意伤害罪等他罪，属于牵连犯，应以一重罪处罚，但刑法分则规定数罪并罚。

保险诈骗罪的情形：（1）进行保险诈骗活动，数额较大，构成保险诈骗罪（保险诈骗案的两种立案追诉标准：a. 个人进行保险诈骗，数额1万元以上。b. 单位进行保险诈骗，数额5万元以上）。（2）被保险人自己以骗取保险金为目的实施了自伤行为，仍可构成保险诈骗罪。（3）从职务侵占罪转化犯的角度讲，保险公司的工作人员利用职务便利，故意编造未曾发生的保险事故进行虚假理赔，骗取保险金归自己所有的犯罪行为，以保险诈骗罪定罪处罚。（4）实施保险诈骗活动，故意以纵火、杀人、伤害、传播传染病、虐待、遗弃等行为方式制造财产损失、被保险人死亡、伤残、疾病的结果，骗取保险金，按数罪并罚处罚。（5）受益人故意造成被保险人伤残的同时，又构成故意伤害罪，实行数罪并罚。（6）有投保人、被保险人故意造成财产损失的保险事故骗取保险金、投保人、受益人故意造成被保险人死亡、伤残或疾病骗取保险金的行为，同时构成他罪，依数罪并罚规定处罚。（7）投保人、被保险人或受益人进行保险欺诈活动，构成犯罪，依法追究刑责的5种行为：A. 投保人故意虚构保险标的，骗取保险金。B. 未发生保险事故而谎称发生保险事故，骗取保险金。C. 故意造成财产损失的保险事故，骗取保险金。D. 故意造成被保险人死亡、伤残或疾病等人身保险事故，骗取保险金。E. 伪造、变造与保险事故有关的证明、资料和其他证据，或指使、唆使、收买他人提供虚假证明、资料或其他证据，编造虚报的事故原因或夸大损失程度，骗取保险金。对此，情节轻微，不构成犯罪，依国家有关规定给予行政处罚（《保险法》第131条）。

第六节 危害税收征管罪（第201~212条）

从犯罪对象、犯罪行为的角度讲，危害税收征管罪分为以税收为对象的犯罪（抗税；逃税；偷税；骗税）、以发票为对象的犯罪（伪造、非法制造发票；出售发票；购买发票）。（1）税收性质的危害税收征管罪：逃税罪；抗税罪；逃避追缴欠税罪；偷税罪；骗取出口退税罪。（2）发票性质的危害税收征管罪：非法制造、出售非法制造的用于骗取出口退税、抵扣税款发票罪；非法制造、出售非法制造的发票罪；非法出售用于骗取出口退税、抵扣税款发票罪；非法出售发票罪；持有伪造的发票罪；虚开发票罪；虚开增值税专用发票、用于骗取出口退税、抵扣税款发票罪；虚开增值税专用发票罪；非法购买增值税专用发票、购买伪造的增值税专用发票罪；非法出售增值税专用发票罪；出售伪造的增值税专用发票罪；伪造、出售伪造的增值税专用发票罪。（3）盗窃罪；诈骗罪。

危害税收征管罪的最高刑：（1）逃税罪，逃避缴纳税款数额较大并占应纳税额10%以上，处3年以下有期刑或拘役，并处罚金；数额巨大并占应纳税额30%以上，处3年以上7年以下有期刑，并处罚金。（2）抗税罪，情节严重，处3年以上7年以下有期刑，并处拒缴税款1倍以上5倍以下罚金。（3）骗取出口退税罪、偷税罪，数额较大，处5年以下有期刑或拘役，并处骗取税款1倍以上5倍以下罚金；数额巨大或有其他严重情节，处5年以上10年以下有期刑，并处骗取税款1倍以上5倍以下罚金；数额特别巨大或有其他特别严重情节，处10年以上有期刑或无期刑，并处骗取税款1倍以上5倍以下罚金或没收财产。（4）虚开增值税专用发票、用于骗取出口退税、抵扣税款发票罪，虚开的税款数额较大或有其他严重情节，处3年以上10年以下有期刑，并处5万元以上50万元以下罚金；虚开的税款数额巨大或有其他特别严重情节，处10年以上有期刑或无期刑，并处5万元以上50万元以下罚金或没收财产。（5）单位犯虚开增值税专用发票、用于骗取出口退税、抵扣税款发票罪，对单位判处罚金，并对其直接负责的主管人员和其他直接责任人员，处3年以下有期刑或拘役；虚开的税款数额较大或有其他严重情节，处3年以上10年以下有期刑；虚开的税款数额巨大或有其他特别严重情节，处10年以上有期刑或无期刑。（6）单位犯虚开发票罪，情节严重，处2年以下有期刑、拘役或管制，并处罚金；情节特别严重，处2年以上7年以下有期刑，并处罚金。（7）伪造、出售伪造的增值税专用发票罪，数量较大或有其他严重情节，处3年以上10年以下有期刑，并处5万元以上50万元以下罚金；数量巨大或有其他特别严重情节，处10年以上有期刑或无期刑，并处5万元以上50万元以下罚金或没收财产。（8）单位犯伪造、出售伪造的增值税专用发票罪，对单位判处罚金，并对其直接负责的主管人员和其他直接责任人员，数量较大或有其他严重情节，处3年以上10年以下有期刑；数量巨大或有其他特别严重情节，处10年以上有期刑或无期刑。（9）非法出售增值税专用发票罪，数量较大，处3年以上10年以下有期刑，并处5万元以上50万元以下罚金；数量巨大，处10年以上有期刑或无期刑，并处5万元以上50万元以下罚金或没收财产。（10）非法购买增值税专用发票、购买伪造的增值税专用发票罪，处5年以下有期刑或拘役，并处或单处2万元以上20万元以下罚金。（11）非法购买增值税专用发票或购买伪造的增值税专用发票又虚开或出售，分别依虚开增值税专用发票、用于骗取出口退税、抵扣税款发票罪；虚开发票罪；伪造、出售伪造的增值税专用发票罪；非法出售增值税专用发票罪的规定定罪处罚。（12）非法制造、出售非法制造的用于骗取出口退税、抵扣税款发票罪，非法出售用于骗取出口退税、抵扣税款发票罪，数量巨大，处3年以上7年以下有期刑，并处5万元以上50万元以下罚金；数量特别巨大，处7年以上有期刑，并处5万元以上50万元以下罚金或没收财产。（13）非法制造、出售非法制造的发票罪，非法出售发票罪，情节严重，处2年以上7年以下有期刑，并处5万元以上50万元以下罚金。（14）从转化犯的角度讲，盗窃增值税专用发票或可用于骗取出口退税、抵扣税款的其他发票，以盗窃罪定罪处罚。（15）从转化犯的角度讲，使用欺骗手段骗取增值税专用发票或可用于骗取出口退税、抵扣税款的其他发票，以诈骗罪定罪处罚。（16）自然人持有伪造的发票罪，或单位持有伪造的发票罪，对单位判处罚金，并对其直接负责的主管人员和其他直接责任人员，数量较大，处2年以下有期刑、拘役或管制，并处罚金；数量巨大，处2年以上7年以下有期刑，并处罚金。（17）单位犯逃税罪、逃避追缴欠税罪、骗取出口退税罪、偷税罪、非法出售增值税专用发票罪、非法购买增值税专用发票、购买伪造的增值税专用发票罪；

虚开增值税专用发票罪、出售伪造的增值税专用发票罪、非法出售增值税专用发票罪、非法制造、出售非法制造的用于骗取出口退税、抵扣税款发票罪；非法制造、出售非法制造的发票罪；非法出售用于骗取出口退税、抵扣税款发票罪；非法出售发票罪，对单位判处罚金，并对其直接负责的主管人员和其他直接责任人员，依各该条的规定处罚。(18) 从税务机关征缴优先原则的角度讲，犯逃税罪、抗税罪、逃避追缴欠税罪、骗取出口退税罪、偷税罪、虚开发票罪或虚开增值税专用发票、用于骗取出口退税、抵扣税款发票罪，被判处罚金、没收财产，在执行前，应先由税务机关追缴税款和所骗取的出口退税款。

◆《刑法》第201条【逃税罪】

从故意犯、单纯行为犯、结果犯的角度讲，纳税人采取欺骗、隐瞒手段进行虚假纳税申报或不申报，逃避缴纳税款数额较大并占应纳税额10%以上，处3年以下有期刑或拘役，并处罚金；数额巨大并占应纳税额30%以上，处3年以上7年以下有期刑，并处罚金。

逃税案的立案追诉标准：（1）纳税人5年内因逃避缴纳税款受过刑罚或被税务机关给予2次以上行政处罚，又逃避缴纳税款，数额5万元以上并占各税种应纳税总额10%以上。（2）纳税人采取欺骗、隐瞒手段进行虚假纳税申报或不申报，逃避缴纳税款，数额5万元以上并占各税种应纳税总额10%以上，经税务机关依法下达追缴通知后，不补缴应纳税款、不缴纳滞纳金或不接受行政处罚。（3）扣缴义务人采取欺骗、隐瞒手段，不缴或少缴已扣、已收税款，数额5万元以上。

【2017·卷2·单选·13】（答案：C）甲系外贸公司总经理，在公司会议上拍板：为物尽其用，将公司以来料加工方式申报进口的原材料剩料在境内销售。该行为未经海关许可，应缴税款90万元，公司亦未补缴。关于本案，下列哪一选项是正确的？A. 虽未经海关许可，但外贸公司擅自销售原材料剩料的行为发生在我国境内，不属于走私行为。B. 外贸公司的销售行为有利于物尽其用，从利益衡量出发，应认定存在超法规的犯罪排除事由。C. 外贸公司采取隐瞒手段不进行纳税申报，逃避缴纳税款数额较大且占应纳税额的10%以上，构成逃税罪。D. 如海关下达补缴通知后，外贸公司补缴应纳税款，缴纳滞纳金，接受行政处罚，则不再追究外贸公司的刑责。

逃税罪的认定方式方法：（1）纳税人在公安机关立案后再补缴应纳税款、缴纳滞纳金或接受行政处罚，不影响刑责的追究。（2）对多次实施逃税犯罪行为，未经处理，按累计数额计算。（3）纳税人采取欺骗、隐瞒手段进行虚假纳税申报或不申报行为，经税务机关依法下达追缴通知后，补缴应纳税款，缴纳滞纳金，已受行政处罚，不追究刑责，以5年内因逃避缴纳税款受过刑罚或被税务机关给予2次以上行政处罚为例外。（4）扣缴义务人采取欺骗、隐瞒手段进行虚假纳税申报或不申报手段，不缴或少缴已扣、已收税款，数额较大，以逃税罪处罚。从税务机关征缴优先原则的角度，犯逃税罪、抗税罪、逃避追缴欠税罪、骗取出口退税罪、偷税罪、虚开增值税专用发票、用于骗取出口退税、抵扣税款发票罪；虚开发票罪，被判罚金、没收财产，在执行前，应先由税务机关追缴税款和所骗取的出口退税款。（5）因偷税被税务机关给予2次行政处罚又偷税，构成偷税罪；因偷税被给予3次、4次行政处罚又偷税，构成偷税罪，属于当然解释。

从个人所得税法的角度讲，居民个人（在中国境内有住所，或无住所而一个纳税年度内在中国境内居住累计满183天的个人）从中国境内和境外取得的所得，依个人所得税法规定缴纳个人所得税；非居民个人（在中国境内无住所又不居住，或无住所而一个纳税年度内在中国境内居住累计不满183天的个人）从中国境内取得的所得，依个人所得税法规定缴纳个人所得税。（1）应缴纳个人所得税的9种类型：综合所得工资、薪金所得；劳务报酬所得；稿酬所得；特许权使用费所得；经营所得；利息、股息、红利所得；财产租赁所得；财产转让所得；偶然所得。（2）可减征个人所得税的类型：残疾、孤老人员和烈属的所得；因自然灾害遭受重大损失。（3）免征个人所得税的10种类型：省级政府、国务院部委和中国解放军军以上单位，以及外国组织、国际组织颁发的科学、教育、技术、文化、卫生、体育、环保等方面的奖金；国债和国家发行的金融债券利息；按国家统一规定发给的补贴、津贴；福利费、抚恤金、救济金；保险赔款；军人的转业费、复员费、退役金；按国家统一规定发给干部、职工的安家费、退职费、基本养老金或退休费、离休费、离休生活补助费；依有关法律规定应予免税的各国驻华使馆、领事馆外交代表、领事官员和其他人员的所得；中国政府参加的国际公约、签订的协议中规定免税的所得；国务院规定的其他免税所得。

◆《刑法》第202条 【抗税罪】

从故意犯、单纯行为犯、情节犯、数额犯的角度讲，以暴力、威胁方法拒不缴纳税款，处3年以下有期刑或拘役，并处拒缴税款1倍以上5倍以下罚金；情节严重，处3年以上7年以下有期刑，并处拒缴税款1倍以上5倍以下罚金。

抗税案的立案追诉标准：（1）聚众抗拒缴纳税款。（2）以给税务工作人员及其亲友的生命、健康、财产等造成损害为威胁，抗拒缴纳税款。（3）造成税务工作人员轻微伤以上。（4）以其他暴力、威胁方法拒不缴纳税款。

◆《刑法》第203条 【逃避追缴欠税罪】

从故意犯、数额犯的角度讲，纳税人欠缴应纳税款，采取转移或隐匿财产的手段，使税务机关无法追缴欠缴的税款，数额1万元以上不满10万元，处3年以下有期刑或拘役，并处或单处欠缴税款1倍以上5倍以下罚金；数额10万元以上，处3年以上7年以下有期刑，并处欠缴税款1倍以上5倍以下罚金。

纳税人欠缴应纳税款，采取转移或隐匿财产的手段，使税务机关无法追缴欠缴的税款，数额1万元以上，应立案追诉。

◆《刑法》第204条 【骗取出口退税罪；逃税罪】

从故意犯、数额犯、情节犯的角度讲，以假报出口或其他欺骗手段，骗取国家出口退税款，数额较大，处5年以下有期刑或拘役，并处骗取税款1倍以上5倍以下罚金；数额巨大或有其他严重情节，处5年以上10年以下有期刑，并处骗取税款1倍以上5倍以下罚金；数额特别巨大或有其他特别严重情节，处10年以上有期刑或无期刑，并处骗取税款1倍以上5倍以下罚金或没收财产。

【2002·卷2·单选·5】（答案：C）某外贸公司在缴纳了100万元的税款后，采取虚报出口的手段，骗得税务机关退税180万元，后被查获。对该公司应如何处理？A. 以偷税罪处理。B. 以骗取出口退税罪处理。C. 其中的100万元按偷税罪处理，余下的80万元按骗取出口退税罪处理。D. 其中的100万元按骗取出口退税罪处理，余下的80万元按偷税罪处理。

【2005·卷2·单选·10】（答案：D）某企业生产的一批外贸供货产品因外商原因无法出口，该企业采用伪造出口退税单证和签订虚假买卖合同等方法，骗取出口退税50万元（其中含该批产品已征的产品税、增值税等税款19万元）。对该企业应当如何处理？A. 以合同诈骗罪处罚。B. 以偷税罪处罚。C. 以骗取出口退税罪处罚。D. 以偷税罪和骗取出口退税罪并罚。

以假报出口或其他欺骗手段，骗取国家出口退税款，数额5万元以上，应立案追诉。

从想象竞合犯数罪并罚特例的角度讲，骗取出口退税，构成骗取出口退税罪；同时将已交纳的税款骗回，骗回的部分，构成偷税罪，并与骗取出口退税罪数罪并罚。

偷税罪是纳税人、扣缴义务人故意违反税收法规、采取伪造、变造、隐匿、擅自销毁账簿、记账凭证、在账簿上多列支出或不列、少列收入、经税务机关通知申报而拒不申报或进行虚假的纳税申报的手段,不缴或少缴应缴纳税款,情节严重的行为。纳税人缴纳税款后,采取以假报出口或其他欺骗手段方法,骗取所缴纳的税款,依逃税罪定罪处罚;骗取税款超过所缴纳的税款部分,以偷税罪处罚。

【2008·卷2·多选·59】(答案:ACD)关于骗取出口退税罪和虚开增值税发票罪的说法,下列哪些选项是正确的?A. 甲公司有进出口经营权,明知他人意欲骗取国家出口退税款,仍违反国家规定允许他人自带客户、自带货源、自带汇票并自行报关,骗取国家出口退税款。对甲公司应以骗取出口退税罪论处。B. 乙公司虚开用于骗取出口退税的发票,并利用该虚开的发票骗取数额巨大的出口退税,其行为构成虚开用于骗取出口退税发票罪与骗取出口退税罪,实行数罪并罚。C. 丙公司缴纳200万元税款后,以假报出口的手段,一次性骗取国家出口退税款400万元,丙公司的行为分别构成偷税罪与骗取出口退税罪,实行数罪并罚。D. 丁公司虚开增值税专用发票并骗取国家税款,数额特别巨大,情节特别严重,给国家利益造成特别重大损失。对丁公司应当以虚开增值税专用发票罪论处。

◆《刑法》第205条【虚开增值税专用发票、用于骗取出口退税、抵扣税款发票罪】

从故意犯、行为犯、情节犯、数额犯的角度讲,虚开增值税专用发票[基本联次(记账联或销货方发票联、抵扣联或购货方用来扣税、发票联或购货方用来记账)、基本联次附加其他联次;仅限于增值税一般纳税人领购使用)或虚开用于骗取出口退税、抵扣税款的其他发票(属于为他人虚开、为自己虚开、让他人为自己虚开、介绍他人虚开行为之一)],处3年以下有期刑或拘役,并处2万元以上20万元以下罚金;虚开的税款数额较大或有其他严重情节,处3年以上10年以下有期刑,并处5万元以上50万元以下罚金;虚开税款数额巨大或有其他特别严重情节,处10年以上有期刑或无期刑,并处5万元以上50万元以下罚金或没收财产。

虚开增值税专用发票、用于骗取出口退税、抵扣税款发票罪的情形:(1)虚开增值税专用发票或虚开用于骗取出口退税、抵扣税款的其他发票,虚开的税款数额1万元以上或使国家税款被骗数额5000元以上,应立案追诉。(2)单位犯虚开增值税专用发票、用于骗取出口退税、抵扣税款发票罪,对单位判处罚金,并对其直接负责的主管人员和其他直接责任人员,处3年以下有期刑或拘役;虚开的税款数额较大或有其他严重情节,处3年以上10年以下有期刑;虚开的税款数额巨大或有其他特别严重情节,处10年以上有期刑或无期刑。(3)实施骗取出口退税犯罪,同时构成虚开增值税专用发票罪等他罪,依刑法处罚较重的规定定罪处罚。

增值税发票开具的基本要求:(1)自2017年7月1日起,购买方为企业(公司、非公司制企业法人、企业分支机构、个人独资企业、合伙企业和其他企业),索取增值税普通发票时,应向销售方提供纳税人识别号或统一社会信用代码;销售方为其开具增值税普通发票时,应在"购买方纳税人识别号"栏填写购买方的纳税人识别号或统一社会信用代码,否则不符合规定的发票,不得作为税收凭证。(2)销售方开具增值税发票时,发票内容应按实际销售情况如实开具,不得根据购买方要求填开与实际交易不符的内容。销售方开具发票时,通过销售平台系统与增值税发票税控系统后台对接,导入相关信息开票,系统导入的开票数据内容应与实际交易相符,如不相符应及时修改完善销售平台系统。

◆《刑法》第205条之一 【虚开发票罪】

从故意犯、数额犯、情节犯的角度讲,犯虚开发票罪,虚开增值税专用发票、用于骗取出口退税、抵扣税款发票外的其他发票(普通发票分为存根联、发票联、记账联),情节严重,处2年以下有期刑、拘役或管制,并处罚金;情节特别严重,处2年以上7年以下有期刑,并处罚金。

虚开发票罪的情形:(1)虚开发票案的3种立案追诉标准:a.虚开发票100份以上或虚开金额累计40万元以上。b.虽未达到虚开发票100份以上或虚开金额累计40万元以上数额标准,但5年内因虚开发票行为受过行政处罚2次以上,又虚开发票。c.其他情节严重情形。(2)单位犯虚开发票罪,对单位判处罚金,并对其直接负责的主管人员和其他直接责任人员,依虚开发票罪处罚。

◆《刑法》第206条 【伪造、出售伪造的增值税专用发票罪】

从故意犯、行为犯、数额犯、情节犯的角度讲,伪造或出售伪造的增值税专用发票,处3年以下有期刑、拘役或管制,并处2万元以上20万元以下罚金;数量较大或有其他严重情节,处3年以上10年以下有期刑,并处5万元以上50万元以下罚金;数量巨大或有其他特别严重情节,处10年以上有期刑或无期刑,并处5万元以上50万元以下罚金或没收财产。

伪造或出售伪造的增值税专用发票25份以上或票面额累计10万元以上,应立案追诉。

单位犯伪造、出售伪造的增值税专用发票罪,对单位判处罚金,并对其直接负责的主管人员和其他直接责任人员,处3年以下有期刑、拘役或管制;数量较大或有其他严重情节,处3年以上10年以下有期刑;数量巨大或有其他特别严重情节,处10年以上有期刑或无期刑。

◆《刑法》第207条 【非法出售增值税专用发票罪】

从故意犯、行为犯、数额犯的角度讲,非法出售增值税专用发票,处3年以下有期刑、拘役或管制,并处2万元以上20万元以下罚金;数量较大,处3年以上10年以下有期刑,并处5万元以上50万元以下罚金;数量巨大,处10年以上有期刑或无期刑,并处5万元以上50万元以下罚金或没收财产。

非法出售增值税专用发票25份以上或票面额累计10万元以上,应立案追诉。

以发票为犯罪对象的罪名:徇私舞弊发售发票、抵扣税款、出口退税罪;持有伪造的发票罪;非法出售发票罪;虚开发票罪;虚开增值税专用发票、用于骗取出口退税、抵扣税款发票罪;伪造、出售伪造的增值税专用发票罪;非法出售增值税专用发票罪;非法购买增值税专用发票、购买伪造的增值税专用发票罪;虚开增值税专用发票罪;出售伪造的增值税专用发票罪;非法制造、出售非法制造的用于骗取出口退税、抵扣税款发票罪;非法制造、出售非法制造的发票罪;非法出售用于骗取出口退税、抵扣税款发票罪等。【走私共犯】与走私罪犯通谋,为其提供贷款、资金、账号、发票、证明,或为其提供运输、保管、邮寄或其他方便,以走私罪的共犯论处。

◆《刑法》第208条 【非法购买增值税专用发票、购买伪造的增值税专用发票罪;虚开增值税专用发票罪;出售伪造的增值税专用发票罪;非法出售增值税专用发票罪】

从选择罪名、故意犯、行为犯的角度讲,非法购买增值税专用发票或购买伪造的增值税专用发票,处5年以下有期刑或拘役,并处或单处2万元以上20万元以下罚金。

非法购买增值税专用发票或购买伪造的增值税专用发票25份以上或票面额累计10万元以上(非法购买增值税专用发票、购买伪造的增值税专用发票案),应立案追诉。

行为人非法购买增值税专用发票或购买伪造的增值税专用发票又虚开或出售,分别以虚开增值税专用发票、用于骗取出口退税、抵扣税款发票罪、虚开发票罪、伪造出售伪造的增值税专用发票罪、非法出售增值税专用发票罪定罪处罚。

【2003·卷2·多选·44】(答案:ACD)对涉及增值税专用发票的犯罪案件,下列哪些

处理是正确的？A. 非法购买增值税专用发票的，按非法购买增值税专用发票罪定罪处罚。B. 非法购买增值税专用发票后又虚开的，按非法购买增值税专用发票罪和虚开增值税专用发票罪并罚。C. 非法购买增值税专用发票后又出售的，按非法出售增值税专用发票罪定罪处罚。D. 非法购买伪造的增值税专用发票后又出售的，按出售伪造的增值税专用发票罪定罪处罚。

◆ 《刑法》第209条【非法制造、出售非法制造的用于骗取出口退税、抵扣税款发票罪；非法制造、出售非法制造的发票罪；非法出售用于骗取出口退税、抵扣税款发票罪；非法出售发票罪】

从选择罪名、故意犯、行为犯、数额犯的角度讲，伪造、擅自制造或出售伪造、擅自制造的可用于骗取出口退税、抵扣税款的其他发票，或非法出售可用于骗取出口退税、抵扣税款的其他发票，处3年以下有期刑、拘役或管制，并处2万元以上20万元以下罚金；数量巨大，处3年以上7年以下有期刑，并处5万元以上50万元以下罚金；数量特别巨大，处7年以上有期刑，并处5万元以上50万元以下罚金或没收财产。

伪造、擅自制造或出售伪造、擅自制造的可用于骗取出口退税、抵扣税款的非增值税专用发票50份以上或票面额累计20万元以上（非法制造、出售非法制造的用于骗取出口退税、抵扣税款发票案），或伪造、擅自制造或出售伪造、擅自制造的不有骗取出口退税、抵扣税款功能的普通发票100份以上或票面额累计40万元以上（非法制造、出售非法制造的发票案），或非法出售可用于骗取出口退税、抵扣税款的非增值税专用发票50份以上或票面额累计20万元以上（非法出售用于骗取出口退税、抵扣税款发票案），或非法出售普通发票100份以上或票面额累计40万元以上（非法出售发票案），均应立案追诉。

伪造、擅自制造或出售伪造、擅自制造的用于骗取出口退税、抵扣税款发票外的其他发票，或非法出售可用于骗取出口退税、抵扣税款的其他发票外的其他发票，处2年以下有期刑、拘役或管制，并处或单处1万元以上5万元以下罚金；情节严重，处2年以上7年以下有期刑，并处5万元以上50万元以下罚金。

◆ 《刑法》第210条【盗窃罪；诈骗罪】

从特别法优于普通法、故意犯、转化犯的角度讲，盗窃增值税专用发票或可用于骗取出口退税、抵扣税款的其他发票，以盗窃罪、诈骗罪（《刑法》第264条）定罪处罚。

【2011·卷2·不定项·86-87】（答案：86. BCD；87. AB）甲将1只壶的壶底落款"民國叁年"磨去，放在自己的古玩店里出卖。某日，钱某看到这只壶，误以为是明代文物。甲见钱某询问，谎称此壶确为明代古董，钱某信以为真，按明代文物交款买走。又一日，顾客李某看上一幅标价很高的赝品，以为名家亲笔，但又心存怀疑。甲遂拿出虚假证据，证明该画为名家亲笔。李某以高价买走赝品。请回答86-87题。

86. 关于甲对钱某是否成立诈骗罪，下列选项错误的是？A. 甲的行为完全符合诈骗罪的犯罪构成，成立诈骗罪。B. 钱某自己有过错，甲不成立诈骗罪。C. 钱某已误以为是明代古董，甲没有诈骗钱某。D. 古玩投资有风险，古玩买卖无诈骗，甲不成立诈骗罪。

87. 关于甲对李某是否成立诈骗罪，下列选项正确的是？A. 甲的行为完全符合诈骗罪的犯罪构成，成立诈骗罪。B. 标价高不是诈骗行为，虚假证据证明该画为名家亲笔则是诈骗行为。C. 李某已有认识错误，甲强化其认识错误的行为不是诈骗行为。D. 甲拿出虚假证据的行为与结果之间没有因果关系，甲仅成立诈骗未遂。

【2013·卷2·单选·6】（答案：D）2010年某日，甲到乙家，发现乙家徒四壁。见桌上一块玉坠，断定是不值钱的仿制品，甲便顺手拿走。后甲对丙谎称玉坠乃秦代文物，值5万元，丙以3万元买下。经鉴定乃清代玉坠，市值5000元。关于本案的分析，下列哪一选项是

错误的？A. 甲断定玉坠为不值钱的仿制品具有一定据，对"数额较大"没有认识，缺乏盗窃犯罪故意，不构成盗窃罪。B. 甲将所盗玉坠卖给丙，具有可罚性，不属于不可罚的事后行为。C. 不应追究甲盗窃玉坠的刑事责任，但应追究甲诈骗丙的刑事责任。D. 甲诈骗丙的诈骗数额为5万元，其中3万元既遂，2万元未遂。

【2015·卷2·多选·63】（答案：ABD）下列哪些行为触犯诈骗罪（不考虑数额）？A. 甲对李某家的保姆说："李某现在使用的手提电脑是我的，你还给我吧。"保姆信以为真，将电脑交给甲。B. 甲对持有外币的乙说："你手上拿的是假币，得扔掉，否则要坐牢。"乙将外币扔掉，甲乘机将外币捡走。C. 甲为灾民募捐，一般人捐款几百元。富商经过募捐地点时，甲称："不少人都捐一二万元，您多捐点吧。"富商信以为真，捐款2万元。D. 乙窃取摩托车，准备骑走。甲觉其可疑，装成摩托车主人的样子说："你想把我的车骑走啊？"乙弃车逃走，甲将摩托车据为己有。

◆ 《刑法》第210条之一 【持有伪造的发票罪】

从故意犯、持有犯、数额犯的角度讲，明知是伪造的发票（在购销商品、提供或接受服务以及从事其他经营活动中，开具、收取的收付款凭证）而持有，或单位犯持有伪造的发票罪，对单位判处罚金，并对其直接负责的主管人员和其他直接责任人员，数量较大（明知是伪造的发票而持有伪造的增值税专用发票50份以上或票面额累计20万元以上），处2年以下有期刑、拘役或管制，并处罚金；数量巨大（a. 持有伪造的可用于骗取出口退税、抵扣税款的其他发票100份以上或票面额累计40万元以上。b. 持有伪造的增值税专用发票、可用于骗取出口退税、抵扣税款的其他发票外的其他发票200份以上或票面额累计80万元以上），处2年以上7年以下有期刑，并处罚金。

使用欺骗手段骗取增值税专用发票或可用于骗取出口退税、抵扣税款的其他发票，以持有伪造的发票罪定罪处罚。

持有伪造的发票案的3种立案追诉标准：（1）明知是伪造的发票而持有伪造的增值税专用发票50份以上或票面额累计20万元以上，应立案追诉。（2）持有伪造的可用于骗取出口退税、抵扣税款的其他发票100份以上或票面额累计40万元以上，应立案追诉。（3）持有伪造的增值税专用发票、可用于骗取出口退税、抵扣税款的其他发票外的其他发票200份以上或票面额累计80万元以上，应立案追诉。

从发票管理办法及其实施细则的角度讲，增值税专用发票由国家税务总局确定的企业印制；其他发票，按国家税务总局，由省级税务机关确定的企业印制。（1）用发票单位和个人有权申请税务机关对发票的真伪进行鉴别。A. 收到申请的税务机关应受理并负责鉴别发票的真伪；鉴别有困难，可提请发票监制税务机关协助鉴别。B. 在伪造、变造现场、买卖地、存放地查获的发票，由当地税务机关鉴别。（2）禁止私自印制、伪造、变造发票，禁止非法制造发票防伪专用品，禁止非法代开发票。（3）任何单位和个人应按发票管理规定使用发票，不得转借、转让、介绍他人转让发票、发票监制章和发票防伪专用品；知道或应知道是私自印制、伪造、变造、非法取得或废止的发票而受让、开具、存放、携带、邮寄、运输；拆本使用发票；扩大发票使用范围；以其他凭证代替发票使用；为他人、为自己开具与实际经营业务情况不符的发票；让他人为自己开具与实际经营业务情况不符的发票；介绍他人开具与实际经营业务情况不符的发票。（4）对违反发票管理法规的行为，任何单位和个人可举报；税务机关应为检举人保密，并酌情给予奖励。

第七节 侵犯知识产权罪（第213~220条）

【单位犯侵犯知识产权罪的处罚原则】单位犯假冒注册商标罪、销售假冒注册商标的商品罪、非法制造、销售非法制造的注册商标标识罪、假冒专利罪、侵犯著作权罪、销售侵权复制品罪、侵犯商业秘密罪，对单位判处罚金，并对其直接负责的主管人员和其他直接责任人员，依侵犯知识产权罪各该条规定处罚。

从民法总则的角度讲，民事主体依法享有知识产权（权利人依法就作品；发明、实用新型、外观设计；商标；地理标志；商业秘密；集成电路布图设计；植物新品种；法律规定的其他客体享有的专有的民商事权利）。

【认定为侵犯著作权犯罪案件"以营利为目的"的5种情形】销售侵犯著作权作品外；以会员制方式通过信息网络传播他人作品，收取会员注册费或其他费用；以在他人作品中刊登收费广告、捆绑第三方作品等方式直接或间接收取费用；通过信息网络传播他人作品，或利用他人上传的侵权作品，在网站或网页上提供刊登收费广告服务，直接或间接收取费用；其他利用他人作品牟利。

【侵犯著作权犯罪案件"未经著作权人许可"的认定问题】未经著作权人许可，一般应依据著作权人或其授权的代理人、著作权集体管理组织、国家著作权行政管理部门指定的著作权认证机构出具的涉案作品版权认证文书，或证明出版者、复制发行者伪造、涂改授权许可文件或超出授权许可范围的证据，结合其他证据综合认定。涉案作品种类众多且权利人分散的案件中，上述证据确实难以一一取得，但有证据证明涉案复制品系非法出版、复制发行，且出版者、复制发行者不能提供获得著作权人许可的相关证明材料，可认定为"未经著作权人许可"，但有证据证明权利人放弃权利、涉案作品的著作权不受中国著作权法保护，或著作权保护期限已届满为例外。

【多次实施侵犯知识产权行为累计计算数额问题】（1）多次实施侵犯知识产权行为，未经行政处理或刑罚，非法经营数额、违法所得数额或销售金额累计计算。（2）2年内多次实施侵犯知识产权违法行为，未经行政处理，累计数额构成犯罪，应依法定罪处罚。（3）实施侵犯知识产权犯罪行为的追诉期限，适用刑法有关规定，不受2年的限制。

【为他人实施侵犯知识产权犯罪提供原材料、机械设备等行为的定性问题】明知他人实施侵犯知识产权犯罪，而为其提供生产、制造侵权产品的主要原材料、辅助材料、半成品、包装材料、机械设备、标签标识、生产技术、配方等帮助，或提供互联网接入、服务器托管、网络存储空间、通讯传输通道、代收费、费用结算等服务，以侵犯知识产权犯罪的共犯论处。

【侵犯知识产权犯罪竞合的处理问题】行为人实施侵犯知识产权犯罪，同时构成生产、销售伪劣商品犯罪，依侵犯知识产权罪、生产销售伪劣商品犯罪中处罚较重规定定罪处罚。

从《关于办理侵犯知识产权刑事案件适用法律若干问题的意见》（2011年）的侵犯知识产权犯罪案件的管辖问题的角度讲，侵犯知识产权犯罪案件由侵犯知识产权犯罪案件的犯罪地（侵权产品制造地、储存地、运输地、销售地，传播侵权作品、销售侵权产品的网站服务器所在地、网络接入地、网站建立者或管理者所在地，侵权作品上传者所在地，权利人受到实际侵害的犯罪结果发生地）公安机关立案侦查；必要时，可由嫌犯居住地公安机关立案侦查。对有多个侵犯知识产权犯罪地，由最初受理的公安机关或主要犯罪地公安机关管辖。A. 多个侵犯知识产权犯罪地的公安机关对管辖有争议，由共同的上级公安机关指定管辖，需提请批捕、移送审查起诉、提起公诉，由该公安机关所在地的同级检察院、法院受理。B. 对不同嫌犯、犯罪团伙跨地区实施的涉及同一批侵权产品的制造、储存、运输、销售等侵犯知识产权犯罪行为，符合并案处理要求，有关公安机关可一并立案侦查，需提请批捕、移送审查起诉、提起公诉，由该公安机关所在地的同级检察院、法院受理。（1）办理侵犯知识产权刑事案件中行政执法部门收集、调取证据的效力问题：A. 行政执法部门依法收集、调取、制作的物证、书证、视听资料、检验报告、鉴定结论、勘验笔录、现场笔录，经公安机关、检察院审查，法院庭审质证确认，可作为刑事证据使用。B. 行政执法部门制作的证人证言、当事人陈述等调查笔录，公安机关认为有必要作为刑事证据使用，应依法重新收集、制作。（2）办理侵犯知识产权刑事案件的抽样取证问题和委托鉴定问题：A. 公安机关在办理侵犯知识产权刑事案件时，可根据工作需要抽样取证，或商请同级行政执法部门、有关检验机构协助抽样取证。B. 法律法规对抽样机构或抽样方法有规定，应委托规定的机构并按规定方法抽取样品。公检法在办理侵犯知识产权刑事案件时，对需鉴定的事项，应委托国家认可的有鉴定资质的鉴定机构进行鉴定。C. 公检法应对鉴定结论审查，听取权利人、嫌犯、被告人对鉴定结论的意见，可要求鉴定机构作出相应说明。（3）侵犯知识产权犯罪自诉案件的证据收集问题：法院依法受理侵犯知识产权刑事自诉案件，对当事人因客观原因不能取得的证据，提起自诉时能提供有关线索，申请法院调取，法院应依法调取。

侵犯知识产权罪的最高刑：（1）假冒注册商标罪，情节严重，处3年以下有期刑或拘役，并处或单处罚金；情节特别严重，处3年以上7年以下有期刑，并处罚金。（2）销售假冒注册商标的商品罪，销售金额数额较大，处3年以下有期刑或拘役，并处或单处罚金；销售金额数额巨大，处3年以上7年以下有期刑，并处罚金。（3）非法制造、销售非法制造的注册商标标识罪，情节严重，处3年以下有期刑、拘役或管制，并处或单处罚金；情节特别严重，处3年以上7年以下有期刑，并处罚金。（4）假冒专利罪，情节严重，处3年以下有期刑或拘役，并处或单处罚金。（5）侵犯著作权罪，违法所得数额较大或有其他严重情节，处3年以下有期刑或拘役，并处或单处罚金；违法所得数额巨大或有其他特别严重情节，处3年以上7年以下有期刑，并处罚金。（6）销售侵权复制品罪，违法所得数额巨大，处3年以下有期刑或拘役，并处或单处罚金。（7）侵犯商业秘密罪，给商业秘密的权利人造成重大损失，处3年以下有期刑或拘役，并处或单处罚金；造成特别严重后果，处3年以上7年以下有期刑，并处罚金。

从知识产权案件诉讼程序的角度讲，当事人对发明专利、实用新型专利、植物新品种、集成电路布图设计、技术秘密、计算机软件、垄断等专业技术性较强的知识产权民事案件第一审判决、裁定不服，提起上诉，由最高法审理。（1）当事人对专利、植物新品种、集成电路布图设计、技术秘密、计算机软件、垄断等专业技术性较强的知识产权行政案件第一审判决、裁定不服，提起上诉，由最高法审理。（2）对已发生法律效力的专利、植物新品种、集成电路布图设计、技术秘密、计算机软件、垄断等案件第一审判决、裁定、调解书，依法申请再审、抗诉等，适用审判监督程序，由最高法审理；最高法可依法指令下级法院再审。

◆ 《刑法》 第213条 【假冒注册商标罪】

从故意犯、行为犯、情节犯、数额犯的角度讲，未经注册商标所有人许可，在同一种商品［认定"同一种商品"，应在权利人注册商标核定使用的商品和行为人实际生产销售的商品之间进行比较：a. 名称（市场监管总局商标局在《商标注册用商品和服务国际分类》的商标注册工作中对商品使用的商品名称）相同的商品。b. 名称不同但指同一事物的商品（在功能、用途、主要原料、消费对象、销售渠道等方面相同或基本相同，相关公众一般认为是同一种事物的商品）］上使用与其注册商标相同的商标（a. 改变注册商标颜色。b. 改变注册商标的字体、字母大小写或文字横竖排列，与注册商标之间仅有细微差别。c. 改变注册商标的文字、字母、数字等之间的间距，不影响体现注册商标显著特征。d. 其他与注册商标在视觉上基本无差别、足以对公众产生误导的商标），情节严重，处3年以下有期刑或拘役，并处或单处罚金；情节特别严重，处3年以上7年以下有期刑，并处罚金。

假冒注册商标案的3种立案追诉标准：（1）非法经营数额5万元以上或违法所得数额3万元以上。（2）假冒2种以上注册商标，非法经营数额3万元以上或违法所得数额2万元以上。（3）其他情节严重情形。

未经卷烟、雪茄烟等烟草专卖品注册商标所有人许可，在卷烟、雪茄烟等烟草专卖品上使用与其注册商标相同的商标，情节严重，以假冒注册商标罪定罪处罚。

◆ 《刑法》第214条【销售假冒注册商标的商品罪】

从故意犯、数额犯的角度讲，销售（直接购买、预售、分期付款等）明知是假冒注册商标的商品，销售金额数额较大，处3年以下有期刑或拘役，并处或单处罚金；销售金额数额巨大，处3年以上7年以下有期刑，并处罚金。

销售假冒注册商标的商品案的3种立案追诉标准：（1）销售假冒注册商标的商品金额5万元以上。（2）销售金额不满5万元，但已销售金额与尚未销售的货值金额合计在15万元以上。（3）尚未销售，货值金额15万元以上。

尚未附着或尚未全部附着假冒注册商标标识的侵权产品价值是否计入非法经营数额的问题：在计算制造、储存、运输和未销售的假冒注册商标侵权产品价值时，对已制作完成但尚未附着（含加贴）或尚未全部附着（含加贴）假冒注册商标标识的产品，若有确实、充分证据证明该产品将假冒他人注册商标，其价值计入非法经营数额。未销售的假冒注册商标的商品的价值，按标价或已查清的侵权产品的实际销售平均价格计算，未标价或无法查清其实际销售价格，按被侵权产品的市场中间价格计算。

销售假冒注册商标的商品犯罪案件中尚未销售或部分销售情形的定罪量刑问题：销售明知是假冒注册商标的商品，有假冒注册商标的商品尚未销售，货值金额15万元以上，或假冒注册商标的商品部分销售，已销售金额不满5万元，但与尚未销售的假冒注册商标的商品的货值金额合计在15万元以上情形，以销售假冒注册商标的商品罪（未遂）定罪处罚。

假冒注册商标的商品尚未销售（库存的假冒注册商标的商品；为销售而前期购买的已支付货款的商品），货值金额分别达到15万元以上不满25万元、25万元以上，分别依销售假冒注册商标的商品罪规定的各法定刑幅度定罪处罚。销售（在销售过程中，买方已下单的商品、签收后被退回的商品等）金额和未销售（库存的假冒注册商标的商品；为销售而前期购买的已支付货款的商品等）货值金额分别达到不同的法定刑幅度或均达到同一法定刑幅度，在处罚较重的法定刑或同一法定刑幅度内酌情从重处罚。

销售明知是假冒他人注册商标的卷烟、雪茄烟等烟草专卖品，销售金额较大，以销售假冒注册商标的商品罪定罪处罚。

从司法实践、刷单行为、第三方支付、物流交易信息的角度讲，电商的经营人在网络上销售假冒注册商标的商品达到数额较大的法定数额，构成销售假冒注册商标的商品罪。

依法负有电商监管职责的部门的工作人员，玩忽职守、滥用职权、徇私舞弊，或泄露、出售或非法向他人提供在履行职责中所知悉的个人信息、隐私和商业秘密，依法追究法律责任。

◆ 《刑法》第215条【非法制造、销售非法制造的注册商标标识罪】

从选择罪名、故意犯、情节犯、数额犯的角度讲，伪造、擅自制造他人注册商标标识或销售伪造、擅自制造的注册商标标识，情节严重，处3年以下有期刑、拘役或管制，并处或单处罚金；情节特别严重，处3年以上7年以下有期刑，并处罚金。

非法制造、销售非法制造的注册商标标识案的3种立案追诉标准：（1）伪造、擅自制造或销售伪造、擅自制造2种以上注册商标标识数量1万件以上，或非法经营数额3万元以上，或违法所得数额2万元以上。（2）伪造、擅自制造或销售伪造、擅自制造的注册商标标识数量2万件以上，或非法经营数额5万元以上，或违法所得数额3万元以上。（3）其他情节严重情形。

伪造、擅自制造他人卷烟、雪茄烟注册商标标识或销售伪造、擅自制造的卷烟、雪茄烟注册商标标识，情节严重，以非法制造、销售非法制造的注册商标标识罪定罪处罚。

从销售他人非法制造的注册商标标识犯罪案件中尚未销售或部分销售情形的定罪问题的角度讲，销售他人伪造、擅自制造的注册商标标识，有4种情形（尚未销售他人伪造、擅自制造的注册商标标识数量6万件以上；尚未销售他人伪造、擅自制造的2种以上注册商标标识数量3万件以上；部分销售他人伪造、擅自制造的注册商标标识，已销售标识数量不满2万件，但与尚未销售标识数量合计在6万件以上；部分销售他人伪造、擅自制造的2种以上注册商标标识，已销售标识数量不满1万件，但与尚未销售标识数量合计在3万件以上)，以销售非法制造的注册商标标识罪（未遂）定罪处罚。

◆《刑法》第216条【假冒专利罪】

从专利法、故意犯、情节犯、目的犯的角度讲，假冒他人专利［以获取非法利益为目的，违反专利法，未经专利权人许可，在其制造或销售的产品、产品的包装上非法使用、标注专利权人享有专利权保护期限内的专利（发明专利、实用新型专利、外观设计专利）号；未经专利权人许可，在广告或其他宣传材料中使用他人的专利号，使人将所涉及的技术误认为是他人的专利技术；未经专利权人许可，在合同中使用他人的专利号，使人将合同涉及的技术误认为是他人的专利技术；伪造或变造他人的专利证书、专利文件或专利申请文件］，情节严重（多次假冒他人专利；假冒专利权人专利手段恶劣；假冒专利权人专利，非法获利数额较大或非法经营数额巨大；假冒专利权人专利，造成专利权人利益或国家利益的重大损害、恶劣影响等），处3年以下有期刑或拘役，并处或单处罚金。

假冒专利案的4种立案追诉标准：（1）假冒2项以上他人专利，非法经营数额10万元以上或违法所得数额5万元以上。（2）非法经营数额20万元以上或违法所得数额10万元以上。（3）给专利权人造成直接经济损失（假冒专利权人专利，导致专利权人直接的财产损毁、减少的实际价值）在50万元以上。（4）其他情节严重情形。

行为人假冒他人专利的同时又生产、销售他人专利的伪劣商品，应依吸收犯原则以假冒专利罪从重处罚。

从数罪并罚的角度讲，假冒他人专利的同时又假冒他人注册商标，或假冒他人专利、注册商标的同时又生产或销售伪劣商品，均应以假冒专利罪、假冒他人注册商标罪数罪并罚。

从专利法的角度讲，假冒专利，除依法承担民责外，由管理专利工作的部门责令改正并予公告，没收违法所得，可并处违法所得4倍以下罚款；未违法所得，可处20万元以下罚款；构成犯罪，依法追究刑责。（1）任何单位或个人将在中国完成的发明或实用新型向外国申请专利，应事先报经国务院专利行政部门进行保密审查，按国务院规定的保密审查的程序、期限等执行，否则向外国申请专利的发明或实用新型，在中国申请专利，不授予专利权；向外国申请专利，泄露国家秘密，由所在单位或上级主管机关给予行政处分；构成犯罪，依法追究刑责。（2）不视为侵犯专利权的5种情形：A.专为科研和实验而使用有关专利。B.专利产品或依专利方法直接获得的产品，由专利权人或经其许可的单位、个人售出后，使用、许诺销售、销售、进口该产品。C.在专利申请日前已制造相同产品、使用相同方法或已做好制造、使用的必要准备，并仅在原有范围内继续制造、使用。D.临时通过中国领陆、领水、领空外国运输工具，依其所属国同中国签订的协议或共同参加的国际条约，或依互惠原则，为运输工具自身需要而在其装置和设备中使用有关专利。E.为提供行政审批所需要的信息，制造、使用、进口专利药品或专利医疗器械，以及专门为其制造、进口专利药品或专利医疗器械。（3）为生产经营目的使用、许诺销售或销售不知道是未经专利权人许可而制造并售出的专利侵权产品，能证明该产品合法来源，不承担赔偿责任。

◆ 《刑法》第217条 【侵犯著作权罪】

从故意犯、目的犯、数额犯、情节犯的角度讲，以营利为目的（销售侵犯著作权作品外；以会员制方式通过信息网络传播他人作品，收取会员注册费或其他费用；以在他人作品中刊登收费广告、捆绑第三方作品等方式直接或间接收取费用；通过信息网络传播他人作品，或利用他人上传的侵权作品，在网站或网页上提供刊登收费广告服务，直接或间接收取费用；其他利用他人作品牟利），侵犯著作权，违法所得数额较大（a. 个人违法所得数额5万元以上。b. 单位违法所得数额20万元以上）或有其他严重情节（a. 因侵犯著作权曾2次以上被追究行责或民责，2年内又实施侵犯著作权行为。b. 个人非法经营数额20万元以上，单位非法经营数额100万元以上。c. 造成其他严重后果），处3年以下有期刑或拘役，并处或单处罚金；违法所得数额巨大（个人违法所得数额20万元以上，单位违法所得数额100万元以上）或有其他特别严重情节（个人非法经营数额100万元以上，单位非法经营数额500万元以上；造成其他特别严重后果），处3年以上7年以下有期刑，并处罚金【A. 出版他人享有专有出版权的图书。B. 制作、出售假冒他人署名的美术作品。C. 未经著作权人许可，复制发行［行为人以营利为目的，未经著作权人许可（a. 一般应依据著作权人或其授权的代理人、著作权集体管理组织、国家著作权行政管理部门指定的著作权认证机构出具的涉案作品版权认证文书，或证明出版者、复制发行者伪造、涂改授权许可文件或超出授权许可范围的证据，结合其他证据综合认定。b. 在涉案作品种类众多且权利人分散的案件中，上述证据确实难以一一取得，但有证据证明涉案复制品系非法出版、复制发行，且出版者、复制发行者不能提供获得著作权人许可的相关证明材料，以有证据证明权利人放弃权利、涉案作品的著作权不受中国著作权法保护，或著作权保护期限已届满为例外）而实施的复制、发行（a. 总发行、批发、零售、通过信息网络传播及出租、展销等活动。b. 侵权产品的持有人通过广告、征订等方式推销侵权产品）或既复制又发行其文字作品、音乐、电影、电视、录像作品、计算机软件及其他作品的行为］其文字作品、音乐、电影、电视、录像作品、计算机软件及其他作品。D. 未经录音录像制作者许可，复制发行其制作的录音录像】。

从《关于办理侵犯知识产权刑事案件具体应用法律若干问题的解释（二）》（2007年）的角度讲，以营利为目的，未经著作权人许可，复制发行（复制、发行或既复制又发行的行为）其文字作品、音乐、电影、电视、录像作品、计算机软件及其他作品，复制品数量合计在500张（份）以上，属于侵犯著作权罪的有其他严重情节；复制品数量2500张（份）以上，属于侵犯著作权罪的有其他特别严重情节。（1）非法出版、复制、发行他人作品，侵犯著作权构成犯罪，按侵犯著作权罪定罪处罚。A. 一般而言，侵犯知识产权犯罪，符合刑法规定的缓刑条件，依法适用缓刑。B. 特殊而言，侵犯知识产权犯罪一般不适用缓刑的4种情形：a. 不有悔罪表现。b. 拒不交出违法所得。c. 因侵犯知识产权被刑罚或行政处罚后，再次侵犯知识产权构成犯罪。d. 其他不宜适用缓刑情形。（2）对侵犯知识产权犯罪，法院应综合考虑犯罪的违法所得、非法经营数额、给权利人造成的损失、社会危害性等情节，依法判处罚金。A. 罚金数额一般在违法所得的1倍以上5倍以下，或按非法经营数额的50%以上1倍以下确定。B. 被害人有证据证明的侵犯知识产权刑事案件，直接向法院起诉，法院应依法受理；严重危害社会秩序和国家利益的侵犯知识产权刑事案件，由检察院依法提起公诉。（3）单位实施侵犯商业秘密罪、侵犯著作权罪、假冒专利罪、假冒注册商标罪、销售假冒注册商标的商品罪、非法制造、销售非法制造的注册商标标识罪、销售侵权复制品罪，按《关于办理侵犯知识产权刑事案件具体应用法律若干问题的解释（一、二）》的相应个人犯罪的定罪量刑标准定罪处罚。

从《关于办理侵犯知识产权刑事案件适用法律若干问题的意见》（2011年）的角度讲，

从通过信息网络传播侵权作品行为的定罪处罚标准问题的角度，侵犯著作权罪属于情节犯、数额犯。(1) 侵犯著作权罪的其他严重情节：以营利为目的，未经著作权人许可，通过信息网络向公众传播他人文字作品、音乐、电影、电视、美术、摄影、录像作品、录音录像制品、计算机软件及其他作品，有6种情形 [a. 非法经营数额5万元以上。b. 传播他人作品的数量合计在500件（部）以上。c. 传播他人作品的实际被点击数达到5万次以上。d. 以会员制方式传播他人作品，注册会员达到1000人以上。e. 数额或数量虽未达到非法经营数额5万元以上、传播他人作品的数量合计在500件（部）以上、传播他人作品的实际被点击数达到5万次以上，或以会员制方式传播他人作品，注册会员达到1000人以上标准，但分别达到其中2项以上标准一半以上。f. 其他严重情节情形]。(2) 侵犯著作权罪的其他特别严重情节：以营利为目的，未经著作权人许可，通过信息网络向公众传播他人文字作品、音乐、电影、电视、美术、摄影、录像作品、录音录像制品、计算机软件及其他作品，数额或数量达到非法经营数额5万元以上、传播他人作品的数量合计在500件（部）以上、传播他人作品的实际被点击数达到5万次以上，或以会员制方式传播他人作品，注册会员达到1000人以上，或数额或数量虽未达到非法经营数额5万元以上、传播他人作品的数量合计在500件（部）以上、传播他人作品的实际被点击数达到5万次以上，或以会员制方式传播他人作品，注册会员达到1000人以上标准，但分别达到其中2项以上标准一半以上标准5倍以上。

从司法解释的角度讲，实施侵犯著作权行为，又销售该侵权复制品，违法所得数额巨大，只定侵犯著作权罪，不实行数罪并罚。(1) 实施侵犯著作权的犯罪行为，又明知是他人的侵权复制品而销售，构成犯罪，应实行数罪并罚。(2) 非法出版、复制、发行他人作品，侵犯著作权构成犯罪，按侵犯著作权罪定罪处罚，不认定为非法经营罪等他罪。

◆ 《刑法》第218条【销售侵权复制品罪】

从故意犯、目的犯、数额犯的角度讲，以营利为目的，销售明知是他人享有专有出版权的图书、美术作品、文字作品、音乐、电影、电视、录像作品、录音录像、计算机软件及其他作品的侵权复制品，违法所得数额巨大，处3年以下有期刑或拘役，并处或单处罚金。

以营利为目的，实施销售侵权复制品的行为，个人违法所得数额10万元以上，单位违法所得数额50万元以上，以销售侵权复制品罪定罪处罚。

◆ 《刑法》第219条【侵犯商业秘密罪】

从故意犯、结果犯的角度讲，有侵犯商业秘密行为 (a. 以盗窃、利诱、胁迫或其他不正当手段获取权利人的商业秘密。b. 披露、使用或允许他人使用盗窃、利诱、胁迫或其他不正当手段获取的权利人的商业秘密。c. 违反约定或违反权利人有关保守商业秘密的要求，披露、使用或允许他人使用其所掌握的商业秘密。d. 明知或应知侵犯商业秘密行为，获取、使用或披露他人的商业秘密，以侵犯商业秘密论)，给商业秘密（不为公众所知悉，能为权利人带来经济利益，有实用性并经权利人采取保密措施的技术信息和经营信息）的权利人（商业秘密的所有人和经商业秘密所有人许可的商业秘密使用人）造成重大损失，处3年以下有期刑或拘役，并处或单处罚金；造成特别严重后果，处3年以上7年以下有期刑，并处罚金。

【2004·卷2·多选·52】（答案：ACD）下列关于侵犯商业秘密罪的说法哪些是正确的？A. 窃取权利人的商业秘密，给其造成重大损失的，构成侵犯商业秘密罪。B. 捡拾权利人的商业秘密资料而擅自披露，给其造成重大损失的，构成侵犯商业秘密罪。C. 明知对方窃取他人的商业秘密而购买和使用，给权利人造成重大损失的，构成侵犯商业秘密罪。D. 使用采取利诱手段获取权利人的商业秘密，给权利人造成重大损失的，构成侵犯商业秘密罪。

盗窃技术成果等商业秘密，以侵犯商业秘密罪定罪处罚。

侵犯商业秘密案的4种立案追诉标准：(1) 侵犯商业秘密，使商业秘密权利人破产。(2) 给商业秘密权利人造成损失数额50万元以上。(3) 因侵犯商业秘密违法所得数额50万元以上。(4) 其他给商业秘密权利人造成重大损失情形。

第八节　扰乱市场秩序罪（第221~231条）

扰乱市场秩序罪的最高刑：(1) 损害商业信誉、商品声誉罪，给他人造成重大损失或有其他严重情节，处2年以下有期刑或拘役，并处或单处罚金。(2) 虚假广告罪，情节严重，处2年以下有期刑或拘役，并处或单处罚金。(3) 串通投标罪，情节严重，处3年以下有期刑或拘役，并处或单处罚金。(4) 合同诈骗罪，数额较大，处3年以下有期刑或拘役，并处或单处罚金；数额巨大或有其他严重情节，处3年以上10年以下有期刑，并处罚金；数额特别巨大或有其他特别严重情节，处10年以上有期刑或无期刑，并处罚金或没收财产。(5) 组织、领导传销活动罪，骗取财物，扰乱经济社会秩序的传销活动，处5年以下有期刑或拘役，并处罚金；情节严重，处5年以上有期刑，并处罚金。(6) 非法经营罪，情节严重，处5年以下有期刑或拘役，并处或单处违法所得1倍以上5倍以下罚金；情节特别严重，处5年以上有期刑，并处违法所得1倍以上5倍以下罚金或没收财产。(7) 强迫交易罪，情节严重，处3年以下有期刑或拘役，并处或单处罚金；情节特别严重，处3年以上7年以下有期刑，并处罚金。(8) 伪造、倒卖伪造的有价票证罪，数额较大，处2年以下有期刑、拘役或管制，并处或单处票证价额1倍以上5倍以下罚金；数额巨大，处2年以上7年以下有期刑，并处票证价额1倍以上5倍以下罚金。(9) 倒卖车票、船票罪，情节严重，处3年以下有期刑、拘役或管制，并处或单处票证价额1倍以上5倍以下罚金。(10) 非法转让、倒卖土地使用权罪，情节严重，处3年以下有期刑或拘役，并处或单处非法转让、倒卖土地使用权价额5%以上20%以下罚金；情节特别严重，处3年以上7年以下有期刑，并处非法转让、倒卖土地使用权价额5%以上20%以下罚金。(11) 提供虚假证明文件罪，情节严重，处5年以下有期刑或拘役，并处罚金；索取他人财物或非法收受他人财物（加重犯），处5年以上10年以下有期刑，并处罚金。(12) 出具证明文件重大失实罪，重大失实，造成严重后果，处3年以下有期刑或拘役，并处或单处罚金。(13) 逃避商检罪，情节严重，处3年以下有期刑或拘役，并处或单处罚金。

从单位犯罪的角度讲，单位犯扰乱市场秩序罪的逃避商检罪；提供虚假证明文件罪；出具证明文件重大失实罪；强迫交易罪；非法经营；非法转让、倒卖土地使用权罪；损害商业信誉、商品声誉罪；虚假广告罪；串通投标罪；合同诈骗罪；组织、领导传销活动罪；伪造、倒卖伪造的有价票证罪；倒卖车票、船票罪，实行双罚制，对单位判处罚金，并对其直接负责的主管人员和其他直接责任人员，依各罪的规定处罚。

◆《刑法》第221条 【损害商业信誉、商品声誉罪】

从故意犯、结果犯、情节犯的角度讲，捏造并散布虚伪事实，损害他人的商业信誉、商品声誉，给他人造成重大损失或有其他严重情节，处2年以下有期刑或拘役，并处或单处罚金。

【2007·卷2·单选·10】（答案：C）对与扰乱市场秩序罪相关的案例的判断，哪一选项是正确的？A. 甲所购某名牌轿车行驶不久，发动机就发生故障，经多次修理仍未排除。甲用牛车拉着该轿车在闹市区展示。甲构成损害商品声誉罪。B. 广告商乙在拍摄某减肥药广告时，以肥胖的郭某当替身拍摄减肥前的画面，再以苗条的影视明星刘某作代言人夸赞减肥效果。事后查明，该药有一定的减肥作用。乙构成虚假广告罪。C. 丙按所在企业安排研发出某关键

技术,但其违反保密协议将该技术有偿提供给其他厂家使用,获利400万元。丙构成侵犯商业秘密罪。D. 章某因房地产开发急需资金,以高息向丁借款500万元,且按期归还本息。丁尝到甜头后,多次发放高利贷,非法获利数百万元。丁构成非法经营罪。

单位犯损害商业信誉、损害商品声誉罪,实行双罚制。损害商业信誉、损害商品声誉罪是捏造并散布虚伪事实,损害他人的商业信誉、商品声誉,给他人造成重大损失或有其他严重情节的行为。损害商业信誉、商品声誉案的3种立案追诉标准:(1) 捏造并散布虚伪事实,损害他人的商业信誉、商品声誉,给他人造成直接经济损失数额50万元以上。(2) 虽未达到给他人造成直接经济损失数额50万元以上数额标准,但有造成公司、企业等单位停业、停产6个月以上或破产,或利用互联网或其他媒体公开损害他人商业信誉、商品声誉情形。(3) 其他给他人造成重大损失或有其他严重情节情形。

◆《刑法》第222条【虚假广告罪】

从行政犯、身份犯、故意犯、情节犯的角度讲,广告主(为推销商品或服务,自行或委托他人设计、制作、发布广告的自然人、法人或其他组织)、广告经营者(接受委托提供广告设计、制作、代理服务的自然人、法人或其他组织)、广告发布者(为广告主或广告主委托的广告经营者发布广告的自然人、法人或其他组织)违反国家规定,利用广告对商品或服务作虚假宣传,情节严重,处2年以下有期刑或拘役,并处或单处罚金。

单位犯虚假广告罪,实行双罚制。虚假广告罪是广告主、广告经营者、广告发布者违反国家规定,利用广告对商品或服务作虚假宣传,情节严重的行为。虚假广告案的6种立案追诉标准:(1) 造成人身伤残。(2) 违法所得数额10万元以上。(3) 假借预防、控制突发事件的名义,利用广告作虚假宣传,使多人上当受骗,违法所得数额3万元以上。(4) 给单个消费者造成直接经济损失数额5万元以上,或给多个消费者造成直接经济损失数额累计20万元以上。(5) 虽未达到违法所得数额10万元以上,或假借预防、控制突发事件的名义,利用广告作虚假宣传,使多人上当受骗,违法所得数额3万元以上的数额标准,但2年内利用广告作虚假宣传受过行政处罚2次以上又利用广告作虚假宣传,或给单个消费者造成直接经济损失数额5万元以上,或给多个消费者造成直接经济损失数额累计20万元以上。(6) 其他情节严重情形。

广告经营者、广告发布者违反国家规定,利用广告为非法集资活动相关的商品或服务作虚假宣传,有4种违法犯罪情形(a.2年内利用广告作虚假宣传,受过行政处罚2次以上。b. 违法所得数额10万元以上。c. 造成严重危害后果或恶劣社会影响。d. 其他情节严重情形),以虚假广告罪定罪处罚。

广告主、广告经营者、广告发布者违反国家规定,假借预防、控制突发传染病疫情等灾害的名义,利用广告对所推销的商品或服务作虚假宣传,使多人上当受骗,违法所得数额较大或有其他严重情节,以虚假广告罪定罪处罚。

违反食品安全法规定,在广告中对食品作虚假宣传,欺骗消费者,或发布未取得批准文件、广告内容与批准文件不一致的保健食品广告,依广告法的规定给予处罚。(1) 广告经营者、发布者设计、制作、发布虚假食品广告,使消费者的合法权益受到损害,应与食品生产经营者承担连带责任。(2) 社会团体或其他组织、个人在虚假广告或其他虚假宣传中向消费者推荐食品,使消费者的合法权益受到损害,应与食品生产经营者承担连带责任。(3) 违反食品安全法规定,食品药品监管等部门、食品检验机构、食品行业协会以广告或其他形式向消费者推荐食品,消费者组织以收取费用或其他牟取利益的方式向消费者推荐食品,由有关主管部门没收违法所得,依法对直接负责的主管人员和其他直接责任人员给予记大过、降级或撤职处分;情节严重,给予开除处分。(4) 对食品作虚假宣传且情节严重,由省级以上政府食品药品监管部门决定暂停销售该食品，并向社会公布；仍销售该食品，由县级以上政府食品药品监管部门没收违法所得和违法销售的食品，并处2万元以上5万元以下罚款。

电商经营者应全面、真实、准确、及时地披露商品或服务信息，保障消费者的知情权和选择权；向消费者发送广告应遵守广告法的有关规定；应以显著方式提请消费者注意而不得将搭售商品或服务作为默认同意的选项；按约定向消费者收取押金，应明示押金退还的方式、程序而不得对押金退还设置不合理条件；因其技术优势、用户数量、对相关行业的控制能力以及其他经营者对该电商经营者在交易上的依赖程度等因素而有市场支配地位，不得滥用市场支配地位，排除、限制竞争；应明示用户信息查询、更正、删除以及用户注销的方式、程序，不得对用户信息查询、更正、删除以及用户注销设置不合理条件；不得以虚构交易、编造用户评价等方式进行虚假或引人误解的商业宣传而欺骗、误导消费者有关主管部门应采取必要措施保护电商经营者提供的数据信息的安全，并对个人信息、隐私和商业秘密严格保密，不得泄露、出售或非法向他人提供。（1）禁止为出售、购买、利用野生动物或禁止使用的猎捕工具发布广告；禁止为违法出售、购买、利用野生动物制品发布广告，否则为出售、购买、利用野生动物及其制品或禁止使用的猎捕工具发布广告，依广告法的规定处罚。（2）禁止通过大众传播媒介或其他方式贬低损害妇女人格；未经本人同意，不得以营利为目的，通过广告、商标、展览橱窗、报纸、期刊、图书、音像制品、电子出版物、网络等形式使用妇女肖像。

◆ 《刑法》第223条 【串通投标罪】

从故意犯、情节犯的角度讲，投标人（响应招标、参加投标竞争的法人或其他组织）相互串通投标报价，损害招标人（依招标投标法规定提出招标项目、进行招标的法人或其他组织）或其他投标人利益，或投标人与招标人串通投标，损害国家、集体、公民的合法利益，情节严重，处3年以下有期刑或拘役，并处或单处罚金。

单位犯串通投标罪，实行双罚制。串通投标案的6种立案追诉标准：（1）投标人相互串通投标报价，或投标人与招标人串通投标，违法所得数额10万元以上。（2）中标项目金额200万元以上。（3）损害招标人、投标人或国家、集体、公民的合法利益，造成直接经济损失数额50万元以上。（4）采取威胁、欺骗或贿赂等非法手段。（5）虽未达到违法所得数额10万元以上、中标项目金额200万元以上或损害招标人、投标人或国家、集体、公民的合法利益，造成直接经济损失数额50万元以上的数额标准，但2年内因串通投标，受过行政处罚2次以上，又串通投标。（6）其他情节严重情形。

【2004·卷2·多选·55】（答案：ABD）下列关于扰乱市场秩序罪的说法哪些是正确的？A. 单位可以构成刑法规定的各种扰乱市场秩序的犯罪。B. 广告主、广告经营者和广告发布者之外的其他人不能单独构成虚假广告罪。C. 招标人不能构成串通投标罪。D. 不以牟利为目的，非法转让土地使用权，不能构成非法转让土地使用权罪。

从招标投标法的角度讲，招标投标活动应遵循公开公平公正、诚实信用原则。（1）任何单位和个人不得将依法须进行招标（公开招标、邀请招标）的项目化整为零或以其他任何方式规避招标，不得违法限制或排斥本地区、本系统外的法人或其他组织参加投标，不得非法干预、影响评标的过程和结果，不得以任何方式非法干涉招标投标活动，不得以任何方式为招标人指定招标代理机构，不得强制招标人委托招标代理机构办理招标事宜（任何单位、个人违反招标投标法规定，限制或排斥本地区、本系统外的法人或其他组织参加投标，为招标人指定招标代理机构，强制招标人委托招标代理机构办理招标事宜，或以其他方式干涉招标投标活动，责令改正；对单位直接负责的主管人员和其他直接责任人员依法给予警告、记过、记大过的处分，情节较重，依法给予降级、撤职、开除的处分）。A. 招标代理机构与行政机关和其他国家机关不得存在隶属关系或其他利益关系。B. 招标人不得在确定中标人前与投标人就投标价格、投标方案等实质性内容进行谈判，不得以不合理的条件限制或排斥潜在投标人，不得对潜在投标人实行歧视待遇，不得强制投标人组成联合体共同投标，不得限制投标人之间的竞争，不得向他人透露已获取招标文件的潜在投标人的名称、数量、可能影响公平竞争的有关招标投标的其他情况（招标人设有标底，标底须保密）。C. 投标人不得以低于成本的报价竞标，不得以他人名义投标或以其他方式弄虚作假，骗取中标，不得相互串通投标报价，不得排挤其他投标人的公平竞争，损害招标人或其他投标人的合法权益，不得与招标人串通投标，损害国家利益、社会公共利益或他人的合法权益，禁止投标人以向招标人或评标委成员行贿的手段谋取中标。D. 评标委成员不得私下接触投标人，不得收受投标人的财物或其他好处。E. 评标委成员和参与评标的有关工作人员不得透露对投标文件的评审和比较、中标候选人的推荐情况以及与评标有关的其他情况。F. 与投标人有利害关系的人不得进入相关项目的评标委（评标委成员的名单在中标结果确定前应保密）；已进入的应更换（投标人和其他利害关系人认为招标投标活动不符合招标投标法有关规定，有权向招标人提出异议或依法向有关行政监督部门投诉）。（2）依法须进行招标的项目违反招标投标法规定，中标无效，应依招标投标法规定的中标条件从其余投标人中重新确定中标人或依招标投标法重新进行招标。A. 在中国境内进行大型基础设施、公用事业等关系社会公共利益、公众安全的项目；全部或部分使用国有资金投资或国家融资的项目；使用国际组织或外国政府贷款、援助资金的项目，含项目的勘察、设计、施工、监理以及与工程建设有关的重要设备、材料等的采购，须进行招标。B. 涉及国家安全、国家秘密、抢险救灾或属于利用扶贫资金实行以工代赈、需使用农民工等特殊情况，不适宜进行招标的项目，按国家有关规定可不进行招标。C. 使用国际组织或外国政府贷款、援助资金的项目进行招标，贷款方、资金提供方对招标投标的具体条件和程序有不同规定，可适用其规定，但违背中国的社会公共利益外。

违反招标投标法的法律责任：（1）违反招标投标法规定，须进行招标的项目而不招标，将须进行招标的项目化整为零或以其他任何方式规避招标，责令限期改正，可处项目合同金额5‰以上10‰以下罚款；对全部或部分使用国有资金的项目，可暂停项目执行或暂停资金拨付；对单位直接负责的主管人员和其他直接责任人员依法给予处分。（2）招标代理机构违反招标投标法规定，泄露应保密的与招标投标活动有关的情况和资料，或与招标人、投标人串通损害国家利益、社会公共利益或他人合法权益（影响中标结果，中标无效），处5万元以上25万元以下罚款，对单位直接负责的主管人员和其他直接责任人员处单位罚款数额5%以上10%以下罚款；有违法所得，并处没收违法所得；情节严重，禁止其1年-2年内代理依法须进行招标的项目并公告，直至由市场监管部门吊销营业执照；构成犯罪，依法追究刑责；给他人造成损失，依法承担赔偿责任。（3）招标人以不合理的条件限制或排斥潜在投标人，对潜在投标人实行歧视待遇，强制要求投标人组成联合体共同投标，或限制投标人之间竞争，责令改正，可处1万元以上5万元以下罚款。（4）招标人在评标委依法推荐的中标候选人以外确定中标人，依法须进行招标的项目在所有投标被评标委否决后自行确定中标人，中标无效。责令改正，可处中标项目金额5‰以上10‰以下罚款；对单位直接负责的主管人员和其他直接责任人员依法给予处分。（5）招标人与中标人不按招标文件和中标人的投标文件订立合同，或招标人、中标人订立背离合同实质性内容的协议，责令改正；可处中标项目金额5‰以上10‰以下罚款。（6）投标人以他人名义投标或以其他方式弄虚作假，骗取中标，中标无效，给招标人造成损失，依法承担赔偿责任；构成犯罪，依法追究刑责。（7）中标人将中标项目转让给他人，将中标项目肢解后分别转让给他人，违反本法规定将中标项目的部分主体、关键性工作分包给他人，或分包人再次分包，转让、分包无效，处转让、分包项目金额5‰以上10‰以下罚款；有违法所得，并处没收违法所得；可责令停业整顿；情节严重，由市场监管部门吊销营业执照。(8) 中标人不履行与招标人订立的合同,履约保证金不予退还,给招标人造成的损失超过履约保证金数额,还应对超过部分赔偿;未提交履约保证金,应对招标人的损失承担赔偿责任(因不可抗力不能履行合同,不适用该款规定)。(9) 中标人不按与招标人订立的合同履行义务,情节严重,取消其2年–5年内参加依法须进行招标的项目的投标资格并公告,直至由市场监管部门吊销营业执照(因不可抗力不能履行合同,不适用该款规定)。(10) 依法须进行招标的项目,招标人违反招标投标法规定,与投标人就投标价格、投标方案等实质性内容进行谈判(影响中标结果,中标无效),给予警告,对单位直接负责的主管人员和其他直接责任人员依法给予处分。(11) 依法须进行招标的项目的招标人向他人透露已获取招标文件的潜在投标人的名称、数量或可能影响公平竞争的有关招标投标的其他情况,或泄露标底(影响中标结果,中标无效),给予警告,可并处1万元以上10万元以下罚款;对单位直接负责的主管人员和其他直接责任人员依法给予处分;构成犯罪,依法追究刑责。(12) 投标人相互串通投标或与招标人串通投标,投标人以向招标人或评标委成员行贿的手段谋取中标,中标无效,处中标项目金额5‰以上10‰以下罚款,对单位直接负责的主管人员和其他直接责任人员处单位罚款数额5%以上10%以下罚款;有违法所得,并处没收违法所得;情节严重,取消其1年–2年内参加依法须进行招标的项目的投标资格并公告,直至由市场监管部门吊销营业执照;构成犯罪,依法追究刑责;给他人造成损失,依法承担赔偿责任。(13) 依法须进行招标的项目的投标人有以他人名义投标或以其他方式弄虚作假,骗取中的行为尚未构成犯罪,处中标项目金额5‰以上10‰以下罚款,对单位直接负责的主管人员和其他直接责任人员处单位罚款数额5%以上10%以下罚款;有违法所得,并处没收违法所得;情节严重,取消其1年–3年内参加依法须进行招标的项目的投标资格并公告,直至由市场监管部门吊销营业执照。(14) 评标委成员收受投标人的财物或其他好处,评标委成员或参加评标的有关工作人员向他人透露对投标文件的评审和比较、中标候选人的推荐以及与评标有关的其他情况,给予警告,没收收受的财物,可并处3000元以上5万元以下罚款,对有所列违法行为的评标委成员取消担任评标委成员的资格,不得再参加任何依法须进行招标的项目的评标;构成犯罪,依法追究刑责。(15) 对招标投标活动依法负有行政监督职责的国家机关工作人员徇私舞弊、滥用职权或玩忽职守,构成犯罪,依法追究刑责;不构成犯罪,依法给予行政处分。

◆ 《刑法》第224条 【合同诈骗罪】

从故意犯、目的犯、数额犯、情节犯、失控说的角度讲,犯合同诈骗罪,以非法占有为目的,在签订、履行合同过程中,骗取对方当事人财物,数额较大,处3年以下有期刑或拘役,并处或单处罚金;数额巨大或有其他严重情节,处3年以上10年以下有期刑,并处罚金;数额特别巨大或有其他特别严重情节,处10年以上有期刑或无期刑,并处罚金或没收财产(a. 以虚构的单位或冒用他人名义签订合同。b. 以伪造、变造、作废的票据或其他虚假的产权证明作担保。c. 无实际履行能力,以先履行小额合同或部分履行合同的方法,诱骗对方当事人继续签订和履行合同。d. 收受对方当事人给付的货物、货款、预付款或担保财产后逃匿。e. 以其他方法骗取对方当事人财物)。

单位犯合同诈骗罪,实行双罚制。从司法解释的角度讲,以非法占有为目的,在签订、履行合同过程中,骗取对方当事人财物数额2万元以上,应立案追诉。

【2017·卷2·单选·5】(答案:B)甲冒充房主王某与乙签订商品房买卖合同,约定将王某的住房以220万元卖给乙,乙首付100万元给甲,待过户后再支付剩余的120万元。办理过户手续时,房管局工作人员识破甲的骗局并报警。根据司法解释,关于甲的刑事责任的认定,下列哪一选项是正确的? A. 以合同诈骗罪220万元未遂论处,酌情从重处罚。B. 以合同

诈骗罪 100 万元既遂论处，合同诈骗 120 万元作为未遂情节加以考虑。C. 以合同诈骗罪 120 万元未遂论处，合同诈骗 100 万元既遂的情节不再单独处罚。D. 以合同诈骗罪 100 万元既遂与合同诈骗罪 120 万元未遂并罚。

合同诈骗罪的量刑：（1）构成合同诈骗罪，可根据不同情形在相应的幅度内确定量刑起点：A. 达到数额较大起点，可在 1 年以下有期刑、拘役幅度内确定量刑起点。B. 达到数额巨大起点或有其他严重情节，可在 3 年-4 年有期刑幅度内确定量刑起点。C. 达到数额特别巨大起点或有其他特别严重情节，可在 10 年-12 年有期刑幅度内确定量刑起点，依法应判无期刑为例外。（2）在量刑起点基础上，可根据合同诈骗数额等其他影响犯罪构成的犯罪事实增加刑罚量，确定基准刑。

从《关于办理利用经济合同诈骗案件有关问题的通知》（1997 年）的角度讲，公安机关接到利用经济合同诈骗案件的报案后，应先进行初步调查以查明案件性质，认定是否确有行为人以非法占有为目的，利用签订经济合同的手段，骗取公私财物数额较大的行为。对利用经济合同诈骗，应立案侦查。对不予立案，公安机关应将不立案的原因通知控告人，并告知其依经济合同法可直接向法院起诉解决。（1）利用经济合同诈骗案件由犯罪地（犯罪行为地、犯罪结果地）的公安机关办理，若由嫌犯居住地的公安机关办理更为适宜，可由嫌犯居住地的公安机关负责办理。几个地方的公安机关都有管辖权的案件，由上一级的公安机关办理。管辖权有争议的或管辖不明的案件，由争议双方的上级公安机关办理。（2）公安机关办理利用经济合同诈骗案件，在尚未立案前，不得采取任何强制措施。在办案中需到外地对嫌犯采取强制措施，应严格依刑诉法等有关规定，通知当地公安机关，不得自行执行拘留、逮捕，更不得以传唤、拘传为名将被传唤人或被拘传人带离当地。凡未法律手续擅自到外地抓人或虽有法律手续但未通知当地公安机关，当地公安机关一经发现，应立即扣留，通知其所属的公安厅、局派人带回处理。未法律手续，擅自到外地抓人情节严重，依法追究刑事责任。当地公安机关接到外地公安机关执行拘留、逮捕的通知后应无条件地积极配合，不得以任何借口进行刁难或阻挠。故意刁难或阻挠，给予纪律处分，情节严重构成犯罪，依法追究刑事责任。执行中遇到问题可请上级公安机关协调解决。（3）公安机关办理利用经济合同诈骗案件，在尚未立案前，不得扣押物品或冻结款项。行为人进行诈骗犯罪活动，案发后扣押、冻结在案的财物及其孳息，应发还给被害人；若权属不明确，可按被害人被骗款物占扣押、冻结在案的财物及其孳息总额的比例发还被害人。行为人将诈骗财物已用于归还债务、货款或其他经济活动，若对方明知是诈骗财物而收取，属恶意取得，应一律追缴；如确属善意取得，则不再追缴。被害人因此遭受损失，可依法提起附带民事诉讼解决。（4）对办理利用经济合同诈骗案件的监督地（市）级以上公安机关应加强对办理利用经济合同诈骗案件的指导和监督，坚决制止利益驱动和地方、部门保护主义。上级公安机关若发现下级公安机关在办案中只注重追款而对罪犯打击不力，互相推诿扯皮，或违反规定抓人等错误时，警察的上级机关对下级机关的执法活动进行监督，发现其作出的处理或决定有错误，应予以撤销或变更。上级公安机关发现下级公安机关在进行侦查活动、治安管理或其他公安行政管理等执法工作中作出的处理或决定违反法律法规、规章和公安部制订的规范性文件规定，应及时向该下级公安机关指出，该下级公安机关应自行撤销或变更原处理、决定；下级公安机关若仍坚持原处理或决定，应向上级公安机关写出书面报告，上级公安机关审查后仍确认有错误，应以"决定"的书面形式予以撤销或变更。下级公安机关须服从上级公安机关的决定，坚决按上级公安机关主管部门的纠正决定执行。对拒不执行上级公安机关纠正决定的直接负责主管人员和其他直接责任人员，应给予纪律处分；警察违犯警纪，可给予警衔降级的处分。警衔降级的批准权限与原警衔的批准权限相同。警察受警衔降级处分后，其警衔晋级的期限按降级后的警衔等级重新计算。警察警衔降级不适用于二级警员。

◆《刑法》第 224 条之一 【组织、领导传销活动罪】

从共犯、故意犯、行为犯、情节犯的角度讲,组织、领导以推销商品、提供服务等经营活动为名,要求参加者以缴纳费用或购买商品、服务等方式获得加入资格,并按一定顺序组成层级,直接或间接以发展人员的数量作为计酬或返利依据,引诱、胁迫参加者继续发展他人参加者,骗取财物,扰乱经济社会秩序的传销活动,处 5 年以下有期刑或拘役,并处罚金;情节严重(a. 组织、领导的参与传销活动人员累计达 120 人以上。b. 直接或间接收取参与传销活动人员缴纳的传销资金数额累计达 250 万元以上。c. 曾因组织、领导传销活动受过刑罚,或 1 年内因组织、领导传销活动受过行政处罚,又直接或间接发展参与传销活动人员累计达 60 人以上。d. 造成参与传销活动人员精神失常、自杀等严重后果。e. 造成其他严重后果或恶劣社会影响),处 5 年以上有期刑,并处罚金。

单位犯组织、领导传销活动罪,实行双罚制。组织、领导以推销商品、提供服务等经营活动为名,要求参加者以缴纳费用或购买商品、服务等方式获得加入资格,并按一定顺序组成层级,直接或间接以发展人员的数量作为计酬或返利依据,引诱、胁迫参加者继续发展他人参加者,骗取财物,扰乱经济社会秩序的传销活动,涉嫌组织、领导的传销活动人员在 30 人以上且层级在三级以上,对传销活动的组织者、领导者(在传销活动中起组织、领导作用的发起人、决策人、操纵人,以及在传销活动中担负策划、指挥、布置、协调等重要职责,或在传销活动实施中起到关键作用的人员),应立案追诉。

组织、领导传销活动罪的适用问题:(1)以非法占有为目的,组织、领导传销活动,同时构成组织、领导传销活动罪和集资诈骗罪,依处罚较重的规定定罪处罚。(2)犯组织、领导传销活动罪,并实施故意伤害、非法拘禁、敲诈勒索、妨害公务、聚众扰乱社会秩序、聚众冲击国家机关、聚众扰乱公共场所秩序、交通秩序等行为,构成犯罪,依数罪并罚的规定处罚。

传销组织层级及人数的认定问题:(1)以推销商品、提供服务等经营活动为名,要求参加者以缴纳费用或购买商品、服务等方式获得加入资格,并按一定顺序组成层级(组织者、领导者与参与传销活动人员之间的上下线关系层次,而无组织者、领导者在传销组织中的身份等级),直接或间接以发展人员的数量作为计酬或返利依据,引诱、胁迫参加者继续发展他人参加,骗取财物,扰乱经济社会秩序的传销组织,其组织内部参与传销活动人员在 30 人以上且层级在三级以上,应对组织者、领导者追究刑责。(2)组织、领导多个传销组织,单个或多个组织中的层级已达三级以上,可将在各个组织中发展的人数合并计算。(3)组织者、领导者形式上脱离原传销组织后,继续从原传销组织获取报酬或返利,原传销组织在其脱离后发展人员的层级数和人数,应计算为其发展的层级数和人数。(4)对传销组织内部人数和层级数的计算,对组织者、领导者直接或间接发展参与传销活动人员人数和层级数的计算,含组织者、领导者本人及其本层级在内。(5)办理组织、领导传销活动刑事案件中,确因客观条件的限制无法逐一收集参与传销活动人员的言词证据,可结合依法收集并查证属实的缴纳、支付费用及计酬、返利记录,视听资料,传销人员关系图,银行账户交易记录,互联网电子数据,鉴定意见等证据,综合认定参与传销的人数、层级数等犯罪事实。

传销活动有关人员的认定和处理问题:(1)传销活动的组织者、领导者的认定问题:A. 在传销活动中起发起、策划、操纵作用的人员。B. 在传销活动中承担管理、协调等职责的人员。C. 在传销活动中承担宣传、培训等职责的人员。D. 曾因组织、领导传销活动受过刑罚,或 1 年内因组织、领导传销活动受过行政处罚,又直接或间接发展参与传销活动人员在 15 人以上且层级在三级以上的人员。E. 其他对传销活动的实施、传销组织的建立、扩大等起关键作用的人员。(2)以单位名义实施组织、领导传销活动犯罪,对受单位指派,仅从事劳务性工作的人员，一般不予追究刑责。

"骗取财物"的认定问题：传销活动的组织者、领导者采取编造、歪曲国家政策、虚构、夸大经营、投资、服务项目及盈利前景，掩饰计酬、返利真实来源或其他欺诈手段，实施组织、领导传销活动，从参与传销活动人员缴纳的费用或购买商品、服务的费用中非法获利，应认定为骗取财物。参与传销活动人员是否认为被骗，不影响骗取财物的认定。

"团队计酬"行为的处理问题：（1）传销活动的组织者或领导者通过发展人员，要求传销活动的被发展人员发展其他人员加入，形成上下线关系，并以下线的销售业绩为依据计算和给付上线报酬，牟取非法利益，是"团队计酬"式传销活动。（2）以销售商品为目的、以销售业绩为计酬依据的单纯的"团队计酬"式传销活动，不作为犯罪处理。形式上采取"团队计酬"方式，但实质上属于"以发展人员的数量作为计酬或返利依据"的传销活动，应以组织、领导传销活动罪定罪处罚。

◆ 《刑法》第225条【非法经营罪】

从行政犯、法定犯、故意犯、目的犯、情节犯、数额犯的角度讲，违反国家规定，非法经营［以营利为目的进行生产、制造加工、出售、转让、批发、零售、运输、储存、服务等商业经济活动。a. 未经许可经营法律、行政法规规定的专营、专卖物品或其他限制买卖的物品。b. 买卖进出口许可证、进出口原产地证明及其他法律、行政法规规定的经营许可证或批准文件。c. 未经国家有关主管部门批准非法经营证券、期货、保险业务，或非法从事资金支付结算业务（违反国家规定，使用受理终端或网络支付接口等方法，以虚构交易、虚开价格、交易退款等非法方式向指定付款方支付货币资金；非法为他人提供单位银行结算账户套现或单位银行结算账户转个人账户服务；非法为他人提供支票套现服务；其他非法从事资金支付结算业务的情形）。d. 其他严重扰乱市场秩序的非法经营行为］，扰乱市场秩序，情节严重［A. 非法出版物：a. 个人实施违反国家规定，出版、印刷、复制、发行明知出版物中载有煽动分裂国家、破坏国家统一或煽动颠覆国家政权、推翻社会主义制度的内容而出版印刷复制发行传播、以营利为目的侵犯著作权行为、在出版物中公然侮辱他人或捏造事实诽谤他人、出版刊载歧视、侮辱少数民族内容的作品、制作复制出版贩卖传播淫秽物品牟利、为他人提供书号刊号出版淫秽书刊、传播淫秽物品、组织播放淫秽音像制品外的其他严重危害社会秩序和扰乱市场秩序的非法出版物的行为，有经营数额（以非法出版物的定价数额乘以行为人经营的非法出版物数量所得的数额）在5万~10万元以上、违法所得数额2万~3万元以上或经营报纸5000份或期刊5000本或图书2000册或音像制品、电子出版物500张（盒）以上情形。b. 单位实施违反国家规定，出版、印刷、复制、发行明知出版物中载有煽动分裂国家、破坏国家统一或煽动颠覆国家政权、推翻社会主义制度的内容而出版印刷复制发行传播、以营利为目的侵犯著作权行为、在出版物中公然侮辱他人或捏造事实诽谤他人、出版刊载歧视、侮辱少数民族内容的作品、制作复制出版贩卖传播淫秽物品牟利、为他人提供书号刊号出版淫秽书刊、传播淫秽物品、组织播放淫秽音像制品外的其他严重危害社会秩序和扰乱市场秩序的非法出版物行为，有经营数额15万~30万元以上、违法所得数额5万~10万元以上，或经营报纸15000份或期刊15000本或图书5000册或音像制品、电子出版物1500张（盒）以上。c. 违反国家规定，以营利为目的，通过信息网络有偿提供删除信息服务，或明知是虚假信息，通过信息网络有偿提供发布信息等服务，扰乱市场秩序，有个人非法经营数额5万元以上或违法所得数额2万元以上，或单位非法经营数额15万元以上或违法所得数额5万元以上。B. 违反国家有关盐业管理规定，非法生产、储运、销售食盐，扰乱市场秩序，非法经营食盐数量20吨以上，或曾因非法经营食盐行为受过2次以上行政处罚又非法经营食盐，数量10吨以上。C. 违反国家烟草专卖管理法律法规，未经烟草专卖行政主管部门许可，无烟草专卖生产企业许可证、烟草专卖批发企业许可证、特种烟草专卖经营企业许可证、烟草专卖零售许可证等许可证明，非法经营烟草专卖品，有非法经营卷烟20万支以上，或非法经营数额5万元以上或违法所得数额2万元以上，或曾因非法经营烟草专卖品3年内受过2次以上行政处罚，又非法经营烟草专卖品且数额3万元以上。D. 非法经营数额在250万元以上，或违法所得数额5万元以上，且曾因非法从事资金支付结算业务或非法买卖外汇犯罪行为受过刑事追究；2年内因非法从事资金支付结算业务或非法买卖外汇违法行为受过行政处罚；拒不交代涉案资金去向或拒不配合追缴工作，致使赃款无法追缴；造成其他严重后果。E. 非法从事资金支付结算业务或非法买卖外汇，非法经营数额500万元以上，或违法所得数额在10万元以上。F. 非法经营外汇，有在外汇指定银行和中国外汇交易中心及其分中心外买卖外汇，数额20万美元以上，或违法所得数额5万元以上，或公司、企业或其他单位违反有关外贸代理业务规定，采用非法手段，或明知是伪造、变造的凭证、商业单据，为他人向外汇指定银行骗购外汇，数额500万美元以上或违法所得数额50万元以上，或居间介绍骗购外汇，数额100万美元以上或违法所得数额10万元以上。G. 采取租用国际专线、私设转接设备或其他方法，擅自经营国际电信业务或涉港澳台电信业务进行营利活动，扰乱电信市场管理秩序，有经营去话业务数额100万元以上，或经营来话业务造成电信资费损失数额100万元以上，或虽未达到经营去话业务数额100万元以上，或经营来话业务造成电信资费损失数额100万元以上的数额标准，但有因非法经营国际电信业务或涉港澳台电信业务行为造成其他严重后果，或2年内因非法经营国际电信业务或涉港澳台电信业务行为受过行政处罚2次以上，又非法经营国际电信业务或涉港澳台电信业务。H. 未经国家有关主管部门批准，非法经营证券、期货、保险业务，或非法从事资金支付结算业务，有非法从事资金支付结算业务，数额200万元以上，或非法经营证券、期货、保险业务，数额30万元以上，或违反国家规定，使用销售点终端机具（POS机）等方法，以虚构交易、虚开价格、现金退货等方式向信用卡持卡人直接支付现金，数额100万元以上，或造成金融机构资金20万元以上逾期未还，或造成金融机构经济损失10万元以上，或违法所得数额5万元以上。I. 从事其他非法经营活动，个人非法经营数额5万元以上或违法所得数额1万元以上，或单位非法经营数额50万元以上或违法所得数额10万元以上，或虽未达到个人非法经营数额5万元以上或违法所得数额1万元以上，或单位非法经营数额50万元以上或违法所得数额10万元以上的数额标准，但2年内因同种非法经营行为受过2次以上行政处罚，又进行同种非法经营行为、其他情节严重情形］，处5年以下有期刑或拘役，并处或单处违法所得数额（获利数额）1倍以上5倍以下罚金；情节特别严重［A. 非法出版物：a. 个人实施违反国家规定，出版、印刷、复制、发行明知出版物中载有煽动分裂国家、破坏国家统一或煽动颠覆国家政权、推翻社会主义制度的内容而出版印刷复制发行传播、以营利为目的侵犯著作权行为、在出版物中公然侮辱他人或捏造事实诽谤他人、出版刊载歧视、侮辱少数民族内容的作品、制作复制出版贩卖传播淫秽物品牟利、为他人提供书号刊号出版淫秽书刊、传播淫秽物品、组织播放淫秽音像制品外的其他严重危害社会秩序和扰乱市场秩序的非法出版物的行为，有经营数额15万~30万元以上、违法所得数额5万~10万元以上，或经营报纸15000份或期刊15000本或图书5000册或音像制品、电子出版物1500张（盒）以上情形。b. 单位实施违反国家规定，出版、印刷、复制、发行明知出版物中载有煽动分裂国家、破坏国家统一或煽动颠覆国家政权、推翻社会主义制度的内容而出版印刷复制发行传播、以营利为目的侵犯著作权行为、在出版物中公然侮辱他人或捏造事实诽谤他人、出版刊载歧视、侮辱少数民族内容的作品、制作复制出版贩卖传播淫秽物品牟利、为他人提供书号刊号出版淫秽书刊、传播淫秽物品、组织播放淫秽音像制品外的其他严重危害社会秩序和扰乱市场秩序的非法出版物行为，有经营数额50万~100万元以上、违法所得数额15万~30万元以上，或经营报纸5万份或期刊5万本或图书15000册或音像制品、电子出版物5000张

（盒）以上。B. 非法从事资金支付结算业务或非法买卖外汇，非法经营数额2500万元以上或违法所得数额50万元以上。C. 非法从事资金支付结算业务或非法买卖外汇，非法经营数额1250万元以上，或违法所得数额25万元以上，且非法经营数额250万元以上，或违法所得数额5万元以上，且曾因非法从事资金支付结算业务或非法买卖外汇犯罪行为受过刑事追究；2年内因非法从事资金支付结算业务或非法买卖外汇违法行为受过行政处罚；拒不交代涉案资金去向或拒不配合追缴工作，使赃款无法追缴，或造成其他严重后果的情形。D. 违反国家规定，以营利为目的，通过信息网络有偿提供删除信息服务，或明知是虚假信息，通过信息网络有偿提供发布信息等服务，扰乱市场秩序，数额达到个人非法经营数额5万元以上或违法所得数额2万元以上，或单位非法经营数额15万元以上或违法所得数额5万元以上的数额5倍以上]，处5年以上有期刑，并处违法所得1倍以上5倍以下罚金或没收财产。

从计划经济时代投机倒把罪的角度讲，非法经营罪是未经许可经营专营专卖物品或其他禁止、限制民间自由买卖的物品（林木、烟草、食盐、石油、钢材、货币金银、贵重金属、天然金刚石、军工产品、火药产品、麻醉药品、易燃易爆品、腐蚀性物品、放射性物品、农药、兽药和甘草、麻黄素、雪莲、冬虫夏草等野生中药材等国家限制或禁止自由买卖的物资；不含枪支、弹药、鸦片、毒品等特定犯罪对象的物资），买卖进出口许可证（商务部及其授权机构）、进出口原产地证明（证明进出口货物、技术原产地、来源地或出处属地的有效凭证）、其他法律行政法规规定的经营许可证（烟草准运证、烟草专卖批发许可证、烟草专卖零售许可证；食盐准运证、食盐批发许可证；种子生产经营许可证；；甘草、麻黄收购许可证；兽药经营许可证；印刷经营许可证；音像物品经营许可证；摄制电影电视片、电影片公映许可证；典当经营许可证；民用爆炸物品经营许可证；危险物品运输许可证等国家专营专卖物品或其他限制买卖物品或从事某项限制性的营业的许可证明）或批准文件，以及从事其他非法经营活动，扰乱市场秩序（囤积居奇、垄断货源、哄抬物价等），情节严重（屡教不改；造成恶劣影响；以行贿、欺骗、勾结等卑劣手段非法经营；给国家、集体或他人造成重大经济损失；严重影响人们的生产生活秩序；非法生产、经营专卖的伪劣产品而不构成生产、销售伪劣产品犯罪等）或违法所得数额较大（非法经营违法所得数额较大；侵犯著作权行为，个人违法所得数额5万元以上）的非法经营行为。单位非法经营罪，实行双罚制。

【2003·卷2·单选·5】（答案：B）李某为了牟利，未经著作权人许可，私自复制了若干部影视作品的VCD，并以批零兼营等方式销售，销售金额为11万元，其中纯利润6万元。李某的行为构成何罪？A. 销售侵权复制品罪。B. 侵犯著作权罪。C. 非法经营罪。D. 生产、销售伪劣产品罪。

非法经营罪的8种立案追诉标准：（1）违反国家有关盐业管理规定，非法生产、储运、销售食盐，扰乱市场秩序，非法经营食盐数量20吨以上，或曾因非法经营食盐行为受过2次以上行政处罚又非法经营食盐，数量10吨以上。（2）违反国家烟草专卖管理法律法规，未经烟草专卖行政主管部门许可，无烟草专卖生产企业许可证、烟草专卖批发企业许可证、特种烟草专卖经营企业许可证、烟草专卖零售许可证等许可证明，非法经营烟草专卖品，有非法经营卷烟20万支以上，或非法经营数额5万元以上或违法所得数额2万元以上，或曾因非法经营烟草专卖品3年内受过2次以上行政处罚，又非法经营烟草专卖品且数额3万元以上。（3）未经国家有关主管部门批准，非法经营证券、期货、保险业务，或非法从事资金支付结算业务，有非法从事资金支付结算业务，数额200万元以上，或非法经营证券、期货、保险业务，数额30万元以上，或违反国家规定，使用销售点终端机具（POS机）等方法，以虚构交易、虚开价格、现金退货等方式向信用卡持卡人直接支付现金，数额100万元以上，或造成金融机构资金20万元以上逾期未还，或造成金融机构经济损失10万元以上，或违法所得数额5万元以上。（4）非法经营外汇，有在外汇指定银行和中国外汇交易中心及其分中心外买卖外汇，数额20万美元以上，或违法所得数额5万元以上，或公司、企业或其他单位违反有关外贸代理业务规定，采用非法手段，或明知是伪造、变造的凭证、商业单据，为他人向外汇指定银行骗购外汇，数额500万美元以上或违法所得数额50万元以上，或居间介绍骗购外汇，数额100万美元以上或违法所得数额10万元以上。（5）出版、印刷、复制、发行严重危害社会秩序和扰乱市场秩序的非法出版物，个人违法所得数额2万元以上，单位违法所得数额5万元以上，或个人非法经营数额5万元以上，单位非法经营数额15万元以上，或个人非法经营报纸5000份或期刊5000本或图书2000册或音像制品、电子出版物500张（盒）以上，单位非法经营报纸15 000份或期刊15 000本或图书5000册或音像制品、电子出版物1500张（盒）以上，或虽未达个人违法所得数额2万元以上，单位违法所得数额5万元以上，或个人非法经营数额5万元以上，单位非法经营数额15万元以上，或个人非法经营报纸5000份或期刊5000本或图书2000册或音像制品、电子出版物500张（盒）以上，单位非法经营报纸15 000份或期刊15 000本或图书5000册或音像制品、电子出版物1500张（盒）以上的数额标准，但有2年内因出版、印刷、复制、发行非法出版物受过行政处罚2次以上，又出版、印刷、复制、发行非法出版物，或因出版、印刷、复制、发行非法出版物造成恶劣社会影响或其他严重后果。（6）非法从事出版物的出版、印刷、复制、发行业务，严重扰乱市场秩序，个人违法所得数额5万元以上，单位违法所得数额15万元以上，或个人非法经营数额15万元以上，单位非法经营数额50万元以上，或个人非法经营报纸15 000份或期刊15 000本或图书5000册或音像制品、电子出版物1500张（盒）以上，单位非法经营报纸5万份或期刊5万本或图书15000册或音像制品、电子出版物5000张（盒）以上，或虽未达到个人违法所得数额5万元以上，单位违法所得数额15万元以上，或个人非法经营数额15万元以上，单位非法经营数额50万元以上，或个人非法经营报纸15 000份或期刊15 000本或图书5000册或音像制品、电子出版物1500张（盒）以上，单位非法经营报纸5万份或期刊5万本或图书15 000册或音像制品、电子出版物5000张（盒）以上的数额标准，2年内因非法从事出版物的出版、印刷、复制、发行业务受过行政处罚2次以上，又非法从事出版物的出版、印刷、复制、发行业务。（7）采取租用国际专线、私设转接设备或其他方法，擅自经营国际电信业务或涉港澳台电信业务进行营利活动，扰乱电信市场管理秩序，有经营去话业务数额100万元以上，或经营来话业务造成电信资费损失数额100万元以上，或虽未达到经营去话业务数额100万元以上，或经营来话业务造成电信资费损失数额100万元以上的数额标准，但有因非法经营国际电信业务或涉港澳台电信业务行为造成其他严重后果，或2年内因非法经营国际电信业务或涉港澳台电信业务行为受过行政处罚2次以上，又非法经营国际电信业务或涉港澳台电信业务。（8）从事其他非法经营活动，有个人非法经营数额5万元以上或违法所得数额1万元以上，或单位非法经营数额50万元以上或违法所得数额10万元以上，或虽未达到个人非法经营数额5万元以上或违法所得数额1万元以上，或单位非法经营数额50万元以上或违法所得数额10万元以上的数额标准，但2年内因同种非法经营行为受过2次以上行政处罚，又进行同种非法经营行为、其他情节严重情形。

【2009·卷2·多选·54】（答案：CD）关于刑事责任的追究，下列哪些选项是正确的？A. 甲非法从事资金支付结算业务，构成非法吸收公众存款罪。B. 乙采取欺骗手段进行虚假纳税申报，逃避缴纳税款1000万元，但经税务机关依法下达追缴通知后，补缴了应纳税款。即便乙拒绝缴纳滞纳金，也不应当再对其追究刑事责任。C. 丙明知赵某实施高利转贷行为获利200万元，而为其提供资金账户的，构成洗钱罪。D. 丁组织多名男性卖淫，因《刑法》第三百五十八条并未限定组织卖淫罪中的被组织者是妇女，对丁应当追究刑事责任。

【2009·卷2·多选·57】（答案：AC）下列哪些行为构成非法经营罪？A. 甲违反国家规定，擅自经营国际电信业务，扰乱电信市场秩序，情节严重。B. 乙非法组织传销活动，扰乱

市场秩序，情节严重。C. 丙买卖国家机关颁发的野生动物进出口许可证。D. 丁复制、发行盗版的《国家计算机考试大纲》。

非法经营罪的情形：（1）违反国家规定，出版、印刷、复制、发行明知出版物中载有煽动分裂国家、破坏国家统一或煽动颠覆国家政权、推翻社会主义制度的内容而出版印刷复制发行传播、以营利为目的侵犯著作权行为、在出版物中公然侮辱他人或捏造事实诽谤他人、出版刊载歧视、侮辱少数民族内容的作品、制作复制出版贩卖传播淫秽物品牟利、为他人提供书号刊号出版淫秽书刊、传播淫秽物品、组织播放淫秽音像制品外的其他严重危害社会秩序和扰乱市场秩序的非法出版物，情节严重，或非法从事出版物的出版、印刷、复制、发行业务，严重扰乱市场秩序，情节特别严重，构成犯罪，均属于未经国家有关主管部门批准非法经营证券、期货、保险业务或非法从事资金支付结算业务性质，以非法经营罪定罪处罚。（2）实施违反国家规定，出版、印刷、复制、发行明知出版物中载有煽动分裂国家、破坏国家统一或煽动颠覆国家政权、推翻社会主义制度的内容而出版印刷复制发行传播、以营利为目的侵犯著作权行为、在出版物中公然侮辱他人或捏造事实诽谤他人、出版刊载歧视、侮辱少数民族内容的作品、制作复制出版贩卖传播淫秽物品牟利、为他人提供书号刊号出版淫秽书刊、传播淫秽物品、组织播放淫秽音像制品外的其他严重危害社会秩序和扰乱市场秩序的非法出版物的行为，经营数额、违法所得数额或经营数量接近非法经营行为的情节严重、情节特别严重的数额、数量起点标准，并有2年内因出版、印刷、复制、发行非法出版物受过行政处罚2次以上，或因出版、印刷、复制、发行非法出版物造成恶劣社会影响或其他严重后果，可认定为非法经营行为的情节严重、情节特别严重，以非法经营罪定罪处罚。（3）出版单位与他人事前通谋，向其出售、出租或以其他形式转让该出版单位的名称、书号、刊号、版号，他人实施以营利为目的，侵犯著作权行为、销售侵权复制品、制作复制出版贩卖传播淫秽物品牟利、为他人提供书号刊号出版淫秽书刊、传播淫秽物品（向他人传播淫秽的书刊、影片、音像、图片等出版物）、实施违反国家规定，出版、印刷、复制、发行明知出版物中载有煽动分裂国家、破坏国家统一或煽动颠覆国家政权、推翻社会主义制度的内容而出版印刷复制发行传播、以营利为目的侵犯著作权行为、在出版物中公然侮辱他人或捏造事实诽谤他人、出版刊载歧视、侮辱少数民族内容的作品、制作复制出版贩卖传播淫秽物品牟利、为他人提供书号刊号出版淫秽书刊、传播淫秽物品、组织播放淫秽音像制品外的其他严重危害社会秩序和扰乱市场秩序的非法出版物的行为，构成犯罪，对该出版单位应以共犯论处。（4）违反国家烟草专卖管理法律法规，未经烟草专卖行政主管部门许可，无烟草专卖生产企业许可证、烟草专卖批发企业许可证、特种烟草专卖经营企业许可证、烟草专卖零售许可证等许可证明，非法经营烟草专卖品，情节严重，以非法经营罪定罪处罚。（5）违反国家规定，未经依法核准擅自发行基金份额募集基金，情节严重，以非法经营罪定罪处罚。非法出版物无定价或以境外货币定价，其单价数额应按行为人实际出售价格认定。（6）违反国家在预防、控制突发传染病疫情等灾害期间有关市场经营、价格管理等规定，哄抬物价、牟取暴利，严重扰乱市场秩序，违法所得数额较大或有其他严重情节，以非法经营罪定罪，依法从重处罚。（7）从生产、销售赌博机的定罪量刑标准的角度讲，以提供给他人开设赌场为目的，违反国家规定，非法生产、销售有退币、退分、退钢珠等赌博功能的电子游戏设施设备或其专用软件，情节严重[a. 个人非法经营数额5万元以上，或违法所得数额1万元以上。b. 单位非法经营数额50万元以上，或违法所得数额10万元以上。c. 虽未达到上述数额标准，但2年内因非法生产、销售赌博机（有退币、退分、退钢珠等赌博功能的电子游戏设施、设备）行为受过2次以上行政处罚，又进行同种非法经营行为。d. 其他情节严重的情形]，或情节特别严重（a. 个人非法经营数额25万元以上，或违法所得数额5万元以上。b. 单位非法经营数额250万元以上，或违法所得数额50万元以上），均以非法经营罪定罪处罚。（8）违反国家规定，以营利为目的,通过信息网络有偿提供删除信息服务,或明知是虚假信息,通过信息网络有偿提供发布信息等服务,扰乱市场秩序,有个人非法经营数额5万元以上或违法所得数额2万元以上,或单位非法经营数额15万元以上或违法所得数额5万元以上,属于非法经营罪的情节严重,构成其他严重扰乱市场秩序的非法经营行为,以非法经营罪定罪处罚。(9)违反国家规定,使用销售点终端机具(POS机)等方法,以虚构交易、虚开价格、现金退货等方式向信用卡持卡人直接支付现金,情节严重(数额100万元以上,或造成金融机构资金20万元以上逾期未还,或造成金融机构经济损失10万元以上)或情节特别严重(数额500万元以上,或造成金融机构资金100万元以上逾期未还,或造成金融机构经济损失50万元以上),以非法经营罪定罪处罚。(10)违反国家药品管理法律法规,未取得或使用伪造、变造的药品经营许可证,非法经营药品,或以提供给他人生产、销售药品为目的,违反国家规定,生产、销售不符合药用要求的非药品原料、辅料,情节严重(非法经营数额10万元以上,或违法所得数额5万元以上)或情节特别严重(非法经营数额50万元以上,或违法所得数额25万元以上),均以非法经营罪定罪处罚。(11)违反国家规定,以营利为目的,通过信息网络有偿提供删除信息服务,或明知是虚假信息,通过信息网络有偿提供发布信息等服务,扰乱市场秩序,数额达到个人非法经营数额5万元以上或违法所得数额2万元以上,或单位非法经营数额15万元以上或违法所得数额5万元以上的数额5倍以上,应认定为非法经营罪的情节特别严重。A. 实施非法生产、销售黑广播、伪基站、无线电干扰器等无线电设备的行为,数量或数额达到非法经营数额5万元以上或非法生产、销售无线电设备3套以上标准5倍以上,或有其他情节特别严重情形,应认定为非法经营罪的情节特别严重。B. 在非法生产、销售无线电设备窝点查扣的零件,以组装完成的套数及能组装的套数认定;无法组装为成套设备,每3套广播信号调制器(激励器)认定为1套"黑广播"设备,每3块主板认定为1套"伪基站"设备。(12)非法生产、销售黑广播、伪基站、无线电干扰器等无线电设备,有非法经营数额5万元以上或非法生产、销售无线电设备3套以上、其他情节严重情形,应认定为非法经营罪的情节严重。(13)从司法解释、扩大解释的角度讲,未经国家批准擅自发行、销售彩票,或未经财政部批准(国家批准、行政许可),在互联网上违法违规发行、销售的彩票,属于非法彩票,构成犯罪,均以非法经营罪定罪处罚。从互联网销售彩票管理暂行办法、彩票管理条例及其实施细则的角度讲,未经财政部批准,任何单位不得开展互联网销售彩票(福利彩票、体育彩票、彩票游戏等)业务。(14)从吸收犯的角度讲,侵犯著作权行为,又销售该侵权复制品,违法所得数额巨大,侵犯著作权罪吸收了销售侵权复制品罪,只定侵犯著作权罪,不实行数罪并罚。(15)违反国家规定,非法从事资金支付结算业务或非法买卖外汇,实施倒买倒卖外汇或变相买卖外汇等非法买卖外汇行为,扰乱金融市场秩序,情节严重(非法经营数额500万元以上;违法所得数额10万元以上;非法经营数额250万元以上,或违法所得数额5万元以上,且有曾因非法从事资金支付结算业务或非法买卖外汇犯罪行为受过刑事追究;2年内因非法从事资金支付结算业务或非法买卖外汇违法行为受过行政处罚;拒不交代涉案资金去向或拒不配合追缴工作,使赃款无法追缴;造成其他严重后果的情形),以非法经营罪定罪处罚。(16)非法从事资金支付结算业务或非法买卖外汇,构成非法经营罪,同时又构成帮助恐怖活动罪或洗钱罪,依处罚较重的规定定罪处罚。(17)利用信息网络实施诽谤、寻衅滋事、敲诈勒索、非法经营犯罪,同时又构成损害商业信誉、商品声誉罪、煽动暴力抗拒法律实施罪、编造、故意传播虚假恐怖信息罪等犯罪,依处罚较重规定定罪处罚。(18)行为人实施非法生产、销售烟草专卖品犯罪,同时构成生产、销售伪劣产品罪、侵犯知识产权犯罪、非法经营罪,依处罚较重规定定罪处罚。(19)无危险废物经营许可证从事收集、贮存、利用、处置危险废物经营活动,严重污染环境,按污染环境罪定罪处罚;同时构成非法经营罪,依处罚较重规定定罪处罚。(20)违反军品出口管理条例军品出口秩序(a. 未取得军品出口经营权的任何单位或组织，不得从事军品出口经营活动。b. 国家禁止个人从事军品出口经营活动），由国家军品出口主管部门取缔非法活动；触犯刑律，依非法经营罪或他罪，依法追究刑责；尚不够刑罚，由国家军品出口主管部门警告，没收违法所得，并处违法所得1倍以上5倍以下罚款，未违法所得或违法所得不足10万元，处10万元以上50万元以下罚款。

非法从事资金支付结算业务、非法买卖外汇刑事案件的管辖、处罚及其方式方法：（1）非法从事资金支付结算业务、非法买卖外汇刑事案件中的犯罪地，含嫌犯、被告人用于犯罪活动的账户开立地、资金接收地、资金过渡账户开立地、资金账户操作地，以及资金交易对手资金交付和汇出地等。（2）涉及外汇的犯罪数额，按案发当日中国外汇交易中心或中国银行授权机构公布的人民币对该货币的中间价折合成人民币计算。A. 中国外汇交易中心或中国银行授权机构未公布汇率中间价的境外货币，按案发当日境内银行币对该货币的中间价折算成人民币，或该货币在境内银行、国际外汇市场对美元汇率，与人民币对美元汇率中间价进行套算。B. 2次以上非法从事资金支付结算业务或非法买卖外汇，依法应予行政处理或刑事处理而未经处理，非法经营数额或违法所得数额累计计算。C. 同一案件中，非法经营数额、违法所得数额分别构成情节严重、情节特别严重，按处罚较重的数额定罪处罚。D. 非法从事资金支付结算业务或非法买卖外汇违法所得数额难以确定，按非法经营数额的1‰认定违法所得数额，依法并处或单处违法所得1倍以上5倍以下罚金。（3）非法从事资金支付结算业务或非法买卖外汇，符合非法经营行为的情节严重标准（非法经营数额500万元以上；违法所得数额10万元以上；非法经营数额250万元以上，或违法所得数额5万元以上，且有曾因非法从事资金支付结算业务或非法买卖外汇犯罪行为受过刑事追究；2年内因非法从事资金支付结算业务或非法买卖外汇违法行为受过行政处罚；拒不交代涉案资金去向或拒不配合追缴工作，使赃款无法追缴，或造成其他严重后果的情形），行为人如实供述犯罪事实，认罪悔罪，并积极配合调查，退缴违法所得，可从轻处罚；其中犯罪情节轻微，可依法不起诉或免刑。符合刑诉法规定的认罪认罚从宽适用范围和条件，依刑诉法的规定处理。（4）非法从事资金支付结算业务或非法买卖外汇，构成非法经营罪，同时又构成帮助恐怖活动罪或洗钱罪，依处罚较重的规定定罪处罚。（5）单位违反国家规定，实施非法从事资金支付结算业务、非法买卖外汇行为［使用受理终端或网络支付接口等方法，以虚构交易、虚开价格、交易退款等非法方式向指定付款方支付货币资金；非法为他人提供单位银行结算账户套现或单位银行结算账户转个人账户服务；非法为他人提供发票套现服务；其他非法从事资金支付结算业务；非法从事资金支付结算业务或非法买卖外汇，实施倒买倒卖外汇或变相买卖外汇等非法买卖外汇行为，扰乱金融市场秩序，情节严重（非法经营数额500万元以上；违法所得数额10万元以上；非法经营数额250万元以上，或违法所得数额5万元以上，且有曾因非法从事资金支付结算业务或非法买卖外汇犯罪行为受过刑事追究；2年内因非法从事资金支付结算业务或非法买卖外汇违法行为受过行政处罚；拒不交代涉案资金去向或拒不配合追缴工作，使赃款无法追缴；造成其他严重后果的情形），依《关于办理非法从事资金支付结算业务、非法买卖外汇刑事案件适用法律若干问题的解释》（2019年）的定罪量刑标准，对单位判处罚金，并对其直接负责的主管人员和其他直接责任人员定罪处罚。

从军品出口管理条例的角度讲，国家军品出口管理工作人员滥用职权、玩忽职守或利用职务便利收受、索取他人财物，触犯刑律，依滥用职权罪、玩忽职守罪、受贿罪或他罪，依法追究刑责；尚不够刑罚，依法给予行政处分。（1）军品贸易公司在军品出口经营活动中，危害国家安全或社会公共利益；以不正当竞争手段排挤竞争对手；侵害中国法律保护的知识产权或其他法律、行政法规规定，由国家有关主管部门依有关法律和行政法规的规定处罚，国家军品出口主管部门并可暂停直至撤销其军品出口经营权；触犯刑律，依刑法有关规定，依法追究刑责。（2）军品贸易公司在军品出口经营活动中，伪造、变造、骗取或转让军品出口项目批准文件、合同批准文件、许可证和接受国的有效证明文件等单证；超越核定的经营范围经营，触犯刑律，依非法经营罪、伪造变造买卖国家机关公文、证件、印章罪或他罪，依法追究刑责；尚不够刑罚，由国家军品出口主管部门警告，没收违法所得，并处违法所得1倍以上3倍以下罚款，未违法所得或违法所得不足10万元，处10万元以上30万元以下罚款，暂停直至撤销其军品出口经营权。

从生物两用品及相关设备和技术出口管制条例的角度讲，未经许可擅自出口生物两用品（有生物双用途、技术出口清单管制的病原体、毒素、遗传物质、生物材料或非生物材料；中国境内存在、从未发现、已被消灭的生物两用品）及相关设备和技术，或擅自超出许可的范围出口生物两用品及相关设备和技术，依走私罪、非法经营罪、泄露国家秘密罪或他罪，依法追究刑责；尚不够刑罚，区别不同情况，依海关法有关规定处罚，或由商务部给予警告，没收违法所得，处5万元以上25万元以下罚款；商务部并可暂停直至撤销其外贸经营许可。(1) 伪造、变造或买卖生物两用品及相关设备和技术出口许可证件，依非法经营罪或伪造、变造、买卖国家机关公文、证件、印章罪，依法追究刑责；尚不够刑罚，依海关法有关规定处罚；商务部并可撤销其外贸经营许可。(2) 对生物两用品及相关设备和技术出口实施管制的国家工作人员滥用职权、玩忽职守或利用职务便利索取、收受他人财物，以滥用职权罪、玩忽职守罪、受贿罪或他罪，依法追究刑责；尚不够刑罚，依法给予行政处分。

单位实施复制他人信用卡、将他人信用卡信息资料写入磁条介质、芯片或以其他方法伪造信用卡，或违反国家规定，使用销售点终端机具（POS机）等方法，以虚构交易、虚开价格、现金退货等方式向信用卡持卡人直接支付现金的犯罪行为，情节严重，以伪造金融票证罪或非法经营罪的定罪量刑标准执行。

从商业特许经管条例的角度讲，未经核准，擅自从事商业特许经管条例规定的监督检验、定期检验、型式试验以及无损检测等检验检测活动，由特种设备安全监管部门取缔，处5万元以上20万元以下罚款；有违法所得，没收违法所得；触犯刑律，对负有责任的主管人员和其他直接责任人员依非法经营罪或他罪，依法追究刑责。(1) 未经许可，擅自从事压力容器设计活动，由特种设备安全监管部门取缔，处5万元以上20万元以下罚款；有违法所得，没收违法所得；触犯刑律，对负有责任的主管人员和其他直接责任人员依非法经营罪或他罪，依法追究刑责。(2) 未经许可，擅自从事移动式压力容器或气瓶充装活动，由特种设备安全监管部门取缔，没收违法充装的气瓶，处10万元以上50万元以下罚款；有违法所得，没收违法所得；触犯刑律，对负有责任的主管人员和其他直接责任人员依非法经营罪或他罪，依法追究刑责。移动式压力容器、气瓶充装单位未按安全技术规范的要求进行充装活动，由特种设备安全监管部门责令改正，处2万元以上10万元以下罚款；情节严重，撤销其充装资格。(3) 未经许可，擅自从事锅炉、压力容器、电梯、起重机械、客运索道、大型游乐设施、场（厂）内专用机动车辆及其安全附件、安全保护装置的制造、安装、改造以及压力管道元件的制造活动，由特种设备安全监管部门取缔，没收非法制造的产品，已实施安装、改造，责令恢复原状或责令限期由取得许可的单位重新安装、改造，处10万元以上50万元以下罚款；触犯刑律，对负有责任的主管人员和其他直接责任人员依生产、销售伪劣产品罪、非法经营罪、重大责任事故罪或他罪，依法追究刑责。(4) 未经许可，擅自从事锅炉、压力容器、电梯、起重机械、客运索道、大型游乐设施、场（厂）内专用机动车辆的维修或日常维护保养，由特种设备安全监管部门取缔，处1万元以上5万元以下罚款；有违法所得，没收违法所得；触犯刑律，对负有责任的主管人员和其他直接责任人员依非法经营罪、重大责任事故罪或他罪，依法追究刑责。(5) 锅炉、气瓶、氧舱和客运索道、大型游乐设施以及高耗能特种设备的设计文件，未经国务院特种设备安全监管部门核准的检验检测机构鉴定，擅自用于制造，由特种设备安全监管部门责令改正，没收非法制造的产品，处5万元以上20万元以下罚款；触犯刑律，对负有责任的主管人员和其他直接责任人员依生产、销售伪劣产品罪、非法经营罪或他罪，依法追究刑责。

从《关于办理环境污染刑事案件有关问题座谈会纪要》（2019年）的角度讲，要高度重视非法经营危险废物案件的办理，坚持全链条、全环节、全流程对非法排放、倾倒、处置、经营危险废物的产业链进行刑事打击，查清犯罪网络，深挖犯罪源头，斩断利益链条，不断挤压和铲除此类犯罪滋生蔓延的空间。(1) 要坚持实质判断原则，对行为人非法经营危险废物行为的社会危害性作实质性判断。譬如，一些单位或个人虽未依法取得危险废物经营许可证，但其收集、贮存、利用、处置危险废物经营活动，未超标排放污染物、非法倾倒污染物或其他违法造成环境污染情形，则不宜以非法经营罪论处。(2) 坚持综合判断原则，对行为人非法经营危险废物行为根据其在犯罪链条中的地位、作用综合判断其社会危害性。譬如，有证据证明单位或个人的无证经营危险废物行为属于危险废物非法经营产业链的一部分，并已形成了分工负责、利益均沾、相对固定的犯罪链条，若行为人或与其联系紧密的上游或下游环节具有排放、倾倒、处置危险废物违法造成环境污染的情形，且交易价格明显异常，对行为人可根据案件具体情况在污染环境罪和非法经营罪中，择一重罪处断。

从办理民营企业案件基本规则的角度讲，严格适用非法经营罪，防止刑事打击扩大化的问题，对民营企业的经营行为，法律和司法解释未作出明确禁止性规定，不得以非法经营罪追究刑责。(1) 严格把握认定标准，严格按刑法规定理解和适用非法经营罪的违反国家规定（违反全国人大及其常委会制定的法律和决定，国务院制定的行政法规、规定的行政措施、发布的决定和命令），坚决防止以未经批准登记代替违反国家规定的认定，避免办案时机把握不当影响民企生产。(2) 严格按法律和司法解释，慎用非法经营罪的"其他严重扰乱市场秩序的非法经营行为"兜底条款，对法律和司法解释未明确规定，办案中对是否认定为非法经营行为存在分歧，应作为法律适用问题向最高检请示。

从规章制度的角度讲，有关地方和部门领导干部在领导和组织开展政法工作中，违反中共政法工作条例和有关党内法规制度规定职责，视情节轻重，由党委政法委进行约谈、通报、挂牌督办等；或由纪检监察机关、组织人事部门按管理权限，办理引咎辞职、责令辞职、免职等。因违纪违法应承担责任，给予党纪政务处分；涉嫌犯罪，依法追究刑责。

从进出口商品检验法的角度讲，违反进出口商品检验法规定，将须经商检机构检验的进口商品未报经检验而擅自销售或使用，或将须经商检机构检验的出口商品未报经检验合格而擅自出口的，由商检机构没收违法所得，并处货值金额50%以上20%以下的罚款；构成犯罪，依法追究刑责。(1) 违反进出口商品检验法规定，未经国家商检部门许可，擅自从事进出口商品检验鉴定业务，由商检机构责令停止非法经营，没收违法所得，并处违法所得1倍以上3倍以下的罚款。(2) 进口或出口属于掺杂掺假、以假充真、以次充好的商品或以不合格进出口商品冒充合格进出口商品，由商检机构责令停止进口或出口，没收违法所得，并处货值金额50%以上3倍以下的罚款；构成犯罪，依法追究刑责。(3) 伪造、变造、买卖或盗窃商检单证、印章、标志、封识、质量认证标志，依法追究刑责；尚不够刑事处罚，由商检机构、认证认可监督管理部门依据各自职责责令改正，没收违法所得，并处货值金额等值以下的罚款。

◆ 《刑法》第226条【强迫交易罪】

从商业暴力犯、故意犯、情节犯的角度讲，采取暴力（殴打、捆绑、抱住、围困、伤害、砸毁等）、威胁（以暴力或其他方式相威胁或精神强制加害人身、毁坏财物、揭露隐私、破坏名誉等）手段，实施强迫交易（强迫他人接受或提供商品交易或服务交易）行为（a. 强买强卖商品。b. 强迫他人提供或接受服务。c. 强迫他人参与或退出投标、拍卖。d. 强迫他人转让或收购公司、企业的股份、债券或其他资产。e. 强迫他人参与或退出特定的经营活动），情节严重（a. 造成被害人轻微或其他严重后果。b. 造成直接经济损失2000元以上。c. 强迫交易3次以上或强迫3人以上交易。d. 强迫交易数额1万元以上或违法所得数额2000元以上。e. 强迫他人购买伪劣商品数额5000元以上，或违法所得数额1000元以上。f. 其他情节严重的情形），处3年以下有期刑或拘役，并处或单处罚金；情节特别严重（2人以上共同实施强迫交易；多次强迫交易；强迫交易数额巨大或非法获利数额巨大；强迫交易严重扰乱市场；以强迫交易手段推销伪劣商品；造成社会影响恶劣或被害人及家庭人身伤害、其他严重后果等），处3年以上7年以下有期刑，并处罚金。单位犯强迫交易罪，实行双罚制。

强迫交易罪是以暴力、威胁手段强买强卖商品、强迫他人提供服务或强迫他人接受服务，情节严重的行为。（1）以暴力、胁迫手段强迫他人借贷，属于强迫他人提供或接受服务，情节严重，以强迫交易罪追究刑责；同时构成故意伤害罪等他罪，依处罚较重的规定定罪处罚。（2）以非法占有为目的，以借贷为名采取暴力、胁迫手段获取他人财物，符合抢劫或敲诈勒索的犯罪行为，以抢劫罪或敲诈勒索罪追究刑责。（3）行为人以非法占有为目的，在商品交易或服务交易中当场使用暴力、胁迫或其他方法，强行立即劫取财物，情节严重，应以抢劫罪定罪处罚；在商品交易或服务交易中实施强迫交易行为，暴力致人伤亡，应以强迫交易罪、故意伤害罪或故意杀人罪数罪并罚。

（4）从司法解释的角度讲，采用软暴力手段，使他人产生心理恐惧或形成心理强制，分别属于强迫交易罪的威胁、寻衅滋事罪的追逐、拦截、辱骂、恐吓他人，情节恶劣情形的恐吓，同时符合其他犯罪构成要件，应分别以强迫交易罪、寻衅滋事罪定罪处罚。（5）雇佣、指使他人采用"软暴力"手段强迫交易、敲诈勒索，构成强迫交易罪、敲诈勒索罪，对雇佣者、指使者，一般应以共犯中的主犯论处。（6）为强索不受法律保护的债务或因其他非法目的，雇佣、指使他人采用"软暴力"手段非法剥夺他人人身自由构成非法拘禁罪，或非法侵入他人住宅、寻衅滋事，构成非法侵入住宅罪、寻衅滋事罪，对雇佣者、指使者，一般应以共犯中的主犯论处；因本人及近亲属合法债务、婚恋、家庭、邻里纠纷等民间矛盾而雇佣、指使，未造成严重后果，一般不作为犯罪处理，但经有关部门批评制止或处理处罚后仍继续实施外。

强买强卖商品，强迫他人提供服务或强迫他人接受服务，处5日以上10日以下拘留，并处200元以上500元以下罚款；情节较轻（强迫交易造成直接经济损失未达到有关刑事追诉标准10%；强迫交易数额或违法所得未达到有关刑事追诉标准10%；强迫他人购买伪劣商品数额或违法所得未达到有关刑事追诉标准10%；事后主动返还财物或支付有关费用，取得被侵害人谅解；其他情节较轻的情形），处5日以下拘留或500元以下罚款（《治安管理处罚法》第46条）。

从比较法的角度讲，各种暴力犯罪的行为方式具有相似性，关键在于犯罪行为目的、犯罪客体的不同。（1）强迫交易罪和敲诈勒索罪、寻衅滋事罪的根本差异在于犯罪构成要件（犯罪主体、犯罪客体、犯罪主观方面、犯罪客观方面）的不同。（2）强迫交易罪和抢劫罪的根本差异在于犯罪主体、犯罪客体、犯罪主观方面、犯罪客观方面内容（暴力程度、威胁内容、方式、时间、手段、表现等）的不同。

◆ 《刑法》第227条 【伪造、倒卖伪造的有价票证罪；倒卖车票、船票罪】

从选择罪名、一般主体、故意犯、数额犯、情节犯的角度讲，伪造或倒卖（以原价套购后高价或变相加价转手出售）伪造的车票、船票、邮票或其他有价票证（犯罪对象），数额较大（A. 伪造或倒卖伪造的车票、船票、邮票或其他有价凭证，应立案追诉的5种情形：a. 车票、船票票面数额累计2000元以上或数量累计50张以上。b. 邮票票面数额累计5000元以上或数量累计1000枚以上。c. 其他有价票证价额累计5000元以上或数量累计100张以上。d. 非法获利累计1000元以上。e. 其他数额较大的情形。B. 倒卖车票、船票或车票座席、卧铺签字号和订购车票、船票凭证，应立案追诉的情形：a. 票面数额累计5000元以上。b. 非法获利累计2000元以上。c. 其他情节严重的情形），处2年以下有期刑、拘役或管制，并处或单处票证价额1倍以上5倍以下罚金；数额巨大，处2年以上7年以下有期刑，并处票证价额1倍以上5倍以下罚金。

从故意犯、情节犯的角度讲，倒卖车票、船票，情节严重（a. 高价、变价、变相加价倒卖车票、船票或倒卖车票座席、卧铺签字号和订购车票、船票凭证，票面数额5000元以上，或非法获利数额2000元以上。b. 倒卖数额较大、次数较多、手段恶劣等），处3年以下有期刑、拘役或管制，并处或单处票证价额1倍以上5倍以下罚金。

单位犯伪造、倒卖伪造的有价票证罪；倒卖车票、船票罪，实行双罚制。（1）倒卖、伪造、变造火车票案件，由最初受理案件的铁路或地方公安机关管辖，必要时可移送主要违法行为发生地、主要犯罪地的铁路或地方公安机关管辖。铁路和地方公安机关在查办倒卖、伪造、变造火车票案件时，应互相配合；管辖不明确，由有关公安机关协商确定管辖；对管辖有争议或情况特殊，由共同的上一级公安机关指定管辖。（2）对铁路职工倒卖火车票或与其他人员勾结倒卖车票；组织倒卖车票的首犯；曾因倒卖车票受过2次以上治安处罚，2年内又倒卖车票，构成倒卖车票罪，依法从重处罚。A. 铁路职工倒卖旅客车票或与其他人员勾结倒卖旅客车票，依刑法有关规定追责。B. 倒卖旅客车票，构成犯罪，依刑法有关规定追责。

从刑法和反不当竞争法、消费者权益保护法、产品质量法、合同法的关系的角度讲，投机倒把罪（1979年《刑法》）分解为合同诈骗罪、非法经营罪、强迫交易罪、倒卖车票船票罪、非法转让倒卖土地使用权罪等罪名（1997年《刑法》）。倒卖型的罪名有伪造、倒卖伪造的有价票证罪；倒卖车票、船票罪；非法转让、倒卖土地使用权罪；倒卖文物罪等。

法律解释方法分为文理解释、论理解释（扩大解释、缩小解释、当然解释、反对解释、补正解释等）。（1）当然解释强调法律解释结论的逻辑合理性，未必符合罪刑法定原则等刑法或民法基本原则。（2）从治安处罚法和刑法、侵权责任法的关系的角度讲，举轻以明重原则，主张轻型违法行为都是犯罪行为，重型违法行为更属于犯罪行为，要求案件事实符合法定构成要件，遵守罪刑法定原则，不能简单地以案件事实的社会危害性严重为由以犯罪论处。（3）从社会违法性和社会危害性的关系的角度讲，倒卖车票、船票罪有社会危害性，倒卖飞机票行为的社会危害性重于倒卖车票、船票行为的社会危害性，医院"黄牛党"（黄牛或票贩子、票虫儿、打桩模子、拼缝儿）的等以暴利为目的而转手倒卖车票、戏票、球票、电影票等紧俏票行为（低吸高抛赚取返券利差；整合小额购物票；会员卡代购积分；收购购物卡、代金券低买高卖；网上征集现场团购等）也有违法性、当然解释性。

◆《刑法》第228条 【非法转让、倒卖土地使用权罪】

从行政犯、故意犯、目的犯、情节犯的角度讲，以牟利为目的，违反土地管理法规（土地管理法、草原法、森林法等法律；土地管理类行政法规），非法转让（非法交换、出售、赠送）、倒卖（非法出卖、租借、收买、以合法形式掩盖非法目的占有等）土地使用权，情节严重（a. 违法所得数额50万元以上。b. 非法转让、倒卖基本农田5亩以上。c. 非法转让、倒卖基本农田外的耕地10亩以上。d. 非法转让、倒卖其他土地20亩以上。e. 虽未达到违法所得数额50万元以上、非法转让倒卖基本农田5亩以上、非法转让倒卖基本农田外的耕地10亩以上，或非法转让、倒卖其他土地20亩以上的数额标准，但因非法转让、倒卖土地使用权受过行政处罚，又非法转让、倒卖土地。f. 其他情节严重情形），处3年以下有期刑或拘役，并处或单处非法转让、倒卖土地使用权价额5%以上20%以下罚金；情节特别严重（a. 非法转让、倒卖基本农田 10 亩以上。b. 非法转让、倒卖基本农田外的耕地 20 亩以上。c. 非法转让、倒卖其他土地 40 亩以上。d. 非法转让、倒卖土地使用权获利 100 万元以上。e. 非法转让、倒卖土地接近以上数额标准并有严重后果等其他恶劣情节），处 3 年以上 7 年以下有期刑，并处非法转让、倒卖土地使用权价额 5%以上 20%以下罚金。

单位犯非法转让、倒卖土地使用权罪，实行双罚制。(1) 自然人、单位犯非法转让、倒卖土地使用权罪、非法占有耕地罪的定罪量刑标准、追诉标准具有同一性。(2) 对应追诉的多次实施或 1 年内多次实施非法转让、倒卖土地使用权或非法低价出让国有土地使用权、非法占有耕地、非法批准征用、占有土地的行为，按累计的数量、数额处罚。(3) 从比较法的角度讲，非法转让、倒卖土地使用权罪和非法占有农用地罪的根本差异在于犯罪对象、犯罪客体、犯罪主观方面目的、犯罪客观方面行为方式、定罪量刑情节的不同。A. 违反土地管理法规，非法占用耕地改作他用，数量较大，造成耕地大量毁坏，以非法占有农用地罪定罪处罚。B. 从牵连犯的角度讲，行为人非法转让、倒卖土地使用权的同时，故意擅自改变土地使用用途让与他人，数量较大，造成农用地大量毁坏，应以牵连犯从一重罪处罚，非法转让、倒卖土地使用权的受让人仅构成非法占有农用地罪。(4) 非法转让、倒卖土地使用权罪和非法经营罪的根本差异在于犯罪对象、犯罪主体责任、犯罪主观方面目的、犯罪客观方面行为方式的不同。(5) 非法转让、倒卖土地使用权罪和徇私舞弊低价折股、出售国有资产罪的根本差异在于犯罪对象、犯罪客体、犯罪行为方式的不同。A. 行为人以土地入股，故意压低土地价格而造成国家利益、集体利益受到严重损失，构成徇私舞弊低价折股、出售国有资产罪。B. 买卖或以其他形式非法转让土地，由县级以上土管部门没收违法所得；对违反土地利用总体规划擅自将农用地改为建设用地，限期拆除在非法转让的土地上新建的建筑物和其他设施，恢复土地原状，对符合土地利用总体规划，没收在非法转让的土地上新建的建筑物和其他设施；可并处罚款；对直接负责的主管人员和其他直接责任人员，依法给予行政处分；构成犯罪，依法追究刑责。

◆ 《刑法》第 229 条 【提供虚假证明文件罪；出具证明文件重大失实罪】

从身份犯、故意犯、情节犯、结果犯的角度讲，承担资产评估（注册会计师、资产评估师等）、验资（注册会计师等）、验证、会计、审计、法律服务等职责的中介组织（法定资产评估机构、法定验资机构、法定验证机构、会计师事务所、审计师事务所、律所等）的人员故意提供虚假证明文件（资产评估、验资、验证、会计、审计、法律服务等报告、证明文件；药物非临床研究机构、药物临床试验机构、合同研究组织的工作人员故意提供虚假的药物非临床研究报告、药物临床试验报告及相关材料），情节严重（给国家、公众或公司、股东等造成重大经济损失，或极其恶劣影响，或社会秩序、经济秩序严重混乱等；故意提供虚假证明文件，在药物非临床研究或药物临床试验过程中故意使用虚假试验用药品；瞒报与药物临床试验用药品相关的严重不良事件；故意损毁原始药物非临床研究数据或药物临床试验数据；编造受试动物信息、受试者信息、主要试验过程记录、研究数据、检测数据等药物非临床研究数据或药物临床试验数据，影响药品安全性、有效性评价结果；曾因在申请药品、医疗器械注册过程中提供虚假证明材料受过刑罚或 2 年内受过行政处罚，又提供虚假证明材料；其他情节严重情形），处 5 年以下有期刑或拘役，并处罚金。

承担资产评估、验资、验证、会计、审计、法律服务等职责的中介组织的人员索取他人财物或非法收受他人财物，犯提供虚假证明文件罪，处 5 年以上 10 年以下有期刑，并处罚金。

单位犯提供虚假证明文件罪、出具证明文件重大失实罪，实行双罚制。

【2008·川·卷 2·单选·9】（答案：C）律师赵某接受律师事务所指派，为某公司股票上市提供法律意见。赵某在接受该公司的 10 万元财物后，提供了虚假的法律意见书，导致不

具备上市条件的该公司取得上市资格，严重损害了股东利益。赵某的行为构成何罪？A. 受贿罪。B.《刑法》第一百六十三条规定的公司、企业、其他单位人员受贿罪。C. 提供虚假证明文件罪。D.《刑法》第一百六十三条规定的公司、企业、其他单位人员受贿罪和提供虚假证明文件罪，应当数罪并罚。

从故意犯的角度讲，提供虚假证明文件案的 5 种立案追诉标准：（1）承担资产评估、验资、验证、会计、审计、法律服务等职责的中介组织的人员故意提供虚假证明文件，违法所得数额 10 万元以上。（2）虚假证明文件虚构数额 100 万元且占实际数额 30% 以上。（3）给国家、公众或其他投资者造成直接经济损失数额 50 万元以上。（4）虽未达到违法所得数额 10 万元以上、虚假证明文件虚构数额 100 万元且占实际数额 30% 以上，或给国家、公众或其他投资者造成直接经济损失数额 50 万元以上的数额标准，但有 2 年内因提供虚假证明文件受过行政处罚 2 次以上又提供虚假证明文件、在提供虚假证明文件过程中索取或非法接受他人财物。（5）其他情节严重情形。

提供虚假证明文件罪是承担资产评估、验资、验证、会计、审计、法律服务等职责的中介组织及其人员采取凭空捏造、虚假陈述等方式，明知自己提供的证明文件不符合实施情况而故意提供虚假证明文件，情节严重的行为。（1）中介组织人员索取他人财物或非法收受他人财物，并为其提供虚假证明文件的构成结果加重犯，构成提供虚假证明文件罪。（2）中介组织人员，明知国有资产占有单位等企业公司经营管理混乱、财务亏空、资信能力很差等基本状况，却在企业租赁、兼并、出售、联营、股份经营、资产拍卖、转让、抵押、担保、清算或中外合资经营、中外合作经营等资产（固定资产、无形资产、其他资产）评估或验资证明、审计报告方面故意提供具有不负事实、重大出入等重大失实、虚假的全部或重要内容失实，造成了严重后果，构成提供虚假证明文件罪。

对是否属于虚假的药物非临床研究报告、药物或医疗器械临床试验报告及相关材料，是否影响药品或医疗器械安全性、有效性评价结果，以及是否属于严重不良事件等专门性问题难以确定，可根据国家药品监管部门设置或指定的药品、医疗器械审评等机构出具的意见，结合其他证据作出认定。（1）药品注册申请单位的工作人员指使（明知有关机构、组织不具备相应条件或能力，仍委托其进行药物非临床研究、药物临床试验；支付的价款明显异于正常费用，以有相反证据为例外）药物非临床研究机构、药物临床试验机构、合同研究组织的工作人员提供虚假药物非临床研究报告、药物临床试验报告及相关材料，或在医疗器械注册申请中，故意提供、使用虚假的医疗器械临床试验报告及相关材料，以提供虚假证明文件罪的共犯论处。（2）办理药品、医疗器械注册申请材料的单位犯提供虚假证明文件罪，对单位判处罚金，并依《关于办理药品、医疗器械注册申请材料造假刑事案件适用法律若干问题的解释》（2017 年）规定的相应自然人犯罪的定罪量刑标准对直接负责的主管人员和其他直接责任人员定罪处罚。（3）药品注册申请单位的工作人员和药物非临床研究机构、药物临床试验机构、合同研究组织（受药品或医疗器械注册申请单位、药物非临床研究机构、药物或医疗器械临床试验机构的委托，从事试验方案设计、数据统计、分析测试、监察稽查等与非临床研究或临床试验相关活动的单位）的工作人员共同实施故意提供虚假的药物非临床研究报告、药物临床试验报告及相关材料，或在医疗器械注册申请中，故意提供、使用虚假的医疗器械临床试验报告及相关材料，骗取药品批准证明文件生产、销售药品，同时构成提供虚假证明文件罪和生产、销售假药罪，依处罚较重规定定罪处罚。（4）故意提供虚假证明文件，或在医疗器械注册申请中，故意提供、使用虚假的医疗器械临床试验报告及相关材料，索取或非法收受他人财物，以提供虚假证明文件罪处 5 年以上 10 年以下有期刑，并处罚金；同时构成提供虚假证明文件罪和受贿罪、非国家工作人员受贿罪，依处罚较重规定定罪处罚。（5）药品注册申请单位的工作人员，故意使用虚假药物非临床研究报告、药物临床试验报告及相关材料，或在医疗器械注册申请中，故意提供、使用虚假的医疗器械临床试验报告及相关材料，骗取药品批准证明文件生产、销售药品，应以生产、销售假药罪定罪处罚。(6) 对药品、医疗器械注册申请负有核查职责的国家机关工作人员，滥用职权或玩忽职守，导使用虚假证明材料的药品、医疗器械获得注册，使公共财产、国家和人民利益遭受重大损失，应以滥用职权罪或玩忽职守罪追究刑责。

以提供虚假证明文件罪或出具证明文件重大失实罪定罪处罚的情形：(1) 环境影响评价机构或其人员，故意提供虚假环境影响评价文件，情节严重，或严重不负责任（过失），出具的环境影响评价文件存在重大失实，造成严重后果，应以提供虚假证明文件罪或出具证明文件重大失实罪定罪处罚。(2) 承担资产评估、验资、验证、会计、审计、法律服务等职责的中介组织或其人员，为信用卡申请人提供虚假的财产状况、收入、职务等资信证明材料，应追究刑责，分别以提供虚假证明文件罪和出具证明文件重大失实罪定罪处罚。

为信用卡申请人制作、提供虚假的财产状况、收入、职务等资信证明材料，涉及伪造、变造、买卖国家机关公文、证件、印章，或涉及伪造公司、企事业单位、人民团体印章，应追究刑责，分别以伪造、变造、买卖国家机关公文、证件、印章罪和伪造公司、企事业单位、人民团体印章罪定罪处罚。

从比较法的角度讲，提供虚假证明文件罪、出具证明文件重大失实罪的根本差异在于犯罪主观方面、犯罪客观方面的不同。

从过失犯、结果犯的角度讲，承担资产评估、验资、验证、会计、审计、法律服务等职责的中介组织的人员，严重不负责任（过失），出具的证明文件（资产评估书、验资证明、验证证明、审计报告、法律服务合同或协议等证据材料）有重大失实（全部内容失实、重要内容失实等），造成严重后果（给国家、公众或其他投资者造成直接经济损失数额100万元以上；其他造成严重后果情形），犯出具证明文件重大失实罪，处3年以下有期刑或拘役，并处或单处罚金。

从过失犯的角度讲，出具证明文件重大失实罪是承担资产评估、验资、验证、会计、审计、法律服务等职责的中介组织及其人员严重不负责任（过失），出具重大失实证明文件，造成严重后果的行为。(1) 从过失犯的角度讲，出具证明文件重大失实案的两种立案追诉标准：A. 承担资产评估、验资、验证、会计、审计、法律服务等职责的中介组织的人员严重不负责任（过失），出具的证明文件有重大失实，给国家、公众或其他投资者造成直接经济损失数额100万元以上。B. 其他造成严重后果情形。(2) 公证员在履行公证职责过程中，严重不负责任（过失），出具的公证文书有重大失实，造成严重后果，以出具证明文件重大失实罪追究刑责。

特种设备检验检测机构和检验检测人员，出具虚假的检验检测结果、鉴定结论或检验检测结果、鉴定结论严重失实，由特种设备安全监管部门对检验检测机构没收违法所得，处5万元以上20万元以下罚款，情节严重，撤销其检验检测资格；对检验检测人员处5000元以上5万元以下罚款，情节严重，撤销其检验检测资格，触犯刑律，依提供虚假证明文件罪、出具证明文件重大失实罪或他罪，依法追究刑责。特种设备检验检测机构和检验检测人员，出具虚假的检验检测结果、鉴定结论或检验检测结果、鉴定结论严重失实，造成损害，应承担赔偿责任。

从国有资产评估管理办法、股票发行与交易管理暂行条例、公司法、注册会计师法、证券法、安全生产法的角度讲，承担资产评估、验资或验证的机构提供虚假材料，由公司登记机关没收违法所得，处以违法所得1倍以上5倍以下罚款，并可由有关主管部门依法责令该机构停业、吊销直接责任人员的资格证书，吊销营业执照。(1) 承担资产评估、验资或验证的机构因过失提供有重大遗漏的报告，由公司登记机关责令改正，情节较重，处以所得收入1

倍以上5倍以下罚款,并可由有关主管部门依法责令该机构停业、吊销直接责任人员资格证书,吊销营业执照。(2)承担资产评估、验资或验证的机构因其出具的评估结果、验资或验证证明不实,给公司债权人造成损失,除能证明自己无过错外,在其评估或证明不实的金额范围内承担赔偿责任。(3)承担安全评价、认证、检测、检验工作的机构,出具虚假证明,吊销其相应资质,没收违法所得;违法所得10万元以上,并处违法所得2倍以上5倍以下罚款;无违法所得或违法所得不足10万元,单处或并处10万元以上20万元以下罚款;对其单位直接负责的主管人员和其他直接责任人员处2万元以上5万元以下罚款;给他人造成损害,与市场经营单位承担连带赔偿责任;构成犯罪,依法追究刑责。(4)会计师事务所、注册会计师违反注册会计师法,执行审计业务时存在委托人示意其作不实或不当证明、委托人故意不提供有关会计资料和文件,或因委托人有其他不合理要求,致使注册会计师出具的报告不能对财务会计的重要事项作出正确表述而不拒绝出具有关报告的情形,或执行审计业务出具报告时明知委托人的财务会计处理会直接损害报告使用人或其他利害关系人的利益而隐瞒或作出不实报告,或明知委托人的财务会计处理会导致报告使用人或其他利害关系人产生重大误解而不指明,明知委托人对重要事项的财务会计处理与国家有关规定抵触而不指明,明知委托人的会计报表的重要事项有其他不实的内容而不指明的情形,故意出具虚假的审计报告、验资报告,构成犯罪,依法追究刑责。

严禁将储备土地作为资产注入国有企业。土地储备工作只能由纳入名录管理的土地储备机构承担。未经依法供地,不得以政府会议纪要、公函等形式将政府收回、收购、征收的土地直接确定给政府平台公司或其他企事业单位,不得将土地储备机构名下的土地直接划转给政府平台公司、国有企业或其他企事业单位。

违反土壤污染防治法规定,受委托从事土壤污染状况调查和土壤污染风险评估、风险管控效果评估、修复效果评估活动的单位,出具虚假调查报告、风险评估报告、风险管控效果评估报告、修复效果评估报告,由地方政府生态环境主管部门处10万元以上50万元以下罚款;情节严重,禁止从事上述业务,并处50万元以上100万元以下罚款;有违法所得,没收违法所得。(1)从事土壤污染状况调查和土壤污染风险评估、风险管控效果评估、修复效果评估活动的单位出具虚假报告,由地方政府生态环境主管部门对直接负责的主管人员和其他直接责任人员处1万元以上5万元以下罚款;情节严重,10年内禁止从事前款规定的业务;构成犯罪,终身禁止从事土壤污染状况调查和土壤污染风险评估、风险管控效果评估、修复效果评估活动的业务。(2)从事土壤污染状况调查和土壤污染风险评估、风险管控效果评估、修复效果评估活动的单位和委托人恶意串通,出具虚假报告,造成他人人身或财产损害,还应与委托人承担连带责任。

违反食品安全法规定,承担食品安全风险监测、风险评估工作的技术机构、技术人员提供虚假监测、评估信息,依法对技术机构直接负责的主管人员和技术人员给予撤职、开除处分;有执业资格,由授予其资格的主管部门吊销执业证书。(1)违反食品安全法规定,认证机构出具虚假认证结论,由认证认可监管部门没收所收取的认证费用,并处认证费用5倍以上10倍以下罚款,认证费用不足1万元,并处5万元以上10万元以下罚款;情节严重,责令停业,直至撤销认证机构批准文件,并向社会公布;对直接负责的主管人员和负有直接责任的认证人员,撤销其执业资格。认证机构出具虚假认证结论,使消费者的合法权益受到损害,应与食品生产经营者承担连带责任。(2)违反食品安全法,食品检验机构、食品检验人员出具虚假检验报告,由授予其资质的主管部门或机构撤销该食品检验机构的检验资质,没收所收取的检验费用,并处检验费用5倍以上10倍以下罚款,检验费用不足1万元,并处5万元以上10万元以下罚款;依法对食品检验机构直接负责的主管人员和食品检验人员给予撤职或开除处分;导致发生重大食品安全事故,对直接负责的主管人员和食品检验人员给予开除处分。(3) 违反食品安全法规定，受到开除处分的食品检验机构人员，自处分决定作出之日起10年内不得从事食品检验工作；因食品安全违法行为受到刑罚或因出具虚假检验报告导致发生重大食品安全事故受到开除处分的食品检验机构人员，终身不得从事食品检验工作。A. 食品检验机构聘用不得从事食品检验工作的人员，由授予其资质的主管部门或机构撤销该食品检验机构的检验资质。B. 食品检验机构出具虚假检验报告，使消费者合法权益受损，应与食品生产经营者承担连带责任。

农民专业合作社连续2年未从事经营活动，吊销其营业执照。(1) 农民专业合作社依法向有关主管部门提供财务报告等材料中，作虚假记载或隐瞒重要事实，依法追究法律责任。(2) 农民专业合作社向登记机关提供虚假登记材料或采取其他欺诈手段取得登记，由登记机关责令改正，可处5000元以下罚款；情节严重，撤销登记或吊销营业执照。

◆ 《刑法》 第230条 【逃避商检罪】

从立案追诉标准、故意犯、情节犯的角度讲，违反进出口商品检验法（含进出口商品检验法实施条例）规定（犯罪客体），逃避商品检验（商品重量、质量、数量、规格、包装、卫生、安全要求等），将须经商检机构检验的进口商品（国家进出口商品检验商品种类表等）未报经检验而擅自在境内销售、使用，或将须经商检机构检验的出口商品未报经检验合格（含抽检不合格商品）而擅自出口（犯罪对象、犯罪客观方面），情节严重（a. 多次逃避商检。b. 导致病疫流行、灾害事故。c. 引起国际经济贸易纠纷，严重影响国家对外贸易关系，或严重损害国家声誉。d. 逃避商检的进出口货物货值金额300万元以上。e. 给国家、单位或个人造成直接经济损失巨大数额50万元以上。f. 其他情节严重情形），处3年以下有期刑或拘役，并处或单处罚金。

单位犯逃避商检罪，实行双罚制，对单位判处罚金，并对其直接负责的主管人员和其他直接责任人员，处3年以下有期刑或拘役，并处或单处罚金。

逃避商检罪的主观方面存在故意说（情节严重）、过失说（后果严重）等不同理论观点。(1) 从比较法的角度讲，逃避商检罪、走私废物罪的根本差异在于犯罪对象、犯罪客观方面的不同。(2) 从想象竞合犯的角度讲，逃避海关监管，从境外非法进口用作原料性质的固体废物，同时触犯走私废物罪、逃避商检罪，最终以走私罪（走私废物罪）从一重罪处罚。相反，未逃避海关监管，亦经国务院有关主管部门许可用作原料性质的固体废物，但逃避商检机构检验，擅自进口固体废物用作原料，情节严重，构成逃避商检罪。(3) 从进出口商品检验法的角度讲，违反进出口商品检验法规定，将须经商检机构检验的进口商品未报经检验而擅自在境内销售、使用，或将须经商检机构检验的出口商品未报经检验合格而擅自出口，由商检机构没收违法所得，并处金额5%以上20%以下罚款；构成犯罪，依法追究刑责。(4) 从进出口商品检验法实施条例的角度讲，销售、使用经法定检验、抽查检验或验证不合格的进口商品，或出口经法定检验、抽查检验或验证不合格的商品，由出入境检验检疫机构责令停止销售、使用或出口，没收违法所得和违法销售、使用或出口的商品，并处违法销售、使用或出口的商品货值金额等值以上3倍以下罚款；构成犯罪，依法追究刑责。A. 出入境检验检疫机构对没收的商品依法予以处理所得价款、没收的违法所得、收缴的罚款，全部上缴国库。B. 当事人在法定期限内对出入境检验检疫机构、国家质检总局作出的复核结论或处罚决定不服，可依法申请行政复议，也可依法提起行政诉讼。

第四章

侵犯公民人身权利、民主权利罪（第 232~262 条）

从犯罪主体的角度讲，侵犯公民人身权、民主权罪的犯罪主体以一般犯罪主体为主，以特殊犯罪主体为辅。强迫职工劳动罪的特殊主体是用人单位；雇用童工罪的一般主体是自然人、单位。

从宽严相济政策的角度讲，侵犯公民人身权、民主权罪的减刑、假释：（1）对因犯故意杀人、爆炸、抢劫、强奸、绑架等暴力犯罪，致人死亡或严重残疾而被判处死缓或无期刑的罪犯，要严格控制减刑的频度和每次减刑的幅度，要保证其相对较长的实际服刑期限，维护公平正义，确保改造效果。（2）对群体性事件中发生的杀人、放火、抢劫、伤害等犯罪案件，要注意重点打击其中的组织、指挥、策划者和直接实施犯罪行为的积极参与者；对因被煽动、欺骗、裹胁而参加，情节较轻，经教育确有悔改表现，应依法从宽处理。（3）对一般共犯案件，应充分考虑各被告人在共犯中的地位和作用，以及在主观恶性和人身危险性方面的不同，据事实和证据能分清主从犯，都应认定主从犯。有多名主犯，应在主犯中进一步区分出罪行最为严重者。对多名被告人共同致死一名被害人的案件，要进一步分清各被告人的作用，准确确定各被告人的罪责，以做到区别对待；不能以分不清主次为由，简单地一律判处重刑。（4）在共犯案件中，对主犯或首犯检举、揭发同案地位、作用较次罪犯构成立功，从轻或减轻处罚应从严掌握，若从轻处罚可能导致全案量刑失衡，一般不予从轻处罚；若检举、揭发的是他罪案件中罪行同样严重的罪犯，或协助抓获的是同案中的其他主犯、首犯，原则上应予依法从轻或减轻处罚。对从犯或犯罪集团中的一般成员立功，特别是协助抓获主犯、首犯，应充分体现政策，依法从轻、减轻或免刑。（5）对未成年犯、老年犯、残疾罪犯、过失犯、中止犯、胁从犯、积极主动缴付财产执行财产刑或履行民事赔偿责任的罪犯、因防卫过当或避险过当而判处徒刑的罪犯以及其他主观恶性不深、人身危险性不大的罪犯，在依法减刑、假释时，应根据悔改表现从宽掌握。A. 对认罪服法，遵守监规，积极参加学习、劳动，确有悔改表现，依法减刑，减刑的幅度可适当放宽，间隔的时间可相应缩短。B. 符合假释条件，应依法多适用假释。

从治安处罚法的角度讲，侵犯人身权、财产权的违反治安管理行为和处罚类型：（1）侵犯人身权、财产权，处 10 日以上 15 日以下拘留，并处 500 元以上 1000 元以下罚款；情节较轻，处 5 日以上 10 日以下拘留，并处 200 元以上 500 元以下罚款的 3 种情形：A. 组织、胁迫、诱骗不满 16 周岁的人或残疾人进行恐怖、残忍表演。B. 以暴力、威胁或其他手段强迫他人劳动。C. 非法限制他人人身自由、非法侵入他人住宅或非法搜查他人身体。（2）胁迫、诱骗或利用他人乞讨，处 10 日以上 15 日以下拘留，可并处 1000 元以下罚款；反复纠缠、强行讨要或以其他滋扰他人的方式乞讨，处 5 日以下拘留或警告。（3）侵犯人身权、财产权，处 5 日以下拘留或 500 元以下罚款；情节较重，处 5 日以上 10 日以下拘留，可并处 500 元以下罚款的 6 种情形：A. 多次发送淫秽、侮辱、恐吓或其他信息，干扰他人正常生活。B. 公然侮辱他人或捏造事实诽谤他人。C. 写恐吓信或以其他方法威胁他人人身安全。D. 捏造事实诬告陷害他人，企图使他人受到刑事追究或受到治安处罚。E. 对证人及其近亲属进行威胁、侮辱、殴打或打击报复。F. 偷窥、偷拍、窃听、散布他人隐私。（4）殴打他人，或故意伤害他人身体，驱使动物伤害他人，处5日以上10日以下拘留，并处200元以上500元以下罚款；情节较轻，处5日以下拘留或500元以下罚款；殴打他人，或故意伤害他人身体，处10日以上15日以下拘留，并处500元以上1000元以下罚款的3种情形：A. 多次殴打、伤害他人或一次殴打、伤害多人。B. 结伙殴打、伤害他人。c. 殴打、伤害残疾人、孕妇、不满14周岁的人或60周岁以上的人。（5）猥亵他人，或在公共场所故意裸露身体，情节恶劣，处5日以上10日以下拘留；猥亵智力残疾人、精神病人、不满14周岁的人或有其他严重情节，处10日以上15日以下拘留。（6）侵犯人身权、财产权，处5日以下拘留或警告的两种情形：A. 虐待家庭成员，被虐待人要求处理。B. 遗弃未独立生活能力的被扶养人。（7）强买强卖商品，强迫他人提供服务或强迫他人接受服务，处5日以上10日以下拘留，并处200元以上500元以下罚款；情节较轻，处5日以下拘留或500元以下罚款。（8）煽动民族仇恨、民族歧视，或在出版物、计算机信息网络中刊载民族歧视、侮辱内容，处10日以上15日以下拘留，可并处1000元以下罚款。（9）冒领、隐匿、毁弃、私自开拆或非法检查他人邮件，处5日以下拘留或500元以下罚款。（10）盗窃、诈骗、哄抢、抢夺、敲诈勒索或故意损毁公私财物，处5日以上10日以下拘留，可并处500元以下罚款；情节较重，处10日以上15日以下拘留，可并处1000元以下罚款。

◆《刑法》第232条【故意杀人罪】

从故意犯、行为犯、情节犯、实害结果犯、暴力犯罪的角度讲，故意杀人，处死刑、无期刑或10年以上有期刑；情节较轻，处3年以上10年以下有期刑。

【2002·卷2·多选·31】（答案：BCD）甲欲开枪杀乙，射击的结果却是导致乙重伤，同时导致乙身边的丙死亡。关于本案，下列哪些说法是错误的？A. 认定甲的行为成立一个故意杀人罪即可。B. 认定甲的行为成立一个故意杀人未遂和一个过失致人死亡罪。C. 认定甲的行为成立一个故意杀人罪和一个过失致人重伤罪。D. 认定甲的行为成立一个故意杀人罪和一个故意杀人未遂，实行并罚。

【2004·卷2·单选·18】（答案：B）甲、乙共谋杀害在博物馆工作的丙，两人潜入博物馆同时向丙各开一枪，甲击中丙身边的国家重点保护的珍贵文物，造成文物毁损的严重后果；乙未击中任何对象。关于甲、乙的行为，下列哪一选项是正确的？A. 甲成立故意毁损文物罪，因为毁损文物的结果是甲故意开枪的行为造成。B. 甲、乙成立故意杀人罪的共犯。C. 对甲应以故意杀人罪和过失损毁文物罪实行数罪并罚。D. 甲的行为属于一行为触犯数罪名，成立牵连犯。

从传统刑法理论的角度讲，自然人的死亡标准问题有争议性，存在呼吸停止说、心跳停止说、脑死亡说、综合判断说等不同理论观点。[43]

从相对负刑责年龄、无限防卫权的角度讲，已满14周岁不满16周岁的人，犯故意杀人、故意伤害致人重伤或死亡、强奸、抢劫、贩卖毒品、放火、爆炸、投毒罪行，应负刑责。对正进行行凶、杀人、抢劫、强奸、绑架以及其他严重危及人身安全的暴力犯罪，采取防卫行为，造成不法侵害人伤亡，不属于防卫过当，不负刑责。

从司法实践、社会实践的角度讲，故意杀人罪的刑罚以死刑为原则，以死缓、有期刑、无期刑或免刑、不负刑责为例外。将故意杀人罪中的"人"解释为"精神正常的人"，缩小了此处人外延，属于缩小解释。

---

[43] 张明楷：《外国刑法纲要》，清华大学出版社2002年版，第463页。

【2006·卷2·单选·2】（答案：D）关于因果关系，下列哪一选项是错误的？A. 甲故意伤害乙并致其重伤，乙被送到医院救治。当晚，医院发生火灾，乙被烧死。甲的伤害行为与乙的死亡之间不存在因果关系。B. 甲以杀人故意对乙实施暴力，造成乙重伤休克。甲以为乙已经死亡，为隐匿罪迹，将乙扔入湖中，导致乙溺水而亡。甲的杀人行为与乙的死亡之间存在因果关系。C. 甲因琐事与乙发生争执，向乙的胸部猛推一把，导致乙心脏病发作，救治无效而死亡。甲的行为与乙的死亡之间存在因果关系，是否承担刑事责任则应视甲主观上有没有罪过而定。D. 甲与乙都对丙有仇，甲见乙向丙的食物中投放了5毫克毒物，且知道5毫克毒物不能致丙死亡，遂在乙不知情的情况下又添加了5毫克毒物，丙吃下食物后死亡。甲投放的5毫克毒物本身不足以致丙死亡，故甲的投毒行为与丙的死亡之间不存在因果关系。

【2006·卷2·单选·13】（答案：C）关于故意杀人罪，下列哪一选项是正确的？A. 甲意欲使乙在跑步时被车撞死，便劝乙清晨在马路上跑步，乙果真在马路上跑步时被车撞死，甲的行为构成故意杀人罪。B. 甲意欲使乙遭雷击死亡，便劝乙雨天到树林散步，因下雨时在树林中行走易遭雷击。乙果真雨天在树林中散步时遭雷击身亡。甲的行为构成故意杀人罪。C. 甲对乙有仇，意图致乙死亡。甲仿照乙的模样捏小面人，写上乙的姓名，在小面人身上扎针并诅咒49天。到第50天，乙因车祸身亡。甲的行为不可能致人死亡，所以不构成故意杀人罪。D. 甲以为杀害妻子乙后，乙可升天，在此念头支配下将乙杀死。后经法医鉴定，甲有辨认与控制能力。但因甲的行为出在愚昧无知，所以不构成故意杀人罪。

从故意杀人犯罪适用死刑标准的角度讲，对故意杀人犯罪是否判处死刑，不仅要看是否造成了被害人死亡结果，还要综合考虑案件的全部情况。（1）对因婚姻家庭、邻里纠纷等民间矛盾激化引发的故意杀人犯罪，适用死刑一定要十分慎重，应与发生在社会上的严重危害社会治安的其他故意杀人犯罪案件有所区别。（2）对被害人一方有明显过错或对矛盾激化负有直接责任，或被告人有法定从轻处罚情节，一般不应判处死刑立即执行。

【2006·卷2·不定项·96-100】（答案：96.ABC；97.ABC；98.BC；99.ABD；100.B）；甲乙共谋教训其共同的仇人丙。因乙对丙有夺妻之恨，暗藏杀丙之心，但未将此意告诉甲。某日，甲、乙两人共同去丙处。为确保万无一失，甲、乙以入室盗窃为由邀请不知情的丁在楼下望风。进入丙的房间后，甲、乙同时对丙拳打脚踢，致丙受伤死亡。甲、乙二人旋即逃离现场。在逃离现场前甲在乙不知情的情况下从丙家的箱子里拿走人民币5万元。出门后，甲背着乙向丁谎称从丙家窃取现金3万元，分给丁1万元，然后一起潜逃。潜逃期间，甲窃得一张信用卡，向乙谎称该卡是从街上捡的，让乙到银行柜台出了信用卡中的3万元现金。犯罪所得财物挥霍一空后，丁因生活无着，向公安机关投案，交待了自己和甲共同盗窃的事实，但隐瞒了事后知道的甲、乙致丙死亡的事实。请回答96-100题。

96. 就被害人丙的死亡而言，下列对甲、乙所应成立犯罪的何种判断是错误的？A. 甲、乙均成立故意杀人（既遂）罪，属于共同犯罪。B. 甲、乙均成立故意伤害（致人死亡）罪，属于共同犯罪。C. 甲成立故意伤害（致人死亡）罪，乙成立故意杀人（既遂）罪，不属于共同犯罪。D. 甲成立故意伤害（致人死亡）罪，乙成立故意杀人（既遂）罪，在故意伤害罪的范围内成立共同犯罪。

97. 就被害人丙死亡这一情节，下列对与丁有关行为的何种判断是错误的？A. 丁成立故意杀人罪的共犯。B. 丁成立故意伤害罪的共犯。C. 丁成立抢劫罪（致人死亡）的共犯。D. 丁对丙的死亡不承担刑事责任。

98. 对甲从丙家的箱子里拿走人民币5万元，丁望风并分得赃物这一情节，下列何种判断是正确的？A. 对甲应定抢劫罪、对丁应定盗窃罪。B. 对甲、丁的行为应定盗窃罪。C. 甲、丁都应对5万元承担刑事责任。D. 甲对5万元承担刑事责任，丁只对3万元承担刑事责任。

99. 对甲、乙盗窃和使用信用卡的行为，下列何种判断是错误的？A. 甲、乙构成盗窃罪的共同犯罪。B. 甲、乙成立信用卡诈骗罪的共同犯罪。C. 甲成立盗窃罪，乙成立信用卡诈骗罪。D. 甲成立盗窃罪，乙成立诈骗罪。

100. 对于丁的投案行为，下列何种判断是正确的？A. 丁虽然投案，但隐瞒了甲、乙致丙死亡的事实，因而不构成自首。B. 丁虽然隐瞒了甲、乙致丙死亡的事实，但交待了本人与甲共同犯罪的事实，因而构成自首。C. 丁构成自首且揭发甲与自己共同犯罪的行为成立立功。D. 丁构成坦白但揭发甲与自己共同犯罪的行为成立立功。

故意杀人罪的情形：(1) 从转化犯的角度讲，聚众斗殴者故意致人重伤，聚众斗殴罪转化为故意伤害罪，以故意伤害罪一罪定罪从重处罚；故意致人死亡，聚众斗殴罪转化为故意杀人罪，以故意杀人罪一罪定罪从重处罚。(2) 从转化犯的角度讲，监狱、拘留所、看守所等监管机构的监管人员虐待被监管人故意致人伤残，虐待被监管人罪转化为故意伤害罪，以故意伤害罪一罪定罪从重处罚。(3) 故意致人死亡，虐待被监管人罪转化为故意杀人罪，以故意杀人罪一罪定罪从重处罚（监狱、拘留所、看守所等监管机构监管人员对被监管人进行殴打或体罚虐待，致人伤残、死亡，依故意伤害罪、故意杀人罪规定定罪从重处罚）。(4) 从转化犯的角度讲，司法工作人员刑讯逼供或暴力取证致人伤残，刑讯逼供罪或暴力取证罪转化为故意伤害罪，以故意伤害罪定罪从重处罚；致人死亡，刑讯逼供罪或暴力取证罪转化为故意杀人罪，以故意杀人罪定罪从重处罚（司法工作人员对嫌犯、被告人实行刑讯逼供或使用暴力逼取证人证言，致人伤残或死亡，刑讯逼供罪或暴力取证罪转化为故意伤害罪或故意杀人罪，从重处罚）。(5) 从转化犯的角度讲，在非法拘禁过程中，故意使用暴力致人伤残，非法拘禁罪转化为故意伤害罪，以故意伤害罪定罪处罚；故意使用暴力致人死亡，非法拘禁罪转化为故意杀人罪。(6) 饲养动物的人有保证自己饲养的动物不侵害他人合法权益的义务，饲养人看见自己饲养的宠物撕咬儿童而不制止，导致儿童被咬死，应成立不作为的故意杀人罪。(7) 征得被害人同意而实施杀害行为，目前在法律上还不能排除其犯罪性，仍构成故意杀人罪。(8) 行为人在交通肇事后为逃避法律追究，将被害人带离事故现场后隐藏或遗弃，使被害人无法得到救助而死亡或严重残疾（重伤），应分别以故意杀人罪或故意伤害罪定罪处罚。

实施寻衅滋事行为，同时符合寻衅滋事罪和故意杀人罪、故意伤害罪、故意毁坏财物罪、敲诈勒索罪、抢夺罪、抢劫罪等罪的构成要件，依处罚较重的犯罪定罪处罚。

【2007·卷2·多选·54】（答案：AD）刘某基于杀害潘某的意思将潘某勒昏，误以为其已死亡，为毁灭证据而将潘某扔下悬崖。事后查明，潘某不是被勒死而是从悬崖坠落致死。关于本案，下列哪些选项是正确的？A. 刘某在本案中存在因果关系的认识错误。B. 刘某在本案中存在打击错误。C. 刘某构成故意杀人罪未遂与过失致人死亡罪。D. 刘某构成故意杀人罪既遂。

【2009·卷2·多选·52】（答案：BC）甲欲枪杀仇人乙，但早有防备的乙当天穿着防弹背心，甲的子弹刚好打在防弹背心上，乙毫发无损。甲见状一边逃离现场，一边气呼呼地大声说："我就不信你天天穿防弹背心，看我改天不收拾你！"关于本案，下列哪些选项是正确的？A. 甲构成故意杀人中止。B. 甲构成故意杀人未遂。C. 甲的行为具有导致乙死亡的危险，应当成立犯罪。D. 甲不构成犯罪。

未成年人及老年人的故意杀人、伤害犯罪与一般人犯罪相比，主观恶性和人身危险性等方面有一定特殊性，在处理时应考虑从宽。(1) 对犯故意杀人、伤害罪的未成年人，要坚持教育为主惩罚为辅原则和教育感化挽救针进行处罚。(2) 对情节较轻、后果不重的伤害案件，可依法适用缓刑，或判处管制、单处罚金等非监禁刑。(3) 对情节严重的未成年人，也应从轻或减轻处罚。(4) 对已满14周岁不满16周岁的未成年人故意杀人和故意伤害犯罪，一般不判处无期刑。(5) 对70周岁以上的老年人犯故意杀人、伤害罪，因其已没再犯罪的可能，在综合考虑其犯罪情节和主观恶性、人身危险性的基础上,一般也应酌情从宽处罚。

【2010·卷2·单选·3】(答案:D)关于刑法上的因果关系,下列哪一判断是正确的?A. 甲开枪射击乙,乙迅速躲闪,子弹击中乙身后的丙。甲的行为与丙的死亡之间不有因果关系。B. 甲追赶小偷乙,乙慌忙中撞上疾驶汽车身亡。甲的行为与乙的死亡之间有因果关系。C. 甲、乙没有意思联络,碰巧同时向丙开枪,且均打中了丙的心脏。甲、乙的行为与丙的死亡之间不具有因果关系。D. 甲以杀人故意向乙的食物中投放了足以致死的毒药,但在该毒药起作用前,丙开枪杀死了乙。甲的行为与乙的死亡之间不具有因果关系。

故意杀人和故意伤害犯罪在判处死刑的案件中所占比例最高,审判中应准确理解和严格执行保留死刑,严格控制和慎重适用死刑的死刑政策,坚持统一的死刑适用标准,确保死刑只适用于极少数罪行极其严重的罪犯。坚持严格证据标准,确保把每一起判处死刑的案件都办成铁案。对罪行极其严重,但只要有法定、酌定从轻情节,依法可不立即执行,就不应判处死刑立即执行。

对自首的故意杀人、故意伤害致人死亡的被告人,除犯罪情节特别恶劣,犯罪后果特别严重,一般不应考虑判处死刑立即执行。对亲属送被告人归案或协助抓获被告人,也应视为自首,原则上应从宽处罚。对有立功表现的故意杀人、故意伤害致死的被告人,一般也应体现从宽,可考虑不判处死刑立即执行。但若犯罪情节特别恶劣,犯罪后果特别严重,即使有立功情节,也可不予从轻处罚。

在共犯中,多名被告人共同致死1名被害人,原则上只判处1人死刑。处理时,据案件的事实和证据能分清主从犯,都应认定主从犯。有多名主犯,应在主犯中进一步区分出罪行最为严重者和较为严重者,不能以分不清主次为由,简单地一律判处死刑。

【2010·卷2·单选·7】(答案:D)甲乙两家有仇。某晚,两拨人在歌厅发生斗殴,甲、乙恰巧在场并各属一方。打斗中乙持刀砍伤甲小臂,甲用木棒击中乙头部,致乙死亡。关于甲的行为,下列哪一选项是正确的?A. 属于正当防卫。B. 属于紧急避险。C. 属于防卫过当。D. 属于故意杀人。

【2014·卷2·单选·15】(答案:B)关于故意杀人罪、故意伤害罪的判断,下列哪一选项是正确的?A. 甲的父亲乙身患绝症,痛苦不堪。甲据乙的请求,给乙注射过量镇定剂致乙死亡。乙的同意是真实,对甲的行为不应以故意杀人罪论处。B. 甲因口角,捅乙数刀,乙死亡。如甲不顾乙的死伤,则应按实际造成的死亡结果认定甲构成故意杀人罪,因死亡与伤害结果都在甲的犯意内。C. 甲谎称乙的女儿丙需移植肾脏,让乙捐肾给丙。乙同意,但甲将乙的肾脏摘出后移植给丁。因乙同意捐献肾脏,甲的行为不成立故意伤害罪。D. 甲征得乙(17周岁)的同意,将乙的左肾摘出,移植给乙崇拜的歌星。乙的同意有效,甲的行为不成立故意伤害罪。

【2017·卷2·单选·7】(答案:C)甲欲杀丙,假意与乙商议去丙家"盗窃",由乙在室外望风,乙照办。甲进入丙家将丙杀害,出来后骗乙说未窃得财物。乙信以为真,悻然离去。关于本案的分析,下列哪一选项是正确的?A. 甲欺骗乙望风,构成间接正犯。间接正犯不影响对共同犯罪的认定,甲、乙构成故意杀人罪的共犯。B. 乙企图帮助甲实施盗窃行为,却因意志外的原因未能得逞,故对乙应以盗窃罪的帮助犯未遂论处。C. 对甲应以故意杀人罪论处,对乙应以非法侵入住宅罪论处。两人虽罪名不同,但仍然构成共同犯罪。D. 乙客观上构成故意杀人罪的帮助犯,但因其仅有盗窃故意,故应在盗窃罪法定刑的范围内对其量刑。

从最高法建立健全防范刑事冤假错案工作机制的意见的角度讲,重证据,重调查研究,切实改变"口供至上"的观念和做法,注重实物证据的审查和运用。(1)只有被告人供述,无其他证据,不能认定被告人有罪。(2)证据未经当庭出示、辨认、质证等法庭调查程序查证属实,不得作为定案的根据。(3)采取技术侦查措施收集的证据,除可能危及有关人员的人身安全，或可能产生其他严重后果，由法院依职权庭外调查核实外，未经法庭调查程序查证属实，不得作为定案的根据。(4) 现场遗留的可能与犯罪有关的指纹、血迹、精斑、毛发等证据，未通过指纹鉴定、DNA 鉴定等方式与被告人、被害人的相应样本作同一认定，不得作为定案的根据。(5) 涉案物品、作案工具等未通过辨认、鉴定等方式确定来源，不得作为定案的根据。(6) 对命案，应审查是否通过被害人近亲属辨认、指纹鉴定、DNA 鉴定等方式确定被害人身份。(7) 依法应出庭作证的证人未正当理由拒绝出庭或出庭后拒绝作证，其庭前证言真实性无法确认，不得作为定案的根据。(8) 定罪证据确实、充分，但影响量刑的证据存疑，应在量刑时作出有利于被告人的处理。(9) 定罪证据存疑，应书面建议检察院补充调查；检察院在 2 个月内未提交书面材料，应根据在案证据依法作出裁判。(10) 死刑案件，认定对被告人适用死刑的事实证据不足，不得判处死刑。(11) 采用刑讯逼供或冻、饿、晒、烤、疲劳审讯等非法方法收集的被告人供述，应排除。(12) 除情况紧急须现场讯问外，在规定的办案场所外讯问取得的供述，未依法对讯问进行全程录音录像取得的供述，以及不能排除以非法方法取得的供述，应排除。

【2015·卷2·多选·58】（答案：ABC）甲在公园游玩时遇见仇人胡某，顿生杀死胡某的念头，便欺骗随行的朋友乙、丙说："我们追逐胡某，让他出洋相。"三人捡起木棒追逐胡某，致公园秩序严重混乱。将胡某追到公园后门偏僻处后，乙、丙因故离开。随后甲追上胡某，用木棒重击其头部，致其死亡。关于本案，下列哪些选项是正确的？A. 甲触犯故意杀人罪与寻衅滋事罪。B. 乙、丙的追逐行为是否构成寻衅滋事罪，与该行为能否产生救助胡某的义务是不同的问题。C. 乙、丙的追逐行为使胡某处于孤立无援的境地，但无法预见甲会杀害胡某，不成立过失致人死亡罪。D. 乙、丙属寻衅滋事致人死亡，应从重处罚。

遵守法定诉讼程序，强化案件审理机制。(1) 庭前会议应归纳事实、证据争点。控辩双方有异议的证据，庭审时重点调查；未异议，庭审时举证、质证适当简化。(2) 审判案件应以庭审为中心。事实证据调查在法庭，定罪量刑辩论在法庭，裁判结果形成于法庭。(3) 保障被告人及其辩护人在庭审中的发问、质证、辩论等诉讼权利。对被告人及其辩护人提出的辩解理由、辩护意见和提交的证据材料，应当庭或在裁判文书中说明采纳与否及理由。(4) 死刑案件，由经验丰富的法官承办。承办法官为案件质量第一责任人。合议庭成员通过庭审或阅卷等方式审查事实和证据，独立发表评议意见并说明理由，共同对案件事实负责。(5) 审委会讨论案件，委员依次独立发表意见并说明理由，主持人最后发表意见。(6) 原判事实不清、证据不足，第二审法院查清事实，不得发回重新审判。以事实不清、证据不足为由发回重新审判的案件，上诉、抗诉后，不得再次发回重新审判。(7) 不得通过降低案件管辖级别规避上级法院的监督，不得就事实和证据问题请示上级法院。(8) 复核死刑案件，应讯问被告人。辩护律师提出要求，应听取意见。证据存疑，应调查核实，必要时到案发地调查。(9) 重大、疑难、复杂案件，可邀请人大代表、政协委员、基层群众代表等旁听观审，不能在法定期限内审结，应依法报请延长审理期限。(10) 辩护人申请调取可能证明被告人无罪、罪轻的证据，应准许。(11) 审判人员依法履行职责，不受追究，办理案件违反审判工作纪律或徇私枉法，依有关审判工作纪律和法律的规定追究责任。

◆ 《刑法》第 233 条【过失致人死亡罪】

从过失犯、结果犯、情节犯的角度讲，过失致人死亡，处 3 年以上 7 年以下有期刑；情节较轻，处 3 年以下有期刑，以刑法另有规定依规定为例外。

过失致人死亡罪是因过失而致人死亡的行为（行为人客观上须发生致他人死亡的实际后果，实施过失致人死亡的行为）。

【2003·卷2·单选·4】（答案：C）甲为上厕所，将不满 1 岁的女儿放在外边靠着篱笆

站立,刚进入厕所,就听到女儿的哭声,急忙出来,发现女儿倒地,疑是站在女儿身边的4男孩乙所为。甲一手扶起自己的女儿,一手用力推乙,导致乙倒地,头部刚好碰在一块石头上,流出鲜血,并一动不动。甲认为乙可能死了,就将其抱进一个山洞,用稻草盖好,正要出山洞,发现稻草动了一下,以为乙没死,在是拾起一块石头猛砸乙的头部,之后用一块磨盘压在乙的身上后离去。案发后,经法医鉴定,甲在用石头砸乙前,乙已经死亡。依此情况,甲的行为构成何罪? A. 过失致人死亡罪。B. 过失致人死亡罪与故意杀人罪(既遂)数罪。C. 过失致人死亡罪与故意杀人罪(未遂)数罪。D. 故意杀人罪。

【2004·卷2·单选·12】(答案:C)朱某因婚外恋产生杀害妻子李某之念。某日晨,朱在给李某炸油饼时投放了可以致死的"毒鼠强"。朱某为防止其6岁的儿子吃饼中毒,将其子送到幼儿园,并嘱咐其子等他来接。不料李某当日提前下班后将其子接回,并与其子一起吃油饼。朱某得知后,赶忙回到家中,其妻、子已中毒身亡。关于本案,下列哪一说法是正确的? A. 朱某对其妻、子的死亡具有直接故意。B. 朱某对其子的死亡具有间接故意。C. 朱某对其子的死亡具有过失。D. 朱某对其子的死亡属于意外事件。

【2007·卷2·单选·14】(答案:B)张某和赵某长期一起赌博。某日两人在工地发生争执,张某推了赵某一把,赵某倒地后后脑勺正好碰到石头上,导致颅脑损伤,经抢救无效死亡。关于张某的行为,下列哪一选项是正确的? A. 构成故意杀人罪。B. 构成过失致人死亡罪。C. 构成故意伤害罪。D. 属于意外事件。

【2007·卷2·单选·16】(答案:D)陈某向王某声称要购买80克海洛因,王某便从外地购买了80克海洛因。到达约定交货地点后,陈某掏出仿真手枪威胁王某,从王某手中夺取了80克海洛因。此后半年内,因没找到买主,陈某一直持有80克海洛因。半年后,陈某将80克海洛因送给其毒瘾很大的朋友刘某,刘某因过量吸食海洛因而死亡。关于本案,下列哪一选项是错误的? A. 王某虽然是陈某抢劫的被害人,但其行为仍成立贩卖毒品罪。B. 陈某持仿真手枪取得毒品的行为构成抢劫罪,但不属于持枪抢劫。C. 陈某抢劫毒品后持有该毒品的行为,被抢劫罪吸收,不另成立非法持有毒品罪。D. 陈某将毒品送给刘某导致其过量吸食进而死亡的行为,成立过失致人死亡罪。

从未成年人、老年人、残疾人、聋哑人、精神病人、孕妇犯罪从宽处罚原则的角度讲,已满16周岁的人犯罪,应负刑责。(1)已满14周岁不满18周岁的人犯罪,应从轻或减轻处罚。(2)已满14周岁不满16周岁的人,犯故意杀人、故意伤害致人重伤或死亡、强奸、抢劫、贩卖毒品、放火、爆炸、投毒罪行,应负刑责。(3)因不满16周岁不予刑罚,责令他的家长或监护人加以管教;必要时也可由政府收容教养。(4)已满75周岁的人故意犯罪,可从轻或减轻处罚;过失犯罪,应从轻或减轻处罚。

【2006·卷2·多选·56】(答案:BCD)下列哪些行为不应认定为过失致人死亡罪? A. 甲遭受乙正在进行的不法侵害,在防卫过程中一棒将乙打倒,致乙脑部跌在一块石头上而死亡。法院认为甲的防卫行为明显超过必要限度造成了重大损害,应以防卫过当追究刑事责任。B. 甲对乙进行非法拘禁,在拘禁过程中,因长时间捆绑,致乙呼吸不畅窒息死亡。C. 甲因对女儿乙的恋爱对象丙不满意,阻止乙、丙正常交往,乙对此十分不满,并偷偷与丙登记结婚,甲获知后对乙进行打骂,逼其离婚。乙、丙不从,遂相约自杀而亡。D. 甲结婚以后,对丈夫与其前妻所生之子乙十分不满,采取冻饿等方式虐待,后又发展到打骂,致乙多处伤口腐烂,乙因未能及时救治而不幸身亡。

【2008·卷2·多选·54】(答案:AB)甲欲杀乙,便向乙开枪,但开枪的结果是将乙和丙都打死。关于本案,下列哪些选项是正确的? A. 根据具体符合说,甲对乙成立故意杀人既遂,对丙构成过失致人死亡罪。B. 根据法定符合说,甲对乙与丙均成立故意杀人既遂。C. 不管是根据具体符合说,还是根据法定符合说,甲对乙与丙均成立故意杀人既遂。D. 不管是根

据具体符合说,还是根据法定符合说,甲对乙成立故意杀人既遂,对丙成立过失致人死亡罪。

【2008·卷2·多选·55】(答案:BCD)甲雇凶手乙杀丙,言明不要造成其他后果。乙几次杀丙均没成功,后来采取爆炸方法,对丙的住宅(周边没其他人与物)进行爆炸,结果将丙的妻子丁炸死,但丙安然没恙。关于本案,下列哪些说法是错误的?A.甲与乙成立共同犯罪。B.甲成立故意杀人罪(未遂)。C.乙对丙成立故意杀人未遂,对丁成立过失致人死亡罪。D.乙对丙成立爆炸罪,对丁成立过失致人死亡罪。

【2008·川·卷2·多选·54】(答案:ABD)下列哪些情形不能认定为过失致人死亡罪?A.甲在运输放射性物质过程中发生事故,造成4人死亡。B.乙在工地塌方后,仍然强令6名工人进入隧道抢救价值2000万元的机械,6名工人由此遇难。C.丙遭受不法侵害,情急之下失手将不法侵害人打死,法院认为丙防卫不当,应负刑事责任。D.聚众斗殴致人死亡。

从监狱法的角度讲,对未成年犯应在未成年犯管教所执行刑罚。未成年犯年满18周岁时,剩余刑期不超过2年,仍可留在未成年犯管教所执行剩余刑期。对未成年犯执行刑罚应以教育改造为主。未成年犯的劳动,应符合未成年人的特点,以学习文化和生产技能为主。监狱应配合国家、社会、学校等教育机构,为未成年犯接受义务教育提供必要的条件。

公安机关办理刑事案件程序规定:(1)死者家属无正当理由拒不到场或拒绝签名、盖章,不影响解剖或开棺检验,公安机关可在履行规定的审批程序后,解剖尸体;但应认真核实死者家属提出的不到场或拒绝签名、盖章的理由,对有正当理由,应妥善处理,争取家属的配合,而不能简单地作为无正当理由对待。(2)对重大、疑难、复杂的案件,可能引起争议的案件,或死者家属无正当理由拒不到场或拒绝签名、盖章的案件,为确保取得良好的社会效果,公安机关在进行尸体解剖、开棺检验、死因鉴定时,应进行全程录音录像,商请检察机关派员到场,并邀请与案件无关的第三方或死者家属聘请的律师到场见证。

◆《刑法》第234条 【故意伤害罪】

从故意犯、行为犯、情节犯、结果犯的角度讲,故意伤害他人身体(轻伤),处3年以下有期刑、拘役或管制;致人重伤,处3年以上10年以下有期刑;致人死亡或以特别残忍手段致人重伤造成严重残疾(被害人身体器官大部缺损;器官明显畸形;身体器官有中等功能障碍;造成严重并发症等),处10年以上有期刑、无期刑或死刑,以刑法另有规定依规定为例外。

【2008·卷2·单选·17】(答案:D)甲欠乙10万元久拖不还,乙向法院起诉并胜诉后,甲在履行期限内仍不归还。于是,乙向法院申请强制执行。当法院的执行人员持强制执行裁定书到甲家执行时,甲率领家人手持棍棒在门口守候,并将试图进入室内的执行人员打成重伤。甲的行为构成何罪?A.拒不执行判决、裁定罪。B.聚众扰乱社会秩序罪。C.妨害公务罪。D.故意伤害罪。

【2008·川·卷2·单选·12】(答案:C)个体工商户乙欠缴营业税15万元,当税务人员上门征收税款时,乙组织甲等多人进行暴力围攻,殴打税务人员,抗拒缴纳,其中甲出手最狠,将一名税务人员打成重伤。甲的行为构成何罪?A.偷税罪。B.抗税罪。C.故意伤害罪。D.抗税罪与故意伤害罪实行并罚。

【2008·川·卷2·24】(答案:C)在某伤害案件的审理过程中,合议庭对控方证据有疑问,遂宣布休庭对证据进行调查核实。在调查核实证据时,合议庭不得实施哪一种诉讼活动?A.勘验。B.检查。C.搜查。D.扣押。

【2008·川·卷2·27】(答案:D)A市中级法院以故意伤害罪判处被告人死缓二年执行,被告人没有上诉,检察机关没有抗诉。该案经B省高级法院核准。判决生效后,被害人某甲不服,提起申诉。如果判决确有错误,哪一司法机关有权提起审判监督程序?A.A市检察院。B.A市中级法院。C.B省检察院。D.B省高级法院。

【2008·川·卷2·多选·61】（答案：AD）甲、乙、丙共谋要"狠狠教训一下"他们共同的仇人丁。到丁家后，甲在门外望风，乙、丙进屋打丁。但当时只有丁的好友田某在家，乙、丙误把体貌特征和丁极为相似的田某当作是丁进行殴打，遭到田某强烈抵抗和辱骂，二人分别举起板凳和花瓶向田某头部猛击，将其当场打死。关于本案的处理，下列哪些判断是正确的？A. 甲、乙、丙构成共同犯罪。B. 甲、乙、丙均构成故意杀人罪。C. 甲不需对丁的死亡后果负责。D. 甲成立故意伤害罪。

殴打他人，或故意伤害他人身体，处5日以上10日以下拘留，并处200元以上500元以下罚款；情节较轻（被侵害方有过错，且伤害后果较轻；亲友、邻里或同事之间因琐事发生纠纷，双方均有过错，且伤害后果较轻；已满14周岁未成年在校学生初次殴打他人、故意伤害他人身体，悔过态度较好且伤害后果较轻；因民间纠纷引发且行为人主动赔偿合理费用，伤害后果较轻；其他情节较轻的情形），处5日以下拘留或500元以下罚款 [《治安管理处罚法》第43（1）条]。

【2010·卷2·单选·4】（答案：B）甲（15周岁）的哪一行为成立犯罪？A. 春节期间放鞭炮，导致邻居失火，造成十多万元财产损失。B. 骗取他人数额巨大财物，为抗拒抓捕，当场使用暴力将他人打成重伤。C. 受意图骗取保险金的张某指使，将张某的汽车推到悬崖下毁坏。D. 因偷拿苹果遭摊主喝骂，遂掏出水果刀将其刺成轻伤。

已满16周岁的人故意伤害致人轻伤，或已满14周岁的人故意伤害致人重伤或死亡，均应负刑责。（1）从转化犯的角度讲，非法组织他人卖血或强迫他人卖血对他人造成伤害，非法组织他人卖血罪或强迫他人卖血罪转化为故意伤害罪，以故意伤害罪一罪定罪处罚。（2）从艾滋病防治条例的角度讲，艾滋病病毒感染者或艾滋病病人故意传播艾滋病，依法承担民事赔偿责任；构成犯罪，依法追究刑责（传播性病罪、故意伤害罪等）。也有专家学者认为，从故意犯罪、恶意行为、破窗效应的角度，明知自己患有艾滋病或感染艾滋病病毒，不采取防范措施与他人发生性行为，而使他人感染艾滋病病毒，构成故意伤害罪（重伤）。（3）殴打他人或故意伤害他人身体，或明知自己患有艾滋病或其他严重传染疾病，故意以撕咬、抓挠等方式伤害他人，致人重伤、死亡或以特别残忍手段致人重伤造成严重残疾（被害人身体器官大部缺损；器官明显畸形；身体器官有中等功能障碍；造成严重并发症等），或明知自己感染艾滋病病毒而卖淫、嫖娼或明知自己感染艾滋病病毒，故意不采取防范措施而与他人发生性关系，使他人感染艾滋病病毒（重伤），均构成故意伤害罪。

【2010·卷2·多选·54】（答案：ABCD）甲与乙因情生仇。一日黄昏，甲持锄头路过乙家院子，见甲妻正在院内与一男子说话，以为是乙举锄就打，对方重伤倒地后遂发现是乙哥哥。甲心想，打伤乙哥哥也算解恨。关于甲的行为，下列哪些选项是错误的？A. 甲的行为属于对象错误，成立过失致人重伤罪。B. 甲的行为属于方法错误，成立故意伤害罪。C. 根据法定符合说，甲对乙成立故意伤害（未遂）罪，对乙哥哥成立过失致人重伤罪。D. 甲的行为不存在任何认识错误，理所当然成立故意伤害罪。

【2011·卷2·单选·14】（答案：B）关于故意伤害罪与组织出卖人体器官罪，下列哪一选项是正确的？A. 非法经营尸体器官买卖的，成立组织出卖人体器官罪。B. 医生明知是未成年人，虽征得其同意而摘取其器官的，成立故意伤害罪。C. 组织他人出卖人体器官并不从中牟利的，不成立组织出卖人体器官罪。D. 组织者出卖一个肾脏获15万元，欺骗提供者说只卖了5万元的，应认定为故意伤害罪。

【2012·卷2·单选·16】（答案：D）下列哪一行为不应以故意伤害罪论处？A. 监狱监管人员吊打被监管人，致其骨折。B. 非法拘禁被害人，大力反扭被害人胳膊，致其胳膊折断。C. 经本人同意，摘取17周岁少年的肾脏1只，支付少年5万元补偿费。D. 黑社会成员因违反帮规，在其同意之下，被截断1截小指头。

【2013·卷2·单选·5】 甲女得知男友乙移情，怨恨中送其一双滚轴旱冰鞋，企盼其运动时摔伤。乙穿此鞋运动时，果真摔成重伤。本案的分析，下列哪一选项是正确的？A. 甲的行为属于作为的危害行为。B. 甲的行为与乙的重伤之间存在刑法上的因果关系。C. 甲具有伤害乙的故意，但不构成故意伤害罪。D. 甲的行为构成过失致人重伤罪。

以故意杀人罪或故意伤害罪定罪处罚的情形：（1）聚众斗殴，致人重伤、死亡，依故意伤害罪、故意杀人罪规定定罪处罚。（2）司法工作人员对嫌犯、被告人实行刑讯逼供或使用暴力逼取证人证言，致人伤残、死亡（刑讯逼供罪、暴力取证罪），依故意伤害罪、故意杀人罪规定定罪从重处罚。（3）监狱、拘留所、看守所等监管机构监管人员对被监管人进行殴打或体罚虐待，致人伤残、死亡，依故意伤害罪、故意杀人罪规定定罪从重处罚。（4）在安全事故发生后，直接负责的主管人员和其他直接责任人员故意阻挠开展抢救，导致人员死亡或重伤，或为逃避法律追究，对被害人进行隐藏、遗弃，使被害人因无法得到救助而死亡或重度残疾，分别以故意杀人罪或故意伤害罪定罪处罚。（5）实施抗税行为致人重伤、死亡，分别以故意伤害罪、故意杀人罪定罪处罚。（6）未经本人同意摘取其器官，或摘取不满18周岁的人的器官，或强迫、欺骗他人捐献器官，依故意伤害罪、组织出卖人体器官罪、故意杀人罪规定定罪处罚[《刑法修正案（八）》第37（2）条]。（7）故意杀害医务人员，或故意伤害医务人员造成轻伤以上严重后果，或随意殴打医务人员情节恶劣、任意损毁公私财物情节严重，构成故意杀人罪、故意伤害罪、故意毁坏财物罪、寻衅滋事罪，依刑法有关规定定罪处罚。（8）收买被拐卖妇女、儿童，非法剥夺、限制其人身自由或有杀害、伤害、侮辱等犯罪行为，以故意杀人罪、故意伤害罪、侮辱罪等有关规定定罪处罚。

严格区分故意杀人罪与故意伤害罪的界限。（1）在直接故意杀人与间接故意杀人案件中，犯罪人的主观恶性程度不同，在处刑上也应有所区别。（2）间接故意杀人与故意伤害致人死亡，虽都造成了死亡后果，但行为人故意的性质和内容截然不同。（3）不注意区分犯罪的性质和故意的内容，只要有死亡后果就判处死刑的错误做法，应纠正。（4）对故意伤害致人死亡，手段特别残忍，情节特别恶劣，才可判处死刑。（5）在刑罚执行过程中，对故意杀人、伤害犯罪及黑社会性质组织犯罪的领导者、组织者和骨干成员应从严掌握减刑、假释的适用，其他主观恶性不深、人身危险性不大的罪犯可从宽把握。（6）一般而言，故意杀人、故意伤害致1人死亡的为后果严重，致2人以上死亡的为犯罪后果特别严重。A. 特定的犯罪对象、场所也反映社会危害性的不同。B. 针对妇女、儿童等弱势群体或在公共场所实施的杀人、伤害，有较大的社会危害性。C. 故意杀人、故意伤害的犯罪动机卑劣，或犯罪手段残忍，或犯罪后果严重，或针对妇女、儿童等弱势群体作案等情节恶劣，又无其他法定或酌定从轻情节应依法从重判处；若犯罪情节一般，被告人真诚悔罪，或有立功、自首等法定从轻情节，一般应考虑从宽处罚。（7）对故意杀人、伤害案件的被告人既有法定或酌定的从宽情节，又有法定或酌定从严情节的情形，应在全面考察犯罪的事实、性质、情节和对社会危害程度的基础上，结合被告人的主观恶性、人身危险性、社会治安状况等因素，综合作出分析判断。（8）从犯罪性质的角度讲，故意杀人、伤害案件分为两类：A. 严重危害社会治安、严重影响群众安全感的案件，如极端仇视国家和社会，以不特定人为行凶对象，依法判处被告人重刑直至判处死刑。B. 因婚姻家庭、邻里纠纷等民间矛盾激化引发的案件，处理时应注意体现从严精神，在判处重刑尤其是适用死刑时应特别慎重，除犯罪情节特别恶劣、犯罪后果特别严重、人身危险性极大的被告人外，一般不应判处死刑。（9）对被害人在起因上存在过错，或是被告人案发后积极赔偿，真诚悔罪，取得被害人或其家属谅解，应依法从宽处罚，对同时有法定从轻、减轻处罚情节，应考虑在无期刑以下裁量刑罚。同时，应重视此类案件中的附带民事调解工作，努力化解双方矛盾，实现积极的"案结事了"，达成法律效果与社会效果的有机统一。（10）一些致人死亡的犯罪是故意杀人还是故意伤害往往难以区分，在认定时除从作案工具、打击的部位、力度等方面进行判断外，也要注意考虑犯罪的起因等因素。（11）对民间纠纷引发的案件，若难以区分是故意杀人还是故意伤害时，一般可考虑定故意伤害罪。（12）准确把握故意伤害致人重伤造成严重残疾的标准。A. 从《劳动能力鉴定 职工工伤与职业病致残程度鉴定标准》（2015年）的角度讲，残疾程序分为一般残疾（10-7级）、严重残疾（6-3级）、特别严重残疾（2-1级），6级以上视为严重残疾。B. 故意伤害并非只要达到严重残疾就判处死刑，还要根据伤害致人严重残疾的具体情况，综合考虑犯罪情节和危害后果来决定刑罚。C. 故意伤害致重伤造成严重残疾，只有犯罪手段特别残忍，后果特别严重，才能考虑适用死刑（含死缓）。

公安机关要加大对暴力杀医、伤医、扰乱医疗秩序等违法犯罪活动的查处力度，接到报警后应及时出警、快速处置，需追究刑责，及时立案侦查，全面、客观地收集、调取证据，确保侦查质量。检察院应及时依法批捕、起诉，对重大涉医犯罪案件要加强法律监督，必要时可对收集证据、适用法律提出意见。法院应加快审理进度，在全面查明案件事实的基础上依法准确定罪量刑，对犯罪手段残忍、主观恶性深、人身危险性大的被告人或社会影响恶劣的涉医犯罪行为，要依法从严惩处。

从治安管理处罚法的角度讲，在医疗机构内殴打医务人员或故意伤害医务人员身体、故意损毁公私财物，尚未造成严重后果，或殴打他人或故意伤害他人身体，处5日以上10日以下拘留，并处200元以上500元以下罚款；情节较轻，处5日以下拘留或500元以下罚款；处10日以上15日以下拘留，并处500元以上1000元以下罚款（a. 结伙殴打、伤害他人。b. 殴打、伤害残疾人、孕妇、不满14周岁的人或60周岁以上的人。c. 多次殴打、伤害他人或一次殴打、伤害多人；盗窃、诈骗、哄抢、抢夺、敲诈勒索或故意损毁公私财物，处5日以上10日以下拘留，可并处500元以下罚款；情节较重，处10日以上15日以下拘留，可并处1000元以下罚款）。

故意伤害罪的量刑：（1）构成故意伤害罪，可根据不同情形在相应的幅度内确定量刑起点：A. 故意伤害致1人轻伤，可在2年以下有期刑、拘役幅度内确定量刑起点。B. 故意伤害致1人重伤，可在3年-5年有期刑幅度内确定量刑起点。C. 以特别残忍手段故意伤害致1人重伤，造成6级严重残疾，可在10年-13年有期刑幅度内确定量刑起点。依法应判无期刑以上刑罚为例外。（2）在量刑起点的基础上，可根据伤害后果、伤残等级、手段残忍程度等其他影响犯罪构成的犯罪事实增加刑罚量，确定基准刑。故意伤害致人轻伤，伤残程度可在确定量刑起点时考虑，或作为调节基准刑的量刑情节。

【河南规定】故意伤害罪的量刑：（1）法定刑在3年以下有期刑、拘役或管制幅度的量刑起点和基准刑：A. 故意伤害致1人轻伤，在6个月拘役至2年有期刑幅度内确定量刑起点。B. 在量刑起点的基础上，可根据伤害后果等其他影响犯罪构成的犯罪事实增加刑罚量，确定基准刑；增加相应刑罚量的3种情形：A. 每增加轻微伤1人，增加2个月以下刑期。B. 每增加轻伤1人，增加3个月-6个月刑期。C. 其他可增加刑罚量情形。（2）法定刑在3年以上10年以下有期刑幅度的量刑起点和基准刑：A. 故意伤害致1人重伤，在3年-5年有期刑幅度内确定量刑起点。其中，造成被害人6级残疾，以5年有期刑为量刑起点。B. 在量刑起点的基础上，可根据伤害后果、伤残等级等其他影响犯罪构成的犯罪事实增加刑罚量，确定基准刑；增加相应刑罚量情形：A. 每增加轻微伤1人，增加2个月以下刑期。B. 每增加轻伤1人，增加3个月-6个月刑期。C. 每增加重伤1人，增加1年-2年刑期。D. 造成被害人6-3级残疾，每增加1级残疾，增加6个月-1年刑期；造成被害人2-1级残疾，每增加1级残疾，增加2年-3年刑期。E. 其他可增加刑罚量情形。（3）法定刑在10年以上有期刑幅度的量刑起点和基准刑：A. 以特别残忍手段故意伤害致1人重伤，造成6级严重残疾，除依法应判无期刑以上刑罚外，在10年-13年有期刑幅度内确定量刑起点。B. 在量刑起点的基础上，可根据伤情后果、伤残等级、手段残忍程度等其他影响犯罪构成的犯罪事实增加刑罚量,确定基准刑;增加相应的刑罚量的4种情形:A.每增加轻微伤1人,增加2个月以下刑期。B.每增加轻伤1人,增加3个月-6个月刑期。C.每增加重伤1人,增加1年-2年刑期。D.造成被害人6-3级残疾,每增加1级残疾,增加6个月-1年刑期;造成被害人2-1级残疾,每增加1级残疾,增加2年-3年刑期。E.其他可增加刑罚量情形。(4)可从重处罚,但同时具有2种以上情形,累计不得超过基准刑的100%的5种情形:A.报复伤害他人,增加基准刑的30%以下。B.使用枪支、管制刀具或其他凶器实施伤害行为,增加基准刑的20%以下。C.雇佣他人实施伤害行为,增加基准刑的20%以下。D.因实施其他违法犯罪活动而故意伤害他人,增加基准刑的20%以下。E.其他可从重处罚情形。(5)可减少基准刑的20%以下3种情形:A.因婚姻家庭、邻里纠纷等民间矛盾引发,且被害人有过错或对矛盾激化负有责任。B.犯罪后积极抢救被害人。C.其他可从轻处罚情形。(6)使用电击、烧烫他人要害部分、以刀划或硫酸等腐蚀性溶液严重毁人容貌,或挖人眼睛、割人耳、鼻,挑人脚筋,砍人手足,剜人髌骨、其他特别残忍手段4种手段之一,使被害人具有身体器官缺损、器官明显畸形、身体器官有中等功能障碍、造成严重并发症等情形,且残疾程度在6级以上,可认定为以特别残忍手段致人重伤造成严重残疾。

◆ 《刑法》第234条之一 【组织出卖人体器官罪】

从故意犯、行为犯、情节犯的角度讲,组织他人出卖人体器官(活体器官),处5年以下有期刑,并处罚金;情节严重,处5年以上有期刑,并处罚金或没收财产。

组织出卖人体器官罪是组织他人(年满18周岁的人,并经本人同意摘取其器官)出卖人体活体器官(不含尸体器官)的行为。(1)组织他人出卖人体器官罪不要求以牟利为目的,只要求行为人实施了组织他人出卖人体器官的行为。(2)组织他人出卖人体器官罪转化为故意伤害罪的3种行为情形,包括未经本人同意摘取其器官、摘取不满18周岁的人的器官,或强迫、欺骗他人捐献器官。(3)对行为实施者实施的欺骗行为是骗取器官提供者捐献器官,而不是出卖器官的价格。

未经本人同意摘取其器官,或摘取不满18周岁的人的器官,或强迫、欺骗他人捐献器官,依故意伤害罪、组织出卖人体器官罪、故意杀人罪定罪处罚。

违背本人生前意愿摘取其尸体器官,或本人生前未表示同意,违反国家规定,违背其近亲属意愿摘取其尸体器官,依盗窃、侮辱、故意毁坏尸体、尸骨、骨灰罪定罪处罚。

◆ 《刑法》第235条 【过失致人重伤罪】

从过失犯、结果犯的角度讲,过失伤害他人致人重伤,处3年以下有期刑或拘役,以刑法另有规定依规定为例外。

【2012·卷2·多选·53】(答案:ACD)因乙移情别恋,甲将硫酸倒入水杯带到学校欲报复乙。课间,甲、乙激烈争吵,甲欲以硫酸泼乙,但情急之下未能拧开杯盖,后甲因追乙离开教室。丙到教室,误将甲的水杯当作自己的杯子,拧开杯盖时硫酸淋洒一身,灼成重伤。关于本案,哪些选项错误?A.甲未能拧开杯盖,其行为属于不可罚的不能犯。B.对丙的重伤,甲构成过失致人重伤罪。C.甲的行为和丙的重伤之间无因果关系。D.甲对丙的重伤无故意、过失,不需承担刑责。

◆ 《刑法》第236条 【强奸罪】

从故意犯、行为犯、情节犯的角度讲,以暴力、胁迫或其他手段强奸妇女,处3年以上10年以下有期刑。(1)奸淫不满14周岁的幼女,以强奸论,从重处罚。(2)强奸妇女、奸淫幼女,处 10 年以上有期刑、无期刑或死刑的 5 种行为类型:A. 强奸妇女、奸淫幼女情节恶劣。B. 强奸妇女、奸淫幼女多人。C. 在公共场所当众强奸妇女。D. 2 人以上轮奸。E. 强奸使被害人重伤、死亡(强奸行为导致被害人性器官严重损伤,或造成其他严重伤害,甚至当场死亡或经抢救无效死亡)或造成其他严重后果。

【2004·卷 2·单选·8】(答案:B)1998 年 11 月 4 日,甲到娱乐场所游玩时,将卖淫女乙(1984 年 12 月 2 日生)带到住所嫖宿。一星期后甲请乙吃饭时,乙告知了自己年龄,并让甲到时为自己过生日。饭后,甲又带乙到住处嫖宿。甲的行为属于:A. 奸淫幼女罪。B. 强奸罪。C. 嫖宿幼女罪。D. 应受治安处罚的嫖娼行为。

【2007·卷 2·单选·12】(答案:D)关于强奸罪及相关犯罪的判断,下列哪一选项是正确的?A. 甲欲强奸某妇女遭到激烈反抗,一怒之下卡住该妇女喉咙,致其死亡后实施奸淫行为。甲的行为构成强奸罪的结果加重犯。B. 乙为迫使妇女王某卖淫而将王某强奸,对乙的行为应以强奸罪与强迫卖淫罪实行数罪并罚。C. 丙在组织他人偷越国(边)境过程中,强奸了被组织的妇女李某。丙的行为虽触犯了组织他人偷越国(边)境罪与强奸罪,但只能以组织他人偷越国(边)境罪定罪量刑。D. 丁在拐卖妇女的过程中,强行奸淫了该妇女。丁的行为虽然触犯了拐卖妇女罪与强奸罪,但根据刑法规定,只能以拐卖妇女罪定罪量刑。

从司法实践的角度讲,强奸罪存在婚内强奸、嫖娼转化强奸、通奸转化强奸、试婚转化强奸、同居转化强奸等新型强奸罪的可能性、现实性。从相对负刑责年龄、无限防卫权的角度,已满 14 周岁不满 16 周岁的人,犯故意杀人、故意伤害致人重伤或死亡、强奸、抢劫、贩卖毒品、放火、爆炸、投毒罪行,应负刑责。对正进行行凶、杀人、抢劫、强奸、绑架以及其他严重危及人身安全的暴力犯罪,采取防卫行为,造成不法侵害人伤亡,不属于防卫过当,应不负刑责。

从传统刑法理论的角度讲,强奸罪的既遂标准问题有争议性,存在接触说(强奸幼女)、结合说(插入说:通说)、泄欲说(射精说、性欲满足说)等不同理论观点。[44]

幼女的认定标准:(1)对已满 12 周岁不满 14 周岁的被害人,从其身体发育状况、言谈举止、衣着特征、生活作息规律等观察可能是幼女,而实施奸淫等性侵害行为;对不满 12 周岁的被害人实施奸淫等性侵害行为;知道或应知道对方是不满 14 周岁的幼女,而实施奸淫等性侵害行为,均应认定行为人"明知"对方是幼女。(2)已满 14 周岁的未成年少女虽比幼女的认知、判断能力有所增强,但其身心发育尚未完全成熟,在日常生活、学习和物质条件方面对监护人、教师等负有特殊职责的人员,存在一定的服从、依赖关系,易在非自愿状态下受到性侵害,不能以是否给付幼女金钱财物作为区分强奸罪的界限。

【2006·卷 2·多选·57】(答案:AD)对下列哪些行为不能认定为强奸罪?A. 拐卖妇女的犯罪分子奸淫被拐卖的妇女。B. 甲利用职权、从属关系,以胁迫手段奸淫现役军人的妻子的。C. 利用迷信奸淫妇女的。D. 组织卖淫的罪犯强奸妇女后迫使其卖淫的。

【2017·卷 4·主观题·3】案情:被告人李某于 2014 年 7 月的一天晚上,和几个朋友聚会,饭后又一起卡拉 OK,期间餐厅经理派服务员胡某陪侍。次日凌晨两点结束后,李某送胡某回家的路上,在一废弃的工棚内强行与胡某发生了性关系。案发后李某坚称是通奸而不是强奸。此案由 S 市 Y 区检察院起诉。Y 区法院经不公开审理,以事实不清证据不足为由作出无罪判决。检察机关提起抗诉,S 市中级法院改判被告人构成强奸罪并处有期刑三年。二审法院定期宣判,并向抗诉的检察机关送达了判决书,没有向被告人李某送达判决书,但在中国裁判文书网上发布了判决书。问题:1. 本案二审判决是否生效?为什么?我国刑事裁判一审

---

[44] 张明楷:《外国刑法纲要》,清华大学出版社 2002 年版,第 522 页;张明楷:《未遂犯论》,法律出版社、成文堂 1997 年版,第 140 页;林山田:《刑法特论》(中),三民书局 1978 年版,第 651 页。

生效与二审生效有无区别？为什么？2. 此案生效后当事人向检察院申诉，程序要求是什么？3. 省检察院按审判监督程序向省高级法院提起抗诉，对原判决、裁定事实不清或证据不足的再审案件，省高级法院应如何处理？4. 若省高级法院认为S市中级法院生效判决确有错误，应当如何纠正？5. 此案在由省检察院向省高级法院抗诉中，请求改判被告人无罪，被告人及其辩护人也辩称无罪，省高级法院根据控辩双方一致意见，是否应当做出无罪判决？为什么？

【参考答案】1. （1）未生效。二审判决应在宣告后才生效，本案二审判决始终未向被告人李某宣告，也未向李某送达判决书，裁判文书网上发布判决书也不能等同于向李某宣告判决，李某始终不知道判决的内容，因此本案二审程序未完成宣告，判决未生效。（2）一审裁判的生效时间为裁判送达后次日开始计算上诉、抗诉期限，经过上诉、抗诉期限未上诉、抗诉的一审裁判才生效。因中国实行二审终审制，普通案件二审裁判为终审裁判，但需送达后始生效，即二审当庭宣判或定期宣判送达裁判文书后发生法律效力。2. （1）当事人及其法定代理人、近亲属首先应向S市检察院提出，案情重大、复杂、疑难，省检察院也可直接受理。（2）当事人一方对S市检决定不予抗诉而继续向省检察院申诉，省检察院应受理，经省市2级检察院办理后，未新的事实和证据不再立案复查。（3）S市检认为判决裁定确有错误需抗诉，应提请省检抗诉。（4）省检认为判决裁定确有错误可直接向省高院抗诉。3. （1）经审理能查清事实，应在查清事实后依法裁判。（2）经审理仍无法查清事实，证据不足，不能认定原审被告人无罪，应判决宣告原审被告人无罪。（3）经审理发现有新证据且超过刑诉法规定的指令再审期限，可裁定撤销原判，发回原审法院重新审判。4. 省高级法院既可提审也可指令下级法院再审。（1）提审由省高院组成合议庭，所作出判决裁定为终审判决裁定；提审的案件应是原判决裁定认定事实正确但适用法律错误，或案件疑难、复杂、重大，或不宜由原审法院审理的情形。（2）省法院指令再审一般应指令S市中院外的中级法院再审，依第二审程序进行；若更有利于查明案件事实、纠正裁判错误，也可指令S市中院再审，S市中院应另行组成合议庭，依二审程序进行。5. 法院可根据具体情况，既可作有罪判决也可作无罪判决。（1）本案系审判监督程序的案件，法庭审理的对象是生效的法院判决裁定是否有错误，判决有罪无罪的依据是案件事实、证据及适用的法律是否确有错误。（2）检察机关的抗诉是引起再审程序的缘由，其请求改判无罪已不是控诉的含义，也不是控方，不存在控辩双方意见一致的情形。

强奸罪的情形：（1）违背被拐卖妇女的意志，强行与其发生性关系，或收买被拐卖妇女，强行与其发生性关系，或明知收买的妇女是精神病患者（间歇性精神病患者在发病期间）或痴呆者（程度严重）而与其发生性关系，或与收买的不满14周岁的幼女发生性关系，不论被害人是否同意，均应以强奸罪立案侦查、定罪处罚。（2）以金钱财物等方式引诱幼女与自己发生性关系；知道或应知道幼女被他人强迫卖淫而仍与其发生性关系；对幼女负有特殊职责的人员与幼女发生性关系；对已满14周岁的未成年女性负有特殊职责的人员，利用其优势地位或被害人孤立无援的境地，迫使未成年被害人就范，而与其发生性关系，均应以强奸罪定罪处罚。（3）奸淫不满14周岁的幼女构成强奸罪，不要求采取强制手段实施，对使用暴力、胁迫或任何其他强制手段与不满14周岁的幼女发生性关系，无论是否明知被害人为幼女，都要以强奸罪论处，从重处罚。（4）行为人明知是不满14周岁的幼女而与其发生性关系，不论行为人采取什么手段，也不论幼女是否自愿，只要与其发生性交行为，均应以强奸罪定罪处罚。（5）利用职权、从属关系，以胁迫手段奸淫现役军人妻子，以强奸罪定罪处罚。（6）利用迷信奸淫妇女，以强奸罪定罪处罚。（7）犯组织、利用会道门、邪教组织、利用迷信破坏法律实施罪，又有奸淫妇女、诈骗财物等犯罪行为，依数罪并罚规定处罚。（8）组织他人偷越国（边）境，对被组织人或被运送人有杀害、伤害、强奸、拐卖等犯罪行为，或对检查人员有杀害、伤害等犯罪行为，以组织他人偷越国（边）境罪、故意杀人罪、故意伤害罪、拐卖妇女儿童罪或强奸罪等数罪并罚。（9）犯组织、领导、参加黑社会性质组织罪或入境发展黑社会组织罪、包庇、纵容黑社会性质组织罪罪，又有他罪行为，依数罪并罚规定处罚。（10）行为人基于报复动机，在强奸过程中或强奸后杀死或伤害被害人，应分别认定为强奸罪、故意杀人罪或故意伤害罪，实行数罪并罚。

以具体罪名的结果加重犯处罚而不以强奸罪论处的情形：（1）组织他人卖淫或强迫他人卖淫或强奸后迫使卖淫（结果加重犯），构成强迫他人卖淫罪（强奸后迫使卖淫是组织卖淫罪的加重情节）。（2）在拐卖妇女、儿童过程中强奸妇女，构成拐卖妇女、儿童罪的结果加重犯（奸淫被拐卖的妇女是拐卖妇女罪的加重情节）。

强奸罪的量刑：（1）构成强奸罪，可根据不同情形在相应的幅度内确定量刑起点：A. 强奸妇女1人，可在3年-6年有期刑幅度内确定量刑起点。B. 奸淫幼女1人，可在4年-7年有期刑幅度内确定量刑起点。C. 可在10年-13年有期刑幅度内确定量刑起点的6种情形：A. 强奸妇女、奸淫幼女情节恶劣。B. 强奸妇女、奸淫幼女3人。C. 在公共场所当众强奸妇女。D. 2人以上轮奸妇女。E. 强奸致被害人重伤或造成其他严重后果。F. 依法应判无期刑以上刑罚为例外。（2）在量刑起点的基础上，可根据强奸妇女、奸淫幼女情节恶劣程度、强奸人数、致人伤害后果等其他影响犯罪构成的犯罪事实增加刑罚量，确定基准刑。强奸多人多次，以强奸人数作为增加刑罚量的事实，强奸次数作为调节基准刑的量刑情节。

【河南规定】强奸罪的量刑：（1）法定刑在3年以上10年以下有期刑幅度的量刑起点和基准刑：A. 强奸妇女1人，在3年-5年有期刑幅度内确定量刑起点。B. 奸淫幼女1人，在4年-7年有期刑幅度内确定量刑起点。C. 在量刑起点的基础上，根据强奸或奸淫幼女的人数、致人伤害后果等其他影响犯罪构成的犯罪事实增加刑罚量，确定基准刑；增加相应刑罚量的4种情形：A. 强奸或奸淫幼女造成被害人轻伤，每增加轻伤1人，增加1年-2年刑期。B. 强奸妇女或奸淫幼女2人，增加2年-3年刑期。C. 强奸或奸淫幼女造成被害人轻微伤，每增加轻微伤1人，增加6个月以下刑期。D. 其他可增加刑罚量情形。（2）法定刑在10年以上有期刑幅度的量刑起点和基准刑：A. 犯强奸罪，具有强奸罪的5种法定情节之一，除依法应判无期刑以上刑罚外，在10年-13年有期刑幅度内确定量刑起点。B. 在量刑起点的基础上，根据强奸妇女、奸淫幼女情节恶劣程度、强奸人数、致人伤害后果等其他影响犯罪构成的犯罪事实增加刑罚量，确定基准刑；增加相应刑罚量情形：a. 强奸妇女或奸淫幼女3人以上，每增加1人，增加2年-3年刑期。b. 每增加《刑法》第236条规定的5种情形之一，增加2年-3年刑期。c. 每增加轻微伤1人，增加6个月以下刑期。d. 每增加轻伤1人，增加1年-2年刑期。e. 每增加重伤1人，增加2年-3年刑期。f. 造成被害人6-3级残疾，每增加1级残疾，增加1年-2年刑期；造成被害人2-1级残疾，每增加1级残疾，增加2年-3年刑期。g. 其他可增加刑罚量情形。（3）可从重处罚，但同时具有2种以上情形，累计不得超过基准刑的100%的4种情形：A. 对同一妇女强奸或对同一幼女实施奸淫多次，增加基准刑的30%以下；轮奸多次，增加基准刑的40%以下。B. 利用收养、监护、职务关系实施强奸，增加基准刑的20%以下。C. 携带凶器或采取非法拘禁、捆绑、侮辱、虐待等方式作案，增加基准刑的20%以下。D. 其他可从重处罚情形。（4）强奸未成年人，可增加基准刑的40%以下，但同时具有两种以上情形，累计不得超过基准刑的100%情形：A. 采取暴力、胁迫、麻醉等强制手段实施奸淫幼女犯罪。B. 进入未成年人住所、学生集体宿舍实施强奸犯罪。C. 对不满12周岁的女童、农村留守女童、严重残疾或精神智力发育迟滞的未成年人实施强奸犯罪。D. 对未成年人负有特殊职责的人员、与未成年人有共同家庭生活关系的人员、国家工作人员或冒充国家工作人员，实施强奸犯罪。E. 其他可从重处罚情形。

◆《刑法》第237条【强制猥亵、侮辱罪；猥亵儿童罪】

从故意犯、行为犯的角度讲，以暴力、胁迫或其他方法强制猥亵（以刺激或满足性欲为目的,抠摸、舌舔、吸吮、亲吻、搂抱、手淫、鸡奸等非性交淫秽下流行为)他人或侮辱妇女,处5年以下有期刑或拘役。(1)从故意犯、行为犯、情节犯的角度,聚众或在公共场所当众犯强制猥亵侮辱罪,或有其他恶劣情节,处5年以上有期刑。(2)从未成年弱势群体特别保护、未成年人权益保护法的角度,猥亵儿童(婴、幼儿或6岁以上不满14周岁的男童女童),以强制猥亵侮辱罪、猥亵儿童罪从重处罚。

从犯罪主体、犯罪对象、犯罪行为、犯罪目的、犯罪动机的角度讲,猥亵儿童罪和强奸罪有相似性、差异性,关键在于犯罪对象、定罪量刑的差异性。强制猥亵妇女罪中的"妇女"解释为含男性在内的人,应属于类推解释。

从吸收犯的角度讲,行为人奸淫幼女前后的猥亵行为有吸收犯性质(行为人实施数个均符合犯罪构成要件的危害行为;行为人实施数个犯罪行为,基于其内在的独立性、非独立性的对立统一性而彼此形成一种吸收关系,侵犯同一或相同的直接客体并指向同一的具体犯罪对象;行为人基于1个犯意,实现1个具体的犯罪目的而实施数个犯罪行为),应以强奸罪定罪处罚。

从罪与非罪、违法与犯罪的关系的角度讲,猥亵他人,或在公共场所故意裸露身体,情节恶劣(造成现场秩序混乱等危害后果或较大社会影响;在有多名异性或未成年人的公共场所故意裸露身体;经制止拒不改正;伴随挑逗性语言或动作;其他情节恶劣的情形),处5日以上10日以下拘留;猥亵智力残疾人、精神病人、不满14周岁的人或有其他严重情节(在公共场所猥亵他人;猥亵多人;其他情节严重的情形),处10日以上15日以下拘留(《治安管理处罚法》第44条)。

【2017·卷2·不定项·95-96】(答案:95.AC;96.A)某小学发生一起猥亵儿童案件,三年级女生甲向校长许某报称被老师杨某猥亵。许某报案后,侦查人员通过询问许某了解了甲向其陈述的被杨某猥亵的经过。侦查人员还通过询问甲了解到,另外两名女生乙和丙也可能被杨某猥亵,乙曾和甲谈到被杨某猥亵的经过,甲曾目睹杨某在课间猥亵丙。讯问杨某时,杨某否认实施猥亵行为,并表示他曾举报许某贪污,许某报案是对他的打击报复。

95.关于本案侦查措施,下列选项正确的是:A.经出示工作证件,侦查人员可在学校询问甲。B.询问乙时,可由学校的其他老师在场并代行乙的诉讼权利。C.可通过侦查实验确定甲能否在其所描述的时间、地点看到杨某猥亵丙。D.搜查杨某在学校内的宿舍时,可由许某在场担任见证人。

96.关于本案证据,下列选项正确的是:A.甲向公安机关反映的情况,既是被害人陈述,也是证人证言。B.关于甲被猥亵的经过,许某的证言可作为甲陈述的补强证据。C.关于乙被猥亵的经过,甲的证言属于传闻证据,不得作为定案的依据。D.甲、乙、丙因年幼,其陈述或证言须有其他证据印证才能采信。

婴儿,幼儿,儿童年龄界限划分问题有争议性。(1)雇佣童工从事危重劳动罪的童工是未满16周岁的未成年人。(2)未成年人保护法认为,未成年是未满18周岁的人。(3)从生理、心理、智力发育、认识判断能力、行为能力、扩大解释、民法通则的角度,不满18周岁已满16周岁并以自己的劳动收入为主要生活来源的公民,视为完全民事行为能力人。(4)《关于执行〈全国人民代表大会常务委员会关于严惩拐卖、绑架妇女、儿童的犯罪分子的决定〉的若干问题的解答》认为,儿童年龄是不满14周岁。不满1周岁的人为婴儿,1周岁-6周岁的人为幼儿。(5)联合国儿童权利公约认为,儿童系18岁以下的任何人,除非对其适用之法律规定成年年龄低于18岁(本国法律规定的未成年人)。(6)从社会责任标准的角度讲,儿童是任何15岁以下的人,若当地法律规定最低工作年龄或义务教育年龄高于15岁,则以较高年龄为准。

最高检向教育部发出检察建议书,建议有针对性地加强顶层设计,进一步健全完善预防性侵害幼儿园儿童和中小学学生的制度机制,加强对校园预防性侵害相关制度落实情况的监督检查,依法严肃处理有关违法违纪人员。行为人在教室、集体宿舍等场所实施猥亵行为,只要当时有多人在场,即使在场人员未实际看到,也应认定犯罪行为是在公共场所当众实施。

◆《刑法》第238条【非法拘禁罪】

从故意犯、行为犯的角度讲,非法拘禁他人或以其他方法非法剥夺他人人身自由(国家机关工作人员涉嫌利用职权,非法拘禁持续时间超过24小时;3次以上非法拘禁他人,或一次非法拘禁3人以上;非法拘禁他人,并实施捆绑、殴打、侮辱等行为;非法拘禁,致人伤残、死亡、精神失常;为索取债务非法扣押、拘禁他人,有上述情形;司法工作人员对明知是无辜的人非法拘禁),处3年以下有期刑、拘役、管制或剥夺政治权利。(1)从故意犯、情节犯、从重处罚原则的角度讲,非法拘禁,有殴打、侮辱情节,从重处罚。(2)从故意犯、结果犯的角度讲,犯非法拘禁罪,致人重伤(人肢体残废、毁人容貌、丧失听觉、丧失视觉、丧失其他器官功能或其他对人身健康有重大伤害的损伤、严重的创伤),处3年以上10年以下有期刑;致人死亡,处10年以上有期刑。(3)从故意犯、结果犯、转化犯的角度讲,非法拘禁,使用暴力致人伤残、死亡,以故意伤害罪、故意杀人罪定罪处罚。

从宪法的角度讲,公民的人身自由不受侵犯。(1)任何公民,非经检察院批准或决定或法院决定,并由公安机关执行,不受逮捕。(2)禁止非法拘禁和以其他方法非法剥夺或限制公民的人身自由,禁止非法搜查公民的身体。(3)侵犯人身自由、人格尊严的主要罪名有强迫劳动罪、非法拘禁罪、绑架罪、非法侵入住宅罪、拐骗儿童罪、拐卖妇女儿童罪、收买被拐卖的妇女儿童罪等。

【2004·卷2·单选·1】(答案:A)韩某在向张某催要赌债无果的情况下,纠集好友把张某挟持至韩家,并给张家打电话,声称如果再不还钱,就砍掉张某1只手。韩某的作为:A.构成非法拘禁罪。B.构成绑架罪。C.构成非法拘禁罪和绑架罪的想象竞合犯。D.构成敲诈勒索罪。

【2014·卷3·多项·59】(答案:ABC)甲为要回30万元赌债,将乙扣押,但2天后乙仍无还款意思。甲等5人将乙押到一处山崖上,对乙说:"3天内让你家人送钱来,如今天不答应,就摔死你。"乙勉强说只有能力还5万元。甲刚说完"一分都不能少",乙便跳崖。众人慌忙下山找乙,发现乙已坠亡。甲的行为定性,下列哪些选项是错误的?A.属于绑架致使被绑架人死亡。B.属于抢劫致人死亡。C.属于不作为的故意杀人。D.成立非法拘禁,但不属于非法拘禁致人死亡。

非法拘禁罪的情形:(1)从目的犯的角度讲,以索要债务为目的而扣押人质(为索债而非法扣押、拘禁他人),构成非法拘禁罪。(2)非法剥夺他人自由的非法拘禁行为,构成非法拘禁罪。(3)收买被拐卖的妇女、儿童,非法剥夺、限制其人身自由,以非法拘禁罪定罪处罚。(4)收买被拐卖的妇女、儿童,并构成非法拘禁罪,依数罪并罚的规定处罚。(5)从数罪并罚、情节加重犯的角度讲,收买被拐卖妇女、儿童,并有收买被拐卖妇女,强行与其发生性关系(强奸罪)、收买被拐卖妇女、儿童,非法剥夺、限制其人身自由或有伤害、侮辱等犯罪行为,以收买被拐卖妇女儿童罪、非法拘禁罪或故意伤害罪、侮辱罪等数罪并罚。(6)在非法拘禁过程中过失致人重伤,触犯过失致人重伤罪,系结果加重犯,构成非法拘禁罪(致人重伤)。

非法拘禁罪的转化犯的情形:(1)从转化犯的角度讲,在非法拘禁过程中,故意使用暴力致人伤残,非法拘禁罪转化为故意伤害罪,以故意伤害罪定罪处罚;故意使用暴力致人死亡,非法拘禁罪转化为故意杀人罪,以故意杀人罪定罪处罚。(2)从身份犯的角度讲,国家机关工作人员利用职权非法拘禁他人或以其他方法非法剥夺他人人身自由使用暴力致人重伤、伤残、死亡，或为索取债务非法扣押、拘禁他人，非法剥夺他人人身自由使用暴力致人重伤、伤残、死亡，以非法拘禁罪、故意伤害罪、故意杀人罪从重处罚。

从司法解释的角度讲，组织、胁迫、诱骗不满16周岁的人或残疾人进行恐怖、残忍表演，或以暴力、威胁或其他手段强迫他人劳动，或非法限制他人人身自由、非法侵入他人住宅或非法搜查他人身体，或以不准离开工作场所等方式非法限制医务人员人身自由，处10日以上15日以下拘留，并处500元以上1000元以下罚款；情节较轻，处5日以上10日以下拘留，并处200元以上500元以下罚款（治安处罚法第40条）；构成非法拘禁罪，依刑法有关规定定罪处罚。

非法拘禁罪的量刑：（1）构成非法拘禁罪，可根据不同情形在相应的幅度内确定量刑起点：A. 犯罪情节一般，可在1年以下有期刑、拘役幅度内确定量刑起点。B. 致1人重伤，可在3年-5年有期刑幅度内确定量刑起点。C. 致1人死亡，可在10年-13年有期刑幅度内确定量刑起点。（2）在量刑起点的基础上，可根据非法拘禁人数、拘禁时间、致人伤亡后果等其他影响犯罪构成的犯罪事实增加刑罚量，确定基准刑。非法拘禁多人多次，以非法拘禁人数作为增加刑罚量的事实，非法拘禁次数作为调节基准刑的量刑情节。（3）可增加基准刑10%~20%的2种情形：A. 有殴打、侮辱情节，以致人重伤、死亡为例外。B. 国家机关工作人员利用职权非法扣押、拘禁他人。

【河南规定】非法拘禁罪的量刑：（1）法定刑在3年以下有期刑、拘役、管制、剥夺政治权利幅度的量刑起点和基准刑：A. 非法拘禁他人，不具有殴打、侮辱情节，未造成重伤、死亡后果，在3个月拘役至1年有期刑幅度内确定量刑起点。B. 在量刑起点的基础上，据非法拘禁人数、拘禁时间、致人伤害的后果等其他影响犯罪构成的犯罪事实增加刑罚量，确定基准刑；增加相应刑罚量情形：a. 非法拘禁时间满24小时，增加1个月-2个月刑期；每再增加24小时，增加1个月-2个月刑期。b. 被害人每增加1人，增加3个月-6个月刑期。c. 每增加轻微伤1人，增加2个月以下刑期。d. 每增加轻伤1人，增加3个月-6个月刑期。e. 其他可增加刑罚量情形。（2）法定刑在3年以上10年以下有期刑幅度的量刑起点和基准刑：A. 非法拘禁致1人重伤，在3年-5年有期刑幅度内确定量刑起点；造成被害人6级残疾，以5年有期刑为量刑起点。B. 在量刑起点的基础上，可据非法拘禁人数、拘禁时间、致人伤害后果等其他影响犯罪构成的犯罪事实增加刑罚量，确定基准刑；增加相应刑罚量情形：a. 非法拘禁时间满24小时，增加1个月-2个月刑期。每再增加24小时，增加1个月-2个月刑期。b. 被害人每增加1人，增加3个月-6个月刑期。c. 每增加轻微伤1人，增加2个月以下刑期。d. 每增加轻伤1人，增加3个月-6个月刑期。e. 每增加重伤1人，增加1年-3年刑期。f. 造成被害人6-3级残疾，每增加1级残疾，增加6个月-1年刑期；造成被害人2-1级残疾，每增加1级残疾，增加2年-3年刑期。g. 其他可增加刑罚量情形。（3）法定刑在10年以上有期刑幅度的量刑起点和基准刑：A. 非法拘禁致1人死亡，在10年-13年有期刑幅度内确定量刑起点。B. 在量刑起点的基础上，可根据非法拘禁人数、拘禁时间、致人伤亡后果等其他影响犯罪构成的犯罪事实增加刑罚量，确定基准刑；增加相应刑罚量的8种情形：a. 非法拘禁时间满24小时，增加1个月-2个月刑期；每再增加24小时，增加1个月-2个月刑期。b. 被害人每增加1人，增加3个月-6个月刑期。c. 每增加轻微伤1人，增加2个月以下刑期。d. 每增加轻伤1人，增加3个月-6个月刑期。e. 每增加重伤1人，增加1年-3年刑期。f. 造成被害人6-3级残疾，每增加1级残疾，增加6个月-1年刑期；造成被害人2-1级残疾，每增加1级残疾，增加2年-3年刑期。g. 死亡人数每增加1人，增加2年-4年刑期。h. 其他可增加刑罚量情形。（4）可从重处罚，但同时具有两种以上情形，累计不得超过基准刑的100%情形：A. 多次非法拘禁，增加基准刑的20%以下。B. 为索取高利贷、赌债等法律不保护的债务而非法拘禁他人，增加基准刑的20%以下。C. 持枪支、管制刀具或其他凶器非法拘禁他人，增加基准刑的20%以下。D. 冒充军警人员、司法人员非法扣押、拘禁他人，增加基准刑的20%以下。E. 国家机关工作人员利用职权非法扣押、拘禁他人，增加基准刑的10%~20%。F. 具有殴打、侮辱、虐待情节的（致人重伤、死亡为例外），增加基准刑的10%~20%。G. 其他可从重处罚情形。（5）为索取合法债务、争取合法权益而非法扣押、拘禁他人，减少基准刑的30%以下。

◆《刑法》第239条【绑架罪】

从故意犯、目的犯、行为犯、情节犯、实际控制说、目的实现说的角度讲，以勒索财物为目的绑架他人，或绑架他人作为人质，处10年以上有期刑或无期刑，并处罚金或没收财产；情节较轻，处5年以上10年以下有期刑，并处罚金。

【2003·卷3·不定项·81-84】（答案：81. ACD；82. D；83. BD；84. A）王某怀疑其妻与其表兄刘某有不正当关系，遂在某晚跟踪其妻至刘某住所。进屋后，王发现其妻披头散发，正在哭泣，刘某站在旁边，王大怒，遂殴打其妻，并与刘发生争吵。王知道刘某有百万家财，决定抓住这个机会狠狠敲诈他一笔，于是谎称到其父母家中解决问题，将刘某骗至其姘妇叶某的住所（当时叶不在家），并对刘某进行殴打、捆绑，反锁屋门将刘拘禁达一天之久。刘某在不堪忍受的情况下，承认与王妻有不正当关系，提出用金钱补偿，并在王的胁迫下，先后三次给家人打电话，要家人将30万元放在某公园指定场所，刘的家人并未照办。不久，叶某返回住所，王某以实情相告，叶未加制止，并与王某一起致信刘妻，信称：刘某系卑鄙小人，现在我等控制之中，为示惩戒，速送30万元至某公园指定地点，钱到放人，不得报警；否则，后果自负。刘妻害怕，将钱放至指定地点，并通知王。王某叫叶某去公园取钱，叶某不敢去。于是，王某留下叶某看管刘某，自己去取赃款。在王外出取钱之时，刘某哀求叶某将自己放掉，并称王某心狠手辣，钱到手后，决不会放过叶某。叶某恐惧，将刘某放掉，并和刘某一起去派出所报警，带领公安人员去公园捉拿王某。人们赶到公园时，王某早已携款逃走。请回答以下81-84题。

81. 王某的行为不属于：A. 敲诈勒索罪。B. 绑架罪。C. 抢劫罪。D. 非法拘禁罪。

82. 叶某的行为属于：A. 犯罪预备。B. 犯罪未遂。C. 犯罪中止。D. 犯罪既遂。

83. 叶某在共同犯罪中属于：A. 主犯。B. 从犯。C. 胁从犯。D. 实行犯。

84. 假设王某在犯罪过程中杀害了刘某，其行为构成：A. 绑架罪。B. 故意杀人罪。C. 抢劫罪。D. 绑架罪和故意杀人罪。

从无限防卫权的角度讲，对正进行行凶、杀人、抢劫、强奸、绑架以及其他严重危及人身安全的暴力犯罪，采取防卫行为，造成不法侵害人伤亡，不属于防卫过当，不负刑责。

绑架罪是以勒索财物或扣押人质为目的，使用暴力、胁迫或其他方法，绑架他人的行为。（1）犯绑架罪，杀害被绑架人，或故意伤害被绑架人，致人重伤、死亡，处无期刑或死刑，并处没收财产。（2）以勒索财物为目的偷盗婴幼儿，情节较轻，处5年以上10年以下有期刑，并处罚金；情节严重，处10年以上有期刑或无期刑，并处罚金或没收财产；致人重伤、死亡，处无期刑或死刑，并处没收财产。

【2005·卷2·单选·17】（答案：D）甲在一豪宅院外将一个正在玩耍的男孩（3岁）骗走，意图勒索钱财，但孩子说不清自己家里的联系方式，无法进行勒索。甲怕时间长了被发现，于是将孩子带到异地以4000元卖掉。对甲应如何处理？A. 以绑架罪与拐卖儿童罪的牵连犯从一重处断。B. 以绑架罪一罪处罚。C. 以拐卖儿童罪一罪处罚。D. 以绑架罪与拐卖儿童罪并罚。

【2010·卷2·单选·16】（答案：B）甲持刀将乙逼入山中，让乙通知其母送钱赎人。乙担心其母心脏病发作，遂谎称开车撞人，需付5万元治疗费，其母信以为真。关于甲的行为

性质,下列哪一选项是正确的? A. 非法拘禁罪。B. 绑架罪。C. 抢劫罪。D. 诈骗罪。

【2017·卷4·主观题·2】 案情:甲生意上亏钱,乙欠下赌债,二人合谋干一件"靠谱"的事情以摆脱困境。甲按分工找到丙,骗丙使其相信钱某欠债不还,丙答应控制钱某的小孩以逼钱某还债,否则不放人。丙按甲所给线索将钱某的小孩骗到自己的住处看管起来,电告甲控制了钱某的小孩,甲通知乙行动。乙给钱某打电话:"你的儿子在我们手上,赶快交50万元赎人,否则撕票!"钱某看了一眼身旁的儿子,回了句:"骗子!"便挂断电话,不再理睬。乙感觉异常,将情况告诉甲。甲来到丙处发现这个孩子不是钱某的小孩而是赵某的小孩,但未告诉丙,只是嘱咐丙看好小孩,并从小孩口中套出其父赵某的电话号码。甲与乙商定转而勒索赵某的钱财。第二天,小孩哭闹不止要离开,丙恐被人发觉,用手捂住小孩口、鼻,然后用胶带捆绑其双手并将嘴缠住,致其机械性窒息死亡。甲得知后与乙商定放弃勒索赵某财物,由乙和丙处理尸体。乙、丙二人将尸体连夜运至城外掩埋。第三天,乙打电话给赵某,威胁赵某赶快向指定账号打款30万元,不许报警,否则撕票。赵某当即报案,甲、乙、丙三人很快归案。问题:请分析甲、乙、丙的刑事责任(包括犯罪性质即罪名、犯罪形态、共同犯罪、数罪并罚等),须简述相应理由。【参考答案】1. 甲、乙构成共同绑架罪。(1) 甲与乙预谋绑架,并利用丙的不知情行为,尽管丙误将赵某的小孩作为钱某的小孩非法拘禁,但甲、乙借此实施索要钱某财物的行为,是绑架他人为人质,进而勒索第三人的财物,符合绑架罪犯罪构成,构成共同绑架罪。(2) 甲、乙所犯绑架罪属于未遂,可从轻或减轻处罚。理由是:虽然侵犯了赵某小孩的人身权利,但没有造成钱某的担忧,没有侵犯也不可能侵犯到钱某的人身自由与权利,当然也不可能勒索到钱某的财物,所以是绑架罪未遂。2. 在甲与乙商定放弃犯罪时,乙假意答应甲放弃犯罪,实际上借助于原来的犯罪,对赵某谎称绑架了其小孩,继续实施勒索赵某财物的行为,构成敲诈勒索罪与诈骗罪想象竞合犯,应当从一重罪论处。理由是:因人质已不复存在,其行为不仅构成敲诈勒索罪,同时构成诈骗罪。因为乙向赵某发出的是虚假的能引起赵某恐慌、担忧的信息,同时具有虚假性质和要挟性质,因而构成敲诈勒索与诈骗罪的想象竞合犯,应当从一重罪论处,并与前所犯绑架罪(未遂),数罪并罚。3. 丙构成非法拘禁罪和故意杀人罪,应当分别定罪量刑,然后数罪并罚。(1) ①丙哄骗小孩离开父母,并实力控制,是出于非法剥夺他人人身自由目的而实行的行为,所以构成非法拘禁罪。②因为丙未参加甲、乙绑架预谋,对甲、乙实施绑架犯罪不知情,所以不能与甲、乙构成共同绑架罪,而是单独构成非法拘禁罪。丙犯非法拘禁罪,是甲、乙共同实施绑架罪的一部分——绑架他人作为人质,甲、乙对丙的非法拘禁行为负责。甲、乙、丙在非法拘禁罪范围内构成共同犯罪;甲、乙既构成绑架罪又构成非法拘禁罪,是想象竞合犯,从一重罪论处;丙则因为没有绑架犯罪故意,仅有非法拘禁罪故意,所以只成立非法拘禁罪。(2) 答案1:丙为控制小孩采取捆绑行为致其死亡,构成故意杀人罪。①这是一种具有高度危险的侵犯人身权利的行为,可能造成死亡的结果,可以评价为杀人行为,丙主观上对此有明知并持放任的态度,是间接故意杀人,因而构成故意杀人罪。②甲、乙对人质的死亡没有故意、过失,没有罪责。具体来说,丙的杀人故意行为超出了非法拘禁之共同犯罪故意范围,应由丙单独负责,甲乙没有罪过、罪责。答案2:丙构成过失致人死亡罪。丙应当预见到自己的行为可能造成小孩死亡,但丙不希望也不容忍小孩死亡,主观上是疏忽大意过失,构成过失致人死亡罪。按事前分工,看护小孩属于丙的责任,小孩的安全由丙负责,甲乙二人均不在现场,没有可能保证防止、避免小孩死亡,所以,甲、乙不构成过失致人死亡罪。

◆ **《刑法》第240条【拐卖妇女、儿童罪】**

从故意犯、目的犯、行为犯、情节犯、侵害犯(结果犯)、控制说、阶段行为完成说的角度讲,拐卖(结果行为或目的行为;拐骗、绑架、收买、贩卖、接送、中转)妇女、儿童

[以出卖为目的，有拐骗、绑架、收买（手段行为）、贩卖、接送、中转（中间行为）中国国籍、外国国籍、无国籍的妇女、儿童（不满14周岁的人：不满1周岁的为婴儿，1周岁以上不满6周岁的为幼儿）的行为之一］，处5年以上10年以下有期刑，并处罚金；处10年以上有期刑或无期刑，并处罚金或没收财产；情节特别严重［a. 拐卖妇女、儿童集团的首犯。b. 拐卖妇女、儿童3人以上。c. 奸淫被拐卖的妇女。d. 诱骗、强迫被拐卖的妇女卖淫或将被拐卖的妇女卖给他人迫使其卖淫。e. 以出卖为目的，使用暴力、胁迫或麻醉方法绑架妇女、儿童。f. 以出卖为目的，偷盗婴幼儿（对婴幼儿采取欺骗、利诱等手段使其脱离监护人或看护人）。g. 造成被拐卖的妇女、儿童或其亲属重伤、死亡或其他严重后果。h. 将妇女、儿童卖往境外］，处死刑，并处没收财产。

【2002·卷2·多选·46】（答案：AC）甲以出卖为目的，将乙女拐骗至外地后关押在一地下室，并曾强奸乙女。甲在寻找买主的过程中因形迹可疑被他人告发。国家机关工作人员前往解救时，甲的朋友丙却聚众阻碍国家机关工作人员的解救行为。对本案应如何处理？A. 对甲的行为以拐卖妇女罪论处。B. 由于甲尚未出卖乙女，对拐卖妇女罪应认定为犯罪未遂。C. 对丙应以聚众阻碍解救被收买的妇女罪论处。D. 对丙应以拐卖妇女罪的共犯论处。

【2002·卷2·单选·8】（答案：D）甲于某日晨在路边捡回一名弃婴，抚养了3个月后，声称是自己的亲生儿子，以3000元卖给乙。如何认定甲的行为？A. 甲的行为构成遗弃罪。B. 甲的行为构成拐骗儿童罪。C. 甲的行为构成诈骗罪。D. 甲的行为构成拐卖儿童罪。

【2003·卷2·多选·49】（答案：BCD）根据我国刑法的规定，偷盗婴幼儿的行为可因主观目的的不同而构成下列哪些犯罪？A. 偷盗婴幼儿罪。B. 绑架罪。C. 拐卖儿童罪。D. 拐骗儿童罪。

【2017·卷2·单选·15】（答案：C）关于侵犯公民人身权利的犯罪，下列哪一选项是正确的？A. 甲对家庭成员负有扶养义务而拒绝扶养，故意造成家庭成员死亡。甲不构成遗弃罪，成立不作为的故意杀人罪。B. 乙闯入银行营业厅挟持客户王某，以杀害王某相要挟，迫使银行职员交给自己20万元。乙不构成抢劫罪，仅成立绑架罪。C. 丙为报复周某，花5000元路费将周某12岁的孩子带至外地，以2000元的价格卖给他人。丙虽无获利目的，也构成拐卖儿童罪。D. 丁明知工厂主熊某强迫工人劳动，仍招募苏某等人前往熊某工厂做工。丁未亲自强迫苏某等人劳动，不构成强迫劳动罪。

拐卖妇女儿童案件的立案、管辖问题：（1）对发现的拐卖妇女、儿童案件，拐出地（妇女、儿童被拐骗地）、拐入地或中转地公安机关应立案管辖。A. 两个以上公安机关都有管辖权，由最先立案的公安机关侦查；必要时可由主要犯罪地或主要嫌犯居住地公安机关管辖；有关公安机关不得相互推诿。B. 对管辖有争议的案件，应报请争议双方共同的上一级公安机关指定管辖。C. 铁路、交通、民航公安机关在运输途中查获的拐卖妇女、儿童案件，可直接移送拐出地公安机关处理。（2）拐入地、拐出地或中转地公安机关立案侦查的拐卖妇女、儿童案件，应向同级检察院提请批捕、移送审查起诉。A. 对有多次倒卖情形的拐卖妇女、儿童案件，无论行为人是第几道贩子，只要其犯罪行为已查证属实，就应及时起诉、审判。B. 对他罪线索，公安机关应组织力量继续进行侦查。C. 对同案犯在逃、已抓获的嫌犯、被告人的犯罪事实已查清，并有确实、充分证据，应及时起诉、审判。D. 一人犯数罪，对其中主要罪行或某一罪行事实清楚，证据确实充分，而他罪行一时难以查清，可先对其已查清的主要罪行或某一罪行作出处理。（3）对公民报案、控告、举报的与拐卖妇女、儿童有关的嫌犯、犯罪线索或材料，扭送的嫌犯，或嫌犯自首，公安机关都应接受。A. 对接受的案件或发现的犯罪线索，应迅速进行审查。B. 对需采取解救被拐卖的妇女、儿童等紧急措施，应先采取紧急措施。（4）经审查，认为有犯罪事实，需追究刑责，应区别情况，作出处理：A. 属于本公安机关管辖的案件，应及时立案侦查。B. 属于其他公安机关管辖的案件，应在24小时内移送有管辖权的公安机关办理。C. 不属于公安机关管辖的案件，如属于检察院管辖的不解救被拐卖、绑架妇女、儿童案和阻碍解救被拐卖、绑架妇女、儿童案等，属于法院管辖的重婚案等，应及时将案件材料和有关证据送交有管辖权的检察院、法院，并告知报案人、控告人、举报人到检察院、法院报案、控告、举报或起诉。

【2007·卷2·多选·55】（答案：BCD）李某以出卖为目的偷盗一名男童，得手后因没找到买主，就产生了自己抚养的想法。在抚养过程中，因男童日夜啼哭，李某便将男童送回家中。关于李某的行为，下列哪些选项是错误的？A. 构成拐卖儿童罪。B. 构成拐骗儿童罪。C. 属于拐卖儿童罪未遂。D. 属于拐骗儿童罪中止。

【2008·卷2·多选·53】（答案：ABD）《刑法》规定，在拐卖妇女、儿童过程中奸淫被拐卖的妇女，仅定拐卖妇女、儿童罪。15周岁的甲在拐卖幼女的过程中，强行奸淫幼女。对此，下列哪些选项是错误的？A. 《刑法》第十七条第二款没有规定15周岁的人对拐卖妇女、儿童罪负刑事责任，所以，甲不负刑事责任。B. 拐卖妇女、儿童罪包含了强奸罪，15周岁的人应对强奸罪承担刑事责任，所以，对甲应认定为拐卖妇女、儿童罪。C. 15周岁的人犯强奸罪的应当负刑事责任，所以，对甲应认定为强奸罪。D. 拐卖妇女、儿童罪重在强奸罪，既然15周岁的人应对强奸罪承担刑事责任，就应对拐卖妇女、儿童罪承担刑责，所以，对甲应以拐卖妇女、儿童罪与强奸罪实行并罚。

【2011·卷2·单选·2】（答案：D）某孤儿院为谋取单位福利，分两次将38名孤儿交给国外从事孤儿收养的中介组织，共收取30余万美元的中介费、劳务费。本案，下列哪一选项符合依法治国的要求？A. 因《刑法》未将此行为规定为犯罪，便不能由于本案社会影响重大，就以刑事案件查处。B. 本案可追究孤儿院及其主管人员、直接责任人的刑事责任，以利于促进政治效果与社会效果的统一。C. 报请全国人大常委会核准后，本案可作为单位拐卖儿童犯罪处理，以利于进一步发挥法律维护社会稳定的作用。D. 可追究主管人员与其他直接责任人的刑事责任，以利于促进法律效果、政治效果与社会效果的统一。

【2011·卷2·不定项·88-91】（答案：88. CD；89. BCD；90. B；91. ABCD）：甲花4万元收买被拐卖妇女周某做智障儿子的妻子，周某不从，伺机逃走。甲为避免人财2空，以3万元将周某出卖（事实一）。乙收买周某，欲与周某成为夫妻，周某不从，乙多次暴力强行与周某发生性关系（事实二）。不久，周某谎称怀孕要去医院检查，乙信以为真，周某乘机逃走向公安机关报案。警察丙带人先后抓获了甲、乙。讯问中，乙仅承认收买周某，拒不承认强行与周某发生性关系。丙恼羞成怒，当场将乙的一只胳膊打成重伤。乙大声呻吟，丙以为其佯装受伤不予理睬（事实三）。深夜，丙上厕所，让门卫丁（临时工）帮忙看管乙。乙发现丁是老乡，请求丁放人。丁说："行，但你后如被抓住，一定要说是自己逃走。"乙答应后逃走，丁未阻拦（事实四）。请回答88-91题。

88. 事实一的定性，下列选项正确的是：A. 甲行为应以收买被拐卖的妇女罪与拐卖妇女罪实行并罚。B. 甲虽实施了收买与拐卖两个行为，但因两个行为具有牵连关系，对甲仅以拐卖妇女罪论处。C. 甲虽实施了收买与拐卖两个行为，但根据《刑法》的特别规定，对甲仅以拐卖妇女罪论处。D. 由于收买与拐卖行为侵犯的客体相同，而且拐卖妇女罪的法定刑较重，对甲行为仅以拐卖妇女罪论处，也能做到罪刑相适应。

89. 事实二的定性，下列选项错误的是：A. 乙行为成立收买被拐卖的妇女罪与强奸罪，应当实行并罚。B. 乙行为仅成立收买被拐卖的妇女罪，因乙将周某当作妻子，故周某不能成为乙的强奸对象。C. 乙行为仅成立收买被拐卖的妇女罪，因乙将周某当作妻子，故缺乏强奸罪的故意。D. 乙行为仅成立强奸罪，因乙收买周某是为了使周某成为妻子，故收买行为是强奸罪的预备行为。

90. 事实三的定性，下列选项正确的是：A. 丙行为是刑讯逼供的结果加重犯。B. 对丙行为应以故意伤害罪从重处罚。C. 对丙行为应以刑讯逼供罪与过失致人重伤罪实行并罚。D. 对丙行为应以刑讯逼供罪和故意伤害罪实行并罚。

91. 事实四，下列选项错误的是：A. 乙构成脱逃罪，丁不构成犯罪。B. 乙构成脱逃罪，丁构成私放在押人员罪。C. 乙离开讯问室征得了丁的同意，不构成脱逃罪，丁构成私放在押人员罪。D. 乙与丁不构成犯罪。

妇女、儿童罪的认定问题：（1）凡拐卖妇女、儿童，不论是哪个环节，只要是以出卖为目的，有拐骗、绑架、收买、贩卖、接送、中转妇女、儿童的行为之一，均以拐卖妇女、儿童罪立案侦查。（2）在办理拐卖妇女、儿童案件中，不论拐卖人数多少，是否获利，只要实施拐卖妇女、儿童行为，均应以拐卖妇女、儿童罪立案侦查。（3）明知是拐卖妇女、儿童的罪犯而事先通谋，为其拐卖行为提供资助或其他便利条件，应以拐卖妇女、儿童罪的共犯立案侦查。（4）对拐卖过程中奸淫被拐卖妇女；诱骗、强迫被拐卖的妇女卖淫或将被拐卖的妇女卖给他人迫使其卖淫；以出卖为目的使用暴力、胁迫、麻醉等方法绑架妇女、儿童；以出卖为目的，偷盗婴幼儿；造成被拐卖的妇女、儿童或其亲属重伤、死亡或其他严重后果，均以拐卖妇女、儿童罪立案侦查。（5）教唆他人实施拐卖妇女、儿童犯罪，以拐卖妇女、儿童罪的共犯立案侦查。（6）向他人传授拐卖妇女、儿童的犯罪方法，以传授犯罪方法罪立案侦查。（7）明知是拐卖妇女、儿童的罪犯，而在其实施犯罪后为其提供隐藏处所、财物，帮助其逃匿或作假证明包庇，以窝藏、包庇罪立案侦查。（8）借收养名义拐卖儿童，出卖捡拾的儿童，均以拐卖儿童罪立案侦查。（9）非以出卖为目的，拐骗不满14周岁的未成年人脱离家庭或监护人，以拐骗儿童罪立案侦查。（10）犯组织他人偷越国（边）境罪，对被组织的妇女、儿童有拐卖犯罪行为，以组织他人偷越国（边）境罪和拐卖妇女、儿童罪立案侦查。（11）偷盗婴幼儿，以出卖为目的，应构成拐卖儿童罪；偷盗婴幼儿，以自己收养或他人收养为目的，构成拐骗儿童罪；偷盗婴幼儿，以勒索钱财为目的，构成绑架罪（以勒索财物为目的，偷盗婴幼儿，以绑架罪立案侦查）。（12）教唆被拐卖、拐骗、收买的未成年人实施盗窃、诈骗等犯罪行为，应以盗窃罪、诈骗罪等犯罪的共犯立案侦查。

【2006·卷2·单选·16】（答案：D）下列哪种说法是错误的？A. 甲取得患有绝症的病人乙的同意而将其杀死，甲仍然构成故意杀人罪。B. 甲以出卖为目的收买生活贫困的妇女乙后，经乙同意将其卖给一个富裕人家为妻，甲仍然构成拐卖妇女罪。C. 甲征得不满14周岁的幼女乙同意而与之发生性行为，甲仍然构成强奸罪。D. 甲在收买被拐卖的妇女乙后，按乙的意愿没有阻碍其返回原居住地，对甲仍然应当追究收买被拐卖妇女罪的刑事责任。

拐卖妇女、儿童罪的情形：（1）收买被拐卖妇女、儿童又出卖，即使被拐卖妇女、儿童同意，也构成拐卖妇女、儿童罪。（2）医疗机构、社会福利机构等单位的工作人员以非法获利为目的，将所诊疗、护理、抚养的儿童出卖给他人，以拐卖儿童罪论处。（3）以介绍婚姻为名，采取非法扣押身份证件、限制人身自由等方式，或利用妇女人地生疏、语言不通、孤立无援等境况，违背妇女意志，将其出卖给他人，应以拐卖妇女罪追究刑责。（4）以非法获利为目的，出卖亲生子女，应以拐卖妇女、儿童罪论处。A. 出卖14周岁以上女性亲属或其他不满14周岁亲属，以拐卖妇女、儿童罪立案侦查。B. 出卖亲生子女，由公安机关依法没收非法所得，并处以罚款；以营利为目的，出卖不满14周岁子女，情节恶劣，以拐卖儿童罪立案侦查。（5）以出卖为目的强抢儿童，或捡拾儿童后出卖，应以拐卖儿童罪论处。（6）以抚养为目的偷盗婴幼儿或拐骗儿童，后出卖，以拐卖儿童罪论处。（7）从一罪与数罪的角度讲，拐卖妇女、儿童，又奸淫被拐卖的妇女、儿童，或诱骗、强迫被拐卖的妇女卖淫，以拐卖妇女、儿童罪处罚。（8）将妇女拐卖给有关场所，使被拐卖的妇女被迫卖淫或从事其他色情服务，以拐卖妇女罪论处。有关场所的经管人员事前与拐卖妇女的犯罪人通谋，对该经管人员以拐卖妇女罪的共犯论处；同时构成拐卖妇女罪和组织卖淫罪，择一重罪论处。（9）从共犯的角度讲，明知他人拐卖妇女、儿童，仍向其提供被拐卖妇女、儿童的健康证明、出生证明或其他帮助，以拐卖妇女、儿童罪的共犯论处。(10) 明知他人系拐卖儿童的人贩子，仍利用从事诊疗、福利救助等工作的便利或了解被拐卖方情况的条件，居间介绍，以拐卖儿童罪的共犯论处。(11) 明知是被拐卖的妇女、儿童而收买，有7种情形（收买被拐卖的妇女后，违背被收买妇女的意愿，阻碍其返回原居住地；阻碍对被收买妇女、儿童进行解救；非法剥夺、限制被收买妇女、儿童的人身自由，情节严重，或对被收买妇女、儿童有强奸、伤害、侮辱、虐待等行为；所收买的妇女、儿童被解救后又再次收买，或收买多名被拐卖的妇女、儿童；组织、诱骗、强迫被收买的妇女、儿童从事乞讨、苦役，或盗窃、传销、卖淫等违法犯罪活动；造成被收买妇女、儿童或其亲属重伤、死亡及其他严重后果；有其他严重情节），以收买被拐卖的妇女、儿童罪论处；同时构成他罪，依数罪并罚规定处罚。(12) 拐卖妇女、儿童，又对被拐卖的妇女、儿童实施故意杀害、伤害、猥亵、侮辱等行为，构成他罪，依数罪并罚规定处罚。(13) 拐卖妇女、儿童或收买被拐卖的妇女、儿童，又组织、教唆被拐卖、收买的妇女、儿童进行犯罪，以拐卖妇女、儿童罪或收买被拐卖的妇女、儿童罪与其所组织、教唆的罪数罪并罚。(14) 拐卖妇女、儿童或收买被拐卖的妇女、儿童，又组织、教唆被拐卖、收买的未成年妇女、儿童进行盗窃、诈骗、抢夺、敲诈勒索等违反治安管理活动，以拐卖妇女、儿童罪或收买被拐卖的妇女、儿童罪与组织未成年人进行违反治安管理活动罪数罪并罚。(15) 收买被拐卖的妇女、儿童，犯罪情节轻微，可依法免刑。被追诉前主动向公安机关报案或向有关单位反映，愿意让被收买妇女返回原居住地，或将被收买儿童送回其家庭，或将被收买妇女、儿童交给公安、民政、妇联等机关、组织，未其他严重情节，可不追究刑责。(16) 收买被拐卖的妇女、儿童，对被收买妇女、儿童未实施摧残、虐待行为或与其已形成稳定的婚姻家庭关系，但仍应依法追究刑责，一般应从轻处罚；符合缓刑条件，可依法适用缓刑。(17) 对被解救回的未成年人的父母及其他监护人拒绝接收，拒不履行抚养义务，构成犯罪，以遗弃罪追究刑责。(18) 从刑罚适用的角度讲，对拐卖妇女儿童的集团首犯，情节严重的主犯，累犯，偷盗婴幼儿、强抢儿童情节严重，将妇女、儿童卖往境外情节严重，拐卖妇女、儿童多人多次、造成伤亡后果，或有其他严重情节，依法从重处罚；情节特别严重，依法判处死刑。

公安、民政等有关部门要严格执行户口管理、暂住人口、流动人口登记、婚姻登记、收养登记等各项法律法规和规章制度，堵塞漏洞。(1) 拐卖妇女、儿童，并对被拐卖的妇女、儿童实施故意杀害、伤害、猥亵、侮辱等行为，数罪并罚决定执行的刑罚应依法体现从严。(2) 犯收买被拐卖的妇女、儿童罪，对被收买妇女、儿童实施违法犯罪活动或将其作为牟利工具，处罚时应依法体现从严。(3) 对拐卖妇女、儿童的罪犯，应注重依法适用财产刑，并切实加大执行力度，以强化刑罚的特殊预防与一般预防效果。(4) 明知（根据证人证言、嫌犯、被告人及其同案人供述和辩解，结合提供帮助的人次，是否明显违反相关规章制度、工作流程等因素综合判断）他人收买被拐卖的妇女、儿童，仍向其提供被收买妇女、儿童的户籍证明、出生证明或其他帮助，以收买被拐卖的妇女、儿童罪的共犯论处，但收买人未被追究刑责为例外。(5) 对拐卖妇女、儿童犯罪的共犯，应根据各被告人在共犯中的分工、地位、作用，参与拐卖的人数、次数，以及分赃数额等，准确区分主从犯。A. 对组织、领导、指挥拐卖妇女、儿童的某一个或某几个犯罪环节，或积极参与实施拐骗、绑架、收买、贩卖、接送、中转妇女、儿童等犯罪行为，起主要作用，应认定为主犯。B. 对仅提供被拐卖妇女、儿童信息或相关证明文件，或进行居间介绍，起辅助或次要作用，未获利或获利较少，一般可认定为从犯。C. 对各被告人在共犯中的地位、作用区别不明显，可不区分主从犯。(6) 区分借送养之名出卖亲生子女与民间送养行为的界限的关键在于行为人是否有非法获利的目的。A. 应通过审查将子女"送"人的背景和原因、有无收取钱财及收取钱财的多少、对方是否有抚养目的及有无抚养能力等事实，综合判断行为人是否有非法获利的目的。B. 不是出于非法获利目的，而是迫于生活困难，或受重男轻女思想影响，私自将未独立生活能力的子女送给他人抚养，含收取少量营养费、感谢费，属于民间送养行为，不能以拐卖妇女、儿童罪论处。C. 对私自送养导致子女身心健康受到严重损害，或有其他恶劣情节，符合遗弃罪特征，可遗弃罪论处；情节显著轻微危害不大，可由公安机关依法行政处罚。D. 可认定属于出卖亲生子女，应以拐卖妇女、儿童罪论处的4种情形：将生育作为非法获利手段，生育后即出卖子女；明知对方不有抚养目的，或根本不考虑对方是否有抚养目的，为收取钱财将子女"送"给他人；为收取明显不属于营养费、感谢费的巨额钱财将子女"送"给他人；其他足以反映行为人有非法获利目的的"送养"行为。E. 多名家庭成员或亲友共同参与出卖亲生子女，或买人为妻、买人为子构成收买被拐卖的妇女、儿童罪，一般应在综合考察犯意提起、各行为人在犯罪中所起作用等情节的基础上，依法追究其中罪责较重者的刑责。

要正确区分罪与非罪、罪与罪的界限，特别是拐卖妇女罪与介绍婚姻收取钱物行为、拐卖儿童罪与收养中介行为、拐卖儿童罪与拐骗儿童罪，绑架儿童罪与拐卖儿童罪的界限，防止扩大打击面或放纵犯罪。（1）对其他情节显著轻微危害不大，不认为是犯罪，依法不追究刑责；必要时可由公安机关行政处罚。（2）有从犯、自首、立功等法定从宽处罚情节，依法从轻、减轻或免除处罚。A. 对投案自首、坦白交待罪行、有立功表现的嫌犯、被告人，司法机关应切实落实刑事政策，依法从轻、减轻处罚。B. 对自首的罪犯，犯罪较轻，可免刑；对有重大立功表现的罪犯，可减轻或免刑；对犯罪后自首又有重大立功表现，应减轻或免刑。（3）对被拐卖的妇女、儿童未实施摧残、虐待等违法犯罪行为，或能协助解救被拐卖的妇女、儿童，或有其他酌定从宽处罚情节，可依法酌情从轻处罚。（4）同时有从严和从宽处罚情节，要在综合考察拐卖妇女、儿童的手段、拐卖妇女、儿童或收买被拐卖妇女、儿童的人次、危害后果及被告人主观恶性、人身危险性等因素的基础上，结合当地此类犯罪发案情况和社会治安状况，决定对被告人总体从严或从宽处罚。（5）对被解救回的未成年人的父母及其他监护人拒绝接收，拒不履行抚养义务，构成犯罪，以遗弃罪追究刑责。（6）以介绍婚姻为名，与被介绍妇女串通骗取他人钱财，数额较大，应以诈骗罪追究刑责。

任何单位和个人不得歧视被拐卖的妇女、儿童。公安、民政、妇联等有关部门和组织应密切配合，做好被解救妇女、儿童的善后安置工作。（1）对被拐卖的未成年女性、现役军人配偶、遭受摧残虐待、被强迫卖淫或从事其他色情服务的妇女，以及本人要求解救的妇女，要立即解救。（2）对自愿继续留在现住地生活的成年女性，应尊重本人意愿，愿在现住地结婚且符合法定结婚条件，应依法办理结婚登记手续。（3）被拐卖妇女与买主所生子女的抚养问题，可由双方协商解决或由法院裁决。（4）对遭受摧残虐待、被强迫乞讨或从事违法犯罪活动，以及本人要求解救的被拐卖儿童，应立即解救。（5）对解救的被拐卖儿童，由其父母或其他监护人户口所在地公安机关负责接回。

从《关于依法惩治拐卖妇女儿童犯罪的意见》的角度讲，拐卖妇女、儿童犯罪往往涉及多人、多个环节，要根据宽严相济刑事政策和罪责刑相适应的刑法基本原则，综合考虑罪犯在共犯中的地位、作用及人身危险性的大小，依法准确量刑。（1）对集团首犯、组织策划者、多次参与者、拐卖多人者或有累犯等从严、从重处罚情节，须重点打击，坚决依法严惩。A. 对罪行严重，依法应判重刑乃至死刑，坚决依法判处。B. 要注重铲除买方市场，从源头上遏制拐卖妇女、儿童犯罪。C. 对收买被拐卖的妇女、儿童，依法应追究刑责，坚决依法追究。D. 对有从宽处罚情节，要在综合考虑犯罪事实、性质、情节和危害程度的基础上，依法从宽，体现政策，以分化瓦解犯罪，鼓励犯罪人悔过自新。（2）拐卖妇女、儿童犯罪案件依法由犯罪地的司法机关管辖。A. 拐卖妇女、儿童犯罪的犯罪地含拐出地、中转地、拐入地及拐卖活动的途经地；若由嫌犯、被告人居住地的司法机关管辖更为适宜，可由嫌犯、被告人居住地的司法机关管辖。B. 几个地区的司法机关都有权管辖，一般由最先受理的司法机关管辖。C. 嫌犯、被告人或被拐卖的妇女、儿童人数较多，涉及多个犯罪地，可移送主要犯罪地或主要嫌犯、被告人居住地的司法机关管辖。D. 相对固定的多名嫌犯、被告人分别在拐出地、中转地、拐入地实施某一环节的犯罪行为，犯罪所跨地域较广，全案集中管辖有困难，可由拐出地、中转地、拐入地的司法机关对不同罪犯分别实施的拐出、中转和拐入犯罪行为分别管辖。E. 对管辖权发生争议，争议各方应本着有利于迅速查清犯罪事实，以及时解救被拐卖的妇女、儿童，以及便于起诉、审判的原则，在法定期间内尽快协商解决；协商不成，报请共同的上级机关确定管辖。F. 正侦查中的案件发生管辖权争议，在上级机关作出管辖决定前，受案机关不得停止侦查工作。(3) 公安机关在工作中发现嫌犯或被拐卖的妇女、儿童，不论案件是否属于自己管辖，都应首先采取紧急措施；经审查，属于自己管辖，依法立案侦查（公安机关经审查，符合管辖规定，应立即以刑事案件立案，迅速开展侦查工作的6种情形：接到拐卖妇女、儿童的报案、控告、举报；接到儿童失踪或已满14周岁不满18周岁的妇女失踪报案；接到已满18周岁的妇女失踪，可能被拐卖的报案；发现流浪、乞讨的儿童可能系被拐卖；发现有收买被拐卖妇女、儿童行为，依法应追究刑责；表明可能有拐卖妇女、儿童犯罪事实发生的其他情形）；不属于自己管辖，以及时移送有管辖权的公安机关处理。检察院要加强对拐卖妇女、儿童犯罪案件的立案监督，确保有案必立、有案必查。(4) 公安机关应依法定程序，全面收集能证实嫌犯有罪或无罪、犯罪情节轻重的各种证据。要特别重视收集、固定买卖妇女、儿童犯罪行为交易环节中钱款的存取证明、嫌犯的通话清单、乘坐交通工具往来有关地方的票证、被拐卖儿童的DNA鉴定结论、有关监控录像、电子信息等客观性证据。取证工作应及时，防止时过境迁，难以弥补。公安机关应高度重视并进一步加强DNA数据库的建设和完善。对失踪儿童的父母，或疑似被拐卖的儿童，应及时采集血样进行检验，通过全国DNA数据库，为查获犯罪，帮助被拐卖的儿童及时回归家庭提供科学依据。拐卖妇女、儿童犯罪所涉地区的办案单位应加强协作配合。需到异地调查取证，相关司法机关应密切配合；需进一步补充查证，应积极支持。(5) 嫌犯、被告人参与拐卖妇女、儿童犯罪活动的多个环节，只有部分环节的犯罪事实查证清楚、证据确实、充分，可对该环节的犯罪事实依法认定。

从涉外犯罪的角度讲，要进一步加大对跨国、跨境拐卖妇女、儿童犯罪的打击力度。(1) 加强双边或多边"反拐"国际交流与合作，加强对被跨国、跨境拐卖的妇女、儿童的救助工作。(2) 依中国缔结或参加的国际条约规定，积极行使所享有的权利，履行所承担的义务，以及时请求或提供各项司法协助，有效遏制跨国、跨境拐卖妇女、儿童犯罪。(3) 外国人或无国籍人拐卖外国妇女、儿童到中国境内被查获，应适用中国刑法，以拐卖妇女、儿童罪立案侦查。A. 拐卖妇女、儿童犯罪的妇女、儿童含有中国国籍、外国国籍、无国籍的妇女、儿童。B. 被拐卖外国妇女、儿童无身份证明，不影响对罪犯的立案侦查。(4) 对外国人依法作出取保候审、监视居住决定或执行拘留、逮捕后，由有关省省公安厅、局在规定的期限内，将外国人的有关情况、涉嫌犯罪的主要事实、已采取的强制措施及其法律依据，通知该外国人所属国家的驻华使领馆，同时报告公安部。(5) 对外国籍嫌犯身份无法查明或其国籍国拒绝提供有关身份证明，也可按其自报的姓名依法提请检察院批捕、移送审查起诉。(6) 对非法入出中国国境、非法居留外国人，应依外国人入境出境管理法及其实施细则进行处罚；情节严重，构成犯罪，依法追究刑责。

从妇女权益保障法的角度讲，妇女的名誉权、荣誉权、隐私权、肖像权等人格权、文化教育权、人身自由权、生命健康权、财产继承权、选举权和被选举权、监护权、法律援助权或司法救助权、合法权益受法律保护，禁止歧视、虐待、遗弃、残害妇女，禁止对妇女实施性骚扰，禁止卖淫、嫖娼，禁止组织、强迫、引诱、容留、介绍妇女卖淫或对妇女进行猥亵活动，禁止组织、强迫、引诱妇女进行淫秽表演活动，禁止用侮辱、诽谤等方式损害妇女的人格尊严，禁止通过大众传播媒介或其他方式贬低损害妇女人格；未经本人同意，不得以营利为目的，通过广告、商标、展览橱窗、报纸、期刊、图书、音像制品、电子出版物、网络等形式使用妇女肖像。

【2016·卷1·多选·85】（答案：CD）根据《法律援助条例》《关于刑诉法律援助工作的规定》，下列哪些表述是正确的？A. 区检察院提起抗诉的案件，区法院应当通知区法律援助中心为被告人甲提供法律援助。B. 家住A县的乙在邻县涉嫌犯罪被邻县检察院批准逮捕，其因经济困难可向A县法律援助中心申请法律援助。C. 县公安局没有通知县法律援助中心为可能被判处无期徒刑的丙提供法律援助，丙可向市检察院提出申诉。D. 县法院应当准许强制医疗案件中的被告丁以正当理由拒绝法律援助，并告知其可另行委托律师。

违反妇女权益保障法的法律责任：（1）妇女的合法权益受到侵害，有权要求有关部门依法处理，或依法向仲裁机构申请仲裁，或向法院起诉。A. 对有经济困难需法律援助或司法救助的妇女，当地法律援助机构或法院应给予帮助，依法为其提供法律援助或司法救助。B. 妇女的合法权益受到侵害，可向妇女组织投诉，妇女组织应维护被侵害妇女的合法权益，有权要求并协助有关部门或单位查处。有关部门或单位应依法查处，并答复。C. 妇女组织对受害妇女进行诉讼需帮助，应给予支持。D. 妇联或相关妇女组织对侵害特定妇女群体利益的行为，可通过大众传播媒介揭露、批评，并有权要求有关部门依法查处。（2）违反妇女权益保障法规定，以妇女未婚、结婚、离婚、丧偶等为由，侵害妇女在农村集体经济组织中的各项权益，或因结婚男方到女方住所落户，侵害男方和子女享有与所在地农村集体经济组织成员平等权益，由乡镇政府依法调解；受害人也可依法向农村土地承包仲裁机构申请仲裁，或向法院起诉，法院应依法受理。（3）违反妇女权益保障法，侵害妇女的合法权益，其他法律法规规定行政处罚从其规定；造成财产损失或其他损害，依法承担民责；构成犯罪，依法追究刑责。A. 违反妇女权益保障法，对侵害妇女权益的申诉、控告、检举，推诿、拖延、压制不予查处，或对提出申诉、控告、检举的人进行打击报复，由其所在单位、主管部门或上级机关责令改正，并依法对直接负责的主管人员和其他直接责任人员给予行政处分。B. 国家机关及其工作人员未依法履行职责，对侵害妇女权益的行为未及时制止或未给予受害妇女必要帮助，造成严重后果，由其所在单位或上级机关依法对直接负责的主管人员和其他直接责任人员给予行政处分。C. 违反妇女权益保障法，侵害妇女文化教育权益、劳动和社会保障权益、人身和财产权益以及婚姻家庭权益，由其所在单位、主管部门或上级机关责令改正，直接负责的主管人员和其他直接责任人员属于国家工作人员，由其所在单位或上级机关依法给予行政处分。（4）违反妇女权益保障法，对妇女实施性骚扰或家庭暴力，构成违反治安管理行为，受害人可提请公安机关对违法行为人依法给予行政处罚，也可依法向法院提起民诉。（5）违反妇女权益保障法，通过大众传播媒介或其他方式贬低损害妇女人格，由文化、广电、电影、新闻出版或其他有关部门依据各自的职权责令改正，并依法给予行政处罚。

◆ 《刑法》第241条【收买被拐卖的妇女、儿童罪；强奸罪；非法拘禁罪；故意伤害罪；侮辱罪；拐卖妇女、儿童罪】

从故意犯、行为犯的角度讲，收买被拐卖的妇女、儿童，处3年以下有期刑、拘役或管制。

从故意犯、行为犯、转化犯、从重处罚的角度讲，收买被拐卖的妇女，强行与其发生性关系，以强奸罪定罪处罚（处3年以上10年以下有期刑等）。

收买被拐卖的妇女、儿童，非法剥夺、限制其人身自由或有伤害、侮辱等犯罪行为，依刑法的有关规定（非法拘禁罪或故意伤害罪、侮辱罪等）定罪处罚。

收买被拐卖的妇女、儿童，并有收买被拐卖的妇女，强行与其发生性关系，或收买被拐卖的妇女、儿童，非法剥夺、限制其人身自由或有伤害、侮辱等犯罪行为，以强奸罪、非法拘禁罪、侮辱罪等数罪并罚。

拐卖妇女罪是以出卖为目的，拐卖、绑架、收买、贩卖、接送或中转妇女的行为。收买被拐卖的妇女罪是不以出卖为目的，收买被拐卖的妇女的行为。（1）收买被拐卖的妇女的中途自愿将被害人放回家问题存在犯罪中止说、犯罪既遂说等不同理论观点。（2）收买被拐卖的妇女、儿童，按被买妇女的意愿，不阻碍其返回原居住地，对被买儿童未虐待行为，不阻碍对其进行解救，可不追究刑责。

【2010·卷2·多选·61】（答案：ABD）甲欲绑架女大学生乙卖往外地，乙强烈反抗，甲将乙打成重伤，并多次对乙实施强制猥亵行为。甲尚未将乙卖出便被公安人员抓获。关于甲行为的定性和处罚，下列哪些判断是错误的？A. 构成绑架罪、故意伤害罪与强制猥亵妇女罪，实行并罚。B. 构成拐卖妇女罪、故意伤害罪、强制猥亵妇女罪，实行并罚。C. 构成拐卖妇女罪、强制猥亵妇女罪，实行并罚。D. 构成拐卖妇女罪、强制猥亵妇女罪，实行并罚，但由于尚未出卖，对拐卖妇女罪应适用未遂犯的规定。

非法剥夺、限制被拐卖的妇女、儿童人身自由，或对其实施伤害、侮辱、猥亵等犯罪行为，以非法拘禁罪，或故意伤害罪、侮辱罪、强制猥亵妇女罪、猥亵儿童罪等犯罪立案侦查。

收买被拐卖的妇女、儿童又出卖，以拐卖妇女、儿童罪定罪处罚（处5年以上10年以下有期刑，并处罚金；有拐卖妇女、儿童集团的首犯；拐卖妇女、儿童3人以上；奸淫被拐卖的妇女；诱骗、强迫被拐卖的妇女卖淫或将被拐卖的妇女卖给他人迫使其卖淫；以出卖为目的，使用暴力、胁迫或麻醉方法绑架妇女、儿童；以出卖为目的，偷盗婴幼儿；造成被拐卖的妇女、儿童或其亲属重伤、死亡或其他严重后果；将妇女、儿童卖往境外的情形，处10年以上有期刑或无期刑，并处罚金或没收财产；情节特别严重，处死刑，并处没收财产）。

收买被拐卖的妇女、儿童，以收买被拐卖的妇女、儿童罪立案侦查。

【2008·卷2·单选·13】（答案：B）甲得知乙一直在拐卖妇女，便对乙说，"我的表弟丙没老婆，你有合适的就告诉我一下"。不久，乙将拐骗的两名妇女带到甲家，甲与丙将其中一名妇女买下给丙做妻。关于本案，下列哪一选项是错误的？A. 乙构成拐卖妇女罪。B. 甲构成拐卖妇女罪的共犯。C. 甲构成收买被拐卖的妇女罪。D. 丙构成收买被拐卖的妇女罪。

收买被拐卖的妇女、儿童，对被买儿童无虐待行为，不阻碍对其进行解救（在国家机关工作人员排查来历不明儿童或进行解救时，将所收买的儿童藏匿、转移或实施其他妨碍解救行为，经说服教育仍不配合），可从轻处罚；按被买妇女的意愿，不阻碍其返回原居住地（收买被拐卖的妇女，业已形成稳定的婚姻家庭关系，解救时被买妇女自愿继续留在当地共同生活），可从轻或减轻处罚。

收买被拐卖的妇女、儿童犯罪的认定问题：（1）从转化犯的角度讲，行为人在收买被拐卖的妇女、儿童后，又产生出卖目的，实施出卖行为，收买被拐卖的妇女、儿童罪转化为拐卖妇女、儿童罪，以拐卖妇女、儿童罪定罪处罚（收买被拐卖的妇女、儿童后又出卖，以拐卖妇女、儿童罪立案侦查）。（2）收买被拐卖的妇女、儿童后又组织、强迫卖淫或组织乞讨、进行违反治安管理活动等构成他罪，依数罪并罚规定处罚。（3）收买被拐卖的妇女、儿童，非法剥夺、限制其人身自由，依非法拘禁罪定罪处罚。（4）收买被拐卖的妇女、儿童，并构成非法拘禁罪，依数罪并罚的规定处罚。（5）收买被拐卖的妇女、儿童，又以暴力、威胁方法阻碍国家机关工作人员解救被收买的妇女、儿童，或聚众阻碍国家机关工作人员解救被收买的妇女、儿童，构成妨害公务罪、聚众阻碍解救被收买的妇女、儿童罪，依数罪并罚规定处罚。（6）出于结婚目的收买被拐卖的妇女，或出于抚养目的收买被拐卖的儿童，涉及多名家庭成员、亲友参与，对起主要作用的人员应依法追究刑责。（7）奸淫被拐卖的妇女，按拐卖妇女罪的加重情节处罚，不单独成立强奸罪。（8）明知被拐卖的妇女是现役军人的妻子而与之同居或婚，以破坏军婚罪立案侦查。（9）凡帮助买主实施强奸、伤害、非法拘禁被拐卖的妇女儿童等犯罪行为，应分别以强奸罪、故意伤害罪、非法拘禁罪等犯罪的共犯立案侦查。

◆ **《刑法》第 242 条【妨害公务罪；聚众阻碍解救被收买的妇女、儿童罪】**

从故意犯、行为犯的角度讲，以暴力、威胁方法阻碍国家机关工作人员解救被收买的妇女、儿童，以妨害公务罪定罪处罚（以暴力、威胁方法阻碍国家机关工作人员依法执行职务；以暴力、威胁方法阻碍全国人大和地方人大代表依法执行代表职务；在自然灾害和突发事件中，以暴力、威胁方法阻碍红十字会工作人员依法履行职责；故意阻碍国家安全机关、公安机关依法执行国家安全工作任务，未使用暴力、威胁方法，造成严重后果，处 3 年以下有期刑、拘役、管制或罚金；暴力袭击正在依法执行职务的警察，从重处罚）。

【2017·卷2·单选·29】（答案：D）卢某妨害公务案于 2016 年 9 月 21 日一审宣判，并当庭送达判决书。卢某于 9 月 30 日将上诉书交给看守所监管人员黄某，但黄某因忙于个人事务直至 10 月 8 日上班时才寄出，上诉书于 10 月 10 日寄到法院。关于一审判决生效，下列哪一选项是正确的？A. 一审判决于 9 月 30 日生效。B. 因黄某耽误上诉期间，卢某将上诉书交予黄某时，上诉期间中止。C. 因黄某过失耽误上诉期间，卢某可申请期间恢复。D. 上诉书寄到法院时一审判决尚未生效。

解救被收买的妇女、儿童型妨害公务罪的情形：（1）以暴力、威胁方法阻碍国家机关工作人员解救被收买的妇女、儿童，其他使用暴力、威胁方法的参与者，均以妨害公务罪立案侦查。（2）对聚众阻碍国家机关工作人员解救被收买的妇女、儿童的首犯，以聚众阻碍解救被收买的妇女、儿童罪立案侦查；其他使用暴力、威胁方法的参与者，以妨害公务罪立案侦查。（3）对窝藏、包庇罪犯、阻碍解救、妨害公务，构成犯罪，要依法追究刑责。

行为人实施侵犯民警执法权威的行为，构成犯罪，依法追究刑责；尚不构成犯罪，构成违反治安管理行为，依法给予治安处罚。（1）公安机关办理侵犯民警执法权威的刑事案件、治安案件时，法制部门应根据情况的复杂程度、造成后果的严重程度，视情提前介入，加强审核把关，对案件定性、取证、处理等进行指导，确保案件办理事实清楚、证据确凿、程序合法、法律适用准确。（2）民警按法定条件和程序履行职责、行使职权，对公民、法人或其他组织合法权益造成损害，民警个人不承担法律责任，由其所属公安机关按国家有关规定对造成的损害给予补偿。

公安机关维护民警执法权威工作规定的适用对象、范围、维权程序、纠错机制：（1）公安民警在非工作时间，遇到职责范围内的紧急情形，表明身份后，据现场情况进行先期处置过程中，受到不法侵害，公安机关依公安机关维护民警执法权威工作规定维护其执法权威。（2）警务辅助人员在协助民警依法履行职责、行使职权过程中受到不法侵害，参照公安机关维护民警执法权威工作规定开展相关工作。（3）公安民警依法履行职责、行使职权受法律保护，不受妨害、阻碍，民警及其近亲属（夫、妻、父、母、子、女、同胞兄弟姊妹）的人身财产安全不因民警依法履行职责、行使职权行为受到威胁、侵犯，民警及其近亲属的人格尊严不因民警依法履行职责、行使职权行为受到侮辱、贬损。（4）民警因依法履行职责、行使职权，本人或其近亲属遭遇恐吓威胁、滋事骚扰、尾随跟踪，或人身、财产受到侵害，民警所在公安机关和有管辖权的公安机关应及时采取保护措施，依法追究行为人的法律责任。（5）民警在依法履行职责、行使职权过程中或因依法履行职责、行使职权遇到受到暴力袭击；被车辆冲撞、碾轧、拖拽、刮蹭；被聚众哄闹、围堵拦截、冲击、阻碍；受到扣押、撕咬、拉扯、推搡等侵害；本人及其近亲属受到威胁、恐吓、侮辱、诽谤、骚扰；本人及其近亲属受到诬告陷害、打击报复；被恶意投诉、炒作；本人及其近亲属个人隐私被侵犯；被错误追究责任或受到不公正处分、处理；执法权威受到侵犯的其他情形，公安机关应积极维护民警执法权威。（6）依有关规定追究相关领导和责任人责任的5种情形：因制度不落实、保障不到位、指挥错误导致民警执法权威受到侵犯；不按要求向上级公安机关报告有关情况；不及时采取善后救助措施；阻碍、干扰侵犯民警执法权威案件办理；因工作不力、推诿拖延对侵犯民警执法权威案件办理造成严重影响；违法违规不处理、降格处理侵犯民警执法权威行为人。（7）公安机关应严格依法依规开展执法过错责任追究工作，应根据行为事实、情节、后果，综合考虑主客观因素，客观评价民警行为性质，区分执法过错、瑕疵、意外，依法依规作出责任认定，不应受舆论炒作、信访投诉等人为因素影响，不当或变相追究民警责任，加重对民警的处分、处理。A. 非因法定事由、非经法定程序，不得对民警采取停止执行职务、禁闭等措施，不得作出处分或免职、降职、辞退等处理。B. 对民警依法履职尽责，受主观认知、客观条件、外来因素影响造成一定损失和负面影响的行为或出现的失误，以及民警非因故意违法违规履职，及时发现并主动纠正错误，积极采取措施避免或减轻危害后果与影响，公安机关应从轻、减轻或免于追究民警的责任，或向检察机关、审判机关提出从轻、减轻或免于追究民警刑责的建议。C. 对民警行为是否属于依法履行职责、行使职权行为，以及执法是否存在过错等问题存在较大争议，公安机关维护民警执法权威工作委应组织相关专业人员成立专家组进行审查，出具书面论证意见，作为公安机关内部责任认定的重要参考依据。D. 纪检监察机关、检察机关介入调查，公安机关应及时提供论证意见，加强沟通。E. 民警因履行职责、行使职权行为受到检察机关调查时或其他必要情形下，公安法制部门和公安机关聘请的法律顾问、专职律师应在职责范围内为事件的调查处理提供必要的法律配合。F. 警务督察部门在办理维护民警执法权威事项过程中，认为应由上一级公安机关警务督察部门协调处理，可提请上一级公安机关警务督察部门协调处理。上一级公安机关警务督察部门可指令下一级公安机关警务督察部门对专门事项进行调查，必要时可直接开展调查。（8）民警对因履行职责、行使职权行为受到记大过以上处分、辞退有异议并提出申诉，民警所在公安机关维护民警执法权威工作委员会应听取当事民警的陈述、申辩，对事实、理由、依据和程序进行全面复核，认为处分、处理决定不当，应向作出决定部门提供复核意见，不得因民警提出申诉而对其加重处分、处理，或变相打击报复。A. 民警认为因依法履行职责、行使职权受到侵害，民警及其近亲属或民警所在单位可向所属公安机关警务督察部门提出维护执法权威申请，一般情况下应通过书面形式提出，紧急情况下可口头提出。警务督察部门在工作中发现民警执法权威受到侵犯的情形、线索，应主动启动相关工作程序。B. 民警因依法履行职责、行使职权行为受到公安机关内部不公正处分、处理，经核查属实，警务督察部门应督促相关部门限期纠正。C. 民警因履行职责、行使职权行为受到不实投诉、诬告诽谤、侮辱、恶意炒作，以及被错误审查调查、追究责任后，相关部门予以纠正，警务督察部门应通过公开的形式，在一定范围内澄清事实，消除影响；受到公安机关内部处分、处理，公安机关应及时撤销相关决定并恢复民警公职身份和原职务、职级。

　　从故意犯、行为犯、聚众共犯的角度讲，聚众阻碍国家机关工作人员解救被收买的妇女、儿童的首犯，处5年以下有期刑或拘役；其他参与者使用暴力、威胁方法，以聚众阻碍解救被收买的妇女、儿童罪定罪处罚。

　　阻碍解救被收买的妇女、儿童，未使用暴力、威胁方法，依治安处罚法有关规定处罚。对投案自首、坦白交待罪行、有立功表现的收买的妇女、儿童的嫌犯，公安机关在移送检察院审查起诉时应依法提出从轻、减轻、免除处罚的意见。

　　对被拐卖的妇女、儿童负有解救职责的国家机关工作人员不履行解救职责，或袒护、纵容甚至支持买卖妇女、儿童，为买卖妇女、儿童人员通风报信，或以其他方法阻碍解救工作的处理方式方法：（1）对被拐卖的妇女、儿童负有解救职责的公安、司法等国家机关工作人员接到被拐卖的妇女、儿童及其家属的解救要求或接到其他人的举报，而对被拐卖的妇女、儿童不进行解救，要交由其主管部门进行党纪、政纪、警纪处分；构成犯罪，应以不解救被拐卖妇女、儿童罪移送检察院追究刑责。（2）对被拐卖的妇女、儿童负有解救职责的公安、司法等国家机关工作人员利用职务阻碍解救被拐卖的妇女、儿童，构成犯罪，应以阻碍解救被拐卖妇女、儿童罪移送检察院追究刑责。A. 对不履行办案协作职责造成严重后果，对直接负责的主管人员和其他直接责任人员，应给予行政处分；构成犯罪，依法追究刑责。B. 对在逃的拐卖妇女、儿童的罪犯，有关公安机关应密切配合，及时通缉，追捕归案。（3）行政执法人员徇私情私利，伪造材料，隐瞒情况，弄虚作假，对依法应移交司法机关追究刑责的拐卖妇女、儿童犯罪案件不移交司法机关处理，构成犯罪，以徇私舞弊不移交刑事案件罪移送检察院追究刑责。（4）有查禁拐卖妇女、儿童犯罪活动职责的国家机关工作人员，向拐卖妇女、儿童的罪犯通风报信、提供便利，帮助罪犯逃避处罚，构成犯罪，以帮助罪犯逃避处罚罪移送检察院追究刑责。

解救妇女、儿童工作的管辖问题：（1）解救妇女、儿童工作由拐入地公安机关负责。（2）对拐出地公安机关主动派工作组到拐入地进行解救，也要以拐入地公安机关为主开展工作。（3）对解救的被拐卖妇女，由其户口所在地公安机关负责接回；对解救的被拐卖儿童，由其父母或其他监护人户口所在地公安机关负责接回。（4）拐出地、拐入地、中转地公安机关应积极协作配合，坚决杜绝地方保护主义。

解救妇女、儿童工作的基本要求：（1）对被拐卖的未成年女性、现役军人配偶、受到买主摧残虐待、被强迫卖淫或从事其他色情服务的妇女，以及本人要求解救的妇女，要立即解救。（2）对自愿继续留在现住地生活的成年女性，应尊重本人意愿，愿在现住地结婚且符合法定结婚条件，应依法办理结婚登记手续。（3）被拐卖妇女与买主所生子女的抚养问题，可由双方协商解决或由法院裁决。（4）对遭受摧残虐待、被强迫乞讨或从事违法犯罪活动，以及本人要求解救的被拐卖儿童，应立即解救。（5）对被解救的儿童，暂时无法查明其父母或其他监护人，依法交由民政部门收容抚养。（6）对被解救的儿童，如买主对该儿童既未虐待行为又不阻碍解救，其父母又自愿送养，双方符合收养和送养条件，可依法办理收养手续。（7）任何个人或组织不得向被拐卖的妇女、儿童及其家属索要收买妇女、儿童的费用和生活费用；已索取，应返还。（8）被解救的妇女、儿童户口所在地公安机关应协助民政等有关部门妥善安置其生产和生活。（9）对罪犯违法所得的一切财物及其产生的孳息，应依法追缴。A. 对依法扣押的犯罪工具及嫌犯的财物及其孳息，应妥为保管，不得挪用、毁损和自行处理。B. 对作为证据使用的实物，应随案移送；对不宜移送，应将其清单、照片或其他证明文件随案移送，待法院作出生效判决后，由扣押的公安机关按法院的通知，上缴国库或返还受害人。

◆《刑法》第 243 条 【诬告陷害罪】

从故意犯、情节犯、结果犯的角度讲，捏造事实诬告陷害他人，意图使他人受刑事追究，情节严重，处 3 年以下有期刑、拘役或管制；造成严重后果，处 3 年以上 10 年以下有期刑。（1）从身份犯、从重处罚原则的角度讲，国家机关工作人员犯诬告陷害罪，从重处罚。（2）从罪与非罪的角度讲，特殊而言，不是有意诬陷，而是错告，或检举失实，不适用诬告陷害罪的规定。

诬告陷害罪是捏造事实诬告陷害他人，意图使他人受刑事追究，情节严重的行为。从犯罪客体的角度讲，诬告陷害罪的性质问题有争议性，存在特殊情节犯说、抽象危险行为犯说、单纯行为犯说等不同理论观点。

【2007·卷2·单选·13】（答案：B）下列哪种情形构成诬告陷害罪？A. 甲为了得到提拔，便捏造同事曹某包养情人并匿名举报，使曹某失去晋升机会。B. 乙捏造"文某明知王某是实施恐怖活动的人而向其提供资金"的事实，并向公安部门举报。C. 丙捏造同事贾某受贿10万元的事实，并写成500份传单在县城的大街小巷张贴。D. 丁匿名举报单位领导王某贪污救灾款50万元。事后查明，王某只贪污了救灾款5000元。

捏造、歪曲事实诬告陷害他人，企图使他人受到刑事追究或受到治安处罚，情节严重或造成严重后果，以诬告陷害罪追究刑责。

【2017·卷2·单选·16】（答案：C）关于诬告陷害罪的认定，下列哪一选项是正确的（不考虑情节）？A. 意图使他人受刑事追究，向司法机关诬告他人介绍卖淫的，不仅触犯诬告陷害罪，而且触犯侮辱罪。B. 法官明知被告人系被诬告，仍判决被告人有罪，法官不仅触犯徇私枉法罪，而且触犯诬告陷害罪。C. 诬告陷害罪虽是侵犯公民人身权利的犯罪，但诬告企业犯逃税罪的，也能追究其诬告陷害罪的刑事责任。D. 15周岁的人不对盗窃负刑事责任，故诬告15周岁的人犯盗窃罪的，不能追究行为人诬告陷害罪的刑事责任。

◆《刑法》第244条【强迫劳动罪】

从劳动合同关系、故意犯、行为犯、情节犯的角度讲，以暴力（以殴打、捆绑等暴力强迫他人劳动致人重伤等）、威胁或限制人身自由的方法（将他人人身自由控制在一定范围国限度内的非法方法）强迫他人劳动，或明知他人实施强迫劳动行为，为其招募、运送人员或有其他协助强迫他人劳动，或单位犯强迫劳动罪，对单位判处罚金，并对其直接负责的主管人员和其他直接责任人员，处3年以下有期刑或拘役，并处罚金；情节严重，处3年以上10年以下有期刑，并处罚金。

强迫劳动罪是用人单位（仅限于雇佣职工或农民工为其劳动的公司、企业或个体经济组织等经济组织）违反劳动管理法规，以暴力、威胁或限制人身自由的方法强迫他人劳动，或明知他人实施强迫劳动行为，为其招募、运送人员或其他协助强迫他人劳动的行为。

【2003·卷2·多选·46】（答案：BC）甲承包经营某矿井采矿业务。甲为了降低采矿成本，提高开采量，便动员当地矿工和村民将子女带到矿井上班，并许诺给他们的子女以高工资。矿工和村民纷纷将他们的子女带到矿井上班，从事井下采矿作业，其中有二十余人为10-16周岁的未成年人。后因甲所承诺的高工资未兑现，二十余名童工表示不想再干，要求离开矿井。甲不同意，并在矿井周围布上电铁丝网，雇用数十名守卫，禁止所有的矿工含这二十余名童工离开矿井，强制他们为其采矿，其中一名年约12岁的童工因体质瘦弱而累死在井下。甲的行为构成何罪？A. 非法拘禁罪。B. 强迫职工劳动罪。C. 雇用童工从事危重劳动罪。D. 重大责任事故罪。

【2012·卷1·单选·17】（答案：C）。关于侵犯人身权利罪的论述，下列哪一选项是错误的？A. 强行与卖淫幼女发生性关系，事后给幼女500元的，构成强奸罪。B. 使用暴力强迫单位职工外的其他人员在采石场劳动的，构成强迫劳动罪。C. 雇用16周岁未成年人从事高空、井下作业的，构成雇用童工从事危重劳动罪。D. 收留流浪儿童后，因儿童不听话将其出卖的，构成拐卖儿童罪。

非法用工可能触犯的罪名：（1）用人经济组织单位的直接责任人员采取限制自由或剥夺人身自由的拘禁方法强迫用人（职工或农民工等）劳动，应以非法拘禁罪定罪处罚。（2）行为人以强迫劳动为目的，强迫用人劳动，又实施故意伤害、侮辱等犯罪行为，应数罪并罚。（3）从想象竞合犯的角度，采取人身自由限制方式，强迫用人劳动，导致用人不堪忍受而自杀（情节较重），可构成过失致人死亡罪。

◆《刑法》第244条之一 【雇用童工从事危重劳动罪】

从故意犯、情节犯的角度讲，违反劳动管理法规，雇用未满16周岁的未成年人从事超强度体力劳动，或从事高空、井下作业，或在爆炸性、易燃性、放射性、毒害性等危险环境下从事劳动，情节严重（长时间强迫他人劳动；强迫多人无偿劳动；多次强迫他人劳动；强迫未成年人、智障人员劳动；劳动环境十分危险；劳动条件十分恶劣；强迫职工劳动经责令改正仍继续强迫职工劳动；因强迫劳动给他人身心健康造成严重危害；造成恶劣社会影响等情形），对直接责任人员，处3年以下有期刑或拘役，并处罚金；情节特别严重，处3年以上7年以下有期刑，并处罚金。

雇用童工从事危重劳动罪是违反劳动管理法规，雇用未满16周岁的未成年人从事超强度体力劳动，或从事高空、井下作业，或在爆炸性、易燃性、放射性、毒害性等危险环境下从事劳动，情节严重的行为。（1）从劳动法的角度讲，用人单位非法招用未满16周岁的未成年人，由劳动行政部门责令改正，处以罚款；情节严重，由市场监管部门吊销营业执照。（2）有违反劳动管理法规，雇用未满16周岁的未成年人从事超强度体力劳动，或从事高空、井下作业，或在爆炸性、易燃性、放射性、毒害性等危险环境下从事劳动的行为，造成事故，又构成他罪，依数罪并罚规定处罚。

从使用童工罚款标准的规定的角度讲，为未满16周岁的少年、儿童做童工出具假证明，罚款1500元~3000元。数次、长期使用或一次使用多名童工及数次出具假证明，加重罚款3倍。违反禁止使用童工规定的个人罚款标准：（1）使用童工从事营利性生产劳动，每使用1名童工，罚款600元~1200元。（2）使用童工从事家庭服务性劳动，每使用1名童工，罚款300元~600元。（3）父母或其他监护人允许儿童做童工，经批评教育仍不改正，罚款300元~600元。（4）为未满16周岁的少年、儿童介绍职业，每介绍1名童工，罚款600元~1200元。

◆《刑法》第245条 【非法搜查罪；非法侵入住宅罪】

从故意犯、行为犯的角度讲，非法搜查他人身体、住宅［国家机关工作人员涉嫌利用职权非法搜查，有非法搜查他人身体、住宅，手段恶劣；非法搜查引起被搜查人精神失常、自杀或造成财物严重损坏；司法工作人员对明知是与涉嫌犯罪无关的人身、场所非法搜查；3次以上或对3人（户）以上进行非法搜查的情形］，或非法侵入他人住宅（未经允许非法积极地侵入他人住宅或经要求退出而消极地无故拒不退出），处3年以下有期刑或拘役。

非法搜查罪是非法搜查他人身体、住宅的犯罪行为。（1）从身份犯、从重处罚的角度，司法工作人员滥用职权，犯非法搜查罪、非法侵入住宅罪，从重处罚。（2）从司法解释的角度讲，以"软暴力"手段非法进入或滞留他人住宅，应认定为非法侵入住宅罪的"非法侵入他人住宅"，同时符合其他犯罪构成要件，应以非法侵入住宅罪定罪处罚。（3）为强索不受法律保护的债务或因其他非法目的，雇佣、指使他人采用"软暴力"手段非法剥夺他人人身自由构成非法拘禁罪，或非法侵入他人住宅、寻衅滋事，构成非法侵入住宅罪、寻衅滋事罪，对雇佣者、指使者，一般应以共犯中的主犯论处；因本人及近亲属合法债务、婚恋、家庭、邻里纠纷等民间矛盾而雇佣、指使，未造成严重后果，一般不作为犯罪处理，但经有关部门批评制止或处理处罚后仍继续实施外。

刑诉法性质的搜查程序：（1）为收集犯罪证据、查获犯罪人，经县级以上公安机关负责人批准，侦查人员可对嫌犯以及可能隐藏罪犯或犯罪证据的人的身体、物品、住处和其他有关的地方进行搜查。（2）进行搜查，须向被搜查人出示搜查证，执行搜查的侦查人员不得少于2人。（3）执行拘留、逮捕时，遇有紧急情况（可能随身携带凶器；可能隐藏爆炸、剧毒等危险物品；可能隐匿、毁弃、转移犯罪证据；可能隐匿其他嫌犯；其他突然发生的紧急情况)，不用搜查证也可进行搜查。(4) 进行搜查时，应有被搜查人或他的家属、邻居或其他见证人在场。A. 公安机关可要求有关单位和个人交出可证明嫌犯有罪或无罪的物证、书证、视听资料等证据。遇到阻碍搜查，侦查人员可强制搜查。B. 搜查妇女的身体，应由女工作人员进行。(5) 搜查的情况应制作笔录，由侦查人员和被搜查人或他的家属、邻居或其他见证人签名；若被搜查人拒绝签名，或被搜查人在逃，他的家属拒绝签名或不在场，侦查人员应在笔录中注明。

◆ 《刑法》第246条【侮辱罪；诽谤罪】

从亲告罪、故意犯、情节犯、结果犯的角度讲，采取暴力或其他方法公然侮辱他人或捏造事实诽谤他人［A. 捏造损害他人名誉的事实，在信息网络（以计算机、电视机、固定电话机、移动电话机等电子设备为终端的计算机互联网、广电网、固定通信网、移动通信网等信息网络，向公众开放的局域网络）上散布，或组织、指使人员在信息网络上散布。B. 将信息网络上涉及他人的原始信息内容篡改为损害他人名誉的事实，在信息网络上散布，或组织、指使人员在信息网络上散布。C. 明知是捏造的损害他人名誉的事实，在信息网络上散布，情节恶劣，以捏造事实诽谤他人论，情节严重（a. 2年内曾因诽谤受过行政处罚，又诽谤他人。b. 造成被害人或其近亲属精神失常、自残、自杀等严重后果。c. 利用信息网络诽谤他人，同一诽谤信息实际被点击、浏览次数达到5000次以上，或被转发次数达到500次以上。d. 其他情节严重情形）］，处3年以下有期刑、拘役、管制或剥夺政治权利。

【2013·卷2·单选·16】（答案：B）关于侮辱罪与诽谤罪的论述，下列哪一选项是正确的？A. 为寻求刺激在车站扒光妇女衣服，引起他人围观的，触犯强制猥亵、侮辱妇女罪，未触犯侮辱罪。B. 为报复妇女，在大街上边打妇女边骂"狐狸精"，情节严重的，应以侮辱罪论处，不以诽谤罪论处。C. 捏造他人强奸妇女的犯罪事实，向公安局和媒体告发，意图使他人受刑事追究，情节严重的，触犯诬告陷害罪，未触犯诽谤罪。D. 侮辱罪、诽谤罪属于亲告罪，未经当事人告诉，一律不得追究被告人的刑事责任。

【2012·卷2·多选·51】（答案：ABCD）《刑法》第246条规定："以暴力或者其他方法公然侮辱他人或捏造事实诽谤他人，情节严重的，处三年以下有期徒刑、拘役、管制或者剥夺政治权利。"关于本条的理解，下列哪些选项是正确的？A. "以暴力或者其他方法"属于客观的构成要件要素。B. "他人"属于记述的构成要件要素。C. "侮辱""诽谤"属于规范的构成要件要素。D. "3年以下有期徒刑、拘役、管制或者剥夺政治权利"属于相对确定的法定刑。

【2017·卷2·单选·24】（答案：B）齐某在A市B区利用网络捏造和散布虚假事实，宣称刘某当地黑社会组织"大哥"，A市中级法院院长王某为其"保护伞"。刘某以齐某诽谤为由，向B区法院提起自诉。关于本案处理，下列哪一选项是正确的？A. B区法院可以该案涉及王某为由裁定不予受理。B. B区法院受理该案后应请求上级法院指定管辖。C. B区法院受理该案后，王某应自行回避。D. 齐某可申请A市中级法院及其下辖的所有基层法院法官整体回避。

在出版物中公然侮辱他人或捏造事实诽谤他人，情节严重，分别以侮辱罪或诽谤罪处罚。从英雄烈士保护法的角度讲，人民英雄纪念碑及其名称、碑题、碑文、浮雕、图形、标志等受法律保护，英雄烈士的姓名、肖像、名誉、荣誉受法律保护，禁止歪曲、丑化、亵渎、否定英雄烈士事迹和精神。(1) 任何组织和个人不得在英雄烈士纪念设施保护范围内从事有损纪念英雄烈士环境和氛围的活动，不得侵占英雄烈士纪念设施保护范围内的土地和设施，不得破坏、污损英雄烈士纪念设施，不得在公共场所、互联网或利用广电、电影、出版物等，以侮辱、诽谤或其他方式侵害英雄烈士的姓名、肖像、名誉、荣誉；不得将英雄烈士的姓名、肖像用于或变相用于商标、商业广告，损害英雄烈士的名誉、荣誉。(2) 对侵害英雄烈士的姓名、肖像、名誉、荣誉的行为，英雄烈士的近亲属可依法向法院提起诉讼，法律援助机构应依法提供法律援助服务。A. 英雄烈士无近亲属或近亲属不提起诉讼，检察机关依法对侵害英雄烈士的姓名、肖像、名誉、荣誉，损害社会公共利益的行为向法院提起诉讼。B. 负责英雄烈士保护工作的部门和其他有关部门在履行职责过程中发现侵害英雄烈士的姓名、肖像、名誉、荣誉的行为，需检察机关提起诉讼，应向检察机关报告。(3) 以侮辱、诽谤或其他方式侵害英雄烈士的姓名、肖像、名誉、荣誉，损害社会公共利益，依法承担民责；构成违反治安管理行为，由公安机关依法给予治安处罚；构成犯罪，依法追究刑责。(4) 在英雄烈士纪念设施保护范围内从事有损纪念英雄烈士环境和氛围的活动，纪念设施保护单位应及时劝阻；不听劝阻，由县级以上地方政府负责英雄烈士保护工作的部门、文物主管部门按职责规定给予批评教育，责令改正；构成违反治安管理行为，由公安机关依法给予治安处罚。(5) 亵渎、否定英雄烈士事迹和精神，宣扬、美化侵略战争和侵略行为，寻衅滋事，扰乱公共秩序，构成违反治安管理行为，由公安机关依法给予治安处罚；构成犯罪，依法追究刑责。

　　诽谤罪是捏造并散布虚假的事实，意图损害他人人格、毁坏他人名誉的行为。捏造他人强奸妇女的犯罪事实，向公安局告发，意图使他人受刑事追究，情节严重，构成诬告陷害罪；捏造他人强奸妇女的犯罪事实，向媒体告发，情节严重，构成诽谤罪。

　　一般而言，侮辱罪、诽谤罪的立案、受理，以告诉才处理（亲告罪）为原则，以严重危害社会秩序和国家利益（a. 诽谤多人，造成恶劣社会影响。b. 利用信息网络诽谤他人，损害国家形象，严重危害国家利益。c. 造成恶劣国际影响。d. 引发群体事件。e. 引发民族、宗教冲突。f. 引发公共秩序混乱。g. 其他严重危害社会秩序和国家利益情形）为例外。(1) 通过信息网络实施侮辱、诽谤的行为，被害人向法院告诉，但提供证据确有困难，法院可要求公安机关提供协助。(2) 一年内多次实施利用信息网络诽谤他人行为未经处理，诽谤信息实际被点击、浏览、转发次数累计计算构成犯罪，应以网络诽谤罪定罪处罚。

　　以在信息网络上发布、删除等方式处理网络信息为由，威胁、要挟他人，索取公私财物，数额较大，或多次实施在信息网络上发布、删除等方式处理网络信息为由，威胁、要挟他人，索取公私财物的行为，以敲诈勒索罪定罪处罚。

　　明知他人利用信息网络实施诽谤、寻衅滋事、敲诈勒索、非法经营等犯罪，为其提供资金、场所、技术支持等帮助，以诽谤、寻衅滋事、敲诈勒索、非法经营等犯罪的共犯论处。

　　利用信息网络实施诽谤、寻衅滋事、敲诈勒索、非法经营犯罪，同时又构成损害商业信誉、商品声誉罪、煽动暴力抗拒法律实施罪、编造、故意传播虚假恐怖信息罪等犯罪，依处罚较重规定定罪处罚。

　　民警因履行职责、行使职权行为受到不实投诉、诬告诽谤、侮辱、恶意炒作，以及被错误审查调查、追究责任后，相关部门予以纠正，警务督察部门应通过公开的形式，在一定范围内澄清事实，消除影响。受到公安机关内部处分、处理，公安机关应及时撤销相关决定并恢复民警公职身份和原职务、职级。

◆《刑法》第247条 【刑讯逼供罪；暴力取证罪】

　　从身份犯、故意犯、行为犯、情节犯、结果犯的角度讲，司法工作人员对嫌犯、被告人实行刑讯逼供（刑讯逼供手段残忍、影响恶劣；致人自杀或精神失常；造成冤假错案；3次以上或对3人以上进行刑讯逼供；授意、指使、强迫他人刑讯逼供）或使用暴力逼取证人证言（暴力取证手段残忍、影响恶劣；致人自杀或精神失常；造成冤假错案；3次以上或对3人以上进行暴力取证；授意、指使、强迫他人暴力取证），处3年以下有期刑或拘役；致人伤残、死亡，以刑讯逼供罪、暴力取证罪定罪从重处罚。

刑讯逼供罪是司法工作人员对嫌犯、被告人使用肉刑或变相肉刑（轻伤）逼取口供的犯罪行为。暴力取证罪是司法工作人员以暴力逼取证人证言、被害人陈述的犯罪行为。

从转化犯的角度讲，司法工作人员刑讯逼供或暴力取证致人伤残（轻伤），刑讯逼供罪或暴力取证罪转化为故意伤害罪，以故意伤害罪定罪从重处罚；致人死亡，刑讯逼供罪或暴力取证罪转化为故意杀人罪，以故意杀人罪定罪从重处罚。

【2010·卷2·单选·21】（答案：C）甲涉嫌刑讯逼供罪被立案侦查。甲以该案侦查人员王某与被害人存在近亲属关系为由，提出回避申请。对此，下列哪一选项是错误的？A. 王某可以口头提出自行回避的申请。B. 作出回避决定以前，王某不能停止案件的侦查工作。C. 王某的回避由公安机关负责人决定。D. 如甲的回避申请被驳回，甲有权申请复议一次。

非法收集的言词证据排除规则或非法证据排除规则的基本内容：（1）侦查机关、审判人员、检察人员、侦查人员须依法定程序开展侦查，收集、调取能证实嫌犯、被告人有罪或无罪、罪轻或罪重的各种证据材料。须保证一切与案件有关或了解案情的公民，有客观地充分地提供证据的条件，除特殊情况外，并可吸收他们协助调查。（2）收集物证、书证不符合法定程序，可能严重影响司法公正，应补正或作出合理解释；不能补正或作出合理解释，对该证据应排除。（3）在侦查、审查起诉、审判时，发现有应排除的证据，应依法排除，不得作为起诉意见、起诉决定和判决的依据。（4）经审理，确认或不能排除存在以非法方法收集证据情形（a. 采用刑讯逼供等非法方法收集的嫌犯、被告人供述和采用暴力、威胁等非法方法收集的证人证言、被害人陈述，应排除。b. 收集物证、书证不符合法定程序，可能严重影响司法公正，应补正或作出合理解释；不能补正或作出合理解释，对该证据应排除。c. 在侦查、审查起诉、审判时发现有应排除的证据，应依法排除，不得作为起诉意见、起诉决定和判决的依据），对有关证据应排除。（5）严禁以非法的方法收集证据，严禁刑讯逼供和以威胁、引诱、欺骗以及其他非法的方法收集证据。A. 凡经查证确实属于采用刑讯逼供或威胁、引诱、欺骗等非法的方法取得的证人证言、被害人陈述、被告人供述，不能作为定案的根据。B. 以刑讯逼供或威胁、引诱、欺骗等非法的方法收集的嫌犯供述、被害人陈述、证人证言，不能作为指控犯罪的根据。C. 对采取刑讯逼供、暴力、威胁等非法方法收集的言词证据，应依法排除。D. 采用刑讯逼供等非法方法收集的嫌犯、被告人供述和采用暴力、威胁等非法方法收集的证人证言、被害人陈述，应排除。E. 采用刑讯逼供等非法方法（使用肉刑或变相肉刑，或采用其他使被告人在肉体上或精神上遭受剧烈疼痛或痛苦的方法，迫使被告人违背意愿供述）收集的嫌犯、被告人供述和采用暴力、威胁等非法方法收集的证人证言、被害人陈述，应排除。F. 对采用刑讯逼供方法使嫌犯、被告人作出供述，后嫌犯、被告人受该刑讯逼供行为影响而作出的与该供述相同的重复性供述，应一并排除，但存在两种例外情形：a. 侦查期间，据控告、举报或自己发现等，侦查机关确认或不能排除以非法方法收集证据而更换侦查人员，其他侦查人员再次讯问时告知诉讼权利和认罪的法律后果，嫌犯自愿供述。b. 审查逮捕、审查起诉和审判期间，检察人员、审判人员讯问时告知诉讼权利和认罪的法律后果，嫌犯、被告人自愿供述。（6）公安机关、国安机关和检察院侦查的重大案件，由检察院驻看守所检察人员询问嫌犯，核查是否存在刑讯逼供、非法取证情形，并同步录音录像；经核查，确有刑讯逼供、非法取证情形，侦查机关应及时排除非法证据，不得作为提请批捕、移送审查起诉的根据。（7）法院排除非法证据后，案件事实清楚，证据确实、充分，依据法律认定被告人有罪，应作出有罪判决；证据不足，不能认定被告人有罪，应作出证据不足、指控的犯罪不能成立的无罪判决；案件部分事实清楚，证据确实、充分，依法认定该部分事实。

【2015·卷2·多选·66】（答案：BD）关于刑事诉讼当事人中的被害人的诉讼权利，下列哪些选项是正确的？A. 撤回起诉、申请回避。B. 委托诉讼代理人、提起自诉。C. 申请复

议、提起上诉。D. 申请抗诉、提出申诉。

在刑诉中，当事人共同享有的权利：用本民族语言文字进行诉讼；申请回避权；控告权；有权参加法庭调查和法庭辩论，向证人发问并质证，辨认物证和其他证据，并就证据发表意见，申请通知新的证人到庭和调取新的物证，申请重新勘验或鉴定，互相辩论等；申诉权。被害人享有诉讼参与人共有的诉讼权利；申请复议权；申诉权；委托诉讼代理人的权利；自诉权；申请抗诉权。被害人无撤回起诉、提起上诉的权利。

【2012·卷2·单选·24】（答案：D）关于诉讼代理人参加刑事诉讼，下列哪一说法是正确的？A. 诉讼代理人的权限依据法律规定而设定。B. 除非法律有明文规定，诉讼代理人也享有被代理人享有的诉讼权利。C. 诉讼代理人应当承担被代理人依法负有的义务。D. 诉讼代理人的职责是帮助被代理人行使诉讼权利。

【2017·卷2·多选·70】（答案：ABD）关于我国刑事诉讼的证明主体，下列哪些选项是正确的？A. 故意毁坏财物案中的附带民事诉讼原告人是证明主体。B. 侵占案中提起反诉的被告人是证明主体。C. 妨害公务案中就执行职务时目击的犯罪情况出庭作证的警察是证明主体。D. 证明主体都是刑事诉讼主体。

从刑诉法的角度讲，严禁刑讯逼供和以威胁、引诱、欺骗及其他非法方法收集证据，不得强迫任何人证实自己有罪。(1) 法院向被告人及其辩护人送达起诉书副本时，应告知其有权申请排除非法证据。A. 被告人及其辩护人申请排除非法证据，应在开庭审理前提出，但在庭审期间发现相关线索或材料等情形除外。B. 法院应在开庭审理前将申请书和相关线索或材料的复制件送交检察院。C. 检察院接到报案、控告、举报或发现侦查人员以非法方法收集证据，应进行调查核实；对确有以非法方法收集证据情形，应提出纠正意见；构成犯罪，依法追究刑责。(2) 检察院在对诉讼活动实行法律监督中发现的司法工作人员利用职权实施的非法拘禁、刑讯逼供、非法搜查等侵犯公民权利、损害司法公正的犯罪，可由检察院立案侦查。A. 对公安机关管辖的国家机关工作人员利用职权实施的重大犯罪案件，需由检察院直接受理时，经省级以上检察院决定，可由检察院立案侦查。B. 检察院在立案后，对利用职权实施的严重侵犯公民人身权利的重大犯罪案件，据侦查犯罪的需要，经过严格的批准手续，可采取技术侦查措施，按规定交有关机关执行。追捕被通缉或批准、决定逮捕的在逃的嫌犯、被告人，经批准，可采取追捕所必需的技术侦查措施。(3) 公安机关在立案后，对危害国安犯罪、恐怖活动犯罪、黑社会性质的组织犯罪、重大毒品犯罪或其他严重危害社会的犯罪案件，据侦查犯罪的需要，经过严格的批准手续，可采取技术侦查措施。(4) 禁止法官从事13种违法犯罪行为（散布有损国家声誉的言论，参加非法组织，参加旨在反对国家的集会、游行、示威等活动，参加罢工；从事营利性的经营活动；刑讯逼供；贪污受贿；徇私枉法；滥用职权，侵犯自然人、法人或其他组织的合法权益；玩忽职守，造成错案或给当事人造成严重损失；利用职权为自己或他人谋取私利；私自会见当事人及其代理人，接受当事人及其代理人的请客送礼；拖延办案，贻误工作；隐瞒证据或伪造证据；泄露国家秘密或审判工作秘密；其他违法乱纪的行为），否则应给予处分（警告、记过、记大过、降级、撤职、开除）；构成犯罪，依法追究刑责。受撤职处分，同时降低工资等级。处分的权限、程序按有关规定办。(5) 嫌犯、被告人申请提供法律援助，应按有关规定指派法律援助律师。A. 法律援助值班律师可为嫌犯、被告人提供法律帮助，对刑讯逼供、非法取证情形代理申诉、控告。B. 嫌犯、被告人及其辩护人申请排除非法证据，应提供涉嫌非法取证的人员、时间、地点、方式、内容等相关线索或材料。C. 辩护律师自检察院对案件审查起诉之日起，其他辩护人经法院、检察院许可，均可查阅、摘抄、复制讯问笔录、提讯登记、采取强制措施或侦查措施的法律文书等证据材料。(6) 嫌犯及其辩护人在侦查期间可向检察院申请排除非法证据。A. 对嫌犯及其辩护人提供相关线索或材料，检察院应调查核实。B. 调查结论应书面告知嫌犯及其辩护人。C. 对确有以非法方法收集证据情形，检察院应向侦查机关提出纠正意见。D. 侦查机关对审查认定的非法证据，应排除，不得作为提请批捕、移送审查起诉的根据。E. 对重大案件，检察院驻看守所检察人员应在侦查终结前询问嫌犯，核查是否存在刑讯逼供、非法取证情形，并同步录音录像；经核查，确有刑讯逼供、非法取证情形，侦查机关应及时排除非法证据，不得作为提请批捕、移送审查起诉的根据。(7) 被告人及其辩护人在开庭审理前未申请排除非法证据，在法庭审理过程中提出申请，应说明理由；法庭经审查，对证据收集的合法性有疑问，应进行调查；未疑问，应驳回申请。法庭驳回排除非法证据申请后，被告人及其辩护人未新的线索或材料，以相同理由再次提出申请，法庭不再审查。(8) 嫌犯、被告人及其辩护人向法院、检察院申请调取公安机关、国安机关、检察院收集但未提交的讯问录音录像、体检记录等证据材料，法院、检察院经审查认为嫌犯、被告人及其辩护人申请调取的证据材料与证明证据收集的合法性有联系，应调取；认为与证明证据收集的合法性未联系，应决定不予调取并向嫌犯、被告人及其辩护人说明理由。A. 被告人及其辩护人申请法院通知侦查人员或其他人员出庭，法院认为现有证据材料不能证明证据收集的合法性，确有必要通知上述人员出庭作证或说明情况，可通知上述人员出庭。B. 被告人及其辩护人在开庭审理前申请排除非法证据，未提供相关线索或材料，不符合法律规定的申请条件，法院对申请不予受理。C. 被告人及其辩护人在开庭审理前申请排除非法证据，按法律规定提供相关线索或材料，法院应召开庭前会议。a. 检察院应通过出示有关证据材料等方式，有针对性地对证据收集的合法性作出说明。b. 法院可核实情况，听取意见。检察院可决定撤回有关证据，撤回的证据，未新的理由，不得在庭审中出示。c. 被告人及其辩护人可撤回排除非法证据的申请。撤回申请后，未新的线索或材料，不得再次对有关证据提出排除申请。D. 公诉人、被告人及其辩护人在庭前会议中对证据收集是否合法未达成一致意见，法院对证据收集的合法性有疑问，应在庭审中进行调查；法院对证据收集的合法性未疑问，且未新的线索或材料表明可能存在非法取证，可决定不再进行调查。(9) 审查逮捕、审查起诉期间讯问嫌犯，应告知其有权申请排除非法证据，并告知诉讼权利和认罪的法律后果。A. 审查逮捕、审查起诉期间，嫌犯及其辩护人申请排除非法证据，并提供相关线索或材料，检察院应调查核实。调查结论应书面告知嫌犯及其辩护人。B. 对检察院排除有关证据导致对涉嫌的重要犯罪事实未予认定，从而作出不批捕、不起诉决定，或对涉嫌的部分重要犯罪事实决定不起诉，公安机关、国安机关可要求复议、提请复核。(10) 法院对证人证言、被害人陈述等证据收集合法性的审查、调查，对证据收集合法性的审查、调查结论，应在裁判文书中写明，并说明理由。A. 法庭对证人证言、被害人陈述等证据收集的合法性进行调查后，应当庭作出是否排除有关证据的决定；必要时，可宣布休庭，由合议庭评议或提交审委会讨论，再次开庭时宣布决定。B. 在法庭作出是否排除有关证据的决定前，不得对有关证据宣读、质证。C. 经法庭审理，确认存在所规定的以非法方法收集证据情形，对有关证据应排除。D. 法庭根据相关线索或材料对证据收集的合法性有疑问，而检察院未提供证据或提供的证据不能证明证据收集的合法性，不能排除存在所规定的以非法方法收集证据情形，对有关证据应排除。E. 对依法排除的证据，不得宣读、质证，不得作为判决的根据。(11) 庭审期间，法庭决定对证据收集的合法性进行调查，应先行当庭调查，但为防止庭审过分迟延，也可在法庭调查结束前进行调查。A. 公诉人对证据收集的合法性加以证明，可出示讯问笔录、提讯登记、体检记录、采取强制措施或侦查措施的法律文书、侦查终结前对讯问合法性的核查材料等证据材料，有针对性地播放讯问录音录像，提请法庭通知侦查人员或其他人员出庭说明情况。B. 被告人及其辩护人可出示相关线索或材料，并申请法庭播放特定时段的讯问录音录像。C. 侦查人员或其他人员出庭，应向法庭说明证据收集过程，并就相关情况接受发问。对发问方式不当或内容与证据收集的合法性无关，法庭应制止。D. 公诉人、被告人及其辩护人可对证据收集的合法性进行质证、辩论。E. 法庭对控辩双方提供的证据有疑问,可宣布休庭,对证据进行调查核实;必要时,可通知公诉人、辩护人到场。F. 公诉人宣读起诉书后,法庭应宣布开庭审理前对证据收集合法性的审查及处理情况。(12)第一、二审法院对证据收集合法性的调查程序有关联性、互补性。A. 检察院、被告人及其法定代理人提出抗诉、上诉,对第一审法院有关证据收集合法性的审查、调查结论提出异议,第二审法院应审查。B. 被告人及其辩护人在第一审程序中未申请排除非法证据,在第二审程序中提出申请,应说明理由,第二审法院应审查。C. 检察院在第一审程序中未出示证据证明证据收集的合法性,第一审法院依法排除有关证据,检察院在第二审程序中不得出示前未出示的证据,但在第一审程序后发现外。(13)第一审、审判监督程序、死刑复核程序中对证据收集合法性的审查、调查程序有关联性、互补性。A. 第一审法院对被告人及其辩护人排除非法证据的申请未予审查,并以有关证据作为定案根据,可能影响公正审判,第二审法院可裁定撤销原判,发回原审法院重新审判。B. 第一审法院对依法应排除的非法证据未予排除,第二审法院可依法排除非法证据。排除非法证据后,原判决认定事实和适用法律正确、量刑适当,应裁定驳回上诉或抗诉,维持原判;原判决认定事实未错误,但适用法律有错误,或量刑不当,应改判;原判决事实不清楚或证据不足,可裁定撤销原判,发回原审法院重新审判。

【2016·卷1·多选·84】(答案:ABC) 法院的下列哪些做法是符合审判制度基本原则的? A. 某法官因病住院,甲法院决定更换法官重新审理此案。B. 某法官无正当理由超期结案,乙法院通知其三年内不得参与优秀法官的评选。C. 对某社会高度关注案件,当地媒体多次呼吁法院尽快结案,丙法院依然坚持按期审结。D. 因人身损害纠纷,原告要求被告赔付医疗费,丁法院判决被告支付全部医疗费及精神损害赔偿金。

从司法解释的角度讲,完善法院的司法责任制,须以严格的审判责任制为核心,以科学的审判权力运行机制为前提,以明晰的审判组织权限和审判人员职责为基础,以有效的审判管理和监督制度为保障,让审理者裁判、由裁判者负责,确保法院依法独立公正行使审判权。(1)法官应对其履行审判职责的行为承担责任,在职责范围内对办案质量终身负责。A. 在审判工作中,故意违反法律法规,或因重大过失导致裁判错误并造成严重后果,依法应承担违法审判责任。B. 法官有违反职业道德准则和纪律规定,接受案件当事人及相关人员的请客送礼、与律师进行不正当交往等违纪违法行为,依法律及有关纪律规定另行处理。(2)负有监管职责的人员等因故意或重大过失,怠于行使或不当行使审判监督权和审判管理权导致裁判错误并造成严重后果,依有关规定应承担监管责任,追究其监管责任,依干部管理有关规定和程序办理。(3)怠于行使监督权担责:A. 审判人员在审理案件时有贪污受贿、徇私舞弊、枉法裁判行为。B. 违反规定私自办案或制造虚假案件。C. 违反法律规定,对不符合减刑假释条件的罪犯裁定减刑假释的或因重大过失对不符合减刑假释条件的罪犯裁定减刑假释并造成严重后果。D. 涂改、隐匿、伪造、偷换和故意损毁证据材料,或因重大过失丢失、损毁证据材料并造成严重后果。E. 故意提供虚假材料或因重大过失遗漏主要证据、重要情节导致裁判错误并造成严重后果将依纪依法追究其责任。F. 制作诉讼文书时,故意违背合议庭评议结果、审委会决定,或因重大过失导致裁判文书主文错误并造成严重后果。G. 其他故意违背法定程序、证据规则和法律明确规定违法审判,或因重大过失导致裁判结果错误并造成严重后果。(4)不得作为错案进行责任追究的情形:A. 对法律法规规章、司法解释具体条文的理解和认识不一致,在专业认知范围内能合理说明。B. 对案件基本事实的判断存在争议或疑问,据证据规则能合理说明。C. 当事人放弃或部分放弃权利主张、因当事人过错或客观原因使案件事实认定发生变化而发生错案,也不得作为错案进行责任追究。D. 因出现新证据而改变裁判、法律修订或政策调整、裁判所依据的其他法律文书被撤销或变更,不得作为错案进行责任追究。(5)法官、合议庭、审委会的错案责任划分:A. 独任制审理的案件由独任法官对案件的事实认定和法律适用承担全部责任。B. 合议庭审理的案件，合议庭成员对案件的事实认定和法律适用共同承担责任。进行违法审判责任追究时，据合议庭成员是否存在违法审判行为、情节、合议庭成员发表意见的情况和过错程度合理确定各自责任。C. 在案件至审委会讨论时，合议庭对其汇报的事实负责，审委会委员对其本人发表的意见及最终表决负责；案件经审委会讨论，构成违法审判责任追究情形时，据审委会委员是否故意曲解法律发表意见的情况，合理确定委员责任。D. 若审委会改变合议庭意见导致裁判错误，由持多数意见的委员共同承担责任，合议庭不承担责任。E. 对审委会维持合议庭意见导致裁判错误，则由合议庭和持多数意见的委员共同承担责任。F. 合议庭汇报案件时，故意隐瞒主要证据或重要情节或故意提供虚假情况，导致审委会作出错误决定，由合议庭成员承担责任，审委会委员根据具体情况承担部分责任或不承担责任。G. 审委会讨论案件违反民主集中制原则，导致审委会决定错误，主持人应承担主要责任。(6) 需追究违法审判责任，一般由院长、审判监督部门或审判管理部门提出初步意见，由院长委托审判监督部门审查或提请审委会进行讨论，经审查初步认定有关人员有违法审判责任追究情形，法院监察部门应启动违法审判责任追究程序；认为应追究法官违法审判责任，报请院长决定，并报送省（区、市）法官惩戒委审议。应给予停职、延期晋升、退出法官员额或免职、责令辞职辞退等处理，由组织人事部门按干部管理权限和程序依法办理；应给予纪律处分，由纪检监察部门依有关规定和程序依法办理；涉嫌犯罪，由纪检监察部门将违法线索移送有关司法机关依法处理；免除法官职务，须按法定程序由人大罢免或提请人大常委会作出决定。(7) 充分尊重独任法官、合议庭法定审判组织地位，除审委会讨论决定的案件外，院长、副院长、庭长不再审核签发未直接参加审理案件的裁判文书，不得以口头指示等方式变相审批案件，不得违反规定要求法官汇报案件。《人民法院落实〈领导干部干预司法活动、插手具体案件处理的记录、通报和责任追究规定〉的实施办法》(2015 年)、《人民法院落实〈司法机关内部人员过问案件的记录和责任追究规定〉的实施办法》(2015 年) 规定，法官应将过问、干预案件情况在网上办案系统如实记录，并层报上级法院。(8) 基层法院应根据案件数量、案件类型、难易程度和人员结构等因素，适应独任制、合议制的不同需要，统筹考虑繁简分流和审判专业化分工，因地制宜地灵活组建审判团队。审判团队中法官与审判辅助人员实行双向选择与组织调配相结合，完善团队内部分工，强化审判团队作为办案单元和自我管理单元的功能，切实增强团队合力。统筹内设机构改革与审判团队建设，人员编制较少的基层法院可设置综合审判庭或不设审判庭，实行院—综合审判庭或院—审判团队管理模式；人员编制较多的基层法院一般实行院—审判庭—审判团队管理模式。(9) 细化落实院长、庭长审判监管权责清单。A. 配置审判资源，含专业化合议庭、审判团队组建模式及其职责分工。B. 部署综合工作，含审判工作的安排部署、审判或调研任务的分配、调整。C. 审批程序性事项，含法律授权的程序性事项审批、依规定调整分案、变更审判组织成员的审批等。D. 监管审判质效，含根据职责权限，对审判流程进行检查监督，对案件整体质效的检查、分析、评估，分析审判运行态势，提示纠正不当行为，督促案件审理进度，统筹安排整改措施，对存在的案件质量问题集中研判等。E. 对 4 类特殊案件（涉及群体性纠纷，可能影响社会稳定；疑难、复杂且在社会上有重大影响；与本院或上级法院的类案判决可能发生冲突；有关单位或个人反映法官有违法审判行为）进行个案监督，院长、副院长、庭长有权要求独任法官或合议庭报告案件进展和评议结果，院长、副院长、庭长对上述案件的审理过程或评议结果有异议，不得直接改变合议庭的意见，但可决定将案件提交专业法官会议、审委会进行讨论。院长、副院长、庭长针对上述案件监督建议的时间、内容、处理结果等应在案卷和办公平台上全程留痕。F. 进行业务指导，通过审理案件、参加专业法官会议或审委会等方式加强业务指导。G. 作出综合评价，在法官考评委依托信息化平台对法官审判绩效进行客观评价基础上，对法官及其他工作人员绩效作出综合评价。H. 检查监督纪律作风,通过接待群众来访、处理举报投诉、日常监管,发现案件审理中可能存在的问题,提出改进措施等。法院要根据法律规定和司法责任制要求,分别制定院长、副院长、审委会专职委员、庭长、副庭长的审判监管权力职责清单。院长、庭长在权力职责清单范围内按程序履行监管职责,不属于不当过问或干预案件。院长、庭长应履行监管职责而不履行或怠于履行,应追究监管责任。(10)完善法官员额退出机制。A.高院应针对审判绩效不达标、辞职、辞退、被开除、违纪违法、任职回避、调出、转任、退休、个人申请退出等不同情形,规范员额退出程序,明确退出员额但仍在法院工作人员的职级、待遇等问题。B.法院应保障法官对退出决定进行陈述、举证、申辩、申请复议的权利。员额法官因工作需要调整到法院非员额岗位,5年内重新回到基层或中院审判业务岗位,经所在法院党组审议后,层报高院批准入额;5年内重新回到高级或最高法审判业务岗位,分别经本院党组决定入额。(11)进入法官员额的院长、副院长、审委会专职委员、庭长、副庭长应办理案件。院长、副院长、审委会专职委员每年办案数量应参照全院法官人均办案数量,据其承担的审判管理监督事务和行政事务工作量合理确定。庭长每年办案数量参照本庭法官人均办案数量确定。对重大、疑难、复杂的案件,可直接由院长、副院长、审委会委员组成合议庭进行审理。(12)审委会运行机制:A.明确审委会统一本院裁判标准的职能,依法合理确定审委会讨论案件的范围。B.审委会只讨论涉及国家外交、安全和社会稳定的重大复杂案件,重大、疑难、复杂案件的法律适用问题。C.强化审委会总结审判经验、讨论决定审判工作重大事项的宏观指导职能。D.合议庭认为案件需提交审委会讨论决定,应提出并列明需审委会讨论决定的法律适用问题,并归纳不同的意见和理由;合议庭提交审委会讨论案件的条件和程序,适用法院组织法、诉讼法、法院合议庭工作的若干规定、改革和完善法院审委会制度的实施意见。E.案件需提交审委会讨论决定,审委会委员应事先审阅合议庭提请讨论的材料,了解合议庭对法律适用问题的不同意见和理由,据需要调阅庭审音频视频或查阅案卷。a.审委会委员讨论案件时应充分发表意见,按法官等级由低到高确定表决顺序,主持人最后表决。b.审委会评议实行全程留痕,录音、录像,作出会议记录。审委会的决定,合议庭应执行。c.所有参加讨论和表决的委员应在审委会会议记录上签名。d.建立审委会委员履职考评和内部公示机制、审委会决议事项的督办、回复和公示制度。

法院司法人员职责和权限:(1)独任庭法官独任审理案件时的审判职责:A.主持或指导法官助理做好庭前会议、庭前调解、证据交换等庭前准备工作及其他审判辅助工作。B.主持案件开庭、调解,依法作出裁判,制作裁判文书或指导法官助理起草裁判文书,并直接签发裁判文书。C.依法决定案件审理中的程序性事项。D.依法行使其他审判权力。(2)合议庭承办法官审理案件时的审判职责:A.主持或指导法官助理做好庭前会议、庭前调解、证据交换等庭前准备工作及其他审判辅助工作。B.就当事人提出的管辖权异议及保全、司法鉴定、非法证据排除申请等提请合议庭评议。C.对当事人提交的证据进行全面审核,提出审查意见。D.拟定庭审提纲,制作阅卷笔录。E.自己担任审判长时,主持、指挥庭审活动;不担任审判长时,协助审判长开展庭审活动。F.参与案件评议,并先行提出处理意见。G.根据合议庭评议意见制作裁判文书或指导法官助理起草裁判文书。H.依法行使其他审判权力。合议庭审理案件时,合议庭其他法官应认真履行审判职责,共同参与阅卷、庭审、评议等审判活动,独立发表意见,复核并在裁判文书上签名。(3)合议庭审理案件时,审判长的审判职责:A.承担由合议庭成员共同承担的审判职责。B.确定案件审理方案、庭审提纲、协调合议庭成员庭审分工以及指导做好其他必要的庭审准备工作。C.主持、指挥庭审活动。D.主持合议庭评议。E.依有关规定和程序将合议庭处理意见分歧较大的案件提交专业法官会议讨论,或按程序建议将案件提交审委会讨论决定。F.依法行使其他审判权力。G.审判长自己承办案件时,应同时履行承办法官的职责。(4)法官助理在法官的指导下的职责:A.审查诉讼材料,协助法官组织庭前证据交换。B. 协助法官组织庭前调解，草拟调解文书。C. 受法官委托或协助法官依法办理财产保全和证据保全措施等。D. 受法官指派，办理委托鉴定、评估等工作。E. 根据法官的要求，准备与案件审理相关的参考资料，研究案件涉及的相关法律问题。F. 在法官的指导下草拟裁判文书。G. 完成法官交办的其他审判辅助性工作。（5）书记员在法官的指导下的职责：A. 负责庭前准备的事务性工作。B. 检查开庭时诉讼参与人的出庭情况，宣布法庭纪律。C. 负责案件审理中的记录工作。D. 整理、装订、归档案卷材料。E. 完成法官交办的其他事务性工作。（6）院长庭长管理监督职责：A. 院长除依法律规定履行相关审判职责外，还应从宏观上指导法院各项审判工作，组织研究相关重大问题和制定相关管理制度，综合负责审判管理工作，主持审委会讨论审判工作中的重大事项，依法主持法官考评委对法官进行评鉴，以及履行其他必要的审判管理和监督职责。B. 副院长、审委会专职委员受院长委托，可履行部分审判管理和监督职责。C. 庭长除依法律规定履行相关审判职责外，还应从宏观上指导本庭审判工作，研究制定各合议庭和审判团队之间、内部成员之间的职责分工，负责随机分案后因特殊情况需调整分案的事宜，定期对本庭审判质量情况进行监督，以及履行其他必要的审判管理和监督职责。D. 院长、副院长、庭长的审判管理和监督活动应严格控制在职责和权限的范围内，并在工作平台上公开进行。院长、副院长、庭长除参加审委会、专业法官会议外不得对其未参加审理的案件发表倾向性意见。E. 院长、副院长、庭长有权要求独任法官或合议庭报告案件进展和评议结果的4种案件（涉及群体性纠纷，可能影响社会稳定；疑难、复杂且在社会上有重大影响；与本院或上级法院的类案判决可能发生冲突；有关单位或个人反映法官有违法审判行为），院长、副院长、庭长审理过程或评议结果有异议，不得直接改变合议庭的意见，但可决定将案件提交专业法官会议、审委会进行讨论。院长、副院长、庭长针对上述案件监督建议的时间、内容、处理结果等应在案卷和办公平台上全程留痕。

  从错案责任终身追究办法的角度讲，案件是否构成错案由法院审委会依错案责任终身追究办法确认。（1）错案责任追究原则：实事求是、有错必究原则；错案责任终身追究原则；依法审查、依程序确认原则；责任自负，罚当其过原则；处罚与教育相结合原则。（2）错案一般是法院工作人员在办案过程中故意违反与审判执行工作有关的法律法规使裁判、执行结果错误，或因重大过失违反与审判执行工作有关的法律法规使裁判、执行结果错误，造成严重后果的案件。A. 违反规定私自办理案件或内外勾结制造假案。B. 毁弃、篡改、隐匿、伪造证据或指使、帮助他人作伪证，导致裁判错误。C. 私自制作诉讼、执行文书，或制作诉讼文书时，违背合议庭评议结果、审委会决定，或因重大工作过失导致诉讼文书主文错误，造成严重后果。D. 向合议庭、审委会报告案情时故意隐瞒主要证据、重要情节，或提供虚假材料，导致裁判错误。E. 故意违反法律规定，对不符合减刑、假释条件的罪犯裁定减刑、假释。F. 故意违反法律规定采取财产保全措施、执行措施或其他强制措施，以及因在采取上述措施中有重大工作过失而造成案件当事人、案外人或第三人人身伤害、财产损失等严重后果。G. 其他故意违背事实和法律使裁判、执行结果错误或因重大过失使裁判、执行结果错误并造成严重后果，被审委会确认为错案。（3）不承担错案责任的情形：A. 因法律法规规定不明确或对法律法规、事实证据理解和认识上存在偏差。B. 在二审或审判监督程序中，当事人提供新证据使案件事实发生变化。C. 因国家法律的修订或政策调整而改变裁判。D. 其他经审委会依法确认不构成错案的情形。（4）法院设立错案责任追究工作领导小组，由党组书记、院长任组长，党组副书记、副院长和分管审判管理工作的院领导、纪检组长和政治部主任任副组长。纪检监察部门、审判管理办公室具体负责错案责任追究工作的日常事务。（5）错案认定程序：A. 纪检监察部门、审判管理办公室负责错案线索的收集，法院各部门应配合纪检监察部门、审判管理办公室的工作，及时移送在工作中发现的错案线索，并提供相关材料。B. 纪检监察部门、审判管理办公室对收集到的错案线索，甄别分析后交由相关人员就涉错事项作出说明。对不能作出合理说明，由审判管理办公室对案件是否构成错案以及错案性质、责任划分进行初步评查认定。评查案件时，应听取相关人员的陈述和申辩。C. 审判管理办公室组织评查后认为构成错案，将评查结果告知相关人员。相关人员对评查结果无异议，审判管理办公室提交审委会讨论确认。相关人员对评查结果有异议，应在十五日内向审判管理办公室申请复议，审判管理办公室另行组成评查组进行复议。经复议仍认定构成错案，由审判管理办公室提请审委会讨论确认。审委会讨论时，应听取相关人员的陈述和申辩。（6）错案责任主体认定：A. 错案责任由造成错案的责任人承担，两人以上或多个环节共同导致错案，应区分责任大小，分别确定责任。B. 错案责任按不同情况区分责任的办法：a. 独任审判造成错案，由承办人承担全部责任。b. 案件承办人未如实汇报案情，故意隐瞒主要证据、重要情节，或提供虚假材料，导致合议庭或审委会做出错误评议结论、讨论决定。或遗漏主要证据、重要情节，导致错案、造成严重后果，由案件承办人承担全部责任。c. 经合议庭作出裁决造成错案，案件承办人、审判长持错误意见，承担主要责任，其他持错误意见的成员承担次要责任，合议庭成员中持正确意见的不承担责任，审委会改变合议庭意见，合议庭成员中持正确意见的不承担责任。d. 主管领导、部门负责人故意违反法律规定或严重不负责任（过失），利用职权指示独任审判员或合议庭改变原来正确意见导致错案，主管领导、部门负责人承担主要责任，案件承办人承担次要责任。（7）对审委会确认为错案的案件，纪检监察、组织人事部门根据有关规定，对相关人员进行责任追究。A. 经审委会确认为错案，审判管理办公室将错案确认情况及责任划分意见提交错案责任追究领导小组研究决定后，将相关材料分别移交纪检监察、组织人事部门实施责任追究。B. 对应追究错案责任法院在职工作人员，据其应负责任按不同情形办理：a. 应给予调离工作岗位、免职、责令辞职、辞退等处理，由组织人事部门按干部管理权限和程序办理。b. 应给予党政纪处理，由纪检监察部门依有关规定和程序办理。c. 涉嫌犯罪，将违法线索移送有关司法机关依法处理。C. 应予追究错案责任法院工作人员已调其他法院，由错案认定法院将其错案调查情况向该工作人员现所在法院通报，由该法院根据相关规定追责。D. 应予追究错案责任法院工作人员已调其他单位，由错案认定法院将其错案调查情况向该工作人员现所在单位通报，建议该单位根据有关规定追责。E. 应予追究错案责任法院工作人员已退休，据其承担责任应给予降级、撤职、开除处分，按规定相应降低或取消其享受的待遇。F. 应予追究错案责任法院工作人员已调离、辞职、退休，据其承担责任涉嫌构成犯罪，由错案认定法院将其违法线索移送有关司法机关依法处理。G. 上级法院认为下级法院应追究有关人员的错案责任而未追究，可经院长决定，责令下级法院启动错案责任追究程序。

◆《刑法》第248条【虐待被监管人罪】

从身份犯、故意犯、情节犯、结果犯、转化犯的角度讲，监狱、拘留所、看守所、拘役所、劳动改造管教队、少年犯管教所等监管机构的监管人员对被监管人（已决犯、未决犯）进行殴打（肉体折磨）或体罚虐待（辱骂、强迫超体力劳动、罚趴、罚跑、罚晒、罚冻、罚饿、不让睡觉、不给水喝等精神折磨），情节严重（殴打、体罚虐待行为造成被监管人轻伤；殴打、体罚虐待行为致被监管人自杀、精神失常或其他严重后果；对被监管人3人以上或3次以上殴打、体罚虐待；殴打、体罚虐待的手段残忍、影响恶劣；指使被监管人殴打、体罚虐待其他被监管人，有上述情形），处3年以下有期刑或拘役；情节特别严重，处3年以上10年以下有期刑；致人伤残、死亡，以故意伤害罪、故意杀人罪定罪从重处罚。

从宪法的角度讲，公民在法律面前一律平等。国家尊重和保障人权。任何公民享有宪法和法律规定的权利，同时须履行宪法和法律规定的义务。

虐待被监管人罪是监狱、拘留所、看守所、拘役所、劳教所等监管机构的监管人员对被监管人进行殴打或体罚虐待,情节严重的行为。监管人员指使被监管人殴打或体罚虐待其他被监管人,以虐待被监管人罪处罚。

虐待被监管人罪的立案标准:(1)以殴打、捆绑、违法使用械具等恶劣手段虐待被监管人。(2)以较长时间冻、饿、晒、烤等手段虐待被监管人,严重损害其身体健康。(3)虐待造成被监管人轻伤、重伤、死亡。(4)虐待被监管人,情节严重,导致被监管人自杀、自残造成重伤、死亡,或精神失常。(5)殴打或体罚虐待3人次以上。(6)指使被监管人殴打、体罚虐待其他被监管人,有上述情形。(7)其他情节严重的情形。

从转化犯的角度讲,监狱、拘留所、看守所等监管机构的监管人员虐待被监管人,故意致人伤残,虐待被监管人罪转化为故意伤害罪,以故意伤害罪从重处罚;故意致人死亡,虐待被监管人罪转化为故意杀人罪,以故意杀人罪从重处罚。(1)故意虐待被监管人,引起被监管人重伤、伤残或死亡,应以故意伤害罪或故意杀人罪从重处罚。(2)故意虐待被监管人,造成轻伤结果,以虐待被监管人罪定罪处罚。(3)虐待被监管人,明知殴打、体罚虐待行为可能造成被监管人死亡,以故意杀人罪定罪处罚。(4)基于挟愤报复、显示淫威等动机,故意虐待、杀害被监管人,应以虐待被监管人罪、故意杀人罪并罚。

从监狱法的角度讲,监狱设监狱长一人,副监狱长若干人,并根据实际需要要设置必要的工作机构和配备其他监狱管理人员。(1)监狱的管理人员警察应严格遵守宪法和法律,忠于职守,秉公执法,严守纪律,清正廉洁。(2)禁止监狱警察从事9种违法犯罪行为(索要、收受、侵占罪犯及其亲属的财物;私放罪犯或玩忽职守造成罪犯脱逃;刑讯逼供或体罚、虐待罪犯;侮辱罪犯的人格;殴打或纵容他人殴打罪犯;为谋取私利,利用罪犯提供劳务;违反规定,私自为罪犯传递信件或物品;非法将监管罪犯的职权交予他人行使;其他违法行为),否则构成犯罪,依法追究刑责;尚未构成犯罪,应行政处分。

看守所应自觉接受检察院的监督,对检察院提出的检察纠正意见应按规定进行纠正并反馈结果。对不按规定进行纠正,又不说明情况或理由,也不按程序要求复议、提请复核,公安机关应依法依纪作出处理;构成犯罪,应依法追究刑责。

检察院应按法律及有关规定,采取切实措施,加强对看守所的法律监督工作。派驻检察人员、巡回检察人员应认真履行法律监督职责,对检察发现的各种违法犯罪问题,须及时进行处理,不得渎职。对因滥用职权或玩忽职守,不认真履行法律监督职责,对看守所执法和管理工作中存在的问题,应提出意见建议而不提出意见建议,应通知纠正而未通知,对看守所在执法和管理活动中发生的职务犯罪案件不依法立案侦查,以及对看守所发生的在押人员死亡等重大事件,不及时进行调查,造成工作失误或帮助掩盖事实真相,依法给予纪律处分;构成犯罪,依法追究刑责。

虐待被监管人罪和刑讯逼供罪的根本差异在于犯罪主体、犯罪客体、犯罪目的的不同;虐待被监管人罪、报复陷害罪的根本差异在于犯罪对象、犯罪目的的不同。

◆《刑法》第249条 【煽动民族仇恨、民族歧视罪】

从故意犯、情节犯的角度讲,煽动(以语言、口号、文字、图案、传单、标语、音像视频、非法出版物等形式公然演讲、鼓动、劝诱、蛊惑、书写、宣传、散发、陈列、张贴、放映、传播等)民族仇恨(基于种族、肤色、语言、文字、世俗、历史文化等因素而强烈憎恨)、民族歧视(基于民族历史文化、发展不平衡等因素排斥、限制),情节严重(多次煽动;煽动人数较多、影响较大;煽动动机、手段恶劣;煽动行为造成严重后果或恶劣影响等),处3年以下有期刑、拘役、管制或剥夺政治权利;情节特别严重(长期煽动;煽动手段特别恶劣;煽动行为引起民族纠纷、冲突、民族地区骚乱,后果特别严重等),处3年以上10年以下有期刑。

利用互联网煽动民族仇恨、民族歧视，破坏民族团结，情节严重，以煽动民族仇恨、民族歧视罪定罪处罚。

从比较法、犯罪对象、犯罪客体的角度讲，煽动型的主要罪名有煽动民族仇恨、民族歧视罪；煽动分裂国家罪；煽动颠覆国家政权罪；煽动军人逃离部队罪；煽动暴力抗拒法律实施罪；利用极端主义破坏法律实施罪；宣扬恐怖主义、极端主义、煽动实施恐怖活动罪等。(1) 煽动民族仇恨、民族歧视罪和侵犯少数民族风俗习惯罪的根本差异在于犯罪主体、犯罪客体、犯罪客观方面的不同。(2) 煽动民族仇恨、民族歧视罪和非法剥夺公民宗教信仰自由罪的根本差异在于犯罪主体、犯罪客体、犯罪主观方面、犯罪客观方面的不同。

◆ 《刑法》第250条【出版歧视、侮辱少数民族作品罪】

从故意犯、情节犯、结果犯的角度讲，出版刊载歧视、侮辱少数民族内容（少数民族的风俗习惯、生产、居住、饮食、服饰、婚姻、丧葬、节庆、礼仪、喜好、崇尚、禁忌等）的作品，或在出版物中刊载歧视、侮辱少数民族的内容，情节恶劣（犯罪动机卑鄙；刊载内容歪曲历史或纯粹谣言、污秽恶毒；多次刊载歧视、侮辱少数民族内容等），造成严重后果（政治影响恶劣；导致民族矛盾激化；引起少数民族群众强烈反响、骚乱或民族冲突等），对直接责任人员，处3年以下有期刑、拘役或管制。

从单位犯罪的角度讲，单位犯出版歧视、侮辱少数民族作品罪，实行单罚制，对出版单位的直接责任人员，处3年以下从有期刑、拘役或管制。

出版歧视、侮辱少数民族作品罪和煽动民族仇恨、民族歧视罪的根本差异在于犯罪主体、犯罪客体、犯罪对象、犯罪主观方面、犯罪客观方面的不同；出版歧视、侮辱少数民族作品罪和侮辱罪、诽谤罪的根本差异在于犯罪主体、犯罪客体、犯罪对象、犯罪主观方面、犯罪客观方面的不同。

从宪法、著作权法、电影产业促进法、妇女权益保障法的角度讲，公民有言论、出版、集会、结社、游行、示威、宗教信仰的自由。(1) 出版物、电影不得含有违反宪法确定的基本原则，煽动抗拒或破坏宪法、法律、行政法规实施；危害国家统一、主权和领土完整，泄露国家秘密，危害国家安全，损害国家尊严、荣誉和利益，宣扬恐怖主义、极端主义；诋毁民族优秀文化传统，煽动民族仇恨、民族歧视，侵害民族风俗习惯，歪曲民族历史或民族历史人物，伤害民族感情，破坏民族团结；煽动破坏国家宗教政策，宣扬邪教、迷信；危害社会公德，扰乱社会秩序，破坏社会稳定，宣扬淫秽、赌博、吸毒，渲染暴力、恐怖，教唆犯罪或传授犯罪方法；侵害未成年人合法权益或损害未成年人身心健康；侮辱、诽谤他人或散布他人隐私，侵害他人合法权益；法律、行政法规禁止的其他内容。(2) 违反电影产业促进法等相关法律、行政法规，造成人身、财产损害，依法承担民责；构成犯罪，依法追究刑责。(3) 出版物以文字、图案等方式刊载侮辱、毁损宗教或宗教团体的内容仅侮辱某个具体的自然人、宗教或宗教团体，构成犯罪，以侮辱罪定罪量刑。(4) 违反妇女权益保障法，通过大众传播媒介或其他方式贬低损害妇女人格，由文化、广电、电影、新闻出版或其他有关部门依据各自的职权责令改正，并依法给予行政处罚。

◆ 《刑法》第251条【非法剥夺公民宗教信仰自由罪；侵犯少数民族风俗习惯罪】

从身份犯、故意犯、情节犯的角度讲，国家机关工作人员非法剥夺（以暴力、胁迫、威胁、迫害、打击、攻击、打砸抢烧、强制、侮辱、诽谤或非法手段干涉、禁止、扰乱正常的宗教活动；非法撤销合法的宗教组织；非法剥夺教职人员正当履行宗教职务权；非法阻挠、禁止合法宗教刊物的发行或勒令停办宗教院校；封闭、捣毁或破坏合法宗教场所设施；威胁、打击、迫害信仰宗教公民；强迫公民信教、退教或改变某种宗教信仰或信仰同一宗教的某一教派等）公民的宗教信仰自由（公民有信仰宗教自由，有不信仰宗教的自由，有信教和退教的自由，有选择信仰不同宗教的自由，有在同一个宗教内有信仰不同教派的自由）和侵犯少数民族风俗习惯（以暴力、胁迫、权势、行政措施等强制手段非法干涉、破坏少数民族具地域性、民族性、社会规范性、相对稳定性的民俗、节庆、朝觐、禁忌、礼节、服饰、饮食、婚嫁、丧葬、礼仪等民族风俗习惯），情节严重（a. 非法剥夺手段恶劣；引起教徒骚乱、民族纠纷等社会矛盾，社会影响恶劣；造成宗教场所设施等重大毁坏，财产损失严重；造成政治影响恶劣、影响极坏或被害人家庭解体、精神伤害、精神失常或自杀、轻伤等严重后果。b. 多次或多人侵犯、手段恶劣、引起民族纠纷、民族矛盾；造成骚乱、示威游行或社会秩序严重混乱，产生恶劣政治影响；强迫少数民族改变风俗习惯；非法干涉、破坏、诋毁、攻击、贬损少数民族风俗习惯，引起民族纠纷；非法侵犯少数民族风俗习惯，造成其他严重后果），处2年以下有期刑或拘役。

从宪法、民族区域自治法的角度讲，公民有宗教信仰自由。（1）任何国家机关、社会团体和个人不得强制公民信仰宗教或不信仰宗教，不得歧视信仰宗教的公民和不信仰宗教的公民。国家保护正常的宗教活动。A. 任何人不得利用宗教进行破坏社会秩序、损害公民身体健康、妨碍国家教育制度的活动。B. 宗教团体和宗教事务不受外国势力的支配。（2）各民族一律平等。国家保障各少数民族的合法的权利和利益，维护和发展各民族的平等、团结、互助关系。A. 各民族自治地方都是中国不可分离的部分。B. 各少数民族聚居的地方实行区域自治，设立自治机关，行使自治权。C. 民族自治地方的治机关保障各民族公民有宗教信仰自由。D. 各民族都有使用和发展自己的语言文字的自由，都有保持或改革自己的风俗习惯的自由。E. 任何国家机关、社会团体和个人不得强制公民信仰宗教或不信仰宗教，不得歧视信仰宗教的公民和不信仰宗教的公民。任何人不得利用宗教进行破坏社会秩序、损害公民身体健康、妨碍国家教育制度的活动。F. 禁止对任何民族的歧视和压迫，禁止破坏民族团结和制造民族分裂的行为。G. 国家根据各少数民族的特点和需要，帮助各少数民族地区加速经济和文化的发展，保护正常的宗教活动。H. 宗教团体和宗教事务不受外国势力的支配。

从想象竞合犯的角度讲，行为人非法剥夺公民宗教信仰自由的行为引起被害人重伤、死亡，依想象竞合犯从重罪原则以故意伤害罪或故意杀人罪定罪量刑；非法剥夺公民宗教信仰自由的行为造成国家珍贵文物毁损，以故意或过失破坏文物罪定罪处罚。

非法剥夺公民宗教信仰自由罪和侵犯少数民族风俗习惯罪的根本差异在于犯罪客体、犯罪对象、犯罪客观方面、犯罪主观方面内容的不同；非法剥夺公民宗教信仰自由罪和非法拘禁罪的根本差异在于犯罪主体、犯罪主观方面、犯罪客观方面的不同。利用封建迷信造谣惑众，骗取钱财，构成犯罪，应以诈骗罪定罪处罚。

◆《刑法》第252条【侵犯公民通信自由罪】

从故意犯、情节犯的角度讲，隐匿、毁弃或非法开拆他人信件，侵犯公民通信自由权利，情节严重（非法开拆他人信件，涂改信件文字内容，侮辱他人人格；隐匿、毁弃、非法开拆他人信件，次数较多，数量较大；致他人工作生活严重妨害、身体或精神严重损害、家庭不睦、夫妻离异等严重后果），处1年以下有期刑或拘役。

侵犯公民通信自由、通信秘密的立案标准：（1）隐匿、毁弃或非法开拆他人信件，使他人工作、生活受到严重妨害，或身体、精神受到严重损害。（2）隐匿、毁弃或非法开拆他人信件，次数较多，或数量较大。（3）非法开拆他人信件，涂改信中内容，或张扬他人隐私、侮辱他人人格、破坏他人名誉。（4）隐匿、毁弃或非法开拆他人信件，造成其他严重后果。

从宪法、邮政法的角度讲，公民的通信自由和通信秘密受法律保护。（1）从刑诉法的角度讲，侦查人员认为需扣押嫌犯的邮件、电报时，经公安机关或检察院批准，可通知邮电机关将有关的邮件、电报检交扣押；不需继续扣押时，应即通知邮电机关。（2）从邮政法的角度讲，误收、误拆他人信件不予退还或虽已退还但泄露信件内容，侵犯他人通信自由权利，情节严重，以侵犯公民通信自由罪追究刑责。A. 除因国安或追查犯罪的需要，公安机关、国安机关或检察机关依法律规定的程序，对通信进行检查外，任何组织或个人不得以任何理由侵犯他人的通信自由和通信秘密。B. 司法机关检查、扣押邮件，没收邮件，收集、调取证据要依法办理手续，在办案过程中，为追查犯罪需要，检查、扣押邮件未依法办理手续或办理手续不全，对责任人不能以侵犯通信自由罪追究刑责。C. 侦查人员违反职责，将扣押信件内容非法外传，泄露他人通信秘密，或隐匿、毁弃、非法开拆他人信件，构成犯罪，应以他罪论处。（3）从治安处罚法的角度讲，隐匿、毁弃或非法开拆他人信件，侵犯公民通信自由权利，尚不够刑罚，处15日以下拘留、200元以下罚款或警告。（4）侵犯公民通信自由罪和私自开拆隐匿毁弃邮件电报罪的根本差异在于犯罪主体、犯罪情节的不同。（5）从罪数的角度讲，侵犯公民通信自由，非法开拆或隐匿、毁弃他人信件，并从中窃取财物，应根据不同情节分别处理：A. 非邮电工作人员非法开拆他人信件，侵犯公民通信自由权利，情节严重，并从中窃取财物，或窃取汇票、汇款支票，骗取汇兑数额不大，以侵犯公民通信自由罪从重处罚。B. 非邮电通信人员非法开拆他人信件，侵犯公民通信自由权利，情节严重，并从中窃取财物数额较大，应按重罪吸收轻罪原则以盗窃罪定罪处罚。C. 非邮电工作人员非法开拆他人信件，侵犯公民通信自由，情节严重，并从中窃取汇票或汇款支票，冒名骗取汇兑数额较大的，应以侵犯公民通信自由罪和诈骗罪数罪并罚。D. 邮电工作人员在司法机关通知不需继续扣押邮件、电报后继续扣押隐匿或在依法扣押后不送司法机关，而擅自开拆检查、扣押邮件、电报，构成犯罪，以侵犯公民通信自由罪论处。

◆ 《刑法》第253条【私自开拆、隐匿、毁弃邮件、电报罪】

从故意犯、身份犯、行为犯、结合犯的角度讲，邮政工作人员私自开拆（未经寄件人或收件人同意，非法擅自开拆传递中的邮件、电报）或隐匿（非法截留、收藏，不送交收件）、毁弃（撕毁、湮灭、抛弃，导致收件人无法查收）邮件（信函、明信片、印刷品、邮包、报刊、汇款通知等平常邮件、给据邮件）、电报（明码电报、密码电报、传真等），处2年以下有期刑或拘役。

【2010·卷2·单选·18】（答案：D）甲任邮政中心信函分拣组长期间，先后三次将各地退回信函数万封（约500公斤），以每公斤0.4元的价格卖给废品收购站，所得款项占为己有。关于本案，下列哪一选项是正确的？A. 退回的信函不属于信件，甲的行为不成立侵犯通信自由罪。B. 退回的信函虽属于信件，但甲没实施隐匿、毁弃与开拆行为，故不成立侵犯通信自由罪。C. 退回的信函处在邮政中心的管理过程中，属于公共财物，甲的行为成立贪污罪。D. 退回的信函被当作废品出卖也属于毁弃邮件，甲的行为成立私自毁弃邮件罪。

私自开拆、隐匿、毁弃邮件、电报罪的立案标准：（1）私拆或隐匿、毁弃邮件、电报，次数较多或数量较大。（2）私拆或隐匿、毁弃邮件，并从中窃取财物。（3）私拆或隐匿、毁弃邮件、电报，虽次数不多，数量不大，但给国家、集体利益以及公民合法权益造成严重后果。（4）私拆或隐匿、毁弃邮件、电报，造成其他危害后果。

从故意犯、转化犯的角度讲，邮政工作人员利用职务便利（营业、分拣、接发、押运、投递等职务职责条件），私自开拆或隐匿、毁弃邮件、电报而窃取财物的行为转化为盗窃罪，以盗窃罪从重处罚，不再以私自开拆或隐匿、毁弃邮件、电报罪定罪处罚。

邮政工作人员隐匿、毁弃、私拆、盗窃邮件，贪污、冒领用户款项，邮政企业应追回赃款赃物，可并处罚款，还可根据情节轻重，给予行政处分。

私自开拆、隐匿、毁弃邮件、电报罪和侵犯公民通信自由罪的根本差异在于犯罪主体、犯罪客体、犯罪客观方面的不同。

◆ **《刑法》第253条之一 【侵犯公民个人信息罪】**

从故意犯、情节犯、数额犯的角度讲，违反国家有关规定（法律、行政法规、部门规章有关公民个人信息保护规定），向他人出售或提供公民个人信息（a. 向特定人提供公民个人信息，以及通过信息网络或其他途径发布公民个人信息。b. 未经被收集者同意，将合法收集的公民个人信息向他人提供，以经处理无法识别特定个人且不能复原为例外），或窃取或以其他方法非法获取公民个人信息（违反国家有关规定，通过购买、收受、交换等方式获取公民个人信息，或在履行职责、提供服务过程中收集公民个人信息；以电子或其他方式记录的能单独或与其他信息结合识别自然人身份或反映自然人活动情况的各种信息，含但不限于自然人的姓名、出生日期、身份证号码、个人生物识别信息、住址、通信通讯联系方式、电话号码、账号密码、财产状况、行踪轨迹等），情节严重（a. 违法所得5000元以上。b. 曾因侵犯公民个人信息受过刑罚或2年内受过行政处罚，又非法获取、出售或提供公民个人信息。c. 出售或提供行踪轨迹信息，被他人用于犯罪。d. 知道或应知道他人利用公民个人信息实施犯罪，向其出售或提供。e. 非法获取、出售或提供行踪轨迹信息、通信内容、征信信息、财产信息50条以上。f. 非法获取、出售或提供住宿信息、通信记录、健康生理信息、交易信息等其他可能影响人身、财产安全的公民个人信息500条以上。g. 非法获取、出售或提供踪轨迹信息、通信内容、征信信息、财产信息、住宿信息、通信记录、健康生理信息、交易信息等其他可能影响人身、财产安全的公民个人信息外的公民个人信息5000条以上。h. 数量未达到非法获取、出售或提供行踪轨迹信息、通信内容、征信信息、财产信息50条以上；非法获取、出售或提供住宿信息、通信记录、健康生理信息、交易信息等其他可能影响人身、财产安全的公民个人信息500条以上；非法获取、出售或提供踪迹信息、通信内容、征信信息、财产信息、住宿信息、通信记录、健康生理信息、交易信息等其他可能影响人身、财产安全的公民个人信息外的公民个人信息5000条以上标准，但按相应比例合计达到有关数量标准。i. 将在履行职责或提供服务过程中获得的公民个人信息出售或提供给他人，数量或数额达到违法所得5000元以上、轨迹信息通信内容征信信息财产信息50条以上、住宿信息通信记录健康生理信息交易信息等其他可能影响人身财产安全的公民个人信息500条以上、其他公民个人信息5000条以上，或数量未达到行踪轨迹信息通信内容征信信息财产信息50条以上、住宿信息通信记录健康生理信息交易信息等其他可能影响人身财产安全的公民个人信息500条以上、其他公民个人信息5000条以上标准一半以上，但按相应比例合计达到有关数量标准。j. 其他情节严重情形），处3年以下有期刑或拘役，并处或单处罚金；情节特别严重（a. 造成被害人死亡、重伤、精神失常或被绑架等严重后果。b. 造成重大经济损失或恶劣社会影响。c. 数量或数额达到非法获取、出售或提供行踪轨迹信息、通信内容、征信信息、财产信息、住宿信息、通信记录、健康生理信息、交易信息、行踪轨迹信息、通信内容、征信信息、财产信息、住宿信息、通信记录、健康生理信息、交易信息等其他可能影响人身、财产安全的公民个人信息外的公民个人信息、违法所得标准10倍以上。d. 其他情节特别严重情形），处3年以上7年以下有期刑，并处罚金。

从民法总则、网络安全法、电信和互联网用户个人信息保护规定的角度讲，任何单位或个人不得非法收集、使用、加工、传输他人个人信息，不得非法买卖、提供或公开他人个人信息。网络运营者不得违反法律、行政法规的规定和约定收集使用个人信息；未经收集者同意，不得向他人提供个人信息。未经用户同意，电信业务经营者、互联网信息服务提供者不得收集、使用用户个人信息。

【2017·卷2·多选·59】（答案：BC）下列哪些行为构成侵犯公民个人信息罪（不考虑

情节）？A. 甲长期用高倍望远镜偷窥邻居的日常生活。B. 乙将单位数据库中病人的姓名、血型、DNA 等资料，卖给某生物制药公司。C. 丙将捡到的几本通讯簿在网上卖给他人，通讯簿被他人用于电信诈骗犯罪。D. 丁将收藏的多封 50 年代的信封（上有收件人姓名、单位或住址等信息）高价转让他人。

为合法经营活动而非法购买、收受行踪轨迹信息、通信内容、征信信息、财产信息、住宿信息、通信记录、健康生理信息、交易信息等其他可能影响人身、财产安全的公民个人信息外的公民个人信息，有利用非法购买、收受的公民个人信息获利 5 万元以上、曾因侵犯公民个人信息受过刑罚或 2 年内受过行政处罚，又非法购买、收受公民个人信息或其他情节严重情形，应认定为侵犯公民个人信息罪的"情节严重"。

实施为合法经营活动而非法购买、收受行踪轨迹信息、通信内容、征信信息、财产信息、住宿信息、通信记录、健康生理信息、交易信息等其他可能影响人身、财产安全的公民个人信息外的公民个人信息的行为，将购买、收受的公民个人信息非法出售或提供，定罪量刑标准适用侵犯公民个人信息罪的情节严重的处罚规定。

单位犯侵犯公民个人信息罪，依《关于办理侵犯公民个人信息刑事案件适用法律若干问题的解释》（2017 年）规定的相应自然人犯罪的定罪量刑标准，对直接负责的主管人员和其他直接责任人员定罪处罚，并对单位判处罚金。单位犯侵犯公民个人信息罪，违反国家有关规定，向他人出售或提供公民个人信息，或窃取或以其他方法非法获取公民个人信息，对单位判处罚金，并对其直接负责的主管人员和其他直接责任人员，情节严重，处 3 年以下有期刑或拘役，并处或单处罚金；情节特别严重，处 3 年以上 7 年以下有期刑，并处罚金；违反国家有关规定，将在履行职责或提供服务过程中获得的公民个人信息，出售或提供给他人，以侵犯公民个人信息罪从重处罚。

实施侵犯公民个人信息犯罪，不属于"情节特别严重"，行为人系初犯，全部退赃，并确有悔罪表现，可认定为情节轻微，不起诉或免刑；确有必要判刑，应从宽处罚。（1）非法获取公民个人信息后又出售或提供，公民个人信息的条数不重复计算。（2）向不同单位或个人分别出售、提供同一公民个人信息，公民个人信息的条数累计计算。（3）对批量公民个人信息的条数，据查获的数量直接认定，但有证据证明信息不真实或重复为例外。（4）对侵犯公民个人信息犯罪，应综合考虑犯罪的危害程度、犯罪的违法所得数额及被告人的前科情况、认罪悔罪态度等，依法判处罚金；罚金数额一般在违法所得的 1 倍以上 5 倍以下。

违反国家有关规定，将在履行职责或提供服务过程中获得的公民个人信息，出售或提供给他人，或偷窥、偷拍、窃听、散布他人隐私，情节严重，均以非法获取公民个人信息罪追究刑责。

设立用于实施非法获取、出售或提供公民个人信息违法犯罪活动的网站、通讯群组，情节严重，应以非法利用信息网络罪定罪处罚；同时构成侵犯公民个人信息罪，以侵犯公民个人信息罪定罪处罚。

网络服务提供者拒不履行法律、行政法规规定的信息网络安全管理义务，经监管部门责令采取改正措施而拒不改正，使用户的公民个人信息泄露，造成严重后果，应以拒不履行信息网络安全管理义务罪定罪处罚。

对证人、鉴定人、被害人可采取"不公开真实姓名、住址和工作单位等个人信息"的保护措施。公检法依法决定不公开证人、鉴定人、被害人的真实姓名、住址和工作单位等个人信息，可在判决书、裁定书、起诉书、询问笔录等法律文书、证据材料中使用化名等代替证人、鉴定人、被害人的个人信息。应书面说明使用化名的情况并标明密级，单独成卷。辩护律师经法庭许可，查阅对证人、鉴定人、被害人使用化名情况，应签署保密承诺书。

从比较法、隐私权、罪刑法定原则的角度讲，侵犯公民个人信息罪是出售、非法提供公民个人信息罪、非法获取公民个人信息罪的升级版，涉及非法获取、出售、提供公民个人信息的犯罪行为，欠缺非法使用公民个人信息的犯罪行为。侵犯公民个人信息罪、侵犯商业秘密罪的根本差异在于犯罪对象、犯罪行为类型的不同。侵犯商业秘密罪的犯罪行为含非法使用、获取、披露、提供商业秘密的犯罪行为。

◆ **《刑法》第254条【报复陷害罪】**

从渎职犯、身份犯、故意犯、单纯行为犯、情节犯的角度讲，国家机关工作人员滥用职权、假公济私，对控告人、申诉人、批评人、举报人实行报复陷害（非法克扣工资奖金、开除公职党籍、降职降薪、压制职称评定等），处2年以下有期刑或拘役；情节严重（报复陷害迫害手段恶劣、后果严重；使被害人的人身权、民主权或其他合法权利受到严重损害、精神失常或自杀等），处2年以上7年以下有期刑。

报复陷害罪是国家机关工作人员滥用职权、假公济私，对控告人、申诉人、批评人、举报人实行打击报复、陷害的行为。

从宪法的角度讲，公民享有批评权、申诉权、控告权、举报权。公民对任何国家机关和国家工作人员，有提出批评和建议的权利；对任何国家机关和国家工作人员的违法失职行为，有向有关国家机关提出申诉、控告或检举的权利，但不得捏造或歪曲事实进行诬告陷害。对公民的申诉、控告或检举，有关国家机关须查清事实，负责处理。任何人不得压制和打击报复。因国家机关和国家工作人员侵犯公民权利而受到损失的人，有依法律规定取得赔偿的权利。

行政复议法的法律责任：（1）行政复议机关工作人员在行政复议活动中，徇私舞弊或有其他渎职、失职行为，依法给予警告、记过、记大过的行政处分；情节严重，依法给予降级、撤职、开除的行政处分；构成犯罪，依法追究刑责。（2）被申请人违反行政复议法规定，不提出书面答复或不提交作出具体行政行为的证据、依据和其他有关材料，或阻挠、变相阻挠公民、法人或其他组织依法申请行政复议，对直接负责的主管人员和其他直接责任人员依法给予警告、记过、记大过的行政处分；进行报复陷害，依法给予降级、撤职、开除的行政处分；构成犯罪，依法追究刑责。（3）行政复议机关违反行政复议法规定，无正当理由不予受理依法提出的行政复议申请或不按规定转送行政复议申请，或在法定期限内不作出行政复议决定，对直接负责的主管人员和其他直接责任人员依法给予警告、记过、记大过的行政处分；经责令受理仍不受理或不按规定转送行政复议申请，造成严重后果，依法给予降级、撤职、开除的行政处分。（4）行政复议机关负责法制工作的机构发现有无正当理由不予受理行政复议申请、不按规定期限作出行政复议决定、徇私舞弊、对申请人打击报复或不履行行政复议决定等情形，应向有关行政机关提出建议，有关行政机关应依行政复议法和有关法律、行政法规的规定作出处理。（5）被申请人不履行或无正当理由拖延履行行政复议决定，对直接负责的主管人员和其他直接责任人员依法给予警告、记过、记大过的行政处分；经责令履行仍拒不履行，依法给予降级、撤职、开除的行政处分。

从比较法的角度讲，报复陷害罪和打击报复证人罪、打击报复会计人员统计人员罪的根本差异在于犯罪构成要件要素的不同；报复陷害罪、诬告陷害罪的根本差异在于犯罪主体、犯罪对象、犯罪手段、犯罪目的、犯罪动机的不同；报复陷害罪和滥用职权罪的根本差异在于犯罪客体、犯罪主观方面、犯罪客观方面的不同。

控告人、申诉人、批评人、举报人提出控告、申诉、批评意见时，滥用职权、假公济私，捏造事实进行诬告陷害，情节严重，应以诬告陷害罪论处。

◆ **《刑法》第255条【打击报复会计人员、统计人员罪】**

从身份犯、故意犯、情节犯的角度讲，公司、企事业单位、机关、人民团体的领导人，对依法履行职责、抵制违反会计法行为的会计人员、统计人员实行打击报复，情节恶劣，处3年以下有期刑或拘役。

从会计法的角度讲，任何单位或个人不得以任何方式授意、指使、强令会计机构、会计人员伪造、变造会计凭证、会计账簿和其他会计资料，提供虚假财务会计报告，不得对依法履行职责、抵制违反会计法规定行为的会计人员实行打击报复，不得以任何方式要求或示意注册会计师及其所在的会计师事务所出具不实或不当的审计报告。(1) 任何单位不得以虚假的经济业务事项或资料进行会计核算。A. 出纳人员不得兼任稽核、会计档案保管和收入、支出、费用、债权债务账目的登记工作。B. 因有提供虚假财务会计报告，做假账，隐匿或故意销毁会计凭证、会计账簿、财务会计报告，贪污，挪用公款，职务侵占等与会计职务有关的违法行为被依法追究刑责的人员，不得再从事会计工作。(2) 任何单位和个人对违反会计法和国家统一的会计制度规定的行为，有权检举。收到检举的部门有权处理，应依法按职责分工及时处理；无权处理，应及时移送有权处理的部门处理。收到检举的部门、负责处理的部门应为检举人保密，不得将检举人姓名和检举材料转给被检举单位和被检举人个人，否则将检举人姓名和检举材料转给被检举单位和被检举人个人，由所在单位或有关单位依法给予行政处分。(3) 公司、企业进行会计核算不得随意改变资产、负债、所有者权益的确认标准或计量方法，虚列、多列、不列或少列资产、负债、所有者权益；虚列或隐瞒收入，推迟或提前确认收入；随意改变费用、成本的确认标准或计量方法，虚列、多列、不列或少列费用、成本；随意调整利润的计算、分配方法，编造虚假利润或隐瞒利润；违反国家统一的会计制度规定的其他行为。(4) 财政、审计、税务、银行、证券监管、保险监管等部门须依有关法律、行政法规，接受有关监督检查部门依法实施的监督检查，如实提供会计凭证、会计账簿、财务会计报告和其他会计资料以及有关情况，不得拒绝、隐匿、谎报；依法对有关单位的会计资料实施监督检查的部门及其工作人员对在监督检查中知悉的国家秘密和商业秘密负有保密义务。(5) 伪造、变造会计凭证、会计账簿，编制虚假财务会计报告，构成犯罪，依法追究刑责；尚不构成犯罪，由县级以上政府财政部门通报，可对单位并处5000元以上10万元以下罚款；对其直接负责的主管人员和其他直接责任人员，可处3000元以上5万元以下罚款；属于国家工作人员，还应由其所在单位或有关单位依法给予撤职直至开除的行政处分；其中的会计人员，5年内不得从事会计工作。(6) 授意、指使、强令会计机构、会计人员及其他人员伪造、变造会计凭证、会计账簿，编制虚假财务会计报告或隐匿、故意销毁依法应保存的会计凭证、会计账簿、财务会计报告，构成犯罪，依法追究刑责；尚不构成犯罪，可处5000元以上5万元以下罚款；属于国家工作人员，还应由其所在单位或有关单位依法给予降级、撤职、开除的行政处分。(7) 隐匿或故意销毁依法应保存的会计凭证、会计账簿、财务会计报告，构成犯罪，依法追究刑责；尚不构成犯罪，由县级以上政府财政部门通报，可对单位并处5000元以上10万元以下罚款；对其直接负责的主管人员和其他直接责任人员，可处3000元以上5万元以下罚款；属于国家工作人员，还应由其所在单位或有关单位依法给予撤职直至开除的行政处分；其中的会计人员，5年内不得从事会计工作。(8) 违反会计法规定，公司、企业、会计人员有不依法设置会计账簿；私设会计账簿；未按规定使用会计记录文字或记账本位币；未按规定保管会计资料，使会计资料毁损、灭失；未按规定建立并实施单位内部会计监督制度或拒绝依法实施的监督或不如实提供有关会计资料及有关情况；未按规定填制、取得原始凭证或填制、取得的原始凭证不符合规定；以未经审核的会计凭证为依据登记会计账簿或登记会计账簿不符合规定；随意变更会计处理方法；向不同的会计资料使用者提供的财务会计报告编制依据不一致；任用会计人员不符合会计法规定的情形，情节严重，会计人员5年内不得从事会计工作；由县级以上政府财政部门责令限期改正，可对单位并处3000元以上5万元以下罚款；对其直接负责的主管人员和其他直接责任人员，可处2000元以上2万元以下罚款;属于国家工作人员,还应由其所在单位或有关单位依法给予行政处分;构成犯罪,依法追究刑责,以有关法律另有规定依有关法律的规定为例外。(9)单位负责人对依法履行职责、抵制违反会计法规定行为的会计人员以降级、撤职、调离工作岗位、解聘或开除等方式实行打击报复,构成犯罪,依法追究刑责;尚不构成犯罪,由其所在单位或有关单位依法给予行政处分;对受打击报复的会计人员,应恢复其名誉和原有职务、级别。(10)财政部门及有关行政部门的工作人员在实施监管中滥用职权、玩忽职守、徇私舞弊或泄露国家秘密、商业秘密,构成犯罪,依法追究刑责;尚不构成犯罪,依法给予行政处分。

从公司法的角度讲,公司违反公司法规定,在法定的会计账簿以外另立会计账簿,由县级以上政府财政部门责令改正,处5万元以上50万元以下罚款。公司在依法向有关主管部门提供的财务会计报告等材料上作虚假记载或隐瞒重要事实,由有关主管部门对直接负责的主管人员和其他直接责任人员处3万元以上30万元以下罚款。

打击报复会计人员、统计人员罪和报复陷害罪有关联性、互补性、差异性;打击报复会计人员、统计人员罪的犯罪主体有狭隘性,应含审计人员等特殊人员。

◆ 《刑法》第256条【破坏选举罪】

从身份犯、故意犯、情节犯的角度讲,在选举人大代表和国家机关领导人员时,以暴力(对选民、人大代表及其工作人员采取殴打、捆绑等人身伤害手段或捣乱选举场所、毁坏选举设施)、威胁(以暴力伤害、毁坏财产、揭露隐私、破坏名誉等要挟手段进行精神强制)、欺骗(以虚构事实或散布扩散谣言、隐瞒事实真相、混淆视听、干扰破坏)、贿赂(以金钱、财物或其他物质利益、性贿赂等非法手段收买选民、人大代表或有关工作人员)、伪造选举文件(伪造选民证、选票、候选人的情况资料、选举文件)、虚报选举票数(虚假报告投票总数或赞成、反对、弃权票数等)或其他手段(撕毁、涂抹、涂改选民名单、候选人情况或打击报复等)等非正当方式破坏选举或妨害选民和代表自由行使选举权和被选举权,情节严重(以暴力、威胁、欺骗、贿赂等手段,妨害选民、人大代表自由行使选举权与被选举权,使选举无法正常进行或选举结果不真实;以暴力破坏选举场所或选举设备,使选举无法正常进行;伪造选举文件,虚报选举票数,产生不真实的选举结果或强行宣布合法选举无效、非法选举有效;聚众冲击选举场所或故意扰乱选举会场秩序,使选举工作无法进行),处3年以下有期刑、拘役或剥夺政治权利(选举权和被选举权;言论、出版、集会、结社、游行、示威自由的权利;担任国家机关职务的权利;担任国有公司、企事业单位和团体领导职务的权利)。

破坏选举罪是国家机关工作人员利用职权,在选举人大代表和国家机关领导人员时,以暴力、威胁、欺骗、贿赂、伪造选举文件、虚报选举票数或编造选举结果等手段破坏选举或妨害选民和代表自由行使选举权和被选举权,情节严重的行为。

从宪法的角度讲,年满18周岁的中国公民,不分民族、种族、性别、职业、家庭出身、宗教信仰、教育程度、财产状况、居住期限,都有选举权和被选举权,但依法律被剥夺政治权利的人除外。

破坏选举秩序(破坏依法进行的选举秩序),处警告或200元以下罚款;情节较重(使用暴力、威胁等方法干扰他人选举;采取撕毁他人选票、毁坏票箱或破坏其他选举设备等行为干扰选举秩序;伪造选举文件;积极参与聚众破坏选举秩序;其他情节较重的情形),处5日以上10日以下拘留,可并处500元以下罚款(《治安管理处罚法》第23条第1款第5项)。

为保障选民和代表自由行使选举权和被选举权,对用暴力、威胁、欺骗、贿赂等非法手段破坏选举或妨害选民和代表自由行使选举权和被选举权;伪造选举文件、虚报选举票数或有其他违法行为;对控告、检举选举中违法行为的人,或对提出要求罢免代表的人进行压制、报复的违法行为,应依法给予行政处分或刑事处分。

国家机关工作人员利用职权破坏选举,应予立案的情形:(1)以暴力、威胁、欺骗、贿赂等手段,妨害选民、人大代表自由行使选举权和被选举权,使选举无法正常进行,或选举无效,或选举结果不真实。(2)以暴力破坏选举场所或选举设备,使选举无法正常进行。(3)伪造选民证、选票等选举文件,虚报选举票数,产生不真实的选举结果或强行宣布合法选举无效、非法选举有效。(4)聚众冲击选举场所或故意扰乱选举场所秩序,使选举工作无法进行。(5)其他情节严重的情形。

从犯罪对象的角度讲,破坏政党、民主党派、工会、妇联、共青团、村委会或其他社会团体、企事业单位领导人等非国家权力机关代表和国家机关领导人员的选举,构成犯罪,可能构成扰乱社会秩序罪、妨害公务罪等犯罪。

从比较法的角度讲,破坏选举罪和妨害公务罪的根本差异在于犯罪客体、犯罪客观方面的不同;破坏选举罪和伪造国家机关公文、证件、印章罪的根本差异在于犯罪客体、犯罪主观方面、犯罪客观方面的不同;破坏选举罪和寻衅滋事罪的根本差异在于犯罪客体、犯罪主观方面、犯罪客观方面的不同。

◆ 《刑法》 第257条 【暴力干涉婚姻自由罪】

从亲告罪、故意犯、行为犯、结果犯的角度讲,以暴力干涉他人婚姻自由,告诉的才处理,处2年以下有期刑或拘役;使被害人死亡,处2年以上7年以下有期刑。

从宽严相济政策的角度讲,对因恋爱、婚姻、家庭、邻里纠纷等民间矛盾激化引发的犯罪,因劳动纠纷、管理失当等原因引发、犯罪动机不属恶劣的犯罪,因被害方过错或基于义愤引发的或有防卫因素的突发性犯罪,应酌情从宽处罚。因婚姻家庭等民间纠纷激化引发的犯罪,被害人及其家属对被告人表示谅解,应作为酌定量刑情节考虑;犯罪情节轻微,取得被害人谅解,可依法从宽处理,不需判处刑罚,可免刑。

◆ 《刑法》 第258条 【重婚罪】

从亲告罪、故意犯、行为犯、对向犯的角度讲,有配偶而重婚,或明知他人有配偶而与之结婚,处2年以下有期刑或拘役。

从行政法规、部门规章的角度讲,1986年3月15日民政部《婚姻登记办法》(已失效,下同)施行前,当事人在起诉时符合结婚条件,可认定为事实婚姻;1986年3月15日民政部《婚姻登记办法》施行后,1994年2月1日国务院《婚姻登记管理条例》(已失效,下同)施行前,当事人同居时符合结婚条件,可认定为事实婚姻;1994年2月1日国务院《婚姻登记管理条例》施行后,未办理结婚登记手续而同居生活,一律按非法同居对待。先登记结婚,后又与他人结婚或以夫妻名义同居,可构成重婚。

【2002·卷2·不定项·81-83】(答案:81. ABCD;82. ABCD;83. BCD) A为某国家机关工作人员,依法配备有公务用枪。A在有配偶(B女,生活在外地)的情况下,长期与C女共同生活,并生有一子(周围群众均认为A与C为夫妻关系),为此借用了D的3万元现金。D多次讨债,A无力偿还,于是A将公务用枪(无子弹)用作借债质押物交给D,约定A还款时;D将枪支归还给A。3个月后A仍未能归还借款,D便将枪支送给其外甥E玩耍。E在1周后使用该枪支抢劫某银行储蓄所现金20余万元。请回答81-83题。

81. 关于A与C女共同生活的行为,下列哪些说法是错误的? A. 法律不承认事实婚姻,所以,A不成立重婚罪。B. 事实婚姻是无效的,所以,A不成立重婚罪。C. A与C女属于同居而非事实婚姻,所以,A不成立重婚罪。D. 重婚罪侵犯的是配偶权,如果B女同意,则A不成立重婚罪。

82. 关于A将枪支质押给D的行为,下列哪些说法是错误的? A. A的行为既不属于非法出租,也不属于非法出借,据罪刑法定原则,不成立非法出租、出借枪支罪。B. A 的行为本身没有造成严重后果,故不成立非法出租、出借枪支罪。C. 因枪内无子弹,A 的行为不可能危害公共安全,故不成立非法出租、出借枪支罪。D. 对 A 的行为以滥用职权罪论处较为合适。

83. 关于 D 的行为,下列哪些说法是错误的?A. D 的行为仅成立非法持有枪支罪。B. D 的行为成立非法持有枪支罪和抢劫罪。C. D 的行为虽不成立抢劫罪,但应对 E 抢劫银行的犯罪行为承担一定的刑事责任。D. D 的行为不成立犯罪。

从反腐败斗争的角度讲,国家工作人员或国家机关工作人员特别是领导干部利用职权、从属关系,采取物质利诱、政治地位、社会荣誉等手段进行通奸、包二爷、包二奶、养情人或小秘甚至构成事实婚姻、婚外生子等破坏他人婚姻关系和社会伦理道德的性行为,均应以重婚罪论处。

◆ 《刑法》 第 259 条 【破坏军婚罪】

从故意犯、行为犯、想象竞合犯的角度讲,明知是现役军人(正在解放军、武警部队服役、有军籍的官兵)的配偶而与之同居(登记或未登记而以夫妻名义同居)或结婚(明知对方有配偶与其结婚),构成破坏军婚罪,处 3 年以下有期刑或拘役。

破坏军人婚姻罪的主要类型有重婚型、同居型、通奸型等。明知被拐卖的妇女是现役军人的妻子而与之同居或结婚,以破坏军婚罪立案侦查。

从转化犯、情节加重犯、注意条款、特殊条款的角度讲,利用职权关系、从属关系,以胁迫(威胁、强迫;以给当事人及其亲友的生命健康、荣誉、名誉、财产等造成损害为要挟,胁迫对方作出违背真实的意思表示)手段奸淫现役军人的妻子,以强奸罪定罪处罚。

◆ 《刑法》 第 260 条 【虐待罪】

从亲告罪、故意犯、情节犯、结果犯的角度讲,虐待(打骂、谩骂、讽刺挖苦、禁闭、捆绑、摧残、折磨、冻饿、有病不治、限制自由、凌辱人格、强迫过度劳动等)家庭成员(在同一家庭中有婚姻关系、血缘关系、收养关系等婚姻家庭关系而共同生活的成员),告诉的才处理(自诉案件),以被害人无能力告诉,或因受到强制、威吓无法告诉为例外,情节恶劣(虐待目的或动机卑鄙;虐待手段残酷;虐待持续时间较长;多次虐待;虐待后果严重;虐待老幼病残者、孕产妇等被害人;屡教不改等),处 2 年以下有期刑、拘役或管制;使被害人重伤、死亡(以非告诉才处理型公诉案件为例外),处 2 年以上 7 年以下有期刑。

虐待罪以告诉才处理为原则,以被害人无能力告诉或因受到强制、威吓无法告诉、被害人或其近亲属不提出控告而公安机关应立案侦查、检察机关也应提起公诉为例外。

从比较法的角度讲,虐待罪和遗弃罪的根本差异在于犯罪构成要件要素的不同;虐待罪和故意伤害罪、故意杀人罪的根本差异在于犯罪主观方面内容的不同。

◆ 《刑法》 第 260 条之一 【虐待被监护、看护人罪】

从故意犯、情节犯的角度讲,对未成年人、老年人、患病的人、残疾人等负有监护、看护职责的人虐待被监护、看护的人,或单位犯虐待被监护、看护人罪,对单位判处罚金,并对其直接负责的主管人员和其他直接责任人员,情节恶劣,处 3 年以下有期刑或拘役。

有虐待被监护、看护人犯罪行为,同时构成他罪,依处罚较重规定定罪处罚。

从比较法、犯罪对象的角度讲,虐待罪的特殊类型有多样性、关联性、互补性,含虐待被监护看护人罪、虐待被监管人罪、虐待部属罪、虐待俘虏罪等。

◆ 《刑法》 第 261 条 【遗弃罪】

从弱势群体保护、故意犯、纯正不作为犯、情节犯的角度讲,对年老、年幼、患病或其他无独立生活能力的人，负有扶养义务而拒绝扶养，情节恶劣，处5年以下有期刑、拘役或管制。

遗弃罪是对年老、年幼、患病或其他无独立生活能力的人，负有扶养义务而拒绝扶养，情节恶劣的行为。从犯罪对象的角度，遗弃罪的特殊类型有多样性、关联性、互补性，含遗弃伤病军人罪、遗弃武器装备罪等。遗弃罪无加重情节，致人死亡也不属于结果加重犯。

【2015·卷2·多选·170】（答案：ABCD）甲与乙（女）2012年开始同居，生有一子丙。甲、乙虽未办理结婚登记，但以夫妻名义自居，周围群众公认二人是夫妻。对甲的行为，下列哪些分析是正确的？A. 甲长期虐待乙的，构成虐待罪。B. 甲伤害丙（致丙轻伤）时，乙不阻止的，乙构成不作为的故意伤害罪。C. 甲如与丁（女）领取结婚证后，不再与乙同居，也不抚养丙的，可能构成遗弃罪。D. 甲如与丁领取结婚证后，不再与乙同居，某日采用暴力强行与乙性交的，构成强奸罪。

【2017·卷2·单选·30】（答案：D）环卫工人马某在垃圾桶内发现一名刚出生的婴儿后向公安机关报案，公安机关紧急将婴儿送医院成功抢救后未予立案。关于本案的立案程序，下列哪一选项是正确的？A. 确定遗弃婴儿的原因后才能立案。B. 马某对公安机关不予立案的决定可申请复议。C. 了解婴儿被谁遗弃的知情人可向检察院控告。D. 检察院可向公安机关发出要求说明不立案理由通知书。

◆《刑法》第262条【拐骗儿童罪】

从故意犯、行为犯、失控说的角度讲，拐骗不满14周岁的未成年人，脱离家庭或监护人，处5年以下有期刑或拘役。

【2008·川·卷2·单选·14】（答案：B）甲以从事杂技表演的名义欺骗多名农村儿童。儿童均信以为真，便随甲进城。甲将这些儿童带至大城市，利用儿童从事乞讨活动。其间，甲曾与儿童的家属电话联系，称小孩生活得很好。关于本案，下列哪一选项是正确的？A. 甲的行为构成组织儿童乞讨罪。B. 甲的行为构成拐骗儿童罪。C. 甲的行为构成诈骗罪。D. 甲的行为征得了儿童家长的同意，不构成犯罪。

从比较法的角度讲，拐骗儿童罪、拐卖儿童罪的根本差异在于犯罪客观方面行为方式的不同。（1）拐骗儿童罪是采取蒙骗、欺骗、利诱或其他方法，故意拐骗不满14周岁的未成年人，使其脱离家庭或监护人的行为。（2）拐卖儿童罪是以出卖为目的，有拐骗、绑架、收买、贩卖、接送、中转儿童的行为。以出卖为目的强抢儿童，或捡拾儿童后出卖，应以拐卖儿童罪论处。

◆《刑法》第262条之一【组织残疾人、儿童乞讨罪】

从故意犯、行为犯、情节犯的角度讲，以暴力、胁迫手段组织残疾人（在心理、生理、人体结构上，某种组织、功能丧失或不正常，全部或部分丧失以正常方式从事某种活动能力的人，含视力残疾、听力残疾、言语残疾、肢体残疾、智力残疾、精神残疾、多重残疾和其他残疾的人）或不满14周岁未成年人乞讨，处3年以下有期刑或拘役，并处罚金；情节严重，处3年以上7年以下有期刑，并处罚金。

组织儿童乞讨罪是采取暴力、威胁等强制手段组织残疾人或不满14周岁的未成年人乞讨的行为。从残疾人保障法的角度，残疾人的公民权利和人格尊严受法律保护。残疾人在政治、经济、文化、社会和家庭生活等方面享有同其他公民平等的权利。禁止基于残疾的歧视，禁止虐待、遗弃残疾人，禁止侮辱、侵害残疾人，禁止对残疾人实施家庭暴力，禁止通过大众传播媒介或其他方式贬低损害残疾人人格。

◆ 《刑法》第 262 条之二 【组织未成年人进行违反治安管理活动罪】

从故意犯、行为犯、情节犯的角度讲，组织未成年人进行盗窃、诈骗、抢夺、敲诈勒索等违反治安管理活动，处 3 年以下有期刑或拘役，并处罚金；情节严重，处 3 年以上 7 年以下有期刑，并处罚金。

从《公安机关对部分违反治安管理行为实施处罚的裁量指导意见》（2018 年）的角度讲，实施治安管理处罚应以事实为根据，以法律为准绳，据违反治安管理行为的事实、性质、情节和社会危害性，作出过罚相当的处罚决定。（1）实施治安管理处罚应宽严相济，做到该宽则宽、当严则严，确保法律效果和社会效果的统一，对同一地区同一时期案情相似的案件所作出的治安管理处罚应基本均衡。（2）实施治安管理处罚时，应根据违反治安管理行为的基本事实和公安机关对部分违反治安管理行为实施处罚的裁量指导意见的情节较轻、情节较重、情节严重的具体适用情形，先确定依法适用的处罚幅度，再综合考虑违反治安管理行为的对象、后果、数额、次数、行为人主观恶意程度，以及从重、从轻、减轻等法定裁量情节，作出具体的处罚决定。A. 违反治安管理的情节较重、情节严重的情形：1 年内因同种违法行为被治安管理处罚后又实施；刑罚执行完毕 6 个月内，或在缓刑、假释期间，实施违反治安管理行为；组织、领导实施违反治安管理行为，或在共同违反治安管理行为中起主要作用；被侵害人为精神病人、残疾人、老年人、未成年人、孕妇；在突发事件和重大活动期间、突发事件和重大活动发生地、举行地实施违反治安管理行为；达到刑事追诉标准，但因犯罪情节轻微，检察院作出不起诉决定或法院判决免除刑罚。B. 违反治安管理的情节较轻的情形：实施违反治安管理行为危害较小，且积极配合公安机关查处；在共同违反治安管理行为中起次要或辅助作用。（3）违反治安管理行为，既有情节较重或情节严重情节，又有治安处罚法规定的减轻处罚或不予处罚情节，一般决定适用减轻处罚。（4）违反治安管理行为，有 2 个以上情节较重或情节严重情节，且无从轻、减轻或不予处罚等法定裁量情节，治安处罚法规定"可并处"罚款，一般决定适用并处罚款。（5）对治安处罚法规定"处警告或 200 元以下罚款"的违反治安管理行为，有从轻处罚情节，且无其他法定裁量情节，依法决定适用警告；有减轻处罚情节，且无其他法定裁量情节，依法决定适用警告或不予处罚。（6）对治安处罚法规定"处 5 日以下拘留或 500 元以下罚款"的违反治安管理行为，行为人系初次违反治安管理且社会危害性不大，同时又无其他法定裁量情节，一般决定适用 500 元以下罚款；对治安处罚法规定"情节较轻，处 5 日以下拘留或 500 元以下罚款"的违反治安管理行为，同时有从轻处罚情节或同时系初次违反治安管理，未造成危害后果和社会影响且无其他法定裁量情节，一般决定适用 500 元以下罚款。

精神病人的刑责能力问题：（1）精神病人在不能辨认或不能控制自己行为时造成危害结果，经法定程序鉴定确认，不负刑责，但应责令他的家属或监护人严加看管或医疗，必要时由政府强制医疗。（2）对公安机关移送的或在审查起诉过程中发现的精神病人符合强制医疗条件，检察院应向法院提出强制医疗的申请。（3）嫌犯无犯罪实施或有不起诉的情形，或在审查起诉中，嫌犯经鉴定系依法不负刑责的精神病人，检察院应作出不起诉决定。（4）实施犯罪行为时属于间歇性的精神病人在精神正常时或尚未完全丧失辨认、控制自己行为能力，应负刑责，符合起诉条件、应判处何种刑罚、是否收监执行，属于法院受案要求、依法行使裁判权的范畴。A. 被告人患有严重疾病，无法出庭法院可中止审理。B. 有证据证明患有精神病的嫌犯尚未完全丧失辨认或控制自己行为的能力，或患有间歇性精神病的嫌犯实施犯罪行为时精神正常，符合起诉条件，可依法提起公诉。C. 检察院认为事实不清、证据不足，可退回公安机关补充侦查。

对辩护律师收集的嫌犯不在犯罪现场、未达到刑责年龄、属于依法不负刑责的精神病人的证据，公安机关应进行核实并将有关情况记录在案，有关证据应附卷。嫌犯是盲、聋、哑人，或是尚未完全丧失辨认或控制自己行为能力的精神病人，未委托辩护人，公安机关、检察院、法院应自发现该情形之日起3日内，通知所在地同级司法行政机关所属法律援助机构指派律师为其提供辩护。对可能属于精神病人、未成年人或怀孕的妇女的嫌犯，应及时委托鉴定或调查核实。

第五章

侵犯财产罪（第 263~276 条）

宽严相济刑事政策的"相济"，主要是对各类犯罪依法处罚时，要善于综合运用宽、严手段，对不同的犯罪和罪犯区别对待，做到严中有宽、宽以济严；宽中有严、严以济宽。（1）对被告人同时有法定、酌定从严和法定、酌定从宽处罚情节的案件，要在全面考察犯罪的事实、性质、情节和对社会危害程度的基础上，结合被告人的主观恶性、人身危险性、社会治安状况等因素，综合作出分析判断，总体从严，或总体从宽。（2）被告人案发后对被害人积极进行赔偿，并认罪、悔罪，依法可作为酌定量刑情节考虑。（3）对严重刑事犯罪依法从严惩处的同时，对被告人有自首、立功、从犯等法定或酌定从宽处罚情节，还要注意宽以济严，据犯罪的具体情况，依法应或可从宽，都应在量刑上充分考虑。（4）对较轻刑事犯罪依法从轻处罚的同时，要注意严以济宽，充分考虑被告人是否有屡教不改、严重滋扰社会、群众反映强烈等酌定从严处罚的情况，对不从严不足以有效惩戒者，也应在量刑上有所体现，做到济之以严，使罪犯受到应有处罚，切实增强改造效果。（5）对老年人犯罪，要充分考虑其犯罪的动机、目的、情节、后果、悔罪表现等，并结合其人身危险性和再犯可能性，酌情从宽处罚。（6）对未成年人犯罪，在具体考虑其实施犯罪的动机和目的、犯罪性质、情节和社会危害程度的同时，还要充分考虑其是否属于初犯，归案后是否悔罪，以及个人成长经历和一贯表现等因素，坚持"教育为主、惩罚为辅"的原则和"教育、感化、挽救"的方针进行处理。A. 对偶尔盗窃、抢夺、诈骗，数额刚达到较大的标准，案发后能如实交代并积极退赃，可认定为情节显著轻微，不作为犯罪处理。B. 对罪行较轻，可依法适当多适用缓刑或判处管制、单处罚金等非监禁刑；依法可免刑，应免刑。C. 犯罪情节严重的未成年人，已满 14 周岁不满 18 周岁的人犯罪，应从轻或减轻处罚。D. 对已满 14 周岁不满 16 周岁的未成年犯罪人，一般不判处无期刑。

嫌犯潜逃或死亡后的违法所得的处理程序：（1）公安机关在侦查阶段，应对移送的案件的违法所得查封、扣押或冻结。（2）检察院在审查起诉阶段，对嫌犯追逃后的违法所得查封、扣押、冻结措施继续适用。（3）检察院对贪污贿赂犯罪、恐怖活动犯罪等重大犯罪案件，嫌犯、被告人脱逃或逃匿，在通缉 1 年后不能到案，或嫌犯、被告人死亡，需提起没收程序，可向法院提出没收违法所得的申请。

◆ 《刑法》第 263 条 【抢劫罪】

从故意犯、目的犯、行为犯、情节犯、数额犯、结果加重犯的角度讲，以暴力、胁迫或其他方法抢劫公私财物，处 3 年以上 10 年以下有期刑，并处罚金；有多次抢劫或抢劫数额巨大；入户（供他人家庭生活的与外界相对隔离的住宅等生活场所）抢劫；在公共交通工具上抢劫；抢劫银行或其他金融机构；抢劫军用物资或抢险、救灾、救济物资；抢劫致人重伤、死亡；冒充军警人员抢劫；持枪（以火药或压缩气体等为动力，利用管状器具发射金属弹丸或其他物质，足以致人伤亡或丧失知觉的各种枪支）抢劫（行为人使用枪支或向被害人显示持有、佩带的枪支进行抢劫的行为）的情形，处10年以上有期刑、无期刑或死刑，并处罚金或没收财产。

【2003·卷2·多选·39】（答案：BC）某晚，崔某身穿警服，冒充交通民警，骗租到个体女司机何某的夏利出租车。当车行至市郊时，崔某持假枪抢走何某人民币1000元，并将何某一脚踹出车外，使何某身受重伤，崔某乘机将出租车开走。本案中属于抢劫罪法定加重情节的有哪些？A. 持枪抢劫。B. 冒充军警人员抢劫。C. 抢劫致人重伤。D. 在公共交通工具上抢劫。

抢劫罪是以非法占有为目的（排除权利人的占有，将他人的财物作为自己的所有物支配，并遵从财物用途进行利用、处分的意思），当场使用暴力、胁迫或其他强制方法，当场强行劫取公私财物数额较大，侵犯他人的财产权和人身权的犯罪行为。抢劫罪既遂的标准是具备劫取财物或造成他人轻伤以上后果之一。既未劫取财物，又未造成他人人身伤害后果，属抢劫未遂。即使持枪抢劫，若既未劫取财物，又未造成他人轻伤以上后果，仍属抢劫未遂，不属既遂。

【2005·卷2·单选·14】（答案：C）甲、乙为劫取财物将在河边散步的丙杀死，当场取得丙随身携带的现金2000余元。甲、乙随后从丙携带的名片上得知丙是某公司总经理。两人经谋划后，按名片上的电话给丙的妻子丁打电话，声称丙已被绑架，丁必须在次日中午12点将10万元现金放在某处，否则杀害丙。丁立即报警，甲、乙被抓获。关于本案的处理，下列哪一种说法是正确的？A. 抢劫罪和绑架罪并罚。B. 以故意杀人罪、盗窃罪和绑架罪并罚。C. 以抢劫罪和敲诈勒索罪并罚。D. 以故意杀人罪、侵占罪和敲诈勒索罪并罚。

【2006·卷2·单选·14】（答案：C）甲使用暴力将乙扣押在某废弃的建筑物内，强行从乙身上搜出现金3000元和1张只有少量金额的信用卡，甲逼迫乙向该信用卡中打入币10万元。乙便给其妻子打电话，谎称自己开车撞伤他人，让其立即向自己的信用卡打入10万元救治伤员并赔偿。乙妻信以为真，便向乙的信用卡中打入10万元，被甲取走，甲在得款后将乙释放。对甲的行为应当按照下列哪一选项定罪？A. 非法拘禁罪。B. 绑架罪。C. 抢劫罪。D. 抢劫罪和绑架罪。

从相对负刑责年龄、无限防卫权的角度讲，已满14周岁不满16周岁的人，犯故意杀人、故意伤害致人重伤或死亡、强奸、抢劫、贩卖毒品、放火、爆炸、投毒罪行，应负刑责。（1）对正进行行凶、杀人、抢劫、强奸、绑架以及其他严重危及人身安全的暴力犯罪，采取防卫行为，造成不法侵害人伤亡，不属于防卫过当，不负刑责。（2）不满18周岁的人犯罪不构成累犯。（3）对被判处死缓执行的累犯以及因故意杀人、强奸、抢劫、绑架、放火、爆炸、投放危险物质或有组织的暴力犯罪被判处死缓执行的罪犯，法院根据犯罪情节等情况可同时决定对其限制减刑。A. 对累犯以及因故意杀人、强奸、抢劫、绑架、放火、爆炸、投放危险物质或有组织的暴力犯罪被判处10年以上有期刑、无期刑的罪犯，不得假释。B. 对故意杀人、强奸、放火、爆炸、投毒、抢劫等严重破坏社会秩序的罪犯，可附加剥夺政治权利。

【2008·卷2·单选·12】（答案：B）甲持西瓜刀冲入某银行储蓄所，将刀架在储蓄所保安乙的脖子上，喝令储蓄所职员丙交出现金1万元。见丙故意拖延时间，甲便在乙的脖子上划了一刀。刚取出5万元现金的储户丁看见乙血流不止，于心不忍，就拿出1万元扔给甲，甲得款后迅速逃离。对甲的犯罪行为，下列哪一选项是正确的？A. 抢劫罪（未遂）。B. 抢劫罪（既遂）。C. 绑架罪。D. 敲诈勒索罪。

【2008·卷2·单选·15】（答案：C）甲乘在路上行走的妇女乙不注意之际，将乙价值12000元的项链一把抓走，然后逃跑。跑了50米后，甲以为乙的项链根本不值钱，就转身回来，跑到乙跟前，打了乙2耳光，并说："出来混，也不知道戴条好项链"，然后将项链扔给乙。对甲的行为，应如何定性？A. 抢夺罪（未遂）。B. 抢夺罪（中止）。C. 抢夺罪（既遂）。

D. 抢劫罪（转化型抢劫）。

【2008·卷2·单选·20】（答案：B）①立法解释是由立法机关作出的解释，既然立法机关在制定法律时可以规定"携带凶器抢夺"以抢劫罪论处，那么，立法解释也可以规定"携带凶器盗窃的，以抢劫罪论处"。②当然，立法解释毕竟是解释，所以，立法解释不得进行类推解释。③司法解释也具有法律效力，当司法解释与立法解释相抵触时，应适用新解释优于旧解释的原则。④不过，司法解释的效力低于立法解释的效力，所以，立法解释可以进行扩大解释，司法解释不得进行扩大解释。关于上述四句话正误的判断，下列哪一选项是正确的？ A. 第①句正确，其他错误。B. 第②句正确，其他错误。C. 第③句正确，其他错误。D. 第④句正确，其他错误。

【2008·川·卷2·单选·17】（答案：B）甲驾驶摩托车至某广场，乘途经该广场的乙不备，猛拽其携带的手提包，乙紧紧抓住手提包不放，甲即猛踩油门，将乙拖行数米并甩开，夺其手提包后扬长而去。经查，手提包共有钱物价值人民币5000元，乙亦因被甲强拉硬拽而致手腕脱臼。对甲的行为应以何罪处罚？ A. 抢夺罪。B. 抢劫罪。C. 抢夺罪与抢劫罪实行并罚。D. 抢夺罪与抢劫罪的牵连犯从一重罪处断。

【2010·卷2·单选·17】（答案：B）甲欠乙十万元久不归还，乙反复催讨。某日，甲持凶器闯入乙家，殴打乙致其重伤，迫乙交出十万元欠条并在已备好的还款收条上签字。关于甲的行为性质，下列哪一选项是正确的？ A. 故意伤害罪。B. 抢劫罪。C. 非法侵入住宅罪。D. 抢夺罪。

【2013·卷2·单选·8】（答案：D）甲深夜进入小超市，持枪胁迫正在椅子上睡觉的店员乙交出现金，乙说"钱在收款机里，只有购买商品才能打开收款机"。甲掏出100元钱给乙说"给你，随便买什么"。乙打开收款机，交出所有现金，甲一把抓跑。事实上，乙给甲的现金只有88元，甲"亏了"12元。关于本案，下列哪一说法是正确的？ A. 甲进入的虽是小超市，但乙已在椅子上睡觉，甲属于入户抢劫。B. 只要持枪抢劫，即使分文未取，也构成抢劫既遂。C. 对持枪抢劫，不需区分既遂与未遂，直接依分则条文规定的法定刑量刑即可。D. 甲虽"亏了"12元，未能获利，但不属于因意志外的原因未得逞，构成抢劫罪既遂。

【2015·卷2·单选·17】（答案：C）李某乘正在遛狗的老妇人王某不备，抢下王某装有4000元现金的手包就跑。王某让名贵的宠物狗追咬李某。李某见状在距王某50米处转身将狗踢死后逃离。王某眼见一切，因激愤致心脏病发作而亡。关于本案，下列哪一选项是正确的？ A. 李某将狗踢死，属事后抢劫中的暴力行为。B. 李某将狗踢死，属对王某以暴力相威胁。C. 李某的行为满足事后抢劫的当场性要件。D. 对李某的行为应整体上评价为抢劫罪。

【2015·卷2·多选·51】（答案：BCD）关于刑法解释，下列哪些选项是错误的？ A. 刑法规定"以暴力、胁迫或者其他手段强奸妇女的"构成强奸罪。按文理解释，可将丈夫强行与妻子性交的行为解释为"强奸妇女"。B.《刑法》对抢劫罪与强奸罪的手段行为均使用了"暴力、胁迫"的表述，且二罪的法定刑相同，故对二罪中的"暴力、胁迫"应作相同解释。C. 既然将为了自己饲养而抢劫他人宠物的行为认定为抢劫罪，那么，根据当然解释，对为了自己收养而抢劫他人婴儿的行为更应认定为抢劫罪，否则会导致罪刑不均衡。D. 对中止犯中的"自动有效地防止犯罪结果发生"，既可解释为自动采取措施使得犯罪结果未发生；也可解释为自动采取防止犯罪结果发生的有效措施，而不管犯罪结果是否发生。

【2014·卷2·不定项·86】（答案：ABCD）郑某等人多次预谋通过爆炸抢劫银行运钞车。为方便跟踪运钞车，郑某等人于2012年4月6日杀害一车主，将其面包车开走（事实一）。后郑某等人制作了爆炸装置，并多次开面包车跟踪某银行运钞车，了解运钞车到某储蓄所收款的情况。郑某等人摸清运钞车情况后，于同年6月8日将面包车推下山崖（事实二）。同年6月11日，郑某等人将放有爆炸装置的自行车停于储蓄所门前。当运钞车停在该所门前

押款人员下车提押款时（当时附近无行人），郑某遥控引爆爆炸装置，致2人死亡4人重伤（均为运钞人员），运钞车中的230万元币被劫走（事实三）。关于事实一（假定具有非法占有目的），下列选项正确的是：A. 抢劫致人死亡包括以非法占有为目的故意杀害他人后立即劫取财物的情形。B. 如认为抢劫致人死亡仅限于过失致人死亡，则对事实一只能认定为故意杀人罪与盗窃罪（如否认死者占有，则成立侵占罪），实行并罚。C. 事实一同时触犯故意杀人罪与抢劫罪。D. 事实一虽是为抢劫运钞车服务的，但依然成立独立的犯罪，应适用"抢劫致人死亡"的规定。

【2014·卷2·不定项·88】（答案：ABCD）郑某等人多次预谋通过爆炸抢劫银行运钞车。为方便跟踪运钞车，郑某等人于2012年4月6日杀害一车主，将其面包车开走（事实一）。后郑某等人制作了爆炸装置，并多次开面包车跟踪某银行运钞车，了解运钞车到某储蓄所收款的情况。郑某等人摸清运钞车情况后，于同年6月8日将面包车推下山崖（事实二）。同年6月11日，郑某等人将放有爆炸装置的自行车停于储蓄所门前。当运钞车停在该所门前押款人员下车提押款时（当时附近未行人），郑某遥控引爆爆炸装置，致2人死亡4人重伤（均为运钞人员），运钞车中的230万元币被劫走（事实三）。关于事实三的判断，下列选项正确的是：A. 虽然当时附近没有行人，郑某等人的行为仍触犯爆炸罪。B. 触犯爆炸罪与故意杀人罪的行为只有一个，属于想象竞合。C. 爆炸行为亦可成为抢劫罪的手段行为。D. 对事实三应适用"抢劫致人重伤、死亡"的规定。

【2014·卷2·不定项·87】（答案：ABCD）郑某等人多次预谋通过爆炸抢劫银行运钞车。为方便跟踪运钞车，郑某等人于2012年4月6日杀害一车主，将其面包车开走（事实一）。后郑某等人制作了爆炸装置，并多次开面包车跟踪某银行运钞车，了解运钞车到某储蓄所收款的情况。郑某等人摸清运钞车情况后，于同年6月8日将面包车推下山崖（事实二）。同年6月11日，郑某等人将放有爆炸装置的自行车停于储蓄所门前。当运钞车停在该所门前押款人员下车提押款时（当时附近无行人），郑某遥控引爆爆炸装置，致2人死亡4人重伤（均为运钞人员），运钞车中230万元币被劫走（事实三）。关于事实二的判断，下列选项正确的是：A. 非法占有目的包括排除意思与利用意思。B. 对抢劫罪中的非法占有目的应与盗窃罪中的非法占有目的作相同理解。C. 郑某等人在利用面包车后毁坏面包车的行为，不影响非法占有目的的认定。D. 郑某等人事后毁坏面包车的行为属于不可罚的事后行为。

抢劫罪的情形：（1）行为人为劫取财物而预谋故意杀人，或在劫取财物过程中，为制服被害人反抗而故意杀人，以抢劫罪定罪处罚。（2）以杀人为劫取财物的暴力方式，使被害人不能反抗而劫取财物的行为，构成抢劫罪。（3）从转化犯、转化型抢劫罪（准抢劫罪或事后抢劫罪）的角度讲，携带凶器抢夺，或犯盗窃、诈骗、抢夺罪，为窝藏赃物、抗拒抓捕或毁灭罪证而当场使用暴力或以暴力相威胁，转化为抢劫罪定罪处罚（盗窃、诈骗、抢夺罪转化为抢劫罪的3个条件：A. 行为人首先实施了盗窃、诈骗、抢夺行为。B. 行为人当场使用暴力或以暴力相威胁。C. 行为人使用暴力或以暴力相威胁的目的在于窝藏赃物、抗拒抓捕或毁灭罪证）。（4）在抢夺过程中，展示携带凶器抢夺使被害人产生恐惧，或为抗拒抓捕当场使用暴力，抢夺罪转化为抢劫罪。（5）有驾驶车辆，逼挤、撞击或强行逼倒他人以排除他人反抗，乘机夺取财物；驾驶车辆强抢财物时，因被害人不放手而采取强拉硬拽方法劫取财物；行为人明知其驾驶车辆强行夺取他人财物的手段会造成他人伤亡的后果，仍强行夺取并放任造成财物持有人轻伤以上后果的情形，应以抢劫罪定罪处罚。（6）以非法占有为目的，主动将被害人灌醉或迷药，达到足以抑制他人反抗的程度，然后劫取钱财，属于以暴力、威胁外的其他使被害人丧失反抗能力的方式，构成抢劫罪。（7）行为人实施伤害、强奸等犯罪行为，在被害人未失去知觉，利用被害人不能反抗、不敢反抗的处境，临时起意劫取他人财物，应以此前所实施的具体犯罪与抢劫罪实行数罪并罚；在被害人失去知觉或未发觉的情形下，以及实施故意杀人犯罪行为后,临时起意拿走他人财物,应以此前所实施的具体犯罪与盗窃罪实行数罪并罚。(8)以非法占有为目的,以借贷为名采用暴力、胁迫手段获取他人财物,符合抢劫罪或敲诈勒索罪的规定,以抢劫罪或敲诈勒索罪追究刑责。

【2003·卷2·多选·32】(答案:BCD)某晚,甲潜入乙家中行窃,被发现后携所窃赃物(价值900余元)逃跑,乙紧追不舍。甲见杂货店旁有一辆未熄火摩托车,车主丙正站在车旁吸烟,便骑上摩托车继续逃跑。次日,丙在街上发现自己的摩托车和甲,欲将甲扭送公安局,甲一拳将丙打伤,后经法医鉴定为轻伤。本案应当以哪些罪名追究甲的刑事责任?A.抢劫罪。B.抢夺罪。C.盗窃罪。D.故意伤害罪。

【2005·卷2·多选·61】(答案:BC)下列哪些行为应认定为抢劫罪一罪?A.甲将仇人杀死后,取走其身上的5000元现金。B.甲持刀拦路行抢,故意将受害人杀死后取走其财物。C.甲在抢劫过程中,为压制被害人的反抗,故意将被害人杀死,取走其财物。D.甲实行抢劫罪后,为防止受害人报案,将其杀死。

【2006·卷2·多选·53】(答案:ABCD)甲、乙、丙共谋犯罪。某日,三人拦截了丁,对丁使用暴力,然后强行抢走丁的钱包,但钱包内只有少量现金,并有一张银行借记卡。于是甲将丁的借记卡抢走,乙、丙逼迫丁说出密码。丁说出密码后,三人带着丁去附近的自动取款机上取钱。取钱时发现密码不对,三人又对丁进行殴打,丁为避免遭受更严重的伤害,说出了正确的密码,三人取出现金5000元。对甲、乙、丙行为的定性,下列哪些选项是错误的?A.抢劫(未遂)罪与信用卡诈骗罪。B.抢劫(未遂)罪与盗窃罪。C.抢劫(未遂)罪与敲诈勒索罪。D.抢劫(既遂)罪与盗窃罪。

【2008·卷2·多选·62】(答案:ABC)《刑法》第二百六十九条对转化型抢劫作出了规定,下列哪些选项不能适用该规定?A.甲入室盗窃,被主人李某发现并追赶,甲进入李某厨房,拿出菜刀护在自己胸前,对李某说:"你千万别过来,我胆子很小。"然后,翻窗逃跑。B.乙抢夺王某的财物,王某让狼狗追赶乙。乙为脱身,打死了狼狗。C.丙骗取他人财物后,刚准备离开现场,骗局就被识破。被害人追赶丙。走投无路的丙从身上摸出短刀,扎在自己手臂上,并对被害人说:"你们再追,我就死在你们面前。"被害人见丙鲜血直流,一下愣住了。丙迅速逃离现场。D.丁在一网吧里盗窃财物并往外逃跑时,被管理人员顾某发现。丁为阻止顾某的追赶,提起网吧门边的开水壶,将开水泼在顾某身上,然后逃离现场。

【2009·卷2·多选·52】(答案:ABCD)下列哪些情形可以成立抢劫致人死亡?A.甲冬日深夜抢劫王某财物,为压制王某的反抗将其刺成重伤并取财后离去。三小时后,王某被冻死。B.乙抢劫妇女高某财物,路人曾某上前制止,乙用自制火药枪将曾某打死。C.丙和贺某共同抢劫严某财物,严某边呼救边激烈反抗。丙拔刀刺向严某,严某躲闪,丙将同伙贺某刺死。D.丁盗窃邱某家财物准备驾车离开时被邱某发现,邱某站在车前阻止丁离开,丁开车将邱某撞死后逃跑。

【2009·卷2·多选·63】(答案:CD)甲抢劫出租车,将被害司机尸体藏入后备厢后打电话给堂兄乙,请其帮忙。乙帮助甲把尸体埋掉,并把被害司机的证件、衣物等烧掉。两天后,甲把抢来的出租车送给乙。乙的行为构成何罪?A.抢劫罪。B.包庇罪。C.掩饰、隐瞒犯罪所得罪。D.帮助毁灭证据罪。

【2017·卷2·多选·60】(答案:ACD)关于抢劫罪的认定,下列哪些选项是正确的?A.甲欲进王某家盗窃,正撬门时,路人李某经过。甲误以为李某是王某,会阻止自己盗窃,将李某打昏,再从王某家窃走财物。甲不构成抢劫既遂。B.乙潜入周某家盗窃,正欲离开时,周某回家,进屋将乙堵在卧室内。乙掏出凶器对周某进行恐吓,迫使周某让其携带财物离开。乙构成入户抢劫。C.丙窃取刘某汽车时被发现,驾刘某的汽车逃跑,刘某乘出租车追赶。途遇路人陈某过马路,丙也未减速,将陈某撞成重伤。丙构成抢劫致人重伤。D.丁抢夺张某财

物后逃跑，为阻止张某追赶，出于杀害故意向张某开枪射击。子弹未击中张某，但击中路人汪某，致其死亡。丁构成抢劫致人死亡。

从比较法、犯罪对象、犯罪客体的角度讲，抢劫罪的特殊类型有多样性、关联性、互补性、差异性，含抢劫枪支、弹药、爆炸物、危险物质罪等。（1）抢夺罪、抢劫罪的根本差异在于暴力作用的对象（犯罪对象）不同。A. 抢夺罪的既遂要求财物脱离占有人的控制。B. 抢夺罪的暴力行为对象含对物、对人的轻微暴力。（2）抢劫罪、盗窃罪的根本差异在于犯罪客观方面的行为方式、犯罪主观方面的主观恶性的不同，关键在于受骗人是否基于认识错误处分（交付）财产。（3）抢劫罪、敲诈勒索罪的相同点是以非法占有为目的、使用暴力威胁的方法；根本差异在于犯罪客观方面内容的不同。A. 抢劫罪有当场暴力性，一般表现为当场使用暴力、当场获取财物，如被害人不立即交付财物，以暴力或威胁的方法抑制被害人的反抗，立即成为现实，从而达到强行劫取财物的目的。B. 敲诈勒索的行为方式表现为要挟或威胁、恐吓的方式方法，一般表现为非当场实施暴力，强行取得财物也往往是事后取得财物。C. 从威胁的方式看，抢劫罪的威胁，是当着被害人的面直接发出；敲诈勒索罪的威胁可当面发出或通过书信、电话或第三者转达。D. 从实现威胁的时间看，抢劫罪的威胁表现为扬言如不交出财物，当场实现所威胁的内容；敲诈勒索罪的威胁一般表现为如不答应要求将在后某个时间实现威胁的内容。E. 从威胁的内容看，抢劫罪的威胁都是以杀害、伤害等侵害人身相威胁；敲诈勒索罪的威胁内容含对人身的加害行为或毁坏财物、名誉等。F. 从非法取得财物的时间看，抢劫罪是实施威胁当场取得财物；敲诈勒索可在当场或事后取得。（4）抢劫罪、绑架罪的根本差异在于犯罪对象、犯罪行为的不同。A. 绑架罪的本质在于向被绑架人的近亲属或其他有关人勒索财物；绑架所要挟的人与劫财行为指向的对象一般不有同一性，绑架一般不可能是当场获取财物。B. 抢劫罪的本质在于直接迫使被害人交出财物；抢劫只能是当场取得财物，有同一性。

【2014·不定项·86】（答案：ABCD）郑某等人多次预谋通过爆炸抢劫银行运钞车。为方便跟踪运钞车，郑某等人于2012年4月6日杀害一车主，将其面包车开走（事实一）。后郑某等人制作了爆炸装置，并多次开面包车跟踪某银行运钞车，了解运钞车到某储蓄所收款的情况。郑某等人摸清运钞车情况后，于同年6月8日将面包车推下山崖（事实二）。同年6月11日，郑某等人将放有爆炸装置的自行车停于储蓄所门前。当运钞车停在该所门前押款人员下车提押款时（当时附近未行人），郑某遥控引爆爆炸装置，致2人死亡4人重伤（均为运钞人员），运钞车中的230万元被劫走（事实三）。关于事实一（假定有非法占有目的），下列选项正确的是：A. 抢劫致人死亡包括以非法占有为目的故意杀害他人后立即劫取财物的情形。B. 如认为抢劫致人死亡仅限于过失致人死亡，则对事实一只能认定为故意杀人罪与盗窃罪（如否认死者占有，成立侵占罪），实行并罚。C. 事实一同时触犯故意杀人罪与抢劫罪。D. 事实一虽是为抢劫运钞车服务的，但仍成立独立的犯罪，应适用"抢劫致人死亡"规定。

【2014·卷2·多选·88】（答案：ABCD）郑某等人多次预谋通过爆炸抢劫银行运钞车。为方便跟踪运钞车，郑某等人于2012年4月6日杀害一车主，将其面包车开走（事实一）。后郑某等人制作了爆炸装置，并多次开面包车跟踪某银行运钞车，了解运钞车到某储蓄所收款的情况。郑某等人摸清运钞车情况后，于同年6月8日将面包车推下山崖（事实二）。同年6月11日，郑某等人将放有爆炸装置的自行车停于储蓄所门前。当运钞车停在该所门前押款人员下车提押款时（当时附近无行人），郑某遥控引爆爆炸装置，致2人死亡4人重伤（均为运钞人员），运钞车中的230万元币被劫走（事实三）。关于事实三的判断，下列选项正确的是：A. 虽然当时附近没有行人，郑某等人的行为仍触犯爆炸罪。B. 触犯爆炸罪与故意杀人罪的行为只有一个，属于想象竞合。C. 爆炸行为亦可成为抢劫罪的手段行为。D. 对事实三应适用"抢劫致人重伤、死亡"的规定。

抢劫罪的量刑：（1）构成抢劫罪，可根据不同情形在相应的幅度内确定量刑起点：A. 抢劫1次，可在3年-5年有期刑幅度内确定量刑起点。B. 可在10年-12年有期刑幅度内确定量刑起点情形：a. 入户抢劫。b. 在公共交通工具上抢劫。c. 抢劫银行或其他金融机构。d. 抢劫3次或抢劫数额达到数额巨大起点。e. 抢劫致1人重伤。f. 冒充军警人员抢劫。g. 持枪抢劫。h. 抢劫军用物资或抢险、救灾、救济物资。i. 依法应判无期刑以上刑罚为例外。（2）在量刑起点的基础上，可根据抢劫情节严重程度、抢劫次数、数额、致人伤害后果等其他影响犯罪构成的犯罪事实增加刑罚量，确定基准刑。

【河南规定】抢劫罪的量刑：（1）法定刑在3年以上10年以下有期刑幅度的量刑起点和基准刑：A. 抢劫1次，在3年-6年有期刑幅度内确定量刑起点。B. 行为人实施盗窃、诈骗、抢夺行为，未达到数额较大，为窝藏赃物、抗拒抓捕或毁灭罪证，当场使用暴力或以暴力相威胁，以抢劫罪定罪处罚，在3年-6年有期刑幅度内确定量刑起点情形：盗窃、诈骗、抢夺接近数额较大标准；入户或公共交通工具上盗窃、诈骗、抢夺后在户外或交通工具外实施上述行为；使用暴力致人轻微伤以上后果；使用凶器或以凶器相威胁；具有其他严重情节。C. 在量刑起点的基础上，可根据抢劫次数、数额、致人伤害的后果等其他影响犯罪构成的犯罪事实增加刑罚量，确定基准刑；增加相应刑罚量的4种情形：a. 抢劫财物数额满600元或每增加600元，增加1个月刑期。b. 抢劫2次，可增加1年-3年刑期。c. 每增加轻微伤1人，增加6个月以下刑期。d. 每增加轻伤1人，增加6个月-1年刑期。e. 其他可增加刑罚量情形。（2）法定刑在10年以上有期刑幅度的量刑起点和基准刑：A. 犯抢劫罪，具有抢劫罪的8种法定严重情节之一，除依法应判无期刑以上刑罚外，在10年-13年有期刑幅度内确定量刑起点。B. 在量刑起点的基础上，可根据抢劫情节严重程度、抢劫次数、数额、手段、致人伤害的后果等其他影响犯罪构成的犯罪事实增加刑罚量，确定基准刑；增加相应刑罚量的9种情形：a. 抢劫财物数额满5万元，每增加4500元，增加1个月刑期。b. 抢劫次数超过3次，每增加1次，增加2年-3年刑期。c. 每增加轻微伤1人，增加6个月以下刑期。d. 每增加轻伤1人，增加6个月-1年刑期。e. 每增加重伤1人，增加1年-3年刑期。f. 每增加抢劫罪的8种情形之一，增加1年-3年刑期。g. 造成被害人6-3级残疾，每增加1级残疾，增加6个月-1年刑期。h. 造成被害人2-1级残疾，每增加1级残疾，增加2年-3年刑期。i. 其他可增加刑罚量情形。（3）可增加基准刑的20%以下的4种情形：A. 流窜作案。B. 在公共场所当众实施抢劫。C. 为实施其他违法犯罪活动而实施抢劫。D. 其他可从重处罚情形。（4）可减少基准刑的20%以下的2种情形：A. 抢劫家庭成员或近亲属财物。B. 其他可从轻处罚情形。（5）以毒品、假币、淫秽物品等违禁品为抢劫对象，以抢劫罪定罪；抢劫的违禁品数量作为量刑情节考虑，量刑起点和基准刑依上述规定确定。

◆《刑法》第264条【盗窃罪】

从故意犯、数额犯、贪财犯的角度讲，盗窃公私财物，数额较大【A. 盗窃一般文物。B. 盗窃公私财物价值1000元~3000元以上。C. 盗窃公私财物，有8种情形［a. 曾因盗窃受过刑罚。b. 1年内曾因盗窃受过行政处罚。c. 组织、控制未成年人盗窃（盗窃罪、组织未成年人进行违反治安管理活动罪有竞合性，组织、控制未成年人实施盗窃，依法应以盗窃罪论处时，定罪量刑的数额标准按盗窃罪一般标准的50%掌握）。d. 自然灾害、事故灾害、社会安全事件等突发事件期间，在事件发生地盗窃（盗窃犯罪发生的时间、地点界定为突发事件期间、事件发生地）。e. 盗窃残疾人、孤寡老人、丧失劳动能力人的财物。f. 在医院盗窃病人或其亲友财物（盗窃行为发生地限定为医院，窃取对象是用于救治病人的财物）。g. 盗窃救灾、抢险、防汛、优抚、扶贫、移民、救济款物（盗窃特殊用途款物无行为时间、地点限制）。h. 因盗窃引起被害人自杀、精神失常、伤残等严重后果］，数额较大标准可按盗窃公私财物价值1000元~

3000元以上一般标准的50%确定】，或多次盗窃（2年内盗窃3次以上）、入户盗窃（非法进入供他人家庭生活，与外界相对隔离的住所盗窃）、携带凶器盗窃（携带枪支、爆炸物、管制刀具等国家禁止个人携带的器械盗窃，或为实施违法犯罪携带其他足以危害他人人身安全的器械盗窃）、扒窃（在公共场所或公共交通工具上盗窃他人随身携带的财物；扒窃的对象未对体积要求；扒窃不以数额大小为判定标准；扒窃不要求以携带凶器为前提），处3年以下有期刑、拘役或管制，并处或单处罚金；数额巨大（a. 盗窃三级文物。b. 盗窃公私财物价值3万元~10万元以上）或有其他严重情节，处3年以上10年以下有期刑，并处罚金；数额特别巨大（a. 盗窃2级以上文物。b. 盗窃公私财物价值30万元~50万元以上）或有其他特别严重情节，处10年以上有期刑或无期刑，并处罚金或没收财产。

盗窃罪是以非法占有为目的，秘密窃取或多次秘密窃取他人数额较大的公私财物（能被人们事实上的支配、控制、占有的有形、物理性质的财物）的行为。（1）因犯盗窃罪，依法判处罚金刑，应在1000元以上盗窃数额的2倍以下判处罚金；无盗窃数额或盗窃数额无法计算，应在1000元以上10万元以下判处罚金。（2）扒窃不以数额大小为判定标准，但达到了刑罚惩罚程度，成立盗窃罪。（3）入户盗窃时，无盗窃数额和盗窃次数的限制，即可成立盗窃罪。

【2002·卷2·多选·33】（答案：ABD）陈某在街上趁刘某不备，将其手机（价值2590元）夺走。随后陈某反复使用该手机拨打国际长途电话，使刘某损失话费5200元。一周后，陈某将该手机丢弃在某邮局门口，引起保安人员的怀疑，经询问案发。下列有关此案的说法中，哪些是不正确的？A. 对陈某的行为以抢夺罪从重处罚即可。B. 对陈某的行为以盗窃罪从重处罚即可。C. 对陈某的行为以抢夺罪与盗窃罪实行数罪并罚。D. 对陈某的行为以抢夺罪与故意毁坏财物罪实行数罪并罚。

【2002·卷2·多选·40】（答案：AD）甲为获利于某日晚向乙家的羊圈内（共有29只羊）投放毒药，待羊中毒后将羊运走，并将羊肉出售给他人。甲的行为构成哪些犯罪？A. 盗窃罪。B. 投毒罪。C. 故意毁坏财物罪。D. 生产、销售有毒、有害食品罪。

【2006·卷2·多选·58】（答案：BCD）甲到银行自动取款机提款后，忘了将借记卡退出便匆忙离开。该银行工作人员乙对自动取款机进行检查时，发现了甲未退出的借记卡，便从该卡中取出5000元，并将卡中剩余的3万元转入自己的借记卡。对乙的行为的定性，下列哪些选项是错误的？A. 乙的行为构成盗窃罪。B. 乙的行为构成侵占罪。C. 乙的行为构成职务侵占罪。D. 乙的行为构成信用卡诈骗罪。

盗窃罪的既遂标准问题有争议性。（1）从大陆法系德国、日本刑法的角度讲，盗窃罪的既遂标准问题存在接触说、取得说（通说）、转移说、隐匿说等不同理论观点。（2）从中国刑法理论的角度讲，盗窃罪的既遂标准问题存在控制说、失控说、损失说、失控加控制说、控制和失控兼顾说等不同理论观点。[45]

从司法解释、1997年刑法的角度讲，单位不能构成盗窃罪的主体。单位有关人员为谋取单位利益组织实施盗窃行为，情节严重，应以盗窃罪追究直接责任人员的刑责。经企业领导集体研究决定并实施的盗窃电力的行为，是盗窃罪的普通共同犯罪行为。

---

[45] 张明楷：《未遂犯论》，法律出版社、成文书局1997年版，第141页（取得说为盗窃罪既遂犯通说）、《刑法的基本立场》，中国法制出版社2002年版，第232页（失控说）；刘明祥：《财产罪比较研究》，中国政法大学出版社2001年版，第190页（取得说）、第191页（失控说）；高铭暄、马克昌主编：《刑法学》，北京大学出版社、高等教育出版社2000年版，第515页（失控说）；赵秉志主编：《侵犯财产罪研究》，中国法制出版社1998年版，第197页（控制说）；陈兴良主编：《罪名指南》（上），中国政法大学出版社2000年版，第803页（失控加控制说）；《关于办理盗窃案件具体应用法律若干问题的解释》（已失效）规定："（二）已着手实行盗窃行为，只是由于行为人意志外的原因而未造成公私财物损失的，是盗窃未遂。"（损失说）

【2002·卷2·单选·7】（答案：C）王某利用计算机知识获取某公司上网账号和密码后，以每3个月100元的价格出售上网账号和密码，从中获利5000元，给该公司造成4万元的损失。对此，下列哪个说法是正确的？A. 王某的行为构成盗窃罪，盗窃数额为5000元。B. 王某的行为构成诈骗罪，诈骗数额为5000元。C. 王某的行为构成盗窃罪，盗窃数额为4万元。D. 王某的行为构成诈骗罪，诈骗数额为4万元。

【2002·卷2·单选·9】（答案：C）李某系A市建设银行某储蓄所记账员。2002年3月20日下午下班时，李某发现本所出纳员陈某将2万元营业款遗忘在办公桌抽屉内（未锁）。当日下班后，李某趁所内无人之机，返回所内将该2万元取出，用报纸包好后藏到自己办公桌下面的垃圾袋中，并用纸箱遮住垃圾袋。次日上午案发，赃款被他人找出。对此，下列哪一说法是正确的？A. 李某的行为属于贪污既遂。B. 李某的行为属于贪污未遂。C. 李某的行为属于盗窃既遂。D. 李某的行为属于盗窃未遂。

【2003·卷2·单选·8】（答案：B）李某多次尾随盗伐林木人员，将其砍倒尚未运走的林木偷偷运走，销赃获利数千元。此外，他还盗伐了他人自留地、责任田等地边田坎种植的零星树木5个多立方米。对李某的上述行为应当如何定罪处罚？A. 以盗伐林木罪定罪处罚。B. 以盗窃罪定罪处罚。C. 以盗伐林木罪和盗窃罪定罪，实行数罪并罚。D. 以盗伐林木罪、盗窃罪和销售赃物罪定罪，实行数罪并罚。

【2003·卷2·单选·9】（答案：C）甲因盗窃罪被捕，在侦查人员对其审讯期间，他又交待了自己与李某合伙诈骗4万元的犯罪事实，并提供了李某可能隐匿的地点，据这一线索，侦查机关顺利将李某追捕归案。对甲盗窃罪的处罚，下列哪一项是正确的？A. 应减轻或者免除处罚。B. 应从轻或者减轻处罚。C. 可从轻或者减轻处罚。D. 可减轻或者免罚。

【2004·卷2·单选·5】（答案：A）个体户甲开办的汽车修理厂系某保险公司指定的汽车修理厂家。甲在为他人修理汽车时，多次夸大汽车毁损程度，向保险公司多报汽车修理费用，从保险公司骗取12万余元。对甲的行为应如何论处？A. 以诈骗罪论。B. 以保险诈骗罪论。C. 以合同诈骗罪论。D. 属于民事欺诈，不以犯罪论处。

【2004·卷2·单选·11】（答案：A）陈某在商场金店发现柜台内放有一条重12克、价值1600元的纯金项链，与自己所戴的镀金项链样式相同。陈某以挑选金项链为名，乘售货员不注意，用自己的镀金项链调换了上述纯金项链。陈某的行为：A. 构成盗窃罪。B. 构成诈骗罪。C. 构成诈骗罪与盗窃罪的想象竞合犯。D. 构成诈骗罪与盗窃罪二罪。

【2004·卷2·单选·19】（答案：C）甲晚上潜入一古寺，将寺内古墓室中有珍贵文物编号的金佛的头用钢锯锯下，销赃后获赃款10万元。对甲应以什么罪追究刑事责任？A. 故意损毁文物罪。B. 倒卖文物罪。C. 盗窃罪。D. 盗掘古文化遗址、古墓葬罪。

【2005·卷2·单选·11】（答案：B）甲到乙的办公室送文件，乙不在。甲看见乙办公桌下的地上有一活期存折（该存折未设密码），便将存折捡走。乙回办公室后找不着存折，但看见桌上的文件，便找到甲问是否看见其存折，甲说没看到。甲下班后去银行将该存折中的5000元取走。甲的行为构成：A. 侵占罪。B. 盗窃罪。C. 诈骗罪。D. 金融凭证诈骗罪。

【2006·卷2·单选·17】（答案：C）下列哪种说法是正确的？A. 甲潜入乙家，搬走乙家1台价值2000元的彩电，走到门口，被乙5岁的女儿丙看到。丙问甲为什么搬我家的彩电，乙谎称是其父亲让他来搬。丙信以为真，让甲将彩电搬走。甲的行为属于诈骗。B. 甲在柜台假装购买金项链，让售货员乙拿出3条进行挑选，甲看后表示对3条金项链均不满意，让乙再拿2条。甲趁乙弯腰取金项链时，将柜台上的1条金项链装入口袋。乙拿出2条金项链让甲看，甲看后表示不满意，将金项链归还给乙。乙看少了1条，便隔着柜台一把抓住甲的手不让其走，甲猛地甩开乙的手逃走。甲的行为属于抢夺。C. 甲在柜台购买2条中华香烟，在售货员乙拿给甲2条中华香烟后，甲又让乙再拿1瓶五粮液酒。趁乙转身时，甲用事先准备好的2条

假中华香烟与柜台上的中华香烟对调。等乙拿出五粮液酒后,甲将烟酒又看了看,以烟酒有假为由没有买。甲的行为属于盗窃。D. 甲与乙进行私下外汇交易。乙给甲1万美元,甲在清点时趁乙不注意,抽出10张100元面值的美元,以10张10元面值的美元顶替。清点完成后,甲将总面额8.3万元的假人民币交给乙,被乙识破。乙要回1万美元,经清点仍是100张,拿回家后才发现美元被调换。甲的行为属于诈骗。

【2007·卷2·单选·7】(答案:C)张某出在报复动机将赵某打成重伤,发现赵某丧失知觉后,临时起意拿走了赵某的钱包,钱包里有1万元现金,张某将其占为己有。关于张某取财行为的定性,下列哪一选项是正确的?A. 构成抢劫罪。B. 构成抢夺罪。C. 构成盗窃罪。D. 构成侵占罪。

【2007·卷2·单选·15】(答案:B)甲路过某自行车修理店,见有一辆名牌电动自行车(价值1万元)停在门口,欲据为己有。甲见店内货架上无自行车锁便谎称要购买,催促店主去50米之外的库房拿货。店主临走时对甲说:"我去拿锁,你帮我看一下店。"店主离店后,甲骑走电动自行车。甲的行为构成何罪?A. 诈骗罪。B. 盗窃罪。C. 侵占罪。D. 职务侵占罪。

【2008·川·卷2·单选·15】(答案:C)甲与乙一起乘火车旅行。火车在某车站仅停2分钟,但甲欺骗乙说:"本站停车12分钟",乙信以为真,下车购物。乙刚下车,火车便发车了。甲立即将乙的财物转移至另一车厢,然后在下一站下车后携物潜逃。甲的行为构成何罪?A. 诈骗罪。B. 侵占罪。C. 盗窃罪。D. 故意毁坏财物。

【2008·川·卷2·单选·29】(答案:D)甲偷偷将乙家的一群羊赶走卖掉,获得赃款3000元。乙向法院起诉,并提供了足以证明甲盗窃的证据,要求追究甲盗窃罪的刑事责任。法院应采用下列哪一做法处理此案?A. 裁定不予受理。B. 告知乙向公安机关控告。C. 先受理,然后移送公安机关处理。D. 依法受理。

【2008·川·卷2·单选·32】(答案:B)甲、乙二人共同盗窃金融机构,第一审分别被判有期徒刑十年、六年。甲上诉,乙表示服判,未上诉。在第二审法院审理期间,甲死亡。关于第二审,下列哪一选项是正确的?A. 在上诉期满后,对乙的判决生效,可以交付执行。B. 第二审法院应当对甲、乙的案件一并进行审查、处理。C. 第二审法院认为甲构成犯罪,但量刑过重,应当改判。D. 第二审法院认为第一审对乙量刑过轻,应当改判加重其刑罚。

【2015·卷2·单选·18】(答案:A)乙全家外出数月,邻居甲主动帮乙照看房屋。某日,甲谎称乙家门口的一对石狮为自家所有,将石狮卖给外地人,得款1万元据为己有。关于甲的行为定性,下列哪一选项是错误的?A. 甲同时触犯侵占罪与诈骗罪。B. 如认为购买者无财产损失,则甲仅触犯盗窃罪。C. 如认为购买者有财产损失,则甲同时触犯盗窃罪与诈骗罪。D. 不管购买者是否存在财产损失,甲都触犯盗窃罪。

【2017·卷2·单选·6】(答案:D)甲欲前往张某家中盗窃。乙送甲一把擅自配制的张家房门钥匙,并告甲说,张家装有防盗设备,若钥匙打不开就须放弃盗窃,不可入室。甲用钥匙开张家房门,无法打开,本欲依乙告诫离去,但又不甘心,思量后破窗进入张家窃走数额巨大的财物。关于本案的分析,下列哪一选项是正确的?A. 乙提供钥匙的行为对甲成功实施盗窃起到了促进作用,构成盗窃罪既遂的帮助犯。B. 乙提供的钥匙虽未起作用,但对甲实施了心理上的帮助,构成盗窃罪既遂的帮助犯。C. 乙欲帮助甲实施盗窃行为,因意志以外的原因未能得逞,构成盗窃罪的帮助犯未遂。D. 乙的帮助行为的影响仅延续至甲着手开门盗窃时,故乙成立盗窃罪未遂的帮助犯。

从比较法、犯罪对象、犯罪客体的角度讲,盗窃罪的特殊类型有多样性、关联性、互补性、差异性,含盗窃、抢夺国有档案罪;盗窃、抢夺、毁灭国家机关公文、证件、印章罪;盗窃、抢夺武装部队公文、证件、印章罪;伪造、盗窃、买卖、非法提供、非法使用武装部队专用标志罪;盗窃、抢夺枪支、弹药、爆炸物、危险物质罪;盗窃、抢夺枪支、弹药、爆炸物罪；盗窃、抢夺武器装备、军用物资罪；盗窃、侮辱、故意毁坏尸体、尸骨、骨灰罪；盗掘古文化遗址、古墓葬罪；盗掘古人类化石、古脊椎动物化石罪等。

【2006·卷2·多选·59】（答案：AD）下列哪些说法是错误的？A. 甲盗窃乙的存折后，假冒乙的名义从银行取出存折中的5万元存款。甲的行为构成盗窃罪与诈骗罪。B. 甲盗窃了乙的200克海洛因，因本人不吸毒，就将海洛因转卖给丙。甲的行为构成盗窃罪和贩卖毒品罪。C. 甲盗窃了博物馆的一件国家珍贵文物，以20万元的价格转卖给乙。甲的行为构成盗窃罪和倒卖文物罪。D. 甲盗窃了乙的一块名表，以2万元的价格转卖给丙，甲的行为构成盗窃罪和销售赃物罪。

【2007·卷2·多选·52】（答案：AD）梁某与好友强某深夜在酒吧喝酒。强某醉酒后，钱包从裤袋里掉到地上，梁某拾后见钱包里有5000元现金就将其隐匿。强某要梁某送其回家，梁某怕钱包之事被发现，托辞拒绝。强某在回家途中醉倒在地，被人发现时已冻死。关于本案，下列哪些选项是正确的？A. 梁某占有财物的行为构成盗窃罪。B. 梁某占有财物的行为构成侵占罪。C. 梁某对强某的死亡构成不作为的故意杀人罪。D. 梁某对强某的死亡不构成不作为的故意杀人罪。

【2008·卷2·多选·64】（答案：BC）关于盗窃行为的定性，下列哪些选项是正确的？A. 盗窃伪造的货币的行为，不成立盗窃罪。B. 盗窃伪造的国家机关印章的行为，不成立盗窃国家机关印章罪。C. 盗窃伪造的信用卡并使用的行为，不适用《刑法》第一百九十六条"盗窃信用卡并使用"的规定。D. 盗窃企业违规制造的枪支的行为，不成立盗窃枪支罪。

【2008·川·卷2·多选·63】（答案：BC）甲、乙经共谋后到丙的住所对其实施了强奸，事后，甲趁丙不注意之机，将丙的钱包拿走。第二天，甲发现丙的钱包里有一张已中了5万元的彩票，即兑了奖。就甲拿走被害人钱包和私自兑奖的行为而言，下列哪些选项是正确的？A. 甲和乙成立盗窃罪的共同犯罪。B. 甲单独对自己的行为承担刑事责任。C. 甲的行为构成盗窃罪。D. 甲的行为构成盗窃罪和诈骗罪，应实行数罪并罚。

【2009·卷2·多选·59】（答案：BCD）欣欣在高某的金店选购了一条项链，高某趁欣欣接电话之际，将为其进行礼品包装的项链调换成款式相同的劣等品（两条项链差价约3000元）。欣欣回家后很快发现项链被"调包"，即返回该店要求退还，高某以发票与实物不符为由拒不退换。关于高某的行为，下列哪些说法是错误的？A. 构成盗窃罪。B. 构成诈骗罪。C. 构成侵占罪。D. 不构成犯罪，属民事纠纷。

【2010·卷2·多选·62】（答案：ABCD）下列哪些行为属于盗窃？A. 甲穿过铁丝网从高尔夫球场内"拾得"大量高尔夫球。B. 甲在夜间翻入公园内，从公园水池中"捞得"旅客投掷的大量硬币。C. 甲在宾馆房间"拾得"前一顾客遗忘的笔记本电脑一台。D. 甲从一辆没有关好门的小轿车内"拿走"他人公文包。

【2017·卷2·多选·69】（答案：ABCD）甲涉嫌利用木马程序盗取Q币并转卖他人，公安机关搜查其住处时，发现一个U盘内存储了用于盗取账号密码的木马程序。关于该U盘的处理，下列哪些选项是正确的？A. 应扣押U盘并制作笔录。B. 检查U盘内的电子数据时，应将U盘拆分过程进行录像。C. 公安机关移送审查起诉时，对U盘内提取的木马程序，应附有该木马程序如何盗取账号密码的说明。D. 如U盘未予封存，且不能补正或作出合理解释的，U盘内提取的木马程序不得作为定案的根据。

从比较法的角度讲，盗窃罪、侵占罪的根本差异在于犯罪对象的性质不同（财物归谁占有）。盗窃的既遂标准，原则上实行失控说（被害人失去对自己财物的控制，构成盗窃罪的既遂）。(1) 盗窃罪、职务侵占罪的根本差异在于犯罪主体、犯罪客体、犯罪客观方面的不同。(2) 盗窃罪、诈骗罪区别的关键在于被害人是否基于认识错误而交付财物。(3) 盗窃罪、抢夺罪的根本差异在于犯罪行为的不同，盗窃罪强调秘密窃取，抢夺罪强调趁人不备、公开夺取。

【2011·卷2·单选·16】（答案：D）关于盗窃罪的理解，下列哪一选项是正确的？A. 扒窃成立盗窃罪的，以携带凶器为前提。B. 扒窃仅限于窃取他人衣服口袋内体积较小的财物。C. 扒窃时无论窃取数额大小，即使窃得一张白纸，也成立盗窃罪既遂。D. 入户盗窃成立盗窃罪的，既不要求数额较大，也不要求多次盗窃。

从宽严相济政策的角度讲，对偶尔盗窃、抢夺、诈骗，数额刚达到较大的标准，案发后能如实交代并积极退赃，可认定为情节显著轻微，不作为犯罪处理。对罪行较轻，可依法适当多适用缓刑或判处管制、单处罚金等非监禁刑；依法可免刑，应免刑。对盗窃、抢夺、诈骗犯罪情节严重的已满14周岁不满18周岁的未成年人，也应从轻或减轻处罚。对已满14周岁不满16周岁的未成年犯罪人，一般不判处无期刑。

【2015·卷2·单选·19】（答案：D）菜贩刘某将蔬菜装入袋中，放在居民小区路旁长条桌上，写明"每袋20元，请将钱放在铁盒内"。然后，刘某去3公里外的市场卖菜。小区理发店的店员经常好奇地出来看看是否有人偷菜。甲数次公开拿走蔬菜时假装往铁盒里放钱。关于甲的行为定性（不考虑数额），下列哪一选项是正确的？A. 甲乘人不备，公然拿走刘某所有的蔬菜，构成抢夺罪。B. 蔬菜为经常出来查看的店员占有，甲构成盗窃罪。C. 甲假装放钱而实际未放钱，属诈骗行为，构成诈骗罪。D. 刘某虽距现场3公里，但仍占有蔬菜，甲构成盗窃罪。

偷开他人机动车，或无证驾驶、偷开航空器、机动船舶（未取得驾驶证驾驶或偷开他人航空器、机动船舶），处500元以上1000元以下罚款；情节严重（a. 偷开特种车辆、军车；偷开机动车从事违法活动；发生安全事故或造成机动车损坏、人员受伤；对他人的工作生活造成较大影响；其他情节严重的情形。b. 偷开警用、军用航空器、机动船舶；无证驾驶载有乘客、危险品的机动船舶或驾驶机动船舶总吨位在500吨位以上；酒后无证驾驶或偷开他人航空器、机动船舶；发生安全事故或造成航空器、机动船舶损坏、人员受伤；对他人的工作生活造成较大影响；其他情节严重的情形），处10日以上15日以下拘留，并处500元以上1000元以下罚款（《治安管理处罚法》第64条）。

盗窃罪的情形：（1）以非法占有为目的，秘密窃取公私财物或多次盗窃，数额较大，构成盗窃罪。（2）携带凶器盗窃、入户盗窃，应构成盗窃罪。A. 携带凶器盗窃、入户盗窃，如暴力行为不是作为压制财物占有人反抗的手段而使用，只能视情况单独定罪（抢劫罪等）。B. 在盗窃过程中，为窝藏赃物、抗拒抓捕、毁灭罪证而使用暴力，才能定抢劫罪。（3）采取欺骗方法使他人脱离对自己财物的占有（存在非法占有他人财物的意图，排除侵占），而后窃取，数额较大，构成盗窃罪。（4）盗窃信用卡并使用，不以信用卡诈骗罪论处，而是以盗窃罪定罪处罚。（5）从转化犯的角度讲，盗窃增值税专用发票或可用于骗取出口退税、抵扣税款的其他发票，以盗窃罪或诈骗罪定罪处罚。（6）盗窃墓葬，窃取数额较大的财物，应以盗窃罪论处。（7）盗窃珍贵文物，仅属窃取，构成盗窃罪；在盗窃过程中破坏珍贵文物、名胜古迹，可以盗窃罪或破坏珍贵文物、名胜古迹罪一重罪从重处罚。（8）犯私自开拆、隐匿、毁弃邮件、电报罪，盗窃罪而窃取财物，依盗窃罪规定定罪从重处罚（私自开拆、隐匿、毁弃邮件、电报罪、盗窃罪而窃取财物，以盗窃罪定罪从重处罚）。（9）盗窃军事通信线路、设备，不构成盗窃罪，但破坏军事通信，以破坏武器装备、军事设施、军事通信罪定罪处罚；同时构成生产销售劣药罪、盗窃罪和破坏武器装备、军事设施、军事通信罪，依处罚较重规定定罪处罚。（10）以牟利为目的（出售、出租、自用转让等谋取经济利益的行为），盗接他人通信线路、复制他人电信码号或明知是盗接、复制的电信设备、设施而使用，或盗接他人通信线路、复制他人电信码号，或以盗用他人公共信息网络上网账号、密码上网，造成他人电信资费损失较大，均以盗窃罪（《刑法》第264条）定罪处罚。（11）盗窃毒品等违禁品，应按盗窃罪处理,据情节轻重量刑。(12) 将国家、集体、他人所有并已伐倒的树木窃为己有,以及偷砍他人房前屋后、自留地种植的零星树木,数额较大,以盗窃罪定罪处罚。盗窃后的销赃行为与盗窃行为之间是牵连关系,择一重处理,不另定销赃罪。(13) 从故意犯、转化犯的角度讲,邮政工作人员利用职务便利(营业、分拣、接发、押运、投递等职务职责条件),私自开拆或隐匿、毁弃邮件、电报而窃取财物的行为转化为盗窃罪,以盗窃罪从重处罚,不再以私自开拆或隐匿、毁弃邮件、电报罪定罪处罚。(14) 偷开机动车,导致车辆丢失,以盗窃罪定罪处罚。(15) 为实施他罪,偷开机动车作为犯罪工具使用后非法占有车辆,或将车辆遗弃导致丢失,以盗窃罪和他罪数罪并罚,将车辆送回未造成丢失,按其所实施的他罪从重处罚。(16) 为实施他罪,偷开机动车作为犯罪工具使用后非法占有车辆,或将车辆遗弃导致丢失,以盗窃罪和他罪数罪并罚;将车辆送回未造成丢失,按其所实施的他罪从重处罚。(17) 采用破坏性手段盗窃公私财物,造成其他财物损毁,以盗窃罪从重处罚;同时构成盗窃罪和他罪,择一重罪从重处罚。(18) 对盗窃行为未构成犯罪但损毁财物,据具体案件情况可能构成故意毁坏财物罪或他罪;盗窃行为未构成犯罪,但损毁财物构成他罪,以他罪定罪处罚。(19) 实施盗窃犯罪后,为掩盖罪行或报复等,故意毁坏其他财物构成犯罪,以盗窃罪和构成的他罪数罪并罚;盗窃行为未构成犯罪,但损毁财物构成他罪,以他罪定罪处罚。(20) 盗窃未遂应追究刑责的3种情形(a. 以数额巨大的财物为盗窃目标。b. 以珍贵文物为盗窃目标。c. 其他情节严重情形):A. 盗窃罪的社会危害性主要体现为窃取财物的数额。B. 盗窃未遂虽未取得财物,但盗窃情节严重,也应依法追究刑责。C. 盗窃既有既遂又有未遂的处理原则,即分别达到不同量刑幅度,依处罚较重规定处罚;达到同一量刑幅度,以盗窃罪既遂处罚。(21) 以牟利为目的,盗接他人通信线路、复制他人电信码号或明知是盗接、复制电信设备、设施而使用,依盗窃罪规定定罪处罚。(22) 盗窃电力设备,未危及公共安全,但应追究刑责,可据案件的不同情况,按盗窃罪等罪处罚。(23) 盗窃油气或正使用的油气设备,构成犯罪,但未危害公共安全,以盗窃罪定罪处罚。(24) 盗窃油气,数额巨大但尚未运离现场,以盗窃未遂定罪处罚。(25) 盗窃油气同时构成盗窃罪和破坏易燃易爆设备罪,依刑法处罚较重规定定罪处罚。(26) 事前通谋实施明知是盗窃犯罪所得的油气或油气设备,而窝藏、转移、收购、加工、代为销售或以其他方法掩饰、隐瞒的犯罪行为,以盗窃犯罪的共犯定罪处罚。明知是盗窃犯罪所得的油气或油气设备,而窝藏、转移、收购、加工、代为销售或以其他方法掩饰、隐瞒,以掩饰、隐瞒犯罪所得、犯罪所得收益罪定罪处罚;事前有通谋,以盗窃犯罪的共犯定罪处罚。(27) 为他人盗窃油气而偷开油气井、油气管道等油气设备阀门排放油气或提供其他帮助,以盗窃罪的共犯定罪处罚。(28) 实施明知是盗窃、抢劫、诈骗、抢夺的机动车而掩饰、隐瞒犯罪所得、犯罪所得收益的行为,伪造变造买卖机动车行驶证、登记证书的行为,国家机关工作人员滥用职权或疏于审查或审查不严而使盗窃、抢劫、诈骗、抢夺的机动车被办理登记手续的行为,事前与盗窃、抢劫、诈骗、抢夺机动车的罪犯通谋,以盗窃罪、抢劫罪、诈骗罪、抢夺罪的共犯论处。(29) 在被害人失去知觉或未发觉的情形下,以及实施故意杀人犯罪行为后,临时起意拿走他人财物,应以故意杀人罪、盗窃罪数罪并罚。

【2014·卷2·不定项·89】(答案:BC)甲在强制戒毒所戒毒时,无法抗拒毒瘾,设法逃出戒毒所。甲径直到毒贩陈某家,以赊账方式买了少量毒品过瘾。后甲逃往乡下,告知朋友乙详情,请乙收留。乙让甲住下(事实一)。甲对陈某的毒品动起了歪脑筋,探知陈某将毒品藏在厨房灶膛内。某夜,甲先用毒包子毒死陈某的2条看门狗(价值6000元),然后翻进陈某院墙,从厨房灶膛拿走陈某50克纯冰毒(事实二)。甲拿出40克冰毒,让乙将40克冰毒和80克其他物质混合,冒充120克纯冰毒卖出(事实三)。关于事实一,下列选项正确的是:A. 甲是依法被关押的人员,其逃出戒毒所的行为构成脱逃罪。B. 甲购买少量毒品是为了自吸,购买毒品的行为不构成犯罪。C. 陈某出卖毒品给甲,虽未收款,仍属于贩卖毒品既遂。

D. 乙收留甲的行为构成窝藏罪。

【2014·卷2·不定项·90】（答案：ABCD）甲在强制戒毒所戒毒时，无法抗拒毒瘾，设法逃出戒毒所。甲径直到毒贩陈某家，以赊账方式买了少量毒品过瘾。后甲逃往乡下，告知朋友乙详情，请乙收留。乙让甲住下（事实一）。甲对陈某的毒品动起了歪脑筋，探知陈某将毒品藏在厨房灶膛内。某夜，甲先用毒包子毒死陈某的2条看门狗（价值6000元），然后翻进陈某院墙，从厨房灶膛拿走陈某50克纯冰毒（事实二）。甲拿出40克冰毒，让乙将40克冰毒和80克其他物质混合，冒充120克纯冰毒卖出（事实三）。关于事实二的判断，下列选项正确的是：A. 甲翻墙入院从厨房取走毒品的行为，属于入户盗窃。B. 甲进入陈某厨房的行为触犯非法侵入住宅罪。C. 甲毒死陈某看门狗的行为是盗窃预备与故意毁坏财物罪的想象竞合。D. 对甲盗窃50克冰毒的行为，应以盗窃罪论处，据盗窃情节轻重量刑。

【2014·卷2·不定项·91】（答案：BCD）甲在强制戒毒所戒毒时，无法抗拒毒瘾，设法逃出戒毒所。甲径直到毒贩陈某家，以赊账方式买了少量毒品过瘾。后甲逃往乡下，告知朋友乙详情，请乙收留。乙让甲住下（事实一）。甲对陈某的毒品动起了歪脑筋，探知陈某将毒品藏在厨房灶膛内。某夜，甲先用毒包子毒死陈某的2条看门狗（价值6000元），然后翻进陈某院墙，从厨房灶膛拿走陈某50克纯冰毒（事实二）。甲拿出40克冰毒，让乙将40克冰毒和80克其他物质混合，冒充120克纯冰毒卖出（事实三）。关于事实三的判断，下列选项正确的是：A. 甲让乙卖出冰毒应定性为甲事后处理所盗赃物，对此不应追究甲的刑事责任。B. 乙将40克冰毒掺杂、冒充120克纯冰毒卖出的行为，符合诈骗罪的构成要件。C. 甲、乙既成立诈骗罪的共犯，又成立贩卖毒品罪的共犯。D. 乙在冰毒中掺杂使假，不构成制造毒品罪。

盗窃罪的特殊处理方式方法：（1）盗窃情节轻微可不起诉或免除处罚情形：盗窃财物数额虽达到构成盗窃罪的数额较大标准，但犯罪情节轻微（行为人认罪、悔罪、退赃、退赔，结合全案情况考虑），可不起诉或免刑，必要时由有关部门进行行政处罚（治安处罚）。（2）偷拿家庭成员或近亲属财物的处理方式方法：偷拿家庭成员或近亲属的财物，获得谅解，一般可不认为是犯罪；追究刑责，应酌情从宽。（3）盗窃文物案件降低了定罪入罪数额标准，提高了量刑幅度。A. 盗窃国有馆藏一般文物、三级文物、二级以上文物，应分别认定为数额较大、数额巨大、数额特别巨大。B. 盗窃多件不同等级国有馆藏文物，3件同级文物可视为1件高一级文物。C. 盗窃3件一般文物可视为1件三级文物、2件三级文物可视为1件二级文物，应认定为盗窃数额特别巨大。D. 从民间收藏文物的数额认定方法的角度，有有效价格证明的民间收藏文物的数额根据有效价格证明认定，无有效价格证明的民间收藏文物的数额，或根据价格证明认定盗窃数额明显不合理，应按有关规定委托估价机构估价。（4）从无法通过估价机构估价的财物数额认定的角度讲，盗窃国有馆藏一般文物、三级文物、二级以上文物，应分别认定为盗窃罪的数额较大、数额巨大、数额特别巨大。A. 盗窃多件不同等级国有馆藏文物，3件同级文物可视为1件高一级文物。B. 盗窃文物，无法确定文物等级，或按文物等级定罪量刑明显过轻或过重，按盗窃的文物价值定罪量刑。（5）偷开他人机动车的处理方式方法：A. 对为盗窃其他财物，偷开机动车当犯罪工具使用后，将偷开的机动车辆送回原处或停放到原处附近，车辆未丢失，是否也应将车辆价值计入盗窃数额情形，规定为盗窃其他财物，偷开机动车作为犯罪工具使用后非法占有车辆，或将车辆遗弃导致丢失，被盗车辆的价值计入盗窃数额。B. 为盗窃其他财物，偷开机动车作为犯罪工具使用后非法占有车辆，或将车辆遗弃导致丢失，被盗车辆的价值计入盗窃数额。（6）单位组织、指使盗窃的处理原则：A. 从《关于单位有关人员组织实施盗窃行为如何适法问题的批复》（2002年）的角度讲，单位有关人员为谋取单位利益组织实施盗窃行为，情节严重，应以盗窃罪追究直接责任人员的刑责。B. 单位组织、指使盗窃，构成犯罪，以盗窃罪追究组织者、指使者、直接实施者的刑责［《关于办理危害计算机信息系统安全刑事案件应用法律若干问题的解释》（2001年）第 8 条、《关于办理妨害国（边）境管理刑事案件应用法律若干问题的解释》（2012 年）第 7 条、《关于办理盗窃刑事案件适用法律若干问题的解释》（2013 年）第 13 条］。

【2008·川·卷 2·单选·31】（答案：A）甲、乙涉嫌共同盗窃国家一级文物并将文物损毁，某中级法院受理案件后，甲委托其弟弟为辩护人，乙因经济困难没有委托辩护人。下列哪一选项是正确的？A. 法院应当为乙指定辩护。B. 法院可以为乙指定辩护。C. 法院应当指定乙的近亲属作为其辩护人。D. 法院可以指定乙的近亲属作为其辩护人。

从盗窃罪特殊情形的处理方式方法的角度讲，对情节显著轻微，危害不大的多次盗窃、入户盗窃、携带凶器盗窃、扒窃行为，不应认定为犯罪。对实施入户盗窃、携带凶器盗窃、扒窃行为，未实际窃取财物，是否需追究刑责，应根据具体案件情况综合认定：如以数额巨大的财物或珍贵文物为盗窃目标，或有盗窃行为严重威胁到被害人人身安全等严重情节，应定罪处罚；结合全案情况，盗窃情节显著轻微危害不大，不应认定为犯罪。偷拿家庭成员或近亲属的财物，获得谅解，一般可不认为是犯罪；追究刑责，应酌情从宽。

盗窃公私财物数额较大，行为人认罪、悔罪、退赃、退赔，且有 4 种情形（a. 被害人谅解。b. 有法定从宽处罚情节。c. 未参与分赃或获赃较少且不是主犯。d. 其他情节轻微、危害不大），情节轻微，可不起诉或免刑；必要时，由有关部门行政处罚。

【2009·卷 2·多选·51】（答案：CD）甲欲去乙的别墅盗窃，担心乙别墅结构复杂难以找到贵重财物，就请熟悉乙家的丙为其标图。甲入室后未使用丙提供的图纸就找到乙价值 100 万元的珠宝，即携珠宝逃离现场。关于本案，下列哪些说法是正确的？A. 甲构成盗窃罪，入户盗窃是法定的从重处罚情节。B. 丙不构成犯罪，因为客观上没能为甲提供实质的帮助。C. 即便甲未使用丙提供的图纸，丙也构成盗窃罪的共犯。D. 甲、丙构成盗窃罪的共犯，甲是主犯，丙是帮助犯。

【2014·卷 2·多项·60】（答案：ABCD）甲的下列哪些行为属于盗窃（不考虑数额）？A. 某大学的学生进食堂吃饭时习惯于用手机、钱包等物占座后，再去购买饭菜。甲将学生乙用于占座的钱包拿走。B. 乙进入面馆，将手机放在大厅 6 号桌的空位上，表示占座，然后到靠近窗户的地方看看有没有更合适的座位。在 7 号桌吃面的甲将手机拿走。C. 乙将手提箱忘在出租车的后备厢。后甲搭乘该出租车时，将自己的手提箱也放进后备厢，并在下车时将乙的手提箱一并拿走。D. 乙全家外出打工，委托邻居甲照看房屋。有人来村里购树，甲将乙家山头上的树谎称为自家的树，卖给购树人，得款 3 万元。

从刑法修正案（八）的角度讲，《关于办理盗窃刑事案件适用法律若干问题的解释》规定了多次盗窃、入户盗窃、携带凶器盗窃、扒窃的认定方法，盗窃罪数额较大、数额巨大、数额特别巨大标准和盗窃数额、其他严重情节、盗窃罪特殊情形的处理等问题；盗窃罪的数额较大起点标准由 500 元~2000 元提高至 1000 元~3000 元，数额巨大的起点标准由 5000 元~2 万元提高到 3 万元~10 万元，数额特别巨大的起点标准由 3 万元~10 万元提高到 30 万元~50 万元，适当提高了一般盗窃罪入罪门，体现了经济社会发展状况和人民群众收入增长情况条件下人民群众的财产安全感、现实治安状况、刑罚适用总体趋势与相关司法解释协调的罪责刑相适应原则精神。

刑法修正案（八）增加了入户盗窃、携带凶器盗窃、扒窃的盗窃犯罪情形。（1）《关于办理盗窃刑事案件适用法律若干问题的解释》（2013 年）未规定多次盗窃、入户盗窃、携带凶器盗窃、扒窃的数额标准，仅认定多次盗窃（2 年时限内盗窃 3 次以上：3 次盗窃行为不要求均为未经处理，如 3 次中有受过刑罚或行罚，也应算在 3 次内）、入户盗窃（非法进入供他人家庭生活，与外界相对隔离的住所盗窃）、携带凶器盗窃（携带枪支、爆炸物、管制刀具等国家禁止个人携带的器械或为实施违法犯罪携带其他足以危害他人人身安全的器械盗窃）、扒窃［在公共场所或公共交通工具上盗窃他人随身携带（实际支配或控制的占有状态）的财物（a. 被害人带在身上与其有身体接触的财物。b. 虽未依附于身体，但置于被害人身边，可用身体随时直接触摸、检查的财物）］的基本情形。(2) 实施多次盗窃、入户盗窃、携带凶器盗窃、扒窃行为，构成犯罪不需盗窃数额标准。

从司法解释的角度讲，盗窃行为给失主造成的损失大于盗窃数额，损失数额可作为量刑情节考虑。(1) 盗窃的数额的认定方法有多样性、类型性、差异性。A. 从一般财物的价格认证原则的角度，被盗财物有有效价格证明，据有效价格证明认定；无有效价格证明，或根据价格证明认定盗窃数额明显不合理，应按有关规定委托估价机构估价。B. 盗窃外币，按盗窃时中国外汇交易中心或人行授权机构公布的人民币对该外币的中间价折合成人民币计算；中国外汇交易中心或人行授权机构未公布汇率中间价外币，按盗窃时境内银行人民币对该货币的中间价折算成人民币，或该货币在境内银行、国际外汇市场对美元汇率，与人民币对美元汇率中间价进行套算。C. 盗窃电力、燃气、自来水等财物，盗窃数量能查实，按查实的数量计算盗窃数额；盗窃数量无法查实，以盗窃前6个月月均正常用量减去盗窃后计量仪表显示的月均用量推算盗窃数额；盗窃前正常使用不足6个月，按正常使用期间的月均用量减去盗窃后计量仪表显示的月均用量推算盗窃数额。D. 明知是盗接他人通信线路、复制他人电信码号的电信设备、设施而使用，按合法用户为其支付的费用认定盗窃数额；无法直接确认，以合法用户的电信设备、设施被盗接、复制后的月缴费额减去被盗接、复制前6个月的月均电话费推算盗窃数额；合法用户使用电信设备、设施不足6个月，按实际使用的月均电话费推算盗窃数额。e. 盗接他人通信线路、复制他人电信码号出售，按销赃数额认定盗窃数额。(2) 盗窃有价支付凭证、有价证券、有价票证的数额认定方法：A. 盗窃不记名、不挂失的有价支付凭证、有价证券、有价票证，应按票面数额和盗窃时应得的孳息、奖金或奖品等可得收益一并计算盗窃数额。B. 盗窃记名的有价支付凭证、有价证券、有价票证，已兑现，按兑现部分的财物价值计算盗窃数额；无兑现，但失主无法通过挂失、补领、补办手续等方式避免损失，按给失主造成的实际损失计算盗窃数额。(3) 盗窃既有既遂，又有未遂，分别达到不同量刑幅度，依处罚较重规定处罚；达到同一量刑幅度，以盗窃罪既遂处罚。(4) 盗窃未遂，仍应依法追究刑责的3种情形：A. 以珍贵文物为盗窃目标。B. 以数额巨大的财物为盗窃目标。C. 其他情节严重情形。(5) 对跨地区实施的涉及同一机动车的盗窃、抢劫、诈骗、抢夺及掩饰、隐瞒犯罪所得、犯罪所得收益行为，有关公安机关可依法律和有关规定一并立案侦查，需提请批捕、移送审查起诉、提起公诉，由该公安机关所在地的同级检察院、法院受理。(6) 在跨地区运行的公共交通工具上盗窃，盗窃地点无法查证，盗窃数额是否达到数额较大、数额巨大、数额特别巨大，应根据受理案件所在地省级高院、检察院确定的有关数额标准认定。

从宽严相济政策的角度讲，对被告人检举揭发他人犯罪构成立功，一般均应依法从宽处罚。对犯罪情节不是十分恶劣，犯罪后果不是十分严重的被告人立功，从宽处罚的幅度应更大。(1) 对较轻犯罪的初犯、偶犯，应综合考虑其犯罪的动机、手段、情节、后果和犯罪时的主观状态，酌情从宽处罚。对犯罪情节轻微的初犯、偶犯，可免刑；依法应刑罚，也应尽量适用缓刑或判处管制、单处罚金等非监禁刑。(2) 对刑事被告人，若采取取保候审、监视居住等非羁押性强制措施足以防止发生社会危险性，且不影响刑诉正常进行，一般可不采取羁押措施。对检察院提起公诉而被告人未被采取逮捕措施，除存在被告人逃跑、串供、重新犯罪等有人身危险性或可能影响刑诉正常进行的情形外，法院一般可不决定逮捕被告人。(3) 对未成年人偶尔盗窃、抢夺、诈骗，数额刚达到较大的标准，案发后能如实交代并积极退赃，可认定为情节显著轻微，不作为犯罪处理。A. 对罪行较轻，可依法适当多适用缓刑或判处管制、单处罚金等非监禁刑；依法可免刑，应免刑。B. 对犯罪情节严重的未成年人，或已满14周岁不满18周岁的未成年人犯罪，应从轻或减轻处罚。C. 对已满14周岁不满16周岁的未成年犯罪人,一般不判处无期刑。(4) 宽严相济刑事政策的"宽",主要是对情节较轻、社会危害性较小的犯罪,或罪行虽严重,但有法定、酌定从宽处罚情节,以及主观恶性相对较小、人身危险性不大的被告人,可依法从轻、减轻或免刑;对有一定社会危害性,但情节显著轻微危害不大的行为,不作为犯罪处理;对依法可不监禁,尽量适用缓刑或判处管制、单处罚金等非监禁刑。(5) 宽严相济刑事政策的"严",主要是对罪行十分严重、社会危害性极大,依法应判处重刑或死刑,要坚决地判处重刑或死刑;对社会危害大或有法定、酌定从重处罚情节,以及主观恶性深、人身危险性大的被告人,要依法从严惩处。在审判活动中通过体现依法从"严"的政策要求,有效震慑罪犯和社会不稳定分子,达到有效遏制犯罪、预防犯罪的目的。

【2017·卷2·单选·17】(答案:A)郑某冒充银行客服发送短信,称张某手机银行即将失效,需重新验证。张某信以为真,按短信提示输入银行卡号、密码等信息后,又将收到的编号为135423的"验证码"输入手机页面。后张某发现,其实是将135423元汇入了郑某账户。关于本案的分析,下列哪一选项是正确的? A. 郑某将张某作为工具加以利用,实现转移张某财产的目的,应以盗窃罪论处。B. 郑某虚构事实,对张某实施欺骗并导致张某处分财产,应以诈骗罪论处。C. 郑某骗取张某的银行卡号、密码等个人信息,应以侵犯公民个人信息罪论处。D. 郑某利用电信网络,为实施诈骗而发布信息,应以非法利用信息网络罪论处。

盗窃罪的量刑:(1) 构成盗窃罪,可根据不同情形在相应的幅度内确定量刑起点:A. 达到数额较大起点,2年内3次盗窃,入户盗窃,携带凶器盗窃,或扒窃,可在1年以下有期刑、拘役幅度内确定量刑起点。B. 达到数额巨大起点或有其他严重情节,可在3年-4年有期刑幅度内确定量刑起点。C. 达到数额特别巨大起点或有其他特别严重情节,可在10年-12年有期刑幅度内确定量刑起点,以依法应判无期刑为例外。(2) 在量刑起点的基础上,可根据盗窃数额、次数、手段等其他影响犯罪构成的犯罪事实增加刑罚量,确定基准刑。A. 多次盗窃,数额达到较大以上,以盗窃数额确定量刑起点,盗窃次数可作为调节基准刑的量刑情节。B. 数额未达到较大,以盗窃次数确定量刑起点,超过3次的次数作为增加刑罚量的事实。

【河南规定】盗窃罪的量刑:(1) 法定刑在3年以下有期刑、拘役、管制、单处罚金幅度的量刑起点和基准刑:A. 盗窃公私财物,犯罪数额达到数额较大起点,或2年内3次盗窃、入户盗窃、携带凶器盗窃、扒窃,在3个月拘役至6个月有期刑幅度内确定量刑起点。B. 盗窃公私财物,具有曾因盗窃受过刑罚;1年内曾因盗窃受过行罚;组织、控制未成年人盗窃;在医院盗窃病人或其亲友财物;盗窃残疾人、孤寡老人、丧失劳动能力人的财物;盗窃救灾、抢险、防汛、优抚、扶贫、移民、救济款物;自然灾害、事故灾害、社会安全事件等突发事件期间,在事件发生地盗窃;因盗窃造成严重后果的8种情形之一且数额达到较大起点标准50%,可盗窃罪定罪,并在3个月拘役到6个月有期刑幅度内确定量刑起点。C. 盗窃国有馆藏一般文物,在9个月-1年有期刑幅度内确定量刑起点。D. 在量刑起点的基础上,可根据盗窃数额、次数、手段等其他影响犯罪构成的犯罪事实增加刑罚量,确定基准刑;增加相应的刑罚量情形:A. 犯罪数额每增加2000元,增加1个月刑期。B. 入户盗窃、携带凶器盗窃、扒窃、2年内盗窃3次,在此基础上,每增加1次作案或1种情形,分别增加2个月-3个月刑期。C. 盗窃国有馆藏一般文物2件,增加9个月-1年刑期。D. 其他可增加刑罚量情形。E. 盗窃未遂,具有以数额巨大的财物为盗窃目标、以珍贵文物为盗窃目标或其他情节严重的3种情形,应依法追究刑责,根据案件的具体情况确定,量刑起点和基准刑参照之。(2) 法定刑在3年以上10年以下有期刑幅度的量刑起点和基准刑:A. 盗窃公私财物,犯罪数额达到数额巨大起点,可在3年-4年有期刑幅度内确定量刑起点。B. 盗窃公私财物,具有组织、控制未成年人盗窃;在医院盗窃病人或其亲友财物;盗窃残疾人、孤寡老人、丧失劳动能力人的财物;盗窃救灾、抢险、防汛、优抚、扶贫、移民、救济款物;自然灾害、事故灾害、社会安全事件等突发事件期间,在事件发生地盗窃;因盗窃造成严重后果的6种情形,或入户盗窃、携带凶器盗窃，且数额达到巨大起点标准50%，在3年-4年有期刑幅度内确定量刑起点。C. 盗窃国有馆藏一般文物3件或三级文物1件，在3年-4年有期刑幅度内确定量刑起点。D. 在量刑起点的基础上，根据盗窃数额、手段等其他影响犯罪构成的犯罪事实增加刑罚量，确定基准刑；增加相应的刑罚量的4种情形：A. 犯罪数额每增加4500元，增加1个月刑期。B. 具有组织、控制未成年人盗窃；在医院盗窃病人或其亲友财物；盗窃残疾人、孤寡老人、丧失劳动能力人的财物；盗窃救灾、抢险、防汛、优抚、扶贫、移民、救济款物；自然灾害、事故灾害、社会安全事件等突发事件期间，在事件发生地盗窃；因盗窃造成严重后果的6种情形之一，每增加1种情形，增加6个月-1年刑期。C. 盗窃国有馆藏一般文物超过3件，每增加1件，增加9个月-1年刑期。盗窃国有馆藏三级文物2件，增加2年6个月-3年刑期。D. 其他可增加刑罚量情形。E. 盗窃未遂，具有以数额巨大的财物为盗窃目标、以珍贵文物为盗窃目标或其他情节严重的3种情形，应依法追究刑责，根据案件的具体情况确定，量刑起点和基准刑参照之。（3）法定刑在10年以上有期刑幅度的量刑起点和基准刑：A. 盗窃公私财物，犯罪数额达到"数额特别巨大"起点，在10年-12年有期刑幅度内确定量刑起点。B. 盗窃公私财物，具有组织、控制未成年人盗窃；在医院盗窃病人或其亲友财物；盗窃残疾人、孤寡老人、丧失劳动能力人的财物；盗窃救灾、抢险、防汛、优抚、扶贫、移民、救济款物；自然灾害、事故灾害、社会安全事件等突发事件期间，在事件发生地盗窃；因盗窃造成严重后果的6种情形之一，或入户盗窃、携带凶器盗窃，且数额达到"特别巨大"起点标准50%，在10年-12年有期刑幅度内确定量刑起点。C. 盗窃国有馆藏三级文物3件或二级文物1件，在10年-12年有期刑幅度内确定量刑起点，以依法应判无期刑为例外。D. 在量刑起点的基础上，根据盗窃数额、手段等其他影响犯罪构成的犯罪事实增加刑罚量，确定基准刑；增加相应的刑罚量情形：A. 犯罪数额每增加4万元，增加1个月刑期。B. 具有组织、控制未成年人盗窃；在医院盗窃病人或其亲友财物；盗窃残疾人、孤寡老人、丧失劳动能力人的财物；盗窃救灾、抢险、防汛、优抚、扶贫、移民、救济款物；自然灾害、事故灾害、社会安全事件等突发事件期间，在事件发生地盗窃；因盗窃造成严重后果的6种情形之一，每增加1种情形，增加1年-2年刑期。C. 盗窃国有馆藏三级文物超过3件，每增加1件，增加9个月-1年刑期。盗窃国有馆藏二级文物超过1件，每增加1件，增加1年-2年刑期。盗窃的文物中包含一般文物，每增加1件，增加3个月-4个月刑期。D. 其他可增加刑罚量情形。E. 盗窃未遂，具有以数额巨大的财物为盗窃目标、以珍贵文物为盗窃目标或其他情节严重的3种情形，应依法追究刑责，根据案件的具体情况确定，量刑起点和基准刑参照之。（4）可从重处罚，但同时具有2种以上情形，累计不得超过基准刑的100%的4种情形：A. 盗窃公私财物，增加基准刑的30%以下（已确定为犯罪构成事实为例外）的9种情形：多次盗窃，犯罪数额达到较大以上；入户盗窃；携带凶器盗窃、扒窃；组织、控制未成年人盗窃；自然灾害、事故灾害、社会安全事件等突发事件期间，在事件发生地盗窃；盗窃残疾人、孤寡老人、丧失劳动能力人的财物；在医院盗窃病人或其亲友财物；盗窃救灾、抢险、防汛、优抚、扶贫、移民、救济款物；因盗窃造成严重后果。以上9种情形，每增加1种情形，再增加基准刑的10%以下。B. 采用破坏性手段盗窃公私财物，造成其他财物损毁，增加基准刑的20%以下。构成他罪数罪并罚为例外。C. 为吸毒、赌博等违法犯罪活动而盗窃，增加基准刑的20%以下。D. 其他可从重处罚情形。（5）对盗窃犯罪既有既遂、又有未遂，以对应量刑幅度较重的部分确定基准刑，既、未遂所对应的量刑幅度相同，以既遂部分确定基准刑，其他可作为调节基准刑的量刑情节。以既遂部分确定基准刑，根据未遂部分犯罪行为的实行程度、造成损害的大小、犯罪未得逞的原因等情况，可增加基准刑的30%以下。以未遂部分确定基准刑，根据既遂部分犯罪行为造成损害的大小等情况，可增加基准刑的40%以下，但不得根据该量刑情节提高量刑幅度。多次盗窃，盗窃数额未达到较大，以盗窃次数确定量刑起点，超过3

次的次数作为增加刑罚量的事实;盗窃数额达到较大以上,以盗窃数额确定量刑起点,盗窃次数可作为从重处罚量刑情节。盗窃违禁品,按盗窃罪处理,不计数额,根据情节轻重量刑。盗窃技术成果等商业秘密,以侵犯商业秘密罪定罪处罚。(6)可从宽处罚情形:A.案发前主动将赃物放回原处或主动归还被害人,减少基准刑的30%以下。B.盗窃家庭成员或近亲属的财物,获得谅解,一般可不认为是犯罪;追究刑责,应减少基准刑的20%~50%。C.其他可从轻处罚情形。

【2017·卷2·不定项·86-88】(答案:86. A;87. B;88. AD)某小区五楼刘某家的抽油烟机发生故障,王某与李某上门检测后,决定拆下搬回维修站修理。刘某同意。王某与李某搬运抽油烟机至四楼时,王某发现其中藏有一包金饰,遂暗自将之塞入衣兜。(事实一)王某与李某将抽油烟机搬走后,刘某想起自己此前曾将金饰藏于其中,追赶前来,见王某神情可疑,便要其返还金饰。王某为洗清嫌疑,乘乱将金饰转交李某,李某心领神会,接过金饰藏于裤兜中。刘某确定王某身上没有金饰后,转身再找李某索要。李某突然一拳击倒刘某,致其倒地重伤。李某与王某随即逃走。(事实二)后王某建议李某将金饰出售,得款二人平分,李某同意。李某明知金饰价值1万元,却向亲戚郭某谎称金饰为朋友委托其出售的限量版,售价5万元。郭某信以为真,花5万元买下金饰。拿到钱后,李某心生贪念,对王某称金饰仅卖得1万元,分给王某5000元。请回答第86-88题。

86. 关于事实一的分析,下列选项正确的是:A. 王某从抽油烟机中窃走金饰,破除刘某对金饰的占有,构成盗窃罪。B. 王某未经李某同意,窃取李某与其共同占有的金饰,应构成盗窃罪。C. 刘某客观上已将抽油烟机及机内金饰交给王某代为保管,王某取走金饰的行为构成侵占罪。D. 刘某将金饰遗忘在抽油烟机内,王某将其据为己有,是非法侵占他人遗忘物,构成侵占罪。

87. 关于事实二的分析,下列选项正确的是:A. 李某接过金饰,协助王某拒不返还他人财物,构成侵占罪的帮助犯。B. 李某帮助王某转移犯罪所得的金饰,构成掩饰、隐瞒犯罪所得罪。C. 李某为窝藏赃物将刘某打伤,属事后抢劫,构成抢劫(致人重伤)罪。D. 王某利用李某打伤刘某的行为顺利逃走,也属事后抢劫,构成抢劫罪。

88. 关于事实三的分析,下列选项正确的是:A. 李某对郭某进行欺骗,导致郭某以高价购买赃物,构成诈骗罪。B. 李某明知金饰是犯罪所得而出售,构成掩饰、隐瞒犯罪所得罪。C. 李某欺骗王某放弃对剩余2万元销赃款的返还请求,构成诈骗罪。D. 李某虽将金饰卖得5万元,但王某所犯财产犯罪的数额为1万元。

◆《刑法》第266条 【诈骗罪】

从故意犯、数额犯、情节犯、诈骗犯、智商犯、情商犯的角度讲,诈骗公私财物,数额较大(诈骗公私财物价值3000元~1万元以上),处3年以下有期刑、拘役或管制,并处或单处罚金;数额巨大(诈骗公私财物价值3万元~10万元以上)或有其他严重情节(a. 发送诈骗信息5000条以上、拨打诈骗电话500人次以上,或诈骗手段恶劣、危害严重。b. 诈骗数额接近3万元~10万元以上数额巨大标准,并有以赈灾募捐名义实施诈骗、诈骗残疾人老年人或丧失劳动能力人的财物、诈骗救灾抢险防汛优抚扶贫移民救济医疗款物、造成被害人自杀精神失常或其他严重后果,或通过发送短信、拨打电话或利用互联网、广电、报纸杂志等发布虚假信息,对不特定多数人实施诈骗,或属于诈骗集团首犯),处3年以上10年以下有期刑,并处罚金;数额特别巨大(50万元以上)或有其他特别严重情节(a. 利用发送短信、拨打电话、互联网等电信技术手段对不特定多数人实施诈骗行为,发送诈骗信息5万条以上、拨打诈骗电话5000人次以上,或诈骗手段特别恶劣、危害特别严重。b. 诈骗数额接近50万元以上数额特别巨大标准,并有以赈灾募捐名义实施诈骗、诈骗残疾人老年人或丧失劳动能力人的财物、诈骗救灾抢险防汛优抚扶贫移民救济医疗款物、造成被害人自杀精神失常或其他严重后果、或通过发送短信、拨打电话或利用互联网、广电、报纸杂志等发布虚假信息，对不特定多数人实施诈骗，或属于诈骗集团首犯），处 10 年以上有期刑或无期刑，并处罚金或没收财产，以刑法另有规定为例外。

诈骗罪是以非法占有为目的，采取虚构事实、捏造事实或隐瞒真相的欺诈方式方法，使被害人陷入或维持错误认识，骗取或使第三人取得数额较大的公私财物的行为。（1）诈骗罪的基本构造：行为人以不法所有为目的实施欺诈行为→被害人产生错误认识→被害人基于错误认识处分财产→行为人取得财产→被害人受到财产上的损失。（2）诈骗罪的特征在于以非法占有为目的，用虚构事实或隐瞒真相的方法骗取数额较大的公私财物。（3）被害人基于认识错误处分财产是诈骗罪的客观的构成要件要素、不成文的构成要件要素。（4）保险诈骗罪的犯罪主体是特殊主体，即投保人、被保险人或受益人。（5）合同诈骗罪的特定手段是利用签订、履行合同的方式进行诈骗。

【2002·卷 2·多选·38】（答案：BC）甲将头痛粉冒充海洛因欺骗乙，让乙出卖"海洛因"，然后二人均分所得款项。乙出卖后获款 4000 元，但在未得及分赃时，被公安机关查获。关于本案，下列哪些说法是正确的？A. 甲与乙构成贩卖毒品罪的共犯。B. 甲的行为构成诈骗罪。C. 甲属于间接正犯。D. 甲的行为属于犯罪未遂。

【2003·卷 2·多选·35】（答案：ABD）根据犯罪构成理论，并结合刑法分则，下列哪些说法是正确的？A. 甲某晚潜入胡某家中盗窃贵重物品时，被主人发现。甲夺门而逃，胡某也没有再追赶。甲就躲在胡某家墙根处的草垛里睡了一晚，第二天早上村长高某路过时，发现甲行踪诡秘，就对其盘问。甲以为高某发现了自己昨晚的盗窃行为，就对高某进行打击，致其重伤。甲构成盗窃罪、故意伤害罪，应数罪并罚。B. 乙在大街上见赵某一边行走一边打手机，即起歹意，从背后用力将其手机抢走。但因用力过猛，使赵某绊倒摔成重伤。乙同时构成抢夺罪、过失致人重伤罪，但不应数罪并罚。C. 丙深夜入室盗窃，被主人李某发现后追赶。当丙跨上李某家院墙，正准备往外跳时，李某抓住丙的脚，试图拉住他。但丙顺势踹了李某一脚，然后逃离现场。丙构成抢劫罪。D. 丁骑摩托车在大街上见妇女田某提着一个精致皮包在行走，即起歹意，从背后用力拉皮包带，试图将皮包抢走。田某顿时警觉，拽住皮包带不放。丁见此情景，突然对摩托车加速，并用力猛拉皮包带，田某当即被摔成重伤。丁构成抢劫罪而不构成抢夺罪。

【2007·卷 2·多选·62】（答案：AB）关于诈骗罪，下列哪些选项是正确的？A. 收藏家甲受托为江某的藏品进行鉴定，甲明知该藏品价值 100 万，但故意贬其价值后以 1 万元收买。甲的行为构成诈骗罪。B. 文物贩子乙收购一些赝品，冒充文物低价卖给洪某。乙的行为构成诈骗罪。C. 店主丙在柜台内陈列了两块标价 5 万元的玉石，韩某讲价后以 3 万元购买其中一块，周某讲价后以 3000 元购买了另一块。丙对韩某构成诈骗罪。D. 画家丁临摹了著名画家范某的油画并署上范某的名章，通过画廊以 5 万元出售给田某，丁非法获利 3 万元。丁的行为构成诈骗罪。

盗窃、诈骗、哄抢、抢夺、敲诈勒索或故意损毁公私财物，处 5 日以上 10 日以下拘留，可并处 500 元以下罚款；情节较重（a. 盗窃财物价值达到犯罪数额较大标准的 50% 以上；盗窃防灾、救灾、救济等特定财物；在医院盗窃病人或其亲友财物；采用破坏性手段盗窃；组织、控制未成年人、残疾人、孕妇或哺乳期妇女盗窃；其他情节较重的情形。b. 诈骗财物价值达到犯罪数额较大标准的 50% 以上；诈骗防灾、救灾、救济等特定财物；在公共场所或公共交通工具上设局行骗；以开展慈善活动名义实施诈骗；其他情节较重的情形。c. 哄抢防灾、救灾、救济、军用等特定财物；在自然灾害、交通事故等现场趁机哄抢，不听劝阻；造成人员受伤或财物损失较大；其他情节较重的情形。d. 抢夺财物价值达到犯罪数额较大标准的

50%以上;抢夺防灾、救灾、救济等特定财物;抢夺多人财物;造成人员受伤或财物损坏;驾驶机动车、非机动车或其他交通工具实施抢夺;其他情节较重的情形。e. 敲诈勒索多人;敲诈勒索数额达到犯罪数额较大标准的50%以上;利用或冒充国家机关工作人员、军人、新闻工作者等特殊身份敲诈勒索;其他情节较重的情形。f. 故意损毁财物价值达到有关刑事追诉标准50%以上;故意损毁防灾、救灾、救济等特定财物;故意损毁财物,对被侵害人生产、生活影响较大;损毁多人财物;其他情节较重的情形),处10日以上15日以下拘留,可并处1000元以下罚款(治安处罚法第49条)。

从数额犯、全国经济发展不平衡状况和诈骗犯罪动态关系的角度讲,诈骗罪的数额较大、数额巨大、数额特别巨大数额标准有差异性。(1)桂吉宁诈骗罪数额标准分别为3000元(数额较大)、3万元(数额巨大)、50万元(数额特别巨大)。(2)沪津湘鄂豫皖黔川陕青滇琼赣黑蒙诈骗罪数额标准分别为5000元(数额较大)、5万元(数额巨大)、50万元(数额特别巨大)。(3)重庆诈骗罪数额标准分别为5000元(数额较大)、7万元(数额巨大)、50万元(数额特别巨大)。(4)山西诈骗罪数额标准分别为5000元(数额较大)、8万元(数额巨大)、50万元(数额特别巨大)。(5)京闽诈骗罪数额标准分别为5000元(数额较大)、10万元(数额巨大)、50万元(数额特别巨大)。(6)苏辽诈骗罪数额标准分别为6000元(数额较大)、6万元(数额巨大)、50万元(数额特别巨大)。(7)山东诈骗罪数额标准分别为6000元(数额较大)、8万元(数额巨大)、50万元(数额特别巨大)。(8)粤浙诈骗罪数额标准分别为6000元(数额较大)、10万元(数额巨大)、50万元(数额特别巨大)。(9)河北诈骗罪数额标准分别为7000元(数额较大)、7万元(数额巨大)、50万元(数额特别巨大)。

【2002·卷2·单选·3】(答案:B)甲向法院提起诉讼,要求乙偿还借款12万元,并向法院提供了盖有乙的印章、指纹的借据及附件,后法院判决乙向甲偿还"借款"12万元。经乙申诉后查明,上述借据及附件均系甲伪造,乙根本没有向甲借款。甲的行为属于什么性质?A. 民事欺诈,不成立犯罪。B. 诈骗罪。C. 合同诈骗罪。D. 票据诈骗罪。

【2005·卷2·单选·19】(答案:A)乙与丙因某事发生口角,甲知此事后,找到乙,谎称自己受丙所托带口信给乙,如果乙不拿出2000元给丙,丙将派人来打乙。乙害怕被打,就托甲将2000元带给丙。甲将钱占为己有。对甲的行为应当如何处理?A. 按诈骗罪处理。B. 按敲诈勒索罪处理。C. 按侵占罪处理。D. 按抢劫罪处理。

【2008·卷2·单选·14】(答案:C)甲在某银行的存折上有4万元存款。某日,甲将存款全部取出,但因银行职员乙工作失误,没将存折底卡销毁。半年后,甲又去该银行办理存储业务,乙对甲说,"你的4万元存款已到期。"甲听后,灵机一动,对乙谎称存折丢失。乙为甲办理了挂失手续,甲取走4万元。甲的行为构成何罪?A. 侵占罪。B. 盗窃罪(间接正犯)。C. 诈骗罪。D. 金融凭证诈骗罪。

诈骗罪的情形:(1)以虚假、冒用的身份证件办理入网手续并使用移动电话,造成电信资费损失数额较大,以诈骗罪(《刑法》第266条)定罪处罚。(2)以使用为目的,伪造停止流通的货币,或使用伪造的停止流通的货币,以诈骗罪定罪处罚。(3)从转化犯的角度讲,使用欺骗手段骗取增值税专用发票或可用于骗取出口退税、抵扣税款的其他发票,以诈骗罪定罪处罚。

诈骗罪的认定:(1)诈骗既有既遂,又有未遂,分别达到不同量刑幅度,依处罚较重规定处罚;达到同一量刑幅度,以诈骗罪既遂处罚。(2)冒充国家机关工作人员进行诈骗,同时构成诈骗罪和招摇撞骗罪,依处罚较重规定定罪处罚。(3)以欺诈、伪造证明材料或其他手段骗取养老、医疗、工伤、失业、生育等社会保险金或其他社会保障待遇,属于诈骗罪的诈骗公私财物的行为。(4)诈骗公私财物达到数额较大(3000元至1万元以上)、数额巨大

(3万元~10万元以上)、数额特别巨大(50万元以上)的数额标准,有以赈灾募捐名义实施诈骗、诈骗残疾人老年人或丧失劳动能力人的财物、诈骗救灾抢险防汛优抚扶贫移民救济医疗款物、造成被害人自杀精神失常或其他严重后果,或通过发送短信、拨打电话或利用互联网、广电、报纸杂志等发布虚假信息,对不特定多数人实施诈骗,可按诈骗罪酌情从严惩处。(5)诈骗公私财物虽已达到数额较大标准,但有被害人谅解、法定从宽处罚情节、一审宣判前全部退赃退赔、没参与分赃或获赃较少且不是主犯,或其他情节轻微、危害不大,且行为人认罪、悔罪,可免刑。也就是说,诈骗公私财物虽已达到诈骗公私财物价值3000元至1万元以上的数额较大标准,但有法定从宽处罚情节、一审宣判前全部退赃退赔、未参与分赃或获赃较少且不是主犯、被害人谅解或其他情节轻微、危害不大,且行为人认罪、悔罪,可根据非刑罚性处置措施、职业禁止(《刑法》第37条),检察院、公安机关根据侦查犯罪的需要,可依规定查询、冻结嫌犯的财产(存款、汇款、债券、股票、基金份额等)规定不起诉或免刑(《刑事诉讼法》第142条)。(6)一般而言,诈骗近亲属的财物,近亲属谅解,可不按犯罪处理;特殊而言,诈骗近亲属的财物,确有追究刑责之必要,具体处理也应酌情从宽。(7)诈骗未遂,以数额巨大的财物为诈骗目标,或有其他严重情节,应定罪处罚。(8)利用发送短信、拨打电话、互联网等电信技术手段对不特定多数人实施诈骗,诈骗数额难以查证,但发送诈骗信息5000条以上、拨打诈骗电话500人次以上或诈骗手段恶劣、危害严重,应认定为诈骗罪的其他严重情节,以诈骗罪(未遂)定罪处罚。(9)利用发送短信、拨打电话、互联网等电信技术手段对不特定多数人实施诈骗行为,诈骗数额难以查证,但发送诈骗信息5万条以上、拨打诈骗电话5000人次以上,或诈骗手段特别恶劣、危害特别严重(实施利用发送短信、拨打电话、互联网等电信技术手段对不特定多数人实施诈骗行为,数量达到其他严重情节标准10倍以上,或诈骗手段特别恶劣、危害特别严重),应认定诈骗罪的其他特别严重情节,以诈骗罪(未遂)定罪处罚。(10)盗窃增值税专用发票或可用于骗取出口退税、抵扣税款的其他发票,以盗窃罪、诈骗罪定罪处罚。(11)以帮助信访为名骗取他人公私财物,数额较大,以诈骗罪追究刑责。(12)以虚假、冒用的身份证件办理入网手续并使用移动电话,造成电信资费损失数额较大,以诈骗罪定罪处罚。(13)明知他人实施诈骗犯罪,为其提供信用卡、手机卡、通讯工具、通讯传输通道、网络技术支持、费用结算等帮助,以诈骗罪的共犯论处。

诈骗财物的处理方式方法:(1)案发后查封、扣押、冻结在案的诈骗财物及其孳息,权属明确,应发还被害人;权属不明确,可按被骗款物占查封、扣押、冻结在案的财物及其孳息总额的比例发还被害人,但已获退赔的应扣除。(2)一般而言,行为人已将诈骗财物用于清偿债务或转让给他人,应依法追缴的4种情形:A.对方明知是诈骗财物而收取。B.对方无偿取得诈骗财物。C.对方以明显低于市场的价格取得诈骗财物。D.对方取得诈骗财物系源于非法债务或违法犯罪活动;特殊而言,他人善意取得诈骗财物,不追缴。

【2008·川·卷2·多选·59】(答案:ABC)丙是乙的妻子。乙上班后,甲前往丙家欺骗丙说:"我是乙的新任秘书,乙上班时好像忘了带提包,让我来取。"丙信以为真,甲从丙手中得到提包(价值3300元)后逃走。关于甲的行为,下列哪些选项是错误的?A.盗窃罪的直接正犯。B.诈骗罪的间接正犯。C.盗窃罪的间接正犯。D.诈骗罪的直接正犯。

从比较法、犯罪对象、犯罪客体的角度讲,诈骗罪的特殊类型有多样性、关联性、互补性、差异性,含签订、履行合同失职被骗罪;国家机关工作人员签订、履行合同失职被骗罪;金融诈骗罪(集资诈骗罪、贷款诈骗罪、票据诈骗罪、金融凭证诈骗罪、信用证诈骗罪、信用卡诈骗罪、有价证券诈骗罪、保险诈骗罪)、合同诈骗罪等罪名,关键在于犯罪对象、犯罪行为方式的不同。

从比较法、犯罪客体和犯罪对象的关系的角度讲,有虚假、欺诈行为性质的罪名有职务侵占罪；逃税罪；金融诈骗罪（贷款诈骗罪；保险诈骗；信用卡诈骗罪；信用证诈骗罪；票据诈骗罪；金融凭证诈骗罪；有价证券诈骗罪等）；合同诈骗罪（扰乱市场秩序罪）；提供伪造、变造的出入境证件罪；提供虚假证明文件罪；虚假诉讼罪；虚假破产罪；虚假广告罪；虚报注册资本罪；虚假出资、抽逃出资罪；欺诈发行股票、债券罪；违规披露、不披露重要信息罪；战时故意提供虚假敌情罪；伪证罪；编造故意传播虚假信息罪；编造并传播证券、期货交易虚假信息罪；诱骗投资者买卖证券、期货合约罪；虚开增值税专用发票罪、出售伪造的增值税专用发票罪；非法购买增值税专用发票、购买伪造的增值税专用发票罪；非法制造、出售非法制造的用于骗取出口退税、抵扣税款发票罪；非法制造、出售非法制造的发票罪；非法制造、销售非法制造的注册商标标识罪；伪造、变造、买卖国家机关公文、证件、印章罪；伪造、变造、买卖武装部队公文、证件、印章罪；伪造、变造国家有价证券罪；伪造、变造股票、公司、企业债券罪；伪造公司、企事业单位、人民团体印章罪；伪造、变造、买卖身份证件罪；使用虚假身份证件、盗用身份证件伪造、出售伪造的增值税专用发票罪；持有伪造的发票罪；伪造、倒卖伪造的有价票证罪；有价证券诈骗罪；辩护人、诉讼代理人毁灭证据、伪造证据、妨害作证；妨害作证罪；帮助毁灭、伪造证据罪；伪证罪投放虚假危险物质罪；编造、故意传播虚假恐怖信息罪；编造、故意传播虚假信息罪；动植物检疫徇私舞弊罪；破坏选举罪等。

诈骗罪的量刑：（1）构成诈骗罪，可根据不同情形在相应的幅度内确定量刑起点：A. 达到数额较大起点，可在1年以下有期刑、拘役幅度内确定量刑起点。B. 达到数额巨大起点或有其他严重情节，可在3年-4年有期刑幅度内确定量刑起点。C. 达到数额特别巨大起点或有其他特别严重情节，可在10年-12年有期刑幅度内确定量刑起点，以依法应判无期刑为例外。（2）在量刑起点的基础上，可根据诈骗数额等其他影响犯罪构成的犯罪事实增加刑罚量，确定基准刑。

【河南规定】诈骗罪的量刑：（1）法定刑在3年以下有期刑、拘役、管制、单处罚金幅度的量刑起点和基准刑：A. 诈骗公私财物，达到数额较大起点，在3个月拘役至6个月有期刑幅度内确定量刑起点。B. 在量刑起点的基础上，诈骗数额每增加1500元，增加1个月刑期，从而确定基准刑。C. 诈骗未遂，以数额巨大的财物为诈骗目标，或具有其他严重情节，应定罪处罚，根据案件的具体情况确定，量刑起点和基准刑参照之。（2）法定刑在3年以上10年以下有期刑幅度的量刑起点和基准刑：A. 诈骗公私财物，犯罪数额达到数额巨大起点，在3年-4年有期刑幅度内确定量刑起点。B. 诈骗公私财物满3万元不满5万元，并具有通过发送短信、拨打电话或利用互联网、广电、报纸杂志等发布虚假信息，对不特定多数人实施诈骗；以赈灾募捐名义实施诈骗；诈骗救灾、抢险、防汛、优抚、扶贫、移民、救济、医疗款物；诈骗残疾人、老年人或丧失劳动能力人的财物；造成被害人自杀、精神失常或其他严重后果的5种情形之一或属于诈骗集团首犯，应认定诈骗罪的其他严重情节，并在3年-4年有期刑幅度内确定量刑起点。C. 在量刑起点的基础上，根据诈骗数额等其他影响犯罪构成的犯罪事实增加刑罚量，确定基准刑；增加相应的刑罚量的3种情形：a. 犯罪数额每增加6000元，增加1个月刑期。b. 具有可认定为其他严重情节情形，每增加1种情形，增加6个月-2年刑期。c. 其他可增加刑罚量情形。d. 诈骗未遂，以数额巨大的财物为诈骗目标，或具有其他严重情节，应定罪处罚，根据案件的具体情况确定，量刑起点和基准刑参照之。（3）法定刑在10年以上有期刑幅度的量刑起点和基准刑：A. 诈骗公私财物，犯罪数额达到数额特别巨大起点，在10年-12年有期刑幅度内确定量刑起点。依法应判无期刑为例外。B. 诈骗公私财物满30万元不满50万元，并具有通过发送短信、拨打电话或利用互联网、广电、报纸杂志等发布虚假信息，对不特定多数人实施诈骗；以赈灾募捐名义实施诈骗；诈骗救灾、抢险、防汛、优抚、扶贫、移民、救济、医疗款物；诈骗残疾人、老年人或丧失劳动能力人的财物；造成被害人自杀、精神失常或其他严重后果的5种情形或属于诈骗集团首犯，应认定为《刑法》第266条诈骗罪的其他特别严重情节，除了依法应判无期刑外，在10年-12年有期刑幅度内确定量刑起点。C. 在量刑起点的基础上，根据诈骗数额等其他影响犯罪构成的犯罪事实增加刑罚量，确定基准刑；增加相应的刑罚量的3种情形：a. 犯罪数额每增加5万元，增加1个月刑期。b. 具有可认定为其他特别严重情节情形，每增加1种情形，增加6个月-2年刑期。c. 其他可增加刑罚量情形。d. 诈骗未遂，以数额巨大的财物为诈骗目标，或具有其他严重情节，应定罪处罚，根据案件的具体情况确定，量刑起点和基准刑参照之。（4）可从重处罚，但同时具有2种以上情形，累计不得超过基准刑的100%情形：A. 诈骗公私财物，增加基准刑的30%以下（已确定为犯罪构成事实为例外）情形：通过发送短信、拨打电话或利用互联网、广电、报纸杂志等发布虚假信息，对不特定多数人实施诈骗；诈骗救灾、抢险、防汛、优抚、扶贫、移民、救济、医疗款物；以赈灾募捐名义实施诈骗；诈骗残疾人、老年人或丧失劳动能力的人的财物；造成被害人自杀、精神失常或其他严重后果；属于诈骗集团首犯；有其他严重情节。以上情形，每增加1种，再增加基准刑的10%以下。B. 多次实施诈骗，增加基准刑的20%以下。C. 为吸毒、赌博等违法犯罪活动而诈骗，增加基准刑的30%以下。D. 其他可从重处罚情形。（5）可从宽处罚的2种情形：A. 诈骗家庭成员或近亲属的财物，获得谅解，一般可不认为是犯罪，追究刑责，应减少基准刑的20%～50%。B. 其他可从轻处罚情形。（6）对诈骗犯罪既有既遂又有未遂，以对应量刑幅度较重的部分确定基准刑，既遂、未遂所对应的量刑幅度相同，以既遂部分确定基准刑，其他可作为调节基准刑的量刑情节。A. 以既遂部分确定基准刑，根据未遂部分犯罪行为的实行程度、造成损害大小、犯罪未得逞的原因等情况，可增加基准刑的30%以下。B. 以未遂部分确定基准刑，根据既遂部分犯罪行为造成损害的大小等情况，可增加基准刑的40%以下，但不得据该量刑情节提高量刑幅度。

◆ 《刑法》第267条【抢夺罪；抢劫罪】

从转化犯、故意犯、行为犯、数额犯、情节加重犯、结果加重犯的角度讲，抢夺公私财物（a. 曾因抢劫、抢夺或聚众哄抢受过刑罚。b. 1年内抢夺3次以上。c. 1年内曾因抢夺或哄抢受过行政处罚。d. 驾驶机动车、非机动车抢夺。e. 在医院抢夺病人或其亲友财物。f. 自然灾害、事故灾害、社会安全事件等突发事件期间，在事件发生地抢夺。g. 抢夺救灾、抢险、防汛、优抚、扶贫、移民、救济款物。h. 组织、控制未成年人抢夺。i. 抢夺老年人、未成年人、孕妇、携带婴幼儿的人、残疾人、丧失劳动能力人的财物。j. 导致他人轻伤或精神失常等严重后果），数额较大（抢夺公私财物价值1000元～3000元以上），或多次抢夺，处3年以下有期刑、拘役或管制，并处或单处罚金；数额巨大（抢夺公私财物价值3万元～8万元以上）或有其他严重情节［A. 有10种抢夺行为（a. 1年内曾因抢夺或哄抢受过行政处罚。b. 1年内抢夺3次以上。c. 抢夺公私财物导致他人重伤、自杀。d. 组织控制未成年人抢夺。e. 驾驶机动车非机动车抢夺。f. 在医院抢夺病人或其亲友财物。g. 抢夺老年人、未成年人、孕妇、携带婴幼儿的人、残疾人、丧失劳动能力人的财物。h. 抢夺救灾、抢险、防汛、优抚、扶贫、移民、救济款物。i. 自然灾害、事故灾害、社会安全事件等突发事件期间，在事件发生地抢夺。j. 导致他人轻伤或精神失常等严重后果）。B. 数额达到抢夺公私财物价值3万元～8万元以上数额巨大的50%］，处3年以上10年以下有期刑，并处罚金；数额特别巨大（抢夺公私财物价值20万元～40万元以上）或有其他特别严重情节［A. 导致他人死亡。B. 有9种抢夺行为情形（a. 1年内曾因抢夺或哄抢受过行政处罚。b. 1年内抢夺3次以上。c. 组织控制未成年人抢夺。d. 驾驶机动车非机动车抢夺。e. 在医院抢夺病人或其亲友财物。f. 抢夺老年人、未成年人、孕妇、携带婴幼儿的人、残疾人、丧失劳动能力人的财物。g. 抢夺救灾、抢险、防汛、优抚、扶贫、移民、救济款物。h. 自然灾害、事故灾害、社会安全事件等突发事件期间，在事件发生地抢夺。i. 导致他人轻伤或精神失常等严重后果），数额达到抢夺公私财物价值20万元~40万元以上数额特别巨大的50%）］，处10年以上有期刑或无期刑，并处罚金或没收财产。

【2010·卷2·多选·59】（答案：ABC）关于抢夺罪，下列哪些判断是错误的？A. 甲驾驶汽车抢夺乙的提包，汽车能致人死亡属于凶器。甲的行为应认定为携带凶器抢夺罪。B. 甲与乙女因琐事相互厮打时，乙的耳环（价值8000元）掉在地上。甲假装摔倒在地迅速将耳环握在手中，乙见甲摔倒便离开了现场。甲的行为构成抢夺罪。C. 甲骑着摩托车抢夺乙的背包，乙使劲抓住背包带，甲见状便加速行驶，乙被拖行十多米后松手。甲的行为属于情节特别严重的抢夺罪。D. 甲明知行人乙的提包中装有毒品而抢夺，毒品虽是违禁品，但也是财物。甲的行为构成抢夺罪。

【2013·卷2·单选·39】（答案：B）检察院以抢夺罪向法院提起公诉，法院经审理后查明被告人构成抢劫罪。关于法院的做法，下列哪一选项是正确的？A. 应当建议检察院改变起诉罪名，不能直接以抢劫罪定罪。B. 可以直接以抢劫罪定罪，不必建议检察院改变起诉罪名。C. 只能判决无罪，检察院应以抢劫罪另行起诉。D. 应当驳回起诉，检察院应以抢劫罪另行起诉。

从比较法、犯罪对象、犯罪客体的角度讲，抢夺罪的特殊类型有多样性、关联性、互补性、差异性，含盗窃、抢夺、毁灭国家机关公文、证件、印章罪；盗窃、抢夺国有档案罪；盗窃、抢夺武装部队公文、证件、印章罪；盗窃、抢夺武器装备、军用物资罪；盗窃、抢夺枪支、弹药、爆炸物罪；盗窃、抢夺枪支、弹药、爆炸物、危险物质罪；组织未成年人进行违反治安管理活动罪；扰乱法庭秩序罪等。

从相对负刑责年龄、无限防卫权的角度讲，已满14周岁不满16周岁的人，犯故意杀人、故意伤害致人重伤或死亡、强奸、抢劫、贩卖毒品、放火、爆炸、投毒罪行，应负刑责。对正进行行凶、杀人、抢劫、强奸、绑架以及其他严重危及人身安全的暴力犯罪，采取防卫行为，造成不法侵害人伤亡，不属于防卫过当，不负刑责。

对驾驶机动车、非机动车（驾驶车辆）夺取他人财物，一般以抢夺罪从重处罚。从转化犯、从重处罚原则的角度讲，抢夺罪有转化为抢劫罪的可能性、条件性。

抢夺公私财物有10种抢夺行为（a. 曾因抢劫、抢夺或聚众哄抢受过刑罚。b. 1年内曾因抢夺或哄抢受过行政处罚。c. 1年内抢夺3次以上。d. 组织控制未成年人抢夺。e. 驾机动车非机动车抢夺。f. 在医院抢夺病人或其亲友财物。g. 抢夺老年人、未成年人、孕妇、携带婴幼儿的人、残疾人、丧失劳动能力人的财物。h. 抢夺救灾、抢险、防汛、优抚、扶贫、移民、救济款物。i. 自然灾害、事故灾害、社会安全事件等突发事件期间，在事件发生地抢夺。j. 致他人轻伤或精神失常等严重后果），数额较大按抢夺公私财物价值1000元~3000元以上的15%确定。

抢夺公私财物数额较大，但未造成他人轻伤以上伤害，行为人系初犯、认罪、悔罪、退赃、退赔，且有法定从宽处罚情节、被害人谅解、无参与分赃或获赃较少且不是主犯或其他情节轻微、危害不大，可认定为犯罪情节轻微，不起诉或免刑；必要时，由有关部门依法行政处罚。

驾驶机动车、非机动车夺取他人财物，有明知会致人伤亡仍强行夺取并放任造成财物持有人轻伤以上后果、夺取他人财物时因被害人不放手而强行夺取或驾驶车辆逼挤、撞击或强行逼倒他人夺取财物，应以抢劫罪定罪处罚。

抢夺罪的量刑：（1）构成抢夺罪，可根据不同情形在相应的幅度内确定量刑起点：A. 达到数额较大起点，或2年内3次抢夺，可在1年以下有期刑、拘役幅度内确定量刑起点。B. 达到数额巨大起点或有其他严重情节，可在3年-5年有期刑幅度内确定量刑起点。C. 达到数额特别巨大起点或有其他特别严重情节，可在10年-12年有期刑幅度内确定量刑起点，以依法应判无期刑为例外。（2）在量刑起点的基础上，可根据抢夺数额、次数等其他影响犯罪构成的犯罪事实增加刑罚量，确定基准刑。A. 多次抢夺，数额达到较大以上，以抢夺数额确定量刑起点，抢夺次数可作为调节基准刑的量刑情节。B. 数额未达到较大，以抢夺次数确定量刑起点，超过3次的次数作为增加刑罚量的事实。

【河南规定】抢夺罪的量刑：（1）法定刑在3年以下有期刑、拘役、管制、单处罚金幅度的量刑起点和基准刑：A. 抢夺公私财物，犯罪数额达到数额较大起点，在5个月拘役至1年有期刑幅度内确定量刑起点。B. 抢夺公私财物，具有曾因抢劫、抢夺或聚众哄抢受过刑罚；1年内曾因抢夺或哄抢受过行罚；1年内抢夺3次以上；驾驶机动车、非机动车抢夺；组织、控制未成年人抢夺；在医院抢夺病人或其亲友财物；抢夺老年人、未成年人、孕妇、携带婴幼儿的人、残疾人、丧失劳动能力人的财物；抢夺救灾、抢险、防汛、优抚、扶贫、移民、救济款物；自然灾害、事故灾害、社会安全事件等突发事件期间，在事件发生地抢夺；导致他人轻伤或精神失常等严重后果的10种情形之一，且数额达到数额较大起点标准的50%，在5个月拘役至1年有期刑幅度内确定量刑起点。C. 在量刑起点的基础上，根据抢夺数额等其他影响犯罪构成的犯罪事实增加刑罚量，确定基准刑；增加相应的刑罚量的4种情形：a. 犯罪数额每增加1500元，增加1个月刑期。b. 每增加轻微伤1人，增加2个月以下刑期。c. 每增加轻伤1人，增加3个月-6个月刑期。d. 其他可增加刑罚量情形。（2）法定刑在3年以上10年以下有期刑幅度的量刑起点和基准刑：A. 抢夺公私财物，犯罪数额达到数额巨大起点，在3年-4年有期刑幅度内确定量刑起点。B. 抢夺公私财物，导致他人重伤，或导致他人自杀，或具有1年内抢夺3次以上；驾驶机动车、非机动车抢夺；组织、控制未成年人抢夺；在医院抢夺病人或其亲友财物；抢夺老年人、未成年人、孕妇、携带婴幼儿的人、残疾人、丧失劳动能力人的财物；抢夺救灾、抢险、防汛、优抚、扶贫、移民、救济款物；自然灾害、事故灾害、社会安全事件等突发事件期间，在事件发生地抢夺；导致他人轻伤或精神失常等严重后果的8种情形之一，且数额达到数额巨大起点标准的50%，应认定为《刑法》第267条规定的其他严重情节，在3年-4年有期刑幅度内确定量刑起点。C. 在量刑起点的基础上，可根据抢夺数额等其他影响犯罪构成的犯罪事实增加刑罚量，确定基准刑；增加相应的刑罚量的6种情形：a. 犯罪数额每增加4000元，增加1个月刑期。b. 每增加轻微伤1人，增加2个月以下刑期。c. 每增加轻伤1人，增加3个月-6个月刑期。d. 每增加重伤1人或自杀1人，增加1年-2年刑期。e. 具有可认定为其他严重情节情形，每增加1种情形，增加6个月-1年刑期。f. 其他可增加刑罚量情形。（3）法定刑在10年以上有期刑幅度的量刑起点和基准刑：A. 抢夺公私财物，犯罪数额达到数额特别巨大起点，在10年-12年有期刑幅度内确定量刑起点。B. 抢夺公私财物，导致他人死亡，或具有1年内抢夺3次以上；驾驶机动车、非机动车抢夺；组织、控制未成年人抢夺；在医院抢夺病人或其亲友财物；抢夺老年人、未成年人、孕妇、携带婴幼儿的人、残疾人、丧失劳动能力人的财物；抢夺救灾、抢险、防汛、优抚、扶贫、移民、救济款物；自然灾害、事故灾害、社会安全事件等突发事件期间，在事件发生地抢夺；导致他人轻伤或精神失常等严重后果的8种情形之一，且数额达到"数额特别巨大"起点标准的50%，应认定为《刑法》第267条规定的其他特别严重情节，在10年-12年有期刑幅度内确定量刑起点。C. 在量刑起点的基础上，可根据抢夺数额等其他影响犯罪构成的犯罪事实增加刑罚量，确定基准刑；增加相应的刑罚量的6种情形：a. 犯罪数额每增加3万元，增加1个月刑期。b. 每增加轻微伤1人，增加2个月以下刑期。c. 每增加轻伤1人，增加3个月-6个月刑期。d. 每增加死亡1人，增加2年-3年刑期。e. 具有可认定为其他特别严重情节情形，每增加1种情形，增加1年-2年刑期。f. 其他可增加刑罚量情形。（4）可从重处罚，但同时具有2种以上情形，累计不得超过基准刑的100%的3种情形：A. 抢夺公私财物，可增加基准刑的30%以下（已确定为犯罪构成事实为例外）的10种情形，含曾因抢劫、抢夺或聚众哄抢受过刑罚；1年内曾因抢夺或哄抢受过行政处罚；1年内抢夺3次以上；驾驶机动车、非机动车抢夺；组织、控制未成年人抢夺；抢夺老年人、未成年人、孕妇、携带婴幼儿的人、残疾人、丧失劳动能力人的财物；在医院抢夺病人或其亲友财物；抢夺救灾、抢险、防汛、优抚、扶贫、移民、救济款物；自然灾害、事故灾害、社会安全事件等突发事件期间，在事件发生地抢夺；导致他人轻伤或精神失常等严重后果。以上10种情形每增加1种，再增加基准刑的10%以下。B. 为吸毒、赌博等违法犯罪活动而抢夺，增加基准刑的30%以下。C. 其他可从重处罚情形。(5) 可从宽处罚情形：A. 在案发前自动归还被害人财物，减少基准刑的30%以下。B. 其他可从轻处罚情形。

◆ 《刑法》第268条 【聚众哄抢罪】

从聚众犯、故意犯、数额犯、情节犯的角度讲，聚众哄抢公私财物，数额较大或有其他严重情节，对首犯和积极参加者，处3年以下有期刑、拘役或管制，并处罚金；数额巨大或有其他特别严重情节，处3年以上10年以下有期刑，并处罚金。

◆ 《刑法》第270条 【侵占罪】

从故意犯、数额犯、情节犯、亲告罪的角度讲，犯侵占罪，告诉才处理，将代为保管的他人财物（代管物的重置价值、折旧价值）非法占为己有，数额较大（5000元或1万元），拒不退还，或将他人的遗忘物或埋藏物非法占为己有，数额较大，拒不交出，处2年以下有期刑、拘役或罚金；数额巨大或有其他严重情节，处2年以上5年以下有期刑，并处罚金。

侵占罪是以非法占有为目的，将代为保管的他人财物（代管物）非法占为己有，数额较大，拒不退还（交还），或将他人的遗忘物或埋藏物非法占为己有，数额较大，拒不交出的行为。

【2003·卷2·多选·47】（答案：ABCD）结合犯罪构成理论以及刑法分则的相关规定分析，下列案件哪些不构成侵占罪？A. 某游戏厅早上8点刚开门，甲就进入游戏厅玩耍，发现6号游戏机上有一个手机，甲马上装进自己口袋，然后逃离。事后查明，该手机是游戏厅老板打扫房间时顺手放在游戏机上。甲被抓获后称其始终以为该手机是其他顾客遗忘的财物。B. 乙知道邻居肖某的8岁小孩被他人绑架，肖某可能会按歹徒的要求交付赎金，即终日悄悄跟随在肖某身后。某日，见肖某将一塑料口袋塞入某桥洞下，即在肖某离开10分钟后，将口袋挖出，取得现金20万元。C. 丙到某装饰城购买价值2万元的装修材料，委托三轮车夫田某代为运输。田某骑三轮车在前面走，丙骑自行车跟在后面。在经过一路口时，田某见丙被警察拦住检查自行车证，即将装修材料拉走倒卖，获款4000元。D. 丁闲极没聊在一自动取款机按键上胡乱敲击。在准备离开时，丁没意中触动了1个按钮，取款机即吐出一张100元钞票，丁见此情景，就连续不断地进行操作，直至取出现金1万元，然后迅速离去。

【2004·卷2·多选·57】（答案：ABCD）甲某日晚到洗浴中心洗浴。甲进入该中心后，据服务员乙的指引，将衣服、手机、手提包等财物锁入8号柜中，然后进入沐浴区。半小时后，乙为交班而准备打开自己一直存放衣物的7号柜，忙乱中将钥匙插入8号柜的锁孔，但居然能将8号柜打开。乙发现柜中有手提包，便将其中的3万元拿走。为迅速逃离现场，乙没有来得及将8号柜门锁上。稍后另一客人丙见8号柜半开半掩，就将柜中的手机（价值3000元）以及信用卡拿走。由于信用卡的背后写有密码，第二天，丙持该信用卡到商场购买价值2万元的手表。关于本案，下列哪些说法是错误的？A. 乙的行为构成侵占罪、丙的行为构成盗窃罪。B. 乙的行为构成盗窃罪、丙的行为构成侵占罪。C. 乙的行为构成盗窃罪、丙的行为构成盗窃罪与信用卡诈骗罪。D. 乙的行为构成职务侵占罪、丙的行为构成侵占罪与信用卡诈

骗罪。

从比较法的角度讲，侵占罪和职务侵占罪的关系是一种种属关系或特殊和个别的关系，关键在于犯罪主体、法定刑的不同；侵占罪、贪污罪的根本差异在于犯罪主体、犯罪对象、犯罪客观方面行为方式的不同；侵占罪、盗窃罪、诈骗罪、抢夺罪的根本差异在于犯罪对象、犯罪主观方面故意形成时间、犯罪客观方面的不同。

【2007·卷2·单选·17】（答案：B）关于侵犯财产罪及相关犯罪，下列哪一选项是正确的？A. 甲用假币到电器商场购买手机，甲的行为构成诈骗罪。B. 乙受王某之托将价值5万元的手表送给10公里外的朱某，乙在路上让许某捆绑自己，伪造了抢劫现场，将表据为己有。报案后，乙向警方说自己被抢。乙的行为构成侵占罪。C. 丙假冒某部委名义，以组织某高层论坛为名发布广告、寄送材料，要求参会人员每人先邮寄会务费1万元。丙收款50万元后潜逃。丙的行为构成虚假广告罪。D. 丁为孩子升学，买了一辆假冒某名牌的摩托车送给教育局长何某。丁的行为构成诈骗罪。

【2008·川·卷2·单选·16】（答案：B）甲在8楼阳台上浇花时，不慎将金镯子（价值3万元）甩到了楼下。甲立即让儿子在楼上盯着，自己跑下楼去拣镯子。路过此处的乙看见地面上有一只金镯子，以为是谁不慎遗失的，在甲到来之前捡起镯子迅速逃离现场。甲经多方询查后找到乙，但乙否认捡到金镯子。乙的行为构成何罪？A. 盗窃罪。B. 侵占罪。C. 抢夺罪。D. 不构成犯罪。

【2012·卷1·单选·18】（答案：A）不计数额，下列哪一选项构成侵占罪？A. 甲是个体干洗店老板，洗衣时发现衣袋内有钱，将钱藏匿。B. 乙受公司委托外出收取货款，隐匿收取的部分货款。C. 丙下飞机时发现乘客钱包掉在座位底下，捡起钱包离去。D. 丁是宾馆前台服务员，客人将礼品存于前台让朋友自取。丁见久无人取，私吞礼品。

【2014·卷2·单选·18】（答案：D）乙（16周岁）进城打工，用人单位要求乙提供银行卡号以便发放工资。乙忘带身份证，借用老乡甲的身份证以甲的名义办理了银行卡。乙将银行卡号提供给用人单位后，请甲保管银行卡。数月后，甲持该卡到银行柜台办理密码挂失，取出1万余元现金，拒不退还。甲的行为构成下列哪一犯罪？A. 信用卡诈骗罪。B. 诈骗罪。C. 盗窃罪（间接正犯）。D. 侵占罪。

【2017·卷2·单选·18】（答案：D）下列哪一行为成立侵占罪？A. 张某欲向县长钱某行贿，委托甲代为将5万元贿赂款转交钱某。甲假意应允，拿到钱后据为己有。B. 乙将自己的房屋出售给赵某，虽收取房款却未进行所有权转移登记，后又将房屋出售给李某。C. 丙发现洪灾灾区的居民已全部转移，遂进入居民房屋，取走居民来不及带走的贵重财物。D. 丁分期付款购买汽车，约定车款付清前汽车由丁使用，所有权归卖方。丁在车款付清前将车另售他人。

◆ 《刑法》第271条【职务侵占罪；贪污罪】

从身份犯、故意犯、数额犯的角度讲，公司、企业或其他单位的人员（非国家工作人员），利用职务便利将本单位财物（单位所有的财产；单位占有、管理之下的财产）非法占为己有（利用自己职务范围内的权力和地位形成的主管、管理、经手、经营财物的有利条件侵占本人经管的单位财物），数额较大（6万元以上），处5年以下有期刑或拘役；数额巨大（100万元以上），处5年以上有期刑，可并处没收财产。

【2005·卷2·单选·18】（答案：C）甲为非国家工作人员，是某国有公司控股的股份有限公司主管财务的副总经理；乙为国家工作人员，是该公司财务部主管。甲与乙勾结，分别利用各自的职务便利，共同侵吞了本单位的财物100万元。对甲、乙二人应当如何定性？A. 甲定职务侵占罪，乙定贪污罪，二人不是共同犯罪。B. 甲定职务侵占罪，乙定贪污罪，但

二人是共同犯罪。C. 甲定职务侵占罪，乙是共犯，也定职务侵占罪。D. 乙定贪污罪，甲是共犯，也定贪污罪。

【2008·川·卷2·单选·18】（答案：C）甲在某公司招聘司机时，用假身份证应聘并被录用。甲在按照公司安排独自一人将价值7万元的货物从北京运往山东途中，在天津将该货物变卖后潜逃，得款2万元。甲的行为构成何罪？A. 盗窃罪。B. 诈骗罪。C. 职务侵占罪。D. 侵占罪。

【2017·卷2·单选·21】（答案：C）国有甲公司领导王某与私企乙公司签订采购合同，以10万元的价格向乙公司采购一批设备。后王某发现，丙公司销售的相同设备仅为6万元。王某虽有权取消合同，但却与乙公司老总刘某商议，由王某花6万元从丙公司购置设备交给乙公司，再由乙公司以10万元的价格卖给甲公司。经王某签字批准，甲公司将10万元货款支付给乙公司后，刘某再将10万元返给王某。刘某为方便后参与甲公司采购业务，完全照办。关于本案的分析，下列哪一项是正确的？A. 王某利用职务上的便利套取公款，构成贪污罪，贪污数额为10万元。B. 王某利用与乙公司签订合同的机会谋取私利，应以职务侵占罪论处。C. 刘某为谋取不正当利益，事后将货款交给王某，刘某行为构成贪污罪。D. 刘某协助王某骗取公款，但因其并非国家工作人员，故构成诈骗罪。

职务侵占罪是公司、企业或其他单位的人员，利用职务上的便利，将本单位财物非法占为己有，数额较大的行为。（1）从比较法、立案标准的角度讲，非国家工作人员受贿罪、职务侵占罪的数额较大（6万元以上）、数额巨大（100万元以上）的数额起点，按受贿罪、贪污罪的数额较大（贪污或受贿数额3万元以上不满20万元）、数额巨大（贪污或受贿数额20万元以上不满300万元）数额标准规定的2倍、5倍执行。（2）公司、企业或其他单位的人员，利用职务便利将本单位财物非法占为己有，数额5000元至1万元以上，应立案追诉。（3）对职务侵占的预备犯、未遂犯、中止犯，需追究刑责，应立案追诉。（4）公司、企业或其他单位中，不有国家工作人员身份的人与国家工作人员勾结、分别利用各自的职务便利，共同将本单位财物非法占为己有，按主犯的犯罪性质定罪。（5）行为人与公司、企业或其他单位的人员勾结，利用公司、企业或其他单位人员的职务便利，共同将该单位财物非法占为己有，数额较大，以职务侵占罪共犯论处。

【2008·卷2·多选·63】（答案：ACD）下列哪些行为应以职务侵占罪论处？A. 甲系某村民小组的组长，利用职务上的便利，将村民小组集体财产非法据为己有，数额达到5万元。B. 乙为村委会主任，利用协助乡政府管理和发放救灾款物之机，将5万元救灾款非法据为己有。C. 丙是某国有控股公司部门经理，利用职务上的便利，将本单位的5万元公款非法据为己有。D. 丁与某私营企业的部门经理李某内外勾结，利用李某职务上的便利，共同将该单位的5万元资金非法据为己有。

【2014·卷2·单选·17】（答案：C）公司保安甲在休假期内，以"第二天晚上要去医院看望病人"为由，欺骗保安乙，成功和乙换岗。当晚，甲将其看管的公司仓库内价值5万元的财物运走变卖。甲的行为构成下列哪一犯罪？A. 盗窃罪。B. 诈骗罪。C. 职务侵占罪。D. 侵占罪。

从比较法的角度讲，职务侵占罪、贪污罪的根本差异在于犯罪主体、犯罪行为方式的不同。

从监察法、公务员法、村委会组织法、居委会组织法、公司法、证券法的角度讲，国家工作人员（国家机关工作人员、受国家机关、国有公司、企事业单位、人民团体委托管理、经营国有财产的人员等从事组织领导、监管等公共事务性质的活动的人员）利用职务便利，侵吞（利用职务便利，非法将自己暂时合法主管、管理、支配、使用、经手或经营的单位公共财物据为己有）、窃取（利用职务便利，秘密据为己有自己暂时合法主管、管理、支配、使用、经手或经营的单位公共财物）、骗取（利用职务便利，采用虚构事实、隐瞒真相的方法，非法占有单位的公共财物）或以其他手段非法占有公共财物，或受国家机关、国有公司、企事业单位、人民团体委托管理、经营国有财产的人员，利用职务便利，侵吞、窃取、骗取或以其他手段非法占有国有财物，均以贪污论处。

从身份犯、数额犯的角度讲，国有公司、企业或其他国有单位中从事公务的人员和国有公司、企业或其他国有单位委派到非国有公司、企业及其他单位从事公务的人员，利用职务便利将本单位财物非法占为己有，或携带挪用的公款潜逃，均以贪污罪、受贿罪定罪处罚（《刑法》第382、383条）。

保险公司的工作人员利用职务便利故意编造未曾发生的保险事故进行虚假理赔，骗取保险金归自己所有，以职务侵占罪、贪污罪（《刑法》第271条）定罪处罚。

侵占、挪用、截留、私分或以其他方式侵犯农民专业合作社及其成员的合法财产，非法干预农民专业合作社及其成员的生产经营活动，向农民专业合作社及其成员摊派，强迫农民专业合作社及其成员接受有偿服务，造成农民专业合作社经济损失，依法追究法律责任。

侵占、破坏、污损英雄烈士纪念设施，由县级以上政府负责英雄烈士保护工作的部门责令改正；造成损失，依法承担民责；被侵占、破坏、污损的纪念设施属于文物保护单位，依文物保护法的规定处罚；构成违反治安管理行为，由公安机关依法给予治安处罚；构成犯罪，依法追究刑责。

职务侵占罪的量刑：（1）构成职务侵占罪，可根据不同情形在相应的幅度内确定量刑起点：A. 达到数额较大起点，可在2年以下有期刑、拘役幅度内确定量刑起点。B. 达到数额巨大起点，可在5年-6年有期刑幅度内确定量刑起点。（2）在量刑起点的基础上，可根据职务侵占数额等其他影响犯罪构成的犯罪事实增加刑罚量，确定基准刑。

【河南规定】职务侵占罪的量刑：（1）法定刑在5年以下有期刑、拘役幅度的量刑起点和基准刑：A. 利用职务便利非法侵占本单位财物，犯罪数额达到数额较大起点，在4个月拘役至6个月有期刑幅度内确定量刑起点。B. 在量刑起点的基础上，犯罪数额每增加2000元，可增加1个月刑期，从而确定基准刑。（2）法定刑在5年以上有期刑幅度的量刑起点和基准刑：A. 利用职务便利非法侵占本单位财物，犯罪数额达到数额巨大起点，在5年-6年有期刑幅度内确定量刑起点。B. 在量刑起点的基础上，犯罪数额为180万元以下，每增加3万元，增加1个月刑期。a. 犯罪数额超过180万元，超过部分每增加6万元，增加1个月刑期。b. 基准刑在10年以上，除有重大立功表现或从犯或具有2个以上其他法定减轻处罚情节，并退清个人所得全部赃款外，宣告刑一般不低于5年有期刑。（3）可从重处罚，但同时具有2种以上情形，累计不得超过基准刑的100%的情形：A. 职务侵占行为严重影响生产经营或造成其他严重损失或影响恶劣，可增加基准刑的30%以下；同时具备2种及以上情形，再增加基准刑的10%以下。B. 多次职务侵占，增加基准刑的20%以下。C. 职务侵占用于预防、控制突发传染病疫情等灾害款物，增加基准刑的10%~30%。D. 职务侵占救灾、抢险、防汛、优抚、扶贫、移民、救济、捐助、社会保险、教育、征地、拆迁等专项款项及物资，增加基准刑的20%以下。E. 职务侵占的款项用于非法经营、走私、吸毒、赌博、行贿等违法犯罪活动，增加基准刑的20%以下。F. 其他可从重处罚情形。

◆ 《刑法》第272条【挪用资金罪；挪用公款罪】

从身份犯、故意犯、数额犯的角度讲，公司、企业或其他单位的工作人员，利用职务便利挪用本单位资金归个人使用（a. 将本单位资金供本人、亲友或其他自然人使用。b. 以个人名义将本单位资金供其他单位使用。c. 个人决定以单位名义将本单位资金供其他单位使用，谋取个人利益）或借贷给他人，数额较大、超过3个月未还，或虽未超过3个月，但数额较大、进行营利活动，或进行非法活动，处3年以下有期刑或拘役；挪用本单位资金数额巨大，或数额较大不退还，处3年以上10年以下有期刑。

对挪用资金罪、挪用公款罪的预备犯、未遂犯、中止犯，需追究刑责，应立案追诉。筹建公司的工作人员在公司登记注册前，利用职务便利，挪用准备设立的公司在银行开设的临时账户上的资金，归个人使用或借贷给他人，数额较大、超过3个月未还，或虽未超过3个月，但数额较大、进行营利活动，或进行非法活动，应以挪用资金罪或挪用公款罪追究刑责。

挪用资金罪的情形：(1) 公司、企业或其他单位的非国家工作人员，利用职务便利，挪用本单位资金归本人或其他自然人使用，或挪用人以个人名义将所挪用的资金借给其他自然人和单位，构成犯罪，应以挪用资金罪定罪处罚。(2) 商业银行、证交所、期交所、证券公司、期货经纪公司、保险公司或其他金融机构的工作人员利用职务便利，挪用本单位或客户资金，以挪用资金罪定罪处罚。(3) 对受国家机关、国有公司、企事业单位、人民团体委托，管理、经营国有财产的非国家工作人员，利用职务便利，挪用国有资金归个人使用构成犯罪，应以挪用资金罪定罪处罚。(4) 挪用资金案的3种立案追诉标准：A. 挪用本单位资金数额1万元~3万元以上，超过3个月未还。B. 挪用本单位资金数额1万元~3万元以上，进行营利活动。C. 挪用本单位资金数额5000元~2万元以上，进行非法活动。(5) 挪用资金罪的数额较大、数额巨大、进行非法活动的数额起点，按挪用公款罪的数额较大（a. 挪用公款归个人使用，进行非法活动，数额3万元以上。b. 挪用公款归个人使用，进行营利活动或超过3个月未还，数额5万元以上）、情节严重（a. 有挪用公款数额100万元以上；挪用救灾、抢险、防汛、优抚、扶贫、移民、救济特定款物，数额50万元以上不满100万元；挪用公款不退还，数额50万元以上不满100万元；其他严重的情节。b. 有挪用公款数额200万元以上；挪用救灾、抢险、防汛、优抚、扶贫、移民、救济特定款物，数额100万元以上不满200万元；挪用公款不退还，数额100万元以上不满200万元；其他严重的情节）、进行非法活动的数额标准规定的2倍执行。

【2007·卷3·川·不定项·94-97】（答案：94. ACD；95. AD；96. BCD；97. C）甲系某国有公司经理。生意人乙见甲掌管巨额资金，就以小恩小惠拉拢甲。后乙以做生意需资金为由，劝诱甲出借公款，并与甲共同策划了挪用的方式，还送给甲好处费5万元。甲未经公司董事会决定就将100万元资金借给乙。乙得到巨款后，告知银行职员丙该款的真实来源，丙为乙提供资金账户，乙随时提款用于贩卖毒品。在甲的催促下，一年后，乙归还30万元，后来就拒绝和甲见面。甲见追回剩余70万元无望，就携带乙归还的30万元潜逃。甲半年内将30万元挥霍一空，走投无路后向司法机关投案，并交代了借公款给乙、接受乙贿赂和携款潜逃的事实，并提供线索协助司法机关将乙捉拿归案。乙归案后主动交待了行贿和司法机关尚未掌握的贩卖毒品的犯罪事实。请回答94-97题。94. 关于甲的犯罪行为，下列说法正确的是：A. 甲将公款挪用给乙使用的行为属于挪用公款进行营利活动。B. 甲不知道乙将公款用于犯罪活动，所以甲乙不构成挪用公款罪的共犯。C. 甲携带30万元公款潜逃的行为构成贪污罪。D. 对甲的行为应以挪用公款罪、受贿罪、贪污罪实行并罚。95. 关于乙的犯罪行为，下列说法正确的是：A. 乙的行为属于挪用公款进行非法活动。B. 乙与甲不构成挪用公款罪的共犯。C. 乙归还30万元公款的行为导致甲犯贪污罪，故乙构成贪污罪的帮助犯。D. 对乙的行为应以挪用公款罪、行贿罪、贩卖毒品罪实行并罚。96. 关于甲投案以及乙归案后的行为，下列说法正确的是：A. 甲在走投无路的情况下被迫投案，不应认定为自首。B. 甲提供线索使乙被抓获的行为属于立功。C. 乙对贩卖毒品罪成立自首。D. 乙对行贿罪不成立自首。97. 银行职员丙的行为构成：A. 挪用公款罪的共犯。B. 贩卖毒品罪的共犯。C. 洗钱罪。D. 赃物犯罪。

挪用公款罪的情形：(1) 挪用公款归个人使用，进行非法活动，数额3万元以上，以挪用公款罪追究刑责；数额300万元以上，应认定为挪用公款罪的数额巨大；有挪用公款数额100万元以上；挪用救灾、抢险、防汛、优抚、扶贫、移民、救济特定款物，数额50万元以上不满100万元；挪用公款不退还，数额50万元以上不满100万元；其他严重的情节，应认定为挪用公款罪的情节严重。（2）挪用公款归个人使用，进行营利活动或超过3个月未还，数额5万元以上，应认定为挪用公款罪的数额较大；数额500万元以上，应认定为挪用公款罪的数额巨大；有挪用公款数额200万元以上；挪用救灾、抢险、防汛、优抚、扶贫、移民、救济特定款物，数额100万元以上不满200万元；挪用公款不退还，数额100万元以上不满200万元；其他严重的情节，应认定为挪用公款罪的情节严重。（3）国家工作人员利用职务便利，挪用公款归个人使用，进行非法活动，或挪用公款数额较大、进行营利活动，或挪用公款数额较大、超过3个月未还，是挪用公款罪，处5年以下有期刑或拘役；情节严重，处5年以上有期刑；挪用公款数额巨大不退还，处10年以上有期刑或无期刑。（4）挪用用于救灾、抢险、防汛、优抚、扶贫、移民、救济款物归个人使用，以挪用公款罪从重处罚。（5）国有公司、企业或其他国有单位中从事公务的人员和国有公司、企业或其他国有单位委派到非国有公司、企业以及其他单位从事公务的人员，利用职务便利，挪用本单位资金归个人使用或借贷给他人，数额较大、超过3个月未还，或虽未超过3个月，但数额较大，进行营利活动，或进行非法活动，或挪用本单位资金数额巨大，或数额较大不退还，或国有商业银行、证交所、期交所、证券公司、期货经纪公司、保险公司或其他国有金融机构的工作人员和国有商业银行、证交所、期交所、证券公司、期货经纪公司、保险公司或其他国有金融机构委派到非国有公司、企业以及其他单位从事公务的人员，利用职务便利，挪用本单位或客户资金，均以挪用公款罪定罪处罚。

挪用公款罪的认定：（1）单位决定将公款给个人使用行为的认定：A. 经单位领导集体研究决定将公款给个人使用，或单位负责人为单位的利益，决定将公款给个人使用，不以挪用公款罪定罪处罚。B. 经单位领导集体研究决定将公款给个人使用，或单位负责人为单位的利益，决定将公款给个人使用，使单位遭受重大损失，构成他罪，依刑法有关规定对责任人员定罪处罚。（2）挪用公款供其他单位（国有单位、私营单位）使用行为的认定：A. 以个人名义（行为人逃避财务监管，或与使用人约定以个人名义进行，或借款、还款都以个人名义进行，将公款给其他单位使用）将公款供其他单位使用、个人决定（行为人在职权范围内决定；超越职权范围决定）以单位名义将公款供其他单位使用，谋取个人利益［不正当利益、正当利益；财产性利益、非财产性利益（具体的实际利益，如升学、就业等）；行为人与使用人事先约定谋取个人利益实际尚未获取的情况；虽未事先约定但实际已获取了个人利益的情况］，属于挪用公款归个人使用］。B. 将公款供其他单位使用，认定是否属于以个人名义，不能只看形式，要从实质上把握。（3）国有单位领导向其主管的有法人资格的以下级单位借公款归个人使用的认定：国有单位领导利用职务便利指令有法人资格的以下级单位将公款供个人使用，属于挪用公款行为，构成犯罪，应以挪用公款罪定罪处罚。（4）挪用有价证券、金融凭证用于质押行为性质的认定：挪用金融凭证、有价证券用于质押，使公款处于风险之中，与挪用公款为他人提供担保未实质的区别，符合挪用公款罪，以挪用公款罪定罪处罚，挪用公款数额以实际或可能承担的风险数额认定。（5）挪用公款归还个人欠款行为性质的认定：A. 挪用公款归还个人欠款，应根据产生欠款的原因，分别认定属于挪用公款的何种情形。B. 归还个人进行非法活动或进行营利活动产生的欠款，应认定为挪用公款进行非法活动或进行营利活动。（6）挪用公款用于注册公司、企业行为性质的认定：申报注册资本是为进行生产经营活动作准备，属于成立公司、企业进行营利活动的组成部分。因此，挪用公款归个人用于公司、企业注册资本验资证明，应认定为挪用公款进行营利活动。（7）挪用公款后尚未投入实际使用的行为性质的认定：挪用公款后尚未投入实际使用，只要同时具备数额较大和超过3个月未还的构成要件，应认定为挪用公款罪，但可酌情从轻处罚。（8）挪用公款转化为贪污的认定：A. 挪用公款罪与贪污罪的主要区别在于行为人主观上是否有非法占有公款的目的。B. 挪用公款是否转化为贪污，应按主客观相一致的原则，具体判断和认定行为人主观上是否有非法占有公款的目的。C. 可认定行为人有非法占有公款的目的的 4 种情形：a. 行为人携带挪用的公款潜逃，对其携带挪用的公款部分，以贪污罪定罪处罚。b. 行为人挪用公款后采取虚假发票平账、销毁有关账目等手段，使所挪用的公款已难以在单位财务账目上反映出来，且未归还行为，应以贪污罪定罪处罚。c. 行为人截取单位收入不入账，非法占有，使所占有的公款难以在单位财务账目上反映，且未归还行为，应以贪污罪定罪处罚。d. 有证据证明行为人有能力归还所挪用的公款而拒不归还，并隐瞒挪用的公款去向，应以贪污罪定罪处罚。

挪用资金罪的数额较大、数额巨大、进行非法活动的数额起点，按挪用公款罪的数额较大、情节严重、进行非法活动的数额标准的 2 倍执行。(1) 挪用资金罪数额较大的数额起点是挪用公款罪数额较大数额标准规定的 2 倍，即挪用资金 10 万元以上，归个人使用，进行营利活动或超过 3 个月未还。(2) 挪用资金罪数额巨大的数额起点是挪用公款罪情节严重数额标准规定的 2 倍，含挪用资金罪数额巨大的数额起点是 200 万元以上，或挪用救灾、抢险、防汛、优抚、扶贫、移民、救济特定资金 100 万元以上不满 200 万元，或挪用资金不退还，数额 100 万元以上不满 200 万元。(3) 挪用资金罪进行非法活动的数额起点是挪用公款罪进行非法活动数额标准规定的 2 倍，即挪用资金 6 万元以上，归个人使用，进行非法活动，应以挪用资金罪追究刑责。(4) 挪用公款 3 万元以上，归个人使用，进行非法活动，应以挪用公款罪追究刑责。(5) 挪用公款罪数额较大的标准是挪用公款 5 万元以上，归个人使用，进行营利活动或超过 3 个月未还。(6) 挪用公款罪的数额巨大的基本标准是挪用公款 300 万元以上（挪用公款 300 万元以上或 500 万元以上）。(7) 挪用公款罪的情节严重的基本情形：A. 挪用公款 100 万元以上；挪用救灾、抢险、防汛、优抚、扶贫、移民、救济特定款物，数额 50 万元以上不满 100 万元；挪用公款不退还，数额 50 万元以上不满 100 万元；其他严重的情节。B. 挪用公款 200 万元以上，或挪用救灾、抢险、防汛、优抚、扶贫、移民、救济特定款物，数额 100 万元以上不满 200 万元，或挪用公款不退还，数额 100 万元以上不满 200 万元，或其他严重情节。(8) 从挪用公款罪的处罚的角度讲，国家工作人员利用职务便利，挪用公款（3 万元以上）归个人使用，进行非法活动，或挪用公款数额较大（5 万元以上）归个人使用，进行营利活动，或超过 3 个月未还、进行营利活动，或挪用公款数额较大、超过 3 个月未还，处 5 年以下有期刑或拘役；情节严重（a. 挪用公款 100 万元以上，或挪用救灾、抢险、防汛、优抚、扶贫、移民、救济特定款物，数额 50 万元以上不满 100 万元，或挪用公款不退还，数额 50 万元以上不满 100 万元，或其他严重情节。b. 挪用公款 200 万元以上，或挪用救灾、抢险、防汛、优抚、扶贫、移民、救济特定款物，数额 100 万元以上不满 200 万元，或挪用公款不退还，数额 100 万元以上不满 200 万元，或其他严重的情节），处 5 年以上有期刑；挪用公款数额巨大（300 万元以上或 500 万元以上）不退还，处 10 年以上有期刑或无期刑；特殊而言，挪用用于救灾、抢险、防汛、优抚、扶贫、移民、救济款物归个人使用，从重处罚。

◆ 《刑法》第 273 条 【挪用特定款物罪】

从故意犯、情节犯的角度讲，挪用用于救灾、抢险、防汛、优抚、扶贫、移民、救济款物，情节严重，使国家和群众利益遭受重大损害，对直接责任人员，处 3 年以下有期刑或拘役；情节特别严重，处 3 年以上 7 年以下有期刑。

对挪用特定款物罪的预备犯、未遂犯、中止犯，需追究刑责，应立案追诉。利用计算机实施金融诈骗、盗窃、贪污、挪用公款、窃取国家秘密或他罪，依刑法有关规定定罪处罚。

挪用特定款物案的 5 种立案追诉标准：(1) 严重损害国家声誉，或造成恶劣社会影响。(2) 挪用特定款物数额 5000 元以上（含本数）。(3) 造成国家和群众直接经济损失（与行为有直接因果关系造成的财产损毁、减少的实际价值）数额 5 万元以上。(4) 虽未达到挪用特定款物数额 5000 元以上，或造成国家和群众直接经济损失数额 5 万元以上的数额标准（接近上述数额标准且已达到该数额的 80% 以上），但多次（3 次以上）挪用特定款物，或造成群众的生产、生活严重困难。（5）其他使国家和群众利益遭受重大损害情形。

挪用用于预防、控制突发传染病疫情等灾害的救灾、优抚、救济等款物，构成犯罪，对直接责任人员，以挪用特定款物罪定罪处罚。

挪用失业保险基金和下岗职工基本生活保障资金属于挪用救济款物。挪用失业保险基金和下岗职工基本生活保障资金，情节严重，使国家和群众利益遭受重大损害，对直接责任人员，应以挪用特定款物罪追究刑责；国家工作人员利用职务便利，挪用失业保险基金和下岗职工基本生活保障资金归个人使用，构成犯罪，应以挪用公款罪追究刑责。

◆ 《刑法》第 274 条 【敲诈勒索罪】

从故意犯、数额犯、情节犯的角度讲，敲诈勒索公私财物，数额较大 [A. 敲诈勒索公私财物价值 2000 元~5000 元以上。B. 敲诈勒索公私财物，有 7 种情形（a. 曾因敲诈勒索受过刑罚。b. 1 年内曾因敲诈勒索受过行政处罚。c. 对未成年人、残疾人、老年人或丧失劳动能力人敲诈勒索。d. 以黑恶势力名义敲诈勒索。e. 以将要实施放火、爆炸等危害公共安全犯罪或故意杀人、绑架等严重侵犯公民人身权犯罪相威胁敲诈勒索。f. 利用或冒充国家机关工作人员、军人、新闻工作者等特殊身份敲诈勒索。g. 造成其他严重后果），数额较大标准可按敲诈勒索公私财物价值 2000 元~5000 元以上标准的 50% 确定] 或多次敲诈勒索（2 年内敲诈勒索 3 次以上），处 3 年以下有期刑、拘役或管制，并处或单处罚金；数额巨大（敲诈勒索公私财物价值 3 万元~10 万元以上）或有其他严重情节 [敲诈勒索公私财物有 5 种行为情形（a. 对未成年人、残疾人、老年人或丧失劳动能力人敲诈勒索。b. 以黑恶势力名义敲诈勒索。c. 以将要实施放火、爆炸等危害公共安全犯罪或故意杀人、绑架等严重侵犯公民人身权犯罪相威胁敲诈勒索。d. 利用或冒充国家机关工作人员、军人、新闻工作者等特殊身份敲诈勒索。e. 造成其他严重后果），财物数额达到数额巨大（3 万元~10 万元以上）的 80%]，处 3 年以上 10 年以下有期刑，并处罚金；数额特别巨大（敲诈勒索公私财物价值 30 万元~50 万元以上）或有其他特别严重情节，[敲诈勒索公私财物有 5 种行为情形（a. 对未成年人、残疾人、老年人或丧失劳动能力人敲诈勒索。b. 以黑恶势力名义敲诈勒索。c. 以将要实施放火、爆炸等危害公共安全犯罪或故意杀人、绑架等严重侵犯公民人身权犯罪相威胁敲诈勒索。d. 利用或冒充国家机关工作人员、军人、新闻工作者等特殊身份敲诈勒索。e. 造成其他严重后果），财物数额达到数额特别巨大（30 万元~50 万元以上）的 80%] 处 10 年以上有期刑，并处罚金。

敲诈勒索罪是行为人以非法占有为目的，采取恶性通告的威胁或要挟、恐吓等方式方法，造成被害人基于恐惧心理被迫处分、交付自己的财产，使行为人或第三人强索被害人公私财物数额较大的行为。

敲诈勒索罪的处罚：（1）敲诈勒索数额较大，行为人认罪、悔罪、退赃、退赔，并有 4 种行为情形（a. 被害人谅解。b. 未参与分赃或获赃较少且不是主犯。c. 有法定从宽处罚情节。d. 其他情节轻微、危害不大），可认定为犯罪情节轻微，不起诉或免刑，由有关部门依法行政处罚。（2）敲诈勒索近亲属的财物，获得谅解，一般不认为是犯罪；认定为犯罪，应酌情从宽处理。（3）被害人对敲诈勒索的发生存在过错，据被害人过错程度和案件其他情况，可对行为人酌情从宽处理；情节显著轻微危害不大，不认为是犯罪。（4）对敲诈勒索罪的被告人，应在 2000 元以上、敲诈勒索数额的 2 倍以下判罚金；被告人未获得财物，应在 2000 元以上 10 万元以下判处罚金。

【2003·卷 2·多选·50】（答案：ABD）甲、乙合谋勒索丙的钱财。甲与丙及丙的儿子丁（17 岁）相识。某日下午，甲将丁邀到一家游乐场游玩，然后由乙向丙打电话。乙称丁被

绑架，令丙赶快送3万元现金到约定地点，不许报警，否则杀害丁。丙担心儿子的生命而没报警，下午7点左右准备了3万元后送往约定地点。乙取得钱后通知甲，甲随后与丁分手回家。下列罪名哪些不符合甲、乙的行为性质？A. 绑架罪。B. 抢劫罪。C. 敲诈勒索罪。D. 非法拘禁罪。

【2006·卷2·单选·15】（答案：B）下列哪种行为构成敲诈勒索罪？A. 甲到乙的餐馆吃饭，在食物中发现一只苍蝇，遂以向消费者协会投诉为由进行威胁，索要精神损失费3000元。乙迫于无奈付给甲3000元。B. 甲到乙的餐馆吃饭，偷偷在食物中投放一只事先准备好的苍蝇，然后以砸烂桌椅进行威胁，索要精神损失费3000元。乙迫于无奈付给甲3000元。C. 甲捡到乙的手机及身份证等财物后，给乙打电话，索要3000元，并称若不付钱就不还手机及身份证等物。乙迫于无奈付给甲3000元现金赎回手机及身份证等财物。D. 甲妻与乙通奸，甲获知后十分生气，将乙暴打一顿，乙主动写下一张赔偿精神损失费2万元的欠条。事后，甲持乙的欠条向其索要2万元，并称若乙不从，就向法院起诉乙。

敲诈勒索罪的情形：（1）以制造社会影响、采取极端闹访行为、持续缠访闹访等威胁、要挟手段，敲诈勒索，数额较大或情节严重，以敲诈勒索罪追究刑责。（2）行为人有非法勒索他人财物的目的、行为，直接对被害人以恶害相通告的威胁或要挟方式，导致对方产生恐惧心理，逼迫、迫使对方不得不交出数额较大的财物，或未绑架被害人，谎称绑架被害人而向关心被害人的第三人勒索数额较大的财物，均构成敲诈勒索罪。（3）以在信息网络上发布、删除等方式处理网络信息为由，威胁、要挟他人，索取公私财物，数额较大，或多次实施上述行为，以敲诈勒索罪定罪处罚。（4）明知他人实施敲诈勒索犯罪，为其提供信用卡、手机卡、通信工具、通讯传输通道、网络技术支持等帮助，以敲诈勒索罪的共犯论处。

【2007·卷2·多选·63】（答案：ABCD）关于敲诈勒索罪的判断，下列哪些选项是正确的？A. 甲将王某杀害后，又以王某被绑架为由，向其亲属索要钱财。甲除构成故意杀人罪外，还构成敲诈勒索罪与诈骗罪的想象竞合犯。B. 饭店老板乙以可乐兑水冒充洋酒销售，向实际消费数十元的李某索要数千元。李某不从，乙召集店员对其进行殴打，致其被迫将钱交给乙。乙的行为构成抢劫罪而非敲诈勒索罪。C. 职员丙被公司辞退，要求公司支付10万元补偿费，否则会将所掌握的公司商业秘密出卖给其他公司使用。丙的行为构成敲诈勒索罪。D. 丁为谋取不正当利益送给国家工作人员刘某10万元。获取不正当利益后，丁以告发相要挟，要求刘某返还10万元。刘某担心被告发，便还给丁10万元。对丁的行为应以行贿罪与敲诈勒索罪实行并罚。

【2008·卷2·川·不定项·91-92】（答案：91. ABD；92. ACD）91. 关于共同犯罪的说法，下列选项正确的是：A. 甲一开始被恐怖组织胁迫参加犯罪，但在着手实行后，其非常积极，成为主要的实行人之一，甲在共同犯罪中可以成为主犯。B. 乙是共同贪污犯罪中的实行犯，但其可能不是主犯。C. 丙为勒索财物绑架王某，在控制人质后，丙将真相告诉好友高某，并委托高某去找王某的父母要钱，高同意并实施了勒索行为。丙成立绑架罪，高某构成敲诈勒索罪。D. 丁与成某经共谋后，共同伤害被害人汪某，丁的木棒击中了汪某的腹部，成某的短刀刺中了汪某的肺部，汪某因成某的致命伤害在送到医院10小时后死亡。丁需对死亡结果负责。92. 关于单位犯罪，下列选项错误的是：A. 甲注册某咨询公司后一直亏损，后发现为他人虚开增值税专用发票可以盈利，即以此为主要业务，该行为属于咨询公司单位犯罪。B. 乙公司在实施保险诈骗罪后，因为没有年检而被工商管理局吊销营业执照。案发后对该公司不再追诉，只能对原公司中的直接负责的主管人员和其他直接责任人员追究刑事责任。C. 丙虚报注册资本构成进出口公司，主要从事正当业务经营，后经公司股东集体讨论，以公司的名义走私汽车，利益均分。因该进出口公司构成时不符合法律规定，该走私行为属于个人犯罪。D. 丁等5名房地产公司领导以公司名义非法经营烟草业务，所得利益归5人均分。该行为属于单位

犯罪。

从比较法的角度讲，敲诈勒索罪的未遂是行为人已实施了敲诈勒索的行为，但因外界原因的阻止导致其未成功勒索到财物。（1）敲诈勒索罪、绑架罪的根本差异在于犯罪客观方面内容的不同，在于是否实际绑架了他人。（2）敲诈勒索罪、抢劫罪的根本差异在于暴力胁迫程度的不同（a. 抢劫罪的暴力胁迫程度须达到足以压制他人反抗的程度。b. 敲诈勒索罪的暴力胁迫程度只要求足以使他人产生恐惧心理）。

【2011·卷2·单选·15】（答案：C）甲预谋拍摄乙与卖淫女的裸照，迫使乙交付财物。一日，甲请乙吃饭，叫卖淫女丙相陪。饭后，甲将乙、丙送上车。乙、丙刚到乙宅，乙便被老板电话叫走，丙亦离开。半小时后，甲持相机闯入乙宅发现无人，遂拿走了乙的3万元现金。甲的行为性质，哪一选项正确？A. 抢劫未遂与盗窃既遂。B. 抢劫既遂与盗窃既遂的想象竞合。C. 敲诈勒索预备与盗窃既遂。D. 敲诈勒索未遂与盗窃既遂的想象竞合。

【2014·卷2·单选·19】（答案：D）乙购物后，将购物小票随手扔在超市门口。甲捡到小票，立即拦住乙说："你怎么把我购买的东西拿走？"乙莫名其妙，甲便向乙出示小票，两人发生争执。适逢交警丙路过，乙请丙判断是非，丙让乙将商品还给甲，有口难辩的乙只好照办。关于本案的分析（不考虑数额），下列哪一选项是错误的？A. 如认为交警丙无处分权限，则甲的行为不成立诈骗罪。B. 如认为盗窃必须表现为秘密窃取，则甲的行为不成立盗窃罪。C. 如认为抢夺必须表现为乘人不备公然夺取，则甲的行为不成立抢夺罪。D. 甲虽未实施恐吓行为，但如乙心生恐惧而交出商品，甲的行为构成敲诈勒索罪。

敲诈勒索罪的量刑：（1）构成敲诈勒索罪，可根据不同情形在相应的幅度内确定量刑起点：A. 达到数额较大起点，或2年内3次敲诈勒索，可在1年以下有期刑、拘役幅度内确定量刑起点。B. 达到数额巨大起点或有其他严重情节，可在3年-5年有期刑幅度内确定量刑起点。C. 达到数额特别巨大起点或有其他特别严重情节，可在10年-12年有期刑幅度内确定量刑起点。（2）在量刑起点的基础上，可根据敲诈勒索数额、次数、犯罪情节严重程度等其他影响犯罪构成的犯罪事实增加刑罚量，确定基准刑。A. 多次敲诈勒索，数额达到较大以上，以敲诈勒索数额确定量刑起点，敲诈勒索次数可作为调节基准刑的量刑情节。B. 数额未达到较大，以敲诈勒索次数确定量刑起点，超过3次的次数作为增加刑罚量的事实。

【河南规定】多次敲诈勒索，数额未达到较大，以敲诈勒索次数确定量刑起点，超过3次的次数作为增加刑罚量的事实；敲诈勒索数额达到较大以上，以敲诈勒索数额确定量刑起点，敲诈勒索次数作为从重处罚的量刑情节。（1）法定刑在3年以下有期刑、拘役、管制幅度的量刑起点和基准刑：A. 敲诈勒索公私财物，犯罪数额达到数额较大起点，或2年内敲诈勒索次数达3次，在4个月拘役至6个月有期刑幅度内确定量刑起点。B. 敲诈勒索公私财物，具有曾因敲诈勒索受过刑罚；1年内曾因敲诈勒索受过行罚；以黑恶势力名义敲诈勒索；对未成年人、残疾人、老年人或丧失劳动能力人敲诈勒索；利用或冒充国家机关工作人员、军人、新闻工作者等特殊身份敲诈勒索；以将要实施放火、爆炸等危害公共安全犯罪或故意杀人、绑架等严重侵犯公民人身权犯罪相威胁敲诈勒索；造成其他严重后果7种情形之一，且数额达到数额较大起点标准50%，在4个月拘役至6个月有期刑幅度内确定量刑起点。C. 在量刑起点的基础上，根据敲诈勒索数额和次数等其他影响犯罪构成的犯罪事实增加刑罚量，确定基准刑；增加相应的刑罚量的5种情形：a. 犯罪数额每增加1500元，增加1个月刑期。b. 2年内敲诈3次（犯罪数额未达到较大以上），再每增加1次，增加2个月-3个月刑期。c. 每增加轻微伤1人，增加2个月以下刑期。d. 每增加轻伤1人，增加3个月-6个月刑期。e. 其他可增加刑罚量情形。（2）法定刑在3年以上10年以下有期刑幅度的量刑起点和基准刑：A. 敲诈勒索公私财物，犯罪数额达到数额巨大起点，在3年-4年有期刑幅度内确定量刑起点。B. 敲诈勒索公私财物，具有曾因敲诈勒索受过刑罚；1年内曾因敲诈勒索受过行罚；以黑恶势力名义敲诈勒索；对未成年人、残疾人、老年人或丧失劳动能力人敲诈勒索；利用或冒充国家机关工作人员、军人、新闻工作者等特殊身份敲诈勒索；以将要实施放火、爆炸等危害公共安全犯罪或故意杀人、绑架等严重侵犯公民人身权犯罪相威胁敲诈勒索；造成其他严重后果7种情形之一，且数额达到数额巨大起点标准80%，在3年-4年有期刑幅度内确定量刑起点。C. 在量刑起点的基础上，根据敲诈勒索数额、犯罪情节严重程度等其他影响犯罪构成的犯罪事实增加刑罚量，确定基准刑；增加相应的刑罚量的5种情形：A. 犯罪数额每增加4000元，增加1个月刑期。B. 每增加轻微伤1人，增加2个月以下刑期。C. 每增加轻伤1人，增加3个月-6个月刑期。D. 具有可认定为其他严重情节情形，每增加1种情形，增加6个月-1年刑期。e. 其他可增加刑罚量情形。(3) 法定刑在10年以上有期刑幅度的量刑起点和基准刑：A. 敲诈勒索公私财物，犯罪数额达到数额特别巨大起点，在10年-12年有期刑幅度内确定量刑起点。B. 敲诈勒索公私财物，具有曾因敲诈勒索受过刑罚；1年内曾因敲诈勒索受过行罚；以黑恶势力名义敲诈勒索；对未成年人、残疾人、老年人或丧失劳动能力人敲诈勒索；利用或冒充国家机关工作人员、军人、新闻工作者等特殊身份敲诈勒索；以将要实施放火、爆炸等危害公共安全犯罪或故意杀人、绑架等严重侵犯公民人身权犯罪相威胁敲诈勒索；造成其他严重后果7种情形之一，且数额达到数额特别巨大起点标准80%，在10年-12年有期刑幅度内确定量刑起点。C. 在量刑起点的基础上，根据敲诈勒索数额、犯罪情节严重程度等其他影响犯罪构成的犯罪事实增加刑罚量，确定基准刑；增加相应的刑罚量情形：a. 犯罪数额每增加4万元，增加1个月刑期。b. 每增加轻微伤1人，增加2个月以下刑期。c. 每增加轻伤1人，增加3个月-6个月刑期。d. 具有可认定为其他特别严重情节情形，每增加1种情形，增加1年-2年刑期。e. 其他可增加刑罚量情形。(4) 可从重处罚，但同时具有2种以上情形，累计不得超过基准刑的100%的4种情形：A. 为吸毒、赌博等违法犯罪活动而敲诈勒索，增加基准刑的20%以下。B. 敲诈勒索数额分别达到数额较大、数额巨大、数额特别巨大标准，并具有多次敲诈勒索情形，增加基准刑的20%以下。C. 敲诈勒索公私财物，具有曾因敲诈勒索受过刑罚；1年内曾因敲诈勒索受过行罚；以黑恶势力名义敲诈勒索；对未成年人、残疾人、老年人或丧失劳动能力人敲诈勒索；利用或冒充国家机关工作人员、军人、新闻工作者等特殊身份敲诈勒索；以将要实施放火、爆炸等危害公共安全犯罪或故意杀人、绑架等严重侵犯公民人身权犯罪相威胁敲诈勒索；造成其他严重后果7种情形之一（已确定为犯罪构成事实为例外），增加基准刑的30%以下。以上情形每增加1种，再增加基准刑的10%以下。D. 其他可从重处罚情形。(5) 敲诈勒索，可从宽处罚情形：A. 敲诈勒索近亲属的财物，获得谅解，可减少基准刑的20%以上，不认为是犯罪为例外。B. 被害人对敲诈勒索的发生存在过错，除情节显著轻微危害不大，不认为是犯罪外，可根据被害人过错程度和案件其他情况，减少基准刑的20%以下。C. 其他可从轻处罚情形。

从法律因果关系的角度讲，针对强奸、轮奸、通奸等性侵案件、伦理犯罪条件下受害方进行自力救济要求经济赔偿、索赔而司法机关往往以敲诈勒索罪等罪名惩罚受害方而导致加害方"毫发无损"的不公平行为问题及其公力救济问题，有争议性。同样，上访户以越级上访以威胁或要挟、要求地方政府索进行经济补偿的行为问题，往往存在敲诈勒索罪的有罪判决或无罪判决。

◆《刑法》第275条【故意毁坏财物罪】

从故意犯、数额犯、情节犯的角度讲，故意毁坏公私财物，数额较大或有其他严重情节，处3年以下有期刑、拘役或罚金；数额巨大或有其他特别严重情节，处3年以上7年以下有期刑。

故意毁坏财物罪是故意毁坏公私财物，数额较大或有其严重情节的行为。故意毁坏财物案的4种立案追诉标准：(1) 纠集3人以上公然毁坏公私财物。(2) 毁坏公私财物3次以上。(3) 造成公私财物损失5000元以上。(4) 其他情节严重情形。

◆ 《刑法》 第276条 【破坏生产经营罪】

从故意犯、目的犯、行为犯、结果犯、情节犯的角度讲，因泄愤报复或其他个人目的，毁坏机器设备、残害耕畜或以其他方法（破坏运输、储存工具、电脑、锅炉或供料线、农业机械、排灌设备、农具，毁坏种子、秧苗、树苗、庄稼、果树、鱼苗，切断电源、颠倒冷热供给程序等方式方法，导致生产指挥、工艺流程混乱）破坏生产经营（国有、集体、个体、私有、外资等不同所有制性质的生产经营活动；工业、农业、林业、牧业、渔业、副业、商业、建筑业、运输业、第二产业等不同产业性质的生产经营活动），处3年以下有期刑、拘役或管制；情节严重，处3年以上7年以下有期刑。

破坏生产经营案的4种立案追诉标准：A. 纠集3人以上公然破坏生产经营。B. 破坏生产经营3次以上。C. 造成公私财物损失5000元以上。D. 其他破坏生产经营应追究刑责情形。

破坏生产经营罪和破坏交通工具、破坏交通设备、破坏电力设备及易燃易爆设备罪、故意损坏财物罪的根本差异在于犯罪对象、犯罪客体、犯罪目的的不同。

采取放火、决水、爆炸、投放危险物质等危害公共安全的行为方式进行破坏生产经营的犯罪行为，同时触犯破坏生产经营罪、放火罪、决水罪、爆炸罪、投放危险物质罪等危害公共安全罪，属于想象竞合犯，从危害公共安全罪一重论处。

◆ 《刑法》 第276条之一 【拒不支付劳动报酬罪】

从故意犯、目的犯、数额犯、结果犯的角度讲，以逃避支付劳动者的劳动报酬为目的，个人以转移财产、逃匿等方法逃避支付劳动者的劳动报酬 [a. 逃跑、藏匿。b. 隐匿财产、恶意清偿、虚构债务、虚假破产、虚假倒闭或以其他方法转移、处分财产。c. 隐匿、销毁或篡改账目、职工名册、工资支付记录、考勤记录等与劳动报酬相关的材料。d. 以其他方法逃避支付劳动报酬（劳动者依劳动法、劳动合同法等法律规定应得的劳动报酬，含工资、奖金、津贴、补贴、延长工作时间的工资报酬及特殊情况下支付的工资等）] 或有能力支付而不支付劳动者的劳动报酬，或单位犯拒不支付劳动报酬罪，对单位判处罚金，并对其直接负责的主管人员和其他直接责任人员，数额较大（a. 拒不支付1名劳动者3个月以上的劳动报酬且数额5000元~2万元以上。b. 拒不支付10名以上劳动者的劳动报酬且数额累计3万元~10万元以上），经政府有关部门责令支付仍不支付（a. 经人社保障部门或政府其他有关部门依法以限期整改指令书、行政处理决定书等文书责令支付劳动者的劳动报酬后，在指定的期限内仍不支付，以有证据证明行为人有正当理由未知悉责令支付或未及时支付劳动报酬为例外。b. 行为人逃匿，无法将责令支付文书送交其本人、同住成年家属或所在单位负责收件的人，若有关部门已通过在行为人的住所地、生产经营场所等地张贴责令支付文书等方式责令支付，并采用拍照、录像等方式记录，应视为经政府有关部门责令支付），处3年以下有期刑或拘役，并处或单处罚金；造成严重后果（拒不支付劳动者的劳动报酬数额较大，有对要求支付劳动报酬的劳动者使用暴力或进行暴力威胁，造成劳动者或其被赡养人被扶养人被抚养人的基本生活受到严重影响、重大疾病无法及时医治或失学，或造成其他严重后果），处3年以上7年以下有期刑，并处罚金。

拒不支付劳动报酬案的2种立案追诉标准：A. 拒不支付1名劳动者3个月以上的劳动报酬且数额5000元~2万元以上。B. 拒不支付10名以上劳动者的劳动报酬且数额累计3万元~10万元以上；特殊而言，不支付劳动者的劳动报酬，尚未造成严重后果，在刑事立案前支付劳动者的劳动报酬，并依法承担相应赔偿责任，可不立案追诉。

【2012·卷1·单选·1】（答案：D）老板甲春节前转移资产，拒不支付农民工工资。劳动部门下达责令支付通知书后，甲故意失踪。公安机关接到报警后，立即抽调警力，迅速将甲抓获。在侦查期间，甲主动支付了所欠工资。起诉后，法院根据《刑法修正案（八）》拒不支付劳动报酬罪认定甲的行为，甲表示认罪。关于此案，下列哪一说法是错误的？A.《刑法修正案（八）》增设拒不支付劳动报酬罪，体现了立法服务大局、保护民生的理念。B. 公安机关积极破案解决社会问题，发挥了保障民生的作用。C. 依据《刑法修正案（八）》对欠薪案的审理，体现了惩教并举，引导公民守法、社会向善的作用。D. 甲已支付所欠工资，可不再追究甲的刑事责任，以利于实现良好的社会效果。

拒不支付劳动报酬罪的情形：（1）不具备用工主体资格的单位或个人，违法用工且拒不支付劳动者的劳动报酬，数额较大，经政府有关部门责令支付仍不支付，或用人单位的实际控制人（虽不是公司的股东，但通过投资关系、协议或其他安排，能实际支配公司行为的人）实施拒不支付劳动报酬行为，构成犯罪，均应以拒不支付劳动报酬罪追究刑责。（2）单位拒不支付劳动报酬，构成犯罪，依《关于审理拒不支付劳动报酬刑事案件适用法律若干问题的解释》（2013年）规定的相应个人犯罪的定罪量刑标准，对直接负责的主管人员和其他直接责任人员定罪处罚，并对单位判处罚金。（3）有以转移财产、逃匿等方法逃避支付劳动者的劳动报酬或有能力支付而不支付劳动者的劳动报酬，或单位拒不支付劳动报酬犯罪行为，尚未造成严重后果，在提起公诉前支付劳动者的劳动报酬，并依法承担相应赔偿责任，可减轻或免除处罚。（4）拒不支付劳动者的劳动报酬，尚未造成严重后果，在刑事立案前支付劳动者的劳动报酬，并依法承担相应赔偿责任，可认定为情节显著轻微危害不大，不认为是犯罪；在提起公诉前支付劳动者的劳动报酬，并依法承担相应赔偿责任，可减轻或免；在一审宣判前支付劳动者的劳动报酬，并依法承担相应赔偿责任，可从轻处罚。（5）对免刑，可根据案件的不同情况，训诫、责令具结悔过或赔礼道歉。拒不支付劳动者的劳动报酬，造成严重后果，但在宣判前支付劳动者的劳动报酬，并依法承担相应赔偿责任，可酌情从宽处罚。

【2013·卷1·单选·4】（答案：C）《刑法修正案（八）》2011年5月1日起施行。根据《刑法》第12条关于时间效力的规定，下列哪一选项是错误的？A. 2011年4月30日前犯罪，犯罪后自首又有重大立功表现的，适用修正前的刑法条文，应当减轻或免除处罚。B. 2011年4月30日前拖欠劳动者报酬的，2011年5月1日后以转移财产方式拒不支付劳动者报酬，适用修正后的刑法条文。C. 2011年4月30日前组织出卖人体器官的，适用修正后的刑法条文。D. 2011年4月30日前扒窃财物数额未达到较大标准的，不得以盗窃罪论处。

从刑法修正案（八）、《关于加强对拒不支付劳动报酬案件查处工作的通知》（2012年）、《行政执法机关移送涉嫌犯罪案件的规定》（2001年）、《公安机关受理行政执法机关移送涉嫌犯罪案件的规定》（2016年）的角度讲，行政执法机关在依法查处违法行为过程中，发现贪污贿赂、国家工作人员渎职或国家机关工作人员利用职权侵犯公民人身权和民主权利等违法行为，涉嫌构成犯罪，应比照《行政执法机关移送涉嫌犯罪案件的规定》（2001年）及时将案件移送检察院。（1）行政执法机关（依法律法规或规章规定，对破坏社会主义市场经济秩序、妨害社会管理秩序以及其他违法行为有行政处罚权的行政机关，以及法律法规授权的有管理公共事务职能、在法定授权范围内实施行政处罚的组织）在依法查处违法行为过程中，发现违法事实涉及的金额、违法事实的情节、违法事实造成的后果等，据破坏社会主义市场经济秩序罪、妨害社会管理秩序罪等罪的刑法规定、司法解释、经济犯罪案件追诉标准等规定，涉嫌构成犯罪，依法需追究刑责，须依《行政执法机关移送涉嫌犯罪案件的规定》（2001年）附材料（涉嫌犯罪案件移送书；涉嫌犯罪案件情况的调查报告；涉案物品清单；有关检验报告或鉴定结论；其他有关涉嫌犯罪的材料）向公安机关移送，应接受检察院和监察机关依法实施的监督，不得以行政处罚代替移送。（2）行政执法机关对公安机关决定立案的案件，应自接到立案通知书之日起3日内将涉案物品以及与案件有关的其他材料移交公安机关,并办结交接手续,以法律、行政法规另有规定,依其规定为例外。(3)行政执法机关在查处违法行为过程中,须妥善保存所收集的与违法行为有关的证据,对查获的涉案物品,应如实填写涉案物品清单,并按国家有关规定处理。对易腐烂、变质等不宜或不易保管的涉案物品,应采取必要措施,留取证据;对需进行检验、鉴定的涉案物品,应由法定检验、鉴定机构进行检验、鉴定,并出具检验报告或鉴定结论。(4)行政执法机关向公安机关移送涉嫌犯罪案件前已作出的警告,责令停产停业,暂扣或吊销许可证、暂扣或吊销执照的行政处罚决定,不停止执行。(5)依行政处罚法规定,行政执法机关向公安机关移送涉嫌犯罪案件前,已依法给予当事人罚款,法院判处罚金时,依法折抵相应罚金。(6)公安机关对发现的违法行为,经审查,无犯罪事实,或立案侦查后认为犯罪事实显著轻微,不需追究刑责,但依法应追究行责,应及时将案件移送同级行政执法机关,有关行政执法机关应依法作出处理。(7)公安机关违反《行政执法机关移送涉嫌犯罪案件的规定》(2001年),不接受行政执法机关移送的涉嫌犯罪案件,或逾期不作出立案或不予立案的决定,除由检察院依法实施立案监督外,由本级或上级政府责令改正,对其正职负责人根据情节轻重,给予记过以上的行政处分;构成犯罪,依法追究刑责。

第六章

妨害社会管理秩序罪（第277～367条）

从犯罪主体类型的角度讲，妨害社会管理秩序罪的主体以一般主体（普通犯）为主，以特殊主体（身份犯）为辅。（1）倒卖文物罪；污染环境罪；非法捕捞水产品罪；非法猎捕、杀害珍贵、濒危生动物罪；非法狩猎罪；非法占用农用地罪；盗伐林木罪；滥伐林木罪；非法收购盗伐、滥伐林木罪；走私、贩卖、运输、制造毒品罪；制作、复制、出版、贩卖、传播淫秽物品牟利罪；传播淫秽物品罪；组织播放淫秽音像制品罪有一般主体（自然人、单位）。（2）采集、供应血液、制作、供应血液制品事故罪的特殊主体是有资格从事血液制品生产经营活动的单位；非法提供麻醉药品、精神药品罪有特殊主体（依法从事生产、运输、管理、使用国家管制的麻醉药品、精神药品的单位和人员）。

妨害社会管理的违反治安管理行为和处罚类型：（1）妨害社会管理，处警告或200元以下罚款；情节严重（a.强行冲闯公安机关设置的警戒带、警戒区。b.拒不执行政府在紧急状态情况下依法发布的决定、命令。c.阻碍国家机关工作人员依法执行职务。d.阻碍警察依法执行职务，从重处罚。e.阻碍执行紧急任务的消防车、救护车、工程抢险车、警车等车辆通行），处5日以上10日以下拘留，可并处500元以下罚款。（2）妨害社会管理，处10日以上15日以下拘留，可并处1000元以下罚款；情节较轻（a.伪造、变造或买卖国家机关、人民团体、企事业单位或其他组织的公文、证件、证明文件、印章。b.伪造、变造、倒卖车票、船票、航空客票、文艺演出票、体育比赛入场券或其他有价票证、凭证。c.伪造、变造船舶户牌，买卖或使用伪造、变造的船舶户牌，或涂改船舶发动机号码。d.买卖或使用伪造、变造的国家机关、人民团体、企事业单位或其他组织的公文、证件、证明文件），处5日以上10日以下拘留，可并处500元以下罚款。（3）妨害社会管理，处10日以上15日以下拘留，并处500元以上1000元以下罚款；情节较轻［a.未经许可，擅自经营按国家规定需由公安机关许可的行业（行政许可法、国务院对确需保留的行政审批项目设定行政许可的决定条件下公安机关保留的行政许可事项所涉及的相关行业）。b.违反国家规定，未经注册登记，以社会团体名义进行活动，被取缔后，仍进行活动。c.被依法撤销登记的社会团体，仍以社会团体名义进行活动。d.取得公安机关许可的经营者，违反国家有关管理规定，情节严重，公安机关可吊销许可证］，处5日以下拘留或500元以下罚款。A.非法以社团名义活动，以被撤销登记的社团名义活动（违反国家规定，未经注册登记，以社会团体名义进行活动，被取缔后，仍进行活动；被依法撤销登记的社会团体，仍以社会团体名义进行活动），处10日以上15日以下拘留，并处500元以上1000元以下罚款；情节较轻（尚未造成危害后果或较大社会影响；以营利为目的，但获利较少；其他情节较轻的情形），处5日以下拘留或500元以下罚款。B.未获公安许可擅自经营（未经许可，擅自经营按国家规定需由公安机关许可的行业），或取得公安机关许可的经营者，违反国家有关管理规定，情节严重（未获公安许可擅自经营，造成较重危害后果或较大社会影响；多次违反国家有关管理规定；其他情节严重的情形），公安机关可吊销许可证，处10日以上15日以下拘留，并处500元以上1000元以下罚款；情节较轻（未获公安许可擅自经营，经营时间较短且规模较小；主动停止经营且获利较少；其他情节较轻的情形），处 5 日以下拘留或 500 元以下罚款。（4）妨害社会管理，处 500 元以上 1000 元以下罚款；情节严重（a. 违反国家规定，收购铁路、油田、供电、电信、矿山、水利、测量和城市公用设施等废旧专用器材。b. 典当业工作人员承接典当的物品，不查验有关证明、不履行登记手续，或明知是违法嫌犯、赃物，不向公安机关报告。c. 收购公安机关通报寻查的赃物或有赃物嫌疑的物品。d. 收购国家禁止收购的其他物品），处 5 日以上 10 日以下拘留，并处 500 元以上 1000 元以下罚款。（5）妨害社会管理，处 5 日以上 10 日以下拘留，并处 200 元以上 500 元以下罚款（a. 明知是赃物而窝藏、转移或代为销售。b. 隐藏、转移、变卖或损毁行政执法机关依法扣押、查封、冻结的财物。c. 伪造、隐匿、毁灭证据或提供虚假证言、谎报案情，影响行政执法机关依法办案。d. 被依法执行管制、剥夺政治权利或在缓刑、暂予监外执行中的罪犯或被依法采取刑事强制措施的人，有违反法律、行政法规或国务院有关部门的监管规定的行为）。（6）妨害社会管理，处警告或 200 元以下罚款；情节较重（a. 刻划、涂污或以其他方式故意损坏国家保护的文物、名胜古迹。b. 违反国家规定，在文物保护单位附近进行爆破、挖掘等活动，危及文物安全）。（7）妨害社会管理，处 500 元以上 1000 元以下罚款；情节严重（a. 偷开他人机动车。b. 未取得驾驶证驾驶或偷开他人航空器、机动船舶），处 10 日以上 15 日以下拘留，并处 500 元以上 1000 元以下罚款。（8）妨害社会管理，处 5 日以上 10 日以下拘留；情节严重（a. 故意破坏、污损他人坟墓或毁坏、丢弃他人尸骨、骨灰。b. 在公共场所停放尸体或因停放尸体影响他人正常生活、工作秩序，不听劝阻），处 10 日以上 15 日以下拘留，可并处 1000 元以下罚款。（9）妨害社会管理（a. 参与聚众淫乱活动。b. 组织播放淫秽音像。c. 组织或进行淫秽表演。d. 明知他人从事参与聚众淫乱活动、组织播放淫秽音像，或组织或进行淫秽表演活动，为其提供条件），处 10 日以上 15 日以下拘留，并处 500 元以上 1000 元以下罚款。（10）妨害社会管理，处 10 日以上 15 日以下拘留，可并处 3000 元以下罚款；情节较轻［a. 非法运输、买卖、储存、使用少量罂粟壳。b. 非法买卖、运输、携带、持有少量未经灭活的罂粟等毒品原植物种子或幼苗。c. 非法种植罂粟不满 500 株或其他少量毒品原植物（在成熟前自行铲除，不处罚）］，处 5 日以下拘留或 500 元以下罚款。（11）妨害社会管理，处 10 日以上 15 日以下拘留，可并处 2000 元以下罚款；情节较轻（a. 非法持有鸦片不满 200 克、海洛因或甲基苯丙胺不满 10 克或其他少量毒品。b. 吸食、注射毒品。c. 向他人提供毒品。d. 胁迫、欺骗医务人员开具麻醉药品、精神药品），处 5 日以下拘留或 500 元以下罚款。（12）冒充国家机关工作人员或以其他虚假身份招摇撞骗，处 5 日以上 10 日以下拘留，可并处 500 元以下罚款；情节较轻，处 5 日以下拘留或 500 元以下罚款。冒充军警人员招摇撞骗，从重处罚。（13）船舶擅自进入、停靠国家禁止、限制进入的水域或岛屿，对船舶负责人及有关责任人员处 500 元以上 1000 元以下罚款；情节严重，处 5 日以下拘留，并处 500 元以上 1000 元以下罚款。（14）煽动、策划非法集会、游行、示威，不听劝阻，处 10 日以上 15 日以下拘留。（15）旅馆业的工作人员对住宿的旅客不按规定登记姓名、身份证件种类和号码，或明知住宿的旅客将危险物质带入旅馆，不制止，处 200 元以上 500 元以下罚款。A. 旅馆业的工作人员明知住宿的旅客是嫌犯员或被公安机关通缉的人员，不向公安机关报告（明知住宿旅客是嫌犯不报），处 200 元以上 500 元以下罚款；情节严重（发现多名嫌犯、被通缉人不报告；明知住宿旅客是严重暴力嫌犯不报告；阻挠他人报告或在公安机关调查时故意隐瞒；其他情节严重的情形），处 5 日以下拘留，可并处 500 元以下罚款。B. 房屋出租人将房屋出租给无身份证件的人居住，或不按规定登记承租人姓名、身份证件种类和号码，处 200 元以上 500 元以下罚款。C. 房屋出租明知承租人利用出租房屋进行犯罪活动，不向公安机关报告（明知承租人利用出租屋犯罪不报），处 200 元以上 500 元以下罚款；情节严重（房屋承租人利用出租房屋进行犯罪活动，造成较严重后果；阻挠他人报告或在公安机关调查时故意隐瞒；其他情节严重的情形），处 5 日以下拘留，可并处 500 元以下罚款。（16）违反社会生活噪声污染防治的法律规定，制造噪声干扰他人正常生活，处警告；警告后不改正，处 200 元以上 500 元以下罚款。（17）协助组织或运送他人偷越国（边）境，处 10 日以上 15 日以下拘留，并处 1000 元以上 5000 元以下罚款。（18）为偷越国（边）境人员提供条件，处 5 日以上 10 日以下拘留，并处 500 元以上 2000 元以下罚款。偷越国（边）境，处 5 日以下拘留或 500 元以下罚款。（19）卖淫、嫖娼，处 10 日以上 15 日以下拘留，可并处 5000 元以下罚款；情节较轻，处 5 日以下拘留或 500 元以下罚款。公共场所拉客招嫖，处 5 日以下拘留或 500 元以下罚款。（20）引诱、容留、介绍他人卖淫，处 10 日以上 15 日以下拘留，可并处 5000 元以下罚款；情节较轻，处 5 日以下拘留或 500 元以下罚款。（21）制作、运输、复制、出售、出租淫秽的书刊、图片、影片、音像制品等淫秽物品或利用计算机信息网络、电话及其他通讯工具传播淫秽信息，处 10 日以上 15 日以下拘留，可并处 3000 元以下罚款；情节较轻，处 5 日以下拘留或 500 元以下罚款。（22）教唆、引诱、欺骗他人吸食、注射毒品，处 10 日以上 15 日以下拘留，并处 500 元以上 2000 元以下罚款。（23）以营利为目的，为赌博提供条件，或参与赌博赌资较大，处 5 日以下拘留或 500 元以下罚款；情节严重，处 10 日以上 15 日以下拘留，并处 500 元以上 3000 元以下罚款。（24）旅馆业、饮食服务业、文化娱乐业、出租汽车业等单位的人员，在公安机关查处吸毒、赌博、卖淫、嫖娼活动时，为违法犯罪行为人通风报信，处 10 日以上 15 日以下拘留。（25）饲养动物，干扰他人正常生活，处警告；警告后不改正，或放任动物恐吓他人，处 200 元以上 500 元以下罚款。（26）驱使动物伤害他人，处 5 日以上 10 日以下拘留，并处 200 元以上 500 元以下罚款；情节较轻，处 5 日以下拘留或 500 元以下罚款。（27）有引诱、容留、介绍他人卖淫，或制作、运输、复制、出售、出租淫秽的书刊、图片、影片、音像制品等淫秽物品或利用计算机信息网络、电话及其他通信工具传播淫秽信息，或以营利为目的，为赌博提供条件，或参与赌博赌资较大，屡教不改，可按国家规定采取强制教育措施。

　　从仲裁法、劳动法、劳动合同法、劳动关系的角度讲，中国的劳动关系、劳资纠纷问题有法律救济权前置性，非经劳动部门进行调解、仲裁，不得首先进行民诉或刑诉。从《关于加强对拒不支付劳动报酬案件查处工作的通知》（2012 年）的角度讲，建立沟通机制，确保劳动保障监察执法与刑事司法工作有效衔接；加强协调配合，做好拒不支付劳动报酬案件移送工作；统一思想认识，高度重视拒不支付劳动报酬案件依法查处和司法移送工作，严惩劳动保障领域违法犯罪行为。（1）人社保障部门、公检法要按有关规定，认真做好拒不支付劳动报酬行为涉嫌犯罪案件的调查、移交、侦办、审查批捕、审查起诉和审判，尽可能提高办案效率，并及时将有关情况进行通报。（2）人社保障部门要依法对用人单位遵守劳动保障法律法规和规章的情况进行监督检查，通过各种检查方式监督用人单位劳动报酬支付情况，依法受理拖欠劳动报酬的举报、投诉。A. 经调查，对违法事实清楚、证据确凿，应依法及时责令用人单位向劳动者支付劳动报酬。B. 行为人逃匿，人社保障部门可在行为人住所地、办公地点、生产经营场所或建筑施工项目所在地张贴责令支付的文书，或采取将责令支付的文书送交其单位管理人员及近亲属等适当方式。C. 对涉嫌犯罪的案件，应按行政执法机关移送涉嫌犯罪案件规定的要求，核实案情向本部门负责人报告并经同意后制作涉嫌犯罪案件移送书，在规定期限内将案件向同级公安机关移送，并抄送同级检察院备案。（3）公安机关对人社保障部门移送涉嫌犯罪的拒不支付劳动报酬案件，应依法及时审查决定是否立案。认为有犯罪事实，需追究刑责，依法立案，并及时查明犯罪事实，正确运用法律惩罚犯罪，保障劳动者的合法权益不受侵害。（4）检察院要依法及时做好此类案件的立案监督、审查批捕、审查起诉等检察工作，对工作中发现的职务犯罪线索应认真审查，依法处理。（5）法院要依法及时受理、审理各类拖欠劳动报酬纠纷，对其中构成犯罪，要坚决依法追究刑责。（6）公检法在案件审查过程中，可告知劳动者有提起刑事附带民诉的权利。(7) 对不依法移送或不依法办理涉嫌拒不支付劳动报酬犯罪案件的国家工作人员，要依法追究行政纪律责任；构成犯罪，要依法追究刑责。(8) 人社保障部门向公安机关移送涉嫌犯罪案件，应附有涉嫌犯罪案件移送书、涉嫌拒不支付劳动报酬犯罪案件调查报告、涉案的有关书证、物证及其他有关涉嫌犯罪的材料。在移送案件时已作出行政处罚决定，应将行政处罚决定书一并抄送公安机关、检察院；未作出行政处罚决定，原则上应在公安机关决定不予立案或撤销案件、检察院作出不起诉决定、法院作出无罪判决或免刑后，再决定是否给予行政处罚。(9) 公安机关对人社保障部门移送的涉嫌拒不支付劳动报酬犯罪案件，应受理，并在涉嫌犯罪案件移送书回执上签字。对不属于本部门管辖，应在受理后24小时内转送有管辖权的部门，并书面告知移送案件的人社保障部门。(10) 公安机关作出立案或不立案决定，应在作出决定之日起3日内书面告知移送案件的人社保障部门。决定不立案，应同时退回案卷材料，并书面说明不立案的理由。(11) 人社保障部门对公安机关不予立案的决定有异议，可自接到通知后3日内向作出不予立案的公安机关提出复议，也可建议检察机关依法进行立案监督。(12) 在涉案人员众多、涉嫌跨区域犯罪、社会影响较大或涉嫌犯罪行为人故意销毁会计账簿、转移财产、逃匿、暴力抗拒执法等紧急情形下，人社保障部门应及时通报公安机关，公安机关应依法及时处置。(13) 上级人社保障部门和公安机关应对下级人社保障部门和公安机关执行本通知的情况进行督促检查，定期抽查案件查办情况，及时纠正案件移送工作中的问题和错误。

第一节 扰乱公共秩序罪（第277~304条）

从犯罪形态的角度讲，扰乱公共秩序罪有犯罪故意性、犯罪过失性、犯罪后果性、犯罪情节性，以故意犯罪为主，以过失犯罪为辅；以结果犯、情节犯为主（以特定的犯罪结果为要件要素的情节犯或结果犯），以行为犯为辅（妨害公务罪、招摇撞骗罪等）。

扰乱公共秩序罪的14个罪名：非法持有国家绝密、机密文件、资料、物品罪（持有犯、行为犯）；组织、利用会道门、邪教组织、利用迷信破坏法律实施罪（行为犯）；招摇撞骗罪（行为犯）；开设赌场罪（行为犯）；赌博罪（行为犯）；包庇、纵容黑社会性质组织罪（行为犯）；聚众淫乱罪（侵害行为犯）；聚众斗殴罪（危险行为犯）；煽动暴力抗拒法律实施罪（危险行为犯）；非法携带武器、管制刀具、爆炸物参加集会、游行、示威罪（危险行为犯）；组织、领导、参加黑社会性质组织罪（危险行为犯）；传授犯罪方法罪（抽象的危险行为犯）；妨害公务罪（危险行为犯、结果要件犯）；提供侵入、非法控制计算机信息系统程序、工具罪（危险行为犯）；引诱未成年人聚众淫乱罪（结果既遂犯）；寻衅滋事罪（情节恶劣或情节严重）；聚众扰乱公共场所秩序、交通秩序罪（情节严重）；非法生产、买卖警用装备罪（严重情节）；伪造、变造居民身份证罪（危险结果犯或行为犯）；伪造公司、企事业单位、人民团体印章罪（危险结果犯或行为犯）；入境发展黑社会组织罪（危险结果犯）；非法获取国家秘密罪（危险结果犯）；扰乱无线电通讯管理秩序罪（严重后果）；破坏计算机信息系统罪（严重后果）；侮辱国旗、国徽、国歌罪（严重后果或严重情节）；聚众冲击国家机关罪（严重损失）；聚众扰乱社会秩序罪（情节严重或严重损失）；组织、利用会道门、邪教组织利用迷信致人死亡罪（致人死亡）；编造、故意传播虚假恐怖信息罪（严重扰乱社会秩序）；投放虚假危险物质罪（严重扰乱社会秩序）；非法集会、游行、示威罪（严重破坏社会秩序）；破坏集会、游行、示威罪（造成公共秩序混乱）；盗窃、侮辱尸体罪（选择罪名）；盗窃、抢夺、毁灭国家机关公文、证件、印章罪（选择罪名）；伪造、变造、买卖国家机关公文、证件、印章罪（选择罪名）。

◆ **《刑法》第 277 条【妨害公务罪】**

从故意犯、行为犯、结果犯的角度讲,以暴力(殴打、捆绑等暴力打击、人身限制强制等)、威胁(以杀害、伤害、毁坏财产、破坏名誉、扣押人质等威逼、胁迫方法企图迫使正依法执行职务的国家机关工作人员放弃执行职务)方法阻碍国家机关工作人员依法执行职务(在国家规定的国家机关工作时间、工作单位、工作场所内,或特定命令的其他工作时间、工作场所行使合法职权从事的公务活动),或以暴力、威胁方法阻碍全国人大和地方人大代表依法执行代表职务,或在自然灾害和突发事件中,以暴力、威胁方法阻碍红十字会工作人员依法履行职责,或故意阻碍国安机关、公安机关依法执行国安工作任务(危险行为犯),或未使用暴力、威胁方法,造成严重后果(被妨害的国家机关工作人员或红十字会工作人员的公务活动受到干扰无法正常进行,或人身、健康受到伤害等),处 3 年以下有期刑、拘役、管制或罚金。(1)暴力袭击正依法执行职务的警察,以妨害公务罪从重处罚。(2)对以暴力、胁迫方法抗拒缉私,以走私罪和阻碍国家机关工作人员依法执行职务罪,依数罪并罚的规定处罚。

妨害公务罪的量刑:(1)构成妨害公务罪,可在 2 年以下有期刑、拘役幅度内确定量刑起点。(2)在量刑起点的基础上,可根据妨害公务造成的后果、犯罪情节严重程度等其他影响犯罪构成的犯罪事实增加刑罚量,确定基准刑。(3)暴力袭击正依法执行公务的警察,可增加基准刑的 10%~30%。

【河南规定】妨害公务罪的量刑起点和基准刑:(1)构成妨害公务罪,在 3 个月拘役至 2 年有期刑幅度内确定量刑起点。A. 在量刑起点的基础上,可根据妨害公务造成的后果、犯罪情节严重程度等其他影响犯罪构成的犯罪事实增加刑罚量,确定基准刑。B. 增加相应的刑罚量的 5 种情形:a. 妨害公务造成严重后果,增加 6 个月-1 年刑期。b. 每增加轻微伤 1 人,增加 2 个月以下刑期。c. 每增加轻伤 1 人,增加 3 个月-6 个月刑期。d. 毁损财物数额每增加 2000 元,增加 1 个月-2 个月刑期。e. 其他可增加刑罚量情形。(2)可增加基准刑的 20%以下 3 种情形:A. 妨害公务造成恶劣社会影响。B. 煽动群众阻碍依法执行职务、履行职责。C. 其他可从重处罚情形。(3)因执行公务行为不规范而导致妨害公务犯罪,减少基准刑的 20%以下。

妨害公务罪是行为人采取暴力威胁方法,阻碍国家工作人员、人大代表及在一定条件下的红十字会工作人员依法执行职务或履行职责,或以暴力、威胁以外的方法故意阻碍国家安全机关、公安机关依法执行国家安全工作任务,造成严重后果的行为。妨害公务罪、拒不执行判决裁定罪是普通和一般的关系,都发生在执行公务期间对执法人员使用暴力、威胁手段。

妨害公务罪的情形:(1)以暴力、威胁方法阻碍国家机关工作人员、红十字会工作人员依法履行为防治突发传染病疫情等灾害而采取的防疫、检疫、强制隔离、隔离治疗等预防、控制措施,或在自然灾害和突发事件中,以暴力、威胁方法阻碍红十字会工作人员依法履行职责,均构成妨害公务罪。(2)对以暴力、威胁方法阻碍国有事业单位人员依法律、行政法规的规定执行行政执法职务,或以暴力、威胁方法阻碍国家机关中受委托从事行政执法活动的事业编制人员执行行政执法职务,可对侵害人以妨害公务罪追究刑责。(3)阻碍国家机关工作人员依法执行职务,强行冲闯公安机关设置的警戒带、警戒区,或阻碍执行紧急任务的消防车、救护车、工程抢险车、警车等车辆通行,使用暴力、威胁方法阻碍国家机关工作人员依法执行职务,造成严重结果,以妨害公务罪定罪处罚。(4)国安机关依法执行国安工作任务时,公民和组织依法有义务提供便利条件或其他协助,拒不提供或拒不协助、构成故意阻碍国安机关依法执行国安工作任务,或故意阻碍国安机关依法执行国安工作任务,未使用暴力、威胁方法,造成严重后果,均构成妨害公务罪。(5)以暴力、威胁方法阻碍国家机关工作人员解救被收买的妇女、儿童,以妨碍公务罪定罪处罚。(6)以暴力、威胁方法阻碍国家机关工作人员依法处置妨害安全驾驶违法犯罪行为、维护公共交通秩序,以妨害公务罪定罪处罚;暴力袭击正依法执行职务的警察,从重处罚。(7)特种设备的生产、使用单位或检验检测机构,拒不接受特种设备安全监管部门依法实施的安全监察,由特种设备安全监管部门责令限期改正;逾期未改正,责令停产停业整顿,处 2 万元以上 10 万元以下罚款;触犯刑律,依妨害公务罪或他罪,依法追究刑责。(8)特种设备生产、使用单位擅自动用、调换、转移、损毁被查封、扣押的特种设备或其主要部件,由特种设备安全监管部门责令改正,处 5 万元以上 20 万元以下罚款;情节严重,撤销其相应资格。

从想象竞合犯的角度讲,行为人对正依法从事公务活动的国家机关工作人员实施暴力行为,导致其重伤或重伤类死亡,或故意杀害国家机关工作人员,应依想象竞合犯重罪吸收轻罪原则以故意伤害罪或故意杀人罪定罪从重处罚。

行为人采用谩骂、吵闹等非暴力威胁的其他方法干扰正执行职务的国家机关工作人员的公务活动,情节恶劣,可能构成侮辱罪等犯罪。

检察院司法警察的职权范围:(1)检察院司法警察的 9 种基本职责:保护检察院直接立案侦查案件的犯罪现场;参与搜查;执行传唤、拘传;协助执行监视居住、拘留、逮捕,协助追捕在逃或脱逃的嫌犯;提押、看管嫌犯、被告人和罪犯;送达有关法律文书;保护出席法庭、执行死刑临场监督检察人员的安全;协助维护检察机关接待群众来访场所的秩序和安全,参与处置突发事件;法律法规规定的其他职责。(2)检察院司法警察在检察官的指挥下履行职责。(3)对以暴力、威胁或其他方法阻碍检察人员依法执行职务,检察院司法警察应及时控制,并依法采取强行带离现场或采取法律规定的其他措施。(4)对涉诉信访人员及其他人员在检察院办公区域或门前实施自杀、自伤等过激行为或其他违法行为,检察院司法警察应及时采取措施制止和协助救治,必要时应对其采取约束性保护措施,并视情节移送公安机关。(5)对严重危害检察院工作人员人身安全及检察机关财产安全,检察院司法警察应采取制止、控制等处置措施。对涉嫌违法犯罪,及时移送公安机关。(6)遇有拒捕、拦劫囚车、抢夺枪支或其他暴力行为的紧急情况,检察院司法警察可依国家有关规定使用警械;使用警械不能制止或不使用武器制止可能发生严重后果,可依国家有关规定使用武器。(7)对检察官或其他办案人员在一定场所的讯问、询问活动中的违法违规行为,检察院司法警察应及时提醒,必要时可向分管检察长报告。

拒不执行紧急状态下的决定、命令,阻碍国家机关工作人员依法执行职务,阻碍特种车辆通行,冲闯警戒带、警戒区,处警告或 200 元以下罚款;情节严重(a. 拒不执行政府在紧急状态情况下依法发布的决定、命令,不听执法人员劝阻;造成人员受伤、财产损失等危害后果;其他情节严重的情形。b. 阻碍国家机关工作人员依法执行职务,不听执法人员制止;造成人员受伤、财物损失等危害后果;在公共场所或公共交通工具上阻碍执行职务;以驾驶机动车冲闯检查卡点等危险方法阻碍执行任务;其他情节严重的情形。c. 阻碍执行紧急任务的消防车、救护车、工程抢险车、警车等车辆通行;强行冲闯公安机关设置的警戒带、警戒区,不听执法人员制止;造成人员受伤、财物损失等危害后果;其他情节严重的情形),处 5 日以上 10 日以下拘留,可并处 500 元以下罚款。

从警察法、公安机关督察条例、维护民警执法权威工作规定的角度讲,公安机关及其民警应严格依法履行职责、行使职权,树立严格规范公正文明的执法形象,提升执法公信力和执法权威。警务辅助人员在协助民警依法履行职责、行使职权过程中受到不法侵害,参照维护民警执法权威工作规定开展相关工作。(1)公安民警依法履行职责、行使职权受法律保护,不受妨害、阻碍,民警及其近亲属的人身财产安全不因民警依法履行职责、行使职权行为受到威胁、侵犯,民警及其近亲属的人格尊严不因民警依法履行职责、行使职权行为受到侮辱、贬损。(2)县级以上政府公安机关应成立由督察长为主任,警务督察和法制、警令指挥、警务保障、政工人事、教育训练、新闻宣传及执法办案等部门为成员的维护民警执法权威工作委。维护民警执法权威工作委办公室设在警务督察部门，具体负责协调督办侵犯民警执法权威案件，受理调查相关民警的申请申诉，为受到侵犯的民警提供救济、恢复名誉、挽回损失。(3) 公安机关应与检察机关、审判机关、宣传部门等建立维护民警执法权威工作协调联动机制，加强工作沟通与协作。(4) 公安机关可通过聘请法律顾问、专职律师等形式，为民警依法履行职责、行使职权提供法律服务，强化维护民警执法权威工作法律保障。(5) 公安机关应建立完善维护民警执法权威新闻发布机制，由警务督察部门会同新闻宣传、法制等部门及时发布相关信息，回应社会关切，加强普法教育。(6) 民警在依法履行职责、行使职权过程中或因依法履行职责、行使职权遇到受到暴力袭击；被车辆冲撞、碾轧、拖拽、剐蹭；被聚众哄闹、围堵拦截、冲击、阻碍；受到扣押、撕咬、拉扯、推搡等侵害；本人及其近亲属受到威胁、恐吓、侮辱、诽谤、骚扰；本人及其近亲属受到诬告陷害、打击报复；被恶意投诉、炒作；本人及其近亲属个人隐私被侵犯；被错误追究责任或受到不公正处分、处理；执法权威受到侵犯的其他情形，公安机关应积极维护民警执法权威。(7) 行为人实施侵犯民警执法权威的行为，构成犯罪，依法追究刑责；尚不构成犯罪，构成违反治安管理行为，依法给予治安处罚。A. 民警因行为人的行为遭受人身或财产损失，公安机关应支持民警通过提起刑事附带民诉或民诉等法律途径，维护自身合法权益。B. 公安机关办理侵犯民警执法权威的刑事案件、治安案件，适用刑诉法、治安处罚法、警察法的回避的规定。(8) 民警因依法履行职责、行使职权，本人或其近亲属（夫、妻、父、母、子、女、同胞兄弟姊妹）遭遇恐吓威胁、滋事骚扰、尾随跟踪，或人身、财产受到侵害，民警所在公安机关和有管辖权的公安机关应及时采取保护措施，依法追究行为人的法律责任。(9) 民警在执法执勤现场受到不法侵害，民警及其所在部门应依法采取措施制止侵害并立即向所属公安机关指挥部门报告。公安机关指挥部门应迅速组织力量进行处置，同时通报警务督察部门。警务督察部门视情派员赴现场初步查明情况，协助控制事态，督促依法处置。(10) 公安机关应协调医疗卫生机构建立民警因公负伤紧急救治畅通机制，为负伤民警提供及时、有效的医疗救治。(11) 公安机关办理侵犯民警执法权威的刑事案件、治安案件时，法制部门应根据情况的复杂程度、造成后果的严重程度，视情提前介入，加强审核把关，对案件定性、取证、处理等进行指导，确保案件办理事实清楚、证据确凿、程序合法、法律适用准确。(12) 民警按法定条件和程序履行职责、行使职权，对公民、法人或其他组织合法权益造成损害，民警个人不承担法律责任，由其所属公安机关按国家有关规定对造成的损害给予补偿。(13) 公安机关应严格依法依规开展执法过错责任追究工作。非因法定事由、非经法定程序，不得对民警采取停止执行职务、禁闭等措施，不得作出处分或免职、降职、辞退等处理。公安机关不应受舆论炒作、信访投诉等人为因素影响，不当或变相追究民警责任，加重对民警的处分、处理。(14) 公安机关应根据行为事实、情节、后果，综合考虑主客观因素，客观评价民警行为性质，区分执法过错、瑕疵、意外，依法依规作出责任认定。A. 对民警依法履职尽责，受主观认知、客观条件、外来因素影响造成一定损失和负面影响的行为或出现的失误，以及民警非因故意违法违规履职，及时发现并主动纠正错误，积极采取措施避免或减轻危害后果与影响，公安机关应从轻、减轻或免于追究民警的责任，或向检察机关、审判机关提出从轻、减轻或免于追究民警刑责的建议。B. 对民警行为是否属于依法履行职责、行使职权行为，以及执法是否存在过错等问题存在较大争议，公安机关维护民警执法权威工作委应组织相关专业人员成立专家组进行审查，出具书面论证意见，作为公安机关内部责任认定的重要参考依据。纪检监察机关、检察机关介入调查，公安机关应及时提供论证意见，加强沟通。(15) 民警对因履行职责、行使职权行为受到记大过以上处分、辞退有异议并提出申诉，民警所在公安机关维护民警执法权威工作委应听取当事民警的陈述、申辩，对事实、理由、依据和程序进行全面复核，认为处分、处理决定不当，应向作出决定部门提供复核意见。不得因民警提出申诉而对其加重处分、处理，或变相打击报复。(16) 民警因履行职责、行使职权行为受到检察机关调查时或其他必要情形下，公安法制部门和公安机关聘请的法律顾问、专职律师应在职责范围内为事件的调查处理提供必要的法律配合。(17) 民警认为因依法履行职责、行使职权受到侵害，民警及其近亲属或民警所在单位可向所属公安机关警务督察部门提出维护执法权威申请，一般情况下应通过书面形式提出，紧急情况下可口头提出。A. 警务督察部门在工作中发现民警执法权威受到侵犯的情形、线索，应主动启动相关工作程序。B. 警务督察部门在办理维护民警执法权威事项过程中，认为应由上一级公安机关警务督察部门协调处理，可提请上一级公安机关警务督察部门协调处理。C. 上一级公安机关警务督察部门可指令下一级公安机关警务督察部门对专门事项进行调查，必要时可直接开展调查。(18) 民警因依法履行职责、行使职权行为受到公安机关内部不公正处分、处理，经核查属实，警务督察部门应督促相关部门限期纠正。(19) 民警因履行职责、行使职权行为受到不实投诉、诬告诽谤、侮辱、恶意炒作，以及被错误审查调查、追究责任后，相关部门纠正，警务督察部门应通过公开的形式，在一定范围内澄清事实，消除影响。受到公安机关内部处分、处理，公安机关应及时撤销相关决定并恢复民警公职身份和原职务、职级。(20) 公安机关应建立维护民警执法权威抚慰金制度，规范审批和管理使用。民警所属公安机关及其政工人事部门、警务督察部门负责人应出面抚慰因依法履行职责、行使职权受到侵害的民警。(21) 公安机关应聘请专业人员，必要时对因依法履行职责、行使职权受到侵害的民警及其近亲属开展心理干预和治疗，缓解和疏导心理压力负担。(22) 公安机关应经常开展常用法律法规培训和安全防护理念教育，加强民警基础体能、基本技能、常见警情处置、现场警务指挥等警务技战术训练，规范现场执法执勤行为，提升安全防护能力和现场处置水平。(23) 公安机关应加强对侵犯民警执法权威行为规律特点的分析研究，评估执法风险，加强安全指引和预警防范 A. 依有关规定追究相关领导和责任人的责任的 6 种情形：a. 因制度不落实、保障不到位、指挥错误导致民警执法权威受到侵犯。b. 不按要求向上级公安机关报告有关情况。c. 不及时采取善后救助措施。d. 阻碍、干扰侵犯民警执法权威案件办理。e. 因工作不力、推诿拖延对侵犯民警执法权威案件办理造成严重影响。f. 违法违规不处理、降格处理侵犯民警执法权威行为人。B. 公安民警在非工作时间，遇到职责范围内的紧急情形，表明身份后，据现场情况进行先期处置过程中，受到不法侵害，公安机关依本规定维护其执法权威。

妨碍公务罪和拒不执行判决、裁定罪的差异在于犯罪主体、犯罪客观方面的不同；妨害公务罪与聚众阻碍解救被收买的妇女、儿童罪的差异在于犯罪主体、犯罪客体的不同；妨害公务罪和危害国安罪（分裂国家罪；武装叛乱、暴乱罪；颠覆国家政权罪等）的差异在于犯罪客体、犯罪主观方面、犯罪客观方面的不同。

◆《刑法》 第 278 条 【煽动暴力抗拒法律实施罪】

从故意犯、行为犯、结果犯的角度讲，煽动群众暴力抗拒国家法律、行政法规实施，处 3 年以下有期刑、拘役、管制或剥夺政治权利；造成严重后果，处 3 年以上 7 年以下有期刑。

煽动群众暴力抗拒烟草专卖法律实施，构成犯罪，以煽动暴力抗拒法律实施罪追究刑责。

利用信息网络实施诽谤、寻衅滋事、敲诈勒索、非法经营犯罪，同时又构成损害商业信誉、商品声誉罪、煽动暴力抗拒法律实施罪、编造、故意传播虚假恐怖信息罪等犯罪，依处罚较重规定定罪处罚。

◆《刑法》 第 279 条 【招摇撞骗罪】

从故意犯、危险行为犯、情节犯的角度讲，冒充国家机关工作人员招摇撞骗（财物、地位、权力、荣誉、婚姻等），处3年以下有期刑、拘役、管制或剥夺政治权利；情节严重，处3年以上10年以下有期刑。从从重处罚原则的角度，冒充警察招摇撞骗，冒充军警人员招摇撞骗，以招摇撞骗罪从重处罚。

招摇撞骗罪是广义诈骗罪的一个特殊罪名，表现为被害人在错误认识的支配下对某项权益进行了处分。诈骗人采用欺诈手段，但被害人未产生错误认识或未基于错误认识对某项权益作出处分，往往最终采用其他手段获取非法利益时，应按实际采用的手段定罪。

【2008·川·卷2·多选·56】（答案：AC）甲潜入某公安交通管理局会计室盗窃，未能打开保险柜，却意外发现在该局工作的乙的警官证，随即将该证件拿走。随后，甲到偏僻路段，先后向9个驾车超速行驶的司机出示警官证，共收取罚款900元。对于本案，下列哪些选项是正确的？A. 甲潜入会计室盗窃的行为，成立盗窃未遂。B. 甲收取罚款的行为，构成敲诈勒索罪。C. 甲收取罚款的行为，构成招摇撞骗罪。D. 甲收取罚款的行为，构成诈骗罪。

冒充国家机关工作人员或以其他虚假身份招摇撞骗，处5日以上10日以下拘留，可并处500元以下罚款；情节较轻（冒充国家机关工作人员或以其他虚假身份，骗吃、骗喝；冒充国家机关工作人员或以其他虚假身份，满足虚荣心，不以获取实际利益为目的；尚未获得非法利益或社会影响较小；社会影响较小，未取得实际利益；未造成当事人财物损失或其他危害后果；其他情节较轻的情形），处5日以下拘留或500元以下罚款（《治安管理处罚法》第51条第1款）。

招摇撞骗罪的情形：（1）冒充国家机关工作人员，以帮忙求学、找工作、办驾驶证等名义，骗取他人信任而获取非法利益，构成招摇撞骗罪。（2）冒充国家情报工作机构工作人员或其他相关人员实施招摇撞骗、诈骗、敲诈勒索等行为，依治安处罚法的规定处罚；构成犯罪，依法追究刑责。（3）冒充国家机关工作人员进行诈骗，同时构成诈骗罪和招摇撞骗罪，依处罚较重的规定定罪处罚。

从比较法的角度讲，招摇撞骗罪、冒充军人招摇撞骗罪有关联性，关键在于犯罪对象、犯罪客体、法定刑的不同。

◆《刑法》第280条 【伪造、变造、买卖国家机关公文、证件、印章罪；盗窃、抢夺、毁灭国家机关公文、证件、印章罪；伪造公司、企业、事业单位、人民团体印章罪；伪造、变造、买卖身份证件罪】

从选择罪名、故意犯、行为犯、情节犯的角度讲，伪造、变造、买卖或盗窃、抢夺、毁灭国家机关的公文、证件、印章，处3年以下有期刑、拘役、管制或剥夺政治权利，并处罚金；情节严重，处3年以上10年以下有期刑，并处罚金。

【2007·卷2·单选·19】（答案：C）无业人员甲通过伪造国家机关公文，骗取某县工商局副局长的职位。在该局股级干部竞争上岗时，甲向干部乙声称："若不给我2万元，你这次绝对没机会。"乙为获得岗位，只好送甲2万元。关于对甲的行为的处理意见，下列哪一选项是正确的？A. 甲触犯的伪造国家机关公文罪与招摇撞骗罪之间有牵连关系，应从一重罪论处。B. 对甲的行为以伪造国家机关公文罪与敲诈勒索罪实行并罚。C. 对甲的行为以伪造国家机关公文罪与受贿罪实行并罚。D. 甲触犯的伪造国家机关公文罪与受贿罪之间有牵连关系，应从一重罪论处。

从故意犯、行为犯的角度讲，伪造公司、企事业单位、人民团体的印章，处3年以下有期刑、拘役、管制或剥夺政治权利，并处罚金。

从选择罪名、故意犯、行为犯、情节犯的角度讲，伪造、变造、买卖居民身份证、护照、社会保障卡、驾驶证等依法可用于证明身份的证件，处3年以下有期刑、拘役、管制或剥夺政治权利，并处罚金；情节严重，处3年以上7年以下有期刑，并处罚金。

从护照法的角度讲，持用伪造或变造的护照或冒用他人护照出入国（边）境，由公安机关依出境入境管理的法律规定处罚；非法护照由公安机关收缴。（1）为他人提供伪造、变造的护照，或出售护照，依法追究刑责；尚不够刑罚，由公安机关没收违法所得，处10日以上15日以下拘留，并处2000元以上5000元以下罚款；非法护照及其印制设备由公安机关收缴。（2）弄虚作假骗取护照，由护照签发机关收缴护照或宣布护照作废；由公安机关处2000元以上5000元以下罚款；构成犯罪，依法追究刑责。（3）护照签发机关工作人员在办理护照过程中有应受理而不予受理；无正当理由不在法定期限内签发；超出国家规定标准收取费用；向申请人索取或收受贿赂；泄露因制作、签发护照而知悉的公民个人信息，侵害公民合法权益；滥用职权、玩忽职守、徇私舞弊的其他行为，依法给予行政处分；构成犯罪，依法追究刑责。

伪造、变造、买卖机动车行驶证、登记证书，累计3本以上，以伪造、变造、买卖国家机关证件罪定罪，处3年以下有期刑、拘役、管制或剥夺政治权利。

伪造、变造、买卖机动车行驶证、登记证书，累计达到15本以上，属于伪造、变造、买卖国家机关证件罪的情节严重，处3年以上10年以下有期刑。

伪造、变造、买卖公文、证件、证明文件、印章，买卖、使用伪造、变造的公文、证件、证明文件，或伪造、变造、倒卖有价票证、凭证（伪造、变造、倒卖车票、船票、航空客票、文艺演出票、体育比赛入场券或其他有价票证、凭证），或伪造、变造船舶户牌，买卖、使用伪造、变造的船舶户牌，涂改船舶发动机号码，处10日以上15日以下拘留，可并处1000元以下罚款；情节较轻（a. 伪造、变造或买卖国家机关、人民团体、企事业单位或其他组织的公文、证件、证明文件、印章；买卖或使用伪造、变造的国家机关、人民团体、企事业单位或其他组织的公文、证件、证明文件，尚未造成危害后果，且获利较少；尚未造成危害后果，且能及时纠正或弥补；其他情节较轻的情形。b. 伪造有价票证、凭证的票面数额、数量或非法获利未达到有关刑事追诉标准10%；倒卖车票、船票票面数额或非法获利未达到有关刑事追诉标准10%；其他情节较轻的情形。c. 伪造、变造船舶户牌数量较少，或以营利为目的买卖伪造、变造的船舶户牌、涂改船舶发动机号码，获利较少；伪造、变造船舶户牌，或涂改船舶发动机号码的船舶，尚未出售或未投入使用；因船舶户牌丢失，伪造、变造或购买、使用伪造、变造的船舶户牌；其他情节较轻的情形），处5日以上10日以下拘留，可并处500元以下罚款。

◆ 《刑法》第280条之一 【使用虚假身份证件、盗用身份证件罪】

从故意犯、情节犯的角度讲，在依国家规定应提供身份证明的活动中，使用伪造、变造的或盗用他人的居民身份证、护照、社会保障卡、驾驶证等依法可用于证明身份的证件，情节严重，处拘役或管制，并处或单处罚金。

有使用虚假身份证件、盗用身份证件的犯罪行为，同时构成他罪，依处罚较重规定定罪处罚。

为信用卡申请人制作、提供虚假的财产状况、收入、职务等资信证明材料，涉及伪造、变造、买卖国家机关公文、证件、印章，或涉及伪造公司、企事业单位、人民团体印章，应追究刑责，分别以伪造、变造、买卖国家机关公文、证件、印章罪和伪造公司、企事业单位、人民团体印章罪定罪处罚。

◆ 《刑法》第281条 【非法生产、买卖警用装备罪】

从选择罪名、故意犯、情节犯的角度讲，非法生产、买卖警察制式服装、车辆号牌等专用标志、警械，或单位犯非法生产、买卖警用装备罪，对单位判处罚金，并对其直接负责的主管人员和其他直接责任人员，情节严重，处3年以下有期刑、拘役或管制，并处或单处罚金。

非法生产、买卖警用装备案的7种立案追诉标准：A. 被他人利用进行违法犯罪活动。B. 非法经营数额5000元以上，或非法获利1000元以上。C. 警用号牌、省级以上公安机关专段民用车辆号牌1副以上，或其他公安机关专段民用车辆号牌3副以上。D. 手铐、脚镣、警用抓捕网、警用催泪喷射器、警灯、警报器单种或合计10件以上。E. 警棍50根以上。成套制式服装30套以上，或非成套制式服装100件以上。F. 警衔、警号、胸章、臂章、帽徽等警用标志单种或合计100件以上。G. 其他情节严重情形。

◆ 《刑法》第282条 【非法获取国家秘密罪；非法持有国家绝密、机密文件、资料、物品罪】

从故意犯、行为犯、情节犯的角度讲，以窃取、刺探、收买方法，非法获取国家秘密，处3年以下有期刑、拘役、管制或剥夺政治权利；情节严重，处3年以上7年以下有期刑。

从持有犯的角度，非法持有属于国家绝密、机密的文件、资料或其他物品，拒不说明来源与用途，处3年以下有期刑、拘役或管制。

◆ 《刑法》第283条 【非法生产、销售专用间谍器材、窃听、窃照专用器材罪】

从选择罪名、故意犯、情节犯的角度讲，非法生产、销售专用间谍器材或窃听、窃照专用器材，或单位犯非法生产、销售专用间谍器材、窃听、窃照专用器材罪，对单位判处罚金，并对其直接负责的主管人员和其他直接责任人员，处3年以下有期刑、拘役或管制，并处或单处罚金；情节严重，处3年以上7年以下有期刑，并处罚金。

◆ 《刑法》第284条 【非法使用窃听、窃照专用器材罪】

从故意犯、结果犯的角度讲，非法使用窃听、窃照专用器材，造成严重后果，处2年以下有期刑、拘役或管制。

◆ 《刑法》第284条之一 【组织考试作弊罪；非法出售、提供试题答案罪；代替考试罪】

从故意犯、行为犯、情节犯的角度讲，在法律规定的国家考试中，组织作弊，或为他人实施组织考试作弊犯罪提供作弊器材或其他帮助，或为实施考试作弊行为，向他人非法出售或提供考试的试题、答案，处3年以下有期刑或拘役，并处或单处罚金；情节严重，处3年以上7年以下有期刑，并处罚金。

在法律规定的国家考试中，代替他人或让他人代替自己参加考试，处拘役或管制，并处或单处罚金。

◆ 《刑法》第285条 【非法侵入计算机信息系统罪；非法获取计算机信息系统数据、非法控制计算机信息系统罪；提供侵入、非法控制计算机信息系统程序、工具罪】

从故意犯、行为犯、计算机犯罪、高智商高科技犯罪的角度讲，违反国家规定，侵入国家事务、国防建设、尖端科技领域的计算机信息系统，处3年以下有期刑或拘役。

【2015·卷2·单选·7】（答案：D）15周岁的甲非法侵入某尖端科技研究所的计算机信息系统，18周岁的乙对此知情，仍应甲的要求为其编写侵入程序。关于本案，下列哪一选项是错误的？A. 如认为责任年龄、责任能力不是共同犯罪的成立条件，则甲、乙成立共犯。

B. 如认为甲、乙成立共犯，则乙成立非法侵入计算机信息系统罪的从犯。C. 不管甲、乙是否成立共犯，都不能认为乙成立非法侵入计算机信息系统罪的间接正犯。D. 由于甲不负刑事责任，对乙应按非法侵入计算机信息系统罪的片面共犯论处。

从社会危害性或危害程度的角度讲，行为人只要非法成功侵入国家事务、国防建设、尖端科技领域的计算机信息系统，即构成非法侵入计算机信息系统罪的既遂，否则在尚未非法成功侵入国家有关特定领域的计算机信息系统危害程度较轻或行为性质难以认定的情况下，一般不宜以犯罪论处。非法侵入计算机信息系统犯罪既遂后，又实施其罪，应数罪并罚。

从故意犯、情节犯的角度讲，犯非法获取计算机信息系统数据、非法控制计算机信息系统罪，违反国家规定，侵入国家事务、国防建设、尖端科技领域外的计算机信息系统或采用其他技术手段，获取该计算机信息系统中存储、处理或传输的数据，或对该计算机信息系统实施非法控制，或提供专门用于侵入、非法控制计算机信息系统的程序、工具，或明知他人实施侵入、非法控制计算机信息系统的违法犯罪行为而为其提供程序、工具，情节严重〔非法获取计算机信息系统数据或非法控制计算机信息系统，有非法控制计算机信息系统20台以上、违法所得5000元以上或造成经济损失1万元以上，或获取支付结算、证券交易、期货交易等网络金融服务的身份认证信息（用于确认用户在计算机信息系统上操作权限的数据，含账号、口令、密码、数字证书等）10组以上，或获取支付结算、证券交易、期货交易等网络金融服务的身份认证外的身份认证信息500组以上、其他情节严重情形〕，处3年以下有期刑或拘役，并处或单处罚金；情节特别严重（实施非法获取计算机信息系统数据或非法控制计算机信息系统的情节严重行为，有数量或数额达到获取支付结算、证券交易、期货交易等网络金融服务的身份认证信息10组以上、获取数量或数额达到获取支付结算、证券交易、期货交易等网络金融服务的身份认证信息外的身份认证信息500组以上、非法控制计算机信息系统20台以上、违法所得5000元以上或造成经济损失1万元以上情节严重标准的5倍以上，或其他情节特别严重情形），处3年以上7年以下有期刑，并处罚金。

明知是他人非法控制的计算机信息系统，而对该计算机信息系统的控制权加以利用，以非法获取计算机信息系统数据、非法控制计算机信息系统罪定罪处罚。

提供专门用于侵入、非法控制计算机信息系统的程序、工具，或明知他人实施侵入、非法控制计算机信息系统的违法犯罪行为而为其提供程序、工具，情节严重，以提供侵入、非法控制计算机信息系统程序、工具罪定罪，以非法获取计算机信息系统数据、非法控制计算机信息系统罪的情节严重规定处罚（处3年以下有期刑或拘役，并处或单处罚金）。

单位犯非法侵入计算机信息系统罪、非法获取计算机信息系统数据、非法控制计算机信息系统罪、提供侵入、非法控制计算机信息系统程序、工具罪，对单位判处罚金，并对其直接负责的主管人员和其他直接责任人员，依各该款规定处罚。

违反国家规定，侵入国防建设、尖端科技领域的军事通信计算机信息系统，尚未对军事通信造成破坏，依非法侵入计算机信息系统罪；非法获取计算机信息系统数据、非法控制计算机信息系统罪；提供侵入、非法控制计算机信息系统程序、工具罪的规定定罪处罚；对军事通信造成破坏，同时构成非法侵入计算机信息系统罪；非法获取计算机信息系统数据、非法控制计算机信息系统罪；提供侵入、非法控制计算机信息系统程序、工具罪；破坏计算机信息系统罪、破坏武器装备、军事设施、军事通信罪，依处罚较重的规定定罪处罚。

◆ 《刑法》第286条【破坏计算机信息系统罪】

从故意犯、结果犯的角度讲，犯破坏计算机信息系统罪，违反国家规定，对计算机信息系统（计算机、网络设备、通信设备、自动化控制设备等具备自动处理数据功能的系统）功能进行删除、修改、增加、干扰，造成计算机信息系统不能正常运行，后果严重〔A. 破坏计算机信息系统功能、数据或应用程序，违法所得 5000 元以上或造成经济损失（a. 危害计算机信息系统犯罪行为给用户直接造成的经济损失。b. 用户为恢复数据、功能而支出的必要费用）1 万元以上。B. 对 20 台以上计算机信息系统中存储、处理或传输的数据进行删除、修改、增加操作。C. 造成 10 台以上计算机信息系统的主要软件或硬件不能正常运行。D. 造成为 100 台以上计算机信息系统提供域名解析、身份认证、计费等基础服务或为 1 万以上用户提供服务的计算机信息系统不能正常运行累计 1 小时以上。E. 造成其他严重后果]，处 5 年以下有期刑或拘役；后果特别严重［实施破坏计算机信息系统功能、数据或应用程序的犯罪行为，有 4 种情形（a. 破坏国家机关或金融、电信、交通、教育、医疗、能源等领域提供公共服务的计算机信息系统的功能、数据或应用程序，使生产、生活受到严重影响或造成恶劣社会影响。b. 数量或数额达到违法所得 5000 元以上或造成经济损失 1 万元以上、造成 10 台以上计算机信息系统的主要软件或硬件不能正常运行，或对 20 台以上计算机信息系统中存储、处理或传输的数据进行删除、修改、增加操作的后果严重标准 5 倍以上。c. 造成为 500 台以上计算机信息系统提供域名解析、身份认证、计费等基础服务或为 5 万以上用户提供服务的计算机信息系统不能正常运行累计 1 小时以上。d. 造成其他特别严重后果)]，处 5 年以上有期刑。

犯破坏计算机信息系统罪，违反国家规定，对计算机信息系统中存储、处理或传输的数据和应用程序进行删除、修改、增加的操作，后果严重（a. 破坏计算机信息系统功能、数据或应用程序，违法所得 5000 元以上或造成经济损失 1 万元以上。b. 对 20 台以上计算机信息系统中存储、处理或传输的数据进行删除、修改、增加操作。c. 造成 10 台以上计算机信息系统的主要软件或硬件不能正常运行。d. 造成为 100 台以上计算机信息系统提供域名解析、身份认证、计费等基础服务或为 1 万以上用户提供服务的计算机信息系统不能正常运行累计 1 小时以上。e. 造成其他严重后果），处 5 年以下有期刑或拘役。

犯网络服务渎职罪，故意制作、传播计算机病毒等破坏性程序［a. 能通过网络（由计算机或其他信息终端及相关设备组成的按一定的规则和程序对信息进行收集、存储、传输、交换、处理的系统）、存储介质、文件等媒介，将自身的部分、全部或变种进行复制、传播，并破坏计算机系统功能、数据或应用程序。b. 能在预先设定条件下自动触发，并破坏计算机系统功能、数据或应用程序。c. 其他专门设计用于破坏计算机系统功能、数据或应用程序的程序]，影响计算机系统（计算机、网络设备、通信设备、自动化控制设备等具备自动处理数据功能的系统）正常运行，后果严重（a. 提供计算机病毒等破坏性程序 10 人次以上。b. 违法所得 5000 元以上或造成经济损失 1 万元以上。c. 造成 20 台以上计算机系统被植入能在预先设定条件下自动触发，并破坏计算机系统功能、数据或应用程序，或其他专门设计用于破坏计算机系统功能、数据或应用程序的程序的程序。d. 制作、提供、传输能通过网络、存储介质、文件等媒介，将自身的部分、全部或变种进行复制、传播，并破坏计算机系统功能、数据或应用程序的程序，导致该程序通过网络、存储介质、文件等媒介传播。e. 造成其他严重后果），处 5 年以下有期刑或拘役。

司法机关难以确定是否属于非法侵入计算机信息系统罪、非法获取计算机信息系统数据非法控制计算机信息系统罪、提供侵入非法控制计算机信息系统程序工具罪、破坏计算机信息系统罪、网络服务渎职罪规定的"国家事务、国防建设、尖端科技领域的计算机信息系统""专门用于侵入、非法控制计算机信息系统的程序、工具""计算机病毒等破坏性程序"，应委托省级以上负责计算机信息系统安全保护管理工作的部门检验。司法机关根据检验结论，并结合案件具体情况认定。

实施非法侵入计算机信息系统罪、非法获取计算机信息系统数据非法控制计算机信息系统罪、提供侵入非法控制计算机信息系统程序工具罪、破坏计算机信息系统罪、网络服务渎职罪规定的行为，数量或数额达到为其提供用于破坏计算机信息系统功能、数据或应用程序的程序、工具,违法所得5000元以上或提供10人次以上,或为其提供互联网接入、服务器托管、网络存储空间、通讯传输通道、费用结算、交易服务、广告服务、技术培训、技术支持等帮助,违法所得5000元以上,或通过委托推广软件、投放广告等方式向其提供资金5000元以上标准5倍以上,应认定为非法侵入计算机信息系统罪、非法获取计算机信息系统数据非法控制计算机信息系统罪、提供侵入非法控制计算机信息系统程序工具罪、破坏计算机信息系统罪、网络服务渎职罪规定的情节特别严重或后果特别严重。

单位犯破坏计算机信息系统罪、网络服务渎职罪,对单位判处罚金,并对其直接负责的主管人员和其他直接责任人员,后果严重,处5年以下有期刑或拘役;后果特别严重,处5年以上有期刑。

重点排污单位篡改、伪造自动监测数据或干扰自动监测设施,排放化学需氧量、氨氮、二氧化硫、氮氧化物等污染物,同时构成污染环境罪和破坏计算机信息系统罪,依处罚较重规定定罪处罚。从事环境监测设施维护、运营的人员实施或参与实施篡改、伪造自动监测数据、干扰自动监测设施、破坏环境质量监测系统等行为,应从重处罚。

违反国家规定,针对环境质量监测系统实施修改参数或监测数据、干扰采样使监测数据严重失真或其他破坏环境质量监测系统的犯罪行为,或强令、指使、授意他人实施修改参数或监测数据、干扰采样使监测数据严重失真或其他破坏环境质量监测系统的犯罪行为,应以破坏计算机信息系统罪论处。

明知是非法获取计算机信息系统数据犯罪所获取的数据、非法控制计算机信息系统犯罪所获取的计算机信息系统控制权,而转移、收购、代为销售或以其他方法掩饰、隐瞒,违法所得5000元以上,以掩饰、隐瞒犯罪所得罪定罪处罚。

实施明知是非法获取计算机信息系统数据犯罪所获取的数据、非法控制计算机信息系统犯罪所获取的计算机信息系统控制权,而转移、收购、代为销售或以其他方法掩饰、隐瞒的犯罪行为,违法所得5万元以上,应认定为掩饰、隐瞒犯罪所得罪的"情节严重"。

单位实施明知是非法获取计算机信息系统数据犯罪所获取的数据、非法控制计算机信息系统犯罪所获取的计算机信息系统控制权,而转移、收购、代为销售或以其他方法掩饰、隐瞒的犯罪行为,以掩饰、隐瞒犯罪所得罪的情节严重(实施明知是非法获取计算机信息系统数据犯罪所获取的数据、非法控制计算机信息系统犯罪所获取的计算机信息系统控制权,而转移、收购、代为销售或以其他方法掩饰、隐瞒的犯罪行为,违法所得5万元以上)规定执行。

以单位名义或单位形式实施危害计算机信息系统安全犯罪,达到《关于办理危害计算机信息系统安全刑事案件应用法律若干问题的解释》(2011年)的定罪量刑标准,应以非法侵入计算机信息系统罪、非法获取计算机信息系统数据非法控制计算机信息系统罪、提供侵入非法控制计算机信息系统程序工具罪、破坏计算机信息系统罪、网络服务渎职罪追究直接负责的主管人员和其他直接责任人员的刑责。

明知他人实施非法侵入计算机信息系统罪、非法获取计算机信息系统数据非法控制计算机信息系统罪、提供侵入非法控制计算机信息系统程序工具罪、破坏计算机信息系统罪、网络服务渎职罪规定的行为(a. 通过委托推广软件、投放广告等方式向其提供资金5000元以上。b. 为其提供用于破坏计算机信息系统功能、数据或应用程序的程序、工具,违法所得5000元以上或提供10人次以上。c. 为其提供互联网接入、服务器托管、网络存储空间、通讯传输通道、费用结算、交易服务、广告服务、技术培训、技术支持等帮助,违法所得5000元以上),应认定为共犯,以非法侵入计算机信息系统罪、非法获取计算机信息系统数据非法控制计算机信息系统罪、提供侵入非法控制计算机信息系统程序工具罪、破坏计算机信息系统罪、网络服务渎职罪规定处罚。

◆ 《刑法》第286条之一 【拒不履行信息网络安全管理义务罪】

从故意犯、情节犯的角度讲，网络服务提供者不履行法律、行政法规规定的信息网络安全［通过采取必要措施，防范对网络的攻击、侵入、干扰、破坏和非法使用以及意外事故，使网络处于稳定可靠运行的状态，保障网络数据（通过网络收集、存储、传输、处理和产生的各种电子数据）的完整性、保密性、可用性的能力］管理义务，经监管部门责令采取改正措施而拒不改正，或单位犯拒不履行信息网络安全管理义务罪，对单位判处罚金，并对其直接负责的主管人员和其他直接责任人员，处3年以下有期刑、拘役或管制，并处或单处罚金（a. 使违法信息大量传播。b. 使用户信息泄露，造成严重后果。c. 使刑事案件证据灭失，情节严重。d. 有其他严重情节）。

破坏计算机信息系统罪是违反国家规定，对计算机信息系统或对应用程序进行删除、修改、增加、干扰等破坏活动，或制造、传播计算机病毒等破坏性程序，影响计算机系统正常运作，后果严重的行为。

【2005·卷2·多选·63】（答案：BD）下列哪些情形应以破坏计算机信息系统罪论处？A. 甲采用密码破解手段，非法进入国家尖端科技领域的计算机信息系统，窃取国家机密。B. 乙因与单位领导存在矛盾，即擅自对单位在计算机中存储的数据和应用程序进行修改操作，给单位的生产经营管理造成严重的混乱。C. 丙通过破解密码的手段，进入某银行计算机信息系统，为其朋友的银行卡增加存款额10万元。D. 丁为显示自己在计算机技术方面的本事，设计出一种计算机病毒，并通过互联网进行传播，影响计算机系统正常运行，造成严重后果。

有拒不履行信息网络安全管理义务犯罪行为，同时构成他罪，依处罚较重规定定罪处罚。

网络服务提供者拒不履行法律、行政法规规定的信息网络安全管理义务，经监管部门责令采取改正措施而拒不改正，使用户的公民个人信息泄露，造成严重后果，应以拒不履行信息网络安全管理义务罪定罪处罚。

◆ 《刑法》第287条 【利用计算机实施犯罪的提示性规定】

利用计算机实施金融诈骗、盗窃、贪污、挪用公款、窃取国家秘密或他罪，依刑法有关规定（金融诈骗罪、盗窃罪、贪污罪、挪用公款罪、非法获取国家秘密罪等）定罪处罚。

【2017·卷2·多选·51】（答案：ABCD）根据有关司法解释，关于利用互联网实施的犯罪行为，下列哪些说法是正确的？A. 在网络上建立赌博网站的，属于开设赌场。B. 通过网络传播淫秽视频的，属于传播淫秽物品。C. 网络上传播电子盗版书的，属于复制发行他人文字作品。D. 盗用他人网络账号、密码上网，造成他人电信资费损失的，属于盗窃他人财物。

◆ 《刑法》第287条之一 【非法利用信息网络罪】

从故意犯、情节犯的角度讲，利用信息网络（由计算机或其他信息终端及相关设备组成的按一定的规则和程序对信息进行收集、存储、传输、交换、处理的系统），情节严重（a. 为实施诈骗等违法犯罪活动发布信息。b. 发布有关制作或销售毒品、枪支、淫秽物品等违禁物品、管制物品或其他违法犯罪信息。c. 设立用于实施诈骗、传授犯罪方法、制作或销售违禁物品、管制物品等违法犯罪活动的网站、通讯群组），或单位犯非法利用信息网络罪，对单位判处罚金，并对其直接负责的主管人员和其他直接责任人员，处3年以下有期刑或拘役，并处或单处罚金。

非法利用信息网络罪的情形：（1）有非法利用信息网络犯罪行为，同时构成他罪，依处罚较重规定定罪处罚。（2）利用信息网络，设立用于实施传授制造毒品、非法生产制毒物品的方法，贩卖毒品，非法买卖制毒物品或组织他人吸食、注射毒品等违法犯罪活动的网站、通讯群组，或发布实施他人吸食、注射毒品等违法犯罪活动的信息，情节严重，以非法利用信息网络罪定罪处罚。(3) 实施非法利用信息网络罪、帮助信息网络犯罪活动罪的行为，同时构成贩卖毒品罪、非法买卖制毒物品罪、传授犯罪方法罪等犯罪，依处罚较重规定定罪处罚。(4) 设立用于实施非法获取、出售或提供公民个人信息违法犯罪活动的网站、通讯群组，情节严重，应以非法利用信息网络罪定罪处罚；同时构成侵犯公民个人信息罪，以侵犯公民个人信息罪定罪处罚。(5) 利用信息网络发布招嫖违法信息，情节严重，以非法利用信息网络罪定罪处罚；同时，构成介绍卖淫罪，依处罚较重规定定罪处罚。

从计算机犯罪的角度，计算机犯罪分为以计算机为犯罪对象的计算机犯罪（破坏计算机信息系统罪、非法获取计算机信息系统数据、非法控制计算机信息系统罪；提供侵入、非法控制计算机信息系统程序、工具罪等）、以计算机为犯罪工具的计算机犯罪【利用计算机实施金融诈骗、盗窃、贪污、挪用公款、窃取国家秘密或他罪，依刑法有关规定（金融诈骗罪、盗窃罪、贪污罪、挪用公款罪、非法获取国家秘密罪等）定罪处罚】。

◆ 《刑法》 第287条之二 【帮助信息网络犯罪活动罪】

从故意犯、情节犯的角度讲，明知他人利用信息网络实施犯罪，为其犯罪提供互联网接入、服务器托管、网络存储、通讯传输等技术支持，或提供广告推广、支付结算等帮助，情节严重，或单位犯帮助信息网络犯罪活动罪，对单位判处罚金，并对其直接负责的主管人员和其他直接责任人员，处3年以下有期刑或拘役，并处或单处罚金。

有帮助信息网络犯罪活动犯罪行为，同时构成他罪，依处罚较重规定定罪处罚。

◆ 《刑法》 第288条 【扰乱无线电通讯管理秩序罪】

从行政犯、故意犯、情节犯的角度讲，违反国家规定，擅自设置、使用无线电台（站），或擅自使用无线电频率，干扰无线电通讯秩序［a. 未经批准设置无线电广播电台（黑广播），非法使用广电专用频段的频率。b. 未经批准设置通信基站（伪基站），强行向不特定用户发送信息，非法使用公众移动通信频率。c. 未经批准使用卫星无线电频率。d. 非法设置、使用无线电干扰器。e. 其他擅自设置、使用无线电台（站），或擅自使用无线电频率，干扰无线电通讯秩序情形］，情节严重（a. 违法所得3万元以上。b. 同时使用3个以上黑广播、伪基站。c. 黑广播的实测发射功率500瓦以上，或覆盖范围10公里以上。d. 使用"伪基站"发送诈骗、赌博、招嫖、木马病毒、钓鱼网站链接等违法犯罪信息，数量5000条以上，或销毁发送数量等记录。e. 雇佣、指使未成年人、残疾人等特定人员使用伪基站。f. 举办国家或省级重大活动期间，在活动场所及周边使用黑广播、伪基站。g. 影响航天器、航空器、铁路机车、船舶专用无线电导航、遇险救助和安全通信等涉及公共安全的无线电频率正常使用。h. 自然灾害、事故灾难、公共卫生事件、社会安全事件等突发事件期间，在事件发生地使用黑广播、伪基站。i. 曾因扰乱无线电通讯管理秩序受过刑罚，或2年内曾因扰乱无线电通讯管理秩序受过行政处罚，又实施扰乱无线电管理秩序行为。j. 其他情节严重情形），或单位犯扰乱无线电管理秩序罪，对单位判处罚金，并对其直接负责的主管人员和其他直接责任人员，处3年以下有期刑、拘役或管制，并处或单处罚金；情节特别严重（a. 违法所得15万元以上。b. 同时使用10个以上黑广播、伪基站。c. 黑广播的实测发射功率3000瓦以上，或覆盖范围20公里以上。d. 造成公共秩序混乱等严重后果。e. 对国家或省级重大活动造成严重影响。f. 自然灾害、事故灾难、公共卫生事件和社会安全事件等突发事件期间，在事件发生地使用"黑广播""伪基站"，造成严重影响。g. 影响航天器、航空器、铁路机车、船舶专用无线电导航、遇险救助和安全通信等涉及公共安全的无线电频率正常使用，危及公共安全。h. 其他情节特别严重情形），处3年以上7年以下有期刑，并处罚金。

非法生产、销售黑广播、伪基站、无线电干扰器等无线电设备，有非法经营数额 5 万元以上或非法生产、销售无线电设备 3 套以上、其他情节严重情形，应认定为非法经营罪的"情节严重"。(1) 实施非法生产、销售黑广播、伪基站、无线电干扰器等无线电设备的行为，数量或数额达到非法经营数额 5 万元以上或非法生产、销售无线电设备 3 套以上标准 5 倍以上，或有其他情节特别严重情形，应认定为非法经营罪的"情节特别严重"。(2)《关于办理扰乱无线电通讯管理秩序等刑事案件适用法律若干问题的解释》（2017 年）规定之罪，对单位判处罚金，并对直接负责的主管人员和其他直接责任人员，依该解释规定的自然人犯罪的定罪量刑标准定罪处罚。擅自设置、使用无线电台（站），或擅自使用无线电频率，同时构成他罪，按处罚较重规定定罪处罚。明知他人实施诈骗等犯罪，使用黑广播、伪基站等无线电设备为其发送信息或提供其他帮助，同时构成他罪，按处罚较重规定定罪处罚。负有无线电监管职责的国家机关工作人员滥用职权或玩忽职守，使公共财产、国家和人民利益遭受重大损失，应以滥用职权罪或玩忽职守罪追究刑责。(3) 有查禁扰乱无线电管理秩序犯罪活动职责的国家机关工作人员，向罪犯通风报信、提供便利，帮助罪犯逃避处罚，应以帮助犯罪分子逃避处罚罪追究刑责；事先通谋，以帮助犯罪分子逃避处罚罪的共犯论处。(4) 为合法经营活动，使用黑广播、伪基站或实施其他扰乱无线电通讯管理秩序的行为，构成扰乱无线电通讯管理秩序罪，但不属于"情节特别严重"，行为人系初犯，并确有悔罪表现，可认定为情节轻微，不起诉或免刑；确有必要判刑，应从宽处罚。对案件所涉的有关专门性问题难以确定，依据司法鉴定机构出具的鉴定意见，或省级以上无线电管理机构、省级无线电管理机构依法设立的派出机构、地市级以上广电主管部门就是否系伪基站、黑广播出具的报告；省级以上广电主管部门及其指定的检测机构就"黑广播"功率、覆盖范围出具的报告；省级以上航空、铁路、船舶等主管部门就是否干扰导航、通信等出具的报告，结合其他证据作出认定。对移动终端用户受影响的情况，可依据相关通信运营商出具的证明，结合被告人供述、终端用户证言等证据作出认定。(5) 违反国家规定，擅自设置、使用无线电台、站，或擅自占用频率，经责令停止使用后拒不停止使用，干扰无线电通讯正常进行，构成犯罪，以扰乱无线电管理秩序罪定罪处罚；造成军事通信中断或严重障碍，同时构成扰乱无线电管理秩序罪、破坏武器装备军事设施军事通信罪，以处罚较重罪定罪处罚。

◆ 《刑法》第 289 条 【聚众"打砸抢"犯罪行为的处罚原则】

从聚众犯、故意犯、结果犯的角度讲，聚众打砸抢，致人伤残或死亡，以故意伤害罪或故意杀人罪定罪处罚；毁坏或抢走公私财物，除判令退赔外，对首犯，以抢劫罪定罪处罚。

在聚众打砸抢、聚众扰乱公共场所秩序或交通秩序、聚众阻碍解救被收买的妇女儿童等聚众犯罪不构成共同犯罪的情况下，刑法规定只处罚首犯，在首犯只有 1 个人时，不存在主犯、从犯之分。在预防、控制突发传染病疫情等灾害期间，聚众打砸抢，致人伤残、死亡，以故意伤害罪或故意杀人罪定罪，从重处罚。对毁坏或抢走公私财物的首犯，以抢劫罪定罪，从重处罚。

◆ 《刑法》第 290 条 【聚众扰乱社会秩序罪；聚众冲击国家机关罪；扰乱国家机关工作秩序罪；组织、资助非法聚集罪】

从聚众犯、故意犯、情节犯、结果犯的角度讲，聚众扰乱社会秩序，情节严重，使工作、生产、营业和教学、科研、医疗无法进行，造成严重损失，对首犯，处 3 年以上 7 年以下有期刑；对其他积极参加者，处 3 年以下有期刑、拘役、管制或剥夺政治权利。

在外国使领馆区、国际组织驻华机构所在地实施静坐、张贴、散发材料、呼喊口号、打横幅、穿着状衣、出示状纸等行为或非法聚集，应立即制止，迅速带离现场，并收缴相关材料和横幅、状纸、状衣等物品，情节严重或造成严重后果，对首犯和其他积极参加者以聚众扰乱社会秩序罪追究刑责。

从聚众犯、故意犯、结果犯的角度讲，聚众冲击国家机关，使国家机关工作无法进行，造成严重损失，对首犯，处5年以上10年以下有期刑；对其他积极参加者，处5年以下有期刑、拘役、管制或剥夺政治权利。

从聚众犯、故意犯、结果犯、情节犯的角度讲，多次扰乱国家机关工作秩序，经行政处罚后仍不改正，造成严重后果，或多次组织、资助他人非法聚集，扰乱社会秩序，情节严重，处3年以下有期刑、拘役或管制。

在国家机关办公场所周围实施静坐、张贴、散发材料、呼喊口号、打横幅、穿着状衣、出示状纸、扬言自伤、自残、自杀等行为或非法聚集，经有关国家机关工作人员劝阻、批评和教育无效，情节严重或造成严重损失，对非法聚集的首犯和其他积极参加者以聚众扰乱社会秩序罪追究刑责；聚集多人围堵、冲击国家机关，扰乱国家机关正常秩序，情节严重或造成严重损失，对首犯和其他积极参加者以聚众冲击国家机关罪追究刑责。

◆ 《刑法》 第291条 【聚众扰乱公共场所秩序、交通秩序罪】

从聚众犯、故意犯、情节犯的角度讲，聚众扰乱车站、码头、民航站、商场、公园、影剧院、展览会、运动场或其他公共场所秩序，聚众堵塞交通或破坏交通秩序，抗拒、阻碍国家治安管理工作人员依法执行职务，情节严重，对首犯，处5年以下有期刑、拘役或管制。

在信访接待场所、其他国家机关门前或交通通道上堵塞、阻断交通或非法聚集，影响交通工具正常行驶，情节严重或造成严重后果，对首犯以聚众扰乱交通秩序罪追究刑责。

散布谣言，谎报险情、疫情、警情，投放虚假的爆炸性、毒害性、放射性、腐蚀性物质或传染病病原体等危险物质，扬言实施放火、爆炸、投放危险物质，严重扰乱社会秩序或造成严重后果，以投放虚假危险物质罪、编造、故意传播虚假恐怖信息罪追究刑责。

从计算机信息网络国际联网安全保护管理办法、治安处罚法、刑法的角度讲，通过网站、论坛、博客、微博、微信等制作、复制、传播有关信访事项的虚假消息，煽动、组织、策划非法聚集、游行、示威活动，编造险情、疫情、警情，扬言实施爆炸、放火、投放危险物质或自伤、自残、自杀等，构成犯罪，依法追究刑责。在收集、固定证据后，要依法及时删除网上有害信息。

◆ 《刑法》 第291条之一 【投放虚假危险物质罪；编造、故意传播虚假信息罪】

从故意犯、情节犯、结果犯的角度讲，投放虚假的爆炸性毒害性放射性传染病病原体等物质，或编造爆炸威胁、生化威胁、放射威胁等恐怖信息，或明知是编造的恐怖信息而故意传播，严重扰乱社会秩序，处5年以下有期刑、拘役或管制；造成严重后果，处5年以上有期刑。

【2013·卷2·单选·1】（答案：C）甲给机场打电话谎称"3架飞机上有炸弹"，机场立即紧急疏散乘客，对飞机进行地毯式安检，3小时后才恢复正常航班秩序。关于本案，下列哪一选项是正确的？A. 为维护社会稳定，无论甲的行为是否严重扰乱社会秩序，都应追究甲的刑事责任。B. 为防范危害航空安全行为的发生，保护人民群众，应以危害公共安全相关犯罪判处甲死刑。C. 从事实和法律出发，甲的行为符合编造、故意传播虚假恐怖信息罪的犯罪构成，应追究其刑事责任。D. 对散布虚假信息，危及航空安全，造成国内国际重大影响的案件，可突破司法程序规定，以高效办案取信社会。

编造、故意传播虚假恐怖信息罪的情形：（1）编造与突发传染病疫情等灾害有关的恐怖信息，或明知是编造的此类恐怖信息而故意传播，严重扰乱社会秩序，以编造、故意传播虚假恐怖信息罪定罪处罚。(2) 编造恐怖信息，传播或放任传播，严重扰乱社会秩序，应认定为编造虚假恐怖信息罪。(3) 明知是他人编造的恐怖信息而故意传播，严重扰乱社会秩序，应认定为故意传播虚假恐怖信息罪。(4) 犯编造、故意传播虚假恐怖信息罪，编造虚假的险情、疫情、灾情、警情，在信息网络或其他媒体上传播，或明知险情、疫情、灾情、警情的虚假信息，故意在信息网络或其他媒体上传播，严重扰乱社会秩序（a. 造成行政村或社区居民生活秩序严重混乱。b. 影响航空器、列车、船舶等大型客运交通工具正常运行。c. 使机场、车站、码头、商场、影剧院、运动场馆等人员密集场所秩序混乱，或采取紧急疏散措施。d. 使国家机关、学校、医院、厂矿企业等单位的工作、生产、经营、教学、科研等活动中断。e. 使公安、武警、消防、卫生检疫等职能部门采取紧急应对措施。f. 其他严重扰乱社会秩序），处3年以下有期刑、拘役或管制；造成严重后果（a. 妨碍国家重大活动进行。b. 造成县级以上区域范围居民生活秩序严重混乱。c. 造成直接经济损失50万元以上。d. 造成3人以上轻伤或1人以上重伤。e. 造成其他严重后果），处3年以上7年以下有期刑。(5) 编造、故意传播虚假恐怖信息（以发生爆炸威胁、生化威胁、放射威胁、劫持航空器威胁、重大灾情、重大疫情等严重威胁公共安全的事件为内容，可能引起社会恐慌或公共安全危机的不真实信息），严重扰乱社会秩序，有多次编造、故意传播虚假恐怖信息、造成直接经济损失20万元以上、造成乡镇街道区域范围居民生活秩序严重混乱、使航班备降或返航或使列车船舶等大型客运交通工具中断运行，或其他酌情从重处罚情节，构成编造、故意传播虚假信息罪，在5年以下有期刑范围内酌情从重处罚。(6) 编造、故意传播虚假恐怖信息，严重扰乱社会秩序，同时又构成他罪，择一重罪处罚。

聚众扰乱公共场所秩序罪的情形：(1) 在车站、码头、商场、公园、广场等公共场所张贴、散发材料、呼喊口号、打横幅、穿着状衣、出示状纸，或非法聚集，在举办文化、体育等大型群众性活动或国内、国际重大会议期间，在场馆周围、活动区域或场内实施前述行为，经劝阻、批评和教育无效，聚众扰乱公共场所秩序，抗拒、阻碍国家治安管理工作人员依法执行职务，情节严重，对首犯以聚众扰乱公共场所秩序罪追究刑责。(2) 实施跳河、跳楼、跳桥、攀爬建筑物、铁塔、烟囱、树木，或其他自伤、自残、自杀行为，制造社会影响，应积极组织解救，情节严重，对首犯和其他积极参加者以聚众扰乱社会秩序罪追究刑责；严重扰乱社会秩序或造成严重后果，对首犯以聚众扰乱公共场所秩序罪追究刑责。

在国家机关办公场所周围实施静坐、张贴、散发材料、呼喊口号、打横幅、穿着状衣、出示状纸、扬言自伤、自残、自杀等行为或非法聚集，经有关国家机关工作人员劝阻、批评和教育无效，情节严重或造成严重损失，对非法聚集的首犯和其他积极参加者以聚众扰乱社会秩序罪追究刑责；聚集多人围堵、冲击国家机关，扰乱国家机关正常秩序，情节严重或造成严重损失，对首犯和其他积极参加者以聚众冲击国家机关罪追究刑责。

在信访接待场所、其他国家机关门前或交通通道上堵塞、阻断交通或非法聚集，影响交通工具正常行驶，情节严重或造成严重后果，对首犯以聚众扰乱交通秩序罪追究刑责。

在外国使领馆区、国际组织驻华机构所在地实施静坐、张贴、散发材料、喊口号、打横幅、穿状衣、出示状纸等行为或非法聚集，应立即制止，迅速带离现场，并收缴相关材料和横幅状纸状衣等物品，情节严重或造成严重后果，对首犯、其他积极参加者以聚众扰乱社会秩序罪追责。

违反食品安全法规定，编造、散布虚假食品安全信息，构成违反治安管理行为，由公安机关依法给予治安处罚。媒体编造、散布虚假食品安全信息，由有关主管部门依法给予处罚，并对直接负责的主管人员和其他直接责任人员给予处分；使公民、法人或其他组织的合法权益受到损害，依法承担消除影响、恢复名誉、赔偿损失、赔礼道歉等民责。

◆ 《刑法》第292条【聚众斗殴罪】

从故意犯、危险行为犯、转化犯、情节犯的角度讲，聚众斗殴，对首犯和其他积极参加者，处3年以下有期刑、拘役或管制；对首犯和其他积极参加者，处3年以上10年以下有期刑（a. 持械聚众斗殴。b. 在公共场所或交通要道聚众斗殴，造成社会秩序严重混乱。c. 多次聚众斗殴。d. 聚众斗殴人数多，规模大，社会影响恶劣）。

【2014·卷2·单选·20】（答案：A）首要分子甲通过手机指令所有参与者"和对方打斗时，下手重一点"。在聚众斗殴过程中，被害人被谁的行为重伤致死这一关键事实已无法查明。关于本案的分析，下列哪一选项是正确的？A. 对甲应以故意杀人罪定罪量刑。B. 甲是教唆犯，未参与打斗，应认定为从犯。C. 所有在现场斗殴者都构成故意杀人罪。D. 对积极参加者按故意杀人罪定罪，对其他参加者按聚众斗殴罪定罪。

从故意犯、转化犯、情节犯、结果犯的角度讲，聚众斗殴，致人重伤或死亡，以故意伤害罪或故意杀人罪处罚。

故意伤害罪是非法故意伤害他人身体健康的行为。（1）帮助有责任能力的人自伤，并非是行为人自己主动故意伤害被害人，应视为被害人自己的行为，不能成立故意伤害罪。（2）父母作为限制民事行为能力人的监护人，有义务救助其未成年子女，倘若对其自伤行为放任不管，依据放任的结果可成立不作为的故意杀人罪或遗弃罪。

【2015·卷2·单选·16】（答案：D）甲以伤害故意砍乙两刀，随即心生杀意又砍两刀，但四刀中只有一刀砍中乙并致其死亡，且无法查明由前后四刀中的哪一刀造成死亡。关于本案，下列哪一选项是正确的？A. 不管是哪一刀造成致命伤，都应认定为一个故意杀人罪既遂。B. 不管是哪一刀造成致命伤，只能分别认定为故意伤害罪既遂与故意杀人罪未遂。C. 根据日常生活经验，应推定是后两刀中的一刀造成致命伤，故应认定为故意伤害罪未遂与故意杀人罪既遂。D. 根据存疑时有利于被告人的原则，虽可分别认定为故意伤害罪未遂与故意杀人罪未遂，但杀人与伤害不是对立关系，故可按故意伤害（致死）罪处理本案。

对减刑、假释案件，要采取开庭审理与书面审理相结合的方式。对故意杀人、抢劫、故意伤害等严重危害社会治安的暴力罪犯，有组织犯罪案件中的首犯和其他主犯以及其他重大、有影响案件罪犯的减刑、假释，原则上也要开庭审理。书面审理的案件，拟裁定减刑、假释，要在羁押场所公示拟减刑、假释人员名单，接受其他在押罪犯的广泛监督。

从转化犯的角度讲，聚众斗殴者故意致人重伤，聚众斗殴罪转化为故意伤害罪，以故意伤害罪一罪定罪从重处罚；故意致人死亡，聚众斗殴罪转化为故意杀人罪，以故意杀人罪一罪定罪从重处罚。

组织、策划、指挥或积极参加聚众斗殴，应立案追诉。对群体事件中发生的杀人、放火、抢劫、伤害等犯罪案件，注意重点打击其中的组织、指挥、策划者和直接实施犯罪行为的积极参与者；对因被煽动、欺骗、裹胁而参加，情节较轻，经教育确有悔改表现，应依法从宽处理。

聚众斗殴罪的量刑：（1）构成聚众斗殴罪，可根据不同情形在相应的幅度内确定量刑起点：A. 犯罪情节一般，可在2年以下有期刑、拘役幅度内确定量刑起点。B. 可在3年-5年有期刑幅度内确定量刑起点的4种情形：a. 聚众斗殴3次。b. 聚众斗殴人数多，规模大，社会影响恶劣。c. 在公共场所或交通要道聚众斗殴，造成社会秩序严重混乱。d. 持械聚众斗殴。（2）在量刑起点的基础上，可根据聚众斗殴人数、次数、手段严重程度等其他影响犯罪构成的犯罪事实增加刑罚量，确定基准刑。

【河南规定】聚众斗殴罪的量刑：（1）法定刑在3年以下有期刑、拘役或管制幅度的量刑起点和基准刑：A. 犯罪情节一般，在6个月-2年有期刑幅度内确定量刑起点。B. 在量刑起点的基础上，可根据聚众斗殴人数、次数、伤害后果等其他影响犯罪构成的犯罪事实增加刑罚量，确定基准刑。C. 增加相应的刑罚量的6种情形：a. 每增加轻微伤1人，增加6个月以下刑期。b. 每增加轻伤1人，增加6个月-1年刑期。c. 聚众斗殴双方参加人数达到5人，每增加3人，增加1个月-2个月刑期。d. 聚众斗殴2次，增加6个月-1年刑期。e. 聚众斗殴造成交通秩序混乱，增加6个月-1年刑期。f. 其他可增加刑罚量情形。(2) 法定刑在3年以上10年以下有期刑幅度的量刑起点和基准刑：A. 在3年-5年有期刑幅度内确定量刑起点的4种情形：聚众斗殴3次；聚众斗殴人数多、规模大，社会影响恶劣；在公共场所或交通要道聚众斗殴，造成社会秩序严重混乱；持械聚众斗殴。B. 在量刑起点的基础上，根据聚众斗殴人数、次数、手段严重程度、伤害后果等其他影响犯罪构成的犯罪事实增加刑罚量，确定基准刑；增加相应的刑罚量情形：a. 每增加持械聚众斗殴；在公共场所或交通要道聚众斗殴，造成社会秩序严重混乱；多次聚众斗殴；聚众斗殴人数多、规模大，社会影响恶劣4种情形之一，增加1年-2年刑期。b. 每增加轻微伤1人，增加6个月以下刑期。c. 每增加轻伤1人，增加6个月-1年刑期。d. 聚众斗殴次数超过3次，每增加1次，增加6个月-1年刑期。e. 聚众斗殴单方人数超过10人，每增加3人，增加1个月-3个月刑期。f. 聚众斗殴严重扰乱社会秩序，造成恶劣社会影响，增加6个月—1年刑期。h. 其他可增加刑罚量情形。(3) 可增加基准刑的20%以下情形：A. 组织未成年人聚众斗殴。B. 聚众斗殴造成公私财产较大损失。C. 其他可从重处罚情形。(4) 因民间纠纷引发的聚众斗殴，可减少基准刑的20%以下。

◆ 《刑法》第293条【寻衅滋事罪】

从故意犯、情节犯、结果犯的角度讲，随意殴打他人（行为人为寻求刺激、发泄情绪、逞强耍横等，无事生非，随意殴打他人），情节恶劣（随意殴打他人，破坏社会秩序，有致1人以上轻伤或2人以上轻微伤、引起他人精神失常自杀等严重后果、多次随意殴打他人、持凶器随意殴打他人、随意殴打精神病人残疾人流浪乞讨人老年人未成年人孕妇而造成恶劣社会影响、在公共场所随意殴打他人而造成公共场所秩序严重混乱，或其他情节恶劣情形）；追逐、拦截、辱骂他人，情节恶劣（a. 持凶器追逐、拦截、辱骂、恐吓他人。b. 多次追逐、拦截、辱骂、恐吓他人，造成恶劣社会影响。c. 追逐、拦截、辱骂、恐吓精神病人、残疾人、流浪乞讨人员、老年人、孕妇、未成年人，造成恶劣社会影响。d. 严重影响他人的工作、生活、生产、经营。e. 引起他人精神失常、自杀等严重后果。f. 其他情节恶劣情形）；强拿硬要或任意损毁、占用公私财物，情节严重（a. 强拿硬要公私财物价值1000元以上或任意损毁占用公私财物价值2000元以上。b. 多次强拿硬要或任意损毁占用公私财物，造成恶劣社会影响。c. 强拿硬要或任意损毁、占用精神病人、残疾人、流浪乞讨人员、老年人、孕妇、未成年人的财物，造成恶劣社会影响。d. 严重影响他人的工作、生活、生会秩序。e. 引起他人精神失常、自杀等严重后果。f. 其他情节严重情形）；在公共场所起哄闹事，造成公共场所秩序严重混乱（在车站、码头、机场、医院、商场、公园、影剧院、展览会、运动场或其他公共场所起哄闹事，应根据公共场所的性质、公共活动的重要程度、公共场所的人数、起哄闹事的时间、公共场所受影响的范围与程度等因素，综合判断是否造成公共场所秩序严重混乱），破坏社会秩序，处5年以下有期刑、拘役或管制。

寻衅滋事罪的立案标准类型：(1) 强拿硬要或任意损毁、占用公私财物，破坏社会秩序的寻衅滋事案的3种立案追诉标准：A. 多次强拿硬要或任意损毁、占用公私财物，造成恶劣社会影响。B. 强拿硬要或任意损毁、占用精神病人、残疾人、流浪乞讨人员、老年人、孕妇、未成年人的财物，造成恶劣社会影响。C. 强拿硬要公私财物价值1000元以上，或任意损毁、占用公私财物价值2000元以上。(2) 追逐、拦截、辱骂、恐吓他人，破坏社会秩序的寻衅滋事案的6种立案追诉标准：A. 严重影响他人的工作、生活、生产、经营。B. 引起他人精神失常、自杀等严重后果。C. 持凶器追逐、拦截、辱骂、恐吓他人。D. 多次追逐、拦截、辱骂、恐吓他人，造成恶劣社会影响。E. 追逐、拦截、辱骂、恐吓精神病人、残疾人、流浪乞讨人员、老年人、孕妇、未成年人，造成恶劣社会影响。F. 其他情节恶劣情形。（3）随意殴打他人，破坏社会秩序的寻衅滋事案的7种立案追诉标准：A. 在公共场所随意殴打他人，造成公共场所秩序严重混乱。B. 随意殴打精神病人、残疾人、流浪乞讨人员、老年人、孕妇、未成年人，造成恶劣社会影响。C. 引起他人精神失常、自杀等严重后果。D. 持凶器随意殴打他人。E. 多次随意殴打他人。F. 致1人以上轻伤或2人以上轻微伤。G. 其他情节恶劣情形。

寻衅滋事行为的认定：（1）行为人因日常生活中的偶发矛盾纠纷，借故生非，实施寻衅滋事行为，应认定为寻衅滋事，以矛盾系由被害人故意引发或被害人对矛盾激化负有主要责任为例外。（2）行为人认罪、悔罪，积极赔偿被害人损失或取得被害人谅解，可从轻处罚；犯罪情节轻微，可不起诉或免刑。（3）行为人因婚恋、家庭、邻里、债务等纠纷，实施殴打、辱骂、恐吓他人或损毁、占用他人财物等行为，一般不认定为寻衅滋事，但经有关部门批评制止或处理处罚后，继续实施殴打、辱骂、恐吓他人或损毁、占用他人财物等行为，破坏社会秩序为例外。（4）在车站、码头、机场、医院、商场、公园、影剧院、展览会、运动场或其他公共场所起哄闹事，应根据公共场所的性质、公共活动的重要程度、公共场所的人数、起哄闹事的时间、公共场所受影响的范围与程度等因素，综合判断是否造成公共场所秩序严重混乱。

寻衅滋事罪的情形：（1）任意损毁、占用信访接待场所、国家机关或他人财物，情节恶劣或造成公共场所秩序严重混乱，以寻衅滋事罪追究刑责。（2）在体育活动中，寻衅滋事、扰乱公共秩序，给予批评、教育并制止；违反治安管理，由公安机关依治安处罚法的规定给予处罚；构成犯罪，依法追究刑责。（3）在预防、控制突发传染病疫情等灾害期间，强拿硬要或任意损毁、占用公私财物情节严重，或在公共场所起哄闹事，造成公共场所秩序严重混乱，以寻衅滋事罪定罪，依法从重处罚。（4）纠集他人多次实施寻衅滋事行为（a. 在公共场所起哄闹事，造成公共场所秩序严重混乱。b. 强拿硬要或任意损毁、占用公私财物，情节严重。c. 随意殴打他人，情节恶劣。d. 追逐、拦截、辱骂、恐吓他人，情节恶劣），或纠集他人3次以上实施寻衅滋事犯罪，未经处理，严重破坏社会秩序，均构成寻衅滋事罪，处5年以上10年以下有期刑，可并处罚金。（5）利用信息网络辱骂、恐吓他人，情节恶劣，破坏社会秩序（追逐、拦截、辱骂、恐吓他人，情节恶劣），或编造虚假信息，或明知是编造的虚假信息，在信息网络上散布，或组织、指使人员在信息网络上散布，起哄闹事，造成公共秩序严重混乱（在公共场所起哄闹事，造成公共场所秩序严重混乱），或乘客在公共交通工具行驶过程中，随意殴打其他乘客，追逐、辱骂他人，或起哄闹事，妨害公共交通工具运营秩序，构成犯罪，均以寻衅滋事罪定罪处罚，处5年以下有期刑、拘役或管制；严重破坏社会秩序，处5年以上10年以下有期刑，可并处罚金。（6）实施寻衅滋事行为，同时符合寻衅滋事罪和故意杀人罪、故意伤害罪、故意毁坏财物罪、敲诈勒索罪、抢夺罪、抢劫罪等罪的构成要件，依处罚较重的犯罪定罪处罚。（7）利用信息网络实施诽谤、寻衅滋事、敲诈勒索、非法经营犯罪，同时又构成损害商业信誉、商品声誉罪、煽动暴力抗拒法律实施罪或编造、故意传播虚假恐怖信息罪等犯罪，依处罚较重的规定定罪处罚。（8）明知他人利用信息网络实施诽谤、寻衅滋事、敲诈勒索、非法经营等犯罪，为其提供资金、场所、技术支持等帮助，以共同犯罪论处。（9）从司法解释的角度讲，公然侮辱他人或捏造事实诽谤他人，或对证人及其近亲属进行威胁、侮辱、殴打或打击报复，或多次发送淫秽、侮辱、恐吓或其他信息，干扰他人正常生活，或偷窥、偷拍、窃听、散布他人隐私，或写恐吓信或以其他方法威胁他人人身安全，或公然侮辱、恐吓医务人员，处5日以下拘留或500元以下罚款；情节较重，处5日以上10日以下拘留，可并处500元以下罚款（《治安管理处罚法》第42条）；采取暴力或其他方法公然侮辱、恐吓医务人员情节严重（恶劣），构成侮辱罪、寻衅滋事罪，依刑法有关规定定罪处罚。

从治安处罚法、刑法的角度讲，在医疗机构私设灵堂、摆放花圈、焚烧纸钱、悬挂横幅、堵塞大门或以其他方式扰乱医疗秩序，尚未造成严重损失，经劝说、警告无效，要依法驱散，对拒不服从的人员要依法带离现场，处警告或200元以下罚款；情节较重，处5日以上10日以下拘留，可并处500元以下罚款（《治安管理处罚法》第23条）；聚众实施，对首犯和其他积极参加者依法治安处罚；造成严重损失或扰乱其他公共秩序情节严重，构成寻衅滋事罪、聚众扰乱社会秩序罪、聚众扰乱公共场所秩序、交通秩序罪，依刑法有关规定定罪处罚。

故意破坏、污损他人坟墓或毁坏、丢弃他人尸骨、骨灰，或在公共场所停放尸体或因停放尸体影响他人正常生活、工作秩序，不听劝阻。或在医疗机构的病房、抢救室、重症监护室等场所及医疗机构的公共开放区域违规停放尸体，影响医疗秩序，经劝说、警告无效，处5日以上10日以下拘留；情节严重，处10日以上15日以下拘留，可并处1000元以下罚款（《治安管理处罚法》第65条）；严重扰乱医疗秩序或其他公共秩序，构成寻衅滋事罪、聚众扰乱社会秩序罪、聚众扰乱公共场所秩序、交通秩序罪，依刑法有关规定定罪处罚。

寻衅滋事罪的量刑：（1）构成寻衅滋事罪，可根据不同情形在相应的幅度内确定量刑起点：A. 寻衅滋事1次，可在3年以下有期刑、拘役幅度内确定量刑起点。B. 纠集他人3次寻衅滋事（每次都构成犯罪），严重破坏社会秩序，可在5年-7年有期刑幅度内确定量刑起点。（2）在量刑起点的基础上，可根据寻衅滋事次数、伤害后果、强拿硬要他人财物或任意损毁、占用公私财物数额等其他影响犯罪构成的犯罪事实增加刑罚量，确定基准刑。

【河南规定】寻衅滋事罪的量刑：（1）法定刑在5年以下有期刑、拘役或管制幅度的量刑起点和基准刑：A. 随意殴打他人，破坏社会秩序，在1年6个月-3年有期刑幅度内确定量刑起点的4种情形：a. 致1人以上轻伤。b. 引起他人精神失常、自杀等严重后果。c. 随意殴打精神病人、残疾人、流浪乞讨人员、老年人、孕妇、未成年人，造成恶劣社会影响。d. 在公共场所随意殴打他人，造成公共场所秩序严重混乱。B. 随意殴打他人，破坏社会秩序，在3个月拘役至3年有期刑幅度内确定量刑起点的4种情形：a. 致2人以上轻微伤。b. 随意殴打他人达到3次。c. 持凶器随意殴打他人。d. 其他情节恶劣情形。C. 追逐、拦截、辱骂、恐吓他人，破坏社会秩序，在1年6个月-3年有期刑幅度内确定量刑起点的3种情形：a. 追逐、拦截、辱骂、恐吓精神病人、残疾人、流浪乞讨人员、老年人、孕妇、未成年人，造成恶劣社会影响。b. 引起他人精神失常、自杀等严重后果。c. 严重影响他人的工作、生活、生产、经营。D. 追逐、拦截、辱骂、恐吓他人，破坏社会秩序，在3个月拘役至3年有期刑幅度内确定量刑起点的3种情形：a. 追逐、拦截、辱骂、恐吓他人达到3次，造成恶劣社会影响。b. 持凶器追逐、拦截、辱骂、恐吓他人。c. 其他情节恶劣情形。E. 强拿硬要或任意损毁、占用公私财物，破坏社会秩序，在1年6个月-3年有期刑幅度内确定量刑起点的3种情形：a. 强拿硬要或任意损毁、占用精神病人、残疾人、流浪乞讨人员、老年人、孕妇、未成年人的财物，造成恶劣社会影响。b. 引起他人精神失常、自杀等严重后果。c. 严重影响他人的工作、生活、生产、经营。F. 强拿硬要或任意损毁、占用公私财物，破坏社会秩序，在3个月拘役至3年有期刑幅度内确定量刑起点的3种情形：a. 强拿硬要公私财物价值1000元以上，或任意损毁、占用公私财物价值2000元以上。b. 强拿硬要或任意损毁、占用公私财物达到3次，造成恶劣社会影响。c. 其他情节严重情形。G. 在车站、码头、机场、医院、商场、公园、影剧院、展览会、运动场或其他公共场所起哄闹事，造成公共场所秩序严重混乱，在1年-3年有期刑幅度内确定量刑起点。H. 在量刑起点的基础上，根据寻衅滋事次数、伤害后果、强拿硬要他人财物或任意损毁、占用公私财物数额等其他影响犯罪构成的犯罪事实增加刑罚量，确定基准刑；增加相应的刑罚量的4种情形：a. 每增加轻微伤1人，增加6个月以下刑期。b. 每增加轻伤1人，增加6个月–1年6个月刑期。c. 每增加引起精神失常1人，增加6个月–1年6个月刑期。d. 每增加引起自杀造成重伤、死亡1人，增加1年–2年刑期。I. 随意殴打他人，追逐、拦截、辱骂、恐吓他人，强拿硬要或任意毁损、占用公私财物3次以上，每再增加1次，增加1个月–2个月刑期。J. 车站、码头、机场、医院、商场、公园、影剧院、展览会、运动场或其他公共场所起哄闹事，造成公共场所秩序严重混乱，每增加1次，增加6个月–1年刑期。K. 强拿硬要公私财物价值1000元以上，数额每再增加1000元，增加1个–2个月刑期。L. 任意毁损、占用公私财物价值2000元以上，数额再每增加2000元，增加1个–2个月刑期。M. 每增加致1人以上轻伤；引起他人精神失常、自杀等严重后果；随意殴打精神病人、残疾人、流浪乞讨人员、老年人、孕妇、未成年人，造成恶劣社会影响；在公共场所随意殴打他人，造成公共场所秩序严重混乱4种情形之一，增加6个月–1年刑期。N. 其他可增加刑罚量情形。（2）法定刑在5年以上10年以下有期刑幅度的量刑起点和基准刑：A. 纠集他人3次实施寻衅滋事（每次都构成犯罪），严重破坏社会秩序，在5年–7年有期刑幅度内确定量刑起点。B. 在量刑起点的基础上，根据寻衅滋事次数、伤害后果、强拿硬要他人财物或任意损毁、占用公私财物数额等其他影响犯罪构成的犯罪事实增加刑罚量，确定基准刑；增加相应的刑罚量情形：a. 每增加轻微伤1人，增加6个月以下刑期。b. 每增加轻伤1人，增加6个月–1年6个月刑期。c. 每增加引起精神失常1人，增加6个月–1年6个月刑期。d. 每增加引起自杀造成重伤、死亡1人，增加1年–2年刑期。e. 纠集他人3次以上实施寻衅滋事犯罪，未经处理，每再增加1次，增加6个月–1年刑期。f. 强拿硬要公私财物价值1000元以上，数额每再增加1000元，增加1个月–2个月刑期；任意毁损、占用公私财物价值2000元以上，数额再每增加2000元，增加1个月–2个月刑期。g. 每增加致1人以上轻伤；引起他人精神失常、自杀等严重后果；随意殴打精神病人、残疾人、流浪乞讨人员、老年人、孕妇、未成年人，造成恶劣社会影响；在公共场所随意殴打他人，造成公共场所秩序严重混乱4种情形之一，增加6个月–1年刑期。h. 其他可增加刑罚量情形。（3）可增加基准刑的20%以下2种情形：A. 纠集未成年人寻衅滋事。B. 其他可从重处罚情形。

◆ 《刑法》第294条【组织、领导、参加黑社会性质组织罪；入境发展黑社会组织罪；包庇、纵容黑社会性质组织罪】

从选择罪名、涉黑共犯、有组织犯罪、暴力犯罪、贪财犯罪、集团犯罪、故意犯的角度讲，组织、领导黑社会性质的组织，处7年以上有期刑，并处没收财产；积极参加者，处3年以上7年以下有期刑，可并处罚金或没收财产；其他参加者，处3年以下有期刑、拘役、管制或剥夺政治权利，可并处罚金。

组织、领导、参加黑社会性质组织罪，仅含组织、领导、参加黑社会性质组织的行为，不含在该黑社会性质组织统一策划、指挥下从事的他罪行为。犯组织、领导黑社会性质组织罪和参加黑社会性质组织罪，又有他罪行为，依数罪并罚的规定处罚。

【2003·卷2·多选·43】（答案：ABC）关于黑社会性质组织犯罪的认定问题，下列说法哪些是正确的？A. 黑社会性质组织是犯罪集团，有犯罪集团的一般属性。B. 黑社会性质组织所从事的危害行为，既包括犯罪行为，又包括违法行为。C. 组织、领导、参加黑社会性质组织罪，既包括组织、领导、参加黑社会性质组织的行为，又包括在该黑社会性质组织统一策划、指挥下从事的他罪行为。D. 具有国家工作人员的非法保护，是认定黑社会性质组织的必要条件。

从《关于办理实施"软暴力"的刑事案件若干问题的意见》（2019年）的角度讲，软暴力是行为人为谋取不法利益或形成非法影响，对他人或在有关场所进行滋扰、纠缠、哄闹、聚众造势等，足以使他人产生恐惧、恐慌进而形成心理强制，或足以影响、限制人身自由、危及人身财产安全、影响正常生活、工作、生产、经营的违法犯罪手段。(1)"软暴力"违法犯罪手段的一般表现形式：A. 侵犯人身权利、民主权利、财产权利的手段，包括但不限于跟踪贴靠、扬言传播疾病、揭发隐私、恶意举报、诬告陷害、破坏、霸占财物等。B. 扰乱正常生活、工作、生产、经营秩序的手段，包括但不限于非法侵入他人住宅、破坏生活设施、设置生活障碍、贴报喷字、拉挂横幅、燃放鞭炮、播放哀乐、摆放花圈、泼洒污物、断水断电、堵门阻工，以及通过驱赶从业人员、派驻人员据守等方式直接或间接地控制厂房、办公区、经营场所等。C. 扰乱社会秩序的手段，包括但不限于摆场架势示威、聚众哄闹滋扰、拦路闹事等。D. 其他符合软暴力（行为人为谋取不法利益或形成非法影响，对他人或在有关场所进行滋扰、纠缠、哄闹、聚众造势等，足以使他人产生恐惧、恐慌进而形成心理强制，或足以影响、限制人身自由、危及人身财产安全，影响正常生活、工作、生产、经营的违法犯罪手段）手段的情形。(2) 通过信息网络或通讯工具实施，符合软暴力条件的违法犯罪手段，应认定为"软暴力"。(3) 行为人实施"软暴力"，可认定为足以使他人产生恐惧、恐慌进而形成心理强制或足以影响、限制人身自由、危及人身财产安全或影响正常生活、工作、生产、经营的6种情形：A. 黑恶势力实施。B. 以黑恶势力名义实施。C. 曾因组织、领导、参加黑社会性质组织、恶势力犯罪集团、恶势力以及因强迫交易、非法拘禁、敲诈勒索、聚众斗殴、寻衅滋事等犯罪受过刑事处罚后又实施。D. 携带凶器实施。E. 有组织地实施的或足以使他人认为暴力、威胁具有现实可能性。F. 其他足以使他人产生恐惧、恐慌进而形成心理强制或足以影响、限制人身自由、危及人身财产安全或影响正常生活、工作、生产、经营的情形。(3) 由多人实施，编造或明示暴力违法犯罪经历进行恐吓，或以自报组织、头目名号、统一着装、显露纹身、特殊标识以及其他明示、暗示方式，足以使他人感知相关行为的有组织性，应认定为"以黑恶势力名义实施"。(4) 由多人实施，只要有部分行为人符合黑恶势力实施、以黑恶势力名义实施或曾因组织、领导、参加黑社会性质组织、恶势力犯罪集团、恶势力以及因强迫交易、非法拘禁、敲诈勒索、聚众斗殴、寻衅滋事等犯罪受过刑事处罚后又实施或携带凶器实施的情形，该项即成立。(5) 虽具体实施"软暴力"的行为人不符合黑恶势力实施或曾因组织、领导、参加黑社会性质组织、恶势力犯罪集团、恶势力以及因强迫交易、非法拘禁、敲诈勒索、聚众斗殴、寻衅滋事等犯罪受过刑事处罚后又实施的情形，但雇佣者、指使者或纠集者符合，该项成立。(6) 软暴力手段属于黑社会性质组织行为特征、恶势力概念中的其他手段。

从涉黑共犯、境外犯、故意犯、行为犯的角度讲，境外的黑社会组织的人员到中国境内发展组织成员，犯入境发展黑社会组织罪，处3年以上10年以下有期刑。

从身份犯、故意犯、行为犯、情节犯的角度讲，国家机关工作人员包庇黑社会性质的组织，或纵容黑社会性质的组织进行违法犯罪活动，犯包庇、纵容黑社会性质组织罪，处5年以下有期刑；情节严重，处5年以上有期刑。

包庇、纵容黑社会性质组织罪主观要件的认定：包庇、纵容黑社会性质组织罪的主观方面要求须是出于故意，只要行为人知道或应知道是从事违法犯罪活动的组织，仍对该组织及其成员包庇，或纵容其实施违法犯罪活动，即可认定包庇、纵容黑社会性质组织罪。行为人是否明知该组织系黑社会性质组织，不影响包庇、纵容黑社会性质组织罪的成立。过失不能构成包庇、纵容黑社会性质组织罪。

犯组织领导参加黑社会性质组织罪、入境发展黑社会组织罪、包庇纵容黑社会性质组织罪又有他罪行为，依数罪并罚规定处罚。

黑社会性质组织成员的刑责：(1) 对黑社会性质组织的组织者、领导者，应根据法律、黑社会性质组织实施的违法犯罪活动规定，按该组织所犯的全部罪行承担刑责。组织者、领导者对具体犯罪所承担的刑责，应根据其在该起犯罪中的具体地位、作用来确定。(2) 对黑社会性质组织中的积极参加者和其他参加者，应按其所参与的犯罪，据其在具体犯罪中的地位和作用，依罪责刑相适应原则，确定应承担的刑责。

从司法解释的角度讲，黑社会性质组织须同时具备内在联系的组织特征、经济特征、行为特征、危害性特征。（1）组织特征。黑社会性质组织不仅有明确的组织者、领导者，骨干成员基本固定，而且组织结构较为稳定，并有比较明确的层级和职责分工（形成较稳定的犯罪组织，人数较多，有明确的组织者、领导者，骨干成员基本固定）。A. 当前，一些黑社会性质组织为增强隐蔽性，往往采取各种手段制造"人员频繁更替、组织结构松散"的假象。在办案时，要特别注意审查组织者、领导者，以及对组织运行、活动起着突出作用的积极参加者等骨干成员是否基本固定、联系是否紧密，不要被其组织形式的表象所左右。B. 组织者、领导者、积极参加者和其他参加者的认定。组织者、领导者，是黑社会性质组织的发起者、创建者，或在组织中实际处于领导地位，对整个组织及其运行、活动起着决策、指挥、协调、管理作用的罪犯，既含通过一定形式产生的有明确职务、称谓的组织者、领导者，也含在黑社会性质组织中被公认的事实上的组织者、领导者；积极参加者，是接受黑社会性质组织的领导和管理，多次积极参与黑社会性质组织的违法犯罪活动，或积极参与较严重的黑社会性质组织的犯罪活动且作用突出，以及其他在组织中起重要作用的罪犯，如具体主管黑社会性质组织的财务、人员管理等事项的罪犯；其他参加者，是除上述组织成员之外，其他接受黑社会性质组织的领导和管理的罪犯。对参加黑社会性质的组织，无实施其他违法犯罪活动，或受蒙蔽、胁迫参加黑社会性质的组织，情节轻微，可不作为犯罪处理。C. 黑社会性质组织成员的主观明知问题。在认定黑社会性质组织的成员时，并不要求其主观上认为自己参加的是黑社会性质组织，只要其知道或应知道该组织有一定规模，且是以实施违法犯罪为主要活动，即可认定。D. 对黑社会性质组织存在时间、成员人数及组织纪律等问题的把握。黑社会性质组织一般在短时间内难以形成，而且成员人数较多，但鉴于普通犯罪集团、恶势力团伙向黑社会性质组织发展是一个渐进的过程，无明显的性质转变的节点，故对黑社会性质组织存在时间、成员人数问题不宜作出"一刀切"规定。对那些已存在一定时间，且成员人数较多的犯罪组织，在定性时要根据其是否已具备一定的经济实力，是否已在一定区域或行业内形成非法控制或重大影响等情况综合分析判断。在通常情况下，黑社会性质组织为维护自身的安全和稳定，一般会有一些约定俗成的纪律、规约，有些甚至还有明确规定。因此，有一定的组织纪律、活动规约，也是认定黑社会性质组织特征时的重要参考依据。（2）经济特征。黑社会性质组织有组织地通过违法犯罪活动或其他手段获取经济利益，有一定的经济实力，以支持该组织的活动。一定的经济实力是黑社会性质组织坐大成势，称霸一方的基础。因不同地区的经济发展水平、不同行业的利润空间均存在很大差异，加之黑社会性质组织存在、发展的时间也各有不同，因此，在办案时不能一般性地要求黑社会性质组织所有的经济实力须达到特定规模或特定数额。此外，黑社会性质组织的敛财方式也有多样性。实践中，黑社会性质组织不仅会通过实施赌博、敲诈、贩毒等违法犯罪活动攫取经济利益，而且还往往会通过开办公司、企业等方式"以商养黑、以黑护商"。因此，无论其财产是通过非法手段聚敛，还是通过合法的方式获取，只要将其中部分或全部用于违法犯罪活动或维系犯罪组织的生存、发展即可。用于违法犯罪活动或维系犯罪组织的生存、发展，一般是购买作案工具、提供作案经费，为受伤、死亡的组织成员提供医疗费、丧葬费，为组织成员及其家属提供工资、奖励、福利、生活费用，为组织寻求非法保护以及其他与实施有组织的违法犯罪活动有关的费用支出等。（3）行为特征。以暴力、威胁或其他手段，有组织地多次进行违法犯罪活动，为非作恶，欺压、残害群众。暴力性、胁迫性、有组织性是黑社会性质组织行为方式的主要特征，有时也会采取一些其他手段（以暴力、威胁为基础，在利用组织势力和影响已对他人形成心理强制或威慑的情况下，进行的谈判、协商、调解；滋扰、哄闹、聚众等其他干扰、破坏正常经济、社会生活秩序的非暴力手段）。黑社会性质组织实施的违法犯罪活动的主要情形，含由组织者、领导者直接组织、策划、指挥或参与实施的违法犯罪活动；由组织成员以组织名义实施，并得到组织者、领导者认可或默许的违法犯罪活动；多名组织成员为逞强争霸、插手纠纷、报复他人、替人行凶、非法敛财而共同实施，并得到组织者、领导者认可或默许的违法犯罪活动；组织成员为组织争夺势力范围、排除竞争对手、确立强势地位、谋取经济利益、维护非法权威或按组织的纪律、惯例、共同遵守的约定而实施的违法犯罪活动；由黑社会性质组织实施的其他违法犯罪活动。多次进行违法犯罪活动规定。黑社会性质组织实施犯罪活动过程中，往往伴随着大量的违法活动，对此均应作为黑社会性质组织的违法犯罪事实认定。若仅实施了违法活动，而未实施犯罪活动，则不能认定为黑社会性质组织。多次进行违法犯罪活动只是认定黑社会性质组织的必要条件之一，最终能否认定为黑社会性质组织，还要结合危害性特征来加以判断。即使有些案件中的违法犯罪活动已符合"多次"的标准，但根据其性质和严重程度，尚不足以形成非法控制或重大影响，也不能认定为黑社会性质组织。（4）危害性特征。A. 通过实施违法犯罪活动，或利用国家工作人员的包庇或纵容，称霸一方，在一定区域或行业内，形成非法控制或重大影响，严重破坏经济、社会生活秩序。B. 称霸一方，在一定区域或行业内，形成非法控制或重大影响，从而严重破坏经济、社会生活秩序，是黑社会性质组织的本质特征，也是黑社会性质组织区别于一般犯罪集团的关键所在。C. 区域的大小有相对性，且黑社会性质组织非法控制和影响的对象并不是区域本身，而是在一定区域中生活的人，以及该区域内的经济、社会生活秩序。因此，不能简单地要求"一定区域"须达到某一特定的空间范围，而应根据具体案情，并结合黑社会性质组织对经济、社会生活秩序的危害程度加以综合分析判断。D. 黑社会性质组织所控制和影响的行业，含合法行业、非法行业（黄、赌、毒等），一般涉及生产、流通、交换、消费等一个或多个市场环节。E. 通过实施违法犯罪活动，或利用国家工作人员的包庇、纵容，称霸一方，并有对在一定区域内生活或在一定行业内从事生产、经营的群众形成心理强制、威慑，使合法利益受损的群众不敢举报、控告；对一定行业的生产、经营形成垄断，或对涉及一定行业的准入、经营、竞争等经济活动形成重要影响；插手民间纠纷、经济纠纷，在相关区域或行业内造成严重影响；干扰、破坏他人正常生产、经营、生活，并在相关区域或行业内造成严重影响；干扰、破坏公司企事业单位及社会团体的正常生产、经营、工作秩序，在相关区域、行业内造成严重影响，或使其不能正常生产、经营、工作；多次干扰、破坏国家机关、行业管理部门、基层群众自治组织（村委会、居委会等）的工作秩序，或使公司企事业单位及社会团体的职能不能正常行使；利用组织的势力、影响，使组织成员获取政治地位，或在党政机关、基层群众自治组织中担任一定职务；其他形成非法控制或重大影响，严重破坏经济社会生活秩序的情形，可认定为在一定区域或行业内，形成非法控制或重大影响，严重破坏经济、社会生活秩序。

涉黑犯罪财物及其收益的认定和处置：（1）办涉黑犯罪案时，要依法运用查封、扣押、冻结、追缴、没收等手段，彻底摧毁黑社会性质组织的经济基础，防止其死灰复燃。（2）对涉黑犯罪财物及其收益以及犯罪工具，均应追缴、没收。A. 黑社会性质组织及其成员通过犯罪活动聚敛的财物及其收益，是在黑社会性质组织的形成、发展过程中，该组织及组织成员通过违法犯罪活动或其他不正当手段聚敛的全部财物、财产性权益及其孳息、收益。B. 在办案工作中，应认真审查涉案财产的来源、性质，对被告人及其他单位、个人的合法财产应依法保护。

从《关于办理恶势力刑事案件若干问题的意见》（2019 年）的角度讲，办理恶势力刑事案件的总体要求：（1）公检法和司法行政机关要深刻认识恶势力违法犯罪的严重社会危害，毫不动摇地坚持依法严惩方针，在侦查、起诉、审判、执行各阶段，运用多种法律手段全面体现依法从严惩处精神，有力震慑恶势力违法罪犯，有效打击和预防恶势力违法犯罪。（2）公检法和司法行政机关要严格坚持依法办案，确保在案件事实清楚、证据确实、充分的基础上，准确认定恶势力和恶势力犯罪集团，坚决防止人为拔高或降低认定标准。要坚持贯彻落实宽严相济刑事政策，根据嫌犯、被告人的主观恶性、人身危险性、在恶势力、恶势力犯罪集团中的地位、作用以及在具体犯罪中的罪责，切实做到宽严有据，罚当其罪，实现政治效果、法律效果和社会效果的统一。（3）公检法和司法行政机关要充分发挥各自职能，分工负责，互相配合，互相制约，坚持以审判为中心的刑诉制度改革要求，严格执行"三项规程"，不断强化程序意识和证据意识，有效加强法律监督，确保严格执法、公正司法，充分保障当事人、诉讼参与人的各项诉讼权利。

恶势力、恶势力犯罪集团的认定标准：（1）恶势力，是经常纠集在一起，以暴力、威胁或其他手段，在一定区域或行业内多次实施违法犯罪活动，为非作恶，欺压百姓，扰乱经济、社会生活秩序，造成较为恶劣的社会影响，但尚未形成黑社会性质组织的违法犯罪组织。（2）单纯为牟取不法经济利益而实施的"黄、赌、毒、盗、抢、骗"等违法犯罪活动，不具有为非作恶、欺压百姓特征，或因本人及近亲属的婚恋纠纷、家庭纠纷、邻里纠纷、劳动纠纷、合法债务纠纷而引发以及其他确属事出有因的违法犯罪活动，不应作为恶势力案件处理。（3）恶势力一般为3人以上，纠集者相对固定。A. 纠集者，是在恶势力实施的违法犯罪活动中起组织、策划、指挥作用的违法罪犯。B. 成员较为固定且符合恶势力其他认定条件，但多次实施违法犯罪活动是由不同的成员组织、策划、指挥，也可认定为恶势力，有前述行为的成员均可认定为纠集者。C. 恶势力的其他成员，是知道或应知道与他人经常纠集在一起是为了共同实施违法犯罪，仍按纠集者的组织、策划、指挥参与违法犯罪活动的违法罪犯，包括已有充分证据证明但尚未归案的人员，以及因法定情形不予追究法律责任，或因参与实施恶势力违法犯罪活动已受到行政或刑事处罚的人员。D. 仅因临时雇佣或被雇佣、利用或被利用以及受蒙蔽参与少量恶势力违法犯罪活动，一般不应认定为恶势力成员。（4）"经常纠集在一起，以暴力、威胁或其他手段，在一定区域或行业内多次实施违法犯罪活动"，是嫌犯、被告人于2年内，以暴力、威胁或其他手段，在一定区域或行业内多次实施违法犯罪活动，且包括纠集者在内，至少应有2名相同的成员多次参与实施违法犯罪活动。对"纠集在一起"时间明显较短，实施违法犯罪活动刚刚达到"多次"标准，且尚不足以造成较为恶劣影响，一般不应认定为恶势力。（5）恶势力实施的违法犯罪活动，主要为强迫交易、故意伤害、非法拘禁、敲诈勒索、故意毁坏财物、聚众斗殴、寻衅滋事，但也包括具有为非作恶、欺压百姓特征，主要以暴力、威胁为手段的其他违法犯罪活动。（6）恶势力还可能伴随实施开设赌场、组织卖淫、强迫卖淫、贩卖毒品、运输毒品、制造毒品、抢劫、抢夺、聚众扰乱社会秩序、聚众扰乱公共场所秩序、交通秩序以及聚众"打砸抢"等违法犯罪活动，但仅有前述伴随实施的违法犯罪活动，且不能认定具有为非作恶、欺压百姓特征，一般不应认定为恶势力。（7）办理恶势力刑事案件，"多次实施违法犯罪活动"至少应包括1次犯罪活动。A. 对反复实施强迫交易、非法拘禁、敲诈勒索、寻衅滋事等单一性质的违法行为，单次情节、数额尚不构成犯罪，但按刑法或有关司法解释、规范性文件的规定累加后应作为犯罪处理，在认定是否属于"多次实施违法犯罪活动"时，可将已用于累加的违法行为计为1次犯罪活动，其他违法行为单独计算违法活动的次数。B. 已被处理或已作为民间纠纷调处，后经查证确属恶势力违法犯罪活动，均可作为认定恶势力的事实依据，但不符合法定情形，不得重新追究法律责任。（8）认定"扰乱经济、社会生活秩序，造成较为恶劣的社会影响"，应结合侵害对象及其数量、违法犯罪次数、手段、规模、人身损害后果、经济损失数额、违法所得数额、引起社会秩序混乱的程度以及对群众安全感的影响程度等因素综合把握。（9）恶势力犯罪集团，是符合恶势力全部认定条件，同时又符合犯罪集团法定条件的犯罪组织。A. 恶势力犯罪集团的首犯，是在恶势力犯罪集团中起组织、策划、指挥作用的罪犯。恶势力犯罪集团的其他成员，是知道或应知道是为共同实施犯罪而组成的较为固定的犯罪组织，仍接受首犯领导、管理、指挥，并参与该组织犯罪活动的罪犯。B. 恶势力犯罪集团应有组织地实施多次犯罪活动，同时还可能伴随实施违法活动。恶势力犯罪集团所实施的违法犯罪活动，参照《指导意见》第十条第二款的规定认定。(10) 全部成员或首犯、纠集者以及其他重要成员均为未成年人、老年人、残疾人，认定恶势力、恶势力犯罪集团时应特别慎重。

正确运用宽严相济刑事政策的有关要求：(1) 对恶势力的纠集者、恶势力犯罪集团的首犯、重要成员以及恶势力、恶势力犯罪集团共犯中罪责严重的主犯，要正确运用法律规定加大惩处力度，对依法应判处重刑或死刑，坚决判处重刑或死刑。A. 要严格掌握取保候审，严格掌握不起诉，严格掌握缓刑、减刑、假释，严格掌握保外就医适用条件，充分利用资格刑、财产刑等法律手段全方位从严惩处。B. 对符合禁止令规定，可依法禁止其从事相关职业。C. 对恶势力、恶势力犯罪集团的其他成员，在共犯中罪责相对较小、人身危险性、主观恶性相对不大，具有自首、立功、坦白、初犯等法定或酌定从宽处罚情节，可依法从轻、减轻或免除处罚。认罪认罚或仅参与实施少量的犯罪活动且只起次要、辅助作用，符合缓刑条件，可适用缓刑。(2) 恶势力犯罪集团的首犯检举揭发与该犯罪集团及其违法犯罪活动有关联的其他犯罪线索，若在认定立功的问题上存在事实、证据或法律适用方面的争议，应严格把握。依法应认定为立功或重大立功，在决定是否从宽处罚、如何从宽处罚时，应根据罪责刑相一致原则从严掌握。可能导致全案量刑明显失衡，不予从宽处罚。(3) 恶势力犯罪集团的其他成员若能配合司法机关查办案件，有提供线索、帮助收集证据或其他协助行为，并在侦破恶势力犯罪集团案件、查处"保护伞"等方面起到较大作用，即使依法不能认定立功，一般也应酌情对其从轻处罚。(4) 嫌犯、被告人同时具有法定、酌定从严和法定、酌定从宽处罚情节，量刑时要根据所犯具体罪行的严重程度，结合被告人在恶势力、恶势力犯罪集团中的地位、作用、主观恶性、人身危险性等因素整体把握。对恶势力的纠集者、恶势力犯罪集团的首犯、重要成员，量刑时要体现总体从严。对在共犯中罪责相对较小、人身危险性、主观恶性相对不大，且能真诚认罪悔罪的其他成员，量刑时要体现总体从宽。(5) 恶势力刑事案件的嫌犯、被告人自愿如实供述自己的罪行，承认指控的犯罪事实，愿意接受处罚，可依法从宽处理，并适用认罪认罚从宽制度。对犯罪性质恶劣、犯罪手段残忍、社会危害严重的嫌犯、被告人，虽认罪认罚，但不足以从轻处罚，不适用该制度。(6) 办理恶势力刑事案件的其他问题：A. 公检法经审查认为案件符合恶势力认定标准，应在起诉意见书、起诉书、判决书、裁定书等法律文书中的案件事实部分明确表述，列明恶势力的纠集者、其他成员、违法犯罪事实以及据以认定的证据；符合恶势力犯罪集团认定标准，应在上述法律文书中明确定性，列明首犯、其他成员、违法犯罪事实以及据以认定的证据，并引用刑法总则关于犯罪集团的相关规定。A. 被告人及其辩护人对恶势力定性提出辩解和辩护意见，法院可在裁判文书中予以评析回应。B. 恶势力刑事案件的起诉意见书、起诉书、判决书、裁定书等法律文书，可在案件事实部分先概述恶势力、恶势力犯罪集团的概括事实，再分述具体的恶势力违法犯罪事实。(7) 对公安机关未在起诉意见书中明确认定，检察院在审查起诉期间发现构成恶势力或恶势力犯罪集团，且相关违法犯罪事实已查清，证据确实、充分，依法应追究刑责，应作出起诉决定，根据查明的事实向法院提起公诉，并在起诉书中明确认定为恶势力或恶势力犯罪集团。A. 检察院认为恶势力相关违法犯罪事实不清、证据不足，或存在遗漏恶势力违法犯罪事实、遗漏同案嫌犯等情形需要补充侦查，应提出具体的书面意见，连同案卷材料一并退回公安机关补充侦查；检察院也可自行侦查，必要时可要求公安机关提供协助。B. 对检察院未在起诉书中明确认定，法院在审判期间发现构成恶势力或恶势力犯罪集团，可建议检察院补充或变更起诉；检察院不同意或在 7 日内未回复意见，法院不应主动认定，可仅就起诉指控的犯罪事实依相关规定作出判决、裁定。C. 审理被告人或被告人的法定代理人、辩护人、近亲属上诉的案件时，一审判决认定黑社会性质组织有误，二审法院应纠正，符合恶势力、恶势力犯罪集团认定标准，应作出相应认定；一审判决认定恶势力或恶势力犯罪集团有误，应纠正，但不得升格认定；一审判决未认定恶势力或恶势力犯罪集团，不得增加认定。D. 公检法应分别以起诉意见书、起诉书、裁判文书所明确的恶势力、恶势力犯罪集团，作为相关数据的统计依据。

◆ 《刑法》第295条【传授犯罪方法罪】

从故意犯、情节犯的角度讲，传授犯罪方法，处5年以下有期刑、拘役或管制；情节严重，处5年以上10年以下有期刑；情节特别严重，处10年以上有期刑或无期刑。

◆ 《刑法》第296条【非法集会、游行示威罪】

从行政犯、故意犯、结果犯的角度讲，举行集会（聚集于露天公共场所，发表意见、表达意愿的活动）、游行（在公共道路、露天公共场所列队行进、表达共同意愿的活动）、示威（在露天公共场所或公共道路上以集会、游行、静坐等方式，表达要求、抗议或支持、声援等共同意愿的活动），未依法律（集会游行示威法、刑法、行政法等）规定申请或申请未获许可，或未按主管机关（集会、游行、示威的主管机关，是集会、游行、示威举行地的市、县公安局、城市公安分局；游行、示威路线经两个以上区、县，主管机关为所经区、县的公安机关的共同上一级公安机关）许可的起止时间、地点、路线进行，又拒不服从解散命令，严重破坏社会秩序，对集会、游行、示威的负责人和直接责任人员，处5年以下有期刑、拘役、管制或剥夺政治权利。

中国人、外国人、无国籍人在中国境内举行集会、游行、示威，均适用集会游行示威法；文娱、体育活动，正常的宗教活动，传统的民间习俗活动，不适用集会游行示威法。外国人在中国境内未经主管机关批准不得参加中国公民举行的集会、游行、示威。

举行集会、游行、示威，未依法律规定申请或申请未获许可，或未按主管机关许可的起止时间、地点、路线进行，又拒不服从解散命令，严重破坏社会秩序，应立案追诉。

从集会游行示威法的角度讲，集会、游行、示威以申请许可为原则，以不申请许可为例外。(1) 以国家机关、社会团体、企事业组织的名义组织或参加集会、游行、示威，须经本单位负责人批准。(2) 不需申请向主管机关提出申请并获得许可的2种活动：国家举行或根据国家决定举行的庆祝、纪念等活动；国家机关、政党、社会团体、企事业组织依法律、组织章程举行的集会。(3) 申请举行的集会、游行、示威，不予许可的4种情形，含反对宪法确定的基本原则；危害国家统一、主权和领土完整；煽动民族分裂；有充分根据认定申请举行的集会、游行、示威将直接危害公共安全或严重破坏社会秩序。A. 集会、游行、示威的负责人对主管机关不许可的决定不服，可自接到决定通知之日起3日内，向同级政府申请复议，政府应自接到申请复议书之日起3日内作出决定。B. 集会、游行、示威的负责人在提出申请后接到主管机关通知前，可撤回申请；接到主管机关许可的通知后，决定不举行集会、游行、示威，应及时告知主管机关，参加人已集合，应负责解散。

集会游行示威的申请和许可：(1) 举行集会、游行、示威，须依集会游行示威法规定向主管机关提出申请并获得许可。(2) 举行集会、游行、示威，须有负责人。依本法规定需申请的集会、游行、示威，其负责人须在举行日期的5日前向主管机关递交书面申请［集会、游行、示威的目的、方式、标语、口号、人数、车辆数、使用音响设备的种类与数量、起止时间、地点（集合地、解散地）、路线和负责人的姓名、职业、住址］。(3) 主管机关接到集会、游行、示威申请书后，应在申请举行日期的2日前，将许可或不许可的决定书面通知其负责人。不许可，应说明理由。逾期不通知，视为许可。确因突然发生的事件临时要求举行集会、游行、示威，须立即报告主管机关；主管机关接到报告后，应立即审查决定许可或不许可。(4) 申请举行集会、游行、示威要求解决具体问题，主管机关接到申请书后，可通知有关机关或单位同集会、游行、示威的负责人协商解决问题，并可将申请举行的时间推迟 5 日。(5) 主管机关认为按申请的时间、地点、路线举行集会、游行、示威，将对交通秩序和社会秩序造成严重影响，在决定许可时或决定许可后，可变更举行集会、游行、示威的时间、地点、路线，并及时通知其负责人。

从司法解释、集会游行示威法的角度讲，煽动、策划非法集会、游行、示威，不听劝阻，或举行集会、游行、示威活动未经主管机关许可，未按主管机关许可的目的、方式、标语、口号、起止时间、地点、路线进行，或在进行中出现危害公共安全、破坏社会秩序情形，拒不服从解散命令，严重破坏社会秩序，对负责人和直接责任人员，以非法集会、游行、示威罪追究刑责。(1) 在集会游行示威过程中，实施其他违法犯罪行为，依法追究法律责任。(2) 国家机关工作人员不得组织或参加违背有关法律法规规定的国家机关工作人员职责、义务的集会、游行、示威。(3) 公民不得在其居住地外的城市发动、组织、参加当地公民的集会、游行、示威（公民在本人居住地外的城市发动、组织当地公民的集会、游行、示威，公安机关有权拘留或强行遣回原地）；行使集会、游行、示威的权利时须遵守宪法和法律，不得反对宪法确定的基本原则，不得损害国家、社会、集体的利益和其他公民的合法的自由和权利。A. 举行集会、游行、示威，有违反治安管理行为，依治安管理处罚法有关规定处罚。B. 举行集会、游行、示威，有未依集会游行示威法规定申请或申请未获许可；未按主管机关许可的目的、方式、标语、口号、起止时间、地点、路线进行，不听制止的情形，公安机关可对其负责人和直接责任人员，或扰乱、冲击或以其他方法破坏依法举行的集会、游行、示威，公安机关可处以警告或 15 日以下拘留（当事人对公安机关给予的拘留处罚决定不服，可自接到处罚决定通知之日起 5 日内，向上一级公安机关提出申诉，上一级公安机关应自接到申诉之日起 5 日内作出裁决；对上一级公安机关裁决不服，可自接到裁决通知之日起 5 日内，向法院提起诉讼）。C. 扰乱、冲击或以其他方法破坏依法举行的集会、游行、示威，情节严重，构成犯罪，依刑法有关规定追究刑责。D. 在举行集会、游行、示威过程中，破坏公私财物或侵害他人身体造成伤亡，除依刑法或治安管理处罚法有关规定可处罚外，还应依法承担赔偿责任。

◆ 《刑法》第 297 条 【非法携带武器、管制刀具、爆炸物参加集会、游行、示威罪】

从行政犯、故意犯、危险行为犯的角度讲，违反法律（集会游行示威法、刑法、行政法等）规定，携带武器、管制刀具或爆炸物参加集会、游行、示威，处 3 年以下有期刑、拘役、管制或剥夺政治权利。

集会、游行、示威应和平地进行，不得携带武器、管制刀具和爆炸物，不得使用暴力或煽动使用暴力，否则违反法律规定，携带武器、管制刀具或爆炸物参加集会、游行、示威，应立案追诉。

举行集会、游行、示威，有犯罪行为，依刑法有关规定追究刑责。携带武器、管制刀具或爆炸物，依刑法有关规定追究刑责。未依集会游行示威法规定申请或申请未获许可，或未按主管机关许可的起止时间、地点、路线进行，又拒不服从解散命令，严重破坏社会秩序，对集会、游行、示威的负责人和直接责任人员依刑法有关规定追究刑责。包围、冲击国家机关，使国家机关的公务活动或国事活动不能正常进行，对集会、游行、示威的负责人和直接责任人员依刑法有关规定追究刑责。占领公共场所、拦截车辆行人或聚众堵塞交通，严重破坏公共场所秩序、交通秩序，对集会、游行、示威的负责人和直接责任人员依刑法有关规定追究刑责。

◆《刑法》第298条【破坏集会、游行、示威罪】

从故意犯、结果犯的角度讲，扰乱、冲击或以其他方法破坏依法举行的集会、游行、示威，造成公共秩序混乱，处5年以下有期刑、拘役、管制或剥夺政治权利。

扰乱、冲击或以其他方法破坏依法举行的集会、游行、示威，造成公共秩序严重混乱，应立案追诉。

戒严法性质的戒严措施：（1）戒严期间，对戒严地区的首脑机关；军事机关和重要军事设施；外国驻华使领馆、国际组织驻华代表机构和国宾下榻处；广播电台、电视台、国家通讯社等重要新闻单位及其重要设施；与国计民生有重大关系的公用企业和公共设施；机场、火车站和港口；监狱、劳改所、看守所；其他需加强警卫的单位和场所，采取措施，加强警卫。（2）戒严期间，戒严实施机关可决定在戒严地区采取禁止或限制集会、游行、示威、街头讲演以及其他聚众活动；禁止罢工、罢市、罢课；实行新闻、通讯、邮政、电信、出境入境管制；禁止任何反对戒严活动的措施，并可制定具体实施办法。（3）戒严期间，戒严实施机关可决定在戒严地区采取宵禁措施、交通管制措施，限制人员进出交通管制区域，并对进出交通管制区域人员的证件、车辆、物品进行检查；宵禁期间，在实行宵禁地区的街道或其他公共场所通行，须持有本人身份证件和戒严实施机关制发的特别通行证。（4）戒严期间，戒严实施机关或戒严指挥机构可在戒严地区对武器、弹药；管制刀具；易燃易爆物品；化学危险物品、放射性物品、剧毒物品等物品采取特别管理措施。（5）根据执行戒严任务需要，戒严地区的县级以上政府可临时征用国家机关、企事业组织、社会团体、公民个人的房屋、场所、设施、运输工具、工程机械等临时征用物（在使用完毕或戒严解除后应及时归还；因征用造成损坏，由县级以上政府按国家有关规定给予相应补偿）。在非常紧急的情况下，执行戒严任务的警察、武警、解放军的现场指挥员可直接决定临时征用（开具征用单据），地方政府应给予协助。

从比较法、犯罪对象、犯罪客体的角度讲，破坏型的罪名有破坏集会、游行、示威罪；破坏军婚罪；破坏选举罪；破坏武器装备、军事设施、军事通信罪；过失损坏武器装备、军事设施、军事通信罪；破坏环境资源保护罪（破坏性采矿罪等）；破坏界碑、界桩罪；破坏永久性测量标志罪；破坏计算机信息系统罪；破坏监管秩序罪；破坏生产经营罪；故意毁坏财物罪；组织、利用会道门、邪教组织、利用迷信破坏法律实施罪；破坏市场经济秩序罪（生产、销售伪劣商品罪；走私罪；妨害对公司、企业的管理秩序罪；破坏金融管理秩序罪；金融诈骗罪；危害税收征管罪；侵犯知识产权罪；扰乱市场秩序罪）；擅自改变武器装备编配用途罪（军人违反职责罪）等。

◆《刑法》第299条【侮辱国旗、国徽、国歌罪】

从故意犯、侵害行为犯、情节犯的角度讲，在公众场合故意以焚烧、毁损、涂划、玷污、践踏等方式侮辱中国国旗、国徽，或在公共场合，故意篡改中国国歌歌词、曲谱，以歪曲、贬损方式奏唱国歌，或以其他方式侮辱国歌，情节严重，处3年以下有期刑、拘役、管制或剥夺政治权利。

◆《刑法》第300条【组织、利用会道门、邪教组织、利用迷信破坏法律实施罪；组织、利用会道门、邪教组织、利用迷信致人重伤、死亡罪】

从涉黑共犯、有组织犯罪、行为犯、情节犯的角度讲，组织、利用会道门（一贯道、九宫道、哥老会、先天道、后天道等）、邪教组织（法轮功等冒用宗教、气功或以其他名义建立，神化、鼓吹首犯，利用制造、散布迷信邪说等手段蛊惑、蒙骗他人，发展、控制成员，危害社会的非法组织）或利用迷信（封建迷信）破坏国家法律（宪法、法律、法律性文件）、行政法规实施，处3年以上7年以下有期刑，并处罚金；情节特别严重（9人以上重伤、3人以上死亡），处7年以上有期刑或无期刑，并处罚金或没收财产；情节较轻（聚众围攻、冲击国家机关、企事业单位，扰乱国家机关、企事业单位的工作、生产、经营、教学和科研秩序；非法举行集会、游行、示威、煽动、欺骗、组织其成员或其他人聚众围攻、冲击、强占、哄闹公共场所及宗教活动场所，扰乱社会秩序；抗拒有关部门取缔或已被有关部门取缔，又恢复或另行建立邪教组织，或继续进行邪教活动；煽动、欺骗、组织其成员或其他人不履行法定义务，情节严重；出版、印刷、复制、发行宣扬邪教内容出版物；印制邪教组织标识等），处3年以下有期刑、拘役、管制或剥夺政治权利，并处或单处罚金。

从邪教组织犯罪动机类型（实用主义、信仰主义、盲从主义、反社会主义、恐怖主义、政治企图主义等）的角度讲，邪教犯罪有可能触犯的罪名有组织、利用邪教组织破坏法律实施罪；组织、利用邪教组织致人死亡罪；妨害公务罪、非法获取国家秘密罪、非法持有国家秘密罪（妨害社会管理秩序罪）；故意/过失泄露国家秘密罪等（渎职罪）；盗窃罪、诈骗罪等（侵犯财产罪）；故意杀人罪、故意伤害罪、聚众淫乱罪、强奸罪、侮辱罪、诽谤罪、破坏选举罪等（侵犯公民人身权利、民主权利罪）；放火罪、爆炸罪、决水罪、投放危险物质罪、破坏广电设施、公用电信设施罪等（危害公共安全罪）。

从《关于办理组织、利用邪教组织破坏法律实施等刑事案件适用法律若干问题的解释》（2017年）的角度讲，组织、利用会道门、邪教组织，破坏国家法律、行政法规实施［13种情形：A. 建立邪教组织，或邪教组织被取缔后又恢复、另行建立邪教组织。B. 聚众包围、冲击、强占、哄闹国家机关、企事业单位或公共场所、宗教活动场所，扰乱社会秩序。C. 非法举行集会、游行、示威，扰乱社会秩序。D. 使用暴力、胁迫或以其他方法强迫他人加入或阻止他人退出邪教组织。E. 组织、煽动、蒙骗成员或他人不履行法定义务。F. 使用伪基站、黑广播等无线电台（站）或无线电频率宣扬邪教。G. 曾因从事邪教活动被追究刑责或2年内受过行政处罚，又从事邪教活动。H. 发展邪教组织成员50人以上。I. 敛取钱财或造成经济损失100万元以上。J. 以货币为载体宣扬邪教，数量500张（枚）以上。K. 制作、传播邪教宣传品，达到的数量标准：a. 传单、喷图、图片、标语、报纸1000份（张）以上。b. 书籍、刊物250册以上。c. 录音带、录像带等音像制品250盒（张）以上。d. 标识、标志物250件以上。e. 光盘、U盘、储存卡、移动硬盘等移动存储介质100个以上。f. 横幅、条幅50条（个）以上。L. 利用通讯信息网络宣扬邪教：a. 制作、传播宣扬邪教的电子图片、文章200张（篇）以上，电子书籍、刊物、音视频50册（个）以上，或电子文档500万字符以上、电子音视频250分钟以上。b. 编发信息、拨打电话1000条（次）以上。c. 利用于线人数累计达到1000以上的聊天室，或利用群组成员、关注人员等账号数累计1000以上的通讯群组、微信、微博等社交网络宣扬邪教。d. 邪教信息实际被点击、浏览数达到5000次以上）。M. 其他情节严重情形］，犯组织、利用会道门、邪教组织、利用迷信破坏法律实施罪，处3年以上7年以下有期刑，并处罚金。

组织、利用邪教组织，破坏国家法律、行政法规实施，情节较轻［a. 实施非法举行集会、游行、示威，扰乱社会秩序；聚众包围、冲击、强占、哄闹国家机关、企事业单位或公共场所、宗教活动场所，扰乱社会秩序；建立邪教组织或邪教组织被取缔后又恢复、另行建立邪教组织；组织、煽动、蒙骗成员或他人不履行法定义务；使用暴力、胁迫或以其他方法强迫他人加入或阻止他人退出邪教组织；使用伪基站、黑广播等无线电台（站）或无线电频率宣扬邪教；曾因从事邪教活动被追究刑责或2年内受过行政处罚，又从事邪教活动的行为，社会危害较轻。b. 实施发展邪教组织成员、敛取钱财或造成经济损失、以货币为载体宣扬邪教、制作传播邪教宣传品、利用通讯信息网络宣扬邪教的行为，数量或数额达到发展邪教组织成员50人以上、敛取钱财或造成经济损失100万元以上、以货币为载体宣扬邪教数量500张（枚）以上、制作、传播邪教宣传品、利用通讯信息网络宣扬邪教相应标准1/5以上。c. 其他情节较轻情形］，处3年以下有期刑、拘役、管制或剥夺政治权利，并处或单处罚金。

组织、利用会道门、邪教组织、利用迷信破坏法律实施，情节特别严重［a. 实施非法举行集会、游行、示威，扰乱社会秩序；聚众包围、冲击、强占、哄闹国家机关、企事业单位或公共场所、宗教活动场所，扰乱社会秩序；建立邪教组织或邪教组织被取缔后又恢复、另行建立邪教组织；组织、煽动、蒙骗成员或他人不履行法定义务；使用暴力、胁迫或以其他方法强迫他人加入或阻止他人退出邪教组织；使用伪基站、黑广播等无线电台（站）或无线电频率宣扬邪教；曾因从事邪教活动被追究刑责或2年内受过行政处罚，又从事邪教活动的行为，社会危害特别严重。b. 实施发展邪教组织成员、敛取钱财或造成经济损失、以货币为载体宣扬邪教、制作传播邪教宣传品、利用通讯信息网络宣扬邪教的行为，数量或数额达到发展邪教组织成员50人以上、敛取钱财或造成经济损失100万元以上、以货币为载体宣扬邪教数量500张（枚）以上、制作、传播邪教宣传品、利用通讯信息网络宣扬邪教相应标准5倍以上。c. 其他情节特别严重情形］，处7年以上有期刑或无期刑，并处罚金或没收财产。

从共犯、有组织犯罪、故意犯、情节犯的角度讲，组织、利用邪教组织破坏国家法律、行政法规实施，行为人在一审判决前能真诚悔罪，明确表示退出邪教组织、不再从事邪教活动，分别处理的2种方式方法：（1）符合组织、利用会道门、邪教组织、利用迷信破坏法律实施的12种情形（聚众围攻、冲击国家机关、企事业单位，扰乱国家机关、企事业单位的工作、生产、经营、教学和科研秩序；非法举行集会、游行、示威、煽动、欺骗、组织其成员或其他人聚众围攻、冲击、强占、哄闹公共场所及宗教活动场所，扰乱社会秩序；抗拒有关部门取缔或已被有关部门取缔，又恢复或另行建立邪教组织，或继续进行邪教活动；煽动、欺骗、组织其成员或其他人不履行法定义务，情节严重；出版、印刷、复制、发行宣扬邪教内容出版物；印制邪教组织标识等），可认定为组织、利用会道门、邪教组织、利用迷信破坏法律实施罪的"情节较轻"，处3年以下有期刑、拘役、管制或剥夺政治权利，并处或单处罚金。（2）符合组织、利用会道门、邪教组织、利用迷信破坏法律实施的3种情形（利用占卜、算命、看星象等形式，散布迷信谣言，制造混乱，煽动群众抗拒、破坏国家法律、行政法规的实施），可不认定为组织、利用会道门、邪教组织、利用迷信破坏法律实施罪的"情节特别严重"，处7年以上有期刑或无期刑，并处罚金或没收财产。

从涉黑共犯、故意犯、结果犯的角度讲，组织、利用会道门、邪教组织或利用迷信蒙骗他人，致人重伤、死亡（组织、利用邪教组织，制造、散布迷信邪说，蒙骗成员或他人绝食、自虐等，或蒙骗病人不接受正常治疗，致人重伤、死亡），犯组织、利用会道门、邪教组织、利用迷信致人重伤、死亡罪，处7年以上有期刑或无期刑，并处罚金或没收财产。（1）组织、利用邪教组织蒙骗他人，致1人以上死亡或3人以上重伤，处3年以上7年以下有期刑，并处罚金。（2）组织、利用邪教组织蒙骗他人，致人重伤，处3年以下有期刑、拘役、管制或剥夺政治权利，并处或单处罚金。（3）组织、利用邪教组织蒙骗他人，有造成9人以上重伤、3人以上死亡或其他情节特别严重情形，处7年以上有期刑或无期刑，并处罚金或没收财产。

从危害国安罪的角度讲，组织和利用会道门或邪教组织，组织、策划、实施、煽动分裂国家、破坏国家统一或颠覆国家政权、推翻社会主义制度，分别以分裂国家罪、煽动分裂国家罪或颠覆国家政权罪、煽动颠覆国家政权罪定罪处罚，对国家和人民危害特别严重、情节特别恶劣，可判处死刑，可并处没收财产。（1）组织和利用会道门、邪教组织或利用迷信（世界末日来临、死后升天等）蒙骗（愚弄、欺骗）他人，致人死亡（因愚昧无知、受蒙骗而绝食、自焚等自杀死亡），构成组织、利用会道门、邪教组织利用迷信致人死亡罪，处3年以上7年以下有期刑；情节特别严重，处7年以上有期刑。（2）利用某些邪教组织成员对邪教的深信不疑，直接组织、策划、煽动、教唆、帮助邪教组织人员自杀、自残，故意杀人罪、故意伤害罪定罪处罚。（3）犯组织利用会道门邪教组织、利用迷信破坏法律实施罪、组织利用会道门邪教组织、利用迷信致人重伤死亡罪、诈骗罪，又有奸淫妇女、诈骗财物等犯罪行为，依数罪并罚规定处罚。

组织、利用会道门、邪教组织、利用迷信破坏法律实施罪的一般参加者不作犯罪处理。组织、利用邪教组织破坏国家法律、行政法规实施，符合情节较轻的情形，但行为人能真诚悔罪，明确表示退出邪教组织、不再从事邪教活动，可不起诉或免刑。其中，行为人系受蒙蔽、胁迫参加邪教组织，可不作为犯罪处理。

组织、利用邪教组织破坏国家法律、行政法规实施过程中，又有煽动分裂国家、煽动颠覆国家政权或侮辱、诽谤他人等犯罪行为，依数罪并罚的规定定罪处罚。

组织、利用邪教组织，制造、散布迷信邪说，组织、策划、煽动、胁迫、教唆、帮助其成员或他人实施自杀、自伤，以故意杀人罪或故意伤害罪定罪处罚。

邪教组织人员以自焚、自爆或其他危险方法危害公共安全，以放火罪、爆炸罪、以危险方法危害公共安全罪等定罪处罚。

明知他人组织、利用邪教组织实施犯罪，而为其提供经费、场地、技术、工具、食宿、接送等便利条件或帮助，以共犯论处。

对犯组织、利用邪教组织破坏法律实施罪、组织、利用邪教组织致人重伤、死亡罪，严重破坏社会秩序的罪犯，可附加剥夺政治权利。

对涉案物品是否属于邪教宣传品难以确定，可委托地市级以上公安机关出具认定意见。

为传播而持有、携带或传播过程中被当场查获，邪教宣传品数量达到制作、传播邪教宣传品数量标准［a. 传单、喷图、图片、标语、报纸1000份（张）以上。b. 书籍、刊物250册以上。c. 录音带、录像带等音像制品250盒（张）以上。d. 标识、标志物250件以上。e. 光盘、U盘、储存卡、移动硬盘等移动存储介质100个以上。f. 横幅、条幅50条（个）以上］、利用通讯信息网络宣扬邪教的数量标准［a. 制作、传播宣扬邪教的电子图片、文章200张（篇）以上，电子书籍、刊物、音视频50册（个）以上，或电子文档500万字符以上、电子音视频250分钟以上。b. 编发信息、拨打电话1000条（次）以上。c. 利用于线人数累计达到1000以上的聊天室，或利用群组成员、关注人员等账号数累计1000以上的通讯群组、微信、微博等社交网络宣扬邪教。d. 邪教信息实际被点击、浏览数达到5000次以上］、情节较轻数量标准、情节特别严重数量标准，分别处理的方式方法：A. 邪教宣传品是行为人制作，以犯罪既遂处理。B. 邪教宣传品不是行为人制作，尚未传播，以犯罪预备处理。C. 邪教宣传品不是行为人制作，传播过程中被查获，以犯罪未遂处理。D. 邪教宣传品不是行为人制作，部分已传播出去，以犯罪既遂处理，对无传播的部分，可在量刑时酌情考虑。

多次制作、传播邪教宣传品或利用通讯信息网络宣扬邪教，未经处理，数量或数额累计计算。（1）制作、传播邪教宣传品，或利用通讯信息网络宣扬邪教，涉及不同种类或形式，可根据《关于办理组织、利用邪教组织破坏法律实施等刑事案件适用法律若干问题的解释》（2017年）规定的不同数量标准的相应比例折算后累计计算。（2）实施组织利用邪教组织、传播而持有、携带或传播过程中被当场查获邪教宣传品数量的犯罪行为，从重处罚的7种情形：A. 与境外机构、组织、人员勾结，从事邪教活动。B. 跨省级建立邪教组织机构、发展成员或组织邪教活动。C. 在重要公共场所、监管场所或国家重大节日、重大活动期间聚集滋事，公开进行邪教活动。D. 邪教组织被取缔后，或被认定为邪教组织后，仍聚集滋事，公开进行邪教活动。E. 国家工作人员从事邪教活动。F. 向未成年人宣扬邪教。G. 在学校或其他教育培训机构宣扬邪教。

从全国人大常委会《关于取缔邪教组织、防范和惩治邪教活动的决定》（1999年）的角度讲，坚持教育与惩罚相结合，团结、教育绝大多数被蒙骗的群众，重点打击组织和利用邪教组织进行犯罪活动的组织、策划、指挥者和屡教不改的骨干分子。（1）在依法处理邪教组织的工作中，要严格区别不明真相参与邪教活动的人、组织和利用邪教组织进行非法活动蓄意破坏社会稳定的犯罪分子。A. 对构成犯罪的组织者、策划者、指挥者和骨干分子，坚决依法追究刑责。B. 对自首或有立功表现，可依法从轻、减轻或免除处罚。C. 对受蒙蔽、胁迫参加邪教组织并已退出和不再参加邪教组织活动的人员，不作为犯罪处理。（2）对冒用宗教、气功等名义严重扰乱社会秩序的邪教组织和邪教活动，组织和利用邪教组织破坏国家法律、行政法规的实施，聚众闹事，扰乱社会秩序，以迷信邪说蒙骗他人，致人死亡，或奸淫妇女、诈骗财物等犯罪活动，应分别以故意杀人罪、强奸罪、诈骗罪等犯罪依法严惩。A. 组织和利用会道门、邪教组织或利用迷信奸淫妇女，无论是否使用暴力、威胁手段，都应以强奸罪定罪处罚。B. 组织和利用会道门、邪教组织或利用迷信诈骗财物，以诈骗罪定罪处罚。（3）对组织和利用邪教组织聚众围攻、冲击国家机关、企事业单位，扰乱国家机关、企事业单位的工作、生产、经营、教学和科研等秩序；非法举行集会、游行、示威，煽动、欺骗、组织其成员或其他人聚众围攻、冲击、强占、哄闹公共场所及宗教活动场所，扰乱社会秩序；出版、印刷、复制、发行宣扬邪教内容的出版物、印制邪教组织标识，以组织、利用邪教组织破坏法律实施罪定罪处罚。（4）对组织和利用邪教组织制造、散布迷信邪说，蒙骗其成员或其他人实施绝食、自残、自虐等行为，或阻止病人进行正常治疗，致人死亡，以组织、利用邪教组织致人死亡罪定罪处罚，造成特别严重后果，依法从重处罚。（5）对邪教组织以各种欺骗手段敛取钱财，以诈骗罪定罪处罚。对邪教组织和组织、利用邪教组织破坏法律实施的犯罪分子，以各种手段非法聚敛的财物，用于犯罪的工具、宣传品，应依法追缴没收。

对恐怖组织犯罪、邪教组织犯罪、黑社会性质组织犯罪和进行走私、诈骗、贩毒等犯罪活动的犯罪集团，在处理时要分别情况，区别对待：对犯罪组织或集团中的为首组织、指挥、策划者和骨干分子，要依法从严惩处，该判处重刑或死刑的要坚决判处重刑或死刑；对受欺骗、胁迫参加犯罪组织、犯罪集团或只是一般参加者，在犯罪中起次要、辅助作用的从犯，依法应从轻或减轻处罚，符合缓刑条件，可适用缓刑。行为人实施诈骗行为，但因主观意志外原因未能获得诈骗所得，应认定为犯罪未遂。

◆ 《刑法》第301条【聚众淫乱罪；引诱未成年人聚众淫乱罪】

从聚众犯、故意犯、行为犯、情节犯的角度讲，聚众进行淫乱活动，对首犯或多次参加者，处5年以下有期刑、拘役或管制。

组织、策划、指挥3人以上进行淫乱活动或参加聚众淫乱活动3次以上，或引诱未成年人参加聚众淫乱活动，均应立案追诉。

从结果既遂犯的角度讲，引诱未成年人参加聚众淫乱活动，以引诱未成年人聚众淫乱罪从重处罚。

旅馆业、饮食服务业、文化娱乐业、出租汽车业等单位的人员，利用本单位的条件，组织、强迫、引诱、容留、介绍他人卖淫，以组织卖淫罪、强迫卖淫罪、协助组织卖淫罪好、引诱容留介绍卖淫罪、引诱幼女卖淫罪定罪处罚。（1）旅馆业、饮食服务业、文化娱乐业、出租汽车业等单位主要负责人，犯组织卖淫罪、强迫卖淫罪、协助组织卖淫罪、引诱容留介绍卖淫罪、引诱幼女卖淫罪，从重处罚。（2）组织、强迫未成年人卖淫，引诱、教唆、欺骗或强迫未成年人吸食、注射毒品，分别以组织卖淫罪、强迫卖淫罪或引诱、教唆、欺骗他人吸毒罪从重处罚。

◆ 《刑法》第 302 条 【盗窃、侮辱、故意毁坏尸体、尸骨、骨灰罪】

从选择罪名、故意犯、行为犯的角度讲，盗窃、侮辱、故意毁坏尸体、尸骨、骨灰，处 3 年以下有期刑、拘役或管制。

违背本人生前意愿摘取其尸体器官，或本人生前未表示同意，违反国家规定，违背其近亲属意愿摘取其尸体器官，依盗窃、侮辱尸体罪规定定罪处罚。

故意破坏、污损他人坟墓或毁坏、丢弃他人尸骨、骨灰（毁坏、丢弃尸骨、骨灰），或违法停放尸体，处 5 日以上 10 日以下拘留；情节严重（a. 毁坏程度较重；引发民族矛盾、宗教矛盾或群体性事件；其他情节严重的情形。b. 在公共场所停放尸体或因停放尸体影响他人正常生活、工作秩序，不听劝阻），处 10 日以上 15 日以下拘留，可并处 1000 元以下罚款（《治安管理处罚法》第 65 条）。

◆ 《刑法》第 303 条 【赌博罪；开设赌场罪】

从营业犯、聚众犯、故意犯、目的犯、数额犯、情节犯的角度讲，以营利为目的，聚众赌博（组织 3 人以上赌博，抽头渔利数额累计达到 5000 元以上；组织 3 人以上赌博，赌资数额累计达到 5 万元以上；组织 3 人以上赌博，参赌人数累计达到 20 人以上；组织中国公民 10 人以上赴境外赌博，从中收取回扣、介绍费）或以赌博为业，处 3 年以下有期刑、拘役或管制，并处罚金。

从治安处罚法、治安处罚裁量标准的角度讲，不以营利为目的，亲属之间进行带有财物输赢的打麻将、玩扑克等娱乐活动，或非亲属之间进行带有少量财物输赢的打麻将、玩扑克等娱乐活动，均不予处罚。(1) 以营利为目的，为赌博提供条件，或参与赌博赌资较大（a. 上海市：个人赌资 200 元以上赌资较大，可治安处罚。b. 河北省：个人赌资较大为 200 元以上。c. 内蒙古自治区：单注金额 20 元以上 50 元以下一般情节的违法行为，处 5 日以下拘留或 500 元以下罚款），处 5 日以下拘留或 500 元以下罚款；情节严重（a. 河北省：个人赌资 1000 元以上为情节严重。b. 内蒙古自治区：单注金额 50 元以上 100 元以下情节严重的违法行为，处 10 日以上 12 日以下拘留，并处 500 元以上 2000 元以下罚款；单注金额 100 元以上情节特别严重的违法行为，处 12 日以上 15 日以下拘留，并处 2000 元以上 3000 元以下罚款），处 10 日以上 15 日以下拘留，并处 500 元以上 3000 元以下罚款。(2) 为赌博提供条件，或以营利为目的，为赌博提供条件，或参与赌博赌资较大，处 5 日以下拘留或 500 元以下罚款；情节严重（a. 设置赌博机的数量或为他人提供场所放置的赌博机数量达到有关规范性文件认定构成开设赌场罪标准的 50%以上；在公共场所或公共交通工具上为赌博提供条件；通过计算机信息网络平台为赌博提供条件；为未成年人赌博提供条件；国家工作人员为赌博提供条件；明知他人从事赌博活动而向其销售赌博机；发行、销售"六合彩"等其他私彩；组织、协助他人出境赌博；为赌场接送参赌人员、望风看场、发牌做庄、兑换筹码；其他情节严重的情形。b. 在公共场所或公共交通工具上赌博；利用互联网、移动终端设备等投注赌博；国家工作人员参与赌博；其他情节严重情形），处 10 日以上 15 日以下拘留，并处 500 元以上 3000 元以下罚款。

从营业犯、聚众犯、故意犯、行为犯、情节犯、数额犯的角度讲，开设赌场［以营利为目的，在计算机网络上建立赌博网站，或为赌博网站担任代理，接受投注；设置退币、退分、退钢珠等赌博功能的电子游戏设施设备，并以现金、有价证券等贵重款物作为奖品，或以回购奖品方式给予他人现金、有价证券等贵重款物（设置赌博机）组织赌博活动］，处 3 年以下有期刑、拘役或管制，并处罚金；情节严重，处 3 年以上 10 年以下有期刑，并处罚金。

【2007·卷 2·单选·18】（答案：B）关于利用计算机网络的犯罪，下列哪一选项是正确

的？A. 通过互联网将国家秘密非法发送给境外的机构、组织、个人的，成立故意泄露国家秘密罪。B. 以营利为目的，在计算机网络上建立赌博网站，或者为赌博网站担任代理，接受投注的，属于刑法第303条规定的"开设赌场"。C. 以牟利为目的，利用互联网传播淫秽电子信息的，成立传播淫秽物品罪。D. 组织多人故意在互联网上编造、传播爆炸、生化、放射威胁等虚假恐怖信息，严重扰乱社会秩序的，构成聚众扰乱社会秩序罪。

办理利用赌博机开设赌场的案件，应贯彻宽严相济刑事政策，重点打击赌场的出资者、经营者。（1）对受雇佣为赌场从事接送参赌人员、望风看场、发牌坐庄、兑换筹码等活动的人员，除参与赌场利润分成或领取高额固定工资外，一般不追究刑责，可由公安机关依法给予治安处罚。（2）对设置游戏机，单次换取少量奖品的娱乐活动，不以违法犯罪论处。（3）负有查禁赌博活动职责的国家机关工作人员，徇私枉法，包庇、放纵开设赌场违法犯罪活动，或为违法罪犯通风报信、提供便利、帮助罪犯逃避处罚，构成犯罪，依法追究刑责。（4）国家机关工作人员参与赌博或利用赌博机开设赌场犯罪，组织国家工作人员赴境外赌博；组织未成年人参与赌博或开设赌场吸引未成年人参与赌博，均应从重处罚。

开设赌场（在计算机网络上建立赌博网站，或为赌博网站担任代理，接受投注），应立案追诉。（1）以营利为目的，以赌博为业，应立案追诉。（2）赌博案的5种立案追诉标准：A. 组织中国公民10人以上赴境外赌博，从中收取回扣、介绍费。B. 组织3人以上赌博，参赌人数累计20人以上。C. 以营利为目的，组织3人以上聚众赌博，抽头渔利数额累计5000元以上。D. 组织3人以上赌博，赌资（a. 赌资含当场查获的用于赌博的款物。b. 代币、有价证券、赌博积分等实际代表的金额。c. 在赌博机上投注或赢取的点数实际代表的金额。d. 赌博犯罪中用作赌注的款物、换取筹码的款物和通过赌博赢取的款物属于赌资。e. 通过计算机网络实施赌博犯罪，赌资数额可按在计算机网络上投注或赢取的点数乘以每一点实际代表的金额认定）数额累计5万元以上。E. 其他聚众赌博应追究刑责情形。

赌博机的认定：（1）对涉案的赌博机，公安机关应采取拍照、摄像等方式及时固定证据，并认定。（2）对是否属于赌博机难以确定，司法机关可委托地市级以上公安机关出具检验报告。（3）司法机关根据检验报告，并结合案件具体情况作出认定。（4）必要时，法院可依法通知检验人员出庭作出说明。

从《关于办理利用赌博机开设赌场案件适用法律若干问题的意见》（2014年）的角度讲，利用赌博机开设赌场的定罪处罚标准：（1）设置赌博机组织赌博活动，应以开设赌场罪定罪处罚的9种情形：A. 设置赌博机2台以上，容留未成年人赌博。B. 在中小学校附近设置赌博机2台以上。C. 因设置赌博机被行政处罚后，2年内再设置赌博机5台以上。D. 因赌博、开设赌场犯罪被刑罚后，5年内再设置赌博机5台以上。E. 设置赌博机10台以上。F. 违法所得累计达到5000元以上。G. 赌资数额累计达到5万元以上。H. 参赌人数累计达到20人以上。I. 其他应追究刑责的情形。（2）设置赌博机组织赌博活动，构成开设赌场罪"情节严重"的9种情形：A. 因设置赌博机被行政处罚后，2年内再设置赌博机30台以上。B. 因赌博、开设赌场犯罪被刑罚后，5年内再设置赌博机30台以上。C. 设置赌博机12台以上，容留未成年人赌博。D. 在中小学校附近设置赌博机12台以上。E. 设置赌博机60台以上。F. 违法所得累计达到3万元以上。G. 赌资数额累计达到30万元以上。H. 参赌人数累计达到120人以上。I. 其他情节严重的情形。（3）可同时供多人使用的赌博机，台数按能独立供1人进行赌博活动的操作基本单元的数量认定。（4）在2个以上地点设置赌博机，赌博机的数量、违法所得、赌资数额、参赌人数等均合并计算。

开设赌场罪的共犯的认定：（1）明知他人利用赌博机开设赌场，以开设赌场罪的共犯论处的5种情形：A. 提供赌博机、资金、场地、技术支持、资金结算服务。B. 受雇参与赌场经管并分成。C. 为开设赌场者组织客源，收取回扣、手续费。D. 参与赌场管理并领取高额固定工资。E. 提供其他直接帮助。（2）开设赌场罪的共犯的认定标准：A. 明知是赌博网站，而为其提供服务或帮助（a. 为赌博网站提供互联网接入、服务器托管、网络存储空间、通讯传输通道、投放广告、发展会员、软件开发、技术支持等服务，收取服务费数额2万元以上。b. 为赌博网站提供资金支付结算服务，收取服务费数额1万元以上或帮助收取赌资20万元以上。c. 为10个以上赌博网站投放与网址、赔率等信息有关的广告或为赌博网站投放广告累计100条以上）。B. 实施明知赌博网站而为其提供服务或帮助的行为，数量或数额达到为赌博网站提供互联网接入、服务器托管、网络存储空间、通讯传输通道、投放广告、发展会员、软件开发、技术支持等服务，收取服务费数额2万元以上，或为赌博网站提供资金支付结算服务，收取服务费数额1万元以上或帮助收取赌资20万元以上，或为10个以上赌博网站投放与网址、赔率等信息有关的广告或为赌博网站投放广告累计100条以上标准5倍以上，应认定为开设赌场罪的情节严重。C. 实施开设赌博网站行为，以有证据证明确实不知道为例外，应认定行为人明知情形：a. 收到行政主管机关书面等方式的告知后，仍实施开设赌博网站行为。b. 为赌博网站提供互联网接入、服务器托管、网络存储空间、通讯传输通道、投放广告、软件开发、技术支持、资金支付结算等服务，收取服务费明显异常。c. 在执法人员调查时，通过销毁、修改数据、账本等方式故意规避调查或向嫌犯通风报信。d. 其他有证据证明行为人明知。（3）网上开设赌场共犯的处罚：若有开设赌场的嫌犯尚未到案，但不影响对已到案共同嫌犯、被告人的犯罪事实认定，可依法对已到案者定罪处罚。

从《关于办理网络赌博犯罪案件适用法律若干问题的意见》（2010年）的角度讲，网络赌博犯罪案件的地域管辖，应坚持以犯罪地（赌博网站服务器所在地、网络接入地，赌博网站建立者、管理者所在地，以及赌博网站代理人、参赌人实施网络赌博行为地等）管辖为主、被告人居住地管辖为辅的原则（a. 公安机关对侦办跨区域网络赌博犯罪案件的管辖权有争议，应本着有利于查清犯罪事实、有利于诉讼的原则，认真协商解决；经协商无法达成一致，报共同的上级公安机关指定管辖。b. 对即将侦查终结的跨省区市重大网络赌博案件，必要时可由公安部商最高法和最高检指定管辖。c. 为保证及时结案，避免超期羁押，检察院对公安机关提请审查逮捕、移送审查起诉的案件，法院对已进入审判程序的案件，嫌犯、被告人及其辩护人提出管辖异议或办案单位发现无管辖权，受案检察院、法院经审查可依法报请上级检察院、法院指定管辖，不再自行移送有管辖权的检察院、法院）。

网上开设赌场犯罪的定罪量刑标准：（1）利用互联网、移动通讯终端等传输赌博视频、数据，组织赌博活动，有开设赌场行为（a. 建立赌博网站并接受投注。b. 建立赌博网站并提供给他人组织赌博。c. 为赌博网站担任代理并接受投注。d. 参与赌博网站利润分成）。（2）实施利用互联网、移动通讯终端等传输赌博视频、数据，组织赌博活动，开设赌场行为，有严重情节（a. 招揽未成年人参与网络赌博。b. 为赌博网站招募下级代理，由下级代理接受投注。c. 抽头渔利数额累计达到3万元以上。d. 参与赌博网站利润分成，违法所得数额3万元以上。e. 建立赌博网站后通过提供给他人组织赌博，违法所得数额3万元以上。f. 赌资数额累计达到30万元以上。g. 参赌人数累计达到120人以上。h. 其他情节严重情形）。

网络赌博犯罪的参赌人数、赌资数额和网站代理的认定：（1）赌博网站的会员账号数可认定为参赌人数，若查实一个账号多人使用或多个账号一人使用，应按实际使用的人数计算参赌人数。（2）赌资数额可按在网络上投注或赢取的点数乘以每一点实际代表的金额认定。（3）对将资金直接或间接兑换为虚拟货币、游戏道具等虚拟物品，并用其作为筹码投注，赌资数额按购买该虚拟物品所需资金数额或实际支付资金数额认定。（4）对开设赌场犯罪中用于接收、流转赌资的银行账户内的资金，嫌犯、被告人不能说明合法来源，可认定为赌资。A. 向该银行账户转入、转出资金的银行账户数量可认定为参赌人数。B. 若查实一个账户多人使用或多个账户一人使用，应按实际使用的人数计算参赌人数。（5）有证据证明嫌犯在赌博网站上的账号设置有下级账号,应认定其为赌博网站的代理。

从高度盖然性原则的角度讲,电子证据(网聊记录、网络博客、微博微信、手机短信、转账截图、手机号码、传真、即时通讯账号、电子邮箱、电子邮件、电子数据交换、电子签名、域名、QQ等)的审查、认定:(1)电子证据的内容:A.电子证据存储磁盘、存储光盘等可移动存储介质是否与打印件一并提交。B.是否载明该电子证据形成的时间、地点、对象、制作人、制作过程及设备情况等。C.内容是否真实,有无剪裁、拼凑、篡改、添加等伪造、变造情形。D.制作、储存、传递、获得、收集、出示等程序和环节是否合法,取证人、制作人、持有人、见证人等是否签名或盖章。E.电子证据与案件事实有无关联性。(2)电子证据的认定要求:A.对电子证据有疑问,应进行鉴定。B.对电子证据,应结合案件其他证据的佐证,审查其真实性、关联性。(3)当事人对电子数据真实性提出异议,互联网法院应结合质证情况,审查判断电子数据生成、收集、存储、传输过程的真实性,并着重审查6种内容,含电子数据生成、收集、存储、传输所依赖的计算机系统等硬件、软件环境是否安全、可靠;电子数据的生成主体和时间是否明确,表现内容是否清晰、客观、准确;电子数据的存储、保管介质是否明确,保管方式和手段是否妥当;电子数据提取和固定的主体、工具和方式是否可靠,提取过程是否可重现;电子数据的内容是否存在增加、删除、修改及不完整等情形;电子数据是否可通过特定形式得到验证。A.当事人提交的电子数据,通过电子签名、可信时间戳、哈希值校验、区块链等证据收集、固定和防篡改的技术手段或通过电子取证存证平台认证,能证明其真实性,互联网法院应确认。B.当事人可申请有专门知识的人就电子数据技术问题提出意见。C.互联网法院可根据当事人申请或依职权,委托鉴定电子数据的真实性或调取其他相关证据进行核对。(4)网上开设赌场电子证据的收集与保全:A.侦查机关对能证明赌博犯罪案件真实情况的网站页面、上网记录、电子邮件、电子合同、电子交易记录、电子账册等电子数据,应作为刑事证据提取、复制、固定。B.侦查人员应对提取、复制、固定电子数据的过程制作相关文字说明,记录案由、对象、内容及提取、复制、固定的时间、地点、方法,电子数据的规格、类别、文件格式等,并由提取、复制、固定电子数据的制作人、电子数据的持有人签名或盖章,附所提取、复制、固定的电子数据一并随案移送。C.对电子数据存储在境外的计算机上,或侦查机关从赌博网站提取电子数据时嫌犯未到案,或电子数据的持有人无法签字或拒绝签字,应由能证明提取、复制、固定过程的见证人签名或盖章,记明有关情况;必要时,可对提取、复制、固定有关电子数据的过程拍照或录像。(5)互联网法院采取在线方式审理案件,案件的受理、送达、调解、证据交换、庭前准备、庭审、宣判等诉讼环节一般应在线上完成;根据当事人申请或案件审理需要,可决定在线下完成部分诉讼环节。A.经当事人同意,互联网法院应通过中国审判流程信息公开网、诉讼平台、手机短信、传真、电子邮件、即时通讯账号等电子方式送达诉讼文书及当事人提交的证据材料等。B.当事人未明确表示同意,但已约定发生纠纷时在诉讼中适用电子送达,或通过回复收悉、作出相应诉讼行为等方式接受已完成的电子送达,并未明确表示不同意电子送达,可视为同意电子送达。C.经告知当事人权利义务,并征得其同意,互联网法院可电子送达裁判文书;当事人提出需纸质版裁判文书,互联网法院应提供。D.互联网法院进行电子送达,应向当事人确认电子送达的具体方式和地址,并告知电子送达的适用范围、效力、送达地址变更方式以及其他需告知的送达事项。E.受送达人未提供有效电子送达地址,互联网法院可将能确认为受送达人本人的近3个月内处于日常活跃状态的手机号码、电子邮箱、即时通讯账号等常用电子地址作为优先送达地址。F.互联网法院向受送达人主动提供或确认的电子地址进行送达,送达信息到达受送达人特定系统时,即为送达。G.互联网法院向受送达人常用电子地址或能获取的其他电子地址进行送达,受送达人回复已收到送达材料,或根据送达内容作出相应诉讼行为,视为完成有效送达;受送达人的媒介系统反馈受送达人已阅知,或有其他证可证明受送达人已收悉，推定完成有效送达，但受送达人能证明存在媒介系统错误、送达地址非本人所有或使用、非本人阅知等未收悉送达内容的情形除外。a. 完成有效送达，互联网法院应制作电子送达凭证。b. 电子送达凭证有送达回证效力。H. 对需进行公告送达的事实清楚、权利义务关系明确的简单民事案件，互联网法院可适用简易程序审理。I. 互联网法院在线审理的案件，审判人员、法官助理、书记员、当事人及其他诉讼参与人等通过在线确认、电子签章等在线方式对调解协议、笔录、电子送达凭证及其他诉讼材料予以确认，视为符合民诉法有关"签名"的要求。J. 互联网法院在线审理的案件，可在调解、证据交换、庭审、合议等诉讼环节运用语音识别技术同步生成电子笔录；电子笔录以在线方式核对确认后，与书面笔录有同等法律效力。K. 互联网法院应利用诉讼平台随案同步生成电子卷宗，形成电子档案；案件纸质档案已全部转化为电子档案，可以电子档案代替纸质档案进行上诉移送和案卷归档。L. 当事人对互联网法院审理的案件提起上诉，第二审法院原则上采取在线方式审理；第二审法院在线审理规则参照适用《关于互联网法院审理案件若干问题的规定》（2018年）。

从生产、销售赌博机的定罪量刑标准的角度讲，以提供给他人开设赌场为目的，违反国家规定，非法生产、销售有退币、退分、退钢珠等赌博功能的电子游戏设施设备或其专用软件，情节严重（a. 个人非法经营数额5万元以上，或违法所得数额1万元以上。b. 单位非法经营数额50万元以上，或违法所得数额10万元以上。c. 虽未达到上述数额标准，但2年内因非法生产、销售赌博机行为受过2次以上行政处罚，又进行同种非法经营行为。d. 其他情节严重的情形），或情节特别严重（a. 个人非法经营数额25万元以上，或违法所得数额5万元以上。b. 单位非法经营数额250万元以上，或违法所得数额50万元以上），均构成非法经营罪。

◆ 《刑法》第304条 【故意延误投递邮件罪】

从身份犯、结果犯的角度讲，邮政工作人员严重不负责任（过失），故意延误投递邮件，使公共财产、国家和人民利益遭受重大损失，处2年以下有期刑或拘役。

故意延误投递邮件案的4种立案追诉标准：（1）邮政工作人员严重不负责任（过失），故意延误投递邮件，造成直接经济损失2万元以上。（2）严重损害国家声誉或造成其他恶劣社会影响。（3）延误高校录取通知书或其他重要邮件投递，使他人失去高校录取资格或造成其他无法挽回的重大损失。（4）其他使公共财产、国家和人民利益遭受重大损失情形。

第二节　妨害司法罪（第305～317条）

公安部刑事技术鉴定规则：（1）刑事技术鉴定的范围含与犯罪案件有关的物品、文件、痕迹、人身、尸体。A. 痕迹鉴定：工具痕迹鉴定、枪弹痕迹鉴定、手印足迹鉴定、笔迹鉴定等。B. 文书鉴定：印刷品检验、票证检验、文件检验、印章检验、人像检验等。C. 物证技术鉴定。D. 法医鉴定。E. 精神病鉴定。F. 查封、扣押物品价格鉴定。G. 司法会计鉴定。（2）刑事技术鉴定，由县以上公安机关的刑事技术部门负责进行。（3）刑事技术鉴定，须由有鉴定员以上职称的专业技术人员担任。本人或近亲属与案件有利害关系的人，担任过本案的侦查、证人，或与本案当事人有其他关系、可能影响公正鉴定的人，不能充当鉴定人。鉴定人的回避，由所在公安机关负责人决定。（4）鉴定人须坚持实事求是的原则，忠实于事实真相，运用科学方法，客观地作出鉴定结论，不受任何外界因素的影响。（5）鉴定人须依法办事，严格遵守技术鉴定的操作规程，不得玩忽职守；妥善保管送检物品和材料，不得挪用、丢失、损坏；廉洁奉公，不得贪赃枉法，弄虚作假；严格保守秘密。（6）刑事技术部门，只承担办案单位有关犯罪案件的鉴定任务。A. 受理鉴定的手续含查验委托公函；听取送检人介绍案件情况和鉴定要求；查验检材有无鉴定条件，核对其名称、数量；查验样本的来源和收集方法，是否具备比对条件。B. 根据查验情况，确定是否接受委托，或修改鉴定要求，或补送材料。

C. 接受委托，由送检人填写《委托鉴定登记表》。（7）刑事技术鉴定，要按预备检验、分别检验、比对检验、综合评断的程序进行。A. 每个程序都要作出详细、客观的记录。最后制作鉴定书。B. 对检材进行物理检验或化学检验，要标明取材部位，并作详细记录。C. 消耗性的检材，要注意留存，以备复核检验；检材过少无法留存，应事先征得送检单位同意，并在委托登记表中注明。（8）凡需做鉴定实验，由主办鉴定人组织实施。要严格选用与检材质量、形态相同或近似的材料，运用与发生案件时间相同或近似的形成条件和方法进行实验。A. 实验情况，要如实记录，并由参加实验的人签名。B. 鉴定实验记录，是综合评断的依据，不能代替鉴定书。（9）鉴定书的内容，含绪论（收检日期、送检单位、送检人、简要案情、检材名称、种类、数量、提取方法、载体及包装、运输情况、鉴定要求）、检验（检材和样本的形态、色质、大小、检验、实验的步骤、方法、手段、数据、特征图形）、论证（对检验发现的特征、数据进行综合评断，论述结论的科学依据）、结论（鉴定的结果）。A. 鉴定书要文字简练，描述确切。照片要真实清晰，特征要标划鲜明。B. 尸体检验、物证分析、出具检验报告，不出鉴定书。C. 确因检材不够鉴定条件，而无法作出肯定性结论，可出具分析意见。D. 鉴定书由鉴定人签名，检验报告由检验人签名，注明技术职称，并加盖"刑事技术鉴定专用章"。（10）鉴定结束后，应将鉴定书同剩余的检材，一并发还送检单位。有研究价值，需留作标本，应征得送检单位同意，并商定留用的时限和保管、销毁的责任。（11）因技术水平或设备条件的限制，做不出结论，需进行复核或重新鉴定，应逐级上送刑事技术部门复核或重新鉴定。A. 鉴定中遇有重大疑难问题或鉴定结论有分歧时，可邀请有关人员进行鉴定"会诊"。B. 复核鉴定，除按规定办理委托鉴定手续外，送检单位还应提供原鉴定书或检验报告，并说明要求复核的原因。（12）接到法院的出庭通知后，鉴定人应出庭作证。A. 本案当事人、辩护人，依法律程序对鉴定提出的有关问题，鉴定人应予回答，并阐明鉴定结论的科学依据。B. 对与鉴定无关的问题，鉴定人有权拒绝回答。

◆ 《刑法》 第305条 【伪证罪】

从身份犯、故意犯、目的犯、行为犯、情节犯的角度讲，在刑诉中（犯罪环境条件），证人、鉴定人、记录人、翻译人（犯罪主体）对与案件有重要关系的情节，故意作虚假证明、鉴定、记录、翻译，意图陷害他人或隐匿罪证，处3年以下有期刑或拘役；情节严重，处3年以上7年以下有期刑。

【2003·卷2·单选·11】（答案：A）律师王某在代理一起民诉案件时，编造了一份对自己代理的一方当事人有利的虚假证言，指使证人李某背熟以后向法庭陈述，使本该败诉的己方当事人因此而胜诉。王某的行为构成何罪？A. 伪证罪。B. 诉讼代理人妨害作证罪。C. 妨害作证罪。D. 帮助伪造证据罪。

【2004·卷2·单选·7】（答案：C）下列哪种行为可构成伪证罪？A. 在民诉中，证人作伪证的。B. 在刑诉中，辩护人伪造证据的。C. 在刑诉中，证人故意作虚假证明意图陷害他人的。D. 在刑诉中，诉讼代理人帮助当事人伪造证据的。

伪证罪是在刑诉中，证人、鉴定人、记录人和翻译人对与案件有重要关系的情节，故意作虚假证明、鉴定、记录、翻译，意图陷害他人或隐匿罪证的行为。

询问证人的要求、程序：（1）侦查人员询问证人（凡知道案件情况的人都有作证义务）应告知他应如实地提供证据、证言和有意作伪证或隐匿罪证要负的法律责任，应个别进行，可在现场进行，也可到证人所在单位、住处或证人提出的地点进行，必要时可通知证人到检察院或公安机关提供证言。（2）侦查人员在现场询问证人，应出示工作证件，到证人所在单位、住处或证人提出的地点询问证人，应出示检察院或公安机关的证明文件。（3）询问证人笔录应交证人核对，对未阅读能力，应向他宣读；若记载有遗漏或差错，证人可提出补充或改正。A. 证人承认笔录未错误后，应签名或盖章。B. 侦查人员也应在笔录上签名。C. 证人请求自行书写供述，应准许；必要时，侦查人员也可要证人亲笔书写证人证言。(4) 公诉人、当事人或辩护人、诉讼代理人对证人证言有异议，且该证人证言对案件定罪量刑有重大影响，法院认为证人有必要出庭作证，警察就其执行职务时目击的犯罪情况作为证人，应出庭作证。(5) 经法院通知，证人无正当理由不出庭作证，法院可强制其到庭，但被告人的配偶、父母、子女除外。A. 证人无正当理由拒绝出庭或出庭后拒绝作证，训诫，情节严重，经院长批准，处以 10 日以下的拘留。B. 被处罚人对拘留决定不服，可向上一级法院申请复议，复议期间不停止执行。(6) 公诉人、当事人和辩护人、诉讼代理人经审判长许可，可对证人、鉴定人发问。A. 公诉人、当事人或辩护人、诉讼代理人对鉴定意见有异议，法院认为鉴定人有必要出庭，鉴定人应出庭作证；经法院通知，鉴定人拒不出庭作证，鉴定意见不得作为定案的根据。B. 审判长认为发问的内容与案件无关时，应制止。C. 审判人员可询问证人、鉴定人。(7) 公诉人、辩护人应向法庭出示物证，让当事人辨认，对未到庭的证人的证言笔录、鉴定人的鉴定意见、勘验笔录和其他作为证据的文书，应当庭宣读。审判人员应听取公诉人、当事人和辩护人、诉讼代理人的意见。(8) 法庭审理过程中，合议庭对证据有疑问，可宣布休庭，对证据进行调查核实，可进行勘验、检查、查封、扣押、鉴定和查询、冻结。(9) 法庭审理过程中，当事人和辩护人、诉讼代理人有权申请通知新的证人到庭，调取新的物证，申请重新鉴定或勘验。A. 公诉人、当事人和辩护人、诉讼代理人可申请法庭通知有专门知识的人出庭，就鉴定人作出的鉴定意见提出意见。B. 法庭对上述申请，应作出是否同意的决定。(10) 公检法应依法采取保护措施保障证人及其近亲属的安全，有关单位和个人应配合。A. 证人因履行作证义务而支出的交通、住宿、就餐等费用，应给予补助。B. 证人作证的补助列入司法机关业务经费，由同级政府财政保障。C. 有工作单位的证人作证，所在单位不得克扣或变相克扣其工资、奖金及其他福利待遇。D. 对国安犯、恐怖犯、涉黑组织犯、毒品犯等案件，证人、鉴定人、被害人因在诉讼中作证，本人或其近亲属的人身安全面临危险，公检法应采取一项或多项保护措施（a. 不公开真实姓名、住址和工作单位等个人信息。b. 采取不暴露外貌、真实声音等出庭作证措施。c. 禁止特定的人员接触证人、鉴定人、被害人及其近亲属。d. 对人身和住宅采取专门性保护措施。e. 其他必要的保护措施）。对证人及其近亲属进行威胁、侮辱、殴打或打击报复，构成犯罪，依法追究刑责；尚不够刑罚，依法给予治安处罚。证人、鉴定人、被害人认为因在诉讼中作证，本人或其近亲属（夫、妻、父、母、子、女、同胞兄弟姊妹）的人身安全面临危险，可向公检法请求保护。

证人证言、被害人陈述、被害人陈述的审查与认定：(1) 对证人证言应着重审查的内容类型：A. 证言的内容是否为证人直接感知。B. 证人作证时的年龄、认知、记忆和表达能力，生理和精神状态是否影响作证（生理上、精神上有缺陷或年幼、不能辨别是非、不能正确表达的人，不能作证人）。C. 证人与案件当事人、案件处理结果有无利害关系。D. 询问证人是否个别进行。E. 询问笔录的制作、修改是否符合法律、有关规定，是否注明询问的起止时间和地点，首次询问时是否告知证人有关作证的权利义务和法律责任，证人对询问笔录是否核对确认。F. 询问未成年证人时，是否通知其法定代理人或有关人员到场，其法定代理人或有关人员是否到场。G. 证人证言有无以暴力、威胁等非法方法收集的情形。H. 证言之间以及与其他证据之间能否相互印证，有无矛盾。(2) 处于明显醉酒、中毒或麻醉等状态，不能正常感知或正确表达的证人所提供的证言，不得作为证据使用。证人的猜测性、评论性、推断性的证言，不得作为证据使用，但根据一般生活经验判断符合事实外。(3) 证人证言须在法庭上经公诉人、被害人和被告人、辩护人双方质证并查实后，才能作为定案的根据。A. 证人证言不得作为定案的根据的 4 种基本情形：a. 询问证人无个别进行。b. 书面证言未经证人核对确认。c. 询问聋、哑人，应提供通晓聋、哑手势的人员而未提供。d. 询问不通晓当地通用语言、文字的证人,应提供翻译人员而未提供。B. 法庭查明证人有意作伪证或隐匿罪证时,应依法处理。(4) 证人证言的收集程序、方式有瑕疵(a. 询问笔录无填写询问人、记录人、法定代理人姓名以及询问的起止时间、地点。b. 询问地点不符合规定。c. 询问笔录无记录告知证人有关作证的权利义务和法律责任。d. 询问笔录反映出在同一时段,同一询问人员询问不同证人),经补正或作出合理解释,可采用,否则不能补正或作出合理解释,不得作为定案的根据。(5) 证人当庭作出的证言,经控辩双方质证、法庭查证属实,应作为定案的根据。证人当庭作出的证言与其庭前证言矛盾,证人能作出合理解释,并有相关证据印证,应采信其庭审证言。不能作出合理解释,而其庭前证言有相关证据印证,可采信其庭前证言。经法院通知,证人无正当理由拒绝出庭或出庭后拒绝作证,法庭对其证言的真实性无法确认,该证人证言不得作为定案的根据。

从司法解释的角度讲,国际刑事司法协助法的安排证人作证或协助调查方式方法:(1) 向外国请求安排证人作证或协助调查:A. 办案机关需外国协助安排证人、鉴定人来中国作证或通过视频、音频作证,或协助调查,应制作刑事司法协助请求书并附相关材料,经所属主管机关审核同意后,由对外联系机关及时向外国提出请求。B. 向外国请求安排证人、鉴定人作证或协助调查,请求书及所附材料应根据需要载明有关事项(作证或协助调查的目的、必要性、时间和地点等;证人、鉴定人的姓名、性别、住址、身份信息、联系方式和有助于确认证人、鉴定人的其他资料;证人、鉴定人的权利和义务;对证人、鉴定人的保护措施;对证人、鉴定人的补助;有助于执行请求的其他材料)。C. 来中国作证或协助调查的证人、鉴定人在离境前,其入境前实施的犯罪不受追诉;除因入境后实施违法犯罪而被采取强制措施外,其人身自由不受限制,否则不再适用于条约规定期限内或被通知无需继续停留后 15 日内未离境的证人、鉴定人,但因不可抗力或其他特殊原因未能离境为例外。D. 对来中国作证或协助调查的证人、鉴定人,办案机关应依法给予补助。E. 来中国作证或协助调查的人员系在押人员,由对外联系机关会同主管机关与被请求国就移交在押人员的相关事项事先达成协议。主管机关和办案机关应遵守协议内容,依法对被移交的人员羁押,并在作证或协助调查结束后及时将其送回被请求国。(2) 向中国请求安排证人作证或协助调查:A. 外国可请求中国协助安排证人、鉴定人赴外国作证或通过视频、音频作证,或协助调查。外国向中国请求安排证人、鉴定人作证或协助调查,请求书及所附材料应根据需要载明国际刑事司法协助事项(作证或协助调查的目的、必要性、时间和地点等;证人、鉴定人的姓名、性别、住址、身份信息、联系方式和有助于确认证人、鉴定人的其他资料;证人、鉴定人的权利和义务;对证人、鉴定人的保护措施;对证人、鉴定人的补助;有助于执行请求的其他材料)。B. 请求国应就来中国作证或协助调查的证人、鉴定人在离境前,其入境前实施的犯罪不受追诉;除因入境后实施违法犯罪而被采取强制措施外,其人身自由不受限制的内容作出书面保证。C. 证人、鉴定人书面同意作证或协助调查,办案机关应及时将证人、鉴定人的意愿、要求和条件通过所属主管机关通知对外联系机关,由对外联系机关通知请求国。安排证人、鉴定人通过视频、音频作证,主管机关或办案机关应派员到场,发现有损害中国的主权、安全和社会公共利益及违反中国法律的基本原则情形,应及时制止。D. 外国请求移交在押人员出国作证或协助调查,并保证在作证或协助调查结束后及时将在押人员送回,对外联系机关应征求主管机关和在押人员的意见。主管机关和在押人员均同意出国作证或协助调查,由对外联系机关会同主管机关与请求国就移交在押人员的相关事项事先达成协议。押人员在外国被羁押的期限,应折抵其在中国被判的刑期。

物证、书证的审查与认定:(1) 对物证、书证应着重审查的内容类型:A. 物证、书证在收集、保管、鉴定过程中是否受损或改变。B. 物证、书证是否为原物、原件,是否经辨认、鉴定。物证的照片、录像、复制品或书证的副本、复制件是否与原物、原件相符,是否由 2

人以上制作，有无制作人制作过程以及原物、原件存放于何处的文字说明和签名。C. 物证、书证的收集程序、方式是否符合法律、有关规定。经勘验、检查、搜查提取、扣押的物证、书证，是否附有相关笔录、清单，笔录、清单是否经侦查人员、物品持有人、见证人签名，无物品持有人签名，是否注明原因。物品的名称、特征、数量、质量等是否注明清楚。D. 物证、书证与案件事实有无关联。对现场遗留与犯罪有关的具备鉴定条件的血迹、体液、毛发、指纹等生物样本、痕迹、物品，是否已作 DNA 鉴定、指纹鉴定等，并与被告人或被害人的相应生物检材、生物特征、物品等比对。E. 与案件事实有关联的物证、书证是否全面收集。（2）据以定案的物证应是原物。原物不便搬运，不易保存，依法应由有关部门保管、处理，或依法应返还，可拍摄、制作足以反映原物外形和特征的照片、录像、复制品。A. 物证的照片、录像、复制品，不能反映原物外形和特征，不得作为定案的根据。B. 物证的照片、录像、复制品，经与原物核对无误、经鉴定为真实或以其他方式确认为真实，可作为定案的根据。（3）据以定案的书证应是原件。取得原件确有困难，可使用副本、复制件。书证有更改或更改迹象不能作出合理解释，或书证的副本、复制件不能反映原件及其内容，不得作为定案的根据。书证的副本、复制件，经与原件核对无误、经鉴定为真实或以其他方式确认为真实，可作为定案的根据。（4）对与案件事实可能有关联的血迹、体液、毛发、人体组织、指纹、足迹、字迹等生物样本、痕迹和物品，应提取而无提取，应检验而无检验，导致案件事实存疑，法院应向检察院说明情况，由检察院依法补充收集、调取证据或作出合理说明。（5）在勘验、检查、搜查过程中提取、扣押的物证、书证，未附笔录或清单，不能证明物证、书证来源，不得作为定案的根据。（6）物证、书证的收集程序、方式有瑕疵（a. 勘验、检查、搜查、提取笔录或扣押清单上无侦查人员、物品持有人、见证人签名，或对物品的名称、特征、数量、质量等注明不详。b. 物证的照片、录像、复制品，书证的副本、复制件未注明与原件核对无异，无复制时间，或无被收集、调取人签名、盖章。c. 物证的照片、录像、复制品，书证的副本、复制件无制作人制作过程和原物、原件存放地点的说明，或说明中无签名。d. 有其他瑕疵），经补正或作出合理解释，可采用。对物证、书证的来源、收集程序有疑问，不能作出合理解释，该物证、书证不得作为定案的根据。

各类证据的举证要求：（1）出示的物证一般应是原物。原物不易搬运、不易保存或已返还被害人，可出示反映原物外形和特征的照片、录像、复制品，并向法庭说明情况及与原物的同一性。A. 出示的书证一般应是原件，获取书证原件确有困难，可出示书证副本或复制件，并向法庭说明情况及与原件的同一性。B. 出示物证、书证时，应对物证、书证所要证明的内容、收集情况作概括说明，可提请法庭让当事人、证人等诉讼参与人辨认。物证、书证经技术鉴定，可宣读鉴定意见。（2）询问出庭作证的证人的 9 种基本规则：发问应单独进行；发问应简洁、清楚；发问应采取一问一答形式，不宜同时发问多个内容不同的问题；发问的内容应着重围绕与定罪、量刑紧密相关的事实进行；不得以诱导方式发问；不得威胁或误导证人；不得损害证人的人格尊严；不得泄露证人个人隐私；询问未成年人，应结合未成年人的身心特点进行。（3）证人出庭，公诉人可要求证人就其了解的与案件有关的事实进行陈述，也可直接发问。对证人采取猜测性、评论性、推断性语言作证，公诉人应提醒其客观表述所知悉的案件事实。A. 公诉人认为证人作出的回答对案件事实和情节的认定有决定性或重大影响，可提请法庭注意。B. 证人出庭作证的证言与庭前提供的证言相互矛盾，公诉人应问明理由，并对该证人进行询问，澄清事实。认为理由不成立，可宣读证人在改变证言前的笔录内容，并结合相关证据反驳。C. 对未到庭证人的证言笔录，应当庭宣读。宣读前，应说明证人和本案的关系。对证人证言笔录存在疑问、确实需证人出庭陈述或有新的证人，公诉人可要求延期审理，由法院通知证人到庭提供证言和接受质证。D. 根据案件情况，公诉人可申请实行证人远程视频作证。E. 控辩双方对证人证言无异议，证人不需出庭，或证人因客观原因无法出庭且无法通过视频等方式作证、公诉人可出示、宣读庭前收集的书面证据材料或作证过程录音、录像。(4) 公诉人申请出庭的证人当庭改变证言、被害人改变其庭前的陈述，公诉人可询问其言词发生变化的理由，认为理由不成立，可择机有针对性地宣读其在侦查、审查起诉阶段的证言、陈述，或出示、宣读其他证据，对证人、被害人进行询问，反驳。(5) 对被害人、鉴定人、侦查人员、有专门知识的人的询问，参照适用询问证人的规定。(6) 宣读被告人供述，应根据庭审中被告人供述的情况进行。被告人有多份供述且内容基本一致，一般选择证明力最充分的一份或几份出示。被告人当庭供述与庭前供述的实质性内容一致，可不再宣读庭前供述，但应向法庭说明；被告人当庭供述与庭前供述存在实质性差异，公诉人应问明理由，认为理由不成立，应就存在实质性差异的内容宣读庭前供述，并结合相关证据反驳。(7) 被告人作无罪辩解或当庭供述与庭前供述内容不一致，足以影响定罪量刑，公诉人可有针对性地宣读被告人庭前供述笔录，并针对笔录中被告人的供述内容对被告人进行讯问，或出示其他证据进行证明、反驳，并提请法庭对其当庭供述不予采信。对翻供内容需调查核实，可建议法庭休庭或延期审理。(8) 鉴定意见以及勘验、检查、辨认和侦查实验等笔录应当庭宣读，并对鉴定人、勘验人、检查人、辨认人、侦查实验人员的身份、资质、与当事人及本案的关系作出说明，必要时提供证据证明。A. 鉴定人、有专门知识的人出庭，公诉人可根据需要对其发问；发问时适用对证人询问的相关要求。B. 刑事案件法庭审理中，检察院可申请法院通知有专门知识的人出庭，就鉴定人作出的鉴定意见提出意见。C. 检察院办理刑事案件需收集证据，可指派、聘请有专门知识的人开展的3种工作事项：在检察官的主持下进行勘验或检查；就需鉴定、但未法定鉴定机构的专门性问题进行检验；其他必要的工作。(9) 播放视听资料，应首先对视听资料的来源、制作过程、制作环境、制作人员以及所要证明的内容进行概括说明。A. 播放一般应连续进行，也可根据案情分段进行，但应保持资料原貌，不得对视听资料进行剪辑。B. 播放视听资料，应向法庭提供视听资料的原始载体。C. 提供原始载体确有困难，可提供复制件，但应向法庭说明原因。D. 出示音频资料，也可宣读庭前制作的附有声音资料语言内容的文字记录。E. 刑事案件法庭审理中，公诉人出示、播放、演示涉及专门性问题的证据材料需协助，检察院可指派、聘请有专门知识的人进行操作。(10) 出示以数字化形式存储、处理、传输的电子数据证据，应对该证据的原始存储介质、收集提取过程等简要说明，围绕电子数据的真实性完整性合法性，以及被告人的网络身份与现实身份的同一性出示证据。

法庭对质的基本要求：(1) 控辩双方针对同一事实出示的证据出现矛盾，公诉人可提请法庭通知相关人员到庭对质。(2) 被告人、证人对同一事实的陈述存在矛盾需对质，公诉人可建议法庭传唤有关被告人、证人同时到庭对质。(3) 各被告人之间对同一事实的供述存在矛盾需对质，公诉人可在被告人全部陈述完毕后，建议法庭当庭进行对质。(4) 辩护方质疑物证、书证、鉴定意见、勘验、检查、搜查、辨认、侦查实验等笔录、视听资料、电子数据，必要时，公诉人可提请法庭通知鉴定人、有专门知识的人、侦查人员、见证人等出庭。A. 辩护方质疑采取技术侦查措施获取的证据材料合法性，必要时，公诉人可建议法庭采取不暴露有关人员身份、不公开技术侦查措施和方法等保护措施，在庭外对证据进行核实，并要求在场人员履行保密义务。B. 对辩护方出示的鉴定意见等技术性证据和提请出庭的鉴定人，必要时，公诉人可提请法庭通知有专门知识的人出庭，与辩护方提请出庭的鉴定人对质。

◆ 《刑法》第306条【辩护人、诉讼代理人毁灭证据、伪造证据、妨害作证罪】

从身份犯、情节犯的角度讲，在刑诉中，辩护人、诉讼代理人毁灭、伪造证据，帮助当事人毁灭、伪造证据，威胁、引诱证人违背事实改变证言或作伪证，处3年以下有期刑或拘役；情节严重，处3年以上7年以下有期刑。

【2007·卷2·多选·64】（答案：BCD）王某担任辩护人时，编造了一份隐匿罪证的虚假证言，交给被告人陈小二的父亲陈某，让其劝说证人李某背熟后向法庭陈述，并给李某5000元好处费。陈某照此办理。李某收受5000元后，向法庭作了伪证，使陈小二被无罪释放。后陈某给陈小10万美元，让其逃往国外。关于本案，下列哪些选项是错误的？A. 王某的行为构成辩护人妨害作证罪。B. 陈某劝说李某作伪证的行为构成妨害作证罪的教唆犯。C. 李某构成辩护人妨害作证罪的帮助犯。D. 陈某让陈小二逃往国外的行为构成脱逃罪的共犯。

妨害作证罪、帮助伪造证据罪的根本差异在于是否是帮助当事人伪造证据的行为，是否有和当事人共同伪造证据的共同行为，帮助者有之应定帮助伪造证据罪，否则定妨害作证罪。行为人自己编造虚假证言，指使证人作伪证，应定妨害作证罪。

辩护人、诉讼代理人提供、出示、引用的证人证言或其他证据失实，不是有意伪造，不属于伪造证据。

法庭审理过程中，审判人员认为可能存在伪造证据、隐匿证据或毁灭证据以非法方法收集证据情形，应对证据收集的合法性进行法庭调查。（1）对经法庭审理，确认或不能排除存在刑讯逼供和以威胁、引诱、欺骗、伪造证据、隐匿证据或毁灭证据等以非法方法收集证据情形，对有关证据应排除。（2）凡伪造证据、隐匿证据或毁灭证据，无论属于何方，须受法律追究。（3）辩护人或其他任何人，不得帮助嫌犯、被告人隐匿、毁灭、伪造证据或串供，不得威胁、引诱证人作伪证以及进行其他干扰司法机关诉讼活动的行为，否则应依法追究法律责任。（4）辩护人或其他任何人，不得帮助嫌犯、被告人隐匿、毁灭、伪造证据或串供，不得威胁、引诱证人作伪证以及进行其他干扰司法机关诉讼活动的行为，否则应依法追究法律责任，辩护人涉嫌犯罪，应由办理辩护人所承办案件的侦查机关外的侦查机关办理。（5）辩护人是律师，应及时通知其所在的律所或所属的律协。

《关于依法保障律师诉讼权利和规范律师参与庭审活动的通知》（2018年）的内容：（1）法院及其工作人员要尊重和保障律师诉讼权利，严格执行法定程序，平等对待诉讼各方，合理分配各方发问、质证、陈述和辩论、辩护的时间，充分听取律师意见。A. 对律师在法庭上就案件事实认定和法律适用的正常发问、质证和发表的辩护代理意见，法官不随意打断或制止；但攻击党和国家政治制度、法律制度，发表的意见已在庭前会议达成一致、与案件无关或侮辱、诽谤、威胁他人，故意扰乱法庭秩序，审判长或独任审判员可根据情况制止。B. 律师明显以诱导方式发问，公诉人提出异议，审判长或独任审判员审查确认后，可制止。（2）律师参加庭审不得对庭审活动进行录音、录像、拍照或使用移动通信工具等传播庭审活动，不得进行其他违反法庭规则和不服从法庭指令的行为。律师对庭审活动进行录音、录像、拍照或使用移动通信工具等传播庭审活动，法院可暂扣其使用的设备及存储介质，删除相关内容。（3）法庭审理过程中，法官应尊重律师，不得侮辱、嘲讽律师。A. 审判长或独任审判员认为律师在法庭审理过程中违反法庭规则、法庭纪律，应依法给予警告、训诫等，确有必要时可休庭处置，除当庭攻击党和国家政治制度、法律制度等严重扰乱法庭秩序，不采取责令律师退出法庭或强行带出法庭措施。B. 确需司法警察当庭对律师采取措施维持法庭秩序，有关执法行为要规范、文明，保持必要、合理限度。C. 律师被依法责令退出法庭、强行带出法庭或者被处以罚款后，具结保证书，保证服从法庭指令、不再扰乱法庭秩序，经法庭许可，可继续担任同一案件的辩护人、诉讼代理人；有擅自退庭、无正当理由不按时出庭参加诉讼、被拘留或具结保证书后再次被依法责令退出法庭、强行带出法庭，不得继续担任同一案件的辩护人、诉讼代理人。D. 法院应对庭审活动进行全程录像或录音，对律师在庭审活动中违反法定程序的情形应记录在案。（4）律师认为法官在审判过程中有违法违规行为，可向相关法院或其上一级法院监察部门投诉、举报，法院应依法作出处理并及时将处理情况答复律师本人，同时通报当地司法行政机关、律师协会。A. 对社会高度关注，应公布结果。B. 律师认为法官侵犯其诉讼权利,应在庭审结束后,向司法行政机关、律师协会申请维护执业权利,不得以维权为由干扰庭审的正常进行,不得通过网络以自己名义或通过其他人、媒体发表声明、公开信、敦促书等炒作案件。(5) 法院认为律师有违法违规行为,应向司法行政机关、律师协会提出司法建议,并移交庭审录音录像、庭审记录等相关证据材料。A. 对需进一步调查核实,应配合、协助司法行政机关、律师协会有关调查取证工作。B. 司法行政机关、律师协会接到当事人投诉举报、法院司法建议书,应及时立案调查,对违法违规的要依法依规作出行政处罚行业惩戒;处理结果应及时书面告知当事人、法院。C. 对公开谴责以上行业惩戒和行政处罚的决定一律向社会公开披露。D. 各地司法行政机关、律师协会主动发现律师违法违规行为,要及时立案查处。(6) 司法行政机关应会同法院、律师协会建立分级分类处理机制。A. 对发生在当地的律师维权和违法违规事件,由所在地法院、司法行政机关按有关要求依法及时作出处理,能即时纠正的应依法立即纠正。B. 对跨区域的律师维权和违法违规事件,行为发生地司法行政机关发现律师涉嫌违法违规执业,应向注册地司法行政机关提出处罚意见和建议,注册地司法行政机关收到意见建议后应立案调查,并将查处结果反馈行为发生地司法行政机关;行为发生地司法行政机关不同意处罚意见,应报共同上级司法行政机关审查。C. 上级司法行政机关应对两地司法行政机关意见和相关证据材料进行审查,提出处理意见。D. 省(区、市)内跨区域重大复杂事件,跨省(区、市)的律师维权与违规交织等重大复杂事件,可由司法部会同最高法、全国律协,必要时商请事件发生地的省(区、市)党委政法委牵头组成联合调查组,负责事件调查处理工作。(7) 重大敏感复杂案件开庭审理时,据法院通知,对律师有管理监督职责的司法行政机关或律师协会应派员旁听,进行现场指导监督。

  对辩护方质证的答辩:(1) 辩护方对公诉方当庭出示、宣读、播放的证据的真实性、关联性、合法性提出的质证意见,公诉人应进行全面、及时和有针对性地答辩。A. 辩护方提出的与证据的证据能力或证明力无关、与公诉主张无关的质证意见,公诉人可说明理由不予答辩,并提请法庭不予采纳。B. 公诉人答辩一般应在辩护方提出质证意见后立即进行。在不影响庭审效果的情况下,也可根据需要在法庭辩论阶段结合其他证据综合发表意见,但应向法庭说明。(2) 对辩护方符合事实和法律的质证,公诉人应实事求是、客观公正地发表意见。A. 辩护方因对证据内容理解有误而质证,公诉人可对证据情况进行简要说明。B. 公诉人对辩护方质证的答辩,应重点针对可能动摇或削弱证据能力、证明力的质证观点进行答辩,对不影响证据能力、证明力的质证观点可不予答辩或简要答辩。(3) 辩护方质疑言词证据之间存在矛盾,公诉人可综合全案证据,立足证据证明体系,从认知能力、与当事人的关系、客观环境等角度,进行重点答辩,合理解释证据之间的矛盾。(4) 对辩护人询问侦查人员、鉴定人和有专门知识的人的质证,辩护人询问证人或被害人公诉人应及时提请审判长制止,必要时应提请法庭对该项陈述或证言不予采信:以诱导方式发问;威胁或误导证人;使被害人、证人以推测性、评论性、推断性意见作为陈述或证言;发问内容与本案事实无关;对被害人、证人带有侮辱性发问;其他违反法律规定的情形。(5) 辩护方质疑证人当庭证言与庭前证言存在矛盾,公诉人可有针对性地对证人进行发问,也可提请法庭决定就有异议的内容由被告人与证人进行对质诘问,在发问或对质诘问过程中,对前后矛盾或疏漏之处作出合理解释。(6) 辩护方质疑被告人庭前供述系非法取得,公诉人可综合采取不同方式方法证明取证的合法性:A. 宣读被告人在审查(决定)逮捕、审查起诉阶段的讯问笔录,证实其未曾供述过在侦查阶段受到刑讯逼供,或证实其在侦查机关更换侦查人员且再次讯问时告知诉讼权利和认罪的法律后果仍自愿供述,或证实其在检察人员讯问并告知诉讼权利和认罪的法律后果仍自愿供述。B. 出示被告人的羁押记录,证实其接受讯问的时间、地点、次数等符合法律规定。C. 出示被告人出入看守所的健康检查记录、医院病历,证实其体表和健康情况。D. 出示看守管教人员的谈话记录。E. 出示与被告人同监舍人员的证言材料。F. 当庭播放或庭外核实讯问被告人的录音、录像。G. 宣读重大案件侦查终结前讯问合法性核查笔录,当庭播放或庭外核实对讯问合法性进行核查时的录音、录像。H. 申请侦查人员出庭说明办案情况。(7) 公诉人当庭不能证明证据收集的合法性,需调查核实,可建议法庭休庭或延期审理。(8) 辩护人质疑收集被告人供述存在程序瑕疵申请排除证据,公诉人可宣读侦查机关的补正说明。未补正说明,也可从讯问的时间地点符合法律规定,已进行权利告知,不存在威胁、引诱、欺骗等情形,被告人多份供述内容一致,全案证据能互相印证,被告人供述自愿性未受影响,程序瑕疵未严重影响司法公正等方面作出合理解释。必要时,可提请法庭播放同步录音录像,从被告人供述时情绪正常、表达流畅、能趋利避害等方面证明庭前供述自愿性,对瑕疵证据作出合理解释。(9) 辩护方质疑物证、书证,公诉人可宣读侦查机关收集物证、书证的补正说明,从此类证据客观、稳定、不易失真以及取证主体、程序、手段合法等方面有针对性地答辩。(10) 辩护方质疑鉴定意见,公诉人可从鉴定机构和鉴定人的法定资质、检材来源、鉴定程序、鉴定意见形式要件符合法律规定等方面,有针对性地答辩。(11) 辩护方质疑不同鉴定意见存在矛盾,公诉人可阐释不同鉴定意见对同一问题得出不同结论的原因,阐明检察机关综合全案情况,结合案件其他证据,采信其中一份鉴定意见的理由。必要时,可申请鉴定人、有专门知识的人出庭。控辩双方仍存在重大分歧,且辩护方质疑有合理依据,对案件有实质性影响,可建议法庭休庭或延期审理。(12) 辩护方质疑勘验、检查、搜查笔录,公诉人可从勘验、检查、搜查系依法进行,笔录的制作符合法律规定,勘验、检查、搜查人员和见证人有签名或盖章等方面,有针对性地答辩。(13) 辩护方质疑辨认笔录,公诉人可从辨认的过程、方法,以及辨认笔录的制作符合有关规定等方面,有针对性地答辩。(14) 辩护方质疑侦查实验笔录,公诉人可从侦查实验的审批、过程、方法、法律依据、技术规范或标准、侦查实验的环境条件与原案接近程度、结论的科学性等方面,有针对性地答辩。(15) 辩护方质疑视听资料,公诉人可从此类证据有不可增添性、真实性强,内容连续完整,所反映的行为人的言语动作连贯自然,提取、复制、制作过程合法,内容与案件事实关联程度等方面,有针对性地答辩。(16) 辩护方质疑电子数据,公诉人可从此类证据提取、复制、制作过程、内容与案件事实关联程度等方面,有针对性地答辩。(17) 辩护方质疑采取技术侦查措施获取的证据材料合法性,公诉人可通过说明采取技术侦查措施的法律规定、出示批准采取技术侦查措施的法律文书等方式,有针对性地答辩。(18) 辩护方在庭前提出排除非法证据申请,经审查被驳回后,在庭审中再次提出排除申请,或辩护方撤回申请后再次对有关证据提出排除申请,公诉人应审查辩护方是否提出新的线索或材料。未新的线索或材料表明可能存在非法取证,公诉人可建议法庭驳回。(19) 辩护人仅采用部分证据或证据的部分内容,对证据证明的事项发表不同意见,公诉人可立足证据认定的全面性、同一性原则,综合全案证据答辩。必要时,可扼要概述已法庭质证过的其他证据,用以反驳辩护方的质疑。(20) 对单个证据质证的同时,公诉人可简单点明该证据与其他证据的印证情况,在整个证据链条中的作用,通过边质证边论证方式使案件事实逐渐清晰,减轻辩论环节综合分析论证的任务。

◆《刑法》第307条 【妨害作证罪;帮助毁灭、伪造证据罪】

从故意犯、情节犯的角度讲,以暴力、威胁、贿买等方法阻止证人作证或指使他人作伪证,处3年以下有期刑或拘役;情节严重,处3年以上7年以下有期刑。

从故意犯、情节犯的角度讲,帮助当事人毁灭、伪造证据(a. 行为人单独为当事人毁灭、伪造证据。b. 行为人与当事人共同毁灭、伪造证据的情况下不成立共犯。c. 行为人在为当事人毁灭、伪造证据提供各种便利条件的情况下属于正犯,而不是帮助犯。d. 行为人在唆使当事人毁灭、伪造证据的情况下属于正犯,而不是教唆犯),情节严重,处3年以下有期刑或拘役。司法工作人员犯妨害作证罪、帮助毁灭伪造证据罪,从重处罚。

帮助毁灭、伪造证据罪是帮助诉讼活动的当事人毁灭、伪造证据，情节严重的行为。(1) 帮助毁灭、伪造证据罪属事后帮助犯，犯罪主体须是罪犯外的人，否则毁灭伪造自己是当事人的案件的证据，不成立犯罪。(2) 帮助毁灭、伪造证据罪针对的对象是实物性证据。(3) 在刑诉中，即使经当事人（嫌犯、被告人）同意，帮助其毁灭无罪证据，因妨害刑事司法客观公正，也构成帮助毁灭证据罪。(4) 行为人犯罪后毁灭自己犯罪的证据的行为缺乏期待可能性，不构成犯罪。(5) 在帮助毁灭、伪造证据案中，毁灭是湮灭、消灭证据，既包括使证据从形态上完全消失（将证据烧毁、撕坏、浸烂、丢弃等），又包括虽保存证据形态但使得其丧失或部分丧失其证明力（玷污、涂划证据使其无法反映其证明的事实等）。

【2008·川·卷2·单选·22】（答案：B）公安机关在一盗窃案现场收集到犯罪嫌疑人张某书写的一张字条，收缴了被盗电视剧录像带、DVD光盘、书籍等，被盗超市提供了被盗物品清单。下列哪一选项是正确的？A. 该字条是书证。B. 电视剧录像带和DVD光盘是物证。C. 收缴的被盗书籍是书证。D. 被盗物品清单属于证人证言。

【2014·卷2·多项·61】（答案：CD）甲的下列哪些行为成立帮助毁灭证据罪（不考虑情节）？A. 甲、乙共同盗窃了丙的财物。为防止公安人员提取指纹，甲在丙报案前擦掉了两人留在现场的指纹。B. 甲、乙是好友。乙的重大贪污罪行被丙发现。甲是丙的上司，为防止丙作证，将丙派往境外工作。C. 甲得知乙放火致人死亡后未清理现场痕迹，便劝说乙回到现场毁灭证据。D. 甲经过犯罪嫌疑人乙的同意，毁灭了对乙有利的无罪证据。

【2015·卷2·单选·20】（答案：D）甲杀人后将凶器忘在现场，打电话告诉乙真相，请乙帮助扔掉凶器。乙随即把凶器藏在自家地窖里。数月后，甲生活无着落准备投案自首时，乙向甲汇款2万元，使其继续在外生活。关于本案，下列哪一选项是正确的？A. 乙藏匿凶器的行为不属毁灭证据，不成立帮助毁灭证据罪。B. 乙向甲汇款2万元不属帮助甲逃匿，不成立窝藏罪。C. 乙的行为既不成立帮助毁灭证据罪，也不成立窝藏罪。D. 甲虽唆使乙毁灭证据，但不能认定为帮助毁灭证据罪的教唆犯。

证据的一般规则：(1) 认定案件事实，须以证据为根据（可用于证明案件事实的材料，都是证据（视听资料电子数据、勘验检查辨认侦查实验等笔录、鉴定意见、物证、书证、证人证言、被害人陈述、嫌犯被告人供述和辩解），须经查证属实，才能作为定案的根据。(2) 审判人员应依法定程序收集、审查、核实、认定证据。A. 认定被告人有罪和对被告人从重处罚，应适用证据确实、充分的证明标准。B. 应运用证据证明的案件事实类型：a. 被告人、被害人的身份。b. 被指控的犯罪是否存在。c. 被指控的犯罪是否为被告人所实施。d. 被告人有无刑责能力，有无罪过，实施犯罪的动机、目的。e. 被告人有无从重、从轻、减轻、免除处罚情节。f. 被告人在共犯中的地位、作用。g. 实施犯罪的时间、地点、手段、后果、案件起因等。h. 有关附带民诉、涉案财物处理的事实。i. 有关管辖、回避、延期审理等的程序事实。j. 与定罪量刑有关的其他事实。C. 认定被告人有罪和对被告人从重处罚，应适用证据确实、充分的证明标准。(3) 证据未经当庭出示、辨认、质证等法庭调查程序查证属实，不得作为定案的根据，以法律和刑诉法解释另有规定为例外。(4) 行政机关在行政执法和查办案件过程中收集的物证、书证、视听资料、电子数据等证据材料，在刑诉中可作为证据使用。A. 经法庭查证属实，且收集程序符合有关法律、行政法规规定，可作为定案的根据。B. 根据法律、行政法规规定行使国家行政管理职权的组织，在行政执法和查办案件过程中收集的证据材料，视为行政机关收集的证据材料。(5) 法院、法庭或合议庭在审理过程中，对证据有疑问，可宣布休庭，调查核实，进行勘验、检查、查封、扣押、鉴定和查询、冻结，必要时，可通知检察人员、辩护人、自诉人及其法定代理人（不得担任刑诉活动的见证人的类型：a. 生理上、精神上有缺陷或年幼，不有相应辨别能力或不能正确表达的人。b. 与案件有利害关系，可能影响案件公正处理的人。c. 行使勘验、检查、搜查、扣押等刑诉职权的公安、司法机关的工作人员或其聘用的人员）到场，否则未到场，应记录在案。法院调查核实证据时，发现对定罪量刑有重大影响的新证据材料，应告知检察人员、辩护人、自诉人及其法定代理人；必要时，也可直接提取，并及时通知检察人员、辩护人、自诉人及其法定代理人查阅、摘抄、复制。因客观原因无法由符合条件的人员担任见证人，应在笔录材料中注明情况，并对相关活动进行录像。(6) 公开审理案件时，公诉人、诉讼参与人提出涉及国家秘密、商业秘密或个人隐私的证据，法庭应制止。有关证据确与本案有关，可根据具体情况，决定将案件转为不公开审理，或对相关证据的法庭调查不公开进行。

证据的综合审查与运用：(1) 对证据的真实性，应综合全案证据审查。A. 对证据的证明力，应根据具体情况，从证据与待证事实的关联程度、证据之间的联系等方面审查判断。B. 证据之间有内在联系，共同指向同一待证事实，不存在无法排除的矛盾和无法解释的疑问，才能作为定案的根据。(2) 无直接证据，但间接证据同时符合条件（a. 证据已查证属实。b. 证据之间相互印证，不存在无法排除的矛盾和无法解释的疑问。c. 全案证据已形成完整的证明体系。d. 根据证据认定案件事实足以排除合理怀疑，结论有唯一性。e. 运用证据进行的推理符合逻辑和经验），可认定被告人有罪。(3) 根据被告人的供述、指认提取到了隐蔽性很强的物证、书证，且被告人的供述与其他证明犯罪事实发生的证据相互印证，并排除串供、逼供、诱供等可能性，可认定被告人有罪。(4) 一般而言，采取技术侦查措施收集的证据材料，经当庭出示、辨认、质证等法庭调查程序查证属实，可作为定案的根据；特殊而言，使用采取技术侦查措施收集的证据可能危及有关人员的人身安全，或可能产生其他严重后果，法庭应采取不暴露有关人员身份、技术方法等保护措施，必要时，审判人员可在庭外核实。(5) 对侦查机关出具的被告人到案经过、抓获经等材料，应审查是否有出具该说明材料的办案人、办案机关的签名、盖章。对到案经过、抓获经或确定被告人有重大嫌疑的根据有疑问，应要求侦查机关补充说明。(6) 应慎重使用，有其他证据印证，可采信的证据类型：A. 生理上、精神上有缺陷，对案件事实的认知和表达存在一定困难，但尚未丧失正确认知、表达能力的被害人、证人和被告人所作的陈述、证言和供述。B. 与被告人有亲属关系或其他密切关系的证人所作的有利被告人的证言，或与被告人有利害冲突的证人所作的不利被告人的证言。(7) 证明被告人自首、坦白、立功的证据材料，未加盖接受被告人投案、坦白、检举揭发等的单位的印章，或接受人员无签名，不得作为定案的根据。A. 对被告人及其辩护人提出有自首、坦白、立功的事实和理由，有关机关未予认定，或有关机关提出被告人有自首、坦白、立功表现，但证据材料不全，法院应要求有关机关提供证明材料，或要求相关人员作证，并结合其他证据作出认定。B. 严惩严重刑事犯罪，须充分考虑被告人的主观恶性和人身危险性。对事先精心预谋、策划犯罪的被告人，有惯犯、职业犯等情节的被告人，或因故意犯罪受过刑罚、在缓刑、假释考验期内又犯罪的被告人，要依法严惩，以实现刑罚特殊预防的功能。C. 被告人的行为已构成犯罪，但犯罪情节轻微，或未成年人、在校学生实施的较轻犯罪，或被告人有犯罪预备、犯罪中止、从犯、胁从犯、防卫过当、避险过当等情节，依法不需判处刑罚，可免刑。D. 对所犯罪行不重、主观恶性不深、人身危险性较小、有悔改表现、不致再危害社会的罪犯，要依法从宽处理。对其中具备条件，应依法适用缓刑或管制、单处罚金等非监禁刑；同时配合做好社区矫正，加强教育、感化、帮教、挽救工作。(8) 证明被告人构成累犯、毒品再犯的证据材料，应含前罪的裁判文书、释放证明等材料，犯罪材料不全，应要求有关机关提供。A. 要依法从严惩处累犯和毒品再犯。B. 凡依法构成累犯和毒品再犯，即使犯罪情节较轻，也要体现从严惩处的精神。C. 对前罪为暴力犯罪或被判处重刑的累犯，更要依法从严惩处。(9) 审查被告人实施被指控的犯罪时或审判时是否达到相应法定责任年龄，应根据户籍证明、出生证明文件、学籍卡、人口普查登记、无利害关系人的证言等证据综合判断。(10) 证明被告人已满14周岁、16周岁、18周岁或不满75周岁的证据不足，应认定被告不满14周岁、不满16周岁、不满18周岁或已满75周岁。

◆ **《刑法》第307条之一 【虚假诉讼罪】**

从故意犯、行为犯、情节犯的角度讲,以捏造的事实提起民诉[采取伪造证据、虚假陈述等手段,实施8种虚假诉讼违法犯罪行为(a. 在破产案件审理过程中申报捏造的债权。b. 捏造知识产权侵权关系或不正当竞争关系。c. 与夫妻一方恶意串通,捏造夫妻共同债务。d. 与他人恶意串通,捏造债权债务关系和以物抵债协议。e. 与被执行人恶意串通,捏造债权或对查封、扣押、冻结财产的优先权、担保物权。f. 与公司、企业的法定代表人、董事、监事、经理或其他管理人员恶意串通,捏造公司、企业债务或担保义务。g. 单方或与他人恶意串通,捏造身份、合同、侵权、继承等民事法律关系的其他行为。h. 隐瞒债务已全部清偿的事实,向法院提起民诉,要求他人履行债务,或向法院申请执行基于捏造的事实作出的仲裁裁决、公证债权文书,或在民事执行过程中以捏造的事实对执行标的提出异议、申请参与执行财产分配,均以捏造的事实提起民诉论),捏造民事法律关系,虚构民事纠纷,向法院提起民诉],妨害司法秩序或严重侵害他人合法权益[以捏造的事实提起民诉,有6种情形(a. 多次以捏造的事实提起民诉。b. 曾因以捏造的事实提起民诉被采取民诉强制措施或受过刑事追究。c. 使法院开庭审理,干扰正常司法活动。d. 使法院基于捏造的事实采取财产保全或行为保全措施。e. 使法院基于捏造的事实作出裁判文书、制作财产分配方案,或立案执行基于捏造的事实作出的仲裁裁决、公证债权文书。f. 其他妨害司法秩序或严重侵害他人合法权益情形)],处3年以下有期刑、拘役或管制,并处或单处罚金;情节严重[以捏造的事实提起民诉,有7种情形 a. 非法占有他人财产,数额达到10万元以上。b. 使他人债权无法实现,数额达到100万元以上。c. 使义务人自动履行生效裁判文书(法院依民诉法、企业破产法等民事法律作出的判决、裁定、调解书、支付令等文书)确定的财产给付义务或法院强制执行财产权益,数额达到100万元以上。d. 使法院基于捏造的事实采取财产保全(诉前财产保全、诉中财产保全)或行为保全(诉前行为保全、诉中行为保全)措施,造成他人经济损失100万元以上。e. 使他人因不执行法院基于捏造的事实作出的判决、裁定,被采取刑拘、逮捕措施或受到刑事追究。f. 基于多次以捏造的事实提起民诉,或使法院开庭审理,干扰正常司法活动,或使法院基于捏造的事实作出裁判文书、制作财产分配方案,或立案执行基于捏造的事实作出的仲裁裁决、公证债权文书,导致严重干扰正常司法活动或严重损害司法公信力。g. 其他情节严重情形],处3年以上7年以下有期刑,并处罚金。

从《关于防范和制裁虚假诉讼的指导意见》(2016年)的角度讲,民商事虚假诉讼行为的认定:(1)虚假诉讼的一般要素:以规避法律法规或国家政策谋取非法利益为目的;双方当事人存在恶意串通;虚构事实;借用合法的民事程序;侵害国家利益、社会公共利益或案外人的合法权益。(2)在执行公证债权文书和仲裁裁决书、调解书等法律文书过程中,对可能存在双方恶意串通、虚构事实,要加大实质审查力度,注重审查相关法律文书是否损害国家利益、社会公共利益或案外人的合法权益,否则应裁定不予执行;必要时,可向仲裁机构或公证机关发出司法建议。(3)在第三人撤销之诉、案外人执行异议之诉、案外人申请再审等案件审理中,发现已生效的裁判涉及虚假诉讼,要及时予以纠正,保护案外人诉权和实体权利;同时也要防范有关人员利用上述法律制度,制造虚假诉讼,损害原诉讼中合法权利人利益。(4)在民间借贷、离婚析产、以物抵债、劳动争议、公司分立(合并)、企业破产等虚假诉讼高发领域的案件审理中,要加大证据审查力度。对可能存在虚假诉讼,要适当加大依职权调查取证力度。A. 虚假诉讼的5种基本情形:当事人为夫妻、朋友等亲近关系或关联企业等共同利益关系;原告诉请司法保护的标的额与其自身经济状况严重不符;原告起诉所依据的事实和理由明显不符合常理;当事人双方无实质性民事权益争议;案件证据不足,但双方仍主动迅速达成调解协议,并请求法院出具调解书。B. 诉讼中,一方对另一方提出的于己不利的事实明确表示承认,且不符合常理,要做进一步查明,慎重认定;查明的事实与自认的事实不符的,不予确认。C. 涉嫌虚假诉讼,应传唤当事人本人到庭,就有关案件事实接受询问;除法定事由外,应要求证人出庭作证。D. 法院应在立案窗口及法庭张贴警示宣传标识,同时在"法院民诉风险提示书"中明确告知参与虚假诉讼应承担的法律责任,引导当事人依法行使诉权,诚信诉讼。E. 要充分发挥民诉法司法解释有关当事人和证人签署保证书规定的作用,探索当事人和证人宣誓制度。

对虚假诉讼参与人,要适度加大罚款、拘留等妨碍民诉强制措施的法律适用力度;虚假诉讼侵害他人民事权益,虚假诉讼参与人应承担赔偿责任;虚假诉讼违法行为涉嫌虚假诉讼罪、诈骗罪、合同诈骗罪等刑事犯罪,民事审判部门应依法将相关线索和有关案件材料移送侦查机关。

单位虚假诉讼罪,对单位判处罚金,并对其直接负责的主管人员和其他直接责任人员,处3年以下有期刑、拘役或管制,并处或单处罚金;情节严重,处3年以上7年以下有期刑,并处罚金。

单位实施虚假诉讼行为,以《关于办理虚假诉讼刑事案件适用法律若干问题的解释》(2018年)的定罪量刑标准,对其直接负责的主管人员和其他直接责任人员定罪处罚,并对单位判处罚金。

采取伪造证据等手段篡改案件事实,骗取法院裁判文书,构成犯罪,以伪造变造买卖国家机关公文证件印章罪、盗窃抢夺毁灭国家机关公文证件印章罪、伪造公司企事业单位人民团体印章罪、伪造变造买卖身份证件罪、妨害作证罪、帮助毁灭伪造证据罪等规定追究刑责。

实施虚假诉讼犯罪行为,非法占有他人财产或逃避合法债务,又构成他罪,依处罚较重规定定罪从重处罚。

实施以捏造的事实提起民诉,妨害司法秩序或严重侵害他人合法权益的违法犯罪行为,非法占有他人财产或逃避合法债务,又构成诈骗罪、职务侵占罪、拒不执行判决裁定罪、贪污罪等犯罪,依处罚较重规定定罪从重处罚。

采取伪造证据、虚假陈述等手段,捏造民事法律关系,虚构民事纠纷,向法院提起民诉[采取伪造证据、虚假陈述等手段,实施8种虚假诉讼违法犯罪行为(a. 在破产案件审理过程中申报捏造的债权。b. 捏造知识产权侵权关系或不正当竞争关系。c. 与夫妻一方恶意串通,捏造夫妻共同债务。d. 与他人恶意串通,捏造债权债务关系和以物抵债协议。e. 与被执行人恶意串通,捏造债权或对查封、扣押、冻结财产的优先权、担保物权。f. 与公司、企业的法定代表人、董事、监事、经理或其他管理人员恶意串通,捏造公司、企业债务或担保义务。g. 单方或与他人恶意串通,捏造身份、合同、侵权、继承等民事法律关系的其他行为。h. 隐瞒债务已全部清偿的事实,向法院提起民诉,要求他人履行债务,或向法院申请执行基于捏造的事实作出的仲裁裁决、公证债权文书,或在民事执行过程中以捏造的事实对执行标的提出异议、申请参与执行财产分配,均以捏造的事实提起民诉论)],未达到情节严重标准,行为人系初犯,在民诉过程中自愿具结悔过,接受法院处理决定,积极退赃、退赔,可认定为犯罪情节轻微,不起诉或免刑;确有必要判刑,可从宽处罚。

司法工作人员利用职权,与他人共同采取伪造证据、虚假陈述等手段,捏造民事法律关系,虚构民事纠纷,向法院提起民诉[采取伪造证据、虚假陈述等手段,实施8种虚假诉讼违法犯罪行为(a. 在破产案件审理过程中申报捏造的债权。b. 捏造知识产权侵权关系或不正当竞争关系。c. 与夫妻一方恶意串通,捏造夫妻共同债务。d. 与他人恶意串通,捏造债权债务关系和以物抵债协议。e. 与被执行人恶意串通,捏造债权或对查封、扣押、冻结财产的优先权、担保物权。f. 与公司、企业的法定代表人、董事、监事、经理或其他管理人员恶意串通，捏造公司、企业债务或担保义务。g. 单方或与他人恶意串通，捏造身份、合同、侵权、继承等民事法律关系的其他行为。h. 隐瞒债务已全部清偿的事实，向法院提起民诉，要求他人履行债务，或向法院申请执行基于捏造的事实作出的仲裁裁决、公证债权文书，或在民事执行过程中以捏造的事实对执行标的提出异议、申请参与执行财产分配，均以捏造的事实提起民诉论）]，对司法工作人员不适用以捏造的事实提起民诉的规定。

审判人员不得接受当事人及其诉讼代理人请客送礼，有贪污受贿、徇私舞弊、枉法裁判行为，应追究法律责任；构成犯罪，依法追究刑责。司法工作人员利用职权，与他人共同虚假诉讼行为（a. 以捏造的事实提起民诉，妨害司法秩序或严重侵害他人合法权益。b. 非法占有他人财产或逃避合法债务。c. 单位进行虚假诉讼），从重处罚；同时构成滥用职权罪、枉法裁判罪或执行判决、裁定滥用职权罪等他罪，依处罚较重的规定定罪从重处罚。

诉讼代理人、证人、鉴定人等诉讼参与人与他人通谋，代理提起虚假民诉、故意作虚假证言或出具虚假鉴定意见，共同实施虚假诉讼行为（a. 以捏造的事实提起民诉，妨害司法秩序或严重侵害他人合法权益。b. 非法占有他人财产或逃避合法债务。c. 单位虚假诉讼），依共犯规定定罪处罚；同时构成妨害作证罪，帮助毁灭、伪造证据罪等犯罪，依处罚较重的罪从重处罚。

从检察院派员出庭支持公诉的第一审非速裁程序案件、第二审、再审案件法庭举证、质证工作指引的角度讲，对辩护方证据的质证：（1）公诉人应认真审查辩护方向法庭提交的证据。对开庭5日前未提交给法庭，可当庭指出，并根据情况，决定是否要求查阅该证据或建议休庭；可提请法庭不予采信的3种情形：不符合证据的真实性、关联性、合法性要求的证据；辩护人提供的证据明显有悖常理；其他需提请法庭不予采信的情况。A. 对辩护方提出的无罪证据，公诉人应本着实事求是、客观公正的原则进行质证。对与案件事实不符的证据，公诉人应针对辩护方证据的真实性、关联性、合法性提出质疑，否定证据的证明力。B. 对被告人的定罪、量刑有重大影响的证据，当庭难以判断，公诉人可建议法庭休庭或延期审理。（2）对辩护方提请出庭的证人，公诉人质证的基本方式方法：证人与案件当事人、案件处理结果有无利害关系；证人的年龄、认知、记忆和表达能力、生理和精神状态是否影响作证；证言的内容及其来源；证言的内容是否为证人直接感知，证人感知案件事实时的环境、条件和精神状态；证人作证是否受到外界的干扰或影响；证人与案件事实的关系；证言前后是否矛盾；证言之间以及与其他证据之间能否相互印证，有无矛盾。（3）辩护方证人未出庭，公诉人认为其证言对案件的定罪量刑有重大影响，可提请法庭通知其出庭。A. 对辩护方证人不出庭，公诉人可从取证主体合法性、取证是否征得证人同意、是否告知证人权利义务、询问未成年人时其法定代理人或有关人员是否到场、是否单独询问证人等方面质证。B. 质证中可将证言与已出示的证据材料进行对比分析，发现并反驳前后矛盾且不能作出合理解释的证人证言。C. 证人证言前后矛盾或与案件事实无关，应提请法庭注意。（4）对辩护方出示的鉴定意见和提请出庭的鉴定人，公诉人质证的基本方式方法：鉴定机构和鉴定人是否有法定资质；鉴定人是否存在应回避的情形；检材的来源、取得、保管、送检是否符合法律和有关规定，与相关提取笔录、扣押物品清单等记载的内容是否相符，检材是否充足、可靠；鉴定意见的形式要件是否完备，是否注明提起鉴定的事由、鉴定委托人、鉴定机构、鉴定要求、鉴定过程、鉴定方法、鉴定日期等相关内容，是否由鉴定机构加盖司法鉴定专用章并由鉴定人签名、盖章；鉴定程序是否符合法律和有关规定；鉴定的过程和方法是否符合相关专业的规范要求；鉴定意见是否明确；鉴定意见与案件待证事实有无关联；鉴定意见与勘验、检查笔录及相关照片等其他证据是否矛盾；鉴定意见是否依法及时告知相关人员，当事人对鉴定意见有无异议；必要时，公诉人可申请法庭通知有专门知识的人出庭，对辩护方出示的鉴定意见进行必要的解释说明。（5）对辩护方出示的物证、书证，公诉人质证的基本方式方法：物证、书证是否为原物、原件；物证的照片、录像、复制品，是否与原物核对无误；书证的副本、复制件，是否与原件核对无误；物证、书证的收集程序、方式是否符合法律和有关规定；物证、书证在收集、保管、鉴定过程中是否受损或改变；物证、书证与案件事实有无关联。(6) 对辩护方出示的视听资料，公诉人质证的基本方式方法：收集过程是否合法，来源及制作目的是否清楚；是否为原件，是复制件，是否有复制说明；制作过程中是否存在威胁、引诱当事人等违反法律、相关规定的情形；内容和制作过程是否真实，有无剪辑、增加、删改等情形；内容与案件事实有无关联。(7) 对辩护方出示的电子数据，公诉人质证的基本方式方法：是否随原始存储介质移送，在原始存储介质无法封存、不便移动等情形时，是否有提取、复制过程的说明；收集程序、方式是否符合法律及有关技术规范；电子数据内容是否真实，有无删除、修改、增加等情形；电子数据制作过程中是否受到暴力胁迫或引诱因素的影响；电子数据与案件事实有无关联。(8) 对因专门性问题不能对有关证据发表质证意见，可建议休庭，向有专门知识的人［运用专门知识（特定领域内的人员理解和掌握、有专业技术性的认识和经验等）参与检察院的办案活动，协助解决专门性问题或提出意见的人，但不含以鉴定人身份参与办案的人］咨询意见；必要时，可建议延期审理，进行鉴定或重新鉴定。(9) 在对质过程中，公诉人应重点就证据之间的矛盾点进行发问，并适时运用其他证据指出不真实不客观有矛盾的证据材料。

检察院聘请检察机关外的人员作为有专门知识的人参与办案，应核实其有效身份证件和能证明符合参与办案的有专门知识的人要求的材料。(1) 检察院可指派、聘请有鉴定资格的人员，或经本院审查具备专业能力的其他人员，作为有专门知识的人参与办案，以不得参与办案的有专门知识的人［a. 无民事行为能力或限制民事行为能力。b. 以办案人员等身份参与过本案办理工作。c. 因违反职业道德，被主管部门注销鉴定资格、撤销鉴定人登记，或吊销其他执业资格、近3年内被处以停止执业处罚。d. 近三年内违反最高检《关于指派、聘请有专门知识的人参与办案若干问题的规定（试行）》(2018年) 第18~21条规定（a. 有专门知识的人参与办案，应遵守法律规定，遵循技术标准和规范，恪守职业道德，坚持客观公正原则。b. 有专门知识的人应保守参与办案中所知悉的国家秘密、商业秘密、个人隐私以及其他不宜公开的内容。c. 有专门知识的人应妥善保管、使用并及时退还参与办案中所接触的证据等案卷材料。d. 有专门知识的人不得在同一案件中同时接受刑诉当事人、辩护人、诉讼代理人，民事、行诉对方当事人、诉讼代理人，或法院的委托）。e. 不宜作为有专门知识的人参与办案的其他情形］为例外。(2) 有专门知识的人违反最高检《有关指派、聘请有专门知识的人参与办案若干问题的规定（试行）》(2018年) 第18~21条（a. 有专门知识的人参与办案，应遵守法律规定，遵循技术标准和规范，恪守职业道德，坚持客观公正原则。b. 有专门知识的人应保守参与办案中知悉的国家秘密、商业秘密、个人隐私及其他不宜公开的内容。c. 有专门知识的人应妥善保管、使用并及时退还参与办案中所接触的证据等案卷材料。d. 有专门知识的人不得在同一案件中同时接受刑诉当事人、辩护人、诉讼代理人，民事、行诉对方当事人、诉讼代理人，或法院的委托），出现重大过错，影响正常办案，检察院应停止其作为有专门知识的人参与办案，并从推荐名单库中除名；必要时可建议其所在单位或有关部门给予行政处分或其他处分；构成违法犯罪，依法追究行责或刑责。

◆ 《刑法》第308条 【打击报复证人罪】

从故意犯、行为犯、情节犯的角度讲，对证人进行打击报复（恐吓、骚扰、克扣、行凶、殴打、打压、诽谤、侮辱、破坏、伤害、行政处罚或处分、敲诈勒索、非法拘禁等人身权、财产权、民主权性质的打击报复方式方法），处3年以下有期刑或拘役；情节严重（打击报复手段恶劣；严重损害致被害人的人身权、民主权或其他权利；致被害人精神失常或自杀；造成其他严重后果），处3年以上7年以下有期刑。

从刑法但书、刑诉法的角度讲，打击报复证人，情节显著轻微，危害不大，不构成打击报复证人罪，可依法律规定进行行政处罚或纪律处分。对证人及其近亲属进行威胁、侮辱、殴打或打击报复，构成犯罪，依法追究刑责；尚不够刑罚，依法给予治安处罚。

从想象竞合犯、法条竞合［全部竞合（包容竞合）、部分竞合（交互竞合）］犯的角度讲，打击报复罪、打击报复证人罪和故意伤害罪等犯罪问题有转化犯、想象竞合犯、法条竞合犯的可能性。(1) 打击报复罪和故意伤害罪等犯罪有关联性、互补性、差异性，关键在于犯罪对象范围、犯罪行为类型、法定刑的不同。(2) 打击报复罪、打击报复证人罪、报复陷害罪的主观方面有相似性，关键在于犯罪主体、犯罪客体、犯罪客观方面的不同。违反食品安全法规定，对举报人以解除、变更劳动合同或其他方式打击报复，应依有关法律的规定承担责任。

检察院依法保障接受指派、聘请参与办案的有专门知识的人及其近亲属的安全。(1) 对有专门知识的人及其近亲属进行威胁、侮辱、殴打、打击报复等，构成违法犯罪，检察院应移送公安机关处理；情节轻微，批评教育、训诫。(2) 对聘请的有专门知识的人，应给予适当报酬。(3) 有专门知识的人因参与办案而支出的交通、住宿、就餐等费用，由检察院承担，从检察院办案业务经费中列支。

对来中国作证或协助调查的证人、鉴定人，办案机关应依法补助。(1) 来中国作证或协助调查的证人、鉴定人在离境前，其入境前实施的犯罪不受追诉；除因入境后实施违法犯罪而被采取强制措施外，其人身自由不受限制。(2) 来中国作证或协助调查的证人、鉴定人在条约规定的期限内或被通知无需继续停留后15日内未离境，因入境后实施违法犯罪而被采取强制措施人身自由受限制，但因不可抗力或其他特殊原因未能离境外。(3) 来中国作证或协助调查的人员系在押人员，由对外联系机关会同主管机关与被请求国就移交在押人员的相关事项事先达成协议。主管机关和办案机关应遵守协议内容，依法对被移交的人员羁押，并在作证或协助调查结束后及时将其送回被请求国。

◆ 《刑法》第308条之一 【泄露不应公开的案件信息罪；故意泄露国家秘密罪；过失泄露国家秘密罪；披露、报道不应公开的案件信息罪】

从身份犯、结果犯的角度讲，司法工作人员（公检法司人员等）、辩护人（律师；嫌犯、被告人的监护人、亲友；人民团体或嫌犯、被告人所在单位推荐的人）、诉讼代理人［a. 刑诉参与人：当事人（被害人、自诉人；嫌犯、被告人；附带民诉的原告、被告）、法定代理人、诉讼代理人、辩护人、证人、鉴定人、翻译人员。b. 民诉参与人：当事人（原告、被告、共同诉讼人、第三人）、诉讼代表人、诉讼代理人、证人、鉴定人、勘验人、翻译人。c. 行诉参与人：当事人、诉讼代理人、证人、鉴定人、勘验人、翻译人］或其他诉讼参与人（证人、鉴定人、勘验人、翻译人），泄露、公开披露、报道依法不公开审理的案件中不应公开的信息（a. 国家秘密、国家情报、军事秘密、军事情报、商业秘密、个人隐私、未成年犯身份信息等不公开审理的案件信息。b. 法律法规禁止公开的信息），造成信息公开传播（司法工作人员、辩护人、诉讼代理人或其他诉讼参与人外的社会公众知悉）或其他严重后果（因信息泄露而给利益相关者造成的严重损失），处3年以下有期刑、拘役或管制，并处或单处罚金。

【披露、报道不应公开的案件信息罪】司法工作人员、辩护人、诉讼代理人或其他诉讼参与人，公开披露、报道依法不公开审理的案件中不应公开的案件信息，情节严重，处3年以下有期刑、拘役或管制，并处或单处罚金。

【故意泄露国家秘密罪】司法工作人员、辩护人、诉讼代理人或其他诉讼参与人，泄露依法不公开审理的案件中不应公开的国家秘密,造成国家秘密公开传播或其他严重后果,以故意泄露国家秘密罪定罪处罚。

单位犯泄露不应公开的案件信息罪;披露、报道不应公开的案件信息罪;故意泄露国家秘密罪,对单位判处罚金,并对其直接负责的主管人员和其他直接责任人员,处3年以下有期刑、拘役或管制,并处或单处罚金。

从刑诉法、民诉法、律师法的角度讲,对涉及国家秘密、商业秘密、个人隐私的证据,应保密。侦查人员对采取技术侦查措施过程中知悉的国家秘密、商业秘密和个人隐私,应保密。律师应保守在执业活动中知悉的国家秘密、商业秘密,不得泄露当事人的隐私。公众可查阅发生法律效力的判决书、裁判书,但涉及国家秘密、商业秘密和个人隐私的内容除外。

故意泄露国家秘密罪的情形:(1)有故意泄露国家秘密、泄露不应公开的案件信息、披露、报道不应公开的案件信息的犯罪行为,泄露国家秘密,以故意泄露国家秘密罪、过失泄露国家秘密罪定罪处罚。(2)公开披露、报道对证人进行打击报复的案件信息,情节严重,依打击报复证人罪、故意泄露国家秘密罪的规定处罚。(3)单位犯打击报复证人罪、故意泄露国家秘密罪,对单位判处罚金,并对其直接负责的主管人员和其他直接责任人员,依打击报复证人罪、故意泄露国家秘密罪的规定处罚。(4)违反中医药条例规定,造成重大中医药资源流失和国家科技秘密泄露,情节严重,构成犯罪,依法追究刑责;尚不够刑罚,由县级以上地方政府负责中医药管理的部门责令改正,对负有责任的主管人员和其他直接责任人员依法给予纪律处分。

从刑法、刑诉法、保守国家秘密法、《人民检察院、保密行政管理部门查办泄密案若干问题的件规定》(2016年)等法律法规、司法解释的角度讲,检察院、保密行政管理部门协调配合查办泄密案件[泄密违法案件(机关、单位或有关人员的行为违反保密法律法规规章,使国家秘密已泄露或可能泄露,但尚不构成犯罪的案件)、泄密犯罪案件(根据刑法和有关司法解释规定,构成故意泄露国家秘密罪或过失泄露国家秘密罪,依法应追究刑责的案件)]的根本目的在于保守国家秘密,维护国安和利益。(1)泄密违法案件由发生案件的机关、单位或相关责任人员所在地的保密行政管理部门组织查处,以有关法律法规规章对泄密违法案件管辖另有规定从其规定为例外。(2)泄密犯罪案件由犯罪地检察院立案侦查。必要时,可由嫌犯居住地检察院立案侦查。泄密犯罪案件的犯罪地含泄密犯罪行为实施地,发生泄密犯罪案件的机关、单位所在地,泄密犯罪案件涉及的国家秘密载体所在地,发生泄密犯罪案件的计算机信息系统或网站服务器所在地,以及因泄密犯罪案件而直接遭受损失的机关、单位所在地等。(3)保密行政管理部门查办的泄密违法案件,经初步调查,认为涉嫌构成泄密犯罪,依法应追究刑责,应立即中止调查,并在中止调查之日起10日内移交同级或有管辖权的检察院查处。A.保密行政管理部门向检察院移送涉嫌泄密犯罪案件,应附有材料(案件移送书;案件情况的初查报告;涉案物品清单;有关检验报告或密级鉴定书;其他有关证明涉嫌泄密犯罪的材料)。B.保密行政管理部门接到机关和单位报告、有关部门移送、公民举报的涉嫌泄密犯罪案件线索,或在保密检查中发现涉嫌泄密犯罪案件线索,认为达到泄密犯罪案件立案标准,应及时将线索移送同级或有管辖权的检察院。(4)检察院直接受理立案侦查涉嫌泄密犯罪案件时,发现国家秘密已泄露或可能泄露,应立即将有关情况通报同级保密行政管理部门。A.检察院办理其他案件时,发现有涉嫌泄密违法行为但尚不构成犯罪,应及时将有关情况通报同级保密行政管理部门。B.检察院对保密行政管理部门移送的涉嫌泄密犯罪案件材料,应及时审查,必要时可进行初查。经审查认为符合立案条件,应及时作出立案决定,并在决定立案之日起10日内,书面通知移送案件的保密行政管理部门。C.检察院决定不立案,应制作不立案通知书,写明案由和案件来源、决定不立案的理由和法律依据,自作出不立案决定之日起10日内送达移送案件的保密行政管理部门。(5)对检察院的不立案决定,移送案件的保密行政管理部门可在收到不立案通知书后 5 日内要求作出不立案决定的检察院复议。检察院应另行指派专人审查,并在收到保密行政管理部门要求复议意见书后 7 日内作出复议决定。保密行政管理部门对复议决定不服,可在收到检察院复议决定书后 5 日内向上一级检察院提请复核。上一级检察院应在收到保密行政管理部门提请复核意见书后 15 日内作出复核决定。对原不立案决定错误,应及时纠正,并通知作出不立案决定的以下级检察院执行。(6) 检察院在侦查过程中或侦查终结后,发现有《人民检察院刑事诉讼规则(试行)》的特殊情形〔检察院在侦查过程中或侦查终结后,发现个犯或共犯有 3 种情形(有刑诉法不起诉情形;无犯罪事实或依刑法规定不负刑责或不是犯罪;虽有犯罪事实,但不是嫌犯所为),侦查部门应制作拟撤销案件意见书,报请检察长或检委会决定撤销立案〕,应撤销案件,并将撤销案件决定书及时送达移送案件的保密行政管理部门。(7) 检察院对泄密犯罪案件审查后,认为嫌犯的犯罪事实已查清,证据确实、充分,依法应追究刑责,应作出起诉决定,并及时将起诉情况通知移送案件的保密行政管理部门。检察院对泄密案件审查后,认为符合《人民检察院刑事诉讼规则(试行)》规定的不起诉情形,依法作出不起诉决定,以及时将不起诉决定书抄送移送案件的保密行政管理部门,并说明作出不起诉决定的理由与法律依据。(8) 检察院在办理泄密犯罪案件过程中,发现 4 种情形(决定不立案或撤销案件、不起诉,但需对发案机关、单位的直接负责的主管人员和其他直接责任人员给予处分;发案机关、单位在预防泄密方面管理不完善,制度不健全、不落实,存在泄密犯罪隐患;发案机关、单位的行业主管部门或主管机关需加强或改进本行业或本部门保密工作;其他需提出检察建议),可向相关主管部门或发案机关、单位等提出依法依纪处理、改进工作等检察建议。检察院向相关主管部门或发案机关、单位提出检察建议,应同时抄送有管辖权的保密行政管理部门。(9) 保密行政管理部门向检察院移送涉嫌泄密犯罪案件,对其在行政执法中收集的物证、书证、视听资料、电子数据等证据材料,应以该保密行政管理部门的名义一并移送检察院;经检察院审查符合法定要求,可作为刑诉证据使用。A. 对保密行政管理部门在查办泄密案件过程中收集的鉴定意见和勘验、检查笔录,经检察院审查符合法定要求,可作为刑诉证据使用。B. 检察院办理泄密犯罪案件,对保密行政管理部门在查办泄密案件过程中收集的涉案人员供述或相关人员的证言、陈述,应重新收集。确有证据证实涉案人员或相关人员因路途遥远、死亡、失踪或丧失作证能力,无法重新收集,且供述、证言或陈述的来源、收集程序合法,并有其他证据相印证,经检察院审查符合法定要求,可作为刑诉证据使用。(10) 检察院在办理泄密犯罪案件过程中,对案件涉及的国家秘密载体,应及时采取查封、扣押措施,防止泄密范围扩大。保密行政管理部门对先期采取登记保存、收缴等措施的有关设施、设备、文件资料等,应及时通报检察院采取查封、扣押措施,并提供必要的协助。(11) 检察院办理泄密犯罪案件过程中,需对有关事项是否属于国家秘密及属于何种密级进行鉴定,应向有鉴定权的保密行政管理部门提请鉴定。保密行政管理部门应依法作出鉴定,并出具密级鉴定书。(12) 保密行政管理部门对疑难、复杂的泄密案件,可商请检察院就案件性质、追诉标准、证据固定等问题提出咨询或参考意见。(13) 保密行政管理部门应向检察院移送而不移送涉嫌泄密犯罪案件,或逾期未移送,或以处分代替移送,上级保密行政管理部门应责令限期移送;情节严重,对负有责任的主管人员和其他直接责任人员依法给予处分。A. 检察院接到控告、举报或发现保密行政管理部门应移送而不移送涉嫌泄密犯罪案件,或逾期未移送,或以处分代替移送,应向保密行政管理部门提出检察意见,建议其移送,保密行政管理部门应立即移送。B. 保密行政管理部门仍不移送,检察院应将有关情况通报上级保密行政管理部门,必要时对涉嫌泄密犯罪直接立案侦查。C. 对构成徇私舞弊不移交刑事案件罪的责任人员,依法追究刑责。(14) 检察院有关部门不受理保密行政管理部门移送的案件,或未在法定期限内作出立案或不立案决定,保密行政管理部门应向检察院通报情况、提出意见。检察院经审查认为存在违法情形，应及时纠正；情节严重，对负有责任的主管人员和其他直接责任人员依法给予处分；构成犯罪，依法追究刑责。（15）对保密行政管理部门移送的涉嫌泄密犯罪案件或线索，检察院有关部门应采取分类登记、专人负责、定期汇总等措施，防止泄密犯罪案件或线索流失。（16）保密行政管理部门向检察院移送重大、疑难、复杂的涉嫌泄密犯罪案件前，可启动协调会商机制，与检察院就案件性质、适法、案件管辖等问题进行会商。（17）发生保密突发事件，保密行政管理部门可依法启动应急处置机制，商请检察院在职责范围内依法协助。检察院在办理泄密犯罪案件过程中，发现需立即采取防范或补救措施，可商请保密行政管理部门依法启动应急处置机制。（18）检察院与保密行政管理部门双方及时相互通报移送、办理泄密犯罪案件及衔接工作的有关情况，会商案件移送、办理中遇到的法律政策问题，研究阶段性工作重点和措施。（19）检察院与保密行政管理部门加强和推进泄密犯罪案件衔接工作信息共享平台建设，实现保密行政管理部门与检察院之间行政执法、刑事司法信息互联互通。

◆ 《刑法》第309条 【扰乱法庭秩序罪】

从故意犯、情节犯的角度讲，扰乱法庭秩序（a. 聚众哄闹、冲击法庭。b. 殴打司法工作人员或诉讼参与人。c. 侮辱、诽谤、威胁司法工作人员或诉讼参与人，不听法庭制止，严重扰乱法庭秩序。d. 有毁坏法庭设施，抢夺、损毁诉讼文书、证据等扰乱法庭秩序行为），情节严重，处3年以下有期刑、拘役、管制或罚金。

在法庭审理过程中，诉讼参与人、旁听人员应遵守纪律：（1）服从法庭指挥，遵守法庭礼仪。（2）不得鼓掌、喧哗、哄闹、随意走动。（3）不得对庭审活动进行录音、录像、摄影，或通过发送邮件、博客、微博客等方式传播庭审情况，但经法院许可的新闻记者除外。（4）旁听人员不得发言、提问。（5）不得实施其他扰乱法庭秩序的行为。

在法庭审判过程中，若诉讼参与人或旁听人员违反法庭秩序，审判长应警告制止。对不听制止，可强行带出法庭；情节严重，处以1000元以下罚款或15日以下的拘留。罚款、拘留须经院长批准。被处罚人不服罚款、拘留的决定，可向上一级法院申请复议；复议期间不停止执行。

担任辩护人、诉讼代理人的律师严重扰乱法庭秩序，被强行带出法庭或被处以罚款、拘留，法院应通报司法行政机关，并可建议依法给予相应处罚。

当事人、诉讼参与人和旁听人员在庭审活动中应服从审判长或独任审判员的指挥，遵守法庭纪律；对扰乱法庭秩序、危及法庭安全等违法行为，应依法处理；构成犯罪，依法追究刑责。

对聚众哄闹、冲击法庭或侮辱、诽谤、威胁、殴打司法工作人员或诉讼参与人，严重扰乱法庭秩序，构成犯罪，依法追究刑责。

行为人危及法庭安全或扰乱法庭秩序，据相关法律规定，罚款、拘留；构成犯罪（a. 非法携带枪支、弹药、管制刀具或爆炸性、易燃性、放射性、毒害性、腐蚀性物品以及传染病病原体进入法庭。b. 哄闹、冲击法庭。c. 侮辱、诽谤、威胁、殴打司法工作人员或诉讼参与人。d. 毁坏法庭设施，抢夺、损毁诉讼文书、证据。e. 其他危害法庭安全或扰乱法庭秩序的行为），依法追究其刑责。

从《关于人民法院接受新闻媒体舆论监督的若干规定》（2009年）的角度讲，法院应主动接受新闻媒体的舆论监督，保障公众的知情权、参与权、表达权、监督权。（1）对新闻媒体旁听案件庭审、采访报道法院工作、要求提供相关材料，法院应根据具体情况提供便利。（2）对社会关注的案件和法院工作的重大举措以及按有关规定应向社会公开的其他信息，法院应通过新闻发布会、记者招待会、新闻通稿、法院公报、互联网站等形式向新闻媒体及时发布相关信息。（3）对公开审判的案件，新闻媒体记者和公众可旁听。审判场所座席不足，应优先保证媒体和当事人近亲属的需要。有条件的审判法庭根据需要要可在旁听席中设立媒体席。记者旁听庭审应遵守法庭纪律，未经批准不得录音、录像和摄影。（4）对正审理的案件，法院的审判人员及其他工作人员不得擅自接受新闻媒体的采访。（5）对已审结的案件，法院可通过新闻宣传部门协调决定由有关人员接受采访。（6）对不适宜接受采访，法院可决定不接受采访并说明理由。（7）对新闻媒体报道中反映法院审判工作和其他各项工作中存在的问题，以及反映审判人员和其他工作人员违法违纪行为，法院应及时调查、核实。查证属实，应依法采取有效措施进行处理，并及时反馈处理结果。（8）新闻媒体因报道案件审理情况或法院其他工作需要申请法院提供相关资料，法院可提供裁判文书复印件、庭审笔录、庭审录音录像、规范性文件、指导意见等。如有必要，也可为媒体提供其他可公开的背景资料和情况说明。A. 法院接受新闻媒体舆论监督的协调工作由法院的新闻宣传主管部门统一归口管理。新闻宣传主管部门应为新闻媒体提供新闻报道素材，保证新闻媒体真实、客观地报道法院的工作。对新闻媒体报道法院的工作失实时，新闻宣传主管部门负责及时澄清事实，进行回应。B. 法院应建立与新闻媒体及其主管部门固定的沟通联络机制，定期或不定期地举办座谈会或研讨会，交流意见，沟通信息；与新闻媒体可研究制定共同遵守的行为自律准则。C. 对新闻媒体反映法院接受舆论监督方面的意见和建议，有关法院应及时研究处理，改进工作。（9）法院发现新闻媒体在采访报道法院工作时有损害国家安全和社会公共利益，泄露国家秘密、商业秘密；对正审理的案件报道严重失实或恶意进行倾向性报道，损害司法权威、影响公正审判；以侮辱、诽谤等方式损害法官名誉，或损害当事人名誉权等人格权，侵犯诉讼参与人的隐私和安全；接受一方当事人请托，歪曲事实，恶意炒作，干扰法院审判、执行活动，造成严重不良影响；其他严重损害司法权威、影响司法公正的情形，可向新闻主管部门、新闻记者自律组织或新闻单位等通报情况并提出建议；违反法律规定，依法追究相应责任。

值庭司法警察应在法庭审判活动开始前进入法庭，确定警卫法庭的位置。对违反法庭规则的人员，值庭司法警察应劝阻和制止，对不服从劝阻和制止的人员，值庭司法警察在审判长或独任审判员的指令下，依法采取强制措施制止其违法行为或强制将其带出法庭。对严重扰乱法庭秩序的人员，值庭司法警察应依法采取强制措施控制；经院长批准罚款、拘留，由司法警察执行。值庭司法警察在审判长或独任审判员的指令下，负责传唤证人、鉴定人，传递、展示证据；引导证人、鉴定人出入法庭，并保护证人、鉴定人在法庭上的人身安全。负责法庭押解的司法警察在审判长或独任审判员的指令下，押解被告人进、出法庭；在法庭审判活动进行过程中，要严密监控被告人，始终将被告人置于可控制的范围内。未经批准，严禁被害人及其亲属、被告人的亲属和其他无关人员接近被告人。

◆ 《刑法》第310条 【窝藏、包庇罪】

从故意犯、行为犯、情节犯的角度讲，明知是犯罪的人而为其提供隐藏处所、财物，帮助其逃匿或作假证明包庇，处3年以下有期刑、拘役或管制；情节严重，处3年以上10年以下有期刑。从通谋共犯的角度，犯窝藏、包庇罪，事前通谋，以共犯论处。

事先未与被窝藏、包庇的罪犯通谋，而在事后予以窝藏、包庇，构成窝藏、包庇罪；若事先通谋，即窝藏、包庇犯与被窝藏、包庇的罪犯，在犯罪活动前，就谋划或合谋，答应罪犯作案后给予窝藏、包庇，应以窝藏、包庇罪的共犯论处。他人明知是经济犯罪违法所得及其产生的收益，通过虚构债权债务关系、虚假交易等方式予以窝藏、转移、收购、代为销售或以其他方法掩饰、隐瞒，构成犯罪，应依法追究刑责。

【2003·卷2·多选·48】（答案：ABD）下列与犯罪故意和共犯有关的说法哪些是正确的？A. 甲一开始不知道现住自己家的张三是罪犯而收留，但在知道其是杀人犯后仍加以隐藏的，可以构成窝藏罪。B. 乙为发展公司业务而正常申请贷款100万元。取得贷款不久，公司

业务停滞，乙便将贷款转贷牟利，不构成高利转贷罪。C. 丙发现李四挪用公款所取得的款项放在家中，尚未使用，就"借用"李四的公款50万元购买毒品，丙属于挪用公款罪共犯。D. 丁（非国家工作人员）一开始并不知道丈夫田某多次受贿的事实，但在行贿人王五告知丁其有求在田某时，丁接受了王五提供的财物，丁构成受贿罪。

【2008·川·卷2·单选·19】（答案：D）甲在经过某偏僻路口时，发现其好友乙抢劫了丙的财物，且因乙先前的暴力行为，导致丙流血过多，陷入昏迷状态。甲赶忙对乙说："你惹大麻烦了，快找个地方躲躲，走得越远越好。"甲还将自己远房亲戚的姓名、住址提供给乙，并给乙3000元。乙于是坐火车投奔甲的亲戚。甲、乙分别离开现场，3小时后，丙死亡。甲的行为构成何罪？A. 抢劫罪。B. 故意杀人罪。C. 过失致人死亡罪。D. 窝藏罪。

【2009·卷2·多选·62】（答案：CD）下列哪些行为构成包庇罪？A. 甲帮助强奸罪犯毁灭证据。B. 乙（乘车人）在交通肇事后指使肇事人逃逸，致使被害人因得不到救助而死亡。C. 丙明知实施杀人、放火犯罪行为是恐怖组织所为，而作假证明予以包庇。D. 丁系歌舞厅老板，在公安机关查处卖淫嫖娼违法行为时为违法者通风报信，情节严重。

【2017·卷2·单选·19】（答案：B）《刑法》第310条第1款规定了窝藏、包庇罪，第2款规定："犯前款罪，事前通谋，以共同犯罪论处。"《刑法》第312条规定了掩饰、隐瞒犯罪所得罪，但未规定"事前通谋，以共同犯罪论处。"关于上述规定，下列哪一说法是正确的？A. 若事前通谋之罪的法定刑低于窝藏、包庇罪的法定刑，即使事前通谋的，也应以窝藏、包庇罪论处。B. 即使《刑法》第310条第2款未规定对事前通谋事后窝藏、包庇的，也应以共同犯罪论处。C. 因缺乏明文规定，事前通谋事后掩饰、隐瞒犯罪所得的，不能以共同犯罪论处。D. 事前通谋事后掩饰、隐瞒犯罪所得的，属于想象竞合，应从一重罪处罚。

◆ 《刑法》第311条 【拒绝提供间谍犯罪、恐怖主义犯罪、极端主义犯罪证据罪】

从故意犯、情节犯的角度讲，明知他人有间谍犯罪或恐怖主义、极端主义犯罪行为，在司法机关向其调查有关情况、收集有关证据时，拒绝提供，情节严重，处3年以下有期刑、拘役或管制。

◆ 《刑法》第312条 【掩饰、隐瞒犯罪所得、犯罪所得收益罪】

从故意犯、情节犯的角度讲，明知（行为人实施盗窃、抢劫、诈骗、抢夺的机动车或国家机关工作人员滥用职权、疏于审查或审查不严，使盗窃、抢劫、诈骗、抢夺的机动车被办理登记手续的违法犯罪行为，涉及的机动车无合法有效的来历凭证，或发动机号、车辆识别代号有明显更改痕迹，无合法证明）是犯罪所得（通过犯罪直接得到的赃款、赃物）及其产生的收益（上游犯罪的行为人对犯罪所得进行处理后得到的孳息、租金等）而窝藏、转移、收购、代为销售或以其他方法（明知是犯罪所得及其产生的收益而采取窝藏、转移、收购、代为销售外的方法，如居间介绍买卖，收受，持有，使用，加工，提供资金账户，协助将财物转换为现金、金融票据、有价证券，协助将资金转移、汇往境外等）掩饰、隐瞒，处3年以下有期刑、拘役或管制，并处或单处罚金；情节严重（a. 掩饰、隐瞒犯罪所得及其产生的收益的行为使上游犯罪无法及时查处，并造成公私财物重大损失无法挽回或其他严重后果。b. 掩饰、隐瞒犯罪所得及其产生的收益10次以上，或3次以上且价值总额达到5万元以上。c. 掩饰、隐瞒犯罪所得及其产生的收益价值总额达到10万元以上。d. 掩饰、隐瞒的犯罪所得系电力设备、交通设施、广电设施、公用电信设施、军事设施或救灾、抢险、防汛、优抚、扶贫、移民、救济款物，价值总额达到5万元以上。e. 实施其他掩饰、隐瞒犯罪所得及其产生的收益行为，严重妨害司法机关对上游犯罪追究。f. 实施明知是非法获取计算机信息系统数据犯罪所获取的数据、非法控制计算机信息系统犯罪所获取的计算机信息系统控制权，而

转移、收购、代为销售或以其他方法掩饰、隐瞒的犯罪行为,违法所得5万元以上),处3年以上7年以下有期刑,并处罚金

掩饰、隐瞒犯罪所得、犯罪所得收益罪是明知是犯罪所得及其产生的收益,而予以窝藏、转移、收购、代为销售或以其他方法掩饰、隐瞒的行为。

掩饰、隐瞒犯罪所得、犯罪所得收益罪的量刑:(1)构成掩饰、隐瞒犯罪所得、犯罪所得收益罪,可根据不同情形在相应的幅度内确定量刑起点:A.犯罪情节一般,可在1年以下有期刑、拘役幅度内确定量刑起点。B.情节严重,可在3年-4年有期刑幅度内确定量刑起点。(2)在量刑起点的基础上,可根据犯罪数额等其他影响犯罪构成的犯罪事实增加刑罚量,确定基准刑。

【2011·卷2·单选·17】(答案:D)下列哪一选项的行为应以掩饰、隐瞒犯罪所得罪论处?A.甲因受贿所得1,000万元购买了一处别墅。B.乙明知是他人用于抢劫的汽车而更改车身颜色。C.丙与抢劫犯事前通谋后代为销售抢劫财物。D.丁明知是他人盗窃的汽车而为其提供伪造的机动车来历凭证。

【河南规定】掩饰、隐瞒犯罪所得、犯罪所得收益罪的量刑:(1)法定刑在3年以下有期刑、拘役、管制、单处罚金幅度的量刑起点和基准刑:A.掩饰、隐瞒犯罪所得、犯罪所得收益数额达到5000元,在3个月拘役至6个月有期刑幅度内确定量刑起点。B.明知是盗窃、抢劫、诈骗、抢夺的机动车,在3个月拘役至6个月有期刑幅度内确定量刑起点的6种情形:a.买卖、介绍买卖、典当、拍卖、抵押或用其抵债。b.拆解、拼装或组装。c.修改发动机号、车辆识别代号。d.更改车身颜色或车辆外形。e.提供或出售机动车来历凭证、整车合格证、号牌及有关机动车的其他证明和凭证。f.提供或出售伪造、变造的机动车来历凭证、整车合格证、号牌及有关机动车的其他证明和凭证。C.明知是非法获取计算机信息系统数据犯罪所获取的数据、非法控制计算机信息系统犯罪所获取的计算机信息系统控制权,而转移、收购、代为销售或以其他方法掩饰、隐瞒,违法所得达到5000元,在3个月拘役至6个月有期刑幅度内确定量刑起点。a.在量刑起点的基础上,可根据犯罪数额等其他影响犯罪构成的犯罪事实增加刑罚量,确定基准刑。b.增加相应的刑罚量的4种情形:①犯罪数额每增加2万元(其中上游犯罪为涉计算机犯罪的违法所得数额每增加1500元),增加1个月刑期。②掩饰、隐瞒盗窃、抢劫、诈骗、抢夺的机动车,每增加1辆,增加3个月-6个月刑期。③犯罪的手段或情形每增加1种,增加1个月-2个月刑期。④其他可增加刑罚量情形。(2)法定刑在3年以上7年以下有期刑幅度的量刑起点和基准刑:A.掩饰、隐瞒犯罪所得、犯罪所得收益数额达到50万元,在3年-4年有期刑幅度内确定量刑起点。B.掩饰、隐瞒盗窃、抢劫、诈骗、抢夺的机动车达到5辆或价值总额达到50万元,在3年-4年有期刑幅度内确定量刑起点。C.明知是非法获取计算机信息系统数据犯罪所获取的数据、非法控制计算机信息系统犯罪所获取的计算机信息系统控制权,而转移、收购、代为销售或以其他方法掩饰、隐瞒,违法所得达到5万元,在3年-4年有期刑幅度内确定量刑起点。a.在量刑起点的基础上,可根据犯罪数额等其他影响犯罪构成的犯罪事实增加刑罚量,确定基准刑。b.增加相应的刑罚量的4种情形:①犯罪数额每增加3万元(其中上游犯罪为涉计算机犯罪的违法所得数额每增加3000元),增加1个月刑期。②掩饰、隐瞒盗窃、抢劫、诈骗、抢夺的机动车超过5辆,每增加1辆,增加3个月-6个月刑期。③犯罪的手段或情形每增加1种,增加1个月-2个月刑期。④其他可增加刑罚量情形。(3)可增加基准刑的20%以下4种情形:A.多次掩饰、隐瞒犯罪所得、犯罪所得收益或以掩饰、隐瞒犯罪所得、犯罪所得收益为业。B.明知上游犯罪行为较重。C.犯罪对象涉及国安、公共安全或重大公共利益。D.其他可从重处罚情形。

从《关于审理掩饰、隐瞒犯罪所得、犯罪所得收益刑事案件适用法律若干问题的解释》(2015年)的角度讲,掩饰、隐瞒犯罪所得、犯罪所得收益罪是选择性罪名,审理此类案件,

应根据具体犯罪行为及其指向的对象,确定适用的罪名。(1) 明知(应结合行为人的认知能力、所得报酬、运输工具、运输路线、收购价格、收购形式、加工方式、销售地点、仓储条件等综合因素认定)是犯罪所得的油气而窝藏、转移、收购、加工、代为销售或以其他方式掩饰、隐瞒,构成犯罪,以掩饰、隐瞒犯罪所得罪追究刑责。(2) 实施明知是犯罪所得的油气而窝藏、转移、收购、加工、代为销售或以其他方式掩饰、隐瞒的犯罪行为,事前通谋,以盗窃罪、破坏易燃易爆设备罪等有关犯罪的共犯论处。(3) 知道或应知道是非法收购、运输、出售珍贵濒危野生动物、珍贵、濒危野生动物制品罪的非法狩猎的野生动物而购买,属于掩饰、隐瞒犯罪所得、犯罪所得收益罪的明知是犯罪所得而收购的行为(明知是犯罪所得及其产生的收益而收购)。(4) 明知是盗窃、抢劫、诈骗、抢夺的机动车,而为其提供或出售伪造、变造的机动车来历凭证、整车合格证、号牌以及有关机动车的其他证明和凭证,以掩饰、隐瞒犯罪所得、犯罪所得收益罪定罪。明知是盗窃、抢劫、诈骗、抢夺的机动车,实施掩饰、隐瞒犯罪所得、犯罪所得收益罪的行为(a. 修改发动机号、车辆识别代号。b. 更改车身颜色或车辆外形。c. 拆解、拼装或组装。d. 提供或出售机动车来历凭证、整车合格证、号牌及有关机动车的其他证明和凭证。e. 提供或出售伪造、变造的机动车来历凭证、整车合格证、号牌及有关机动车的其他证明和凭证。f. 买卖、介绍买卖、典当、拍卖、抵押或用其抵债)涉及盗窃、抢劫、诈骗、抢夺的机动车5辆以上或价值总额达到50万元以上,属于掩饰、隐瞒犯罪所得、犯罪所得收益罪的情节严重,处3年以上7年以下有期刑,并处罚金。(5) 明知是盗窃、抢劫、诈骗、抢夺的机动车,实施6种违法犯罪行为(a. 修改发动机号、车辆识别代号。b. 更改车身颜色或车辆外形。c. 拆解、拼装或组装。d. 提供或出售机动车来历凭证、整车合格证、号牌及有关机动车的其他证明和凭证。e. 提供或出售伪造、变造的机动车来历凭证、整车合格证、号牌及有关机动车的其他证明和凭证。f. 买卖、介绍买卖、典当、拍卖、抵押或用其抵债),以掩饰、隐瞒犯罪所得、犯罪所得收益罪定罪,处3年以下有期刑、拘役或管制,并处或单处罚金。(6) 明知是犯罪所得及其产生的收益而窝藏、转移、收购、代为销售或以其他方法掩饰、隐瞒,以掩饰、隐瞒犯罪所得、犯罪所得收益罪定罪处罚的5种情形:A. 1年内曾因掩饰、隐瞒犯罪所得及其产生的收益行为受过行政处罚,又实施掩饰、隐瞒犯罪所得及其产生的收益行为。B. 掩饰、隐瞒犯罪所得及其产生的收益价值3000元-1万元以上。C. 掩饰、隐瞒行为使上游犯罪无法及时查处,并造成公私财物损失无法挽回。D. 掩饰、隐瞒的犯罪所得系电力设备、交通设施、广电设施、公用电信设施、军事设施或救灾、抢险、防汛、优抚、扶贫、移民、救济款物。E. 实施其他掩饰、隐瞒犯罪所得及其产生的收益行为,妨害司法机关对上游犯罪进行追究。(7) 掩饰、隐瞒犯罪所得及其产生的收益行为符合明知是犯罪所得及其产生的收益而窝藏、转移、收购、代为销售或以其他方法掩饰、隐瞒情形(a. 1年内曾因掩饰、隐瞒犯罪所得及其产生的收益行为受过行政处罚,又实施掩饰、隐瞒犯罪所得及其产生的收益行为。b. 掩饰、隐瞒犯罪所得及其产生的收益价值3000元-1万元以上。c. 掩饰、隐瞒行为使上游犯罪无法及时查处,并造成公私财物损失无法挽回。d. 掩饰、隐瞒的犯罪所得系电力设备、交通设施、广电设施、公用电信设施、军事设施或救灾、抢险、防汛、优抚、扶贫、移民、救济款物。e. 实施其他掩饰、隐瞒犯罪所得及其产生的收益行为,妨害司法机关对上游犯罪进行追究),认罪、悔罪并退赃、退赔,且有法定从宽处罚情节、为近亲属掩饰隐瞒犯罪所得及其产生的收益且系初犯偶犯,或其他情节轻微情形,可认定为犯罪情节轻微,免刑。(8) 行为人为自用而掩饰、隐瞒犯罪所得,财物价值刚达到3000元至1万元以上标准,认罪、悔罪并退赃、退赔,一般可不认为是犯罪;依法追究刑责,应酌情从宽。(9) 司法解释对掩饰、隐瞒涉及机动车、计算机信息系统数据、计算机信息系统控制权的犯罪所得及其产生的收益行为认定"情节严重"已有规定,审理此类案件依该规定。(10) 司法解释对掩饰、隐瞒涉及计算机信息系统数据、计算机信息系统控制权的犯罪所得及其产生的收益行为构成犯罪已有规定，审理此类案件依该规定。（11）认定掩饰、隐瞒犯罪所得、犯罪所得收益罪，以上游犯罪事实成立为前提。A. 上游犯罪尚未依法裁判，但查证属实，不影响掩饰、隐瞒犯罪所得、犯罪所得收益罪的认定。B. 上游犯罪事实经查证属实，但因行为人未达到刑责年龄等原因依法不追究刑责，不影响掩饰、隐瞒犯罪所得、犯罪所得收益罪的认定。（12）掩饰、隐瞒犯罪所得及其产生的收益的数额，应以实施掩饰、隐瞒行为时为准。A. 收购或代为销售财物的价格高于其实际价值，以收购或代为销售的价格计算。B. 多次实施掩饰、隐瞒犯罪所得及其产生的收益行为，未经行政处罚，依法应追诉，犯罪所得、犯罪所得收益的数额应累计计算。（13）事前与盗窃、抢劫、诈骗、抢夺等罪犯通谋，掩饰、隐瞒犯罪所得及其产生的收益，以盗窃、抢劫、诈骗、抢夺等犯罪的共犯论处。（14）对犯罪所得及其产生的收益实施盗窃、抢劫、诈骗、抢夺等行为，构成犯罪，分别以盗窃罪、抢劫罪、诈骗罪、抢夺罪等定罪处罚。（15）明知是盗窃文物、盗掘古文化遗址、古墓葬等犯罪所获取的3级以上文物，而窝藏、转移、收购、加工、代为销售或以其他方法掩饰、隐瞒，以掩饰、隐瞒犯罪所得罪定罪量刑；事先有通谋，以掩饰、隐瞒犯罪所得罪的共犯论处。（16）明知是犯罪所得及其产生的收益而掩饰、隐瞒，构成掩饰、隐瞒犯罪所得、犯罪所得收益罪，同时构成他罪，依处罚较重规定定罪处罚。（17）盗用单位名义实施掩饰、隐瞒犯罪所得及其产生的收益行为，违法所得由行为人私分，依刑法和司法解释有关自然人犯罪规定定罪处罚。（18）单位犯掩饰、隐瞒犯罪所得、犯罪所得收益罪，对单位判处罚金，并对其直接负责的主管人员和其他直接责任人员，以掩饰、隐瞒犯罪所得、犯罪所得收益罪定罪处罚。

违法承接典当物品，典当发现违法嫌犯、赃物不报，或违法收购废旧专用器材，或收购赃物、有赃物嫌疑的物品，或收购国家禁止收购的其他物品，处500元以上1000元以下罚款；情节严重（a. 典当业工作人员承接典当的物品，不查验有关证明、不履行登记手续，或明知是违法嫌犯、赃物，不向公安机关报告，违法承接典当物品较多；违法承接典当物品价值较大；涉及赃物数量较多或价值较大，不报告；发现严重暴力嫌犯不报告；阻挠他人报告或在公安机关调查时故意隐瞒；其他情节严重的情形。b. 违法收购铁路、油田、供电、电信、矿山、水利、测量和城市公用设施等废旧专用器材数量较大或价值较高；造成较重危害后果；其他情节严重的情形。c. 收购公安机关通报寻查的赃物或有赃物嫌疑的物品；收购赃物、有赃物嫌疑的物品价值达到掩饰、隐瞒犯罪所得罪定罪数额的50%以上；影响公安机关办案或造成其他较重危害后果；造成收购的赃物或有赃物嫌疑的物品损毁、无法追回；物品属于公共设施或救灾、抢险、防汛等物资；其他情节严重的情形。d. 违法收购国家禁止收购的其他物品数量较大或价值较高；造成较重危害后果；其他情节严重的情形），处5日以上10日以下拘留，并处500元以上1000元以下罚款（《治安管理处罚法》第59条）。

从立法解释的角度讲，明知是非法狩猎的野生动物而收购，数量达到50只以上，以掩饰、隐瞒犯罪所得罪定罪处罚（非法猎捕、杀害珍贵、濒危野生动物罪；非法收购、运输、出售珍贵濒危野生动物、珍贵、濒危野生动物制品罪；掩饰、隐瞒犯罪所得、犯罪所得收益罪）。

明知是非法获取计算机信息系统数据犯罪所获取的数据、非法控制计算机信息系统犯罪所获取的计算机信息系统控制权，而转移、收购、代为销售或以其他方法掩饰、隐瞒，违法所得5000元以上，以掩饰、隐瞒犯罪所得罪定罪处罚。单位实施明知是非法获取计算机信息系统数据犯罪所获取的数据、非法控制计算机信息系统犯罪所获取的计算机信息系统控制权，而转移、收购、代为销售或以其他方法掩饰、隐瞒的犯罪行为，以掩饰、隐瞒犯罪所得罪的情节严重（实施明知是非法获取计算机信息系统数据犯罪所获取的数据、非法控制计算机信息系统犯罪所获取的计算机信息系统控制权，而转移、收购、代为销售或以其他方法掩饰、隐瞒的犯罪行为,违法所得5万元以上)规定执行。

实施明知是盗窃、抢劫、诈骗、抢夺的机动车而掩饰、隐瞒犯罪所得、犯罪所得收益的行为,伪造变造买卖机动车行驶证、登记证书的行为,国家机关工作人员滥用职权或疏于审查或审查不严而使盗窃、抢劫、诈骗、抢夺的机动车被办理登记手续的行为,事前与盗窃、抢劫、诈骗、抢夺机动车的罪犯通谋,以盗窃罪、抢劫罪、诈骗罪、抢夺罪的共犯论处。

◆ 《刑法》第313条 【拒不执行判决、裁定罪】

从故意犯、情节犯的角度讲,单位拒不执行判决、裁定,对单位判处罚金,并对其直接负责的主管人员和其他直接责任人员,或对法院的判决、裁定有能力执行而拒不执行,情节严重(a. 在法院发出执行通知后,隐藏、转移、变卖、毁损已被依法查封、扣押或已被清点并责令其保管的财产,转移已被冻结的财产,使判决、裁定没法执行。b. 隐藏、转移、变卖、毁损在执行中向法院提供担保的财产,使判决、裁定没法执行。c. 以暴力、威胁方法妨害或抗拒执行,使执行工作没法进行。d. 聚众哄闹、冲击执行现场,围困、扣押、殴打执行人员使执行工作没法进行。e. 毁损、抢夺执行案件材料、执行公务车辆和其他执行器械、执行人员服装以及执行公务证件,造成严重后果。f. 其他妨害或抗拒执行造成严重后果),处3年以下有期刑、拘役或罚金;情节特别严重,处3年以上7年以下有期刑,并处罚金。

拒不执行判决、裁定罪是负有执行法院判决、裁定义务的人对法院的判决、裁定有能力执行而拒不执行,情节严重的行为。法院作出的判决、裁定等生效法律文书,义务人应依法履行;拒不履行,依法追究法律责任。一般而言,因利用职业便利实施犯罪,或实施违背职业要求的特定义务的犯罪被判处刑罚,法院可根据犯罪情况和预防再犯罪的需要,禁止其自刑罚执行完毕之日或假释之日起从事相关职业,期限为3年-5年。

拒不执行判决、裁定罪的情形:(1)被禁止从事相关职业的人违反法院依禁止令作出的决定,由公安机关依法给予处罚;情节严重,以拒不执行判决、裁定罪定罪处罚;特殊而言,其他法律、行政法规对其从事相关职业另有禁止或限制性规定,从其规定。(2)被执行人、协助执行义务人、担保人等负有执行义务的人对法院的判决、裁定有能力执行而拒不执行,情节严重(a. 对执行人员进行侮辱、围攻、扣押、殴打,使执行工作无法进行。b. 拒不执行法院判决、裁定,使债权人遭受重大损失。c. 拒不交付法律文书指定交付的财物、票证或拒不迁出房屋、退出土地,使判决、裁定无法执行。d. 有拒绝报告或虚假报告财产情况、违反法院限制高消费及有关消费令等拒不执行行为,经采取罚款或拘留等强制措施后仍拒不执行。e. 毁损、抢夺执行案件材料、执行公务车辆和其他执行器械、执行人员服装及执行公务证件,使执行工作无法进行。f. 伪造、毁灭有关被执行人履行能力的重要证据,以暴力、威胁、贿买方法阻止他人作证或指使、贿买、胁迫他人作伪证,妨碍法院查明被执行人财产情况,使判决、裁定无法执行。g. 以暴力、威胁方法阻碍执行人员进入执行现场或聚众哄闹、冲击执行现场,使执行工作无法进行。h. 与他人串通,通过虚假诉讼、虚假仲裁、虚假和解等方式妨害执行,使判决、裁定无法执行),应以拒不执行判决、裁定罪处罚。(3)在法院工作人员依法执行案件过程中或执行现场对执法人员实施暴力、威胁行为,以拒不执行判决、裁定罪。

申请执行人有证据证明同时有负有执行义务的人拒不执行判决、裁定侵犯了申请执行人的人身、财产权而应依法追究刑责,申请执行人曾提出控告而公安机关或检察院对负有执行义务的人不追究刑责情形,法院认为符合被害人有证据证明对被告人侵犯自己人身、财产权的行为应依法追究刑责,而公安机关或检察院不追究被告人刑责的不适用调解案件,以自诉案件立案审理。(1)自诉案件的被告人在诉讼过程中,可对自诉人提起反诉。A. 反诉适用自诉规定。B. 法院对一般自诉案件,可进行调解;自诉人在宣告判决前,可同被告人自行和解或撤回自诉。(2)被告人未被羁押,应在受理后6个月内宣判;被告人被羁押,法院审理自诉案件、公诉案件的期限相同，应在受理后 2 个月内宣判，至迟不得超过 3 个月。（3）对可能判处死刑的案件或附带民诉的案件，以及交通十分不便的边远地区的重大复杂案件、流窜作案的重大复杂案件、重大的犯罪集团案件、犯罪涉及面广取证困难的重大复杂案件，经上一级法院批准，可延长 3 个月；因特殊情况还需延长，报请最高法批准。（4）法院改变管辖的案件，从改变后法院收到案件之日起计算审理期限。A. 一般而言，对嫌犯逮捕后的侦查羁押期限不得超过 2 个月。B. 案情复杂、期限届满不能终结的案件，可经上一级检察院批准延长 1 个月；特殊而言，交通十分不便的边远地区的重大复杂案件、流窜作案的重大复杂案件、重大的犯罪集团案件、犯罪涉及面广取证困难的重大复杂案件，在 2 个月侦查羁押期限届满不能侦查终结，经省级检察院批准或决定，可延长 2 个月。C. 对嫌犯可能判处 10 年有期刑以上刑罚，在 2 个月侦查羁押期限届满不能侦查终结，经省级检察院批准或决定的 2 个月延长期限届满，仍不能侦查终结，再经省级检察院批准或决定，可再延长 2 个月。D. 侦查期间，发现嫌犯另有重要罪行，自发现之日起依对嫌犯逮捕后的侦查羁押期限不得超过 2 个月和案情复杂、期限届满不能终结的案件，可经上一级检察院批准延长 1 个月规定重算侦查羁押期限。E. 嫌犯不讲真实姓名、住址，身份不明，应对其身份进行调查，侦查羁押期限自查清其身份之日起计算，但不得停止对其犯罪行为的侦查取证。F. 对犯罪事实清楚，证据确实、充分，确实无法查明其身份，也可按其自报的姓名起诉、审判。（5）审判活动结束后，司法警察应及时将被告人还押看守所或羁押场所，一般不得在法庭和羁押室让被告人阅读庭审笔录；经批准，可让被告人在羁押室签收判决书或裁定书。

拒不执行判决、裁定刑事案件，一般由执行法院所在地法院管辖。（1）拒不执行判决、裁定的被告人在一审宣告判决前，履行全部或部分执行义务，可酌情从宽处罚。（2）拒不执行支付赡养费、扶养费、抚育费、抚恤金、医疗费用、劳动报酬等判决、裁定，可酌情从重处罚。

◆ 《刑法》第 314 条 【非法处置查封、扣押、冻结的财产罪】

从选择罪名、故意犯、情节犯的角度讲，隐藏、转移、变卖、故意毁损已被司法机关查封、扣押、冻结的财产，情节严重，处 3 年以下有期刑、拘役或罚金。

从公安机关办理刑事案件程序规定的角度讲，勘验、检查、侦查实验、搜查、查封、扣押、提取、辨认等笔录属于证据。（1）负责执行刑事司法协助或警务合作的公安机关收到请求书和所附材料后，应按中国法律和有关国际条约、协议的规定安排执行，并将执行结果及其有关材料报经省公安厅审核后报送公安部。A. 在执行过程中，需采取查询、查封、扣押、冻结等措施，可根据公安部的执行通知办理有关法律手续。B. 请求书提供的信息不准确或材料不齐全难以执行，应立即通过省公安厅报请公安部要求请求方补充材料；因其他原因无法执行或有应拒绝协助、合作的情形等不能执行，应将请求书和所附材料，连同不能执行的理由通过省公安厅报送公安部。（2）对查封、扣押的财物及其孳息、文件，或冻结的财产，除按法律和有关规定另行处理外，应解除查封、扣押、冻结。A. 当事人和辩护人、诉讼代理人、利害关系人对公安机关及其侦查人员有采取强制措施法定期限届满，不释放、解除或变更；应退还取保候审保证金不退还；对与案件无关的财物采取查封、扣押、冻结措施；应解除查封、扣押、冻结不解除；贪污、挪用、私分、调换、违反规定使用查封、扣押、冻结的财物的违法行为，有权向该机关申诉或控告；受理申诉或控告的公安机关应及时进行调查核实，并在收到申诉、控告之日起 30 日内作出处理决定，书面回复申诉人、控告人；发现公安机关及其侦查人员有上述行为之一，应立即纠正。B. 上级公安机关发现下级公安机关存在采取强制措施法定期限届满，不释放、解除或变更；应退还取保候审保证金不退还；对与案件无关的财物采取查封、扣押、冻结措施；应解除查封、扣押、冻结不解除；贪污、挪用、私分、调换、违反规定使用查封、扣押、冻结的财物的违法行为或对申诉、控告事项不按规定处理，应责令下级公安机关限期纠正，下级公安机关应立即执行；必要时，上级公安机关可就申诉、控告事项直接作出处理决定。

查封、扣押程序：（1）在侦查活动中发现的可用以证明嫌犯有罪或无罪的各种财物、文件，应查封、扣押；但与案件无关的财物、文件，不得查封、扣押。持有人拒绝交出应查封、扣押的财物、文件，公安机关可强制查封、扣押。（2）在侦查过程中需扣押财物、文件，应经办案部门负责人批准，制作扣押决定书；在现场勘查或搜查中需扣押财物、文件，由现场指挥人员决定；但扣押财物、文件价值较高或可能严重影响正常生产经营，应经县级以上公安机关负责人批准，制作扣押决定书。（3）在侦查过程中需查封土地、房屋等不动产，或船舶、航空器以及其他不宜移动的大型机器、设备等特定动产，应经县级以上公安机关负责人批准并制作查封决定书。（4）执行查封、扣押的侦查人员不得少于2人，并出示查封、扣押决定书。A.查封、扣押的情况应制作笔录，由侦查人员、持有人和见证人签名。B.对无法确定持有人或持有人拒绝签名，侦查人员应在笔录中注明。C.对查封、扣押的财物和文件，应会同在场见证人和被查封、扣押财物、文件的持有人查点清楚，当场开列查封、扣押清单一式3份，写明财物或文件的名称、编号、数量、特征及其来源等，由侦查人员、持有人和见证人签名，一份交给持有人，一份交给公安机关保管人员，一份附卷备查。D.对无法确定持有人的财物、文件或持有人拒绝签名，侦查人员应在清单中注明。E.依法扣押文物、金银、珠宝、名贵字画等贵重财物，应拍照或录像，并及时鉴定、估价。F.对作为犯罪证据但不便提取的财物、文件，经登记、拍照或录像、估价后，可交财物、文件持有人保管或封存，并开具登记保存清单一式2份，由侦查人员、持有人和见证人签名，一份交给财物、文件持有人，另一份连同照片或录像资料附卷备查；财物、文件持有人应妥善保管，不得转移、变卖、毁损。（5）扣押嫌犯的邮件、电子邮件、电报，应经县级以上公安机关负责人批准，制作扣押邮件、电报通知书，通知邮电部门或网络服务单位检交扣押；不需继续扣押时，应经县级以上公安机关负责人批准，制作解除扣押邮件、电报通知书，立即通知邮电部门或网络服务单位。（6）对查封、扣押的财物、文件、邮件、电子邮件、电报，经查明确实与案件无关，应在3日内解除查封、扣押，退还原主或原邮电部门、网络服务单位；原主不明确，应采取公告方式告知原主认领。在通知原主或公告后6个月内，无人认领，按无主财物处理，登记后上缴国库。（7）对被害人的合法财产及其孳息权属明确无争议，并涉嫌犯罪事实已查证属实，应在登记、拍照或录像、估价后及时返还，并在案卷中注明返还的理由，将原物照片、清单和被害人的领取手续存卷备查；查找不到被害人，或通知被害人后，无人领取，应将有关财产及其孳息随案移送。（8）对查封、扣押的财物及其孳息、文件，公安机关应妥善保管，以供核查。任何单位和个人不得使用、调换、损毁或自行处理。（9）对易腐烂变质及其他不易保管的财物，可根据具体情况，经县级以上公安机关负责人批准，在拍照或录像后委托有关部门变卖、拍卖，变卖、拍卖的价款暂予保存，待诉讼终结后一并处理。（10）对违禁品，应依国家有关规定处理；对需作为证据使用，应在诉讼终结后处理。

查询、冻结程序：（1）公安机关根据侦查犯罪的需要，可依规定查询、冻结嫌犯的存款、汇款、债券、股票、基金份额等财产，并要求有关单位和个人配合。（2）向金融机构等单位查询嫌犯的存款、汇款、债券、股票、基金份额等财产，应经县级以上公安机关负责人批准，制作协助查询财产通知书，通知金融机构等单位执行。（3）需冻结嫌犯在金融机构等单位的存款、汇款、债券、股票、基金份额等财产，应经县级以上公安机关负责人批准，制作协助冻结财产通知书，通知金融机构等单位执行。A.嫌犯的存款、汇款、债券、股票、基金份额等财产已被冻结，不得重复冻结，但可轮候冻结。B.冻结存款、汇款等财产的期限为6个月，每次续冻存款、汇款等财产的期限最长不得超过6个月；冻结债券、股票、基金份额等证券的期限为2年；有特殊原因需延长期限，公安机关应在冻结期限届满前办理继续冻结手续，每次续冻债券、股票、基金份额等证券的期限最长不得超过2年。C. 继续冻结财产，应重新办理冻结手续（需冻结嫌犯在金融机构等单位的存款、汇款、债券、股票、基金份额等财产，应经县级以上公安机关负责人批准，制作协助冻结财产通知书，通知金融机构等单位执行）；逾期不办理继续冻结手续，视为自动解除冻结。D. 对冻结的债券、股票、基金份额等财产，应告知当事人或其法定代理人、委托代理人有权申请出售。E. 权利人书面申请出售被冻结的债券、股票、基金份额等财产，不损害国家利益、被害人、其他权利人利益，不影响诉讼正常进行，以及冻结的汇票、本票、支票的有效期即将届满，经县级以上公安机关负责人批准，可依法出售或变现，所得价款应继续冻结在其对应的银行账户中；未对应的银行账户，所得价款由公安机关在银行指定专门账户保管，并及时告知当事人或其近亲属。F. 对冻结的存款、汇款、债券、股票、基金份额等财产，经查明确实与案件无关，应在3日内通知金融机构等单位解除冻结，并通知被冻结存款、汇款、债券、股票、基金份额等财产的所有人。(4) 不需继续冻结嫌犯存款、汇款、债券、股票、基金份额等财产时，应经县级以上公安机关负责人批准，制作协助解除冻结财产通知书，通知金融机构等单位执行。

公安机关经侦查，应严格依法律规定的条件和程序采取强制措施和侦查措施，严禁在无证据的情况下，仅凭怀疑就对嫌犯采取强制措施和侦查措施；对有证据证明有犯罪事实的案件，应进行预审，对收集、调取的证据材料的真实性、合法性及证明力审查、核实；涉及国家秘密、商业秘密、个人隐私，应保密。

◆ 《刑法》 第315条 【破坏监管秩序罪】

从故意犯、情节犯的角度讲，依法被关押的罪犯（有期刑犯、无期刑犯、死缓犯），破坏监管秩序，情节严重（a. 殴打监管人员。b. 组织其他被监管人破坏监管秩序。c. 聚众闹事，扰乱正常监管秩序。d. 殴打、体罚或指使他人殴打、体罚其他被监管人），处3年以下有期刑。

从监狱法的角度讲，监狱应建立罪犯的日常考核制度，考核的结果作为对罪犯奖励和处罚的依据。罪犯在服刑期间有破坏监管秩序情形［聚众哄闹监狱，扰乱正常秩序（构成犯罪，依法追究刑责）；辱骂或殴打警察；欺压他罪犯；偷窃、赌博、打架斗殴、寻衅滋事；有劳动能力拒不参加劳动或消极怠工，经教育不改；以自伤、自残手段逃避劳动；在生产劳动中故意违反操作规程，或有意损坏生产工具；有违反监规纪律的其他行为］，监狱可给予警告、记过或禁闭（禁闭的期限为7天-15天）。

监狱的生活、卫生管理有法定性、条件性、标准性。(1) 罪犯的生活标准按实物量计算，由国家规定。(2) 罪犯的被服由监狱统一配发。(3) 罪犯居住的监舍应坚固、通风、透光、清洁、保暖。(4) 监狱应设立医疗机构和生活、卫生设施，建立罪犯生活、卫生制度。罪犯的医疗保健列入监狱所在地区的卫生、防疫计划。(5) 对少数民族罪犯的特殊生活习惯，应予照顾。

司法部主管全国的监狱工作，批准监狱的设置、撤销、迁移。(1) 监狱是国家的刑罚执行机关，对罪犯实行惩罚和改造相结合、教育和劳动相结合的原则，将罪犯改造成为守法公民；对罪犯应依法监管，据改造罪犯的需要，组织罪犯从事生产劳动，对罪犯进行思想教育、文化教育、技术教育。(2) 依刑法、刑诉法，被判处死缓、无期刑、有期刑的罪犯，在监狱内执行刑罚，须严格遵守法律法规和监规纪律，服从管理，接受教育，参加劳动。(3) 检察院对监狱执行刑罚的活动是否合法，依法实行监督。A. 罪犯的人格不受侮辱，其人身安全、合法财产和辩护、申诉、控告、检举以及其他未被依法剥夺或限制的权利不受侵犯。B. 监狱的警察依法管理监狱、执行刑罚、对罪犯进行教育改造等活动，受法律保护。C. 监狱依法使用的土地、矿产资源和其他自然资源以及监狱的财产,受法律保护,任何组织或个人不得侵占、破坏。

◆ **《刑法》第316条【脱逃罪;劫夺被押解人员罪】**

从身份犯、故意犯、行为犯的角度讲,依法被关押的罪犯、被告人、嫌犯脱逃(逃离监狱、看守所、拘留所等监管场所逃跑;在押解途中逃跑、脱身逃走等),处5年以下有期刑或拘役。

【2004·卷2·多选·58】(答案:BCD)下列哪些人可成为脱逃罪的主体? A. 被判处管制的犯罪分子。B. 依法被关押的犯罪分子。C. 依法被关押的被告人。D. 依法被关押但尚无充分证据证明有罪的犯罪嫌疑人。

【2006·卷2·多选·61】(答案:BCD)对下列哪些行为不应当认定为脱逃罪? A. 犯罪嫌疑人在从甲地押解到乙地的途中,乘押解人员不备,偷偷溜走。B. 被判处管制的犯罪分子未经执行机关批准到外地经商,直至管制期满未归。C. 被判处有期徒刑的犯罪分子组织多人有计划地从羁押场所秘密逃跑。D. 被判处无期徒刑的8名犯罪分子采取暴动方法逃离羁押场所。

管制是对罪犯不予关押,但限制其一定自由,由公安机关执行和群众监督改造的刑罚方法。因被判处管制的罪犯不属于依法被关押,不构成脱逃罪。脱逃罪的主体是特殊主体,即依法被逮捕、关押的罪犯、被告人、嫌犯(已拘留、逮捕而尚未判决的未决犯和已被判处拘役以上剥夺自由刑罚的罪犯)。

【2010·卷2·单选·2】(答案:A)看守所值班武警甲擅离职守,在押的犯罪嫌疑人乙趁机逃走,但刚跑到监狱外的树林即被抓回。关于本案,下列哪一选项是正确的? A. 甲主观上是过失,乙是故意。B. 甲、乙是事前没通谋的共犯。C. 甲构成私放在押人员罪。D. 乙不构成脱逃罪。

被告人脱逃,可中止审理。共犯中的部分嫌犯脱逃,对其他嫌犯的审查起诉应照常进行;检察院对侦查机关移送审查起诉的案件,若嫌犯脱逃,应要求侦查机关采取措施保证嫌犯到案后再移送审查起诉;检察院在审查起诉过程中发现嫌犯脱逃,应及时通知侦查机关,要求侦查机关开展追捕活动;对脱逃后案件事实不清、证据不足,检察院可退回公安机关补充侦查,经退回补充侦查后再行移送符合存疑不诉的条件,可作出存疑不起诉决定(a. 检察院对2次退回补充侦查的案件,仍认为证据不足,不符合起诉条件,经检察长或检委会决定,应作出不起诉决定。b. 检察院对经1次退回补充侦查的案件,认为证据不足,不符合起诉条件,且未退回补充侦查必要,可作出不起诉决定)。检察院办理嫌犯被羁押的审查起诉案件,应严格依法律规定的期限办结;未能依法办结,释放或变更强制措施。

被取保候审、监视居住的嫌犯、被告人违反取保候审、监视居住规定,情节严重(干扰司法机关的诉讼活动或增加了困难;严重妨碍审判活动的正常进行等),可逮捕。被采取取保候审、监视居住的嫌犯脱逃,应批捕,但检察院经审查发现不应对嫌犯追究刑责,应作出不批捕的决定。不符合暂予监外执行条件的罪犯通过贿赂等非法手段被暂予监外执行,在监外执行的期间不计入执行刑期。罪犯在暂予监外执行期间脱逃,脱逃的期间不计入执行刑期。查获被通缉、脱逃的嫌犯以及执行追捕、押解任务需临时寄押,应持通缉令或其他有关法律文书并经寄押地县级以上公安机关负责人批准,送看守所寄押。

嫌犯潜逃或死亡后的违法所得的处理程序:(1)公安机关在侦查阶段,应对移送的案件的违法所得查封、扣押或冻结。(2)检察院在审查起诉阶段,对嫌犯追逃后的违法所得查封、扣押、冻结措施继续适用。(3)检察院对贪污贿赂犯罪、恐怖活动犯罪等重大犯罪案件,嫌犯、被告人脱逃或逃匿,在通缉1年后不能到案,或嫌犯、被告人死亡,需提起没收程序,可向法院提出没收违法所得的申请。

从故意犯、行为犯、情节犯的角度，劫夺押解途中的罪犯、被告人、嫌犯，处3年以上7年以下有期刑；情节严重，处7年以上有期刑。

在警务保障工作中发生事故，据事故的性质和严重程度，对相关责任人给予纪律处分；构成犯罪，依法追究刑责。（1）在警务保障工作中，发生审判秩序受到严重干扰、造成恶劣影响和被告人脱逃等事故，有法庭、羁押室设施和设备不符合警务保障工作要求，未采取措施进行完善和改造；司法警察的警力不足以完成警务保障任务，违反规定强行命令司法警察部门执行警务保障任务；执行警务保障任务的武器、车辆和警械具不符合警务保障工作的需要，未采取措施进行补救；有其他需追究领导责任的情节，依法追究相关法院主管院领导责任。（2）在警务保障工作中，发生审判秩序受到严重干扰、造成恶劣影响和被告人脱逃等事故，有未按规定制定警务保障实施方案；司法警察的警力不足以完成警务保障任务，而又不向相关领导报告，违反规定强行命令司法警察执行警务保障任务；执行警务保障任务的武器、车辆和警械具不符合警务保障工作的需要，而又不向相关领导报告，使发生严重事故；对发生在警务保障工作中的突发紧急情况，应对不及时，指挥不正确，使造成严重后果；有其他需追究司法警察部门领导责任的情节，依法追究相关法院司法警察部门领导责任。（3）在警务保障工作中，发生审判秩序受到严重干扰、造成恶劣影响和被告人脱逃等事故，有擅离职守；玩忽职守，不认真履行职责；与被告人或其家属相互串通，为被告人传递信件、物品、通风报信，使发生严重后果；对发生在警务保障工作中的突发紧急情况，未采取措施及时处置，使造成严重后果；违反工作纪律和相关规定，使发生严重事故的情形，依法追究相关人员的责任。

◆ 《刑法》 第317条 【组织越狱罪；暴动越狱罪；聚众持械劫狱罪】

从聚众共犯、故意犯、行为犯的角度讲，组织越狱的首犯和积极参加者，处5年以上有期刑；其他参加者，处5年以下有期刑或拘役。

从聚众共犯、故意犯、情节犯的角度讲，暴动越狱或聚众持械劫狱的首犯和积极参加者，处10年以上有期刑或无期刑；情节特别严重，处死刑；其他参加者，处3年以上10年以下有期刑。

罪犯在服刑期间故意犯罪（破坏监管秩序罪、组织越狱罪、暴动越狱罪、聚众持械劫狱罪、脱逃罪、劫夺被押解人员罪等），依法从重处罚。对罪犯在监狱内犯罪的案件，由监狱进行侦查；侦查终结后，写出起诉意见书，连同案卷材料、证据一并移送检察院。

少管所、监狱戒具和武器的使用条件、程序：（1）监狱遇有罪犯有脱逃行为；罪犯有使用暴力行为；罪犯正押解途中；罪犯有其他危险行为需采取防范措施的情形，可使用戒具，危险或威胁行为消失后，应停止使用戒具。（2）警察和武警部队的执勤人员遇有罪犯聚众骚乱、暴乱；罪犯脱逃或拒捕；罪犯持有凶器或其他危险物，正行凶或破坏，危及他人生命、财产安全；劫夺罪犯；罪犯抢夺武器的情形，非使用武器不能制止，按国家有关规定，可使用武器。（3）使用武器的人员，应按国家有关规定报告情况。

从法院司法警察刑事审判警务保障规则的角度讲，在警务保障工作中发生突发紧急情况，司法警察须果断处置，待险情消除后，立即向司法警察部门领导或审判长、独任审判员报告或请示，据命令或指令采取进一步措施。（1）司法警察使用武器时，遇有《人民警察使用警械和武器条例》规定的不得使用武器和立即停止使用武器的情形时，禁止使用武器和应立即停止使用武器。（2）在警务保障工作中，遇有被告人、罪犯脱逃；被告人、罪犯或其他人员企图袭击审判人员、公诉人、辩护人或其他诉讼参与人；围堵、攻击执行警务保障任务的司法警察；强行冲越司法警察为履行警务保障职责设置的警戒线；其他危害法庭秩序、法院工作秩序的行为,需要当场制止;法律、行政法规规定可使用警械的其他情形,经警告无效,司法警察可使用警械,应以制止违法犯罪行为为限度,当违法犯罪行为得到制止时,应立即停止使用。(3) 在警务保障工作中,遇有紧急情况(被告人、罪犯实施凶杀、劫持人质等暴力行为;被告人、罪犯脱逃,非使用武器不能制止;劫夺被告人、罪犯;抢劫、抢夺枪支、弹药,严重危害公共安全;以暴力方法抗拒或阻碍司法警察依法履行职责或暴力袭击司法警察,危及司法警察生命安全;法律、行政法规规定可使用武器的其他情形),经警告无效或来不及警告或警告后可能导致更为严重危害后果,可直接使用武器。

第三节 妨害国(边)境管理罪(第318~323条)

以组织他人偷越国(边)境为目的,招募、拉拢、引诱、介绍、培训偷越国(边)境人员,策划、安排偷越国(边)境行为,在他人偷越国(边)境前或偷越国(边)境过程中被查获,应以组织他人偷越国(边)境罪(未遂)论处;有违法所得数额巨大(20万元以上),或造成被组织人重伤、死亡,或剥夺或限制被组织人人身自由,或组织他人偷越国(边)境集团的首犯,或多次组织他人偷越国(边)境或组织他人偷越国(边)境人数众多(10人以上),或以暴力、威胁方法抗拒检查,或有其他特别严重情节,应在相应的法定刑幅度基础上,结合未遂犯的处罚原则量刑。

犯组织他人偷越国(边)境罪,对被组织人有杀害、伤害、强奸、拐卖等犯罪行为,或对检查人员有杀害、伤害等犯罪行为,依数罪并罚规定处罚。

对跨地区实施的不同妨害国(边)境管理犯罪,符合并案处理要求,有关地方公安机关依法律和相关规定一并立案侦查,需提请批捕、移送审查起诉、提起公诉,由该公安机关所在地的同级检察院、法院依法受理。

◆《刑法》第318条 【组织他人偷越国(边)境罪】

从共犯、故意犯、行为犯的角度讲,组织他人偷越国(边)境(领导、策划、指挥他人偷越国(边)境或在首犯指挥下,实施拉拢、引诱、介绍他人偷越国(边)境等行为),处2年以上7年以下有期刑,并处罚金;处7年以上有期刑或无期刑,并处罚金或没收财产 [a. 违法所得数额巨大(20万元以上)。b. 造成被组织人重伤、死亡。c. 剥夺或限制被组织人人身自由。d. 组织他人偷越国(边)境集团的首犯。e. 多次组织他人偷越国(边)境或组织他人偷越国(边)境人数众多(10人以上)。f. 以暴力、威胁方法抗拒检查。g. 有其他特别严重情节]。

◆《刑法》第319条 【骗取出境证件罪】

从单位犯罪、故意犯、行为犯、情节犯的角度讲,单位犯骗取出境证件罪,对单位判处罚金,并对其直接负责的主管人员和其他直接责任人员,或以劳务输出、经贸往来或其他名义,弄虚作假 [为组织他人偷越国(边)境,编造出境事由、身份信息或相关的境外关系证明],骗取护照、签证等出境证件 [护照或代替护照使用的国际旅行证件,中国海员证,中国出入境通行证,中国旅行证,中国公民往来港澳台地区证件,边境地区出入境通行证,签证、签注,出国(境)证明,名单,其他出境时需查验的资料],为组织他人偷越国(边)境使用,处3年以下有期刑,并处罚金;情节严重(a. 骗取出境证件5份以上。b. 非法收取费用30万元以上。c. 明知是国家规定的不准出境的人员而为其骗取出境证件。d. 其他情节严重情形),处3年以上10年以下有期刑,并处罚金。

单位犯骗取出境证件罪,对单位判处罚金,并对其直接负责的主管人员和其他直接责任人员，处3年以下有期刑，并处罚金；情节严重，处3年以上10年以下有期刑，并处罚金。

◆ 《刑法》第320条 【提供伪造、变造的出入境证件罪；出售出入境证件罪】

从故意犯、情节犯的角度讲，为他人提供伪造、变造的护照、签证等出入境证件［护照或代替护照使用的国际旅行证件，中国海员证，中国出入境通行证，中国旅行证，中国公民往来港澳台地区证件，边境地区出入境通行证，签证、签注，出国（境）证明、名单，其他出境、入境时需查验的资料］，或出售护照、签证等出入境证件，处5年以下有期刑，并处罚金；情节严重（a. 为他人提供伪造、变造的出入境证件或出售出入境证件5份以上。b. 非法收取费用30万元以上。c. 明知是国家规定的不准出入境的人员而为其提供伪造、变造的出入境证件或向其出售出入境证件。d. 其他情节严重情形），处5年以上有期刑，并处罚金。

为他人偷越国（边）境提供伪造的护照，构成提供伪造的出入境证件罪，而不是以偷越国（边）境罪的共犯论处。

◆ 《刑法》第321条 【运送他人偷越国（边）境罪】

从故意犯、行为犯的角度讲，运送他人偷越国（边）境，处5年以下有期刑、拘役或管制，并处罚金；处5年以上10年以下有期刑，并处罚金［a. 运送他人偷越国（边）境违法所得数额巨大（20万元以上）。b. 多次实施运送行为或运送人数众多（10人以上）。c. 使用的船只、车辆等交通工具不具备必要的安全条件，足以造成严重后果。d. 有其他特别严重情节］。

在运送他人偷越国（边）境中造成被运送人重伤、死亡，或以暴力、威胁方法抗拒检查，处7年以上有期刑，并处罚金。

犯运送他人偷越国（边）境罪，对被运送人有杀害、伤害、强奸、拐卖等犯罪行为，或对检查人员有杀害、伤害等犯罪行为，依数罪并罚规定处罚。

以单位名义或单位形式组织他人偷越国（边）境、为他人提供伪造、变造的出入境证件或运送他人偷越国（边）境，应对直接负责主管人员和其他直接责任人员以组织他人偷越国（边）境罪、提供伪造变造的出入境证件罪、出售出入境证件罪、运送他人偷越国（边）境罪追责。

实施组织他人偷越国（边）境犯罪，同时构成骗取出境证件罪、提供伪造、变造的出入境证件罪、出售出入境证件罪、运送他人偷越国（边）境罪，依处罚较重规定定罪处罚。

◆ 《刑法》第322条 【偷越国（边）境罪】

从行政犯、故意犯、情节犯的角度讲，违反国（边）境管理法规，偷越国（边）境［a. 无出入境证件出入国（边）境或逃避接受边防检查。b. 使用伪造、变造、无效的出入境证件出入国（边）境。c. 使用他人出入境证件出入国（边）境。d. 使用以虚假的出入境事由、隐瞒真实身份、冒用他人身份证件等方式骗取的出入境证件出入国（边）境。e. 采用其他方式非法出入国（边）境］，情节严重［a. 在境外实施损害国家利益行为。b. 偷越国（边）境3次以上或3人以上结伙偷越国（边）境。c. 拉拢、引诱他人一起偷越国（边）境。d. 勾结境外组织、人员偷越国（边）境。e. 因偷越国（边）境被行政处罚后1年内又偷越国（边）境。f. 其他情节严重情形］，处1年以下有期刑、拘役或管制，并处罚金；为参加恐怖活动组织、接受恐怖活动培训或实施恐怖活动，偷越国（边）境，处1年以上3年以下有期刑，并处罚金。

◆ 《刑法》第323条 【破坏界碑、界桩罪；破坏永久性测量标志罪】

从故意犯、行为犯的角度讲，故意破坏国家边境的界碑、界桩或永久性测量标志（各等级的三角点、基线点、导线点、军用控制点、重力点、天文点、水准点和卫星定位点的觇标和标石标志，用于地形测图、工程测量和形变测量的固定标志和海底大地点设施），处3年以下有期刑或拘役。

从测绘法的角度讲，县级以上政府应采取有效措施加强测量标志的保护工作；县级以上政府测绘地理信息主管部门应按规定检查、维护永久性测量标志；乡级政府应做好本行政区域内的测量标志保护工作。(1)任何单位和个人不得损毁或擅自移动永久性测量标志和正在使用中的临时性测量标志，不得侵占永久性测量标志用地，不得在永久性测量标志安全控制范围内从事危害测量标志安全和使用效能的活动。(2)测绘人员使用永久性测量标志，应持有测绘作业证件，并保证测量标志的完好。保管测量标志的人员应查验测量标志使用后的完好状况。(3)永久性测量标志的建设单位应对永久性测量标志设立明显标记，并委托当地有关单位指派专人负责保管。进行工程建设，应避开永久性测量标志；确实无法避开，需拆迁永久性测量标志或使永久性测量标志失去使用效能，应经省级政府测绘地理信息主管部门批准；涉及军用控制点，应征得军队测绘部门的同意；所需迁建费用由工程建设单位承担。

违反测绘法的法律责任：(1)违反测绘法规定，县级以上政府测绘地理信息主管部门或其他有关部门工作人员利用职务便利收受他人财物、其他好处或玩忽职守，对不符合法定条件的单位核发测绘资质证书，不依法履行监管职责，或发现违法行为不予查处，对负有责任的领导人员和直接责任人员，依法给予处分；构成犯罪，依法追究刑责。(2)违反测绘法规定，外国的组织或个人未经批准，或未与中国关部门、单位合作，擅自从事测绘活动，责令停止违法行为，没收违法所得、测绘成果和测绘工具，并处10万元以上50万元以下罚款；情节严重，并处50万元以上100万元以下罚款，限期出境或驱逐出境；构成犯罪，依法追究刑责。(3)违反测绘法规定，卫星导航定位基准站的建设和运行维护不符合国家标准、要求，给予警告，责令限期改正，没收违法所得和测绘成果，并处30万元以上50万元以下罚款；逾期不改正，没收相关设备；对直接负责的主管人员和其他直接责任人员，依法给予处分；构成犯罪，依法追究刑责。(4)违反测绘法规定，擅自发布中国领域和中国管辖的其他海域的重要地理信息数据，给予警告，责令改正，可并处50万元以下罚款；对直接负责的主管人员和其他直接责任人员，依法给予处分；构成犯罪，依法追究刑责。(5)违反测绘法规定，测绘项目的招标单位让不有相应资质等级的测绘单位中标，或让测绘单位低于测绘成本中标，责令改正，可处测绘约定报酬2倍以下罚款。招标单位的工作人员利用职务便利，索取他人财物，或非法收受他人财物为他人谋取利益，依法给予处分；构成犯罪，依法追究刑责。(6)违反测绘法规定，编制、出版、展示、登载、更新的地图或互联网地图服务不符合国家有关地图管理规定，依法给予行政处罚、处分；构成犯罪，依法追究刑责。(7)违反测绘法，有损毁、擅自移动永久性测量标志或正在使用中的临时性测量标志；侵占永久性测量标志用地；在永久性测量标志安全控制范围内从事危害测量标志安全和使用效能的活动；擅自拆迁永久性测量标志或使永久性测量标志失去使用效能，或拒绝支付迁建费用；违反操作规程使用永久性测量标志，造成永久性测量标志毁损的情形，给予警告，责令改正，可并处20万元以下罚款；对直接负责的主管人员和其他直接责任人员，依法给予处分；造成损失，依法承担赔偿责任；构成犯罪，依法追究刑责。(8)违反测绘法，地理信息生产、保管、利用单位未对属于国家秘密的地理信息的获取、持有、提供、利用情况进行登记、长期保存，给予警告，责令改正，可并处20万元以下罚款；泄露国家秘密，责令停业整顿，并处降低测绘资质等级或吊销测绘资质证书；构成犯罪，依法追究刑责。(9)违反测绘法，获取、持有、提供、利用属于国家秘密的地理信息，给予警告，责令停止违法行为，没收违法所得，可并处违法所得2倍以下罚款；对直接负责的主管人员和其他直接责任人员，依法给予处分；造成损失，依法承担赔偿责任；构成犯罪，依法追究刑责。(10)违反测绘法规定，未经批准擅自建立相对独立的平面坐标系统，或采用不符合国家标准的基础地理信息数据建立地理信息系统，给予警告，责令改正，可并处50万元以下罚款；对直接负责的主管人员和其他直接责任人员，依法给予处分。(11) 违反测绘法规定，卫星导航定位基准站建设单位未报备案，给予警告，责令限期改正；逾期不改正，处10万元以上30万元以下罚款；对直接负责的主管人员和其他直接责任人员，依法给予处分。(12) 违反测绘法规定，不汇交测绘成果资料，责令限期汇交；测绘项目出资人逾期不汇交的，处重测所需费用1倍以上2倍以下罚款；承担国家投资的测绘项目的单位逾期不汇交，处5万元以上20万元以下罚款，并处暂扣测绘资质证书，自暂扣测绘资质证书之日起6个月内仍不汇交，吊销测绘资质证书；对直接负责的主管人员和其他直接责任人员，依法给予处分。(13) 违反测绘法规定，未取得测绘资质证书，擅自从事测绘活动，责令停止违法行为，没收违法所得和测绘成果，并处测绘约定报酬1倍以上2倍以下罚款；情节严重，没收测绘工具。以欺骗手段取得测绘资质证书从事测绘活动的，吊销测绘资质证书，没收违法所得和测绘成果，并处测绘约定报酬1倍以上2倍以下罚款；情节严重，没收测绘工具。(14) 违反测绘法规定，测绘单位有超越资质等级许可的范围从事测绘活动；以其他测绘单位的名义从事测绘活动；允许其他单位以本单位的名义从事测绘活动的情形，责令停止违法行为，没收违法所得和测绘成果，处测绘约定报酬1倍以上2倍以下罚款，并可责令停业整顿或降低测绘资质等级；情节严重，吊销测绘资质证书。(15) 违反测绘法规定，中标的测绘单位向他人转让测绘项目，责令改正，没收违法所得，处测绘约定报酬1倍以上2倍以下罚款，并可责令停业整顿或降低测绘资质等级；情节严重，吊销测绘资质证书。(16) 违反测绘法规定，未取得测绘执业资格，擅自从事测绘活动，责令停止违法行为，没收违法所得和测绘成果，对其所在单位可处违法所得2倍以下罚款；情节严重，没收测绘工具；造成损失，依法承担赔偿责任。(17) 违反测绘法规定，测绘成果质量不合格，责令测绘单位补测或重测；情节严重，责令停业整顿，并处降低测绘资质等级或吊销测绘资质证书；造成损失，依法承担赔偿责任。

第四节 妨害文物管理罪（第324~329条）

从文物保护法的角度讲，文物工作贯彻保护为主、抢救第一、合理利用、加强管理的方针。(1) 中国境内地下、内水（中国领海基线向内陆一侧的所有海域）和领海中遗存的一切文物，古文化遗址、古墓葬、石窟寺，国家指定保护的纪念建筑物、古建筑、石刻、壁画、近代现代代表性建筑等不可移动文物，除国家另有规定外，均属于国家所有。(2) 国家所有的可移动文物5种类型，含中国境内出土的文物，国家另有规定外；国有文物收藏单位以及其他国家机关、部队和国有企事业组织等收藏、保管的文物；国家征集、购买的文物；公民、法人和其他组织捐赠给国家的文物；法律规定属于国家所有的其他文物。(3) 国有不可移动文物的所有权不因其所依附的土地所有权或使用权的改变而改变。A. 文物保护单位的保护范围内不得进行其他建设工程或爆破、钻探、挖掘等作业。B. 因特殊情况需要在文物保护单位的保护范围内进行其他建设工程或爆破、钻探、挖掘等作业，须保证文物保护单位的安全，并经核定公布该文物保护单位的政府批准，在批准前应征得上一级政府文物行政部门同意；在全国重点文物保护单位的保护范围内进行其他建设工程或爆破、钻探、挖掘等作业，须经省级政府批准，在批准前应征得国务院文物行政部门同意。(4) 在文物保护单位的保护范围和建设控制地带内，不得建设污染文物保护单位及其环境的设施，不得进行可能影响文物保护单位安全及其环境的活动。对已有的污染文物保护单位及其环境的设施，应限期治理。(5) 建设工程选址，应尽可能避开不可移动文物；因特殊情况不能避开，对文物保护单位应尽可能实施原址保护。A. 实施原址保护，建设单位应事先确定保护措施，据文物保护单位的级别报相应的文物行政部门批准；未经批准，不得开工建设。B. 无法实施原址保护，须迁移异地保护或拆除，应报省级政府批准；迁移或拆除省级文物保护单位，批准前须征得国务院文物行政部门同意；拆除的国有不可移动文物中有收藏价值的壁画、雕塑、建筑构件等，由文物行政部门指定的文物收藏单位收藏；原址保护、迁移、拆除所需费用，由建设单位列入建设工程预算。全国重点文物保护单位不得拆除；需迁移，须由省级政府报国务院批准。(6) 国有不可移动文物由使用人负责修缮、保养；非国有不可移动文物由所有人负责修缮、保养。A. 国有不可移动文物不得转让、抵押。B. 建立博物馆、保管所或辟为参观游览场所的国有文物保护单位，不得作为企业资产经营。(7) 非国有不可移动文物有损毁危险，所有人不具备修缮能力，当地政府应给予帮助；所有人具备修缮能力而拒不依法履行修缮义务，县级以上政府可给予抢救修缮，所需费用由所有人负担。A. 非国有不可移动文物不得转让、抵押给外国人。B. 非国有不可移动文物转让、抵押或改变用途，应根据其级别报相应的文物行政部门备案。(8) 对文物保护单位进行修缮，应根据文物保护单位的级别报相应的文物行政部门批准；对未核定为文物保护单位的不可移动文物进行修缮，应报登记的县级政府文物行政部门批准。A. 文物保护单位的修缮、迁移、重建，由取得文物保护工程资质证书的单位承担。B. 对不可移动文物进行修缮、保养、迁移，须遵守不改变文物原状原则。(9) 不可移动文物已全部毁坏，应实施遗址保护，不得在原址重建。因特殊情况需在原址重建，由省级政府文物行政部门报省级政府批准；全国重点文物保护单位需在原址重建，由省级政府报国务院批准。(10) 使用不可移动文物，须遵守不改变文物原状的原则，负责保护建筑物及其附属文物的安全，不得损毁、改建、添建或拆除不可移动文物。对危害文物保护单位安全、破坏文物保护单位历史风貌的建筑物、构筑物，当地政府应及时调查处理，必要时，对该建筑物、构筑物拆迁。

有科学价值的古脊椎动物化石和古人类化石、文物受国家保护。(1) 在中国境内国家保护的5种文物类型：A. 有历史、艺术、科学价值的古文化遗址、古墓葬、古建筑、石窟寺、石刻、壁画（不可移动文物）。B. 与重大历史事件、革命运动或著名人物有关的以及有重要纪念意义、教育意义或史料价值的近代现代重要史迹、实物、代表性建筑。C. 历史上各时代珍贵的艺术品、工艺美术品。D. 历史上各时代重要的文献资料以及有历史、艺术、科学价值的手稿和图书资料等。E. 反映历史上各时代、各民族社会制度、社会生产、社会生活的代表性实物。(2) 古文化遗址、古墓葬、古建筑、石窟寺、石刻、壁画、近代现代重要史迹和代表性建筑等不可移动文物，据它们的历史、艺术、科学价值，可分别确定为全国重点文物保护单位，省级文物保护单位，市、县级文物保护单位。(3) 历史上各时代重要实物、艺术品、文献、手稿、图书资料、代表性实物等可移动文物，分为珍贵文物（一、二、三级文物）、一般文物。

违反中医药条例规定，损毁或破坏中医药文献，由县级以上地方政府负责中医药管理的部门责令改正，对负有责任的主管人员和其他直接责任人员依法给予纪律处分；损毁或破坏属于国家保护文物的中医药文献，情节严重，构成犯罪，依法追究刑责。

◆ 《刑法》第324条 【故意/过失损毁文物罪；故意损毁名胜古迹罪】

从故意犯、行为犯、情节犯、数额犯的角度讲，故意损毁国家保护的珍贵文物或被确定为全国重点文物保护单位、省级文物保护单位的文物（全国重点文物保护单位、省级文物保护单位的本体），处3年以下有期刑或拘役，并处或单处罚金；情节严重（a. 使全国重点文物保护单位、省级文物保护单位的本体严重损毁或灭失。b. 多次损毁或损毁多处全国重点文物保护单位、省级文物保护单位的本体。c. 造成5件以上三级文物损毁。d. 造成二级以上文物损毁。e. 其他情节严重情形），处3年以上10年以下有期刑，并处罚金。

故意损坏文物、名胜古迹的治安处罚情形：(1) 刻划、涂污或以其他方式故意损坏国家保护的文物、名胜古迹，经管理人员制止，不听劝阻；在全国重点文物保护单位、省级文物保护单位实施行为；多次故意损坏文物、名胜古迹；因故意损坏文物、名胜古迹，受过公安机关治安管理处罚；因故意损坏文物、名胜古迹，造成比较严重危害后果，处警告或200元以下罚款；情节较重，处5日以上10日以下拘留，并处200元以上500元以下罚款。(2) 违法实施危及文物安全的活动，违反国家规定，在文物保护单位附近进行爆破、挖掘等活动，危及文物安全，处警告或200元以下罚款；情节较重（经工作人员制止，不听劝阻；多次违法实施危及文物安全；因违法实施危及文物安全的活动，受过公安机关治安处罚；因违法实施危及文物安全的活动，造成危害后果），处5日以上10日以下拘留，并处200元以上500元以下罚款。(3) 故意损坏文物、名胜古迹（刻划、涂污或以其他方式故意损坏国家保护的文物、名胜古迹），或违法实施危及文物安全的活动（违反国家规定，在文物保护单位附近进行爆破、挖掘等活动，危及文物安全），处警告或200元以下罚款；情节较重（a. 拒不听从管理人员或执法人员制止；造成文物、名胜古迹较重损害后果；2次以上损坏或损坏2处以上文物、名胜古迹；其他情节较重的情形。b. 不听管理人员或执法人员制止；造成文物、名胜古迹较重损害后果；其他情节较重的情形），处5日以上10日以下拘留，并处200元以上500元以下罚款。

故意损毁国家保护的珍贵文物或被确定为全国重点文物保护单位、省级文物保护单位的文物，应立案追诉。(1) 实施故意损毁国家保护的珍贵文物或被确定为全国重点文物保护单位、省级文物保护单位的文物情节严重的行为，拒不执行国家行政主管部门作出的停止侵害文物的行政决定或命令，酌情从重处罚。(2) 实施故意损毁文物罪的情节严重的行为而拒不执行国家行政主管部门作出的停止侵害文物的行政决定或命令，酌情从重处罚。(3) 从转化犯、情节加重犯的角度讲，故意损毁风景名胜区内被确定为全国重点文物保护单位、省级文物保护单位的文物，以故意损毁文物罪定罪处罚，情节严重，处5年以下有期刑或拘役，并处或单处罚金。

从故意犯、情节犯的角度讲，故意损毁国家保护的名胜古迹［风景名胜区的核心景区（为旅游者提供游览服务、有明确的管理界限的场所或区域）；未被确定为全国重点文物保护单位、省级文物保护单位的古文化遗址、古墓葬、古建筑、石窟寺、石刻、壁画、近代现代重要史迹和代表性建筑等不可移动文物的本体］，情节严重（a. 使名胜古迹严重损毁或灭失。b. 多次损毁或损毁多处名胜古迹。c. 其他情节严重情形），处5年以下有期刑或拘役，并处或单处罚金。

故意损毁名胜古迹案的4种立案追诉标准：(1) 故意损毁国家保护的名胜古迹的损毁手段特别恶劣。(2) 造成国家保护的名胜古迹严重损毁。(3) 损毁国家保护的名胜古迹3次以上或3处以上，尚未造成严重损毁后果。(4) 其他情节严重情形。

从过失犯、结果犯的角度讲，过失损毁国家保护的珍贵文物或被确定为全国重点文物保护单位、省级文物保护单位的文物，造成严重后果（a. 使国家级或省级文物保护单位的本体严重损毁或灭失。b. 造成二级以上文物损毁。c. 造成5件以上三级文物损毁），处3年以下有期刑或拘役。

过失损毁国家保护的珍贵文物或被确定为全国重点文物保护单位、省级文物保护单位的文物，应立案追诉的4种标准：(1) 过失造成珍贵文物损毁3件以上。(2) 过失造成珍贵文物严重损毁。(3) 过失造成国家级或省级文物保护单位的文物严重损毁。(4) 其他造成严重后果情形。

◆《刑法》第325条【非法向外国人出售、赠送珍贵文物罪】

从行政犯、故意犯、行为犯的角度讲，违反文物保护法规，将收藏的国家禁止出口的珍贵文物私自出售或私自赠送给外国人，处5年以下有期刑或拘役，可并处罚金。

单位犯非法向外国人出售、赠送珍贵文物罪，对单位判处罚金，并对其直接负责的主管人员和其他直接责任人员，以非法向外国人出售、赠送珍贵文物罪处罚。

【2005·卷2·多选·62】（答案：AC）甲系某市国有博物馆的馆长。某日，市政府领导带某国博物馆代表团参观。甲当即决定将本馆收藏的一件战国时期青铜奔马赠送给市政府，作为新落成的市政府办公大楼的装饰；同时，将一件国家禁止出口的珍贵文物赠送给该外国博物馆代表团。另外，甲还偷偷将本馆一件珍贵文物据为己有。甲的行为构成：A. 贪污罪。B. 私赠文物藏品罪。C. 非法向外国人赠送珍贵文物罪。D. 盗窃珍贵文物罪。

文物商店不得销售、拍卖企业不得拍卖、公民、法人和其他组织不得买卖的4种文物类型：（1）国有文物，以国家允许为例外。（2）非国有馆藏珍贵文物。（3）国有不可移动文物中的壁画、雕塑、建筑构件等，但无法实施原址保护而依法拆除的国有不可移动文物中的壁画、雕塑、建筑构件等不属于由文物行政部门指定的文物收藏单位收藏外。（4）来源不符合民间收藏文物（依法继承或接受赠与；从文物商店购买；从经营文物拍卖的拍卖企业；公民个人合法所有的文物相互交换或依法转让；国家规定的其他合法方式）规定的文物。

◆《刑法》第326条 【倒卖文物罪】

从故意犯、目的犯、情节犯、数额犯的角度讲，以牟利为目的，倒卖国家禁止经营的文物（出售或为出售而收购、运输、储存文物保护法规定的国家禁止买卖的文物），情节严重（a. 倒卖国家禁止经营的文物交易数额5万元以上。b. 倒卖三级文物。c. 其他情节严重情形），处5年以下有期刑或拘役，并处罚金；情节特别严重（a. 倒卖国家禁止经营的文物交易数额25万元以上。b. 倒卖二级以上文物。c. 倒卖三级文物5件以上。d. 其他情节特别严重情形），处5年以上10年以下有期刑，并处罚金。

单位犯倒卖文物罪，对单位判处罚金，并对其直接负责的主管人员和其他直接责任人员，以倒卖文物罪处罚。

文物行政部门的工作人员不得举办或参与举办文物商店或经营文物拍卖的拍卖企业。拍卖企业拍卖的文物，在拍卖前应经省级政府文物行政部门审核，并报国务院文物行政部门备案。文物收藏单位不得举办或参与举办文物商店或经营文物拍卖的拍卖企业。禁止设立中外合资、中外合作和外商独资的文物商店或经营文物拍卖的拍卖企业。除经批准的文物商店、经营文物拍卖的拍卖企业外，其他单位或个人不得从事文物的商业经营活动。

出售或为出售而收购、运输、储存文物保护法规定的国家禁止买卖的文物，应认定为倒卖文物罪的倒卖国家禁止经营的文物。倒卖国家禁止经营的文物，有倒卖三级文物；交易数额5万元以上；其他情节严重的情形，应认定为倒卖文物罪的情节严重。实施倒卖国家禁止经营的文物的行为，有倒卖二级以上文物；倒卖三级文物5件以上；交易数额25万元以上；其他情节特别严重的情形，应认定为倒卖文物罪的情节特别严重。

◆《刑法》第327条 【非法出售、私赠文物藏品罪】

从选择罪名、行政犯、故意犯、数额犯的角度讲，违反文物保护法规（文物保护法、文物保护法实施条例、文物保护工程管理办法、涉案文物鉴定评估管理办法等），国有博物馆、图书馆等单位将国家保护的文物藏品出售或私自送给非国有单位或个人，对单位判处罚金，并对其直接负责的主管人员和其他直接责任人员，处3年以下有期刑或拘役。

国有博物馆、图书馆及其他国有单位，违反文物保护法规，将收藏或管理的国家保护的文物藏品出售或私自送给非国有单位或个人，以非法出售、私赠文物藏品罪追究刑责。

◆《刑法》第328条【盗掘古文化遗址、古墓葬罪；盗掘古人类化石、古脊椎动物化石罪】

从故意犯、行为犯、情节犯的角度讲，盗掘有历史、艺术、科学价值的古文化遗址、古墓葬（含陆地、水下古文化遗址古墓葬，不以公布为不可移动文物的古文化遗址、古墓葬为限），处3年以上10年以下有期刑，并处罚金；情节较轻，处3年以下有期刑、拘役或管制，并处罚金；处10年以上有期刑或无期刑，并处罚金或没收财产（a. 盗掘古文化遗址、古墓葬集团的首犯。b. 盗掘确定为全国重点文物保护单位和省级文物保护单位的古文化遗址、古墓葬。c. 多次盗掘古文化遗址、古墓葬。d. 盗掘古文化遗址、古墓葬，并盗窃珍贵文物或造成珍贵文物严重破坏）。

【2010·卷2·多选·63】（答案：ABD）甲盗掘国家重点保护的古墓葬，窃取大量珍贵文物，并将部分文物偷偷运往境外出售牟利。司法机关发现后，甲为毁灭罪证将剩余珍贵文物损毁。关于本案，下列哪些选项是错误的？A. 运往境外出售与损毁文物，属于不可罚的事后行为，对甲应以盗掘古墓葬罪、盗窃罪论处。B. 损毁文物是为自己毁灭证据的行为，不成立犯罪，对甲应以盗掘古墓葬罪、盗窃罪、走私文物罪论处。C. 盗窃文物是盗掘古墓葬罪的法定刑升格条件，对甲应以盗掘古墓葬罪、走私文物罪、故意损毁文物罪论处。D. 盗掘古墓葬罪的成立不以盗窃文物为前提，对甲应以盗掘古墓葬罪、盗窃罪、走私文物罪、故意损毁文物罪论处。

盗掘古文化遗址、古墓葬罪；盗掘古人类化石、古脊椎动物化石罪的情形：（1）实施盗掘古文化遗址、古墓葬行为，已损害古文化遗址、古墓葬的历史、艺术、科学价值，应认定为盗掘古文化遗址、古墓葬罪既遂。（2）采用破坏性手段盗窃古文化遗址、古墓葬外的古建筑、石窟寺、石刻、壁画、近代现代重要史迹和代表性建筑等其他不可移动文物，以盗窃罪定罪量刑。（3）盗掘国家保护的有科学价值的古人类化石和古脊椎动物化石，以盗掘古文化遗址古墓葬罪、盗掘古人类化石古脊椎动物化石罪处罚。

◆《刑法》第329条【盗窃、抢夺国有档案罪；擅自出卖、转让国有档案罪】

从选择罪名、故意犯、行为犯、情节犯的角度讲，抢夺、窃取国家所有的档案（过去和现在的国家机构、社会组织以及个人从事政治、军事、经济、科学、技术、文化、宗教等活动直接形成的对国家和社会有保存价值的各种文字、图表、声像等不同形式的历史记录），处5年以下有期刑或拘役；违反档案法规定，擅自出卖、转让国家所有的档案，情节严重，处3年以下有期刑或拘役。

有盗窃、抢夺国有档案罪；擅自出卖、转让国有档案罪的行为，同时又构成他罪，依处罚较重规定定罪处罚。

从财产犯罪目的、动机、对象的角度讲，侵犯财产罪、金融诈骗罪、贪污受贿罪等类罪名的子罪名均存在财产犯罪的情形，关键在于社会危害程度、犯罪客体、定罪量刑的差异。

第五节 危害公共卫生罪（第330~337条）

◆《刑法》第330条【妨害传染病防治罪】

从行政犯、故意犯、危险犯、结果犯的角度讲，违反传染病防治法规定，供水单位供应的饮用水不符合国家规定的卫生标准，或拒绝按卫生防疫机构提出的卫生要求，对传染病病原体污染的污水、污物、粪便进行消毒处理，或准许或纵容传染病病人、病原携带者和疑似传染病病人从事国务院卫健部门规定禁止从事的易使该传染病扩散的工作，或拒绝执行卫生防疫机构依传染病防治法提出的预防、控制措施，引起甲类传染病［依传染病防治法、国务院有关规定确定甲类传染病（鼠疫、霍乱）的范围］传播或有传播严重危险，处3年以下有期刑或拘役；后果特别严重，处3年以上7年以下有期刑。单位犯妨害传染病防治罪，实行双罚制。

违反传染病防治法规定，引起甲类传染病（鼠疫、霍乱）或按甲类管理的传染病传播（乙类传染病中传染性非典型肺炎、炭疽中的肺炭疽、人感染高致病性禽流感及国务院卫健部门根据需要报经国务院批准公布实施的其他需按甲类管理的乙类传染病和突发原因不明的传染病）或有传播严重危险的妨害传染病防治案的4种立案追诉标准：（1）准许或纵容传染病病人、病原携带者和疑似传染病病人从事国务院卫健部门规定禁止从事的易使该传染病扩散的工作。（2）供水单位供应的饮用水不符合国家规定的卫生标准。（3）拒绝按疾病预防控制机构提出的卫生要求，对传染病病原体污染的污水、污物、粪便进行消毒处理。（4）拒绝执行疾病预防控制机构依传染病防治法提出的预防、控制措施。

◆ 《刑法》 第331条 【传染病菌种、毒种扩散罪】

从身份犯、结果犯的角度讲，从事实验、保藏、携带、运输传染病菌种、毒种的人员，违反国务院卫健部门有关规定，造成传染病菌种、毒种扩散，后果严重，处3年以下有期刑或拘役；后果特别严重，处3年以上7年以下有期刑。

传染病菌种、毒种扩散案的5种立案追诉标准：（1）严重影响正常的生产、生活秩序。（2）造成人员重伤或死亡。（3）导致甲类和按甲类管理的传染病传播。（4）导致乙类、丙类传染病流行、暴发。（5）其他造成严重后果情形。

◆ 《刑法》 第332条 【妨害国境卫生检疫罪】

从行政犯、故意犯、危险犯的角度讲，违反国境卫生检疫规定，引起检疫传染病传播或有传播严重危险，处3年以下有期刑或拘役，并处或单处罚金。

从海关法、司法解释的角度讲，海关依法实施进出境检疫，凭允许进出口证明书、检疫证明按规定办理通关手续；依法实施进境检疫，凭进口批准文件或允许进出口证明书以及检疫证明按规定办理通关手续。违反国境卫生检疫规定，引起检疫传染病传播或有传播严重危险，应立案追诉。

单位犯妨害国境卫生检疫罪，对单位判处罚金，并对其直接负责的主管人员和其他直接责任人员，依妨害国境卫生检疫罪处罚。

◆ 《刑法》 第333条 【非法组织卖血罪；强迫卖血罪】

从故意犯、行为犯的角度讲，非法组织他人出卖血液，处5年以下有期刑，并处罚金；以暴力、威胁方法强迫他人出卖血液，处5年以上10年以下有期刑，并处罚金。

从转化犯的角度讲，非法组织他人卖血或强迫他人卖血对他人造成伤害，非法组织他人卖血罪或强迫他人卖血罪转化为故意伤害罪，以故意伤害罪一罪定罪处罚。（1）摘取不满18周岁的人的器官，以故意伤害罪定罪处罚。（2）非法拘禁他人，使用暴力致人伤残，应以故意伤害罪论处。（3）监狱中的监管人员对被监管人进行殴打或体罚虐待，致被害人伤残，以故意伤害罪论处。（4）有非法组织卖血罪、强迫卖血罪、故意伤害罪的行为，对他人造成伤害，以故意伤害罪、组织出卖人体器官罪定罪处罚。一般而言，经被害人同意后所实施的未超出承诺范围的侵害，排除犯罪的成立。

【2012·卷2·单选·16】（答案：D）下列哪一行为不应以故意伤害罪论处？A. 监狱监管人员吊打被监管人，致其骨折。B. 非法拘禁被害人，大力反扭被害人胳膊，致其胳膊折断。

C. 经本人同意，摘取17周岁少年的肾脏1只，支付少年5万元补偿费。D. 黑社会成员因违反帮规，在其同意之下，被截断1截小指头。

以暴力、威胁方法强迫他人出卖血液，应立案追诉。非法组织卖血案的5种立案追诉标准：（1）非法组织未成年人卖血。（2）被非法组织卖血的人的血液含有艾滋病病毒、乙型肝炎病毒、丙型肝炎病毒、梅毒螺旋体等病原微生物。（3）非法组织卖血3人次以上。（4）非法组织卖血非法获利2000元以上。（5）其他非法组织卖血应追究刑责情形。

◆ 《刑法》第334条 【非法采集、供应血液、制作、供应血液制品罪；采集、供应血液、制作、供应血液制品事故罪】

从选择罪名、故意犯、行为犯、情节犯、结果犯的角度讲，非法采集、供应血液（全血、成分血、特殊血液成分）或制作、供应血液制品（对未经国家主管部门批准或超过批准的业务范围，采集、供应血液或制作、供应各种血浆蛋白制品），不符合国家规定标准，足以危害人体健康（a. 采集、供应的血液含有艾滋病病毒、乙型肝炎病毒、丙型肝炎病毒、梅毒螺旋体等病原微生物。b. 制作、供应的血液制品含有艾滋病病毒、乙型肝炎病毒、丙型肝炎病毒、梅毒螺旋体等病原微生物，或将含有艾滋病病毒、乙型肝炎病毒、丙型肝炎病毒、梅毒螺旋体等病原微生物的血液用于制作血液制品。c. 使用不符合国家规定的药品、诊断试剂、卫生器材，或重复使用一次性采血器材采集血液，造成传染病传播危险。d. 违反规定对献血者、供血浆者超量、频繁采集血液、血浆，足以危害人体健康。e. 其他不符合国家有关采集、供应血液或制作、供应血液制品规定标准，足以危害人体健康），处5年以下有期刑或拘役，并处罚金；对人体健康造成严重危害（a. 造成献血者、供血浆者、受血者感染乙型肝炎病毒、丙型肝炎病毒、梅毒螺旋体或其他经血液传播的病原微生物。b. 造成献血者、供血浆者、受血者重度贫血、造血功能障碍或其他器官组织损伤导致功能障碍等身体严重危害。c. 对人体健康造成其他严重危害），处5年以上10年以下有期刑，并处罚金；造成特别严重后果（a. 因血液传播疾病导致人员死亡或感染艾滋病病毒。b. 造成5人以上感染乙型肝炎病毒、丙型肝炎病毒、梅毒螺旋体或其他经血液传播的病原微生物。c. 造成5人以上重度贫血、造血功能障碍或其他器官组织损伤导致功能障碍等身体严重危害。d. 造成其他特别严重后果），处10年以上有期刑或无期刑，并处罚金或没收财产。

【2003·卷2·单选·6】（答案：A）某镇医院医生贾某在为患者输血时不按规定从县血站提取，而是习惯在直接从献血者身上采血后输给患者。住院病人于某因输了贾某采集的不符合国家规定的血液发生不良反应死亡。贾某的行为构成何罪？A. 非法采集、供应血液罪。B. 采集、供应血液事故罪。C. 医疗事故罪。D. 过失致人死亡罪。

非法采集、供应血液、制作、供应血液制品罪是违反血液制品管理法规，未经有关机构许可，擅自采集、供应血液，不符合国家规定的标准，足以危害人体健康的行为。从危险犯的角度，非法采集、供应血液、制作、供应血液制品（未经国家主管部门批准或超过批准的业务范围，采集、供应血液或制作、供应血液制品）案的5种立案追诉标准：（1）违反规定对献血者、供血浆者超量、频繁采集血液（全血、成分血、特殊血液成分）、血浆，足以危害人体健康。（2）采集、供应的血液含有艾滋病病毒、乙型肝炎病毒、丙型肝炎病毒、梅毒螺旋体等病原微生物。（3）制作、供应的血液制品（各种人血浆蛋白制品）含有艾滋病病毒、乙型肝炎病毒、丙型肝炎病毒、梅毒螺旋体等病原微生物，或将含有上述病原微生物的血液用于制作血液制品。（4）使用不符合国家规定的药品、诊断试剂、卫生器材，或重复使用一次性采血器材采集血液，造成传染病传播危险。（5）其他不符合国家有关采集、供应血液或制作、供应血液制品规定，足以危害人体健康或对人体健康造成严重危害情形。

采集、供应血液、制作、供应血液制品事故罪是经国家主管部门批准采集、供应血液的部门，不依规定进行检测或违背其他操作规定，严重危害他人身体健康的行为。采集、供应血液、制作、供应血液制品事故案的3种立案追诉标准：（1）造成献血者、供血浆者、受血者感染艾滋病病毒、乙型肝炎病毒、丙型肝炎病毒、梅毒螺旋体或其他经血液传播的病原微生物。（2）造成献血者、供血浆者、受血者重度贫血、造血功能障碍或其他器官组织损伤导致功能障碍等身体严重危害。（3）其他造成危害他人身体健康后果情形。

犯采集、供应血液、制作、供应血液制品事故罪，经国家主管部门批准采集、供应血液或制作、供应血液制品的部门［经国家主管部门批准的采供血机构（血液中心、中心血站、中心血库、脐带血造血干细胞库和国家卫生行政主管部门根据医学发展需批准、设置的其他类型血库、单采血浆站）、血液制品（各种人血浆蛋白制品）生产经营单位］，不依规定进行检测或违背其他操作规定13种违法违规情形（a. 重复使用一次性采血器材。b. 对献血者、供血浆者超量、频繁采集血液、血浆。c. 对国家规定检测项目结果呈阳性的血液未及时按规定清除。d. 不依国家规定标准和要求包装、储存、运输血液、原料血浆。e. 不具备相应资格的医务人员进行采血、检验操作。f. 采供血机构在采集检验标本、采集血液和成分血分离时，使用无生产单位名称、生产批准文号或超过有效期的一次性注射器等采血器材。g. 采供血机构采集血液、血浆前，未对献血者或供血浆者进行身份识别，采集冒名顶替者、健康检查不合格者血液、血浆。h. 血液制品生产企业在投料生产前未用主管部门批准和检定合格的试剂进行复检。i. 血站、单采血浆站和血液制品生产企业使用的诊断试剂无生产单位名称、生产批准文号或经检定不合格。j. 血站擅自采集原料血浆，单采血浆站擅自采集临床用血或向医疗机构供应原料血浆。k. 血站未用2个企业生产的试剂对艾滋病病毒抗体、乙型肝炎病毒表面抗原、丙型肝炎病毒抗体、梅毒抗体进行2次检测。l. 单采血浆站不依规定对艾滋病病毒抗体、乙型肝炎病毒表面抗原、丙型肝炎病毒抗体、梅毒抗体进行检测。m. 其他不依规定进行检测或违背操作规定），造成危害他人身体健康后果（a. 造成献血者、供血浆者、受血者重度贫血、造血功能障碍或其他器官组织损伤导致功能障碍等身体严重危害。b. 造成献血者、供血浆者、受血者感染艾滋病病毒、乙型肝炎病毒、丙型肝炎病毒、梅毒螺旋体或其他经血液传播的病原微生物。c. 造成其他危害他人身体健康后果），对单位判处罚金，并对其直接负责的主管人员和其他直接责任人员，处5年以下有期刑或拘役。

◆ 《刑法》 第335条 【医疗事故罪】

从身份犯、过失犯、结果犯的角度讲，医务人员（身份犯）因严重不负责任（过失）［a. 擅离职守。b. 未经批准擅自开展试验性治疗。c. 无正当理由拒绝对危急就诊人实行必要的医疗救治。d. 使用未经批准使用的药品、消毒药剂、医疗器械。e. 严重违反查对、复核制度。f. 严重违反国家法律法规及有明确规定的诊疗技术规范、常规。g. 其他严重不负责任（过失）情形］，造成就诊人死亡或严重损害就诊人身体健康（造成就诊人严重残疾、重伤、感染艾滋病、病毒性肝炎等难以治愈的疾病或其他严重损害就诊人身体健康的后果），处3年以下有期刑或拘役。

医务人员因严重不负责任（过失），造成就诊人死亡或严重损害就诊人身体健康，应立案追诉。

◆ 《刑法》 第336条 【非法行医罪；非法进行节育手术罪】

从行政犯、故意犯、行为犯、结果犯的角度讲，未取得医生执业资格的人非法行医（a. 未取得乡村医生执业证书，从事乡村医疗活动。b. 未取得或以非法手段取得医师资格从事医疗活动。c. 被依法吊销医师执业证书期间从事医疗活动。d. 家庭接生员实施家庭接生外的医疗行为），情节严重（a. 非法行医被卫健部门行政处罚2次后，再次非法行医。b. 造成就诊人轻度残疾、器官组织损伤导致一般功能障碍。c. 造成甲类传染病传播、流行或有传播、流行危险。d. 使用假药、劣药或不符合国家规定标准的卫生材料、医疗器械，足以严重危害人体健康。e. 其他情节严重情形），处3年以下有期刑、拘役或管制，并处或单处罚金；严重损害就诊人身体健康（a. 造成就诊人中度以上残疾、器官组织损伤导致严重功能障碍。b. 造成3名以上就诊人轻度残疾、器官组织损伤导致一般功能障碍），处3年以上10年以下有期刑，并处罚金；造成就诊人死亡（非法行医行为系造成就诊人死亡的直接、主要原因），处10年以上有期刑，并处罚金。

【2005·卷2·单选·15】（答案：D）甲系某医院外科医师，应邀在朋友乙的私人诊所兼职期间，擅自为多人进行了节育复通手术。对甲的行为应如何定性？(D) A. 构成非法行医罪。B. 构成非法进行节育手术罪。C. 构成医疗事故罪。D. 不构成犯罪。

从行政犯、故意犯、情节犯、结果犯的角度讲，犯非法进行节育手术罪，未取得医生执业资格的人擅自为他人进行节育复通手术、假节育手术、终止妊娠手术或摘取宫内节育器，情节严重，处3年以下有期刑、拘役或管制，并处或单处罚金；严重损害就诊人身体健康，处3年以上10年以下有期刑，并处罚金；造成就诊人死亡，处10年以上有期刑，并处罚金。

非法进行节育手术案的6种立案追诉标准：（1）非法获利累计5000元以上。（2）非法进行选择性别的终止妊娠手术。（3）非法进行节育复通手术、假节育手术、终止妊娠手术或摘取宫内节育器5人次以上。（4）使他人超计划生育。（5）造成就诊人轻伤、重伤、死亡或感染艾滋病、病毒性肝炎等难以治愈的疾病。（6）其他情节严重情形。

非法行医案的5种立案追诉标准：（1）非法行医被卫健部门行政处罚2次后，再次非法行医。（2）使用假药、劣药或不符合国家规定标准的卫生材料、医疗器械，足以严重危害人体健康。（3）造成甲类传染病传播、流行或有传播、流行危险。（4）造成就诊人轻度残疾、器官组织损伤导致一般功能障碍，或中度以上残疾、器官组织损伤导致严重功能障碍，或死亡。（5）其他情节严重情形。

从司法解释、部门规章的角度讲，非法行医行为并非造成就诊人死亡的直接、主要原因，可不认定为非法行医罪的造成就诊人死亡，但根据案件情况，可认定为非法行医罪的情节严重。(1) 医疗机构［综合医院、中医医院、中西医结合医院、民族医医院、专科医院、康复医院；妇幼保健院、妇幼保健计划生育服务中心；社区卫生服务中心（站）；中心卫生院、乡（镇）卫生院、街道卫生院；疗养院；综合门诊部、专科门诊部、中医门诊部、中西医结合门诊部、民族医门诊部；诊所、中医诊所、民族医诊所、卫生所、医务室、卫生保健所、卫生站；村卫生室（所）；急救中心、急救站；临床检验中心、医学检验中心、病理诊断中心、医学影像诊断中心、血液透析中心、安宁疗护中心；专科疾病防治院、专科疾病防治所、专科疾病防治站；护理院、护理站；其他诊疗机构］实行执业许可证制度。(2) 不得申请设置医疗机构的6种情形，含不能独立承担民责的单位；正服刑或不有完全民事行为能力的个人；发生二级以上医疗事故未满5年的医务人员；因违反有关法律法规和规章，已被吊销执业证书的医务人员；被吊销《医疗机构执业许可证》的医疗机构法定代表人或主要负责人；省级卫生健委规定的其他情形。(3) 正服刑或不有完全民事行为能力的个人、发生二级以上医疗事故未满5年的医务人员、因违反有关法律法规和规章而已被吊销执业证书的医务人员、被吊销《医疗机构执业许可证》的医疗机构法定代表人或主要负责人，不得申请设置医疗机构或充任医疗机构的法定代表人或主要负责人。(4) 医疗活动、医疗行为参照《医疗机构管理条例实施细则》的诊疗活动、医疗美容认定。(5) 轻度残疾、器官组织损伤导致一般功能障碍、中度以上残疾、器官组织损伤导致严重功能障碍参照《医疗事故分级标准（试行）》（2002年）认定。(6) 根据对患者人身造成的损害程度，分为4级医疗事故（a. 一级医疗事故：造成患者死亡、重度残疾，如植物人状态。b. 二级医疗事故：造成患者中度残疾、器官组织损伤导致严重功能障碍，如双眼球摘除或双眼经客观检查证实无光感。c. 三级医疗事故：

造成患者轻度残疾、器官组织损伤导致一般功能障碍,如发声及言语困难。d. 四级医疗事故:造成患者明显人身损害的其他后果,如拔除健康恒牙;局部注射造成组织坏死,成人大于体表面积2%,儿童大于体表面积5%)。(7) 未取得医师执业资格非法行医,有造成突发传染病病人、病原携带者、疑似突发传染病病人贻误诊治或造成交叉感染等严重情节,以非法行医罪定罪,依法从重处罚。(8) 实施非法行医犯罪,同时构成生产、销售假药罪,生产、销售劣药罪,诈骗罪等他罪,依刑法处罚较重规定定罪处罚。

非法进行节育手术罪和非法行医罪的主体都是未取得医生执业资格的人。医疗事故罪首先属于过失犯罪,还有造成就诊人死亡或严重损害就诊人身体健康的犯罪后果。

◆ 《刑法》 第337条 【妨害动植物防疫、 检疫罪】

从行政犯、故意犯、情节犯的角度讲,违反有关动植物防疫、检疫的国家规定(进出境动植物检疫法、进出境动植物检疫法实施条例、动物检疫管理办法、进出境非食用动物产品检验检疫监管办法、进境动植物检疫审批管理办法等),引起重大动植物疫情(按国家行政主管部门有关规定认定),或有引起重大动植物疫情危险,情节严重,处3年以下有期刑或拘役,并处或单处罚金。

违反有关动植物防疫、检疫的国家规定,引起重大动植物疫情,应立案追诉。(1) 妨害动植物防疫、检疫案的7种立案追诉标准:A. 非法处置疫区内易感动物或其产品,货值金额5万元以上。B. 非法处置因动植物防疫、检疫需被依法处理的动植物或其产品,货值金额2万元以上。C. 1年内携带或寄递《禁止携带、邮寄进境的动植物及其产品名录》所列物品进境逃避检疫2次以上,或窃取、抢夺、损毁、抛洒动植物检疫机关截留的《禁止携带、邮寄进境的动植物及其产品名录》所列物品。D. 非法调运、生产、经营感染重大植物检疫性有害生物的林木种子、苗木等繁殖材料或森林植物产品。E. 进境动植物及其产品检出有引起重大动植物疫情危险的动物疫病或植物有害生物后,非法处置导致进境动植物及其产品流失。F. 输入《进出境动植物检疫法》规定的禁止进境物逃避检疫,或对特许进境的禁止进境物未有效控制与处置,导致其逃逸、扩散。G. 其他情节严重情形。(2) 在重大动物疫情发生期间,哄抬物价、欺骗消费者、散布谣言、扰乱社会秩序和市场秩序,由价格主管部门、市场监管部门或公安机关依法给予行政处罚;构成犯罪,依法追究刑责。(3) 违反重大动物疫情应急条例,不符合相应条件采集重大动物疫病病料,或在重大动物疫病病原分离时不遵守国家有关生物安全管理规定,由动物防疫监督机构给予警告,并处5000元以下的罚款;构成犯罪,依法追究刑责。(4) 违反重大动物疫情应急条例,拒绝、阻碍动物防疫监督机构进行重大动物疫情监测,或发现动物出现群体发病或死亡,不向当地动物防疫监督机构报告,由动物防疫监督机构给予警告,并处2000元以上5000元以下的罚款;构成犯罪,依法追究刑责。(5) 截留、挪用重大动物疫情应急经费,或侵占、挪用应急储备物资,按财政违法行为处罚处分条例的规定处理;构成犯罪,依法追究刑责。(6) 违反重大动物疫情应急条例,有关地方政府阻碍报告重大动物疫情,不履行应急处理职责,不按规定对疫点、疫区和受威胁区采取预防、控制、扑灭措施,或对上级政府有关部门的疫情调查不予配合或阻碍、拒绝,由上级人民政府责令立即改正、通报批评、给予警告;对政府主要领导人依法给予记大过、降级、撤职直至开除的行政处分;构成犯罪,依法追究刑责。(7) 违反重大动物疫情应急条例,县级以上政府有关部门不履行应急处理职责,不执行对疫点、疫区和受威胁区采取的措施,或对上级政府有关部门的疫情调查不予配合或阻碍、拒绝,由本级政府或上级政府有关部门责令立即改正、通报批评、给予警告;对主要负责人、负有责任的主管人员和其他责任人员,依法给予记大过、降级、撤职直至开除的行政处分;构成犯罪,依法追究刑责。(8) 违反重大动物疫情应急条例,兽医主管部门及其所属的动物防疫监督机构有不履行疫情报告职责,瞒报、谎报、迟报或授意他人瞒报、谎报、迟报，阻碍他人报告重大动物疫情；在重大动物疫情报告期间，不采取临时隔离控制措施，导致动物疫情扩散；不及时划定疫点、疫区和受威胁区，不及时向本级政府提出应急处理建议，或不按规定对疫点、疫区和受威胁区采取预防、控制、扑灭措施；不向本级政府提出启动应急指挥系统、应急预案和对疫区的封锁建议；对动物扑杀、销毁不进行技术指导或指导不力，或不组织实施检验检疫、消毒、无害化处理和紧急免疫接种；其他不履行本条例规定的职责，导致动物疫病传播、流行，或对养殖业生产安全和公众身体健康与生命安全造成严重危害的情形，由本级政府或上级政府有关部门责令立即改正、通报批评、给予警告；对主要负责人、负有责任的主管人员和其他责任人员，依法给予记大过、降级、撤职直至开除的行政处分；构成犯罪，依法追究刑责。（9）截留、挪用重大动物疫情应急经费，或侵占、挪用应急储备物资，按财政违法行为处罚处分条例的规定处理；构成犯罪，依法追究刑责。（10）单位犯妨害动植物防疫、检疫罪，对单位判处罚金，并对其直接负责的主管人员和其他直接责任人员，依妨害动植物防疫、检疫罪处罚。

从重大动物疫情应急条例的角度讲，一般而言，重大动物疫病的病料采集应由动物防疫监督机构进行；特殊而言，其他单位和个人采集重大动物疫病的病料，应具备重大动物疫病病料采集目的、病原微生物的用途应符合国务院兽医主管部门的规定、与采集病料所需要的生物安全防护水平相适应的设备以及防止病原感染和扩散的有效措施、与采集病料相适应的动物病原微生物实验室条件。

第六节　破坏环境资源保护罪（第338～346条）

从法律渊源的角度讲，绿色原则（节约资源、保护生态环境原则）的法律根据是民法总则、民法通则、民通意见、环保法、海洋环保法、大气污染防治法、水污染防治法、土壤污染防治法、大气污染防治行动计划（"气十条"）、水污染防治行动计划（"水十条"）、巴黎协定［联合国气候变化巴黎大会（2015年）、中国生态文明战略与行动（联合国环境规划署，2016年）］等国内外法律法规、司法解释。

从传统环境污染侵权理论的角度讲，侵权责任法的历史演进有渐进性、国际性、历史性，大致经历了氏族社会同态复仇至奴隶社会、封建社会结果责任、过错责任及近现代资本主义社会单一过错责任至过错责任、无过错责任、公平责任等多元化责任或归责体系发展的基本历史过程。（1）环境侵权关系的民责的要件要素有争议性，存在二要件说［环境损害事实（财产损害、人身损害、环境损害等）、环境损害事实和环境污染行为间的因果关系（污染物的性质、毒性、迁移性、流动性、转化性、潜伏性、积累性、复合性）］、三要件说（环境污染行为、环境污染损害事实、环境污染行为和环境污染损害间的因果关系，或环境污染行为的违法性、环境污染行为的损害事实、环境污染行为和环境污染损害事实间的因果关系）、四要件说（环境污染者的主观过错性、环境污染行为的违法性、环境污染行为的损害事实、环境污染行为及其损害事实间的因果关系）等不同理论观点。（2）环境法性质的因果关系有争议性，存在盖然（可能）性的因果关系说、间接反证性的因果关系说（德国民事证据法）、流行病说或防疫学的因果关系说等不同理论观点。（3）环境污染侵权责任原则有争议性，存在二元化环境污染侵权责任说（过错责任、无过错责任）、三元化环境污染侵权责任说（过错责任、无过错责任、公平责任）等不同理论观点。

【单位犯破坏环境资源保护罪的处罚规定】单位犯破坏环境资源保护罪实行双罚制。（1）单位犯破坏性采矿罪、非法采矿罪、非法捕捞水产品罪、非法占用农用地罪、非法猎捕杀害珍贵濒危野生动物罪、非法收购运输出售珍贵濒危野生动物珍贵濒危野生动物制品罪、非法处置进口的固体废物罪、污染环境罪、擅自进口固体废物罪、走私固体废物罪、非法采伐毁坏国家重点保护植物罪、非法收购运输加工出售国家重点保护植物国家重点保护植物制品罪罪、非法收购运输盗伐滥伐的林木罪、盗伐林木罪、滥伐林木罪，对单位判处罚金，并对其直接负责的主管人员和其他直接责任人员，依破坏环境资源保护罪各该条规定处罚。(2) 破坏环境资源保护罪的14个类罪名：A. 污染环境罪。B. 非法处置进口的固体废物罪。C. 走私固体废物罪。D. 非法捕捞水产品罪。E. 非法猎捕、杀害珍贵、濒危野生动物罪。F. 非法收购、运输、出售珍贵濒危野生动物、珍贵、濒危野生动物制品罪。G. 非法占用农用地罪。H. 非法采矿罪。I. 破坏性采矿罪。J. 非法采伐、毁坏国家重点保护植物罪。K. 非法收购、运输、加工、出售国家重点保护植物、国家重点保护植物制品罪罪。L. 盗伐林木罪。M. 滥伐林木罪。N. 非法收购、运输盗伐、滥伐的林木罪（《刑法》第338~345条）。

【2017·卷2·单选·21】（答案：C）国有甲公司领导王某与私企乙公司签订采购合同，以10万元的价格向乙公司采购一批设备。后王某发现，丙公司销售的相同设备仅为6万元。王某虽有权取消合同，但却与乙公司老总刘某商议，由王某花6万元从丙公司购置设备交给乙公司，再由乙公司以10万元的价格卖给甲公司。经王某签字批准，甲公司将10万元货款支付给乙公司后，刘某再将10万元返给王某。刘某为方便后参与甲公司采购业务，完全照办。关于本案的分析，下列哪一项是正确的？A. 王某利用职务上的便利套取公款，构成贪污罪，贪污数额为10万元。B. 王某利用与乙公司签订合同的机会谋取私利，应以职务侵占罪论处。C. 刘某为谋取不正当利益，事后将货款交给王某，刘某行为构成贪污罪。D. 刘某协助王某骗取公款，但因其并非国家工作人员，故构成诈骗罪。

从刑法、刑诉法、环保法、行政执法机关移送涉嫌犯罪案件规定等法律法规的角度讲，《环境保护行政执法与刑事司法衔接工作办法》(2017年) 适用于环保主管部门、公安机关和检察院办理的涉嫌环境犯罪案件。(1) 环保部门、公安机关和检察院应加强协作，统一法律适用，不断完善线索通报、案件移送、资源共享和信息发布等工作机制。(2) 检察院对环保部门移送涉嫌环境犯罪案件活动和公安机关对移送案件的立案活动，依法实施法律监督。(3) 从案件移送、法律监督的角度，环保部门在查办环境违法案件过程中，发现涉嫌环境犯罪案件，应核实情况并作出移送涉嫌环境犯罪案件的书面报告。本机关负责人应自接到报告之日起3日内作出批准移送或不批准移送的决定。A. 向公安机关移送的涉嫌环境犯罪案件的条件：a. 实施行政执法的主体与程序合法。b. 有合法证据证明有涉嫌环境犯罪的事实发生。B. 环保部门移送涉嫌环境犯罪案件，应自作出移送决定后24小时内向同级公安机关移交案件材料 [a. 案件移送书，载明移送机关名称、涉嫌犯罪罪名及主要依据、案件主办人及联系方式等。案件移送书应附移送材料清单，并加盖移送机关公章。b. 案件调查报告，载明案件来源、查获情况、嫌犯基本情况、涉嫌犯罪的事实、证据和法律依据、处理建议和法律依据等。c. 现场检查（勘察）笔录、调查询问笔录、现场勘验图（描绘主要生产及排污设备布置等案发现场情况、现场周边环境、各采样点位、污染物排放途径的平面示意图）、采样记录单等。d. 现场照片或录音录像资料及清单，载明需证明的事实、对象、拍摄人、拍摄时间、拍摄地点等。e. 涉案物品清单，载明已查封、扣押等采取行政强制措施的涉案物品名称、数量、特征、存放地等事项，并附采取行政强制措施、现场笔录等表明涉案物品来源的相关材料。f. 监测、检验报告、突发环境事件调查报告、认定意见。g. 其他有关涉嫌犯罪的材料。h. 行政处罚决定书（对环境违法行为已作出行政处罚决定）]，并将案件移送书抄送同级检察院。C. 公安机关对环保部门移送的涉嫌环境犯罪案件，应依法接受，并立即出具接受案件回执或在涉嫌环境犯罪案件移送书的回执上签字；应自接受案件之日起3日内作出立案或不予立案的决定；涉嫌环境犯罪线索需查证，应自接受案件之日起7日内作出决定；重大疑难复杂案件，经县级以上公安机关负责人批准，可自受案之日起30日内作出决定。接受案件后对属于公安机关管辖但不属于本公安机关管辖的案件，应在24小时内移送有管辖权的公安机关，并书面通知移送案件的环保部门,抄送同级检察院;对不属于公安机关管辖,应在24小时内退回移送案件的环保部门。a. 公安机关审查发现移送的涉嫌环境犯罪案件材料不全,应在接受案件的24小时内书面告知移送的环保部门在3日内补正。但不得以材料不全为由,不接受移送案件。b. 公安机关审查发现移送的涉嫌环境犯罪案件证据不充分,可就证明有犯罪事实的相关证据等提出补充调查意见,由移送案件的环保部门补充调查(第一,环保部门应按要求补充调查,并及时将调查结果反馈公安机关。第二,因客观条件所限,无法补正,环保部门应向公安机关作出书面说明)。c. 公安机关作出立案、不予立案、撤销案件决定,应自作出决定之日起3日内书面通知环保部门,并抄送同级检察院。d. 公安机关作出不予立案或撤销案件决定,应书面说明理由,并将案卷材料退回环保部门。(4)环保部门应自接到公安机关立案通知书之日起3日内将涉案物品以及与案件有关的其他材料移交公安机关,并办理交接手续。A. 涉及查封、扣押物品,环保部门和公安机关应密切配合,加强协作,防止涉案物品转移、隐匿、损毁、灭失等情况发生。a. 对有危险性或环境危害性的涉案物品,环保部门应组织临时处理处置,公安机关应积极协助;对无明确责任人、责任人不具备履行责任能力或超出部门处置能力,应呈报涉案物品所在地政府组织处置。b. 对有危险性或环境危害性的涉案物品的处置费用清单随附处置合同、缴费凭证等作为犯罪获利的证据,及时补充移送公安机关。B. 环保部门认为公安机关不予立案决定不当,可自接到不予立案通知书之日起3个工作日内向作出决定的公安机关申请复议,公安机关应自收到复议申请之日起3个工作日内作出立案或不予立案的复议决定,并书面通知环保部门。a. 环保部门对公安机关逾期未作出是否立案决定、以及对不予立案决定、复议决定、立案后撤销案件决定有异议,应建议检察院进行立案监督;检察院应受理并审查。b. 环保部门建议检察院进行立案监督的案件,应提供立案监督建议书、相关案件材料,并附公安机关不予立案、立案后撤销案件决定及说明理由材料,复议维持不予立案决定材料或公安机关逾期未作出是否立案决定的材料。C. 检察院发现环保部门不移送涉嫌环境犯罪案件,可派员查询、调阅有关案件材料,认为涉嫌环境犯罪应移送,应提出建议移送的检察意见;环保部门应自收到检察意见后3日内将案件移送公安机关,并将执行情况通知检察院。检察院发现公安机关可能存在应立案而不立案或逾期未作出是否立案决定,应启动立案监督程序。(5)环保部门向公安机关移送涉嫌环境犯罪案件,已作出的警告、责令停产停业、暂扣或吊销许可证的行政处罚决定,不停止执行;未作出行政处罚决定,原则上应在公安机关决定不予立案或撤销案件、检察院作出不起诉决定、法院作出无罪判决或免刑后,再决定是否给予行政处罚。A. 涉嫌犯罪案件的移送办理期间,不计入行政处罚期限。B. 对尚未作出生效裁判的案件,环保部门依法应给予或提请政府给予暂扣或吊销许可证、责令停产停业等行政处罚,需配合,公安机关、检察院应给予配合。(6)公安机关对涉嫌环境犯罪案件,经审查无犯罪事实,或立案侦查后认为犯罪事实显著轻微、不需追究刑责,但经审查依法应行政处罚,应及时将案件移交环保部门,并抄送同级检察院。(7)检察院对符合逮捕、起诉条件的环境嫌犯应及时批捕、提起公诉,对决定不起诉的案件应自作出决定之日起3日内,书面告知移送案件的环保部门,认为应给予行政处罚,可提出行政处罚的检察意见。(8)检察院对公安机关提请批捕的嫌犯作出不批捕决定,并通知公安机关补充侦查,或检察院对公安机关移送审查起诉的案件审查后,认为犯罪事实不清、证据不足,将案件退回补充侦查,应制作补充侦查提纲,写明补充侦查的方向和要求。A. 对退回补充侦查的案件,公安机关应按补充侦查提纲的要求,在1个月内补充侦查完毕。B. 公安机关补充侦查和检察院自行侦查需环保部门协助,环保部门应协助。(9)从证据的收集、使用的角度讲,环保部门在行政执法和查办案件过程中依法收集制作的物证、书证、视听资料、电子数据、监测报告、检验报告、认定意见、鉴定意见、勘验笔录、检查笔录等证据材料,在刑诉中可作为证据使用。A. 环保部门、公安机关、检察院收集的证据材料,经法庭查证属实,且收集程序符合有关法律、行政法规规定，可作为定案的根据。B. 环保部门或公安机关依据《国家危险废物名录》或组织专家研判等得出认定意见，应载明涉案单位名称、案由、涉案物品识别认定的理由，按"经认定，属于\不属于，危险废物，废物代码"的格式出具结论，加盖公章。（10）从协作机制的角度，环保部门、公安机关和检察院应建立健全环境行政执法与刑事司法衔接的长效工作机制、双向案件咨询制。A. 确定牵头部门及联络人，定期召开联席会议明确议定事项，通报衔接工作情况，研究存在的问题，提出加强部门衔接的对策，协调解决环境执法问题，开展部门联合培训。B. 环保部门对重大疑难复杂案件，可就刑事案件立案追诉标准、证据的固定和保全等问题咨询公安机关、检察院；公安机关、检察院可就案件办理中的专业性问题咨询环保部门；受咨询的机关应认真研究，及时答复；书面咨询，应在7日内书面答复。（11）公安机关、检察院办理涉嫌环境污染犯罪案件，需环保部门提供环境监测或技术支持，环保部门应按上述部门刑事案件办理的法定时限要求积极协助，及时提供现场勘验、环境监测及认定意见；应列入本机关的行政经费预算，由同级财政保障经费。（12）环保部门在执法检查时，发现违法行为明显涉嫌犯罪，应及时向公安机关通报。A. 公安机关认为有必要的可依法开展初查，对符合立案条件，应及时依法立案侦查。在公安机关立案侦查前，环保部门应继续对违法行为进行调查。B. 环保部门、公安机关应相互依托"12369"环保举报热线和"110"报警服务平台，建立完善接处警的快速响应和联合调查机制，强化对打击涉嫌环境犯罪的联勤联动。在办案过程中，环保部门、公安机关应依法及时启动相应的调查程序，分工协作，防止证据灭失。C. 在联合调查中，环保部门应重点查明排污者严重污染环境的事实，污染物的排放方式，及时收集、提取、监测、固定污染物种类、浓度、数量、排放去向等。公安机关应注意控制现场，重点查明相关责任人身份、岗位信息，视情节轻重对直接负责的主管人员和其他责任人员依法采取相应强制措施。两部门均应规范制作笔录，并留存现场摄像或照片。（13）对案情重大或复杂疑难案件，公安机关可听取检察院的意见，检察院应及时提出意见和建议。A. 涉及移送的案件在庭审中，需出庭说明情况，相关执法或技术人员有义务出庭说明情况，接受庭审质证。B. 环保部门、公安机关和检察院应加强对重大案件的联合督办工作，适时对重大案件进行联合挂牌督办，督促案件办理。同时，要逐步建立专家库，吸纳污染防治、重点行业以及环境案件侦办等方面的专家和技术骨干，为查处打击环境污染犯罪案件提供专业支持。C. 环保部门和公安机关在查办环境污染违法犯罪案件过程中发现包庇纵容、徇私舞弊、贪污受贿、失职渎职等涉嫌职务犯罪行为，应及时将线索移送检察院。（14）从信息共享的角度，环保部门、公安机关、检察院应积极建设、规范使用行政执法与刑事司法衔接信息共享平台，逐步实现涉嫌环境犯罪案件的网上移送、网上受理和网上监督。A. 已接入信息共享平台的环保部门、公安机关、检察院，应自作出相关决定之日起7日内分别录入信息（a. 适用一般程序的环境违法事实、案件行政处罚、案件移送、提请复议和建议检察院进行立案监督的信息。b. 移送涉嫌犯罪案件的立案、不予立案、立案后撤销案件、复议、检察院监督立案后的处理情况，以及提请批捕、移送审查起诉的信息。c. 监督移送、监督立案以及批捕、提起公诉、裁判结果的信息。尚未建成信息共享平台的环保部门、公安机关、检察院，应自作出相关决定后及时向其他部门通报批捕、移送审查起诉的信息）。B. 环保部门、公安机关、检察院应对信息共享平台录入的案件信息及时汇总、分析、综合研判，定期总结通报平台运行情况。

◆ 《刑法》第338条【污染环境罪】

从行政犯、故意犯、情节犯、结果犯、数额犯的角度讲，违反国家规定，排放、倾倒或处置有放射性的废物、含传染病病原体的废物、有毒物质（a. 危险废物，是列入国家危险废物名录，或根据国家规定的危险废物鉴别标准、鉴别方法认定，有危险特性的废物。b. 含重金属的污染物。c. 持久性有机污染物的斯德哥尔摩公约附件所列物质。d. 其他有毒性，可能污染环境的物质）或其他有害物质（工业危险废物外的其他工业固体废物；未经处理的生活垃圾；有害大气污染物、受控消耗臭氧层物质和有害水污染物；在利用和处置过程中必然产生有毒有害物质的其他物质；生态环保部会同卫健委公布的有毒有害污染物名录中的有关物质等），严重污染环境［18种情形：A. 造成生态环境严重损害。B. 违法所得（违法行为所得和可得的全部违法收入）或使公私财产损失（a. 直接造成财产损毁、减少的实际价值。b. 为防止污染扩大、消除污染而采取必要合理措施产生的费用。c. 处置突发环境事件的应急监测费用）30万元以上。C. 违法减少防治污染设施运行支出100万元以上。D. 使疏散、转移群众5000人以上。E. 使30人以上中毒。F. 使3人以上轻伤、轻度残疾或器官组织损伤导致一般功能障碍。G. 使1人以上重伤、中度残疾或器官组织损伤导致严重功能障碍。H. 使乡镇以上集中式饮用水水源取水中断12小时以上。I. 使基本农田、防护林地、特种用途林地5亩以上，其他农用地10亩以上，其他土地20亩以上基本功能丧失或遭受永久性破坏。J. 使森林或其他林木死亡50立方米以上，或幼树死亡2500株以上。K. 非法排放、倾倒、处置危险废物3吨以上（对当事人追究刑责，除可能适用公私财产损失第二档定罪量刑标准的以外，则不应再对公私财产损失数额或超过排放标准倍数进行鉴定）。L. 排放、倾倒、处置含铅、汞、镉、铬、砷、铊、锑的污染物，超过国家或地方污染物排放标准3倍以上。M. 排放、倾倒、处置含镍、铜、锌、银、钒、锰、钴的污染物，超过国家或地方污染物排放标准10倍以上。N. 通过暗管、渗井、渗坑、裂隙、溶洞、灌注等逃避监管的方式排放、倾倒、处置有放射性的废物、含传染病病原体的废物、有毒物质。O. 在饮用水水源一级保护区、自然保护区核心区排放、倾倒、处置有放射性的废物、含传染病病原体的废物、有毒物质。P. 2年内（以第一次违法行为受到行政处罚的生效之日与又实施相应行为之日的时间间隔计算确定）曾因违反国家规定，排放、倾倒、处置有放射性的废物、含传染病病原体的废物、有毒物质受过2次以上行政处罚，又实施前列行为。Q. 重点排污单位（设区的市级以上政府环保部门依法确定的应安装、使用污染物排放自动监测设备的重点监控企业及其他单位）篡改、伪造自动监测数据或干扰自动监测设施，排放化学需氧量、氨氮、二氧化硫、氮氧化物等污染物。R. 其他严重污染环境情形］，处3年以下有期刑或拘役，并处或单处罚金；后果特别严重（13种情形：a. 造成生态环境特别严重损害。b. 使疏散、转移群众15 000人以上。c. 使1人以上死亡或重度残疾。d. 使100人以上中毒。e. 使10人以上轻伤、轻度残疾或器官组织损伤导致一般功能障碍。f. 使3人以上重伤、中度残疾或器官组织损伤导致严重功能障碍。g. 使1人以上重伤、中度残疾或器官组织损伤导致严重功能障碍，并使5人以上轻伤、轻度残疾或器官组织损伤导致一般功能障碍。h. 使公私财产损失100万元以上。i. 使县级以上城区集中式饮用水水源取水中断12小时以上。j. 非法排放、倾倒、处置危险废物100吨以上。k. 使基本农田、防护林地、特种用途林地15亩以上，其他农用地30亩以上，其他土地60亩以上基本功能丧失或遭受永久性破坏。l. 使森林或其他林木死亡150立方米以上，或幼树死亡7500株以上。m. 其他后果特别严重情形），处3年以上7年以下有期刑，并处罚金。

环境污染犯罪的嫌犯、被告人是否有主观过错的认定：（1）判断嫌犯、被告人是否有环境污染犯罪的故意，应依据嫌犯、被告人的任职情况、职业经历、专业背景、培训经历、本人因同类行为受到行政处罚或刑事追究情况以及污染物种类、污染方式、资金流向等证据，结合其供述，进行综合分析判断。（2）以有证据证明确系不知情为例外，嫌犯、被告人不能作出合理解释，可认定其故意实施环境污染犯罪的8种情形：A. 企业未依法通过环境影响评价，或未依法取得排污许可证，排放污染物，或已通过环境影响评价并防治污染设施验收合格后，擅自更改工艺流程、原辅材料，导致产生新的污染物质。B. 不使用验收合格的防治污染设施或不按规范要求使用。C. 防治污染设施发生故障，发现后不及时排除，继续生产放任污染物排放。D. 生态环境部门责令限制生产、停产整治或予以行政处罚后，继续生产放任污染物排放。E. 将危险废物委托第三方处置，未尽到查验经营许可的义务，或委托处置费用明显低于市场价格或处置成本。F. 通过暗管、渗井、渗坑、裂隙、溶洞、灌注等逃避监管的方式排放污染物。G. 通过篡改、伪造监测数据的方式排放污染物。H. 其他足以认定的情形。

污染环境罪的处罚：（1）一些行为人拒不配合执法检查、接受检查时弄虚作假、故意逃避法律追究的情形时有发生，因此对行为人已着手实施非法排放、倾倒、处置有毒有害污染物的行为，因有关部门查处或其他意志以外的原因未得逞的情形，可以污染环境罪（未遂）追究刑责。（2）违反传染病防治法等国家有关规定，向土地、水体、大气排放、倾倒或处置含传染病病原体的废物、有毒物质或其他危险废物，造成突发传染病传播等重大环境污染事故，使公私财产遭受重大损失或人身伤亡的严重后果，以污染环境罪定罪处罚。（3）明知他人无危险废物经营许可证，向其提供或委托其收集、贮存、利用、处置危险废物，严重污染环境，以污染环境罪的共犯论处。

污染环境案的17种立案追诉标准：（1）造成生态环境严重损害。（2）在饮用水水源一级保护区、自然保护区核心区排放、倾倒、处置有放射性的废物、含传染病病原体的废物、有毒物质。（3）通过暗管、渗井、渗坑、裂隙、溶洞、灌注等逃避监管的方式排放、倾倒、处置有放射性的废物、含传染病病原体的废物、有毒物质。（4）重点排污单位篡改、伪造自动监测数据或干扰自动监测设施，排放化学需氧量、氨氮、二氧化硫、氮氧化物等污染物。（5）2年内（以第一次违法行为受到行政处罚的生效之日与又实施相应行为之日的时间间隔计算确定）曾因违反国家规定，排放、倾倒、处置有放射性的废物、含传染病病原体的废物、有毒物质受过2次以上行政处罚，又实施前列行为。（6）违法所得或使公私财产损失30万元以上。（7）违法减少防治污染设施运行支出100万元以上。（8）非法排放、倾倒、处置危险废物［非法处置危险废物属于无危险废物经营许可证（未取得危险废物经营许可证，或超出危险废物经营许可证的经营范围），以营利为目的，从危险废物中提取物质作为原材料或燃料，并有超标排放污染物、非法倾倒污染物或其他违法造成环境污染情形的行为］3吨以上。（9）排放、倾倒、处置含铅、汞、镉、铬、砷、铊、锑的污染物，超过国家或地方污染物排放标准3倍以上。（10）排放、倾倒、处置含镍、铜、锌、银、钒、锰、钴的污染物，超过国家或地方污染物排放标准10倍以上。（11）使1人以上重伤、中度残疾或器官组织损伤导致严重功能障碍。使3人以上轻伤、轻度残疾或器官组织损伤导致一般功能障碍。（12）使30人以上中毒。（13）使疏散、转移群众5000人以上。（14）使乡镇以上集中式饮用水水源取水中断12小时以上。（15）使森林或其他林木死亡50立方米以上，或幼树死亡2500株以上。（16）使基本农田、防护林地、特种用途林地5亩以上，其他农用地10亩以上，其他土地20亩以上基本功能丧失或遭受永久性破坏。（17）其他严重污染环境情形。

污染环境犯罪的管辖问题：（1）一些环境污染犯罪案件属于典型的跨区域刑事案件，易存在管辖不明或有争议的情况，公检法要加强沟通协调，共同研究解决。A. 一般而言，跨区域环境污染犯罪案件由环境污染犯罪地［环境污染行为发生地（环境污染行为的实施地以及预备地、开始地、途经地、结束地以及排放、倾倒污染物的车船停靠地、始发地、途经地、到达地等地点；环境污染行为有连续、持续或继续状态，相关地方都属于环境污染行为发生地）、环境污染结果发生地（污染物排放地、倾倒地、堆放地、污染发生地等）］的公安机关管辖。B. 特殊而言，跨区域环境污染犯罪案件由嫌犯居住地的公安机关管辖更为适宜，可由嫌犯居住地的公安机关管辖。（2）多个公安机关都有权立案侦查，由最初受理的或主要犯罪地的公安机关立案侦查，管辖有争议，按有利于查清犯罪事实、有利于诉讼的原则，由共同的上级公安机关协调确定的公安机关立案侦查，需提请批准逮捕、移送审查起诉、提起公诉，由该公安机关所在地的检察院、法院受理。

严格适用不起诉、缓刑、免予刑罚：(1) 深刻认识环境污染犯罪的严重社会危害性，正确贯彻宽严相济刑事政策，充分发挥刑罚的惩治和预防功能。在全面把握犯罪事实和量刑情节的基础上严格依刑法和刑诉法规定的条件适用不起诉、缓刑、免予刑罚，既要考虑从宽情节，又要考虑从严情节；既要做到刑罚与犯罪相当，又要做到刑罚执行方式与犯罪相当，切实避免不起诉、缓刑、免予刑罚不当适用造成的消极影响。(2) 一般不适用不起诉、缓刑或免予刑罚的5种情形：A. 不如实供述罪行。B. 属于共同犯罪中情节严重的主犯。C. 犯有数个环境污染犯罪依法实行并罚或以一罪处理。D. 曾因环境污染违法犯罪行为受过行政处罚或刑罚。E. 其他不宜适用不起诉、缓刑、免予刑罚的情形。(3) 法院审理环境污染犯罪案件拟适用缓刑或免予刑罚，应分析案发前后的社会影响和反映，注意听取控辩双方提出的意见。A. 对情节恶劣、社会反映强烈的环境污染犯罪，不得适用缓刑、免予刑罚。B. 法院对判处缓刑的被告人，一般应同时宣告禁止令，禁止其在缓刑考验期内从事与排污或处置危险废物有关的经营活动。C. 生态环境部门根据禁止令，对上述人员担任实际控制人、主要负责人或高管人员的单位，依法不得发放排污许可证或危险废物经营许可证。

对发生在长江经济带11省（直辖市）的环境污染犯罪行为，可从重处罚的2种情形：(1) 跨省（直辖市）排放、倾倒、处置有放射性的废物、含传染病病原体的废物、有毒物质或其他有害物质。(2) 向国家确定的重要江河、湖泊或其他跨省（直辖市）江河、湖泊排放、倾倒、处置有放射性的废物、含传染病病原体的废物、有毒物质或其他有害物质。

单位环保犯罪的认定：(1) 办理环境污染犯罪案件，认定单位犯罪时，应依法合理把握追究刑责的范围，贯彻宽严相济刑事政策，重点打击出资者、经营者和主要获利者，既要防止不当缩小追究刑责的人员范围，又要防止打击面过大。(2) 为了单位利益，实施环境污染行为，应认定为单位犯罪的4种情形：A. 经单位决策机构按决策程序决定。B. 经单位实际控制人、主要负责人或授权的分管负责人决定、同意。C. 单位实际控制人、主要负责人或授权的分管负责人得知单位成员个人实施环境污染犯罪行为，并未加以制止或及时采取措施，而是予以追认、纵容或默许。D. 使用单位营业执照、合同书、公章、印鉴等对外开展活动，并调用单位车辆、船舶、生产设备、原辅材料等实施环境污染犯罪行为。(3) 单位犯罪中的"直接负责的主管人员"，一般是对单位犯罪起决定、批准、组织、策划、指挥、授意、纵容等作用的主管人员，含单位实际控制人、主要负责人或授权的分管负责人、高管人员等；"其他直接责任人员"，一般是在直接负责的主管人员的指挥、授意下积极参与实施单位犯罪或对具体实施单位犯罪起较大作用的人员。(4) 对应认定为单位犯罪的环境污染犯罪案件，公安机关未作为单位犯罪移送审查起诉，检察院应退回公安机关补充侦查。对应认定为单位犯罪的环境污染犯罪案件，检察院只作为自然人犯罪起诉，法院应建议检察院对犯罪单位补充起诉。

非法排放、倾倒、处置行为的认定：(1) 认定非法排放、倾倒、处置行为时，应根据固体废物污染环境防治法、《关于办理环境污染刑事案件适用法律若干问题的解释》（2016年）的有关规定精神，从其行为方式是否违反国家规定或行业操作规范、污染物是否与外环境接触、是否造成环境污染的危险或危害等方面进行综合分析判断。(2) 对名为运输、贮存、利用，实为排放、倾倒、处置的行为应认定为非法排放、倾倒、处置行为，可依法追究刑责。(3) 未采取相应防范措施将未利用价值的危险废物长期贮存、搁置，放任危险废物或其有毒有害成分大量扬散、流失、泄漏、挥发，污染环境。

有害物质的认定：(1) 实践中，常见的有害物质主要有工业危险废物外的其他工业固体废物；未经处理的生活垃圾；有害大气污染物、受控消耗臭氧层物质和有害水污染物；在利用和处置过程中必然产生有毒有害物质的其他物质；国务院生态环保主管部门会同国务院卫生主管部门公布的有毒有害污染物名录中的有关物质等。(2) 办理非法排放、倾倒、处置其他有害物质的案件,应坚持主客观相一致原则,从行为人的主观恶性、污染行为恶劣程度、有害物质危险性毒害性等方面进行综合分析判断,准确认定其行为的社会危害性。

危险废物的认定:(1)根据《关于办理环境污染刑事案件适用法律若干问题的解释》(2016年)的规定精神,对列入国家危险废物名录,若来源和相应特征明确,司法人员根据自身专业技术知识和工作经验认定难度不大,司法机关可依据名录直接认定。(2)对来源和相应特征不明确,由生态环境部门、公安机关等出具书面意见,司法机关可依据涉案物质的来源、产生过程、被告人供述、证人证言以及经批准或备案的环境影响评价文件等证据,结合上述书面意见作出是否属于危险废物的认定。(3)对需生态环境部门、公安机关等出具书面认定意见,区分不同情况分别处理:A.对已确认固体废物产生单位,且产废单位环评文件中明确为危险废物,据产废单位建设项目环评文件和审批、验收意见、案件笔录等材料,可对照《国家危险废物名录》等出具认定意见。B.对已确认固体废物产生单位,但产废单位环评文件中未明确为危险废物,应进一步分析废物产生工艺,对照判断其是否列入国家危险废物名录。C.列入国家危险废物名录的可直接出具认定意见;未列入名录,应根据原辅材料、产生工艺等进一步分析其是否有危险特性,不可能有危险特性,不属于危险废物;可能有危险特性,抽取典型样品进行检测,并根据典型样品检测指标浓度,对照危险废物鉴别标准(GB5085.1-7)出具认定意见。(4)对固体废物产生单位无法确定,应抽取典型样品进行检测,据典型样品检测指标浓度,对照危险废物鉴别标准出具认定意见。对确需进一步委托有相关资质的检测鉴定机构进行检测鉴定,生态环境部门或公安机关按有关规定开展检测鉴定工作。

污染环境案件的鉴定问题:(1)司法部应根据《关于严格准入 严格监管 提高司法鉴定质量和公信力的意见》(2017年)的要求,会同生态环境部加强对环境损害司法鉴定机构的事中事后监管,加强司法鉴定社会信用体系建设,建立黑名单制度,完善退出机制,及时向社会公开违法违规的环境损害司法鉴定机构和鉴定人行政处罚、行业惩戒等监管信息,对弄虚作假造成环境损害鉴定评估结论严重失实或违规收取高额费用、情节严重,依法撤销登记。鼓励有关单位或个人向司法部、生态环境部举报环境损害司法鉴定机构的违法违规行为。(2)根据《关于办理环境污染刑事案件适用法律若干问题的解释》(2016年)的规定精神,对涉及案件定罪量刑的核心或关键专门性问题难以确定,由司法鉴定机构出具鉴定意见,主要是案件具体适用的定罪量刑标准涉及的专门性问题,如公私财产损失数额、超过排放标准倍数、污染物性质判断等。A.对案件的其他非核心或关键专门性问题,或可鉴定也可不鉴定的专门性问题,一般不委托鉴定。B.对非法排放、倾倒、处置危险废物3吨以上的情形,对当事人追究刑责,除可能适用公私财产损失第二档定罪量刑标准的以外,则不应再对公私财产损失数额或超过排放标准倍数进行鉴定。C.涉及案件定罪量刑的核心或关键专门性问题难以鉴定或鉴定费用明显过高,司法机关可结合案件其他证据,并参考生态环境部门意见、专家意见等作出认定。

从《关于办理环境污染刑事案件有关问题座谈会纪要》(2019年)的角度讲,地方生态环境部门及其所属监测机构委托第三方监测机构出具报告的证据资格问题:(1)环保主管部门及其所属监测机构在行政执法过程中收集的监测数据,在刑诉中可作为证据使用。(2)地方生态环境部门及其所属监测机构委托第三方监测机构出具的监测报告,地方生态环境部门及其所属监测机构在行政执法过程中予以采用,其实质属于环保主管部门及其所属监测机构在行政执法过程中收集的监测数据,在刑诉中可作为证据使用。(3)公安机关单独或会同环保主管部门,提取污染物样品进行检测获取的数据,在刑诉中可作为证据使用。(4)对国家危险废物名录所列的废物,可依据涉案物质的来源、产生过程、被告人供述、证人证言以及经批准或备案的环境影响评价文件等证据,结合环境保护主管部门、公安机关等出具的书面意见作出认定。(5) 对危险废物的数量，可综合被告人供述、涉案企业的生产工艺、物耗、能耗情况，以及经批准或备案的环境影响评价文件等证据作出认定。(6) 对环境污染案件所涉的环境污染专门性问题难以确定，依据司法鉴定机构出具的鉴定意见，或国务院环保主管部门、公安部门指定的机构出具的报告，结合其他证据作出认定。

环境影响评价机构或其人员，故意提供虚假环境影响评价文件，情节严重，或严重不负责任（过失），出具的环境影响评价文件存在重大失实，造成严重后果，应以提供虚假证明文件罪或出具证明文件重大失实罪定罪处罚。

违反国家规定，针对环境质量监测系统实施修改参数或监测数据、干扰采样使监测数据严重失真或其他破坏环境质量监测系统的犯罪行为，或强令、指使、授意他人实施修改参数或监测数据、干扰采样使监测数据严重失真或其他破坏环境质量监测系统的犯罪行为，应以破坏计算机信息系统罪论处。

生态环境损害标准的认定：(1) 造成生态环境严重损害、造成生态环境特别严重损害的定罪量刑标准：A. 生态环境损害赔偿制度是生态文明制度体系的重要组成部分。B. 对造成生态环境损害的责任者严格实行赔偿制度。C. 生态环境损害赔偿制度改革方案（2017 年），在全国范围内试行生态环境损害赔偿制度。(2) 造成生态环境损害规定为污染环境罪的定罪量刑标准之一。在生态环境损害赔偿制度试行阶段，全国各省市区可结合本地实际情况，因地制宜，因时制宜，据案件具体情况准确认定造成生态环境严重损害和造成生态环境特别严重损害。

实施污染环境、非法处置进口的固体废物、擅自进口固体废物、走私固体废物的行为的认定问题：(1) 实施污染环境、非法处置进口的固体废物、擅自进口固体废物、走私固体废物的行为，刚达到应追究刑责标准，但行为人及时采取措施，防止损失扩大、消除污染，全部赔偿损失，积极修复生态环境，且系初犯，确有悔罪表现，可认定为情节轻微，不起诉或免刑；确有必要判刑，应从宽处罚。(2) 一般而言，实施非法处置进口的固体废物、擅自进口固体废物、走私固体废物、污染环境的犯罪行为，但及时采取措施、防止损失扩大、消除污染，积极赔偿损失，可酌情从宽处罚。(3) 单位犯非法处置进口的固体废物、擅自进口固体废物、走私固体废物、污染环境的犯罪，据各罪量刑标准和《关于办理环境污染刑事案件适用法律若干问题的解释》（2016 年），对直接负责的主管人员和其他直接责任人员定罪处罚，并对单位判处罚金。(4) 从司法解释的角度，实施非法处置进口的固体废物、擅自进口固体废物、走私固体废物、环境监管失职、食品监管渎职的犯罪行为，使公私财产损失 30 万元以上，或有造成生态环境严重损害；使乡镇以上集中式饮用水水源取水中断 12 小时以上；使基本农田防护林地特种用途林地 5 亩以上，其他农用地 10 亩以上，其他土地 20 亩以上基本功能丧失或遭受永久性破坏；使森林或其他林木死亡 50 立方米以上或幼树死亡 2500 株以上；使疏散、转移群众 5000 人以上；使 30 人以上中毒；使 3 人以上轻伤、轻度残疾或器官组织损伤导致一般功能障碍；使 1 人以上重伤、中度残疾或器官组织损伤导致严重功能障碍，应认定为非法处置进口的固体废物罪、擅自进口固体废物罪、走私固体废物罪、环境监管失职罪、食品监管渎职罪的使公私财产遭受重大损失或严重危害人体健康或使公私财产遭受重大损失或造成人身伤亡的严重后果。(5) 实施污染环境、非法处置进口的固体废物、擅自进口固体废物、走私固体废物犯罪，以污染环境罪、非法处置进口的固体废物罪、擅自进口固体废物罪、走私固体废物罪从重处罚的 4 种情形：A. 阻挠环境监督检查或突发环境事件调查，尚不构成妨害公务等犯罪。B. 在医院、学校、居民区等人口集中地区及其附近，违反国家规定排放、倾倒、处置有放射性的废物、含传染病病原体的废物、有毒物质或其他有害物质。C. 在重污染天气预警期间、突发环境事件处置期间或被责令限期整改期间，违反国家规定排放、倾倒、处置有放射性的废物、含传染病病原体的废物、有毒物质或其他有害物质。D. 有危废物经营许可证的企业违反国家规定排放、倾倒、处置有放射性的废物、含传染病病原体的废物、有毒物质或其他有害物质。(6) 违反国家规定，排放、倾倒、处置含有毒害性、放射性、传染病病原体等物质的污染物，同时构成污染环境罪、非法处置进口的固体废物罪、投放危险物质罪等犯罪，依处罚较重的犯罪定罪处罚。

重点排污单位（设区的市级以上政府环境保护主管部门依法确定的应安装、使用污染物排放自动监测设备的重点监控企业及其他单位）篡改、伪造自动监测数据或干扰自动监测设施，排放化学需氧量、氨氮、二氧化硫、氮氧化物等污染物，同时构成污染环境罪和破坏计算机信息系统罪，依处罚较重规定定罪处罚。A. 从事环境监测设施维护、运营的人员实施或参与实施篡改、伪造自动监测数据、干扰自动监测设施、破坏环境质量监测系统等行为，应从重处罚。B. 单位实施《关于办理环境污染刑事案件适用法律若干问题的解释》（2016年）规定的犯罪，依该解释规定的定罪量刑标准，对直接负责的主管人员和其他直接责任人员定罪处罚，并对单位判处罚金。

土壤污染防治应坚持预防为主、保护优先、分类管理、风险管控、污染担责、公众参与的原则，禁止生产、销售、使用国家明令禁止的农业投入品，禁止向农用地排放重金属或其他有毒有害物质含量超标的污水、污泥，以及可能造成土壤污染的清淤底泥、尾矿、矿渣等。

【2017·卷2·不定项·97-99】（答案：AD）；（答案：BC）；（答案：ABC）某环保联合会对某公司提起环境民事公益诉讼，因在诉讼中需要该公司的相关环保资料，遂向县环保局提出申请公开该公司的排污许可证、排污口数量和位置等有关环境信息。申请书中载明了单位名称、住所地、联系人及电话并加盖了公章、获取信息的方式等。县环保局收到申请后，要求环保联合会提供申请人身份的证明材料。环保联合会提供了社会团体登记证复印件。县环保局以申请公开的内容不明确为由拒绝公开，该环保联合会遂提起行政诉讼。请回答第97-99题。(97) 关于本案的信息公开申请及其处理，下列说法正确的是：A. 环保联合会可采用数据电文形式提出信息公开。B. 环保联合会不具有提出此信息公开申请的资格。C. 县环保局有权要求环保联合会提供申请人身份的证明材料。D. 县环保局认为申请内容不明确的，应告知环保联合会作出更改、补充。98. 关于本案的起诉，下列说法正确的是：A. 本案由县环保局所在地法院或环保联合会所在地的法院管辖。B. 起诉期限为6个月。C. 如法院当场不能判定起诉是否符合条件，应接受起诉状，出具注明收到日期的书面凭证，并在7日内决定是否立案。D. 如果法院当场不能判定起诉是否符合条件，经7日内仍不能作出判断，应裁定暂缓立案。(99) 若法院受理此案，关于此案的审理，下列说法正确的是：A. 法院审理第一审行政案件，当事人各方同意适用简易程序的，可适用简易程序。B. 县环保局负责人出庭应诉的，可另委托1至2名诉讼代理人。C. 县环保局应当对拒绝的根据及履行法定告知和说明理由义务的情况举证。D. 法院应要求环保联合会对其所申请的信息与其自身生产、生活、科研等需的相关性进行举证。(100) 县政府以某化工厂不符合国家产业政策、污染严重为由，决定强制关闭该厂。该厂向法院起诉要求撤销该决定，并提出赔偿请求。一审法院认定县政府决定违法，予以撤销，但未对赔偿请求作出裁判，县政府提出上诉。下列说法正确的是：A. 本案第一审应由县法院管辖。B. 二审法院不得以不开庭方式审理该上诉案件。C. 二审法院应对一审法院的判决和被诉行政行为进行全面审查。D. 如二审法院经审查认为依法不应给予该厂赔偿，应判决驳回其赔偿请求。

从中国自然保护区条例的角度讲，禁止任何人进入自然保护区的核心区。(1) 因科研需要，须进入核心区从事科研观测、调查活动，应事先向自然保护区管理机构提交申请和活动计划，并经自然保护区管理机构批准；其中，进入国家级自然保护区核心区，应经省级政府有关自然保护区行政主管部门批准。(2) 在自然保护区的实验区内开展参观、旅游活动，由自然保护区管理机构编制方案，方案应符合自然保护区管理目标，并加强管理；进入自然保护区参观、旅游的单位和个人，应服从自然保护区管理机构的管理。（3）外国人进入自然保护区，应事先向自然保护区管理机构提交活动计划，并经自然保护区管理机构批准；其中，进入国家级自然保护区，应经省级环保、海洋、渔业等有关自然保护区行政主管部门按各自职责批准。进入自然保护区外国人，应遵守有关自然保护区的法律法规和规定，未经批准，不得在自然保护区内从事采集标本等活动。

◆ 《刑法》 第339条 【非法处置进口的固体废物罪；擅自进口固体废物罪】

从行政犯、故意犯、行为犯、结果犯、数额犯、情节犯的角度讲，违反国家规定（国家海关监管、环保制度），将境外的固体废物（生活来源废塑料、未经分拣废纸、废纺织品、钒渣、废五金、废船、废汽车压件、冶炼渣、工业来源废塑料、不锈钢废碎料、钛废碎料、木废碎料等）进境倾倒、堆放、处置，处5年以下有期刑或拘役，并处罚金；造成重大环境污染事故，使公私财产遭受重大损失或严重危害人体健康，处5年以上10年以下有期刑，并处罚金；后果特别严重［12种情形：a.造成生态环境特别严重损害。b.使疏散、转移群众15000人以上。c.使1人以上死亡或重度残疾。d.使100人以上中毒。e.使10人以上轻伤、轻度残疾或器官组织损伤导致一般功能障碍。f.使3人以上重伤、中度残疾或器官组织损伤导致严重功能障碍。g.使1人以上重伤、中度残疾或器官组织损伤导致严重功能障碍，并使5人以上轻伤、轻度残疾或器官组织损伤导致一般功能障碍。h.使公私财产损失（直接造成财产损毁、减少的实际价值，为防止污染扩大、消除污染而采取必要合理措施所产生的费用，处置突发环境事件的应急监测费用）100万元以上。i.使县级以上城区集中式饮用水水源取水中断12小时以上。j.非法排放、倾倒、处置危险废物100吨以上。使基本农田、防护林地、特种用途林地15亩以上，其他农用地30亩以上，其他土地60亩以上基本功能丧失或遭受永久性破坏。k.使森林或其他林木死亡150立方米以上，或幼树死亡7500株以上。l.其他后果特别严重情形］，处10年以上有期刑，并处罚金。

从《禁止洋垃圾入境推进固体废物进口管理制度改革实施方案》（2017年）、非限制进口类可用作原料的固体废物目录、限制进口类可用作原料的固体废物目录的角度讲，国家分批分类调整进口固体废物管理目录，逐步有序减少固体废物进口种类和数量。

从刑事立案标准的角度讲，违反国家规定，将境外固体废物进境倾倒、堆放、处置，应立案追诉。擅自进口固体废物案的6种立案追诉标准：（1）使传染病发生、流行或人员中毒达到《国家突发公共卫生事件应急预案》中突发公共卫生事件分级三级以上情形，严重危害人体健康。（2）使1人以上死亡、3人以上重伤、10人以上轻伤，或1人以上重伤并5人以上轻伤。（3）使公私财产损失30万元以上。（4）使森林或其他林木死亡50立方米以上，或幼树死亡2500株以上。（5）使基本农田、防护林地、特种用途林地5亩以上，其他农用地10亩以上，其他土地20亩以上基本功能丧失或遭受永久性破坏。（6）其他使公私财产遭受重大损失或严重危害人体健康情形。

列入废弃电器电子产品处理目录的废弃电器电子产品的回收处理及相关活动，适用废弃电器电子产品回收处理管理条例。国家建立废弃电器电子产品处理基金，依国家有关规定享受税收优惠；鼓励电器电子产品生产者自行或委托销售者、维修机构、售后服务机构、废弃电器电子产品回收经营者回收废弃电器电子产品；鼓励处理企业与相关电器电子产品生产者、销售者以及废弃电器电子产品回收经营者等建立长期合作关系，回收处理废弃电器电子产品；处理涉及国家秘密的废弃电器电子产品，依国家保密规定办理；回收、储存、运输、处理废弃电器电子产品的单位和个人，应遵守国家有关环保和环境卫生管理的规定。除经省级政府批准，可设立废弃电器电子产品集中处理场外，禁止未取得废弃电器电子产品处理资格的单位和个人处理废弃电器电子产品。禁止采用国家明令淘汰的技术和工艺处理废弃电器电子产品。属于国家禁止进口的废弃电器电子产品，不得进口。

未经国务院有关主管部门许可，擅自进口固体废物用作原料，造成重大环境污染事故，使公私财产遭受重大损失或严重危害人体健康，处5年以下有期刑或拘役，并处罚金；后果特别严重，处5年以上10年以下有期刑，并处罚金。

单位或个人以原料利用为名，进口不能用作原料的固体废物、液态废物、气态废物，犯走私废物罪，对单位判处罚金，并对其直接负责的主管人员和其他直接责任人员，情节严重，处5年以下有期刑，并处或单处罚金；情节特别严重，处5年以上有期刑，并处罚金。

数罪并罚的情形：（1）行为人走私境外固体废物并在中国境内倾倒、堆放、处置固体废物，应数罪并罚。（2）行为人非法处置国家禁止进口的固体废物，同时触犯走私固体废物罪，应数罪并罚。（3）行为人采取伪造、变造进口废物批准证书而非法处置进口的固体废物，又触犯伪造、变造、买卖国家机关公文、证件、印章罪，应数罪并罚。

从比较法的角度讲，非法处置进口的固体废物罪、擅自进口固体废物罪的差异在于犯罪客体、犯罪对象、犯罪客观方面、犯罪既遂形态的不同。（1）非法处置进口的固体废物罪、走私固体废物罪的差异在于犯罪客体、犯罪主客观方面的不同。（2）非法处置进口的固体废物罪、重大环境污染事故罪的差异在于犯罪客体、犯罪主观方面、犯罪客观方面的不同。

具有重大的走私、金融诈骗、洗钱犯罪案件，嫌犯逃匿，在通缉1年后不能到案；嫌犯死亡（现有证据证明其存在违法所得及其他涉案财物应予以没收，公安机关可继续调查，并依法进行查封、扣押、冻结）；涉嫌重大走私、金融诈骗、洗钱犯罪的单位被撤销、注销，直接负责的主管人员和其他直接责任人员逃匿、死亡，导致案件无法适用普通刑诉程序审理的情形之一，依刑法规定应追缴其违法所得及其他涉案财物，经县级以上公安机关负责人批准，公安机关应出具没收违法所得意见书，连同相关证据材料一并移送同级检察院。

◆ 《刑法》 第340条 【非法捕捞水产品罪】

从行政犯、故意犯、情节犯的角度讲，违反保护水产资源（有经济价值的水生动物、水生植物）法规（环保法、渔业法、水产资源繁殖保护条例等），在禁渔区（某些有经济价值的鱼虾蟹贝藻类的内水或近海的产卵场、越冬场、幼体索饵区、洄游通道等禁止所有渔业生产作业或某种渔业生产作业的特定区域）、禁渔期（某些鱼类产卵或成长的时间而禁止全部作业或限制作业的期限）或使用禁用的工具（禁止破坏水产资源而使用超过最小网眼尺寸的网具和其他禁止使用的捕捞方法）、方法（爆炸、放电、放毒等破坏水产品正常生长、繁殖的炸鱼、毒鱼、电鱼方法）捕捞水产品［有经济价值的自然野生的水产品］，情节严重（非法捕捞水产品1万公斤以上或价值10万元以上；非法捕捞有重要经济价值的水生动物苗种、怀卵亲体2000公斤以上或价值2万元以上；在水产种质资源保护区内捕捞水产品2000公斤以上或价值2万元以上；在禁渔区内使用禁用的工具或方法捕捞；在禁渔期内使用禁用的工具或方法捕捞；在公海使用禁用渔具从事捕捞作业，造成严重影响；其他情节严重的情形），处3年以下有期刑、拘役、管制或罚金。

非法捕捞水产品案的6种立案追诉标准：A. 在公海使用禁用渔具从事捕捞作业，造成严重影响。B. 在禁渔区内使用禁用的工具或禁用的方法捕捞。C. 在禁渔期内使用禁用的工具或禁用的方法捕捞。D. 在内陆水域非法捕捞水产品500公斤以上或价值5000元以上，或在海洋水域非法捕捞水产品2000公斤以上或价值2万元以上。E. 非法捕捞有重要经济价值的水生动物苗种、怀卵亲体或在水产种质资源保护区内捕捞水产品，在内陆水域50公斤以上或价值500元以上，或在海洋水域200公斤以上或价值2000元以上。F. 其他情节严重情形。

违反渔业法的法律责任：（1）使用炸鱼、毒鱼、电鱼等破坏渔业资源方法进行捕捞，违反禁渔区、禁渔期的规定进行捕捞，或使用禁用的渔具、捕捞方法和小于最小网目尺寸的网具进行捕捞或渔获物中幼鱼超过规定比例，没收渔获物和违法所得，处5万元以下罚款；情节严重，没收渔具，吊销捕捞许可证；情节特别严重，可没收渔船；构成犯罪，依法追究刑责。(2) 在禁渔区或禁渔期内销售非法捕捞的渔获物，县级以上地方政府渔政部门应及时进行调查处理。A. 制造、销售禁用的渔具，没收非法制造、销售的渔具和违法所得，并处1万元以下罚款。B. 偷捕、抢夺他人养殖的水产品，或破坏他人养殖水体、养殖设施，责令改正，可处2万元以下罚款；造成他人损失，依法承担赔偿责任；构成犯罪，依法追究刑责。C. 使用全民所有的水域、滩涂从事养殖生产，无正当理由使水域、滩涂荒芜满1年，由发放养殖证的机关责令限期开发利用；逾期未开发利用，吊销养殖证，可并处1万元以下罚款。D. 未依法取得养殖证擅自在全民所有的水域从事养殖生产，责令改正，补办养殖证或限期拆除养殖设施。E. 未依法取得养殖证或超越养殖证许可范围在全民所有的水域从事养殖生产，妨碍航运、行洪，责令限期拆除养殖设施，可并处1万元以下罚款。F. 未依法取得捕捞许可证擅自进行捕捞，没收渔获物和违法所得，并处10万元以下罚款；情节严重，并可没收渔具和渔船。G. 违反捕捞许可证作业类型、场所、时限和渔具数量的规定进行捕捞，没收渔获物和违法所得，可并处5万元以下罚款；情节严重，并可没收渔具，吊销捕捞许可证。H. 涂改、买卖、出租或以其他形式转让捕捞许可证，没收违法所得，吊销捕捞许可证，可并处1万元以下罚款；伪造、变造、买卖捕捞许可证，构成犯罪，依法追究刑责。I. 非法生产、进口、出口水产苗种，没收苗种和违法所得，并处5万元以下罚款。经营未经审定的水产苗种，责令立即停止经营，没收违法所得，可并处5万元以下罚款。J. 未经批准在水产种质资源保护区内从事捕捞活动，责令立即停止捕捞，没收渔获物和渔具，可并处1万元以下罚款。(3) 外国人、外国渔船违反渔业法规定，擅自进入中国管辖水域从事渔业生产和渔业资源调查活动，责令其离开或将其驱逐，可没收渔获物、渔具，并处50万元以下罚款；情节严重，可没收渔船；构成犯罪，依法追究刑责。(4) 造成渔业水域生态环境破坏或渔业污染事故，依海洋环保法、水污染防治法的规定追究法律责任。(5) 渔业法规定的行政处罚，由县级以上政府渔政部门或其所属的渔政监管机构决定。但渔业法已对处罚机关作出规定外。在海上执法时，对违反禁渔区、禁渔期的规定或使用禁用的渔具、捕捞方法进行捕捞，以及未取得捕捞许可证进行捕捞，事实清楚、证据充分，但当场不能按法定程序作出和执行行政处罚决定，可先暂时扣押捕捞许可证、渔具或渔船，回港后依法作出和执行行政处罚决定。(6) 渔政部门和其所属的渔政监管机构及其工作人员违反渔业法规定核发许可证、分配捕捞限额或从事渔业生产经营活动，或有其他玩忽职守不履行法定义务、滥用职权、徇私舞弊的行为，依法给予行政处分；构成犯罪，依法追究刑责。

在中国的内水、滩涂、领海、专属经济区以及中国管辖的一切其他海域从事养殖和捕捞水生动物、水生植物等渔业生产活动，都须遵守渔业法。(1) 国家对渔业生产实行以养殖为主，养殖、捕捞、加工并举，因地制宜，各有侧重的方针。政府应把渔业生产纳入国民经济发展计划，采取措施，加强水域的统一规划和综合利用。第四条国家鼓励渔业科技研究，推广先进技术，提高渔业科技水平。(2) 在增殖和保护渔业资源、发展渔业生产、进行渔业科技研究等方面成绩显著的单位和个人，由政府给予精神或物质的奖励。(3) 国务院渔政部门主管全国的渔业工作。县级以上地方政府渔政部门主管本行政区域内的渔业工作。A. 县级以上政府渔政部门可在重要渔业水域、渔港设渔政监管机构。B. 县级以上政府渔政部门及其所属的渔政监管机构可设渔政检查人员。C. 渔政检查人员执行渔政部门及其所属的渔政监管机构交付的任务。(4) 国家对渔业的监管，实行统一领导、分级管理。海洋渔业，除国务院划定由国务院渔政部门及其所属的渔政监管机构监管的海域和特定渔业资源渔场外，由毗邻海域的省级政府渔政部门监管。(5) 江河、湖泊等水域的渔业，按行政区划由有关县级以上政府渔政部门监管；跨行政区域，由有关县级以上地方政府协商制定管理办法，或由上一级政府渔政部门及其所属的渔政监管机构监管。(6)外国人、外国渔业船舶进入中国管辖水域，从事渔业生产或渔业资源调查活动，须经国务院有关主管部门批准，并遵守渔业法和中国其他有关法律法规的规定；同中国订有条约、协定，按条约、协定办理。A. 国家渔政渔港监管机构对外行使渔政渔港监管权。B. 渔政部门和其所属的渔政监管机构及其工作人员不得参与和从事渔业生产经营活动。

渔业资源的增殖和保护：(1)县级以上政府渔政部门应对其管理的渔业水域统一规划，采取措施，增殖渔业资源。县级以上政府渔政部门可向受益的单位和个人征收渔业资源增殖保护费，专门用于增殖和保护渔业资源。渔业资源增殖保护费的征收办法由国务院渔政部门会同财政部门制定，报国务院批准后施行。(2)国家保护水产种质资源及其生存环境，并在有较高经济价值和遗传育种价值的水产种质资源的主要生长繁育区域建立水产种质资源保护区。未经国务院渔政部门批准，任何单位或个人不得在水产种质资源保护区内从事捕捞活动。(3)禁止使用炸鱼、毒鱼、电鱼等破坏渔业资源的方法进行捕捞。禁止制造、销售、使用禁用的渔具。A. 禁止在禁渔区、禁渔期进行捕捞。禁止使用小于最小网目尺寸的网具进行捕捞。捕捞的渔获物中幼鱼不得超过规定的比例。在禁渔区或禁渔期内禁止销售非法捕捞的渔获物。B. 重点保护的渔业资源品种及其可捕捞标准，禁渔区和禁渔期，禁止使用或限制使用的渔具和捕捞方法，最小网目尺寸以及其他保护渔业资源的措施，由国务院渔政部门或省级政府渔政部门规定。(4)禁止捕捞有重要经济价值的水生动物苗种。因养殖或其他特殊需要，捕捞有重要经济价值的苗种或禁捕的怀卵亲体，须经国务院渔政部门或省级政府渔政部门批准，在指定的区域和时间内，按限额捕捞。A. 在水生动物苗种重点产区引水用水时，应采取措施，保护苗种。B. 在鱼、虾、蟹洄游通道建闸、筑坝，对渔业资源有严重影响，建设单位应建造过鱼设施或采取其他补救措施。(5)用于渔业并兼有调蓄、灌溉等功能的水体，有关主管部门应确定渔业生产所需的最低水位线。A. 禁止围湖造田。B. 沿海滩涂未经县级以上政府批准，不得围垦；重要的苗种基地和养殖场所不得围垦。C. 进行水下爆破、勘探、施工作业，对渔业资源有严重影响，作业单位应事先同有关县级以上政府渔政部门协商，采取措施，防止或减少对渔业资源的损害；造成渔业资源损失，由有关县级以上政府责令赔偿。(6)政府应采取措施，保护和改善渔业水域的生态环境，防治污染。渔业水域生态环境的监管和渔业污染事故的调查处理，依海洋环境法、水污染防治法有关规定执行。(7)国家对白鳍豚等珍贵、濒危水生野生动物实行重点保护，防止其灭绝。A. 禁止捕杀、伤害国家重点保护的水生野生动物。B. 因科研、驯养繁殖、展览或其他特殊情况，需捕捞国家重点保护的水生野生动物，依野生动物保护法的规定执行。(8)从野生动物保护法的角度，任何组织和个人将野生动物放生至野外环境，应选择适合放生地野外生存的当地物种，不得干扰当地居民的正常生活、生产，避免对生态系统造成危害。A. 随意放生野生动物，造成他人人身、财产损害或危害生态系统，依法承担法律责任。B. 禁止为出售、购买、利用野生动物或禁止使用的猎捕工具发布广告。禁止为违法出售、购买、利用野生动物制品发布广告，否则为出售、购买、利用野生动物及其制品或禁止使用的猎捕工具发布广告，依广告法的规定处罚。C. 禁止伪造、变造、买卖、转让、租借特许猎捕证、狩猎证、人工繁育许可证及专用标识，出售、购买、利用国家重点保护野生动物及其制品的批准文件，或允许进出口证明书、进出口等批准文件（伪造、变造、买卖、转让、租借有关证件、专用标识或有关批准文件，由县级以上政府野生动物保护主管部门没收违法证件、专用标识、有关批准文件和违法所得，并处5万元以上25万元以下罚款；构成违反治安管理行为，由公安机关依法给予治安处罚；构成犯罪，依法追究刑责）。D. 禁止网络交易平台、商品交易市场等交易场所，为违法出售、购买、利用野生动物及其制品或禁止使用的猎捕工具提供交易服务，否则为违法出售、购买、利用野生动物及其制品或禁止使用的猎捕工具提供交易服务，由县级以上政府市场监管部门责令停止违法行为，限期改正，没收违法所得，并处违法所得2倍以上5倍以下罚款；未违法所得，处1万元以上5万元以下罚款；构成犯罪，依法追究刑责。E. 禁止以野生动物收容救护为名买卖野生动物及其制品，否则以收容救护为名买卖野生动物及其制品，由县级以上政府野生动物保护主管部门没收野生动物及其制品、违法所得，并处野生动物及其制品价值2倍以上10倍以下罚款，将有关违法信息记入社会诚信档案，向社会公布；构成犯罪，依法追究刑责。F. 禁止生产、经营使用国家重点保护野生动物及其制品制作的食品，或使用未合法来源证明的非国家重点保护野生动物及其制品制作的食品；禁止为食用非法购买国家重点保护的野生动物及其制品，否则生产、经营使用国家重点保护野生动物及其制品或未合法来源证明的非国家重点保护野生动物及其制品制作食品，或为食用非法购买国家重点保护的野生动物及其制品，由县级以上政府野生动物保护主管部门或市场监管部门按职责分工责令停止违法行为，没收野生动物及其制品和违法所得，并处野生动物及其制品价值2倍以上10倍以下罚款；构成犯罪，依法追究刑责。G. 在相关自然保护区域和禁猎（渔）区、禁猎（渔）期内，禁止猎捕以及其他妨碍野生动物生息繁衍的活动，但法律法规另有规定外；禁止猎捕、杀害国家重点保护野生动物；猎捕者应按特许猎捕证、狩猎证规定的种类、数量、地点、工具、方法和期限进行猎捕；禁止使用毒药、爆炸物、电击或电子诱捕装置以及猎套、猎夹、地枪、排铳等工具进行猎捕，禁止使用夜间照明行猎、歼灭性围猎、捣毁巢穴、火攻、烟熏、网捕等方法进行猎捕，但因科研确需网捕、电子诱捕外，否则在相关自然保护区域、禁猎（渔）区、禁猎（渔）期猎捕国家重点保护野生动物，未取得特许猎捕证、未按特许猎捕证规定猎捕、杀害国家重点保护野生动物，或使用禁用的工具、方法猎捕国家重点保护野生动物，由县级以上政府野生动物保护主管部门、海洋执法部门或有关保护区域管理机构按职责分工没收猎获物、猎捕工具和违法所得，吊销特许猎捕证，并处猎获物价值2倍以上10倍以下罚款；未猎获物，并处1万元以上5万元以下罚款；构成犯罪，依法追究刑责。H. 中国缔结或参加的国际公约禁止或限制贸易的野生动物或其制品名录，由国家濒危物种进出口管理机构制定、调整并公布，经国务院野生动物保护主管部门核准，在野生动物保护法适用范围内可按国家重点保护的野生动物管理。进出口列入中国缔结或参加的国际公约禁止或限制贸易的野生动物或其制品名录的野生动物或其制品，出口国家重点保护野生动物或其制品，应经国务院野生动物保护主管部门或国务院批准，并取得国家濒危物种进出口管理机构核发的允许进出口证明书。海关依法实施进出境检疫，凭允许进出口证明书、检疫证明按规定办理通关手续。涉及科技保密的野生动物物种的出口，按国务院有关规定办理。违反中国缔结或参加的国际公约禁止或限制贸易的野生动物或其制品名录的管理规定，进出口野生动物或其制品，由海关、公安机关、海洋执法部门依法律、行政法规和国家有关规定处罚；构成犯罪，依法追究刑责。I. 从境外引进野生动物物种，应经国务院野生动物保护主管部门批准；从境外引进列入中国缔结或参加的国际公约禁止或限制贸易的野生动物或其制品名录的野生动物，还应依法取得允许进出口证明书；海关依法实施进境检疫，凭进口批准文件或允许进出口证明书以及检疫证明按规定办理通关手续，否则从境外引进野生动物物种，由县级以上政府野生动物保护主管部门没收所引进的野生动物，并处5万元以上25万元以下罚款；未依法实施进境检疫，依中国进出境动植物检疫法的规定处罚；构成犯罪，依法追究刑责。J. 从境外引进野生动物物种，应经国务院野生动物保护主管部门批准，应采取安全可靠的防范措施，防止其进入野外环境，避免对生态系统造成危害；确需将其放归野外，按国家有关规定执行，否则将从境外引进的野生动物放归野外环境，由县级以上政府野生动物保护主管部门责令限期捕回，处1万元以上5万元以下罚款；逾期不捕回，由有关野生动物保护主管部门代为捕回或采取降低影响的措施，所需费用由被责令限期捕回者承担。K. 野生动物保护主管部门或其他有关部门、机关不依法作出行政许可决定，发现违法行为或接到对违法行为的举报不予查处或不依法查处，或有滥用职权等其他不依法履行职责的行为,由本级政府或上级政府有关部门、机关责令改正,对负有责任的主管人员和其他直接责任人员依法给予记过、记大过或降级处分;造成严重后果,给予撤职或开除处分,其主要负责人应引咎辞职;构成犯罪,依法追究刑责。L. 在相关自然保护区域和禁猎(渔)区、禁猎(渔)期内,禁止猎捕以及其他妨碍野生动物生息繁衍的活动,但法律法规另有规定外;猎捕非国家重点保护野生动物,应依法取得县级以上地方政府野生动物保护主管部门核发的狩猎证,并服从猎捕量限额管理;猎捕者应按特许猎捕证、狩猎证规定的种类、数量、地点、工具、方法和期限进行猎捕;禁止使用毒药、爆炸物、电击或电子诱捕装置以及猎套、猎夹、地枪、排铳等工具进行猎捕,禁止使用夜间照明行猎、歼灭性围猎、捣毁巢穴、火攻、烟熏、网捕等方法进行猎捕,但因科研确需网捕、电子诱捕外,否则在相关自然保护区域、禁猎(渔)区、禁猎(渔)期猎捕非国家重点保护野生动物,未取得狩猎证、未按狩猎证规定猎捕非国家重点保护野生动物,或使用禁用的工具、方法猎捕非国家重点保护野生动物,由县级以上地方政府野生动物保护主管部门或有关保护区域管理机构按职责分工没收猎获物、猎捕工具和违法所得,吊销狩猎证,并处猎获物价值1倍以上5倍以下罚款;未猎获物,并处2000元以上1万元以下罚款;构成犯罪,依法追究刑责。M. 禁止出售、购买、利用国家重点保护野生动物及其制品;因科研、人工繁育、公众展示展演、文物保护或其他特殊情况,需出售、购买、利用国家重点保护野生动物及其制品,应经省级政府野生动物保护主管部门批准,并按规定取得和使用专用标识,保证可追溯,但国务院对批准机关另有规定外;对人工繁育技术成熟稳定的国家重点保护野生动物,经科学论证,纳入国务院野生动物保护主管部门制定的人工繁育国家重点保护野生动物名录。对列入名录的野生动物及其制品,可凭人工繁育许可证,按省级政府野生动物保护主管部门核验的年度生产数量直接取得专用标识,凭专用标识出售和利用,保证可追溯。经省级政府野生动物保护主管部门批准,否则未经批准、未取得或未按规定使用专用标识,或未持有、未附有人工繁育许可证、批准文件的副本或专用标识出售、购买、利用、运输、携带、寄递国家重点保护野生动物及其制品或经科学论证,纳入国务院野生动物保护主管部门制定的人工繁育国家重点保护野生动物名录规定的有关人工繁育技术成熟稳定野生动物的人工种群,不再列入国家重点保护野生动物名录、实行与野外种群不同的管理措施,但科研机构因物种保护目的人工繁育国家重点保护野生动物外的人工繁育国家重点保护野生动物实行许可制度。人工繁育国家重点保护野生动物,应经省级政府野生动物保护主管部门批准,取得人工繁育许可证,但国务院对批准机关另有规定外对人工繁育技术成熟稳定的国家重点保护野生动物,经科学论证,纳入国务院野生动物保护主管部门制定的人工繁育国家重点保护野生动物名录;对列入名录的野生动物及其制品,可凭人工繁育许可证,按省级政府野生动物保护主管部门核验的年度生产数量直接取得专用标识,凭专用标识出售和利用,保证可追溯,因此取得人工繁育许可证和专用标识,否则出售、购买、利用国家重点保护野生动物及其制品,由县级以上政府野生动物保护主管部门或市场监管部门按职责分工没收野生动物及其制品和违法所得,并处野生动物及其制品价值2倍以上10倍以下罚款;情节严重,吊销人工繁育许可证、撤销批准文件、收回专用标识;构成犯罪,依法追究刑责。N. 运输、携带、寄递国家重点保护野生动物及其制品、纳入国务院野生动物保护主管部门制定的人工繁育国家重点保护野生动物名录的野生动物及其制品出县境,应持有或附有国家重点保护野生动物、国家支持有关科研机构因物种保护目的人工繁育国家重点保护野生动物、国家重点保护野生动物及其制品或纳入国务院野生动物保护主管部门制定的人工繁育国家重点保护野生动物名录的许可证、批准文件的副本或专用标识,以及检疫证明,否则未取得人工繁育许可证繁育国家重点保护野生动物或纳入国务院野生动物保护主管部门制定的人工繁育国家重点保护野生动物名录;对列入名录的野生动物及其制品规定的野生动物,由县级以上政府野生动物保护主管部门没收野生动物及其制品,并处野生动物及其制品价值1倍以上5倍以下罚款。O. 出售、利用非国家重点保护野生动物,应提供狩猎、进出口等合法来源证明;运输非国家重点保护野生动物出县境,应持有狩猎、进出口等合法来源证明,以及检疫证明,否则未持有合法来源证明出售、利用、运输非国家重点保护野生动物,由县级以上地方政府野生动物保护主管部门或市场监管部门按职责分工没收野生动物,并处野生动物价值1倍以上5倍以下罚款。P. 外国人在中国对国家重点保护野生动物进行野外考察或在野外拍摄电影、录像,应经省级政府野生动物保护主管部门或其授权的单位批准,并遵守有关法律法规规定。Q. 持枪猎捕,应依法取得公安机关核发的持枪证,否则未取得持枪证持枪猎捕野生动物,构成违反治安管理行为,由公安机关依法给予治安处罚;构成犯罪,依法追究刑责。

养殖业:(1)国家鼓励全民所有制单位、集体所有制单位和个人充分利用适于养殖的水域、滩涂,发展养殖业。(2)国家对水域利用进行统一规划,确定可用于养殖业的水域和滩涂。A. 单位和个人使用国家规划确定用于养殖业的全民所有的水域、滩涂,使用者应向县级以上地方政府渔政部门提出申请,由本级政府核发养殖证,许可其使用该水域、滩涂从事养殖生产。B. 核发养殖证的具体办法由国务院规定。C. 集体所有或全民所有由农业集体经济组织使用的水域、滩涂,可由个人或集体承包,从事养殖生产。(3)县级以上地方政府在核发养殖证时,应优先安排当地的渔业生产者。(4)当事人因使用国家规划确定用于养殖业的水域、滩涂从事养殖生产发生争议,按有关法律规定的程序处理。在争议解决前,任何一方不得破坏养殖生产。(5)国家建设征用集体所有的水域、滩涂,按土地管理法有关征地的规定办理。(6)县级以上地方政府应采取措施,加强对商品鱼生产基地和城市郊区重要养殖水域的保护。(7)国家鼓励和支持水产优良品种的选育、培育和推广。水产新品种须经全国水产原种和良种审定委员会审定,由国务院渔政部门公告后推广。A. 水产苗种的进口、出口由国务院渔政部门或省级政府渔政部门审批。B. 水产苗种的生产由县级以上地方政府渔政部门审批,但渔业生产者自育、自用水产苗种外。(8)水产苗种的进口、出口须实施检疫,防止病害传入境内和传出境外,具体检疫工作按有关动植物进出境检疫法律、行政法规的规定执行。A. 引进转基因水产苗种须进行安全性评价,具体管理工作按国务院有关规定执行。B. 县级以上政府渔政部门应加强对养殖生产的技术指导和病害防治工作。(9)从事养殖生产不得使用含有毒有害物质的饵料、饲料。(10)从事养殖生产应保护水域生态环境,科学确定养殖密度,合理投饵、施肥、使用药物,不得造成水域的环境污染。

捕捞业:(1)国家在财政、信贷和税收等方面采取措施,鼓励、扶持远洋捕捞业的发展,并根据渔业资源的可捕捞量,安排内水和近海捕捞力量。(2)国家根据捕捞量低于渔业资源增长量的原则,确定渔业资源的总可捕捞量,实行捕捞限额制度。A. 国务院渔政部门负责组织渔业资源的调查和评估,为实行捕捞限额制度提供科学依据。B. 中国内海、领海、专属经济区和其他管辖海域的捕捞限额总量由国务院渔政部门确定,报国务院批准后逐级分解下达;国家确定的重要江河、湖泊的捕捞限额总量由有关省级政府确定或协商确定,逐级分解下达。C. 捕捞限额总量的分配应体现公平、公正的原则,分配办法和分配结果须向社会公开,并接受监督。D. 国务院渔政部门和省级政府渔政部门应加强对捕捞限额制度实施情况的监督检查,对超过上级下达的捕捞限额指标,应在其次年捕捞限额指标中核减。(3)国家对捕捞业实行捕捞许可证制度。海洋大型拖网、围网作业以及到中国与有关国家缔结的协定确定的共同管理的渔区或公海从事捕捞作业的捕捞许可证,由国务院渔政部门批准发放。其他作业的捕捞许可证,由县级以上地方政府渔政部门批准发放;但批准发放海洋作业的捕捞许可证不得超过国家下达的船网工具控制指标,由省级政府规定具体办法。A. 捕捞许可证不得买卖、出租和以其他形式转让,不得涂改、伪造、变造。B. 到他国管辖海域从事捕捞作业,应经国务院渔政部门批准,并遵守中国缔结的或参加的有关条约、协定和有关国家的法律。(4)可发给捕捞许可证的条件：有渔业船舶检验证书。A. 有渔业船舶登记证书。B. 符合国务院渔政部门规定的其他条件。县级以上地方政府渔政部门批准发放的捕捞许可证，应与上级政府渔政部门下达的捕捞限额指标相适应。（5）从事捕捞作业的单位和个人，须按捕捞许可证作业类型、场所、时限、渔具数量和捕捞限额的规定进行作业，并遵守国家有关保护渔业资源，大中型渔船应填写渔捞日志。（6）制造、更新改造、购置、进口的从事捕捞作业的船舶须经渔业船舶检验部门检验合格后，方可下水作业。具体管理办法由国务院规定。（7）渔港建设应遵守国家的统一规划，实行谁投资谁受益的原则。县级以上地方政府应对位于本行政区域内的渔港加强监管，维护渔港的正常秩序。

◆ 《刑法》第341条 【非法猎捕、杀害珍贵、濒危野生动物罪；非法收购、运输、出售珍贵、濒危野生动物、珍贵、濒危野生动物制品罪；非法狩猎罪】

从故意犯、情节犯、数额犯的角度讲，非法猎捕、杀害国家重点保护的珍贵、濒危野生动物，或非法收购、运输、出售国家重点保护的珍贵、濒危野生动物及其制品，处5年以下有期刑或拘役，并处罚金；情节严重（a. 非法采捕珊瑚、砗磲或其他珍贵、濒危水生野生动物，价值50万元以上；非法获利20万元以上；造成海域生态环境严重破坏；造成严重国际影响；其他情节严重的情形。b. 非法收购、运输、出售珊瑚、砗磲或其他珍贵、濒危水生野生动物及其制品，价值50万元以上；非法获利在20万元以上；有其他严重情节），处5年以上10年以下有期刑，并处罚金；情节特别严重（a. 非法采捕珊瑚、砗磲或其他珍贵、濒危水生野生动物，价值250万元以上或非法获利达到100万元以上；价值250万元以上或非法获利达到100万元以上，造成海域生态环境严重破坏；造成海域生态环境特别严重破坏；造成特别严重国际影响；其他情节特别严重的情形。b. 非法收购、运输、出售珊瑚、砗磲或其他珍贵、濒危水生野生动物及其制品，价值250万元以上；非法获利100万元以上；有其他特别严重情节），处10年以上有期刑，并处罚金或没收财产。

非法猎捕、杀害国家重点保护的珍贵、濒危野生动物（列入国家重点保护野生动物名录的国家一级、二级保护野生动物、列入濒危野生动植物种国际贸易公约附录1、2的野生动物及驯养繁殖的上述物种），或非法收购（以营利、自用等为目的的购买行为）、运输（采用携带、邮寄、利用他人、使用交通工具等方法进行运送的行为）、出售（出卖和以营利为目的的加工利用行为）国家重点保护的珍贵、濒危野生动物及其制品，均应立案追诉。

非法狩猎案的4种立案追诉标准：A. 非法狩猎野生动物20只以上。B. 在禁猎区内使用禁用的工具或禁用的方法狩猎。C. 在禁猎期内使用禁用的工具或禁用的方法狩猎。D. 其他情节严重情形。

违反狩猎法规，在禁猎区、禁猎期或使用禁用的工具、方法进行狩猎，破坏野生动物资源，情节严重，处3年以下有期刑、拘役、管制或罚金。

知道或应知道是国家重点保护的珍贵、濒危野生动物及其制品，为食用或其他目的而非法购买，属于非法猎捕、杀害珍贵、濒危野生动物罪的非法收购国家重点保护的珍贵、濒危野生动物及其制品的行为。

知道或应知道是非法收购、运输、出售珍贵濒危野生动物、珍贵、濒危野生动物制品罪的非法狩猎的野生动物而购买，属于掩饰、隐瞒犯罪所得、犯罪所得收益罪的明知是犯罪所得而收购的行为（明知是犯罪所得及其产生的收益而收购）。

◆ 《刑法》第342条 【非法占用农用地罪】

从行政犯、故意犯、数额犯、结果犯的角度讲，违反土地管理法规（土地管理法、森林法、草原法等法律法规），非法占用耕地、林地等农用地（按土壤污染程度和相关标准，农用地分为优先保护类、安全利用类、严格管控类），改变被占用土地用途，数量较大（非法占用基本农田5亩以上或非法占用基本农田外的耕地10亩以上），造成耕地、林地等农用地大量毁坏（a. 造成耕地大量毁坏：违反土地管理法规，非法占用耕地建窑、建坟、建房、挖沙、采石、采矿、取土、堆放固体废弃物或进行其他非农业建设，造成耕地种植条件严重毁坏或严重污染，被毁坏耕地数量达到5亩以上或基本农田外的耕地10亩以上种植条件严重毁坏或严重污染。b. 造成林地大量毁坏：违反土地管理法规，非法占用林地，改变被占用林地用途，在非法占用的林地上实施建窑、建坟、建房、挖沙、采石、采矿、取土、种植物堆放或排泄废弃物等行为或进行其他非林业生产、建设），处5年以下有期刑或拘役，并处或单处罚金。

非法占用农用地案的4种立案追诉标准：(1) 非法占用基本农田5亩以上或基本农田外的耕地10亩以上。(2) 非法占用防护林地或特种用途林地数量单种或合计5亩以上。(3) 非法占用其他林地10亩以上。(4) 非法占用防护林地或特种用途林地、其他林地，其中一项数量达到相应规定的数量标准的50%以上，且两项数量合计达到该项规定的数量标准。(5) 非法占用其他农用地数量较大的情形。

单位犯非法占用农用地罪，实行双罚制，对单位判处罚金，并对其直接负责的主管人员和其他直接责任人员，依《关于审理破坏草原资源刑事案件应用法律若干问题的解释》（2012年）规定的定罪量刑标准定罪处罚。

违反草原法等土地管理法规，非法占用草原［天然草原（草地、草山、草坡）、人工草地（改良草地、退耕还草地，不含城镇草地）］，改变被占用草原用途，数量较大（非法占用草原，改变被占用草原用途，数量20亩以上，或曾因非法占用草原受过行政处罚，在3年内又非法占用草原，改变被占用草原用途，数量10亩以上），造成草原大量毁坏［非法占用草原，改变被占用草原用途，数量较大，有5种严重违法情形（a. 违反草原保护、建设、利用规划种植牧草和饲料作物，造成草原沙化或水土严重流失。b. 开垦草原种植粮食作物、经济作物、林木。c. 在草原上建窑、建房、修路、挖砂、采石、采矿、取土、剥取草皮。d. 在草原上堆放或排放废弃物，造成草原的原有植被严重毁坏或严重污染。e. 其他造成草原严重毁坏情形）］，以非法占用农用地罪定罪处罚。多次实施破坏草原资源的违法犯罪行为，未经处理，应依法追究刑责，按累计的数量、数额定罪处罚。

县级以上地方政府应依法将符合条件的优先保护类耕地划为永久基本农田，实行严格保护。(1) 在永久基本农田集中区域，不得新建可能造成土壤污染的建设项目；已建成，应限期关闭拆除。A. 未利用地、复垦土地等拟开垦为耕地，地方政府农业农村主管部门应会同生态环境、自然资源主管部门进行土壤污染状况调查，依法进行分类管理。B. 列入建设用地土壤污染风险管控和修复名录的地块，不得作为住宅、公共管理与公共服务用地。C. 任何组织和个人对污染土壤的行为，均有向生态环境主管部门和其他负有土壤污染防治监管职责的部门报告或举报的权利。D. 新闻媒体对违反土壤污染防治法律法规的行为享有舆论监督的权利，受监督的单位和个人不得打击报复。(2) 以暴力、威胁方法阻碍草原监督检查人员依法执行职务，构成犯罪，以妨害公务罪追责。(3) 煽动群众暴力抗拒草原法律、行政法规实施，构成犯罪，以煽动暴力抗拒法律实施罪追责。

◆《刑法》第343条【非法采矿罪；破坏性采矿罪】

从故意犯、情节犯、数额犯的角度讲，违反矿产资源法规定（违反矿产资源法、水法等法律、行政法规有关矿产资源开发、利用、保护和管理规定），未取得采矿许可证［a. 无许可证。b. 许可证被注销、吊销、撤销。c. 超越许可证规定的矿区范围或开采范围。d. 超出许可证规定的矿种的（共生、伴生矿种除外）。e. 其他未取得许可证情形］擅自采矿（在采矿许可证被依法暂扣期间擅自开采,视为未取得采矿许可证擅自采矿),擅自进入国家规划矿区、对国民经济有重要价值的矿区和他人矿区范围采矿,或擅自开采国家规定实行保护性开采的特定矿种,情节严重(a. 实施非法采矿行为,造成生态环境严重损害。b. 开采的矿产品价值或造成矿产资源破坏的价值10万元~30万元以上。c. 在国家规划矿区、对国民经济有重要价值的矿区采矿,开采国家规定实行保护性开采的特定矿种,或在禁采区、禁采期内采矿,开采的矿产品价值或造成矿产资源破坏的价值5万元~15万元以上。d. 2年内曾因非法采矿受过2次以上行政处罚,又实施非法采矿行为。e. 其他情节严重情形),处3年以下有期刑、拘役或管制,并处或单处罚金;情节特别严重(a. 实施非法采矿行为,造成生态环境特别严重损害。b. 开采的矿产品价值或造成矿产资源破坏的价值50万元~150万元以上。c. 在国家规划矿区、对国民经济有重要价值的矿区采矿,开采国家规定实行保护性开采的特定矿种,或在禁采区、禁采期内采矿,开采的矿产品价值或造成矿产资源破坏的价值25万元~75万元以上。d. 其他情节特别严重情形),处3年以上7年以下有期刑,并处罚金。

从采矿许可权取得方式的角度讲,国务院和国务院主管部门批准开办的国营矿山企业,由国务院地矿主管部门在批准前对其开采范围、综合利用方案进行复核并签署意见,在批准后根据批准文件颁发许可证;特定矿种开采的也可由国务院授权的有关主管部门审批和颁发许可证;省级政府批准开办的国营矿山企业,由省级政府地矿主管部门在批准前对其开采范围、综合利用方案进行复核并签署意见,在批准后根据批准文件颁发许可证。向乡镇集体矿山企业颁发采矿许可证和个体采矿许可证管理的办法,由省级人大常委会制定(矿产资源法第16条)。

非法采矿案的立案和追诉:(1)非法采矿案的5种立案追诉标准:a. 造成生态环境严重损害。b. 2年内曾因非法采矿受过2次以上行政处罚,又实施非法采矿行为。c. 在国家规划矿区、对国民经济有重要价值的矿区采矿,开采国家规定实行保护性开采的特定矿种,或在禁采区、禁采期内采矿,开采的矿产品价值或造成矿产资源破坏的价值5-15万元以上。d. 开采的矿产品价值或造成矿产资源破坏的价值10-30万元以上。e. 其他情节严重情形。(2)在河道管理范围内采砂,依据相关规定应办理河道采砂许可证而未取得河道采砂许可证,或应办理河道采砂许可证和采矿许可证,既未取得河道采砂许可证又未取得采矿许可证,有非法采矿案的4种立案追诉标准之一,或严重影响河势稳定危害防洪安全,应立案追诉。(3)采挖海砂,未取得海砂开采海域使用权证且未取得采矿许可证,有非法采矿案的5种立案追诉标准之一,或造成海岸线严重破坏,应立案追诉。(4)违反矿产资源法规定,采取破坏性的开采方法开采矿产资源,造成矿产资源严重破坏,价值30-50万元以上,应立案追诉。

非法采矿、破坏性采矿的罪和非罪的认定:(1)多次非法采矿、破坏性采矿构成犯罪,依法应追诉,或2年内多次非法采矿、破坏性采矿未经处理,价值数额累计计算。A. 非法开采的矿产品价值,据销赃数额认定;无销赃数额,销赃数额难以查证,或根据销赃数额认定明显不合理,据矿产品价格和数量认定。B. 矿产品价值难以确定,依价格认证机构出具的报告;省级以上国土资源、水政、海洋等主管部门出具的报告;水利部在国家确定的重要江河、湖泊设立的流域管理机构出具的报告,结合其他证据作出认定。C. 对非法采矿、破坏性采矿犯罪的违法所得及其收益,应依法追缴或责令退赔。D. 对用于非法采矿、破坏性采矿犯罪的专门工具和供犯罪所用的本人财物,应依法没收。(2)实施非法采矿犯罪,不属于"情节特别严重",或实施破坏性采矿犯罪,行为人系初犯,全部退赃退赔,积极修复环境,并确有悔改表现,可认定为犯罪情节轻微,不起诉或免刑。(3)对受雇佣为非法采矿、破坏性采矿犯罪提供劳务的人员,除参与利润分成或领取高额固定工资外,一般不以犯罪论处,但曾因非法采矿、破坏性采矿受过处罚为例外。(4)对生态环境损害(生态环境修复费用,生态环境修复期间服务功能的损失和生态环境功能永久性损害造成的损失,以及其他必要合理费用)

案件所涉的有关专门性问题难以确定，依司法鉴定机构就生态环境损害出具的鉴定意见；省级以上生态环境主管部门就造成矿产资源破坏的价值、是否属于破坏性开采方法出具的报告；省级以上水利厅局或水利部在国家确定的重要江河、湖泊设立的流域管理机构就是否危害防洪安全出具的报告；省级以上海洋主管部门就是否造成海岸线严重破坏出具的报告，结合其他证据作出认定。（5）破坏性的开采方法及造成矿产资源严重破坏的价值数额，由省级以上地矿主管部门出具鉴定结论，经查证属实后认定。（6）以宜宾为界，对在其以下干流河道内采砂，实行"一证"的管理制度，即采砂者只需办理采砂许可证，不需再办理其他的许可（长江河道采砂管理条例）。A. 从目前全国河道采砂管理情况的角度，青海实行采砂许可证和采矿许可证两证制。B. 将探矿权、采矿权倒卖牟利，应吊销勘查许可证、采矿许可证，没收违法所得，处以罚款［矿产资源法第42（2）条］。

从矿产资源法的角度讲，一般而言，探矿权、采矿权不得转让；特殊而言，探矿权、采矿权可按规定转让（a. 探矿权人有权在划定的勘查作业区内进行规定的勘查作业，有权优先取得勘查作业区内矿产资源的采矿权。探矿权人在完成规定的最低勘查投入后，经依法批准，可将探矿权转让他人。b. 已取得采矿权的矿山企业，因企业合并、分立，与他人合资、合作经营，或因企业资产出售以及有其他变更企业资产产权的情形而需变更采矿权主体，经依法批准可将采矿权转让他人采矿）。（1）违反矿产资源法规定，采取破坏性的开采方法开采矿产资源（行为人违反地矿主管部门审查批准的矿产资源开发利用方案开采矿产资源，并造成矿产资源严重破坏的行为），造成矿产资源严重破坏（造成矿产资源破坏的价值50-100万元以上，或造成国家规划矿区、对国民经济有重要价值的矿区和国家规定实行保护性开采的特定矿种资源破坏的价值25万元-50万元以上），犯破坏性采矿罪，处5年以下有期刑或拘役，并处罚金。（2）在河道管理范围内采砂，虽不有开采的矿产品价值或造成矿产资源破坏的价值10-30万元以上情形，但严重影响河势稳定，危害防洪安全，或实施采挖海砂行为，虽不有开采的矿产品价值或造成矿产资源破坏的价值10-30万元以上情形，但造成海岸线严重破坏，均应认定为非法采矿罪的"情节严重"，处3年以下有期刑、拘役或管制，并处或单处罚金。（3）在河道管理范围内采砂，有依据相关规定应办理河道采砂许可证，未取得河道采砂许可证，或依据相关规定应办理河道采砂许可证和采矿许可证，既未取得河道采砂许可证又未取得采矿许可证的行为，或未取得海砂开采海域使用权证，且未取得采矿许可证，采挖海砂，符合非法采矿罪和未取得采矿许可证、实施非法采矿行为情节严重，以非法采矿罪定罪处罚，处3年以下有期刑、拘役或管制，并处或单处罚金。（4）违反矿产资源法规定，非法采矿或采取破坏性的开采方法开采矿产资源，造成重大伤亡事故或其他严重后果，同时构成非法采矿罪、破坏性采矿罪、重大责任事故罪、强令违章冒险作业罪或重大劳动安全事故罪、大型群众性活动重大安全事故罪，依数罪并罚规定处罚。（5）单位犯非法采矿罪、破坏性采矿罪，依办理非法采矿、破坏性采矿刑事案件解释（2016年）规定的相应自然人犯罪的定罪量刑标准，对直接负责的主管人员和其他直接责任人员定罪处罚，并对单位判处罚金。

明知是犯罪所得的矿产品及其产生的收益，而窝藏、转移、收购、代为销售或以其他方法掩饰、隐瞒，以掩饰、隐瞒犯罪所得、犯罪所得收益罪定罪处罚；事前通谋，以掩饰、隐瞒犯罪所得、犯罪所得收益罪的共犯论处。

在矿山生产安全事故发生后，有在事故抢救期间擅离职守逃匿、伪造破坏事故现场或转移藏匿毁灭遇难人员尸体或转移藏匿受伤人员、毁灭伪造隐匿与事故有关的图纸记录计算机数据等资料及其他证据，决定不报谎报事故情况或指使串通有关人员不报谎报事故情况，帮助负有报告职责的人员不报或谎报事故情况，贻误事故抢救，对组织者或积极参加者，以不报、谎报安全事故罪的共犯论处。

以暴力、威胁方法阻碍矿山安全生产监管，以妨害公务罪定罪处罚。危害矿山生产安全构成犯罪的人,在矿山生产安全事故发生后,积极组织、参与事故抢救,可酌情从轻处罚。国家工作人员违反规定投资入股矿山生产经营,构成办理危害矿山生产安全刑事案件解释(2007年)涉及的有关犯罪,作为从重情节依法处罚。

对危害国安犯罪、恐怖活动犯罪、黑社会性质的组织犯罪、毒品犯罪等案件,证人、鉴定人、被害人因在诉讼中作证,本人或其近亲属的人身安全面临危险,公检法应采取一项或多项保护措施(不公开真实姓名、住址和工作单位等个人信息;采取不暴露外貌、真实声音等出庭作证措施;禁止特定的人员接触证人、鉴定人、被害人及其近亲属;对人身和住宅采取专门性保护措施;其他必要的保护措施)。

公安机关在立案后,对危害国安犯罪、恐怖活动犯罪、黑社会性质的组织犯罪、重大毒品犯罪或其他严重危害社会的犯罪案件,据侦查犯罪的需要,经严格的批准手续,可采取技术侦查措施;当事人及其法定代理人、诉讼代理人、辩护律师提出的复议复核请求,由公安机关法制部门办理。

检察院在立案后,对利用职权实施的严重侵犯公民人身权的重大犯罪案件,据侦查犯罪的需要,经严格的批准手续,可采取技术侦查措施,按规定交有关机关执行。追捕被通缉或批准、决定逮捕的在逃的嫌犯、被告人,经批准,可采取追捕所必需的技术侦查措施。

在河道管理范围内采砂,虽不有开采的矿产品价值或造成矿产资源破坏的价值10万元~30万元以上情形,但严重影响河势稳定,危害防洪安全,或实施采挖海砂行为,虽不有开采的矿产品价值或造成矿产资源破坏的价值10万元~30万元以上情形,但造成海岸线严重破坏,均应认定为非法采矿罪的"情节严重",处3年以下有期刑、拘役或管制,并处或单处罚金。

在河道管理范围内采砂,有依据相关规定应办理河道采砂许可证,未取得河道采砂许可证,或依据相关规定应办理河道采砂许可证和采矿许可证,既未取得河道采砂许可证又未取得采矿许可证的行为,或未取得海砂开采海域使用权证,且未取得采矿许可证,采挖海砂,符合非法采矿罪和未取得采矿许可证、实施非法采矿行为情节严重,以非法采矿罪定罪处罚,处3年以下有期刑、拘役或管制,并处或单处罚金。

非法采矿案的4种立案追诉标准:A.造成生态环境严重损害。B.2年内曾因非法采矿受过2次以上行政处罚,又实施非法采矿行为。C.在国家规划矿区、对国民经济有重要价值的矿区采矿,开采国家规定实行保护性开采的特定矿种,或在禁采区、禁采期内采矿,开采的矿产品价值或造成矿产资源破坏的价值5万元~15万元以上。D.开采的矿产品价值或造成矿产资源破坏的价值10万元~30万元以上。E.其他情节严重情形。

在河道管理范围内采砂,依据相关规定应办理河道采砂许可证而未取得河道采砂许可证,或应办理河道采砂许可证和采矿许可证,既未取得河道采砂许可证又未取得采矿许可证,有非法采矿案的4种立案追诉标准之一,或严重影响河势稳定危害防洪安全,应立案追诉。

采挖海砂,未取得海砂开采海域使用权证且未取得采矿许可证,有非法采矿案的4种立案追诉标准之一,或造成海岸线严重破坏,应立案追诉。

多次非法采矿、破坏性采矿构成犯罪,依法应追诉,或2年内多次非法采矿、破坏性采矿未经处理,价值数额累计计算。实施非法采矿犯罪,不属于"情节特别严重",或实施破坏性采矿犯罪,行为人系初犯,全部退赃退赔,积极修复环境,并确有悔改表现,可认定为犯罪情节轻微,不起诉或免刑。对受雇佣为非法采矿、破坏性采矿犯罪提供劳务的人员,除参与利润分成或领取高额固定工资外,一般不以犯罪论处,但曾因非法采矿、破坏性采矿受过处罚为例外。对非法采矿、破坏性采矿犯罪的违法所得及其收益,应依法追缴或责令退赔。对用于非法采矿、破坏性采矿犯罪的专门工具和供犯罪所用的本人财物,应依法没收。

非法开采的矿产品价值,据销赃数额认定;无销赃数额,销赃数额难以查证,或根据销赃数额认定明显不合理，据矿产品价格和数量认定。矿产品价值难以确定，依价格认证机构出具的报告；省级以上国土资源、水政、海洋等主管部门出具的报告；国务院水行政主管部门在国家确定的重要江河、湖泊设立的流域管理机构出具的报告，结合其他证据作出认定。

对生态环境损害（生态环境修复费用，生态环境修复期间服务功能的损失和生态环境功能永久性损害造成的损失，以及其他必要合理费用）案件所涉的有关专门性问题难以确定，依司法鉴定机构就生态环境损害出具的鉴定意见；省级以上生态环境主管部门就造成矿产资源破坏的价值、是否属于破坏性开采方法出具的报告；省级以上水行政主管部门或国务院水行政主管部门在国家确定的重要江河、湖泊设立的流域管理机构就是否危害防洪安全出具的报告，省级以上海洋主管部门就是否造成海岸线严重破坏出具的报告，结合其他证据作出认定。

违反矿产资源法规定，采取破坏性的开采方法开采矿产资源，造成矿产资源严重破坏，价值 30 万元~50 万元以上，应立案追诉。破坏性的开采方法及造成矿产资源严重破坏的价值数额，由省级以上地质矿产主管部门出具鉴定结论，经查证属实后认定。违反矿产资源法规定，采取破坏性的开采方法开采矿产资源（行为人违反地质矿产主管部门审查批准的矿产资源开发利用方案开采矿产资源，并造成矿产资源严重破坏的行为），造成矿产资源严重破坏（造成矿产资源破坏的价值 50 万元~100 万元以上，或造成国家规划矿区、对国民经济有重要价值的矿区和国家规定实行保护性开采的特定矿种资源破坏的价值 25 万元~50 万元以上），犯破坏性采矿罪，处 5 年以下有期刑或拘役，并处罚金。

违反矿产资源法规定，非法采矿或采取破坏性的开采方法开采矿产资源，造成重大伤亡事故或其他严重后果，同时构成非法采矿罪、破坏性采矿罪、重大责任事故罪、强令违章冒险作业罪或重大劳动安全事故罪、大型群众性活动重大安全事故罪，依数罪并罚规定处罚。

单位犯非法采矿罪、破坏性采矿罪，依《关于办理非法采矿、破坏性采矿刑事案件适用法律若干问题的解释》（2016 年）规定的相应自然人犯罪的定罪量刑标准，对直接负责的主管人员和其他直接责任人员定罪处罚，并对单位判处罚金。

明知是犯罪所得的矿产品及其产生的收益，而窝藏、转移、收购、代为销售或以其他方法掩饰、隐瞒，以掩饰、隐瞒犯罪所得、犯罪所得收益罪定罪处罚；事前通谋，以掩饰、隐瞒犯罪所得、犯罪所得收益罪的共犯论处。

在矿山生产安全事故发生后，有在事故抢救期间擅离职守逃匿、伪造破坏事故现场或转移藏匿毁灭遇难人员尸体或转移藏匿受伤人员，毁灭伪造隐匿与事故有关的图纸记录计算机数据等资料及其他证据、决定不报谎报事故情况或指使串通有关人员不报谎报事故情况，帮助负有报告职责的人员不报或谎报事故情况，贻误事故抢救，对组织者或积极参加者，以不报、谎报安全事故罪的共犯论处。

以暴力、威胁方法阻碍矿山安全生产监管，以妨害公务罪定罪处罚。危害矿山生产安全构成犯罪的人，在矿山生产安全事故发生后，积极组织、参与事故抢救，可酌情从轻处罚。国家工作人员违反规定投资入股矿山生产经营，构成《关于办理危害矿山生产安全刑事案件具体应用法律若干问题的解释》（2007 年）涉及的有关犯罪，作为从重情节依法处罚。

◆《刑法》第 344 条【非法采伐、毁坏国家重点保护植物罪；非法收购、运输、加工、出售国家重点保护植物、国家重点保护植物制品罪罪】

从行政犯、故意犯、行为犯、情节犯的角度讲，违反国家规定，非法采伐、毁坏珍贵树木或国家重点保护的其他植物（a. 由省级以上林业主管部门或其他部门确定的有重大历史纪念意义、科研价值或年代久远的古树名木。b. 国家禁止、限制出口的珍贵树木。c. 列入国家重点保护野生植物名录的树木或其他植物），或非法收购、运输、加工、出售珍贵树木或国家重点保护的其他植物及其制品，处3年以下有期刑、拘役或管制，并处罚金；情节严重，处3年以上7年以下有期刑，并处罚。

违反国家规定，非法采伐、毁坏珍贵树木或国家重点保护的其他植物，或违反国家规定，非法收购、运输、加工、出售珍贵树木或国家重点保护的其他植物及其制品，均应立案追诉。

从中国野生植物保护条例的角度讲，禁止采集国家一级保护野生植物。（1）因科研、人工培育、文化交流等特殊需要，采集国家一级保护野生植物，应按管理权限向国务院林业行政主管部门或其授权的机构申请采集证；或向采集地的省级政府农业行政主管部门或其授权的机构申请采集证。（2）出口国家重点保护野生植物或进出口中国参加的国际公约所限制进出口的野生植物，应按管理权限经国务院林业行政主管部门批准，或经进出口者所在地的省级政府农业行政主管部门审核后报国务院农业行政主管部门批准，并取得国家濒危物种进出口管理机构核发的允许进出口证明书或标签。A. 海关凭允许进出口证明书或标签查验放行。B. 国务院野生植物行政主管部门应将有关野生植物进出口的资料抄送国务院环保部门。（3）外国人在中国境内对农业行政主管部门管理的国家重点保护野生植物进行野外考察，应经农业行政主管部门管理的国家重点保护野生植物所在地的省级政府农业行政主管部门批准。

◆ 《刑法》第345条【盗伐、滥伐林木罪；非法收购、运输盗伐滥伐的林木罪】

从选择罪名、故意犯、数额犯的角度讲，盗伐森林或其他林木（a. 以非法占有为目的，擅自砍伐本单位或本人承包经管的森林或其他林木。b. 擅自砍伐国家、集体、他人所有或他人承包经管的森林或其他林木。c. 在林木采伐许可证规定的地点外采伐国家、集体、他人所有或他人承包经管的森林或其他林木），数量较大，处3年以下有期刑、拘役或管制，并处或单处罚金；数量巨大，处3年以上7年以下有期刑，并处罚金；数量特别巨大，处7年以上有期刑，并处罚金。

有在非法的木材交易所或销售单位收购木材、收购以明显低在市场价格出售的木材或收购违反规定出售的木材的情形，可视为应知道（明知），但有证据证明确属被蒙骗外。（1）盗伐、滥伐国家级自然保护区内的森林或其他林木，从重处罚。（2）非法收购、运输明知是盗伐、滥伐的林木，情节严重，处3年以下有期刑、拘役或管制，并处或单处罚金；情节特别严重，处3年以上7年以下有期刑，并处罚金。（3）违反森林法规定，滥伐森林或其他林木，数量较大，处3年以下有期刑、拘役或管制，并处或单处罚金；数量巨大，处3年以上7年以下有期刑，并处罚金。

【2002·卷2·多选·34】（答案：ACD）根据有关司法解释，下列哪些情形（有证据证明确属被蒙骗的除外）可以认定（或推定）行为人"非法收购明知是盗伐、滥伐的林木"？A. 收购违反规定出售的木材。B. 在发生过盗伐、滥伐林木案的林区收购木材。C. 在非法的木材交易场所或销售单位收购木材。D. 收购以明显低在市场价格出售的木材。

非法收购［A. 非法收购的明知是知道或应知道。B. 以有证据证明确属被蒙骗为例外，可视为应知道的3种情形：a. 收购违反规定出售的木材。b. 收购以明显低于市场价格出售的木材。c. 在非法的木材交易场所或销售单位收购木材］、运输盗伐、滥伐的林木案的两种立案追诉标准：（1）非法收购、运输盗伐、滥伐的林木20立方米以上或幼树1000株以上。（2）其他情节严重情形。

盗伐林木案的两种立案追诉标准：（1）盗伐2立方米~5立方米以上（林木数量以立木蓄积计算，计算方法为原木材积除以该树种的出材率）。（2）盗伐幼树（胸径5厘米以下树木）100株~200株以上。

滥伐林木案的两种立案追诉标准：（1）滥伐10立方米~20立方米以上。（2）滥伐幼树

500 株~1000 株以上。滥伐林木的数量,应在伐区调查设计允许的误差额以上计算。

违反森林法规定,滥伐森林或其他林木情形:(1)林木权属争议一方在林木权属确权前,擅自砍伐森林或其他林木。(2)超过林木采伐许可证规定的数量采伐他人所有的森林或其他林木。(3)未经林业行政主管部门及法律规定的其他主管部门批准并核发林木采伐许可证(违反森林法规定,在林木采伐许可证规定的地点外,采伐本单位或本人所有的森林或其他林木,除农村居民采伐自留地和房前屋后个人所有的零星林木外),或虽持有林木采伐许可证,但违反林木采伐许可证规定的时间、数量、树种或方式,任意采伐本单位所有或本人所有的森林或其他林木。

第七节 走私、贩卖、运输、制造毒品罪(第347~357条)

从司法实践的角度讲,对非法持有两种以上不同类型的毒品,且每种毒品的数量均未达到定罪标准,是否能认定毒品犯、能否累计相加及如何累计相加问题有争议性,导致无法追究嫌犯的刑责,一定程度上放纵了毒品罪犯。(1)从精神药品和麻醉药品折算标准和新类型毒品定罪量刑标准的角度,司法机关对涉及其他种类毒品的犯罪,主要参照国家食品药品监管局药品安全监管司起草而尚未正式公布、规定了156种麻醉药品、精神药品与海洛因的折算标准的《非法药物折算表》(2004年),但对中国国内生产并已出现滥用的其他种类的麻醉药品和精神药品(曲马多、丁丙诺啡、甲卡西酮等10余种新类型毒品)无相应的折算标准。(2)目前,现行刑法及有关司法解释、规范性文件只明确规定了走私、贩卖、运输、制造、非法持有鸦片、海洛因、甲基苯丙胺类毒品、大麻、可卡因、吗啡、杜冷丁等10余种毒品的定罪量刑数量标准,具体毒品[鸦片、海洛因、甲基苯丙胺(冰毒)、吗啡、大麻、可卡因及国家规定管制的其他能使人形成瘾癖的麻醉药品和精神药品]品种的依据是《麻醉药品品种目录》(2007年)、《精神药品品种目录》(2007年),共列4-甲基甲卡西酮等256种麻醉药品和精神药品。(3)制毒物品(醋酸酐、乙醚、三氯甲烷或其他用于制造毒品的原料或配剂)品种范围按国家易制毒化学品管理规定确定。

《关于公安机关管辖的刑事案件立案追诉标准的规定(一)》(2008年)规定了99种案件的立案追诉标准,含公安机关治安部门管辖的97种案件的立案追诉标准和公安机关消防部门管辖的2种案件。《公安机关管辖的刑事案件立案追诉标准的规定(二)》(2010年)规定了公安机关经济犯罪侦查部门管辖的86种案件的立案追诉标准。

从《公安机关管辖的刑事案件立案追诉标准的规定(三)》(2012年)的角度讲,毒品犯侦查部门管辖的12种毒品犯案件的立案追诉标准,含走私、贩卖、运输、制造毒品案、非法持有毒品案、走私制毒物品案、非法买卖制毒物品案、非法种植毒品原植物案、非法买卖、运输、携带、持有毒品原植物种子、幼苗案、容留他人吸毒案、非法提供麻醉药品、精神药品案、窝藏、转移、隐瞒毒品、毒赃案、引诱、教唆、欺骗他人吸毒案、强迫他人吸毒案等。未明确立案追诉标准的毒品,有条件折算为海洛因,参照有关麻醉药品和精神药品折算标准进行折算。

《刑法》第356条【毒品犯罪的再犯】因走私、贩卖、运输、制造、非法持有毒品罪被判过刑,又犯走私、贩卖、运输、制造毒品罪之罪,从重处罚。

《刑法》第357条【毒品的范围及毒品数量的计算】毒品品种以国家食药监局、公安部、卫生部发布的麻醉药品品种目录、精神药品品种目录为依据,含鸦片、海洛因、甲基苯丙胺(冰毒)、吗啡、大麻、可卡因及国家规定管制的其他能使人形成瘾癖的麻醉药品和精神药品。毒品的数量以查证属实的走私、贩卖、运输、制造、非法持有毒品的数量计算,不以纯度折算。

【2017·卷2·多选·61】（答案：ABCD）关于毒品犯罪，下列哪些选项是正确的？A. 甲容留未成年人吸食、注射毒品，构成容留他人吸毒罪。B. 乙随身携带藏有毒品的行李入关，被现场查获，构成走私毒品罪既遂。C. 丙乘广州至北京的火车运输毒品，快到武汉时被查获，构成运输毒品罪既遂。D. 丁以牟利为目的容留刘某吸食毒品并向其出卖毒品，构成容留他人吸毒罪和贩卖毒品罪，应数罪并罚。

走私、贩卖、运输、制造毒品罪的量刑：（1）构成走私、贩卖、运输、制造毒品罪，可根据不同情形在相应的幅度内确定量刑起点：A. 走私、贩卖、运输、制造鸦片1千克，海洛因、甲基苯丙胺50克或其他毒品数量达到数量大起点，量刑起点为15年有期刑，以依法应判无期刑以上刑罚为例外。B. 走私、贩卖、运输、制造鸦片200克，海洛因、甲基苯丙胺10克或其他毒品数量达到数量较大起点，可在7年-8年有期刑幅度内确定量刑起点。C. 走私、贩卖、运输、制造鸦片不满200克，海洛因、甲基苯丙胺不满10克或其他少量毒品，可在3年以下有期刑、拘役幅度内确定量刑起点；情节严重，可在3年-4年有期刑幅度内确定量刑起点。（2）在量刑起点的基础上，可根据毒品犯次数、人次、毒品数量等其他影响犯罪构成的犯罪事实增加刑罚量，确定基准刑。（3）可增加基准刑的10%～30%情形：A. 毒品再犯。B. 向未成年人出售毒品。C. 利用、教唆未成年人走私、贩卖、运输、制造毒品。（4）可减少基准刑的30%以下情形：A. 受雇运输毒品。B. 毒品含量明显偏低。C. 存在数量引诱情形。

从犯罪行为的角度讲，毒品犯罪行为分为走私、贩卖、买卖、种植、运输、制造、携带、持有、提供、窝藏、包庇或引诱、教唆、欺骗、容留、强迫吸食、注射毒品等违法犯罪行为。因此，从犯罪动机、犯罪心理、犯罪目的、犯罪人格特征的角度，毒品犯罪分为经营牟利型毒品犯罪（非法买卖制毒物品罪；非法运输、携带制毒物品进出境罪；非法种植毒品原植物罪；非法买卖、运输未经灭活的毒品原植物种子、幼苗罪；走私、贩卖、运输、制造毒品罪等）、非法持有携带型毒品犯罪（非法持有毒品罪；非法携带、持有未经灭活的毒品原植物种子、幼苗罪等）、帮助消费型毒品犯罪（非法提供毒品罪；引诱、教唆、欺骗他人吸食、注射毒品罪；强迫他人吸食、注射毒品罪；容留他人吸食、注射毒品罪等）、妨害禁毒型毒品犯罪（包庇毒品犯罪分子罪；窝藏毒品罪；窝藏毒品犯罪所得财物罪等）等不同类型。

为查明案情，在必要时，经县级以上公安机关负责人决定，可由侦查人员或公安机关指定的其他人员隐匿身份实施侦查。（1）隐匿身份实施侦查时，不得使用促使他人产生犯罪意图的方法诱使他人犯罪，不得采用可能危害公共安全或发生重大人身危险的方法。（2）对涉及给付毒品等违禁品或财物的犯罪活动，为查明参与该项犯罪的人员和犯罪事实，据侦查需要，经县级以上公安机关负责人决定，可实施控制下交付。（3）公安机关实施隐匿身份侦查和控制下交付收集的材料在刑诉中可作为证据使用。（4）使用隐匿身份侦查和控制下交付收集的材料作为证据时，可能危及隐匿身份人员的人身安全，或可能产生其他严重后果，应采取不暴露有关人员身份等保护措施。

◆《刑法》第347条 【走私、贩卖、运输、制造毒品罪】

从选择罪名、行为犯、数额犯、情节犯的角度讲，走私［明知是毒品而非法将其运输、携带、寄递进出国（边）境的行为］、贩卖（明知是毒品而非法销售或以贩卖为目的而非法收买、买卖、交换、批发和零售的行为）、运输（明知是毒品而采用携带、寄递、托运、利用他人或使用交通工具等方法非法运送毒品的行为）、制造（非法利用毒品原植物直接提炼或用化学方法加工、配制毒品，或以改变毒品成分和效用为目的，用混合等物理方法加工、配制毒品的行为）毒品，无论数量多少，都应追究刑责，给予刑罚。

贩卖毒品罪是违反毒品管理法规，明知是毒品而非法销售或以贩卖为目的而非法收买的行为。（1）贩卖毒品是明知是毒品而非法销售或以贩卖为目的而非法收买毒品的行为。（2）出卖人交付毒品可能是获取金钱或获取其他物质利益。(3) 明知是毒品而非法销售,为了贩卖而购买,介绍毒品买卖以获利,销售毒品而获利,或以贩卖为目的而非法收买、买卖、交换、批发和零售、转手倒卖或销售自制毒品,不论是否营利或贩卖毒品数量多少,均构成贩卖毒品罪。(4) 刑法通说认为,贩卖毒品罪是行为犯(以法定犯罪行为的完成为既遂标志的犯罪)。毒品进入交易环节时,行为人的行为对国家、毒品管理秩序已造成实质性的侵害,公众健康的危害或威胁已达到现实危险状态,贩卖毒品行为达到了法律规定的犯罪既遂这种对行为犯法益侵害结果的要求,无论其是否完成交易,均应以犯罪既遂论处。(5) 从罪行说、相对刑责年龄的角度讲,已满14周岁不满16周岁的人,犯故意杀人、故意伤害致人重伤或死亡、强奸、抢劫、贩卖毒品、放火、爆炸、投毒(投放危险物质)罪行,应负刑责。

【2015·卷2·单选·9】(答案:C)甲窃得一包冰毒后交乙代为销售,乙销售后得款3万元与甲平分。关于本案,下列哪一选项是错误的?A. 甲的行为触犯盗窃罪与贩卖毒品罪。B. 甲贩卖毒品的行为侵害了新的法益,应与盗窃罪实行并罚。C. 乙的行为触犯贩卖毒品罪、非法持有毒品罪、转移毒品罪与掩饰、隐瞒犯罪所得罪。D. 对乙应以贩卖毒品罪一罪论处。

从刑诉法的角度讲,对国安犯、恐怖犯、涉黑组织犯、毒品犯等案件,检察院在办理案件过程中,证人、鉴定人、被害人因在诉讼中作证,本人或其近亲属人身安全面临危险,向检察院请求保护,检察院应受理并及时审查,对确实存在人身安全危险,应立即采取必要的保护措施。检察院发现存在上述情形,可主动采取保护措施。

【2004·卷2·单选·6】(答案:C)甲15周岁,系我国某边镇中学生。甲和乙一起上学,在路上捡到一手提包。打开后,发现内有1000元钱和4小袋白粉末。甲说:"这袋上有中文'海洛因'和英文'heroin'及'50g'的字样。我在电视上看过,这东西就是白粉,我们把它卖了,还能发一笔财。"二人遂将4袋白粉均分。甲先将一袋白粉卖与他人,后在学校组织去邻国旅游时,携带另一袋白粉并在境外出售。甲的行为:A. 构成走私毒品罪。B. 构成非法持有毒品罪。C. 构成贩卖毒品罪。D. 构成走私、贩卖毒品罪。

【2008·卷2·多选·65】(答案:ABCD)甲、乙均为吸毒人员,且关系密切。乙因买不到毒品,多次让甲将自己吸食的毒品转让几克给乙,甲每次均以购买价转让毒品给乙,未从中牟利。关于本案,下列哪些选项是错误的?A. 贩卖毒品罪必须以营利为目的,故甲的行为不成立贩卖毒品罪。B. 贩卖毒品罪以获利为要件,故甲的行为不成立贩卖毒品罪。C. 甲属于无偿转让毒品,不属于贩卖毒品,故不成立贩卖毒品罪。D. 甲只是帮助乙吸食毒品,《刑法》没将吸食毒品规定为犯罪,故甲不成立犯罪。

毒品犯罪的立案追诉标准:(1) 明知他人实施毒品犯罪而为其居间介绍、代购代卖,无论是否牟利,都应以相关毒品犯的共犯立案追诉。(2) 有证据证明行为人以牟利为目的,为他人代购仅用于吸食、注射的毒品,对代购者以贩卖毒品罪立案追诉。(3) 有证据证明行为人不以牟利为目的,为他人代购仅用于吸食、注射的毒品,毒品数量达到立案追诉数量标准,对托购者和代购者以非法持有毒品罪立案追诉。(4) 直接向走私人非法收购走私进口的毒品,或在内海、领海、界河、界湖运输、收购、贩卖毒品,以走私毒品罪立案追诉。(5) 为制造毒品而采用生产、加工、提炼等方法非法制造易制毒化学品,以制造毒品罪(预备)立案追诉。(6) 购进制造毒品的设备和原材料,开始着手制造毒品,尚未制造出毒品或半成品,以制造毒品罪(未遂)立案追诉。(7) 制造毒品的行为人明知[制造毒品的行为人知道或应知道(以有证据证明确属被蒙骗为例外,结合行为人的供述、其他证据综合审查判断)的5种情形:a. 购置了专门用于制造毒品的设备、工具、制毒物品或配制方案。b. 为获取不同寻常的高额或不等值的报酬为他人制造物品,经检验是毒品。c. 在偏远、隐蔽场所制造,或采取对制造设备进行伪装等方式制造物品,经检验是毒品。d. 制造人员在执法人员检查时,有逃跑、抗拒检查等行为，在现场查获制造出的物品，经检验是毒品。e. 有其他证据足以证明行为人应知道）实施的主观故意行为是制造毒品行为］他人制造毒品而为其生产、加工、提炼、提供醋酸酐、乙醚、三氯甲烷等制毒物品，以制造毒品罪的共犯立案追诉。

【2006·卷2·多选·62】（答案：BCD）甲、乙通过丙向丁购买毒品，甲购买的目的是为自己吸食，乙购买的目的是为贩卖，丙则通过介绍毒品买卖，从丁处获得一定的好处费。对于本案，下列哪些选项是正确的？A. 甲的行为构成贩卖毒品罪。B. 乙的行为构成贩卖毒品罪。C. 丙的行为构成贩卖毒品罪。D. 丁的行为构成贩卖毒品罪。

故意制造毒品的明知的认定：（1）制造毒品主观故意中的明知，是行为人知道或应知道所实施的是制造毒品行为。为便于隐蔽运输、销售、使用、欺骗购买者，或为增重，对毒品掺杂使假，添加或去除其他非毒品物质，不属于制造毒品的行为。（2）以有证据证明确属被蒙骗为例外，结合制造毒品的行为人的供述和其他证据综合审查判断，可认定其应知道的5种情形：A. 在偏远、隐蔽场所制造，或采取对制造设备进行伪装等方式制造物品，经检验是毒品。B. 为获取不同寻常的高额或不等值的报酬为他人制造物品，经检验是毒品。C. 购置了专门用于制造毒品的设备、工具、制毒物品或配制方案。D. 制造人员在执法人员检查时，有逃跑、抗拒检查等行为，在现场查获制造出的物品，经检验是毒品。E. 有其他证据足以证明行为人应知道。

【2010·卷2·多选·60】（答案：ABCD 或 BCD）关于毒品犯罪，下列哪些选项是正确的？A. 明知他人实施毒品犯罪而为其居间介绍，代购代卖的，即使没有牟利目的，也构成贩卖毒品罪。B. 为便于隐蔽运输，对毒品掺杂使假的行为，或者为了销售，去除毒品中的非毒品物质的行为，不成立制造毒品罪。C. 甲认为自己管理毒品不安全，将数量较大毒品委托给乙保管时，甲、乙均构成非法持有毒品罪。D. 行为人对同一宗毒品既走私又贩卖的，量刑时不应重复计算毒品数量。

【2014·卷2·多选·89】（答案：BC）甲在强制戒毒所戒毒时，无法抗拒毒瘾，设法逃出戒毒所。甲径直到毒贩陈某家，以赊账方式买了少量毒品过瘾。后甲逃往乡下，告知朋友乙详情，请乙收留。乙让甲住下（事实一）。甲对陈某的毒品动起了歪脑筋，探知陈某将毒品藏在厨房灶膛内。某夜，甲先用毒包子毒死陈某的2条看门狗（价值6000元），然后翻进陈某院墙，从厨房灶膛拿走陈某50克纯冰毒（事实二）。甲拿出40克冰毒，让乙将40克冰毒和80克其他物质混合，冒充120克纯冰毒卖出（事实三）。关于事实一，下列选项正确的是：A. 甲是依法被关押的人员，其逃出戒毒所的行为构成脱逃罪。B. 甲购买少量毒品是为了自吸，购买毒品的行为不构成犯罪。C. 陈某出卖毒品给甲，虽未收款，仍属于贩卖毒品既遂。D. 乙收留甲的行为构成窝藏罪。

走私、贩卖、运输、制造毒品罪的情形：（1）实施包庇走私、贩卖、运输、制造毒品的罪犯的行为，事先通谋，以走私、贩卖、运输、制造毒品罪的共犯立案追诉。（2）实施为走私、贩卖、运输、制造毒品的罪犯窝藏、转移、隐瞒毒品或犯罪所得的财物的行为，事先通谋，以走私、贩卖、运输、制造毒品罪的共犯立案追诉。（3）犯包庇毒品罪犯罪、窝藏转移隐瞒毒品毒赃罪，事先通谋，以走私、贩卖、运输、制造毒品罪的共犯论处。

走私、贩卖、运输、制造毒品罪罪名、数量、情节、刑罚的认定：（1）走私、贩卖、运输、制造毒品罪是选择性罪名，对同一宗毒品实施了两种以上犯罪行为，并有相应确凿证据，应按所实施的犯罪行为的性质并列适用罪名，毒品数量不重复计算。（2）对同一宗毒品可能实施了两种以上犯罪行为，但相应证据只能认定其中一种或几种行为，认定其他行为的证据不够确实充分，只按依法能认定的行为的性质适用罪名。（3）对不同宗毒品分别实施了不同种犯罪行为，应对不同行为并列适用罪名，累计计算毒品数量。（4）对多次走私、贩卖、运输、制造毒品，未经处理，毒品数量累计算。（5）国家定点生产企业按标准规格生产的麻醉药品或精神药品被用于毒品犯罪,据药品中毒品成分的含量认定涉案毒品数量。(6)走私、贩卖、运输、制造毒品,处 15 年有期刑、无期刑或死刑,并处没收财产的 5 种行为类型:A. 走私、贩卖、运输、制造鸦片 1000 克以上、海洛因或甲基苯丙胺 50 克以上或其他毒品数量大 [a. 二氢埃托啡 10 毫克以上。b. 芬太尼 125 克以上。c. 可卡因 50 克以上。d. 3,4-亚甲二氧基甲基苯丙胺(MDMA)等苯丙胺类毒品(甲基苯丙胺除外)、吗啡 100 克以上。e. 甲卡西酮 200 克以上。f. 哌替啶(杜冷丁)250 克以上。g. 氯胺酮 500 克以上。h. 美沙酮 1 千克以上。i. 曲马多、γ-羟丁酸 2 千克以上。j. 大麻油 5 千克、大麻脂 10 千克、大麻叶及大麻烟 150 千克以上。k. 可待因、丁丙诺啡 5 千克以上。l. 3 唑仑、安眠酮 50 千克以上。m. 阿普唑仑、恰特草 100 千克以上。n. 咖啡因、罂粟壳 200 千克以上。o. 巴比妥、苯巴比妥、安钠咖、尼美西泮 250 千克以上。p. 氯氮卓、艾司唑仑、地西泮、溴西泮 500 千克以上。q. 上述毒品外的其他毒品数量大]。B. 走私、贩卖、运输、制造毒品集团的首犯。C. 武装掩护走私、贩卖、运输、制造毒品(在实施走私、贩卖、运输、制造毒品犯罪的过程中,携带枪支、弹药或爆炸物用于掩护)。D. 以暴力抗拒检查、拘留、逮捕,情节严重(在实施走私、贩卖、运输、制造毒品犯罪的过程中,以暴力抗拒检查、拘留、逮捕,造成执法人员死亡、重伤、多人轻伤或有其他严重情节)。E. 参与有组织的国际贩毒活动。

故意走私、贩卖、运输毒品的明知的认定:(1)明知走私、贩卖、运输毒品,是走私、贩卖、运输毒品的行为人知道或应知道实施走私、贩卖、运输毒品行为。也就是说,走私、贩卖、运输毒品主观故意中的明知,是行为人知道或应知道所实施的是走私、贩卖、运输毒品行为。(2)以证据证明确属被蒙骗为例外,结合走私、贩卖、运输毒品的行为人的供述和其他证据综合审查判断,可认定其"应知道"的 10 种情形:A. 体内或贴身隐秘处藏匿毒品。B. 以伪报、藏匿、伪装等蒙蔽手段逃避海关、边防等检查,在其携带、运输、寄递的物品中查获毒品。C. 以虚假身份、地址或其他虚假方式办理托运、寄递手续,在托运、寄递的物品中查获毒品。D. 采用高度隐蔽的方式携带、运输物品,从中查获毒品。E. 采用高度隐蔽的方式交接物品,明显违背合法物品惯常交接方式,从中查获毒品。F. 为获取不同寻常的高额或不等值的报酬为他人携带、运输、寄递、收取物品,从中查获毒品。G. 行程路线故意绕开检查站点,在其携带、运输的物品中查获毒品。H. 执法人员在口岸、机场、车站、港口、邮局和其他检查站点检查时,要求行为人申报携带、运输、寄递的物品和其他疑似毒品物,并告知其法律责任,而行为人未如实申报,在其携带、运输、寄递的物品中查获毒品。I. 执法人员检查时,有逃跑、丢弃携带物品或逃避、抗拒检查等行为,在其携带、藏匿或丢弃的物品中查获毒品。J. 有其他证据足以证明行为人应知道。

【2008·卷 2·多选·51】(答案:ACD)关于构成要件要素的分类,下列哪些选项是正确的?A. 贩卖淫秽物品牟利罪中的"贩卖"是记述的构成要件要素,"淫秽物品"是规范的构成要件要素。B. 贩卖毒品罪中的"贩卖"是记述的构成要件要素,"毒品"是规范的构成要件要素。C. 强制猥亵妇女罪中的"妇女"是记述的构成要件要素,"猥亵"是规范的构成要件要素。D. 抢劫罪的客观构成要件要素是成文的构成要件要素,"非法占有目的"是不成文的构成要件要素。

走私、贩卖、运输、制造鸦片 200 克以上不满 1000 克、海洛因或甲基苯丙胺 10 克以上不满 50 克或其他毒品数量较大 [a. 二氢埃托啡 2 毫克以上不满 10 毫克。b. 可卡因 10 克以上不满 50 克。c. 3,4-亚甲二氧基甲基苯丙胺(MDMA)等苯丙胺类毒品(甲基苯丙胺除外)、吗啡 20 克以上不满 100 克。d. 芬太尼 25 克以上不满 125 克。e. 甲卡西酮 40 克以上不满 200 克。f. 哌替啶(杜冷丁)50 克以上不满 250 克。g. 氯胺酮 100 克以上不满 500 克。h. 美沙酮 200 克以上不满 1 千克。i. 曲马多、γ-羟丁酸 400 克以上不满 2 千克。j. 大麻油 1 千克以上不满 5 千克、大麻脂 2 千克以上不满 10 千克、大麻叶及大麻烟 30 千克以上不满 150 千克。k. 可待因、丁丙诺啡1千克以上不满5千克。l. 3唑仑、安眠酮10千克以上不满50千克。m. 阿普唑仑、恰特草20千克以上不满100千克。n. 咖啡因、罂粟壳40千克以上不满200千克。o. 巴比妥、苯巴比妥、安钠咖、尼美西泮50千克以上不满250千克。p. 氯氮卓、艾司唑仑、地西泮、溴西泮100千克以上不满500千克。q. 上述毒品外的其他毒品数量较大〕，处7年以上有期刑，并处罚金。

走私、贩卖、运输、制造鸦片不满200克、海洛因或甲基苯丙胺不满10克或其他少量毒品，处3年以下有期刑、拘役或管制，并处罚金；情节严重（a. 在戒毒场所、监管场所贩卖毒品。b. 国家工作人员走私、贩卖、运输、制造毒品。c. 组织、利用残疾人、严重疾病患者、怀孕或正哺乳自己婴儿的妇女走私、贩卖、运输、制造毒品。d. 向在校学生贩卖毒品。e. 向多人贩卖毒品或多次走私、贩卖、运输、制造毒品。f. 其他情节严重情形），处3年以上7年以下有期刑，并处罚金。

单位犯走私、贩卖、运输、制造毒品、鸦片、海洛因或甲基苯丙胺罪，对单位判处罚金，并对其直接负责的主管人员和其他直接责任人员，依各该款规定处罚。

利用、教唆未成年人走私、贩卖、运输、制造毒品，或向未成年人出售毒品，从重处罚。

◆ 《刑法》第348条 【非法持有毒品罪】

从故意犯、行为犯、持有犯、情节犯、数额犯的角度讲，非法持有（违反国家法律和国家主管部门规定，占有、携带、藏有或以其他方式持有毒品的行为；持有不要求直接持有，即介入第三者时，也不影响持有的成立；第三者为直接持有时，行为人为间接持有；持有毒品者非所有者时，不必知道所有者为谁，只要持有者知道自己持有的物品是毒品即可构成犯罪，是否知道所有者不影响非法持有毒品罪的构成）鸦片1000克以上、海洛因或甲基苯丙胺50克以上或其他毒品数量大〔a. 二氢埃托啡10毫克以上。b. 芬太尼125克以上。c. 可卡因50克以上。d. 3、4-亚甲二氧基甲基苯丙胺（MDMA）等苯丙胺类毒品（甲基苯丙胺除外）、吗啡100克以上。e. 甲卡西酮200克以上。f. 哌替啶（杜冷丁）250克以上。g. 氯胺酮500克以上。h. 美沙酮1千克以上。i. 曲马多、γ-羟丁酸2千克以上。j. 大麻油5千克、大麻脂10千克、大麻叶及大麻烟150千克以上。k. 可待因、丁丙诺啡5千克以上。l. 3唑仑、安眠酮50千克以上。m. 阿普唑仑、恰特草100千克以上。n. 咖啡因、罂粟壳200千克以上。o. 巴比妥、苯巴比妥、安钠咖、尼美西泮250千克以上。p. 氯氮卓、艾司唑仑、地西泮、溴西泮500千克以上。q. 上述毒品外的其他毒品数量大〕，处7年以上有期刑或无期刑，并处罚金；非法持有鸦片200克以上不满1000克、海洛因或甲基苯丙胺10克以上不满50克或其他毒品数量较大〔a. 二氢埃托啡2毫克以上不满10毫克。b. 可卡因10克以上不满50克。c. 3，4-亚甲二氧基甲基苯丙胺（MDMA）等苯丙胺类毒品（甲基苯丙胺除外）、吗啡20克以上不满100克。d. 芬太尼25克以上不满125克。e. 甲卡西酮40克以上不满200克。f. 哌替啶（度冷丁）50克以上不满250克。g. 氯胺酮100克以上不满500克。h. 美沙酮200克以上不满1千克。i. 曲马多、γ-羟丁酸400克以上不满2千克。j. 大麻油1千克以上不满5千克、大麻脂2千克以上不满10千克、大麻叶及大麻烟30千克以上不满150千克。k. 可待因、丁丙诺啡1千克以上不满5千克。l. 3唑仑、安眠酮10千克以上不满50千克。m. 阿普唑仑、恰特草20千克以上不满100千克。n. 咖啡因、罂粟壳40千克以上不满200千克。o. 巴比妥、苯巴比妥、安钠咖、尼美西泮50千克以上不满250千克。p. 氯氮卓、艾司唑仑、地西泮、溴西泮100千克以上不满500千克。q. 上述毒品外的其他毒品数量较大〕，处3年以下有期刑、拘役或管制，并处罚金；情节严重（非法持有毒品达到鸦片1000克以上、海洛因或甲基苯丙胺50克以上或其他毒品数量大或数量较大标准，且有在戒毒场所、监管场所非法持有毒品或国家工作人员非法持有毒品、利用教唆未成年人非法持有毒品、其他情节严重情形），处3年以上

7年以下有期刑,并处罚金。

非法持有毒品罪是明知(非法持有毒品主观故意中的明知,类似于制造毒品主观故意中的明知)是鸦片、海洛因、甲基苯丙胺或其他毒品,而非法持有且数量较大的行为。(1)非法持有毒品的人不能说明持有毒品的来源,而司法机关根据已有证据又不能认定其持有毒品属于走私、运输、贩卖或窝藏、转移、隐瞒毒品时,才构成非法持有毒品罪。(2)为实施其他毒品犯罪而持有毒品,构成他罪而不构成非法持有毒品罪。(3)非法持有鸦片200克以上、海洛因或甲基苯丙胺10克以上或其他毒品数量较大,才能构成非法持有毒品罪。(4)因贩卖而持有毒品,以贩卖毒品罪定罪处罚,持有是贩卖的当然结果或必经阶段,属于吸收犯。

【2011·卷2·单选·18】(答案:B)关于非法持有毒品罪,下列哪一选项是正确的?A. 非法持有毒品,无论数量多少都应当追究刑事责任。B. 持有毒品不限于本人持有,包括通过他人持有。C. 持有毒品者而非所有者时,必须知道谁是所有者。D. 因贩卖而持有毒品,应当实行数罪并罚。

从数额犯、情节犯的角度讲,非法持有毒品立案追诉的一般标准、特殊标准:(1)一般而言,明知是毒品而非法持有,应立案追诉的11种数额标准:A. 盐酸二氢埃托啡2毫克以上(针剂或片剂20毫克/支、片规格的100支、片以上)。B. 二亚甲基双氧安非他明(MDMA)等苯丙胺类毒品(甲基苯丙胺除外)、吗啡20克以上。C. 度冷丁(杜冷丁)50克以上(针剂100毫克/支规格的500支以上、50毫克/支规格的1000支以上;片剂25毫克/片规格的2000片以上、50毫克/片规格的1000片以上)。D. 氯胺酮、美沙酮200克以上。E. 鸦片200克以上、海洛因、可卡因或甲基苯丙胺10克以上。F. 3唑仑、安眠酮10千克以上。G. 罂粟壳50千克以上。H. 咖啡因50千克以上。I. 氯氮卓、艾司唑仑、地西泮、溴西泮100千克以上。J. 大麻油1000克以上,大麻脂2000克以上,大麻叶及大麻烟30千克以上。K. 上述毒品外的其他毒品数量较大。(2)特殊而言,非法持有两种以上毒品,每种毒品均未达到非法持有毒品的一般立案追诉数量标准,但按该一般立案追诉数量比例折算成海洛因后累计相加达到10克以上,应立案追诉。

非法持有毒品罪的量刑:(1)构成非法持有毒品罪,可根据不同情形在相应的幅度内确定量刑起点:A. 非法持有鸦片1000克、海洛因或甲基苯丙胺50克或其他毒品数量大,可在7年-9年有期刑幅度内确定量刑起点,依法应判无期刑为例外。B. 非法持有毒品情节严重,可在3年-4年有期刑幅度内确定量刑起点。C. 非法持有鸦片200克、海洛因或甲基苯丙胺10克或其他毒品数量较大,可在1年以下有期刑、拘役幅度内确定量刑起点。(2)在量刑起点的基础上,可根据毒品数量等其他影响犯罪构成的犯罪事实增加刑罚量,确定基准刑。

非法持有毒品(非法持有鸦片不满200克、海洛因或甲基苯丙胺不满10克或其他少量毒品)、向他人提供毒品;吸食、注射毒品;胁迫、欺骗医务人员开具麻醉药品、精神药品,处10日以上15日以下拘留,可并处2000元以下罚款;情节较轻(a. 向他人提供毒品后及时收回且未造成危害后果,未成年人、在校学生吸食毒品且无吸毒史或无戒断症状,欺骗医务人员开具少量麻醉药品、精神药品尚未吸食、注射,或其他社会危害性不大。b. 非法持有鸦片不满20克;非法持有海洛因、甲基苯丙胺不满1克或其他毒品数量未达到有关刑事追诉标准10%;其他情节较轻的情形),处5日以下拘留或500元以下罚款(《治安管理处罚法》第72条)。

◆ 《刑法》第349条 【包庇毒品犯罪分子罪;窝藏、转移、隐瞒毒品、毒赃罪】

从故意犯、情节犯的角度讲,包庇走私、贩卖、运输、制造毒品的罪犯,为罪犯窝藏、转移、隐瞒毒品或犯罪所得的财物,处3年以下有期刑、拘役或管制;情节严重(包庇走私、贩卖、运输、制造毒品的罪犯,为走私、贩卖、运输、制造毒品的罪犯窝藏、转移、隐瞒毒品或毒品犯罪所得的财物,均有严重妨害司法机关对被包庇的罪犯实施的毒品犯罪进行追究、被包庇的罪犯依法应判15年有期刑以上刑罚,或包庇多名或多次包庇走私、贩卖、运输、制造毒品的罪犯、其他情节严重情形),处3年以上10年以下有期刑。

包庇毒品罪犯罪是明知是走私、贩卖、运输、制造毒品的罪犯,而向司法机关作假证明掩盖其罪行,或帮助其毁灭罪证,使其逃避法律的制裁的行为。包庇毒品罪犯案的4种立案追诉标准:(1)作虚假证明,帮助掩盖罪行。(2)帮助取得虚假身份或身份证件。(3)帮助隐藏、转移或毁灭证据。(4)以其他方式包庇罪犯。

包庇毒品罪犯罪的处罚:(1)包庇走私、贩卖、运输、制造毒品的近亲属,或为其窝藏、转移、隐瞒毒品或毒品犯罪所得的财物,不有包庇毒品罪犯罪或窝藏、转移、隐瞒毒品、毒赃罪的情节严重情形,归案后认罪、悔罪、积极退赃,且系初犯、偶犯,犯罪情节轻微不需判刑,可免刑。(2)缉毒人员或其他国家机关工作人员掩护、包庇走私、贩卖、运输、制造毒品的罪犯,以包庇毒品罪犯罪、窝藏转移隐瞒毒品毒赃罪从重处罚。

窝藏、转移、隐瞒毒品、毒赃罪是明知是毒品或毒品犯罪所得的财物而为罪犯窝藏、转移、隐瞒的行为。为走私、贩卖、运输、制造毒品的罪犯窝藏、转移、隐瞒毒品或犯罪所得的财物,应立案追诉。

窝藏、转移、隐瞒毒品、毒赃罪和窝藏、转移赃物罪的关系是特殊和一般的关系,根本差异在于犯罪对象的不同,发生法条竞合时适用特殊法优于一般法原则,以窝藏、转移、隐瞒毒品、毒赃罪处罚。

走私、贩卖、运输、制造毒品罪的情形:(1)实施包庇走私、贩卖、运输、制造毒品的罪犯的行为,事先通谋,以走私、贩卖、运输、制造毒品罪的共犯立案追诉。(2)实施为走私、贩卖、运输、制造毒品的罪犯窝藏、转移、隐瞒毒品或犯罪所得的财物的行为,事先通谋,以走私、贩卖、运输、制造毒品罪的共犯立案追诉。(3)犯包庇毒品罪犯罪、窝藏转移隐瞒毒品毒赃罪,事先通谋,以走私、贩卖、运输、制造毒品罪的共犯论处。

◆ 《刑法》第350条 【非法生产、买卖、运输制毒物品;走私制毒物品罪】

从行政犯、故意犯、情节犯、数额犯的角度讲,违反国家规定,非法生产、买卖、运输制造毒品[鸦片、海洛因、甲基苯丙胺(冰毒)、吗啡、大麻、可卡因国家规定管制的其他能使人形成瘾癖的麻醉药品和精神药品,以麻醉药品品种目录、精神药品品种目录为基本依据],或携带制造毒品[走私制毒物品(醋酸酐、乙醚、三氯甲烷或其他用于制造毒品的原料或配剂)]进出境,情节较重,处3年以下有期刑、拘役或管制,并处罚金;情节严重[A.非法生产、买卖、运输制毒物品、走私制毒物品:a.麻黄碱(麻黄素)、伪麻黄碱(伪麻黄素)、消旋麻黄碱(消旋麻黄素)1千克以上不满5千克。b.1-苯基-2-丙酮、1-苯基-2-溴-1-丙酮、3,4-亚甲基二氧苯基-2-丙酮、羟亚胺2千克以上不满10千克。c.3-氧-2-苯基丁腈、邻氯苯基环戊酮、去甲麻黄碱(去甲麻黄素)、甲基麻黄碱(甲基麻黄素)。4千克以上不满20千克。d.醋酸酐10千克以上不满50千克。e.麻黄浸膏、麻黄浸膏粉、胡椒醛、黄樟素、黄樟油、异黄樟素、麦角酸、麦角胺、麦角新碱、苯乙酸20千克以上不满100千克。f.N-乙酰邻氨基苯酸、邻氨基苯甲酸、三氯甲烷、乙醚、哌啶50千克以上不满250千克。g.甲苯、丙酮、甲基乙基酮、高锰酸钾、硫酸、盐酸100千克以上不满500千克。h.其他制毒物品数量相当。B.违反国家规定,非法生产、买卖、运输制毒物品、走私制毒物品,达到非法生产、买卖、运输制毒物品、走私制毒物品情节严重的数量标准最低值的50%,且有曾因非法生产买卖运输制毒物品走私制毒物品受过刑罚、2年内曾因非法生产买卖运输制毒物品走私制毒物品受过行政处罚、一次组织5人以上或多次非法生产买卖运输制毒物品走私制毒物品或在多个地点非法生产制毒物品、利用教唆未成年人非法生产买卖运输制毒物品走私制毒物品、国家工作人员非法生产买卖运输制毒物品走私制毒物品、严重影响群众正常生产生活秩序、其他情节较重情形。C. 违反国家规定，非法生产、买卖、运输制毒物品、走私制毒物品，有违反国家规定，非法生产、买卖、运输制毒物品、走私制毒物品数量标准最低值的50%而不满最高数量标准5倍、达到违反国家规定而非法生产、买卖、运输制毒物品、走私制毒物品的数量标准，且有一次组织5人以上或多次非法生产买卖运输制毒物品走私制毒物品或在多个地点非法生产制毒物品、利用教唆未成年人非法生产买卖运输制毒物品走私制毒物品、国家工作人员非法生产买卖运输制毒物品走私制毒物品，或严重影响群众正常生产生活秩序、其他情节严重情形]，处3年以上7年以下有期刑，并处罚金；情节特别严重（a. 违反国家规定，非法生产、买卖、运输制毒物品、走私制毒物品，有违反国家规定，非法生产、买卖、运输制毒物品、走私制毒物品情节严重的最高数量标准以上不满最高数量标准5倍、达到非法生产、买卖、运输制毒物品、走私制毒物品的数量标准，且有一次组织5人以上或多次非法生产买卖运输制毒物品走私制毒物品或在多个地点非法生产制毒物品、利用教唆未成年人非法生产买卖运输制毒物品走私制毒物品、国家工作人员非法生产买卖运输制毒物品走私制毒物品，或严重影响群众正常生产生活秩序、其他情节严重情形。b. 违反国家规定，非法生产、买卖、运输制毒物品、走私制毒物品，有制毒物品数量非法生产买卖运输制毒物品走私制毒物品情节严重的最高数量标准5倍以上、达到制毒物品数量非法生产买卖运输制毒物品走私制毒物品情节严重的最高数量标准5倍以上的数量标准且一次组织5人以上或多次非法生产买卖运输制毒物品走私制毒物品或在多个地点非法生产制毒物品、利用教唆未成年人非法生产买卖运输制毒物品走私制毒物品、国家工作人员非法生产买卖运输制毒物品走私制毒物品，或严重影响群众正常生产生活秩序、其他情节特别严重情形），处7年以上有期刑，并处罚金或没收财产。

走私制毒物品的立案追诉标准：（1）一般而言，违反国家规定，非法运输、携带制毒物品进出国（边）境，应立案追诉的8种数额标准：A. 1-苯基-2-丙酮5千克以上。B. 麻黄碱、伪麻黄碱及其盐类和单方制剂5千克以上，麻黄浸膏、麻黄浸膏粉100千克以上。C. 3,4-亚甲基二氧苯基-2-丙酮、去甲麻黄素（去甲麻黄碱）、甲基麻黄素（甲基麻黄碱）、羟亚胺及其盐类10千克以上。D. 胡椒醛、黄樟素、黄樟油、异黄樟素、麦角酸、麦角胺、麦角新碱、苯乙酸20千克以上。E. N-乙酰邻氨基苯酸、邻氨基苯甲酸、哌啶150千克以上。F. 醋酸酐、三氯甲烷200千克以上。G. 乙醚、甲苯、丙酮、甲基乙基酮、高锰酸钾、硫酸、盐酸400千克以上。H. 其他用于制造毒品的原料或配剂相当数量。（2）特殊而言，非法运输、携带二种以上制毒物品进出国（边）境，每种制毒物品均未达到一般立案追诉的数量标准，但按一般立案追诉数量比例折算成一种制毒物品后累计相加达到上述数量标准，应立案追诉。（3）为走私制毒物品而采用生产、加工、提炼等方法非法制造易制毒化学品，以走私制毒物品罪（预备）立案追诉。（4）未明确立案追诉标准的毒品，有条件折算为海洛因，参照有关麻醉药品和精神药品折算标准进行折算。

从比较法、司法解释的角度讲，走私制毒物品、非法买卖制毒物品主观故意中明知的认定标准有相同性。（1）实施走私制毒物品行为（a. 改变产品形状、包装或使用虚假标签、商标等产品标志。b. 选择不设海关或边防检查站的路段绕行出入境。c. 抗拒检查或在检查时丢弃货物逃跑。d. 以虚假身份、地址或其他虚假方式办理托运、寄递手续。e. 以伪装、伪报、藏匿等蒙蔽手段逃避海关、边防等检查。f. 以伪装、藏匿、夹带或其他隐蔽方式运输、携带易制毒化学品逃避检查。g. 以其他方法隐瞒真相，逃避对易制毒化学品依法监管），且查获了易制毒化学品，结合行为人的供述和其他证据综合审查判断，可认定其"明知"是制毒物品而走私或非法买卖，以有证据证明确属被蒙骗为例外。（2）明知他人实施走私制毒物品犯罪，而为其运输、储存、代理进出口或以其他方式提供便利，以走私制毒物品罪的共犯立案追诉。

违反国家规定,在中国境内非法买卖、运输、携带制毒物品进出国(边)境的追诉标准有相同性 [a.1-苯基-2-丙酮5千克以上。b.麻黄碱、伪麻黄碱及其盐类和单方制剂5千克以上,麻黄浸膏、麻黄浸膏粉100千克以上。c.3,4-亚甲基二氧苯基-2-丙酮、去甲麻黄素(去甲麻黄碱)、甲基麻黄素(甲基麻黄碱)、羟亚胺及其盐类10千克以上。d.胡椒醛、黄樟素、黄樟油、异黄樟素、麦角酸、麦角胺、麦角新碱、苯乙酸20千克以上。e.N-乙酰邻氨基苯酸、邻氨基苯甲酸、哌啶150千克以上。f.醋酸酐、三氯甲烷200千克以上。g.乙醚、甲苯、丙酮、甲基乙基酮、高锰酸钾、硫酸、盐酸400千克以上。h.其他用于制造毒品的原料或配剂相当数量]。(1)特殊而言,非法运输、携带两种以上制毒物品进出国(边)境,或非法买卖两种以上制毒物品,每种制毒物品均未达到一般追诉立案的数量标准,但按一般追诉立案的数量比例折算成一种制毒物品后累计相加达到一般追诉立案的数量标准,应立案追诉。(2)为走私制毒物品而采用生产、加工、提炼等方法非法制造易制毒化学品,以走私制毒物品罪(预备)立案追诉。(3)为非法买卖制毒物品而采用生产、加工、提炼等方法非法制造易制毒化学品,以非法买卖制毒物品罪(预备)立案追诉。(4)明知他人实施非法买卖制毒物品犯罪,而为其运输、储存、代理进出口或以其他方式提供便利,以非法买卖制毒物品罪的共犯立案追诉。(5)违反国家规定,非法买卖制毒物品的5种情形:A.使用他人的或伪造、变造、失效的许可证明或备案证明购买、销售易制毒化学品。B.未经许可或备案,擅自购买、销售易制毒化学品。C.超出许可证明或备案证明的品种、数量范围购买、销售易制毒化学品。D.经营单位违反规定,向无购买许可证明、备案证明的单位、个人销售易制毒化学品,或明知购买者使用他人的或伪造、变造、失效的许可证明或备案证明,向其销售易制毒化学品。E.以其他方式非法买卖易制毒化学品。(6)易制毒化学品生产、经营、使用单位或个人未办理许可证明或备案证明,购买、销售易制毒化学品,若有证据证明确实用于合法生产、生活需要,依法能办理只是未及时办理许可证明或备案证明,且未造成严重社会危害,可不以非法买卖制毒物品罪立案追诉。(7)易制毒化学品生产、经营、购买、运输单位或个人未办理许可证明或备案证明,生产、销售、购买、运输易制毒化学品,确实用于合法生产、生活需要,不以制毒物品犯罪论处。(8)明知他人制造毒品而为其生产、买卖、运输醋酸酐、乙醚、三氯甲烷或其他用于制造毒品的原料、配剂,以制造毒品罪的共犯论处。

单位犯制造毒品罪、非法生产、买卖、运输制毒物品、走私制毒物品罪,对单位判处罚金,并对其直接负责的主管人员和其他直接责任人员,以制造毒品罪、非法生产、买卖、运输制毒物品、走私制毒物品罪处罚。

◆《刑法》第351条 【非法种植毒品原植物罪】

从故意犯、数额犯、情节犯的角度讲,非法种植(播种、育苗、移栽、插苗、施肥、灌溉、割取津液或收取种子等行为)罂粟、大麻等毒品原植物,一律强制铲除。犯非法种植毒品原植物罪,数量较大(非法种植毒品原植物,有非法种植其他毒品原植物数量较大、非法种植大麻5000株以上不满3万株,或非法种植罂粟200平方米以上不满1200平方米、大麻2000平方米以上不满12000平方米,尚未出苗)处5年以下有期刑、拘役或管制,并处罚金(a.种植罂粟500株以上不满3000株或其他毒品原植物数量较大。b.经公安机关处理后又种植。c.抗拒铲除)。

非法种植毒品原植物案的6种立案追诉标准:(1)抗拒铲除。(2)经公安机关处理后又种植。(3)非法种植其他毒品原植物数量较大。(4)非法种植罂粟500株以上。(5)非法种植大麻5000株以上。(6)非法种植罂粟200平方米以上、大麻2000平方米以上或其他毒品原植物面积较大,尚未出苗。

非法种植毒品原植物的株数一般应以实际查获的数量为准。因种植面积较大,难以逐株清点数目的，可抽样测算每平方米平均株数后按实际种植面积测算出种植总株数。非法种植罂粟或其他毒品原植物，在收获前自动铲除，可不立案追诉。

非法种植罂粟 3000 株以上或其他毒品原植物数量大（非法种植毒品原植物，达到非法种植大麻 30 000 株、罂粟 1200 平方米、大麻 12 000 平方米的最高数量标准），处 5 年以上有期刑，并处罚金或没收财产。非法种植罂粟或其他毒品原植物，在收获前自动铲除，可免除处罚。

非法种植毒品原植物（非法种植罂粟不满 500 株或其他少量毒品原植物），非法买卖、运输、携带、持有少量未经灭活的罂粟等毒品原植物种子或幼苗，非法运输、买卖、储存、使用少量罂粟壳，处 10 日以上 15 日以下拘留，可并处 3000 元以下罚款；情节较轻（a. 非法种植罂粟不满 50 株、大麻不满 500 株；非法种植罂粟不满 20 平方米、大麻不满 200 平方米，尚未出苗；其他情节较轻的情形。b. 非法买卖、运输、携带、持有未经灭活的罂粟种子不满 5 克、罂粟幼苗不满 500 株；非法买卖、运输、携带、持有未经灭活的大麻幼苗不满 5000 株、大麻种子不满 5000 克；其他情节较轻的情形。c. 非法运输、买卖、储存、使用罂粟壳不满 5000 克，或其他社会危害性不大），处 5 日以下拘留或 500 元以下罚款（《治安管理处罚法》第 71 条）。

◆ 《刑法》 第 352 条 【非法买卖、运输、携带、持有毒品原植物种子、幼苗罪】

从选择罪名、普通犯、故意犯、数额犯的角度讲，非法买卖、运输、携带、持有未经灭活的罂粟等毒品原植物种子或幼苗，数量较大（a. 非法买卖、运输、携带、持有未经灭活的罂粟种子 50 克以上、罂粟幼苗 5000 株以上。b. 大麻种子 50 千克以上、大麻幼苗 5 万株以上。c. 其他毒品原植物种子或幼苗数量较大），处 3 年以下有期刑、拘役或管制，并处或单处罚金。

非法买卖、运输、携带、持有毒品原植物种子、幼苗案的 3 种立案追诉标准：a. 非法买卖、运输、携带、持有未经灭活的罂粟种子 50 克以上、罂粟幼苗 5000 株以上。b. 大麻种子 50 千克以上、大麻幼苗 50 000 株以上。c. 其他毒品原植物种子、幼苗数量较大。

◆ 《刑法》 第 353 条 【引诱、教唆、欺骗他人吸毒罪；强迫他人吸毒罪】

从选择罪名、普通犯、故意犯、情节犯的角度讲，引诱、教唆、欺骗他人吸食、注射毒品，处 3 年以下有期刑、拘役或管制，并处罚金；情节严重（a. 国家工作人员引诱、教唆、欺骗他人吸食、注射毒品。b. 对他人身体健康造成严重危害。c. 导致他人实施故意杀人、故意伤害、交通肇事等犯罪行为。d. 引诱、教唆、欺骗多人或多次引诱、教唆、欺骗他人吸食、注射毒品。e. 其他情节严重情形），处 3 年以上 7 年以下有期刑，并处罚金。

引诱、教唆、欺骗他人吸食、注射毒品，或违背他人意志，以暴力、胁迫或其他强制手段，迫使他人吸食、注射毒品，均应立案追诉。强迫他人吸食、注射毒品，处 3 年以上 10 年以下有期刑，并处罚金。引诱、教唆、欺骗或强迫未成年人吸食、注射毒品，从重处罚。

◆ 《刑法》 第 354 条 【容留他人吸毒罪】

从故意犯、行为犯的角度讲，提供场所，容留他人吸食、注射毒品（a. 2 年内多次容留他人吸食、注射毒品。b. 2 年内曾因容留他人吸食、注射毒品受过行政处罚。c. 以牟利为目的容留他人吸食、注射毒品。d. 一次容留多人吸食、注射毒品。e. 容留未成年人吸食、注射毒品。f. 容留他人吸食、注射毒品造成严重后果。g. 其他应追究刑责情形），犯容留他人吸毒罪定罪，处 3 年以下有期刑、拘役或管制，并处罚金。

容留他人吸食、注射毒品或介绍买卖毒品，构成犯罪，依法追究刑责；尚不构成犯罪，由公安机关处 10 日以上 15 日以下拘留，可并处 3000 元以下罚款；情节较轻，处 5 日以下拘留或 500 元以下罚款。

容留他人吸毒案的 6 种立案追诉标准：（1）从容留吸食和注射毒品的对象、特殊群体利益保护的角度，容留未成年人吸食、注射毒品，应立案追诉。（2）从容留者主观恶性的角度，以牟利为目的容留他人吸食、注射毒品。（3）从聚众吸毒行为的严重社会危害性的角度，一次容留 3 人以上吸食、注射毒品，应立案追诉。（4）从容留行为的次数的角度，容留他人吸食、注射毒品 2 次以上。（5）因容留他人吸食、注射毒品被行政处罚，又容留他人吸食、注射毒品。（6）容留他人吸食、注射毒品造成严重后果或其他情节严重（兜底条款）。

向他人贩卖毒品后又容留其吸食、注射毒品，或容留他人吸食、注射毒品并向其贩卖毒品，符合容留他人吸毒罪的定罪条件，以贩卖毒品罪和容留他人吸毒罪数罪并罚。

对容留他人吸毒行为是否定罪，应区分行为情节、后果，不宜一律作犯罪处理，为治安处罚等行政执法留出了司法空间。容留近亲属吸食、注射毒品，情节显著轻微危害不大，不作为犯罪处理；需追究刑责，可酌情从宽处罚。

容留他人吸毒罪的量刑：（1）构成容留他人吸毒罪，可在 1 年以下有期刑、拘役幅度内确定量刑起点。（2）在量刑起点的基础上，可根据容留他人吸毒的人数、次数等其他影响犯罪构成的犯罪事实增加刑罚量，确定基准刑。

◆ 《刑法》 第 355 条 【非法提供麻醉药品、精神药品罪】

从故意犯、数额犯、情节犯的角度讲，依法从事生产、运输、管理、使用国家管制的麻醉药品、精神药品的人员（特殊主体），违反国家规定，向吸食、注射毒品［鸦片、海洛因、甲基苯丙胺（冰毒）、吗啡、大麻、可卡因国家规定管制的其他能使人形成瘾癖的麻醉药品和精神药品，以麻醉药品品种目录、精神药品品种目录为基本依据］的人提供国家规定管制的能使人形成瘾癖的麻醉药品、精神药品，处 3 年以下有期刑或拘役，并处罚金；情节严重【非法提供麻醉药品、精神药品达到鸦片 200 克以上不满 1000 克、海洛因或甲基苯丙胺 10 克以上不满 50 克或其他毒品数量较大［a. 二氢埃托啡 2 毫克以上不满 10 毫克。b. 可卡因 10 克以上不满 50 克。c. 3，4-亚甲二氧基甲基苯丙胺（MDMA）等苯丙胺类毒品（甲基苯丙胺除外）、吗啡 20 克以上不满 100 克。d. 芬太尼 25 克以上不满 125 克。e. 甲卡西酮 40 克以上不满 200 克。f. 哌替啶（杜冷丁）50 克以上不满 250 克。g. 氯胺酮 100 克以上不满 500 克。h. 美沙酮 200 克以上不满 1 千克。i. 曲马多、γ-羟丁酸 400 克以上不满 2 千克。j. 大麻油 1 千克以上不满 5 千克、大麻脂 2 千克以上不满 10 千克、大麻叶及大麻烟 30 千克以上不满 150 千克。k. 可待因、丁丙诺啡 1 千克以上不满 5 千克。l. 3 唑仑、安眠酮 10 千克以上不满 50 千克。m. 阿普唑仑、恰特草 20 千克以上不满 100 千克。n. 咖啡因、罂粟壳 40 千克以上不满 200 千克。o. 巴比妥、苯巴比妥、安钠咖、尼美西泮 50 千克以上不满 250 千克。p. 氯氮卓、艾司唑仑、地西泮、溴西泮 100 千克以上不满 500 千克。q. 上述毒品外的其他毒品数量较大］或走私、贩卖、运输、制造、非法持有其他毒品数量较大标准［a. 二氢埃托啡 2 毫克以上不满 10 毫克。b. 可卡因 10 克以上不满 50 克。c. 3，4-亚甲二氧基甲基苯丙胺（MDMA）等苯丙胺类毒品（甲基苯丙胺除外）、吗啡 20 克以上不满 100 克。d. 芬太尼 25 克以上不满 125 克。e. 甲卡西酮 40 克以上不满 200 克。f. 哌替啶（杜冷丁）50 克以上不满 250 克。g. 氯胺酮 100 克以上不满 500 克。h. 美沙酮 200 克以上不满 1 千克。i. 曲马多、γ-羟丁酸 400 克以上不满 2 千克。j. 大麻油 1 千克以上不满 5 千克、大麻脂 2 千克以上不满 10 千克、大麻叶及大麻烟 30 千克以上不满 150 千克。k. 可待因、丁丙诺啡 1 千克以上不满 5 千克。l. 3 唑仑、安眠酮 10 千克以上不满 50 千克。m. 阿普唑仑、恰特草 20 千克以上不满 100 千克。n. 咖啡因、罂粟壳 40 千克以上不满 200 千克。o. 巴比妥、苯巴比妥、安钠咖、尼美西泮 50 千克以上不满 250 千克。

p. 氯氮卓、艾司唑仑、地西泮、溴西泮100千克以上不满500千克。q. 上述毒品外的其他毒品数量较大］、非法提供麻醉药品、精神药品达到非法提供麻醉药品、精神药品达到鸦片200克以上不满1000克、海洛因或甲基苯丙胺10克以上不满50克或其他毒品数量较大的数量标准，且有非法提供麻醉药品精神药品造成严重后果、向多人或多次非法提供麻醉药品精神药品、非法提供麻醉药品精神药品造成严重后果，或其他情节严重情形］，处3年以上7年以下有期刑，并处罚金。向走私、贩卖毒品的罪犯或以牟利为目的，向吸食、注射毒品的人提供国家规定管制的能使人形成瘾癖的麻醉药品、精神药品，依走私、贩卖、运输、制造毒品罪定罪处罚。

单位犯非法提供麻醉药品、精神药品罪，实行双罚制，对单位判处罚金，并对其直接负责的主管人员和其他直接责任人员，以非法提供麻醉药品、精神药品罪处罚。（1）从司法解释的角度讲，以牟利为目的提供麻醉药品、精神药品，构成贩卖毒品罪。（2）向走私、贩卖毒品罪犯提供麻醉药品、精神药品，构成走私、贩卖毒品罪的共犯。（3）非法提供麻醉药品、精神药品案的5种立案追诉标准：A. 因非法提供麻醉药品、精神药品被行政处罚，又非法提供麻醉药品、精神药品。B. 向吸食、注射毒品的未成年人提供麻醉药品、精神药品。C. 非法提供鸦片20克以上、吗啡2克以上、度冷丁（杜冷丁）5克以上（针剂100毫克/支规格的50支以上，50毫克/支规格的100支以上；片剂25毫克/片规格的200片以上，50毫克/片规格的100片以上）、盐酸二氢埃托啡零点2毫克以上（针剂或片剂20毫克/支、片规格的10支、片以上）、氯胺酮、美沙酮20克以上、3唑仑、安眠酮1000克以上、咖啡因5千克以上、氯氮卓、艾司唑仑、地西泮、溴西泮10千克以上，以及其他麻醉药品和精神药品数量较大。D. 虽未达到上述数量标准，但非法提供麻醉药品、精神药品2次以上，数量累计达到前项规定的数量标准80%以上。E. 造成严重后果或其他情节严重。（4）从《关于公安机关管辖的刑事案件立案追诉标准的规定（一）（二）（三）》（2008年、2010年、2012年）毒品犯侦查部门管辖的12种毒品犯案件立案追诉标准、行政违法与刑事违法的角度讲，依法从事生产、运输、管理、使用国家管制的麻醉药品、罪与非罪、精神药品的人员或单位，违反国家规定，向走私、贩卖毒品的罪犯提供国家规定管制的能使人形成瘾癖的麻醉药品、精神药品，或以牟利为目的，向吸食、注射毒品的人提供国家规定管制的能使人形成瘾癖的麻醉药品、精神药品，以走私、贩卖毒品罪立案追诉。

【河南规定】走私、贩卖、运输、制造毒品罪的量刑：（1）法定刑在3年以下有期刑、拘役、管制幅度的量刑起点和基准刑：A. 走私、贩卖、运输、制造鸦片20克以下，海洛因、甲基苯丙胺或可卡因1克以下，吗啡或二亚甲基双氧安非他明（MDMA）等苯丙胺类毒品（甲基苯丙胺除外）2克以下，氯胺酮或美沙酮20克以下，3唑仑或安眠酮1千克以下，咖啡因5千克以下或其他数量相当毒品，在4个月拘役至1年有期刑幅度内确定量刑起点。B. 在量刑起点的基础上，根据毒品犯罪次数、人次、毒品数量等其他影响犯罪构成的犯罪事实增加刑罚量，确定基准刑。C. 增加相应的刑罚量的7种情形：a. 每增加海洛因、甲基苯丙胺或可卡因1克及其他数量相当毒品，增加3个月刑期。b. 每增加吗啡或二亚甲基双氧安非他明（MDMA）等苯丙胺类毒品（甲基苯丙胺除外）1克，增加2个月刑期。c. 每增加鸦片、氯胺酮或美沙酮5克，增加1个月刑期。d. 每增加3唑仑或安眠酮1千克，增加3个月刑期。e. 每增加咖啡因1千克，增加1个月刑期。f. 增加1人或1次，增加6个月或1年刑期。g. 其他可增加刑罚量情形。（2）法定刑在3年以上7年以下有期刑幅度的量刑起点和基准刑：A. 走私、贩卖、运输、制造鸦片140克，海洛因、甲基苯丙胺或可卡因7克，吗啡或二亚甲基双氧安非他明（MDMA）等苯丙胺类毒品（甲基苯丙胺除外）14克，氯胺酮或美沙酮140克，3唑仑或安眠酮7千克，咖啡因35千克或其他数量相当毒品，可在3年-4年有期刑幅度内确定量刑起点。B. 毒品犯罪的数量未达到前款标准，但属于情节严重，可在3年-4年有期刑幅度内确定量刑起点的4种情形,含国家工作人员走私、贩卖、运输、制造毒品;在戒毒监管场所贩卖毒品;向3人以上贩毒或3次以上贩毒;其他情节严重。C.在量刑起点的基础上,根据毒品犯罪次数、人次、毒品数量等其他影响犯罪构成的犯罪事实增加刑罚量,确定基准刑。D.增加相应的刑罚量情形:a.每增加海洛因、甲基苯丙胺或可卡因1克及其他数量相当毒品,增加1年刑期。b.每增加吗啡或二亚甲基双氧安非他明(MDMA)等苯丙胺类毒品(甲基苯丙胺除外)3克,增加2年刑期。c.每增加鸦片、氯胺酮或美沙酮15克,增加1年刑期。d.每增加三唑仑或安眠酮1000克,增加1年刑期。e.每增加咖啡因4千克,增加1年刑期。f.毒品犯罪的数量达到本(1)条规定标准,同时又具有第2款所列4种情形之一,先按每增加海洛因、甲基苯丙胺或可卡因1克及其他数量相当毒品,增加1年刑期;每增加吗啡或二亚甲基双氧安非他明(MDMA)等苯丙胺类毒品(甲基苯丙胺除外)3克,增加2年刑期;每增加鸦片、氯胺酮或美沙酮15克,增加1年刑期;每增加3唑仑或安眠酮1千克,增加1年刑期。g.每增加咖啡因4千克,增加1年刑期"5种情形"规定增加刑期,然后按每增加1种情形,增加6个月-1年的刑期。h.向3人以上贩毒或3次以上贩毒,每增加1人或1次,增加3个月-6个月的刑期。i.其他可增加刑罚量情形。(3)法定刑在7年以上有期刑幅度的量刑起点和基准刑:A.走私、贩卖、运输、制造鸦片200克,海洛因、甲基苯丙胺或可卡因10克,吗啡或二亚甲基双氧安非他明(MDMA)等苯丙胺类毒品(甲基苯丙胺除外)20克,氯胺酮或美沙酮200克,三唑仑或安眠酮10千克,咖啡因50千克或其他毒品数量大,在7年-8年有期刑幅度内确定量刑起点。B.在量刑起点的基础上,根据毒品犯罪次数、人次、毒品数量等其他影响犯罪构成的犯罪事实增加刑罚量,确定基准刑。C.增加相应的刑罚量情形:a.每增加海洛因、甲基苯丙胺或可卡因5克及其他数量相当毒品,增加1年刑期。b.每增加吗啡或二亚甲基双氧安非他明(MDMA)等苯丙胺类毒品(甲基苯丙胺除外)10克,增加1年刑期。c.每增加鸦片、氯胺酮或美沙酮100克,增加1年刑期。d.每增加三唑仑或安眠酮5千克,增加1年刑期。e.每增加咖啡因20千克,增加1年刑期。f.每增加1人或1次,增加3个月-6个月的刑期。g.其他可增加刑罚量情形。(4)不宜判处无期刑以上刑罚,量刑起点为15年有期刑情形:A.走私、贩卖、运输、制造鸦片1千克,海洛因、甲基苯丙胺或可卡因50克,吗啡或二亚甲基双氧安非他明(MDMA)等苯丙胺类毒品(甲基苯丙胺除外)100克,氯胺酮或美沙酮1千克,3唑仑或安眠酮50千克,咖啡因200千克或其他毒品数量达到数量大起点。B.走私、贩卖、运输、制造毒品集团的首犯。C.武装掩护走私、贩卖、运输、制造毒品。D.以暴力抗拒检查、拘留、逮捕,情节严重。E.参与有组织的国际贩毒活动。(5)可从重处罚,但同时具有2种以上情形,累计不得超过基准刑的100%的6种情形:A.未依《刑法》第347条第4款规定认定为情节严重,可增加基准刑的30%以下,每增加1种情形,可再增加基准刑的10%以下5种情形:a.走私、贩卖、运输、制造鸦片140克以上不满200克、海洛因或甲基苯丙胺7克以上不满10克或其他相当数量毒品。b.国家工作人员走私、贩卖、运输、制造毒品。c.在戒毒监管场所贩卖毒品。d.向3人以上贩毒或3次以上贩毒。e.其他情节严重。B.利用、教唆未成年人走私、贩卖、运输、制造毒品,增加基准刑的10%~30%。C.向未成年人出售毒品,增加基准刑的10%~30%。D.毒品再犯,增加基准刑的10%~30%。E.组织、利用、教唆孕妇、哺乳期妇女、患有严重疾病人员、又聋又哑的人、盲人及其他特殊人群走私、贩卖、运输、制造毒品,可增加基准刑的30%以下。F.其他可从重处罚情形。(6)可减少基准刑的30%以下5种情形:A.受雇运输毒品。B.毒品含量明显偏低。C.存在犯意引诱、数量引诱。D.孕妇、哺乳期妇女、患有严重疾病人员及其他特殊人群被利用或被强迫参与毒品犯罪。E.其他可从轻处罚情形。

第八节 组织、强迫、引诱、容留、介绍卖淫罪（《刑法》第358~362条）

◆ 《刑法》第358条【组织卖淫罪；强迫卖淫罪；协助组织卖淫罪】

从组织犯、故意犯、行为犯、情节犯的角度讲，组织他人卖淫（a. 以招募、雇佣、纠集等手段，管理或控制他人卖淫，卖淫人员在3人以上。b. 组织卖淫者是否设置固定的卖淫场所、组织卖淫者人数多少、规模大小，不影响组织卖淫行为的认定）、强迫他人卖淫，处5年以上10年以下有期刑，并处罚金；情节严重（A. 组织他人卖淫：a. 非法获利100万元以上。b. 卖淫人员累计达10人以上。c. 卖淫人员中未成年人、孕妇、智障人员、患有严重性病的人累计达5人以上。d. 造成被组织卖淫的人自残、自杀或其他严重后果。e. 组织境外人员在境内卖淫或组织境内人员出境卖淫。f. 其他情节严重情形。B. 强迫他人卖淫：a. 卖淫人员累计达5人以上。b. 卖淫人员中未成年人、孕妇、智障人员、患有严重性病的人累计达3人以上。c. 强迫不满14周岁的幼女卖淫。d. 造成被强迫卖淫的人自残、自杀或其他严重后果。e. 其他情节严重情形），处10年以上有期刑或无期刑，并处罚金或没收财产。

组织卖淫罪是通过建立卖淫集团，采用招募、雇用、强迫、引诱、容留等手段，控制多人从事卖淫的行为。（1）以招募、雇佣、强迫、引诱、容留等手段，组织他人卖淫，或以暴力、胁迫等手段强迫他人卖淫，或在组织卖淫的犯罪活动中，帮助招募、运送、培训人员3人以上或充当保镖、打手、管账人等，起帮助作用，均应立案追诉。（2）一般而言，协助组织他人卖淫的行为，应认定为组织卖淫罪的共犯行为；组织卖淫行为、协助组织卖淫行为属于共同犯罪，但因刑法特殊规定而不以共同犯罪论处，应分别定罪量刑处罚、罪名和法定刑不同。

协助组织卖淫罪是在组织他人卖淫的共同犯罪中实施协助活动的行为（为组织卖淫的人招募、运送人员，充当保镖、管账人等）。

组织卖淫罪、强迫卖淫罪、协助组织卖淫罪的情形：（1）行为人既有组织卖淫犯罪行为，又有强迫卖淫犯罪行为，且有4种情形［组织卖淫、强迫卖淫行为中有情节严重A. 组织他人卖淫：a. 非法获利100万元以上。b. 卖淫人员累计达10人以上。c. 卖淫人员中未成年人、孕妇、智障人员、患有严重性病的人累计达5人以上。d. 造成被组织卖淫的人自残、自杀或其他严重后果。e. 组织境外人员在境内卖淫或组织境内人员出境卖淫。f. 其他情节严重情形。B. 强迫他人卖淫：a. 卖淫人员累计达5人以上。b. 卖淫人员中未成年人、孕妇、智障人员、患有严重性病的人累计达3人以上。c. 强迫不满14周岁的幼女卖淫。d. 造成被强迫卖淫的人自残、自杀或其他严重后果。e. 其他情节严重情形。C. 卖淫人员累计达到卖淫人员累计达10人以上或卖淫人员中未成年人、孕妇、智障人员、患有严重性病的人累计达5人以上的组织卖淫情节严重人数标准。D. 非法获利数额相加达到100万元以上的组织卖淫情节严重数额标准］之一，以组织、强迫卖淫情节严重论处。（2）犯协助组织卖淫罪，为组织卖淫的人招募、运送人员或有其他协助组织他人卖淫的协助组织卖淫行为，处5年以下有期刑，并处罚金；情节严重（a. 协助组织卖淫，非法获利50万元以上。b. 招募、运送卖淫人员累计达10人以上。c. 招募、运送的卖淫人员中未成年人、孕妇、智障人员、患有严重性病的人累计达5人以上。d. 造成被招募、运送或被组织卖淫的人自残、自杀或其他严重后果。e. 协助组织境外人员在境内卖淫或协助组织境内人员出境卖淫。f. 其他情节严重情形），处5年以上10年以下有期刑，并处罚金。（3）为他人组织卖淫提供帮助，构成协助组织他人卖淫罪，而不以组织卖淫罪帮助犯论处。（4）明知他人实施组织卖淫犯罪活动而为其招募、运送人员或充当保镖、打手、管账人等，以协助组织卖淫罪定罪处罚，不以组织卖淫罪的从犯论处。（5）有营业执照的会所、洗浴中心等经营场所担任保洁员、收银员、保安员等，从事一般服务性、劳务性的工作，仅领取正常薪酬，且无前款所列协助组织卖淫行为，不认定为协助组织卖淫罪。(6) 从未成年保护的角度，组织、强迫未成年人卖淫，以组织卖淫罪、强迫卖淫罪、协助组织卖淫罪从重处罚。(7) 组织、强迫未成年人卖淫，应从重处罚。(8) 犯组织卖淫、强迫卖淫、协助组织卖淫、组织、强迫未成年人卖淫罪，并有杀害、伤害、强奸、绑架等犯罪行为，依数罪并罚规定处罚。(9) 犯组织、强迫卖淫罪，并有杀害、伤害、强奸、绑架等犯罪行为，依数罪并罚规定处罚。(10) 协助组织卖淫行为人参与杀害、伤害、强奸、绑架等犯罪行为，以共犯数罪并罚论处。(11) 在组织卖淫犯罪活动中，对被组织卖淫的人有引诱、容留、介绍卖淫行为，依处罚较重规定定罪处罚；但对被组织卖淫的人外的其他人有引诱、容留、介绍卖淫行为，应分别定罪，实行数罪并罚。

引诱、容留、介绍他人卖淫，处10日以上15日以下拘留，可并处5000元以下罚款；情节较轻（容留、介绍1人次卖淫，且尚未发生性行为；容留、介绍1人次以手淫等方式卖淫；其他情节较轻的情形），处5日以下拘留或500元以下罚款（《治安管理处罚法》第67条）。

◆ 《刑法》第359条 【引诱、容留、介绍卖淫罪；引诱幼女卖淫罪】

从选择罪名、故意犯、情节犯、数额犯的角度讲，引诱、容留、介绍他人卖淫，处5年以下有期刑、拘役或管制，并处罚金；情节严重（a. 非法获利5万元以上。b. 引诱5人以上或引诱、容留、介绍10人以上卖淫。c. 引诱3人以上的未成年人、孕妇、智障人员、患有严重性病的人卖淫，或引诱、容留、介绍5人以上该类人员卖淫。d. 其他情节严重情形），处5年以上有期刑，并处罚金。

从罪与非罪、违法与犯罪、宽严相济刑事政策的界限的角度讲，引诱、容留、介绍卖淫案的4种立案追诉标准：(1) 引诱、容留、介绍已满14周岁未满18周岁的未成年人卖淫。(2) 引诱、容留、介绍2人次以上卖淫。(3) 被引诱、容留、介绍卖淫的人患有艾滋病或患有梅毒、淋病等严重性病。(4) 其他引诱、容留、介绍卖淫应追究刑责情形。

引诱不满14周岁的幼女卖淫，应立案追诉。(1) 引诱不满14周岁的幼女卖淫，以引诱幼女卖淫罪定罪处罚，处5年以上有期刑，并处罚金。(2) 被引诱卖淫的人员中既有不满14周岁的幼女，又有其他人员，分别以引诱幼女卖淫罪、引诱卖淫罪定罪并罚。(3) 引诱、容留、介绍他人卖淫，有非法获利1万元以上、引诱他人卖淫、容留、介绍2人以上卖淫、容留、介绍未成年人、孕妇、智障人员、患有严重性病的人卖淫、1年内曾因引诱、容留、介绍卖淫行为被行政处罚又实施容留、介绍卖淫行为，应以引诱、容留、介绍卖淫罪定罪处罚。(4) 引诱、容留、介绍他人卖淫是否以营利为目的，不影响引诱、容留、介绍卖淫罪的成立。组织、强迫、引诱、容留、介绍他人卖淫的次数，作为酌定情节在量刑时考虑。(5) 利用信息网络发布招嫖违法信息，情节严重，以非法利用信息网络罪定罪处罚；同时，构成介绍卖淫罪，依处罚较重规定定罪处罚。

引诱、容留、介绍卖淫罪的量刑：(1) 构成引诱、容留、介绍卖淫罪，可根据不同情形在相应的幅度内确定量刑起点：A. 情节一般，可在2年以下有期刑、拘役幅度内确定量刑起点。B. 情节严重，可在5年-7年有期刑幅度内确定量刑起点。(2) 在量刑起点基础上，可根据引诱、容留、介绍卖淫的人数、次数等其他影响犯罪构成的犯罪事实增加刑罚量，确定基准刑。(3) 旅馆业、饮食服务业、文化娱乐业、出租汽车业等单位的主要负责人，利用本单位的条件，引诱、容留、介绍他人卖淫，可增加基准刑的10%~20%。

卖淫、嫖娼，处10日以上15日以下拘留，可并处5000元以下罚款；情节较轻（已谈妥价格或给付金钱等财物，尚未实施性行为；以手淫等方式卖淫、嫖娼；其他情节较轻的情形），处5日以下拘留或500元以下罚款（《治安管理处罚法》第66条第1款）。

◆ 《刑法》 第360条 【传播性病罪】

从故意犯、行为犯的角度讲，明知（a. 有证据证明曾到医院或其他医疗机构就医或检查，被诊断为患有严重性病。b. 根据本人的知识和经验，能知道自己患有严重性病。c. 通过其他方法能证明行为人是明知）自己患有梅毒、淋病等严重性病卖淫、嫖娼，处5年以下有期刑、拘役或管制，并处罚金。

传播性病行为是否实际造成他人患上严重性病（梅毒、淋病等）的后果，不影响传播性病罪的成立。其他性病是否认定为"严重性病"，应据传染病防治法、性病防治管理办法规定，在卫健委规定实行性病监测的性病范围内，依其危害、特点与梅毒、淋病相当原则，从严掌握。犯组织、强迫、引诱、容留、介绍卖淫罪，应依法判处犯罪所得2倍以上罚金。对组织、强迫、引诱、容留、介绍卖淫罪的各共犯人合计判处的罚金应在犯罪所得的2倍以上。对犯组织、强迫卖淫罪被判无期刑，应并处没收财产。

明知自己患有梅毒、淋病等严重性病卖淫、嫖娼，应立案追诉。明知自己患有艾滋病或感染艾滋病病毒而卖淫、嫖娼，以传播性病罪定罪，从重处罚。

明知自己感染艾滋病病毒而卖淫、嫖娼或明知自己感染艾滋病病毒，故意不采取防范措施而与他人发生性关系，使他人感染艾滋病病毒，认定为重伤（其他对人身健康有重大伤害），以故意伤害罪定罪处罚。

◆ 《刑法》 第361条 【组织、强迫、引诱、容留、介绍卖淫罪的处罚】

从选择罪名、特定身份犯、故意犯、情节犯的角度讲，旅馆业、饮食服务业、文化娱乐业、出租汽车业等单位的人员，利用本单位的条件，组织、强迫、引诱、容留、介绍他人卖淫，依组织卖淫罪、强迫卖淫罪、协助组织卖淫罪引诱容留介绍卖淫罪、引诱幼女卖淫罪定罪处罚。

旅馆业、饮食服务业、文化娱乐业、出租汽车业等单位的主要负责人，犯组织卖淫罪、强迫卖淫罪、协助组织卖淫罪引诱容留介绍卖淫罪、引诱幼女卖淫罪，从重处罚。

◆ 《刑法》 第362条 【包庇罪】

从特定身份犯、故意犯、情节犯的角度讲，旅馆业、饮食服务业、文化娱乐业、出租汽车业等单位的人员，在公安机关查处卖淫、嫖娼活动时，为违法罪犯通风报信，情节严重（a. 非法获利1万元以上。b. 向组织、强迫卖淫犯罪集团通风报信。c. 1年内因通风报信被行政处罚，又实施通风报信行为。d. 2年内通风报信3次以上。e. 使集团首犯或其他共犯的主犯未能及时归案。f. 造成卖淫嫖娼人员逃跑，使公安机关查处犯罪行为因取证困难而撤销刑事案件。g. 其他情节严重情形），依窝藏、包庇罪定罪处罚。

包庇罪是明知是犯罪的人而作假证明包庇，情节严重的行为。

【2006·卷2·多选·63】（答案：ABCD）下列哪些行为不构成包庇罪？A. 国家机关工作人员包庇黑社会性质的组织的。B. 帮助当事人毁灭、伪造证据的。C. 明知他人有间谍行为，在国家安全机关向其收集有关证据时，拒绝提供，情节严重的。D. 包庇走私、贩卖、运输、制造毒品的犯罪分子的。

【2012·卷2·单选·19】（答案：C）甲路过偏僻路段，看到其友乙强奸丙的犯罪事实。甲的下列哪一行为构成包庇罪？A. 用手机向乙通报公安机关抓捕乙的消息。B. 对侦查人员的询问沉默不语。C. 对侦查人员声称乙、丙系恋人，因乙另有新欢遭丙报案诬陷。D. 经法院通知，无正当理由，拒绝出庭作证。

旅馆业、饮食服务业、文化娱乐业、出租汽车业等单位的人员，在公安机关查处卖淫、嫖娼活动时，为违法罪犯通风报信，情节严重，以包庇罪定罪处罚；事前与罪犯通谋，以包庇罪的共犯论处。

从特定危害行为、特定危害后果的角度讲，事前通谋的窝赃、包庇直接构成某一具体犯罪的共犯，不存在窝赃、包庇罪的转化问题。

包庇型的罪名：包庇罪；窝藏、包庇罪；包庇毒品犯罪分子罪；窝藏、转移、隐瞒毒品、毒赃罪；帮助犯罪分子逃避处罚罪；帮助毁灭、伪造证据罪；辩护人、诉讼代理人毁灭证据、伪造证据、妨害作证罪；伪证罪；掩饰、隐瞒犯罪所得、犯罪所得收益罪；战时窝藏逃离部队军人罪；阻碍解救被拐卖、绑架妇女儿童罪等。

从比较法的角度讲，包庇罪和帮助毁灭、伪造证据罪的根本差异在于犯罪场合、犯罪行为对象的不同。(1) 包庇罪的作假证明限于刑诉中为罪犯作假证明。(2) 帮助毁灭、伪造证据罪的伪造证据表现为在任何诉讼案件中伪造任何证据（伪造假证明等）。

第九节　制作、贩卖、传播淫秽物品罪（第363~367条）

◆《刑法》第363条 【制作、复制、出版、贩卖、传播淫秽物品牟利罪；为他人提供书号出版淫秽书刊罪】

从选择罪名、故意犯、目的犯、行为犯、情节犯、数额犯的角度讲，以牟利为目的，制作、复制、出版、贩卖、传播淫秽物品（具体描绘性行为或露骨宣扬色情的诲淫性的书刊、影片、录像带、录音带、图片及其他淫秽物品），处3年以下有期刑、拘役或管制，并处罚金；情节严重，处3年以上10年以下有期刑，并处罚金；情节特别严重，处10年以上有期刑或无期刑，并处罚金或没收财产。

从罪刑法定原则的角度讲，贩卖淫秽物品牟利罪以存在购买方的行为为要件，仅处罚贩卖者，不处罚购买者，仍称为对向犯，但不是共同犯罪。

传播淫秽物品罪的"淫秽物品"是规范的构成要件要素、客观的构成要件要素。(1) 有关人体生理、医学知识的科学著作不是淫秽物品。(2) 包含有色情内容的有艺术价值的文艺作品不视为淫秽物品。

传播淫秽物品牟利罪的情形：(1) 一般而言，裸聊有伤风化，不属于淫秽信息，不能类推适用，不应认定为犯罪，但以牟利为目的裸聊，并传播裸聊照片，应认定为传播淫秽物品牟利罪。(2) 以牟利为目的，传播淫秽物品，构成传播淫秽物品牟利罪，而不应构成传播淫秽物品罪。

【2002·卷2·单选·2】（答案：C）孙某制作、复制大量的淫秽光盘，除出卖外，还多次将淫秽光盘借给许多人观看。对其行为应如何处理？A. 以制作、复制、贩卖淫秽物品牟利罪处罚。B. 以组织播放淫秽音像制品罪从重处罚。C. 以制作、复制、贩卖淫秽物品牟利罪和传播淫秽物品罪数罪并罚。D. 以传播淫秽物品罪从重处罚。

制作、运输、复制、出售、出租淫秽物品传播淫秽信息，或制作、运输、复制、出售、出租淫秽的书刊、图片、影片、音像制品等淫秽物品或利用计算机信息网络、电话以及其他通信工具传播淫秽信息，处10日以上15日以下拘留，可并处3000元以下罚款；情节较轻（制作、复制、出售淫秽书刊、图片、影片、音像制品，传播淫秽信息数量、获利未达到有关刑事追诉标准10%；运输、出租淫秽物品的"情节较轻"数量基准参照上述规定执行；传播范围较小，且影响较小；其他情节较轻的情形），处5日以下拘留或500元以下罚款。

【2010·卷2·多选·64】（答案：ABCD）关于利用互联网传播淫秽物品牟利的犯罪，可以由哪些主体构成？A. 网站建立者。B. 网站直接管理者。C. 电信业务经营者。D. 互联网信

息服务提供者。

从故意犯、行为犯的角度讲，为他人提供书号，出版淫秽书刊，或明知他人用于出版淫秽书刊而提供书号（为他人提供书号出版淫秽书刊罪），处3年以下有期刑、拘役或管制，并处或单处罚金。

【2004·卷2·多选·60】（答案：ABCD）雷某为购买正式书号用于出版淫秽录像带，找某音像出版社负责人任某帮忙。雷向任谎称自己想制作商业宣传片，需一个书号，并提出付给出版社1万元"书号费"。任某同意，但要求雷给自己2万元好处费，雷某声称盈利后会考虑。任某随后指示有关部门立即办理。雷某拿到该书号出版了淫秽录像带，发行数量极大、影响极坏。雷牟利后给任某2万元好处费，任某收下。关于本案，下列哪些说法是错误的？A. 雷某与任某的行为构成为他人提供书号出版淫秽书刊罪的共犯。B. 雷某的行为构成传播淫秽物品罪，任某的行为构成为他人提供书号出版淫秽书刊罪。C. 雷某的行为构成出版淫秽物品牟利罪，任某的行为构成出版淫秽物品牟利罪的共犯。D. 雷某与任某的行为构成非法经营罪的共犯。

为他人提供书号、刊号出版淫秽书刊，或为他人提供版号出版淫秽音像制品，应立案追诉。

为他人提供书号出版淫秽书刊罪有主观过失性。（1）单位犯为他人提供书号出版淫秽书刊罪，实行双罚制。（2）明知他人用于出版淫秽书刊而提供书号、刊号，应立案追诉，以出版淫秽物品牟利罪定罪处罚。（3）故意为他人提供书号出版淫秽书刊罪，或明知他人用于出版淫秽书刊而提供书号，均应以出版淫秽物品牟利罪的共犯论处。

制作、复制、出版、贩卖、传播淫秽物品牟利案的4种立案追诉标准：（1）向他人传播淫秽物品达200人次~500人次以上，或组织播放淫秽影、像达10场次~20场次以上。（2）制作、复制、出版、贩卖、传播淫秽物品，获利5000元~1万元以上。（3）制作、复制、出版淫秽影碟、软件、录像带50张（盒）~100张（盒）以上，淫秽音碟、录音带100张（盒）~200张（盒）以上，淫秽扑克、书刊、画册100副（册）~200副（册）以上，淫秽照片、画片500张~1000张以上。（4）贩卖淫秽影碟、软件、录像带100张（盒）~200张（盒）以上，淫秽音碟、录音带200张（盒）~400张（盒）以上，淫秽扑克、书刊、画册200副（册）~400副（册）以上，淫秽照片、画片1000张~2000张以上。

以牟利为目的，利用互联网、移动通讯终端制作、复制、出版、贩卖、传播淫秽电子信息，应立案追诉的8种情形：（1）造成严重后果。（2）制作、复制、出版、贩卖、传播淫秽电影、表演、动画等视频文件20个以上。（3）制作、复制、出版、贩卖、传播淫秽音频文件100个以上。（4）制作、复制、出版、贩卖、传播淫秽电子刊物、图片、文章、短信息等200件以上。（5）制作、复制、出版、贩卖、传播的淫秽电子信息，实际被点击数达到1万次以上。（6）以会员制方式出版、贩卖、传播淫秽电子信息，注册会员达200人以上。（7）利用淫秽电子信息收取广告费、会员注册费或其他费用，违法所得1万元以上。（8）数量或数额虽未达制作、复制、出版、贩卖、传播淫秽音频文件100个以上、淫秽电子刊物图片文章短信息等200件以上、淫秽电子信息实际被点击数达到1万次以上、淫秽电子信息注册会员达200人以上、利用淫秽电子信息收取广告费会员注册费或其他费用违法所得1万元以上标准，但分别达到其中2项以上标准的50%以上。

利用聊天室、论坛、即时通信软件、电子邮件等方式，实施以牟利为目的，利用互联网、移动通讯终端制作、复制、出版、贩卖、传播淫秽电子信息，应立案追诉。

以牟利为目的，通过声讯台传播淫秽语音信息，应立案追诉的3种情形：（1）造成严重后果。（2）违法所得1万元以上。（3）向100人次以上传播。明知是淫秽电子信息而在自己所有、管理或使用的网站或网页上提供直接链接，其数量标准根据所链接的淫秽电子信息的种类计算。

对以牟利为目的,利用网络云盘制作、复制、贩卖、传播淫秽电子信息的行为,是否应追究刑责,适用刑法和《关于办理利用互联网、移动通讯终端、声讯台制作、复制、出版、贩卖、传播淫秽电子信息刑事案件具体应用法律若干问题的解释(一)》(2004年)、《关于办理利用互联网、移动通讯终端、声讯台制作、复制、出版、贩卖、传播淫秽电子信息刑事案件具体应用法律若干问题的解释(二)》(2010年)有关规定。(1)对以牟利为目的,利用网络云盘制作、复制、贩卖、传播淫秽电子信息的行为,在追究刑责时,鉴于网络云盘的特点,不应单纯考虑制作、复制、贩卖、传播淫秽电子信息的数量,还应充分考虑传播范围、违法所得、行为人一贯表现及淫秽电子信息、传播对象是否涉及未成年人等情节,综合评估社会危害性,恰当裁量刑罚,确保罪责刑相适应。(2)以牟利为目的,利用互联网、移动通讯终端制作、复制、出版、贩卖、传播淫秽电子信息,以制作、复制、出版、贩卖、传播淫秽物品牟利罪定罪处罚的行为类型:A. 制作、复制、出版、贩卖、传播淫秽电影、表演、动画等视频文件20个以上。B. 制作、复制、出版、贩卖、传播淫秽音频文件100个以上。C. 制作、复制、出版、贩卖、传播淫秽电子刊物、图片、文章、短信息等200件以上。D. 制作、复制、出版、贩卖、传播的淫秽电子信息,实际被点击数达到1万次以上。E. 以会员制方式出版、贩卖、传播淫秽电子信息,注册会员达200人以上。F. 利用淫秽电子信息收取广告费、会员注册费或其他费用,违法所得1万元以上。G. 数量或数额虽未达到制作、复制、出版、贩卖、传播淫秽电影、表演、动画等视频文件20个以上;制作、复制、出版、贩卖、传播淫秽音频文件100个以上;制作、复制、出版、贩卖、传播淫秽电子刊物、图片、文章、短信息等200件以上;制作、复制、出版、贩卖、传播的淫秽电子信息,实际被点击数达到1万次以上;以会员制方式出版、贩卖、传播淫秽电子信息,注册会员达200人以上;利用淫秽电子信息收取广告费、会员注册费或其他费用,违法所得1万元以上标准,但分别达到其中2项以上标准一半以上。H. 造成严重后果。

利用聊天室、论坛、即时通信软件、电子邮件等方式,实施制作、复制、出版、贩卖、传播淫秽电影、表演、动画等视频文件20个以上;制作、复制、出版、贩卖、传播淫秽音频文件100个以上;制作、复制、出版、贩卖、传播淫秽电子刊物、图片、文章、短信息等200件以上;制作、复制、出版、贩卖、传播的淫秽电子信息,实际被点击数达到1万次以上;以会员制方式出版、贩卖、传播淫秽电子信息,注册会员达200人以上;利用淫秽电子信息收取广告费、会员注册费或其他费用,违法所得1万元以上的,以制作、复制、出版、贩卖、传播淫秽物品牟利罪定罪处罚。

制作、复制、出版、贩卖、传播淫秽物品牟利罪的情节严重的情形:(1)实施制作、复制、出版、贩卖、传播淫秽电影、表演、动画等视频文件。(2)制作、复制、出版、贩卖、传播淫秽音频文件。(3)制作、复制、出版、贩卖、传播淫秽电子刊物、图片、文章、短信息等。(4)制作、复制、出版、贩卖、传播的淫秽电子信息。(5)以会员制方式出版、贩卖、传播淫秽电子信息。(6)利用淫秽电子信息收取广告费、会员注册费或其他费用,数量或数额达到制作、复制、出版、贩卖、传播淫秽电影、表演、动画等视频文件20个以上。(7)制作、复制、出版、贩卖、传播淫秽音频文件100个以上。(8)制作、复制、出版、贩卖、传播淫秽电子刊物、图片、文章、短信息等200件以上。(9)制作、复制、出版、贩卖、传播的淫秽电子信息,实际被点击数达到1万次以上。(10)以会员制方式出版、贩卖、传播淫秽电子信息,注册会员达200人以上。(11)利用淫秽电子信息收取广告费、会员注册费或其他费用,违法所得1万元以上的行为标准5倍以上。

制作、复制、出版、贩卖、传播淫秽物品牟利罪的情节特别严重标准为达到情节严重标准25倍以上。(1)利用淫秽电子信息收取广告费、会员注册费或其他费用,数量或数额达到制作、复制、出版、贩卖、传播淫秽电影、表演、动画等视频文件 500 个以上。(2) 制作、复制、出版、贩卖、传播淫秽音频文件 2500 个以上。(3) 制作、复制、出版、贩卖、传播淫秽电子刊物、图片、文章、短信息等 5000 件以上。(4) 制作、复制、出版、贩卖、传播的淫秽电子信息,实际被点击数达到 25 万次以上。(5) 以会员制方式出版、贩卖、传播淫秽电子信息,注册会员达 5000 人以上。

以牟利为目的,通过声讯台传播淫秽语音信息,对直接负责的主管人员和其他直接责任人员以传播淫秽物品牟利罪定罪处罚的 3 种情形:(1) 向 100 人次以上传播。(2) 违法所得 1 万元以上。(3) 造成严重后果。

单位以牟利为目的,通过声讯台传播淫秽语音信息,实施向 100 人次以上传播、违法所得 1 万元以上、造成严重后果的行为,数量或数额达到向 100 人次以上传播、违法所得 1 万元以上标准 5 倍以上,应认定为制作、复制、出版、贩卖、传播淫秽物品牟利罪的"情节严重";达到情节严重标准 25 倍以上,应认定为制作、复制、出版、贩卖、传播淫秽物品牟利罪的"情节特别严重"。

不以牟利为目的,利用互联网或移动通讯终端传播淫秽电子信息,以传播淫秽物品罪定罪处罚的 3 种情形:(1) 数量达到制作、复制、出版、贩卖、传播淫秽电影、表演、动画等视频文件 20 个以上;制作、复制、出版、贩卖、传播淫秽音频文件 100 个以上;制作、复制、出版、贩卖、传播淫秽电子刊物、图片、文章、短信息等 200 件以上;制作、复制、出版、贩卖、传播的淫秽电子信息,实际被点击数达到 1 万次以上;以会员制方式出版、贩卖、传播淫秽电子信息,注册会员达 200 人以上标准 2 倍以上。(2) 数量分别达到制作、复制、出版、贩卖、传播淫秽电影、表演、动画等视频文件 20 个以上;制作、复制、出版、贩卖、传播淫秽音频文件 100 个以上;制作、复制、出版、贩卖、传播淫秽电子刊物、图片、文章、短信息等 200 件以上;制作、复制、出版、贩卖、传播的淫秽电子信息,实际被点击数达到 1 万次以上;以会员制方式出版、贩卖、传播淫秽电子信息,注册会员达 200 人以上 2 项以上标准。(3) 造成严重后果。

实施以牟利为目的,利用互联网、移动通讯终端制作、复制、出版、贩卖、传播淫秽电子信息的犯罪,或以牟利为目的,通过声讯台传播淫秽语音信息的犯罪,或不以牟利为目的,利用互联网或移动通讯终端传播淫秽电子信息的犯罪,或明知是淫秽电子信息而在自己所有、管理或使用的网站或网页上提供直接链接的犯罪,或实施制作、复制、出版、贩卖、传播淫秽电影、表演、动画等视频文件;制作、复制、出版、贩卖、传播淫秽音频文件;制作、复制、出版、贩卖、传播淫秽电子刊物、图片、文章、短信息等;制作、复制、出版、贩卖、传播的淫秽电子信息;以会员制方式出版、贩卖、传播淫秽电子信息;利用淫秽电子信息收取广告费、会员注册费或其他费用的犯罪,依制作、复制、出版、贩卖、传播淫秽物品牟利罪、传播淫秽物品罪从重处罚的 4 种情形:(1) 制作、复制、出版、贩卖、传播具体描绘不满 18 周岁未成年人性行为的淫秽电子信息。(2) 明知是具体描绘不满 18 周岁的未成年人性行为的淫秽电子信息而在自己所有、管理或使用的网站或网页上提供直接链接。(3) 向不满 18 周岁的未成年人贩卖、传播淫秽电子信息和语音信息。(4) 通过使用破坏性程序、恶意代码修改用户计算机设置等方法,强制用户访问、下载淫秽电子信息。

明知他人实施制作、复制、出版、贩卖、传播淫秽电子信息犯罪,为其提供互联网接入、服务器托管、网络存储空间、通讯传输通道、费用结算等帮助,对直接负责的主管人员和其他直接责任人员,以共犯论处。

利用互联网、移动通讯终端、声讯台贩卖、传播淫秽书刊、影片、录像带、录音带等以实物为载体的淫秽物品,依《关于审理非法出版物刑事案件具体应用法律若干问题的解释》(1998 年) 有关规定定罪处罚。从预防未成年犯罪法的角度,以未成年人为对象的出版物,不得含有诱发未成年人违法犯罪的内容，不得含有渲染暴力、色情、赌博、恐怖活动等危害未成年人身心健康的内容。任何单位和个人不得向未成年人出售、出租含有诱发未成年人违法犯罪以及渲染暴力、色情、赌博、恐怖活动等危害未成年人身心健康内容的读物、音像制品或电子出版物。

以牟利为目的，实施以牟利为目的，利用互联网、移动通讯终端制作、复制、出版、贩卖、传播淫秽电子信息的犯罪，或以牟利为目的，通过声讯台传播淫秽语音信息的犯罪，或不以牟利为目的，利用互联网或移动通讯终端传播淫秽电子信息的犯罪，或明知是淫秽电子信息而在自己所有、管理或使用的网站或网页上提供直接链接的犯罪，或实施制作、复制、出版、贩卖、传播淫秽电影、表演、动画等视频文件；制作、复制、出版、贩卖、传播淫秽音频文件；制作、复制、出版、贩卖、传播淫秽电子刊物、图片、文章、短信息等；制作、复制、出版、贩卖、传播的淫秽电子信息；以会员制方式出版、贩卖、传播淫秽电子信息；利用淫秽电子信息收取广告费、会员注册费或其他费用的犯罪，以制作、复制、出版、贩卖、传播淫秽物品牟利罪定罪处罚情形：（1）制作、复制、出版淫秽影碟、软件、录像带50张（盒）~100张（盒）以上，淫秽音碟、录音带100张（盒）~200张（盒）以上，淫秽扑克、书刊、画册100副（册）~200副（册）以上，淫秽照片、画片500张~1000张以上。（2）贩卖淫秽影碟、软件、录像带100张（盒）~200张（盒）以上，淫秽音碟、录音带200张（盒）~400张（盒）以上，淫秽扑克、书刊、画册200副（册）~400副（册）以上，淫秽照片、画片1000张~2000张以上。（3）向他人传播淫秽物品达200人次~500人次以上，或组织播放淫秽影、像达10场次~20场次以上。（4）制作、复制、出版、贩卖、传播淫秽物品，获利5000元~1万元以上。

以牟利为目的，利用互联网、移动通讯终端制作、复制、出版、贩卖、传播淫秽电子信息的犯罪，或以牟利为目的，通过声讯台传播淫秽语音信息的犯罪，或不以牟利为目的，利用互联网或移动通讯终端传播淫秽电子信息，或明知是淫秽电子信息而在自己所有、管理或使用的网站或网页上提供直接链接的犯罪，或实施制作、复制、出版、贩卖、传播淫秽电影、表演、动画等视频文件；制作、复制、出版、贩卖、传播淫秽音频文件；制作、复制、出版、贩卖、传播淫秽电子刊物、图片、文章、短信息等；制作、复制、出版、贩卖、传播的淫秽电子信息；以会员制方式出版、贩卖、传播淫秽电子信息；利用淫秽电子信息收取广告费、会员注册费或其他费用的犯罪，应认定为制作、复制、出版、贩卖、传播淫秽物品牟利罪"情节严重"的4种情形：（1）制作、复制、出版淫秽影碟、软件、录像带250张（盒）~500张（盒）以上，淫秽音碟、录音带500张（盒）~1000张（盒）以上，淫秽扑克、书刊、画册500副（册）~1000副（册）以上，淫秽照片、画片2500张~5000张以上。（2）贩卖淫秽影碟、软件、录像带500张（盒）~1000张（盒）以上，淫秽音碟、录音带1000张（盒）~2000张（盒）以上，淫秽扑克、书刊、画册1000副（册）~2000副（册）以上，淫秽照片、画片5000张~10000张以上。（3）向他人传播淫秽物品1000人次~2000人次以上，或组织播放淫秽影、像50场次~100场次以上。（4）制作、复制、出版、贩卖、传播淫秽物品，获利3万元~5万元以上。

以牟利为目的，利用互联网、移动通讯终端制作、复制、出版、贩卖、传播淫秽电子信息的犯罪，或以牟利为目的，通过声讯台传播淫秽语音信息的犯罪，或不以牟利为目的，利用互联网或移动通讯终端传播淫秽电子信息的犯罪，或明知是淫秽电子信息而在自己所有、管理或使用的网站或网页上提供直接链接的犯罪，或实施制作、复制、出版、贩卖、传播淫秽电影、表演、动画等视频文件；制作、复制、出版、贩卖、传播淫秽音频文件；制作、复制、出版、贩卖、传播淫秽电子刊物、图片、文章、短信息等；制作、复制、出版、贩卖、传播的淫秽电子信息；以会员制方式出版、贩卖、传播淫秽电子信息；利用淫秽电子信息收取广告费、会员注册费或其他费用的犯罪行为，其数量（数额）达到制作、复制、出版、贩卖、传播淫秽物品牟利罪情节严重的数量（数额）5 倍以上，应认定为制作、复制、出版、贩卖、传播淫秽物品牟利罪的"情节特别严重"。

为他人提供书号、刊号，出版淫秽书刊，或为他人提供版号，出版淫秽音像制品，以为他人提供书号出版淫秽书刊罪定罪处罚。

◆ **《刑法》 第 364 条 【传播淫秽物品罪；组织播放淫秽音像制品罪】**

从故意犯、情节犯、数额犯的角度讲，传播淫秽的书刊、影片、音像、图片或其他淫秽物品［a. 淫秽物品，是具体描绘性行为或露骨宣扬色情的诲淫性的书刊、影片、录像带、录音带、图片及其他淫秽物品（具体描绘性行为或露骨宣扬色情的诲淫性的视频文件、音频文件、电子刊物、图片、文章、短信息等互联网、移动通讯终端电子信息和声讯台语音信息）。b. 有关人体生理、医学知识的电子信息和声讯台语音信息，不是淫秽物品。c. 有关人体生理、医学知识的科学著作，或包含有色情内容的有艺术价值的文学、艺术作品，包含色情内容的有艺术价值的电子文学、艺术作品，均不视为淫秽物品］，情节严重（向他人传播淫秽的书刊、影片、音像、图片等出版物达 300 人次～600 人次以上或造成恶劣社会影响），处 2 年以下有期刑、拘役或管制。

传播淫秽物品案的两种立案追诉标准：（1）造成恶劣社会影响。（2）向他人传播 300 人次～600 人次以上。A. 利用聊天室、论坛、即时通信软件、电子邮件等方式，实施利用互联网、移动通讯终端传播淫秽电子信息的犯罪行为，应立案追诉。B. 利用聊天室、论坛、即时通信软件、电子邮件等方式，实施制作、复制、出版、贩卖、传播淫秽电影、表演、动画等视频文件；制作、复制、出版、贩卖、传播淫秽音频文件；制作、复制、出版、贩卖、传播淫秽电子刊物、图片、文章、短信息等；制作、复制、出版、贩卖、传播的淫秽电子信息；以会员制方式出版、贩卖、传播淫秽电子信息；利用淫秽电子信息收取广告费、会员注册费或其他费用，以传播淫秽物品罪定罪处罚。

组织播放淫秽音像制品案的两种立案追诉标准：（1）造成恶劣社会影响。（2）组织播放 15 场次～30 场次以上。A. 组织播放淫秽的电影、录像等音像制品，处 3 年以下有期刑、拘役或管制，并处罚金；情节严重（组织播放淫秽的电影、录像等音像制品达 15 场次～30 场次以上或造成恶劣社会影响），处 3 年以上 10 年以下有期刑，并处罚金。B. 制作、复制淫秽的电影、录像等音像制品组织播放，依组织播放淫秽音像制品罪从重处罚。C. 向不满 18 周岁的未成年人传播淫秽物品，从重处罚。

不以牟利为目的，利用互联网、移动通讯终端传播淫秽电子信息，应立案追诉情形：（1）造成严重后果。（2）数量达到制作、复制、出版、贩卖、传播淫秽音频文件 100 个以上、淫秽电子刊物图片文章短信息等 200 件以上、淫秽电子信息实际被点击数达到 1 万次以上、淫秽电子信息注册会员达 200 人以上、利用淫秽电子信息收取广告费会员注册费或其他费用违法所得 1 万元以标准 2 倍以上。（3）数量分别达到制作、复制、出版、贩卖、传播淫秽音频文件 100 个以上、淫秽电子刊物图片文章短信息等 200 件以上、淫秽电子信息实际被点击数达到 1 万次以上、淫秽电子信息注册会员达 200 人以上、利用淫秽电子信息收取广告费会员注册费或其他费用违法所得 1 万元以上的 2 项以上标准。

◆ **《刑法》 第 365 条 【组织淫秽表演罪】**

从故意犯、行为犯、情节犯的角度讲，组织进行淫秽表演，处 3 年以下有期刑、拘役或管制，并处罚金；情节严重，处 3 年以上 10 年以下有期刑，并处罚金。

组织淫秽表演案的 4 种立案追诉标准：A. 以策划、招募、强迫、雇佣、引诱、提供场地、提供资金等手段,组织表演者进行裸体表演。B. 组织表演者利用性器官进行诲淫性表演。C. 组织表演者半裸体或变相裸体表演并通过语言、动作具体描绘性行为。D. 其他组织进行淫秽表演应追究刑责情形。

◆ 《刑法》 第366条 【单位犯制作、贩卖、传播淫秽物品罪的处罚】

从单位犯罪的角度讲,单位犯制作、贩卖、传播淫秽物品罪之传播淫秽物品罪、组织播放淫秽音像制品罪、组织淫秽表演罪、为他人提供书号出版淫秽书刊罪、制作复制出版贩卖传播淫秽物品牟利罪,对单位判处罚金,并对其直接负责的主管人员和其他直接责任人员,依各该条规定处罚。

违反公共图书馆法规定,构成违反治安管理行为,依法给予治安处罚;构成犯罪,依法追究刑责。(1) 公共图书馆从事或允许其他组织、个人在馆内从事危害国家安全、损害社会公共利益活动,由文化主管部门责令改正,没收违法所得;情节严重,可责令停业整顿、关闭;对直接负责的主管人员和其他直接责任人员依法追究法律责任。(2) 出版单位未按国家有关规定交存正式出版物,由出版主管部门依有关出版管理的法律、行政法规规定给予处罚。(3) 文化主管部门或其他有关部门及其工作人员在公共图书馆管理工作中滥用职权、玩忽职守、徇私舞弊,对直接负责的主管人员和其他直接责任人员依法给予处分。(4) 公共图书馆及其工作人员有违规处置文献信息;出售或以其他方式非法向他人提供读者的个人信息、借阅信息以及其他可能涉及读者隐私的信息;向社会公众提供文献信息违反有关法律、行政法规,或向未成年人提供内容不适宜的文献信息;将设施设备场地用于与公共图书馆服务无关的商业经营活动;其他不履行公共图书馆法规定的公共图书馆服务要求的行为,或公共图书馆及其工作人员对应免费提供的服务收费或变相收费,由文化主管部门责令改正,没收违法所得,对直接负责的主管人员和其他直接责任人员依法追究法律责任。

第七章

危害国防利益罪（第368~381条）

从犯罪既遂、犯罪未遂的角度讲，危害国防利益罪分为可划分犯罪既遂形态的危害国防利益罪（破坏武器装备、军事设施、军事通信罪；故意提供不合格武器装备、军事设施罪；伪造、变造、买卖武装部队公文、证件、印章罪；盗窃、抢夺武装部队公文、证件、印章罪；非法生产、买卖武装部队制式服装罪；伪造、盗窃、买卖、非法提供、非法使用武装部队专用标志罪等）、不划分犯罪既遂、犯罪未遂形态的危害国防利益罪（a. 危害结果犯：阻碍军事行动罪；过失提供不合格武器装备、军事设施罪；聚众冲击军事禁区罪；聚众扰乱军事管理区秩序罪；战时故意提供虚假敌情罪等。b. 纯正不作为犯、情节犯：时拒绝、逃避征召、军事训练罪；战时拒绝、逃避服役罪；战时拒绝、故意延误军事订货罪；战时拒绝军事征收、征用罪等。c. 情节犯：煽动军人逃离部队罪；雇用逃离部队军人罪；战时窝藏逃离部队军人罪；非法生产、买卖武装部队制式服装罪。d. 情节犯、结果犯：接送不合格兵员罪等。e. 行为犯：冒充军人招摇撞骗罪；战时造谣扰乱军心罪；阻碍军人执行职务罪等）。[46]

◆ 《刑法》第368条 【阻碍军人执行职务罪；阻碍军事行动罪】

从结果犯的角度讲，以暴力、威胁方法阻碍军人依法执行职务，处3年以下有期刑、拘役、管制或罚金。从故意犯、结果犯的角度，故意阻碍武装部队军事行动，造成严重后果，处5年以下有期刑或拘役。

◆ 《刑法》第369条 【破坏武器装备、军事设施、军事通信罪；过失损坏武器装备、军事设施、军事通信罪】

从故意犯的角度讲，破坏武器装备、军事设施、军事通信罪是故意破坏特定军事对象（武器装备、军事设施、军事通信），危害国防利益的犯罪行为。从犯罪对象、犯罪客体、犯罪行为、危害结果的角度，破坏武器装备、军事设施、军事通信罪的既遂犯问题有争议性，存在行为犯说、危害后果说等不同理论观点。（1）从行为犯的角度讲，破坏武器装备、军事设施、军事通信罪以是否完成刑法分则规定的实际破坏行为为既遂或未遂标准。有专家学者认为，破坏武器装备、军事设施、军事通信罪的既遂还是未遂，应以是否完成了法律规定的破坏行为为标准，而破坏行为是否完成，并不以行为人是否实际对武器装备、军事设施、军事通信造成损坏为准。只要行为人的行为明确表达了破坏武器装备、军事设施、军事通信的意思，就是完成了破坏行为，属于犯罪既遂。[47]也有专家学者认为，破坏武器装备、军事设施、军事通信罪应以武器装备、军事设施、军事通信因行为人的破坏行为而出现损害结果为

---

[46] 刘之雄：《犯罪既遂论》，中国人民公安大学出版社2003年版，第191页，引用时有改动。
[47] 黄林异主编：《危害国防利益罪》，中国人民公安大学出版社1999年版，第77页。

犯罪既遂。[48] (2) 从实害结果犯、犯罪客体、犯罪对象的角度，破坏武器装备、军事设施、军事通信罪以对武器装备、军事设施、军事通信的实际损害或实际破坏程度为犯罪既遂标准，否则行为人虽已着手实施针对武器装备、军事设施、军事通信的破坏行为，因犯罪人主观意志外的原因而尚未造成实际破坏，只能构成未遂犯。

从故意犯、行为犯、情节犯的角度讲，破坏武器装备（实施和保障军事行动的武器、武器系统和军事技术器材）、军事设施[国家直接用于军事目的的建筑、场地、设备（指挥机关，地面和地下的指挥工程、作战工程；军用机场、港口、码头；营区、训练场、试验场；军用洞库、仓库；军用通信、侦察、导航、观测台站，测量、导航、助航标志；军用公路、铁路专用线，军用通信、输电线路，军用输油、输水管道；边防、海防管控设施；国务院和中央军委规定的其他军事设施）和军队为执行任务必需设置的临时设施]、军事通信（无线电通信、有线电通信、光通信、运动通信、简易信号通信；战略通信、战役通信、战术通信；电话、电报、数据、图像通信等），处3年以下有期刑、拘役或管制；破坏重要武器装备、军事设施、军事通信，处3年以上10年以下有期刑；情节特别严重（破坏军事通信罪：a. 实施破坏军事通信行为，造成重要军事通信中断或严重障碍，严重影响部队完成作战任务或使部队在作战中遭受损失。b. 破坏重要军事通信3次以上。c. 造成部队执行抢险救灾、军事演习或处置突发性事件等任务的通信中断或严重障碍，并因此贻误部队行动，使死亡3人以上、重伤10人以上或财产损失100万元以上。d. 其他情节特别严重情形），处10年以上有期刑、无期刑或死刑。

从民兵武器装备管理条例的角度讲，严禁挪用、出租、交换民兵武器装备（配备给民兵使用和储存的武器、弹药和军事技术器材），严禁将民兵武器装备管理维修费、民兵武器装备维修材料或备件挪作他用；未经中央军委或总参谋部批准，不得馈赠、出售民兵武器装备；未经总参谋部批准，不得动用民兵武器装备从事生产经营活动。(1) 民兵武器装备，不得擅自借出。因执勤、训练需借用配发给民兵或民兵组织的武器装备，须报经县武装部批准。借用县以上民兵武器装备仓库保管的民兵武器装备，须报上一级军事机关批准。(2) 有私藏、盗窃、抢劫、破坏民兵武器装备，或利用民兵武器装备进行违法活动；擅自制造、装配、接收、购置民兵武器装备或擅自挪用、出租、交换、馈赠、出售、携带、留存、动用、借出民兵武器装备；挪用民兵装备管理维修费、武器装备维修材料或备件；玩忽职守，使民兵武器装备丢失、被盗或损坏、锈蚀、霉烂变质，影响使用；违反民兵武器装备操作规程和使用规定，造成后果；在民兵武器装备受到抢劫、盗窃、破坏时，不采取制止和保护措施，使武器装备遭受损失；对民兵武器装备事故隐瞒不报；有违反民兵武器装备管理条例的其他行为，依法给予行政处分；属于违反治安管理行为，依治安处罚法有关规定处罚；构成犯罪，依法追究刑责；除对单位主管负责人员和直接责任人员给予行政处分、行政处罚或依法追究刑责外，应对该单位给予通报批评，并限期改正。

从司法解释的角度讲，故意实施损毁军事通信线路、设备，破坏军事通信计算机信息系统，干扰、侵占军事通信电磁频谱等行为，以破坏军事通信罪定罪，处3年以下有期刑、拘役或管制；破坏重要军事通信（a. 军事首脑机关及重要指挥中心的通信。b. 部队作战中的通信。c. 等级战备通信。d. 飞行航行训练、抢险救灾、军事演习或处置突发性事件中的通信。e. 执行试飞试航、武器装备科研试验或远洋航行等重要军事任务中的通信），处3年以上10年以下有期刑。

从过失犯、结果犯的角度讲，犯过失损坏武器装备、军事设施、军事通信罪，造成严重后果[过失损坏军事通信，造成重要军事通信（a. 军事首脑机关及重要指挥中心的通信，部

---

[48] 赵秉志主编：《犯罪停止形态适用中的疑难问题研究》，吉林人民出版社2001年版，第656页。

队作战中的通信，等级战备通信，飞行航行训练、抢险救灾、军事演习或处置突发性事件中的通信。b.执行试飞试航、武器装备科研试验或远洋航行等重要军事任务中的通信）中断或严重障碍］，处3年以下有期刑或拘役；造成特别严重后果（a.过失损坏军事通信，造成重要军事通信中断或严重障碍，严重影响部队完成作战任务或使部队在作战中遭受损失。b.造成部队执行抢险救灾、军事演习或处置突发性事件等任务的通信中断或严重障碍，并因此贻误部队行动，使死亡3人以上、重伤10人以上或财产损失100万元以上。c.其他后果特别严重情形），处3年以上7年以下有期刑。

建设、施工单位直接负责的主管人员、施工管理人员，明知是军事通信线路、设备而指使、强令、纵容他人损毁，或不听管护人员劝阻，指使、强令、纵容他人违章作业，造成军事通信线路、设备损毁，以破坏军事通信罪定罪处罚。

建设、施工单位直接负责的主管人员、施工管理人员，忽视军事通信线路、设备保护标志，指使、纵容他人违章作业，使军事通信线路、设备损毁，构成犯罪，以过失损坏军事通信罪定罪处罚。

破坏、过失损坏军事通信，并造成公用电信设施损毁，危害公共安全，同时构成破坏广电设施、公用电信设施罪、破坏武器装备军事设施军事通信罪、过失损坏武器装备军事设施军事通信罪，依处罚较重规定定罪处罚。

盗窃军事通信线路、设备，不构成盗窃罪，但破坏军事通信，以破坏武器装备、军事设施、军事通信罪定罪处罚；同时构成生产销售劣药罪、盗窃罪和破坏武器装备、军事设施、军事通信罪，依处罚较重规定定罪处罚。

违反国家规定，侵入国防建设、尖端科技领域的军事通信计算机信息系统，尚未对军事通信造成破坏，以非法侵入计算机信息系统罪、非法获取计算机信息系统数据非法控制计算机信息系统罪、提供侵入非法控制计算机信息系统程序工具罪定罪处罚；对军事通信造成破坏，同时构成非法侵入计算机信息系统罪、非法获取计算机信息系统数据非法控制计算机信息系统罪、提供侵入非法控制计算机信息系统程序工具罪、破坏计算机信息系统罪、网络服务渎职罪、破坏武器装备军事设施军事通信罪，依处罚较重规定定罪处罚。

违反国家规定，擅自设置、使用无线电台、站，或擅自占用频率，经责令停止使用后拒不停止使用，干扰无线电通讯正常进行，构成犯罪，以扰乱无线电管理秩序罪定罪处罚；造成军事通信中断或严重障碍，同时构成扰乱无线电管理秩序罪、破坏武器装备军事设施军事通信罪，以处罚较重规定定罪处罚。军事通信的具体范围、通信中断和严重障碍标准，参照解放军通信主管部门有关规定确定。

从从重处罚原则的角度讲，战时犯破坏武器装备军事设施军事通信罪、过失损坏武器装备军事设施军事通信罪，从重处罚。

◆ **《刑法》第370条【故意提供不合格武器装备、军事设施罪；过失提供不合格武器装备、军事设施罪】**

从故意犯、行为犯、情节犯的角度讲，明知是不合格的武器装备、军事设施而提供给武装部队，处5年以下有期刑或拘役；情节严重（a.发生在战时。b.影响作战、演习、抢险救灾等重大任务完成。c.造成人员轻伤以上。d.造成直接经济损失10万元以上。e.提供不合格的枪支3支以上、子弹100发以上、雷管500枚以上、炸药5000克以上或其他重要武器装备、军事设施。f.其他故意提供不合格武器装备、军事设施应追究刑责情形），处5年以上10年以下有期刑；情节特别严重，处10年以上有期刑、无期刑或死刑。

从过失犯、结果犯的角度讲，犯过失提供不合格武器装备、军事设施罪，造成严重后果（a.严重影响作战、演习、抢险救灾等重大任务完成。b.造成死亡1人或重伤3人以上。

c. 造成直接经济损失 30 万元以上。d. 其他造成严重后果情形），处 3 年以下有期刑或拘役；造成特别严重后果，处 3 年以上 7 年以下有期刑。

从单位犯罪双罚制的角度讲，单位犯故意提供不合格武器装备军事设施罪、过失提供不合格武器装备军事设施罪，对单位判处罚金，并对其直接负责的主管人员和其他直接责任人员，处 5 年以下有期刑或拘役；情节严重，处 5 年以上 10 年以下有期刑；情节特别严重，处 10 年以上有期刑、无期刑或死刑。

◆ 《刑法》第 371 条 【聚众冲击军事禁区罪；聚众扰乱军事管理区秩序罪】

从聚众共犯、战时犯、故意犯、行为犯的角度讲，聚众冲击军事禁区，严重扰乱军事禁区秩序，对首犯，处 5 年以上 10 年以下有期刑；对其他积极参加者，处 5 年以下有期刑、拘役、管制或剥夺政治权利。

聚众冲击军事禁区案的 5 种立案追诉标准：（1）发生在战时。（2）冲击重要军事禁区。（3）持械或采取暴力手段冲击。（4）冲击 3 次以上或 1 次冲击持续时间较长。（5）其他严重扰乱军事禁区秩序应追究刑责情形。

从故意犯、情节犯的角度讲，聚众扰乱军管区秩序，情节严重，致军管区工作无法进行，造成严重损失，对首犯，处 3 年以上 7 年以下有期刑；对其他积极参加者，处 3 年以下有期刑、拘役、管制或剥夺政治权利。

聚众扰乱军事管理区秩序案的 7 种立案追诉标准：（1）发生在战时。（2）扰乱重要军事管理区秩序。（3）持械或采取暴力手段。（4）扰乱 3 次以上或 1 次扰乱持续时间较长。（5）造成人员轻伤以上。（6）造成直接经济损失 5 万元以上。（7）其他聚众扰乱军事管理区秩序应追究刑责情形。

◆ 《刑法》第 372 条 【冒充军人招摇撞骗罪】

从招摇撞骗罪、故意犯、情节犯的角度讲，冒充军人招摇撞骗，处 3 年以下有期刑、拘役、管制或剥夺政治权利；情节严重，处 3 年以上 10 年以下有期刑。

从抽象的危险行为犯、犯罪客体和犯罪对象的关系的角度讲，冒充军人招摇撞骗罪是以谋取非法利益为目的，假冒军人身份对他人实施招摇撞骗欺骗或欺诈活动的犯罪行为。有专家学者认为，冒充军人招摇撞骗罪属于抽象的危险行为犯，不存在犯罪的既遂、未遂之分。

◆ 《刑法》第 373 条 【煽动军人逃离部队罪；雇用逃离部队军人罪】

从故意犯、情节犯的角度讲，煽动军人逃离部队或明知是逃离部队的军人而雇用，情节严重，处 3 年以下有期刑、拘役或管制。

煽动军人逃离部队案的 5 种立案追诉标准：（1）发生在战时。（2）影响重要军事任务完成。（3）煽动指挥人员、值班执勤人员或其他负有重要职责人员逃离部队。（4）煽动 3 人以上逃离部队。（5）其他情节严重情形。

雇用逃离部队军人案的 5 种立案追诉标准：（1）阻碍部队将被雇用军人带回。（2）明知是逃离部队的指挥人员、值班执勤人员或其他负有重要职责人员而雇用。（3）雇用 3 人以上。（4）雇用 1 人 6 个月以上。（5）其他情节严重情形。

◆ 《刑法》第 374 条 【接送不合格兵员罪】

从身份犯、故意犯、情节犯、结果犯的角度讲，犯接送不合格兵员罪，在征兵工作中徇私舞弊，接送不合格兵员，情节严重，处 3 年以下有期刑或拘役；造成特别严重后果，处 3 年以上 7 年以下有期刑。

接送不合格兵员案的 4 种立案追诉标准：A. 发生在战时。B. 造成严重后果。C. 接送不合格特种条件兵员 1 名以上或普通兵员 3 名以上。D. 其他情节严重情形。

接送不合格兵员罪（危害国家利益罪）和招收公务员、学生徇私舞弊罪（渎职罪）有关联性、互补性、差异性，关键在于犯罪对象、犯罪客体、危害程度、量刑的差异。

◆ 《刑法》第 375 条【伪造、变造、买卖武装部队公文、证件、印章罪；盗窃、抢夺武装部队公文、证件、印章罪；非法生产、买卖武装部队制式服装罪；伪造、盗窃、买卖、非法提供、非法使用武装部队专用标志罪】

从选择罪名、故意犯、情节犯的角度讲，犯伪造、变造、买卖武装部队公文、证件、印章罪，伪造、变造、买卖或盗窃、抢夺武装部队公文、证件、印章，处 3 年以下有期刑、拘役、管制或剥夺政治权利；情节严重（实施伪造、变造、买卖或盗窃、抢夺武装部队公文、证件、印章的行为，数量达到伪造、变造、买卖或盗窃、抢夺武装部队公文 1 件以上，或伪造、变造、买卖或盗窃、抢夺武装部队军官证、士兵证、车辆行驶证、车辆驾驶证或其他证件 2 本以上，或伪造、变造、买卖或盗窃、抢夺武装部队机关印章、车辆牌证印章或其他印章 1 枚以上标准 5 倍以上或造成严重后果），处 3 年以上 10 年以下有期刑。

伪造、变造、买卖或盗窃、抢夺武装部队公文、证件、印章，有伪造、变造、买卖或盗窃、抢夺武装部队公文 1 件以上，或伪造、变造、买卖或盗窃、抢夺武装部队军官证、士兵证、车辆行驶证、车辆驾驶证或其他证件 2 本以上，或伪造、变造、买卖或盗窃、抢夺武装部队机关印章、车辆牌证印章或其他印章 1 枚以上，应以伪造、变造、买卖武装部队公文、证件、印章罪或盗窃、抢夺武装部队公文、证件、印章罪定罪处罚。（1）非法生产、买卖武装部队制式服装，情节严重，处 3 年以下有期刑、拘役或管制，并处或单处罚金。（2）非法生产、买卖武装部队制式服装案的 4 种立案追诉标准：A. 违法所得数额 5000 元以上。B. 非法经营数额 2 万元以上。C. 非法生产、买卖帽徽、领花、臂章等标志服饰合计 100 件（副）以上。D. 非法生产、买卖成套制式服装 30 套以上，或非成套制式服装 100 件以上。E. 其他情节严重情形。（3）买卖仿制的现行装备的武装部队制式服装，情节严重，或盗窃、买卖、提供、使用伪造、变造的武装部队车辆号牌等专用标志，情节严重，均应立案追诉。（4）非法生产、买卖武装部队现行装备的制式服装，有非法经营数额 2 万元以上、违法所得数额 5000 元以上、非法生产买卖成套制式服装 30 套以上或非成套制式服装 100 件以上，或非法生产、买卖帽徽、领花、臂章等标志服饰合计 100 件（副）以上、有其他严重情节，应认定为伪造、变造、买卖武装部队公文、证件、印章罪的"情节严重"，以非法生产、买卖武装部队制式服装罪定罪处罚。（5）伪造、盗窃、买卖、非法提供、非法使用武装部队专用标志案的 4 种立案追诉标准：A. 造成严重后果或恶劣影响。B. 非法提供、使用军以上领导机关车辆号牌外的其他车辆号牌累计 6 个月以上。C. 伪造、盗窃、买卖或非法提供、使用武装部队军以上领导机关车辆号牌 1 副以上或其他车辆号牌 3 副以上。D. 伪造、盗窃、买卖或非法提供、使用军徽、军旗、军种符号或其他军用标志合计 100 件（副）以上。（6）犯伪造、盗窃、买卖、非法提供、非法使用武装部队专用标志罪，伪造、盗窃、买卖或非法提供、使用武装部队车辆号牌等专用标志，情节严重［a. 非法提供、使用军以上领导机关车辆号牌外的其他车辆号牌累计 6 个月以上。b. 伪造、盗窃、买卖或非法提供、使用武装部队军以上领导机关车辆号牌 1 副以上或其他车辆号牌 3 副以上。c. 伪造、盗窃、买卖或非法提供、使用军徽、军旗、军种符号或其他军用标志合计 100 件（副）以上。d. 造成严重后果或恶劣影响］，处 3 年以下有期刑、拘役或管制，并处或单处罚金；情节特别严重（a. 伪造、盗窃、买卖或非法提供、使用武装部队车辆号牌等专用标志数量达到伪造、盗窃、买卖或非法提供、使用武装部队军以上领导机关车辆号牌 1 副以上或其他车辆号牌 3 副以上。b. 伪造、盗窃、买卖或非法提供、使用军徽、军旗、军种符号或其他军用标志合计100件（副）以上标准5倍以上。c.非法提供、使用军以上领导机关车辆号牌累计6个月以上或其他车辆号牌累计1年以上。d.造成特别严重后果或特别恶劣影响），处3年以上7年以下有期刑，并处罚金。（7）单位犯非法生产、买卖武装部队制式服装罪、伪造、盗窃、买卖或非法提供、使用武装部队车辆号牌等专用标志罪，对单位判处罚金，并对其直接负责的主管人员和其他直接责任人员，依各该款规定处罚。（8）犯伪造变造买卖武装部队公文证件印章罪、盗窃抢夺武装部队公文证件印章罪、非法生产买卖武装部队制式服装罪、伪造盗窃买卖非法提供非法使用武装部队专用标志罪，买卖盗窃抢夺伪造变造的武装部队公文证件印章，买卖仿制的现行装备的武装部队制式服装情节严重，盗窃、买卖、提供、使用伪造、变造的武装部队车辆号牌等专用标志情节严重，应追究刑责。（9）伪造、变造、买卖或盗窃、抢夺武装部队公文、证件、印章，以伪造、变造、买卖武装部队公文、证件、印章罪或盗窃、抢夺武装部队公文、证件、印章罪定罪处罚的一般标准：A.伪造、变造、买卖或盗窃、抢夺武装部队公文1件以上。B.伪造、变造、买卖或盗窃、抢夺武装部队军官证、士兵证、车辆行驶证、车辆驾驶证或其他证件2本以上。（10）伪造、变造、买卖或盗窃、抢夺武装部队机关印章、车辆牌证印章或其他印章1枚以上。非法生产、买卖武装部队现行装备的制式服装，情节严重［a.非法经营数额2万元以上。b.违法所得数额5000元以上。c.非法生产、买卖成套制式服装30套以上，或非成套制式服装100件以上。d.非法生产、买卖帽徽、领花、臂章等标志服饰合计100件（副）以上。e.有其他严重情节］，以非法生产、买卖武装部队制式服装罪定罪处罚。（11）伪造、盗窃、买卖或非法提供、使用武装部队车辆号牌等专用标志，有情节严重情形［a.非法提供、使用军以上领导机关车辆号牌外的其他车辆号牌累计6个月以上。b.伪造、盗窃、买卖或非法提供、使用武装部队军以上领导机关车辆号牌1副以上或其他车辆号牌3副以上。c.伪造、盗窃、买卖或非法提供、使用军徽、军旗、军种符号或其他军用标志合计100件（副）以上。d.造成严重后果或恶劣影响］，以伪造、盗窃、买卖、非法提供、非法使用武装部队专用标志罪定罪处罚。（12）从故意犯罪的角度讲，明知他人实施伪造变造买卖武装部队公文证件印章罪、盗窃抢夺武装部队公文证件印章罪、非法生产买卖武装部队制式服装罪、伪造盗窃买卖非法提供非法使用武装部队专用标志罪规定的犯罪行为，而为其生产、提供专用材料或提供资金、账号、技术、生产经营场所等帮助，以伪造变造买卖武装部队公文证件印章罪、盗窃抢夺武装部队公文证件印章罪、非法生产买卖武装部队制式服装罪、伪造盗窃买卖非法提供非法使用武装部队专用标志罪的共犯论处。（13）实施伪造变造买卖武装部队公文证件印章罪、盗窃抢夺武装部队公文证件印章罪、非法生产买卖武装部队制式服装罪、伪造盗窃买卖非法提供非法使用武装部队专用标志罪规定的犯罪行为，同时又构成逃税、诈骗、冒充军人招摇撞骗等犯罪，依处罚较重规定定罪处罚。（14）单位实施非法生产、买卖武装部队制式服装罪；伪造、盗窃、买卖、非法提供、非法使用武装部队专用标志罪规定的犯罪行为，对单位判处罚金，并对其直接负责的主管人员和其他直接责任人员，分别依《关于办理妨害武装部队制式服装、车辆号牌管理秩序等刑事案件应用法律若干问题的解释》（2011年）规定处罚。

◆《刑法》第376条【战时拒绝、逃避征召、军事训练罪；战时拒绝、逃避服役罪】

从身份犯、故意犯、战时犯、情节犯的角度讲，预备役人员战时（战争时期；国家宣布进入战争状态，部队受领作战任务或遭敌突然袭击时；部队执行戒严任务或处置突发性暴力事件时）拒绝、逃避征召（兵役机关依法向预备役人员发出通知要求按规定时间、地点报到，准备转服现役的行为）或军事训练【军事理论教育、作战能力训练［军事训练：部队训练、院校训练、预备役训练（后备役训练）］】，情节严重（多次拒绝、逃避征召或军事训练；

组织、煽动他人拒绝、逃避征召或军事训练；以暴力、威胁的方法拒绝征召、携带武器逃避军事训练等），处 3 年以下有期刑或拘役。

从普通犯、故意犯、战时犯、情节犯的角度讲，公民战时拒绝、逃避服役，情节严重，处 2 年以下有期刑或拘役。

战时拒绝、逃避征召、军事训练案的 4 种立案追诉标准：（1）联络、煽动他人共同拒绝、逃避征召或军事训练。（2）无正当理由经教育仍拒绝、逃避征召或军事训练。（3）以暴力、威胁、欺骗等手段，或采取自伤、自残等方式拒绝、逃避征召或军事训练。（4）其他情节严重情形。

战时拒绝、逃避服役案的 4 种立案追诉标准：（1）联络、煽动他人共同拒绝、逃避服役。（2）无正当理由经教育仍拒绝、逃避服役。（3）以暴力、威胁、欺骗等手段，或采取自伤、自残等方式拒绝、逃避服役。（4）其他情节严重情形。

从解放军军事训练条例（试行）、解放军军事训练监察条例（试行）、国防法、兵役法、征兵工作条例、解决入伍新兵拒服兵役问题暂行办法的角度讲，兵役登记时间为每年 6 月 30 日；县级以上政府组织兵役机关和有关部门组成征集工作机构，负责组织实施征集工作；征兵期间，应征公民被征集服现役，同时被机关、人民团体、企事业单位招收录用或聘用，应优先履行兵役义务。（1）普通高校毕业生的征集年龄为 24 周岁。（2）拒绝、逃避平时征兵拒不改正者不能录用为公务员不得被录用为公务员或参照公务员法管理的工作人员，2 年内不得出国（境）或升学。（3）对机关、人民团体、企事业单位不履行法定兵役工作责任义务，追究直接负责的主管人员和其他直接责任人员、单位负有责任的领导人员的责任。（4）县级以上地方政府对违反兵役法的单位和个人的处罚，由县级以上地方政府兵役机关（武装部等）会同行政监察、公安、民政、卫生、教育、人社保障等部门具体办理。

◆ 《刑法》 第 377 条 【战时故意提供虚假敌情罪】

从战时犯、故意犯、结果犯的角度讲，战时故意向武装部队（解放军、武警部队、民兵和其他参加的武装力量）提供（当面提供、主动提供、书面提供、口头提供等）虚假（编造或谎报、故意改变、严重歪曲或夸大、隐瞒敌情内容等）敌情（敌军的军种、番号、部队组成、武器装备、军事设置、军事布防、军事行动、作战计划、作战意图、车辆调度、物资采供、新闻管制、所处地理位置等一切与作战有关的军事情况），造成严重后果（提供的虚假敌情扰乱我部队作战部署，干扰部队军事行动，破坏指挥人员作战计划安排，导致我军指挥失误、贻误战机、战斗失利、造成部队伤亡等），处 3 年以上 10 年以下有期刑；造成特别严重后果（故意提供的虚假敌情导致我作战部署重大调整或战斗战役失利；造成我人员重大伤亡或特别重要、多件重要的武器装备军用物资、多处重要军事设施毁损等），处 10 年以上有期刑或无期刑。

◆ 《刑法》 第 378 条 【战时造谣扰乱军心罪】

从战时犯、故意犯、行为犯、情节犯的角度讲，战时造谣惑众，扰乱军心，处 3 年以下有期刑、拘役或管制；情节严重，处 3 年以上 10 年以下有期刑。

从犯罪客体、犯罪对象的角度讲，战时造谣扰乱军心罪是以战时造谣惑众，扰乱军心为犯罪既遂标准的犯罪行为，属于危险行为犯，不存在犯罪既遂、犯罪未遂的分类情形。

战时造谣扰乱军心罪、战时故意提供虚假敌情罪的根本差异在于犯罪对象、犯罪结果、犯罪客观方面内容、法定刑的不同。

◆ 《刑法》 第 379 条 【战时窝藏逃离部队军人罪】

从战时犯、故意犯、情节犯的角度讲，战时明知是逃离部队的军人而为其提供隐蔽处所、财物，情节严重，处 3 年以下有期刑或拘役。

战时窝藏逃离部队军人案的立案追诉标准：（1）有关部门查找时拒不交出。（2）明知是挥人员、值班执勤人员或其他负有重要职责人员而窝藏。（3）窝藏 3 人次以上。（4）其他情节严重情形。

◆ 《刑法》第 380 条 【战时拒绝、故意延误军事订货罪】

从战时犯、身份犯、故意犯、情节犯的角度讲，战时拒绝或故意延误军事订货，情节严重，对单位判处罚金，并对其直接负责的主管人员和其他直接责任人员，处 5 年以下有期刑或拘役；造成严重后果，处 5 年以上有期刑。

战时拒绝、故意延误军事订货案的 4 种立案追诉标准：（1）联络、煽动他人共同拒绝或故意延误军事订货。（2）拒绝或故意延误重要军事订货，影响重要军事任务完成。（3）拒绝或故意延误军事订货 3 次以上。（4）其他情节严重情形。

◆ 《刑法》第 381 条 【战时拒绝军事征收、征用罪】

从战时犯、故意犯、情节犯的角度讲，战时拒绝军事征收、征用，情节严重，处 3 年以下有期刑或拘役。

战时拒绝军事征收、征用案的 5 种立案追诉标准：（1）采取暴力、威胁、欺骗等手段拒绝军事征收、征用。（2）联络、煽动他人共同拒绝军事征收、征用。（3）拒绝重要军事征收、征用，影响重要军事任务完成。（4）无正当理由拒绝军事征收、征用 3 次以上。（5）其他情节严重情形。

第八章

贪污贿赂罪（第 382~396 条）

从职务犯、贪污贿赂罪的角度讲，私分罚没财物罪的特殊主体是有罚没权的司法机关和行政执法机关。(1) 单位受贿罪的特殊主体是国家机关、国有公司、企事业单位、人民团体。(2) 单位行贿罪的特殊主体，是公司、企事业单位、机关、人民团体。(3) 对单位行贿罪的一般主体是自然人、单位。

贪污贿赂犯罪和渎职犯罪的主体：(1) 国家机关工作人员的认定：A. 国家机关工作人员（在国家机关中从事公务的人员），含国家权力机关、行政机关、司法机关和军事机关中从事公务的人员。B. 根据有关立法解释，在依法律法规规定行使国家行政管理职权的组织中从事公务的人员，或在受国家机关委托代表国家行使职权的组织中从事公务的人员，或虽未列入国家机关人员编制但在国家机关中从事公务的人员，或在乡（镇）以上中共机关、政协机关中从事公务的人员，均视为国家机关工作人员。(2) 国家机关、国有公司、企事业单位委派到非国有公司、企事业单位、社会团体从事公务的人员的认定：A. 委派，即委任、派遣，其形式多种多样，如任命、指派、提名、批准等。不论被委派的人身份如何，只要是接受国家机关、国有公司、企事业单位委派，代表国家机关、国有公司、企事业单位在非国有公司、企事业单位、社会团体中从事组织、领导、监督、管理等工作，都可认定为国家机关、国有公司、企事业单位委派到非国有公司、企事业单位、社会团体从事公务的人员。B. 如国家机关、国有公司、企事业单位委派在国有控股或参股的股份有限公司从事组织、领导、监督、管理等工作的人员，应以国家工作人员论。C. 国有公司、企业改制为股份有限公司后，原国有公司、企业的工作人员和股份有限公司新任命的人员中，除代表国有投资主体行使监督、管理职权的人外，不以国家工作人员论。(3) 其他依法律从事公务的人员的认定：A. 其他依法律从事公务的人员有两个特征：在特定条件下行使国家管理职能；依法律规定从事公务，含依法履行职责的人大代表；依法履行审判职责的陪审员；协助乡镇政府、街道办事处从事行政管理工作的村委会、居委会员会等农村和城市基层组织人员；其他由法律授权从事公务的人员。B. 村委会等村基层组织人员，属于其他依法律从事公务的人员的 7 种认定标准：a. 救灾、抢险、防汛、优抚、扶贫、移民、救济款物的管理。b. 社会捐助公益事业款物的管理。c. 国有土地的经营和管理。d. 土地征用补偿费用的管理。e. 代征、代缴税款。f. 有关计划生育、户籍、征兵工作。g. 协助政府从事的其他行政管理工作。(4) 从事公务的理解：A. 从事公务，是代表国家机关、国有公司、企事业单位、人民团体等履行组织、领导、监督、管理等职责。B. 公务主要表现为与职权相联系的公共事务以及监督、管理国有财产的职务活动。如国家机关工作人员依法履行职责，国有公司的董事、经理、监事、会计、出纳人员等管理、监督国有财产等活动，属于从事公务。C. 那些不具备职权内容的劳务活动、技术服务工作，如售货员、售票员等所从事的工作，一般不认为是公务。

《关于办理国家出资企业中职务犯罪案件具体应用法律若干问题的意见》(2010 年) 的内容：(1) 国家出资企业工作人员使用改制公司、企业的资金担保个人贷款，用于购买改制公司、企业股份的行为的处理：A. 国家出资企业的工作人员在公司、企业改制过程中为购买公司、企业股份，利用职务便利，将公司、企业的资金或金融凭证、有价证券等用于个人贷款担保，以挪用资金罪或挪用公款罪定罪处罚。B. 行为人在改制前的国家出资企业持有股份，不影响挪用数额的认定，但量刑时应酌情考虑。C. 经有关主管部门批准或按有关政策规定，国家出资企业的工作人员为购买改制公司、企业股份实施前款行为，可视具体情况不作为犯罪处理。（2）改制前后主体身份发生变化的犯罪的处理：A. 国家工作人员在国家出资企业改制前利用职务便利实施犯罪，在其不再有国家工作人员身份后又实施同种行为，依法构成不同犯罪，应分别定罪，实行数罪并罚。B. 国家工作人员利用职务便利，在国家出资企业改制过程中隐匿公司、企业财产，在其不再有国家工作人员身份后将所隐匿财产据为己有，以贪污罪定罪处罚。C. 国家工作人员在国家出资企业改制过程中利用职务便利为请托人谋取利益，事先约定在其不再有国家工作人员身份后收受请托人财物，或在身份变化前后连续收受请托人财物，以受贿罪定罪处罚。（3）国家出资企业中国家工作人员的认定：A. 经国家机关、国有公司、企事业单位提名、推荐、任命、批准等，在国有控股、参股公司及其分支机构中从事公务的人员，应认定为国家工作人员。具体的任命机构和程序，不影响国家工作人员的认定。B. 经国家出资企业中负有管理、监督国有资产职责的组织批准或研究决定，代表其在国有控股、参股公司及其分支机构中从事组织、领导、监督、经营、管理工作的人员，应认定为国家工作人员。C. 国家出资企业中的国家工作人员，在国家出资企业中持有个人股份或同时接受非国有股东委托，不影响其国家工作人员身份的认定。（4）国家出资企业的界定：A. 国家出资企业类型，含国家出资的国有独资公司、国有独资企业、国有资本控股公司、国有资本参股公司。B. 是否属于国家出资企业不清楚，应遵循"谁投资、谁拥有产权"的原则进行界定。a. 企业注册登记中的资金来源与实际出资不符，应根据实际出资情况确定企业的性质。b. 企业实际出资情况不清楚，可综合工商注册、分配形式、经管等因素确定企业的性质。（5）宽严相济刑事政策的具体贯彻：A. 办理国家出资企业中的职务犯罪案件时，要综合考虑历史条件、企业发展、职工就业、社会稳定等因素，注意具体情况具体分析，严格把握犯罪与一般违规行为的区分界限。B. 对主观恶意明显、社会危害严重、群众反映强烈的严重犯罪，要坚决依法从严惩处；对特定历史条件下、为顺利完成企业改制而实施的违反国家政策法律规定的行为，行为人无主观恶意或主观恶意不明显，情节较轻，危害不大，可不作为犯罪处理。C. 对国家出资企业中的职务犯罪，要加大经济上的惩罚力度，充分重视财产刑的适用和执行，最大限度地挽回国家和人民利益遭受的损失；不能退赃，在决定刑罚时，应作为重要情节考虑。

《敦促职务犯罪案件境外在逃人员投案自首的公告》2018年8月23日公布之日起至2018年12月31日前，职务犯罪案件外逃人员自动投案（向检察机关、公安机关、检察院、法院或其所在单位、城乡基层组织等有关单位、组织自动投案，或通过中国驻外使领馆向检察机关、公安机关、检察院、法院自动投案），如实供述自己罪行，可依法从轻或减轻处罚。其中，有效挽回被害单位、被害人经济损失，积极退赃，可减轻处罚；犯罪较轻，可免除处罚。（1）职务犯罪案件境外在逃人员委托他人代为表达自动投案意思，或以书信、电报、电话、邮件等方式表达自动投案意思，后本人回国到案接受办案机关处理，视为自动投案。A. 鼓励职务犯罪案件境外在逃人员的亲友积极规劝其尽快投案自首。B. 经亲友规劝投案，或亲友主动报案后将职务犯罪案件境外在逃人员送去投案的，视为自动投案。（2）职务犯罪案件境外在逃人员有揭发他人犯罪行为，查证属实，或提供重要线索，从而得以侦破其他案件，或有积极协助抓捕其他在逃人员等立功表现，可依法从轻或减轻处罚；有重大立功表现，可依法减轻或免除处罚。（3）职务犯罪案件境外在逃人员要认清形势，珍惜机会，尽快投案自首，争取从宽处理。A. 在公告期限内拒不投案自首且随后被引渡或遣返，监察、司法机关将依法从严惩处。B. 窝藏、包庇、资助职务犯罪案件境外在逃人员,帮助职务犯罪案件境外在逃人员毁灭、伪造证据,掩饰、隐瞒、转移犯罪所得及其收益,构成犯罪,将依法追究刑责。(4) 鼓励和保护广大人民群众和海外有关组织、个人积极举报,动员、规劝职务犯罪案件境外在逃人员投案自首。A. 提供职务犯罪案件境外在逃人员藏匿线索,经查证属实,有关部门将依法对举报人给予奖励,并对举报人的人身安全相应保护,对个人信息严格保密。B. 对威胁、报复举报人,构成犯罪,依法追究刑责。

中国办案机关请求外国协助调查取证(查找、辨认有关人员;查询、核实涉案财物、金融账户信息;获取并提供有关人员的证言或陈述;获取并提供有关文件、记录、电子数据和物品;获取并提供鉴定意见;勘验或检查场所、物品、人身、尸体;搜查人身、物品、住所和其他有关场所;其他事项)时,办案机关可同时请求在执行请求时派员到场;应制作刑事司法协助请求书并附相关材料(被调查人的姓名、性别、住址、身份信息、联系方式和有助于确认被调查人的其他资料;需向被调查人提问的问题;需查找、辨认人员的姓名、性别、住址、身份信息、联系方式、外表和行为特征以及有助于查找、辨认的其他资料;需查询、核实的涉案财物的权属、地点、特性、外形和数量等具体信息,需查询、核实的金融账户相关信息;需获取的有关文件、记录、电子数据和物品的持有人、地点、特性、外形和数量等具体信息;需鉴定的对象的具体信息;需勘验或检查的场所、物品等的具体信息;需搜查的对象的具体信息;有助于执行请求的其他材料),经所属主管机关审核同意后,由对外联系机关及时向外国提出请求。被请求国要求归还其提供的证据材料或物品,办案机关应尽快通过对外联系机关归还。

中国籍被判刑人被移管回国后,由主管机关指定刑罚执行机关先行关押。检察院应制作刑罚转换申请书并附相关材料,提请刑罚执行机关所在地的中院作出刑罚转换裁定。法院应依据外国法院判决认定的事实,据刑法规定,作出刑罚转换裁定。对外国法院判处的刑罚性质和期限符合中国法律规定,按其判处的刑罚和期限转换;对外国法院判处的刑罚性质和期限不符合中国法律规定,确定刑种、刑期的4种基本原则含转换后的刑罚应尽可能与外国法院判处的刑罚相一致;转换后的刑罚在性质上或刑期上不得重于外国法院判处的刑罚,也不得超过中国刑法对同类犯罪所规定的最高刑期;不得将剥夺自由的刑罚转换为财产刑;转换后的刑罚不受中国刑法对同类犯罪所规定的最低刑期的约束。

从宽严相济政策的角度讲,对国家工作人员贪污贿赂、滥用职权、失职渎职的严重犯罪,黑恶势力犯罪、重大安全责任事故、制售伪劣食品药品所涉及的国家工作人员职务犯罪,发生在社会保障、征地拆迁、灾后重建、企业改制、医疗、教育、就业等领域严重损害群众利益、社会影响恶劣、群众反映强烈的国家工作人员职务犯罪,发生在经济社会建设重点领域、重点行业的严重商业贿赂犯罪等,要依法从严惩处。(1) 对国家工作人员职务犯罪和商业贿赂犯罪中性质恶劣、情节严重、涉案范围广、影响面大,或案发后隐瞒犯罪事实、毁灭证据、订立攻守同盟、负案潜逃等拒不认罪悔罪,要坚决依法从严惩处。(2) 对被告人犯罪所得数额不大,但对国家财产和群众利益造成重大损失、社会影响极其恶劣的职务犯罪和商业贿赂犯罪案件,也应依法从严惩处。(3) 要严格掌握职务犯罪法定减轻处罚情节的认定标准与减轻处罚的幅度,严格控制依法减轻处罚后判处3年以下有期刑适用缓刑的范围,切实规范职务犯罪缓刑、免刑的适用。

缺席审判程序的基本内容:(1) 对贪污贿赂犯罪案件,以及需及时进行审判,经最高检核准的严重危害国安犯罪恐怖活动犯罪案件,嫌犯、被告人在境外,监察机关公安机关移送起诉,检察院认为犯罪事实已查清、证据确实、充分,依法应追究刑责,可向法院提起公诉。法院进行审查后,对起诉书中有明确的指控犯罪事实,符合缺席审判程序适用条件,应决定开庭审判。贪污贿赂犯罪案件,由犯罪地、被告人离境前居住地或最高法院指定的中院组成合议庭进行审理。（2）法院应通过有关国际条约规定的或外交途径提出的司法协助方式，或被告人所在地法律允许的其他方式，将传票和检察院的起诉书副本送达被告人。传票和起诉书副本送达后，被告人未按要求到案，法院应开庭审理，依法作出判决，并对违法所得及其他涉案财产作出处理。（3）法院缺席审判案件，被告人有权委托辩护人，被告人的近亲属可代为委托辩护人。被告人及其近亲属未委托辩护人，法院应通知法律援助机构指派律师为其提供辩护。A. 法院应将判决书送达被告人及其近亲属、辩护人；被告人或其近亲属不服判决，有权向上一级法院上诉；辩护人经被告人或其近亲属同意，可提出上诉。B. 检察院认为法院的判决确有错误，应向上级法院提出抗诉。C. 在审理过程中，被告人自动投案或被抓获，法院应重新审理。（4）罪犯在判决、裁定发生法律效力后到案，法院应将罪犯交付执行刑罚。A. 交付执行刑罚前，法院应告知罪犯有权对判决、裁定提出异议。B. 罪犯对判决、裁定提出异议，法院应重新审理。（5）依生效判决、裁定对罪犯的财产进行的处理确有错误，应返还、赔偿。（6）在审判过程中，自诉人或被告人患精神病或其他严重疾病，以及案件起诉到法院后被告人脱逃，使案件在较长时间内没法继续审理，法院应裁定中止审理。因被告人患有严重疾病无法出庭，中止审理超过6个月，被告人仍无法出庭，被告人及其法定代理人、近亲属申请或同意恢复审理，法院可在被告人不出庭的情况下缺席审理，依法作出判决。（7）被告人死亡，法院应裁定终止审理，但有证据证明被告人无罪，法院经缺席审理确认无罪，应依法作出判决。（8）法院按审判监督程序重新审判的案件，被告人死亡，法院可缺席审理，依法作出判决。

【2008·川·卷2·单选·21】（答案：B）被告人孙某在法庭审理中突发精神病，使案件在较长时间内没法继续审理。法院的下列哪一做法是正确的？A. 判决宣告孙某不负刑事责任。B. 裁定中止审理。C. 裁定延期审理。D. 裁定终止审理。

贪污贿赂罪的最高刑：（1）贪污罪、受贿罪的处罚：A. 贪污、受贿数额较大或有其他较重情节，处3年以下有期刑或拘役，并处罚金。B. 贪污、受贿数额巨大或有其他严重情节，处3年以上10年以下有期刑，并处罚金或没收财产。C. 贪污、受贿数额特别巨大或有其他特别严重情节，处10年以上有期刑或无期刑，并处罚金或没收财产；数额特别巨大，并使国家和人民利益遭受特别重大损失，处无期刑或死刑，并处没收财产。D. 索贿，从重处罚。（2）挪用公款罪的最高刑为处5年以上有期刑；挪用公款数额巨大不退还，处10年以上有期刑或无期刑；挪用用于救灾、抢险、防汛、优抚、扶贫、移民、救济款物归个人使用，从重处罚。（3）单位受贿罪的最高刑为5年以下有期刑或拘役。（4）利用影响力受贿罪的最高刑为7年以上有期刑。（5）行贿罪、关联行贿罪的最高刑为10年以上有期刑或无期刑。（6）对有影响力的人行贿罪的最高刑为7年以上10年以下有期刑。（7）介绍贿赂罪、对单位行贿罪的最高刑为3年以下有期刑或拘役。（8）单位行贿罪的最高刑为5年以下有期刑或拘役。（9）巨额财产来源不明罪的最高刑为5年以上10年以下有期刑。（10）隐瞒境外存款罪的最高刑为2年以下有期刑或拘役。（11）私分国有资产罪、私分罚没财物罪的最高刑为3年以上7年以下有期刑。

◆ **《刑法》 第382条 【贪污罪】**

从身份犯、故意犯、数额犯的角度讲，贪污罪是国家工作人员利用职务便利侵吞、窃取、骗取或以其他手段非法占有公共财物的犯罪行为。

从比较法、犯罪形态的角度讲，贪污罪、盗窃罪的既遂标准问题有相似性。贪污罪的既遂标准问题有争议性，存在失控说、控制说、占有说等不同理论观点。[49]

【2008·卷2·单选·18】（答案：C）某国有公司出纳甲意图非法占有本人保管的公共财物，但不使用自己手中的钥匙和所知道的密码，而是使用铁棍将自己保管的保险柜打开并取走现金3万元。然后，甲伪造作案现场，声称失窃。关于本案，下列哪一选项是正确的？A. 甲虽然是国家工作人员，但没有利用职务上的便利，故应认定为盗窃罪。B. 甲虽然没利用职务上的便利，但也不属于将他人占有的财物转移为自己占有，故应认定为侵占罪。C. 甲将自己基于职务保管的财物据为己有，应成立贪污罪。D. 甲实际上是通过欺骗手段获得财物的，应认定为诈骗罪。

贪污罪是国家工作人员或受国家机关、国有公司、企事业单位、人民团体委托管理、经营国有财产的人员，利用职务便利（利用职务上主管、管理、经手公共财物的权力及方便条件），侵吞、窃取、骗取或以其他手段非法占有公共财物数额较大（个人贪污数额3万元以上不满20万元；个人贪污数额不满3万元，但有贪污救灾、抢险、防汛、防疫、优抚、扶贫、移民、救济款物及募捐款物、赃款赃物、罚没款物、暂扣款物，以及贪污手段恶劣、毁灭证据、转移赃物等情节）的犯罪行为。

【2008·川·卷2·不定项·93-94】（答案：93. AD；94. ABC）甲受国有事业单位委派，担任某农村信用合作社主任。某日，乙找甲，说要贷款200万做生意，但没任何可抵押财产也没担保人，不符合信贷条件。乙表示若能贷出款来，就会给甲10万元作为辛苦费。于是甲嘱咐该合作社主管信贷的职员丙"一定办好此事"。丙无奈，明知不符合条件仍放贷。乙当即给甲10万元，其余190万贷后用于挥霍，经合作社多次催收，乙拒绝归还。请回答93-94题。

93. 甲的行为触犯的罪名是：A. 受贿罪。B. 贷款诈骗罪。C. 玩忽职守罪。D. 违法发放贷款罪。

94. 对乙、丙的行为，下列说法正确的是：A. 乙构成贷款诈骗罪。B. 乙构成行贿罪。C. 丙构成违法发放贷款罪。D. 丙构成玩忽职守罪。

贪污罪的法定刑：（1）贪污数额1万元以上不满3万元，有贪污救灾、抢险、防汛、优抚、扶贫、移民、救济、防疫、社会捐助等特定款物；曾因贪污、受贿、挪用公款受过党纪、行政处分；曾因故意犯罪受过刑事追究；赃款赃物用于非法活动；拒不交待赃款赃物去向或拒不配合追缴工作，使无法追缴；造成恶劣影响或其他严重后果的情形（其他较重情节），依法判处3年以下有期刑或拘役，并处罚金。（2）贪污数额10万元以上不满20万元，有曾因贪污、受贿、挪用公款受过党纪、行政处分；曾因故意犯罪受过刑事追究；赃款赃物用于非法活动；拒不交待赃款赃物去向或拒不配合追缴工作，使无法追缴；造成恶劣影响或其他严重后果的情形（其他严重情节），依法判处3年以上10年以下有期刑，并处罚金或没收财产。（3）贪污数额150万元以上不满300万元，有贪污救灾、抢险、防汛、优抚、扶贫、移民、救济、防疫、社会捐助等特定款物；曾因贪污、受贿、挪用公款受过党纪、行政处分；曾因故意犯罪受过刑事追究；赃款赃物用于非法活动；拒不交待赃款赃物去向或拒不配合追缴工作，使无法追缴；造成恶劣影响或其他严重后果的情形（其他特别严重情节），依法判处10年以上有期刑、无期刑或死刑，并处罚金或没收财产。

【2008·川·卷2·多选·65】（答案：ABD）下列哪些行为应当以贪污罪论处？A. 国家工作人员甲在国内公务活动中收受礼物，依国家规定应交公而不交公，数额较大。B. 乙受国

---

[49] 伍柳村主编：《贪污罪挪用公款罪个案研究》，四川大学出版社1992年版，第76页（贪污罪失控既遂说）；宣炳昭：《惩治贪污贿赂罪的理论与实践》，陕西人民出版社1992年版，第80页（贪污罪控制既遂说）；赵建平：《贪污贿赂犯罪界限与定罪量刑研究》，中国方正出版社2000年版，第124页（贪污罪占有既遂说）。

家机关的委托经营某小型国有企业,利用职务上的便利,将该国有企业的资产转移到个人名下。C. 国家工作人员丙利用职务上的便利,挪用公款数额巨大不能退还。D. 国家工作人员丁利用职务之便,将依法扣押的陈某私人所有的汽车据为己有。

贪污罪的情形:(1)从身份犯、数额犯的角度,国家工作人员在国内公务活动或对外交往中接受礼物,依国家规定应交公而不交公,数额较大,以贪污罪定罪处罚。(2)从情节犯、数额犯、转化犯的角度挪用公款以达到挪用公款罪的数额标准为犯罪既遂标准,否则不构成挪用公款罪,但在挪用公款行为构成犯罪而携带挪用公款潜逃的条件下,挪用公款罪转化为贪污罪,以贪污罪定罪处罚。(3)国家工作人员利用职务便利,在国家出资企业改制过程中隐匿公司、企业财产,在其不再有国家工作人员身份后将所隐匿财产据为己有,以贪污罪定罪处罚。(4)受国家机关、国有公司、企事业单位、人民团体委托管理、经营国有财产(因承包、租赁、聘用等管理、经营国有财产)的人员,利用职务便利,侵吞、窃取、骗取或以其他手段非法占有国有财物,以贪污罪追究其刑责。(5)国有保险公司的工作人员与国有保险公司委派到非国有保险公司从事公务的人员利用职务便利,故意编造未曾发生的保险事故进行虚假理赔,骗取保险金归自己所有,以贪污罪追究刑责。(6)国有公司企业或其他国有单位中从事公务的人员与国有公司企业或其他国有单位委派到非国有公司、企业以及其他非国有单位从事公务的人员,利用职务便利,将本单位财物非法占为己有,以贪污罪追究刑责。(7)可认定行为人有非法占有公款的目的,以贪污罪定罪处罚的4种情形:A. 携带挪用的公款潜逃,对其携带挪用的公款部分,以贪污罪定罪处罚(携带挪用的公款潜逃,以贪污罪、受贿罪定罪处罚)。B. 行为人挪用公款后采取虚假发票平账、销毁有关账目等手段,使所挪用的公款已难以在单位财务账目上反映出来,且未归还行为,应以贪污罪定罪处罚。C. 行为人截取单位收入不入账,非法占有,使所占有的公款难以在单位财务账目上反映出来,且未归还行为,应以贪污罪定罪处罚。D. 有证据证明行为人有能力归还所挪用的公款而拒不归还,并隐瞒挪用的公款去向,应以贪污罪定罪处罚。(8)挪用公款以达到挪用公款罪的数额标准为犯罪既遂标准,否则不构成挪用公款罪,但在挪用公款行为构成犯罪而携带挪用公款潜逃的条件下,挪用公款罪转化为贪污罪,以贪污罪定罪处罚。(9)与国家工作人员或受国家机关、国有公司、企事业单位、人民团体委托管理、经营国有财产的人员勾结,伙同贪污,以贪污罪的共犯论处。(10)从想象竞合犯的角度,非国家工作人员明知国家工作人员以非法占有国有资产为目的,而为其提供虚假证明文件等便利,并得到好处费的行为,构成贪污罪的共犯,同时构成了贪污罪、提供虚假证明文件罪,应以想象竞合犯择一重罪原则以贪污罪定罪处罚。

贪污、侵占用于预防、控制突发传染病疫情等灾害的款物或挪用归个人使用,构成犯罪,分别以贪污罪、侵占罪、挪用公款罪、挪用资金罪定罪,依法从重处罚。

国家工作人员违反规定投资入股生产经营,构成《关于办理危害生产安全刑事案件适用法律若干问题的解释》(2015年)规定的有关犯罪,或国家工作人员的贪污、受贿犯罪行为与安全事故发生存在关联性,从重处罚;同时构成贪污、受贿犯罪和危害生产安全犯罪,依数罪并罚规定处罚。

【2017·卷2·不定项·89-91】(答案:89. C;90. BC;91. C)某地政府为村民发放扶贫补贴,由各村村委会主任审核本村申请材料并分发补贴款。某村村委会主任王某、会计刘某以及村民陈某合谋伪造申请材料,企图每人套取5万元补贴款。王某任期届满,周某继任村委会主任后,政府才将补贴款拨到村委会。周某在分发补贴款时,发现了王某、刘某和陈某的企图,便只发给三人各3万元,将剩余6万元据为己有。三人心知肚明,但不敢声张。(事实1)后周某又想私自非法获取土地征收款,欲找县国土局局长张某帮忙,遂送给县工商局局长李某10万元,托其找张某说情。李某与张某不熟,送5万元给县财政局局长胡某,让胡某

找张某。胡某找到张某后,张某碍于情面,违心答应,但并未付诸行动。(事实二)周某为感谢胡某,从村委会账户取款20万元购买玉器,并指使会计刘某将账做平。周某将玉器送给胡某时,被胡某拒绝。周某只好将玉器退还商家,将退款20万元返还至村委会账户,并让刘某再次平账。(事实三)

89. 关于事实一的分析,下列选项正确的是:A. 王某拿到补贴款时已经离任,不能认定其构成贪污罪。B. 刘某参与伪造申请材料,构成贪污罪,贪污数额为3万元。C. 陈某虽为普通村民,但参与他人贪污行为,构成贪污罪。D. 周某擅自侵吞补贴款,构成贪污罪,贪污数额为6万元。

90. 关于事实二的分析,下列选项正确的是:A. 周某为达非法目的,向国家工作人员行贿,构成行贿罪。B. 李某请托胡某帮忙,并送给胡某5万元,构成行贿罪。C. 李某未利用自身职务行为为周某谋利,但构成受贿罪既遂。D. 胡某收受李某财物进行斡旋,但未成功,构成受贿罪未遂。

91. 关于事实三的分析,下列选项正确的是:A. 周某挪用村委会20万元购买玉器行贿,属挪用公款进行非法活动,构成挪用公款罪。B. 周某使用村委会20万元购买玉器,属贪污行为,但后又将20万元还回,构成犯罪中止。C. 刘某第一次帮周某将账面做平,属于帮周某成功实施犯罪行为,与周某构成共同犯罪。D. 刘某第二次帮周某将账面做平,属于作假证明掩护周某的犯罪行为,构成包庇罪。

【2017·卷2·不定项·92-94】(答案:92. B;93. AB;94. D)甲、乙二人系药材公司仓库保管员,涉嫌5次共同盗窃其保管的名贵药材,涉案金额40余万元。一审开庭审理时,药材公司法定代表人丙参加庭审。经审理,法院认定了其中4起盗窃事实,另1起因证据不足未予认定,甲和乙以职务侵占罪分别被判处有期刑3年和1年。请回答第92—94题。

92. 关于本案证据,下列选项正确的是:A. 侦查机关制作的失窃药材清单是书证。B. 为查实销赃情况而从通信公司调取的通话记录清单是书证。C. 甲将部分销赃所得10万元存入某银行的存折是物证。D. 因部分失窃药材不宜保存而在法庭上出示的药材照片是物证。

93. 关于丙参与法庭审理,下列选择正确的是:A. 丙可委托诉讼代理人参加法庭审理。B. 公诉人讯问甲和乙后,丙可就犯罪事实向甲、乙发问。C. 丙可代表药材公司在附带民诉中要求甲和乙赔偿被窃的药材损失。D. 丙反对适用简易程序的,应转为普通程序审理。

94. 一审判决作出后,乙以量刑过重为由提出上诉,甲未上诉,检察院未抗诉。关于本案二审程序,下列选项正确的是:A. 二审法院受理案件后应通知同级检察院查阅案卷。B. 二审法院可审理并认定一审法院未予认定的1起盗窃事实。C. 二审法院审理后认为乙符合适用缓刑的条件,将乙改判为有期刑2年,缓刑2年。D. 二审期间,甲可另行委托辩护人为其辩护。

以村委会等村基层组织人员从事属于村民自治范围内的经营、管理活动为例外,村委会等村基层组织人员从事协助政府从事行政管理工作的公务(村委会等村基层组织人员,属于其他依法律从事公务的人员的7种认定标准:A. 救灾、抢险、防汛、优抚、扶贫、移民、救济款物的管理。B. 社会捐助公益事业款物的管理。C. 国有土地的经营和管理。D. 土地征用补偿费用的管理。E. 代征、代缴税款。F. 有关计划生育、户籍、征兵工作。G. 协助政府从事的其他行政管理工作),利用职务便利,非法占有公共财物、挪用公款、索取他人财物或非法收受他人财物,构成犯罪,适用贪污罪、挪用公款罪、受贿罪的规定。

检察机关对村委会等村基层组织人员协助政府从事行政管理工作中发生的利用职务便利,非法占有公共财物、挪用公款、索取他人财物或非法收受他人财物,构成犯罪的案件,应直接受理,分别以涉嫌贪污罪、挪用公款罪、受贿罪立案侦查。

检察院办理刑事申诉案件,应执行检察机关案件管理有关规定。办理刑事申诉案件中发现原案办理过程中有贪污贿赂、渎职等违法违纪行为,应移送有关部门处理。对多次贪污或受贿、行贿未经处理，累计计算贪污或受贿、行贿数额。

从比较法的角度讲，受贿罪、行贿罪属于对向犯。一般而言，行贿方、受贿方均成立犯罪特殊而言，行贿方的行为成立犯罪时，受贿方的行为必然成立犯罪，但仅一方成立犯罪的现象也大量存在。

◆ 《刑法》第383条【贪污罪的处罚规定】

从故意犯、情节犯、数额犯的角度讲，对犯贪污罪，据情节轻重，分别处罚的3种情形：（1）贪污数额较大（贪污3万元以上不满20万元）或有其他较重情节［A. 贪污数额1万元以上不满3万元，有贪污救灾、抢险、防汛、优抚、扶贫、移民、救济、防疫、社会捐助等特定款物，或赃款赃物用于非法活动，拒不交待赃款赃物去向或拒不配合追缴工作而使无法追缴，曾因贪污受贿挪用公款受过党纪政纪处分、曾因故意犯罪受过刑事追究、造成恶劣影响或其他严重后果。B. 受贿数额1万元以上不满3万元，有赃款赃物用于非法活动，拒不交待赃款赃物去向或拒不配合追缴工作而使无法追缴，曾因贪污受贿挪用公款受过党纪政纪处分、曾因故意犯罪受过刑事追究、造成恶劣影响或其他严重后果，或有多次索贿、为他人谋取职务提拔调整、为他人谋取不正当利益（a. 谋取违反法律、法规、国家政策与国务院各部门规章规定的利益。b. 谋取违反法律、法规、国家政策与国务院各部门规章规定的帮助或方便条件）而使公共财产、国家和人民利益遭受损失情形］，处3年以下有期刑或拘役，并处罚金。（2）贪污数额巨大（贪污或受贿数额20万元以上不满300万元）或有其他严重情节（a. 贪污数额10万元以上不满20万元，有贪污救灾、抢险、防汛、优抚、扶贫、移民、救济、防疫、社会捐助等特定款物，或赃款赃物用于非法活动，拒不交待赃款赃物去向或拒不配合追缴工作而使无法追缴，曾因贪污受贿挪用公款受过党纪政纪处分、曾因故意犯罪受过刑事追究、造成恶劣影响或其他严重后果。b. 受贿数额10万元以上不满20万元，有多次索贿、为他人谋取职务提拔调整，或为他人谋取不正当利益，使公共财产、国家和人民利益遭受损失），处3年以上10年以下有期刑，并处罚金或没收财产。（3）贪污数额特别巨大（贪污或受贿数额300万元以上）或有其他特别严重情节（a. 贪污数额150万元以上不满300万元，有贪污救灾、抢险、防汛、优抚、扶贫、移民、救济、防疫、社会捐助等特定款物，或赃款赃物用于非法活动，拒不交待赃款赃物去向或拒不配合追缴工作而使无法追缴，曾因贪污受贿挪用公款受过党纪政纪处分、曾因故意犯罪受过刑事追究、造成恶劣影响或其他严重后果。b. 受贿数额150万元以上不满300万元，有多次索贿、为他人谋取职务提拔调整，或为他人谋取不正当利益，使公共财产、国家和人民利益遭受损失），处10年以上有期刑或无期刑，并处罚金或没收财产；数额特别巨大（贪污或受贿数额300万元以上），并使国家和人民利益遭受特别重大损失，处无期刑或死刑，并处没收财产。

贪污罪、受贿罪的定罪量刑标准为数额较大（3万元）、数额巨大（20万元以上不满300万元）、数额特别巨大（300万元以上）、较重情节、严重情节、特别严重情节。

贪污、受贿1万元以上不满3万元，同时有特定情节，也应追究刑责；数额不满数额巨大、数额特别巨大，但达到起点一半，同时有特定情节，也应认定为严重情节或特别严重情节，依法从重处罚。贿赂犯罪的财物含货币、物品、以货币结算的房屋装修、债务免除等财产性利益，或以实际支付或应支付的数额计算犯罪数额的会员服务、旅游等财产性利益。从扩张解释的角度，国家工作人员收受财物，事先虽未接受请托，但可能影响职权行使的情形，视为承诺为他人谋取利益。国家工作人员"身边人"的贪污受贿犯罪，将贪污、受贿赃款赃物用于公务或社会捐赠，不影响犯罪认定。国家工作人员受贿犯罪，同时滥用职权损害国家人民利益，除刑法另有规定的一律实行数罪并罚。贪污贿赂犯罪规定了远重于他罪的罚金刑判罚标准，并强化了赃款赃物的追缴，对贪污贿赂犯罪分子违法所得的一切财物一追到底，不设时限，永不清零。

对多次受贿未经处理，累算受贿数额。国家工作人员利用职务上的便利为请托人谋取利益前后多次收受请托人财物，受请托前收受的财物数额1万元以上，应一并计入受贿数额。国家工作人员出于贪污、受贿的故意，非法占有公共财物、收受他人财物后，将赃款赃物用于单位公务支出或社会捐赠，不影响贪污罪、受贿罪的认定，但量刑时可酌情考虑。特定关系人索取、收受他人财物，国家工作人员知道后未退还或上交，应认定国家工作人员有受贿故意。国家工作人员利用职务上的便利，收受他人财物，为他人谋取利益，同时构成受贿罪和刑法分则第3章第3节、第9章规定的渎职犯罪，除刑法另有规定外，以受贿罪和渎职犯罪数罪并罚。

携带挪用的公款潜逃，以贪污罪、受贿罪定罪处罚。

贪污、受贿数额特别巨大，犯罪情节特别严重、社会影响特别恶劣、给国家和人民利益造成特别重大损失，可判处死刑，但有自首、立功，如实供述自己罪行、真诚悔罪、积极退赃，或避免、减少损害结果的发生等情节，不须立即执行，可判处死缓；根据犯罪情节等情况可判处死缓，同时裁判决定在其死缓期满依法减为无期刑后，终身监禁，不得减刑、假释。

死刑立即执行适用于犯罪数额特别巨大，犯罪情节特别严重，社会影响特别恶劣，造成损失特别重大的贪污、受贿犯罪分子。对符合死刑立即执行条件但同时有法定从宽等处罚情节，不是须立即执行，可判处死缓。从终身监禁适用对象的角度，贪污罪、受贿罪判处死缓减为无期刑后可终身监禁。判处死刑立即执行过重，判处一般死缓又偏轻的重大贪污受贿罪犯，可决定终身监禁。凡决定终身监禁，在一、二审作出死缓裁判的同时应一并作出终身监禁的决定，而不能等到死缓执行期间届满再视情而定。终身监禁一经作出应无条件执行，不得减刑、假释。

贪污受贿罪的处罚：（1）贪污、受贿数额特别巨大，犯罪情节特别严重、社会影响特别恶劣、给国家和人民利益造成特别重大损失，可判处死刑，但有自首、立功，如实供述自己罪行、真诚悔罪、积极退赃，或避免、减少损害结果的发生等情节，不是须立即执行，可判处死缓。（2）符合贪污、受贿数额特别巨大，犯罪情节特别严重、社会影响特别恶劣、给国家和人民利益造成特别重大损失的情形，据犯罪情节等情况可判处死缓执行，同时裁判决定在其死缓执行2年期满依法减为无期刑后，终身监禁，不得减刑、假释。（3）贪污或受贿数额3万元以上不满20万元（数额较大），依法判处3年以下有期刑或拘役，并处罚金。（4）贪污或受贿数额20万元以上不满300万元（数额巨大），依法判处3年以上10年以下有期刑，并处罚金或没收财产。（5）贪污或受贿数额300万元以上（数额特别巨大），依法判处10年以上有期刑、无期刑或死刑，并处罚金或没收财产。（6）犯贪污罪、受贿罪，在提起公诉前如实供述自己罪行、真诚悔罪、积极退赃，避免、减少损害结果的发生，有贪污、贿赂数额较大（3万元以上不满20万元）或有其他较重情节，处3年以下有期刑或拘役，并处罚金；有贪污、贿赂数额巨大（20万元以上不满300万元，）或有其他严重情节，处3年以上10年以下有期刑，并处罚金或没收财产，或贪污、贿赂数额特别巨大（300万元以上）或有其他特别严重情节，处10年以上有期刑或无期刑，并处罚金或没收财产；数额特别巨大，并使国家和人民利益遭受特别重大损失，处无期刑或死刑，并处没收财。（7）犯贪污罪、贿赂罪，有贪污贿赂数额特别巨大（300万元以上）或有其他特别严重情节，或数额特别巨大，并使国家和人民利益遭受特别重大损失情形，被判死缓执行，法院根据犯罪情节等情况可同时决定在其死缓期满依法减为无期刑后，终身监禁，不得减刑、假释。（8）对贪污罪、受贿罪判处3年以下有期刑或拘役，应并处10万元以上50万元以下的罚金；判处3年以上10年以下有期刑，应并处20万元以上犯罪数额2倍以下的罚金或没收财产；判处10年以上有期刑或无期刑，应并处50万元以上犯罪数额2倍以下的罚金或没收财产；对刑法规定并处罚金的其他贪污贿赂犯罪，应在10万元以上犯罪数额2倍以下判处罚金。（9）贪污贿赂犯罪分子违法所得的一切财物，应予以追缴或责令退赔，对被害人的合法财产应及时返还。对尚未追缴到案或尚未足额退赔的违法所得，应继续追缴或责令退赔。

对职务犯罪案件，尤其是原为县处级以上领导干部罪犯的减刑、假释案件一律开庭审理。从犯罪物品处理的角度，罪犯违法所得的一切财物，应追缴或责令退赔；对被害人的合法财产，应及时返还；违禁品和供犯罪所用的本人财物，应没收。没收的财物和罚金，一律上缴国库，不得挪用和自行处理。因此，贪污贿赂罪犯违法所得的一切财物处理的基本方式方法在于首先应追缴或责令退赔，对被害人的合法财产应及时返还，然后对尚未追缴到案或尚未足额退赔的违法所得，应继续追缴或责令退赔。

从刑法、《关于办理贪污贿赂刑事案件适用法律若干问题的解释》（2016年）的角度看，贪污罪、受贿罪的量刑、处罚有关联性、互补性、差异性。（1）从受贿罪的角度看，国家工作人员利用职务便利，索取他人财物，或非法收受他人财物，为他人谋取利益（a. 有实际或承诺为他人谋取利益，或明知他人有具体请托事项，或履职时未被请托，但事后基于该履职事由收受他人财物的情形。b. 国家工作人员索取、收受有上下级关系的以下属或有行政管理关系的被管理人员的财物价值3万元以上，可能影响职权行使，视为承诺为他人谋取利益），或在经济往来中，违反国家规定，收受各种名义的回扣、手续费，归个人所有，或国有公司、企业或其他国有单位中从事公务的人员和国有公司、企业或其他国有单位委派到非国有公司、企业、其他单位从事公务的人员有利用职务便利，索取他人财物或非法收受他人财物，为他人谋取利益，或在经济往来中，利用职务便利，违反国家规定，收受各种名义的回扣、手续费，归个人所有，数额较大，据受贿所得数额及情节，以受贿罪、贪污罪定罪处罚，从重处罚索贿型受贿罪。A. 对多次受贿未经处理，累计计算受贿数额。B. 特定关系人索取、收受他人财物，国家工作人员知道后未退还或上交，应认定国家工作人员有受贿故意。C. 国家工作人员利用职务便利为请托人谋取利益前后多次收受请托人财物，受请托前收受的财物数额1万元以上，应一并计入受贿数额。D. 国家工作人员出于贪污、受贿的故意，非法占有公共财物、收受他人财物后，将赃款赃物用于单位公务支出或社会捐赠，不影响贪污罪、受贿罪的认定，但量刑时可酌情考虑。E. 国家工作人员利用职务便利，收受他人财物，为他人谋取利益，同时构成受贿罪和妨害对公司企业的管理秩序罪、渎职犯罪，以受贿罪和渎职犯罪数罪并罚，以刑法另有规定为例外。F. 国家工作人员在国内公务活动或对外交往中接受礼物，依国家规定应交公而不交公，数额较大，依贪污罪、受贿罪定罪处罚。（2）贪污或受贿数额较大的标准为3万元以上不满20万元，应依法判处3年以下有期刑或拘役，并处罚金。（3）贪污罪、受贿罪的数额巨大标准是贪污或受贿数额20万元以上不满300万元，依法判处3年以上10年以下有期刑，并处罚金或没收财产。（4）贪污罪、受贿罪的数额特别巨大的基本标准是贪污或受贿300万元以上，应依法判处10年以上有期刑、无期刑或死刑，并处罚金或没收财产。（5）贪污罪的其他较重情节的基本标准是贪污1万元以上不满3万元，有贪污救灾、抢险、防汛、优抚、扶贫、移民、救济、防疫、社会捐助等特定款物，或赃款赃物用于非法活动，或拒不交待赃款赃物去向或拒不配合追缴工作，致无法追缴，或曾因贪污、受贿、挪用公款受过党纪、行政处分，或曾因故意犯罪受过刑事追究，或造成恶劣影响或其他严重后果，依法判处3年以下有期刑或拘役，并处罚金。（6）受贿罪的其他较重情节的基本标准为受贿1万元以上不满3万元，有赃款赃物用于非法活动，或拒不交待赃款赃物去向或拒不配合追缴工作，致无法追缴，或曾因贪污、受贿、挪用公款受过党纪、行政处分，或曾因故意犯罪受过刑事追究，或造成恶劣影响或其他严重后果，或有多次索贿，或为他人谋取职务提拔、调整，或为他人谋取不正当利益，致公共财产、国家和人民利益遭受损失，应依法判处3年以下有期刑或拘役，并处罚金。（7）贪污罪的其他严重情节的基本标准是贪污10万元以上不满20万元，有贪污救灾、抢险、防汛、优抚、扶贫、移民、救济、防疫、社会捐助等特定款物，或赃款赃物用于非法活动，或拒不交待赃款赃物去向或拒不配合追缴工作，致无法追缴，或曾因贪污、受贿、挪用公款受过党纪、行政处分，或曾因故意犯罪受过刑事追究，或造成恶劣影响或其他严重后果，依法判处3年以上10年以下有期刑，并处罚金或没收财产。（8）受贿罪的其他严重情节的基本标准是受贿10万元以上不满20万元，有多次索贿，或为他人谋取职务提拔、调整，或为他人谋取不正当利益，致公共财产、国家和人民利益遭受损失，依法判处3年以上10年以下有期刑，并处罚金或没收财产。（9）贪污罪的其他特别严重情节的基本标准是贪污150万元以上不满300万元，有贪污救灾、抢险、防汛、优抚、扶贫、移民、救济、防疫、社会捐助等特定款物，或赃款赃物用于非法活动，或拒不交待赃款赃物去向或拒不配合追缴工作，致无法追缴，或曾因贪污、受贿、挪用公款受过党纪、行政处分，或曾因故意犯罪受过刑事追究，或造成恶劣影响或其他严重后果，依法判处10年以上有期刑、无期刑或死刑，并处罚金或没收财产。（10）贪污罪的其他特别严重情节的基本标准是受贿150万元以上不满300万元，有多次索贿，或为他人谋取职务提拔、调整，或为他人谋取不正当利益，致公共财产、国家和人民利益遭受损失的情形，应依法判处10年以上有期刑、无期刑或死刑，并处罚金或没收财产。A. 一般而言，贪污、受贿数额特别巨大，犯罪情节特别严重、社会影响特别恶劣、给国家和人民利益造成特别重大损失，可判处死刑。B. 特殊而言，贪污、受贿数额特别巨大，犯罪情节特别严重、社会影响特别恶劣、给国家和人民利益造成特别重大损失，但有自首、立功、如实供述自己罪行、真诚悔罪、积极退赃，或避免、减少损害结果的发生等情节，不是须立即执行，可判处死缓。C. 符合贪污、受贿数额特别巨大，犯罪情节特别严重、社会影响特别恶劣、给国家和人民利益造成特别重大损失，可判处死刑的情形，据犯罪情节等情况可判处死缓，同时裁判决定在其死缓执行2年期满依法减为无期刑后，终身监禁，不得减刑、假释。（11）对贪污罪、受贿罪判处3年以下有期刑或拘役，应并处10万元以上50万元以下罚金。A. 判处3年以上10年以下有期刑，应并处20万元以上犯罪数额2倍以下罚金或没收财产。B. 判处10年以上有期刑或无期刑，应并处50万元以上犯罪数额2倍以下罚金或没收财产。C. 对刑法规定并处罚金的其他贪污贿赂犯罪，应在10万元以上犯罪数额2倍以下判处罚金。（12）从非国家工作人员受贿罪的角度讲，公司、企业或其他单位的工作人员利用职务便利，索取他人财物或非法收受他人财物，为他人谋取利益，或公司、企业或其他单位的工作人员在经济往来中，利用职务便利，违反国家规定，收受各种名义的回扣、手续费，归个人所有，数额较大，处5年以下有期刑或拘役；数额巨大，处5年以上有期刑，可并处没收财产。（13）单位犯罪以单罚制为主，以双罚制为辅。譬如，从单位受贿罪的角度，国家机关、国有公司、企事业单位、人民团体，索取、非法收受他人财物，为他人谋取利益，情节严重，或在经济往来中，在账外暗中收受各种名义的回扣、手续费，情节严重，以受贿论，对单位判处罚金，并对其直接负责的主管人员和其他直接责任人员，处5年以下有期刑或拘役。

◆《刑法》第384条 【挪用公款罪】

从身份犯、故意犯、数额犯、情节犯的角度讲，国家工作人员利用职务便利挪用公款归个人使用（将公款供本人、亲友或其他自然人使用；以个人名义将公款供其他单位使用；个人决定以单位名义将公款供其他单位使用，谋取个人利益；挪用者本人使用、给他人使用），进行非法活动（挪用公款数额3万元以上，归个人使用，进行非法活动），或挪用公款数额较大（挪用公款数额5万元以上，归个人使用，进行营利活动或超过3个月未还），进行营利活动，犯挪用公款罪，处5年以下有期刑或拘役；情节严重（A. 挪用公款归个人使用，进行非法活动：a. 挪用公款数额100万元以上。b. 挪用救灾、抢险、防汛、优抚、扶贫、移民、救济特定款物数额50万元以上不满100万元。c. 挪用公款数额50万元以上不满100万元，不退还。d. 其他严重的情节。B. 挪用公款归个人使用，进行营利活动或超过3个月未还：a. 挪用公款数额200万元以上。b. 挪用救灾、抢险、防汛、优抚、扶贫、移民、救济特定款物，数额100万元以上不满200万元。c. 挪用公款不退还，数额100万元以上不满200万元。d. 其他严重的情节），处5年以上有期刑；挪用公款数额巨大（a. 挪用公款300万元以上，归个人使用，进行非法活动。b. 挪用公款500万元以上，归个人使用，进行营利活动或超过3个月未还）不退还（a. 多次挪用公款不还，挪用公款数额累计计算。b. 多次挪用公款并后次挪用的公款归还前次挪用的公款，挪用公款数额以案发时未还的数额认定），处10年以上有期刑或无期刑；挪用用于救灾、抢险、防汛、优抚、扶贫、移民、救济款物归个人使用，从重处罚。

挪用公款罪是国家工作人员明知是公款而利用职务上的便利，故意挪用公款归个人使用，非法取得公款的使用权，进行非法活动或挪用公款数额较大，进行营利活动，或挪用公款数额较大超过3个月未还的行为。

【2003·卷2·多选·31】（答案：AB）下列哪些情形，属于挪用公款归个人使用，从而可能构成挪用公款罪？A. 国有公司经理甲将公款供亲友使用。B. 国有企业财会人员乙以个人名义将公款供其他国有单位使用。C. 国家机关负责人丙个人决定以单位名义将公款供其他单位使用，但未牟取个人利益。D. 国有企业的单位领导集体研究决定将公款给私有企业使用。

【2004·卷2·多选·54】（答案：ABCD）某事业单位负责人甲决定以单位名义将本单位资金150余万元贷给另一公司，所得高利息归本单位所有。甲虽未牟取个人利益，但最终使本金无法收回。关于该行为的定性，下列哪几种是可以排除的？A. 挪用公款罪。B. 挪用资金罪。C. 违法发放贷款罪。D. 高利转贷罪。

【2006·卷2·多选·64】（答案：ABCD）下列哪些选项属于"挪用公款归个人使用"？A. 以个人名义将公款借给某国有企业使用。B. 以个人名义将公款借给某私营企业使用。C. 个人决定以单位名义将公款借给其他单位使用，谋取个人利益的。D. 以单位名义将公款借给其他自然人使用，未谋取个人利益的。

挪用公款罪的定罪量刑标准：（1）挪用公款归个人使用，进行非法活动，数额3万元以上（数额较大）；数额300万元以上（数额巨大），或有挪用公款数额100万元以上；挪用救灾、抢险、防汛、优抚、扶贫、移民、救济特定款物，数额50万元以上不满100万元；挪用公款不退还，数额50万元以上不满100万元；其他严重的情节（情节严重）。（2）挪用公款归个人使用，进行营利活动或超过3个月未还，数额5万元以上（数额较大）；数额500万元以上（数额巨大），或有挪用公款数额200万元以上；挪用救灾、抢险、防汛、优抚、扶贫、移民、救济特定款物，数额100万元以上不满200万元；挪用公款不退还，数额100万元以上不满200万元；其他严重的情节（情节严重）。

【2012·卷2·单选·20】（答案：D）甲恳求国有公司财务主管乙，从单位挪用10万元供他炒股，并将一块名表送给乙。乙做假账将10万元交与甲，甲表示尽快归还。20日后，乙用个人财产归还单位10万元。关于本案，下列哪一选项是错误的？A. 甲、乙勾结私自动用公款，构成挪用公款罪的共犯。B. 乙虽20日后主动归还10万元，甲、乙仍属于挪用公款罪既遂。C. 乙非法收受名表，构成受贿罪。D. 对乙不能以挪用公款罪与受贿罪进行数罪并罚。

【2014·卷2·多项·62】（答案：ABC）根据《刑法》与司法解释的规定，国家工作人员挪用公款进行营利活动、数额达到1万元或挪用公款进行非法活动、数额达到5000元的，以挪用公款罪论处。国家工作人员甲利用职务便利挪用公款1.2万元，将8000元用于购买股票，4000元用于赌博，在1个月内归还1.2万元。关于本案的分析，下列哪些选项是错误的？A. 对挪用公款的行为，应按用途区分行为的性质与罪数；甲实施了两个挪用行为，对两个行为不能综合评价，甲的行为不成立挪用公款罪。B. 甲虽只实施了一个挪用公款行为，但由于

既未达到挪用公款进行营利活动的数额要求,也未达到挪用公款进行非法活动的数额要求,故不构成挪用公款罪。C. 国家工作人员购买股票属于非法活动,故应认定甲属于挪用公款1.2万元进行非法活动,甲的行为成立挪用公款罪。D. 可将赌博行为评价为营利活动,认定甲属于挪用公款1.2万元进行营利活动,故甲的行为成立挪用公款罪。

挪用公款罪的认定:(1)单位决定将公款给个人使用行为的认定:A. 经单位领导集体研究决定将公款给个人使用,或单位负责人为单位的利益,决定将公款给个人使用,不以挪用公款罪定罪处罚。B. 经单位领导集体研究决定将公款给个人使用,或单位负责人为单位的利益,决定将公款给个人使用的行为使单位遭受重大损失,构成他罪,依刑法有关规定对责任人员定罪处罚。(2)挪用公款供其他单位使用行为的认定:A. 以个人名义(对行为人逃避财务监管,或与使用人约定以个人名义进行,或借款、还款都以个人名义进行,将公款给其他单位使用)将公款供其他单位使用、个人决定(a. 行为人在职权范围内决定。b. 超越职权范围决定)以单位名义将公款供其他单位使用谋取个人利益(既含行为人与使用人事先约定谋取个人利益实际尚未获取的情况,也含虽未事先约定但实际已获取了个人利益的情况;既含不正当利益,也含正当利益;既含财产性利益,也含升学、就业等非财产性利益性质的具体实际利益),属于挪用公款归个人使用。B. 将公款供其他单位使用,认定是否属于以个人名义,不能只看形式,要从实质上把握。(3)挪用公款数额较大,归个人进行营利活动,构成挪用公款罪,不受挪用时间和是否归还的限制。(4)挪用公款存入银行、用于集资、购买股票、国债等,属于挪用公款进行营利活动。(5)挪用有价证券、金融凭证用于质押行为性质的认定:A. 挪用金融凭证、有价证券用于质押,使公款处于风险之中,与挪用公款为他人提供担保无实质的区别。B. 符合挪用公款罪规定,以挪用公款罪定罪处罚。C. 挪用公款数额以实际或可能承担的风险数额认定。(6)挪用公款归还个人欠款行为性质的认定:A. 挪用公款归还个人欠款,应根据产生欠款的原因分别认定属于挪用公款的何种情形。B. 归还个人进行非法活动或进行营利活动产生的欠款,应认定为挪用公款进行非法活动或进行营利活动。(7)挪用公款用于注册公司、企业行为性质的认定:A. 申报注册资本是为进行生产经营活动作准备,属于成立公司、企业进行营利活动的组成部分。B. 挪用公款归个人用于公司、企业注册资本验资证明,应认定为挪用公款进行营利活动。(8)挪用公款后尚未投入实际使用的行为性质的认定:挪用公款后尚未投入实际使用,只要同时具备数额较大和超过3个月未还的构成要件,应认定为挪用公款罪,但可酌情从轻处罚。

挪用公款罪转化为贪污罪的认定:(1)挪用公款罪、贪污罪的主要区别在于行为人主观上是否有非法占有公款的目的。(2)挪用公款是否转化为贪污,应按主客观相一致原则,具体判断和认定行为人主观上是否有非法占有公款的目的。(3)可认定行为人有非法占有公款的目的,以贪污罪定罪处罚的4种情形:A. 携带挪用的公款潜逃,对其携带挪用的公款部分,以贪污罪定罪处罚。B. 行为人挪用公款后采取虚假发票平账、销毁有关账目等手段,使所挪用的公款已难以在单位财务账目上反映出来,且未归还行为,应以贪污罪定罪处罚。C. 行为人截取单位收入不入账,非法占有,使所占有的公款难以在单位财务账目上反映出来,且未归还行为,应以贪污罪定罪处罚。D. 有证据证明行为人有能力归还所挪用的公款而拒不归还,并隐瞒挪用的公款去向,应以贪污罪定罪处罚。(4)从情节犯、数额犯、转化犯的角度讲,挪用公款以达到挪用公款罪的数额标准为犯罪既遂标准,否则不构成挪用公款罪,但在挪用公款行为构成犯罪而携带挪用公款潜逃的条件下,挪用公款罪转化为贪污罪,以贪污罪定罪处罚。

挪用公款罪的情形:(1)国有商业银行、证交所、期交所、证券公司、期货经纪公司、保险公司或其他国有金融机构的工作人员和国有商业银行、证交所、期交所、证券公司、期货经纪公司、保险公司或其他国有金融机构委派到前款规定中的非国有机构从事公务的人员利用职务便利挪用本单位或客户资金，以挪用公款罪定罪处罚。（2）国家工作人员利用职务便利，挪用失业保险基金和下岗职工基本生活保障资金归个人使用，构成犯罪，应以挪用公款罪追究刑责。（3）国有单位领导向其主管的有法人资格的以下级单位借公款归个人使用的认定：国有单位领导利用职务便利指令有法人资格的以下级单位将公款供个人使用，属于挪用公款行为，构成犯罪，应以挪用公款罪定罪处罚。（4）挪用金融凭证、有价证券用于质押，使公款处于风险之中，符合刑法挪用公款罪规定，以挪用公款罪定罪处罚。（5）国家出资企业的工作人员在公司、企业改制过程中为购买公司、企业股份，利用职务便利，将公司、企业的资金或金融凭证、有价证券等用于个人贷款担保，以挪用资金罪或挪用公款罪定罪处罚。（6）从最高检关于国家工作人员挪用非特定公物能否定罪的请示的批复的角度讲，挪用公款罪中未含挪用非特定公物归个人使用的行为，对该行为不以挪用公款处，若构成他罪，依刑法相关规定定罪处罚。（7）挪用公款给他人使用，使用人与挪用人共谋，指使或参与策划取得挪用款，以挪用公款罪的共犯定罪处罚。（8）因挪用公款索取、收受贿赂构成犯罪，或挪用公款进行非法活动构成他罪，依数罪并罚的规定处罚。

◆《刑法》第385条【受贿罪】

从身份犯、故意犯、目的犯、情节犯、数额犯的角度讲，国家工作人员利用职务便利（a. 利用本人职务上主管、负责、承办某项公共事务的职权。b. 利用职务上有隶属、制约关系的其他国家工作人员的职权。c. 担任单位领导职务的国家下作人员通过不属自己主管的以下级部门的国家工作人员的职务），索取他人财物，或非法收受他人财物（a. 个人受贿数额5000元以上。b. 个人受贿数额不满5000元，但有因受贿行为使国家或社会利益遭受重大损失，或故意刁难、要挟有关单位、个人，造成恶劣影响，或强行索取财物的情形），为他人谋取利益（a. 实际或承诺为他人谋取利益。b. 国家工作人员索取、收受有上下级关系的以下属或有行政管理关系的被管理人员的财物价值3万元以上，可能影响职权行使，视为承诺为他人谋取利益。c. 明知他人有具体请托事项。d. 履职时未被请托，但事后基于该履职事由收受他人财物。e. 担任单位领导职务的国家下作人员通过不属自己主管的以下级部门的国家工作人员的职务为他人谋取利益，应认定为利用职务便利为他人谋取利益），构成受贿罪。

受贿罪是国家工作人员利用职务便利（利用本人职务范围内的权力，即自己职务上主管、负责或承办某项公共事务的职权及其所形成的便利条件），索取他人财物（索取他人财物，不论是否为他人谋取利益，均可构成受贿罪），或非法收受他人财物（非法收受他人财物，须同时具备为他人谋取利益的条件，才能构成受贿罪），为他人谋取利益（为他人谋取的利益是否正当，为他人谋取的利益是否实现，不影响受贿罪的认定）的犯罪行为。（1）受贿罪的法益是职务行为的不可收买性，国家工作人员非法收受他人给予的现金支票时，职务行为的不可收买性已被破坏。（2）国家工作人员非法收受他人的财物，取得并控制该财物，构成受贿罪既遂，并未实际取现，不影响犯罪既遂的成立。

【2006·卷2·单选·19】（答案：B）国家工作人员甲利用职务上的便利为某单位谋取利益。随后，该单位的经理送给甲一张购物卡，并告知其购物卡的价值为2万元、使用期限为1个月。甲收下购物卡后忘记使用，导致购物卡过期作废，卡内的2万元被退回到原单位。关于甲的行为，下列哪一选项是正确的？A. 甲的行为不构成受贿罪。B. 甲的行为构成受贿（既遂）罪。C. 甲的行为构成受贿（未遂）罪。D. 甲的行为构成受贿（预备）罪。

从身份犯、行为犯、数额犯、情节犯的角度讲，国家工作人员在经济往来中，违反国家规定，收受各种名义的回扣、手续费，归个人所有，以受贿论处。

对多次贪污或受贿、行贿未经处理，累计计算贪污或受贿、行贿数额。在共同受贿犯罪中，根据共犯部分行为全部责任原则，应按共同犯罪涉及的总金额认定犯罪金额。

受贿罪分为一般受贿罪、特殊受贿罪，具有一般性、特殊性，主要有国家工作人员受贿罪；非国家工作人员受贿罪；单位受贿罪；利用影响力受贿罪等。审判人员审案时，有贪污受贿，徇私舞弊，枉法裁判行为的行为，因此当事人及其法定代理人、近亲属进行申诉，法院应重新审判。

从传统刑法理论的角度讲，受贿罪的既遂标准问题有争议性，存在承诺说、谋取利益说、收受贿赂说、实际收受贿赂说（通说）等不同理论观点。[50]通说认为，国家工作人员非法收受他人的财物，取得并控制该财物，即成立受贿罪既遂，并未实际取现，不影响受贿罪既遂的成立。

从犯罪行为、犯罪形态的角度讲，受贿行为分为索取贿赂行为（利用职权或职务便利，索取他人财物或财产利益的索贿行为）、接受贿赂行为（利用职务便利，收受他人财物或财产利益，为他人谋取利益的受贿行为）等不同类型。（1）索取贿赂的犯罪既遂、犯罪未遂问题有争议性，存在未遂犯否定说、未遂犯肯定说[51]等不同理论观点。（2）接受贿赂的既遂犯、未遂犯问题有争议性，存在受贿人承诺既遂说、受贿人收受贿赂既遂说、受贿人为他人谋取利益既遂说[52]、受贿人收受贿赂为他人谋取利益既遂说[53]等不同理论观点。

【2003·卷2·多选·38】（答案：ABCD）关于受贿罪的说法，下列哪些是不正确的？A. 甲系地税局长，1993年向王某借钱3万元。1994年王某所办企业希望免税，得到甲的批准，王当时就对甲说："上次借给你的钱就不用还了，算我给你的感谢费。"但甲始终不置可否。2003年5月甲因他罪被抓获时，主动交待了借钱不还的事实。甲不构成受贿罪。B. 乙的妻子在乡村小学教书，乙试图通过关系将其妻调往县城，就请县公安局长胡某给教育局长黄某打招呼，果然事成。事后，乙给胡某2万元钱，胡将其中1万元给黄某，剩余部分自己收下。本案中，黄某构成受贿罪、胡某构成介绍贿赂罪、乙构成行贿罪。C. 丙为贷款而给某银行行长李某5万元钱，希望在贷款审批时多多关照。李某收过钱，点了点头。但事后，在行长办公会上，由于其他领导极力反对发放此笔贷款，丙未获取分文贷款资金。李某虽然收受他人财物，但由于没有为他人牟取利益，所以不构成受贿罪。D. 丁系工商局长，1995年在对赵某所办企业进行年检时，发现该企业并不完全符合要求，就要求其补充材料。在某些主要材料难以补齐的情况下，赵某多次找到丁，希望高抬贵手。丁见赵某开办企业也不容易，就为其办理了年检手续，但未向赵提出任何不法要求。2001年丁退休后欲自己开办公司，就向赵某提出：6年前自己帮助了赵，希望赵给2万元作为丁自己公司的启动资金，赵推脱不过，只好给钱。丁应构成受贿罪。

【2007·卷2·多选·65】（答案：ABCD）关于受贿罪的判断，下列哪些选项是错误的？A. 公安局副局长甲收受嫌犯家属10万元现金，允诺释放嫌疑人，因局长不同意未成。由于甲并没为他人谋取利益，所以不构成受贿罪。B. 国家机关工作人员乙在退休前利用职务便利为钱某谋取了不正当利益，退休后收受了钱某10万元。尽管乙与钱某事前并没约定，仍应以受贿罪论处。C. 基层法院法官丙受被告人孙某家属之托，请中级法院承办法官李某对孙某减轻

---

[50] 赵秉志主编：《犯罪停止形态适用中的疑难问题研究》，吉林人民出版社2001年版，第681页（贪污罪的既遂标准问题有承诺说、收受贿赂说、谋取利益或、以受贿人实际收到贿赂为贪污罪的既遂标准）。另外，王作富主编：《刑法分则实务研究》（下），中国方正出版社2001年版，第1789页；金泽刚：《犯罪既遂的理论与实践》，人民法院出版社2001年版，第475页；肖介清：《受贿罪的定罪与量刑》，人民法院出版社2000年版，第244页；王俊平、李山河：《受贿罪研究》，人民法院出版社2002年版，第188页，均认为以受贿人实际收取到贿赂为贪污罪的既遂标准。

[51] 陈兴良主编：《罪名指南》，中国政法大学出版社2000年版，第327页。

[52] 陈兴良主编：《罪名指南》，中国政法大学出版社2000年版，第327页。

[53] 但伟：《妨害对公司、企业的管理秩序罪的定罪与量刑》，人民法院出版社2001年版，第318页。

处罚,并无减轻情节的孙某因此被减轻处罚。事后,丙收受孙某家属10万元现金。丙不有制约李某的职权与地位,不成立受贿罪。D. 海关工作人员丁收受10万元贿赂后徇私舞弊,放纵走私,触犯受贿罪和放纵走私罪。因有牵连关系,应从一重罪论处。

【2008·川·卷2·多选·64】（答案：ABC）甲找到某国有企业出纳乙称自己公司生意困难,让乙想办法提供点资金,并许诺给乙好处。乙便找机会从公司账户中拿出15万借给甲。甲从中拿了2万元给乙。之后,甲因违法行为被公安机关逮捕,乙害怕受牵连,携带100万元公款潜逃。关于乙的全部犯罪行为,下列哪些说法是错误的？A. 挪用公款罪与受贿罪,应择一重罪从重处罚。B. 应以挪用资金罪、职务侵占罪论处,实行数罪并罚。C. 应以挪用公款罪、贪污罪论处,实行数罪并罚。D. 应以挪用公款罪、贪污罪、受贿罪论处,实行数罪并罚。

贪污罪、受贿罪的为他人谋取利益的认定：(1) 贪污罪、受贿罪的"为他人谋取利益",只需许诺、承诺、实施或实现为他人谋取利益即可。A. 非法收受他人财物,同时有为他人谋取利益,才能构成受贿罪。B. 为他人谋取的利益是否正当,为他人谋取的利益是否实现,不影响受贿罪的成立。(2) 有实际或承诺为他人谋取利益;明知他人有具体请托事项;履职时未被请托,但事后基于该履职事由收受他人财物的情形,应认定为他人谋取利益,构成犯罪,应以受贿罪定罪处罚。(3) 国家工作人员利用职务上的便利为请托人谋取利益,并与请托人事先约定,在其离退休后收受请托人财物,构成犯罪,以受贿罪定罪处罚。(4) 国家工作人员索取、收受有上下级关系的下属或有行政管理关系的被管理人员的财物价值3万元以上,可能影响职权行使,视为承诺为他人谋取利益。(5) 国家工作人员利用职务上的便利为某单位谋取利益后,收受他人财物的行为属于受贿既遂,犯罪后对赃物的处置,不影响犯罪的既遂。(6) 从收受财物的时间、方式、价值大小、当事人亲疏关系等情况的角度,财物给付人给付国家工作人员数额较大的财物时提出了具体请托事项、给付财物行为和国家工作人员职务行为之间有关、国家工作人员收受财物时承诺为他人谋取利益以及事后为他人谋取了利益,存在权力寻租关系,均构成受贿罪。(7) 财物给付人给付国家工作人员财物时虽未提出具体请托事项,但国家工作人员多次接受其财务,日后利用职务之便为其谋取了利益,应将多次收受财物的数额累计,以受贿罪论处。(8) 国家工作人员明知请客送礼人有具体请托事项而收受财物,数额较大,或收受数额较大的财物时承诺为他人谋取利益、事后为他人谋取了利益,一般以受贿罪论处。(9) 国家工作人员利用本人职权或地位形成的便利条件,通过其他国家工作人员职务上的行为,为请托人谋取不正当利益,索取请托人财物或收受请托人财物,以受贿论处。(10) 从司法实践的角度,国家工作人员以假赌博方式收受可能影响公正执行公务（与执行公务相关联、与公正执行公务相冲突,含管理和服务对象所赠、主管范围内的下属单位和个人所赠或其工作业务范围内外商、私营企业主所赠,其他与行使职权有关系的单位和个人所赠）的礼品、礼金、消费卡和有价证券、股权、其他金融产品等财物（货币、物品、财产利益）,数额较大,或存在权力寻租关系的敛财行为,均构成受贿罪。

国家工作人员（党员干部等）收受可能影响公正执行公务的礼品、礼金、消费卡和有价证券、股权、其他金融产品等财物,或收受其他明显超出正常礼尚往来的财物,情节较轻,给予警告或严重警告处分；情节较重,给予撤销党内职务或留党察看处分；情节严重,给予开除党籍处分。

【2009·卷2·多选·60】（答案：CD）甲向乙行贿五万元,乙收下后顺手藏在自家沙发垫下,匆忙外出办事。当晚,丙潜入乙家盗走该五万元。事后查明,该现金全部为假币。下列哪些选项是正确的？A. 甲用假币行贿,其行为构成行贿罪未遂,是实行终了的未遂。B. 丙的行为没侵犯任何人的合法财产,不构成盗窃罪。C. 乙虽收受假币,但其行为仍构成受贿罪。D. 丙的行为侵犯了乙的占有权,构成盗窃罪。

受贿罪的法定刑：(1) 受贿数额1万元以上不满3万元,有曾因贪污、受贿、挪用公款受过党纪、行政处分；曾因故意犯罪受过刑事追究；赃款赃物用于非法活动；拒不交待赃款赃物去向或拒不配合追缴工作，使无法追缴；造成恶劣影响或其他严重后果的情形，或具多次索贿；为他人谋取不正当利益，使公共财产、国家和人民利益遭受损失；为他人谋取职务提拔、调整的情形（其他较重情节），依法判处3年以下有期刑或拘役，并处罚金。（2）受贿数额10万元以上不满20万元，有曾因贪污、受贿、挪用公款受过党纪、行政处分；曾因故意犯罪受过刑事追究；赃款赃物用于非法活动；拒不交待赃款赃物去向或拒不配合追缴工作，使无法追缴；造成恶劣影响或其他严重后果的情形，或具多次索贿；为他人谋取不正当利益，使公共财产、国家和人民利益遭受损失；为他人谋取职务提拔、调整的情形（其他严重情节），依法判处3年以上10年以下有期刑，并处罚金或没收财产。（3）受贿数额150万元以上不满300万元，有曾因贪污、受贿、挪用公款受过党纪、行政处分；曾因故意犯罪受过刑事追究；赃款赃物用于非法活动；拒不交待赃款赃物去向或拒不配合追缴工作，使无法追缴；造成恶劣影响或其他严重后果的情形，或具多次索贿；为他人谋取不正当利益，使公共财产、国家和人民利益遭受损失；为他人谋取职务提拔、调整的情形（其他特别严重情节），依法判处10年以上有期刑、无期刑或死刑，并处罚金或没收财产。

【2008·卷2·多选·56】（答案：BCD）某国有银行行长甲指使负责贷款业务的科长乙向申请贷款的丙单位索要财物。乙将索要所获15万元中的9万元交给甲，其余6万元自己留下。后来，甲、乙均明知丙单位不具备贷款条件，仍向丙单位贷款1000万元，使银行遭受800万元损失。对于本案，下列哪些选项是正确的？A. 甲的受贿数额是9万元。B. 乙的受贿数额是15万元。C. 甲、乙均构成违法发放贷款罪。D. 对甲、乙的违法发放贷款罪和受贿罪，应当数罪并罚。

受贿罪的情形：（1）国家工作人员利用职务便利为请托人谋取利益，并与请托人事先约定，在其离职后收受请托人财物，构成犯罪，以受贿罪定罪处罚。（2）国家工作人员在国家出资企业改制过程中利用职务便利为请托人谋取利益，事先约定在其不再有国家工作人员身份后收受请托人财物，或在身份变化前后连续收受请托人财物，以受贿罪定罪处罚。（3）国家工作人员利用本人职权或地位形成的便利条件，通过其他国家工作人员职务上的行为，为请托人谋取不正当利益，索取请托人财物或收受请托人财物，以受贿罪追究刑责。（4）国有公司、企业中从事公务的人员与国有公司、企业委派到非国有公司、企业从事公务的人员利用职务便利，索取他人财物或非法收受他人财物，为他人谋取利益，或在经济往来中，违反国家规定，收受各种名义的回扣、手续费，归个人所有，以受贿罪追究刑责。（5）国有金融机构工作人员与国有金融机构委派到非国有金融机构从事公务的人员在金融业务活动中索取他人财物或非法收受他人财物，为他人谋取利益，或违反国家规定，收受各种名义的回扣、手续费归个人所有，以受贿罪追究刑责。

国家工作人员利用职务便利收受他人财物，为他人谋取利益，同时构成受贿罪和妨害对公司、企业的管理秩序罪、渎职罪，除刑法另有规定外，以受贿罪和妨害对公司、企业的管理秩序罪、渎职罪的具体犯罪实行数罪并罚。

【2014·卷2·单选·21】（答案：B）交警甲和无业人员乙勾结，让乙告知超载司机"只交罚款一半的钱，即可优先通行"；司机交钱后，乙将交钱司机的车号报给甲，由在高速路口执勤的甲放行。二人利用此法共得32万元，乙留下10万元，余款归甲。本案的分析，下列哪一选项是错误的？A. 甲、乙构成受贿罪共犯。B. 甲、乙构成贪污罪共犯。C. 甲、乙构成滥用职权罪共犯。D. 乙的受贿数额是32万元。

【2017·卷2·多选·62】（答案：ABCD）关于受贿罪，下列哪些选项是正确的？A. 国家工作人员明知其近亲属利用自己的职务行为受贿，构成受贿罪。B. 国家工作人员虚假承诺利用职务之便为他人谋利，收取他人财物，构成受贿罪。C. 国家机关工作人员实施渎职犯罪并收

受贿赂，同时构成渎职罪和受贿罪的，除《刑法》有特别规定外，以渎职罪和受贿罪数罪并罚。D. 国家工作人员明知他人有请托事项而收受其财物，视为具备"为他人谋取利益"的构成要件，是否已实际为他人谋取利益，不影响受贿的认定。

特种设备安全监管部门及其特种设备安全监察人员，不按锅炉压力容器安全监察条例规定的条件和安全技术规范要求，实施许可、核准、登记；发现未经许可、核准、登记擅自从事特种设备的生产、使用或检验检测活动不予取缔或不依法处理；发现特种设备生产、使用单位不再具备商业特许经管条例规定的条件而不撤销其原许可，或发现特种设备生产、使用违法行为不予查处；发现特种设备检验检测机构不再具备锅炉压力容器安全监察条例规定的条件而不撤销其原核准，或对其出具虚假的检验检测结果、鉴定结论或检验检测结果、鉴定结论严重失实的行为不予查处；对依锅炉压力容器安全监察条例规定在其他地方取得许可的特种设备生产单位重复进行许可，或对依锅炉压力容器安全监察条例规定在其他地方检验检测合格的特种设备，重复进行检验检测；发现有违反商业特许经管条例和安全技术规范的行为或在用的特种设备存在严重事故隐患，不立即处理；发现重大的违法行为或严重事故隐患，未及时向上级特种设备安全监管部门报告，或接到报告的特种设备安全监管部门不立即处理；迟报、漏报、瞒报或谎报事故；妨碍事故救援或事故调查处理，对直接负责的主管人员和其他直接责任人员，依法给予降级或撤职的处分；触犯刑律，以受贿罪、滥用职权罪、玩忽职守罪或他罪追责。

◆ **《刑法》第386条 【受贿罪的处罚规定】**

从故意犯、数额犯、情节犯的角度讲，犯受贿罪，据受贿所得数额及情节，以贪污罪处罚。对索贿行为，从重处罚。

国家工作人员利用职务便利为请托人谋取利益前后多次收受请托人财物，受请托前收受的财物数额1万元以上，应一并计入受贿数额。（1）国家工作人员出于贪污、受贿的故意，非法占有公共财物、收受他人财物后，将赃款赃物用于单位公务支出或社会捐赠，不影响贪污罪、受贿罪的认定，但量刑时可酌情考虑。特定关系人索取、收受他人财物，国家工作人员知道后未退还或上交，应认定国家工作人员有受贿故意。（2）贪污贿赂罪犯违法所得的一切财物，应追缴或责令退赔，对被害人的合法财产应及时返还。对尚未追缴到案或尚未足额退赔的违法所得，应继续追缴或责令退赔。（3）对贪污罪、受贿罪判处3年以下有期刑或拘役，应并处10万元以上50万元以下罚金；判处3年以上10年以下有期刑，应并处20万元以上犯罪数额2倍以下罚金或没收财产；判处10年以上有期刑或无期刑，应并处50万元以上犯罪数额2倍以下罚金或没收财产。（4）对刑法规定并处罚金的其他贪污贿赂犯罪，应在10万元以上犯罪数额2倍以下判处罚。

共同受贿犯罪的认定：（1）非国家工作人员与国家工作人员勾结伙同受贿，应以受贿罪的共犯追究刑责。（2）国家工作人员的近亲属或情人向国家工作人员代为转达行贿者的请托事项，收受行贿者的财物并告知该国家工作人员，构成受贿罪的共犯。（3）非国家工作人员是否构成受贿罪共犯，取决于双方有无共同受贿的故意和行为，国家工作人员的近亲属向国家工作人员代为转达请托事项，收受请托人财物并告知该国家工作人员，或国家工作人员明知其近亲属收受了他人财物，仍按近亲属的要求利用职权为他人谋取利益，对该国家工作人员应认定为受贿罪，其近亲属以受贿罪共犯论处。A. 近亲属外的其他人与国家工作人员通谋，由国家工作人员利用职务便利为请托人谋取利益，收受请托人财物后双方共同占有，构成受贿罪共犯，国家工作人员利用职务便利为他人谋取利益，并指定他人将财物送给其他人。B. 构成犯罪，应以受贿罪定罪处罚。

以借款为名索取或非法收受财物行为的认定：（1）国家工作人员利用职务便利以借为名

向他人索取财物，或非法收受财物为他人谋取利益，应认定为受贿。（2）具体认定以借款为名索取或非法收受财物行为时，不能仅仅看是否有书面借款手续，应根据综合因素判定：A. 有无正当、合理的借款事由。B. 款项的去向。C. 双方平时关系如何、有无经济往来。D. 出借方是否要求国家工作人员利用职务便利为其谋取利益。E. 借款后是否有归还的意思表涉及股票受贿案件的认定：（1）国家工作人员利用职务便利索取或非法收受股票，未支付股本金，为他人谋取利益，构成受贿罪，其受贿数额按收受股票时的实际价格计算。（2）行为人支付股本金而购买较有可能升值的股票，因不是无偿收受请托人财物，不以受贿罪论处。（3）股票已上市且已升值，行为人仅支付股本金，其"购买"股票时的实际价格与股本金的差价部分应认定为受贿。

涉及股票受贿案件的认定：（1）国家工作人员利用职务便利索取或非法收受股票，未支付股本金，为他人谋取利益，构成受贿罪，其受贿数额按收受股票时的实际价格计算。（2）行为人支付股本金而购买较有可能升值的股票，因不是无偿收受请托人财物，不以受贿罪论处。（3）股票已上市且已升值，行为人仅支付股本金，其"购买"股票时的实际价格与股本金的差价部分应认定为受贿。

◆《刑法》第387条【单位受贿罪】

从单位犯罪、数额犯、情节犯的角度讲，国家机关、国有公司、企事业单位、人民团体，索取、非法收受他人财物，为他人谋取利益，情节严重（a. 单位受贿数额10万元以上。b. 单位受贿数额不满10万元，但有故意刁难、要挟有关单位、个人，造成恶劣影响，或强行索取财物，或使国家或社会利益遭受重大损失的情形），对单位判处罚金，并对其直接负责的主管人员和其他直接责任人员，处5年以下有期刑或拘役。

单位受贿罪是国家机关、国有公司、企事业单位、人民团体，索取、非法收受他人财物，为他人谋取利益，情节严重的行为。（1）索取他人财物或非法收受他人财物，须同时具备为他人谋取利益的条件，且是情节严重的行为，才能构成单位受贿罪。（2）国家机关、国有公司、企事业单位、人民团体，在经济往来中，在账外暗中收受各种名义的回扣、手续费，以受贿论，以单位受贿罪处罚。

◆《刑法》第388条【受贿罪】

从身份犯、故意犯、行为犯、数额犯、情节犯的角度讲，国家工作人员利用本人职权或地位形成的便利条件（行为人与被其利用的国家工作人员之间在职务上虽未隶属、制约关系，但行为人利用了本人职权或地位产生的影响和一定的工作联系，如单位内不同部门的国家工作人员之间、上下级单位无职务上隶属、制约关系的国家工作人员之间、有工作联系的不同单位的国家工作人员之间等），通过其他国家工作人员职务上的行为，为请托人谋取不正当利益，索取请托人财物或收受请托人财物，以受贿罪论处。

受贿罪是一种行为犯，只要受贿人实际收受了贿赂，不论是否为他人谋取正当或不正当的利益，都构成受贿罪。

【2004·卷2·多选·59】（答案：ABCD）甲的女儿2003年参加高考，没有达到某大学录取线。甲委托该高校所在市的教委副主任乙向该大学主管招生的副校长丙打招呼，甲还交付给乙2万元现金，其中1万元用于酬谢乙，另1万元请乙转交给丙。乙向丙打了招呼，并将1万元转交给丙。丙收下1万元，并答应尽量帮忙，但仍然没有录取甲的女儿。1个月后，丙的妻子丁知道此事后，对丙说："你没有帮人家办事，不能收这1万元，还是退给人家吧。"丙同意后，丁将1万元退给甲。关于本案，下列哪些说法是错误的？A. 乙的行为构成不当得利与介绍贿赂罪。B. 丙没有利用职务上的便利为他人牟取利益，所以不构成受贿罪。C. 丙在

未能为他人牟取利益后退还了财物，所以不构成受贿罪。D. 丁将1万元贿赂退给甲而不移交司法机关，构成帮助毁灭证据罪。

【2015·卷2·单选·21】（答案：D）根据《刑法》规定，国家工作人员利用本人职权或（1）形成的便利条件，通过其他（2）职务上的行为，为请托人谋取（3），索取请托人财物或收受请托人财物，以（4）论处。这在刑法理论上称为（5）将下列哪一选项内容填充到以上相应位置是正确的？A.（1）地位（2）国家机关工作人员（3）利益（4）利用影响力受贿罪（5）间接受贿。B.（1）职务（2）国家工作人员（3）利益（4）受贿罪（5）斡旋受贿。C.（1）职务（2）国家机关工作人员（3）不正当利益（4）利用影响力受贿罪（5）间接受贿。D.（1）地位（2）国家工作人员（3）不正当利益（4）受贿罪（5）斡旋受贿。

◆ **《刑法》第388条之一 【利用影响力受贿罪】**

从故意犯、数额犯、情节犯的角度讲，国家工作人员的近亲属或其他与该国家工作人员关系密切的人，通过该国家工作人员职务上的行为，或利用该国家工作人员职权或地位形成的便利条件，通过其他国家工作人员职务上的行为，为请托人谋取不正当利益，索取请托人财物或收受请托人财物，数额较大或有其他较重情节，处3年以下有期刑或拘役，并处罚金；数额巨大或有其他严重情节，处3年以上7年以下有期刑，并处罚金；数额特别巨大或有其他特别严重情节，处7年以上有期刑，并处罚金或没收财产。

【2009·卷2·多选·64】（答案：ABC）根据《刑法》有关规定，下列哪些说法是正确的？A. 甲系某国企总经理之妻，甲让其夫借故辞退企业财务主管，而以好友陈某取而代之，陈某赠甲一辆价值12万元的轿车。甲构成犯罪。B. 乙系已离职的国家工作人员，请接任处长为缺少资质条件的李某办理了公司登记，收取李某10万元。乙构成犯罪。C. 丙系某国家机关官员之子，利用其父管理之便，请其父下属将不合条件的某企业列入政府采购范围，收受该企业5万元。丙构成犯罪。D. 丁系国家工作人员，在主管土地拍卖工作时向一家房地产公司通报了重要情况，使其如愿获得黄金地块。丁退休后，该公司为表示感谢，自作主张送与丁价值5万元的按摩床。丁构成犯罪。

利用影响力受贿罪是国家工作人员的近亲属、亲友或其他与该国家工作人员关系密切的人，通过该国家工作人员职务上的行为，或利用该国家工作人员职权或地位形成的便利条件，通过其他国家工作人员职务上的行为，为请托人谋取不正当利益的人（犯罪主体），索取请托人财物或收受请托人财物，数额较大或有其他较重情节的行为，要求行为人具有利用国家工作人员的地位或职权，为请托人谋取不正当利益的故意。

【2011·卷2·单选·19】（答案：D）大学生甲为获得公务员面试高分，送给面试官乙（某机关领导）2瓶高档白酒，乙拒绝。次日，甲再次到乙家，偷偷将一块价值1万元的金币放在茶几上离开。乙不知情。保姆以为乙知道此事，将金币放入乙的柜子。对于本案，下列哪一选项是错误的？A. 甲的行为成立行贿罪。B. 乙的行为不构成受贿罪。C. 认定甲构成行贿罪与乙不构成受贿罪不矛盾。D. 保姆的行为成立利用影响力受贿罪。

从司法解释、对向犯的角度讲，利用影响力受贿罪、对有影响力的人行贿罪的定罪量刑适用标准，参照办理贪污贿赂刑事案件解释的受贿罪、行贿罪规定执行。（1）国家工作人员索取、收受有上下级关系的以下属或有行政管理关系的被管理人员的财物价值3万元以上，可能影响职权行使，视为承诺为他人谋取利益。（2）国家工作人员违反规定投资入股生产经营，构成《关于办理危害生产安全刑事案件适用法律若干问题的解释》（2015年）规定的有关犯罪，或国家工作人员的贪污、受贿犯罪行为与安全事故发生存在关联性，从重处罚；同时构成贪污、受贿犯罪和危害生产安全犯罪，实行数罪并罚。（3）实施利用影响力受贿罪后为谋取不正当利益（主观的构成要件要素；表明行为人内心、主观方面的要素）又构成他罪，应数罪并罚。

【2013·卷2·单选·21】（答案：D）乙的孙子丙因涉嫌抢劫被刑拘。乙托甲设法使丙脱罪，并承诺事成后付其10万元。甲与公安局副局长丁早年认识，但多年未见面。甲托丁对丙作无罪处理，丁不同意，甲便以揭发隐私要挟，丁被迫按甲的要求处理案件。后甲收到乙10万元现金。关于本案，下列哪一选项是错误的？A. 对"关系密切"应根据利用影响力受贿罪的实质进行解释，不能仅从形式上限定为亲朋好友。B. 根据A选项的观点，"关系密切"包括具有制约关系的情形，甲构成利用影响力受贿罪。C. 丁构成徇私枉法罪，甲构成徇私枉法罪的教唆犯。D. 甲的行为同时触犯利用影响力受贿罪与徇私枉法罪，应从一重罪论处。

利用影响力受贿罪的情形：（1）离退休人员在利用过去的职务便利收受财物且与国家工作人员无共犯关系的场合，才构成利用影响力受贿罪。（2）离职的国家工作人员或其近亲属及其他与其关系密切的人，利用该离职的国家工作人员原职权或地位形成的便利条件，为请托人谋取不正当利益，索取请托人财物或收受请托人财物，数额较大或有其他较重情节、数额特别巨大或有其他特别严重情节，构成利用影响力受贿罪。

◆《刑法》第389条【行贿罪】

从职务廉洁性说、保护信赖说、故意犯、目的犯、数额犯、情节犯的角度讲，为谋取不正当利益（基于贿赂行为与职务行为之间的对价关系，行贿人、受贿人违反法律法规、规章、政策、行业规范，为自己提供帮助或方便条件，或违背公平公正原则，谋取不应获得的竞争优势利益；谋取违反法律、法规、国家政策和国务院各部门规章规定的利益），给予国家工作人员以财物，构成行贿罪。

从特殊规定优于一般规定原则的角度讲，行贿人在被追诉前主动交待行贿行为，可减轻处罚或免除处罚。

行贿罪是为谋取不正当利益，给予国家工作人员以财物的行为。（1）行贿罪的既遂是送出贿赂。（2）行为人已完成受贿行为，受贿人事后退回财物，不影响行贿犯罪的既遂。

【2002·卷2·多选·48】（答案：AD）甲为使其弟逃脱处罚，送给在审理乙涉嫌非法拘禁一案的合议庭审判员丙5万元，在审委会员会上，丙试图为乙开脱罪责，但未能得逞，于是丙将收受的5万元还给甲。甲经过思想斗争，到司法机关主动交代了自己向丙行贿的行为。关于本案的处理，下列哪些说法是正确的？A. 对甲的行为应以行贿罪论处。B. 对丙的行为应当认定为受贿中止。C. 对甲应当适用刑法总则关于自首的处罚规定。D. 对甲可以减轻处罚或免除处罚。

【2005·卷2·多选·65】（答案：ABD）行为人所谋取的利益，哪些是行贿罪中的"不正当利益"？A. 甲向某国有公司负责人米某送2万元，希望能承包该公司正在发包的一项建筑工程。B. 乙向某高校招生人员刘某送2万元，希望刘某在招生时对其已经进入该高校投档线的女儿优先录取。C. 丙向某法院国家赔偿委员会委员高某送2万元，希望高某按国家赔偿法的规定处理自己的赔偿申请。D. 丁向某医院药剂科长程某送2万元，希望程某在质量、价格相同的条件下优先采购丁所在单位生产的药品。

【2008·川·卷2·多选·51】（答案：BCD）《刑法》第三百八十九条第一款规定："为谋取不正当利益，给予国家工作人员以财物，是行贿罪。同条第三款规定：因被勒索给予国家工作人员以财物，没获得不正当利益，不是行贿。"关于上述规定，下列哪些选项是正确的？A. "为谋取不正当利益"是客观的构成要件要素。B. "不正当利益"是规范的构成要件要素。C. "给予国家工作人员以财物"是客观的构成要件要素、积极的构成要件要素。D. 第三款规定的内容，属于消极的构成要件要素。

行贿罪的情形：（1）犯行贿罪，有行贿数额100万元以上不满500万元；行贿数额50万元以上不满100万元，并有向3人以上行贿；将违法所得用于行贿；通过行贿谋取职务提拔、调整；向负有食品、药品、安全生产、环保等监督管理职责的国家工作人员行贿，实施非法活动；向司法工作人员行贿，影响司法公正的情形；其他严重的情节（情节严重）。(2) 犯行贿罪，有行贿数额500万元以上；行贿数额250万元以上不满500万元，并有向3人以上行贿；将违法所得用于行贿；通过行贿谋取职务提拔、调整；向负有食品、药品、安全生产、环保等监督管理职责的国家工作人员行贿，实施非法活动；向司法工作人员行贿，影响司法公正的情形；其他特别严重的情节（情节特别严重）。(3) 为谋取不正当利益，向国家工作人员行贿，造成经济损失数额100万元以上不满500万元（使国家利益遭受重大损失）。(4) 为谋取不正当利益，向国家工作人员行贿，造成经济损失数额500万元以上（使国家利益遭受特别重大损失）。(5) 为谋取不正当利益，向国家工作人员行贿，数额3万元以上，或行贿数额1万元以上不满3万元，有向3人以上行贿；将违法所得用于行贿；通过行贿谋取职务提拔、调整；向负有食品、药品、安全生产、环保等监督管理职责的国家工作人员行贿，实施非法活动；向司法工作人员行贿，影响司法公正；造成经济损失数额50万元以上不满100万元的情形，均应以行贿罪追究刑责。(6) 行为人不具备升学、就业、承包工程等条件时，通过给予国家工作人员数额较大的财物，谋取违反法律、法规、国家政策和国务院各部门规章规定的利益（谋取不正当利益），构成行贿罪。

【2010·卷2·多选·65】（答案：ABCD）关于贿赂犯罪，下列哪些选项是错误的？A. 国家工作人员利用职务便利，为请托人谋取利益并收受其财物而构成受贿罪的，请托人当然构成行贿罪。B. 因被勒索给予国家工作人员以财物的，当然不构成行贿罪。C. 行贿人在被追诉前主动交待行贿行为的，可从轻或减轻处罚。D. 某国家机关利用其职权或地位形成的便利条件，通过其他国家机关的职务行为，为请托人谋取利益，索取请托人财物的，构成单位受贿罪。

从司法解释、司法实践的角度讲，在经济往来中，违反国家规定，给予国家工作人员以财物，数额较大，或违反国家规定，给予国家工作人员以各种名义的回扣、手续费，以行贿论处。(1) 因被勒索给予国家工作人员以财物，无获得不正当利益，不是行贿。(2) 民企为开展正常经营活动而给付"回扣、好处费"的行为涉嫌行贿犯罪，要区分个人犯罪和单位犯罪，要从起因、目的、行贿数额、次数、时间、对象、谋利性质及用途等方面综合考虑其社会危害性。A. 有情节较轻、积极主动配合有关机关调查，对办理受贿案件起关键作用，因国家工作人员不作为而不得已行贿的和认罪认罚等情形，要依法从宽处理。B. 因被勒索给予国家工作人员以财物，未获得不正当利益，不能认定为行贿犯罪。(3) 严格把握恶意侵占国有资产犯罪的罪名适用。A. 对不符合贪污罪、行贿罪等犯罪构成要件，依法不能定罪处罚。B. 对民营企业依据法律、行政法规参与国有企业重组改制产生的民事纠纷，不应以犯罪处理。

一般而言，行贿罪是行贿人为谋取不正当利益，给予国家工作人员以财物［货币、物品、财产性利益（a. 房屋装修、债务免除等可折算为货币的物质利益。b. 会员服务、旅游）等需支付货币的非财产性利益（以实际支付或应支付的数额计算犯罪数额）］，或在经济往来中，违反国家规定，给予国家工作人员以财物，数额较大，或违反国家规定，给予国家工作人员以各种名义的回扣、手续费，数额较大的行为，以因被勒索给予国家工作人员以财物，未获得不正当利益，不是行贿为例外。(1) 为谋取不正当利益，向国家工作人员行贿，数额3万元以上，应以行贿罪追究刑责的基本标准：A. 向3人以上行贿。B. 将违法所得用于行贿。C. 通过行贿谋取职务提拔、调整。D. 向负有食品、药品、安全生产、环保等监管职责的国家工作人员行贿，实施非法活动。E. 向司法工作人员行贿，影响司法公正。F. 造成经济损失数额50万元以上不满100万元。(2) 从行贿罪的处罚、关联行贿罪的角度，犯行贿罪，处5年以下有期刑或拘役，并处罚金；因行贿谋取不正当利益，情节严重（a. 行贿数额100万元以上不满500

万元。b. 行贿数额 50 万元以上不满 100 万元,并有向 3 人以上行贿,或将违法所得用于行贿,或通过行贿谋取职务提拔、调整,或向负有食品、药品、安全生产、环保等监管职责的国家工作人员行贿,实施非法活动,或向司法工作人员行贿,影响司法公正。c. 其他严重的情节),或使国家利益遭受重大损失,处 5 年以上 10 年以下有期刑,并处罚金;情节特别严重(a. 行贿数额 500 万元以上。b. 行贿数额 1 万元以上不满 3 万元,应以行贿罪追究刑责的基本标准为行贿 250 万元以上不满 500 万元,并有向 3 人以上行贿,或将违法所得用于行贿,或通过行贿谋取职务提拔、调整,或向负有食品、药品、安全生产、环保等监管职责的国家工作人员行贿,实施非法活动,或向司法工作人员行贿、影响司法公正的情形,或其他特别严重情节)或使国家利益遭受特别重大损失(a. 为谋取不正当利益,向国家工作人员行贿,造成经济损失 500 万元以上。b. 为谋取不正当利益,向国家工作人员行贿,造成经济损失 100 万元以上不满 500 万元),处 10 年以上有期刑或无期刑,并处罚金或没收财产。(3) 犯行贿罪,犯罪较轻(根据行贿犯罪的事实、情节,可能被判处 3 年有期刑以下刑罚),对侦破重大案件(根据犯罪的事实、情节,已或可能被判处 10 年有期刑以上刑罚,或案件在本省级内或全国范围内有较大影响)起关键作用(a. 主动交待办案机关未掌握的重大案件线索。b. 主动交待的犯罪线索不属于重大案件的线索,但该线索对重大案件侦破有重要作用。c. 主动交待行贿事实,对重大案件的证据收集有重要作用。d. 主动交待行贿事实,对重大案件的追逃、追赃有重要作用),或有重大立功表现,可减轻或免除处罚。(4) 行贿人在被追诉前主动交待行贿行为,可从轻或减轻处罚。其中,犯罪较轻(根据行贿犯罪的事实、情节,可能被判处 3 年有期刑以下刑罚),对侦破重大案件(根据犯罪的事实、情节,已或可能被判处 10 年有期刑以上刑罚,或案件在本省级内或全国范围内有较大影响)起关键作用(a. 主动交待办案机关未掌握的重大案件线索。b. 主动交待的犯罪线索不属于重大案件的线索,但该线索对重大案件侦破有重要作用。c. 主动交待行贿事实,对重大案件的证据收集有重要作用。d. 主动交待行贿事实,对重大案件的追逃、追赃有重要作用),或有重大立功表现,可减轻或免除处罚。(5) 从自然人、单位对非国家工作人员行贿罪、对外国公职人员国际公共组织官员行贿罪的角度讲,为谋取不正当利益,给予公司、企业或其他单位的工作人员以财物,或为谋取不正当商业利益,给予外国公职人员或国际公共组织官员以财物,数额较大,或单位犯对非国家工作人员行贿罪、对外国公职人员国际公共组织官员行贿罪,对单位判处罚金,并对其直接负责的主管人员和其他直接责任人员,处 3 年以下有期刑或拘役,并处罚金;数额巨大,处 3 年以上 10 年以下有期刑,并处罚金。行贿人在被追诉前主动交待行贿行为,可减轻处罚或免除处罚。(6) 对有影响力的人行贿罪的定罪量刑适用标准,参照《关于办理贪污贿赂刑事案件适用法律若干问题的解释》(2016 年)行贿罪规定执行。A. 从对有影响力的人行贿罪的角度,为谋取不正当利益,向国家工作人员的近亲属或其他与该国家工作人员关系密切的人,或向离职的国家工作人员或其近亲属、其他与其关系密切的人行贿,处 3 年以下有期刑或拘役,并处罚金;情节严重,或使国家利益遭受重大损失,处 3 年以上 7 年以下有期刑,并处罚金;情节特别严重,或使国家利益遭受特别重大损失,处 7 年以上 10 年以下有期刑,并处罚金。B. 单位对有影响力的人行贿 20 万元以上,应以对有影响力的人行贿罪追究刑责。单位犯对有影响力的人行贿罪(单位对有影响力的人行贿 20 万元以上),对单位判处罚金,并对其直接负责的主管人员和其他直接责任人员,处 3 年以下有期刑或拘役,并处罚金。(7) 从自然人、单位对非国家工作人员行贿罪、对外国公职人员国际公共组织官员行贿罪的角度讲,为谋取不正当利益,给予公司、企业或其他单位的工作人员以财物,或为谋取不正当商业利益,给予外国公职人员或国际公共组织官员以财物,数额较大,或单位犯对非国家工作人员行贿罪、对外国公职人员国际公共组织官员行贿罪,对单位判处罚金,并对其直接负责的主管人员和其他直接责任人员,处 3 年以下有期刑或拘役,并处罚金;数额巨大,处 3 年以上 10 年以下有期刑,并处罚金。行贿人在被追诉前主动交待行贿行为,可减轻处罚或免除处罚。A. 对非国家工作人员行贿罪的数额较大、数额巨大的数额起点,按《关于办理贪污贿赂刑事案件适用法律若干问题的解释》(2016 年)行贿罪数额较大、数额巨大的数额标准规定的 2 倍执行。B. 对非国家工作人员行贿罪数额较大的数额标准是为谋取不正当利益,向非国家工作人员行贿 6 万元以上,或行贿 2 万元以上不满 6 万元,有向 3 人以上行贿,或将违法所得用于行贿,或通过行贿谋取职务提拔、调整,或向负有食品、药品、环保、安全生产等监管职责的国家工作人员行贿,实施非法活动,或向司法工作人员行贿,影响司法公正,或造成经济损失 50 万元以上不满 100 万元的情形,应以对非国家工作人员行贿罪追究刑责。C. 对非国家工作人员行贿罪的数额巨大的数额起点是行贿 200 万元以上不满 1000 万元,或行贿 100 万元以上不满 200 万元。(8) 单位为谋取不正当利益而行贿,或违反国家规定,给予国家工作人员以回扣、手续费,情节严重,对单位判处罚金,并对其直接负责的主管人员和其他直接责任人员,处 5 年以下有期刑或拘役,并处罚金。(9) 因行贿取得的违法所得归个人所有,以行贿罪定罪处罚。

职务侵占罪、非国家工作人员受贿罪的数额较大(6 万元以上)、数额巨大(100 万元以上)的数额起点,按受贿罪、贪污罪相对应的数额标准的 2 倍、5 倍执行。(1) 职务侵占罪、非国家工作人员受贿罪的数额较大标准为 6 万元以上不满 40 万元,应依法判处 3 年以下有期刑或拘役,并处罚金。(2) 职务侵占罪、非国家工作人员受贿罪的数额巨大的数额起点是贪污或受贿数额 100 万元以上不满 1500 万元,依法判处 3 年以上 10 年以下有期刑,并处罚金或没收财产。

◆ 《刑法》 第 390 条 【行贿罪的处罚规定】

从故意犯、情节犯、数额犯的角度讲,犯行贿罪,处 5 年以下有期刑或拘役,并处罚金;因行贿谋取不正当利益(a. 行贿人谋取的利益违反法律法规、规章、政策规定,或要求国家工作人员违反法律法规、规章、政策、行业规范规定,为自己提供帮助或方便条件。b. 违背公平公正原则,在经济、组织人事管理等活动中,谋取竞争优势),情节严重(a. 行贿数额 100 万元以上不满 500 万元。b. 行贿数额 50 万元以上不满 100 万元,并有向 3 人以上行贿、将违法所得用于行贿、通过行贿谋取职务提拔调整、向司法工作人员行贿以影响司法公正,或向负有食品、药品、安全生产、环保等监管职责的国家工作人员行贿以实施非法活动。c. 其他严重的情节),或使国家利益遭受重大损失(a. 因行贿谋取不正当利益,造成直接经济损失数额 100 万元以上。b. 为谋取不正当利益,向国家工作人员行贿,造成经济损失数额 100 万元以上不满 500 万元),处 5 年以上 10 年以下有期刑,并处罚金;情节特别严重(a. 行贿数额 500 万元以上。b. 行贿数额 250 万元以上不满 500 万元,并有向 3 人以上行贿、将违法所得用于行贿、通过行贿谋取职务提拔调整、向司法工作人员行贿以影响司法公正,或向负有食品、药品、安全生产、环保等监管职责的国家工作人员行贿以实施非法活动。c. 其他特别严重的情节。d. 因行贿谋取不正当利益,行贿额 100 万元以上。e. 行贿额 50 万元以上不满 100 万元,并向 3 人以上行贿,或将违法所得用于行贿,或为实施违法犯罪活动,向负有食品、药品、安全生产、环保等监管职责的国家工作人员行贿,严重危害民生、侵犯公众生命财产安全,或向行政执法机关、司法机关的国家工作人员行贿,影响行政执法和司法公正。f. 造成直接经济损失额 500 万元以上。g. 其他情节特别严重情形),或使国家利益遭受特别重大损失(为谋取不正当利益,向国家工作人员行贿,造成经济损失数额 500 万元以上),处 10 年以上有期刑或无期刑,并处罚金或没收财产。

行贿罪是为谋取不正当利益,给予国家工作人员以财物,数额较大的行为。(1) 从立案标准的角度,为谋取不正当利益,向国家工作人员行贿数额 3 万元以上,或行贿数额 1 万元以上不满3万元，但有向3人以上行贿、将违法所得用于行贿、通过行贿谋取职务提拔调整、向司法工作人员行贿以影响司法公正、向负有食品、药品、安全生产、环保等监管职责的国家工作人员行贿以实施非法活动，或造成经济损失数额50万元以上不满100万元，均应以行贿罪追责。(2) 在经济往来中，违反国家规定，给予国家工作人员以财物，数额较大，或违反国家规定，给予国家工作人员以各种名义的回扣、手续费，以行贿罪追究刑责。(3) 因被勒索给予国家工作人员以财物，已获得不正当利益，以行贿罪追究刑责。

行贿人在被追诉前（检察机关对行贿人的行贿行为进行刑事立案前）主动交待行贿行为，可从轻或减轻处罚。其中，犯罪较轻（根据行贿犯罪事实、情节，可能被判3年有期刑以下刑罚），对侦破重大案件（根据犯罪事实、情节，已或可能被判10年有期刑以上刑罚，或在本省级或全国范围内有较大影响的案件）起关键作用（a. 主动交待办案机关未掌握的重大案件线索。b. 主动交待的犯罪线索不属于重大案件的线索，但该线索对重大案件侦破有重要作用。c. 主动交待行贿事实，对重大案件的证据收集有重要作用。d. 主动交待行贿事实，对重大案件的追逃、追赃有重要作用），或有重大立功表现，可减轻或免除处罚。因行贿人在被追诉前主动交待行贿行为而破获相关受贿案件，对行贿人不适用立功规定，但可减轻或免除处罚。

行贿罪的处罚：(1) 单位行贿在被追诉前，单位集体决定或单位负责人决定主动交待单位行贿行为，可对单位及相关责任人员减轻处罚或免除处罚；受委托直接办理单位行贿事项的直接责任人员在被追诉前主动交待自己知道的单位行贿行为，可对该直接责任人员减轻处罚或免除处罚。(2) 行贿人被追诉后如实供述自己罪行，可从轻处罚；因其如实供述自己罪行，避免特别严重后果发生，可减轻处罚。(3) 行贿人揭发受贿人与其行贿无关的他罪行为，查证属实，依立功，可从轻、减轻或免除处罚。(4) 行贿人谋取不正当利益的行为构成犯罪，应与行贿犯罪实行数罪并罚。行贿犯罪取得的不正当财产性利益应追缴、责令退赔或返还被害人。(5) 因行贿犯罪取得财产性利益外的经营资格、资质或职务晋升等其他不正当利益，建议有关部门依相关规定处理。(6) 一般而言，实施行贿犯罪而不适用缓刑和免刑的5种情形：A. 向3人以上行贿。B. 因行贿受过行政处罚或刑罚。C. 为实施违法犯罪活动而行贿。D. 造成严重危害后果。E. 其他不适用缓刑和免刑情形。(7) 特殊而言，有行贿人在被追诉前主动交待行贿行为，可从轻或减轻处罚情形，不受实施行贿犯罪一般不适用缓刑和免刑5种情形（a. 向3人以上行贿。b. 因行贿受过行政处罚或刑罚。c. 为实施违法犯罪活动而行贿。d. 造成严重危害后果。e. 其他不适用缓刑和免刑情形）的限制。

◆ 《刑法》第390条之一 【对有影响力的人行贿罪】

从故意犯、目的犯、情节犯、结果犯的角度讲，为谋取不正当利益，向国家工作人员的近亲属或其他与该国家工作人员关系密切的人，或向离职的国家工作人员或其近亲属及其他与其关系密切的人行贿，处3年以下有期刑或拘役，并处罚金；情节严重，或使国家利益遭受重大损失，处3年以上7年以下有期刑，并处罚金；情节特别严重，或使国家利益遭受特别重大损失，处7年以上10年以下有期刑，并处罚金。

单位对有影响力的人行贿数额20万元以上，应以对有影响力的人行贿罪追究刑责，对单位判处罚金，并对其直接负责的主管人员和其他直接责任人员，处3年以下有期刑或拘役，并处罚金。

◆ 《刑法》第391条 【对单位行贿罪】

从故意犯、行为犯、数额犯的角度讲，为谋取不正当利益，给予国家机关、国有公司、企事业单位、人民团体以财物，或在经济往来中，违反国家规定，给予各种名义的回扣、手续费（a. 个人行贿数额10万元以上、单位行贿数额20万元以上。b. 个人行贿数额不满10万元、单位行贿数额10万元以上不满20万元，但有为谋取非法利益行贿；向3个以上单位行贿；向党政机关、司法机关、行政执法机关行贿；使国家或社会利益遭受重大损失的情形），处3年以下有期刑或拘役，并处罚金。

对单位行贿罪是为谋取不正当利益，给予国家机关、国有公司、企事业单位、人民团体以财物，或在经济往来中，违反国家规定，给予上述单位各种名义的回扣、手续费的行为。

单位犯对单位行贿罪，对单位判处罚金，并对其直接负责的主管人员和其他直接责任人员，以对单位行贿罪处罚。

◆ 《刑法》第392条 【介绍贿赂罪】

从身份犯、故意犯、情节犯、数额犯的角度讲，向国家工作人员介绍贿赂（在行贿人与受贿人之间沟通关系、撮合条件，使贿赂行为得以实现的行为），情节严重 [a. 介绍个人向国家工作人员行贿，数额2万元以上。b. 介绍单位向国家工作人员行贿，数额20万元以上。c. 介绍贿赂数额不满2万元（介绍个人向国家工作人员行贿数额）、20万元（介绍单位向国家工作人员行贿数额），但有为使行贿人获取非法利益介绍贿赂、3次以上或为3人以上介绍贿赂或向党政领导、司法工作人员、行政执法人员介绍贿赂，或使国家或社会利益遭受重大损失的情形]，处3年以下有期刑或拘役，并处罚金。

介绍贿赂罪是向国家工作人员介绍贿赂，情节严重的行为。介绍贿赂人在被追诉前主动交待介绍贿赂行为，可减轻处罚或免刑。

◆ 《刑法》第393条 【单位行贿罪】

从单位犯罪、故意犯、情节犯、数额犯的角度讲，单位为谋取不正当利益而行贿，或违反国家规定，给予国家工作人员以回扣、手续费，情节严重（单位行贿数额20万元以上；单位为谋取不正当利益行贿，数额10万元以上不满20万元，但有为谋取非法利益行贿；向3人以上行贿；向党政领导、司法工作人员、行政执法人员行贿；使国家或社会利益遭受重大损失的情形），对单位判处罚金，并对其直接负责的主管人员和其他直接责任人员，处5年以下有期刑或拘役，并处罚金。

单位行贿罪是公司、企事业单位、机关、人民团体为谋取不正当利益行贿，或违反国家规定，给予国家工作人员以回扣、手续费，情节严重的行为。（1）因行贿取得的违法所得归个人所有，以个人行贿的行贿罪、关联行贿罪定罪处罚。（2）单位行贿罪、个人行贿罪的根本差异在于犯罪主观方面不同，表现为为单位谋取不正当利益还是为个人谋取不正当利益。

◆ 《刑法》第394条 【贪污罪】

从身份犯、故意犯、数额犯的角度讲，国家工作人员在国内公务活动或对外交往中接受礼物，依国家规定应交公而不交公，数额较大，依受贿罪、贪污罪的规定定罪处罚。

贪污罪是国家工作人员利用职务便利，侵吞、窃取、骗取或以其他手段非法占有公共财物，数额较大的行为。（1）携带挪用的公款潜逃，以贪污罪、受贿罪定罪处罚。（2）贪污罪既遂的重要标志在于已非法占有贪污的公共财物，贪污罪未遂的重要标志在于尚未非法占有贪污的公共财物。

◆ 《刑法》第395条 【巨额财产来源不明罪；隐瞒境外存款罪】

从身份犯、故意犯、数额犯、情节犯的角度讲，国家工作人员的财产、支出明显超过合法收入，差额巨大，可责令该国家工作人员说明来源，不能说明（行为人拒不说明财产来源；

行为人无法说明财产的具体来源;行为人所说的财产来源经司法机关查证并不属实;行为人所说的财产来源因线索不具体等原因,司法机关无法查实,但能排除存在来源合法的可能性和合理性)来源,差额部分以非法所得(行为人的全部财产与能认定的所有支出的总和减去能证实的有真实来源的所得)论,处5年以下有期刑或拘役;差额特别巨大,处5年以上10年以下有期刑;财产的差额部分追缴。

巨额财产来源不明罪是国家工作人员的财产或支出明显超过合法收入,差额巨大,本人不能说明其合法来源的行为。涉嫌巨额财产来源不明,数额30万元以上,应立案。

【2010·卷2·单选·27】(答案:D)某检察院在对国家机关工作人员张某巨额财产来源不明案进行侦查时,发现其巨额财产三分之二为诈骗所得,三分之一为盗窃所得。关于此案,下列哪一选项是正确的?A. 本案应当继续由检察院侦查。B. 本案应当由检察院为主侦查,公安机关予以配合。C. 本案应当由公安机关为主侦查,检察院予以配合。D. 检察院应当将案件移送公安机关。

巨额财产来源不明罪的认定:(1)行为人不能说明巨额财产来源合法的认定:A. 行为人拒不说明财产来源。B. 行为人无法说明财产的具体来源。C. 行为人所说的财产来源经司法机关查证并不属实。D. 行为人所说的财产来源因线索不具体等原因,司法机关无法查实,但能排除存在来源合法的可能性和合理性。(2)巨额财产来源不明罪的非法所得(行为人的全部财产与能认定的所有支出的总和减去能证实的有真实来源的所得)的数额计算的方式方法:A. 应把国家工作人员个人财产与其共同生活的家庭成员的财产、支出等一并计算,且一并减去其所有的合法收入以及确属与其共同生活的家庭成员个人的非法收入。B. 行为人所有的财产含房产、家具、生活用品、学习用品及股票、债券、存款等动产和不动产;行为人的支出含合法支出和不合法的支出,含日常生活、工作、学习费用、罚款及向他人行贿的财物等;行为人的合法收入含工资、奖金、稿酬、继承等法律和政策允许的各种收入。C. 为便于计算犯罪数额,对行为人的财产和合法收入,一般可从行为人有比较确定的收入和财产时开始计算。

从身份犯、故意犯、数额犯、情节犯的角度讲,国家工作人员在境外的存款,应依国家规定申报,数额较大、隐瞒不报,处2年以下有期刑或拘役;情节较轻,由其所在单位或上级主管机关酌情给予行政处分。

隐瞒境外存款罪是国家工作人员违反国家规定,故意隐瞒不报在境外的存款,数额较大的行为。涉嫌隐瞒境外存款,折合币数额30万元以上,应立案。

◆《刑法》第396条 【私分国有资产罪;私分罚没财物罪】

从身份犯、故意犯、数额犯的角度讲,国家机关、国有公司、企事业单位、人民团体,违反国家规定,以单位名义将国有资产(国家依法取得与认定,或国家以各种形式对企业投资与投资收益、国家向行政事业单位拨款等形成的资产)集体私分给个人,数额较大(a. 私分国有资产,累计数额10万元以上。b. 私分罚没财物,累计数额10万元以上),对其直接负责的主管人员和其他直接责任人员,处3年以下有期刑或拘役,并处或单处罚金;数额巨大,处3年以上7年以下有期刑,并处罚金。

私分国有资产罪是国家机关、国有公司、企事业单位、人民团体,违反国家规定,以单位名义将国有资产集体私分给个人,数额较大的行为。涉嫌私分国有资产,累计数额10万元以上,应立案。

私分罚没财物罪是司法机关、行政执法机关违反国家规定,将应上缴国家的罚没财物,以单位名义集体私分给个人的行为。(1)涉嫌私分罚没财物,累计数额10万元以上,应立案。(2)司法机关、行政执法机关违反国家规定,将应上缴国家的罚没财物,以单位名义集体私分给个人,以私分罚没财物罪处罚。

私分型的罪名有私分国有资产罪;私分罚没财物罪;非法处置查封、扣押、冻结的财产罪等。从比较法的角度讲,私分国有资产罪、私分罚没财物罪的根本差异在于犯罪对象的不同。

第九章

渎职罪（第 397~419 条）

从宪法、监察法、政法工作条例的角度讲，监察机关办理职务违法和职务犯罪案件，应与审判机关、检察机关、执法部门互相配合，互相制约；监察委的组织和职权法定，依法律规定独立行使监察权，不受行政机关、社会团体和个人的干涉。(1) 国家监察委是最高监察机关，对全国人大和全国人大常委会负责，领导地方监察委的工作，上级监察委领导下级监察委的工作；地方监察委（地方监察委对产生它的国家权力机关和上一级监察委负责），均属于国家监察机关。A. 监察委主任每届任期同本级人大每届任期相同。B. 国家监察委主任连续任职不得超过两届。C. 监察机关行使监督、调查职权，有权依法向有关单位和个人了解情况，收集、调取证据；有关单位和个人应如实提供。D. 监察机关根据监督、调查结果，依法作出处置。对涉嫌职务犯罪，监察机关经调查认为犯罪事实清楚，证据确实、充分，制作起诉意见书，连同案卷材料、证据一并移送检察院依法审查、提起公诉。(2) 有关地方和部门领导干部在领导和组织开展政法工作中，违反政法工作条例和有关党内法规制度规定职责，视情节轻重，由党委政法委员会进行约谈、通报、挂牌督办等；或由纪检监察机关、组织人事部门按管理权限，办理引咎辞职、责令辞职、免职等。因违纪违法应承担责任，给予党纪政务处分；涉嫌犯罪，依法追究刑责。

监察委办案（贪污贿赂案、渎职侵权案、侵犯公民人身权利、民主权利犯罪案）58 个罪名：(1) 贪污贿赂罪：贪污罪；挪用公款罪；受贿罪；利用影响力受贿罪；行贿罪；有影响力的人行贿罪；单位受贿罪；对单位行贿罪；介绍贿赂罪；单位行贿罪；巨额财产来源不明罪；隐瞒境外存款罪；私分国有资产罪；私分罚没财物罪。(2) 渎职罪：滥用职权罪；玩忽职守罪；故意泄露国家秘密罪；过失泄露国家秘密罪；徇私枉法罪；民事、行政枉法裁判罪；执行判决、裁定失职罪；执行判决、裁定滥用职权罪；枉法仲裁罪；私放在押人员罪；失职使在押人员脱逃罪；徇私舞弊减刑、假释、暂予监外执行罪；徇私舞弊不移交刑事案件罪；滥用管理公司、证券职权罪；徇私舞弊不征、少征税款罪；徇私舞弊发售发票、抵扣税款、出口退税罪；违法提供出口退税凭证罪；国家机关工作人员签订、履行合同失职被骗罪；违法发放林木采伐许可证罪；环境监管失职罪；食品监管渎职罪；传染病防治失职罪；非法批准征收、征用、占用土地罪；非法低价出让国有土地使用权罪；放纵走私罪；商检徇私舞弊罪；商检失职罪；动植物检疫徇私舞弊罪；动植物检疫失职罪；放纵制售伪劣商品犯罪行为罪；办理偷越国（边）境人员出入境证件罪；不解救被拐卖、绑架妇女、儿童罪；阻碍解救被拐卖、绑架妇女、儿童罪；帮助犯罪分子逃避处罚罪；招收公务员、学生徇私舞弊罪；失职造成珍贵文物损毁、流失罪。(3) 侵犯公民人身权利、民主权利罪：国家机关工作人员利用职权实施的非法拘禁罪；国家机关工作人员利用职权实施的非法搜查罪；刑讯逼供罪；暴力取证罪；虐待被监管人罪；报复陷害罪；国家机关工作人员利用职权实施的破坏选举罪。

【2017·卷 2·多选·63】（答案：AD）关于渎职罪，下列哪些选项是正确的？A. 省渔政总队验船师郑某，明知有 8 艘渔船存在套用船号等问题，按规定应注销，却为船主办理船检

证书，船主领取国家柴油补贴640万元。郑某构成滥用职权罪。B. 刑警曾某办理冯某抢劫案，明知冯某被取保候审后未定期到派出所报到，曾某也未依法传唤冯某或将案件移送起诉或变更强制措施。期间，冯某再次犯罪。曾某构成徇私枉法罪。C. 律师于某担任被告人马某的辩护人，从法院复印马某贪污案的案卷材料，允许马某亲属朱某查阅。朱某随后游说证人，使数名证人向于某出具了虚假证明材料。于某构成故意泄露国家秘密罪。D. 公安局协警闫某，在协助抓捕行动中，向领导黑社会性质组织的李某通风报信，导致李某等主要犯罪分子潜逃。闫某构成帮助犯罪分子逃避处罚罪。

从中纪委国家监察委的立案程序的角度讲，对事故（事件）中存在违纪或职务违法、职务犯罪事实，需追究纪律责任、法律责任，但相关责任人员尚不明确，可事立案；对单位涉嫌受贿、行贿等职务犯罪，需追究法律责任，办理国家监委立案调查手续；对涉案人员，中央纪委国家监委可立案审查调查，也可交由省级纪检监察机关立案审查调查；根据审查调查情况，认为被审查调查人构成违纪或职务违法和职务犯罪，区分不同情况提出相应处理意见，按规定移送审理；认为无证据证明被审查调查人存在违纪或职务违法和职务犯罪行为，提出撤销案件的意见。

从监察法（2018年）的角度讲，监察委依法律规定独立行使监察权，不受行政机关、社会团体和个人的干涉，依监察法和有关法律规定履行监督、调查、处置职责：A. 对公职人员开展廉政教育，对其依法履职、秉公用权、廉洁从政从业及道德操守情况进行监督检查。B. 对涉嫌贪污贿赂、滥用职权、玩忽职守、权力寻租、利益输送、徇私舞弊、浪费国家资财等职务违法犯罪进行调查。C. 对违法的公职人员依法作出政务处分决定；对履行职责不力、失职失责的领导人员进行问责；对涉嫌职务犯罪，将调查结果移送检察院依法审查、提起公诉；向监察对象所在单位提出监察建议。（1）监察机关在工作中需协助，有关机关和单位应根据监察机关的要求依法协助；办理职务违法和职务犯罪案件，应与审判机关、检察机关、执法部门互相配合，互相制约。（2）国家监察工作严格遵照宪法和法律，以事实为根据，以法律为准绳；在适法上一律平等，保障当事人的合法权益；权责对等，严格监督；惩戒与教育相结合，宽严相济，坚持标本兼治、综合治理，强化监督问责，严厉惩治腐败；深化改革、健全法制，有效制约和监督权力；加强法治教育和道德教育，弘扬中华优秀传统文化，构建不敢腐、不能腐、不想腐的长效机制。

监察法的法律责任：（1）有关单位拒不执行监察机关作出的处理决定，或无正当理由拒不采纳监察建议，由其主管部门、上级机关责令改正，对单位给予通报批评；对负有责任的领导人员和直接责任人员依法给予处理。（2）有关人员违反监察法，由其所在单位、主管部门、上级机关或监察机关责令改正，依法给予处理：A. 提供虚假情况，掩盖事实真相。B. 串供或伪造、隐匿、毁灭证据。C. 阻止他人揭发检举、提供证据。D. 不按要求提供有关材料，拒绝、阻碍调查措施实施等拒不配合监察机关调查。E. 其他违反本法规定的行为，情节严重。（3）监察对象对控告人、检举人、证人或监察人员进行报复陷害；控告人、检举人、证人捏造事实诬告陷害监察对象，依法给予处理。（4）对负有责任的监察机关及其领导人员和直接责任人员等工作人员依法给予处理的8种情形：A. 对被调查人或涉案人员逼供、诱供，或侮辱、打骂、虐待、体罚或变相体罚。B. 利用职权或职务上的影响干预调查工作、以案谋私。C. 未经批准、授权处置问题线索，发现重大案情隐瞒不报，或私自留存、处理涉案材料。D. 违反规定采取留置措施。违反规定限制他人出境，或不按规定解除出境限制。E. 违反规定处置查封、扣押、冻结的财物。F. 违反规定发生办案安全事故，或发生安全事故后隐瞒不报、报告失实、处置不当。G. 违法窃取、泄露调查工作信息，或泄露举报事项、举报受理情况及举报人信息。H. 其他滥用职权、玩忽职守、徇私舞弊的行为。（5）违反监察法，构成犯罪，依法追究刑责。（6）监察机关及其工作人员行使职权，侵犯公民、法人和其他组织的合法权益造成损害，依法给予国家赔偿。

监察法对监察机关和监察人员的监督：（1）监察委应接受本级人大及其常委会的监督。A. 人大常委会听取和审议本级监察委的专项工作报告，组织执法检查。B. 县级以上人大及其常委会举行会议时，人大代表或常委会组成人员可依法律规定的程序，就监察工作中的有关问题提出询问或质询。（2）监察机关应依法公开监察工作信息，接受民主监督、社会监督、舆论监督，通过设立内部专门的监督机构等方式，加强对监察人员执行职务和遵守法律情况的监督，建设忠诚、干净、担当的监察队伍。（3）监察人员须模范遵守宪法和法律，忠于职守、秉公执法，清正廉洁、保守秘密；须有良好的政治素质，熟悉监察业务，具备运用法律法规、政策和调查取证等能力，自觉接受监督。A. 对监察人员打听案情、过问案件、说情干预，办理监察事项的监察人员应及时报告。有关情况应登记备案。B. 发现办理监察事项的监察人员未经批准接触被调查人、涉案人员及其特定关系人，或存在交往情形，知情人应及时报告。有关情况应登记备案。（4）办理监察事项的监察人员应自行回避，监察对象、检举人及其他有关人员也有权要求监察人员回避的4种情形：A. 监察人员担任过本案的证人。B. 监察人员是监察对象或检举人的近亲属。C. 监察人员本人或其近亲属与办理的监察事项有利害关系。D. 监察人员有可能影响监察事项公正处理的其他情形。（5）监察机关涉密人员离岗离职后，应遵守脱密期管理规定，严格履行保密义务，不得泄露相关秘密。监察人员辞职、退休3年内，不得从事与监察和司法工作相关联且可能发生利益冲突的职业。（6）被调查人及其近亲属有权向该机关申诉监察机关及其工作人员的5种情形：A. 留置法定期限届满，不解除。B. 查封、扣押、冻结与案件无关的财物。C. 应解除查封、扣押、冻结措施而不解除。D. 贪污、挪用、私分、调换及违反规定使用查封、扣押、冻结的财物。E. 其他违反法律法规、侵害被调查人合法权益的行为。（7）受理申诉的监察机关应在受理申诉之日起1个月内作出处理决定。申诉人对处理决定不服，可在收到处理决定之日起1个月内向上一级监察机关申请复查，上一级监察机关应在收到复查申请之日起2个月内作出处理决定，情况属实，以及时纠正。（8）对调查工作结束后发现立案依据不充分或失实，案件处置出现重大失误，监察人员严重违法，应追究负责任的领导人员和直接责任人员的责任。

监察机关的设置：（1）中国国家监察委是最高监察机关。省级、自治州、县、自治县、市、市辖区设立监察委。（2）国家监察委由全国人大产生，负责全国监察工作。A. 国家监察委由主任、副主任若干人、委员若干人组成，主任由全国人大选举，副主任、委员由国家监察委主任提请全国人大常委会任免。B. 国家监察委主任每届任期同全国人大每届任期相同，连续任职不得超过两届。C. 国家监察委对全国人大及其常委会负责，并接受其监督。（3）地方监察委由本级人大产生，负责本行政区域内的监察工作。A. 地方监察委由主任、副主任若干人、委员若干人组成，主任由本级人大选举，副主任、委员由监察委主任提请本级人大常委会任免。B. 地方监察委主任每届任期同本级人大每届任期相同。C. 地方监察委对本级人大及其常委会和上一级监察委负责，并接受其监督。（4）国家监察委领导地方监察委的工作，上级监察委领导下级监察委的工作。A. 监察委可向本级中共机关、国家机关、法律法规授权或委托管理公共事务的组织和单位及所管辖的行政区域、国有企业等派驻或派出监察机构、监察专员；监察机构、监察专员对派驻或派出它的监察委负责。B. 派驻或派出的监察机构、监察专员根据授权，按管理权限依法对公职人员进行监督，提出监察建议，依法对公职人员进行调查、处置。C. 国家实行监察官制，依法确定监察官的等级设置、任免、考评和晋升等制度。

监察机关的监察权限：（1）监察机关行使监督、调查职权，有权依法向有关单位和个人了解情况，收集、调取证据；有关单位和个人应如实提供。A. 监察机关及其工作人员对监督、调查过程中知悉的国家秘密、商业秘密、个人隐私，应保密。B. 任何单位和个人不得伪造、隐匿或毁灭证据。(2) 对可能发生职务违法的监察对象，监察机关按管理权限，可直接或委托有关机关、人员进行谈话或要求说明情况。(3) 在调查过程中，对涉嫌职务违法的被调查人，监察机关可要求其就涉嫌违法行为作出陈述，必要时向被调查人出具书面通知。对涉嫌贪污贿赂、失职渎职等职务犯罪的被调查人，监察机关可进行讯问，要求其如实供述涉嫌犯罪的情况。(4) 在调查过程中，监察机关可询问证人等人员。(5) 被调查人涉嫌贪污贿赂、失职渎职等严重职务违法或职务犯罪，监察机关已掌握其部分违法犯罪事实及证据，仍有重要问题需进一步调查，并有4种情形（涉及案情重大、复杂；可能逃跑、自杀；可能串供或伪造、隐匿、毁灭证据；可能有其他妨碍调查行为），经监察机关依法审批，可将其留置在特定场所。A. 对涉嫌行贿犯罪或共同职务犯罪的涉案人员，监察机关可采取留置措施。B. 留置场所的设置、管理和监督依国家有关规定执行。(6) 监察机关调查涉嫌贪污贿赂、失职渎职等严重职务违法或职务犯罪，据工作需要，可依规定查询、冻结涉案单位和个人的存款、汇款、债券、股票、基金份额等财产；有关单位和个人应配合；冻结的财产经查明与案件无关，应在查明后3日内解除冻结，退还。(7) 监察机关可对涉嫌职务犯罪的被调查人及可能隐藏被调查人或犯罪证据的人的身体、物品、住处和其他有关地方进行搜查。搜查时，应出示搜查证，并有被搜查人或其家属等见证人在场。A. 搜查女性身体，应由女性工作人员进行。B. 监察机关进行搜查时，可根据工作需要提请公安机关配合，公安机关应依法协助。(8) 监察机关在调查过程中，可调取、查封、扣押用以证明被调查人涉嫌违法犯罪的财物、文件和电子数据等信息。采取调取、查封、扣押措施，应收集原物原件，会同持有人或保管人、见证人，当面逐一拍照、登记、编号，开列清单，由在场人员当场核对、签名，并将清单副本交财物、文件的持有人或保管人。A. 对调取、查封、扣押的财物、文件，监察机关应设立专用账户、专门场所，确定专门人员妥善保管，严格履行交接、调取手续，定期对账核实，不得毁损或用于其他目的。对价值不明物品应及时鉴定，专门封存保管。B. 查封、扣押的财物、文件经查明与案件无关，应在查明后3日内解除查封、扣押，退还。(9) 监察机关在调查过程中，可直接或指派、聘请有专门知识、资格的人员在调查人员主持下进行勘验检查。勘验检查情况应制作笔录，由参加勘验检查的人员和见证人签名或盖章。(10) 监察机关在调查过程中，对案件中的专门性问题，可指派、聘请有专门知识的人进行鉴定。鉴定人进行鉴定后，应出具鉴定意见，并签名。(11) 监察机关调查涉嫌重大贪污贿赂等职务犯罪，据需要，经严格的批准手续，可采取技术调查措施，按规定交有关机关执行。A. 批准决定应明确采取技术调查措施的种类和适用对象，自签发之日起3个月内有效；对复杂、疑难案件，期限届满仍有必要继续采取技术调查措施，经批准，有效期可延长，每次不得超过3个月。B. 对不需继续采取技术调查措施，应及时解除。(12) 依法应留置的被调查人若在逃，监察机关可决定在本行政区域内通缉，由公安机关发布通缉令，追捕归案。通缉范围超出本行政区域，应报请有权决定的上级监察机关决定。(13) 监察机关为防止被调查人及相关人员逃匿境外，经省级以上监察机关批准，可对被调查人及相关人员采取限制出境措施，由公安机关依法执行。对不需继续采取限制出境措施，应及时解除。(14) 涉嫌职务犯罪的被调查人主动认罪认罚，有4种情形（自动投案，真诚悔罪悔过；积极退赃，减少损失；积极配合调查工作，如实供述监察机关还未掌握的违法犯罪行为；有重大立功表现或案件涉及国家重大利益等），监察机关经领导人员集体研究，并报上一级监察机关批准，可在移送检察院时提出从宽处罚的建议。(15) 职务违法犯罪的涉案人员揭发有关被调查人职务违法犯罪行为，查证属实，或提供重要线索，有助于调查其他案件，监察机关经领导人员集体研究，并报上一级监察机关批准，可在移送检察院时提出从宽处罚的建议。(16) 监察机关依本法规定收集的物证、书证、证人证言、被调查人供述和辩解、视听资料、电子数据等证据材料，在刑诉中可作为证据使用。A. 监察机关在收集、固定、审查、运用证据时，应与刑诉关于证据的要求和标准相一致。B. 以非法方法收集的证据应依法排除，不得作为案件处置的依据。(17) 公检法、审计机关等国家机关在工作中发现公职人员涉嫌贪污贿赂、失职渎职等职务违法或职务犯罪的问题线索，应移送监察机关，由监察机关依法调查处置。被调查人既涉嫌严重职务违法或职务犯罪，又涉嫌其他违法犯罪，一般应由监察机关为主调查，其他机关协助。

监察法的监察程序：(1) 监察机关对报案或举报，应接受并按有关规定处理。对不属于本机关管辖，应移送主管机关处理。(2) 监察机关应严格按程序开展工作，建立问题线索处置、调查、审理各部门相互协调、相互制约的工作机制，应加强对调查、处置工作全过程的监管，设立相应的工作部门履行线索管理、监督检查、督促办理、统计分析等管理协调职能。(3) 监察机关对监察对象的问题线索，应按有关规定提出处置意见，履行审批手续，进行分类办理。A. 线索处置情况应定期汇总、通报，定期检查、抽查。B. 需采取初步核实方式处置问题线索，监察机关应依法履行审批程序，成立核查组；初步核实工作结束后，核查组应撰写初步核实情况报告，提出处理建议；承办部门应提出分类处理意见；初步核实情况报告和分类处理意见报监察机关主要负责人审批。C. 经初步核实，对监察对象涉嫌职务违法犯罪，需追究法律责任，监察机关应按规定的权限和程序办理立案手续。D. 监察机关主要负责人依法批准立案后，应主持召开专题会议，研究确定调查方案，决定需采取的调查措施。E. 立案调查决定应向被调查人宣布，并通报相关组织。涉嫌严重职务违法或职务犯罪，应通知被调查人家属，并向社会公开发布。(4) 监察机关对职务违法和职务犯罪案件，应进行调查，收集被调查人有无违法犯罪及情节轻重的证据，查明违法犯罪事实，形成相互印证、完整稳定的证据链。A. 严禁以威胁、引诱、欺骗及其他非法方式收集证据，严禁侮辱、打骂、虐待、体罚或变相体罚被调查人和涉案人员。B. 检察院办理刑事案件需收集证据，可指派、聘请有专门知识的人开展的 3 种工作事项：在检察官的主持下进行勘验或检查；就需鉴定、但未法定鉴定机构的专门性问题进行检验；其他必要的工作。(5) 调查人员采取讯问、询问、留置、搜查、调取、查封、扣押、勘验检查等调查措施，均应依规定出示证件，出具书面通知，由 2 人以上进行，形成笔录、报告等书面材料，并由相关人员签名、盖章。A. 调查人员进行讯问及搜查、查封、扣押等重要取证工作，应对全过程进行录音录像，留存备查。B. 调查人员应严格执行调查方案，不得随意扩大调查范围、变更调查对象和事项。C. 对调查过程中的重要事项，应集体研究后按程序请示报告。(6) 监察机关采取留置措施，应由监察机关领导人员集体研究决定。A. 设区的市级以下监察机关采取留置措施，应报上一级监察机关批准。B. 省级监察机关采取留置措施，应报国家监察委备案。(7) 留置时间不得超过 3 个月；在特殊情况下，可延长 1 次，延长时间不得超过 3 个月。A. 省级以下监察机关采取留置措施，延长留置时间应报上一级监察机关批准。监察机关发现采取留置措施不当，应及时解除。监察机关采取留置措施，可根据工作需要提请公安机关配合；公安机关应依法协助。B. 对被调查人采取留置措施后，应在 24 小时内，通知被留置人员所在单位和家属，但有可能毁灭、伪造证据，干扰证人作证或串供等有碍调查情形为例外。a. 有碍调查情形消失后，应立即通知被留置人员所在单位和家属。b. 监察机关应保障被留置人员的饮食、休息和安全，提供医疗服务。c. 讯问被留置人员应合理安排讯问时间和时长，讯问笔录由被讯问人阅看后签名。C. 被留置人员涉嫌犯罪移送司法机关后，被依法判处管制、拘役和有期刑，留置 1 日折抵管制 2 日，折抵拘役、有期刑 1 日。(8) 监察机关根据监督、调查结果，依法作出处置：A. 对有职务违法行为但情节较轻的公职人员，按管理权限，直接或委托有关机关、人员，进行谈话提醒、批评教育、责令检查，或诫勉。B. 对违法的公职人员依法定程序作出警告、记过、记大过、降级、撤职、开除等政务处分决定。C. 对不履行或不正确履行职责负有责任的领导人员，按管理权限对其直接作出问责决定，或向有权作出问责决定的机关提出问责建议。D. 对涉嫌职务犯罪，监察机关经调查认为犯罪事实清楚，证据确实、充分，制作起诉意见书，连同案卷材料、证据一并移送检察院依法审查、提起公诉。E. 对监察对象所在单位廉政建设和履行职责存在的问题等提出监察建议。(9) 监察机关经调查，对未证据证明被调查人存在违法犯罪行为，应撤销案件，并通知被调查人所在单位；对违法取得的财物，依法没收、追缴或责令退赔；对涉嫌犯罪取得的财物，应随案移送检察院。(10) 检察院对监察机关移送的案件，依刑诉法对被调查人采取强制措施。经审查，认为犯罪事实已查清，证据确实、充分，依法应追究刑责，应作出起诉决定；认为需补充核实，应退回监察机关补充调查，必要时可自行补充侦查（a. 对补充调查的案件，应在 1 个月内补充调查完毕。b. 补充调查以 2 次为限）。A. 检察院对有刑诉法规定的不起诉情形，经上一级检察院批准，依法作出不起诉的决定。B. 监察机关认为不起诉的决定有错误，可向上一级检察院提请复议。(11) 监察机关在调查贪污贿赂、失职渎职等职务犯罪案件过程中，被调查人逃匿或死亡，有必要继续调查，经省级以上监察机关批准，应继续调查并作出结论。被调查人逃匿，在通缉 1 年后不能到案，或死亡，由监察机关提请检察院依法定程序，向法院提出没收违法所得的申请。(12) 监察对象对监察机关作出的涉及本人的处理决定不服，可在收到处理决定之日起 1 个月内，向作出决定的监察机关申请复审，复审机关应在 1 个月内作出复审决定；监察对象对复审决定仍不服，可在收到复审决定之日起 1 个月内，向上一级监察机关申请复核，复核机关应在 2 个月内作出复核决定。A. 复审、复核期间，不停止原处理决定的执行。B. 复核机关经审查，认定处理决定有错误，原处理机关应及时纠正。

从公务员法的角度讲，惩戒公务员的 16 种违法犯罪行为类型：(1) 散布有损国家声誉的言论，组织或参加旨在反对国家的集会、游行、示威等活动。(2) 组织或参加非法组织，组织或参加罢工。(3) 旷工或因公外出、请假期满无正当理由逾期不归。(4) 拒绝执行上级依法作出的决定和命令。(5) 压制批评，打击报复。(6) 玩忽职守，贻误工作。(7) 弄虚作假，误导、欺骗领导和公众。(8) 贪污、行贿、受贿，利用职务之便为自己或他人谋取私利。(9) 滥用职权，侵害公民、法人或其他组织的合法权益。(10) 泄露国家秘密或工作秘密。(11) 参与或支持色情、吸毒、赌博、迷信等活动。(12) 从事或参与营利性活动，在企业或其他营利性组织中兼任职务。(13) 在对外交往中损害国家荣誉和利益。(14) 违反财经纪律，浪费国家资财。(15) 违反职业道德、社会公德。(16) 违反纪律的其他行为。

公务员执行公务时，认为上级的决定或命令有错误，可向上级提出改正或撤销该决定或命令的意见；上级不改变该决定或命令，或要求立即执行，公务员应执行该决定或命令，执行的后果由上级负责，公务员不承担责任；但公务员执行明显违法的决定或命令，应依法承担相应的责任。(1) 公务员因违法违纪应承担纪律责任，依公务员法给予处分（警告、记过、记大过、降级、撤职、开除）；违纪行为情节轻微，经批评教育后改正，可免予处分。(2) 对公务员的处分，应事实清楚、证据确凿、定性准确、处理恰当、程序合法、手续完备。(3) 公务员违纪，应由处分决定机关决定对公务员违纪的情况进行调查，并将调查认定的事实及拟给予处分的依据告知公务员本人。A. 公务员有权进行陈述和申辩。B. 处分决定机关认为对公务员应给予处分，应在规定的期限内，按管理权限和规定的程序作出处分决定。C. 处分决定应以书面形式通知公务员本人。D. 公务员在受处分期间不得晋升职务和级别，其中受记过、记大过、降级、撤职处分，不得晋升工资档次。E. 受处分的期间：警告，6 个月；记过，12 个月；记大过，18 个月；降级、撤职，24 个月。受撤职处分，按规定降低级别。F. 公务员受开除外的处分，在受处分期间有悔改表现，并未再发生违纪行为，处分期满后，由处分决定机关解除处分并以书面形式通知本人。G. 解除处分后，晋升工资档次、级别和职务不再受原处分的影响。H. 解除降级、撤职处分，不视为恢复原级别、原职务。

检察机关贯彻宽严相济政策应坚持全面把握、严格依法、区别对待、注重效果原则。(1) 任何单位或个人不得要求检察官从事超出法定职责范围的事务。(2) 对妨碍检察院依法行使职权的违法犯罪行为，依法追究法律责任；对领导干部等干预司法活动、插手具体案件处理，或检察院内部人员过问案件情况，办案人员应全面如实记录并报告；有违法违纪情形，由有关机关根据情节轻重追究行为人的责任。（3）刑事申诉案件办理终结后，刑事申诉检察部门应结合刑事申诉检察职能协助有关部门做好善后息诉工作；发现原案办理过程中存在执法瑕疵等问题，可向原办案部门提出检察建议或整改意见。（4）办理刑事申诉案件中严重不负责任（过失），未能发现原案办理过程中存在的重大执法过错或拒不依法纠正原案错误，造成严重后果，应依规追究相关人员责任。（5）检察机关办案部门和办案人员正办理的案件中发生违法行使职权行为，应依《关于对检察机关办案部门和办案人员违法行使职权行为纠正、记录、通报及责任追究的规定》（2015年）进行纠正、记录、通报及责任追究。A. 侵犯举报人、控告人、申诉人合法权益，或泄露、隐匿、毁弃、伪造举报、控告、申诉等有关材料。B. 违法剥夺、限制诉讼参与人人身自由，或违反办案安全防范规定。C. 违法剥夺、限制诉讼参与人诉讼权利。D. 违法采取、变更、解除、撤销强制措施，或超期羁押嫌犯，或未法定事由，超过法定办案期限仍未办结案件。E. 违法使用武器、警械警具，或殴打、体罚虐待、侮辱诉讼参与人。F. 刑讯逼供、暴力取证，或以其他非法方法获取证据。G. 讯问职务嫌犯未按规定同步录音录像，或录音录像不规范。H. 隐匿、毁弃、伪造证据，违背事实作出勘验、检查笔录、鉴定意见，包庇、放纵被举报人、嫌犯、被告人，或使无罪的人受到刑事追究。I. 非法搜查，违法查封、扣押、冻结、处理涉案财物及其孳息。J. 有法定回避情形而不回避。K. 未依法依规保障律师行使知情权、会见权、阅卷权、申请收集调取证据权等执业权利，阻碍律师履行法定职责。L. 违反法定程序或办案纪律干预办案，或未经批准私自办案。M. 私自会见案件当事人及其亲友、利害关系人、辩护人、代理人，或接受其提供的宴请、财物、娱乐、健身、旅游等活动。N. 为案件当事人及其亲友、利害关系人、辩护人、代理人打探案情、通风报信，或泄露案件秘密。O. 利用检察权或借办案之机，通过当事人、利害关系人或发案单位、证人等谋取个人利益。P. 越权办案，插手经济纠纷，利用办案之机拉赞助、乱收费、乱罚款，让发案单位、当事人、利害关系人报销费用，或占用其房产或交通、通信工具等物品。Q. 未依法对诉讼活动、行政机关违法行使职权或不行使职权的行为履行法律监督职责，造成不良影响。R. 其他违法行使职权的情形。

渎职罪的最高刑：（1）滥用职权罪、玩忽职守罪的一般最高刑为3年以上7年以下有期刑；国家机关工作人员徇私舞弊，犯滥用职权罪、玩忽职守罪的一般最高刑为5年以上10年以下有期刑。（2）故意泄露国家秘密罪、过失泄露国家秘密罪的最高刑为3年以上7年以下有期刑。（3）徇私枉法罪的最高刑为10年以上有期刑。（4）民事、行政枉法裁判罪的最高刑为5年以上10年以下有期刑。（5）执行判决、裁定失职罪，执行判决、裁定滥用职权罪的最高刑为5年以上10年以下有期刑。（6）司法工作人员收受贿赂，有前徇私枉法、民事行政枉法裁判、执行判决裁定失职的行为，同时又构成受贿罪，依处罚较重的规定定罪处罚。（7）枉法仲裁罪的最高刑为3年以上7年以下有期刑。（8）私放在押人员罪的最高刑为10年以上有期刑。（9）失职使在押人员脱逃罪的最高刑为3年以上10年以下有期刑。（10）徇私舞弊减刑、假释、暂予监外执行罪的最高刑为3年以上7年以下有期刑。（11）徇私舞弊不移交刑事案件罪的最高刑为3年以上7年以下有期刑。（12）滥用管理公司、证券职权罪的最高刑为5年以下有期刑或拘役。（13）徇私舞弊不征、少征税款罪的最高刑为5年以上有期刑。（14）徇私舞弊发售发票、抵扣税款、出口退税罪；违法提供出口退税证罪的最高刑为年以上有期刑。（15）国家机关工作人员签订、履行合同失职被骗罪的最高刑为3年以上7年以下有期刑。（16）违法发放林木采代许可证罪的最高刑为3年以下有期刑或拘役。（17）环境监管失职罪的最高刑为3年以下有期刑或拘役。（18）食品监管渎职罪的最高刑为5年以上10年以下有期刑。（19）徇私舞弊犯食品监管渎职，从重处罚。（20）传染病防治失职罪的最高刑为3

年以下有期刑或拘役。（21）非法批准征收、征用、占用土地罪，非法低价出让国有土地使用权罪的最高刑为3年以上7年以下有期刑。（22）放纵走私罪的最高刑为5年以上有期刑。（23）商检徇私舞弊罪的最高刑为5年以上10年以下有期刑。（24）商检失职罪的最高刑为3年以下有期刑或拘役。（25）动植物检疫徇私舞弊罪的最高刑为5年以上10年以下有期刑。（26）动植物检疫失职罪的最高刑为3年以下有期刑或拘役。（27）纵制售伪劣商品犯罪行为罪的最高刑为5年以下有期刑或拘役。（28）办理偷越国（边）境人员出入境证件罪；放行偷越国（边）境人员罪的最高刑为3年以上7年以下有期刑。（29）不解救被拐卖、绑架妇女、儿童罪，阻碍解救被拐卖、绑架妇女儿童罪的最高刑为5年以下有期刑或拘役；负有解救职责的国家机关工作人员利用职务阻碍解救，构成阻碍解救被拐卖、绑架妇女儿童罪的最高刑为2年以下有期刑或拘役。（30）帮助犯罪分子逃避处罚罪的最高刑为3年以上10年以下有期刑。（31）招收公务员、学生徇私舞弊罪的最高刑为3年以下有期刑或拘役。（32）失职造成珍贵文物损毁、流失罪的最高刑为3年以下有期刑或拘役。

◆《刑法》第397条 【滥用职权罪；玩忽职守罪】

从身份犯、渎职犯、故意犯、行为犯（作为犯、不作为犯）、情节犯、结果犯的角度讲，国家机关工作人员滥用（超越职权的滥用；违法行使职权的滥用）职权或玩忽（不履行职责；不认真履行职责）职守，使公共财产、国家和人民利益遭受重大损失［a. 滥用职权造成死亡1人以上，或重伤3人以上，或轻伤9人以上，或重伤2人、轻伤3人以上，或重伤1人、轻伤6人以上；造成经济损失30万元以上；造成恶劣社会影响；其他使公共财产、国家和人民利益遭受重大损失情形。b. 玩忽职守造成死亡1人以上，或重伤3人以上，或轻伤10人以上；造成直接经济损失30万元以上，或直接经济损失不满30万元，但间接经济损失超过100万元；徇私舞弊，造成直接经济损失20万元以上；造成有关公司、企业等单位停产、严重亏损、破产；严重损害国家声誉，或造成恶劣社会影响；海关、外汇管理部门的工作人员严重不负责任（过失），造成巨额外汇被骗或逃汇；其他使公共财产、国家利益和人民利益遭受重大损失的情形；徇私舞弊，有上述情形］，处3年以下有期刑或拘役；情节特别严重［A. 造成死亡3人以上，或重伤9人以上，或轻伤27人以上，或重伤6人、轻伤9人以上，或重伤3人、轻伤18人以上。B. 造成经济损失（a. 渎职犯罪或与渎职犯罪相关联的犯罪立案时已实际造成的财产损失，含为挽回渎职犯罪所造成损失而支付的各种开支、费用等。b. 立案后至提起公诉前持续发生的经济损失，应一并计入渎职犯罪造成的经济损失）150万元以上。C. 造成经济损失150万元以上的后果，不报、迟报、谎报或授意、指使、强令他人不报、迟报、谎报事故情况，使损失后果持续、扩大或抢救工作延误。D. 造成特别恶劣社会影响。E. 其他特别严重的情节］，处3年以上7年以下有期刑，以刑法另有规定依规定为例外。

【2014·卷2·多项·63】（答案：AD）丙实施抢劫犯罪后，分管公安工作的副县长甲滥用职权，让侦办此案的警察乙想办法使丙无罪。乙明知丙有罪，但为徇私情，采取毁灭证据的手段使丙未受追诉。关于本案的分析，下列哪些选项是正确的？A. 因甲是国家机关工作人员，故甲是滥用职权罪的实行犯。B. 因甲居于领导地位，故甲是徇私枉法罪的间接正犯。C. 因甲实施了两个实行行为，故应实行数罪并罚。D. 乙的行为同时触犯徇私枉法罪与帮助毁灭证据罪、滥用职权罪，但因只有一个行为，应以徇私枉法罪论处。

【2017·卷2·单选·28】（答案：C）甲系某地交通运输管理所工作人员，在巡查执法时致一辆出租车发生重大交通事故，司机乙重伤，乘客丙当场死亡，出租车严重受损。甲以滥用职权罪被提起公诉。关于本案处理，下列哪一选项是正确的？A. 乙可成为附带民事诉讼原告人。B. 交通运输管理所可成为附带民事诉讼被告人。C. 丙的妻子提起附带民事诉讼的，法院应裁定不予受理。D. 乙和丙的近亲属可与甲达成刑事和解。

滥用职权罪是国家机关工作人员超越职权，违法决定、处理其无权决定、处理的事项，或违反规定处理公务，使公共财产、国家利益和人民利益遭受重大损失的行为。（1）国家机关工作人员实施滥用职权、疏于审查或审查不严的行为，使盗窃、抢劫、诈骗、抢夺的机动车被办理登记手续，分别达到3辆以上或价值总额达到30万元以上、5辆以上或价值总额达到50万元的数量、数额标准5倍以上，或明知是盗窃、抢劫、诈骗、抢夺的机动车而办理登记手续，属于滥用职权罪的情节特别严重，处3年以上7年以下有期刑。（2）国家机关工作人员滥用职权（a. 违规或指使他人违规更改、调换车辆档案。b. 指使他人为明知是登记手续不全或不符合规定的机动车办理登记手续。c. 明知是登记手续不全或不符合规定的机动车而办理登记手续。d. 其他滥用职权的行为），使盗窃、抢劫、诈骗、抢夺的机动车被办理登记手续，数量达到3辆以上或价值总额达到30万元以上，以滥用职权罪定罪，处3年以下有期刑或拘役。（3）国家工作人员未经上级同意，委托证券公司理财造成公共财产重大损失，构成滥用职权罪。

【2002·卷2·多选·44】（答案：BCD）派出所所长陈某在"追逃"专项斗争中，为得到表彰，在网上通缉了7名仅违反《治安管理处罚条例》并且已受过治安处罚的人员。虽然陈某通知本派出所人员不要"抓获"这7名人员，但仍有5名人员被外地公安机关"抓获"后关押；关于陈某行为的性质，下列哪些说法是错误的？A. 陈某的行为构成滥用职权罪。B. 陈某的行为构成玩忽职守罪。C. 陈某的行为构成非法拘禁罪。D. 陈某的行为不构成犯罪。

【2012·卷2·单选·21】（答案：C）下列哪一行为应以玩忽职守罪论处？A. 法官执行判决时严重不负责任，因未履行法定执行职责，致当事人利益遭受重大损失。B. 检察官讯问犯罪嫌疑人甲，甲要求上厕所，因检察官违规打开械具后未跟随，致甲在厕所翻窗逃跑。C. 值班警察与女友电话聊天时接到杀人报警，又闲聊10分钟后才赶往现场，因延迟出警，致被害人被杀、歹徒逃走。D. 市政府基建负责人因听信朋友介绍，未经审查便与对方签订建楼合同，致被骗300万元。

玩忽职守罪是国家机关工作人员严重不负责任（过失），不履行或不认真履行职责，使公共财产、国家利益和人民利益遭受重大损失的行为。（1）国家机关工作人员徇私舞弊，实施滥用职权、疏于审查或审查不严的行为，使盗窃、抢劫、诈骗、抢夺的机动车被办理登记手续的行为，构成犯罪，以玩忽职守罪定罪处罚。（2）国家机关工作人员疏于审查或审查不严，使盗窃、抢劫、诈骗、抢夺的机动车被办理登记手续，数量达到5辆以上或价值总额达到50万元以上，以玩忽职守罪定罪，处3年以下有期刑或拘役。（3）司法工作人员出于严重官僚主义，极端不负责，草率从事，情节严重或造成错押、错捕等严重后果，可玩忽职守罪论处。（4）邮电工作人员不负责任，玩忽职守，误拆、遗失、丢失邮件、电报，延误投递，情节严重，给国家和人民利益造成重大损失，应以玩忽职守罪追责。

【2007·卷2·单选·20】（答案：D）下列哪种行为可以构成玩忽职守罪？A. 在安全事故发生后，负有报告职责的人员不报或者谎报情况，贻误事故抢救，情节严重的。B. 国有公司工作人员严重不负责任，造成国有公司破产，致使国家利益遭受重大损失的。C. 负有环保监督管理职责的国家机关工作人员严重不负责任，导致发生重大环境污染事故，造成人身伤亡的严重后果的。D. 负有管理职责的国家机关工作人员发现他人非法从事天然气开采、加工等违法活动而不予查封、取缔，致使国家和利益遭受重大损失的。

【2012·卷2·单选·21】（答案：C）下列哪一行为应以玩忽职守罪论处？A. 法官执行判决时严重不负责任，因未履行法定执行职责，致当事人利益遭受重大损失。B. 检察官讯问犯罪嫌疑人甲，甲要求上厕所，因检察官违规打开械具后未跟随，致甲在厕所翻窗逃跑。C. 值班警察与女友电话聊天时接到杀人报警，又闲聊10分钟后才赶往现场，因延迟出警，致被害人被杀、歹徒逃走。D. 市政府基建负责人因听信朋友介绍，未经审查便与对方签订建楼

合同，致被骗300万元。

以滥用职权罪或玩忽职守罪等罪追究刑责的情形：（1）负有无线电监管职责的国家机关工作人员滥用职权或玩忽职守，使公共财产、国家和人民利益遭受重大损失，应以滥用职权罪或玩忽职守罪追究刑责。（2）从司法解释的角度，在预防、控制突发传染病疫情等灾害（突然发生，造成或可能造成社会公众健康严重损害的重大传染病疫情、群体性不明原因疾病以及其他严重影响公众健康的灾害）的工作中，负有组织、协调、指挥、灾害调查、控制、医疗救治、信息传递、交通运输、物资保障等职责的国家机关工作人员，滥用职权或玩忽职守，使公共财产、国家和人民利益遭受重大损失，以滥用职权罪或玩忽职守罪定罪处罚。法院、检察院办理有关妨害预防、控制突发传染病疫情等灾害的刑事案件，对有自首、立功等悔罪表现，依法从轻、减轻、免除处罚或依法作出不起诉决定。（3）国家机关工作人员滥用职权或玩忽职守，危害矿山生产安全，使公共财产、国家和人民利益遭受重大损失，以滥用职权罪或玩忽职守罪定罪处罚的6种情形：A. 对已依法取得批准的矿山生产经营单位不再具备安全生产条件而不撤销原批准或发现违反安全生产法律法规的行为不查处。B. 对未依法取得批准、验收的矿山生产经营单位擅自从事生产经营活动不依法处理。C. 对不符合矿山法定安全生产条件的事项批准或验收通过。D. 强令审核、验收部门及其工作人员对不符合矿山法定安全生产条件的事项实施批准或验收通过的行为，或实施其他阻碍下级部门及其工作人员依法履行矿山安全生产监管职责行为。E. 在矿山生产安全事故发生后，负有报告职责的国家机关工作人员不报或谎报事故情况，贻误事故抢救。F. 其他滥用职权或玩忽职守的行为。（4）国家机关工作人员在履行安全监管职责时滥用职权、玩忽职守，使公共财产、国家和人民利益遭受重大损失，或徇私舞弊，对发现的刑事案件依法应移交司法机关追究刑责而不移交，情节严重，分别以滥用职权罪、玩忽职守罪或徇私舞弊不移交刑事案件罪定罪处罚。（5）国家情报工作机构及其工作人员有超越职权、滥用职权，侵犯公民和组织的合法权益，利用职务便利为自己或他人谋取私利，泄露国家秘密、商业秘密和个人信息等违法违纪行为，依法给予处分；构成犯罪，依法追责。（6）县级以上政府有关部门及其工作人员在英雄烈士保护工作中滥用职权、玩忽职守、徇私舞弊，对直接负责的主管人员和其他直接责任人员，依法给予处分；构成犯罪，依法追究刑责。

滥用职权罪或玩忽职守罪的根本差异在于犯罪主观方面、犯罪行为表现形式的不同。

从刑诉法、刑诉法解释的角度讲，公检法的受案范围有类型性、分工性、法定性。（1）刑事案件的侦查由公安机关进行，以法律另有规定为例外。（2）检察院的受案范围与程序：A. 对公安机关管辖的国家机关工作人员利用职权实施的重大犯罪案件、其他重大的犯罪案件，需由检察院直接受理时，经省级以上检察院决定，可由检察院立案侦查。B. 检察院在对诉讼活动实行法律监督中发现的司法工作人员利用职权实施的非法拘禁、刑讯逼供、非法搜查等侵犯公民权利、损害司法公正的犯罪，可由检察院立案侦查。C. 当事人和辩护人（a. 正被执行刑罚或依法被剥夺、限制人身自由的人，绝对不得担任辩护人。b. 被开除公职和被吊销律师、公证员执业证书的人，相对不得担任辩护人，以系嫌犯、被告人的监护人、近亲属为例外）、诉讼代理人、利害关系人对司法机关及其工作人员存在违法犯罪行为（a. 采取强制措施法定期限届满，不释放、解除或变更。b. 应退还取保候审保证金不退还。c. 应解除查封、扣押、冻结不解除。d. 对与案件无关的财物采取查封、扣押、冻结措施。e. 贪污、挪用、私分、调换、违反规定使用查封、扣押、冻结的财物）有权向该机关申诉或控告（a. 受理申诉或控告的机关应及时处理。b. 对处理不服，可向同级检察院申诉）。D. 检察院直接受理的案件，可向上一级检察院申诉；检察院对申诉应及时审查，情况属实，通知有关机关纠正。（3）告诉才处理自诉案件由法院直接受理。

国家机关工作人员滥用职权或玩忽职守，实施4种违法犯罪行为（a. 违反石油天然气管道保护条例等国家规定,在油气设备安全保护范围内批准建设项目。b. 违反国家规定,给不符合法定条件的单位、个人发放石油、天然气勘查、开采、加工、经营等许可证。c. 超越职权范围,批准发放石油、天然气勘查、开采、加工、经营等许可证。d. 对发现或经举报查实的未经依法批准、许可擅自从事石油、天然气勘查、开采、加工、经营等违法活动不查封、取缔),使公共财产、国家和人民利益遭受重大损失,以滥用职权罪或玩忽职守罪定罪处罚。

公司、企事业单位的工作人员在依法或受委托行使安全监管职责时滥用职权或玩忽职守,构成犯罪,应依《刑法》第9章渎职罪主体适用问题的解释规定,适用渎职罪规定追究刑责。

债务人经法定程序被宣告破产,债务人潜逃、去向不明,或因行为人的责任超过诉讼时效等,使债权已无法实现,无法实现的债权部分应认定为渎职犯罪的经济损失。

渎职犯罪或与渎职犯罪相关联的犯罪立案后,罪犯及其亲友自行挽回的经济损失,司法机关或罪犯所在单位及其上级主管部门挽回的经济损失,或因客观原因减少的经济损失,不扣减,但可作为酌定从轻处罚的情节。

负有监管职责的国家机关工作人员滥用职权或玩忽职守,使不符合安全标准的食品、有毒有害食品、假药、劣药等流入社会,对群众生命、健康造成严重危害后果,依渎职罪规定从严惩处。

从故意犯、身份犯、情节犯、渎职犯的角度讲,国家机关工作人员徇私舞弊,犯滥用职权罪、玩忽职守罪,处5年以下有期刑或拘役;情节特别严重,处5年以上10年以下有期刑,以刑法另有规定依规定为例外。

国家机关工作人员可能触犯的罪名:(1)国家机关工作人员实施渎职犯罪并收受贿赂,同时构成受贿罪,除刑法另有规定外,以渎职犯罪和受贿罪数罪并罚。(2)国家机关工作人员实施渎职行为,放纵他人犯罪或帮助他人逃避刑罚,构成犯罪,依渎职罪规定定罪处罚,(3)国家机关工作人员与他人共谋,利用其职务行为帮助他人实施他罪行为,同时构成渎职犯罪和共谋实施的他罪共犯,依处罚较重规定定罪处罚。(4)国家机关工作人员与他人共谋,既利用其职务行为帮助他人实施他罪,又以非职务行为与他人共同实施该他罪行为,同时构成渎职犯罪和他罪的共犯,依数罪并罚规定定罪处罚。(5)国家机关工作人员实施滥用职权或玩忽职守犯罪行为,触犯《刑法》分则第九章第397条~419条渎职罪,依该规定定罪处罚。(6)国家机关工作人员滥用职权或玩忽职守,因不具备徇私舞弊等情形,不符合刑法分则第九章渎职罪,但依法构成滥用职权罪或玩忽职守罪,以滥用职权罪或玩忽职守罪定罪处罚。(7)国家机关负责人员违法决定,或指使、授意、强令其他国家机关工作人员违法履行职务或不履行职务,构成《刑法》分则第九章第397条~419条渎职罪(故意泄露国家秘密罪、过失泄露国家秘密罪、动植物检疫失职罪、商检失职罪、环境监管失职罪、传染病防治失职罪、执行判决裁定失职罪、失职使在押人员脱逃罪、失职造成珍贵文物损毁流失罪、食品监管渎职罪、滥用管理公司证券职权罪、滥用职权罪、执行判决裁定滥用职权罪、玩忽职守罪、枉法仲裁罪、徇私枉法罪、民事行政枉法裁判罪、放纵制售伪劣商品犯罪行为罪、放纵走私罪、私放在押人员罪、帮助犯罪分子逃避处罚罪、招收公务员学生徇私舞弊罪、动植物检疫徇私舞弊罪、商检徇私舞弊罪、徇私舞弊减刑假释暂予监外执行罪、徇私舞弊不移交刑事案件罪、徇私舞弊不征少征税款罪、徇私舞弊发售发票抵扣税款出口退税罪、非法批准征收征用占用土地罪、非法低价出让国有土地使用权罪、违法提供出口退税证罪、违法发放林木采伐许可证罪、不解救被拐卖绑架妇女儿童罪、阻碍解救被拐卖绑架妇女儿童罪),应依法追究刑责。(8)在调查处理在押人员死亡工作中,警察、检察人员、从事医疗鉴定等相关工作人员应严格依法律和规定履行职责;对有玩忽职守、滥用职权、徇私舞弊等违法违纪行为,依法依纪给予处分;构成犯罪,依法追究刑责。A. 看守所及其工作人员在行使职权时,违法使用武器、警械、殴打、虐待在押人员,或唆使、放纵他人以殴打、虐待等行为造成在押人员死亡，依法依纪给予处分；构成犯罪，依法追究刑责，并由公安机关按国家赔偿法的规定赔偿。B. 对不属于赔偿范围但死亡在押人员家庭确实困难、符合相关救助条件，死亡在押人员的近亲属可按规定向民政部门申请救助。C. 死亡在押人员的近亲属及相关人员因在押人员死亡无理纠缠、聚众闹事，影响看守所正常工作秩序和社会稳定，公安机关应依法处置；构成犯罪，依法追究刑责。

以集体研究形式实施的渎职犯罪，应依刑法分则第九章渎职罪追究国家机关负有责任的人员的刑责。对具体执行人员，应在综合认定其行为性质、是否提出反对意见、危害结果大小等情节的基础上决定是否追究刑责和应判的刑罚。

依法或受委托行使国家行政管理职权的公司、企事业单位的工作人员，在行使行政管理职权时滥用职权或玩忽职守，构成犯罪，应依《关于〈中华人民共和国刑法〉第九章渎职罪主体适用问题的解释》规定，适用渎职罪规定追究刑责。

以危害结果为条件的渎职犯罪的追诉期限，从危害结果发生之日起计算；有数个危害结果，从最后一个危害结果发生之日起算。对跨地区实施涉及同一机动车的盗窃、抢劫、诈骗、抢夺及掩饰、隐瞒犯罪所得、犯罪所得收益行为，有关公安机关可依法律和有关规定一并立案侦查，需提请批捕、移送审查起诉、提起公诉，由该公安机关所在地的同级检察院、法院受理。

从赔偿监督的角度讲，最高检发现法院赔偿委作出的决定，上级检察院发现下级法院赔偿委作出的决定，或下级检察院发现上级或同级法院赔偿委作出的赔偿决定，有新证据，可能足以推翻原决定；原决定认定事实的主要证据可能不足；原决定适用法律可能错误；违反程序规定、可能影响案件正确处理；有证据证明审判人员在审理该案时有贪污受贿、徇私舞弊、枉法处理行为的情形，应自本院受理之日起30日内立案，或经检察长批准或检委会审议决定后，层报有监督权的上级检察院审查。

◆ 《刑法》第398条【故意泄露国家秘密罪；过失泄露国家秘密罪】

从身份犯、情节犯、结果犯、故意犯、过失犯、渎职犯的角度讲，国家机关工作人员违反保守国家秘密法规定，故意或过失泄露国家秘密（政党中的秘密事项、国家事务的重大决策、国防建设和武装力量活动、外交和外事活动、国民经济和社会发展、科技、维护国安活动和追究刑事犯罪活动、其他经国家保密工作部门确定应保守的国家秘密事项）或情报（涉及非国家秘密性质的国家政治经济军事科技等尚未公开或不宜公开泄露、影响国安和利益的情况和材料），情节严重（a. 国家机关工作人员涉嫌故意泄露国家秘密行为，有泄露绝密级或机密级国家秘密；泄露秘密级国家秘密3项以上；向公众散布、传播国家秘密；泄露国家秘密已造成严重危害后果；利用职权指使或强迫他人违反国家保守秘密法的规定泄露国家秘密；以牟取私利为目的泄露国家秘密；其他情节严重的情形。b. 国家机关工作人员涉嫌过失泄露国家秘密行为，有泄露绝密级国家秘密；泄露机密级国家秘密3项以上；泄露秘密级国家秘密3项以上，造成严重危害后果；泄露国家秘密或遗失秘密文件不如实提供有关情况；其他情节严重的情形），处3年以下有期刑或拘役；情节特别严重，处3年以上7年以下有期刑。

非国家机关工作人员犯故意泄露国家秘密罪或过失泄露国家秘密罪，以故意泄露国家秘密罪或过失泄露国家秘密罪酌情处罚。

故意泄露国家秘密罪是国家机关工作人员或非国家机关工作人员违反保守国家秘密法，故意使国家秘密被不应知悉者知悉或使国家秘密超出了限定的接触范围，情节严重的行为。

过失泄露国家秘密罪是国家机关工作人员或非国家机关工作人员违反保守国家秘密法，过失泄露国家秘密，或遗失秘密文件，使国家秘密被不应知悉者知悉或超出了限定的接触范围,情节严重的行为。

◆《刑法》第399条【徇私枉法罪;民事、行政枉法裁判罪;执行判决、裁定失职罪;执行判决、裁定滥用职权罪】

从身份犯、故意犯、行为犯、情节犯、目的犯、渎职犯的角度讲,司法工作人员〔公安、国安、监狱、军队保卫部门、检察院(铁路运输检察院、林业检察院等专门检察院)、法院从事侦查、检察、审判工作的人员〕徇私枉法、徇情枉法,对明知无罪的人而使他受追诉(枉法追诉)、对明知有罪的人而故意包庇不使他受追诉(枉法不追诉),或在刑审活动中故意违背事实和法律作枉法裁判(枉法裁判),处5年以下有期刑或拘役;情节严重(多次徇私、徇情枉法;案发后拒不认罪等),处5年以上10年以下有期刑;情节特别严重(徇私、徇情枉法造成重大冤假错案;故意包庇重大罪犯;包庇多名罪犯造成极其恶劣影响等),处10年以上有期刑。

【2008·川·卷2·单选·20】(答案:A)某中级法院的主审法官甲收受故意杀人案被告人乙的家属现金1万元后,伪造乙防卫过当、自首的证据,欺骗该院审判会员会,导致原本可能被判死刑的乙最终仅被判处3年徒刑。对甲应以何罪论处?A. 徇私枉法罪。B. 滥用职权罪。C. 受贿罪。D. 伪证罪。

从司法解释的角度讲,徇私枉法罪的立案标准:(1)对明知无犯罪事实或其他依法不应追究刑责的人采取伪造、隐匿、毁灭证明或其他隐瞒事实、违背法律的手段,以追究刑责为目的进行立案、侦查(含强制措施)、起诉、审判。(2)对明知有犯罪事实而需追究刑责的人,采取伪造、隐匿、毁灭证据或其他隐瞒事实、违背法律的手段,故意包庇使其不受立案、侦查(含强制措施)、起诉、审判。(3)采取伪造、隐匿、毁灭证据或其他隐瞒事实、违反法律的手段,故意使罪重的人受较轻的追诉,或使罪轻的人受较重的追诉。(4)在立案后,故意违背事实和法律,应采取强制措施而不采取强制措施,或虽采取强制措施,但无正当理由中断侦查或超过法定期限不采取任何措施,实际放任不管,违法撤销、变更强制措施,使嫌犯、被告人实际脱离司法机关侦控。(5)在刑事审判活动中,故意违背事实和法律作出枉法判决、裁定(有罪判无罪、无罪判有罪、重罪轻判、轻罪重判)。(6)其他枉法追诉,不追诉、枉法裁判行为。

【2009·卷2·多选·65】(答案:ACD)关于徇私枉法罪,下列哪些选项是正确的?A. 甲(警察)与犯罪嫌疑人陈某曾是好友,在对陈某采取监视居住期间,故意对其放任不管,导致陈某逃匿,司法机关无法对其追诉。甲构成徇私枉法罪。B. 乙(法官)为报复被告人赵某对自己的出言不逊,故意在刑事附带民事判决中加大赵某对被害人的赔偿数额,使赵某多付10万元。乙不构成徇私枉法罪。C. 丙(鉴定人)在收取犯罪嫌疑人盛某的钱财后,将被害人的伤情由重伤改为轻伤,导致盛某轻判。丙不构成徇私枉法罪。D. 丁(法官)为打击被告人程某,将对程某不起诉的理由从"证据不足,指控犯罪不能构成"擅自改为"可以免除刑罚"。丁构成徇私枉法罪。

从比较法的角度讲,徇私枉法罪和诬告陷害罪、伪证罪的根本差异在于犯罪的主体、客体、客观方面的不同;徇私枉法罪、包庇罪的根本差异在于犯罪的主体、手段、时间的不同。

【2011·卷2·单选·20】(答案:A)刘某以赵某对其犯故意伤害罪,向法院提起刑事附带民事诉讼。因赵某妹妹曾拒绝本案主审法官王某的求爱,故王某在明知证据不足、指控犯罪不能成立的情况下,毁灭赵某无罪证据,认定赵某构成故意伤害罪,并宣告免予刑罚处罚。对王某的定罪,下列哪一选项是正确的?A. 徇私枉法罪。B. 滥用职权罪。C. 玩忽职守罪。D. 帮助毁灭证据罪。

从身份犯、故意犯、情节犯、渎职犯的角度讲,司法工作人员(法院院长、副院长、审委会委员、庭长、副庭长、审判员、助理审判员、陪审员等）在民事、行政审判活动中故意违背事实和法律作枉法裁判，情节严重（a. 枉法裁判，使当事人或其近亲属自杀、自残造成重伤、死亡，或精神失常。b. 枉法裁判，造成个人财产直接经济损失 10 万元以上，或直接经济损失不满 10 万元，但间接经济损失 50 万元以上。c. 枉法裁判，造成法人或其他组织财产直接经济损失 20 万元以上，或直接经济损失不满 20 万元，但间接经济损失 100 万元以上。d. 伪造、变造有关材料、证据，制造假案枉法裁判。e. 串通当事人制造伪证，毁灭证据或篡改庭审笔录而枉法裁判。f. 徇私情私利，明知是伪造、变造的证据采信，或故意对应采信的证据不予采信，或故意违反法定程序，或故意错误适用法律而枉法裁判。g. 其他情节严重的情形），处 5 年以下有期刑或拘役；情节特别严重，处 5 年以上 10 年以下有期刑。

民事、行政枉法裁判罪是司法工作人员徇私枉法、徇情枉法，在民事、行政审判活动中故意违背事实与法律作枉法裁判，情节严重的行为。

从最高法严格执行公开审判制度的若干规定的角度讲，凡应依法公开审理的案件未公开审理，当事人提起上诉或检察院对刑事案件的判决、裁定提起抗诉，第二审法院应裁定撤销原判决，发回重审，应依法公开审理；当事人申请再审，法院可决定再审；检察院按审判监督程序提起抗诉，法院应决定再审，应依法公开审理。(1) 依法公开审理案件，案件事实未经法庭公开调查不能认定。A. 证明案件事实的证据未在法庭公开举证、质证，不能进行认证，但无需举证的事实除外。B. 缺席审理的案件，法庭可结合其他事实和证据进行认证；法庭能当庭认证，应当庭认证。(2) 法院审理的所有案件应一律公开宣告判决；宣告判决，应对案件事实和证据进行认定，并在此基础上正确适用法律。

从身份犯、故意犯、结果犯、渎职犯的角度讲，犯执行判决、裁定失职罪，在执行判决、裁定活动中，严重不负责任（过失），或犯执行判决、裁定滥用职权罪，滥用职权，不依法采取诉讼保全措施、不履行法定执行职责，或违法采取诉讼保全措施、强制执行措施，使当事人或其他人的利益遭受重大损失，处 5 年以下有期刑或拘役；使当事人或其他人的利益遭受特别重大损失，处 5 年以上 10 年以下有期刑。

从身份犯、故意犯、情节犯、渎职犯、牵连犯的角度讲，司法工作人员收受贿赂，有徇私枉法、民事行政枉法裁判、执行判决、裁定失职、执行判决裁定滥用职权、枉法仲裁的犯罪行为，同时又构成受贿罪，依处罚较重的规定定罪处罚。

从刑诉法、非法证据排除规则的角度讲，公安机关提请批准逮捕书、检察院起诉书、法院判决书，须忠实于事实真相；故意隐瞒事实真相，应追究责任；凡伪造证据、隐匿证据或毁灭证据，无论属于何方，须受法律追究。(1) 审判人员、检察人员、侦查人员须依法定程序，收集能证实嫌犯、被告人有罪或无罪、犯罪情节轻重的各种证据。A. 严禁刑讯逼供和以威胁、引诱、欺骗以及其他非法方法收集证据，不得强迫任何人证实自己有罪。B. 在侦查、审查起诉、审判时发现有应排除的证据，应依法排除，不得作为起诉意见、起诉决定和判决的依据。C. 须保证一切与案件有关或了解案情的公民，有客观地充分地提供证据的条件，除特殊情况外，可吸收他们协助调查。D. 辩护人认为在侦查、审查起诉期间公安机关、检察院收集的证明嫌犯、被告人无罪或罪轻的证据材料未提交，有权申请检察院、法院调取。(2) 在对证据收集的合法性进行法庭调查的过程中，检察院应对证据收集的合法性加以证明。A. 现有证据材料不能证明证据收集的合法性，检察院可提请法院通知有关侦查人员或其他人员出庭说明情况；法院可通知有关侦查人员或其他人员出庭说明情况；有关侦查人员或其他人员也可要求出庭说明情况；经法院通知，有关人员应出庭。B. 自案件移送审查起诉之日起，检察院可根据辩护人的申请，向公安机关调取未提交的证明嫌犯、被告人无罪或罪轻的证据材料。在法庭审理过程中，法院可根据辩护人的申请，向检察院调取未提交的证明被告人无罪或罪轻的证据材料，也可向检察院调取需调查核实的证据材料。公安机关、检察院应自收到要求调取证据材料决定书后3日内移交。C. 检察院接到报案、控告、举报或发现侦查人员以非法方法收集证据，应进行调查核实，对确有以非法方法收集证据情形，应提出纠正意见；构成犯罪，依法追究刑责。D. 检察院发现法院审理案件违反法律规定的诉讼程序，有权向法院提出纠正意见，对违反法定程序的庭审活动提出纠正意见，应由检察院在庭审后提出。（3）法庭经对当事人及其辩护人、诉讼代理人提供的相关线索或材料进行审查后，认为可能存在以非法方法收集证据情形，应对证据收集的合法性进行法庭调查，法庭调查的顺序由法庭根据案件审理情况确定。A. 法庭审理过程中，合议庭对证据有疑问，可宣布休庭，对证据进行调查核实。B. 法庭审理过程中，审判人员认为可能存在以非法方法收集证据情形，应对证据收集的合法性进行法庭调查。C. 对经法庭审理，确认或不能排除存在以非法方法收集证据情形，对有关证据应排除。D. 收集物证、书证不符合法定程序，可能严重影响司法公正，应补正或作出合理解释；不能补正或作出合理解释，对该证据应排除。E. 采用刑讯逼供等非法方法收集的嫌犯、被告人供述和采用暴力、威胁等非法方法收集的证人证言、被害人陈述，应排除。（4）法院对提起公诉的案件进行审查后，对起诉书中有明确的指控犯罪事实，应决定开庭审判。A. 法院审理公诉案件，发现有新的事实，可能影响定罪，检察院可要求补充起诉或变更起诉，法院可建议检察院补充起诉或变更起诉；法院建议检察院补充起诉或变更起诉，检察院应在7日内回复意见。B. 法院依法通知证人、鉴定人出庭作证，应同时将证人、鉴定人出庭通知书送交控辩双方，控辩双方应配合。C. 法院开庭审理公诉案件时，出庭的检察人员和辩护人需出示、宣读、播放已移交法院的证据，可申请法庭出示、宣读、播放。（5）当事人及其辩护人、诉讼代理人有权申请法院对以非法方法收集的证据依法排除，应提供相关线索或材料。A. 法庭审理过程中，当事人和辩护人、诉讼代理人有权申请通知新的证人到庭，调取新的物证，申请重新鉴定或勘验。B. 法庭审理过程中，被告人揭发他人犯罪行为或提供重要线索，检察院认为需进行查证，可建议补充侦查。

从《关于建立法官、检察官惩戒制度的意见（试行）》（2016年）的角度讲，法官、检察官（实行法官、检察官员额制后进入员额的法官、检察官）违反审判、检察职责的行为属实，惩戒委员会认为构成故意或因重大过失导致案件错误并造成严重后果，法院、检察院应依有关规定作出惩戒决定，并给予相应处理。（1）应给予停职、延期晋升、免职（免除法官、检察官职务，应按法定程序提请人大常委会作出决定）、责令辞职、辞退等处理，按干部管理权限和程序依法办理。（2）应给予纪律处分，依有关规定和程序办理。（3）法官、检察官违反审判、检察职责的行为涉嫌犯罪，应将违法线索移送有关司法机关处理。（4）当事法官、检察官对惩戒决定不服，可向作出决定法院、检察院申请复议，并有权向上一级法院、检察院申诉。

从国家赔偿法的角度讲，对有刑讯逼供或以殴打、虐待等行为或唆使、放纵他人以殴打、虐待等行为造成公民身体伤害或死亡；违法使用武器、警械造成公民身体伤害或死亡；在处理案件中有贪污受贿，徇私舞弊，枉法裁判行为的责任人员（检察人员等），赔偿义务机关（检察院等）赔偿后应追偿部分或全部赔偿费用，有关机关（检察院等）应依法给予处分；构成犯罪，应依法追究刑责。检察院办理国家赔偿案件、开展赔偿监督，不得向赔偿请求人或赔偿义务机关收取任何费用。

受害人对行使侦查、检察、审判职权的机关以及看守所、监狱管理机关及其工作人员在行使职权时侵犯自己的人身权而有取得赔偿权：（1）违反刑诉法的规定对公民采取拘留措施，或依刑诉法规定的条件和程序对公民采取拘留措施，但拘留时间超过刑诉法规定的时限，其后决定撤销案件、不起诉或判决宣告无罪终止追究刑责。（2）对公民采取逮捕措施后，决定撤销案件、不起诉或判决宣告无罪终止追究刑责。（3）依审判监督程序再审改判无罪，原判刑罚已执行。（4）刑讯逼供或以殴打、虐待等行为或唆使、放纵他人以殴打、虐待等行为造成公民身体伤害或死亡。(5) 违法使用武器、警械造成公民身体伤害或死亡。

受害人对行使侦查、检察、审判职权的机关以及看守所、监狱管理机关及其工作人员在行使职权时侵犯自己的财产权而有取得赔偿权：(1) 违法对财产采取查封、扣押、冻结、追缴等措施。(2) 依审判监督程序再审改判无罪，原判罚金、没收财产已执行。

监狱对罪犯提出的申诉、控告、检举的处理方式方法：(1) 罪犯对生效的判决不服，可提出申诉。A. 对罪犯的申诉，检察院或法院应及时处理。B. 对罪犯提出的控告、检举材料，监狱应及时处理或转送公安机关或检察院处理，公安机关或检察院应将处理结果通知监狱。(2) 罪犯的申诉、控告、检举材料，监狱应及时转递，不得扣压。(3) 监狱在执行刑罚过程中，据罪犯的申诉，认为判决可能有错误，应提请检察院或法院处理，检察院或法院应自收到监狱提请处理意见书之日起 6 个月内将处理结果通知监狱。

《公安机关讯问犯罪嫌疑人录音录像工作规定》(2014 年)：(1) 对讯问嫌犯过程录音录像（公安机关讯问嫌犯、违法嫌疑人、被侵害人、被害人、证人，在文字记录的同时，利用录音录像设备对讯问过程进行全程音视频同步记录），应对每一次讯问全程不间断进行，保持完整性，不得选择性地录制，不得剪接、删改。A. 在办理刑事案件过程中，在看守所讯问或通过网络视频等方式远程讯问嫌犯，应对讯问过程进行录音录像。B. 公安机关应积极创造条件，尽快实现对所有刑事案件讯问过程全程录音录像。装备财务、警务保障、科技、信通等部门应为讯问录音录像工作提供保障和支持。(2) 应对讯问（在执法办案场所进行的讯问；对不需拘留、逮捕的嫌犯在指定地点或其住处进行的讯问；紧急情况下在现场进行的讯问）过程录音录像的 5 种重大犯罪案件类型：A. 可能判处无期刑、死刑的案件（应适用的法定刑或量刑档次包含无期刑、死刑、10 年以上有期刑的案件）。B. 致人重伤、死亡的严重危害公共安全犯罪、严重侵犯公民人身权利犯罪案件。C. 黑社会性质组织犯罪案件，含组织、领导黑社会性质组织，入境发展黑社会组织，包庇、纵容黑社会性质组织等犯罪案件。D. 严重毒品犯罪案件（走私、贩卖、运输、制造毒品，非法持有毒品数量大，包庇走私、贩卖、运输、制造毒品的罪犯情节严重，走私、非法买卖制毒物品数量大的犯罪案件）。E. 其他故意犯罪，可能判处 10 年以上有期刑的案件（应适用的法定刑或量刑档次包含无期刑、死刑、10 年以上有期刑的案件）。(3) 应对讯问过程录音录像的 8 种非重大犯罪案件类型：A. 嫌犯是盲、聋、哑人，未成年人或尚未完全丧失辨认或控制自己行为能力的精神病人，以及不通晓当地通用的语言文字。B. 嫌犯反侦查能力较强或供述不稳定，翻供可能性较大。C. 嫌犯作无罪辩解和辩护人可能作无罪辩护。D. 嫌犯、被害人、证人对案件事实、证据存在较大分歧。E. 共犯中难以区分嫌犯相关责任。F. 引发信访、舆论炒作风险较大。G. 社会影响重大、舆论关注度高。H. 其他重大、疑难、复杂情形。(4) 对讯问过程进行录音录像，可使用专门的录制设备，也可通过声像监控系统进行。A. 讯问开始前，应做好录音录像的准备工作，对讯问场所及录音录像设备进行检查和调试，确保设备运行正常、时间显示准确。B. 录音录像应自讯问开始时开始，至嫌犯核对讯问笔录、签字捺指印后结束；讯问笔录记载的起止时间应与讯问录音录像资料反映的起止时间一致。C. 对讯问过程进行录音录像，应对侦查人员、嫌犯、其他在场人员、讯问场景和计时装置、温度计显示的信息进行全面摄录，图像应显示嫌犯正面中景；有条件的地方，可通过画中画技术同步显示侦查人员正面画面。D. 讯问过程中出示证据和嫌犯辨认证据、核对笔录、签字捺指印的过程应在画面中反映。E. 讯问录音录像的图像应清晰稳定，话音应清楚可辨，能真实反映讯问现场的原貌，全面记录讯问过程，并同步显示日期和 24 小时制时间信息。F. 制作讯问笔录时，侦查人员可对嫌犯的供述进行概括，但涉及犯罪的时间、地点、作案手段、作案工具、被害人情况、主观心态等案件关键事实，讯问笔录记载的内容应与讯问录音录像资料记录的嫌犯供述一致。G. 讯问过程中，因存储介质空间不足、技术故障等客观原因导致不能录音录像，应中止讯问，并视情及时采取更换存储介质、排除故障、调换讯问室、更换移动录音录像设备等措施。H. 对重大案件外的案件，因案情紧急、排除中止情形所需时间过长等原因不宜中止讯问，可继续讯问。有关情况应在讯问笔录中载明，并由嫌犯签字确认。I. 中止讯问的情形消失后继续讯问，应同时进行录音录像。侦查人员应在录音录像开始后，口头说明中断的原因、起止时间等情况，在讯问笔录中载明并由嫌犯签字确认。(5) 办案部门应指定办案人员外的人员保管讯问录音录像资料，不得由办案人员自行保管。A. 讯问录音录像资料的保管条件应符合公安声像档案管理有关规定，保密要求应与本案讯问笔录一致。B. 有条件的地方，可对讯问录音录像资料实行信息化管理，并与执法办案信息系统关联。C. 案件侦查终结后，应将讯问录音录像资料和案件卷宗一并移交档案管理部门保管。D. 讯问录音录像资料应刻录光盘（a. 刻录光盘保存，应制作一式两份，在光盘标签或封套上标明制作单位、制作人、制作时间、被讯问人、案件名称及案件编号，一份装袋密封作为正本，一份作为副本。b. 对一起案件中的嫌犯多次讯问，可将多次讯问的录音录像资料刻录在同一张光盘内。c. 刻录完成后，办案人员应在24小时内将光盘移交保管人员，保管人员应登记入册并与办案人员共同签名）保存或利用磁盘等存储设备存储（应在讯问结束后立即上传到专门的存储设备中，并制作数据备份；必要时，可转录为光盘）。E. 刑诉过程中，除因副本光盘损坏、灭失需重新复制，或对副本光盘的真实性存在疑问需查阅外，不得启封正本光盘；确需调取正本光盘，应经办案部门负责人批准，使用完毕后应及时重新封存。F. 公安机关办案和案件审核、执法监督、核查信访投诉等工作需使用讯问录音录像资料，可调取副本光盘或通过信息系统调阅。G. 法院、检察院依法调取讯问录音录像资料，办案部门应在3日内将副本光盘移交法院、检察院。利用磁盘等存储设备存储，应转录为光盘后移交。H. 调取光盘时，保管人员应在专门的登记册上登记调取人员、时间、事由、预计使用时间、审批人等事项，并由调取人员和保管人员共同签字。I. 对调取、使用的光盘，有关单位应妥善保管，并在使用完毕后及时交还保管人员。J. 调取人归还光盘时，保管人员应进行检查、核对，有损毁、调换、灭失等情况，应如实记录，并报告办案部门负责人。K. 通过信息系统调阅讯问录音录像资料，应综合考虑部门职责、岗位性质、工作职权等因素，严格限定使用权限，严格落实管理制度。(6) 讯问录音录像工作和讯问录音录像资料的管理使用情况，应纳入所在单位案件审核和执法质量考评范围。A. 对重大犯罪案件，办案部门在报送审核时应同时提交讯问录音录像资料。审核部门应重点审查是否存在以刑讯逼供等非法方法收集证据；未在讯问室讯问嫌犯；未保证嫌犯的饮食和必要的休息时间；讯问笔录记载的起止时间与讯问录音录像资料反映的起止时间不一致；讯问笔录与讯问录音录像资料内容严重不符。B. 对重大犯罪案件外的案件，存在刑讯逼供等非法取证嫌疑，审核部门应对讯问录音录像资料进行审查。C. 审核部门不得将嫌犯供述作为提请批捕、移送审查起诉依据的2种情形：a. 存在刑讯逼供等非法方法收集证据的情形。b. 存在未在讯问室讯问嫌犯；未保证嫌犯的饮食和必要的休息时间；讯问笔录记载的起止时间与讯问录音录像资料反映的起止时间不一致；讯问笔录与讯问录音录像资料内容严重不符的情形而未进行补正、解释，或经补正、解释后仍不能有效证明讯问过程合法性。D. 应根据有关规定追究有关单位和人员责任的情形：a. 未对重大案件讯问过程进行录音录像，导致有关证据被法院、检察院依法排除。b. 讯问笔录与讯问录音录像资料内容严重不符，影响证据效力。c. 对讯问录音录像资料进行剪接、删改。d. 未按规定保管，使讯问录音录像资料毁损、灭失、泄露。e. 私自或违规调取、使用、披露讯问录音录像资料，影响案件办理或侵犯当事人合法权益。f. 其他违反公安机关讯问嫌犯录音录像工作规定，应追究责任。

◆ 《刑法》 第399条之一 【枉法仲裁罪】

从身份犯、故意犯、情节犯、渎职犯、口袋罪的角度讲，依法承担仲裁职责的人员，在仲裁活动中故意违背事实和法律作枉法裁决,情节严重,处3年以下有期刑或拘役;情节特别严重,处3年以上7年以下有期刑。

任何单位或个人不得要求法官从事超出法定职责范围的事务。(1)对领导干部等干预司法活动、插手具体案件处理,或法院内部人员过问案件情况,办案人员应全面如实记录并报告;有违法违纪情形,由有关机关根据情节轻重追究行为人的责任。(2)从刑诉法审判监督程序的角度,当事人及其法定代理人、近亲属申诉到法院应重审的5种情形:有新证据证明原判决、裁定认定的事实确有错误,可能影响定罪量刑;据以定罪量刑的证据不确实、不充分、依法应排除,或证明案件事实的主要证据之间存在矛盾;原判决、裁定适用法律确有错误;违反法律规定的诉讼程序,可能影响公正审判;审判人员在审理该案件时,有贪污受贿,徇私舞弊,枉法裁判行为。(3)枉法仲裁罪、枉法裁判罪的根本差异在于犯罪主体的不同。

从人民陪审员法的角度讲,公民有依法担任陪审员的权利和义务。(1)公民担任陪审员的5种基本条件:拥护宪法;年满28周岁;遵纪守法、品行良好、公道正派;有正常履行职责的身体条件;一般应有高中以上文化程度。(2)禁止担任陪审员的类型:人大常委会的组成人员,监察委、公检法、国安机关、司法行政机关的工作人员;律师、公证员、仲裁员、基层法律服务工作者;其他因职务原因不适宜担任陪审员的人员;受过刑罚;被开除公职;被吊销律师、公证员执业证书;被纳入失信被执行人名单;因受惩戒被免除陪审员职务;其他有严重违法违纪行为,可能影响司法公信的人员。(3)陪审员依陪审员法产生,任期为5年,一般不得连任,依法参加法院的审判活动受法律保护,应忠实履行审判职责,保守审判秘密,注重司法礼仪,维护司法形象,依法享有参加审判活动、独立发表意见、获得履职保障等权利,除法律另有规定外,享有法官同等权利。A.陪审员所在单位、户籍所在地或经常居住地的基层群众性自治组织应依法保障陪审员参加审判活动。B.陪审员的名额,由基层法院根据审判案件的需要,提请同级人大常委会确定。陪审员的名额数不低于本院法官数的3倍。C.司法行政机关会同基层法院、公安机关,从辖区内的常住居民名单中随机抽选拟任命陪审员数5倍以上的人员作为陪审员候选人,对陪审员候选人进行资格审查,征求候选人意见。D.司法行政机关会同基层法院,从通过资格审查的陪审员候选人名单中随机抽选确定陪审员人选,由基层法院院长提请同级人大常委会任命,经人大常委会任命后,应公开进行就职宣誓,由基层法院会同司法行政机关组织。E.因审判活动需要,可通过个人申请和所在单位、户籍所在地或经常居住地的基层群众性自治组织、人民团体推荐的方式产生陪审员候选人,经司法行政机关会同基层法院、公安机关进行资格审查,确定陪审员人选,由基层法院院长提请同级人大常委会任命,但不得超过陪审员名额数的1/5。(4)法院应依法保障陪审员履行审判职责。A.陪审员参加审判活动期间,由法院依有关规定按实际工作日给予补助。陪审员因参加审判活动而支出的交通、就餐等费用,由法院依有关规定给予补助。B.陪审员因参加审判活动应享受的补助,法院和司法行政机关为实施陪审制度所必需的开支,列入法院和司法行政机关业务经费,由相应政府财政保障。C.陪审员参加审判活动期间,所在单位不得克扣或变相克扣其工资、奖金及其他福利待遇。D.法院应结合本辖区实际情况,合理确定每名陪审员年度参加审判案件的数量上限,并向社会公告。E.陪审员的培训、考核和奖惩等日常管理工作,由基层法院会同司法行政机关负责。F.对在审判工作中有显著成绩或有其他突出事迹的陪审员,依有关规定给予表彰和奖励。G.陪审员的回避,适用审判人员回避的法律规定。H.陪审员的人身和住所安全受法律保护;任何单位和个人不得对陪审员及其近亲属打击报复;对报复陷害、侮辱诽谤、暴力侵害陪审员及其近亲属,依法追究法律责任。(5)陪审员和法官组成合议庭审判案件,由法官担任审判长,可组成3人合议庭,也可由法官3人与陪审员4人组成7人合议庭。A.陪审员参加3人合议庭审判案件,对事实认定、法律适用,独立发表意见,行使表决权。B.陪审员参加7人合议庭审判案件,对事实认定,独立发表意见，并与法官共同表决；对法律适用，可发表意见，但不参加表决。C. 合议庭评议案件，实行少数服从多数的原则。D. 陪审员同合议庭其他组成人员意见分歧，应将其意见写入笔录。E. 合议庭组成人员意见有重大分歧，陪审员或法官可要求合议庭将案件提请院长决定是否提交审委会讨论决定。F. 审判长应履行与案件审判相关的指引、提示义务，但不得妨碍陪审员对案件的独立判断。G. 合议庭评议案件，审判长应对本案中涉及的事实认定、证据规则、法律规定等事项及应注意的问题，向陪审员进行必要的解释和说明。（6）第一审刑事案件被告人、民事案件原告或被告、行政案件原告申请由陪审员参加合议庭审判，法院可决定由陪审员和法官组成合议庭审判。A. 基层法院审判案件需由陪审员参加合议庭审判，应在陪审员名单中随机抽取确定。B. 中院、高院审判案件需由陪审员参加合议庭审判，在其辖区内的基层法院的陪审员名单中随机抽取确定。（7）以法律规定由法官独任审理或由法官组成合议庭审理从其规定为例外，法院审判第一审刑事、民事、行政案件，由陪审员和法官组成合议庭进行审理的3种案件类型：A. 涉及群体利益、公共利益。B. 群众广泛关注或其他社会影响较大。C. 案情复杂或有其他情形，需由陪审员参加审判。（8）法院审判第一审案件，由陪审员和法官组成7人合议庭进行审理的4种案件类型：A. 可能判处10年以上有期刑、无期刑、死刑，社会影响重大的刑事案件。B. 根据民诉法、行诉法提起的公益诉讼案件。C. 涉及征地拆迁、生态环保、食品药品安全，社会影响重大的案件。D. 其他社会影响重大的案件。（9）经陪审员所在基层法院会同司法行政机关查证属实，由院长提请同级人大常委会免除其陪审员职务的4种情形：A. 本人因正当理由申请辞去陪审员职务。B. 有不得担任陪审员的情形。C. 无正当理由，拒绝参加审判活动，影响审判工作正常进行。D. 违反与审判工作有关的法律及相关规定，徇私舞弊，造成错误裁判或其他严重后果。（10）陪审员有无正当理由，拒绝参加审判活动，影响审判工作正常进行，或违反与审判工作有关的法律及相关规定，徇私舞弊，造成错误裁判或其他严重后果的违法犯罪行为，可采取通知其所在单位、户籍所在地或经常居住地的基层群众自治组织、人民团体，在辖区范围内公开通报等措施进行惩戒；构成犯罪，依法追究责。

◆ 《刑法》第400条 【私放在押人员罪；失职致使在押人员脱逃罪】

从身份犯、故意犯、行为犯、情节犯、渎职犯的角度讲，司法工作人员（看守所、拘留所、少年犯管教所、拘役所、监狱等负有监管职责的管教人员、看守人员、执行逮捕、押解罪犯的人员）私放（利用自己看管、管教、押解、提审等职务便利条件，无合法手续，私自释放、逃避关押）在押（在羁押场所、押解途中）的嫌犯、被告人或罪犯（已决犯、未决犯），处5年以下有期刑或拘役；情节严重（私放重要的嫌犯、被告人或罪犯；私放多名嫌犯、被告人或罪犯；私放的嫌犯、被告人或罪犯继续犯罪或造成其他严重后果等），处5年以上10年以下有期刑；情节特别严重，处10年以上有期刑。

私放在押人员罪是司法工作人员私放在押（含在羁押场所与押解途中）的嫌犯、被告人或罪犯的行为。（1）从司法实践的角度，被私放的在押人员托管管的时间长短、是否按时返回监所，均不影响私放在押人员罪的构成。（2）从牵连犯的角度，司法工作人员收受贿赂私放在押的嫌犯、被告人或罪犯，同时触犯受贿罪、私放在押人员罪，应依牵连犯处罚较重的犯罪处罚。

私放在押人员罪的立案标准：（1）私自将在押的嫌犯、被告人、罪犯放走，或授意、指使、强迫他人将在押的嫌犯、被告人、罪犯放走。（2）伪造、变造有关法律文书，以使在押的嫌犯、被告人、罪犯脱逃。（3）为在押的嫌犯、被告人、罪犯通风报信、提供条件，帮助其脱逃。（4）其他私放在押的嫌犯、被告人、罪犯的行为。

从身份犯、过失犯、结果犯、渎职犯的角度讲，司法工作人员因严重不负责任（过失）

（职务过错），使在押的嫌犯、被告人或罪犯脱逃，造成严重后果（使依法可能判处或已判处10年以上有期刑、无期刑、死刑的嫌犯、被告人、罪犯脱逃；3次以上使嫌犯、被告人、罪犯脱逃，或一次使3名以上嫌犯、被告人、罪犯脱逃；嫌犯、被告人、罪犯脱逃后，打击报复控告人、检举人、被害人、证人与司法工作人员等，或继续犯罪，危害社会；其他使在押的嫌犯、被告人、罪犯脱逃，造成严重后果的行为），处3年以下有期刑或拘役；造成特别严重后果，处3年以上10年以下有期刑。

失职使在押人员脱逃罪是司法工作人员因严重不负责任（过失），不履行或不认真履行职责，使在押的嫌犯、被告人、罪犯脱逃，造成严重后果的行为。（1）从司法解释的角度，工人等非监管机关在编监管人员在被监管机关聘用受委托履行监管职责的过程中私放在押人员，应以私放在押人员罪追究刑责；因严重不负责任（过失），使在押人员脱逃，造成严重后果，应以失职使在押人员脱逃罪追究刑责。（2）失职使在押人员脱逃罪和玩忽职守罪、徇私枉法罪的根本差异在于犯罪主体职责权限、犯罪客观方面、法定刑的不同。

◆ 《刑法》第401条【徇私舞弊减刑、假释、暂予监外执行罪】

从身份犯、故意犯、行为犯、情节犯、渎职犯的角度讲，司法工作人员徇私舞弊（虚构事实、隐瞒真相、伪造条件等），对不符合减刑、假释、暂予监外执行条件的罪犯，减刑、假释或暂予监外执行，处3年以下有期刑或拘役；情节严重（违法对严重的罪犯减刑假释，危害社会；违法减刑、假释或暂予监外执行造成恶劣的社会影响；受贿而违法减刑、假释或暂予监外执行；被违法减刑、假释、暂予监外执行的罪犯继续犯罪等），处3年以上7年以下有期刑。

徇私舞弊减刑、假释、暂予监外执行罪是司法工作人员徇私舞弊，对不符合减刑、假释、暂予监外执行条件的罪犯减刑、假释、暂予监外执行的行为。

徇私舞弊减刑、假释、暂予监外执行罪的立案标准：（1）刑罚执行机关的工作人员对不符合减刑、假释、暂予监外执行条件的罪犯，捏造事实，伪造材料，违法报请减刑、假释、暂予监外执行。（2）法院和监狱管理机关以及公安机关的工作人员为徇私情私利，对不符合减刑、假释、暂予监外执行条件的罪犯的减刑、假释、暂予监外执行申请，违法裁定、决定减刑、假释、暂予监外执行。（3）不有报请、裁定或决定减刑、假释、暂予监外执行权的司法工作人员利用职务便利，徇私情私利，伪造有关材料，导致符合减刑、假释、暂予监外执行条件的罪犯被减刑、假释、暂予监外执行。（4）其他违法减刑、假释、暂予监外执行的行为。

对罪犯在暂予监外执行期间在异地犯罪，若罪行是在犯罪地被发现、罪犯是在犯罪地被捕获，由犯罪地检察院审查起诉；若案件由罪犯暂予监外执行地法院审判更为适宜，也可由罪犯暂予监外执行地的检察院审查起诉；若罪行是在暂予监外执行的情形消失，罪犯被继续收监执行剩余刑期期间发现，由罪犯服刑地的检察院审查起诉。

《关于减刑、假释案件审理程序的规定》（2014年）：（1）减刑、假释案件的处理程序：A. 对被判处死缓执行的罪犯的减刑，由罪犯服刑地的高院在收到同级监狱管理机关审核同意的减刑建议书后1个月内作出裁定。B. 对被判处无期刑的罪犯的减刑、假释，由罪犯服刑地的高院在收到同级监狱管理机关审核同意的减刑、假释建议书后1个月内作出裁定，案情复杂或情况特殊，可延长1个月。C. 对被判处有期刑和被减为有期刑的罪犯的减刑、假释，由罪犯服刑地的中院在收到执行机关提出的减刑、假释建议书后1个月内作出裁定，案情复杂或情况特殊，可延长1个月。D. 对被判处拘役、管制、暂予监外执行的罪犯的减刑，由罪犯服刑地中院在收到同级执行机关审核同意的减刑、假释建议书后1个月内作出裁定。（2）法院受理减刑、假释案件，应审查执行机关移送的5种材料类型：A. 减刑或假释建议书。B. 终审法院裁判文书、执行通知书、历次减刑裁定书的复印件。C. 罪犯确有悔改或立功、重大立功表现的具体事实的书面证明材料。D. 罪犯评审鉴定表、奖惩审批表等。E. 其他根据案件审理需应予移送的材料。报请假释，应附有社区矫正机构或基层组织罪犯假释后对所居住社区影响的调查评估报告。检察院对报请减刑、假释案件提出检察意见，执行机关应一并移送受理减刑、假释案件法院。经审查，材料齐备，应立案；材料不齐，应通知执行机关在3日内补送，逾期未补送，不予立案。（3）法院审理减刑、假释案件，应在立案后5日内将执行机关报请减刑、假释的建议书等材料依法向社会公示（罪犯的个人情况、原判认定的罪名和刑期、罪犯历次减刑情况、执行机关的建议及依据），应写明公示期限（5日）和提出意见的方式。（4）法院审理减刑、假释案件，应依法由审判员或由审判员和陪审员组成合议庭进行。（5）法院审理减刑、假释案件，除应审查罪犯在执行期间的一贯表现外，还应综合考虑犯罪的具体情节、原判刑罚情况、财产刑执行情况、附带民事裁判履行情况、罪犯退赃退赔等情况。A. 法院审理假释案件，除应审查第一款所列情形外，还应综合考虑罪犯的年龄、身体状况、性格特征、假释后生活来源以及监管条件等影响再犯罪的因素。B. 执行机关以罪犯有立功表现或重大立功表现为由提出减刑，应审查立功或重大立功表现是否属实。C. 涉及发明创造、技术革新或其他贡献，应审查该成果是否系罪犯在执行期间独立完成，并经有关主管机关确认。（6）一般而言，法院审理减刑、假释案件，可采取开庭审理或书面审理的方式；特殊而言，应开庭审理的6种减刑、假释案件类型：A. 因罪犯有重大立功表现报请减刑。B. 报请减刑的起始时间、间隔时间或减刑幅度不符合司法解释一般规定。C. 公示期间收到不同意见。D. 检察院有异议。E. 被报请减刑、假释罪犯系职务犯罪罪犯，组织（领导、参加、包庇、纵容）黑社会性质组织犯罪罪犯，破坏金融管理秩序和金融诈骗犯罪罪犯及其他在社会上有重大影响或社会关注度高。F. 法院认为其他应开庭审理。（7）法院开庭审理减刑、假释案件，应通知检察院、执行机关及被报请减刑、假释罪犯参加庭审。A. 法院根据需要，可通知证明罪犯确有悔改表现或立功、重大立功表现的证人，公示期间提出不同意见的人，以及鉴定人、翻译人员等其他人员参加庭审。B. 开庭审理应在罪犯刑罚执行场所或法院确定的场所进行；有条件法院可采取视频开庭的方式进行。C. 在社区执行刑罚的罪犯因重大立功被报请减刑，可在罪犯服刑地或居住地开庭审理。（8）法院对决定开庭审理的减刑、假释案件，应在开庭3日前将开庭的时间、地点通知检察院、执行机关、被报请减刑、假释罪犯和有必要参加庭审的其他人员，并于开庭3日前进行公告。（9）减刑、假释案件的开庭审理由审判长主持，应按有关程序进行：A. 审判长宣布开庭，核实被报请减刑、假释罪犯的基本情况。B. 审判长宣布合议庭组成人员、检察人员、执行机关代表及其他庭审参加人。C. 执行机关代表宣读减刑、假释建议书，并说明主要理由。D. 检察人员发表检察意见。E. 法庭对被报请减刑、假释罪犯确有悔改表现或立功表现、重大立功表现的事实以及其他影响减刑、假释的情况进行调查核实。F. 被报请减刑、假释罪犯作最后陈述。G. 审判长对庭审情况进行总结并宣布休庭评议。（10）庭审过程中，合议庭人员对报请理由有疑问，可向被报请减刑、假释罪犯、证人、执行机关代表、检察人员提问。A. 庭审过程中，检察人员对报请理由有疑问，在经审判长许可后，可出示证据，申请证人到庭，向被报请减刑、假释罪犯及证人提问并发表意见。B. 被报请减刑、假释罪犯对报请理由有疑问，在经审判长许可后，可出示证据，申请证人到庭，向证人提问并发表意见。（11）庭审过程中，合议庭对证据有疑问需进行调查核实，或检察人员、执行机关代表提出申请，可宣布休庭。（12）法院开庭审理减刑、假释案件，能当庭宣判的应当庭宣判；不能当庭宣判，可择期宣判。（13）法院书面审理减刑、假释案件，可就被报请减刑、假释罪犯是否符合减刑、假释条件进行调查核实或听取有关方面意见。（14）法院书面审理减刑案件，可提讯被报请减刑罪犯；书面审理假释案件，应提讯被报请假释罪犯。（15）法院审理减刑、假释案件的处理程序：A. 被报请减刑、假释罪犯符合法律规定的减刑、假释条件,作出减刑、假释的裁定。B. 被报请减刑的罪犯符合法律规定的减刑条件,但执行机关报请的减刑幅度不适当,对减刑幅度作出相应调整后作出减刑的裁定。C. 被报请减刑、假释罪犯不符合法律规定的减刑、假释条件,作出不予减刑、假释的裁定。(16) 在法院作出减刑、假释裁定前,执行机关书面申请撤回减刑、假释建议,是否准许,由法院决定。(17) 减刑、假释裁定书应写明罪犯原判和历次减刑情况,确有悔改表现或立功、重大立功表现的事实和理由,减刑、假释的法律依据。A. 裁定减刑,应注明刑期的起止时间。B. 裁定假释,应注明假释考验期的起止时间。C. 裁定调整减刑幅度或不予减刑、假释,应在裁定书中说明理由。(18) 法院作出减刑、假释裁定后,应在7日内送达报请减刑、假释的执行机关、同级检察院和罪犯本人。A. 作出假释裁定,还应送达社区矫正机构或基层组织。B. 减刑、假释裁定书应通过互联网依法向社会公布。(19) 检察院认为法院减刑、假释裁定不当,在法定期限内提出书面纠正意见,法院应在收到纠正意见后另行组成合议庭审理,并在1个月内作出裁定。(20) 法院发现本院已生效的减刑、假释裁定确有错误,应依法重新组成合议庭进行审理并作出裁定;上级法院发现下级法院已生效的减刑、假释裁定确有错误,应指令下级法院另行组成合议庭审理,也可自行依法组成合议庭进行审理并作出裁定。

　　从《监狱提请减刑假释工作程序规定》(2014年) 的角度讲,监狱提请减刑、假释,应根据法律规定的条件和程序进行,遵循公开、公平、公正的原则,严格实行办案责任制。(1) 被判处有期刑和被减刑为有期刑的罪犯的减刑、假释,由监狱提出建议,提请罪犯服刑地的中院裁定。(2) 被判处死缓2年执行的罪犯的减刑,被判处无期刑的罪犯的减刑、假释,由监狱提出建议,经省级监狱管理局审核同意后,提请罪犯服刑地的高院裁定。(3) 省级监狱管理局和监狱分别成立减刑假释评审委,由分管领导及刑罚执行、狱政管理、教育改造、狱内侦查、生活卫生、劳动改造、政工、监察等有关部门负责人组成,分管领导任主任。监狱管理局、监狱减刑假释评审委成员不得少于9人。(4) 狱提请减刑、假释,应由分监区或未设分监区的监区警察集体研究,监区长办公会议审核,监狱刑罚执行部门审查,监狱减刑假释评审委评审,监狱长办公会议决定。(5) 省级监狱管理局刑罚执行部门审查监狱依法定程序提请的减刑、假释建议并出具意见,报请分管副局长召集减刑假释评审委审核后,报局长审定,必要时可召开局长办公会议决定。(6) 监狱提请减刑、假释的程序:A. 提请减刑、假释,应根据法律规定的条件,结合罪犯服刑表现,由分监区警察集体研究,提出提请减刑、假释建议,报经监区长办公会议审核同意后,由监区报送监狱刑罚执行部门审查。B. 直属分监区或未设分监区的监区,由直属分监区或监区警察集体研究,提出提请减刑、假释建议,报送监狱刑罚执行部门审查。C. 分监区、直属分监区或未设分监区的监区警察集体研究以及监区长办公会议审核情况,应有书面记录,并由与会人员签名。(7) 监区或直属分监区提请减刑、假释,应报送5种材料:A. 罪犯减刑(假释)审核表。B. 监区长办公会议或直属分监区、监区警察集体研究会议的记录。C. 终审法院裁判文书、执行通知书、历次减刑裁定书的复印件。D. 罪犯计分考核明细表、罪犯评审鉴定表、奖惩审批表和其他有关证明材料。E. 罪犯确有悔改表现或立功、重大立功表现的具体事实的书面证明材料。(8) 监狱刑罚执行部门收到监区或直属分监区对罪犯提请减刑、假释的材料后,应审查4种基本事项:A. 需提交的材料是否齐全、完备、规范。B. 罪犯确有悔改或立功、重大立功表现的具体事实的书面证明材料是否来源合法。C. 罪犯是否符合法定减刑、假释的条件。D. 提请减刑、假释的建议是否适当。(9) 经审查,对材料不齐全或不符合提请条件,应通知监区或直属分监区补充有关材料或退回;对相关材料有疑义,应提讯罪犯进行核查;对材料齐全、符合提请条件,应出具审查意见,连同监区或直属分监区报送的材料一并提交监狱减刑假释评审委评审。提请罪犯假释,还应委托县级司法行政机关对罪犯假释后对所居住社区影响进行调查评估,并将调查评估报告一并提交。(10) 监狱减刑假释评审委应召开会议,对刑罚执行部门审查提交的提请减刑、假释建议进行评审，提出评审意见。A. 会议应有书面记录，并由与会人员签名。B. 监狱可邀请检察院派员列席减刑假释评审委会议。（11）监狱减刑假释评审委经评审后，应将提请减刑、假释的罪犯名单以及减刑、假释意见在监狱内公示。A. 公示内容应含罪犯的个人情况、原判罪名及刑期、历次减刑情况、提请减刑假释的建议及依据等。B. 公示期限为5个工作日。C. 公示期内，如有监狱警察或罪犯对公示内容提出异议，监狱减刑假释评审委应进行复核，并告知复核结果。（12）监狱应在减刑假释评审委完成评审和公示程序后，将提请减刑、假释建议送检察院征求意见。A. 征求意见后，监狱减刑假释评审委应将提请减刑、假释建议和评审意见连同检察院意见，一并报请监狱长办公会议审议决定。B. 监狱对检察院意见未予采纳，应回复，并说明理由。（13）监狱长办公会议决定提请减刑、假释，由监狱长在《罪犯减刑（假释）审核表》上签署意见，加盖监狱公章，并由监狱刑罚执行部门根据法律规定制作提请减刑建议书或提请假释建议书，连同有关材料一并提请法院裁定。A. 检察院对提请减刑、假释提出的检察意见，应一并移送受理减刑、假释案件法院。B. 对死缓犯、无期刑犯提请减刑、假释，应同时提交省级监狱管理局签署意见的罪犯减刑（假释）审核表，监狱应将《罪犯减刑（假释）审核表》连同有关材料报送省级监狱管理局审核。（14）监狱在向法院提请减刑、假释的同时，应将提请减刑、假释的建议书副本抄送检察院。（15）监狱提请法院裁定减刑、假释，应提交6种材料：A. 提请减刑建议书或提请假释建议书。B. 终审法院裁判文书、执行通知书、历次减刑裁定书的复印件。C. 罪犯计分考核明细表、评审鉴定表、奖惩审批表。D. 罪犯确有悔改或立功、重大立功表现的具体事实的书面证明材料。E. 提请假释，应附有县级司法行政机关罪犯假释后对所居住社区影响的调查评估报告。F. 根据案件情况需提交的其他材料。（16）监狱管理局审核提请减刑、假释建议的程序：A. 省级监狱管理局刑罚执行部门收到监狱报送的提请减刑、假释建议的材料后，应进行审查。审查中发现监狱报送的材料不齐全或有疑义，应通知监狱补充有关材料或作出说明。审查无误后，应出具审查意见，报请分管副局长召集评审委进行审核。B. 监狱管理局分管副局长主持完成审核后，应将审核意见报请局长审定；分管副局长认为案件重大或有其他特殊情况，可建议召开局长办公会议审议决定。监狱管理局审核同意对罪犯提请减刑、假释，由局长在《罪犯减刑（假释）审核表》上签署意见，加盖监狱管理局公章。（17）法院开庭审理减刑、假释案件，监狱应派员参加庭审，宣读提请减刑、假释建议书并说明理由，配合法庭核实相关情况。（18）违反法律规定和提请减刑、假释，涉嫌违纪，依有关处分规定追究相关人员责任；涉嫌犯罪，移送司法机关依法追究刑责。（19）监狱办理职务犯罪罪犯减刑、假释案件，应按有关规定报请备案审查。

职务犯罪（贪污贿赂犯罪，国家工作人员的渎职犯罪，国家机关工作人员利用职权实施的非法拘禁、非法搜查、刑讯逼供、暴力取证、虐待被监管人、报复陷害、破坏选举的侵犯公民人身权利、公民民主权利的犯罪）罪犯减刑、假释、暂予监外执行案件实行备案审查制度。（1）检察院对职务犯罪罪犯减刑、假释、暂予监外执行案件实行备案审查，按不同情形分别处理：A. 对原厅局级以上职务犯罪罪犯减刑、假释、暂予监外执行的案件，检察院应在收到减刑、假释裁定书或暂予监外执行决定书后10日内，逐案层报最高检备案审查。B. 县处级职务犯罪罪犯减刑、假释、暂予监外执行的案件，检察院应在收到减刑、假释裁定书或暂予监外执行决定书后10日内，逐案层报省级检察院备案审查。（2）检察院报请备案审查减刑、假释案件，应填写备案审查登记表，并附刑执行机关提请减刑假释建议书、法院减刑假释裁定书、检察院向刑罚执行机关、法院提出的书面意见的复印件。罪犯有重大立功表现裁定减刑、假释的案件，还应附重大立功表现相关证明材料的复印件。（3）检察院报请备案审查暂予监外执行案件，应填写备案审查登记表，并附刑罚执行机关提请暂予监外执行意见书或审批表；决定或批准机关暂予监外执行决定书；检察院向刑罚执行机关、暂予监外执行决定或批准机关提出的书面意见;罪犯的病情诊断、鉴定意见以及相关证明材料的复印件。上级检察院认为有必要,可要求下级检察院补报相关材料。下级检察院应在收到通知后3日内,按要求报送。(4)最高检和省级检察院收到备案审查材料后,应指定专人进行登记和审查,并在收到材料后10日内,分别作出处理:A.对职务犯罪罪犯减刑、假释、暂予监外执行不当,应通知下级检察院依法向有关单位提出纠正意见。其中,省级检察院认为高院作出的减刑、假释裁定或省级监狱管理局、省级公安厅(局)作出的暂予监外执行决定不当,应依法提出纠正意见。B.对职务犯罪罪犯减刑、假释、暂予监外执行存在疑点或可能存在违法违规问题,应通知下级检察院依法进行调查核实。(5)下级检察院收到上级检察院对备案审查材料处理意见的通知后,应立即执行,并在收到通知后30日内,报告执行情况。(6)省级检察院应将本年度原县处级以上职务犯罪罪犯减刑、假释、暂予监外执行的名单,以及本年度职务犯罪罪犯减刑、假释、暂予监外执行的数量和比例对比情况,与法院、公安机关、监狱管理机关等有关单位核对后,于次年一月底前,报送最高检。(7)对职务犯罪罪犯减刑、假释、暂予监外执行的比例明显高于他罪犯的相应比例,检察院应对职务犯罪罪犯减刑、假释、暂予监外执行案件进行逐案复查,查找和分析存在的问题,依法向有关单位提出意见或建议。(8)最高检和省级检察院应每年对职务犯罪罪犯减刑、假释、暂予监外执行情况分析和总结,指导和督促下级检察院落实有关要求。

《刑法》 第402条 【徇私舞弊不移交刑事案件罪】

从身份犯、故意犯、情节犯、结果犯的角度讲,行政执法人员徇私舞弊,对依法应移交司法机关追究刑责的不移交,情节严重(对依法可能判处3年以上有期刑、无期刑、死刑的犯罪案件不移交;3次以上不移交犯罪案件,或一次不移交犯罪案件涉及3名以上嫌犯;司法机关发现并提出意见后,无正当理由仍不予移交;以罚代刑,放纵嫌犯,使嫌犯继续进行违法犯罪活动;行政执法部门主管领导阻止移交;隐瞒、毁灭证据,伪造材料,改变刑事案件性质;直接负责的主管人员与其他直接责任人员为牟取本单位私利不移交刑事案件,情节严重;其他情节严重的情形),处3年以下有期刑或拘役;造成严重后果,处3年以上7年以下有期刑。

徇私舞弊不移交刑事案件罪是行政执法人员徇私情私利,伪造材料,隐瞒情况,弄虚作假,对依法应移交司法机关追究刑责的案件,不移交司法机关处理,情节严重的行为。(1)徇私舞弊不移交刑事案件罪、滥用职权罪存在特别法和普通法的法条竞合关系,行为人的行为同时触犯徇私舞弊不移交刑事案件罪、滥用职权罪的规定和其他有关条款规定,应按特别法的规定定罪处罚。(2)国家机关工作人员在履行安全监管职责时滥用职权、玩忽职守,使公共财产、国家和人民利益遭受重大损失,或徇私舞弊,对发现的刑事案件依法应移交司法机关追究刑责而不移交,情节严重,分别以滥用职权罪、玩忽职守罪或徇私舞弊不移交刑事案件罪定罪处罚。

【2004·卷2·多选·61】(答案:AD)某国税稽查局对某电缆厂的偷税案件进行查处。该厂厂长甲送给国税稽查局局长乙3万元,要求给予关照。乙收钱后,将某电缆厂已涉嫌构成偷税罪的案件仅以罚款了事。次年8月,上级主管部门清理税务违法案件。为避免电缆厂偷税案件移交司法机关处理,乙私自更改数据,隐瞒事实,使该案未移交司法机关。对乙应以何罪论处?A.受贿罪。B.滥用职权罪。C.帮助犯罪分子逃避处罚罪。D.徇私舞弊不移交刑事案件罪。

检察院办理行政执法机关移送涉嫌犯罪案件的规定:(1)对行政执法机关、其他机关和部门移送检察机关的涉嫌犯罪案件,统一由检察院控告检察部门受理。(2)检察院控告检察部门受理行政执法机关移送的涉嫌犯罪案件后,应登记,并指派2名以上检察人员进行初步审查。(3) 检察院控告检察部门审查行政执法机关移送的涉嫌犯罪案件，应根据不同情况，提出移送有关部门的处理意见，3 日内报主管副检察长或检察长批准，并通知移送的行政执法机关：A. 对不属于检察机关管辖的案件，移送其他有管辖权的机关处理。B. 对属于检察机关管辖，但不属于本院管辖的案件，移送有管辖权的检察院办理。C. 对属于本院管辖的案件，转本院反贪、渎职侵权检察部门办理。(4) 对性质不明、难以归口办理的案件，可先由控告检察部门进行调查。(5) 对不属于本院管辖但又须采取紧急措施的案件，检察院控告检察部门在报经主管副检察长或检察长批准后，应先采取紧急措施，再行移送。(6) 对行政执法机关移送的涉嫌犯罪案件，检察院反贪、渎职侵权检察部门应审查是否附有有关材料（涉嫌犯罪案件移送书；涉嫌犯罪案件情况的调查报告；涉案物品清单；有关检验报告或鉴定结论；其他有关涉嫌犯罪的材料），可要求移送案件的行政执法机关补充上述材料和证据。(7) 对行政执法机关移送的涉嫌犯罪案件，检察院经审查，认为符合立案条件，应及时作出立案决定，并通知移送的行政执法机关。(8) 对行政执法机关移送的涉嫌犯罪案件，检察院经审查，认为不符合立案条件，可作出不立案决定；对需给予有关责任人员行政处分、行政处罚或没收违法所得，可提出检察意见，移送有关主管部门处理，并通知移送的行政执法机关。(9) 对检察院的不立案决定，移送涉嫌犯罪案件的行政执法机关可在收到不立案决定书后 5 日内要求作出不立案决定的检察院复议。A. 检察院刑事申诉检察部门应指派专人进行审查，并在收到行政执法机关要求复议意见书后 7 日内作出复议决定。B. 行政执法机关对复议决定不服，可在收到检察院复议决定书后 5 日内向上一级检察院提请复核。C. 上一级检察院应在收到行政执法机关提请复核意见书后 15 日内作出复核决定。D. 对原不立案决定错误，应及时纠正，并通知作出不立案决定的以下级检察院执行。(10) 对检察院决定立案侦查的案件，办理案件的检察院应将立案决定和案件的办理结果及时通知移送案件的行政执法机关。(11) 移送涉嫌犯罪案件的行政执法机关对公安机关不予立案决定或不予立案的复议决定有异议，建议检察院依法进行立案监督，统一由检察院侦查监督部门办理。(12) 检察院应依法对公安机关办理行政执法机关移送涉嫌犯罪案件进行立案监督，应要求公安机关在收到检察院《要求说明不立案理由通知书》后 7 日内将不立案理由的说明书面答复检察院的 3 种情形，含检察院认为公安机关对应立案侦查的案件而不立案侦查；被害人认为公安机关对应立案侦查的案件而不立案侦查，向检察院提出；移送涉嫌犯罪案件的行政执法机关对公安机关不予立案决定或不予立案的复议决定有异议，建议检察院依法进行立案监督。检察院认为公安机关不立案理由不能成立，应通知公安机关在收到通知立案书后 15 日内决定立案，并将立案决定书送达检察院。(13) 对检察院认为公安机关不立案理由成立，或认为公安机关的不立案理由不成立而通知公安机关立案，公安机关已立案，检察院应及时通知提出立案监督建议的行政执法机关。(14) 检察院对行政执法机关不移送涉嫌犯罪案件，可提出检察意见的 4 种情形：检察机关发现行政执法机关应移送的涉嫌犯罪案件而不移送；有关单位和个人举报的行政执法机关应移送的涉嫌犯罪案件而不移送；隐匿、销毁涉案物品或私分涉案财物；以行政处罚代替刑事追究而不移送。有关行政执法人员涉嫌犯罪，依刑法有关规定，追究刑责。(15) 检察院对公安机关不接受行政执法机关移送的涉嫌犯罪案件，或逾期不作出立案或不予立案决定，在检察机关依法实施立案监督后，仍不接受或不作出决定，可向公安机关提出检察意见；有关公安人员涉嫌犯罪，依刑法有关规定，追究刑责。(16) 最高检对地方检察院，上级检察院对下级检察院办理的行政执法机关移送的涉嫌犯罪案件，应加强指导和监督，对不依法办理以及办理过程中的违法违纪问题，要依有关规定严肃处理；构成犯罪，依法追责。

◆ **《刑法》第 403 条【滥用管理公司、证券职权罪】**

从身份犯、故意犯、结果犯的角度讲，国家有关主管部门的国家机关工作人员，徇私舞弊，滥用职权，对不符合法律规定条件的公司设立、登记申请或股票、债券发行、上市申请，批准或登记，使公共财产、国家和人民利益遭受重大损失（市场监管部门的工作人员对不符合法律规定条件的公司设立、登记申请，违法批准、登记，严重扰乱市场秩序；市场监管部门、金融证券管理机构的工作人员对不符合法律规定条件的公司设立、登记申请或股票、债券发行、上市申请违法批准或登记，使犯罪行为得逞；金融证券管理机构工作人员对不符合法律规定条件的股票、债券发行、上市申请，违法批准，严重损害公众利益，或严重扰乱金融秩序；上级部门强令登记机关及其工作人员实施徇私舞弊，滥用职权，对不符合法律规定条件的公司设立、登记申请或股票、债券发行、上市申请批准或登记，使公共财产、国家和人民利益遭受重大损失；其他使公共财产、国家利益和人民利益遭受重大损失的情形），处5年以下有期刑或拘役。

滥用管理公司、证券职权罪是市场监管、银行、证券管理等国家有关主管部门的工作人员徇私舞弊，滥用职权，对不符合法律规定条件的公司设立、登记申请或股票、债券发行、上市申请批准或登记，使公共财产、国家利益和人民利益遭受重大损失的行为，以及上级部门、当地政府强令登记机关及其工作人员实施上述行为的行为。

上级部门强令登记机关及其工作人员实施滥用管理公司、证券职权的犯罪行为，对其直接负责的主管人员，以滥用管理公司、证券职权罪处罚。

◆ 《刑法》第404条 【徇私舞弊不征、少征税款罪】

从身份犯、结果犯的角度讲，税务机关的工作人员徇私舞弊，不征或少征应征税款，使国家税收遭受重大损失，处5年以下有期刑或拘役；造成特别重大损失，处5年以上有期刑。

【2002·卷2·单选·10】（答案：C）税务稽查员甲发现A公司欠税80万元，便私下与A公司有关人员联系，要求对方汇10万元到自己存折上以了结此事。A公司将10万元汇到甲的存折上后，甲利用职务上的便利为A公司免交80万元税款办理了手续。对甲的行为应如何处理？A. 认定为徇私舞弊不征、少征税款罪，从重处罚。B. 认定为受贿罪，从重处罚。C. 认定为徇私舞弊不征、少征税款罪与受贿罪的竞合，从一重处罚。D. 认定为徇私舞弊不征、少征税款罪与受贿罪，实行并罚。

◆ 《刑法》第405条 【徇私舞弊发售发票、抵扣税款、出口退税罪；违法提供出口退税证罪】

从身份犯、故意犯、结果犯、渎职犯的角度讲，税务机关的工作人员违反法律、行政法规规定，在办理发售发票、抵扣税款、出口退税工作中，徇私舞弊，使国家利益遭受重大损失（为徇私情私利，违反法律、行政法规，伪造材料，隐瞒情况，弄虚作假，对不应发售的发票发售，对不应抵扣的税款抵扣，对不应给予出口退税的给予退税，或擅自决定发售不应发售的发票、抵扣不应抵扣的税款、给予出口退税，使国家税收损失累计达10万元以上；徇私舞弊，使国家税收损失累计不满10万元，但有索取、收受贿赂或其他恶劣情节），处5年以下有期刑或拘役；使国家利益遭受特别重大损失，处5年以上有期刑。

徇私舞弊发售发票、抵扣税款、出口退税罪是税务机关工作人员违反法律、行政法规，在办理发售发票、抵扣税款、出口退税工作中徇私舞弊，使国家利益遭受重大损失的行为。

其他国家机关工作人员违反国家规定，在提供出口货物报关单、出口收汇核销单等出口退税凭证的工作中，徇私舞弊，使国家利益遭受重大损失（a. 为徇私情私利，违反国家规定，伪造材料，隐瞒情况，弄虚作假，提供不真实的出口货物报关单、出口收汇核销单等出口退税凭证，使国家税收损失累计达10万元以上。b. 徇私舞弊，使国家税收损失累计不满10万元，但有索取、收受贿赂或其他恶劣情节），犯违法提供出口退税证罪，处5年以下有期刑或拘役；使国家利益遭受特别重大损失，处 5 年以上有期刑。

违法提供出口退税凭证罪是海关、商检、外汇管理等国家机关工作人员违反国家规定，在提供出口货物报关单、出口收汇核销单等出口退税凭证的工作中徇私舞弊，使国家利益遭受重大损失的行为。

◆《刑法》第 406 条 【国家机关工作人员签订、履行合同失职被骗罪】

从身份犯、过失犯、结果犯、渎职犯的角度讲，国家机关工作人员在签订、履行合同过程中，因严重不负责任（过失）[作为、不作为；违反纪律、规章制度，盲目轻信、马虎草率、敷衍塞责、粗枝大叶，严重不负责任（过失）、不履行或不正确履行自己的职责义务]被诈骗，使国家利益遭受重大损失（经济损失、非经济损失；造成直接经济损失 30 万元以上；其他使国家利益遭受重大损失），处 3 年以下有期刑或拘役；使国家利益遭受特别重大损失（重大的经济损失；严重损害国家机关的正常活动、社会声誉等），处 3 年以上 7 年以下有期刑。

国家机关工作人员签订、履行合同失职被骗罪是国家机关工作人员在签订、履行合同过程中，因严重不负责任（过失），不履行或不认真履行职责被诈骗，使国家利益遭受重大损失的行为。(1) 签订、履行合同失职被骗罪的"签订、履行"是记述的构成要件要素、积极的构成要件要素。(2) 从比较法的角度，国家机关工作人员签订、履行合同失职被骗罪和签订、履行合同失职被骗罪的主观方面、客观方面有相似性，关键在于犯罪主体的不同。

◆《刑法》第 407 条 【违法发放林木采伐许可证罪】

从身份犯、故意犯、数额犯、情节犯、结果犯、渎职犯的角度讲，林业主管部门的工作人员违反森林法规定，超过批准的年采伐限额发放林木采伐许可证或违反规定滥发林木采伐许可证，情节严重（a. 滥发林木采伐许可证，导致国家禁止采伐的林木被采伐。b. 滥发林木采伐许可证，导致珍贵树木或国家重点保护的其他树木被滥伐。c. 发放林木采伐许可证允许采伐数量累计超过批准的年采伐限额，导致林木被超限额采伐 10 立方米以上。d. 滥发林木采伐许可证，导致防护林、特种用途林被滥伐 5 立方米以上，或幼树被滥伐 200 株以上。e. 滥发林木采伐许可证，导致林木被滥伐 20 立方米以上，或导致幼树被滥伐 1000 株以上。f. 其他情节严重，使森林遭受严重破坏情形），使森林遭受严重破坏，处 3 年以下有期刑或拘役。

违法发放林木采伐许可证罪是林业主管部门的工作人员违反森林法，超过批准的年采伐限额发放林木采伐许可证或违反规定滥发林木采伐许可证，情节严重，使森林遭受严重破坏的行为。(1) 林业主管部门工作人员违法发放林木采伐许可证，使森林遭受严重破坏，以违法发放林木采伐许可证罪追究刑责；以其他方式滥用职权或玩忽职守，使森林遭受严重破坏，以滥用职权罪或玩忽职守罪追究刑责。(2) 林业主管部门工作人员外的国家机关工作人员，违反森林法规定，滥用职权或玩忽职守，使林木被滥伐 40 立方米以上或幼树被滥伐 2000 株以上，或使防护林、特种用途林被滥伐 10 立方米以上或幼树被滥伐 400 株以上，或使珍贵树木被采伐、毁坏 4 立方米或 4 株以上，或使国家重点保护的其他植物被采伐、毁坏后果严重，或使国家严禁采伐的林木被采伐、毁坏情节恶劣，以滥用职权罪或玩忽职守罪追责。

◆《刑法》第 408 条 【环境监管失职罪】

从身份犯、过失犯、结果犯、渎职犯的角度讲，负有环保监管职责的国家机关（大气、海洋、河流、湖泊、水利、土地、矿产、林业、草原、农业、渔业等行业的环保监管部门、环保协管部门）工作人员严重不负责任（过失）（违反环保法、海洋环保法、水污染防治法、大气污染防治法、固体废物污染防治法、水法、渔业法、草原法、森林法、土地管理法、矿产资源法、野生动物保护法等法律法规，极不负职责），导致发生重大环境污染事故（肆意、擅自向土地、水体、大气排放、倾倒或处置有放射性的废物、含传染病病原体的废物、有毒物质或其他危险废物，使生态环境严重破坏恶化，危及人类生存），使公私财产遭受重大损失或造成人身伤亡的严重后果，处3年以下有期刑或拘役。

环境监管失职罪是负有环保监管职责的国家机关工作人员严重不负责任（过失），不履行或不认真履行环保监管职责导致发生重大环境污染事故，使公私财产遭受重大损失或造成人身伤亡的严重后果的行为。

环境监管失职罪的立案标准：（1）造成直接经济损失30万元以上。（2）造成人员死亡1人以上或重伤3人以上或轻伤10人以上。（3）使一定区域内的居民的身心健康受到严重危害。（4）其他使公私财产遭受重大损失或造成人身伤亡严重后果的情形。

从检察公益诉讼案件解释、生态环境损害赔偿制度改革方案、法院审理检察院提起公益诉讼案件试点工作实施办法、环境污染刑事案件解释的角度讲，生态系统整体系统性、生态环境风险预防性、生态环境损害（因污染环境、破坏生态造成大气、地表水、地下水、土壤、森林等环境要素和植物、动物、微生物等生物要素的不利改变，生物要素、环境要素构成的生态系统功能退化；生态环境修复费用，生态环境修复期间服务功能的损失和生态环境功能永久性损害造成的损失，以及其他必要合理费用）有社会公益性。（1）检察院在对破坏生态环境和资源保护领域损害社会公共利益的犯罪行为提起刑事公诉时，可一并提起附带民事公益诉讼。（2）检察院提起民事公益诉讼，可提出要求被告停止侵害、排除妨碍、消除危险、恢复原状、赔偿损失、赔礼道歉等诉讼请求。A. 检察院以公益诉讼人身份提起民事公益诉讼，诉讼权利义务参照民诉法关于原告诉讼权利义务的规定。B. 民事公益诉讼的被告是被诉实施损害社会公共利益行为的公民、法人或其他组织。检察院提起的第一审民事公益诉讼案件由侵害行为发生地、损害结果地或被告住所地的中级法院管辖，但法律、司法解释另有规定外。C. 法院审理检察院提起的民事公益诉讼案件，被告提出反诉请求，不予受理。D. 法院审理检察院提起的第一审民事公益诉讼案件，原则上适用陪审制；当事人申请不适用陪审制审理，法院经审查可决定不适用陪审制审理。

环境监管失职罪、重大责任事故罪的主观方面有相似性，关键在于犯罪主体、犯罪客体、犯罪行为方式、犯罪环境或犯罪地点的不同。

◆《刑法》第408条之一 【食品监管渎职罪】

从身份犯、过失犯、结果犯、渎职犯的角度讲，负有食品安全监管职责的国家机关工作人员，滥用职权（积极的作为）或玩忽职守（消极的不作为），导致发生重大食品（食品添加剂、食品包装材料、容器、洗涤剂、消毒剂、食品生产经营的工具设备、食用农产品的质量安全管理，食品流通经营或餐饮服务）安全事故或造成其他严重后果（造成有关食品安全事故的其他严重后果），处5年以下有期刑或拘役；造成特别严重后果，处5年以上10年以下有期刑。

从从重处罚的角度讲，负有食品安全监管职责的国家机关工作人员徇私舞弊犯食品监管渎职罪，从重处罚。

违反食品安全法的行责、民责：（1）违反食品安全法规定，县级以上地方政府有未确定有关部门的食品安全监管职责，未建立健全食品安全全程监管工作机制和信息共享机制，未落实食品安全监管责任制；未制定本行政区域的食品安全事故应急预案，或发生食品安全事故后未按规定立即成立事故处置指挥机构、启动应急预案的情形，对直接负责的主管人员和其他直接责任人员给予警告、记过或记大过处分；造成严重后果，给予降级或撤职处分。（2）违反食品安全法规定，县级以上政府食品药品监管、卫健、质监、农业行政等部门有隐瞒、谎报、缓报食品安全事故；未按规定查处食品安全事故，或接到食品安全事故报告未及时处理，造成事故扩大或蔓延；经食品安全风险评估得出食品、食品添加剂、食品相关产品不安全结论后，未及时采取相应措施，造成食品安全事故或不良社会影响；对不符合条件的申请人准予许可，或超越法定职权准予许可；不履行食品安全监管职责，导致发生食品安全事故的情形，对直接负责的主管人员和其他直接责任人员给予记大过处分；情节较重，给予降级或撤职处分；情节严重，给予开除处分；造成严重后果，其主要负责人还应引咎辞职。（3）违反食品安全法规定，县级以上政府食品药品监管、卫健、质监、农业等部门有在获知有关食品安全信息后，未按规定向上级主管部门和本级政府报告，或未按规定相互通报；未按规定公布食品安全信息；不履行法定职责，对查处食品安全违法行为不配合，或滥用职权、玩忽职守、徇私舞弊的情形，造成不良后果，对直接负责的主管人员和其他直接责任人员给予警告、记过或记大过处分；情节较重，给予降级或撤职处分；情节严重，给予开除处分。（4）违反食品安全法规定，县级以上地方政府有对发生在本行政区域内的食品安全事故，未及时组织协调有关部门开展有效处置，造成不良影响或损失；对本行政区域内涉及多环节的区域性食品安全问题，未及时组织整治，造成不良影响或损失；隐瞒、谎报、缓报食品安全事故；本行政区域内发生特别重大食品安全事故，或连续发生重大食品安全事故的情形，对直接负责的主管人员和其他直接责任人员给予记大过处分；情节较重，给予降级或撤职处分；情节严重，给予开除处分；造成严重后果，其主要负责人还应引咎辞职。（5）违反食品安全法规定，食品药品监管等部门、食品检验机构、食品行业协会以广告或其他形式向消费者推荐食品，消费者组织以收取费用或其他牟取利益的方式向消费者推荐食品，由有关主管部门没收违法所得，依法对直接负责的主管人员和其他直接责任人员给予记大过、降级或撤职处分；情节严重，给予开除处分。（6）食品药品监管、质监等部门在履行食品安全监管职责过程中，违法实施检查、强制等执法措施，给生产经营者造成损失，应依法赔偿，对直接负责的主管人员和其他直接责任人员依法给予处分。（7）食品药品监督检查人员在食品生产日常监督检查中存在失职渎职行为，由任免机关或监察机关依法对相关责任人追究行责；涉嫌构成犯罪，依法移交司法机关处理。

食品监管渎职罪、商检徇私舞弊罪、动植物检疫徇私舞弊罪和徇私情节的滥用职权罪、玩忽职守罪的法定刑有相似性，关键在于犯罪动机、犯罪目的、犯罪行为、犯罪后果的不同。（1）从结果犯的角度讲，商检、动植物检疫部门等有关国家机关工作人员在食品安全监管过程中渎职失职，发生重大食品安全事故或与食品安全事故有关的其他严重后果，构成食品安全监管渎职罪，否则可能构成商检徇私舞弊罪、商检失职罪、动植物检疫徇私舞弊罪或动植物检疫失职罪。（2）从身份犯、结果犯的角度讲，卫生健康、农业、质检、市场监管等有关国家机关工作人员在食品安全监管过程中渎职失职，发生重大食品安全事故或与食品安全事故有关的其他严重后果，构成食品安全监管渎职罪，否则可能构成滥用职权罪、玩忽职守罪、放纵制售伪劣商品犯罪行为罪。

◆《刑法》第409条 【传染病防治失职罪】

从身份犯、情节犯、渎职犯的角度讲，从事传染病防治的政府卫健部门的工作人员严重不负责任（过失），导致传染病传播或流行，情节严重（在国家对突发传染病疫情等灾害采取预防、控制措施后，有隐瞒、缓报、谎报或授意、指使、强令他人隐瞒、缓报、谎报疫情、灾情，造成传染范围扩大或疫情、灾情加重；或拒不执行突发传染病疫情等灾害应急处理指挥机构的决定、命令，造成传染范围扩大或疫情、灾情加重；对发生突发传染病疫情等灾害的地区或突发传染病病人、病原携带者、疑似突发传染病病人，未按预防、控制突发传染病疫情等灾害工作规范的要求做好防疫、检疫、隔离、防护、救治等工作，或采取的预防、控制措施不当，造成传染范围扩大或疫情、灾情加重；其他严重情节），处3年以下有期刑或拘役。

在预防、控制突发传染病疫情等灾害期间，从事传染病防治的政府卫生健康行政部门的工作人员，或在受政府卫生健康行政部门委托代表政府卫生健康行政部门行使职权的组织中从事公务的人员，或虽未列入政府卫生健康行政部门人员编制但在政府卫生健康行政部门从事公务的人员，在代表政府卫生健康行政部门行使职权时，严重不负责任（过失），导致传染病传播或流行，情节严重，以传染病防治失职罪定罪处罚。

◆ 《刑法》第410条 【非法批准征收、征用、占用土地罪；非法低价出让国有土地使用权罪】

从身份犯、故意犯、情节犯、结果犯、渎职犯的角度讲，国家机关工作人员徇私舞弊，违反土地管理法规（草原法等），滥用职权，非法批准征收、征用、占用土地，情节严重（a.非法批准征用、占用基本农田10亩以上；非法批准征用、占用基本农田外的耕地30亩以上；非法批准征用、占用其他土地50亩以上；虽未达到非法批准征用、占用基本农田10亩以上或基本农田外的耕地30亩以上或其他土地50亩以上数量标准，但非法批准征用、占用土地造成直接经济损失30万元以上；造成耕地大量毁坏等恶劣情节。b.非法批准征收、征用、占用草原，造成20亩以上草原被毁坏；非法批准征收、征用、占用草原40亩以上；非法批准征收、征用、占用草原，造成直接经济损失30万元以上或有其他恶劣情节），处3年以下有期刑或拘役；使国家或集体利益遭受特别重大损失（a.非法批准征用、占用基本农田20亩以上；非法批准征用、占用基本农田外的耕地60亩以上；非法批准征用、占用其他土地100亩以上；非法批准征用、占用土地，造成基本农田50亩以上或其他土地10亩以上严重毁坏；非法批准征用、占用土地造成直接经济损失50万元以上等恶劣情节。b.非法批准征收、征用、占用草原，造成40亩以上草原被毁坏；非法批准征收、征用、占用草原80亩以上；非法批准征收、征用、占用草原，造成直接经济损失60万元以上或其他特别恶劣情节），处3年以上7年以下有期刑。

非法批准征用、占用土地罪是国家机关工作人员徇私舞弊，违反土地管理法规，滥用职权，非法批准征用、占用土地，情节严重的行为。对应追诉的多次实施或一年内多次实施非法转让、倒卖土地使用权或非法低价出让国有土地使用权、非法占有耕地、非法批准征用、占有土地的行为，按累计的数量、数额处罚。

从身份犯、故意犯、情节犯、结果犯、渎职犯的角度讲，国家机关工作人员徇私舞弊，违反土地管理法规（草原法等），滥用职权，非法低价出让国有土地使用权，情节严重［非法低价（含无偿）出让国有土地使用权面积30亩以上，并出让价格低于国家规定的最低价格的60%；造成国有土地资产流失价额30万元以上；非法低价出让国有土地使用权的数量虽未达到30亩以上，并出让价格低于国家规定的最低价格的60%数量标准，但造成国有土地资产流失价值20万元以上或植被遭到严重破坏；非法低价出让国有土地使用权，影响群众生产、生活，引起纠纷，造成恶劣影响或其他严重后果］，处3年以下有期刑或拘役；使国家或集体利益遭受特别重大损失［非法低价（含无偿）出让国有土地使用权面积60亩以上，并出让价格低于国家规定的最低价格的40%；造成国有土地资产流失价额50万元以上］，处3年以上7年以下有期刑。

非法低价出让国有土地使用权罪是国家机关工作人员徇私舞弊，违反土地管理法规，滥用职权，非法低价出让国有土地使用权，情节严重的行为。

从宪法、农村土地承包法、土地管理法、草原法、森林法、矿产资源法、物权法的角度讲，农村集体经济组织实行家庭承包经营为基础、统分结合的双层经营体制。农村中的生产、供销、信用、消费等各种形式的合作经济，是社会主义劳动群众集体所有制经济。参加农村集体经济组织的劳动者，有权在法律规定范围内经营自留地、自留山、家庭副业和饲养自留畜。城镇中的手工业、工业、建筑业、运输业、商业、服务业等行业的各种形式的合作经济，都是社会主义劳动群众集体所有制经济。国家保护城乡集体经济组织的合法的权利和利益，鼓励、指导和帮助集体经济的发展。矿藏、水流、森林、山岭、草原、荒地、滩涂等自然资源，都属于国家所有，即全民所有；由法律规定属于集体所有的森林和山岭、草原、荒地、滩涂除外。国家保障自然资源的合理利用，保护珍贵的动物和植物。禁止任何组织或个人用任何手段侵占或破坏自然资源。城市的土地属于国家所有。除由法律规定属于国家所有外，农村和城市郊区的土地，属于集体所有；宅基地和自留地、自留山属于集体所有。任何组织或个人不得侵占、买卖或以其他形式非法转让土地。土地使用权可依法律规定转让。一切使用土地的组织和个人须合理地利用土地。

从行政法规、国家政策的角度讲，加强农村宅基地管理，禁止城镇居民在农村购买宅基地。农民的住宅不得向城市居民出售，也不得批准城市居民占用农民集体土地建住宅，有关部门不得为违法建造和购买的住宅发放土地使用证和房产证。严禁城镇居民在农村购置宅基地，严禁为城镇居民在农村购买和违法建造的住宅发放土地使用证。

具备农村宅基地申请条件的农民在土地利用总体规划确定的村庄、集镇建设用地规模范围内申请使用宅基地修建住宅，应先向本集体经济组织提出申请，经村民会议或村代会讨论通过后，报乡（镇）政府审核，由县级政府批准后，本人携带相关材料到所在的乡（镇）、办事处国土资源所申请确权登记发证。其中，涉及占用农用地，依法办理农用地转用审批手续。

◆《刑法》第 411 条 【放纵走私罪】

从身份犯、故意犯、纯正不作为犯、情节犯的角度讲，海关工作人员徇私舞弊，放纵走私（海关工作人员侦查或查处等阶段基于贿赂、说情、私情私利、贪财、诱惑、袒护亲友或报复、嫉妒等目的、动机，利用职权，故意对走私行为不处理、不查处、不处罚、不移交明知走私行为而弄虚作假、隐瞒事实包庇、放纵走私犯罪），情节严重（放纵走私犯罪；因放纵走私使国家应收税额损失累计达 10 万元以上；3 次以上放纵走私行为或一次放纵 3 起以上走私行为；因收受贿赂放纵走私）处 5 年以下有期刑或拘役；情节特别严重（放纵重大的走私犯罪分子；放纵走私给国家造成特别巨大的经济损失等）处 5 年以上有期刑。

放纵走私罪是海关工作人员徇私舞弊，放纵走私，情节严重的行为。从海关法的角度，海关工作人员放纵走私，据情节轻重，给予行政处分或依法追究刑责。

从比较法、走私共犯、共犯的构成要件或意思联络（事先有无通谋）的角度讲，走私罪的共犯行为、放纵走私罪的共犯行为有关联性、互补性、差异性，关键在于犯罪主体、犯罪客体、法定刑的不同。（1）海关人员与走私者事先通谋故意，最终导致走私犯罪行为得逞，构成共同走私犯罪行为，或海关工作人员、非海关工作人员与走私者通谋，为其提供贷款、资金、账号、发票、证明，或为其提供运输、保管、邮寄或其他方便，或海关工作人员利用熟悉内部工作流程等客观优势为走私者通风报信、提供逃避刑事追究的包庇行为，均应以走私罪的共犯论处。（2）在海关工作人员和走私者事先、事中无共同走私故意或共同走私行为的条件下，海关工作人员放纵走私犯罪的同时收受或索取走私者财物，应以放纵走私罪、受贿罪数罪并罚；构成牵连犯，应根据重罪吸收轻罪原则以法定刑较重的罪定罪处罚。（3）海关工作人员严重不负责任（过失），对应发现的走私行为未发现，造成严重后果，应以玩忽职守罪定罪处罚。

◆ 《刑法》第412条 【商检徇私舞弊罪；商检失职罪】

从身份犯、故意犯、行为犯、结果犯、渎职犯的角度讲，国家商检部门、商检机构的工作人员徇私舞弊，伪造检验结果（对不合格的商品作检验合格的结果，对合格的商品作检验不合格的结果；为出具检验证书更换检验标的物或直接篡改检验证书；导致依法不应进出口的商品进出口，依法应进出口的商品不能进出口），处5年以下有期刑或拘役；造成严重后果（致依法不应进出口的商品进出口；依法应进出口的商品不能进出口等），处5年以上10年以下有期刑（加重法定刑）。

从司法解释、海关法、进出口商品检验法的角度讲，商检徇私舞弊罪是国家商检部门、商检机构的工作人员徇私舞弊，伪造检验结果的行为。国家商检部门、商检机构的工作人员涉嫌在商品检验过程中，为徇私情私利，对报检的商品采取伪造、变造的手段对商检的单证、印章、标志、封识、质量认证标志等作虚假的证明或出具不真实的结论，含将送检的合格商品检验为不合格，或将不合格检验为合格等行为，应立案。

国家市场监管、商检部门或认可的检验机构（药品、食品、计量、船舶、交通设备、锅炉压力容器等）的检验人员、认可的检验人员（特殊主体）涉嫌在商品检验过程中，为徇私情私利，对报检的商品采取伪造或变造的手段对商检的单证、印章、标志、封识、质量认证标志等作虚假的证明或出具不真实的结论，含将送检的合格商品检验为不合格，或将不合格检验为合格等行为，应立案。

从身份犯、过失犯、结果犯、渎职犯的角度讲，国家商检部门、商检机构的工作人员严重不负责任（过失），对应检验的物品不检验，或延误检验出证、错误出证，使国家利益遭受重大损失（因不检验或延误检验出证、错误出证，使依法进出口商品不能进口或出口，导致合同、订单被取消，或外商向我方索赔或影响我方向外商索赔，直接经济损失达30万元以上；因不检验或延误检验出证、错误出证，使不合格商品进口或出口，严重损害国家利益和人民利益；3次以上不检验或延误检验出证、错误出证，严重影响国家对外经贸关系或国家声誉），处3年以下有期刑或拘役。

商检失职罪是国家商检部门、商检机构的工作人员严重不负责任（过失），对应检验的物品不检验，或延误检验出证、错误出证，使国家利益遭受重大损失的行为。

国家商检部门、商检机构的工作人员可能触犯的罪名：(1) 国家商检部门、商检机构工作人员滥用职权伪造、出具虚假商检结果，造成公共财产、国家和人民利益重大损失，应以滥用职权罪定罪处罚。(2) 国家商检部门、商检机构工作人员收受贿赂后滥用职权伪造、出具虚假商检结果，同时触犯受贿罪、商检徇私舞弊罪、滥用职权罪，应依牵连犯择一重罪从重原则论处。(3) 国家商检部门、商检机构工作人员和走私者进行犯罪共谋，帮助走私者伪造检验结果进行走私，同时触犯走私罪，应择一重罪以走私罪的共犯论处。(4) 国家商检部门、商检机构工作人员和走私者无犯罪共谋，基于徇私目的，帮助走私者伪造检验结果进行走私，构成商检徇私舞弊罪。

◆ 《刑法》第413条 【动植物检疫徇私舞弊罪；动植物检疫失职罪】

从身份犯、故意犯、行为犯、结果加重犯、渎职犯的角度讲，动植物检疫机关（国家动植物检疫机关、口岸动植物检疫机关）的检疫人员徇私舞弊，伪造检疫结果（通过检疫放行通知单、动物过境许可证、动物检疫证书、植物检疫证书、动物健康证书、兽医卫生证书、熏蒸消毒证书等方式方法，伪造、出具被检疫内容全部虚假或部分虚假的不合格结果），处5年以下有期刑或拘役；造成严重后果（结果加重情节），处5年以上10年以下有期刑。

动植物检疫徇私舞弊罪是国家检验检疫部门及检验检疫机构中从事动植物检疫工作的人

员徇私舞弊，伪造检疫结果的行为。（1）国家检验检疫部门及检验检疫机构中从事动植物检疫工作的人员涉嫌在动植物检疫过程中，为徇私情私利，采取伪造、变造的手段对检疫的单证、印章、标志、封识等作虚假的证明或出具不真实的结论，含将合格检为不合格，或将不合格检为合格等行为，应予立案。（2）从进出口动植物检疫法的角度，动植物检疫机关检疫人员滥用职权，徇私舞弊，伪造检疫结果，或玩忽职守，延误检疫出证，构成犯罪，依法追究刑责；不构成犯罪，给予行政处分。（3）国家检验检疫部门及检验检疫机构中从事动植物检疫的非检疫人员徇私舞弊、滥用职权指使他人伪造检疫结果，构成动植物检疫徇私舞弊罪的共犯。（4）国家检验检疫部门及检验检疫机构中从事动植物检疫的工作人员与走私动植物、动植物制品的人勾结，伪造检疫结果帮助走私，应依牵连犯择一重罪处罚原则以走私珍贵动物、珍贵动物制品罪或走私珍稀植物、珍稀植物制品罪等罪论处。

重大、特大动植物检疫徇私舞弊案件的立案标准：（1）重大动植物检疫徇私舞弊案件的立案标准：A. 徇私舞弊，3 次以上伪造检疫结果。B. 造成直接经济损失 50 万元以上。（2）特大动植物检疫徇私舞弊案件的立案标准：A. 徇私舞弊，5 次以上伪造检疫结果。B. 造成直接经济损失 100 万元以上。

从身份犯、过失犯、结果犯、渎职犯的角度讲，动植物检疫机关的检疫人员严重不负责任（过失），对应检疫的检疫物不检疫，或延误检疫出证、错误出证，使国家利益遭受重大损失（因不检疫，或延误检疫出证、错误出证，使依法进出口的动植物不能进口或出口，导致合同、订单被取消，或外商向我方索赔或影响我方向外商索赔，直接经济损失达 30 万元以上；因不检疫，或延误检疫出证、错误出证，导致重大疫情发生、传播或流行；因不检疫或延误检疫出证、错误出证，导致疫情发生，造成人员死亡或残疾；3 次以上不检疫，或延误检疫出证、错误出证，严重影响国家对外经贸关系与国家声誉），处 3 年以下有期刑或拘役。

从司法解释的角度讲，动植物检疫失职罪是国家检验检疫部门及检验检疫机构中从事动植物检疫工作的人员严重不负责任（过失），对应检疫的检疫物不检疫，或延误检疫出证、错误出证，使国家利益遭受重大损失的行为。

◆ 《刑法》第 414 条 【放纵制售伪劣商品犯罪行为罪】

从身份犯、故意犯、纯正不作为犯、情节犯、渎职犯的角度讲，对生产、销售伪劣商品犯罪行为负有追究责任的国家机关工作人员（市场监管部门、质检部门等），徇私舞弊，不履行法律规定的追究职责（国家机关工作人员徇私舞弊，对生产、销售伪劣商品犯罪不履行法律规定的查处职责），情节严重（放纵制售假药，有毒、有害食品犯罪行为；放纵依法可能判处 3 年有期刑以上刑罚的生产、销售、伪劣商品犯罪行为；对生产、销售伪劣商品犯罪行为不履行追究职责，使生产、销售伪劣商品犯罪行为得以继续；对生产、销售伪劣商品犯罪行为不履行追究职责，使国家利益和人民利益遭受重大损失或造成恶劣影响；3 次以上不履行追究职责，或对 3 个以上有生产、销售伪劣商品犯罪行为的单位或个人不履行追究职责），处 5 年以下有期刑或拘役。

放纵制售伪劣商品犯罪行为罪是对生产、销售伪劣商品犯罪行为负有追究责任的市场监管、质检等机关工作人员徇私舞弊，不履行法律规定的追究职责，情节严重的行为。

◆ 《刑法》第 415 条 【办理偷越国（边）境人员出入境证件罪；放行偷越国（边）境人员罪】

从中国公民出境入境管理法、外国人入境出境管理法、身份犯、故意犯、行为犯、情节犯的角度讲，负责办理［利用自己职务范围内的权力、地位形成的便利条件，对企图偷越境的人员利用职务，非法签发护照（外交护照、公务护照、普通护照）、签证及其他出入境证件

（边防证、海员证、过境通行证、港澳同胞回乡证等）]的国家机关（公安机关、外交外事机关等）工作人员，对明知是企图偷越国（边）境（越境）的人员办理出入境证件，或边防、海关等国家机关工作人员，对明知[能证明负责办理护照、签证及其他出入境证件或边防、海关等国家机关工作人员知道或应知道对方是企图偷越国（边）境的人员仍办理出入境证件或放行的犯罪事实]是偷越国（边）境的人员放行，处3年以下有期刑或拘役；情节严重（多次或给多人办理出入境证件，造成严重后果），处3年以上7年以下有期刑。

办理偷越国（边）境人员出入境证件罪是负责办理护照、签证以及其他出入境证件的国家机关工作人员对明知是企图偷越国（边）境的人员，办理出入境证件的行为。（1）负责办理护照、签证以及其他出入境证件的国家机关工作人员涉嫌在办理护照、签证以及其他出入境证件的过程中，对明知是企图偷越国（边）境的人员办理出入境证件，应立案。（2）负责办理护照、签证及其他出入境证件或边防、海关等国家机关工作人员为企图偷越国边境的人办理护照、签证等出入国边境证件或放行的行为，构成办理偷越国（边）境人员出入境证件罪或放行偷越国（边）境人员罪，以情节显著轻微、危害不大而不认为是犯罪为例外。（3）负责办理护照、签证及其他出入境证件或边防、海关等国家机关工作人员收受他人贿赂，为企图偷越国（边）境的人员办理出入境证件或放行的行为，既触犯受贿罪，又触犯了办理偷越国（边）境人员出入境证件罪或放行偷越国（边）境人员罪，实行数罪并罚，并从重处罚。

放行偷越国（边）境人员罪是边防、海关等国家机关工作人员对明知是偷越国（边）境的人员放行的行为。边防、海关等国家机关工作人员涉嫌在履行职务过程中，对明知是偷越国（边）境的人员放行，应立案。

◆ 《刑法》第416条 【不解救被拐卖、绑架妇女、儿童罪；阻碍解救被拐卖、绑架妇女、儿童罪】

从身份犯、故意犯、结果犯、渎职犯的角度讲，对被拐卖、绑架的妇女、儿童（基于出卖、收买、勒索财物的目的，控制、出卖、收买、偷盗的妇女、儿童或婴幼儿）负有解救职责的国家机关（司法、民政、妇联等主管解救工作或负有解救职责的单位）工作人员（特殊主体），接到被拐卖、绑架的妇女、儿童及其家属的解救要求或接到其他人的举报，而不解救被拐卖、绑架的妇女、儿童，造成严重后果（a.因不进行解救，导致被拐卖、绑架的妇女、儿童及其亲属伤残、死亡、精神失常。b.因不进行解救，导致被拐卖、绑架的妇女、儿童被转移、隐匿、转卖，不能及时解救。c.3次以上或对3名以上被拐卖、绑架的妇女、儿童不进行解救。d.对被拐卖、绑架的妇女、儿童不进行解救，造成恶劣社会影响），处5年以下有期刑或拘役。

从身份犯、故意犯、行为犯、情节犯、渎职犯的角度讲，负有解救职责的国家机关工作人员利用职务阻碍解救，处2年以上7年以下有期刑；情节较轻（利用职权，禁止、阻止或妨碍有关部门、人员解救被拐卖、绑架的妇女、儿童；利用职务便利，向拐卖、绑架者或收买者通风报信，妨碍解救工作正常进行；其他利用职务阻碍解救被拐卖、绑架的妇女、儿童的行为），处2年以下有期刑或拘役。

不解救被拐卖、绑架妇女、儿童罪是对被拐卖、绑架的妇女、儿童负有解救职责的公安、司法等国家机关工作人员接到被拐卖、绑架的妇女、儿童及其家属的解救要求或接到其他人的举报，对被拐卖、绑架的妇女、儿童不进行解救，造成严重后果的行为。

阻碍解救被拐卖、绑架妇女、儿童罪是对被拐卖、绑架的妇女、儿童负有解救职责的公安、司法等国家机关工作人员利用职务阻碍解救被拐卖、绑架妇女、儿童的行为。

拐卖妇女、儿童罪和不解救被拐卖、绑架妇女、儿童罪、阻碍解救被拐卖、绑架妇女、儿童罪有关联性、互补性、差异性，关键在于犯罪主体、犯罪客体、定罪量刑的不同。

◆ 《刑法》 第 417 条 【帮助犯罪分子逃避处罚罪】

从身份犯、故意犯、行为犯、情节犯、渎职犯的角度讲,有查禁犯罪活动职责的国家机关(司法、海关、税务等国家机关)工作人员(特殊主体),向罪犯通风报信(通过口述、视频、电话、电报、传真、书信、微信、微博、QQ、第三人转告等方式方法泄露、提供有关查禁犯罪活动的时间、地点、人员、方案、计划、部署等内部秘密信息)、提供便利(为犯罪分子提供住处等隐藏处所、钱物、交通工具、证件资助其逃跑;指点迷津,协助其串供、隐匿、毁灭、伪造、篡改证据等),帮助罪犯逃避处罚(刑罚等),处 3 年以下有期刑或拘役;情节严重(对性质严重的犯罪分子或犯罪集团通风报信、提供便利;多次向犯罪分子通风报信,或因向犯罪分子通风报信、提供便利,造成严重后果等),处 3 年以上 10 年以下有期刑。

帮助罪犯逃避处罚罪是有查禁犯罪活动职责的同法及公安、国家安全、海关、税务等国家机关的工作人员向罪犯通风报信、提供便利,帮助罪犯逃避处罚的行为。

帮助犯罪分子逃避处罚罪的立案标准:(1)为使犯罪分子逃避处罚,向犯罪分子及其亲属泄漏有关部门查禁犯罪活动的部署、人员、措施、时间、地点等情况。(2)为使犯罪分子逃避处罚,向犯罪分子及其亲属提供交通工具、通信设备、隐藏处所等便利条件。(3)为使犯罪分子逃避处罚,向犯罪分子及其亲属泄漏案情,帮助、指示其隐匿、毁灭、伪造证据及串供、翻供。(4)其他向犯罪分子通风报信、提供便利、帮助犯罪分子逃避处罚的行为。

帮助罪犯逃避处罚罪的情形:(1)有查禁扰乱无线电管理秩序犯罪活动职责的国家机关工作人员,向罪犯通风报信、提供便利,帮助罪犯逃避处罚,应以帮助犯罪分子逃避处罚罪追究刑责;事先通谋,以帮助犯罪分子逃避处罚罪的共犯论处。(2)有查禁犯罪活动职责的国家机关工作人员为达到受贿目的,利用职务便利,帮助罪犯逃避处罚,应以受贿罪、帮助犯罪分子逃避处罚罪实行数罪并罚。(3)有查禁犯罪活动职责的国家机关工作人员,向罪犯通风报信、提供便利,帮助罪犯逃避处罚的行为,构成帮助犯罪分子逃避处罚罪。(4)从牵连犯的角度讲,有查禁犯罪活动职责的国家机关工作人员对犯罪分子通风报信的内容涉及国家秘密、国际情报或军事秘密、军事情报,又触犯故意泄露国家秘密罪或故意泄露军事秘密罪,应依牵连犯择一重罪原则从重处罚。(5)从牵连犯的角度讲,有查禁犯罪活动职责的国家机关工作人员与犯罪分子基于共同故意的事先通谋犯罪而事后帮助逃避处罚的行为,应依牵连犯择一重罪原则从重处罚。

◆ 《刑法》 第 418 条 【招收公务员、学生徇私舞弊罪】

从身份犯、故意犯、结果犯、渎职犯的角度讲,国家机关(组织、劳动、人事、教育部门等)工作人员在招收(面向社会或有关方面公开招考招聘、非单位内部考试)公务员(公务员法等)、学生(大中小学生等)工作中徇私舞弊(基于徇私舞弊的目的,采取篡改档案材料、年龄或降低年龄、考试成绩,伪造体检表、个人履历表、立功受奖记录,隐瞒或伪装隐瞒不良表现,名为公开招考实为内定等方式方法,故意排挤符合条件者而违反规定录用、录取不符合条件的人),情节严重(徇私舞弊给国家招考声誉造成极坏影响,或严重扰乱招考工作的正常秩序,造成人财物力的重大损失;严重危害考生个人身心健康,给考生或其家庭造成重大损失;多次实施徇私舞弊行为),处 3 年以下有期刑或拘役。

招收公务员、学生徇私舞弊罪是国家机关工作人员在招收公务员、省级以上教育行政部门组织招收的学生工作中徇私舞弊,情节严重的行为。

招收公务员、学生徇私舞弊罪的立案标准:(1)徇私情私利,利用职务便利,伪造、变造人事、户口档案、考试成绩等,弄虚作假招收公务员、学生。(2)徇私情私利,3 次以上招收或一次招收 3 名以上不合格的公务员、学生。(3)因招收不合格的公务员、学生,导致被排挤的合格人员或其亲属精神失常或自杀。（4）因徇私舞弊招收公务员、学生，导致该项招收工作重新进行。（5）招收不合格的公务员、学生，造成恶劣社会影响。

从情节犯、结果犯的角度讲，犯接送不合格兵员罪，在征兵工作中徇私舞弊，接送不合格兵员，情节严重（a. 发生在战时。b. 造成严重后果。c. 接送不合格特种条件兵员1名以上或普通兵员3名以上。d. 其他情节严重情形），处3年以下有期刑或拘役；造成特别严重后果，处3年以上7年以下有期刑。

◆ 《刑法》第419条 【失职造成珍贵文物损毁、流失罪】

从身份犯、过失犯、结果犯、渎职犯的角度讲，国家机关工作人员严重不负责任（过失），造成珍贵文物损毁或流失，后果严重（a. 导致全国重点文物保护单位、省级文物保护单位的本体严重损毁或灭失。b. 导致国家一级、二级、三级文物损毁或流失。导致国家二级以上文物或5件以上三级文物损毁或流失。c. 其他后果严重情形），处3年以下有期刑或拘役。

失职造成珍贵文物损毁、流失罪是国家机关工作人员严重不负责任（过失），造成珍贵文物损毁或流失，后果严重的行为。

从犯罪对象、犯罪客体的角度讲，文物型的罪名：失职造成珍贵文物损毁、流失罪（渎职罪）；倒卖文物罪；走私文物罪（走私罪）；故意损毁文物罪；过失损毁文物；故意损毁名胜古迹罪；盗掘古文化遗址、古墓葬罪；盗掘古人类化石、古脊椎动物化石罪（妨害文物管理罪）等。

第十章

军人违反职责罪（第 420~451 条）

从宪法的角度讲，中央军委（主席、副主席、委员）每届任期同全国人大每届任期相同，实行军委主席负责制，领导全国武装力量。中央军委主席对全国人大及其常委会负责。全国人大有权选举、罢免国家主席、副主席；中央军委主席和中央军委其他组成人员（根据中央军委主席的提名，决定中央军委其他组成人员的人选）；国务院总理、副总理、国务委员、各部部长、各委主任、审计长、秘书长（根据国家主席的提名，决定国务院总理的人选；根据国务院总理的提名，决定国务院副总理、国务委员、各部部长、各委主任、审计长、秘书长的人选）；国家监察委主任；最高法长；最高检检察长。国家主席根据全国人大的决定和全国人大常委会的决定，公布法律，任免国务院总理、副总理、国务委员、各部部长、各委主任、审计长、秘书长，授予国家的勋章和荣誉称号，发布特赦令，宣布进入紧急状态，宣布战争状态，发布动员令。

从刑诉法的角度讲，军队保卫部门、中国海警局、监狱办理刑事案件，适用刑诉法有关规定。(1) 军队保卫部门对军队内部发生的刑事案件行使侦查权。(2) 中国海警局履行海上维权执法职责，对海上发生的刑事案件行使侦查权。(3) 对罪犯在监狱内犯罪的案件由监狱进行侦查。(4) 公安机关和军队互涉刑事案件的管辖分工按有关规定办理。(5) 公安机关和武警部队互涉刑事案件的管辖分工依公安机关和军队互涉刑事案件的管辖分工的原则办理。(6) 列入武装警察部队序列的公安边防、消防、警卫部门人员的犯罪案件，由公安机关管辖。

从犯罪形态的角度讲，军人违反职责罪分为有既遂犯、未遂犯的军人违反职责罪（非法获取军事秘密罪；为境外窃取、刺探、收买、非法提供军事秘密、情报罪；非法出卖、转让武器装备罪；战时残害居民、掠夺居民财物罪；战时自伤罪；私放俘虏罪等）、不有既遂犯、未遂犯的军人违反职责罪（a. 过失犯或间接故意犯：擅离、玩忽军事职守罪；过失泄露军事秘密罪；遗失武器装备罪等。b. 故意犯、结果犯：拒不救援友邻部队罪；战时违抗命令罪；隐瞒、谎报军情罪；拒传、假传军令罪等。c. 纯正不作为犯：战时拒不救治伤病军人罪；遗弃伤病军人罪。d. 行为犯：投降罪；战时临阵脱逃罪；战时造谣惑众罪等。e. 情节犯：逃离部队罪；擅自出卖转让军队房地产罪；故意泄露军事秘密罪等。f. 行为犯、情节犯、结果犯：虐待部署罪等）。

从军人违反职责罪的角度讲，军人违反职责罪的主刑含拘役、有期刑、无期刑、死刑，未管制、罚金、没收财产等主刑、附加刑。(1) 军人违反职责罪的刑罚类型，含有期刑；有期刑、拘役；有期刑、无期刑；有期刑、无期刑、死刑。(2) 军人违反职责罪有拘役的罪名：逃离部队罪；战时拒不救治伤病军人罪；虐待部属罪；指使部属违反职责罪；阻碍执行军事职务罪；擅离、玩忽军事职守罪；故意泄露军事秘密罪；过失泄露军事秘密罪；武器装备肇事罪；遗弃武器装备；遗失武器装备罪；擅自改变武器装备编配用途罪；盗窃、抢夺武器装备、军用物资罪；武器装备肇事罪；擅自出卖、转让军队房地产罪。

军人违反职责罪的最高刑：(1) 战时违抗命令罪的最高刑为处 10 年以上有期刑、无期刑或死刑。（2）隐瞒、谎报军情罪；拒传、假传军令罪的最高刑为10年以上有期刑、无期刑或死刑。（3）投降罪的一般最高刑为10年以上有期刑或无期刑；投降后为敌人效劳，处10年以上有期刑、无期刑或死刑。（4）战时临阵脱逃罪的最高刑为10年以上有期刑、无期刑或死刑。（5）擅离、玩忽军事职守罪的最高刑为3年以上7年以下有期刑；战时犯擅离、玩忽军事职守罪，处5年以上有期刑。（6）阻碍执行军事职务罪的最高刑为10年以上有期刑或无期刑。战时阻碍执行军事职务罪，从重处罚。（7）指使部属违反职责罪的最高刑为5年以上10年以下期刑。（8）违令作战消极罪的最高刑为5年以上有期刑。（9）拒不救援友邻部队罪的最高刑为5年以下有期刑。（10）军人叛逃罪的一般最高刑为5年以上有期刑，特殊最高刑为10年以上有期刑、无期刑或死刑（驾驶航空器、舰船叛逃，或有其他特别严重情节）。（11）非法获取军事秘密罪的最高刑为10年以上有期刑。（12）为境外窃取、刺探、收买、非法提供军事秘密、情报罪的最高刑为10年以上有期刑、无期刑或死刑。（13）故意泄露军事秘密罪、过失泄露军事秘密罪的最高刑为5年以上10年以下有期刑；战时犯故意泄露军事秘密罪、过失泄露军事秘密罪的最高刑为10年以上有期刑或无期刑。（14）战时造谣惑众罪的最高刑为10年以上有期刑或无期刑。（15）战时自伤罪的最高刑为3年以上7年以下有期刑。（16）逃离部队罪的最高刑为3年以下有期刑或拘役；战时犯逃离部队罪，处3年以上7年以下有期刑。（17）武器装备肇事罪的最高刑为3年以上7年以下有期刑。（18）擅自改变武器装备编配用途罪的最高刑为3年以上7年以下有期刑。（19）盗窃、抢夺武器装备、军用物资罪；盗窃、抢夺枪支、弹药、爆炸物罪的最高刑为10年以上有期刑、无期刑或死刑。（20）非法出卖、转让武器装备罪的最高刑为10年以上有期刑、无期刑或死刑。（21）遗弃武器装备罪的最高刑为处5年以上有期刑。（22）遗失武器装备罪的最高刑为3年以下有期刑或拘役。（23）擅自出卖、转让军队房地产罪的最高刑为3年以上10年以下有期刑。（24）虐待部属罪的最高刑为5年以上有期刑。（25）遗弃伤病军人罪的最高刑为5年。（26）战时拒不救治伤病军人罪的最高刑为5年以上10年以下有期刑。（27）战时残害居民、掠夺居民财物罪的最高刑为10年以上有期刑、无期刑或死刑。（28）私放俘虏罪的最高刑为5年以上有期刑。（29）虐待俘虏罪的最高刑为3年。

从刑法总则、侵犯公民人身权罪、危害国防利益罪的角度讲，中国国家工作人员和军人在中国领域内外犯刑法规定之罪，适用刑法。（1）明知是现役军人的配偶而与之同居或结婚，处3年以下有期刑或拘役。（2）利用职权、从属关系，以胁迫手段奸淫现役军人的妻子，以强奸罪定罪处罚。（3）以暴力、威胁方法阻碍军人依法执行职务，处3年以下有期刑、拘役、管制或罚金。（4）冒充军人招摇撞骗，处3年以下有期刑、拘役、管制或剥夺政治权利；情节严重，处3年以上10年以下有期刑。（5）煽动军人逃离部队或明知是逃离部队的军人而雇用，情节严重，处3年以下有期刑、拘役或管制。（6）煽动军人逃离部队案的5种立案追诉标准：A. 发生在战时。B. 影响重要军事任务完成。C. 煽动指挥人员、值班执勤人员或其他负有重要职责人员逃离部队。D. 煽动3人以上逃离部队。E. 其他情节严重情形。（7）雇用逃离部队军人案的5种立案追诉标准：A. 阻碍部队将被雇用军人带回。B. 明知是逃离部队的指挥人员、值班执勤人员或其他负有重要职责人员而雇用。C. 雇用3人以上。D. 雇用1人6个月以上。E. 其他情节严重情形。（8）实施伪造变造买卖武装部队公文证件印章罪、盗窃抢夺武装部队公文证件印章罪、非法生产买卖武装部队制式服装罪、伪造盗窃买卖非法提供非法使用武装部队专用标志罪规定的犯罪行为，同时又构成逃税、诈骗、冒充军人招摇撞骗等犯罪，依处罚较重规定定罪处罚。

【战时缓刑】在战时，对被判3年以下有期刑无现实危险宣告缓刑的犯罪军人，允许其戴罪立功，确有立功表现时，可撤销原判刑罚，不以犯罪论处。

《办理军队和地方互涉刑事案件规定》（2009年）：（1）现役军人（含在编职工）在地方

作案被当场抓获,按《逮捕拘留条例》,当地公安机关可将其拘留,移交其所在部队保卫部门处理。(2) 现役军人和地方人员共同在部队营区作案,以军队保卫部门为主组织侦查,地方公安机关配合;现役军人和地方人员共同在地方作案,以地方公安机关为主组织侦查,军队保卫部门配合。对犯罪分子,由地方和军队共同研究,通盘考虑,在取得一致意见后,分别由地方、军队公安机关、保卫部门、检察院、法院依法处理。(3) 地方人员到军队作案,由军队保卫部门与地方公安机关共同查清犯罪事实,由地方公安机关、检察院、法院依法处理。(4) 现役军人入伍前在地方上作案,由地方公安机关提供犯罪证据材料,送交军队军以上保卫部门审查,确认应依法追诉,由保卫部门拘留,提请有关部门办理退役手续后,移交有关地方公安机关、检察院、法院处理。(5) 军人退出现役后,发现其在服役期内作案,依法应追诉,由军队保卫部门、军事检察院、军事法院负责查清犯罪事实,将案卷材料移送其所在县以上公安机关、检察院、法院处理;属于在服役期间犯下军人违反职责罪,仍由军事检察院、军事法院处理。(6) 军队非编职工和随军的军人家属子女在部队营区作案,由军队保卫部门协助当地公安机关查清犯罪事实,由地方公安机关、检察院、法院依法处理。(7) 属于军队保卫部门管辖的案件,需到地方居民住地搜查时,应同当地公安机关联系,由公安机关依法进行搜查。属于地方公安机关管辖的案件,需到部队营区和现役军人住地搜查时,应同军队保卫部门联系,由军队保卫部门依法进行搜查。(8) 现役军人在地方作案,地方人员到军队作案,其罪证、赃款、赃物应随案移交。对其中属于抢劫、盗窃、侵吞、非法占有的公私财物,在案件处理终结时,应按有关规定上交国库或归还原主。(9) 由军事法院判处徒刑并开除军籍或公职的犯罪分子,移送地方劳改单位服刑,服刑期满后,由所在劳改单位依法释放安置。

从司法解释的角度讲,已移交政府管理的军队离休干部的犯罪案件,由地方公安机关、检察院、法院按案件管辖范围受理;办案中,需了解其在部队期间有关情况,原部队应协助。已移交政府管理的军队离休干部犯罪,被法院依法判处有期刑、无期刑和死缓,由司法行政机关指定的地方劳改场所执行;被判处有期刑宣告缓刑、拘役、管制、剥夺政治权利,由公安机关执行。

◆ 《刑法》 第 420 条 【军人违反职责罪的概念】

从身份犯的角度讲,军人违反职责罪是军人违反职责,危害国家军事利益,依法律应受刑罚处罚的行为。军人违反职责罪的犯罪主体以现役军人为原则,以非军人、非现役军人为例外。

从《解放军文职人员条例》(2017 年) 的角度讲,军队文职人员,是在军民通用、非直接参与作战且社会化保障不宜承担的军队编制岗位从事管理工作和专业技术工作的非现役人员,是军队人员的组成部分,在军队和社会生活中,依法享有国家工作人员相应的权利,履行相应的义务。

从身份犯的角度讲,《军人违反职责罪案件立案标准的规定》(2013 年) (违反国家法律法规,军事法规、军事规章规定的军人职责,含军人的共同职责,士兵、军官和首长的一般职责,各类主管人员和其他从事专门工作的军人的专业职责等) 适用于解放军的现役军官、文职干部、士兵、有军籍的学员;武警部队的现役警官、文职干部、士兵、有军籍的学员;执行军事任务的预备役人员、其他人员。

◆ 《刑法》 第 421 条 【战时违抗命令罪】

从战时犯、身份犯、故意犯、结果犯的角度讲,战时 (国家宣布进入战争状态、部队领受作战任务或遭到敌人突然袭击时;部队执行戒严任务或处置突发性暴力事件时) 违抗命令

（不执行、违背、抗拒、拒绝接受作战命令、指示；拖延或迟于履行作战命令、指示；实施不符合作战命令、指示的行为），对作战造成危害（造成战斗、战役失利；干扰作战部署，贻误战机或动摇首长的战斗决心；暴露我军作战意图，给敌人可乘之机，造成部队较大损失等），处 3 年以上 10 年以下有期刑；使战斗、战役遭受重大损失（造成我军人员重大伤亡、物质损失严重，战斗失利等），处 10 年以上有期刑、无期刑或死刑。

战时违抗命令罪是战时（战时是国家宣布进入战争状态、部队受领作战任务或遭敌突然袭击时，以部队执行戒严任务或处置突发性暴力事件时为战时论）违抗命令（主观上出于故意，客观上违背、抗拒首长、上级职权范围内的命令，含拒绝接受命令、拒不执行命令，或不按命令的具体要求行动等），对作战造成危害的行为。

战时违抗命令案的 5 种立案标准：（1）造成我方人员死亡 1 人以上（含本数），或重伤 2 人以上，或轻伤 3 人以上。（2）造成武器装备（实施和保障军事行动的武器、武器系统和军事技术器材的统称）、军事设施、军用物资（除武器装备外专供武装力量使用的各种物资的统称，含装备器材、军需物资、医疗物资、油料物资、营房物资等）损毁，直接影响作战任务完成。（3）造成作战任务不能完成或迟缓完成。（4）扰乱作战部署或贻误战机。（5）对作战造成其他危害。

从军官服役条例的角度讲，在执行作战、抢险救灾等紧急任务时，上级首长有权暂时免去违抗命令、不履行职责或不称职的所属军官的职务，并可临时指派其他军人代理。

从罪与非罪的角度讲，不构成违抗作战命令罪的情形：（1）非故意违抗作战命令、指示，客观条件限制行为人不能完成战斗任务。（2）执行错误的命令、指示，导致战斗失利。（3）违抗上级无关作战的命令、指示。

违抗作战命令罪、战时临阵脱逃罪、投降罪、阻碍执行军事职务罪、擅离、玩忽军事职守罪有差异性。（1）违抗作战命令罪、战时临阵脱逃罪的根本差异在于犯罪客体、犯罪客观方面、犯罪目的的不同。从法条竞合犯的角度，战时违抗命令、战时临阵脱逃发生法条竞合时，应以战时违抗命令罪论处。（2）违抗作战命令罪、投降罪的根本差异在于犯罪客体、犯罪客观方面、犯罪主观方面的不同。从法条竞合的角度，战时违抗命令罪、投降罪发生法条竞合时，应以战时违抗命令罪论处。（3）违抗作战命令罪、阻碍执行军事职务罪的根本差异在于犯罪对象、犯罪行为、犯罪时间的不同。（4）违抗作战命令罪和擅离、玩忽军事职守罪的根本差异在于犯罪主体、犯罪客体、犯罪主观方面、犯罪客观方面、犯罪时间、犯罪地点的不同。

◆《刑法》第 422 条【隐瞒、谎报军情罪；拒传、假传军令罪】

从身份犯、故意犯、行为犯、结果犯的角度讲，故意隐瞒（对首长、上级隐瞒不报告军事情况）、谎报（以编造或篡改的军事情况欺骗首长、上级）军情（兵力、兵员、装备、部署、作战准备、战斗进展、战区地形、地貌、水文、气象、涉及军事的政治、经济、科技等敌我军事信息）或拒传（战时明知作战命令有条件传递而故意拒绝传递）、假传（故意传递虚假的军令战时伪造、篡改军事命令并传达或发布）军令，对作战造成危害（造成首长、上级决策失误；造成重大任务不能完成或迟缓完成；造成死亡 1 人以上或重伤 2 人以上或轻伤 3 人以上；造成军事装备、设施损毁，直接影响作战任务；造成其他危害），处 3 年以上 10 年以下有期刑；使战斗、战役遭受重大损失（a. 造成我军人员重大伤亡，武器装备、军事设施和军用物资严重损失，战斗、战役失利等。b. 造成人员伤亡较大；重要武器装备损失较多；致战斗失利或影响战役全局利益等），处 10 年以上有期刑、无期刑或死刑。

从故意犯、结果犯的角度讲，隐瞒、谎报军情罪是故意隐瞒、谎报军情，对作战造成危害的行为。隐瞒、谎报军情案的 5 种立案标准：（1）造成我方人员死亡 1 人以上，或重伤 2

人以上，或轻伤 3 人以上。（2）造成首长、上级决策失误。（3）造成作战任务不能完成或迟缓完成。（4）造成武器装备、军事设施、军用物资损毁，直接影响作战任务完成。（5）对作战造成其他危害。

隐瞒、谎报军情罪和拒传、假传军令罪的根本差异在于犯罪主体、犯罪客观方面的不同。（1）隐瞒、谎报军情罪和战时造谣惑众罪的根本差异在于犯罪主体、犯罪客观方面的不同。（2）隐瞒、谎报军情罪和遗失武器装备罪的根本差异在于犯罪主体、犯罪对象、犯罪主观方面、犯罪客观方面的不同。遗失武器装备后不及时报告，对作战造成严重危害，构成隐瞒军情罪。

拒传军令罪是负有传递军令职责的军人，明知是军令而故意拒绝传递或拖延传递，对作战造成危害的行为。（1）假传军令罪是故意伪造、篡改军令，或明知是伪造、篡改的军令而传达或发布，对作战造成危害的行为。（2）拒传、假传军令案的 5 种立案标准：A. 造成我方人员死亡 1 人以上，或重伤 2 人以上，或轻伤 3 人以上。B. 造成首长、上级决策失误。C. 造成作战任务不能完成或迟缓完成。D. 造成武器装备、军事设施、军用物资损毁，直接影响作战任务完成。E. 对作战造成其他危害。

拒传、假传军令罪和战时违抗命令罪的根本差异在于犯罪主体、犯罪客观方面的不同；拒传、假传军令罪和战时造谣惑众罪的根本差异在于犯罪主体、犯罪主观方面的不同。

◆ 《刑法》第 423 条 【投降罪】

从身份犯、故意犯、行为犯、情节犯、结果犯的角度讲，在战场上（敌我双方作战活动的陆域、海域、空域）贪生怕死（犯罪动机），自动放下武器（能使用武器杀伤敌人而放弃抵抗）投降敌人（迫于敌人的武装压力屈服于战争或武装冲突、部队执行戒严任务或处置突发性暴力事件的敌人），处 3 年以上 10 年以下有期刑；情节严重（部队首长带领部属集体投敌；因投敌导致阵地丢失、人员伤亡、重要武器装备受损、战斗失利等危害结果；携带秘密文件或从事机要的军职人员投降敌人；在投降敌人过程中，以暴力、威胁手段反抗阻挠、干预其投降的其他人员；矢口否认投降敌人的犯罪事实，态度恶劣等），处 10 年以上有期刑或无期刑；投降后为敌人效劳（主动率部投降；主动向敌人提供我军事秘密；为敌人积极出谋划策，煽动、勾引我军被俘人员叛变投敌；接受敌人派遣任务；主动要求参加敌军与我作战；出卖我军职人员；为敌人进行反动宣传；投降后主动为敌人服务挖工事、搬弹药等），处 10 年以上有期刑、无期刑或死刑。

投降罪是在战场上贪生怕死，自动放下武器投降敌人的行为。凡涉嫌投降敌人，应立案。

从法条竞合犯、想象竞合犯的角度讲，投降罪、战时临阵脱逃罪发，生犯罪竞合时，一般应以投降罪论处。行为人临阵脱逃投降敌人，致战斗、战役遭受重大损失，或投降后为敌人效劳，应以战时临阵脱逃罪论处。

投降罪和战时临阵脱逃罪的根本差异在于犯罪目的、犯罪客观方面的不同。投降罪和投敌叛变罪的根本差异在于犯罪主体、犯罪主观方面、犯罪地点的不同。被俘后叛变，积极为敌人效劳，或基于蓄谋叛变投敌的犯罪目的，在战场上积极寻找机会，直接投靠敌人，应以投敌叛变罪论处。

◆ 《刑法》第 424 条 【战时临阵脱逃罪】

从战时犯、身份犯、故意犯、行为犯、结果犯、情节犯的角度讲，战时临阵脱逃（在战场上或战斗中、待命出击时逃离部队、逃避参加作战而离开阵地），处 3 年以下有期刑；情节严重（携带武器装备或军事秘密脱逃；煽动他人或组织他人脱逃；在战斗最激烈、最关键时刻，在重要岗位上脱逃；滥用红十字会旗帜、徽章或私自佩带红十字徽章和袖章；舰艇、飞行人员放弃舰艇、飞机脱逃;对危难情况下的军人和友邻部队,可救援而脱逃;以暴力、威胁手段达到脱逃目的等),处3年以上10年以下有期刑;使战斗、战役遭受重大损失(部队遭受重大伤亡;战时遭受严重失利;严重影响战役全局等),处10年以上有期刑、无期刑或死刑。

战时临阵脱逃罪是在战斗中或在接受作战任务后,逃离战斗岗位的行为。凡战时涉嫌临阵脱逃,应立案。

战时临阵脱逃罪、逃离部队罪的根本差异在于犯罪主观方面、犯罪时间、犯罪地点的不同。(1)战时临阵脱逃罪和擅离军事职守罪的根本差异在于犯罪主体、犯罪主观方面、犯罪后果的不同。(2)战时临阵脱逃罪和违令作战消极罪的根本差异在于犯罪主观方面、犯罪客观方面的不同。(3)战时临阵脱逃罪和战时违抗命令罪的根本差异在于犯罪客观方面的不同。从想象竞合犯的角度,遭到敌人进攻时违反上级坚守阵地的命令逃离阵地,应以战时违抗命令罪定罪处罚。(4)战时临阵脱逃罪和投降罪的根本差异在于犯罪目的的不同。正在作战时扔下武器逃往敌人阵地,一般应以投降罪论处;致战斗、战役遭受重大损失,应以战时临阵脱逃罪论处。(5)战时临阵脱逃罪和投敌叛变罪的根本差异在于犯罪主观方面的不同。行为人临阵脱逃,投奔敌人营垒,危害国安活动,应以投敌叛变罪论处。

◆《刑法》第425条【擅离、玩忽军事职守罪】

从身份犯、过失犯、结果犯、渎职犯的角度讲,指挥人员和值班、值勤人员擅离职守或玩忽职守,造成严重后果,处3年以下有期刑或拘役;造成特别严重后果,处3年以上7年以下有期刑;战时犯擅离、玩忽军事职守罪,处5年以上有期刑。

擅离、玩忽军事职守罪是挥人员(a.对部队或部属负有组织、领导、管理职责的人员。b.专业主管人员在其业务管理范围内,视为指挥人员)和值班人员(军队各单位、各部门为保持指挥或履行职责不间断而设立、负责处理本单位、本部门特定事务的人员)、值勤人员(正担任警卫、巡逻、观察、纠察、押运等勤务,或作战勤务工作的人员)擅自离开正履行职责的岗位,或在履行职责的岗位上,严重不负责任(过失),不履行或不正确履行职责,造成严重后果的行为。(1)擅离、玩忽军事职守案的5种立案标准:A.造成重大任务不能完成或迟缓完成。B.造成死亡1人以上,或重伤3人以上,或重伤2人、轻伤4人以上,或重伤1人、轻伤7人以上,或轻伤10人以上。C.造成枪支、手榴弹、爆炸装置或子弹10发、雷管30枚、导火索或导爆索30米、炸药1千克以上丢失、被盗,或不满(已达到该数额80%以上)规定数量,但后果严重,或造成其他重要武器装备、器材丢失、被盗。D.造成武器装备、军事设施、军用物资或其他财产损毁,直接经济损失(与行为有直接因果关系而造成的财产损毁、减少的实际价值)30万元以上,或直接经济损失、间接经济损失(由直接经济损失引起和牵连的其他损失,含失去在正常情况下可能获得的利益和为恢复正常管理活动或为挽回已造成的损失所支付的各种费用等)合计150万元以上。E.造成其他严重后果。(2)从司法解释的角度,武器装备、军事设施、军用物资的价值和损失的确定,由部队驻地公检法指定的价格事务机构进行估价。武器装备、军事设施、军用物资的价值和损失,由部队军以上单位的主管部门确定,也可由部队驻地公检法指定的价格事务机构进行估价。

◆《刑法》第426条【阻碍执行军事职务罪】

从身份犯、故意犯、行为犯、情节犯的角度讲,以暴力、威胁方法,阻碍指挥人员或值班、值勤人员执行职务,处5年以下有期刑或拘役;情节严重,处5年以上10年以下有期刑;情节特别严重,处10年以上有期刑或无期刑。

从战时犯、身份犯、故意犯、行为犯、从重处罚原则的角度讲,战时犯阻碍执行军事职务罪,从重处罚。

阻碍执行军事职务罪是以暴力、威胁方法,阻碍指挥人员或值班、值勤人员执行职务的行为。凡涉嫌阻碍执行军事职务,应立案。

◆《刑法》第427条 【指使部属违反职责罪】

从身份犯、故意犯、结果犯、情节犯的角度讲,滥用职权,指使部属进行违反职责的活动,造成严重后果,处5年以下有期刑或拘役;情节特别严重,处5年以上10年以下有期刑。

指使部属违反职责罪是挥人员滥用职权,指使部属进行违反职责的活动,造成严重后果的行为。指使部属违反职责案的4种立案标准:(1)造成重大任务不能完成或迟缓完成。(2)造成死亡1人以上,或重伤2人以上,或重伤1人、轻伤3人以上,或轻伤5人以上。(3)造成武器装备、军事设施、军用物资或其他财产损毁,直接经济损失20万元以上,或直接经济损失、间接经济损失合计100万元以上。(4)造成其他严重后果。

◆《刑法》第428条 【违令作战消极罪】

从身份犯、故意犯、情节犯、结果犯的角度讲,指挥人员违抗命令,临阵畏缩,作战消极,造成严重后果,处5年以下有期刑;使战斗、战役遭受重大损失或有其他特别严重情节,处5年以上有期刑。

违令作战消极罪是挥人员违抗命令,临阵畏缩,作战消极(在作战中故意违背、抗拒执行首长、上级的命令,面临战斗任务而畏难怕险,怯战怠战,行动消极),造成严重后果的行为。违令作战消极案的5种立案标准:(1)扰乱作战部署或贻误战机。(2)造成作战任务不能完成或迟缓完成。(3)造成我方人员死亡1人以上,或重伤2人以上,或轻伤3人以上。(4)造成武器装备、军事设施、军用物资或其他财产损毁,直接经济损失20万元以上,或直接经济损失、间接经济损失合计100万元以上。(5)造成其他严重后果。

◆《刑法》第429条 【拒不救援友邻部队罪】

从战时犯、故意犯、结果犯的角度讲,在战场上明知友邻部队处境危急请求救援,能救援而不救援,使友邻部队遭受重大损失,对指挥人员,处5年以下有期刑。

拒不救援友邻部队罪是挥人员在战场上,明知友邻部队面临被敌人包围、追击或阵地将被攻陷等危急情况请求救援,能救援而不救援[根据当时自己部队(分队)所处的环境、作战能力及所担负的任务,有条件组织救援却无组织救援],使友邻部队遭受重大损失的行为。拒不救援友邻部队案的6种立案标准:(1)造成战斗失利。(2)造成阵地失陷。(3)造成突围严重受挫。(4)造成我方人员死亡3人以上,或重伤10人以上,或轻伤15人以上。(5)造成武器装备、军事设施、军用物资损毁,直接经济损失100万元以上。(6)造成其他重大损失。

◆《刑法》第430条 【军人叛逃罪】

从身份犯、故意犯、行为犯、情节犯的角度讲,在履行公务期间,擅离岗位,叛逃境外或在境外叛逃,危害国家军事利益,处5年以下有期刑或拘役;情节严重,处5年以上有期刑。驾驶航空器、舰船叛逃,或有其他特别严重情节,处10年以上有期刑、无期刑或死刑。

军人叛逃罪是军人在履行公务期间,擅离岗位,叛逃境外或在境外叛逃,危害国家军事利益的行为。军人叛逃案的7种立案标准:(1)申请政治避难。(2)公开发表叛国言论。(3)因反对国家政权和社会主义制度而出逃。(4)出逃至交战对方区域。(5)投靠境外反动机构或组织。(6)掌握、携带军事秘密出境后滞留不归。(7)进行其他危害国家军事利益活动。

◆《刑法》第 431 条 【非法获取军事秘密罪；为境外窃取、刺探、收买、非法提供军事秘密罪】

从身份犯、故意犯、危险犯、行为犯、情节犯、涉密犯的角度讲，采取窃取、刺探、收买方法，非法获取军事秘密【关系国家军事利益，依规定的权限和程序确定，在一定时间内只限一定范围的人员知悉的事项：a. 国防和武装力量建设规划及其实施情况。b. 国防动员计划及其实施情况。c. 国防费分配和使用的具体事项，军事物资的筹措、生产、供应、储备等情况中需控制知悉范围的事项。d. 军队政工中不宜公开的事项。e. 对外军事交流与合作中不宜公开的事项。f. 军事设施（军事指挥机关、地面地下的指挥工程、作战工程、军事基地、军用机场、军用港口码头、军用洞库仓库、军用输油输水管道、军用公路、军用铁路专线、输电线路、试验场、营区、靶场、训练场、通信枢纽、军用通信、侦察、导航、观测台站和测量、导航、助航标志等国家直接用于军事目的的建筑、场地、设备和国务院、中央军委规定的其他军事设施）及其保护情况中不宜公开的事项。g. 军事学术（战略学、战役学、战术学、军制学、军事运筹学、军队指挥学、军事通信学、军队政工学、军事教育训练学、军事后勤学、军事历史学、军事地理学、军事地形学、军事工程地质学、军事经济学、军事管理学、军事社会学、军事语言学、军事人才学、军事伦理学、军事心理学、军事海洋学、军事气象学、军事医学、军事自动化、国防外交学、国防教育学、国防经济学等）和国防科技研究的重要项目、成果及其应用情况中需控制知悉范围的事项。h. 武器装备（枪械、防弹衣、战舰、潜艇、战机等）的研制、生产、配备情况和补充、维修能力，特种军事装备的战术技术性能。i. 军事部署，作战、训练及处置突发事件等军事行动中需控制知悉范围的事项。j. 军事情报（为维护国安和利益而获得的与军事有关的情况及对其研究判断的成果）及其来源，军事通信［军事通信线路、设备、电话、电报、数据、计算机信息系统、电磁频谱、图像通信等；战略通信、战役通信、战术通信无线电通信、有线电通信、光通信（光纤通信、大气激光通信）、运动通信、简易信号通信；指挥通信、协同通信、后方通信、技术保障通信、情报报知通信、警报报知通信等军队为实施指挥，运用通信工具或其他方法进行的信息传递］、信息对抗及其他特种业务的手段、能力，密码及有关资料。k. 武装力量的组织编制，部队的任务、实力、状态等情况中需控制知悉范围的事项，特殊单位及师级以下部队的番号。l. 其他需保密的事项】，处 5 年以下有期刑；情节严重（担负军队重要职责的人员利用职权或其他特殊便利条件非法获取军事秘密的；获取军事秘密的手段恶劣；获取重要或大量的军事秘密；从作战、机要、保密、军务等重要部门非法获取军事秘密），处 5 年以上 10 年以下有期刑；情节特别严重（担负重要职责的人员利用职权或其他特殊便利条件非法获取军事秘密；获取军事秘密的手段特别恶劣；从作战、机要、保密等重要部门非法获取军事秘密；获取重要或大量的军事秘密，造成重大损失），处 10 年以上有期刑。

非法获取军事秘密罪的情形：（1）从想象竞合犯的角度，非法获取军事秘密而盗窃武器装备、军用物资，同时触犯非法获取军事秘密罪和盗窃武器装备、军用物资罪，以想象竞合犯择一较重的犯罪定罪处罚。（2）非法获取军事秘密后平时故意泄露军事秘密，以非法获取军事秘密罪定罪处罚，故意泄露军事秘密属于从重处罚情节。（3）战时非法获取军事秘密后故意泄露，以故意泄露军事秘密罪定罪处罚，非法获取军事秘密属于从重处罚情节。（4）采取窃取、刺探、收买的方法，非法获取军事秘密的行为，构成非法获取军事秘密罪。

从故意犯、行为犯、危险结果犯、涉密犯的角度讲，为境外（中国领域外或中国领域内中国政府尚未实施行政管辖的地域：尚未回归的台湾地区、1997 年 7 月 1 日前的香港地区、1999 年 12 月 31 日前的澳门地区）的机构、组织［港澳台等回归前的中国地区；外国的政府、军队、机关在中国境内设置的机构、社团、企事业组织、外国驻华使领馆、办事处、商社、新闻机构等外国的机构、组织及其在中国境内设立的分支（代表）机构、分支组织]、人员 [居住（永久居住、长期居住、短期居住）在外国和回归前的港澳台等中国地区的人，居住在中国境内不有中国国籍的人]，窃取 [采取秘密手段盗窃属于军事秘密的资料、物品]、刺探（采取各种渠道、使用各种手段，非法探知军事秘密或军事情报资料）、收买（采取金钱、色情、物质利益等手段诱惑掌握军事秘密或军事情报的人员获取军事秘密或军事情报资料、物品）、非法提供（军事秘密的持有者或知悉者非法出卖、交付、告知其他不应知悉军事秘密或军事情报的人）军事秘密，处10年以上有期刑、无期刑或死刑。

从解放军保密条例、保守国家秘密法的角度讲，犯为境外窃取、刺探、收买、非法提供国家秘密罪（为境外窃取、刺探、收买、非法提供国家秘密，处5年以上10年以下有期刑；情节特别严重，处10年以上有期刑或无期刑；情节较轻，处5年以下有期刑、拘役、管制或剥夺政治权利）或为境外窃取、刺探、收买、非法提供军事秘密罪，应附加剥夺政治权利，可并处没收财产；对国家和人民危害特别严重、情节特别恶劣，可判处死刑。

非法获取军事秘密罪是违反国家和军队的保密规定，采取窃取、刺探、收买方法，非法获取军事秘密的犯罪行为。（1）凡涉嫌非法获取军事秘密应立案。（2）为境外窃取、刺探、收买、非法提供军事秘密罪是违反国家和军队的保密规定，为境外的机构、组织、人员窃取、刺探、收买、非法提供军事秘密的犯罪行为。（3）凡涉嫌为境外窃取、刺探、收买、非法提供军事秘密，应立案追究。

军事秘密分为绝密（最重要的军事秘密，泄露会使国防和军队的安全与利益遭受特别严重的损害）、机密（重要的军事秘密，泄露会使国防和军队的安全与利益遭受严重的损害）、秘密（一般的军事秘密，泄露会使国防和军队的安全与利益遭受损害）3个等级。（1）产生军事秘密事项，应按军事秘密及其密级具体范围的规定及时确定密级、保密期限。A. 在确定密级前，产生该事项的单位应按拟定的密级先行采取保密措施。B. 对是否属于军事秘密和属于何等密级不明确的事项，秘密级由团级以上单位确定；机密级由师级以上单位确定；绝密级由军级以上单位确定。C. 军事秘密事项的密级和保密期限，应根据情况变化及时调整或解除。密级和保密期限的调整者解除，由原确定密级和保密期限的单位或其上级机关决定。D. 军事秘密事项的保密期限届满，自行解密；保密期限需延长，由产生该事项的单位或其上级机关决定；军事秘密事项在保密期限内不需继续保密，产生该事项的单位或其上级机关应及时解密。（2）发生泄密事件应及时报告保密工作主管部门和上级有关部门，并迅速查明被泄露军事秘密的内容、密级、造成或可能造成危害的范围和程度，采取补救措施。（3）违反解放军保密条例，有盗窃、毁坏、出卖军事秘密；泄露或遗失重要军事秘密；利用军事秘密进行非法活动；发生泄密事件，隐情不报或未及时采取补救措施；玩忽职守，使军事秘密安全遭受危害；其他违反保密制度危害军事秘密安全的情形，依解放军纪律条令有关规定，对主管人员和直接责任人员给予处分（战时或执行特殊任务时给予处分，应从重处分）；构成犯罪，依法追究刑责。（4）解放军保密守则：A. 不该说的秘密不说。B. 不该问的秘密不问。C. 不该看的秘密不看。D. 不该带的秘密不带。E. 不在私人书信中涉及秘密。F. 不在非保密本上记录秘密。G. 不用普通邮电传送秘密。H. 不在非保密场所阅办谈论秘密。I. 不私自复制、保存和销毁秘密。J. 不带秘密载体探亲、访友、旅游。

◆ 《刑法》第432条 【故意泄露军事秘密罪；过失泄露军事秘密罪】

从故意犯、过失犯、情节犯、涉密犯的角度讲，违反保守国家秘密法规，故意或过失泄露军事秘密，情节严重，处5年以下有期刑或拘役；情节特别严重，处5年以上10年以下有期刑。

从战时犯、故意犯、过失犯、情节犯、涉密犯的角度讲，故意泄露军事秘密罪、过失泄露军事秘密罪,处5年以上10年以下有期刑;情节特别严重,处10年以上有期刑或无期刑。

故意泄露军事秘密罪是违反国家和军队的保密规定,故意使军事秘密被不应知悉者知悉或超出了限定的接触范围,情节严重的行为。(1) 故意泄露军事秘密案的9种立案标准:A. 泄露绝密级或机密级军事秘密1项(件)以上。B. 泄露秘密级军事秘密3项(件)以上。C. 泄露军事秘密造成严重危害后果。D. 以牟取私利为目的泄露军事秘密。E. 利用职权指使或强迫他人泄露军事秘密。F. 负有特殊保密义务的人员泄密。G. 执行重大任务时泄密。H. 向公众散布、传播军事秘密。I. 有其他情节严重行为。(2) 从涉密罪的角度,过失泄露军事秘密罪是违反国家和军队的保密规定,过失泄露军事秘密,使军事秘密被不应知悉者知悉或超出了限定的接触范围,情节严重的行为。过失泄露军事秘密案的6种立案标准:A. 泄露绝密级军事秘密1项(件)以上。B. 泄露机密级军事秘密3项(件)以上。C. 泄露秘密级军事秘密4项(件)以上。D. 负有特殊保密义务的人员泄密。E. 泄露军事秘密或遗失军事秘密载体,不按规定报告,或不如实提供有关情况,或未及时采取补救措施。F. 有其他情节严重行为。

从涉密罪的角度,军人违反职责罪的涉密罪名有非法获取军事秘密罪;为境外窃取、刺探、收买、非法提供军事秘密罪;故意泄露军事秘密罪;过失泄露军事秘密罪等。

◆ 《刑法》 第433条 【战时造谣惑众罪】

从战时犯、身份犯、故意犯、行为犯、情节犯的角度讲,战时造谣惑众,动摇军心,处3年以下有期刑;情节严重,处3年以上10年以下有期刑;情节特别严重,处10年以上有期刑或无期刑。

战时造谣惑众罪是在战时造谣惑众,动摇军心(故意编造、散布谣言,煽动怯战、厌战或恐怖情绪,蛊惑官兵,造成或足以造成部队情绪恐慌、士气不振、军心涣散)的行为。凡战时涉嫌造谣惑众,动摇军心,应立案。

◆ 《刑法》 第434条 【战时自伤罪】

从身份犯、故意犯、作为犯、情节犯的角度讲,战时自伤(作为)身体,逃避(不作为)军事义务,处3年以下有期刑;情节严重,处3年以上7年以下有期刑。

战时自伤罪是现役军人在战时为逃避军事义务(逃避临战准备、作战行动、战场勤务和其他作战保障任务等与作战有关的义务)自己故意伤害身体或授意他人伤害自己身体的行为。凡战时涉嫌自伤使不能履行军事义务,应立案。

【2011·卷2·单选·13】(答案:C)关于自伤,下列哪一选项是错误的?A. 军人在战时自伤身体、逃避军事义务的,成立战时自伤罪。B. 帮助有责任能力成年人自伤的,不成立故意伤害罪。C. 受益人唆使60周岁的被保险人自伤、骗取保险金的,成立故意伤害罪与保险诈骗罪。D. 父母故意不救助自伤的12周岁儿子而致其死亡的,视具体情形成立故意杀人罪或者遗弃罪。

从危害结果或犯罪结果的角度讲,战时自伤罪以战时自伤身体的作为方式(自伤行为),实施逃避军事义务的不作为义务或危害后果(犯罪目的),以战时自伤自己的身体而达到逃避军事义务的危害程度为战时自伤罪的既遂犯,否则战时自伤自己的身体而未造成伤害身体或造成的危害后果相对较轻,未达到逃避军事义务的程度,均属于战时自伤罪的未遂犯。

战时自伤罪的构成条件:(1) 从特殊主体、时间条件的角度,现役军人自伤身体的行为须是在战时。(2) 从犯罪主观方面的角度,现役军人对自身伤害须有直接故意。行为人在战斗中或在军事行动中,因过失自伤身体,不能构成犯罪。行为人为逃避军事义务,有意加重已有的伤害,应构成战时自伤罪。(3) 从作案动机或犯罪目的的角度,现役军人自伤身体基于逃避军事义务（军人根据职责需要履行巡逻任务，值班、值勤任务，作战任务等军事义务）的目的。现役军人以骗取某种荣誉或掩盖自己的过失为目的的行为，不构成战时自伤罪。

◆ 《刑法》第435条【逃离部队罪】

从身份犯、非战时犯、故意犯、情节犯的角度讲，平时逃离部队罪，违反兵役法规，逃离部队，情节严重，处3年以下有期刑或拘役。

从身份犯、战时犯、故意犯、行为犯的角度讲，战时逃离部队，处3年以上7年以下有期刑。

逃离部队罪是违反兵役法规（违反国防法、兵役法和军队条令条例及其他有关兵役方面的法律规定），逃离部队（擅自离开部队或经批准外出逾期拒不归队），情节严重的行为。（1）逃离部队案的6种立案标准：A. 策动3人以上或胁迫他人逃离部队。B. 逃离部队持续时间达3个月以上或3次以上或累计时间达6个月以上。C. 携带武器装备逃离部队。D. 在执行重大任务期间逃离部队。E. 担负重要职责的人员逃离部队。F. 有其他情节严重行为。（2）从司法解释的角度，军人违反兵役法规，非战时逃离部队，情节严重，以逃离部队罪定罪处罚。

◆ 《刑法》第436条【武器装备肇事罪】

从身份犯、过失犯、情节犯、结果犯的角度讲，违反武器装备使用规定，情节严重，因而发生责任事故，致人重伤、死亡或造成其他严重后果，处3年以下有期刑或拘役；后果特别严重（造成较多的人重伤、死亡；重要的武器或技术装备毁坏不能使用；军用物资或公私财物遭受重大损失；严重危害战斗任务完成），处3年以上7年以下有期刑。

武器装备肇事罪是违反武器装备使用规定，情节严重［故意违反武器装备使用规定，或在使用过程中严重不负责任（过失）］，因而发生责任事故，致人重伤、死亡或造成其他严重后果的行为。（1）武器装备肇事案的5种立案标准：A. 严重损害国家和军队声誉，造成恶劣影响。B. 影响重大任务完成。C. 造成死亡1人以上，或重伤2人以上，或轻伤3人以上。D. 造成武器装备、军事设施、军用物资或其他财产损毁，直接经济损失30万元以上，或直接经济损失、间接经济损失合计150万元以上。E. 造成其他严重后果。（2）从旧司法解释的角度，军职人员在执勤、训练、作战时使用、操作武器装备，或在管理、维修、保养武器装备的过程中，违反武器装备使用规定和操作规程，情节严重，因而发生重大责任事故，致人重伤、死亡或造成其他严重后果，以武器装备肇事罪论处；凡违反枪支、弹药管理使用规定，私自携带枪支、弹药外出，因玩弄而造成走火或爆炸，致人重伤、死亡或使公私财产遭受重大损失，分别以过失致人重伤罪、过失致人死亡罪或过失爆炸罪论处。（3）军职人员驾驶军用装备车辆，违反武器装备使用规定和操作规程，情节严重，因而发生重大责任事故，致人重伤、死亡或造成其他严重后果，使同时违反交通运输规章制度，也应以武器装备肇事罪论处；仅因违反交通运输规章制度而发生重大事故，致人重伤、死亡或使公私财产遭受重大损失，以交通肇事罪论处。

◆ 《刑法》第437条【擅自改变武器装备编配用途罪】

从身份犯、故意犯、结果犯的角度讲，违反武器装备管理规定，擅自改变武器装备（实施和保障军事行动的武器、武器系统、军事技术器材）的编配用途，造成严重后果，处3年以下有期刑或拘役；造成特别严重后果，处3年以上7年以下有期刑。

擅自改变武器装备编配用途罪是违反武器装备管理规定，未经有权机关批准，擅自将编配的武器装备改作其他用途，造成严重后果的犯罪行为。（1）擅自改变武器装备编配用途案的4种立案标准：A. 造成重大任务不能完成或迟缓完成。B. 造成死亡1人以上，或重伤3人以上,或重伤2人、轻伤4人以上,或重伤1人、轻伤7人以上,或轻伤10人以上。C. 造成武器装备、军事设施、军用物资或其他财产损毁,直接经济损失30万元以上,或直接经济损失、间接经济损失合计150万元以上。D. 造成其他严重后果。(2)从司法解释的角度,伪造、盗窃、买卖或非法提供、使用武装部队军以上领导机关车辆号牌1副以上或其他车辆号牌3副以上,或军徽、军旗、军种符号、其他军用标志合计100件(副)以上,或非法提供、使用军以上领导机关车辆号牌外的其他车辆号牌累计6个月以上,造成严重后果或恶劣影响的情形为情节严重,处3年以下有期刑、拘役或管制,并处或单处罚金。

违反武器装备质量管理条例的法律责任:(1)违反该条例,在武器装备论证工作中弄虚作假,或违反武器装备论证工作程序,造成严重后果,对直接负责的主管人员和其他直接责任人员,依有关规定给予处分;构成犯罪,依法追究刑责。(2)违反武器装备质量管理条例,由国防科工委、国务院有关部门依有关法律法规的规定处罚;属于军队的武器装备研制、生产、试验和维修单位,由军队有关部门按有关规定处理的4种情形:A. 因管理不善、工作失职,导致发生武器装备重大质量事故。B. 对武器装备重大质量事故隐瞒不报、谎报或延误报告,造成严重后果。C. 在武器装备试验中出具虚假试验数据,造成严重后果。D. 将不合格的武器装备交付部队使用。该违法行为情节严重,由国防科工委和军队有关部门依法取消其武器装备研制、生产、试验和维修的资格;造成损失,依法承担赔偿责任;构成犯罪,依法追究刑责。(3)违反武器装备质量管理条例,泄露武器装备质量信息秘密,由国防科工委、国务院有关部门依保守国家秘密法等有关法律法规的规定处罚;属于军队的武器装备研制、生产、试验和维修单位,由军队有关部门按有关规定处理;构成犯罪,依法追究刑责。(4)违反武器装备质量管理条例,阻碍、干扰武器装备质量监管工作,情节严重,由国防科工委、国务院有关部门依有关法律法规的规定处罚;属于军队的武器装备研制、生产、试验和维修单位,由军队有关部门按有关规定处理;构成犯罪,依法追究刑责。(5)违反武器装备质量管理条例,为武器装备研制、生产、试验和维修单位提供元器件、原材料以及其他产品,以次充好、以假充真,由国防科工委、国务院有关部门依《产品质量法》等有关法律法规的规定处罚;造成损失,依法承担赔偿责任;构成犯罪,依法追究刑责。(6)武器装备质量检验机构、认证机构与武器装备研制、生产单位恶意串通,弄虚作假,或伪造检验、认证结果,出具虚假证明,取消其检验、认证资格,并由国防科工委、国务院有关部门依认证认可条例有关规定处罚;属于军队的武器装备质量检验机构、认证机构,由军队有关部门按有关规定处理;构成犯罪,依法追究刑责。(7)武器装备质量监管人员玩忽职守、滥用职权、徇私舞弊,由所在单位或上级主管部门依法给予处分;构成犯罪,依法追究刑责。

◆ 《刑法》第438条 【盗窃、抢夺武器装备、军用物资罪;盗窃、抢夺枪支、弹药、爆炸物、危险物质罪】

从选择罪名、失控说、身份犯、故意犯、行为犯、情节犯的角度讲,盗窃、抢夺武器装备(部队用于实施、保障作战行动的武器及其配套的弹药、仪器、器材、备附件;不含盗窃枪支、弹药、爆炸物罪的枪支、弹药、爆炸物)或军用物资(车船、药品、器材等非武器装备的军事使用物资),处5年以下有期刑或拘役;情节严重(多次盗窃武器装备、军用物资备;盗窃武器装备、军用物资数量较大或盗窃武器装备、军用物资的价值数额巨大;盗窃重要武器装备或军用物资;盗窃武器装备或军用物资用于腐化挥霍或造成严重后果;盗窃、抢夺重要或多件武器装备、军用物资;盗窃、抢夺武器装备、军用物资数额巨大;战时盗窃、抢夺武器装备、军用物资,严重影响部队完成任务;采取破坏方法盗窃武器装备、军用物资,造成部队严重损失等),处5年以上10年以下有期刑;情节特别严重(组织盗窃大量;内外勾结多次盗窃或盗窃大量武器装备、军用物资;盗窃、抢夺重要武器装备、军用物资或大量武器装备、军用物资;盗窃、抢夺武器装备、军用物资数额特别巨大;严重影响部队完成重要任务;采取破坏方法盗窃武器装备、军用物资,造成部队特别严重损失等),处10年以上有期刑、无期刑或死刑。

从故意犯、行为犯、情节犯的角度讲,盗窃、抢夺枪支、弹药、爆炸物(犯罪对象),依盗窃、抢夺、抢劫枪支、弹药、爆炸物罪的规定处罚。

【2007·卷2·多选·61】(答案:AD)丁某盗窃了农民程某的一个手提包,发现包里有大量现金和一把手枪。丁某将真情告诉崔某,并将手枪交给崔某保管,崔某将手枪藏在家里。关于本案,下列哪些选项是正确的? A. 丁某构成盗窃罪 B. 丁某构成盗窃枪支罪。C. 崔某构成窝藏罪。D. 崔某构成非法持有枪支罪。

盗窃枪支罪是以非法占有为目的,秘密窃取枪支的行为。盗窃武器装备罪是以非法占有为目的,秘密窃取武器装备的行为。抢夺武器装备罪是以非法占有为目的,乘人不备,公然夺取武器装备的行为。凡涉嫌盗窃、抢夺武器装备,应立案。

盗窃军用物资罪是以非法占有为目的,秘密窃取军用物资的行为。抢夺军用物资罪是以非法占有为目的,乘人不备,公然夺取军用物资的行为。凡涉嫌盗窃、抢夺军用物资价值2000元以上,或不满规定数额,但后果严重,应立案。

从比较法、失控说、犯罪性质、犯罪客体、犯罪对象的角度讲,盗窃、抢夺武器装备、军用物资罪不同于盗窃、抢夺枪支、弹药、爆炸物罪。(1)盗窃、抢夺武器装备、军用物资或枪支、弹药、爆炸物罪,均应以被盗窃、被抢夺的武器装备、军用物资或枪支、弹药、爆炸物的实际失控为犯罪既遂标准。(2)军职人员利用职务便利,盗窃自己手、管理的军用物资,以贪污罪从重处罚。

◆ 《刑法》 第439条 【非法出卖、转让武器装备罪】

从身份犯、故意犯、行为犯、结果犯、情节犯的角度讲,非法出卖、转让军队武器装备(军队在编、正在使用、储存备用、保障作战行动的武器、武器系统、军事技术装备),处3年以上10年以下有期刑;出卖、转让大量武器装备或有其他特别严重情节(战时出卖、转让武器装备;平时出卖、转让重要武器装备;使武器装备流散社会,危害公共安全或造成严重后果;严重影响部队完成重要任务;出卖、转让的武器装备被用于犯罪活动,出卖、转让给境外机构、组织、人员;造成严重后果等),处10年以上有期刑、无期刑或死刑。

非法出卖、转让武器装备罪是非法出卖、转让(违反武器装备管理规定,未经有权机关批准,擅自用武器装备换取金钱、财物或其他利益,或将武器装备馈赠他人)武器装备的行为。

非法出卖、转让武器装备案的4种立案标准:(1)非法出卖、转让枪支、手榴弹、爆炸装置。(2)非法出卖、转让子弹10发,雷管30枚,导火索或导爆索30米,炸药1千克以上,或不满规定数量,但后果严重。(3)非法出卖、转让武器装备零部件或维修器材、设备,使武器装备报废或直接经济损失30万元以上。(4)非法出卖、转让其他重要武器装备。

◆ 《刑法》 第440条 【遗弃武器装备罪】

从身份犯、故意犯、作为犯、情节犯的角度讲,违抗命令(负有履行保管武器装备义务、有能力承担保管武器装备的以下级部属违背、违反、拒不执行上级首长的作战命令、指示),遗弃(故意丢掉、遗弃)武器装备(枪炮、弹药、战车、飞机、舰艇、化武、核武或侦察、通讯、工程、防化、防空技术设备等用于杀伤敌人和破坏敌人作战设施的武器和军事技术设备依法持有或有权管理、供部队使用或暂时损坏但能修复的武器装备),处5年以下有期刑或拘役;遗弃重要武器装备(部队主要武器装备、其他在作战中急需或必不可少的武器装备)

或大量武器装备，或有其他严重情节（指挥人员带头遗弃；煽动他人遗弃；战时遗弃；严重影响部队完成任务；造成严重后果等），处5年以上有期刑。

遗弃武器装备罪是负有保管、使用武器装备义务的军人，违抗命令，故意遗弃武器装备的行为。(1) 遗弃武器装备案的4种立案标准：A. 遗弃子弹10发、雷管30枚、导火索或导爆索30米、炸药1千克以上，或不满规定数量，但后果严重。B. 遗弃武器装备零部件或维修器材、设备，使武器装备报废或直接经济损失30万元以上。C. 遗弃枪支、手榴弹、爆炸装置。D. 遗弃其他重要武器装备。(2) 遗弃武器装备罪、破坏武器装备罪的根本差异在于犯罪主体、犯罪客观方面的不同；遗弃武器装备罪、战时违抗命令罪的根本差异在于犯罪客观方面、犯罪对象的不同。A. 从想象竞合犯的角度，军职人员违抗命令，遗弃武器装备性质恶劣，危害严重，符合战时违抗命令罪的构成条件，应以战时违抗命令罪论处。B. 军职人员战时临阵脱逃、逃离部队，同时遗弃武器装备、丢掉枪支逃离阵地等，应数罪并罚。

◆ 《刑法》第441条 【遗失武器装备罪】

从身份犯、过失犯、间接故意犯、情节犯的角度讲，遗失武器装备（枪械、炮弹、爆破器材、装甲车辆、战机、舰艇、生物武器、化学武器、核武器或雷达、野战工程机械、渡河器材、伪装器材、通信指挥器材、侦察探测器材、气象保障器材、军用测绘器材、军用计算机、电子对抗装备、情报处理设备等），不及时报告或有其他严重情节（编造假情况欺骗组织或嫁祸于人；遗失的武器装备被敌人或罪犯利用；严重影响部队完成任务；造成其他严重后果等），处3年以下有期刑或拘役。

遗失武器装备罪是遗失武器装备，不及时报告或有其他严重情节（a. 给群众生命财产安全造成严重危害。b. 战时遗失。c. 遗失的武器装备数量多、价值高。d. 遗失武器装备严重影响重大任务完成。e. 遗失的武器装备被敌人或境外的机构、组织和人员或国内恐怖组织和人员利用，造成严重后果或恶劣影响等）的犯罪行为。

凡涉嫌遗失武器装备不及时报告或有其他严重情节，应立案。

◆ 《刑法》第442条 【擅自出卖、转让军队房地产罪】

从渎职犯、身份犯、故意犯、情节犯的角度讲，违反规定，擅自出卖（以牟利为目的，出售军队房地产）、转让（私下赠与他人或换取他物）军队房地产（军队管理、使用的土地、房屋、附属设施设备、林木等），情节严重（出卖、转让军队房地产数量较大或重要房地产；出卖、转让给境外机构、组织、人员；因出卖、转让军队房地产造成严重后果，严重影响部队正常训练、工作、生活；事后弄虚作假欺骗上级等），对直接责任人员，处3年以下有期刑或拘役；情节特别严重（出卖、转让数量巨大，出卖、转让特别重要的房地产；因出卖、转让军队房地产造成特别严重后果等），处3年以上10年以下有期刑。

擅自出卖、转让军队房地产罪是违反军队房地产（依法由军队使用管理的土地及其地上地下用于营房保障的建筑物、构筑物、附属设施设备，以及其他附着物）管理和使用规定，未经有权机关批准，擅自出卖、转让军队房地产，情节严重的行为。(1) 擅自出卖、转让军队房地产案的5种立案标准：A. 擅自出卖、转让军队房地产价值30万元以上。B. 擅自出卖、转让军队房地产给军事设施安全造成严重危害。C. 擅自出卖、转让军队房地产给境外的机构、组织、人员。D. 擅自出卖、转让军队房地产严重影响部队正常战备、训练、工作、生活和完成军事任务。E. 有其他情节严重行为。(2) 从军队条例的角度，对因管理不善、失职造成军队房地产严重损失，据情节轻重给予有关人员行政处分、经济处分；构成犯罪，依法追究刑责。对利用军队房地产做交易、送人情等严重违法乱纪，除限期收回房地产外，对决策人和直接责任者给予行政严重警告处分，没收其非法收入；构成犯罪，依法追究其刑责。

房地产权利人的合法权益受法律保护,任何单位和个人不得侵犯。(1)房产管理部门、土地管理部门工作人员玩忽职守、滥用职权,构成犯罪,依法追究刑责;不构成犯罪,给予行政处分。(2)房产管理部门、土地管理部门工作人员利用职务便利,索取他人财物,或非法收受他人财物为他人谋取利益,构成犯罪,依法追究刑责;不构成犯罪,给予行政处分。

擅自出卖、转让军队房地产罪和非法低价出让国有土地使用权罪、非法转让、倒卖土地使用权罪和的根本差异在于犯罪主体、犯罪客体、犯罪客观方面、法定刑的不同。

◆ 《刑法》 第443条 【虐待部属罪】

从身份犯、故意犯、情节犯、结果犯的角度讲,滥用职权,虐待部属,情节恶劣(指挥人员或担负其他领导职务的军事人员对部属肉体折磨和精神摧残时间长、次数多、被害人多、手段残忍毒辣等),致人重伤或造成其他严重后果(被虐待迫害部属精神失常,身心健康受到严重损害;基于虐待、迫害部属的原因,造成部队管理秩序混乱、各项工作受到严重干扰或战斗、战役严重失利,或造成部属外逃、叛逃、凶杀等严重政治事故等),处5年以下有期刑或拘役;致人死亡,处5年以上有期刑。

虐待部属罪是滥用职权,虐待部属(采取殴打、体罚、冻饿或其他有损身心健康的手段,折磨、摧残部属的行为),情节恶劣(a.虐待手段残酷。b.虐待伤病残部属。c.虐待3人以上。d.虐待部属3次以上等),致人重伤、死亡或造成其他严重后果(a.部属不堪忍受虐待而自杀、自残造成重伤或精神失常。b.诱发其他案件、事故。c.导致部属1人逃离部队3次以上,或2人以上逃离部队。d.造成恶劣影响等)的犯罪行为。(1)从情节犯、结果犯的角度,凡涉嫌虐待部属,情节恶劣,致人重伤、死亡或造成其他严重后果,应立案。(2)虐待部属罪和虐待罪的根本差异在于犯罪主体、犯罪客体、犯罪对象、法定刑的不同;虐待部属罪和故意伤害罪的根本差异在于犯罪主体、犯罪对象、犯罪客观方面的不同;虐待部属罪和非法拘禁罪的根本差异在于犯罪主体、犯罪对象、犯罪目的或犯罪动机的不同;虐待部属罪和侮辱罪的根本差异在于犯罪构成要件、法定刑的不同。

◆ 《刑法》 第444条 【遗弃伤病军人罪】

从身份犯、故意犯、纯正不作为犯、战时犯、情节犯的角度讲,在战场(敌我交战的区域)上故意遗弃(明知伤病军人有条件抢救而故意弃置不顾、不予抢救)伤病军人(因作战而受伤、患病的军职人员),情节恶劣(遗弃伤病军人的主观动机恶劣;遗弃伤员多人或多次遗弃;遗弃重要伤病军人;遗弃伤病军人造成严重后果或恶劣影响等),对直接责任人员(有条件救护而故意不救护的人员;遗弃自己负责救护伤病军人的人员;故意遗弃伤病军人的负有直接责任的指挥人员、救护人员、实施遗弃行为的军人等),处5年以下有期刑。

遗弃伤病军人罪是在战场上故意遗弃我方伤病军人,情节恶劣的犯罪行为。遗弃伤病军人案的4种立案标准:A.遗弃伤病军人3人以上。B.导致伤病军人死亡、失踪、被俘。C.为挟嫌报复而遗弃伤病军人。D.有其他恶劣情节。

遗弃伤病军人罪是一种特殊类型的遗弃罪。(1)遗弃伤病军人罪和遗弃罪的根本差异在于犯罪主体、犯罪客体、犯罪对象、法定刑的不同。(2)遗弃伤病军人罪和玩忽军事职守罪的根本差异在于犯罪主体、犯罪客体、犯罪地点、犯罪时间的不同,存在法条竞合的可能性。(3)军职人员明知伤病军人并有条件抢救而故意遗弃不履行职责组织抢救,情节恶劣,应以遗弃伤病军人罪论处;军职人员不认真履行职责,未查明是否存在伤病军人,以致伤病军人被弃置,造成严重后果,应以玩忽军事职守罪论处。

◆ 《刑法》 第445条 【战时拒不救治伤病军人罪】

从身份犯、战时犯、故意犯、纯正不作为犯、情节犯、结果犯的角度讲,战时(国家宣布进入战争状态、部队受领作战任务或遭敌突然袭击,部队执行戒严任务或处置突发性暴力事件时)在救护治疗职位(正上班、值班或被临时指派从事抢救任务等)上,有条件救治而拒不救治(拒绝提供必要的医疗救护抢救、治疗)危重(伤势或病情严重处于危险状态)伤病军人,处5年以下有期刑或拘役;造成伤病军人重残(二等以上的残废)、死亡或有其他严重情节(挟嫌报复拒不救治;拒不救治伤病军人的主观动机恶劣;阻止他人救治或煽动他人不救治;拒不救治重要伤病军人;拒不救治伤病军人多人或多次拒不救治伤;拒不救治伤病军人造成严重后果或恶劣影响;故意设置救治工作障碍;拒不救治引起官兵义愤或严重事件等),处5年以上10年以下有期刑。

战时拒不救治伤病军人罪是医务工作人员、临时被委派从事医务工作的人员战时在救护治疗职位上,有条件救治而拒不救治(根据伤病军人的伤情或病情,结合救护人员的技术水平、医疗单位的医疗条件及当时的客观环境等因素,能给予救治而拒绝抢救、治疗)危重伤病军人的行为。凡战时涉嫌拒不救治伤病军人,应立案。

从兵役法的角度讲,伤、病、残军人应受到社会的尊重,受到国家和社会的优待。(1)现役军人因战、因公或因病致残,按国家规定评定残疾等级,发给残疾军人证,采取安排工作、供养、退休等方式妥善安置,享受国家规定的待遇和残疾抚恤金,有劳动能力的退出现役的残疾军人,优先享受国家规定的残疾人就业优惠政策。(2)因工作需要继续服现役的残疾军人,由所在部队按规定发给残疾抚恤金。(3)残疾军人、患慢性病的军人退出现役后,由安置地的县级以上地方政府按国务院、中央军委有关规定负责接收安置;其中,患过慢性病旧病复发需治疗,由当地医疗机构负责给予治疗,所需医疗和生活费用,本人经济困难,按国家规定给予补助。

从红十字法的角度讲,中国红十字会根据独立、平等、互相尊重原则,发展同各国红十字会和红新月会的友好合作关系,应遵守宪法和法律,遵循国际红十字和红新月运动确立的人道、公正、中立、独立、志愿服务、统一和普遍原则,依中国批准或加入的《日内瓦公约》(《改善战地武装部队伤者病者境遇之日内瓦公约》《改善海上武装部队伤者病者及遇船难者境遇之日内瓦公约》《关于战俘待遇之日内瓦公约》《关于战时保护平民之日内瓦公约》)及其附加议定书(1949年8月12日日内瓦四公约关于保护国际性武装冲突受难者的附加议定书、1949年8月12日日内瓦四公约关于保护非国际性武装冲突受难者的附加议定书)和中国红十字会章程,独立自主地开展工作。(1)国家武装力量的医疗卫生机构使用红十字标志[保护作用(标示在战争、武装冲突中须受到尊重和保护的人员和设备、设施)、标明作用(标示与红十字活动有关的人或物)],应符合日内瓦公约及其附加议定书有关规定。(2)红十字标志和名称受法律保护,禁止利用红十字标志和名称牟利,禁止以任何形式冒用、滥用、篡改红十字标志和名称。

从伤病残军人退役安置规定的角度讲,国家供养分为集中供养、分散供养。(1)国家分散供养的残疾退役士兵购(建)房所需经费的标准,按安置地县(市)经济适用住房平均价格和60平方米的建筑面积确定;未经济适用住房的地区按普通商品住房价格确定。A.购(建)房所需经费由中央财政专项安排,不足部分由地方财政解决。B.购(建)房屋产权归分散供养的残疾退役士兵所有。C.国家分散供养的残疾退役士兵自行解决住房,按安置地县(市)经济适用住房平均价格和60平方米的建筑面积标准将购(建)房费用发给本人。(2)国家供养终身残疾退役士兵的2种情形:A.年满55周岁、服现役满30年、因战因公致残被评定为1-6级残疾等级或经军队医院证明和军级以上单位卫生部门审核确认因病基本丧失工作能力的中级以上士官作退休安置。B.被评定为1-4级残疾等级的义务兵和初级士官退出现役。(3)因战、因公致残,被评定为1-6级残疾,或因病医疗期满后经医学鉴定为基本丧失工作能力的军官、文职干部,以及因战、因公致残被评定为1-4级残疾,或因病医疗期满后经医学鉴定为基本丧失工作能力的士官，可作退休安置。伤病残军人批准退休后即审定安置去向、纳入安置计划及时移交。初级士官患精神病被评定为 1-4 级残疾，义务兵因战、因公、因病被评定为 1-4 级残疾，由国家供养终身。士官因战、因公、因病致残符合退休条件，自愿放弃退休安置，可选择由国家供养终身。(4) 从军人抚恤优待条例的角度，国家建立烈士褒扬金制度。A. 烈士褒扬金标准为烈士牺牲时上 1 年度全国城镇居民人均可支配收入的 30 倍。B. 战时，参战牺牲的烈士褒扬金标准可适当提高。(5) 从烈士褒扬条例的角度，烈士评定的具体标准含在依法查处违法犯罪行为、执行国安工作任务、执行反恐怖任务和处置突发事件中牺牲、抢险救灾或其他为抢救、保护国家财产、集体财产、公民生命财产牺牲等 5 种情形。A. 烈士遗属一次性抚恤待遇标准为上 1 年度全国城镇居民人均可支配收入的 20 倍加烈士本人 40 个月的工资，无工资收入，按解放军排职少尉军官工资标准计算。B. 烈士子女接受学前教育和义务教育，应按国家有关规定优待；在公办幼儿园接受学前教育，免交保教费。C. 烈士子女报考普通高中、中职学校、高校研究生，在同等条件下优先录取；报考高校本、专科，可按国家有关规定降低分数要求投档；在公办学校就读，免交学费、杂费，并享受国家规定的各项助学政策。

战时拒不救治伤病军人罪和遗弃伤病军人罪的根本差异在于犯罪客观方面的不同；战时拒不救治伤病军人罪和医疗事故罪的根本差异在于犯罪主观方面、犯罪客观方面、犯罪对象的不同。

◆《刑法》第 446 条 【战时残害居民、掠夺居民财物罪】

从身份犯、战时犯、故意犯、实害结果犯、情节犯的角度讲，战时在军事行动地区，残害无辜居民或掠夺无辜居民财物，处 5 年以下有期刑；情节严重（聚众残害无辜居民；掠夺无辜居民财物的首犯，残害无辜居民多人；掠夺无辜居民财物数额巨大；残害无辜居民手段恶劣；严重影响我军军事行动；造成其他严重后果），处 5 年以上 10 年以下有期刑；情节特别严重（残害大批无事居民；残害无辜居民手段特别恶劣；掠夺无辜居民财物数额特别巨大；严重影响我军重要军事行动；造成其他特别严重后果），处 10 年以上有期刑、无期刑或死刑。

战时残害居民罪是战时在军事行动地区残害无辜居民（对我军无敌对行动的平民）的行为。(1) 战时残害居民案的 3 种立案标准：A. 强奸无辜居民。B. 故意造成无辜居民死亡、重伤或轻伤 3 人以上。C. 故意损毁无辜居民财物价值 5000 元以上，或不满规定数额，但手段恶劣、后果严重。(2) 战时掠夺居民财物罪是战时在军事行动地区抢劫、抢夺无辜居民财物的行为。战时掠夺居民财物案的 2 种立案标准：A. 抢劫无辜居民财物。B. 抢夺无辜居民财物价值 2000 元以上，或不满规定数额，但手段恶劣、后果严重。(3) 战时残害居民掠夺居民财物罪、抢夺罪、抢劫罪的根本差异在于犯罪主体、犯罪对象、犯罪地点的不同。

◆《刑法》第 447 条 【私放俘虏罪】

从身份犯、行为犯、故意犯、情节犯的角度讲，私放俘虏（未经批准，擅自公开或暗中放走俘虏而脱离我方控制），处 5 年以下有期刑；私放重要俘虏（俘虏中的敌方中高级军官；掌握重要情报的敌方机要、保密、警卫人员；为侦察敌情而专门抓获的俘虏；掌握我军重要情况的俘虏人员等）、私放俘虏多人或有其他严重情节（收受贿赂或贪图女色私放俘虏；私放俘虏暴露我方重要情况；为俘虏提供逃跑条件或财力、物力资助），处 5 年以上有期刑。

从司法解释的角度讲，私放俘虏罪是擅自将俘虏放走的行为。凡涉嫌私放俘虏，应立案。

从监狱法的角度讲，监狱警察和武警部队的执勤人员应按国家有关规定报告情况，非使用武器不能制止，按国家有关规定，可使用武器的情形：罪犯聚众骚乱、暴乱；罪犯脱逃或拒捕；罪犯持有凶器或其他危险物，正行凶或破坏，危及他人生命、财产安全；劫夺罪犯；

罪犯抢夺武器。

私放俘虏罪和私放在押人员罪的根本差异在于犯罪主体、犯罪客体、犯罪对象、法定刑的不同。

◆《刑法》第448条 【虐待俘虏罪】

从身份犯、故意犯、行为犯、情节犯的角度讲，虐待俘虏，情节恶劣（虐待俘虏屡教不改；虐待俘虏手段特别残酷；导致俘虏伤残、自杀、凶杀、逃跑、闹事等严重后果；造成恶劣政治影响），处3年以下有期刑。

从联合国《关于战俘待遇之日内瓦公约》（1956年）的角度讲，虐待俘虏罪是虐待俘虏（不人道的生活待遇，侮辱人格，打骂、体罚、折磨、摧残身体等酷刑，强迫从事危险性、屈辱性的工作等），情节恶劣的行为。

虐待俘虏案的7种立案标准：（1）虐待俘虏3人以上，或虐待俘虏3次以上。（2）指挥人员虐待俘虏。（3）造成恶劣影响。（4）导致俘虏自杀、逃跑等严重后果。（5）虐待伤病俘虏。（6）虐待俘虏手段特别残忍。（7）有其他恶劣情节。

从比较法的角度讲，虐待俘虏罪和虐待被监管人罪的差异在于犯罪主体、犯罪客体、犯罪客观方面的不同。

附录 1

浙江省高级人民法院关于实施修订后的《〈关于常见犯罪的量刑指导意见〉实施细则》的通知

本省各级人民法院：

最高人民法院《关于常见犯罪的量刑指导意见》从 2014 年起在全国中级、基层法院正式实施，取得良好效果。日前，最高人民法院在总结实践经验的基础上，对量刑指导意见作了进一步修改、完善。为此，我院根据最高人民法院修订后的《关于常见犯罪的量刑指导意见》，结合我省实际情况，修订完善了我省《〈关于常见犯罪的量刑指导意见〉实施细则》，现印发给你们，自 2017 年 5 月 1 日起施行。

全省各级人民法院要以这次修改《量刑指导意见》和实施细则为契机，认真总结经验，全面深入推进量刑规范化工作，将十五种常见犯罪全部纳入规范范围，所有中级、基层法院全面实施到位。要结合审判实际，主动对接以审判为中心的刑事诉讼制度改革、认罪认罚从宽制度改革和刑事速裁程序改革，建立完善量刑规范化长效工作机制，促进量刑规范化工作制度化、常态化，努力让人民群众在每一个司法案件中感受到公平正义。

《量刑指导意见》对量刑方法等内容作了重要修改，要深刻理解把握量刑的基本方法中"以定性分析为主，定量分析为辅"的修改。在量刑过程中，定性分析始终处于主导地位，应在定性分析的基础上进行定量分析，依法确定量刑起点、基准刑和宣告刑，保证罪责刑相适应。

各地法院要结合工作实际，加强对办案法官特别是新任法官的业务培训，保证《量刑指导意见》及实施细则的正确实施。各中级法院要加强调研指导，对实施过程中出现的新情况新问题，要及时研究解决。实施中遇到的重大疑难问题，要及时层报我院，保证量刑规范化工作持续、深入发展。

附：

浙江省高级人民法院《关于常见犯罪的量刑指导意见》实施细则

为进一步规范刑罚裁量权，落实宽严相济的刑事政策，增强量刑的公开性，实现量刑公正，根据刑法和刑事司法解释等有关规定，以及最高人民法院《关于常见犯罪的量刑指导意见》规定，结合我省审判实践，制定本实施细则。

一、量刑的指导原则

1. 量刑应当以事实为依据，以法律为准绳，根据犯罪的事实、性质、情节和对于社会的危害程度，决定判处的刑罚。

2. 量刑既要考虑被告人所犯罪行的轻重，又要考虑被告人应负刑事责任的大小，做到罪责刑相适应，实现惩罚和预防犯罪的目的。

3. 量刑应当贯彻宽严相济的刑事政策，做到该宽则宽，当严则严，宽严相济，罚当其罪，确保裁判法律效果和社会效果的统一。

4. 量刑要客观、全面把握不同时期不同地区的经济社会发展和治安形势的变化，确保刑法任务的实现；对于同一地区同一时期、案情相似的案件，所判处的刑罚应当基本均衡。

二、 适用范围

1. 本实施细则适用于本实施细则规定的十五种常见犯罪。其他判处有期徒刑、拘役的案件，可以参照量刑的指导原则、基本方法和常见量刑情节的适用规范量刑。

2. 本实施细则适用于依法判处有期徒刑、拘役的案件。综合全案犯罪事实和量刑情节，依法应当判处管制、单处附加刑，判处缓刑、免予刑事处罚的，或者判处无期徒刑以上刑罚的，应当依法判决。

3. 在共同犯罪中，如果部分被告人应当被判处无期徒刑以上刑罚的，或者部分犯罪不在十五种常见犯罪之内的，可以不适用本实施细则。

4. 被告人犯数罪的，如果部分犯罪不在十五种常见犯罪之内的，可以不适用本实施细则。

三、 量刑的基本方法

量刑时，应以定性分析为主，定量分析为辅，依次确定量刑起点、基准刑和宣告刑。

1. 量刑步骤

（1）根据基本犯罪构成事实在相应的法定刑幅度内确定量刑起点。

（2）根据其他影响犯罪构成的犯罪数额、犯罪次数、犯罪后果等犯罪事实，在量刑起点的基础上增加刑罚量确定基准刑。

（3）根据量刑情节调节基准刑，并综合考虑全案情况，依法确定宣告刑。

2. 调节基准刑的方法

（1）具有单个量刑情节的，根据量刑情节的调节比例直接调节基准刑。

（2）具有多个量刑情节的，一般根据各个量刑情节的调节比例，采用同向相加、逆向相减的方法调节基准刑；具有未成年人犯罪、老年人犯罪、限制行为能力的精神病人犯罪、又聋又哑的人或者盲人犯罪，防卫过当、避险过当、犯罪预备、犯罪未遂、犯罪中止，从犯、胁从犯和教唆犯等量刑情节的，先适用该量刑情节对基准刑进行调节，在此基础上，再适用其他量刑情节进行调节。

（3）对于纯数额型犯罪，同种犯罪既有既遂，又有未遂，既遂部分所对应的量刑幅度较重，或者既、未遂所对应的量刑幅度相同的，可以既遂部分确定基准刑，未遂部分作为酌情从重处罚因素调节基准刑；未遂部分对应的量刑幅度较重的，可以未遂部分确定基准刑，既遂部分作为酌情从重处罚因素调节基准刑。

（4）被告人犯数罪，同时具有适用于各个罪的立功、累犯等量刑情节的，先适用该量刑情节调节个罪的基准刑，确定个罪所应判处的刑罚，再依法实行数罪并罚，决定执行的刑罚。

3. 确定宣告刑的方法

（1）量刑情节对基准刑的调节结果在法定刑幅度内，且罪责刑相适应的，可以直接确定为宣告刑；如果具有应当减轻处罚情节的，应依法在法定最低刑以下确定宣告刑。

（2）量刑情节对基准刑的调节结果在法定最低刑以下，具有法定减轻处罚情节，且罪责刑相适应的，可以直接确定为宣告刑；只有从轻处罚情节的，可以依法确定法定最低刑为宣告刑；但是根据案件的特殊情况，经最高人民法院核准，也可以在法定刑以下判处刑罚。

(3) 量刑情节对基准刑的调节结果在法定最高刑以上的，可以依法确定法定最高刑为宣告刑。

(4) 综合考虑全案情况，独任审判员或合议庭可以在20%的幅度内对调节结果进行调整，确定宣告刑。当调节后的结果仍不符合罪责刑相适应原则的，应提交审判委员会讨论，依法确定宣告刑。

4. 从宽处罚限定规则

(1) 宣告刑一般不应低于基准刑的50%；如果具有未成年人犯罪、老年人犯罪、限制行为能力的精神病人犯罪、又聋又哑的人或者盲人犯罪、防卫过当、避险过当、犯罪预备、犯罪未遂、犯罪中止、从犯、胁从犯和教唆犯等量刑情节，先适用该量刑情节对基准刑进行调节的，宣告刑一般不应低于被调节后的基准刑的50%。本细则另有特别规定的除外。

(2) 宣告刑为三年以下有期徒刑、拘役并符合缓刑适用条件的，可以宣告缓刑。但法律、司法解释和刑事政策规定不得适用缓刑的除外。

四、常见量刑情节的适用

量刑时要充分考虑各种法定和酌定量刑情节，根据案件的全部犯罪事实、量刑情节的不同情形以及被告人主观恶性、人身危险性等因素，依法确定量刑情节的适用及其调节比例。在确定调节比例时，对严重暴力犯罪、毒品犯罪等严重危害社会的犯罪，在确定从宽的幅度时，应当从严掌握；对犯罪情节较轻的犯罪，应当充分体现从宽。具体确定各个量刑情节的调节比例时，应当综合平衡调节幅度与实际增减刑罚量的关系，确保罪责刑相适应。对《最高人民法院关于常见犯罪的量刑指导意见》及本实施细则尚未规定的其他量刑情节，要参照类似量刑情节确定适当的调节比例。对于同一事实涉及不同量刑情节的，不得重复评价。

1. 对于未成年人犯罪，综合考虑未成年人对犯罪的认识能力、实施犯罪行为的动机和目的、犯罪时的年龄、是否初犯、偶犯、悔罪表现、个人成长经历和一贯表现等情况，予以从宽处罚。

(1) 已满十四周岁不满十六周岁的未成年人犯罪，减少基准刑的30%~60%；

(2) 已满十六周岁不满十八周岁的未成年人犯罪，减少基准刑的20%~50%；

(3) 根据未成年人所犯罪行，可能被判处拘役、三年以下有期徒刑，如果悔罪表现好，并具有"系又聋又哑的人或者盲人；防卫过当或者避险过当；犯罪预备、中止或者未遂；共同犯罪中从犯、胁从犯；犯罪后自首或者有立功表现；其他犯罪情节轻微不需要判处刑罚的"情形之一的，应当依照刑法第三十七条的规定免予刑事处罚；

(4) 未成年人在年满十八周岁前后实施了不同种犯罪行为，对其年满十八周岁以前实施的犯罪，应当依照本条第(1)、(2)项的规定确定从宽的幅度；

(5) 未成年人在年满十八周岁前后实施了同种犯罪行为，在量刑时应当根据案件的全部犯罪事实，适当确定从宽的幅度；但减少的刑罚量不得超过其在年满十八周岁以前实施的犯罪事实所对应的刑罚量。

2. 对于已满六十周岁的老年人犯罪，综合考虑犯罪的性质、情节、后果等情况，确定从宽的幅度。

(1) 已满六十周岁不满七十五周岁的老年人故意犯罪的，减少基准刑的20%以下；过失犯罪的，减少基准刑的30%以下；

(2) 已满七十五周岁的老年人故意犯罪的，减少基准刑的40%以下；过失犯罪的，减少基准刑的20%~50%。

3. 对于尚未完全丧失辨认或者控制自己行为能力的精神病人犯罪，综合考虑犯罪性质、精神疾病的严重程度以及犯罪时精神障碍影响辨认控制能力等情况，减少基准刑的40%以下。

4. 对于又聋又哑的人或者盲人犯罪，综合考虑犯罪的性质、情节、后果以及聋哑人或者盲人犯罪时的控制能力等情况，减少基准刑的40%以下；犯罪较轻的，减少基准刑的40%以上或者依法免除处罚。

5. 对于未遂犯，综合考虑犯罪行为的实行程度、造成损害的大小、犯罪未得逞的原因等情况，可以比照既遂犯确定从宽的幅度。

（1）实施终了的未遂犯，造成损害后果的，可以比照既遂犯减少基准刑的20%以下；未造成损害后果的，可以比照既遂犯减少基准刑的40%以下；

（2）未实施终了的未遂犯，造成损害后果的，可以比照既遂犯减少基准刑的30%以下；未造成损害后果的，可以比照既遂犯减少基准刑的50%以下。

6. 对于中止犯，综合考虑中止犯罪的阶段、自动放弃犯罪的原因以及造成的损害后果大小等情况，予以从宽处罚。

（1）造成损害的，减少基准刑的30%~80%；

（2）没有造成损害的，应当免除处罚。

7. 对于从犯，综合考虑其在共同犯罪中的地位、作用等情况，予以从宽处罚，减少基准刑的20%~50%；犯罪较轻的，减少基准刑的50%以上或者依法免除处罚。

对于无法区分主从犯的，根据不同被告人在共同犯罪中的具体地位和作用，对罪责相对较轻的被告人适当予以从宽处罚，减少基准刑的20%以下。

8. 对于胁从犯，综合考虑犯罪的性质、被胁迫的程度，以及在共同犯罪中的作用等情况，减少基准刑的40%~60%；犯罪较轻的，减少基准刑的60%以上或者依法免除处罚。

9. 对于教唆犯，综合考虑其在共同犯罪中的地位和作用、被教唆的对象，以及被教唆的人是否犯被教唆的罪等情况，确定从宽或者从严的幅度。

（1）教唆他人犯罪的，应当按照他在共同犯罪中所起的作用处罚；在共同犯罪中所起作用较小或者属于从犯的一般教唆犯，可以比照本《细则》第7条的规定，确定从宽的幅度；

（2）被教唆的人没有犯被教唆的罪的，减少基准刑的50%以下；

（3）教唆未成年人犯罪的，增加基准刑的10%~30%；

（4）教唆限制行为能力人犯罪的，增加基准刑的20%以下。

10. 对于自首情节，综合考虑自首的动机、时间、方式、罪行轻重、如实供述罪行的程度以及悔罪表现等情况，确定从宽的幅度，减少的刑期一般不应少于1个月。恶意利用自首规避法律制裁等不足以从宽处罚的除外。

（1）犯罪事实或者犯罪嫌疑人未被司法机关发觉，主动、直接投案的，减少基准刑的20%~40%；

（2）犯罪事实或者犯罪嫌疑人已被司法机关发觉，但犯罪嫌疑人尚未受到调查谈话、讯问，或者未被宣布采取调查措施或者强制措施时，主动、直接投案的，减少基准刑的10%~30%；

（3）被采取强制措施的犯罪嫌疑人、被告人和已宣判的罪犯，如实供述司法机关尚未掌握的罪行，与司法机关已掌握的或者判决确定的罪行属不同种罪行的，减少基准刑的30%以下；

（4）明知他人报案而在现场等待，抓捕时无拒捕行为，供认犯罪事实的，减少基准刑的20%以下；

（5）并非出于犯罪嫌疑人主动，而是经亲友规劝、陪同投案，或者亲友送去投案等情形构成自首的，减少基准刑的30%以下；

（6）罪行尚未被司法机关发觉，仅因形迹可疑被有关组织或者司法机关盘问、教育后，主动交代自己的罪行的，以及其他类型的自首，减少基准刑的20%以下；

（7）犯罪嫌疑人自动投案并如实供述自己的罪行后又翻供，但在一审判决前又能如实供述的，减少基准刑的10%以下；

（8）有自首情节，且犯罪较轻的，减少基准刑的40%以上或者依法免除处罚；

（9）自首情节减轻比例根据基准刑折合的刑期，一般不应超过4年，但依法免除处罚的除外。

11. 对于坦白情节，综合考虑如实供述罪行的时间、程度、罪行轻重以及悔罪表现等情况，确定从宽的幅度。

（1）如实供述自己罪行的，减少基准刑的20%以下；

（2）如实供述司法机关尚未掌握的同种较重罪行的，减少基准刑的10%~30%；

（3）因如实供述自己罪行，避免特别严重后果发生的，减少基准刑的30%~50%。

12. 对于立功情节，综合考虑立功的大小、次数、内容、来源、效果以及罪行轻重等情况，确定从宽的幅度。

（1）一般立功的，减少基准刑的20%以下，但一般不应超过2年，一般也不少于1个月；

（2）重大立功的，减少基准刑的20%~50%；犯罪较轻的，减少基准刑的50%以上或者依法免除处罚。

因检举揭发犯罪的立功情节而予以从轻、减轻的刑罚，不应高于或者等于被检举揭发的犯罪应当判处的刑罚。

13. 对于当庭自愿认罪的，根据犯罪的性质、罪行的轻重、认罪程度以及悔罪表现等情况，减少基准刑的10%以下。依法认定自首、坦白的除外。

14. 对于退赃、退赔的，综合考虑犯罪性质，退赃、退赔行为对损害结果所能弥补的程度，退赃、退赔的数额及主动程度等情况，减少基准刑的30%以下；其中，对绑架、抢劫等侵犯人身权利和财产权利双重客体的犯罪应从严掌握。

刑事案件立案后，犯罪分子及其亲友自行挽回经济损失的，减少基准刑的20%以下。

积极配合办案机关追缴赃款，未给被害人造成经济损失或者损失较小的，减少基准刑的10%以下。

15. 对于当事人根据刑事诉讼法第二百七十七条达成刑事和解协议的，综合考虑犯罪性质、赔偿数额、赔礼道歉以及真诚悔罪等情况，减少基准刑的50%以下；犯罪较轻的，减少基准刑的50%以上或依法免除处罚。

16. 对于积极赔偿被害人经济损失并取得谅解的，综合考虑犯罪性质、赔偿数额、赔偿能力以及认罪、悔罪程度等情况，减少基准刑的40%以下；积极赔偿但没有取得谅解的，减少基准刑的30%以下；尽管没有赔偿，但取得谅解的，减少基准刑的20%以下；其中抢劫、强奸等严重危害社会治安犯罪的应从严掌握。

17. 对于累犯，综合考虑前后罪的性质、刑罚执行完毕或者赦免以后至再犯罪时间的长短以及前后罪罪行轻重等情况，增加基准刑的10%~40%，一般不应少于3个月。

对于前后罪属同种犯罪的累犯和特殊累犯，应当确定较高的从重幅度。

18. 对于有前科的，综合考虑前科的性质、受处罚时间间隔长短、次数、轻重等情况，增加基准刑的10%以下。前科犯罪为过失犯罪和未成年人犯罪的除外。

19. 对于犯罪对象为未成年人、老年人、残疾人、孕妇等弱势人员的，综合考虑犯罪的性质、犯罪的严重程度等情况，增加基准刑的20%以下。

20. 对于在重大自然灾害、预防、控制突发传染病疫情等灾害期间及群体性事件中故意犯罪的，根据案件的具体情况，增加基准刑的20%以下。

五、常见犯罪的量刑

确定具体犯罪的量刑起点，以基本犯罪构成事实的社会危害性为根据。同时具有两种以上基本犯罪构成事实的,一般以危害较重的一种确定量刑起点,其他作为增加刑罚量的犯罪事实。在量刑起点的基础上,根据其他影响犯罪构成的犯罪事实的社会危害性确定所应增加的刑罚量,确定基准刑。

(一) 交通肇事罪

1. 构成交通肇事罪的,可以根据下列不同情形在相应的幅度内确定量刑起点:

(1) 致人重伤、死亡或者使公私财产遭受重大损失的,可以在六个月至一年六个月有期徒刑幅度内确定量刑起点。

(2) 交通运输肇事后逃逸或者有其他特别恶劣情节的,可以在三年至四年有期徒刑幅度内确定量刑起点。

(3) 因逃逸致一人死亡的,可以在七年至八年有期徒刑幅度内确定量刑起点。

2. 在量刑起点的基础上,可以根据事故责任、致人重伤、死亡的人数或者财产损失的数额以及逃逸等其他影响犯罪构成的犯罪事实增加刑罚量,确定基准刑:

(1) 每增加一人重伤的,增加三个月至六个月刑期;

(2) 每增加一人死亡的,增加六个月至一年刑期;

(3) 造成财产直接损失,无能力赔偿数额每增加十万元的,增加二个月至三个月刑期;

(4) 其他可以增加刑罚量的情形。

3. 有下列情形之一的,增加基准刑的20%以下:

(1) 酒后、吸食毒品后驾驶机动车辆的;

(2) 追逐竞驶在道路上超速50%以上的;

(3) 在斑马线上致行人死亡一人或者重伤三人以上的;

(4) 无驾驶资格驾驶机动车辆的;

(5) 明知是无牌证或者已报废的机动车而驾驶的;

(6) 明知是安全设施、机件不符合技术标准等有安全隐患的机动车、非法改装的机动车而驾驶的;

(7) 超载货物50%以上或者营运中大型客车超载人员20%以上驾驶的;

(8) 造成恶劣社会影响的;

(9) 其他可以从重处罚的情形。

(二) 故意伤害罪

1. 构成故意伤害罪的,可以根据下列不同情形在相应的幅度内确定量刑起点:

(1) 故意伤害致一人轻伤的,可以在六个月至一年六个月有期徒刑幅度内确定量刑起点。

(2) 故意伤害致一人重伤的,可以在三年至四年有期徒刑幅度内确定量刑起点。

(3) 以特别残忍手段故意伤害致一人重伤,造成六级以上严重残疾的,除依法应当判处无期徒刑以上的刑罚以外,可以在十年至十二年有期徒刑幅度内确定量刑起点。

(4) 故意伤害致一人死亡的,除依法应当判处无期徒刑以上的刑罚以外,可以在十年至十五年有期徒刑幅度内确定量刑起点。

2. 在量刑起点的基础上,可以根据伤害后果、伤残等级、手段残忍程度等其他影响犯罪构成的犯罪事实增加刑罚量,确定基准刑:

(1) 每增加一人轻微伤的,增加二个月以下刑期;

(2) 每增加一人轻伤的,增加三个月至六个月刑期;每增加一处轻伤的,增加三个月以下刑期;

(3) 每增加一人重伤的,增加一年至二年刑期;每增加一处重伤的,增加六个月至一年刑期;

(4) 其他可以增加刑罚量的情形。

附录 1　浙江省高级人民法院关于实施修订后的《〈关于常见犯罪的量刑指导意见〉实施细则》的通知

故意伤害致人轻伤的，伤残程度可在确定量刑起点时考虑，或者作为调节基准刑的量刑情节。

3. 有下列情节之一的，增加基准刑的 20% 以下：

（1）持枪支、管制刀具等凶器伤害他人的；

（2）伤害他人身体要害部位的；

（3）事先预谋伤害他人的；

（4）雇佣他人或者受人雇佣实施伤害行为的；

（5）其他可以从重处罚的情形。

4. 有下列情节之一的，减少基准刑的 20% 以下：

（1）因婚姻家庭、邻里纠纷等民间矛盾激化引发，且被害人有过错或者对矛盾激化负有责任的；

（2）因义愤故意伤害他人的；

（3）犯罪后积极抢救被害人的；

（4）其他可以从轻处罚的情形。

（三）强奸罪

1. 构成强奸罪的，可以根据下列不同情形在相应的幅度内确定量刑起点：

（1）强奸妇女一人的，可以在三年六个月至五年六个月有期徒刑幅度内确定量刑起点。

奸淫幼女一人的，可以在四年六个月至六年六个月有期徒刑幅度内确定量刑起点。

（2）有下列情形之一的，可以在十年至十二年有期徒刑幅度内确定量刑起点：强奸妇女、奸淫幼女情节恶劣的；强奸妇女奸淫幼女三人以上的；在公共场所当众强奸妇女的；二人以上轮奸妇女的；强奸致被害人重伤或者造成其他严重后果。依法应当判处无期徒刑以上刑罚的除外。

2. 在量刑起点的基础上，可以根据强奸妇女、奸淫幼女情节恶劣程度、强奸人数、致人伤害后果等其他影响犯罪构成的犯罪事实增加刑罚量，确定基准刑：

（1）被强奸人数每增加一人的，增加二年至三年刑期；

（2）每增加刑法第二百三十六条第三款规定的情形之一的，增加二年至三年刑期；

（3）每造成一人轻微伤的，增加三个月至九个月刑期；

（4）每造成一人轻伤的，增加一年至二年刑期；

（5）每增加一人重伤的，增加二年至三年刑期；

（6）其他可以增加刑罚量的情形。

强奸多人多次的，以强奸人数作为增加刑罚量的事实，强奸次数作为调节基准刑的量刑情节。

3. 有下列情节之一的，可以从重处罚：

（1）对同一被害人强奸二次以上的，增加基准刑的 30% 以下；

（2）轮奸二次以上的，增加基准刑的 40% 以下；

（3）携带凶器或者采取非法拘禁、捆绑、侮辱、虐待等方式作案的，增加基准刑的 20% 以下；

（4）利用教养、监护、职务关系实施强奸的，增加基准刑的 20% 以下；

（5）其他可以从重处罚的情形。

4. 强奸未成年人，并具有下列情形之一的，增加基准刑的 40% 以下：

（1）对未成年人负有特殊职责的人员、与未成年人有共同家庭生活关系的人员、国家工作人员或者冒充国家工作人员，实施强奸犯罪的；

（2）进入未成年人住所、学生集体宿舍实施强奸犯罪的；

(3) 采取暴力、胁迫、麻醉等强制手段实施奸淫幼女犯罪的;
(4) 对不满十二周岁的儿童、农村留守儿童、严重残疾或者精神智力发育迟滞的未成年人,实施强奸犯罪的;
(5) 其他可以从重处罚的情形。

(四) 非法拘禁罪

1. 构成非法拘禁罪的,可以根据下列不同情形在相应的幅度内确定量刑起点:
(1) 犯罪情节一般的,可以在一年以下有期徒刑、拘役幅度内确定量刑起点。
(2) 致一人重伤的,可以在三年至四年有期徒刑幅度内确定量刑起点。
(3) 致一人死亡的,可以在十年至十二年有期徒刑幅度内确定量刑起点。

2. 在量刑起点的基础上,可以根据非法拘禁人数、拘禁时间、致人伤亡后果等其他影响犯罪构成的犯罪事实增加刑罚量,确定基准刑:
(1) 非法拘禁时间每超过二十四小时的,增加二个月以下刑期;
(2) 被害人每增加一人的,增加三个月至六个月刑期;
(3) 每造成一人轻微伤的,增加二个月以下刑期;
(4) 每造成一人轻伤的,增加六个月至九个月刑期;
(5) 每增加一人重伤的,增加一年至三年刑期;
(6) 其他可以增加刑罚量的情形。

非法拘禁多人多次的,以非法拘禁人数作为增加刑罚量的事实,非法拘禁次数作为调节基准刑的量刑情节。

3. 有下列情形之一的,增加基准刑的 10%~20%:
(1) 具有殴打、虐待、侮辱情节的;
(2) 国家机关工作人员利用职权非法扣押、拘禁他人的。

4. 有下列情形之一的,增加基准刑的 20% 以下:
(1) 冒充军警人员、司法人员非法扣押、拘禁他人的;
(2) 为索取高利贷、赌债等法律不予保护的债务而非法拘禁他人的;
(3) 持凶器非法拘禁他人的;
(4) 其他可以从重处罚的情形。

5. 本人或者亲属为索取合法债务、维护合法权益而非法扣押、拘禁他人的,减少基准刑的 30% 以下。

(五) 抢劫罪

1. 构成抢劫罪的,可以根据下列不同情形在相应的幅度内确定量刑起点:
(1) 抢劫一次的,可以在三年六个月至四年六个月有期徒刑幅度内确定量刑起点。
(2) 有下列情形之一的,可以在十年至十二年有期徒刑幅度内确定量刑起点:入户抢劫的;在公共交通工具上抢劫的;抢劫银行或者其他金融机构的;抢劫三次以上或者抢劫数额达到数额巨大起点的;抢劫致一人重伤的;冒充军警人员抢劫的;持枪抢劫的;抢劫军用物资或者抢险、救灾、救济物资的。依法应当判处无期徒刑以上刑罚的除外。

2. 在量刑起点的基础上,可以根据抢劫情节严重程度、抢劫次数、数额、致人伤害后果等其他影响犯罪构成的犯罪事实增加刑罚量,确定基准刑:
(1) 抢劫数额未达到巨大的,每增加一万元,增加一年刑期;抢劫数额巨大的,每增加五万元,增加一年刑期;
(2) 抢劫二次的,增加二年至三年刑期;抢劫次数超过三次的,每增加一次,增加一年至二年刑期;
(3) 每造成一人轻微伤的,增加三个月至六个月刑期;

(4) 每造成一人轻伤的,增加一年至一年六个月刑期;
(5) 每增加一人重伤的,增加一年六个月至三年刑期;
(6) 其他可以增加刑罚量的情形。
3. 有下列情形之一的,增加基准刑的20%以下:
(1) 持械抢劫的;
(2) 流窜作案或者结伙抢劫的;
(3) 其他可以从重处罚的情形。

(六) 盗窃罪

1. 构成盗窃罪的,可以根据下列不同情形在相应的幅度内确定量刑起点:
(1) 达到数额较大起点的,二年内盗窃三次的,入户盗窃的,携带凶器盗窃的,或者扒窃的,可以在三个月拘役至一年有期徒刑幅度内确定量刑起点。
(2) 达到数额巨大起点或者有其他严重情节的,可以在三年至四年有期徒刑幅度内确定量刑起点。
(3) 达到数额特别巨大起点或者有其他特别严重情节的,可以在十年至十二年有期徒刑幅度内确定量刑起点。依法应当判处无期徒刑以上刑罚的除外。

2. 在量刑起点的基础上,可以根据盗窃数额、次数、手段等其他影响犯罪构成的犯罪事实增加刑罚量,确定基准刑:
(1) 盗窃数额较大的,每增加五千元,增加二个月刑期;
(2) 盗窃数额巨大的,每增加一万元,增加三个月刑期;
(3) 盗窃数额特别巨大的,每增加六万元,增加六个月刑期;
(4) 二年内盗窃三次以上的,每增加一次盗窃,增加二个月至三个月刑期;
(5) 其他可以增加刑罚量的情形。

多次盗窃,数额达到较大以上的,以盗窃数额确定量刑起点,盗窃次数可作为调节基准刑的量刑情节;数额未达到较大的,以盗窃次数确定量刑起点,超过三次的次数作为增加刑罚量的事实。

3. 盗窃既有既遂,又有未遂,以既遂确定基准刑的,可以综合考虑未遂行为的实行程度、造成损害的大小、未遂原因等情况,增加基准刑的30%以下;以未遂确定基准刑的,可以综合考虑既遂行为造成损害的大小等情况,增加基准刑的40%以下。

4. 有下列情形之一的,增加基准刑的40%以下:
(1) 夜间入户盗窃的;
(2) 组织、控制未成年人盗窃的;
(3) 自然灾害、事故灾害、社会安全事件等突发事件期间,在事件发生地盗窃的;
(4) 其他可以从重处罚的情形。

5. 有下列情形之一的,增加基准刑的20%以下:
(1) 曾因盗窃受过刑事处罚的(构成累犯的除外);
(2) 一年内曾因盗窃受过行政处罚的;
(3) 盗窃残疾人、孤寡老人、丧失劳动能力人的财物的;
(4) 在医院盗窃病人或者其亲友财物的;
(5) 盗窃救灾、抢险、防汛、优抚、扶贫、移民、救济款物的;
(6) 因盗窃造成严重后果的;
(7) 采取破坏性手段盗窃造成公私财产损失的;
(8) 流窜作案的;
(9) 为吸毒、赌博等违法活动而盗窃的;

（10）其他可以从重处罚的情形。

6. 有下列情形之一的，减少基准刑的50%以下（免除处罚或者不作为犯罪处理的除外）：
（1）归案前自动将赃物放回原处或者归还被害人的；
（2）盗窃近亲属财物的；
（3）没有参与分赃或者获赃较少且不是主犯的；
（4）被害人谅解的；
（5）其他可以从轻处罚的情形。

（七）诈骗罪

1. 构成诈骗罪的，可以根据下列不同情形在相应的幅度内确定量刑起点：
（1）达到数额较大起点的，可以在三个月拘役至六个月有期徒刑幅度内确定量刑起点。
（2）达到数额巨大起点或者有其他严重情节的，可以在三年至四年有期徒刑幅度内确定量刑起点。
（3）达到数额特别巨大起点或者有其他特别严重情节的，可以在十年至十二年有期徒刑幅度内确定量刑起点。依法应当判处无期徒刑的除外。

2. 在量刑起点的基础上，可以根据诈骗数额等其他影响犯罪构成的犯罪事实增加刑罚量，确定基准刑：
（1）诈骗数额较大的，每增加六千元，增加二个月刑期；电信网络诈骗的，每增加二千元，增加二个月刑期；
（2）诈骗数额巨大的，每增加一万元，增加二个月刑期；
（3）诈骗数额特别巨大的，每增加六万元，增加六个月刑期；
（4）其他可以增加刑罚量的情形。

3. 诈骗既有既遂，又有未遂，以既遂确定基准刑的，可以综合考虑未遂行为的实行程度、造成损害的大小、未遂原因等情况，增加基准刑的30%以下；以未遂确定基准刑的，可以综合考虑既遂行为造成损害的大小等情况，增加基准刑的40%以下。

4. 有下列情形之一的，增加基准刑的20%以下：
（1）诈骗救灾、抢险、防汛、优抚、扶贫、移民、救济、医疗款物的；
（2）以赈灾募捐名义实施诈骗的；
（3）诈骗残疾人、老年人或者丧失劳动能力人的财物的；
（4）造成被害人自杀、精神失常或者其他严重后果的；
（5）惯犯或者流窜作案，危害严重的；
（6）挥霍诈骗所得财物，致使无法返还的；
（7）其他可以从重处罚的情形。

5. 电信网络诈骗，有下列情形之一的，增加基准刑的30%以下：
（1）造成被害人或其近亲属自杀、死亡或者精神失常等严重后果的；
（2）冒充司法机关等国家机关工作人员实施诈骗的；
（3）组织、指挥电信网络诈骗犯罪团伙的；
（4）在境外实施电信网络诈骗的；
（5）曾因电信网络诈骗犯罪受过刑事处罚或者二年内曾因电信网络诈骗受过行政处罚的；
（6）诈骗残疾人、老年人、未成年人、在校学生、丧失劳动能力人的财物，或者诈骗重病患者及其亲属财物的；
（7）诈骗救灾、抢险、防汛、优抚、扶贫、移民、救济、医疗等款物的；
（8）以赈灾、募捐等社会公益、慈善名义实施诈骗的；
（9）利用电话追呼系统等技术手段严重干扰公安机关等部门工作的；

（10）利用"钓鱼网站"链接、"木马"程序链接、网络渗透等隐蔽技术手段实施诈骗的；

（11）其他可以从重处罚的情形。

6. 有下列情形之一的，减少基准刑的50%以下：

（1）归案前自动将赃物归还被害人的；

（2）诈骗近亲属财物的；

（3）没有参与分赃或者获赃较少且不是主犯的；

（4）被害人谅解的；

（5）其他可以从轻处罚的情形。

（八）抢夺罪

1. 构成抢夺罪的，可以根据下列不同情形在相应的幅度内确定量刑起点：

（1）达到数额较大起点或者二年内三次抢夺的，可以在六个月至一年有期徒刑幅度内确定量刑起点。

（2）达到数额巨大起点或者有其他严重情节的，可以在三年至四年有期徒刑幅度内确定量刑起点。

（3）达到数额特别巨大起点或者有其他特别严重情节的，可以在十年至十二年有期徒刑幅度内确定量刑起点。依法应当判处无期徒刑的除外。

2. 在量刑起点的基础上，可以根据抢夺数额、次数等其他影响犯罪构成的犯罪事实增加刑罚量，确定基准刑：

（1）抢夺数额较大的，每增加四千元，增加二个月刑期；

（2）抢夺数额巨大的，每增加八千元，增加三个月刑期；

（3）抢夺数额特别巨大的，每增加五万元，增加六个月刑期；

（4）二年内抢夺三次以上的，每增加一次抢夺，增加二个月至三个月刑期；

（5）其他可以增加刑罚量的情形。

多次抢夺，数额达到较大以上的，以抢夺数额确定量刑起点，抢夺次数可作为调节基准刑的量刑情节；数额未达到较大的，以抢夺次数确定量刑起点，超过三次的次数作为增加刑罚量的事实。

3. 有下列情形之一的，增加基准刑的40%以下：

（1）驾驶机动车抢夺的；

（2）导致他人轻伤或者精神失常等严重后果的；

（3）其他可以从重处罚的情形。

4. 有下列情形之一的，增加基准刑的20%以下：

（1）曾因抢劫、抢夺或者聚众哄抢受过刑事处罚的；

（2）一年内曾因抢夺或者哄抢受过行政处罚的；

（3）驾驶非机动车抢夺的；

（4）组织、控制未成年人抢夺的；

（5）抢夺老年人、未成年人、孕妇、携带婴幼儿的人、残疾人、丧失劳动能力人的财物的；

（6）在医院抢夺病人或者其亲友财物的；

（7）抢夺救灾、抢险、防汛、优抚、扶贫、移民、救济款物的；

（8）自然灾害、事故灾害、社会安全事件等突发事件期间，在事件发生地抢夺的；

（9）造成被害人轻微伤的；

（10）其他可以从重处罚的情形。

5. 有下列情形之一的，减少基准刑的50%以下：
（1）归案前自动将赃物归还被害人的；
（2）没有参与分赃或者获赃较少且不是主犯的；
（3）被害人谅解的；
（4）其他可以从轻处罚的情形。

（九）职务侵占罪
1. 构成职务侵占罪的，可以根据下列不同情形在相应的幅度内确定量刑起点：
（1）达到数额较大起点的，可以在六个月至一年有期徒刑幅度内确定量刑起点。
（2）达到数额巨大起点的，可以在五年至六年有期徒刑幅度内确定量刑起点。
（3）职务侵占数额达到五百万元的，可以确定十年有期徒刑为量刑起点。
2. 在量刑起点的基础上，可以根据职务侵占数额等其他影响犯罪构成的犯罪事实增加刑罚量，确定基准刑：
（1）职务侵占数额较大的，每增加三万元，增加二个月刑期；
（2）其他可以增加刑罚量的情形。
3. 有下列情形之一的，可以从重处罚：
（1）职务侵占行为严重影响生产经营、造成严重损失或者影响恶劣的，增加基准刑的30%以下；
（2）职务侵占用于预防、控制突发传染病疫情等灾害款物的，增加基准刑的10%-30%；
（3）多次职务侵占的，增加基准刑的20%以下；
（4）职务侵占的款项用于违法犯罪活动的，增加基准刑的20%以下；
（5）其他可以从重处罚的情形。

（十）敲诈勒索罪
1. 构成敲诈勒索罪的，可以根据下列不同情形在相应的幅度内确定量刑起点：
（1）达到数额较大起点或者二年内敲诈勒索三次的，可以在六个月至一年有期徒刑幅度内确定量刑起点。
（2）达到数额巨大起点或者有其他严重情节的，可以在三年至四年有期徒刑幅度内确定量刑起点。
（3）达到数额特别巨大起点或者有其他特别严重情节的，可以在十年至十二年有期徒刑幅度内确定量刑起点。
2. 在量刑起点的基础上，可以根据敲诈勒索数额、次数、犯罪情节严重程度等其他影响犯罪构成的犯罪事实增加刑罚量，确定基准刑：
（1）敲诈勒索数额较大的，每增加五千元，增加二个月刑期；
（2）敲诈勒索数额巨大的，每增加一万元，增加三个月刑期；
（3）敲诈勒索数额特别巨大的，每增加六万元，增加六个月刑期；
（4）每造成一人轻微伤的，增加三个月至六个月刑期；
（5）每造成一人轻伤的，增加六个月至一年刑期；
（6）二年内敲诈勒索三次以上的，每增加一次，增加二个月至三个月刑期；
（7）其他可以增加刑罚量的情形。
多次敲诈勒索，数额达到较大以上的，以敲诈勒索数额确定量刑起点，敲诈勒索次数可作为调节基准刑的量刑情节；数额未达到较大的，以敲诈勒索次数确定量刑起点，超过三次的次数作为增加刑罚量的事实。
3. 有下列情节之一的，增加基准刑的20%以下：
（1）曾因敲诈勒索受过刑事处罚的（构成累犯的除外）；

（2）一年内曾因敲诈勒索受过行政处罚的；
（3）对未成年人、残疾人、老年人或者丧失劳动能力人敲诈勒索的；
（4）以将要实施放火、爆炸等危害公共安全犯罪或者故意杀人、绑架等严重侵犯公民人身权利犯罪相威胁敲诈勒索的；
（5）以黑恶势力名义敲诈勒索的；
（6）利用或者冒充国家机关工作人员、军人、新闻工作者等特殊身份敲诈勒索的；
（7）造成其他严重后果的；
（8）其他可以从重处罚的情形。
4. 有下列情形之一的，减少基准刑的50%以下（免除处罚或者不作为犯罪处理的除外）：
（1）归案前自动将赃物归还被害人的；
（2）敲诈勒索近亲属的财物，获得谅解的；
（3）没有参与分赃或者获赃较少且不是主犯的；
（4）被害人谅解的；
（5）其他可以从轻处罚的情形。

（十一）妨害公务罪
1. 构成妨害公务罪的，可以在六个月至一年有期徒刑幅度内确定量刑起点。
2. 在量刑起点的基础上，可以根据妨害公务的后果、犯罪情节严重程度等其他影响犯罪构成的犯罪事实增加刑罚量，确定基准刑：
（1）每造成一人轻微伤的，增加二个月至三个月刑期；
（2）每造成一人轻伤的，增加三个月至六个月刑期；
（3）其他可以增加刑罚量的情形。
3. 暴力袭击正在依法执行职务的人民警察的，增加基准刑的10%-30%。
4. 有下列情形之一的，增加基准刑的20%以下：
（1）煽动群众阻碍依法执行职务、履行职责的；
（2）造成财产损失数额较大的；
（3）其他可以从重处罚的情形。
5. 因执行公务行为不规范而引起妨害公务犯罪的，减少基准刑的20%以下。

（十二）聚众斗殴罪
1. 构成聚众斗殴罪的，可以根据下列不同情形在相应的幅度内确定量刑起点：
（1）犯罪情节一般的，可以在一年至一年六个月有期徒刑幅度内确定量刑起点。
（2）有下列情形之一的，可以在三年至四年有期徒刑幅度内确定量刑起点：聚众斗殴三次以上的；聚众斗殴人数多，规模大，社会影响恶劣的；在公共场所或者交通要道聚众斗殴，造成社会秩序严重混乱的；持械聚众斗殴的。
2. 在量刑起点的基础上，可以根据聚众斗殴人数、次数、手段、严重程度等其他影响犯罪构成的犯罪事实增加刑罚量，确定基准刑：
（1）每造成一人轻微伤的，增加二个月至三个月刑期；
（2）每造成一人轻伤的，增加六个月至九个月刑期；
（3）聚众斗殴双方人数五人以上的，每增加三人，增加一个月至二个月刑期；单方人数十人以上的，每增加三人，增加一个月至三个月刑期；
（4）每增加刑法第二百九十二条第一款规定的情形之一的，增加一年至二年刑期；
（5）其他可以增加刑罚量的情形。
3. 纠集未成年人聚众斗殴的，增加基准刑的20%以下。

（十三）寻衅滋事罪

1. 构成寻衅滋事罪的，可以根据下列不同情形在相应的幅度内确定量刑起点：

（1）寻衅滋事一次的，可以在六个月至二年半有期徒刑幅度内确定量刑起点。

（2）纠集他人三次寻衅滋事（每次都构成犯罪），严重破坏社会秩序的，可以在五年至七年有期徒刑幅度内确定量刑起点。

2. 在量刑起点的基础上，可以根据寻衅滋事次数、伤害后果、强拿硬要他人财物或者任意损毁、占用公私财物数额等其他影响犯罪构成的犯罪事实增加刑罚量，确定基准刑：

（1）每造成一人轻微伤的，增加二个月至三个月刑期；

（2）每造成一人轻伤的，增加六个月至九个月刑期；

（3）每增加寻衅滋事犯罪一次的，增加六个月至九个月刑期；

（4）强拿硬要公私财物价值一千元以上的，每增加一千元，增加一个月至二个月刑期；任意毁损、占用公私财物价值二千元以上的，每增加二千元，增加一个月至二个月刑期；

（5）其他可以增加刑罚量的情形。

（十四）掩饰、隐瞒犯罪所得、犯罪所得收益罪

1. 构成掩饰、隐瞒犯罪所得、犯罪所得收益罪的，可以根据下列不同情形在相应的幅度内确定量刑起点：

（1）犯罪情节一般的，可以在三个月拘役至六个月有期徒刑幅度内确定量刑起点。

（2）情节严重的，可以在三年至四年有期徒刑幅度内确定量刑起点。

2. 在量刑起点的基础上，可以根据犯罪数额等其他影响犯罪构成的犯罪事实增加刑罚量，确定基准刑：

（1）犯罪情节一般的，犯罪数额每增加六千元，增加二个月刑期；其中掩饰、隐瞒非法获取计算机信息系统数据、非法控制计算机信息系统犯罪所得、犯罪所得收益，违法所得每增加三千元，增加二个月刑期；

（2）犯罪情节严重的，犯罪数额每增加二万元，增加二个月刑期；其中掩饰、隐瞒非法获取计算机信息系统数据、非法控制计算机信息系统犯罪所得、犯罪所得收益，违法所得每增加六千元，增加二个月刑期；

（3）掩饰、隐瞒盗窃、抢劫、诈骗、抢夺的机动车的，每增加一辆或者价值每增加十万，增加三个月至六个月刑期；

（4）其他可以增加刑罚量的情形。

认定掩饰、隐瞒犯罪所得、犯罪所得收益罪，要以上游犯罪事实成立为前提。掩饰、隐瞒犯罪所得、犯罪所得收益情节严重的，增加刑罚量要与上游犯罪所判处的刑罚相平衡，不得重于上游犯罪。

3. 有下列情形之一的，增加基准刑的20%以下：

（1）为同一犯罪分子多次掩饰、隐瞒同样或者类似犯罪所得的；

（2）一年内曾因掩饰、隐瞒犯罪所得及其产生的收益行为受过行政处罚的；

（3）其他可以从重处罚的情形。

4. 掩饰、隐瞒犯罪所得及其产生的收益，犯罪情节一般，认罪、悔罪并退赃、退赔，且有下列情形之一的，减少基准刑的50%以下（免予刑事处罚或者不认为是犯罪的除外）：

（1）为近亲属掩饰、隐瞒犯罪所得及其产生的收益，且系初犯、偶犯的；

（2）为自用而掩饰、隐瞒犯罪所得的；

（3）其他情节轻微的情形。

（十五）走私、贩卖、运输、制造毒品罪

1. 构成走私、贩卖、运输、制造毒品罪的，可以根据下列不同情形在相应的幅度内确定

附录1　浙江省高级人民法院关于实施修订后的《〈关于常见犯罪的量刑指导意见〉实施细则》的通知

量刑起点：

（1）走私、贩卖、运输、制造鸦片一千克，海洛因、甲基苯丙胺五十克或者其他毒品数量达到数量大起点的，除依法应当判处无期徒刑以上的刑罚以外，量刑起点为十五年有期徒刑。

（2）走私、贩卖、运输、制造鸦片二百克，海洛因、甲基苯丙胺十克或者其他毒品数量达到数量较大起点的，可以在七年至八年有期徒刑幅度内确定量刑起点。

（3）走私、贩卖、运输、制造鸦片四十克以下，海洛因、甲基苯丙胺二克以下或者其他毒品达到相当数量的，可以在六个月至一年有期徒刑幅度内确定量刑起点；情节严重的，可以在三年至四年有期徒刑幅度内确定量刑起点。

2. 在量刑起点的基础上，可以根据毒品犯罪次数、人次、毒品数量等其他影响犯罪构成的犯罪事实增加刑罚量，确定基准刑：

（1）走私、贩卖、运输、制造鸦片二百克以上不满一千克的，海洛因、甲基苯丙胺十克以上不满五十克的，鸦片每增加一百克，海洛因、甲基苯丙胺每增加五克，增加九个月至一年刑期

（2）走私、贩卖、运输、制造鸦片四十克以上不满二百克的，海洛因、甲基苯丙胺二克以上不满十克的，鸦片每增加一百克，海洛因、甲基苯丙胺每增加一克，增加三个月至六个月刑期

（3）其他可以增加刑罚量的情形。

其他毒品增加刑罚量的情形，可以按照《最高人民法院关于审理毒品犯罪案件适用法律若干问题的解释》（法释〔2016〕8号）的规定予以换算后确定适当的数量增幅。

3. 有下列情形之一的，增加基准刑的10%~30%：

（1）利用、教唆未成年人走私、贩卖、运输、制造毒品的；

（2）向未成年人出售毒品的；

（3）毒品再犯。

4. 有下列情形之一的，增加基准刑的30%以下：

（1）在戒毒场所、监管场所贩卖毒品的；

（2）向在校学生贩卖毒品的；

（3）组织、利用残疾人、严重疾病患者、怀孕或者正在哺乳自己婴儿的妇女走私、贩卖、运输、制造毒品的；

（4）国家工作人员走私、贩卖、运输、制造毒品的；

（5）其他可以从重处罚的情形。

5. 有下列情形之一的，减少基准刑的30%以下：

（1）受雇佣运输毒品的；

（2）毒品含量明显偏低的；

（3）存在数量引诱情形的；

（4）其他可以从轻处罚的情形。

附录2

云南省高级人民法院关于印发《云南省高级人民法院〈人民法院量刑指导意见(试行)〉实施细则》的通知

(云高法[2010]317号)

全省各级人民法院、铁路运输法院：

为了全面试行量刑规范化改革，我院从云南省的实际出发，对最高人民法院印发的《人民法院量刑指导意见（试行）》按照规范、实用、符合审判实际的原则要求，进行了科学、合理的细化，制定了《云南省高级人民法院<试行>实施细则》，并经我院审判委员会第53次会议讨论通过，现印发给你们，望切实遵照执行。本通知自下发之日起实施。

附：《云南省高级人民法院人民法院量刑指导意见试行实施细则》

云南省高级人民法院《人民法院量刑指导意见试行实施细则》

为进一步规范刑罚自由裁量权，贯彻落实宽严相济的刑事政策，增强量刑的公开性，实现量刑均衡，维护司法公正，根据刑法和刑事司法解释以及最高人民法院制定的《人民法院量刑指导意见（试行）》，结合我省刑事审判实践，制定本实施细则。

一、量刑的指导原则

1. 量刑应当以事为根据，以法律为准绳，根据犯罪的事实、犯罪的性质、情节和对于社会的危害程度，决定判处的刑罚。

2. 量刑即要考虑被告人所犯罪行的轻重，又要考虑被告人应负刑事责任的大小，做到罪责刑相适应，实现惩罚和预防犯罪的目的。

3. 量刑应当贯彻宽严相济的刑事政策，做到该宽则宽，当严则严，宽严相济，罚当其罪，确保裁判法律效果和社会效果的统一。

4. 量刑要客观，应全面把握我省的经济社会发展和治安形势的变化，确保刑法任务的实现；对于同一地区同一时期，案情相近或相似的案件，所判处的刑罚应当基本均衡。

二、量刑的基本方法

1. 量刑步骤

（1）根据基本犯罪构成事实在相应法定刑幅度内确定量刑起点；

（2）根据其他影响犯罪构成的犯罪数额、犯罪次数、犯罪后果和犯罪事实，在量刑起点的基础上增加刑罚确定基准刑；

（3）根据量刑情节调节基准刑，并综合考虑全案情况，依法确定宣告刑。

附录2 云南省高级人民法院关于印发《云南省高级人民法院〈人民法院量刑指导意见（试行）〉实施细则》的通知

2. 量刑情节调节基准刑的方法。

（1）具有单个量刑情节的，根据量刑情节的调节比例直接对基准刑进行调节。

（2）具有多种量刑情节的，根据各个量刑情节的调节比例，采用同向相加、逆向相减的方法确定全部量刑情节的调节比例，再对基准刑进行调节。

（3）对于具有刑法总则规定的未成年人犯罪、限制行为能力的精神病人犯罪、又聋又哑的人或者盲人犯罪、防卫过当、避险过当、犯罪预备、犯罪未遂、犯罪中止、从犯、胁从犯和教唆犯等量刑情节的，先用该量刑情节对基准刑进行调节，在此基础上，再用其他量刑情节进行调节。

（4）被告人犯数罪，同时具有适用各个罪的立功、累犯等量刑情节的，先用各个量刑情节调节个罪的基准刑，确定个罪所应判处的刑罚，再依法实行数罪并罚，决定执行的刑罚。

（5）对于同一事实涉及不同量刑情节时，不重复评价。

3. 确定宣告刑的方法

（1）量刑情节对基准刑的调节结果在法定刑幅度内，且罪责刑相适应的，可以直接确定为宣告刑；如果具有应当减轻处罚情节的，依法在法定最低刑以下确定宣告刑。

（2）量刑情节对基准刑的调节结果在法定最低刑以下，具有减轻处罚情节，且罪责刑相适应的，可以直接确定为宣告刑；只有从轻处罚情节的，可以确定法定最低刑为宣告刑。

（3）量刑情节对基准刑的调节结果在法定最高刑以上的，可以法定最高刑为宣告刑。

（4）根据案件的具体情况，独任审判员或合议庭可以在10%的幅度内进行调整，调整后的结果仍然罪责刑不相适应的，提交审判委员会讨论决定宣告刑。

（5）综合全案犯罪事实和量刑情节，依法应当判处拘役、管制或者单处附加刑，或者无期徒刑以上刑罚的，应当依法适用。

（6）宣告刑为三年以下有期徒刑、拘役并符合缓刑适用条件的，可以依法宣告缓刑；犯罪情节轻微，不需要判处刑罚的，可以免予刑事处罚。

三、常见量刑情节适用

1.【未成年人】对于未成年人犯罪，应当充分考虑是否有利于未成年罪犯的教育和矫正。量刑应当依照刑法第六十一条的规定，并充分考虑未成年人对犯罪的认识能力、实施犯罪行为的动机和目的、犯罪时的年龄、是否初次犯罪、犯罪后的悔罪表现、个人成长经历和一贯表现等因素。对符合管制、缓刑、单处罚金或者免予刑事处罚适用条件的未成年罪犯，应当依法适用管制、缓刑、单处罚金或者免予刑事处罚。

（1）对于犯刑法第十七条第二款规定的故意杀人、故意伤害致人重伤或者死亡、强奸、抢劫、贩卖毒品、放火、爆炸、投放危险物质罪的未成年罪犯，已满十四周岁不满十五周岁的，可以减少基准刑的40%-60%；已满十五周岁不满十六周岁的，可以减省基准刑的30%-50%；已满十六周岁不满十七周岁的，可以减少基准刑的20%-40%；已满十七周岁不满十八周岁的，可以减少基准刑的10%-30%；

（2）对于犯前款规定以外罪行的未成罪犯，已满十六周岁不满十七周岁的，可以减少基准刑的20%-50%；已满十七周岁不满十八周岁的，可以减速少基准刑的10%-40%；

（3）未成年罪犯多次实施违法行为的，或酗酒、赌博屡教不改的，或曾因淫乱、色情、吸毒等违法行为被处罚或教育过的，一般适用从宽幅度的下限；

（4）未成年罪犯一贯表现良好，无不良习惯的，或被教唆、利用、诱骗犯罪的，一般适用从宽幅度的上限；

（5）对同案犯中的多个未成年人，在适用减少幅度时应考虑案件的均衡，不同被告人之间因年龄导致的刑期差异不宜过大。

2. 【老年人】对于年满六十五周岁以上的老年人犯罪，综合考虑老年人实施犯罪行为的动机和目的、犯罪时的年龄、情节、后果以及悔罪表现等，并结合其人身危险性和再犯可能性等情况，确定从宽比例。

（1）已满六十五周岁不满七十周岁的，可以减少基准刑的20%以下；

（2）已满七十周岁不满七十五周岁的，可以减少基准刑的25%以下；

（3）已满七十五周岁以上的，可以减少基准刑的30%以下。

3. 【特殊人员】对于尚未完全丧失辨认或者控制自己行为能力的精神病人犯罪，根据其实施犯罪时病情严重程度、犯罪性质等因素，可以减少基准刑的30%以下。

4. 【聋哑盲人】对于又聋又哑或者盲人犯罪，综合考虑其接受教育的程度、认知能力、犯罪性质等情况，可以减少基准刑的30%以下。

5. 【正当防卫】对于正当防卫明显超过必要限度造成重大损害的，综合考虑不法侵害的性质、程度、损害后果的大小等情况，可以减少基准刑的40%-60%。

6. 【紧急避险】对于紧急避险超过必要限度造成不应有的损害的，综合考虑危险来源、避险方式、损害大小，应当减少基准刑的40%-60%。

7. 【预备犯】对于预备犯，综合考虑犯罪行为的性质、实施程度和危害程度等情况，可以减少基准刑的40%-60%或者免除处罚。

8. 【未遂犯】对于未遂犯，综合考虑犯罪行为的实行程度、造成损害的大小、犯罪未得逞的原因等情况，可以减少基准刑。

（1）实行终了的未遂犯，造成损害后果的，可以减少基准刑的30%以下；未造成损害后果的，可以减少基准刑的40%以下；

（2）未实行终了的未遂犯，造成损害后果的，可以减少基准刑基准刑的40%以下；未造成损害后果的，可以减少基准刑的50%以下；

（3）对同罪名中，既有犯罪既遂、又有犯罪未遂，可以根据案件的具体情况适当确定从宽比例。

9. 【中止犯】对于造成损害结果的中止犯，可以减少基准刑的40%-60%。

10. 【从犯】对于共同犯罪，应当综合考虑被告人在共同犯罪中的作用，以及是否实施犯罪行为等情况确定增减基准刑的幅度。

（1）对于一般共同犯罪中的从犯，作用相对较小，未实施犯罪行为的，可以减少基准刑的30%-50%；参与实施少量或部分犯罪行为的，可以减少基准刑的20%-40%；作用相对较大的，未实施犯罪行为的，可以减少基准刑的20%-30%，参与实施犯罪行为的，可以减少基准刑的20%以下；对于犯罪较轻的，可以减少基准刑的50%以上或者免除处罚；

（2）对于犯罪集团中的从犯，作用相对较小的，可以减少基准刑的10%-20%；作用相对较大的，可以减少基准刑的10%以下；

（3）对于胁从犯，可以根据犯罪性质、被胁迫的程度、实施犯罪中的作用等情况，减少基准刑的40%-50%；作用较小，并具有其他法定从宽处罚情节，不需要判处刑罚的，可以免予刑事处罚。

11. 【教唆犯】对于教唆犯，应当综合考虑其在共同犯罪中的作用、是否教唆未成年人犯罪以及被教唆者是否犯被教唆的罪等情况，予以处罚。

（1）教唆不满十八周岁的人犯罪，所犯罪行在有期徒刑3年以下或者未造成严重损害的，可以增加基准刑的10%-30%；所犯罪行在有期徒刑3年以上或者造成严重损害的，可以增加基准刑的20%-40%；

（2）被教唆的人没有犯被教唆的罪的，可以减少基准刑的40%以下。

12. 【自首】对于自首情节，应当综合考虑投案的动机、时间、方式、罪行轻重、如实供

附录2　云南省高级人民法院关于印发《云南省高级人民法院〈人民法院量刑指导意见（试行）〉实施细则》的通知

述罪行的程度以及悔罪表现等情况，确定从宽的幅度。

（1）犯罪事实或者犯罪嫌疑人未被司法机关发觉，主动、直接投案构成自首的，可以减少基准刑的20%-40%；

（2）犯罪事实或者犯罪嫌疑人已被司法机关发觉，但犯罪嫌疑人尚未受到调查谈话、讯问、未被宣布采取调查措施或者强制措施时，主动、直接投案构成自首的，可以减少其准刑的10%-30%；

（3）犯罪嫌疑人、被告人如实供述司法机关尚未掌握的罪行，与司法机关已掌握的或判决确定的罪行不同，以自首论的，可以减少基准刑的20%以下；

（4）并非出于被告人主动，而是经亲友规劝、陪同投案，或者亲友送去投案等情形构成自首的，可以减少基准刑的20%以下；

（5）罪行尚未被司法机关发觉，仅因形迹可疑，被有关组织或司法机关盘问、教育后，主动交待自己的罪行构成自首的，以及其他类型的自首，可以减少基准刑的20%以下；

（6）犯罪嫌疑人自动投案并如实供述自己的罪行后又翻供，但在一审判决前又能如实供述的，可以减少基准刑的10%以下；

（7）有以上自首情节且犯罪较轻的，可以减少基准刑的40%以上或者依法免除处罚。

13.【立功】对于立功情节，应当综合考虑立功的大小、次数、内容、来源、效果以及罪行轻重等情况，确定从宽的幅度。

（1）一般立功的，可以减少基准刑的20%以下；

（2）两次或多个立功的，可以减少基准刑的30%以下；

（3）重大立功的，可以减少基准刑的20%-50%；犯罪较轻的，可以减少基准刑的50%以上或者依法免除处罚。

14.【坦白】对于被采取强制措施的犯罪嫌疑人、被告人和已宣判的罪犯，如实供述司法机关尚掌握的罪行，与司法机关已掌握的或者判决确定的罪行属同种罪行的，应当根据坦白罪行的轻重以及悔罪表现等情况，可以减少基准刑的20%以下。

15.【认罪】对于当庭自愿认罪的，应当根据犯罪的性质、罪行的轻重、认罪程度以及悔罪表现等情况，确定从宽的幅度，但认定自首、坦白的除外。

（1）适用简易程序及普通程序简化审理的，可以减少基准刑的5%-10%；

（2）适用普通程序审理，认罪态度较好的，可以减少基准刑的5%以下。

16.【退赃退赔】对于退赃、退赔的，综合考虑犯罪性质、退赃、退赔行为对损害结果所能弥补的程度，退赃、退赔数额及主动程度等情况，确定从宽的幅度。

（1）盗窃等单纯侵财案件，全部退赃、退赔的，可以减少基准刑的10%-30%；抢劫等暴力型案件，全部退赃、退赔的，一般可以减少基准刑的20%以下；

（2）部分退赃退赔的，可以按全部退赔的比例适当减少基准刑；

（3）积极配合办案机关追缴赃款赃物，未造成较大经济损失的可以减少基准刑的10%以下；司法机关依职权追缴赃款、赃物，一般不予从轻；

（4）共同犯罪中，部分被告人退赃、退赔的，仅对退赃、退赔的被告人予以从宽；

（5）主动退赃、退赔的，一般适用从宽幅度的上限；被动退赔的，一般适用从宽幅度的下限；

（6）侵财型案件因个人挥霍等主观原因未能退赃、退赔的，可以增加基准刑10%以下；有退赃、退赔能力而拒不退赃、退赔的，可以增加基准的10%-30%。

17.【积极赔偿】对于积极赔偿被害人经济损失的，应当综合考虑犯罪性质、赔偿数额、赔偿能力等情况，确定从宽的幅度。

（1）故意犯罪的，可以减少基准刑的20%以下；

（2）过失犯罪的，可以减少基准刑的30%以下；
（3）有能力赔偿而拒不赔偿的，可以增加基准刑的10%-20%。

18. 【取得谅解】对于取得被害人或其家属谅解的，应当综合考虑犯罪的性质、罪行轻重、谅解的原因以及认罪悔罪的程度等情况，可以减少基准刑的30%以下。

19. 【被害人过错】被害人对犯罪发生有过错的，可以减少基准刑的30%以下。
（1）被害人对犯罪发生有一般过错的，可以减少基准刑的10%以下；
（2）被害人对犯罪发生有较大错的，可以减少基准刑的20%以下；
（3）被害人对犯罪发生的严重过错的，可以减少基准刑的30%以下。

20. 【累犯再犯】对于累犯或毒品再犯，应当综合考虑前后罪的性质、刑罚执行完毕或赦免以后至再犯罪时间的长短以及前后罪罪行轻重等情况，予以从重处罚。
（1）刑罚执行完毕不满一年重新犯罪的，可以增加基准刑的10%-40%；
（2）刑罚执行完毕已满一年不满二年重新犯罪的，可以增加基准刑的10%-35%；
（3）刑罚执行完毕已满二年不满三年重新犯罪的，可以增加基准刑的10%-30%；
（4）刑罚执行完毕已满三年不满四年重新犯罪的，可以增加基准刑的10%-25%；
（5）刑罚执行完毕已满四年不满五年重新犯罪的，可以增加基准刑的10%-20%；

21. 【前科劣迹】对于有前科劣迹的，综合考虑前科劣迹的性质、时间间隔长短、次数、处罚轻重等情况增加基准刑，但累犯和过失犯罪除外。
（1）有一次犯罪前科的，可以增加基准刑的5%以下；
（2）有两次或两次以上前科的和缓刑考验期、监外执行等又犯新罪的，可以增加基准刑的10%以下。

22. 【弱势群体】对于犯罪对象为老人、未成年人、残疾人、孕妇等弱势人员的，综合考虑犯罪的性质、犯罪的严重程度等情况，确定从重的幅度。
（1）暴力型犯罪的，可以增加基准刑的10%-20%；
（2）非暴力型犯罪的，可以增加基准刑的10%以下。

23. 【灾害期间】对于在重大自然灾害、预防、控制突发传染病疫情等灾害期间犯罪的，根据案件的具体情况，可以增加基准刑的20%以下。

四、常见犯罪的量刑

（一）交通肇事罪

构成交通肇事罪的，应根据致人重伤、死亡的人数或者财产损失的数额等危害后果以及逃逸等情节在相应的法定刑幅度内确定量刑起点的基准刑。

1. 具有《最高人民法院关于审理交通肇事刑事案件具体应用法律若干问题的解释》（以下简称《解释》）规定的下列情形之一，依法应当在三年有期徒刑以下确定量刑起点和基准刑。

（1）死亡一人，负事故全部责任，量刑起点为二年有期徒刑；负主要责任的，量刑起点为一年六个月有期徒刑。重伤三人，负事故全部责任，量刑起点为一年六个月至二年有期徒刑；负主要责任的，量刑起点为一年六个月有期徒刑。

（2）重伤四人，负事故全部责任的，量刑起点为二年至二年六个月有期徒刑；负主要责任的，量刑起点为一年六个月至二年有期徒刑。

（3）死亡三人，负事故同等责任的，量刑起点为二年有期徒刑。死亡人数每增加一人，可增加六个月刑期。

（4）造成公共财产或者他人财产直接损失，负事故主要或者全部责任，无能力赔偿数额在30万元的，量刑起点为一年有期徒刑。无能力赔偿数额每增加1万元，可增加一个月刑期。

附录2 云南省高级人民法院关于印发《云南省高级人民法院〈人民法院量刑指导意见（试行）〉实施细则》的通知

（5）具有《解释》第二条第二款第（一）至（六）项规定的情形之一：①酒后、吸食毒品后驾驶机动车车辆的；②无驾驶资格驾驶机动车辆的；③明知安全装置不全或者安全机件失灵的机动车辆而驾驶的；④明知是无牌证的机动车辆而驾驶的；⑤严重超载驾驶的；⑥为逃避法律追究逃离事故现场的；重伤一人，负事故全部责任，量刑起点为一年至一年六个月有期徒刑；负主要责任的，量刑起点为六个月至一年有期徒刑。

（6）每增加《解释》第二条第二款第（一）至（六）项规定的情形之一的，可增加三个月刑期；重伤人数每增加一人，可增加三个月至六个月刑期。

2. 具有《解释》规定的下列情形之一，可以在三年以上七年以下有期徒刑内确定量刑起点基准刑：

（1）交通肇事造成死亡一人或者重伤三人，负事故全部或者主要责任，又逃逸的；或者死亡三人，负事故同等责任，又逃逸的；或者造成公共财产或者他人财产直接损失，负事故主要或者全部责任，无能力赔偿数额在30万元，又逃逸的；或者造成重伤一人，负事故全部或者主要责任，并具有《解释》中第二条第二款第（一）至（五）项规定的情形之一，又逃逸的，量刑起点为四年有期徒刑。

（2）死亡二人，负事故全部责任的，量刑起点为有期徒刑四年；负主要责任的，量刑起点为有期徒刑三年六个月。死亡人数每增加一人，可增加六个月刑期。

（3）重伤五人，负事故全部责任的，量刑起点为三年六个月至四年有期徒刑；负主要责任的，量刑起点为三年至三年六个月有期徒刑。重伤人数每增加一人，可增加三个月至六个月刑期。

（4）死亡六人，负事故同等责任的，量刑起点为四年六个月有期徒刑。死亡人数每增加一人，可增加三个月刑期。

（5）造成公共财产或者他人财产直接损失，负事故全部或者主要责任，无能力赔偿数额在60万元的，量刑起点为三年六个月有期徒刑。无能力赔偿数额每增加2万元的，可增加三个月。

（6）有上述第（2）至（5）种情形之一，又具有逃逸情节的，可增加一年刑期；具有《解释》中第二条第二款第（一）至（六）项规定的情形之一的，可增加三个月刑期。

3. 犯交通肇事罪，因逃逸致一人死亡的，量刑起点为八年有期徒刑。每增加一人死亡，可增加一年至二年刑期确定基准刑；每增加一人重伤，可增加六个月至一年刑期确定基准刑。

（二）故意伤害罪

1. 构成故意伤害罪的，可以根据下列不同情形在相应的幅度内确定量刑起点：

（1）故意伤害致一人轻伤的，轻伤（丙）级，量刑起点为一年有期徒刑；轻伤（乙）级，量刑起点为一年零六个月有期徒刑；轻伤（甲）级，量刑起点为二年期徒刑。

（2）故意伤害致一人重伤的，量刑起点为三年至四年有期徒刑。

（3）以特别残忍手段故意伤害致一人重伤，造成六级严重残疾的，量刑起点为十年至十二年有期徒刑。依法应当判处无期徒刑以上刑罚的除外。

（4）故意伤害至一人死亡的，情节较轻的，量刑起点为十五年有期徒刑。依法应当判处无期徒刑以上刑罚的除外。

2. 在量刑起点的基础上，可以根据伤亡后果、伤残等级、手段的残忍程度等犯罪事实增加刑罚量，确定基准刑。有下列情形之一的，可以增加相应的刑罚量：

（1）每增加一人或一处轻微伤，可以增加一个月至两个月的刑期；

（2）每增加一人或一处轻伤，可以增加三个月至六个月刑期；

（3）每增加一人或一处重伤，可以增加一年至二年刑期；

（4）每增加一级伤残，可以增加六个月至一年刑期。

3. 有下列情节之一的,增加基准刑的20%以下;若基准刑在十年有期徒刑以上的,增加基准刑的10%以下:
(1) 持枪支、管制刀具或者其他凶器伤害他人的;
(2) 因实施其他违法犯罪活动而故意伤害他人身体的;
(3) 伤害他人身体要害部位的;
(4) 事先有预谋的;
(5) 雇佣他人实施伤害行为的。
4. 有下列情节之一的,可以减少基准刑的20%以下:
(1) 因婚姻家庭、邻里纠纷等民间矛盾激化引发的;
(2) 因被害人的过错引发犯罪或对矛盾激化引发犯罪负有责任的;
(3) 犯罪后积极抢救被害人的。

(三) 强奸罪
1. 构成强奸罪的,可以根据下列不同情形在相应的幅度内确定量刑起点:
(1) 强奸妇女、奸淫幼女一人一次的,可以在三年至五年有期徒刑幅度内确定量刑起点。
(2) 有下列情形之一的,可以在十年至十二年有期徒刑幅度内确定量起点:强奸妇女、奸淫幼女情节恶劣的;强奸妇女,奸淫幼女三人的;在公共场所当众强奸妇女的;二人以上轮奸妇女的;强奸致被害人重伤或者造成其严重后果的。依法应当判处无期徒刑以上刑罚的除外。
2. 在量刑起点的基础上,可以根据强奸人数、次数、致人伤亡后果等其他影响犯罪构成的犯罪事实增加刑罚量,确定基准刑。
(1) 强奸妇女,奸淫幼女每增加一人,可以增加二年至三年刑期;
(2) 多次强奸同一妇女,奸淫同一幼女的,可以增加一年到二年刑期;
(3) 致一人或一处轻伤的,可以增加四个月至六个月刑期;
(4) 致一人或一处重伤的,可以增加六个月至一年刑期;
(5) 造成被害人精神失常、怀孕等其他严重后果的,可以增加二年至三年刑期;
(6) 利用教养、监护、职务、亲属关系强奸的,可以增加一年至二年刑期。

(四) 非法拘禁罪
1. 构成非法拘禁罪的,可以根据下列不同情形在相应的幅度内确定量刑起点:
(1) 未造成伤害后果的,量刑起点为三个月拘役至六个月有期徒刑。
(2) 致重伤一人,量刑起点为三年至四年有期徒刑。
(3) 致死亡一人,量刑起点为十年至十二年有期徒刑。
2. 在量刑起点的基础上,可以根据非法拘禁人数、次数、拘禁时间,致人伤亡后果等犯罪事实增加刑罚量,确定基准刑。有下列情形之一的,可以增加相应的刑罚量:
(1) 被害人每增加一人,可增加三个月刑期;
(2) 每增加一人或一处轻微伤,可增加一个月至三个月刑期;
(3) 每增加一人或一处轻伤,可增加三个月至六个月刑期;
(4) 每增加一人或一处重伤,可增加六个月至一年刑期;
(5) 每增加一人死亡的,可增加一年至二年刑期;
(6) 犯罪手段特别恶劣或者后果特别严重的,可增加一年至二年刑期。
3. 有下列情节之一的,可以增加基准刑的20%以下:
(1) 具有殴打、侮辱情节的;
(2) 国家机关工作人员利用职权非法扣押、拘禁他人的;
(3) 为索取高利贷、赌债等法律不予保护的债务而非法拘禁他人的;

4. 为索取合法债务,争取合法权益而非法扣押、拘禁他人的,可以减少基准刑30%以下。

(五) 抢劫罪

1. 构成劫罪的,可以根据下列不同情形在相应的幅度内确定量刑起点:

(1) 抢劫一次的,量刑起点为三年至四年有期徒刑,抢劫二次的,量刑起点为五年至六年有期徒刑。

(2) 有下列情形之一的:入户抢劫的;在公共交通工具上抢劫的;抢劫银行或者其他金融机构的;抢劫三次或者抢劫数额达到数额巨大起点的;抢劫致一人重伤,没有造成残疾的;冒充军警人员抢劫的;持枪抢劫的;抢劫军用物资或者抢险、救灾、救济物资的,量刑起点为十年至十二年有期徒刑。

2. 在量刑起点的基础上,可以根据抢劫致人伤亡的后果、次数、数额、手段等其他影响犯罪构成的犯罪事实增加刑罚量,确定基准刑。

(1) 每增加一人或一处轻伤,可以增加六个月至一年刑期;每增加一人或一处重伤,可以增加一年至二年刑期;

(2) 十年以上刑期的,每增加一次抢劫,可以增加六个月至一年刑期;

(3) 每增加《中华人民共和国刑法》第263条(一)至(八)项情节之一的,可以增加一年至二年刑期;

(4) 一次抢劫财物数额1元以上未达到数额巨大起点的,每增加150元,增加一个月刑期;二次抢劫财物数额1元以上未达到数额巨大起点的,每增加200元,增加一个月刑期;抢劫财物数额达到数额巨大起点的,每增加10 000元,增加六个月至一年刑期。

(六) 盗窃罪

1. 构成盗窃罪的,可以根据下列不同情形在相应的幅度内确定量刑起点:

(1) 达到数额较大(800元)起点的,或者一年内入户盗窃或者在公共场所扒窃三次的,量刑起点为三个月拘役至六个月有期徒刑。

(2) 达到数额巨大(1万元)起点;或者盗窃数额较大达到8000元起点,并具有下列情形之一的,可以认定为其他严重情节:①犯罪集团的首要份子或者共同犯罪中情节严重的主犯;②盗窃金融机构的;③流窜作案危害严重的;④累犯;⑤导致被害人死亡、精神失常或者其他严重后果的;⑥盗窃救灾、抢险、防汛、优抚、扶贫、移民、救济、医疗款物,造成严重后果的;⑦盗窃生产资料,严重影响生产的;⑧造成其他重大损失的;量刑起点为三年至四年有期徒刑。

(3) 达到数额特别巨大(5万元)起点;或者数额巨大40 000元的起点,并具有下列情形之一的,可以认定为其他特别严重情节:①犯罪集团的首要分子或者共同犯罪中情节严重的主犯;②盗窃金融机构的;③流窜作案危害严重的;④累犯;⑤导致被害人死亡、精神失常或者其他严重后果的;⑥盗窃救灾、抢险、防汛、优抚、扶贫、移民、救济、医疗款物,造成严重后果的;⑦盗窃生产资料,严重影响生产的;⑧造成其他重大损失的;量刑起点为十年至十二年有期徒刑。

2. 在量刑起点的基础上,可以根据盗窃、次数、手段等犯罪事实增加刑罚量,确定基准刑;

(1) 盗窃数额较大未达到数额巨大起点的,每增加278元,可以增加一个月刑期;

(2) 盗窃数额巨大未达至数额特别巨大起点,每增加476元,可以增加一个月刑期;

(3) 盗窃数额特别巨大以上的,每增加5000元,可以增加一个月至两个月刑期;

(4) 盗窃他人必需的生产、生活资料,严重影响他人生产、生活的,可以增加一个月至六个月刑期;

(5) 多次盗窃的,3至19次,增加基准刑5%;20至49次,增加基准刑10%;50次以上增加基准刑15%。

3. 盗窃增值税专用发票或者可以用于骗取出口退税、抵扣税款的其他发票和盗窃珍贵文物等物品的，依照有关法律、司法解释规定办理。

4. 盗窃近亲属财物的，可以减少基准刑50%以下。不作犯罪处理的除外。

（七）诈骗罪

1. 构成诈骗罪的，可以根据下列不同情形在相应的幅度内确定量刑起点：

（1）达到数额较大（2000元）起点的，量刑起点为三个月拘役至六个月有期徒刑。

（2）达到数额巨大（3万元）起点，量刑起点为三年至四年有期徒刑。

（3）达到数额特别巨大（20万元）起点；或者诈骗10万元以上，并具有以下情节之一的，可以认定为其他特别严重情节：①诈骗集团的首要分子或共同诈骗犯罪中情节严重的主犯；②流窜作案，危害严重的；③诈骗单位、个人的生产资料或其他款物，严重影响生产或造成其他严重后果的；④诈骗救灾、抢险、防汛、优抚、扶贫、移民、救济款物；⑤挥霍诈骗款物，致使诈骗款物无法归还的；⑥使用诈骗款物进行违法犯罪活动；⑦累犯；⑧诈骗老、弱、病残、下岗人员、妇女、未成年人等社会弱势群体，量刑起点为十年至十二年有期徒刑，依法应当判处无期徒刑的除外。

2. 在量刑起点的基础上，可以根据诈骗数额、次数和其他犯罪情节的严重程度增加刑罚量确定基准刑：

（1）诈骗数额较大未达到数额巨大起点的，每增加933元，可以增加一个月刑期；

（2）诈骗数额巨大未达到数额特别巨大起点的，每增加2023元，可以增加一个月刑期；

（3）诈骗数额特别巨大以上每增加20 000元，可以增加一个月至两个月刑期。

（八）抢夺罪

1. 构成抢夺罪的，可以根据下列不同情形在相应的幅度内确定量刑起点：

（1）达到数额较大（500元）起点的，量刑起点为三个月拘役至一年有期徒刑。

（2）达到数额巨大（5000元）起点；或者抢夺数额达4000元，并具有下列情形之一，可认定其他严重情节：①抢夺残疾人、老年人、不满十四周岁未成年人的；②抢夺救灾、抢险、防汛、优抚、扶贫、移民、救济、医疗等款物的；③一年内抢夺三次以上的；④利用驾驶机动车辆实施抢夺的，量刑起点为三年至四年有期徒刑。

（3）达到数额特别巨大（3万元）起点；或者抢夺数额达24 000元，并具有下列情形之一，可认定其他特别严重情节：①抢夺残疾人、老年人、不满十四周岁未成年人的；②抢夺救灾、抢险、防汛、优抚、扶贫、移民、救济、医疗等款物的；③一年内抢夺三次以上的；④利用驾驶机动车辆实施抢夺的，量刑起点为十年至十二年有期徒刑，依法应当判处无期徒刑的除外。

2. 在量刑起点的基础上，可以根据抢夺数额、次数、手段、致人伤害后果等犯罪事实增加刑罚量，确定基准刑：

（1）抢夺数额较大未达到数额巨大起点的，每增加150元，可以增加一个月刑期；

（2）抢夺数额巨大未达到数额特别巨大起点，每增加300元，可以增加一个月刑期；

（3）抢夺数额特别巨大以上，每增加2500元，可以增加一个月至两个月刑期；

（4）抢夺次数每增加一次，可以增加三个月至六个月刑期；

（5）因抢夺致一人或一处轻微伤，可以增加一个月至三个月刑期；

（6）因抢夺致一人或一处轻伤，可以增加三个月至六个刑期；

3. 利用行驶的机动车辆实施抢夺的，可以增加基准刑20%以下。

（九）职务侵占罪

1. 构成职务侵占罪的，可以根据下列不同情形在相应的幅度内确定量刑起点：

（1）达到数额较大（1万元）起点的，量刑起点为六个月拘役至一年有期徒刑。
（2）达到数额大（10万元）起点的，量刑起点为五年至六年有期徒刑。

2. 在量刑起点的基础上，可以根据职务侵占数额、次数等犯罪事实增加刑罚量，确定基准刑。

（1）侵占数额较大未达到数额巨大起点的，每增加1666元，可以增加一个月刑期；
（2）侵占数额巨大以上的，每增加8000元，可以增加一个月刑期；
（3）作案次数2-5次，可以增加基准刑5%；5次以上可以增加基准刑10%；
（4）侵占特困企业，或者其他企业、组织急需的生产资料，严重影响生产的，可以增加基准刑20%以下。

（十）敲诈勒索罪

1. 构成敲诈敲诈勒索罪的，可以根据下列不同情形在相应的幅度内确定量刑起点：

（1）敲诈数额达到较大（2000元）起点的，量刑起点为六个月至一年有期徒刑；
（2）敲诈数额达到巨大（2万元）起点；或者敲诈勒索数额达1万元，具有下列情形之一的，可认定其他严重情节：①敲诈勒索公私财物多人或多次，影响极坏，使群众丧失安全感的；②敲诈老、弱、病残、下岗人员、妇女、未成年人等社会弱势群体；③动用依靠黑恶势进行敲诈勒索的；④因敲诈造成被害人及其家属精神失常、自杀的；⑤敲诈具有其他严重情节，量刑起点为三年至四年有期徒刑。

2. 在量刑起点的基础上，可以根据敲诈勒索数额、次数、手段、致人伤害后果等犯罪事实增加刑罚量，确定基准刑：

（1）敲诈数额较大未达到数额巨大起点的，每增加600元，可以增加一个月刑期；
（2）敲诈数额达到巨大起点以上的，每增加2000元，可以增加一个月刑期；
（3）敲诈勒索次数2-5次，可以增加基准刑5%；5次以上，可以增加基准刑10%；
（4）冒充国家工作人员敲诈的，可以增加基准刑20%以下。

（十一）妨害公务员罪

1. 构成妨害公务罪的，量刑起点为六个月至一年有期徒刑。

2. 在量刑起点的基础上，可以根据妨害公务造成的后果等犯罪事实增加刑罚量，确定基准刑。

（1）每增加一人或一处轻微伤，可增加一个月至三个月刑期。
（2）每增加一人或一处轻伤，可增加三个月至六个月刑期。

3. 具有下列情形之一的，可增加基准刑的20%以下：

（1）持械妨害公务、严重乱公共秩序的；
（2）烧毁警用、公务车辆，造成财产损失数额较大的；
（3）煽动群众阻碍依法执行公务、履行职责的。

（十二）聚众斗殴罪

1. 构成聚众斗殴罪的，可以根据下列不同情形在相应的幅度内确定量刑起点：

（1）犯罪情节一般的，量刑起点为六个月至一年六个月有期徒刑。
（2）具有下列情形之一的：①聚众斗殴三次的；②聚众斗殴人数多，规模大，社会影响恶劣的；③在公共场所或者交通要道聚众斗殴，造成社会秩序严重混乱的；④持械聚众斗殴的，量刑起点为三年至四年有期徒刑。

2. 在量刑起点的基础上，可以根据聚众斗殴人数、次数、手段、伤害后果等犯罪事实增加刑罚量，确定基准刑：

（1）每增加聚众斗殴一次，可以增加六个月至一年刑期；
（2）聚众斗殴一方参与人数达10人以上不满20人的，对首要分子及起组织、指挥作用的人,可以增加三个月至六个月刑期;聚众斗殴一方参与人数达 20 人以上的,对首要分子及起组织、指挥作用的人,可以增加六个月至一年刑期。

3. 组织未成年人聚众斗殴的,可以增加基准刑的 20%以下。

(十三) 寻衅滋事罪

1. 有下列寻衅滋事行为之一,构成寻衅滋事犯罪的,量刑起点为六个月至一年刑期。

(1) 随意殴打他人,追逐、拦截、辱骂他人;

(2) 强拿硬要或者任意损毁、占用公私财物数额达 1000 元以上;

(3) 在公共场所起哄闹事、破坏社会秩序的。

2. 可根据寻衅滋事人数、次数、伤害后果、强拿硬要他人财物或任意损毁、占用公私财物数额等犯罪事实增加相应的刑罚量确定基准刑:

(1) 每增加被害人一人,可增加一个月至二个月刑期;

(2) 每增加一人或一处轻微伤,可增加二个月至三个月刑期;

(3) 每增加一人或一处轻伤,可增加四个月至六个月刑期;

(4) 每增加寻衅滋事一次,可增加六个月至九个月刑期;

(5) 强拿硬要他人财物或者任意损毁、占用公私财物价值每增加 500 元,可增加刑期一个月。

(十四) 掩饰、隐瞒犯罪所得、犯罪所得收益罪

1. 构成掩饰、隐瞒犯罪所得、犯罪所得收益罪的,可根据下列不同情形确定量刑起点:

(1) 掩饰、隐瞒犯罪所得、犯罪所得收益数额 5000 元或者多次掩饰、隐瞒犯罪所得、犯罪所得收益,累计数额 3000 元,情节一般的,量刑起点为拘役三个月至六个月有期徒刑。

(2) 涉及盗窃、抢劫、诈骗、抢夺机动车 5 辆以上或者财物价值 50 万元以上的;掩饰、隐瞒犯罪所得、犯罪所得收益 10 次以上或者有其他严重情节的,量刑起点为三年至四年有期徒刑。

2. 在确定量刑起点的基础上,可根据犯罪数额、次数、手段等犯罪事实增加刑罚量,确定基准刑:

(1) 每增加一次犯罪,可以增加三个月至六个月刑期;

(2) 情节一般的,每增加 15000 元,可以增加一个月刑期;

(3) 情节严重的,每增加 10 万元,可以增加一个月刑期。

3. 以掩饰、隐瞒犯罪所得、犯罪所得收益为业的,可增加基准刑的 10%-30%。

(十五) 走私、贩卖、运输、制造毒品罪

1. 构成走私、贩卖、运输、制造毒品罪的,可以根据下列不同情形在相应的幅度内确定量刑起点:

(1) 走私、贩卖、运输、制造毒品,有下列情形之一:①鸦片 1000 克;②海洛因或甲基苯丙胺、可卡因 50 克;③吗啡 100 克;④氯胺酮或美沙酮 1 千克;⑤三唑仑 50 千克;⑥咖啡因 200 千克或其他毒品数量达到数量大起点的,量刑起点为十五年有期徒刑,依法应当判处无期徒刑以上刑罚的除外。

(2) 走私、贩卖、运输、制造毒品,有下列情形之一:①鸦片 200 克;②海洛因或甲基苯丙胺、可卡因 10 克;③吗啡 20 克;④氯胺酮或美沙酮 200 克;⑤三唑仑 10 千克;⑥咖啡因 50 千克或其他毒品数量达到数量较大起点的,量刑起点为七年有期徒刑。

(3) 走私、贩卖、运输、制造毒品,有下列情形之一:①鸦片 140 克;②海洛因或甲基苯丙胺、可卡因 7 克;③吗啡 14 克;4 氯胺酮或美沙酮 140 克;⑤三唑仑 7 千克;⑥咖啡因 28 千克或其他相当数量毒品;⑦国家工作人员走私、制造、运输、贩卖毒品;⑧在戒毒监管场所贩卖毒品的;⑨向多人贩毒或者多次贩毒等其他情节严重的行为,量刑起点为三年有期

附录2　云南省高级人民法院关于印发《云南省高级人民法院〈人民法院量刑指导意见（试行）〉实施细则》的通知

徒刑。

（4）走私、贩卖、运输、制造毒品，有下列情形之一：①鸦片60克以下；②海洛因或甲基苯丙胺、可卡因3克以下；③吗啡6克以下；④氯胺酮或美沙酮60克以下；⑤三唑仑3千克以下；⑥咖啡因12千克以下或其它少量毒品，量刑起点为一年至一年零六个月有期徒刑。

2. 在量刑起点的基础上，可以根据毒品犯罪次数、人次、毒品数量等犯罪事实增加刑罚量，确定基准刑：

（1）海洛因、甲基苯丙胺或者可卡因10克以上不满50克的，每增加0.4166克增加一个月刑期；7克以上不满10克的，每增加0.0625克增加一个月刑期；3克以上不满7克的，每增加0.1666克增加一个月刑期。

（2）吗啡20克以上不满100克的，每增加0.8333克增加一个月刑期；14克以上不满20克的，每增加0.125克增加一个月刑期；6克以上不满14克的，每增加0.3333克增加一个月刑期。

（3）鸦片、氯胺酮或者美沙酮200克以上不满1千克的，每8.33克增加一个月刑期；140克以上不满200克的，每增加1.25克增加一个月刑期；60克以上不满140克的，每增加3.33克增加一个月刑期。

（4）三唑仑10千克以上不满50千克的，每增加416.66克增加一个月刑期；7千克以上不满10千克的，每增加62.5克增加一个月刑期；3千克以上不满7千克的，每增加166.66克增加一个月刑期。

（5）咖啡因50千克以上不满200千克的，每增加1562.5克增加一个月刑期；28千克以上不满50千克的，每增加458.33克增加一个月刑期；12千克以上不满28千克的，每增加666.67克增加一个月刑期。

3. 有下列情节之一的，可以增加基准刑的30%以下：

（1）毒品再犯；

（2）组织、利用、教唆未成年人、孕妇、哺乳期妇女、患有严重疾病人员、又聋又哑的人、盲人及其他特殊人群走私、贩卖、运输、制造毒品；或者向未成年人出售毒品的。

4. 3次以上犯罪的，4至19次，增加基准刑的5%；20至49次，增加基准刑的10%；50次以上增加基准刑的15%。

5. 有下列情节之一的，可以减少基准刑的30%以下：

（1）受雇运输毒品的；

（2）毒品含量明显偏低的；

（3）存在数量引诱情形的。

五、附则

1. 本意见是对常见法定和酌定量刑情节的调节幅度和常见犯罪的量刑细化规定。对本实施细则尚未规定的其他量刑情节，需要在量刑时予以考虑时，经审判委员会讨论，可以确定适当的调节比例并充分说明理由，报省法院备案。

2. 本意见适用于有期徒刑以下的案件。

3. 本意见所称以上、以下，均包括本数。

4. 本实施细则将随着法律、司法解释和刑事司法政策以及上级法院规定的变动适时作出调整。

5. 本实施细则自2010年10月1日起试行。

附录 3

安徽省高级人民法院《关于常见犯罪的量刑指导意见》实施细则（2007）

（2017年5月4日印发）

为进一步规范刑罚裁量权，落实宽严相济刑事政策，增强量刑的公开性，实现量刑公正，根据刑法和刑事司法解释及《最高人民法院〈关于常见犯罪的量刑指导意见〉》等规定，结合我省刑事审判实践，制定本实施细则。

一、量刑的指导原则

1. 量刑应当以事实为依据，以法律为准绳，根据犯罪的事实、性质、情节和对社会的危害程度，决定判处的刑罚。

2. 量刑既要考虑被告人所犯罪行的轻重，又要考虑被告人应负刑事责任的大小，做到罪责刑相适应，实现惩罚和预防犯罪的目的。

3. 量刑应当贯彻宽严相济的刑事政策，做到该宽则宽，当严则严，宽严相济，罚当其罪，确保裁判法律效果和社会效果的统一。

4. 量刑要客观、全面把握不同时期不同地区的经济社会发展和治安形势的变化，确保刑法任务的实现；对于同一地区同一时期，案情相近或相似的案件，所判处的刑罚应当基本均衡。

二、量刑的基本方法

量刑时，应以定性分析为主，定量分析为辅，依次确定量刑起点、基准刑和宣告刑。

1. 量刑步骤

（1）根据基本犯罪构成事实，在相应的法定刑幅度内确定量刑起点。

（2）根据其他影响犯罪构成的犯罪数额、犯罪次数、犯罪后果等犯罪事实，在量刑起点的基础上增加刑罚量确定基准刑。

（3）根据量刑情节调节基准刑，并综合考虑全案情况，依法确定宣告刑。

2. 调节基准刑方法

（1）具有单个量刑情节的，根据量刑情节的调节比例直接调节基准刑。

（2）具有多个量刑情节的，一般根据各个量刑情节的调节比例，采用同向相加、逆向相减的方法调节基准刑，具有未成年人犯罪、老年人犯罪、限制行为能力的精神病人犯罪、又聋又哑的人或者盲人犯罪、防卫过当、避险过当、犯罪预备、犯罪未遂、犯罪中止、从犯、胁从犯和教唆犯等量刑情节的，先适用该量刑情节对基准刑进行调节，在此基础上，再适用其他量刑情节进行调节。不同层级之间的量刑情节，采用连乘的方法调节基准刑。

（3）被告人犯数罪，同时具有适用于各个罪的立功、累犯等量刑情节的，先适用各个量刑情节对个罪的基准刑进行调节,确定个罪应当判处的刑罚,再依法实行数罪并罚,决定执行的刑罚。

3. 确定宣告刑的方法

(1) 量刑情节对基准刑的调节结果在法定刑幅度内,且罪责刑相适应的,可以直接确定为宣告刑;如果具有应当减轻处罚情节的,应依法在法定最低刑以下确定宣告刑,有数个量刑幅度的,应当在法定量刑幅度的下一个量刑幅度内确定宣告刑。

(2) 量刑情节对基准刑的调节结果在法定最低刑以下,具有法定减轻处罚情节,且罪责刑相适应的,可以直接确定为宣告刑;只有从轻处罚情节的,可以依法确定法定最低刑为宣告刑;但是根据案件的特殊情况,经最高人民法院核准,也可以在法定刑以下判处刑罚。

(3) 量刑情节对基准刑的调节结果在法定最高刑以上的,可以依法确定法定最高刑为宣告刑。

(4) 被告人犯数罪,数罪并罚时,总和刑期不满五年的,减少的刑期不得超过一年;总和刑期满五年不满十年的,减少的刑期不得超过二年;总和刑期满十年不满十五年的,减少的刑期不得超过三年;总和刑期满十五年不满二十年的,减少的刑期不得超过四年;总和刑期满二十年不满二十五年的,减少的刑期不得超过五年;总和刑期在二十五年以上不满三十五年的,可以决定执行有期徒刑二十年;总和刑期在三十五年以上的,可以决定执行有期徒刑二十年至二十五年。按照上述规定适用数罪并罚时,减少的刑期一般应低于数刑中的最低刑期,但未成年人犯罪或者最低刑为六个月的除外。

(5) 综合考虑全案情况,独任审判员或合议庭可以在20%的幅度内对调节结果进行调整,确定宣告刑。当调节后的结果仍不符合罪责刑相适应原则的,应提交审判委员会讨论,依法确定宣告刑。

(6) 综合全案犯罪事实和量刑情节,依法应当判处无期徒刑以上刑罚、管制或者单处附加刑、缓刑、免刑的,应当依法适用。

(7) 对拟判处三年以下有期徒刑、拘役并符合缓刑适用条件的,可以依法宣告缓刑;对其中不满十八周岁的人、怀孕的妇女和已满七十五周岁的人,应当宣告缓刑。

(8) 宣告刑以月为单位计算。

三、常见量刑情节的适用

量刑时要充分考虑各种法定和酌定量刑情节,根据案件的全部犯罪事实以及量刑情节的不同情形,依法确定量刑情节的适用及其调节比例。对严重暴力犯罪、毒品犯罪等严重危害社会治安犯罪,在确定从宽的幅度时,应当从严掌握;对犯罪情节较轻的犯罪,应当充分体现从宽。具体确定各个量刑情节的调节比例时,应当综合平衡调节幅度与实际增减刑罚量的关系,确保罪责刑相适应。

1. 对于未成年人犯罪,应当综合考虑未成年人对犯罪的认识能力、实施犯罪行为的动机和目的、犯罪时的年龄、是否初犯、偶犯、悔罪表现、个人成长经历和一贯表现等情况,予以从宽处罚。

(1) 已满十四周岁不满十五周岁的未成年人犯罪,可以减少基准刑的40%-60%;

(2) 已满十五周岁不满十六周岁的未成年人犯罪,可以减少基准刑的30%-50%;

(3) 已满十六周岁不满十七周岁的未成年人犯罪,可以减少基准刑的20%-50%;

(4) 已满十七周岁不满十八周岁的未成年人犯罪,可以减少基准刑的10%-40%;

(5) 未成年人犯罪根据其所犯罪行,可能被判处拘役、三年以下有期徒刑,如果悔罪表现好,并具有"系又聋又哑的人或者盲人,防卫过当或者避险过当,犯罪预备、中止或者未遂,共同犯罪中从犯、胁从犯;犯罪后自首或者有立功表现,其他犯罪情节轻微不需要判处刑罚"情形之一的,应当依照刑法第三十七条的规定免除处罚。

2. 对于六十五周岁以上的人犯罪,综合考虑犯罪性质、情节、后果及悔罪表现等情况,适当确定从宽的幅度。

(1) 已满六十五周岁不满七十五周岁的人故意犯罪的,可以减少基准刑的30%以下;过失犯罪的,可以减少基准刑的40%以下;

(2) 七十五周岁以上的人故意犯罪的,可以减少基准刑的40%以下;过失犯罪的,可以减少基准刑的20%-50%。

3. 对于尚未完全丧失辨认或者控制自己行为能力的精神病人犯罪,综合考虑犯罪性质、精神疾病的严重程度以及犯罪时精神障碍对辨认控制能力的影响等情况,适当确定从宽的幅度。

(1) 病情为重度的,可以减少基准刑的40%以下;

(2) 病情为中度的,可以减少基准刑的30%以下;

(3) 病情为轻度的,可以减少基准刑的20%以下。

4. 对于又聋又哑的人或者盲人犯罪,综合考虑犯罪的性质、情节、后果以及犯罪时的控制能力等情况,可以减少基准刑的40%以下;犯罪较轻的,可以减少基准刑的40%以上或者依法免除处罚。

5. 对于防卫过当,应当综合考虑犯罪的性质、防卫过当的程度、造成损害的大小等情况,减少基准刑的60%以上或者依法免除处罚。

6. 对于避险过当,应当综合考虑犯罪的性质、避险过当的程度、造成损害的大小等情况,减少基准刑的50%以上或者依法免除处罚。

7. 对于预备犯,综合考虑预备犯罪行为的性质、准备程度和危害程度等情况,可以比照既遂犯减少基准刑的60%以下;犯罪较轻的,可以减少基准刑的60%以上或者依法免除处罚。

8. 对于未遂犯,综合考虑犯罪行为的实行程度、造成损害的大小、犯罪未得逞的原因等情况,可以比照既遂犯减少基准刑50%以下。

(1) 实施终了的未遂犯,造成损害后果的,可以比照既遂犯减少基准刑的20%以下;未造成损害后果的,可以比照既遂犯减少基准刑的40%以下;

(2) 未实施终了的未遂犯,造成损害后果的,可以比照既遂犯减少基准刑的30%以下;未造成损害后果的,可以比照既遂犯减少基准刑的50%以下;

9. 对于中止犯,应当综合考虑中止犯罪的阶段、自动放弃犯罪的原因以及造成危害后果等情况,决定予以减少或者免除处罚。

(1) 造成较重损害后果的,应当减少基准刑的30%-60%;

(2) 造成较轻损害后果的,应当减少基准刑的50%-80%;

(3) 没有造成损害的,应当免除处罚。

10. 对于从犯,应当综合考虑其在共同犯罪中的地位、作用等情况,减少基准刑的20%-50%;犯罪较轻的,应当减少基准刑的50%以上或者依法免除处罚。

对于在共同犯罪中罪责相对较轻的主犯,可以减少基准刑的30%以下。

11. 对于胁从犯,应当综合考虑犯罪的性质、被胁迫的程度以及在共同犯罪中的作用等情况,减少基准刑的40%-60%;犯罪较轻的,应当减少基准刑的60%以上或者依法免除处罚。

12. 对于教唆犯,综合考虑其在共同犯罪中的地位、作用和被教唆的对象以及被教唆的人是否实施被教唆之罪等情况,确定从宽或者从重的幅度。

(1) 对于在共同犯罪中属于从犯或所起作用较小的一般教唆犯,比照第10条的规定确定从宽的幅度;

(2) 被教唆的人未犯被教唆之罪的,可以减少基准刑的50%以下;

（3）教唆不满十八周岁的人犯罪的，应当增加基准刑的10%-30%；
（4）教唆限制行为能力人或者聋哑人犯罪的，可以增加基准刑的20%以下。

13. 对于自首情节，综合考虑自首的动机、时间、方式、罪行轻重、如实供述罪行的程度以及悔罪表现等情况，确定从宽的幅度。
（1）犯罪事实或犯罪嫌疑人未被办案机关发觉，主动直接投案构成自首的，可以减少基准刑的40%以下，一般不应超过四年；
（2）犯罪事实和犯罪嫌疑人已被办案机关发觉，但尚未受到调查谈话、讯问，或者未被宣布采取调查措施或者强制措施，主动直接投案构成自首的，可以减少基准刑的30%以下，一般不应超过三年；
（3）犯罪嫌疑人、被告人如实供述司法机关尚未掌握的罪行，与司法机关已掌握的或判决确定的罪行属不同种罪行的，以自首论的，可以减少基准刑的30%以下，一般不应超过三年；
（4）并非出于被告人主动，而是经亲友规劝、陪同投案，或亲友送去投案等情形构成自首的，可以减少基准刑的30%以下，一般不应超过三年；
（5）罪行尚未被办案机关发觉，仅因形迹可疑被有关组织或办案机关盘问、教育后，主动交代自己的罪行构成自首的，可以减少基准刑的30%以下，一般不应超过三年；
（6）强制戒毒期间主动交待自己的罪行，构成自首的，可以减少基准刑的30%以下，一般不应超过三年；
（7）其他类型的自首，可以减少基准刑的20%以下，一般不应超过二年；
（8）犯罪较轻的自首，可以减少基准刑的40%以上或者依法免除处罚。
恶意利用自首规避法律制裁等不足以从宽处罚的，可以不予从宽处理。

14. 对于坦白情节，综合考虑如实供述罪行的阶段、程度、罪行轻重以及悔罪表现等情况，确定从宽的幅度。
（1）因如实供述自己罪行，避免特别严重后果发生的，可以减少基准刑的30%-50%；
（2）如实供述办案机关尚未掌握的同种较重罪行的，可以减少基准刑的10%-30%以下，一般不应超过三年；
（3）办案机关掌握的证据不充分，犯罪分子如实交代有助于定案的，可以减少基准刑的20%以下，一般不应超过二年；
（4）如实供述自己的罪行的，可以减少基准刑的20%以下，一般不应超过二年。
（5）揭发同案犯共同犯罪事实的，可以减少基准刑的10%以下，一般不超过一年。

15. 对于立功情节，综合考虑立功的大小、次数、内容、来源、效果以及罪行轻重等情况，确定从宽的幅度。
（1）一般立功的，可以减少基准刑的20%以下，一般不应超过二年；
（2）重大立功的，可以减少基准刑的20%-50%；犯罪较轻的，可以减少基准刑的50%以上或依法免除处罚。

16. 对于当庭自愿认罪的，根据犯罪的性质、罪行的轻重、认罪程度以及悔罪表现等情况，可以减少基准刑的10%以下，依法认定为自首、坦白的除外。

17. 对于退赃、退赔的，综合考虑犯罪性质，退赃、退赔行为对损害结果的弥补程度，退赃、退赔的数额及主动程度等情况，可以减少基准刑的30%以下；其中抢劫等严重危害社会治安犯罪的应从严掌握。

18. 对于被害人有过错或对矛盾激化负有直接责任的，综合考虑犯罪的性质、被害人对法律规范、伦理道德、善良风俗的背离程度，以及促使被告人实施加害行为的关联度等情况，确定从宽的幅度。

（1）被害人具有明显过错的，可以减少基准刑的20%-40%以下；
（2）被害人具有一般过错的，可以减少基准刑的20%以下，一般不应超过二年；
（3）被害人对矛盾激化负有直接责任的，可以减少基准刑的10%以下，一般不应超过一年；

19. 对于积极赔偿被害人经济损失并取得谅解的，综合考虑犯罪性质、赔偿数额、赔偿能力以及认罪、悔罪程度等情况，确定从宽的幅度。
（1）积极赔偿被害人全部经济损失的，可以减少基准刑的40%以下，一般不应超过四年；
（2）积极赔偿被害人部分经济损失的，可以减少基准刑的30%以下，一般不应超过三年；
（3）尽管没有赔偿但取得谅解的，可以减少基准刑的20%以下，一般不应超过二年。
对于积极经济赔偿被害人损失但没有取得谅解的，综合考虑犯罪性质、赔偿数额、赔偿能力以及认罪、悔罪程度等情况，确定从宽的幅度。
（1）积极赔偿被害人全部经济损失的，可以减少基准刑的30%以下，一般不应超过三年；
（2）积极赔偿被害人部分经济损失的，可以减少基准刑的20%以下，一般不应超过二年。
对于抢劫、强奸等严重危害社会治安犯罪的应从严掌握。

20. 对于当事人根据《刑事诉讼法》第二百七十七条的规定，达成刑事和解协议的，综合考虑犯罪性质、赔偿数额、赔礼道歉以及真诚悔罪等情况，可以减少基准刑的50%以下；犯罪较轻的，可以减少基准刑的50%以上或者依法免除处罚。

21. 对于累犯，应当综合考虑前后罪的性质、刑罚执行完毕或者赦免以后至再犯罪时间的长短以及前后罪罪行轻重等情况，增加基准刑的10%-40%，增加刑罚量一般不应高于五年、少于三个月。

22. 对于有前科的，综合考虑前科的性质、时间间隔长短、次数、处罚轻重等情况，可以增加基准刑的10%以下，前科犯罪为过失犯罪和未成年人犯罪的除外。

23. 对于犯罪对象为未成年人、老年人、残疾人、孕妇等弱势人员的，综合考虑犯罪的性质、犯罪的严重程度等情况，可以增加基准刑的20%以下。

24. 对于在重大自然灾害、预防、控制突发传染病疫情等灾害期间故意犯罪的，根据案件的具体情况，可以增加基准刑的20%以下。

四、常见犯罪的量刑

确定具体犯罪的量刑起点，以基本犯罪构成事实的社会危害性为根据。同时具有两种以上基本犯罪构成事实的，一般以危害较重的一种确定量刑起点，其他作为增加刑罚量的犯罪事实。在量刑起点的基础上，根据其他影响犯罪构成的犯罪事实的社会危害性确定所应增加的刑罚量，确定基准刑。

（一）交通肇事罪

构成交通肇事罪的，可以根据下列不同的情形在相应的幅度内确定量刑起点。在量刑起点的基础上，可以根据事故责任、致人重伤、死亡的人数或者财产损失的数额以及逃逸等其他影响犯罪构成的事实增加刑罚量，确定基准刑。

1. 第一个量刑幅度

死亡一人或重伤三人，负事故主要责任的，可以在六个月至一年六个月有期徒刑幅度内确定量刑起点；负事故全部责任的，可以在一年至二年有期徒刑幅度内确定量刑起点。

死亡三人，负事故同等责任的，可以在一年至二年有期徒刑幅度内确定量刑起点。

造成公共财产或者他人财产直接损失，无能力赔偿数额达到45万元，负事故主要责任的，可以在六个月至一年六个月有期徒刑幅度内确定量刑起点；负事故全部责任的，可以在一年至二年有期徒刑幅度内确定量刑起点。

附录3 安徽省高级人民法院《关于常见犯罪的量刑指导意见》实施细则（2007）

重伤一人，并具有最高人民法院《关于审理交通肇事刑事案件具体应用法律若干问题的解释》（以下简称为《解释》）第二条第二款所规定的六种情形之一的（即：酒后、吸食毒品后驾驶机动车辆的；无驾驶资格驾驶机动车辆的；明知是安全装置不全或者安全机件失灵的机动车辆而驾驶的；明知是无牌证或者已报废的机动车辆而驾驶的；严重超载驾驶的；为逃避法律追究逃离事故现场的），负事故主要责任，可以在六个月至一年六个月有期徒刑幅度内确定量刑起点；负事故全部责任的，可以在一年至二年有期徒刑幅度内确定量刑起点。

具有下列情形之一的，可以增加相应的刑罚量：

（1）死亡一人或重伤三人，负事故主要责任的或负事故全部责任的，重伤人数每增加一人，增加六个月至一年的刑期。

（2）死亡三人，负事故同等责任的，重伤人数每增加一人，增加三个月至六个月的刑期；死亡人数每增加一人，增加六个月至一年的刑期。

（3）造成公共财产或者他人财产直接损失，无能力赔偿数额达到45万元，负事故主要责任的，每增加5万元，增加一个月至二个月刑期；负事故全部责任的，每增加5万元，增加二个月至三个月刑期。

（4）其他可以增加刑罚量的情形。

2. 第二个量刑幅度

交通运输肇事后逃逸的，可以在三年至五年有期徒刑幅度内确定量刑起点。

死亡二人或者重伤五人，负事故主要责任的，可以在三年至四年有期徒刑幅度内确定量刑起点；负事故全部责任的，可以在四年至五年有期徒刑幅度内确定量刑起点。

死亡六人，负事故同等责任的，可以在四年至五年有期徒刑幅度内确定量刑起点。

造成公共财产或者他人财产直接损失，无能力赔偿数额达到80万元，负事故主要责任的，可以在三年至四年有期徒刑幅度内确定量刑起点；负事故全部责任的，可以在四年至五年有期徒刑幅度内确定量刑起点。

具有下列情形之一的，可以增加相应的刑罚量：

（1）交通运输肇事后逃逸，负事故全部责任的，死亡人数每增加一人，增加一年至一年六个月的刑期，重伤人数每增加一人，增加六个月至一年的刑期；负事故主要责任的，死亡人数每增加一人，增加九个月至一年的刑期，重伤人数每增加一人，增加三个月至六个月的刑期；负事故同等责任的，死亡人数每增加一人，增加六个月至一年的刑期；重伤人数每增加一人，增加二个月至四个月的刑期；死亡人数或者重伤人数均达到该档次量刑标准的，以死亡人数确定量刑起点，重伤人数作为增加刑罚量的事实；造成公司财产或者他人财产直接损失，无能力赔偿数额达到45万元，负事故主要责任的，数额每增加5万元，增加一个月至二个月刑期；负事故全部责任的，每增加5万元，增加二个月至三个月刑期。

（2）死亡二人或者重伤五人，负事故全部责任的，死亡人数每增加一人，增加一年至一年六个月的刑期，重伤人数每增加一人，增加六个月至一年的刑期；负事故主要责任的，死亡人数每增加一人，增加九个月至一年的刑期，重伤人数每增加一人，增加三个月至六个月的刑期；死亡人数或者重伤人数均达到该档次量刑标准的，以死亡人数确定量刑起点，重伤人数作为增加刑罚量的事实。

（3）死亡六人，负事故同等责任的，死亡人数每增加一人，增加六个月至一年的刑期；重伤人数每增加一人，增加二个月至四个月的刑期。

（4）造成公司财产或者他人财产直接损失，无力赔偿数额达到80万元，负事故全部责任的，每增加10万元的，增加二个月至四个月刑期；负事故主要责任的，每增加10万元，增加一个月至二个月刑期。

（5）其他可以增加刑罚量的情形。

3. 第三个量刑幅度

因逃逸致一人死亡的,可以在七年至九年有期徒刑幅度内确定量刑起点。具有下列情形之一的,可以增加相应刑罚量:

(1) 死亡人数每增加一人,增加三年至五年刑期;

(2) 重伤人数每重伤一人,增加一年至二年刑期;

(3) 其他可以增加刑罚量的情形。

4. 具有下列情形(已确定为犯罪构成事实除外)之一的,可以增加基准刑的10%以下,但同时具有多种情形的,累计不得超过基准刑的100%:

(1) 酒后、吸食毒品后驾驶机动车辆的;

(2) 无驾驶资格驾驶机动车辆的;

(3) 明知是安全装置不全或者安全机件失灵的机动车辆而驾驶的;

(4) 明知是无牌证或者已报废的机动车辆而驾驶的;

(5) 严重超载驾驶的;

(6) 交通肇事造成恶劣社会影响的;

(7) 其他可以从重处罚的情形。

5. 有下列情形之一的,可以减少基准刑的20%以下:

(1) 交通肇事后积极施救的;

(2) 其他可以从轻处罚的情形。

(二) 故意伤害罪

构成故意伤害罪的,可以根据不同情形在相应的幅度内确定量刑起点。在量刑起点的基础上,可以根据伤害后果、伤残等级、手段的残忍程度等其他影响犯罪构成的犯罪事实增加刑罚量,确定基准刑。

1. 第一个量刑幅度

故意伤害致一人轻伤一级的,可以在一至二年有期徒刑幅度内确定量刑起点;致一人轻伤二级的,可以在六个月拘役至一年有期徒刑幅度内确定量刑起点。具有下列情形之一的,可以增加相应的刑罚量:

(1) 每增加轻微伤一人,增加一个月至二个月刑期;

(2) 每增加轻伤一人,增加三个月至六个月刑期;

(3) 其他可以增加刑罚量的情形。

故意伤害致人轻伤的,伤残程度可在确定量刑起点时考虑,或者作为调节基准刑的量刑情节。

2. 第二个量刑幅度

故意伤害致一人重伤一级的,可以确定五年有期徒刑为量刑起点;致一人重伤二级的,可以在三至四年有期徒刑幅度内确定量刑起点。具有下列情形之一的,可以增加相应的刑罚量:

(1) 每增加轻微伤一人,增加一个月至二个月刑期;

(2) 每增加轻伤一人,增加三个月至六个月刑期;

(3) 每增加重伤一人,增加一年至二年刑期;

(4) 造成被害人十级至七级残疾的,每增加一级残疾,增加一个月至三个月刑期;

(5) 造成被害人六级至三级残疾的,每增加一级残疾,增加六个月至一年刑期;

(6) 造成被害人二级至一级残疾的,每增加一级残疾,增加二年至三年刑期;

(7) 其他可以增加刑罚量的情形。

3. 第三个量刑幅度

以特别残忍手段致一人重伤，造成六级严重残疾，可以在十年至十三年有期徒刑幅度内确定量刑起点。除依法应当判处无期徒刑以上刑罚的外。具有下列情形之一的，可以增加相应的刑罚量：

（1）每增加轻微伤一人，增加一个月至二个月刑期；
（2）每增加轻伤一人，增加三个月至六个月刑期；
（3）每增加重伤一人，增加一年至二年刑期；
（4）造成被害人十级至七级残疾的，每增加一级残疾，增加一个月至三个月刑期；
（5）造成被害人六级至三级残疾的，每增加一级残疾，增加六个月至一年刑期；
（6）造成被害人二级至一级残疾的，每增加一级残疾，增加二年至三年刑期；
（7）其他可以增加刑罚量的情形。

4. 有下列情形之一的，可以从重处罚，但同时具有多种以上情形的，累计不得超过基准刑的100%：

（1）报复伤害他人的，增加基准刑的30%以下；
（2）雇用他人实施伤害行为的，增加基准刑的20%以下；
（3）因实施其他违法犯罪活动而故意伤害他人的，增加基准刑的20%以下；
（4）使用枪支、管制刀具或者其他凶器实施伤害行为的，增加基准刑的30%以下；
（5）其他可以从重处罚的情形。

5. 有下列情形之一的，可以减少基准刑的20%以下：

（1）因婚姻家庭、邻里纠纷等民间矛盾激化引发，且被害人有过错或对矛盾激化负有责任的；
（2）犯罪后积极抢救被害人的；
（3）其他可以从轻处罚的情形。

6. 需要说明的事项：

使用以下手段之一，使被害人具有身体器官缺损、器官明显畸形、身体器官有中等功能障碍、造成严重并发症等情形之一，且残疾程度在六级以上的，可以考虑认定为"以特别残忍手段致人重伤造成严重残疾"：

（1）挖人眼睛、割人耳、鼻，挑人脚筋，砍人手足，剜人髌骨；
（2）以刀划或硫酸等腐蚀性溶液严重毁人容貌；
（3）电击、烧烫他人要害部位；
（4）其它特别残忍手段。

（三）强奸罪

构成强奸罪的，可以根据下列不同情形在相应的幅度内确定量刑起点。在量刑起点的基础上，可以根据强奸妇女、奸淫幼女情节恶劣程度、强奸人数、致人伤害后果等其他影响犯罪构成的犯罪事实增加刑罚量，确定基准刑。

强奸多人多次的，以强奸人数作为增加刑罚量的事实，强奸次数作为调节基准刑的量刑情节。

1. 第一个量刑幅度

强奸妇女一人的，可以在三年至五年有期徒刑幅度内确定量刑起点；奸淫幼女一人的，可以在四年至七年有期徒刑幅度内确定量刑起点。具有下列情形之一的，可以增加相应的刑罚量：

（1）强奸妇女或者奸淫幼女增加一人，增加二年至三年刑期；
（2）每增加轻微伤一人，增加三个月至六个月刑期；

（3）每增加轻伤一人，增加六个月至一年刑期；
（4）造成被害人十级至七级残疾的，每增加一级残疾，增加六个月至一年刑期；
（5）其他可以增加刑罚量的情形。

2. 第二个量刑幅度

具有强奸妇女、奸淫幼女情节恶劣的；强奸妇女、奸淫幼女三人的；在公共场所当众强奸妇女的；二人以上轮奸妇女的；致被害人重伤或者造成其他严重后果等情形之一的，可以在十年至十三年有期徒刑幅度内确定量刑起点。依法应当判处无期徒刑以上刑罚的除外。

具有下列情形之一的，可以增加相应的刑罚量：
（1）强奸妇女或者奸淫幼女三人以上，每增加一人，增加二年至三年刑期；
（2）每增加刑法第二百三十六条规定的五种情形之一的，增加二年至三年刑期；
（3）每增加轻微伤一人，增加三个月至六个月刑期；
（4）每增加轻伤一人，增加一至二年刑期；
（5）每增加重伤一人，增加二年至三年刑期；
（6）造成被害人十级至七级残疾的，每增加一级残疾，增加六个月至一年刑期；
（7）造成被害人六级至三级残疾的，每增加一级残疾，增加一至二年刑期；
（8）造成被害人二级至一级残疾的，每增加一级残疾，增加二年至三年刑期；
（9）其他可以增加刑罚量的情形。

3. 有下列情形之一的，可以从重处罚，但同时具有多种情形的，累计不得超过基准刑的100%：
（1）对同一妇女强奸或者对同一幼女实施奸淫多次的，增加基准刑的30%以下；轮奸多次的，增加基准刑的40%以下；
（2）携带凶器或者采取非法拘禁、捆绑、侮辱、虐待等方式作案的，增加基准刑的20%以下；
（3）利用教养、监护、职务关系实施强奸的，增加基准刑的20%以下；
（4）其他可以从重处罚的情形。

4. 强奸未成年人，具有下列情形之一的，可以增加基准刑的40%以下，但同时具有多种情形的，累计不得超过基准刑的100%：
（1）对未成年人具有特殊职责的人员、与未成年人有共同家庭生活关系的人员、国家工作人员或者冒充国家工作人员，实施强奸犯罪的；
（2）进入未成年人住所、学校集体宿舍实施强奸犯罪的；
（3）采取暴力、胁迫、麻醉等强制手段实施奸淫幼女犯罪的；
（4）对不满十二周岁的儿童、农村留守儿童、严重残疾或者精神智力发育迟滞的未成年人，实施强奸犯罪的；
（5）其他可以从重处罚的情形。

（四）非法拘禁罪

构成非法拘禁罪的，可以根据下列不同情形在相应的幅度内确定量刑起点。在量刑起点的基础上，可以根据非法拘禁人数、拘禁时间、致人伤亡后果等其他影响犯罪构成的犯罪事实增加刑罚量，确定基准刑。

非法拘禁多人多次的，以非法拘禁人数作为增加刑罚量的事实，非法拘禁的次数作为调节基准刑的量刑情节。

1. 第一个量刑幅度

犯罪情节一般的，可以以三个月拘役至一年有期徒刑幅度内确定量刑起点。具有下列情形之一的，可以增加相应刑罚量：

（1）每增加一天，增加一个月至二个月刑期；
（2）被害人每增加一人，增加三个月至六个月刑期；
（3）每增加轻微伤一人，增加一个月至二个月刑期；
（4）每增加轻伤一人，增加三个月至六个月刑期；
（5）造成被害人十级至七级残疾的，每增加一级残疾，可以增加一个月至三个月刑期；
（6）其他可以增加刑罚量的情形。

2. 第二个量刑幅度

致一人重伤一级的，可以确定五年有期徒刑幅度为量刑起点；致一人重伤二级的，可以在三年至四年有期徒刑幅度内确定量刑起点。具有下列情形之一的，可以增加相应刑罚量：
（1）每增加一天，增加一个月至二个月刑期；
（2）被害人每增加一人，增加三个月至六个月刑期；
（3）每增加轻微伤一人，增加一个月至二个月刑期；
（4）每增加轻伤一人，增加三个月至六个月刑期；
（5）每增加重伤一人，增加一年至二年刑期；
（6）造成被害人十级至七级残疾的，每增加一级残疾，增加一个月至三个月刑期；
（7）造成被害人六级至三级残疾的，每增加一级残疾，增加六个月至一年刑期；
（8）造成被害人二级至一级残疾的，每增加一级残疾，增加二年至三年刑期；
（9）其他可以增加刑罚量的情形。

3. 第三个量刑幅度

致一人死亡的，可以在十年至十三年有期徒刑幅度内确定量刑起点。具有下列情形之一的，可以增加相应刑罚量：
（1）每增加一天，增加一个月至二个月刑期；
（2）被害人每增加一人，增加三个月至六个月刑期；
（3）每增加轻微伤一人，增加一个月至二个月刑期；
（4）每增加轻伤一人，增加三个月至六个月刑期；
（5）每增加重伤一人，增加一年至二年刑期；
（6）造成被害人十级至七级残疾的，每增加一级残疾，增加一个月至三个月刑期；
（7）造成被害人六级至三级残疾的，每增加一级残疾，增加六个月至一年刑期；
（8）造成被害人二级至一级残疾的，每增加一级残疾，增加二年至三年刑期；
（9）每增加死亡一人，增加三年至五年刑期；
（10）其他可以增加刑罚量的情形。

4. 有下列情形之一的，可以从重处罚，但同时具有多种情形的，累计不得超过基准刑的100%：
（1）国家机关工作人员利用职权非法扣押、拘禁他人的，增加基准刑的10%-20%；
（2）具有殴打、侮辱、虐待等情节的（致人重伤、死亡的除外），增加基准刑的10%-20%；
（3）多次非法拘禁的，增加基准刑的20%以下；
（4）冒充军警人员、司法人员非法扣押、拘禁他人的，增加基准刑的20%以下；
（5）为索取高利贷、赌债等法律不予保护的债务而非法拘禁他人的，可以增加基准刑的20%以下；
（6）持枪支、管制刀具或者其他凶器非法拘禁他人的，增加基准刑的20%以下；
（7）因参与传销非法拘禁他人的，增加基准刑的20%以下；
（8）其他可以从重处罚的情形。

5. 为索取合法债务、争取合法权益而非法扣押、拘禁他人的，可以减少基准刑的30%以下。

（五）抢劫罪

构成抢劫罪的，可以根据下列不同情形在相应的幅度内确定量刑起点。在量刑起点的基础上，可以根据抢劫情节严重程度、抢劫次数、数额、致人伤害后果等其他影响犯罪构成的犯罪事实增加刑罚量，确定基准刑。

1. 第一个量刑幅度

抢劫一次的，可以在三年至六年有期徒刑幅度内确定量刑起点。

行为人实施盗窃、诈骗、抢夺行为，未达到"数额较大"，为窝藏赃物、抗拒抓捕或者毁灭罪证当场使用暴力或者以暴力相威胁，具有下列情节之一，依照抢劫罪定罪处罚的，在三年至六年有期徒刑幅度内确定量刑起点：盗窃、诈骗、抢夺接近"数额较大"标准的；入户或在公共交通工具上盗窃、诈骗、抢夺后在户外或交通工具外实施上述行为的；使用暴力致人轻微伤以上后果的；使用凶器或以凶器相威胁的；具有其他严重情节的。

具有下列情形之一的，可以增加相应的刑罚量：

（1）抢劫财物数额满一千元或每增加一千元，增加一个月刑期；

（2）抢劫增加一次的，增加一年至三年刑期；

（3）每增加轻微伤一人，增加三个月至六个月刑期；

（4）每增加轻伤一人，增加六个月至一年刑期；

（5）造成被害人十级至七级残疾的，每增加一级残疾，增加三个月至六个月刑期；

（6）其他可以增加刑罚量的情形。

2. 第二个量刑幅度

具有下列情形之一的，可以在十年至十三年有期徒刑幅度内确定量刑起点：入户抢劫的；在公共交通工具上抢劫的；抢劫银行或者其他金融机构；抢劫三次或者抢劫数额达到数额巨大起点的；抢劫致一人重伤；冒充军警人员抢劫的；持枪抢劫的；抢劫军用物资或者抢险、救灾、救济物资的。依法应当判处无期徒刑以上刑罚的除外。

具有下列情形之一的，可以增加相应刑罚量：

（1）抢劫财物达到"数额巨大"起点的，每增加五千元，增加一个月刑期；

（2）抢劫次数超过三次，每增加一次，增加一年至二年刑期；

（3）每增加轻微伤一人，增加三个月至六个月刑期；

（4）每增加轻伤一人，增加六个月至一年刑期；

（5）每增加重伤一人，增加一年至二年刑期；

（6）造成被害人十级至七级残疾的，每增加一级残疾，增加三个月至六个月刑期；

（7）造成被害人六级至三级残疾的，每增加一级残疾，增加六个月至一年刑期；

（8）造成被害人二级至一级残疾，每增加一级残疾的，增加二年至三年刑期；

（9）每增加刑法第二百六十三条规定的情形之一的，增加一年至二年刑期；

（10）其他可以增加刑罚量的情形。

3. 有下列情形之一的，可以增加基准刑的20%以下：

（1）为实施其他违法活动而实施抢劫的；

（2）流窜作案的；

（3）在公共场所当众实施抢劫的；

（4）持械具或者其他凶器抢劫的；

（5）其他可以从重处罚的情形。

4. 有下列情形之一的,可以减少基准刑的 20% 以下:
(1) 因生活所迫、学习、治病急需而实施抢劫的;
(2) 抢劫家庭成员或者近亲属财物的;
(3) 其他可以从轻处罚的情形。
5. 需要说明的事项:
以毒品、假币、淫秽物品等违禁品为抢劫对象的,以抢劫罪定罪;抢劫的违禁品数量作为量刑情节考虑,量刑起点和基准刑依照上述规定确定。

(六) 盗窃罪
构成盗窃罪的,可以根据下列不同情形在相应的幅度内确定量刑起点。在量刑起点的基础上,可以根据盗窃数额、次数、手段等其他影响犯罪构成的犯罪事实增加刑罚量,确定基准刑。

多次盗窃,数额达到较大以上的,以盗窃数额确定量刑起点,盗窃次数可作为从重处罚的量刑情节;数额未达到较大的,以盗窃次数确定量刑起点,超过三次的次数作为增加刑罚量的事实。

盗窃犯罪既有既遂,又有未遂的,以对应的量刑幅度较重的确定基准刑,既、未遂部分所对应的量刑幅度相同,以既遂部分确定基准刑,其他可以作为调节基准刑的量刑情节。以既遂部分确定基准刑的,根据未遂部分犯罪行为的实行程度、造成损害的大小、犯罪未得逞的原因等情况,可以增加基准刑的 30% 以下;以未遂部分确定基准刑的,根据既遂部分犯罪行为造成损害的大小等情况,可以增加基准刑的 40% 以下。但不得根据该量刑情节提高量刑幅度。

1. 第一个量刑幅度
盗窃公私财物,达到"数额较大"起点的;或者入户盗窃、携带凶器盗窃、扒窃的;或者二年内三次盗窃的;或者达到"数额较大"起点的百分之五十:具有曾因盗窃受过刑事处罚的,一年内曾因盗窃受过行政处罚的;组织、控制未成年人盗窃的;自然灾害、事故灾害、社会安全事件等突发事件期间,在事件发生地盗窃的;盗窃残疾人、孤寡老人、丧失劳动能力人的财物的;在医院盗窃病人或者其亲友财物的;盗窃救灾、抢险、防汛、优抚、扶贫、移民、救济款物的;因盗窃造成严重后果的,可以在三个月拘役到六个月有期徒刑幅度内确定量刑起点。

盗窃国有馆藏一般文物的,在九个月至一年有期徒刑幅度内确定量刑起点。
具有下列情形之一,可以增加相应的刑罚量:
(1) 犯罪数额每增加一千五百元,增加一个月刑期;
(2) 入户盗窃、携带凶器盗窃、扒窃、二年内三次盗窃的,每增加一次作案或者一种情形,分别增加二个月至三个月刑期;
(3) 盗窃国有馆藏一般文物二件的,增加九个月至一年刑期;
(4) 其他可以增加刑罚量的情形。

2. 第二个量刑幅度
盗窃公私财物,达到"数额巨大"起点,可以在三年至四年有期徒刑幅度内确定量刑起点。

盗窃公私财物,数额达到"数额巨大"起点的百分之五十,并有下列情形之一的,认定为"其他严重情节",可以在三年至四年有期徒刑幅度内确定量刑起点:入户盗窃的;携带凶器盗窃的;组织、控制未成年人盗窃的;自然灾害、事故灾害、社会安全事件等突发事件期间,在事件发生地盗窃的;盗窃残疾人、孤寡老人、丧失劳动能力人的财物的;在医院盗窃病人或者其亲友财物的;盗窃救灾、抢险、防汛、优抚、扶贫、移民、救济款物的;因盗窃造成严重后果的。

盗窃国有馆藏一般文物三件或三级文物一件的,可以在三年至四年有期徒刑幅度内确定量刑起点。

具有下列情形之一的,可以增加相应的刑罚量:

(1) 犯罪数额每增加五千元,增加一个月刑期;

(2) 具有"其他严重情节"的,每增加一种情形,增加六个月至一年刑期;

(3) 盗窃国有馆藏一般文物三件的,每增加一件,增加九个月至一年刑期;国家三级文物二件的,增加二年六个月至三年刑期;

(4) 其他可以增加刑罚量的情形。

3. 第三个量刑幅度

达到"数额特别巨大"起点或者有其他特别严重情节的,盗窃国有馆藏三级文物三件的或者二级文物一件的,可以在十年至十二年有期徒刑幅度内确定量刑起点。依法应当判处无期徒刑的除外。

具有下列情形之一的,可以增加相应刑罚量:

(1) 犯罪数额每增加二万五千元,增加一个月刑期;

(2) 具有"其他特别严重情节"的,每增加一种情形,增加一年至二年刑期;

(3) 盗窃国有馆藏三级文物三件的,每增加一件,增加九个月至一年刑期;国有馆藏二级文物超过一件的,每增加一件,可以增加一年至二年刑期;盗窃的文物中包含一般文物的,每增加一件,增加三个月至四个月刑期;

(4) 其他可以增加刑罚量的情形。

4. 有下列情节之一的,可以从重处罚,但同时具有多种情形的,累计不得超过基准刑的100%:

(1) 盗窃公私财物,具有多次盗窃,犯罪数额达到较大以上的;扒窃的;或者"其他严重情节"等九种情形之一(已确定犯罪构成事实的除外),增加基准刑的30%以下,每增加一种情形,再增加基准刑的10%以下;

(2) 采取破坏性手段盗窃公私财物造成其他财物损毁的,增加基准刑的10%-30%;

(3) 为吸毒、赌博等违法活动而盗窃的,增加基准刑的20%以下;

(4) 流窜作案的,增加基准刑的20%以下;

(5) 盗窃行为给失主造成的损失大于盗窃数额的,增加基准刑的10%以下;

(6) 其他可以从重处罚的情形。

5. 有下列情形之一的,可以从宽处罚:

(1) 因生活所迫、学习、治病急需而盗窃的,减少基准刑的20%以下;

(2) 案发前主动将赃物放回原处或归还被害人的,减少基准刑的30%以下;

(3) 盗窃家庭成员或者近亲属财物的,获得谅解的,应当减少基准刑的20%-50%。不作犯罪处理的除外。

(4) 其他可以从轻处罚的情形。

6. 需要说明的问题

(1) 盗窃未遂,具有下列情形之一的,应当依法追究刑事责任,量刑起点和基准刑参照本罪第1-3条的规定,根据案件具体情况予以确定:以数额巨大的财物为盗窃目标的;以珍贵文物为盗窃目标的;其他情节严重的情形。

(2) 盗窃违禁品,按盗窃罪处理,不计数额,根据情节轻重量刑。

(3) 盗窃国有馆藏一般文物、三级文物、二级以上文物的,应当分别认定为刑法第二百六十四条规定的"数额较大""数额巨大""数额特别巨大";盗窃民间收藏的文物的,根据最高人民法院、最高人民检察院《关于办理盗窃刑事案件适用法律若干问题的解释》第四条第一款第一项的规定认定盗窃数额。

（4）盗窃技术成果等商业秘密的，按照刑法第二百一十九条的规定定罪处罚。

（5）盗窃公私财物数额较大，行为人认罪、悔罪，退赃、退赔，具有下列情形之一，情节轻微的，可以免除刑事处罚：具有法定从宽处罚情节的；没有参与分赃或者获赃较少且不是主犯的；被害人谅解的；其他情节轻微、危害不大的。

（七）诈骗罪

构成诈骗罪的，可以根据下列不同情形在相应的幅度内确定量刑起点。在量刑起点的基础上，可以根据诈骗数额等其他影响犯罪构成的犯罪事实增加刑罚量，确定基准刑。

诈骗犯罪既有既遂，又有未遂的，以对应的量刑幅度较重的确定基准刑，既、未遂部分所对应的量刑幅度相同，以既遂部分确定基准刑，其他可以作为调节基准刑的量刑情节。以既遂部分确定基准刑的，根据未遂部分犯罪行为的实行程度、造成损害的大小、犯罪未得逞的原因等情况，可以增加基准刑的30%以下；以未遂部分确定基准刑的，根据既遂部分犯罪行为造成损害的大小等情况，可以增加基准刑的40%以下。但不得根据该量刑情节提高量刑幅度。

1. 第一个量刑幅度

诈骗公私财物，达到"数额较大"起点的，可以在三个月拘役至一年有期徒刑幅度内确定量刑起点。在量刑起点的基础上，每增加一千五百元，可以增加一个月刑期；

2. 第二个量刑幅度

诈骗公私财物，达到"数额巨大"起点或者有"其他严重情节"的，可以在三年至四年有期徒刑幅度内确定量刑起点。

具有下列情形之一的，可以增加相应刑罚量：

（1）每增加五千五百元，增加一个月刑期；

（2）具有"其他严重情节"的，每增加一种情形，增加六个月至二年刑期；

（3）其他可以增加刑罚量的情形。

3. 第三个量刑幅度

诈骗公私财物，达到"数额特别巨大"起点或者有"其他特别严重情节"的，可以在十年至十二年有期徒刑幅度内确定量刑起点。依法应当判处无期徒刑的除外。

具有下列情形之一的，可以增加相应刑罚量：

（1）每增加三万五千元，增加一个月刑期；

（2）具有"其他特别严重情节"的，每增加一种情形，增加六个月至二年刑期；

（3）其他可以增加刑罚量的情形。

4. 有下列情节之一的，可以从重处罚，但同时具有多种情形的，累计不得超过基准刑的100%：

（1）诈骗公私财物，具有下列情形之一的（已确定为犯罪构成事实的除外），增加基准刑的30%以下：通过发送短信、拨打电话或者利用互联网、广播电视、报纸杂志等发布虚假信息，对不特定多数人实施诈骗的；诈骗救灾、抢险、防汛、优抚、扶贫、移民、救济、医疗款物的；以赈灾募捐名义实施诈骗的；诈骗残疾人、老年人或者丧失劳动能力人的财物的；造成被害人自杀、精神失常或者其他严重后果的；属于诈骗集团首要分子的；具有其他严重情节的。以上七种情形每增加一种，增加基准刑的10%以下；

（2）多次实施诈骗的，增加基准刑的20%以下；

（3）为吸毒、赌博等违法活动而诈骗的，增加基准刑的20%以下；

（4）其他可以从重处罚的情形。

5. 有下列情形之一的，可以从宽处罚：
（1）因生活所迫、学习、治病急需而诈骗的，减少基准刑的30%以下；
（2）案发前主动将诈骗的赃物归还被害人的，减少基准刑的30%以下；
（3）诈骗近亲属财物的，获得谅解的，一般可不作犯罪处理；确有追究刑事责任必要的，应当减少基准刑的20%-50%；
（4）其他可以从轻处罚的情形。

6. 需要说明问题
诈骗公私财物已达到"数额较大"的标准，但具有下列情形之一，且行为人认罪、悔罪的，可以免除刑事处罚：具有法定从宽处罚情节的；一审宣判前全部退赃、退赔的；没有参与分赃或者获赃较少且不是主犯的；被害人谅解的；其他情节轻微、危害不大的。

（八）抢夺罪

构成抢夺罪的，可以根据下列不同情形在相应的幅度内确定量刑起点。在量刑起点的基础上，可以根据抢夺数额等其他影响犯罪构成的犯罪事实增加刑罚量，确定基准刑。

1. 第一个量刑幅度
抢夺公私财物达到"数额较大"起点或者两年内三次抢夺的，或者符合最高人民法院、最高人民检察院《关于办理抢夺刑事案件适用法律若干问题的解释》第二条规定的，可以在三个月拘役至一年有期徒刑幅度内确定量刑起点。

具有下列情形之一的，可以增加相应刑罚量：
（1）每增加一千元，增加一个月刑期；
（2）每增加轻微伤一人，增加一个月至二个月刑期；
（3）每增加轻伤一人，增加三个月至六个月刑期；
（4）其他可以增加刑罚量的情形。

2. 第二个量刑幅度
抢夺公私财物，达到"数额巨大"起点或者有"其他严重情节"的，可以在三年至五年有期徒刑幅度内确定量刑起点。具有下列情形之一的，可以增加相应刑罚量：
（1）每增加二千五百元，增加一个月刑期；
（2）每增加轻微伤一人，增加一个月至二个月刑期；
（3）每增加轻伤一人，增加三个月至六个月刑期；
（4）每增加重伤一人或者自杀一人的，增加一年至二年刑期；
（5）具有"其他严重情节"的，每增加一种情形，增加六个月至一年刑期；
（6）其他可以增加刑罚量的情形。

3. 第三个量刑幅度
抢夺公私财物，达到数额特别巨大起点或者有"其他特别严重情节"的，可以在十年至十二年有期徒刑幅度内确定量刑起点。具有下列情形之一的，可以增加相应刑罚量：
（1）每增加一万五千元，增加一个月刑期；
（2）每增加轻微伤一人，增加一个月至二个月刑期；
（3）每增加轻伤一人，增加三个月至六个月刑期；
（4）每增加重伤一人的，增加一年至二年刑期；
（5）每增加死亡一人的，增加二年至三年刑期；
（6）具有"其他特别严重情节"的，每增加一种情形，增加一至二年刑期；
（7）抢夺超过三次的，每增加抢夺一次，增加二个月至三个月刑期。
（8）其他可以增加刑罚量的情形。

4. 有下列情形的，可以从重处罚，但同时多种情形的，累计不得超过基准刑的100%：

（1）具有本罪司法解释其他严重情节或者其他特别严重情节情形之一的（已确定为犯罪构成事实的除外），可以增加基准刑的30%以下。每增加一种情形，再增加基准刑的10%以下；

（2）为吸毒、赌博等违法活动而抢夺的，增加基准刑的30%以下。

（3）其他可以从重处罚的情形。

5. 有下列情形之一的，可以从宽处罚：

（1）因生活、学习、治病急需而抢夺的，减少基准刑的30%以下；

（2）在案发前自动归还被害人财物的，减少基准刑的30%以下；

（3）其他可以从轻处罚情形的。

6. 需要说明问题

抢夺公私财物数额较大，但未造成他人轻伤以上伤害，行为人系初犯，认罪、悔罪、退赃、退赔，且具有下列情形之一的，可以认定为犯罪情节轻微，免予刑事处罚：具有法定从宽处罚情节的；没有参与分赃或者获赃较少，且不是主犯的；被害人谅解的；其他情节轻微、危害不大的。

（九）职务侵占罪

构成职务侵占罪的，可以根据下列不同情形在相应的幅度内确定量刑起点。在量刑起点的基础上，可以根据职务侵占数额等其他影响犯罪构成的犯罪事实增加刑罚量，确定基准刑。

1. 第一个量刑幅度

利用职务上的便利，非法侵占本单位财物，犯罪数额达到"数额较大"起点六万元的，可以在三个月拘役至二年有期徒刑幅度内确定量刑起点。在量刑起点的基础上，数额每增加一万二千元，可以增加一个月刑期。

2. 第二个量刑幅度

利用职务上的便利，非法侵占本单位财物，犯罪数额达到"数额巨大"起点一百万元的，可以在五年至六年有期徒刑幅度内确定量刑起点。在量刑起点的基础上，数额每增加二十万元，可以增加一个月刑期。

3. 有下列情形之一的，可以从重处罚，但同时具有多种情形的，累计不得超过基准刑的100%：

（1）职务侵占行为严重影响生产经营的，或者造成其他严重损失的，或者影响恶劣的，增加基准刑的30%以下；同时具有两种以上情形的，再增加基准刑10%以下；

（2）职务侵占救灾、抢险、防汛、优抚、扶贫、移民、救济、医疗款物、捐助、社会保险等专项款物的，或者用于预防、控制突发传染病疫情等灾害款物的，增加基准刑的10%-30%；

（3）在企业改制、破产、重组过程中进行职务侵占的，增加基准刑20%以下；

（4）多次侵占的，增加基准刑20%以下；

（5）职务侵占的款项用于吸毒、赌博、非法经营、行贿、走私等违法活动的，增加基准刑20%以下；

（6）其他可以从重处罚的情形。

（十）敲诈勒索罪

构成敲诈勒索罪的，可以根据下列不同情形在相应的幅度内确定量刑起点。在量刑起点的基础上，可以根据敲诈勒索数额、次数、犯罪情节严重程度等其他影响犯罪构成的犯罪事实增加刑罚量，确定基准刑。

多次敲诈勒索，数额达到较大以上的，以敲诈勒索数额确定量刑起点，敲诈勒索次数作为调节基准刑的量刑情节；数额未达到较大的，以敲诈勒索次数确定量刑起点，超过三次的次数作为增加刑罚量的事实。

1. 第一个量刑幅度

敲诈勒索公私财物，达到"数额较大"起点的，或者符合最高人民法院、最高人民检察院《关于办理敲诈勒索刑事案件适用法律若干问题的解释》第二条、第三条规定的，可以在三个月拘役至一年有期徒刑幅度内确定量刑起点。具有下列情形之一的，可以增加相应的刑罚量：

（1）数额每增加一千五百元，增加一个月刑期；

（2）每增加轻微伤一人，增加一个月至二个月刑期；

（3）每增加轻伤一人，增加三个月至六个月刑期；

（4）二年内敲诈勒索三次（犯罪数额未达到较大）以上，每增加一次，增加一个月至三个月刑期；

（5）其他可以增加刑罚量的情形。

2. 第二个量刑幅度

敲诈勒索公私财物，达到"数额巨大"起点或者有"其他严重情节"的，可以在三年至五年有期徒刑幅度内确定量刑起点。有下列情形之一的，可以增加相应的刑罚量：

（1）数额每增加四千五百元，增加一个月刑期；

（2）每增加轻微伤一人，增加一个月至二个月刑期；

（3）每增加轻伤一人，增加三个月至六个月刑期；

（4）具有"其他严重情节"情形的，每增加一种情形，增加六个月至一年；

（5）其他可以增加刑罚量的情形。

3. 第三个量刑幅度

敲诈勒索公私财物，达到"数额特别巨大"起点或者有"其他特点严重情节"的，可以在十至十二年幅度内确定量刑起点。具有下列情形之一的，可以增加相应的刑罚量：

（1）数额每增加二万五千元，增加一个月刑期；

（2）每增加轻微伤一人，增加一个月至二个月刑期；

（3）每增加轻伤一人，增加三个月至六个月刑期；

（4）具有"其他特别严重情节"情形的，每增加一种情形，增加一年至二年；

（5）其他可以增加刑罚量的情形。

4. 有下列情形之一的，可以从重处罚，但同时具有多种情形的，累计不得超过基准刑的100%：

（1）具有最高人民法院、最高人民检察院《关于办理敲诈勒索刑事案件适用法律若干问题的解释》第二条规定的七种情形之一的，可以增加基准刑的30%以下（已确定为犯罪构成事实的除外）。每增加一种情形，再增加基准刑的10%以下；

（2）多次敲诈勒索（分别达到"数额较大""数额巨大""数额特别巨大"标准），增加基准刑的20%以下；

（3）为吸毒、赌博等违法活动而敲诈勒索的，增加基准刑的20%以下；

（4）以非法手段获取他人隐私勒索他人财物，增加基准刑的20%以下；

（5）手段残忍，造成被害人精神失常或者其他严重后果的，增加基准刑的30%以下；

（6）其他从重处罚的情形。

5. 有下列情形之一的，可以从宽处罚：

（1）被害人对敲诈勒索的发生存在过错的，除情节显著轻微危害不大，不认为是犯罪的以外，根据被害人的过错程度和案件其他情况，减少基准刑20%以下。

（2）因生活所迫、学习、治病急需而敲诈勒索的，减少基准刑的20%以下；
（3）敲诈勒索近亲属财物，认定为犯罪的，减少基准刑的10%－50%；
（4）其他可以从轻处罚的情形。

6. 需要说明的问题

敲诈勒索数额较大，行为人认罪、悔罪、退赃、退赔，并具有下列情形之一的，可以认定为犯罪情节轻微，免予刑事处罚：具有法定从宽处罚情节的；没有参与分赃或者获赃较少且不是主犯的；被害人谅解的；其他情节轻微、危害不大的。

（十一）妨害公务罪

构成妨害公务罪的，可以根据下列不同情形在相应的幅度内确定量刑起点。在量刑起点的基础上，可以根据妨害公务造成的后果、犯罪情节严重程度等其他影响犯罪构成的犯罪事实增加刑罚量，确定基准刑。

1. 量刑起点和基准刑

构成妨害公务罪的，可以在三个月拘役至二年有期徒刑幅度内确定量刑起点。具有下列情形之一的，可以增加相应刑罚量：

（1）每增加轻微伤一人，增加一个月至二个月刑期；
（2）每增加轻伤一人，增加三个月至六个月刑期；
（3）毁损财物数额每增加二千元，增加一个月至二个月刑期；
（4）妨害公务造成严重后果的，增加六个月至一年刑期；
（5）其他可以增加刑罚量的情形。

2. 有下列情形之一的，可以增加基准刑的20%以下：

（1）煽动群众阻碍依法执行职务、履行职责的；
（2）妨害公务造成恶劣社会影响的；
（3）妨害公务造成交通堵塞，影响社会秩序的；
（4）持械妨害公务的；
（5）其他从重处罚的情形。

3. 暴力袭击正在依法执行职务的人民警察的，可以增加基准刑的10%－30%。

4. 因执行公务行为不规范而导致妨害公务犯罪的，可以减少基准刑的20%以下。

（十二）聚众斗殴罪

构成聚众斗殴罪的，可以根据下列不同情形在相应的幅度内确定量刑起点。在量刑起点的基础上，可以根据聚众斗殴人数、次数、手段严重程度等其他影响犯罪构成的犯罪事实增加刑罚量，确定基准刑：

1. 第一个量刑幅度

犯罪情节一般的，可以在六个月至二年有期徒刑幅度内确定量刑起点。具有下列情形之一的，可以增加相应刑罚量：

（1）每增加轻微伤一人，增加一个月至六个月刑期；
（2）每增加轻伤一人，增加六个月至一年刑期；
（3）聚众斗殴双方参与人数达到五人的，每增加三人，增加一个月至二个月刑期
（4）聚众斗殴增加一次，增加六个月至一年刑期；
（5）聚众斗殴造成交通秩序混乱的，增加六个月至一年刑期；
（6）其他可以增加刑罚量的情形。

2. 第二个量刑幅度

有下列情形之一的，可以在三年至五年有期徒刑幅度内确定量刑起点：聚众斗殴三次的；聚众斗殴人数多，规模大，社会影响恶劣的；在公共场所或者交通要道聚众斗殴，造成社会

秩序严重混乱的;持械聚众斗殴的。

具有下列情形之一的,可以增加相应刑罚量:

(1) 每增加轻微伤一人,增加一个月至六个月刑期;

(2) 每增加轻伤一人,增加六个月至一年刑期;

(3) 聚众斗殴一方参与人数达十人的,每增加三人,增加一个月至三个月;

(4) 聚众斗殴超过三次,每增加一次,增加六个月至一年刑期;

(5) 聚众斗殴严重扰乱社会秩序,造成恶劣社会影响的,增加六个月至一年刑期;

(6) 每增加二百九十二条第一款规定四种情形之一的(已确定为犯罪构成事实的除外),增加一年至二年刑期;

(7) 其他可以增加刑罚量的情形。

3. 有下列情形之一的,可以增加基准刑的20%以下:

(1) 组织未成年人聚众斗殴的;

(2) 聚众斗殴造成财产损失较大的;

(3) 聚众斗殴带有黑社会性质的;

(4) 其他从重处罚的情形．

4. 因民间纠纷引发的聚众斗殴,可以减少基准刑的20%以下。

(十三) 寻衅滋事罪

构成寻衅滋事罪的,可根据下列不同情形在相应的幅度内确定量刑起点。在量刑起点的基础上,可以根据寻衅滋事次数、伤害后果、强拿硬要他人财物或任意损毁、占用公私财物数额等其他影响犯罪构成的犯罪事实增加刑罚量,确定基准刑。

1. 第一个量刑幅度

(1) 随意殴打他人,破坏社会秩序,具有下列"情节恶劣"情形之一的,可以在三个月拘役至三年有期徒刑幅度内确定量刑起点:致二人以上轻微伤的;随意殴打他人达到三次的;持凶器随意殴打他人的;其他情节恶劣的情形。

(2) 随意殴打他人,破坏社会秩序,具有下列"情节恶劣"情形之一的,可以在以一年六个月至三年有期徒刑幅度内确定量刑起点:致一人以上轻伤的,引起他人精神失常、自杀等严重后果的;随意殴打精神病人、残疾人、流浪乞讨人员、老年人、孕妇、未成年人,造成严重社会影响的;在公共场所随意殴打他人,造成公共场所秩序严重混乱的。

(3) 追逐、拦截、辱骂、恐吓他人,破坏社会秩序,具有下列"情节恶劣"情形之一的,可以在三个月拘役至三年有期徒刑幅度内确定量刑起点:追逐、拦截、辱骂、恐吓他人达到三次,或者造成恶劣社会影响的;持凶器追逐、拦截、辱骂、恐吓他人的;其他情节恶劣的情形。

(4) 追逐、拦截、辱骂、恐吓他人,破坏社会秩序,具有下列"情节恶劣"情形之一的,可以在一年六个月至三年有期徒刑幅度内确定量刑起点:追逐、拦截、辱骂、恐吓精神病人、残疾人、流浪乞讨人员、老年人、孕妇、未成年人,造成严重社会影响的;引起他人精神失常,或者自杀等严重后果的;严重影响他人无法正常工作、生活、生产、经营的。

(5) 强拿硬要或者任意损毁、占用公私财物,破坏社会秩序,具有下列"情节恶劣"情形之一的,可以在三个月拘役至三年有期徒刑幅度内确定量刑起点:强拿硬要公私财物价值一千元以上,或者任意损毁、占用公私财物价值二千元以上的;强拿硬要或者任意损毁、占用公私财物达到三次,造成恶劣社会影响的;其他情节严重的情形。

(6) 强拿硬要或者任意损毁、占用公私财物,破坏社会秩序,具有下列"情节恶劣"情形之一的,可以在一年六个月至三年有期徒刑幅度内确定量刑起点:强拿硬要或者任意损毁、占用精神病人、残疾人、流浪乞讨人员、老年人、孕妇、未成年人的财物,造成恶劣社会影响的;引起他人精神失常,或者自杀等严重后果的;严重影响他人无法正常工作、生活、生产、经营的。

(7) 在车站、码头、机场、医院、商场、公园、影剧院、展览会、运动场或者其他公共场所起哄闹事,造成公共场所秩序严重混乱的,可以在一年至三年有期徒刑幅度内确定量刑起点。

具有下列情形之一的,可以增加相应的刑罚量:
(1) 每增加轻微伤一人,增加一个月至六个月刑期;
(2) 每增加轻伤一人,增加六个月至一年刑期;
(3) 每增加引起精神失常一人,增加六个月至一年六个月刑期;
(4) 每增加引起自杀造成重伤、死亡一人,增加一年至二年刑期;
(5) 随意殴打他人的,追逐、拦截、辱骂、恐吓他人的,或者强拿硬要或任意毁损、占用公私财物超过三次的,每增加一次,增加一个月至二个月刑期;
(6) 强拿硬要强公私财物价值一千元以上,每增加一千元,增加一个月至二个月刑期;任意毁损、占用公私财物价值二千元以上,每增加二千元,增加一个月至二个月刑期;
(7) 在车站、码头、机场、医院、商场、公园、影剧院、展览会、运动场或者其他公共场所起哄闹事,造成公共场所秩序严重混乱的,每增加一次,增加六个月至一年刑期;
(8) 每增加《刑法》第二百九十三条规定的四种情形之一的(已确定为犯罪构成事实的除外),增加六个月至一年刑期;
(9) 其他可以增加刑罚量的情形。

2. 第二个量刑幅度

纠集他人三次寻衅滋事犯罪,严重破坏社会秩序的,可以在五至七年有期徒刑幅度内确定量刑起点。具有下列情形之一的,可以增加相应的刑罚量:
(1) 每增加轻微伤一人,增加一个月至六个月刑期;
(2) 每增加轻伤一人,增加六个月至一年刑期;
(3) 每增加引起精神失常一人,增加六个月至一年六个月刑期;
(4) 每增加引起自杀造成重伤、死亡一人,增加一年至二年刑期;
(5) 纠集他人三次以上实施寻衅滋事犯罪,未经处理的,每增加一次,增加六个月至一年刑期;
(6) 强拿硬要强公私财物价值一千元以上,每增加一千元,增加一个月至二个月刑期;任意毁损、占用公私财物价值二千元以上,每增加二千元,增加一个月至二个月刑期;
(7) 每增加刑法第二百九十三条规定的四种情形之一的(已确定为犯罪构成事实的除外),增加六个月至一年刑期;
(8) 其他可以增加刑罚量的情形。

3. 有下列情形之一的,可以增加基准刑的20%以下:
(1) 带有黑社会性质的;
(2) 纠集未成年人寻衅滋事的;
(3) 其他可以从重处罚的情形。

(十四) 掩饰、隐瞒犯罪所得、犯罪所得收益罪

构成掩饰、隐瞒犯罪所得、犯罪所得收益罪的,可以根据下列不同情形在相应的幅度内确定量刑起点。在量刑起点的基础上,可以根据犯罪数额等其他影响犯罪构成的犯罪事实增加刑罚量,确定基准刑。

1. 第一个量刑幅度

情节一般的,可以在三个月拘役至六个月有期徒刑幅度内确定量刑起点。

明知是盗窃、抢劫、诈骗、抢夺的机动车，实施下列行为之一的：买卖、介绍买卖、典当、拍卖、抵押或者用其抵债的；拆解、拼装或者组装的；修改发动机号、车辆识别代号的；更改车身颜色或者车辆外形的；提供或者出售机动车来历凭证、整车合格证、号牌以及有关机动车的其他证明和凭证的；提供或者出售伪造、变造的机动车来历凭证、整车合格证、号牌以及有关机动车的其他证明和凭证的。

明知是非法获取计算机信息系统数据犯罪所获取的数据、非法控制计算机信息系统犯罪所获取的计算机信息系统控制权，而予以转移、收购、代为销售或者以其他方法掩饰、隐瞒，违法所得达到五千元的。

明知是电信网络诈骗犯罪所得及其产生的收益，以下列方式之一予以转账、套现、取现的：通过使用销售终端机具（POS机）刷卡套现等非法途径，协助转换或者转移财物的；帮助他人将巨额现金散存于多个银行账户，或在不同银行账户之间频繁划转的；多次使用或者使用多个非本人身份证明开设的信用卡、资金支付结算账户或者多次采用遮蔽摄像头、伪装等异常手段，帮助他人转账、套现、取现的；为他人提供非本人身份证明开设的信用卡、资金支付结算账户后，又帮助他人转账、套现、取现的；以明显异于市场的格，通过手机充值、交易游戏点卡等方式套现的。

具有下列情形之一的，可以增加相应刑罚量：

（1）犯罪数额每增加一万五千元（其中上游犯罪为涉计算机犯罪的违法所得数额每增加一千五百元）的，增加一个月刑期；

（2）掩饰、隐瞒盗窃、抢劫、诈骗、抢夺的机动车，每增加一辆，增加三个月至六个月刑期；

（3）犯罪的手段或情形每增加一种，增加一个月至二个月刑期。

（4）其他可以增加刑罚量的情形。

2. 第二个量刑幅度

情节严重的，可以三年至四年有期徒刑幅度内确定量刑起点。

（1）掩饰、隐瞒犯罪所得，犯罪所得涉及盗窃、抢劫、诈骗、抢夺的机动车达到五辆或者价值总额达到五十万元。

（2）明知是非法获取计算机信息系统数据犯罪所获取的数据、非法控制计算机信息系统犯罪所获取的计算机信息系统控制权，而予以转移、收购、代为销售或者以其他方法掩饰、隐瞒，违法所得达到五万元。

具有下列情形之一的，可以增加相应刑罚量：

（1）犯罪数额每增加十万元（其中上游犯罪为涉计算机犯罪的违法所得数额每增加三千元），增加一个月刑期；

（2）掩饰、隐瞒盗窃、抢劫、诈骗、抢夺的机动车超过五辆，每增加一辆，增加三个月至六个月刑期；

（3）犯罪的手段或情形每增加一种，增加一个月至二个月刑期。

（4）其他可以增加刑罚量的情形。

3. 有下列情形的，可以增加基准刑的20%以下：

（1）多次掩饰、隐瞒犯罪所得、犯罪所得收益的或者以此为业的；

（2）明知上游犯罪行为严重的；

（3）犯罪对象涉及国家安全、公共安全或者重大公共利益的；

（4）其他可以从重处罚的情形。

（十五）走私、贩卖、运输、制造毒品罪

构成走私、贩卖、运输、制造毒品罪的，可以根据下列不同情形在相应的幅度内确定量刑起点。在量刑起点的基础上，可以根据毒品犯罪次数、人次、毒品数量等其他影响犯罪构成的犯罪事实增加刑罚量，确定基准刑。

1. 第一个量刑幅度

走私、贩卖、运输、制造鸦片二十克以下，海洛因、甲基苯丙胺胺或者可卡因一克以下，吗啡或者二亚甲基双氧安非他明（MDMA）等苯丙胺类毒品（甲基苯丙胺除外）二克以下，氯胺酮或者美沙酮二十克以下，三唑仑或者安眠酮一千克以下，咖啡因五千克以下或者其他数量相当毒品的，可以在三个月拘役至一年有期徒刑幅度内确定量刑起点。

具有下列情形之一的，可以增加相应刑罚量：

（1）每增加咖啡因一千克，增加一个月刑期；

（2）每增加鸦片、氯胺酮或者美沙酮五克，可以增加一个月刑期；

（3）每增加吗啡或者二亚甲基双氧安非他明（MDMA）等苯丙胺类毒品（甲基苯丙胺除外）一克，增加二个月刑期；

（4）每增加三唑仑或者安眠酮一千克，增加三个月刑期；

（5）每增加海洛因、甲基苯丙胺或者可卡因一克及其他数量相当毒品的，增加三个月刑期；

（6）其他可以增加刑罚量的情形。

2. 第二个量刑幅度

走私、贩卖、运输、制造鸦片一百四十克，海洛因、甲基苯丙胺或者可卡因七克，吗啡或者二亚甲基双氧安非他明（MDMA）等苯丙胺类毒品（甲基苯丙胺除外）十四克，氯胺酮或者美沙酮一百四十克，三唑仑或者安眠酮七千克，咖啡因三十五千克或者其他数量相当毒品的；或者毒品数量未到达上述标准，但具有下列情形之一的：国家工作人员走私、贩卖、运输、制造毒品的，在戒毒监管场所贩卖毒品的，向多人贩毒或者多次贩毒的，其他情节严重的，可以在三年至四年有期徒刑幅度内确定量刑起点。

具有下列情形之一的，可以增加相应刑罚量：

（1）向三人以上贩毒或者多次以上贩毒的，每增加一人或一次的，增加三个月至六个月刑期；

（2）每增加海洛因、甲基苯丙胺或者可卡因一克及其他数量相当毒品的，增加一年刑期；

（3）每增加鸦片、氯胺酮或者美沙酮十五克，可以增加一年刑期；

（4）每增加三唑仑或者安眠酮一千克，增加一年刑期；

（5）每增加咖啡因四千克，增加一年刑期；

（6）每增加吗啡或者二亚甲基双氧安非他明（MDMA）等苯丙胺类毒品（甲基苯丙胺除外）三克，增加二年刑期；

（7）其他可以增加刑罚量的情形。

3. 第三个量刑幅度

走私、贩卖、运输、制造鸦片二百克，海洛因、甲基苯丙胺或者可卡因十克，吗啡或者二亚甲基双氧安非他明（MDMA）等苯丙胺类毒品（甲基苯丙胺除外）二十克，氯胺酮或者美沙酮二百克，三唑仑或者安眠酮十千克，咖啡因五十千克或者其他毒品数量大的，可以在七年至八年有期徒刑幅度内确定量刑起点。

具有下列情形之一的，可以增加相应刑罚量：

（1）每增加一人或一次，增加三个月至六个月刑期；

（2）每增加海洛因、甲基苯丙胺或者可卡因五克及其他数量相当毒品的，增加一年刑期；

（3）每增加吗啡或者二亚甲基双氧安非他明（MDMA）等苯丙胺类毒品（甲基苯丙胺除外）十克，增加一年刑期；

（4）每增加鸦片、氯胺酮或者美沙酮一百克，增加一年刑期；
（5）每增加三唑仑或者安眠酮五千克，增加一年刑期；
（6）每增加咖啡因二十千克，增加一年刑期；
（7）其他可以增加刑罚量的情形。

4. 具有下列情形之一的，量刑起点为十五年有期徒刑的（依法判处无期徒刑以上刑罚的除外）：走私、贩卖、运输、制造鸦片一千克，海洛因、甲基苯丙胺或者可卡因五十克，吗啡或者二亚甲基双氧安非他明（MDMA）等苯丙胺类毒品（甲基苯丙胺除外）一百克，氯胺酮或者美沙酮一千克，三唑仑或者安眠酮五十千克，咖啡因二百千克或者其它毒品数量达到数量大起点的；走私、贩卖、运输、制造毒品集团的首要分子；武装掩护走私、贩卖、运输、制造毒品的；以暴力抗拒检查、拘留、逮捕，情节严重的；参与有组织的国际贩毒活动的。

5. 有下列情形之一的，可以从重处罚，但同时具有多种情形的，累计不得超过基准刑的100%：

（1）未按照刑法第三百四十七条第四款的规定认定为"情节严重"，具有下列情形之一的，可以增加基准刑的30%以下：走私、贩卖、运输、制造鸦片一百四十克以上不满二百克，海洛因、甲基苯丙胺或者可卡因七克以上不满十克或者其他毒品数量大的；国家工作人员走私、贩卖、运输、制造毒品的；在戒毒监管场所贩卖毒品的；向多人贩毒或者多次贩毒的；其他情节严重的。每增加一种情形，可以再增加基准刑的10%以下。

（2）利用、教唆未成年人走私、贩卖、运输、制造毒品，增加基准刑的10%-30%；
（3）向未成年人出售毒品的，增加基准刑的10%-30%；
（4）毒品再犯的，增加基准刑的10%-30%；
（5）其他可以从重处罚的情形。

6. 有下列情形之一的，可以减少基准刑的30%以下：
（1）受雇运输毒品的；
（2）毒品含量明显偏低的；
（3）存在数量引诱情形的；
（4）其他可以从轻处罚的情形。

五、附则

1. 本实施细则仅规范上列十五种常见犯罪判处有期徒刑、拘役的案件。
2. 本实施细则所称以上、以下，均包括本数。
3. 本实施细则将随法律、司法解释和刑事司法政策以及上级法院规定的变动适时作出调整。
4. 本实施细则与新颁布的法律、司法解释不一致的，适用新颁布的法律、司法解释。
5. 本实施细则自发布之日起实行，《安徽省高级人民法院〈关于常见犯罪的量刑指导意见〉试试细则》（皖高法〔2014〕202号）同时废止。
6. 本实施细则由省高院负责解释。

附录 4

辽宁省高级人民法院《关于常见犯罪的量刑指导意见》实施细则（二）（试行）

为进一步规范刑罚裁量权，贯彻落实宽严相济的刑事政策，增强量刑的公开性，实现量刑均衡，维护司法公正，根据刑法和相关司法解释以及最高人民法院《关于常见犯罪的量刑指导意见（二）（试行）》，结合我省的刑事审判实践，制定本实施细则。

一、八种罪名的量刑

（一）危险驾驶罪

1. 在道路上驾驶机动车追逐竞驶，情节恶劣的，在一个月至二个月拘役幅度内确定量刑起点。

在量刑起点的基础上，根据行为危险程度等其他影响犯罪构成的犯罪事实增加刑罚量确定基准刑。在道路上驾驶机动车追逐竞驶，情节恶劣的，分别按照以下情形增加刑罚量：

（1）追逐竞驶，超过规定时速50%且行驶速度超过60公里/每小时的，时速每提高25%，增加十五日至一个月刑期。

（2）造成交通事故且负事故全部或者主要责任，或者造成交通事故后逃逸，尚未构成其他犯罪的，增加十五日至一个月刑期；

（3）无驾驶资格驾驶机动车的，增加十五日至一个月刑期；

（4）驾驶非法改装、拼装或者已达到报废标准的机动车的，增加十五日至一个月刑期；

（5）使用伪造、变造的机动车牌证，故意遮挡、污损、不按规定安装或者未悬挂机动车号牌的，增加十五日至一个月刑期；

（6）在城市道路违反交通信号灯通行的，增加十五日至一个月刑期；

（7）驾驶载有乘客的营运机动车的，增加十五日至一个月刑期；

（8）饮酒或者吸食、注射毒品后驾驶的，增加十五日至一个月刑期；

（9）多次或者聚众追逐竞驶的，增加十五日至一个月刑期；

（10）组织追逐竞驶的，增加十五日至一个月刑期；

（11）逃避、拒绝、阻碍公安机关依法检查，尚未构成其他犯罪的，增加十五日至一个月刑期；

（12）其他增加刑罚量的情形。

2. 醉酒驾驶机动车的，在一个月至二个月拘役幅度内确定量刑起点。

在量刑起点的基础上，根据血液酒精含量等其他影响犯罪构成的犯罪事实增加刑罚量确定基准刑。血液酒精含量达到80毫克/100毫升以上的，血液酒精含量每增加30毫克，增加十五日至一个月刑期。

醉酒驾驶机动车有下列情形之一的，可以增加基准刑的20以下，但同时具有两种以上情

形的,累计不得超过基准刑的100%:

(1) 造成交通事故且负事故全部或主要责任,或者造成交通事故后逃逸,尚未构成其他犯罪的;

(2) 在高速公路、城市快速路上驾驶的;

(3) 驾驶载有乘客的运营机动车的;

(4) 有严重超员、超载或者超速驾驶,无驾驶资格驾驶机动车,使用伪造或者变造的机动车牌证等严重违反道路交通安全法的行为的;

(5) 逃避公安机关依法检查,或者抗拒、阻碍公安机关依法检查尚未构成其他犯罪的;

(6) 曾因酒后驾驶机动车,受过行政处罚或者刑事追究的;

(7) 其他增加刑罚量的情形。

3. 从事校车业务或者旅客运输,严重超过额定乘员载客,或者严重超过规定时速行驶的,在一个月至二个月拘役幅度内确定量刑起点。

在量刑起点的基础上,可以根据危险程度等其他影响犯罪构成的犯罪事实增加刑罚量确定基准刑。从事校车业务或者旅客运输,严重超过额定乘员载客,或者严重超过规定时速行驶的,分别按照以下情形增加刑罚量:

(1) 驾驶大型载客汽车,载客超过额定乘员50%或者超过额定乘员15人以上,每增加额定乘员20%或者每增加5人,增加十五日至一个月刑期;

(2) 驾驶中型载客汽车,载客超过额定乘员80%或者超过额定乘员10人以上的,每增加额定乘员10%或者每增加3人,增加十五日至一个月刑期;

(3) 驾驶小型、微型载客汽车,载客超过额定乘员100%或者超过额定乘员7人以上,每增加额定乘员10%或者每增加2人,增加十五日至一个月刑期;

(4) 驾驶载客汽车以外的机动车从事校车业务或者旅客运输,违反规定载客,实际载员达到10人以上,每超过3人,增加十五日至一个月刑期;

(5) 在高速公路、城市快速路上行驶,超过规定时速50%且行驶速度超过90公里/每小时的,时速每增加20%,增加十五日至一个月刑期;

(6) 在高速公路、城市快速路以外的道路上行驶,超过规定时速100%且行驶速度超过60公里/每小时的,时速每增加20%,增加十五日至一个月刑期;

(7) 通过铁路道口或者设有窄路、窄桥、急弯路、掉头、转弯、下陡坡、傍山险路、连续下坡、连续弯路、注意路面结冰等标志的道路,或者遇雾、雨、雪、沙尘、冰雹等能见度在50米以内的不利气象条件时,超过规定时速50%且行驶速度超过40公里/每小时的,时速每增加20%,增加十五日至一个月刑期;

(8) 其他可以增加刑罚量的情形。

4. 违反危险化学品安全管理规定运输危险化学品,危及公共安全的,在一个月至二个月拘役幅度内确定量刑起点。

在量刑起点的基础上,可以根据行为危险程度、危害后果等其他影响犯罪构成的犯罪事实增加刑罚量确定基准刑。违反危险化学品安全管理规定运输危险化学品,危及公共安全的,分别按照以下情形增加刑罚量:

(1) 造成交通事故或者环境污染,致一人以上轻伤、公私财产损失五万元以上,尚未构成其他犯罪的,每增加轻伤一人或公私财产损失每增加五万元,增加十五日至一个月刑期;

(2) 装载危险化学品超过车辆核定载质量50%以上,每增加10%,增加十五日至一个月刑期;

(3) 符合本意见第3条第二款(5)(6)(7)项严重超过规定时速行驶情形的,时速每增加20%,增加十五日至一个月刑期。

(4) 饮酒或者吸食、注射毒品后运输危险化学品的,增加十五日至一个月刑期;

(5) 曾因违反规定运输危险化学品,受过刑事追究或者在二年内被给予二次以上行政处罚的,增加十五日至一个月刑期;

(6) 其他可以增加刑罚量的情形。

5. 对于醉酒驾驶机动车的被告人,应当综合考虑被告人的醉酒程度、机动车类型、车辆行驶道路、行车速度、是否造成实际损害以及认罪悔罪等情况,准确定罪量刑。对于情节显著轻微危害不大的,不予定罪处罚;犯罪情节轻微不需要判处刑罚的,可以免予刑事处罚。

(二) 非法吸收公众存款罪

1. 法定刑在拘役、三年以下有期徒刑幅度的量刑起点和基准刑。

具有下列情形之一的,可以在拘役至一年有期徒刑幅度内确定量刑起点:(1) 个人非法吸收或者变相吸收公众存款,数额在二十万元以上的,单位非法吸收或者变相吸收公众存款,数额在一百万元以上的;(2) 个人非法吸收或者变相吸收公众存款30人以上的,单位非法吸收或者变相吸收公众存款150人以上的;(3) 个人非法吸收或者变相吸收公众存款,给存款人造成直接经济损失数额在十万元以上的,单位非法吸收或者变相吸收公众存款,给存款人造成直接经济损失数额在五十万元以上的;(4) 造成恶劣社会影响或者其他严重后果的。

在量刑起点的基础上,可以根据非法吸收或变相吸收公众存款的数额、存款对象、给存款人造成的直接经济损失数额等其他影响犯罪构成的犯罪事实增加刑罚量,确定基准刑。有下列情形之一的,可以增加相应的刑罚量:

(1) 个人非法吸收或者变相吸收公众存款,数额每增加二万元增加一个月刑期,单位非法吸收或者变相吸收公众存款,数额每增加十一万元,对直接负责的主管人员和其他直接责任人员增加一至三个月刑期;

(2) 个人非法吸收或者变相吸收公众存款,每增加2人增加一个月刑期,单位非法吸收或者变相吸收公众存款,每增加10人,对直接负责的主管人员和其他直接责任人员增加一至三个月刑期;

(3) 个人非法吸收或者变相吸收公众存款,给存款人造成直接经济损失数额,每增加一万元增加一个月刑期,单位非法吸收或者变相吸收公众存款,给存款人造成直接经济损失数额,每增加六万元,对直接负责的主管人员和其他直接责任人员增加一至三个月刑期;

(4) 其他可以增加刑罚量的情形。

2. 法定刑在三年以上十年以下有期徒刑幅度的量刑起点和基准刑。

具有下列情形之一的,可以在三年至四年有期徒刑幅度内确定量刑起点:(1) 个人非法吸收或者变相吸收公众存款,数额在一百万元以上的,单位非法吸收或者变相吸收公众存款,数额在五百万元以上的;(2) 个人非法吸收或者变相吸收公众存款100人以上的,单位非法吸收或者变相吸收公众存款500人以上的;(3) 个人非法吸收或者变相吸收公众存款,给存款人造成直接经济损失数额在五十万元以上的,单位非法吸收或者变相吸收公众存款,给存款人造成直接经济损失数额在二百五十万元以上的;(4) 造成特别恶劣社会影响或者其他特别严重后果的。

在量刑起点的基础上,可以根据非法吸收或变相吸收公众存款的数额、存款对象、给存款人造成的直接经济损失数额等其他影响犯罪构成的犯罪事实增加刑罚量,确定基准刑。有下列情形之一的,可以增加相应的刑罚量:

(1) 个人非法吸收或者变相吸收公众存款,数额每增加十万元增加一个月刑期,单位非法吸收或者变相吸收公众存款,数额每增加五十五万元,对直接负责的主管人员和其他直接责任人员增加一至三个月刑期;

(2) 个人非法吸收或者变相吸收公众存款,每增加10人增加一个月刑期,单位非法吸

或者变相吸收公众存款,每增加50人,对直接负责的主管人员和其他直接责任人员增加一至三个月刑期;

(3) 个人非法吸收或者变相吸收公众存款,给存款人造成直接经济损失数额,每增加五万元增加一个月刑期,单位非法吸收或者变相吸收公众存款,给存款人造成直接经济损失数额,每增加三十万元,对直接负责的主管人员和其他直接责任人员增加一至三个月刑期;

(4) 其他可以增加刑罚量的情形。

3. 非法吸收或变相吸收公众存款,造成他人自杀、精神失常等严重后果的,可以增加基准刑的20以下。

(三) 集资诈骗罪

1. 法定刑在拘役、五年以下有期徒刑幅度的量刑起点和基准刑。

个人集资诈骗数额在十万元以上的,单位集资诈骗数额在五十万元以上的,可以在拘役至一年有期徒刑幅度内确定量刑起点。

在量刑起点基础上,可以根据集资诈骗的数额等其他影响犯罪构成的犯罪事实增加刑罚量,确定基准刑。有下列情形之一的,可以增加相应的刑罚量。

(1) 个人集资诈骗,数额每增加四千元,可以增加一个月刑期;

(2) 单位集资诈骗,数额每增加二万元,对直接负责的主管人员和其他直接责任人员增加一个月刑期;

(3) 其他可以增加刑罚量的情形。

2. 法定刑在五年以上十年以下有期徒刑幅度的量刑起点和基准刑。

个人集资诈骗,数额在三十万元以上的,或者个人集资诈骗数额在二十五万元以上不满三十万元,并有下列情形之一,可以认定为"其他严重情节",可以在五年至六年有期徒刑幅度内确定量刑起点:假冒国家机关或公益性组织实施集资诈骗的;造成被害人自杀、精神失常或者其他严重后果的;被害人主要为残疾人、老年人或者丧失劳动能力人的。

单位集资诈骗数额在一百五十万元以上的,或者在一百二十万元以上不满一百五十万元,并具有下列情形之一,可以认定为"其他严重情节",可以在五年至六年有期徒刑幅度内确定量刑起点:假冒国家机关或公益性组织实施集资诈骗的;造成被害人自杀、精神失常或者其他严重后果的;被害人主要为残疾人、老年人或者丧失劳动能力人的。

在量刑起点基础上,可以根据集资诈骗的数额等其他影响犯罪构成的犯罪事实增加刑罚量,确定基准刑。有下列情形之一的,可以增加相应的刑罚量:

(1) 个人集资诈骗,数每增加一万二千元,增加一个月刑期;

(2) 单位集资诈骗,数额每增加六万元,对单位犯罪的直接负责的主管人员和其他直接责任人员可以增加一个月刑期;

(3) 其他可以增加刑罚量的情形。

3. 法定刑在十年以上有期徒刑幅度的量刑起点和基准刑。

个人集资诈骗,数额在一百万元以上的,或者数额在八十万以上不满一百万元,并有下列情形之一的,可以认定为"其他特别严重情节",可以在十年至十一年有期徒刑幅度内确定量刑起点:假冒国家机关或公益性组织实施集资诈骗的;造成被害人自杀、精神失常或者其他严重后果的;被害人主要为残疾人、老年人或者丧失劳动能力人的。

单位集资诈骗数额在五百万元以上的,或者数额在四百万以上不满五百万元,并具有下列情形之一的,可以认定为"其他特别严重情节",可以在十年至十一年有期徒刑幅度内确定量刑起点:假冒国家机关或公益性组织实施集资诈骗的;造成被害人自杀、精神失常或者其他严重后果的;被害人主要为残疾人、老年人或者丧失劳动能力人的。

在量刑起点基础上,可以根据集资诈骗的数额等其他影响犯罪构成的犯罪事实增加刑罚

量,确定基准刑。有下列情形之一的,可以增加相应的刑罚量:

(1) 个人集资诈骗,每增加二十万元增加一个月刑期;

(2) 单位集资诈骗,每增加一百万元对单位犯罪的直接主管人员和其他直接责任人员增加一个月刑期;

(3) 其他可以增加刑罚量的情形。

(四) 信用卡诈骗

1. 法定刑在拘役、五年以下有期徒刑幅度内的量刑起点和基准刑:

(1) 使用伪造的信用卡、使用以虚假的身份证明骗领的信用卡、使用作废的信用卡或者冒用他人信用卡进行信用卡诈骗,达到"数较大"起点五千元的,在拘役至一年有期徒刑幅度内确定量刑起点。在五千元量刑起点基础上,诈骗数额每增加一千元,增加一个月刑期;

(2) 恶意透支一万元以上不满十万元的,达到"数额较大"起点一万元的,在拘役至一年有期徒刑幅度内确定量刑起点。在一万元量刑起点基础上,诈骗数额每增加二千元,增加一个月刑期。

2. 法定刑在五年以上十年以下有期徒刑的量刑起点和基准刑:

(1) 使用伪造的信用卡、使用以虚假的身份证明骗领的信用卡、使用作废的信用卡或者冒用他人信用卡进行信用卡诈骗,达到"数额巨大"起点五万元的,在五年至六年有期徒刑幅度内确定量刑起点。

使用上述方法诈骗数额在四万以上不满五万元,造成严重后果的,可以认定为"其他严重情节",在五年至六年有期徒刑幅度内确定量刑起点。

在前两款量刑起点基础上,诈骗数额每增加八千元,增加一个月刑期。

(2) 恶意透支,达到"数额巨大"起点十万元的,在五年至六年有期徒刑幅度内确定量刑起点。

恶意透支数额在八万元以上不满十万元,造成严重后果的,可以认定为"其他严重情节",在五年至六年有期徒刑幅度内确定量刑起点。

在前两款量刑起点基础上,诈骗数额每增加一万七千元,增加一个月刑期。

3. 法定刑在十年以上有期徒刑的量刑起点和基准刑:

(1) 使用伪造的信用卡、使用以虚假的身份证明骗领的信用卡、使用作废的信用卡或者冒用他人信用卡进行信用卡诈骗,达到"数额特别巨大"起点五十万元的,在十年至十一年有期徒刑幅度内确定量刑起点。

使用上述方法诈骗数额在四十万元以上不满五十万元,造成严重后果的,可以认定为"其他特别严重情节",在十年至十一年有期徒刑幅度内确定量刑起点。

在前两款量刑起点基础上,诈骗数额每增加八万元,增加一个月刑期。

(2) 恶意透支,达到"数额特别巨大"起点一百万元的,在十年至十一年有期徒刑幅度内确定量刑起点。

恶意透支数额在八十万元以上不满一百万元,造成严重后果的,可以认定为"其他特别严重情节",在十年至十一年有期徒刑幅度内确定量刑起点。

在前两款量刑起点基础上,诈骗数额每增加十六万元,增加一个月刑期。

4. 有下列情形之一的(已确定为犯罪构成事实的除外),可以增加基准刑的20%以下:

(1) 多次信用卡诈骗的;

(2) 为吸毒、赌博等违法犯罪活动而信用卡诈骗的;

(3) 其他可以增加刑罚量的情形。

5. 有下列情形之一的,可以减少刑罚量:

(1) 使用信用卡恶意透支,在公安机关立案后人民法院判决宣告前已全部偿还透支款项

的,可以减少基准刑的40%以下;

(2) 确因生活所迫、学习、治病急用而实施信用卡诈骗的,可以减少基准刑的20以下;

(3) 其他可以减少刑罚量的情形。

(五) 合同诈骗罪

1. 法定刑在拘役、三年以下有期徒刑幅度的量刑起点和基准刑:

个人合同诈骗犯罪数额达到"数额较大"起点二万元,单位合同诈骗犯罪数额达到十万元的,在拘役至一年有期徒刑幅度内确定量刑起点。

在量刑起点的基础上,个人犯罪数额每增加六千元,增加一个月刑期,单位犯罪数额每增加三万元,对单位犯罪的直接负责的主管人员和其他直接责任人员可以增加一个月刑期。

2. 法定刑在三年以上十年以下有期徒刑幅度的量刑起点和基准刑:

个人合同诈骗犯罪数额达到"数额巨大"起点二十万元,单位合同诈骗犯罪数额达到一百万元的,在三年至四年有期徒刑幅度内确定量刑起点。

个人合同诈骗犯罪数额达到"数额巨大"起点的百分之八十(十六万元),单位合同诈骗犯罪数额达到"数额巨大"起点的百分之八十(八十万元),具有下列情形之一的,可以认定为"有其他严重情节",在三年至四年有期徒刑幅度内确定量刑起点:诈骗残疾人、老年人或者丧失劳动能力人的财物的;造成被害人自杀、精神失常或者其他严重后果的。

在量刑起点的基础上,个人犯罪数额每增加一万元,增加一个月刑期,单位犯罪数额每增加五万元,对单位犯罪的直接负责的主管人员和其他直接责任人员可以增加一个月刑期。

3. 法定刑在十年以上有期徒刑幅度的量刑起点和基准刑:

个人合同诈骗犯罪数额达到"数额特别巨大"起点一百万元的,单位合同诈骗犯罪数额达到五百万元的,在十年至十二年有期徒刑幅度内确定量刑起个人合同诈骗犯罪数额达到"数额特别巨大"起点的百分之八十(八十万元),单位合同诈骗犯罪数额达到"数额特别巨大"的百分之八十(四百万元),有下列情形之一的,可以认定为"有其他特别严重情节",在十年至十一年有期徒刑幅度内确定量刑起点:诈骗残疾人、老年人或者丧失劳动能力人的财物的;造成被害人自杀、精神失常或者其他严重后果的。

在量刑起点的基础上,个人犯罪数额每增加二十万元,增加一个月刑期,单位犯罪数额每增加一百万元,对单位犯罪的直接负责的主管人员和其他直接责任人员可以增加一个月刑期。

4. 有下列情形之一的(已确定为犯罪构成事实的除外),可以增加基准刑的20%以下:

(1) 多次合同诈骗的;

(2) 诈骗残疾人、老年人或者丧失劳动能力人的财物的;

(3) 造成被害人自杀、精神失常或者其他严重后果的;

(4) 为吸毒、赌博等违法犯罪活动而合同诈骗的;

(5) 其他可以从重处罚的情形。

5. 有下列情形之一的,可以减少基准刑的20以下:

(1) 确因生活所迫、学习、治病急用而实施合同诈骗的;

(2) 没有参与分赃或者获赃较少的;

(3) 其他可以从轻处罚的情形。

(六) 非法持有毒品罪

1. 法定刑在拘役、三年以下有期徒刑幅度的量刑起点和基准刑。

非法持有海洛因、甲基苯丙胺、可卡因10克,鸦片、美沙酮200克,3,4-亚甲二氧基甲基苯丙胺(MDWA)等苯丙胺类毒品(甲基苯丙胺除外)、吗啡20克,氯胺酮100克,芬太尼25克,甲卡西酮40克,二氢埃托啡2毫克,哌替啶(杜冷丁)50克,曲马多、V-羟丁

附录 4　辽宁省高级人民法院《关于常见犯罪的量刑指导意见》实施细则（二）（试行）

酸 400 克，大麻油 1 千克、大麻脂 2 千克、大麻叶及大麻烟 30 千克，可待因、丁丙诺啡 1 千克，三唑仑、安眠酮 10 千克，阿普唑仑、恰特草 20 千克，咖啡因、罂粟壳 40 千克，巴比妥、苯巴比妥、安钠咖、尼美西洋 50 千克，氯氮卓、艾司唑仑、地西洋、溴西洋 100 千克以上或者其他毒品数量较大的，在拘役至一年有期徒刑幅度内确定量刑起点。

在量刑起点的基础上，根据毒品数量等其他影响犯罪构成的犯罪事实增加罚量，确定基准刑。有下列情形之一的，增加一个月刑期：

（1）每增加海洛因、甲基苯丙胺、可卡因 1 克。

（2）每增加鸦片、美沙酮 20 克。

（3）每增加 3,4-亚甲二氧基甲基苯丙胺（MDWA）等苯丙胺类毒品（甲基苯丙脑除外）、吗啡 2 克。

（4）每增加氯胺酮 10 克。

（5）每增加芬太尼 2.5 克。

（6）每增加甲卡西酮 4 克。

（7）每增加二氢埃托啡 0.2 毫克。

（8）每增加哌替啶（杜冷丁）5 克。

（9）每增加曲马多、V-羟丁酸 40 克。

（10）每增加大麻油 100 克、大麻脂 200 克、大麻叶及大麻烟 3 千克。

（11）每增加可待因、丁丙诺啡 100 克。

（12）每增加三唑仑、安眠酮 1 千克。

（13）每增加阿普唑仑、恰特草 2 千克。

（14）每增加咖啡因、罂粟壳 4 千克。

（15）每增加巴比妥、苯巴比爱、安钠咖、尼美西洋 5 千克。

（16）每增加氯氮卓、艾司唑仑、地西洋、溴西洋 10 千克。

2. 法定刑在三年以上七年以下有期徒刑幅度的量刑起点和基准刑。

非法持有本罪第 1 条第 3 款所列毒品数量较大，且有下列情形之一的，应当认定为"情节严重"，在三年至四年有期徒刑幅度内确定量刑起点：

（1）在戒毒场所、监管场所非法持有毒品的。

（2）利用、教唆未成年人非法持有毒品的。

（3）国家工作人员非法持有毒品的。

（4）其他情节严重的情形。

在量刑起点的基础上，根据毒品数里等其他影响犯罪构成的犯罪事实增加刑罚量，确定基准刑。有下列情形之一的，增加二个月刑期：

（1）每增加海洛因、甲基苯丙胺或者可卡因 1 克。

（2）每增加鸦片、美沙酮 20 克。

（3）每增加 3,4-亚甲二氧基甲基苯丙胺（MDMA）等苯丙胺类毒品（甲基苯丙胺除外）、吗啡 2 克。

（4）每增加氯胺酮 10 克。

（5）每增加芬太尼 2.5 克。

（6）每增加甲卡西酮 4 克。

（7）每增加二氢埃托啡 0.2 毫克。

（8）每增加哌替啶（杜冷丁）5 克。

（9）每增加曲马多、Y-羟丁酸 40 克。

（10）每增加大麻油 100 克、大麻脂 200 克、大麻叶及大麻烟 3 千克。

（11）每增加可待因、丁丙诺啡 100 克。
（12）每增加三唑仑、安眠酮 1 千克。
（13）每增加阿普唑仑、恰特草 2 千克。
（14）每增加咖啡因、罂粟壳 4 千克。
（15）每增加巴比妥、苯巴比妥、安钠咖、尼美西洋 5 千克。
（16）每增加氯氮䓬、艾司唑仑、地西洋、溴西洋 10 千克。

3. 法定刑在七年以上有期徒刑幅度的量刑起点和基准刑。

非法持有海洛因、甲基苯丙胺、可卡因 50 克，鸦片、美沙酮 1 千克，3,4-亚甲二氧基甲基苯丙胺（MDMA）等苯丙胺类毒品（甲基苯丙胺除外）、吗啡 100 克，氯胺酮 500 克，芬太尼 125 克，甲卡西酮 200 克，二氢埃托啡 10 毫克，哌替啶（度冷丁）250 克，曲马多、γ-羟丁酸 2 千克，大麻油 5 千克，大麻脂 10 千克，大麻叶及大麻烟 150 千克，可待因、丁丙诺啡 5 千克，三唑仑、安眠酮 50 千克，阿普唑仑、恰特草 100 千克，咖啡因、罂粟壳 200 千克，巴比妥、苯巴比妥、安钠咖、尼美西洋 250 千克，氯氮䓬、艾司唑仑、地西洋、溴西洋 500 千克以上或者其他毒品数量大的，在七年至九年有期徒刑幅度内确定量刑起点。

在量刑起点的基础上，根据毒品数量等其他影响犯罪构成的犯罪事实增加刑罚量，确定基准刑。有下列情形之一的，增加一个月刑期：

（1）每增加海洛因、甲基苯丙胺或者可卡因 10 克。
（2）每增加鸦片、美沙酮 200 克。
（3）每增加 3,4-亚甲二氧基甲基苯丙胺（MDMA）等苯丙胺类毒品（甲基苯丙胺除外）、吗啡 20 克。
（4）每增加氯胺酮 100 克。
（5）每增加芬太尼 25 克。
（6）每增加甲卡西酮 40 克。
（7）每增加二氢埃托啡 2 毫克。
（8）每增加哌替啶（杜冷丁）50 克。
（9）每增加曲马多、γ-羟丁酸 400 克。
（10）每增加大麻油 1 千克、大麻脂 2 千克、大麻叶及大麻烟 30 千克。
（11）每增加可待因、丁丙诺啡 1 千克。
（12）每增加三唑仑、安眠酮 10 千克。
（13）每增加阿普唑仑、恰特草 20 千克。
（14）每增加咖啡因、罂粟壳 40 千克。
（15）每增加巴比妥、苯巴比妥、安钠咖、尼美西洋 50 千克。
（16）每增加氯氮䓬、艾司唑仑、地西洋、溴西洋 100 千克。

4. 非法持有两种以上毒品或持有上述毒品以外其他毒品的，可以将不同种类的毒品分别折算为海洛因的数量，以折算后累加的毒品总量作为量刑的依据。

5. 有下列情形之一的（已作为认定"情节严重"的情形除外），可以增加基准刑的 30% 以下，同时具有多种情形的，累计不得超过基准刑的 100%：

（1）在戒毒场所、监管场所非法持有毒品的；
（2）利用、教唆未成年人非法持有毒品的；
（3）国家工作人员非法持有毒品的；
（4）毒品再犯的；
（5）其他可以从重处罚的情形。

6. 有下列情形之一的，可以减少基准刑的 30 以下：

(1) 毒品含量明显偏低的；
(2) 被利用或被诱骗非法持有毒品的；
(3) 其他可以从轻处罚的情形。

（七）容留他人吸毒罪

1. 容留他人吸食、注射毒品，有下列情形之一的，可以在拘役至一年有期徒刑幅度内确定量刑起点：
(1) 一次容留三人吸食、注射毒品的。
(2) 二年内三次容留他人吸食、注射毒品的。
(3) 二年内曾因容留他人吸食、注射毒品受过行政处罚的。
(4) 容留未成年人吸食、注射毒品的。
(5) 以牟利为目的容留他人吸食、注射毒品的。
(6) 容留他人吸食、注射毒品造成严重后果的。
(7) 其他应当追究刑事责任的情形。

在量刑起点的基础上，可以根据容留他人吸毒的人数、次数等其他影响犯罪构成的犯罪事实增加刑罚量，确定基准刑。具有下列情形之一的，增加相应的刑罚量：
(1) 一次容留三人以上吸食、注射毒品的，每增加一人，增加二个月至三个月刑期。
(2) 二年内三次以上容留他人吸食、注射毒品的，每增加一次，增加一个月至二个月刑期。
(3) 容留未成年人吸食、注射毒品的，每增加一人次，增加二个月至三个月刑期。
(4) 二年内曾因容留他人吸食、注射毒品受过行政处罚的；以牟利为目的容留他人吸食、注射毒品的；容留他人吸食、注射毒品造成严重后果的，除已确定为基本犯罪构成事实的之外，每增加一种情形，增加二个月至三个月刑期。

2. 有下列情形之一的，可以从重处罚：
(1) 毒品再犯，增加基准刑的10%-30%。
(2) 国家工作人员容留他人吸食、注射毒品的，增加基准刑的20以下。
(3) 容留他人吸食、注射毒品造成恶劣社会影响的，增加基准刑的20以下。
(4) 其他可以从重处罚的情形。

3. 有下列情形之一的，可以从轻处罚：
(1) 容留近亲属吸食、注射毒品，情节显著轻微危害不大的，不作为犯罪处理。需要追究刑事责任的，减少基准刑的10%-40%。
(2) 其他可以从轻处罚的情形。

（八）引诱、容留、介绍卖淫罪

1. 法定刑在拘役、五年以下有期徒刑幅度的量刑起点和基准刑引诱、容留、介绍二人次以上卖淫的；引诱、容留、介绍已满十四周岁未满十八周岁的未成年人卖淫的；容留、介绍不满十四周岁的幼女的；

被引诱、容留、介绍卖淫的人患有艾滋病或者患有梅毒、淋病等严重性病的，可以在拘役至二年有期徒刑幅度内确定量刑起点。

在量刑起点的基础上，可以根据引诱、容留、介绍他人卖淫的人次等其他影响犯罪构成的犯罪事实增加刑罚量，确定基准刑：
(1) 引诱、容留、介绍每增加一人次卖淫的，可以增加六个月至八个月刑期；
(2) 引诱、容留、介绍已满十四周岁未满十八周岁的未成年人每增加一人次卖淫的，可以增加六个月至一年刑期；
(3) 容留、介绍不满十四周岁的幼女每增加一人次卖淫的，可以增加二年至三年刑期；
(4) 其他可以增加刑罚量的情形。

2. 法定刑在五年以上有期徒刑幅度的量刑起点和基准刑。

引诱、容留、介绍十人次以上卖淫的；引诱、容留、介绍已满十四周岁未满十八周岁的未成年人五人次卖淫的；容留、介绍不满十四周岁的幼女三人次卖淫的，可以在五年至七年有期徒刑幅度内确定量刑起点。

在量刑起点的基础上，可以根据引诱、容留、介绍他人卖淫的人次等其他影响犯罪构成的犯罪事实增加刑罚量，确定基准刑：

（1）引诱、容留、介绍每增加一人次卖淫的，可以增加三个月至六个月刑期；

（2）引诱、容留、介绍已满十四周岁未满十八周岁的未成年人每增加一人次卖淫的，可以增加六个月至一年刑期；

（3）容留、介绍不满十四周岁的幼女每增加一人次卖淫的，可以增加二年至三年刑期；

（4）其他可以增加刑罚量的情形。

3. 有下列情形之一的，可以增加基准刑的30以下：

（1）旅馆业、饮食服务业、文化娱乐业、出租汽车业等单位的人员，利用本单位的条件，引诱、容留、介绍他人卖淫的；（2）曾因组织、强迫、引诱、容留、介绍他人卖淫被行政处罚或被追究刑事责任的；

（3）其他可以增加刑罚量的情形。

二、附则

1. 本意见规范上列八种犯罪判处有期徒刑、拘役的案件；
2. 本意见所称以上、以下，均包括本数；
3. 本意见如与刑法、司法解释、刑事司法政策相冲突，以上述法律、法规、政策为准，本指导意见将随法律、司法解释和刑事司法政策以及上级法院规定的变动适时作出调整；
4. 本意见自2017年8月1日起试行；
5. 本意见由辽宁省高级人民法院负责解释。

辽宁省高级人民法院《关于常见犯罪的量刑指导意见》实施细则（三）

为进一步规范刑罚裁量权，贯彻落实宽严相济的刑事政策，增强量刑的公开性，维护量刑公正，根据刑法、刑事诉讼法和相关司法解释以及最高人民法院《关于常见犯罪的量刑指导意见》，在辽宁省高级人民法院《关于常见犯罪的量刑指导意见》实施细则（一）、（二）基础上，结合我省的刑事审判实践，制定本实施细则（三）。

一、九种罪名的量刑

（一）故意毁坏财物罪

1. 法定刑在拘役、三年以下有期徒刑幅度的量刑起点和基准刑。

故意毁坏公私财物，犯罪数额达到"数较大"起点5000元的，可以在拘役至一年有期徒刑幅度内确定量刑起点。

具有下列情形之一的，认定为"其他严重情节"，可以在拘役至一年有期徒刑幅度内确定量刑起点：毁坏公私财物三次以上的；纠集三人以上公然毁坏公私财物的；毁坏救灾、抢险、防汛、救济、优扶、扶贫、医疗财物的；毁坏残疾人、孤穿老人或者丧失劳动能力人的财物的；引起被害人患病或者自杀等严重后果的；在社会上造成恶劣影响的；其他严重情节的。

在量刑起点的基础上，可以根据犯罪数额、作案次数、犯罪对象、犯罪后果等其他影响犯罪构成的犯罪事实增加刑罚量，确定基准刑。有下列情形的，可以增加相应的刑罚量。

犯罪数额每增加1300元，可以增加一个月刑期；

一年内毁坏公私财物三次以上的，每增加一次，可以增加二个月至三个月刑期；

具有可以认定为"其他严重情节的"情形，每增加一种情形，可以增加四个月至七个月刑期。

2. 法定刑在三年以上七年以下有期徒刑幅度的量刑起点和基准刑。

故意毁坏公私财物，犯罪数额达到"数额巨大"起点5万元的，可以在三年至四年有期徒刑幅度内确定量刑起点。

故意毁坏公私财物，犯罪数额满4万元不满5万元，并具有下列情形之一的，可以认定为"其他特别严重情节"，在三年至四年有期徒刑幅度内确定量刑起点：毁坏公私财物三次以上的；纠集三人以上公然毁坏公私财物的；毁坏救灾、抢险、防汛、救济、优抚、扶贫、医疗财物的；毁坏残疾人、孤寡老人或者丧失劳动能力人的财物的；引起被害人精神失常或者自杀等严重后果的；在社会上造成恶劣影响的；其他特别严重情节的。

在量刑起点的基础上，可以根据犯罪数额、作案次数、犯罪对象、犯罪后果等其他影响犯罪构成的犯罪事实增加刑罚量，确定基准刑。有下列情形的，可以增加相应的刑罚量。

（1）犯罪数额每增加1万元，可以增加一个月刑期；

（2）毁坏公私财物三次的，每增加一次，可以增加二个月至三个月刑期；

（3）具有可以认定为"其他特别严重情节"情形的，每增加一种情形，可以增加五个月至八个月刑期。

（二）滥用职权罪

1. 法定刑在拘役、三年以下有期徒刑幅度的量刑起点和基准刑。

具有下列情形之一的，可以在拘役至一年有期徒刑幅度确定量刑起点：造成死亡一人以上，或者重伤三人以上，或者轻伤九人以上，或者重伤二人、轻伤三人以上，或者重伤一人、轻伤六人以上的；造成经济损失30万元以上的；造成恶劣社会影响的；其他致使公共财产、国家和人民利益遭受重大损失的情形。

在量刑起点的基础上，可以根据滥用职权的手段、影响、造成的经济损失等影响犯罪构成的犯罪事实增加刑罚量，确定基准刑。

（1）造成死亡每增加一人，可以增加一年刑期；

（2）造成重伤每增加一人，可以增加三个月至四个月刑期；

（3）造成轻伤每增加一人，可以增加一个月至二个月刑期；

（4）造成经济损失每增加4万元，可以增加一个月刑期。

2. 法定刑在三年以上七年以下有期徒刑幅度的量刑起点和基准刑。

具有下列情形之一的，可以在三年至四年有期徒刑幅度内确定量刑起点：造成死亡三人以上，或者重伤九人以上，或者轻伤二十七人以上，或者重伤六人、轻伤九人以上，或者重伤三人、轻伤十八人以上的，或者经济损失150万元以上的。

在量刑起点的基础上，可以根据滥用职权的手段、影响、造成的经济损失等影响犯罪构成的犯罪事实增加刑罚量，确定基准刑。

（1）造成死亡每增加一人，可以增加六个月刑期；

（2）造成重伤每增加一人，可以增加二个月至四个月刑期；

（3）造成轻伤每增加一人，可以增加一个月至二个月刑期；

（4）造成经济损失每增加40万元，可以增加一个月刑期。

3. 国家机关工作人员私舞弊犯前款罪，法定刑在五年以下有期徒刑幅度的量刑起点和基准刑。

具有下列情形之一的，可以在拘役至一年有期徒刑幅度内确定量刑起点：造成死亡一人以上，或者重伤三人以上，或者轻伤九人以上，或者重伤二人、轻伤三人以上，或者重伤一人、轻伤六人以上的；造成经济损失30万元以上的；造成恶劣社会影响的；其他致使公共财产、国家和人民利益遭受重大损失的情形。

在量刑起点的基础上，可以根据滥用职权的手段、影响、造成的经济损失等影响犯罪构成的犯罪事实增加刑罚量，确定基准刑。

（1）造成死亡每增加一人，可以增加二年刑期；
（2）造成重伤每增加一人，可以增加八个月至十个月刑期；
（3）造成轻伤每增加一人，可以增加一个月至三个月刑期；
（4）造成经济损失每增加2万元，可以增加一个月刑期。

4. 国家机关工作人员徇私舞弊犯前款罪，法定刑在五年以上十年以下有期徒刑幅度的量刑起点和基准刑。

具有下列情形之一的，可以在五年至六年有期徒刑内确定量刑起点：造成死亡三人以上，或者重伤九人以上，或者轻伤二十七人以上，或者重伤六人、轻伤九人以上，或者重伤三人、轻伤十八人以上的；造成经济损失150万元以上的。

在量刑起点的基础上，可以根据滥用职权的手段、影响、造成的经济损失等影响犯罪构成的犯罪事实增加刑罚量，确定基准刑。

（1）造成死亡每增加一人，可以增加一年刑期；
（2）造成重伤每增加一人，可以增加三个月至五个月刑期；
（3）造成轻伤每增加一人，可以增加一个月至三个月刑期；
（4）造成经济损失每增加30万元，可以增加一个月刑期。

（三）玩忽职守罪

1. 法定刑在拘役、三年以下有期徒刑幅度的量刑起点和基准刑。

具有下列情形之一的，可以在拘役至一年有期徒刑幅度确定量刑起点：造成死亡一人以上，或者重伤三人以上，或者轻伤九人以上，或者重伤二人、轻伤三人以上，或者重伤一人、轻伤六人以上的；造成经济损失30万元以上的；造成恶劣社会影响的；其他致使公共财产、国家和人民利益遭受重大损失的情形。

在量刑起点的基础上，可以根据玩忽职守的手段、影响、造成的经济损失等影响犯罪构成的犯罪事实增加刑罚量，确定基准刑。

（1）造成死亡每增加一人，可以增加一年刑期；
（2）造成重伤每增加一人，可以增加三个月至四个月刑期；
（3）造成轻伤每增加一人，可以增加一个月至二个月刑期；
（4）造成经济损失每增加4万元，可以增加一个月刑期。

2. 法定刑在三年以上七年以下有期徒刑幅度的量刑起点和基准刑。

具有下列情形之一的，可以在三年至四年有期徒刑幅度内确定量刑起点：造成死亡三人以上，或者重伤九人以上，或者轻伤二十七人以上，或者重伤六人、轻伤九人以上，或者重伤三人、轻伤十八人以上的；造成经济损失150万以上的。

在量刑起点的基础上，可以根据玩忽职守的手段、影响、造成的经济损失等影响犯罪构成的犯罪事实增加刑罚量，确定基准刑。

（1）造成死亡每增加一人，可以增加六个月刑期；
（2）造成重伤每增加一人，可以增加二个月至四个月刑期；
（3）造成轻伤每增加一人，可以增加一个月至二个月刑期；
（4）造成经济损失每增加40万元，可以增加一个月刑期。

3. 国家机关工作人员徇私舞弊犯前款罪，法定刑在五年以下有期徒刑幅度的量刑起点和基准刑。

具有下列情形之一的，可以在拘役至一年有期徒刑幅度内确定量刑起点：造成死亡一人以上，或者重伤三人以上，或者轻伤九人以上，或者重伤二人、轻伤三人以上，或者重伤一人、轻伤六人以上的；造成经济损失30万元以上的；造成恶劣社会影响的；其他致使公共财产、国家和人民利益遭受重大损失的情形。

在量刑起点的基础上，可以根据玩忽职守的手段、影响、造成的经济损失等影响犯罪构成的犯罪事实增加刑罚量，确定基准刑。

（1）造成死亡每增加一人，可以增加二年刑期；
（2）造成重伤每增加一人，可以增加八个月至十个月刑期；
（3）造成轻伤每增加一人，可以增加一个月至三个月刑期；
（4）造成经济损失每增加2万元，可以增加一个月刑期。

4. 国家机关工作人员徇私舞弊犯前款罪，法定刑在五年以上十年以下有期徒刑幅度的量刑起点和基准刑。

具有下列情形之一的，可以在五年至六年有期徒刑幅度内确定量刑起点：造成死亡三人以上，或者重伤九人以上，或者轻伤二十七人以上，或者重伤六人、轻伤九人以上，或者重伤三人、轻伤十八人以上的；造成经济损失150万元以上的。

在量刑起点的基础上，可以根据玩忽职守的手段、影响、造成的经济损失等影响犯罪构成的犯罪事实增加刑罚量，确定基准刑。

（1）造成死亡每增加一人，可以增加一年刑期；
（2）造成重伤每增加一人，可以增加三个月至五个月刑期；
（3）造成轻伤每增加一人，可以增加一个月至三个月刑期；
（4）造成经济损失每增加30万元，可以增加一个月刑期。

（四）生产、销售伪劣产品罪

1. 法定刑在拘役、二年以下有期徒刑幅度的量刑起点和基准刑。

具有下列情形之一的，可以在拘役至六个月有期徒刑幅度内确定量刑起点：（1）销售金额达到5万元以上；（2）尚未销售，货值金额达到15万元以上；（3）销售金额不满5万元，但将已销售金额乘以3倍后，与尚未销售的伪劣产品货值金额合计达到15万元以上的。

在量刑起点的基础上，可以根据生产、销售伪劣产品的金额、造成的后果等增加刑罚量，确定基准刑。

具有下列情形的，可以增加相应的刑罚量。

（1）销售金额每增加7000元，尚未销售的金额每增加2万元，可以增加一个月刑期；
（2）每造成轻伤一人，可以增加三个月至六个月刑期；
（3）每造成重伤一人，可以增加六个月至一年刑期；
（4）每造成死亡一人，可以增加一年至二年刑期。

2. 法定刑在二年以上七年以下有期徒刑幅度的量刑起点和基准刑。

具有下列情形之一的，可以在二年至三年有期徒刑幅度内确定量刑起点：（1）销售金额达到20万元以上；（2）尚未销售，货值金额达到60万元以上；（3）销售金额不满20万元，但将已销售金额乘以s倍后，与尚未销售的伪劣产品货值金额合计达到60万元以上的。

在量刑起点的基础上，可以根据生产、销售伪劣产品的金额、造成的后果等增加刑罚量，确定基准刑。

（1）销售金额每增加5000元，尚未销售的金额每增加15000元，可以增加一个月刑期；
（2）每造成轻伤一人，可以增加三个月至六个月刑期；

（3）每造成重伤一人，可以增加六个月至一年刑期；
（4）每造成死亡一人，可以增加二年至三年刑期。

3. 法定刑在七年以上有期徒刑幅度的量刑起点和基准刑。

具有下列情形之一的，可以在七年至八年有期徒刑幅度内确定量刑起点：（1）销售金额达到50万元以上；（2）尚未销售，货值金额达到150万元以上；（3）销售金额不满50万元，但将已销售金额乘以3倍后，与尚未销售的伪劣产品货值金额合计达到150万元以上的。

在量刑起点的基础上，可以根据生产、销售伪劣产品的金额、造成的后果等增加刑罚量，确定基准刑。

（1）销售金额每增加15000元，尚未销售的金额每增加45000元，可以增加一个月刑期；
（2）每造成轻伤一人，可以增加三个月至六个月刑期；
（3）每造成重伤一人，可以增加六个月至一年刑期；
（4）造成死亡一人，可以增加三年至四年刑期。

4. 具有下列情形的，可以增加相应刑罚量，但同时具备两种以上情形的，不得超过基准刑的100%。

（1）在预防、控制突发传染病疫情等灾害期间或在自然灾害、事故灾难、公共卫生事件、社会安全事件等突发事件发生时期，生产、销售伪劣产品的；国家机关工作人员参与生产、销售伪劣产品犯罪等情形。每增加一种情形，增加基准刑的30以下；
（2）为吸毒、赌博等违法犯罪活动而生产、销售伪劣产品的，增加基准刑的50以下；
（3）其他可以增加刑罚量的情形。

5. 具有下列情形的，可以减少相应的刑罚量。

（1）确因生活所迫、学习、治病急需而生产、销售伪劣产品，可以减少基准刑的20以下；
（2）生产、销售伪劣产品犯罪事实被发现前，主动将所生产、销售的伪劣产品收回的，可以减少基准刑的50下；
（3）其他可以减少刑罚量的情形。

（五）拐卖妇女、儿童罪

1. 法定刑在五年以上十年以下有期徒刑幅度的量刑起点和基准刑。

拐卖妇女、儿童一人的，可以在五年至六年有期徒刑幅度内确定量刑起点。在量刑起点的基础上，可以根据拐卖妇女、儿童人数等增加刑罚量，确定基准刑。有下列情形的，可以增加相应的刑罚量。

（1）拐卖妇女、儿童二人的，可以增加二年至三年刑期；
（2）造成被拐卖的妇女、儿童或者其亲属轻伤的，每增加一名被害人，可以增加三个月至六个月刑期。

2. 法定刑在十年以上有期徒刑的量刑起点和基准刑。

具有下列情形之一的，可以在十年至十一年有期徒刑幅度内确定量刑起点。

（1）拐卖妇女、儿童集团的首要分子；
（2）拐卖妇女、儿童三人以上的；
（3）奸淫被拐卖的妇女的；
（4）诱骗、强迫被拐卖的妇女卖淫或者将被拐卖的妇女卖给他人迫使其卖淫的；
（5）以出卖为目的，使用暴力、胁迫或者麻醉方法绑架妇女、儿童的；
（6）以出卖为目的，偷盗婴幼儿的；
（7）造成被拐卖的妇女、儿童或者其亲属重伤、死亡或者其他严重后果的；
（8）将妇女、儿童卖往境外的；

（9）其他可以增加刑罚量的情形。

有下列情形的，可以增加相应的刑罚量。

（1）拐卖妇女、儿童三人以上的，每增加一人，可以增加二年至三年刑期；

（2）奸淫被拐卖的妇女的，每增加一名被害人，可以增加二年至三年刑期；

（3）诱骗、强迫被拐卖的妇女卖淫或者将被拐卖的妇女卖给他人迫使其卖淫的，每增加一名被害人，可以增加二年至三年刑期；

（4）以出卖为目的，使用暴力、胁迫或者麻醉方法绑架妇女、儿童的，每增加一名被害人，可以增加一年至二年刑期；

（5）以出卖为目的，偷盗婴幼儿的，每增加一名被害人，可以增加二年至三年刑期；

（6）造成被拐卖的妇女、儿童或者其亲属重伤、死亡或者其他严重后果的，每增加一名被害人，可以增加三年至五年刑期；

（7）将妇女、儿童卖往境外的，每增加一名被害人，可以增加二年至三年刑期；

（8）造成被拐卖的妇女、儿童或者其亲属轻伤的，每增加一名被害人，可以增加三个月至六个月刑期；

（9）其他可以增加刑罚量的情形。

（六）拒不支付劳动报酬罪

1. 法定刑在拘役、三年以下有期徒刑幅度的量刑起点和基准刑。

拒不支付一名劳动者三个月以上的劳动报酬且数额在1万元以上的或者拒不支付十名以上劳动者劳动报酬且数额累计在5万元以上的，可以在拘役至一年有期徒刑幅度内确定量刑起点。

在量刑起点的基础上，可以根据拒不支付劳动报酬人数、时间、数额等其他影响犯罪构成的犯罪事实增加刑罚量，确定基准刑。有下列情形的，可以增加相应的刑罚量。

（1）拒不支付一名劳动者三个月以上的劳动报酬且数额在1万元以上的，每增加一名劳动者，可以增加一个月至二个月刑期；每增加劳动报酬2000元，增加一个月至二个月刑期；政府有关部门责令支付仍不支付，每超过指定的期限三个月，可以增加一个月至二个月刑期。

（2）拒不支付十名以上劳动者劳动报酬且数额累计在5万元以上的，每增加一名劳动者，可以增加一个月至二个月刑期；每增加劳动报酬4000元，增加一个月至二个月刑期；政府有关部门责令支付仍不支付，每超过指定的期限三个月，可以增加一个月至二个月刑期。

2. 法定刑在三年以上七年以下有期徒刑幅度的量刑起点和基准刑。

具有下列情形之一的，可以在三年至四年有期徒刑幅度内确定量刑起点：造成劳动者或者其被赡养人、被扶养人、被抚养人的基本生活受到严重影响、重大疾病无法及时医治或者失学的；对要求支付劳动报酬的劳动者使用暴力或者进行暴力威胁的；造成其他严重后果的。

在量刑起点的基础上，可以根据拒不支付劳动报酬人数、时间、数额等其他影响犯罪构成的犯罪事实增加刑罚量，确定基准刑。有下列情形的，可以增加相应的刑罚量。

（1）对要求支付劳动报酬的劳动者使用暴力，每增加一人，可以增加一个月至三个月刑期；

（2）造成劳动者或者其被赡养人、被扶养人、被抚养人的基本生活受到严重影响、重大疾病无法及时医治或者失学的，每增加一人，可以增加六个月至一年刑期；

（3）造成劳动者或者其被赡养人、被扶养人、被抚养人自杀或死亡的，每增加一人，可以增加一年至二年刑期。

3. 有下列情形的，可以减少相应的刑罚量。

（1）在立案前支付劳动者的劳动报酬，并依法承担相应赔偿责任的，可以减少基准刑的50下；

（2）在提起公诉前支付劳动者的劳动报酬，并依法承担相应赔偿责任的，可以减少基准刑的 40 以下；

（3）在一审宣判前支付劳动者的劳动报酬，并依法承担相应赔偿责任的，可以减少基准刑的 30 以下。

（七）生产、销售不符合安全标准的食品罪

1. 法定刑在拘役、三年以下有期徒刑幅度的量刑起点和基准刑。

具有下列情形之一的，可以在拘役至一年有期徒刑幅度内确定量刑起点：（1）含有严重超出标准限量的致病性微生物、农药残留、兽药残留、重金属、污染物质以及其他危害人体健康的物质的；（2）属于病死、死因不明或者检验检疫不合格的畜、禽、兽、水产动物及其肉类、肉类制品的；（3）属于国家为防控疾病等特殊需要明令禁止生产、销售的；（4）婴幼儿食品中生长发育所需营养成分严重不符合食品安全标准的；（5）其他足以造成严重食物中毒事故或者严重食源性疾病的情形。

在量刑起点的基础上，可以根据犯罪数额、犯罪对象、犯罪后果等其他影响犯罪构成的犯罪事实增加刑罚量，确定基准刑。有下列情形的，可以增加相应的刑罚量。

（1）造成轻微伤，每增加一人，可以增加一个月至二个月刑期；

（2）造成严重食物中毒或者其他严重食源性疾病的，每增加一人，增加二个月至四个月刑期；

（3）生产、销售金额每增加 6000 元，增加一个月刑期；

（4）属于婴幼儿食品的，生产、销售金额每增加 3000 元，增加一个月刑期；

（5）一年内曾因危害食品安全违法犯罪活动受过行政处罚或者刑事处罚的，生产、销售金额每增加 3000 元，增加一个月刑期；

（6）其他可以增加刑罚量的情形。

2. 法定刑在三年以上七年以下有期徒刑幅度的量刑起点和基准刑。

具有下列情形之一的，可以在三年至四年有期徒刑幅度内确定量刑起点：（1）造成轻伤以上伤害的；（2）造成轻度残疾或者中度残疾的；

（3）造成器官组织损伤导致一般功能障碍或者严重功能障碍的；（4）造成十人以上严重食物中毒或者其他严重食源性疾病的；（5）其他对人体健康造成严重危害的；（6）生产、销售金额 20 万元以上的；（7）生产、销售金额 10 万元以上不满 20 万元，不符合食品安全标准的食品数量较大或者生产、销售持续时间较长的；（8）生产、销售金额 10 万元以上不满 20 万元，属于婴幼儿食品的；（9）生产、销售金额 10 万元以上不满 20 万元，年内曾因危害食品安全违法犯罪活动受过行政处罚或者刑事处罚的；（10）其他情节严重的情形。

在量刑起点的基础上，可以根据犯罪数额、犯罪对象、犯罪后果等其他影响犯罪构成的犯罪事实增加刑罚量，确定基准刑。有下列情形的，可以增加相应的刑罚量。

（1）造成轻伤或轻度残疾或者中度残疾每增加一人，增加六个月至一年刑期；

（2）造成重伤，每增加一人，增加二年至三年刑期；

（3）造成严重食物中毒或者其他严重食源性疾病的，每增加一人，增加二个月至三个月刑期；

（4）生产、销售金额 20 万元以上，每增加 1 万元，增加一个月至二个月刑期；

（5）生产、销售金额 10 万元以上不满 20 万元，属于婴幼儿食品的，每增加 1 万元，增加一个月至二个月刑期；

（6）生产、销售金额 10 万元以上不满 20 万元，一年内曾因危害食品安全违法犯罪活动受过行政处罚或者刑事处罚的，每增加 1 万元，增加一个月至二个月刑期；

（7）其他可以增加刑罚量的情形。

3. 法定刑在七年以上有期徒刑幅度的量刑起点和基准刑。

具有下列情形之一的，可以在七年至八年有期徒刑幅度内确定量刑起点：（1）致人死亡或者重度残疾的；（2）造成三人以上重伤、中度残疾或者器官组织损伤导致严重功能障碍的；（3）造成十人以上轻伤、五人以上轻度残疾或者器官组织损伤导致一般功能障碍的；（4）造成三十人以上严重食物中毒或者其他严重食源性疾病的；（5）其他特别严重后果的。

在量刑起点的基础上，可以根据犯罪数额、犯罪对象、犯罪后果等其他影响犯罪构成的犯罪事实增加刑罚量，确定基准刑。有下列情形的，可以增加相应的刑罚量。

（1）致人死亡或者重度残疾的，每增加一人，增加一年至二年刑期；

（2）造成三人以上重伤、中度残疾或者器官组织损伤导致严重功能障碍的，每增加一人，增加六个月至一年刑期；

（3）造成十人以上轻伤、五人以上轻度残疾或者器官组织损伤导致一般功能障碍的，每增加一人，增加二个月至四个月刑期；

（4）造成三十人以上严重食物中毒或者其他严重食源性疾病的，每增加一人，增加一个月至二个月刑期；

（5）其他可以增加刑罚量的情形。

（八）污染环境罪

1. 法定刑在拘役、三年以下有期徒刑幅度的量刑起点和基准刑。

具有下列情形之一的，可以在拘役至一年有期徒刑幅度内确定量刑起点：（1）在饮用水水源一级保护区、自然保护区核心区排放、倾倒、处置有放射性的废物、含传染病病原体的废物、有毒物质的；（2）非法排放、倾倒、处置危险废物三吨以上的；（3）排放、倾倒、处置含铅、汞、镉、铬、砷、铊、梯的污染物，超过国家或者地方污染物排放标准三倍以上的；（4）排放、倾倒、处置含镍、铜、锌、银、钒、锰、钴的污染物，超过国家或者地方污染物排放标准十倍以上的；（5）通过暗管、渗井、渗坑、裂隙、溶洞、灌注等逃避监管的方式排放、倾倒、处置有放射性的废物、含传染病病原体的废物、有毒物质的；（6）二年内曾因违反国家规定，排放、倾倒、处置有放射性的废物、含传染病病原体的废物、有毒物质受过两次以上行政处罚，又实施前列行为的；（7）重点排污单位篡改、伪造自动监测数据或者干扰自动监测设施，排放化学需氧量、氨氮、二氧化硫、氮氧化物等污染物的；（8）违法减少防治污染设施运行支出一百万元以上的；（9）违法所得或者致使公私财产损失三十万元以上的；（10）造成生态环境严重损害的；（11）致使乡镇以上集中式饮用水水源取水中断十二小时以上的；（12）致使基本农田、防护林地、特种用途林地五亩以上，其他农用地十亩以上，其他土地二十亩以上基本功能丧失或者遭受永久性破坏的；（13）致使森林或者其他林木死亡五十立方米以上，或者幼树死亡二千五百株以上的；（14）致使疏散、转移群众五千人以上的；（15）致使三十人以上中毒的；（16）致使三人以上轻伤、轻度残疾或者器官组织损伤导致一般功能障碍的；（17）致使一人以上重伤、中度残疾或者器官组织损伤导致严重功能障碍的；（18）其他严重污染环境的情在量刑起点的基础上，可以根据犯罪对象、犯罪后果等其他影响犯罪构成的犯罪事实增加刑罚量，确定基准刑。有下列情形的，可以增加相应的刑罚量。

（1）非法排放、倾倒、处置危险废物每增加3吨，增加一个月至二个月刑期；

（2）排放、倾倒、处置含铅、汞、镉、铬、砷、蛇、梯的污染物，超过国家或者地方污染物排放标准，每增加1倍，增加一个月至三个月刑期；排放、倾倒、处置含镍、铜、锌、银、钒、锰、钴的污染物，超过国家或者地方污染物排放标准，每增加2倍，增加一个月至三个月刑期；

（3）违法减少防治污染设施运行支出每增加1.5万元，增加一个月至三个月刑期；

（4）两年内曾因违反国家规定，排放、倾倒、处置有放射性的废物、含传染病病原体的废物、有毒物质，又实施前列行为的，每增加一次行政处罚，增加一个月至三个月刑期；

（5）致使乡镇以上集中式饮用水水源取水中断每增加12小时，增加一个月至三个月刑期；

（6）致使基本功能丧失或者遭受永久性破坏的，基本农田、防护林地、特种用途林地每增加1亩，增加三个月至四个月刑期；其他农用地每增加1亩，增加二个月至三个月刑期；其他土地每增加1亩，增加一个月至二个月刑期；

（7）致使森林或者其他林木死亡每增加3立方米，增加一个月刑期，或者每增加幼树死亡150株，增加一个月刑期；

（8）致使公私财产损失每增加2万元，增加一个月刑期；

（9）致使疏散、转移群众每增加三百人，增加一个月刑期；

（10）致使一人以上重伤、中度残疾或者器官组织损伤导致严重功能障碍的，每增加一人轻伤、轻度残疾或者器官组织损伤导致一般功能障碍的，可以增加三个月至六个月刑期；

（11）致使一人以上重伤、中度残疾或者器官组织损伤导致严重功能障碍的，每增加一人重伤、中度残疾或者器官组织损伤导致严重功能障碍的，可以增加一年刑期。

2. 法定刑在三年以上七年以下有期徒刑幅度的量刑起点和基准刑。

具有下列情形之一的，可以在三年至四年有期徒刑幅度内确定量刑起点：（1）致使县级以上城区集中式饮用水水源取水中断十二小时以上的；（2）非法排放、倾倒、处置危险废物一百吨以上的；（3）致使基本农田、防护林地、特种用途林地十五亩以上，其他农用地三十亩以上，其他土地六十亩以上基本功能丧失或者遭受永久性破坏的；（4）致使森林或者其他林木死亡一百五十立方米以上，或者幼树死亡七千五百株以上的；（5）致使公私财产损失一百万元以上的；（6）造成生态环境特别严重损害的；（7）致使疏散、转移群众一万五千人以上的；（8）致使一百人以上中毒的；（9）致使十人以上轻伤、轻度残疾或者器官组织损伤导致一般功能障碍的；（10）致使三人以上重伤、中度残疾或者器官组织损伤导致严重功能障碍的；（11）致使一人以上重伤、中度残疾或者器官组织损伤导致严重功能障碍，并致使五人以上轻伤、轻度残疾或者器官组织损伤导致一般功能障碍的；（12）致使一人以上死亡或者重度残疾的；（13）其他后果特别严重的情形。

在量刑起点的基础上，可以根据犯罪对象、犯罪后果等其他影响犯罪构成的犯罪事实增加刑罚量，确定基准刑。有下列情形的，可以增加相应的刑罚量。

（1）致使县级以上城区集中式饮用水水源取水中断每增加12个小时，增加一个月至三个月刑期；

（2）非法排放、倾倒、处置危险废物每增加5吨，增加一个月刑期；

（3）致使基本功能丧失或者遭受永久性破坏的，基本农田、防护林地、特种用途林地每增加3亩，增加三个月至四个月刑期；其他农用地每增加3亩，增加二个月至三个月刑期；其他土地每增加3亩，增加一个月至二个月刑期；

（4）致使森林或者其他林木死亡每增加9立方米，增加一个月至二个月刑期，或者每增加幼树死亡400株，增加一个月至二个月刑期；

（5）致使公私财产损失每增加6万元，增加一个月至二个月刑期；

（6）致使疏散、转移群众每增加900人，增加一个月至二个月刑期；

（7）致使三人以上重伤、中度残疾或者器官组织损伤导致严重功能障碍的，每增加三人轻伤、轻度残疾或者器官组织损伤导致一般功能障碍的，可以增加三个月至六个月刑期；

（8）致使三人以上重伤、中度残疾或者器官组织损伤导致严重功能障碍的，每增加重伤、中度残疾或者器官组织损伤导致严重功能障碍一人，可以增加一年至二年刑期；

（9）致使死亡或重度残疾每增加一人，增加一年至二年刑期。

3. 有下列情形的，可以增加或减少相应的刑罚量。

（1）阻挠环境监督检查或者突发环境事件调查的，尚不构成妨害公务等犯罪的，增加基准刑的 30 以下；

（2）在医院、学校、居民区等人口集中地区及其附近，违反国家规定排放、倾倒、处置有放射性的废物、含传染病病原体的废物、有毒物质或者其他有害物质的，增加基准刑的 30 以下；

（3）在重污染天气预警期间、突发环境事件处置期间或者被责令限期整改期间，违反国家规定排放、倾倒、处置有放射性的废物、含传染病病原体的废物、有毒物质或者其他有害物质的，增加基准刑的 30% 以下；

（4）及时采取措施，防止损失扩大，消除污染，积极赔偿损失的，减少基准刑的 30 以下；

（5）具有危险废物经营许可证的企业违反国家规定排放、倾倒、处置有放射性的废物、含传染病病原体的废物、有毒物质或者其他有害物质的，增加基准刑的 30 下；

（6）其他可以增加或减少刑罚量的情形。

（九）编造、故意传播虚假恐怖信息罪

1. 法定刑在拘役、五年以下有期徒刑幅度的量刑起点和基准刑。

具有下列情形之一的，可以在拘役至一年有期徒刑幅度内确定量刑起点：（1）致使机场、车站、码头、商场、影剧完、运动场馆等人员密集场所秩序混乱，或者采取紧急疏散措施的；（2）影响航空器、列车、船舶等大型客运交通工具正常运行的；（3）致使国家机关、学校、医院、厂矿企业等单位的工作、生产、经营、教学、科研等活动中断的；（4）造成行政村或者社区居民生活秩序严重混乱的；（5）致使公安、武警、消防、卫生检疫等职能部门采取紧急应对措施的；（6）其他严重扰乱社会秩序的。

在量刑起点的基础上，可以根据犯罪对象、犯罪后果等其他影响犯罪构成的犯罪事实增加刑罚量，确定基准刑。具有下列情形的，可以增加基准刑的 30 以下：

（1）致使航班降落或返航；或者致使列车、船舶等大型客运交通工具中断运行的；

（2）多次编造、故意传播虚假恐怖信息的；

（3）造成直接经济损失 20 万元以上的；

（4）造成乡镇、街道区域范围居民生活秩序严重混乱的；

（5）其他可以增加刑罚量的情形。

2. 法定刑在五年以上有期徒刑幅度的量刑起点和基准刑。

具有下列情形之一的，可以在五年至六年有期徒刑幅度内确定量刑起点：（1）造成三人以上轻伤或者一人以上重伤的；（2）造成直接经济损失 50 万元以上的；（3）造成县级以上区域范围居民生活秩序严重混乱的；（4）妨碍国家重大活动进行的；（5）造成其他严重后果的。

在量刑起点的基础上，可以根据犯罪对象、犯罪后果等其他影响犯罪构成的犯罪事实增加刑罚量，确定基准刑。有下列情形的，可以增加相应的刑罚量。

（1）造成轻伤每增加三人或者重伤每增加一人，增加三个月至六个月刑期；

（2）造成直接经济损失每增加 10 万元，增加三个月至六个月刑期；

（3）其他可以增加刑罚量的情形。

二、附则

1. 本实施细则仅规范上列九种犯罪判处拘役、有期徒刑的案件。
2. 本实施细则所称以上、以下，均包括本数。
3. 本实施细则如果与刑法、司法解释、刑事司法政策以及最高人民法院《关于常见犯罪的量刑指导意见》相冲突，以上述法律、法规、政策为准，本实施细则将随法律、司法解释和刑事司法政策以及上级法院规定的变动适时作出调整。

4. 本实施细则自 2017 年 8 月 1 日起试行。

5. 本实施细则由辽宁省高级人民法院负责解释。

附录5

山东省高级人民法院《关于常见犯罪的量刑指导意见》实施细则

（鲁高法〔2014〕111号）

全省各市中级人民法院、济南铁路运输中级法院：

《山东省高级人民法院〈关于关于常见犯罪的量刑指导意见〉实施细则》已于2014年6月9日经省法院审判委员会第37次会议讨论通过，并报请最高人民法院批复同意，现印发给你们，请认真遵照执行，确保量刑规范化工作顺利、全面实施。在执行过程中，遇到的重大疑难问题，请及时层报省法院刑四庭。

山东省高级人民法院
2014年9月25日

山东省高级人民法院《关于常见犯罪的量刑指导意见》实施细则

（2014年6月9日山东省高级人民法院审判委员会第37次会议讨论通过，
2014年6月26日最高人民法院批复同意）

为进一步规范刑罚裁量权，落实宽严相济刑事政策，增强量刑的公开性，实现量刑公正，根据刑法、刑诉法、刑事司法解释及最高人民法院《关于常见犯罪的量刑指导意见》等规定，结合我省审判实践，制定本细则。

一、量刑的指导原则

1. 量刑应当以事实为根据，以法律为准绳，根据犯罪的事实、性质、情节和对于社会的危害程度，决定判处的刑罚。

2. 量刑既要考虑被告人所犯罪行的轻重，又要考虑被告人应负刑事责任的大小，做到罪责刑相适应，实现惩罚和预防犯罪的目的。

3. 量刑应当贯彻宽严相济的刑事政策，做到该宽则宽，当严则严，宽严相济，罚当其罪，确保裁判法律效果和社会效果的统一。

4. 量刑要客观、全面把握不同时期不同地区的经济社会发展和治安形势的变化，确保刑法任务的实现；对于同一地区同一时期、案情相近或相似的案件，所判处的刑罚应当基本均衡。

二、量刑的基本方法

量刑时，应在定性分析的基础上，结合定量分析，依次确定量刑起点、基准刑和宣告刑。

1. 量刑步骤

（1）根据基本犯罪构成事实在相应的法定刑幅度内确定量刑起点；

（2）根据其他影响犯罪构成的犯罪数额、犯罪次数、犯罪后果等犯罪事实，在量刑起点的基础上增加刑罚量确定基准刑；

（3）根据量刑情节调节基准刑，确定拟宣告刑；

（4）综合考虑全案情况，根据拟宣告刑依法确定宣告刑。

2. 量刑情节调节基准刑的方法

（1）具有单个量刑情节的，根据量刑情节的调节比例直接调节基准刑，得到拟宣告刑。

（2）具有多个量刑情节的，先适用未成年人犯罪、老年人犯罪、限制行为能力的精神病人犯罪、又聋又哑的人或者盲人犯罪、防卫过当、避险过当、犯罪预备、犯罪未遂、犯罪中止、从犯、胁从犯、教唆犯等罪中量刑情节，采用连乘的方法依次调节基准刑；在此基础上，再适用自首、立功、累犯等罪前、罪后量刑情节，采用同向相加、逆向相减的方法进行调节。

（3）被告人犯数罪，同时具有适用于各个罪的立功、累犯等量刑情节的，先适用该量刑情节调节个罪的基准刑，确定个罪所应判处的刑罚，再依法实行数罪并罚，决定执行的刑罚。

3. 确定宣告刑的方法

（1）拟宣告刑在法定刑幅度内，且罪责刑相适应的，可以直接确定为宣告刑；如果具有应当减轻处罚情节的，应依法在法定最低刑以下确定宣告刑。

（2）拟宣告刑在法定最低刑以下，具有法定减轻处罚情节，且罪责刑相适应的，可以直接确定为宣告刑；只有从轻处罚情节的，可以依法确定法定最低刑为宣告刑；但是根据案件的特殊情况，经最高人民法院核准的，也可以在法定刑以下判处刑罚。

（3）拟宣告刑在法定最高刑以上的，可以依法确定法定最高刑为宣告刑。

（4）综合考虑全案情况，拟宣告刑与罪责刑不相适应的，独任审判员或合议庭可以在20%的幅度内对拟宣告刑进行调整，确定宣告刑。当调整后的拟宣告刑仍然与罪责刑不相适应的，应当提交审判委员会讨论，依法确定宣告刑。

（5）综合全案犯罪事实和量刑情节，依法应当判处无期徒刑以上刑罚、管制或者单处附加刑的，应当依法判处；犯罪情节轻微，不需要判处刑罚的，可依法免除处罚。

（6）拟判处三年以下有期徒刑、拘役并符合判处缓刑适用条件的，可以依法宣告缓刑；对其中不满十八周岁的人、怀孕的妇女和已满七十五周岁的人，应当宣告缓刑。

（7）确定的宣告刑一般以月为单位。

三、常见量刑情节的适用

量刑时要充分考虑各种法定和酌定量刑情节，根据案件的全部犯罪事实以及量刑情节的不同情形，依法确定量刑情节的适用及其调节比例。对严重暴力犯罪、毒品犯罪等严重危害社会治安犯罪，在确定从宽的幅度时，应当从严掌握；对犯罪较轻的犯罪，应当充分体现从宽。具体确定各个量刑情节的调节比例时，应当综合平衡调节幅度与实际增减刑罚量的关系，确保罪责刑相适应。

（一）先适用的量刑情节

1. 对于未成年人犯罪，应当综合考虑未成年人对犯罪的认识能力、实施犯罪行为的动机和目的、犯罪时的年龄、是否初犯、偶犯、悔罪表现、个人成长经历和一贯表现等情况，予以从宽处罚。

（1）已满十四周岁不满十六周岁的未成年人犯罪，应当减少基准刑的30%-60%；

（2）已满十六周岁不满十八周岁的未成年人犯罪，应当减少基准刑的10%-50%。

被告人在年满十八周岁前后实施了同种犯罪行为，应当根据具体犯罪情况确定从宽幅度。

但因未成年犯罪所减少的刑罚量不得超过未成年犯罪事实所对应的刑罚量。

未成年人犯根据其所犯罪行，可能被判处拘役、三年以下有期徒刑，如果悔罪表现好，并具有"系又聋又哑的人或者盲人；防卫过当或者避险过当；犯罪预备、中止或者未遂；共同犯罪中的从犯、胁从犯；犯罪后自首或者有立功表现；其他犯罪情节轻微不需要判处刑罚"情形之一的，应当依照刑法第三十七条的规定免除处罚。

2. 对于已满七十五周岁的老年人犯罪，综合考虑老年人对犯罪的认识能力、实施犯罪的动机和目的、犯罪时的年龄、犯罪的性质和后果、悔罪表现等情况，予以从宽处罚。

（1）故意犯罪的，可以减少基准刑的40%以下；

（2）过失犯罪的，应当减少基准刑的20%-50%。

3. 对于尚未完全丧失辨认或者控制自己行为能力的精神病人犯罪，综合考虑精神疾病的严重程度、行为人对犯罪的辨认和控制能力、实施犯罪的动机和目的、犯罪的性质和后果、悔罪表现等情况，可以减少基准刑的40%以下。

4. 对于又聋又哑的人或者盲人犯罪，综合考虑行为人对犯罪的认识能力、实施犯罪的动机和目的、盲聋哑的残疾程度、犯罪的性质和后果、悔罪表现等情况，可以减少基准刑的40%以下；犯罪较轻的，可以减少基准刑的40%以上或者依法免除处罚。

5. 对于防卫过当的，应当综合考虑犯罪的性质、防卫过当的程度、造成损害的大小等情况，减少基准刑的50%以上或者依法免除处罚。

6. 对于避险过当的，应当综合考虑犯罪的性质、避险的原因、避险过当的程度、造成损害的大小等情况，减少基准刑的40%以上或者依法免除处罚。

7. 对于预备犯，综合考虑犯罪的性质、预备的程度等情况，可以比照既遂犯减少基准刑的60%以下；犯罪较轻的，可以减少基准刑的60%以上或者依法免除处罚。

8. 对于未遂犯，综合考虑犯罪行为的实行程度、造成损害的大小、犯罪未得逞的原因等情况，可以比照既遂犯从宽处罚。

（1）实行终了的未遂犯，造成损害后果的，可以比照既遂犯减少基准刑的30%以下；未造成损害后果的，可以比照既遂犯减少基准刑的40%以下。

（2）未实行终了的未遂犯，造成损害后果的，可以比照既遂犯减少基准刑的40%以下；未造成损害后果的，可以比照既遂犯减少基准刑的50%以下。

对于同一罪名中，既有犯罪既遂，又有犯罪未遂的，除相关罪名的司法解释另有规定的以外，可以根据犯罪的具体情况，适当确定从宽的幅度。但因犯罪未遂所减少的刑罚量不得超过未遂部分事实所对应的刑罚量。

9. 对于中止犯，应当综合考虑中止犯罪的阶段、自动放弃犯罪的原因以及造成的危害后果大小等情况，比照既遂犯减少基准刑的40%-80%；没有造成损害的，应当免除处罚。

10. 对于从犯，应当综合考虑其在共同犯罪中的地位、作用，以及是否实施犯罪实行行为等情况，减少基准刑的20%-50%；犯罪较轻的，应当减少基准刑的50%以上或者依法免除处罚。

11. 对于共同犯罪中罪责相对较轻的主犯，可以减少基准刑的30%以下。

12. 对于胁从犯，应当综合考虑犯罪的性质、被胁迫的程度以及在共同犯罪中的作用等情况，减少基准刑的40%-60%；犯罪较轻的，减少基准刑的60%以上或者依法免除处罚。

13. 对于教唆犯，综合考虑其在共同犯罪中的地位、作用以及被教唆人是否实施被教唆之罪等情况，予以从宽或者从重处罚。

（1）教唆犯系从犯或者罪责相对较轻的，可以参照第10条至第12条的规定从宽处罚；

（2）教唆不满十八周岁的人犯罪的，应当增加基准刑的10%-30%；

（3）教唆限制行为能力人犯罪的，可以增加基准刑的20%以下；

（4）被教唆人没有实施被教唆之罪的，可以减少基准刑的50%以下。

14. 对于被害人有过错或者对矛盾激化负有责任的，综合考虑被害人过错程度、犯罪的性质和后果等情况，可以减少基准刑的40%以下。

15. 对于犯罪对象为未成年人、老年人、残疾人、孕妇等弱势人员的，综合考虑犯罪的性质、犯罪的后果等情况，予以从重处罚。
（1）暴力型犯罪的，可以增加基准刑的20%以下；
（2）非暴力型犯罪的，可以增加基准刑的10%以下。

16. 对于在重大自然灾害、预防、控制突发传染病疫情等灾害期间故意犯罪的，根据案件的具体情况，可以增加基准刑的20%以下。

（二）后适用的量刑情节

17. 对于累犯，应当综合考虑前后罪的性质、刑罚执行完毕或赦免以后至再犯罪时间的长短以及前后罪罪行轻重等情况，增加基准刑的10%-40%。

18. 对于有前科的，综合考虑前科的性质、次数、时间间隔长短和处罚轻重等情况，可以增加基准刑的10%以下，但是前科犯罪为过失犯罪、未成年人犯罪的除外。

19. 对于自首情节，综合考虑自首的动机、时间、方式、罪行轻重、如实供述罪行的程度以及悔罪表现等情况，予以从宽处罚。
（1）犯罪事实或犯罪嫌疑人未被司法机关发觉，主动投案自首的，可以减少基准刑的40%以下。
（2）犯罪事实和犯罪嫌疑人已被司法机关发觉，但尚未受到调查谈话、讯问，或者未被采取调查措施或强制措施，主动投案构成自首的，可以减少基准刑的30%以下。
（3）犯罪嫌疑人、被告人如实供述司法机关尚未掌握的不同种罪行，以自首论的，可以减少基准刑的30%以下。
（4）并非出于被告人主动，而是经亲友规劝、陪同投案，或亲友送去投案等情形构成自首的，可以减少基准刑的25%以下。
（5）罪行尚未被司法机关发觉，仅因形迹可疑被有关组织或司法机关盘问、教育后，主动交代自己的罪行构成自首的，可以减少基准刑的25%以下。
（6）其他类型的自首，可以减少基准刑的20%以下。
（7）犯罪较轻的自首，减少基准刑的调节比例可以突破上述规定的从宽上限或者依法免除处罚。
恶意利用自首规避法律制裁等不足以从宽处罚的，可以不予从宽处理。

20. 对于犯罪后积极抢救被害人的，综合考虑犯罪性质、抢救效果、人身损害后果等情况，可以减少基准刑的20%以下。

21. 对于坦白情节，综合考虑如实供述罪行的阶段、程度、罪行轻重以及悔罪程度等情况，确定从宽的幅度。
（1）如实供述自己罪行的，可以减少基准刑的20%以下；
（2）如实供述司法机关尚未掌握的同种较重罪行的，可以减少基准刑的10%-30%；
（3）因如实供述罪行，避免特别严重后果发生的，可以减少基准刑的30%-50%；
（4）揭发同案犯共同犯罪事实的，可以减少基准刑的10%以下。

22. 对于当庭自愿认罪的，根据犯罪的性质、罪行的轻重、认罪程度以及悔罪表现等情况，可以减少基准刑的10%以下，依法认定自首、坦白的除外。

23. 对于立功情节，综合考虑立功的大小、次数、内容、来源、效果以及罪行轻重等情况，确定从宽的幅度。
（1）一般立功的，可以减少基准刑的20%以下。

（2）重大立功的，可以减少基准刑的20%-50%；犯罪较轻的，可以减少基准刑的50%以上或者依法免除处罚。

24. 对于退赃、退赔的，综合考虑犯罪性质，退赃、退赔行为对损害结果所能弥补的程度，退赃、退赔的数额及主动程度等情况，可以减少基准刑的30%以下；其中抢劫等严重危害社会治安犯罪的应从严掌握。

25. 对于积极赔偿被害人经济损失并取得谅解的，综合考虑犯罪性质、赔偿数额、赔偿能力以及认罪、悔罪程度等情况，可以减少基准刑的40%以下；积极赔偿但没有取得谅解的，可以减少基准刑的30%以下；尽管没有赔偿，但取得谅解的，可以减少基准刑的20%以下；其中抢劫、强奸等严重危害社会治安犯罪的应从严掌握。

26. 对于当事人根据刑事诉讼法第二百七十七条达成和解协议的，综合考虑犯罪性质、和解原因以及认罪、悔罪程度等情况，可以减少基准刑的50%以下；犯罪较轻的，可以减少基准刑的50%以上或者依法免除处罚。

四、常见犯罪的量刑

在具体案件中，确定量刑起点，要考虑基本犯罪构成事实的社会危害性、被告人的主观恶性及社会治安状况等综合因素；确定基准刑，要根据其他影响犯罪构成犯罪事实的社会危害性增加相应刑罚量，做到罪责刑相适应。具有两种以上基本犯罪构成事实的，一般以危害较重的确定量刑起点，其他作为增加刑罚量的犯罪事实。基准刑不得超过法定刑幅度最高刑，但法定刑幅度包含无期徒刑以上刑罚的，基准刑可以超过十五年有期徒刑。

（一）交通肇事罪

1. 三年以下量刑幅度的量刑起点和基准刑：

（1）死亡一人或者重伤三人，负事故全部责任的，在一年六个月至二年有期徒刑幅度内确定量刑起点。重伤每增加一人，增加六个月刑期；轻伤每增加一人，增加三个月刑期。

死亡一人或者重伤三人，负事故主要责任的，在一年至一年六个月幅度内确定量刑起点。重伤每增加一人，增加三个月至五个月刑期；轻伤每增加一人，增加二个月至三个月刑期。

（2）死亡三人、负事故同等责任的，在一年六个月至二年有期徒刑幅度内确定量刑起点。死亡每增加一人，增加一年刑期；重伤每增加一人，增加三个月刑期；轻伤每增加一人，增加一个月刑期。

（3）造成公共财产或者他人财产直接损失，无能力赔偿数额达到30万元，负事故全部责任的，在一年至一年六个月有期徒刑幅度内确定量刑起点。每增加1.5万元，增加一个月刑期。

造成公共财产或者他人财产直接损失，无能力赔偿数额达到30万元，负事故主要责任的，在六个月拘役至一年有期徒刑幅度内确定量刑起点。每增加2万元，增加一个月刑期。

（4）重伤一人、负事故全部责任，并且具有最高人民法院《关于审理交通肇事刑事案件具体应用法律若干问题的解释》（以下简称《交通肇事解释》）第二条第二款规定的六种情形之一的，在六个月拘役至一年六个月有期徒刑幅度内确定量刑起点。每增加一种情形（不含第六项"为逃避法律追究逃离事故现场的"），增加六个月刑期；重伤每增加一人，增加六个月至一年刑期；轻伤每增加一人，增加二个月至三个月刑期。

重伤一人，负事故主要责任并且具有《交通肇事解释》第二条第二款规定的六种情形之一的，在三个月拘役至一年三个月有期徒刑幅度内确定量刑起点。每增加一种情形（不含第六项"为逃避法律追究逃离事故现场的"），增加三个月至六个月刑期；重伤每增加一人，增加三个月至六个月刑期；轻伤每增加一人，增加一个月至二个月刑期。

（5）其他增加刑罚量，确定基准刑的情形。

2. 三年以上七年以下量刑幅度的量刑起点和基准刑：

（1）死亡一人或者重伤三人、负事故全部责任，且肇事后逃逸的，在四年至五年有期徒刑幅度内确定量刑起点。重伤每增加一人，增加一年刑期；轻伤每增加一人，增加六个月刑期。

死亡一人或者重伤三人、负事故主要责任，且肇事后逃逸的，在三年至四年有期徒刑幅度内确定量刑起点。重伤每增加一人，增加六个月至九个月刑期；轻伤每增加一人，增加二个月至三个月刑期。

（2）死亡三人、负事故同等责任，且肇事后逃逸的，在四年至五年有期徒刑幅度内确定量刑起点。死亡每增加一人，增加一年六个月刑期；重伤每增加一人，增加六个月刑期。

（3）造成公共财产或者他人财产直接损失，无能力赔偿数额达到30万元，负事故全部责任且肇事后逃逸的，在三年六个月至四年有期徒刑幅度内确定量刑起点。每增加0.5万至1万元，增加一个月刑期。

造成公共财产或者他人财产直接损失，无能力赔偿数额达到30万元，负事故主要责任且肇事后逃逸的，在三年至三年六个月有期徒刑幅度内确定量刑起点。每增加1万至2万元，增加一个月刑期。

（4）重伤一人、负事故全部责任，具有《交通肇事解释》第二条第二款（一）至（五）项情形之一，且肇事后逃逸的，在三年六个月至四年六个月有期徒刑幅度内确定量刑起点。每增加一项情形，增加一年刑期；重伤每增加一人，增加一年至二年刑期；轻伤每增加一人，增加三个月至四个月刑期。

重伤一人、负事故主要责任，具有《交通肇事解释》第二条第二款（一）至（五）项情形之一，且肇事后逃逸的，在三年至三年六个月有期徒刑幅度内确定量刑起点。每增加一项情形，增加六个月至九个月刑期；重伤每增加一人，增加六个月至一年刑期；轻伤每增加一人，增加二个月至三个月刑期。

（5）死亡二人、负事故全部责任的，在四年至五年有期徒刑幅度内确定量刑起点。死亡每增加一人，增加一年六个月刑期；重伤每增加一人，增加六个月刑期；轻伤每增加一人，增加二个月刑期。

死亡二人、负事故主要责任的，在三年至四年有期徒刑幅度内确定量刑起点。死亡每增加一人，增加一年至一年三个月刑期；重伤每增加一人，增加三个月至五个月刑期；轻伤每增加一人，增加一个月至二个月刑期。

（6）重伤五人、负事故全部责任的，在四年至五年有期徒刑幅度内确定量刑起点。重伤每增加一人，增加六个月刑期；轻伤每增加一人，增加二个月刑期。

重伤五人、负事故主要责任的，在三年至四年有期徒刑幅度内确定量刑起点。重伤每增加一人，增加三个月至五个月刑期；轻伤人数每增加，增加一个月至二个月刑期。

（7）死亡六人、负事故同等责任的，在四年至五年有期徒刑幅度内确定量刑起点。死亡每增加一人，增加一年刑期；重伤每增加一人，增加三个月刑期；轻伤每增加一人，增加一个月刑期。

（8）造成公共财产或者他人财产直接损失，负事故全部责任，无能力赔偿数额达到60万元的，在三年六个月至四年有期徒刑幅度内确定量刑起点。每增加2万至3万元，增加一个月刑期。

（9）符合本条（5）至（8）项情形之一，同时具有逃逸情节的，增加一年至二年刑期。

（10）其他增加刑罚量，确定基准刑的情形。

3. 七年以上量刑幅度的量刑起点和基准刑：

因逃逸致一人死亡的，在八年至九年有期徒刑幅度内确定量刑起点。死亡每增加一人，增加三年至四年刑期；其他增加刑罚量，确定基准刑的情形，参照上述规定。

（二）故意伤害罪

1. 构成故意伤害罪的，根据下列不同情形在相应的幅度内确定量刑起点：

（1）故意伤害致一人轻伤的，轻伤二级的，在一年至一年六个月有期徒刑幅度内确定量刑起点；轻伤一级的，在一年六个月至二年有期徒刑幅度内确定量刑起点。

（2）故意伤害致一人重伤的，重伤二级的，在三年至四年有期徒刑幅度内确定量刑起点；重伤一级的，在四年至五年有期徒刑幅度内确定量刑起点。

（3）以特别残忍的手段故意伤害致一人重伤，造成六级严重残疾的，在十一年至十三年有期徒刑幅度内确定量刑起点。

下列手段致被害人身体器官缺损、身体器官明显畸形、身体器官中等功能障碍、造成严重并发症等情形，造成六级以上严重残疾的，可以认定为"特别残忍手段"：故意挖眼、割耳、鼻、挑筋、砍手足、剁髌骨的；故意用刀划面部、用硫酸等腐蚀性液体毁人容貌的；电击、烧烫他人隐私或要害部位的；其他特别残忍手段。

2. 在量刑起点的基础上，根据伤害后果、伤残等级、手段的残忍程度等其他犯罪事实增加刑罚量，确定基准刑。

（1）每增加一人轻微伤，增加一个月至二个月刑期。

（2）每增加一人轻伤，轻伤二级的，增加六个月至一年刑期；轻伤一级的，增加一年至一年六个月刑期。

（3）每增加一人重伤，重伤二级的，增加二年至三年刑期；重伤一级的，增加三年至四年刑期。

（4）造成被害人六级至三级残疾，每增加一级残疾，增加一年至一年六个月刑期；造成被害人残疾程度超过三级的，每增加一级残疾，增加二年至二年六个月刑期。

（5）使用刀具等锐器、棍棒等钝器伤人的，每次犯罪增加一个月至三个月刑期；使用枪支伤人的，每次犯罪增加六个月至一年刑期。事先准备或者携带上述工具并使用的，在增加刑期幅度内从重考虑。

（6）其他增加刑罚量，确定基准刑的情形。

3. 先适用的量刑情节

雇佣他人故意伤害的，增加基准刑的20%以下。

（三）强奸罪

1. 构成强奸罪的，根据下列不同情形在相应的幅度内确定量刑起点：

（1）强奸妇女一人一次，在四年至五年有期徒刑幅度内确定量刑起点。

（2）奸淫幼女一人一次，在五年至七年有期徒刑幅度内确定量刑起点。

（3）具有下列情形之一的，在十一年至十三年有期徒刑幅度内确定量刑起点：强奸妇女、奸淫幼女情节恶劣的；强奸妇女、奸淫幼女三人的；在公共场所当众强奸的；二人以上轮奸的；强奸致被害人重伤或者造成其他严重后果的。依法应当判处无期徒刑以上刑罚的除外。

2. 在量刑起点的基础上，根据强奸妇女、奸淫幼女情节恶劣程度、强奸人数、致人伤害后果等其他犯罪事实增加刑罚量，确定基准刑：

（1）强奸妇女每增加一人，增加二年至二年六个月刑期。

（2）奸淫幼女每增加一人，增加二年六个月至四年刑期。

（3）每增加一人轻微伤，增加二个月至三个月刑期。

（4）每增加一人轻伤，轻伤二级的，增加一年至一年六个月刑期；轻伤一级的，增加一年六个月至二年刑期。

（5）每增加一人重伤，重伤二级的，增加三年至三年六个月刑期；重伤一级的，增加四年至四年六个月刑期。

（6）造成被害人六级至三级残疾，每增加一级残疾，增加一年至一年六个月刑期；造成被害人残疾程度超过三级的，每增加一级残疾，增加二年至二年六个月刑期。

（7）每增加刑法第二百三十六条规定的五种情形之一（不含"致使被害人重伤的"），增加三年至五年刑期。

（8）其他增加刑罚量，确定基准刑的情形。

3. 先适用的量刑情节

强奸妇女具有下列情形之一的，可以从重处罚：

（1）持管制刀具、枪支等凶器强奸或者以非法拘禁、捆绑、虐待等方法强奸的，增加基准刑的30%以下。

（2）轮奸人数超过两人的，根据人数增加基准刑的10%-50%。

（3）强奸同一名妇女二次以上的，根据次数增加基准刑的10%-50%。

（4）利用亲属、职务、管理等特殊身份关系强奸妇女的，增加基准刑的30%以下。

强奸未成年人或者奸淫幼女具有下列情形之一，可以增加基准刑的40%以下，但同时具有两种以上情形的，累计不得超过基准刑的100%：

（1）对未成年人负有特殊职责的人员、与未成年人有共同家庭生活关系的人员、国家工作人员或者冒充国家工作人员强奸或者奸淫幼女的。

（2）进入未成年人住所、学生宿舍实施强奸或者奸淫幼女的。

（3）对不满十二周岁的儿童、农村留守儿童、严重残疾或者精神智力发育迟滞的未成年人实施强奸或者奸淫幼女的。

（4）采取暴力、胁迫、麻醉等强制手段实施奸淫幼女犯罪的。

（5）多次强奸未成年人或者奸淫幼女的。

（四）非法拘禁罪

1. 构成非法拘禁罪的，根据下列不同情形在相应的幅度内确定量刑起点：

（1）非法拘禁一人一次、犯罪情节一般的，在六个月拘役至九个月有期徒刑幅度内确定量刑起点。

（2）非法拘禁致一人重伤的，在四年至四年六个月有期徒刑幅度内确定量刑起点。

（3）非法拘禁致一人死亡的，在十二年至十三年有期徒刑幅度内确定量刑起点。

2. 在量刑起点的基础上，根据非法拘禁人数、拘禁时间、致人伤亡后果等其他犯罪事实增加刑罚量，确定基准刑：

（1）非法拘禁时间超过二十四小时的，每增加二十四小时，增加一个月刑期，但增加的总刑期一般不超过一年六个月。

（2）非法拘禁每增加一人，增加三个月至六个月刑期。

（3）每增加一人轻微伤，增加一个月至二个月刑期。

（4）每增加一人轻伤，轻伤二级的，增加六个月至九个月刑期；轻伤一级的，增加一年至一年三个月刑期。

（5）每增加一人重伤，重伤二级的，增加二年至二年六个月刑期；重伤一级的，增加三年至三年六个月刑期。

（6）造成被害人六级至三级残疾，每增加一级残疾，增加一年至一年六个月刑期；造成被害人残疾程度超过三级的，每增加一级残疾，增加二年至二年六个月刑期。

（7）每增加一人死亡，增加五年至六年刑期。

（8）其他增加刑罚量，确定基准刑的情形。

3. 先适用的量刑情节

（1）具有殴打、侮辱、虐待情节的（致人重伤、死亡的除外），可以增加基准刑的10%-20%。

（2）国家机关工作人员利用职权非法拘禁他人的，可以增加基准刑的10%-20%。

（3）冒充军警人员、司法人员非法拘禁他人的，可以增加基准刑的20%以下。

（4）持枪支、管制刀具或者其他凶器非法拘禁的，可以增加基准刑的20%以下。

（5）为索取高利贷、赌债等法律不予保护的债务而非法拘禁的，可以增加基准刑的30%以下。

（6）因参与传销非法拘禁他人的，可以增加基准刑的20%以下。

（7）为索取合法债务、争取合法权益而非法拘禁的，可以减少基准刑的30%以下。

（五）抢劫罪

1. 三年以上十年以下量刑幅度的量刑起点和基准刑：

（1）抢劫一次的，在四年至五年有期徒刑幅度内确定量刑起点。抢劫两次的，再增加二年至三年刑期。

（2）抢劫数额达到或者每增加1千元（贫困地区为600-800元），增加一个月刑期。

（3）每增加一人轻微伤，增加二个月至三个月刑期。每增加一人轻伤，轻伤二级的，增加九个月至一年刑期；轻伤一级的，增加一年三个月至一年六个月刑期。

（4）持枪支以外的管制刀具或者其他凶器抢劫的，增加六个月至一年刑期。

（5）其他增加刑罚量，确定基准刑的情形。

2. 十年以上量刑幅度的量刑起点和基准刑：

（1）具有下列情形之一的，在十一年至十三年有期徒刑幅度内确定量刑起点：入户抢劫的；在公共交通工具上抢劫的；抢劫银行或者其他金融机构的；抢劫三次或者抢劫数额达到6万元的；抢劫致一人重伤的；冒充军警人员抢劫的；持枪抢劫的；抢劫军用物资或者抢险、救灾、救济物资的。每增加一种情形，增加二年至三年刑期。依法应当判处无期徒刑以上刑罚的除外。

（2）每增加一次抢劫，增加一年至一年六个月刑期。

（3）抢劫数额超过6万元的，每增加3万至4万元（贫困地区为1万至2万元），增加一年刑期。

（4）每增加一人轻微伤，增加二个月至三个月刑期。每增加一人轻伤，轻伤二级的，增加一年至一年六个月刑期；轻伤一级的，增加一年六个月至二年刑期。

（5）每增加一人重伤，重伤二级的，增加三年至三年六个月刑期；重伤一级的，增加四年至四年六个月刑期。

（6）造成被害人六级至三级残疾，每增加一级残疾，增加一年至一年六个月刑期；造成被害人残疾程度超过三级的，每增加一级残疾，增加二年至二年六个月刑期。

（7）持枪支以外的管制刀具或者其他凶器抢劫的，增加六个月至一年刑期。

（8）其他增加刑罚量，确定基准刑的情形。

3. 先适用的量刑情节

（1）在公共场所当众实施抢劫的，可以增加基准刑的20%以下。

（2）三人以上结伙或者流窜实施抢劫的，可以增加基准刑的20%以下。

（3）抢劫家庭成员或者近亲属财物的，可以减少基准刑的20%以下。

（4）转化型抢劫的，可以减少基准刑的20%以下，入户盗窃、入户抢夺的除外。

（六）盗窃罪

1. 三年以下量刑幅度的量刑起点和基准刑：

（1）盗窃数额不满 2 千元，但两年内三次盗窃的，入户盗窃的，携带凶器盗窃的，或者扒窃的，具有任意一种情形，在三个月拘役至六个月有期徒刑幅度内确定量刑起点。每增加一种情形，增加三个月刑期。盗窃次数每增加一次，增加一个月刑期。

（2）盗窃数额达到 1 千元、不满 2 千元，且具有两高《关于办理盗窃刑事案件适用法律若干问题的解释》（以下简称《盗窃解释》）第二条规定的八种情形之一的，在三个月拘役至九个月有期徒刑幅度内确定量刑起点。每增加一种情形，增加三个月刑期。

（3）盗窃数额达到 2 千元，在三个月拘役至六个月有期徒刑幅度内确定量刑起点。每增加 2 千元，增加一个月刑期。

（4）盗窃国有馆藏一般文物 1 件，在六个月拘役至一年有期徒刑幅度内确定量刑起点。增加 1 件馆藏一般文物，增加一年刑期。

（5）其他增加刑罚量，确定基准刑的情形。

盗窃数额达到 2 千元、不满 6 万元，行为人认罪、悔罪、退赃、退赔，且具有下列情形之一，情节轻微的，可依法免除处罚：具有法定从宽处罚情节的；没有参与分赃或者获赃较少且不是主犯的；被害人谅解的；其他情节轻微、危害不大的。

2. 三年以上十年以下量刑幅度的量刑起点和基准刑：

（1）盗窃数额达到 3 万元、不满 6 万元，且具有《盗窃解释》第二条第（三）至（八）项规定情形之一的，或者入户盗窃的、携带凶器盗窃的，可以认定为"其他严重情节"，在三年至四年有期徒刑幅度内确定量刑起点。每增加一种情形，增加三个月至六个月刑期。

（2）盗窃数额达到 6 万元，在三年至四年有期徒刑幅度内确定量刑起点。每增加 5 千元，增加一个月刑期。

（3）盗窃国有馆藏一般文物 3 件，或者三级文物 1 件的，在三年至四年有期徒刑幅度内确定量刑起点。每增加 1 件一般文物，增加一年刑期；每增加 1 件三级文物，增加三年刑期。

（4）其他增加刑罚量，确定基准刑的情形。

3. 十年以上量刑幅度的量刑起点和基准刑：

（1）盗窃数额达到 20 万元、不满 40 万元，且具有《盗窃解释》第二条第（三）至（八）项规定情形之一的，或者入户盗窃的、携带凶器盗窃的，可以认定为"其他特别严重情节"，在十年至十二年有期徒刑幅度内确定量刑起点。每增加一种情形，增加一年至二年刑期。

（2）盗窃数额达到 40 万元的，在十年至十二年有期徒刑幅度内确定量刑起点。每增加 20 万至 40 万元，增加一年刑期。依法应当判处无期徒刑的除外。

（3）盗窃国有馆藏三级文物 3 件，或者二级以上文物 1 件的，在十年至十二年有期徒刑幅度内确定量刑起点。每增加 1 件一般文物，增加六个月至一年刑期；每增加 1 件三级文物，增加二年至三年刑期；每增加 1 件一级以上文物，增加三年以上刑期。

（4）其他增加刑罚量，确定基准刑的情形。

4. 盗窃既有既遂，又有未遂，分别达到不同量刑幅度的，依照处罚较重的规定确定量刑起点，其余作为增加刑罚量的事实；达到同一量刑幅度的，以盗窃既遂确定量刑起点，盗窃未遂作为增加刑罚量的事实。

5. 先适用的量刑情节

（1）多次盗窃数额达到 2 千元，或者多次盗窃文物的，可以增加基准刑的 20% 以下。

（2）盗窃数额达到 2 千元不满 3 万元的，达到 6 万元不满 20 万元的，达到 40 万元的，具有入户盗窃、携带凶器盗窃或者扒窃情形之一的，可以增加基准刑的 20% 以下。

（3）盗窃数额达到2千元不满3万元的，达到6万元不满20万元的，达到40万元的，具有《盗窃解释》第二条第（三）至（八）项规定情形之一的，可以增加基准刑的30%以下。本细则常见量刑情节规定的从重处罚幅度更大的，不适用本项。

（4）采用破坏性手段盗窃财物造成财产损失的，可以根据损失情况增加基准刑的30%以下。

（5）以6万元以上的财物为盗窃目标盗窃未遂的，依法应当追究刑事责任，但可以比照既遂犯减少基准刑的50%以上。

（6）盗窃家庭成员或近亲属财物，作犯罪处理的，可以减少基准刑的60%以下；犯罪较轻的，可以减少基准刑的60%以上。

6. 后适用的量刑情节

在案发前主动将赃款赃物放回原处未造成丢失或归还失主的，可以减少基准刑的50%以下。

（七）诈骗罪

1. 三年以下量刑幅度的量刑起点和基准刑：

（1）诈骗数额达到6千元的，在六个月至一年有期徒刑幅度内确定量刑起点。

（2）诈骗数额每增加3千元，增加一个月刑期。

（3）其他增加刑罚量，确定基准刑的情形。

诈骗数额达到6千元、不满8万元，但具有下列情形之一，且认罪、悔罪的，可依法免除处罚：具有法定从宽处罚情节的；一审宣判前全部退赃、退赔的；没有参与分赃或者获赃较少且不是主犯的；被害人谅解的；其他情节轻微、危害不大的。

2. 三年以上十年以下量刑幅度的量刑起点和基准刑：

（1）诈骗数额达到7万元不满8万元，且具有两高《关于办理诈骗刑事案件具体应用法律若干问题的解释》（以下简称《诈骗解释》）第二条规定的五种情形之一的，或者属于诈骗集团首要分子的，应当认定为刑法第二百六十六条规定的"其他严重情节"，在三年至四年有期徒刑幅度内确定量刑起点。每增加一种情形，增加一年至二年刑期。

（2）诈骗数额达到8万元的，在三年至四年有期徒刑幅度内确定量刑起点。每增加五千元，增加一个月刑期。

（3）其他增加刑罚量，确定基准刑的情形。

3. 十年以上量刑幅度的量刑起点和基准刑：

（1）诈骗数额达到45万元、不满50万元，且具有《诈骗解释》第二条规定的五种情形之一的，或者属于诈骗集团首要分子的，应当认定为刑法第二百六十六条规定的"其他特别严重情节"，在十年至十二年有期徒刑幅度内确定量刑起点。每增加一种情形，增加一年至二年刑期。

（2）诈骗数额达到50万元的，在十年至十二年有期徒刑幅度内确定量刑起点。每增加3万至5万元，增加一个月刑期。依法应当判处无期徒刑的除外。

（3）其他增加刑罚量，确定基准刑的情形。

4. 诈骗既有既遂，又有未遂，分别达到不同量刑幅度的，依照处罚较重的规定确定量刑起点，其余作为增加刑罚量的事实；达到同一量刑幅度的，以诈骗既遂确定量刑起点，诈骗未遂作为增加刑罚量的事实。

5. 先适用的量刑情节

（1）多次诈骗的，可以增加基准刑的20%以下。

（2）诈骗数额达到6千元不满7万元的，达到8万元不满45万元的，达到50万元的，具有《诈骗解释》第二条规定的五种情形之一，可以增加基准刑的30%以下。本细则常见量刑情节规定的从重处罚幅度更大的，不适用本项。

（3）以 8 万元以上的财物为诈骗目标诈骗未遂的，依法应当追究刑事责任，但可以比照既遂犯减少基准刑的 50% 以上。

（4）诈骗家庭成员或近亲属财物，确有追究刑事责任必要的，可以减少基准刑的 60% 以下；犯罪较轻的，可以减少基准刑的 60% 以上。

（八）抢夺罪

1. 三年以下量刑幅度的量刑起点和基准刑：

（1）抢夺数额达到 1 千元不满 2 千元，且具有两高《关于办理抢夺刑事案件适用法律若干问题的解释》（以下简称《抢夺解释》）第二条规定的十种情形之一的，在三个月拘役至九个月有期徒刑幅度内确定量刑起点。每增加一种情形，增加三个月刑期。

（2）抢夺数额达到 2 千元的，在六个月至一年有期徒刑幅度内确定量刑起点。每增加 2 千元，增加一个月刑期。

（3）抢夺导致他人受伤（重伤以下），每增加一人轻微伤，增加一个月至二个月刑期；每增加一人轻伤，轻伤二级的，增加六个月年至一年刑期；轻伤一级的，增加一年至一年六个月刑期。

（4）其他增加刑罚量，确定基准刑的情形。

抢夺数额达到 2 千元、不满 5 万元，但未造成轻伤以上伤害，行为人系初犯，认罪、悔罪、退赃、退赔，且具有下列情形之一的，可以认定为情节轻微，可依法免除处罚：具有法定从宽处罚情节的；没有参与分赃或者获赃较少，且不是主犯的；被害人谅解的；其他情节轻微危害不大的。

2. 三年以上十年以下量刑幅度的量刑起点和基准刑：

（1）抢夺导致他人重伤的，导致他人自杀的，或者抢夺数额达到 2.5 万元、不满 5 万元，且具有《解释》第二条第（三）至（十）项规定情形之一的，应当认定为刑法第二百六十七条规定的"其他严重情节"，在三年至四年有期徒刑幅度内确定量刑起点。每增加一种"其他严重情节"，增加三年至四年刑期。每增加一种上述情形，增加一年至二年刑期。

（2）抢夺数额达到 5 万元的，在三年至四年有期徒刑幅度内确定量刑起点。每增加 3 千至 4 千元，增加一个月刑期。

（3）抢夺致一人重伤的基础上，每增加一人轻微伤，增加一个月至二个月刑期；每增加一人轻伤，轻伤二级的，增加六个月年至一年刑期；轻伤一级的，增加一年至一年六个月刑期；每增加一人重伤，重伤二级的，增加二年至三年刑期；重伤一级的，增加三年至四年刑期。

（4）抢夺造成被害人六级至三级残疾的，每增加一级残疾，增加六个月至一年刑期；造成被害人三级以上残疾的，每增加一级残疾，增加一年至二年刑期；六级以下残疾在伤情幅度内酌情考虑。

（5）其他增加刑罚量，确定基准刑的情形。

3. 十年以上量刑幅度的量刑起点和基准刑：

（1）抢夺导致他人死亡，或者抢夺数额达到 15 万元、不满 30 万元，且具有《抢夺解释》第二条第（三）至（十）项规定情形之一的，应当认定为刑法第二百六十七条规定的"其他特别严重情节"，在十年至十二年有期徒刑幅度内确定量刑起点。每增加一种"其他特别严重情节"，增加五至八年刑期。每增加一种上述情形，增加一年至二年刑期。

（2）抢夺数额达到 30 万元的，在十年至十二年有期徒刑幅度内确定量刑起点。每增加 1 万至 2 万元，增加一个月刑期。

（3）其他增加刑罚量，确定基准刑的情形。

4. 先适用的量刑情节

（1）多次抢夺的，可以增加基准刑的20%以下。

（2）抢夺数额达到2千元不满2.5万元的，达到5万元不满15万元的，或者达到30万元的，具有《抢夺解释》第二条第（三）至（十）项规定情形之一的，可以增加基准刑的30%以下。本细则常见量刑情节规定的从重处罚幅度更大的，不适用本规定。

（九）职务侵占罪

1. 五年以下量刑幅度的量刑起点和基准刑：

职务侵占数额达到1万元的，在六个月至一年有期徒刑幅度内确定量刑起点。每增加2千元，增加一个月刑期。

2. 五年以上量刑幅度的量刑起点和基准刑：

职务侵占数额达到10万元的，在五年至六年有期徒刑幅度内确定量刑起点。每增加3万至5万元，增加一个月刑期。数额超过三百万的，每增加一百万，增加一个月刑期。

3. 先适用的量刑情节

（1）多次职务侵占的，可以增加基准刑的20%以下。

（2）职务侵占的款项用于走私、吸毒、赌博、行贿、非法经营等违法犯罪活动的，可以增加基准刑的20%以下。

（十）敲诈勒索罪

1. 三年以下量刑幅度的量刑起点和基准刑：

（1）敲诈勒索数额达到1500元不满3千元，且具有两高《关于办理敲诈勒索刑事案件适用法律若干问题的解释》（以下简称《敲诈勒索解释》）第二条规定的七种情形之一的，在六个月拘役至一年有期徒刑幅度内确定量刑起点。每增加一种情形，增加三个月刑期。

（2）敲诈勒索数额不满3千元但两年内三次敲诈勒索的，在三个月拘役至六个月有期徒刑幅度内确定量刑起点。每增加一次，增加一个月刑期。

（3）敲诈勒索数额达到3千元的，在六个月拘役至九个月有期徒刑幅度内确定量刑起点。每增加2千元，增加一个月刑期。

（4）其他增加刑罚量，确定基准刑的情形。

敲诈勒索数额达到3千元、不满6万元，但行为人认罪、悔罪、退赃、退赔，并具有下列情形之一的，可以认定为犯罪情节轻微，可依法免除处罚：具有法定从宽处罚情节的；没有参与分赃或者获赃较少且不是主犯的；被害人谅解的；其他情节轻微、危害不大的。

2. 三年以上十年以下量刑幅度的量刑起点和基准刑：

（1）敲诈勒索数额达到4.8万元不满6万元，且具有《敲诈勒索解释》第二条第（三）至（七）项规定情形之一的，可以认定为刑法第二百七十四条规定的"其他严重情节"，在三年至四年有期徒刑幅度内确定量刑起点。每增加一种情形，增加三个月至六个月刑期。

（2）敲诈勒索数额达到6万元的，在三年至四年有期徒刑幅度内确定量刑起点。每增加5千元，增加一个月刑期。

（3）其他增加刑罚量，确定基准刑的情形。

3. 十年以上量刑幅度的量刑起点和基准刑：

（1）敲诈勒索数额达到32万元不满40万元，且具有《敲诈勒索解释》第二条第（三）至（七）项规定情形之一的，可以认定为刑法第二百七十四条规定的"其他特别严重情节"，在十年至十二年有期徒刑幅度内确定量刑起点。每增加一种情形，增加三个月至六个月刑期。

（2）数额达到40万元的，在十年至十二年有期徒刑幅度内确定量刑起点。每增加3万至5万元，增加一个月刑期。

（3）其他增加刑罚量，确定基准刑的情形。

4. 先适用的量刑情节

（1）敲诈勒索数额达到 3 千元不满 4.8 万元、达到 6 万元不满 32 万元或者达到 40 万元的，同时具有《敲诈勒索解释》第二条第（三）至（七）项规定情形之一的，增加基准刑的 30% 以下。本细则常见量刑情节规定的从重幅度更大的，适用较重的规定。

（2）敲诈勒索数额达到 3 千元不满 4.8 万元、达到 6 万元不满 32 万元或者达到 40 万元的，同时属于多次敲诈勒索的，可以增加基准刑的 20% 以下。

（3）敲诈勒索近亲属财物，获得谅解的，一般不认为是犯罪；认定为犯罪的，可以减少基准刑的 30%-70%。

5. 后适用的量刑情节

案发前主动将赃款赃物归还失主的，可以减少基准刑的 30% 以下。

（十一）妨害公务罪

1. 构成妨害公务罪，犯罪情节一般、社会影响不大、犯罪后果较轻的，在六个月至一年有期徒刑幅度内确定量刑起点；构成妨害公务罪，犯罪情节较重、社会影响较大的，在一年至二年有期徒刑幅度内确定量刑起点。

2. 在量刑起点的基础上，根据妨害公务造成的后果、犯罪情节严重程度等其他犯罪事实增加刑罚量，确定基准刑：

（1）每增加一次妨害公务犯罪，增加六个月至一年刑期；

（2）每增加一人轻微伤，增加二个月至三个月刑期；每增加一人轻伤，轻伤二级的，增加六个月至一年刑期，轻伤一级的，增加一年至一年六个月刑期；

（3）毁损财物数额每增加二千至三千元，增加一个月刑期；

（4）持械妨害公务的，增加三个月至六个月刑期；

（5）造成交通堵塞、公共秩序混乱的，增加三个月至六个月刑期；

（6）其他增加刑罚量，确定基准刑的情形。

3. 先适用的量刑情节

（1）煽动群众阻碍依法执行职务、履行职责的首要分子，可以增加基准刑的 20% 以下。

（2）因执行公务不规范而导致妨害公务犯罪发生的，可以减少基准刑的 20% 以下。

（十二）聚众斗殴罪

1. 构成聚众斗殴罪的，根据下列不同情形在相应的幅度内确定量刑起点：

（1）聚众斗殴一次，犯罪情节一般的，在一年至二年有期徒刑幅度内确定量刑起点。

（2）有下列情形之一的，在三年至四年有期徒刑幅度内确定量刑起点：聚众斗殴 3 次的；聚众斗殴人数超过 20 人，社会影响恶劣的；在公共场所或者交通要道聚众斗殴，造成社会秩序严重混乱的；持械聚众斗殴的。每增加一种情形，增加一年至二年刑期。

2. 在量刑起点的基础上，根据聚众斗殴人数、次数、手段、伤害后果等其他犯罪事实增加刑罚量，确定基准刑：

（1）聚众斗殴的被告人一方人数达到 5 人不满 10 人的，增加三个月至六个月刑期；达到 10 人不满 20 人的，增加六个月至一年刑期；

（2）聚众斗殴每增加一次，增加六个月至一年刑期；

（3）造成伤害后果的，轻微伤每增加一人，增加一个月至二个月刑期；轻伤每增加一人，轻伤二级的，增加六个月至一年刑期，轻伤一级的，增加一年至一年六个月刑期；

（4）聚众斗殴造成交通堵塞、社会秩序（非严重性）混乱的，增加三个月至六个月刑期；

（5）其他增加刑罚量，确定基准刑的情形。

3. 先适用的量刑情节

（1）组织未成年人聚众斗殴的，可以增加基准刑的 20% 以下。

(2) 聚众斗殴造成公私财物损毁的，可以增加基准刑的20%以下。
(3) 因民间纠纷引发聚众斗殴的，可以减少基准刑的30%以下。
(十三) 寻衅滋事罪
1. 五年以下量刑幅度的量刑起点和基准刑：
(1) 随意殴打他人，破坏社会秩序，具有两高《关于办理寻衅滋事刑事案件适用法律若干问题的解释》(以下简称《寻衅滋事解释》) 第二条规定的七种"情节恶劣"情形之一的，在一年六个月至三年有期徒刑幅度内确定量刑起点。每增加一种情形，增加六个月至一年刑期。

随意殴打他人超过三次的，每增加一次，增加六个月至一年刑期；每增加一人轻微伤，增加二个月至四个月刑期；每增加一人轻伤，轻伤二级的，增加六个月至一年刑期，轻伤一级的，增加一年至一年六个月刑期；其他增加刑罚量，确定基准刑的情形。

(2) 追逐、拦截、辱骂、恐吓他人，破坏社会秩序，具有《寻衅滋事解释》第三条规定的六种"情节恶劣"情形之一的，在一年至三年有期徒刑幅度内确定量刑起点。每增加一种情形，增加六个月至一年刑期。

追逐、拦截、辱骂、恐吓他人超过三次的，每增加一次，增加六个月至一年刑期；其他增加刑罚量，确定基准刑的情形。

(3) 强拿硬要或者任意损毁、占用公私财物，破坏社会秩序，具有《寻衅滋事解释》第四条规定的六种"情节严重"情形之一的，在一年至三年有期徒刑幅度内确定量刑起点。每增加一种情形，增加六个月至一年刑期。

强拿硬要或者任意损毁、占用公私财物超过三次的，每增加一次，增加六个月至一年刑期；强拿硬要公私财物超过一千元的，每增加一千元，增加一个月刑期；任意毁损、占用公私财物超过二千元的，每增加二千元，增加一个月刑期；其他增加刑罚量，确定基准刑的情形。

(4) 在车站、码头、机场、医院、商场、公园、影剧院、展览会、运动场或者其他公共场所起哄闹事，造成公共场所秩序严重混乱的，在一年至三年有期徒刑幅度内确定量刑起点。

(5) 行为人同时具有两种以上寻衅滋事行为的，应当以较重的一种寻衅滋事行为确定量刑起点，以其他寻衅滋事行为作为增加刑罚量的犯罪事实。

(6) 犯罪情节轻微，行为人认罪、悔罪，主动退赔退赃或者积极赔偿被害人损失，取得被害人谅解的，可依法免除处罚。

2. 五年以上量刑幅度的量刑起点和基准刑：
(1) 纠集他人实施寻衅滋事犯罪达到三次，未经处理的，在五年至六年有期徒刑幅度内确定量刑起点。
(2) 在量刑起点的基础上，根据寻衅滋事次数、伤害后果根据寻衅滋事次数、伤害后果、强拿硬要他人财物或者任意损毁、占用公私财物数额等犯罪事实增加刑罚量，确定基准刑。增加刑罚量的标准参照本罪第1条的规定。

(十四) 掩饰、隐瞒犯罪所得、犯罪所得收益罪
1. 三年以下量刑幅度的量刑起点和基准刑：
(1) 掩饰、隐瞒犯罪所得、犯罪所得收益数额达到5千元，或者次数达到3次、数额达到3千元的，在三个月拘役至六个月有期徒刑幅度内确定量刑起点。犯罪数额每增加2万至3万元，增加一个月刑期；其他增加刑罚量，确定基准刑的情形。
(2) 明知是盗窃、抢劫、诈骗、抢夺的机动车而掩饰、隐瞒机动车1辆的，在六个月至一年有期徒刑幅度内确定量刑起点。每增加1辆机动车，增加三个月至六个月刑期；其他增加刑罚量，确定基准刑的情形。

（3）既有掩饰、隐瞒犯罪所得机动车的行为，又有掩饰、隐瞒其他犯罪所得、犯罪所得收益行为的，以较重的行为确定量刑起点，以其他犯罪行为作为增加刑罚量确定基准刑的犯罪事实。

2. 三年以上七年以下量刑幅度的量刑起点和基准刑：

（1）掩饰、隐瞒犯罪所得、犯罪所得收益数额达到50万元的，在三年至四年有期徒刑幅度内确定量刑起点。犯罪数额每增加3万至5万元，增加一个月刑期；其他增加刑罚量，确定基准刑的情形。

（2）明知是盗窃、抢劫、诈骗、抢夺的机动车而掩饰、隐瞒达到5辆的，在三年至四年有期徒刑幅度内确定量刑起点。每增加1辆机动车，增加三个月至六个月刑期；其他增加刑罚量，确定基准刑的情形。

（3）既有掩饰、隐瞒犯罪所得机动车的行为，又有掩饰、隐瞒其他犯罪所得、犯罪所得收益行为的，以较重的行为确定量刑起点，以其他犯罪行为作为增加刑罚量确定基准刑的犯罪事实。

3. 先适用的量刑情节

多次掩饰、隐瞒犯罪所得、犯罪所得收益的，可以增加基准刑的20%以下。

（十五）走私、贩卖、运输、制造毒品罪

1. 三年以下量刑幅度的量刑起点和基准刑：

（1）走私、贩卖、运输、制造鸦片不满20克，海洛因或者甲基苯丙胺不满1克或者其他极少量毒品的（见附件），在三个月拘役至九个月有期徒刑幅度内确定量刑起点。

（2）走私、贩卖、运输、制造鸦片达到20克、不满140克，海洛因或者甲基苯丙胺达到1克、不满7克，或者其他少量毒品的（见附件），在九个月至一年有期徒刑幅度内确定量刑起点。鸦片每增加4克，海洛因或者甲基苯丙胺每增加0.3克，或者其他毒品每增加相应数量，增加一个月刑期。

（3）两次走私、贩卖、运输、制造毒品，或者实施走私、贩卖、运输、制造毒品两种以上行为的，增加三个月至六个月刑期。

（4）其他增加刑罚量，确定基准刑的情形。

2. 三年以上七年以下量刑幅度的量刑起点和基准刑：

（1）走私、贩卖、运输、制造鸦片达到140克、不满200克，海洛因或者甲基苯丙胺达到7克、不满10克，其他毒品数量少但情节严重的（见附件），或者具有最高人民法院《关于审理毒品案件定罪量刑标准有关问题的解释》（以下简称《毒品案件解释》）第三条第（二）至（五）项规定的"情节严重"情形之一的，在三年至四年有期徒刑幅度内确定量刑起点。每增加一种情形，增加六个月至一年刑期。

（2）鸦片每增加2克，海洛因或者甲基苯丙胺每增加0.1克，或者其他毒品每增加相应数量，增加一个月刑期。

（3）走私、贩卖、运输、制造毒品每增加一次，增加一个月至二个月刑期，但根据次数增加的刑期不得超过二年。

（4）实施走私、贩卖、运输、制造毒品两种以上行为的，每增加一种行为，增加六个月至一年刑期。

（5）其他增加刑罚量，确定基准刑的情形。

3. 七年以上十五年以下量刑幅度的量刑起点和基准刑：

（1）走私、贩卖、运输、制造鸦片达到200克，海洛因或者甲基苯丙胺达到10克，或者其它毒品数量较大的（见附件），量刑起点为七年至八年有期徒刑。鸦片每增加10克，海洛因或者甲基苯丙胺每增加0.5克，或者其他毒品每增加相应数量，增加一个月刑期。

（2）具有《毒品案件解释》第三条第（二）至（五）项规定情形之一的，每增加一种情形，增加一年至二年刑期。

（3）走私、贩卖、运输、制造毒品每增加一次，增加一个月至二个月刑期，但根据次数增加的刑期不得超过三年。

（4）实施走私、贩卖、运输、制造毒品两种以上行为的，每增加一种行为，增加六个月至一年刑期。

（5）其他增加刑罚量，确定基准刑的情形。

4. 十五年以上量刑幅度的量刑起点和基准刑：

（1）走私、贩卖、运输、制造鸦片1千克以上，海洛因或者甲基苯丙胺50克以上，或者其它毒品数量大的（见附件），量刑起点为十五年有期徒刑。鸦片每增加40克至80克，海洛因或者甲基苯丙胺每增加2克至4克，其他毒品每增加相应数量，增加一个月刑期。依法应当判处无期徒刑的除外。

（2）具有下列情形之一的，量刑起点为十五年有期徒刑：走私、贩卖、运输、制造毒品集团的首要分子；武装掩护走私、贩卖、运输、制造毒品的；以暴力抗拒检查、拘留、逮捕，情节严重的；参与有组织的国际贩毒活动的。每增加一种情形，增加二年至三年刑期。依法应当判处无期徒刑的除外。

（3）其他增加刑罚量，确定基准刑的情形。

5. 先适用的量刑情节

（1）组织、利用、教唆未成年人、孕妇、哺乳期妇女、患有严重疾病人员、又聋又哑的人、盲人及其他特殊人群走私、贩卖、运输、制造毒品的，可以增加基准刑的30%以下。

（2）向未成年人出售毒品的，可以增加基准刑的30%以下。

（3）受雇运输毒品的，可以减少基准刑的30%以下。认定从犯、胁从犯的除外。

（4）毒品含量明显偏低的，可以减少基准刑的30%以下。

（5）存在数量引诱的，可以减少基准刑的30%以下。

（6）以贩养吸，所查扣毒品计入贩毒数量的，可以减少基准刑的30%以下。

6. 后适用的量刑情节

毒品再犯，可以增加基准刑的10%-40%，累犯不再重复评价。

五、附则

1. 本细则仅规范上列十五种犯罪判处有期徒刑、拘役的案件。
2. 本细则所称以上、以下，均包括本数。
3. 本实施细则的规定如与新颁布的法律、司法解释或者最高人民法院新的量刑指导意见相冲突，则适用新的法律、司法解释或者最高人民法院新的量刑指导意见。
4. 本细则自印发之日起实施，原《山东省高级人民法院〈人民法院量刑指导意见（试行）〉实施细则》（鲁高法〔2010〕228）同时宣布作废。
5. 本细则由山东省高级人民法院负责解释。

附录 6

广东省高级人民法院印发《广东省高级人民法院〈关于常见犯罪的量刑指导意见〉实施细则》的通知

（粤高法发〔2014〕14 号）

全省各级人民法院，广州铁路运输两级法院：

为积极稳妥实施量刑规范化工作，现将《广东省高级人民法院〈关于常见犯罪的量刑指导意见〉实施细则》印发给你们，请认真贯彻执行。对于实施情况及执行过程中遇到的问题，请及时报告我院刑三庭。

广东省高级人民法院
2014 年 7 月 10 日

广东省高级人民法院《关于常见犯罪的量刑指导意见》实施细则

为进一步规范刑罚裁量权，贯彻落实宽严相济的刑事政策，增强量刑的公开性，实现量刑公正，根据刑法、刑事司法解释以及最高人民法院《关于常见犯罪的量刑指导意见》的有关规定，结合我省刑事审判实践，制定本实施细则。

一、量刑的指导原则

1. 量刑应当以事实为根据，以法律为准绳，根据犯罪的事实、性质、情节和对于社会的危害程度，决定判处的刑罚。

2. 量刑既要考虑被告人所犯罪行的轻重，又要考虑被告人应负刑事责任的大小，做到罪责刑相适应，实现惩罚和预防犯罪的目的。

3. 量刑应当贯彻宽严相济的刑事政策，做到该宽则宽，当严则严，宽严相济，罚当其罪，确保裁判法律效果和良好的社会效果的统一。

4. 量刑要客观、全面把握不同时期不同地区的经济社会发展和治安形势的变化，确保刑法任务的实现；对于同一地区同一时期、案情相似的案件，所判处的刑罚应当基本均衡。

二、量刑的基本方法

量刑时，应在定性分析的基础上，结合定量分析，依次确定量刑起点、基准刑和宣告刑。

1. 量刑步骤

（1）根据基本犯罪构成事实在相应的法定刑幅度内确定量刑起点；

（2）根据其他影响犯罪构成的犯罪数额、犯罪次数、犯罪后果等犯罪事实，在量刑起点的基础上增加刑罚量确定基准刑；

(3) 根据量刑情节调节基准刑，并综合考虑全案情况，依法确定宣告刑。

2. 调节基准刑的方法

(1) 具有单个量刑情节的，根据量刑情节的调节比例直接调节基准刑。

(2) 具有多个量刑情节的，一般根据各个量刑情节的调节比例，采用同向相加、逆向相减的方法调节基准刑。

(3) 具有未成年人犯罪、老年人犯罪、限制行为能力的精神病人犯罪、又聋又哑的人或者盲人犯罪、防卫过当、避险过当、犯罪预备、犯罪未遂、犯罪中止、从犯、胁从犯和教唆犯等量刑情节的，先适用该量刑情节对基准刑进行调节，在此基础上，再适用其他量刑情节进行调节。

(4) 被告人犯数罪，同时具有适用于各个罪的立功、累犯等量刑情节的，先适用该量刑情节调节个罪的基准刑，确定个罪所应判处的刑罚，再依法实行数罪并罚，决定执行的刑罚。

3. 确定宣告刑的方法

(1) 量刑情节对基准刑的调节结果在法定刑幅度内，且罪责刑相适应的，可以直接确定为宣告刑；如果具有应当减轻处罚情节的，应依法在法定最低刑以下确定宣告刑。

(2) 量刑情节对基准刑的调节结果在法定最低刑以下，具有法定减轻处罚情节，且罪责刑相适应的，可以直接确定为宣告刑；只有从轻处罚情节的，可以依法确定法定最低刑为宣告刑；但是根据案件的特殊情况，经最高人民法院核准，也可以在法定刑以下判处刑罚。

(3) 量刑情节对基准刑的调节结果在法定最高刑以上的，可以依法确定法定最高刑为宣告刑。

(4) 综合考虑全案情况，独任审判员或合议庭可以在20%的幅度内对调节结果进行调整，确定宣告刑。当调节后的结果仍不符合罪责刑相适应原则的，应提交审判委员会讨论确定宣告刑。

(5) 量刑情节对基准刑的调节结果在六个月以下，综合全案犯罪事实和量刑情节，依法应当判处拘役、管制或者单处附加刑的，应当依法适用；犯罪情节轻微不需要判处刑罚的，可以依法免予刑事处罚。

量刑情节对基准刑的调节结果在三年以下，且符合缓刑适用条件的，可以依法宣告缓刑。

(6) 综合全案犯罪事实和量刑情节，依法应当判处无期徒刑以上刑罚的，应当依法适用。

三、常见量刑情节的适用

量刑时要充分考虑各种法定和酌定量刑情节，根据案件的全部犯罪事实以及量刑情节的不同情形，依法确定量刑情节的适用及其调节比例。对严重暴力犯罪、毒品犯罪等严重危害社会治安犯罪，在确定从宽的幅度时，应当从严掌握；对犯罪情节较轻的犯罪，应当充分体现从宽。具体确定各个量刑情节的调节比例时，应当综合平衡调节幅度与实际增减刑罚量的关系，确保罪责刑相适应。对本细则尚未规定的其他量刑情节，要参照类似量刑情节确定适当的调节比例。对于同一事实涉及不同量刑情节的，不得重复评价。

1. 对于未成年人犯罪，应当综合考虑未成年人对犯罪的认识能力、实施犯罪行为的动机和目的、犯罪时的年龄、是否初犯、偶犯、悔罪表现、个人成长经历和一贯表现等情况，予以从宽处罚。

(1) 已满十四周岁不满十六周岁的未成年人犯罪，减少基准刑的30%-60%；

(2) 已满十六周岁不满十八周岁的未成年人犯罪，减少基准刑的10%-50%；

(3) 未成年罪犯根据其所犯罪行，可能被判处拘役、三年以下有期徒刑，如果悔罪表现好，并具有系又聋又哑的人或者盲人，防卫过当或者避险过当，犯罪预备、中止或者未遂，共同犯罪中从犯、胁从犯，犯罪后自首或者有立功表现，或者其他犯罪情节轻微不需要判处刑罚的情形的,应当依法免予刑事处罚。

对于年满十八周岁前后实施了同种犯罪行为的,可根据未成年犯罪事实的具体情况,确定未成年犯罪情节的适用及其调节比例,并调节全部犯罪事实的基准刑。但因未成年犯罪情节所减少的刑罚量不能超过未成年犯罪事实所应判处的刑罚量。

2. 对于已满七十五周岁的老年人犯罪,要综合考虑老年人实施犯罪行为的动机和目的、犯罪时的年龄、情节、后果以及悔罪表现等情况,可以减少基准刑的40%以下。

3. 对于尚未完全丧失辨认或者控制自己行为能力的精神病人犯罪,综合考虑犯罪性质、精神疾病的严重程度以及犯罪时精神障碍影响辨认控制能力等情况,可以减少基准刑的40%以下。

4. 对于又聋又哑的人或者盲人犯罪,综合考虑聋哑或视力障碍影响其辨认控制能力的程度等情况,可以减少基准刑的40%以下;犯罪较轻的,可以减少基准刑的40%以上或者依法免除处付罚。

5. 正当防卫明显超过必要限度造成重大损害的,综合考虑不法侵害的性质、程度、损害后果的大小等情况,可以减少基准刑的50%以上或者依法免除处罚。

6. 紧急避险超过必要限度造成不应有的损害的,综合考虑危险来源、避险方式、损害大小等情况,可以减少基准刑的50%以上或者依法免除处罚。

7. 对于预备犯,综合考虑预备犯罪的性质、实施程度和危害程度等情况,可以比照既遂犯减少基准刑的60%以下;犯罪较轻的,可以减少基准刑的60%以上或者依法免除处罚。

8. 对于未遂犯,综合考虑犯罪行为的实行程度、造成损害的大小、犯罪未得逞的原因等情况,可以比照既遂犯减少基准刑。

(1) 实行终了的未遂犯,根据造成的损害大小,可以比照既遂犯减少基准刑的40%以下;

(2) 未实行终了的未遂犯,根据造成的损害大小,可以比照既遂犯减少基准刑的50%以下。

9. 对于中止犯,应当综合考虑中止犯罪的阶段、是否自动放弃犯罪、是否有效防止犯罪结果发生、自动放弃犯罪的原因以及造成的危害后果大小等情况,予以从宽处罚。

(1) 造成损害的,减少基准刑的30%-80%;

(2) 没有造成损害的,免除处罚。

10. 对于从犯,应当综合考虑其在共同犯罪中的地位、作用,以及是否实施犯罪行为等情况,予以从宽处罚,减少基准刑的20%-50%;犯罪较轻的,减少基准刑的50%以上或者依法免除处罚。

对于共同犯罪中作用相对较小的主犯,可以减少基准刑的30%以下。

11. 对于胁从犯,应当综合考虑犯罪的性质、被胁迫的程度以及在犯罪中的具体作用等情况,减少基准刑的30%-60%;犯罪较轻的,减少基准刑的60%以上或者依法免除处罚。

12. 对于教唆犯,应当综合考虑其在共同犯罪中的作用、是否教唆未成年人犯罪以及被教唆者是否犯被教唆的罪等情况,予以处罚。

(1) 教唆不满十八周岁的人犯罪,根据所犯罪行的轻重、造成损害的程度,增加基准刑的40%以下;

(2) 被教唆的人没有犯被教唆的罪的,可以减少基准刑的50%以下。

13. 对于自首情节,综合考虑自首的动机、时间、方式、罪行轻重、如实供述罪行的程度以及悔罪表现等情况,可以减少基准刑的40%以下;犯罪较轻的,可以减少基准刑的40%以上或者依法免除处罚。恶意利用自首规避法律制裁等不足以从宽处罚的除外。

14. 对于立功情节,综合考虑立功的大小、次数、内容、来源、效果以及罪行轻重等情况,确定从宽的幅度。

附录6 广东省高级人民法院印发《广东省高级人民法院〈关于常见犯罪的量刑指导意见〉实施细则》的通知

（1）一般立功的，可以减少基准刑的20%以下；

（2）重大立功的，可以减少基准刑的20%-50%；犯罪较轻的，减少基准刑的50%以上或者依法免除处罚。

15. 对于坦白情节，综合考虑如实供述罪行的阶段、程度、罪行轻重以及悔罪程度等情况，确定从宽的幅度。

（1）如实供述自己罪行的，可以减少基准刑的20%以下；

（2）如实供述司法机关尚未掌握的同种较重罪行的，可以减少基准刑的10%-30%；

（3）因如实供述自己罪行，避免特别严重后果发生的，可以减少基准刑的30%-50%。

16. 对于当庭自愿认罪的，根据犯罪的性质、罪行的轻重、认罪程度以及悔罪表现等情况，可以减少基准刑的10%以下。依法认定自首、坦白的除外。

17. 对于退赃、退赔的，综合考虑犯罪性质、退赃、退赔行为对损害结果所能弥补的程度、退赃、退赔的数额及主动程度等情况，可以减少基准刑的30%以下；但抢劫等严重危害社会治安犯罪的应从严掌握。

18. 对于当事人根据刑事诉讼法第二百七十七条达成刑事和解协议的，综合考虑犯罪性质、赔偿数额、赔礼道歉以及真诚悔罪等情况，可以减少基准刑的50%以下；犯罪较轻的，可以减少基准刑的50%以上或者依法免除处罚。

19. 对于积极赔偿被害人经济损失并取得谅解的，综合考虑犯罪性质、赔偿数额、赔偿能力以及认罪、悔罪程度等情况，可以减少基准刑的40%以下。积极赔偿但没有取得谅解的，可以减少基准刑的30%以下；尽管没有赔偿，但取得谅解的，可以减少基准刑的20%以下；但抢劫、强奸等严重危害社会治安犯罪的应从严掌握。

20. 对于累犯，应当综合考虑前后罪的性质、刑罚执行完毕或赦免以后至再犯罪时间的长短以及前后罪罪行轻重等情况，增加基准刑的10%-40%，一般不少于3个月。

21. 对于有前科的，综合考虑前科的性质、时间间隔长短、次数、处罚轻重等情况，可以增加基准刑的10%以下。前科犯罪为过失犯罪和未成年人犯罪的除外。

22. 对于犯罪对象为未成年人、老年人、残疾人、孕妇等弱势人员的，综合考虑犯罪的性质、犯罪的严重程度等情况，可以增加基准刑的20%以下。

23. 对于在重大自然灾害、预防、控制突发传染病疫情等灾害期间故意犯罪的，根据案件的具体情况，可以增加基准刑的20%以下。

24. 对于犯罪对象为救灾、抢险、防汛、优抚、扶贫、移民、救济、医疗等特定款物的，综合考虑犯罪的性质、犯罪的严重程度等情况，可以增加基准刑的20%以下。

25. 被害人对犯罪发生有过错的，根据过错的程度、负有责任的大小，可以减少基准刑的40%以下。

26. 因恋爱、婚姻、家庭、邻里纠纷等民间矛盾激化引发的犯罪，根据案件的具体情况，可以减少基准刑的30%以下。

四、常见犯罪的量刑

确定具体犯罪的量刑起点，以基本犯罪构成事实的社会危害性为根据。同时具有两种以上基本犯罪构成事实的，一般以危害较重的一种确定量刑起点，其他作为增加刑罚量的犯罪事实。在量刑起点的基础上，根据其他影响犯罪构成的犯罪事实的社会危害性确定所应增加的刑罚量，确定基准刑。

（一）交通肇事罪

1. 构成交通肇事罪的，可以根据下列不同情形及事故责任程度在相应的幅度内确定量刑起点：

（1）致人重伤、死亡或者使公私财产遭受重大损失的，可以在二年以下有期徒刑、拘役幅度内确定量刑起点。

（2）交通运输肇事后逃逸或者有其他特别恶劣情节的，可以在三年至五年有期徒刑幅度内确定量刑起点。

（3）因逃逸致一人死亡的，可以在七年至十年有期徒刑幅度内确定量刑起点。

2. 在量刑起点的基础上，可以根据事故责任、致人重伤、死亡的人数或者财产损失的数额以及逃逸等其他影响犯罪构成的犯罪事实增加刑罚量，确定基准刑。

（1）轻伤人数每增加一人，可以增加一个月至三个月刑期；重伤人数每增加一人，可以增加三个月至六个月刑期；死亡人数每增加一人，可以增加六个月至一年刑期；因逃逸致人死亡的，死亡人数每增加一人，可以增加一年至三年刑期。

（2）造成公共财产或者他人财产直接损失，无能力赔偿数额每增加10万元，可以增加一个月至四个月刑期。

（3）其他可以增加刑罚量的情形。

3. 有下列情形之一的，可以增加基准刑的30%以下：

（1）酒后、吸食毒品后驾驶机动车辆的；

（2）无驾驶资格驾驶机动车辆的；

（3）明知是安全装置不全或者安全机件失灵的机动车辆而驾驶的；

（4）明知是无牌证或者已报废的机动车辆而驾驶的；

（5）严重超载驾驶的；

（6）其他可以从重处罚的情形。

4. 交通肇事致其亲属伤亡的，可以减少基准刑的40%以下。

5. 交通肇事犯罪，虽不构成自首，但肇事后积极施救的，可以减少基准刑的20%以下。

（二）故意伤害罪

1. 构成故意伤害罪的，可以根据下列不同情形在相应的幅度内确定量刑起点：

（1）故意伤害致一人轻伤的，可以在二年以下有期徒刑、拘役幅度内确定量刑起点。

故意伤害致人轻伤的，伤残程度在确定量刑起点时考虑。

（2）故意伤害致一人重伤的，可以在三年至五年有期徒刑幅度内确定量刑起点。

（3）以特别残忍手段故意伤害致一人重伤，造成六级严重残疾的，可以在十年至十三年有期徒刑幅度内确定量刑起点。依法应当判处无期徒刑以上刑罚的除外。

2. 在量刑起点的基础上，可以根据伤害后果、伤残等级、手段残忍程度等其他影响犯罪构成的犯罪事实增加刑罚量，确定基准刑。

（1）每增加一人轻微伤，可以增加一个月至三个月刑期；每增加一人轻伤，可以增加三个月至一年刑期；每增加一人重伤，可以增加一年至二年刑期。

（2）故意伤害致人重伤的，每增加一级一般残疾的，可以增加一个月至三个月刑期；每增加一级严重残疾的，可以增加六个月至一年刑期；每增加一级特别严重残疾的，可以增加二年至三年刑期。

（3）其他可以增加刑罚量的情形。

3. 有下列情形之一的，可以增加基准刑的30%以下：

（1）雇佣他人实施伤害行为的；

（2）使用凶器实施伤害行为的；

（3）其他可以从重处罚的情形。

4. 有下列情形之一的，可以减少基准刑的20%以下：

（1）犯罪后积极抢救被害人的；

（2）被害人的伤害后果存在一果多因的；
（3）基于义愤实施故意伤害行为的；
（4）其他可以从轻处罚的情形。

（三）强奸罪

1. 构成强奸罪的，可以根据下列不同情形在相应的幅度内确定量刑起点：

（1）强奸妇女一人的，可以在三年至五年有期徒刑幅度内确定量刑起点。

奸淫幼女一人的，可以在四年至七年有期徒刑幅度内确定量刑起点。

（2）有下列情形之一的，可以在十年至十三年有期徒刑幅度内确定量刑起点：强奸妇女、奸淫幼女情节恶劣的；强奸妇女、奸淫幼女三人的；在公共场所当众强奸妇女的；二人以上轮奸妇女的；强奸致被害人重伤或者造成其他严重后果。依法应当判处无期徒刑以上刑罚的除外。

2. 在量刑起点的基础上，可以根据强奸妇女、奸淫幼女情节恶劣程度、强奸人数、致人伤害后果等其他影响犯罪构成的犯罪事实增加刑罚量，确定基准刑。

（1）强奸妇女、奸淫幼女每增加一人，可以增加二年至三年刑期。

（2）每增加一人轻微伤，可以增加一个月至三个月刑期；

每增加一人轻伤，可以增加三个月至一年刑期；每增加一人重伤，可以增加一年至二年刑期。

（3）每增加一级一般残疾的，可以增加一个月至三个月刑期；每增加一级严重残疾的，可以增加六个月至一年刑期；每增加一级特别严重残疾的，可以增加二年至三年刑期。

（4）每增加《中华人民共和国刑法》第二百三十六条第三款规定第（一）、（三）、（四）、（五）项情形之一的，可以增加一年至二年刑期。

（5）其他可以增加刑罚量的情形。

3. 有下列情形之一的，可以增加基准刑的30%以下：

（1）多次强奸的；
（2）利用教养、监护、职务、亲属等特殊关系强奸妇女、奸淫幼女的；
（3）国家工作人员或冒充国家工作人员强奸妇女、奸淫幼女的；
（4）持凶器或者采用禁锢、虐待等方式强奸妇女、奸淫幼女的；
（5）进入未成年人住所、学生集体宿舍强奸女性未成年人的；
（6）强奸农村留守女童、严重残疾或者精神智力发育迟滞的女性未成年人的；
（7）其他可以从重处罚的情形。

（四）非法拘禁罪

1. 构成非法拘禁罪的，可以根据下列不同情形在相应的幅度内确定量刑起点：

（1）未造成重伤、死亡后果的，可以在一年以下有期徒刑、拘役幅度内确定量刑起点。
（2）致一人重伤的，可以在三年至五年有期徒刑幅度内确定量刑起点。
（3）致一人死亡的，可以在十年至十三年有期徒刑幅度内确定量刑起点。

2. 在量刑起点的基础上，可以根据非法拘禁人数、拘禁时间、致人伤亡后果等其他影响犯罪构成的犯罪事实增加刑罚量，确定基准刑。

（1）非法拘禁时间超过24小时的，每增加24小时，可以增加一个月至三个月刑期。
（2）每增加一人，可以增加三个月至六个月刑期。
（3）每增加一人轻微伤，可以增加一个月至三个月刑期；每增加一人轻伤，可以增加三个月至一年刑期；每增加一人重伤，可以增加一年至二年刑期。
（4）每增加一级一般残疾的，可以增加一个月至三个月刑期；每增加一级严重残疾的，可以增加六个月至一年刑期；每增加一级特别严重残疾的，可以增加二年至三年刑期。

（5）其他可以增加刑罚量的情形。

3. 有下列情形之一的，可以增加基准刑的10%-20%：

（1）具有殴打、侮辱、虐待情节的（致人重伤、死亡的除外）；

（2）国家机关工作人员利用职权非法扣押、拘禁他人的。

4. 多次非法拘禁，或者具有其他可以从重处罚的情形的，可以增加基准刑的30%以下。

5. 为索取合法债务、争取合法权益而非法扣押、拘禁他人的，可以减少基准刑的30%以下。

（五）抢劫罪

1. 构成抢劫罪的，可以根据下列不同情形在相应的幅度内确定量刑起点：

（1）抢劫一次的，可以在三年至六年有期徒刑幅度内确定量刑起点。

（2）有下列情形之一的，可以在十年至十三年有期徒刑幅度内确定量刑起点：入户抢劫的；在公共交通工具上抢劫的；抢劫银行或者其他金融机构的；抢劫三次或者抢劫数额达到数额巨大起点的；抢劫致一人重伤的；冒充军警人员抢劫的；持枪抢劫的；抢劫军用物资或者抢险、救灾、救济物资的。依法应当判处无期徒刑以上刑罚的除外。

2. 在量刑起点的基础上，可以根据抢劫情节严重程度、抢劫次数、数额、致人伤害后果等其他影响犯罪构成的犯罪事实增加刑罚量，确定基准刑。

（1）每增加一人轻微伤，可以增加三个月至六个月刑期；每增加一人轻伤，可以增加六个月至一年刑期；每增加一人重伤，可以增加一年至二年刑期。

（2）不具有《中华人民共和国刑法》第二百六十三条第（一）至（八）项情形的，增加抢劫一次，可以增加二年至三年刑期；抢劫数额一类地区每增加25000元，二类地区每增加15000元，可以增加一年至二年刑期。

（3）具有《中华人民共和国刑法》第二百六十三条第（一）至（八）项情形之一的，根据抢劫的次数、数额，可以增加二年以下刑期。

（4）每增加《中华人民共和国刑法》第二百六十三条第（一）、（二）、（三）、（六）、（七）、（八）项情形之一的，可以增加六个月至二年刑期。

（5）其他可以增加刑罚量的情形。

3. 有下列情形之一的，可以增加基准刑的30%以下：

（1）为吸毒、赌博等违法活动而抢劫的；

（2）持械抢劫的（具有持枪抢劫情节的除外）；

（3）其他可以从重处罚的情形。

（六）盗窃罪

1. 构成盗窃罪的，可以根据下列不同情形在相应的幅度内确定量刑起点：

（1）达到数额较大起点的，两年内三次盗窃的，入户盗窃的，携带凶器盗窃的，或者扒窃的，可以在一年以下有期徒刑、拘役幅度内确定量刑起点。

（2）达到数额巨大起点或者有其他严重情节的，可以在三年至四年有期徒刑幅度内确定量刑起点。

（3）达到数额特别巨大起点或者有其他特别严重情节的，可以在十年至十二年有期徒刑幅度内确定量刑起点。依法应当判处无期徒刑的除外。

2. 在量刑起点的基础上，可以根据盗窃数额、次数、手段等其他影响犯罪构成的犯罪事实增加刑罚量，确定基准刑。

多次盗窃，数额达到较大以上的，以盗窃数额确定量刑起点，盗窃次数可作为调节基准刑的量刑情节；数额未达到较大的，以盗窃次数确定量刑起点，超过三次的次数作为增加刑罚量的事实。

（1）超过数额较大起点未达到数额巨大起点的，一类地区每增加15000元，二类地区每增加10000元，可以增加三个月至六个月刑期。

（2）超过数额巨大起点未达到数额特别巨大起点的，一类地区每增加50000元，二类地区每增加30000元，可以增加六个月到一年刑期。

（3）超过数额特别巨大起点的，超过数额不足50万元，可以增加一年以下刑期；超过数额已满50万元不足250万元，可以增加一年至三年刑期；超过数额250万元以上，可以增加三年以上刑期，但依法应当判处无期徒刑的除外。

（4）多次盗窃，数额未达到较大的，超过三次后，每增加盗窃一次，可以增加一个月至三个月刑期。

（5）每增加下列情形之一的，可以增加一个月至六个月刑期：

①入户盗窃；

②携带凶器盗窃；

③扒窃。

（6）其他可以增加刑罚量的情形。

（7）适用最高人民法院、最高人民检察院《关于办理盗窃刑事案件适用法律若干问题的解释》（法释〔2013〕8号）第二、六条的规定定罪量刑的，盗窃数额在确定量刑起点时考虑，不再用以增加刑罚量。

3. 有下列情形之一的，可以增加基准刑的30%以下：

（1）曾因盗窃受过刑事处罚的（构成累犯的除外）；

（2）一年内曾因盗窃受过行政处罚的；

（3）组织、控制未成年人盗窃的；

（4）自然灾害、事故灾害、社会安全事件等突发事件期间，在事件发生地盗窃的；

（5）盗窃残疾人、孤寡老人、丧失劳动能力人的财物的；

（6）在医院盗窃病人或者其亲友财物的；

（7）盗窃救灾、抢险、防汛、优抚、扶贫、移民、救济款物的；

（8）采取破坏性手段盗窃造成公私财产损失的；

（9）为吸毒、赌博等违法犯罪活动而盗窃的；

（10）盗窃数额达到较大，多次盗窃的；

（11）因盗窃造成严重后果的；

（12）其他可以从重处罚的情形。

4. 盗窃近亲属财物，可以减少基准刑的50%以下。不作犯罪处理的除外。

5. 对于盗窃犯罪部分既有既遂、又有未遂，以既遂部分确定基准刑的，根据未遂部分犯罪行为的实行程度、造成损害的大小、犯罪未得逞的原因等情况，可以增加基准刑的30%以下；以未遂部分确定基准刑的，根据既遂部分犯罪行为造成损害的大小等情况，可以增加基准刑的40%以下。

（七）诈骗罪

1. 构成诈骗罪的，可以根据下列不同情形在相应的幅度内确定量刑起点：

（1）达到数额较大起点的，可以在一年以下有期徒刑、拘役幅度内确定量刑起点。

（2）达到数额巨大起点或者有其他严重情节的，可以在三年至四年有期徒刑幅度内确定量刑起点。

（3）达到数额特别巨大起点或者有其他特别严重情节的，可以在十年至十二年有期徒刑幅度内确定量刑起点。依法应当判处无期徒刑的除外。

2. 在量刑起点的基础上，可以根据诈骗数额等其他影响犯罪构成的犯罪事实增加刑罚量，确定基准刑。

（1）超过数额较大起点未达到数额巨大起点的，一类地区每增加 15000 元，二类地区每增加 10000 元，可以增加三个月至六个月刑期。

（2）超过数额巨大起点未达到数额特别巨大起点的，一类地区每增加 40000 元，二类地区每增加 45000 元，可以增加六个月到一年刑期。

（3）超过数额特别巨大起点的，超过数额不足 50 万元，可以增加一年以下刑期；超过数额已满 50 万元不足 250 万元，可以增加一年至三年刑期；超过数额 250 万元以上，可以增加三年以上刑期，但依法应当判处无期徒刑的除外。

（4）其他可以增加刑罚量的情形。

（5）适用最高人民法院、最高人民检察院《关于办理诈骗刑事案件应用法律若干问题的解释》（法释〔2011〕7 号）第二条第二款的规定定罪量刑的，诈骗数额在确定量刑起点时考虑，不再用以增加刑罚量。

3. 有下列情形之一的，可以增加基准刑的 30% 以下：

（1）通过发送短信、拨打电话或者利用互联网、广播电视、报刊杂志等发布虚假信息，对不特定多数人实施诈骗的；

（2）诈骗救灾、抢险、防汛、优抚、扶贫、移民、救济、医疗款物的；

（3）以赈灾募捐名义实施诈骗的；

（4）诈骗残疾人、老年人或者丧失劳动能力人的财物的；

（5）为吸毒、赌博等违法犯罪活动而实施诈骗的；

（6）多次诈骗的；

（7）因诈骗造成严重后果的；

（8）其他可以从重处罚的情形。

4. 诈骗近亲属的财物，可以减少基准刑的 50% 以下，近亲属谅解的，一般可不按犯罪处理。

5. 对于诈骗犯罪部分既有既遂、又有未遂，以既遂部分确定基准刑的，根据未遂部分犯罪行为的实行程度、造成损害的大小、犯罪未得逞的原因等情况，可以增加基准刑的 30% 以下；以未遂部分确定基准刑的，根据既遂部分犯罪行为造成损害的大小等情况，可以增加基准刑的 40% 以下。

（八）抢夺罪

1. 构成抢夺罪的，可以根据下列不同情形在相应的幅度内确定量刑起点：

（1）达到数额较大起点的，可以在一年以下有期徒刑、拘役幅度内确定量刑起点。

（2）达到数额巨大起点或者有其他严重情节的，可以在三年至四年有期徒刑幅度内确定量刑起点。

（3）达到数额特别巨大起点或者有其他特别严重情节的，可以在十年至十二年有期徒刑幅度内确定量刑起点。依法应当判处无期徒刑的除外。

2. 在量刑起点的基础上，可以根据抢夺数额等其他影响犯罪构成的犯罪事实增加刑罚量，确定基准刑。

（1）每增加一人轻微伤，可以增加一个月至三个月刑期；每增加一人轻伤，可以增加三个月至一年刑期。

（2）超过数额较大起点未达到数额巨大起点的，一类地区每增加 10000 元，二类地区每增加 6000 元，可以增加三个月至六个月刑期。

（3）超过数额巨大起点未达到数额特别巨大起点的，一类地区每增加 35000 元，二类地区每增加 25000 元，可以增加六个月到一年刑期。

附录6 广东省高级人民法院印发《广东省高级人民法院〈关于常见犯罪的量刑指导意见〉实施细则》的通知

（4）超过数额特别巨大起点的，超过数额不足40万元，可以增加一年以下刑期；超过数额已满40万元不足200万元，可以增加一年至三年刑期；超过数额200万元以上，可以增加三年以上刑期，但依法应当判处无期徒刑的除外。

（5）其他可以增加刑罚量的情形。

（6）适用最高人民法院、最高人民检察院《关于办理抢夺刑事案件适用法律若干问题的解释》（法释〔2013〕25号）第二条、第三条第三项、第四条第二项的规定定罪量刑的，抢夺数额在确定量刑起点时考虑，不再用以增加刑罚量。

3. 有下列情形之一的，可以增加基准刑的30%以下：

（1）曾因抢劫、抢夺或者聚众哄抢受过刑事处罚的（构成累犯的除外）；

（2）一年内曾因抢夺或者哄抢受过行政处罚的；

（3）驾驶机动车、非机动车抢夺的；

（4）组织、控制未成年人抢夺的；

（5）抢夺老年人、未成年人、孕妇、携带婴幼儿的人、残疾人、丧失劳动能力人的财物的；

（6）在医院抢夺病人或者其亲友财物的；

（7）抢夺救灾、抢险、防汛、优抚、扶贫、移民、救济款物的；

（8）自然灾害、事故灾害、社会安全事件等突发事件期间，在事件发生地抢夺的；

（9）为吸毒、赌博等违法犯罪活动而抢夺的；

（10）多次抢夺的；

（11）因抢夺造成严重后果的；

（12）其他可以从重处罚的情形。

（九）职务侵占罪

1. 构成职务侵占罪的，可以根据下列不同情形在相应的幅度内确定量刑起点：

（1）达到数额较大起点的，可以在二年以下有期徒刑、拘役幅度内确定量刑起点。

（2）达到数额巨大起点的，可以在五年至六年有期徒刑幅度内确定量刑起点。

2. 在量刑起点的基础上，可以根据职务侵占数额等其他影响犯罪构成的犯罪事实增加刑罚量，确定基准刑。

（1）超过数额较大起点未达到数额巨大起点的，一类地区每增加20000元，二类地区每增加15000元，可以增加一个月至三个月刑期。

（2）超过数额巨大起点的，超过数额不足40万元，可以增加三年以下刑期；超过数额已满40万元不足200万元，可以增加三年至五年刑期；超过数额200万元以上，可以增加五年以上刑期。

（3）其他可以增加刑罚量的情形。

3. 有下列情形之一的，可以增加基准刑的30%以下：

（1）职务侵占行为严重影响生产经营的；

（2）职务侵占造成严重损失或者影响恶劣的；

（3）为吸毒、赌博等违法犯罪活动而实施侵占的；

（4）多次职务侵占的；

（5）其他可以从重处罚的情形。

（十）敲诈勒索罪

1. 构成敲诈勒索罪的，可以根据下列不同情形在相应的幅度内确定量刑起点：

（1）达到数额较大起点的，或者两年内三次敲诈勒索的，可以在一年以下有期徒刑、拘役幅度内确定量刑起点。

（2）达到数额巨大起点或者有其他严重情节的，可以在三年至五年有期徒刑幅度内确定量刑起点。

（3）达到数额特别巨大起点或者有其他特别严重情节的，可以在十年至十二年有期徒刑幅度内确定量刑起点。

2. 在量刑起点的基础上，可以根据敲诈勒索数额、次数、犯罪情节严重程度等其他影响犯罪构成的犯罪事实增加刑罚量，确定基准刑。

多次敲诈勒索，数额达到较大以上的，以敲诈勒索数额确定量刑起点，敲诈勒索次数可作为调节基准刑的量刑情节；数额未达到较大的，以敲诈勒索次数确定量刑起点，超过三次的次数作为增加刑罚量的事实。

（1）超过数额较大起点未达到数额巨大起点的，一类地区每增加15 000元，二类地区每增加10 000元，可以增加三个月至六个月刑期。

（2）超过数额巨大起点未达到数额特别巨大起点的，一类地区每增加50 000元，二类地区每增加30 000元，可以增加六个月至一年刑期。

（3）超过数额特别巨大起点的，超过数额不足50万元，可以增加一年以下刑期；超过数额已满50万元不足250万元，可以增加一年至三年刑期；超过数额250万元以上，可以增加三年以上刑期。

（4）多次敲诈勒索，数额未达到较大的，超过三次后，每增加敲诈勒索一次，可以增加一个月至三个月刑期。

（5）其他可以增加刑罚量的情形。

（6）适用最高人民法院、最高人民检察院《关于办理敲诈勒索刑事案件适用法律若干问题的解释》（法释〔2013〕10号）第二、四条的规定定罪量刑的，敲诈勒索数额在确定量刑起点时考虑，不再用以增加刑罚量。

3. 有下列情形之一的，可以增加基准刑的30%以下：

（1）曾因敲诈勒索受过刑事处罚的（构成累犯的除外）；

（2）一年内曾因敲诈勒索受过行政处罚的；

（3）对未成年人、残疾人、老年人或者丧失劳动能力人敲诈勒索的；

（4）以将要实施放火、爆炸等危害公共安全犯罪或者故意杀人、绑架等严重侵犯公民人身权利犯罪相威胁敲诈勒索的；

（5）以黑恶势力名义敲诈勒索的；

（6）利用或者冒充国家机关工作人员、军人、新闻工作者等特殊身份敲诈勒索的；

（7）以非法手段获取他人隐私勒索财物的；

（8）为吸毒、赌博等违法犯罪活动而敲诈勒索的；

（9）敲诈勒索数额达到较大，多次敲诈勒索的；

（10）敲诈勒索造成严重后果的；

（11）其他可以从重处罚的情形。

4. 敲诈勒索近亲属财物的，可以减少基准刑的50%以下。不作犯罪处理的除外。

（十一）妨害公务罪

1. 构成妨害公务罪的，可以在二年以下有期徒刑、拘役幅度内确定量刑起点。

2. 在量刑起点的基础上，可以根据妨害公务造成的后果、犯罪情节严重程度等其他影响犯罪构成的犯罪事实增加刑罚量，确定基准刑。

（1）每增加一人轻微伤，可以增加一个月至三个月刑期。

（2）每增加一人轻伤，可以增加三个月至一年刑期。

（3）因妨害公务的行为，致使执行救人、救险、追捕、警卫、收集固定案件证据、财产保全等紧急任务无法完成的,可以增加三个月至一年刑期。
(4) 其他可以增加刑罚量的情形。
3. 有下列情形之一的,可以增加基准刑的30%以下:
(1) 煽动群众阻碍依法执行公务、履行职责的;
(2) 采取持械、聚众围攻等暴力、威胁手段的;
(3) 损毁公务装备的;
(4) 其他可以从重处罚的情形。
4. 因执行公务行为不规范而导致妨害公务犯罪的,可以减少基准刑的20%以下。

(十二) 聚众斗殴罪

1. 构成聚众斗殴罪的,可以根据下列不同情形在相应的幅度内确定量刑起点:
(1) 犯罪情节一般的,可以在二年以下有期徒刑、拘役幅度内确定量刑起点。
(2) 有下列情形之一的,可以在三年至五年有期徒刑幅度内确定量刑起点:聚众斗殴三次的;聚众斗殴人数多,规模大,社会影响恶劣的;在公共场所或者交通要道聚众斗殴,造成社会秩序严重混乱的;持械聚众斗殴的。
2. 在量刑起点的基础上,可以根据聚众斗殴人数、次数、手段严重程度等其他影响犯罪构成的犯罪事实增加刑罚量,确定基准刑。
(1) 每增加聚众斗殴一次,可以增加六个月至九个月刑期。
(2) 每增加一人轻微伤,可以增加一个月至三个月刑期。
(3) 每增加一人轻伤,可以增加三个月至一年刑期。
(4) 其他可以增加刑罚量的情形。
3. 组织未成年人聚众斗殴的,可以增加基准刑的30%以下。

(十三) 寻衅滋事罪

1. 构成寻衅滋事罪的,可以根据下列不同情形在相应的幅度内确定量刑起点:
(1) 寻衅滋事一次的,可以在三年以下有期徒刑、拘役幅度内确定量刑起点。
(2) 纠集他人三次寻衅滋事(每次都构成犯罪),严重破坏社会秩序的,可以在五年至七年有期徒刑幅度内确定量刑起点。
2. 在量刑起点的基础上,可以根据寻衅滋事次数、伤害后果、强拿硬要他人财物或任意损毁、占用公私财物数额等其他影响犯罪构成的犯罪事实增加刑罚量,确定基准刑。
(1) 每增加寻衅滋事一次,可以增加一个月至六个月刑期;每增加纠集他人寻衅滋事一次,可以增加六个月至一年刑期。
(2) 每增加一人轻微伤,可以增加一个月至三个月刑期;每增加一人轻伤,可以增加三个月至一年刑期。
(3) 每增加引起精神失常一人,可以增加六个月至一年刑期;每增加引起自杀造成重伤、死亡一人,可以增加一年至二年刑期。
(4) 强拿硬要公私财物每增加5000元,或者任意损毁、占用公私财物每增加10 000元,可以增加一个月至三个月刑期。
(5) 其他可以增加刑罚量的情形。
3. 纠集未成年人寻衅滋事的,可以增加基准刑的30%以下。

(十四) 掩饰、隐瞒犯罪所得、犯罪所得收益罪

1. 构成掩饰、隐瞒犯罪所得、犯罪所得收益罪的,可以根据下列不同情形在相应的幅度内确定量刑起点:
(1) 犯罪情节一般的,可以在一年以下有期徒刑、拘役幅度内确定量刑起点。
(2) 情节严重的,可以在三年至四年有期徒刑幅度内确定量刑起点。

2. 在量刑起点的基础上，可以根据犯罪数额等其他影响犯罪构成的犯罪事实增加刑罚量，确定基准刑。
（1）情节一般的，每增加50 000元，可以增加一个月至三个月刑期。
（2）情节严重的，根据增加的数额，可相应增加刑罚量确定基准刑。
（3）其他可以增加刑罚量的情形。
3. 有下列情形之一的，可以增加基准刑的30%以下：
（1）以掩饰、隐瞒犯罪所得、犯罪所得收益为业或以营利为目的；
（2）多次掩饰、隐瞒犯罪所得、犯罪所得收益的；
（3）其他可以从重处罚的情形。

（十五）走私、贩卖、运输、制造毒品罪
1. 构成走私、贩卖、运输、制造毒品罪的，可以根据下列不同情形在相应的幅度内确定量刑起点：
（1）走私、贩卖、运输、制造鸦片一千克，海洛因、甲基苯丙胺五十克或者其它毒品数量达到数量大起点的，量刑起点为十五年有期徒刑。依法应当判处无期徒刑以上刑罚的除外。
（2）走私、贩卖、运输、制造鸦片二百克，海洛因、甲基苯丙胺十克或者其它毒品数量达到数量较大起点的，可以在七年至八年有期徒刑幅度内确定量刑起点。
（3）走私、贩卖、运输、制造鸦片一百四十克，海洛因、甲基苯丙胺七克或者其他数量相当毒品的；国家工作人员走私、贩卖、运输、制造毒品的；在戒毒监管场所贩卖毒品的；向多人贩毒或者多次贩毒等其他情节严重行为的，可以在三年至四年有期徒刑幅度内确定量刑起点。
（4）走私、贩卖、运输、制造鸦片四十克，海洛因、甲基苯丙胺二克或者其他数量相当毒品的，可以在一年以下有期徒刑、拘役幅度内确定量刑起点。
（5）走私、贩卖、运输、制造鸦片不足四十克，海洛因、甲基苯丙胺不足二克或者其他数量相当毒品的，可以在一年以下有期徒刑、拘役幅度内确定量刑起点。
2. 在量刑起点的基础上，可以根据毒品犯罪次数、人次、毒品数量等其他影响犯罪构成的犯罪事实增加刑罚量，确定基准刑。
（1）海洛因、甲基苯丙胺十克以上不足五十克的，每增加五克增加九个月刑期；七克以上不足十克的，每增加一克增加一年刑期；二克以上不足七克的，每增加一克增加六个月刑期；
（2）鸦片二百克以上不足一千克的，每增加一百克增加九个月刑期；一百四十克以上不足二百克的，每增加二十克增加一年刑期；四十克以上不足一百四十克的，每增加二十克增加六个月刑期。
（3）其他可以增加刑罚量的情形。
3. 走私、贩卖、运输、制造本细则规定以外的其他毒品的，量刑起点和基准刑可按照最高人民法院的相关规定予以换算后确定。
4. 有下列情形之一的，可以增加基准刑的10%-30%：
（1）组织、利用、教唆未成年人走私、贩卖、运输、制造毒品的；
（2）向未成年人出售毒品的；
（3）毒品再犯（构成累犯的除外）。
5. 有下列情形之一的，可以增加基准刑的30%以下：
（1）组织、利用、教唆孕妇、哺乳期妇女、患有严重疾病人员、又聋又哑的人、盲人及其他特殊人群走私、贩卖、运输、制造毒品的；
（2）走私、贩卖、运输、制造不同类型毒品的；

（3）对同一宗毒品，实施走私、贩卖、运输、制造两种以上行为的；
（4）其他可以从重处罚的情形。

6. 有下列情形之一的，可以减少基准刑的30%以下：
（1）受雇运输毒品的；
（2）毒品含量明显偏低的；
（3）存在数量引诱情形的；
（4）其他可以从轻处罚的情形。

7. 对于以贩养吸的被告人，被查获的毒品已认定为犯罪数量的，应考虑被告人吸食毒品的情节，根据案件具体情况可以减少基准刑的20%以下。

五、附则

1. 本细则适用于判处有期徒刑、拘役的案件。
2. 本细则所称以上、以下，均包括本数。
3. 本细则所指一类地区、二类地区，是指本院发布的指导意见对相关罪名犯罪数额所确定的地区分类。
4. 本细则与现行法律、司法解释不一致的，以现行法律、司法解释为准。
5. 本细则自2014年8月13日起施行。《广东省高级人民法院〈人民法院量刑指导意见（试行）〉实施细则（试行）》（粤高法发〔2010〕64号）同时废止。

附录 7

北京市高级人民法院关于印发《北京市高级人民法院"关于常见犯罪的量刑指导意见"实施细则》的通知

（2014年6月12日）

市第一、第二、第三中级人民法院，北京铁路运输中级法院；
各区、县人民法院，北京铁路运输法院：

为贯彻落实"六刑会"、最高人民法院量刑规范化工作会会议精神，进一步规范刑罚裁量权，落实宽严相济的刑事政策，增强量刑的公开性，实现量刑公正，按照高级法院党组决议，高级法院根据刑法、刑事司法解释以及《最高人民法院关于常见犯罪的量刑指导意见》、我市政法机关执行有关司法解释的具体数额标准等有关规定，结合我市法院刑事审判实践，在广泛征求三级法院及市检察院、市公安局、市司法局意见基础上，起草了《北京市高级人民法院〈关于常见犯罪的量刑指导意见〉实施细则》（以下简称北京法院实施细则），经高级法院审判委员会2014年第9次会议讨论通过，并经最高人民法院批准，现予以印发，一并转发《最高人民法院关于常见犯罪的量刑指导意见》，请遵照执行。

一、实施时间

《北京法院实施细则》自2014年7月1日起正式实施，原实施细则（试行）同时废止。

二、实施要求

各院要按照全市法院刑事审判工作会关于全面实施量刑规范化的统一部署，认真开展量刑规范化工作。高级法院将按照最高人民法院的统一部署，适时向社会公布《北京法院实施细则》。在此之前，各院不得擅自向社会公布。为加强司法机关的配合，保障实施细则的贯彻实施，高级法院一并将实施细则通报市检察院、市公安局、市司法局。为保障被告人、辩护人辩护权利的有效行使，各院应当采取有效措施告知被告人、辩护人实施细则相关内容。

三、调研总结

各院在贯彻执行《北京法院实施细则》过程中，要深入调研，及时总结，对于实施中存在的问题和成功经验要及时报告高级法院。

四、成员责任

各院要做好与检察院、公安局、司法局的沟通协调工作。各基层法院要及时将量刑规范化工作及时向区委政法委汇报。各院负责量刑规范化实施的责任庭，要切实担负起本辖区、本院量刑规范化实施工作，确保实施细则落实到位。（各中级、基层法院责任庭名单附后。）

特此通知。

附录 7　北京市高级人民法院关于印发《北京市高级人民法院"关于常见犯罪的量刑指导意见"实施细则》的通知

附件 1　最高人民法院关于常见犯罪的量刑指导意见（略）
附件 2　北京市高级人民法院《关于常见犯罪的量刑指导意见》实施细则
附件 3　中级、基层法院全面实施量刑规范化责任庭名单

附件 2：

北京市高级人民法院《关于常见犯罪的量刑指导意见》实施细则

（2014 年 5 月 26 日北京市高级人民法院审判委员会第 9 次会议讨论通过）

为进一步规范刑罚裁量权，落实宽严相济的刑事政策，增强量刑的公开性，实现量刑公正，根据刑法、刑事司法解释以及《最高人民法院关于常见犯罪的量刑指导意见》等有关规定，结合我市刑事审判实践，制定本实施细则。

一、量刑的指导原则

1. 量刑应当以事实为依据，以法律为准绳，根据犯罪的事实、性质、情节和对于社会的危害程度，决定判处的刑罚。
2. 量刑既要考虑被告人所犯罪行的轻重，又要考虑被告人应负刑事责任的大小，做到罪责刑相适应，实现惩罚与预防犯罪的目的。
3. 量刑应当贯彻宽严相济的刑事政策，做到该宽则宽，当严则严，宽严相济，罚当其罪，确保裁判法律效果与社会效果的统一。
4. 量刑要客观、全面地把握不同时期不同地区的经济社会发展和治安形势的变化，确保刑法任务的实现；对于同一地区同一时期，案情相近或相似的案件，所判处的刑罚应当基本均衡。

二、量刑的基本方法

量刑时，应在定性分析的基础上，结合定量分析，依次确定量刑起点、基准刑和宣告刑。

（一）量刑步骤

1. 根据基本犯罪构成事实，在相应的法定刑幅度内确定量刑起点；
2. 根据其他影响犯罪构成的犯罪数额、犯罪次数、犯罪后果等犯罪事实，在量刑起点的基础上增加刑罚量从而确定基准刑。
3. 根据量刑情节调节基准刑，拟定宣告刑。
4. 综合全案情况依法确定宣告刑。

（二）量刑情节调节基准刑的方法

1. 只有单个量刑情节的，在确定量刑情节的调节比例后，直接对基准刑进行调节，确定拟宣告刑。
2. 具有自首、立功、坦白、当庭自愿认罪、退赃退赔、积极赔偿被害人经济损失、取得谅解、刑事和解、犯罪后积极抢救被害人、累犯、前科、针对弱势人员犯罪、重大灾害期间故意犯罪等多个量刑情节的，一般根据各量刑情节的调节比例，采用同向相加、逆向相减的方法调节基准刑。
3. 具有未成年人犯罪、老年人犯罪、限制行为能力的精神病人犯罪、又聋又哑的人或者盲人犯罪，防卫过当、避险过当、犯罪预备、犯罪未遂、犯罪中止，从犯、胁从犯和教唆犯等量刑情节的，先适用该量刑情节采用连乘的方法调节基准刑，在此基础上，再适用其他量刑情节调节基准刑。不同层级之间的量刑情节，采用连乘的方法调节基准刑。

4. 被告人犯数罪，同时具有适用于各个罪的立功、累犯等量刑情节的，先适用各个量刑情节对个罪的基准刑进行调节，确定个罪应当判处的刑罚，再依法进行数罪并罚从而决定执行的刑罚。

（三）确定宣告刑的方法

1. 量刑情节对基准刑的调节结果即拟宣告刑。拟宣告刑在法定刑幅度内，且与被告人罪责相适应的，可以直接确定为宣告刑。如果具有依法应当减轻处罚情节的，应当在法定最低刑以下确定宣告刑，有数个量刑幅度的，应当在法定量刑幅度的下一个量刑幅度内确定宣告刑。

2. 拟宣告刑在法定最低刑以下，具有法定减轻处罚情节，且与被告人罪责相适应的，可以直接确定为宣告刑。只有从轻处罚情节的，可以依法确定法定最低刑为宣告刑，但根据案件特殊情况，经最高人民法院核准，可以在法定刑以下判处刑罚。

3. 拟宣告刑超出法定刑幅度的，可以依法确定法定最高刑为宣告刑。

4. 被告人犯数罪，数罪并罚时，总和刑期不满五年的，减少的刑期一般不超过一年；总和刑期满五年不满十年的，减少的刑期一般不超过二年；总和刑期满十年不满十五年的，减少的刑期一般不超过三年；总和刑期满十五年不满二十年的，减少的刑期一般不超过四年；总和刑期满二十年不满二十五年的，减少的刑期一般不超过五年；总和刑期在二十五年以上不满三十五年的，可以决定执行有期徒刑二十年；总和刑期在三十五年以上的，可以决定执行有期徒刑二十年至二十五年。

5. 综合考虑全案情况，拟宣告刑与被告人罪责不相适应的，独任审判员或合议庭可以在20%的幅度内对拟宣告刑进行调整。调整后的拟宣告刑仍然与被告人罪责不相适应的，应当提交审判委员会讨论，依法确定宣告刑。

6. 综合全案犯罪事实和量刑情节，依法应当判处无期徒刑以上刑罚、管制或者单处附加刑的，应当依法判处。犯罪情节轻微不需要判处刑罚的，可以免予刑事处罚。

7. 拟判处三年以下有期徒刑、拘役并符合缓刑适用条件的，可以依法宣告缓刑。对其中不满十八周岁的人、怀孕的妇女和已满七十五周岁的人，应当宣告缓刑。

8. 宣告刑以月为单位计算。

三、常见量刑情节的适用

量刑时要充分考虑各种法定和酌定量刑情节，根据案件的全部犯罪事实以及量刑情节的不同情形，依法确定量刑情节的适用及其调节比例。对严重暴力犯罪、毒品犯罪等严重危害社会治安犯罪，在确定从宽的幅度时，应当从严掌握；对犯罪情节较轻的犯罪，应当充分体现从宽。具体确定各个量刑情节的调节比例时，应当综合平衡调节幅度与实际增减刑罚量的关系，确保罪责刑相适应。

1. 对于未成年人犯，应当综合考虑未成年人对犯罪的认识能力、实施犯罪行为的动机和目的、犯罪时的年龄、是否初犯、偶犯、悔罪表现、个人成长经历和一贯表现等情况，予以从宽处罚。

（1）已满十四周岁不满十六周岁的，应当减少基准刑的30%-60%；

（2）已满十六周岁不满十八周岁的，应当减少基准刑的20%-50%；

（3）未成年人犯根据其所犯罪行，可能被判处拘役、三年以下有期徒刑，如果悔罪表现好，并具有"系又聋又哑的人或者盲人；防卫过当或者避险过当；犯罪预备、中止或者未遂；共同犯罪中的从犯、胁从犯；犯罪后自首或者有立功表现；其他犯罪情节轻微不需要判处刑罚"情形之一的，应当依照刑法第三十七条的规定免除处罚；

（4）行为人在年满十八周岁前后实施了不同种犯罪行为的，对其年满十八周岁以前实施的犯罪依照本条第（1）至（3）项的规定确定从宽的幅度；

（5）行为人在年满十八周岁前后实施了同种犯罪行为，根据未成年人犯罪事实的具体情况，适当确定从宽的幅度。但因未成年犯罪所减少的刑罚量不得超过未成年犯罪事实所对应的刑罚量。

2. 对于七十五周岁以上的老年人犯，综合考虑犯罪的性质、情节、后果等情况，适当确定从宽的幅度。其中，故意犯罪的，可以减少基准刑的40%以下；过失犯罪的，应当减少基准刑的20%-50%。

3. 对于尚未完全丧失辨认或者控制自己行为能力的精神病人犯罪，综合考虑犯罪性质、精神疾病的严重程度以及犯罪时精神障碍对辨认控制能力的影响等情况，适当确定从宽的幅度。

（1）病情为重度的，可以减少基准刑的40%以下；

（2）病情为中度的，可以减少基准刑的30%以下；

（3）病情为轻度的，可以减少基准刑的20%以下。

4. 对于又聋又哑的人或者盲人犯罪，综合考虑犯罪的性质、情节、后果以及聋哑人或盲人犯罪时的控制能力等情况，可以减少基准刑的40%以下；犯罪较轻的，可以减少基准刑的40%以上或者依法免除处罚。

5. 对于防卫过当，应当综合考虑犯罪的性质、防卫过当的程度、造成损害的大小等情况，减少基准刑的60%以上或者依法免除处罚。

6. 对于避险过当，应当综合考虑犯罪的性质、避险过当的程度、造成损害的大小等情况，减少基准刑的50%以上或者依法免除处罚。

7. 对于预备犯，综合考虑预备犯罪的性质、准备程度和危害程度等情况，可以比照既遂犯减少基准刑的60%以下；犯罪较轻的，可以减少基准刑的60%以上或者依法免除处罚。

8. 对于未遂犯，综合考虑犯罪行为的实行程度、造成损害的大小、犯罪未得逞的原因等情况，可以比照既遂犯减少基准刑的50%以下。

9. 对于中止犯，应当综合考虑中止犯罪的阶段、自动放弃犯罪的原因以及造成损害的后果等情况，决定减轻或者免除处罚。

（1）造成较重损害后果的，应当减少基准刑的30%-60%；

（2）造成较轻损害后果的，应当减少基准刑的50%-80%；

（3）没有造成损害的，应当免除处罚。

10. 对于从犯，应当综合考虑其在共同犯罪中的地位、作用等情况，减少基准刑的20%-50%；犯罪较轻的，应当减少基准刑的50%以上或者依法免除处罚。

对于共同犯罪中罪责相对较轻的主犯，可以减少基准刑的20%以下。

11. 对于胁从犯，应当综合考虑犯罪的性质、被胁迫的程度以及在共同犯罪中的作用等情况，减少基准刑的40%-60%；犯罪较轻的，减少基准刑的60%以上或者依法免除处罚。

12. 对于教唆犯，综合考虑其在共同犯罪中的地位、作用和被教唆的对象以及被教唆的人是否实施被教唆之罪等情况，确定从宽或者从重的幅度。

（1）对于在共同犯罪中属于从犯或者所起作用较小的一般教唆犯，比照第10条的规定确定从宽的幅度；

（2）被教唆的人未犯被教唆之罪的，可以减少基准刑的50%以下；

（3）教唆不满十八周岁的人犯罪的，应当增加基准刑的10%-30%；

（4）教唆限制行为能力人犯罪的，可以增加基准刑的20%以下。

13. 对于自首情节，综合考虑自首的动机、时间、方式、罪行轻重、如实供述罪行的程度以及悔罪表现等情况，确定从宽的幅度。

（1）犯罪事实或犯罪嫌疑人未被办案机关发觉，主动投案构成自首的，可以减少基准刑的40%以下，一般不超过四年；

（2）犯罪事实和犯罪嫌疑人已被办案机关发觉，但尚未受到调查谈话、讯问，或者未被宣布采取调查措施或者强制措施，主动投案构成自首的，可以减少基准刑的30%以下，一般不超过三年；

（3）犯罪嫌疑人、被告人如实供述办案机关尚未掌握的不同种罪行，以自首论的，可以减少基准刑的30%以下，一般不超过三年；

（4）并非出于被告人主动，而是经亲友规劝、陪同投案，或亲友送去投案等情形构成自首的，可以减少基准刑的30%以下，一般不超过三年；

（5）罪行尚未被办案机关发觉，仅因形迹可疑被有关组织或办案机关盘问、教育后，主动交代自己的罪行构成自首的，可以减少基准刑的30%以下，一般不超过三年；

（6）强制戒毒期间主动交代自己的罪行，构成自首的，可以减少基准刑的30%以下，一般不超过三年；

（7）其他类型的自首，可以减少基准刑的20%以下，一般不超过二年；

（8）犯罪较轻的自首，可以减少基准刑的40%以上或者依法免除处罚。

恶意利用自首规避法律制裁等不足以从宽处罚的，可以不予从宽处理。

14. 对于立功情节，综合考虑立功的大小、次数、内容、来源、效果以及罪行轻重等情况，确定从宽的幅度。

（1）一般立功的，可以减少基准刑的20%以下，一般不超过二年；

（2）重大立功的，可以减少基准刑的20%-50%；犯罪较轻的，可以减少基准刑的50%以上或者依法免除处罚。

15. 对于坦白情节，综合考虑如实供述罪行的阶段、程度、罪行轻重以及悔罪程度等情况，确定从宽的幅度。

（1）如实供述自己罪行的，可以减少基准刑的20%以下，一般不超过二年；

（2）如实供述办案机关尚未掌握的同种较重罪行的，可以减少基准刑的10%-30%，一般不超过三年；

（3）因如实供述自己罪行，避免特别严重后果发生的，可以减少基准刑的30%-50%；

（4）揭发同案犯共同犯罪事实的，可以减少基准刑的10%以下，一般不超过一年。

16. 对于当庭自愿认罪的，根据犯罪的性质、罪行的轻重、认罪程度以及悔罪表现等情况，可以减少基准刑的10%以下，一般不超过一年。依法认定为自首、坦白的除外。

17. 对于退赃、退赔的，综合考虑犯罪性质，退赃、退赔行为对损害结果所能弥补的程度，退赃、退赔的数额及主动程度等情况，可以减少基准刑的30%以下。

积极配合办案机关追缴赃款赃物，未给被害人造成经济损失或者损失较小的，可以减少基准刑的10%以下，一般不超过一年。

对于抢劫等严重危害社会治安犯罪退赃、退赔的，在决定是否从宽以及从宽幅度时应从严掌握，减少的基准刑一般不超过10%。

18. 对于积极赔偿被害人经济损失并取得谅解的，综合考虑犯罪性质、赔偿数额、赔偿能力以及认罪、悔罪程度等情况，可以减少基准刑的40%以下；积极赔偿但没有取得谅解的，可以减少基准刑的30%以下；尽管没有赔偿，但取得谅解的，可以减少基准刑的20%以下；其中抢劫、强奸等严重危害社会治安犯罪的应从严掌握。

19. 对于当事人根据刑事诉讼法第二百七十七条达成刑事和解协议的，综合考虑犯罪性质、赔偿数额、赔礼道歉以及真诚悔罪等情况，可以减少基准刑的50%以下；犯罪较轻的，可以减少基准刑的50%以上或者依法免除处罚。

20. 对于犯罪后积极抢救被害人的，综合考虑犯罪性质、抢救效果、人身损害后果等情况，可以减少基准刑的20%以下。

21. 对于累犯，应当综合考虑前后罪的性质、刑罚执行完毕或者赦免以后至再犯罪时间的长短以及前后罪罪行轻重等情况，增加基准刑的10%-40%，增加的刑罚量一般不超过五年、不少于三个月。

22. 对于有前科的，综合考虑前科的性质、时间间隔长短、次数、处罚轻重等情况，可以增加基准刑的20%以下。前科犯罪为过失犯罪和未成年人犯罪的除外。

23. 对于犯罪对象为未成年人、老年人、残疾人、孕妇等弱势人员的，综合考虑犯罪的性质、严重程度等情况，可以增加基准刑的20%以下。

24. 对于在重大自然灾害、预防、控制突发传染病疫情等灾害期间故意犯罪的，根据案件的具体情况，可以增加基准刑的20%以下。

25. 对于以上量刑情节的适用，第四部分有特别规定的，依照第四部分的特别规定执行。

四、十五种常见犯罪的量刑

确定具体犯罪的量刑起点，以基本犯罪构成事实的社会危害性为根据。同时具有两种以上基本犯罪构成事实的，一般以危害较重的一种确定量刑起点，其他作为增加刑罚量的犯罪事实。在量刑起点的基础上，根据其他影响犯罪构成的犯罪事实的社会危害性确定所应增加的刑罚量，确定基准刑。

（一）交通肇事罪

1. 法定刑在三年以下有期徒刑、拘役的量刑起点和基准刑

死亡一人或重伤三人，负事故主要责任的，在六个月至一年六个月有期徒刑幅度内确定量刑起点；负事故全部责任的，在一年至二年有期徒刑幅度内确定量刑起点。

死亡三人，负事故同等责任的，在一年至二年有期徒刑幅度内确定量刑起点。

造成公共财产或者他人财产直接损失，无能力赔偿数额达到30万元，负事故主要责任的，在六个月至一年六个月有期徒刑幅度内确定量刑起点；负事故全部责任的，在一年至二年有期徒刑幅度内确定量刑起点。

重伤一人，负事故主要责任并且具有最高人民法院《关于审理交通肇事刑事案件具体应用法律若干问题的解释》第二条第二款所规定的六种情形之一的（即：酒后、吸食毒品后驾驶机动车辆的，无驾驶资格驾驶机动车辆的，明知是安全装置不全或者安全机件失灵的机动车辆而驾驶的，明知是无牌证或者已报废的机动车辆而驾驶的，严重超载驾驶的，为逃避法律追究逃离事故现场的），在六个月至一年六个月有期徒刑幅度内确定量刑起点；负事故全部责任的，在一年至二年有期徒刑幅度内确定量刑起点。

在量刑起点的基础上，可以根据事故责任、致人重伤、死亡的人数或者财产损失的数额等其他影响犯罪构成的犯罪事实增加刑罚量，确定基准刑。有下列情形之一的，增加相应的刑罚量：

（1）具有"死亡一人或重伤三人，负事故主要责任或者全部责任"情形的，每增加重伤一人，增加六个月至一年刑期；

（2）具有"死亡三人，负事故同等责任"情形的，死亡人数每增加一人，增加六个月至一年刑期；

（3）具有"造成公共财产或者他人财产直接损失，负事故全部或者主要责任，无能力赔偿数额达到30万元"情形的，无能力赔偿数额在30万元基础上每增加10万元，负事故全部责任的，增加三个月至六个月刑期；负事故主要责任的，增加二个月至四个月刑期；

（4）具有"重伤一人，负事故全部或者主要责任并且具有最高人民法院《关于审理交通

肇事刑事案件具体应用法律若干问题的解释》第二条第二款所规定的六种情形之一"的，重伤人数每增加一人，增加六个月至一年刑期；每增加上列六种情形之一的，增加二个月至四个月刑期；

（5）其他可以增加刑罚量的情形。

2. 法定刑在三年以上七年以下有期徒刑的量刑起点和基准刑

死亡一人或者重伤三人，负事故全部或者主要责任，又逃逸的，在三年六个月至四年有期徒刑幅度内确定量刑起点。

死亡三人，负事故同等责任，又逃逸的，在四年至五年有期徒刑幅度内确定量刑起点。

造成公共财产或者他人财产直接损失，负事故全部责任，无能力赔偿数额达到30万元，又逃逸的，在四年至五年有期徒刑幅度内确定量刑起点；负事故主要责任的，在三年六个月至四年有期徒刑幅度内确定量刑起点。

造成重伤一人，负事故全部责任，并具有最高人民法院《关于审理交通肇事刑事案件具体应用法律若干问题的解释》中第二条第二款第（一）至（五）项规定情形之一，又逃逸的，在四年至五年有期徒刑幅度内确定量刑起点；负事故主要责任的，在三年六个月至四年有期徒刑幅度内确定量刑起点。

死亡二人或者重伤五人，负事故全部责任的，在四年至五年有期徒刑幅度内确定量刑起点；负事故主要责任的，在三年六个月至四年有期徒刑幅度内确定量刑起点。

死亡六人，负事故同等责任的，在四年至五年有期徒刑幅度内确定量刑起点。

造成公共财产或者他人财产直接损失，无能力赔偿直接经济损失达60万元，负事故全部责任的，在四年至五年有期徒刑幅度内确定量刑起点；负事故主要责任的，在三年六个月至四年有期徒刑幅度内确定量刑起点。

在量刑起点的基础上，可以根据事故责任、致人重伤、死亡的人数或者财产损失的数额以及逃逸等其他影响犯罪构成的犯罪事实增加刑罚量，确定基准刑。有下列情形之一的，增加相应的刑罚量：

（1）具有"死亡一人或者重伤三人，负事故全部或者主要责任，又逃逸"情形的，死亡人数每增加一人，负事故全部责任的，增加一年至一年六个月刑期；负事故主要责任的，增加九个月至一年刑期。重伤人数每增加一人，负事故全部责任的，增加六个月至一年刑期；负事故主要责任的，增加三个月至六个月刑期。死亡人数及重伤人数均达到该档次量刑标准的，以死亡人数确定量刑起点，重伤人数作为增加刑罚量的事实；

（2）具有"死亡三人，负事故同等责任，又逃逸"情形的，死亡人数每增加一人，增加六个月至一年刑期；

（3）具有"造成公共财产或者他人财产直接损失，负事故全部或者主要责任，无能力赔偿数额达到30万元，又逃逸"情形的，无能力赔偿数额在30万元基础上每增加10万元，负事故全部责任的，增加三个月至六个月刑期；负事故主要责任的，增加二个月至四个月刑期；

（4）具有"重伤一人，负事故全部或者主要责任并且具有最高人民法院《关于审理交通肇事刑事案件具体应用法律若干问题的解释》第二条第二款第（一）至第（五）项规定的情形之一，又逃逸"的，重伤人数每增加一人，增加六个月至一年刑期；每增加上列五种情形之一的，增加三个月至六个月刑期；

（5）具有"死亡二人或者重伤五人以上，负事故全部或者主要责任"情形的，死亡人数每增加一人，负事故全部责任的，增加一年至一年六个月刑期；负事故主要责任的，增加九个月至一年刑期。重伤人数每增加一人，负事故全部责任的，增加六个月至一年刑期；负事故主要责任的，增加三个月至六个月刑期。死亡人数及重伤人数均达到该档次量刑标准的，以死亡人数确定量刑起点，重伤人数作为增加刑罚量的事实；

（6）具有"死亡六人，负事故同等责任"情形的，死亡人数每增加一人，增加六个月至一年刑期；

（7）具有"造成公共财产或者他人财产直接损失，负事故全部或者主要责任，无能力赔偿直接经济损失达60万元"情形的，无能力赔偿数额在60万元基础上每增加10万元，负事故全部责任的，增加三个月至六个月刑期；负事故主要责任的，增加二个月至四个月刑期；

（8）其他可以增加刑罚量的情形。

3. 法定刑在七年以上有期徒刑的量刑起点和基准刑

因逃逸致一人死亡的，在七年六个月至十年有期徒刑幅度内确定量刑起点。

在量刑起点的基础上，可以根据因逃逸致人死亡的人数等其他影响犯罪构成的犯罪事实，增加刑罚量，从而确定基准刑。有下列情形之一的，增加相应的刑罚量：

（1）因逃逸致人死亡的人数每增加一人，增加三年至五年刑期；

（2）非因逃逸致人死亡的人数每增加一人，增加一年六个月至三年刑期；

（3）致人重伤的人数每增加一人，增加一年至二年刑期；

（4）其他可以增加刑罚量的情形。

4. 有下列情形（已确定为犯罪构成事实的除外）之一的，可以增加基准刑的10%以下，但同时具有两种以上情形的，累计不得超过基准刑的50%：

（1）酒后、吸食毒品后驾驶机动车辆的，或者在道路上驾驶机动车追逐竞驶，情节恶劣的；

（2）无驾驶资格驾驶机动车辆的；

（3）明知是安全装置不全或者安全机件失灵的机动车辆而驾驶的；

（4）明知是无牌证或者已报废的机动车辆而驾驶的；

（5）严重超载驾驶的；

（6）交通肇事造成恶劣社会影响的；

（7）其他可以从重处罚的情形。

5. 交通肇事后保护现场、抢救伤者，并向公安机关报告的，可以减少基准刑的20%以下。

（二）故意伤害罪

1. 法定刑在三年以下有期徒刑、拘役的量刑起点和基准刑

故意伤害致一人轻伤的，在六个月拘役至二年有期徒刑幅度内确定量刑起点。

在量刑起点的基础上，可以根据伤害后果等其他影响犯罪构成的犯罪事实增加刑罚量，确定基准刑。有下列情形之一的，增加相应的刑罚量：

（1）每增加轻微伤一人，增加二个月以下刑期；

（2）每增加轻伤一人，增加三个月至六个月刑期；

（3）其他可以增加刑罚量的情形。

故意伤害致人轻伤的，伤残程度可在确定量刑起点时考虑，或者作为调节基准刑的量刑情节。

2. 法定刑在三年以上十年以下有期徒刑的量刑起点和基准刑

故意伤害致一人重伤的，在三年六个月至五年有期徒刑幅度内确定量刑起点。其中，造成被害人六级残疾的，以五年有期徒刑为量刑起点。

在量刑起点的基础上，可以根据伤害后果、伤残程度等其他影响犯罪构成的犯罪事实增加刑罚量，确定基准刑。有下列情形之一的，增加相应的刑罚量：

（1）每增加轻微伤一人，增加二个月以下刑期；

（2）每增加轻伤一人，增加三个月至六个月刑期；

（3）每增加重伤一人，增加一年至二年刑期；

（4）造成被害人六级至三级残疾的，每增加一级残疾，增加六个月至一年刑期；造成被害人二级至一级残疾的，每增加一级残疾，增加二年至三年刑期；

（5）其他可以增加刑罚量的情形。

3. 法定刑在十年以上有期徒刑的量刑起点和基准刑

以特别残忍手段故意伤害致一人重伤，造成六级残疾的，在十年六个月至十三年有期徒刑幅度内确定量刑起点。依法应当判处无期徒刑以上刑罚的除外。

在量刑起点的基础上，根据伤害后果、伤残程度、手段的残忍程度等其他影响犯罪构成的犯罪事实增加刑罚量，确定基准刑。有下列情形之一的，增加相应的刑罚量：

（1）每增加轻微伤一人，增加二个月以下刑期；

（2）每增加轻伤一人，增加三个月至六个月刑期；

（3）每增加重伤一人，增加一年至二年刑期，其中每增加六级残疾一人，增加二年刑期；

（4）造成被害人六级至三级残疾的，每增加一级残疾，增加六个月至一年刑期；造成被害人二级至一级残疾的，每增加一级残疾，增加一年至二年刑期；

（5）其他可以增加刑罚量的情形。

4. 有下列情形之一的，可以从重处罚，但同时具有两种以上情形的，累计不得超过基准刑的100%：

（1）报复伤害的，增加基准刑的30%以下；

（2）雇佣他人实施伤害行为的，增加基准刑的20%以下；

（3）因实施其他违法活动而故意伤害他人的，增加基准刑的20%以下；

（4）使用枪支、管制刀具或者其他凶器实施伤害行为的，增加基准刑的20%以下；

（5）其他可以从重处罚的情形。

5. 因婚姻家庭、邻里纠纷等民间矛盾引发，且被害人有过错或对矛盾激化负有责任的，可以减少基准刑的20%以下。

6. 被害人同时有多处不同程度伤情的，被害人数的刑罚增加量按照最重伤情一人计算。

7. 需要说明的问题

使用以下手段之一，使被害人具有身体器官缺损、器官明显畸形、身体器官有中等功能障碍、造成严重并发症等情形之一，且残疾程度在六级以上的，可以认定为"以特别残忍手段致人重伤造成严重残疾"：

（1）挖人眼睛、割人耳、鼻、挑人脚筋、砍人手足、剁人髌骨；

（2）以刀划或硫酸等腐蚀性溶液严重毁人容貌；

（3）电击、烧烫他人要害部位；

（4）其他特别残忍手段。

（三）强奸罪

1. 法定刑在三年以上十年以下有期徒刑的量刑起点和基准刑

强奸妇女一人的，在三年六个月至五年有期徒刑幅度内确定量刑起点。奸淫幼女一人的，在四年至七年有期徒刑幅度内确定量刑起点。

在量刑起点的基础上，根据强奸或者奸淫幼女的人数、伤害后果等其他影响犯罪构成的犯罪事实增加刑罚量，确定基准刑。有下列情形之一的，增加相应的刑罚量：

（1）强奸妇女或者奸淫幼女二人，增加二年至三年刑期；

（2）每增加轻微伤一人，增加六个月以下刑期；

（3）每增加轻伤一人，增加一年至二年刑期；

（4）其他可以增加刑罚量的情形。

2. 法定刑在十年以上有期徒刑的量刑起点和基准刑

犯强奸罪，具有下列情形之一的，在十年六个月至十三年有期徒刑幅度内确定量刑起点：强奸妇女、奸淫幼女情节恶劣的；强奸妇女、奸淫幼女三人的；在公共场所当众强奸妇女的；二人以上轮奸的；致使被害人重伤或者造成其他严重后果的。依法应当判处无期徒刑以上刑罚的除外。

在量刑起点的基础上，根据强奸妇女、奸淫幼女情节恶劣程度、强奸人数、致人伤害后果等其他影响犯罪构成的犯罪事实增加刑罚量，确定基准刑。有下列情形之一的，增加相应的刑罚量：

（1）强奸妇女或者奸淫幼女三人以上，每增加一人，增加二年至三年刑期；

（2）每增加轻微伤一人，增加六个月以下刑期；

（3）每增加轻伤一人，增加一年至二年刑期；

（4）每增加重伤一人，增加二年至三年刑期；

（5）造成被害人六级至三级残疾的，每增加一级残疾，增加一年至二年刑期；造成被害人二级至一级残疾的，每增加一级残疾，增加二年至三年刑期；

（6）每增加刑法第二百三十六条规定的五种情形之一的，增加二年至三年刑期；

（7）其他可以增加刑罚量的情形。

3. 有下列情形之一的，可以从重处罚，但同时具有两种以上情形的，累计不得超过基准刑的100%：

（1）对同一妇女强奸或者对同一幼女实施奸淫多次的，增加基准刑的30%以下；轮奸多次的，增加基准刑的40%以下；

（2）携带凶器或者采取非法拘禁、捆绑、侮辱、虐待等方式作案的，增加基准刑的20%以下；

（3）利用教养、监护、职务关系实施强奸的，增加基准刑的20%以下；

（4）其他可以从重处罚的情形。

4. 强奸未成年人，具有下列情形之一的，可以增加基准刑的40%以下，但同时具有两种以上情形的，累计不得超过基准刑的100%：

（1）对未成年人负有特殊职责的人员、与未成年人有共同家庭生活关系的人员、国家工作人员或者冒充国家工作人员，实施强奸犯罪的；

（2）进入未成年人住所、学生集体宿舍实施强奸犯罪的；

（3）采取暴力、胁迫、麻醉等强制手段实施奸淫幼女犯罪的；

（4）对不满十二周岁的儿童、严重残疾或者精神智力发育迟滞的未成年人，实施强奸犯罪的；

（5）其他可以从重处罚的情形。

5. 被害人同时有多处不同程度伤情的，被害人数的刑罚增加量按照最重伤情一人计算。

（四）非法拘禁罪

1. 法定刑在三年以下有期徒刑、拘役的量刑起点和基准刑

非法拘禁他人，不具有殴打、侮辱情节，未造成重伤、死亡后果的，在三个月拘役至一年有期徒刑幅度内确定量刑起点。

在量刑起点的基础上，根据非法拘禁人数、拘禁时间、致人伤害的后果等其他影响犯罪构成的犯罪事实增加刑罚量，确定基准刑。有下列情形之一的，增加相应的刑罚量：

（1）非法拘禁时间满二十四小时，除以"非法拘禁时间满二十四小时"确定量刑起点外，增加一个月至二个月刑期；非法拘禁时间每增加二十四小时，增加一个月至二个月刑期；

（2）被害人每增加一人，增加三个月至六个月刑期；

（3）每增加轻微伤一人，增加二个月以下刑期；

（4）每增加轻伤一人，增加三个月至六个月刑期；
（5）其他可以增加刑罚量的情形。

2. 法定刑在三年以上十年以下有期徒刑的量刑起点和基准刑

非法拘禁致一人重伤的，在三年六个月至五年有期徒刑幅度内确定量刑起点。其中，造成被害人六级残疾的，以五年有期徒刑为量刑起点。

在量刑起点的基础上，根据非法拘禁人数、拘禁时间、伤害后果等其他影响犯罪构成的犯罪事实增加刑罚量，确定基准刑。有下列情形之一的，增加相应的刑罚量：

（1）非法拘禁时间满二十四小时，增加一个月至二个月刑期；每再增加二十四小时，增加一个月至二个月刑期；
（2）被害人每增加一人，增加三个月至六个月刑期；
（3）每增加轻微伤一人，增加二个月以下刑期；
（4）每增加轻伤一人，增加三个月至六个月刑期；
（5）重伤人数每增加一人，增加一年至三年刑期；
（6）造成被害人六级至三级残疾的，每增加一级残疾，增加六个月至一年刑期；造成被害人二级至一级残疾的，每增加一级残疾，增加二年至三年刑期；
（7）其他可以增加刑罚量的情形。

3. 法定刑在十年以上有期徒刑的量刑起点和基准刑

非法拘禁致一人死亡的，在十年六个月至十三年有期徒刑幅度内确定量刑起点。

在量刑起点的基础上，根据非法拘禁人数、拘禁时间、伤亡后果等其他影响犯罪构成的犯罪事实增加刑罚量，确定基准刑。有下列情形之一的，增加相应的刑罚量：

（1）非法拘禁时间满二十四小时，增加一个月至二个月刑期；每再增加二十四小时，增加一个月至二个月刑期；
（2）被害人每增加一人，增加三个月至六个月刑期；
（3）每增加轻微伤一人，增加二个月以下刑期；
（4）每增加轻伤一人，增加三个月至六个月刑期；
（5）每增加重伤一人，增加一年至三年刑期；
（6）造成被害人六级至三级残疾的，每增加一级残疾，增加六个月至一年刑期；造成被害人二级至一级残疾的，每增加一级残疾，增加二年至三年刑期；
（7）死亡人数每增加一人，增加二年至四年刑期；
（8）其他可以增加刑罚量的情形。

4. 有下列情形之一的，可以从重处罚，但同时具有两种以上情形的，累计不得超过基准刑的100%：

（1）国家机关工作人员利用职权非法扣押、拘禁他人的，增加基准刑的10%-20%；
（2）具有殴打、侮辱、虐待情节的（致人重伤、死亡的除外），增加基准刑的10%-20%；
（3）多次非法拘禁的，增加基准刑的20%以下；
（4）冒充军警人员、司法人员非法扣押、拘禁他人的，增加基准刑的20%以下；
（5）为索取高利贷、赌债等法律不予保护的债务而非法拘禁他人的，增加基准刑的20%以下；
（6）持枪支、管制刀具或者其他凶器非法拘禁他人的，增加基准刑的20%以下；
（7）因参与传销非法拘禁他人的，增加基准刑的20%以下；
（8）其他可以从重处罚的情形。

5. 为索取合法债务、争取合法权益而非法拘禁他人的，可以减少基准刑的30%以下。

6. 被害人同时有多处不同程度伤情的，被害人数的刑罚增加量按照最重伤情一人计算。

（五）抢劫罪

1. 法定刑在三年以上十年以下有期徒刑的量刑起点和基准刑

抢劫一次的，在三年六个月至六年有期徒刑幅度内确定量刑起点。

行为人实施盗窃、诈骗、抢夺行为，未达到"数额较大"，为窝藏赃物、抗拒抓捕或者毁灭罪证当场使用暴力或者以暴力相威胁，具有下列情节之一，依照抢劫罪定罪处罚的，在三年六个月至六年有期徒刑幅度内确定量刑起点：盗窃、诈骗、抢夺接近"数额较大"标准的；入户或在公共交通工具上盗窃、诈骗、抢夺后在户外或交通工具外实施上述行为的；使用暴力致人轻微伤以上后果的；使用凶器或以凶器相威胁的；具有其他严重情节的。

在量刑起点的基础上，根据抢劫次数、数额、伤害后果等其他影响犯罪构成的犯罪事实增加刑罚量，确定基准刑。有下列情形之一的，增加相应的刑罚量：

（1）抢劫财物数额满一千元或每增加一千元，增加一个月刑期；

（2）抢劫二次的，增加一年至三年刑期；

（3）每增加轻微伤一人，增加六个月以下刑期；

（4）每增加轻伤一人，增加六个月至一年刑期；

（5）其他可以增加刑罚量的情形。

2. 法定刑在十年以上有期徒刑的量刑起点和基准刑

有下列情形之一的，在十年至十三年有期徒刑幅度内确定量刑起点：入户抢劫的；在公共交通工具上抢劫的；抢劫银行或者其他金融机构的；多次抢劫或者抢劫数额巨大的；抢劫致人重伤的；冒充军警人员抢劫的；持枪抢劫的；抢劫军用物资或者抢险、救灾、救济物资的。依法应当判处无期徒刑以上刑罚的除外。

在量刑起点的基础上，根据抢劫情节严重程度、抢劫次数、数额、手段、伤害后果等其他影响犯罪构成的犯罪事实增加刑罚量，确定基准刑。有下列情形之一的，增加相应的刑罚量：

（1）抢劫财物数额满六万元后，每增加六千元，增加一个月刑期；

（2）抢劫次数超过三次，每增加一次，增加二年至三年刑期；

（3）每增加轻微伤一人，增加六个月以下刑期；

（4）每增加轻伤一人，增加六个月至一年刑期；

（5）每增加重伤一人，增加一年至三年刑期；

（6）造成被害人六级至三级残疾的，每增加一级残疾，增加六个月至一年刑期；造成被害人二级至一级残疾的，每增加一级残疾，增加二年至三年刑期；

（7）每增加刑法第二百六十三条规定的情形之一，增加一年至三年刑期；

（8）其他可以增加刑罚量的情形。

3. 有下列情形之一的，可以增加基准刑的20%以下：

（1）为实施其他违法活动而实施抢劫的；

（2）流窜作案的；

（3）在公共场所当众实施抢劫的；

（4）持枪支以外的管制刀具或者其他凶器抢劫的；

（5）其他可以从重处罚的情形。

4. 已经依照本罪第1条第2款评价的严重情节，不另行增加刑罚量。

5. 有下列情形之一的，可以减少基准刑的20%以下：

（1）因生活所迫、学习、治病急需而实施抢劫的；

（2）抢劫家庭成员或者近亲属财物的；

（3）其他可以从轻处罚的情形。

6. 被害人同时有多处不同程度伤情的，被害人数的刑罚增加量按照最重伤情一人计算。

7. 需要说明的问题

以毒品、假币、淫秽物品等违禁品为抢劫对象的，以抢劫罪定罪；抢劫的违禁品数量作为量刑情节考虑，量刑起点和基准刑依照上述规定确定。

（六）盗窃罪

1. 法定刑在三年以下有期徒刑、拘役的量刑起点和基准刑

盗窃公私财物，犯罪数额达到"数额较大"起点二千元，或者入户盗窃、携带凶器盗窃、扒窃的，或者在两年内盗窃三次的，在三个月拘役至九个月有期徒刑幅度内确定量刑起点。

盗窃公私财物，数额达到前款规定标准的百分之五十，具有下列情形之一的，可以盗窃罪定罪，在三个月拘役至九个月有期徒刑幅度内确定量刑起点：曾因盗窃受过刑事处罚的；一年内曾因盗窃受过行政处罚的；组织、控制未成年人盗窃的；自然灾害、事故灾害、社会安全事件等突发事件期间，在事件发生地盗窃的；盗窃残疾人、孤寡老人、丧失劳动能力人的财物的；在医院盗窃病人或者其亲友财物的；盗窃救灾、抢险、防汛、优抚、扶贫、移民、救济款物的；因盗窃造成严重后果的。

盗窃国有馆藏一般文物的，在九个月至一年有期徒刑幅度内确定量刑起点。

在量刑起点的基础上，根据盗窃数额、次数、手段等其他影响犯罪构成的犯罪事实增加刑罚量，确定基准刑。有下列情形之一的，增加相应的刑罚量：

（1）犯罪数额每增加二千五百元，增加一个月刑期；

（2）入户盗窃、携带凶器盗窃、扒窃、两年内盗窃三次的，每增加一次作案或者一种情形，增加一个月至三个月刑期；

（3）盗窃国有馆藏一般文物二件的，增加九个月至一年刑期；

（4）其他可以增加刑罚量的情形。

2. 法定刑在三年以上十年以下有期徒刑的量刑起点和基准刑

盗窃公私财物，犯罪数额达到"数额巨大"起点六万元的，在三年六个月至四年有期徒刑幅度内确定量刑起点。

盗窃公私财物，数额达到前款规定标准的百分之五十，具有下列情形之一的，可以认定为"其他严重情节"，在三年六个月至四年有期徒刑幅度内确定量刑起点：入户盗窃的；携带凶器盗窃的；组织、控制未成年人盗窃的；自然灾害、事故灾害、社会安全事件等突发事件期间，在事件发生地盗窃的；盗窃残疾人、孤寡老人、丧失劳动能力人的财物的；在医院盗窃病人或者其亲友财物的；盗窃救灾、抢险、防汛、优抚、扶贫、移民、救济款物的；因盗窃造成严重后果的。

盗窃国有馆藏一般文物三件或者三级文物一件的，在三年六个月至四年有期徒刑幅度内确定量刑起点。

在量刑起点的基础上，根据盗窃数额、手段等其他影响犯罪构成的犯罪事实增加刑罚量，确定基准刑。有下列情形之一的，增加相应的刑罚量：

（1）犯罪数额每增加六千元，增加一个月刑期；

（2）盗窃国有馆藏一般文物超过三件，每增加一件，增加九个月至一年刑期；盗窃国有馆藏三级文物二件的，增加二年六个月至三年刑期；

（3）具有可以认定为"其他严重情节"的情形，每增加一种情形，增加六个月至一年刑期；

（4）其他可以增加刑罚量的情形。

3. 法定刑在十年以上有期徒刑的量刑起点和基准刑

盗窃公私财物，犯罪数额达到"数额特别巨大"起点四十万元，在十年至十二年有期徒

刑幅度内确定量刑起点。

盗窃公私财物，数额达到前款规定标准的百分之五十，具有本罪第2条第2款规定情形之一的，可以认定为"其他特别严重情节"，在十年至十二年有期徒刑幅度内确定量刑起点。

盗窃国有馆藏三级文物三件或者二级文物一件的，在十年至十二年有期徒刑幅度内确定量刑起点。依法应当判处无期徒刑的除外。

在量刑起点的基础上，根据盗窃数额、手段等其他影响犯罪构成的犯罪事实增加刑罚量，确定基准刑。有下列情形之一的，增加相应的刑罚量：

（1）犯罪数额每增加五万元，增加一个月刑期；

（2）盗窃国有馆藏三级文物超过三件，每增加一件，增加九个月至一年刑期；盗窃国有馆藏二级文物超过一件，每增加一件，增加一年至二年刑期。盗窃的文物中包含一般文物的，每增加一件，增加三个月至四个月刑期；

（3）具有可以认定为"其他特别严重情节"的情形，每增加一种情形，增加一年至二年刑期；

（4）其他可以增加刑罚量的情形。

4. 有下列情形之一的，可以从重处罚，但同时具有两种以上情形的，累计不得超过基准刑的100%：

（1）盗窃公私财物，具有下列情形之一，增加基准刑的30%以下（已确定为犯罪构成事实的除外）：多次盗窃，犯罪数额达到较大以上的；入户盗窃的；携带凶器盗窃、扒窃的；组织、控制未成年人盗窃的；自然灾害、事故灾害、社会安全事件等突发事件期间，在事件发生地盗窃的；盗窃残疾人、孤寡老人、丧失劳动能力人的财物的；在医院盗窃病人或者其亲友财物的；盗窃救灾、抢险、防汛、优抚、扶贫、移民、救济款物的；因盗窃造成严重后果的。以上九种情形，每增加一种情形，再增加基准刑的10%以下；

（2）采用破坏性手段盗窃公私财物造成其他财物损毁的，增加基准刑的10%-30%；

（3）为吸毒、赌博等违法活动盗窃的，增加基准刑的20%以下；

（4）其他可以从重处罚的情形。

5. 有下列情形之一的，可以从宽处罚：

（1）因生活所迫、学习、治病急需而盗窃的，减少基准刑的20%以下；

（2）案发前主动将赃物放回原处或归还被害人的，减少基准刑的30%以下；

（3）盗窃家庭成员或者近亲属的财物，获得谅解的，一般可以不认为是犯罪；追究刑事责任的，应当减少基准刑的20%-50%；

（4）其他可以从轻处罚的情形。

6. 已经依照本罪第1条第2款、第2条第2款、第3条第2款评价的定罪情节、严重情节、特别严重情节，不另行增加刑罚量。

7. 对于盗窃犯罪部分行为既遂、部分行为未遂，且均符合定罪条件的，对未遂部分决定是否减轻适用量刑幅度后，以既遂部分、未遂部分分别对应的量刑幅度较重的确定基准刑。既遂部分、未遂部分所对应的量刑幅度相同的，以既遂部分确定基准刑。以既遂部分确定基准刑的，根据未遂部分犯罪行为的实行程度、造成损害的大小、犯罪未得逞的原因等情况，增加基准刑的30%以下；以未遂部分确定基准刑的，根据既遂部分犯罪行为造成损害的大小等情况，增加基准刑的40%以下。但不得根据该量刑情节提高量刑幅度。

8. 需要说明的问题

（1）盗窃未遂，具有下列情形之一的，应当依法追究刑事责任，量刑起点和基准刑参照本罪第1-3条的规定，根据案件的具体情况予以确定：以数额巨大的财物为盗窃目标的；以珍贵文物为盗窃目标的；其他情节严重的情形；

（2）盗窃违禁品，按盗窃罪处理的，不计数额，根据情节轻重量刑；

（3）盗窃国有馆藏一般文物、三级文物、二级以上文物的，应当分别认定为刑法第二百六十四条规定的"数额较大""数额巨大""数额特别巨大"；盗窃民间收藏的文物的，根据最高人民法院、最高人民检察院《关于办理盗窃刑事案件适用法律若干问题的解释》第四条第一款第（一）项的规定认定盗窃数额；

（4）盗窃技术成果等商业秘密的，依照刑法第二百一十九条的规定定罪处罚；

（5）多次盗窃，盗窃数额未达到较大的，以盗窃次数确定量刑起点，超过三次的次数作为增加刑罚量的事实。盗窃数额达到较大以上的，以盗窃数额确定量刑起点，盗窃次数作为增加刑罚量的事实；

（6）盗窃公私财物数额较大，行为人认罪、悔罪、退赃、退赔，且具有下列情形之一，情节轻微的，可以免予刑事处罚：具有法定从宽处罚情节的；没有参与分赃或者获赃较少且不是主犯的；被害人谅解的；其他情节轻微、危害不大的。

（七）诈骗罪

1. 法定刑在三年以下有期徒刑、拘役的量刑起点和基准刑

诈骗公私财物，达到"数额较大"起点五千元的，在三个月拘役至九个月有期徒刑幅度内确定量刑起点。诈骗数额每增加三千五百元，增加一个月刑期。

2. 法定刑在三年以上十年以下有期徒刑的量刑起点和基准刑

诈骗公私财物，犯罪数额达到"数额巨大"起点十万元的，在三年六个月至四年有期徒刑幅度内确定量刑起点。

诈骗公私财物数额满八万元不满十万元，并具有下列情形之一的，应当认定为"其他严重情节"，并在三年六个月至四年有期徒刑幅度内确定量刑起点：通过发送短信、拨打电话或者利用互联网、广播电视、报刊杂志等发布虚假信息，对不特定多数人实施诈骗的；诈骗救灾、抢险、防汛、优抚、扶贫、移民、救济、医疗款物的；以赈灾募捐名义实施诈骗的；诈骗残疾人、老年人或者丧失劳动能力人的财物的；造成被害人自杀、精神失常或者其他严重后果的；属于诈骗集团首要分子的；具有其他严重情节的。

在量刑起点的基础上，根据诈骗数额等其他影响犯罪构成的犯罪事实增加刑罚量，确定基准刑。有下列情形之一的，增加相应的刑罚量：

（1）犯罪数额每增加六千元，增加一个月刑期；

（2）具有可以认定为"其他严重情节"情形的，每增加一种情形，增加六个月至二年刑期。

（3）其他可以增加刑罚量的情形。

3. 法定刑在十年以上有期徒刑的量刑起点和基准刑

诈骗公私财物，犯罪数额达到"数额特别巨大"起点五十万元，在十年六个月至十二年有期徒刑幅度内确定量刑起点。依法应当判处无期徒刑的除外。

诈骗公私财物数额满四十万元不满五十万元，并有本罪第2条第2款规定情形之一的，应当认定为"其他特别严重情节"，在十年至十二年有期徒刑幅度内确定量刑起点。依法应当判处无期徒刑的除外。

在量刑起点的基础上，根据诈骗数额等犯罪事实增加刑罚量，确定基准刑。有下列情形之一的，增加相应的刑罚量：

（1）犯罪数额每增加六万元，增加一个月刑期；

（2）具有可以认定为"其他特别严重情节"情形，每增加一种情形，增加六个月至二年刑期；

（3）其他可以增加刑罚量的情形。

4. 有下列情形之一的，可以从重处罚，但同时具有两种以上情形的，累计不得超过基准刑的100%：

（1）诈骗公私财物，具有下列情形之一的，增加基准刑的30%以下（已确定为犯罪构成事实的除外）：通过发送短信、拨打电话或者利用互联网、广播电视、报刊杂志等发布虚假信息，对不特定多数人实施诈骗的；诈骗救灾、抢险、防汛、优抚、扶贫、移民、救济、医疗款物的；以赈灾募捐名义实施诈骗的；诈骗残疾人、老年人或者丧失劳动能力人的财物的；造成被害人自杀、精神失常或者其他严重后果的；属于诈骗集团首要分子的；具有其他严重情节的。以上七种情形每增加一种情形，再增加基准刑的10%以下；

（2）多次实施诈骗的，增加基准刑的20%以下；

（3）为吸毒、赌博等违法活动诈骗的，增加基准刑的20%以下；

（4）其他可以从重处罚的情形。

5. 有下列情形之一的，可以从宽处罚：

（1）因生活所迫、学习、治病急需而诈骗的，减少基准刑的30%以下；

（2）诈骗近亲属的财物，近亲属谅解的，一般可不按犯罪处理；确有追究刑事责任必要的，应当减少基准刑的20%-50%；

（3）其他可以从轻处罚的情形。

6. 已经依照本罪第2条第2款、第3条第2款评价的严重情节、特别严重情节，不另行增加刑罚量。

7. 对于诈骗犯罪部分行为既遂、部分行为未遂，且均符合定罪条件的，对未遂部分决定是否减轻适用量刑幅度后，以既遂部分、未遂部分分别对应的量刑幅度较重的确定基准刑。既遂部分、未遂部分所对应的量刑幅度相同的，以既遂部分确定基准刑。以既遂部分确定基准刑的，根据未遂部分犯罪行为的实行程度、造成损害的大小、犯罪未得逞的原因等情况，增加基准刑的30%以下；以未遂部分确定基准刑的，根据既遂部分犯罪行为造成损害的大小等情况，增加基准刑的40%以下。但不得根据该量刑情节提高量刑幅度。

8. 需要说明的问题

诈骗公私财物虽已达到"数额较大"的标准，但具有下列情形之一，且行为人认罪、悔罪的，可以根据刑法第三十七条、刑事诉讼法第一百四十二条的规定免予刑事处罚：具有法定从宽处罚情节的；一审宣判前全部退赃、退赔的；没有参与分赃或者获赃较少且不是主犯的；被害人谅解的；其他情节轻微、危害不大的。

（八）抢夺罪

1. 法定刑在三年以下有期徒刑、拘役的量刑起点和基准刑

抢夺公私财物，犯罪数额达到"数额较大"起点二千元的，在五个月拘役至一年有期徒刑幅度内确定量刑起点。

抢夺公私财物数额达到"数额较大"起点的百分之五十并具有下列情形之一的，以抢夺罪定罪处罚，在五个月拘役至一年有期徒刑幅度内确定量刑起点：曾因抢劫、抢夺或者聚众哄抢受过刑事处罚的；一年内曾因抢夺或者哄抢受过行政处罚的；一年内抢夺三次以上的；驾驶机动车、非机动车抢夺的；组织、控制未成年人抢夺的；抢夺老年人、未成年人、孕妇、携带婴幼儿的人、残疾人、丧失劳动能力人的财物的；在医院抢夺病人或者其亲友财物的；抢夺救灾、抢险、防汛、优抚、扶贫、移民、救济款物的；自然灾害、事故灾害、社会安全事件等突发事件期间，在事件发生地抢夺的；导致他人轻伤或者精神失常等严重后果的。

在量刑起点的基础上，根据抢夺数额等其他影响犯罪构成的犯罪事实增加刑罚量，确定基准刑。有下列情形之一的，增加相应的刑罚量：

（1）犯罪数额每增加一千五百元，增加一个月刑期。

（2）每增加轻微伤一人，增加二个月以下刑期；
（3）每增加轻伤一人，增加三个月至六个月刑期；
（4）其他可以增加刑罚量的情形。

2. 法定刑在三年以上十年以下有期徒刑的量刑起点和基准刑

抢夺公私财物，犯罪数额达到"数额巨大"起点五万元的，在三年六个月至四年有期徒刑幅度内确定量刑起点。

抢夺公私财物，导致他人重伤的，或者导致他人自杀的，或者犯罪数额达到"数额巨大"起点的百分之五十，并具有下列情形之一的，应当认定为有"其他严重情节"，在三年六个月至四年有期徒刑幅度内确定量刑起点：一年内抢夺三次以上的；驾驶机动车、非机动车抢夺的；组织、控制未成年人抢夺的；抢夺老年人、未成年人、孕妇、携带婴幼儿的人、残疾人、丧失劳动能力人的财物的；在医院抢夺病人或者其亲友财物的；抢夺救灾、抢险、防汛、优抚、扶贫、移民、救济款物的；自然灾害、事故灾害、社会安全事件等突发事件期间，在事件发生地抢夺的；导致他人轻伤或者精神失常等严重后果的。

在量刑起点的基础上，根据抢夺数额等其他影响犯罪构成的犯罪事实增加刑罚量，确定基准刑。有下列情形之一的，增加相应的刑罚量：

（1）犯罪数额每增加三千元，增加一个月刑期；
（2）每增加轻微伤一人，增加二个月以下刑期；
（3）每增加轻伤一人，增加三个月至六个月刑期；
（4）每增加重伤一人或者自杀一人，增加一年至二年刑期；
（5）造成被害人六级至三级残疾的，每增加一级残疾，增加六个月至一年刑期；造成被害人二级至一级残疾的，每增加一级残疾，增加二年至三年刑期；
（6）具有可以认定为"其他严重情节"的情形，每增加一种情形，增加六个月至一年刑期；
（7）其他可以增加刑罚量的情形。

3. 法定刑在十年以上有期徒刑的量刑起点和基准刑

抢夺公私财物，犯罪数额达到"数额特别巨大"起点三十万元的，在十年六个月至十二年有期徒刑幅度内确定量刑起点。依法应当判处无期徒刑的除外。

抢夺公私财物，导致他人死亡的，或者犯罪数额达到"数额特别巨大"起点的百分之五十，并有本罪第2条第2款规定情形之一的，应当认定为有"其他特别严重情节"，在十年六个月至十二年有期徒刑幅度内确定量刑起点。

在量刑起点的基础上，根据抢夺数额等其他影响犯罪构成的犯罪事实增加刑罚量，确定基准刑。有下列情形之一的，增加相应的刑罚量：

（1）犯罪数额每增加四万元，增加一个月刑期；
（2）每增加轻微伤一人，增加二个月以下刑期；
（3）每增加轻伤一人，增加三个月至六个月刑期；
（4）每增加重伤一人或者自杀一人，增加一年至二年刑期；
（5）造成被害人六级至三级残疾的，每增加一级残疾，增加六个月至一年刑期；造成被害人二级至一级残疾的，每增加一级残疾，增加二年至三年刑期；
（6）每增加死亡一人，增加二年至三年刑期；
（7）具有可以认定为"其他特别严重情节"的情形，每增加一种情形，增加一年至二年刑期；
（8）其他可以增加刑罚量的情形。

4. 有下列情形之一的，可以从重处罚，但同时具有两种以上情形的，累计不得超过基准刑的100%：

（1）抢夺公私财物具有下列情形之一的，可以增加基准刑的30%以下（已确定为犯罪构成事实的除外）：曾因抢劫、抢夺或者聚众哄抢受过刑事处罚的；一年内曾因抢夺或者哄抢受过行政处罚的；一年内抢夺三次以上的；驾驶机动车、非机动车抢夺的；组织、控制未成年人抢夺的；抢夺老年人、未成年人、孕妇、携带婴幼儿的人、残疾人、丧失劳动能力人的财物的；在医院抢夺病人或者其亲友财物的；抢夺救灾、抢险、防汛、优抚、扶贫、移民、救济款物的；自然灾害、事故灾害、社会安全事件等突发事件期间，在事件发生地抢夺的；导致他人轻伤或者精神失常等严重后果的。以上十种情形每增加一种情形，再增加基准刑的10%以下；

（2）为吸毒、赌博等违法活动抢夺的，增加基准刑的30%以下；

（3）其他可以从重处罚的情形。

5. 有下列情形之一的，可以从宽处罚：

（1）因生活所迫、学习、治病急需而抢夺的，减少基准刑的30%以下；

（2）在案发前自动归还被害人财物的，减少基准刑的30%以下；

（3）具有其他可以从轻处罚情形的。

6. 被害人同时有多处不同程度伤情的，被害人数的刑罚增加量按照最重伤情一人计算。

7. 已经依照本罪第1条第2款、第2条第2款、第3条第2款评价的定罪情节、严重情节、特别严重情节，不另行增加刑罚量。

8. 需要说明的问题

抢夺公私财物数额较大，被告人认罪、悔罪、退赃、退赔，且具有下列情形之一的，可以认定为犯罪情节轻微，免予刑事处罚：具有法定从宽处罚情节的；没有参与分赃或者获赃较少且不是主犯的；被害人谅解的；其他情节较微、危害不大的。

（九）职务侵占罪

1. 法定刑在五年以下有期徒刑、拘役的量刑起点和基准刑

利用职务上的便利，非法侵占本单位财物，犯罪数额达到"数额较大"起点一万元的，在三个月拘役至九个月有期徒刑幅度内确定量刑起点。在量刑起点的基础上，犯罪数额每增加二千元，增加一个月刑期。

2. 法定刑在五年以上有期徒刑的量刑起点和基准刑

利用职务上的便利，非法侵占本单位财物，犯罪数额达到"数额巨大"起点十万元的，在五年六个月至六年有期徒刑幅度内确定量刑起点。

在量刑起点的基础上，犯罪数额不满二百万元的，每增加四万元，增加一个月刑期。犯罪数额超过二百万元的，在十年至十二年有期徒刑幅度内确定基准刑，每增加五万元，增加一个月刑期。

基准刑在十年以上，除具有重大立功表现或者从犯或者两个以上其他法定减轻处罚情节，并退清个人所得全部赃款的以外，宣告刑一般不得低于五年有期徒刑。

3. 有下列情形之一的，可以从重处罚，但同时具有两种以上情形的，累计不得超过基准刑的100%：

（1）职务侵占行为严重影响生产经营或者造成其他严重损失或者影响恶劣的，增加基准刑的30%以下；同时具备两种以上情形的，每增加一种情形，再增加基准刑的10%以下；

（2）职务侵占用于预防、控制突发传染病疫情等灾害款物的，增加基准刑的20%以下；

（3）多次职务侵占的，增加基准刑的20%以下；

（4）职务侵占救灾、抢险、防汛、优抚、扶贫、移民、救济、捐助、社会保险、教育、征地、拆迁等专项款项和物资的，增加基准刑的20%以下；

（5）职务侵占的款项用于走私、行贿、非法经营、赌博、吸毒等违法活动的，增加基准刑的20%以下；

（6）其他可以从重处罚的情形。

（十）敲诈勒索罪

1. 法定刑在三年以下有期徒刑、拘役的量刑起点和基准刑

敲诈勒索公私财物，犯罪数额达到"数额较大"起点三千元，或者两年内敲诈勒索次数达三次，在三个月拘役至九个月有期徒刑幅度内确定量刑起点。

敲诈勒索公私财物，数额达到前款规定标准的百分之五十，具有下列情形之一的，可以认定为有"其他严重情节"，在三个月拘役至九个月有期徒刑幅度内确定量刑起点：曾因敲诈勒索受过刑事处罚的；一年内曾因敲诈勒索受过行政处罚的；对未成年人、残疾人、老年人或者丧失劳动能力人敲诈勒索的；以将要实施放火、爆炸等危害公共安全犯罪或者故意杀人、绑架等严重侵犯公民人身权利犯罪相威胁敲诈勒索的；以黑恶势力名义敲诈勒索的；利用或者冒充国家机关工作人员、军人、新闻工作者等特殊身份敲诈勒索的；造成其他严重后果的。

在量刑起点的基础上，根据敲诈勒索数额和次数等其他影响犯罪构成的犯罪事实增加刑罚量，确定基准刑。有下列情形之一的，增加相应的刑罚量：

（1）犯罪数额每增加二千元，增加一个月刑期；

（2）每增加轻微伤一人，增加二个月以下刑期；

（3）每增加轻伤一人，增加三个月至六个月刑期；

（4）两年内敲诈勒索三次（犯罪数额未达到较大以上），每再增加一次，增加一个月至三个月刑期；

（5）其他可以增加刑罚量的情形。

2. 法定刑在三年以上十年以下有期徒刑的量刑起点和基准刑

敲诈勒索公私财物，犯罪数额达到"数额巨大"起点六万元，在三年六个月至四年有期徒刑幅度内确定量刑起点。

敲诈勒索公私财物，数额达到前款规定标准的百分之八十，具有下列情形之一的，可以认定为有"其他严重情节"，并在三年六个月至四年有期徒刑幅度内确定量刑起点：对未成年人、残疾人、老年人或者丧失劳动能力人敲诈勒索的；以将要实施放火、爆炸等危害公共安全犯罪或者故意杀人、绑架等严重侵犯公民人身权利犯罪相威胁敲诈勒索的；以黑恶势力名义敲诈勒索的；利用或者冒充国家机关工作人员、军人、新闻工作者等特殊身份敲诈勒索的；造成其他严重后果的。

在量刑起点的基础上，根据敲诈勒索数额、犯罪情节严重程度等其他影响犯罪构成的犯罪事实增加刑罚量，确定基准刑。有下列情形之一的，增加相应的刑罚量：

（1）犯罪数额每增加五千元，增加一个月刑期；

（2）每增加轻微伤一人，增加二个月以下刑期；

（3）每增加轻伤一人，增加三个月至六个月刑期；

（4）具有可以认定为"其他严重情节"的情形，每增加一种情形，增加六个月至一年刑期；

（5）其他可以增加刑罚量的情形。

3. 法定刑在十年以上有期徒刑的量刑起点和基准刑

敲诈勒索公私财物，犯罪数额达到"数额特别巨大"起点四十万元，在十年六个月至十二年有期徒刑幅度内确定量刑起点。

敲诈勒索公私财物，数额达到前款规定标准的百分之八十，并有本罪第2条第2款规定情形之一的，可以认定为有"其他特别严重情节"，并在十年六个月至十二年有期徒刑幅度内确

定量刑起点。

在量刑起点的基础上,根据敲诈勒索数额、犯罪情节严重程度等其他影响犯罪构成的犯罪事实增加刑罚量,确定基准刑。有下列情形之一的,增加相应的刑罚量:

(1) 犯罪数额每增加五万元,增加一个月刑期;

(2) 每增加轻微伤一人,增加二个月以下刑期;

(3) 每增加轻伤一人,增加三个月至六个月刑期;

(4) 具有可以认定为"其他特别严重情节"的情形,每增加一种情形,增加一年至二年刑期;

(5) 其他可以增加刑罚量的情形。

4. 有下列情形之一的,可以从重处罚,但同时具有两种以上情形的,累计不得超过基准刑的100%:

(1) 敲诈勒索公私财物,具有下列情形之一的(已确定为犯罪构成事实的除外),增加基准刑的30%以下:曾因敲诈勒索受过刑事处罚的;一年内曾因敲诈勒索受过行政处罚的;对未成年人、残疾人、老年人或者丧失劳动能力人敲诈勒索的;以将要实施放火、爆炸等危害公共安全犯罪或者故意杀人、绑架等严重侵犯公民人身权利犯罪相威胁敲诈勒索的;以黑恶势力名义敲诈勒索的;利用或者冒充国家机关工作人员、军人、新闻工作者等特殊身份敲诈勒索的;造成其他严重后果的。以上七种情形每增加一种情形,再增加基准刑的10%以下;

(2) 敲诈勒索数额分别达到"数额较大""数额巨大""数额特别巨大"的标准,并具有多次敲诈勒索情形的,增加基准刑的20%以下;

(3) 为吸毒、赌博等违法活动而敲诈勒索的,增加基准刑的20%以下;

(4) 其他可以从重处罚的情形。

5. 有下列情形之一的,可以从宽处罚:

(1) 被害人对敲诈勒索的发生存在过错的,除情节显著轻微危害不大,不认为是犯罪的以外,可以根据被害人的过错程度和案件其他情况,减少基准刑的20%以下;

(2) 因生活所迫、学习、治病急需而敲诈勒索的,可以减少基准刑的20%以下;

(3) 敲诈勒索近亲属财物,认定为犯罪的,可以减少基准刑的10%-50%;

(4) 其他可以从轻处罚的情形。

6. 被害人同时有多处不同程度伤情的,被害人数的刑罚增加量按照最重伤情一人计算。

7. 已经依照本罪第1条第2款、第2条第2款、第3条第2款评价的定罪情节、严重情节、特别严重情节,不另行增加刑罚量。

8. 需要说明的问题

(1) 多次敲诈勒索,敲诈勒索数额未达到较大的,以敲诈勒索次数确定量刑起点,超过三次的次数作为增加刑罚量的事实;敲诈勒索数额达到较大以上的,以敲诈勒索数额确定量刑起点,敲诈勒索次数作为从重处罚的量刑情节。

(2) 敲诈勒索数额较大,行为人认罪、悔罪、退赃、退赔,并具有下列情形之一的,可以认定为犯罪情节轻微,免予刑事处罚:具有法定从宽处罚情节的;没有参与分赃或者获赃较少且不是主犯的;被害人谅解的;其他情节轻微、危害不大的。

(十一) 妨害公务罪

1. 量刑起点和基准刑

构成妨害公务罪的,在三个月拘役至二年有期徒刑幅度内确定量刑起点。

在量刑起点的基础上,根据妨害公务造成的后果、犯罪情节严重程度等其他影响犯罪构成的犯罪事实增加刑罚量,确定基准刑。有下列情形之一的,增加相应的刑罚量:

(1) 每增加轻微伤一人,增加二个月以下刑期;

（2）每增加轻伤一人，增加三个月至六个月刑期；
（3）毁损财物数额每增加二千元，增加一个月至二个月刑期；
（4）妨害公务造成严重后果的，增加六个月至一年刑期；
（5）其他可以增加刑罚量的情形。
2. 有下列情形之一的，可以增加基准刑的20%以下：
（1）煽动群众阻碍依法执行职务、履行职责的；
（2）妨害公务造成恶劣社会影响的；
（3）其他可以从重处罚的情形。
3. 被害人同时有多处不同程度伤情的，被害人数的刑罚增加量按照最重伤情一人计算。
4. 因执行公务行为不规范而导致妨害公务犯罪的，减少基准刑的20%以下。

（十二）聚众斗殴罪

1. 法定刑在三年以下有期徒刑、拘役的量刑起点和基准刑

聚众斗殴情节一般的，在六个月至二年有期徒刑幅度内确定量刑起点。

在量刑起点的基础上，根据聚众斗殴人数、次数、伤害后果等其他影响犯罪构成的犯罪事实增加刑罚量，确定基准刑。有下列情形之一的，增加相应的刑罚量：
（1）每增加轻微伤一人，增加六个月以下刑期；
（2）每增加轻伤一人，增加六个月至一年刑期；
（3）聚众斗殴双方参与人数达到五人的，每增加三人，增加一个月至二个月刑期；
（4）聚众斗殴二次的，增加六个月至一年刑期；
（5）聚众斗殴造成交通秩序混乱的，增加六个月至一年刑期；
（6）其他可以增加刑罚量的情形。

2. 法定刑在三年以上十年以下有期徒刑的量刑起点和基准刑

有下列情形之一的，在三年六个月至五年有期徒刑幅度内确定量刑起点：聚众斗殴三次的；聚众斗殴人数多，规模大，社会影响恶劣的；在公共场所或者交通要道聚众斗殴，造成社会秩序严重混乱的；持械聚众斗殴的。

在量刑起点的基础上，根据聚众斗殴人数、次数、手段严重程度、伤害后果等其他影响犯罪构成的犯罪事实增加刑罚量，确定基准刑。有下列情形之一的，增加相应的刑罚量：
（1）每增加刑法第二百九十二条第一款规定的四种情形之一，增加一年至二年刑期；
（2）每增加轻微伤一人，增加六个月以下刑期；
（3）每增加轻伤一人，增加六个月至一年刑期；
（4）聚众斗殴单方人数超过十人，每增加三人，增加一个月至三个月刑期；
（5）聚众斗殴次数超过三次，每增加一次，增加六个月至一年刑期；
（6）聚众斗殴严重扰乱社会秩序，造成恶劣社会影响的，增加六个月至一年刑期。

3. 有下列情形之一的，可以增加基准刑的20%以下：
（1）组织未成年人聚众斗殴的；
（2）聚众斗殴造成公私财物较大损失的；
（3）聚众斗殴带有黑社会性质的；
（4）其他可以从重处罚的情形。

4. 因民间纠纷引发的聚众斗殴，可以减少基准刑的20%以下。

5. 被害人同时有多处不同程度伤情的，被害人数的刑罚增加量按照最重伤情一人计算。

（十三）寻衅滋事罪

1. 法定刑在五年以下有期徒刑、拘役的量刑起点和基准刑

随意殴打他人，破坏社会秩序，具有下列"情节恶劣"情形之一的，在一年六个月至三

年有期徒刑幅度内确定量刑起点：致一人以上轻伤的；引起他人精神失常、自杀等严重后果的；随意殴打精神病人、残疾人、流浪乞讨人员、老年人、孕妇、未成年人，造成恶劣社会影响的；在公共场所随意殴打他人，造成公共场所秩序严重混乱的。

随意殴打他人，破坏社会秩序，具有下列"情节恶劣"情形之一的，在三个月拘役至三年有期徒刑幅度内确定量刑起点：致二人以上轻微伤的；随意殴打他人达到三次的；持凶器随意殴打他人的；其他情节恶劣的情形。

追逐、拦截、辱骂、恐吓他人，破坏社会秩序，具有下列"情节恶劣"情形之一的，在一年六个月至三年有期徒刑幅度内确定量刑起点：追逐、拦截、辱骂、恐吓精神病人、残疾人、流浪乞讨人员、老年人、孕妇、未成年人，造成恶劣社会影响的；引起他人精神失常、自杀等严重后果的；严重影响他人的工作、生活、生产、经营的。

追逐、拦截、辱骂、恐吓他人，破坏社会秩序，具有下列"情节恶劣"情形之一的，在三个月拘役至三年有期徒刑幅度内确定量刑起点：追逐、拦截、辱骂、恐吓他人达到三次，造成恶劣社会影响的；持凶器追逐、拦截、辱骂、恐吓他人的；其他情节恶劣的情形。

强拿硬要或者任意损毁、占用公私财物，破坏社会秩序，具有下列"情节严重"情形之一的，在一年六个月至三年有期徒刑幅度内确定量刑起点：强拿硬要或者任意损毁、占用精神病人、残疾人、流浪乞讨人员、老年人、孕妇、未成年人的财物，造成恶劣社会影响的；引起他人精神失常、自杀等严重后果的；严重影响他人的工作、生活、生产、经营的。

强拿硬要或者任意损毁、占用公私财物，破坏社会秩序，具有下列"情节严重"情形之一的，在三个月拘役至三年有期徒刑幅度内确定量刑起点：强拿硬要公私财物价值一千元以上，或者任意损毁、占用公私财物价值二千元以上的；强拿硬要或者任意损毁、占用公私财物达到三次，造成恶劣社会影响的；其他情节严重的情形。

在车站、码头、机场、医院、商场、公园、影剧院、展览会、运动场或者其他公共场所起哄闹事，造成公共场所秩序严重混乱的，在一年至三年有期徒刑幅度内确定量刑起点。

在量刑起点的基础上，根据寻衅滋事次数、伤害后果、强拿硬要他人财物或任意损毁、占用公私财物数额等其他影响犯罪构成的犯罪事实增加刑罚量，确定基准刑。有下列情形之一的，增加相应的刑罚量：

（1）每增加轻微伤一人，增加六个月以下刑期；
（2）每增加轻伤一人，增加六个月至一年六个月刑期；
（3）每增加引起精神失常一人，增加六个月至一年六个月刑期；
（4）每增加引起自杀造成重伤、死亡一人，增加一年至二年刑期；
（5）随意殴打他人，追逐、拦截、辱骂、恐吓他人，强拿硬要或任意毁损、占用公私财物三次以上，每再增加一次，增加一个月至二个月刑期；
（6）强拿硬要公私财物价值每增加一千元，增加一个月至二个月刑期；任意毁损、占用公私财物价值每增加二千元，增加一个月至二个月刑期；
（7）每增加刑法第二百九十三条规定的四种情形之一的，增加六个月至一年刑期；
（8）其他可以增加刑罚量的情形。

2. 法定刑在五年以上十年以下有期徒刑的量刑起点和基准刑

纠集他人三次实施寻衅滋事犯罪，严重破坏社会秩序的，在五年六个月至七年有期徒刑幅度内确定量刑起点。

在量刑起点的基础上，根据寻衅滋事次数、伤害后果、强拿硬要他人财物或任意损毁、占用公私财物数额等其他影响犯罪构成的犯罪事实增加刑罚量，确定基准刑。有下列情形之一的，增加相应的刑罚量：

（1）每增加轻微伤一人，增加六个月以下刑期；

（2）每增加轻伤一人，增加六个月至一年六个月刑期；
（3）每增加引起精神失常一人，增加六个月至一年六个月刑期；
（4）每增加引起自杀造成重伤、死亡一人，增加一年至二年刑期；
（5）纠集他人三次以上实施寻衅滋事犯罪，未经处理的，每再增加一次，增加六个月至一年刑期；
（6）强拿硬要公私财物每增加一千元，增加一个月至二个月刑期；任意毁损、占用公私财物每增加二千元，增加一个月至二个月刑期；
（7）每增加刑法第二百九十三条规定的四种情形之一的，增加六个月至一年刑期；
（8）其他可以增加刑罚量的情形。

3. 有下列情形之一的，可以增加基准刑的20%以下：
（1）寻衅滋事带有黑社会性质的；
（2）纠集未成年人寻衅滋事的；
（3）其他可以从重处罚的情形。

4. 被害人同时有多处不同程度伤情的，被害人数的刑罚增加量按照最重伤情一人计算。

（十四）掩饰、隐瞒犯罪所得、犯罪所得收益罪

1. 法定刑在三年以下有期徒刑、拘役的量刑起点和基准刑

掩饰、隐瞒犯罪所得、犯罪所得收益数额达到五千元的，在三个月拘役至九个月有期徒刑幅度内确定量刑起点。

明知是盗窃、抢劫、诈骗、抢夺的机动车，实施下列行为之一的，在三个月拘役至九个月有期徒刑内确定量刑起点：买卖、介绍买卖、典当、拍卖、抵押或者用其抵债的；拆解、拼装或者组装的；修改发动机号、车辆识别代号的；更改车身颜色或者车辆外形的；提供或者出售机动车来历凭证、整车合格证、号牌以及有关机动车的其他证明和凭证的；提供或者出售伪造、变造的机动车来历凭证、整车合格证、号牌以及有关机动车的其他证明和凭证的。

明知是非法获取计算机信息系统数据犯罪所获取的数据、非法控制计算机信息系统犯罪所获取的计算机信息系统控制权，而予以转移、收购、代为销售或者以其他方法掩饰、隐瞒，违法所得达到五千元的，在三个月拘役至九个月有期徒刑幅度内确定量刑起点。

在量刑起点的基础上，可以根据犯罪数额等其他影响犯罪构成的犯罪事实增加刑罚量，确定基准刑。有下列情形之一的，增加相应的刑罚量：
（1）犯罪数额每增加二万元（其中上游犯罪为涉计算机犯罪的违法所得数额每增加一千五百元）的，增加一个月刑期；
（2）掩饰、隐瞒盗窃、抢劫、诈骗、抢夺的机动车，每增加一辆，增加三个月至六个月刑期；
（3）犯罪的手段或情形每增加一种，增加一个月至二个月刑期；
（4）其他可以增加刑罚量的情形。

2. 法定刑在三年以上七年以下有期徒刑的量刑起点和基准刑

掩饰、隐瞒犯罪所得、犯罪所得收益数额达到五十万元，在三年六个月至四年有期徒刑幅度内确定量刑起点。

掩饰、隐瞒盗窃、抢劫、诈骗、抢夺的机动车达到五辆或者价值总额达到五十万元，在三年六个月至四年有期徒刑幅度内确定量刑起点。

明知是非法获取计算机信息系统数据犯罪所获取的数据、非法控制计算机信息系统犯罪所获取的计算机信息系统控制权，而予以转移、收购、代为销售或者以其他方法掩饰、隐瞒，违法所得达到五万元，在三年六个月至四年有期徒刑幅度内确定量刑起点。

在量刑起点的基础上，可以根据犯罪数额等其他影响犯罪构成的犯罪事实增加刑罚量，

确定基准刑。有下列情形之一的,增加相应的刑罚量:

(1) 犯罪数额每增加三万元(其中上游犯罪为涉计算机犯罪的违法所得数额每增加三千元),增加一个月刑期;

(2) 掩饰、隐瞒盗窃、抢劫、诈骗、抢夺的机动车超过五辆,每增加一辆,增加三个月至六个月刑期;

(3) 犯罪的手段或情形每增加一种,增加一个月至二个月刑期;

(4) 其他可以增加刑罚量的情形。

3. 有下列情形之一的,可以增加基准刑的20%以下:

(1) 多次掩饰、隐瞒犯罪所得、犯罪所得收益或以掩饰、隐瞒犯罪所得、犯罪所得收益为业的;

(2) 明知上游犯罪行为较重的;

(3) 犯罪对象涉及国家安全、公共安全或重大公共利益的;

(4) 其他可以从重处罚的情形。

(十五) 走私、贩卖、运输、制造毒品罪

1. 法定刑在三年以下有期徒刑、拘役的量刑起点和基准刑

走私、贩卖、运输、制造鸦片二十克以下,海洛因、甲基苯丙胺或者可卡因一克以下,吗啡或者二亚甲基双氧安非他明(MDMA)等苯丙胺类毒品(甲基苯丙胺除外)二克以下,氯胺酮或者美沙酮二十克以下,三唑仑或者安眠酮一千克以下,咖啡因五千克以下或者其他数量相当毒品的,在四个月拘役至一年有期徒刑幅度内确定量刑起点。

在量刑起点的基础上,根据毒品犯罪次数、人次、毒品数量等其他犯罪事实增加刑罚量,确定基准刑。有下列情形之一的,增加相应的刑罚量:

(1) 每增加海洛因、甲基苯丙胺或者可卡因一克及其他数量相当毒品的,增加三个月刑期;

(2) 每增加吗啡或者二亚甲基双氧安非他明(MDMA)等苯丙胺类毒品(甲基苯丙胺除外)一克,增加二个月刑期;

(3) 每增加鸦片、氯胺酮或者美沙酮五克,增加一个月刑期;

(4) 每增加三唑仑或者安眠酮一千克,增加三个月刑期;

(5) 每增加咖啡因一千克,增加一个月刑期;

(6) 每增加一人或一次,增加六个月至一年刑期;

(7) 其他可以增加刑罚量的情形。

2. 法定刑在三年以上七年以下有期徒刑的量刑起点和基准刑

走私、贩卖、运输、制造鸦片一百四十克,海洛因、甲基苯丙胺或者可卡因七克,吗啡或者二亚甲基双氧安非他明(MDMA)等苯丙胺类毒品(甲基苯丙胺除外)十四克,氯胺酮或者美沙酮一百四十克,三唑仑或者安眠酮七千克,咖啡因三十五千克或者其他数量相当毒品的,可以在三年六个月至四年有期徒刑幅度内确定量刑起点。

毒品犯罪的数量未达到前款标准,但具有下列情形之一的,可以在三年六个月至四年有期徒刑幅度内确定量刑起点:国家工作人员走私、贩卖、运输、制造毒品的;在戒毒监管场所贩卖毒品的;向三人以上贩毒或者三次以上贩毒的;其他情节严重的。

在量刑起点的基础上,根据毒品犯罪次数、人次、毒品数量等其他犯罪事实增加刑罚量,确定基准刑。有下列情形之一的,增加相应的刑罚量:

(1) 每增加海洛因、甲基苯丙胺或者可卡因一克及其他数量相当毒品的,增加一年刑期;

(2) 每增加吗啡或者二亚甲基双氧安非他明(MDMA)等苯丙胺类毒品(甲基苯丙胺除外)三克,增加二年刑期;

（3）每增加鸦片、氯胺酮或者美沙酮十五克，增加一年刑期；

（4）每增加三唑仑或者安眠酮一千克，增加一年刑期；

（5）每增加咖啡因四千克，增加一年刑期；

（6）毒品犯罪的数量达到本条第1款规定的标准，同时又具有第2款所列四种情形之一的，先按照本款第（1）至（5）项的规定增加刑期，然后每增加一种情形，增加六个月至一年的刑期；

（7）每增加一人或一次，增加六个月至一年刑期；

（8）其他可以增加刑罚量的情形。

3. 法定刑在七年以上有期徒刑的量刑起点和基准刑

走私、贩卖、运输、制造鸦片二百克，海洛因、甲基苯丙胺或者可卡因十克，吗啡或者二亚甲基双氧安非他明（MDMA）等苯丙胺类毒品（甲基苯丙胺除外）二十克，氯胺酮或者美沙酮二百克，三唑仑或者安眠酮十千克，咖啡因五十千克或者其他毒品数量大的，在七年六个月至八年有期徒刑幅度内确定量刑起点。

在量刑起点的基础上，根据毒品犯罪次数、人次、毒品数量等其他犯罪事实增加刑罚量，确定基准刑。有下列情形之一的，增加相应的刑罚量：

（1）每增加海洛因、甲基苯丙胺或者可卡因五克及其他数量相当毒品的，增加一年刑期；

（2）每增加吗啡或者二亚甲基双氧安非他明（MDMA）等苯丙胺类毒品（甲基苯丙胺除外）十克，增加一年刑期；

（3）每增加鸦片、氯胺酮或者美沙酮一百克，增加一年刑期；

（4）每增加三唑仑或者安眠酮五千克，增加一年刑期；

（5）每增加咖啡因二十千克，增加一年刑期；

（6）每增加一人或一次，增加三个月至六个月的刑期；

（7）其他可以增加刑罚量的情形。

4. 具有下列情形之一，量刑起点为十五年有期徒刑，依法应当判处无期徒刑以上刑罚的除外：走私、贩卖、运输、制造鸦片一千克，海洛因、甲基苯丙胺或者可卡因五十克，吗啡或者二亚甲基双氧安非他明（MDMA）等苯丙胺类毒品（甲基苯丙胺除外）一百克，氯胺酮或者美沙酮一千克，三唑仑或者安眠酮五十千克，咖啡因二百千克或者其他毒品数量达到数量大起点的；走私、贩卖、运输、制造毒品集团的首要分子；武装掩护走私、贩卖、运输、制造毒品的；以暴力抗拒检查、拘留、逮捕，情节严重的；参与有组织的国际贩毒活动的。

5. 有下列情形之一的，可以从重处罚，但同时具有两种以上情形的，累计不得超过基准刑的100%：

（1）具有下列情形之一，未依照刑法第三百四十七条第四款的规定认定为"情节严重"的，可以增加基准刑的30%以下：走私、贩卖、运输、制造鸦片一百四十克以上不满二百克，海洛因或者甲基苯丙胺七克以上不满十克或者其他相当数量毒品的；国家工作人员走私、贩卖、运输、制造毒品的；在戒毒监管场所贩卖毒品的；向三人以上贩毒或者三次以上贩毒的；其他情节严重的。每增加一种情形，增加基准刑的10%以下。

（2）利用、教唆未成年人走私、贩卖、运输、制造毒品的，增加基准刑的10%–30%；

（3）向未成年人出售毒品的，增加基准刑的10%–30%；

（4）毒品再犯，增加基准刑的10%–30%；

（5）组织、利用、教唆孕妇、哺乳期妇女、患有严重疾病人员、又聋又哑的人、盲人及其他特殊人群走私、贩卖、运输、制造毒品的，增加基准刑的30%以下；

（6）其他可以从重处罚的情形。

6. 有下列情形的，可以减少基准刑的30%以下：

（1）受雇运输毒品的；
（2）毒品含量明显偏低的；
（3）存在数量引诱的；
（4）其他可以从轻处罚的情形。

五、附则

1. 本实施细则适用于判处有期徒刑、拘役的案件。
2. 本实施细则所称以上、以下，均包括本数。
3. 本实施细则将随法律、司法解释和刑事司法政策以及上级法院有关规定的变动适时作出调整。
4. 新颁布的法律、司法解释与本实施细则不一致的，适用新颁布的法律、司法解释。
5. 本实施细则自 2014 年 7 月 1 日起实施，原实施细则（试行）同时废止。
6. 本实施细则由北京市高级人民法院负责解释。

参考文献

1. ［日］大谷实：《刑法总论》，黎宏译，法律出版社2003年版。
2. ［日］野村稔：《刑法总论》，全理其、何力译，法律出版社2000年版。
3. ［俄］俄罗斯联邦总检察院编：《俄罗斯联邦刑法典释义》（上），黄道秀译，中国政法大学出版社2000年版。
4. ［意］杜里奥·帕多瓦尼：《意大利刑法学原理》，陈忠林译，法律出版社1998年版。
5. 翁国梁：《中国刑法总论》，正中书局1970年版。
6. 顾肖荣：《刑法中的一罪与数罪问题》，学林出版社1986年版。
7. 高铭暄主编：《中国刑法学》，中国人民大学出版社1989年版。
8. 高铭暄主编：《刑法学原理》（第2卷），中国人民大学出版社1993年版。
9. 高铭暄、马克昌主编：《刑法学》，北京大学出版社、高等教育出版社2000年版。
10. 姜伟：《犯罪形态通论》，法律出版社1994年版。
11. 苏惠渔主编：《刑法学》，中国政法大学出版社1997年版。
12. 王作富主编：《刑法》，中国人民大学出版社1999年版。
13. 马克昌主编：《犯罪通论》，武汉大学出版社1999年版。
14. 张明楷：《刑法学》，法律出版社1997年版。
15. 张明楷：《外国刑法纲要》，清华大学出版社2002年版。
16. 肖中华：《犯罪构成及其关系论》，中国人民大学出版社2000年版。
17. 李海东："社会危害性与危险性：中、德、日刑法学的一个比较——以法益实害未发生时的可罚根据为切入点"，载陈兴良主编：《刑事法律评论》，中国政法大学出版社2000年版。
18. 蒋明：《量刑情节研究》，中国方正出版社2004年版。
19. 《蒙古国刑法典》，徐留成译，北京大学出版社2006年版。
20. 《菲律宾刑法》，杨家庆译，大学出版社2006年版。
21. 《马耳他刑事法典》，李凤梅译，北京大学出版社2006年版。
22. 谢伟雄：《紧急避险基本问题研究》，中国人民公安大学出版社2008年版。
23. 熊秋红："刑事辩护的规范体系及其运行环境"，载《政法论坛》2012年第5期。
24. 陈光中："李庄漏罪与辩护人妨害作证罪之立法修改"，载陈光中主编：《刑事司法论坛》（第4辑），中国人民公安大学出版社2011年版。
25. 孙军工："解读《最高人民法院最高人民检察院关于适用刑事司法解释时间效力问题规定》（2001）"，载最高人民法院网。
26. 赵廷光："论我国刑法中的情节"，载《法商研究（中南政法学院学报）》1995年第1期。
27. 周非儿："区别情形评价取保候审期间逃匿后投案"，载《检察日报》2017年7月24日。
28. 包雯、翟海峰、王涛：《刑法总论专题研究》，人民法院出版社2003年版。
29. 黄秋中、徐小帆：《国际法学》，对外经济贸易大学出版社2016年版。